COLLA · GABRIEL · MILLHAM
MÜLLER-TEUSLER · WINKLER
(Hrsg./Eds.)

Handbuch
Heimerziehung
und Pflegekinderwesen
in Europa

Handbook
Residental
and Foster Care
in Europe

Autorinnen und Autoren/Contributors

J.M.C. Aalberts
Erik Adam
Harald Ansen
Mordecai Arieli
Monika Arlt
Peter M. van den Bergh
Jürgen Blandow
Franz-Jürgen Blumenberg
Valentia Bodrova
Peter van den Bogaart
Lothar Böhnisch
Eric Broekaert
Ewald Johannes Brunner
Eric E.J. de Bruyn
Doris Bühler-Niederberger
Roger Bullock
Ulrich Bürger
Wendy H. Buysse
Ferran Casas
Hedy Cleaver
Herbert Colla
Michael Colla-Trox
Matthew Colton
Michel Corbillion
Matthias Dalferth
Bojan Dekleva
Peter van der Doef
Janine W.E. Dubbeldam
Reinhard Fatke
Sam Ferrainola
Pam Freeman
Werner Freigang
Thomas Gabriel
Irena Gentyé
Dietrich Gericke
Dan Gooch
Emmanuel Grupper

Martin Haak
Susanne Hager-Blencke
Franz Hamburger
Gerd Hansen
F.J.H. Harinck
Anthony Health
Kornelia, Helembai
Walter Hellinckx
Sabine Herrenbrück
Götz Hillig
Walter Hornstein
Kenneth Hosie
Hans Peter Hübner
Rolf Johannes
Will Josten
Heide Kallert
Helga Käsler
Erzsebet Kisida
Martin Klomp
Erik J. Knorth
Alenka Kobolt
Franz-Josef Krumenacker
Peter H. van der Laan
Michael Langhanky
Chris Leonards
Michael Little
Elisabeth Lutter
Spencer Millham
Singuna Morich
Burghard Müller
Hans Rüdiger Müller
Hildegard Müller-Kohlenberg
Stefan Müller-Teusler
Richard Münchmeier
Christian Niemeyer
Monika Nienstedt
Carol Nijnatten
Valdeko Paavel
Petra Peterich
Friedhelm Peters
Sven Petersen

Huus M. Pijnenburg
Hans-Joachim Plewig
Jan van der Ploeg
Winfried Ramb
Ko Rink
Günter Rosenhagen
Kari Ruoho
Peter Schäfer
Josef Scheipl
E.M. Scholte
Annette Schulte
Vinko Skalar
Monika Smit
Robert Soisson
Zofia Waleria Stelmaszuk
Franz Stimmer
Norbert Struck
Hannes Tanner
Hans Thiersch
Wolfgang Trede
Reinhard Uhle
Uwe Uhlendorff
Johan Vanderfaeillie
M.-Ch. van der Veldt
Eugeen Verhellen
Joop van der Weijden
Karin Weiss
Arnim Westermann
Peter Widemann
Matthias Wienold
Reinhard Wiesner
Michael Winkler
Ingrid Wölfel
Jörg Wolff
Christian von Wolffersdorff
András Zakar
Jörg Ziegenspeck
Darja Zorc

COLLA · GABRIEL · MILLHAM
MÜLLER-TEUSLER · WINKLER
(Hrsg./Eds.)

Handbuch
Heimerziehung
und Pflegekinderwesen
in Europa

Handbook
Residental
and Foster Care
in Europe

LUCHTERHAND

Die Deutsche Bibliothek – CIP-Einheitsaufnahme

Handbuch Heimerziehung und Pflegekinderwesen in Europa =
Handbook residental and foster care in Europe /
Colla … (Hg.).– Neuwied; Kriftel: Luchterhand, 1999
ISBN 3-472-02339-2

Inhaltsverzeichnis/Contents

III.
Beiträge zur ungeschriebenen Geschichte der Heimerziehung
The unwritten History of Residential Care

IV.
Personen und Konzepte
Men and Meanings

VI.
Fremdplazierung im sozialstaatlichen Kontext
The State as Parent

VII.
Soziale Problemlagen
Children: Needs and Trouble

IX.
Indikation und Plazierung
Accessment

XII.
Heimerziehung, Psychiatrie und Grenzgebiete
Child Care and Psychiatry

XV.
Wissenschaftliche Begleitung und Evaluation
Research and Evaluation

Einleitung

Ausgangspunkt des hier vorliegenden Handbuches und Anstoß für dieses war der Kongreß "Liebe allein genügt nicht", der im Herbst 1993 Wissenschaftlerinnen und Wissenschaftler in Lüneburg zusammenführte. Sie setzten sich mit den Formen der Betreuung und Hilfe auseinander, welche Kinder und Jugendliche "am anderen Ort", nämlich außerhalb ihrer Herkunftsfamilie bei Pflegeeltern und in institutionellen Settings bedürfen und erhalten. Erstmals verfolgte dieser Kongreß eine gesamteuropäische Perspektive auf dieses Handlungsfeld, um aus dem Gespräch über Forschungsergebnisse und Forschungsstragien im Feld der Heimerziehung und des Pflegekinderwesens innovative Impulse für Wissenschaft und Praxis zu gewinnen.

Kongreß wie Handbuch ließen sich von einer vergleichsweise optimistischen Haltung gegenüber dem Prozeß der europäischen Einigung tragen. In diesem wurden Möglichkeiten zu einem gemeinsamen Lernprozeß gesehen, der helfen könnte, die Situation von Kindern und Jugendlichen in Fremdbetreuung zu verbessern. Gegenüber einer solchen Aufbruchstimmung hat sich heute Ernüchterung angesichts eines Europas breit gemacht, das vor allem als Wirtschaftsmacht zu gelten hat, während sozial- und jugendpolitische Fragestellungen in den Hintergrund gerückt sind. Tatsächlich steht sogar zu befürchten, daß eine Europäisierung der Jugendhilfe aus fiskalpolitischen Motiven erfolgt. Eine grenzüberschreitend organisierte Betreuung würde dann nichts mehr mit begründeten erlebnispädagogischen Unternehmungen, sondern mit der Suche nach der möglichst kostengünstigsten Unterbringung zu tun haben. Auch zeichnet sich ab, daß europaweit die Fremdbetreuung von Kindern und Jugendlichen zunehmend wieder rechts- und ordnungspolitisch in Anspruch genommen wird. Allerdings: zwar rufen die jüngere Debatten um die - so in Deutschland - "geschlossene Unterbringung", um - in Holland - "Kampementen" oder - im angelsächsischen Bereich - "bootcamps" fachliche Einwände hervor, doch zeigt sich gerade im internationalen Vergleich, daß diese stärker ideologie- und gesellschaftskritisch argumentieren, die pädagogische Problematik solcher Ansätze selbst aber ignorieren.
Trotz dieser Vorbehalte gegenüber den faktischen Entwicklungen in der europäischen Integration knüpft das Handbuch in Anliegen und Anlage an die Impulse des Lüneburger Kongresses an: Es nimmt die im Kontext von Heimerziehung und Pflegekinderwesen zentralen Fragestellungen auf, um Forschungsbefunde und wissenschaftlich verfügbare Einsichten in einer begründeten und sachlich angemessenen Ordnung vorzustellen. Sein Interesse gilt dabei vorrangig einer - im weitesten Sinne - grundlagentheoretischen Perspektive; auf die Darstellung einzelner Modelle, Vorhaben, aber auch Handlungsformen wurde dagegen verzichtet, weil hier schon die Darstellung ihrer rechtlichen, aber auch ihrer sozialen und pädagogischen Prämissen wie Implikationen den Rahmen gesprengt hätte. Spezifische Probleme und Zugänge werden daher nur diskutiert, wo ihnen ein paradigmatischer Stellenwert zukommt. Dabei ergab allerdings die Auseinandersetzung mit der vorliegenden Forschungsliteratur, daß Fragen und Themen gegenüber der bisherigen Debatte neu gewichtet werden mußten: So wurde im Handbuch etwa die Migrationsproblematik

in ein eigenes Kapitel gefaßt. Auch führte die von ihm gewählte internationale Perspektive dazu, bestimmte Problemstellungen in ungewöhnlicher Weise zu bestimmen: Während im angelsächsischen Bereich ein Bezug auf "Klassiker der Heimerziehung" in die Nähe eines Tabus rückt, sind doch Personen und Konzepte als Bezugspunkte vertraut, freilich stets relativiert durch pragmatische Zugänge und empirische Forschung. Umgekehrt scheint die Vorstellung einer "Philosophie der Heimerziehung" im deutschen Sprachraum ungewöhnlich, während sie doch in England auf Hintergrundannahmen verweist, die nicht nur im ethisch-motivationalen Zusammenhang, sondern auch organisatorische Relevanz haben.

Angesichts der Tatsache, daß im letzten Jahrzehnt in einer Vielzahl europäischer Länder die rechtlichen Grundlagen der Jugendhilfe neu geregelt wurden, signalisiert das Handbuch die wissenschaftliche Seite der Bemühung um Professionalisierung in Heimerziehung und Pflegekinderwesen, damit auch die Suche nach Maßstäben, mit welchen dann Qualität in diesem Handlungsbereich definiert und gesichert werden kann. Insofern belegt es die von allen Beteiligten geteilte Absicht, durch kritische Beobachtung, Beschreibung, empirische Forschung und wissenschaftliche Analyse die fachlichen Entwicklungen in der Heimerziehung und im Pflegekinderwesen voranzutreiben. So kann das Handbuch als Informations- und Referenzgrundlage für die praktische, auch für die politische Arbeit wie jedoch vor allem für die wissenschaftliche Forschung in einem Feld sozialen und pädagogischen Handelns dienen, das bei hoher Komplexität einer bemerkenswerten Veränderungsdynamik unterworfen ist. Darin deuten sich allerdings auch die Grenzen der Verfachlichung an, wie sie zumindest gegenwärtig auszumachen sind, möglicherweise jedoch grundsätzlich bei der Fremdplazierung junger Menschen auftreten: Komplexität des Feldes und Veränderungsdynamik in diesem führen dazu, daß das Handbuch auf keine verläßlichen Grundlagen aufbauen konnte: Weil Betreuung und Hilfe für Kinder und Jugendliche in einem weiten Spektrum zwischen Gemeinwesenarbeit, Sonder- und Sozialpädagogik, Psychiatrie und Strafvollzug anzusiedeln sind, lassen sich auch die Trennlinien zwischen den einschlägigen Disziplinen kaum mehr feststellen.

Neben seinem systematischen Anspruch nimmt das Handbuch daher die unterschiedlichen Traditionen von Wissenschaft und Forschung, wie auch die differenten Entwicklungen des Praxisfeldes Heimerziehung und Pflegekinderwesen in Europa auf und verfolgt diese. Insofern geht es ihm auch um die Dokumentation der national und regional gegebenen Situationen, aber auch unterschiedlicher Denkkulturen, ohne jedoch den Anspruch auf einen Vergleich zu erheben. Dafür fehlen nicht nur die Kriterien. Vielmehr birgt ein solcher Vergleich die Gefahr, unterschiedliche Ansätze und Konzepte ungerecht und unangemessen beurteilen zu wollen. Unterhalb der für das Handbuch sachlich gebotenen Gliederung ergibt sich somit eine Struktur von Länderberichten. Das Handbuch lehrt so, daß dieses Europa seine Chance vielleicht darin findet, kein Europa der Gleichheit sondern eines der Differenzen zu sein. Dabei macht es die unterschiedlichen Problemlagen und die zuweilen dramatischen Herausforderungen deutlich, die sich in den europäischen Ländern der Jugendhilfe stellen. Besondere Aufmerksamkeit richtete sich allerdings auf die Transformationsgesellschaften Osteuropas, deren Wandlungsprozesse in ihren Folgen für die Jugendhilfe bislang kaum angemessen beschrieben und analysiert sind. Manche Beiträge des Handbuchs müssen daher als Zeugnisse noch unentschiedener Entwicklungen gelesen werden; sie zeigen zuweilen Momentaufnahmen oder verraten programmatische Ambitionen, ohne deren Verwirklichung nachweisen zu können. Irritierenderweise bestehen jedoch die größten Informations- und Wissensdefizite weniger im Blick auf die osteuropäischen Länder.

Damit belegt das Handbuch bisweilen überraschend deutlich hochgradig differente Wahrnehmungsweisen und Forschungstraditionen, die sich in kaum vergleichbaren Standards und Kriterien für die praktische wie auch für die wissenschaftliche Arbeit in diesem Handlungsfeld niederschlagen. Solche Differenzen bestehen nicht nur im Ost-West-Vergleich. Auch in den westeuropäischen Ländern lassen sich deutliche Unterschiede etwa in der Bereitschaft beobachten, Heimerziehung und Pflegekinderwesen dauerhaft kritisch zu beobachten. Während sich beispielsweise in Großbritannien eine finanziell abgesicherte Grundlagenforschung etablieren konnte, die inzwischen zu umfangreichen Datenbeständen geführt hat, geschieht Forschung in Deutschland eher zufällig, häufig in der Verbindung mit Praxisversuchen.

Daß das Handbuch "Heimerziehung" und "Pflegekinderwesen" fokussiert, kann aus dem Zusammenhang kritischer Diskussionen als anstößig gelten; der Einwand liegt nahe, daß hier vordergründig exklusiv Betreuungsformen in den Mittelpunkt der Aufmerksamkeit gerückt werden, die in der Wirklichkeit der Jugendhilfe längst in vielfältigen Formen anzutreffen sind, sodaß sich eine einheitliche Terminologie verbietet. Mit der Wahl beider Begriffe reagiert das Handbuch jedoch zunächst pragmatisch auf die Internationalität der Diskussion; sie signalisieren gleichsam den von den Beteiligten genutzten kleinsten gemeinsamen Nenner. Inhaltlich geht das Handbuch davon aus, daß Kindern und Jugendlichen angesichts ihrer Problemlagen heute ein hochdifferenziertes Angebot ein Hilfen bereitgestellt werden muß, wobei gerade der europäische Vergleich Anstöße auch zur Revision von vordergründigen Selbstverständlichkeiten geben kann. So müssen beispielsweise die unterschiedliche Verweildauer in Einrichtungen der Jugendhilfe ebenso wie die jeweiligen Präferenzen für eine stärker familiennahe Betreuung erforscht und diskutiert werden; nicht minder drängen sich Fragen darnach auf, ob und inwiefern ambulante Angebote stationäre Unterbringung vermeiden helfen, ob dann stärker kollektive oder individualisierende Betreuungsformen gewählt werden sollen.

Insgesamt läßt sich nicht übersehen, daß das Handbuch trotz seines systematischen Anspruchs und neben seiner Dokumentationsfunktion in ganz erheblichem Maße Desiderate der Forschung sichtbar macht. Deutlich ist zunächst, daß auf europäischer Ebene, freilich auch national kaum hinreichende statistische Daten verfügbar sind. Es gibt bislang keine Möglichkeit, ein durch verläßlich erhobene Zahlen abgesichertes Bild der Fremdunterbringung von Kindern und Jugendlichen zu entwerfen. In nahezu allen Bereichen fehlen empirisch gesicherte Befunde, die sich verallgemeinern ließen. Zuweilen müssen selbst dort Defizite konstatiert werden, wo die Relevanz von Themen schon allgemein anerkannt ist. So fehlen im Handbuch beispielsweise Beiträge über Trägerstrukturen und Verbände in Heimerziehung und Pflegekinderwesen. Auch zeichnet sich ab, daß neben quantitativ verfahrenden empirischen Untersuchungen dringend eine biographisch akzentuierte Forschung erforderlich wird, nicht nur um die lebensgeschichtlichen Hintergründe zu erkennen, aus welchen heraus Kinder und Jugendliche auf Erziehung außerhalb ihrer Herkunftsfamilie angewiesen sind; vielmehr scheinen solche biographischen Untersuchungen auch gefordert, um die Wirkungen von Heimerziehung und Pflegekinderwesen zu erfassen und zu beurteilen. Hinzu kommt, daß nur auf solchem Wege eine Theorie jener basalen Bedürfnisse von jungen Menschen entwickelt werden kann, die für eine angemessene Betreuung und Hilfe "am anderen Ort" unabweislich ist. Die jüngeren Debatten um Qualität der Fremdbetreuung und ihre Evaluation bewegen sich oftmals um ökonomische Kriterien, ohne jedoch die Leistung dieser Hilfeformen für die psychische und soziale Verfaßtheit ihrer Adressaten ins Auge zu fassen.

Möglicherweise liegt die Bedeutung dieses Handbuchs somit zwar in seiner Perspektive und seiner Systematik. Doch wird es vielleicht weniger Wirkung hinsichtlich der von ihm bereitgestellten Sachinformationen hervorrufen, sondern mehr im Blick auf die von ihm aufgeworfenen Fragestellungen. Seine Gliederungspunkte und Kapitel lassen sich lesen als Anfragen an die wissenschaftliche Forschung, dann aber auch an die professionell Beteiligten und an die Sozialpolitik. Insofern hält es den aktuellen Stand eines kritischen Grundwissens fest, zu dem Nachfragen etwa zu dem Verhältnis von Sozialstaat und Jugendhilfe im allgemeinen genauso gehören wie im besonderen beispielsweise die ungelösten Probleme der Indikation und Plazierung. Solches Problembewußtsein zeichnet Professionalität in diesem Handlungsbereich aus, verweist aber auch auf die Notwendigkeit wissenschaftlichen Untersuchung. In der Tat markiert das Handbuch mehr Forschungsdesiderate als Gewißheiten, versucht insofern Perspektiven für künftige Fragestellungen und Untersuchungen aufzuweisen. Wenn es hier Anstöße zu geben vermag, hat es seinen Zweck schon wesentlich erfüllt.

Introduction

The idea of this hand-book was born on the occasion of the congress »Love is not enough« which, in the fall of 1993, brought together in Lüneburg many academics and practitioners from all over the world. All of them were professionally interested in discussing all kinds of help and caring which children and juveniles need and get »at another place«, i.e. outside the family they originally come from, with foster-parents or in institutional settings. At the congress, in discussions about results of research-strategies in the field of residential- and foster-care, we all tried to look for and get innovative impulses (kicks) for theoretical as well as practical work.

Congress and manual were instigated by a relatively optimistic attitude towards the European unification. Under these premises were discerned possibilities for a common process of learning which would enable us to improve the situation of children and juveniles in foster-care. As regards this burst of positive mood then, today there has resolved a more sober attitude in view of a Europe which foremost has to be considered as an economic power, whereas questions of social and youth-politics have been pushed into the background. In fact there is reason to fear that a Europeanization of youth-help will be largely determined by fiscal-political aspects. In this case organized care transcending former frontiers would have nothing to do with reasoned undertakings of Erlebnispädagogik. Furthermore we seem to observe that foster-care of children is increasingly dominated by a law-and-order thinking. It is true that more recent discussions concerning »bootcamps« (in Germany called »geschlossene Unterbringung« and in the Netherlands »Kampementen«) bring forth professional objections, but it proves that - especially in international comparison - they argue predominantly in an ideological and social-critical way neglecting the pedagogical problems of such an approach.

In spite of these reservations concerning the factual development within the framework of the European integration this hand-book in intention and arrangement is connected with impulses originating with the Lüneburg congress. In the context of residential- and foster-care it takes up the central questions raised then in order to present the state of research and scientific insights in a reasoned and factually adequate order. Its main interest - in the broadest sense - is to be seen in a fundamental-theoretical perspective; what was disclaimed is the representation and description of single models, plans and forms of procedure, because already the outlining of their legal as well as social and pedagogical premises and implications would have broken up the frame of this undertaking. Specific problems and approaches were only discussed where they seem to have paradimatic value. Argumentation with the present scientific literature proved, however, that questions and topics in respect to the hitherto existing debate had to be reevalutated. Problems of migration, for instance, in the present manual had to be dealt with in an own chapter. Moreover the chosen international perspective made it necessary to determine specific problems in an unusual way: Whereas in the Anglosaxon world a reference to »classics of residential care« is almost taboo, authors and conceptions are known as points of reference - always, however, rendered relative by pragmatic approaches and empirical research. On the other hand the idea of a »philosophy of a residential care« in the German-speaking world seems unusual, whereas in England it refers to background-assumptions which are relevant not only in ethical-motivational connections but also in organisational settings.

Considering that in the last decade the legal foundations of youth-help were regulated anew in many European countries, this manual signals the scientific aspect of professionalization in home- and foster-care and with that the search for measurable scales in order to define and to secure quality in this field of action. This proves the intention of all involved to improve and foster the factual development of residential- and foster-care by critical observation, description, empirical research and scientific analysis. So the hand-book can serve as basis of information and reference for practical as well as political work, mainly, however, for scientific research in a field of social and pedagogical action which, with high complexity, is subjected to remarkable dynamics of change. This, however, also indicates the limits of professionalization as at least seen today but as they might possibly present themselves fundamentally in the field of placement of young people »at other places«: complexity of field and dynamics of change make understandable that the manual could not be built on reliable foundations; since foster care and help for children and juveniles are to be seen within a wide spectre between community work, special and social pedagogics, psychiatry and criminal justice the borders between the different disciplines are hardly discernable.

Besides its claim of systematics (to be fundamentally systematical) this manual takes up the different traditions of science and research as well as the very diverse developments of the practical field of residential- and foster-care in Europe and takes them in consideration. In this sense it also treats the documentation of nationally and regionally given situations and takes into account most diverse cultures of thought without pretending comparison. For that not only criteria are lacking. Such an object implies the danger of passing judgement of diverse approaches and conceptions in an unjust and inadequate way. Within the arrangement as factually induced there resolves a structure of articles on different countries. Thus the manual makes us see that our Europe maybe finds its chance not to be a Europe of equality but one of litigable differences. Besides that it makes clear different situational problems and the sometimes dramatic challenges posing themselves to youth-help in different European countries. Special attention, however, is payed to the societies in transformation in eastern Europe; the processes of change and their consequences for youth-aid hitherto have hardly been adequately described and analysed. Some articles, therefore, have to be read as testimonies of still undecided developments; what they show sometimes are snapshots or they reveal programmatic ambitions without yet being able to prove their realization.

With this the manual demonstrates sometimes in a surprisingly explicit way highly differentiated perceptibilities as well as traditions of research which are found in almost incomparable standards and criteria for the practical and theoretical work in this field of action. Such differences do not only occur within the east-west comparison. In west-European countries, too, one can detect marked differences for instance in the preparedness to permanently watch and study in a critical way home-education and foster-care. Whilst in Great Britain, for instance, well-sponsored axiomatics have been established which in the meantime have led to an accumulation of a vast amount of data, research in Germany happens more by chance and often in combination with attempts in practical work.

That the manual focuses on »residential care« and »foster-care« within the context of critical discussions may be considered as almost obscene; it would be easy to object that here exclusive forms of care are brought into prominence which in reality are popular in youth-help in many forms already, so that a standardized terminology is not to be found. By choosing both terms the manual pragmatically reacts to the internationality of the discussion; they simply signalize the smallest common denominator used by all involved. As to the content the manual presupposes that, considering their different problematical situations children and juveniles have to be opened up to a highly differentiated offer of helps; particularly the comparison within Europe could give impulses for a revision of assumptions which are all too readily considered obvious. So it is necessary to investigate the different lengths of placement within institutions of youth help as well as the different preferences for a care more closely related to the family (of origin?); then there are questions to be answered. Whether and how offers of ambulant treatment may help to avoid stationary placement and whether then more collective or more individualizing forms of care should be chosen.

In general it cannot be overlooked that the manual in spite of its claim to systematics and besides its function as documentation makes visible in a very marked way desiderata of research. At the very outset it becomes evident that, firstly on a European level but secondly also on national levels sufficient statistical data are not available. As yet there is no possibility to present a tableau of placement in institutions of home-education or foster-care based on reliable data. In nearly all fields we are lacking empirically secure findings permitting any amount of generalization. Sometimes deficits have to be stated where the relevancy of issues is generally acknowledged already. So, for instance, articles on units and associations legally representing institutions in residential- and foster-care are lacking in the manual. And it more and more becomes clear that - apart from empirical investigations - a form of research accentuating biographies is desirable not only to shed light on the personal background telling us why there is no other way out for children and juveniles but to be placed »outside their families of origin«; such biographical investigation is also required in order to assess and to judge effects and results of home-education and foster-care. Only in this manner a valid theory of the basic requirements indispensable for adequate help »at another place« for young people can be developed. The more recent debates concerning the quality of care »at another place« often are led around economic criteria without assessing accomplishment and proficiency of theses forms of help for the psychic and social well-being of those for whom it is meant.

It may well be that the merit of this manual is to be seen in its prospective and its systematism. But it also may be that it will be less operational in regard to the factual information offered but more in regard to the questions raised in it. Structure and articles could be interpreted as questions put to scientific research as well as to those professionally concerned and - last not least - to social politics. In this way it contains the actual state of a critical basic knowledge to which do not only belong questions regarding the reciprocality of social state and youth aid in general but particularly the unsolved problems of indication and placement. To be conscious of these issues characterizes professionalism in this field of action, but it also indicates the necessity of scientific research. In fact the manual is marking more desiderata of research than certainties and therefore it tries to indicate the direction of future questions and investigations. If it succeeds in triggering new initiatives it already has fulfilled its objective.

I.

Heimerziehung und Pflegekinderwesen in einem anderen Europa

Residential and Foster Care in Changing Europe

Walter Hornstein

Erziehung und Epochenbruch
Soziale Problemlagen und kulturelle Traditionen
im Prozeß der europäischen Einigung

Social Problems and Cultural Traditions in the European Process of Integration

This article intents to outline the novel social conflict zones and conflict configurations which are currently taking shape in Europe, both in Central and Eastern Europe and in the Western countries; all this in connection with the demise of the Iron Curtain and in the wake of the newly evolved global situation, as relevant to educational processes; and thus to present a pedagogically oriented diagnosis of our present.

These new conflict zones are primarily characterized by a clash of the old and the new, the familiar and the strange; secondly by the breakdown of a secure economic existence and the resulting task of revision and of defining identities; and thirdly by the rise of racism, fundamentalism, and nationalism to fill the ideological vacuum that opened up following the collapse of state socialism.

The concrete manifestations of these conflict zones are of course different in different European countries; they do not only dominate the present social situation, but they constitute the framework and a challenge for education, and in particular the special form of educational assistance this Congress is dealing with.

Finally we will try to see how international cooperation is possible in this situation, and above all, how we can learn from each other's experiences.

1. Einleitung

Die dramatischen geschichtlichen Veränderungen der letzten Jahre, die mit dem Begriff eines Epochenbruchs sicherlich zu Recht zu kennzeichnen sind und die die politischen Konturen, die Machtkonstellationen und die Lebensverhältnisse der Menschen auf diesem Kontinent seitdem tiefgreifend verändern, sind bisher in der erziehungswissenschaftlichen Fachdiskussion kaum zum Gegenstand systematischer Erörterung geworden. Der Zerfall der staatssozialistischen Systeme in Mittel- und Osteuropa, die deutsch-deutsche Einigung, das Wiederaufflammen nationalistischer Bestrebungen und fundamentalistischer Bewegungen, von ethnischen Konflikten bis hin zu ethnischen »Säuberungen«, schließlich das Ende des einem bipolaren Denken entsprechenden Ost-West-Gegensatzes und der Blockbildung - dies alles hat in den verschiedenen davon betroffenen Gesellschaften sicherlich höchst unterschiedliche Auswirkungen auf Situation und Probleme von Kindern und Jugendlichen in schwierigen Lebensumständen mit sich gebracht, und es fehlt auch nicht an Dokumentationen und Beschreibungen der daraus resultierenden Situationen. Aber es ist keine Frage, daß die gegenwärtige Situation die grundsätzliche Frage nach der Art und Weise aufwirft, in der Theoriebildung und Reflexion der Erziehungswissenschaft die

Beziehung zu den sich verändernden historischen Konstellationen herzustellen erlauben. Diese Frage mag in Zeiten eines kontinuierlichen gesellschaftlichen Wandels oder einer doch zumindest relativen Stabilität weniger von Bedeutung sein; wenn
sich jedoch die Welt so grundlegend verändert, wie dies derzeit geschieht, wird es
dringlich, danach zu fragen, wie Pädagogik, über konkretes praktisches Handeln hinaus, sich zu diesen Veränderungen in ein auch theoretisches Verhältnis setzen kann.
Dabei ist es von Bedeutung, daß die in den letzten Jahrzehnten stattgefundenen Prozesse der Professionalisierung und Institutionalisierung, also der Verfachlichung der
sozialen und pädagogischen Arbeit zumindest die Tendenz zu einer unhistorischen,
die geschichtliche Dimension der Erziehungsthematik eher ausblendenden Orientierung verstärkt. Es ist immerhin nicht auszuschließen, daß die Selektions- und
Transformationsprozesse, die die Art der Wahrnehmung und Bearbeitung praktischer
Probleme in Form wissenschaftlicher Theorien bewirken, von einer Art sind, daß
pädagogische Reflexion gleichsam »unbeirrt« bleibt gegenüber dem, was sich an
sozialen Strukturen und Verhältnissen ändert. Hinzu kommt, daß es vielleicht bis zu
einem gewissen Grad unvermeidbar ist, daß die Reflexion erst aus einem gewissen
zeitlichen Abstand registrieren und verarbeiten kann, was in Zeiten von Brüchen und
Verwerfungen eigentlich geschehen ist. Das entbindet aber nicht von der Aufgabe,
zumindest zu versuchen, aufzuzeigen, wie mit den Umbrüchen der letzten Jahre ganz
neue soziale Konfliktlinien und -konstellationen entstanden sind, die nicht nur die
Aufgaben der pädagogischen Praxis verändern, sondern auch einer theoretischen
Erörterung und Diskussion bedürfen. Dazu sollen die nachfolgenden Überlegungen
einen Beitrag leisten. Sie widmen sich zunächst einer kritischen Betrachtung des
Topos der »europäischen Einigung«, versuchen dann, zumindest in Form einer »Faustskizze« die neuen sozialen Konfliktlagen zu beschreiben, die sich gegenwärtig als
Folge der Umbruchsituation identifizieren lassen und fragen schließlich nach dem
Beitrag und der Chance der pädagogisch Handelnden und Reflektierenden für ein
zukünftiges Europa.

2. Europa nach der »Wende«

In bezug auf Europa ist es üblich geworden, vor allem im Zusammenhang mit der
Europäischen Gemeinschaft vom »europäischen Einigungsprozeß« zu sprechen. In
diesem Kontext ist dann üblicherweise die Rede von den Hindernissen, die sich der
Realisierung der mit diesem Begriff bezeichneten Programmatik entgegenstellen;
von der Europamüdigkeit insbesondere nach Maastricht, von der vielgescholtenen
Expertokratie, von der Vorherrschaft des Ökonomischen, vom Demokratiedefizit,
von der Nachrangigkeit des Sozialen (DÄUBLER 1989); man kann über die Gewinner
und Verlierer dieses Prozesses - also über die sehr unterschiedlichen »Schicksale«
europäischer Regionen in diesem Prozeß - sprechen und über die Kräfte, die den
Prozeß der EG-isierung vorantreiben (HORNSTEIN 1992; 1993 (a)) und sie in der Revitalisierung des Kapitalismus auf einer neuen historischen Entwicklungsstufe sehen
(DEPPE/HUFFSCHMIDT/WEIMER 1989). Aber gerade die Aufzählung dieser Problem-
punkte macht zweierlei deutlich: Erstens die Tatsache, wie wenig dieses Europa der
Institutionen des gemeinsamen Binnenmarktes, der angestrebten Währungsunion und

politischen Union bisher eine soziale Realität ist bzw., hat (HORNSTEIN/MUTZ 1993). Daß dieses Europa - abgesehen davon, daß es im ganzen kein harmonischer Prozeß des Zusammenwachsens, sondern ein höchst konfliktreicher Prozeß ist - nur sehr bedingt soziale und vor allem politische Realität ist, zeigt sich vor allem in der politischen Ohnmacht angesichts der Bürgerkriege auf dem Balkan und im Kaukasus, an die man sich in der Zwischenzeit gewöhnt hat ebenso wie daran, daß es notwendig ist, aus aktuellem Anlaß, der in Europa liegt, Workshops zum Thema »Kinder und Krieg« abzuhalten. Der zweite Punkt liegt darin, daß es heute angesichts der eingangs erwähnten Sachverhalte faktisch unmöglich ist, sich beim Thema »Europa« auf die EG zu beschränken: seit den Ereignissen von 1989/1990 ist, was Europa betrifft, wir wissen es alle, eine völlig neue Lage entstanden. Während die EG-Politik noch damit beschäftigt ist, die sogenannte »Süderweiterung« zu verkraften, sind die Mauern gegenüber den mittel-, ost- und südeuropäischen Ländern gefallen, meldet sich ein Europa zu Wort, das jahrzehntelang im Zeichen des Kalten Krieges und der Konfrontation zwischen Ost und West stumm geblieben war. Diese Tatsache verbietet es, von Europa zu sprechen und die Europäische Gemeinschaft zu meinen. Zu bedenken ist dabei vor allem auch die Frage, ob und in welchem Sinne die EG den »Kern« einer europäischen Einheit bilden könnte, an den sich anderes anlagert. Zu bedenken ist dann, ob der europäische Einigungsprozeß, wie er bisher ablief, beispielhaft und prototypisch sein kann für Ost- und Mitteleuropa. Oder, so wäre dagegen zu fragen, ist die EG in so starkem Maße das Produkt einer bestimmten historischen Konstellation der Nachkriegszeit, des Kalten Krieges, der Ost-West-Konstellation der fünfziger Jahre, daß sie als Modell für ein künftiges, ganzes Europa völlig unbrauchbar erscheint? Aber kann man vielleicht trotzdem aus dem Beispiel EG lernen? Die Antwort auf diese Frage hängt unter anderem auch davon ab, ob und in welchem Maße man es für angebracht und zulässig hält, die Entwicklung der mittel- und osteuropäischen Länder im Modell einer nachgeholten Modernisierung, als Aufholen eines Modernitätsrückstandes zu sehen. In der pädagogisch vergleichenden Jugendforschung ist dieses Modell zu einem hochgehandelten Paradigma avanciert (kritisch dazu SCHEFOLD/HORNSTEIN 1993).

Ebenso problematisch ist es, wenn in solchen Zusammenhängen »kulturelle Traditionen« als Mittel der Problemlösung beschworen werden, kulturelle Traditionen also als ein Reservoir betrachtet werden, aus dem man schöpfen kann bei der Lösung der sozialen Probleme, mit denen uns die Gegenwart konfrontiert. Diese Sichtweise ignoriert den »dunklen« Aspekt, der mit der Berufung auf »kulturelle Traditionen« unvermeidlich verbunden ist. Und dieser »dunkle Aspekt« wird sichtbar, wenn man folgendes bedenkt: In Epochen des Umbruchs, und dies ist tagtäglich zu beobachten, wird Kultur zu einem hoch bedeutsamen Mittel der Selbstverständigung. Immer wenn Verhältnisse unüberschaubar, kompliziert werden und die Notwendigkeit entsteht, neue Ordnungen zu entwickeln, besteht die Tendenz, daß aus der Berufung auf kulturelle Traditionen »Traditionalismus« wird und dieser als ein Heilmittel gegen Ordnungsschwund in Anspruch genommen wird. Nationalismus und Rassismus treten unter solchen Verhältnissen als »Lückenbüßer« für verschwundene Ideologien in Kraft. Dafür gibt es Beispiele genug im Europa der neunziger Jahre.

Das Stichwort »kulturelle Traditionen« weist heute also eher auf eine gewaltige Problemlage hin, als daß es der Beruhigung darüber dienen könnte, daß es ja doch noch die guten alten Traditionen gäbe, auf die man sich vor allem auch in der Erziehung verlassen könne. In Wirklichkeit stellt sich die Frage, wie Menschen, die sich als Folge des verschwundenen äußeren Drucks und der damit verbundenen Labilisierung ihrer ethnischen, religiösen, kulturellen Unterschiedlichkeit neu bewußt werden - und in diesem Kontext auch alte Rechnungen begleichen! - miteinander leben können. Der Hinweis auf »kulturelle Traditionen« ist heute also eher ein Hinweis auf ein gewaltiges Problem- und Konfliktpotential als auf »Lösungen«.

3. Neue Konfliktlinien - und die Aufgaben der Erziehung

Die soziale Wirklichkeit unserer Tage, unseres Europas ist sicherlich nicht diejenige eines kontinuierlichen Wandels, etwa hin zu einer »europäischen Einigung«, sondern sie ist bestimmt vor allem durch einen Prozeß des geschichtlichen Umbruchs, der alles durcheinanderwirbelt, der neue, unerwartete, überraschende Situationen schafft und geschaffen hat; es ist eine Situation, die Irritationen erzeugt und Hoffnungen geweckt hat, die immer wieder enttäuscht wurden, in der es Befürchtungen, Ängste gibt, eine Situation auch, in der jeder mit sich selbst beschäftigt ist - obwohl auf einmal alles »offen« ist und doch vieles nicht möglich.

Vor diesem Hintergrund sollen einige der sozialen Konfliktlagen, die mit dieser Situation des Epochenbruchs zusammenhängen, herausgestellt werden und zwar solche, von denen anzunehmen ist, daß sie für die Aufgaben der Erziehung wichtig sind. Es ist risikoreich, dies jetzt zu tun, in einem Moment, der durch Unübersichtlichkeit, Nichtabgeschlossenheit, durch Prozesse der »Gärung« gekennzeichnet ist. Es gibt noch keine Strukturen eines neuen Europas, einer neuen Ordnung; wir befinden uns vielmehr mitten drin im Prozeß der Umgestaltung des Alten zu etwas Neuem, von dem wir noch nicht wissen, welche Gestalt es einmal annehmen wird, ja, es scheint gegenwärtig überhaupt nicht sicher, ob sich aus den gegenwärtigen Turbulenzen jemals wieder stabile, dauerhafte Strukturen einer Welt- und Gesellschaftsordnung ergeben werden. Kein Wunder also, daß allenthalben von einer »Orientierungskrise« die Rede ist. Möglich und dringend notwendig ist es aber, die Umbruchprozesse, deren Zeuge wir sind, und innerhalb derer wir uns in vielfältigen Formen, planend, handelnd, verwaltend, forschend bewegen, wahrzunehmen und zu verstehen.

Diese neuen sozialen Konfliktlinien sind bestimmt - erstens - durch den Zusammenprall von »Altem« und »Neuem«, von »Eigenem« und »Fremdem« und durch die Notwendigkeit, mit neuen Formen von Komplexität und Pluralität umgehen zu lernen (und zwar im Westen wie im Osten!): Es trifft sicher einen wesentlichen Punkt der gegenwärtigen Situation in Europa, wenn darauf hingewiesen wird, daß als Folge des gegenwärtigen Epochenbruchs, das duale, polare Denk- und Orientierungsmuster, das Denken in Form des »Entweder - Oder« (BECK 1993) abgelöst wird durch ein solches des »Und«, des »Sowohl als auch« und daß an die Stelle des Zeitalters des »Schwarz-Weiß« ein solches der Zwischentöne, der Uneindeutigkeit, des Offenen, ja des Chaos getreten ist. Vieles spricht dafür, daß wir uns in einer historischen

Umbruchsituation befinden, die am ehesten vergleichbar ist mit dem historischen Bruch, den die Französische Revolution darstellte.

Das hat gewaltige Konsequenzen für das, was Erziehung zu leisten hat. Erziehung braucht Ordnung sowohl als Bezugspunkt erzieherischen Handelns wie als Medium als Medium pädagogischen Tuns. Wenn die Welt aus ihren Fugen gerät, ist Erziehung in der alten Form nicht mehr möglich, - es sei denn um den Preis des Verdrängens dessen, was an Neuem, noch Ungestaltetem, Unbewältigtem in die Welt der Erziehung eindringt. Wie folgenreich dies ist, wird deutlich, wenn wir uns vergegenwärtigen, daß wir gar nicht anders können als sowohl das Soziale wie das Erzieherische immer in bezug auf Strukturen, Ordnungen, Normen zu sehen und entsprechend zu handeln. Immer brauchen die Aufgaben sozialer und pädagogischer Art einen ordnenden und strukturierenden Rahmen, ob wir uns dessen bewußt sind oder nicht.

Es ist also zu fragen, was es für die Erziehung heißt, wenn hergebrachte Ordnungen, die die Welt übersichtlich gliederten und strukturierten, zerbrechen, sich auflösen, wenn krisenhafte Umbrüche an die Stelle treten, ob dies durch den Zusammenbruch der sozialistischen Systeme im Osten oder durch geplante Integrationsprozesse im Westen geschieht. Diese neue Situation hat ihre Realität vor allem in dem ganz neuen und weithin als Irritation, ja als Bedrohung empfundenen Zusammenprallen von Eigenem und Fremdem, von Altem und Neuem. Es ist eine Situation, in der alle mit allen in neue Beziehungen zueinander treten, eine Situation, die dazu zwingt, das Eigene neu zu definieren.

Die konkreten Vorgänge, die hier eine Rolle spielen, liegen auf der Hand: es sind die geöffneten Grenzen, die - zumindest auf der einen Seite - Angst machen; es ist die Konfrontation mit den anderen, es sind die Asyl- und Schutzsuchenden, die sich vor den Toren der als sicher geltenden Länder drängen, und es sind wirtschaftliche Abhängigkeiten und Probleme, die die Situation bestimmen. Vor allem was letzteres betrifft, ist es notwendig, sich zum Verständnis der heutigen Situation vor allem auch die ökonomische Lage und die daraus resultierenden Spannungsverhältnisse in Europa zu vergegenwärtigen; zentral wirken hier:
- das Bewußtwerden der krassen Unterschiede hinsichtlich wirtschaftlicher Prosperität, Lebensstandard, Lebensformen zwischen den westlichen und den mittel- und osteuropäischen Ländern;
- die aggressive Form der wirtschaftlichen »Besetzung«, wie wir es am Beispiel der östlichen Bundesländer erleben und die damit verknüpfte Zerstörung gewachsener Lebensformen;
- schließlich: unproduktiver Neid, soziale Desorientierung auf der einen Seite, und auf der anderen die mangelnde Bereitschaft, die Notwendigkeit des Teilens zu akzeptieren.

In der Bundesrepublik Deutschland, dem wirtschaftlich stärksten Land Europas, sind die Opfer dieser »Lösung« die Menschen, die - auf der Flucht vor unerträglichen Lebensverhältnissen - weg- und weitergeschoben werden (HORNSTEIN 1993). Die aus den beschriebenen Konstellationen resultierenden Probleme werden also mit einer neuen Form von Abschottung beantwortet. Die historische Phase, in der es im Zeichen der Blockbildung klare Grenzen gab zwischen dem Eigenen auf der einen Seite und dem Fremden auf der anderen, ist zu Ende. Und man sollte auch nicht vergessen, daß diese alte Situation zumindest für den Westen auch ihre Vorteile hatte: die Vorherrschaft der Sowjetunion im Osten hatte für den Westen das Gute, daß die Armen Osteuropas vom wohlhabenden Westen abgehalten wurden; zugleich war der Westen in der Lage, die Umstände zu beklagen, von denen er profitierte.

Nun hat sich die Situation radikal verändert: alle Abgrenzungen und Selbstdeutungen innerhalb einer geschlossenen polaren Struktur sind durch die Wirklichkeit ad absurdum geführt; und wir sehen, wie in Ost und wie in West die Notwendigkeit neuer Identitätsfindung zu den unterschiedlichsten »Lösungen« führt, zu Umdeutungen des Vergangenen und Mythen - und dies alles ist noch in vollem Gange. Wir sind deshalb Zeugen einer Art Interregnum, eines Momentes zwischen den Mythen; aber es zeichnet sich nirgends eine Idee, eine Vorstellung, ein Programm ab, von dem zu erwarten wäre, daß es eine neue Struktur, eine neue Ordnung mit sich brächte. Von der europäischen »Idee« ist selbst von denjenigen kaum mehr etwas zu hören, die im Namen dieser Idee, als sie von den Umständen her ganz und gar illusorisch schien, für ihre Verwirklichung kämpften. Heute erscheint die europäische Idee vor allem deshalb als Illusion, weil sie an verschiedenen Orten die verschiedensten Bedeutungen hat; es ist deshalb nicht zu erwarten, daß der Kontinent politische Homogenität und supranationale Stabilität gewinnt (Judt 1993). So bleibt im Augenblick vor allem die Notwendigkeit, mit der neuen Komplexität der Situation, mit der Unübersichtlichkeit und der pluralistischen Verworrenheit umgehen zu lernen.

Die neuen sozialen Konfliktlinien sind bestimmt - zweitens - durch das Wegbrechen von Existenzgrundlagen, durch Mentalitätsbrüche und das Fraglichwerden von Identitäten: Die Ereignisse von 1989 und den folgenden Jahren haben für die Menschen weitreichende Folgen, über deren Tragweite wir uns im Westen höchst unzureichende Vorstellungen machen. Diese Ereignisse haben - neben den wünschenswerten Effekten - vor allem drei tiefgreifende Konsequenzen gehabt:

- sie haben zur Vernichtung materieller Existenzen in tausendfacher Form geführt. Am ehesten ist uns im Westen dies - zumindest punktuell und ahnungsweise - aus den Ländern der ehemaligen DDR bekannt; die Zahlen der Erwerbslosen, die Betriebsstillegungen, die Einstellung und Vernichtung von Arbeitsplätzen dort sprechen eine deutliche Sprache; darüber, wie es in östlichen Ländern aussieht, erfahren wir nur wenig, aber es geschieht dort Ähnliches! Der Übergang von einer sozialistischen Planwirtschaft zur Marktwirtschaft westlichen Zuschnitts hat seinen Preis und fordert seine Opfer;
- aber es geht nicht nur um die Vernichtung materieller Existenzen, sondern es geht auch um die drastische Notwendigkeit für viele Menschen, einen neuen Lebensstil, neue Lebensperspektiven und Zukunftserwartungen zu entwickeln. Das bedeutet immer auch Umdeutung des Vergangenen, Revision und neue Identitätsfindung. Dies, also die Revision altvertrauter Vorstellungen und die Notwendigkeit, sich selbst neu zu verorten -dies sind die Themen unserer in den Wirbel eines gewaltigen gesellschaftlichen und geschichtlichen Umbruchs hineingerissenen Europas. Das erzeugt Mentalitätsbrüche tiefgehender Art, die verkraftet werden müssen. Doch Lebensstile und Mentalitäten ändern sich nur langsam; sie

sind an die Voraussetzung neuer Erfahrungen gebunden, und daran haben sowohl
das reale alltägliche Leben wie die Erziehung ihren Anteil;

• schließlich aber geht es auch und zwar in einem ganz dramatischen Sinn um
Konfrontation und Begegnung unterschiedlicher Mentalitäten, also nicht nur um
Mentalitätsbrüche beim Individuum, sondern auch um die Begegnung und Konfrontation unterschiedlicher Mentalitäten. Es stoßen heute, in den Ländern der
ehemaligen DDR, in den Begegnungen zwischen Ost und West höchst unterschiedliche Mentalitäten aufeinander, die das Ergebnis verschiedenartiger kollektiver Lernprozesse sind (HORNSTEIN 1993 (a)), Mentalitäten, die in Jahrzehnten erworben, erlernt und in Handeln umgesetzt wurden; es stoßen Lebensge-
schichten aufeinander und auf die Ergebnisse des Lernens, die höchst unterschiedlich sind. Auch dies stellt eine gewaltige Herausforderung für die Erziehung dar:
Kinder wachsen in Verhältnisse hinein und arrangieren sich mit ihnen, denen
Eltern aufgrund ihrer Biographie fremd und ablehnend, zumindest verständnis-
los gegenüberstehen. Eltern und Erzieher sollen Kinder auf eine Welt vorbereiten, die ihnen selbst verwirrend, unsicher, unüberschaubar, bar jeder Vertrautheit
erscheint. Wiederum stellt sich die Frage, wie Erziehung in einer Situation stattfinden kann, die durch das Wegbrechen aller alten Sicherheiten und identitäts-
verbürgenden Gegebenheiten gekennzeichnet ist. Was sich als Antworten auf diese
Situation anbietet, etwa die Konzepte der »multikulturellen Erziehung«, der »interkulturellen Erziehung« wie sie vor allem im deutschsprachigen Gebiet diskutiert
und entwickelt worden sind, gehen häufig von einer eher verharmlosenden Definition der Problematik aus, um die es hier geht!

Die neuen sozialen Konfliktlinien sind weiterhin bestimmt - drittens - durch Rassismus, Nationalismus und Fundamentalismus als Lückenbüßer und Ersatz für das ideologische Vakuum nach dem Zusammenbruch des Sozialismus: Es ist immer wieder
konstatiert worden: wir leben in einer Epoche, die durch den Zusammenbruch der
großen Utopien und Ideologien bestimmt ist. Utopien und »Programme« - man mag
sie bewerten, wie immer man will, sind strukturierende und formende Kräfte, und
das gilt auch und nicht zuletzt für die Erziehung und die Bewältigung der sozialen
Aufgaben und Problemlagen. Die Idee der »entwickelten sozialistischen Gesellschaft«,
die Programmatik und Leitvorstellung einer »allseits gebildeten sozialistischen Persönlichkeit« - dies alles hat, zumindest auf einer äußerlich-strukturellen Ebene, Solidarität und Zusammenhalt, wenn auch im Gleichschritt, wenn nicht garantiert, so
doch als Rahmen zur Verfügung gestellt.

Heute sind diese Programmatiken zerbrochen; das Vakuum, das dadurch entstanden ist, wird an vielen Orten ausgefüllt durch Angebote, die man als kompensatorische betrachten kann; sie beanspruchen, und bewirken dies wohl auch häufig,
daß sie die Leere ausfüllen, die übriggeblieben ist. Vielleicht ist es unzulässig, hier
rassistische, nationalistische und fundamentalistische Bestrebungen in einem Atemzug zu nennen; in Wirklichkeit spielen hier sehr unterschiedliche historische und
nationale Traditionen und Geschichten eine große Rolle; aber was ihre Funktion betrifft, so ist es vielleicht doch gerechtfertigt, ihre Ersatzfunktion besonders zu betonen.

Die Ausdrucksformen, in denen dies zum Vorschein kommt, sind vielgestaltig: in Deutschland müssen wir feststellen, daß nationalistische und neonazistische Töne und Handlungsweisen laut geworden sind, die sich aus fragwürdigsten Traditionen speisen; in den osteuropäischen Ländern wird die Wirkung des Kommunismus verdrängt, und es kommen alte Verhältnisse, die das sozialistische Regime in den Hintergrund verwiesen hatte, wieder hervor; und das heißt auch: alte Rechnungen, alte Gefühle, Feindschaften, Bündnisse, ungelöste Probleme kommen zum Vorschein.

Wie ist da, unter solchen Bedingungen Erziehung möglich? Also in einer Situation, die auf der einen Seite gekennzeichnet ist durch die Konjunktur identitätsverbürgender partikularistischer Ideologien, auf der anderen Seite aber zugleich durch die Ansprüche und Bedingungen einer »Mondialisierung«, wie die französische Diskussion sagt, also durch Ansprüche, die sich daraus ergeben, daß die Welt immer enger wird, daß Abhängigkeiten, Bezüge, Angewiesenheit in einem weltumspannenden, Nationen, ja Kontinente übergreifenden Bezugssystem entstehen? Dies muß wahrgenommen, bewältigt, gelebt werden! Vor diesem Hintergrund scheint die Spannung zwischen der Tendenz zu partikularistischen, regional ausgerichteten Identitäten und einer sich universal ausbreitenden Kultur (MICHAEL JACKSON in Moskau!), die sich unabhängig von nationalen und regionalen Gegebenheiten ausbreitet, eines der zentralen Spannungsmomente in diesem ausgehenden Jahrtausend.

Schließlich sind die neuen Konfliktlinien, was die ökonomisch-soziale Dimension betrifft, bestimmt - viertens - durch einen sich radikalisierenden und in den vielfältigsten Formen sich mit den alten Wirtschafts- und Sozialformen verbindenden marktwirtschaftlichen Kapitalismus: Der Versuch einer pädagogischen Gegenwartsanalyse kann - selbst wenn es sich nur um eine ganz grobe Faustskizze handeln kann - nicht absehen von der Tatsache, daß die Gegenwart in Europa gekennzeichnet ist durch die Ausbreitung industriekapitalistischer Wirtschafts- und Sozialformen, die sich an die Stelle sozialistisch geprägter Verhältnisse setzen.

Aber dieser Vorgang unterscheidet sich, was seine konkreten Ausprägungen betrifft, von Gesellschaft zu Gesellschaft so stark, und die Verbindungen, die die Marktwirtschaft mit den herkömmlichen Wirtschafts- und Sozialformen, den Überresten der sozialistischen Planwirtschaft aber auch älteren Traditionen, eingeht, sind so vielfältig und vor allem: was hier geschieht ist noch so wenig faßbar, in seinen Verläufen dokumentiert und im Ergebnis absehbar, daß wenig mehr bleibt als ein Hinweis auf diesen Aspekt des Umbruchs, dessen Zeuge wir sind. Es gibt praktisch für kaum ein Land oder eine Region Analysen darüber, in welcher Form der moderne Industriekapitalismus Verbindungen eingeht mit nationalen Sozialformen und kulturellen Traditionen, welche Amalgame entstehen und zu welchen neuen sozialen Formen und Konfliktlagen dies führt.

In diesem Zusammenhang wird deutlich, wie eng die westliche Modernisierungsdebatte mit ihren aktuellen Stichworten, die uns als Verständigungschiffren über die gesellschaftliche Situation dienen, an die spezifischen Verhältnisse der westlichen Industriegesellschaften gebunden sind und wie ethnozentrisch die Kategorien und Denkformen sind, mit denen wir im Westen unsere gesellschaftliche Gegenwart beschreiben. Das gilt für so gut wie alle Begriffe und Kategorien, die in diesem Zusammenhang die Diskussion bestimmen: für den Begriff der »partiellen Modernisierung«

(HORNSTEIN/MUTZ 1993) wie den der »gesellschaftlichen Individualisierung« (BECK 1986; 1993), für den Begriff der »Risikogesellschaft« (BECK 1986), oder der »Erlebnisgesellschaft« (SCHULZE 1991).

Diese Vielfalt, Unübersichtlichkeit und Unabgeschlossenheit in den Entwicklungen zeigt sich auch in bezug auf die Frage, was dies für die Wahrnehmung, Definition und Bearbeitung sozialer und pädagogischer Problemlagen und den Umgang mit ihnen bedeutet. In den westlichen Ländern hat die an die Kapitalismus-Kritik anschließende sozialpädagogische Diskussion ihre Topoi gefunden, und sie bestimmen seit langem die Diskussion. Es geht dabei um den marginalen Stellenwert und die Randstellung des Sozialen in einem auf Profitmaximierung ausgerichteten System, um die Funktionsbestimmung des Sozialen als »Abfederung« der problematischen lebensweltlichen Auswirkungen solcher Prozesse, um das Spannungsverhältnis von Hilfe und sozialer Kontrolle, die Stigmatisierungsprobleme, um die Rolle, die Versorgung und Betreuung der »Opfer« der Modernisierung spielen und anderes. Aber heute wird mehr denn je die Gebundenheit dieser Kategorien an die Verhältnisse der industriekapitalistisch verfaßten Länder Westeuropas sichtbar und dies gilt auch für die neuere Diskussion, die sich gezwungen sieht, angesichts der »Grenzen der Wohlfahrtsgesellschaft« (BÖHNISCH 1994) in einer neuen Weise nach Selbstverständnis und Funktion der Sozialpädagogik zu fragen.

Die grobe Skizze eines Kontinents im Umbruch zeigt: die Situation der Erziehung heute kann kaum anders denn als Dilemma-Situation begriffen werden. Es sind Dilemmata, vor denen alle Länder Europas stehen, - im Osten wie im Westen - und je mehr sie als gemeinsame erkannt und anerkannt werden, je mehr also ein gemeinsames Bewußtsein der gegenwärtigen Problemlage entsteht, können auch Austausch, Kommunikation und Problemsensibilisierung und -lösung zustandekommen. Diese Dilemmata lassen sich in folgende Fragen kleiden:

1. Wie kann Erziehung die Aufgabe der Vermittlung eines Welt- und Gesellschaftsbildes und der Orientierung in der Welt erfüllen, wenn die Epoche, in der wir leben, durch eine allgemeine Orientierungskrise bestimmt ist?
2. Wie kann Erziehung Lebensperspektiven und Lebenszuversicht vermitteln in einer Epoche, die durch die weitreichende Zerstörung von Lebensgrundlagen, von Identitäten und durch Mentalitätsbrüche gekennzeichnet ist?
3. Wie kann Erziehung kulturelles Zusammenleben und Solidarität der Menschen untereinander befördern in einer Epoche, in der die Rückkehr zu Traditionalismus und ethnozentrischen Orientierungen bis hin zum Programm der »ethnischen Säuberung« als kompensatorische Stabilisierung für verlorengegangene Sicherheiten ihre Funktion hat? Wie kann Erziehung eine selbstbestimmte, kritische, gegen Ausbeutung und Imperialismus widerständige Persönlichkeit befördern in einer Epoche, in der ein aggressiver Industriekapitalismus das Feld besetzt?

4. Perspektiven: einander wahrnehmen - voneinander lernen - miteinander handeln

Was ergibt sich aus diesem Szenario der sozialen Konfliktlagen und ihrer gesellschaftlichen Hintergründe für die Erziehung, insbesondere für die Aufgaben der Erziehung für Kinder und Jugendliche in schwierigen Lebensverhältnissen? Was ist zu tun? Was können wir tun in einer Situation, in der wir uns die Frage stellen müssen, wie Erziehung überhaupt noch möglich und begründbar ist angesichts einer Krise, die auch eine Krise der zivilisatorisch erreichten Selbstverständlichkeiten, des zivilisatorisch erreichten Standes auf diesem Kontinent ist?

Sicherlich sind wir alle realistisch und auch bescheiden genug, um zu wissen, daß Erziehung nicht die Welt verändern und nicht die gesellschaftlich-politischen Probleme lösen kann, die heute auf der Tagesordnung stehen, und dabei geht es ja heute um nichts weniger als um eine neue Ordnung in diesem unseren Kontinent. Aber abgesehen von der Tatsache, daß Erziehung immer stattfindet und sie von den Umständen Kenntnis nehmen muß, unter denen sie geschieht und es nicht gleichgültig ist, in welcher Weise sie sich auf sie bezieht - also abgesehen davon, gilt auch folgendes: wir sollten nicht nur fragen, welche Chancen die sich unter Ächzen und Würgen - möglicherweise - bildende neue Formation Europa für das Soziale und Pädagogische enthält, sondern umgekehrt ist zu fragen: welche Chance sind wir als sozial und pädagogisch reflektierende Menschen für Europa? Was können wir beitragen und geltend machen? Wie uns einmischen? Wie an der Entstehung einer neuen Ordnung mitwirken?

Als erstes: generell und vor allem anderen scheint mir wichtig, daß wir, das gilt vor allem für uns aus dem Westen, (weil es im Osten gleichsam von selbst, durch den Gang der Ereignisse erzwungen wird!) uns für das völlig Neue der Situation öffnen und bereit sind, diese anzuerkennen. Es hilft nichts: nichts ist mehr wie früher, auch wenn es so aussieht! Es kommt darauf an, die alten Denkmuster und Schemata, die Orientierungsmuster, mit denen wir die Welt bisher gesehen haben, und die nicht zuletzt auch unsere Sicht und Praxis der Erziehungsaufgaben bestimmen, auszuräumen und uns um ein Verständnis der Welt, wie sie heute ist, zu bemühen. Dabei geht es vor allem darum, einander wirklich wahrzunehmen. Kennenlernen des anderen, Wissen um seine Situation, Verstehen seiner Probleme - das sind die Schritte, die hier notwendig sind:

Einander wahrnehmen! Wahrnehmen des anderen erfolgt nicht gleichsam unvoreingenommen, interesselos, sondern immer im Rahmen einer leitenden Perspektive. Vom Westen aus gesehen hat sich eine problematische Perspektive herausgebildet, unter der die angenommene und prognostizierte Entwicklung in Mittel- und Osteuropa betrachtet wird. Ich nenne es das Modell der nachgeholten Modernisierung. Leitend ist die Vorstellung, daß es im wesentlichen um das Nachholen eines auf einer früheren Stufe stehengebliebenen Modernisierungsprozesses geht. Dieses Modell schmeichelt dem westlichen Bewußtsein. Aber es ist höchst problematisch, weil es zweierlei außer Acht läßt: einmal die Tatsache, daß Modernisierungsprozesse, wie wir alle wissen, höchst unterschiedlich verlaufen und daß sie höchst unterschiedliche Formen der Symbiose mit gewachsenen nationalen kulturellen Traditionen und sozialen Strukturen eingehen (HORNSTEIN/MUTZ 1993); dies heißt, daß jedes Land seinen Weg in die Zukunft geht und gehen muß und daß es für die auf diesem Weg liegenden sozialen und pädagogischen Probleme und Aufgaben seine Lösungen finden muß; zum zweiten aber übersieht diese Perspektive, wenn sie zur Grundlage der Empfehlung zur Nachahmung wird, die sozialen Folge- und Nebenkosten einer nach den Prinzipien des Kapitalismus organisierten Marktwirtschaft, wie wir sie im Westen praktiziert haben und weiterhin praktizieren.

Für uns im Westen gibt es keinen Grund, zu sagen: ihr seid noch nicht soweit, ihr müßt auch dahin kommen, wo wir sind, deshalb lernt von uns, wie man es macht! Es kann nicht darum gehen, einseitig ein Gefälle aufzufüllen; es geht auch darum, durch Kenntnisnehmen des anderen das Eigene in seiner Relativität und negativen Kehrseite und Abhängigkeit zu erkennen, und dadurch sich zu öffnen für Veränderung und Alternativen. Es ist dies ein Weg, sich aus den Fesseln des Althergebrachten zu lösen.

Dabei ist allerdings zweierlei zu bedenken: Erstens gilt es, einen Weg zu finden zwischen (maßstabsloser) Gleichbewertung alles Denkbaren nach dem Motto: alles ist gleichviel und gleich gut und gleich viel wert!, wenn es nur der jeweiligen Kultur entspricht (vgl. dazu die sehr kritische Auseinandersetzung mit dieser Position bei FINKIELKRAUT 1989) und der überheblichen, mit imperialistischer Gebärde vorgetragenen und proklamierten Festlegung der eigenen Werte als letztlich allen anderen überlegenen. Zweitens zeigt sich schon bei Diskussionen im Zusammenhang mit der »Süderweiterung der EG«, daß sich die verschiedenen Länder, hier diejenigen in Südeuropa, auf höchst verschiedenen Modernisierungspfaden und, daraus resultierend, in höchst unterschiedlichen Interessenlagen befinden. In den nördlichen und westlichen Industrieländern ist die Erfahrung der Krisenhaftigkeit, des Risikocharakters der modernen Industriegesellschaft zu einem wesentlichen Bestandteil des öffentlichen Bewußtseins geworden mit der Folge der Problematisierung des »industriellen Entwicklungsparadigmas« (BRAND 1982). In den süd- und osteuropäischen Ländern geht die Entwicklung dahin, diesen fortgeschrittenen Stand der Industrialisierung allererst zu erreichen - und dies wird als wünschenswert angesehen. An diesem Beispiel wird deutlich, wie notwendig es ist, die ethnozentrische Fixierung der eigenen Kategorien und Denkformen zu erkennen und sie nicht zum Maßstab aller Dinge zu machen!

Darüber hinaus geht es aber nicht nur um Perspektiven der Wahrnehmung, sondern auch um deren Inhalte, also um die Frage, was wir voneinander wissen. Beschämend wenig, muß man sagen. Gerade wenn man auf Fachliteratur im engeren Sinn schaut, die innerhalb der Sozialarbeit und Sozialpädagogik sich in einer komparatistischen oder grundsätzlich-systematischen Form mit diesen Problemen befaßt, dann gibt es einen höchst dürftigen Stand zu registrieren (im Sinne von ersten Ansätzen sind zu nennen: BAUER/THRÄNHARDT 1987; das Themenheft »Sozialarbeit in Europa« der Zeitschrift Brennpunkte Sozialer Arbeit, 1990; RAUSCH 1991; HAMBURGER 1991; WÖBCKE 1991; BAUER 1992; MÖLLER 1993).

Voneinander lernen! Kann man (was?) voneinander lernen, trotz Anerkennung der Verschiedenheit, gibt es Möglichkeiten des Austauschs? Auch wenn die Wege der Entwicklung so verschieden sind? Gibt es sogar wie im technischen Bereich auch in dem der Erziehung so etwas wie einen »Technologie-Transfer«, also einen Transfer von Erfahrungen, von Wissen und Können bei der Lösung von Erziehungs- und Integrationsproblemen? Vom Westen nach Osten? Sicherlich können wir voneinander lernen, und wir müssen dies tun, vor allem deswegen, weil die Krise und der Epochenbruch, von dem die Rede war, uns alle betrifft. Die Vorstellung, als ob das Feld der Sozialarbeit und Sozialpädagogik eine kulturell homogene, sichere, in sich ruhende, stabile Gesellschaft sei, - diese Vorstellung ist heute auch für die Länder Westeuropas überholt, wirklichkeitsfremd und anachronistisch! Daß nichts mehr ist wie früher, gilt auch für den Westen, und diese Erkenntnis stellt den Boden und die Basis dafür dar, daß wir in ein Gespräch darüber eintreten, wie die Probleme zu lösen sind, die sich angesichts dieser geschichtlichen Herausforderung stellen.

Und zweitens: so unterschiedlich die Wege sind und sein werden, auf denen Gesellschaften ihren Weg gehen, so gibt es doch Phänomene und Tendenzen, die so eng mit jeglicher Form von Modernisierung und Industrialisierung verbunden sind - und daß die östlichen Länder in diesen industriekapitalistischen Konkurrenzkampf hineingezwungen werden, scheint unvermeidlich - daß man über sie in ein gemeinsames Gespräch eintreten kann. Ich sehe dabei einmal ab von den akuten Problemen, wie sie durch die kriegerischen Auseinandersetzungen im ehemaligen Jugoslawien und anderswo zu lösen sind, und beschränke mich auf Entwicklungen, die langfristig mit den derzeit absehbaren politischen Tendenzen verbunden sind; es geht also um die Frage: womit können und müssen die Menschen rechnen, wenn Marktwirtschaft und Kapitalismus als beherrschende Größen wirksam werden? Und welche Erfahrungen haben wir, als die am weitesten entwickelten kapitalistischen Industrieländer gemacht, die man möglicherweise weitergeben kann? Was sind die typischen, durch hochentwickelten Industriekapitalismus zustandekommenden sozialen Problemlagen im Zusammenhang mit der sozialen Integration der nachwachsenden Generation und wie haben »wir« darauf reagiert, d.h. sie bearbeitet?
Zu denken ist dabei an folgende Entwicklungen:
* an den Strukturwandel der Familie im Sinne und in Richtung einer Erosion der Normalfamilie und an die Pluralisierung der Familienformen;
* an die Neudefinition der Jugendphase im Sinne der Betonung der Jugend als einer Qualifizierungsphase, in gleicher Weise für männliche wie weibliche Jugendliche und an steigende Leistungsanforderungen;
* an die Produktion und Ausweitung von Randgruppen als die negative Seite der Qualifizierungsanforderungen und die Entstehung sozialer Problemgruppen;
* an Prozesse der Individualisierung und Subjektivierung: Prozesse der gesellschaftlichen Individualisierung sind mit der Erosion soziokultureller Milieus, mit beruflicher Mobilität, mit Urbanisierung offensichtlich notwendig verbunden; das führt zur Biographisierung der Jugendphase, zu Subjektivierung im Sinne der Notwendigkeit, kindliche und jugendliche Bedürfnisse stärker zu berücksichtigen;
* Modernisierungsprozesse führen, in welcher Form immer sie stattfinden, stets auch zur Entstehung neuer Altersgruppen und -phasen: der »Kids«, der jungen Erwachsenen...

Austausch und Gespräche vor dem hier skizzierten Hintergrund könnten auch die Funktion haben, uns vor »falschen« Lösungen zu bewahren, zumindest gegenüber solchen zu sensibilisieren.
Sicher sind Konzepte, wie sie in der Fachdiskussion im Westen in den vergangenen Jahren erarbeitet wurden und die Diskussion beherrscht haben, wie etwa das Konzept der »Lebenswelt« nicht einfach auf andere soziokulturelle und politisch-ökono-

mische Verhältnisse zu übertragen. Aber indem über solche Konzepte diskutiert wird, wird ihre Relativität, ihre Angewiesenheit auf den Ursprungskontext deutlich, und daraus kann man lernen. Das gilt auch für die Reflexion auf die gewaltigen Auswirkungen, die die jetzige Situation des Zusammenbruchs der Orientierungen (im Osten des Sozialismus, im Westen in Gestalt der Erosion geschlossener soziokultureller Milieus) für die Aufgaben und das Selbstverständnis der Erzieherinnen und Erzieher hat. Sie können sich - und dies gilt für Ost und West - nicht mehr als Repräsentanten einer von allen anerkannten als verbindlich angesehenen Wertordnung verstehen, sondern sie müssen selbst, und nur sie allein für Sinn und Perspektive sorgen; sie können nicht lediglich etwas repräsentieren, was unabhängig von ihnen Geltung und Richtigkeit hat, sondern dies alles lastet auf ihnen!

Miteinander handeln! Schließlich ergibt sich aus alledem auch die Notwendigkeit des gemeinsamen Handelns in Richtung einer »Internationale des Sozialen und Pädagogischen«. Zuerst muß sich dieses gemeinsame Handeln darauf richten, im Prozeß der allmählichen Herausbildung neuer Strukturen und Ordnungen den Stellenwert und die Funktion des Sozialen und Pädagogischen neu zu bestimmen und gesellschaftlich-politisch zur Geltung zu bringen! Dies ist nicht zuletzt Sache derjenigen, die in diesem Feld arbeiten. Diese Neubestimmung ist heute aber, wie so vieles andere, nicht mehr möglich auf nationaler Ebene, sondern nur, indem wir über den Zaun blicken und Austausch und Kommunikation suchen. Dieses Miteinander handeln ist selbstverständlich auf Koalitionen angewiesen. Erfahrungen im Rahmen der EG zeigen die Probleme einer als Sozialbürokratie auftretenden »Sozialpolitik von oben« und deren Disfunktionalität angesichts der Wirklichkeit sozialer Probleme. Notwendig ist eine »Sozialpolitik von unten«, die sich mit zivilgesellschaftlichen Zusammenschlüssen und Gruppierungen (MICHALSKI, 1989; KEANE 1988) als Vehikel des Transports und des Geltendmachens sozialer Programme verbündet. Zu denken ist in diesem Zusammenhang an soziale Bewegungen, Selbsthilfegruppen, Bürgerinitiativen und viele andere Formen der sozialen und politischen Einmischung als soziale Kräfte.

Wir befinden uns in einer historischen Umbruchsphase, von der wir noch nicht wissen, zu welchen Ergebnissen sie führt und wie der Kontinent, den wir bewohnen, am Ende aussehen und welche Gestalt das, was wir Europa nennen, haben wird. Erziehung kann nicht warten, bis sich die Ergebnisse abzeichnen; sie findet täglich statt, und zumindest zum Teil hängt es auch von ihrer Praxis ab, zu welchen Resultaten das, was sich heute an Umbruch und Krise darstellt, führt. Zugleich ist es aber notwendig, die Herausforderung, die in der gegenwärtigen Umbruchsituation für eine neues Verständnis der Erziehungsaufgaben steckt, auch in der erziehungswissenschaftlichen Reflexion zu erkennen und zu bearbeiten.

Literatur

BAUER, R. (Hrsg.): Sozialpolitik in deutscher und europäischer Sicht. Rolle und Zukunft der Freien Wohlfahrtspflege zwischen EG-Binnenmarkt und Beitrittsländern. Weinheim, 1992
BAUER, R./THRÄNHARDT, A.-M. (Hrsg.): Verbandliche Wohlfahrtspflege im internationalen Vergleich. Opladen, 1987
BECK, U.: Risikogesellschaft. Auf dem Weg in eine andere Moderne. Frankfurt/M., 1986

BECK, U.: Die Erfindung des Politischen. Frankfurt/M., 1993

BÖHNISCH, L.: Gespaltene Normalität. Lebensbewältigung und Sozialpädagogik an den Grenzen der Wohlfahrtsgesellschaft. Weinheim und München, 1994

BRAND, K.-W.: Neue soziale Bewegungen. Opladen, 1982

DÄUBLER, W. (Hrsg.): Sozialstaat EG? Die andere Dimension des Binnenmarktes. Gütersloh (Bertelsmann Stiftung), 1989

DEPPE, F./HUFFSCHMIDT, J./WEIMER, K.P. (Hrsg.): Projekt Europa. Politik und Ökonomie in der euorpäischen Gemeinschaft. Köln, 1989

FINKIELKRAUT, A.: Die Niederlage des Denkens. Reinbek bei Hamburg, 1989; franz. Originalausgabe Paris, 1987

HAMBURGER, F. (Hrsg.): Sozialarbeit in Deutschland und Spanien. Rheinfelden-Berlin, 1991

Heft »Sozialarbeit in Europa« der Zeitschrift »Brennpunkte sozialer Arbeit« Neuwied, 1990

HENGST, H. (Hrsg.): Kindheit in Europa. Zwischen Spielplatz und Computer. Frankfurt/M., 1985

HORNSTEIN, W.: Konsum total? - Chancen und Risiken des EG-Binnenmarktes für die Jugend. In: Zs. Kind Jugend Gesellschaft. Zeitschrift f. Jugendschutz 37. Jg. (1992), S. 66-71

HORNSTEIN, W.: Fremdenfeindlichkeit und Gewalt in Deutschland. Über Tabus in der öffentlichen Thematisierung und über die Notwendigkeit gesellschaftlichen Lernens. In: Zeitschrift für Päd. 30. Jg. (1993 (a)), S. 1-16

HORNSTEIN, W.: Auf dem Weg zu einer europäischen Jugendpolitik. Über Möglichkeiten und Grenzen einer europäischen Politik für die Jugend. In: Zs. Kind Jugend Gesellschaft. Zeitschrift für Jugendschutz 38. Jg. (1993 (b)), S. 3-6

HORNSTEIN, W./MUTZ, G.: Die europäische Einigung als gesellschaftlicher Prozeß. Soziale Problemlagen, Partizipation und kulturelle Transformation. Baden-Baden, 1993

JUDT, T.: Die Vergangenheit ist ein anderes Land. Neue und alte politische Mythen im Nachkriegseuropa. In: FAZ, 4. Sept. 1993, Nr. 205/1993

KEANE, J. (Hrsg.): Civil society and the State. New European Perspectives. London, 1988

MICHALSKI, K. (Hrsg.): Europa und die Civil Society. Castelgandolfo-Gespräche 1989. Stuttgart, 1989

MÜLLER, B.: Das Soziale und die Fremden. In: Neue Praxis, 1+2/93, S. 1 ff.

RAUSCH, Ch.: Drogenarbeit und Drogenpolitik in Europa. Rheinfelden-Berlin, 1991

RUHLOFF, J.: Kulturbegegnung als Herausforderung an Bildung und Erziehung. Überlegungen im Hinblick auf »Europa 1993«. In: Zeitschrift für Päd. 38. Jg. (1992), S. 345-356

SCHEFOLD, W./HORNSTEIN, W.: Pädagogische Jugendforschung nach der deutsch-deutschen Einigung. In: Zeitschrift für Pädagogik 39. Jg. (1993), S. 909-930.

SCHULZE, G.: Die Erlebnisgesellschaft. Kultursoziologie der Gegenwart. Frankfurt/New York, 1992

WÖBCKE, M. (Hrsg.): Sozialarbeit in Irland. Rheinfelden-Berlin, 1991

Robert Soisson

Aspekte internationaler Arbeit im Bereich der Heimerziehung

Residential Care: International Aspects

The lobbywork in the intrest of children and youth, the defence of their rights as well as the struggle about an expansion of their possibilities of participation are long since an international matter of concern. The konvention of the united nations about the rights of children is a milestone in the work of international organisations wich speak up for better living conditions of children since many years. In this essay are the most important organisations introduced and their relevance for contential and practical developement of educational service concepts esspecially for residential care are pointed out. In adition are opertunities and limits of an international co-operation described as well as the practice of an econ exchange of experience.

1. Die FICE: Entstehung, Entwicklung, Struktur, Programm, Perspektiven.

Auf der 2. Generalversammlung der UNESCO nach dem 2. Weltkrieg wurde in einer Resolution die Untersuchung der Situation der kriegsgeschädigten Kinder gefordert. Gleich entbrannte eine Diskussion um den Begriff »kriegsgeschädigt«, jedoch einigte man sich auf folgende Definition: »Unter kriegsgeschädigten Kindern und Jugendlichen sind nicht nur diejenigen gemeint, die unmittelbar kriegerische Ereignisse, Evakuierung oder Flüchtlingslagersituationen erlebt haben. Es sind auch solche verstanden, deren Familienleben irgendwie durch den Krieg und seine Auswirkungen zerstört wurde« (KNÖPFEL-NOBS, 1992).

Ich zitiere deswegen so ausführlich, da wie wir später sehen werden, die Probleme der Nachkriegszeit nach 50 Jahren wieder aktuell werden und die FICE sich verstärkt wieder dieser Problematik zuwenden wird. Ich denke dabei an den Bürgerkrieg in Jugoslawien aber auch an die kriegerischen Auseinandersetzungen in Ruanda und anderen Gebieten in der Welt.

Neben den direkten physischen Auswirkungen wie Tod, Verstümmelung und Unterernährung hatte der 2. Weltkrieg auch erhebliche Auswirkungen auf die psychische Gesundheit und die soziale Lage der Kinder. Laut dem Internationalen Roten Kreuz verloren 13 Millionen Kinder einen oder beide Elternteile. Viele wurden in riesigen Heimen untergebracht wo Symptome wie Angstzustände, Bettnässen und Mangel an Selbstvertrauen beobachtet wurden. Es fehlte an Lehrern und Erziehern; viele Kinder lebten auf der Straße. Es bildeten sich Kinderbanden, und die Hüter von Moral und Ordnung beschworen die »soziale Gefahr«, die von diesen verwahrlosten Kindern ausging.

»Der Wunsch, der Situation der kriegsgeschädigten Jugend Erleichterung zu verschaffen, äußerte sich in reger Hilfstätigkeit von seiten philanthropischer Organisationen, die vor dem Ausbruch des Krieges bereits bestanden oder eigens zu diesem Zweck gegründet worden waren. Beschränkte sich die Art der Hilfstätigkeit mehr auf materielle und weniger auf psychopädagogische Hilfe, oblag letztere, wie die Geschichte der außerfamiliären Erziehung zeigt, vorwiegend in der Herausforderung personengebundener Initiative. Diese Herausforderung gipfelte in der Gründung neuer sozialpädagogischer Einrichtungen für die kriegsgeschädigte Jugend in zahlreichen Ländern Europas mit den Bezeichnungen Kinderdorf, Kinderstadt, Kinderrepublik, Kinderhaus, Jugendsiedlung und Kindersiedlung. Anläßlich eines historischen Ereignisses im Jahre 1948, der Gründung der »Fédération Internationale des Communautés d'Enfants (FICE)« wurden diese Bezeichnungen unter dem Namen »Kindergemeinschaft« zusammengefaßt« (KNÖPFEL-NOBS, 1992).

Die Kindergemeinschaft sollte nach modernen pädagogischen Prinzipien organisiert sein, eine familienähnliche Atmosphäre schaffen und die Kinder zu demokratischem Verhalten ermuntern. Die Gründung der FICE fand im 1946 eröffneten Kinderdorf PESTALOZZI in Trogen in der Ostschweiz statt, eine Institution, die Modellcharakter für die Gründungsphase der FICE hatte und auch heute noch die Aktivität der Organisation unterstützt. Inzwischen waren in zahlreichen europäischen Ländern Kindergemeinschaften gegründet worden und das Interesse internationaler Gremien an diesen Experimenten wuchs zusehends. Neben der UNESCO befaßte sich auch die Konferenz der Alliierten Erziehungsminister (CAME), das »Internationale Büro für Erziehung« (BIE) sowie die SEPEG (Semaines Internationales d'Etudes pour l'Enfance victime de Guerre) mit Erziehungskonzepten für kriegsgeschädigte Kinder. Unter dem Impuls des polnischen UNESCO-Delegierten Bernard Drzewieski rief die UNESCO auf zu einer internationalen Konferenz von Kinderdorfleitern, die am 5. Juli 1948 in Trogen eröffnet wurde. Teilnehmer aus 11 UNESCO-Staaten (Deutschland durfte damals nicht an der Konferenz teilnehmen) tauschten Erfahrungen aus, beklagten den Mangel an gut ausgebildetem Personal, diskutierten neue Erziehungsmodelle und verabschiedeten Resolutionen. Beschlossen wurde die Einrichtung von internationalen Ausbildungszentren und die Durchführung von internationalen Sommerlagern. Diskutiert wurden Arbeitsbedingungen sowie inhaltliche und politische Fragen. So wurde z.B. festgehalten, daß die Aufteilung der Kindergemeinschaften in Familiengruppen mit maximal 20 Kindern erfolgen sollte, daß Jungen und Mädchen zusammen erzogen werden sollten (Koedukation), daß die Förderung der Kreativität und die soziale Wiedereingliederung prioritäre Ziele und die gelebte Demokratie ein Wesensmerkmal der Kindergemeinschaften sein sollten. Eine der verabschiedeten Resolutionen war gleichzeitig der Gründungsakt der FICE. Die zwei herausragenden Persönlichkeiten der Gründungsphase waren der 1953 verstorbene Pole BERNARD DRZEWIESKI, ein engagierter Pädagoge und UNESCO-Funktionär sowie ELISABETH ROTTEN, eine 1934 aus Deutschland in die Schweiz eingewanderte Pädagogin.

Bereits kurz nach ihrer Gründung bildeten sich in den einzelnen europäischen Ländern nationale Komitees oder Vereinigungen, zuerst in Frankreich im Jahre 1949 wo die »Association Nationale des Communautés d'Enfants (ANCE)« gegründet wurde. 1950 wurden in Lyon die Statuten der FICE in diesem Sinne umgeändert. Einige andere Länder folgten dem Beispiel. Die Gründung einer deutschen Sektion war sehr problematisch. Viele FICE-Sektionen lehnten eine Aufnahme der Bundesrepublik ab. 1950 wurden erstmals deutsche Jugendliche aus der Odenwaldschule zu einem internationalen Ferienlager in Luxemburg eingeladen. Ihr Direktor, KURT ZIER, nahm 1952 als Beobachter an einer FICE-Tagung in Straßburg teil. Erwähnenswert ist die Tatsache, daß damals trotz intensiven Kontakten nie eine Zusammenarbeit der FICE mit dem Gründer der SOS-Kinderdörfer, HERMANN GMEINER, zustande kam. Heute sind viele SOS-Kinderdörfer Mitglied nationaler FICE-Sektionen.

Die FICE wurde bald anerkannt und erhielt den Konsultativstatus B an der 8. Generalkonferenz der UNESCO in Montevideo 1954. Trotzdem hatte die Organisation von Anfang an mit materiellen und organisatorischen Problemen zu kämpfen. Ihre Effektivität und ihr pädagogischer Wert waren umstritten. Sie wurde allgemein als linksorientiert und laizistisch betrachtet und entsprechend abgelehnt. Sie fand aber auch breite Unterstützung. So wurde z.B. mit Geldern der kanadischen Regierung und privaten Spendern im Pestalozzi-Dorf die »Canada-Hall« gebaut. Der Präsident der schweizerischen UNESCO-Kommission JEAN PIAGET entwarf ein Projekt für dieses internationale Begegnungs- und Ausbildungszentrum. Die Hauptaktivitäten der FICE waren der internationale Erfahrungsaustausch in Kongressen und Regionaltagungen, die Veröffentlichung von Fachliteratur, die Organisation von internationalen Jugendlagern und internationalen Erziehertreffen.

Die Strukturen der FICE haben sich seit 1950 nicht wesentlich verändert. Sie besteht aus Nationalsektionen (ausnahmsweise dürfen seit der Generalversammlung in Milwaukee im Juni 1994 auch mehrere Sektionen in einem Land aktiv sein). Sie wird geleitet vom Conseil Fédéral, der sich zweimal im Jahr trifft und in dem jedes Mitgliedsland 2 Stimmen hat. Der geschäftsführende Ausschuß heißt Comité Exécutif und trifft sich viermal im Jahr. Alle wichtigen Entscheidungen werden von der Generalversammlung getroffen, die sich alle zwei Jahre anläßlich des internationalen FICE-Kongresses trifft. Hervorzuheben ist, daß die Arbeit der FICE praktisch ausschließlich unentgeltlich ausgeführt wird.

Nach den Schwierigkeiten in der Aufbauphase verlief die Aktivität der FICE ohne dramatische Höhepunkte. Es fanden regelmäßig Kongresse und internationale Fachtagungen statt.

Die FICE war immer eine europäische Organisation. Es gab nur selten Mitglieder in außereuropäischen Ländern und auch heute haben viele Sektionen Angst vor einer Erweiterung der FICE in die anderen Kontinente. Diese Angst ist sicher berechtigt, wenn man bedenkt mit welch bescheidenen Mitteln die FICE arbeitet. Alle Aktivitäten werden ehrenamtlich erledigt. Der vorige und der heutige Generalsekretär sind auch und vor allem Generalsekretär der Schweizer Pestalozzi-Stiftung, dank deren Unterstützung der Betrieb eines Sekretariats erst möglich wird. Das Interesse an der FICE hat in den letzten Jahren zugenommen. Nicht nur die veränderte Lage in den vormals sozialistischen Ländern in Europa hat zu einem Mitgliederzuwachs geführt, sondern auch die politische Entwicklung in den traditionellen Mitgliedsstaaten.

Die Heimerziehung, oder allgemeiner, die traditionellen Formen erzieherischer Hilfen haben in den 60er und 70er Jahren in Europa ein bescheidenes, aber selbstzufriedenes Dasein gefristet. Außer der Heimkampagne in Deutschland und einigen anderen Ländern Ende der 60er Jahre gab es keine nennenswerten Vorkommnisse. Die FICE diskutierte wohl die Frage der Opportunität von Heimerziehung, definierte sich aber stets als Organisation von Institutionen, wohlwissend, daß diese auch unter den günstigsten Bedingungen nie ganz abzuschaffen sind und daß es immer Kinder geben wird, die ohne Familie aufwachsen müssen und deswegen einer besonderen Beachtung und eines besonderen Schutzes bedürfen.

Erst durch die Entwicklung alternativer Formen erzieherischer Hilfen und die allgemeinen Sparmaßnahmen im Bereich der außerfamiliären Erziehung geriet die Heimszene in verschiedenen europäischen Ländern wieder in Bewegung. Litt die Heimerziehung wirklich unter dem von vielen beschworenen Mistkübelsyndrom? Die FICE reagierte relativ schnell: In einer der Selbstreflektion vorbehaltenen Tagung in Köszeg (Ungarn) im Jahre 1982 wurde der Name der Organisation von »communautés d'enfants« (Kindergemeinschaften) in »communautés éducatives« (Erziehungsgemeinschaften) umgewandelt. Die FICE war damit offen für andere, alternative Einrichtungen der außerfamiliären Erziehung. Die deutsche Sektion der FICE, die IGfH (Internationale Gesellschaft für Heimerziehung), vollzog diesen Schritt, indem sie sich umbenannte in »Internationale Gesellschaft für erzieherische Hilfen«. Tatsächlich sind in den meisten Ländern der europäischen Gemeinschaft die Heimplätze innerhalb von 20 Jahren um die Hälfte geschrumpft (vgl. MADGE, 1994). Alternative Erziehungsformen wie Pflegefamilien, ambulante Erziehungshilfen, familientherapeutische Interventionen und offene Sozialarbeit haben sich als präventive Maßnahmen im Vorfeld der Heimeinweisung etabliert. Diese Entwicklung ist ohne Zweifel im Interesse der Kinder und daher bedarf sie der Förderung und Unterstützung. Gegenläufige Tendenzen zeichnen sich jedoch bereits ab: Die Zunahme von Einelternfamilien produziert vermehrt »unangepaßte« Kinder, die wiederum den Bedarf an Heimplätzen aufblähen.

Zur Zeit besteht die FICE aus 22 Sektionen. Die folgende Tabelle soll Aufschluß geben über ihre Bedeutung und ihre Aktivitäten:

Sektion	Konferenzen Seminare	Publikationen	Politische Beratung	Studienreisen, Austausch	Kulturelle Aktivitäten	Nationale Repräsentativität
01. Belgien	ja	ja	ja	ja	nein	nein
02. Dänemark	ja	ja	ja	ja	nein	teilweise
03. Deutschland	ja	ja	ja	ja	nein	ja
04. England	ja	ja	nein	ja	nein	nein
05. Estland	ja	ja	ja	ja	nein	ja
06. Finnland	ja	ja	ja	ja ·	ja	ja
07. Frankreich	ja	ja	ja	ja	nein	ja
08. Griechenland	ja	ja	ja	ja	nein	ja
09. Holland	ja	ja	ja	ja	nein	ja
10. Irland	ja	ja	nein	nein	nein	ja
11. Israel	ja	ja	ja	ja	ja	ja
12. Italien	nein	ja	nein	nein	nein	nein
12. Italien 2	ja	ja	nein	ja	nein	nein
13. Kanada	ja	ja	ja	ja	nein	nein
14. Kroatien	ja	ja	ja	ja	ja	?
15. Luxemburg	ja	ja	ja	ja	nein	ja
16. Nordamerika	ja	ja	ja	ja	nein	nein
17. Österreich	ja	ja	ja	ja	nein	nein
18. Polen	ja	ja	ja	ja	ja	ja
19. Portugal	ja	nein	ja	ja	nein	nein
20. Rumänien	ja	ja	ja	ja	ja	ja
21. Rußland	ja	nein	nein	ja	ja	nein
21. Rußland 2	ja	ja	ja	ja	ja	ja
22. Schweden	ja	nein	ja	ja	nein	nein
22. Schweden 2	ja	ja	ja	ja	nein	ja
23. Schweiz	ja	ja	ja	ja	nein	ja
24. Slowakei	ja	ja	ja	ja	ja	ja
25. Slowenien	ja	ja	ja	ja	ja	ja
26. Spanien	ja	ja	ja	ja	nein	nein

27. Südafrika	ja	ja	ja	ja	nein	ja
28. Tschechien	ja	ja	ja	ja	ja	ja
29. Tunesien	ja	ja	ja	ja	nein	ja
30. Ungarn	ja	ja	ja	ja	ja	ja
31. Wales	ja	ja	?	ja	nein	ja
32. Zaire	?	?	ja	?	?	?

Als amtierender Präsident der FICE möchte ich kurz meine Vorstellungen über die weitere Entwicklung unser Organisation darlegen. Ich bin mir der Tatsache wohl bewußt, daß sich die Heimerziehung in Europa in einer Krise befindet. Das Studium der FICE-Geschichte zeigt, daß sie immer in einer Krise steckte und sich nie aus dieser Krisensituation befreien konnte. Das liegt wahrscheinlich in der Natur der außerfamiliären Erziehung selbst. Dadurch daß sie sich gerne schwer erreichbare Ziele vorgibt haftet ihr notwendigerweise der Makel des Unvollständigen an. Die ihr anvertrauten Kinder wie auch die sie betreuenden Erzieher befinden sich laufend in paradoxalen oder in double-bind-Situationen. KEES WAALDIJK faßte z.b. die paradoxalen Situationen zusammen, in denen sich der Erzieher befindet:

1. Der Konflikt zwischen dem gruppenbezogenen und dem individuellen Ansatz: Der Erzieher kann nicht gleichzeitig die Bedürfnisse aller respektieren.
2. Das Verhältnis von Kontrolle und Toleranz: Wie stark muß das Verhalten des Kindes kontrolliert und manipuliert werden?
3. Das Dilemma von Spontaneität und Planung im erzieherischen Alltag. Wie soll der Heimerzieher spontan handeln und gleichzeitig überlegt genug, um seinen Vorgesetzten und Kollegen Rechenschaft über seine Handlungen abzulegen?
4. Das Dilemma zwischen Autonomie und Konformität: Der Erzieher soll selbständig arbeiten und Entscheidungen treffen, soll aber loyal gegenüber seinen Vorgesetzten und Beratern sein (vgl. SOISSON, 1991).

Dies sind Probleme, die in der Natur der Arbeit selbst liegen und niemals zufriedenstellend gelöst werden können. Es gibt aber Situationen, in denen diese negativen Seiten erzieherischer Arbeit nicht so stark in den Vordergrund treten, z.B. in Situationen von großer Not. Die Diskussionen anläßlich des FICE-Seminars in Goricia über die Frage der Evakuierung von Flüchtlingskindern zeigten, welche wichtige Rolle in solchen Situationen »banale« Aktivitäten wie die Organisation des Schulalltags und der Freizeitgestaltung für die betroffenen Kinder und Jugendlichen haben (vgl. FICE-bulletin Nr. 9, 1993).

Die FICE wird sich in den nächsten Jahren verstärkt diesen Problemen zuwenden. Einerseits haben wir sehr viel Erfahrungen über die Organisation der erzieherischen Hilfen unter schwierigen und weniger schwierigen Bedingungen gesammelt und andererseits besteht in vielen Teilen der Welt ein großer Bedarf an fachlichem Know-how in diesem Bereich.

Zwei Projekte möchte ich während meiner Amtsperiode ankurbeln: Das eine betrifft den Austausch und die Weiterbildung von Erziehern. Die FICE vereint über 6000 Heime und ähnliche Institutionen in Europa. Dies ist ein riesiges Potential und soll fruchtbar gemacht werden für ein internationales Austauschprogramm von Erziehern und anderen Spezialisten im Bereich der erzieherischen Hilfen.

Das zweite Projekt sieht die Gründung einer Organisation vor, die »erzieherische Soforthilfe« in Krisengebieten vor Ort leisten soll, ähnlich der Organisation »Ärzte ohne Grenzen«. Hier sollen in den nächsten Monaten Vorgespräche mit

UNICEF, UNHCR, MSF und anderen Organisationen geführt werden. Die Organisation soll »Educateurs sans Frontières« genannt werden. Auch wenn noch viele praktische Probleme zu bereinigen sind, so ist das Konzept klar: Erzieher aus allen Mitgliedsländern, die bereit und fähig sind, für mehrere Wochen und Monate in Krisengebieten und Flüchtlingslagern tätig zu sein, sollen sich in einer Liste eintragen. Mit ihren Arbeitgebern wird geklärt, ob sie gegebenenfalls für eine bestimmte Periode für den Einsatz in Krisengebieten freigestellt werden. Das Sekretariat der Organisation sollte dann alles übrige erledigen.

Ich möchte nach Jahren aktiver Teilnahme an den Aktivitäten der FICE einige persönliche Bemerkungen über Sinn und Unsinn internationaler Arbeit in dem schwierigen Feld der sozialpädagogischen Arbeit anbringen:
1. Aus politischen Überlegungen heraus ist internationale Arbeit in all ihren Erscheinungsformen notwendiger denn je. In allen Bereichen der Gesellschaft finden Privatpersonen, Firmen, Organisationen und Regierungen zueinander um sich zu begegnen, sich abzusprechen, ihre Interessen zu verteidigen. Ob dies aus egoistischen oder gemeinnützigen Motiven heraus geschieht sei dahingestellt. Kommerzielle Organisationen haben den philanthropischen Vereinigungen eine Menge an Erfahrung im Bereich der internationalen Zusammenarbeit und Kommunikation voraushaben, aber nichts verhindert, daß letztere ihren Rückstand aufnehmen obschon sie niemanden haben, auf den sie die damit verbundenen kosten abwälzen können.

2. Dieses bedarf erheblicher Unterstützung durch private und öffentliche Instanzen. Sowie sich nationale Solidarität an den sozial Schwachen im eigenen Lande orientiert, orientiert sich internationale Solidarität an den sozial Schwachen in der internationalen Gemeinschaft. Die fachliche Diskussion im sozialpädagogischen Bereich in den Ländern der EU und in den reichen Ländern der nördlichen Hemisphäre orientiert sich oft an Detailfragen, über die in den armen Ländern dieser Erde nur geschmunzelt werden kann: Siebeneinhalb Kinder pro Gruppe oder acht?; 40- oder 35-Stundenwoche für die Erzieher? Dies sind alles Fragen, die gelöst werden müssen. Sie haben sogar für den Einzelnen - den Erzieher wie den zu erziehenden - eine große Bedeutung und können einen nachhaltigen Einfluß auf seine persönliche und berufliche Entwicklung haben. Kommt hier die Gemeinschaft für Schäden auf, die durch »run aways« oder »burn outs« verursacht werden, so kann man davon in den armen Ländern nur träumen.
Internationale Arbeit verlangt deshalb Einsicht in geschichtlich-politische Zusammenhänge. Viele nichtstaatliche Organisationen sind international aktiv. Allein in Ruanda arbeiteten während des Höhepunktes der Krise mehrere hundert Organisationen. Dabei wurden große Mengen an materieller und finanzieller Hilfe geleistet. Diese sind jedoch unbedeutend im Vergleich zu dem was der Kolonialismus aus diesen Ländern herausgepumpt hat und geben keinerlei Anlaß zu einer wie auch immer gearteten Selbstzufriedenheit der reichen Länder.

3. Internationale Arbeit darf keinesfalls zu einer Art »Schulmeisterei« der reichen gegenüber den armen Ländern werden. Mißstände wie Korruption und Bandenkriminalität gehörten und gehören noch heute zum Alltag in verschiedenen Ländern. Diese Mißstände untergräbt man nicht indem man sich beständig als Moral-

apostel aufführt, aber dadurch, daß man sich nach einer sorgfältigen Analyse der politischen Situation in dem betroffenen Land die Partner aussucht, welche die Gewähr bieten, die Menschen- und Kinderrechte zu verteidigen. Dabei sollte man durchaus auf Erfahrungen von anderen internationalen Organisationen (z.B. A.I.) zurückgreifen.

4. Internationale Arbeit lebt durch die persönlichen Kontakte, die während Kongressen, Seminaren, Besuchen, Austauschprogrammen usw. geknüpft werden. Ich sehe es als eine vordringliche Aufgabe unserer Nationalsektionen an, möglichst viele ihrer Mitglieder in solche internationale Aktivitäten einzubinden. Nicht nur daß damit Vorurteile und fremdenfeindliche Haltungen überwunden werden können, nein auch daß ein Austausch von Erfahrungen und Einstellungen stattfindet, der bedingt durch die kulturellen Unterschiede sehr fruchtbar sein kann. Vorurteilen begegnet man überall. So hört man oft, daß in den nördlichen Ländern Rigidität und Überorganisation den Alltag bestimmen; in den südlichen Ländern hingegen Spontaneität und Improvisation. Stimmt das? Der Vergleich ist die einzige Möglichkeit, ein Urteil abzugeben. Deshalb wird die FICE z.B. versuchen, ihr Fellowship-Programm zu entwickeln, um möglichst vielen Erziehern die Gelegenheit zu geben, sich an Ort und Stelle von der Realität zu überzeugen.

5. Internationale Arbeit führt unvermeidlich zu Diskussionen über die Inhalte und Formen der sozialpädagogischen Arbeit. Ein gutes Beispiel ist die Frage der geschlossenen Unterbringung von jugendlichen Straftätern. Hier gehen die Meinungen der verschiedenen Länder sehr weit auseinander. Dies drückt sich aus in der Zahl der Einrichtungen und in ihrer Struktur. Unterschiedliche Rechtsprechung und unterschiedliche Anwendung der bestehenden Gesetze kennzeichnen die Praxis. Für dasselbe Delikt erhält ein Jugendlicher im Lande X einen einfachen Verweis, im Lande Y kann er aber für Jahre hinter Gittern landen. Seit die meisten Länder die Konvention der Vereinten Nationen über die Rechte des Kindes ratifiziert haben, stellt sich außerdem die Frage, wie die Praxis in verschiedenen Ländern mit dieser Konvention zu vereinbaren ist. Internationale Organisationen wie die FICE sind eine ideale Plattform für den Aufbau von Netzwerken im Bereich der Praxis und der Forschung.

6. Internationale Arbeit führt regt die vergleichende Forschung im Bereich der Heimerziehung an. Es gibt nur wenige Publikationen, die einen derartigen Vergleich zum Gegenstand haben. Da sind zunächst die beiden Bücher von MEIR GOTTESMANN, die von der FICE herausgegeben wurden: Das erste vergleicht die unterschiedlichen Systeme der Heimerziehung in den FICE-Mitgliedsländern, das zweite versucht, innovative Trends in den einzelnen Ländern zu beschreiben. Ein drittes Buch ist das von NICOLA MADGE: »Children and Residential Care in Europe«. In diesem Buch werden die Systeme der 12 Mitgliedstaaten der EU und Schweden analysiert.

7. Heimerziehung ist eingebettet in das gesamte System erzieherischer Hilfen und darüber hinaus in das System der Sozialfürsorge allgemein. Sie kann also nicht losgelöst von der Sozialpolitik betrachtet werden. Im Bereich der internationalen Arbeit heißt dies, daß die Zusammenarbeit mit Organisationen gesucht werden muß die sich allgemein um das Wohl des Kindes und um die Entwicklung der

Sozialpolitik sowie die Verteidigung des sozialen Besitzstandes kümmern. Im zweiten Kapitel werden deshalb auch einige von diesen Organisationen vorgestellt, die das Spektrum der internationalen Arbeit vervollständigen und bereichern.

8. Internationale Gremien brauchen Gesprächspartner und dies können nur internationale Organisationen sein. Die FICE unterhält Beziehungen zu UNESCO, UNICEF, ECOSOC, der Europäischen Union und dem Europarat.

Die FICE hat 1986 anläßlich ihres Malmöer Kongresses die »Malmöer Erklärung« verabschiedet. In dieser Erklärung wird festgehalten, daß außerfamiliäre Erziehung eine wichtige Aufgabe unserer Gesellschaft ist, daß sich die Heimerziehung im Umbruch befindet und sich eine Vielzahl von Formen außerfamiliärer Betreuung entwickelt haben. Die Mitarbeiter in den Einrichtungen der Erziehungshilfe sind nicht notwendigerweise Idealisten aber vor allem professionelle Erzieher, die einen Anspruch auf gute Arbeitsbedingungen haben. Die Forschung und die Weiterbildung des Personals muß entwickelt und ausgeweitet werden. Zum Schluß heißt es: »Wir fordern:

- die Einrichtungen für Kinder und Jugendliche nicht als letzte Station der Jugendhilfe zu betrachten, sondern als eine wichtige, zur richtigen Zeit verfügbare Hilfsmöglichkeit und als qualifizierten Beitrag zur Erziehung vieler junger Menschen. Für manche wird sie durchaus anderen Lebensformen vorzuziehen sein;
- daß bei der Unterbringung von Kindern und Jugendlichen ihre realen Bedürfnisse, die aktuelle Notlage und ihre Zukunft den Ausschlag geben, nicht aber finanzielle Erwägungen;
- mehr Stabilität und Kontinuität in der Fürsorge für benachteiligte Kinder und Jugendliche;
- mehr Initiative und Unterstützung für die Ausbildung und Fortbildung von Sozialpädagogen und Sozialarbeitern;
- mehr Forschung und Evaluation in diesem Feld, um sicherzustellen, daß diese Dienste wirkungsvoller am Wohl des Kindes ausgerichtet sind.

Die FICE, in der Sozialpädagogen, Sozialarbeiter, Mitarbeiter aus Verwaltung und Ausbildung sowie Persönlichkeiten des öffentlichen Lebens mitarbeiten, ist bereit, ihre ganze Kraft zur Verbesserung der Situation von Kindern und Jugendlichen in außerfamiliärer Erziehung einzusetzen. Zur Erreichung dieses Ziels sind wir jedoch zwingend auf eine stärkere moralische, politische, finanzielle und gesellschaftliche Unterstützung angewiesen« (Malmöer Erklärung, 1987).

2. Wichtige internationale Organisationen im Bereich der Heimerziehung und der Sozialarbeit

1. Die Association Internationale des Educateurs de Jeunes Inadaptés (A.I.E.J.I.)

Die A.I.E.J.I. entstand im Anschluß an ein französisch-deutsches Treffen in Speyer im April 1949 über die Problematik der erziehungsschwierigen Jugendlichen. Ziel dieser Begegnung war auch die Stärkung der deutsch-französischen Freundschaft unter Berufskollegen. Es fanden noch zwei solche informellen Treffen statt, andere

Länder stießen hinzu und so wurde 1951 die A.I.E.J.I. offiziell am Schluchsee bei Freiburg im Breisgau gegründet. Die A.E.I.J.I. besteht aus 23 Organisationen in 11 Ländern, die vor allem im Bereich der Kinder- und Jugendfürsorge sowie im Behindertenbereich tätig sind.

Die A.E.I.J.I wird geleitet von einem Exekutivkomitee von 13 Personen aus acht Ländern. Ihr Hauptsitz ist in Genf. Sie hat beratendes Statut B bei der U.N.E.S.C.O.

Die A.E.I.J.I. besteht aus Ehrenmitgliedern, aktiven Mitgliedern (hauptsächlich Eriehervereinigungen aus Belgien, Dänemark, Deutschland, Frankreich, Italien, Kanada, Luxemburg, der Schweiz, Spanien, den U.S.A. und Zaire. Außerdem können Institutionen, Stiftungen und andere Organismen sowie Einzelpersonen Mitglied werden.

Im Juli 1990 hat die A.E.I.J.I. eine Erklärung verabschiedet, in der sie sich als Plattform all jener definiert, die mit Jugendlichen in Notsituationen arbeiten. Sie möchte ihren Beitrag zur Ausbildung, beruflichen Entwicklung und Organisation der Erzieher leisten, die fachliche Betreuung unter der Berücksichtigung der Rechte des Kindes verbessern, die Forschung und den internationalen Erfahrungsaustausch fördern. An die Verantwortlichen in Politik und Verwaltung appelliert die A.I.E.J.I., den Anliegen der Kinder und der Familien Vorrang zu geben, die Todesstrafe für Jugendliche abzuschaffen und die UN-Konvention über die Rechte des Kindes zu ratifizieren.

Außerdem organisiert die A.I.E.J.I. internationale Seminare. Ein wichtiges Anliegen der Organisation war immer die Anerkennung der Gleichwertigkeit der Erzieherdiplome. Zu diesem Thema fand 1988 in Rom eine Tagung statt wo entsprechende Empfehlungen ausgearbeitet wurden.

Mit der FICE unterzeichnete die A.I.E.J.I. 1992 anläßlich des FICE-Kongresses in Luxemburg ein Kooperationsabkommen.

Kontaktadresse:

GUSTAVO VELASTEGUI, président

22, rue Halevi

F - 59 000 LILLES

France

2. International Forum for Child Welfare (IFCW)

Das IFCW wurde 1989 in Finnland gegründet. Drei Organisationen standen an seiner Wiege: Die AGJ (D), die Central Union for Child Welfare (SF) und Radda Barnen (S). Das Ziel des IFCW ist die Verbesserung der Lebensbedingungen der Kinder dieser Erde und die Unterstützung und Stärkung der nicht-staatlichen Organisationen, die sich weltweit für das Wohlergehen der Kinder und Jugendlichen einsetzen.

Das IFCW möchte auf der Grundlage der UN-Konvention über die Rechte des Kindes die Interessen der Kinder dieser Welt schützen, unabhängig von ihrer Rasse, Hautfarbe, Geschlecht, Sprache, religiösen oder politischen Überzeugung. Dazu gehören:

- der fachliche Austausch und die Zusammenarbeit zwischen den Mitgliedern;
- weltweite Öffentlichkeitsarbeit;
- die Organisation von Konferenzen, Seminaren und Arbeitsgruppen;
- die Zusammenarbeit mit anderen Organisationen, die ähnliche Ziele verfolgen;
  Um dies zu erreichen organisiert das IFCW sein jährliches »World Forum«.
  Die Liste der Mitglieder des IFCW ist beeindruckend und wächst beständig.
Zur Zeit sind über 300 Organisationen, Stiftungen, Institutionen und ausnahmsweise
auch Einzelpersonen in ihr zu finden. In Madras wurde ERNESTO CAFFO, Direktor des
italienischen Kindertelefons »Telefono Azzuro« zum Präsidenten gewählt.

Während seines kurzen Bestehens hat das IFCW bereits viel bewirkt. So wurden in vielen Ländern auf Anregung des IFCW Kindertelefondienste eingerichtet. Bereits kurz nach der Gründung des IFCW kam es im Februar 1991 zur Gründung einer europäischen Unterorganisation, an der auch die FICE beteiligt war. Die FICE ist ein Mitglied des IFCW.

Kontaktadresse:
IFCW
6, rue Guillaume Tell
P.O. Box 1236
CH-1211 GENEVE 1
Suisse

3. European Forum for Child Welfare (EFCW)

Das EFCW wurde wie erwähnt 1991 gegründet. Es vertritt die gleichen Ziele wie das IFCW, jedoch auf europäischer Ebene. Der Gedanke, seine Aktionen auf die Länder der Europäischen Union zu beschränken wurde schnell aufgegeben und deswegen findet man neben den 12 EU-Ländern auch noch Schweden, Finnland und Rußland auf der Mitgliederliste.

Ziel des EFCW ist es, die Lebensbedingungen von Kindern und jungen Menschen in Europa zu verbessern und insbesondere:
- Dienste für Kinder bereitzustellen, die der Hilfe bedürfen und besonders für diejenigen, deren Rechte durch Einzelne und/oder staatliche Stellen verletzt wurden;
- Nationale Regierungen und Institutionen in Europa dabei zu unterstützen, die Bedürfnisse von Kindern zu verstehen und angemessene Antworten darauf zu finden;
- diejenigen Mitgliedsorganisationen mit Sitz in Europa zu unterstützen, die mit Kindern in Entwicklungsländern arbeiten.

Das EFCW organisiert Tagungen und Seminare zu aktuellen Themen. Die FICE-Sektion Luxemburgs ist Mitglied des Verwaltungsrates des EFCW.

Kontaktadressen:
European Forum for Child Welfare (EFCW)   Deutscher Kinderschutzbund
53, rue de la Concorde   Schiffgraben 29
B-1050 BRUXELLES   D - 30 159 HANNOVER
Belgique   Deutschland

4. European Scientific Association of
   Residential and Foster Care for Children and Adolescents (EUSARF)

Die EUSARF wurde 1989 gegründet, nachdem eine wissenschaftliche Kommission bestehend aus Universitätsprofessoren aus dem Bereich Sozialpädagogik die »Erste europäische wissenschaftliche Konferenz für Heimerziehung« Ende November 1989 in De Haan (Belgien) organisierten.

Die EUSARF verfolgt mit der Zielsetzung die Förderung und Entfaltung empirischer und theoretischer Forschung im Bereich der Heimerziehung und des Pflegekinderwesens in Europa und den einschlägigen Informationsaustausch zwischen den europäischen Mitgliedern und anderen Organisationen im Sinne eines internationalen Diskurses. Sie organisiert Seminare und internatonale Kongresse.

Kontaktadresse:

Prof. Dr. W. Hellinckx

Vesaliusstraat 2
B - 3000 Leuven
Belgique

Prof. Dr. H.E. Colla-Müller
Institut für Sozialpädagogik
Universität Lüneburg
Scharnhorststraße 1
D - 21335 Lüneburg
Deutschland

5. European Children's Centre

Das ECC ist eine Gründung des bekannten »National Children's Bureau« mit Sitz in London. Es wurde im Oktober 1991 ins Leben gerufen mit u.a. folgenden Zielsetzungen:

- Sammeln von Informationen über Institutionen, Organisationen und Dienstleistungen im Interesse von Kindern;
- Vergleich der rechtlichen Lage des Kindes in den Ländern Europas;
- Beratung von Europaparlament und -kommission in Fragen, welche die Kinder betreffen;
- Gründung eines Europäischen Netzwerks von Personen und Organisationen, die die Interessen der Kinder vertreten und
- Vertrieb von Informationsmaterial über die Lage der Kinder.

Das ECC hat ein »Children in Europe Network« ins Leben gerufen, dessen Ziele es sind, vergleichende Studien über die Lage der Kinder in Europa zu machen und darüber kurze Informationsbroschüren zu veröffentlichen.

Kontaktadresse:
Nicola Madge
European Children's Centre
8, Wakley Street
UK - London EC1V 7QE
Großbritannien

6. Comité Européen des Associations d'Intérêt Général (CEDAG)

Das »Europäische Aktionskommitee freier Verbände« wurde im November 1989 in Paris gegründet und hielt im Juni 1990 in Brüssel seine erste Vollversammlung ab, bei der die Satzung verabschiedet und ein Vorstand gewählt wurde.

Die Charta besagt, daß das CEDAG Vereinigungen zusammenschließt, die im Sinne der Gemeinnützigkeit und der sozialen Harmonie tätig sind, um die soziale und kulturelle Entwicklung sowohl auf der nationalen als auch auf der europäischen Ebene zu fördern. Diese Vereinigungen können sich aus physischen oder aus moralischen Personen zusammensetzen, die ihnen freiwillig beigetreten, gleichberechtigt und solidarisch sind. Sie arbeiten demokratisch.

Die Mitgliedsvereinigungen verfolgen keinen Erwerbszweck. Jahresüberschüsse können nicht aufgeteilt werden und dürfen nur benützt werden, um bessere oder zusätzliche Dienstleistungen zu erbringen. Die Mitgliedsorganisationen tragen durch die von ihnen erbrachten Dienste, durch ihre Maßnahmen zur Fortbildung und besseren Information, sowie durch ihre Innovationsfähigkeiten zur individuellen wie kollektiven Förderung einer Gesellschaft mit größerer Solidarität bei.

Konkrete Ziele vom CEDAG sind:
- in den europäischen Gemeinschaften die Rolle von Vereinigungen, die dem Gemeinwohl dienen und die soziale wie kulturelle Entwicklung fördern, zu stärken,
- seine Mitgliedsorganisationen bei den Organen der Europäischen Gemeinschaften sowie allen diesen angeschlossenen Einrichtungen zu vertreten, und zwar in allen Fragen, die das vorgenannte Ziel betreffen,
- den Erfahrungs- und Informationsaustausch zwischen seinen Mitgliedern zu unterstützen, um so zum sozialen, wirtschaftlichen und kulturellen Fortschritt in Europa beizutragen,
- Vorschläge zu Gemeinschaftsregelungen zu erarbeiten, die die Entwicklung und Förderung der Aktivitäten von Vereinigungen in den Mitgliedsstaaten der Europäischen Gemeinschaften erleichtern können,
- öffentlich Stellung zu nehmen zu Anliegen und Belangen, die seine Mitglieder gegenüber den Organen der Gemeinschaften haben,
- die Entwicklung der europäischen Kooperation seiner Mitgliedsvereinigungen zu fördern
- mit den europäischen sektoriellen Organisationen von Vereinigungen zusammenzuarbeiten und sich mit den vergleichbaren Zusammenschlüssen der Genossenschaften und der Vereine auf Gegenseitigkeit abzustimmen, um den allen gemeinsamen Anliegen auf Gemeinschaftsebene Berücksichtigung zu verschaffen.

Das CEDAG ist inzwischen anerkannter Sprecher des europäischen Vereins- und Verbandswesens in seiner Gesamtheit bei den Organen der Europäischen Gemeinschaften und gegenüber den anderen »Säulen der Economie Sociale« und kann somit wirkungsvoll die Sache der Vereinigungen in Europa vertreten und weiterentwickeln. Die FICE ist Mitglied beim CEDAG.

Kontaktadresse:
CEDAG - Secrétariat permanent
c/o GNA
18, rue de Varenne
F 75007 PARIS
France

7. European Social Action Network (ESAN)

Das »Europäische Netzwerk für soziales Handeln« ist eine Initiative von nicht-
staatlichen Organisationen für soziale Arbeit und soziale Entwicklung in den Mitgliedsstaaten der Europäischen Gemeinschaften. Die Struktur steht aber auch dem
sonstigen europäischen Bereich gegenüber offen und wendet sich ebenfalls an ihn.
    Die Zielsetzungen von ESAN sind:
• ein Bewußtsein für die sozialen Probleme innerhalb der Europäischen Gemeinschaft, aber auch in Gesamteuropa, zu schaffen und die Konsequenzen europäischer Politik für benachteiligte Gruppen und Regionen aufzuzeigen,
• Grundsatzentscheidungen und Maßnahmen im Bereich der sozialen Wohlfahrt
  und der sozialen Entwicklung im Europa der EG und in Gesamteuropa anzuregen
  und zu beeinflussen und
• soziale Fragen im Rahmen eines globaleren sachlichen und internationalen Zusammenhangs zu analysieren und zu dokumentieren sowie Bereiche für gemeinsame Maßnahmen der europäischen Institutionen und der nichtstaatlichen Organisationen aufzuzeigen.
ESAN ist als Kooperationsnetzwerk konzipiert - mit Mitgliedern der lokalen, regionalen , nationalen sowie der europäischen Ebene, die ihre Erfahrungen, Sachkennt-
nisse und Einwirkungsmöglichkeiten zur Förderung der gemeinsamen Zielsetzungen einsetzen und verfügbar machen.
    Mit erfahrenen und engagierten Mitarbeitern will ESAN unter anderem einen
Dokumentations-, Beratungs- und Informationsdienst einrichten, um es seinen Mitgliedern zu ermöglichen, in sozialen Sachfragen im europäischen Kontext auf dem
laufendem zu bleiben und Möglichkeiten gemeinsamer Maßnahmen (Lobbying, Ex-
pertisen etc.) zu identifizieren und zu fördern. Gegenüber den europäischen Organen
wird ESAN aktiv die Interessen und Belange seiner Mitgliedsorganisationen (und
damit auch ihrer Zielgruppen) aus dem Sozial- und Gesundheitsbereich vertreten.
Die FICE-Luxemburg ist Mitglied der ESAN.
    Kontaktadresse:
    ESAN - Secrétariat
    c/o FRANCES ZIELINSKI
    14, rue des Bruyères
    F - 59 136 WAVRIN
    France

8. Comité Européen des Centres de Formation

Das Komitee wurde 1991 gegründet und möchte unter Berücksichtigung der Autonomie der einzelnen Ausbildungszentren
- die Ausbildung zum Sozialpädagogen fördern;
- an europäischen Programmen teilnehmen;
- die Ausbildungszentren bei europäischen Gremien vertreten;
- den Austausch zwischen den Zentren fördern;
- die gegenseitige Anerkennung der Diplome durchsetzen.

Mitglieder sind die Ausbildungszentren für Sozialpädagogen. Das Komitee organisiert jedes Jahr einen Kongreß. Ich erwähne dieses Komitee wegen der Bedeutung die es haben könnte bei der Festsetzung von Ausbildungsstandards in ganz Europa. Die Organisation der Ausbildung darf nicht an der Praxis vorbeilaufen. Ein reger Austausch zwischen den Ausbildern und den Praktikern wäre wünschenswert.

Kontaktadresse:
Secrétariat Général
c/o GRETE BENCKE
Sletterhagevej 27
DK - 8240 RISSKOV
Dänemark

9. International Centre

Das International Centre ist eine Gründung des »National Institute for Social Work«, welches seit 1962 besteht. Dieses Institut hat als Aufgabe die Förderung gut funktionierender Sozialdienste; die Effizienzsteigerung der Hilfsmaßnahmen; die Förderung der Handlungskompetenzen des Personals und die Planung und Begleitung sozialpolitischer Maßnahmen. Das IC wurde 1992 gegründet, um dem Personal der Sozialdienste die Möglichkeit zu geben, an internationalen Austauschprojekten teilzunehmen und damit dessen Wissensstand zu verbessern. Zur Zeit wird eine Datenbank über die Agenturen angelegt, die bereits solche Austauschprogramme betreiben.

Kontaktadresse:
National Institute for Social Work
5, Tavistock Place,
London WC1H 9SS,
Großbritannien

10. International Foster Care Organisation (IFCO)

Die IFCO wurde 1979 in Oxford, England gegründet. Sie ist eine internationale, überkonfessionelle und überparteiliche Mitgliederorganisation englischen Rechts im Pflegekinderwesen. Sie hat das Ziel, die internationale Zusammenarbeit zu fördern und zu organisieren, um eine Verbesserung der Qualität des Pflegekinderwesens zu erreichen.

Die IFCO fördert und organisiert Konferenzen über das Pflegekinderwesen, gibt Publikationen heraus und fördert informelle Beziehungen zwischen Personen und Organisationen auf internationaler Ebene. Sie ist von den Vereinten Nationen als ONG anerkannt und arbeitet mit anderen internationalen ONG's zusammen, u.a. auch mit der FICE. Ihr gehören nationale und regionale Organisationen, Vereine, Initiativen und Einzelpersonen aus 30 Ländern an. Sie organisierte Kongresse in Oxford (England; 1979), Slagharen (Holland, 1981), Leuven (Belgien, 1983), Christchurch (Neuseeland, 1985), Leeds (England, 1987), Linteren (Holland, 1988), Ypsilant (USA, 1989), Athen (Griechenland, 1990) usw.

Kontaktadresse für den deutschsprachigen Raum:
JÜRGEN JACOBS
An der Lister Kirche 1
D - 30159 HANNOVER
Deutschland

Literatur

KNÖPFEL-NOBS, I.: Von den Kindergemeinschaften zur außerfamiliären Erziehung: Die Geschichte der Fèdèration Internationale des Communautès Educatives (FICE), FICE-Verlag, Zürich 1992

MADGE, N.: Children and Residential Care in Europe, National Children's Bureau, London 1994

SOISSON, R.: Innere und äußere Bedingungen der Heimerziehung in: Kongreßbericht Prag, FICE-Verlag, Zürich 1991

FICE-bulletin Nr. 9, 1993

Malmöer Erklärung, FICE-Verlag, Zürich, 1987

ANCE-Bulletin No. 83, novembre 1994

Matthew Colton/Walter Hellinckx

Foster and Residential Care in the EU

Heimerziehung und Pflegekinderwesen in der Europäischen Union

Der folgende Beitrag beschäftigt sich mit den Entwicklungen des Heimerziehungs-
wesens, dem Pflegekinderwesen und ihren Alternativen in der europäischen Union.
Es ist erstens ein Rückgang der Anzahl der zur Verfügung stehenden stationären
Versorgung und der Unterbringung von Kindern in Heimen festzustellen. Zweitens
ändert sich die Bevölkerungsgruppe der Scheidungskinder. Drittens eine Entwick-
lung weg von großen stationären Einrichtungen hin zu kleinen Einheiten im ursprüng-
lichen Lebensraum der Kinder. An vierter Stelle ist die Entwicklung einer ökologi-
schen Perspektive zu nennen, die für eine effektive Hilfe für die Kinder, die ursprüng-
lichen Herkunftsorte, Familiennetzwerke und die kulturelle Umgebung in den Blick
nimmt. Fünftens steigt die Differenzierung des Heim- und Pflegekinderwesens, um
den Bedürfnissen der Kinder individueller entgegenkommen zu können. Sechstens
ist eine Professionalisierung der in stationären Unterbringungen tätigen Mitarbei-
ter sowie von Pflegeeltern festzustellen. Dies hat auch zur Folge, daß eine verbes-
serte Ausbildung, Supervision und Unterstützung für diese Personengruppen weit-
läufig eingefordert werden. Zuletzt ist noch das Ansteigen von Alternativen zum
Heimerziehungs- und Pflegekinderwesen zu nennen.

1. Introduction

This paper attempts to highlight current trends among EU countries with regard to
residential care, foster care and their alternatives for children and young people who
are placed away from home as a result of dysfunctional family environments, or
because of their emotional or behavioural problems. This task is easier stated than
accomplished owing to geographical and cultural variations, and differences in political history and economic circumstances. These contrasts exist not only between
the 12 member states, but also between regions within certain countries (COLTON and
HELLINCKX, 1993). Nevertheless, certain common trends can be distinguished among
EU countries, and we begin by examining the decline of residential care.

2. The decline of residential child care

In all countries of the EU a decrease in the number of residential provisions, places
and placed children can be observed along with an increasing number of children
placed in foster care. This shift away from residential care does not merely reflect the
changing nature and needs of the client population - for example, the decline in the
number of orphans in most countries after the second world war; rather, it is indicative of much wider social processes. One obvious factor is the welter of criticism,
dating back to the 1950's, that has created a negative image of residential care. BOWLBY

(1951), PRINGLE and BOSSIO (1967), and many others since, have stressed the adverse effects of residential care on children's psycho-social development.

However, according to VAN DER PLOEG (1984a and 1984b), three other factors have also contributed to the decline in residential care:
1. society seems to have become relatively more tolerant towards deviant behaviour;
2. preventive care in the field work sector has been strengthened; and,
3. in the past few years there has been a strong preference for keeping children in their home environments (see 5 below).

It may also be noted that, partly as a consequence of increasing professionalism (see 6 below), the costs of residential care have risen considerably.

The decline of residential care has been accompanied by policies geared to stimulating the growth of foster care. In some countries, this trend is reflected in a change in the ratio of children accommodated in residential care to children placed in foster care. In the United Kingdom, for instance, the ratio of children in residential care to children in foster care is already 40:60. In other parts of the EC, the proportion of separated children placed in residential care is much higher. For example, in the Netherlands and Denmark, the ratio referred to is 50:50. In the Flemish-speaking region of Belgium, the ratio is 60:40. Whilst in Spain, a striking 88% of separated children are accommodated in residential care, with the remaining 12% placed in foster care. Traditionally, foster care has been the preferred form of care for younger children. Over recent years, however, increasing numbers of children in Denmark, Germany, Italy, the Netherlands, and the United Kingdom who were previously considered unsuitable for family placement, have been found foster homes (see 5 below). Indeed, one local authority in the United Kingdom, Warwickshire, has ceased to provide any residential services for child welfare cases (BULLOCK, 1993).

Thus, the case for placing children in residential care is no longer self-evident. Throughout the EU, residential institutions are fast becoming places of last resort. Before placing a child in residential care, other options are considered: foster care or alternative community based forms of care.

3. Changes in the population of separated children

Both practitioners and researchers claim that recent years have witnessed changes in the population of children placed in residential care. Research findings by VAN DER PLOEG and SCHOLTE (1988) have been compared with data from a study undertaken by VAN DER PLOEG in 1979. This comparison suggests that the family circumstances of children in residential care have become more problematic over the past 10 years. Relationship problems and divorce rates among the parents of such children seem to be increasing. At the same time, it appears that a rising proportion of separated children experience difficulties in their relationships with family members, peers, and teachers. Moreover, the two studies referred to indicate that children in residential care are not »children without families«, but rather, »children from families with problems«. In the Netherlands and many other EU countries, an increasing number of children in residential care are drawn from one-parent families, from households effected by unemployment and poverty, and from families where the parents are addicted to illegal drugs. Further, children from ethnic minorities are disproportionately over-represented among the population of children in residential care, and this relative imbalance is increasing (LIGTHART ET AL., 1991). Thus, although the number of children placed in residential care is declining, it is believed that the needs of those currently accommodated are greater than was the case a decade or so previously.

That the problems presented by children in residential care are becoming more challenging, may also be related to the present trend towards strengthening foster care and various forms of community care with a view to preventing the placement of children in institutions. Young people are often admitted to residential care when foster care or some other alternative to residential care has failed to produce the desired effects. In the United Kingdom, for example, one of the main tasks of the residential sector involves helping to deal with the aftermath of fostering breakdowns (COLTON, 1988). Further, young people with serious problems may be placed directly in residential care, because those responsible believe that foster care or alternative forms of help are unlikely to be successful (VAN DER PLOEG, 1993).

Finally, it should be noted that the residential child care population in many countries, including Belgium, Denmark, Germany, the Netherlands, and the United Kingdom, contains far more adolescents than young children. In future, the proportion of young children accommodated in residential care is likely to decrease further.

4. The trend towards small-scale provision

There is an increasing trend away from large-scale residential provision (GOTTESMAN, 1991). However, the development of smaller living units has been very uneven in some countries. In certain regions of Spain -for example, the Basque Country, Catalonia, and Valencia - few large institutions remain. By contrast, in other parts of Spain, such as Extramadura and Galicia, the Canary Islands, and Castile and Leon the process of reform has only just begun (CASAS, 1993).

In most EU countries, the move towards small-scale provision has by no means resulted in the complete abolition of large institutions. Typically, the older, large-scale structures have been split up into a number of smaller units. Thus, several small units or group homes may be located on one site. In addition, a large institution may serve as the operational centre for a network of smaller units dispersed throughout the locality (GILLIGAN, 1993).

However, research carried out in the Netherlands by KLÜPPEL and SLIJKERMAN (1983) shows that operating on a small-scale does not by itself ensure success. The study indicates that young people's satisfaction with living in a children's home is strongly shaped by the opinion they have of their group leaders. Moreover, it appears that the nature and seriousness of young people's problems influences how they evaluate their stay in a children's home.

That small children's homes do not automatically improve the performance of care workers can be seen in research by VAN DER PLOEG (1984a and 1984b). It was found that child care workers employed in small-scale homes tend to display more symptoms of stress, as a result of receiving less support, than their counterparts in large facilities.

Nevertheless, such findings do not imply that small-scale provisions are undesirable. Rather, they only serve to indicate that small children's homes do not represent the most appropriate form of residential care as a matter of course. Factors other than size have to be considered in evaluating the relative merits of different kinds of residential provision - not least, for instance, the degree of support available to child care workers. However, even when such factors are taken into account, it remains the case that small-scale homes are more conducive to child-oriented care practice than large establishments (COLTON, 1988 and 1992; ZANDBERG, 1988).

5. The development of an ecological perspective

In all countries of the European Community, there is increasing recognition that it is impossible to effectively help children without taking into account their origins, family networks and cultural environments. This notion was generated by systemic theory. From the systemic perspective, the child placed away from home is viewed as a product or »symptom« of a dysfunctional family environment (BOSZORMENYI-NAGY and SPARK, 1984; BOSZORMENYI-NAGY and KRASNER, 1986). Therefore, in seeking to effectively help such a child, it is considered essential to involve the whole family in the care process. This idea has led to important changes in child care practice and the organisation of services in EU countries.

With regard to practice, more emphasis is placed on allowing the parents to exercise their rights and encouraging them to participate and share in decisions about their children. These principles are commonly expressed in laws concerning the care of separated children and young people in the different countries. Yet, generally speaking, little effort has been put into preparing parents for their children's return home by, for example, offering them very intense help and support in the form of family therapy focused on the parenting process.

However, because the importance of children's family links are now widely recognised, the current tendency across the EU is to provide temporary, rather than long-term, care with the aim of returning the child home as soon as possible. However, it should be acknowledged that length of stay is not only determined by prevailing views about care and treatment, but also by other factors such as family circumstances (VISSERS, 1988). Further, many children who enter care continue to spend lengthy periods away from home (MILLHAM ET AL, 1986). Nevertheless, research also suggests that the average length of stay in care has fallen in many EU countries over the last two decades. In the Netherlands, for instance, the average length of stay has dropped from 18 to 13 months (VAN DER PLOEG, 1993). Moreover, the period spent in care may be ultra-short. For example, in the United Kingdom, it is estimated that 10 out of every 100 children who enter care will have left it again within one week (MILLHAM ET AL, 1986).

Another idea that has gained international currency is the view that in order to be effective care services should be located near the child's family home. However, in many EC countries, this objective has not been fully realised, partly because of the legacy of institutional care provision that virtually all EC countries have to cope with. As already mentioned, large institutions have been transformed into small-scale facilities more in tune with contemporary ideas about care practice. In spite of this, the location remains the same. Many residential provisions are located in the countryside, far away from the residents' families. However, attempts are being made to solve this problem through the creation of small, autonomous, living units in children's communities of origin. Furthermore, these small units are part of local life. Children have access to services available to other youngsters in the locality.

The creation of this type of care illustrates a further trend, namely that of »normalisation«. This principle holds that separated children must have access to the normal experiences of growing up. The price of being placed away from home should not involve missing out on opportunities that are taken for granted by the majority of children and young people.

There is also growing awareness that children's schools must be involved in intervention programmes. For example, although it can be observed that far fewer residential child care institutions now have a school on the premises, residential caregivers are beginning to place greater emphasis on the importance of maintaining links with children's schools. PARKER (1988) stresses that one of the reasons why children in care have such an insecure foothold in the labour market, is their generally poor level of educational achievement. This is not surprising given that children in care have often had a poor start and this effects their behaviour and progress at school (COLTON ET AL, 1991B; COLTON and JACKSON, 1993; HEATH, ET AL, 1989; HEATH ET AL, 1994).

6. Increasing differentiation of care provision

In all countries of the European Community, residential and foster care assume a variety of different forms. In general, care provisions can be classified in terms of the age of the youngsters accommodated or the particular type of service offered.

One form of residential care that is found across Europe is the »children's home«, accommodating children who do not have behavioural problems or whose difficulties in this respect are not severe. Children's homes vary from relatively large, multipurpose, facilities to smaller hostel and family group provisions (BERRIDGE, 1985; COLTON, 1988). In Denmark, for example, some children's homes provide therapeutic help for troubled children. In these establishments, which may also be called »treatment homes«, the ratio of adults to children is generally higher than is ordinarily the case.

A number of countries - for instance, Belgium and Denmark - have »assessment centres«, which accommodate children of all ages for short periods, usually with the aim of observing the child's behaviour to ascertain what sort of help is required. Over the last decade or so, however, this form of residential care has been heavily criticised. Rather than being undertaken in »artificial« residential environments, it is argued that assessment should take place in the family (MESMAN SCHULTZ, 1978; BRYCE and LLOYD, 1981; HELLINCKX and DE MUNTER, 1990). Further, in practice it is very difficult to separate treatment from observation. In the Flemish-speaking part of Belgium, many children remain in assessment centres for long periods. As a consequence, the treatment process must be commenced in the assessment centre itself, which then makes it difficult to transfer the child to a long-term placement (HELLINCKX and DE MUNTER, 1990). Because of the disadvantages referred to, many residential assessment centres in countries such as the Netherlands and the United Kingdom have been closed. Interesting developments in the area of assessment have, however, occurred in Spain. Spanish child care law stipulates that assessment should be carried out by expert interdisciplinary teams. Thus, several Autonomous Communities in Spain have created special networks of such teams (CASAS, 1993).

Of late, new types of residential care have been introduced. As mentioned earlier, small-scale homes, many of which are linked to larger institutions, can be observed in most parts of the EC. A variation on this type of care is the »Commune« which has been developed in Germany. Communes provide shelter for young people who volunteer to live together, and attend school for vocational training. In many countries - for example, Belgium, Germany, Ireland, and the Netherlands - houses located in residential communities provide accommodation for groups of older youngsters. Although adult care workers form part of some such groups, in other cases the group is exclusively comprised by young people who receive a minimum of adult supervision.

In Germany, small autonomous units have formed networks with one another in order to offer a wider range of programmes and activities which can be shared by youngsters from all the units within the network. This pooling of resources makes for economies of scale, and helps to overcome the high costs which discourage the development of small units.

Given the evidence suggesting that residential care is increasingly reserved for more challenging children and young people, there appears to be a need for small-scale facilities that are capable of offering effective help to such youngsters. In Germany and Ireland, small-scale, specialised facilities have been set up for children and adolescents with severe behavioural difficulties. A number of projects have also been developed in Germany for young drug addicts or runaways. Moreover, over the last few years, residential workers in Germany have given increasing emphasis to the problems experienced by girls in care, with particular attention devoted to helping sexually abused girls (COLLA-MÜLLER, 1993). In the United Kingdom, attempts have been made to raise awareness of the special difficulties experienced by children and young people from different ethnic backgrounds (AHMED ET AL, 1986).

Throughout the 1970's and 1980's, foster family care has also been in a state of transition, particularly in countries such as Germany, the Netherlands, and the United Kingdom. The traditional definition of fostering as »bringing up someone else's child« is currently only appropriate for a proportion of foster placements. There is now a continuum of family placement running from short-term fostering - which can offer, for example, emergency care, assessment, placement prior to rehabilitation, respite care, and treatment -through to long-term foster care - either with or without contact between children and their birth families - and on to adoption (COLTON, 1988).

Furthermore, in certain countries of the EC (Denmark, Germany, Italy, the Netherlands and the United Kingdom) a new type of foster family care has been developed, namely »therapeutic« or »specialist« foster care. This reflects attempts to provide children traditionally considered unsuitable for fostering -because, for example, they were deemed too difficult or too old - with family care.

7. Professionalization

Special foster parents receive fees which are generous by comparison with the ordinary foster care allowances in recognition of the difficulties which their roles may entail; they are also given more intensive training and support than ordinary foster parents (COLTON, 1988). Rather than being asked to bring children up as their own, special foster parents are required to provide a professional caring service. A trend towards greater professionalism can also be observed in relation to residential care. Prior to the 1960's, residential care in many countries of the EU could be characterised as a response to the needs of orphans, abandoned and neglected children, and child poverty. Children in institutions were typically subject to a rigid daily regime of education, religion and work, and were kept under constant supervision. An identical approach was adopted for all children (LIGTHART ET AL., 1991).

From the 1970's onwards, however, attempts have been made to meet children's needs on a more individual basis, and residential child care has become more professional. This has been attributed to two main factors, which were mentioned above. First, the population of children in residential care is said to have become more problematic; second, the quality of residential care practice has been heavily criticised from different points of view (see SPITZ, 1945; BOWLBY, 1951; POLSKY, 1962; KING, RAYNES and TIZARD, 1971).

Consequently, in most countries of the European Community, the number of care workers has been increased, along with their level of training. However, some countries have made less progress than others in this respect. For example, in Greece, Portugal and Spain, the proportion of qualified residential staff, and the standard of training provided for care workers, is lower than in the more industrialised countries. Insufficient numbers of staff have been recruited to the state child care centres in Greece due to economic constraints and the low political priority given to child care and protection (Agathonos, 1993). In Spain, the process of professionalization has been impeded by the lack of precise regulations concerning the education and training of care workers (CASAS, 1993).

However, problems have also been encountered in some of the northern countries. In the United Kingdom, for example, it has proved difficult to recruit appropriate staff for residential units, and turnover among care workers is very high. Young, inexperienced and untrained staff are often left to tend and work with the most problematic clients. Although attempts have been made to raise the status and skills of residential staff, through training courses, the adults looking after children are still more likely than not to be untrained and isolated from fellow professionals (BULLOCK, 1993). Such factors appear to have played a part in the recent controversy surrounding malpractice in children's homes in various parts of the United Kingdom (see LEVY and KAHAN, 1991; UTTING, 1991; CCETSW, 1992; DEPARTMENT OF HEALTH, 1992; and HOWE, 1992).

Some commentators consider that the rapid turnover of residential staff partly reflects the problematic nature of many youngsters now placed in residential care (Ligthart et al, 1991). In view of this, it is argued that care workers should receive higher salaries, and that the ratio of care workers to children should be increased.

There are also widespread calls for improved training and more intensive levels of support and supervision for care workers. As indicated above, the quality of training afforded care workers appears uneven across EC countries. In Greece, for example, the child welfare organisation »Metera« provides in-service training programmes, but only »as needs arise and conditions and time allow« (AGATHONOS, 1993). A similar point can be made in relation to the supervision of care workers. For instance, although a good deal has been written about the need for effective supervision of group workers in the Flemish-speaking part of Belgium, such supervision is neither general, nor provided on a systematic basis.

The development of the main profession involved in residential child care (within and beyond the EC) - that of the social pedagogue or educateur specialise - is uneven across EC countries. Indeed, the profession does not exist in the United Kingdom, where residential child care is undertaken by a variety of groups, including social workers, youth and community workers, and teachers. Consequently, in the United Kingdom the learning, scholarship and vocabulary associated with a distinctive residential child care profession is largely missing (DAVIES JONES, 1991, p. 16). The concept of the »social educator« may have a good deal to offer in terms of helping to resolve the crisis in residential care in the United Kingdom.

8. Alternatives to residential and foster care

The idea that children in care represent a heterogeneous category with regard to the variety of their needs and possible ways of addressing such needs, together with the high costs of residential care and the criticism levelled against it, have led to the development of community- oriented alternatives. The main objectives of such provision are, first, to prevent entry to care; second, to keep the young person in his or her natural environment. The most common alternatives to residential and foster care are day centres, centres for independent living under supervision, and home-based treatment schemes.

Day centres are places where children and adolescents in need can go after school. The child, the family, and school are all involved in the intervention programme. Day centres focus help on youngsters who are at risk of being placed away from home. Parents gain respite and support, whilst maintaining responsibility for their children.

Centres for independent living under supervision typically involve young people living in apartments, either by themselves or in small groups. They are usually supervised by care workers based at larger residential establishments, or by workers from services which specialise in this form of care. The main objective is to offer young people the opportunity to develop the skills essential for independent living. This includes practical skills, such as household budgeting, cookery, etc. However, youngsters also learn to make decisions about how to use their time constructively, and how, more generally, to organise their lives. This type of community care tends to focus exclusively on the young people themselves. Parents and the wider family are often left out entirely. However, recent research suggests that collaboration with young people's families is vital in facilitating the transition to independent living (KLOMP, 1992).

Centres for home-based treatment are situated at the opposite end of the care continuum from residential services, in that intensive help is provided in the child's family home. A number of times each week, family members receive training with regard to the material, practical, and social aspects of family living. Intervention focuses on the parenting process as a whole, rather than on specific, isolated, problems; on family relationships, rather than on individual family members (PHILP, 1963). Home-based treatment is widespread in the Netherlands, and it is currently being developed in Belgium and Germany (GOLDBRUNNER, 1989).

9. Conclusion

This article has compared residential care, foster care and their alternatives in different countries of the European Union. A number of recent common trends were highlighted. First, the decrease in the numbers of residential provisions and children accommodated in residential care, along with the increasing number of children placed in foster care. Second, the changing nature of the population of separated children. Although the number of children in residential care is falling, there is a widely held view that youngsters in residential care are more challenging than was traditionally the case. Third, the move away from large-scale residential institutions towards small-scale homes situated near to children's home localities. Fourth, the development of an ecological perspective, which recognises that it is impossible to effectively help children without taking into account their origins, family networks and cultural environments. Fifth, the increasing differentiation of residential and foster care provisions, which reflects an attempt to meet children's needs on an individualised basis. Sixth, the professionalization of residential care workers and foster parents. Calls for improved training, supervision and support for caregivers are widespread. Finally, the growth of alternatives to residential and foster care - in particular, day-care, centres for independent living under supervision, and centres for home-based treatment.

References

AGATHONOS-GEORGOPOULOU, H.: Chapter on Greece. In COLTON, M. and HELLINCKX, W. (eds): Child Care in the E.C. Aldershot, 1993

AHMED, S., CHEETHAM, J. and SMALL, J. (eds.): Social Work with Black Children and their Families. London, 1986

BERRIDGE, D.: Children's Homes, Oxford, 1985

BOSZORMENYI-NAGY and KRASNER, B.R.: Between Give and Take. New York, 1986

BOSZORMENYI-NAGY and SPARK, G.M.: Invisible Loyalties: Reciprocity in Intergenerational Family Therapy. New York, 1984

BOWLBY, J.: Maternal Care and Mental Health. Geneva, 1951

BULLOCK, R.: Chapter on the United Kingdom. In: COLTON, M. and HELLINCKX, W. (eds.): Child Care in the E.C.. Aldershot, 1993

BRYCE, M., and LLOYD, J.C. (eds): Treating Families in the Home: An Alternative to Placement. Springfield (Illinois), 1981

CASAS, F.: Chapter on Spain. In: COLTON, M. and HELLINCKX, W. (eds.): Child Care in the E.C. Aldershot, 1993

CCETSW: Setting Quality Standards for Residential Child Care: A Practical Way Forward. London, 1992

COLLA-MÜLLER, H.: Chapter on Germany. In: COLTON, M. and HELLINCKX, W. (1993), (eds.): Child Care in the E.C. Aldershot, 1993

COLTON, M.: Dimensions of Substitute Child Care: A Comparative Study of Foster and Residential Care Practice. Aldershot, 1988

COLTON, M., HELLINCKX, W., BULLOCK, R. and VAN DEN BRUEL, B.: »Caring for Troubled Children in Flanders, The Netherlands and the United Kingdom«. British Journal of Social Work, 1991a/21, pp. 381-392.

COLTON, M., ALDGATE, J. and HEATH, A.: »Behavioural Problems Among Children in and Out of Care«. Social Work and Social and Social Sciences Review, 1991b/2 (3), pp. 177-192.

COLTON, M.: »Social Climates and Social Support in Residential Homes and Foster Families: The Child's Voice«. In: VAN DER PLOEG, J.D., VAN DEN BERG, P.M., KLOMP, M., KNORTH, E.J. and SMIT, M. (eds.): Vulnerable Youth in Residential Care. Part 1: Social Competence, Social Support and Social Climate. Leuven, 1992

COLTON, M. and JACKSON, S.: »Failing Children«. Community Care, 1993/8, April 1993

COLTON, M. and HELLINCKX, W. (eds.): Child Care in the E.C. Aldershot, 1993

DAVIES JONES, H.: »Some Problems of Communication in Residential Child Care«. In: GOTTESMAN, M. (ed.): Residential Care: An International Reader. London, 1991

DEPARTMENT OF HEALTH: Choosing with Care (the Warner Report). London, 1992.

GILLIGAN, R.: Chapter on Ireland. In: Colton, M. and Hellinckx, W. (eds.): Child Care in the E.C. Aldershot, 1993

GOLDBRUNNER, H.: Arbeit mit Problemfamilien: Systemische Perspektive für Familientherapie und Sozialarbeit. Mainz, 1989

GOTTESMAN, M. (ed.): Residential Care: An International Reader. London, 1991

HEATH, A., COLTON, M. and ALDGATE, J.: »The Educational Progress of Children in and Out of Care«, British Journal of Social Work, 1989/19 (6), pp. 447-460.

HEATH, A.F., COLTON, M.J. and ALDGATE, J.: »Failure to Escape: A Longitudinal tudy of Foster Children's Educational Attainment«, British Journal of Social Work, 1994/19, pp. 447-460.

HELLINCKX, W. and DE MUNTER, A.: Voorzieningen voor jongeren met psychosociale problemen. Onderzoek naar residentiële voorzieningen, diensten voor begeleid zelfstandig wonen en dagcentra. Leuven/Amersfoort, 1990

HOWE, E.: The Quality of Care (The Howe Report). Local Government Management Board, 1992

KING, R.D., RAYNES, N.V., and TIZARD, J.: Patterns of Residential Care: Sociological Studies in Institutions for Handicapped Children. London, 1971

KLOMP, M.: Hulpverlening aan adolescenten: Een bijdrage aan methodiekontwikkeling in Trainingscentra voor Kamerbewoning. Groningen, 1992

KLUPPEL, J.E.J. and SLIJKERMAN, A.J.M.: Gebruik en beleving van kindertehuizen voor jeugdigen met psycho-sociale gedragsproblemen. Wageningen, 1983

LEVY, A. and KAHAN, B.: The Pindown Experience and the Protection of Children: The Report of the Staffordshire Child Care Inquiry 1990. Staffordshire County Council, 1991

LIGTHART, L.E.E., VAN DER GOES VAN NATERS, J. and DE KEYSER, L.H.: »Residential youth care and protection: The Dutch situation«. In: GOTTESMAN, M. (ed.): Residential Care: An International Reader. London, 1991, pp. 22 2-238.

MESMAN SCHULTZ, K.: De COM-procedure, een methode om voor kinderbeschermingspupillen een advies te bepalen. Rijswijk, 1978

MILLHAM, S., BULLOCK, R., HOSIE, K. and LITTLE, M.: Lost in Care, Aldershot, 1986

PARKER, R.A.: »Residential Care for Children«. In: Sinclair, I. (ed.):, Residential Care: The Research Reviewed, London, Her Majesty's Stationery Office, 1988, pp. 57-124.

PHILP: Family Failure: A Study of 129 Families with Multiple Problems. London, 1963

POLSKY, H.: Cottage Six: The Social System of Delinquent boys in Residential Treatment. New York, 1962

PRINGLE, M.L. and BOSSIO, V.: »Early Prolonged Separations and Emotional Adjustment«. In: Child Psychology and Psychiatry, 1967/1, pp. 37-48.

SPITZ, R.A.: »Hospitalism: An Inquiry into the Genesis of Psychiatric Conditions in Early Childhood«. In: Freud, A. (ed.): Psychoanalytic Study of the Child, New York, 1945

UTTING, W.: Children in the Public Care, London, 1991

VAN DER PLOEG, J.: Vormen van residentiële hulpverlening. In: VAN DER PLOEG, J. (ed.): Jeugd (z)onder dak: Theorieën, voorzieningen en jeugdigen in de residentiële hulpverlening. Alphen a/d Rijn, 1984a

VAN DER PLOEG, J.: »Het functioneren van de groepsleiding«. In: HELLINCKX, W. (ed.): Begeleiding van de groepsleiding in de residentiële orthopedagogische hulpverlening. Leuven, 1984b, pp. 9-27.

VAN DER PLOEG, J. and SCHOLTE E.: Tehuizen in beeld. Leiden, 1988

VAN DER PLOEG, J.: Chapter on the Netherlands. In COLTON, M. and HELLINCKX, W. (EDS.): Child Care in the E.C. Aldershot, 1993

VISSERS, J.: De residentiële carrière van jongeren in de kinderbescherming. Den Haag, 1988

ZANDBERG, T. J.: Kleinschaligheid in de residentiële hulpverlening. Groningen, 1988

Dan Gooch

The Emergence of Alternative to Residence

Alternativen zur stationären Unterbringung

Der Rückgang von stationärer Unterbringung in Großbritannien der Nachkriegszeit läßt vermuten, daß die zahlenmäßige Reduzierung ihre eigenen Probleme geschaffen hat. Im allgemeinen ist es akzeptiert, daß die Entwicklung nicht zufällig oder übereinstimmend sind. Sie sind aber das Ergebnis eines weitverbreiteten und bewußten Wunsches, die Zahl der Kinder in stationärer Unterbringung zu reduzieren, sei es nun aus ethischen, finanziellen, effektiven Gründen oder einer Kombination aus allen dreien. Diese Ideologie wurde häufig im öffentlichen Sektor deutlich, wo die Bedeutung der biologischen Familie und das gegenseitige Profitieren vom "Eltern-sein" besonders bemerkbar wurde. Diese Abhandlung fragt, warum solche Gedanken der Weisheit letzter Schluß in der Nachkriegssozialpolitik Großbritanniens wurden.

1. Introduction

The decline in institutional care can be, and has been, related to virtually any phenomenon that has noticeably increased, decreased or simply changed since the Second World War. Higher living standards, the decline in religion and the rise of moral relativism, rising land prices, the loss of Empire, changes in parenting behaviour, medical and educational advances, budgetary pressure, greater concern for children's rights and well-being, research and demography are some of the less implausible suggestions for the decline. Many of these developments have indeed been influential in the exodus from residence - at the very least, none have hindered the process. Such explanations however are partial, shed little light on the fine detail and are somewhat post hoc. Other trends, meanwhile, such as the rise in the numbers of children born outside marriage and the rise in the divorce rate might seem to augur for a likely increase in residence. Whilst there has been a general decline in residence the trend has neither been without interruption nor uniform within particular sectors or within particular authorities. Neither, incidentally, is it peculiar to children (see SINCLAIR, I).

The post-war disenchantment with residential care has found various expression in empirical study, in official inquiry, in theoretical investigation, in fiction and in autobiography. Film, television, popular music, even West End musicals have added their voices of unease. Residential care, it is argued, is not consistent with our values, our interests or our increasing knowledge. Questions have been raised over its legitimacy, its necessity, its expense, its susceptibility to abuse, its problems of staffing and discipline and, last but not least, its efficacy. The sheer volume of this criticism in the period following the Curtis Report (Report of the Care of Children Committee 1946) has led some observers to see the emptying of residential establishments as an exclusively post-war phenomenon. SCULL (1984), for example, suggests that the opening of doors results from the concessions won by the working class during and immediately after the Second World War. The resulting »socialization of production costs« in the form of welfare benefits created, according to SCULL, a fiscal crisis. Welfare benefits however also suggested a means by which the fiscal crisis might be ameliorated, in that they vetoed one key apology for residence - the argument that residents could not be adequately supported in any other way. Whilst SCULL's analysis is cogent, his attempt to seek materialist explanations and to reject the deliberations of policy makers as little more than a »humanitarian gloss« is less satisfactory. To see the exodus from residence as fiscally driven and located at a stage of the development of capitalism ignores similar processes that occurred previously. As far as children are concerned, the impetus to empty institutions has been influential at least since the early nineteenth century in the public sector and for much longer in the private.

A second myth to be challenged is that the overwhelming confidence of the late nineteenth century encouraged a faith in the potential of residential institutions to break cycles of poverty and crime. What instead typifies the nineteenth century, as SCULL points out, is a constant unease over the institutional care of children as it existed, particularly as scandal was frequent even in those schools used by the professional and governing elites. The »child rescue« movement that developed during the Victorian era considered the child-care institutions that then existed to be one of the main dangers which children were to be rescued from. That they were then to be placed in new forms of institution was regarded by the child rescuers themselves as more expedient than ideal. MARY CARPENTER, for example, whose name is inextricably connected with the industrial school movement, was in fact an advocate of day industrial schools and her support for residential reformatory schools was based precisely on her hostility towards the institutional care of children as it then existed within prisons - witness her single-minded campaign against Parkhurst (Pinchbeck, I. and Hewitt, M., 1973; Rose, G., 1967). BARNARDO's enthusiasm for residential care was likewise realistic and pragmatic: far from being the answer, »institutionalism was the great danger to avoid«. BARNARDO was boarding out no less than a third of his charges as early as 1891, when the Poor Law Guardians were boarding out one in ten (BARNADO, T.J., 1990).

Even for these supposed evangelists of residential care, institutions were as much the problem as the answer. Residence, however, did have the great advantage of being immediate, visible and practical - it was a pragmatic rather than an idealistic response, and this is a point to which we shall return. It is useful to remind ourselves of the scale of the problems presented by impoverished urban children towards the end of the nineteenth century. A third of the population was under twenty and juvenile crime, vagrancy, prostitution and disease were both affronts to the Christian conscience and wolves at the door of middle class prosperity. Reluctance to recognise that poverty was as much a structural problem as the result of individual indolence and immorality, and the difficulties in both resource and service terms of relieving adult poverty in any more than a piecemeal way ensured that »child rescue« became a way in which the wealthy could simultaneously salve their consciences and protect their interests. The explicit impetus for intervention was religious, and the denominational colour of the lifebelt was as important as the lifebelt itself. Today in Calcutta or Cairo, or even for the destitute teenagers on the Strand in London, the warehousing of children remains the swiftest way of meeting basic needs for food and shelter. Whilst dissatisfaction with residence as a long term solution is no new phenomena, residence remains an extremely pragmatic short-term solution. Abandonment of residence is a luxury which can be enjoyed only once some alternative means has been found to meet basic needs.

Confirmation that residence was a pragmatic rather than an idealistic response to poverty can also be found in the fact that residential care for poor children had already passed through almost a century of decline before its revival in the mid nineteenth century. The boarding public schools likewise had become moribund during the eighteenth century and rolls had fallen steadily (BARNADO, T.J., 1990). More than statements of confidence in the potential of institutional care for children, the revivals of the nineteenth century must be seen as an acknowledgement that »something had to be done« about the deficiencies of institutional care of children. It is no coincidence that the Poor Law Amendment Act of 1834 contained the first legislative recognition that children might be irreparably damaged by an institutional upbringing. Most of the reforms that culminated in the creation of a separate system of justice for the young in the 1908 Children Act can likewise be understood as horrified reactions to contemporary residential provision for delinquents. PARKHURST and H.M.S. Euryalus (Pinchbeck and Hewitt op. cit.) are remembered now, if at all, as scandals: it is forgotten that they were conceived as alternatives to prison. Thus the development of new forms of residential institution up to the First World War must be seen not as the expression of a new confidence in institutions but, conversely, as a consequence of major misgivings concerning residential care as it then existed.

2. Obstacles

Given that many professionals and policy makers have long tried to keep children out of institutions, it might be more pertinent to ask not why the decline has accelerated since the Second World War, but why it was so gradual previously. The answer, in the case of childcare provision, must be sought primarily in the slow development of a system of universal benefits for those unable to support themselves through their labour, a process that began in the nineteenth century and culminated in the modem Welfare State. Until then, the difficulty of providing support for the »dangerous and perishing classes« was that such help was seen to reward indolence and, in the case of unmarried mothers, immorality. The doctrines of deterrence in the justice system and of less eligibility in the welfare system long resisted attempts to reform or to reduce dependency on residential care. These barriers were only overcome by the expansion of universal services in education, health, housing, child care and social security. Only as such resources became widely available to the »deserving« parent and child as of right did it become politically feasible to make them available to the »undeserving« as outdoor rather than institutional relief.

It was politically difficult, for example, to argue that foster parents should be reimbursed for child care whilst natural parents were not. Such an arrangement, it was argued, would constitute an incentive to parents to abandon their children. Moreover, in the absence of a national system of outdoor relief for the poor, the charge that foster parents were only in it for the allowances paid was difficult to refute. Thus objections to boarding out children in foster homes centred on the difficulties of ensuring that those boarded out were not taken for use or profit, safeguards which were difficult to impose given the limited nature of legislation to restrict child labour, prevent ill-treatment and ensure school attendance. These objections to foster care were muted during the great rise in the number of children accommodated by the Poor Law Guardians from 1878 but once the direct pressure of expanding rolls was removed a second major expansion of foster care was obliged to await the introduction of further universal benefits after the Second World War. However, only when protective legislation and adequate systems of enforcement were developed for all children did these essentially humane and well-founded objections finally subside.

Similar considerations can be discerned in the history of social policy towards illegitimacy and single parenthood. As late as 1962, PACKMAN (BARNADO, T.J, 1990) estimated that for 46%% of long-term admissions to care the prime reason was de jure single parenthood and that defacto single parenthood was the prime cause in a further 17%. Family homelessness was the prime cause for the admission of a further 11% and illegitimacy by itself was a prime or contributory reason for 37%. The illegitimate, children of single parents and the homeless (groups that overlapped considerably) constituted the bulk of those in residential care. Only the development of policies to tackle all homelessness, such as the priority allocation of council housing, and cash welfare benefits to all parents, for the first as well as subsequent children, finally began to break the links between illegitimacy, single parenthood, destitution and long-stay residential care. Only when child benefits became available to all parents and social housing to (theoretically) all who needed it could such resources be made available to unmarried parents or those made homeless by eviction.

Provision for children with disabilities has been subject to similar constraints. The »mentally defective« were the last group to be specifically incarcerated but whilst much has been written about the eugenic influences on the 1913 Mental Defectives Act, it is as well to remember that the primary effect of this legislation was not to remove children from their parents so much as to get them out of the workhouses and industrial schools. It is as well to remember too that disability in itself has rarely provided sufficient grounds for a residential placement. Children with disabilities in residential care are not necessarily, and never have been, the children with the most serious impairments. They are children with disabilities whose parents cannot support them, at least temporarily. Whilst the extent of the child's disability will clearly be a major factor in determining parents' ability to care for him or her it will not be the only one, and the above discussions of single parenthood and destitution apply disproportionately to children with disabilities (Loughran, PARKER and GORDON, op cit.; also OSWIN, M., 1971 and 1978). A further complication is the fact that children with disabilities often do have medical needs, which could only be met in institutions until free medical care was made available by the National Health Service.

The acceptance by the State of the financial responsibility for ensuring a minimum standard of living for children within their own homes has thus enabled large numbers of children who would previously have been candidates for an institutional bed to remain with their families. In Packman's terminology (Packman, J., 1986), the »volunteers« have largely disappeared from residence« and since these children tended historically to form the majority of residents due to their long stays this alone accounts for most of the decline in the use of residence in the childcare sector.

»Victims«, meanwhile, have never been particularly conspicuous in residence. The National Society for the Prevention of Cruelty to Children, for example, which from 1889 took the leading role in prosecuting abusive and neglectful parents, never developed a system of care for those it rescued. Such children thus tended to disappear into large voluntary sector children's homes, where they became all but indistinguishable from the crowd. Although abuse and neglect have long been considered grounds for the removal of a child from home, little distinction was made in practice between »victims« and other children in the childcare system until comparatively recently. Until the 1960's, for example, both delinquency and abuse were considered grounds for an Approved School Order, or for committal to the care of a »fit person«. For this reason, it is impossible to estimate the numbers of victims of abuse or neglect in residential care before the Second World War, but it is likely that the number of custodial sentences for juveniles (under 16) is very small, sentences are measured in months rather than years, and only a proportion of the sentence is likely to be served. Where the sentence is longer, as in the case of those few children convicted of grave crimes such as murder, it is likely to be served in a secure community home or youth treatment centre rather than a young offender institution.

Whilst concern over the experience of children in prisons can be traced back for several centuries, legislative attempts to »decarcerate« young people moved them not home but to more benign residential settings such as reformatory schools and borstals. Only in the past twenty years has such concern led to a concerted effort to maintain all but the most persistent or dangerous juvenile offenders in the community. Although very few children find themselves in secure facilities, however, residential provision within special education and s is increasingly dominated by adolescents for whom the chief criterion for a residential placement has been disruptive, frightening, disturbing or simply irritating behaviour in other contexts. The »villains», then have remained in residence, although they are now more likely to find themselves in boarding special schools than overtly punitive provision. Overall, their numbers may be falling but, relative to other children, they form an increasing proportion of the residential sector.

Why is this? The answer must surely again be sought in the pragmatic benefits of residence for the wider society. Even where not secure, residence moves troublesome children into a context where there is less scope for trouble. For this reason, residential provision is increasingly rural, whilst its clients are generally urban. At the time of the Fish report (1986), for example, the Inner London Education Authority (ILEA) educated 3.5% of the nation's children and made 6% of the nation's referrals to boarding special schools. Of the 130 schools used however only 6 were situated within the ILEA catchment area. Custodial facilities may make little impact on offending in the long run, but in the short term remove the miscreant from the community. Even when the benefits to residents themselves are contentious and costs very high the pragmatic advantages of residence ensure that it will remain an attractive option for groups who test the extremes of public tolerance, or threaten the safety of the vulnerable.

3. Reform within the institutions

A further brake upon the exodus from residence has been the limited ability of residential establishments themselves to reform, succeed, propagandise and thus to restore confidence. Such a process is so ubiquitous in the history of institutional care that it is possible to identify a recurring cycle of public disquiet and returning confidence in residence. This cycle characterises systems of residential provision for children and even particular establishments. When residential provision for children is viewed as damaging, this in itself acts as a check to the rate of referral. Thus major reforms of residential care for children take place in a context of falling, not rising, rolls. (Rising rolls in the public sector lead not to attempts to reform residential care but to the search for alternatives.) This period of falling demand might be called the stage of disquiet. The creation of a new and more humane system, however, removes this disquiet and usually leads to a surge in referrals. Thus, in the first decades of its life, the reformed system advances and its catchment expands both in quality and quantity. The system at this point is characterised by a pioneering and innovative spirit - hopes are high, energy intense and talent attracted. In such circumstances, initial results are encouraging, which in turn encourages more applications for places. This might be called the pioneering stage, and is beautifully illustrated by the history of residential schools for the »maladjusted«. Ultimately, however, setbacks occur, innovation becomes routinised, the pioneers die, become celebrities or are otherwise lost to the system and these charismatics are hard to follow. Depression follows and stories of abuse begin to circulate. This might be called the stage of stagnation. Finally, as the world moves on, the system begins to look archaic and goes into decline. The stage of decline of one institution corresponds to the stage of disquiet in the new (MATTINGLY, M.A., 1981; BERRY, J., 1975; LEVY, A. and KAHAN, B., 1991).

It is perhaps not surprising that this cycle has also been found to typify the careers of residential workers themselves (MATTINGLY, M.A., 1981; BERRY, J., 1975; LEVY, A. and KAHAN, B., 1991). That it should be seen as typifying the life cycle, not only of workers or of particular institutions but of entire systems of institutional care, might seem unforgivable anthropomorphism were it not demonstrable that the energy, commitment and skill of residential workers are the major determinant of the quality of care, and thus a major influence upon the outcomes of residence. This is not to deny that wider political, social and economic structures constrain outcomes: alumni of a bad public school are likely to enjoy superior outcomes to those of even the most enlightened young offender institution. Nevertheless, within institutions it is the quality of the staff that is found to be the major influence upon the attitudes and abilities with which young people leave residence. Thus, to a large extent, the workers are the system - their idealism is its strength, their cynicism its decline.

Such a process is evident over a somewhat longer time scale in the history of the boarding public schools. Such schools were widely considered already to have passed their peak at the beginning of the nineteenth century and their future was uncertain. Shrewsbury, for example, is quoted as having declined to three pupils by Butler's accession to headmastership (1797). Credit for the salvation of the public school is customarily awarded to ARNOLD, whose reforms at Rugby provided a model for a generation of imitators. Closer examination, moreover, reveals that the cycle of reform leading to rising rolls before scepticism sets in, rolls fall and further reforms are undertaken typifies the history of particular schools as well as the history of the sector as a whole. In the first half of the nineteenth century, changes of headmaster at the public schools frequently led to a surge of new referrals, a feature particularly marked at Harrow and Rugby though also noticeable at Westminster, Eton and Shrewsbury.

The boarding public schools were rescued in the nineteenth century partly by an increased desire amongst the prosperous and emergent middle classes for sons of trade to pass as gentlemen. They also expanded as religious schism encouraged denominational education but remained the subject of intense and scathing criticism, culminating in the establishment of the Clarendon Commission in 1861 and the Public Schools Act 1868. From this date the number of new foundations began to drop again and the sector remained essentially static until the First World War, when a further rash of criticism brought a further round of reform, and another, smaller surge in demand following the foundation of innovative schools such as STOWE, BRYANSTON and GORDONSTOUN (MATTINGLY, M.A., 1981; BERRY, J., 1975; LEVY, A. and KAHAN, B., 1991). During the inter-war years, progressive education flourished briefly, albeit still predominantly residential.

The decline in boarding since the Second World War, like the decline in public sector residential care, can be largely related to the growing availability of alternatives - in this case good day schools. A number of factors can be held responsible for a growing unease about boarding. These would include escalating costs and changes in patterns of wealth distribution, but also social developments such as the increase in car ownership, and changes in attitudes towards children. Nonetheless the advantages of private education are so cogent that it is to be doubted whether the decline of boarding would have occurred to nearly such an extent as it has were it not for the growing availability of day schools, and of day places within boarding schools. It is the weakening of the link between the advantages of private education and the need to board to get them that has enabled doubts about boarding, particularly at primary school age, to be translated into a fall in applications. At the same time however, the boarding schools have shown themselves capable of reassuring a sceptical public by reform, skilful propaganda and by widening their net socially and geographically.

Thus the cycle of a steady decline in residence offset at various times by reform, evangelism and net-widening can be seen to typify both the State sector and the private. Both were in decline at the beginning of the nineteenth century and were revived by reform during the Victorian era to meet new demands. Despite fierce contemporary criticism, both public and private sector establishments flourished in the second half of the century due to the absence of any adequate alternative and maintained their position during the early twentieth. The development of alternatives during the post-war period has lead to a growing reluctance to accept not the desirability but the necessity of boarding, or of the residential care and treatment of children, or of the physical confinement of the delinquent.

4. Discussion

The explanation of the exodus from residence as a phenomenon that has been held back until recently by structural constraints and the absence of alternatives rather than by ignorance or conservative values does not intend to suggest either that welfare ideologies are free-floating, unconnected to any economic or political base, or that the removal of a constraint is sufficient to achieve forward motion. More often than not the removal of one constraint serves merely to expose another. There have been vested interests to overcome, public opinion to be mobilised and mollified, the viability of alternatives to be demonstrated, and new staff to be recruited and trained. The role played by innovators, propagandists and professionals in this process has been far from marginal, but it is largely the changing social policy context of such campaigns that has prevented it being so. Only with the advent of the necessary social policy context, particularly in terms of financial benefits, do such campaigns prove sufficient to achieve a transfer of resources towards community-based alternatives.

Secondly, no mention has been made so far of the very raison d'etre of residential carehuman needs, both individual and collective. There are indeed occasions when the relationships between the amount of human need and the history of the agencies developed to meet such needs seem fairly clear-cut - during the great expansion of the workhouse population in the depression of the 1880's for example, or the growth of boarding schools during the nineteenth century. At other times, however - in the expansion of secure childcare facilities during the 1970's for example - growth in provision cannot straightforwardly be related to social change, and explanations must be sought in the changing roles, resources and practices of agencies rather than the changing nature of their client population. There does not seem to be very much to be gained from an attempt to relate the history of institutional care, control and education to variation in the amount of »need« for such provision overall, in terms of poverty, ignorance, crime, sickness or abuse. If there is less »need« for residential provision now than previously, it is clearly not because there is less sickness, unemployment or crime, or fewer single parents or children requiring education, or that child abuse is less of a problem - it is because policy makers, practitioners and other concerned agencies seek to meet the needs of such groups (insofar as they do) in different ways.

By the same token, the marginal role given to budgetary pressures in this paper does not mean to suggest that finance has not been a motivating force behind the decline in residence, merely that its relationship to such history is not straightforward. Part of the attractiveness of Poor Law institutions at the time of their creation was the potential they seemed to offer to save public money by manipulating demand through deterrence. It is only since the advent of the principle of universal outdoor relief, subsidised housing, universal free education and medical care that resistance to the closure of residential establishments based on perceptions of the costs of not having institutions has mellowed, although it is still influential in discussions of delinquency. Thus an exploration of the costs of residential care must take as much, if not more, account of the public's and policy makers' perceptions of costs as of actual balance sheets and cash flows.

Furthermore, the considerable financial costs of residential care in the 1990's should be seen partly as a consequence of the small numbers of children involved. The decline in residence has taken place in periods of expanding government expenditure and in times of stringency. It has occurred as much under left-wing as under right-wing administrations. Moneys saved by the closure of residential establishments in the public sector are largely channelled back into the provision of alternative services. Neither do patterns of closure follow patterns of wealth geographically - Warwickshire, for example, which closed its last children's home in 1986, can hardly be considered to be under more intense fiscal pressure than other authorities. Of course, community care and alternatives to custody have benefited from the financial argument, and factors such as variations in land and labour prices have undoubtedly been influential in the history of institutional care. Financial arguments, like those based around ethics or efficacy, have always been with us, because residential care has always been expensive. Such expense has always previously been justified as necessary, and it is policy makers' perceptions of its necessity, not its expense, which have changed.

Questions of both the »need« for and the costs of residential provision do not then lend themselves to generalisation. Where residential care has been innovative, self confident and sure of its role - witness the public schools in the 1840's, the industrial schools and reformatories in the 1850's and 60's, the rescue homes of the 1870's, the boarding grammar schools after 1902, progressive schools in the 1920's, approved schools in the 1930's, maladjusted schools in the 1940's and 50's, even secure accommodation in the 1970's - it has never been short of referrals. Where, by contrast, it has been conservative, defensive, prone to scandal and inward-looking - the public schools in the 1800s, the reformatories in the 1890's, the approved schools in the 1960's - it has struggled. Prior to the second world war, the absence of any adequate alternatives encouraged a sense of invulnerability in the residential sector, in the boarding public schools as much as in the voluntary sector approved schools and Poor Law children's homes. In the post-war period, this complacency has been replaced by a sense of acute vulnerability in the residential sector. How many more branches can be pruned before the tree itself felled?

This paper has explored some of the reasons for the decline in the use of residence as a means of meeting the needs of children, whether in the public or private sectors. Particularly important is the evidence that the decline is gradual and of long standing. What has happened in recent years has been an acceleration of this process of decline, rather than a sudden and unexpected reversal. Concern over the social isolation and poor conditions experienced by children in residential institutions and the vulnerability of such children to abuse is as compelling in the work of DICKENS and ROUSSEAU as in that of GOFFMAN or of MILLHAM and colleagues. Residential options have likewise always been expensive. These are constants of residential care, rather than post-war discoveries. What has changed is that, for the first time, viable alternatives have been created. In the sectors primarily concerned with the delinquent and disruptive adolescent the emergence of a coherent system of State-sponsored social work has been of major importance. In childcare, developments in other areas of social policy - particularly the availability of family allowances and the priority allocation of social housing to young single mothers - have been of great significance. The growing availability of good day schools, whether in the public or the private sector, has challenged the notion that a superior education can only be had by boarding. Practitioners, policymakers, parents and young people themselves now have the choice of a number of means of achieving the same ends and it is this, rather than any developments within the residential sector itself, which must be held responsible for the declining use of residence.

References

BAMFORD, T.: The Rise of the Public Schools. London, 1967.

BARNADO, T.J.: The rescue of waifs, Barnardo's Homes, nd, quoted in: PARKER, R.: Away from home: a history of child care. llford, 1990. Figures from Parker.

BERRY, J.: Daily experience in residential life. London, 1975

BRIDGELAND, M.: Pioneer Work with Maladjusted Children. Staples Press, 1971

Ca enter N1. Reformato schools for the children of the perishing and dange.rous classes and for juvenile offenders. London, 1851.

CURTIS S.l.: History of Education in Great Britain. London, 1948.

LEVY, A. and KAHAN, B.: The Pindovwn Experience and the Protection of Children. Staffordshire County Council, 1991.

MANNING, N.: The Therapeutic Community Movement: Charisma and Routinezation. London, 1989

MATTINGLY, M.A.: Occupational stress for group care personnel, in: AINSWORTH, F. and FULCHER, L.C.: Group Care for Children; Concept and Issues. London, 1981

MILLHAM, S. , BULLOCK, R. and CHERRETT, P.: After grace - teeth. Human Context Books, 1979.

OSWIN, M.: Children living in long-stay hospitals. Suffolk, 1978.

OSWIN, M.: The Empty Hours. Middlesex, 1971

PACKMAN, J.: Child Care; Needs and Numbers, 1968

PACKMAN, J.: Who Needs Care; social-work decisions about children. Oxford, 1986.

PINCHBECK, I. and HEWITT, M.: Children in English Society Volume 2: From the eighteenth century to the Children Act 1948. London, 1973

Report of the Care of Children Comittee. London, 1946.

Rose, G.: Schools for Young Offenders. London, 1967

SCULL, A.: Decarceration (2nd edition). Oxford, 1984.

II.

Veränderungen

Documents of Change

Mordecai Arieli

Residential Settings for Adolescents in Israel

Jugendliche in stationärer Erziehung in Israel

Der Artikel stellt einige Aspekte einer Untersuchung über die Lebensgeschichte von Heimschulabsolventen vor. Hierbei geht es besonders um die Einstellungen dieser Absolventen zu der Frage nach der Diskrepanz zwischen einem schulisch gegenüber einem pflegerisch orientierten Erziehungsansatz. Ethnographische Daten weisen darauf hin, daß gruppenpflegerisch orientierte Erzieher häufig davon ausgehen, die schulische Erziehung sei eine effektive Möglichkeit der Pflege, während ehemalige Heimbewohner dazu neigen, dies differenziert zu betrachten. Sie betonen, daß sie zwar schulisch erzogen wurden, dies jedoch als eine einzelne Strategie nicht dazu beigetragen habe, ihre Probleme zu lösen. Demgegenüber erlangen die Schüler aus bessergestellten Wohngegenden Vorteile aus schulischer Erziehung in Internaten. Die schulische Erziehung in Internaten führt ihre Schüler nicht zu einer Einschränkung der Erfolgsgefühle oder der sozialen Mobilität.

1. Introduction

In this article I wish to describe some viewpoints of young adults on their past experience in residential settings and its impact on their present lives. These viewpoints are held by young adults, aged 25-35, who spent part of their lives in residential settings. They relate to the way the young adults view their biographies and their anticipated careers. One of the issues I raise with them is what they feel about the nature of the treatment they experienced in residential settings.

Now that at least seven years have passed since they left the residential setting, do they think it was a suitable place for them and answered the needs that brought them there? In other words, does the rehabilitative approach that was taken towards them and towards their development during adolescence seem to them now reasonable and justified? Many children and youth in Israel (my country) are placed in residential settings. In each of the last 5 school years approximately 40,000 youths aged 13-18 were in residential settings. They comprised about 11 % of the entire student population in that age range (Central Bureau of Statistics, 1993). During the past quarter century there were years when almost 20 % of this age group were in residential settings.

The population of residential settings in Israel has deep historical and social roots. For generations, the most prestigious program of Jewish education in the diaspora was the yeshiva (Talmudic or post-Biblical Jewish institution of higher learning). For most students, attending a yeshiva entailed leaving home, since many Jewish communities were too small to run their own yeshiva. The yeshiva fulfilled two purposes in traditional Jewish society. It served both as an elite educational institution and a route of social mobility for members of lower social classes. This was possible because gifted, motivated pupils were generally admitted regardless of their social backgrounds. Although most yeshiva institutions did not provide residential facilities, life away from home, boarding with local families, like life in formal residential settings, was legitimized by Jewish communities.

In pre-State Israel (before 1948) residential agricultural schools, as well as kibbutzim, often served as home to youths from Central and Eastern Europe who came to the country singly or in groups, aiming to revolutionize the traditional bourgeois-urban pattern of Jewish life. For the indigenous children the role of these schools was to support and accelerate their socialization for membership in the group to which they belonged by birth. For the immigrant youths the role of these agricultural schools was more in the nature of resocialization to bring about changes in their original socialization (SHAPIRA, 1987; SHLASKY, 1987; LEVY, 1994).

2. Caring While Schooling: the Care-Givers Approach

In the early 1970's it was established that a great number of children of new-immigrants were not doing well at school. They were often labelled as educationally disadvantaged. It was also suggested that many of the so-called disadvantaged youths show also various symptoms of maladjustment: various deviances and problems of mental health. It was also believed that the disadvantaged will benefit from a residential program (KASHTI, 1988; BULLOCK, LITTLE & MILLHAM, 1993; COLTON & HELL-INCKX, 1993).

The underlying assumption was that exposing disadvantaged and care-requiring children and youths over a period of years to the daily influence of a setting which operates as a cultural agent of the social center, may help to advance their academic achievements and rehabilitate them socially and psychologically at one and the same time (ARIELI, BEKER & KASHTI, 1990).

The pioneering idea of residential schooling has gradually been replaced by the two ideas of normalization and mainstreaming. Israeli policy makers began to view residential schooling both as a means of promoting young members of marginal groups towards the social center and as a means of caring for youngsters who experience social and psychological problems of various kinds.

Approximately 90 % of the 40,000 who live today in residential settings are placed in organizations known as youth villages and boarding schools. These organizations are characterized mainly by the following features:

- First, all aspects of the residents' lives take place in one framework. They spend their leisure time, sleep and study on the same campus; there is no distinction between school and home.
- Second, the school is conducted as a regular day school. In fact, it often serves as a day school for local youth who are not boarders in the residential setting.
- Third, these are large settings, accommodating 100 to 600 youth.
- Fourth, the official orientation guiding the settings is that of schooling: the staff's main role is to teach, while the children's main purpose is to study. Schooling is the leading orientation; the idea of care is subordinate to that of schooling.

There is growing awareness that the youth are often sent to settings because of social or phsychological distress, but the challenges facing the staff and them are normative ones: success in studies and mainstreaming. The care-givers believe that the most important thing for their charges is to succeed in their studies, guaranteeing them upward mobility in the Israeli society. Psychosocial services, such as individual or group psychotherapy, are hence provided on a very limited basis. The other 10 % of children in residential settings are placed in settings defined as care or treatment organizations. These organizations possess the following characteristics: First, the children attend schools that are often outside the campus of the setting. Second, these are small settings, with usually no more than 100 residents.

To sum up, one may say that the dominant approach in the residential network is: We care while we school. The residents are quietly „receiving" care while they are openly taking part in what they and the adults in charge of them identify as acts of schooling. There is broad general agreement among educational and professional circles in Israel concerning the advantages of the approach that puts education before care when dealing with children who were diagnosed as in need of residence out of home.

3. The Perspective of Former Residents

In the framework of my study I have been conducting interviews, almost totally unstructured, with ex-pupils or ex-residents of boarding schools. So far, I have conducted 28 such interviews, each one lasting some 3 to 4 hours. 22 of those interviewed saw fit to include detailed comments on the nature of the treatment they had received in the setting. In general, they express satisfaction with the fact that they attended a residential setting and refer to their time in the setting with some degree of longing and nostalgia.

However, 17 out of the 22 express attitudes which are somewhat critical of the treatment they received. These attitudes seem to somewhat challenge views held by care-givers which advocate schooling as the major care strategy. The same attitudes come up repeatedly in various forms, although few of the interviewees attended the same settings at any given time. Generally speaking, they focus on four points:

The first criticism refers to the inaccessibility of psychosocial services and the pressure from the staff and other pupils to avoid a service that bore the stigma of mental sickness: Children are sent to a residential setting because something is wrong at home. It is not just that we failed at school or that there was no suitable school in our neighbourhood. Problems of schooling can be solved without leaving home...

When we arrived at the setting we believed that from now on we would have someone to turn to. But it wasn't like that. For example, it was hard to speak to a psychologist for two reasons:

One, there were few psychologists, if any. Sometimes we had to travel to the city for a half hour meeting, missing a whole day of school. Two, the staff were not eager to refer children to a psychologist or social worker. There was a kind of rivalry between these and the other staff members, especially the houseparents, who gave us the feeling that we should be content having the same as every other child. And the other children made it harder by teasing those who went to a psychologist.

The second criticism refers to the size of the residential setting. We were told that the residential setting was to be our second home. What kind of a home was that? There were over 30 children in one group, sometimes as many as 45. Each group had two houseparents. Who did they look after? Not those who were quiet and behaved well. Those who caused trouble and stood out. They didn't pay attention to a child who suffered in silence; they didn't know and had no time to care.

The third criticism refers to the school's being an integral part of the residential setting. Why study with those you live with? Even in the family it's not like that. You didn't want the children you share a room with to know you are weak in math. You don't want the teachers to know what you do in the afternoon and evening. Why don't they send the children from the residential setting to another school in the area? More than that, why do they let children from well to do families in the area attend our classes as day students? They were usually better pupils, so they got more attention, and then what happens is that the day students take over your own territory.

The fourth comment relates to the nature of the schooling which they received in the residential setting and its actual contribution in their subsequent social allocation. We were led to understand that what's important in life is to get schooled. The message was: If we go to a psychologist or any other sort of treatment - it might help us to overcome some personal problem. But if we get schooled well - we'll climb up the social ladder... And then, who needs a psychologist?

We felt that the staff thought that many personal problems are solved once a guy feels he or she achieved some sort of a social standing. That's a convincing argument under one condition: that your school achievements are sufficient to move you up socially. But that wasn't the case with most of us. Many of the kids who stayed all the required years in the boarding school didn't end up getting the required Certificate of Matriculation. They got instead something which is not worth much ... Without the Matric they won't accept you to the university and you can't get decent jobs...

That schooling business doesn't lead you too far... So they don't give you care services because schooling, they say, is better for you, but then it turns up that schooling in the boarding school is often not really worth much for your future : What can I say? We ended up without much care and without much schooling...

To sum up, the ethnographic snapshots from interviews with former residents indicate that the perspectives of the interviewees tend to challenge the views of policymakers and staff concerning the significance of schooling in residential settings for the care-requiring disadvantaged adolescents. While the latter often think that schooling is an effective way of caring, the interviewed former residents tend to think differently. They claim that their placement in residential settings derived from personal or home problems. Those problems were scarcely treated as such. Instead, they were merely schooled. Schooling as a sole strategy did not help much in solving their problems. Furthermore, schooling did not lead toward feelings of achievement social mobility.

Thus the interviewees indirectly support Neo-Marxist (SARUP, 1978) and Neo-Weberian (COLLINS, 1979) arguments concerning the difficulties of weak socio-economic groups to benefit from schooling. In Israeli boarding schools they found it difficult to gain upward mobility as the outcome of academic efforts, and at one and the same time they tend to sometimes feel that the schooling ideology prevented them from getting educational care.

References

ARIELI, M, BEKER, J., KASHTI, Y.: Residential group care as a socializing environment: toward a broader perspective. Child and Youth Services (13), 1, 1990, pp. 45-58

BULLOCK, R., LITTLE, M., MILLHAM, S.: Residential Care for Children: A Review of the Literature. London, 1993

Central Bureau of Statistics, Government of Israel: Boarding Schools in Post-Primary Educational Institutions 1991/1992. Series of Education and Culture Statistics 212, 1993

COLLINS, R.: The Credential Society. New York, 1979

COLTON, M.J., HELLINCKX, W.: Child Care in the EC: A Country-Specific Guide to Foster and Residential Care. Aldershot, 1993

KASHTI, Y.: Boarding schools and changes in society and culture. Comparative Education. (24) 3, 1988, pp. 351-364

LEVY, Z.: Negotiating Positive Identity in a Group Care Community: Reclaiming Uprooted Youth. New York, 1994

SARUP, M.: Marxism and Education. London, 1978

SHAPIRA, R.: Residential settings and their communities. In: Y. KASHTI and M. ARIELI (eds.), Residential Settings and the Community: Congruence and Conflict. London, 1987

SHLASKY, S.: The Israeli youth village and its neighbouring community. In: Y. KASHTI and M. ARIELI (eds.), Residential Settings and the Community: Congruence and Conflict. London, 1987

Josef Scheipl

Heimerziehung in Österreich

Residential Care in Austria

Due to an new youth welfare law currently take great changes in extra familiar care of children and youth in austria place. This get along with an increasing differentiation of available capacities in the sector of institutional services. The author describes this latest developement and compares it to previous youth service capacities. Compleating is on the base of a current empirical research the detailed developements in respecive provinces portrayed.

1. Einleitung

Zwei Komponenten bestimmen die jüngste Entwicklung der stationären sozialpädagogischen Betreuung von Kindern und Jugendlichen in Österreich:
1. Die Neuorientierung der Jugendwohlfahrt durch ein neues Jugendwohlfahrtsrecht.
2. Die Verkleinerung bestehender (Groß-) Heime und die zunehmende Differenzierung des Angebotes im stationären Bereich.
ad 1: Das zweite Jugendwohlfahrtsgesetz (JWG) des Bundes von 1989 (Länderausführungsgesetze von 1990 bis 1993) sieht als primäre Aufgabe der Jugendwohlfahrt (JW) die Stärkung der Erziehungskompetenzen der Familie und postuliert demgemäß den Grundsatz des geringstmöglichen Eingriffes, d.h. u.a. unterstützende Angebote vor Fremdunterbringung. Ferner verlangt es den Einsatz ausgebildeter Fachkräfte, die Anwendung moderner Planungs- und Forschungsmethoden und betont gegenüber dem bisherigen JWG (1954) die Subsidiarität und damit die verstärkte Heranziehung freier (privater) Träger. Über die Heranziehung zur Erfüllung erzieherischer Aufgaben und über die Bewilligung zur Errichtung und zum Betrieb von stationären Einrichtungen durch freie Träger wird vom öffentlichen JW-Träger mit Bescheid entschieden (vgl. SCHEIPL u.a. 1994). Freie Träger sind üblicherweise Vereine, - wie etwa das SOS-Kinderdorf oder die Pro Juventute-Kinderdorfvereinigung, Weiters GmbH - z.B. »für private Lebens- und Sozialberatung« mit Angeboten v.a. im Bereich Wohngemeinschaften (WG) und Betreutem Wohnen und schließlich Organisationen, welche ein Nahverhältnis entweder zu den Kirchen oder politischen Parteien aufweisen, wie die Caritas, das Diakoniewerk oder die Kinderfreunde bzw. die Volkshilfe. Während die größeren Vereine, wie das SOS-Kinderdorf oder die Pro Juventute-Kinderdorfvereinigung ihre Leistungen überregional anbieten, ist der größere Teil der freien Träger eher regional ausgerichtet, d.h. auf Bundesländer orientiert - wie »Jugend am Werk« in der Steiermark, das »Institut für Sozialdienste« in Vorarlberg etc. - oder überhaupt lokal begrenzt. Zur besseren Koordinierung ihrer Interessen beginnen sich die freien Träger in einzelnen Bundesländern zu Dachverbänden zusammenzuschließen. Obwohl die freien Träger im Vergleich zu den Wohlfahrtsverbänden in der BRD eher von kleiner bis mittlerer Größe sind, sollen Ten-

denzen zu Monopolbildungen bezüglich spezifischer JW-Leistungen nicht übersehen werden.

ad 2: In den letzten drei Jahrzehnten erfolgte aufgrund interner fachlicher Diskussionen und zahlreicher internationaler Forschungsergebnisse eine nachdrückliche Verkleinerung bestehender Heime bzw. deren Angebotsdifferenzierung. In den Reformbemühungen der 70er Jahre standen schwerpunktmäßig neben dem Bestreben, über innovative ambulante »Vorfeldmaßnahmen« die Zahl der Heimeinweisungen zu verringern, strukturelle Veränderungen, wie z.b. die Öffnung der (Groß-) Heime, deren innere Differenzierung und die Verkleinerung der Gruppengrößen im Vordergrund (vgl. z.B. SPIEL u.a. 1972 - »Der Wiener Weg in der Heimerziehung«). Die 80er Jahre ließen eine Differenzierung der Angebotspalette v.a. im Hinblick auf die Einrichtung von WGs, die Förderung und Verbesserung der Situation der Pflegefamilien anstelle von Kleinkinderheimen und schließlich die Reduzierung der Belagszahlen bestehender Heime erkennen (vgl. z.b. JUGENDAMT DER STADT WIEN 1981 und 1988, IFES 1981, KNAPP u.a. 1985, KUMER u.a. 1988, KRICKL u.a. 1990).

2. Historischer Exkurs

Die stationäre Betreuung von Kindern und Jugendlichen in Heimen nahm in Österreich - wie auch sonst üblich - ihren Ausgang von Waisenhäusern für nicht (mehr) versorgte Kinder und von »Besserungsanstalten« für Jugendliche, »welche sich einer strafbaren Handlung schuldig gemacht« hatten. Die rechtlichen Grundlagen für die Besserungsanstalten bildete zunächst das »Landstreichergesetz« (1873), welches eine getrennte Behandlung von Jugendlichen und erwachsenen Rechtsbrechern vorsah, später das »Vagabundengesetz« (RGBl. Nr. 89) und das Gesetz betreffend die »Zwangsarbeits- und Besserungsanstalten« (RGBl. Nr. 90) vom Mai 1885. Mit diesen beiden Gesetzen wurde eine Vereinheitlichung in der Organisation der Zwangsarbeits- und Besserungsanstalten angestrebt, es verpflichtete der Staat die Länder zur Schaffung und Erhaltung von Besserungsanstalten für verwahrloste Jugendliche wie auch der Besserungsabsicht von Jugendlichen nun eine größere Bedeutung beigemessen wurde (vgl. HARRICH 1991, 49ff.).

Der schlechte Ruf der Besserungsanstalten, der wohl aus der z.T. brutalen sträflingsartigen Behandlung und geschlossenen Unterbringung herrührte, führte nach der Jahrhundertwende zur Umbenennung der meisten Besserungsanstalten für Jugendliche bis zum 14. Lebensjahr in »Fürsorgeerziehungsanstalten« bzw. »Erziehungsanstalten«; die innere Organisation blieb in der Regel gleich (vgl. Schriften des I. Österreichischen Kinderschutzkongresses in Wien 1907, 184). Ebenso orientierte sich die Erziehung in den Waisenhäusern an Drill, Arbeit und Gehorsam (vgl. z.B. JOSEF WEINHEBER: »Das Waisenhaus«). In der Praxis war eine klare und deutliche Unterscheidung zwischen beiden Anstaltstypen vielfach wohl weder hinsichtlich der Gestaltung der pädagogischen Maßnahmen noch der Klientel (»Anstaltszöglinge«) möglich.

Die Abkehr von der traditionellen Aufgabe der Waisenversorgung und die Hinwendung zur Versorgung »anstaltsbedürftiger« Kinder signalisierte eine Neuorientierung in der Anstaltsfürsorge, die vor allem im »Roten Wien« der Zwanziger Jahre

Platz griff. Julius Tandler führte mit der Übernahme der Agenden für Wohlfahrt, Fürsorge und Gesundheitswesen als Amtsführender Stadtrat (November 1920 bis September 1933) u.a. eine substantielle Reform des Fürsorgewesens durchaus im Sinne der sozialpolitischen Vorstellungen der Sozialdemokratie durch. Dabei räumte er der Jugendfürsorge eine hervorragende Stellung ein:»Denn je mehr wir die Jugend befürsorgen, umso weniger werden wir es im Alter tun müssen, umso gesünder, umso lebenstüchtiger, umso beanspruchbarer für den Kampf ums Dasein wird diese Jugend sein. (...) Großzügige, vollausschöpfende Jugendfürsorge ist die sparsamste Methode der Verwaltung des organischen Kapitals, also der Menschheit eines Gemeinwesens« (Tandler, zit. in: Seliger/Ucakar 1985, 1078f., bes. 1107).

Für die Heimerziehung, welche durch die präventiv orientierte, z.T. aber auch stark kontrollierende Jugendfürsorge nun eine wichtige Stelle im System zugewiesen erhielt, bedeutete diese Schwerpunktsetzung einen beispielhaften Erneuerungsschub. Unter Beachtung theoretischer Grundsätze und praktischer Erfahrungen August Aichhorns, die weitgehend theoretische Einsichten des Systems der Psychoanalyse Sigmund Freuds einbezogen, wurde die Anstaltsfürsorge der Waisenhäuser, Kinderherbergen und Erziehungsanstalten in Wien reformiert. Aichhorn selbst kontrastierte eine nach seinen Vorstellungen geführte »moderne Fürsorgeerziehungsanstalt« eindrucksvoll mit einer »alten Besserungsanstalt« im siebenten Vortrag seiner Vortragsreihe »Verwahrloste Jugend« (vgl. 1987, 123ff., bes. 128). Er selbst engagierte sich z.B. auch noch in der Diskussion um das bahnbrechende erste Jugendgerichtsgesetz (1928) und wurde bei der aufgrund dieses Gesetzes neuerrichteten Bundesanstalt für Erziehungsbedürftige Kaiser-Ebersdorf Konsulent (vgl. Schindler 1981, 109).

Neben den erwähnten Konzeptionen sind aber auch die wissenschaftlichen und praxisrelevanten Arbeiten von Charlotte Bühler und ihren Mitarbeiterinnen Hildegard Hetzer und Lotte Danzinger von der Kinderpsychologischen Abteilung des Psychologischen Instituts der Universität Wien zu nennen (vgl. Schenk-Danzinger 1981, 226). Zu erwähnen ist schließlich auch, daß die Gemeinde Wien mit ihren Einrichtungen beispielgebend wirken wollte und deshalb großen Wert legte auf deren Ausstattung und ästhetische Gestaltung. So wurde die 1925 neu erbaute Kinderübernahmsstelle, die als die vorbildlichste Fürsorgeeinrichtung auf dem Kontinent galt, aufgrund ihrer künstlerischen Ausgestaltung auch als »Juwel der modernen Kinderfürsorge« bezeichnet; das von der Stadt angekaufte Schloß Wilhelminenberg wurde zum »wohl vornehmsten Kinderheim der Welt« ausgebaut und 1927 eröffnet (vgl. Neubauer 1987, 20f.).

Der Einfluß der Erfahrungen und Konzepte von Siegfried Bernfeld (Kinderheim Baumgarten: August 1919 bis April 1920; vgl. Bernfeld 1971) sowie der Einfluß von Otto F. Kanitz, führendes Mitglied der Kinderfreundebewegung und leitender Redakteur der Zeitschrift »Sozialistische Erziehung« von 1920 bis 1925, auf die Neugestaltung der Heimerziehung in Wien sind noch weitgehend ungeklärt (vgl. Pirhofer/Sieder 1982, 339; Rosenmayr 1962).

Während die Umsetzung des Reformkurses in Wien auch in der ständestaatlichen Ära (1934-1938) nicht gänzlich verlorenging (vgl. Neubauer 1987, 31f.), dürfte zu jener Zeit eine Übernahme der Reformideen und Konzepte aus Wien in den übrigen

Bundesländern - möglicherweise auch aus politischen Gründen - nur unzureichend erfolgt sein. Eine diesbezügliche wissenschaftliche Aufarbeitung steht noch aus. Es ist daher die Heimerziehung im Wien der Zwischenkriegszeit nur sehr bedingt aussagekräftig für die Situation der Heimerziehung im übrigen Österreich während dieser Epoche.

Mit dem Anschluß an das Deutsche Reich im März 1938 wurde das Gedankengut Freuds, Adlers, Tandlers und Aichhorns weitgehend verboten; die auf den einzelnen hin orientierte Heimerziehung regredierte wieder zu einer eher anonymen Betreuung und wohl auch Disziplinierung in großen Gruppen. Dieser Befund dürfte im großen und ganzen die Situation der österreichischen Heimerziehung auch in den ersten beiden Jahrzehnten nach dem Zweiten Weltkrieg charakterisieren (vgl. Grestenberger 1981, 48ff.).

Mit der Einrichtung einer vierjährigen Bildungsanstalt für Erzieher im Rahmen des Schulgesetzeswerkes von 1962 (ihre Vorläufer waren die 1953 von der Caritas Wien errichtete Erzieherschule und das sie ablösende, 1960 in Baden eröffnete »Bundesinstitut für Heimerziehung« - vgl. Engelbrecht 1988, 517), die als mittlere Schule mit einer Befähigungsprüfung - allerdings ohne Reifeprüfung - abschloß sowie mit der gleichzeitigen Anhebung des Bildungsabschlusses der Sozialarbeiter in der postsekundären »Lehranstalt für gehobene Sozialberufe« (seit 1975 »Akademie für Sozialarbeit«) waren günstige Voraussetzungen für die Neuorientierung der Heimerziehung geschaffen, die seit dem Beginn der 70er Jahre zu beobachten ist. Die Überführung der Bildungsanstalten für Erzieher in fünfjährige berufsbildende höhere Schulen mit Reifeprüfungsabschluß im Jahr 1982 bzw. die Möglichkeit der Einrichtung viersemestriger Kollegs mit äquivalenter Ausbildung im postsekundären Bereich (vgl. Diemert 1990, 91ff.; Scheipl/Seel 1988, 131) bildete gute Bedingungen für die Umsetzung und Weiterführung der Reformarbeit im mittlerweile sich differenzierenden Angebot von stationären sozialpädagogischen Einrichtungen für Kinder und Jugendliche in Österreich.

3. Aktuelle Erhebung

Als Datenquelle für die vorliegende Erhebung über stationäre sozialpädagogische Einrichtungen und ihr Platzangebot im Bereich der Jugendwohlfahrt fungieren die Verzeichnisse der einzelnen Bundesländer (die Zuverlässigkeit der Daten läßt sich gegenwärtig nicht eindeutig klären, da in einigen Bundesländern in manchen Teilbereichen der Jugendwohlfahrt inkonsistente Datenlagen gegeben sein dürften; vgl. Solve Consulting, 1997, S. 9). Sie repräsentieren den aktuellen Stand des Jahres 1996. Um unterschiedliche Zählweisen (z.B. nach Stichtag, Jahresbelag etc.) zu umgehen, wird nach den angebotenen Plätzen gefragt. Für die Erhebung des Platzangebotes spricht überdies, daß sich dieses mittelfristig an der Nachfrage orientiert. Die Einrichtungen sind in der Regel nicht zu 100 % ausgelastet, insofern bietet das erarbeitete Bild eine »Überschätzung« von etwa 10 % gegenüber den tatsächlich belegten Plätzen. Die demographischen Angaben beziehen sich auf das Jahr 1995.

Als stationäre Einrichtungen gelten in dieser Erhebung Heime, Heilpädagogische Stationen mit ihren stationären Angeboten (sie werden in der Gesamtübersicht den Heimen zugeordnet), SOS-Kinderdörfer und »Kinderdörfer«, Wohngemeinschaften und Wohngemeinschafts-ähnliche Formen wie (Familien-)Wohngruppen, Krisenstellen sowie Betreutes Wohnen. Die SOS-Jugendhäuser werden wie die (Familien-)Wohngruppen zu den Wohngemeinschaften gezählt. Pflegefamilien sowie Notschlafstellen werden in der vorliegenden Arbeit nicht erfaßt.

Wie die weiteren Ausführungen zeigen werden, bieten die SOS-Einrichtungen im Bereich der JW bemerkenswert viele Betreuungsplätze an. Außer Wien verfügt jedes Bundesland über ein SOS-Kinderdorf (Tirol: 2) und über mindestens eine SOS-Jugendwohngemeinschaft. Ihren Ausgang nahm die SOS-Kinderdorfidee mit der von HERMANN GMEINER im Jahr 1949 einberufenen Gründungsversammlung der Societas Socialis (SOS) in Innsbruck; aus dem Verein SOS-Kinderdorf wurde schließlich eine die Welt umspannende Bewegung - 1155 Einrichtungen in 126 Ländern (vgl. HANDL 1994). Waren in den Anfangsjahren aufgrund der Nachkriegssituation relativ viele Waisen und Halbwaisen in den SOS-Kinderdorf-Einrichtungen untergebracht, so finden sich seit den 80er Jahren hier fast nur mehr Kinder, »die von ihren Eltern wegen Erziehungsunfähigkeit, wegen psychischer Krankheiten der Eltern etc. nicht versorgt werden können« (FUCHS u.a. 1995, 57). Die Betreuung im SOS-Kinderdorf (ca. 15-20 Häuser) erfolgt als familienorientierte Langzeitbetreuung durch eine SOS-Kinderdorf-Mutter, welche mit den Kindern/Jugendlichen (ca. 5 - 10; koedukativ) in einem Haus zusammenlebt und die Sozialisationsfunktion übernimmt. Ihre Ausbildung erhalten die »Mütter« in der SOS-Mütterschule in Mörlbach (BRD). Als weiterführenden Einrichtungen entstanden SOS-Jugendwohngemeinschaften (Jugendhäuser, Mädchen-WG), um die Jugendlichen bei Bedarf nach ihrer Pflichtschulzeit »bis zum Abschluß einer Berufsausbildung und bis zum Erreichen der Selbsterhaltungsfähigkeit zu betreuen« (ebda, 24). Gemäß der Gesetzeslage ist stationäre Jugendwohlfahrtspflege bis zum vollendeten 19. Lebensjahr (Volljährigkeit) möglich. Bei Bedarf kann dieser Zeitrahmen bis zum vollendeten 21. Lebensjahr erstreckt werden. Erwähnenswert ist überdies, daß in manchen Bundesländern besonders spezialisierte Einrichtungen bei entsprechender Nachfrage ihre Plätze für Kinder/Jugendliche auch aus anderen Bundesländern anbieten.

4. Zusammenfassender Überblick

4.1. Trägerschaft

Im Rahmen der stationären sozialpädagogischen Betreuung überragt - ausgenommen Niederösterreich und Wien - das Platzangebot der freien Träger jenes der öffentlichen Träger beträchtlich (70 % vs 30 %). Es reicht von 62 % (Steiermark) bis 100 % (Burgenland). Dabei lassen sich zwei Gruppen erkennen: Die Bundesländer Burgenland, Salzburg, Vorarlberg und Kärnten bilden einen relativ geschlossenen Cluster mit hohen Prozentanteilen; Tirol, Oberösterreich und Steiermark positionieren sich - ebenfalls recht geschlossen - deutlich darunter. In Niederösterreich und in Wien ist der Trend gegenläufig; während in Niederösterreich das Angebot an Plätzen in öffentlicher Trägerschaft zwar deutlich über der Hälfte liegt, ist dieser Sachverhalt in Wien mit 80 % markant ausgeprägt.

Tabelle 1: Trägerschaft von stationären sozialpädagogischen Einrichtungen der JW
(Prozentzahlen gerundet)

	B	K	NÖ	OÖ	Sbg.	Stmk.	T	Vlbg.	W	Gesamt
PrivateTräger	100 %	88 %	42 %	64 %	91 %	62 %	76 %	90 %	20 %	70 %
Öffentl.Träger	0 %	12 %	58 %	34 %	9 %	38 %	24 %	10 %	80 %	30 %

4.2. Betreuungsformen

Bezüglich der Art der stationären Betreuung dominiert nach wie vor die Heimunterbringung mit 45 %, wobei allerdings Heime von kleiner bis mittlerer Größe
eindeutig überwiegen. Mehr als ein Drittel des Angebotes entfällt bereits auf WGs
(27 %) und Betreutes Wohnen (7 %), was die einleitend postulierte Differenzierung
der Angebotspalette bestätigt. Mit einem Fünftel der Kapazität (21 %) nehmen SOS-
Kinderdörfer einen wichtigen Platz in der stationären JW-Betreuung in Österreich
ein.

Im Bereich der Heimplätze im engeren Sinn liegt Wien mit 80 % an der Spitze,
gefolgt von Niederösterreich mit 71 % und Oberösterreich mit 64 %. Die Steiermark
und Kärnten folgen in vergleichbaren Größenordnungen (49 %, 45 %), doch bereits
mit merklichem Abstand. Während Vorarlberg mit 38 % noch eine gewisse Nähe zu
den beiden vorgenannten Bundesländern erkennen läßt, gruppieren sich Tirol (28 %)
und das Burgenland (24 %) deutlich darunter. Das Bundesland Salzburg stellt mit
seinen 11 % das geringste Angebot an Plätzen im Rahmen der Heimerziehung.

Beschulung und Berufsausbildung erfolgen in der Regel extern. Während
Berufsausbildungsmöglichkeiten von manchen Heimen (v.a. in Wien und Niederösterreich, aber auch in Oberösterreich und in der Steiermark) noch angeboten werden, ist interne Beschulung kaum noch anzutreffen.

Auffallend ist, daß die jeweiligen SOS-Kinderdörfer mit ihrem Platzangebot in
manchen Bundesländern fast an die Gesamtkapazität der übrigen Heime heranrei-
chen. Aufgrund ihrer offensichtlich großen Platzkapazitäten und ihrer zentralen Leitung müssen sie als beachtlich große Institutionen gelten, die aber im alltäglichen
Erziehungs- und Lebensvollzug durch das Haus- und Familienprinzip nachhaltig differenziert und individualisiert werden.

Tabelle 2: Stationäre Betreuungsformen (Prozentzahlen gerundet)

Bundesländer	Plätze gesamt (100 %)	Heime Anzahl	Heime Plätze absolut	Heime %	SOS-Kinderdörfer Plätze absolut	SOS-Kinderdörfer %	Wohngemeinschaften Anzahl	Wohngemeinschaften Plätze absolut	Wohngemeinschaften %	Betreutes Wohnen Plätze absolut	Betreutes Wohnen %
B	247	1	60	24	70	28	9	100	40	14	6
K	402	4	180	45	84	21	9	87	22	50	12
NÖ	1.293	HP2 The	921	71	150	12	27	217	16	5	.4
OÖ	640	8+1HP	407	64	75	12	16	152	24	6	.9
Sbg	375	2+1HP	42	11	84	22	22	176	47	64	17
Stmk	534	8+1HP	259	49	67	13	13	137	25	63	12
Tirol	404	3	113	28	15; 2 Dörf	29	19	154	38	20	5
Vlbg	314	4	122	39	100	32	7	66	21	17	5
Wien	1.174	16	940	80	-	-	16	130	11	38	3
Gesamt				45		21			27		7

Der WG-Bereich ist relativ umfangreich ausgebaut. Vier Bundesländer (Vorarlberg,
Kärnten, Oberösterreich, Steiermark) bieten zwischen 21 % und 25 % ihrer Plätze

im Rahmen dieser Betreuungsform an; Niederösterreich rangiert mit 16 % noch etwas darunter, Tirol und das Burgenland liegen mit 38 % und 40 % deutlich darüber. Spitzenreiter ist das Land Salzburg mit 47 %. Wien gilt mit 11 % als Schlußlicht, beabsichtigt aber, innerhalb der nächsten fünf Jahre die vollständige Auflösung der öffentlichen Heime zugunsten des Ausbaus von WG (vgl. EICHMANN 1996).

Bei den Angeboten zum Betreuten Wohnen liegt Salzburg als Spitzenreiter mit 17 % vor der Steiermark und Kärnten mit je 12 %. Merklich darunter gruppieren sich um die 5%-Marke das Burgenland, Tirol und Vorarlberg, darunter liegt Wien mit 3 %. Mit Werten unter einem Prozent verfügen Ober- und Niederösterreich über die deutlich größten Ausbaukapazitäten in diesem Betreuungsbereich. Krisenstellen liegen mit ihren Platzangeboten insgesamt noch deutlich unter diesen Werten.

4.3 Detailinformationen aus den Bundesländern

4.3.1 Burgenland
(274.334 Einwohner, davon 61.583 Kinder und Jugendliche bis 19 Jahre)

Im Burgenland stehen zur Zeit 247 Plätze in 13 Einrichtungen zur stationären sozialpädagogischen Betreuung im Sinne des JWG zur Verfügung. Alle diese Einrichtungen (100 %) führen private Träger. Davon sind neun WGs Einrichtungen mit einer relativ hohen durchschnittlichen Belagszahl von etwas über elf. Sie nehmen mit ihren 100 Plätzen 40 % des gesamten Angebotes ein. Alle WGs werden koedukativ geführt. Eine relativ große Heimeinrichtung ist mit dem Kinderdorf in Pöttsching (60 Plätze, d.i. 24 %) gegeben. Daneben besteht mit dem SOS-Kinderdorf in Pinkafeld (70 Plätze, d.i. 28 %) noch eine stationäre Einrichtung von beachtlicher Größe. Eine spezifisch geschulte sozialpädagogische Pflegefamilie (2 Plätze) und 14 betreute Wohnplätze ergänzen das Angebot an stationären Einrichtungen in Burgenland.

4.3.2 Kärnten
(560.994 Einwohner, davon 135.110 Kinder/Jugendliche bis 19 Jahre)

In Kärnten bieten 18 Einrichtungen etwas über 400 Plätze an. Siebzehn von ihnen werden in privater Trägerschaft geführt; diese verfügen über 88 % des Platzangebotes. In öffentlicher Trägerschaft (Land Kärnten) befindet sich das Landesjugendheim Rosental (Ferlach) mit 48 Plätzen für Burschen. Mit den drei übrigen, in privater Trägerschaft befindlichen Heimen (zwischen 40 und 50 Plätze; zwei davon koedukativ, eines für Mädchen) werden knapp 45 % des stationären JW-Angebotes durch Heimerziehung im engeren Sinn abgedeckt. Dazu kommt noch das SOS-Kinderdorf in Moosburg mit 84 Plätzen (21 %). Neben diesem umfangreichen Heimangebot sind neun WGs mit einer durchschnittlichen Belagszahl von zehn Jugendlichen zu erwähnen (insgesamt ca. 90 Plätze, d.i. 22 %). Sie werden zur Hälfte koedukativ geführt, je zwei betreuen ausschließlich Mädchen bzw. Burschen. Auffallend viele Plätze (ca. 50, d.i. 12 %) stehen für Betreutes Wohnen zur Verfügung. Erwähnenswert scheint die ungleiche geographische Verteilung: Der Osten bzw. der Nordosten Kärntens (die Bezirke St. Veit, Völkermarkt und Wolfsberg) verfügt über keine, der große Bezirk Spital lediglich über eine stationäre JW-Einrichtung.

4.3.3 Niederösterreich
(1.518.254 Einwohner, davon 352.314 Kinder/Jugendliche bis 19 Jahre)
Im Bereich der stationären sozialpädagogischen Betreuung tritt das Land Niederösterreich als öffentlicher Träger stark hervor. Von den insgesamt 1.293 angebotenen Plätzen stellt das Land als Träger 751 (d.i. 58 %) zur Verfügung. Dabei ist nahezu ausschließlich die Heimerziehung im engeren Bereich vertreten. Zehn Landesjugendheime [wenn man die sehr große Institution in der Hinterbrühl (N = 150) mit der sozialpädagogischen Abteilung (n = 80), der Heilpädagogischen Station (n = 30) und der sozialtherapeutischen Abteilung (n = 40) zusammennimmt] bieten 737 Plätze (57 %) an; die zwei Außenwohngemeinschaften des LJH Reichenauerhof die restlichen 14. Zu den zehn Heimen in öffentlicher Trägerschaft kommen zusätzlich drei privat geführte Heime mit 156 Plätzen und zwei Stationen zur Langzeittherapie ehemals Drogenabhängiger mit zwölf und sechzehn Plätzen (diese werden in der Statistik der Heimerziehung zugeschlagen), so daß in Niederösterreich im Bereich der stationären sozialpädagogischen Jugendwohlfahrtsbetreuung schlußendlich 921 Plätze (70 %) im Rahmen von Heimerziehung angeboten werden. Vor allem die Landesjugendheime sind relativ groß. Lediglich drei von ihnen weisen eine Belagsstärke von unter 40 auf (zwei davon 25), fünf finden sich im Bereich zwischen 60 und 90 und zwei liegen mit ihrem Platzangebot beträchtlich über 100. Dabei ist allerdings noch einmal an die Differenzierung der Einrichtung in der Hinterbrühl zu erinnern. Demgegenüber sind zwei der drei privaten Heime relativ klein (unter 30), eines allerdings weist das bemerkenswerte Platzkontingent von 100 auf. Das sehr große Heim für Jugendliche in Korneuburg bietet die Möglichkeit einer internen Berufslehre in etwa zehn Berufen an. Das SOS-Kinderdorf Wienerwald stellt mit seinen 150 Plätzen (11,5 %) ebenfalls ein beachtliches Platzkontingent zur Verfügung. Die »WG-Landschaft« verfügt mit ihren 27 Einrichtungen über 16 % des gesamten Platzangebotes (N = 217; durchschnittliche Belagszahl: 8). Die zehn Außenwohngruppen des Heimes Judenau zählen dabei gemäß der einleitenden Übereinkunft ebenso als WGs wie die sechs Familienwohngruppen von Pro Juventute. Diese Kinderdorfvereinigung (gegründet 1947, v.a. zur Betreuung von Kriegswaisen) ging relativ rasch von der Idee, »Dörfer« einzurichten wieder ab und beschritt bereits in den 50er Jahren den Weg der »Pflegefamilie in Einzelhäusern«, wo zunehmend mehr sogen. »Sozialwaisen« Aufnahme und Betreuung fanden. Die Mehrzahl der Einrichtungen - sowohl der Heime, vor allem aber der WGs - werden koedukativ geführt. Für Betreutes Wohnen stehen lediglich fünf Plätze zur Verfügung.

4.3.4 Oberösterreich
(1.385.769 Einwohner, davon 344.966 Kinder/Jugendliche bis 19 Jahre)
Oberösterreich bietet im stationären Jugendwohlfahrtsbereich in 27 Einrichtungen insgesamt 640 Plätze an. Davon befinden sich in öffentlicher Trägerschaft sechs Einrichtungen (drei Heime des Landes - 48, 48, 40 Plätze, ein Heim und eine WG der Stadt Linz - mit 30 bzw. 8 Plätzen und ein Heim des Sozialhilfeverbandes Vöcklabruck mit 45 Plätzen) mit insgesamt 34% der vorhandenen Plätze. Mit acht Heimen und dem heilpädagogischen Sonderkrankenhaus Spattstraße ist die Heimlandschaft in Oberösterreich mit insgesamt 407 Plätzen (64 % des Gesamtangebotes) relativ deut-

lich ausgeprägt. Es überwiegt dabei das Platzangebot aus den fünf Heimen des öffentlichen Bereichs. Bis auf ein Großheim (Gleink/Steyr) mit 120 Plätzen sind alle übrigen Heime von kleinerer bis mittlerer Größenordnung (Spannweite 18 bis 48).

In diesem Zusammenhang ist auch noch das SOS-Kinderdorf Altmünster mit 75 Plätzen (12 %) zu erwähnen. Zum Teil bieten die Heime in Oberösterreich interne Beschulung bzw. die Möglichkeit von interner Lehrausbildung und Arbeitserprobung an. 152 Plätze und somit knapp 24 % der Gesamtkapazität bieten die 16 WGs bzw. wohngemeinschaftsähnlichen Einrichtungen an. (Es werden hier sämtliche fünf Gruppen im Jugendhaus des Zentrums Spattstraße als WGs gezählt.) Ihre durchschnittliche Belagszahl beträgt etwas über neun; in der Hälfte der Fälle werden sie koedukativ geführt. Abschließend ist für Oberösterreich noch ein relativ bescheidenes Angebot an sechs Plätzen im Rahmen des Betreuten Wohnens zu erwähnen.

4.3.5 Salzburg
(506.850 Einwohner, davon 126.156 Kinder/Jugendliche bis 19 Jahre)
Das Land Salzburg bietet in 30 Einrichtungen 375 Plätze für Kinder/Jugendliche zur stationären sozialpädagogischen Betreuung an. Drei dieser Einrichtungen befinden sich in öffentlicher Trägerschaft des Landes: Das Kinderheim des sozialpädagogischen Zentrums mit 15, die WG für Schwangere bzw. Mütter mit sieben und das Institut für Heilpädagogik mit 13 Plätzen. D.h. der öffentliche Träger verfügt über etwa 9 % des Platzangebotes. Schlüsselt man die Plätze nach dem Charakter der Einrichtungen auf, so decken die beiden Kleinheime, diese sind das eben genannte Kinderheim und ein Wohnheim für Mädchen (14 Plätze), sowie das Institut für Heilpädagogik knapp über 11 % des Platzangebotes. Hingegen befinden sich etwa 47 % der Plätze im Rahmen von WGs bzw. wohngemeinschaftsähnlichen Einrichtungen (N = 22), die eine durchschnittliche Belagszahl von acht aufweisen. Diese werden bis auf zwei WGs für Mädchen und eine für Burschen koedukativ geführt. Die Angebote zum Betreuten Wohnen decken beachtliche 17 % des Angebotes. Eine Krisenstelle mit vier stationären Plätzen erweitert das dezentrale Angebot an kleinen, stationären Einrichtungen. Lediglich das SOS-Kinderdorf in Seekirchen kann im Bundesland Salzburg als relativ große Einrichtung gelten (84 Plätze; d.i. 22 %). Erwähnung finden sollen schließlich noch drei zusätzliche WGs, welche je sieben Plätze für Schwangere bzw. Mütter mit ihren Babys zur Verfügung stellen (eine davon in öffentlicher Trägerschaft - s.o.). Obwohl zwei dieser Einrichtungen explizit nicht nur für mj. Schwangere bzw. Mütter konzipiert sind, wurden sie mit ihrem Platzangebot im vorliegenden Fall zu den Einrichtungen der stationären Jugendwohlfahrt gezählt.

4.3.6 Steiermark
(1.206.317 Einwohner, davon 279.748 Kinder/Jugendliche bis 19 Jahre)
In der Steiermark bestehen zur Zeit 30 Einrichtungen, welche 534 Plätze zur stationären Betreuung von Kindern/Jugendlichen im Sinne des JWG anbieten. Sieben dieser 30 Einrichtungen weisen eine öffentliche Trägerschaft auf und verfügen über 38 % des gesamten Platzangebotes. In vier Fällen ist dies das Land Steiermark (drei Landesjugendheime mit 36, 43, 49 Plätzen und die Heilpädagogische Station - 24

stationäre Plätze; N = 152; etwa 28 % des Gesamtangebotes); in den übrigen drei
Fällen fungiert die Stadt Graz als Träger (zwei Kleinheime - 19, 22 Plätze und eine
WG mit acht Plätzen; N = 49; knapp 10 %). Neben den drei Landesjugendheimen,
der Heilpädagogischen Station und den zwei städtischen Heimen bestehen drei weitere kleinere Heime in privater Trägerschaft mit einer Kapazität von 66 Plätzen. In
der Steiermark werden demnach etwas unter 50 % (N = 259) der Plätze im Rahmen
von neun Heimen bzw. heimähnlichen Einrichtungen mit relativ kleiner durchschnittlicher Belagszahl angeboten. Ergänzend ist hier noch das SOS-Kinderdorf in Stübing
mit 67 Plätzen (13 %) zu erwähnen. 13 WGs bzw. wohngemeinschaftsähnliche Einrichtungen nehmen mit 137 Plätzen ein Viertel des gesamten Angebotes ein. Der
relativ hohe Durchschnittswert von 10 erklärt sich aufgrund der großen Belagszahl
des SOS-Jugendhauses (N = 26), welches entsprechend der einleitend getroffenen
Festlegung dem Bereich »WG« zugeordnet wird. Knapp 12 % der Plätze entfallen
auf Betreutes Wohnen (N = 63), und acht stationäre Plätze in der Kriseninterventions-
stelle für Jugendliche runden das Angebot ab. Bis auf eine WG für mj. Schwangere
bzw. Mütter und die drei Landeserziehungsheime (zwei für Burschen, eines für Mädchen) werden alle Einrichtungen koedukativ geführt. Zwei der Landesjugendheime
bieten die Möglichkeit der internen Berufslehre, eine WG bietet Arbeitstraining an.

4.3.7 Tirol
(658.312 Einwohner, davon 167.688 Kinder/Jugendliche bis 19 Jahre)
Gegenwärtig stellen in Tirol 27 Einrichtungen etwas mehr als 400 Plätze für die
stationäre Betreuung von Kindern/Jugendlichen im Sinne des JWG zur Verfügung.
Die weit überwiegende Anzahl der Einrichtungen befindet sich in privater Trägerschaft (21). Ihr Platzvolumen macht knapp 76 % des Gesamtangebotes aus. Von den
sechs in öffentlicher Trägerschaft befindlichen Einrichtungen führt die Stadt Innsbruck ein Heim (Pechegarten) mit 35 stationären Plätzen (zusätzlich 30 Plätze für
Tageskinder) und eine WG. In der Trägerschaft des Landes Tirol befindet sich das
Landessäuglings, -kinder- und -jugendheim in Axams mit maximal 32 Plätzen und
das sozialpädagogische Zentrum St. Martin mit drei WGs und zwei Wohnungen. Die
beiden Heime in öffentlicher Trägerschaft decken knapp 17 % der angebotenen Plätze und werden koedukativ geführt. Die WG Pechegarten betreut ausschließlich Mädchen, die drei WG im Zentrum St. Martin arbeiten zur Zeit nur mit Burschen. Es ist
noch das Heim für Burschen in Fügen mit 48 Plätzen zu erwähnen, so daß schließlich etwa 28 % des Platzangebotes Heime im engeren Sinn zur Verfügung stellen.
Daneben sind noch die beiden SOS-Kinderdörfer (Imst, erstes Kinderdorf, gegr. 1949
- 65 Plätze, Nußdorf/Osttirol -50 Plätze, d.i. 29 %) zu nennen. Neben den vier bereits
erwähnten WGs, die sich in öffentlicher Trägerschaft befinden, bestehen derzeit in
Tirol noch fünfzehn selbständige WGs in privater Trägerschaft mit einer durchschnittlichen Belagszahl von acht (Schwankung von drei bis 15). Somit belegen die 19
WGs, die in der Mehrzahl koedukativ geführt werden, mit 154 Plätzen 38 % des
Angebotsvolumens. Das Betreute Wohnen mit ca. 20 Plätzen und ein Krisen-
interventionszentrum in Innsbruck mit drei stationären Plätzen runden das Angebot
in Tirol ab.

4.3.8 Vorarlberg

(343.109 Einwohner, davon 92.096 Kinder/Jugendliche bis 19 Jahre)
In Vorarlberg bieten gegenwärtig vierzehn Einrichtungen 314 Plätze zur stationären sozialpädagogischen Betreuung von Kindern/Jugendlichen an. Bis auf das Landesjugendheim Jagdberg (30 Plätze, knapp 10 %) befinden sich alle Einrichtungen in privater Trägerschaft. Mit diesem Landesjugendheim, dem Vorarlberger Kinderdorf »Kronhalde« (54 Plätze) und den beiden Kolpinghäusern in Dornbirn und Bregenz, die jeweils 10 bzw. etwa 28 Plätze für weniger intensive Heimbetreuung zur Verfügung stellen, werden somit insgesamt etwa 120 Plätze, d.i. 39 %, im Rahmen von mehr oder minder intensiver Heimerziehung angeboten. Zusätzlich ist in diesem Zusammenhang noch das SOS-Kinderdorf in Dornbirn mit 100 Plätzen (32 %) zu nennen. 21 % des Platzangebotes stellen die derzeit sieben WGs bereit (N= 66). Sie weisen eine durchschnittliche Belagszahl von etwa neun Jugendlichen auf, wobei die beiden WGs des SOS-Kinderdorfes in Bregenz mit ihren elf bzw. 15 Plätzen den Durchschnitt nach oben verschieben. Eine Krisenauffanggruppe mit mehreren stationären Plätzen und eine beachtenswerte Anzahl von ambulant betreuten Wohnplätzen (N = 17; d.i. 5 %) runden das Angebot ab.

4.3.9 Wien

(1.592.596 Einwohner, davon 310.666 Kinder/Jugendliche bis 19 Jahre)
Die Stadt Wien bietet als öffentlicher Träger ca. 930 Plätze im Rahmen von stationärer sozialpädagogischer Jugendwohlfahrtsbetreuung an. Das sind knapp 80 % der insgesamt etwa 1170 Plätze, die in diesem Bereich zur Verfügung stehen. Dieses deutliche Überwiegen des öffentlichen Trägers ist zweifelsohne ein Ergebnis der sozialdemokratischen Wohlfahrtspolitik, die in Wien historisch gewachsen und - wie oben erwähnt - v.a. in der Ersten Republik unerhört erfolgreich und fortschrittlich gewesen ist. Hierzu zählen zunächst die elf Heime des Magistrates. Ausgenommen die »Stadt des Kindes« (228 Plätze) und das »Charlotte Bühler-Heim«, vormals Zentralkinderheim (136 Plätze), liegt die durchschnittliche Größenordnung der Heime bei 36 Plätzen, allerdings mit einer großen Streubreite, die sich von acht (Krisenzentrum für Mädchen, Nußdorf) bis 70 Plätze (Kinderheim Biedermannsdorf) erstreckt. Sieben der elf Heime bieten weniger als 50 Plätze an. Insgesamt gibt es in den elf Heimen des Magistrats 715, d.i. 77 % der in öffentlicher Trägerschaft befindlichen Plätze. Ausgenommen das Heim Lindenhof, vormals Eggenburg (68 Plätze), führt jedes Heim mindestens eine WG. Insgesamt sind es 14 WGs mit einer jeweiligen Belagszahl von acht. Daraus ist zu ersehen, daß die Wiener Heimlandschaft bereits beachtlich differenziert ist. In zahlreichen weiteren Fällen findet sich ein zusätzliches differenzierendes Angebot in Form von Betreutem Wohnen (38 Plätze), Krisengruppen, Außenwohngruppen und Krisenzentren (3 Plätze). Einige Heime bieten noch die Möglichkeit der internen Beschulung sowie der Erlernung eines Berufes an. Die Koedukation überwiegt in den großen Heimen sowie in den Einrichtungen mit Kindern unter dem 15. Lebensjahr. Erwähnenswert ist, daß in Wien seit Ende 1994 ein neuerlicher Reformprozeß in Gang gesetzt wurde, welcher »weg von Großinstitutionen, hin zu kleinen, lebensgerechten und menschlichen Wohnformen« führen soll (EICHMANN 1996, Vorwort). Entsprechend dem vorgelegten Entwicklungs-

plan sollen die drei im Raum Wien gelegenen Großheime (Stadt des Kindes, Charlotte Bühler-Heim, Heim Hohe Warte) bis zum Jahr 2001 in WGs umgestaltet werden (vgl. ebenda, Einleitung). Auch auf dem Sektor der privaten Trägerschaft (243 Plätze; zwei WGs, fünf Heime) dominiert die Heimerziehung im engeren Sinne. Die fünf Heime bieten 225 Plätze (93 %) an. Vier von ihnen sind von mittlerer Größe (zwischen 30 und 46 Plätzen), eines liegt mit 68 Plätzen deutlich darüber. Faßt man das Platzangebot von Heimen in öffentlicher und privater Trägerschaft zusammen (n = 940), so werden in Wien 80 % des Platzangebotes im gesamten stationären Bereich (N = 1170) in der Form von Heimerziehung abgedeckt. Interessant ist hier noch festzuhalten, daß fünf der sieben privat getragenen Einrichtungen außerhalb Wiens, in Niederösterreich, liegen.

5. Ausblick

Natürlich sagen die vorgelegten quantitativ orientierten Angaben noch nichts aus über die Qualität der Heimerziehung bzw. der Erziehungsarbeit in den einzelnen stationären Einrichtungen. Die nahezu in allen Bundesländern erkennbare deutliche Reduzierung der Kapazitäten der verbliebenen Heime sowie das differenzierte Angebot an stationären Einrichtungen schaffen zumindest gute institutionelle Rahmenbedingungen, in denen sich die Betreuung von Kindern/Jugendlichen nach dem JWG qualitätsvoll entwickeln kann.

Der in Österreich insgesamt feststellbare Trend zu Dezentralisierung und Verkleinerung der Einrichtungen für stationäre sozialpädagogische Betreuung ist erfreulich. Trotzdem möchte der Autor abschließend dafür plädieren, über den zweifellos wichtigen Ausbau von WGs und WG-ähnlichen Einrichtungen hinaus nicht zu übersehen, daß diese Betreuungsformen als Modelle im wesentlichen aus den 70er Jahren stammen und Antworten auf die damaligen Lebensnöte der Jugendlichen darstellen. Ohne die Bedeutung des Beziehungshandelns bzw. des pädagogischen Bezuges in der JW-Erziehung schmälern zu wollen, sei an die verstärkte Problematik der Individualisierung bei den gegenwärtigen Jugendlichen erinnert. Demnach wäre zu überlegen, ob nicht im Sinne der Lebensweltorientierung in nächster Zukunft verstärkt in Angebote »flexibler Erziehungs- bzw. flexibler Betreuungshilfen« investiert werden sollte, wie man dies derzeit etwa in Hamburg (Pestalozzi-Stiftung) ansatzweise versucht.

Literatur

ADAM, E. (Hrsg.): Die österreichische Reformpädagogik 1918-1938. Wien, Köln, Graz, 1981
AICHHORN, A.: Verwahrloste Jugend. Die Psychoanalyse in der Fürsorgeerziehung. Bern, Stuttgart, Toronto, 1987[10]
Amt der Burgenländischen Landesregierung: Einrichtungen für Kinder und Jugendliche im Burgenland. Eisenstadt, 1996
Amt der Kärntner Landesregierung (Hrsg.): Verzeichnis der Einrichtungen zur Unterbringung von Kindern und Jugendlichen. Klagenfurt, 1996
Amt der Niederösterreichischen Landesregierung (Hrsg.): Vorabdruck des Verzeichnisses der Heime und Einrichtungen im Bereich der Jugendwohlfahrt. Wien, 1996

Amt der Salzburger Landesregierung (Hrsg.): Stationäre sozialpädagogische Einrichtungen im Bundesland Salzburg für Kinder und Jugendliche. Salzburg, 1996

Amt der Steiermärkischen Landesregierung (Hrsg.): Steirische Jugendwohlfahrtsenquête 1980-1981. Graz, 1981

Amt der Steiermärkischen Landesregierung (Hrsg.): Verzeichnis der Heime und Einrichtungen im Bereich der Jugendwohlfahrt. Graz, 1997

Amt der Tiroler Landesregierung: Verzeichnis der Heime, Wohngemeinschaften und Internate für Kinder und Jugendliche. Innsbruck, 1997

Amt der Vorarlberger Landesregierung: Einrichtungen der freien Jugendwohlfahrt in Vorarlberg, die für nichthoheitliche Aufgaben der öffentlichen Jugendwohlfahrt herangezogen werden. Bregenz, 1996

BERNFELD, S.: Kinderheim Baumgarten - Bericht über einen ersthaften Versuch mit neuer Erziehung, 1921, Die Formen der Disziplin in Erziehungsanstalten, 1925; Psychische Typen von Anstaltszöglingen, 1926; Strafen und Schulgemeinde in der Anstaltserziehung, 1929. In: LUTZ V. WERDER/REINHART WOLFF (Hrsg.): Bernfeld Siegfried, Antiautoritäre Erziehung und Psychoanalyse - Ausgewählte Schriften, Bd. 1, Frankfurt/Main, 1971

DIEMERT, K.-P.: Erzieherausbildung zwischen Anspruch und Wirklichkeit. In: KNAPP, G./TIETZE, W. (Hrsg.): Erzieherarbeit, Gesellschaft und Sozialpolitik in Österreich. Wien, Köln, 1990, S. 91-95

EICHMANN, E.: Vorwort, Einleitung, »Heim 2000«, in: Information zur Bildung und Fortbildung für SozialpädagogInnen und SozialarbeiterInnen 3/96.

ENGELBRECHT, H.: Geschichte des österreichischen Bildungswesens. Band 5. Von 1918 bis zur Gegenwart. Wien, 1988

FUCHS, H./STRASSER, M./POSCH, C. : Schritte. Trends und pädagogische Entwicklungen in den österreichischen SOS-Kinderdörfern. Innsbruck, 1995

GRESTENBERGER, J.: Aktuelle Probleme der Heimerziehung. Rückblick - Ausblick. In: Jugendamt der Stadt Wien (Hrsg.): Aktuelle Probleme der Heimerziehung, 1981, S. 45-57.

HANDL, W. (Hrsg.): Verzeichnis aller SOS-Einrichtungen 1994/95. SOS-Kinderdorf International. Innsbruck, 1994

HARRICH, G.: Die Entwicklung der Fürsorgeerziehung in der Steiermark. Diss., Graz, 1981

IFES (Institut für empirische Sozialforschung): Analyse der Bedarfstendenzen in der Sozialarbeit, bezogen auf das Land Steiermark. Wien, 1981

Jugendamt der Stadt Wien (Hrsg.): Aktuelle Probleme der Heimerziehung. Wien, 1981

Jugendamt der Stadt Wien (Hrsg.): Der Wiener Weg in der Heimerziehung. Wien, 1988

Knapp, Gerald u.a. (Hrsg.): Heimerziehung und Alternativen in Kärnten. Klagenfurt, 1985

KRICKL O. u.a. (Hrsg.): Konzept zur Umstrukturierung der Steirischen Landeserziehungsheime. Graz, 1990

KUMER, A. u.a.: Zwischen Abbruch und Neubeginn. Eine Studie zu Demographie, Familiendynamik und Eingewöhnung von Pflegekindern. Wien, 1988

Magistrat der Stadt Wien (Hrsg.): Heimübersicht. Wien, 1996

NEUBAUER, W.: Gründung und Ausbau des Wiener Jugendamtes 1917 - 1934. In: Jugendamt der Stadt Wien (Hrsg.): 70 Jahre Wiener Jugendamt. Wien, 1987, S. 11-29.

NEUBAUER, W.: Das Wiener Jugendamt in der Zeit der autoritären Staatssysteme 1934-1945. In: Jugendamt der Stadt Wien (1987) a.a.O., S. 31-37.

PIRHOFER, G./SIEDER, R.: Zur Konstitution der Arbeiterfamilie im Roten Wien. Familienpolitik, Kulturreform, Alltag und Ästhetik. In: MITTERAUER, M./SIEDER, R. (HRSG.): Historische Familienforschung. Frankfurt/M., 1982, S. 326-368.

ROSENMAYR, L.: Geschichte der Jugendforschung in Österreich 1914-1931. Wien, 1962

SCHEIPL, J. u.a.: Die gehobene Bedeutung der freien Träger im Jugendwohlfahrtsgesetz. In: JANIG, H./RATHMAYR, B. (Hrsg.): Wartezeit. Studie zu den Lebensverhältnissen Jugendlicher in Österreich. Innsbruck, 1994, S. 323-349.

SCHEIPL, J./SEEL, H.: Die Entwicklung des österreichischen Schulwesens in der Zweiten Republik 1945-1987. Graz, 1988

SCHENK-DANZINGER, L.: Erinnerungen an KARL und CHARLOTTE BÜHLER. Die Bedeutung der Wiener Schule der Psychologie für die Pädagogik. In: ADAM, E. (Hrsg.): a.a.O., 1981, S. 225-235

SCHINDLER, S.: AUGUST AICHHORNS Einfluß auf die Sozialarbeit. In: ADAM, E. (Hrsg.): a.a.O., 1981, S. 105-116.

Schriften des I. Österreichischen Kinderschutzkongresses in Wien, 1907. Bd. III (): Protokoll über die Verhandlungen des Ersten Österreichischen Kinderschutzkongresses in Wien, 18.- 20. März 1907. Wien, 1907

Seliger, M./Ucakar, K.: Wien. Politische Geschichte 1740-1934. Teil 2: 1896-1934. Wien/ München, 1985

Solve Consulting: Fortschreibung des Jugendwohlfahrtplanes (Steiermark) 1992. Teil 1: Ist-Stand-Erhebung. Wien, 1997

SPIEL, W. u.a.: Aktuelle Probleme der Heimerziehung. Institut für Stadtforschung, Heft 4. Wien, 1972

Zentrum Spattstraße Diakoniewerk (Hrsg.): Heimkatalog. Sozialpädagogische Einrichtungen in Oberösterreich für Kinder und Jugendliche. Linz, 1992

Ferran Casas

Changing Paradigms in Child Residential Care

Veränderungen in der Heimerziehung Spaniens

Vor der Wiederherstellung der Demokratie in Spanien wurden Kinder mit Problemen nach der einfachen Alternative »Heimerziehung – ja oder nein« behandelt. In den siebziger und achtziger Jahren folgte die sozialpädagogische Betreuung hingegen einem »Normalisierungsprinzip«, der in manchen Gebieten zu radikalen Veränderungen in der Jugendhilfe führte, häufig aber auch von den Institutionen abgewehrt wurde. Dies führte in eine allgemeine Krise des gesamten Kinder- und Jugendhilfesystems, die nun gesetzlichen Änderungen unterlagen, die sich am Gedanken der Kinderrechte orientierten, wie sie durch die UN-Konvention der Kinderrechte festgelegt wird.

1. The paradigm of child residential care in Spain before democracy

Until 1977, there were only two ways of dealing with serious sociofamily or psychosocial problems in children under 16 in Spain: either the child remained at home (ideally with the support of some charity or social service), or he or she entered residential care (for more detail see CASAS, 1993).

The child welfare service network was severely dichotomized: some services (schools, leisure centres, health services and other community services) were intended to be for all children in general, provided they had no serious personal problems (that is to say, they were expected to be »normal«); and other services were strictly »specialized« in taking care of children with certain problems (three main categories stood out: children under protection, child offenders and psychically handicapped children). If a »child with problems« entered the »normal« system, sooner or later there was a social reaction which caused the child to be rejected. This social reaction usually came from parents of the other children and from those in charge of the institutions, but even sometimes from education professionals and the child's peer group.

Adoption, in fact, did not form a clear part of the welfare service network. Rather than a service, it was a complex system which developed between professionals or those in charge of private institutions in direct contact with a judge, and run in a completely independent way.

The public primary social service network was almost non-existent. There were no organized prevention activities.

A sizeable number of child residential homes were macroinstitutions which acted as »total institutions« sense GOFFMAN (1961). Many of these homes included a school, and they did not promote any social work on the family level. The consequence was that many boys or girls rarely left the institutional enclosure, and, if they did, only at weekends.

Studies carried out in Catalonia in 1982 (CASAS, 1982) allowed us to draw on 1977 data, when the first large-scale process of institutional changes began, under the auspices of Barcelona City Council. In July 1977, there were 112 residential care centres for children in the whole of Catalonia. Of these centres, 85 were only for children between 5 and 14 or 16 years old: only 26 of them had less than 15 places, 28 had more than 30 and 14 more than 100. Sixty-nine percent of children in residential care in Catalonia were in the institutions with more than 100 places. Most of the institutions were single-sex and were run by religious organizations. Several of the institutions for children from 0 to 6 were also macro-institutions.

As a result of a long historical process the dominant paradigm was the *Specialization Paradigm*. Its basic theme was very simplistic: »Children with special problems need attention in separate special centers«. Cases that were »really« serious had to be identified, and, as they were »abnormal«, separated from their natural environment, and placed in a »specialized environment«.

In general, neither assessment of the situation, nor decision making, nor care of boys and girls were based on expert criteria. Mainly criteria were moral, subjective or corresponded to »everyday logic«, that is to say, following whichever social representations were most firmly implanted at any moment among the population, with regard to care and the solution of children's problems. Practitioners and those in charge of charity institutions often made decisions without asking for a report or verification of data obtained orally from those applying for residential care for children, or from those reporting a child's troubles. The best way to get a girl admitted was to say that she was in moral danger if she was not accepted into care (CASAS, 1983). As they were »minors« with no resources, budget investment in services was always subsistence level.

2. The paradigm of normalization and its interpretation in Spain

At the beginning of the seventies the first echoes of a new »logic« about caring for children with sociofamily or psychosocial difficulties reached Spain. The normalization principle was firstly encountered in the pedagogical field, by those dealing with psychically handicapped children. The works which were most influential were those by the Swede NIRJE (1969) and the Dane BANK-MIKKELSEN (1973). The new ideas proposed were the very opposite of the specialization approach: »the best way of overcoming particular problems of a child is to keep him or her in an environment like the one where most other children live, with those support measures which should be necessary«.

Although this principle was first discussed in relation to school integration, it was not long before it took root in the field of social services. At the beginning of the seventies there was already considerable interest in the arrival of other new currents of thinking from European countries, Latin America and the USA. Four books in particular brought the most widely debated ideas to Spain. The ideas, and the books, were community development (ANDER-EGG, 1963), preventive psychiatry (CAPLAN, 1964), liberation pedagogy (FREIRE, 1967) and community psychology (ZAX & SPECTER, 1974). Shortly before this period, mainly in Catalonia, there was already considerable interest in psychoanalytical work with groups of children in the USA (BETTELHEIM, 1950; REDL & WINEMAN, 1951). As a result, much attention was also paid to the new ideas which aimed to conciliate social perspectives with psychoanalysis; these ideas arrived from Argentina (PICHON-RIVIÈRE, 1971; BLEGER, 1966) and France (MENDEL, 1972-74), together with other French experiences with children (TOSQUELLES, 1966; DELIGNY, 1970), and to the work by GOFFMAN (1961) quoted above.

This great convergence of ideas and debates among practitioners in the social field (many of these ideas took some years to reach our universities, which were strictly basic research-oriented at that time) supported the construction of a wide-ranging and quickly-reached consensus on an alternative paradigm. We may call this the *Nomalization Paradigm*, although there was some theoretical confusion to do with the criticism of the concept of »normality« which arrived from antipsychiatry.

On the theoretical level, this paradigm involves two main, complementary aspects (CASAS, 1988):

1. The environmental context in which the child lives: any child should live in a physical environment as similar as possible to that where most children of the same cultural context live. This includes the size and make-up of the household, its location, and the location of the school and the other services which the child may use. It also includes the social context, e.g. the make-up of the groups and adults and children living together every day.

2. The dynamics of everyday life in which children are immersed. These dynamics must make it possible to construct systems of interpersonal relations similar to those of the majority of other children of the same age: relations with neighbours, with peers of different gender, with adults of both sexes, shopping in the neighbourhood, attending services and participating in activities of the community, and so on.

Although the theoretical implications of the paradigm were gradually assumed without great opposition, an analysis of the practice compared with the theory would take a very long time. I have already said elsewhere (CASAS, 1992d) that children's rights have become a question of »high consensus and low intensity«. I think that this assertion is also true in Spain as regards the normalization principle, especially among the higher ranks of our public administrative bodies.

3. Processes of change in social service networks

Those who participated in the first programs for changing huge institutions in Spain were, in my view, aware that the changes could only be consolidated if there were also profound changes in admission procedures and in the funding of the primary social services network, in order that the network could develop efficient preventive and early detection activity. In other words, it was clear that changes in children's residential homes were isolated and had little future if they were not part of a general change in the whole system of social protection.

For a decade, the development of this basic network was very uneven as far as the Autonomous Communities in which Spain is divided were concerned. Since 1988, the Social Affairs Ministry has promoted what was called the »Concerted Plan«, with a substantial budget, aiming to accelerate the construction of this network in the whole of Spain (GOBIERNO DE ESPAÑA, 1993). The Plan consists of agreements with each Autonomous Community to stimulate the creation and improvement of social services in the local corporations. The improvement of the network in 5 years has been spectacular, but, in some rural areas and in the most conflictive districts of the big cities, provision is still insufficient today.

It is still too soon to observe clearly and to evaluate the impact of these improvements in the child protection system. But the information available about the experience of other countries has raised hopes that this impact will be positive. The plan came at the same time as the creation of interdisciplinary assessment teams for children's problems (Act 21/87) which came into being in 1988 in some of the Autonomous Communities (»E.A.I.A.« in Catalonia; »C.A.I.« in Madrid). In general, teams include social workers, psychologists and social educators, and are supported by lawyers.

As part of the normalization paradigm, programs to change macroresidential homes for children have been set up. These programs (which, of course, are not »pure« models) have at least three different levels of intensity:

- »Clean break« approaches. Those are programs which aim to close down macroinstitutional buildings in relatively short periods of time and to create an alternative network of services. In general, they have developed together with a program of major changes in the social services for children in the area involved (municipality or province). This has meant strengthening support services for families, and the creation of alternative services and of small-sized residential homes (under 15 places), with qualified educational teams and with low diversity of the professional roles. There are different organization models, which have got different names in Spain (»Comunidades Infantiles«, »Hogares Funcionales«, and so on).

- Relative transformation approaches. These are programs that have designed a process to empty macroinstitutional buildings and to take children to smaller homes, but which maintain the structure of educational teams and the administrative procedures that existed previously in the large institution. This model is quite frequent in institutions which are dependent on public administrations. Educational teams (those in contact with children in everyday life) usually keep highly diversified professional roles (e.g.: they may have a woman who cooks, another who cleans, and »education professionals«; which is obviously very unusual in the experience of low-income families). Many provisions cannot be bought in the shops of the district, but are »supplied«. Children need to learn norms which are non-existent elsewhere (e.g.: asking for a receipt when they buy an ice cream with money of the institution).

- Physical remodelling approach. These are programs which aim to keep the physical surroundings of the macro-institution, but which remodel its content as much as possible, so that the material surroundings in which children live are similar to those one would find in a household. Often these programs envisage only minor changes in the educational teams, but, in general, they require additional educators.

From a macrosocial perspective, the new paradigm has mobilized two major processes of transformation of the whole child protection system:

• The subsystem of services for the whole population and the subsystem of services for children in social difficulties or conflicts are no longer totally independent of each other. Almost all the boys and girls in residential care now go to schools, health services, leisure centres and other community services in the district, like other boys and girls. »Problem cases« have been allowed to enter in the »normal services«, which are now getting additional professional support.

• The subsystem of specialized services has been intensively diversified. The reasons are contradictory: on the one hand, in order to meet different needs, in different normalized forms, avoiding as much as possible the separation of children from their natural environment; and, on the other, because the criteria and economic resources of decision-makers have made the development of semi-normalized models necessary.

4. Theory, principles and values of the change, vis-à-vis the reality

While clean break approach programs have often raised substantial debate in the media, and have even met with opposition from certain sectors of the society, the other programs have been implemented in Spain with no great response from society at large. The lack of social and academic debate that has accompanied this paradigmatic change comes as something of a surprise.

Some of the processes of relative transformation and of »clean break« have raised debates at local level, in the district or city area where new small-size residential homes should be created. In most cases the debates, promoted within a community social work project, led to satisfactory results. But in at least two cases in Catalonia these debates raised a disproportionate social reaction from the neighbours, which completely obstructed the creation of the new home. In both cases, the reasons given can be summarized as follows: »We think your projects with these abused or neglected 5 to 16 year old are a good idea, and the model of the home that you describe as well. But we do not want them in our neighbourhood. We know what happens with these children later on.«

Analysis of the message »We know what happens with these children later on« showed a cluster of groundless fantasies. Nevertheless they shaped such a »real« deep social representation (grounded on perceptions, attitudes and stereotypes of children's problems and on children with problems) that it was impossible to change them in a short period of time.

From this experience we learned that all the processes of creating a new normalised residential home required preliminary, qualified community work, in order to design adequate projects to change attitudes and mistaken social representations whenever necessary. The experience also encouraged us to develop research into adults' representations of children and their problems (AGUINAGA & COMAS, 1991; DE PAUL & SAN JUAN, 1992; CASAS, 1992a).

In public debates, society in general quickly reaches a consensus: »something must be done for children, and especially those in serious difficulties«. So the »low intensity«, the relative lack of interest that the subject arouses, is surprising. We must accept, of course, that certain social processes are in practice very slow; they meet resistance, and often are more changes of image than changes of content. Social media may be a much more important intervening factor than we have believed until now (CASAS 1992c). We must, at least hypothetically, consider them crucial social actors in the improvement of solutions to certain social problems of children. Their specific ways of considering or ignoring children's social problems certainly have important consequences for taking decisions about social policies. But, perhaps above all, they play an important role in reinforcing or changing social representations that adults in general make of children, their problems and appropriate ways of overcoming them.

As for researchers, perhaps we are faced with the challenge of communicating our theoretical approaches and our empirical findings in this field in a more direct, concise, didactic way, to the media, so as to shape public opinion and give our concern »greater intensity«.

5 The new paradigmatic elements established by the U.N.

The Convention on Children's Rights, adopted by the General Assembly of the U.N. on 20 November 1989, constitutes a giant, historic step on the way to the universal and unambiguous establishment of the idea that children have rights.

Some articles refer to children in residential care, and particularly emphasize that any situations and procedures (social, administrative and judicial) involving minors under 18 must carefully guarantee the exercise of all their rights. Spain ratified the Convention, which came into force on 6 January 1991. Its fulfilment brought about a new Act, 4/92, on procedures in justice for minors, to guarantee their rights more effectively.

The fact that it is the responsibility of the public administrative bodies to pay such careful attention to the rights of every boy and girl, and to provide social and educational services, introduces new elements which must obviously be considered in residential care. This is a step which goes beyond the current normalization paradigm, and not even this paradigm has yet been satisfactorily realized.

It is clear that new changes must be pursued, and that the new orientation will be in the direction of the RIGHTS PARADIGM. Articles 12 to 16 of the Convention include civil and social rights which oblige us to take more and more account of the opinion of boys and girls in questions which that concern them. This is encouraging some of us to search for new ways of providing for the active presence of children in all social activities in which they are involved, so as to help them to learn gradually to take on responsibilities. This is particularly important when faced with new situations, created by the new technologies and the new social dynamics that are emerging. The process of becoming responsible for one's actions can be learned through the practice of participating in groups and communities which are perceived as just and open-minded (KOHLBERG, 1976, 1980; CASAS, 1992b).

6. The present state of child protection systems in Spain

In the 1992-1993 academic year, several Spanish Faculties of Education Sciences started new training courses for professionals dealing with children in several specific situations, including residential care. These training courses form the Social Educator Diploma, and last three years.

Until its implementation, many doubts persisted in Spain about the qualifications that these practitioners needed; the question caused a certain amount of pointless argument. Now we hope that, in the next few years, there will be clarification and consensus about the skills required and the professional functions of social educators in residential care with children.

This is a further indication that Spain is moving from the anachronistic situation that still existed in 1977, towards an organised system which will make it possible to build common perspectives in conjunction with other European countries. But Spain has a number of peculiarities, some derived from our system of political organization (the State of Autonomies, more than decentralised, but not federal), some from the historical convergence of currents of thought (influenced by Europe, USA, and Latin America at the same time), and some from very recent changes in legislation which have introduced legal innovations.

Foster care for children has in recent years begun to receive considerable support from a number of our public administrations. This has caused numbers to rise fast, both in absolute terms, and in terms of residential care. On 31 December 1989 there were 3,203 boys and girls under 16 in foster care. In 1990 there were 1,750 new cases and in 1991 2,402. Even so, our relative percentages are still lower than the other E.C. countries (COLTON & HELLINCKX, 1993), and this means that we have a long way still to go.

Unlike other European countries (COLTON et al., 1991; COLTON & HELLINCKX, ed., 1993) in Spain the highest numbers of children in residential care are in the 8-14 age group; the figure decreases greatly in the 14-18 age group. Furthermore, in 1989, 51.93% of those in residential care were girls, although girls in residential centres for child offenders were only 6%.

The creation of day centres was strongly encouraged throughout the eighties, primarily in the province of Barcelona (BIOSCA & CASAS, 1985). The recent Education Act, which made attendance at school compulsory until the age of 16, has reduced the need of day centres until this age. The creation of day centres has now slackened in pace, because their functions are changing.

Probably one of the greatest and most persistent problems in the Spanish welfare system for children is the lack of provision everywhere for developing support programs for children returning home after residential care, and the subsequent supervision of the child and his/her family situation. Neither professionals nor institutions give priority to these activities. These programs are implemented only in very few cases, and for a short time.

7. Conclusions to be drawn from the Spanish experience

The Spanish experience shows a series of far-reaching changes in both the basic social services system and the child protection system, which have been set up in a short period of time. There have, however, been large differences between regions in the speed with which these programmes have implemented. There were few radical changes, but these changes were the pioneers and marked out the path to follow. Most changes have been slow and involve long processes.

The definitive consolidation of changes is grounded, in my opinion, on the evolution of four parallel developments:

• the modification of the basic local social services network and its improvement and expansion throughout Spain as a whole.

• the regulation, at university level, of the training and the qualifications of professionals dealing with children in residential care, along with the availability of a wide range of permanent training.

• new and innovative legal developments, sensitive to the contents of the various international agreements, especially the Convention on the Rights of the Child.

• the theoretical establishment, debate and dissemination of the basic principles to work with in the interests of the child. These principles are clear in the new normalization paradigm, even if it must be admitted that not enough progress has been made in this direction.

It seems that the last of these developments - which is essential, and, indeed, is the basis of all the others - has a certain weakness. Probably the weakness is not its lack of theoretical coherence, or the fact that an alternative paradigm has emerged - one can assume that the children rights paradigm will strengthen and complement the normalization paradigm. Its weakness resides in the lack of sufficient connection between theoretical contents and empirical impacts. Messages following from the theoretical statements have not reached public opinion and policy-makers with enough force.

Looking to the near future, it's clear that for the new emerging rights paradigm to gain in solidity - the normalization paradigm has still not reached adulthood, in Spain at least - more theoretical elaboration and more social communication will be needed. Close cooperation between researchers, practitioners and media professionals will be ever more important. Clarity and fluidity in the transmission of knowledge gained will be crucial. Change in the interests of children will be social if it is supported by many people. Support to improve the system of child welfare must also come from public opinion. Communicating information and changing certain general attitudes must be considered as goals. And children themselves will be helped to develop more participative roles, so that their voice will be listened to and their interests taken into account in all areas of their activity.

References

AGUINAGA, J., & COMAS, D.: Infancia y adolescencia: La mirada de los adultos. Madrid, 1991
ANDER-EGG, E.: Metodología y práctica del desarrollo de la comunidad. Buenos Aires, 1963

BANK-MIKKELSEN, N.E.: La normalización como objetivo de las actividades de la vida diaria. Boletín de Estudios y Documentación del INSERSO 15, 1979, 31-39.

BETTELHEIM, B.: Love is not enough. New York, 1950

BLEGER, J.: Psicohigiene y psicología institucional. Buenos Aires, 1966

BIOSCA, L., & CASAS, F. (Eds.): Els centres diürns a les comarques barcelonines. Barcelona, 1985

CAPLAN, G.: Principles of preventive psychiatry. N.York, 1964

CASAS, F.: Informe de l'actual normativa, estructura i recomanacions sobre l'êmbit de la infência i l'adolescència, orientat a la confecció del Mapa de Serveis Socials de Catalunya. Barcelona, 1982

CASAS, F.: Les noies acollides a equipaments residencials a Catalunya. Quaderns de Serveis Socials, 3, 40-45, 1983

CASAS, F.: Las instituciones residenciales para la atención de chicos y chicas en dificultades socio-familiares: apuntes para una discusión. Menores, 10, julio-ag 1988, 37-50, 1988

CASAS, F.: Las representaciones sociales de las necesidades de niños y niñas y su calidad de vida. Anuario de Psicología, 53, 27-45, 1992a

CASAS, F.: Imputabilidad y responsabilidad: Los niños como actores desde la mirada de los adultos. Anuario de Psicología Jurídica, 3, 55-71, 1992b

CASAS, F.: Social research and policy making. EUSARF Seminar: Caring for separated children. Paris, November, 1992c

CASAS, F.: La infancia española en el contexto europeo. Infancia y Sociedad, 15, 5-36, 1992d

CASAS, F.: Spain. In COLTON & HELLINCKX (Eds.): Child care in the EC. Aldershot, 1993

COLTON, M., et al.: Caring for troubled children in Flanders, The Nederlands, and the United Kingdom. British Journal of Social Work, 21, 381-392, 1991

COLTON, M., & HELLINCKX, W. (Eds.): Child care in the EC. Aldershot, 1993

DE PAUL, J. & SAN JUAN, C.: La representación social de los malos tratos y el abandono infantiles. Anuario de Psicología, 53, 149-157, 1992

DELIGNY, F.: Les vagabons efficaces et autres rècits. Paris, 1970

FREIRE, P.: Educaìao como pratica da liberdade. Río de Janeiro, 1967

GOBIERNO DE ESPAÑA: Informe sobre el desarrollo de los contenidos de la Convención sobre los Derechos del Niño de Naciones Unidas. Madrid, 1993

GOFFMAN, E.: Asylums. New York, 1961

KOHLBERG, L.: Moral stages and moralization: the cognitive development approach. In T. Likona: Moral development and behavior. New York, 1976

KOHLBERG, L.: Exploring the moral atmosphere of institutions: a bridge between moral jutgement and moral action. In The meaning and measurement of moral development. Clark Univ, 1980

MENDEL, G.: Sociopsychoanalyse. Paris, 1972/74

NIRJE, B.: The normalization principle and its human management implications. In R. Kugel & W. Wolfensberger (Eds.): Changing patterns in residential services for mentally retarded. Washington, 1969

PICHON-RIVIÈRE, E.: Del psicoanálisis a la psicología social. Buenos Aires. Nueva Visión. 3 vol, 1971

Redl, F. & Wineman, D.. Children who hate. New York, 1951

TOSQUELLES, F.: La pratique du maternage thÄrapeutique chez les dÄbiles mentaux profonds. Clermont Ferrand, 1966

ZAX, M. & SPECTER, G.A.: An introduction to community psychology. New York, 1974

Hannes Tanner

Pflegekinderwesen und Heimerziehung in der Schweiz

Foster and Residential Care in Switzerland

Extra familial care and education of children and youths in institutions of extra familial education and care are presently object of a broad socio-political discussion in Switzerland. Starting point of this discussion was on the one hand a report of a commission for women's affairs about the needs and offers of extra familial care. On the other hand there is the preperaton of a revision of the penal code and the criminal law relating to youth. The discussion is founded on the latest research. A survey is given about the results of this research. There are no up to date results known about foster care in the traditional model of family foster care. That's the reason why our perspective is limited on the extra familial care of children in day care as well as an extra familial education of children and youth in institutions of residential care.

1. Ausserfamiliäre Tagesbetreuung von Kindern

Ende 1992 veröffentlichte die Eidgenössische Kommission für Frauenfragen einen umfassenden Bericht über Bedarf und Angebot an familienexterner Kinderbetreuung. Obwohl in der Eidgenössischen Pflegekinderverordnung von 1977 für Tagespflegeverhältnisse eine Meldepflicht (Art.12) und für Heimpflege eine Bewilligungspflicht (Art. 13) festgelegt ist, stiess die Studie auf einige Hindernisse: Es gibt in der Schweiz keine verlässlichen Zahlen über Angebot und Bedarf an Kinderbetreuungsplätzen, weil

- diesem Thema offensichtlich noch immer eine untergeordnete Bedeutung beigemessen wird,
- einzelne Kantone ihre Gesetze der aktuellen Pflegekinderverordnung noch nicht angepasst haben oder deren Bestimmungen zuwenig Nachachtung verschaffen,
- eine entsprechend grosse Dunkelziffer nirgends registrierter Pflegeverhältnisse besteht und
- einheitliche Bezeichnungen familienextener Betreuungsangebote fehlen.

Wie EVA NADAI in den Schlussfolgerungen ihres Beitrages zum Bericht der Eidgenösischen Kommission für Frauenfragen feststellt (Eidg. Frauenkommission 1992, Teil 1, S. 70ff.) ist das derzeitige Angebot an familienexterner Kinderbetreuung in der Schweiz - mit Ausnahme der Kantone Waadt und Tessin - quantitativ völlig ungenügend und noch allzu sehr vom wirtschaftlichen und sozialen Notfall-Prinzip geprägt. Das bedeutet unter anderem, dass pädagogische und soziale Gründe zur familienexternen Kinderbetreuung sich bisher nicht durchsetzen konnten. Es gibt im öffentlichen Diskurs bis heute keinen Platz für die Argumente, dass Kinder Gleichaltrige brauchen, dass neben den ökonomischen Bedürfnissen und Notwendigkeiten beide Eltern auch aus Interesse und Lust am Beruf erwerbstätig sein und partnerschaftlich Beruf und Familie teilen möchten. Über Notfall-Hilfe hinausgehende familienexterne Kinderbetreuung spielt sich grösstenteils im Privatbereich und vielfach in einer Grauzone nicht gemeldeter Pflege- und Betreuungsverhältnisse ab.

Von einem ausreichenden Angebot an guten Betreuungseinrichtungen für alle Eltern, die das wünschen, kann bisher nicht die Rede sein. Das heutige Angebot an familienexternen Betreuungsmöglichkeiten für Kinder ist regional ungleich entwickelt, landesweit aber vor allem für Säuglinge und Schulkinder ungenügend. Das Angebot an Krippen und Horten konzentriert sich auf die grösseren Städte (nahezu ein Drittel aller Krippen in den Städten Zürich, Bern und Basel). Private und teilzeitliche Kinderbetreuungsmöglichkeiten herrschen vor (Spielgruppen, Tagesmütter, Mittagstische für Schulkinder), sind teilweise aber öffentlich subventioniert. Sie sind auf Initiative von Eltern entstanden, von ehrenamtlicher Arbeit geprägt und erlauben den betreffenden Eltern keine längeren Abwesenheiten (z.B. keine Halbtagsarbeit).

Heute ist in der Schweiz eine grosse und steigende Nachfrage nach familienexterner Kinderbetreuung festzustellen. Unter den heutigen Verhältnissen erhält nur ein Teil der »dringenden Notfällen« einen ausserfamiliären Kinderbetreuungsplatz: 1,6 bis 1,8 % aller Kinder in der Deutschschweiz erhalten einen Tagesplatz; die Nachfrage wird angesichts der Tatsache, dass allein in der Deutschschweiz 320.000 erwerbstätige Eltern gezählt wurden (wovon 120'000 vollerwerbstätige Mütter), und angesichts der wachsenden Zahl alleinerziehender Mütter und Väter allerdings auf 30 - 50% aller Kinder geschätzt (vgl. Eidg. Frauenkommission 1992, Teil 1, S. 65ff.).

Das noch vorherrschende Notfall-Prinzip weist insbesondere den Nachteil auf, dass Krippen und Horte real zu Institutionen ökonomischer und sozialer Randgruppen mit einem überproportional hohen Anteil an ausländischen Kindern umdefiniert werden. Das erschwert die Betreuungsarbeit, die soziale Integration sowie die Verständigung unter den Kindern und mit den Eltern, verstärkt zugleich aber auch die alten Vorurteile, dass familienexterne Kinderbetreuung eine Sache der sozial Benachteiligten sei.

Die unterschiedlichen Subventionspraktiken bei Krippen und Horten führen dazu, dass die Eltern in sehr unterschiedlichem Ausmass finanziell belastet werden. Auch dort, wo einkommensabhängige Tarife gelten, ist die finanzielle Belastung für Eltern mit niedrigem Einkommen sehr gross. Tagesstätten und Tagesmüttervereine müssen häufig ohne Subventionen zurandekommen, was für diese Institutionen und für die Eltern eine grosse finanzielle Belastung darstellen kann. Private Lösungen herrschen vor. Das gilt auch für die Arbeitgeber, die sich mehrheitlich nicht verpflichtet fühlen, sich um die Kinderbetreuungsproblematik ihrer Arbeitnehmer zu kümmern. Rund ein Viertel aller Kinderkrippen in der Deutschschweiz sind Betriebskrippen, wobei allerdings zwei Drittel davon zu Spitälern und Krankenheimen gehören.

Das Tagesmüttermodell gilt weithin als ideale Lösung des Kinderbetreuungsproblems, weil die Herkunftsfamilie dank Unterstützung durch eine Tagesmutter strukturell vollständig erhalten bleibt. Diese Lösung des Kinderbetreuungsproblems ist flexibel, bleibt sozial weitgehend unsichtbar und für die ArbeitnehmerInnen kostengünstig. Allerdings werden dabei auch die Mängel allzu sehr kaschiert: die Frauen lösen das Problem unter sich, Tagesmutter sein ist weder eine anerkannte Qualifikation noch eine angemessen entlöhnte Tätigkeit, und frau bleibt im Haus eingeschlossen. Die Pro Juventute liefert Vorlagen für Verträge, aber faktisch sind die meisten Tagesmütterbetreuungen vertragslos. Es existiert ein Graumarkt ohne Gewähr für pädagogische und verlässliche Betreuung. Tagesmütter üben ihre Tätigkeit oft nur kurze Zeit aus, weshalb die Nachfragenden mit häufigen Wechseln zu Rande kommen müssen (vgl. zur näheren Information auch DE BAAN,1989). Aus Mangel an Alternativen ist das Tagesmüttermodell -trotz der erwähnten Mängel- aber immer noch eine gangbare, beliebte und auch sinnvolle Lösung der Kinderbetreuung.

Die aktuelle Finanzknappheit der öffentlichen Hand hat für die familienexterne Kinderbetreuung schwerwiegende Konsequenzen. Selbst gesellschaftlich anerkannte Institutionen wie Kindergärten werden auf die Gemeindeebene zurückgestuft, mit dem Effekt grosser Disparitäten und sozialer Ungerechtigkeiten (die Kantone sind eigentlich dazu verpflichtet, den Ausgleich zu schaffen).

Ausbildung, Besoldung und Anstellungsbedingungen von ErzieherInnen und anderen Berufsgruppen im Bereich der ausserfamiliären Kinderbetreuung haben bisher wenig Aufmerksamkeit gefunden. Dies hängt mit der niedrigen sozialen Stellung der Frau bzw: der Frauenberufe zusammen, wird durch das fehlende Ansehen und den Nothilfe-Charakter der familienexternen Kinderbetreuung aber noch verstärkt. Auch scheint die Ansicht noch weitverbreitet, dass jedermann bzw. jede Frau ohne weiteres mit Kindern umgehen kann. Aus der Not (dem Mangel an öffentlicher Kinderbetreuung) wird oft eine (kostensparende) Tugend gemacht und im Zeichen der Finanzknappheit wieder vermehrt auf Freiwilligkeit sozialer Dienstleistungen gesetzt. Selbst im an und für sich sehr aufgeschlossenen Kanton Waadt wurde eine Verankerung der Ausbildung der Tagesmütter im Herbst 1991 abgelehnt.

Die freiwillig-unentgeltliche Mithilfe bzw. die Unterbezahlung sind in Sachen Kinderbetreuung bis heute immer noch an der Tagesordnung. Eltern rekurrieren oft auf private Möglichkeiten in der Hoffnung, damit der befürchteten sozialen Stigmatisierung der »Weggabe der Kinder« zu entgehen. Allerdings sind solche privaten Möglichkeiten sehr störanfällig (Krankheiten, Unvorhergesehenes etc.) und damit viele Wechsel absehbar. Insgesamt ist das heutige Überwiegen privater und halbprivater, insgesamt quantitativ und qualitativ ungenügender Angebote familienexterner Kinderbetreuung eher als Notlösung, denn als Wunsch und Wille der Betroffenen zu begreifen. Die langen Wartelisten bei den wenigen existierenden öffentlichen Angeboten weisen auf einen Notstand hin, dem private Angebote nur palliativ entgegenzukommen vermögen.

Die Ideologie der Mutter als einziger, bester und möglichst ausschliesslicher Bezugsperson wird weiter propagiert, auch wenn heute die Nachteile dieser Situation für Mutter und Kind bekannt sind. Die Familie wird in ihren Möglichkeiten, in der heutigen Gesellschaft den Kindern Verlässlichkeit und Stabilität zu sichern und soziales Lernen und Spiel zu ermöglichen, in einem Masse idealisiert, die nicht mehr der Realität entspricht. Die Lebenswelt hat sich grundlegend verändert. Berufstätige Elternpaare werden mehr und mehr zu einer Selbstverständlichkeit. Ein-Kindfamilien und Alleinerziehende nehmen zu. In dieser Situation sind strukturelle *f*nderungen notwendig, die einen eigentlichen Paradigmawechsel voraussetzen, nämlich die Neuordnung sozialer Leitbilder, des Verhältnisses von Gesellschaft und Familie und die Verwirklichung der Gleichstellung von Mann und Frau.

1.1 Ausserfamiliäre Erziehung von Kindern und Jugendlichen
   in Einrichtungen der ausserfamiliären Erziehung

In der Schweiz gliedert sich die stationäre Jugendhilfe zwischen »Familie« und »Organisation« als gegensätzlichen sozialen Leitbildern in eine Vielzahl an Zwischen- und Mischformen. NIEDERBERGER & BÜHLER-NIEDERBERGER (1988) unterscheiden in einer der wenigen neueren Schweizer Untersuchungen über familienähnliche Formen der Fremderziehung 4 Typen, welche sich zwischen der Familie als primärem Grundtyp und der Organisation als sekundärem Grundtyp sozialen Lebens lokalisieren lassen:

• Heim
• Quasi-familiale Abteilungen von Heimen
• Synthetische Gemeinschaften (Jugendwohngruppen und -gemeinschaften, sozialpädagogische Wohngemeinschaften)
   Pflegefamilie

Wie NIEDERBERGER & BÜHLER-NIEDERBERGER unter Rekurs auf die Dimensionen »Einmaligkeit versus Austauschbarkeit«, »Implizitheit versus Explizitheit«, »Dauerhaftigkeit versus Kündbarkeit«, »Körperlichkeit versus Schemenhaftigkeit« und »Normalität« (der Lebensbedingungen) als theoretischem Derivat eines systematischen Strukturvergleichs von Familien und Organisationen aufzeigen, kranken viele dieser familienähnlichen Formen der Fremderziehung daran, dass sie bei ihren Mitgliedern unrealistische Erwartungen einer möglichen Synthese von Heimerziehung und Familienideologie aufkommen lassen. Die von vielen Quasi-Familien und Wohngemeinschaften bewusst genährte Täuschung, in einer Familie mit »verbindlichen Beziehungen« zu leben, wird spätestens durch den Weggang und Neueintritt von Mitgliedern der Institution als Illusion entlarvt. Die »Enttäuschung« ist um so tiefgreifender, je weniger die organisationalen Elemente im Alltag präsent waren[1].

Eine eigene Längsschnittuntersuchung[2] über Wirkungen des Massnahmenvollzuges bei besonders erziehungsschwierigen Jugendlichen der Schweiz (TANNER 1988, 1990, 1992b) hat vielfältige Hinweise erbracht, dass reale Unterschiede im Ausmass der Förderung von Selbstthematisierung, Selbstreflexion, Selbstverantwortung, Konfliktlösungsfähigkeit und Ich-Stärke bei Klienten des stationären Massnahmenvollzuges persönlichkeits- und einstellungspsychologisch unterschiedliche Wirkungen zeitigten und die auf »Ich-Stärkung« ausgerichteten Heime einen differentiellen Beitrag zur Steigerung der Selbstkontrolle ihrer Insassen leisteten. Dieser Befund ist bedeutsam, weil mangelnde Selbstkontrolle ja oft als wichtiger Grund für die Einweisung in ein Erziehungsheim angeführt wird. Demgegenüber haben Einrichtungen mit geschlossenen Abteilungen und starker Reglementierung des Heimalltages auf dieser zentralen Dimension keine signifikanten Effekte aufzuweisen. Die Geschlossenheit bedeutete offenbar zunächst nur eine massive Steigerung der Aussenkontrolle jener Insassen, die in ihrer Selbstkontrolle ohnehin schon Defizite aufwiesen.

Die erhöhte Aussenkontrolle führte zu einer Anpassung an die Insassenrolle, die Insassen-Subkultur und einem mehr oder weniger guten Funktionieren in dieser Rolle. Die Innenkontrolle wird den Klientinnen und Klienten dadurch enteignet und lässt sich in diesem Milieu nicht angemessen entwickeln. Geschlossene Unterbringung und starke Reglementierung des Alltages führen eher zur Entwicklung einer konventionellen Moral der Insassen, die sich insbesondere dadurch auszeichnet, dass sie sich unter veränderten Rahmenbedingungen als wenig anpassungsfähig erweist. Demgegenüber scheinen Erziehungsheime, die auf eine »Ich-Stärkung« der Klientinnen und Klienten hinzielen, die Entwicklung von Selbstkontrolle und einer postkonventionellen, flexibel anwendbaren Moral zu begünstigen. Ein allzu hohes Mass an Reglementierung täuscht überdies eine Strukturiertheit des Lebensalltages vor, welche bei Heimaustritt eine ebenso einschneidende Enttäuschung zur Folge hat, wie ein allzu elaboriertes Repertoire an sozialintegrativen Konfliktlösungstechniken, wie wir sie gelegentlich in Erziehungsinstitutionen finden, die sich am Leitbild therapeutischer Gemeinschaften orientieren.

Die Annäherung an die Insassenrolle fand auch darin Niederschlag, dass sich die Streuung der Persönlichkeitsdaten (Giessen-Test) bei den Klientengruppen geschlossener Institutionen im Verlauf des Heimaufenthaltes (mitunter recht deutlich) verminderte, wogegen die Streuung der individuellen Testwerte bei den meisten Institutionen - insbesondere auch bei den Therapieheimen - zunahm. Therapeutische und andere auf »Ich-Stärkung« abzielende Massnahmen bewirkten demnach eine Festigung und Akzentuierung individueller Persönlichkeitsmerkmale.

Da die Förderung oder Wiederherstellung der Arbeitsfähigkeit der Jugendlichen im Blick auf die angestrebte soziale Eigenständigkeit ein hochrangiges Ziel der stationären Jugendhilfe darstellt, Arbeitstraining und Berufsausbildung aber auch zu den zentralen Erziehungsmitteln des Jugendmassnahmenvollzuges zählen, wurden in unserer Untersuchung auch Daten zur Arbeitssituation in die Analyse von Persönlichkeits- und Einstellungsänderungen einbezogen. Dabei ergab sich unter Vernachlässigung von g.eschlechtsspezifischen und regionalen Differenzierungen eine positive Korrelation zwischen Zunahme negativer Arbeitserlebnisse während des Heimaufenthaltes und
- wachsendem Gefühl der Stigmatisierung ($p <\_.05$),
- wachsender Überzeugung der Fremdkontrolliertheit (External Locus of Control) ($P <\_.05$)
- wachsender Devianzdisposition ($p <\_.01$)
- wachsender Tendenz zu unmittelbarer Bedürfnisbefriedigung ($p <\_.01$) und
- wachsender Unterkontrolliertheit (Skala GTS 3)($p <\_.01$).

In ähnlicher Weise korrelierten sozial- und erziehungspsychologisch günstige Merkmale der Lebenswelt »Heim« (Möglichkeit der Einflussnahme von Klienten auf die Gestaltung des Heimalltages; auf Ich-Stärkung sowie Förderung von Selbstverantwortung und Selbstkontrolle angelegter Erziehungsstil; überschaubare Heimgrösse) durchwegs auch mit entsprechend positiven Einstellungs- und Persönlichkeitsveränderungen (vgl. dazu ZELLWEGER 1989).

Hinsichtlich Legalbewährung und sozialer Integration ergaben sich einige, zum Teil auch aus andern Untersuchungen bekannte geschlechts- und kulturspezifische Unterschiede (TANNER 1992c):

- Bei den männlichen Untersuchungspersonen ergaben sich deutlich überhöhte Mortalitätsraten (bei den Welschschweizer Klienten 9.3 % und bei den Deutschschweizer Klienten 11.7 %).

- Ähnlich markante geschlechtsspezifische Unterschiede sind zwischen den Anteilen jener Untersuchungspersonen festzustellen, die sich zum Zeitpunkt der Nachuntersuchung im Straf- oder Massnahmenvollzug befanden, reziprok dazu auch zwischen den Anteilen von sozial integrierten Untersuchungspersonen ohne erneuten Freiheitsentzug während ihrer Bewährungszeit:

Tabelle 1: Legalbewährung erfasster Klientinnen und Klienten aus der Deutsch- und Welschschweiz

Zur Zeit der Nachuntersuchung (alle Angaben in Prozent)		Im Straf- oder Maßnahmenvollzug	ohne erneuten Freiheitsentzug, sozial integriert
Welschschweiz	Klientinnen	0	34
	Klienten	12	14,6
Deutschschweiz	Klientinnen	1,6	27
	Klienten	16,9	15,6

Der deutlich höhere Anteil legal bewährter und sozial relativ integrierter Klientinnen bestätigt geschlechtsspezifische Unterschiede von Verläufen krimineller Karrieren, insbesondere aber die Tatsache, dass verschiedene Frauen inzwischen in Partnerschaftsbeziehungen leben, die ihnen sozialen Rückhalt und teilweise auch die für ein Leben in »Normalität« nötige ökonomische Sicherheit vermitteln. Verschiedene Probandinnen mit relativ ausgeprägten traditionell-familistischen Orientierungen werteten ihre Mutterrolle subjektiv als wichtige Rahmenbedingung ihrer psychosozialen Stabilisierung.

Im interregionalen Vergleich Deutschschweiz/Welschschweiz fällt auf, dass in der Welschschweiz - und insbesondere bei den Frauen - ein höherer Anteil auch nach Entlassung aus der Massnahme von Angeboten intensiver ambulanter fürsorgerischer oder therapeutischer Betreuung Gebrauch machte. Gleichzeitig ist bei den Teilstichproben aus der Deutschschweiz ein weit grösserer Anteil von Personen zu beobachten, die erneut delinquierten und zur Zeit der Nachuntersuchung in sozial defizitären Verhältnissen lebten:

Die auch durch Beobachtungsmaterial vielfach bestätigte Tatsache, dass in der Welschschweiz zur Stützung des Integrationsprozesses nicht selten über längere Zeit bisweilen noch sehr intensive fürsorgerische und/oder therapeutische (Nach-) Betreuungsleistungen erbracht werden, ist ein Indiz für die vielfältigen Unterschiede zwischen den Systemen der stationären Jugendhilfe in der Deutsch- und Welschschweiz. Im Verbund mit der Feststellung markanter Unterschiede im Angebot von Heimplätzen und internen Ausbildungsmöglichkeiten, wonach in der Welschschweiz Institutionen von familiär-überschaubarer Grösse ohne Binnengliederung überwiegen und zur Vermeidung einer Ghettobildung in der Regel auf heiminterne Schulungs- und Berufsausbildungsprogramme bewusst verzichtet wird, kann geradezu von zwei verschiedenen Kulturen und Wirkungsweisen stationärer Jugendhilfe gesprochen werden.

Anmerkungen

[1] Vgl. hierzu auch den Beitrag von Doris Bühler-Niederberger in diesem Band.

[2] In der Längsschnittuntersuchung gelangten verschiedene Erhebungsinstrumente zur Anwendung, die der Erfassung des Selbst- und Fremdbildes der Probanden sowie der Selbst- und Fremdeinschätzung ihrer Entwicklung während des Massnahmenvollzuges dienten neben andern Befragungsinstrumenten auch der Giessen-Test (Beckmann, D., Brähler, E. & Richter, H.-E.,1983). Im Giessen-Test werden Probanden in psycho-sozial bedeutsamen Dimensionen ihres Verhaltens erfasst, also in Dimensionen, die für das Verhalten im Kontakt zu andern Personen bedeutsam erscheinen. Überdies wurden auch einige Einstellungsmerkmale und Merkmale der Selbstattribuierung erfasst (insbesondere »Wahrnehmung als Stigmatisierter«, »Devianzdisposition, »Bereitschaft zu aufgeschobener Bedürfnisbefriedigung« und »Kontrollüberzeugung«) (vgl. dazu Tanner 1992a und Zellweger 1989). Die Stichprobe der Längsschnittuntersuchung bestand ursprünglich aus 273 Probanden (Jugendliche und junge Erwachsene), welche in ein Erziehungsheim für erziehungsschwierige Jugendliche oder eine Arbeitserziehungsanstalt eingewiesen worden waren. Die Stichprobe rekrutierte sich aus 17 Heimen: 3 Therapieheimen, einer Anstalt für Nacherziehung und Heimen aus ihrer »strukturellen Nachbarschaft« (vgl. dazu u.a. Tanner 1992a).

Literatur

Beckmann, D., Brähler, E. & Richter, H.-E.: Giessen-Test. Ein Test für Individual- und Gruppendiagnostik. Handbuch. 3. überarbeitete Auflage mit Neustandardisierung. Bern/ Stuttgart/Wien, 1983

de Baan, V.: Kinderbetreuung Privatsache? Tagesmütter in der Schweiz. Zürich, 1989

Eidgenössische Kommission für Frauenfragen (Hrsg.): Familienexterne Kinderbetreuung. Teil 1: Fakten und Empfehlungen. Bern, 1992

Eidgenössische Kommission für Frauenfragen (Hrsg.): Familienexterne Kinderbetreuung. Teil 2: Hintergründe. Bern, 1992

Eidgenössische Kommission für Frauenfragen (Hrsg.): Wer denn? Wie denn? Wo denn? Ein Leitfaden zur famiGenexternen Kinderbetreuung. Bern, 1993

Niederberger, J.M./ Bühler-Niederberger, D.: Formenvielfalt in der Fremderziehung. Zwischen Anlehnung und Konstruktion. Stuttgart, 1988

Schweizerischer Bundesrat: Verordnung über die Aufnahme von Pflegekindern, vom 19. Oktober 1977.

Tanner, H.: Untersuchungen über Wirkungen des Massnahmenvollzuges bei besonders erziehungsschwierigen Jugendlichen der Schweiz (gemäss Art. 93ter StGB). Befunde zur Einweisungspraxis, zur Realität des Massnahmenvollzuges und zu Persönlichkeitsveränderungen während des Massnahmenvollzuges. Forschungsbericht 2. Zürich: Pädagogisches Institut, März, 1988 (polykopiert)

Tanner, H.: Effekte des Massnahmenvollzuges bei besonders erziehungsschwierigen Jugendlichen in der Schweiz. In: Steinhausen, Chr. (Hrsg.): Das Jugendalter: Entwicklungen-Probleme - Hilfen. Bern/Stuttgart/Wien, 1990, S.134-154

Tanner, H.: Konzept der Untersuchungen über Wirkungen des Massnahmenvollzuges bei besonders erziehungsschwierigen Jugendlichen der Schweiz (Jugendmassnahmenvollzug gemäss Art. 93ter Strafgesetzbuch). In: Kriminologisches Bulletin,18. Jg., Heft 1-2, 1992a

TANNER, H.: Effekte des Massnahmenvollzuges bei besonders erziehungsschwierigen Jugendlichen in der Schweiz. Überblick über Ergebnisse der Längsschnittuntersuchung. In: Kriminologisches Bulletin,18. Jg., Heft 1-2, 1992b

TANNER, H.: Inside oder Offside: Ergebnisse der Nachuntersuchung von Klienten des Massnahmenvollzuges für besonders erziehungsschwierige Jugendliche (Art. 93ter StBG) anlässlich einer Längsschnittuntersuchung. In: KILLIAS, M. (Hrsg.): Rückfall und Bewährung/Recidive et Rehabilitation. Schriftenreihe der Schweizerischen Arbeitsgruppe für Kriminologie, Band 10. Chur, 1992c, S.149 -170..

ZELLWEGER, U.: Arbeitserlebnisse und Persönlichkeitsentwicklung von Jugendlichen im Massnahmenvollzug. Zürich: Psychologisches Institut der Universität Zürich, Abteilung Sozialpsychologie (Lizentiatsarbeit), 1989

Valentina Bodrova

Children during the Transition Period

Kindheit im Systemwandel

Obwohl die Bedeutung sozialer Fürsorge für die neue/zukünftige Generation seit Jahrzehnten wiederholt wird, sind die Kinder in Rußland heute die sozial am schlechtesten geschützte Gruppe in der Gesellschaft. Zunächst leiden sie unter den Konsequenzen/Folgen einer verzerrten Volkswirtschaft sowie unter einem steigenden sozialen Druck und zunehmenden bewaffneten Konflikten/Auseinandersetzungen. Dennoch ist das garantierte Recht des Kindes auf Leben und Entwicklung der grundlegende Indikator/Anzeiger für den Zivilisationsgrad eines jeden Staates. Die Kinderkonvention, von der UN-Generalversammlung verabschiedet, steht für den ersten Schritt, der beides garantiert, den geeigneten sozialen Status von Kindern in der Gesellschaft und den jeweils passenden Rang in der Gemeinschaft hochentwickelter Nationen.

1. Introduction

Although the importance of social care for new generations is reiterated by decades, today's children in Russia are the least socially protected group in society. In the first place, they suffer from the consequences of a distorted national economy, and then from a rise of social tension and armed conflicts. Yet ensuring the child's rights to live and to develop is the basic indicator of the level of civilization of any country. The Convention of the Child's Rights, approved by the UN General Assembly, stands as the first step of guarantying both appropriate social status of children in a society and giving any appropriate state membership of the community of highly developed nations.

In the Convention the Rights of the Child are considered from three viewpoints:
- survival,
- development and
- protection.

The present level of realization of these ideals within Russia can be described as follows:

1.1 Survival

According to the level of infant mortality rates of children under 5, the Russia is in the 40th place among other countries of the world (UN Classification), being inferior by far not only to developed, but also to several developing countries. So, in 1992, the infant mortality rate in Russia was 18 ‰, in 1993: 19,1 ‰. As a result of worsening of the living conditions, of unsatisfactory work of social institutions particularly those concerned with the development of children, and of primary significance due to inadequate medical services, the number of difficult childbirths is growing, as well as the number of prematurely births many of which are due to poor health and low resistibility.

1.2 Developement

Today there exist significant social, economic and cultural differences in our population which greatly limit the life chances of children.

Realization of the rights of the child to be educated, to adequate nurture and stimulation relies, under present conditions, on the type of family into which the child is born (number of children, presence of parents bringing up the child, the role of wider family and kids, on income level, as well as on region and place of residence).

Besides, a number of unsolved socio-economic problems makes it difficult for parents to enjoy freedom of choice in bringing up and educating children. Most of our social institutions are not family-oriented, they are state-oriented and are conducive to the estrangement of children from their family since early childhood. This works to the detriment of the child's personality development.

The state does not make adequate efforts to smooth away differences of opportunity for children; thus, it does not play its role as a guarantee of equal opportunities for all children.

1.3 Protection

As a result of growing number of divorces and children born out of wedlock and the rejection of children by families, more than a million children are deprived of a comprehensive family care and education in Russia.

During the last five years 2.500 cases of infanticide committed by their own mothers have been recorded. The number of children which need protection from their own parents is growing. There are no special measures of protection of the children living in zones of high ecological danger, such as natural calamities or places of armed conflict. Neither indexes nor standard of social protection of children are developed and, hence, have not become indispensable elements of innovations in child care.

At present there are no pressure groups without or professional groups within that react to childrens' issues and interests. The concept of subculture of children is not elaborated, neither are their rights and views given salience.

Thus, the society of this country is still far from realizing the basic principles of the Convention of Child's Rights, that all children should be protected from the worst consequences of state emergencies or errors characteristic of the world of adults.

Last September, All Russia Centre of Public Opinion Research carried out the Poll entitled »Public Opinion on Status of Children in Different Types of Families« (»Children-92«). The aim of the research was to investigate people's views on the most acute problems characteristic of families with different number of children of different age groups, as well as to obtain the ideas of the people of immediate prospects of financial positions of families having children. The object of the research was the population of Russia at the age of 16 or over. The Poll involved 1,357 people, among them 44 per cent were males and 56 per cent females. It covered urban (73 per cent) and rural (27 per cent) population of the following regions of Russia: Central, North-West, Volga river, the Urals, West Siberia, East Siberia and Far East.

2. Which of the Families Suffer the Most Severe Financial Difficulties?

The poll showed that most people (52 per cent) believe that all the families suffer equally from the poor financial position; older people (at the age of 60 and over) are convinced of it 100 per cent. At the same time, one fifth of the respondents keenly appreciate the financial difficulties incomplete families face (in other words, families having only one parent). In Russia this means those families where a woman brings up one child or several children, without any assistance. Families with three children under age (18 per cent of respondents); and women, more frequently than men, sympathize with families with only one parent. It is still difficult for us to affirm for sure that women in general are more compassionate and empathize with one parent families, since among those involved in the poll, numerical majority of women was 13 per cent. In relation to families with three children under 15, the opinions of men and women coincide; a similar understanding of the financial problems of the families with three children is expressed by the following groups: young respondents (20-24 years) and those at the age of 40 to 44 years; people of different level of education; those residing in Moscow or in the countryside; those having two children at the age 12 to 15 years as well as those having two children at the age of 7 to 11 years; those working in the public health system, commerce and (probably, due to the fact of having contacts with families of many children) as well as servicemen and professionals.

Financial difficulties of the families with only one parent were mentioned by respondents of the age group of 30-34 years (29 per cent), owners and joint owners businesses (36 per cent), managers (32 per cent), employers within the public health system, of science and culture (26 per cent), professionals. Those who are divorced or separated are more keenly aware of the difficulties of the incomplete families and they are twice as much concerned about this than married people. Probably, these divorced people suffer disproportionately from the burdens of present day life in Russia.

When comparing people's opinion about the financial position of all families, of incomplete families and of families with three or more children, the number of respondents noting financial difficulties of smaller families, is considerably less than those sympathizing with the position of families with many children. The only respondents worried about the situation of families with only one child (10 times more frequently than other groups), are those of 40 to 44 years of age (young grandmothers and grandfathers). The young respondents are most sympathetic to the needs of those with many children.

3. Views of People Concering the Most Serious Problems
Associated with the Status of Families with Young Children

Among the 10 problems named by respondents' of primary importance was »the lack of money in the family to buy clothes and footwear for children« (60 per cent, there was a possibility to choose from three answers; that is why the total number of points might be more than 100); in second place »too high prices of the bottle feeding (40 per cent)«; in third place »the lack of children's clothes and footwear of an adequate quality and quantity« (35 per cent); in the fourth place »too high prices of games and toys, books and sports clothes, sport equipment and other childrens' goods (32 per cent); in the fifth place that the fees of day nursery and kindergardens were too high.

What sort of people are most worried by the lack of money to buy clothes and footwear for families with young children?

They are agricultural workers, professionals, industrial workers and employees, young people between of 20 to 39 years of age, which naturally are parents of 90 per cent of the children born. Those grandmothers and grandfathers at the age of 45-54 years as a rule, those trying to help young parents bringing up the grandchildren are particularly concerned. This situation is more characteristic of rural than of urban people. The most needy, from the point of view of the population, are families of two children under two years, families of three children at the age of three to six years, families of two children of 12 to 15 years; and divorced parents are mentioned more frequently than married ones.

As to the regions, the lack of money is mentioned more frequently by respondents of the Central Region of Russia (67 per cent), the North-West Region (62 per cent) and the Volga River Region (61 per cent of respondents). Again this illustrates deep concern in the rural areas.

High prices of childrens' foodstuff are in second place among the financial problems families of young children are facing.

The most serious food deficits are mentioned by those with two children under two (67 per cent), families with children of three to six (54 per cent) and residents of Moscow and of the rural areas. These problems are mentioned more frequently by employees of public health services (48 per cent) and of cultural institutions (48 per cent), than by employees of commerce (38 per cent), of government bodies (20 per cent) and other organizations (21 per cent). As to the regions, 61 per cent of respondents of North-West Region and 46 per cent of Central Russia are worried by this problem.

Settling the problem of higher prices shows the difficulties in the availability of goods and food. Problems mentioned by servicemen, policemen, managers, education system's employees, qualified workers, rural residents. That is 46 per cent of respondents of the Central Region and 35 per cent of respondents of the Volga river, Siberian and Far East Regions.

Those less concerned with the cost and availability of essentials for children are among owners and joint owners of enterprises (27 per cent). This group of respondents considers quality very important, although they suppose that the cost is too high (36 per cent). They are less afraid of higher prices of childrens' goods; but they are worried because of the lack and/or poor quality of children's clothes, footwear, games and toys, foodstuff, books and other articles. In addition, they mentioned three times more frequently then all groups of respondents and nine times more frequently than agricultural workers the high tuition fees in the prestige schools to which they send their children.

Thus, this group of respondents representing a new social strata of population in Russia, is less worried about the »survival« problem of children; they try to enhance the life chances of their children by goods, foodstuffs and education of higher quality in prestige pre-school establishments and schools. In these contexts an elite kind of training is taking place which makes it possible for parents to buy their children access to university education in prestige institutions.

4. People's Opinion of the State's Assistance for the Families with Young Children

Respondents offered a series of answers: very important, important, not very important, not important at all, unable to comment.

It might have been expected that those groups of respondents which suffered the most severe financial problems such as lack of money even to buy the barest minimum of goods to bring up their children would not be satisfied with the government assistance for families having children. Interestingly the poll showed even more: respondents were dissatisfied with the governments assistance for families with young children. Disappointment was expressed by much broader social groups, from employees of public health services and scientific workers (80 per cent) to businessmen, servicemen, policemen and state employees (100 per cent). Obviously you don't have to experience the problem to be made aware of the deficiencies and difficulties in looking after children.

Respondents residing in Moscow City, as well as among people of low educational level, divorced as well as commerce employees are those that believe governmental assistance is important when facing child rearing problems. Only 3 to 13 per cent of all the respondents feel that the government is powerless to achieve change.

5. About the Forms of Governmental Assistance for Families of Children Under Age

Opinions differ on how effective government assistance is for the families of children under age, as well as how best to offer assistance for families in times of transition to the market economy. Only last year, not only scholars but also respondents supported giving assistance in kind and money to the families of young children (42 and 45 per cent, correspondingly). Then, only one year later, last September, the problem of providing governmental assistance is considered from another point of view. People are worried first of all because rise of prices, and not because of lack of childrens' foodstuff and goods. That is why giving payments to families as well as fixed prices for indispensable foodstuffs then become the two most important requests in helping families with young children. Those in favour of subsidies, monetary help and fixed prices make up over 60 per cent of all the respondents.

Another measure, like tax cuts for families with young children, was mentioned by 8 per cent of respondents; women suggested it as a possible measure of the governmental assistance twice as often as did men.

Opinions of men and women also differ on other forms of assistance, but in this case differences are not so marked: women are in favour of family allowances and rights to buy goods and foodstuff at stable prices. The last form of assistance is supported by respondents having two children at the age of 3 to 6 years (64 per cent) and at the age of 12 to 15 years (50 per cent), as well as respondents having the only child under 2 (38 per cent), and those at the age of 60 years and over (100 per cent). This group of respondents have probably suffered most from the sharp rise of prices of foodstuff. The age of a respondent means that he or she is at one of the stage of the family's life cycle; besides, the age of a respondent is related with numbers of children in his or her family as well as respondent's ideology.

There are no differences of men's and women's view on the wisdom of such form of assistance as free distribution of foodstuff, childrens' clothes and other goods to families having young children in poverty.

The great majority of those in favour of the family allowances are in the age groups of 20-24 and 45-49 (42 per cent). These are respondents with young children and or grand children.

There are regional differences, the greater portion of those who are in favour of the system of assistance to the family with children reside at the Urals (36 per cent) and in Central Russia (34 per cent). But respondents from Moscow or North-West Russia prefer assistance through giving priority to families acquire essential childrens' goods and foodstuff at stable prices. The respondents of the Volga River Region, of the Central Region and of the Urals Region are in favour of free distribution of childrens' foodstuff and of children's clothes (19, 19 and 18 per cent, correspondingly).

6. Reasons for Birth Control

In the »Children-92« poll there was a question: »Why do many families limit themselves to only one child?« The answers obtained confirmed that financial constraints reflecting the general economic situation restricted the size of families: financial precariousness - 74 per cent, costs of foodstuff, clothes and other elements of the everyday life - 38 per cent. Yet this was not the only surprise. It is noticeable that confidence in the future, the 'feel good'-factor escaped 1/3 of the respondents. They were more than anxious. Only one out of every nine respondents considers that the use of birth control is due to the selfishness of the adults, those not ready to bring up children and who do not want to burden themselves with children.

Only one per cent of the respondents mentioned that birth control helped to get a proper education, to improve the professional skills and other professional reasons. Delaying or avoiding having children helps you gather more qualifications and expertise.

7. Conclusion

1. The majority of the respondents thinks that all families, independent of the family type, suffer equally from the hard financial situation; nevertheless, people understand that, taking into account all families, those most severely affected are incomplete families and those with three or more children.
2. The most serious problems all families with young children face are the lack of money to buy childrens' clothes, high prices of childrens' foodstuff, the poor availability and quality of childrens' goods, high tuition fees at the pre-school institutions.
3. The opinions differ substantially by regions and by socio-demographic characteristics. For example: the emerging middle classes, namely owners or joint owners of small enterprises, give priority to placing their children in prestige pre-school institutions, although they are not pleased with the costs involved. They are not worried by the high prices of childrens' food and other essentials, but by the limited range of goods and their poor quality.
4. The poll showed that the dissatisfaction in regard to the governmental assistance are expressed not only by those facing the most severe financial problems, but also by considerably broader social groups.
5. In comparison with the July 1991 poll, in the poll of last September the problem of the governmental assistance for the families changed: now what seems important are the high prices of the food and goods and not their short supply. That is why among recommendations for family assistance the most important are: increase in money allowances and enhanced opportunities to buy indispensable foodstuff at stable prices.
6. Birth control was not seen as due only to the financial situation, but also because of uncertainty in the future, doubts concerning improvements in living conditions. Adult's selfishness, those not ready to help in bringing up children was not viewed as particularly influential in encouraging birth control.
7. The most severe financial problems and dissatisfaction with the governmental assistance for families with children under age are mentioned more frequently by respondents at the age of 20-24 and 45-49, and rural residents are more critical than the urban ones as are residents of Moscow City, North-West Region, Central Region of Russia and the Volga River Region. Employees in the education system, public health system, servicemen, police and state sector are of the same opinion.

The present research confirmed once more that there is a need of a consistent family policy leading to support needy families with young children, help them in their survival under the conditions of the transition to the market oriented economy. What is also significant is that dissatisfaction is general, not confined to only those worse off or with young children. There is a keen awareness in society that some, among them vulnerable young families, are paying too high a price for the benefits of the free and market economy.

András Zakar

Paradigmenwechsel in der Heimerziehung in Ungarn

The Change of Residential Care in Hungary

Generally the residential care starts when a child is endangered and it is necessary to inform the proper authority for further care and catering. A very controversial question is on which basis to intervene - in such cases - in the rights of self-determination of personality which violates the inner life as well as the right of decision of families. The arguments of course should be explained from the professional side and exactly be formulated. The nowadays working system should be altered with this aim and be altered with the dissolution of unnecessary state power-concentration and with the consequent setup of a service system in which the socio-political precaution is reflected.

Die Kinder in der Familie geraten erst dann in Kontakt mit der Personen und Organisationen für Kinderschutz, wenn in der Funktion der Familie solche Störungen geschehen, die die Kinder in erheblichem Masse gefährden. In der letzten Zeit wächst die Zahl der behördlich registrierten gefährdeten Kinder rasch. Die konkrete Ursache besteht nicht nur in der Differenzierung des Lebensniveaus und ist nicht ausschließlich auf die sozial marginalisierende, verarmende Schicht und deren Kinder konzentriert. Vielmehr wird auch das Vertrauen in die soziale Arbeit bewiesen. Nach dem politischen Systemwechsel traten nämlich rasch nicht nur die aktuellen sozialen Probleme auf, die mit der Unterstützung geregelt werden können, sondern auch die früher vorhandenen, aber völlig tabuisierten und unlösbar gelassene gesellschaftlichen Probleme des Zusammenlebens. Das sind die Zeichen einer viel tieferen Bewußtseins und einer Lebenskrise, die die ganze Gesellschaft durchdringen und deren Korrektur vielmehr Zeit braucht.

Die Mehrheit der gefährdeten Kinder d.h. 167 tausend werden aus finanziellen Gründen registriert. Unter ihnen sind 26 tausend Kinder wegen Alkoholismus Zunehmend gefährdet. Die registrierten gefährdeten Kinder leben insgesamt in 106 tausend Familien. Diese weisen eine kaum höhere Verhältniszahl von der durchschnittlichen Familiengrösse auf. Daraus ist aber zu folgen, das der grundlegende Hintergrund der Gefährdung in einer Unfähigkeit zur Führung des Familienlebens zu suchen ist. Demzufolge muß die einfache Familienunterstützung, die sich ausschließlich auf die finanzieller Lage konzentriert, unterschieden werden von der komplexen Familienunterstützung die mentalhygienische, fachliche Kompetenz beansprucht.

In der früheren Zeit wurden keine solchen Kategorien, wie die physische, sexuelle und seelische Misshandlung oder Vernachlässigung der Kinder registriert. Auf deren Anstieg weisen nur partielle, insbesondere gesundheitliche, kriminologische Angaben. Die Erfahrungen zeigen, daß die Störungen der Persönlichkeitsentwicklung oft auf solche jugendliche Traumata zurückgeführt werden können, die durch die Behörden oft unbeachtet werden.

Die schwersten Folgen der kindlichen Gefährdung sind die Anpassungs-
störungen an die Gesellschaft. Darunter sind vor allem der Zuwachs an der Zahl der
jugendlichen Kriminellen und Selbstmörder zu erwähnen. Die Aufgaben die im Zusammenhang mit der Aufdeckung und Symptome der gefährdeten Kinder sind, werden meist von Schwestern, Kreisschwestern und Kinderärzten, Pädagogen der
Bildungsanstalten, Erziehungsberatern und Arbeitern der Familienhilfszentralen verrichtet. Der größte Teil der präventiven Arbeit wird in den Bildungs- und Gesund-
heitsdiensten verrichtet. Das Signalsystem sollte aber noch näher, als jetzt zu den
Kindern und Familien gebracht werden. Kinderfürsorgerische Schutzanstalten und
Mittel existierten auch in den früheren Jahrzehnten. Ihre Lage, Rolle und Anerkennung waren aber gering. Wegen der Vergangenheit des ungarischen Kinderschutzes
wurden die Kinderschutzgebiete, die den Behörden nicht unter die Augen kamen,
durch Gesundheits- und Bildungsanstalten verrichtet. Dem Mangel wurde durch eventuelle Maßnahmen oder von einigen besonders berufenen Personen beholfen.

Die offiziellen Mitarbeiter für Kinderschutz verfügten über behördliche Zeugnisse, wo in der Realität eine Interventionscharakteristik dominierte, im Gegensatz
zur Anschauung der modernen Sozialpolitik, die auf eine Zusammenarbeit, Aufklärung und Unterstützung baut. In Ermangelung dessen, war und ist die Lage der
behördlichen Mitarbeiter immer schwieriger, da sie während ihrer Arbeit ständig mit
der grundlegenden, menschlichen Erwartung nach völliger Problemlösung konfrontiert sind.

Die schützenden/behütenden Maßnahmen der 2200 ungarischen Vormundschaftsbehörden richteten sich teilweise auf die Kinder, teilweise auf die sie erzogene Familienmitglieder oder auf die Eltern. Gegenwärtig können die nur eine momentane Lösung anbietenden schützenden/behütenden Maßnahmen keinen Rückgang der
Gefährdung erreichen. Die getroffenen 87.000 schützend -behütenden Maßnahmen
im Jahre 1992 bedeuteten in 35 Fällen eine Mahnung der Kinder und in 19 tausend
Fällen eine Mahnung der Eltern. Die Anzahl der Kinder, die mit der Maßnahme betroffen war, lag gegenüber der registrierten 240.000 nur bei 40.000. In diesem Zusammenhang dessen ist es verständlich, daß damit der immer größeren Kinder- und
Jugendlichenkriminalität kaum zu begegnen ist.

Die Gefährdung im gegebenen Fall erfordert die Herauslösung des Kindes aus
der Familie und eine Erziehung unter entsprechend anderen Umständen. Im Falle
einer schweren Gefährdung, die eine prompte Maßnahme erfordert, wird durch die
Vormundschaftsbehörden für eine vorläufige institutionelle Plazierung des Kindes
gesorgt oder abhängig von der Gewichtigkeit des Gefährdung wird eine institutionelle oder staatliche Fürsorge des Kindes verordnet. Etwa 25tausend Minderjährige
erhalten heute irgendeine Form der staatlichen Fürsorge.

Einer Herauslösung aus der Familie ist im allgemeinen keine schützende/behü-
tende Maßnahme der Vormundschaftsbehörden vorangegangen und infolgedessen
geraten die Kinder entweder nach dem Alter von 10 oder vor dem Alter 3 in den
Kreis einer behördlich angeordneten kinderschützenden fachlichen Versorgung.

Auf Grund einer Analyse der Angaben ist zu feststellen, daß die Herauslösung
aus der Familie und Einweisungen in die Institutionen zwei Altershäufung zeigen,

was eindeutig die Pubertätsaltersklasse und auch darin vorrangig die Jungen betrifft. Demzufolge sing die Heime mit diesem Klientel in erster Linie belegt.

Nach der endgültigen Einstellung des Elternaufssichtrechts oder dem vollen Verzicht darauf eröffnet sich eine Adoptionsmöglichkeit. Das Adoptierenlassen wird heute nicht von der Seite des Kindes durch den Staat reguliert, daß heißt es wird nicht den 5271 staatlich erzogenen Kindern Adoptiveltern gesucht, sondern die Adoptiveltern melden ihre »Ansprüche« und so wird entschieden, ob jemand unter ihnen eine Familie bekommt oder nicht.

Wenn die Ansprüche des Kindes in den Vordergrund treten ist die Vorbereitung der Adoption selbstverständlich viel komplizierter als es von den Adoptiveltern gedacht wird. Ohne eine gründliche Abstimmung des vollen Persönlichkeitsrechtes, des psychologischen Hintergrundes können der Adoption sonst weitere menschliche Familientragödien folgen, die die ohnehin betroffenen Kinder stark schädigen.

Für die vorübergehende oder dauerhafte, heimersetzende Plazierung der herausgelösten oder Waisenkinder wird durch den Staat auch bei uns - wie in den meisten Ländern - mit Institutionen gesorgt. Für die Kinder die in der Entwicklung gefährdet sind, ist im allgemeinen eine Familienunterbringung vorteilhafter, die sich auf ihre Persönlichkeit noch besser konzentrieren kann. Da viele negative Erfahrungsbeispiele beweisen, daß anstatt der Formulierung einer allgemeinen Regel, eine Entscheidung in jedem Fall nur auf der Grundlage gründlicher Persönlichkeits - und Umständeuntersuchungen gefällt werden darf.

Die Aufgabe der Kinder- und Jugendschutzanstalten ist die vorübergehende Pflege und Erziehung der vorläufig eingewiesenen, im Heim, genannt Institut plazierten und Erzogenen oder durch den Staat erzogenen Kinder. Nach ihrer Persönlichkeitsuntersuchung sollen sie im Erziehungsheim oder bei den Pflegeeltern oder anderswo plaziert werden.

Als Vormund des Instituts, der Direktor des Instituts verrichtet außer der Pflege und Erziehung des Kindes, die gesetzliche Vertretung aller Kinder im Institut, sowohl in allen persönlichen Vermögensangelegenheiten oder die Vermögensverwaltung. Der Direktor oder dessen Beauftragter bereitet die Adoption eines im Institut erzogenen oder staatlich erzogenen Kindes vor, was in Betracht des vielfältigen Vorbereitungsverfahrens eine Lösung der rechtlichen, pädagogischen und psychologischen Problemen bedeutet.

Neben dem Pflegeelternnetz im Institut werden die offiziellen Netze für Pflegeeltern, Familiensorge oder offizielle Betreuer aufgebaut. Als eine neue Aufgabe erscheint seit kurzen die Pflege der leiblich verwandten Familien der Kinder oder ihre Befähigung für die Zurücknahme der Kinder. Eine Fachgruppe beginnt sich in einigen Instituten zu entfalten deren wichtige Aufgabe die Ausarbeitung wohlbegründeter Maßnahmen und Erziehungsaufgaben ist. Der territoriale Kinderschutz schafft die neue Dienstleistungsmöglichkeit, ein Netz für Betreuer der Pflegeeltern, Nachpfleger, Familienpfleger der etwa 370 Pflegeelternüberwacher 230 professionelle Patronen arbeiten in den Instituten.

Die Plazierung bei den Pflegeeltern hat eine lange Geschichte in Ungarn. Das Rechtverhältnis für Pflegeeltern kommt nach der Vereinbarung mit dem Direktor für Kinder-und Jugendheim und zwischen den Pflegeeltern zustande, wo sie sich schriftlich verpflichten. Auch das offizielle Arbeitsverhältnis für Pflegeeltern wird durch das Institut für Kinder- und Jugendschutz gegründet. Die professionelle Pflegeeltern können auf 5 mindestens 10 Kinder verpflichtet werden. In besonders begründeten Fällen - im Falle einer geistigen Störung, schwerer Persönlichkeitsstörung oder anderen besonderen Erziehungsumstanden des Kindes, genügt eine Annahme von 3 Kindern zur Pflege.

Eine Erziehung in der Familie, besonders im Kleinkindalter eignet sich besser als ein unpersönlicheres, viel Selbständigkeit erforderndes Heim. Zur besseren Befähigung der Pflegeeltern oder zur Erhöhung der Anzahl der bei den Pflegeeltern gepflegten Kindern soll eine Ausbildung der Pflegeeltern vorgesehen werden und eine entsprechende moralische wie finanzielle Anerkennung soll erhöht werden.

Die Erfahrung zeigt besonders bei den professionellen Pflegeeltern, daß bei einem Mangel nicht genügend geplanter Erwartungen und Bedingungen, die negativen Folgen übertriebene Belastung und ungenügende Unterstützung erscheinen. Es ist eine allgemeine Erscheinung im ganzen Land, daß die Pflegeeltern die 5 Kinder erziehen, nach einigen Jahren physisch und nervlich ruiniert sind. Die Kinder, die nicht adoptiert oder die nicht durch Familien gepflegt wurden, werden in Babyheimen, Erziehungsheimen und Gesundheits- bzw. Kinderheimen, Internaten oder Studentenheimen plaziert.

Die Mehrheit der Kinder wird im Heim erzogen. Ein wesentlicher Prozentsatz dieser Gebäude wurde nicht zu diesem Zweck gebaut und ihr technischer Zustand ist nicht entsprechend. In der letzten Zeit ist eine allgemeine Erscheinung die Abnahme der Plätze im Heim und dazu die Nichtauslastung ihrer Kapazität. Dabei soll erwähnt werden, daß die Wirksamkeit der Heime nicht durch die Anzahl der Plätze qualifiziert wird, sondern durch das berufliche Niveau der Betreuung, die wiederum von der Ausbildung der dort Arbeitenden und ihrer menschlichen Qualitäten abhängt.

Ein wesentlicher Teil der Minderjährigen in staatlichen Fürsorge besucht die Grundschule, die Mehrheit besucht die Kreisschulen. In größeren Heimen gibt es innere Schulen die von den Kindern in der Umgebung besucht werden.

Eine differenzierte Ausbildung des Personals und eine Erziehung der Kinder mit schweren Verhaltensproblemen und Schulrückstand sind auch heute noch ungelöst in den Heimen. Die entsprechende Vorbereitung der Pädagogen im Heim ist dringend erforderlich und sollte in Korrektionslerngemeinschaften mit kleiner Teilnehmerzahl ausgestaltet werden.

Neben den traditionellen Heimen sind »besondere Heime« mit ländlicher Einweisungsmöglichkeiten tätig. Ihre Aufgabe ist die Erziehung schwer erziehbarer Kinder zwischen 10 und 18 mit schweren Verhaltensproblemen. In den Heimen sind 427 durch das Heim und Staat erzogene Kinder (Die Zahl der Plätze sind 488). Die Aufgabe der staatlichen Heime ist auch die Erziehung der Kinder mit einem gerichtlichen Urteil oder ihre Resozialisierung. Ihre Entlassung geschieht auf Grund der Entscheidung des Strafvollziehungsrichters. So enthält die Plazierung strafrechtliche Elemente. Nach den Angaben der jugendlichen Kriminellen kann leider keine Abnahme der Kriminalfälle erwartet werden. Die Jugendliche werden wegen Eigentumsdeliktins Heim angewiesen. Unter der plazierten 270 Kinder sind 123 durch das Heim erzogene oder durch den Staat erzogene Kinder. Die Plazierung im Heim bringt bei solchen schweren Freiheitsbeschränkungen es mit sich, die Funktionsbedingungen des Heimes auf Gesetzebene geregelt werden sollen.

Valdeko Paavel

Residential and Foster Care in Estonia

Heimerziehung und Pflegekinderwesen in Estland

Laut der estnischen Gesetzgebung sind für das Wohlergehen der Kinder unter 18 Jahren vor allem ihre Eltern verantwortlich. Von allen bis 18-jährigen Kindern (insgesamt ca 381500) waren am 01.01.1993 0,49% adoptiert worden, 0,57% hatten eine Pflegschaft und 0,36% waren in einem Kinderheim untergebracht. In 26 Kinderheimen gab es insgesamt 1362 Kinder. In den letzten drei Jahren ist die Unterbringung der Kinder nach verschiedenen Pflegeformen relativ stabil gewesen, wobei die Vormundschaft bevorzugt wird (im Durchschnitt 60% von allen Verlegungsfällen). Die Verhältnisse der bevorzugten Pflegeformen differieren in verschiedenen Regionen Estlands. Der Grund für mehr als die Hälfte der Verlegungen in die Jugendhilfe ist einerseits Vernachlässigung der Kinder und andererseits Tod der Eltern. In den Vormundschaftsfamilien ist der Anteil der nahen Verwandten sehr groß - über 60% der Vormünder sind Großmütter. Der Anteil der Nichtverwandten liegt unter 20%. Bis zu dieser Zeit hat man in Estland wenig Untersuchungen über die Pflege der Kinder gemacht, auch eine nationale Statistik ist nur über die zwei letzten Jahre vorhanden.

Child care in Estonia is regulated by Constitution (1992), Code of Marriage and Family (1988), Child Protection Law (1992) and by a number of lower (governmental) Acts: Statue of Guardianship (1974), Temporary Statue of Children's Homes (1993), Regulations for the Family Children's Homes (1993), Regulations for Settlement to Children's Homes (1993). Most essential practical meanings of them have The Code of Marriage and Family (which regulates adoption and states the general principles of guardianship) and The Statue of Guardianship (which gives the detailed mechanism for guardianship).

By these laws a person will be fully responsible at the age of 18, for some cases at the age of 16. Till 18 the main responsibility for child's well-being lies with the parents. In emergencies or child's neglect the institution of guardianship is obliged to intervene and solve the problems proceeding from child's interests. In so called soviet time with the institutions of guardianship were the departments of education of local municipalities. In their administration were also the children's homes and kindergartens. In part of children's homes were administrated by the Ministry of Education. In 1992 these tasks were transferred to the responsibility of social departments of local municipalities. The day care of preschool children lies still in the responsibility and administration of departments of education and it seems to stay so for a longer period.

Depending on the case history there are 3 possibilities for intervention and solving of child care problems by Estonian laws: placement with residential care (children's homes), guardianship (foster families) and adoption. In the first case the rights and obligations of guardianship are laid on the head of the children's home, in the second, on one of the foster parents. The final decisions about guardianship and adoption are made by the municipal government, decisions of placement to residential care are made on lower level. Decisions of adoption for abroad are made by the state government.

If we consider that the re-independence of Estonia was declared in 1991, the fact is that the most important regulative documents in child care belong to the time of Soviet occupation. The Child Protection Law, which was one of the first major laws adopted by the re-independent republic is unfortunately just a collection of nice sentences and regulates nearly nothing.

On 1 January 1995 a new Family Law comes into effect in Estonia. In this law the main principles will stay about the same as they are today. The most important change will be in enlargement of the role of the court, especially in decision-making. For example, the decisions about guardianship and adoption will be made by the court, though preparation of cases (documents etc.) for judgement will stay in responsibility of the institution of guardianship. The decisions should be confirmed by a child if he/she is 7 or older. Adoption for abroad will be allowed only by the consent of the minister of Social Affairs.

In 01. 01. 1994 the population of Estonia was a little less than 1 507 000. The number of children under the age of 18 was about 381 500 (25,3%). The correct state statistics about child placement to different forms of care are now available starting from 1992, we can give the general picture for the 01.01.93:

Table 1:   Children in care in 01.01.93

Adopted	1857	0,49%
Foster care	2171	0,57%
Residential care	1362	0,36%
Total	5390	1,41%

In Table 1 the number of adopted children shows how many have been adopted by new families, by a new mother and father. Additionally were 2507 children in Estonia who were adopted by one parent. This means that a single-parent has married and his/her wife/husband has adopted his/her child. The number of the same kind of families, but where a new parent has not officially adopted his/her wife's/husband's children, is unknown.

The number of children's homes in Estonia in 01. 01. 1993 was 26. As few children's homes (for children with severe handicaps) were with more than 100 inmates, so most of them have less than 50. There is existing an another, milder (and hidden) form of residential care in Estonia - special residential schools. Naturally these schools were made up for children with handicaps and chronicle diseases. Nowadays, as are saying the practitioners, in special residential schools there is quite a remarkable number of students who stay there rather on social than other reasons. Nobody knows the real number of neglected children, placed to residential schools, but some specialists suppose that it could be about 1-1,5% of the total number of children. Two reasons could here be pointed out. On one side, with the changes in society and regular schools, some parents took their children away from special residential schools, which usually were far from homes, and sent them to regular school. On the other side, there are families who have serious social problems, but not such that the parenthood withdrawal is needed and/or could be a solution. Therefore, besides solving of child care problems, the special residential schools, where children are fed and cared for, is some kind of assistance in solving the family problems too.

The deficiency of statistics complicates the possibility of getting an exact overview of the dynamics of child placement. Therefore we can make only five comparisons. For example, we can compare the number and proportion of children in care in 01.01.93 and the data about placements in 1993 (Table 2).

Table 2:   Children in care (01.01.93) and placements in 1993

	in care in 01.01.93	placements in 1993
Adopted	1857 (34,4%)	131 (14,3%)
Foster care	2171 (40,3%)	600 (65,4%)
Residential care	1362 (25,3%)	186 (20,3%)
Total	5390 (100%)	917 (100%)

We have to consider that the data about 1993 show the number and proportions of placements and not results, as the data from 01.01.93 do. Nevertheless the proportions are quite different.

We can also use the data which we got studying child placements and foster families in Tartu in 1991-1993. Tartu is second by number of citizens (105000) town in Estonia. There are about 24500 children under the age of 18 in Tartu and the proportions of children in care in 01.01.93 were about the same as in republic as a whole (adopted 0,48%; foster care 0,62%; residential care 0,33% - see Table 1).

Table 3:   Child placements in Tartu in 1991-1993

	1991	1992	1993
Adopted	7 (12,5%)	8 (11,4%)	10 (13,2%)
Foster care	29 (51,8%)	41 (58,6%)	43 (56,6%)
Residential care	20 (35,7%)	21 (30,0%)	23 (30,2%)
Total	56 (100%)	70 (100%)	76 (100%)

As we see, the proportions of child placements have not changed essentially in these years, though the number of placements has grown continuously.

In both examples the placement to foster care has increased most rapidly. One reason in this is economical. Foster parents in Estonia get some state subsidies (a little more than a half of minimal salary) and in the time of economic pressure previous informal guardians have put themselves in proper form, to get little, but still money. Other explanations seem more or less speculative for the time being. For studying of these reasons and getting a more exact overview of the historical perspective of tendencies in child placement in Estonia a research is in a process.

In soviet times the child care was financed mostly the state. With the re-independence of Estonia more autonomy to local municipalities was declared and in 1993 the residential care was financed mainly from local budgets. In 1994 the state took too much money away from local municipalities and the children's homes became financed by the state again, though they stayed in the administration of social departments of local authorities. In 1993 the costs of residential care were about 250.- DM per child in a month. (Minimal salary was about 38.- DM, average pension 50.- DM per month).

There is not done much research about child placement to different forms of care in Estonia. We can introduce the results of our research about foster care in Tartu in 1991-1993. We studied 66 of 113 cases of placement to foster care. 42,4% of foster children were male, 57,6% female. 66,7% of children were single, in 9% of cases there were placed together 2 children, in two cases 3 and in one case 4 children. Most of the children placed to foster care were in the age 7-12 (48,5%). For children under 7 adoption and residential care were more preferable. The reasons for placement we categorized into 5 groups.

Table 4:   Reasons for placement to foster care (1)

	Mother	Father
1. Parenthood withdrawal	12,20%	9,20%
2. Neglect	54,50%	43,90%
3. Detented	1,50%	10,60%
4. Missing	7,60%	25,70%
5. Death	24,20%	10,60%
Total	100,00%	100,00%

To get a more exact picture of reasons of placement it is needed to mention that 21,2% of the children were from single-parent families and all the single parents were female (of the total number of children 7,1% are living in single-parent families and only some of the single parents are fathers). In Table 4 we categorized these children as »father is missing«. In Table 5 we left these »fathers« besides.

Table 5:   Reasons for placement to foster care (2)

	Mother	Father
1. Parenthood withdrawal	12,20%	11,50%
2. Neglect	54,50%	55,80%
3. Detented	1,50%	13,50%
4. Missing	7,60%	5,80%
5. Death	24,20%	13,40%
Total	100,00%	100,00%

By Estonian laws, though there could be two parents in a foster family, only one of them could be a legal guardian. In our research 36,4% of the foster families were single-parent (all female), 50% typical male-female couples and in 13,6% of the families there were 3 adults. In these families usually lived together a couple with one of their parents or an adult child. Of all legal guardians 95,5% were female.

Most of the guardians in Estonia are relatives of foster children. In our research 3,0% of the guardians were great-grandmothers; 63,6% grandmothers; 1,5% grandfathers; 7,6% aunts; 4,5% sisters; 3,0% farther relatives and 16,7% non-relatives. Though the percentage of non-relative guardians is increasing (in 1991 in Tartu there were not such cases, in 1992 there were 5 and in 1993 6 cases), the importance of relatives in fostering is remarkable. Firstly, this could be interpreted as a certain cultural norm in Estonia, that if something happens with parents, then nearer relatives are taking care of the children. Secondly, such activities are supported by legislation too. By Estonian Constitution, Code of Marriage and Family and also by the new Family Law, as parents and children, so grandparents and grandchildren and brothers and sisters have certain responsibilities to each other. As a result, the age difference between guardian and foster child was in 71,2% of cases for about two generations (40 and more years), in 10,6% of cases in between 30-39 and in 4,5% of cases under 10 years.

Nevertheless, all child care problems can't be solved with the help of relatives and therefore there have been several attempts to organise voluntarily based foster care systems in different regions in Estonia. Most successful for this time seem to be the activities in Pèrnu, the town with about 50000 citizens in southern Estonia. In 1993 30 children were placed to foster care and 1 child to residential care. The present situation in Estonia (legislation etc.) lets much freedom to local municipalities in organisation of social welfare services. Therefore, for example, the situation in Narva was quite different. This town has a majority of Russian-speaking population (more than 95% of the total number of about 80000 citizens). In 1993 most popular there was placement to residential care, that was used in more than a half of the cases.

In our study we found out, that some cases of placement to non-relative guardians in Tartu could also be qualified as hidden adoptions. In Estonia, like in other countries, there are many requests for adoption, and families who want to adopt a child usually have to wait for a long time. Besides, in many cases their requests will not be satisfied. Therefore, some families start as foster parents, in hope, that later they could adopt the child and we already have some of such cases. For abroad (to Sweden, Finland and Canada) there were adopted 15 children in 1993 (a little more than 10% of all adoptions). By Estonian legislation it is aloud to adopt for abroad only children with special needs.

In recent years so-called »children's shelters« have became quite popular in Estonia. Usually they are under the administration of local municipalities and financed from local budgets. By their nature they are something intermediate between residential and foster care, but their duties and responsibilities are not so clearly defined. If additionally to take into account, that their costs have still been nearly the same as in children's homes, their perspectives seem quite doubtful. Moreover, as are showing the developments in Tartu, if child welfare workers are doing their job well, the need for such kind of institution will decrease rapidly.

There have been some initiatives to develop »family children's homes« and private children's homes in Estonia too. As yet neither have been remarkably successful, though for regulation of establishment and functioning of family children's homes there is existing a governmental act. The idea of private social institutions still doesn't seem to be very popular and maybe is hardly understandable for our officials.

Ingrid Wölfel

Disparitäten in der Heimerziehung in Ostdeutschland

Disparities in Residential Treatment in Eastern Germany

Within the breakdown of the real socialism a social variant of modernism failed. It kept in a specific way at one time components of a pre- and countermodern. In the competition of systems the open western industrial nations proved that they are more innovative. Right now the task is to cope with a difficult process of transformation, in which the capability of innovation is checked at the same time.

Mit dem Zusammenbruch des Realsozialismus scheiterte bekanntlich eine gesellschaftliche Modernisierungsvariante, die in spezifischer Weise zugleich Komponenten der Vor- und Gegenmoderne enthielt. Im Systemwettstreit haben sich die offenen westlichen Industriegesellschaften als innovationsfähiger erwiesen. Gegenwärtig ist nun der schwierige Prozeß einer Transformation zu gestalten, in dem diese Innovationsfähigkeit zugleich auch auf dem Prüfstand steht. Das postsozialistische Erbe besteht allerdings nicht nur in einer maroden Wirtschaftsstruktur sowie einer undemokratischen ideologisch einseitigen politischen Kultur, sondern auch als millionenfacher biographischer Anteil von Lebensläufen, die als kristallisierte Lebensweisen in diesem Transformationsprozeß ein nicht zu unterschätzendes Gewicht haben.

Der Sonderstatus Ostdeutschlands bietet dabei im Vergleich zu den anderen ehemaligen Ostblockstaaten einerseits erheblich günstigere Bedingungen, da die einfache Übernahme der strukturellen und materiellen Rahmenbedingungen den Transformationsprozeß logistisch und effektiv gestalten läßt. Andererseits bergen gerade diese lineare Modell-Übernahme und die radikale Umstrukturierung die Gefahr, daß die Andersartigkeit der Sozialisationsverläufe der Ostdeutschen unberücksichtigt bleibt und damit kaum Möglichkeiten für Reformbestrebungen und evolutionäre Umgestaltungen existieren. Daher wird vielfach der Transformationsprozeß im Ostteil eher als destruktiv erlebt, der eine erneute subalterne Anpassung und Unterordnung erfordert. Im Westteil Deutschlands wächst dagegen der Unmut darüber, daß die Vereinigung erhebliche zusätzliche finanzielle Belastungen bedeutet und sich die Assimilations- und Integrationserwartungen gegenüber den »Beitrittsdeutschen« nicht so schnell wie gewünscht erfüllen.

Im Bereich Bildung und Erziehung werden die Schwierigkeiten des Transformationsprozesses besonders virulent, da erzieherisches Handeln sich immer an Werten und Normen der jeweiligen Gesellschaft orientiert, deren soziokultureller Kontext in Ostdeutschland allerdings implodiert ist. »Eine ganze Gesellschaft wird freigesetzt aus der Kontrollfürsorge des Kaderstaates. An die Stelle der Gesinnungslaufbahnen tritt das individualisierte Leistungsprinzip mit seinen Inszenierungszwängen. Die einzelnen müssen sich im Dickicht der Optionen und der darin versteckten Zwänge ihren Weg bahnen, ihre Biographie zusammenbasteln. Das heißt, der Systemwechsel vollzieht sich als massenhafter, allerdings nicht kollektiver Biographiebruch. Dieser spaltet die Generationen, begünstigt Junge, benachteiligt Alte, zwingt alle dazu, die Gesellschaft in ihnen, die Orientierungen und Koordinaten, auszuwechseln« (BECK, 1990).

Durch die Übernahme des bundesdeutschen Rechts- und Institutionensystems im Bereich der Jugendhilfe ist ein gravierender Verlust an alltäglicher Routine eingetreten, der in Verbindung mit Personalreduzierungen und Heimschließungen zu erheblichen Ängsten und Verteilungskämpfen führt, was eine bewußt gestaltete inhaltliche Neubesinnung in der Heimerziehung nahezu unmöglich werden läßt. 1991 wurde quantitativ eine ähnliche personelle wie kapazitative Struktur in Ost und West konstatiert (GALUSKE/RAUSCHENBACH 1994).

In qualitativer Sicht allerdings blockieren teilweise die Kränkungen über die Nichtanerkennung der beruflichen Abschlüsse der Heimerzieher und die daraus resultierenden Zwänge zu einer formalen Anpassungsqualifizierung eine konstruktive und kontemplative Auseinandersetzung mit Erziehungszielen und -methoden, so daß sie den Transformationsprozeß wenig befördern. Da jedoch der pädagogische Alltag im Heim gestaltet werden *muß*, Personal und Klientel in der Regel bereits schon vor der Wende gemeinsam agierten und als allgemeiner Trend ohnehin eine Revitalisierung kollektiver Identitäten der Ostdeutschen besteht, ist eine pragmatische Fixierung auf bisherige Erziehungsformen und -inhalte zu beobachten. Es soll im folgenden exemplarisch der Versuch unternommen werden, einmal zu analysieren, inwieweit sich ein West-Ost-Transfer über die Strukturveränderungen hinaus bereits dennoch in den Erziehungszielen und -mitteln vollzogen hat, bzw. in welche Ausmaß sich DDR-spezifische Inhalte konserviert haben. Es seien hier an dieser Stelle noch einmal kurz die wesentlichen Eckpunkte des sozialistischen Erziehungsmodells skizziert.

Die Heimerziehung der DDR als Bestandteil des Volkbildungssystems hatte bekanntlich seinerzeit den Auftrag, das sozialistische Erziehungsziel der Entwicklung »einer allseitig gebildeten und harmonischen Persönlichkeit« zu realisieren. Das Idealbild einer sozialistischen Gesellschaft mit dem Anspruch auf gesellschaftliches Eigentum an Produktionsmitteln sollte allen Mitgliedern die gleichen Chancen auf freie Entfaltungsmöglichkeiten bieten. Bildung und Erziehung hatten demzufolge die Vergesellschaftung des Individuums zu gewährleisten und sollten als »Überbau« zugleich die sozialistische Gesellschaft reproduzieren. Die Integration des Menschen in die bestehenden Verhältnisse sollte ihn zugleich befähigen, diese permanent weiter zu vervollkommnen. Mit der Erarbeitung einer Gesellschaftsstrategie als Diktatur des Proletariats (nach Lenin) kanalisierte sich dieser Anspruch als Herausbildung eines »Klassenbewußtseins«, womit die Arbeiter- und Bauernklasse gemeint war.

Mit dem Entstehen der Sowjetunion wurde die Theorie des Sozialismus erstmalig versucht, als deklarierte Staatsform zu realisieren. Damit erhielt auch das Konzept von Bildung und Erziehung eine politische Dimension. Der Aufbau einer Einheits- und Arbeitsschule sollte diesen Anspruch erfüllen und zugleich die spezifischen sozialen und ideologischen Aufgaben lösen, wie Alphabetisierung, Jugendhilfe, soziale Kontrolle und vor allem die Indoktrination . Der stalinistische Totalitarismus führte zu einer Institutionalisierung von Bildung und Erziehung im Sinne des bedingungslosen Klassenkampfes. Jede aufklärende Intention wurde erstickt und damit die eigentliche Zielstellung von Marx pervertiert, das Individuum zu einer aktiven Gestaltung seiner gesellschaftlichen Umwelt zu befähigen. Der Mensch wurde zunehmend als Objekt einer »Formierung« seiner Persönlichkeit verstanden.

Im Ergebnis des 2. Weltkrieges wurde dieses Gesellschaftskonzept des Sozialismus in der stalinistischen Diktion auf weite Teile Osteuropas und Asiens übertragen. Eine besondere Rolle kam dabei der Entwicklung in der DDR zu, da hier der Sozialismus in einer direkten Konfrontation zur kapitalistischen BRD stand und seine Überlegenheit zu demonstrieren hatte. Aus dieser Situation heraus erhielten Bildung und Erziehung wiederum eine neue Dimension im Wettbewerb der Gesellschaftssysteme. Es galt, diese Überlegenheit nach innen und außen zu artikulieren.

Zunehmend gerieten die pädagogischen Konzepte somit in die volle Abhängigkeit als Funktionalität von Parteipolitik und durften erziehungswissenschaftlich nicht mehr hinterfragt werden. Die eigentliche Zielstellung von der freien Entfaltung der Individualität verkam zur Worthülse.

In der pädagogischen Praxis entwickelte sich daraus eine Doppelbödigkeit, mit der einerseits die ideologischen Forderungen bedient wurden und sich andererseits als interne Bildungs- und Erziehungsarbeit in Abhängigkeit von der personalen Integrität der Lehrer und Erzieher sowie der erzieherischen Kompetenz der Eltern realisierte. Als zunehmend schwierig erwies sich dabei der Umgang mit Normabweichungen und Erziehungsproblemen, da sie nicht in die allgemeine Erfolgsbilanz einzuordnen waren.

Mit dem parteipolitisch definierten Selbstverständnis eines vollkommenen sozialistischen Bildungs- und Erziehungssystems wurden dissoziale Phänomene nur als Rudimente kapitalistischer Gesellschaftsformen oder als individuelles Versagen marginalisiert. Demzufolge beschränkte sich sozialpädagogische Kompetenz auf staatliche Kontrolle und Disziplinierung im Sinne der gesellschaftlich normierten Erziehungsziele. Im Umgang mit schwierigen Kindern dominierte folgendes Alltagsbewußtsein:

- Von der Norm abweichendes Verhalten war deutlich negativ besetzt und galt als korrekturbedürftig.
- Eine Absonderung von der sozialen Gruppe wurde als traumatisches Ereignis für das Individuum gesehen und die Erzieher unterschieden sich nur dadurch, daß die pädagogischen »Hardliner« vom Individuum eine Anpassung (Ein-, Unterordnung) an das Kollektiv forderten, während im etwas liberaleren Ansatz um Akzeptanz durch das Kollektiv geworben wurde.
- Die Bedingungen und Ursachen für das Entstehen von Außenseitern (im Sinne abweichenden Verhaltens) wurden entweder im »versagenden« Elternhaus und/ oder in anatomisch-physiologischen Defiziten des Kindes gesehen.
- In der Bewertung der Symptomatik dominierte Mitleid mit den Betroffenen und der pädagogische Anspruch, diese in einer Objekt-Rolle wieder in die Gruppe zu integrieren.

In der Traditionslinie von PESTALOZZI stehend, sollte über das polytechnische Bildungs- und Erziehungskonzept (über Kopf, Herz und Hand) die allseitig entwickelte Persönlichkeit befähigt werden, eigene Lebensentwürfe zu gestalten. Größere inter-

individuelle Unterschiede und Chancenungleichheit aufgrund schwieriger Lebenslagen bemühte man sich, möglichst zu nivellieren, indem schulische Fördermaßnahmen
ein Zurückbleiben verhindern sollten.

Da die Ursachen für Entwicklungsprobleme vorrangig dem Versagen elterlicher Erziehungskompetenz und/oder individuell pathologischen Entwicklungsbedingungen zugeschrieben wurden, war die staatliche Eingriffsschwelle relativ niedrig. Die ausgeprägte soziale Kontrolle führte unter dem Aspekt des Kindeswohls
dazu, daß die Heimerziehung als akzeptable Kompensation bei elterlichem Versagen
sowie bei devianten Kindern und Jugendlichen als notwendige Disziplinierungsinstanz
von der Bevölkerung weitgehend akzeptiert wurde.

Für die Gestaltung des pädagogischen Alltags besaßen die vorgegebenen pla-
kativen Worthülsen des sozialistischen Erziehungsziels kaum Relevanz. Vielmehr
galten Pflicht- und Akzeptanzwerte (KLAGES 1984), wie Disziplin, Gehorsam, Unterordnung, Fügsamkeit, Pflichterfüllung, Treue, Fleiß, Bescheidenheit, Selbstbeherr-
schung, Hinnahmebereitschaft als erstrebenswerte Verhaltensmuster. Die Überbetonung von Führung und Kontrolle sowie eine kollektivistisch interpretierte soziale
An- und Einpassung sollten möglichst ein konfliktfreie Harmonie erzeugen. Die teilweise sehr subtilen Formen der Beschämung und Bestrafung durchzogen das gesamte gesellschaftliche System und damit auch die Heimerziehung, so daß individueller
Widerspruch nur in sehr begrenztem Maße zugelassen wurde.

Bereits in der frühen Kindheit galt die Zurückstellung individueller Wünsche
zugunsten der »kollektiven« Ziele, die jedoch zumeist die der Autoritätsperson waren, als selbstverständlich. Als weitverbreitete Strategie zur Konfliktlösung entwik-
kelte sich unter diesen Bedingungen situativ bei den jeweils in der Autoritätshierarchie
unten Stehenden hauptsächlich die der offensiven oder defensiven Konfliktvermeidung
bzw. -verdrängung. Individuelle Auseinandersetzungen jeglicher Art waren negativ
besetzt und wurden zumeist unterbunden oder in eine ritualisierte Wettbewerbsführung
einbezogen.

Es interessierte uns hier nun die Frage, in welcher Weise auf diesem
Sozialisationshintergrund innerhalb von drei Jahren bereits ein theoretischer Transfer-
prozeß stattgefunden hat. Dazu wurden 142 Heimerzieher in Mecklenburg-Vorpommern befragt, die alle seit mehr als drei Jahren in Heimen der Jugendhilfe tätig
waren (durchschnittliches Berufsalter 4;6 Jahre). Ermittelt wurden in größtenteils
offener Befragung:

1. Berufliche Zufriedenheit (vor, während, nach der Wende)
2. Definition beruflicher Erfolge (vor, während, nach der Wende)
3. Erfreuliche Veränderungen gegenüber der DDR-Zeit
4. Negative Veränderungen gegenüber der DDR-Zeit
5. Vorteilhafte Veränderungen im Verhalten der Kinder und Jugendlichen
6. Belastende Veränderungen im Verhalten der Kinder und Jugendlichen
7. Analyse eines Fallbeispiels mit charakteristischer Heimkarriere aus den alten Bundesländern

Wir waren uns sehr wohl bewußt, daß diese Untersuchung nur den Charakter einer
Blitzlichtaufnahme besitzen kann, da sich die Befindlichkeit der Bürger und Bürgerinnen in den neuen Bundesländern aufgrund der rasanten Veränderungen ständig

verändern. Es sollen deshalb hier nur einige Ergebnisse aufgezeigt werden, deren Verallgemeinerungsgrad gesichert erscheint.

Die berufliche Zufriedenheit hat demzufolge bei den Heimerziehern seit der Wende drastisch abgenommen. Diese Befindlichkeit ist sicher nicht zuletzt auch der allgemeinen Stimmungslage geschuldet, die die Ostdeutschen in ihrem Einheitsschock gegenwärtig erfaßt hat und sollte nicht überbewertet werden.

Abb. 1:   Entwicklung der Berufszufriedenheit der Heimerzieher (5-stufige Skala)

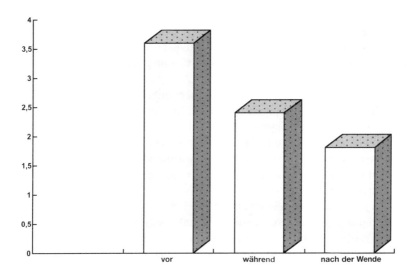

In der Reflexion der Inhalte der beruflichen Erfolge dagegen wird keinerlei Veränderung seit der Wende definiert. Mehrheitlich werden genannt und ausdrücklich die Konstanz betont :
• gutes Verhältnis zu den Heranwachsenden (76%)
• Freude über erreichte Bildungsabschlüsse der Jugendlichen (64%)
• sozial angepaßte Entwicklung der Jugendlichen nach der Heimentlassung (51%)
• Anerkennung im Beruf (38%)
Positive Veränderungen in der Heimerziehung werden gesehen in:
• Verbesserung der materiellen Ausstattung (68%)
• Wegfall staatlicher und ideologischer Bevormundung (66%)
• stärkere Bindung an die Familienerziehung (32%)
• größere Vielfalt der methodischen Gestaltung von Heimerziehung (32%)
• stärkere Berücksichtigung der Individualität der Kinder und Jugendlichen (2%)
Als negativ empfunden werden dagegen folgende Veränderungen:
• Abbau des Personals, Arbeitsplatzunsicherheit, Zukunftsängste der Erzieher (86%)
• Priorität der Kostendiskussion bei der Heimplanung (48%)
• Bürokratie der Jugendämter, Widersprüchlichkeit bei gerichtlichen Entscheidungen (35%)

- Überforderung der Heimerzieher durch Personalabbau (21%)
- zu starkes Mitspracherecht der Eltern (18%)

Als positive Veränderungen in der Entwicklung der Kinder und Jugendlichen wurden genannt:

- größeres Selbstbewußtsein (36%)
- Offenheit, freie Meinungsäußerung (35%)
- mehr Mitspracherecht (21%)
- haben sich nicht positiv verändert (8%)

Als negativ beurteilt wurden dagegen solche Verhaltensänderungen wie:

- Zunahme der Aggressivität (48%)
- Selbstüberschätzung, Hemmungslosigkeit, Egoismus, Neid (38%)
- Gleichgültigkeit, Perspektivlosigkeit, Passivität (22%)
- einseitige materielle Interessiertheit, Konsumrausch (22%)
- falsch verstandene Demokratie, geringere Akzeptanz von Autoritäten (16%)

Mit dem Beitritt der DDR 1990 wurden in einem ungeheuren Tempo die Strukturen der Jugendhilfe der Bundesrepublik aufgebaut, was für die Heimerziehung vor allem ein Übergang in die freie Trägerschaft bedeutete. Diese Veränderungen, die einhergingen mit Widersprüchlichkeiten, Irritationen, Schuldzuweisungen konnten von den Erzieherinnen und Erziehern sowie den Heranwachsenden offensichtlich nur dadurch ausgehalten werden, indem die alltägliche Wirklichkeit weitgehend diese Unsicherheiten verdrängen ließ.

In der konkreten Beurteilung eines vorgelegten Fallbeispiels mit einer »klassischen« Heimkarriere mit entsprechenden Verhaltensschwierigkeiten fühlten sich die befragten Erzieher deutlich überfordert. Mehrheitlich äußerten sie, daß »ihre« Kinder und Jugendlichen nicht so seien und argumentierten mit Schuldzuweisungen an die Eltern. Als pädagogischen Vorschlag unterbreiteten sie lediglich Delegierungsvarianten (Pflegefamilie, Einzelbetreuung).

Aus diesen hier nur skizzenhaft vorgestellten Ergebnissen der Befragung als Momentaufnahme verdichtet sich ein zwar nicht homogenes aber doch deutlich konturiertes Bild vom Transformationsprozeß West-Ost:

1. In der Heimerziehung werden Strukturen und formale Inhalte widerspruchslos übernommen und weitgehend unhinterfragt an die Stelle bisheriger staatlicher Vorgaben gesetzt. Dieses Verhaltensmuster hatte sich bereits in der DDR in allen Lebensbereichen bewährt und ermöglicht durch passive Widersetzlichkeit individuellen Spielraum. Emanzipationsvorstöße oder oppositionelle Äußerungen sind kaum zu erwarten, da auf die Arbeitsplatzunsicherheit mit sozialem Wohlverhalten und Konfliktvermeidung reagiert wird.

2. In der Gestaltung des pädagogischen Alltags im Heim ist, abgesehen von einer gewissen Liberalisierung im Umgang miteinander, eine bemerkenswerte Resistenz gegenüber grundsätzlichen inhaltlichen Veränderungen zu verzeichnen. Die Akzeptanz importierter theoretischer Modelle ist beständig gesunken, da sie Fremdheit bedeuten und zum Teil bisherige Alltagsroutinen in Frage stellen. Die verordnete Qualifizierung (zur staatlichen Anerkennung als Erzieher) verstärkt vielfach diese Abwehr und ist vorrangig auf die formale Berufsanerkennung gerichtet.

3. Die Disparitäten in den Erwartungen, Normen, Konventionen und Wertvorstellungen zwischen Ost und West scheinen sich im Verlaufe des Transformationsprozesses eher zu manifestieren, so daß das pädagogische Beharrungsvermögen auch pragmatisch legitimiert wird. Der Rückzug auf die regionalen Lebenswelten und sozialen Netze vermittelt Sicherheit und stabilisiert das Selbstbild. Es bleibt als Fazit die Hoffnung, daß der Transformationsprozeß in der Heimerziehung doch stärkeren evolutionären Veränderungen unterliegt, die in ihrer Richtung gegenwärtig noch nicht deutlich zu verorten sind. Die Verbindung des radikalen Strukturwandels mit der Resistenz von pädagogischen Handlungsmustern lassen für die Zukunft vielleicht doch noch die viel beschworenen Innovationen des Ostens erwarten. Für die Kolleginnen und Kollegen in den anderen ehemaligen sozialistischen Ländern bleibt als Trost, daß zwar die ehemalige DDR in materieller und struktureller Hinsicht den Tranformationsprozeß vergleichsweise einfacher gestalten konnte, jedoch um den hohen Preis der Verdrängung und Negierung der bisherigen Entwicklung. Ein etwas langsamerer Prozeß, der zugleich auch eigene Gestaltungsmöglichkeiten und die Aufhebung bisheriger Sozialisationserfahrungen mit einschließt, wird in ihren Ländern längerfristig ganz sicher mehr Erfolg, gemessen an der Befindlichkeit von Heimerziehern und ihren Heranwachsenden, versprechen.

Literatur

BECK, U.: Ein Deutschland der Ungleichzeitigkeiten. In: taz, 24.12.1990

GALUSKE, M./RAUSCHENBACH, T.: Jugendhilfe Ost. Entwicklung, aktuelle Lage und Zukunft eines Arbeitsfeldes. Weinheim und München, 1994

KLAGES, H.: Wertorientierung im Wandel. Rückblick, Gegenwartsanalyse, Prognosen. Frankfurt/Main/New York, 1984

KOCH, T.: Die Ostdeutschen zwischen Einheitsschock und »doppeltem Zukunftshorizont« - Deutungs- und Handlungsmuster sozialer Akteure im Transformationsprozeß. In: REISSIG (Hrsg.): Rückweg in die Zukunft. Frankfurt/Main/New York

Hildegard Müller-Kohlenberg

Alternativen zur Heimerziehung

Alternatives to Residential Care

In the past there was definately only one alternative for residential care: the foster care. In between these two poles - institution and family - theory and practice of substitute education oscillated, usually in years or decades. The past ended at the point when educational assistance got possible, which did not match the pattern of institution or family like supervised housing, day facilities, educational courses and other forms. Out of an alternative a set of possibilities is developed. A view back to selected epoches and regions clarifies different accent and variations of arguments of the discussion.

1525 wurde in Ypern (Flandern) eine Reform des Armenwesens erlassen, in der u.a. das Betteln verboten wurde, wodurch - jedenfalls dem Prinzip nach - ein Arbeitszwang entstand, der durch Armenpfleger mit Kontrollfunktionen durchgesetzt werden sollte. Die Armenkinder wurden im Falle »schlechter Familienverhältnisse« in Pflegestellen, d.h. in Familien, die für ihre Pflegetätigkeit eine Vergütung erhielten, vermittelt.

Bereits fünf Jahre später, also 1530, wurde dieser Versuch als »vollkommener Mißerfolg« gewertet (vgl. SCHERPNER 1966, S. 32 ff.). Es wurde beklagt, daß trotz des Pflegegeldes die Kinder zum Betteln geschickt würden, und daß es an der religiösen Erziehung mangele. Mit dem Ausbau des Anstaltwesens sollte dieser Mißstand überwunden werden: Für eine Gruppe von 30 Knaben und 30 Mädchen wurde ein Heim eingerichtet. Es handelte sich dabei um eine vergleichsweise kleine Anzahl von Kindern, da die Stadt täglich etwa 1600 bis 1800 Arme zu unterstützen hatte. Ein Kollegium von »Schulvätern« führte in der Einrichtung die Aufsicht. Die Plätze dort dürfen wohl als recht begehrt angesehen werden. Es bestand eine Warteliste, nach der Kinder ausgewählt wurden, und zwar nur Sieben- bis Zwölfjährige aus ehelicher Abstammung. Die Leitung lag zunächst in pädagogischer Hand (Magister), ging dann jedoch faktisch an den Vermögensverwalter über. Die Kostenfrage, die bei der Alternative »Heim oder Pflegefamilie« immer eine erhebliche Rolle spielte, stellte sich auch hier. Da die Anstalt wegen ihrer hohen Kosten attackiert wurden, wiesen die Verantwortlichen in einer Denkschrift nach, daß die Kosten der Anstalt geringer seien als in einer Pflegefamilie. Das Modell wurde in modifizierter Form in England (Norwich) 1571 aufgegriffen. Die Berufserziehung der Kinder und Jugendlichen, die bereits in Ypern eine wichtige Rolle spielte, wurde auch dort praktiziert, allerdings nach Art des Verlagswesens.[1]

Auch im Frankreich des 17. Jahrhunderts wurde der Anstaltsaspekt in der Erziehung unversorgter Kinder betont. In Lyon beispielsweise wurden die Kinder der Armen in den »refermements des pauvres« bzw. den »hopitaux généraux« ab 1613 zusammengepfercht, um dort für die Seidenindustrie manufakturmäßig zu arbeiten.

Gegenüber der Berufsqualifizierung früherer Anstaltsmodelle war diese Form gewiß ein Rückschritt - ebenso wie die unqualifizierte Beschäftigung in den Waisenhäusern, die sich in ganz Mitteleuropa ausbreiteten, nachdem die Wirren des 30-jährigen Krieges überwunden waren.

Die Theorie des Merkantilismus lieferte die geistigen Voraussetzungen und die Wirtschaftsform der Manufaktur dagegen die organisatorischen Grundlagen für die Massenunterbringung der Kinder und die Ausbeutung ihrer Arbeitskraft. Die katastrophalen Zustände in diesen Anstalten führten zu der wohl bekanntesten Auseinandersetzung um Pflegefamilie und Anstalt, dem Waisenhausstreit am Ende des 18. Jahrhunderts. Öffentlich bekannt wurden die Verhältnisse besonders durch die dramatisch hohe Kindersterblichkeit in den Heimen, hervorgerufen durch die extreme Arbeitsausbeutung und die miserablen hygienischen Verhältnisse (vgl. CHR. SALZMANN 1785/88). Es waren acht Punkte, die den Waisenhäusern zum Vorwurf gemacht wurden (vgl. M. SAUER 1979, S. 26):

1. Unterschiedliche Klientengruppen lebten und arbeiteten in den Anstalten zusammen: Gesunde und Kranke, Kinder und Erwachsene, Alte, »Irre«, Strafgefangene u.a.
2. Die hygienischen Verhältnisse waren vollkommen unzureichend: Sowohl die Waschmöglichkeiten wie die Abortanlagen waren unzureichend, alles starrte vor Schmutz, die Kinder besaßen keine eigene Wäsche, 3 bis 4 mußten sich einen Strohsack teilen, die Ernährung war nicht ausreichend, so daß Mangelkrankheiten, Epidemien, Hautkrankheiten u.a. entstanden. Den Kindern wurde die Bewegung an frischer Luft vorenthalten, durch einseitige Bewegungen entstanden Verkrüppelungen.
3. Die überstrenge Arbeitszucht und die Dauer des Arbeitstages wurden kritisiert.
4. Unterricht und Schulbesuch kamen zu kurz.
5. Von philanthropischer Seite wurde das Übermaß an religiöser Erziehung kritisiert.
6. Durch die Massenerziehung sei keine Förderung individueller Anlagen möglich.
7. Eine Vorbereitung auf das Leben außerhalb der Anstalt fände nicht statt.
8. Schließlich wurde das bekannte ökonomische Argument vorgetragen, daß die Anstaltserziehung zu teuer sei; die Pflegefamilie dagegen billiger.

Diese Kritik - wie auch die geringer werdende Produktivität der Manufakturen durch die Konkurrenz der Industrialisierung - führte zur Schließung zahlreicher Waisenhäuser. Auch der Prozeß der Auflösung stand unter ökonomischem Vorzeichen: die Kinder wurden teilweise in Kostfamilien vermittelt. Schon bald aber meldeten sich die ehemaligen Anstaltsleiter und Kuratoriumsmitglieder der aufgelösten Heime zu Wort. Sie trugen eine Reihe von Argumenten zugunsten der Anstalten vor. Während der pädagogisch orientierten Kritik kein Interesse an persönlichen Vorteilen unterstellt werden kann, ist die Motivation der Verfechter der Anstaltserziehung unklarer. Sie verwiesen auf Erfahrungen, wonach die Verhältnisse in den Pflegefamilien nicht nur nicht besser, sondern sogar noch schlimmer seien.

1. Nur die untersten Volksschichten seien bereit, Pflegekinder aufzunehmen; ihre Motive seien in erster Linie finanzieller Art. Da auch die eigenen Kinder ausgebeutet würden, sei zu unterstellen, daß dies noch mehr für die Pflegekinder gelte.

2. Sie erhielten keine Ausbildung. Jungen werden z.b. als Hirtenjungen eingesetzt, Mädchen als Kindermädchen.
3. Der Schulunterricht sei schlechter als im Waisenhaus; ein regelmäßiger Schulbesuch sei nicht sichergestellt.
4. Auch die hygienischen Verhältnisse seien nicht besser, es gäbe keine Krankenpflege, Todesfälle seien so häufig, wie in der Anstalt. (Die Statistik des Friedrichs-Waisenhauses in Berlin vom Anfang des 19. Jahrhunderts - also etwas später - weist aus: 7 % Todesfälle im Waisenhaus - etwas über 5 % Todesfälle in Pflegefamilien jährlich; nach M. Sauer, a.a.O., S. 33.)
5. Kritisiert wurde ferner die Auswahl und Überwachung der Pflegeeltern: sie seien ungebildet und verroht.
6. Des weiteren seien nicht alle Kinder für die Privaterziehung geeignet - ein Argument, das angesichts der allgemeinen Verbreitung der Familienerziehung erstaunen muß.

Dieser argumentative Gegenschlag blieb nicht ohne Folgen: teils wurden Schließungen verhindert, teils Neueröffnungen von Waisenhäusern erreicht, teils etablierten sich Mischsysteme: als »Waisenkolonie« bezeichnet, handelte es sich hierbei um räumlich beieinander angesiedelte Pflegefamilien, die einer gewissen Aufsicht unterstellt waren. Über die Streusiedlungen führte der örtlich ansässige Pfarrer die Aufsicht. Er erstattete einmal im Jahr Bericht; dazu mußten die Pflegefamilien und der Zögling erscheinen.

Die Befürworter der Anstaltserziehung konnten sich u.a. auf Fichte[2] stützen. Unangefochten war dessen kritische Einschätzung der Familie jedoch nicht. Pestalozzi hingegen wurde für seine intensiven Versuche, Waisenkindern familienähnliche Verhältnisse zu schaffen, bekannt.[3] Zu erwähnen ist auch die Rettungshausbewegung - wichtige Wegbereiter waren Falk und Wichern -, die sich u.a. auf Pestalozzi berufen haben. Die Vorzüge der Familienerziehung in der Anstalt zu verwirklichen, versuchte Wichern auf besondere Weise: Er strebte die »Vereinigung von mehreren Familien« an. Dabei handelte es sich um kleine Gruppen mit familienanalogem Charakter, in der 12 Kinder und ein Hausvater zusammenlebten. Frauen fehlten in diesem Arrangement, auch Ehepaare waren nicht vorgesehen. Die Häuser waren im Halbkreis angeordnet, im Mittelpunkt stand der Eß- und Beetsaal. Zusätzlich stellte er Hilfen im Vorfeld bereit, die heute als Erziehungsberatung der Herkunftsfamilie bezeichnet werden könnten (vgl. J.H. Wichern, Schriften. Berlin 1958 ff.).

Gegen Ende des 19. Jahrhunderts setzte sich dann das Prinzip der Pflegefamilie wieder durch, überwiegend aus finanziellen Gründen. Das »Halten von Pflegekindern« wurde als konzessionspflichtiges Gewerbe angesehen (z.B. in Frankfurt/M.). Es vermischten sich Kostengesichtspunkte und die positive pädagogische Bewertung des Familienprinzips in Anlehnung an Pestalozzi u.a.

Man sah in der Erziehung durch die Pflegefamilie zudem eine in sozialer Hinsicht adäquate Erziehung, die nicht über die Standesgrenzen hinauswirke. Trotz der Versuche, das Pflegekinderwesen besser zu kontrollieren, blieben diese Maßnahmen häufig wirkungslos, weil sich der Trend durchgesetzt hatte, die Kinder aufs Land zu vermitteln, um die verbreitete Landflucht der Bevölkerung ansatzweise zu kompensieren. Dort herrschten nun - teilweise weit entfernt von staatlicher oder sozialer

Kontrolle - katastrophale Verhältnisse. Die offensichtliche Regelungsbedürftigkeit dieses Bereichs erklärt die sehr detaillierten Ausführungen zum Pflegekinderwesen im alten RJWG: Aufsicht, Überwachungsvorschriften, Pflegeerlaubnis usw.

Dennoch entwickelte sich das System der Pflegefamilie keineswegs unproblematisch. Bei der Besiedlung der Ostprovinzen (z.B. Posen) wurden Waisenkinder und Fürsorgezöglinge, wie sie nun hießen, quasi deportiert, indem sie Siedlerfamilien zur Unterstützung als billige Arbeitskräfte anvertraut wurden.

Daneben existierten die Fürsorgeerziehungsanstalten, die seit den im RJWG geregelten Rechtsgrundsätzen einen deutlichen Anstieg der Einweisungen zu verzeichnen hatten. Die sichere Finanzierungsregelung dieser Maßnahmen führte zu einer hohen Frequentierung, denn durch Einweisung in eine Anstalt konnte sich die Kommune von den Kosten der Ersatzerziehung befreien.

Die Auseinandersetzungen über die Heimerziehung führten in der Weimarer Republik zu einem neuen Waisenhausstreit. Sozialistische Pädagogen und die Protagonisten der sozialpädagogischen Bewegung griffen die Anstalten scharf an. Auch hier war es wieder - ähnlich wie im ersten Waisenhausstreit - eine literarische Publikation, die die öffentliche Aufmerksamkeit auf die skandalösen Zustände richtete: PETER MARTIN LAMPELS »Revolte im Erziehungshaus« (1929), ein Theaterstück, das von einer Truppe junger Schauspieler in der ganzen Republik aufgeführt wurde.

Innerhalb der Pole Anstaltserziehung und Pflegefamilie war die Politik des Nationalsozialismus widersprüchlich. Obwohl die Familienideologie propagandistisch vertreten wurde, wurde eine faktische Einschränkung der Erziehungsrechte der Familie durchgesetzt. Die Unterbringung von Kindern in Pflegefamilien nahm ab, die Zahl der Kinder und Jugendlichen in Fürsorgeerziehungsheimen nahm dagegen zu (mit Ausnahme der Plätze in privaten und konfessionellen Heimen). Häufiger als bisher wurde auch die Fürsorgeerziehung in der eigenen Familie durchgeführt, eine kostengünstige Maßnahme, die seit Inkrafttreten des RJWG (1924) möglich war.

Auch in der Nachkriegszeit bestanden die Widersprüche zwischen einer dezidiert familienfördernden Rhetorik und dem Betrieb von anstaltsartigen Heimen zunächst weiter. Ähnlich wie in der Zeit nach dem Ersten Weltkrieg mußten große Zahlen von Kriegswaisen versorgt werden. Auf Initiative engagierter Heimpädagogen (vor allem Mehringer) wurde in den 50er Jahren dann vereinzelt das familienanaloge Prinzip durchgesetzt, ein weiterer Versuch, Familie und Heimerziehung zu vereinbaren.

Die sog. Heimkampagne Ende der 60er und in den 70er Jahren hob die bis dahin eher unbemerkten Verhältnisse in den Heimen plötzlich und flutlichtartig an die Öffentlichkeit. »Holt die Kinder aus den Heimen« hieß eine Tagung in Loccum (1972), bei der wiederum für die Alternative zum Heim, die Pflegefamilie, geworben wurde. Im Gefolge dieser Entwicklung wurde jedoch die Rechtsunsicherheit der Pflegefamilie bewußt - eine Sachlage, die sich aus dem öffentlichen Kontrollbedürfnis gegenüber Pflegeeltern (und der Erfahrung häufigen Mißbrauchs ihrer Funktion) ergeben hatte. Es wurde nun gefordert, die Dominanz der Rechte der natürlichen Eltern gegenüber den Pflegeeltern einzuschränken, was zur Rechtsreform 1980 führte.

Der seit 1973 zu beobachtenden Zunahme der Unterbringung in Pflegefamilien steht nicht - wie vielfach behauptet wurde - eine Abnahme der Unterbringungshäufigkeit in Heimen gegenüber. Neuere Zahlen stellen die Behauptung in Frage: 1974 war rechnerisch von 196 Kindern 1 Kind im Heim; 1990 von 195 Kindern eines (vgl. RAUSCHENBACH, 1992, S. 232).

Seit in der Auseinandersetzung um Anstalt und Familienprinzip von pädagogischen Überlegungen i.e.S. die Rede sein kann - etwa ab dem Waisenhausstreit, mehr noch seit Pestalozzi - wurde die Argumentation zugunsten der Anstaltserziehung getragen von volkserzieherischen und politischen Leitvorstellungen.[4] Die Überlegungen zugunsten der Erziehung in der Familie dagegen waren meist orientiert an der Entwicklung des einzelnen, der persönlichen Beziehung, an Vertrauen, teilweise an Geborgenheit, Liebe, Geduld. Im Hinblick auf die seit dem Waisenhausstreit vergangenen zwei Jahrhunderte läßt sich jedoch keine eindeutige Entwicklung hin zu einer individualisierenden Erziehung in der (Ersatz-)Familie feststellen.

Die Uneindeutigkeit der Entwicklung erklärt sich u.a. mit den Fragen der Finanzierung der Ersatzerziehung. Die Kostenfrage überlagerte zu allen Zeiten die pädagogische Argumentation. Und gerade der Kostenfaktor war je nach den wirtschaftlichen Umständen unterschiedlich: bestes Beispiel ist die merkantile Wirtschaftsordnung z.Zt. des Manufakturwesens, die die Anstaltserziehung zunächst gegenüber der Pflegefamilie kostengünstiger machte. Dann aber nach Erfindung der Spinnmaschine (1767) warfen die manufakturellen Anstalten vergleichsweise geringere Gewinne ab. Die unterschiedlichen Gutachten zur Kostenfrage, die die Auseinandersetzung um die Unterbringungsform der Kinder historisch gesehen begleitete, waren also nicht nur der jeweiligen Interessenlage ihrer Ersteller geschuldet.

Die Entwicklung ist auch zu begreifen als Auseinandersetzung zwischen Berufserziehertum und dem Laienelement in der Erziehung. Dieses Thema wurde vorwiegend als Frage nach der Möglichkeit angesprochen, wie das Familienprinzip innerhalb der Anstalt bzw. dem Heim verwirklicht werden könne. Berufserzieher - und soweit man davon schon sprechen kann - professionelle Erzieher bemühten sich, die Atmosphäre, die persönliche Beziehung, die Dauerhaftigkeit der Familienerziehung zu erreichen. Die Imitation natürlicher Bedingungen in Institutionen der Erziehung wirft allerdings - wie es überzeugend NIEDERBERGER/BÜHLER-NIEDERBERGER (1988) gezeigt haben - grundsätzliche Probleme auf. Allerdings: Die faktische Unnachahmlichkeit der Familie hängt nicht nur zusammen mit deren überhöhter Einschätzung von Harmonie und Wohlgesonnenheit der Familienmitglieder untereinander, also der sog. Familienideologie, deren Ideal von der realen Familie selten und der Familienimitation so gut wie nie erreicht wird, sondern es sind auch institutionelle, persönliche, finanzielle und rechtliche Grenzen, die eine Kopie von Familie im Heim oder deren Inkorporation in das Heim verunmöglichen.

Das Jahrhunderte andauernde Wechselverhältnis zwischen Anstalt und Familie wurde erst innovativ aufgefächert, als zweierlei denkbar, akzeptabel und finanzierbar wurde: erstens die Auflösung von Heimgruppen (familienorientiert oder auch nicht) hin zur individuellen Betreuung und zweitens die Unterstützung und Beratung der Herkunftsfamilie bei gleichzeitiger Toleranz gegenüber dem, was in Ypern »rabauten« genannt wurde, bei Wichern »wahres und geheimes Volksleben« oder im Nationalsozialismus »politisch unzuverlässig«. Verzicht also auf die Kontrollmöglichkeiten durch die Anstalt und Verzicht auf die Auswahl »geeigneter« Pflegeeltern (nach den jeweils angebracht erscheinenden Kriterien) zugunsten ambulanter, individualisierender Maßnahmen. Dies setzt gesellschaftliche Toleranz voraus, Toleranz der Erziehungsinstanzen, der nachbarschaftlichen Belastbarkeitsgrenzen, der öffentlichen Einstellung zu abweichendem Verhalten, der Bereitschaft, sich mit Andersartigkeit konfrontieren zu lassen, der Bereitschaft, Steuergelder für andere Beeinflussungsmaßnahmen als solche mit Strafcharakter verausgaben zu wollen.

Das KJHG, das der alten Gegenüberstellung von Familie und Anstalt weitgehend entkommen ist, konnte durchgesetzt werden - einerseits weil die Gesellschaft sich in sozialer und kultureller Hinsicht, hinsichtlich Lebensstil und Normenvielfalt geändert hatte und andererseits, weil im alten JWG und RJWG - wie gesagt - bereits Regelungen vorgesehen waren, die in nuce die »neuen« Formen enthielten: Fürsorge in der eigenen Familie, Erziehungsbeistandschaft, Beratung. Wenn auch die Hilfen zur Erziehung nach §§ 28 bis 35 KJHG nicht als Rangreihe der Eingriffsstärke zu verstehen sind, vielmehr bedarfsspezifisch einzusetzen, so wird in dieser Aufzählung doch deutlich, welche Variationsbreite von Möglichkeiten mit geringer Eingriffsintensität zur Verfügung steht.

Die »Heimerziehung« selbst war an dieser - wie ich meine günstigen - Entwicklung nicht unbeteiligt, vielleicht sogar in erster Linie tonangebend. Damit sind gemeint: die dort tätigen Erzieher, die Verantwortlichen in Heimleitung und Behörden, die kritisch-begleitenden Wissenschaftler und - nicht selten - die Praktikanten, Zivis und Ehemaligen, vor allem natürlich die unvergessene Studenten- und Sozialarbeiterbewegung. Zahlreiche der heute im Gesetz mit unauffälliger Selbstverständlichkeit auftretenden Erziehungshilfemöglichkeiten wurden zunächst als provokativer Gegenentwurf gefordert, entwickelt, ausprobiert, umstritten, abgelehnt und doch erkämpft.

Um einige Beispiele zu nennen: Die »sonstige betreute Wohnform« des § 34 KJHG entwickelte sich aus den einst heißumstrittenen Wohnkollektiven. Die Debatte um die Zulässigkeit dieser dezentralisierten Form der Heimerziehung machte sich am § 78 JWG, der Heimaufsicht, fest. Ohne die Argumentation der Rechtsgutachten aus den 70er Jahren nochmals nachzuzeichnen, kann man heute feststellen, daß nunmehr im KJHG nicht nur die betreute Wohnform neben der Heimerziehung steht, sondern auch, daß der Begriff der »Heimaufsicht« aus dem Gesetz verschwunden ist. Der Begriff ist der Sache nach unter Betriebserlaubnis, Überprüfung, Beratung eine steuernde Funktion der Landesjugendämter erhalten.

Die Tagesgruppe (§ 32 KJHG) hat eine etwas weniger dramatische Geschichte. Die Ursprünge ihrer offensiven Vertretung als »vorbeugende Maßnahme« gehen - wenn ich recht sehe - zurück ins Jahr 1968, als Gerold Becker und Martin Bonhoeffer in Göttingen das »Haus auf der Hufe« gründeten und in »Unsere Jugend« als »Modell« propagierten. Sie beklagten damals, daß es als »Angriff« gesehen werde, und daß es sich »nicht in das gängige Schema einpassen lassen wolle«. Glücklicherweise ist das »Schema« nun durch diese und viele andere Experimente und Modelle gelockert; bereits etwa 10 % aller Heimplätze gehören dem Typ Tagesgruppe an.

Kurz, engagiert, heftig und umstritten ist die Geschichte der Einzelbetreuung. Seit etwa 1980 wurde sie - zunächst in Celle - als Sozialpädagogische Betreuung von Jugendlichen in Einzelwohnungen praktiziert (vgl. AREND, HEKELE, RUDOLPH 1987).

Wenn man von vereinzelten Beispielen in der Geschichte absieht - etwa bei Falk -, ist dies eine radikale Neuerung. Sie stellt zugleich das Prinzip der Heimerziehung wie auch der Familienerziehung am weitestgehenden in Frage, weil damit die Gruppe oder die Gemeinschaft, das Zusammenleben mit anderen als Medium der Erziehung suspendiert wird. Deshalb und wegen des weitgehenden Verzichts auf normative Beeinflussung könnte grundsätzlich die Frage erhoben werden, ob von Erziehung in diesem Zusammenhang überhaupt gesprochen werden sollte, oder besser von Begleitung, Unterstützung und Lebenshilfe. Nach etwa 10jährigem Kleinkrieg mit Verwaltungen, ob und wie die Einzelbetreuung zu finanzieren sei, findet sie sich nun neben anderen Möglichkeiten im KJHG.

Obgleich die »Heimerziehung« nach dem KJHG als eine unter anderen Formen der Hilfe zur Erziehung zu sehen ist, besteht in der Praxis eine Dominanz der Institutionen und Träger der Heime gegenüber den neueren Formen. Man kann von einer Inkorporation der neuhinzugekommenen Hilfeformen in die Heimerziehung sprechen: Das Rauhe Haus Hamburg z.B., eine traditionsreiche »Erziehungsanstalt«, ist heute eine der profiliertesten Institutionen, die Einzelbetreuung durchführen; auch die sog. »sonstigen betreuten Wohnformen« sind nicht selten Außenwohngruppen eines Heimes. Die Entwicklung soll hier nicht bewertet oder kritisiert werden. Es ist vielmehr bedeutsam, daß sich die Institution Heimerziehung durch die Einverleibung der Alternativen bzw. die Hervorbringung der Ableger verändert hat. Das Heim ist nicht die Anstalt geblieben, die sie war, seit z.B. die Isolation der Einrichtung durch das pulsierende Leben einer Tagesgruppe aufgehoben wurde; seit durch die Existenz von Einzelbetreuung die vordem unverzichtbar erscheinende Anpassung in der Gruppe nicht mehr unhinterfragt ist, seit die Selbständigkeit von Außenwohngruppen in punkto Einkaufen, Essenbereiten, Wohnungspflege, Haushaltsgeräte usw. auch zum Vorbild wurde für die Gruppen im Heim - der Grad der Versorgung also zurückging zugunsten der Selbständigkeitserziehung by doing -.

Zahlreiche Veränderungen der Heimerziehung, wie sie in einer Studie bereits 1981 festgestellt wurden (MÜLLER-KOHLENBERG, MÜNSTERMANN, SCHULZ), und wie sie sich seitdem weiter vollzogen haben, gehen zurück auf die Tatsache, daß die Alternativen zwar durchaus etwas Innovatives, etwas anderes und Neues sind, gleichwohl aber im Inneren der Organisation auch deren Charakter verändert haben - nicht nurextra, sondern auch intra muros gewirkt haben. Das ist das Schlechteste nicht.

Bei der Einzelbetreuung handelt es sich um ein Konzept, daß nicht nur die jahrhundertealten Formen der Gruppenerziehung, der Verbindlichkeit von Normen des Gemeinschaftslebens in Frage stellt, sondern zugleich auch - jedenfalls in der Praxis - eine extreme Erweiterung des pädagogisch Zulässigen und Tolerierbaren, bedeutet: einen Verzicht auf Strafe, Eingriff und Absonderung, der noch vor einigen Jahren weder pädagogisch noch gesellschaftlich tragbar erschienen wäre. Wie kommt eine solche Einstellungsänderung zustande? Neben der bereits diagnostizierten allgemeinen Erweiterung der gesellschaftlichen Toleranzgrenzen im sozialen und kulturell-zivilisatorischen Sektor, sind es im Bereich der Jugendhilfe sicher auch Erfahrungen mit einer bestimmten Form von Heimerziehung, die man hier nicht unerwähnt lassen sollte, wenngleich sie schwerlich als »Alternative« zu bezeichnen ist; die geschlossene Unterbringung. Das Scheitern dieses Konzepts, die Ratlosigkeit der Pädagogen, die Einsicht, daß ein »Mehr desselben« dem Ziel nicht näher brachte, hat bei Teilen der Heimerzieher - zunächst sicher nur bei einer kleinen Avantgarde - die Überzeugung reifen lassen, daß Akzeptanz des Jugendmilieus, Toleranz gegenüber bestimmten Formen abweichenden Verhaltens ein Weg sein kann, die Spirale der Verschlimmerung und die kriminogenen Verkettungen zu unterbrechen. Der Grad zwischen defaitistischen Laissez-faire und toleranter Einzelbetreuung ist schmal, schwierig und riskant.

Man sollte in der Einzelbetreuung wohl keinen Hinweis darauf erblicken, daß Heimerziehung generell verzichtbar sei, daß sie aufgelöst werden könne. Das Leben in der Gemeinschaft ist sicher schwierig oder jedenfalls schwieriger als die Einsiedelei der Einzelbetreuung, zugleich aber auch erstrebenswerter, reicher, menschlicher. Die »Alternativen« werden die Heimerziehung kaum zu einem Ende bringen. Ein solches Ende ist aber auch umso weniger zu wünschen, je mehr sich die Heimerziehung durch die konkurrierenden Erziehungshilfe-Angebote gewandelt und humanisiert hat.

Anmerkungen

1   Die Ausbildung lag in den Händen von Frauen (»select women«). Da die Frauen streng kontrolliert wurden und die Kinder teilweise - sofern sie über eigene Werkzeuge verfügten - von diesen ökonomisch unabhängig waren, kann diese Unterbringungsform nicht als Pflegefamilienmodell i.e.S. betrachtet werden, sondern muß eher als eine dezentrale Anstaltserziehung angesehen werden.
2   Er vertrat und propagierte die Idee der Nationalerziehung in den »Reden an die deutsche Nation« (1807/1808).
3   Am bekanntesten hierzu sein »Stanser Brief« von 1799.
4   Neben FICHTE auch LEPELETIER, dessen Vorstellungen zu den Nationalerziehungsanstalten in der Zeit der Französischen Revolution 1793 in der Nationalversammlung verlesen wurden; vgl. auch MAKARENKOS Begründung der Kollektiverziehung.

Literatur

Arend, D.; Hekele, K. und Rudolph, M.: Sich am Jugendlichen orientieren. Schriftenreihe des IGfH, Frankfurt/M., 1987
Becker, G. und Bonhoeffer, M.: Das Haus auf der Hufe. In: Unsere Jugend, 1966, 18. Jg., Heft 2
Falk, J.: Pädagogische Schriften. Weinheim/Berlin, 1967
Fichte, J.G.: Reden an die deutsche Nation. Köln, o.J., (1807/08)
Lampel, P.M.: Revolte im Erziehungshaus. Berlin, 1929
Makarenko, A.S.: Ein pädagogisches Poem. Werke, Bd. 1. Berlin, 1975 (1929/33)
Mehringer, A.: Reform der Anstalt. In: Unsere Jugend, 1949, S. 12 ff.
Müller-Kohlenberg, H.; Münstermann, K.; Schulz, G.: Die Lernfähigkeit einer Institution, geleistete und ausstehende Reformen in der Heimerziehung. Schriftenreihe der IGfH. Frankfurt/M., 1981
Niederberger, J.M. und Bühler-Niederberger, D.: Formenvielfalt in der Fremderziehung. Stuttgart, 1988
Pestalozzi, H.: Über den Aufenthalt in Stans (»Stanser Brief« 1799). In: Pestalozzis sämtliche Werke (L.W. Seyffarth, Hg.). Brandenburg a.H.: 1871, Bd. 11, S. 5-51

Rauschenbach, Th.: Wieviel Fachlichkeit benötigt die Heimerziehung? In: Strategien gegen Ausgrenzung, hrsg. von F. Peters und W. Trede. Schriftenreihe der IGfH. Frankfurt/M., 1992, S. 202-240

Salzmann, Chr.G.: Carl von Carlsberg oder über das menschliche Elend. Frankfurt/M./Leipzig 1785/88

Sauer, M.: Heimerziehung und Familienprinzip. Neuwied/Darmstadt, 1979

Scherpner, H.: Geschichte der Jugendfürsorge. Göttingen, 1966

Soboul, A.: Die große Französische Revolution. Frankfurt/M., 1973, Bd. 2, S. 564

Wichern, J.H.: Schriften. Berlin, 1958 ff.

III.

Beiträge zur ungeschriebenen Geschichte der Heimerziehung

The unwritten History of Residential Care

Richard Münchmeier

Geschichte der Heimerziehung: 1870-1936

History of German Residential Care: 1870-1936

The history of residential care in Germany is directly linked with the idea of education in youth law. Corresponding to the expansion of the youth law the history of residential care developed. There are clear differences between reformpedagogics and conservative points of view. The development of the German residential care from a corrective and safekeeping institution towards a pedagogical institution was radically stopped at the beginning of nationalsocialism.

1. Die Anfänge: Ausweitung des Erziehungsbedarfs

Die ersten Ansätze zur pädagogischen Intervention bei jugendlicher Auffälligkeit gingen am Ende des letzten Jahrhunderts von den Juristen aus. Der Diskurs der Strafrechtsreform mit seinem Übergang vom rechtspositivistischen tatbezogenen Strafrecht zum pädagogischen täterbezogenen Strafkonzept konzentrierte sich zunächst auf Minderjährige, weil deren relative Strafunmündigkeit am leichtesten einsichtig war. Die Parole »Erziehung statt Strafe« meinte bei den Reformern der ersten Stunde aber gerade nicht ein Plädoyer für verständnisvolle Milde sondern zielte darauf, die korrigierende Intervention auf den jungen Täter zu intensivieren und zu verlängern. Statt kurzer Sühne für ein Bagatelldelikt sollte nun lange Zwangserziehung verhängt werden, wenn die Täterpersönlichkeit Grund zur Verwahrlosungsprognose gab.

Erste Ansätze zur Zwangserziehung gruppierten sich um die 1871 auf 12 Jahre gelegte Strafmündigkeitsgrenze im RSTGB. Zunächst sah das preußische Zwangserziehungsgesetz von 1878 »Erziehung statt Strafe« bei Kindern unter 12 Jahren und bei solchen »jugendlichen Straftätern« vor, denen der Unrechtscharakter ihres Tuns nicht bewußt war. Voraussetzung war, wie schon bei der Aberkennung von Eltern und Vormundschaftsrechten ein bestimmter entweder schuldhaft bewirkter oder »objektiv« besonders bedrohlicher Grad kindlicher bzw. jugendlicher Verwahrlosung. Alle weitere Diskussion bis zum RJWG ging nunmehr um (1) die Ausweitung der potentiell Betroffenen auf alle Minderjährigen, deren auffälliges Verhalten als (drohende) Verwahrlosung interpretiert werden konnte, (2) um die wissenschaftlich und juristisch exakten Definitionskriterien für solche »Verwahrlosung«, (3) um das Verhältnis von korrigierendem Staatseingriff und Schutz der familiären Privatsphäre, und (4) um die durchgehende Pädagogisierung der öffentlichen Ahndung jugendlichen auffälligen Verhaltens.

Als das BGB von 1900 wegen seiner engen Grenzziehung gegenüber Staatseingriffen in die familiäre Privatsphäre über sein gleichzeitiges Einführungsgesetz eine landesgesetzliche Anpassung der Zwangserziehungsmaßgaben erforderte, verabschiedeten Preußen (schon 1900) und in der Folge die meisten Länder des Reichs »Fürsorgeerziehungsgesetze«, die sowohl die Zwangserziehung im Kontext der

Strafmündigkeitsproblematik; wie auch durch vormundschaftsrichterlichen Eingriff »zur Verhütung des völligen sittlichen Verderbens« des Minderjährigen vorsahen. Nach dem alten Recht waren 1901 noch ca. 14.000 Zöglinge in Preußen in Zwangserziehung, die bis 1913 nahezu vollständig aus Altersgründen zur Entlassung kamen. Indessen befanden sich 1913 in Preußen nach dem neuen Recht 56.464 Zöglinge (davon 20.245 Mädchen) in Fürsorgeerziehung. Dieser bemerkenswerte Wachstumstrend sollte in den Kriegsjahren noch eine Beschleunigung erfahren (1917: 63.395 Fürsorgezöglinge) und mit leichten Schwankungen auf diesem Niveau bleiben (1923, dem letzten Rechnungsjahr vor Inkrafttreten des RJWG gab es in Preußen 63.243 Fürsorgezöglinge, davon 23.859 Mädchen). Der Anteil der männlichen Fürsorgezöglinge auf 10.000 Personen unter 19 Jahren hatte 1901- 1905 noch 5,9 betragen (bei den weiblichen Zöglingen nur 3,1) und stieg bis 1923 auf 11,2 (bei den weiblichen auf 7,1).

Unter der besonders gefährdeten Altersgruppe der 16-18jährigen betrug der entsprechende Anteil der männlichen Zöglinge sogar 64,8 auf 10.000 Vergleichspersonen. Die Ausbildung des Terrains der Zwangserziehung war also beim Inkrafttreten des RJWG völlig abgeschlossen. Tatsächlich sank, wie noch zu zeigen wird, seitdem der Zöglingsbestand.

2. Das »Reich« der Fürsorgeerziehung nach dem Reichsjugendwohlfahrtsgesetz (RJWG)

Das dem RJWG leitmotivisch vorangestellte »Recht des Kindes auf Erziehung« war keineswegs ein von der Entfaltung der Einzelpersönlichkeit her gedachtes Individualrecht, sondern markierte das Recht des Staates auf die Beaufsichtigung und eventuelle Korrektur des Erziehungsprozesses namens und an Stelle des Kindes. Diese Deutung ergibt sich nicht nur aus der zeitgenössischen Rechtsauslegung, sondern auch aus der Entstehungsgeschichte dieses Leitmotivs. Mit dem BGB von 1900 war der sozialpädagogischen Intervention in die Familie ein Riegel vorgeschoben worden, der durch das Einführungsgesetz zum BGB und die Landesgesetzlichen Regelungen nur bedingt gelockert werden konnte. Diesen Zustand beklagten alle sozialpädagogischen Reformer, so daß der Vorschlag des jungen Juristen WILHELM POLLIGKEIT im Jahre 1905, neben der Unverletzlichkeit der familialen Erziehungsrechte auch ein vom Staat stellvertretend wahrzunehmendes Erziehungsrecht des Kindes zu formulieren, auf fruchtbaren Boden fiel: »Gründe der Selbstverteidigung und Selbsterhaltung müssen die Gesellschaft veranlassen, dafür Sorge zu tragen, daß jedes Individuum, soweit es angängig ist, die notwendige sittliche Erziehung erhält, damit die Vorbedingungen für seine soziale Brauchbarkeit erfüllt werden. «

Was als zwangserzieherische Initiative zur Beseitigung offenbarer Verwahrlosung begonnen hatte, war über die Ausweitung auf sittliche Verwahrlosung, über die Verlagerung vom die Tat sühnenden zum die Täterpersönlichkeit erziehenden Strafrechtskonzept, und über den inflationären Einsatz des Präventionsgedankens nach der Jahrhundertwende zu einem allumfassenden Sozialdisziplinierungskonzept aufgeschwollen, das nach dem Entwurf Polligkeits bei der aktenmäßigen Beaufsichtigung und Registratur aller Schulkinder beginnen sollte, um in einem abgestimmten

System von Korrektionsmaßnahmen jede auch nur mögliche Auffälligkeit vor ihrem Auftreten bereits ahnden zu können. In diesem Sinne forderte er auch ein umfassendes Reichserziehungsgesetz.

Das RJWG trat unmittelbar nach dem Stopp der Inflation und nach der Überwindung der politischen Krise von 1923 durch Notverordnung vom 142.1924 zum 1. April 1924 in Kraft, allerdings unter Streichung oder Einschränkung aller Bestimmungen, die der Öffentlichkeit neue Finanzlasten hätten aufbürden können. Das Geburtsmal der »neuen« Jugendfürsorge war die Knappheit der Mittel, die jeden Reformansatz belasten mußte. Daher kam es, obwohl das RJWG die Einweisungskriterien in die Fürsorgeerziehung gedehnt hatte, zu einem kontinuierlichen Rückgang der Zöglingszahlen in Preußen, nachdem der absolute Höhepunkt 1925 (mit 64.384, darunter 41% Mädchen) erreicht worden war (1928: 58.514;1929: 54.081;1930:50.197).

Knapp die Hälfte der Fürsorgezöglinge war in Anstalten untergebracht, die anderen bei Familien oder im Zusammenhang mit Lehr- und Arbeitsstellen. Bis 1928 nahm der Anteil der Anstaltsinsassen nur geringfügig ab. Welche »schlechten Neigungen« zur Verwahrlosungsdiagnose und deshalb Einweisung in die Fürsorgeerziehung führten, läßt sich bei 6.585 (davon 3.662 männlichen und 2.873 weiblichen) 1927 überwiesenen Zöglingen feststellen. Demnach »neigten« Jungen vor allem zum Betteln und Landstreichen (1.068 männl./ 281 weibl.) und zum Stehlen (1.908 männl./ 590 weibl.), während das Hauptverwahrloskriterium für Mädchen »Unzucht« war (440 männl. Jugendliche, 718 weibl.). Darin mögen sich nicht nur geschlechtsrollenspezifische Verhaltensunterschiede sondern auch ungleiche Wertungsmaßstäbe der einweisenden Fürsorger verbergen. Die Zöglinge kamen in überproportionalem Maße aus den Großstädten (1927 zu 10,7% allein aus Berlin, zu 32,5% aus anderen Großstädten). Die männlichen Schulentlassenen von ihnen kamen (1928) zu 40,4% aus dem Handwerk (als Lehrling) und zu 22,3% aus dem sonstigen Gewerbe (in der Regel Ungelernte). Die weiblichen schulentlassenen Zöglinge kamen zu 47,3% aus häuslichen Diensten und zu 15% aus dem Gewerbe ohne Handwerk (meist Fabrikarbeiterinnen). Fürsorgeerziehung war also vornehmlich ein Unterschichtenphänomen, wie auch die Struktur der Herkunftsfamilien zeigt. 1928 ließ sich bei 1.757 in Preußen überwiesenen Zöglingen das Monatseinkommen der Eltern ermitteln (249: bis 99 RM; 454:100-149 RM; 522:150 -199 RM; 313: 200 -249 RM; 220 mehr als 2500 RM). Von 6.810 Familien, aus denen 1.928 Fürsorgezöglinge überwiesen wurden, gab es in 1.153 Fällen bereits vorher Einweisungsfälle, »zeigten« in 1.881 Fällen Eltern »schlechte Neigungen«, waren in 901 Fällen Eltern vorbestraft, und wurden in 339 Fällen Eltern als »geistig minderwertig« klassifiziert. Diese Zahlen sprechen dafür, daß sich das Kernmilieu, in dem Verwahrlosung diagnostiziert wurde, auch intergenerationell konstant hielt. Dementsprechend bestanden die Fürsorgeerzieher auf einer möglichst langen und möglichst vollständigen Isolation der Zöglinge von ihrem Herkunftsmilieu; denn war die Fürsorgeerziehung erst einmal verhängt, endete sie für zwei Drittel aller Zöglinge erst mit der Volljährigkeit, hingegen vorzeitig nur bei ca. 15%, »weil der Zweck der Erziehung erreicht war« und bei einem Fünftel »auf Widerruf«. Diese Hinauszögerung der Entlassung bis zum spätmöglichsten Zeitpunkt relativiert das nach den Akten ca. 70% aller Entlassenen erteilte Erfolgsurteil: »befriedigend«.

Die Fürsorgeerziehung hatte insofern eine soziale und biographisch stigmatisierende Dimension. Sie demonstrierte in einem als arm und (potentiell) sozial auffällig definierten Unterschichtmilieu eine unübersehbare Präsenz. Sie schuf auch dort, wo das auffällige Verhalten der Eltern wie der Kinder unterhalb der Schwelle der Strafbarkeit blieb, eine gewisse Kontinuität des öffentlichen, behördlichen Eingriffs. Für die biographische Erfahrung der betroffenen Kinder und Jugendlichen prägte sie, einmal angeordnet, mit hoher Wahrscheinlichkeit das gesamte Jugendalter. In diesem Sinne war die Fürsorgeerziehung für die Betroffenen eine totale Institution, dem Gefängnis nur insofern nicht vergleichbar, als die durchschnittliche Verweildauer in der Fürsorgeerziehung höher lag und -verhaltensabhängig- bis zur Volljährigkeit ausgedehnt werden konnte.

Dieses negative Bild der Fürsorgeerziehung spiegelt sich auch in der Tatsache, daß bei jedem vierten Einweisungsfall die Erziehungsberechtigten Widerspruch einlegten (was außerdem auf das ausgeprägte öffentliche und private Protestpotential in der Weimarer Demokratie verweist, das obrigkeitliche Eingriffe nicht mehr geduldig hinnahm).

Zwar gab es einzelne reformpädagogische Versuche in solchen Anstalten wie Berlin-Lindenhof (KARL WILKER), Frankfurt - Westendheim (AUGUST VERLEGER) oder in der Jugendstrafanstalt Hanöfersand bei Hamburg (CURT BONDY und WALTER HEMNANN), aber solche Versuche scheiterten bald an mangelnder öffentlicher Unterstützung und/oder an inneren Konflikten. Die wirkliche Leistung der Reformpädagogik bestand nicht in einer größere Kreise Betroffener erreichenden alternativen Praxis, sondern in der Sensibilisierung von Pädagogen und Teilen der Öffentlichkeit für die Probleme der Fürsorgeerziehung und Verwahrlostenpädagogik. Dazu gehören auch die Beiträge HERMANN NOHLS, des Psychoanalytikers AUGUST AICHHORN und des sozialistischen Pädagogen SIEGFRIED BERNFELD. In unterschiedlicher theoretischer Situierung propagierte man eine Erziehungsarbeit, die nicht zur Norm gesellschaftlicher Brauchbarkeit disziplinierte (wenn sie auch die Tüchtigkeit für ein Leben in der Gesellschaft mit im Auge hatte), sondern, die von der Persönlichkeit des Jugendlichen ausging. Dementsprechend wurde mit der Forderung an die Erzieher ernst gemacht, sich auf ihre Jugendlichen einzulassen. Das Leitmotiv der Jugendbewegung vom Erzieher als Kamerad und Vorbild stand hier Pate.

Vorherrschend aber blieb das Regime der knappen Mittel, die Präsenz der alten Pädagogik und Pädagogen. Die Krise ließe nicht auf sich warten.

3. Wohin mit den »Unerziehbaren«?
- Planungen für ein Bewahrungsgesetz

Mit der Ausdehnung der sozialpädagogischen Provinz auf »jedes deutsche Kind« drängte sich die Frage auf, was mit jenen geschähe, die sich nicht zur »seelischen, leiblichen und gesellschaftlichen Tüchtigkeit« erziehen lassen konnten oder wollten. Das hatten die Autoren des RJWG klar gesehen.

Folglich sah § 73 RJWG die Entlassung unerziehbarer Fürsorgezöglinge vor, insofern eine »anderweitig gesetzlich geregelte Bewahrung« für diese Unerziehbaren vorhanden sei. Schon seit 1920 hatten sich die Initiativen für ein »Verwahrungsgesetz« (wie es ursprünglich passender hieß) verstärkt. Besonders die katholische Sozialpädagogin und Zentrums-Reichstagsabgeordnete AGNES NEUHAUS, der Vorsitzende des Deutschen Vereins für öffentliche und private Fürsorge, WILHELM POLLIGKEIT (der das »Recht des Kindes auf Erziehung« erfunden hatte), und die sozialdemokratische Wohlfahrtspolitikerin HELENE SIMON traten während der ganzen Weimarer Republik und, soweit möglich, auch im Dritten Reich für ein Bewahrungsgesetz ein, das sie als die von der Konzeption her logische und aus der Praxis notwendige Ergänzung der sozialpädagogischen Zuwendung an die Erziehungsfähigen ansahen.

War eine zwangsweise Verwahrung bisher nur bei Minderjährigen und Straftätern möglich, sollten nunmehr auch alle jene erfaßt und kostengünstig sicher untergebracht werden, die zwar die Strafgesetze nicht wesentlich verletzten, aber in ihrer Lebensweise auffällig von den Normalstandards abwichen. Dementsprechend sollte die bewahrungsbedürftige Population je nach Definition (es gab eine Unzahl von Definitionsversuchen) unerzogene Jugendliche, geistig Behinderte, die noch nicht entmündigungsreif waren, Alkoholiker und Drogensüchtige, arbeitsunwillige Vagabunden, und vor allem: »moralisch« Verwahrloste umfassen. Diese letztere extrem dehnbare Bestimmung war der Angelpunkt des Projekts, aber auch der Ausgangspunkt einer legalistisch unlösbaren Paradoxie: faßte man die Definition zu eng, erwischte man wenig mehr, als die ohne Bewahrungsgesetz bereits Einsperrbaren; faßte man die Definition zu weit, konnte man nach dem Buchstaben des Gesetzes nahezu die gesamte Bevölkerung wegen gelegentlicher Normalitätsabweichungen hinter Gitter bringen. Der Deutsche Verein unter POLLIGKEIT suchte mit einer an die Vorschläge von AGNES NEUHAUS angelehnten Definition einen Mittelweg. Er empfahl 1925: »Eine Person über 18 Jahre, welche verwahrlost ist oder zu verwahrlosen droht, kann durch Beschluß des Vormundschaftsgerichts der Bewahrung überwiesen werden, wenn

a) dieser Zustand auf einer krankhaften oder außergewöhnlichen Willens- oder Verstandesschwäche oder auf einer krankhaften oder außergewöhnlichen Stumpfheit des sittlichen Empfindens beruht und

b) keine andere Möglichkeit besteht, diesen Zustand der Gefährdung oder Verwahrlosung zu beheben«.

Die Reichtagsparteien konnten sich zwar letztlich nicht auf eine mehrheitsfähige Definition des Personenkreise, auf eine Regelung der Einweisungsverfahren und auf die Bewilligung der erheblichen Finanzmittel für die Einrichtung solcher Bewahrungsanstalten einigen. Aber dieses Scheitern des Gesetzes bedeutet keineswegs, daß die Debatte um die Bewahrung unbedeutsam gewesen wäre; denn an ihr beteiligte sich fast die ganze Prominenz der Sozialpädagogik und deren grundsätzliche Zustimmung zum Prinzip der Zwangsverwahrung aller Unverbesserlichen erklärt erst hinreichend, wes Geistes Kind die gleichzeitige sozialpädagogische Zuwendung an diejenigen war, die solcher Hilfe wert schienen, weil sie sich als erziehbar erwiesen. Die Bewahrungs-Debatte belegt, daß nicht nur Hilfe und Kontrolle, sondern auch Zuwendung zu den einen und Ausgrenzung der anderen untrennbar verbunden waren.

Die darin enthaltenen Widersprüche mußten in dem Moment aufbrechen, in dem die Expansion der sozialpädagogischen Provinz an ihre inneren und äußeren Grenzen stieß. Diese Krise brach in den Jahren 1929 bis 1932 offen aus.

4. Die Krisenjahre der Heimerziehung von 1928 bis 1932

Die offene Krise des Weimarer Sozialstaats und mit ihm der Sozialpädagogik entfaltete sich vornehmlich in zwei Grenzzonen auf, die die expansive Dynamik der sozialen Hilfe qua Staatsintervention stieß: auf die innere Grenze, die in der Undisziplinierbarkeit von Teilen der Unterschichten, jedenfalls unter den damaligen Rahmenbedingungen, lag, und die vor allem deshalb deutlich wurde, weil die demokratische Öffentlichkeit und der weltanschauliche Pluralismus der Weimarer Republik Konflikte etwa in den Fürsorgeerziehungsheimen nicht mehr routinemäßig zu unterdrücken erlaubte; sodann auf die äußere Grenze, die in der mangelnden Finanzierbarkeit und organisatorischen Durchführbarkeit jenes exponentiell wachsenden Bereiches öffentlicher Regelung aus sozialpädagogischem oder allgemein sozialpolitschem Antrieb lag, und die angesichts der Weltwirtschaftskrise eine wahrhaft katastrophale Dimension erreichte.

Beide genannten Grenzerfahrungen sind zeitgeschichtlich lokalisierbar, aber keineswegs zufällig. Vielmehr sind sie in der sozialpädagogischen Entwicklungsdynamik immanent angelegt. Verbleiben sie in einer Wachstumsphase möglicherweise auf der Ebene bloß latenter Widersprüche, müssen sie in einer Krisenphase aufbrechen.

Die offene Krise der Fürsorgeerziehung begann - auf dem Theater. Das war nicht untypisch für die Situation in den Zwanziger Jahren. Zwar hatte es einzelne Revolten in Erziehungsheimen immer wieder gegeben, zwar hatten Reformpädagogen wie WILKER oder der Marxist und Psychoanalytiker SIEGFRIED BERNFELD längst eine bündige Kritik der traditionellen autoritären Heimerziehung geliefert. Aber erst mit PETER MARTIN LAMPELS Theaterstück »Revolte im Erziehungshaus« im Dezember 1928 und seiner nahezu zeitgleichen Dokumentation »Jungen in Not«, in der Fürsorgezöglinge selbst zu Wort kamen, war jene kritische Öffentlichkeit hergestellt, an die protestierende Fürsorgezöglinge nunmehr appellieren und damit die langjährigen skandalösen Zustände in Heimen wie Struveshof, Berlinchen, Scheuen, Rickling und Waldhof-Templin an die Öffentlichkeit und letztlich sogar vor Gericht bringen konnten.

Nachdem die Bagatellisierungsversuche der meisten professionellen Sozialpädagogen nicht mehr griffen, begann eine erregte Debatte auf vier Ebenen: unter Sozialpädagogen selbst; in der politisierten Öffentlichkeit, die von rechts bis links die Skandale oder ihr Offenbarwerden als Symptom für die Krise des gesellschaftlichen Systems mit je kontroverser Diagnose wertete; vor Gericht, wo bei allen Problemen der Beweiserhebung doch genügend erschütterndes Faktenmaterial zusammenkam, um zu einzelnen Verurteilungen schreiten zu müssen; nicht zuletzt bei betroffenen Jugendlichen selbst, die zwischen spontanem und selten durch vernünftige Erwägungsgründe gezügeltem Aufbegehren und zeitweiligem Eingehen auf solche politischen Identifikationsangebote schwankten, wie sie etwa die Kampagnen des Kommunistischen Jugendverbandes anboten.

In der sozialpädagogischen Debatte selbst zeichnete sich bis 1932 eine nicht überwundene Polarisierung ab:

1. griffen konservative Sprecher wie der Gründer der Berufsvormundschafts-bewegung und Professor CHRISTIAN JASPER KLUMKER die Kritiker selbstgerecht frontal an, offenbar, weil sie die Gefährdung ihres Lebenswerks im Dienste der Sozialdisziplinierung befürchteten. Zu dieser Gruppe zählten auch die Vertreter der Kirchen und der öffentlichen Jugendämter.

2. betonten nachdenkliche Reformpädagogen wie HEINRICH WEBLER oder ERICH WENIGER, daß die Skandale zu einer selbstkritischen Revision sowohl der tradi-tionellen Anstaltspädagogik, wie auch einer zuweilen naiv eingesetzten liberale-ren Methodik führen müßten.

5. Die pädagogische Diskussion um die »Grenzen der Erziehung«

THEODOR LITT hatte 1926 konstatiert, daß sich nach Jahrzehnten des pädagogischen Optimismus nunmehr »die Glut des pädagogischen Eros an dem Eigensinn des Wirk-lichen erprobt und gekühlt« habe. Daher sei der »pädagogischen Hybris« durch das »Eigenrecht des werdenden Geschlechts« eine Grenze zu setzen. Das Wort von den »Grenzen der Erziehung« machte schnell die Runde. Weniger Zustimmung fand LITTS Appell zu Selbstkritik und Selbstbescheidung der Pädagogen.

Die meisten Reformpädagogen plädierten statt dessen für eine Beschränkung der Anstaltserziehung auf einen möglichst kleinen Kreis, indem zugleich die Aufsichts-, Hilfs- und Korrekturmöglichkeiten in der offenen Jugend- und Familienfürsorge erweitert werden sollten. Für die Anstaltserziehung selbst wollte man zwischen Leicht- und Schwererziehbaren, zwischen »Psychopathen« und »Normalen« differenzieren. (Ein Konzept, das entweder zu einem sensiblen Eingehen auf Persönlichkeitsunter-schiede hätte führen können, oder aber zu einer Typisierung und jeweiligen »Sonder-behandlung« der verschiedenen Betroffenengruppen.) Bei KARL WILKER etwa hieß dies, einerseits zu konstatieren: »Wer unter seinen Kameraden leidet oder sie leiden macht, den tut man besser fort.« Andererseits begründete er den gleichen Vorgang der Differenzierung nach dem Erziehungszweck sehr viel rigoroser, wenn er nicht aus der Perspektive der »Kameraden«, sondern unter sozialpädagogischen »Kolle-gen« formulierte: »Wir müssen eine Auslese treffen. Wir müssen erwägen, wieviel Schwachsinnige, wie viele Psychopathen von einer Gemeinschaft von soundsoviel sonst annähernd Normalen ertragen werden können.«

Das hörte sich in unmittelbarer Reaktion auf die öffentliche Kritik an den Heimerziehungsskandalen beim Leiter des Rheinischen Landesjugendamts HECKER deutlicher an: »Das Problem der Fürsorgeerziehung ist ein Problem der Reinigung! Aber nicht eine Reinigung von ungeeigneten Erziehern, sondern vielmehr von unge-eigneten Zöglingen...«. Damit hatte der Diskurs über die Grenzen der Erziehbarkeit das ganze argumentative Terrain von der pädagogischen Selbstbescheidung über die Differenzierung und »Auslese« im Interesse der Zöglinge bis zur Säuberung der Für-sorge von den Unerziehbaren durchschritten. Es fehlte jedoch noch die »wissen-

schaftliche« Legitimation solcher Auslesepolitik. Die sich dazu anbietende eugeni-
sche und rassebiologische Theorie blieb in der Weimarer Republik, jedenfalls unter
Sozialpädagogen, in der Minderheit, aber nicht wirkungslos. So führte HELMUTH
SCHREINER als Gutachter im Prozeß über das Erziehungsheim Scheuen das Auftreten
der dortigen Zöglinge auf die rassebiologische Degeneration der Berliner Großstadt-
jugend zurück und konnte 1931 im offiziellen Organ der »Inneren Mission« schreiben: »Es ist eine Hybris ohnegleichen, so zu tun, als sei grundsätzlich jeder Mensch
erziehbar. Wir haben völlig vergessen, welche Grenzen uns die Natur setzt. Aus einer
zerstörten Erbmasse ist mit keiner Milieupädagogik noch etwas herauszuholen.«

Aber auch wenn prominente Mediziner, wie der Jugendarzt WERNER VILLINGER,
darauf verwiesen, daß es keinen wissenschaftlichen Beweis für die Vererbbarkeit
sozialschädlichen Verhaltens gäbe, so war doch die Stigmatisierung des Sozialverhaltens jener Schwer- oder Unerziehbaren eindeutig genug. Villinger sprach über
»jenes große Heer von Grenzfällen, jene dissozialen Individuen, die als Kriminelle,
Vagabunden, Prostituierte, Süchtige, Arbeitsscheue, Renten- und Kriegsneurotiker,
Revolutionäre, Querulanten usw. sich nicht in den Rahmen des Gemeinschaftslebens
einzufügen vermögen«, wenn er die »Grenzen der Erziehbarkeit« bestimmte.

Die Debatte um die Grenzen der Erziehbarkeit mußte nicht in der Forderung
nach Ausgrenzung der Unerziehbaren, und schon gar nicht in deren rassebiologischer
»Verwissenschaftlichung« enden. Sie hätte auch zu einer Selbstkritik der Sozialpädagogik führen können, wie sie manche Reformpädagogen andeuteten. Jedoch bleiben zwei Tendenzen am Vorabend des nationalsozialistischen Machtantritts deutlich:

1. Die immanente Konsequenz, mit der namens humanwissenschaftlicher Geltungs-
   ansprüche aus der analytischen Klassifizierung und Typisierung individueller Situationen zu »Fällen«, Verhaltensmustern« und Personen-»Typen« von »Verwahrlosung« nun im Rückschluß diagnostisch oder gar therapeutisch genormte
   Typologien und Verfahren abgeleitet wurden, die unbedenklich auf die Einteilung und differenzierte Behandlung der betroffenen Einzelpersonen zurück-
   projiziert wurden. Mochte man gerade aus Anhänglichkeit am wissenschaftlichen Verfahren die radikalen Spekulationen der Rassebiologen ablehnen, so gelangte man doch in der Praxis zu den gleichen Typisierungen von angeblich sozial-
   schädlicher Verwahrlosung wie diese.
2. Die Kumulation vielfältiger Krisenerfahrungen gegen Ende der Weimarer Republik ließ den Gedanken der Differenzierung nach Zweckmäßigkeits- und Erfolgs-
   kriterien auch dann in den Mittelpunkt der Debatte rücken, wenn die Vokabel
   »Auslese« keine direkte Referenz an die rassebiologische Ideologie darstellte.

Ein neuer Diskurs war entstanden, der die Krisenerfahrung reflektierte: was als opti-
mistisches Programm der garantierten Erziehung für »jedes deutsche Kind« begonnen hatte, drohte als pessimistisches Brüten über die Säuberung der sozialpädagogischen Provinz von allen »Unverbesserlichen« zu enden.

6. Das Krisenjahr 1932 als Wendepunkt für die Fürsorgeerziehung

Besonders deutlich wirkte sich die Kürzungspolitik im damaligen Kernbereich der Sozialpädagogik, in der Fürsorgeerziehung aus. Der kontinuierliche Rückgang der Zöglingszahlen (in Preußen) seit 1926 beschleunigte sich weiter (von 50.197 im Jahre 1930 auf 44.663 im Jahr 1931 und auf 30.084 im Jahr 1932). Dieser dramatische Rückgang von beinahe 15.000 Zöglingen im Rechnungsjahr 1932 (das vom 1.4.1932 bis zum 31.3.1933 reichte) ist zum einem der Kürzung der preußischen Zuschüsse zur Fürsorgeerziehung von bisher jährlich 25 Mill. RM auf nun 15 Mill. RM zuzuschreiben, zum anderen den Auswirkungen zunächst der Debatte und dann der abschließenden Notverordnung zur Nivellierung des RJWG. Schon 1931 hatte der preußische Minister für Volkswohlfahrt gefordert, dem Kostendruck und dem inneren Problemdruck der Fürsorgeerziehung durch eine Revision des RJWG zu begegnen. Dies erfolgte mit der Notverordnung vom 4. November 1932 (modifiziert durch eine weitere Notverordnung am 28.11.1932). Demzufolge verbot sich die Anordnung der Fürsorgeerziehung,»wenn sie offenbar keine Aussicht auf Erfolg bietet«, wurde das Ende der Fürsorgeerziehung auf den 18. Geburtstag vorverlegt, und erlaubte § 73 die vorzeitige Entlassung wegen Unerziehbarkeit,»wenn der Minderjährige an erheblichen geistigen oder seelischen Regelwidrigkeiten leidet«.

Damit hatte der Gesetzgeber entschieden, zu welchem Ende die Debatte über Heimskandale und die Grenzen der Erziehbarkeit angesichts der Wirtschaftskrise und der leeren Staatskassen kommen sollte. Seit dem 4. November 1932 dominierte von staatswegen der Auslesegedanke die Sozialpädagogik. Dies bescheinigte in wünschenswerter Klarheit auch der offiziöse Gesetzeskommentar jenes WILHELM POLLIGKEIT, der bekanntlich das Recht des Kindes auf Erziehung erfunden und dann im RJWG zum Leitsatz erhoben hatte. Er umriß den Kreis der herauszusäubernden Jugendlichen nach § 73 RJWG:»Außer den Minderjährigen, die geistig oder seelisch krank sind, (...) werden hierzu Dauerfortläufer und daneben besonders Schwerverwahrloste (angehende Gewohnheitsverbrecher, Mitglieder von Cliquen und Ringvereinen, schwer verwahrloste Prostituierte beiderlei Geschlechts) zu rechnen sein; außerdem gewisse gemütsarme, -rohe, stumpfe, spröde, eigenwillige, trotzige, übererregbare und verbitterte Menschen, die sich in keiner Gemeinschaft halten lassen, allen Erziehungsversuchen ablehnend oder passiv gegenüberstehen und im Heim unter den übrigen Minderjährigen zersetzend wirken...«.

Dem am Vorabend der nationalsozialistischen Machtergreifung bereits gesetzlich etablierten Ausleseparadigma fehlte nur noch die ideologische Weihe durch die Rassebiologie. 1933 wurde dann die passende Theorie zur Auslesepraxis nachgereicht.

7. Nationalsozialismus und Auslesediskussion

Rassebiologie war bis 1933 unter Sozialpädagogen nicht mehrheitsfähig gewesen. Aber sie war in einem auf Auslese und »Säuberung« gerichteten Diskurs auch nicht nur nicht störend, sondern konnte als willkommener ideologischer Überbau dienen, wenn die Sozialpädagogischen Auslesestrategien den neuen Machthabern schmackhaft gemacht werden sollten. Insofern hatten sich 1933 zwei bis dato unterschiedene Gruppen gesucht und gefunden. Nur diese Konstellation erklärt, warum viele Sozialpädagogen sich nicht nur mit fliegenden Fahnen der sog. »nationalen Revolution« anschlossen, sondern sogar den neuen Machthabern ihre langgehegten Ausleseprojekte aufzuschwätzen versuchten.

In der Juni-Nummer 1933 des Nachrichtendienstes des Deutschen Vereins begann erneut die Propagierung des Bewahrungsgesetzes, die HILDE EISERHARDT und WILHELM POLLIGKEIT auch in den folgenden Jahren fortsetzten. Daran verblüfft nicht die Kontinuität des Programms, als vielmehr die Leichtfertigkeit, mit der die vor 1933 immerhin einbezogenen Rechtsgarantien und Persönlichkeitsrechte abgetan und zugleich die rassebiologischen Ideologeme und die Theorie vom Primat des Staatsinteresses und Volkwohls vor dem Einzelinteresse übernommen wurden: Man beklagte den bisherigen »Widerstand gewisser Kreise, die in einem <u>hier</u> schlecht angebrachten Respekt vor der persönlichen Freiheit des Einzelnen, <u>das Staatsinteresse und den Schutz der Allgemeinheit gering achteten</u>« (Hervorhebung i. Orig.). Jene »völlig irregehende Humanität« habe noch eine zügige Regelung der Zwangsbewahrung nach Erlaß der Notverordnung vom 4. November 1932 zur Änderung des RJWG verhindert. »Heute hat sich die Einsicht allgemein durchgesetzt, daß Gemeinwohl und Volksinteresse dem Einzelinteresse vorgehen«.

Auch die Erklärung der Dachorganisation Allgemeiner Fürsorgeerziehungstag vom Frühsommer 1933 »Zur Neugestaltung der Fürsorgeerziehung« ging über Lippenbekenntnisse weit hinaus: »Die Fürsorgeerziehung als staatliche Ersatzerziehung hat sich ihrem Wesen und Charakter nach der Zielsetzung des Führers ADOLF HITLER für den nationalsozialistischen Staat und für seine Erziehungsgrundsätze einzufügen. Dieses staatliche Ziel ist die Erhaltung und Sicherung eines von den Kräften des Christentums getragenen deutschen Volkstums. «

Dementsprechend sollte zwischen der »volksaufbauenden Erziehungsarbeit« der Fürsorgeerziehung und jenen »unerziehbaren« Minderjährigen differenziert werden, die »auszuscheiden sind«. Immerhin wurde den letzteren noch die »Unterbringung und Beschäftigung in einfachster und doch menschwürdiger Form« zugebilligt. Damit war die Reichweite der konzeptionellen Übereinstimmung positiv und negativ bestimmt: Differenzierung ja; Minimierung des Kostenaufwands für »Unerziehbare« ja; Mord nein.

Der langjährige Leiter des rheinischen Landesjugendamts, Landesrat HECKER, der 1931 bereits die »Reinigung« der Fürsorgeerziehung von Renitenten gefordert hatte, formulierte 1936 beinahe klassisch unter Hinweis auf das 1933 verabschiedete Zwangssterilisationsgesetz und auf die praktischen Versuche einer Zwangsbewahrung »Unerziehbarer« in der Rheinprovinz seit 1933 seine Zustimmung zu »der nationalsozialistischen Forderung einer reinlicheren Scheidung des Zöglingsbestandes in der Fürsorgeerziehung: » (...) Die große Zahl der Fälle mit zweifelhaftem oder vorläufig negativem Erfolg stellt die Fürsorgeerziehung aber immer wieder vor die Frage, ob noch eine Besserung von der Zukunft zu erwarten ist oder nicht Hier aber zeitigt das früher so stark vernachlässigte <u>erbbiologische</u> (Hervorhebung i.Orig.). Unterscheidungsmerkmal ganz neue Gesichtspunkte und praktische Ergebnisse: Zeigt sich hier nach mehrjähriger Anstaltserziehung, also planmäßiger Ausschaltung der früheren schlechten Milieueinflüsse, eine absteigende oder wenigstens keine aufsteigende Entwicklungslinie, so prüft die Fürsorgeerziehungsbehörde anhand ihrer Unterlagen bzw. der des Jugend oder Gesundheitsamtes die des Elternhauses«.

Mit diesen ausgewählten, aber keineswegs rezeptionellen Stellungnahmen prominenter Sozialpädagogen aus der Weimarer Zeit zur Auslesepolitik nach 1932 sind die neuen Bestandteile der Sozialarbeit nach 1933 umrissen.

Jörg Wolff

Zwangserziehung und Strafrecht im Nationalsozialismus

Law, Locks and Bars during the »Third Reich«

The paper describes the change of the concept of youth welfare during the time of Fascism in Germany: The intrinsic value of the human being and the reeducation of the individual is no longer in the centre of theory and practise, education is orientated on the „Volksgemeinschaft", political utility and „racial value". Youth service means political adjustment and is integrated into wartime economy. A special form of reprisal were the „Jugendschutzlager" (1943) for „delinquent and antisocial" boys and girls, often used as an instrument against political apponents; they could be described as concentration camps. The open legal terms like „waywardness", „welfare of children" and „education" undergo new definitions; there was a dichotomy of selection and elimination.

Einige Bemerkungen zu Rechts- und Organisationsfragen sind vorweg notwendig. Für die Anordnung von Zwangserziehung (Fürsorgeerziehung) haben sich in Deutschland historisch zwei Regelungssysteme herausgebildet, ein staatlich strafrechtliches und ein kommunales jugendrechtliches System (VGL. WOLFF, 1992, S. 122 ff.: Im Jahr 1922 wurde ein Jugendwohlfahrtsgesetz (JWG) erlassen, im Jahr 1923 ein Jugendgerichtsgesetz (JGG)). An dieser Zweiteilung hat sich bis heute nichts geändert. Im Strafrecht wurde Fürsorgeerziehung als Erziehungssanktion bei kriminellen Handlungen strafmündiger Jugendlicher (ab 14 Jahren) verhängt. Im Jugendrecht knüpfte man an defizitäre soziale oder erzieherische Zustände (Verwahrlosung) an. Sie mußten sich nicht zwangsläufig in strafbaren Handlungen äußern, schlossen diese aber, insbesondere bei den strafunmündigen Kindern, als Eingriffsanlaß nicht aus (vgl. schon §§ 55 ff. RStGB von 1871). Zuständig waren die Jugendbehörden (kommunales Jugendamt, Landesjugendamt) und das Vormundschaftsgericht, während in Jugendstrafsachen das Jugend(straf)gericht zu entscheiden hatte. Die Ausführung oblag den Jugendbehörden und den Heimen in kirchlicher oder freier Trägerschaft, auch wenn es sich um die Vollstreckung von Strafurteilen handelte.

An dieser rechtlichen Organisation haben die Nationalsozialisten prinzipiell nichts geändert. Der Alltag der Fürsorgeerziehung dürfte größtenteils vor und nach 1933 derselbe geblieben sein. Die Klientel kam nach wie vor aus sozial schwachen Verhältnissen und war vornehmlich durch Eigentumsdelikte, Schulversagen, Herumtreiben und mangelnde Berufsbildung aufgefallen. Die Regierungsübernahme durch die NS fiel in eine Zeit extremer Finanznot der öffentlichen Haushalte. Diese Finanznot wirkte sich auf unseren Bereich durch einen starken Rückgang der Fürsorgeerziehung aus. Auch die begrenzten Möglichkeiten pädagogischer Einwirkung in den Heimen trugen dazu bei, Jugendliche als unerziehbar entweder gar nicht aufzunehmen oder schnell zu entlassen. Der neue »Doppelstaat« (FRAENKEL, 1984) mußte sich zunächst an diesen praktischen und rechtlichen Gegebenheiten orientieren. Aber er begann, neue Eingriffsanläße zu regeln, und er gab der Fürsorgeerziehung zum Teil durch andere Interpretation der Rechtsnormen eine neue Wendung. Außerdem ließ er sich durch Rechtsvorschriften an Maßnahmen gegen »Asoziale« und »Minderwertige« nicht hindern und eröffnete zusätzliche Zugriffsmöglichkeiten, insbesondere der Polizei, auch außerhalb der Legalität.

Seit Kriegsbeginn hatte man im Reichssicherheitshauptamt (RSHA), der Zentrale von Polizei und SS, als eine unter mehreren Maßnahmen gegen die Verwahrlosung der Jugend im Kriege sog. Jugendschutzlager geplant. In einer hochrangigen Ministerrunde unter dem Vorsitz von Göring wurde Anfang 1940 die Einrichtung solcher Lager beschlossen, in die »kriminelle und asoziale« Jugendliche im Alter von 16 bis 19 Jahren eingewiesen werden sollten. Diese »Jugendbewahrung« sollte »der Sicherung der Gemeinschaft gegenüber schwer kriminell gefährdeten Jugendlichen dienen, die sich der Erziehung unzugänglich erwiesen haben«, dienen, bei denen eine Einordnung in das Gemeinschaftsleben nicht zu erwarten war (PETERS, 1944, § 60 Anm. 1). Das Reichsinnenministerium wies alle Jugendbehörden an zu prüfen, ob über 16 Jahre alte Minderjährige, »bei denen die Betreuung durch die Jugendhilfe, insbesondere auch Schutzaufsicht und Fürsorgeerziehung, versagt hat oder von vornherein erfolglos erscheint«, der Polizei zur Einweisung vorzuschlagen seien (Einweisung in das Jugendschutzlager Moringen, RdErl. d. RMdI v. 3.10.1941, in: RMBliV 1941, S. 1773, auch abgedr. in: DtJugH 1941/42, S. 164 f.). Mädchen wurden insbesondere aufgrund »sittlicher Gefährdung«, wegen sexuellen Umgangs mit »Fremdarbeitern« oder Kriegsgefangenen eingewiesen. Tatsächlich wurden diese Lager auch teilweise dazu benutzt, um Jugendliche aus politischen Gründen einzusperren (vgl. etwa die Hamburger Swing-Jugend).

Zahlenmäßig waren die Lager nicht bedeutend im Vergleich zur regulären Fürsorgeerziehung (es gab ein Lager für männliche Jugendliche in Moringen bei Göttingen und ein Lager für weibliche Jugendliche in Uckermark). Sie konnten aber dazu dienen, die Fürsorgeerziehung von den sog. Unerziehbaren zu entlasten. Ihre Einrichtung unterlief aber das rechtlich geregelte und kontrollierbare System von Jugendbehörde, Vormundschaftsgericht und Jugendgericht. Die »erzieherische« Behandlung der Jugendlichen war außerordentlich hart, so daß sie auch gelegentlich als Jugend-KZs bezeichnet wurden (Aktenvermerk aus dem RJM »zur Unterrichtung von Herrn Staatssekretär Dr. ROTHENBERGER« v. 10.9.1942, in: Akten des RJM (BA R 22/5029, Bl. 1090 f.); WERNER, 1944, S. 95 ff.). Begründet wurde die polizeiliche Zuständigkeit mit der Aufgabe der Polizei zur Gesamterziehung des deutschen Volkes (»Der heutige Polizeibegriff umfaßt auch erzieherische Aufgaben. Der Grundgedanke ist dabei, daß die Polizei nicht nur den gegenwärtigen Stand der Volksgemeinschaft zu schützen, sondern auch die ungestörte Fortentwicklung auf den erwünschten Zustand hin zu fördern hat« [NEBINGER, 1944, S. 18]).

Die Gerichte haben sich im Erziehungsrecht schon frühzeitig um die Einflechtung nationalsozialistischer Inhalte bemüht, weniger die Jugendstrafgerichte, die an die Tatbestände des StGB gebunden waren, aber die Vormundschaftsgerichte. Insbesondere unbestimmte Rechtsbegriffe wie »Verwahrlosung« oder »Wohl des Kindes«, »Erziehung« oder »Tüchtigkeit« erlaubten inhaltliche Neudefinitionen. Es lassen sich schon früh Beschlüsse finden, die solchen Eltern das Sorgerecht entzogen, die nicht den weltanschaulichen Anforderungen an eine »deutsche« Familie gerecht wurden. Bereits im Jahr 1934 wurde vom Kammergericht Berlin (KG v. 23.11.1934, in: DJ 1935, S. 135) unter Berufung auf die »heute herrschenden Anschauungen« entschieden, daß »für ein arisches Kind ein nichtarischer Vormund nicht bestellt werden (darf)«. Auch das Reichsgericht hatte 1935 festgestellt: »Die Heranbildung eines jungen Menschen arischer Abstammung zu einem art- und rassebewußten Volksgenossen ist nicht gewährleistet, wenn zwar die Pflegemutter, nicht aber der Pflegevater arischer Abstammung ist. Die Erlaubnis zur Haltung des Pflegekindes kann unter diesen Umständen nach § 22 Abs. 2 Jug.WohlfGes. widerrufen werden« (RG v. 11.2.1935, in: DJ, S. 824 f.).

In der Folge ergingen ähnliche Entscheidungen. Ein Gericht stellte anläßlich einer Anordnung von Fürsorgeerziehung gegen einen Zigeuner fest, »daß die normale Verstandesbegabung dieser Rasse hinter der Begabung deutschblütiger Kinder zurückbleibt«, und lehnte deshalb Fürsorgeerziehung ab (OLG München v. 9.3.1938, in: Djughilfe 1938, S. 271). Neben rassischen Aspekten traten in den Entscheidungen eindeutig politische Inhalte hervor. Gegen Ende der Dreißiger Jahre wurden eine Reihe von Beschlüssen zur Fürsorgeerziehung veröffentlicht, die sich gegen die sog. Bibelforscher (Zeugen Jehovas) richteten. Diese Entscheidungen entzogen den Eltern das Personensorgerecht für ihre Kinder, da sie »zur Erziehung (…) ihrer Kinder gemäß den Anschauungen des heutigen Staates nicht geeignet« seien (KG v. 12.3.1938, in: Djughilfe 1938, S. 272; LG Zwickau v. 14.4.1937, in: JW 1938, S. 2145; AG Wilster v. 26.2.1938, in: JW 1938, S. 1264; OLG München v. 3.12.1937, in: Dt-JugH 1938/39, S. 30 f.). Ihre Erziehungsprinzipien wurden als »volkszersetzend« und »staatsgefährlich« bezeichnet (LG Zwickau v. 14.4.1937, in: JW 1938, S. 2145). Die Kinder würden daher der sittlichen Verwahrlosung anheimfallen. Die Gerichte nahmen ausdrücklich auf die Notwendigkeit eines nationalsozialistischen Erziehungsverständnisses Bezug.

Das Kammergericht in Berlin hatte im Jahr 1936 zu entscheiden, ob ein »unverdorbener« Junge verwahrlost sei, der »durchaus nicht auf dem Niveau anderer Kinder (stehe), die üblicherweise der FE überwiesen würden«, aber »infolge falscher Erziehung zu einem einzelgängerischen, schlappen und verpimpelten Knaben geworden ist, der weder Selbstbehauptungstrieb noch Disziplin und Kameradschaftssinn kennt«. Es bejahte diese Frage mit dem Argument, daß in § 1 RJWG ein Ziel umfassender Lebenstüchtigkeit formuliert sei, »das, wie sich nach nationalsozialistischer Rechtsauffassung von selbst versteht, den nationalsozialistischen Erziehungsidealen entsprechen muß und dessen Durchsetzung zum Nutzen des Kindes soll erzwungen werden können« (KG v. 11.12.1936, in: ZBlJugR 1936/37, S. 422 f.).

Die Verlagerung der Erziehungsvorstellungen hin zu einer Überbetonung der Belange von Partei und Staat wurde in diesen Entscheidungen legitimiert. Die öffentliche Erziehung blieb nicht mehr Ersatzerziehung für den Notfall eines elterlichen Versagens, sie wurde zu einer staatspolitischen Pflichtaufgabe. Elterliches Versagen wurde faktisch um das ungeschriebene Tatbestandsmerkmal der politischen Unzuverlässigkeit des Sorgeberechtigten erweitert.

Die Grenzen dessen, was als normal galt und deshalb keiner staatlichen Ersatzerziehung bedurfte, hatten sich nach politischen Gesichtspunkten verschoben. Am

Anfang der Weimarer Republik war man aufgebrochen, den Umgang mit gefährdeten und kriminellen Jugendlichen zu einem Bestandteil einer umfassenden sozialintegrativen Politik weiterzuentwickeln. Nicht erst in den Krisenjahren vor 1933 waren solche Bestrebungen moderner Pädagogik umstritten. Man warf dieser Pädagogik übertriebene Weichlichkeit, sinnlose Humanitätsduselei und falsch verstandenen Verzicht auf Autorität vor (BEHNKE, 1932/33, S. 2ff.). Dennoch wurden solche Vorstellungen nach 1933 nicht völlig aufgegeben. Das Jugendideal der HJ war ja u.a. auch durch Jugendbewegung, bündische Jugend und Landschulbewegung geprägt. Die Fürsorgeerziehung wiederum hatte sich vor 1933 an reformpädagogischen Ideen orientiert und folgte nach 1933 der Jugendpolitik der HJ (SPÄTH, 1938/39, S. 193 ff.) Aber unter der Hand trat eine Veränderung ein, die die gesamte Jugend, nicht nur Deviante, erfassen sollte. Ziele des nationalsozialistischen Denkens sind uns durch die Verordnung über Jugendwohlfahrt in der Ostmark bekannt (VO üb. Jugendwohlfahrt in der Ostmark. Vom 20.3.1940, RGBl. I, S. 519 ff.; die Formulierung beruht auf dem nicht publizierten Entwurf eines Reichsjugendgesetzes der Reichsgemeinschaft der freien Wohlfahrtsverbände Deutschlands von 1934, nach HASENCLEVER 1978, S. 128). § 1 dieser VO gab eine Definition: »Die Erziehung der Jugend im nationalsozialistischen Staate ist Erziehung zur deutschen Volksgemeinschaft. Ziel der Erziehung ist der körperlich und seelisch gesunde, sittlich gefestigte, geistig entwickelte, beruflich tüchtige deutsche Mensch, der rassebewußt in Blut und Boden wurzelt und Volk und Reich verpflichtet und verbunden ist ...«

Der Gegensatz zur klassischen Definition von 1922 zeigte sich im Abrücken von der individuellen, subjektbezogenen Perspektive (vgl. dazu § 1 I RJWG 1922: »Jedes deutsche Kind hat ein Recht auf Erziehung zur leiblichen, seelischen und gesellschaftlichen Tüchtigkeit«). Der Erziehungszweck richtete sich nicht länger am Eigenwert des Menschen, sondern an seiner gesellschaftlichen (Volksgemeinschaft) und politischen (völkischen) Nützlichkeit und an seinem »rassischen Wert« aus. Nicht umsonst wurde der Ruf nach einem Recht des Staates auf Erziehung der Jugend, nach einem »verbindlichen Gesamtplan der deutschen Nationalerziehung« laut (STORCK, 1933/34, S. 1ff.; ähnlich: Behnke, 1933/34, S. 296ff.). Aus der Akzeptanz der Individualität des jungen Menschen wurde eine Dichotomie, wie sie schon CARL SCHMITT im Begriff des Politischen benannt hatte (SCHMITT, 1933). Für die »Schlechtgearteten« sollte Erziehung Arbeitsgewöhnung oder Aussonderung bedeuten. Für die »Gutgearteten« sollte sie Politisierung enthalten. Dieser dichotome Erziehungsbegriff war schon sehr frühzeitig von dem bekannten Strafrechtslehrer G. Radbruch kritisiert worden: Der Nationalsozialismus schlage schnell eine Tür endgültig zu, die das traditionelle Strafrecht doch aufgelassen habe: die Chance der Resozialisierung (RADBRUCH, 1933).

Nicht nur die Erziehung der gefährdeten oder gar kriminellen Jugend gewann ihre Bedeutung aus der politischen Symbolik: Abweichung wurde Staatsvergehen, war Schaden am Volk. Erziehung mußte vornehmlich politische Anpassung sein. Wer dort gehorchte, dem konnte bisweilen abweichendes Verhalten, ja auch Kriminalität, z.B. als »Übereifer«, »jugendlicher Leichtsinn« etc. nachgesehen werden. Zahlreiche Amnestien für Straftaten von SA, SS oder HJ während der sog. Kampfzeit belegen das.

Die gesetzgeberische, die theoretische Entwicklung und das ministerielle Denken war sicherlich auch nach 1933 in weiten Teilen von der Überzeugung getragen, daß abweichenden und delinquenten Jugendlichen der Rückweg in die völkische Gemeinschaft nicht versperrt werden dürfe. Neben dieses Ziel trat die »rücksichtslose« Bekämpfung des »unverbesserlichen Verbrechertums«. Nationalsozialistische Moral traf sich mit einem Nützlichkeitsdenken, das in höherem Sinn auch als gerecht erscheinen konnte: Die Leistungsfähigkeit des gutgearteten Jugendlichen für die Volksgemeinschaft durfte durch Fürsorgemaßnahmen nicht beeinträchtigt werden. Der Böswillige war auszuschließen, aber seine Arbeitskraft war im Gemeinschaftsinteresse zu nutzen. Moralisch erschien es auch, Störungen oder bevorstehende Störungen nicht allein innerhalb der rechtlich fixierten Grenzen zu beseitigen. Vielmehr galt es als unmoralisch, sich durch einschränkende Rechtsregeln behindern zu lassen, weil dann die Gefahr für die Volksgemeinschaft wuchs. Zusammenarbeit aller Instanzen und beliebige Auswahl eines jeden brauchbar erscheinenden Mittels waren eben recht, um das Ziel materieller Gerechtigkeit zu erreichen. Diese Art von Erziehung rechnete den Menschen unter die Gegenstände des Sachenrechts. Der so »erzogene« Jugendliche wurde zum Objekt, zu einer Nützlichkeitsfunktion. Dadurch läßt sich das widersprüchliche Verhalten in der Kriminal- und Sozialpolitik erklären, das einerseits die Notwendigkeit von Stigmatisierungsabwehr und Erziehung hervorhob, andererseits aber Jugendliche in Arbeitserziehungs- und Jugendschutzlager einwies.

Vielleicht geschah jugendlichen Fürsorgezöglingen und Straftätern nur selten Schlimmeres als in rechtsstaatlichen Systemen. Aber potentiell konnte jeder von entsprechenden Aussonderungen bedroht sein. Die Unsicherheit wurde zum politisch gewollten Zustand dieser neuen Form von Erziehung: Später lieferte die Kriegssituation weitere Argumente. Die Anspannung aller Kräfte in der Heimat mußte als eine Steigerung der Anforderungen an den Jugendlichen verstanden werden.

Das Verhältnis zwischen den praktischen Zweckmäßigkeiten und der Weltanschauung war Wandlungen ausgesetzt. War Jugendlichkeit vor 1933 als Unfertigkeit gedeutet worden, die entschuldigt, wurde dieses Argument nach 1933 langsam zugunsten des Schutzes der Volksgemeinschaft zurückgedrängt. Die Ideologie des Ausmerzens war in dieser Phase noch keineswegs handlungsleitend für die Jugendsozial- und Jugendkriminalpolitik. Die Konturen des autoritären Staates, der tut, was er sagt, wurden später immer deutlicher. Ab 1939 war Disziplin an der »inneren Front« gefordert. Der »Schicksalskampf des deutschen Volkes« forderte, den delinquenten Jugendlichen als Störer der innenpolitischen Ausrichtung auf Kriegserfordernisse zu behandeln.

Die tatsächlichen oder vermeintlichen innenpolitischen Notwendigkeiten des Zweiten Weltkrieges förderten so die Tendenz zur schlichten Disziplinierung, die aus zwei Gründen erfolgreich war. Zum einen war die Jugendfürsorge längst, auch bei den Sozialreformern, vom Gedanken der Verhaltensdisziplinierung beeinflußt. Zum anderen hat es – und das mag angesichts eines so hoch ideologisierten Systems paradox klingen – bei den Entscheidungsträgern große Bereitschaft zu effizientem Handeln unter Verzicht auf jede Art von Ideologie gegeben. Die staatliche Macht sollte eine Maschine sein, die möglichst störungsfrei den Kriegserfordernissen zuarbeitete. Es ging also unterhalb der ideologischen Ebene um schlichte Funktionalität. Die NS-Zeit fügte sich einer längst vorhandenen Tendenz zur Zweckrationalität der Bemächtigung der Jugend ein. Für »geistig und charakterlich zurückgebliebene, aber manuell arbeitsfähige und bei geeignetem erzieherischen Einfluß willige und gutartige Jugendliche auf der Grenze der normalen Arbeitsvermittlungsmöglichkeit« wurde nüchtern Bilanz gezogen: »Sie werden volkswirtschaftlich nie zusätzliche Werte schaffen können, müssen aber volkswirtschaftliche und kulturelle Werte nutzlos verbrauchen oder gar schädigen, wenn sie nicht entsprechend eingegliedert werden« (IHRIG, 1935/36, S. 202 ff.).

Die »rassehygienische« Forderung ging dahin, keine öffentlichen Mittel für diesen Personenkreis auszugeben. Das spezifisch nationalsozialistische Element war nicht allein die gewalttätige Übertreibung, wie sie beispielsweise in der Verknüpfung von Erziehungsgedanken und »erbbiologischen« Maßnahmen zu Tage trat (SCHULZE, 1935/36, S. 247ff.) Das »Grundgesetz nationalsozialistischer Weltanschauung« lautete vielmehr: »Das Ganze vor dem Teil, Gemeinnutz vor Eigennutz; entsprechend dem Gesetz organisierten Lebens auch: Jedem das Seine gemäß seiner Leistungen für das Ganze« (KRIECK) (VGL. DAZU: METTLACH, 1936/37, S. 405ff.)

Man bestritt dem Leistungsunfähigen oder -unwilligen prinzipiell das Existenzrecht. Aktionen wie die Tötung von Geisteskranken oder die Sterilisierung Jugendlicher oder auch die Blockeinteilung im Jugendschutzlager (U-Block: Untaugliche, S-Block: Störer, D-Block: Dauerversager) belegen, daß nicht nur eine radikale Sprache gepflegt, sondern entsprechend gehandelt wurde. Am Verhältnis zu Arbeit und Beruf wurde die Zweckhaftigkeit sehr deutlich. Der Fürsorgezögling sollte lernen, daß der Beruf »ein Stück Persönlichkeit«, aber auch eine Pflicht gegenüber der Gemeinschaft sei. Wolle er nicht arbeiten, dann stelle er sich außerhalb der Volksgemeinschaft. Fürsorgeerziehung müsse »am zweckmäßigsten« in der Arbeitsanstalt fortgesetzt werden (METTLACH, 1936/37, S. 407) Zur Bekämpfung der neu eingeführten Delikte des Arbeitsvertragsbruchs und der Arbeitsbummelei bediente sich die Jugendgerichtsbarkeit nach 1940 vornehmlich des neugeschaffenen Jugendarrests. Das wurde als nicht angemessen angesehen, um die Arbeitsdisziplin wiederherzustellen. Deshalb wurde unmittelbar vor Inkrafttreten des neuen RJGG im Jahr 1943 die Einweisung in ein Arbeitserziehungslager als neue Sanktion eingeführt. Sie sollte im Wege der vorläufigen Fürsorgeerziehung angeordnet werden (Arbeitsdisziplin der Jugend, AV d. RJM v. 4.12.1943, in: DJ, S. 572, abgedr. b. PETERS, 1944, Nr. 13; Auszug aus dem Referat von Dr. KÜMMERLEIN über Fragen aus dem Gebiet der Jugendrechtspflege. Gehalten auf der Tagung auf der Reichsburg Kochem am 25.5.1944, in: OLG Oldenburg, Generalakten 3131, Bd. 1, Bl. 94R). Das war ein selbst für damalige Verhältnisse ungewöhnliches Verfahren, weil es sich keineswegs nur um eine besondere Art der Fürsorgeerziehung, sondern um eine ganz neue Maßnahme handelte (Auszug aus dem Referat von Dr. KÜMMERLEIN vom 25.5.1944, in: OLG Oldenburg; Generalakten 3131, Bd. 1, Bl. 91ff.). Diese neue Sanktion ist ein Beleg für die fortschreitende Funktionalisierung des Umgangs mit delinquenten Jugendlichen. Der Erziehungszweck war die Einordnung in die Kriegswirtschaft: »Der Krieg gebietet auch den vollen Arbeitseinsatz aller Jugendlichen. Vergehen Jugendlicher gegen die Arbeitsdisziplin richten sich gegen den Kriegseinsatz« (Arbeitsdisziplin der Jugend, AV v. 4.12.1943). Erst in zweiter Linie wurde ein kriminologischer Zusammenhang zwischen mangelhafter Arbeitsdisziplin und Anzeichen beginnender Verwahrlosung und krimineller Verfehlungen hergestellt.

Bezeichnend ist die Verwendung der Arbeitserziehung als Spezialform der allgemeinen Fürsorgeerziehung. Arbeitserziehung konnte sowohl als Maßnahme nach dem RJWG ohne Vorliegen einer Straftat (§ 67 RJWG) als auch bei strafbaren Handlungen nach dem RJGG angeordnet werden. Und sie sollte nach einer Vereinbarung mit der Reichsjugendführung auch zur Bekämpfung des jugendlichen Cliquenwesens verwendet werden, wenn eine jugendgerichtliche Strafe nicht in Betracht kam (GRUCHMAN, 1980, S. 103 ff.; ebenso das erwähnte Referat von Dr. KÜMMERLEIN auf der Reichsburg Kochem am 25.5.1944, in: OLG Oldenburg, Generalakten 3131, Bd. 1, Bl. 94R).

Während die klassische doppelte Verwendung der Fürsorgeerziehung früher Erziehungsdefizite beheben sollte, standen jetzt Sanktionsgesichtspunkte im Vordergrund. Polizei, Jugendbehörden, HJ, Arbeitsbehörden, Reichstreuhänder der Arbeit oder Staatsanwaltschaft – jeder konnte ein Verfahren mit dem Ziel der Einweisung in Arbeitserziehungslager in Gang setzen. Jugendstrafrecht und Fürsorgerecht wurden austauschbar. Sie wurden, ebenso wie der Erziehungsanspruch der Polizei, Ausdruck eines Binnenverhältnisses zwischen dem Staat als Gesamterzieher und dem Jugendlichen, das der rechtlichen Absicherung und Begrenzung immer weniger bedurfte.

Zerbrochene Familienverhältnisse, Schulversagen, mangelnde Ausbildung, Armut und Arbeitslosigkeit wurden als sichtbarer Ausdruck von Unordnung ebenso wie der Regelverstoß selbst gedeutet, die als Störungen zu beseitigen waren. Ordnung und Disziplin als tragende Elemente der nationalen Revolution wurden mit Strenge und Strafe verbunden. Beides lernte man nicht von allein, sondern durch Härte und konsequentes Handeln Dritter. Selbstzucht konnte nur das Ergebnis von strafender Erziehung sein. Wer sich nicht einordnen konnte, der mußte isoliert werden. Und es war auch logisch, daß er für die gesellschaftlichen Kosten durch Zwangsarbeit aufkam. Der Jugendliche war Verwertungsmaterial – bis hin zu seiner Vernichtung oder Aussonderung. Auch sie war physische wie symbolische Verwertung (Angst). Jede Handlung, jede Denkweise gewann ihre Legitimation aus dieser einfachen Zweiteilung. Bekannte der Jugendliche sich nicht, war er der innenpolitische Feind, der an die Stelle des Regimegegners trat, der längst eliminiert war. Dem Gleichgültigen wurde vor Augen geführt, was ihm passieren würde, wenn er sich nicht bekannte.

Die pädagogische Hoffnung auf Einsicht wurde zum Zwang. Erziehung entlarvte sich als schlichtes Disziplinierungsinstrument. So konnte der Erziehungsgedanke mit neuem Geist gefüllt werden. Die Entfaltung der Persönlichkeit mit individuellen Bedürfnissen und Lebenszwecken war nicht gefragt, sondern höchste Funktionalität für vorherbestimmte Aufgaben. Daher war die Einordnung in Massengliederungen wie HJ, SA, SS, NSKK, RAD, Wehrmacht, NSDAP etc. notwendig (WOLFF, 1992, S. 357). Das Endprodukt sollte der in den Massenorganisationen erzogene politische Soldat sein, der zwischen Befehl und Gehorsam lebte. Die Verwahrlosung oder die Straftat mußte nunmehr als Dienstpflichtverletzung begriffen werden, auf die eine disziplinarische Reaktion zu folgen hatte. In dem Gegensatz zwi-

schen Bürger und Soldat, den CARL SCHMITT als entscheidendes Markmal des NS-
Staates diagnostiziert hatte, kam auch dem Strafrecht und dem Fürsorgerecht die
Aufgabe zu, den Soldaten an die Pflicht im Kampf zu erinnern. Und weiter: Strafrecht und Fürsorgerecht mußten geeignet sein, nach der »Abschaffung des Zivili-
sten« (SOMBART, 1991, S. 22ff. unter Verweis auf Musils Tagebücher) als Disziplinar-
ordnung weiter zu funktionieren.

So geriet die Erziehung »verwahrloster« und delinquenter Jugendlicher in den
Gesamtzusammenhang von Jugendwohlfahrt und Jugendbewahrung, Gemein-
schaftsfremdengesetz, Arbeitserziehung und Arbeitslager, Jugendstrafrecht und
Jugendschutzlager. Auslesen zum Zweck der Erziehung und Ausmerzen zum Zweck
der Vernichtung von verwahrlosten und kriminellen Jugendlichen, die als debil oder
psychopathisch gekennzeichnet werden konnten (KLEE, 1992, S. 60), standen gleichberechtigt nebeneinander. Die neuen Vorstellungen von Erziehung, geprägt durch
die

- Dichotomie von Auslese (der »Gutgearteten«) und Ausmerzen (der »Un-
  brauchbaren, rassisch Wertlosen«),
- Politisierung,
- Leistungsfähigkeit für die völkische Gemeinschaft

verdeutlichen die Wandlung des bürgerlichen Rechtsstaates des vorigen Jahrhunderts
zum Sozialstaat der Gegenwart, von der repressiven Reaktion zu einer persönlichkeits-
formenden Intervention. In Verbindung mit dem Jugendwohlfahrtsrecht entstand in
den ersten dreißig Jahren des 20. Jahrhunderts ein Netzwerk von Institutionen und
Maßnahmen bei abweichendem Verhalten, das gelegentlich als Ausdehnung und Intensivierung von Kontrolle bezeichnet wird (VOSS, 1986, S. 96ff., unter Berufung
auf NAUCKE, 1982, S. 525ff.) Der Ausbau des Maßnahmen- und auch des Strafen-
katalogs im Dritten Reich führte gerade diesen Aspekt von Erziehung fort. Gewollt
war nicht mehr die individuelle Resozialisierung des jugendlichen Abweichlers. Erziehung geschah nicht um der Entwicklung der Persönlichkeit willen. Die Erschließung
eines Jugendpotentials im Interesse der Volksgemeinschaft stand im Vordergrund.
Der Erziehungs- und Resozialisierungsgedanke war als Instrument zu verstehen, das
den Zwecken des Staatssystems dienen sollte. Er sollte die reibungslose Einordnung
in einen von der Dualität Partei und Staat zugewiesenen Platz bewirken.

Literatur

Akten des RJM (BA R 22/5029, Bl. 1090 f.): Aktenvermerk aus dem RJM »zur Unterrichtung
   von Herrn Staatssekretär Dr. ROTHENBERGER« v. 10.9.1942
BEHNKE, E.: »Alte« und »moderne« Erziehungsgrundsätze in der Fürsorgeerziehung. In: ZblJR
   1932/33, S. 2ff.
BEHNKE, E.: Gedanken über die Rechtsformen der staatlichen Erziehung in Jugendfürsorge
   und Jugendstrafvollzug. In: ZblJR 1933/34, S. 296ff.
FRAENKEL, E.: Der Doppelstaat. Recht und Justiz im »Dritten Reich«. Frankfurt a.M., 1984
GRUCHMAN, L.: Jugendopposition und Justiz im Dritten Reich. Die Probleme bei der Verfol-
   gung der »Leipziger Meuten« durch die Gerichte. In: Miscellanea. Festschrift für HELMUT
   KRAUSNICK zum 75. Geburtstag, hrsg. v. BENZ u.a., Stuttgart, 1980, S. 103 ff.

IHRIG, J.: Wohin mit geistig und charakterlich nicht vollwertigen Jugendlichen? In: ZblJugR 1935/36, S. 202ff.

KLEE, E.: Sichten und vernichten. In: Die Zeit Nr. 38/92 v. 11.9.92, S. 60

METTLACH, G.: Die Verwirklichung nationalsozialistischer Erziehungsgrundsätze innerhalb der FE.-Heimerziehung. In: ZblJugR 1936/37, S. 405ff.

NAUCKE, W.: Die Kriminalpolitik des Marburger Programms 1882. In: ZStW 1982, S. 525ff.

NEBINGER, R.: Reichspolizeirecht, 5. Aufl., Leipzig, 1944, S. 18

OLG Oldenburg; Generalakten 3131, Bd. 1, Bl. 91 ff.

RADBRUCH, G.: Strafrechtsreform und Nationalsozialismus. In: Neue Freie Presse Nr. 24548 v. 15.1.1933

SCHMITT, C.: Der Begriff des Politischen. 3. Aufl., Hamburg, 1933

SCHULZE, K.: Zur Sterilisierung straffälliger Jugendlicher. In: ZBlJugR 1935/36, S. 247ff.

SOMBART, N.: Die deutschen Männer und ihre Feinde. Carl Schmitt – ein deutsches Schicksal zwischen Männerbund und Matriarchatsmythos. München/Wien, 1991, S. 22ff.

SPÄTH, Alfred: Die Fürsorge-Anstaltserziehung im Dritten Reich. In: DtJugh 1938/39, S. 193ff.

STORCK, G.F.: Jugendwohlfahrt im neuen Staat. In : ZblJR 1933/34, S. 1 ff.

VOSS, M.: Jugend ohne Rechte. Die Entwicklung des Jugendstrafrechts. Frankfurt/New York, 1986, S. 96ff.

WERNER, P.: Die Einweisung in die polizeilichen Jugendschutzlager. In: Zum neuen Jugendstrafrecht, Deutsches Jugendrecht, H. 4, hrsg. vom Reichsminister der Justiz und dem Reichsjugendführer der NSDAP, Berlin 1944, S. 95ff.

WOLFF, J.: Jugendliche vor Gericht im Dritten Reich. Nationalsozialistische Jugendstrafrechtspolitik und Justizalltag. München, 1992, S. 357

WOLFF, Jörg: Das Verhältnis von Jugendstrafrecht und Jugendhilfe in der historischen Entwicklung und in der gegenwärtigen kriminalpolitischen Diskussion. In: Bundesministerium der Justiz (Hrsg.): Grundfragen des Jugendkriminalrechts und seiner Neuregelung. Bad Godesberg, 1992, S. 122ff.

Chris Leonards

Residential Care for Juvenile Offenders in the Nineteenth-Century Netherlands

Heimerziehung für jugendliche Straftäter im Holland des 19. Jahrhunderts

Im 19. Jahrhundert wurden in den Niederlanden zwei wichtige Experimente im Bereich der institutionellen Fürsorge für kriminelle Jugendlichen gemacht: ein Gefängnis in Rotterdam in der ersten Hälfte, und eine Besserungsanstalt in Alkmaar in der zweiten Hälfte des Jahrhunderts. Diese zwei grundverschiedenen Anstalten sind als die Musterbeispiele einer neuen Fürsorge für straffällige Jugendliche zu betrachten, die nach Ratifizierung der holländischen Jugendwohlfahrtgesetzgebung von 1901 eintrat. Diese zwei Experimente werden im Zusammenhang mit einem europäischen Aufstieg von »forces of organised virtue« und am Beispiel der »holländischen Genossenschaft für moralische Besserung der Gefangenen« beschrieben.

1. Introduction: The Dutch penitentiary setting during the nineteenth century

Shortly after the introduction of an enlightened and national penal lawbook in 1809, the Crimineel Wetboek voor het Koningrijk Holland, the Netherlands were incorporated into the French empire. From that time on the French Code Pénal was enforced. Even after the departure of the French and the arrival of King William I, this French Code Pénal was provisionally kept, in fact until 1886, when a new Dutch Criminal Lawbook was completed. For juvenile offenders the provisions in the French law book were quite severe. Unlike the Crimineel Wetboek, in the Code Pénal there was no minimum age for juridical responsibility: of all the accused juveniles under the age of sixteen it had to be checked whether they had acted with or without an ability to discern between good and evil. If a child younger than sixteen had offended without this discernment, it had to be accused, but could nevertheless be sent to a reformatory, where it could be educated and held in custody until it was twenty yeras old (BAAIJENS-VAN GELOVEN, 1985). However, reformatories in the proper sense of the word did not exist in the Dutch prison system at that time.[1] Now, if the child could be proved to have acted with moral discernment, the capital punishment, lifelong forced labour and banning were converted into an imprisonment of ten to twenty years. The punishment of temporary forced labor and imprisonment were reduced to half the normal amount of time. The punishment of exhibition and temporary banning had to be replaced by an imprisonment of one to five years. If the child had reached sixteen yeras of age, on the other hand, it would receive the normaly punishment. King William I made a few alterations to the Code Pénal, notably the substitution by imprisonment of the typically French punishments of banning, forced labour and the galleys (DE JONGH, 1846). This, however, resulted in a profound growth in the number of immates in the prisons. Criminals of all sorts and kinds were imprisoned indiscriminately in old, decrepit prison buildings.

During the first half of the nineteenth century different categories of prisons were established, that is to say, separate prisons were set up for children and women, and in most of the prisons inmates were grouped according to the severity of crimes they had committed and the state of their morality. In the meantime bodily and dishonouring punishments were gradually abandoned. In 1850 the system of solitary confinement for adult prisoners was introduced, as well as correction houses for children in the true sense of the existing criminal law: reformatories with re-education as a primary intention (FRANKE, 1990, ch. III-VI; LEONARDS, 1987; Leonards 1989). As soon as these new experiments were institutionalised in the laws and royal decrees of 1881, concern about the effectiveness of the new measures for delinquent children boomed, giving way to a new set of Child Protection Laws after the turn of the century. From that time on an active judicial interference with the parental powers was made possible, and two special institutions were set up for convicted children on the one hand, and children who lacked the ability of moral discernment on the other. Although a state-affair, a respectable amount of this undertaking was provided by non-governmental organisations.

1. The Boys-Prison at Rotterdam

By royal decree of March 15, 1833, the old prison building in the centre of the city of Rotterdam in the densely populated West of the country was designated as a »Prison, solely meant for the confinement and reform of young convicts« (DE JONGH, 1846). After 1837 in this boys-prison maintained a severe system of classification. In an account of his travels through the Netherlands and Belgium the Spanish prison reformer Simon de la Sagra gave a brief summary of this system. The boys in the Rotterdam prison were divided into three classes: in the lowest class recidivists, »serious criminals« and degraded wrong-doers from the second class were placed. The middle class contained »less serious criminals« and boys promoted or degraded from the other classes. In the third, highest class convicts for minor offences, boys who had violated the law without the ability of moral discernment and boys promoted from the second class because of good conduct were held. The members of the three classes could be easily recognised by their dress. In the lowest class the shirts had a black collar; boys in the second class wore a black ribbon on their collar, whereas members of the third class had no special marks at all. On entrance all boys were held in solitary confinement for six to thirty days to be thoroughly observed and properly classified. In the lowest class absolute silence was maintained, except during short stays in the prisons court-yard. No games of any kind were allowed. Dinner was consumed in separation from the other classes, and with the boys' faces directed to the wall. Every three months a boy of this class was allowed to receive a visit from one of his parents or another direct relative. In contrast, the boys of the highest class were allowed to speak, except during dinnertime, were they were placed »vis à vis«. Once a fortnight these boys could be visited by their parents, relatives or even friends. During breaks they were allowed to play, to smoke or chew tobacco. Passage from one class to another had to be earned progressively, whereas disciplinary punishment was more severe in the lower classes (DE LA SAGRA, 1839).

The Rotterdam boys-prison was a minimal implementation of the promising words in the penal law. The building was small, ill suited for the purpose and had to function with minimal funds. Nonetheless it was praised for its results and seen as a good start for what had to be fostered in the coming years. The inmates of the prison came from many parts of the Netherlands, although certain restrictions on the distance of travelling to the prison led to an over-representation of boys convicted in the western part of the country. As a rule only boys convicted for a detention of more than three months were admitted. Because of the intricacies of the French penal code two categories of boys were kept here. On the one hand boys who were sentenced in a normal way, that is to say, with full knowledge and discern of their mischief; on the other boys who, according to the judge, had acted without discernment. As a result, the former category was imprisoned for a moderate duration of three months to two years, whereas the latter was sentenced for a much longer period, up to their eighteenth birthday, sometimes leading to an imprisonment of more than ten years. This second category was a moderately growing minority, because the judicial system had yet to become accustomed to sentencing these boys. So far these boys had usually been returned to their parents with no sentence whatsoever.

During the period between 1836 and 1865 an annual average of hundred to two hundred boys were imprisoned at the Rotterdam institution. The majority was between ten and sixteen years of age and convicted for minor thefts. Only an average of 30% were literate on entrance. The government provided funds for the general maintenance of the prison, i.e. food, drink, clothing and bedding, medical care etc. All extras, like religious, moral, primary and vocational education, guidance, travel money on leave, had to be provided for by private initiatives. At Rotterdam the local department of the Dutch prison society took care of this, generously assisted by its national council, making the Rotterdam experiment a national effort to re-educate juvenile offenders. Although this prison can be depicted as a public-private enterprise avant-la-lettre, the prison society was inclined to blame the government for the bad results, whereas it held itself fully responsible for the good results: this public-private cooperation was not optimally tuned. The results themselves were rather ambiguous. As to educational results, one must admit that the boys had made an impressive progress during their stay in prison: 60 to 90% of the boys left the prison with some ability to read and write. But another important goal, the justification of the very existence of the boys-prison, was not met at all: after they had left the prison a growing amount of boys relapsed, and was sentenced again. Recidivism, measured against the average population of the prison, grew from a moderate 4% in the 1830's to a souring 35% in the 1860's.[2]

2. The House for Reform and Education of Boys at Alkmaar

In 1857 another institution was opened in the city of Alkmaar. Here a brand-new experiment was started for boys under the age of sixteen who had violated the law without the ability of moral discernment. According to the existing penal law these so-called opvoedelingen (pupils) were not to be punished, but had to be educated in special reformatories up to their twentieth birthday. The Alkmaar House of Reform and Education was the first institution to function according to this law, which had already existed since 1811, when the French Code Pénal was prolonged. So far this section of the criminal children had been treated in the same way as the majority of convicted juvenile offenders. This, however, was not considered appropriate any longer.

Affairs at the Alkmaar house were guided through even more extended rules than in Rotterdam. Before the opening of the house the actual regulations were thoroughly accounted for and made public. It consisted of 81 articles. Twelve rules concerned order and obedience; eleven had to do with education and intellectual and moral development. Moreover, the list included measures concerning clothing and bedding, and measures to be taken on leave (see: DE GRAAFF, 1977, nr. 377; MEETER, 1860). The Alkmaar House had a far reaching goal. According to the regulation, the institution was to keep youngsters with the intention to reform them and educate them as useful members of society, as long as was sentenced by the judge. This implied an intensive programme. In the morning pupils rose at six o'clock, washed themselves and made their beds. At half past six they were counted, while a religious text was read to them. Breakfast was between seven and eight, starting with a prayer. School commenced at eight, followed by half an hour of marching in open air. Then they were to have their vocational training till they were counted again at one o'clock. Between one and two o'clock pupils took their hot meals followed by a short rest. In the afternoon another vocational training was scheduled, with one hour of gymnastics in between. The very young and the boys who had recently arrived would receive normal elementary training instead of the vocational training in the afternoon. From six to half past seven the boys would have another course of elementary training; supper, relaxation and book reading was between half past seven and nine. After a third count at nine the boys went to bed. This schedule was enforced on all weekdays and was only relaxed during Sundays and public holidays (see: DE GRAAFF, 1977, nr. 379).

The pupils of the Alkmaar House of Reform and Education came from all over the country. Because of their »conviction« as a person having committed a crime without the ability of moral discernment, they were not sentenced for a certain period of time according to the seriousness of there crime, but for a detention up to their eighteenth birthday. This meant that most convictions in this category exceeded the minimum of three months, so most of these boys actually stayed at Alkmaar. The average population of the House grew steadily from a 50 pupils in the opening year of 1857 to a maximum of 220 in the 1880's. Compared to the boys-prison their average stay was indeed much longer, between five and ten years in most cases. The institution was enlarged several times; still in 1878 a surplus had to be diverted to an annex of the new boys-prison, serving as a temporal House of Reform and Correction. Although the boys were not convicted, it could be traced what mischief they were brought to trial for between 1857 and 1870. A majority of 86% had stolen something or violated the vagrancy laws. Only two boys in all these years were tried for manslaughter and maltreatment. On entrance more than 70% of the pupils were unable to read or write; in later years this figure even increased to a 95% in the 1880's. The results of primary education in the House are all the more impressive. In the years from 1858 to 1885 between 35 and 75% of the boys are reported to have developed a good ability to read and write, whereas between 15 and 50% at least partially had passed the final test.[3] Of course these figures have to be treated with utmost care. The gathering of statistics themselves can be seen as an aspect of the modernising tendencies in the treatment of the children. This is even more striking in the annual reports on the behaviour of the boys after taking leave from the reformatory: 60% of the boys were reported to be able to support themselves; the behaviour of 74% was good or very good, whereas 8% was »moderate«. The rest had either died (16%) or had been imprisoned again (1%), so there wasn't room for bad behaviour.[4]

So far I have introduced two rather opposing types of treatment of juvenile offenders; two experiments, involving primarily punishment on the one hand and education on the other. One wishes to know the value of these two residential experiments in the long run. To answer this, I'll have to account for several widespread developments in the nineteenth century, not just in the Netherlands, but in the whole of Europe and even part of the Americas. In the following, I will go into the activities of bourgeois philanthropists and humanitarians in all of Europe, with special attention to their views on the problem of juvenile delinquency and its possible solutions. As a case study I will give special attention to the »Dutch Society on Moral Reform of Prisoners«. I will conclude with some remarks on the evaluation of the experiments with juvenile delinquents in the Netherlands at the turn of the century.

3. The emergence of »organised virtue« in nineteenth-century Europe

In his book »Haven in a Heartless World«, CHRISTOPHER LASCH has introduced an interesting concept to understand the rapid rise of all kinds of organisations, leagues, and societies that came about all over Europe and the United States in the second half of the eighteenth and during the nineteenth century. According to LASCH, their common aim was to impose bourgeois values of domesticity and standards of health and hygiene on the lower classes: »Bourgeois domesticity did not simply evolve. It was imposed on society by the forces of organized virtue, led by feminists, temperance advocates, educational reformers, liberal ministers, penologists, doctors, and bureaucrats« (LASCH, 1979, 168-169). This, indeed, seems to have been a universal phenomenon in the western world. In the United States, for instance, at the end of the eighteenth century the Society for the Prevention of Vice and the Society for the Prevention of Cruelty to Animals were founded. In 1776 the Philadelphia Society for Assisting Distressed Prisoners was established, ten years later renamed as the Society for Alleviating the Miseries of Public Prisons. All these societies, however different their objectives might seem, were directed toward influencing the lives of the lower classes. Each had its European counterpart. For convenience, I will only give a few examples of societies directed toward prisons, prisoners and juvenile offenders.

In Strassbourgh, in 1814, the Société pour l'Amélioriation morale et pour le patronage des jeunes détenus libérés du département du Bas-Rhin was established. In Britain, in 1817, a Society for the Improvement of Prison Discipline and the Reformation of Juvenile Offenders. In France, in 1819, the Société Royale pour l'amélioration des détenus. In the south-west of Germany, in 1840, the Pfälzischen Verein zur moralische Besserung der Sträflinge (verLoren van Themaat, 1910/11, Part II). This phenomenon can only be explained by the unique interaction of new ideas and socio-political developments in this era. The new ideas came from the enlightened writers on society and law, notably from the works of Cesare Beccaria, who in 1764 had published his essay on »crimes and punishments« (Beccaria, 1775 [1764]). It was to be a blue-print for the new criminal law books that were introduced in the nineteenth century. His maxim of a criminal law not meant to harshly revenge the criminal infringes made on the functioning of society, but to prevent criminal behaviour by rational measures, highly appealed to the bourgeois layers of society, who had just begun to emancipate as a result of the French Revolution. These new ideas were highly useful in regulating the lower masses in society, which were considered increasingly dangerous and very different from their own sort of people. Of course this is a rather crude picture of nineteenth-century ideas and practices, that has to be completed with reference to the religious revival in the Protestant denominations in the nineteenth century, and to the structural development of the use of prisons as a principal means of punishment in contrast with the violent corporeal punishments of the Ancien Régime: as one of the unforeseen effects of the new enlightened ideas on punishment, old, ill-suited prison buildings were often overcrowded with unhealthy people, indiscriminatingly locked in. The potential dangers for the bourgeois classes couldn't be overlooked and were in fact heavily felt.[5]

4. The »Dutch Society on Moral Reform of Prisoners«

In 1823 the »Dutch Society on Moral Reform of Prisoners« was founded (cf. De Jongh, 1846, nr. 105, 106.; also: Van Bemmelen, 1923, 263). The founders of this society, especially the philanthropist Willem Hendrik Suringar, were stressed by the account of the »State of Prisons in England and Wales«, in 1792 published by John Howard (1977). In this book, the aforementioned ingredients of enlightenment, religious beliefs and bourgeois, utilitarian thoughts were uniquely combined in a complaint lodged against general conditions in British jails. This work highly appealed to the former merchants Suringar and Warnsinck and the poet Nierstrasz, who had liberal minds but were also quite religious (Van Bemmelen, 1923, 34-37). The Dutch prison society grew rapidly in the number of participants, as well as in influence in the field of criminal punishment. Maybe its lucky fate was to be the contemporary of the modern Dutch state-formation in the nineteenth century. As in many respects after 1813 the whole field of juridical and penitentiary organisation was under reconstruction, giving room for new insights and initiatives. Until the middle of the century private organisations, like the Dutch prison society, had a considerable influence on the way in which the Dutch state took shape. It can be considered an achievement of the Dutch prison society that in the course of the nineteenth century all kinds of corporeal and dishonouring punishments were abolished, that the principle of re-socialization of criminals was accepted, that out of several international examples, the system of solitary confinement was chosen as a general rule, and that —as far as criminal children are concerned— education instead of punishment was to be the guideline for practical solutions. But the fate of the prison society was ambiguous in the long run.

After the 1850's its ideas had become more or less incorporated in the state regulations and most of its activities in the prisons, even its most cherished ones — the organisation of education in the prisons and its responsibility for the re-education of delinquent children— were more or less taken over by governmental officials. Of course this can be seen as a logical consequence of the state formation and the general professionalizing tendency in Dutch society, but members of the Dutch prison society got frustrated in a way, and, as a result, changed their attitudes towards a conservative direction. In the 1850's and 1860's some of them even left the penitentiary field altogether, to find new opportunities for organised virtue in the still privately organised field of probation or care for so-called children-in-danger (DEKKER, 1985). In the meanwhile, the prison society served as the root for a renewed, professionalized interest in the care for and treatment of criminals, especially children. The number of professional lawyers and criminologists amongst the bourgeois members of the Society grew considerably in the second half of the century. Their professional insights, based on a mixture of the new anthropological theories of LOMBROSO and the French environmental School around LACASSAGNE, were highly compatible with the basic re-educational paradigm of the Society. It was their influence, and actual take-over, of the Society that led to what can be called a moral panic in Dutch society at the turn of the century.

6. Moral panic in »fin de siècle« Holland: conclusions

Immediately after the ratification of the new Dutch Penal Lawbook in 1881, concern for a rapid rise in Dutch crime rates grew to unprecedented heights. This is partly due to the fact that the new penologists and criminologists began to make a more intensive use of criminal statistics, and could by now study a respectable time-series of 30 to 50 years. According to the official statistics, in the 1880's average crime rates grew with a 3.52% per annum, whereas in the preceding twenty years the average rate of growth had never exceeded 0.78% per annum. As for the segment of children under sixteen in these figures, the phenomenon was equally impressive.[6] Of course these figures can't be verified, but that question is not very relevant here: anyhow, these statistics served as a crowbar in the hands of Dutch advocates of an intensified criminal policy.[7] In this they were heavily backed by their foreign, like-minded friends and colleagues, whom they had met at the international penitentiary congresses at London in 1872, Rome in 1885 and Petersburg in 1890. Between 1880 and 1900 several Dutch academic theses were prepared on the criminality of children, its causes, treatment and remedies. In addition a countless number of pamphlets, reports and advices were published on the subject. As an important consequence of the new criminological and penological insights on the mixture of biological, social and psychological causes of crime and criminality, all attention was directed to children and adolescents. It was considered that, if crime rates were ever to fall, one should first take action with these impressionable groups.

By a backdoor the public-private discussion came in again. Research had made it clear that the governmental take-over of the re-education of juvenile offenders in reformatories and youth-prisons hadn't been altogether successful (VAN DER AA, 1890). On the other hand a vast archipelago of, reportedly, successful institutions for children-in-danger had been erected by private organisations (DEKKER, 1985). Thus, private re-educational organisations had a good claim for their eagerness to broaden their field of action, and once again incorporate the care for juvenile offenders into their institutions. But there was more to it. In nineteenth-century Dutch civil law parental powers were still unchallenged. The only way to deprive someone of his paternal authority was via penal law, when a father had committed crime with or against his own children. Once again private practises had taught that it was impossible to prevent children from committing a crime in the case a father was not cooperative or not a criminal himself. If there was ever to be any result in the prevention of juvenile crime, this Patria Potestas had to be broken. After almost a century of experimenting and two decades of intensified public discussion the new century gave birth to the new Child Protection Laws. In the domain of civil law, preventive measures were made possible by changing the parental authority; and in the domain of criminal law, repressive action could be taken against juvenile crime. In both domains considerable room was made for private organisations. If a child was removed from its family, guardianship was usually handed over to private institutions. If a child had committed a crime moral discernment was not an issue anymore. It was up to the judge in court to decide whether a punishment or an educational measure was suitable. If the judge decided on an educational measure, this could be carried out by private organisations in residential educational institutions, or in a few governmental educational institutions (Rijksopvoedingsgestichten). Punishments on the other hand, especially of a penitentiary nature, were always carried out in the new state reformatories (Tuchtscholen).

As a result, both nineteenth-century proto-types of care for juvenile offenders, the youth prison and the re-educational institution, were incorporated in the new laws. In sheer number of application, however, the educational model of the »Alkmaar House for Reform and Education« proved to be a clear winner in the years to come.

Notes
[1] In fact all prisons were called reformatories (»verbeterhuizen«) in the terminology of the Code Pénal.
[2] Figures calculated from Dutch prison statistics.
[3] Figures calculated from Dutch prison statistics.
[4] Figures calculated from: Staat van inlichtingen over de ontslagen verpleegden, see: DE GRAAFF (1977), nr. 423.
[5] e.g. the Réveil, with roots in seventeenth-century Piëtism, in Switzerland, Germany, the Netherlands; and the Quackers (Society of Friends) in Britain and the USA.
[6] Calculations based on »cases tried«. Figures extracted from Dutch court statistics.
[7] As an outcome of these conferences in 1888 the Union Internationale de Droit Pénal/ Internationale Kriminalistische Vereinigung was founded by F. VON LISZT, A. PRINS and

the Dutchman G.A. VAN HAMEL, the founding fathers of the so-called New Direction in criminal law. Their common aim was a »Kriminal-Politik«.

References

BAAIJENS-VAN GELOVEN, Y. G. M., A. C. 't Hart, A. M. v. KALMTHOUT, W. NIEBOER, G. A. M. STRIJARDS, & M. J. H. J. DE VRIES-LEEMANS (ED.): Strafwetgeving in de negentiende eeuw. Tilburg, 1985

BECCARIA, C. (1775 [1764].). An essay on Crimes and Punishments [Dei delitti e delle pene]. (4 ed.). Brookline Village: Branden Press.

DE GRAAFF, S. A. L.: Inventaris Rijksarchief in Noord-Holland, Archieven van de Toezichthoudende Colleges over de Gevangenissen en het Rijksopvoedingsgesticht in Alkmaar, 1811-1961 (2 ed.). Haarlem, 1977

DE JONGH, J. J. (ED.): Verzameling van Wetten, Decreten, Besluiten, Reglementen, Instructiën en Bepalingen, betrekkelijk het Gevangeniswezen in de Nederlanden, sedert de invoering van de Fransche Wetgeving tot en met den jare 1844; benevens de daarbij behoorende staten, modellen en tarieven, alsmede eene chronologische en alphabetische lijst. Leeuwarden, 1846

DE LA SAGRA, R.: Reis door Nederland en België met toepassing op het lager onderwijs, de instellingen van liefdadigheid en de gevangenissen in beide landen. Groningen, 1839

DEKKER, J. J. H.: Straffen, redden en opvoeden; Het ontstaan en de ontwikkeling van de residentiële heropvoeding in West-Europa, 1814-1914, met bijzondere aandacht voor Nederlandsch Mettray. Assen/Maastricht, 1985

FRANKE, H.: Twee eeuwen gevangen; Misdaad en straf in Nederland. Utrecht, 1990

HOWARD, E.: State of the Prisons in England and Wales, with preliminary observations and an account of some foreign prisons (Reprint). Abingdon, Oxon, 1977 [1777]

LASCH, C.: Haven in a Heartless World; the family besieged. New York, 1979

LEONARDS, C.: Opvoeding in de Jeugdgevangenis te Rotterdam, 1833-1865; van particuliere zorg naar overheidstaak. Pedagogische Verhandelingen; tijdschrift voor wijsgerige en historische pedagogiek, 1987, 10(2), 249-259.

LEONARDS, C. G. T. M.: Het Huis van Verbetering en Opvoeding in Alkmaar (1857-1884). In: S. FABER, S. VAN RULLER, C. FIJNAUT, J. VAN DER LINDEN, H. J. FRANKE, H. A. DIEDERIKS, C. G. T. M. LEONARDS, R. M. DEKKER, G. HEKMA, W. C. DE VLAMING, & B. LUGER (EDS.): Criminaliteit in de negentiende eeuw (pp. 95-109). Hilversum, 1989

MEETER, A.: Het Huis van Verbetering en Opvoeding voor Jongens te Alkmaar. Alkmaar, 1860

VAN BEMMELEN, J. M.: Van Zedelijke Verbetering tot Reclasseering; Geschiedenis van het Nederlandsch Genootschap tot Zedelijke Verbetering der Gevangenen. 1823-1923. s-Gravenhage, 1923

VAN DER AA, J. S.: De Rijksopvoedingsgestichten in Nederland. Amsterdam, 1890

VERLOREN VAN THEMAAT, H. B.: Zorg voor den Veroordeelde in het bijzonder na zijne invrijheidstelling. Utrecht, 1910/11

Eric Broekaert

History and Basics of the Therapeutic Community

Die Enstehung der Therapeutischen Gemeinschaft

Die A.A.-Bewegung und die Therapeutische Gemeinschaft sind eng verbunden mit dem öffentlichen Schuldbekenntnis der ersten Christen. Beichte und Busse nach dem Mittelalter bekommen einen anderen Charakter; die Wissenschaft beeinflußt die gruppentherapeutische Approximation.

Die Psychoanalyse, die Ego-Psychologie, die Soziale Psychologie, die Kommunikationstheorie, die Systemtheorie und Holistische Theorie beeinflussen die Therapeutische Gemeinschaft und führen zur Differenzierung. So gibt es: die Psychotherapeutische Gemeinschaft, die Therapeutische Gemeinschaft für Kinder, die Demokratische Therapeutische Gemeinschaft, die drogenfreie strukturierte Gemeinschaft, die aktuelle offene Therapeutische Gemeinschaft.
Bei der Bestrebung, das Wesentliche der Arbeit in der Therapeutischen Gemeinschaft darzustellen, kam man zu nachfolgende Folgerungen :
* *optimistischer Glauben an das Menschsein*
* *einheitliches Denken und Erleben*
* *relationelle und holistische Annäherungsweise: Person, Familie, Gemeinschaft*
* *Streben nach allgemeinen menschlichen Werten*
* *Qualität über Quantität*

The origin of the T.C. is closely linked with the Jewish-Hellenist communities that were influenced by the culture of Alexandria 2000 years ago and that had close contacts with the Essenes. There lies the origin of the word »therapy«. Some essences were called therapeutae, because they succeeded in treating man's body and soul. They strongly influenced the first Christian communities, where exhomologesis played a key role.

Exhomologesis meant that all members of these enlarged families openly discussed their behaviour in front of their brothers and sisters in Christ. One can compare exhomologesis with a public confession, in which the debating of faults is the starting-point for good doings. (GLASER, 1977). Exhomologesis went hand in hand with penance and was in fact a confession of faith, which led to reconciliation.

Gradually Christianity spread out and since the 3rd century, there were monks who led a solitary life in Egypt as hermits. The dangers of this solitary life led to the formation of groups and so arose a new group of communities: the monasteries.

In 530 Benedict draws up their »rule« in Montecasino. Poor, humble, obedient, chaste, they lived working and praying within a community. (BENEDICT and his monks in the Netherlands, p. 480, 1980)

Together with the squires, these monasteries formed the cement and the order of feudal life. Although the monk offers hospitality to the poor and although there are, next to monasteries, houses for orphans and foundlings (HELLINCKX in BROEKAERT,

1993, p. 119) most people live in destitute conditions in the country and in the villages.

The squires bought off their sins by way of alms. On Maundy Thursday, a kneeling Robert the Pious distributed with his blessed hands vegetables, fish and bread and put a coin into the hand of each poor (G. DUBY, 1976, p. 60). This was more of a symbol, an imitation of the act of JESUS.

Although the rules of the orders indicated respect for the poor and weak, the monasteries had little attention for the psychiatric problems. Serious disorders were considered as punishments by God. Segregation, detention even were the fate of these unlucky people.

Gradually the rule of Benedict became spirit of the rich and unassailable Cluny. The reaction towards poverty by Bernard and the Cistercians led to a peoples' church in the 12th century associated with communities and cities. Gradually the cities developed a social structure in which hospices and hospitals played a key role.

The serious mental and psychiatric problems were not yet recognized. Handicapped people became a fairground attraction or were locked away in special places.

A new kind of penance came up, the confession. Although it was later that confession of faith, penance and absolution were executed in one single act, the role of the priest as a mediator and an advocate becomes more and more important. The public character, the »exhomologesis«, the communal and emotional manifestation of guilt, is done away with. The individual confession of faith comes into prominence.

The Middle Ages bask in the confidence of faith, but DESIDERIUS ERASMUS (1466-1536) introduces a new spring. The Bible translation reaches back to the original texts and the values of early Christianity regain importance. When LUTHER (1521) translates the gospel in the vernacular and denies church its role of mediator between man and god, the question of guilt becomes a matter between god and man. In that sense also ZWINGLY (1525) reaches back to inner experiences as a source of spiritual welfare when he reforms the Swiss Church. The inner quest for man himself and the importance of the original Christian community forms the basis of BUCHMAN and the Oxford-groups, the origin of AA and the drugfree therapeutic community. Still, this would be the last time that faith, unassailed by the criticism of science, would let its image on the world prevail. The question of openness, guilt, penance and reconciliation becomes a scientific question. Science will bring therapeutic and pedagogical thought to full development. After KEPLER (1660), COPERNICUS (1543) and GALILEI (1632), NEWTON (1666) unites water and fire: empiricism and rationalism. The rational causal empiricist way of thinking, with mechanical laws and deterministic characteristics starts to penetrate life.

In the 15th century Orfuys divided categorized diseases according to their natural or supernatural cause, but FRANZ MESMER (1778) goes into NEWTON's suggestion that the universe is formed out of ether. Ether would be present in the human mind. This animal magnetism is the basis for the first forms of (group-)psychotherapy. Physical and mental group solidarity can originate healing mechanisms.

When I. KANT (1790) questions objective knowledge and HEGEL (1810) teaches how perception is determined by the subjective paradigms of personal thought, the understanding of »self awareness« arises. Consciousness and empirical rationalism are applied in psychology and pedagogics.

FREUD (1920) designs a Newtonian materialistic psychoanalysis, inclusive of the question of guilt. WILLIAM JAMES (1900) lays the basis for behaviourism: behaviour without consciousness, but mechanical. The I-psychology remains analytical, but builds a bridge towards humanism and existentialism (1950). BÜHLER, MASLOW and ROGERS (1960) try to integrate behaviour, psychoanalysis and experience. In the mean time VAN BERTALANTHY (1940) has developed the system theory and EINSTEIN (1920) the theory of relativity. Social psychology (BANDURA 1970), communication and family therapies (HALEY, JACKSON and BATESON 1970) found a systematical approach.

In pedagogics the question of acting becomes a question of language (HABERMAS 1970). The new vision of the world leads unstopably to a hollistic enquiry (CAPRA, CHAW, BÖHM 1985). Within this evolution of thought, the therapeutic community can be situated. Several interacting T.C.-models can be differentiated :

1. Types

1. The psychotherapeutic community: since 1920.
   This type of community finds its roots in analytical thinking. Regression and transfer are essential means of treatment.
   Population: psychiatric patients (neurosis, psychosis). FREUD, AICHORN, KLEIN, LACAN.
2. The therapeutic community for children and adolescents: since 1930
   Referring to the realisations of the movement for renovation of education and schools, and the ego-psychology. Education and ego-strengthening are the ways of approaching.
   Population: children and adolescents in difficult educational situation.
   PIAGET, DEUWEY, CLAPARÈDE, MONTESSORY, BETTELHEIM, REDL, WINEMAN.
3. The democratic therapeutic community: since 1945
* Referring to social psychology. Social structuration and interaction as main type of intervention.
* Population: psychiatric patients, psychosis
* JONES, RAPAPART
4. The drugfree or structured Therapeutic Community: since 1955
* Referring to humanistic psychology and Synanon
* Experiencing life and selfdiscovery in the here and now of a given situation; balance between structured environment and open encounter groups
* Population: drugaddicts, character disorders
* DEDERICH, MASLOW, CASRIEL
5. Actual therapeutic community: since 1965
* Referring to humanistic psychology and education
  integration 2. 3. 4.

- Expanding with communication and family therapy; systemic thinking; growing towards a responsible person within a family framework and larger social network, on basis of T.C. -standards and goals
- population: drugaddicts, character disorders, adolescents or young adults in difficult social situations
- OTTENBERG, KOOYMAN, O'BRIEN, ROSENTHAL

The above mentioned integration of the therapeutic community for children and adolescents, the democratic therapeutic community, is recent and ongoing process. The worldwide expansion of the drugfree therapeutic community enlarged its original horizon, a process that already started 16 years ago in Eskilstuna, Sweden during the 1st World conference and the memorable contributions of JONES and MOWRER. It continues especially with the integration of systemic and hollistic thinking. In order to balance this process, the European federation of T.C. gathered in »De Haan«-Belgium, searching for the T.C.-Basics.

2. Basics

In De Haan, Belgium, during a European convention, following conclusions concerning basics and essentials of the T.C. were accepted (BROEKAERT, 1993):

1. A TC is a drugfree environment in which people with addictive problems live together in an organized and structured way to promote change towards a drugfree life in the outside society. The TC performs a miniature society in which residents and staff as facilitators perform distinctive roles and in which there are clear rules, all designed to enhance the transitional process of the residents. Self-help and mutual help are pillars of the therapeutic process in which the resident is the protagonist principally responsible for achieving personal growth toward a more meaningful and responsible life and of upholding the welfare in the community. The program is voluntary in a sense that the resident will not be held in the program by force or against his/her will.
2. A TC strives towards integration of its residents and considers a sufficiently long stay in treatment as a necessity.
3. The doors of a TC have to be open to society and the position of directors, staff and residents can be challenged and be questioned. Charismatic leadership is only accepted when open to questioning and review.
4. Staff members must maintain standards of competence. Diploma's are not the exclusive criteria of competence. Ex-addicts can make extremely important contributions in the good functioning of a TC.
5. TC's have to keep their identity and to review regularly their reasons of existence.
6. A TC can always change as long as it does not forget its goals and standards.
7. Residents can be discharged for a cause.
8. Staff has to operate within the boundaries of ethical standards determined :
   - competence level
   - interactions between staff and residents and their families, families and the communities

- interactions between staff and staff
- maintenance of one's capability to continue to study

9. Sharing of daily life and value system, no violence and drugs, responsible concern and structure.

In essence the T.C. can be considered as a locus of education. It integrates different therapeutical schools through acting and handling. Its approach is dialogical, relational. The historical search for unity and complementrity leads to an own characteristic view on the world and human life, of which the underlying principles are the following (BROEKAERT, 1993, BERMAN 1985):

1. An optimistic belief in the possibilities of human nature. An accent on transcendence of human nature.
2. Integration of the so called contradiction between totality and separative components, thinking and feeling, body and spirit, behaviour and uncounsciousness. Reasoning in terms of »and/and« and not »if/if«.
3. Process, form and relationship are primary. Discussion have to be taken self, the environment creates the context of growth, as everyone is bonded and related within this process.
4. The final transcendence of human nature cumulates in personal integration with values such as honesty, openness, creativity, respect. The goal of life is wisdom, beauty and grace.
5. Facts and values are inseparable. Through handling and action together the pattern of one's value system becomes clear. Quality is more primordial than quantity.
6. Person, family and society are interrelated. A global approach requires the integration of those systems, and treatment has to take place at the three levels.

References

GLASER, F.: The international history and evolution of the therapeutic community movement. 2nd World Conference BAD 2, pp. 51 - 73, O.O.B.C. Gent, 1993.

BROEKAERT, E. KOOYMAN, M. OTTENBERG, D.: What cannot change in a T.C. Orthopedagogische Reeks Gent. Nr. 2, pp. 51-63.

O.O.B.C. Gent, 1993.

BERMAN, M.: De terugkeer van de betovering. Lemniscaat. Rotterdam, 1985.

Dan Gooch

Children in Residential Care

Rückgang von Heimunterbringung in Großbritannien

Kinder - besonders junge Familien - dürfen in Großbritannien durch verschiedene Dienststellen bzw. Büros in Heimen untergebracht werden. Innerhalb der gehobenen Mittelklasse gibt es eine starke Tendenz, die Kinder in beitragspflichtigen privaten Internaten unterzubringen. Die Anzahl der von Heimerziehung betroffenen Kinder jedoch verringert sich, wobei dies eher durch kürzere Aufenthalte als durch geringere Einweisung verursacht wird. Im Folgenden werden einige Möglichkeiten, wie dieser Rückgang zustande kommt, aufgezeigt sowie Erklärungen für dieses Phänomen geboten.

The separation of children from their parents and their collective upbringing by strangers is a practice geographically widespread and historically of long standing, but a practice that is in decline both in Britain and elsewhere. Residence may be offered, or obliged upon ‚children as part of the service provided by health, education, social services or youth justice agencies. The largest numbers of children overall - more than a million admissions every year- are accommodated by the health service in ordinary hospitals, and the largest group in residence at any one time live in boarding schools. Whilst most of the latter board through choice or parental preference, some have a need to board to allow their parents to work abroad or pursue mobile life-styles, for example in the ARMED FORCES (ANDERSON, E. and MORGAN, A. 1987). Some children have special educational needs (S.E.N.) sufficiently rare in the general population to discourage the development of appropriate schools on and but a regional and residential basis. Many pupils in boarding special schools, however, will also have a need for an alternative home due to problems of parental incapacity, absence or abuse. The characteristics of these latter children and families will overlap with those of adolescents in social services' community homes (GRIMSHAW, R. 1994). Within the small penal sector there is a requirement to balance the needs of the child or family with those of the wider community, which demands protection from the criminal or dangerous adolescent. Some children moreover are held to need protection from themselves. Hence while, in theory, specific sectors cater for specific »needs«, any one sector of residential provision may shelter children whose characteristics mirror those of young people in other sectors (MALEK, M. 1993).

1. The Decline Of Residence

In 1975, Moss (1975) estimated the number of children sleeping in a boarding or residential establishment in England and Wales on any one night to be 23 6,000. Nearly three fifths (140,000) were boarding pupils at ordinary schools and a further I 6,000 were patients in non-psychiatric hospitals. The remaining 80,000 lived in community homes under the supervision of social services, boarding special schools, residential provision for children with disabilities and young offender institutions. When PARKER (1984) looked again at this last group in 1988 he found a general shrinkage in the use of residence, though unevenly. The intervening period has seen a further decline in the use of residence for children, so much so that at the beginning of the 1990's there were only 150,000 children living in residential establishments at any one time in England and Wales.

Table 1:   Average populations of residential establishment, 1971-91(thousands)

	1971 (Moss)	1984 (Parker)	1991 (Various)*	1991 as % of 1971
Community Homes	40.9	23.0	12.1	30,000
Boarding special schools	21.4	25.5	18.0	84,000
Provision for children with disabilities	14.0	3.2	1.2	9,000
Young Offender Institutions (under 18)	2.4	9.0	1.6	67,000
Subtotal	78.7	60.7	32.9	42,000
Rate per 1,000	6.0	5.4	3.0	50,000
Boarding schools (not special)	140.9	–	103.5	73,000
Hospitals	15.6	–	13.0	83,000
Overall total	235.8	–	149.4	64,000
Population < 18	14,500	–	12,000	83,000
* see Note 1				

As can be extrapolated from table 1, for every 1,000 children aged under 18, 20 would have been living away from home and family in a residential establishment in 1971. By 1991 this figure had fallen by a quarter, to 15. If we remove general hospitals and those boarding schools not catering for children with special educational needs, the decline in the use of residence is more pronounced and can be seen to have accelerated during the 1980's. Only for hospitals and special schools is this decline proportional to demographic change: elsewhere it is much greater, and decline is apparent throughout the residential sector. The two areas which Parker cited as bucking the trend of decline during the 1970's - boarding special schools and custodial facilities - have not sustained their expansion into the 1980's and early 90's.

The emptying of residential establishments can be, and has been, achieved in several ways. The most obvious, radical and difficult is simply to open the gates marked »exit«. Alternatively, or additionally, one might begin to barricade the gates marked »entrance«. A third means would be to chivvy along those tempted to linger and speed up their passage between the two gates. If necessary, a single long sojourn may thus be replaced by a multiplicity of shorter stays. The mechanics of the process will be partly determined by the pre-existing characteristics of residence in particular sectors of provision. Where residence is traditionally episodic, such as in the boarding schools, one might hypothesise that increasing the frequency and shortening the duration of such episodes would constitute a path of least resistance. Where residence is long term, as in the mental handicap hospitals, restrictions on admissions will take a long time to free beds and only a policy of intensive discharge will achieve rapid results. By contrast, where residence is already short, and goal-directed, such as in most hospital treatment, beds can most easily be freed by speeding up the goal-attainment process, whether by more efficient work in the penalty area or simply by moving the goal posts. Where residence is age-limited, as in the boarding schools, a decline in numbers will follow an increase in the age at which children are admitted.

Naturally, establishments may exhibit more than one of these styles of residence, but the means by which numbers have been reduced have tended to vary by sector according to the emphasis placed on one style or another. General hospitals, for example, have been obliged to use strategies appropriate to a »goal-directed« sector not to reduce the numbers resident but to prevent numbers spiralling. Today there are more than twice as many child admissions to hospital annually as in 1974 but fewer beds, an apparent paradox explained by the virtual abandonment of two previous goals of hospital care - long-term palliative care for the incurable and/or »ineducable« and convalescent care for the post-operative. Such moves have dramatically increased the number of cases that can be treated in a single bed annually. The effect has been to reduce the average (mean) length of stay of children admitted to hospital by about two thirds compared with 1971, though without affecting the length of time which children are absent from school overall. That is, children do not recover any quicker, but they recover at home rather than in hospital. In the late seventies and early eighties local authority residential care similarly achieved reductions by accelerating turnover through more rapid return home of children or transfer to foster care. These measures, rather than restrictive gate keeping, allowed the closure of many community homes.

Accommodation for children with learning difficulties, by contrast, has never been deluged with referrals. High populations in this sector reflected the accumulation of a trickle of incoming residents, given that stays were measured in years if not decades. Clearly only an intensive programme of release would be effective in reducing the numbers in residence and indeed such was the pattern of community care in this sector during the 1970's and early 80's. Even where residence remains an important component of an intervention, increasing the turnover of residents may allow regimes to revert from a long-stay towards a more episodic residential style. The most extreme example would be the „bed and breakfast" model of residential care, where residents are left to fend for themselves during the day and residence is reduced to little more than the provision of a bed and possibly a meal. Shelters for homeless teenagers - perhaps the only growth area of residential provision for young people - usually operate on this basis. In a recent study conducted by the Dartington Social Research Unit" (in progress) two thirds of admissions to social services residential care lasted for three days or less. Some elements of this approach can also be seen in the substitution of weekly for termly boarding, in programmes of repeated respite care for the disabled and in regular out-patient attendance as a replacement for long-term hospitalisation.

Provision that is age-limited is particularly susceptible to an increase in the age at which children enter residence. Such considerations account for much of the considerable decline in the numbers boarding in independent schools. Indeed, the numbers boarding in independent schools at I 6+ have remained fairly constant or even increased in the past decade. The decline in the numbers boarding reflects not so much a decline in the numbers of children attending a boarding school at some stage in their educational careers - a figure that has changed comparatively little - as a reduction in the overall length of time young people are away from home. Boarding education in special schools is likewise fast becoming the exclusive preserve of the child of or at least approaching secondary school age.

Prison Department accommodation exhibits aspects of all four styles, but is something of an anomaly in that admission and discharge are administratively separate. Thus one strategy (that of reducing admissions) undermines another (increasing turnover) in that those who are most likely to be given a non-custodial sentence are those who would have received the shortest sentences anyway. Thus declining admission rates have been matched by a steady rise in the average sentence of those who are admitted. In such circumstances, a policy of accelerated discharge, by means of remission and parole, has been pursued fairly vigorously by the Prison Department (at least for those sentenced to a year or less). Minimum age limits have also been steadily increased, and there are now very few under 16s in Young Offender Institutions.

2. Children in residence

Whilst residence shelters a wide variety of children in an equally disparate range of circumstances, it is more frequently used to meet the needs of some types of children than others. Moss (op. cit.) identified „six attributes which commonly determined placements" in the residential system of 1975, and at least four of these (gender, age, health and behaviour) remain important predictors of the likelihood of a residential placement in the 1990's. A fifth - religion - he noted to be of diminishing importance even in 1971, and religion is now generally incorporated under the heading of race or ethnicity. The last - parental wealth-evades easy generalisation.

2.1 Gender

The increasing domination of residential care by schools for children with emotional and behavioural difficulties (EBDs), where only one in seven pupils is female, has accentuated the over representation of males in residence. Secure facilities are almost exclusively male, whether run by the Prison Department or by local authorities. Males are even hospitalised more often than females. This preponderance of males in residence has historical antecedents: under the Poor Law, for example, foster care was seen as more appropriate and the workhouse environment more corrupting for girls than boys (See for example DAVENPORT HILL, F. 1868). In non-industrial societies residential alternatives to the family are often exclusively male. The relationships between gender, residence and parenthood deserve further investigation.

In 1975 Moss commented on the predominance of single sex units. Although this feature can still be identified it is less common, lingering in some boarding schools and youth custody centres. Not only is co-education increasing within the boarding schools, however, it has even been attempted for persistent and/or serious, even sexual, offenders. The trend towards co-education reflects as much the difficulties of providing adequate residential facilities for girls as it does the desire to create a more »natural« residential environment for both sexes.

2.2 Age

Residential provision for pre-adolescent children is now almost entirely on a short term basis within hospitals and two thirds of children admitted to hospitals are under the age of 5. Outside the health sector, residence is increasingly confined to adolescents. The mean age of those resident in community homes is 14, which is also the minimum age for a custodial placement for all but the most serious offences. In education, those boarding schools catering for children below the age of secondary education, particularly the independent »preparatory« schools, have been particularly affected by changing social attitudes and priorities. In comparison with 1971, decline in the use of residence has been most marked among younger children.

2.3 Disability and illness

A major development since Moss's survey is the virtual elimination of long-stay residential hospital care for children with learning difficulties and/or physical disabilities. Many children with disabilities, particularly those with emotional and behavioural difficulties, are still placed residentially by social services and education agencies (LOUGHRAN, F., PARKER, R. and GORDON, D. 1992), but no longer in longstay hospitals. Although the number of hospital beds for children has remained much the same, the turnover of patients has more than doubled, and illness remains far and away the most likely cause of a residential placement in childhood.

2.4 Behaviour

Since alternatives to residence for the more orthodox child have proved comparatively successful, children with behavioural difficulties are becoming increasingly conspicuous in residential settings. Problems of control, absconding, violence, self mutilation, sexual abuse, suicide and offending seem to dominate discussion in childcare institutions boarding special schools, psychiatric facilities and young offender institutions in the 1990's. The majority of boarding special schools - currently the largest sector of State-financed residential provision - cater for children with emotional and behavioural difficulties.

2.5 Race and religion

It is difficult to arrive at a reliable estimate of the numbers of children from minority ethnic groups currently in residence. Although the over-representation of children from minority ethnic groups in State-funded residential care is more frequently alleged than adequately demonstrated, children of mixed race are acknowledged to be particularly liable to residential placement in the State sector. Young offenders of black British extraction are over-represented in custodial facilities compared to other ethnic groups, but the numbers involved are small. Children of Asian origin (Pakistani, Indian or Bangladeshi), by contrast, are underrepresented in State-financed residential care outside the health sector. Nevertheless, the concentration of ethnic minorities in large conurbations, in less affluent socio-economic groups and in the younger age range precludes any straightforward analysis as to whether economics, culture, discrimination or other factors can be held to explain such variation. A very small number of establishments restrict entrance to those of a particular religious denomination, but parental insistence on a specifically denominational religious upbringing for their children seems to be in decline amongst Christians. There is, to my knowledge, only one residential establishment in England catering specifically for children from non-Christian backgrounds: a Jewish boarding school.

2.6 Social Class

Boarders in private schools are still predominantly children from more affluent backgrounds and children in state-financed facilities are likely to be less well off but this economic divide would appear to be increasingly blurred. For example, one in ever (PARKER, R. 1988) four boarders at independent schools will be receiving help with fees, whilst many children in boarding special schools return to financially comfortable homes in school holidays.

The organisation of residence

Certain organisational features of residential provision deserve mention. Firstly, residential establishments tied to specific geographical and administrative areas, most obviously shire counties and London boroughs, are increasingly being replaced by institutions with a regional or national focus, whether in the private and voluntary sectors (as in the special schools), through the involvement of national government (as in the Youth Treatment Centres, see MILLHAM, S. , BULLOCK, R. , HOSIE, K and LITTLE, M. 1988), through the marketing of local authority facilities to other authorities (particularly secure accommodation), or through the operation of clearing houses[2] (as in the maintained boarding schools). Secondly, specialised facilities based upon careful classification of intake are being replaced by a more generalist and flexible approach. The principle in special education, for example, by which children were categorised as belonging to a particular »handicap group« has been replaced the more fluid concept of special educational needs (LITTLE, V. and TOMLINSON, T. 1993). The classifying approved schools no longer exist and the specialisation of custodial facilities during the 1960's and 70s - remand centres, Borstals, detention centres - has likewise given way to the generic young offender institution.

　　　Thirdly, the disappearance of classification and its replacement: by assessment', pursuing the chimera of matching »need« with provision has greatly facilitated cross-agency placements - for example, the use of residential schools by social services, or by the Home Office of secure community homes. Residential establishments - at least outside the Prison Department - are becoming less dependent on particular administrative areas, specific types of client or distinct referral and placement agencies. These tendencies are visible even in the boarding independent schools, which are attempting to recruit new types of client - most obvious in the increasing proportions of girls currently boarding - and in hitherto unexplored catchment areas such as continental Europe and the Far East. Outside the oldest and most prestigious schools, parents and employers such as the Armed Forces are increasingly being supplemented as a market by other agencies - private sector employers, educational trusts, local education authorities and even social services (ANDERSON and MORGAN, op cit).

The size of the catchment area of a residential establishment is a major influence upon its economic viability in an increasingly sceptical and cost-conscious market. Larger administrative units enable more efficient use of facilities, and thus hold back unit costs, which otherwise rise sharply as institutions empty. PARKER (op. cit.), for example, suggests that the plateau of falling numbers in the workhouses between the two world wars was due to reforms in the administration of the Poor Law during that period. Similarly, in recent years national or regional resources, such as secure community homes and non-maintained boarding schools, have been better able to withstand pressures than facilities more dependent upon local markets. Thus it is not particularly surprising that the declining State boarding school sector has embraced »opting out« with such enthusiasm, seeing a more certain future as national rather than as county resources.

The smaller the administrative unit, the greater the effects of what might be called the »vicious circle of community care«. Reducing the numbers accommodated residentially does not solve the internal problems of the system: indeed, it compounds them, for community care, alternatives to custody and educational integration inevitably affect children in direct proportion to the ease with which they can be kept in or re-integrated into the community. The exodus of the marginal leaves a core whose problems are much more intractable. Not only do unit costs rise as institutions operate below capacity, but they rise disproportionately. Considerable extra expenditure is required to recruit and retain staff, and yet this expenditure is of marginal effect. Staff wages, for example, now consume ?5% of the costs of residential care provided by social services, partly because the working week has been more than halved in local authority homes since the William's Report in 1968. Yet the effect of this expenditure has not been to decrease significantly the rate of staff wastage or to increase the level of qualification of staff, even at a time of record unemployment (HOWE, E. 1967).

Clients are not always so free to walk away as are staff: they are often obliged to run. Alternatively, the accumulation of acutely vulnerable adolescents in institutions may find expression in rioting, vandalism, arson, self mutilation, suicide, physical or sexual abuse. Thus a phase in which establishments are closed in a alarmed way as surplus to requirements seems to trigger a panic in which they are closed summarily when they burn down, when staff resign en masse, when vacancies cannot be filled, or when closure follows revelations or allegations of abuse. Managers may be reluctant to order further closures, but the combination of fiscal pressures from above and difficulties of recruitment, retention and control of both staff and residents often prove overwhelming. Such closures of course aggravate the problems of those institutions that remain open, and solutions are increasingly likely to be dictated to managers by the behaviour of staff and residents as to be coolly considered on the basis of need. Naturally, a host of factors will impinge upon such decisions in different agencies and authorities but a vivid account of such a process in Warwickshire is given by DAVID CLIFFE (CLIFFE, D. WITH BEMDGE, D. 1993).

3. Conclusions

Residential establishments have traditionally sheltered a wide range of children, with a wide range of needs - the ill, the disturbed, the delinquent, the disabled, the abandoned, the privileged, the disruptive. All of these groups are still likely to enter residence during childhood, though less likely than in previous decades. Most will be in and out very quickly, allowing more use to be made of a single bed in a year, and thus leading to a decline in the populations in residence at any one time. Adolescent boys, particularly those with emotional and behavioural difficulties, tend however to remain in residence for longer periods and thus comprise an ever increasing proportion of children in residence.

Notes

[1]   The sources for the statistical material in this paper, where not given separately, are as follows: Department of Health »Residential accommodation for people with mental illness and people with learning difficulties: Number of local authority, voluntary and private home places on 3st March 1992', and »Local Authority supported residents on 31st March 1992' both Statistics Division, Dept of Health, London; hospitalisation figures Department of Health, unpublished, 1993; »General Household Survey«, HMSO, London, 1989; Department for Education Statistics of Education: Schools, DFE, Dartington, 1994; Cole, T. »Residential Special Education«, O.U.Press, Milton Keynes, 1986; Independent Schools Information Service (ISIS), Annual Census, various years ; Department for Education »List of independent schools approved under section ll (3) (a) and 13 of the Education Act 1981«, unpublished, 1993; Inner London Education Authority ILEA) »Educational opportunities for all?« (the Fish Report), ILEA, London 1986; State Boarding Information Service (STABIS) »Stabis statistical returns 1992« , unpublished and »Directory of Maintained Boarding Schools«, STABIS, 1993; »Special schools in Britain, Network, London, 1994: Central Statistical Office Social Trends 93, HMSO, London, 1994: Home Office »Prison Statistics«, HMSO, London, various years; Home Office »Criminal Statistics« , HMSO, London, various years; Department of Health »Children in Care of Local Authorities« 1992, Dept of Health, London; »Children in the Public Care« (IJtting Report), Dept of Health/Social Services Inspectorate/HMSO, London, 1991: Bullock, R. The United Kingdom in Colton M. and Hellinckx, W. (eds) »Child Care in the EC«, Cambridge University Press, Cambridge, 1993 Bebbington, A. and Miles, J. »The background of children who enter local authority care«, British Journal of Social work, Vol 19, No. 5, October 1989; Department of Health »Children accommodated in Secure Units during the year ending.. ..«, London, various years.

[2]   Clearing houses seek to ensure full occupancy of residential establishments by centralising the admissions procedure.

References

ANDERSON, E. and MORGAN, A.: Provision for children in need of boarding/residential education, Boarding Schools Association, unpublished, 1987.

CLIFFE, D. WITH BEMDGE, D.: Closing Children's Homes: an end to residential child care? National Children's Bureau, London, 1991: also Coffin G. »Changing Child Care; the. Children Act 1989 and the management of change National Children's Bureau, London, 1993

DAVENPORT HILL, F.: Children of the State: the training of juvenile paupers, Macmillan, London, 1868.

GRIMSHAW, R. with BERRIDGE, D.: Educating Disruptive Children; placement and progress in residential special schools for children with emotional and behavioural difficulties, National Children's Bureau, London, 1994.

HOWE, E.: The Quality of Care (Howe Report), Local Government Management Board, 1992; Choosing with Care (Waarner Report), Department of Health/HMSO, London, 1992; Williams Committee Caring for People; staffing residential homes, Allen and Unwin, London, 1967.

LITTLE, V. and TOMLINSON, T.: Education: thirty years of change - for better or for worse? in: PUGH, G. (ed): 30 years of Change for Children, National Children's Bureau, London, 1993.

LOUGHRAN, F., PARKER, R. and GORDON, D.: Children with disabilities in communal establishments: a further analysis and interpretation of the OPCS investigation, unpublished report to the Department of Health, Dept of Social Policy and Social Planning, University of Bristol, Bristol, 1992.

MALEK, M.: Passing the Buck: institutional responses to controlling children with difficult behaviour, The Children's Society, London, 1993.

MILLHAM, S. , BULLOCK, R. , HOSIE, K. and LITTLE, M.: The characteristics of young people in youth treatment centres, University of Bristol, unpublished, 1988.

MOSS, P.: Residential care of children: a general view, in: TIZARD, J., SINCLAIR, L. and CLARKE, R. (eds.): Varieties of Residential Experience, Routledge and Kegan Paul, London, 1975. Figures quoted by MOSS refer to the situation in 1971.

Parker, R.: Children, in: SINCLAIR, I. (ed.): Residential Care: the research reviewed (Wagner Report Volume 2), National Institute for Social Work/HMSO, London, 1988. Figures quoted by PARKER refer to the situation around 1984.

TAIT, K.: The Provision of Education for Children in Hospital or Sick at Home, Open School, Dartington (unpublished), 1992

IV.

Personen und Konzepte

Men and Meanings

Michael Winkler

Das Problem mit den Klassikern

The Problems with the Classics

»*I need books, to fall asleep with*«.   »*Oh, you mean classics*«.
Apart from empirical conditions a text, a theoretical model is getting a classic when it is teaching and helping us to think. These are the two decisive criteria to be a classic: on the one hand they show the paradox that they provide the new,- amendment - for the duration. They have obviously a lasting capacity of stimulation with what they have at their disposal. They do not only have to be inventor and pioneer but more than that they have to be able to hold the method of revival; the term "pioneers" used in England and America describes this fact, because it is not just referring to the single act of establishing but means a bearing. Theoretically authoritative regards content however for the Predicate "classic" is in which extent a text describes, analyses an existing field in its correlation of condition and makes it with regard to a given reality clear, combines theoretical horizons with correlation of experience in hermeneutic reception so the individual is able to understand its shown reality.

1. Schwierigkeiten mit den Klassikern

»*Ich brauche Bücher, bei denen man einschläft.*«   »*Oh, Sie meinen Klassiker.*«
Auf einem Entwurf von BILLY WILDER beruht die 1938 uraufgeführte, unter der Regie von ERNST LUBITSCH entstandene Filmkomödie »Blaubarts achte Frau«. Die zwei Sätze des kurzen Dialogs in der Buchhandlung machen das Dilemma deutlich, das den Begriff des Klassikers, mehr aber noch die mit ihm ausgezeichneten Werke prägt: Spätestens seit dem Auftritt des Melchiors in Nestroys Posse »Einen Jux will er sich machen« ist es geradezu klassisch geworden, den Klassikern und dem Klassischen sich vornehmlich ironisch zu nähern; ihre Größe wird zwar nicht bestritten, aber dementiert, indem man sie durch spöttische Ignoranz unterläuft.

Überraschen kann dies kaum. Zunächst jedoch: Der Begriff des »Klassikers« gehört eher dem Bereich ästhetischer Debatten an, welche mit historischer, insbesondere wirkungsgeschichtlicher Akzentsetzung (und meist heuristisch) Epochen charakterisieren - so etwa die »französische Klassik« oder die »Weimarer Klassik«. Er wird häufig in mindestens hintergründig wertender Absicht auf literarische, dann auf schlechthin künstlerische Erzeugnisse, in jüngerer Zeit auf alle ästhetischen Werke bezogen. Insofern kann der Begriff des »Klassikers« nicht als szientifischer Begriff gelten, mit dessen Hilfe gültige Aussagen, bzw. bewährte oder wenigstens sinnvolle Reflexionsformen verfügbar gemacht werden. Zudem birgt der Begriff des Klassikers selbst den Widerspruch in sich, Geltung durch historische Verweise begründen zu wollen. Dennoch gelten Klassiker per definitionem als Instanz mit uneinholbarem Vorbildcharakter gelten, der gleichzeitig kognitive Wahrheit, ästhetische Schönheit und moralische Verbindlichkeit zukommen. Wohl deshalb entrinnen sie sogar dem Schicksal des Todes, um zu einer Übermacht schlechthin zu mutieren, die nicht einmal belehrend wirken kann; FRIEDRICH NIETZSCHE hat dies in »Menschliches, Allzumenschliches« zur Behauptung veranlaßt, Klassiker seien »nicht Anpflanzer von intellektuellen und literarischen Tugenden, sondern Vollender und höchste Lichtspitzen derselben, welche über den Völkern stehenbleiben, wenn diese selber zu Grund gehen: denn sie sind leichter, freier, reiner als sie« (NIETZSCHE 1878/1988, S. 608).

Solche Höhen aber können die Bewältigungsstrategien eines normalen, banalen Alltags niemals erreichen; vorsichtshalber wird sich auch keiner darum bemühen. So bleibt nur der nachgiebig nachlässige Umgang mit den Klassikern, die höchstens in Anspruch genommen werden, um an ihrer Stelle Trivialität vergnügt zu genießen. Im Blick auf alle weitere Lebensrelevanz gelten sie hingegen als ermüdend langweilig, zudem als pragmatisch weder hilfreich noch nützlich, es sei denn, man möchte mit ihnen - wie der Protagonist in »Blaubarts achter Frau« - den Belastungen amouröser Verwicklungen entkommen, indem man zwar Bildungsbemühungen vorgibt, die Ruhe in Morpheus Armen aber wünscht.

Klassiker mögen demnach zwar für Erhabenheit stehen. Aber weil man sich, vielleicht deshalb, um sie nicht sonderlich bekümmern muß, wirken sie günstigstensfalls konfliktabbauend. Dann gerät ein Dichter, ist er denn erst einmal in eine philologisch solide Ausgabe gepackt, in die »Gefahr, zu einem Klassiker zu werden, über den man sich nicht streiten muß« - wie MANFRED WINDFUHR nach einer Meldung der Deutschen Presseagentur über die von ihm besorgte Gesamtausgabe der Werke HEINRICH HEINES resigniert. Immerhin bleibt hier noch ein Rest von kommunikativer Funktionalität des Klassikers; Denken und Reden provoziert er nämlich durch einen Schematismus, wirkt er doch offensichtlich in einer Hinsicht polarisierend: Klassiker lassen, wie ROLAND BARTHES in S/Z vermutet, die freilich armselige Freiheit, sie anzunehmen oder zu verwerfen - worin sich immerhin erneut ein stark moralischer Affekt ausdrückt, der eher gegen den Klassiker als Orientierungsmuster spricht. Ein solcher Affekt macht diesen und das Klassische indes erst recht dort wieder suspekt, wo es um systematisch geordnetes, möglichst auf Forschung gestütztes Nachdenken geht: In der Philosophie gelten daher Begriff und Vorstellung des Klassischen als eher verflachend, strengeren Ansprüchen jedenfalls hinderlich (ALLEMAN, Sp. 855). Werden sie nicht als Objekt philologischer Bemühung gesehen, finden Klassiker, wenn überhaupt, hier wie in den Texten der Wissenschaft ihren Platz gerade noch unter dem Strich als »die ungekrönten Könige der Fußnoten« (TREML 1995, S. 53).

Diese und gleichlautende Einwände werden insbesondere in der angelsächsischen Wissenschaftskultur erhoben: Obwohl einer der bemerkenswertesten Bestimmungsversuche auf T. S. ELIOTS Vortrag »Was ist ein Klassiker« im Londoner Vergil-Club zurückgeht, bleibt hier das Prädikat »Classics« weitgehend auf die Autoren der Antike beschränkt. Darüberhinaus besteht, wie C. P. Snow in seiner These von den »zwei Kulturen« angedeutet hat, nur die Alternative zwischen einem strikt szientifischen Standards verpflichtetem Ideal auch der Sozialwissenschaften einerseits, der Literaturkritik andererseits. Weil jenes den Wahrheitserweis oder die Widerlegung von Propositionen verlangt, läßt sich allein in der Literaturkritik als einem außerszientistischen Bereich die Vorstellung von Klassikern halten, nicht nur wegen ihrer moralischen Implikationen, sondern vor allem aufgrund ihrer inhaltlichen Unverbindlichkeit, die stets - wie schon ELIOT notierte - Anlaß zu Interpretationen gibt. Offener treten dem Klassikerproblem nur jene gegenüber, die sich - wie im frankophonen oder erst recht im deutschsprachigen Raum - eher in »drei Kulturen« bewegen, vielleicht sogar ein Kontinuum zwischen literarischem, geistes- und sozialwissenschaftlichem sowie naturwissenschaftlich inspiriertem Denkhabitus entwickelt haben (vgl. LEPENNIES 1985).

Einiges deutet allerdings darauf hin, daß dieser Typus einer Offenheit und Liberalität im Modus wissenschaftlicher Verfahrensweisen sich in jüngerer Zeit stärker durchsetzt und damit nicht nur eine insgesamt eher gelassene Zuwendung zu den Klassikern, sondern sogar deren Anerkennung ermöglicht. Dafür mag es viele Gründe geben, die mit der veränderten geistigen Situation in den hochdynamischen modernen Umbruchsgesellschaften zu tun haben, in welchen - im Sinne von JEAN-FRANÇOIS LYOTARD - postmodernes Wissen Toleranz und die ästhetisch-moralische Wirkung des Erhabenen zu verbinden sucht. Wichtiger scheint aber einerseits, daß die mit dem Namen von THOMAS S. KUHN verbundene historische Relativierung des Wahrheits- und Fortschrittsmodells von Wissenschaft, die durch PAUL FEYERABEND vorangetriebene Pluralisierung von Wirklichkeitszugängen, aber auch Systemtheorie und Konstruktivismus die neocartesianischen Methodenansprüche, vor allem aber die auf KARL RAIMUND POPPER und den Kritischen Rationalismus zurückgehenenden wissenschaftstheoretischen und methodologischen Normierungsansprüche aufgebrochen haben. Sie führten zu Wissenschaftsmodellen, die den »Klassiker« zwar weniger in seinem dogmatischen Inhalt, wohl aber als Anreger zulassen. In einer solchen, wissenschaftsliberalen Lesart werden Texte zu Klassikern weniger, weil und wenn sie Verbürgtes zum Inhalt haben, sondern vor allem, weil und wenn sie Fragen anstoßen, Kommunikation also ermöglichen. Andererseits hat die voranschreitende, aus dem szientifischen Ansatz selbst entsprungene Wissenschaftskritik die sozialen Zusammenhänge von Wissenschaft soweit destabilisiert, daß innerhalb der Paradigmen ein neuer Stützungs- und Legitimationsbedarf entstanden ist, den der Bezug auf Klassiker befriedigt. Deutlich zeichnet sich dies in den akademischen Ausbildungsgängen ab, für die ein Grundstudium der jeweils als klassisch markierten Auffassungen schon als obligatorisch gilt; gleichzeitig korrespondiert dem ein zumindest in der akademischen Öffentlichkeit verbreitetes Bedürfnis nach Grundorientierungen über disziplinär klassische Positionen. Dies scheint zunächst und besonders bei solchen Disziplinen der Fall, die thematisch und gegenständlich eher diffus auftreten, gleichzeitig aber in den Rang von säkularen Schlüsselwissenschaften gerückt sind - wie insbesondere Soziologie, Politologie und Pädagogik; doch zeigt die einschlägige Buchproduktion, daß die Erinnerung an Klassiker längst zum Grundelement sowohl der Außendarstellung wie auch der Selbstverständigung nahezu aller Disziplinen geworden ist. Selbst im angelsächsischen Sprachraum haben diese, wenn auch unter der Kategorie der »basics«, längst Anerkennung gefunden.

Möglicherweise hängt diese neuere Erfolgsgeschichte des Klassikers im allgemeinen mit der Entstehung einer größeren Praxisnähe der disziplinären Zugänge im Zusammenhang einer weiter voranschreitenden Entwicklung von Professionen und professionsähnlich wirkenden Berufsgruppen zusammen. Professionen stabilisieren sich in besonderem Maße über Klassiker; sie definieren und organisieren sich über diese als Symbolfiguren, nicht nur, weil in ihnen ethische und szientifisch gestützte Konzepte zusammengeschmolzen werden müssen, um wenig standardisierte Situationen bewältigen zu können. Vielmehr verlangt der für Professionen zunehmend dominante Handlungstypus einer Beratung von Erkenntnis- und Entscheidungsprozessen in besonderem Maße nach kommunikativ für alle Beteiligten anschlußfähigen Legitimationsgrößen und nach state-of-the-art-Argumenten, die durch Verweise auf Klassiker und klassische Lösungen überzeugend gemacht werden; selbst im naturwissenschaftlich-technischen Bereich wird mit solchen und vergleichbaren Modellen operiert, um Plausibilitätsgewinne zu erzielen.

2. Was ist ein Klassiker?

Welche Gründe man jedoch auch immer dafür geltend machen will, an der Vorstellung vom Klassiker wider alle Vorbehalte festzuhalten, gegen diese spricht zumindest, daß der Begriff selbst kaum geklärt erscheint (vgl. zum Folgenden WINKLER 1993, 1994 und die dort vorgestellte Literatur). Vordergründig kann man sich allerdings seiner Bestimmung durch einen sozialhistorischen Zugang entziehen, weil seine Hochschätzung zunächst als ein spezifisch deutsches Problem zu interpretieren ist. Der »Klassiker« entsteht im Kontext jener Kultur- und Bildungssemantik, mit welcher sich das deutsche Bildungsbürgertum in der zweiten Hälfte des 19. Jahrhunderts nicht nur selbst identifiziert, sondern in eine gesellschaftliche Position zu gelangen sucht, welche nicht durch die Statusmerkmale von Eigentum und Herkunft festgelegt ist; der Besitz und die Kenntnis der »Klassiker« dienen als Ausweis einer Höherwertigkeit gegenüber »bloß« materiellen Orientierungen, wie sie das Wirtschaftsbürgertum leiten (vgl. BOLLENBECK 1994, vgl. auch WEHLER 1996, bes. S. 731 ff.). Vergleichbar mit »Bildung« und »Kultur« hat der Begriff des Klassikers in diesem Zusammenhang keine Namens- und Verweisungsfunktion, bleibt in seinem Bedeutungs- und Sachgehalt zunächst eher unbestimmt (vgl. BOLLENBECK 1984, S. 109), hat aber eine deutliche Hierarchisierungsfunktion, die einhergeht mit sozialen Distinktionen.

Verläßt man diesen sozialgeschichtlich zu rekonstruierenden Zusammenhang, um sich in systematischer Absicht dem Problem und Sachverhalt des Klassikers zu nähern, bietet sich zunächst der Rückgriff auf die heute gebräuchlichen Standarddefinitionen und später auf eine eher etymologische Zugangsweise an; beide taugen freilich nur bedingt, weil sie wohl eher unterkomplex bleiben:

• Standarddefinitionen heben mit »klassisch« auf das Mustergültige überhaupt, auf künstlerische Vollkommenheit sowie die Tauglichkeit eines Objektes zum Vorbild ab. Man bezieht sich mit dem Ausdruck somit »auch heute noch hauptsächlich auf die literarischen, künstlerischen, dann auch wissenschaftlichen Leistungen des schöpferischen Menschen [...], sofern diese Leistungen die Merkmale einer ausgereiften Meisterschaft tragen« (DUDEN 1963, S. 330); als wichtigste Bestimmungen gelten für eine als klassisch gewürdigte Kunst Objektivität, Natürlichkeit, plastische Gestaltung und Geschlossenheit der Form, Sinn für das Reale, Maß und Harmonie, schließlich die umfassende, die Totalität des Ganzen äußerlich darstellende und innerlich erfassende Durchführung, in welcher Form und Inhalt in vollkommene Deckung treten. Allgemeiner unterstellt das inzwischen schon längst inflationär gebrauchte, auf Möbel wie Autos bezogene Prädikat des »Klassikers« Übereinstimmung darüber, daß bestimmte und bestimmbare Objekte (meistens wohl sogar Exemplare einer Gattung) als vorbildlich, verbindlich, insbesondere stilprägend gelten müssen. Insofern wird eine Autorität vorausgesetzt, die einerseits die Gattungszugehörigkeit der Objekte feststellt, dann diese im Blick auf den vorhandenen Maßstab relativiert.

- Wortgeschichtlich geht der Ausdruck auf die lateinischen »classis« und »classicus« zurück, welche die nach ihrem Steueraufkommen »erste Bürgerklasse« und deren Rang im militärischen Aufgebot verzeichnen. Gellius bringt in diese Verwendung ein Werturteil, da er mit »scriptor classicus« jene meint, die vor allem in sprachlicher Hinsicht als vorbildlich gelten. Im Laufe des achtzehnten und zu Beginn des 19. Jahrhunderts verdichtet sich die Bedeutungslinie, bei der »Klassik« und »klassisch« die Dichter und Schriftsteller des griechischen und römischen Altertums meinen. So hält das Grimmsche Wörterbuch fest, daß der Begriff alles meine, was sich »auf die alte Kunst oder auf die 'alten' überhaupt bezieht (Grimm 1889, Sp. 1006). Der Begriff steht somit als ein Synonym für die Antike und behält diesen Sinn auch bei, wobei er nicht unbedingt auf ästhetische Phänomene beschränkt bleibt, bei diesen jedoch seinen primären Bezugspunkt findet.

- Die von GRIMM gewählte Formulierung weist jedoch unübersehbar auf die »querelle des anciens et des modernes« zurück, in der Fontenelle schon am Ausgang des 17. Jahrhunderts eine Selbstidentifikation der Neuzeit im Medium der Rationalität durch Distanzierung von der klassischen Antike vornimmt (vgl. FONTENELLE 1688/1991); das Alte, Klassische dienen als Kontrast, um die Eigennormativität der zukunftsverwiesenen Gegenwart zu begründen. Wiederum in ästhetischer Wendung nimmt dies ein Jahrhundert später FRIEDRICH SCHLEGEL auf, der der klassisch-antiken Perspektive die Moderne der Romantik entgegensetzt, für welche er selbst wiederum das Prädikat des Klassischen in Anspruch nehmen will. Darin liegt ein Hinweis darauf, daß der Begriff des Klassikers den Übergangssemantiken zuzurechnen ist, mit welchen historische Veränderungsprozesse von Gesellschaften festgehalten werden; die ungebrochene Konjunktur des Begriffs seit dem Ausgang des 19. Jahrhunderts steht dabei vermutlich in Zusammenhang mit der in den Gesellschaften der Moderne vollzogenen Umstellung auf eine sie strukturell auszeichenende Dauerhaftigkeit von Wandlungsprozessen. Anders formuliert: Begriff und Vorstellung vom Klassiker sind hochgradig modern, weil sie paradoxerweise, nämlich im Widerspruch zu unserem gängigen Urteil mit einer Temporalitätskonzeption arbeiten; diese wird noch im ironischen Umgang mit dem Begriff geltend gemacht, nämlich als Distanzierungsfunktion.

- Systematisch aber klingt auch schon bei SCHLEGEL ein weiterer Übergang an, der den Vertretern der - erst im 20. Jahrhundert so genannten - Weimarer Klassik noch fremd war: Während »Klassik« und »klassisch« bei WINCKELMANN nämlich noch ohne programmatische Ansprüche verwendet werden, um einen Anlaß zur

Nachahmung festzuhalten, während GOETHE selbst noch 1795 sagt, daß es für ihn keinen deutschen Klassiker gäbe, auch SCHILLER sich von dieser Vorstellung distanziert, gewinnt der Begriff nun doch eine maßstabstiftende Qualität: Verbunden mit jener als Neuhumanismus bezeichneten Zuwendung zur Antike verwandelt sich nun das Klassische in eine abstrakte Idealnorm, die der ästhetischen Produktion als Schaffung von Neuem zugrundegelegt werden soll. Aber dies meint keine einfache Objektivierung, schon gar keine Dogmatisierung von Vorbildlichem. Vielmehr entsteht eine in doppelter Hinsicht strukturell neue Konstellation des Klassischen. Einerseits zeichnet nun das Klassische die Selbstidentität aus, die nicht mehr auf äußere Autorität angewiesen ist; HEGEL erinnert in seiner Ästhetik daran, daß das Klassische in sich selbst ruhe, weil es über eine »freie, selbständige Bedeutung, d.i. nicht eine Bedeutung von irgendetwas, sondern das sich selbst Bedeutende und damit auch sich selber Deutende« verfüge (HEGEL 1970, S. 13). Andererseits liegt der entscheidende Übergang von Winckelmann zu Schlegel darin, daß dieser gegenüber jenem endgültig dem objektiv Verbindlichen nicht nur das künstlerisch innovative Element subjektiver Tätigkeit, sondern vor allem die das Subjekt bildende Qualität als konstitutive Merkmale des Klassischen zur Seite stellt: »Eine klassische Schrift muß nie ganz verstanden werden können. Aber die, welche gebildet sind und sich bilden, müssen immer mehr draus lernen wollen« (SCHLEGEL 1780/1991, S. 156).

Beides, die selbständige, in sich ruhende Bedeutung klassischer Texte und die subjektive Leistung der Interpretation und Bildung konturieren einen eigentümlich produktiven Begriff des Klassikers, in welchem sich die heute zunehmende Faszination des Konzepts begründet: Klassiker konstituieren offensichtlich eine Spannung zwischen Autorität und Diskursivität, zwischen Geltungsanspruch und sozialer wie auch kommunikativer Praxis; aus der heraus sie ihre Normativität gewinnen; sie wirken verbindlich, bestimmen Denken und Handeln, halten diese zugleich aber offen. Sie bilden archäologisch identifizierbare Ordnungselemente in Diskursen, durch welche diese ermöglicht, weil nämlich durch Aus- und Einschließung konturiert werden, wobei die klassischen Texte selbst noch als Kommentare zu sozialen Praktiken erschlossen werden (vgl. FOUCAULT 1991). Dabei bleiben sie inhaltlich offen, nicht bloß für andere Diskurse, sondern auch in ihrem substantiellen und propositionalen Gehalt; sie sind nicht bloß interpretationsbedürftig, vielmehr schafft ihre - passive - Interpretationsfähigkeit erst ihre Klassizität - im Wissenschaftssystem bedeutet dies schlicht, daß sie Sekundärliteratur hervorrufen (vgl. TREML 1995, S. 58).

Abgesehen davon, daß sich hier als weitere Spur von Modernität am Begriff des Klassikers seine Verbindung mit Öffentlichkeit abzeichnet, müssen diese systematisch gemeinten Beobachtungen zunächst trivial empirisch gesehen werden: Der am Beispiel des deutschen Bildungsbürgertums skizzierte Zusammenhang von sozialgeschichtlichen Umständen und Verwendung des Klassikerbildes läßt sich nämlich verallgemeinern. Auch wenn die Entstehung eines Klassikers in hohem Maße kontingent erscheint, hängt seine Wahrscheinlichkeit entweder von den sozialen Resonanzbedingungen ab - Eliot spricht davon, daß eine Kultur über eine hinreichende Reife verfügen muß, um den klassischen Text zu ermöglichen (vgl. ELIOT 1988, S. 245). Oder aber der Autor eines Textes respektive sein Umfeld müssen selbst schon Strategien der Vermarktung entwickeln, durch welche Klassizität erzeugt wird. Nicht minder empirisch müssen die Prozesse des Aus- und Einschließens gesehen werden: Schon durch die Festlegung der in einem Diskurs verbindlich bekannten Namen, noch mehr über die Begründung von Rezeptionspflichten werden Weltbilder und Sprachspiele hergestellt, an welchen sich nicht nur die Beteiligten der Diskurse gegenseitig erkennen können; vielmehr erzeugen sie so die von ihnen geteilten Perspektiven und Auffassungen, welche die Erfahrungs- und Orientierungshorizonte festlegen. Insofern dienen Klassiker durchaus als Theorien, freilich als offene, von den Beteiligten auszufüllende. Genauer noch: sie legen zwar Zulässiges fest, tun dies aber, indem sie Fragen aufwerfen, mithin in Diskursen heuristisch und provozierend wirken. Auch das muß übrigens verblüffen angesichts des Vorurteils, das dem Klassiker vor allem Langeweile und Biedersinn attestieren will.

Schließlich: Weil sie Bestimmtes geltend machen, gleichwohl auf Kommunikation und Handeln verweisen, gewinnen Klassiker eine spezifische Qualität als moralische Instanz. Auch hierin liegt ein weiteres Element von Modernität des Klassikers nicht zuletzt angesichts einer fortschreitenden Durchsetzung des Sozialtypus und der Vergesellschaftungsform von Individualität. Er schafft nämlich vor dem Hintergrund einer sozialen Ordnung Verbindlichkeiten, die von den Beteiligten selbst zur Kontrolle und Steuerung ihres Handelns im Blick auf ihre Lebenswirklichkeiten in Anschlag gebracht werden können, ohne jedoch unmittelbar normativ zu wirken. Klassiker sind die Instanz einer von Subjekten selbstreflexiv konstituierten Auffassung der eigenen Wirklichkeit und der in ihnen zu verwirklichenden Handlungen. Im Diskurs steht der Klassiker für die Idee der Verbindlichkeit, die aber von - im strikten Sinne - autonomen Subjekten eingelöst werden muß.

In dieser gebundenen Offenheit liegt die besondere Qualität begründet, welche den Klassikern zunehmend epistemologische Bedeutung im Kontext wissenschaftlicher Disziplinen verschafft: Zunächst konstituieren sie zwar eine basale disziplinäre Kultur, die als Hintergrundwissen Gemeinsamkeit stiftet. Doch diese erzwingt keine Dogmatisierung, die zu einer Erstarrung führen würden. Im Gegenteil: Zwar legen Klassiker keine gesicherten Grundlagen fest; sie »haben keinen privilegierten Zugang zur Erkenntnis und zur Wahrheit, sondern erzeugen langanhaltende kommunikative Resonanz« (TREML 1995, S. 54). Mehr noch: sie erfüllen eine gedankenfokussierende und organisierende Funktion, die dann produktiv werden kann, indem sie in zweifacher Hinsicht Kommunikation sichert. Einmal signalisieren Klassiker den Mindestbestand an Referenzgrößen, Referenzthemen und zulässigen wie auch gebotenen Erkenntnisverbindungen; zum anderen erlauben sie disziplinäre (oder möglicherweise auch nur paradigmatische) Selbstreflexion auch und besonders gegenüber fehlenden Wissensbeständen, ohne den jeweiligen Diskurs zu gefährden; man kann an ihnen zumindest »den Umgang mit Nichtwissen einüben« (TREML 1995, S. 54), vor allem aber die eigene Kommunikation beobachten, ohne sie prinzipiell infrage stellen zu müssen.

Dies aber bedeutet paradoxerweise, daß die Frage nach einer besonderen inhaltlichen Qualität von Klassikern falsch gestellt ist; wer zum Klassiker und wie man zum Klassiker wird, scheint eher ein empirisches Problem tatsächlichen Rezeptionsverhaltens einerseits, der durch einen Text gegebenen Möglichkeit zu offenen Interpretationen und zur Anschlußkommunikation andererseits. Oder schärfer formuliert: Wer an Klassiker die Wahrheitsfrage richtet, verkennt ihre Funktion; es geht nicht um richtig oder falsch, sondern darum, ob zunächst ein Gespräch, dann das Denken, schließlich auch Forschung initiiert und in Gang gehalten werden, sowohl im Blick auf eine sich verändernde Wirklichkeit wie auch dann im Blick auf Denk- und Forschungsresultate. Klassiker haben also eine methodologische und methodische Relevanz, dienen gleichsam als Denkbahnen und Instrumente, als die von einer Diskursgemeinschaft gemeinsam geteilten Fragen und Orientierungen. Gerade darin aber werden sie nützlich, weil sie gleichzeitig Gewißheit verbürgen, ohne verläßlich zu sein; ganz im Gegenteil: Man muß sich schon selbst mit ihnen anstrengen.

Zum Klassiker wird demnach, von allen empirischen Bedingungen einmal abgesehen, nur ein Text, ein theoretisches Modell, das uns das Denken lehrt und bei diesem hilft; die Klassiker »ordnen das ›Sehen und Denken‹, präzisieren die Konzepte und Begriffe, nötigen zur distanzierenden Reflexion« (HERRMANN 1995, S. 165). Darin liegen also die beiden entscheidende Kriterien für einen Klassiker: Einerseits zeichnet sie das Paradox aus, daß sie das Neue, die Novellierung auf Dauer stellen; »Klassiker wären dann diejenigen, die in ihren Erfahrungswelten, Gründungen und Konzepten eine Idee, eine Position, eine Tradition oder Traditionskraft, eine Vision oder ›Bewegung‹ besonders deutlich und eindringlich repräsentieren« (SCHEUERL 1995, S. 158). Damit verfügen sie offensichtlich über eine dauernde Anregungskapzität. Sie müssen nicht nur Pioniere und Erfinder sein, sondern vielmehr den Modus des Erneuerns erhalten können; die in England und Amerika übliche Bezeichnung »Pioneers« gibt dies wider, weil sie nämlich nicht bloß auf den einmaligen Begründungsakt verweist, sondern einen Habitus meint. Theoretisch inhaltlich ist hingegen für das Prädikat »Klassiker« maßgebend, in welchem Ausmaß ein Text ein gegenständliches Feld in seinen Bedingungszusammenhängen beschreibt, analysiert und im Blick auf eine gegebene Realität deutbar macht, mithin Theoriehorizonte mit Erfahrungszusammenhängen in einer Rezeptionshermeneutik verknüpfen läßt, bei der das Subjekt seine ihm gestellte Wirklichkeit verstehen kann.

3. Klassiker in der Sozialpädagogik - Vermutungen über Funktionen

Anders als andere Disziplinen, die zumindest über lange Zeit ein eher gebrochenes Verhältnis zu den Klassikern hatten, begreift die Pädagogik einen erheblichen Teil ihrer Literatur, ihrer Konzepte, sogar ihrer praktischen Realisationsformen als »klassisch«; das Prädikat wird dabei gleichermaßen für Texte, Täter und Taten verwendet (vgl. SCHEUERL a.a.O.). Spätestens seit der - mit der gesellschaftlichen Sicherung des Lehrerberufs verbundenen - Etablierung von Klassiker-Editionen im letzten Drittel des 19. Jahrhunderts bestimmen »Klassiker der Pädagogik« geradezu konstitutiv das Selbstverständnis der Pädagogen wie auch jene Inhalte, die als verbindlich tradiert werden - so setzen selbst Prüfungsordnungen akademischer Studiengänge regelmäßig die Kenntnis von Klassikern der Pädagogik voraus. Der Begriff des »pädagogischen Klassikers« konstituiert zumindest formal, bestimmte Klassiker dagegen inhaltlich ihre Paradigmen; in besonderem Maße läßt sich dies etwa an HERBART beobachten, wird heute aber vor allem an der FRÖBELSCHEN Pädagogik, an der MARIA

MONTESSORIS und in jüngerer Zeit an der - freilich eher diffusen - »Reformpädagogik« evident, daß sie eine in diesem Sinne Gemeinsamkeit stiftende und die Beteiligten orientierende Funktion ausüben.

Dabei werden also entscheidende Wissens- und Reflexionsbestände der Pädagogik mit Hilfe des Begriffs des Klassikers identifiziert, im Korpus des pädagogischen Wissens organisiert und gegenüber den Mitgliedern pädagogischer Professionen verpflichtend gemacht.

Diese besondere Affinität der Pädagogik zu Klassikern hat einerseits mit der Geschichte ihrer Ausdifferenzierung als einem besonderem diskursiven Bereich zu tun. Die in die Gegenwart reichende, auch durch die seit dem Ende des 18. Jahrhunderts zu beobachtenden Szientifizierungsansprüche nicht gebrochene Herkunft wesentlicher Wissens- und Denkbestände insbesondere aus der Theologie und der Philosophie begründen nämlich eine formale Offenheit ihrer Textformen. Hinzu kommt: Die unaufhebbare Nähe zum öffentlichen, vor allem alltäglichen Gespräch über Erziehung, der Zwang vielleicht auch, populär zu werden, ohne der Trivialität verfallen zu dürfen, mithin die unhintergehbare Aufgabe einer beratenden Wirkung führen dazu, daß sich konstitutive Elemente ihres diskursiven Gedächtnisses in ästhetischen Formen darstellen: Die Briefform von LOCKES »Some Thoughts Concerning Education«, ROUSSEAUS Roman »Emile«, LESSINGS Fabeln, SALZMANNS zwischen Sozialreportage und Gesellschaftsroman angesiedelter »Carl von Carlsberg« bis hin zu MAKARENKOS »Pädagogisches Poem« und KARL WILKERS expressionistischer Entwurf »Der Lindenhof. Werden und Wollen«, aber auch PETER MARTIN LAMPELS Drama »Revolte im Erziehungshaus« können als Beispiele dafür gelten.

Darin deutet sich andererseits schon jenes systematische Grundproblem von Pädagogik schlechthin und insbesondere von Sozialpädagogik an, das üblicherweise mit der Formel vom »Theorie-Praxis-Problem« gefaßt wird: Pädagogisches Denken kann sich nämlich weder vom Alltagsdenken, von den faktischen pädagogischen Mentalitäten und Vorstellungen lösen, denen es gegenüber jedoch zu einer kritischen Selbstvergewisserung als begründetes pädagogisches Denken in der Lage sein muß. Noch aber kann es sich damit der Aufgabe entziehen, auf die empirischen alltäglichen Erziehungszusammenhänge zu wirken, gleich ob man diese eher auf der Ebene von Weltwahrnehmung, von Einstellungen und Handlungen oder auf der einer empirischen Organisation von Institutionen und dem Vollzug von Handlungen sehen will. Pädagogik, Sozialpädagogik allzumal vermitteln mithin ihre besonderen Vorstellungen über die Subjekte des Geschehens in dieses hinein. Aber diese im »Theorie-Praxis-Verhältnis« gedachte Leistung steht unter drei prekären Bedingungen: Zum einen sind pädagogische Situationen offensichtlich überkomplex und in einer Weise mehrfach determiniert, daß Kausalitätsannahmen ausgeschlossen werden müssen. Geschlossene Modelle, eindeutig bestimmte Denkfiguren sind also durch die Sache selbst ausgeschlossen. Zum zweiten liegt ein, freilich innerhalb pädagogischen Denkens selbst ausgearbeitetes, mithin zu ihrer Semantik gehörendes, zugleich normativ wirksames Kriterium für ihre eigene Identität als Pädagogik darin, pädagogische Situationen als Verhältnis von Subjekten zu denken. Dies aber bedeutet, daß weder lineare, monodirektionale Konzepte, noch aber theoretische Modellierungen in Anschlag gebracht werden können, in welchen nicht die Möglichkeit zu einer Lösung von unterstellten Verbindungen durch eines der beteiligten Subjekte zumindest vorgestellt wird; banal formuliert: Pädagogik muß damit rechnen, daß Kinder sich einem Lerngegenstand verweigern und gerade so ihre pädagogisch relevante Subjektivität zeigen. Schließlich besteht ein fundamentales Problem pädagogischen Denkens darin, die Entwicklung des Neuen, dann die Erfahrung mit diesem theoretisch so darzustellen, daß es praktisch wiederum fruchtbar werden kann, ohne die -angesichts der Kontingenzbedingung pädagogischer Situationen unmögliche- einfache Übertragung auf andere Zusammenhänge erwarten zu lassen. Neue pädagogische Praktiken, pädagogische Entdeckungen insgesamt geschehen allein singulär, oft genug sogar in einem vordergründigen Scheitern, gleichwohl richtungsweisend für andere Praxiszusammenhänge, ohne jedoch einfach in diesen angewandt werden zu können.

Das damit entstandene Dilemma läßt sich kaum übersehen. Pädagogische Praxis scheint in einem Maße offen, daß Theorie gar nicht möglich wird. Umgekehrt aber läßt sich Theorie nicht vermeiden, will man nicht von vornherein das Pädagogische einer pädagogische Praxis zur Disposition stellen. Als eine mögliche Lösung des Dilemma läßt sich Theorie selbst als produktiver Faktor verstehen, der durch die beteiligten Subjekte aktualisiert wird. Die so erforderliche subjektive Fähigkeit, Theorie und Praxis zu vermitteln, hat Herbart zu Beginn des 19. Jahrhunderts bekanntlich mit dem Ausdruck »pädagogischer Takt« beschrieben. Für die Bestimmung des objektiven, inhaltlichen Teils beschränkte er sich hingegen auf die Vorstellung von allgemeinen, wissenschaftlich generierten Sätzen, wobei er wesentlich sein eigenes pädagogisches System vor Augen hatte. Nicht zuletzt an dessen Dogmatisierung durch die herbartianische Schulpädagogik zeigt sich die Notwendigkeit des offenen, zwar denksystematisch, nicht aber gegenstandsdeterminierend angelegten Denkens. Gerade dies aber leistet in besonderem Maße jene Literatur, welche mit dem Ausdruck »Klassiker« bezeichnet wird. Oder wiederum empirisch formuliert: Die enge Verknüpfung von disziplinärer Entwicklung und verberuflichtem, vielleicht sogar auch professionellem Handeln erzeugt Nachfragen nach bestimmten, identitäts- und gegenstands- wie sachverbürgenden, zugleich aber offenen Texten, Konzepten und Vorstellungen; jene Texte und Modelle befriedigen sie, welche damit, nämlich aus ihrer unter dieser Problembedingung erfolgreichen Rezeption, das Prädikat der pädagogischen und sozialpädagogischen Klassiker erhalten. Allerdings verändert sich der Typus des Klassikers, je weiter man in ausdifferenzierte Bereiche der Pädagogik ausgreift: Immer stärker werden dann Texte als Klassiker bezeichnet, die entweder mit Propositionen arbeiten, mithin Wahrheitsansprüche geltend machen, oder aber selbst vornehmlich kritisch, als Negation vorfindlicher Phänomene und Praktiken angelegt sind.

4. Die Klassiker der Heimerziehung - Beginn einer Suche

Obwohl nach den bisher angestellten Überlegungen einiges für die funktionale Notwendigkeit von Klassikern auch im Kontext der Heimerziehung spricht, wirkt diese Vorstellung doch eher prekär. Heimerziehung, alle Formen der Ersatzerziehung, der Fremdplazierung in stationärer Unterbringung sind nicht nur belastet und belastend, weil sie meist Notlösungen darstellen, sondern weil in einem mittlerweile mehrere

Jahrhunderte währenden Diskurs die dabei vorfindlichen Praktiken als höchst problematisch, wenn nicht sogar menschenverachtend aufgewiesen worden sind. Mit Klassikern der Heimerziehung ist daher zunächst in einem kritischen Sinne zu rechnen; zu Klassikern und klassischen Texten sind weitgehend die gewordenen, welche die bestehende Praxis einer fundamentalen, prinzipiellen Kritik oder aber einer Veränderung, einer Reform unterzogen haben, die beispielgebend für spätere Modelle wurde. Klassiker der Heimerziehung sind daher zunächst jene, die das Problem einer immer schon bewußten, kategorial reflektierten Erziehung im außerfamilären Kontext, im Heim erfaßt haben, dann diejenigen, die ihre Kritik und ihre Veränderung beschrieben und betrieben haben. Deutlich wird dies übrigens an den Diskussionen in England: Zwar findet sich dort der Begriff des Klassikers nicht, wohl aber werden etwa »Educational Innovators« vorgestellt und diskutiert (vgl. z.B. STEWART 1968).

Damit taucht allerdings ein zweites Problem auf: Anders als in der Pädagogik schlechthin, in der trotz aller Veränderungsambitionen die pädagogische Theorie meist auch und vielleicht sogar besonders das gesellschaftlich alltägliche, nämlich durch die historischen Bedingungen normalisierte pädagogische Geschehen zum Thema macht, gibt es für die Heimerziehung kaum Texte, welche die Wirklichkeit des Erziehens in einer Weise abbilden, daß sie kommunikativ und praktisch weitergeführt werden kann. Damit, freilich auch durch die eher geringe Zahl an Texten überhaupt, entsteht beim Thema Heimerziehung die Gefahr, daß die Frage nach ihren Klassikern mit einer wesentlich biodoxographisch angelegten Geschichte zumindest der Literatur über Heimerziehung beantwortet wird; die Differenz zum Klassiker fehlt dann, wenngleich eine andere als die - hier zunächst gewählte - chronologische Darstellung kaum möglich erscheint. Zusätzlich fällt auf, daß in den Diskursen zwar manche Denkfigur Verwendung findet, die einem als klassisch auszuzeichnenden Autor zugeordnet werden kann, das Bewußtsein darüber aber weitgehend fehlt; selbst im Kontext wissenschaftlicher Bemühung, noch mehr aber in den pragmatischen Zusammenhängen sind nämlich Theorietraditionen unbekannt oder zumindest abgebrochen. Das bedeutet aber auch, daß eine methodisch hinreichend sorgfältige und gesicherte Identifikation von Klassikern und deren Auflistung nur mit Vorbehalten vollzogen werden kann; sie stützt sich dann auf die Auswertung vorfindlicher Literatur, von Lexika und historischen Darstellungen, dann auf häufig eindrucksbestimmte und nur bedingt erfahrungsgesättigte Vermutungen. Hinweise auf Klassiker der Heimerziehung findet man darüber hinaus im englischen Sprachraum unter der Kategorie »special care«, zudem in Darstellungen etwa der »Pioneers in special education«. Insgesamt fallen übrigens die relativ schroffe Trennung zwischen sozialpädagogischen, auf Heimerziehung gerichteten Diskursen und solchen der Sonderpädagogik auf; eigentümlich scheint auch die bemerkenswerte Ausblendung des Verhältnisses zum Strafvollzug, obwohl doch der Versuch, anstelle von Sanktionen abweichenden und delinquenten Verhaltens durch Gerichte und Strafbehörden Erziehung zu setzen, eines der zentralen Motive der sozialpädagogischen Reformbewegung an der Wende zum 20. Jahrhundert bildete.

Daher ist der im folgenden gemachte Versuch einer Identifikation als ein Experiment mit empirischen Ambitionen zu werten: Bei allen subjektiven und idiosynkratischen Zügen gelten Untersuchung und Überlegung dem faktischen Diskurs. Denn es geht und kann nach dem bisher zum Klassiker Gesagten nicht darum gehen, einen Kanon verpflichtender Autoren und Literatur aufzustellen. Die Nennungen wollen und können nicht vorschreiben, nicht einmal im Sinne einer Leseempfehlung - und sie tun dies aber doch, weil sie Bezugspunkte für jene markieren, die am Diskurs über Heimerziehung teilnehmen wollen. (Kursiv sind die Namen derjenigen gesetzt, die als Klassiker gelten könnten, Autoren mithin wie auch Texte.)

5. Vorschlag für eine Liste der Klassiker der Heimerziehung - große Tradition

Die Schwierigkeit dieses Verfahrens zeigt sich freilich dort, wo Autoren im Diskurs vergessen wurden. Können diese bei dem hier gewählten empirischen Verfahren überhaupt noch als Klassiker gelten? Dieser Befund des Vergessens gilt vor allem für einen der frühesten, nur unter diesem Vorbehalt als solcher zu wertenden »Klassiker«, nämlich für den Renaissancehumanisten *Vittorino da Feltre* (1378-1446): *Da Feltre* richtete um 1423 in Mantua die »Casa giocosa« ein, ein Internat, in welchem erstmals die strukturellen Elemente einer pädagogisch ambitionierten Heimerziehung verwirklicht wurden: Er versteht sich als familiär wirkender Vater in einer Lebensgemeinschaft, die gleichermaßen die alltäglichen Versorgungsleistungen erfüllt, die physische Entwicklung nicht vernachlässigt und Ort einer umfassenden Bildung wird. Dem Heim kommt dabei die Funktion zu, die Entwicklung jener Dispositionen in einer konzentrierten Weise zu ermöglichen und zu initiieren, die für Lernprozesse nötig sind; Heimerziehung gewinnt hier eine methodische Bedeutung für die Pädagogik schlechthin.

Die eigentümlichen Spannungen, aus welchen Heimerziehung entsteht und diese bis heute belasten, lassen sich am Werk AUGUST HERMANN FRANCKES (1663-1727) ablesen. FRANCKE handelt aus den reformatorischen Glaubensspannungen und den Wirren des dreißigjährigen Krieges heraus; er ist mithin zutiefst theologisch motiviert, zugleich aber doch diesseitsbezogen. Der Pietismus als eine neue, auch einigende Form der Frömmigkeit legt nämlich zugleich den Grund einer wirtschaftlichen Gesinnung, die vorbereiten hilft, was später die Ökonomie und Pädagogik verknüpfenden Ausdrücke »Industrie« und »Industriosität« umschreiben. Die pietistische Religiosität der Innerlichkeit, gefaßt in dem noch von LUTHER sich distanzierenden Begriffspaar Gottseligkeit und Klugheit, verweist so auf das Aufklärungsdenken, auf Glauben und Vertrauen in einen rationalen Wirtschaftsprozeß mit Hilfe technischer Mittel. Vor diesem Hintergrund erst läßt sich die Mischung aus Waisenhaus, Schulen unterschiedlichster Richtungen und weltweit operierendem Unternehmen verstehen, die AUGUST HERMANN FRANCKE um 1694 in Halle an der Saale begründet und als Stiftungen ausbaut zu einem pädagogischen Kosmos, der die Utopie der neuzeitlichen Gesellschaft zu verwirklichen schien. Die bald nach FRANCKE bezeichneten Anstalten wurden so zu einem Musterfall einer Pädagogik, die am Rande der Gesellschaft operieren mußte, weil sie eine neue soziale Formation historisch vorwegnahm - auch um den Preis einer Pädagogik, in der sich schon jene Formen verinnerlichter sozialer Kontrolle abzeichnen, welche die neuzeitliche Erziehung schlechthin auszeichnen: Bezogen auf die Realität, einem trockenen Nützlichkeitsdenken

unterworfen, zugleich mit einer sozial erzeugten Beherrschung der eigenen Triebstruktur wird hier der moderne Mensch pädagogisch synthetisiert. Mehr als die Texte
FRANCKES, die heute Auskunft geben über ein zuweilen barbarisch dirigistisches Erziehungssystem, das Kinder und Jugendlichen keinen Augenblick aus den Augen
lassen soll, vermittelt übrigens der Besuch der Franckeschen Anstalten selbst einen
Eindruck dieser Pädagogik - durchaus in der Ambivalenz, daß sie zwar einerseits
zeigen, welche individuellen und sozialen Chancen Heimerziehung eröffnen kann,
daß diese Humanisierung andererseits aber auch Verzicht und Unterdrückung bedeuten kann.

FRANCKES Anstalten wurden für mehr als ein Jahrhundert zu einem Modell der
Unterbringung von Kindern und Jugendlichen außerhalb der Familie. Seine pädagogische Dimension ging dabei allerdings zunehmend unter dem Druck eines ökonomischen Denkens verloren, das vor allem den wirtschaftlichen Erfolg der Waisenhäuser in Rechnung stellte.

Inhaltlich erklärt diese historisch entstandene Problemstruktur einer Auflösung
von Gesellschaft als eines selbstverständlichen Bezugspunkts pädagogischen Handelns die Suche nach neuen Lebensorten, an denen in einem familienähnlichen Miteinander Alltag und Erziehung verbunden werden können; sie macht auch die intensive Thematisierung von Subjektivität verständlich. Angeregt durch ROUSSEAU wird
diese noch bis in ihre physischen und psychischen Voraussetzungen hineinverfolgt,
wobei zugleich im Thema der »moralischen Verwahrlosung« eine eigentümliche
Mischung von theologischem und psychologischen, ja geradezu sozialisationstheoretischen Elementen entsteht - mit der Gefahr subjektiver Schuldzuschreibung
ebenso wie erst als eine Voraussetzung, um über Erziehung als Medium persönlicher
und moralischer Veränderung, als Bedingung für die Bildung sozialer und individueller Kompetenzen nachzudenken.

Auf der anderen Seite stehen allerdings die im Waisenhausstreit entstandenen
Vorbehalte gegenüber der Unterbringung von Kindern in Anstalten. Beidemal spielen zunächst ökonomische Argumente eine Rolle. Mit der massenhaften Versorgung
von Waisenkindern und kindlichen Armutsopfern wird nämlich nicht nur eine früh-
industrielle Reservearmee geschaffen, vielmehr werden sie selbst intensiv als menschliche Arbeits- und Produktivkräfte ausgenutzt; selbst die Zeitgenossen überzeugt
angesichts der Erkrankungs- und Todesraten in den hygienisch katastrophalen Einrichtungen kaum mehr die dafür gegebene Begründung einer gottgefälligen Erziehung zur Arbeit. Aber ihre Kritik an den Zuständen ist zunächst selbst wirtschaftlich
motiviert; sie beklagen nämlich unter volkswirtschaftlichem Gesichtspunkt, mithin
aus einem merkantilistisch-utilitaristischen Motiv heraus den Verlust von potentiellen Arbeitskräften; in der Tat belegt noch der Alternativvorschlag, die Waisenkinder
statt in fabrikähnlichen Anstalten bei ländlichen Familien unterzubringen, diesen
gedanklichen Hintergrund. Gleichwohl stellt die als Waisenhausstreit in die Literatur
eingegangene Kontroverse im Zusammenhang mit einer normativ über sich hinaus-
schreitenden Aufklärungspädagogik alle Formen von Heimerziehung vor einen
Begründungszwang, der in doppelter Hinsicht Klassizität erzeugt: Nicht nur dokumentieren die Texte zwischen 1780 und 1830 ein völlig neuartiges soziales und päd-

agogisches Problembewußtsein, sondern auch Perspektiven einer Heimpädagogik, die zum kritischen Maßstab für alle Erziehung am anderen Ort werden. Das frühe Dokument einer kritisch engagierten Sozialreportage findet sich in CHRISTIAN GOTTHILF SALZMANNS (1744-1811) Roman »Carl von Carlsberg oder über das menschliche Elend«, in dem der Thüringer philanthropische Pädagoge seine Erfahrungen als Diakon in Erfurt verarbeitet. Salzmann macht in eindrucksvollen Schilderungen der Zustände vor allem in den Waisenhäusern materielle und psychosoziale Bedingungen für die rasch voranschreitende und sich immer weiter ausdehnende Verarmung der Bevölkerung verantwortlich, verlangt Aufklärung der Menschen über ihre Lebensbedingungen und ihre eigene Verantwortung. Dafür setzt er auf eine neue Erziehung. Als Klassiker der Pädagogik schlechthin, der Sozialpädagogik insbesondere gilt freilich JOHANN HEINRICH PESTALOZZI (1746-1827), der in Neuhof und in Stans zu einem Pionier der Heimerziehung wurde. Wenn auch nur für ein halbes Jahr, nämlich von Januar bis Juni 1799 nimmt PESTALOZZI rund 80 völlig verwahrloste, aufgrund revolutionärer und kontrarevolutionärer Kämpfe verirrter und verwirrter Kinder in einem neueingerichteten Waisenhaus in Stans auf. PESTALOZZI stützt sich dabei auf die Ideen auf, die er dem - gescheiterten - Experiment in Neuhof zugrunde gelegt, in »Lienhard und Gertrud« dann ausformuliert hatte; trotz der nur kurzen Zeit kann Pestalozzi - folgt man zeitgenössischen Schilderungen - einen erstaunlichen Erfolg in der Versorgung, Betreuung und Erziehung der Kinder erreichen. Im »Brief aus Stans« als einem der wohl wichtigsten Texte der europäischen Pädagogik beschreibt er zunächst die Ausgangsbedingungen seines Unternehmens im Kontext seiner Anthropologie und seiner politischen Einschätzung der Revolution, entwirft dann seine Perspektive einer Erziehung zur Armut: »Die größtmögliche Wirkung der Volksbildung könnte durch die vollendete Erziehung einer merklichen Anzahl Individuen aus den ärmsten Kinder im Lande erzielt werden, wenn diese Kinder durch ihre Erziehung nicht aus ihrem Kreis gehoben, sondern durch dieselbe vielmehr fester an denselben angeknüpft werden«; in diesen, oft mißverstandenen Sätzen entwirft er das Projekt einer Pädagogik, die den Beteiligten erlaubt, ihre eigene Situation anzueignen, um sich selbst zur Subjektivität zu bilden, aus der heraus sie Lebensbedingungen und eigene Lebensgeschichte kontrollieren können. Der Stanser Brief enthält so die fundamentalen Kategorien einer dafür erforderlichen Erziehung im Alltag und mit Hilfe der »die Kinder umgebende(n) Natur«, der »täglichen Bedürfnisse und die immer rege Tätigkeit«, beginnend bei der einer »allseitigen Besorgung des Kindes«, über die am Modell der Wohnstube ausgerichteten Bildung einer Gemeinschaft als Voraussetzung psychischer Sicherheit und damit »sittlicher Gemütsstimmung« bis hin zu einem formellen Elementarunterricht.

Beindruckt von PESTALOZZI hat JOHANNES DANIEL FALK (1768-1826) im kriegsverwüsteten Thüringen den »Lutherhof« gegründet, der zu einer Auffangstätte für vagabundierende, häufig von der Justiz verfolgte Kinder wurde; der Lutherhof gilt als eines der ersten modernen Erziehungsheime, dessen Entwicklung FALK in einer Sammlung von Notizen dokumentiert hat, die unter dem Titel »Geheimes Tagebuch« erschienen ist. Er selbst hat die Spannung festgehalten, aus der heraus er seine Überlegungen aufgezeichnet hat: »Es gibt nur zwei Hauptdinge in der Welt - das andere sind alles Unterabteilungen davon: Gott und Dreck! Man muß sich für eines von beiden entscheiden« (FALK 1964, S. 181). FALK regte JOHANN HINRICH WICHERN (1808-1881) an, der in Hamburg ein ähnliches pädagogisches Modell begründete, nämlich das bis heute bestehende »Rauhe Haus«. Seine aus dem Jahre 1833 stammenden Gründungsdokumente, unter dem Titel »Die öffentliche Begründung des Rauhen Hauses« vorgelegt, verdichten nicht nur die Elemente einer sozialpädagogischen Theorie der Heimerziehung, wie sie schon PESTALOZZI entworfen hat: Wenn auch stets überlagert von theologischen Motiven identifiziert WICHERN das sozialpädagogische Problem als »sittliche Verwahrlosung«, interpretiert es also in moralischen Kategorien, ohne jedoch seine sozialstrukturelle Bedingtheit aus den Augen zu verlieren. Dies kommt nicht zuletzt darin zum Ausdruck, daß er soziale Arbeit nicht als staatliche, in der Sprache der Zeit: polizeyliche Aktivität, sondern als eine gesellschaftliche Leistung versteht, die öffentlich getragen und verantwortet werden muß; es geht ihm also um eine bürgerliche, gleichsam kommunitaristische Perspektive, die er allerdings deutlich gegenüber kommunistischen Strömungen abgrenzt. Vergessen der (kriminalisierten) Vergangenheit der Kinder und Jugendlichen, Aufnahme in eine Gemeinschaft mit familiären Zügen, symbolische Feste, Ausbildung stellen dann die Rahmenmerkmale seiner pädagogischen Theorie dar.

Repräsentieren FALK und WICHERN die protestantische Richtung in der Theorie und Praxis der Heimerziehung, so steht DON GIOVANNI BOSCO (1815-1880) für die Vielzahl katholischer Initiativen, die auf Folgen von Industrialisierung und Verstädterung für die junge Reaktion reagierten. In präventiver Absicht, nämlich zur Stärkung der Lebenstüchtigkeit, um die Entwicklung des »Bösen« zu verhindern, schuf DON BOSCO schuf in Turin Heime (Oratorien) und Jugendstädte für junge Menschen ohne Familie; pädagogische Grundprinzipien sah er im gemeinschaftliche Erleben insbesondere bei Spiel und Sport, dann aber vor allem in der beruflichen Bildung. Die von dem durch persönliches Charisma und weniger durch Schriften wirkenden DON BOSCO 1868 gegründete Kongregation der »Salesianer Don Boscos« hat bis heute in der sozialen Arbeit mit Kindern und Jugendlichen große Bedeutung, nicht zuletzt in Südamerika. Idee und Praxis von Kinderkolonien werden häufig auf seinen Einfluß zurückgeführt, wenngleich sie nicht bloß eine längere Tradition haben, sondern vielmehr im Kontext eines radikalen pädagogischen Denkens stehen, das auf Selbstregierung der Kinder und jugendlichen setzt. Als berühmtester Protagonist einer direktiv gesteuerten kollektiven Erziehung im Gruppenzusammenhang einer Kolonie gilt der gebürtige Ire FATHER EDWARD JOSEPH FLANAGAN (1886-1948), der bei Omaha (Nebraska) »Boys Town« begründet hat. Die Kinder und Jugendstadt wurde zum Vorbild einer Vielzahl von vergleichbaren Versuchen, verwaisten und verelendeten, vor allem aber als verwahrlost und kriminell verurteilten, deshalb abgeschobenen und ausgegrenzten jungen Menschen in einer selbstverwalteten Gemeinschaft einen eigenen, Entwicklung und Bildung sichernden Lebenszusammenhang zu geben. Wenngleich FLANAGAN »ein konservativer Reformer« war, der »konservative Ziele mit modernen Mitteln anstrebte« (KAMP 1995, S. 548), können seine Aktivitäten schon in den Horizont der internationalen Reformbewegung gestellt werden.

Am Rande der sozialpädagogischen Debatte um Heimerziehung steht *Johannes Trüper* (1855-1921), der in seinem heilpädagogischen Heim »Sophienhöhe« bei Jena in enger Zusammenarbeit mit Medizinern, Psychiatern und Neurologen die

Grundlagen der modernen, therapeutisch angelegten Erziehung geistig behinderter Kinder entwickelt hat (vgl. TRÜPER/TRÜPER 1978); TRÜPER, Wegbereiter eines Integrationsansatzes von Behinderten und Nichtbehinderten, Entdecker auch der Vorstellung des pädagogischen Milieus und Verfechter von spezifischen, auf die individuellen Möglichkeiten zugeschnittenen Unterrichtsformen hat sich unter Bezug auf Dörpfeld intensiv mit sozialpädagogischen Fragestellungen auseinandergesetzt, hielt gleichzeitig engen Kontakt mit dem Herbartianer WILHELM REIN - eine Beziehung, die sich übrigens als ein Hinweis auf die noch ungeschriebene Geschichte einer Sozialpädagogik im Kontext des Herbartianismus lesen läßt. Immerhin haben sich KARL VOLKMAR STOY und WILHELM REIN mit Fragen der - bei ihnen so genannten - »Alumnatspädagogik« im Kontext der Entwicklung des gesamten Erziehungssystems befaßt, dabei in der Aufnahme der zu diesem Zeitpunkt fortschrittlich medizinischen Auffassung die Heilbarkeit moralischer Krankheiten durch Gemeinschaftserziehung am anderen Ort angenommen; sie haben damit den endgültigen Bruch mit der Tradition des Denkens vollzogen, die in der Abweichung ein gottgegebenes Schicksal gesehen hat.

6. Klassische Debatten im 20. Jahrhundert

Im ersten Viertel des 20. Jahrhunderts vollzieht sich ein doppelter paradigmatischer Bruch in der Auseinandersetzung mit der stationären Unterbringung. Auf der einen Seite wirken sich die Veränderungen der pädagogischen Theorie und Praxis aus, die - trotz aller möglichen Vorbehalte - summarisch unter dem Begriff der Reformpädagogik gefaßt werden. In ihr verdichtet sich zunächst die Kritik an der Fürsorgeerziehung angesichts der »Grenzen der Sozialdisziplinierung« (PEUKERT 1986). Dabei zeigt sich eine eigentümliche Ambivalenz: Zwar treten dieser Kritik Bemühungen zur Seite, Heimerziehung nicht bloß radikal zu verändern, sondern sie auch abzuschaffen; gleichzeitig aber wird das Problem einer kollektiven Erziehung jenseits der Herkunftsfamilie, mithin am »anderen Ort« neu aufgegriffen, angeregt nicht zuletzt durch die Jugendbewegung, aber insbesondere auch durch die zionistische Bewegung, in der die Kibbuzerziehung entworfen wird. Als methodisches Prinzip der so angeregten »Kinderrepubliken« lassen sich dabei - folgt man der ebenso materialreichen wie theoretisch bemerkenswerte Studie von JOHANNES-MARTIN KAMP (KAMP 1995) - die »Selbstregierung« im Sinne einer »geteilten Verantwortlichkeit« sehen, bei der die Gruppe der Kinder und Jugendlichen, angestoßen durch Erwachsene, oftmals sogar als Notbehelf angesichts bedrückender materieller und psychologischer Bedingungen, ihre Verhältnisse und Beziehungen weitgehend selbst gestalten, sich dabei in der Organisationsform einer kleinen Republik mit Regierung, Rechtssprechung und Beamtenapparat einerseits, im Medium der so konstituierten Heimöffentlichkeit andererseits mit eigenen Entscheidungen regeln und steuern. Vorläufer einer solchen, selbstregulierten kollektiven Erziehung lassen sich übrigens schon in Trotzendorfs (1490-1556) Schulrepublik erkennen; aber auch die Landesschulen wie das sächsische »Pforta« (heute: Schulpforta in Sachsen-Anhalt) wären für den deutschen Sprachraum zu nennen, für England hingegen die »public schools« insbesondere nach der Reform durch MATTHEW ARNOLD; auch das von SIEGFRIED BERNFELD schon untersuchte Erziehungssystem LÉONARD BOUDRONS im revolutionären Frankreich kann zu den Wegbereitern einer kollektiven Selbsterziehung gezählt werden. Aus der Settlement-Bewegung in den USA ging schließlich die von WILLIAM REUBEN GEORGE gegründete »George Junior Republic« hervor, die - in freilich pädagogisch konventioneller Gestalt - bis heute besteht. WILLIAM GEORGE hatte mehrere kriminelle Jugendbanden militärisch organisiert, um sie dann zunächst vorübergehend, ab 1896 auf Dauer unter der Prämisse einer Erziehung durch Arbeit und zur Arbeit in einer selbstverwalteten Republik zusammenzuführen, die präzise dem amerikanischen Staat nachgebildet worden war.

Einen besonderen Einfluß gewinnen darüberhinaus die auf GUSTAV WYNEKEN zurückgehende Landschulheimbewegung sowie JOHN DEWEYS Idee einer Erziehung, in der das Individuum sich durch Erfahrung entwickelt und in der Gemeinschaft zur Demokratie findet. Insbesondere im angelsächsischen Bereich entsteht die Tradition reformpädagogischer Internate, »progressive schools«, die parallel zur Entwicklung der Heimerziehung im Kontext staatlicher Fürsorge zu diskutieren sind, zumal sie häufig eine größere Bedeutung im Blick auf die Reform von Erziehung, nicht jedoch - wie im deutschen Sprachraum - bei der Veränderung unterrichtlicher Didaktik und Methodik haben (vgl. KAMP 1995): ALEXANDER S. NEILL (1883-1973) gründet 1921, bzw. faktisch 1922 in der Dresdener Gartenstadt Hellerau ein erstes, internationales Internat, das er als »eine-Geh-hin-wenn-Du-willst-Schule« verstanden sehen will; dieses besteht bis 1923, wird dann unter dem Druck revolutionärer Auseinandersetzung kurzfristig nach Österreich verlegt. 1924 entsteht in Lyme Regis in Dorsetshire an der englischen Südküste »Summerhill«, das in den siebziger Jahren als Modell einer antiautoritären Erziehung wiederentdeckt wird, die - NEILL war nicht zuletzt durch WILHELM REICH beeinflußt - Erkenntnisse der Psychoanalyse aufzunehmen versucht. Tatsächlich bildet Summerhill ein hervorragendes Beispiel für eine selbstverwaltete Kinderrepublik im Heimzusammenhang. Wenn auch in unglücklicher Zusammenstellung sind die Grundideen NEILLS im Buch »Theorie und Praxis der antiautoritären Erziehung« erst seit 1969 im deutschsprachigen Raum bekannt, allerdings rasch zu einem vielgelesenen, wenngleich auch heftig umstrittenen Klassiker geworden (wobei erst jetzt eine differenzierte Darstellung durch KAMP vorgelegt wurde).

Auch die deutschen Bemühungen um eine Veränderung der Fürsorgeerziehung zu einer - emphatisch verstandenen - Heimerziehung ordnen sich selbst in den Kontext der internationalen Reformbewegung ein oder müssen dieser zumindest im nachhinein zugerechnet werden: Zu nennen wären hier PETER MARTIN LAMPEL, vor allem aber auch KARL WILKER: PETER MARTIN LAMPEL legt 1929 unter dem Titel »Jungen in Not« autobiographische Berichte von Fürsorgezöglingen sowie den Roman »Verratene Jungen vor. Für Aufsehen weit über die Grenzen Berlins hinaus sorgt sein im Dezember 1928 aufgeführte Stück »Revolte im Erziehungshaus. Schauspiel der Gegenwart in drei Akten« (Berlin 1929). Es zeigt drastisch die Mißstände in den Fürsorgerziehungseinrichtungen auf (vgl. PEUKERT 1986, S. 240 ff.), gibt aber auch das Stichwort für die Heimkampagne der siebziger Jahre. KARL WILKER (1885-1980), angeregt durch die Jugendbewegung und Pionier der sozialpädagogischen Reformbewegung, übernimmt unmittelbar am Ende des ersten Weltkrieges die Leitung der

Fürsorgeerziehungsanstalt Berlin Lichtenberg; rund drei Jahre praktiziert er dort eine Öffnung der Anstalt und die Ermöglichung ihrer Aneignung durch ihre Insassen: Der gefängnisähnliche Charakter verschwindet, die Kinder und Jugendlichen erhalten die Chance zur Ausbildung, können nicht nur das bald »Lindenhof« genannte Heim selbst gestalten, sondern finden sich auch zu einer Gruppe zusammen, in der wesentliche Erziehungsprozesse von der Gemeinschaft ausgehen; symptomatisch dafür ist die Einrichtung eines Jugendgerichts. WILKER, der nach der Emigration fast vergessen und erst lange nach seiner Rückkehr wieder Aufmerksamkeit fand, hat diese Veränderungsprozesse des Heimes 1921 zunächst programmatisch in der vom sozialdemokratischen Bund entschiedener Schulreformer herausgegebenen Schrift »Fürsorgeerziehung als Lebensschule«, dann in seinem dramatischen, mit Stilelementen des Expressionismus formulierten Buch »Der Lindenhof. Werden und Wollen« dargestellt; dieses nimmt geradezu die Theorie der Sprengung der Institution vorweg, die in den achtziger Jahre in der italienischen Psychiatriereform neu formuliert worden ist.

Auch für die Heimerziehung gilt, daß die pädagogische Reformbewegung eine internationale Strömung war (vgl. RÖHRS 1994). NEILLS Experiment, aber auch Karl Wilker waren beispielsweise maßgebend beeinflußt durch HOMER LANE. LANE hatte 1907 in Detroit die »Ford Republic« als eine Besserungsanstalt gegründet, in der die Jugendlichen sich in hohem Maße selbst zu kontrollieren hatten; sie bestand bis 1907. Ein Jahr später, 1913, eröffnete er im englischen Dorset »Little Commonwealth«, eine - die Ideen von WILLIAM GEORGE und FLANAGAN zuspitzende, gleichzeitig aber unter Aufnahme der Psychoanalyse - dorfähnliche Einrichtung für straffällig gewordene Jungen und Mädchen; auch hier standen Selbstverwaltung und Selbsterziehung im pädagogischen Mittelpunkt, zudem wurden aber die »Bürger« des »Little Commonwealth« von der Gemeinschaft für ihre Arbeit bezahlt, allerdings auch bei Verstößen gegen die gemeinsam verfaßten Regeln von eigenen Jugendgerichten mit Strafgeldern belegt. LANE hat seine Erfahrungen im allerdings nach sieben Jahren wieder geschlossenen Little Commonwealth 1928 in einem Buch »Talks to Parents and Teachers« systematisiert. Für die Internationalität der Reformpädagogik im Zusammenhang der Heimerziehung stehen nicht minder JANUSZ KORCZAK, dann vor allem ANTON MAKARENKO: Der polnische Kinderarzt JANUSZ KORCZAK (1878-1942), eigentlich HENRYK GOLDSZMIT, leitete in Warschau ein jüdisches und ein katholisches Waisenhaus; trotz vielfältiger Hilfsangebote mußte er unter dem Druck der Nationalsozialisten mit seinen jüdischen Kinder 1940 in das Ghetto übersiedeln; 1942 ging er mit ihnen im KZ Treblinka in den Tod. Eher unsystematisch, aus unmittelbaren Erleben beschreibt Korczak mit äußerster Sensibilität die Verfaßtheit des Kindes in seinen Lebenssituationen und deutet sie literarisch; mit fast antipädagogischen Zügen tritt er für die Eigenwelt und die Eigenrechte des Kindes ein. Hinreissende Dokumente dieses Denkens finden sich in Korczaks »Das Recht des Kindes auf Achtung« (Göttingen 1972), für die Erziehung in den institutionellen Zusammenhängen der Familie, des Internats und des Waisenhauses in seinem Buch »Wie man ein Kind lieben soll« (Göttingen 51974). Angeregt durch MAXIM GORKI hat der sowjetische Pädagoge ANTON SEMJONOWITSCH MAKARENKO (1888-1939) in seinem Roman »Ein pädagogisches Poem« (russisch: 1934, deutsch u.a. Stuttgart 1982), das unter dem

Titel »Der Weg ins Leben« auch verfilmt wurde, seine Erfahrungen in einer Kolonie für Fürsorgezöglinge beschrieben - das Buch und sein Autor werden schon seit geraumer Zeit als »klassisch« beurteilt (ANWEILER 1963/1979, S. 119) . Dabei gelingt es Makarenko, die Grundlinien einer Theorie der Kollektiverziehung zu entwerfen, bei der die Zöglinge sich von ihrer Vergangenheit lösen, durch die Methode der »parallelen Einwirkung« sich selbst erziehen und ihre eigene Biographie in einem System der Perspektiven entfalten; für die Rezeption oft verstellt durch den zuweilen stalinistisch anmutenden Ton MAKARENKOS, aber auch durch die paramilitärischen Spielsituationen in den von ihm geleiteten Kolonien, zeigen nicht zuletzt die eindringlichen, psychologisch bemerkenswerten Schilderungen der einzelnen Personen, daß Makarenko in seinem pädagogischen Poem der Entwurf einer ganzen Pädagogik gelungen ist, der besondere Bedeutung möglicherweise gegenüber den pädagogischen Individualisierungstendenzen der Gegenwart zukommt.

Den anderen paradigmatischen Wandel im ersten Viertel des 20. Jahrhunderts löst die Psychoanalyse aus. SIGMUND FREUDS Denken und seine Behandlungsmodelle gehorchen zwar einem eher traditionalistischen und - insbesondere im Konzept der Internalisierung eines mächtigen Über-Ichs - paternalistischen Modell von Erziehung. Gleichwohl bewirkt insbesondere die Idee der Übertragung einen grundlegenden Wandel in den - von ihm selbst als Nacherziehung - beschriebenen sozialpädagogischen Zusammenhängen. Die Psychoanalyse ermöglicht dabei zweierlei, nämlich die Entwicklung eine methodischen Zugangs zu Kindern und Jugendlichen auf begründeter und methodischer Basis und zugleich eine ebensolche Kritik an den Auswirkungen der Heimerziehung. Als Protagonist beider Richtungen kann *AUGUST AICHHORN* (1878-1949) gelten, der nach Ausbildung zum Lehrer und Heilpädagogen sich bald intensiv um die Etablierung einer psychoanalytisch begründeten Jugendsozialarbeit mit beratenden Zügen bemüht; AICHHORN entwickelt als enger Mitarbeiter FREUDS erstmals eine eigentlich psychoanalytische Pädagogik. 1918 übernimmt er im Auftrag der Gemeinde Wien die Fürsorgeerziehungsanstalt »Oberhollabrunn«, später die Reformschule von St. Andrä. Hier wie dort legt er der Erziehung das in seinem Buch »Verwahrloste Jugend. Die Psychoanalyse in der Fürsorgeerziehung« (Bern u.a. 91977) entwickelte Konzept eines pädagogischen Milieus zugrunde, bei dem der Zögling zwar einen der Familie vergleichbaren Ruhepunkt finden soll, gleichwohl aber lebensnahe aufwachsen soll, um seine Dissozialität und Verwahrlosung zu überwinden und auszuheilen, somit in die Gesellschaft wiedereintreten zu können. Gelingen kann ein solcher Prozeß für Aichhorn jedoch nur dort, wo in realen Erlebnissen eine Übertragung eingeleitet wird.

Psychoanalyse, der marxistische Zweig der zionistischen Bewegung, vor allem aber auch die Jugendbewegung inspirieren SIEGFRIED BERNFELD (1892-1953) zu seinen Forschungen in der theoretischen Pädagogik - hier wäre vor allem seine zu Beginn der siebziger Jahre wiederentdeckte Streitschrift »Sisyphos oder die Grenzen der Erziehung« (1925) zu nennen -, sowie zu seinen richtungsweisenden, sozialpsychologisch angelegten Untersuchungen der Jugendkultur; er gilt als der eigentliche Entdecker und Systematiker eines psychoanalytischen Verständnisses von Kindheit und Jugend. In seinem politischen Engagement durch die antisemitischen Tendenzen während des Ersten Weltkriegs auf die zionistische Bewegung eingeschränkt entwickelt BERNFELD die theoretische Begründung der Kibbuz-Erziehung. Angeregt durch die Landerziehungsheimbewegung und in Auseinandersetzung mit ihr erprobt Bernfeld in Wien eine psychoanalytische Sozialpädagogik, bei der Selbsterziehung und Gruppenerziehung in einer als Lebensgemeinschaft gestalteten Schule möglich werden sollen. In »Kinderheim Baumgarten« (1921) gibt BERNFELD einen theoretisch reflektierten Bericht von diesen Erfahrungen, in deren Hintergrund eine doppelte Kritik an der bürgerlichen Pädagogik steht. Diese bleibt nämlich für ihn nicht nur den Klassenverhältnissen verhaftet, sondern erweist sich auch im Blick auf die kindliche Triebstruktur als verhängnisvoll, notwendig retardierend und anpassend wirksam. BERNFELD plädiert daher für eine radikale Auflösung des Generationenverhältnisses und die Einführung von Kinderkollektiven, von »Schulgemeinden«, wie sie später im Kibbuz versucht werden. Schon mit diesem radikalen Ansatz erweist sich BERNFELD als ein Grundlagentheoretiker der Heimerziehung; auch seine Einzelstudien, etwa zum »sozialen Ort« der Erziehung, dann zur Versorgungsproblematik in Heimen und der durch sie geförderten »Rentnermentalität« machen ihn zu einem der zentralen Autoren und Praktiker einer modernen Heimerziehung, freilich auch zu ihrem unhintergehbaren Kritiker wie auch zu einem Verfechter ihrer Utopien.

Angeregt durch August Aichhorn gründen der Wiener Emigrant FRITZ REDL (1902-1991) und DAVID WINEMAN (1916) Mitte der vierziger Jahre in Chicago das Pioneer House für extrem verhaltensauffällige und aggressive Kinder. Ihr Buch »KINDER, DIE HASSEN« (engl. 1951, deutsch 1984) dokumentiert Fälle einer tiefgehenden seelischen Zerstörung, die zu Auflösung und Zusammenbruch der Selbstkontrolle führt, aus der heraus die Kinder und Jugendlichen nur noch mit delinquenten Techniken handeln können. REDL und WINEMAN versuchen im Pioneer House, mit Hilfe einer sensiblen Mischung aus einem sorgfältig »psychohygienisch vorbreiteten Klima« im therapeutischen Milieu und einer (freilich keineswegs unbegrenzten) Offenheit gegenüber den aggressiven Lebensäußerungen zu ermöglichen, daß die Kinder und Jugendlichen ihr eigenes Ich wiederentdecken, ihre (auch selbst-) zerstörerische Aggressivität in Ich-Stärke überführen können. Eines ihrer - übrigens umstrittenen - methodischen Prinzipien findet sich im »antiseptischen Hinauswurf«, nämlich der Entfernung von Kindern aus einer Situation, in der sie nur noch in reiner Aggressivität gefangen sind; strukturell kann man hier Parallelen übrigens zur »Explosionsmethode« ANTON Makarenkos sehen.

FRITZ REDL und DAVID WINEMAN haben sich auf Material und Ansatz von BRUNO BETTELHEIM (1903-1990) gestützt, dessen Bücher »Liebe allein genügt nicht. Die Erziehung emotional gestörter Kinder« (englisch 1950, deutsch 1970) und »So können sie nicht leben. Die Rehabilitierung emotional gestörter Kinder« (englisch 1955, deutsch 1973) an Falldarstellungen aus der von BETTELHEIM seit 1944 geleiteten »Orthogenic School« an der Universität Chicago die fundamentalen Prinzipien des therapeutischen Milieus entfalten, das als »ganz spezifische Umwelt« angelegt ist. Es ging ihm darum »eine ganz spezifische Umwelt (zu) schaffen, einen ganz besonderen sozialen Organismus, der die Matrix sein sollte, in der die Kinder anfangen konnten, ein neues Leben zu entwickeln. Diese besondere Gesellschaft hat ihre eigenen Sitten geschaffen. Manche sind identisch mit denen unserer Gesellschaf allgemein oder laufen ihnen parallel. Andere aber entsprechen den Maßstäben der Umgebung manchmal nicht. Z.B. hat bei uns häufig die Duldung oder sogar Förderung asozialer oder regressiver Tendenzen den Vorrang vor der Förderung schulischer Fortschritte« (S. 8.f). BETTELHEIM sieht zwar mögliche Konsequenzen einer Heimunterbringung, betont aber, die »Frage lautet also in Wirklichkeit nicht, ob ein Kind in einer Anstalt leben sollte, sondern ob es die richtige Art von Anstalt ist« (1973, S. 37).

Für die jüngere Entwicklung einer derartig methodisch und handlungsorientierten, psychoanalytischen Heimerziehung steht vor allem die in Frankreich wirkende MAUD MANNONI mit ihren Büchern »Scheißerziehung. Von der Antipsychiatrie zur Antipädagogik« (franz. 1973, deutsch 1979) - einer spektakulär unglücklichen Übesetzung des ursprünglichen Titels »éducation impossible« - und »Ein Ort zum Leben. Die Kinder von Bonneuil, ihre Eltern und das Team der Betreuer« (franz. 1976, deutsch 1978). Beeindruckt durch die Kritik an den Konsequenzen von totalen Institutionen kritisiert sie in beiden Bänden die pädagogischen Praktiken, die im sonder- und sozialpädagogischen Bereich gegenüber »systemgestörten Kindern« angewendet werden. Diesen stellt sie das Prinzip der »gesprengten Institution« gegenüber, mithin Formen einer pädagogischen und therapeutischen Betreuung, bei der Kindern zwischen dem Innen der Anstalt und der Außenwelt in freier Bewegung »oszillieren«, um so ihr eigene Identität zu entdecken und auszubilden.

Zwischen Methodenentwicklung und Kritik an der Heimerziehung lassen sich die Studien situieren, die SIGMUND FREUDS Tochter ANNA FREUD und DOROTHY BURLINGHAM zwischen 1940 und 1945 in den Hampstead Nurseries an englischen Kriegswaisen Kindern unternommen und unter dem Titel »Heimatlose Kinder. Zur Anwendung psychoanalytischen Wissens auf die Kindererziehung« (englisch 1949-1951, deutsch 1971) vorgelegt haben. ANNA FREUD und DOROTHY BURLINGHAM haben dabei nicht nur die Frage verfolgt, was mit Kindern geschieht, deren Familienverband zerbricht und deren Eltern früh und plötzlich verschwinden; erstmals machen sie besonders die Rolle des - empirisch wie psychologisch verlorenen - Vaters zum Thema. Vielmehr untersuchen sie auch die Konsequenzen einer durch den Anstaltsbetrieb erzwungenen Triebunterdrückung, darüberhinaus gilt ihre Aufmerksamkeit den besonderen Formen der Gruppenbildung im Kontext der Anstalt. ANNA FREUD und DOROTHY BURLINGHAM kommen dabei zu dem eher ernüchternden Ergebnis, daß Erziehungsanstalten aller Art zwar eine Vielzahl von Möglichkeiten zur Beobachtung der kindlichen Psyche bieten, funktional aber weit hinter den Leistungen der familiären Erziehung zurückbleiben (vgl. S. 160 f.). Darin deutet sich schon jene Kritik an der Heimerziehung an, die - fast zeitgleich - zu dem Wort »Hospitalismus« führt. Seit den vierziger Jahren entsteht nämlich eine Reihe klinisch empirischer Untersuchungen, die zeigen können, daß zumindest bei kleinen Kindern die Trennung von ihren Müttern zu erheblichen Deprivationserscheinungen führt. Solchen elementaren Verlusterfahrungen in der Kindheit, die als Bindungverlust und Hospitalisierung beschrieben und interpretiert werden, werden nicht nur aktuell katastrophale Effekte, sondern vor allem auch langfristige Folgen zugeschrieben; Verlusterlebnisse in der frühen Kindheit führen darnach zur Bindungs- und Bildungsunfähigkeit, erhöhen zudem das Depressions- und Suizidrisiko im Jugend- und Erwachsenenalter. Vor

allem zwei Arbeiten wirken hier bahnbrechend, nämlich JOHN BOWLBYS »Maternal
Care and Mental Health« (1951), das allerdings erst 1973 unter dem Titel »Mütterliche Zuwendung und geistige Gesundheit« übersetzt wird. Als selbstverständliche
und verpflichtende Lektüre in der professionellen Ausbildung von Sozialpädagogen
und Sozialarbeitern gelten BOWLBYS Bücher »Bindung. Eine Analyse der Mutter-
Kind-Beziehung« (deutsch 1969) und »Trennung. Psychische Schäden als Folge der
Trennung von Mutter und Kind« (deutsch 1976).

Parallel zu BOWLBY hatte RENÉ SPITZ ebenfalls in den vierziger Jahren zunächst
an rund 40 Kindern die Konsequenzen einer Unterbrechung »affektiver Zufuhr« durch
die Unterbringung in Krankenhäusern und ihre Versorgung durch unausgebildete und
desinteressierte Schwestern untersucht; der dabei gemachte Befund der »anaklitischen
Depression«, sowie weitere Hinweise auf rasch voranschreitende und nicht mehr
revidierbare Regressionen bis hin zum Tod zeigten sich jedoch auch bei Kindern, die
zumindest hygienisch optimal versorgt wurden, jedoch keine exklusive Einzel-
beziehung aufbauen konnten. SPITZ hat für dieses Symptom den Ausdruck »Hospitalismus« geprägt, dabei zugleich auf die eminente Bedeutung der elementaren Beziehungen zwischen Mutter und Kind hingewiesen. Als klassisch könnte man hier das
Buch »Die Entstehung der ersten Objektbeziehungen. Direkte Beobachtungen an
Säuglingen während des ersten Lebensjahres« nennen (franz. 1954, deutsch 3 1973):
Methodisch sind die Studien von BOWLBY und SPITZ inzwischen umstritten, auch
gelten ihre Ergebnisse nicht als valide (vgl. ERNST/LUCKNER 1985), so daß mittlerweile von einem »Mythos vom frühen Trauma« (NUBER 1995) gesprochen wird.

Der deutsche Faschismus mit seiner Politik der Ausmerze gegenüber abweichenden Kindern und Jugendlichen, dann der zweite Weltkrieg und die an ihn anschließenden, materiell von äußerster Kargheit und methodisch von eher restaurativen Tendenzen geprägten Jahrzehnte haben verhindert, daß die Debatte um Heimerziehung intensiviert, ihre Praxis kritisiert und verändert wurde; tatsächlich wurde
man in Deutschland auf die die eben genannten Klassiker einer psychoanalytischen
Heim-Pädagogik erst am Ende der sechziger Jahre aufmerksam. Historisch hat der
die internationale fachliche Diskussion beherrschende Einfluß der Psychoanalyse
allerdings auch dazu geführt, daß jene spezifisch pädagogische Debatte der Heimerziehung abgebrochen ist, die in den ersten Jahrzehnten des 20. Jahrhunderts nicht
zuletzt im Kontext der Reformpädagogik eine tragende Rolle spielte. Psychologische, aber auch psychiatrische Perspektiven wurden entscheidend, später auch makro-
und mikrosoziologische, in methodischer Hinsicht vor allem auch medizinisch und
dann therapeutische; tatsächlich hat der Begriff der Therapie den der Erziehung über
lange Zeit weitgehend verdrängt, zumal er unter professionspolitischen Gesichtspunkten offensichtlich besser in der öffentlichen Debatte plaziert werden konnte.
Das den Heimen lange anhaftende Odium einer ärmlichen Fürsorgeeinrichtung mit
dem Charakter einer Ersatzstrafanstalt konnte so zurückgedrängt werden, während
gleichzeitig auch ein höheres Maß an fachlicher Spezialisierung und Kontrolle sich
durchzusetzen schien. Zentrale Themen sind dabei der Diskussion verloren gegangen, obwohl sie in der Sache virulent blieben. So geriet etwa die Frage nach der
kollektiven Erziehung im Heim aus dem Blick. Das Problem der sozialisatorischen
und pädagogischen Wirkungen von Gruppenzusammenhängen wurde nämlich zu-

nächst mit dem in der Reformpädagogik gebräuchlichen Begriff der Gemeinschaft gefaßt, dann aber und bis heute zunehmend unter den Perspektiven diskutiert, die zunächst der Milieubegriff eröffnete, später vor allem mit der Vorstellung von der »therapeutischen Gemeinschaft« belegt, die der in England und Schottland wirkende Psychiater MAXWELL JONES Ende der vierziger Jahre eingeführt hatte (vgl. FRANK 1981, S. 411 ff.): Die Idee einer therapeutischen Gemeinschaft verfolgt eine durchaus kritische Intention gegenüber einem bloßen Versorgungs- und Gewahrsamsdenken, setzt dabei auf die Wirkung einer selbständigen Gruppenbildung, aus der heraus eine für das Individuum normativ wirksame Erfahrung eigener Identität entstehen kann. Als eines der augenfälligsten Beispiele einer therapeutischen Gemeinschaft gelten übrigens die von LEWIS YABLONKSI inszenierten Synanon-Gruppen für Drogenabhängige; strukturell auffällig ist dabei, wie diese das schon bei WICHERN, mehr aber noch bei MAKARENKO genutzte Prinzip der »negierten Vergangenheit«, sowie das einer Perspektivbildung neu interpretieren. Als durchaus problematisch gelten allerdings die hermetischen Gruppenstrukturen der Synanon-Wohngemeinschaften und die damit verbundene Tendenz einer Abschottung gegenüber der Öffentlichkeit.

Entscheidende pädagogische Anregungen für die deutsche Entwicklung der Heimerziehung in der Nachkriegszeit gingen jedoch von dem Münchener ANDREAS MEHRINGER aus, der unmittelbar nach dem Krieg gegenüber der wieder üblich gewordenen anstaltsförmigen Unterbringung in großen Schlafsälen, gegenüber dirigistischer Disziplin durch wenig ausgebildete Erzieher mit zum Teil militärischer Vergangenheit das Prinzip einer familienanalogen Gruppenerziehung durchgesetzt hat. Als Klassiker müßte eigentlich auch HERMAN GMEINER, der Tiroler Gründer der SOS-Kinderdorf-Bewegung genannt werden, wenngleich die hier lange vertretenen Tendenzen einer fast sektenartigen Abschottung gegenüber fachlichen Debatten bis heute noch einen unbefangenen Umgang mit den SOS-Heimen erschweren.

7. Moderne Klassiker?

Eine deutliche Zäsur kann dagegen mit der sogenannten Heimkampagne Ende der sechziger und anfangs der siebziger Jahre gesetzt werden. Hier entstehen einige Texte, die - trotz aller, insbesondere mit ihren politischen Implikationen verbundenen programmatischen Problematik - für die heutige Wahrnehmung und das Selbstverständnis von Heimerziehung grundlegend geworden sind, obwohl sie eher einem aufklärungsambitionierten und skandalorientierten Journalismus zuzurechnen sind. Das gilt für PETER BROSCH »Fürsorgeerziehung, Heimterror, Gegenwehr, Alternativen« (1971) sowie für die zehn »Sozialbiographien«, die aus Aktenanalysen von Fürsorgezöglingen erstellt und von PRODOSH AICH unter dem Titel »Da weitere Verwahrlosung droht ... . Fürsorgeerziehung und Verwaltung« herausgegeben werden (1973); im gleichen Zusammenhang steht das von der späteren RAF-Aktivistin ULRIKE MEINHOF verfaßte Skript »Bambule. Fürsorge - Sorge für wen?« (1971): »Was gemeinhin für Mißstände in den Heimen gehalten wird, ist deren Praxis und Prinzip. Anpassung und Disziplinierung sind das Erziehungsziel - hinter verschlossenen Türen sind alle Mittel erlaubt« (S. 10). Während diese Texte eher dokumentarischen Wert haben, kann man den von einem Autorenkollektiv 1971 herausgegebenen Band

»Gefesselte Jugend. Fürsorgeerziehung im Kapitalismus« noch immer als einen der Grundtexte einer gesellschaftskritischen, zugleich aber auf Verfachlichung zielenden Diskussion um Sozialarbeit und Sozialpädagogik lesen; die in ihm vorgenommene Distanzierung gegenüber einer bis zu diesem Zeitpunkt ungebrochenen Tradition des Selbstverständnisses und der Selbstwahrnehmung bei Verbänden, Trägern und Heimerziehern hat erst jene wissenschaftlich ambitionierte Beobachtung und Analyse der Heimerziehung ermöglicht, die heute zumindest das Anspruchsniveau der Diskurse markiert; nicht minder löste die Debatte um die Fürsorgeerziehung im Kapitalismus entscheidende Weichenstellungen für die Reform der Heimerziehung aus. Als Auftakt einer selbstkritischen, wissenschaftlichen Standards verpflichteten Diskussion nicht bloß um Heimerziehung schlechthin sondern auch über die Alternativkonzeptionen zu ihr muß HERBERT COLLAS Untersuchung »Der Fall Frank. Exemplarische Analyse der Praxis öffentlicher Erziehung« (1973) gelten. Daneben stehen vor allem die Anregungen, die MARTIN BONHOEFFER der Debatte um Alternativen zur Heimerziehung durch sein Insistieren auf Pflege- und Ersatzfamilien anstelle institutioneller Betreuung gegeben hat; »Kinder in Ersatzfamilien«, 1974 von MARTIN BONHOEFFER und PETER WIDEMANN herausgegeben, arbeitet Diskussionslinien und Perspektiven heraus, die für die Debatte bis heute als unumgänglich gelten müssen - im Sinne der hier vorgeschlagenen Definition könnten sie als Klassiker gelten.

Freilich nähert man sich damit soweit der Gegenwart, daß jene Distanzierung kaum mehr möglich ist, die eine unbefangene Rede vom Klassiker erlaubt. Vielleicht aus diesem Grunde wird man solche jüngeren Klassiker der Debatte weniger im pädagogischen und sozialpädagogischen Diskurs entdecken, sondern außerhalb professioneller und disziplinärer Zugehörigkeit. Verfolgt man jedenfalls die Diskurse der Heimerziehung, so sind diese wohl seit Ende der siebziger Jahre nicht mehr zu denken ohne einen Bezug auf ERVING GOFFMAN und MICHEL FOUCAULT (1926-1984) - die zumindest als »Klassiker der zweiten Generation« gelten (vgl. HETTLAGE/LENZ 1991). Bei allen Differenzen des methodischen Zugangs und der Themenwahl eint beide - im Blick auf die Themen der Heimerziehung - das Problem der Disziplinierungsmacht moderner Gesellschaften und ihrer Realisierung in den sozialen Institutionen: In »Überwachen und Strafen. Die Geburt des Gefängnisses« hat FOCAULT die ebenso subtilen wie sublimen Mechanismen beschrieben und analysiert, welche sich in Gestalt des Gefängnisses als materiellem Ausdruck der Kontrollmechanismen moderner Gesellschaften zeigen. Hier und in »Die Geburt der Klinik. Eine Archäologie des ärztlichen Blicks« kann FOUCAULT zeigen, wie sich in den Strukturen der Diskurse, mithin im Denken und Handeln der an sozialen Interaktionen Beteiligten Disziplinierungsstrategien auswirken, über welche sich Macht und Herrschaft in den modernen Gesellschaften bei aller Liberalität, bei aller Aufklärung, bei allem Fortschritt durchsetzen.

Man kann FOUCAULT vorwerfen, daß er dem latenten Totalitarismus der modernen Gesellschaft einen nicht minder totalitären, analytischen Determinismus entgegensetzt, aus dem kein Entkommen mehr möglich ist; die bei aller Dialektik der Aufklärung etwa für ADORNO und HORKHEIMER doch noch denkbaren Residuen eines wahren Lebens scheinen bei ihm unrettbar ausgelöscht: FOUCAULT hat diese Behauptung einer rein negativen, defätistischen Tendenz in seinen letzten Lebensjahren zwar bestritten, offen muß aber bleiben, ob es überhaupt einen Grund für Optimismus geben könnte. GOFFMANS Analysen jedenfalls, vor allem seine bahnbrechende Studie »Asyle. Über die soziale Situation psychiatrischer Patienten und anderer Insassen« (1972) konnte noch zeigen, daß der Zwangscharakter von Institutionen durch die Eingeschlossenen selbst erzeugt und reproduziert wird, nicht bloß als eine eigene soziale Kultur, sondern vor allem als ein psychischer Habitus der Betroffenen; dem Druck der rationalen Organisation, die sie an einen Ort, in geregelter Zeiteinteilung, ohne Möglichkeit zur Flucht in ein intimes Privatleben zusammenzwingt, kann sich keiner entziehen. Zu den totalen Institutionen, gleich welche Absicht sie verfolgen, gibt es daher nur eine Alternative, nämlich keine institutionelle Regelung. Nicht alle, die an diese Diagnose angeknüpft haben, wollten sie auch vollständig teilen. Insbesondere die Vertreter der »demokratischen Psychiatrie« in Italien, FRANCO BASAGLIA etwa (vgl. BASAGLIA 1971) und, mit anderen Akzentsetzungen, GIOVANNI JERVIS (vgl. etwa Jervis 1978), haben Möglichkeiten gesehen, den schützenden Charakter der Einrichtungen, ihre für viele ihrer Insassen biographische Relevanz als möglicher Lebensort mit dem Programm einer Öffnung der Anstalten zu verbinden. Um die für die Psychiatrie wie für alle anderen sozialen Institutionen sichtbare Spannung von Versorgung und Repression aufzuheben, halten sie jedoch eine politische Veränderung der Gesellschaft, eine Veröffentlichung gleichsam der Notsituation psychischer Krankheiten und sozialer Schwierigkeiten für unvermeidbar. In Ansätzen und Projekten ist dies gelungen, als Reformvorstellung für die ganzen Gesellschaften hat der Ansatz wohl überfordert. So gehört zu den historischen Eigentümlichkeiten des in allen modernen Industriegesellschaften in den siebziger Jahren begonnenen Reformprozesses, daß er zum Stillstand gekommen ist und ausgesetzt wurde; die Namen der Protagonisten sind kaum mehr bekannt, obwohl sie doch die Maßstäbe für eine Veränderung in allen Bereichen der psychosozialen und sozialpädagogischen Arbeit gesetzt haben. Sie sind - so paradox dies klingt - Klassiker, die doch erst wieder entdeckt werden müssen.

Allerdings können sie auch wieder entdeckt werden. Auch wenn sie im Diskurs der Heimerziehung nicht mehr unmittelbar präsent sind, so ist doch die von ihnen geübte radikale Kritik an ihren Institutionen als eine zentrale Denklinie in diesen eingeschrieben. Man kann dies an vielen Texten ablesen, die Klassiker zu nennen man sich wegen ihrer ungebrochenen Aktualität scheut. Das gilt für den 1967 im Kontext eines Themenhefts »Sozialisierung in der asozialen Gesellschaft« der Zeitschrift »Neue Sammlung« erschienenen Aufsatz von MARTIN BONHOEFFER über »Totale Heimerziehung oder begleitende Erziehungshilfen. Kritik an einem ungerechtfertigten Monopol«, den erstmals 1972 veröffentlichten Aufsatz von HANS THIERSCH »Institution Heimerziehung: Totaler Schonraum als totale Institution« ebenso wie für HEINRICH KUPFFERS »Antipsychiatrie und Antipädagogik. Erziehungsprobleme in der ›totalen Institution‹« von 1974; es gilt aber auch für die oftmals literarisch metaphorisch angelegten Arbeiten von ANNE FROMMANN. Deutlich wird es vor allem jedoch an jenem »Zwischenbericht Kommission Heimerziehung« von 1977, der -entstanden unter der Federführung von MARTIN BONHOEFFER- wenigstens für die Bundesrepublik die entscheidende Grundlegung der neueren Diskurse über Heimerziehung gelegt hat. Der »Zwischenbericht« nimmt nämlich gleichzeitig eine Bestandsaufnahme im Wandlungsprozeß stationärer Erziehungshilfe vor und entwickelt die Perspektive einer weitergehenden Reform, die sich zwischen der Einsicht in die Unvermeidbarkeit von stationärer Unterbringung und der nach ihrer Auflösung in die Gestalten ambulanter Hilfen und Ersatzfamilien entfaltet. Dabei greift der Zwischenbericht auf jene »Richtlinien für die rechtliche Regelung der Unterbringung von Kindern« zurück, die als Hampstead-Haven-Gesetz unter Federführung von JOSEPH GOLDSTEIN, ANNA FREUD und ALBERT J. SOLNIT entstanden sind und den Begriff der »am wenigsten schädlichen Alternative« als Grundnorm aller Plazierungsentscheidungen in die Diskussion eingebracht hat. Nahezu alle neueren Versuche einer gesetzlichen Regelung der Jugendhilfe haben sich auf diesen Vorschlag in irgendeiner - meist gar nicht expliziten - Weise gestützt. Möglicherweise qualifiziert dies das Buch »Jenseits des Kindeswohls« (engl. 1973, deutsch 1974), das das Hampstead-Haven-Gesetz im deutschsprachigen Raum bekannt gemacht hat, zum modernen Klassiker der Debatte schlechthin.

8. Folgen

Eine Liste der Klassiker mag obsolet erscheinen in einem pädagogischen Handlungsfeld, dessen Akteure pragmatisch orientiert sind, weniger an Vergangenheit sich orientieren und mehr auf künftige Entwicklungen blicken; sie muß geradezu destruktiv wirken für jene, die für dieses Handlungsfeld wissenschaftliche, empirisch verfahrende Forschung etablieren wollen, nicht nur um Standards zu setzen, sondern auch Maßstäbe eines begründeten Redens über Erfolg und Mißerfolg eines mit großen Aufwand betriebenen Unternehmens entwickeln wollen. Angesichts solcher Ambitionen erscheint die Erinnerung an Klassiker allein als das, was sie nun auch ist, rhetorische Reminiszenz, geeignet für Sonntagsreden, nicht aber für eine Realität, die durch Handlungsdruck gekennzeichnet ist.

Gleichwohl macht man doch eine verblüffende Erfahrung: Bei allen Vorbehalten und Einschränkungen, die nicht zuletzt mit zeitgeschichtlich bedingten Verengungen zu tun haben, lassen sich doch mit Hilfe der hier genannten Klassiker seit August Hermann Francke zumindest die kritischen Fragen entwerfen, welchen sich die Heimerziehung zu stellen hat; mehr noch: aufzeigen lassen sich die Topoi, die eine kritische Theorie der Heimerziehung aufzunehmen und mit den Ergebnissen einer gegenwartsbezogenen Forschung zu verknüpfen hat, die ein hinreichendes Verständnis von Fremdplazierung begründet. Nur stichwortartig lassen sich dabei einige nennen, unvollständig und assoziativ, gleichwohl für alles Nachdenken über Heimerziehung unvermeidlich:

- das Verhältnis einer sich wandelnden Gesellschaft zum Problem und Sachverhalt der institutionalisierten Erziehung,
- Ausschluß und Einschluß von gesellschaftlicher erzeugter Abweichung,
- der pädagogische Ort in seiner Ambivalenz von Kontrolle, Unterstützung und Befreiung,
- die totale Institution und ihre Auflösung,
- Familie und anderer Ort der Erziehung wie des Lebens,

- das Subjekt in seiner Triebstruktur, seinen Aggressionen, seinen physischen und psychischen Voraussetzungen, seinen Bildungsmöglichkeiten und Bildungschancen,
- Subjektivität und ihre Verwirklichung im Kontext gesellschaftlich zugestandener, erzwungener und verweigerter Arbeitsmöglichkeit,
- das Individuum und die Gemeinschaft, individuelle Erziehung und kollektive Erziehung,
- institutionelle Erziehung und ihre biographischen Folgen.

Im Kontext dieser Themen werden sich die Diskurse über Heimerziehung mindestens bewegen müssen, wollen sie nicht ihren Gegenstand sachlich verfehlen oder bloß affirmativ behandeln. Die Liste dieser Themen ist dabei nicht ausschließlich gemeint, wohl aber als notwendig, um die tatsächliche Struktur des Diskurses über Heimerziehung nachzuvollziehen und diesen fortzusetzen, auch um ihn einer kritischen Prüfung zu unterziehen. Die dafür notwendige Distanz können die Klassiker der Heimerziehung allemal verschaffen.

Literatur

a) Die Klassiker der Heimerziehung:
AICH, P. (Hrsg.): da weitere Verwahrlosung droht .... Fürsorgeerziehung und Verwaltung. Zehn Sozialbiographien aus Behördenakten. Reinbek, 1973.
AICHHORN, A.: Verwahrloste Jugend. Die Psychoanalyse in der Fürsorgeerziehung. Bern u.a. 91977.
Autorenkollektiv: Gefesselte Jugend. Fürsorgeerziehung im Kapitalismus. Frankfurt am Main, 1971.
BASAGLIA, F. (Hrsg.): Die negierte Institution oder: Die Gemeinschaft der Ausgeschlossenen. Ein Experiment der psychiatrischen Klinik in Görz. Frankfurt a. M., 1971.
BERNFELD, S.: Kinderheim Baumgarten. Bericht über einen ernsthaften Versuch mit neuer Erziehung. In: SIEGFRIED BERNFELD: Antiautoritäre Erziehung und Psychoanalyse. Ausgewählte Schriften. Band 1. Hrsg. v. LUTZ VON WERDER und REINHART WOLFF. Frankfurt am Main, 1969, S. 84-191.
BETTELHEIM, B.: Liebe allein genügt nicht. Die Erziehung emotional gestörter Kinder. Stuttgart, 1970.
BETTELHEIM, B.: So können sie nicht leben. Die Rehabilitierung emotional gestörter Kinder. Stuttgart, 1973.
BONHOEFFER, M.: Totale Heimerziehung oder begleitende Erziehungshilfen. Kritik an einem ungerechtfertigten Monopol. In: H. GIESECKE (Hrsg.): Offensive Sozialpädagogik. Göttingen, 1973, S. 70-80.
BONHOEFFER, M., WIDEMANN, P. (Hrsg.): Kinder in Ersatzfamilien. Sozialpädagogische Pflegestellen: Projekte und Perspektiven zur Ablösung von Heimen. Stuttgart, 1974.
BOWLBY, J.: Mütterliche Zuwendung und geistige Gesundheit. München, 1973.
BOWLBY, J.: Bindung. Eine Analyse der Mutter-Kind-Beziehung. München, 1969
BOWLBY, J.: Trennung. Psychische Schäden als Folge der Trennung von Mutter und Kind. München, 1976.
COLLA, H.: Der Fall Frank. Exemplarische Analyse der Praxis öffentlicher Erziehung. Neuwied und Darmstadt, 1973.
FALK, J.D.: Geheimes Tagebuch 1818-1826. Aus dem Nachlaß herausgegeben von Ernst Schering unter Mitwirkung von Georg Mlynek. Stuttgart, 1964.

FOUCAULT, M.: Überwachen und Strafen. Die Geburt des Gefägnisses. Frankfurt am Main, 1976

FOUCAULT, M.: Die Geburt der Klinik. Eine Archäologie des ärztlichen Blicks. Frankfurt a. M., Berlin, Wien, 1976

FREUD, A., BURLINGHAM, D.: Heimatlose Kinder. Zur Anwedung psychoanalytischen Wissens auf die Kindeerziehung. Frankfurt a. M., 1971.

GOFFMAN, E.: Asyle. Über die soziale Situation psychiatrischer Patienten und anderer Insassen. Frankfurt a. M., 1972.

GOLDSTEIN, J., FREUD, A., SOLNIT, ALBERT J.: Jenseits des Kindeswohls. Mit einem Beitrag von SPIROS SIMITIS. Frankfurt a. M., 1974.

JERVIS, G.: Kritisches Handbuch der Psychiatrie. Frankfurt a. M., 1978.

Korczak, J.: Das Recht des Kindes auf Achtung. Göttingen 1972.

Korczak, J.: Wie man ein Kind lieben soll«. Göttingen 1974

KUPFFER, H.: Antipsychiatrie und Antipädagogik. Erziehungsprobleme in der »totalen Institution«. In: Die Deutsche Schule 66 , 1974

MAKARENKO, A. S.: Ein pädagogisches Poem. In: Makarenko Gesammelte Werke. Bd. 3-5. Stuttgart, 1982.

MANNONI, M.: Ein Ort zum Leben. Die Kinder von Bonneuil, ihre Eltern und das Team der »Betreuer«. Frankfurt a. M., 1978.

MANNONI, M.: »Scheißerziehung«. Von der Antipsychiatrie zur Antipädagogik. Frankfurt a. M. 31976.

MEINHOF, U.: Bambule. Fürsorge - Sorge für wen. Berlin, 1971

NEILL, A.S.: Theorie und Praxis der antiautoritären Erziehung. Das Beispiel Summerhill. Reinbek, 1969.

PESTALOZZI, J.H.: Pestalozzis Brief über seinen Aufenthalt in Stans. Versch. Ausgaben.

REDL, F., WINEMAN, D.: Kinder, die hassen. Auflösung und Zusammenbruch der Selbstkontrolle. Hrsg. und mit einem Nachwort versehen von REINHARD FATKE. München, 1984.

SALZMANN, C.G.: Carl von Carlsberg oder über das menschliche Elend. Sechs Bände. Neudruck

SPITZ, R.: Die Entstehung der ersten Objektbeziehungen. Direkte Beobachtungen an Säuglingen während des ersten Lebensjahres. Suttgart, 1973.

THIERSCH, H.: Institution Heimerziehung. Pädagogischer Schonraum als totale Institution. In: H. GIESECKE (Hrsg.): Offensive Sozialpädagogik. Göttingen, 1973, S. 56-69

WICHERN, J.H.: Schriften zur Sozialpädagogik. Hrsg. v. JOB-GÜNTER KLINK. Bad Heilbrunn, 1964.

WILKER, K.: Der Lindenhof. Werden und Wollen. Heilbronn, 1921.

»Zwischenbericht Kommission Heimerziehung« der Obersten Landesjugendbehörden und der Bundesarbeitsgemeinschaft der Freien Wohlfahrtspflege. Heimerziehung und Alternativen - Analysen und Ziele für Strategien. Frankfurt am Main, 1977.

b) Weitere verwendete Literatur:

ALLEMAN, B.: Klassische, Das. In: Historisches Wörterbuch der Philosophie. Hrsg. v. J. RITTER und K. GRÜNDER, Bd. 4, Basel, 1976, Sp. 854-855.

ANWEILER, O.: A. S. MAKARENKO und die Pädagogik seiner Zeit (1963). Neuausgabe in: G. HILLIG, S. WEITZ (Hrsg.): MAKARENKO. Wege der Forschung Bd. 107. Darmstadt, 1979, S. 119-156.

BOLLENBECK, G.: Bildung und Kultur. Glanz und Elend eines deutschen Deutungsmusters. Frankfurt am Main, 1994.

Duden. Etymologie der deutschen Sprache. Herkunftswörterbuch der deutschen Sprache. Mannheim u.a., 1963.

ELIOT, T. S.: Was ist ein Klassiker? Ansprachen, gehalten vor der Vergil-Gesellschaft am 16. Okt. 1944. In: ders.: Essays 1. Kultur und Religion, Bildung und Erziehung, geschichte, Literatur, Kritik. Frankfurt a. M., 1988.

ERNST, C., VON LUCKNER, N.: Stellt die Frühkindheit die Weichen? Eine Kritik an der schicksalshaften Bedeutung erster Erlebnisse. Stuttgart, 1985

FONTENELLE, B. LE BOUVIER: Exkurs über die Alten und die Modernen (1688). In: FONTENELLE, B. LE BOUVIER: Philosophische Neuigkeiten für Leute von Welt und Gelehrte. Ausgewählte Schriften. Hrsg. v. HELGA BERGMANN. Leipzig, 1991.

FOUCAULT, M.: Die Ordnung des Diskurses. Frankfurt am Main, 1991.

GRIMM, J. U. J.: Deutsches Wörterbuch. Band 11. Leipzig 1889 (fotomechanischer Nachdruck: München, 1984)

FRANK, J. D.: Die Heiler: Wirkungsweisen psychotherapeutischer Beeinflussung. Vom Schamanismus zu den modernen Therapien. Stuttgart, 1981.

HEGEL, G.W.F.: Vorlesungen über die Ästhetik. In: HEGEL, G.W.F.: Werke in zwanzig Bänden, hrsg. v. E. MOLDENHAUER u. K. M. MICHEL. Band 13 und Bd. 14. Frankfurt a. M., 1970.

HERRMANN, U.: Pädagogische Klassiker und Klassiker der Pädagogik. In: Zeitschrift für Pädagogik 41(1995), S. 161-165.

HETTLAGE, R., LENZ, K. (Hrsg.): ERVING GOFFMAN - ein soziologischer Klassiker der zweiten Generation. Bern, Stuttgart, 1991.

KAMP, J.-M.: Kinderrepubliken. Geschichte, Praxis und Theorie radikaler Selbstregierung in Kinder- und Jugendheimen. Opladen, 1995.

LEPENIES, W.: Die drei Kulturen. Soziologie zwischen Literatur und Wissenschaft. München, 1985.

NIETZSCHE, F.: Menschliches, Allzumenschliches I und II. In: Friedrich Nietzsche: Kritische Studienausgabe. Hrsg. von GIORGIO COLLI und MAZZINO MONTINARI. Bd. 2. München, 1988

NUBER, U.: Der Mythos vom frühen Trauma. Über Macht und Einfluß der Kindheit. Frankfurt am Main, 1995.

PEUKERT, D. J. K.: Grenzen der Sozialdisziplinierung. Aufstieg und Krise der deutschen Jugendfürsorge 1878 bis 1932. Köln, 1986

RÖHRS, H.: Die Reformpädagogik. Ursprung und Verlauf unter internationalen Aspekt. Weinheim, 1994.

SCHEUERL, H.: »Was ist ein pädagogischer Klassiker«. In: Zeitschrift für Pädagogik 41(1995), S. 155-160.

SCHLEGEL, F.: Auswahl aus den Fragmente-Sammlungen. In: F. SCHLEGEL: Der Historiker als rückwärts gekehrter Prophet. Aufsätze und Vorlesungen zur Literatur. Hrsg. v. MARION MARQUARDT. Leipzig, 1991.

STEWART, W.A.C.: The Educational Innovators. Vol. II: Progressive Schools 1881-1967. London, Melbourne, Toronto, New York, 1968

TREML, A. K.: Über philosophische Klassiker. In: Information Philosophie 23(1995), Heft 3, S. 52-59.

TRÜPER, H., TRÜPER, I.: Ursprünge der Heilpädagogik in Deutschland. JOHANNES TRÜPER - Leben und Werk. Stuttgart, 1978

WEHLER, H.-U.: Deutsche Gesellschaftsgeschichte. Dritter Band. 1849-1914. München, 1995.

Winkler, M.: Ein geradezu klasischer Fall. Zur Traditionsstiftung in der Pädagogik durch Klassiker. In: K.-P. HORN, L. WIGGER (Hrsg.). Systematiken und Klasifikationen in der Erziehungswissenschaft. Weinheim, 1994. S. 141-168.

Winkler, M.: Hat die Sozialpädagogik Klassiker? In: Neue Praxis 32 (1993), S. 171-185

Carol van Nijnatten

Rebel with a Cause[1]

Begründete Auflehnung

Kinderheime sind ein hervorragendes Beispiel dessen, was FOUCAULT als disziplinierende Institutionen beschreibt. Seine grundlegenden Annahmen weisen auf eine Durchdringung dieser Institutionen durch Wissens- und Machtstrukturen hin. Versuche, diese disziplinierenden Strukturen beispielsweise durch die Reorganisation der Strukturen in der Heimerziehung oder durch Verfeinerung der Erziehungstechniken zu reformieren, führten letztendlich zu einer Verstärkung der disziplinierenden Machtverhältnisse. Es scheint, daß der Unterwanderung dieses immerwährenden Diskurses kaum etwas entgegenzusetzen ist. Wird daher die Evaluation von Veränderungen der Heimerziehung und die Betrachtung von menschlicher Subjektivität als ein Ergebnis von Wissens- und Machtstrukturen betrachtet, wird deutlich, daß sich dem Diskurs der Disziplinierung nicht entzogen werden kann. Dies würde leicht zu einer Gleichgültigkeit führen.

1. Introduction

Children's homes are outstanding examples of what FOUCAULT has identified as disciplinary institutes. His basic assumptions point at the tradition of knowledge and power in these institutes. Attempts to reform disciplinary regimes in, for instance, residential care by reorganizing the structure, or refining the educational techniques, will, in the end, reinforce disciplinary power. There does not seem to be much of a defence against the infiltration of this ever-present discourse.

If we take this as the starting point for an evaluation of changes in residential care and consider human subjectivity as no more than an outcome of knowledge- and power practices, we cannot escape the disciplinary discourse. This may easily lead to indifference.

Yet, we do not have to be so pessimistic. FOUCAULT himself showed us a way out in his last works. He presents an ethic of self-care, that may constitute a moral subject, which is not constituted by panoptism. This late FOUCAULTian contribution makes sense for the discussion about residential services. It may give us some tools for restructuring institutions without enhancing the grip of normalizing powers. In this paper, I will look for a rebellious practice which is no sham resistance but really differs from panoptism.

2. Disciplines

In one of his main works about the birth of the prison, FOUCAULT described the mechanisms of discipline. Modern institutions in the field of education, welfare and health care are based on techniques which distribute individuals in space and time, and direct and manage the performances of bodies down to the last detail. With the disciplinary techniques, individuals and groups can be supervised simultaneously. Individuals are arranged in closed rooms (students in classrooms, workers in the factory, soldiers in barracks and madmen, vagabonds and difficult children in special houses). By concentrating bodies in one room, institutional goals (production, learning, re-education) may be achieved more easily. FOUCAULT points at the further division of space in elementary locations. Each individual has his own spot in a room which is divided in as many locations as bodies to be distributed. The spaces are not just locations to improve control, but link persons to special functions. This prevents confusion about the connection between function and place. »Production was divided up and the labour process was articulated, on the one hand, according to its stages or elementary operations, and, on the other hand, according to the individuals, the particular bodies, that carried it out: each variable of this force - strength, promptness, skill, constancy - would be observed, and therefore characterized, assessed, computed and related to the individual who was its particular agent. Thus, spread out in a perfectly legible way over the whole series of individual bodies, the work force may be analysed in individual units« (FOUCAULT, 1977, 145). By ranking, these human bodies become individualized. Each individual has a special location, which is not a fixed but a constantly changing one. The individual circulates through the network of relations. Although basically all individuals may be replaced by other ones, this ranking results in one special place for each individual. By this technique hierarchical relations may be achieved, and learning-effects can be controlled and rewarded.

Disciplinary techniques are not only directed at bodies, but at souls as well. This is shown in the Panopticon of Bentham, the architecture of which creates an optimal psychological use of power and knowledge. From a central watch-tower, the jailer can see prisoners in their cells, which have windows on the outside and the inside. So a permanent control is created. The windows of the watch-tower are covered: the inmate does not know if and when he is being observed and so gets the idea that he is gazed at permanently. The utilitarians liked this system so much because the surveillance is permanent in its effects, even if the actual control is not permanent. The panoptical building creates a relation which is not dependent on the person who exercises it; the inmates themselves exercise the power.

FOUCAULT once used the Mettray children's home as a prototype for the disciplinary institution. Children's homes like these are classical examples to show the mechanisms of the disciplinary institution. Children are located in special houses and groups, according to their particular problem. All kinds of order strategies, such as timetables, sophisticated systems of reinforcement and punishment, physical and mental exercises for body and mind, create a micro-physics of »cellular« power in these homes. They constitute »tableaux vivants«, which transform the confused, useless or dangerous children into ordered groups (FOUCAULT, 1981).

Disciplinary power has not been confined to enclosed institutions, but has colonized the world outside the institution as well. Society has transformed from »a schema of exceptional discipline to one of a generalized surveillance« (FOUCAULT, 1977, 209). Disciplines penetrate the whole society. The children's home not only disciplines its residents but children outside the home as well. Juvenile judges, pedagogues and even parents confront children with the consequences if there are problems. The right way for children is marked by the bad consequences for unfortunate and disobedient children. Child welfare is a truth-machine in which criminal and neglected children are produced (see VAN NIJNATTEN, 1991); in inquiries and treatment programs, in diagnosis instruments and administration reports, in laws and the way children and professionals approach each other.

Despite a lot of fundamental criticism (again and again it was proved that its effect are nihil), the prison system survived as the most important reaction to what is called criminality. The question is why. FOUCAULT's answer is that prison itself is an important chain in the sequence of disciplinary institutions. The prison, as an institution, creates the category of criminality; it divides the world into inmates and »outmates«. Incarceration and decarceration are two disciplinary options (SCULL, 1984).

3. Escape from discipline

There hardly seems a way out of the supremacy of the panoptical world. If the answer to disciplinary control is the emphasis on the autonomous individual, the consequence is, indeed, reinforcement of the panoptical system. Resistance by stressing the sovereign individual is the oil in the disciplinary machine. Repression and emancipation do not really differ, because emancipation is just another way of repression. Children are invited to pour out their hearts and to disclose ambitions. Everything is recorded. Confession and disclosure of desire are the vehicles of power. At the very moment the subject talks about his desires without restraint, he reinforces the disciplinary discourse in which he is imprisoned (FOUCAULT, 1976, 13).

If we consider the early works of FOUCAULT we easily get the impression that resisting this system does not make any sense. His work is often interpreted as the ever-disciplining theory, but in interviews and his latest books he shows a way out. Escape from discipline may be possible by rejecting disciplines together with sovereignty (1981), using anti-significants (1982) and by a new kind of self-involvement (1984a and 1984b). He displays how individuals may create a certain relation to themselves and may discover in their desires the truth of their nature. The goal was to look for the reasons and methods of individuals who interpreted their own desires in a way other than the common way and which was outlined in the dominant discourse. To our surprise, the subject appears as an important source of social change. He considers the individual capable of searching for unconventional and unorthodox knowledge. The subject is not condemned to walk the beaten track forever. FOUCAULT refers to situations in which individuals not only settle rules of conduct, but try to change themselves. We can find examples of that in the history of child welfare. The great pioneers of child welfare, who dared to see children as victims of their social history and not just as immoral beings, who left their institution and went to Norway on a survival trip, who tried to give children a kind of self-government, like the Dutchman MULOCQ HOUWER tried to impose, in the thirties (STUFFERS, 1947). Later, I will give some more recent initiatives.

Although, according to ROUSTANG (1976), we may sometimes even want organized supervision because we do not want to see shortfalls and excesses of power, it is important for now to see that the subject cannot stand to be supervised permanently. The subject can consider itself as a life-goal. Life can be a work of art, on which the individual works during his life-time. By being conscious of the goals one wants to achieve one can resist the drag of daily life. If the individual takes good care of himself, he is prepared to react to the opportunities and temptations of life (see FOUCAULT, 1984b and also ZWART, 1993).

In some interviews about homosexuality, FOUCAULT underlines the importance of the use of anti-significants, »virginal« words, which do not have an embedded connotation and relate to an unknown field, which are not yet cultivated by disciplines. An example is the word »pleasure« (plaisir), which refers to sexual activities between subjects and breaks with the comfortable combination of love and identity. We have no pathology of the word pleasure. (FOUCAULT, 1982). Gays, dressed macho style, have broken with another fixed pattern: homosexuality as feminine and weak. Using symbols of virility, without reverting to fallocracy, they create the opportunity for pleasure, free from the norms of how men have to behave as men. The creation of dark rooms in which gays seek pleasure (that is not spoiled by the knowledge of the identity of the other) is the very opposite of the panoptical system in which subjects are shaped as transparent objects of knowledge and power.

The anti-significant does not relate directly to the subject, but to an event in which the subject is involved. The subject does not precede the institution and is not a controlling agent. Nor is it a biological or psychological essence that processes the field in which he makes his way. The subject is a resultant of disciplinary mechanisms. At the same time it may create a relation to its own life, considers it as a sphere of action, with which it can resist the strangling embrace of panoptical society. This view of FOUCAULT is supported by post-modern visions in which the subject is considered as a manifestation in different texts and narratives and plays up to the role of a relative self, knowing that it is a relative self (LOVLIE, 1992, 125)[2]. In a way it is supported by LACAN's reformulation of psychoanalysis. In his view our mind is not a personal »belonging« (that has its seat in our mind) but a personal »longing« (desire). The human subject is constituted by the structure (of language) in which it is raised[3]. In his theory, LACAN underlines that subjectivity is not an original individual starting-point but a gift of the environment, that gets its unique position by the individual locality and the personal history. LACAN sees subjectivity as a dynamic, ever changing and growing personhood. The idea that personality is based on historical continuity is an illusion, but a necessary one to prevent fragmentation (VAN NIJNATTEN, 1992).

4. Resisting child welfare

Although we should not underestimate the flexibility of disciplinary institutions - after a while the virginal fields of anti-significants will be deflowered - we may say, in conclusion, that our pessimistic view on the possibilities of change, without reinforcing the disciplinary system at the same time, should be adjusted. The same goes for our idea of subjectivity. Although we can no longer see the subject as an autonomous psychological entity, its position is unique, and never coincides completely with ones discourse. It can create a special relation to itself that may resist panoptical mechanisms.

Before I come to my conclusion, I would like to give some examples of new practices in residential care for juveniles which are the result of attempts to withdraw the panoptism. These are experiments in which the familiar and engraved relations, such as the criteria for adulthood, the necessity of treatment-plans, professional status, etc. are put up for discussion. These initiatives try to give words to important feelings of discomfort, which were not understood and so - if we analyse it in a psychoanalytical way - appear as symptoms of a dysfunctioning system.

1. The first practice was undertaken by an old baroness who owned a little country house in the countryside. This single woman had a kind of refuge for children who could not be placed in official institutions. Often children with a double handicap belong to this category. Time after time the Lady had to rebuild her house because she received another request for a place for a juvenile. She had only one strict condition for accepting children: every child had to choose an animal, which it had to take care of. She told me that once a child with polio wanted to stay at her house. This child chose a horse to look after. The baroness asked the local carpenter to make an installation, so this child could take care of her animal on her own. After a few years, the Lady died, and so did this unique experiment.

    It has become more and more difficult to arrange such situations as the baroness did, because the authorities make more and more conditions for children's homes to operate. Still, some years ago, in an empty building that was intended for communes, one of my students organized a refuge for children under guardianship. Again, this student used local facilities to arrange a non-conventional children's home.

2. The second example comes from France. Claude Sigala (1983) was one of the founders of »lieux de vie«, places to stay. About ten years ago, more than 40 of these places existed throughout France. Children with different kinds of problems (social, psychiatric) stayed at these places. What was remarkable was that the children were free to stay or leave. They even had a special occasion for exchange. During meetings with other children and adults from another lieu de vie, children could discuss the possibilities of moving into another place. The places were meant just for living. There were no treatment plans. If adults thought the child needed treatment, this was discussed with the child and after consent one looked for a suitable therapy outside the place where the child stayed.

    I think this last way of splitting place of residence and therapy is important. The child needs a »safe haven«, it should not be dependent on the results of therapy, the legal status of its relation with its parents, or anything else except the rules the inhabitants have agreed upon.

3. The third and last example is also from France, and based on analytical lines. I refer to the so-called »split institution«, the school in Bonneuil which is run by of one of my favourites, Maud Mannoni. The methods in her school differ radically

from the established institutions in child welfare. In Bonneuil, MANNONI and her colleagues clear a space for children so they can find out their own way of life and try to practice it. They try to join the child instead of trying to let children join the institution. Plans to make new children of the inhabitants are rejected. The only thing they are trying to do is to create room for children who have suffered in the past for not getting (enough) room to live. The diversity of children is what counts for Mannoni. There is no optimal attitude towards children or an ideal treatment. One tries to really listen to what children and colleagues say. This school seems to be an anti-institutional institute, which offers a way of living together with children who »suffer from life«.

MANNONI is inspired by the theory of LACAN and sees an emancipating force in his range of thought. The classical setting in analysis is the talking analysand who says anything that comes to mind and the listening analyst who tries to understand. This schedule is used by MANNONI in Bonneuil: everything is done to create a room in which the child can speak freely and the conditions to listen are also optimized. Her goal is not so much pedagogical, but creative in the sense of trying to give words to the pain the child feels. Children are allowed to say anything, like dirty words and criticise the institution. The children are not restricted in their freedom of speech. Treatment-plans and inquiries limit the psychological room, in which the child can speak without restraint. MANNONI warns that if we adhere too much to our theory and try to reach an objective technique in our encounter with the child, its truth may remain hidden and will not show up. Therapy turns then into moral re-education (MANNONI, 1979).

4. Conclusion

I come to my conclusion. An anti-institutional treatment may help children to rediscover their own life, that is to say, to discover their own style corresponding (not in one way) to their unique position between parents, family, friends, etc. It enables children to take care of themselves and - in the sense of FOUCAULT - make a work of art of their lives. Yet, the therapist may easily become an instrument in disciplinary institutes, if the therapist is seen as the accomplice of the repressive, re-educating institute. The child does not feel free to bring up the framework of the institute for discussion (MANNONI, 1976). In that case, treatment helps children to calm down, instead of supporting them in resisting injustice out of solidarity, making them rebels with a cause!

In this connection I would like to mention one of the great theorists of rebellion, ALBERT CAMUS. The rebel, l'Homme révolté, does not only stand up for his own case, but also because for that of all people; he thinks something has been neglected in him, that does not only belong to him but to everybody (CAMUS, 1951). This existential starting-point is based upon a human feeling of solidarity and sympathy. Like FOUCAULT, CAMUS sees the possibility of resistance in the subject, although he has to be aware that every freedom is limited. Yet, CAMUS is objective about the revolution, because it often imposes new laws and legitimate repression with new ideologies, after its victory. He supports the revolt without ideology, which is based on solidarity and self-consciousness. Not every action has to break with tradition, because it easily repeats the past, rather than overcoming it. It is hard to be a hero all the time for the case of solidarity. People easily get accustomed to easy ways of arranging things in life. The strong point of the disciplines is arranging people in such a way, that they can keep an eye on each other and are permanently invited to reconcile themselves to the situation. »Change is slow and rarely the result of individual efforts. Social systems are at work to sustain themselves so that the most vigilant deconstructionist movements will never deconstruct to chaos, but at their best, will loosen, create some slight flexibility, some momentary tolerance« (RICHER, 1992, 115). But as FOUCAULT (1983,223) says: »For to say that there cannot be a society without power relations is not to say either that those which are established are necessary, or, in any case, that power constitutes a fatality at the heart of societies, such that it cannot be undermined. Instead I would say that the analysis, elaboration, and bringing into question of power relations and the »agonism« between power relations and the intransivity of freedom is a permanent political task inherent in all social existence«.

Notes

[1] I am very grateful to RENÉ GABRIÉLS who made very useful comments on the first version of this paper.

[2] The subject is a unique constellation, but not in the sense of a centre of subjectivity, that traditional psychology gives it. »It only extends the self-description indefinitely in a proliferation ad infinitum of social poses, the self captured only in the play of new roles; the reflective »I« but one of them. The self is this proliferation of roles, the progressive showing of (sur)faces« (LOVLIE, 1992, 125). The subject shows more than one face, based on more than one discourse. Individuals, as unique bio-historic contingencies are not imprisoned in only one text, but formed, transformed or deformed more of these. The subject does not coincide with the machine which tries to manipulate it.

[3] LACAN points at three main positions in this structure: departure (when the baby leaves the womb and is weaned), the image (when the child builds an image of unity of itself) and symbol (when the child takes a position towards the surroundings.

References

CAMUS, A.: L' homme révolté. Paris, 1951

FOUCAULT, M.: Histoire de la sexualité: La volonté de savoir. Paris, 1976

FOUCAULT, M.: Discipline and punish: the birth of prison. New York, 1977

FOUCAULT, M.: Histoire de la sexualité: L' usage des plaisirs. Paris, 1984a

FOUCAULT, M.: Histoire de la sexualité: Le souci de soi. Paris, 1984b

FOUCAULT, M.: Twee typen macht. In: Te Elfder Ure 1981, 26, pp. 573-587.

FOUCAULT, M.: In: M. DUYVES EN T. MAASEN (VERT.): Interviews met Michel FOUCAULT Boskoop/ Utrecht, 1982

FOUCAULT, M.: The subject and power. In: H. DREYFUS and P. RABINOW (ed.) MICHEL FOUCAULT: Beyond structuralism and hermeneutics, 208-226. Chicago, 1983

LACAN, J.: The function of field speech and language in psychoanalysis. In: Ecrits, 30-39 (A selection, translation from the French by A. Sheridan.) New York/London, 1977 [1949]

LOVLIE, L.: Postmodernism and subjectivity. In: S. KVALE (ed.): Psychology and postmodernism. London, 1992, pp. 119-134

MANNONI, M.: Un lieu pour vivre: Les enfants de Bonneuil, leurs parents et l'équipe des 'soignants'. Paris, 1976

MANNONI, M.: La theorie comme fiction: FREUD, GRODDECK, WINNICOTT, LACAN. Paris, 1979

NIJNATTEN, C. VAN: Die Wahrheitsmaschine. Die Entwicklung des psycho-juristischen Komplexes der Kinderfürsorge. Bonn, 1991

NIJNATTEN, C. VAN: LACAN, de radicale Freudiaan. In: C. VAN NIJNATTEN (red.): Psychodynamische ontwikkelingsmodellen. Amsterdam, 1992a, pp. 103-122

RICHER, P.: An introduction to deconstructionist psychology. In: S. KVALE (ed.) Psychology and postmodernism. London, 1992, pp. 110-118

SCULL, A.: Decarceration: community treatment and the deviant. Oxford, 1984

SIGALA, C.: Multiciplicites ou des lieux de vie par milliers. Paris, 1983

STUFFERS, P.: Dwangopvoeding. Vorming van onmaatschappelijke kinderen tot maatschappelijke menschen. Rotterdam, 1947

ZWART, H.: Autonomie en onbehagen. Taylor en FOUCAULT over de moderne morele zelfverhouding en haat voorgeschiedenis. In: Psychologie en Maatschapij 1993, 17, pp. 63-76.

Franz-Josef Krumenacker

Heimerziehung als eigenständige Erziehungsform:
Bruno Bettelheim

Residential care as geniun Education:
The Concepts of Bruno Bettelheim

This article diverges from the standard interpretation of Bettelheim's theory and focusses on its educational elements. The radical nature of his theory is presented as the source of its relevance. Bettelheim has not only analysed and expanded the potential of residential care, but also has put his theory into practise. This discussion of Bettelheim's theory represents a step towards recognising residential care as an educational means in its own right.

1. Einleitung

Die Rehabilitierung emotional gestörter Kinder erfordert neben dem notwendigen gefühlsmäßigen Engagement immer auch rationale Planung und rationales Handeln. Diese in jeder Pädagogen-Generation neu zu machende Erfahrung brachte B. Bettelheim 1950 auf den prägnanten Nenner:»Liebe allein genügt nicht«. Bettelheim als moderner Klassiker hat es seinen Adepten nicht gerade leicht gemacht. Genannt seien hier nur sein narrativer Schreibstil, der oft dazu beiträgt, daß sich beim Leser keine präzise Vorstellung des Gelesenen entwickelt oder die ungewöhnliche Radikalität seines Ansatzes (COLLA 1979, S. 30). Auch kann die *sozialpädagogische* Heimerziehung nicht direkt an Bettelheims Werk anknüpfen; zum einen, weil sie Gefahr läuft, den Geist zu verfehlen, indem sie dem Buchstaben folgt; zum anderen, weil sorgfältig erwogen werden muß, welche Aspekte in der sozialpädagogischen Heimerziehung sinnvoll angewendet werden können. Eine reflektierte Rezeption, die mehr sein will als steriles Epigonentum, erfordert also immer eine Übersetzungsleistung. Daher erscheint mir das von E. Bloch und H. Eisler geprägte Diktum von der »Kunst zu erben« als geeignetes Leitmotiv für eine neuerliche Annäherung an das Werk des Wiener Emigranten. Gegenstand der so überschriebenen Diskussion zwischen dem Philosophen und dem Komponisten war die Frage, wie die schöpferischen Kräfte der Gegenwart »[...] durch den Rückgriff auf das Erbe gefördert - wo sie aber auch gehemmt werden können« (BLOCH 1988, S. 165).

Im folgenden rekonstruiere ich kursorisch die Resonanz, die Bettelheims Ansatz hierzulande in der Heimerziehung hervorrief. Sodann frage ich, weshalb dem Konzept des »therapeutischen Milieus« heute nur eine randständige Bedeutung zukommt, um abschließend seine Aktualität für die heutige Heimerziehung exemplarisch aufzuzeigen.

2. Zur Rezeption BETTELHEIMS in der Heimerziehung

Die Rezeption BETTELHEIMS begann Mitte der 60er Jahre, also schon bevor »Liebe allein genügt nicht«, die erste ausführliche Dokumentation seines Ansatzes, in deutscher Übersetzung vorlag (FROMMANN 1964, KRAAK 1963). Zeitgleich wurden die Arbeiten F. REDLS rezipiert (REDL 1971; REDL/WINEMAN 1970). Es kann als sicher gelten, daß REDL BETTELHEIM sehr stark beeinflußte. Dies ist wohl auch der Grund dafür, daß sich anfänglich beide Konzeptionen von Milieutherapie stark ähnelten. Deutliche eigene Konturen gewann der BETTELHEIMSCHE Ansatz erst, nachdem er sich von der Arbeit mit dissozialen und delinquenten Kindern abwendete und sich stärker auf die Behandlung psychotischer Kinder konzentrierte.

Angesichts der in den 60er und 70er Jahren hierzulande massiv kritisierten Heimerziehung avancierte die Idee des »therapeutischen Milieus« zu einem »Idealkonzept« (Späth 1978, S. 64). In diesem Zusammenhang standen auch praktische Umsetzungsversuche, deren Ergebnisse allerdings oft nicht die hochgesteckten Erwartungen erfüllten. Von ihnen gingen dennoch wichtige Impulse aus, weil sie über die Frage der Abhängigkeit des Konzepts von den charismatischen Persönlichkeiten BETTELHEIMS bzw. REDLS die naiv-optimistische Rezeption auf die Bedeutung der personellen Voraussetzungen verwiesen. Als Folge der starken Orientierung an Bettelheim und REDL hielten verstärkt psychotherapeutische Verfahren Einzug in die Heimerziehung, auch weil die Beschäftigung von Therapeuten der so harsch kritisierten Heimerziehung den so dringend benötigten Imagegewinn verhieß. Psychotherapie sollte gewährleisten, was der Pädagogik nur zu oft nicht gelang: die nachhaltige Veränderung problematischer Verhaltensweisen. Zuweilen konnte sogar der Eindruck entstehen, als seien therapeutische Verfahren geeignet, Pädagogik ganz zu ersetzen, ihre Aufgabe schien sich darauf zu beschränken, die zwischen den therapeutischen Sitzungen liegenden Zeiten zu überbrücken: Alltag als »cold storage« (F. REDL).

Die Bedeutung eines gemeinsam gelebten und gestalteten pädagogischen Alltags wurde damit ebenso eklatant verkannt, wie die Chancen therapeutischen Vorgehens überschätzt wurden. Offenbar ohne es zu registrieren, befand man sich damit im offenen Widerspruch zu den ursprünglichen Intentionen BETTELHEIMS und REDLS. Ging es ihnen doch gerade darum, alltägliche Situationen »heilsam« zu gestalten, ohne sie therapeutisch zu verfremden. Scheinbar banale alltägliche Handlungen avancieren dadurch zu bedeutsamen Gelegenheiten, »korrigierende Erfahrungen« zu vermitteln. Vor dem Hintergrund der genannten Entwicklung, als Ausgangspunkt für eine zeitgemäße Rezeption und als Möglichkeit der Vergewisserung in diesem Prozeß sei hier an einen zentralen Grundgedanken der Milieutherapie erinnert:

»Es wurde sogleich deutlich, daß die Art in der ein Kind gefüttert, gebadet und zur Toilette begleitet wurde, wie mit ihm beim Aufstehen und Schlafengehen umgegangen wurde, genauso wichtig waren, wie das, was in der täglichen Psychotherapie passierte. Ja, es stellte sich bald heraus, daß wenn diese Ereignisse mit Verstand und Geschick gestaltet wurden, sie sogar *wichtiger* als das waren, was für das Kind in seiner individuellen Behandlungsstunde erreicht werden konnte« (BETTELHEIM/ SANDERS 1979, S. 219; Hervorh. F.-J. K.).

Intensive Resonanz fand die »raumplanerische« Dimension von BETTELHEIMS Konzept. In der Tradition PESTALOZZIS, MONTESSORIS und nicht zuletzt - aber bisher unerkannt - in der Tradition DEWEYS betont er die Bedeutung der jeweiligen (sozialen) Umwelt für die Pädagogik. Umwelt, das ist aber auch die Architektur und Gestaltung sowie die Ausstattung von Gebäuden und Räumen. Sie üben einen mehr oder weniger subtilen Einfluß auf das menschliche Verhalten und damit auch auf die pädagogische Arbeit aus. Systematisch reflektiert wurde dies für die Heimerziehung hierzulande erstmals im Rahmen der 1974 veranstalteten Ausstellung »Heimerziehung und Heimplanung«. Bettelheims Orthogenic School (im folgenden: O.S.) diente ihr als Vorbild für die planvolle Gestaltung von Räumen in pädagogischen Institutionen (IGFH 1974, S. 94 ff.). Davon ausgehend aber vom psychoanalytischen Hintergrund abstrahierend entwickelten MAHLKE/SCHWARTE (1985) ein Konzept, mit dem sich die räumlichen Voraussetzungen für ein therapeutisches Milieu in stationären Einrichtungen herstellen lassen. Es wurde inzwischen vielfach praktisch realisiert (MÜLLER-KÜPPERS U.A. 1987; FLOSDORF 1988, S. 14). Die räumliche Umgestaltung bewirkte neben einer begeisterten Identifikation der Kinder mit den »neuen« Räumen eine positivere Atmosphäre, die wiederum einen gezielteren pädagogischen Umgang ermöglichte. Konflikte und Störungen nahmen seither ab.

Die praktische Verwirklichung eines therapeutischen Milieus stellt aber bis heute eher eine Ausnahme dar. So hatten etwa v. WOLFFERSDORFF und SPRAU-KUHLEN in einer Untersuchung von 22 geschlossenen Heimen vielfach »[...] den Eindruck, daß das »therapeutische Milieu« entweder ex negativo definiert war (als bloße Abwesenheit von Einzeltherapie) oder sich lediglich auf das Klima in der Gruppe bezog. Solange jedoch nicht (im Sinne BETTELHEIMS) in der gesamten Institution ein therapeutisches Milieu verwirklicht ist, kann auch ein noch so gutes therapeutisches Klima in einzelnen Gruppen aufgrund ihrer Abhängigkeit von der Gesamtinstitution nur punktuell wirken« (1990, S. 191). Auch die PLANUNGSGRUPPE PETRA kam zu einem ähnlichen Ergebnis. Sie konstatierte, daß in der Regel isolierte Therapiemodelle favorisiert wurden, »obwohl es [...] Konzeptionen des therapeutischen Milieus gibt, die ein solch isoliertes Vorgehen gerade ausschließen sollten« (1988, S. 73). Vor diesem Hintergrund akzentuierte sie die Bedeutung integrierter therapeutischer Konzeptionen, die sich für die Therapie *und* Pädagogik als produktiv erwiesen hätten (S. 74).

3. Sechs Thesen zur Marginalität Bettelheims in der heutigen Heimerziehung

Warum kommt dem »therapeutischen Milieu« in der heutigen Heimerziehung nur eine untergeordnete Bedeutung zu? Dazu einige, auf unterschiedlichen systematischen Ebenen liegende, Thesen: Nach dem oben Gesagten muß man davon ausgehen, daß BETTELHEIMS Ansatz vornehmlich rein therapeutisch rezipiert und seine genuin pädagogischen Anteile nicht hinreichend wahrgenommen wurden. Aus diesem Grund erscheint er für die in der Heim*erziehung* tätigen *Pädagogen* zwar inspirierend, aber für ihre tägliche Arbeit doch nahezu irrelevant. Daß es sich bei BETTELHEIMS Theorie und Praxis bei genauer Betrachtung auch - wenn nicht überwiegend - um eine pädagogische handelt, hat zuletzt SCHÄFER (1991) überzeugend dargelegt.

Zweite These: Die von BETTELHEIM vorgeschlagene Gestaltung und Ausstattung von Gebäuden und Räumen, das von ihm geforderte gute Essen im Überfluß und all die Dinge, die bei ihm unter »Privilegien als Therapie« rangieren (BETTELHEIM 1975, S. 35 ff.), wollen finanziert sein. Um ferner die erforderliche personelle Kontinuität gewährleisten und das von BETTELHEIM immer geforderte »totale Engagement« der Mitarbeiter auch materiell würdigen zu können, muß zusätzlich von erhöhten Personalkosten ausgegangen werden. Kurz, eine nach Bettelheim arbeitende Institution erfordert finanzielle Ressourcen, die in der Regel nicht zur Verfügung stehen. Heute wäre zu prüfen, ob sie mit Hilfe von »Fund-Raising« und »Sozial-Sponsoring« - Strategien aufgebracht werden könnten. Hier sei aber auch daran erinnert, daß die Idee des »therapeutischen Milieus« wesentlich in der Haltung der Mitarbeiter gründet; die beste Ausstattung eines Heimes bleibt wirkungslos, wenn die Arbeit nicht in dem richtigen Geist geschieht oder es den Mitarbeitern an den erforderlichen menschlichen Qualitäten mangelt (BETTELHEIM/SANDERS 1979, S. 224).

Dritte These: BETTELHEIMS detaillierte Berichte gelten als »aufregend« aber auch als aufs Engste mit seiner Persönlichkeit verknüpft. Im Zeitpunkt seines Ausscheidens (1973) wurde daher gleichzeitig der Beginn des Niedergangs der ganzen Institution gesehen. Inzwischen ist dieser Einwand in seiner Absolutheit von der Realität widerlegt worden. Die Schule arbeitet nach wie vor nach den von ihm etablierten Prinzipien. Der von seiner Nachfolgerin vorgelegte Praxisbericht verweist darauf, daß dort auch ohne die prägende Persönlichkeit, aber gleichwohl im Sinne ihres Begründers, weiterhin erfolgreich gearbeitet wurde (SEEVAK SANDERS 1988; SANDERS 1993).[1] Frau SANDERS leitete die O.S. von 1973-1992. Ob das pädagogische Konzept zwischenzeitlich nivelliert werden mußte, hätte eine Analyse der Entwicklung der Institution seit BETTELHEIMS Ausscheiden zu zeigen.[2]

Vierte These: In der wohl gründlichsten Auseinandersetzung mit Bettelheims Ansatz im Kontext der Heimerziehung heißt es, er zeichne sich durch eine im deutschen Heimalltag schwer einzulösende Radikalität aus (COLLA 1981, S. 89). BETTELHEIM fordere ja nicht weniger, als daß jedes Element der dinglichen und personalen Umwelt seine durchdachte therapeutische Funktion zugewiesen bekomme. Bettelheims Radikalität muß wesentlich als Antwort auf die extremen Störungen der ihm anvertrauten Kinder verstanden werden. Man wird die Umsetzungsperspektiven weniger pessimistisch einschätzen, berücksichtigt man, daß es die sozialpädagogische Heimerziehung mit vergleichsweise geringen Störungen zu tun hat. Sie muß deshalb das Konzept auch nicht in seiner ganzen Radikalität rezipieren, um es sinnvoll anwenden zu können. Dazu J.S. SANDERS: » [...] es mag sein, daß die Intensität unserer Aufmerksamkeit und die Verfügbarkeit von Mitarbeitern [...] Luxus sind, den sich nicht jeder leisten kann, aber auch die Sensibilität unserer jungen Leute ist von außergewöhnlicher Intensität. Deshalb, wenn unsere Einstellungen bei ihnen, intensiv angewendet, wirksam sind, so können sie bei anderen auch auf einem weniger intensiven Niveau wirksam werden. Ich glaube, daß die Prinzipien unserer Einstellung kein Luxus sind, sondern wirksame Instrumente in jeder Situation« (1988, S. 28).

Theoretisch betrachtet ist es sogar gerade BETTELHEIMS Radikalität, die ihn für die heutige Heimerziehung noch (oder besser: wieder?) aktuell erscheinen läßt. War es doch gerade sie, die ihn die positiven, strukturellen Ressourcen der Heimerziehung nutzbar machen ließ. Demnach kann es nicht darum gehen, die gleiche Radikalität an den Tag zu legen. Es gilt vielmehr, die Perspektiven und Möglichkeiten, die Bettelheim eröffnete, wahr-zu-nehmen. Und das in der doppelten Bedeutung des Wortes von »erkennen« und »nutzen«.

Fünfte These: Auf einer anderen Ebene läßt sich die randständige Bedeutung Bettelheims durch die Kluft erklären, die zwei in entgegengesetzte Richtungen betriebene Entwicklungen hinterlassen haben. BETTELHEIM richtete sein Augenmerk ebenso konsequent wie ausschließlich nach innen. Von der Vision einer heilsamen Umwelt beseelt, entwickelte er die dem Milieu seiner Heimschule immanenten Möglichkeiten und verwob sie zu einem »therapeutischen Milieu«. Die Heimstruktur seiner Einrichtung stellte er bis zuletzt nicht in Frage. Gerade die auch politisch inspirierte organisatorische Reform und die organisatorische Differenzierung bildete dagegen den Schwerpunkt der Heimreform hierzulande.

Sechste These: Vor dem Hintergrund der skandalösen Zustände in den Heimen der sechziger und frühen siebziger Jahre wurden und werden die Gefahren, wie sie die Totalität des therapeutischen Milieus potentiell birgt, besonders sensibel wahrgenommen. Es wird befürchtet, Heimerziehung könne » - im Zeichen von Therapie - den Zwangscharakter alter Anstaltserziehung wiederholen« (ZWISCHENBERICHT KOMMISSION HEIMERZIEHUNG 1977, S. 79). Die nach BETTELHEIMS Tod gegen ihn erhobenen Vorwürfe ehemaliger Schüler und Mitarbeiter, denenzufolge er auch vor körperlicher Gewalt nicht zurückschreckte, bestätigen die genannte Befürchtung leider auch für die O.S.. Es war meines Erachtens vor allem die autokratische und unkontrollierte Allmacht des Direktors BETTELHEIM, die diese Übergriffe möglich machte. Dafür spricht auch, daß nach seinem Ausscheiden die von ihm wahrgenommenen Aufgaben und Kompetenzen auf drei Personen verteilt wurden.

4. Zur Aktualität BETTELHEIMS für die Heimerziehung

Als Antwort auf die »extremen« Störungen der Kinder und Jugendlichen entwickelte BETTELHEIM sein »extremes« Konzept eines »therapeutischen Milieus«. Um überhaupt eine erfolgversprechende Behandlung ermöglichen zu können, mußten alle Ressourcen, wie sie potentiell im Milieu eines Heimes enthalten sind, erkannt und nutzbar gemacht werden. Wenn sich Bettelheim durch die Arbeit mit psychotischen Kindern auf den ersten Blick - und im Gegensatz zu REDL, der eher mit einem sozialpädagogischen Klientel arbeitete - von der Heimerziehung entfernte, war es doch gerade die damit verbundene Perspektive, die es ihm ermöglichte, einen eigenen Beitrag zu leisten. Bettelheim hat aus einer pädagogischen Grenzsituation heraus die spezifischen Möglichkeiten der Heimerziehung als *eigenständige Erziehungsform* exemplarisch ausgelotet, entwickelt und nutzbar gemacht. Ihre beeindruckende Bandbreite reicht von der Einstellung der Mitarbeiter und einem detaillierten Konzept nicht dyadischer Beziehungsgestaltung über die spezifischen Möglichkeiten eines gemeinsam gestalteten (Heim-)Alltags bis hin zur architektonischen Gestaltung und Ausstattung von Räumen und Gebäuden.

BETTELHEIM geht es auch und vor allem um Details: die Art des Geschirrs, die liebevolle Ausstattung der Badezimmer, die Art und Weise wie Geburtstage, Feiertage, Aufnahmen und Entlassungen gestaltet werden, gute, dem Geschmack der Kinder entsprechende Kleidung. All die genannten Punkte avancieren in BETTELHEIMS Diskurs zu bedeutsamen Gelegenheiten, im Rahmen von Heimerziehung »korrigierende« und Ich-stärkende Erfahrungen zu vermitteln. Damit steht sein Konzept als konkret utopisches Beispiel für die Leistungsfähigkeit einer Heimerziehung, die ihre besonderen Möglichkeiten erkannt, systematisch entwickelt und vorbildlich integriert hat.

Diese Arbeit an der Identität von Heimerziehung ist heute umso bedeutender, als sie schon längst begonnen hat, den ihr entgegengebrachten Argwohn zu verinnerlichen (BLANDOW 1988, S. 38) und sich gerade nicht offensiv als eigenständige Erziehungsform mit besonderen Möglichkeiten und Ressourcen definiert. Nach wie vor neigt sie dazu, sich nur defensiv als »Vorhof des Jugendstrafvollzugs« und als »letzte Chance« zu verstehen. Ohne ein Bewußtsein ihrer besonderen Möglichkeiten gleichen ihre Bemühungen oft einem Tanz um eine unbekannte Mitte. Das von Bettelheim aufgefächerte Spektrum von Möglichkeiten der Heimerziehung aus seinen umfangreichen Beschreibungen zu rekonstruieren, wäre der erste notwendige Schritt einer erneuten Auseinandersetzung mit seinem Ansatz.

Daß wir bei BETTELHEIM exemplarisch Inhalte theoretisch abgeleitet und praktisch umgesetzt finden, denen hierzulande unter dem außerinstitutionellen Druck zur Differenzierung zuwenig Aufmerksamkeit zuteil wurde, verweist darauf, daß es produktiv sein kann, seinen Ansatz und die Entwicklungen in der Heimerziehung als *komplementär* aufzufassen. Dadurch entstünde ein für beide Seiten fruchtbares Spannungsfeld. So gesehen könnte gerade eine Heimerziehung von einer (erneuten) Auseinandersetzung mit Bettelheim profitieren, deren Strukturreform rasant fortgeschritten ist, die allerdings ohne eine entsprechende Professionalisierung der Pädagogik nur unzureichende inhaltliche Konturen entwickelte (BLANDOW 1987, S. 212).

Die ungewöhnliche Sensibilität schwergestörter Kinder machte es in Bettelheims Praxis erforderlich, subtilen pädagogischen Aspekten besondere Aufmerksamkeit zu widmen. Die Bedeutung dieser »Heimerziehung an den Grenzen« (KRUMENACKER 1996)[3] liegt ferner darin, daß in ihr Tiefendimensionen von Pädagogik hervortreten, die auch für die »normale« Arbeit von Bedeutung sind, die in ihr aber unendlich schwieriger abzuleiten gewesen wären: Vom Extrem her fällt Licht auf das »Normale«. Zu nennen sind hier z.B. die Bedeutung der Haltung der Mitarbeiter für eine gelungene pädagogische Interaktion oder die Wichtigkeit aller Anfangsituationen. Daß BETTELHEIM der Einstellung der Erzieher so große Bedeutung beimißt und Münstermann (1987, S. 232), vor dem Hintergrund ihrer Vernachlässigung in der Heimerziehung, ausdrücklich ihre sorgfältige Reflexion reklamiert, bestätigt exemplarisch die These von der Komplementarität beider Entwicklungen. Zudem tritt in BETTELHEIMS Praxis die Wichtigkeit des pädagogischen Ortes und die Bedeutung von Symbolen und Ritualen deutlich hervor. Man mag diese Auswahl allein den Eigenheiten eines psychoanalytisch inspirierten Denkens zuschreiben, der Überzeugungskraft, mit der BETTELHEIM etwa die Bedeutung der Einstellung von Pädagogen in Fallbesprechungen mit seinen Mitarbeitern herauspräpariert, wird man sich aber nur schwer entziehen können (BETTELHEIM 1966, S. 703 ff., 1975, S. 396 ff.). Wenn, wie M. WINKLER schreibt, schon »die durchschnittliche pädagogische Situation heute einen Problemgehalt angenommen hat, der früher Anlaß zur Jugendhilfeintervention geworden wäre, täte die Heimerziehung angesichts des noch stärkeren Probleme ihrer Adressaten gut daran, sich auch mit subtilen Ressourcen auseinanderzusetzen.

Wenn ich mich im folgenden bei der Illustration meiner Überlegungen auf die Bedeutung des »pädagogischen Ortes« und die von »Ritualen und Symbolen« konzentriere, dann geschieht dies aus drei Gründen: Erstens stehen beide Themen bei BETTELHEIM in einem engen Verhältnis zueinander, denn planvolle Gestaltung des Ortes meint bei ihm vornehmlich *symbolische* Gestaltung. Zweitens legt es der Diskussionsstand in der Heimerziehung nahe, BETTELHEIMS Aktualität gerade an diesen Punkten aufzuzeigen. Wie M. WINKLERS Beitrag über das »Ortshandeln« in der Heimerziehung (WINKLER 1997) und M. DALFERTHS Beitrag über die Bedeutung von Ritualen und Symbolen in der Heimerziehung exemplarisch belegen (DALFERTH 1997), thematisieren neuere Beiträge zur Heimerziehung Aspekte, die im Zentrum von Bettelheims Ansatz stehen. Drittens sind mit gezielter Ortsgestaltung und mit Bettelheims Ausführungen über die Bedeutung von Ritualen und Symbolen im Heimalltag zwei ureigenste Möglichkeiten der Heimerziehung angesprochen.

4.1 Milieutherapie als »Ortshandeln«?

Die planvolle Reflexion und Gestaltung von Gebäuden und Räumen im Hinblick auf die jeweilige pädagogische Konzeption ist eine selten genutzte Möglichkeit der Heimerziehung. Gebäude und Räume werden in der Regel kritiklos als institutionell vorgegeben hingenommen. Wie schlecht es in der Tat um den konstruktiven Umgang damit bestellt ist, hat die Studie der Planungsgruppe Petra aufgezeigt. Danach können selbst elementarste Gestaltungen, wie die Dekoration von Räumen mit Bildern und Pflanzen, nicht als selbstverständlich vorausgesetzt werden (1988, S. 46).

Der praktischen Vernachlässigung korrespondiert die theoretische. Offenbar in der irrigen Annahme, Pädagogik sei unbeeinflußt und unabhängig von den Orten, an denen sie stattfindet, hat sich die (Sozial-)Pädagogik bislang nur höchst beiläufig um sie gekümmert. Dagegen erinnert Bettelheims Werk nachdrücklich an die Bedeutung der »Rahmenbedingungen«, an das Wechselverhältnis zwischen dem »Ort« und dem Verhalten von Menschen. Einmal mehr war es das Verhalten schwer gestörter Kinder, in dem dieser Zusammenhang deutlicher als sonst zutage trat. Gehört es doch zu ihren Eigenheiten z.B. auf räumliche Veränderungen stärker zu reagieren als auf personelle.

Es war der ausgeprägte symbolische Umweltbezug dieser Kinder, der den Blickwinkel vorgab, unter dem es das Milieu des Heimes gezielt zu gestalten galt. Milieugestaltung meint daher bei Bettelheim vornehmlich symbolische Gestaltung. Es geht vorrangig um die »stummen Botschaften«, wie sie von Gebäuden, Räumen und Gegenständen ausgehen. Neben dieser Tiefendimension treten weniger subtile Dimensionen - wie die im Hinblick auf die pädagogische Alltagsarbeit funktionale Gestaltung von Räumen - in den Hintergrund. Beim genauen Lesen kann man aber auch sie entdecken. Der symbolische Reichtum der O.S. läßt sich in diesem Überblick nicht angemessen schildern. Zur Illustration sei hier aber BETTELHEIMS Beschreibung jenes Raumes auszugsweise zitiert, den der Neuankömmling und Besucher als erstes betritt: »In diesem [...] Raum [...] stehen ein paar ungewöhnliche Möbelstücke. Da gibt es einen alten [...] hölzernen Thron. Neben ihm eine alte Wiege - alt, weil die modernen weder so stabil gebaut noch so bequem sind. Diese Wiege [...], ist so groß, daß sie ohne weiteres ein sechsjähriges Kind tragen und wiegen kann, sogar Teenagern ist es gelungen, sich in ihr zusammenzurollen. Sie verrät stillschweigend, für wie wichtig wir die ersten Erfahrungen des Kleinkindes auch für das weitere Leben halten. Als nächstes steht da ein [...] viktorianisches Puppenhaus in schöner Ausführung und voll eingerichtet: kein modernes Puppenhaus ist so gut gebaut [...]. Dann gibt es noch ein Seepferd, das von einem alten Karussell stammt und auf dem jedes Kind reiten kann, ein paar antike Spielsachen auf dem Kaminsims und einen Wandbehang, der ein Märchen erzählt. Da der Raum für alle da ist, für Erwachsene wie für Kinder, gibt es in ihm auch Gegenstände, die ganz eindeutig für jeden gedacht sind; beispielsweise auf kleinen Tischen ein oder zwei offene Schalen mit Süßigkeiten, aus denen man sich bedienen kann. Die Einrichtung des Raumes macht deutlich, daß die Bedürfnisse und Freuden des Kindes ebenso wichtig sind wie die der Erwachsenen« (BETTELHEIM 1975, S. 136 f.).

Von der Auseinandersetzung mit BETTELHEIMS Konzept wäre nun *mindestens* zu lernen, daß Heimerziehung immer auch *Erziehung und Sozialisation in und durch Räume(n)* ist. Es muß immer eine Wechselwirkung zwischen dem »Ort« und der jeweiligen »Erziehungskonzeption« vorausgesetzt werden. Sie können sich im günstigen Fall gegenseitig bestärken, im ungünstigen aber auch aufheben. In ihrer planvollen Integration liegt eine bislang weithin ungenutzte Möglichkeit. Erste Umsetzungen der räumlichen Voraussetzungen für ein therapeutisches Milieu nach Mahlke/ Schwarte haben übrigens auch eine sehr erwünschte Nebenwirkung hinsichtlich eines der großen Probleme der Heimerziehung gezeigt: die Fluktuation der Mitarbeiter sinkt, wenn sie ihre Aufgaben in speziell auf die Erfordernisse der Arbeit abgestimmten Räumen ausüben können (MAHLKE/SCHWARTE 1985, S. 14).

Es ist hier nicht der Ort, näher auf BETTELHEIMS Diskurs über Architektur, Räume und Ausstattungen einzugehen (BETTELHEIM 1975, S. 97 ff.; IGFH (Hg.) 1974, S. 94 ff.). Die gegebenen Hinweise reichen aber aus, um ihn als einen Pionier des »Ortshandelns« in der Heimerziehung zu identifizieren. Allerdings ohne in allen Kriterien mit Winklers Begriff übereinzustimmen. Aber gerade dadurch entsteht ein produktives Spannungsverhältnis.

Unter dem Begriff »Ortshandeln« subsumiert WINKLER (1993) theoretische Reflexionen über eine (zukünftige) Form von Heimerziehung, die das Aufwachsen am »anderen Ort« als Bedingung für die Humanisierung des Individuums und den darauf aufbauenden gesellschaftlichen Fortschritt begreift. Aus dieser Perspektive besteht die Aufgabe der Heimerziehung darin, Kindern und Jugendlichen zuerst einmal einen Ort zur Verfügung zu stellen, an dem Entwicklungs- und Lernprozesse überhaupt erst (wieder) möglich werden. Im Horizont der von WINKLER aufgestellten Kriterien für einen solchen Ort wird die Geistesverwandtschaft mit Bettelheims Konzept deutlich, gleichzeitig treten aber auch die Unterschiede hervor. Nach WINKLER muß ein pädagogischer Ort Sicherheit, Schutz, Geborgenheit und Versorgung bieten und darüber hinaus »fehlerfreundlich« sein. D.h. er stellt Möglichkeiten zur Verfügung, damit Kinder und Jugendliche in der eigenen Persönlichkeitsentwicklung auch Rückschritte machen und Umwege gehen können, weil diese häufig notwendige Voraussetzungen für ihre Weiterentwicklung darstellen. Wie das »therapeutische Milieu« zeichnet sich der pädagogische Ort ferner gerade nicht durch die gegenwärtig favorisierte Nähe zum Herkunftsmilieu aus, sondern stellt die Chancen, die im Bruch damit liegen, heraus. Dieser Ort muß außerdem seine Aneignung und Umgestaltung durch die Kinder und Jugendlichen ermöglichen und das Hinausgehen, das Aufsuchen anderer Orte ermöglichen und auch so Lernprozesse ermöglichen. In diesem Punkt weist Winklers Vorstellung weit über die BETTELHEIMS hinaus.

Folgt man WINKLERS Analyse, dann wird das, was BETTELHEIM in Chicago für die vergleichsweise kleine Gruppe schwer gestörter Kinder realisierte, heute auch für »normale« Kinder und Jugendliche immer notwendiger: sie brauchen einen Ort, an dem Grundbedürfnisse befriedigt, Eigenwilligkeiten respektiert und gleichzeitig Entwicklungsreize geboten werden. Die größte Differenz zwischen WINKLERS Konzept von Erziehung als Ortshandeln und BETTELHEIMS Milieutherapie liegt meines Erachtens in der Bewertung der pädagogischen Beziehung. In WINKLERS Optik »erstickt« pädagogisches Handeln und Beziehungsgestaltung die Subjektivität der Kinder und Jugendlichen. Zu einer Zeit, da Pädagogen sich von der sog. »Beziehungsarbeit« zunehmend überfordert fühlen und ihre Unmöglichkeit in der Heimerziehung aufgrund eines fehlenden existentiellen Zusammenhangs zwischen ihnen und den Heimbewohnern schon konstatiert wurde, bietet WINKLERS Ansatz scheinbar einen gangbaren Ausweg. Es muß aber bezweifelt werden, ob »Ortshandeln« ohne Beziehungsangebote und Persönlichkeiten auskommen kann, mit denen sich Kinder und Jugendliche identifizieren und an denen sie sich abarbeiten können. Auch hinsichtlich des »pädagogischen Bezugs« gilt, was WINKLER für den Ort benennt: »Kinder, Jugendliche, menschliche Entwicklungsprozesse überhaupt benötigen auch die Differenz des ganz anderen. Sie brauchen Herausforderungen, an denen sie sich abarbeiten können.«

Es ist nicht zuletzt das Beharren auf der Bedeutung der menschlichen Beziehungen, das BETTELHEIMS Ansatz kennzeichnet. Nur die menschliche Beziehungen vermögen, was selbst die idealsten äußeren Bedingungen allein nicht können: dem negativen Bild der Kinder und Jugendlichen von sich selbst und der Welt entgegenzuwirken (1975, S. 226). Die Qualitäten des Ortes unterstützen und verstärken die pädagogischen Bemühungen. Keinesfalls sollen oder können sie sie ersetzen.

Eine eingehendere Beschäftigung des Verhältnisses von Ortshandeln und Milieutherapie als sie hier möglich ist, verheißt mindestens zweierlei: für das Konzept des »Ortshandelns« eine kritische Vergewisserung seiner theoretischen Annahmen in der Auseinandersetzung mit einem geistesverwandten und praktisch erprobten Ansatz; für das Konzept des »therapeutischen Milieus« die Bestätigung seines Grundgedankens und wichtige Impulse für seine Weiterentwicklung.

4.2 Rituale als Ressourcen der Heimerziehung

Der gezielte Umgang mit Ritualen und Symbolen ist ein weiteres Beispiel für die in Bettelheims Arbeit sichtbar werdenden Tiefendimensionen von Pädagogik. Wie man

sich anhand der Gestaltung von Fest- und Feiertagen in Heimen vergegenwärtigen
kann, stellt der bewußte Umgang mit Ritualen und Symbolen ebenfalls eine unaus-
geschöpfte Ressource von Heimerziehung dar. Nur in ihren alternativ gefärbten
Randbereichen, etwa in anthroposophischen Einrichtungen, trifft man auf ein Bewußtsein ihrer Bedeutung. Wie DALFERTH (1993) gezeigt hat, ist die Vernachlässigung von
Ritualen in der Heimerziehung Reflex gesellschaftlicher Entwicklungen, die man als
»Enttraditionalisierung« und »Entritualisierung« beschreiben kann. Mit der (äußeren) Organisationsreform der Heimerziehung ging eine innere Wandlung einher, in
deren Rahmen rigide und formalisierte Formen der Alltagsgestaltung und des Umgangs zwischen Erziehern und Kindern weitgehend abgebaut wurden. So weit, daß
heute eher eine gewisse Strukturlosigkeit und Unverbindlichkeit den Heimalltag kennzeichnen. Mit DOUGLAS (1986) sieht DALFERTH darin nicht nur eine Ablehnung über-
kommener formalisierter und repressiver Routinehandlungen, sondern die generelle
Ablehnung von Ritualen. Als Folge der Differenzierungs- und Dezentralisierungsprozesse gingen damit den Kindern und Jugendlichen in den Heimen sinnstiftende Strukturierungs- und Orientierungshilfen verloren, derer gerade sie besonders bedürfen. Nicht selten versuchen sie daher, die so entstandene Leere und
Strukturlosigkeit mit eigenen - nur zu oft problematischen - Ritualen auszufüllen.
Dalferths Beitrag zeigt zum einen, daß Symbole und Rituale nicht nur für extrem
gestörte, sondern auch für Kinder in der »normalen« Heimerziehung von Bedeutung
sind. Davon ausgehend ist es mir im folgenden darum zu tun, exemplarisch die reflektierte Gestaltung von Festtagen und den bewußten Umgang mit feierlichen Ritualen und Symbolen als Bestandteil von Milieutherapie und damit prinzipiell auch
als besondere Ressource der Heimerziehung vorzustellen. Auch wenn BETTELHEIM
diesen Aspekt nicht im Zusammenhang mit dem Konzept von Milieutherapie sondern bezüglich normaler Kinder erörterte (BETTELHEIM 1987, S. 366 ff.), kann man
sich anhand der Beschreibungen von J. SANDERS davon überzeugen, daß die festlichen Traditionen, die er an der O.S. etablierte, einen integralen und bedeutenden
Bestandteil seines späten Konzepts von Milieutherapie« bildeten (SEEVAK SANDERS
1988, S. 131 f.; 1993, S. 31).

4.2.1   Rituale an der Orthogenic School

Aufgrund der extremen Ich-Schwäche der betreuten Kinder bietet die O.S. ein räumlich und zeitlich stark strukturiertes »setting«. Einem sich zuverlässig wiederholen-
den und nach einer festgelegten Ordnung verfahrenden Handeln kommt eine besondere Bedeutung zu. Es bietet den Kindern Halt und Orientierung, erleichtert ihnen
notwendige Übergänge, entlastet sie von Entscheidungsdruck und bewahrt sie vor
Desorientierung und überwältigenden Ängsten. Aus der Perspektive des Kindes lassen sich die folgenden schulspezifischen Rituale unterscheiden: *Einmalige* Rituale,
wie die Aufnahme oder die Entlassung. Mit ihrer Hilfe soll für das Kind ein möglichst wenig beängstigender Übergang von der Außenwelt in das Milieu der Schule
(und umgekehrt) ermöglicht werden. Die Aufnahmesituation wird ebenso sorgfältig
gestaltet, wie der Empfangsraum, in dem sie stattfindet. Ihren Höhepunkt bildet ein
Fest, das zugleich das neu aufgenomme Kind willkommen heißen und die anderen

dafür entschädigen soll, daß sie zukünftig ihre Betreuer mit dem Neuankömmling teilen müssen. Daneben lassen sich unterscheiden: *täglich wiederkehrende* Rituale, wie die gemeinsamen Mahlzeiten oder der Dienstwechsel der Betreuer; *individuelle, festliche* Rituale, bei denen ein einzelnes Kind im Mittelpunkt steht, wie etwa der Geburtstag oder der Jahrestag der Aufnahme sowie *kollektive, festliche* Rituale, bei denen alle Kinder im Mittelpunkt stehen, wie z.b. das Weihnachts- oder Osterfest. Für all diese Anlässe existieren an der O.S. sog. Schultraditionen. Da sie selten im Zusamenhang mit dem Konzept des »therapeutischen Milieus« wahrgenommen werden, konzentriere ich mich im folgenden auf die kollektiven, festlichen Rituale.

Die Art und Weise, wie Festtage mit Kindern begangen werden, kann Einfluß auf ihr ganzes weiteres Leben haben, denn die mit ihnen verbundenen guten oder schlechten Erfahrungen/Gefühle werden verinnerlicht und so Teil des Innenlebens der Kinder. Da Heimkinder auch in dieser Hinsicht schlechte bis katastrophale Erfahrungen gemacht haben, bieten Feste geeignete Anlässe, ihrem negativen Bild von der Welt und von sich selbst entgegenzuwirken.

Alle großen Feiertage zelebrieren nach BETTELHEIM symbolisch Geburten oder Wiedergeburten. Darin liegt ihre besondere Wirkung auf Kinder begründet. Werden sie freudig, den kindlichen Bedürfnissen angemessen, begangen, ist dies eine bedeutsame Zusicherung für das Kind, daß es willkommen war und geliebt wird. Die regelmäßige Wiederkehr von Festtagen gibt ihm das Gefühl, daß es auch in Zukunft so sein wird. Je unbedeutender und unsicherer sich ein Kind in der Welt fühlt, desto nötiger hat es diese Bestätigung. Festtage wie Weihnachten oder Ostern den kindlichen Bedürfnissen angemessen zu gestalten, bedeutet vor allem, sie nicht vorzeitig ihrer Magie zu berauben. Sie büßen dadurch viel von ihrer unbewußten Bedeutung und beruhigenden Funktion ein. Magische Gestalten wie der Weihnachtsmann oder der Osterhase sind für die kindliche Seele so bedeutend, weil sie das »Wohlwollen der ganzen Welt« und das »Bestreben, Kinder glücklich zu machen«, symbolisieren (BETTELHEIM 1987, S. 387). Daß Kinder ihre Geschenke - materielle Beweise, daß sie geliebt werden - von diesen magischen Figuren und nicht von ihren Eltern oder Betreuern erhalten, vermittelt ihnen mehr Sicherheit, als es noch so viele Geschenke von jenen jemals könnten. Zudem sind sie frei von den ambivalenten Gefühlen, mit denen elterliche Geschenke oft behaftet sind. Auch die Verpflichtung dankbar zu sein, etwa in Form zukünftigen Gehorsams, entfällt. Im Extremfall können Kinder an der O.S. Geschenke auch ganz zurückzuweisen, ohne dabei auf die Gefühle der Betreuer Rücksicht nehmen zu müssen, was einem Verleugnen ihrer eigenen Gefühle gleichkäme. Aus diesen Gründen überreichen an der O.S. nicht die Betreuer den Kindern ihre Geschenke. Vielmehr finden sie z.B. zu Ostern papierene Hasenspuren auf dem Fußboden ihres Schlafraums, die sie zu ihrem Osterkorb mit zwei kleinen Geschenken führen.

Eine solche Gestaltung von Festen wirkt der kindlichen Angst entgegen, nicht geliebt und deshalb früher oder später verlassen zu werden. Überdies wird der Angst der Kinder vor körperlichen Entbehrungen Rechnung getragen, die in ihrem Unbewußten zur Angst vor dem Verhungern vergrößert wird. Noch stärker als im Alltag wird in der »Schule« an Festtagen Wert auf überreichliches und hochwertiges Essen gelegt. Ein gemeinsam eingenommenes, üppiges Festmahl, das zugleich real und symbolisch Sicherheit vor der Angst zu verhungern gewährt, bildet den Höhepunkt eines jeden Feiertages. So begangen, können Festtage Ängste beschwichtigen und avancieren zudem zu den emotionalen Höhepunkten des Jahres. Sie gehören zu den konstruktiven Erfahrungen, die Kindern grundlegende Sicherheit vermitteln können; ihre therapeutischen Möglichkeiten liegen auf der Hand.

Entscheidend an BETTELHEIMS Interpretationen ist, daß sie im Hinblick auf die Lebenssituation der Kinder erfolgen. So interpretiert er etwa das christliche Oster- und das jüdische Passahfest als Sinnbilder der Wiedergeburt und Auferstehung - in der christlichen Tradition der Person des Heilands, in der jüdischen Tradition die der jüdischen Nation. Übereinstimmend stellen beide Feste ein »neues Leben« in Aussicht, einen Neuanfang, wie ihn auch die an der Schule betreuten Kinder versuchen (BETTELHEIM 1987, S. 367). Durch den Bezug auf die Lebenssituation der Kinder werden aus vormals sinnleeren, nur äußeren Konventionen bedeutsame und sinnstiftende Höhepunkte des Jahres. Daß sie ihre Wirkung auf die Kinder nicht verfehlten, belegt die folgende Erinnerung von J. SANDERS: »Es war für mich eine wunderbare Erfahrung, als BETTELHEIM mit der versammelten Schule beispielsweise über die Bedeutung von Ostern sprach, von seiner Ähnlichkeit mit dem jüdischen Passah-Fest. Es steht für die Chance zu einem Neuanfang und dafür, daß immer Mühen erforderlich sind, um diesen Neuanfang zu schaffen. Die große Bedeutung dieses Themas für gestörte Kinder, die verzweifelt die Gelegenheit für einen Neuanfang brauchen, ist natürlich offensichtlich. Aber es ist auch eine wunderbare Botschaft, daß dieser Mann, der mit dieser Rede mit Leichtigkeit die Aufmerksamkeit vieler wichtiger Personen hätte fesseln und ein saftiges Honorar kassieren können, so ernsthaft, anspruchsvoll und fundiert zu dieser Gruppe von Kindern sprach. Diese Außenseiter der Gesellschaft, die als nicht aufnahmefähig gelten, saßen still, hörten zu, fragten und lernten« (SANDERS 1993, S. 31).

Daß Feste in Heimen oft so lieblos gestaltet werden, bis dahin, daß Weihnachten vorverlegt und die Festtage mit einem Notdienst überbrückt werden, läßt sich nicht allein aus der Unkenntnis ihrer Bedeutung für Kinder erklären. Wie so oft erörtert BETTELHEIM hier Dinge, die von jedem auch nur durchschnittlich empfindsamen Menschen mit gesundem Menschenverstand und auch ohne psychoanalytische Vorbildung erschlossen werden können. Der lieblose Umgang mit »Kinderfesten« ist sicherlich auch Ausdruck des »Desinteresses von Lohnerziehern« (HEINSOHN/KNIEPER 1977). Gleichzeitig kommt in ihm aber auch das eigene gestörte Verhältnis der Betreuer zu Festtagen zum Ausdruck. Bettelheims Erörterungen sind deshalb auch eine Aufforderung, sich selbst mit diesen Fragen auseinanderzusetzen. Damit ist jener Umgang mit dem Problem des mangelnden Engagements von Lohnerziehern angedeutet, den Bettelheim in seiner Institution erfolgreich praktizierte. Durch die intensive persönliche Auseinandersetzung mit den Fragen, die die Arbeit mit den Kindern aufwirft, erhalten die Betreuer wertvolle Impulse für die Entwicklung ihrer eigenen Persönlichkeit. Werden die von der Arbeit ausgehenden Irritationen und »Anfragen« an die eigene Identität als solche wahrgenommen und ihre individuelle und kollektive Bearbeitung unterstützt, können sie für die Belastungen der Arbeit entschädigen und sich positiv auf die Berufsmotivation auswirken.

BETTELHEIMS Reflexionen über die Bedeutung von Festtagen und die des »pädagogischen Ortes« sind nur zwei Beispiele dafür, wie er aus einer »pädagogischen Extremsituation« heraus, die besonderen Möglichkeiten von Heimerziehung zugleich aufgezeigt und verwirklicht hat. An ihnen wird einmal mehr deutlich, daß eine Heimerziehung, die die Herausforderung, die seine Theorie und Praxis darstellen, nicht annimmt, vor allem eins verspielt: die Chance, ein Bewußtsein ihrer Möglichkeiten als eigenständige Erziehungsform zu entwickeln.

Anmerkungen

[1]   zu J.S. SANDERS Buch vgl. die Rezension des Verfassers in Psychosozial 16, H. 1, 1993, S. 132 f.

[2]   Ein erster Überblick über die Entwicklung der O.S. nach dem Ausscheiden BETTELHEIMS ist erschienen im Jahrbuch für Kindheit 1993 (KAUFHOLD/KRUMENACKER 1993).

[3]   Formuliert in Anlehnung an SCHÄFER 1991

Literatur

BETTELHEIM, B.: Training the Child Care Worker. In: Am. J. Orthopsychiatry. 36: (4), 1966, S. 694-705

BETTELHEIM, B.: Der Weg aus dem Labyrinth. Stuttgart, 1975

BETTELHEIM, B.: Ein Leben für Kinder. Stuttgart, 1987

BETTELHEIM, B./SANDERS, J.: Milieu Therapy. In: NOSHPITZ, J. (ED.): Handbook of Child Psych. Vol. 3, New York, 1979, S. 216-230

BLANDOW, J.: Der »Zwischenbericht«, die Heimreform u. die Zukunft der Heimerziehung. In: Sozialpädagogik, 1987, 29, H. 5, S. 210 ff.

BLANDOW, J.: Heimerziehung in den 80er Jahren. In: PETERS, F. (HRSG.): Jenseits von Familie u. Anstalt, Bielefeld, 1988

BLOCH, E.: Die Kunst zu erben. In: GA, Ergänzungsband, Frankfurt/M., 1988 S. 165 ff.

COLLA, H.E.: Zum Verhältnis von Therapie u. Pädagogik in der Heimerziehung. In: BIRTSCH, V./BLANDOW, J. (HRSG.): Pädagogik, Therapie, Spezialistentum, Frankfurt 1979, S. 24 ff.

COLLA, H.E.: Heimerziehung. München, 1981

DALFERTH, M.: Symbole u. Rituale in der Heimerziehung. In diesem Bd., 1997

FLOSDORF, P. (HRSG.): Theorie u. Praxis stationärer Erziehungshilfe. Bd. 2, Freiburg, 1988

FROMMANN, A.: Heimerziehung mit modernen sozialpädagogischen Methoden. In: Sozialpädagogik 1964, 4

HEINSOHN, G. / KNIEPER, B.: Das Desinteresse lohnabhängiger Pädagogen. In: BRUDER, K. (U.A.) (HRSG.): Kritik der pädagogischen Psychologie. Reinbek, 1977

INTERNATIONALE GESELLSCHAFT FÜR HEIMERZIEHUNG (HRSG.): Heimerziehung u. -planung. Frankfurt/M., 1974

KAUFHOLD, R./KRUMENACKER, F.-J.: Bettelheims Orthogenic School - Vergangenheit u. Gegenwart eines milieutherapeutischen Modellprojekts. In: BÜTTNER, C. U.A. (HRSG.): Jahrbuch f. Kindheit 1993. Weinheim u. Basel

KRAAK, B.: Zum Begriff Milieutherapie. In: Sozialpädagogik 4, 1964. S. 174-177

KRUMENACKER, F.-J.: Rezension v. J. SEEVAK SANDERS: A Greenhouse for the Mind. Chicago 1988. In: Psychosozial, 16, 1993, H.1, S. 132 f.

KRUMENACKER, F.-J. (1994): Heimerziehung als Milieugestaltung. In: KAUFHOLD, R. (HRSG.): Annäherung an B. BETTELHEIM. Mainz, 1994, S. 262-275

KRUMENACKER, F.-J.: Heimerziehung an den Grenzen - zur unabgeschlossenen Rezeption u. unentfalteten Aktualität B. BETTELHEIMS. Dissertation, Bremen, 1996

MAHLKE, W./SCHWARTE, N.: Wohnen als Lebenshilfe. Weinheim u. Basel, 1985

MÜLLER-KÜPPERS U.A.: Die kinderpsych. Klinik als Wohn- u. Lebensraum. In: Prax. Kinderpsych. Kinderpsych. 1987, 36, S. 139-144

MÜNSTERMANN, K.: Über die Form zum Inhalt. In: Sozialpädagogik 1987, 29, H. 5, S. 231 ff.

PLANUNGSGRUPPE PETRA: Was leistet Heimerziehung? Frankfurt/M., 1988

REDL, F.: Erziehung schwieriger Kinder. München, 1971

REDL, F./WINEMAN, D.: Kinder, die hassen. Freiburg, 1970

SANDERS, J.: B. Bettelheim u. sein Vermächtnis. Die Orthogenic School in den 90er Jahren. In: Psychosozial, 16, 1993, H. 1, S. 29 ff.

SCHÄFER, G. E.: Erziehung an den Grenzen - B. BETTELHEIM. In: Neue Praxis, 1991, 3, S. 187-200

SEEVAK SANDERS, J.: A Greenhouse for the Mind. Chicago,1988

SPÄTH, K.: Heimerziehung zwischen Pädagogik u. Therapie. In: Neue Praxis, Sonderheft Sozialarbeit u. Therapie, 1978, S. 63 ff.

WINKLER, M.: »Ortshandeln« - die Pädagogik der Heimerziehung. In diesem Bd., 1997

WOLFFERSDORFF, C.V./SPRAU-KUHLEN: Geschlossene Unterbringung in Heimen. München, 1990

Reinhard Fatke

Erziehung im therapeutischen Milieu - der Beitrag Fritz Redls

Residential treatment in a therapeutic milieu – the contribution of Fritz Redl

The »therapeutic Milieu« is a conception which is in the field of education of disturbed children mainly related to BRUNO BETTELHEIM and his ORTHOGENIC SCHOOL in Chicago. BRUNO BETTELHEIM is regarded the first who put the concept of the therapeutic milieu into words. The following exposition does not concern BETTELHEIM'S, but FRITZ REDL'S contribution about education in the therapeutic milieu. This calls for preliminary remark: REDL as well as BETTELHEIM are regarded to have started from the impetus of AUGUST AICHHORN given in the 1920ies in Austria about care and residential care. REDL and BETTELHEIM both felt closely related to this idea. Both of them developed a differentiated concept of therapeutic residential care and put it into practice during the 1940ies. On that occasion they had a close exchange of ideas. In this light it seams to be not only justiiled but promising to deal with REDL'S contribution of education in a therapeutic milieu. Especially REDL'S concept is more extensive, encloses more aspects and seems to be more relevant for the normal case of residential care than BETTELHEIM'S work with psychotic and autistic children.

1. Einleitung

Das »therapeutische Milieu« ist ein Begriff, der im Bereich der Erziehung verhaltensauffälliger Kinder vorrangig mit BRUNO BETTELHEIM und seiner ORTHOGENIC SCHOOL in Chicago in Zusammenhang gebracht wird, gilt er doch als derjenige, der als erster das Konzept des therapeutischen Milieus formuliert habe (BETTELHEIM/SYLVESTER 1948). Wenn sich dennoch die folgenden Ausführungen nicht mit Bettelheim, sondern mit dem Beitrag beschäftigen, den FRITZ REDL zur Erziehung im therapeutischen Milieu geleistet hat, bedarf dies einer erläuternden Vorbemerkung:

REDL und BETTELHEIM gelten als diejenigen, die von den bahnbrechenden Anstößen zur Fürsorge und Heimerziehung ausgegangen sind, welche AUGUST AICHHORN in den 20er Jahren dieses Jahrhunderts in Österreich gegeben hatte und denen sich REDL und BETTELHEIM gleichermaßen verbunden fühlten. Beide entwickelten ein differenziertes Konzept therapeutischer Heimerziehung und setzten es in den 40er Jahren in den USA in die Praxis um. Beide standen dabei in einem so engen Gedankenaustausch, daß BETTELHEIM in seinem Buch »Liebe allein genügt nicht« in einer Fußnote bemerkte: »Meine lange und enge Freundschaft mit FRITZ REDL hat mir bei der Entwicklung der Arbeitsprinzipien der ORTHOGENIC SCHOOL und bei der Verwirklichung in der Praxis unschätzbare Dienste geleistet. Unsere vielen Gespräche und unser ständiger Gedankenaustausch haben dazu geführt, daß ich heute nicht mehr genau weiß, wo seine Ideen zu Ende sind und meine anfangen« (BETTELHEIM 1950, S. 43). In diesem Lichte erscheint es nicht nur gerechtfertigt, sondern auch vielversprechend, sich mit REDLS Beitrag zur Erziehung im therapeutischen Milieu näher zu befassen, zumal REDLS Konzept umfassender, aspektreicher und für den Normalfall der Heimerziehung relevanter zu sein scheint als Bettelheims Arbeit mit eher psychotischen und autistischen Kindern.

Die folgenden Ausführungen gliedern sich in fünf Teile: Nach einer biographischen Skizze, frage ich »Was heißt Erziehung im therapeutischen Milieu?«. Sodann soll die Bedeutungsvielfalt des Begriffs »therapeutisch« erläutert werden, bevor die Faktorenvielfalt im Milieukonzept herausgearbeitet werden soll. Schließlich wird die Erziehung im therapeutischen Milieu als Antwort auf die spezifischen Störungen der Ich-Funktionen von verhaltensauffälligen Kindern dargestellt werden.

2. Biographischer Abriß

FRITZ REDL wurde 1902 als Sohn eines Bahnhofsvorstehers in der Steiermark geboren (siehe zum folgenden auch FATKE 1995). Nachdem er, als er zwei Jahre alt war, seine Mutter durch einen Brand des Wohnhauses verlor, verbrachte er die weiteren Lebensjahre zeitweise bei einem Lehrer, der ihn in Pension genommen hatte. Dieser machte ihn mit der Jugendbewegung bekannt und bahnte auch seinen späteren Weg in den Wandervogel.

In Wien studierte REDL die Fächer Philosophie, Germanistik, Anglistik und Psychologie und schloß dies Studium im Jahre 1925 mit einer Dissertation über KANTS Ethik ab. Zweifelsohne hat er in der Beschäftigung mit der idealistischen Philosophie seine Könnerschaft wie auch seine Vorliebe für das Systematisieren und Kategorisieren erworben.

Da er als Philosoph keine Einkommensquelle hatte, absolvierte er noch das Examen für das höhere Lehramt und trat in den Schuldienst ein. Recht rasch schrieb er je ein Lehrbuch für Philosophie und Psychologie zur Verwendung im Schulunterricht. Im übrigen interessierten ihn von Anfang an die erzieherischen Fragen in der Schule weitaus mehr als die didaktischen. So konzipierte er schon in den ersten Jahren seiner Schultätigkeit das Modell einer »Erziehungsberatung in der eigenen Klasse« wie auch das Modell einer »Erziehungsgemeinschaft«, an der Lehrer, Eltern und Schüler beteiligt waren. Dieses starke pädagogische Interesse führte ihn zwangsläufig zu Fragen der - damals so genannten - »neuen Psychologie«, und zwar zunächst zur Individualpsychologie ALFRED ADLERS, die zu jener Zeit in Wiener Lehrerkreisen am weitesten verbreitet war. Nachdem er aber rasch deren mangelnde Ergiebigkeit für seine pädagogischen Fragen erkannt hatte, wandte er sich der Psychoanalyse SIGMUND FREUDS zu. Damit verband sich die Hoffnung auf Aufklärung brennender Praxisprobleme und auf Hilfe zur Lösung dieser Probleme.

Im Jahre 1928 trat er in das Wiener Psychoanalytische Institut ein und absolvierte dort eine Lehranalyse bei RICHARD STERBA und JEANNE LAMPL DE GROOT. Er hatte Kontrollanalysen bei HEINZ HARTMANN, HERMANN NUNBERG, EDITHA STERBA und MARIANNE KRIS. Supervisionen absolvierte er bei AUGUST AICHHORN, ANNA FREUD und WILHELM HOFFER.

1930 arbeitete er als Schulpsychologe in einem Landerziehungsheim, was wegen seiner reformpädagogischen Orientierung seinem eigenen jugendbewegten biographischen Hintergrund sehr entgegenkam.

In den Jahren 1934 bis 1936 errichtete er gemeinsam mit AUGUST AICHHORN ein Netz von Erziehungsberatungsstellen des Wiener Volksbildungsreferats, in denen zum ersten Mal in größerem Stil eine psychoanalytisch fundierte Erziehungsberatung praktiziert und öffentlich angeboten wurde.

In dieser Zeit, also zwischen 1928 und 1936, veröffentlichte REDL mehrere Aufsätze vor allem in der »Zeitschrift für Psychoanalytische Pädagogik«, in denen hauptsächlich ganz normale Probleme des pädagogischen Alltags in der Schule behandelt wurden: Lernstörungen, Prüfungsangst, Strafen u.ä. Dabei stellte REDL stets aus der Sicht des praktizierenden Lehrers und Erziehers konkrete Anfragen an die Psychoanalyse, um von dort Aufklärung über die pädagogische Problematik und natürlich auch eine Hilfestellung zu erhalten (s. REDL 1978).

Dies zu unterstreichen ist durchaus wichtig: REDL hat also nicht, wie viele andere damals und heute, von der Psychoanalyse her gefragt, was diese für die Pädagogik leiste, sondern er hat umgekehrt von der Pädagogik her gefragt, was die Psychoanalyse zu bieten habe.

In diesem Sinne ist auch REDLS kritische Bemerkung über die »Krümel vom Tisch der Reichen« zu verstehen: Für die Pädagogen gilt es nämlich, sich nicht lediglich von den »abfallenden Krümeln vom Tisch der Psychoanalytiker zu nähren« (REDL 1964; vgl. auch FATKE 1986), sondern aus der Besonderheit der erzieherischen Aufgabe heraus gezielte Fragen an die Psychoanalyse zu richten. In solchen Fragen wird dann zuweilen auch deutlich, daß Analytiker die spezifischen Erziehungsprobleme gar nicht recht erkennen. »So interessant und fesselnd alles ist, was uns die Psychologen zu sagen haben - irgendwie können wir uns des Eindrucks nicht erwehren, daß einiges in ihren Fragestellungen gar nicht enthalten ist, was für uns doch das tägliche Brot bedeutet« (REDL 1935, S. 230).

Der gewaltsame Anschluß Österreichs an das nationalsozialistische ›Dritte Reich‹ machte den vielen hoffnungsvollen Versuchen einer psychoanalytisch begründeten Erziehungspraxis ein Ende. Schon im Mai 1933 verbrannten die Nationalsozialisten in Berlin »die Schriften der Schule SIGMUND FREUD« mit der Parole: »Gegen seelenzersetzende Überschätzung des Trieblebens, für den Adel der menschlichen Seele!« Diese Verfemung bedeutete für die Psychoanalytiker nicht nur eine Beeinträchtigung ihrer Berufsausübung, sondern häufig genug auch Gefahr für Leib und Leben, zumal wenn sie, wie in vielen Fällen, Juden und dazu noch Sozialisten waren.

REDL, obwohl nicht Jude, sah die drohenden politischen Schatten schon früh heraufziehen und ging 1936, also zwei Jahre vor dem Anschluß Österreichs an das nationalsozialistische Deutschland, in die USA. Hier entfaltete er eine anregende und einflußreiche Tätigkeit als Forscher, als Hochschullehrer und vor allem als Praktiker eines neuen Konzepts psychoanalytisch orientierter Erziehung schwer gestörter Kinder. Er war - mit Unterbrechungen - von 1941 bis zu seiner Emeritierung im Jahre 1973 Professor an der Wayne State University in Detroit. Im Rahmen dieser Tätigkeit entwickelte er u.a. zunächst mehrere Modellprojekte für »Kinder, die niemand mehr will« (unter anderem das berühmt gewordene »Pioneer House«) und später im National Institute for Mental Health in Washington, D.C., ein mehrjähriges Projekt zur Behandlung von präpsychotischen Kindern. Die Erfahrungen, die er in diesen Projekten gewann, bildeten die Grundlage für seine theoretische Konzeption, die er in zahlreichen Aufsätzen und vor allem in Büchern, die internationale Bekanntheit erlangten, niederlegte (REDL/WINEMAN 1951; 1952; REDL/WATTENBERG 1952; REDL 1966).

1988 starb REDL an den Spätfolgen eines Schlaganfalls, den er Jahre zuvor erlitten hatte, in North Adams, seinem Alterssitz in Massachusetts.

3. Was heißt Erziehung im therapeutischen Milieu?

HERBERT COLLA stellte schon 1981 fest:»Therapeutische Konzepte für eine Erziehung in Heimen wurden in der Bundesrepublik Deutschland bisher nur in wenigen Einrichtungen modellhaft praktiziert. Die Mehrzahl der Heime begnügt sich mit isolierten therapeutischen Ergänzungen zum Heimalltag, häufig aber bleibt es bei einem bloßen Bekenntnis zur Therapie« (COLLA 1981). Sechs Jahre später wurde diese Diagnose durch eine empirische Studie im wesentlichen bestätigt: Die PLANUNGSGRUPPE PETRA (1987) fand in ihrer Untersuchung über»Leistungsinhalte der Heimerziehung«, daß dort, wo überhaupt therapeutische Ansätze praktiziert werden, diese vom Gruppenalltag abgehoben zu sein scheinen, so daß auch ihre Ergebnisse kaum in das alltägliche Gruppengeschehen zurückfließen

. Eine der jüngsten Untersuchungen aus dem deutschen Raum über»Geschlossene Unterbringung in Heimen« (WOLFFERSDORFF/SPRAU-KUHLEN 1990) stellt ebenfalls fest, daß zwei Drittel der insgesamt 24 untersuchten geschlossenen Heime»ihre Konzeption als vorwiegend oder ausschließlich gruppenpädagogisch« darstellen. Und die Autoren resümieren:»Vielfach hatten wir den Eindruck, daß das therapeutische Milieu' entweder ex negativo definiert war (als bloße Abwesenheit von Einzeltherapie) oder sich lediglich auf das Klima innerhalb der Gruppen bezog. Solange jedoch nicht ... in der gesamten Institution ein therapeutisches Milieu verwirklicht ist, kann auch ein noch so gutes therapeutisches Klima in einzelnen Gruppen aufgrund ihrer Abhängigkeit von der Gesamtinstitution nur punktuell wirken« (op. cit., S. 191).

Dieser Befund ist deprimierend. Es mag sein, daß in einigen anderen Ländern, namentlich in Holland, die Situation günstiger ist. Gewiß ist aber, daß nach einer Phase der verstärkten Bemühungen um eine Therapeutisierung der Heimerziehung in der Folge des allgemeinen gesellschaftlichen, bildungspolitischen und letztlich auch sozialpädagogischen Aufbruchs der 68er Bewegung die Entwicklung in den letzten Jahren wieder rückläufig gewesen ist, so daß nur noch vereinzelt in der Heimerziehung therapeutisch gearbeitet wird. Tendenziell trifft das auch für die Situation in den USA zu.

Was aber genau heißt therapeutisch? Und hier lohnt es sich, einen genaueren Blick auf die Verwendung dieses Begriffs zu werfen. Wir müssen zunächst grundsätzlich unterscheiden zwischen einer Heimerziehungskonzeption einerseits, in der auch Therapie in irgendeiner Form vorgesehen ist (wobei die Spannbreite von Psychotherapie mit einzelnen über Gruppentherapie bis hin zu Aktivitäten reicht, die einfach therapeutisch genannt werden, z. B. Mal- und Basteltherapie, therapeutisches

Reiten oder therapeutisches Toben), und andererseits einer Konzeption, die auf einem milieutherapeutischen Ansatz basiert. Aber auch im zweiten Fall ist die Bandbreite dessen, was damit konkret gemeint ist, offenbar groß, denn nur das Fehlen von Einzeltherapie zum Maßstab für Milieutherapie zu machen, wie es in dem Zitat aus der Untersuchung über die geschlossene Unterbringung angeklungen ist, reicht ganz sicher nicht aus. Das gleiche gilt für die Parole »Gemeinsam leben und erleben, was Freude macht«, die in dieser oder ähnlicher Form in manchem Programm oder im Selbstverständnis so manchen Erziehers oder mancher Erzieherin als milieutherapeutisches Kriterium angesehen wird. Erziehung im therapeutischen Milieu ist auf jeden Fall umfassender, auch vielschichtiger und erfordert vielfältige Anstrengungen. Und auf jeden Fall ist eine so akzentuierte Arbeit den spezifischen Problemen auffälliger Kinder und Jugendlicher angemessener als traditionelle Formen der Heimerziehung einerseits und die Anreicherung herkömmlicher Heimerziehung mit losgelösten Therapiebestandteilen andererseits.

ANNA FREUD berichtete 1954 von einem Mädchen im Pubertätsalter, das nach längerer Behandlung (im Rahmen einer Einzeltherapie) zu ihrer Analytikerin sagte: »Sie analysieren mich ganz falsch. Ich weiß, was Sie machen sollten: Sie sollten den ganzen Tag mit mir zusammen sein, ich bin nämlich bei Ihnen jemand ganz anderes als in der Schule und dort jemand anderes als daheim in meiner Pflegefamilie. Wie wollen Sie mich kennen, wenn Sie mich nicht an all diesen Orten sehen? Ich bin nicht eine, ich bin drei Personen« (A. FREUD: Schriften, Bd. V, S. 1358).

An dieser Äußerung läßt sich dreierlei zeigen, was für unsere Überlegungen von Bedeutung ist. Zum einen erkennt das Mädchen völlig zu Recht, daß jeder, der sich um sie bemüht - Therapeutin oder Erzieherin oder Lehrer - notgedrungen nur Teilaspekte ihrer Person und ihrer spezifischen Problematik erfassen und ihr deshalb letztlich nicht gerecht werden kann. Zum zweiten wird jedes menschliche Verhalten nicht nur von innen heraus gesteuert, sondern ist stets das Ergebnis eines recht komplizierten Wechselwirkungsprozesses zwischen inneren Dispositionen, Orientierungen und Überzeugungen, eingeschliffenen Reaktionsmustern, auch Ängsten, Wünschen und sonstigen psychischen Triebkräften auf der einen Seite und der jeweiligen Struktur der situativen Umgebung bzw. - wie wir auch sagen können - des Milieus auf der anderen Seite: Familie, Schule und Heim sind von ganz unterschiedlichen personellen Konstellationen, von unterschiedlicher Dynamik und von unterschiedlichem Potential für Befriedigung, Versagungen, Konflikte usw. geprägt. Und weiter: Auch das Heimmilieu selbst weist nochmals ganz verschiedenartige Aspekte auf: das Leben in der Gruppe, die Kontakte mit dem technischen und administrativen Personal, die Sportaktivitäten, die Schule usw.: jedem Teilmilieu oder »setting« wohnt eine eigene Dynamik inne, die manchmal förderlich, manchmal hinderlich für den pädagogisch-therapeutischen Prozeß sein kann. Ohne bewußte Anstrengungen jedenfalls drohen diese vielen Teilmilieus auseinanderzudriften und sich gegenseitig in die Quere zu kommen - letztlich zum Schaden der betroffenen Kinder und Jugendlichen.

Zum dritten ist in der zitierten Äußerung des Mädchens noch etwas Weiteres enthalten: eine »Auskunft über die Grundschäden ihrer Ich-Struktur«, wie ANNA FREUD formuliert. »Die Patientin hatte in ihrer Vergangenheit keine Möglichkeit gehabt,

irgendein bestimmtes Objekt so weit zu introjizieren, daß sie unter der Leitung einer
höheren Instanz, eines vereinheitlichenden Über-Ichs, zu innerer Harmonie und Synthese hätte gelangen können. Ihre Persönlichkeit schwankte, im Gefolge ihrer wahllosen Beziehungen zu Menschen. Sie war durchaus imstande, sich den verschiedenen Umgebungen anzupassen, in denen sich ihr Leben abspielte, konnte aber in keiner dieser Beziehungen ein wirkliches Selbstgefühl aufbauen oder das Selbst, das sie
in einer Situation erlebte, mit dem einer anderen in Verbindung bringen.« (ibid.)
Diese Charakterisierung stimmt im großen und ganzen mit dem überein, wie REDL
die »Kinder, die hassen« beschrieben hat und wie wir sie zum großen Teil unter der
Heimerziehungsklientel finden: Aufspaltungen und Abspaltungen in der Persönlichkeitsstruktur und Störungen der Ich-Funktionen. Daran zu arbeiten, die Störungen
durch Maßnahmen zur Ich-Unterstützung zu beheben und die Persönlichkeitsintegrati-
on zu fördern: das ist die Hauptaufgabe der Erziehung im therapeutischen Milieu.
Aber das kann nur gelingen, wenn die Zerrissenheit und die Spaltungen nicht immer
wieder ein Pendant finden und verstärkt werden durch die Aufspaltung des Heim-
milieus in verschiedenartige Teilmilieus, sondern indem den Spaltungen und der
Zerrissenheit ein einheitlich auf den pädagogisch-therapeutischen Zweck hin durch-
gestaltetes Milieu entgegengesetzt wird, das den Kindern ein stetiges, allgegenwärti-
ges, zur Verinnerlichung geeignetes Objekt anbietet, um dessen Bild sie ihre Persönlichkeit neu ordnen und diese zu einer Einheit zusammenfügen können. In diesem
Sinne ist Liebe allein tatsächlich nicht genug, sondern es bedarf einer therapie-
wirksamen Struktur in der unmittelbaren Umwelt des Kindes - wobei freilich die
akzeptierende Liebe eine selbstverständliche Grundvoraussetzung bleibt. Nur ein solches Konzept verdient die Bezeichnung »therapeutisches Milieu«. Oder mit anderen
Worten: Ein therapeutisches Milieu wird wirksam in den sog. »anderen 23 Stunden«
(TRIESCHMAN/WHITTAKER/BRENDTRO 1969) des Erziehungsalltags im Heim, also außerhalb der einen Stunde Einzeltherapiesitzung oder therapeutische Beratung, die es
immerhin in manchen Heimen gibt, die aber dennoch in ihrer Wirksamkeit eingeschränkt bleiben müssen, wenn nicht auch die anderen 23 Stunden so durchgestaltet
sind, daß sie dem gleichen pädagogisch-therapeutischen Ziel dienen.

4. Im Hinblick worauf ist ein Milieu als therapeutisch zu kennzeichnen?

FRITZ REDL hat 7 verschiedene Bedeutungen des Prädikats »therapeutisch« herausgearbeitet, die ich im folgenden erläutern möchte (s. dazu REDL 1959):
1. Therapeutisch kann heißen, »den Kindern kein Gift in die Suppe zu schütten«
   (im übertragenen Sinne natürlich). Das bedeutet, daß die Kinder durch das therapeutische Milieu davor geschützt werden, traumatisierenden Erlebnissen - seitens des Personals oder seitens der anderen Kinder - ausgesetzt zu werden. Aus
   der pädagogisch-therapeutischen Diät, die den Kindern durch den Heimkontext
   verabreicht wird, müssen alle schädlichen Stoffe herausgehalten werden. - Dies
   ist noch nicht sehr viel, aber eine wesentliche Grundvoraussetzung, die eine Verbindung mit den anderen »Zutaten« des therapeutischen Milieus eingehen muß.
2. Therapeutisch kann heißen, daß man die Kinder »dennoch füttern« muß. Das
   heißt, ihre pädagogisch-therapeutische Nahrung muß alle die Bestandteile ent-

halten, die sie in ihrer spezifischen Situation benötigen. Das ist so etwas wie die Erfüllung von Grundbedürfnissen, zum Beispiel nach Aktivität, Herausforderung, Bewährung, aber auch nach Anerkennung und unverbrüchlicher Zuwendung.

3. Therapeutisch kann heißen,»den spezifischen Entwicklungsphasen und den spezifischen soziokulturellen Bedürfnissen entsprechend zu handeln« - eigentlich eine Selbstverständlichkeit und doch häufig mißachtet, aber auch durchaus schwer zu praktizieren. Wir müssen als Erwachsene nämlich herausfinden, bei welchen Kindern welches Maß an Zuwendung, Emotionalität, Besorgtheit, Lässigkeit, Distanz, Sachlichkeit angebracht ist, damit sie durch unser Verhalten ihre Störungen überwinden und wachsen, statt in Angst und Panik zu geraten.

4. Therapeutisch kann heißen,»klinische Elastizität ins Milieu einzubauen«. Damit ist gemeint»die Eignung eines besonderen Milieuaspekts ... dafür, sich besonderen therapeutischen Erfordernissen anzupassen, ohne daß durch diese Veränderung die Gesamtstruktur völlig verloren geht«. Pädagogische und therapeutische Ziele oder Strategien dürfen nicht rigide verfolgt, sondern müssen elastisch gehandhabt werden, um der jeweiligen Situation gerecht zu werden, zum Beispiel wenn eine durchaus planvolle Entbindung kindlicher Aggression durch einen gruppenpsychologischen Rausch oder sonstige Einflüsse in wilde Zerstörung auszuarten droht.

5. Therapeutisch kann heißen, auch»Behandlungsziele im Randbereich zu verfolgen«. Auch wenn das zentrale Problem eines Kindes in einzel- oder gruppentherapeutischen Sitzungen in Angriff genommen wird, gibt es meist weitere Verhaltensprobleme, die an einem anderen Ort des Heims, zu einer anderen Zeit und von anderen Mitarbeitern angegangen werden müssen, zum Beispiel schulische Lernprobleme oder Probleme beim gemeinsamen Spiel mit anderen Kindern, während der Therapeut sich vorrangig mit dem Diebstahlverhalten eines Kindes beschäftigt.

6. Therapeutisch kann heißen, daß»spezifische Milieubestandteile unmittelbar zum Heilungsprozeß beitragen«. Das therapeutische Milieu stellt in diesem Sinne einen Lebensraum für das Kind bereit, in dem es sich leisten kann, krankhafte Abwehrhaltungen aufzugeben und die notwendigen emotionalen Bindungen zu entwickeln, die jeder primären Wertidentifikation vorausgehen müssen. Alle Alltagserlebnisse müssen so ausgewählt sein, daß die Entstehung von massiven Schuld- und Angstgefühlen verhindert wird. Gerade die Kinder im Erziehungsheim tendieren immer wieder dazu, Situationen und Erlebnisse zu konstellieren, in denen sie sich in ihrer Angst und ihrem Verfolgungswahn gegenüber den Erwachsenen bestätigt sehen, so daß sie immer wieder neu ihren Haß bestärken können. Es gilt also, nicht nur dieser Falle auszuweichen, sondern solche Erlebnisse und Situationen zu konstellieren, in denen die Kindern gegenteilige Erfahrungen machen: Bestärkung statt Verunsicherung, Vertrauen statt Angst, Anerkennung statt Ablehnung, Zuneigung statt Haß.

7. Therapeutisch kann heißen,»auf das Leben draußen vorzubereiten«. Wir können uns ja nicht damit zufriedengeben, ein Milieu so zu gestalten, daß es die Kinder für die Aufgaben hier und jetzt - also wie sie im jeweiligen Kontext gegeben sind - wiederherstellt. Sondern das Milieu muß auch in ausreichendem Maß solche

Komponenten enthalten, die in späteren, sogenannten normalen Lebenssituationen enthalten sind. Das Milieu muß also andererseits auch dem Leben draußen genügend ähnlich sein. Und nur dann ist es therapeutisch, wenn es die Kinder dazu anregt, aus ihren Problemen und aus dem pädagogisch-therapeutischen Kontext herauszuwachsen. - So einleuchtend das klingt, so widerspruchsvoll ist es dennoch. Denn die Forderung und Einbeziehung normaler Situationen läuft tendenziell der Idee eines speziell therapeutischen Milieus zuwider. Zu lösen ist dieser Widerspruch nur, wenn bei größter Flexibilität die Struktur des therapeutischen Milieus dem fortschreitenden Prozeß der Heilung und Resozialisierung angepaßt wird, zum Beispiel durch mehr Offenheit, mehr Verantwortung, mehr Zumutung, mehr Frustration - dies aber unter dauernder Kontrolle darüber, wie die Kinder das verkraften.

5. Die Faktorenvielfalt des therapeutischen Milieus

Das Milieu gliedert sich in eine große Zahl von »Settings«, zum Beispiel Aufstehen, Mahlzeiten, Sport, Werken, Schule, Spielen, Ausflugsfahrten etc. Durchgängig durch alle diese Settings oder Teilmilieus sind Faktoren zu benennen, die genau auf ihre therapeutische Wirkung hin zu untersuchen und entsprechend zu gestalten sind. Von der großen Zahl von Faktoren, die FRITZ REDL aufführt, will ich nur die mir am wichtigsten erscheinenden herausgreifen:

1. Die soziale Struktur, wozu die Rollenverteilung unter den Erwachsenen genauso gehört wie die Hackordnung unter den Kindern und das Kommunikationsnetz in der Einrichtung - alle müssen so transparent wie möglich sein. Die Sozialstruktur in einem therapeutischen Milieu ist, allgemein gesagt, dem Modell eines Ferienlagers recht ähnlich, in welchem die Kinder mit einer größeren Anzahl von Erwachsenen vertraut werden, die für sie ähnliche Rollen wie größere Brüder oder Schwestern oder auch Eltern verkörpern, ohne daß jedoch ein Äquivalent zum Familienleben vorgetäuscht wird.

2. Das Wertsystem, das auch in impliziten Werthaltungen zum Vorschein kommt und das klar und überzeugend und vor allem kohärent sein muß. Beispielsweise kann ich den Kindern nicht versichern, sie sollen sich wie zu Hause fühlen, und ihnen gleichzeitig bei der Zimmereinrichtung maßregelnd dreinreden.

3. Gewohnheiten, Rituale und Verhaltensregeln, die eine um so größere Orientierungs- und Strukturierungsfunktion haben, je gestörter die Ich-Funktionen und je zerrissener die Persönlichkeitsstrukturen sind.

4. Gruppenprozesse - zum Beispiel Cliquenbildung, Sündenbock, Rollenzwang, gruppenpsychologische Ansteckung, Rivalitäten zwischen Gruppenführern etc. - beeinflussen machtvoll das Milieu und verdienen besondere Aufmerksamkeit. Gerade Therapeuten vernachlässigen diesen Faktor häufig, weil sie eher gewohnt und geneigt sind, mit einzelnen zu arbeiten. Aber Erziehung ist so gut wie immer ein Gruppengeschehen, in der Familie wie in der Schule, so auch im Heim. Und selbst für eine Einzeltherapie gilt stets, was REDL so treffend in die Worte gefaßt hat: »The gang is always under the couch« (die Gruppe mit ihrem Normenkodex

ist in jeder pädagogisch-therapeutischen Situation unsichtbar, doch einflußreich anwesend).

5. Einstellungen und Gefühle des Personals, die den verschiedensten Quellen entspringen, von denen ein nicht unbedeutender Teil unbewußt, verdrängt, weil mit schmerzlichen psychischen Erfahrungen verbunden ist. Je weniger diesen Quellen nachgegangen wird, um so verhängnisvoller können sie sich im therapeutisch-pädagogischen Umgang mit den Kindern auswirken. Deshalb hat gerade BETTELHEIM auf diesen Punkt das größte Gewicht in seiner Konzeption des therapeutischen Milieus gelegt und entsprechend intensiv mit den Mitarbeitern und Mitarbeiterinnen in seiner Einrichtung gearbeitet. REDL mißt diesem Punkt ebenfalls großes Gewicht zu, widmet sich jedoch aufgrund seiner praktischen Erfahrung auch den anderen bereits genannten und noch zu nennenden Faktoren.

6. Die Struktur und andere konstituierende Elemente einer Tätigkeit, wie sie im Aktivitätsprogramm einer Einrichtung auftritt.

7. Raum, Zeit, Ausrüstung und andere Requisiten, die in den Aktivitätsprogrammen eine bedeutende Rolle spielen.

8. Eindringen von einem Stück Außenwelt, was nicht nur nicht verhindert werden kann und soll, sondern bewußt einbezogen und gestaltet werden muß, zum Beispiel in Form von Besuchen von oder nach außerhalb mit der ganzen Aura und der Verlockung, manchmal auch Abschreckung, die sie hinterlassen.

Wenn wir die genannten Faktoren betrachten - und ich betone noch einmal, daß hier nur eine Auswahl rekapituliert worden ist -, wird nochmals klar, (1) wie umfassend das Konzept des therapeutischen Milieus ausgestaltet werden muß, (2) daß Liebe allein im Sinne von absoluter Milde und Güte, wie wir das von PESTALOZZI her kennen, tatsächlich nicht genügt und (3) daß alle Settings und alle Personen (von der Köchin bis zur Hausleiterin, vom Hauswart bis zum Direktor, vom Werklehrer bis zur Gruppenerzieherin, von der Sekretärin bis zur Therapeutin usw.) auf das pädagogisch-therapeutische Ziel der Institution hin orientiert sein müssen.

6. Erziehung im therapeutischen Milieu als Antwort auf spezifische Störungen der Ich-Funktionen

In REDLS Konzeption sind die Kinder und Jugendlichen, die als auffällig, gestört gelten, solche, bei denen eine Auflösung und ein Zusammenbruch der inneren Kontrollen stattgefunden hat. Deshalb kann das Ich seine Aufgaben nicht mehr erfüllen.

REDL baute auf der Psychoanalyse SIGMUND FREUDS und deren Ich-psychologischer Erweiterung durch ANNA FREUD auf. Vereinfacht gesagt, gliedert das psychoanalytische Persönlichkeitsmodell die psychische Struktur des Menschen in drei Ebenen, oder genauer: drei Instanzen, nämlich das Es, das Ich und das Über-Ich. Diese Instanzen regeln das menschliche Verhalten und sind somit auch für Verhaltensstörungen verantwortlich.

• Das Es bildet das Zentrum der Triebe und Bedürfnisse, und es ist die älteste Instanz. Das Es strebt stets nach Befriedigung der Bedürfnisse und Triebe und stellt somit die wichtigste Quelle der menschlichen Vitalität dar. Es ist das triebhaft-unbewußte Element der Persönlichkeit.

- Das Über-Ich hingegen ist die Instanz, die die Rolle des sozialen Gewissens übernimmt. Es kontrolliert und hemmt das Es in seinem Bestreben, die Triebe schrankenlos auszuleben und zu befriedigen. Das Über-Ich bildet sich im Prozeß der Sozialisation, wobei von besonders prägendem Einfluß die frühkindlichen Erfahrungen des Kindes mit seinen Eltern und anderen nahen Bezugspersonen (Geschwistern, Großeltern) sind. In der Sozialisation und Erziehung werden Normen, Wertorientierungen und Verhaltensregeln erworben, d.h. erlernt und internalisiert; sie werden meistens so sehr Teil des eigenen Überzeugungssystems, daß ihr Ursprung als von außen herangetragen meist nicht mehr erkannt wird. - Das Ich ist eine vermittelnde Instanz, welche zwischen die beiden genannten Elemente der psychischen Struktur tritt, die sich in einem ständigen Spannungsverhältnis zueinander, zuweilen auch im Konflikt miteinander befinden.
- Das Ich strebt nach Lust und nach Vermeidung von Unlust. Es kann dies aber nur realisieren, indem es eine Entscheidung darüber trifft, ob überhaupt das Verlangen des Es befriedigt werden kann, d.h. ob die reale Situation das zuläßt, ob den Forderungen des Über-Ich Genüge getan wird, usw.

REDLS besondere Leistung besteht nun darin, die Funktionen des Ich noch tiefer ergründet und sie theoretisch noch weiter ausdifferenziert und sie außerdem zum Zentrum seines praktisch-sozialpädagogischen Ansatzes gemacht zu haben. Damit gelangte er den entscheidenden Schritt über seinen Lehrer AUGUST AICHHORN hinaus, dessen Behandlungskonzept - eben weil bei ihm das Ich als Instanz der psychischen Persönlichkeit noch nicht die zentrale Rolle spielte - hauptsächlich darin bestand, die verwahrlosten Jugendlichen ihre Pathologie ausagieren zu lassen, ihnen mit »absoluter Milde und Güte« zu begegnen sowie die Übertragung und Gegenübertragung zu nutzen, um ein gesundes Über-Ich bei den Kindern aufzubauen: ein Über-Ich, das aufgrund der frühen Kindheitserfahrungen entweder zu schwach oder zu stark ausgeprägt war. Aichhorns Betonung lag also ganz und gar auf dem Über-Ich, während Redl die Funktionen des Ich in den Mittelpunkt stellte.

Die Kinder und Jugendlichen, die als verwahrlost, auffällig, gestört, erziehungsschwierig gelten, sind nach REDLS minutiösen Beobachtungen in natürlichen Lebenszusammenhängen solche, bei denen die vielfältigen Funktionen, die das Ich - als »Forschungsabteilung der Persönlichkeit« - ausübt, gestört sind, bei denen eine Auflösung und ein Zusammenbruch der inneren Kontrollen stattgefunden hat. Deshalb kann das Ich seine Aufgaben nicht mehr erfüllen. Dies zeigt sich in einer Vielzahl konkreter Bereiche des Alltaglebens (s. dazu »Kinder, die hassen«, S. 77-144).

Wie können die Ich-Störungen wirksam behoben werden? Vor allem anderen muß ein sehr gut ausgedachtes pädagogisch-therapeutisches Programm entwickelt werden, das die noch vorhandenen, im Dienst der »richtigen« Sache stehenden Ich-Funktionen unterstützt und neue aufbaut (s. auch BALINT 1981); und dies muß in einem therapeutischen Milieu stattfinden. Das Konzept der Ich-Unterstützung besteht konkret aus einer großen Zahl von Aktivitätsangeboten, die klinisch wohl dosiert sein müssen und die vor allem dazu dienen, den Kindern einen realistischen Alltag zu bieten, in dem sie alte Erfahrungsmuster korrigieren und neue Erfahrungen machen können, die ihre Ich-Fähigkeiten stärken und ihre erwachsenen Beziehungspersonen in neuer Perspektive zeigen. Zugleich erhalten sie dadurch die Möglichkeit, ein neues Selbstbild aufzubauen, das ihnen Befriedigung von innen heraus verschafft.

Das Programmangebot muß bestimmte therapeutische Prinzipien befolgen. Aus der großen Fülle (die in dem Band »Controls from Within« enthalten sind) seien hier nur sechs Prinzipien angeführt:

1. Das Programmangebot muß geeignet sein, Impulse, Triebe und Dränge auszutrocknen.
2. Es muß dazu dienen, daß Frustrationen, am Anfang jedenfalls, ganz und gar vermieden und dann allmählich klinisch sehr genau dosiert werden.
3. Ein weiteres Prinzip ist die gruppenpsychologische Hygiene, d.h. daß sowohl die Zusammensetzung in der Gruppe wie auch die Dynamik, die in der Gruppe entsteht, so gesteuert und kontrolliert werden müssen, daß es nicht zu gruppenpsychologischen Räuschen und Ansteckungsprozessen kommt.
4. Auch präventives Eingreifen sollte das Programmangebot möglich machen, damit Kinder nicht irgendeiner Situation ausgesetzt werden, die dann eine Eigendynamik entfaltet und dem Erzieher keine Möglichkeit mehr gibt, vorher eingreifen zu können.
5. Ein weiteres Prinzip ist der Aufbau von befriedigenden Selbstbildern. Das Programmangebot muß den Kindern und den Jugendlichen Erfahrungen verschaffen, die dazu führen, daß sie ein Selbstbild aufbauen, das ihnen Befriedigung von innen heraus verschafft.
6. Es muß das Prinzip der Teilhabe an Planungen und Teilhabe an den anschließenden Auswertungen von Aktivitäten in diesem Programm enthalten sein. Das Programm selber wie auch die Institution oder das therapeutische Milieu, in dem das Kind sich befindet, einschließlich aller Personen, die daran beteiligt sind (vom Heimleiter bis zum Hausmeister, von der Erzieherin bis zur Köchin) müssen die Funktionen des Ich stärken.

Mit Hilfe eines solchen ausdifferenzierten Konzepts (das an dieser Stelle nur in groben Zügen skizziert werden konnte) ist es Redl gelungen, mit den schwer gestörten Kindern, mit denen keines der üblichen Erziehungsheime mehr fertig wurde, sozialpädagogisch-therapeutisch erfolgreich zu arbeiten.

Literatur

BALINT, M.:»Ich-Stärke«, Ich-Pädagogik und Lernen. In: M. Balint: Die Urformen der Liebe und die Technik der Psychoanalyse. Berlin/Wien, 1981, S. 232-245.

BETTELHEIM, B.: Liebe allein genügt nicht. Die Erziehung emotional gestörter Kinder. Stuttgart, 1970. (Original: Love Is Not Enough. The Treatment of Emotionally Disturbed Children. New York, 1950.)

BETTELHEIM, B./SYLVESTER, EMMY: A therapeutic milieu. In: American Journal of Orthopsychiatry 18 (1948), S. 191-206.

COLLA, H. E.: Heimerziehung - Stationäre Modelle und Alternativen. München, 1981.

FATKE, R.: Fritz Redl. In: Pioniere Psychoanalytischer Pädagogik. Hrsg. v. R. Fatke/H. Scarbath. Frankfurt a. M./Bern, 1995, S. 83-107.

FATKE, R.:»Krümel vom Tisch der Reichen"? - Über das Verhältnis von Pädagogik und Psychoanalyse aus pädagogischer Sicht. In: Pädagogik und Psychoanalyse. Beiträge zur Geschichte, Theorie und Praxis einer interdisziplinären Kooperation. Hrsg. v. G. Bittner/Ch. Ertle. Würzburg, 1985, S. 47-60.

FREUD, A.: Der wachsende Indikationsbereich der Psychoanalyse: Diskussion (1954). In: Die Schriften der Anna Freud. Bd. V. München, 1980, S. 1349-1367.

PLANUNGSGRUPPE PETRA: Analyse von Leistungsfeldern der Heimerziehung. Ein empirischer Beitrag zum Problem der Indikation. Frankfurt a. M., 1987.

REDL, F.: Der Mechanismus der Strafwirkung (1935). In: Redl, 1978, S. 165-225.

REDL, F.: The concept of a »therapeutic milieu". In: American Journal of Orthopsychiatry 29 (1959), S. 721-736. (Deutsch in: F. Redl: Erziehung schwieriger Kinder. Beiträge zu einer psychotherapeutisch orientierten Pädagogik. München, 1971, S. 72-98.)

REDL, F.: Preface. In: The Reiss-Davis Clinic Bulletin 1 (1964), S. 2-5.

REDL F.: When We Deal with Children. Selected Writings. New York, 1966. (Deutsch [Auszüge]: Erziehung schwieriger Kinder. Beiträge zu einer psychotherapeutisch orientierten Pädagogik. München, 1971.)

REDL, F.: Erziehungsprobleme - Erziehungsberatung. Aufsätze. München, 1978.

REDL, F./WATTENBERG, W. W.: Mental Hygiene in Teaching. New York, 1959. (Deutsch: Leben lernen in der Schule. Pädagogische Psychologie in der Praxis. München, 1980.)

REDL, F./WINEMAN, D.: Children Who Hate. Disorganization and Breakdown of Behavior Controls. New York, 1951. (Deutsch: Kinder, die hassen. Auflösung und Zusammenbruch der Selbstkontrolle. München, 1979.)

REDL, F./WINEMAN, D.: Controls from Within. Techniques for the Treatment of the Aggressive Child. New York, 1952. (Deutsch [Auszug]: Steuerung des aggressiven Verhaltens beim Kind. München, 1976.)

TRIESCHMAN, A. E./WHITTAKER, J. K./BRENDTRO, L. K.: The Other 23 Hours. Chicago, 1969. (Deutsch: Erziehung im therapeutischen Milieu. Ein Modell. Freiburg i.Br., 1975.)

WOLFFERSDORFF, CH. V./SPRAU-KUHLEN, V., in Zusammenarbeit mit J. KERSTEN: Geschlossene Unterbringung in Heimen. Kapitulation der Jugendhilfe? München, 1990.

Annette Schulte

Bernfelds Kinderheim Baumgarten als ein »Möglichkeitsraum«

Bernfeld's Kinderheim Baumgarten as a »Potential Space«

In the light of Winnicotts concept of the „potential space" there are aspects of a psychosocial need of shelter of growing up young people examined like it can be found in Bernfeld's children's home Baumgarten and also in his thoughts. At the same time the view is lead to the basic lines of a problematic relationship between pedagogics and institutions.

1. Möglichkeitsraum und Organisation

Verlauf und Qualität pädagogischer Prozesse sind in hohem Maße von Organisationsformen abhängig. Der Begriff ›Organisation‹ hat hier einen Doppelsinn. Er meint zum einen den *institutionellen* Aspekt: das Verhältnis der Verwaltung zum institutionellen Zweck, der pädagogischen Praxis nämlich, für welche die Verwaltung die personellen und materiellen Voraussetzungen schaffen soll. Zum anderen und im engeren Sinne meint ›Organisation‹ den *pädagogischen* Aspekt: das Verhältnis der pädagogischen Gesamtkonzeption (mit allen ihren impliziten Vorentscheidungen) zu der eigentlichen pädagogischen Arbeit. Art und Qualität der Beziehungen, die im pädagogischen Prozeß zwischen den Kindern und Jugendlichen selbst und zu ihren Erziehern entstehen können oder aber verhindert werden, hängen in hohem Maße von dieser doppelten Organisationsform ab. Denn diese Beziehungen sind nicht nur subjektiver Natur, sondern auch objektiv vermittelt. Dem Maß an Freiheit und Vielfalt der ›äußeren‹, das heißt organisatorisch zugelassenen Möglichkeiten entspricht schließlich die geistig-psychische Verfassung der Individuen, der Grad ihrer sozialen Entwicklung. Die psychologische Dimension der pädagogischen Organisationsform läßt sich exemplarisch im Lichte von Winnicotts Begriff des *potential space* betrachten.

Denn im glücklichen Fall eröffnet sich im pädagogischen Prozeß ein »Möglichkeitsraum«[1] – als ein »hypothetischer Bereich« (Winnicott 1995, S. 124). In dies Zwischenreich der Erfahrung fließen »in gleicher Weise innere Realität und äußeres Leben« (a.a.O., S. 11) ein, ohne daß eins von beidem Vorrang hätte. Nur frei von nivellierendem äußerem Zwang, in einer Atmosphäre des Vertrauens und persönlicher Öffnung, kann der *potential space* entstehen und ist daher in seiner spezifischen Qualität jeweils von der Individualität der Beteiligten geprägt. In ihm ist das Realitätsprinzip außer Kraft gesetzt. So kann er zu einer Sphäre werden, »in der das Individuum ausruhen darf von der lebenslänglichen menschlichen Aufgabe, innere und äußere Realität voneinander getrennt und doch in wechselseitiger Verbindung zu halten« (ebd.). Und frei von kollektiven Zwängen, ist der *potential space* ein genuiner Ort der Imagination, des Spiels, des produktiven Geistes.

Nur in der vertrauensvollen Beziehung zwischen dem kleinen Kind und seiner Mutter – oder einer anderen, ihm liebevoll zugewandten Person – entsteht der Möglichkeitsraum. Eine »genügend gute Mutter«[2] wird – als eine Art Hilfs-Ich – sich dem Kind anpassen, um es die »Welt in kleinen Portionen«[3] kosten zu lassen. Sie wird es anregen und fördern, ihm »je nach seinen Fähigkeiten, seiner emotionalen Reife und seiner augenblicklichen Entwicklungsphase eine Beziehung zu geeigneten Elementen des Kulturerbes« vermitteln (WINNICOTT, 1995, S. 127). Erfüllt die Mutter ihre Aufgabe, so versteht das Kind später, in der Welt zu leben und an ihr teilzuhaben. Frei vom Druck der Realitätsprüfung, bietet der *potential space* dem Kind psychischen Schutz. »Das Kind lebt mit bestimmten, aus dem Innern stammenden Traumpotentialen in einer selbstgewählten Szenerie von Fragmenten aus der äußeren Realität« (a.a.O., S. 63). So ist in diesem imaginären Raum vieles möglich, was ›draußen‹ als Wagnis erschiene (vgl. a.a.O., S. 59). Im Möglichkeitsraum kann das Kind spielend erproben, was es vor den Augen der übrigen Welt noch schamhaft verbirgt, aussprechen, was der Kritik nicht standhielte. Hier findet es auch »die Kühnheit, mit der es das Denken und Handeln einander gleichsetzt«, die von FERENCZI so bestaunte »Selbstverständlichkeit, mit der es nach allen Gegenständen, nach der über ihm hängenden Lampe wie nach dem leuchtenden Mond, die Hand ausstreckt, in der sicheren Erwartung, sie mit dieser Gebärde zu erreichen und in seinen Machtbereich zu ziehen« (FERENCZI, 1927, S. 65). Nicht zuletzt auf dieser Freiheit beruht die fördernde Macht des *potential space*.

Solche Erfahrungen der Kindheit sind unverlierbar. Der Möglichkeitsraum bleibt dem späteren Erwachsenen sein »Leben lang für außergewöhnliche Erfahrungen im Bereich der Kunst, der Religion, der Imagination und der schöpferischen wissenschaftlichen Arbeit erhalten« (WINNICOTT, 1995, S. 25). War jedoch die kindliche Erfahrung derart traumatisierend, daß sich ein Vertrauen in humane und verläßliche personale Beziehungen gar nicht einstellen konnte, so vermag der Mensch später ein einigermaßen freies Verhältnis zur Realität schwerlich zu entwickeln.[4] Ängstlich wird er entweder zur Überanpassung neigen, oder aber er muß in zwanghaftem Selbsterhaltungsstreben seine Umgebung fortwährend instrumentalisieren (vgl. a.a.O., S. 78). Zu schweigen von jenen schweren neurotischen Schädigungen, aus denen ein Mensch, wenn überhaupt, nur therapeutisch befreit werden kann. Aber sogar der analytischen Situation schreibt Masud Khan, der ein Schüler Winnicotts war, noch Begegnungen zu, »in denen das vorhandene Nicht-Vertrauen auf beiden Seiten nur allmählich abgebaut und es mitunter möglich wird, daß jeder sein verborgenes Selbst mit dem Anderen teilt« (KHAN, 1993, S. 11). Der Schluß dieser – prinzipiell auch auf die pädagogische Situation übertragbaren – Bemerkung spricht eine wesentliche Qualität des *potential space* aus: die Möglichkeit einer Koinzidenz von individueller und sozialer Erfahrung.

2. Möglichkeitsräume im Kinderheim Baumgarten

BERNFELDS Kinderheim Baumgarten ließe sich als ein pädagogisches Modell begreifen, das darauf abzielt, individuelle und soziale Möglichkeiten erfahrbar zu machen, wie WINNICOTT es im Begriff des *potential space* zu formulieren versuchte. Der Schau-

platz: ein Wiener Vorort. Dort gab es von Oktober 1919 bis April 1920 ein bemer-
kenswertes Heim für etwa 300 jüdische Kriegswaisen, Jungen und Mädchen im Alter von 3 bis 16 Jahren, Kinderheim Baumgarten. Pädagogischer Leiter war SIEG-
FRIED BERNFELD; Jude zionistischer Orientierung, Sozialist, Vertreter neuer, d.h. jugendgemäßer Pädagogik, Mitglied der Wiener Psychoanalytischen Vereinigung. BERN-
FELD wollte im Heim seine politischen und wissenschaftlichen Interessen verwirklichen. Baumgarten sollte ein zionistisches Heim werden, in dem die Kinder und Jugendlichen auf ein sozialistisches Palästina vorbereitet werden könnten (KOCH, 1974).
Daher durfte bereits die gesamte Erziehung keinem bürgerlichen Konzept folgen.
Bernfeld griff Erfahrungen der Reformpädagogik auf, fundierte die pädagogische
Arbeit durch Erkenntnisse der Psychoanalyse, der avanciertesten psychologischen
Theorie, und diskutierte Zielsetzungen und Probleme seines Konzepts im Zusam-
menhang einer kritischen Theorie der Gesellschaft, der marxistischen.[5] Obgleich dieser
pädagogische Versuch nur wenige Monate gedauert hat, fasziniert er bis heute die
Leser des kleinen Buchs, das BERNFELD 1921 veröffentlichte: »Kinderheim Baum-
garten. Bericht über einen ernsthaften Versuch mit neuer Erziehung«[6]. Von diesem
Versuch und seinem jähen Ende soll hier die Rede sein.

Bernfelds Buch, das er so kurz nach dem Eklat schrieb, ist Erfahrungsbericht
und Entwurf. Denn er spricht darin auch von Ideen, die nicht verwirklicht werden
konnten. Zu seinen Plänen für Baumgarten gehörte vor allem die Erziehung zur Gemeinschaft. Jugendliche aller sozialen Schichten für ein Leben in einer solidarischen
Gemeinschaft zu erziehen, das war sein Ziel – nicht nur im Hinblick auf Baumgarten. Der Bernfeldsche Gemeinschaftsbegriff muß gegen Mißverständnisse geschützt
werden. Leicht evoziert heute das Wort »Gemeinschaft« die historisch begründete
Vorstellung eines dumpf-aggressiven Kollektivs, dem alles Nicht-Konforme und An-
dersartige von vornherein verdächtig ist. Der Ausdruck »Gemeinschaft« hat nach
dem Faschismus auch Züge eines Alptraums. Wenn Bernfeld den Begriff verwendet,
dann kritisch im Sinne einer pädagogischen Gemeinschaft, deren Akzente unmißverständlich auf Bildung und Freiheit liegen. Ziel war für Bernfeld die nicht mehr
antagonistisch gespaltene, die solidarische Menschheit. Es zeichnet seine pädagogische Konzeption aber die Auffassung aus, daß im pädagogischen Weg die Zielvor-
stellung beständig anwesend sein müsse. Dieser Weg stellte sich ihm als Erziehung
in einer spezifischen pädagogischen Gemeinschaft dar. »Unmöglich wäre«, schreibt
er 1919, »nach zwanzig Jahren Bildung, in Freiheit verlebt, der Eintritt in Lohnskla-
verei [...]« (BERNFELD, 1919, S. 127).

Damit die solidarische Kinder- und Jugendgemeinschaft in Baumgarten sich
herstellen kann, wählte Bernfeld verschiedene Organisationsformen als seine pädagogischen Mittel. Da ist vor allem die Schulgemeinde, »jene besondere Form der
Verwaltung und Organisation des Schülerlebens, die sich in erster Linie in den
Schulheimen entwickelt hatte« (BERNFELD, 1928, S. 11). Sie ist konsequente Selbst-
verwaltung, denn alle Erzieher, Kinder und Jugendlichen beraten gemeinsam die
Angelegenheiten des Heimlebens und beschließen für alle verbindliche Gesetze. Zur
Schulgemeinde gehört das Gericht, das Verstöße gegen die Schulgesetze ahndet. Ein
anderes Mittel ist die Organisation in Gemeinschaften, kleinen altershomogenen
Gruppen also, die mit ihrem Erzieher zusammen leben. Die eigenverantwortliche

Arbeit in Landwirtschaft und Werkstätten war ein weiterer, die Organisation des Heims betreffender Plan, von dessen Verwirklichung Bernfeld sich große pädagogische Wirkung erhoffte, denn zur Selbstverwaltung wäre somit auf Dauer eine weitgehende Selbstversorgung hinzugekommen. Dieser Plan scheiterte, wie mancher andere auch, am fehlenden Geld. Jede dieser Organisationsformen hat ihre besonderen Beziehungsmöglichkeiten und damit ihre eigene pädagogische und psychologische Wirkung.

Neben der Organisation des Heims sollte ein anderes, ein freies Verhältnis der Erzieher zu den Kindern und Jugendlichen helfen, auf neue Weise zu erziehen. Bernfeld achtete daher auf die pädagogische Qualität der Erzieher. Sie drückt sich einerseits in der Einstellung der Erzieher zu ihren Zöglingen aus, die Bernfeld mit den oft zitierten Worten beschreibt: »des neuen Erziehers Tun (ist) vielmehr ein Nichttun, vielmehr Beobachten, Zusehen, Leben, als ein stetes Mahnen, Strafen, Lehren, Fordern, Verbieten, Anfeuern und Belohnen« (BERNFELD, 1969, S. 107). Andererseits zeigt sich diese neue pädagogische Qualität aber auch in der Einstellung der Erzieher zu sich selbst: er muß zu seiner eigenen Kindheit ein ruhiges Verhältnis haben, und er muß imstande sein, alle Eitelkeiten und Machtgelüste wenn nicht abzulegen, so doch zu kontrollieren; nur dann kann er sich Kindern und Jugendlichen ganz zuwenden (vgl. a.a.O., S. 113).

Als die Kinder und Jugendlichen im Heim ankamen, belehrten sie BERNFELD schnell über den Realitätsgehalt seiner Vorstellungen. Aus diesen verelendeten Kriegswaisen konnte nicht ohne weiteres eine Gemeinschaft im BERNFELDSCHEN Sinne entstehen. Durch Traumatisierung waren sie zu tief verletzt, um anderen Menschen, Gleichaltrigen oder Erwachsenen, zu vertrauen. Zu sehr von ihren eigenen Gefühlen und Bedürfnissen beherrscht, waren sie blind für diejenigen anderer. Jedes sorgte für sich selbst, materiell und emotional; was andere betraf, kümmerte sie nicht. So herrschte das soziale Chaos, wo BERNFELD und seine Mitarbeiter eine solidarische Gemeinschaft verwirklichen wollten. Daß eine solche Gemeinschaft nach mehreren Monaten schließlich doch zu entstehen begann, ist ein Resultat jener pädagogischen Organisation, dank der die Intentionen der Erzieher wirksam werden konnten.

Drei Situationsbilder aus Baumgarten, von damals Beteiligten gegeben, können eine Vorstellung davon vermitteln, wie es den Erzieherinnen und Erziehern gelang, Beziehungen sozialer Art zu ermöglichen, die den vom Kriege traumatisierten Waisen die Möglichkeit einer geistig-psychischen Weiterentwicklung eröffneten.

Situation 1. Zunächst aus einem Bericht der Erzieherin GUSTI BRETTER-MÄNDL: »Beim Essen z.B. wurde wieder gerauft, um den Löffel, wer zuerst Brot bekam usw. Ich nahm mir nie einen Löffel; wenn ich einen bekam, ›als Lehrerin‹, gab ich ihn den Kindern, mein Brot ebenso usw. – erst wenn alle alles hatten, begann ich zu essen. Die Kinder schauten mich zuerst verwundert und mißtrauisch an, dann nahmen sie den Löffel mit einer gewissen verschämten Gebärde – das war schon ein großer Fortschritt, sie ahnten schon etwas. Und schließlich kam es soweit, daß keines von mir etwas annehmen wollte und sie sich sogar darin überboten, mir ihren Löffel zu geben. Damit hatte ich gewonnenes Spiel. Wir liebten uns. Da das Essen das Wichtigste in ihrem Leben war, konnte ich sie nur durch mein Verhalten dabei packen. Sie sahen, daß ich wenig aß, sie haben mich überredet zum Essen [...]. Das war mir der größte Liebesbeweis. Jetzt konnte ich mit dem Unterricht im eigentlichen Sinne beginnen« (a.a.O., S. 109). In dieser Situation wird der imaginäre Möglichkeitsraum deutlich, von den Kinder selbst geschaffen, die mit ihrer Erzieherin um den Tisch herum sitzen. Der Löffel, das vermittelnde Objekt, erhält eine spezifische Bedeutung und seine auf ihr beruhende pädagogische Wirkung zunächst durch die Geste, mit der er weitergegeben wird. Diese unerwartete Geste irritiert die Kinder ganz offensichtlich und läßt Risse im Panzer ihrer aus Not erworbenen Selbstbezogenheit entstehen. Die Unmöglichkeit, ihre Umgebung anders als durch das eigene, egoistisch verhärtete Interesse bestimmt wahrzunehmen, lag wie ein Bann auf den Kindern. Nun weicht er langsam, und befreit beginnen sie das Besondere am Verhalten der Erzieherin zu erkennen: wortlos führt sie vor, daß es ihr, daß es dem Menschen, aus Zuneigung oder Überzeugung möglich ist, von sich abzusehen, und dies auch unter erschwerten Bedingungen. Die »gewisse verschämte Gebärde« der Kinder weist sehr genau auf das, was im Begriff des Möglichkeitsraums gemeint ist: die Sphäre der Intersubjektivität. Zu ihr gehört auch das Schamgefühl, da es ausdrückt, daß die Wahrnehmung eines fremden Blickes sich in Selbstwahrnehmung verwandelt hat (vgl. dazu Schulte, 1988). In der Erfahrung einer wortlosen Freundlichkeit, in der sie sich »spiegeln« wie früher im Gesicht der Mutter[7], gelangen die Kinder zur Bewertung des eigenen Verhaltens und damit zu seiner möglichen Änderung. Es beginnt sich herauszubilden, was Winnicott »concern« nennt, das Vermögen, um einen anderen besorgt zu sein und Anteil an seinem Wohlergehen zu nehmen. Dieser Wandel, »in dem innere Bereicherung und die Entdeckung des Ausdrucksgehaltes des Sichtbaren sich ergänzen« (Winnicott, 1995, S. 129), zeigt sich als eigene Freundlichkeit der Kinder: sie reichen den Löffel weiter.[8] So wird in der von Gusti Bretter-Mändl geschilderten Situation der Tisch vom Kampfplatz zur befriedeten Zone, der Löffel vom schlichten Gebrauchsgegenstand zur Gabe.

Situation 2. Bernfeld berichtet in seinem Buch über Baumgarten, wie mit den Kindern und Jugendlichen dort ganz allmählich eine Veränderung vor sich ging. Zunächst hatte er ihnen von einer Schulgemeinde erzählt; aber ein deutliches Interesse daran kam erst auf, als das allgemeine Chaos im Heim so groß geworden war, daß in ihnen ein Bedürfnis nach Ordnung erwachte. Die ersten Schulgemeinden »waren im Grunde eigenartige Unterrichtsstunden, Anschauungsunterricht im sozialen Leben. Alle Initiative lag bei mir« (Bernfeld, 1969, S. 132). Viele Kinder hörten vor allem zu, andere schrien oder klatschten. Erste »Ansätze zu Neuem« bemerkte Bernfeld, als seine Anträge niedergestimmt wurden. Er hatte sich nicht getäuscht. Nach einiger Zeit übernahmen die Kinder und Jugendlichen die Regelung ihres Zusammenlebens selbst. Manchmal, ohne es zu bemerken, stimmten sie auch über Gesetze ab, die bereits von ihnen beschlossen worden waren. Beides, die Opposition zu Bernfeld wie das erneute Abstimmen über Gesetze, zeigt, wie neue Möglichkeiten im Schutz des *potential space* wahrgenommen und erprobt wurden. Die Schulgemeinde ermöglichte allen den unbekümmerten Austausch von Gedanken und Wünschen, sie war also offen für Neues, noch nicht Erprobtes, und ihre Mitglieder wußten sich von Zensur frei. Insofern herrschte in der Schulgemeinde, obgleich sie doch über das Leben in Baumgarten entschied, nicht das blanke Realitätsprinzip. Eine vorschnell eingeführte ›Ordnung‹ wäre – psychologisch gesehen – vielleicht nur eine aus Angst entstandene Abwehr des Gestaltlosen, Ungeregelten, und der in ihm beschlossenen Risiken und Möglichkeiten, ist doch mit Winnicotts Worten »organisiertes Chaos eine Verleugnung des Chaos« (WINNICOTT, 1995, S. 68). Politisch betrachtet entscheidet sich im Umgang mit dem, was als ›chaotisch‹ erscheint, ob eine Gruppe fremdbestimmt strukturiert wird oder aber sich in freier Selbstorganisation zusammenfinden kann. Das Fluktuieren zwischen Gestaltlosigkeit und Ordnung verwirklicht auch in den sozialen Verhältnissen, was NOVALIS forderte: »[...] das Chaos muß in jeder Dichtung durch den regelmäßigen Flor der Ordnung schimmern« (NOVALIS, 1977, S. 286).[9] In Baumgarten erschien der Möglichkeitsraum in politischer Gestalt: als Sphäre demokratischer Diskussion und Entscheidung.

Situation 3. KARL WIRTH, der als Jugendlicher in Baumgarten war, schreibt 1974 in einem Rückblick: »die beziehungen unserer lehrer zu uns kindern waren derart freundschaftlich u. verstaendnisvoll u. voller liebe, dass diese art des verhaltens fuer uns ein wunder darstellte u. eine quelle von gluecksgefuehl!« (WIRTH, 1992, S. 87). Besonders die Freundschaft mit ihrem Erzieher Dr. HOFER (wahrscheinlich WILLY HOFFER) machte die Jugendlichen sehr glücklich: »auf unseren spaziergaengen mit ihm, gingen wir wie richtige freunde und besprachen unsere ernsten probleme, plaene schmiedend und ernste gespraeche fuehrend. so planten wir spaeterhin arbeitscooperativen (wir wussten nicht ganz genau, was das bedeutet!) zu gruenden, um der gemeinschaft zu dienen. so dachten wir an eine tischlerei u. an andere werkstaetten – aber all das erschien so wunderbar, verband uns noch enger u. erzeugte eine sehr freudvolle hoffnung auf die zukunft, dass ich glaube, dass dies unsere gluecklichste zeit in unserem leben war. es war aber viel zu schoen, um wahr zu sein!« (a.a.O., S. 88f.). Besonders eindrucksvoll zeigen diese Erinnerungen des alten KARL WIRTH, was BERNFELD und seine Mitarbeiter in ihrer pädagogischen Arbeit intendierten. Die innerhalb der so kurzlebigen Gemeinschaft von Baumgarten und unter so schwierigen Bedingungen dennoch entstandenen Beziehungen, »freundschaftlich u. verstaendnisvoll u. voller liebe« und von den Jugendlichen als »ein wunder [...] u. eine quelle von gluecksgefuehl« erlebt, gipfelten, wenn auch vielleicht nicht für alle, im Verhältnis zwischen Erzieher und Zögling, das den Charakter der Freundschaft hatte. Die fördernde Kraft des Möglichkeitsraumes bestätigt sich am nachhaltigsten in dieser besonderen Qualität der menschlichen Beziehung. In ihrem Zentrum stand, wie das Zitat bezeugt, das Gespräch, insbesondere das Gespräch über Wünsche, Vorstellungen, Möglichkeiten, und nicht zufällig gingen aus solcherart Gesprächen gemeinsame Zukunftsentwürfe und praktische Pläne hervor.

Solche gemeinsamen Tagträume sind Ausdruck jener spezifischen »Denktätigkeit«, die nach FREUD von der Realitätsprüfung freigehalten wird und einen eigenen Wahrheitsgehalt besitzt (vgl. MARCUSE, 1967, S. 140 f.). »Die kritische Funktion der Phantasie«, schreibt MARCUSE, »liegt in ihrer Weigerung, die vom Realitätsprinzip verhängten Beschränkungen des Glücks und der Freiheit als endgültig hinzunehmen, in ihrer Weigerung, zu vergessen, was sein könnte« (a.a.O., S. 148). Und er zitiert ANDRÉ BRETONS Feststellung: »Allein die Phantasie gibt mir Rechenschaft über das, was *sein könnte.*« (BRETON, 1946, zit. n. MARCUSE, ebd.). Doch was den Jugendlichen und ihren Erziehern in Baumgarten wünschenswert und möglich schien, hatte in der Misere der Nachkriegsjahre keine Chance. Und auch unter dem Zwang der nachfolgenden Zeiten waren die Tagträume dieser Jugendlichen meist nicht zu verwirklichen. Wie der Begriff des ›Möglichen‹ erst in der politisch-gesellschaftlichen Dimension kritische Schärfe gewinnt, so auch die Negation, das ›Unmögliche‹. An einer anderen Stelle in KARL WIRTHS Erinnerungen heißt es:»wir begannen uns langsam als freie menschen zu fuehlen, u. trotz kaelte, mangelhafter nahrung u. verschiedener anderer misstaende, waren wir sehr gluecklich u. sahen die zukunft in verlokkenden farben« (WIRTH, 1992, S. 88). Die Jugendlichen gewannen, so Wirth, das »gefuehl, dass endlich eine neue zeit anbricht, wo alle menschen gleich sind u. brueder und frei sind – auch wir juedischen kinder – ohne angst vor pogromen u. antisemitismen!« (a.a.O., S. 90). Aus seiner Feststellung aber,»dass dies unsere gluecklichste zeit in unserem leben war«, spricht die persönliche Erfahrung des glücklichen Moments ebenso wie die geschichtliche des Scheiterns.

Den drei Situationen ist einiges gemeinsam. So läßt jedesmal die geschützte soziale Sphäre einen intersubjektiven Raum entstehen, der es den einzelnen erlaubt, neue Möglichkeiten angstfrei zu entdecken und zu entwickeln. Zugleich kündigt sich in der behutsam vorbereiteten Koinzidenz pädagogischer Vorstellungen mit den Wünschen der Jugendlichen das Entstehen einer sozialen Ordnung an. Vor allem aber steht diese sich andeutende Ordnung unverkennbar im Zeichen einer solidarischen Selbstbestimmung der Individuen, das heißt sie beruht auf einer Interessenklärung zwischen allen Beteiligten.

3. Möglichkeitsraum – der glückliche Moment

Das im Begriff des Möglichkeitsraumes Gedachte zielt auf das Verhältnis intersubjektiver Korrespondenzen, worin ein Neues entstehen kann. Sein Spezifisches hat also der Begriff in der kommunikativen Qualität strengen Sinnes, die dort sich einstellt, wo Individuen eine nicht schon vorgegebene Beziehung zueinander suchen oder aber, wo sie existierende Beziehungen aus ihrer Fixierung zu lösen trachten. Von dieser Art ist die therapeutische Situation, aus der heraus der Begriff entwickelt worden ist; von dieser Art ist auch das pädagogische Verhältnis, wie die Beispiele aus Baumgarten zeigen. Dieser Charakter des nicht Vorgegebenen, des nicht schon Präexistenten, kommt ebenso dem Möglichkeitsraum selbst zu. Insofern ist der *potential space* nicht nur ein Raum des Möglichen, sondern auch ein möglicher Raum, der zumeist immer aufs neue entstehen muß, wo Menschen miteinander wahrhaft kommunizieren wollen. Wohl nur in sehr seltenen Beziehungen gewinnt dieser intersubjektive Raum dauerhafteren Bestand.

Das Ende des »Versuchs mit neuer Erziehung« kam bereits im Frühjahr 1920. Ursache waren Konflikte mit der Verwaltung. Anders als zugesagt, hatte die Verwaltungsleiterin Bernfeld als dem pädagogischen Leiter immer wieder ins Handwerk gepfuscht, und sie fand dabei die Unterstützung der Geldgeber, des Joint Committee. Bemängelt wurde: »keine Disziplin, keine Ordnung, kein ordentlicher Unterricht« (BERNFELD, 1969, S. 178). In einem Memorandum der Erzieher, im April 1920 verfaßt – BERNFELD war zu dieser Zeit schon länger krank –, wird das Problem anschaulich formuliert:»Man kann nicht sagen, hier höre Pädagogik auf und beginne Verwaltung, oder umgekehrt. Wohin gehört dann Schlafsaal-, Speisesaalordnung,

Kleidung, Nahrung, Körperpflege usw., die die Verwaltung für sich reklamiert, die aber der Pädagoge, dessen Pädagogik sich nicht auf vier oder fünf Unterrichtsstunden beschränkt, nicht einem unpädagogisch vorgehenden, alle seine Bemühungen zunichte machenden Menschen übergeben kann?« (a.a.O., S. 181). Als das Memorandum keine Wirkung zeigte, kündigten noch im April 1920 alle Erzieher.

BERNFELD sieht im Vorgehen der Verwaltung und der Geldgeber einen Übergriff auf die Arbeit der Erzieher. Deshalb formuliert er seine alte Einsicht nun als prinzipielle Forderung: daß nämlich die »Verwaltung als Ganzes und jede einzelne ihrer Einrichtungen und Maßnahmen [...] den pädagogischen Zwecken angepaßt« werde (a.a.O., S. 189). Er knüpft damit an seine Forderung von 1919 nach Autonomie der Pädagogik überhaupt an: Wenn auch letzte Zielsetzungen der Pädagogik »außerpädagogisch«, nämlich von Philosophie und »Kulturwillen« gesetzt seien, so habe sie doch die Aufgabe, »mit äußerster Kraft jede Einmischung von Wirtschaft, Politik und Zivilisation« sowie jede außerwissenschaftliche abzuwehren (BERNFELD, 1919, S. 51).

Im besonderen solche pädagogischen Konzepte und Organisationsformen, welche die Bildung von Möglichkeitsräumen fördern, sind es, die Konflikte mit der Verwaltung auslösen können, wie in Baumgarten geschehen. Am Umgang mit dem Faktor Zeit erweisen sich nämlich die divergierenden Interessen von Pädagogik und herkömmlicher Verwaltung. Um Möglichkeitsräume zu fördern, müssen die Erzieher jene Einstellung haben, von der BERNFELD spricht: sie müssen beobachten können und abwarten, bis sich der glückliche Moment einstellt, in dem die Antinomie zwischen Kindern und Erziehern produktiv aufgehoben und in eine pädagogische Gemeinschaft verwandelt werden kann. Die Koinzidenz der pädagogischen Vorstellungen mit der erwachenden Bereitschaft der Zöglinge läßt sich nur vorbereiten. Sie kann nicht nach Zeitplänen erzwungen werden, schon gar nicht, wenn diese von außerpädagogischen Interessen bestimmt sind.

Die Bedingungen zu schaffen, welche die Entstehung von *potential spaces* begünstigen, ist eine wesentliche Aufgabe aller pädagogischen Praxis; denn in dieser Möglichkeit liegt eine der Voraussetzungen ihres Gelingens. Folglich ist mit dieser Aufgabe zugleich eine unverzichtbare Leistung pädagogischer Organisation formuliert, die ja die notwendigen fachspezifischen Rahmenbedingungen pädagogischer Arbeit schaffen soll. Organisation in ihrer zweifachen Bedeutung als pädagogische und institutionelle ist, so ließe sich sagen, ihrem Begriff nach nichts anderes als das Fundament, das eine notwendige Bedingung des Möglichkeitsraumes für pädagogische Praxis bildet.

Anmerkungen

1 Der Begriff *potential space*, den D. W. WINNICOTT verwendet, wird unterschiedlich übersetzt, z. B. als »potentieller Raum« oder auch als »Spannungsbereich«. Ich verwende entweder das englische *potential space* oder das Wort »Möglichkeitsraum«, das ich von ELISABETH VORSPOHL, der Übersetzerin KHANS übernehme (vgl. KHAN, 1993, S. 155).

2 WINNICOTT betont immer wieder, daß es nicht um Perfektion im Umgang mit Kindern gehe, sondern darum, der Abhängigkeit des Kindes gerecht zu werden (vgl. z. B. WINNICOTT, 1995, S. 20). Zur Bedeutung der Mutter bzw. der pflegenden Person für das noch abhän-

gige Kleinkind siehe z. B. WINNICOTT, 1995, S. 128-135; WINNICOTT ,1974; WINNICOTT, 1985.

3 So eine Kapitelüberschrift bei WINNICOTT, 1985.

4 Bei negativer kindlicher Entwicklung, so WINNICOTT, »kommt dem potentiellen Raum keine Bedeutung zu, weil sich nie ein tragfähiges Gefühl für Vertrauen und Zuverlässigkeit und damit keine zwanglose, uneingeschränkte Selbstverwirklichung ergeben hat« (1995, S. 126). Andererseits jedoch scheint WINNICOTT darauf zu vertrauen, daß der kreative Impuls nicht gänzlich zerstört werden kann (vgl. 1995, S. 81) – ein Widerspruch, der unaufgelöst bleibt.

5 Zur politischen Einstellung und Praxis des jungen BERNFELD vgl. UTLEY, 1975, und ders., 1979.

6 Berlin 1921; wieder abgedruckt in: BERNFELD, 1969, S. 84-191; im folgenden zitiere ich nach dieser neuen Ausgabe.

7 Zur Bedeutung des mütterlichen Gesichts, das er, auf LACAN anspielend, den »Vorläufer des Spiegels« nennt, schreibt WINNICOTT: »Die Mutter schaut das Kind an, und *wie sie schaut, hängt davon ab, was sie selbst erblickt*« (WINNICOTT, 1995, S. 129). Was sich im Gesicht der Erzieherin spiegelt, ist mehr als individuell und momentan. In vermittelter Form drückt ihr Gesicht, wie das jedes Menschen, Erfahrung aus, und in diesem besonderen Fall auch ihre »Pädagogik«.

8 Die Wirksamkeit dieser Geste wird, so kann man vermuten, unterstützt durch unbewußte Erinnerungen an frühe Erfahrungen. Schon einmal war es der Löffel, durch den ein Kind etwas über die Welt erfuhr, der es sich anpassen mußte. Konnte der Säugling, solange er von einer gewährenden Mutter gestillt wurde, weitgehend selbst bestimmen, wie die Milch strömte, so kann das abgestillte Kind beim Füttern den Rhythmus, in dem der Löffel erscheint und verschwindet, nicht mehr so einfach durch sein Bedürfnis beherrschen. Es muß warten lernen. Von jetzt an ist, wenn die Mutter »genügend gut« ist, der Rhythmus der Löffelbewegung Ausdruck einer liebevollen, aber deutlich von zwei Personen bestimmten Beziehung, in der das Kind erfährt, daß es anderen Menschen vertrauen kann. – Was jedes Kind für sich erlernen muß, erinnert an den »Prozeß der Zivilisation«, nämlich an die von NORBERT ELIAS untersuchte Funktion des Löffels in der Herausbildung des bürgerlichen Individuums. Daran gemessen erweist sich freilich WINNICOTTS Kulturbegriff, soweit er in den Texten deutlich wird, als zu wenig ausgeführt. BERNFELDS Sozialisationskonzept ist präziser: »Die Erziehung ist [...] die Summe der Reaktionen einer Gesellschaft auf die Entwicklungstatsache.« (BERNFELD, 1967, S. 51)

9 Mit der Umwandlung von Chaos in Ordnung beschäftigt sich auch REINHARD HÖRSTER (vgl. ders. 1992).

Literatur

BERNFELD, S.: Das jüdische Volk und seine Jugend, Wien und Berlin, 1919

BERNFELD, S.: Die Schulgemeinde und ihre Funktion im Klassenkampf, Berlin, 1928

BERNFELD, S.: Sisyphos oder die Grenzen der Erziehung, Frankfurt a. M., 1967

BERNFELD, S.: Antiautoritäre Erziehung und Psychoanalyse. Ausgewählte Schriften Band 1. Hg. von LUTZ VON WERDER und REINHART WOLFF, Darmstadt, 1969

BRETON, A.: Les Manifestes du Surréalisme, Paris, 1946 (zit. nach MARCUSE, 1967)

FERENCZI, S.: Die Entwicklungsstufen des Wirklichkeitssinnes. In: Ders., Bausteine zur Psychoanalyse, I. Band, Leipzig, Wien, Zürich, 1927, S. 62-83

HÖRSTER, R.: Zur Rationalität des sozialpädagogischen Feldes in dem Erziehungsexperiment SIEGFRIED BERNFELDS. In: HÖRSTER, R.; MÜLLER, B. (Hg.): Jugend, Erziehung und Psychoanalyse. Zur Sozialpädagogik SIEGFRIED BERNFELDS, Neuwied, Berlin, Kriftel, 1992, S. 143-162

KHAN, M. M. R.: Erfahrungen im Möglichkeitsraum. Psychoanalytische Wege zum verborgenen Selbst, Frankfurt a.m., 1993

KOCH, (SCHULTE) A.: SIEGFRIED BERNFELDS Kinderheim Baumgarten. Voraussetzungen jüdischer Erziehung um 1920, Hamburg, 1974

MARCUSE, H.: Triebstruktur und Gesellschaft, Frankfurt a.m., 1967

NOVALIS: Heinrich von Ofterdingen. Schriften, hg. von PAUL KLUCKHOHN und RICHARD SAMUEL. 3., erg., erw. u. verb. Aufl., Stuttgart, 1977, Bd. I, S. 195-334

SCHULTE, A.: »Die Farbe der Tugend«. In: Perspektiven Kritischer Theorie. Eine Sammlung zu HERMANN SCHWEPPENHÄUSERS 60. Geburtstag, hg. von CHRISTOPH TÜRCKE, Lüneburg, 1988, S. 55-64.

UTLEY, P. L.: SIEGFRIED BERNFELD: Left-wing youth leader, psychoanalyst and zionist, 1910-1918, University of Wisconsin, 1975 (Maschinenschr.),

UTLEY, P. L.: SIEGFRIED BERNFELD´s jewish order of youth, 1914-1922. In: Year Book of the Leo Baeck Institute, vol. 24, London, 1979, S. 349-368.

WINNICOTT, D.W.: Kind, Familie und Umwelt, München, 1985

WINNICOTT, D.W.: Reifungsprozeß und fördernde Umwelt, München, 1974

WINNICOTT, D.W.: Vom Spiel zur Kreativität, 8. Aufl., Stuttgart, 1995

WIRTH, K.: »Mitbegruender der Schulgemeinde« als Schueler. In: FALLEND , K.; REICHMAYR, J. (Hg.): SIEGFRIED BERNFELD oder die Grenzen der Psychoanalyse. Materialien zu Leben und Werk, Basel, 1992, S. 86-90

Erik Adam

AUGUST AICHHORN

A new era of residential care started with the youth home »Oberhollenbrunn« (1919 - 1921) which was organized and guided by AUGUST AICHHORN. It was the time of reformpedagogics which included experimental activities because of a basic theoretical change in concepts of education and teaching. These concepts followed the central ideas of the times like the observation of autonomous rights of children and youths, a closenes to everyday life as well as new forms of organization and social life. Reformpedagogics also gave impulses for a developing at that time children and youth research which empirical theories stimulated practical labour.

1 Psychoanalytische Pädagogik und Reformpädagogik

Mit dem von AUGUST AICHHORN organisierten und geleiteten Jugendheim Ober-hollabrunn (1919 bis 1921) begann eine neue Ära der Heimerziehung. Es war da-mals die Zeit der Reformpädagogik mit ihren, Erziehung und Unterricht grundle-gend verändernden theoretischen Konzepten und Aktivitäten mit Modellcharakter. Leitideen waren die Beachtung der Eigenrechte von Kindern und Jugendlichen, Le-bensnähe, neue Organisations- und Sozialformen etc.; von der Reformpädagogik gin-gen auch wesentliche Impulse für die sich damals erst herausbildende Kinder- und Jugendforschung aus, deren erfahrungsgesättigten Theorien wiederum die Praxis befruchteten. Scharfe Kritik der »alten« Pädagogik, ihren unangemessenen Theorien und Praktiken kontrastierte scharf mit dem Neuen (SCHEIBE 1995). Obwohl, wie HER-MANN RÖHRS feststellt, die Reformpädagogik ein bis heute aktuell gebliebenes Reser-voir von noch immer ausschöpfbaren Errungenschaften erarbeitet hat (RÖHRS 1991), ist sie von der technokratisch orientierten Erziehungswissenschaft diskreditiert wor-den und durch die Befunde einer ideologiekritisch ausgerichteten pädagogischen Historiographie ins Zwielicht geraten (SEIDELMANN 1974). Der Mißbrauch reform-pädagogischer Ansätze durch den Nationalsozialismus hat dazu geführt, sie unter Präfaschismusverdacht zu stellen und in einem Anknüpfen daran nach dem Zweiten Weltkrieg gar ein Weiterwirken faschistoiden Potentials zu wittern (KUPFFER 1984).

Ausgenommen von dieser Kritik blieb die »Psychoanalytische Pädagogik« (REHM 1968; FÜCHTNER 1979), weil sie zum einen gar nicht im Kontext der Reform-pädagogik gesehen wurde (zur Verortung in diesem Zusammenhang: ADAM 1981), zum anderen aufgrund der Ablehnung der Psychoanalyse durch den NS sowie durch ihren rationalen und gesellschaftskritischen Ansatz davor gefeit war, in den irratio-nalen braunen Sog zu geraten. Mittlerweile wird die gesamte Problematik differen-zierter gesehen: bei der Reformpädagogik müssen einige partikulare Facetten, die vom NS aufgenommen werden konnten, von anderen, entweder mißbrauchten oder abgelehnten unterschieden werden. Hinsichtlich der Psychoanalytischen Pädagogik ist im Hinblick auf eine weitergehende Differenzierung festzustellen, daß zum Bei-spiel SIEGFRIED BERNFELDS Erziehungskonzeption - sein »Kinderheim Baumgarten«

in Wien war neben Aichhorns Jugendheim Oberhollabrunn der zweite bedeutende Versuch einer psychoanalytisch orientierten Heimerziehung (BERNFELD 1974) - nicht frei ist von ideologischen und zumindest teilweisen irrationalen Denkstrukturen (ADAM 1992). Im Unterschied dazu ist AICHHORNS Ansatz pragmatisch an der Resozialisierung orientiert, allerdings um den Preis einer Tendenz zur Anpassung an nicht weiter hinterfragte gesellschaftliche Normen. Trotzdem ist sein Beitrag zur Reform der Heimerziehung auch heute noch von Bedeutung, ja immer noch impulsgebend für Verbesserungen in diesem Bereich und der Sozialpädagogik insgesamt.

Zu berücksichtigen ist auch, daß die Reformpädagogik ein komplexes internationales Phänomen mit zahlreichen Verflechtungen war, und keinesfalls auf einen deutschen Sonderweg reduziert werden darf (RÖHRS 1992, S. 141 ff.). Auch die Relativierung des Verständnisses der Pädagogik als empirischer Sozialwissenschaft und die damit verbundene wissenschaftliche Akzeptanz qualitativer (vor allem auch tiefenhermeneutischer) Forschungsmethoden sowie das wieder erwachte Interesse an einer Humanisierung von Erziehung und Unterricht bieten günstige Voraussetzungen für eine Zusammenarbeit von Psychoanalyse und Pädagogik und damit auch für die Wiederentdeckung der Beiträge von Pionieren wie AUGUST AICHHORN (FATKE 1995).

2 AUGUST AICHHORNS Leben und Werk

AUGUST AICHHORN wurde am 7. Juli 1878 als Sohn eines Bankiers geboren, der nach dem Verlust seines Vermögens infolge des Börsenkrachs von 1873 eine gutgehende Bäckerei in einem Wiener Vorort betrieb. AICHHORN wuchs in einem bürgerlich-konservativen Milieu auf, dem er zwar immer verhaftet blieb, was ihn jedoch nicht daran hinderte, in kritischer Distanz zu den Vorurteilen seines Herkunftsmilieus in seinem Wirkungsbereich der Fürsorgeerziehung »die Grenzen dessen zu überschreiten, was bisher als den Menschen möglich erachtet wurde«. (AICHHORN, T. 1981, S. 83) Seine Erfahrungen mit den Problemen der Verwahrlosten, der Erziehungspraxis und ihrer theoretischen Erhellung führten ihn schließlich zu gesellschaftskritischen Einsichten und sozialpolitischen Forderungen, allerdings viel weniger differenzierten und radikalen als zum Beispiel bei Bernfeld, da sein integrationsorientiertes Erziehungsverständnis dominierend blieb. Das »revolutionäre« Potential seines Ansatzes liegt in der Aufnahme reformpädagogischer Impulse und der Erschließung der Psychoanalyse für einen Bereich der Erziehung, der damals besonders im argen lag.

Schon im väterlichen Betrieb und dessen näherer Umgebung mit ihrem sozialen Elend kam er in Kontakt mit Verwahrlosungserscheinungen. Möglicherweise war er selbst gefährdet. Jedenfalls entwickelte er aufgrund seiner Kindheits- und Jugenderlebnisse eine außergewöhnliche Empathiefähigkeit für Verwahrloste und deren Nöte. Im Unterschied zur moralisierenden Abwehr, zu der die Gesellschaft in bezug auf Dissoziale damals neigte (dies gilt teilweise wohl auch noch für die Gegenwart) und mit völlig ungeeigneten Mitteln der Disziplinierung (wenn nötig in geschlossenen, kasernenartigen Anstalten) reagierte, ist AICHHORN in einen verständnissuchenden Dialog mit ihnen getreten.

Bevor sich seine Talente jedoch in diese Richtung voll entfalten konnten, war er nach dem Besuch der Lehrerbildungsanstalt zehn Jahre als Lehrer in Wien tätig.

Mit seiner Freistellung vom Schuldienst und seiner Arbeit in Wiener Knabenhorten, deren Zentraldirektor er 1908 wurde, begann eine Entwicklung, die dann zum berühmten Oberhollabrunner Experiment einer grundlegend neuen Fürsorgeerziehung und danach zu seiner ebenfalls zukunftsweisenden Tätigkeit in der Erziehungsberatung führen sollte. Die Horte waren damals von militärischem Drill geprägte Verwahr- und Beschäftigungsorte, die mit kind- und jugendgemäßer Erziehung kaum etwas zu tun hatten. Als die Gemeinde Wien erkannte, daß diese Horte Bedeutung für die Volkserziehung gewinnen könnten, bemühte sich Aichhorn an einflußreicher Stelle um eine neue Aufgabenbestimmung dieser Knabenhorte. Konnten zwar die militärischen Elemente (Aufmärsche, Soldatenspiel etc.) nicht ganz zurückgedrängt werden, so eröffnete ihnen Aichhorn vielfältige Betätigungsfelder (wie Ausführung der Hausaufgaben, Handfertigkeitsunterricht, Gesang, Instrumentalmusik, Wandern und Reisen, Aufenthalte in Ferienkolonien etc.).

1918, zu einer Zeit, in der durch die Kriegsfolgen Verwahrlosung und Kriminalität sprunghaft zugenommen hatten, entschloß sich die Gemeinde Wien in Oberhollabrunn, einer fünfzig Kilometer nördlich von Wien gelegenen Bezirkshauptstadt (dazu, aber ohne Erwähnung Aichhorns: Knyeder 1982) auf dem Areal einem ehemaligen Flüchtlingslager eine Fürsorgeerziehungsanstalt einzurichten und bestellte Aichhorn, damals bereits ein anerkannter Fachmann, zu deren Organisator und Leiter. Da sich nach dem Zusammenbruch der Monarchie die Möglichkeiten einer umfassenden Gesellschaftsreform eröffneten und damit auch pädagogische Innovationen, schon lange aufgestaut, zur Verwirklichung drängten, erwähnt sei vor allem die österreichische und dann die Wiener Schulreformbewegung unter Otto Glöckel (Adam 1983; Engelbrecht 1988, S. 64 ff.), erhielt Aichhorn die Chance, neue Wege der Heimerziehung zu erproben. Obwohl seine Resozialisierungs- und Erziehungsarbeit zunächst wahrscheinlich nur sehr vage an psychoanalytischen Einsichten orientiert war (ob überhaupt, ist umstritten; dazu: Steinlechner 1986, S. 38 f.), stimmte sie mit ihnen überein. Sie bilden dann auch den Rahmen der Darstellung des Experiments in Aichhorns 1925 veröffentlichten Werk »Verwahrloste Jugend«. (Aichhorn 1974, S. 123 ff.), das ein Standardwerk der Heimerziehung und Sozialpädagogik wurde.

Mittlerweile hatte er Sigmund Freud (vermittelt durch dessen Tochter Anna) kennengelernt. Aichhorn nahm regelmäßig an den Sitzungen der Wiener Psychoanalytischen Vereinigung teil, wo er 1922 seinen Antritts-Vortrag »Über die Erziehung in den Besserungsanstalten« (Aichhorn 1923) hielt. Hier stellte er bereits seine Arbeit ausdrücklich in psychoanalytischer Perspektive dar (Libidotheorie, Lust-Unlustprinzip, Sublimierung, Kompensation, Übertragungsbeziehungen, unbewußt wirkende Komplexe und Traumen, welche die Dissozialität bedingen, Empathie etc.) und forderte die Analyse des Erziehers »um die in ihm selbst liegenden Verzerrungen zu korrigieren, die sonst seine Einstellung im Leben und Beruf fehlerhaft machen (...). (ebd., S. 221) Nach der Auflösung des Jugendheims und seines Nachfolgeheims im niederösterreichischen St. Andrä im Jahr 1922 eröffnete sich für Aichhorn in der Erziehungsberatung ein neues Aufgabengebiet. Er betreute Beratungsstellen in 14 Wiener Gemeindebezirken. Bis 1930 in diesem Bereich tätig, wirkte er auch hier durch die Einbeziehung der Psychoanalyse bahnbrechend. Wichtige Beiträge aus dieser Zeit sind in den Büchern «Erziehungsberatung und Erziehungshilfe» (AICHHORN 1972) und »Psychoanalyse und Erziehungsberatung« (AICHHORN 1974) zugänglich gemacht worden.

Daneben praktizierte AICHHORN als Psychoanalytiker (ein prominenter Klient war kurzfristig der Schriftsteller HERMANN BROCH und dann auch dessen Sohn). 1930 trat AICHHORN unter für die Gemeinde unrühmlichen Umständen mit der Pension eines Volksschullehrers in den Ruhestand, entfaltete aber dann eine rege Tätigkeit als Analytiker, Lehranalytiker und besonders engagiertes Mitglied der Wiener Psychoanalytischen Vereinigung. Mit zahlreichen Vorträgen und Kursen im In- und Ausland trug er viel zur Verbreitung der Psychoanalyse besonders bei Pädagogen bei, unter anderem auch am Pädagogischen Institut der Stadt Wien, dem Fortbildungszentrum der auch international Aufsehen erregenden Wiener Schulreform. Während des NS-Regimes war er neben Alfred Winterstein der einzige praktizierende Psychoanalytiker in Wien, wo er im Untergrund auch einen Schülerkreis um sich scharte, zu dem auch IGOR A. CARUSO gehörte, der später der Psychoanalyse bedeutende Impulse geben sollte. Von 1931 bis 1933 leitete er auch die Privatschule der Amerikanerin DOROTHY BURLINGHAM (der besten Freundin ANNA FREUDS), an der u. a. auch PETER BLOS und ERIK H. ERIKSON unterrichteten. Nach 1945 setzte er seine Vortragstätigkeit fort und wurde Präsident der Wiener Psychoanalytischen Vereinigung. Bis kurz vor seinem Tod am 13. 10. 1949 arbeitete er an den Vorbereitungen der Gründung eines AUGUST AICHHORN-FONDS zur Errichtung eines Instituts für Verwahrlostenforschung in Wien. Daraus ist aber nichts geworden. Immerhin wurde dann von seinen Schülern (LAMBERT BOLTERAUER u. a.) eine AUGUST AICHHORN-GESELLSCHAFT gegründet, die ihre zunehmend nachlassenden Aktivitäten 1968 einstellte. An AICHHORN erinnerte dann eine von der SIGMUND FREUD-GESELLSCHAFT gestaltete Ausstellung anläßlich des 25. Todestages, die auch von der Universität für Bildungswissenschaften in Klagenfurt übernommen wurde, an der dann 1978 auch ein vom Verfasser veranstaltetes Symposium über »österreichische Reformpädagogik« stattfand und sich vor allem mit AICHHORN beschäftigte (ADAM 1981). Die Nachwirkungen AICHHORNS sind aber weniger in Österreich (dazu: NENNING 1991), sondern besonders in den USA festzustellen, wohin ja zahlreiche Analytiker und an der Psychoanalyse orientierte Pädagogen vor dem Nazi-Terror geflohen sind. Stellvertretend sei hier der aus Wien stammende FRITZ REDL (1902 - 1988) erwähnt, der bei AICHHORN in Supervision war und mit ihm auch in der Erziehungsberatung zusammenarbeitete. 1936 in die USA emigriert, hat er den Ansatz AICHHORNS vor allem im Rahmen seiner Arbeit im »Pioneer House«, einem Erziehungsheim in einem Elendsviertel von Detroit, weiterentwickelt. (REDL 1973; REDL/WINEMAN 1970; zu Leben und Werk REDLS: FATKE 1995, S. 83 - 107)

3 Das Jugendheim Oberhollabrunn

Schon die Bezeichnung »Jugendheim« –AICHHORN nannte es auch, dem reformpädagogischen Sprachgebrauch entsprechend »Landerziehungsheim«– weist auf die sich von der alten Anstaltserziehung abgrenzende Neuartigkeit seiner Konzeption hin. In deren Zentrum stand die reformpädagogisch inspirierte Leitidee einer kind-

und jugendgemäßen Siedlung lebensbejahender Menschen:»(...) damit die dissoziale Jugend wieder das richtige Verhältnis zum Leben findet, muß sie in eine Umwelt gestellt werden, die das wirklich Leben ist, aber so viel als möglich frei von Erziehungshemmungen, so daß ein reiches, lustbetontes Erleben möglich wird.« (AICHHORN, T. 1976, S. 42) Das ehemalige Oberhollabrunner Flüchtlingslager wurde 1918 von der Gemeinde Wien übernommen, zunächst als Ort der Erholungsfürsorge, dann ab Juni 1919 als Fürsorgeerziehungsheim für verwahrloste Kinder und Jugendliche. Die Anlage, die nahtlos in Wohngebiet überging, umfaßte auf einem Areal von 29 Hektar 110 Gebäude, davon 55 Holzbaracken. Die dazwischen liegenden Flächen konnten als Spielplätze, Gartenanlagen und landwirtschaftliches Anbaugebiet genutzt werden: ideale Voraussetzungen für einen vielgestaltigen Betrieb, auch mit zahlreichen Lehrwerkstätten, im Dienste der Resozialisierung und Erziehung. Einen detaillierten Bericht darüber hat Aichhorn 1920 dem Staatsamt für soziale Verwaltung unter dem Titel »Projekt zur Verwertung des ehemaligen Flüchtlingslagers in Oberhollabrunn als Erziehungs- und Beschäftigungsanstalt« (unveröffentlichtes Manuskript; Archiv der Wiener Sigmund Freud-Gesellschaft) vorgelegt. Dem Bericht zufolge wäre eine Gesamtbelegung mit über 1.500 Kindern und Jugendlichen möglich gewesen.

Außer der gartenstadtähnlichen Anlage unterschied sich das Jugendheim von den Anstalten alten Stils besonders durch eine neuartige, auf psychologischen Grundlagen beruhender Gruppeneinteilung der Zöglinge (maximal 24 pro Gruppe) auf Vorschlag des heilpädagogischen Konsulenten ERWIN LAZAR, dem renommierten Leiter der heilpädagogischen Abteilung der Wiener Universitätsklinik. Als Gruppierungsmerkmale wurden intellektuelle Defekte, schwächere und stärkere soziale Mängel, charakterologische Fehler, Aggression verschiedenster Form etc. berücksichtigt (AICHHORN 1974, S. 126). So ergaben sich zunächst sechs, später acht Gruppen:»In den Anstalten alten Stils ist jede Gruppe eine Sammlung sämtlicher Formen, die die Pathologie des Kindes überhaupt nur aufzutreiben imstande ist. Daß man eine solche Gesellschaft nicht erziehen kann, sondern nur mit den äußersten Gewaltmitteln im Zaume zu halten vermag, ist einleuchtend. Dies mag auch eine der Ursachen sein, daß man sich in den Besserungsanstalten nicht entschließen kann, von der körperlichen Züchtigung Abstand zu nehmen. In den modernen Fürsorgeerziehungsanstalten stehen zwei Strebungen im Vordergrund: die Zöglinge in möglichst kleinen Gruppen zu vereinigen und jede Gruppe so zu gestalten, daß schon das Leben in ihr, ohne besondere Erziehungsmaßnahmen, die Verwahrlosung behebend wirkt« (AICHHORN 1974, S. 123 f.). Von besonderem Interesse ist hier die sogenannte Sechser-Gruppe, die aus extrem aggressiven Jugendlichen bestand, denn sie bildete vermutlich auch die Keimzelle für ein psychoanalytisch orientiertes und legitimierbares Erziehungskonzept und schließlich auch für Aichhorns Theorie der Verwahrlosung, die er allerdings erst nach seiner Oberhollabrunner Zeit entwickelte.

In »Verwahrloste Jugend« widmet AICHHORN dieser Gruppe ein eigenes Kapitel. »Es kam oft ganz unvermittelt zu unglaublichen Skandalszenen. Nicht selten sah man sie mit Tischmessern aufeinander losgehen, sich die Suppenteller gegenseitig an den Kopf schleudern. Auch der Ofen wurde umgeworfen, um einen Feuerbrand als Angriffswaffe zu erhalten. Was aber als Affektäußerungen in Erscheinung trat, waren aber ausschließlich quantitativ abgestufte Zornausbrüche, so daß unsere «Sechser» doch eine gewisse Einheitlichkeit in ihren psychischen Reaktionen aufwiesen. An uns trat die Aufgabe heran, für diese Jungen die erzieherisch richtige Einstellung und die zwecksmäßigste Art der Behandlung zu finden« (ebd., S. 146). Während nun LAZAR die Ansicht vertrat, daß für diese Zöglinge schärfere Zucht und körperliche Betätigung am Platze sei, waren AICHHORN und der Anstaltspsychologe FRANZ WINKELMAYER (ein Anhänger von ADLERS Individualpsychologie) anderer Meinung und setzten sich für eine dezidiert milde Behandlung ein. Bezüglich der richtigen Einstellung ließ sich AICHHORN wohl von der reformpädagogischen Orientierung »vom Kinde aus« leiten, wenn er zum Beispiel schreibt, »daß wir uns zur Aufhellung von Verwahrlosungserscheinungen ganz eindeutig auf die Seite des Zöglings stellen, das heißt, daß es uns sehr wichtig ist, von ihm selbst zu erfahren, wie er dem Leben gegenübersteht, wie es sich in ihm spiegelt« (ebd., S. 147). Aus den Aussprachen mit den Jugendlichen ergab sich nun, daß sie unter einer sehr lieblosen Behandlung mit unvernünftiger Strenge bis zur Brutalität zu leiden hatten.

AICHHORN deutete die Aggression als durch Liebesdefizite bedingte Haßreaktion. Hier wäre es falsch, schärfere Zucht anzuwenden, sondern im Gegenteil: zunächst müsse das Liebesdefizit behoben werden, um erst nach und nach vorsichtig mit stärkerer Belastung zu beginnen. Noch ohne theoretische Legitimation durch die Psychoanalyse, aber vermutlich schon angeregt von OTTO RANKS psychoanalytischer Studie »Das Inzestmotiv in Literatur und Sage«, in der auch die Katharsis-Lehre eine Rolle spielt (ebd., S. 138), begann eines der kühnsten Experimente in der Geschichte der Pädagogik. Mit der Devise »absolute Milde und Güte« wurde den Zöglingen keinerlei Widerstand geboten, um damit zunächst den Teufelskreis der gewohnten Erlebnis- und Verhaltensweisen zu durchbrechen. Es kam zu einem Ansteigen der Aggressionen, weil die Zöglinge die geänderten Verhältnisse gar nicht anders als auf die bisher erlebte Art erfassen könnten, nämlich als Schwäche der Erzieherinnen, die vor ihnen Angst hätten und denen gegenüber man sich alles erlauben dürfe. Die Belastungen der Erzieherinnen IDA LEIBFRIED und GRETE SCHMID, die hier Außerordentliches leisteten, war so groß, daß sie durch zwei andere, GRETA GRABNER und VALERIE KREMER, abgelöst werden mußten. Aichhorn ging von der Annahme aus, daß die Aggressionen nur bis zu einem bestimmten Grad steigerungsfähig waren und nach Überschreitung der Höchstgrenze etwas eintreten müsse, das sich dann als Scheinaggression herausstellen sollte. Es folgte eine einige Wochen anhaltende Phase des Wechsels von Bravsein und Wutausbrüchen, deren Intensität jedoch nachließ. Um die Stagnation zu überwinden, hielt Aichhorn Ausschau nach einem Anlaß, der geeignet war, einen starken Freudenaffekt hervorzurufen. Gelegenheit dazu gab das Weihnachtsfest, das besonders schön gestaltet wurde und tatsächlich eine tiefe innerliche Wirkung hatte. Einige Tage danach konnte die devastierte Baracke verlassen und in einer neu eingerichteten auch ein neues Leben begonnen werden. FRANZ WINKELMAYER übernahm nun selbst die Erziehung mit der Aufgabe, die Zöglinge nach und nach stärkeren Belastungen auszusetzen, um sie zu einem zu Verhalten zu führen, wie sie ein soziales Leben erfordert.

Aus den Aggressiven sind besonders anhängliche Zöglinge geworden, die erhöhte intellektuelle Leistungen erbringen und auch die Schulrückstände aufholen konnten. Da die Abschlußprüfungen nicht von Lehrern der Heimschule, die übrigens ebenfalls nach reformpädagogischen Prinzipien als Versuchsschule geführt wurde (OSZTOVITS 1982, S. 28 ff.) sondern einer Wiener Bürgerschule und der Übungsschule der Oberhollabrunner Lehrerbildungsanstalt vorgenommen wurden, sind die Prüfungsergebnisse als objektiv zu bewerten (AICHHORN 1974, S. 153).

Die theoretischen Grundlagen für dieses Experiment und sein damals völlig neues Konzept der Heimerziehung überhaupt erarbeitete AICHHORN in der Zeit seiner gründlicheren Bekanntschaft mit der Psychoanalyse und der Lehranalyse bei dem bedeutenden Psychoanalytiker PAUL FEDERN, die er 1921 begann.

4 Aichhorns psychoanalytische Theorie der Verwahrlosung

Schon in seinem am 21. 06. 1922 gehaltenen Antritts-Vortrag »Über die Erziehung in den Besserungsanstalten« (AICHHORN 1923) entwickelte AICHHORN vor dem illustren Kreis der Wiener Analytiker die Grundlagen einer psychoanalytisch orientierten Heimerziehung, die er dann in »Verwahrloste Jugend« weiter ausbaute. SIGMUND FREUD schreibt in seinem Vorwort dazu: »Das vorliegende Buch des Vorstandes A. AICHHORN beschäftigt sich mit einem Teilstück des großen Problem (der Erziehung; Anm. E. A.), mit der erzieherischen Beeinflussung der jugendlichen Verwahrlosten. (...) Sein Verhalten gegen die Pflegebefohlenen entsprang aus der Quelle einer warmen Anteilnahme an dem Schicksal dieser Unglücklichen und wurde durch eine intuitive Einfühlung in deren seelischen Bedürfnisse richtig geleitet. Die Psychoanalyse konnte ihn praktisch wenig Neues lehren, aber sie brachte ihm die klare theoretische Einsicht in die Berechtigung seines Handelns und ihn in den Stand, es vor anderen zu begründen« (AICHHORN 1974, S. 7).

Den Rahmen für Aichhorns Theorie der Verwahrlosung bildet die psychoanalytische Sichtweise des Erziehungsvorgangs als Kulturfähigwerden und -machen des anfangs von seinen asozialen Triebwünschen (»Lustprinzip«) beherrschten Kindes. Erziehungsmaßnahmen haben immer etwas Zwanghaftes, da sie Versagungen auferlegen und damit das »Realitätsprinzip« zur Geltung bringen. Um wirkungsvoll zu werden, müssen die Versagungen durch Ersatzbefriedigungen kompensiert werden. Geraten die Erziehungsmittel Liebesprämie und Strafandrohung auf Abwege, führen sie in der Regel zu Fehlergebnissen: so einerseits im Fall der Verwöhnung bei einem Einsatz der Liebesprämie ohne Gegenleistung auf Verzicht, andererseits bei einem Übermaß an Strenge und Strafen. Das Kind erhält hier keine Ersatzlust durch die Eltern bzw. Bezugspersonen, wird dadurch in eine Gegenstellung zu diesen gedrängt und hat keinen Grund mehr, das durch sie vertretene »Realitätsprinzip« anzuerkennen. Die Auflehnung gegen die Erziehungsverantwortlichen wird dem überstreng und lieblos erzogenen Kind ebenso zur Lustquelle wie das Verharren bei direkter und unmittelbarer Triebbefriedigung. Diese von einer unbewußten Psychodynamik beherrschten Verhaltensmuster lassen den Verwahrlosten als abnormal und dissozial erscheinen, weil er durch sie zu den gesellschaftlich geforderten sozialen Verhaltensweisen im Widerspruch steht. In Analogie zur FREUDS Neurose- und Traumtheorie unterscheidet Aichhorn zwischen »latenter« und »manifester« Verwahrlosung, also zwischen der unbewußten Disposition und dem asozialen Verhalten als Symptom.

In dieser triebtheoretischen Perspektive, die einen entscheidenden Wechsel von der moralisierenden Betrachtung der Verwahrlosung zu einer objektiven bedeutet, besteht die Aufgabe der Fürsorgeerziehung im allgemeinen und der Heimerziehung im besonderen darin, dem Zögling jene fehlende Entwicklung zu vermitteln, durch die er die Fixierung auf das Lustprinzip überwinden kann. Die alten »Besserungsanstalten« versuchten, die Zöglinge mit Zwang, Strenge und Furcht ohne Liebesprämien zu sozialisieren: was eine falsche Erziehung schon vorher getan hatte und was schließlich zur Verwahrlosung führte. Da sie die Disposition unangetastet ließen und bestenfalls eine zeitweilige Symptomunterdrückung erreichten, blieben sie zwangsläufig erfolglos.

Im Rahmen der FREUDSCHEN »Metapsychologie« mit ihrem Instanzenmodell von Es, Ich und Über-Ich versteht Aichhorn die Verwahrlosungserscheinungen als Anzeichen dafür, daß der psychische Kräfteverlauf aufgrund einer Störung der Entwicklung des »Über-Ichs« bzw. »Ich-Ideals« nicht mehr die soziale Richtung einhält. Mit Bezugnahme auf die Lehre vom Ödipuskomplex und den libidinösen »Objektbesetzungen« und »Identifizierungen« entwickelt Aichhorn einen Ansatz zur Erklärung der feineren individuellen Unterschiede innerhalb der typischen Verwahrlosungsformen. Als eine praktische Konsequenz ergibt sich hier für die Fürsorgeerziehung, die libidinösen Beziehungen der Zöglinge, vor allem in der ersten Kindheit zu erkunden, um die Art der Störung des »Psychischen Apparats« zu erkennen und auf dieser Grundlage die Nachentwicklung der Bildung des »Ich-Ideals« zu fördern. In diesem Zusammenhang macht Aichhorn auf die ganz besondere Bedeutung des Erziehers aufmerksam, der das wichtigste libidinöse Identifizierungsobjekt bei der Aufnahme von neuen Zügen bildet, welche die Veränderung des »Ich-Ideals« ermöglicht. Das wichtigste Hilfsmittel ist dabei die »positive Übertragung«. Auf das Problem der »Gegenübertragung« durch den Erzieher geht AICHHORN allerdings nicht ein. AICHHORNS Verständnis der Verwahrlosung als Störung der Über-Ich-Entwicklung (kritisch dazu: ADAM 1989, S. 33) wurde später von FRITZ REDL mit stärkerer Betonung der Ich-Instanz, orientiert an der »Ich-Psychologie« (ANNA FREUD, HEINZ HARTMANN u.a.) korrigiert (FATKE 1995, S. 93 ff.). Auch wenn AICHHORNS Ansatz später Korrekturen, Akzentverschiebungen und Ergänzungen erfuhr, bleibt sein Verdienst unbestritten, als erster eine stringente Theorie der Verwahrlosung erarbeitet und einer erfolgreichen Heimerziehung damit ein sicheres Fundament gegeben zu haben. Da für AICHHORN die Erziehung von Verwahrlosten ein libidinöses Problem war und bei der latenten Verwahrlosung anzusetzen hatte, stand für ihn die Schaffung eines Milieus im Mittelpunkt, das primär durch die Ermöglichung lustbetonter positiver Erlebnisse eine Korrektur der gestörten Psychodynamik bewirken konnte. (Zur Bedeutung des Erlebnisses: ADAM 1989) Entscheidend war aber seine prinzipiell veränderte Einstellung zu den Kindern und Jugendlichen, wie sie für die Reformpädagogik insgesamt charakteristisch war. Bis heute stellt AICHHORNS Werk eine Herausforderung für die Heimerziehung dar.

Literatur

ADAM, E.: Das pädagogische Experiment August Aichhorns. Die Psychoanalytische Pädagogik und ihre Entwicklung bis zur Gegenwart. Klagenfurt, 1977

ADAM, E.: Die österreichische Reformpädagogik - eine verschüttete Tradition. In: ZUCHA, 1979, S. 83 - 99

ADAM, E.: Die »österreichische Reformpädagogik« als historischer Ort des Werkes von AUGUST AICHHORN. In: ADAM, 1981: S: 53 - 67

ADAM, E. (Hrsg.): Die österreichische Reformpädagogik 1918 - 1938. Symposiumsdokumentation. Wien/Köln/Graz, 1981

ADAM, E. u. a.: Die Schul- und Bildungspolitik der österreichischen Sozialdemokratie in der Ersten Republik. Wien, 1983

ADAM, E.: SIEGFRIED BERNFELD und die Reformpädagogik. Eine kritische Rezeptionsgeschichte. In: FALLEND/REICHMAYR, 1992, S, 91 - 105

ADAM, E.: AUGUST AICHHORN - ein Wegbereiter der modernen Erlebnispädagogik? Lüneburg, 1989

AICHHORN, A.: Erziehungsarbeit in einer modernen Fürsorgeerziehungsanstalt. Wien, 1921. In: WPA, 1976, S. 39 - 49

AICHHORN, A.: Über die Erziehung in Besserungsanstalten. In: Imago. Band IX, Heft 2. Wien, 1923, S. 189 - 221

AICHHORN, A.: Verwahrloste Jugend. Die Psychoanalyse in der Fürsorgeerziehung. (1925). Bern/Stuttgart/Wien, 1974 (8. Aufl.)

AICHHORN, A.: Erziehungsberatung und Erziehungshilfe. Zwölf Vorträge über Psychoanalytische Pädagogik. Reinbek, 1972

AICHHORN, A.: Psychoanalyse und Erziehungsberatung. Frankfurt a. M., 1974

AICHHORN, T.: Bausteine zu einer Biographie August Aichhorns. In: Adam, 1981, S. 69 - 87

BERNFELD, S.: Kinderheim Baumgarten. Bericht über einen ernsthaften Versuch mit neuer Erziehung (1921). In: Antiautoritäre Erziehung und Psychoanalyse, Band I. Frankfurt a. M./Berlin/Wien, 1974, S. 94 - 215

BITTNER, G./ERTLE, C. (Hrsg.): Pädagogik und Psychoanalyse. Beiträge zur Geschichte, Theorie und Praxis einer interdisziplinären Kooperation. Würzburg, 1985

ENGELBRECHT, H.: Geschichte des österreichischen Bildungswesens. Band 5. Wien, 1988

FALLEND, K./REICHMAYR, J. (Hrsg.): SIEGFRIED BERNFELD oder die Grenzen der Psychoanalyse. Materialien zu Leben und Werk. Basel, 1992

FATKE, R./SCARBATH, H. (Hrsg.): Pioniere Psychoanalytischer Pädagogik. Frankfurt a. M., 1995

FÜCHTNER, H.: Einführung in die Psychoanalytische Pädagogik. Frankfurt a. M./New York, 1979

HEINEMANN, E./RAUCHFLEISCH, U./GRÜTTNER, T.: Gewalttätige Kinder. Psychoanalyse und Pädagogik in Schule, Heim und Therapie. Frankfurt a. M., 1992

KNYEDER, A.: Aus meiner Heimat Hollabrunn. Hollabrunn, 1983

KUPFFER, H.: Der Faschismus und das Menschenbild der deutschen Pädagogik. Frankfurt a. M., 1984

MÜLLER, P. W.: Kinderseele zwischen Analyse und Erziehung. Zur Auseinandersetzung der Psychoanalyse mit der Pädagogik. Zürich, 1993

NENNING, G.: In Österreich werden Psychoanalyse und Reformpädagogik erfolgreich verdrängt. In: Profil 51/52, 1991, S. 144 - 145

OSZTOVITS, O.: AUGUST AICHHORNS Experiment mit der verwahrlosten Jugend. In: Zentralverein - Lehrerzeitung, 5 - 7, Wien, 1982

REDL, F.: Erziehung schwieriger Kinder. München, 1973 (3. Aufl.)

REDL, F./WINEMAN, D.: Kinder, die hassen. Fehlfunktionen des Ich bei milieugeschädigten Kindern. Freiburg i. Br., 1970

REHM, W.: Die psychoanalytische Erziehungslehre. Anfänge und Entwicklung. München, 1968

RÖHRS, H.: Die Reformpädagogik und ihre Perspektiven für eine Bildungsreform. Donauwörth, 1991

SEIDELMANN, K.: Reformpädagogik - ins Zwielicht geraten. In: Zeitschrift für Pädagogik, 5, 1974, S. 783 - 788

SCHEIBE, W.: Die reformpädagogische Bewegung. Eine einführende Darstellung. Mit einem Nachwort von HEINZ-ELMAR TENORTH. Weinheim/Basel, 1994 (10. Aufl.)

STEINLECHNER, G.: Das Werk AUGUST AICHHORNS in seiner Bedeutung für Sozialarbeit mit Straffälligen. Phil. Diss., Salzburg, 1986

WPA (= WIENER PSYCHOANALYTISCHE VEREINIGUNG) (Hrsg.): Wer war AUGUST AICHHORN? Briefe, Dokumente, Unveröffentlichte Arbeiten. Wien, 1976

ZUCHA, R. O. (Hrsg.): Pädagogische Psychologie. Kritische Beiträge. Wien/München/Zürich, 1979

Michael Langhanky

JANUSZ KORCZAK

The article strengthens the hypothesis, that residential care is like most educational work dominated more by design and purpose than by the recognition of the child's personality. In a specific way residential care from a historical point of view is more dedicated to the aspects of control and colonialization than to the aspects of discours. With his educational work in the jewish orphanage of Warszawa JANUSZ KORCZAK has radicaly changed these paradigms of education. In formulating the most revolutionary children's rigths and in establishing a system of constitution and reflection KORCZAK has shown a method of how to change from educational design and purpose to interpersonal discourse between generations.

»Habe ich wohl das Recht, für dies bißchen Nahrung und Betreuung binnen weniger Jahre, euch zu befehlen, von euch etwas zu fordern oder gar zu wollen? Vielleicht ist für jeden von euch nur der eigene Weg - und wenn es der allerschlimmste wäre - der richtige?«

Dieses Korczak-Zitat aus dem Film von KONRAD WEISS zeigt den Spannungsbogen zwischen »Absicht und Person« (LUHMANN/SCHORR 1992) bewegt, zwischen teleologischer Intention und interpersoneller Begegnung. Diese Spannung macht die Grundlage der pädagogischen Diskussionen aus.

1. JANUSZ KORCZAK

Am 15. August 1893 notiert der 14jährige HENRYK GOLDSZMIT, der erst 9 Jahre später unter dem Pseudonym JANUSZ KORCZAK seine ersten schriftstellerischen Arbeiten veröffentlichen sollte, einen Satz in sein Tagebuch, der programmatischen Charakter zu haben scheint: »Fräulein Wanda«, so schreibt er über eine Bekannte »hat mir das Buch 'Die Reformatoren der Erziehung' versprochen. SPENCER, PESTALOZZI, FRÖBEL usw. Einst wird auch mein Name in dieser Reihe stehen (KORCZAK 1914 S. 25).

Viele Autoren sahen sich veranlaßt, KORCZAK ebenso unter den Reformpädagogen einzureihen und seine radikale Abwendung von einer Pädagogik der »Absicht« damit glattzukämmen. Doch: »Wenn KORCZAK als der »polnische PESTALOZZI« bezeichnet wird, so ist das ehrenvoll aber falsch. Natürlich entstand diese Zuschreibung auf Grund des besonderen Verhältnisses, das beide, KORCZAK wie PESTALOZZI, zu Kindern hatten. Aber es ist theoretisch unhaltbar, denn PESTALOZZI teilte das Grundmuster der neuzeitlichen Pädagogik, dem KORCZAK gerade widerspricht« (OELKERS 1982). Will man die Art dieses Widerspruches gegen das pädagogische Grundmuster verstehen, so lohnt es sich, die Traditionslinien und das darauf aufbauende professionelle Selbstverständnis zu untersuchen.

1.1 Traditionslinien in Korczak Biographie

1934 veröffentlichte Korczak eine Erzählung für Kinder unter dem Titel »Kaitus der Zauberer«. Wie in vielen anderen Romanen durchzieht auch diesen die Korczak eigene Form der biographischen Reflexion im Schreiben. »Seine ganze Schriftstellerei«, so beschreibt es A. Lewin, ein Schüler Korczaks, »war eine spezifische Form der Autobiographie« (Falkowska 1989 1-3). Kaitus, der Held dieses Romanes entwickelt eine interessante Sicht der Welt, entfaltet eine eigene Perspektive mit spezifischen Interpretationen und findet in dieser Innenwelt Kräfte, die ihn zum Zauberer machen: »Kaitus liebte es, Streiche zu spielen und lustig zu sein. Außerdem knackte er gerne schwierige Nüsse. Am meisten interessierte ihn aber das Geheimnisvolle. Viele geheimnisvolle Dinge kannte er aus Erzählungen der Großmutter. Denn Kaitus las gern und viel... So lernte er vieles und verstand einiges. Aber trotzdem blieb ihm noch vieles unklar, und es gab immer neue Geheimnisse. Kaitus hoffte, in der Schule würde sich alles für ihn aufklären und sein Wissensdurst gestillt werden. Und er wartete lange umsonst« (Korczak 1987 S. 9). Korczak selbst scheint ebenso wie Kaitus seine Kindheit nicht als fremdbestimmtes Produkt einer Erziehung erlebt zu haben, sondern viel mehr als kreativen Prozeß der geistigen Entwicklung mit sehr eigenen Sicht- und Erlebnisweisen. Die Abwesenheit und der Tod des psychisch kranken Vaters in Korczaks Leben verstärken dies. Kindheit ist für Korczak in der Rückerinnerung weder romantisch verklärt noch bedauernswerter Zustand. Es ist eine Zeit gewichtiger und zentraler Erfahrungen und Auseinandersetzungen und von ihm als eine Zeit verwirrender und schwieriger Lernprozesse beschrieben. Kindheit ist mit ihren Perspektiven und Wahrnehmungen, mit ihren Assoziationen und Emotionen eine Entwicklungsepoche, die dem Erwachsenen nur unzulänglich zugängig ist, deren »Geheimnis« er nicht erfassen kann. Hier liegt Korczaks Neugierde begründet, seine Neugierde, das eigene Erleben zu reflektieren, die Neugierde, das Kind verstehen zu lernen, die wissenschaftliche Neugierde Kindheit in ihren Entwicklungen und Formen zu erforschen.

In seinem Tagebuch, das er bis zu seinem Tod im August 1942 im Warschauer Ghetto führte, beschreibt er eine der gewichtigen Auseinandersetzungen seiner Kindheit, die für seine Identität wesentlich erscheint, weil sie die Frage nach der religiösen Identität stellt: »Ich war damals fünf Jahre alt, und das Problem war unglaublich schwer: was war zu tun, damit es die schmutzigen und verwahrlosten Kinder nicht mehr gab, mit denen ich auf dem Hinterhof nicht spielen durfte; auf demselben Hinterhof, wo unter dem Kastanienbaum - in Watte gebettet - in einer metallenen Bonbondose mein erster mir nahestehender Toter begraben lag, wenn es auch nur ein Kanarienvogel war. Sein Tod warf die geheimnisvolle Frage nach dem Bekenntnis auf. Ich wollte ein Kreuz auf seinem Grab errichten. Das Dienstmädchen sagte, das ginge nicht, weil es nur ein Vogel sei, also etwas weit Niedrigeres als ein Mensch. Sogar um ihn zu weinen sei Sünde. - Soweit das Dienstmädchen. Und noch schlimmer war, daß der Sohn des Hausverwalters feststellte, der Kanarienvogel sei Jude gewesen. - Ich auch _ Ich bin auch Jude und er Pole und Katholik. Er würde ins Paradies kommen, ich dagegen, wenn ich keine häßlichen Ausdrücke gebrauchen und ihm immer folgsam im Haus stibitzten Zucker mitbringen würde, käme zwar nicht gerade in die Hölle, aber irgendwohin, wo es ganz dunkel war. Und ich hatte Angst in einem dunklen Zimmer. Tod- Jude - Hölle. Das schwarze jüdische Paradies. Es gab genug Grund zum Grübeln« (Korczak 1970 S. 250 ff.).

Korczaks Familie stand in der Tradition der jüdischen Aufklärungsbewegung »Haskala«. Korczaks 1921 erschienener Band »Allein mit Gott - Gebete von einem der nicht betet« (Korczak 1980a) zeigt diese Tradition am deutlichsten auf. Die Texte darin sind in Gebetsform geschriebene und imaginären Personen zugewiesene Versuche einer unkonventionellen Zwiesprache mit Gott. Korczak widmete dies Buch seinen Eltern mit den Worten: »Mütterchen- Väterchen: aus all Eurer und meiner Vorfahren versteinerter Sehnsucht und Schmerzen will ich einen hohen, emporstrebenden Turm für Menschen errichten... Ich danke dafür, daß Ihr mich lehrtet, den Flüsterton der Verstorbenen und der Lebendigen zu erlauschen...« (Falkowska 3-8). Diese Aufgabe des Erlauschens, des Zuhörens und des Verstehens ist für Korczak der Weg das »Geheimnis des Lebens zu erkennen«. Im Erlauschen sieht Korczak die Möglichkeit jene schwierige Aufgabe zu bewältigen, die er in chassidischer Tradition seinem Leben zuweist: »Ich weiß«, so schreibt er in seinem Vorwort zu den Gebeten, » daß jedes Geschöpf mit sich durch Gott und mit Gott durch sich im Leben diese riesige Welt vereinen muß« (Korczak 1980 S. 1). Korczak entschied sich letztendlich, dies im Zusammenleben mit Kindern zu versuchen. Die Struktur dieses Zusammenlebens wählte er so, daß das Erlauschen, das Zuhören und das Verstehen des Gegenübers nicht durch die pädagogische Absicht kolonialisiert werden konnte. Für ihn war das Erlauschen dessen, was er als das »Geheimnis des Kindes« beschrieb, was aber nie wirklich erfahrbar sein würde die Aufgabe der Pädagogik. Es war Aufgabe ohne Absicht zu sein, da die Absicht es bereits verunmöglicht hätte. In dieser fast zen-artigen Aufgabenstellung liegt Korczaks Wurzel zu einer **kontemplativen Pädagogik.**

In seinem ersten Tagebuch, das 1902 unter dem Titel »Die Schmetterlingsbeichte« erschien, kämpft der 14jährige Korczak beständig mit der Berufswahl: Arzt- Schriftsteller- Pädagoge sind die Optionen. Als Erwachsener praktizierte er alle drei: Er studierte Medizin und arbeitet als Kinderarzt. Er veröffentlichte eine lange Reihe von Romanen, Kinderbüchern und Lehrbüchern und schrieb unzählige Feuilletons und Kurzgeschichten für Zeitungen. Und er übernahm 1911 als Leiter das jüdische Waisenhaus in Warschau, in dem er bis zu seinem gewaltvollen Tod gemeinsam mit Stefa Wilcynska eine pädagogische Praxis entwickelte, die ohne die professionellen Wurzeln des Schriftstellers und des Mediziners nicht entstanden wäre.

Schreiben war für Korczaks Pädagogik von zentraler Wichtigkeit und stellte eine dreifache Form des Dialogs dar:

- es war ein Dialog mit der eigenen Vergangenheit, eine autobiographische Spurensuche, Vergegenwärtigung der eigenen Erinnerung, Reflexion des eigenen Seins.
- zugleich trat er damit in einen Dialog mit der Umwelt, die er mit seinen Meinungen, Erfahrungen und seinen Skizzen und Szenen des Alltages konfrontierte. Er mutete seinen Lesern fast aphoristisch abgehackte Schnipsel alltäglicher Beobachtungen zu, die Alltägliches der Wahrnehmung zuführen sollten und die Menschen zu einem bewußten Umgang mit diesen Alltäglichkeiten führen sollten.

- Und er trat in einen träumerischen Dialog mit seinen eigenen Gedanken und seinem Gewissen. Seine Aufzeichnungen sind eine Form des lauten schreibenden Nachdenkens, der schriftlichen Klärung und Tatsachenfindung.

Schreiben ersetzte auf diesen drei Ebenen für KORCZAK nicht nur die photographische Dokumentation, das Tonband, die Videokamera, sondern war zugleich ein Instrument der professionellen Reflexion. Schreiben war damit die Wurzel für KORCZAKS fortwährenden Diskurs mit sich und der Umwelt, der Grundstock seiner **diskursiven und narrativen Pädagogik.**

Die Medizin bot für den Pädagogen KORCZAK den wissenschaftlichen Fundus einer forschenden Haltung in der Pädagogik. Hatte diese Profession bisher ihr Wissen mehr aus angenommenen Entwicklungsidealen und Erziehungsmaximen entnommen, - aus der puren Absicht also- so machte es sich KORCZAK zur Aufgabe, das Waisenhaus als Laboratorium zu gestalten in dem das Kind, die Kausalität seiner Handlungen und seiner Denkweisen für die Pädagogik eingehender wahrgenommmen, erlauscht werden konnte. KORCZAKS medizinische Lehrer waren die bekannten klinischen Diagnostiker FLATAU, BINET und CLAPAREDE, die nach maximaler wissenschaftlicher Durchdringung über den Weg kreativer und innovativer Experimente suchten (vgl. Borowska- Nowak 1982 S. 161). Vergleichbar mit JEAN PIAGET trieb KORCZAK diese Form wissenschaftlicher Diagnostik und klinischer Beobachtung weiter voran zu einer differenzierten Form der Beobachtung im Alltag, zu einer Form mikroskopischer Beobachtung der alltäglichsten Handlungen.

Ein Beispiel: 1936 erscheint in der Zeitschrift für Sonderpädagogik »Szkola Specjalna« ein Artikel KORCZAKS über Onanie bei Jungen. Über mehrere Tage hinweg hatte KORCZAK in der Nacht das Kind beobachtet und jede Handlung notiert: »Erste Aufzeichnung. Morgen 5.05. Schon beinahe Hitze. Obere Fenster des Schlafzimmers sind offen... Die Decke hängt runter, sein Hemd ist nach oben gezogen, die Beine auseinander, die Hand auf dem Glied, Bewegung der Zehen. Er streckt sich. Einatmen- die Hand bewegt sich. Plötzlich einmaliges Reißen am Glied. Halberektion.« In dieser Art führt KORCZAK 4 Seiten der Beobachtung aus um am Ende zu schreiben: »Ein Film wäre notwendig - Ich würde mich selbst vergewissern und die anderen überzeugen, daß dieses ganze Bewegungsdrama eine Folge des Schutzes vor Vergewaltigung ist »Ersatz«-Ausstrecken des Körpers.« Und am Anfang dieser Beobachtungen schreibt er:»Im Gegensatz zur Medizin, in der jedes kleinste Detail zum Thema langjähriger Untersuchungen in zahlreichen Kliniken und Laboratorien wird - und sich dabei zu einer ganzen Reihe von Problemen auswächst, - fällt die Leichtigkeit und Schnelligkeit der ausgesprochenen Meinungen in der Pädagogik ärgerlich auf« (KORCZAK 1936). KORCZAKS Interesse ist hier deutlich nicht das »Wie« der Beeinflussung, der Absicht, sondern das »wer« der Person. Wer ist mein Gegenüber, welche innere Perspektive und Motivation hat dieses Gegenüber? Der Aufgabe des Erlauschens und Verstehens kommt die medizinische Professionalität KORCZAKS zu gute. In ihr liegt seine Wurzel zu einer **wissenschaftlichen Pädagogik.**

2. Zum Problem der Herrschaft

Während seiner Zeit als Sanitäter im russisch -japanischen Krieg schreibt KORCZAK ein Buch mit dem fast anmaßenden Titel »Wie ein Kind lieben«- eine Sammlung von 116 Anmerkungen zur Erziehung. In ihr formuliert er seine Magna Charta libertatis des Kindes, die an die Herrschaftsverhältnisse zwischen den Generationen radikal Hand anlegt. KORCZAK schreibt:

»Achtung! Entweder wir verständigen uns jetzt oder wir trennen uns für immer. Jeder Gedanke, der sich heimlich davonstehlen oder verbergen will, jedes sich selbst überlassene, ungebundene Gefühl sollte zur Ordnung gerufen und durch den gebietenden Willen gezügelt werden. Ich fordere die Magna Charta Libertatis als ein Grundgesetz für das Kind. Vielleicht gibt es noch andere - aber diese drei Rechte habe ich herausgefunden:
1. Das Recht des Kindes auf den eigenen Tod.
2. Das Recht des Kindes auf den heutigen Tag.
3. Das Recht des Kindes, so zu sein, wie es ist.
Man muß die Kinder kennen, um bei der Gewährung dieser Rechte möglichst wenig falsch zu machen. Irrtümer müssen sein. Seien wir nicht ängstlich. Das Kind selbst wird sie mit erstaunlicher Wachsamkeit korrigieren, wenn wir seine unschätzbaren Fähigkeiten und mächtigen Abwehrkräfte nicht schwächen« (KORCZAK 1967 S. 40).

Auf die Jugendhilfe angewandt gäben diese Rechte Sprengstoff für eine lange Debatte. Ich kann hier nur kurz darauf eingehen. Die Frage, die ich an den Anfang meiner Überlegungen von KORCZAK gestellt habe, verdichtet alle drei Rechte in einer Fragestellung: Das Recht des Kindes auf den eigenen Tod, diese beängstigende Formulierung ist die radikale Umkehr von der Pädagogik der Absicht, die notwendigerweise in letzter Konsequenz Anwendung von Gewalt bedeutet, hin zu einer Pädagogik des Diskurses, des Dialoges. »Aus Furcht« so schreibt KORCZAK » der Tod könne uns das Kind entreißen, entziehen wir es dem Leben, um seinen Tod zu verhindern, lassen wir es nicht richtig leben (KORCZAK ebd. S. 44). Erlauschen und Verstehen setzt die Bereitschaft, auch den »allerschlimmsten Weg« nicht mit Gewalt zu verhindern, vorraus.

Verstehen ist im Gegensatz zur Erkenntnis nach DILTHEY »nicht psychologische Erkenntnis, es ist der Rückgang auf ein geistiges Gebilde von einer ihm eigenen Struktur und Gesetzmäßigkeit« (DILTHEY in SANDKÜHLER 1990, S. 905). Verstehen bedeutet ein Sich- einlassen, einen Rückgang auf die »Eigenzeiten« (vgl. EWERS in ZOLL 1988, S. 59) des Gegenübers. Das Recht des Kindes auf den heutigen Tag ist damit die zweite Grundformel wider die Kolonialisierung der Kindheit, - wider die Kolonialisierung der kindlichen Eigenzeit durch die lineare Zeit der Produktionsgesellschaft. Durch dieses Recht versagt es KORCZAK der Pädagogik, »die unterschiedlichen zyklischen Zeitauffassungen in der einen homogenen Zeit (der mechanischen) zu homogenisieren. Das Recht des Kindes auf den heutigen Tag konzentriert die »Absicht«, die ihre Legitimation immer aus dem Morgen erhält, auf das heute und minimiert sie. »Du mußt lernen, dir dein Geld einzuteilen, damit du nicht morgen ein Bankrouteur wirst«- diese Schematik der Erziehung entfällt.

In seiner Antrittsvorlesung im College de France sprach MICHEL FOUCAULT über die Ordnung des Diskurses und führte dabei Techniken an, mit Hilfe derer der offene und freie Diskurs einer Ordnung zugeführt und damit Herrschaft manifestiert wird. Eine dieser Techniken ist nach FOUCAULT die Grenzziehung und Verwerfung, für die FOUCAULT ein Beispiel anführt, das wir ohne weiteres auf Kinder und Jugendliche in Jugendhilfe übertragen können:»Seit dem Mittelalter« so schreibt FOUCAULT »ist der Wahnsinnige derjenige, dessen Diskurs nicht ebenso zirkulieren kann, wie der anderer: sein Wort gilt für null und nichtig, es hat weder Wahrheit noch Bedeutung, kann vor Gericht nichts bezeugen, kein Rechtsgeschäft und keinen Vertrag beglaubigen... andererseits kann es aber auch geschehen, daß man dem Wort des Wahnsinnigen im Gegensatz zu jedem anderen eigenartige Kräfte zutraut: die Macht eine verborgene Wahrheit zu sagen...« (FOUCAULT 1992, S. 12). Dieser Form der Grenzziehung und Verwerfung, die wir ebenso mit Kindern praktizieren, versucht KORCZAK mit dem Recht des Kindes, so zu sein wie es ist, Einhalt zu gebieten und dagegen anzugehen, daß, wie er schreibt »Kinder und Fische keine Stimme haben« (KORCZAK 1967, S. 45).

2.1 Die organisationsstrukturelle Fundierung

KORCZAK war sich darüber im klaren, daß sein Ansatz einer diskursiven, narrativen, und kontemplativen Pädagogik weder die Herrschaftsverhältnisse zwischen Erziehern und Erzogenen verändern würde, noch wirklich je aus der Vorstellung in die Realität umgesetzt würde, wenn er nicht von einer vierten zentralen Dimension begleitet würde: der **konstitutiven Pädagogik**. Die Gefahr, aus Routine und Bequemlichkeit zu dem probaten Mittel der Pädagogik der Absicht zurückzugreifen, war für ihn stets präsent.»Routine«, so schreibt er »erwirbt ein gleichgültiger Wille, der auf der Suche nach Methoden und Methödchen ist, um sich die Arbeit zu erleichtern, zu vereinfachen, zu mechanisieren... Routine erlaubt es, sich gefühlsmäßig von der Arbeit zu entfernen« (KORCZAK 1987a, S. 14). Und er empfiehlt zwei Instrumente um sich der Routine zu widersetzen:»die wachsame Aufsicht des Gewissens« und das »Mißtrauisch sein gegenüber der eigenen Meinung. Ich weiß nicht« so schreibt er, »ich suche, ich stelle Fragen. Durch Vertiefung kompliziere ich« (ebd., S. 15).

Die »wachsame Aufsicht« hat KORCZAK mit dem Mittel der konstitutiven Pädagogik in der Organisation des Warschauer Waisenhauses eingeführt. Das Leben des Waisenhauses wurde von der sozialen Gruppe der Kinder und Jugendlichen überwacht und in allen maßgeblichen Bereichen geregelt. Das Kinderparlament »Sejm«, das Gericht und die einzelnen Diskursebenen im Alltag des Waisenhauses hatten über Gerechtigkeit zwischen allen Interaktionspartnern im Haus zu wachen. PIAGET, der 1935 KORCZAKS Einrichtung besuchte, schreibt über dieses System der Konstitution:

»Der Leiter dieses Hauses ... hatte den Mut, den Kindern und Jugendlichen, mit denen er sich beschäftigte, so weit zu vertrauen, daß er ihnen verantwortungsvolle Aufgaben übertrug. Zwei Aspekte fielen uns besonders auf: Die Re-education der Neuankömmlinge durch die 'soziale Jugendgruppe' und die Organisation des inneren Gerechtigkeitstribunals', dessen Funktionieren vollkommen durch die Gemeinschaft der Zöglinge gewährleistet wurde. Wenn es um den ersten Punkt geht, kann man sich den Eindruck vorstellen, den das selbstverwaltete Gerechtigkeitstribunal auf Neuankömmlinge machte. Die in diesem Haus geltenden Regeln wurden von den Kindern und Jugendlichen selbst bestimmt und vollzogen, nicht von den Erwachsenen« (PIAGET 1977, S. 100 ff.). Und ein Gutachten der Heimaufsicht aus dem Jahre 1919 schreibt dazu:»DR. GOLDSZMIT ist der Meinung, daß das Kind der einzige Experte, Gesetzgeber und Richter der Erzieher ist. Im Sinne dieses Grundsatzes ist das»Dom Sierot« (das Waisenhaus) geleitet« (FALKOWSKA 2-6).

Da ich das System der Konstitution, der organisationsstrukturellen Fundierung von Gerechtigkeit, hier nicht weiter ausführen kann, zur Verdeutlichung der Bericht einer Erzieherin, die sich am ersten Tag ihrer Arbeit mit diesem System konfrontiert sah:»Das war so«, schreibt SARA BIBERMANN.»Um ein Uhr nachmittags hatte ich im Saal Aufsichtsdienst. Damals war ein bewölkter Tag. Die Kinder spielten im Saal, und die älteren Jungen spielten Ball im Hof. Plötzlich hörte ich einen Knall. Ich wußte nicht was geschehen war, aber später bemerkte ich, daß eine Scheibe zerbrochen war. Ich war erschüttert, daß es dazu während meines ersten Aufsichtsdienstes gekommen war. Ich lief schnell in den Hof und nahm sofort den Jungen den Ball weg. Die reagierten so, daß sie, ohne mit mir darüber zu reden, was passiert war, in den Saal liefen, wo sich die Liste der»Angelegenheiten« (für das Gericht) und Beschwerden befand, und schrieben ihre Beschwerde über mich auf, weil ich ihnen den Ball weggenommen hatte. Eines der älteren Mädchen merkte, daß ich wegen des Verhaltens der Jungen sehr bewegt war und kam auf mich zu. Sie war mit dem im Haus existierenden Rechtskodex vertraut und erklärte mir, daß ich nach diesem Kodex kein Recht hatte, den Ball wegzunehmen, sondern selbst die Beschwerde über die Jungen für das Zerbrechen der Scheibe aufschreiben sollte« (BIBERMANN 1984). Soweit hier in Kürze einen Eindruck dessen, wie in KORCZAKS Pädagogik in Form einer »just community« die»wachsame Aufsicht« wider die pädagogische Selbstverständlichkeit und Routine konstitutionell verankert war. Nach meiner Erfahrung ist die damit einhergehende Entmachtung der Pädagogen innerhalb der Institution eine äußerst schmerzvolle Zumutung an Erzieher in der Jugendhilfe.

3. Die Form der verstetigten Handlungsforschung

»Mißtrauen gegenüber der eigenen Meinung« ist, folgt man KORCZAK, die Grundlage für eine fragende, für den Diskurs offene Haltung, in der das bereits Gewußte immer wieder befragt und beleuchtet werden kann, um zu einer Vertiefung der Fragestellungen zu gelangen. In einer Umfrage unter Prominenten zur Lage in der Sowjetunion vergleicht KORCZAK diese Vorgehensweise der Pädagogik mit einer beständigen Form der Vivisektion und fragt:

»1. Ob und welchem Ausmaß wachte der kühle Forschergedanke über das Experiment? Wer, grausam, nüchtern und ausgebildet, sammelte Dokumente, bewußt, parteilos, ordnete klinische Fragmente und Episoden - sowohl die der Kinder, als auch die der Erzieher, untersuchte Atem, Blutdruck, Reflexe, Zuckungen und Agonien, Tränen, Stöhnen und Vivate?

2. Wo wird dieses Material aufbewahrt?

3. Wer versuchte den Dingen auf den Grund zu kommen, wer versuchte die Synthese? Wer hegte Vermutungen, wer zog die Schlußfolgerungen?..« (KORCZAK 1933, S. 3).

Und noch boshafter formuliert er es bei einem Kongreß polnischer Pädiater 1922: »Das Internat bekommt keine Luft vor lauter Pflege der Kinderwärterinnen, barmherzigen Schwestern, Philantropinnen aus dem Verein; vor verkommenen Menschen und Philantropen. Es stinkt nach Moral, sündigt dadurch, daß das Kind nicht verstanden wird. Die Pädagogik hat nichts aus der Diagnostik, der Pathologie und der Therapie gelernt. Es herrscht in ihr die Phrase, die sinnlose, die schädliche, die lasterhafte« (FALKOWSKA 1989, S. 3-11).

Ist KORCZAK hier ganz Mediziner, so machte in seiner forschenden Pädagogik die Form der klinischen Beobachtung nur einen, für ihn aber wichtigen Teil der prüfenden Haltung im Warschauer Waisenhaus aus. In seinem Bewerbungsschreiben an den Judenrat des Warschauer Ghettos schreibt er:»Statistik gibt Disziplin in logischem Denken und im objektiven Beurteilen von Tatsachen. Indem ich die Kinder während eines Vierteljahrhunderts jede Woche gewogen und gemessen habe, besitze ich eine unbezahlbare Sammlung von Diagrammen - Profilen des Wachstums der Kinder im Schulalter und der Pubertät« (Bobrowska-Nowak, S. 166).

Gleichzeitig war die alltägliche Arbeit des Waisenhauses mit einer unglaublichen Vielfalt schriftlicher Aufzeichnungen durchwoben, die zugleich der Reflexion der Schreibenden wie der Beobachtung dienten: jeder Erzieher, jedes Kind führte ein Tagebuch, das von anderen gelesen und kommentiert werden konnte; das Internat hatte eine, »Wochenzeitung« genannte, Chronik, die von allen Anwesenden geführt und miteinander am Shabbat verlesen wurde; es gab Pinnwände für Beschwerden und Ideen; das Gericht forderte von den Beteiligten schriftliche Eingaben an, die ausgehängt wurden und protokollierte jede Versammlung; usw.

In seinem Vorwort zu MARYNA FALSKAS Buch über das polnische Waisenhaus »Nasz Dom« schreibt KORCZAK:»Wer Fakten und Dokumente sammelt, der erwirbt den Stoff zur objektiven Diskussion, die keinen emotionalen Regungen unterliegt. Man soll die kleinen Erscheinungen untersuchen und nicht geringschätzen.»Nasz Dom« besitzt: 195 Hefte und Mitteilungen; 41 Hefte - Protokolle aus 227 Sitzungen des Selbstverwaltunsrates; 27 500 Gerichtsprotokolle; 14100 Danksagungen; über 100 Hefte-Beschreibungen, Erzählungen und Erinnerungen der Kinder; einige hundert Schaubilder und Diagramme. - Jene Zahlen, Berichte und Stenogramme geben ein Bild nicht von Ansichten, sondern von Tatsachen, die während der sieben Jahre geschahen«.

Trotz seines Glaubens an die Objektivität der Wissenschaft hat KORCZAK im jüdischen Waisenhaus in Warschau eine Systematik der verstetigten verschriftlichten Handlungsforschung entwickelt, die KURT LEWIN 20 Jahre nach KORCZAKS Tod in seinem Buch»Die Lösung der sozialen Konflikte« einfordert. LEWIN schreibt:»Für die sozialen Belange genügt es nicht, daß Universitätseinrichtungen eine neue wissenschaftliche Erkenntnis hervorbringen. Es wird nötig sein, tatsachenfindende Organe, soziale Augen und Ohren zu schaffen, und zwar unmittelbar an den Körperschaften, die Sozialarbeit treiben« (LEWIN 1975 S. 284).

Diese sozialen Augen und Ohren hat Korczak geschaffen. Er hat, nicht zuletzt durch seine verstetigte Form der Beobachtung und Forschung, eine Grundlage zu einer diskursiven Pädagogik gelegt, in der das »Erlauschen« und das Verstehen des pädagogischen Gegenübers und nicht die »erzieherische Absicht« den Kern der Interaktion zwischen Erzieher und Kind bildete.

Literatur

Bibermann, S.: Nach dem Kodex - poln.: Wedlug kodexu, in Puskin, B.: Krümmelchen der Erinnerung - poln.: Okruchy Wspomnien,; Warszawa, 1984, S. 58-60; dt. H. Lühr

Bobrowska-Nowak, W.: Metoda obserwacji w ujeciu Janusza Korczaka oraz jej znaczenie dla wspolczesnej pedagogiki; in: Kirchner, H. (Hg.): Janusz Korczak zycie i dzielo - Materialy; Warszawa, 1982, S. 161-167; dt. H. Lühr

Buber, M.: Reden über Erziehung; Heidelberg, 1986

Ewers, M.: Zeitordnung des Lebendigen; in: Zoll, R.: Zerstörung und Wiederaneignung von Zeit; Frankfurt/Main, 1988, S. 59 ff.

Falkowska, M.: Kalendarz, Zycia Dzialalnosci i Tworzosci Janusza Korczaka; Warszawa, 1989; dt. B. Hiller

Foucault, M.: Die Ordnung des Diskurses; Frankfurt/Main, 1992

Geertz, C.: Dichte Beschreibung; Frankfurt/Main, 1983

Geertz, C.: Die künstlichen Wilden; Frankfurt/Main, 1993

Kerschensteiner, G.: Der Begriff der staatsbürgerlichen Erziehung; Leipzig/Berlin, 1919

Korczak, J.: Beichte eines Schmetterlings - poln.: Spowiedz Motyla; Warszawa, 1914, dt. B. Hiller

Korczak, J.: Polnische Schriftsteller und das sowjetische Russland - poln.: Pisarze polscy a Rosja Sowiecka; in: Wiadomosci Literackie; Warszawa, 1933, Nr. 44, S. 3; dt. H. Lühr

Korczak, J.: Beobachtungen eines Falles (Jugenonanie) - poln.: Obserwaja jednego Przypadku (Onanizm chlopa); in: Skola Specjalna, Tom XIII; Warszawa, 1936/37; dt. H. Lühr

Korczak, J.: Wie man ein Kind lieben soll; Göttingen, 1967

Korczak, J.: Das Recht des Kindes auf Achtung; Göttingen, 1970

Korczak, J.: Allein mit Gott - Gebete eines Menschen der nicht betet; Gütersloh, 1980a

Korczak, J.: Verteidigt die Kinder, Gütersloh, 1987a

Korczak, J.: Kaitus oder Antons Geheimnis; Stuttgart/Wien, 1987

Levinas, E.: *TITEL?* in : Metraux, A./Waldenfels, B.: Leibhaftige Vernunft - Spuren in Merlau-Pontys Denken; München, 1986

Lewin, K.: Die Lösung sozialer Konflikte; Frankfurt/Main, 1975

Luhmann, N./Schorr, K.E.: Zwischen Absicht und Person - Fragen an die Pädagogik; Frankfurt/Main, 1992

Oelkers, J.: War Korczak Pädagoge?; in: Beiner, F.: Janusz Korczak - 1. Wuppertaler Korczak-Colloquium; Wuppertal, 1982

Piaget, J.: Dokad z mierzie Edukacja - frz.: Ou va L'éducation; Warszawa, 1977

Rousseau, J.J.: Emile - oder über die Erziehung; Paderborn, 1978

Sandkühler, H-J.: Europäische Enzyklopädie zu Philosophie und Wissenschaften; Hamburg, 1990

Götz Hillig

ANTON MAKARENKO

The author and educator ANTON MAKARENKO (1888-1939) has developed in many years of social pedagogics practice in worker's settlements for resocialization of neglected and offended juveniles as well as in reflection and analysis of the soviet pedagogic doctrine in those days, an original concept of education »in and due to the collective«. This concept was propagated after his death, cut according to the standards of those days and declared so to speak to a »national pedagogic« outside of his native country as well. His ideas received a special attention in the Federal Republic of Germany. His works, especially the »pedagogic poem« in a translation of the German Democratic Republic, get high attention early and became subject of research and discussion.

By radical change in the countries of »real socialism« and the breakdown of the UdSSR the interest in everything soviet and therefore in Makarenko decreased in those spheres of influence. This article tries to show the specifity of Makarenko's pedagogics and its genesis reflecting the social historical and biographical background, unabridged and free of deformation used in the stalin era, and so to create an adequate link to the »phenomenon MAKARENKO« for the first time.

1. Die Herkunft MAKARENKOS

Nach wie vor gilt A.S. MAKARENKO (1888-1939) als der - neben LENINS Frau N.K. KRUPSKAJA - bedeutendste sowjetische Pädagoge, ja als ein »moderner Klassiker der Pädagogik« (LEONHARD FROESE). Diese breite Anerkennung hat Makarenko, der sich - trotz einer dreißigjährigen Praxis als Lehrer und Erzieher - vor allem als Schriftsteller verstand, selbst jedoch nicht mehr erlebt. Sie ist - und das mag überraschen - das Ergebnis einer gezielten Kampagne eines Kreises von Literaten und Freunden um seine Witwe, darunter ehemaligen Zöglingen, am Vorabend des 2. Weltkriegs. Wer war nun jener MAKARENKO, und was ist das Besondere an seinen pädagogischen Vorstellungen, das ihm diesen Ruhm brachte?

ANTON SEMENOVIC MAKARENKO, geboren am 1. (13.) März 1888 in dem ukrainischen Städtchen Belopol'e, Gouvernement Char'kov, wuchs in der Familie eines aus einfachen Verhältnissen stammenden, aber standesbewußten, bei der Eisenbahn beschäftigten Handwerkers bzw. Facharbeiters auf, dessen Frau adliger Herkunft war. Nach Abschluß der Volksschule und eines einjährigen pädagogischen Kurses war er seit 1905 als Elementarschullehrer tätig, und zwar an speziellen Schulen für die Kinder von Eisenbahnern. In diese Zeit fallen auch seine ersten schriftstellerischen Versuche. 1914, unmittelbar vor Kriegsausbruch, tritt er in das neueröffnete Poltavaer Lehrerinstitut ein, das er nach einem dreijährigen Studium mit Auszeichnung abschließt. Im Kriegswinter 1916/17 ist der stark kurzsichtige und nur bedingt militärtaugliche Student für einige Monate Soldat - in einer Kiever Garnison. Das Kasernenleben erweist sich für ihn als unerträglich.

Von 1917 bis 1920 ist ANTON MAKARENKO als Schulleiter tätig - zunächst in seinem Heimatort Krjukov, wo sein Vater seit 1900 beschäftigt war, und dann in Poltava. An der Krjukover Eisenbahnschule gelingt es ihm auch, seinen jüngeren Bruder VITALIJ (1895-1983), einen nach der Oktoberrevolution aus dem Militärdienst ausgeschiedenen Offizier, vorübergehend als Lehrer unterzubringen. Der Weltkriegsteilnehmer, Absolvent einer Militärschule, führt in den Turnunterricht und in die außerschulische Arbeit dieser Anstalt, anfangs gegen den Widerstand seines ausgesprochen antimilitaristisch eingestellten Bruders, militärische Elemente wie Exerzieren und Marschieren mit Fahne und Blasorchester ein. Ein gemeinsames Betätigungsfeld beider MAKARENKO-Brüder in Krjukov bildet die Theaterarbeit. Und zwar gründen sie auf Initiative von Vitalij, der sich dabei auf entsprechende Erfahrungen an der von ihm besuchten Realschule stützen konnte, eine Laienspielgruppe, den Korolenko-Theaterzirkel, der schon bald mit Aufführungen bekannter Stücke in die Öffentlichkeit trat.

Mit diesen Initiativen wurden wesentliche Voraussetzungen für jene partielle »Militarisierung« und damit auch Disziplinierung, aber auch für jene »Theatralisierung« geschaffen, wie sie später von Anton Makarenko in den von ihm geleiteten Erziehungseinrichtungen praktiziert werden sollten. Der Umstand, daß VITALIJ MAKARENKO sich 1919 den konterrevolutionären »weißen« Truppen anschloß und nach deren Niederlage ins Ausland ging, führte später dazu, daß man ihn und auch gleich noch ihre drei Schwestern in der sowjetischen MAKARENKO-Literatur verschwieg - ein »Weißgardist« hatte in der Biographie eines zum großen Vorbild auserkorenen »bolschewistischen« Pädagogen offenbar nichts zu suchen!

2. Der Bürgerkrieg als Anstoß zu Makarenkos Pädagogik

Der Sieg der Bolschewiki und der nachfolgende Bürgerkrieg machten die Ukraine zum Hauptschauplatz der Kämpfe zwischen »Weiß« und »Rot« mit dazwischen operierenden anarchistischen Partisanengruppen. Diese Kriegswirren sowie die große Hungersnot von 1921/22 hatten einen starken Anstieg der Zahl der eltern- und heimatlos gewordenen Kinder und Jugendlichen zur Folge. Man schätzt, daß es um diese Zeit mindestens sieben Millionen »Besprizornye« gab, vagabundierende Verwahrloste, die auf der Flucht vor Hunger und Kälte einzeln und in Banden durch das Land zogen; die Kriminalität unter ihnen erreichte erschreckende Ausmaße. Mit Beginn der 20er Jahre wurden in den Sowjetrepubliken verstärkte Anstrengungen unternommen, um dieses sozialen Notstandes Herr zu werden, und zwar durch die Gründung von Heimen und Kolonien auf Produktionsbasis mit weitgehender Selbstverwaltung.

Im Zuge dieser Maßnahmen wurde dem Schulleiter A.S. MAKARENKO im September 1920 von der lokalen Volksbildungsbehörde Aufbau und Leitung einer solchen Arbeitskolonie für minderjährige Rechtsbrecher übertragen, die er schon bald nach dem damals im Ausland lebenden Schriftsteller MAKSIM GOR'KIJ, seinem großen Vorbild, benannte. Darüber berichtet Makarenko in seinem Hauptwerk, dem »Pädagogischen Poem«, das außerhalb der UdSSR auch unter dem Titel des seinerzeit sehr erfolgreichen, thematisch verwandten sowjetischen Films »Der Weg ins Leben«

bekannt geworden ist. Bei dem Buch handelt es sich um eine literarisch verdichtete Darstellung von MAKARENKOS Erfahrungen in der GOR'KIJ-Kolonie. In einem - übrigens fiktiven - Einstellungsgespräch, das den Auftakt dieses Erziehungsromans bildet, erhält MAKARENKO gewissermaßen von der Revolution den Auftrag, »den neuen Menschen auf eine neue Weise zu schaffen«. »Aber niemand weiß«, heißt es da weiter, wie das geschehen soll, »ich auch nicht« (MA 3, S. 4). Erst im Verlauf seiner mühevollen Arbeit in dieser Kolonie gelingt es ihm, wie er später sagte, »die Elemente einer sozialistischen Pädagogik, die sich im Leben noch nicht abzeichneten« (MA 7, S. 187), aus der Erfahrung Stück für Stück zusammenzutragen. Dies ist das Hauptthema des »Pädagogischen Poems«, das bereits von Zeitgenossen in einer Reihe mit ROUSSEAUS »Emile« und PESTALOZZIS »Lienhard und Gertrud« gesehen und das in der BRD - 1985/86 nach einer Umfrage unter Pädagogik-Professoren - im Rahmen einer Lektüreempfehlung (»Bibliothek pädagogischer Klassiker«) als eines der zwölf wichtigsten Werke der pädagogischen Weltliteratur vorgestellt wurde (Westermanns pädagogische Beiträge, 1986, H. 4, S. 42).

3. MAKARENKOS HAUPTWERKE

Als das bisher in fast sechzig Sprachen übersetzte »Pädagogische Poem«, das auch noch den heutigen Leser in seinen Bann zieht und ihn bis zur letzten Seite fesselt, 1934-36 in drei separaten Teilen erschien, arbeitete MAKARENKO bereits seit mehreren Jahren in der Char'kover Dzerzinskij-Kommune (einer Einrichtung der ukrainischen GPU, der politischen Staatspolizei), deren Leitung er Ende 1927 übernommen hatte, als er noch in der Gor'kij-Kolonie tätig war. In dieser als Umerziehungseinrichtung für Verwahrloste konzipierten Jugendkommune war er zunächst vollverantwortlicher Gesamtleiter, später allerdings (seit 1932), als im Zuge der forcierten Industrialisierung in der Sowjetunion während des ersten Fünfjahresplans auch diese Anstalt mehr und mehr von wirtschaftlichen Gesichtspunkten bestimmt wurde (Produktion von Black & Decker-Elektrobohrmaschinen und Leica-Kleinbildkameras), nur noch weisungsgebundener »Direktor des pädagogischen Bereichs«. Die Einschränkung seiner Leiterfunktion ermöglichte es MAKARENKO jedoch, sich nun verstärkt seinen schriftstellerischen Plänen zu widmen und so auch die Arbeit an dem schon in den 20er Jahren begonnenen »Poem« wieder aufzunehmen. Abschließen konnte er dieses Werk jedoch erst in Kiev, wohin er im Sommer 1935 übersiedelt war, um im dortigen Innenkommissariat (NKVD) die pädagogische Leitung aller, damals gerade dieser Behörde unterstellten Arbeitskolonien der Ukr.SSR, darunter auch der Gor'kij-Kolonie und der Dzerzinskij-Kommune, zu übernehmen.

Das mit GOR'KIJS tatkräftiger Unterstützung entstandene und von diesem (in dem von ihm herausgegebenen »Almanach«) auch publizierte »Pädagogische Poem« war - obwohl es von den Erziehungswissenschaftlern zunächst mit Vorbehalt aufgenommen und von einem Rezensenten sogar als »Antipädagogisches Poem« bezeichnet wurde (s. MA 3, S. 258) - ein großer literarischer Erfolg und machte MAKARENKO über die Grenzen der Ukraine hinaus bekannt. Und es trug ihm auch, ebenfalls dank GOR'KIJS Fürsprache, die Mitgliedschaft in dem 1934 gegründeten Sowjetischen Schriftstellerverband ein.

Dagegen wurde sein zweiter, 1938 erschienener Erziehungsroman »Flaggen auf den Türmen« von der Kritik regelrecht verrissen. MAKARENKO lebte zu der Zeit bereits in Moskau, wo er - nachdem die Ärzte ihm die Übernahme einer geregelten Arbeit verboten hatten - auf seine Einkünfte als Schriftsteller angewiesen war. Dieses Buch, dem die Geschichte der Dzerzinskij-Kommune zugrunde liegt, gehört zu jenen literarischen Produkten des »sozialistischen Realismus«, die die Wirklichkeit beschönigen - MAKARENKO wurde vorgeworfen, er erzähle da »einen Traum«, »phantastische Geschichten«, ja »Märchen«. Auf jeden Fall geht diesem Roman die unmittelbare Frische des »Pädagogischen Poems« auf weite Strecken ab.

Mit seinem dritten bekannten Werk, dem »Buch für Eltern« (erschienen 1937), verließ MAKARENKO die sozialpädagogische Thematik und wandte sich den Fragen der Erziehung in der Familie zu. Auch diese Publikation brachte ihm nicht die erwartete Anerkennung von seiten der pädagogischen Wissenschaftler, vielmehr wurde ihm vorgeworfen, er erteile da »Schädliche Ratschläge für Eltern« - so die Überschrift eines Artikels in der renommierten Zeitschrift »Sovetskaja pedagogika« (s. MA 1, S. 167).

4. Perspektivpädagogik

Im »Pädagogischen Poem« erzählt MAKARENKO - mit eingestreuten theoretischen Reflexionen -, wie es dem weitgehend auf sich selbst gestellten Kolonieleiter gelingt, die egoistischen Neigungen der ihm anvertrauten Jungen und Mädchen Schritt für Schritt abzubauen und sie durch gemeinsame Arbeit (Instandsetzung eines Gutshofes, Landwirtschaft, Handwerk) und gemeinschaftsstiftende Unternehmungen zu einem Jugendkollektiv zusammenzuschmieden, das sich von den anderen Heimen und Kolonien durch seine Geschlossenheit und Disziplin unterschied. Das bis ins kleinste durchorganisierte, ja inszenierte, dabei aber höchst abwechslungsreiche und zudem betont zukunftsorientierte Leben in der Gor'kij-Kolonie mit eigenen Regeln und mit Aufgaben, die persönliche und kollektive »Perspektiven« eröffneten, half den ehemaligen »Kindern der Straße«, einen ihnen angemessenen »Weg ins Leben« zu finden.

Von besonderem Interesse sind dabei die »Perspektiven«. Unter einer »Perspektive« (diesen Begriff hat Makarenko der Parteisprache jener Jahre entnommen) wird eine »geplante Zukunftsaussicht« verstanden. Im dritten Teil des »Pädagogischen Poems« (1935) heißt es: »Der Mensch kann auf Erden nicht leben, wenn er nichts Freudiges vor sich sieht.« (MA 5, S. 179). Ausgehend von dieser, wie die Münsteraner Erziehungswissenschaftlerin ISABELLA RÜTTENAUER schrieb, »eines jeden großen Humanisten unter den Erziehern würdigen Einsicht« (RÜTTENAUER 1965, S. 248), hat MAKARENKO ein ganzes »System von Perspektiven« (»nahe«, »mittlere«, und »ferne«) ausgearbeitet, deren Methodik darin besteht, daß die Erstellung neuer Perspektiven unter Ausnutzung bereits vorhandener und deren allmähliches Ersetzen durch immer wertvollere erfolgen müsse.

Dabei vertrat MAKARENKO, in ausgeprägtem Gegensatz zu den medizinisch-psychologischen Denkweisen seiner Zeit, das Prinzip der »verbrannten Biographie«, des »völligen Ignorierens der Vergangenheit und mehr noch der einstmals begangenen Verbrechen« (MA 3, S. 228). Die Vergangenheit der Zöglinge sollte wirklich der Vergangenheit angehören - an ihre früheren »Heldentaten«, mit denen sie sich gewöhnlich brüsteten, sollte nichts mehr erinnern, wobei MAKARENKO selbst jedoch durchaus darüber informiert war. Denn obwohl im Briefwechsel mit GOR'KIJ wie auch im »Pädagogischen Poem« zu lesen ist (s. OM 11, S. 9, 192 f.), daß er bereits früh darauf verzichtet habe, die »Akten« der in seine Kolonie eingewiesenen Jungen und Mädchen zur Kenntnis zu nehmen, da diese nur »irritierten«, bestand er in Wirklichkeit, wie aus seiner dienstlichen Korrespondenz hervorgeht, auch weiterhin darauf, entsprechende Unterlagen zu erhalten. Das Ignorieren der Vergangenheit der Zöglinge war Ausdruck eines Taktgefühls ihnen gegenüber, und ein entsprechendes Vorgehen - vor allem die Vermeidung des Begriffs »Rechtsbrecher« in bezug auf die GOR'KIJ-Kolonie und entsprechende Resozialisierungseinrichtungen - forderte er auch von seinen Vorgesetzten im Briefverkehr mit der Kolonie sowie in amtlichen Verlautbarungen. Ein besonderes Heilverfahren zur Überwindung von Verwahrlosung und asozialem Verhalten hielt MAKARENKO nicht für erforderlich, allerdings eine Korrektur des Charakters, die jedoch schlagartig, in Form von Erschütterungen und »Explosionen« vor dem Kollektiv, herbeigeführt werden müsse.

In den 20er Jahren hatten marxistische Erziehungstheoretiker, allen voran KRUPSKAJA, versucht, eine Synthese zwischen den antiautoritären Ideen der »freien Erziehung« im Geiste TOLSTOJS und der westlichen Reformpädagogen und den neuen Grundsätzen einer sozialistischen Kollektiverziehung zu schaffen. Dabei wollte man das »natürliche Wachstum« des Kindes durch eine entsprechende »Organisierung des sozialen Milieus« im revolutionären Geiste fördern, ausgehend von der Annahme, daß sich jedes Kind gleichsam spontan zu einer »kommunistischen Persönlichkeit« entwickeln wird. MAKARENKO wandte sich gegen »das Wortgeklingel von den Rechten des Kindes« und lehnte auch die Pädologie, eine in der Sowjetunion damals einflußreiche »Wissenschaft vom Kinde«, als biologistisch orientiert ab. Statt dessen unterstrich er die planmäßige Führung im Erziehungsprozeß, wobei der Kategorie der Forderung eine zentrale Bedeutung zukommt. »Möglichst hohe Anforderungen an den Zögling und zugleich möglichst hohe Achtung vor ihm!« - dieses bekannte MAKARENKOSCHE Prinzip (Variante: »Ich fordere von dir, weil ich dich achte«) wurde bereits 1927 in einer Char'kover Zeitung als »die wichtigste Losung« der GOR'KIJ-Kolonie zitiert.

5. Das Erziehungskollektiv

Grundeinheit und Träger des pädagogischen Prozesses ist für MAKARENKO das Kollektiv, eine Lebens-, Arbeits-, Lern- und Erziehungsgemeinschaft und zugleich Glied des umfassenden Kollektivs der sowjetischen Gesellschaft. Unter Aufnahme von Formen und Symbolen des Militärs und der Pfadfinderbewegung entwickelte MAKARENKO in der Gor'kij-Kolonie ein differenziertes System aus selbstbestimmten und autoritären Elementen mit Rechten und Pflichten, individueller Befehlsgewalt und kollektiver Verantwortung. Dabei durchbrach er die hierarchische Struktur des nach dem Arbeits- bzw. dem Produktionsprinzip in Abteilungen gegliederten Kollektivs (Zögling - Kolonist - Älterer Kolonist - Kommandeur) durch die Ernennung zeitwei-

liger »Einsatzkommandeure« zur Leitung von kurzfristig für spezielle Aufgaben zusammengestellten »Einsatzabteilungen« und erreichte auf diese Weise eine wech-
selnde Über- und Unterordnung - man »muß sich einem Kameraden unterordnen
und ihm auch Befehle erteilen können« (MA 7, S. 39). Diese »sehr wichtige Differenzierung des Abteilungssystems« bezeichnet er 1933 im ersten Teil des »Pädagogischen Poems« als »die wichtigste Erfindung unseres Kollektivs in all den dreizehn
Jahren unserer Geschichte«. Dazu heißt es dort weiter: »Der Kommandeur einer ständigen Abteilung ging als einfaches Mitglied einer Einsatzabteilung zur Arbeit und
unterstand während der Arbeit dem zeitweiligen Einsatzkommandeur, oft einem
Mitglied der eigenen ständigen Abteilung. Damit wurde in der Kolonie ein sehr komplexes Netz von Abhängigkeiten geschaffen, und aus diesem Netz konnte der Kolonist sich nicht mehr absondern und über das Kollektiv stellen« (MA 3, S. 208, 210).
Auf diese Weise wurde auch erreicht, daß ein hoher Anteil von Zöglingen - zumindest zeitweilig - Leitungsfunktionen übertragen bekam (s. OM 12, S. 15 f.).

Wie auch KURT HAHN verwarf MAKARENKO die traditionellen Modelle einer »reinen«, aus allgemeinen Wahlen hervorgehenden Selbstverwaltung. Statt dessen orientierte er sich am sozialistischen Organisationsprinzip des »demokratischen Zen-
tralismus, mit einer« - wie es 1925 in einer Eingabe heißt - »breitestmöglichen Entfaltung der Methode der Vollmachten und Aufträge sowie mit einer minimalen Einbeziehung von durch die 'Masse' bewirkten Handlungen und Entscheidungen« (OM
5, S. 8). Damit wandte sich MAKARENKO gegen die damals in den Schulen und Kinderheimen der Ukr.SSR als höchstes Selbstverwaltungsorgan gesetzlich vorgeschrie-
bene Vollversammlung sowie gegen das von dieser gewählte »Kinderexekutivkomi-
te«, das seiner Ansicht nach - so in den von ihm ausgearbeiteten Erziehungsplänen
für die DZERZINSKIJ-Kommune (1928) - »gewöhnlich eine rein bürokratische Spitze
innerhalb des Kinderkollektivs darstellt« (OM 12, S. 14). Dem setzte er ein Gremi-
um von »Gruppenleitern« entgegen, den »Rat der Kommandeure«.

Die Kommandeure der ständigen Zöglingsabteilungen wurden nach
MAKARENKOS eigener Darstellung, so auch im »Pädagogischen Poem«, in der ersten
Zeit von ihm selbst bestimmt, später von den Mitgliedern des Rates kooptiert und
schließlich von der Abteilung bzw. der Vollversammlung gewählt (s. MA 3, S. 207).
In Wirklichkeit wird es wohl eher umgekehrt gewesen sein: Während in zwei Berichten über die GOR'KIJ-Kolonie von 1922 und 1924 ausdrücklich von der Wahl der
Kommandeure die Rede ist (OM 14, S. 7; MAKARENKO 1979, S. 6), wird in entsprechenden Zeugnissen aus dem Jahr 1927 über die inzwischen nach Kurjaz bei Char'kov
verlegte Erziehungseinrichtung gerade die fehlende demokratische Legitimation der
Zöglingsselbstverwaltung beanstandet: Die Kommandeure, heißt es dort, »werden
ernannt, überall werden alle ernannt, es gibt keine Wahlen«; sie seien »nur ein einzi-
ges Mal gewählt worden - vor anderthalb Jahren, als die Kolonie in den Bezirk
Char'kov kam« (OM 14, S. 7).

Die Kommandeure bildeten den Kern des Kollektivs. Sie waren für ihre Abteilung persönlich verantwortlich und ihr gegenüber weisungsbefugt. Und sie bestimmten
auch den Prozeß der Meinungsbildung im Kollektiv, wobei sie sich, gewissermaßen
als Multiplikatoren, die Forderungen des Leiters zu eigen machten. Bei den Zöglingen führte das zu einer Veränderung ihres Bewußtseins - sie empfanden sich mehr

und mehr als die eigentlichen Herren und erklärten Besuchern gegenüber stolz, daß sie das alles selbst geschaffen hätten und Makarenko ohne sie doch gar nichts machen könne. Allerdings wurde bereits von einem zeitgenössischen Beobachter, der Pädagogin und Journalistin N.F. OSTROMENCKAJA, vorausgesehen, daß ein solches, von einem »einzigen Willen« bestimmtes System mit der Person des Leiters, dessen überragenden Fähigkeiten und charismatischer Ausstrahlung, steht und fällt - MAKARENKOS Ablösung oder sein Tod würden auch das Ende dieses Systems bedeuten (MAKARENKO 1979, S. 69).

6. Individuum und Kollektiv: Die Theorie der parallelen Erziehung

Mit den frühsowjetischen Erziehungstheoretikern und Bildungspolitikern, so auch mit KRUPSKAJA und LUNACARSKIJ, deren Vorgesetztem im Volkskommissariat für Bildungswesen der RSFSR, teilte Makarenko die Auffassung, daß in einem entfalteten Kollektiv - und entsprechend auch in der künftigen kommunistischen Gesellschaft - persönliche und allgemeine Interessen zusammenfielen. Doch er warf jenen vor, daß ihr Kollektivbegriff zu individualistisch und zu sehr auf den traditionellen, paarhaften pädagogischen Bezug zwischen Erzieher und einzelnem Zögling ausgerichtet sei. Die Erziehung des Einzelnen dürfe nicht isoliert erfolgen, sondern müsse sich »im und durch das Kollektiv« vollziehen, im Prozeß einer »parallelen pädagogischen Einwirkung«. 1938 formulierte Makarenko in einer Vorlesung vor leitenden Mitarbeitern des Volkskommissariats für Bildungswesen der RSFSR gewissermaßen als Kernaussage seiner Pädagogik: »Diesen Weg von der diktatorischen Forderung des Leiters zur freien Forderung jedes einzelnen an sich selbst, aufgrund der Forderungen des Kollektivs, diesen Weg betrachte ich als den grundlegenden Weg der Entfaltung eines sowjetischen Kinderkollektivs.« (S 5, S. 152).

WOLFGANG SÜNKEL, der »die Logik der parallelen pädagogischen Einwirkung« als eine »bedeutende Entdeckung« Makarenkos bezeichnet, charakterisiert dabei das Kollektiv als »ein geregeltes und sich selbst regelndes System sozialer Beziehungen«, das nur existieren kann, »wenn es von Tätigkeit erfüllt ist, die sachlich sein und einen jedermann einleuchtenden Sinn in sich selbst tragen muß. Das ist in erster Linie der Fall bei den ökonomischen Tätigkeiten der Haushaltung, der Selbstversorgung und der Güterproduktion. Das Fundament der sozialen Beziehungen im Kollektiv sind also die gegenständlichen Beziehungen in der Form der kollektiven Arbeit. Im entwickelten Kollektiv richten sich die pädagogischen Maßnahmen des Erziehers in der Regel nicht mehr an den einzelnen Zögling, sondern auf das situative System der Tätigkeiten, so daß der einzelne Zögling, als Subjekt seiner Tätigkeit, zugleich als Subjekt seiner Selbstveränderung, das heißt seiner Erziehung erscheint« (Sünkel 1994, S. 202).

1932 hatte MAKARENKO, in Abgrenzung von bis dahin herrschenden Auffassungen, in einem bewußt kämpferisch gehaltenen Artikel (»Pädagogen zucken die Achseln«) geschrieben: »... wir schaffen die Erziehungsarbeit ab, die sich speziell auf den Einzelnen, auf das berüchtigte 'Kind' richtet, dem die Aufmerksamkeit der Pädagogik gilt... Als Objekt unserer Erziehung betrachten wir das ganze Kollektiv, und an das Kollektiv richten wir unsere pädagogischen Maßnahmen... Das Kollektiv ist

der Erzieher des Einzelnen« (MA 7, S. 40). Und noch pointierter heißt es im ersten
Teil des »Pädagogischen Poems« (1933): »Die sowjetische Pädagogik bedarf einer
völlig neuen Logik: vom Kollektiv zum Einzelnen. Objekt der sowjetischen Erziehung kann nur das ganze Kollektiv sein. Nur wenn wir das Kollektiv erziehen, können wir damit rechnen, daß wir eine Organisation finden, bei der der Einzelne im
höchsten Maße diszipliniert und im höchsten Maße frei ist« (MA 3, S. 293). (Für die
Veröffentlichung im Rahmen der Ausgabe der »Werke«, 1950, hatte Galina Stachievna
Makarenko, die Witwe und Nachlaßverwalterin des Pädagogen und Schriftstellers,
die zuletzt angeführte Textstelle übrigens abgeschwächt, indem sie die beiden »nur«
strich und »können wir damit rechnen« durch »können wir darauf hoffen« ersetzte!).

Trotz derartiger, recht einseitig wirkender Aussagen ging es Makarenko jedoch durchaus um den Einzelnen, und zwar um den Einzelnen als ein gesellschaftliches Wesen, dessen Verwirklichung durch seine Verbundenheit mit der Gemeinschaft
und dementsprechend um dessen Erziehung zu einem »Kollektivisten«, einem
kollektivfähigen Menschen, dabei jedoch nur bedingt - wie das von Vertretern der
damals in der Ukraine maßgeblichen »Char'kover pädagogischen Schule« formuliert
und dann von Makarenkos Witwe und anderen Propagandisten in den 40er Jahren
fälschlich diesem zugeschrieben worden war - um »Erziehung im Kollektiv, durch
das Kollektiv, für das Kollektiv«. Der später von westlichen Interpreten erhobene
Vorwurf, Makarenko habe den Einzelnen bewußt dem Kollektiv geopfert, beruht
z.T. auf einer nicht korrekten Wiedergabe derartiger Aussagen und entsprechenden
Interpretationen in den ersten, noch in der Stalinära erschienenen Sammelausgaben
seiner Werke; dadurch wurde der Eindruck erweckt, Makarenko habe für die unbedingte Unterordnung des Einzelnen unter den Willen des Kollektivs und den Vorrang
der Kollektivinteressen vor den Interessen des Einzelnen plädiert. So war die 1938
gemachte Äußerung: »Wir behaupten, daß die Interessen des Kollektivs dort, wo der
Einzelne gegen das Kollektiv auftritt, Vorrang vor den Interessen des Einzelnen haben...« zunächst - und in dieser Version auch noch in der 1. Auflage der »Werke« -
wie folgt gekürzt wiedergegeben worden: »Wir behaupten, daß die Interessen des
Kollektivs Vorrang vor den Interessen des Einzelnen haben...« (Siehe: Om 4, S. 46).

7. Das System der Erziehungsmittel

Makarenko verfügte über ein reiches Instrumentarium pädagogischer Maßnahmen,
die er meisterhaft zu handhaben verstand. Für ihn gab es keine unfehlbaren Verfahren und auch keine solchen, die man unbedingt ablehnen müsse. Und so hielt er auch
an Erziehungsmitteln wie Ansporn, Forderung, Lob und Strafe fest, die von den
meisten frühsowjetischen Pädagogen, darunter auch seinen Vorgesetzten im Volkskommissariat für Bildungswesen der Ukr.SSR, als Relikte der zaristischen und bürgerlichen »Zwangserziehung« verurteilt wurden, und schlug 1926 sogar die Ausarbeitung eines speziellen »Strafenkodexes« für Kinder durch eine Expertenkommission
vor (s. Ucrainica, S. 19, 23). Und zwei Jahre später äußerte er, daß es »bei der gegenwärtigen moralischen Verfassung der Gesellschaft« seines Erachtens unmöglich
sei, ohne Strafen irgendeine Disziplin zu erreichen (PS 1, S. 93).

Dabei kam es MAKARENKO auf eine angemessene Verknüpfung der Erziehungsmittel an. Im Zusammenhang mit der »dialektischen Logik« des pädagogischen Prozesses schrieb er 1932: »Die Freiheit der Auswahl und des Manövrierens auf dem Gebiet der Erziehung muß so groß sein, daß zur Erziehung eines Bolschewiken, eines Erbauers des Sozialismus, wie eines überzeugten Verfechters der Bourgeoisie ausnahmslos ein und derselbe Verfahrenskatalog anwendbar ist, wie Ziegel, Beton, Eisen und Holz sowohl für den Bau einer Kirche als auch für den Bau eines Arbeiterklubs gebraucht werden. Das Problem wird nicht durch die Auswahl aus dem Katalog gelöst, sondern durch die Verbindung der Mittel, ihre Gruppierung zueinander...« (S. 5, S. 480 f.). Und 1934 - in einem Brief an GOR'KIJ - formulierte er seine Auffassung von Pädagogik in einer Radikalität, wie sie an keiner anderen Stelle seines Werks zu finden ist. Dort heißt es: »Mein pädagogisches Kredo: Die Pädagogik ist vor allem eine dialektische Angelegenheit - es lassen sich keine absolut richtigen pädagogischen Maßnahmen oder Systeme festlegen. Jede dogmatische Fixierung, die nicht von den Umständen und Forderungen des jeweiligen Augenblicks, der jeweiligen Etappe ausgeht, wird stets voller Mängel sein« (OM 11, S. 86).

MAKARENKO, der sich selbst eher für einen Organisator als einen Pädagogen hielt, forderte die Entwicklung einer »pädagogischen Technik«, die lehr- und erlernbar sein sollte (»pädagogisches Können«, in der herkömmlichen Übersetzung: »pädagogische Meisterschaft«), und er war der Meinung, daß es der pädagogischen Wissenschaft gelingen müsse, für den Erziehungsprozeß - in Analogie zum Produktionsprozeß - ein »Standardprogramm« auszuarbeiten, das mit einem »individuellen Korrektiv« verbunden ist. Von der Schaffung einer solchen »Methode, die allgemein und einheitlich ist und die zugleich jedem einzelnen die Möglichkeit gibt, seine Besonderheiten zu entfalten und seine Individualität zu bewahren« (MA 9, S. 138), versprach er sich auch eine größere Effizienz und damit eine Reduzierung der Mißerfolge in der Erziehung, des sog. »Ausschusses«.

8. Die Rolle der Arbeitserziehung

Ein besonderer Stellenwert kam in der GOR'KIJ-Kolonie der Entwicklung der eigenen Wirtschaft zu. SIEGFRIED WEITZ sieht darin ganz zu Recht den »Dreh- und Angelpunkt des Makarenkoschen Systems, auf den alle übrigen Elemente bezogen sind« (MAKARENKO 1992, S. XXV). Bereits 1924 hatte MAKARENKO in Thesen für sein Referat auf einer pädagogischen Tagung formuliert: »Die Lebensordnung einer Arbeitskolonie muß ihre Formen ausschließlich in der Logik des Wirtschaftens finden« (PS 1, S. 38). Und ein Jahr später heißt es in einer Darstellung seiner Erziehungskonzeption zu dem Komplex »Pädagogik-Ökonomie«: »Auf jeden Fall müssen wir die Wirtschaft vor allem als pädagogischen Faktor betrachten.« »Die wirtschaftliche (ökonomische) Sorge stellt unseres Erachtens das elementare Objekt der Erziehung dar... Allein das Erleben wirtschaftlicher Sorge ist geeignet, einen mächtigen Antrieb abzugeben - einerseits für die Herausbildung der für uns notwendigen Eigenschaften des Kollektivs und andererseits für die logische Rechtfertigung der Verhaltensnormen des Einzelnen im Kollektiv.« »Indem wir die wirtschaftliche Sorge zum Ausgangspunkt des Erziehungsprozesses machten, haben wir in voller Übereinstimmung mit dem historischen Materialismus alle Formen unseres Lebens und unserer Organisation aus der Wirtschaft und dem Wirtschaften abgeleitet« (MAKARENKO 1992, S. 4-7). Das tangiert natürlich auch die Rolle des Erziehers, dessen entscheidende Aufgabe es »keineswegs ist, zu erziehen«; denn sieht man einmal von besonderen Aufgaben wie Teilnahme am Tages- und Nachtdienst ab, so arbeitete er in der GOR'KIJ-Kolonie gemeinsam mit den Zöglingen und unterstand dabei auch den Weisungen des jeweiligen Abteilungskommandeurs. In dem Artikel »Pädagogen zucken die Achseln« heißt es dazu in bezug auf die DZERZINSKIJ-Kommune: »Der Pädagoge kann in der Kommune nur insofern auf den Einzelnen einwirken, als er selbst Mitglied des Kollektivs ist, und nicht mehr als jedes andere Mitglied des Kollektivs« (MA 7, S. 40. In der 1. Auflage der »Werke« fehlt allerdings der entscheidende abschließende Nebensatz).

In einer Stellungnahme zum Entwurf eines »Statuts für landwirtschaftliche Kinder-Arbeitskolonien«, der 1924 vom Volkskommissariats für Bildungswesen der Ukr.SSR zur Diskussion gestellt worden war, fordert MAKARENKO die wirtschaftliche Selbständigkeit dieser Einrichtungen und ihre volle Geschäftsfähigkeit: »Die Organisation des Lebens und der Arbeit einer jeden Kindereinrichtung sollte dieser selbst überlassen bleiben«, überhaupt dürfe »die Freiheit für eine Initiative und eine eigenständige Entwicklung dieser oder jener Kindereinrichtung« nicht durch »eine übermäßig detaillierte Fixierung und Reglementierung begrenzt werden« (PS 1, S. 34 f.).

Auf den Umstand, daß die in der GOR'KIJ-Kolonie herrschende »strenge Arbeitsdisziplin... nicht vom Willen des Leiters oder des pädagogischen Personals diktiert wurde, sondern von der Logik des Wirtschaftens selbst«, hatte bereits ein zeitgenössischer Beobachter, HRYHORYJ VASCENKO, hingewiesen. In dem 1928 erschienenen Bericht heißt es rückblickend in bezug auf die von MAKARENKO geleitete (inzwischen nach Kurjaz verlegte) Anstalt darüber hinaus zur Effizienz des dort praktizierten Erziehungssystems: »Der Leiter der Kolonie, der unter den Kolonisten große Autorität genoß, mischte sich in ihr Leben überhaupt nicht ein. Er konnte die Kolonie gelegentlich für ein paar Tage verlassen und dabei sicher sein, daß die dort eingeführte Ordnung nicht verletzt werden würde.« (UCRAINICA, S. 83).

9. Das Problem des Marxismus in Makarenkos Pädagogik

In den 30er Jahren hatte MAKARENKO wiederholt versucht, eine Methodik der Erziehung in Kinderheimen bzw. generell der kommunistischen Erziehung zu schreiben, war damit aber - abgesehen von einer für den internen Gebrauch in den ukrainischen Arbeitskolonien bestimmten Broschüre - über Fragment gebliebene Ansätze nicht hinausgekommen. Und so beschränkte er sich in seinen letzten Lebensjahren darauf, in Vorträgen vor großen Auditorien »Schlußfolgerungen« aus seinen sozialpädagogischen Erfahrungen zu ziehen. Im Gegensatz zu Behauptungen wie etwa in der maßgeblichen »Geschichte der Erziehung« aus der DDR stellt MAKARENKOS Theorie keineswegs »ein in sich geschlossenes Ganzes« dar (15. Aufl., 1987, S. 551) und noch weniger »ein geschlossenes System marxistischer Anschauungen«. Und bei der Entwicklung seiner Kollektiverziehungskonzeption ging er weder von einer »marxistischen Analyse« aus noch ließ er sich von den Grundsätzen des Marxismus-Leninismus bzw. »Leninismus-Stalinismus« als einer Ideologie leiten, wie das noch 1988 in

einem Redaktionsgespräch der Zeitschrift »Sozialpädagogik« von einer Teilnehme-
rin (D. GEUTHNER) unwidersprochen behauptet werden konnte (»Makarenko war in
seinem Leben und in seinem Handeln bestimmt vom Leninismus-Stalinismus, er sah
sich selbst als Vollstrecker dieser Philosophie«; dort, S. 177). Gängige Formulierun-
gen aus dem Vokabular der Ideologen machte sich Makarenko erst später zu eigen,
als er sich mit anderen pädagogischen Richtungen auseinandersetzte, die sich als
marxistisch verstanden (ANWEILER 1975, S. 8). Damit wird eine von der westlichen
Makarenko-Forschung bereits in den fünfziger Jahren aufgeworfene Frage berührt,
deren Beantwortung lange Zeit offen bleiben mußte: Inwiefern war A.S. MAKARENKO
Kommunist?

Wie die überwältigende Mehrheit der Lehrer im alten Rußland war MAKAREN-
KO kein Marxist, allerdings verstand er sich durchaus als ein dem Humanismus ver-
pflichteter Sozialist und gehörte, wie sein Bruder bezeugt (OM 8, S. 30-33), als junger Lehrer zeitweilig der Partei der Sozialrevolutionäre an. Bekenntnisse in Artikeln
und Reden aus den 30er Jahren zu den Bolschewiki und zu STALIN wie auch der
Versuch, in die Kommunistische Partei einzutreten (ein entsprechender Antrag wurde von ihm im Februar 1939, wenige Wochen vor seinem plötzlichen Tod, gestellt),
lassen sich aufgrund neuerer Quellen als Versuche einer Tarnung in der Zeit des
Terrors deuten - zum Zwecke des Überlebens, der Möglichkeit des Publizierens als
Schriftsteller bzw. - wie das der Moskauer MAKARENKO-Forscher VALENTIN KUMARIN
einmal formulierte - »zur Absicherung seiner eigenen Pädagogik« (s. OM 10, S. 40).
WOLFGANG SÜNKEL spricht in dem Beitrag »Der Untergang der Sowjetunion und die
Pädagogik MAKARENKOS« in diesem Zusammenhang von einer »gigantischen Fassa-
de, durch die getarnt Werk und Wirkung gesellschaftlich ermöglicht werden sollte«,
und prägte dafür den Begriff »Fassadenkommunismus« (SÜNKEL 1994, S. 211-217).

10. Zeitgenössische Kritik an Makarenkos Pädagogik

Dabei war MAKARENKO zunächst einmal ein sehr engagierter pädagogischer Praktiker, der sich mit seiner ganzen Person für die ihm anvertrauten jungen Menschen
einsetzte. Er zählte zu den wenigen Leitern sowjetischer Kinderkolonien, die damals
- wie es in der ungekürzten Fassung des »Pädagogischen Poems« heißt - »acht Jahre
lang auf dem 'Verwahrlosten-Kohl' sitzengeblieben waren«, während seine Kollegen
(sofern sie aufgrund der Schwierigkeiten, die ihnen von den Volksbildungsbehörden
gemacht worden waren, nicht schon längst aufgegeben hatten) »es vorzogen, sich
zur rechten Zeit zu verpuppen und dem Kokon als schmucker Falter in Gestalt eines
Inspektors der Volksbildung oder eines Aspiranten der pädagogischen Wissenschaften zu entschlüpfen« (MA 5, S. 198). Die alles andere als einfache Arbeit eines solchen Heimleiters in den ökonomisch schwierigen 20er Jahren hat MAKARENKO einmal wie folgt beschrieben: Der Leiter ist »sowohl Pädagoge als auch Hausherr, Tech-
niker, Ingenieur, Spekulant, Veterinär und Agronom, Vater und Richter, der beste
und der schlimmste Mensch in der Kommune« (OM 14, S. 45).

MAKARENKO war schon früh von der Richtigkeit und Bedeutung seiner in der
GOR'KIJ-Kolonie gewonnenen Erfahrungen überzeugt, was jahrelange Auseinandersetzungen mit der lokalen und zentralen Administration zur Folge hatte. Seine Vor-

gesetzten vertraten dabei die Ansicht, daß MAKARENKOS Erziehungsvorstellungen nicht mit der damals in der Ukraine und modifiziert auch in der gesamten UdSSR herrschenden pädagogischen Doktrin übereinstimmten, während er selbst die von ihm in der GOR'KIJ-Kolonie entwickelte Kollektiverziehungskonzeption als »die eigentliche sowjetische Pädagogik« ansah. Solange MAKARENKO in dem fernen Poltava saß, wo er seine Ideen gewissermaßen nur beiläufig in Rechenschaftsberichte und in Eingaben zur Verbesserung der materiellen Lage seiner Arbeitskolonie einfließen ließ und die breite Öffentlichkeit noch keine Notiz von ihm nahm, konnte er - unter dem Schutz ihm wohlgesinnter Inspektoren - in aller Ruhe arbeiten. Als er sich dann aber (seit 1925) ernsthaft darum bemühte, die GOR'KIJ-Kolonie zu einer für die gesamte Ukraine zentralen Einrichtung zur Umerziehung minderjähriger Rechtsbrecher zu erweitern und sie in die Nähe von Char'kov, damals Hauptstadt der Ukr.SSR, zu verlegen, ja alle Resozialisierungseinrichtungen dieser Republik entsprechend dem eigenen »GOR'KIJSCHEN« System umzuorganisieren und seine Vorstellungen auch auf pädagogischen Konferenzen in und außerhalb der Ukraine zu vertreten, rief das fast zwangsläufig die Aufmerksamkeit und den Widerspruch seiner »Obrigkeit« hervor.

Zusätzlichen Sprengstoff barg dabei der Umstand, daß diese Aktivitäten in eine ausgesprochen nationalistische Phase fielen: Nach dem Zusammenbruch des Zarenreichs mit seiner Russifizierungspolitik hatte man in der Sowjetukraine alle Bereiche des kulturellen Lebens und auch den Verwaltungsapparat seit 1923 zunehmend »ukrainisiert«, d.h. die Verwendung des Russischen, MAKARENKOS Muttersprache, war zugunsten des Ukrainischen eingeschränkt worden. Das hatte zur Folge, daß die GOR'KIJ-Kolonie, um die MAKARENKO 1927/28 alle Kinderheime des Bezirks Char'kov zum militärisch gegliederten Ersten Kinderarbeitskorps der Ukr.SSR vereinigen wollte, schließlich als einzige Internatseinrichtung »russisch« geblieben war.

Schwerwiegender als dieses nationalpolitische Moment wird jedoch der Umstand gewesen sein, daß man bei der in jener Zeit erfolgten Untersuchung von Mißständen in den Char'kover Kinderheimen auch die GOR'KIJ-Kolonie schwerer Verfehlungen bezichtigte, darunter des Verprügelns und Davonjagens von Zöglingen. Verantwortlich machte man dafür - neben »Übergriffen« einzelner Erzieher und des Kolonieleiters - auch den selbstherrlichen Umgang von »Kommandeuren« mit den ihnen unterstellten »Soldaten«. In die Öffentlichkeit gebracht worden war das von der Presse des ukrainischen Komsomol, dessen ZK schließlich auch MAKARENKOS Absetzung betrieb und die Ernennung eines Parteimitglieds zum Leiter forderte. Wirksame »Schützenhilfe« leistete dabei N.K. KRUPSKAJA, indem sie - ohne genauere Kenntnis des Sachverhalts - im Mai 1928 auf dem Gesamtsowjetischen Komsomolkongreß die GOR'KIJ-Kolonie als »eine Sklavenschule, ja eine Leibeigenenschule« bezeichnete (MA 1, S. 152). All das führte schließlich dazu, daß MAKARENKO im Juli 1928, unmittelbar nachdem GOR'KIJ seine »Patenkinder« in Kurjaz besucht hatte, die Kolonie verließ und in der Folgezeit nur noch in der DZERZINSKIJ-Kommune arbeitete.

11. Makarenkos Schulpädagogik

MAKARENKOS eigentliches Experimentierfeld war jedoch, wie bereits aufgezeigt wurde, die GOR'KIJ-Kolonie, die man mit einigem Recht durchaus als eine »pädagogische Provinz« bezeichnen kann. Aufgrund der Erfahrungen in dieser Einrichtung zur Resozialisierung jugendlicher Straftäter entwickelte er seine Kollektiverziehungskonzeption, wie ich sie oben in Ansätzen zu skizzieren versuchte. Dabei kam MAKARENKO - und zwar lange bevor dies durch empirische Untersuchungen amerikanischer Sozialwissenschaftler bestätigt wurde (IVO NEZEL in: MAKARENKO-Diskussionen international, S. 19 f.) - zu interessanten Aussagen über die zahlenmäßig optimale Größe eines »Grundkollektivs«. Eine solche Gruppierung soll nicht weniger als sieben und nicht mehr als fünfzehn Personen umfassen: Kleinere Grundkollektive verwandeln sich leicht in »exklusive Grüppchen« von Freunden, während größere dazu tendieren, in zwei oder mehrere Kollektive zu zerfallen. Bereits aufgrund dieser Erkenntnis sind MAKARENKOS eigene Versuche (seit Mitte der 30er Jahre), in der Familie und dann auch in der Schulklasse Kollektive zu sehen, wenig überzeugend, gab es doch nur in Ausnahmefällen so große Familien mit fünf und mehr Kindern wie die Vetkins im »Buch für Eltern«, während eine Klasse mit 30-45 Schülern für ein Grundkollektiv bereits viel zu groß war. Letzteres wurde von dem sowjetischen MAKARENKO-Forscher VIKTOR GMURMAN (in dem Sammelband »Iz opyta organizacii i vospitanija uceniceskogo kollektiva, Moskva 1955, S. 16) und dem polnischen Sozialpsychologen ZBIGNIEW ZABROWSKI (in dessen Buch »Problemy wychowania spolecznego w szkole«, Warszawa 1960, S. 52 f.) in bezug auf Makarenko kritisch angemerkt.

Bei der Beurteilung entsprechender Aussagen über Familie und Schule darf man auch nicht außer acht lassen, daß MAKARENKO in den 20er Jahren nicht diese Institutionen, sondern das Kinderheim als »die zukünftige Form der sowjetischen Erziehung« favorisiert hatte (s. OM 4, S. 16). Dabei nahm er einen Standpunkt ein, wie ihn seinerzeit das ukrainische Volkskommissariat für Bildungswesen unter der Leitung des früheren Sozialrevolutionärs HRYN'KO GRIN'KO (1920-22) vertrat, d.h. der gesellschaftlichen Erziehung («Sozialerziehung«) aller Kinder und Jugendlichen, also nicht nur der eltern- und obdachlosen oder straffällig gewordenen, in Internatseinrichtungen. Besonders pointiert formulierte MAKARENKO einmal (Ende der 20er Jahre), wohl in Auseinandersetzung mit LUNACARSKIJ und der von diesem verfaßten, für die RSFSR - wo man nicht das Kinderheim, sondern die Schule in das Zentrum der Sozialerziehung gerückt hatte - grundlegenden »Deklaration über die Einheits-Arbeitsschule« von 1918, dabei aber durchaus im Sinne der westlichen Reformpädagogik:»Die Schule erzieht nicht und kann nicht erziehen. Alles Gerede über die erziehende Schule muß man als konterrevolutionär bezeichnen«. (Den zweiten Satz hat MAKARENKO allerdings unmittelbar nach der Niederschrift selbst wieder gestrichen; s. OM 4, S. 19). Und mit seiner Auffassung, daß »die alte stabile Familie mit der Mutter als Hausfrau, mit der Macht des Vaters und dem väterlichen Riemen« (OM 4, S. 32) durch die mit der Oktoberrevolution eingeleiteten gesellschaftlichen Veränderungen (Einbeziehung der Frau in den Produktionsprozeß, Erleichterung von Ehescheidungen) ihre Bedeutung als Erziehungsinstitution verloren habe, lag MA-

KARENKO ebenfalls ganz im Trend der Zeit. Wie ja auch GUSTAV WYNEKEN und andere westliche Reformpädagogen war die Familie für ihn eine pädagogische »Notlösung«. Noch 1932 bezeichnete er das Kinderheim als eine »Erziehungseinrichtung neuen Typs«, in die sich »die elterliche Gewalt nicht einmischt«. (Diese Aussage wurde von den sowjetischen Herausgebern seiner Werke allerdings kommentarlos gestrichen; s. OM 4, S. 16). Wenn MAKARENKO sich dann später trotzdem für die Familie stark machte, ja sich in Veröffentlichungen und Vorträgen als Fachmann für Fragen der Familie und der Familienerziehung präsentierte - was ihm die Anerkennung einbrachte (so in der bereits zitierten Ost-Berliner »Geschichte der Erziehung«, S. 550), »zu jenen sowjetischen Pädagogen« zu gehören, »die schon frühzeitig die weitreichende Bedeutung einer sozialistischen Familienerziehung erkannt hatten« -, so war das eher opportunistisch bedingt. Diese »Wende« muß in enger Verbindung mit der 1935/36 erfolgten radikalen Änderung der sowjetischen Sozialpolitik gesehen werden (weitgehendes Verbot der Abtreibung, Gewährung vielfältiger Hilfen für kinderreiche Mütter u.a.), wodurch der bereits mit Beginn der 30er Jahre zu beobachtende Prozeß der Wiedereinsetzung der Familie in ihre traditionellen Rechte und Pflichten bezüglich der Kindererziehung abgeschlossen wurde.

Ähnliches gilt für MAKARENKOS Äußerungen zur Schule aus dieser Zeit: Nachdem 1931 durch Parteibeschluß alle in der Sowjetunion bis dahin propagierten unterrichtsorganisatorischen und didaktischen Modelle verboten und die traditionelle Lernschule wieder eingeführt worden war, mußte Makarenko im »Pädagogischen Poem« - wie zuvor schon in dem 1932 erschienenen Buch »Der Marsch des Jahres dreißig« - auf die Darstellung des Schulunterrichts in der Kolonie bzw. Kommune, der nach der inzwischen »überwundenen« Komplex-Methode erfolgt war, ganz verzichten. Wenn er sich in Vorträgen und Aufsätzen der Jahre 1937-39 dann aber trotzdem zur Schule äußerte - der inzwischen ja bezüglich Bildung und Erziehung eine »Führungsrolle« zugewiesen worden war, der sich auch die Familie, MAKARENKOS neues »Steckenpferd«, unterordnen mußte -, so beschränkte er sich dabei auf kritische Anmerkungen zum schulischen Alltag sowie zu organisatorischen Unzulänglichkeiten der damaligen städtischen Schulen, wie er sie in Kiev und Moskau bei seinen wiederholten Besuchen vorgefunden hatte.

12. MAKARENKO – ein Erlebnispädagoge?

Was MAKARENKO mit der Jugend-, aber auch der Landerziehungsheimbewegung und anderen alternativen pädagogischen Konzepten aus den ersten Jahrzehnten unseres Jahrhunderts vor allem verbindet, ist natürlich das Gemeinschaftserlebnis, das gemeinschafts- bzw. kollektivbildende Moment. Dabei ging es ihm um eine wirksame Vermittlung von Verantwortungsbewußtsein - nicht durch Appelle und Belehrungen, sondern, wie das Kurt Hahn bezeichnete, durch »Erlebnisse«, das Kennenlernen der eigenen Möglichkeiten in Ernstsituationen, mit deren Hilfe der Einzelne lernt, daß sein Handeln stets mit entsprechenden Konsequenzen verbunden ist.

Welche »Erlebnisse« lassen sich nun bei MAKARENKO ausmachen? Die Zöglinge der DZERZINSKIJ-Kommune gingen alljährlich auf große Fahrt - um sich von der anstrengenden Arbeit in den kommuneeigenen Betrieben zu erholen, aber auch, um

dabei »abenteuerliche Situationen« zu erleben. Diese hinsichtlich ihres äußeren Ab-
laufs von Makarenko generalstabsmäßig geplanten und bis ins einzelne durchorganisierten Sommerfahrten (Anreise mit Bahn und Schiff) waren in der Regel mit einem
Zeltlager verbunden. In diesen ereignis- und erlebnisreichen Wochen gab es auch so
etwas wie »Expeditionen« und »Projekte« im Sinne KURT HAHNS.

Obwohl die GOR'KIJ-Kolonisten noch nicht auf große Fahrt gingen und ihre
»Märsche« sich auf Besuche in Poltava bzw. Char'kov beschränkten, war doch ihr
ganzes Leben, ihr Alltag höchst abwechslungsreich, voller Erlebnisse und Abenteuer, und zwar allein schon aufgrund der schwierigen ökonomischen Situation jener
Zeit. Wer das »Pädagogische Poem« gelesen hat, wird sich an den »unrühmlichen
Anfang der GORKIJ-Kolonie« erinnern (so die Überschrift eines Kapitels), der mit
vielen Unternehmungen verbunden war. Sie betrafen die Außenbeziehungen der
Kolonie - Brennholzbeschaffung, Organisierung von Lebensmitteln bei Behörden in
der Stadt und Sicherung der Versorgungsfuhrwerke auf der Zufahrtsstraße zur Kolonie, Kampf gegen die Schwarzbrennerei auf den benachbarten Bauernhöfen usw. -,
aber auch das Leben in der Kolonie selbst: Kampf gegen Diebstahl, Rowdytum,
Glücksspiel, Trunksucht.

Hinzu kommen gesellschaftliche und kulturelle Aktivitäten wie die ebenfalls
im »Pädagogischen Poem« beschriebenen, allerdings erst seit Mitte der zwanziger
Jahre regelmäßig veranstalteten Theateraufführungen und die schon früher praktizierten, doch bald in Mißkredit geratenen und deshalb nicht in jenes Werk einbezogenen, aber keineswegs weniger bedeutsamen, bewußt inszenierten Gerichtssitzun-
gen in Form des traditionellen Kameradschaftsgerichts. Dieses »Salomonische Gericht«, in dem MAKARENKO sich selbst die Rolle des Anklägers vorbehielt, wurde
schon früh, wie er in seinem Rechenschaftsbericht über die Arbeit der Kolonie im
Jahre 1923 ausführt, zu einem »Lehrstuhl für die Theorie des Handelns« (PS 1, S.
31). Und zugleich bot es ein »unterhaltsames Schauspiel« (MAKARENKO 1979, S. 43)
- auch für die in der Nachbarschaft lebenden Bauern, die zu den öffentlichen Ge-
richtssitzungen wie auch zu den Theateraufführungen gern in die GOR'KIJ-Kolonie
kamen. Dasselbe gilt für die Feste der Kolonie, allen voran das »Fest der ersten
Garbe«, auf dem sich die »Gor'kijer« ihren Nachbarn sowie Gästen aus der Stadt in
Form eines gut einstudierten und wirkungsvoll in Szene gesetzten Zeremoniells prä-
sentierten, bevor die harte Erntearbeit begann.

Teilweise war dieses Leben in der GOR'KIJ-Kolonie allerdings noch härter und
mit noch mehr Risiken verbunden, als das aus MAKARENKOS Schilderung hervorgeht.
So mußten zur Unterstützung eines festangestellten Wächters spezielle Abteilungen
aufgestellt werden, um die Kolonie und ihre Ländereien rund um die Uhr vor Übergriffen von Banden zu schützen. Von der Existenz dieser ständigen Wachabteilungen,
deren Mitglieder - ausnahmslos Zöglinge - in der ersten Zeit mit Knüppeln und später mit Pistolen und Gewehren bewaffnet waren, wissen wir aus zeitgenössischen
Publikationen, Briefen der Kolonisten an GOR'KIJ sowie Erinnerungsbeiträgen von
Zöglingen. Im »Pädagogischen Poem« kann man darüber nichts lesen; in bezug auf
Wachaufgaben ist dort lediglich von der Aufstellung einer jener für spezielle Arbeiten gebildeten Einsatzabteilungen die Rede - und zwar zur Abschirmung einer
Hochzeitsgesellschaft in der Kolonie vor unliebsamen Zaungästen!

Trotz all dieser Schwierigkeiten und zum Teil existentiellen Gefahren waren sich Zöglinge und Erzieher ihrer besonderen, ja privilegierten Situation auf der Insel GOR'KIJ-Kolonie inmitten des stürmischen Meeres der nachrevolutionären Ukraine durchaus bewußt. MAKARENKO selbst faßte das, wie der tschechische Makarenko-Forscher LIBOR PECHA bezeugt, gegenüber der ukrainischen Jugendbuchautorin OKSANA IVANENKO (die seinerzeit als Studentin in der Kolonie bei MAKARENKO ein pädagogisches Praktikum absolviert und später dort auch als Erzieherin gearbeitet hatte) einmal in die Worte:»Wir leben hier auf dem Mars!«(MAKARENKO-Diskussionen international, S. 176) - was besagen soll: wie auf einem anderen Stern, abgehoben von der rauhen Wirklichkeit jener Jahre.

13. Die Rezeption der Pädagogik MAKARENKOS

Natürlich darf man nicht außer acht lassen, daß der Schriftsteller MAKARENKO selbst auch der beste Propagandist seines pädagogischen Experiments war. Entscheidend für dessen»Durchbruch« und spätere»Grenzüberschreitung« sollte sich jedoch der Umstand erweisen, daß der schon bald nach seinem Tod (MAKARENKO starb am 1. April 1939 im Alter von erst 51 Jahren in der Nähe von Moskau an Herzschlag) von seiner Witwe und einem Kreis von Freunden initiierte Prozeß der Propagierung und Kanonisierung als vorbildlicher, ja als der bedeutendste sowjetische Pädagoge bereits bis zum 2. Todestag, d.h. noch vor Beginn des»Großen Vaterländischen Krieges«, zum Abschluß gebracht werden konnte. Aufgrund der autoritären gesellschaftlichen Tendenzen jener Zeit erfuhr MAKARENKOS (sich als»Staatspädagogik« durchaus anbietende) Erziehungskonzeption, aber auch seine Biographie, dabei jedoch Verkürzungen und»Deformierungen«, um deren Behebung sich die Mitarbeiter des 1968 gegründeten Makarenko-Referats an der von LEONHARD FROESE (1924-1994) geleiteten Forschungsstelle für Vergleichende Erziehungswissenschaft der Universität Marburg bemühen - u.a. durch die Herausgabe einer zweisprachigen, wissenschaftlichen Anforderungen genügenden»Marburger Ausgabe« der Werke des Pädagogen und Schriftstellers sowie die Erarbeitung einer fundierten Biographie, um auf diese Weise eine tragfähige Basis für eine adäquate Einschätzung seiner Pädagogik zu gewinnen.

Nach Kriegsende erfolgte der»Export« MAKARENKOS zunächst in die neuentstandenen Volksdemokratien. Die z.T. obligatorische Lektüre seiner Werke (in erster Linie des»Pädagogischen Poems«) in den Schulen sowie die Beschäftigung mit seiner Erziehungskonzeption im Rahmen der Lehrer- und Erzieherausbildung hat in all diesen Ländern eine entscheidende Rolle gespielt. Dabei kann die zeitliche Abfolge und Intensität der Publikation von Übersetzungen der Werke MAKARENKOS in den einzelnen Ländern als Indikator für die»Sowjetisierung« des jeweiligen Erziehungs- und Bildungswesens gelten.

Im Zentrum des Interesses an MAKARENKO stand dort von Anfang an die praktische Anwendung seiner Erziehungskonzeption (natürlich in der seinerzeit in Moskau»aufbereiteten« Form). Die große Popularität des»Pädagogischen Poems« wirkte sich dabei jedoch, so paradox das klingen mag, eher negativ aus. Denn der Umstand, daß der Leser dieses belletristischen Werkes in erster Linie emotional angesprochen wird, führte vielfach dazu, daß die Orientierung an MAKARENKOS Auffassungen sich in einer mechanischen Übernahme verschiedener »Kunstgriffe«, einzelner Elemente seiner pädagogischen Technik sowie der Nachahmung äußerer Formen erschöpfte. Mit der zunehmenden Liberalisierung und Demokratisierung der europäischen Länder des »realen Sozialismus« war dort seit den 80er (in Polen bereits seit den 60er Jahren das Interesse an allem Sowjetischen und damit auch an MAKARENKO stark zurückgegangen. Der Zusammenbruch der UdSSR (1991) führte dazu, daß in ihren Nachfolgestaaten im Rahmen dort erfolgter Lehrplanrevisionen Makarenko und andere sowjetische Schriftsteller aus dem Lektürekanon für die allgemeinbildenden Schulen gestrichen wurden und - das betrifft das gesamte vormals »sozialistische Lager« - die institutionellen Voraussetzungen für eine kontinuierliche erziehungswissenschaftliche Beschäftigung mit einem solchen, nun in Mißkredit geratenen Forschungsgegenstand weitgehend weggefallen sind. So führte einer der maßgeblichen Schulreformer des postsowjetischen Rußland, E.D. DNEPROV, auf der Tagung »Das Ende und Erbe der sowjetischen Pädagogik« (Vlotho, November 1993) zum Erstaunen der dort versammelten Fachleute aus, jetzt sei es an der Zeit, die »vaterländische« Pädagogik gründlich zu »entmakarenkoisieren«. Dadurch besteht natürlich die Gefahr, daß MAKARENKO dort »über Bord geworfen« wird und in Vergessenheit gerät. Eine »Rettung« könnte sich paradoxerweise gerade aus der langjährigen wissenschaftlichen Auseinandersetzung mit MAKARENKOS Werk im ehemals »feindlichen Ausland« ergeben.

Hier, im Westen, war die Beschäftigung mit MAKARENKO zunächst eher eine Reaktion auf dessen Propagierung als einzigen Exponenten der sowjetischen Pädagogik. Besonderes Interesse wurde seinem Werk dabei in vier Ländern entgegengebracht: Israel, Japan, Italien und Westdeutschland.

Zunächst zu Israel. Hier ist es sicher kein Zufall, daß die hebräischen Übersetzungen von MAKARENKOS Büchern, und zwar bereits seit 1941 (also noch im damaligen britischen Mandatsgebiet Palästina), in Verlagen der Kibbutzbewegung erschienen sind, die sich in ihren sozialistischen Siedlungen, angeregt von den Emanzipationsbewegungen in Osteuropa am Ende des 19. und zu Beginn des 20. Jahrhunderts, auch um eine erfolgreiche Adaption von dessen Kollektiverziehungskonzeption bemühte. Dagegen wurde MAKARENKO in den anderen o.g. Ländern erst seit Beginn der 50er Jahre bekannt: in Japan anhand von Übersetzungen sowjetischer Einzel- und Sammeleditionen seiner Werke durch Wissenschaftler aus dem Umfeld der Gesellschaft zur Freundschaft mit der UdSSR, in Italien durch dort publizierte Übersetzungen von MAKARENKOS Werken und zahlreiche Studien, darunter sechs (zwischen 1958 und 1976 erschienenen) Bücher über ihn, deren Autoren sich dem marxistischen bzw. dem katholischen Lager zurechnen lassen, und schließlich in der BRD durch die in der DDR in deutscher Übersetzung erschienenen Werke MAKARENKOS wie auch sowjetische Monographien über ihn, was sich als ein entscheidender Umstand für die in den »alten Bundesländern« relativ früh einsetzende erziehungswissenschaftliche Beschäftigung und Auseinandersetzung mit dem sowjetischen Pädagogen erweisen sollte. Wie in Italien war und ist das Interesse an MAKARENKO auch hier fast ausschließlich akademisch bestimmt. In den 50er und 60er Jahren waren in Westdeutschland bereits acht Bücher sowie zahlreiche Untersuchungen in Zeitschriften und Sammelbänden erschienen, doch in den vergangenen 25 Jahren wurden vor allem von den Mitarbeitern des Marburger MAKARENKO-Referats eine Vielzahl von Publikationen, darunter Editionen neu erschlossener Quellen, vorgelegt, die - nach Jahrzehnten der Konfrontation - seit 1988 zunehmend auch in der UdSSR bzw. GUS erscheinen konnten (s. OM 13, S. 35-106). Die Erleichterung des Zutritts zu den entsprechenden Archiven in Rußland und der Ukraine, aber auch die sich in letzter Zeit zunehmend normalisierenden Möglichkeiten internationaler Kooperation kommen dem in besonderer Weise entgegen.

Blickt man heute aus der zeitlichen Distanz und mit unserem historischen Wissen über die Stalinära auf den Prozeß der Propagierung und Kanonisierung MAKARENKOS zurück, so kann man sogar ein gewisses Verständnis für das damalige Vorgehen des Kreises um Makarenkos Witwe aufbringen: Die dabei vorgenommenen Manipulationen, vor allem jene im Bereich der Biographie (»Bereinigung« und »Proletarisierung« der Herkunft bzw. des familiären Umfeldes etc.), waren sicher förderlich, wenn nicht sogar erforderlich, um einem Außenseiter wie MAKARENKO zu dieser Zeit zum Durchbruch zu verhelfen.

Die Anerkennung, die dem Pädagogen MAKARENKO heute zuteil wird, besteht sicher ganz zu Recht. Er hat, obwohl er sich selbst vor allem als Schriftsteller verstand, in einem langjährigen Prozeß wechselseitiger praktischer Erfahrungen und theoretischer Auseinandersetzungen und Reflexionen wichtige pädagogische Erkenntnisse gewonnen und darüber hinaus einen wesentlichen Beitrag für eine erziehungswissenschaftliche Grundlegung der Sozialpädagogik geleistet.

Literatur

ANWEILER, O.: MAKARENKO - Leben und Werk. Funkmanuskript (RIAS Berlin, 22.4.1975).

MA 1: Makarenko, Anton: Gesammelte Werke. Marburger Ausgabe. Bd. 1, Ravensburg, 1976.

MA 3-5: Dass., Bde 3-5, Stuttgart, 1982.

MA 7: Dass., Bd. 7. Ravensburg, 1976.

MAKARENKO, 1979: MAKARENKO. Hrsg. v. G. HILLIG u. S. WEITZ. Darmstadt, 1979

Makarenko, A.: Kurze Darstellung der Arbeit der Poltavaer GOR'KIJ-Kolonie. Hrsg. v. S.C. WEITZ. (Marburg, 1992 (Makarenko-Archiv, Bd. 3).

MAKARENKO-Diskussionen international. Protokoll des 2. Marburger Gesprächs (1.-4. Mai 1986). Hrsg. v. G. HILLIG u. S. WEITZ. München, 1989

OM 4: HILLIG, G.: Sankt MAKARENKO. Zur Editionspraxis der Akademie der Pädagogischen Wissenschaften der RSFSR/UdSSR (1950-1983). Marburg: MAKARENKO-Referat, 1984 (Opuscula Makarenkiana, Nr. 4).

OM 5: Nach Char'kov oder nach Zaporoz'e? Dokumentation zur Verlegung der GOR'KIJ-Kolonie von Poltava an einen anderen Ort (»Eroberung von Kurjaz«). 1925-1926. Hrsg.: G. HILLIG. Marburg: MAKARENKO-Referat, 1985 (Opucsula Makarenkiana, Nr. 5).

OM 8: HILLIG, G.: Eine Jugend in Rußland. Anstelle eines Nachrufs [V.S. MAKARENKO]. Marburg: MAKARENKO-Referat, 1987 (Opuscula Makarenkiana, Nr. 8).

OM 10: Ergänzungen zum Porträt A.S. MAKARENKOS. G. HILLIG im Gespräch mit VALENTIN KUMARIN. Marburg, 2. November 1988. Marburg: MAKARENKO-Referat, 1989 (Opuscula Makarenkiana, Nr. 10).

OM 11: Perepiska A.S. Makarenko s M. Gor'kim. Akademiceskoe izdanie / MAKARENKOS Briefwechsel mit GOR'KIJ. Kritische Ausgabe. (Russisch/Deutsch). Hrsg.: G. HILLIG unter

Mitwirkung v. S. NEVSKAJA. Marburg: MAKARENKO-Referat, 1990 (Opuscula Makarenkiana, Nr. 11).

OM 12: Auf dem Gipfel des »Olymps«. Dokumentation über MAKARENKOS Konflikt mit Vertretern der ukrainischen »Sozialerziehung« (Februar/März 1928). Hrsg.: G. HILLIG. Marburg: MAKARENKO-Referat, 1991 (Opuscula Makarenkiana, Nr. 12).

OM 13: 25 Jahre MAKARENKO-Referat. [Gesamtbibliographie, Dokumentation]. Red. G. HILLIG, I. WIEHL. Marburg: MAKARENKO-Referat, 1993 (Opuscula Makarenkiana, Nr. 13).

OM 14: Fürsorge, Kontrolle, Einmischung. Sechs Beiträge über Inspektionen und andere Überprüfungen der GOR'KIJ-Kolonie (1922-1928). Hrsg.: G. HILLIG. Marburg: MAKARENKO-Referat, 1994 (Opuscula Makarenkiana, Nr. 14).

PS 1: MAKARENKO, A.S.: Pedagogiceskie socinenija, t.1. Moskva: »Pedagogika«, 1983.

RÜTTENAUER, I.: A.S. MAKARENKO. Ein Erzieher und Schriftsteller in der Sowjetgesellschaft. Freiburg, 1965.

S 5: MAKARENKO, A.S.: Socinenija v 7-i tomach, t.5. Moskva: Izd-vo APN RSFSR, 1958.

Sünkel, W.: Im Blick auf Erziehung. Reden und Aufsätze. Bad Heilbronn, 1994.

Makarenko-Materialien IV: Ucrainica. A.S. Makarenkos pädagogische Tätigkeit im Spiegel der ukrainischsprachigen Presse (1924-1937). Hrsg.: G. HILLIG. Marburg: VVG, 1982 (Beiträge zur sozialistischen Pädagogik, Bd. 12).

V.

Philosophie der Heimerziehung

Philosophy of Residential Care

Michael Winkler

»Ortshandeln« - die Pädagogik der Heimerziehung

The Relevance of Local-Acting-Pedagogy in Residential Care

Whereas, in recent years, social scientists have increasingly observed, and become interested in, residential care, a fact which has given rise to the development of critical theories, there has been hardly any progress in the area of pedagogical theories concerning residential care. These latter theories are mostly restricted to drafts for programmatic concepts or is, at best, normative in nature, or if anything maybe developed under the heading of »technique.«

Looking back to older approaches like those developed by Pestalozzi, Wichern, or Makarenko, shows a possible theoretical perspective for the pedagogics of residential care will be described. At the outset, present conditions are discussed under which the residential home gains in importance as a pedagogically determined way of growing up. Under the present conditions of social upheaval, institutions become »places to live«. The theoretical consequence drawn from this realization is: »pedagogics of residential care« is not primarily aimed directly at individuals; rather, education is being facilitated and brought on it's way by creating »places to act«.ucation is being facilitated and brought on it's way by creating »places to act.«

1. Einleitung

Die Rede von der Pädagogik der Heimerziehung, dann besonders der Ausdruck »Ortshandeln« irritieren zumindest im Kontext der Debatten über stationäre Unterbringung von Kindern und Jugendlichen außerhalb ihrer Herkunftsfamilien. Solche Irritationen sind jedoch kein Zufall, sondern hier aus drei Gründen beabsichtigt. Zum einen geht es nämlich um einen Beitrag zur theoretischen Auseinandersetzung mit der Heimerziehung. Er versucht, systematisch die Bedingungen, dann die Probleme und Strukturen von Heimerziehung zu bestimmen und zu analysieren, um letztendlich zu dem zu gelangen, was man eine Theorie oder - ein wenig altmodisch - einen Begriff der Heimerziehung nennen könnte.

Ein solches Vorhaben irritiert, weil es den Eindruck nahelegt, daß so Eulen nach Athen getragen werden. Was Heimerziehung ist, scheint hinreichend bekannt, der Ausdruck ruft bestimmte Assoziationen hervor - und zwar zumeist eher negative. Sowohl die öffentliche, wie auch die fachliche Diskussion operieren also mit einem einigermaßen festgefügten Bild von Heimerziehung. Doch in Wirklichkeit stecken öffentliche und fachliche Debatte damit schon lange in einer Art von Gedankengefängnis. In einem Gedankengefängnis, das den Blick verschließt nicht nur für die sozialen und pädagogisch relevanten Veränderungen in den Lebensbedingungen von Kindern und Jugendlichen schlechthin, sondern vor allem für die Wandlungsprozesse, welchen die Heimerziehung in den letzten Jahrzehnten unterlegen ist - und, so müßte man hinzufügen, häufig genug gerade auch nicht unterlegen ist. Möglicherweise wäre weniger der Wandel der Heimerziehung zu erklären, zumal dieser sich meist nur in Teilbereichen ereignet, sondern sehr vielmehr die überraschende Konstanz in großen Bereichen der stationären Unterbringung. So wäre beispielsweise etwa zu fragen, warum die Heimerziehung sich bis heute nicht von ihrem negativen Image selbst in den Kreisen hat befreien können, die sich als fachlich informiert betrachten. Kurz: Über weite Strecken unseres Handelns und Redens tappen wir im Dunkeln, benötigen also eine theoretische Vergewisserung, die uns zumindest Aufklärung über das Feld der Heimerziehung verschaffen könnte.

Irritieren könnte aber auch die hier gewählte, explizit pädagogische Perspektive. Auch sie ist ungewöhnlich, sogar fast verdächtig. Mit »Pädagogik« wären nämlich im Zusammenhang der Heimerziehung zunächst die feierlichen Ansprachen zu verbinden, mit welchen die Träger von Einrichtungen ein Klima der Reputierlichkeit schaffen wollen, dann die endlosen Debatten um Konzeptionen, welche spätestens bei der Aufnahme des zweiten Jugendlichen umgeworfen werden, schließlich jene normativen Vorstellungen, die in der Ausbildung gerade noch Gültigkeit bis zur nächsten Prüfung haben. Kurz: »Pädagogik« steht in der Heimerziehung für die Unmenge von frommen Lügen, die einmal im Jahr ausgesprochen werden, um sie möglichst schnell zu vergessen. Ansonsten scheint »Pädagogik« eher fragwürdig - zuviel wissen wir über die Schwarze Pädagogik der Heimerziehung, über die mit ihr verbundenen Prozesse der Disziplinierung in totalen Institutionen. Doch diese Aufklärung über die Heimerziehung haben die Sozialwissenschaften, insbesondere die Soziologie, auch eine kritische Geschichtswissenschaft geliefert; selbst im Blick auf die Erkenntnis der Realität von Heimerziehung kann man pädagogische Zugänge kaum davon freisprechen, sich vornehmlich auf Apologien beschränkt zu haben. Andererseits entsteht gerade in jüngerer Zeit der Eindruck, daß sowohl in der Beobachtung und Beschreibung von Heimerziehung, aber auch im Selbstverständnis der Beteiligten stärker nach pädagogischen Perspektiven gefragt wird. Das legt zumindest den Verdacht nahe, daß inzwischen objektive Gründe mit pädagogischen Problemen konfrontieren, somit auch das Handeln in der Heimerziehung sehr viel stärker als ein pädagogisches begriffen werden muß. Viel deutet darauf hin, daß die Unverbindlichkeiten der letzten Jahrzehnte verschwinden, die bislang erlaubt haben, daß sich die Beteiligten um Fragen der Erziehung herummogeln. Allerdings besteht zugleich die Gefahr, daß unterderhand diese Einsicht in eine Neuauflage der altbekannten Verwechslung von Erziehung und inhumaner Abrichtung mündet.

Gerade aus diesem Grund soll der hier gewählte Begriff des »Ortshandelns« irritieren. Er drückt nämlich nicht nur eine Perspektive für die theoretische Vergewisserung über Heimerziehung aus, sondern signalisiert auch eine unhintergehbare Aufgabe der Erziehung, nämlich - und das mag auf den ersten Blick paradox erscheinen - die Sicherung der Subjektivität der Subjekte. Daß der Ausdruck »Ortshandeln« dabei sprachlich eher befremdet, hat mit der gegebenen Lage zu tun. Aus der Tradition pädagogischen Denkens allein können wir diese nämlich nicht erfassen; sie reicht nicht mehr hin, wenn wir uns um ein Verständnis der Heimerziehung bemühen, das nicht bloß Analyse ermöglicht, sondern auch eine Perspektive für die aktuelle und künftige Arbeit eröffnet.

Die genannten Irritationen weisen allerdings den Weg der hier angestellten Überlegungen: Sie verfolgen in drei Schritten, nämlich in einem zeitdiagnostischen, dann
in einem eher theoriegeschichtlichen und in einem systematischen, schließlich in
einer Schlußbemerkung die These, daß Heimerziehung wenigstens in der Gegenwart
nur als der Versuch begriffen werden kann, Kindern und Jugendlichen einen anderen
Ort, einen Lebensort zur Verfügung zu stellen, an welchem Entwicklungs- und Lernprozesse überhaupt erst möglich werden.

2. Zeitdiagnose zur Heimerziehung

Eine zeitdiagnostische Überlegung zu den Bedingungen von Heimerziehung in der
Gegenwart muß ziemlich weit ausholen. Heimerziehung steht nämlich heute vor einer Aufgabe, die der Quadratur des Kreises ähnelt. Die Veränderungen, die wir gegenwärtig an ihr beobachten, die auch ein neues Verständnis von Heimerziehung
verlangen, werden nämlich durch zwei völlig unterschiedliche Tendenzen in den
modernen Gesellschaften der Gegenwart angestoßen: Auf der einen Seite konfrontieren uns diese mit einer dramatischen Zunahme der klassischen Problemlagen von
Kindern und Jugendlichen: Armut, Elend, auch Hunger, Wohnungsnot und Krankheiten, die als Folge der Kostendämpfungsgesetze für das Gesundheitswesen nicht
mehr angemessen therapiert werden, Krankheiten auch, deren Prävention unterlassen wurde, stellen keine Ausnahmeerscheinungen mehr dar. Arbeitslosigkeit der Eltern oder extrem belastende Arbeitsverhältnisse mit mehrstündigen Anfahrtzeiten zu
einer dann doch niedrig entlohnten Tätigkeit gelten zwar als zumutbar, belasten Familien aber nicht nur materiell, sondern auch psychisch; es sind längst die ganz normalen, unauffälligen Familien, die kein Familienleben mehr führen können, faktisch
außerstande sind, ihre Kinder zu betreuen und zu versorgen.

Die in jüngster Zeit schon vorgenommenen oder zumindest angekündigten Kürzungen der Arbeitslosenhilfe und der Sozialleistungen prägen zugleich die sozialpolitische Kultur auch der bundesrepublikanischen Industriegesellschaft. So entsteht
eine Gesellschaft, die von Brüchen und Gräben durchzogen wird, in der die Verunsicherung zur Grundstimmung des Alltags wird. Nicht bloß Minderheiten der Bevölkerung, nicht bloß das lang diskutierte eine Drittel, sondern Durchschnittsfamilien,
am Ende zwei Drittel, müssen Lebenssituationen als normal bewältigen, die auf unerträgliche Weise mit dem Reichtum kontrastieren, der noch von den staatlichen Organen selbst zur Schau gestellt wird. Verschärft wird dies, weil eine der größten
sozialen und politischen Aufgaben hinzugetreten ist, nämlich der Druck durch internationale Migrationsbewegungen. Dabei bleiben Kinder und Jugendliche auf der
Strecke, nicht nur, weil sie vor Kriegen fliehen, sondern weil ihre Eltern verzweifelt
versuchen, dem wirtschaftlichen Elend, dem Verhungern in ihren Ländern durch Emigration zu entgehen. Eine schamlos gewordene Politik, der dazu nur der 'Schein-
asylant' einfällt, trägt zusätzlich zu einer Veränderung des politischen, sozialen und
kulturellen Klimas bei: Kinder und Jugendliche wachsen daher in einer Situation der
Verängstigung auf, weil sie nicht die Möglichkeit und den Sinn der Kooperation mit
anderen erleben, sondern zuallererst lernen, daß man Grenzen ziehen soll - und der
besondere Zynismus dieser Situation liegt darin, daß es gerade junge Menschen in

Notlagen sind, welche die Propaganda der rechten Politik zum Ausdruck bringen. In einer sozial, kulturell und politisch zerfallenden Gesellschaft reagieren sie damit darauf, daß die Anforderungen, die an sie selbst, die an ihre Familien gestellt werden, von ihnen allein nicht mehr bewältigt werden können. Der Blick in die Schulen kann hier genügen: Wer die Chancen für seinen Nachwuchs wahren will, sieht sich zu höheren Anstrengungen in einem Bildungssystem verpflichtet, das massiven Restriktionen unterworfen ist. Dessen Selektivität steigt mit dem Effekt, daß nicht nur mehr Kinder und Jugendliche über ihre Möglichkeiten hinaus belastet werden, sondern auch hoffnungslos auf der Strecke bleiben. Und dies alles geschieht vor dem Hintergrund einer Tendenz zur geradezu barbarischen Entsolidarisierung. Nicht zuletzt die Gewinner der letzten Jahrzehnte, oft genug sogar jene, die sich ihre Stelle mit Fortschrittsparolen gesichert haben, wollen jetzt die Tatsache der Armut in dieser Gesellschaft nicht mehr zur Kenntnis nehmen.

Kurz: Das berühmte soziale Netz, ohnedies immer schon an vielen Stellen nur mit dünnen Flicken ausgebessert, zerreißt in dem Moment, in welchem es dringend benötigt wird. Freigelegt wird damit der brutale Ernst einer Konkurrenzgesellschaft, für die zuallererst die Kinder und Jugendlichen die Zeche zahlen. All das bedeutet aber, daß Jugendhilfe, daß mithin auch Heimerziehung als elementare Nothilfe wieder gefragt ist - und zwar gefragt in einem Moment, in welchem auch an ihr der Rotstift angesetzt wird.

Aber: das Problem ist längst noch schwieriger geworden. Denn diese - hier gewiß unzureichend gezeichnete - Notsituation überlagern noch die säkularen Veränderungen der Moderne. Über die nun wieder brisant gewordenen klassischen Risiken kapitalistischer Gesellschaften legen sich die sogenannten Modernisierungsrisiken: Wir sind mit den Konsequenzen jener weitgreifenden Veränderungsprozesse konfrontiert, die in den Sozialwissenschaften als »Modernisierung moderner Gesellschaften« bezeichnet werden - und die sich möglicherweise gerade in der Retraditionalisierung von Politik, in der Rückkehr illiberaler Orientierungen äußert (vgl. RAUSCHENBACH/GÄNGLER 1992).

Auch hier müssen wieder Stichworte genügen: Zum einen brechen nicht nur die lebensweltlichen Institutionen und Selbstverständlichkeiten zusammen, vielmehr erodieren die mit diesen verbundenen moralischen Standards. Kinder und Jugendliche wachsen in einer Situation massiver Unordnung und Unsicherheit auf, in denen sie weder Verläßlichkeit noch Verbindlichkeit finden - daß sie rechtsradikalen Ordnungsparolen aufsitzen, kann dann nicht mehr überraschen. Nicht nur fehlt ihnen der Raum, um sich auszutoben, vielmehr ist ihre Welt extrem unruhig geworden; kritische Ausmaße aber nimmt dies stets dann an, wenn sie Übergangskrisen zu bewältigen haben, die nur bei hinreichender äußerer Stabilität überstanden werden können. Das Drama etwa der Jugendlichen in den neuen Bundesländern besteht genau darin, daß sie nicht nur dieser doppelten Verunsicherung unterworfen sind, sondern gleichzeitig auch noch die ihnen kaum bekannten Armutsrisiken auszuhalten haben, die »blühende Landschaften« den Menschen bescheren.

Dieser Verlust stabilisierender Systeme, die alltagsweltlich gültige Erfahrungen und Orientierungen vermitteln, also normativ und sinnstiftend wirken, vollzieht sich paradoxerweise in einem Prozeß wachsender Rationalisierung. Der Unordnung steht also eine rigide Organisation gegenüber, bei der nichts mehr selbstverständlich geschieht, sondern alles abgewogen, begründet, dann gleichsam technisch perfekt durchgeführt wird; moderne Lebensverhältnisse verlangen eine Interpretation in den Kategorien »super« oder gar »optimal«. Die soziale und kulturelle Wirklichkeit verliert also in diesem Prozeß der Erosion von Alltagswelten zunehmend ihren Mischcharakter. Sie wird in institutionalisierte Leistungsfunktionen ausdifferenziert, die mit ihren Ansprüchen nebeneinander bestehen, auch zur Ausbildung eigener sozialer Milieus führen; die Rationalisierung zwingt uns, daß wir uns beständig in einer institutionell aufgeteilten Welt entscheiden.

Schließlich und vor allem: Dem Zusammenbruch von Lebenswelten und alltagsweltlichen Mustern entspricht eine wachsende Tendenz zur Individualisierung von Biographien. Kinder und Jugendliche, schon aus demographischen Gründen eher vereinzelt, müssen sich heute auf eine geradezu widersinnige Weise in Institutionen selbst zu Individuen sozialisieren. Sie müssen nämlich einerseits die jeweils verbindlichen gesellschaftlichen Inhalte und Orientierungen sich in den Institutionen so aneignen, daß sie sich sofort wieder von diesen distanzieren können, um ihren eigenen individuellen Lebensweg in anderen Institutionen gehen zu können. Andererseits aber kennen die institutionalisierten Teilsysteme nur ihre eigene Funktionalität - d.h. sie haben eine geringe Fehlerfreundlichkeit, sind lernunfreundlich, setzen vor allem bei den Individuen eine höchst belastende Mischung von maximaler Flexibilität und Normanpassung voraus. Dabei entsteht eine eigentümliche Persönlichkeitsstruktur: Weil der Zugang zu sozialen Systemen und Milieus nicht mehr durch Tradition, durch vorab gültige Verbindlichkeit gestützt wird, hängt er von Entscheidungen ab. Diese aber unterstellen eine apriorische Freisetzung von Individualität: Die individuellen Subjekte sind gleichsam vor aller gesellschaftlicher Vereinnahmung frei, müssen sich selbst für Zusammenhänge des Sozialen entscheiden; Sozialisation muß dementsprechend paradox erfolgen, weil sie nur als Negation ihrer selbst, als Aufhebung des Sozialen im Individuum gelingen kann (vgl. SCHULZE 1992).

Auf der einen Seite stehen also Kinder und Jugendliche unter immer höherem Druck, eine Welt anzueignen, die doch zugleich immer fremder wird. Ohne ein systematisch entwickeltes Curriculum kann man in diese kaum noch hineinwachsen, ist aber zugleich der Gefahr ausgesetzt, daß das eben mühsam Angeeignete sofort wieder entwertet werden könnte; Erziehung und Bildung sind längst zu einem Hase- und Igelspiel geworden, bei dem am Ende alle Beteiligten verlieren, weil sie von der gesellschaftlichen Dynamik überrollt und ausgemustert werden. Auf der anderen Seite entzieht aber eben diese Gesellschaft den Individuen, den Kindern und Jugendlichen allzumal zunehmend die sozialen Ressourcen, verweigert ihnen die Grundlage für Entwicklungs- und Lernprozesse. Die Gesellschaften der Moderne müssen sich also unter der Bedingung reproduzieren, daß sie ihren Individuen eine primäre Sozialisation verweigern. An ihre Stelle ist vielmehr eine elementare Individualität getreten. Oder, kurz und brutal formuliert: Moderne Gesellschaften erzeugen heute systematisch den Habitus der Asozialität.

Was bedeutet dies alles nun für die Heimerziehung? Zunächst führt es in ein Dilemma: Die skizzierte Gemengelage von zurückkehrenden klassischen Problemlagen und Modernisierung der Gesellschaft läßt sich nicht mehr mit traditionellen

Hilfeformen bearbeiten. Richtete sich etwa Heimerziehung bislang auf einen gesellschaftlichen Sonderfall, wandte sie sich marginalisierten Teilen der Gesellschaften
zu, so reicht dies nicht mehr hin, weil noch die durchschnittliche pädagogische Situation heute einen Problemgehalt angenommen hat, der früher Anlaß zur Jugendhilfeintervention geworden wäre. Die gesellschaftlichen Anforderungen an Pädagogik haben diese in einen Bereich verschoben, der professionelle Betreuung und Erziehung systematisch erfordert; die Erziehung ist so schwierig geworden, daß wir
beständig besondere pädagogische Arrangements benötigen.

Man kann dies in die These einer sozialstrukturellen Normalisierung von Heimerziehung fassen (vgl. WINKLER 1990). Die pädagogische Betreuung und Unterbringung außerhalb des familiären Kontexts wird dann eine normale Sozialisationsform,
die als ein Angebot neben anderen im Spektrum gesellschaftlicher Sozialisations-
möglichkeiten steht, damit auch ihren Interventionscharakter verliert. Die jüngere
Entwicklung der Hilfen zur Erziehung außerhalb der Familie belegt dies schon empirisch. Wir sind nicht nur längst mit einem breiten Angebot von Lebensorten außerhalb des familiären Zusammenhangs konfrontiert, die »um die Ecke ein zweites
Zuhause« anbieten (vgl. MOCH 1989). Vielmehr haben für die Kinder und Jugendlichen das Aufwachsen und die Erziehung in institutionalisierten Zusammenhängen
schon Selbstverständlichkeit gewonnen.

Doch deren pädagogischer Sinn ist bislang kaum debattiert worden. Aber ist er
nicht eigentlich klar? Vor dem Hintergrund der gesellschaftlichen Entwicklungen
kann die Aufgabe der stationären Unterbringung nur darin bestehen, Kindern und
Jugendlichen einen Lebensort anzubieten, der ihnen erlaubt, sich selbst für eine Gesellschaft zu bilden, die ihrerseits nicht nur die Individuen permanent freisetzt, sondern sich gleichsam von diesen distanziert. Es geht also - durchaus aus gesellschaftlichen Gründen - um eine Pädagogik des Ortes. Um Orte, die Schutz, Versorgung,
Sicherheit und zugleich Lernmöglichkeiten bieten. Angesichts der gesellschaftlichen
Situation der Gegenwart, angesichts des Zusammentreffens klassischer Armut und
moderner Lebensrisiken enthüllt sich - vielleicht einmal mehr - die substantielle
Aufgabe der Heimerziehung als ein Ortshandeln. Es geht um Inseln in dieser Gesellschaft, auf welchen Kinder und Jugendliche aufwachsen, sich entwickeln können,
einen Zugang zu sich selbst als sozialen, auch solidarischen Lebewesen finden. Das
mag romantisch klingen, entspricht aber bitterer Notwendigkeit.

2. Lebensorte als Dimensionen der Pädagogik

Lebensorte für Kinder und Jugendliche, pädagogische Orte, Erziehung am anderen
Ort. Sind das nicht Fiktionen, eher weltfremde Phantasien, die weder durch die Sozi-
alwissenschaften, nicht einmal durch die Pädagogik selbst gedeckt werden? Die
Antwort auf diese Frage bereitet zunächst - man muß sagen: leider - nur wenig Mühe.
Denn neben der Geographie und ihren angrenzenden Gebieten haben der Begriff des
Ortes und der mit ihm gemeinten Sachverhalt zwar erwartungsgemäß eine Bedeu-
tung in der Architektur, dann aber nur noch in der Mathematik, insbesondere in der
Geometrie. Dagegen spielen sie weder in der sozialwissenschaftlichen, noch in der
psychologischen Beobachtung und Analyse der Erziehungsphänomene eine beson-

dere Rolle. Sieht man von der sogenannten Chicago-Schule in der Soziologie ab, klammert man zudem LEWINS Feldtheorie in der Psychologie aus, so finden sich in jenen Disziplinen erst in jüngerer Zeit Hinweise auf die Ortsproblematik, die insbesondere ökologischen Ansätzen folgen, dabei Fragen des weiteren und engeren Raumes für die Gestaltung sozialer Beziehungen, aber auch für die Selbstwahrnehmung von Individuen aufnehmen. Sofern sie nicht der von HUSSERL aufgeworfenen erkenntnistheoretischen Fragestellung folgte, sondern den realen, erlebend wahrgenommenen historischen und sozialen Lebensbedingungen von Menschen gilt, hat etwa die Lebensweltorientierung das Thema des Ortes anklingen lassen. Auch die sozialräumlich interessierten Forschungs- und Theoriezugänge beschäftigen sich mit den begrenzten Umfeldern menschlicher Aktivitäten.

In der Pädagogik und in der Erziehungswissenschaft ist die Lage etwas komplizierter. Der Begriff des Ortes nimmt dort nämlich eine Zwitterstellung ein. Einerseits wird er kaum explizit thematisiert. Er gehört also auch hier zu den weißen Flekken auf der Karte pädagogischer Reflexion - die damit ein wenig Betriebsblindheit für die Voraussetzungen und Bedingungen des pädagogischen Geschehens verrät. Fragen etwa der Planung von Lebensräumen für Kinder und Jugendliche, des Arrangements von Orten etwa im Zusammenhang von kommunalen Sanierungsvorhaben werden von ihr ebenso wenig berührt (vgl. aber BÖHNISCH, MÜNCHMEIER 1990), wie die Probleme der architektonischen Gestaltung etwa von Schulen; selbst die im Ausland anzutreffenden Debatten zu diesem Thema haben hierzulande kaum Beachtung gefunden. Erst die jüngere Kindheitsforschung nimmt das Thema auf, ohne daß jedoch eine explizit pädagogische Reflexion stattfinden würde - man begnügt sich meist mit der Warnung vor einer (was auch immer das heißen mag) Pädagogisierung kindlicher Räume.

Tatsächlich konzentriert sich die Pädagogik vor allem seit dem letzten Jahrhundert auf die Erzeugung von Moralität in persönlichen Interaktionen. Sie stellt mit WILHELM DILTHEY die »Deskription des Erziehers in seinem Verhältnis zum Zögling« in den Mittelpunkt, bekümmert sich vornehmlich um den seit HERMAN NOHL so genannten »pädagogischen Bezug«, der als Interaktion und Kommunikation wahrgenommen wird. Dessen Kontext und Rahmenbedingungen erscheinen als fremd, zumindest als in einer Weise vorgegeben, daß ihnen jede pädagogische Qualität fehlen muß. Entsprechend hat zumindest die deutsche Pädagogik eine Neigung entwickelt, Räume und Orte des pädagogischen Handelns als administrativ vorgegeben, im Kern zutiefst erziehungsfeindlich zu beklagen - und sich damit für weitere Nichtaktivität gleich zu exkulpieren. Ausnahmen bestätigen die Regel; sie finden sich im Kontext der sozialpädagogischen Debatte bis hin etwa zu TEWS »Großstadtpädagogik« und GANSBERGS »Streifzüge durch die Welt der Großstadtkinder«.

An dieser Abstinenz gegenüber dem Thema des pädagogischen Ortes hat sich auch in der jüngeren Zeit wenig geändert. Eher im Gegenteil: das zunächst durch die Psychoanalyse, dann durch therapeutische Konzepte geprägte pädagogische Handlungsverständnis hat sich noch weiter verengt; in der Praxis wirkt sich dies dahingehend aus, daß die äußeren, räumlichen Bedingungen des Handelns entweder systematisch negiert oder als Faktoren bewußt ausgeschlossen werden. Mehr noch: die Kritik an der gesellschaftlichen Ausgrenzung von ganzen Personengruppen, die an Orte außerhalb des gesellschaftlichen Zusammenlebens verbannt wurden, respektive solche selbst aufsuchen mußten, um das eigene Überleben zu sichern, dann aber die Auseinandersetzung mit den Vorgängen der totalen Institutionalisierung haben dazu geführt, daß die räumlichen Bedingungen, der Ort, nicht nur unter einen generellen Verdacht der Entmündigung von Beteiligten gestellt, sondern auch als kritische Kategorie einem Tabu unterworfen worden sind.

Andererseits aber stehen »Orte« doch auch im Zentrum pädagogischer Reflexion. Fünf Argumentationslinien lassen sich dabei erkennen:

- Erstens bilden Orte auf der Ebene der generellen Rechtfertigungsdiskurse von Pädagogik geradezu das Medium, in welchem sich nicht nur die Bemächtigungsphantasien der Erwachsenen konkretisieren, sondern zugleich die utopischen Räume gedacht werden, mit deren Hilfe Erziehung gegenüber den Schrecknissen der Welt in der festen Geborgenheit einer kleinen pädagogischen Provinz verwirklicht werden kann (vgl. OELKERS 1993). Eine Pädagogik ohne Vorstellung von einem idealen Ort der Erziehung läßt sich demnach gar nicht denken, wobei sich hierin noch ein zutiefst antimoderner Affekt äußert, der sich gegen die Pluralität, gegen die Differenz richtet, welche das moderne Leben nun kennzeichnet.

- Der ideologiekritischen Tendenz dieser Analyse kann man jedoch entgegenhalten, daß - zweitens - die Vorstellung von einem Ort eine konstitutive Rolle bei dem Versuch spielt, das Problem der Erziehung in der Moderne überhaupt erst als solches zu identifizieren. Im Kern geht es dabei um zwei Fragen, nämlich einerseits um die, wie die Pädagogik der als anthropologische Eigenschaft behaupteten Perfectibilité in einer Gesellschaft zum Durchbruch verhelfen kann, die am Ende doch schon verdorben ist; andererseits steht die Möglichkeit zur Debatte, dem Individuum den Weg zu seiner Individualität gegenüber gesellschaftlichen Determinationen zu verschaffen, ihm vor allem Rahmenbedingungen zu vermitteln, in welchen es zu seiner eigenen Subjektivität, mithin zu dem finden kann, was die neuzeitliche Sozialphilosophie als Autonomie bezeichnet. ROUSSEAU hat dafür das Kernmodell einer Erziehung geschaffen, die außerhalb der Gesellschaft in großer Naturnähe der Subjektivität des Individuums gehorchen kann; Kant hat eine vergleichbare Grundkonstellation entworfen, um das Problem zu lösen, daß ohne diesen »anderen Ort« als Zentralmoment der Erziehung die jüngere Generation stets nur der älteren Generation nachfolgen kann, damit aber den für Moralität vorauszusetzenden freien Willen gar nicht zu entwickeln vermag. Gegenüber einer solchen, weitgefaßten philosophischen Perspektive neigen wir heute freilich zu einer skeptischen Lesart der Geschichte der Erziehung, haben Bedenken vor allem gegenüber der Vergangenheit von Institutionen, wie sie uns in der Heimerziehung begegnen. Aber auch diese läßt sich von der angedeuteten Tradition nicht trennen. Sie steht in einem praktisch wirksam gewordenen Begründungszusammenhang, der das Aufwachsen am anderen Ort als Bedingung der Möglichkeit nicht nur für gesellschaftlichen Fortschritt, sondern für die Humanisierung des Individuums begriffen hat. Dabei ist ein weiter Bogen zu spannen, der die klösterliche Erziehung im Mittelalter, die Fürstenerziehung, sehr viel später die Erziehungsanstalten des Philanthropismus, dann die Landerziehungsheime und die Internate des beginnenden 20. Jahrhunderts umfaßt (vgl.

WÜLLENWEBER 1931). Mehr noch: dieser Begründungszusammenhang für den Primat des anderen Ortes als unhintergehbarer Prämisse von Erziehung gilt auch für die Kibbutzerziehung, vielleicht sogar für die lebensreformerischen Projekte, denen wir heute im alternativen Spektrum begegnen.

• Gerade die letztgenannten lassen sich von einer dritten Argumentationslinie nicht trennen, die zugleich eine neue Dimension eröffnet: PESTALOZZI hat im Konzept seiner Erziehung der Armen mit dem Begriff der Wohnstube dem pädagogischen Ort eine zentrale Rolle dabei zugesprochen, daß diejenigen, die gesellschaftlichen Verelendungsprozessen ausgesetzt sind, einen Ort benötigen, an welchem sie zunächst Sicherheit und Geborgenheit vor der zerstörerischen Gewalt der Gesellschaft finden, dann aber sich selbst entdecken und in der eigenen Geschichtlichkeit sich aneignen können. Der andere Ort, der pädagogisch installiert wird, ermöglicht die Emanzipation von einer Gesellschaft, die den Einzelnen nur sich selbst entfremdet. Er kann sich hier zu sich selbst bilden und gerade deshalb gegenüber der Blindwütigkeit der Gesellschaft befreien.

• Diese Idee hat - viertens - jene kritische Dimension pädagogischer Reflexion ermöglicht, die uns heute erst auf Umwegen wieder vertraut wird. Sie führt zur institutionenkritischen Perspektive, wie sie zu Beginn unserer Jahrhunderts etwa Karl Wilker in der Berliner Fürsorgeerziehungsanstalt Lichtenberg aufnimmt und verfolgt. Pädagogisches Handeln, so könnte man seinen Ansatz zusammenfassen, wird erst dort überhaupt möglich, wo gesellschaftlich vorgegebene Orte von den ihnen Zugewiesenen angeeignet werden können. Erst wenn die Mechanismen sozialer Determination durchbrochen sind, der vorhandene Ort von den Beteiligten selbst zu einem Lebensort umgestaltet und verlassen werden kann, sind Bildungsprozesse überhaupt erst möglich (vgl. WILKER 1987).

• Insbesondere die Reformpädagogik hat - fünftens - daraus die Konsequenz gezogen, auf die Gestaltung der Orte und ihre Gestaltbarkeit durch diejenigen besonderen Wert zu legen, welche an ihnen leben. Die Gestaltung pädagogischer Orte, des Kindergartens, der Schulräume, selbst Fragen ihrer Möblierung wurden zu zentralen Themen, weil bewußt wurde, daß die expliziten Curricula, selbst die direkte persönliche Einflußnahme für die Entwicklungs- und Lernprozesse der Kinder und Jugendlichen oft eine eher untergeordnete Rolle spielen. Freilich: die Heimerziehung haben diese Debatten schon nicht mehr berührt. Am Ende gingen die in ihnen entwickelten Perspektiven dem pädagogischen Diskurs insgesamt verloren; nur in Teilbereichen, etwa in der anthroposophischen Pädagogik, auch in Teilen der jüngeren Schulreformbewegung spielt der pädagogische Ort eine Rolle.

Gleichwohl: Dem pädagogischen Ort, so kann man den Befund dieser tour d'horizon durch die Geschichte der Pädagogik zusammenfassen, kommt eine zentrale Funktion dann zu, wenn es darum geht, das Projekt der Moderne, die in ihm möglich gewordene Humanität gegenüber seiner eigenen Dialektik zu verteidigen. Pädagogik hat hierbei eine Schlüsselstellung - die sie freilich nicht davor bewahrt, selbst totalitär zu werden. Dessen muß sie sich bewußt sein, doch kann sie sich der Aufgabe nicht entziehen, an diesem Projekt zu arbeiten.

3. Erziehung in der Heimerziehung

Die eingangs formulierte Behauptung lautete: Moderne Gesellschaften machen die Erziehung am anderen Ort notwendig. Aber, so könnte man einwenden, erfaßt dies überhaupt angemessen das Geschehen in der Heimerziehung? Anders gefragt: Was geschieht eigentlich mit Kindern und Jugendlichen, die nicht mehr in ihrer Herkunftsfamilie leben, sondern in der Pflegefamilie oder im Heim untergebracht sind? In der Regel stellt sich - mehr oder weniger deutlich ausgesprochen - diese Frage, wenn es um die eigentlich pädagogischen Probleme der Arbeit in den Einrichtungen geht. Die Antworten sind bekannt, auch wenn sie zumeist wenig befriedigen: Erziehung versucht, ein alltägliches Zusammenleben zu organisieren, das einerseits normal, d.h. auch so diffus und zugleich geordnet wie möglich, das andererseits im Blick auf die besonderen Bedürfnisse hin strukturiert ist, welche in der bisherigen Lebensgeschichte eines fremdplazierten Kindes entstanden sind. Doch nicht nur, daß dieses ganze Geschäft eines diffus-geregelten Zusammenlebens unter der doppelten Bedingung, eine Vielfalt von unklaren Rollen zu übernehmen und gleichzeitig - wie eine eher zweifelhafte Theorie fordert - authentisch zu sein, höchstwahrscheinlich unmöglich ist. Vielmehr bleibt das zentrale Problem, was denn an ihm überhaupt pädagogisch sei. Boshaft könnte man sagen, daß sich das Pädagogische des so beschriebenen Handelns gerade in der Unmöglichkeit zeigt, es präziser beschreiben und bestimmen zu können. Damit schafft man sich allerdings keine Freunde, denn dies bedeutet in letzter Konsequenz, daß Pädagogik sich gerade dadurch auszeichnet, daß wir sie nicht bestimmen, nicht fassen können. Pädagogik wäre dann gleichsam die organisierte Ungewißheit, die übrigbleibt, wenn alles andere ordentlich sortiert, aufgeräumt und per Honorarvertrag geregelt ist.

Aber möglicherweise besteht das Problem darin, daß die Frage falsch gestellt ist. Anders formuliert: Das Pädagogische der Heimerziehung läßt sich gar nicht - oder wenigstens nicht primär, vor allem nicht systematisch - an dem Geschehen im Heim erkennen. Dieses stellt nämlich stets eine komplexe, oft diffuse Verknüpfung von Aktivitäten dar, die sich überhaupt nicht eindeutig identifizieren und ressortieren, leider auch nicht qualifizieren lassen. Wir können zwar ethisch über sie urteilen, aber das Prädikat, hier würde kunstgerecht pädagogisch gehandelt, läßt sich nicht aussprechen.

Das mag und soll durchaus ernüchtern, zwingt zugleich zu einer genaueren Betrachtung. Diese führt zu dem eigentümlichen Befund, daß die Pädagogik der Heimerziehung früher beginnt, gleichsam vor dem Heim, vor der Pflegefamilie - und vielleicht in diesem Bereich vor den unmittelbar persönlichen Interaktionen auch schon wieder endet. Bevor wir die Kinder und Jugendlichen in einem Heim oder in einer Ersatzfamilie »erziehen« haben wir nämlich nolens volens, häufig vor allem ohne nachzudenken, schon etwas getan - zuweilen mit, wie Werner Freigang gezeigt hat, katastrophalen Folgen (vgl. FREIGANG 1986). Kurz: Pädagogisch sind die Entscheidungen und die Handlungen, mit welchen die künftigen Lebensbedingungen eines Kindes oder eines Jugendlichen dadurch festgelegt werden, daß sie gleichsam an einen Ort verfügt werden.

Um Mißverständnissen gleich hier vorzubeugen: Selbstverständlich überzeichnet diese Formel, weil sie eine vernachlässigte Dimension der Heimerziehung hervorheben will; sie unterschätzt keineswegs das personale Geschehen im Heim, sieht dieses allerdings auch nicht als systematisch zentral an. Dies hat empirische Gründe: Die Erfahrung in der Heimerziehung lehrt nämlich, daß gerade auch die persönliche Interaktion von den Versuchen der Beteiligten bestimmt wird, Räume festzulegen. Dies gilt noch in einem unmittelbar körperlichen Sinne, versuchen doch die Beteiligten, ihre Identität gleichsam an der Grenze der Haut zu definieren - sie wehren sich ihrer Haut. In der Interaktion mit Kindern und Jugendlichen im Heim wird deshalb mit Nähe und Distanz gespielt, nicht nur, um den räumlichen Abstand voneinander zu klären, sondern auch zunehmend »ausgreifende« Aktivitäten zu initiieren und zu ermöglichen (vgl. klassisch: MANNONI 1978). So geht es etwa in der Arbeit mit familiär traumatisierten Kindern oft darum, ihnen jenes Gefühl räumlicher Sicherheit zu verschaffen, das ihnen erlaubt, Distanz zu unserer Person zu finden, sich aus der Enge und »Raumlosigkeit« in der Beziehung zu uns zu lösen.

Worin gründet also dieser Verdacht, daß die Bestimmung des - wie das der Jurist so schön realistisch formuliert - regelmäßigen Aufenthaltsortes den Kern pädagogischer Aktivität in der Heimerziehung gibt? Eine prinzipielle Antwort darauf hat einmal SIEGFRIED BERNFELD mit der ihm selbst trivial erscheinenden Feststellung gegeben, »der soziale Ort ist ein Sektor dessen, was die Psychoanalyse als Realität bezeichnet. Gegebenenfalls wird diese Realität verinnerlicht und der soziale Ort wird dadurch zu einem Moment am Über-Ich« (BERNFELD 1969, S. 199). Diese eher kurze Bemerkung BERNFELDS zieht einigermaßen aufregende Konsequenzen nach sich. Systematisch gesehen hat er nämlich damit darauf hingewiesen, daß gerade die Erziehung, die sich nicht um gesellschaftliche Realitäten herummogelt, sondern diese zu ihrem eigenen Aufgabenfeld macht, sich mit der Bereitstellung von Orten zu befassen hat. Die pädagogische Qualität des Erziehungshandelns beruht also vornehmlich darin, bei der Entscheidung über die Lebensorte deren gesellschaftliche Organisiertheit reflexiv im Blick darauf zu verarbeiten, in welcher Weise sie die Entwicklungsprozesse beeinflussen (vgl. HÖRSTER/MÜLLER 1992, S.5). Bernfeld hat damit, wie andere seiner Zeitgenossen auch, deutlich gemacht, daß pädagogisches Handeln nicht aus gesellschaftlichen Zusammenhängen heraustreten kann, geschweige denn überhaupt darf, wenn es nicht den Realitätsimperativ verletzen will. Das spezifische Additum, das Erziehung von Sozialisation unterscheidet, besteht darin, daß die Gesellschaftliche Realität durch die Erziehungsaktivität gleichsam gebrochen wird, welche Orte für das Aufwachsen der Kinder und Jugendlichen zur Verfügung stellt.

Pädagogische Orte werden also doppelt determiniert, nämlich einerseits sozial, andererseits durch die Pädagogik, mithin durch das gesellschaftlich institutionalisierte Erziehungssystem und die in ihm vorfindlichen »pädagogischen« Denkformen: In gesellschaftlicher Hinsicht stellen sie nicht nur eine Sphäre sozialer Realität, sondern eine Möglichkeit dar, eben jene Sozialität überhaupt erst zu erfahren. Möglicherweise steckt genau hierin der Sinn jener von Oelkers als ideologisch kritisierten, vordergründig totalitären Erziehungsutopie: Als Reaktion auf die Entwicklungstatsache stand und steht neuzeitliche Pädagogik nämlich stets vor dem Problem, wie eine »Gesellschaft des Verschwindens« (vgl. BREUER 1992) jenen sichtbar gemacht werden kann, die in diese Gesellschaft eintreten. Weil die sich selbst als modern interpretierenden Gesellschaften Komplexität, Vielfalt, Differenz, die Gleichzeitigkeit des Ungleichzeitigen, auch die Unsichtbarkeit als Gesellschaft auszeichnen, bedarf es der Verfahren des »Sichtbarmachens«. Moderne Gesellschaften müssen didaktisch inszeniert werden. Schon der »Orbis pictus« des Comenius, später etwa die Kupertafeln in Basedows Elementarwerk geben davon Zeugnis. Aber wie soll man Soziales evident machen - selbst wenn dieses, wie Durkheim behauptet, dingliche Qualität hat? Der pädagogische Ort setzt hier durch seine Begrenztheit eine Differenz, die es in einer entgrenzten Gesellschaft nicht mehr gibt, die man aber benötigt, um überhaupt den Blick auf diese gewinnen, Orientierung in ihr und die eigene Souveränität finden zu können. (Dabei läßt sich freilich nicht vermeiden, daß der begrenzte Erziehungsort in einer potentiell »offenen« Gesellschaft totalitär erscheinen muß, da er die sozial »unmögliche« Erfahrung der Grenze überhaupt erst vermittelt.)

In den Gesellschaften der Gegenwart wird dieses Problem offensichtlich dadurch dramatisch, weil in ihnen die letzten, gleichwohl sozialisatorisch eminent wirksamen ständischen Relikte verschwinden, die insbesondere im familiären Zusammenhang noch wirksam waren (vgl. BECK 1986). Die modernen Gesellschaften selbst gefährden gleichsam aus internen Gründen ihre eigene Reproduktion durch die Sozialisation ihrer Mitglieder. Weil sie Freiheit zum Sozialprinzip gemacht haben, bedürfen sie einer systematisierten pädagogischen Aktion, die mindestens als Kompensation für den Verlust traditionaler Lebenswelt, pädagogische Orte begründet. Wenn Entwicklungsprozesse gelingen sollen, wenn Kindern und Jugendlichen ein Aufwachsen in Vernunft möglich sein soll, benötigen sie die Differenz des Ortes, der ihnen doch zugleich die Freiheit sichert, welche ihre eigenen Bildungsprozesse verlangen.

Natürlich drängt sich als Einwand die Frage auf, warum es sich um pädagogische Orte handeln muß. Tatsächlich gründet die zweite Konstitutionsbedingung pädagogischer Orte in der empirischen Faktizität eines Erziehungssystems, das sich selbst pädagogisch reflektiert, mithin die Annahme anerkennt, daß die Unterstützung von Entwicklungsprozessen, kurz: Erziehung für das Leben in Gesellschaften gebraucht wird. Unter der Prämisse, daß Erziehung geschieht, somit auch nötig ist[1] und in bestimmter Weise, »rational« gestaltet wird, lassen sich »technische Verfahren« für diese kaum vermeiden. Es geht dann darum, wie unter den gesellschaftlichen Bedingungen Erziehung realisiert werden kann. Auch in dieser Hinsicht haben moderne Gesellschaften eine neue Qualität gewonnen, weil sie Entwicklungsprozesse ohne institutionelle Sicherung des Ortes offensichtlich zwar nicht mehr zulassen, neuerdings aus materiell-existenzbedrohenden Gründen, sowie aus solchen der - im weitesten Sinne - kulturellen Veränderungen, insbesondere der individuellen Freisetzungsprozesse dringend verlangen. Überspitzt formuliert könnte man das Problem so formulieren: Weil moderne Gesellschaften schon immer mit Pädagogik rechnen, muß diese heute gleichsam als Element einer sozialen Infrastruktur die ihr gesellschaftlich zugeordneten Aufgaben übernehmen. Und dies bedeutet, daß sie Orte bereitstellt, an welchen die gesellschaftlich »unmöglich« gewordene Sozialisation rekonstruiert wird.

Pädagogisches Handeln als Ortshandeln kennzeichnen daher verschiedene Spannungen:

• Einerseits legt die Wahl des Ortes in doppelter Hinsicht fest, wie wir uns entwickeln können. Als Auswahl gegenüber anderen gesellschaftlich möglichen (oder auch dem Individuum unmöglich gewordenen) Orten markiert sie Wege oder zumindest Stationen der Lebensgeschichte; die Wahl des Ortes prägt die Topographie des Sozialen, in welcher sich ein Individuum biographisch bewegt. Das verlangt pädagogische Entscheidungsprozesse, die in der traditionellen Terminologie von Behütung, Gegenwirkung und Unterstützung diskutiert werden können. Indem durch die Grenze des Orte eine Differenz sichtbar wird, tritt allerdings auch die Kontingenz des gewählten Ortes hervor[2]. Gerade an der stationären Unterbringung beobachten wir dies als ein unmittelbar konkretes Problem: Wir können uns nämlich immer vorstellen, daß eine andere Unterbringungsform für das Kind denkbar ist. Dies ist insofern fatal, weil nämlich der pädagogische Ort in seiner ihm je eigenen Qualität, als ausgewählter, somit besonderer die Entwicklungs- und Lernprozesse inhaltlich bestimmt. Er stellt einen Erfahrungs- und Lerninhalt dar, den sich das Individuum in seinem eigenen Fortgehen erst einmal aneignen kann. Sowohl in dem Vorgang der Auswahl des Ortes, wie auch durch den ausgewählten Ort selbst bricht sich also jene gesellschaftliche Realität, die den Inhalt des pädagogischen Geschehens ausmacht.

• Andererseits aber operiert ein pädagogisches Handeln, das mit dem Begriff des Ortes anhebt, sich also selbst als ein Ortshandeln versteht, unter einer entscheidenden Prämisse: Wer die Erziehung eines Kindes oder eines Jugendlichen als Bereitstellung eines Ortes sieht, der rechnet sowohl mit der Selbsttätigkeit des Kindes und des Jugendlichen, wie aber auch damit, daß sich diese durch ihre eigenen Aktivitäten entwickeln und verändern. Systematisch setzt also der pädagogische Ortsbegriff voraus, was man mit dem Ausdruck »Subjektivität« bezeichnen kann. Wer zu erziehen versucht, indem er dem Subjekt einen Ort zugänglich macht, umgeht die Dilemmata, in welchen jede Erziehung steckt, die Subjektivität durch persönliche Einflußnahme zu wecken versucht. Diese setzt sich bekanntlich dem nicht bloß ethischen Einwand aus, daß sie in der persönlichen Einflußnahme wenigstens tendenziell die Subjektivität des Einzelnen infrage stellt. Vielmehr muß sie auch mit dem Einwand rechnen, der eine der wichtigsten Erfahrungen einer jeden Heimerzieherin, eines jeden Heimerziehers widergibt. Dem Einwand nämlich, daß wir eigentlich nie wissen, ob und inwiefern wir zu den Kindern und Jugendlichen durchdringen, sie durch unsere Aktivitäten beeinflussen. In der Sprache der jüngeren Systemtheorie formuliert: Wir müssen davon ausgehen, daß Kinder autopoietische Systeme sind, die ihre Entwicklungsprozesse selbst steuern, dabei nicht unmittelbar beeinflußt werden können, sondern nur durch Eigenresonanzen auf ihre Umwelt reagieren. Wir haben also in der Heimerziehung stets nur mit indirekten Wirkungen zu tun, die im Grunde durch die Kinder und Jugendlichen selbst erzeugt werden, wenn sie sich mit den Bedingungen auseinandersetzen, die wir gleichsam vor ihnen ausbreiten. Das Verständnis des pädagogischen Handelns als eines Ortshandelns trägt genau dem Rechnung. Es versucht gar nicht mehr, die Illusion aufzubauen, wir könnten persönlich die Kinder und Jugendlichen verändern, sondern gibt sich eher bescheiden. Diese sind es selbst, die sich verändern - wir haben nur die Voraussetzung geschaffen, indem wir ihnen einen anderen Platz zugänglich gemacht haben, als sie bisher ihn finden konnten.

Pädagogisches Ortshandeln legt also kein bestimmtes Handeln seitens der Kinder und Jugendlichen fest, sondern stellt ein Angebot dar, das diese selbst wahrnehmen, selbst aneignen und zugleich durch eigene Aktivitäten ausfüllen müssen. Insofern können Orte Entwicklungsrichtungen zwar zeigen, aber nicht lenken; sie haben mit offener Zukunft zu tun: Wo die Beteiligten am Ende hingehen, müssen sie selbst entscheiden - und die wirklich aufregenden Berichte über Heimerziehung dokumentieren zumeist das manchmal fassungslose Staunen der Beteiligten darüber, was die Kinder und Jugendlichen anrichten, wenn ihnen erst einmal ein Ort zur Verfügung gestellt wurde, den sie durch ihr eigenes Handeln ausfüllen können: Natürlich ziehen sich manche in Ecken zurück, versuchen dem Druck zu entgehen, der auf ihnen lastet, wenn sie selbst einen Lebensort ausfüllen können; und natürlich reagieren die Beteiligten zuweilen mit erschreckenden Ausbrüchen, mit einer geradezu destruktiv wirkenden Aggressivität, wenn sie einen Raum gefunden haben. Sie explodieren gleichsam, versuchen ein Territorium in der ihnen größtmöglichen Eile zu markieren, Spuren zu legen, die sie bei ihrem künftigen Handeln selbst verfolgen wollen. Aber: das sind nicht nur Zeichen wiedererwachender Selbsttätigkeit, sondern auch Belege dafür, daß das pädagogische Handeln, das sich am»anderen Ort« gleichsam materialisiert, ihnen die Chance gibt, ihr bisheriges Leben und ihr künftiges Leben aus einer Perspektive wahrzunehmen, die sie bisher noch nicht kannten.

Daß pädagogisches Handeln als Ortshandeln ein immenses Risiko birgt, darf nicht verschwiegen werden. Mindestens Gesellschaften mit einem großen Kontrollbedürfnis werden keine Orte zur Verfügung stellen, an denen sie nicht sogleich ein persönliches Kontrollsystem errichten. Denn wie die Kinder und Jugendlichen ihr Leben weiterführen, für welchen Weg sie sich entscheiden, ist weitgehend ihre Sache. Was wir dabei mit ihnen tun können, sollte weniger als pädagogische Aktivität, sondern mehr als eine Beratung, vielleicht besser noch als eine Begleitung beschrieben werden - als eine Begleitung, die sich nicht nur darüber bewußt sein muß, daß sie gelegentlich ziemlich lästig fällt, am Ende sogar allein zurück bleibt - und möglicherweise nicht einmal mehr den Schirm in der Hand hält, mit der wir den anderen zu schützen versuchten. Als eine Begleitung auch, die nicht zuletzt darin besteht, daß wir mit den Kindern und Jugendlichen in Verständigungsprozesse über eine Welt eintreten, welche sie zunächst am angebotenen Ort, dann von diesem aus erobern können.

Darin deuten sich Maßstäbe an, nach welchen die Orte ausgewählt und gestaltet werden können, ja sogar müssen, soll nicht der Prämisse der Subjektivität widersprochen sein. Darin liegt ja die Pointe des Arguments, daß das »Ortshandeln« als ein pädagogisches Handeln nur als Ermöglichung von Subjektivität, als Ermächtigung des Subjekts zur selbsttätigen Aktivität gelingen kann. Vor dem Hintergrund der oben skizzierten pädagogischen Argumentationslinien lassen sich dabei mindestens sechs Kriterien denken, denen ein pädagogischer Ort, mithin auch die Pädagogik der Heimerziehung zu gehorchen haben:

- Erstens muß das pädagogische Ortshandeln Sicherheit und Schutz, Geborgenheit, Versorgung bieten. Man mag - mit Bernfeld - einwenden, daß so einer Rentnermentalität Vorschub geleistet wird. Doch die unübersehbaren existentiellen Notsituationen, denen Kinder und Jugendliche ausgesetzt sind, auch ihre Bedrohung durch Gewalt und Mißbrauch machen dieses erste Kriterium unverzichtbar.

- Zweitens: Pädagogische Orte zeichnet aus, daß sie - um einen Ausdruck von CHRISTINA und ERNST-ULRICH VON WEIZSÄCKER aufzunehmen - fehlerfreundlich sind. Sie können dies, indem sie Raum und Zeit gewähren, um in der eigenen Entwicklungsarbeit Vor- und Rückschritte machen zu können, Nebenwege zu gehen, Ausflüchte wahrzunehmen - das ist durchaus konkret noch in dem Sinne zu verstehen, der Heime früher dazu veranlaßt hat, einen Bauernhof für Kinder und Jugendliche anzugliedern, die sich - wie man heute sagen würde - einmal ausklinken wollen.

- Drittens: Pädagogische Orte dienen oft als Ruhezonen, aber sie lassen sich kaum als Moratorium gegenüber der Vergangenheit bestimmen. An ihnen muß der Blick auf eine offene Zukunft möglich werden; Orte haben also Perspektiven zu schaffen. Dabei bleibt freilich eine Spannung zwischen Kontinuität und Bruch virulent. Doch während die pädagogische Debatte in der jüngeren Zeit dazu tendiert, das Moment der biographischen Kontinuität, der Milieunähe, auch der weichen Übergang von einer Lebenssituation zur anderen zu betonen, stellen die anderen Orte durchaus den Bruch in den Vordergrund, insistieren also auf einen Neuanfang. Das birgt Belastungen, für die Ressourcen bereitgestellt werden müssen. Aber: Kinder, Jugendliche, menschliche Entwicklungsprozesse überhaupt benötigen auch die Differenz des ganz anderen. Sie brauchen Herausforderungen, an denen sie sich abarbeiten können. Das bedeutet übrigens - wie schon Anton Makarenko hervorgehoben hat-, daß wir uns davor hüten müssen, den einen Ort auf Dauer zu stellen. Pädagogische Orte stehen eher in einer Reihe. Denn

- viertens: Pädagogische Orte müssen Entwicklungs- und Lernprozesse ermöglichen. Das können sie nur, wenn man an ihnen selbst etwas Neues erfahren, dazulernen kann. Insofern müssen sie offen für Auseinandersetzungen, für Aneignungsprozesse sein. Sie dürfen gerade keine totalen Institutionen sein, sondern müssen stets als Räume konstruiert sein, die nicht nur von den Beteiligten selbst gestaltet werden, sondern auch das Hinausgehen erlauben.

- Fünftens: Pädagogische Orte müssen also nicht nur nach innen, gegenüber den Aneignungsbemühungen und den Artikulationsformen der Kinder und Jugendlichen offen sein, sondern stets auch die Chance bieten, von ihnen aus andere Orte aufzusuchen. Das Spiel zwischen Innen und Außen, zwischen Weggehen und Zurückkommen ist konstitutiv für sie. Ein hermetisch umgrenzter Ort kann kein pädagogischer Ort sein, weil er eben gerade nicht die Station auf einem Weg darstellt; noch verheerender wirken sich aber die »zynischen Orte« aus, welche durch Glastüren und Fenster den Blick nach außen freigeben und zugleich doch versperrt bleiben. Aber: pädagogische Orte dürfen nicht bloß - wie einmal Anne Frommann gesagt hat - ein gutes Haus, ein Gasthaus auf einem biographischen Weg sein. Pädagogische Orte sollten vielmehr in irgendeiner Weise eine Wiederkehr erlauben; sie bedürfen einer topographischen Verbindlichkeit. Vielleicht läßt

sich der pädagogische Ort dabei nicht von dem trennen, was wir als Heimat empfinden.

- Sechstens: Das hängt damit zusammen, daß pädagogische Orte ein soziales Leben, einen sozialen Zusammenhang bieten müssen, der von den Beteiligten als
lebensgeschichtlich relevant, als Element einer empirischen Sozialisation erfahren werden können. An pädagogischen Orten sollte man sich in einer Gemeinschaft selbst aneignen können, die Regeln entwickelt und verbindlich macht, die
in uns jene Moralität schafft, welche die modernen Gesellschaften zunehmend
verweigern. Pädagogische Orte haben somit auf elementare Weise mit einer Art
republikanischen Zusammenlebens zu tun; sie sind immer Orte für Kollektive,
Kinderrepubliken, Jugendgemeinschaften, für die Gemeinde der Minderjährigen,
die sich selbst eine Ordnung und Gesetze gibt, welche unabhängig von den Erwachsenen verwirklicht wird. Pädagogische Orte sind erst dann pädagogische
Orte, wenn sie eine moral community begründen, mehr als das: wenn an ihnen
Solidarität erfahren und eingeübt wird, vielleicht sogar eine Art staatsbürgerli-
cher Gesinnung entsteht. Die pädagogischen Orte, daran besteht kein Zweifel,
werden in Zukunft ihre Bedeutung besonders darin haben, daß sie Demokratie
erfahren lassen.

Man kann die hier angestellten Überlegungen als eine arg triviale Theorie, vor allem
aber als eine Apologie der traditionellen Heimerziehung schelten. Fremdplazierung
hieß ja immer, Kinder oder Jugendliche an einen anderen Ort zu bringen, sie zu
zwingen, sich mit diesem auseinanderzusetzen. Aber: Die Wirklichkeit der Fremdplazierung besteht meist gar nicht darin, den Raum zur Verfügung zu stellen, sondern die Kinder und Jugendlichen Personen auszusetzen. Natürlich ist das unvermeidlich, weil Erziehung immer auch ein personales Geschehen ist. Aber sie ist nicht
bloß das, sondern auch und vielleicht sogar primär der Versuch, Kindern und Jugendlichen die Erfahrung zu ermöglichen, daß sie selbst etwas ausgestalten können,
um selbst eine Orientierung und einen Weg ins Leben zu finden. Dazu gehört Mut,
viel Mut sogar.

   Möglicherweise liegt im Fehlen dieses Mutes, auch des Vertrauens in die Kinder und Jugendlichen sogar das entscheidende Defizit der jüngeren Veränderungen
im Bereich der stationären Unterbringung. Die Reformen der Heimerziehung werde
nämlich vor allem als eine Strategie der Personalvermehrung betrieben, haben damit
die Beziehungsgeflechte dichter, ja erstickender gemacht. Hinzu kommt die Tendenz, aus einer Art Kindheitsmythos heraus ständig die Bedingungen am Ort zu verbessern. Nur wenige wagen es, unfertige Räume zu übergeben, die Situationen von
ihnen selbst bestimmen zu lassen. Kinder und Jugendliche sind aber erstaunlich ge-
nügsam, wenn man ihnen die Chance gibt, an sicheren Plätzen ihre eigenen Lebensformen zu entwerfen und zu realisieren. Wenn sie überleben und Pädagogen ihnen
dabei zur Seite stehen wollen, werden sie jenes zuallererst die dafür nötigen Räume
sichern, Erziehung als Ortshandeln betreiben müssen - auch um den Preis, daß Kinder und Jugendliche mit Orten der Armut konfrontieren werden. Das mag einmal
mehr wie eine der frommen Lügen der Pädagogen klingen. Doch die Dramatik der
Situation besteht darin, daß keine andere Chance besteht. Denn die Gesellschaft der
Moderne ist für ihre Kinder und Jugendlichen selbst utopisch geworden - eben des-

halb brauchen sie Topoi, Plätze, Orte, Räume, die ihnen gehören, über die selbst verfügen auf dem Weg ins Leben.

Anmerkungen

1 Diese Reihenfolge ist beabsichtigt, um die Möglichkeit anzudeuten, daß Erziehung nicht anthropologisch, sondern sozial begründet ist, mithin auf die Existenz eines Erziehungssystem zurückzuführen ist, das vielleicht gar nicht aus pädagogischen Gründen, sondern vielmehr etwa aus solchen gesellschaftlicher Differenzierung entstanden ist.

2 Deshalb irrt OELKERS, wenn er dem pädagogischen Interesse an Orten vorwirft, es würde sich gegen die Vielfalt, auch gegen die Kontingenz der Moderne wenden (OELKERS 1993, S. 642 f.). Das Gegenteil ist der Fall: Die Pädagogik wird gerade mit dem Interesse am Ort modern, weil sie so die Differenz und die Kontingenz zum Thema macht.

Literatur

BECK, U.: Risikogesellschaft. Auf dem Weg in eine andere Moderne. Frankfurt a. M., 1986.

BERNFELD, S.: Der soziale Ort und seine Bedeutung für Neurose, Verwahrlosung und Pädagogik. In: SIEGFRIED BERNFELD: Antiautoritäre Erziehung und Psychoanalyse. Ausgewählte Schriften, Bd. 1, hrsg. v. L. v. WERDER u. R. WOLFF. Frankfurt a. M., 1970, S. 198-211.

BÖHNISCH, L., MÜNCHMEIER, R.: Pädagogik des Jugendraums. Zur Begründung und Praxis einer sozialräumlichen Jugendpädagogik. Weinheim und München, 1990

BREUER, S.: Die Gesellschaft des Verschwindens. Von der Selbstzerstörung der technischen Zivilisation. Hamburg, 1992.

FREIGANG, W.: Verlegen und Abschieben. Zur Erziehungspraxis im Heim. Weinheim und München, 1986

HÖRSTER, R., MÜLLER, B. (Hrsg.): Jugend, Erziehung und Psychoanalyse. Zur Sozialpädagogik SIEGFRIED BERNFELDS. Neuwied u.a., 1992

MANNONI, M.: Ein Ort zum Leben. Die Kinder von Bonneuil. Frankfurt am Main, 1978

MOCH, M.: Um die Ecke ein zweites Zuhause. Familienergänzende teilstationäre Erziehungshilfe im Lebensfeld. Eine Untersuchung an einem Modellprojekt. Dissertation, Tübingen, 1989

OELKERS, J.: Erziehungsstaat und pädagogischer Raum: Die Funktion des idealen Ortes in der Theorie der Erziehung. In: Zeitschrift für Pädagogik, 39. Jg., 1993, S. 631-648

RAUSCHENBACH, T., GÄNGLER, H. (Hrsg.): soziale Arbeit und Erziehung in der Risikogesellschaft. Neuwied u.a., 1992

SCHULZE, G.: Die Erlebnisgesellschaft. Kultursoziologie der Gegenwart. Frankfurt a. M./New York, 1992

WINKLER, M.: Eine Theorie der Sozialpädagogik. Stuttgart, 1988

WINKLER, M.: Normalisierung der Heimerziehung. Perspektiven der Veränderung in der stationären Unterbringung von Jugendlichen. In: Neue Praxis, 20. Jg., 1990, S. 429-439

WÜLLENWEBER, F.: Dessau und Ifferten. Eine Struktur-Studie zur Theorie der pädagogischen Internate. Inaugural-Dissertation zur Erlangung der Doktor-Würde der Hohen Philosophischen Fakultät der Georg-August-Universität in Göttingen. Langensalza, 1931.

Wendy H. Buysse

The Relationship between Social Networks, Social Support and Problem Behaviour of Adolescents in Care

Verhaltensprobleme junger Menschen im Kontext ihrer sozialen Netzwerke

Soziale Unterstützung und Konflikte in Beziehungen zu Personen aus dem sozialen Netzwerk spielen in der normalen Entwicklung eine Rolle. Während des Jugendalters erfährt das soziale Netzwerk Veränderungen: Gleichaltrige werden wichtiger, aber sie ersetzen nicht die Eltern. Einige Jugendliche kommen wegen ihrer Verhaltens-probleme in Erziehungsheime. In diesem Beitrag beschreiben wir, wie das soziale Netzwerk von 84 kurz zuvor in Erziehungsheime aufgenommener Jugendlicher vor ihrer Aufnahme aussah, von wem sie Unterstützung erhielten und welche Beziehungen konfliktbeladen waren. Daneben gehen wir auf die korrelierende Beziehung zwischen diesen Netzwerkkennzeichen und internalisierten und/oder externalisierten Verhaltens-problemen der Jugendlichen ein. Wir fanden vor allem einen Zusammenhang zwischen negativen Aspekten in den Beziehungen zu Personen aus dem sozialem Netzwerk und Verhaltensproblemen.

1. Introduction

In recent years social networks and social support of adolescents have been receiving increasing attention. As children enter the period of adolescence, peers begin to make up a larger portion of their social networks but do not displace or supplant family ties. The social support which adolescents derive from their social network has a positive influence on well-being and is an important source of protection against the negative effects of life stress or on psychological adjustment. The supportive involvement of family, friends and neighbours appears to be effective in buffering day-to-day tensions and strains (see e.g. BELLE, 1989; SALZINGER, HAMMER & ANTROBUS, 1988; HURRELMAN & ENGEL, 1990). Social support seems to be an important resource for normal development. Not all social ties are supportive. Relationships can clearly be sources of stress as well as support. Evidence suggests that the adverse effects of negative interactions on well-being often exceed the beneficial effects of positive interactions. Social network members may also reinforce or encourage harmful or anti-social behaviour (see e.g. WHITTAKER in VAN DER PLOEG ET AL, 1992).

Adolescents in a residential treatment centre are placed there because they have developed behaviour problems. This raises the following questions:
- How were their social networks composed before they entered care?
- From whom did they perceive support before they entered care?
- Which relationships were perceived as conflictual before they entered care?
- Is there is a relationship between their behaviour problems on the one hand and their social network, perceived social support and perceived conflict on the other?

In this contribution we examine the above mentioned questions by presenting some preliminary results from a research project concerning the significance of social networks to adolescents with behaviour problems, which is currently being carried out in the Department of Special Education and Child Care at Leiden University.

2. Method

2.1 Subjects

The group under study was composed of 49 boys and 35 girls (12-18 years old) who had been placed in thirteen different residential treatment centres in the Netherlands. At the beginning of the data collection the adolescents had resided in the institution an average of 2 months and had an average age of 14.4 years (sd=1.4). Before placement in the current institution, 40.5% had lived in another residential setting, and 9.5% had lived with a foster family.

2.2 Materials

A semi-structured interview was developed, consisting of questions concerning the adolescent's background, problems and social relationships in the 6 months preceding admittance to the current treatment centre. To map the social networks and to measure perceived support and perceived conflict, we used an adapted version of the social network map and social network grid (Tracy & Whittaker, 1990). The adapted social network map plots network members who are perceived as important. The map distinguishes eight sectors of the social environment of the adolescent: family, extended family, friends, school/work, clubs, neighbours, professional care workers and residential group. The accompanying social network grid records information about the supportive and nonsupportive functions of 12 categories of network relationships. This information consists of, among other things, the adolescent's ratings (on a three-point scale) of perceived concrete support, perceived emotional support and perceived conflict in relationships with particular network members listed in the social network map: mother, father, sibling, grandparent, extended family member, boy/girlfriend, friend, teacher, professional care worker, peer from the residential group, stepmother and stepfather. Internalizing and externalizing behaviour problems were measured with the Dutch version of the Child Behaviour Checklist; the residential social workers completed the version designed for parents (CBCL) (Verhulst, 1990).

3. Results

We limit ourselves to presenting some preliminary results concerning the first interview, which provided information about the six months preceding admission to the treatment centre. We provide descriptive information about the composition of the social network, perceived concrete and emotional support and perceived conflict;

and we present the results of an exploratory analysis of the interrelations between the network variables and behaviour problems for boys and girls separately.

3.1 Composition and size of the social network

On average, the adolescents in the research group had social networks consisting of 16.3 people in the six months preceding their move to the residential treatment centre. Girls had significantly larger networks than boys, 19.1 persons on average compared to 14.4 (t=-2.21, df=82, p<.05). Most of these persons fell in the sectors 'family', 'extended family' and 'friends' (see figure 1).

Nevertheless, 4.8% of the adolescents left the sector 'family' empty; 9.5% mentioned no friends and 28.6% listed no extended family as important network members. The group of adolescents who had lived in another residential setting before the current one placed, as can be expected, significantly more professional care workers (t=-3.22, df=53.90, p<.01) in the network map. Girls also placed significantly more persons in the sector neighbours (t=-2.18, df=48.34, p<.05). We found a significant relationship between age and the number of extended family members placed in the social network map for both boys (r=-.39, p<.05) and girls (r=-.28, p<.05). Older adolescents named fewer extended family members. The older girls also reported a significantly smaller network than the younger girls (r=-.37,p <.05).

Figure 1: Average number of persons placed in the 8 sectors of the social network map. Differences between boys and girls.

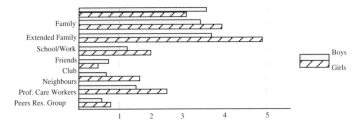

In table 2 the significant Pearson correlation coefficients between behaviour problems on the one hand and composition of the social network on the other hand are listed separately for boys and girls. For the two main syndromes of behaviour problems, externalizing and internalizing behaviour, we found three significant correlational relationships. Boys and girls with more internalizing behaviour problems placed more professional care workers in the network map. On the other hand we found a negative correlation between number of friends listed and externalizing behaviour problems for girls: the higher the score for externalizing behaviour problems the fewer friends were listed.

3.2 Perceived social support

Before discussing perceived sources of concrete and emotional support, we want to emphasize that not all the adolescents named important network members in all 12 categories. Mother, friend, sibling and professional care worker were the most frequently filled categories. It was only when a particular network member was placed in the social network map that questions were asked about the supportive functions of and conflict in the relationship. The number of adolescents who filled the 12 categories is presented in table 1. (Results presented only account for the subgroups of adolescents actually filling the particular category).

We also see in table 1 that on average the adolescents in our sample perceived slightly more emotional support than concrete support. The most important sources of concrete as well as emotional support were friends and parents. Teachers, stepparents, siblings and extended family scored lowest on concrete support; and teachers, extended family and siblings received the lowest ratings for emotional support. Overall the girls perceived more emotional support than the boys (t=-2.08, df=82, p<.05). Furthermore, the girls perceived more emotional support from their grandparents than the boys (t=-2.24, df=49, p<.05). No other significant differences were found in perceived concrete and emotional support between boys and girls in the sample.

Table 1: *Perceived support from and perceived conflict with network members: Average scores* for boys and girls together*

network member	n	concrete support		emotional support		negative aspects	
		m	sd	m	sd	m	sd
mother	77	1.5	0.8	1.6	0.7	1.1	0.8
father	47	1.5	0.7	1.5	0.7	0.9	0.8
sibling	71	1.0	0.8	1.2	0.8	0.8	0.6
grandparent	51	1.3	0.8	1.4	0.8	0.2	0.5
extended family	49	1.2	0.8	1.2	0.8	0.3	0.6
boy/girl friend	32	1.6	0.8	1.7	0.6	0.3	0.5
friend	74	1.5	0.7	1.7	0.6	0.3	0.5
teacher	44	1.0	0.8	1.2	0.8	0.5	0.6
professional care worker	65	1.2	0.8	1.5	0.7	0.3	0.6
peer living group	23	1.5	0.7	1.5	0.8	0.6	0.7
stepmother	18	1.2	0.9	1.6	0.7	0.7	0.8
stepfather	38	1.3	0.8	1.3	0.8	0.7	0.7
sum score all network members	84	9.2	3.6	10.1	4.3	3.9	2.1
* scores on a three-point scale:		0= almost never		1= sometimes		2= almost always	

We found few correlational relationships between behaviour problems and perceived social support (see table 2). Girls with more internalizing behaviour problems perceived less concrete support from their mothers, whereas girls with more externalizing behaviour problems perceived more concrete support from professional care workers. Boys with externalizing problems, in contrast, perceived less emotional support from professional care workers.

3.3 Perceived conflict

In evaluating their social network in the 6 months preceding their placement in the treatment centre, the adolescents perceived their relationships with parents, step-parents and siblings, as far as they had contact with them, as most conflictual (see table 1). Boys had on average more conflicts with their siblings than did girls (t=3.36, df=69, p<.01). In their relationships with friends, professional care workers, grandparents and other extended family, the adolescents perceived the least conflict.

Perceived conflict with network members showed more significant correlations with behaviour problems than did perceived support (see table 2). The higher the internalizing score and externalizing score, the more conflict boys perceived with professional care workers. For girls, on the other hand, higher scores for internalizing behaviour problems were correlated with more perceived conflict with fathers, and higher scores for externalizing problems with more perceived conflict with professional care workers and less with mothers.

Table 2: *Significant Pearson correlation coefficients between behaviour problems on the one hand and composition of the social network, perceived social support from and perceived conflict with network members, on the other.*

| | Internalizing behaviour problems | | Externalizing behaviour problems | |
	boys	girls	boys	girls
Social network map				
number of friends				-.39*
number of professional workers	.38**	.38**		
Perceived social support				
emotional support, professional care worker			-.33*	
concrete support, mother		-.46*		
concrete support, professional care worker				.49*
Perceived conflict with				
mother				
father		.54*		
professional care workers	.47**		.39*	.55**
*p<0,5 / **p<0,1				

4. Conclusion and discussion

The preliminary results show that the social network of adolescents with behaviour problems in the six months preceding care was composed for the most part of kin and friends, with girls reporting a larger network than boys. Comparison with a reference group of adolescents without problem behaviour, which is currently underway, will show whether the social networks of adolescents in care differ in size and composition from those adolescents without behaviour problems. With this information professional care workers will be in a better position to implement interventions to mobilize and/or alter the social network of adolescents in care.

The most supportive relationships for the adolescents in our sample in the six months preceding care were relationships with friends and parents, insofar as they were listed as important network members. Relationships with parents were on the other hand also perceived as most conflictual. Apparently, then the adolescents' relationships with their parents were ambivalent, supportive on the one hand and conflictual on the other. Professional care workers should not only mobilize the support that is potentially in these relationships, but also pay attention to the negative aspects and adverse effects of these relationships. For instance, adolescents and their network members can be taught to cope with the conflicts they experience, and in some cases to change the character of their relationship.

We found that the more problematic the girls behaviour, the fewer friends they listed. This relationship was found for externalizing as well as internalizing behaviour problems, although it was not significant in the latter case. The same relationship was not found for boys with externalizing behaviour problems. In adolescence, usually peers become more important and social support from peers has a positive influence on identity development of adolescents. Thus it may be that girls with externalizing behaviour problems experience particular difficulties in gaining acceptance from peers. This would mean that girls with externalizing behaviour problems experience more abnormal socialization than boys with externalizing behaviour problems. Comparison of our sample with a reference group, without behaviour problems, will show whether this relationship can be corroborated.

Professional care workers played an important role in the social networks of the adolescents, even when the latter had not resided in a residential institution in the six months preceding admission to the current treatment centre. The more behaviour problems the adolescents had, the more professional care workers were listed. Adolescents with more internalizing problems seemed to have the strongest ties with care workers. Apparently professional care workers are perceived as more supportive by adolescents with internalizing problems. But we also found the higher the score for behaviour problems, the more the adolescent perceived conflict with care workers. This was especially the case for boys with both internalizing and externalizing behaviour problems. It is important that professional care workers be aware of their relevance for adolescents with internalizing problems. This is because adolescents do not stay in any residential institution indefinitely and departure from the institution often means that contact with care workers is cut off. Professional care workers need to take steps to ensure that the support they provide is found elsewhere after departure.

Further analysis of the data from our research project will help clarify the relationships between problem behaviour, social network, social support and personality variables such as self-esteem, locus of control and coping style.

References

BELLE (ed.): Children's social networks and social supports. New York, 1989

HURRELMAN, K. & ENGEL, U. (eds.): The social world of adolescents. International perspectives. New York/Berlin, 1989

PLOEG, J.D., VAN DER, BERGH, P.M., VAN DEN, KLOMP, M., KNORTH, E.J., SMIT, M. (eds.): Vulnerable youth in residential care. Part I. Social competence and social support. Leuven/ Apeldoorn, 1992

SALZINGER, S., ANTROBUS, J. & HAMMER M. (eds.): Social networks of children, adolescents, and college students. Hillsdale, NJ, 1988

TRACY, E.M. & WHITTAKER, , J.K.: The Social Network Map: Assessing Social Support in Clinical Practice. Families in Society: The Journal of contemporary Human Services, 1990, pp. 461-470.

VERHULST, F.C., KOOT, J.M., AKKERHUIS, G.W., & VEERMAN, J.W.: Praktische handleiding voor de CBCL (Child Behavior Checklist). Assen/Maastricht, 1990

Doris Bühler-Niederberger

Familien-Ideologie und Konstruktion
von Lebensgemeinschaften in der Heimerziehung

The Family Ideology and its Influence
on Residential Care

The relation structure of families was for a long time regarded as an ideal for residential care. At least during the last two or three decades institutions have been constructed approaching forms of familial relations. Criticism of residential care was deciding. It was a matter of practical work to construct new forms of residential care. This process was neither attended nor instructed by a theory of educational effects of various rela-tion structures. Elements of such a theory are introduced and approached to evaluate new constructions. This facilitates the recognation of problems of mixed concepts.

1. Einleitung: Das Beziehungsideal der Fremderziehung

Seit man die Erziehung von Kindern, die nicht in ihrer Herkunftsfamilie aufwachsen können, systematisch an die Hand genommen hat, machte man sich Gedanken über den sozialen Zusammenhang, in dem diese Kinder aufwachsen sollten: über die Art des Zusammenseins und der Zusammengehörigkeit der Kinder und der sie erziehenden Erwachsenen. Die Orientierung an Idealen ist unübersehbar. Die Bezeichnung von Einrichtungen der Fremdplazierung als Heim spricht für sich, die Bezeichnung des Leiters als Heimvater, die noch vor einigen Jahrzehnten gängig war, weist noch deutlicher auf das Ideal im Hintergrund. Das moderne Schlagwort vom Erziehen durch Beziehung ist kaum neutraler.

Bis in die jüngste Vergangenheit stellten allerdings die Versuche, Familien oder Lebensgemeinschaften eigens zum Zwecke der Fremderziehung zu schaffen, zumeist nur oberflächliche Ähnlichkeit mit den Idealen her. Man griff zwar häufig auf die Plazierung in Pflegefamilien zurück; eine Praxis, die auch noch in diesem Jahrhundert von ökonomischen Überlegungen, von Interessen des Kleingewerbes und Bauernstandes (Ausbildung und Ausnutzung kindlicher Arbeitskräfte), geleitet wurde (vgl. SAUER 1979). In der Konstruktion und Simulation beziehungsintensiver Formen des Zusammenseins aber blieb man vorerst bescheiden.

2. Die Konstruktion neuer Formen aus Kritik am Heim

Seit zwei bis drei Jahrzehnten entsteht eine ganze Palette von Konstruktionen, in denen das Zusammensein von Erziehern und Kindern je anders veranstaltet wird. Ideal und Muster der Planung sind Lebensgemeinschaften, besonders die Familie. Solche Konstruktionen bezeichnet man als Kinderhäuser, Wohngemeinschaften, Pflegenester, Großpflegefamilien, heilpädagogische Pflegestellen, Außenwohngruppen etc. Mit solch neuen Formen soll Mängeln der Heimerziehung begegnet werden. Kritikpunkte sind z.b.»Perspektivlosigkeit« von Beziehungen (KOMMISSION HEIMERZIEHUNG 1977: 62 ff.);»Lohnerziehertum« (RÖSSLER 1982); eine »künstliche Welt«, in der selbstverständliche Dinge geplant werden müßten (COLLA 1981); mangelnde Flexibilität in der Reaktion auf besondere Bedürfnislagen (PLANUNGSGRUPPE PETRA 1987). Die Kritik zielt mehr oder weniger direkt auf die Art, wie das Zusammensein zwischen Kindern und Erziehern im konventionellen Heim vorgesehen ist. Neu konstruiert werden Formen des Zusammenseins, die zuvor im Alltag unbekannt waren. Sie mischen Elemente verschiedener Formen des Zusammenseins und sollen so die Mängel der Vorlage »Familie« und der Vorlage »Heim« vermeiden (HANSELMANN/ WEBER 1986: 8).

Zahlreiche Beschreibungen von Institutionen mit neuen Beziehungsarrangements wurden publiziert, die zu insgesamt günstigen Beurteilungen gelangten, aber auch eine kritische Darstellung neuralgischer Punkte enthielten (z.b. BIRTSCH ET AL. 1980, MISCHKE 1981, WOLF/FREIGANG 1982, TEGETHOFF 1985, BLANDOW 1989, FORSCHUNGSGRUPPE KLEIN-ZIMMERN 1992). Diese Publikationen ermöglichen allerdings oft keine exakte Vorstellung von der Anordnung der Beziehungen in den neuen Institutionen. Sie setzen eine solche eher schon voraus. Es fehlen verbindliche Begriffe zur Darstellung der Beziehungsgefüge. Die Aufmerksamkeit auf das Beziehungsgefüge ist in erster Linie eine Angelegenheit der Praxis, die aus Unzufriedenheit mit organisationalen Formen zustande gekommen und stark an Idealen orientiert ist. Sie ist dagegen kaum Inhalt einer Theorie und Begrifflichkeit der Erziehung. Damit konnte weder eine systematische Planung noch Evaluation verschiedener Formen vorgenommen werden.

3. Elemente einer Theorie von Erziehungskontexten und Anwendung

Es können zwei Typen des Aufeinanderbezogenseins von Individuen kontrastiert werden: Familien und Organisationen. In beiden sind je andere Beziehungsregeln mehr oder weniger explizit vorgegeben, diese werden z. T. mit Sanktionen gestützt und leiten im Sinne von Orientierungen das Handeln der Beteiligten an. Auf vier Dimensionen lassen sich die beiden Typen kontrastieren (Abb. 1).

Abb. 1:   Organisationen und Familien - Kontrastierung

Organisation	Familie
Kündbarkeit	Dauerhaftigkeit
Schemenhaftigkeit	Körperlichkeit
Austauschbarkeit	Einmaligkeit
Explizitheit	Implizitheit

(aus: NIEDERBERGER/ BÜHLER-NIEDERBERGER, 1988, S. 47).

Die Systematik der Beziehungsformen wurde auf der Basis einer empirischen Untersuchung verschiedener Institutionen der Fremderziehung auf die obigen Dimensionen hin präzisiert und beschränkt (zur Untersuchungsanlage und Darstellung weiterer Formen vgl. Niederberger/ Bühler-Niederberger 1988). Im folgenden sollen die Probleme einer Mischform, die also Eigenschaften beider Typen aufweist, in diesem Raster analysiert werden. Damit soll gezeigt werden, daß der theoretische Rahmen sich eignet, erzieherische Institutionen im Hinblick auf folgende Punkte zu untersuchen:

1. erzieherische Möglichkeiten und Probleme von Kontexten mit unterschiedlichen Beziehungsregeln,
2. Erwartungen und Bedürfnisse, die solche Kontexte bei den Beteiligten aufkommen lassen, und
3. Ausmaß, in dem sie Erwartungen und Bedürfnissen gerecht werden.

Hier dargestellt werden Außenwohngruppen von Heimen, die stark an Familien orientiert sind. Solche und ähnliche Gruppen wurden in den siebziger und achtziger Jahren eingerichtet - unter verschiedenen Bezeichnungen.

Familiärer Anteil: Die untersuchten Wohngruppen entsprachen Familien, was das Zusammenleben im Alltag betraf. Erwachsene Betreuer (meist ein Ehepaar) und die ihnen zugeteilten Kinder, sowie allenfalls eigene Kinder, wohnten im selben Haus; für alle war dies der Ort, wo man aß, schlief, sich erholte, seine Bedürfnisse nach Geborgenheit und Zuwendung befriedigte, Tag für Tag. Die Einteilung und Benutzung der Räume war dieselbe, wie sie in den meisten Familien anzutreffen ist, d.h. ein eigener privater Bereich der Betreuer, in dem sie sich getrennt von den Kinder erholten, war kaum ausgegrenzt. Anders als die Erzieher im Heim besaßen die Betreuer dieser Abteilungen auch keine zusätzliche eigene Wohnung. Für die Arbeiten im Haushalt waren vor allem die Betreuer zuständig und nicht Hausangestellte. Das entsprach der Absicht, einen Alltag zu veranstalten, der durch die Befriedigung körperlicher Bedürfnisse geprägt ist, wie es typisch ist für die meisten Familien.

In diesem alltäglichen Zusammenleben wurden die unverwechselbaren Merkmale der einzelnen Mitglieder entscheidend. Die Betreuer lobten, daß man seinen Stil verfolgen könne und den einzelnen Kindern besonders gerecht werden könne. Auch die Heimverantwortlichen bestätigten das, wenn sie sagten, daß es in jeder dieser Abteilungen eine ganz eigene Stimmung gebe, je nach anwesenden Kindern und vor allem Betreuern, und daß dies stärker zutreffe als für herkömmliche Heimgruppen.

Zur Kennzeichnung der alltäglichen Situationen - soweit die Charakterisierung sich auf eine zeitliche Mikroperspektive beschränkte - waren damit die Begriffe Einmaligkeit und Körperlichkeit angemessen. Auch Implizitheit war zu konstatieren, in der Art, daß sich eine Vielzahl von Situationen ergab, in denen erzieherische Zwecke verfolgt werden konnten resp. mußten, ohne daß dazu noch eigens ein Anlaß hätte geschaffen werden müssen - die Situation war Anlaß genug. Zu denken ist hier etwa an Krankheit oder Müdigkeit von Betreuern (die ja nicht im Schichtrhythmus ausgewechselt wurden), die dann die Mithilfe oder immerhin Rücksichtnahme der Kinder verlangten. Zu denken ist aber auch einfach an Situationen wie Kochen, Essen usw., die z.B. verlangten, daß die verschiedenen Bedürfnisse aufeinander abgestimmt wurden.

Den Kinder genügte die Ähnlichkeit mit Familien, um die Abteilungen vorerst als Familie und die Betreuer als eine Art Eltern wahrzunehmen. Die Kinder erzählten gegenüber Außenstehenden, daß sie in einer Familie leben würden. Zu seiner Betreuerin sagte eines der Kinder, das erst wenige Wochen auf der Abteilung war, sie komme ihm nicht vor wie eine Erzieherin, eher schon wie eine Mutter. Auch die Betreuer orientierten sich am Bild der Familie, das zeigte die Reaktion der als »Mutter« identifizierten Erzieherin. Sie antwortete dem Kind, daß es sie sehr freue, dies zu hören. Gegenüber der Beobachterin wies sie darauf hin, wie außerordentlich motivierend ein solches Erlebnis sei.

Organisationaler Anteil: Die Einrichtungen waren nach einem organisationalen Plan konzipiert, ihre Familienähnlichkeit war das Produkt dieses Planes. Organisationen machen ihre Existenz nicht von Personen abhängig. Sie sichern ihren Bestand über die Anwesenheit bestimmter Individuen hinaus, und das wurde bei der Gründung der Außenwohngruppen angestrebt. Den Abteilungen lag ein Plan zugrunde, der den Zweck dieser Einrichtungen und die Anzahl vorgesehener Mitglieder festhielt. Entworfen wurde er von den Verantwortlichen des Heimes, zu dem die Außenwohngruppen gehörten. Die Personen selber wurden erst in einer zweiten Phase gesucht. Vorgesehen waren sie zunächst nur als Schemen, die dann durch eine definierte Anzahl von Personen ausgefüllt werden sollten. In der Sprache der Planer ausgedrückt: Es waren »Plätze« vorgesehen und »Stellen« eingeplant, »Indikationen« vorgesehen und für die Betreuer »Anforderungsprofile« und »Aufgabenhefte« formuliert. Damit konnte die Einrichtung auf absehbare Zeit in etwa konstanter Funktionsweise und Größe bestehen. Das so erreichte Bestandesprinzip einer Organisation wurde von der Heimleitung als Stabilitätsgarantie bezeichnet.

Die Problematik der Vermischung eines organisationalen und eines familiären Strukturtypus zeigte sich, wenn ein Mitglied die Einrichtung verließ. Soweit es die Kinder betraf, geschah dies in einer Abteilung mit fünf Kindern ein- bis zweimal jährlich. Gründe für einen Austritt waren zum Beispiel eine auswärtige Lehrstelle, Rückkehr zu den Eltern, das Erreichen von Selbständigkeit, u. U. auch Umplazierung, weil es in der Abteilung nicht ging. Damit wurde ein Platz frei, ein neues Kind rückte nach. Einmal ausgetreten verband die Kinder im Prinzip nichts mehr mit der Einrichtung, aus der sie kamen. Zwar war ein weiterer Kontakt nicht ausgeschlossen, aber er war auch nicht eigentlich vorgesehen. De facto fand er kaum statt.

Die Abteilungen entsprachen in dieser Hinsicht nicht den Bedürfnissen der Personen, die darin lebten. Die Kinder artikulierten andere Bedürfnisse und mehr als das: Sie waren sich sicher, auch andere Erwartungen hegen zu können. Die Betreuer berichteten, die Kinder seien zunächst wie selbstverständlich davon ausgegangen, daß es keine weiteren Eintritte gebe. Für die Kinder sei die Einrichtung verbunden gewesen mit den Leuten, die da waren. Sie hätten zuerst lernen müssen, daß es eben doch eine Art Heimgruppe sei. Dauerhaftigkeit der Zusammengehörigkeit und keine Austauschbarkeit der Mitglieder - das unterstellten also die Kinder. Sie taten das auch, soweit es die Betreuer betraf. So hatte eines der Kinder - schon bei der Besichtigung des Hauses, in das eine, damals kurz vor ihrer Eröffnung stehende Abteilung einziehen sollte - seine zukünftigen Betreuer gefragt: »Wie lange bleibt ihr jetzt da?« Die Betreuer hätten geantwortet: »Bis keines von euch mehr da ist.« Die Kinder hätten - so berichteten die Betreuer - genau diese Antwort erwartet und seien mit ihr zufrieden gewesen. Auch in Scherzen zwischen den Mitgliedern solcher Abteilungen drückte sich die Erwartung einer dauerhaften Zugehörigkeit aus. So scherzten die Kinder:»Wenn ich einmal groß bin, komme ich mit meinen sechs Kindern zu Besuch,« oder»Wenn R. (der Betreuer) einmal am Stock geht ...«

Die Erwartungen der Kinder belegen noch einmal, daß die Kinder die Einrichtung nicht als Organisation identifizierten, sondern als eine Familie - oder als etwas, das einer Familie sehr ähnlich war. Zumindest sah dies in der kindlichen Optik vor den ersten Wechseln so aus. Denn wie es in einer Organisation zugeht, das wußten die Kinder von ihren früheren Heimaufenthalten. Die Kinder hatten sich nicht deswegen im Strukturtypus getäuscht, weil sie einfach - aufgrund emotionaler Bedürftigkeit - unangemessene Erwartungen gehabt hätten. Die Täuschung war organisiert, die Kinder sollten ihr in gewissem Maße verfallen, wenn die Absichten der Planer verwirklicht werden sollten.

Der Wechsel von Kindern enttäuschte auch die Erwartungen der erwachsenen Betreuer, die den organisationalen Plan kannten. Sie hatten trotzdem andere Wunschvorstellungen aufgebaut, und sie registrierten hinterher deren Unangemessenheit - mit Erstaunen, daß sie der Täuschung überhaupt verfallen waren. Die Betreuer gaben an, sie hätten wohl anfangs hinsichtlich Konstanz respektive Wechsel der Kinder zu rosige Vorstellungen gehabt, sie hätten auf jeden Fall nicht damit gerechnet, daß es so häufig zu Wechseln komme. Die Wechsel würden ihnen vor allem deshalb zu schaffen machen, weil man nicht immer wieder mit neuen Kindern von vorn anfangen möge, dies sei auslaugend. Die Erwartungen der Erwachsenen, die durch den Wechsel der Kinder enttäuscht wurden, waren also auch solche der Einmaligkeit, nun aber der Einmaligkeit ihrer Investitionen in die Kinder; solche können nicht beliebig oft gemacht werden. Die Repetitivität stellte sich wohl als besonderes Problem, weil die emotionalen Investitionen der Erwachsenen in die Kinder groß waren, als Folge der Art des Zusammenseins.

In seiner vollen Problematik erkannten die Betreuer allerdings den organisationalen Plan erst, wenn sie ihren eigenen Austritt erwogen. Vom Moment an, in dem sie sich mit dem eigenen Austritt beschäftigten - auch wenn sie es nicht aus Unzufriedenheit mit der Arbeit taten -, wurde die Arbeit undankbar, das bisherige Engagement schien zu hoch. Den Betreuern stellte sich der eigene Austritt als überhaupt größtes Problem der Einrichtungen. Aussagen in diesem Zusammenhang waren etwa die folgenden: Wenn man sich überlege, daß man hier aufhören müsse, dann seien diese Abteilungen unbefriedigend. Die ganze Arbeit komme einem fragwürdig vor, wenn man erst ans Weggehen denke. Oder: Man habe sehr viel investiert und bekomme dann am Schluß das Gefühl, es danke einem niemand, man müsse trotzdem gehen.

Geht man der Frage nach, was den eigenen Austritt für die Betreuer so belastend macht, fallen zwei Gründe besonders in Gewicht:
1. Das Aufziehen der Kinder konnte nicht abgeschlossen werden, jedenfalls nicht bei den Kindern, die zuletzt aufgenommen worden waren, es fehlte auch die Perspektive eines Abschlusses. Damit fehlte offensichtlich eine Gratifikation, die den geleisteten Einsatz als Erzieher erst hätte wettmachen können, im Sinne einer späten Ernte. Die Arbeit sei»unfertig« klagten die Betreuer, das sei»quälend unbefriedigend«.

2. Die Betreuer erlebten, daß auch sie selber austauschbar waren, und dies verletzte ihr Selbstwertgefühl. Das zeigt die folgende Aussage: Was ihnen zu schaffen mache, äußerte ein Betreuerpaar, sei die Erfahrung, daß man »so fürchterlich ersetzbar« (sic!) sei für die Kinder, das hätten sie schon miterlebt, als die Betreuer einer anderen Abteilung gegangen seien. Keines der Kinder habe sich da noch für die alten Betreuer interessiert. Ein Mädchen habe zwar im Sinn gehabt, einmal anzurufen, habe es dann aber doch vergessen. Soweit die Klage der Betreuer. Man kann hier noch einmal auf das Ersetzen der Kinder zu sprechen kommen. Es ist anzunehmen, daß das Wissen, austauschbar zu sein, für die Kinder genauso verletzend war wie für die Betreuer, auch wenn sie das nicht so gut auszudrücken vermochten.

4. Wandel von Beziehungsformen und Ausblick

Wenn weitere Einrichtungen entwickelt werden, ist Vorsicht am Platz bei Formen, die in ihren Mitgliedern falsche Erwartungen aufkommen lassen. Es zeigt sich, daß sich Kinder und Erwachsene an bekannten Mustern orientieren, an der Familie oder der Organisation, und Abweichungen davon zunächst nicht in Rechnung stellen (können). Die Annäherung an das Ideal von Lebensgemeinschaften und besonders von Familien darf nicht der einzige Grundsatz der Planung sein, sofern diese Gebilde schon von ihrer Struktur her nicht halten können, was sie versprechen. Das ist ein Problem von Mischformen. Nicht alle Mischformen täuschen ihre Mitglieder im selben Maß. Die beschriebenen Einrichtungen sind geschickte Täuschungen, deshalb fielen die »Enttäuschungen« ins Gewicht.

Man könnte den entworfenen theoretischen Raster und seine Anwendung zur Bewertung von Erziehungskontexten unter dem Gesichtspunkt des Wandels von Familien kritisieren. Eine verbreitete familiensoziologische These besagt, daß die Legitimität und Attraktivität der Institution Familie gesunken sei, daß sich statt dessen eine Vielzahl privater Lebensformen entwickelt hätte. Ein Leben als Single, als Alleinerziehende, in einer Stief- oder sogar Patchworkfamilie, in einer Familie ohne Eheschließung usw. seien heute so verbreitet, daß man von einer Deinstitutionalisierung der Familie (TYRELL 1990), ja sogar von einem »ganz normalen Chaos« (BECK/BECK-GERNSHEIM 1990) sprechen könne. Man könnte daraus dann den Schluß ableiten, daß es nicht mehr möglich sei, einen Beziehungstypus »Familie« zu bestimmen und daß man also auch bei institutionell geplanten Konstruktionen beliebige Elemente mischen könne. Dem soll aber hier entgegengehalten werden, daß auch die als neu bezeichneten Formen des Zusammenlebens dem Beziehungstypus »Familie« auf den genannten Merkmalsdimensionen entsprechen. Abstriche wären zu machen, was die Eigenschaft der »Dauerhaftigkeit« betrifft, aber auch hier nicht in einer Art, daß man »Kündbarkeit« einsetzen könnte. Als Ideal - und im Vergleich zur Mitgliedschaft in Organisationen auch immer noch als Realität in der überaus deutlichen Mehrzahl von Fällen - gilt Dauerhaftigkeit noch immer (NAVE-HERZ 1988). Der Wandel von familiären Lebensformen bestätigt also in seiner Konstanz, was Grundorientierungen und -merkmale betrifft, die Existenz eines Beziehungstypus Familie als Orientierungsmuster privater, beziehungsintensiver Lebensformen.

Der Beziehungstypus Familie wurde im angesprochenen Wandel sogar radikalisiert, nämlich hinsichtlich der Merkmale der Einmaligkeit und Implizitheit. Den Ansprüchen an Einmaligkeit der Mitglieder versuchen Familien mit immer größerer Konsequenz Rechnung zu tragen, damit verstärkt sich die Einmaligkeit des jeweils besonderen Zusammenlebens, das man ausarbeitet. Andere Zwecke als der reine Selbstzweck, nämlich die Qualität der Liebesbeziehung, werden als akzeptierte Gründe für das Zusammensein immer stärker ausgeschlossen (GIDDENS 1992, CANCIAN 1987). Damit entziehen sich familiäre Lebensformen immer stärker einem möglichen Zugriff durch äußere Instanzen und schon gar einem Aufladen mit organisationalen Elementen. Als Kontexte der Erziehung und Fremderziehung sind sie damit nicht a priori weniger geeignet. Die Eigenschaften der Einmaligkeit und Implizitheit sind von erzieherischer Qualität, sie entsprechen auch den Bedürfnissen der Kinder, die in solchen Kontexten leben. Ansprüchen der Kontrolle und Verwaltbarkeit aber werden familiäre Lebensformen immer weniger genügen können.

Literatur

BECK, U., BECK-GERNSHEIM, E.: Das ganz normale Chaos der Liebe. Frankfurt, 1990

BIRTSCH, V., EBERSTALLER, M., HALBLEIB, E.: Außenwohngruppen - Heimerziehung außerhalb des Heims. Frankfurt, 1980

BLANDOW, J.: Heimerziehung und Jugendwohngemeinschaften. In: J. FALTERMAIER, J. BLANDOW (Hrsg.): Erziehungshilfen in der Bundesrepublik Deutschland. Frankfurt/Main, 1989, S. 276-315

CANCIAN, F.: Love in America. Gender and Self-Development. Cambridge, 1987

COLLA, H.E.: Heimerziehung. München, 1981

FORSCHUNGSGRUPPE JUGENDHILFE KLEIN-ZIMMERN: Familiengruppen in der Heimerziehung. Frankfurt/Main u.a., 1992

GIDDENS, A.: The Transformation of Intimacy. Cambridge, 1992

HANSELMANN, P.G., WEBER: Kinder in fremder Erziehung. Heime, Pflegefamilien, Alternativen. Weinheim, Basel, 1986

KOMMISSION HEIMERZIEHUNG: Zwischenbericht. Heimerziehung und Alternativen. Frankfurt/Main, 1977

MISCHKE, H.-G.: Das Kinderhaus - Zielsetzung, Errichtung, Struktur. Balve-Beckum, 1981

NAVE-HERZ, R. (Hrsg.): Wandel und Kontinuität der Familie in der Bundesrepublik Deutschland. Stuttgart, 1988

NIEDERBERGER, J.-M., BÜHLER-NIEDERBERGER, D.: Formenvielfalt in der Fremderziehung. Stuttgart, 1988

PLANUNGSGRUPPE PETRA: Analyse von Leistungsfeldern der Heimerziehung. Frankfurt/Main, 1987

RÖSSLER, J.: Die Weiterentwicklung der öffentlichen Erziehung. In: Sozialpädagogik 1982/24, S. 78-83.

SAUER, M.: Heimerziehung und Familienprinzip. Neuwied, Darmstadt, 1979

TEGETHOFF, H.-G.: Jugendwohngemeinschaften als Innovationspotential der Jugendhilfe. In: Neue Praxis 1985/15, S. 202-214.

TYRELL, H.: Ehe und Familie. Institutionalisierung und Deinstitutionalisierung. In: K. LÜSCHER, F. SCHULTHEIS, M. WEHRSPAUN (Hrsg.): Die »postmoderne« Familie. Konstanz, 1990², S. 145-156

WOLF, F., FREIGANG, W.: Wohngruppenleben. Frankfurt, 1982

Herbert E. Colla

Personale Dimension des (sozial-)pädagogischen Könnens - der pädagogische Bezug

Personal Dimensions of Competence in Residential Care

In Germany residential care is understood as „temporary living together" and „every-day guidance" of adults and young people. The „Pädagogische Bezug" is a model to describe the personal dimensions of the relationship between the caring adult and the child. On the background of actual theoretical discussions it's scope goes far beyond the analyses of professional interactions in residential care.

1. Ein Praxisbeispiel

In einer deutschen Universitätsstadt wurde 1961 von Privatpersonen, einem Fürsorger, Lehrern, einem Richter, einem Jugendpsychiater, Studierenden und Mitarbeitern zweier Universitätsseminare eine »Jugendschutzstätte« gegründet. Diese sollte als Schülerhort und Jugendklub, eine Einrichtung für »verwahr-loste« Kinder und Jugendliche sein und als Praxis im Gegenfeld zur damaligen Heimerziehung (Anstaltserziehung) dienen. Sie wurde nur zögerlich vom Jugendamt akzeptiert. Dieser Arbeitsgemeinschaft als Vorläuferform späterer Bürgerinitiativen gelang es, durch gemeinsames Arbeiten mit den Bewohnern der Obdachlosensiedlung bei der Errichtung des Hauses, die Eltern der jungen Menschen zumindest für die pädagogische Arbeit zu interessieren. Der gemeinsam gestaltete Aufbauprozeß bewirkte bei den Jugendlichen eine hohe Akzeptanz, es war »ihr« Bühlerhof. Dieses Wir-Gruppengefühl wurde zusätzlich verstärkt durch die ausgrenzende Praxis der sich zeitgleich etablierenden Einrichtungen der Jugendpflege, die mit dieser »Fürsorgeklientel« nicht arbeiten wollte. Der zu gestaltende Alltag des Handlungsfeldes war geprägt durch die charismatische Persönlichkeit des ersten Leiters der Einrichtung, einem Fürsorger, der sich nicht den traditionellen Verhaltens- und Legitimationsmustern unterwarf, durch Rückbezüge auf die Reformpädagogik und eine (un-systematische) Anleihe bei Modellen der »Child Guidance Clinic« (vgl. COLLA, 1973, S. 130). Für die Praxis standen damals keine anerkannten und generalisierten disziplinären Wissensressourcen noch ethisch-normative Bewertungssysteme und institutionell gebundene Regeln und Methoden zur Verfügung, die berufliches Handeln und die subjektiven Habitualisierungen hätten steuern können. Die im folgenden wiedergegebenen Praxiseindrücke skizzieren die ersten zehn Jahre der Praxis dieser »Jugendschutzstätte«.

Ausgangspunkt dieser Praxis war die Beobachtung, daß Kinder und Jugendliche mit schwierigen Biographien und häufig ungekonntem, störendem Verhalten und Fehleinschätzungen von Situationen, Kinder und Jugendliche also, die in ihrer Lebenswelt, in Familie und Wohnquartier, in sprach- und emotionsarmen Interaktionssystemen leben, in ihren Entfaltungs- und Lernmöglichkeiten eingeschränkt werden.

Diese jungen Menschen brauchen Gelegenheiten und Handlungsräume, um aus dem
Kreislauf von Auffälligkeiten, Stigmatisierungen und sich darin verfestigender devianter Karriere auszusteigen. Dazu gehören die Strukturen eines entlastenden, aber
attraktiven Lebensfeldes, die den Kindern die Möglichkeit eröffnen, sich durch erlebte pädagogische Begegnungen mit Erwachsenen (Alltagsbegleitung) zu orientieren und helfen zu lassen; Strukturen, in denen Verhaltens-, Verständigungs- und
Erfahrungsalternativen angeboten werden, die an den subjektiven Alltagserfahrungen
und Deutungen der Kinder anknüpfen und sie befähigen, sich den Lebensbedingungen zu stellen, Selbstvertrauen und »sich etwas zutrauen« durch Ermutigungen zu
fördern und sie zu kooperativen Sozialbeziehungen befähigen. Dieser Ansatz ging
über das einfühlende Besprechen und Analysieren der Probleme der Kinder und Jugendlichen hinaus, blieb nicht im bloßen »Verstehen« befangen, vielmehr lag der
Akzent auf der daran anknüpfenden Einübung alternativer Verhaltensweisen und der
lustvollen Bestärkung des dann Gelingenden durch Anerkennung durch die Gruppe
der Gleichaltrigen und der Erwachsenen der Einrichtung. Gleichzeitig war der Einrichtung der Satz von KORCZAK bekannt, daß permanentes Erziehen genauso schwierig sei, wie permanentes Erzogen werden. Folglich gab es neben einer Programm-
struktur zeitliche Freiräume, die unverplant waren. Der jugendliche Besucher war
»bloß da«, konnte Gruppenaktivitäten anderer beobachten, sich einklinken oder
»gammeln«. Er traf auf eine Gruppe Mitarbeiter/-innen (Heimerzieher, Pädagogen,
Kochfrau, ehrenamtlich regelmäßig über einen großem Zeitraum hinweg mitarbei-
tende Studierende), die hinsichtlich ihres Alters und Lebenserfahrungen, kulturellen
Herkunftsmilieus und Kompetenzen, in ihren sprachlichen Aktivitäten und »expres-
siven Botschaften« (GOFFMAN) unterscheidbar waren. Vergleichbar unterschiedlich
waren die jugendlichen Besucher der Einrichtung hinsichtlich ihrer Biographie,
Persönlichkeitsausstattung und Zukunftsentwürfen. Ihnen gemeinsam war die Kontinuität ihrer sozioökonomischen Marginalsituation. Der jugendliche Besucher konnte
»seinen« Erwachsenen beobachten, ihn »testen« und Grenzen seiner Belastbarkeit
erspüren, Kontakt zu ihm gestatten, sich in eine unverbindlichere Gruppenaktivität
zurückziehen, den Kontakt zu ihm oder ihr (oder einem anderen) neu justieren und
abstimmen, um ihn dann als einen festen Bezug auf Zeit zu gestalten. Sie konnten
erleben, daß sie an Beziehungen nicht ausgeliefert waren, sondern daß sie von ihnen
mitgestaltet wurden. Die sinnliche Erfahrung des solidarischen »zusammen machens«
gab einen Beziehungssinn. Manche Jugendliche gingen kein Arbeitsbündnis auf Zeit
ein, ihnen war die erfahrbare persönliche Aufmerksamkeit, die Nähe und Geselligkeit, Spaßhaben ausreichend, um die Belastungen ihres Alltags als aushaltbarer zu
erleben.

Die Jugendschutzstätte »Bühl« stellt sich aus der Sicht eines ihrer jugendlichen Besucher (mit gesammelten Erfahrungen in einem geschlossenen und später in
einem heilpädagogischen Heim) so dar: »...Der erste Besuch brachte nur Teilerfolge.
Erstens waren die Gruppenmitglieder der offenen Gruppe nicht zu durchschauen und
in ihrem Kommen und Gehen zu übersehen. Zweitens waren physische Bedenken
(stärkere Jungen) aufgetreten. Aus meiner Betriebs- und Heimerfahrung war ich der
Stärkste. Hier schien das anders zu sein. Drittens lagen die Niveauansprüche bei
manchen zu tief, was sich aber von Besuch zu Besuch für mich mehr zum Vorteil

entpuppte. Ich fand Resonanz, versuchte Leute gegenseitig oder mit den Jungen auszuspielen, befreundete mich und/oder provozierte sie, ganz wie's mir meine Gefühle sagten. Oft stellte ich mich vor den Sinn des Hauses, sah Erfolge: bestandene Lehren, verhinderte Heimeinweisungen, Sportgeräte, Diskussionen, Freundschaften. Doch dann kamen wieder überwiegend Widersinnlichkeiten: Jungen, die in den Knast mußten, Schlägereien, schlechte Laune der Mitarbeiter oder die Unfähigkeit, bestimmten Kindern helfen zu können. Viertens ein sehr wichtiges Erlebnis, das Haus. Hell, bunt, laut. Nicht wie andere, sogenannte pädagogische Einrichtungen. (...) Der Bühl war viel zu schön für uns »Klienten«. Besonders für die aus der Parkstraße [Obdachlosensiedlung]. Wir sollten auch schön dankbar sein, sagten die auf dem Amt. (Und hofften, daß wir den Bühl in die Luft sprengen würden.) Fünftens ein schlimmes Erlebnis: Auf dem Bühl arbeiten Studenten und Mitarbeiter, die nicht pädagogisch aussehen. Richtig normal, nicht mausgrau wie auf dem Amt. Keine weißen Kittel, wie der Oberbau im Heim. (...) Statt pädagogischem Lächeln haben sie eine Pfeife im Maul. Babette (weibliche Mitarbeiterin) hat - wenn sie in Rage kommt - Ausdrücke zur Verfügung, die, im Jugendamt gebraucht, gleich die Akte füllen würde. Und für die kleineren Rockerchen »Mutter Gent«, die für die (Tages-)Gruppe kochte, zuhörte, streichelte und immer »lieb« war. Dann wurde man ernst genommen, eine Neuheit für mich, die mich aufbrachte. Und die Leute vom Bühl waren verwundbar und zeigten dies. Schlecht für Pädagogen, die doch über allen Wassen schweben sollten. Die Schwierigkeiten mit der Stadt, die eher ihre »vernichtende« Hand über »Bühl« hielt, war ein Kapitel für sich. Der kommissarische Leiter und die Studenten machten keinen Hehl aus den Schiebungen und teilweise ekelhaften »Schwarzmarktschiebereien« zwischen Seminar, Titel und Einfluß auf der einen und die weisen Stadtväter auf der anderen Seite. (...) Die meisten Jugendlichen, die nicht blind oder taub waren, haben das mitbekommen und gestaunt. Solche Tricks kannten sie nur von zu Hause. (...) Die Nachteile des Bühls liegen auf der Hand. Wurde der Laden abends zugemacht, dann ging es heim, heim in die Löcher der Parkstraße oder in den Clinch mit seinen Alten. Man war geschockt. Eben noch konnte man klönen, gammeln, diskutieren, spielen, und jetzt war man wieder draußen. Mit der Ahnung, daß alles anders sein könnte, bewegte unsere grauen (Hirn-)Zellen. Die Impotenz des Bühl lag darin, daß sie unsere Alten nicht verändern konnte, machtlos gegenüber den Meistern war« (COLLA, 1973, S. 48 f.).

Im weiteren Verlauf dieses Berichtes werden Stärken und Grenzen eines pädagogischen Verhältnisses, als ein von den Jugendlichen gesuchtem »Arbeitsbündnisses auf Zeit«, aus seiner Sicht dargestellt (vgl. a.a.O., S. 48 ff.). Der Junge traf seine Auswahl unter differenten, sich ergänzenden wie ausschließenden konzeptionellen Mustern der sozialpädagogischen Praxen. Der Junge suchte Erwachsene, die als Personen in einer sozialpädagogisch verantworteten Praxis erkennbar bleiben, deren pädagogisches Handeln nicht zur bloßen »technischen« Strategie in der Ausgestaltung professioneller Rollen aufläuft. Er suchte mehr denn bloße »infrastrukturelle animative Raumwärter« in einer öffentlichen Freizeiteinrichtung, die von ihm gesuchte Kommunikation sollte in erster Linie nicht systemisch, sondern sozial fundiert sein.

Junge Menschen, die sich in ihrer Biographie mit den Angeboten von Jugendhilfe auseinandergesetzt haben, berichten, wenn sie denn überhaupt nach diesen Erfahrungen befragt werden, überwiegend von intersubjektiven Beziehungen, die für sie stets mehr als bloße Zweck-Mittel-Relationen waren, thematisieren die Bedeutung von gelebter und erfahrener pädagogischer Beziehung als Besonderheit von sozialen Beziehungen, sprechen über gelungene oder gescheiterte personenbezogene pädagogische Anerkennungsverhältnisse, die immer mehr sind als bloß verbal vermitteltes Normen- und Handlungswissen. Vor dem Hintergrund oft unzureichender milieu- und familienspezifischer Sozialisationsbedingungen hatten sie auf die Begegnung mit verständnisvollen signifikanten Anderen verzichten müssen, waren angewiesen auf ein nicht familial gegebenes, sondern auf ein berufsmäßig hergestelltes »Arbeitsbündnis« auf Zeit mit professionellen Erwachsenen, die ihnen in alternativen Milieus Handlungsinhalte, Handlungserfahrungen und eine verantwortbare Kontrolle ihrer Handlungen ermöglichten.

OSTERLOH (1989) beschreibt Vergleichbares aus dem Schulalltag: »Personen sind die wohl nachhaltigste Erfahrung in der Schule ... Lehrer werden von ihren Schülern ... selten als abstrakte Funktionsträger oder pädagogische Spezialisten wahrgenommen ... Schüler erleben ihre Lehrer primär als konkrete Personen eigener Expressivität und Wirkung.« Vergleichbar argumentiert Böhnisch (1996) »... Sie (die jungen Menschen, H.E. C.) ahnen wohl, daß sie angewiesen sind auf einen Erwachsenen, der sich einläßt, ... der sich auf Begegnungen und Auseinandersetzungen einzulassen vermag ...«. In einer Zeit, in der soziale und kulturelle Ordnungsmuster schwinden, suchen junge Menschen Erwachsene, die sie in ihrer jugendkulturellen Eigenart verstehen und belassen können, an denen sie sich aber auch orientieren können, an denen vieles zu beobachten und für sich zu übersetzen ist (BÖHNISCH 1996; siehe auch UHLE, »Erziehung als Beziehung«, 1997, S. 186 f.). Die selbst initiierte Begegnung mit einem Erwachsenen, der sich als Repräsentant seiner Lebenswelt versteht, der zur Vergangenheit und den darin aufgehobenen Erfahrungen steht, eröffnet im pädagogischen Umgang auch die Chance zur Synchronisation und Neuerschließung sozialer Bereiche in Raum und Zeit, stellt einen Beitrag zur handelnden Vernetzung und zeitlichen Nutzung von gesellschaftlichem Raum dar, der durch alleinige Partizipation an normierten Beziehungen in dieser Qualität nicht erreichbar sein dürfte.

Es ist auffallend, wie wenig in der aktuellen Professionstheorie der (Sozial-) Pädagogik die Rolle der Person bisher Beachtung gefunden hat, ihre Suchbewegungen sind ähnlich diffus wie z. B. die Diskussion im modernen Industriemanagement. Dort wird die »natürliche Autorität« nachgefragt, mit der Fähigkeit zur Selbstreflexion, Durchsetzungsvermögen, Leistungsbereitschaft, Freude am Teamplay und Aufgeschlossenheit »gegenüber neuen Wegen«.

Die Qualität eines speziellen Interaktionsverhältnisses und seine Bedeutung für eine Beratung oder Psychotherapie ist hingegen Gegenstand von Therapieforschung (vgl. BASTINE, 1992; GRENCAVAGE & NORCROSS, 1990; HORVATH, LUBORSKY, 1993). ROGERS (1957) sieht in ihr die notwendige und hinreichende Vorbedingung für die Wirksamkeit einer therapeutischen Intervention. »In allen sozialen Berufe ist die eigene Persönlichkeit das wichtigste Instrument; die Grenzen ihrer Belastbarkeit und Flexibilität sind zugleich die Grenzen unseres Handelns« (SCHMIDBAUER, 1992, S. 7). Das Vertrauen in die Person des Therapeuten gilt als wichtiger »support factor«, neben »learning factors« und den »action factors« in einem Therapieprozeß.

In der (sozial-)pädagogischen Theoriebildung, beginnend mit PESTALOZZI und JEAN PAUL (Levana oder Erziehungslehre, 1806) wird dem personalen Verhältnis von Erzieher und Educandus, dem Primat der Persönlichkeit des Erziehers sowie den sinnlichen Momenten (»pädagogische Liebe«) im pädagogischen Umgang zunehmend mehr Bedeutung geschenkt, die dann bei NOHL (Pädagogischer Bezug) und BUBER (Pädagogik des Dialogs) zu einem idealtypischen Konstrukt zusammengefaßt werden. Seit der Jugendbewegung wird der pädagogische Bezug nicht mehr nur in den asymmetrischen Verhältnissen wie Eltern - Kind, Lehrer - Schüler, Meister - Lehrling, sondern, und darauf macht FERCHHOFF (1993, S. 40) aufmerksam, auch als eine persönliche, von Sympathie getragene Wahl nach dem Modell der Gleichaltigen-Gruppe gedacht.

2. Das pädagogische Verhältnis

Die geisteswissenschaftliche Pädagogik betont, daß ein pädagogischer Bezug als ein notwendiges Anerkennungsverhältnis Grundlage allen pädagogischen Handelns ist. Als Entwurf in die pädagogische Diskussion eingebracht und praktiziert, wurde das pädagogische Verhältnis durch Pestalozzi. Wesensmerkmal dieses Verhältnisses ist seine umfassende Präsenz im Alltag der Kinder in einer Atmosphäre emotionaler Verbundenheit. Mit seinen beiden Waisenhausgründungen für arme, »verwahrloste« Kinder versuchte er Grundlagen für eine pädagogisch verantwortete Heimerziehung zu etablieren. In einer Situation des Zusammenbruchs aller das Verhalten steuernder und stützender gesellschaftlicher und sozialer Ordnungen strebte er in seinen Einrichtungen zunächst eine sozio-emotionale Basis an, von der aus soziale Fähigkeiten der Kinder wieder ermöglicht wurden. Strukturell ist ihm die Bewältigung dieses Ansatzes nur im Zusammenhang einer unstrukturierten Großgruppe möglich, in dem er jedoch gleichzeitig dichte emotionale Qualitäten einer gemeinsam gelebten familiären Atmosphäre der »Wohnstube« integrierte. Die Kinder sollten zu ihm, der sich als Modell für Väter- und Mütterlichkeit verstand, eine produktive Beziehung eingehen, zugleich sollten sie »wie Geschwister« gemeinsam leben lernen. Die vorbehaltlose Annahme des Kindes in seinen basalen materiellen und psychischen Bedürfnissen ist für PESTALOZZI Grundlage für folgendes pädagogisches Handeln. »Liebe« wird bei ihm zu einem zentralen Begriff. In seinem Stanser Brief (1799) schildert der 56-jährige PESTALOZZI rückblickend seine Erfahrungen einer halbjährigen Tätigkeit im Jahr 1797 als alleiniger Erzieher, nur unterstützt von einer Haushälterin, das Zusammenleben mit 80 Kindern im Waisenhaus von Stans. Der von PESTALOZZI gewollte Verzicht auf weitere pädagogische Mitarbeiter und unter widrigen Umständen für die Kinder sorgen zu müssen, »nöthigte ... mich meinen Kindern alles in allem zu seyn. Ich war von Morgen bis Abend, so viel als allein in ihrer Mitte. Alles, was ihnen an Leib und Seel Gutes geschah, gieng aus meiner Hand. Jede Hülfe, jede Handbiethung in der Noth, jede Lehre, die sie erhielten, gieng unmittelbar von mir aus. Meine Hand lag in ihrer Hand, mein Aug' ruhte auf ihrem Aug'. Meine Thränen flossen mit den ihrigen, und mein Lächeln begleitete das ihrige. Sie waren ausser der Welt, sie waren ausser Stans, sie waren bey mir und ich war bei ihnen. Ihre Suppe war die meinige, ihr Trank war der meinige. Ich hatte nichts, ich hatte keine Haushaltung, keine Freunde, keine Dienste um mich, ich hatte nur sie. Waren sie gesund, ich stand in ihrer Mitte, waren sie krank, ich war an ihrer Seite. Ich schlief in ihrer Mitte. Ich war am Abend der Letzte, der ins Bett gieng, und am Morgen der Erste, der aufstand. Ich betete und lehrte noch im Bett mit ihnen, bis sie einschliefen, sie wollten es so. Alle Augenblicke mit Gefahren einer gedoppelten Ansteckung umgeben, besorgte ich die beinahe unbesiegbare Unreinlichkeit ihrer Kleider, und ihrer Personen. Dadurch aber war es denn freylich auch allein möglich, daß sich die Kinder allmählich, und einige innigst und so weit an mich anschlossen, daß sie dem, was sie Dummes und Verächtliches selber von ihren Eltern und Freunden gegen mich hörten, widersprachen. Sie fühlten, daß mir Unrecht geschah, und ich möchte sagen, sie liebten mich doppelt dafür. Aber was hilfts, wenn die Küchlein in ihrem Nest ihre Mutter lieben, wenn der Raubvogel, der ihnen allen den Todt droht, täglich mit seiner Gewalt ob ihrem Neste schwebt« (PESTALOZZI, 1954, S. 99 ff.).

Für PESTALOZZI ist das Erzieherische immer persönlich oder existentiell. Mit seiner liebevollen Zuwendung und Sorge im gemeinsamen Leben und Handeln, orientiert an der Individuallage der Kinder und den Zeitverhältnissen, wollte PESTALOZZI dem Bedürfnis nach Vertrauen, Geborgenheit und Geliebtwerden Rechnung tragen, sie offen machen für intellektuelle Erziehung und sittliche Elementarbildung, mitmenschlicher Anteilnahme, auch der Kinder untereinander, und sie zur Selbständigkeit erziehen. Der totale Liebesanspruch, der die Beziehung PESTALOZZIS zu den Kindern prägte und die erhoffte Erwiderung durch die Kinder, war letztlich in diesem Projekt dauerhaft nicht gestaltbar. Ohne den Zugang zu gesellschaftlichen Ressourcen konnte die erziehende Liebe allein wenig bewirken. Die Gründe für das Scheitern des Projektes (Bild des Raubvogels) läßt PESTALOZZI undiskutiert: ob es an den äußeren Gründen lag, z.B. Schließung des Waisenhauses durch seine Requirierung als Lazarett, oder an dem Entwurf des symbiotischen Miteinanders von Erzieher und zu Erziehenden. PESTALOZZI selber glaubte, seinen Entwurf der Stanser Arbeit in dem »Rettungshaus« von C.H. ZELLER verwirklicht zu sehen. Als er die Beuggener Erziehungsanstalt 1826 besuchte, soll er mehrfach vor sich hingesagt haben, »das war's, was ich gewollt« (RUTH, 1927, S. 40). BERNFELD, der radikalste zeitgenössische Kritiker der geisteswissenschaftlichen Pädagogik, bezweifelt 1925, daß sich »mütterliche Liebe« und pädagogische Atmosphäre heimspezifisch und professionell organisieren lassen, sieht in diesem Ansatz vielmehr eine wohlmeinende Ideologie für gesellschaftliche Anpassungsprozesse (BERNFELD, 1967).

PESTALOZZIS Konzept aber war ein Entwurf, die in ihm enthaltenen Ansprüche wurden in der Rezeption durch die Praxis nur sehr bedingt eingelöst. In der folgenden pädagogischen Diskussion verlor sich die Schärfe seiner Gesellschaftskritik, sein Konzept der Menschenbildung verflachte zur Didaktik des Volksschulunterrichtes, sein Entwurf einer Heimerziehung geriet schließlich zu einem restaurativ gestimmten Ansatz der Rettungshausbewegung.

In der konfessionellen Anstaltserziehung zu Beginn des 20. Jahrhunderts wurde der besondere Modus des Erzieher-Zöglings-Verhältnisses innerhalb eines patriarchaischen Ordnungsgefüges als Summe christlicher Anthropologie, z.T. im Rückbezug auf die Praxis von Don Bosco (1815-1888) oder Wichern (1808-1881), diskutiert. So forderte Backhaus (1923) für die evangelische Heimerziehung: »Wenn Erziehung die Ausstrahlung einer gewordenen Persönlichkeit auf eine werdende ist, so kann Erziehung sich nicht per distance vollziehen, sondern nur in der Form der Lebensgemeinschaft der Erzieher mit ihren Zöglingen.« Die intendierte Bindung von Erzieher zum Zögling hatte eine Brückenfunktion für die Bindung an Gott, dem Ziel damaliger konfessionell-pädagogischer Bemühungen. Nachwuchsmangel in der Mitarbeiterschaft und das Nachlassen der Bindekraft christlicher Grundüberzeugungen beeinträchtigten die beabsichtigte Innovation in den konfessionellen Heimen, die Mehrzahl der Erzieher insgesamt fühlte sich den ordnungspolitischen Traditionen der Heimerziehung verpflichtet und stand den reformpädagogischen Konzepten ablehnend gegenüber, es blieb bei einer Dominanz autoritärer Anstaltserziehung. Aus der bildungs- und jugendhilfepolitischen Programmatik der Weimarer Republik und den Beharrungstendenzen der Anstaltserziehung entstand eine Spannung, die sich in einer Skandalisierung der Heimerziehung durch die Sozialpublizistik und in Heimrevolten entlud (vgl. Röper, 1976; siehe auch das Zeitdokument von Bondy, 1931: Scheuen. Pädagogische und psychologische Betrachtungen zum Lüneburger Fürsorgeerziehungsprozeß).

3. Der pädagogische Bezug

Nohl (1926) proklamiert, im Kontext der Reformpädagogik und in Auseinandersetzung mit der Jugendbewegung, die individuelle Selbstentfaltung des Heranwachsenden, lehnt jegliche Lenkung der Pädagogik durch kulturelle, kirchliche, wirtschaftliche oder politische Institutionen ab. Er entdeckt mit seinem idealistisch-naturalistischen Menschenbild »die eigentümliche Stufenfolge in der Entwicklung der pädagogischen Bewegung selbst, die dabei letztlich auch wieder nur ein allgemeines Gesetz befolgt«. Das aus Vernunft frei handelnde Wesen strebt gemäß seiner Veranlagung zur »höheren Vervollkommnung«, und die Pädagogik habe »lediglich« die Aufgabe, die natürlichen Kräfte im jungen Menschen zu wecken, zu fördern und gegebenenfalls zu leiten, da diesen eine Tendenz zur höheren Vollkommenheit innewohne. Nohl beteiligte sich an der Diskussion um den Aufbau einer Pädagogik für Verwahrloste, Kriminelle und Geisteskranke, die zukünftig nicht nur in Anstalten »verwahrt« oder »betreut«, sondern »erzogen« werden sollten (Bollnow, 1981, S. 32). Für die geisteswissenschaftliche Pädagogik ist der persönliche Umgang zwischen Erzieher und Zögling, die »Begegnung mit dem lebendigen Du« (Litt, 1949, S. 114), die Grundlage der Erziehung.

In seinem Aufsatz: »Gedanken für die Erziehungstätigkeit des einzelnen« (Nohl, 1926) erfolgt eine noch fragmentarische inhaltliche Bestimmung, die dann als dialogische Struktur des Pädagogischen 1933 mit Rückbezug auf Pestalozzi zu einer geschlossenen Theorie des »Pädagogischen Bezuges« ausgestaltet wird. Mit diesem Begriff und seinen vielfältigen Synonymen, wie »pädagogischer Umgang«, »erzieherisches Verhältnis«, »pädagogischer Kontakt« oder »pädagogische Interaktion«, wird ein personales wechselseitiges Verhältnis zwischen dem Erzieher und dem zu

Erziehenden als die Sinnmitte der Erziehungswirklichkeit gedeutet. »Wer von Pädagogik redet, sei es in der Normalerziehung oder am Richtertisch, in der Schutzaufsicht oder im Gefängnis, wird sich unerbittlich klarmachen müssen, daß die Gewinnung dieses Bezuges seine erste Aufgabe ist, ohne die alles übrige vergeblich bleibt« (NOHL, 1949, S. 154). Die Herstellung eines Bezuges ist die Voraussetzung für ein pädagogisches Verhältnis. NOHL definiert den pädagogischen Bezug als »das leidenschaftliche Verhältnis eines reifen Menschen zu einem werdenden Menschen, und zwar um seiner selbst willen, daß er zu seinem Leben und seiner Form komme« (NOHL, ebd., S. 134). Der Akzent liegt auf der Wendung »um seiner selbst willen«. Der Erzieher ist nicht Agent »objektiver Mächte«. Der junge hilfsbedürftige Mensch, das »einsame Ich«, muß in seinem So-Sein »absolut bejaht« werden und seinem Anspruch auf »Lebensglück« und »Lebenserfüllung«, einschließlich den sich daraus ergebenden Widersprüchen akzeptiert werden. Damit wird der traditionelle Blickpunkt, von dem aus das pädagogische Vermittlungsverhältnis betrachtet wurde, gewissermaßen »umgedreht«. Nicht die Ansprüche der Gesellschaft und ihre Ansprüche auf Integration, sondern die Befindlichkeit und Lernbedürftigkeit des Heranwachsenden selbst sind der Ausgangspunkt: die Erziehung geht folglich davon aus, welche Schwierigkeiten das Kind hat, nicht von denen, die es macht. Nohl greift damit ein Postulat von HERBART (1835, S. 129) auf, darauf macht NIEMEYER aufmerksam (1991, S. 289). Alle Überlegungen über mögliche pädagogische »Hilfen« setzen notwendigerweise hier an und werden dadurch legitimiert. Eine unverzichtbare Voraussetzung der pädagogischen Arbeit ist »die Kenntnis des zu erziehenden Individuums ..., seines äußeren und inneren Zustandes, seines äußeren und geistigen Milieus und insbesondere seiner personalen und seiner pädagogischen Situation« (NOHL, 1927, S. 76). Hiermit betont NOHL die Notwendigkeit einer sozialwissenschaftlichen Analyse der spezifischen Lebensbedingungen junger Menschen. In dieser Reflexion auf die individuelle Förderungsbedürftigkeit, auf das »Wohl« des Kindes, liegt für NOHL der zentrale Aspekt des pädagogischen Autonomiebegriffs. Denn erst durch die entschiedene Einstellung auf das »Subjekt« des Erziehungsvorganges werde das »polare« Spannungsverhältnis zwischen »Kind« und »Erzieher als Repräsentant der Kultur« überhaupt erfahrbar. Die Vermittlung zwischen den zunächst widersprüchlichen Forderungen wird somit als pädagogisches Problem diskutierbar. Ausschlaggebend ist jene Wirklichkeit, die Kind und Erzieher gemeinsam und in derselben Weise zu erfahren imstande sind. Verstehen gründet sich im gemeinsamen Erleben. Der andere wird quasi nach innen begleitet, ein Erklären würde außen vor bleiben, nur das Faktische erfassen. Im dynamischen Erziehungsverhältnis gibt es keine isolierte Person. Der pädagogische Bezug kann vom Erzieher nicht erzwungen werden, die »schöpferische Kraft« des jungen Menschen geht als aktives Moment in das Verhältnis ein. In der durch Nähe gekennzeichneten pädagogischen Interaktion wird vom Erzieher gleichzeitig die Distanz zu seinen Idealen und zum Jugendlichen gefordert, der Veränderungs- und Gestaltungswille des Pädagogen »wird doch gleichzeitig immer gebremst und im Kern veredelt durch eine bewußte Zurückhaltung vor der Spontanität und dem Eigenwesen des Zöglings«.

Ausgehend vom »fehlgeschlagenen Leben«, dem unterstellten Nichtvorhandensein von Qualitäten, »persönlicher Behinderung« und das Nicht-Erleben von »Liebe und Halt«, dem Verlangen nach »Zärtlichkeit und Anerkennung« ist der »hilfsbedürftige Mensch« in seiner aktuellen Lagebefindlichkeit zunächst zu bejahen. Diese pädagogische Grundeinstellung, eben der unbedingte Hilfewillen und die Anerkennung der Person des zu Erziehenden, eingebettet in Beziehungsstrukturen wie Gegenseitigkeit, Nähe, emotionale Wärme, sich Verstandenfühlen und das angestrebte unbedingte Vertrauen des jungen Menschen gegenüber dem Erzieher, ist Voraussetzung des besonderen sozialen Verhältnisses eines pädagogischen Bezuges, in dem dann das beiderseitige Vertrauensverhältnis selber zu einem Erziehungsfaktor werden kann. Die Fundierung der pädagogischen Beziehung sei die pädagogische Liebe. Vorbild ist für NOHL - ähnlich wie bei PESTALOZZI - die Mutter- und Vaterliebe, die, im pädagogischen Bezug von ihrem »instinktiven Verhalten« gelöst, als »geistiges Verhalten selbständiger Art« auftritt, jedoch mit sinnlichen Momenten behaftet ist. Die »wahre Liebe des Lehrers ist die hebende und nicht die begehrende«. Und: die pädagogische Liebe zum Kinde ist die Liebe zu seinem Ideal. Mit dem ungewöhnlichen Begriff der »hebenden Liebe« bezeichnet NOHL »ein geistiges Verhalten selbständiger Art, das sich auf den werdenden Menschen richtet um seiner höheren Form willen« (NOHL, 1957, S. 134). NOHL verweist auf die FREUD-ADLERSCHE Interpretation von Vertrauen, Bindung und Übertragung (NOHL, 1949). Sein Konzept der pädagogischen Liebe bestimmt sich durch Fürsorge, Verantwortlichkeit, Respekt und Wissen. In diesem Konstrukt kann die Rehabilitierung des Begriffs der Nächstenliebe gesehen werden, die auch die eigene Individualität des Erziehers bejahend einschließt. NOHL wünscht sich, daß der Pädagoge ein Optimist sei, Humor besitze und von der Freude an der Produktivität und sprudelnder Fröhlichkeit getragen sei.

Zur pädagogischen Haltung zählt NOHL auch den pädagogischen Takt, »der dem Zögling auch da nicht 'zu nahe tritt', wo er ihn steigern oder bewahren möchte, und der spürt, wenn eine große Sache nicht pädagogisch klein gemacht werden darf«. Der Begriff »pädagogischer Takt« wurde 1802 von HERBART in die Pädagogik eingeführt und gilt inhaltlich als ein Scharnier zwischen (empirischer) pädagogischer Wissenschaft, also Theorie, und pädagogischer Praxis. »Die wahre pädagogische Förderung des individuellen Falles« (HERBART) kann weder aus der allgemeinen Theorie deduziert, noch durch die Praxis allgemein gewährleistet werden. Der pädagogische Takt als Organon der praktischen Vernunft beinhaltet ein Wissen um die Komplexität der Aufgabe, macht sensibel für die Situation und differenziert das Verhalten in ihr, vermittelt gleichzeitig eine Handlungssicherheit. Der pädagogische Takt ist ein Element der pädagogischen Kunst, das angewiesen ist auf den Beitrag der Theorie. »Im Handeln nur lernt man diese Kunst, erlangt man Takt, Fertigkeit, Gewandtheit, Geschicklichkeit; aber selbst im Handeln lernt die Kunst nur der, welcher vorher im Denken die Wissenschaft gelernt, sie sich zu eigen gemacht, sich durch sie gestimmt ... hatte« (HERBART, 1887). Der Inhalt des Begriffes spiegelt zugleich auch allgemeine Umgangsformen: Feingefühl als Sensibilität und Zurückhaltung gelten seit dem Ende des 18. Jahrhunderts als die Momente, die einen taktvollen Menschen auszeichnen. In einer dem Begriff »pädagogischer Takt« ähnlichen Weise spricht W. FLITNER in seiner Allgemeinen Pädagogik dann von »pädagogischer Bildung«. Um in Situationen handeln zu können, benötigt der Erzieher die »Erkenntnis des Zusammenhangs«, »pädagogische Bildung«, die durch wissenschaftlich geleitete Reflexion auf die eigene Praxis gewonnen wird. Taktvolles Handeln ist für NOHL ein wichtiges Prinzip im pädagogischen Bezug. Es verleiht im Dialog Erzieher wie Zögling eine Situationssicherheit, die Würde der Person, die Gleichwertigkeit der Gesprächspartner bleibt im Diskurs gewahrt. Der pädagogische Takt als kontaktsteuernde Funktion ermöglicht es, daß der Erzieher im pädagogischen Handeln eine »Distanz zu seiner Sache wie zu seinem Zögling« bewahrt (NOHL, 1963, S. 13). Zu dieser Distanz gehört das Lassen-Können (Warten, Gewähren) und Tun-Müssen, also Handeln im richtigen Moment. Der pädagogische Takt ist für die Vertreter der geisteswissenschaftlichen Pädagogik eine »einsichtige Selbstbegrenzung« (LITT, a.a.O., S. 25) des Erzieher in der Virtualisierung seines Machtvorsprunges gegenüber dem zu Erziehenden. Es ist die praktische Konsequenz aus einem Berufsethos, das - so Litt - »den Willen zur eigenen Durchsetzung ausschließt« (LITT, a.a.O., S. 72). Der pädagogische Takt schafft im pädagogischen Handeln den notwendigen Freiraum, den der junge Mensch benötigt, um unter der Dominanz des Erwachsenen seine Selbständigkeit entfalten zu können, für den Erzieher gibt er Raum für die Beobachtung und ermöglicht die Selbstkontrolle. Der pädagogische Takt, so WENIGER, ist das »interessenlose Interesse des Erziehers« (WENIGER, 1975, S. 18) und ermöglicht den Umgang der Generationen miteinander als eine »Mischung aus Spiel und Methode« (NOHL, 1957, S. 152).

NOHL betont, daß der pädagogische Bezug noch nicht beinhaltet, daß der Jugendliche in allem dem Pädagogen folgen oder zustimmen wird. Zeitweiliger Widerspruch und partielle Kritik am Erwachsenen sind in seinem Konzept durchaus möglich. Für die besondere Beziehungsform des pädagogischen Bezuges ist das Vertrauen des Edukanden zum Erzieher eine grundlegende Bedingung. »Wie nun das Vertrauen des Patienten zu seinem Arzt vor allem in dieser seiner Grundeinstellung begründet ist, die ihn in seinem Lebenswillen bejaht und die ihr eigentümliches Verhältnis zueinander bedingt, so ist solche pädagogische Grundeinstellung und das unbedingte Vertrauen des Zöglings des Erziehers gegenüber, daß er von ihm in der Tiefe seiner Person absolut bejaht wird, die Voraussetzung des eigentümlichen Verhältnisses zwischen ihnen beiden« (NOHL, 1949, S. 153). Vergleichbar formuliert BUBER in seiner »Pädagogik des Dialogs« (1953, S. 68) »In der Sphäre des Vertrauens tritt an die Stelle jenes Widerstandes gegen das Erzogenwerden ein eigentümlicher Vorgang: der Zögling nimmt den Erzieher als Person an. Er fühlt, daß er diesem Menschen vertrauen darf, daß dieser Mensch nicht ein Geschäft mit ihm betreibt, sondern an seinem Leben teilnimmt, daß dieser Mensch ihn bestätigt, ehe er ihn beeinflussen will.« Über das Vertrauen aber kann ein Verstehen und Einlassen erfolgen.

NOHL ist sich bewußt, daß erzieherisches Handeln den Charakter eines Wagnisses besitzt, das scheitern kann. Der pädagogische Bezug ist - trotz des in ihm liegenden eigenen Seins - ein notwendiger Durchgang. Er hat seine Grenze immer da, wo der Heranwachsende selbständig wird, er muß das Ziel haben, sich überflüssig zu machen und zu lösen. Das zunächst asymmetrische Verhältnis, von NOHL durch die Begriffe Autorität und Gehorsam gekennzeichnet, verändert sich im zeitlichen Verlauf des Bezuges. Die Autorität des Erziehers nimmt im Maße der zunehmenden Reife des Edukanden ab, ebenso dessen Gehorsam gegenüber dem erzieherischen

Willen. Damit nähert sich das asymmetrische Verhältnis einem zunehmenden symmetrischen, die Auflösung des pädagogischen Bezuges ist eingeleitet. Der pädagogisch Verantwortliche darf den mündig Gewordenen nicht an sich binden, sonst hätte er ihn nicht um seiner selbst willen angenommen (MAIER, 1992, S. 86). Gelingt dem Pädagogen der pädagogische Bezug nicht, dann darf es der Erzieher den Heranwachsenden nicht »büßen lassen«. Er muß sich zurückziehen und danach suchen, einen solchen Bezug zu anderen Menschen zu ermöglichen; das pädagogische Mittel des Milieuwechsels als Wechsel der Bezugsperson wird für die Praxis der Sozialpädagogik in seiner ganzen Tragweite deutlich. Daß dies kein Freibrief für eine Flucht aus schwieriger Situation sein kann, ergibt sich aus der grundsätzlichen Einstellung des Pädagogen, der Reflexion seiner fachlichen Möglichkeiten und persönlichen Stärken.

Der pädagogische Bezug dient nach NOHL dazu, daß der Jugendliche im gemeinsamen Alltag mit dem Pädagogen lernt, sich auf sich und seine Möglichkeiten zu verlassen, sich seiner Möglichkeiten zu trauen: Er wird zu seinen Möglichkeiten begabt. NOHL plädiert für die »Wendung an die Aktivität im Zögling«, es gilt »die Selbständigkeit wachzurufen und den Willen zu gewinnen« (NOHL, 1927, S. 79). Die Art der Bindung innerhalb des pädagogischen Bezugs differiert von Individuum zu Individuum aber auch in den unterschiedlichen Institutionen. »Dieser pädagogische Bezug und die in ihm gelegene Bindung müssen gewiß im einzelnen sehr verschieden sein, dem normalen Kind gegenüber wie dem debilen oder dem psychopathischen, schließlich jedem Individuum gegenüber ganz individuell ...« (NOHL, 1949, S. 153). Die Berücksichtigung der Modi der Differenz und die Beachtung unterschiedlicher Entwicklungsstufen des jungen Menschen im pädagogischen Bezug ergeben sich aus dem Prinzip der Subjektbezogenheit. Im pädagogischen Mandat des Handelns konkretisiert sich die Differenz von Lebens- und Lernerfahrungen zwischen Erwachsenen und Heranwachsenden. Dieses Faktum aber, daß die für pädagogisches Handeln konstitutive Differenz eine Ungleichheit bedeutet, wurde in der Praxis der erziehenden und helfenden Berufe immer wieder als Begründung für Zuständigkeit und Verantwortung verstanden, aber auch zur Legitimation von Herrschaft und Unterdrückung benutzt. Der verantwortete Umgang leugnet die bestehenden Ungleichheiten nicht, sondern versucht, durch die Kontrolle dieser Beziehung den Heranwachsenden zur Auseinandersetzung mit der Realität zu befähigen. W. FLITNER verweist schon 1933 in seiner »Systematischen Pädagogik« darauf, daß das NOHLSCHE Modell des Erzieher-Zögling-Verhältnisses als Schema zu verstehen ist, »während es in der Wirklichkeit konkreter Lebensläufe immer um eine Mehrzahl und eine Vielfalt von pädagogischen Beziehungen geht« (FLITNER, 1980, S. 70). Das Schema vom »pädagogischen Bezug« schließt andere pädagogische Einflüsse (z.B. die der Familie) und die hohe Relevanz edukativer Gruppen, die unbedingt in die pädagogische Reflexion einzuschließen sind, nicht aus (vgl. auch LEE, 1989, S. 154 f.). NOHL selber hebt die Einengung der pädagogischen Dyade erst 1952 auf und spricht den Gruppenprozessen vermehrte Wirkung zu: »Der pädagogische Bezug hat sich ... geändert ... Der Lehrer ist nicht mehr der einzige Bezugspunkt, auf den alle Aufmerksamkeit der Schüler gerichtet ist..., sondern die Spannung des Schülers besteht vor allem zu der sozialen Gruppe, in die er hineinwachsen will, und die ihn zu immer neuer Auseinandersetzung und Entscheidung aufruft, und der Lehrer wird mehr zum Helfer bei der geistigen Bewältigung dieses Lebens und bei seiner sinnvollen Gestaltung« (NOHL, in FURCK u. a., 1965, S. 66).

Praktische Anregungen für seinen Entwurf des pädagogischen Bezuges erhielt NOHL durch die »Fürsorge für Psychopathen«, die von RUTH VON DER LEYEN und seiner Schwester LOTTE NOHL in Berlin geleistet wurde, ebenso durch die Auseinandersetzung mit den Reformen des Jugendstrafvollzuges Hahnöfersand (BONDY, EYFERTH, HERRMANN), Erziehungsheim Lindenhof (WILKER), Egendorf (HERRMANN) und Schloß Heiligenstedten (OSBAHR). NOHL wollte mit seinen Impulsen für eine »Pädagogik der Fürsorgeerziehung« erreichen, daß der »verwahrloste« Jugendliche unter allen Umständen zu seiner ihm eigenen Form gelangen müsse und in seinem »verschütteten Menschentum« nicht noch weiter erniedrigt werden dürfe.

NOHLS Entwurf eines pädagogischen Bezuges, eingebettet in ein idealistisches Welt- und Menschenbild, weist, zusammenfassend, nach KLAFKI (1971, S. 80 f.), THIERSCH (1983, S. 92 f.) und MENNEMANN (1997, S. 76 f.) sechs Strukturmerkmale auf: 1. Kriterium des Pädagogischen ist, daß es seinen Ausgangspunkt in dem zu Erziehenden hat. Damit wird die »Autonomie der Pädagogik« begründet. 2. Die pädagogische Verantwortung unterliegt einem historischen Wandel. 3. Individualität und das »Primat der Person« beinhalten eine spannungsreiche Grundstruktur, die auf den Unterschied der Generationen im Erziehungsprozeß Einfluß nimmt. Das pädagogische Verhältnis wird als ein wechselseitiges gesehen, die pädagogische Liebe des Erziehers ist an das Vertrauen des Heranwachsenden gebunden. Das Vertrauen weiß sich zugleich herausgefordert und entlarvt. Die Autorität des Erwachsenen und das Vertrauen des Heranwachsenden sind eine wechselseitige Forderung, beide sind umkehrbar. 4. Der pädagogische Bezug kann nicht erzwungen werden. 5. Seine Intentionalität hat einen interimistischen Charakter, er ist im intentionalen Erziehungsprozeß ein notwendiger Durchgang. 6. Der Erzieher nimmt auf die Gegenwart und Zukunft des zu Erziehenden Bezug, damit das aus ihm werde, was aus ihm werden kann. Klafki fügt hinzu, daß der pädagogische Bezug nicht nur willentlich und bewußt gesteuert wird, er kann auch »in stärkstem Maße von unbewußten Motiven, Verhaltensweisen, Reaktionen beeinflußt sein« (KLAFKI, 1971, S. 80).

Der pädagogische Bezug ist bezüglich seiner theoretischen Grundannahmen und der behaupteten Praxisrelevanz wiederholt auf Kritik gestoßen, schon zeitgenössische Autoren problematisierten die Anwendbarkeit z. B. für eine Erziehung in Heimen vor dem Hintergrund der »Unerziehbarkeitsdebatte« (z. B.: SCHREINER, 1930; zusammenfassend NIEMEYER, 1992). Jüngere Kritik befaßt sich vor allem mit dem von NOHL zugrundegelegten Menschenbild und Politikverständnis; die vorgezeichnete Binnenstruktur des pädagogischen Bezuges wurde in Frage gestellt, und schließlich erscheint die Prämisse von einer »Autonomie der Pädagogik« in einer modernen Gesellschaft mit ihren massenmedialen Vermittlungsformen als realitätsfern (MENNEMANN, 1997; KADE/LÜDERS 1996; LEE, 1989; XOCHELLIS, 1974). Vor dem Hintergrund der Kritik kann die jüngere (Sozial-)Pädagogik folglich nicht naiv an das von NOHL entworfene Erzieher-Zögling-Verhältnis als Sinnmitte der Erziehungswirklichkeit anknüpfen. Der pädagogische Bezug ist eine wichtige Konstante sozialpädagogischen Handelns, die neu für die sozialpädagogischen Praxen zu justieren ist. Heute wird der pädagogische Bezug z. B. als eine Form der Beratung oder als Begleitung von Lernprozessen in unterschiedlichen sozialpädagogischen Berufsfeldern, z.b. in offener Jugendarbeit, Heimerziehung bis hin zur Sterbebegleitung thematisiert.

Das sozialpädagogische professionelle Handeln ist verberuflicht und in seiner Mehrzahl öffentlich-rechtlicher Natur, stark an die sozialstaatlichen Vorgaben gebunden. Die Anerkennung des Subjektstatusses der Klientel ist als Voraussetzung sozialpädagogischen Handelns (THIERSCH, 1995; WINKLER, 1995) gesetzt. Der verwandte Subjektbegriff bedingt, daß Menschen in Desintegrationslagen nicht bloß mitleidig als Opfer angesprochen werden, vielmehr werden sie als handelnde und verantwortliche Menschen gesehen. Leiden, Not, Probleme und ungekonntes Verhalten sind auch Ausdruck von Subjektivität. Die Schwierigkeiten werden folglich nicht allein auf gesellschaftliche Bedingungszusammenhänge reduziert betrachtet, »der Begriff des Subjekts ... verlangt, sich nicht mit einer (unter Umständen sogar zutreffenden) Erklärung aus soziologischer, psychologischer oder medizinischer Sicht zufrieden zu geben, sondern fordert die subjektive Situation als solche zu begreifen und zugleich sich dem zu stellen, dessen Subjektivität zerstört wird« (WINKLER, 1988, S. 151 f.). Das für die Praxis geltende ethisch-normative Bewertungssystem ist in der lebensweltorientierten Sozialpädagogik eingebunden. Zudem wird durch WINKLER (1988) mit dem Nachweis der subjekttheoretischen Bedeutung der örtlich situativen Basis für Erziehung (»Ortshandeln«) ein Gegengewicht zur Dominanz ausschließlich personenbezogener Handlungsentwürfe in die Theoriediskussion eingebracht.

4. Pädagogisches Handeln zwischen Angehörigen verschiedener Generationen

Das menschliche Individuum wird zu allererst in sozialer Interaktion zur »Person« und zwar durch Prozesse der gegenseitigen Anerkennung (BENJAMIN, 1990; HONNETH, 1992; TAYLOR, 1995), die soziale Subjektivität insistiert auf die soziale Bestätigung einer Existenz im Singular und wird durch Ich-Du oder Ich-Wir Bezüge begründet. »Das Verlangen nach Anerkennung« ist für Charles Taylor »ein menschliches Grundbedürfnis« (TAYLOR, 1995, S. 13 f.). Mit diesen Thesen ist auch eine Verbindung zu den klassischen Vertretern der philosophisch-pädagogischen Vertrauensforschung (z.B. BOLLNOW, 1964; HARTMANN, 1962) herstellbar. Das auf Dauer angelegte reziproke Interaktionssystem ist die Grundform der familialen-privaten Erziehung. Junge Menschen verfügen heute in Ergänzung dazu über einen Verbund eigeninitiierter sozialer Beziehungen, z.B. Freundeskreise, Fangruppen, Interessensgemeinschaften, Vereine, Selbsthilfegruppen, Initiativen oder ähnliches. Durch den Ausbau persönlicher Beziehungen besteht eine realistische Möglichkeit, dem Trend zur Vereinzelung autonom gewählte Sozialität entgegenzusetzen. Die gesuchten sozialen Netzwerke mit ihrer symmetrischen Reziprozität der ausbalancierten Nähe- und Distanz-Dimension haben eine soziale, emotionale und kognitive Kompensationsfunktion. Gleichzeitig fällt auf, daß sozioökonomisch unterprivilegierte und gesellschaftlich marginalisierte Gruppen Defizite in der gesellschaftlich zunehmend geforderten Eigeninitiativen Beziehungsarbeit aufweisen (KEUPP, 1994 , S. 388), somit in ihrer Identitätsbildung und individuellen Gestaltungskompetenz beeinträchtigt sind.

Für junge Menschen in Desintegrationslagen kann in einem Arbeitsbündnis auf Zeit durch eine professionell arrangierte Erziehung ein Anerkennungsverhältnis versucht werden. Das Beziehungsmuster ist im pädagogischen Bezug die Basis einer asymmetrischen Ebene mit komplementären Rollen des Erziehers, der seine Professionalität und reflektierte Lebenserfahrung einbringt (und damit seinen Beruf ausgestaltet) und des zu Erziehenden, der Identitätsfindung und Identitätssicherung auch in der Auseinandersetzung mit Erwachsenen sucht. Beide Seiten erwarten etwas Verschiedenes von der Beziehung und nehmen Ungleiches aus ihr mit (FLITNER, 1985, S. 52). Der pädagogische Bezug wird nicht nach der Logik intimer Freundschaftsbeziehungen geformt, er folgt vielmehr (institutionalisierter) Handlungsvorgaben, die Werte- und Regelmuster sind nicht beliebig variierbar, sind aber im Hinblick auf die interpersonale Funktion in weiten Bereichen denen von Freundschaftsbeziehungen vergleichbar. Der pädagogische Bezug versucht emotionale Stützung durch gegenseitiges Geben und Erhalten von Zuneigung durch persönliche Offenheit, Verständnis, Akzeptanz, Selbstachtung und Vertrauen zu geben, daneben soll eine kognitive Unterstützung durch Information und Beiträge zur Entwicklung eines kognitiven Rahmens zur Interpretation und Konstruktion von Realität ermöglicht werden. Die Wirksamkeit des pädagogischen Bezuges im Hinblick auf die Einflüsse der eingesetzten Methoden und jener, die sich aus der Person des Erwachsenen ableiten, der die Beziehung zum jungen Menschen eingeht, sind kaum zu differenzieren, zudem realisiert sich der pädagogische Bezug mehrheitlich in gruppenpädagogischen Settings.

Die Spezifik des Einzelfalles bedingt, daß die theoretischen Wissensbestände und Deutungsmuster nicht schematisch auf eine konkrete Handlung und den Einzelfall übertragen werden können. Das Einfühlen des Pädagogen ist durch das Nachdenken zu differenzieren. Es bedarf des pädagogischen Taktes, dem Verhältnis von wissenschaftlichem Wissen und Können, ergänzt um eine professionelle Intention und persönlicher Haltung, die szientifisch nur vage zu beschreiben ist. Hier erscheint eine Anknüpfung an die Überlegungen von HERBART und NOHL legitim. Der Erzieher soll ohne regulierende und gleichmachende Schematismen, ohne unangemessene Generalisierungen vor dem Hintergrund allgemeinen Wissens und allgemeiner Zielreflexion das der Situation Angemessene tun. Der pädagogische Takt als prinzipielle Einstellung hilft Abstand zu halten, ohne etwas zu übersehen; er vermeidet das Anstößige, das Zunahetreten und die Verletzung der Intimsphäre der Person. Vom Pädagogen muß ein besonderes Maß an Sensibilität im Umgang mit dem auch vom jungen Menschen gesuchten Nahe-Seins abverlangt werden, z.B. ist der verbale und nonverbale Zugang zum Körper (Streicheln, In-den-Arm-nehmen, Reden über körperliche Erscheinungsformen) von dem Kind und dem Jugendlichen mit einer hohen persönlichen Bedeutung und Kontrollgrad belegt. Dieses »island of privacy« ist vor dem Hintergrund schon eingeschränkter Privatheit durch das Leben im Heim zu respektieren. Die oft noch labile psychosoziale Autonomie des jungen Menschen darf also nicht durch - gut gemeinte - pädagogische Aktionen oder Gesprächsangebote von entmündigender Enge bedroht werden, die die »ganze Persönlichkeit« des jungen Menschen vereinnahmen wollen. Pädagogischer Takt heißt auch, die vom Jugendlichen gesuchte Abgrenzung auszuhalten, ihn auch in Ruhe zu lassen, auch einmal für sich sein, sich einsam fühlen zu dürfen oder auch dem fundamentalen Bedürfnis der Kinder Raum zu geben, unter sich zu sein, dem Beobachtungswahn nicht zu unterliegen, der alles registrieren und kontrollieren will. Die Euphorie kommunikativer Methoden soll nicht zu erdrückenden Umarmungen werden, der Pädagoge hat die Eigenständigkeit und Eigensinnigkeit, die Unverständlichkeit und Undurchsichtigkeit jener Subjekte anzuerkennen, die im pädagogischen Umgang aufeinandertreffen und an deren Entschlüsselung und Sichtbarmachung zu arbeiten. Dies setzt eine reflektierte Sensibilität für eine gestaltete Nähe und Distanz voraus, die von den Jugendlichen gewünschte Abgrenzung/Distanz aushalten zu können und nicht eigene emotionale Bedürfnisse des Erziehers durch pädagogisch getarnte Beziehungsangebote abdecken zu wollen, aber die gewünschte, in der Regel zeitlich begrenzte Distanz so zu gestalten, daß sie nicht als ein Ausweichen hinter einen Wall von Gefühlslosigkeit und Routine gedeutet werden kann und der junge Mensch sich dann verlassen fühlt.

BONHOEFFER beschreibt die dialektisch-spannungsreiche Dialogstruktur einer interpersonalen Beziehung, deren Besonderheit im Generationenverhältnis aufgehoben ist, der eingangs vorgestellten offenen Einrichtung der Jugendhilfe, die er auch für die Heimerziehung reklamiert: »Sie - die Kinder - brauchen einen harmlosen, nicht pädagogischen Umgang, der unmerklich stützt, der sie bereit macht, sich helfen zu lassen, ein Stück mitzugehen, zu verzichten, sich zu kontrollieren. Sie brauchen Erwachsene, die sich einlassen, die riskieren, sich herumschlagen, verwundbar sind, Fehler machen, ratlos werden, neu beginnen oder aufgeben« (BONHOEFFER, 1965, S. 65 ff.). Kinder sind auf den Schutz, die Hilfe, Vorgabe und Planung der älteren Generation angewiesen (vgl. THIERSCH, 1980). Ausgehend von dieser »klassischen« pädagogischen Annahme von Erziehungsbedürftigkeit von Kindern und Jugendlichen, eine basale Faktizität, die oft in soziologischen und philosophischen Zeitdiagnosen unterschlagen wird, beschreibt Bonhoeffer eine pädagogische Praxis: Kinder und Jugendliche bedürfen des Dialoges und der situativen Auseinandersetzung mit signifikanten Erwachsenen, die als Identifikationsmodelle für ihr noch zu gestaltendes Projekt des Erwachsenseins, des »Selbstwerdens« fungieren können, um die Lücke von entwickelten und noch nicht entwickelten Anteilen ihrer Person schließen zu können. Damit wird der Neugierde und dem Wissensdrang junger Menschen im pädagogischen Arbeitsbündnis Rechnung getragen (vgl. OEVERMANN, 1996). Erziehung im pädagogischen Bezug wird nicht verstanden als techné (herzustellen, machen von etwas) im Sinne des Bewirkens oder Erzeugens einer Normalbiographie, sondern als poiesis (Hervorbringen, und zwar auto-poiesis). Der pädagogische Bezug ist wesentlich geprägt durch ein Arrangement von Lernprozessen, die eingebettet sind in ein belastbares unterstützendes Begleitangebot mit sozialen und emotionalen Angeboten mit der Zielsetzung von Selbsterziehung und -bildung und der Chancenvermittlung und Selbstaneignung von Kultur (vgl. UHLE, 1997). Es soll eine Chance von Subjektivität eröffnet werden. Das Bestimmtsein »des Menschen zu Selbstbestimmung« so BENNER, ist »Aufforderung zur Selbsttätigkeit« (BENNER, 1983, S. 292). UHLE verweist auf zwei weitere pädagogische Imperative: Erziehung zur Achtung und des Respekts vor der Freiheit anderer und Hilfestellung für die Entwicklung und Sozialisation für ein selbständiges Leben in größeren sozialen Ordnungen (UHLE 1997, S. 182). Diese Imperative gelten zweifelsfrei auch für eine Erziehung in Heimen, die individuelle Biographie der Heimkinder bedingt, daß zudem Angebote von Hilfen entsprechend ihrer individuellen und einzigartigen Lebenspraxis zur Wiederherstellung der Integrität des Einzelfalles (Nachsozialisation bei mißlungener Familiensozialisation, Kompensation von Beeinträchtigungen, Behinderungen u. ä.) mit eingeplant und gestaltet werden. Dies ist Programm, die Chancen der Realisierung variieren, für den Mitarbeiter definiert diese Ungewißheitssituation sein genuines Arbeitsfeld. Primäre Aufgabe der Erziehung ist es, eine elementare Geborgenheit zu schaffen, in der Vertrauen und Selbstvertrauen erworben werden können.

Der BONHOEFFERSCHE Ansatz weiß - in Absetzung zu NOHL - um die Fragilität der in der Praxis erarbeiteten Deutungsmuster und Vermittlungsprozesse, der pädagogische Bezug ist kein Garant für sichere Lösungsmodelle lebensweltlicher Probleme über die situative Praxis hinaus. Zudem entzieht sich der Effekt des speziellen Interaktionsgefüges zwischen Erzieher und Educandus weitgehend einer empirischen Überprüfung, kann allenfalls in größeren Zeitabständen abgebildet werden. Der nicht lösungsfixierte Umgang ist geprägt durch die Anerkennung der Gleichwertigkeit und das Ernstnehmen der Interaktionspartner, vor allem durch ein unbedingtes Vertrauen in (unterschiedliche) Fähigkeiten junger Menschen. Bonhoeffer spricht nicht von dem konkreten Erwachsenen, sondern von dem Erwachsensein in der gewählten Bezugsperson. Es ist naheliegend, daß dies der Erzieher sein kann, der junge Mensch kann sich aber auch aus anderen Professionen die Bezugsperson wählen. Die Wahl durch den jungen Menschen erfolgt oft nach Kriterien, die nicht leicht zu erschließen sind. Längerfristige, belastbare Beziehungen zeichnen sich durch ein mit der Zeit entwickeltes Muster an Gegenseitigkeit aus, beinhalten Prozesse des Bindens und Lösens, der Umdeutung und Neuorientierung aber auch der Ignoranz. Bei der Gestaltung des pädagogischen Bezuges ist darauf zu achten, daß in einem solchen Projekt immer auch Neuentwürfe bisheriger Basiserfahrungen junger Menschen miteinfließen. Dem Pädagogen ist im Angebot und bei der Durchführung des pädagogischen Bezuges die Aufgabe gestellt, durch die Gestaltung von Handlungsabläufen bei dem jungen Menschen »ein Verstehen der eigenen Geschichte« zu ermöglichen, auch um damit den Wiederholungszwang belasteter Beziehungserfahrungen zu durchbrechen und eine Aufarbeitung von erfahrenen Verletzungen einzuleiten. Im Gegensatz z. B. zu einer therapeutischen Situation einer ambulanten Praxis entspricht das Angebot eines Arbeitsbündnisses in einer pädagogischen Institution weniger der freien Wahl, der Ort, an dem die Erziehung stattfinden soll, wurde dem jungen Menschen zugeordnet, das Angebot von Beziehungen wird berufsmäßig hergestellt. Heimkinder haben eine Trennung von den Eltern oder anderen Bezugspersonen erfahren, von Freunden und Schulkameraden, vielleicht auch die Lösung aus einer sie belastenden Subkultur. Die neuen Lebensbedingungen - auf Zeit - im Heim beinhalten die Chance eines Neuanfangs, eines gelingenderen Alltags. Dieser wiederum gilt als Voraussetzung für pädagogisches wie therapeutisches Handeln in der Heimerziehung (vgl. hierzu: STEINKE, 1990; PETERMANN, STEINKE, 1993). Daß bei der Wahl der Bezugsperson durch den jungen Menschen die Fachlichkeit gleich zu Beginn eines Heimaufenthaltes ein steuerndes Kriterium ist, kann nicht angenommen werden, da die damit zugeschriebene Kompetenz der Betreuung in schwierigen Lebenslagen erst im

Alltag erfahren werden muß. Stärker dürfte die Attraktion des Erziehers für die Wahl ausschlaggebend sein, neben Freundlichkeit, Sympathie zählt auch die Ähnlichkeit zu eigenen Einstellungen, Vorlieben, Verhaltensweisen sowie die erfahrbare Nähe zu zentralen Themen der Jugendkultur, kreatives, sportliches und handwerkliches Können zu den Auswahlkriterien.

Ein besonderes Kriterium der Wahl dürfte in der Vertrauenswürdigkeit des Erwachsenen liegen, nämlich darin, daß für den jungen Menschen es möglich ist, die Aufrichtigkeit, Eindeutigkeit und Uneigennützigkeit des Erziehers im Alltag der Einrichtung zu erfahren. Jedes Vertrauen gestaltet sich zunächst als ein Wagnis. Vertrauen als ein Mechanismus zur Reduktion sozialer Komplexität nimmt, so formuliert es LUHMANN (1989), die Zukunft vorweg, ist in die Zukunft gerichtet und riskiert eine Bestimmung der Zukunft. Das Problem des Vertrauens stellt sich als ein »Problem der riskanten Vorleistung« (LUHMANN, 1989, S. 23; siehe auch: KOLLER, 1992), der Vertrauensvorschuß (»leap into faith«, GIDDENS, 1991, S. 244) erfolgt, um Ungewißheit oder Informationsmangel zu überbrücken (vgl. SCHWEER, 1996, S. 7; PETERMANN, 1985, S. 13). Der prozeßhafte Verlauf des Vertrauens ist in sozialen Beziehungen reziprok angelegt, es entfaltet sich ein Zusammenhang von interpersonalem Vertrauen und allmählich offenem Verhalten (Selbstöffnung) dem anderen gegenüber. »Wo es Vertrauen gibt, gibt es mehr Möglichkeiten des Erlebens und Handelns, steigt die Komplexität des sozialen Systems, also die Zahl der Möglichkeiten, die er mit seiner Struktur vereinbaren kann, weil im Vertrauen eine wirksame Form der Reduktion von Komplexität zur Verfügung steht« (LUHMANN, a.a.O., S. 7 f.). BIERHOFF (1997, S. 93) zitiert die Ergebnisse einer Untersuchung von BUTLER (1991), die zehn Bedingungen herausstellt, die das Vertrauen in eine andere Person fördern: Konsistenz des Verhaltens der anderen Person, eine Bedingung, die zur Wahrnehmung von Vorhersehbarkeit und Verläßlichkeit führt, das Einhalten von Versprechen durch die andere Person, das die Verläßlichkeit in der Beziehung fördert, die wahrgenommene Fairneß, Loyalität, Ehrlichkeit und Integrität der anderen Person, die wahrgenommene Diskretion der anderen Person im Hinblick auf Geheimnisse, die Offenheit der anderen Person für neue Meinungen und Ideen, die wahrgenommene Ansprechbarkeit der anderen Person für die Bewältigung anstehender Aufgaben, also in schwierigen Situationen Alternativen zu entwickeln, Fähigkeiten der Strukturierung von Verhältnissen zu besitzen oder in Konflikten zu vermitteln und auch längerfristige Arbeitskonzepte durchzuhalten, und schließlich, daß die andere Person anwesend ist, wenn sie gebraucht wird (vgl. auch PETERMANN, 1985, S. 118). Diese Identifikation von Bedingungen zur Ermöglichung eines vertrauensvollen Umgangs können abgeglichen werden mit den in der geisteswissenschaftlichen Pädagogik vertretenen Postulaten des pädagogischen Umgangs und des pädagogischen Taktes, erweitert durch eine professionelle Verhaltensgrammatik (OEVERMANN, 1996). NOHL beschreibt die pädagogische Bedeutung des Vertrauens: »Wo ich vertraue, handle ich selbst besser; wo mir vertraut wird, fühle ich mich gebunden und bekomme Kräfte über mein Maß« (NOHL, 1957, S. 138).

Man wird von einem pädagogischen Mitarbeiter erwarten dürfen, daß er eine relativ sichere, ausgeglichene Persönlichkeit ist (im Sinne der »reifen Persönlichkeit« bei NOHL) und somit zu einer wohlwollenden, vertrauensvollen Haltung gegenüber Klienten fähig ist, daß er unabhängig von der konkreten Situation ein Vertrauen zu sich selbst, seiner wissenschaftlich erworbenen Qualifikation, der aufzeigbaren Kompetenz und Sinnhaftigkeit seines Handelns hat. Der abnehmende Glaube an den Sinn und die Effizienz des eigenen Handelns wirkt sich - so LITTLE (1992) - negativ auf die Praxis der Heimerziehung aus, da eine Handlungsabsicherung durch das Fehlen von (ideologisch) getragenen Idealen entfällt.»When belief is strong, the daily grind of residential care is tolerable as it is for the glory of greater things whether it is god, therapy or care. When pragmatism rules, we wonder what is it all for« (LITTLE, 1992, S. 103). Konnte sich der Erzieher bisher auf gesellschaftliche Rahmenbedingungen, Wertvorstellungen und institutionelle Regeln verlassen, ist er heute verstärkt auf seinen eigenen Lebensentwurf verwiesen, den er darzustellen, gegebenenfalls zu verteidigen, auf jeden Fall aber zu verantworten hat, gefordert ist nicht eine Allparteilichkeit im Sinne des Beliebigen oder eine (therapeutische) Neutralität.

Das BONHOEFFER-Zitat ist zudem ein Plädoyer für eine »professionelle Nichtprofessionalität« in dem Sinne, daß die Summe notwendiger Erfahrungs- und Lernangebote nicht durch pädagogisches Expertenwissen zu einer sozialen Technologie aufläuft. Die Sozialpädagogik hat sich von einem klinisch-kurativen Paradigma, das von einer eindeutigen Erklärbarkeit und damit verbundenen Behandlungsstrategien bei psycho-sozialen Desintegrationslagen ausging, verabschiedet. Vielmehr soll im pädagogischen Verhältnis eine authentische Wissensvermittlung als situativ und sozial gestaltbar erlebt werden können. In einem solchen Generationenbezug wird der Erwachsene zum Medium und Korrektiv für jugendliche Selbstwahrnehmung und Selbsterziehung (BÖHNISCH, 1996, S. 84), die Nähe zum Nohlschen Konzept von jugendlicher Selbsterziehung und Erwachsenenbeziehung ist wiedererkennbar.

Das Heim kann, wenn es das Selbstverständnis und die institutionellen Rahmenbedingungen zulassen, zu einem Sozialraum werden, in dem durch konkrete personale Beziehungen und unterschiedliche personale Begegnungen mit Erwachsenen sozial-emotionale Verhaltens- und Verständigungsalternativen gesucht und ausprobiert werden können. Dieses Angebot erscheint notwendig, um auch die Verluste konkreter Beziehungserfahrungen und emotionaler Bindungen in den Biographien von vielen Heimkindern kompensieren zu können. Der Erzieher ist aber nicht nur »Lernhelfer«, wenn sich der Umgang mit dem zu Erziehenden auf einen längeren Zeitraum erstreckt, er muß auch über handwerkliche, sportliche und kulturelle Kompetenzen und spielerisches Geschick verfügen, um erholsame Tätigkeiten und Kreativität zu fördern, um Spaß haben zu ermöglichen; es soll Raum und Zeit für Kinder und Jugendliche gegeben sein, um phantasieren und träumen zu können. Kinder und Jugendliche in der Heimerziehung - so vermutet BONHOEFFER (1977, S. 210) - würden in den ersten Begegnungen mit Erwachsenen im Heim fragen: »Schenken Sie mir als Vorgabe Vertrauen? Gefährden Sie sich für mich? Was geht in Ihnen vor? Haben Sie Angst um mich gehabt? Machen Sie auch unbezahlte Arbeit für mich?« Mit diesen Sätzen wird gleichsam auch die Erfahrung von Bettelheim (1950; dt. 1991): »Liebe allein genügt nicht« durchdekliniert: Die Bereitschaft, sich auf die ausgesprochenen und unausgesprochenen Bedürfnisse junger Menschen in der Heimerziehung einzulassen, geht nicht auf in einem bloßen empathischen Verstehen, sondern der pädagogisch Handelnde ist als Person gefordert, die selbst für etwas einsteht und sich dem jungen Menschen gegenüber öffnet. GEHRES (1997) belegt mit seiner auf Kasuistiken aufbauenden Studie, daß die »Beziehungsqualität« ein zentraler Wirkfaktor im pädagogischen Feld des Heimes ist.

5. Hilfen für den Pädagogen

Vergleichbar der Praxis einer psychosozialen Versorgung ist der pädagogische Umgang immer auch ein »Handeln unter Risiko«, »...weil in komplexen Zusammenhängen jedes Handeln mehr nichtintendierte Wirkungen hat als intendierte« (AUCKENTHALER und KLEIBER, 1992, S. 17). Der Sozialpädagoge kann nicht nur als Konstruktivist, Planer oder Denker gesehen werden, vielmehr kann ihm in seiner Praxis etwas widerfahren, was er nicht beabsichtigt, etwa Emotionen, die er nicht nach Belieben zu kontrollieren vermag, Stimmungen, die er nicht willentlich umformen kann, oder Gewohnheiten, die er nicht bemerkt. Die in der Phänomenologie aufgehobene Erkenntnis belegt, daß es für das erlebende Subjekt Modalitäten der Welt- und Selbsterfahrung gibt, die eben nicht oder noch nicht kognitiv (im epistemologischen Sinne) sind. Soll der professionelle Mitarbeiter als Kontrolleur seiner eigenen Praxis, z.B. in der Ausgestaltung von Nähe und Distanz, nicht in die Falle des Verwechselns von guten Absichten und faktischen Wirkungen laufen, ergibt sich eine Supervisionsbedürftigkeit vor dem Hintergrund einer lebenslangen beruflichen Sorgfaltspflicht (SIELAND, 1996, S. 198). Das für sich genommen reicht aber nicht aus. Das oft schwierige Handeln im pädagogischen Alltag eines Heims sollte zudem eingebunden werden können in ein Institutionenvertrauen, also in Verläßlichkeiten, Gewohnheiten, Ritualen, aber auch in lebensweltliche Sinnhorizonte der Einrichtung. Dies ist notwendig, damit Komplexitätsreduktionen bzw. Entlastungen, aber auch Anerkennung für die Mitarbeiter möglich und erfahrbar werden. Vertrauen ist eine Voraussetzung für die Interaktionsfähigkeit, ermöglicht die Planung und die Verfolgung längerfristiger Zielsetzungen. Gleichzeitig sind institutionalisierte Vertrauenssysteme fragil. Sie können durch ihre Struktur eine dysfunktionale Behaglichkeit entwickeln, die über das Sicherheitsbedürfnis hinausragt und die Risikobereitschaft der Mitarbeiter zu innovativem Handeln einschränkt: Konflikträchtiges wird lieber »ausgesessen«, als es in einer Auseinandersetzung mit den jungen Menschen im Heim auszutragen. Der Mitarbeiter interagiert dann nur noch innerhalb eingespielter Netzwerke, scheut eigenverantwortete pädagogische Entscheidungen, bewegt sich ausschließlich innerhalb des Kalkulierbaren und des Standardisierten (vgl. STRASSER, VOSWINKEL, 1997, S. 234 f.). Um dieses zu vermeiden, bedarf auch die Institutionskultur und das damit einhergehende Institutionenvertrauen einer Evaluation und gegebenenfalls einer Gegensteuerung im Hinblick auf die pädagogische Zielsetzung.

Literatur

AUCKENTHALER, A.: Der Praktiker und das Rationale. Wenn Supervision ungemütlich wird. In: AUCKENTHALER, A.; KLEIBER, D. (Hrsg.): Supervision in Handlungsfeldern der psychosozialen Versorgung. Tübingen, 1992, S. 101-111

BACKHAUSEN, W.: Lebensgemeinschaft als Grundlage der Anstaltserziehung. In: Blätter für Innere Mission in Bayern. 1923, 38, 7-9, S. 29-33

BASTINE, R.: Psychotherapie. In: Bastine, R. (Hrsg.): Klinische Psychologie. Bd. 2. Stuttgart, 1992, S. 179-301

BENJAMIN, J.: Die Fesseln der Liebe - Psychoanalyse, Feminismus und das Problem der Macht. Basel, 1990

BENNER, D.: Grundstrukturen pädagogischen Denkens und Handelns. In: LENZEN, D.; MOLLENHAUER, K.: Enzyklopädie Erziehungswissenschaft, Bd. 1, Theorien und Grundbegriffe der Erziehung und Bildung. Stuttgart, 1983, S. 283-300

BERNFELD, S.: Sisyphos oder die Grenzen der Erziehung, 1925. Frankfurt a.M., 1967

BETTELHEIM, B.: Liebe allein genügt nicht. Stuttgart 1991

BIERHOFF, H.W.: Vertrauen und Liebe: Liebe baut nicht immer auf Vertrauen auf. In: SCHWEER, M. (Hrsg.): Interpersonales Vertrauen. Theorien und empirische Befunde. Opladen, 1997, S. 91-104

BLANDOW, J.: Über Erziehungshilfenkarrieren. In: Jahrbuch der Sozialen Arbeit. Münster, 1996, S. 180-185

BÖHNISCH, L.: Pädagogische Soziologie. Weinheim-München, 1996

BÖHNISCH, L.: Zur Wiedergewinnung des 'pädagogischen Bezuges' in der Jugendhilfe. In: GRUNWALD, W.; ORTMANN, F.; RAUSCHENBACH, T.; TREPTOW, R. (Hrsg.): Alltag, Nichtalltägliches, und die Lebenswelt. Weinheim und München, 1996, S. 233-237

BOLLNOW, O.F.: Die pädagogische Atmosphäre. Heidelberg, 1964

BOLLNOW, O.F.: Der Begriff des pädagogischen Bezuges bei HERMANN NOHL. In: Zeitschrift für Pädagogik, 1981, 27, S. 31-37

BONDY, C.: Scheuen. Pädagogische und psychologische Betrachtungen zum Lüneburger Fürsorgeerziehungsprozeß. Berlin, 1931

BONHOEFFER, M.: Das Haus auf der Hufe. In: Neue Sammlung, H. 1, 1965, S. 64-76

BONHOEFFER, M.: Zerbrechen die Heime an der modernen Arbeitszeitregelung? In: Unsere Jugend, H. 5, 1977, S. 207-221

BRUMLIK, M.: Sind soziale Dienste legitimierbar? Zur ethischen Begründung pädagogischer Intervention. In: ders.: Advokatorische Ethik. Bielefeld, 1987, S. 232-253

BUBER, M.: Reden über Erziehung. Heidelberg, 1953

BUTLER, I. K.: Toward understanding and measuring conditions of trust. Evolution of conditions of trust inventory. In: Journal of Management, 1991, H. 17, S. 643-663

COLLA, H. E.: Der Fall Frank. Exemplarische Analyse der Praxis öffentlicher Erziehung. Neuwied und Berlin, 1973

FERCHHOFF, W.: Jugend an der Wende des 20. Jahrhunderts. Lebensformen und Lebensstile. Opladen, 1993.

FIELD, D.: Der Körper als Träger des Selbst. In: KZfSS, 1978, Sonderheft 20, Materialien zur Soziologie des Alltags, S. 244-264

FLITNER, A.: Konrad, sprach die Frau Mama. Über Erziehung und Nicht-Erziehung. München - Zürich, 1985

FLITNER, W.: Allgemeine Pädagogik. Frankfurt a.M., 1980

FURCK, C. L.; GEISSLER, G.; KLAFKI, W.; SIEGEL E. (Hrsg.): Aufgaben und Wege der Sozialpädagogik. Vorträge und Aufsätze von HERMAN NOHL. Weinheim, 1965

GEHRES, W.: Das zweite Zuhause. Lebensgeschichte und Persönlichkeitsentwicklung von Heimkindern. Opladen, 1997

GIDDENS, A.: Modernity and self-identity.Cambridge, 1991

GIESECKE, H.: Das »Ende der Erziehung«. Ende und Anfang pädagogischer Professionalisierung. In: COMBE, A.; HELSPER, W. (Hrsg.): Pädagogische Professionalität. Untersuchungen zum Typus pädagogischen Handelns. Frankfurt a.M., 1996, S. 391-403

GOFFMAN, E.: Verhalten in sozialen Situationen. Strukturen und Regeln der Interaktion im öffentlichen Raum. Gütersloh, 1971

GRENCAVAGE, I. M. & NORCROSS, J. C.: Where are the commonalities among the therapeutic common factors? In: Professional Psychology Research and Practice 21, 1990, S. 372-387

HARTMANN, N.: Ethik. Berlin, 1962

HERBART, J. F.: Umriss pädagogischer Vorlesungen. Ausgabe 1841. Sämtliche Werke. Langensalza, 1887, S. 65-206

HONNETH, A.: Kampf und Anerkennung - Zur moralischen Grammatik sozialer Konflikte. Frankfurt a.M., 1992

HORVATH, A. O.; LUBORSKY, L.: The role of the therapeutic alliance in psychotherapy. In: Journal of Consulting and Clinical Psychology 61, 1993, S. 561-573

KADE, J.; LÜDERS, CHR.: Lokale Vermittlung. Pädagogische Professionalität unter den Bedingungen der Allgegenwart medialer Wissensvermittlung. In: COMBE, A.; HELSPER, W. (Hrsg.): a.a.O., S. 887-923

KEUPP, H. (Hrsg.): Zugänge zum Subjekt. Frankfurt a.M. 1994

KLAFKI, W.: Das pädagogische Verhältnis. In: Klafki, W.: Funkkolleg Erziehungswissenschaft. Frankfurt a.M., 1971, S. 53-91

KOLLER, M.: Sozialpsychologie des Vertrauens. Ein Überblick über theoretische Ansätze. In: Psychologische Beiträge, 1992, H. 34, S. 98-112

LEE, J.S.: Der Pädagogische Bezug. Eine systematische Rekonstruktion der Theorie des Pädagogischen Bezugs bei H. Nohl unter Berücksichtigung der Kritiken und neueren Ansätze. Frankfurt a.m., 1989

LITT, Th.: Die Bedeutung der pädagogischen Theorie für die Ausbildung des Lehrers. In: LITT, Th.: Führen oder Wachsenlassen. Eine Erörterung des pädagogischen Grundproblems. Stuttgart, 1949, S. 110-126

LITTLE, M.: Residential Care for children and the Issues of Social Climate: Future Research, Trends and Developments. In: VAN DER PLOEG, J. D.; VAN DEN BERTH, P. M.; KLOMP, M; KNORTH, E. J.; SMIT, M.: Vulnerable Youth in Residential Care. Part I Social Competence, Social Support and Social Climate; Leuven/Apeldoorn, 1992

LUHMANN, N.: Vertrauen. Ein Mechanismus zur Reduktion sozialer Komplexität. Stuttgart, 1989

MAIER, R. E.: Pädagogik des Dialogs. Ein historisch-systematischer Beitrag zur Klärung des pädagogischen Verhältnisses bei NOHL, BUBER, ROSENZWEIG und GRISEBACH. Frankfurt a.M., Berlin, Bern, New York, Paris, Wien, 1992

MENNEMANN, H.: Sterben lernen heißt leben lernen. Sterbebegleitung aus sozialpädagogischer Perpektive. Münster, 1998

NIEMEYER, CHR.: Die Zukunft professionellen Handelns in der Heimerziehung. In: PETERS, F. (Hrsg.): Jenseits von Familie und Anstalt. Entwicklungsperspektiven in der Heimerziehung Bd. 1. Bielefeld, 1991, S. 262-297

NIEMEYER, CHR.: Entstehung und Krise der Weimarer Sozialpädagogik. In: Zeitschrift für Pädagogik, H. 3, 1992, S. 437-353

NOHL, H.: Jugendwohlfahrt. Sozialpädagogische Vorträge. Leipzig, 1927

NOHL, H.: Das Verhältnis der Generationen in der Pädagogik (1914). In: Pädagogische Aufsätze. 2. verm. Aufl. Langensalza, 1930, S. 111-120

NOHL, H.: Gedanken für die Erziehungstätigkeit des Einzelnen mit besonderer Berücksichtigung der Erfahrungen von Freud und Adler (1926). In: Nohl, H.: Pädagogik aus 30 Jahren. Frankfurt a.M., 1949, S. 151 ff.

NOHL, H.: Die pädagogische Bewegung in Deutschland und ihre Theorie (1935). Frankfurt a.M., 1957

OEVERMANN, U.: Theoretische Skizze einer revidierten Theorie professionellen Handelns. In: COMBE, A.; HELSPER, W. (Hrsg.): a.a.O., S. 70-182

OSTERLOH, J.: Unser Herr Böckelmann - oder über den Lehrer als Person. In: Pädagogische Rundschau, 43. Jg., H. 2, 1989, S. 201-208

PESTALOZZI, J.H.: Brief an einen Freund über seinen Aufenthalt in Stans. In: FLITNER, W. (Hrsg.): PESTALOZZI. Ausgewählte Schriften. Düsseldorf, 1954, S. 99 ff.

PETERMANN, F.: Psychologie des Vertrauens. Salzburg, 1985

PETERMANN, U.; STEINKE, TH.: Verhaltenstrainings in stationären Einrichtungen. In: Kindheit und Entwicklung, 1993, H. 2, S. 36-42

RECKERT, W.: Väterlichkeit und pädagogische Profession. Frankfurt a.M. 1996

RÖPER, F. F.: Das verwaiste Kind in Anstalt und Heim. Ein Beitrag zur historischen Entwicklung der Fremderziehung. Göttingen, 1976.

ROGERS, C. R.: The necessary and sufficient conditions of therapeutic personality change. In: Journal of Consulting Psychologie 21, 1957, S. 95-103

RUTH, K.: Die Pädagogik der süddeutschen Rettungshausbewegung. Berlin, 1927

SCHMIDTBAUER, W.: Hilflose Helfer. Über die seelische Problematik der helfenden Berufe. Reinbek, 1992

SCHWEER, M.: Vertrauen in der pädagogischen Beziehung. Bern-Göttingen, 1996

SIELAND, B.: Klinische Psychologie, Bd. II, Intervention. Stuttgart, Berlin, Köln, 1996

STEINKE, Th.: Stationäres Training mit aggressiven Kindern. Frankfurt a.M., 1990

STRASSER, H.; VOSWINKEL, S.: Vertrauen im gesellschaftlichen Wandel. 1997, S. 219-236

TAYLOR, Ch.: Das Unbehagen an der Moderne. Frankfurt a.M., 1995

THIERSCH, H.: Können wir unsere Kinder noch lieben? In: Neue Sammlung, 1980, 3, S. 208-224

THIERSCH, H.: Geisteswissenschaftliche Pädagogik. In: LENZEN, D.; MOLLENHAUER, K.: Enzyklopädie Erziehungswissenschaft, Bd. 1, Theorien und Grundbegriffe der Erziehung und Bildung. Stuttgart, 1983, S. 81-100

THIERSCH, H.: Lebenswelt und Moral. Beiträge zur moralischen Orientierung Sozialer Arbeit. Weinheim, München, 1995

UHLE, R.: Vertrauen als pädagogischer Imperativ. In: Schweer, M. (Hrsg.): Interpersonales Vertrauen. Theorien und empirische Befunde. Opladen, 1997, S. 181-202

WENIGER, E.: Die Autonomie der Pädagogik. In: WENIGER, E.: Ausgewählte Schriften zur geisteswissenschaftlichen Pädagogik. Weinheim-Basel, 1975, S. 11-27

WINKLER, M.: Eine pädagogische Betrachtung der Heimerziehung. In: PETERS, F.: Jenseits von Familie und Anstalt. Entwicklungsperspektiven in der Heimerziehung. Bielefeld, 1988, S. 67-93

WINKLER, M.: Die Gesellschaft der Moderne und ihre Sozialpädagogik. In: THIERSCH, H.; GRUNWALD, K. (Hrsg.): Zeitdiagnose Soziale Arbeit zur wissenschaftlichen Leistungsfähigkeit der Sozialpädagogik in Theorie und Ausbildung. Weinheim-München, 1995, S. 155-183

XOCHELLIS, P.: Erziehung am Wendepunkt? Grundstrukturen des »pädagogischen Bezugs« in heutiger Sicht. München, 1974

Sven Petersen

Mit Kindern leben

Living with Children in Care

An example of stationary social education without shift work and staff changing over is introduced by sharing a house. The central characteristic is actually living together with the difficult children and juveniles. The unusual quality of this kind of work and life style is portrayed against the background of fundamental theoretical essentials. The social education workers' free time and work time level out making conventional work patterns impractical. Beside the qualitative change of meaning implicated by this work for the private lives of the employees the children and juveniles living in this environment experience fundamental change.

1. Einleitung[1]

Das Heim ist dann in erster Linie ein Lebensort, an dem Kinder und Jugendliche eine entscheidende Zeit ihres Lebens verbringen, um ihre individuellen und sozialen Schwierigkeiten bewältigen zu können und sich soziale Fähigkeiten und Handlungskompetenzen anzueignen, die sie befähigen, an dieser Gesellschaft in angemessener Form partizipieren zu können. Die gesellschaftlichen Veränderungsprozesse bedingen für die Sozialpädagogik und die Heimerziehung zweierlei.

Zum einen muß eine Sozialpädagogik, die sich die Integration der ihr anvertrauten Kinder und Jugendlichen zum Ziel macht, sich mit diesen Entwicklungen auseinandersetzen, da sie sich in der Regel gerade mit den Kindern und Jugendlichen beschäftigen muß, die sich nicht in dieser Gesellschaft zurechtfinden. Unübersichtliche, unsichere und widersprüchliche Strukturen ohne verläßlichen und verbindlichen Charakter prägen das Aufwachsen der Kinder und Jugendlichen, so daß für sie die Schwierigkeit steigt, ihre eigene Biographie in einen Zusammenhang einzuordnen, da kein kollektiv zusammenhängender Sinnzusammenhang mehr existiert und ihre eigene Zukunft unsicher ist. Die Sozialpädagogik muß um diese Schwierigkeiten wissen, um den Jugendlichen, die nicht zu den »Gewinnern« dieser Entwicklung gehören, Perspektiven aufzeigen und entsprechende Handlungskompetenzen vermitteln zu können, so daß auch sie eine Chance zur Integration erhalten. Zum anderen setzen pluralistische Gesellschaften mit ihren Modernisierungsfolgen und ohne allgemeinen Wertehorizont die Sozialpädagogik unter erheblichen Handlungszwang.

Eine Normalbiographie existiert nicht mehr, ein allgemeiner Werte und Normenkodex ebensowenig und über verbindliche Erziehungsziele besteht auch keine Einigkeit (Die in den letzten Jahren vehement diskutierte Moralfrage in der Sozialpädagogik (vgl. RAUSCHENBACH./ THIERSCH 1987, THIERSCH 1995, MÜLLER/ THIERSCH 1990) ist der Versuch, sich diesen Fragen theoretisch zu nähern). Dennoch muß die Sozialpädagogik Erziehungsziele benennen können, Sinnzusammenhänge bei den Kindern und Jugendlichen hervorrufen und Wertorientierungen vermitteln. Die Nicht-berücksichtigung dieser Fragen führt bei den Kindern und Jugendlichen zur Desorientierung und nicht etwa zur Integration.

Für einen adäquaten Umgang mit diesen Entwicklungen ergeben sich für die Heimerziehung weitreichende Konsequenzen. Anhand einer sozialpädagogischen Lebens- und Wohngemeinschaft soll verdeutlicht werden, daß es Modelle stationärer Jugendhilfe gibt, die auf der einen Seite den gesellschaftlichen Entwicklungen Rechnung tragen und auf der anderen Seite für die individuelle Entwicklung der Kinder und Jugendlichen den geeigneten Rahmen bilden, um Entwicklungsprozesse zu ermöglichen und individuelle Handlungskompetenzen zu erwerben.

2. Sozialpädagogisches Handeln als moralisch verantwortetes Handeln

Ein sozialpädagogisch verantwortetes Zusammenleben mit schwierigen Kindern und Jugendlichen ist ohne eigene Moral- und Wertvorstellungen, verstanden als allgemeine Orientierung, auf deren Grundlage sich konkretes Handeln abbildet und aushandeln läßt, undenkbar. Im Zuge der postmodernen Diskussion scheint die Frage nach Moral obsolet. Moral als Frage nach einer verantworteten Position zu Orientierungen über Gut und Böse, als Frage nach den Möglichkeiten eines guten Lebens oder als »effektives Instrument« zur Steuerung von Lebensverhältnissen« (THIERSCH 1995), rückt einen schnell in die Nähe von konservativen und restaurativen Tendenzen. Jenseits eines simplifizierenden Rekurs auf vorgegebene Werte, ist die Frage nach Moral dennoch virulent, denn gerade die Auflösung von geradlinigen Lebensmustern, der Verlust von Traditionen und Deutungsmustern und die aus dieser Entwicklung resultierenden Verunsicherungen und Widersprüche führen in der Sozialpädagogik (und nicht nur dort) zu der Notwendigkeit, die eigenen handlungsleitenden Normen zu benennen und zu rechtfertigen (vgl. THIERSCH 1987).

Erziehung generell und vor allem Heimerziehung ist auf unhintergehbare Weise mit Kindern und Jugendlichen konfrontiert. Nachdrücklich werden Reaktionen abgefordert, Standpunkte, Meinungen und Gefühle abgefragt; ein Ausweichen ist nicht möglich. Engagement, Intensität im Umgang mit Kindern und Jugendlichen und Aufwand in der Heimerziehung erfordern ein hohes Maß an Verantwortlichkeit, so daß sich die Sozialpädagogen als ganze Person anbieten und darstellen müssen. Im Kern gilt auch heute noch die alte Formulierung von Bonhoeffer, der für die Kinder »einen harmlosen, nicht pädagogischen Umgang (fordert), der unmerklich stützt, der sie bereit macht, sich helfen zu lassen, ein Stück mitzugehen, zu verzichten, sich zu kontrollieren. Sie brauchen Erwachsene, die sich einlassen, die riskieren, sich herumschlagen, verwundbar sind, Fehler machen, ratlos werden, neu beginnen oder aufgeben« (BONHOEFFER 1981, S.74).

3. Die gerechte Gemeinschaft als Rahmen einer Wohngemeinschaft

Für diese intensive praktische Tätigkeit in einer sozialpädagogischen Lebens- und Wohngemeinschaft bedarf es theoretischer Grundlagen und Grundannahmen, ohne die das eigene professionelle Handeln im unübersichtlichen Alltag keiner Reflexion mehr zugänglich ist.

Der kognitionszentrierte entwicklungspsychologische Ansatz zur Moralerziehung und Moralentwicklung und die daraus weiterentwickelte gerechte Gemeinschaft, die »Just-Community« von KOHLBERG, (KOHLBERG 1986, KOHLBERG/COLBY 1978; vgl. auch LIND/RASCHERT 1987) leistet dabei zweierlei. Zum einen stellt er einen äußeren Rahmen dar, in dem wesentliche sozialpädagogische Prozesse stattfinden und benennt für diesen Strukturen und Bedingungen. Zum anderen legitimiert er auf der inhaltlichen Ebene eigenes pädagogisch verantwortetes Handeln.

Erstens: Sozialpädagogische Wohngemeinschaften müssen auf die beschriebenen gesellschaftlichen Prozesse reagieren. Es geht um die Schaffung und Aufrechterhaltung eines sozialen Raumes und einer Gemeinschaft, deren Atmosphäre von gegenseitigem Vertrauen geprägt ist und in der sich die Subjekte nicht als Konkurrenten sondern als Partner begegnen. Es muß darum gehen, den Kindern und Jugendlichen neue und stabile soziale Räume und Bindungen zu eröffnen, in denen sie sich integrieren können und die sie als sinnerfüllt und sicher erleben.

KOHLBERGS Just-Community und die daraus abgeleiteten sozialen Verbindlichkeiten stellen für eine sozialpädagogische Wohngemeinschaft das Gerüst für diesen hohen Anspruch dar, denn erst vor dem Hintergrund eines verläßlichen Milieus kann es diesen Kindern und Jugendlichen gelingen, sich Qualifikationen und Handlungskompetenzen anzueignen, die dazu befähigen, eine selbständige Existenz unter Individualisierungsbedingungen aufzubauen.

Zweitens: Gemeinsames Leben mit biographisch stark vorbelasteten Kindern und Jugendlichen ohne eigene Orientierung, die bisher mit desolaten Strukturen konfrontiert wurden, ist ohne verbindliche, verbindende und verläßliche Orientierung und Lebensumstände nicht denkbar. Um fehlende Handlungskompetenzen nachträglich zu erwerben, brauchen sie ein geeignetes Umfeld. Dieser geschützte und gestaltete Lebensraum verlangt neben konstanten, verläßlichen und authentischen Ansprechpartnern, Normen und Werte, an denen sich die Kinder und Jugendlichen orientieren können und die sich individuell entwickeln. Es geht um Werte und Normen, die Raum gewähren für Partizipation und Initiative, die die Integrität schützen und sinnstiftende Alltagserfahrungen ermöglichen. Soll die Authentizität im pädagogischen Umgang dabei nicht preisgegeben werden, läßt sich gemeinsames Leben und geteilter Alltag mit Kindern und Jugendlichen ohne den eigenen Standpunkt zu Moral- und Wertfragen nicht gestalten.

Mit dem theoretischen Ansatz von KOHLBERG zur Moralentwicklung liegt ein Ansatz vor, der den angesprochenen Ebenen Rechnung trägt ohne dabei indoktrinierend oder beliebig zu werden. Die pädagogischen Wirkungen dieser Faktoren werden von ihm jedoch nur als stimulationsanregende Randbedingungen berücksichtigt, denn im Kern ist KOHLBERGS Theorie eine kognitive Moraltheorie. Daher deckt der Just-Community-Ansatz auch nur einen Teil der sozialpädagogischen Arbeit in einer Lebens und Wohngemeinschaft ab. Kohlberg hat die für die Sozialpädagogik wesentlichen inhaltlichen Bausteine nur angedeutet und nicht theoretisch beschrieben. Diese gilt es zukünftig auszuformulieren und in das Konzept der gerechten Gemeinschaft zu integrieren, denn Erziehung hat - ganz gleich welche theoretischen Grundannahmen dem eigenen Denken zugrunde liegen - immer etwas mit interpersonalen Beziehungen zu tun.

4. Die pädagogische Beziehung

Zum Wesen der Erziehung gehört, daß in dem Mittelpunkt des Geschehens durch soziale Unmittelbarkeit gekennzeichnete interaktive und soziale Handlungen stehen. Dabei richtet sich das soziale Handeln auf die Veränderung von Menschen, bzw. von Verhältnissen und Bedingungen und ist immer am Handeln anderer orientiert. Das Gelingen der Erziehung ist als Prozeßgeschehen wesentlich von der Qualität, Dauer, Umfang, Form und Wirksamkeit dieser interpersonalen Prozesse abhängig.

Seit SCHLEIERMACHERS Formulierung des modernen Erziehungsverständnisses, nachdem das Bestehende nicht nur reproduziert werden soll und die Gegenwart mehr ist als die Doppelung des Vergangenen und als Ausgangspunkt der Erziehung das Generationenverhältnis für konstitutiv erklärt wird, rückte das personale Verhältnis von Erzieher und Educandus in den Mittelpunkt der erziehungswissenschaftlichen Betrachtung.

Auch heute gilt dabei noch im wesentlichen die klassische Formulierung von Herman Nohl. Nohl hat mit der theoretischen Formel des pädagogischen Bezuges das Erziehungsverhältnis als erster wissenschaftlich funktionalisiert (vgl. KRON 1986) und versucht, ihn als personales Verhältnis zu beschreiben und durch die inhaltliche Konkretisierung die Eigenart des pädagogischen Handelns gegenüber anderen Formen der sozialen Beeinflussung herauszuarbeiten.

Jenseits der heute antiquierten Begrifflichkeiten[1] beschreibt der pädagogische Bezug von NOHL im Kern konstitutive Qualitäten der Beziehung und einer Haltung des Pädagogen. Die Forderung nach Glaubwürdigkeit des Erziehers als vertrauenstiftendes Element, Parteilichkeit, Respekt, Wohlwollen und die Annahme einer personalen Gleichwertigkeit bei einem notwendigen Reife- und Machtgefälle gehören zur sozialpädagogischen Handlungskompetenz, wenn Sozialpädagogik mehr sein soll, als eine sozialtechnokratische Dienstleistung, bei der gesellschaftlich definierte Defizite repariert werden.

Die Qualitäten der pädagogischen Beziehung sind dabei auch die Grundlage für die Beziehungsstruktur in einer gerechten Gemeinschaft. Erst auf der Grundlage personaler Gleichwertigkeit und in einer von Respekt und Achtung geprägten Beziehung, läßt sich eine konkrete Mit- und Ausgestaltung der Kinder und Jugendlichen an der konkreten Erziehungswirklichkeit verwirklichen. Die Strukturen einer gerechten Gemeinschaft ermöglichen Partizipation und Integration der Kinder und Jugendlichen an dem gemeinsam gestalteten Alltag, ohne dabei die qualitativen Unterschiede einer pädagogischen Beziehung zu negieren.

5. Der Ort als sozialpädagogische Kategorie

Neben der Beziehung und der gerechten Gemeinschaft als zentrale Elemente sozialpädagogischer Arbeit in einer Lebens und Wohngemeinschaft erhält der gemeinsame Lebensraum eine entscheidende Bedeutung. Der Fokus des sozialpädagogischen Handelns liegt in einer Lebens- und Wohngemeinschaft im Alltag. Der Alltag ist der Schnittpunkt von individueller Lebensbewältigung und sozialpädagogischem Handeln. Im Alltag realisieren sich die Erfahrungsfelder, komprimieren sich die

Identifikationsmuster und konstituieren sich die sozialräumlichen und emotionalen Bezüge.

WINKLER hat mit seinem Ansatz des »Ortshandelns« (vgl. WINKLER 1988) ein theoretisches Gerüst formuliert, vor dessen Hintergrund eine inhaltliche Ausgestaltung erfolgen kann. Dieser sozialpädagogisch gestaltete Ort kann und muß dem Kind oder Jugendlichen situative Sicherheit und emotionale Gewißheit bieten. Erste, gleichsam selbstverständliche Aufgabe eines neuen Lebensraumes muß daher die Sicherstellung eines Gefühls existentieller Sicherheit sein. Sämtliche Bereiche der physischen Grundversorgung müssen in einem ausreichenden Maß vorhanden sein (Richtungsweisend sind in diesem Zusammenhang nach wie vor die Arbeiten von BETTELHEIM, der die Bedeutung einer räumlichen und sozialen Atmosphäre, eines Stils und der Gestaltung eines sozialen Raumes beschrieben hat [vgl. BETTELHEIM 1989]). Darüber hinaus muß der neue Lebensraum eine Kontinuität und Klarheit von Gegebenheiten und Beziehungen, sowie die Sicherheit körperlicher Unversehrtheit garantieren.

Realisiert sich sozialpädagogisches Handeln im gemeinsamen Leben mit Kindern und Jugendlichen, stellt der gemeinsame Lebensort und der Alltag die zentrale Schnittstelle sozialpädagogischer Interventionen und individueller Bewältigungsstrategien der Kinder dar. Im Alltag werden sie mit objektiven und gegebenen Verhältnissen konfrontiert, in ihm realisiert sich das subjektive Handeln der Kinder und das eigene sozialpädagogische Handeln (vgl. THIERSCH 1986).

6. Der Lebensort als Schonraum für Kinder und Jugendliche?

Den Ausgangspunkt der sozialpädagogischen Arbeit bildet der gemeinsame Lebensraum des Hauses, die Gemeinschaft und die Begegnung zwischen den Kindern und Jugendlichen auf der einen und den Erwachsenen auf der anderen Seite. Sozialpädagogische Aufgabe ist es, den gemeinsamen Alltag zu gestalten und in diesem sozialräumliche Gelegenheitsstrukturen anzubieten, in denen sich die Entwicklung der Kinder und Jugendlichen vollzieht. Bei der Gestaltung eines Raumes und Erfahrungsfeldes stellt sich sehr schnell die Frage, inwieweit es sich um eine Art Schonraum handelt und ob dieser denn sinnvoll für die Entwicklung der Kinder und Jugendlichen ist.

Beim sozialpädagogischen Umgang mit Kindern und Jugendlichen, die sehr belastenden und für eine Entwicklung katastrophalen Lebenserfahrungen ausgesetzt waren, können diese biographischen Vorerfahrungen nicht ungeschehen gemacht werden. Häufig begleiten sie die Kinder und Jugendlichen wie ein Schatten, so daß es trotz hergestellter und organisierter »normaler« Lebensbedingungen sehr lange zu skurilen und bizarren Verhaltensauffälligkeiten kommt. Kurzfristige pädagogische »Behandlungserfolge« sind bei sozialpädagogischen Problemstellungen nicht zu erwarten. Die Bereitstellung eines sozialpädagogisch arrangierten und geschützten Raumes mit einem verläßlichen Beziehungsangebot ermöglicht diesen Kindern und Jugendlichen überhaupt erst wieder die tastende Erprobung neuer sozialer Kompetenzen und den Aufbau von stabilen Beziehungen.

Diese Kinder und Jugendlichen brauchen in einer modernen, durch Individualisierung gekennzeichneten Gesellschaft Räume, in denen sie sich erfahren, erproben und ihre Umwelt in »gefilterter« Form aneignen können. Die Herstellung sozialräumlicher Gelegenheitsstrukturen ist dann eine bewußte Reaktion auf eine gesellschaftliche Entwicklung, bei der bisher gültige Lebensentwürfe, Lebensstile und Milieus brüchig wurden und zu einer Pluralität von Normalitätsmaßstäben führten, die diese Kinder und Jugendlichen überfordern. Es geht nicht um eine im »Schonraum genesene Seele«, die den realen gesellschaftlichen Verhältnissen nicht gewachsen ist und daher zwangsläufig in ihr scheitern wird.

Der gestaltete sozialpädagogische Ort muß den Kindern und Jugendlichen Perspektiven eröffnen und Handlungskompetenzen vermitteln, die eine Orientierung außerhalb des geschützten Raumes zulassen. Erziehung ist nur als Prozeß zu verstehen, so daß sich der sozialpädagogische Ort im Laufe der Zeit öffnen muß (vgl. WINKLER 1988).

Sozialpädagogische Lebens- und Wohngemeinschaften sind in einem sozialen Milieu integriert und zeichnen sich durch die gemeinsame Bewältigung von alltäglichen Aufgaben aus, so daß die Gefahr einer »schrullig-mystischen Abkapselung im bornierten Bewußtsein den richtigen Lebensstil gefunden zu haben« (BLANDOW 1987) von vornherein nicht besteht.

Im Ergebnis muß sich der von Sozialpädagogen zu organisierende Lebensraum daran messen lassen, inwieweit er für den Umgang mit den anfangs skizzierten Entwicklungslinien der Gesellschaft angemessene Handlungsstrategien vermitteln kann, denn ein Leben im Heim muß die individuelle Konstruktion einer Biographien zulassen, so daß auch Außenseiter und »Randsiedler« dieser Gesellschaft angemessen an ihr partizipieren können. In den Blick müssen die Kompetenzen gelangen, welche die einzelnen Kinder und Jugendlichen befähigen, jenseits und quer zu gewöhnlichen Biographieentwürfen ihr Leben zu gestalten.

Eine Anpassung an das Lebensumfeld im Heim vermittelt in keiner Weise Handlungsqualitäten und Kompetenzen, die nötig sind, um in den unterschiedlichen sozialen Feldern dieser Gesellschaft agieren zu können. Das Heim stellt lediglich ein Erfahrungsfeld dar, vor dessen verläßlichen sozialen, emotionalen und sozialräumlichen Hintergrund sich die Kinder und Jugendlichen neue Handlungsweisen tastend aneignen können.

7. Gemeinsam Leben - Arrangierte Normalität im Erziehungsalltag

Bei der Gestaltung und Aufrechterhaltung des sozialen Umfeldes mit seinen Alltagsstrukturen geht es um die Herstellung sozialräumlicher Gelegenheitsstrukturen für Kinder, damit sie sich in der konstruktiven Auseinandersetzung mit den Sozialpädagogen und den anderen Gruppenmitgliedern ausreichend Handlungskompetenzen und soziale Fähigkeiten aneignen können, um in dieser Gesellschaft in angemessener Form partizipieren zu können. Der Herstellung oder Wiederherstellung von »Normalität« kommt dabei in mehrfacher Weise eine zentrale Bedeutung zu.

Der erfahrbare und erfahrene Alltag der Kinder und Jugendlichen soll sich durch eine »arrangierte Normalität« auszeichnen; und dies trotz und gerade aufgrund der ungekonnten, auffälligen, unangemessenen oder aggressiven Verhaltensmuster und Problemlösungsstrategien der Kinder und Jugendlichen. Die Kinder und Jugendlichen im Haus müssen mit »normalen« Verhaltensweisen auf ihre als »unnormal« definierten Verhaltensweisen konfrontiert werden.

Die geltenden Grundregeln und Vereinbarungen in einer sozialpädagogischen Lebens- und Wohngemeinschaft schaffen eine normative Struktur und eine Atmosphäre der Gerechtigkeit, die allen Kindern ihren festen Platz in der Gruppe einräumen und diesen auch sicherstellen. So wird nicht ein bestimmtes unangebrachtes oder unerwünschtes »Fehlverhalten« sanktioniert, sondern nur solches Verhalten, welches die materiellen Rechte oder den sozialen Status des Anderen verletzt hat. Den Kindern wird somit deutlich, daß es nicht um eine Bestrafung ihres »schlechten Benehmens« geht, sondern um die Sanktionierung von Verhaltensweisen, die begründete und definierte Rechte anderer Mitbewohner verletzen. Dabei entwickeln die Kinder und Jugendlichen ein Gefühl, daß es nicht es nicht darum geht, sie »auszusortieren«, »abzustrafen« oder »auf Eis zu legen.« Den Kindern und Jugendlichen steht dann ein Erfahrungsfeld zur Verfügung, welches ungekonntes Verhalten nicht nachträgt und einen neuen Versuch oder einen Neuanfang immer wieder ermöglicht. Denn: Ein soziales Feld, in dem jemand ständig versagt, versagt sich diesem Menschen irgendwann.

Mit der Aufrechterhaltung von »Normalität« und »zugemuteter Realität« in diesem Sinne können die Kinder und Jugendlichen für sie neue Qualitäten erfahren, denn eine normale Reaktion auf ein abnormes Verhalten ist in der subjektiven Erfahrung der Betroffenen eine abnorme Reaktion. Auf diese Weise besteht die Möglichkeit den labeling approach zu durchbrechen. Die Produktion und Akkumulation weiterer Sekundärabweichungen wird verhindert, die sekundäre Devianz verringert sich in dem Umfang, in dem neue Handlungskompetenzen erworben werden und die primäre Devianz kann überhaupt erst in den Blick gelangen.

Gemeinsam mit Kindern leben als sozialpädagogischer Arbeit bringt als eine Art Nebenprodukt eine normale, d. h. in komplexe Zusammenhänge integrierte Lebensgestaltung mit sich. Einige wesentliche von der lebensweltorientierten Sozialen Arbeit eingeforderten Strukturmaximen der Dezentralisierung, Entinstitutionalisierung (keine arbeitsteilige Organisation) und der Entspezialisierung (Abschaffung gruppenergänzender Dienste) (vgl. dazu 8. Jugendbericht 1990 und THIERSCH 1995) sind durch die anderen Rahmenbedingungen sozialpädagogischer Lebens- und Wohngemeinschaften automatisch erfüllt.

Sozialpädagogische Lebens- und Wohngemeinschaften müssen aufgrund ihrer dezentralen und entinstitutionalisierten Struktur z. B. auf zentrale hauswirtschaftliche Versorgungseinrichtungen verzichten. Kochen, Putzen, Fußballspielen, Toben, kleinere Reparaturen, Wäschewaschen, Einkaufen usw. - all diese alltäglichen Dinge sind in vielschichtige Zusammenhänge integriert. Es gibt weder Spezialabteilungen, die dieses oder jenes erledigen, noch gibt es Therapeuten, die nachmittags zum Spielen an- und dann wieder abreisen.[2] Pädagogische und hauswirtschaftliche Tätigkeiten werden von den selben Personen verrichtet.

Die Kinder und Jugendlichen erfahren, wie die Erwachsenen in komplexen Alltagsvollzügen handeln. Der gemeinsame Einkauf für das Abendessen nach dem

Fußballspielen und die Notwendigkeit das Essen auch noch zuzubereiten, obwohl alle Beteiligen viel lieber »ran« sehen würden, ist sicher ein anstrengender Nachmittag für alle. Die Kinder und Jugendlichen erfahren aber, daß verschiedene Kompetenzen und Fähigkeiten in komplexe Abläufe integriert sind.

Den Kinder ist so die Möglichkeit gegeben, die Komplexität von Lebensbedingungen im Zusammenhang zu erleben. Ist dieses Zusammenspiel der vielschichtigen Realität nicht durch die Reduktion von Organisationsstrukturen verdeckt, (»der Wasserhahn tropft, wann kommt endlich der Hausmeister?«, oder: »Scheiß Küche, wieso gibt es schon wieder Suppe?«) können Lernprozesse einsetzen, die sich auf die konkreten Lebensbedingungen beziehen.

Vorkonstruierte und aufgeteilte Lebenszusammenhänge lassen eine Entwicklung von Selbständigkeit nur unzureichend zu. Der Erwerb bestimmter Techniken in einzelnen, aus den Zusammenhängen herausgelösten Feldern ist keine Selbständigkeit. Selbständigkeit entwickelt sich nur in »normalen« Alltagszusammenhängen, welche die Kinder und Jugendlichen erfahren, in denen sie die Sozialpädagogen als handelnde Personen erleben und an denen sie sich beteiligen können und müssen.

8. Privatheit - Zwischen Entwicklungschance und persönlicher Einschränkung

Die Privatheit bzw. Privatsphäre zum Gegenstand der Betrachtung zu machen ist prekär. Uneinheitliche Definitionen, unterschiedliche individuelle Interpretationen von Privatheit und eine große Bedeutungsvielfalt des Begriffes erschweren den (theoretischen) Zugang. Privatheit erstreckt sich über vielfältige Ebenen; räumliche, zeitliche, örtliche, rechtliche, individuelle und psychologische Dimensionen können dabei nicht losgelöst voneinander betrachtet werden (einen detaillierten Überblick liefert KRUSE, 1980). In jedem Fall ist die Privatsphäre eng mit der àkologie der eigenen Umwelt verbunden. Die Räume in denen wir leben, die Dinge, mit denen wir sie (aus)gestalten, also der eigene soziale und räumliche Nahbereich. Über den konkreten Wohnbereich hinaus impliziert Privatheit noch mehr. Die Privatsphäre bietet Schutz vor »Fremden«, ist Rückzugsmöglichkeit, ist Raum zur Beschäftigung mit sich selbst, das eigene »zu Hause« und hat einen intimen bzw. vertraulichen Charakter. Privatheit kann verstanden werden als »kultur- und epochalspezifischer - Anspruch auf etwas, womit (...) (sich die Individuen) in besonderem Maß identifizieren, und die sich aus diesem Anspruch ergebende Realisation« (KRUSE, 1980, S. 203)[3]

Bei der hier vorgestellten Form von Heimerziehung verbringen die Kinder einen langen, oder gar den überwiegenden Teil ihres Kinderlebens in einem Heim, so daß die Wohngemeinschaft den Lebenshintergrund für die langfristige Erziehung und Entwicklung von Kindern und Jugendlichen darstellt. Den Kindern und Jugendlichen muß das Recht auf ein konstantes Zusammenleben mit bestimmten Menschen zugesprochen werden; ein Recht übrigens, das anderen Kindern wie selbstverständlich zugestanden wird.

Ihr Lebensumfeld und auch ihr gesamter Privatbereich und die Intimsphäre werden durch professionelle Pädagogen gestaltet. Der Gestaltung dieses Raumes kommt daher eine entscheidende Bedeutung bei, der viel zu häufig in großen Einrichtungen den strukturellen und organisationsbedingten Gegebenheiten und Zwängen geopfert werden muß.[4] Die für die öffentliche Erziehung charakteristische Aufhebung der Trennung von Privatsphäre und àffentlichkeit nivelliert sich.

Die Privatsphäre in einer sozialpädagogischen Lebens- und Wohngemeinschaft stellt sich in mehrfacher Weise differenziert dar. Zum ersten müssen Privatleben und Arbeitszeit für die Sozialpädagogen neu definiert werden denn die für eine industrielle Dienstleistungsgesellschaft gängige Trennung von Privatsphäre und Arbeitsleben fällt bei dieser Arbeits- und Lebensform weg. Zum zweiten hat das gemeinsame Leben mit den Sozialpädagogen für die Privatsphäre der Kinder erhebliche Konsequenzen. Und schließlich verändern sich in der Konsequenz beim »Miteinander leben« Bedeutungshorizonte bei den Kindern und den Sozialpädagogen, so daß sich die Lebensbedingungen der Kinder und die der Pädagogen grundsätzlich von denen anderer Kinder und Sozialpädagogen in der Heimerziehung unterscheiden.

9. Die Privatsphäre der Sozialpädagogen

Gemeinsam mit Kindern leben, als strukturelles Merkmal einer professionellen Heimerziehung, vom Wecken bis zum Schlafengehen, bei den unangenehmen wie den angenehmen Dingen des Lebens, von den Hausaufgaben bis zum gemeinsamen Urlaub, ist mit den üblichen Kategorien des Arbeitsrechtes für Angestellte nicht zu erfassen. Erfahrungen werden gemeinsam gemacht und Probleme zusammen im gemeinsamen Alltag gelöst. Dazu sind Zeiten und Räume nötig, die jenseits üblicher Beschäftigungsverhältnisse liegen.

Für die Pädagogen bedeutet ein derartiger Anspruch einen Verzicht auf jegliches Privatleben im herkömmlichen Sinn. Die gängige Trennung von Arbeitszeit auf der einen und Freizeit bzw. Privatheit auf der anderen Seite ist in sozialpädagogischen Lebens- und Wohngemeinschaften nicht möglich. Der eigene Tagesablauf läßt sich nicht in eine Dienstzeit und eine Freizeit trennen. Viele der Dinge, die gemeinhin das Privatleben eines Arbeitnehmers auszeichnen, werden in sozialpädagogischen Lebens- und Wohngemeinschaften eben gerade mit den Kindern geteilt.

In der Konsequenz muß bei dieser Form der Arbeit zwischen zwei grundsätzlich unterschiedlichen Einstellungen differenziert werden. Werden alle Aktivitäten mit den Kindern, also auch die abendlichen Beschäftigungen oder z. B. die Weihnachtsfeiertage, also die Beschäftigungen, die normalerweise gerade nicht mit dem eigenen Arbeitsleben verbunden werden, als Dienstzeit empfunden und aufgefaßt, ist diese Form des Lebens nicht längerfristig zu bewältigen. Das Gefühl des verlorenen Privatlebens und des ständigen Dienstes können auf Dauer nicht ausgehalten werden. Hingebungsvolle Aufopferung mit zunehmender Frustration und anschließender Resignation sind nicht selten die Folge einer solchen Einstellung.

Wird hingegen die Arbeit als gemeinsames Leben mit den Kindern und Jugendlichen aufgefaßt und definiert, so daß eine Trennung von Dienst und Feierabend bzw. Freizeit zweitrangig wird, tritt das Gefühl von verloren gegangener Privatheit nicht so sehr in den Vordergrund. Die Sozialpädagogen müssen ihre eigenen privaten Interessen, Bedürfnisse, Hobbys und sozialen Kontakte in das soziale Umfeld der sozialpädagogischen Lebens- und Wohngemeinschaft integrieren, so daß beim gemeinsamen Leben mit Kindern die Trennung von Wohnen, Arbeiten und Freizeit überwunden werden kann. Zur »arrangierten Normalität« gehören normale, »private« und spontane Besuche von Freunden ebenso wie die eigenen Hobbys. Das Privatleben und die persönlichen Bedürfnisse finden am gleichen Ort wie die »tägliche Arbeit« statt. Gelingt diese Integrationsleistung nicht, stellt diese Form des Lebens und der Arbeit sehr schnell eine Überforderung dar.

In welche Richtung das Pendel ausschlägt, ist jedoch keine bewußte Entscheidung für oder gegen etwas. Es ist vielmehr ein Gefühl und eine Lebenseinstellung, welches sich langsam und über einen langen Zeitraum entwickelt. Keine noch so ausführlichen Gespräche mit Kollegen in ähnlichen Situationen oder Arbeitsverhältnissen und auch kein theoretisches Rahmengerüst können daran etwas ändern.[5] In letzter Konsequenz befähigt dann aber etwas unreflektiertes und theoretisch kaum zu beschreibendes wie eine Lebenseinstellung und Persönlichkeitsmerkmale zu einer solchen Arbeits- und Lebensform. Ein hohes Maß an Belastbarkeit, innerer Stabilität und Ausgeglichenheit, Flexibilität und Toleranz und der Einstellung mit Kindern auch unter Belastungen und trotz Rückschlägen und Enttäuschungen gerne zusammenzuleben, ist für diese Arbeit Voraussetzung.[6] Ohne ausführliche und gründliche theoretische Ausbildung mit einhergehender Reflektionsfähigkeit, ist diese Arbeit sicher nicht zu leisten; sie alleine reicht jedoch auf der anderen Seite nicht aus.

10. Die Privatsphäre der Kinder

Gravierende Veränderungen und Einschnitte in die Privatsphäre erfahren die Kinder ebenso wie die Sozialpädagogen. Sie werden mit der Heimunterbringung aus ihrem bisherigen sozialräumlichen Milieu herausgerissen. An einem neuen und unbekannten Ort müssen sie mit anderen und ihnen fremden Kindern und Erwachsenen in einer Gruppe leben. Außer der gemeinsamen »Betroffenheit von Heimerziehung« (LANDENBERGER/ TROST 1988) verbindet sie zunächst nichts mit den anderen Kindern. Gemeinsam mit anderen Essen, Waschen, vielleicht auch noch schlafen und kaum die Möglichkeit für ungestörtes Alleinsein - viel Privatsphäre bleibt ihnen auf den ersten Blick nicht.

Soll sich der neue Ort als stabiler Lebenshintergrund für die weitere Entwicklung der Kinder etablieren, muß sich der Ort neben der Gemeinschaft, der moralischen Atmosphäre und den verläßlichen Beziehungen zu den Sozialpädagogen, durch eine Privatsphäre bzw. einen Intimbereich für die Kinder auszeichnen. Eigene Zimmer, die Möglichkeit zur Gestaltung dieser - von den Postern bis hin zur Bettwäsche - sind dafür basale Voraussetzungen. Zur gelungenen Aneignung eines sozialen Raumes gehört jedoch mehr. Privatsphäre zeichnet sich auch für die Kinder zusätzlich durch zwei wesentliche Elemente aus.

Zum ersten brauchen die Kinder Möglichkeiten zur eigenen Gestaltung ihrer Zeit. Die »institutionelle Versuchung« den Kindern eine abgesicherte und umfassende Lebensgrundlage bereitzustellen, nimmt ihnen häufig die Möglichkeit zur selbstbestimmten Gestaltung ihrer Freizeit. Die starre Festlegung von Aktivitäten, die Zergliederung und Verplanung des Tagesablaufes muß aufgehoben werden, um den Kindern die Möglichkeit zu geben, über verbleibende Zeiträume frei verfügen zu können. Ein restlos vorstrukturierter und verregelter und damit verriegelter Tagesablauf ist ein unzumutbarer Einschnitt in die Privatsphäre der Kinder. Eine bemühte Versorgung und Bereitstellung von Entwicklungsbedingungen wird dann schnell zur totalen Kontrolle und Reglementierung.

Ein entwicklungsgerechter sozialer Raum muß sich auch dadurch auszeichnen, daß die Kinder die Möglichkeit haben, sich neue Verhaltensweisen anzueignen und diese auszuprobieren, sich mit anderen Kindern auseinanderzusetzen oder einfach nur für sich alleine zu sein. Dafür sind aber Zeiträume nötig, in denen sie ohne Angst vor Reglementierung oder Sanktionierung eben diese Dinge tun können.

11. Neben der nötigen Zeit brauchen die Kinder auch die »Freiräume« dafür.

Jedes Kind braucht seinen geschützten Raum, seine räumliche Nische, in der es unbehelligt ist, in den niemand ständig und unkalkulierbar eindringt und in dem die eigenen privaten und intimen Dinge unangetastet bleiben. Eigene Zimmer für jedes Kind sind dafür sicher eine Voraussetzung. Entscheidend ist jedoch die Bedeutung und die sich den Kindern damit vermittelnde Erfahrung im Umgang mit ihrer Privatsphäre. Selbstgestaltete Zimmer mit individuellen Einrichtungsgegenständen sind nur hilfreich und sinnvoll, wenn dies auch in der subjektiven Wahrnehmung und Erfahrung der Kinder so ist. Dies ist dann nicht mehr nur eine Frage der materiellen Versorgung, sondern eine des gegenseitigen Respekts und der Anerkennung. Schön eingerichtete Zimmer, die bei jeder passenden und unpassenden Gelegenheit jedem Besucher nach einem schnellen Anklopfen (»Wir stören doch nicht oder?) stolz vorgeführt werden, lassen eine Atmosphäre von ständiger Kontrolle und Überwachung entstehen. Hinter dem nach außen hin privat wirkenden Charakter steht dann eine Einstellung und ein pädagogischer Takt, der einem produktivem Zusammenleben in einer sozialpädagogischen Lebens- und Wohngemeinschaft gegenüber steht.

Neben dem eigenem Zimmer als »respektierter Raum« sind aber in der nächsten Umgebung auch »unpädagogische Räume« nötig. Die Kinder brauchen stille Ecken, Baumhöhlen, Dachböden u. ä., die in der Art ihrer Nutzung nicht von vornherein festgelegt sind, Räume also, die relativ frei verfügbar sind und wo sie unbeobachtet Spielen oder sich einfach zurückziehen können.[7]

Ein Miteinanderleben kann nur gelingen, wenn alle Beteiligten eine geschützte Privatsphäre besitzen. Neben der gegenseitigen Respektierung der eigenen Privatsphäre muß es für die Kinder die Möglichkeit geben, sich auf die Sozialpädagog einzulassen und sich auch von ihnen zu distanzieren. Räumliche und zeitliche Rückzugsmöglichkeiten sind dazu unerläßlich.

12. Qualitative Bedeutungsveränderung von Privatheit

Sowohl für die Kinder, als auch für die Pädagogen in einer sozialpädagogischen Lebens- und Wohngemeinschaft bringt dieses qualitative Element in der gemeinsamen Daseinsgestaltung erhebliche Konsequenzen mit sich. Beim gemeinsamen Leben und bei der gemeinsamen Gestaltung des Alltages können und müssen die Kinder und Jugendlichen lernen, das Recht auf einen Rückzug und die Beschäftigung mit sich oder den privaten Angelegenheiten seitens der Pädagogen als normalen Bestandteil einer jeden zwischenmenschlichen Beziehung zu akzeptieren. Diese Doppelbestimmung bzw. Reziprozität von Privatheit - die Wahrnehmung und Aufrechterhaltung der eigenen Privatsphäre und die Wahrung und Respektierung der Privatsphäre des Gegenüber - müssen sich im gemeinsamen Alltag entwickeln. Gerade dies gelingt vielen Kindern und Jugendlichen in der Heimerziehung nur sehr unzureichend, da sie den ganzen Tag über Pädagogen im Schichtdienst erfahren haben, und diese waren quasi als Dienstleistung abrufbar und immer einsatzbereit.

Die Erfahrung im Alltag, daß dienstliche und private Angelegenheiten nicht zu trennen sind und zu einem Individuum gehören und nicht durch Dienstzeiten, organisatorische Zwänge wie Dienstübergaben und Besprechungen festgelegt sind, ermöglicht eine Begegnung zwischen Kindern und Sozialpädagogen in der Freiräume zum persönlichen und privaten Handeln eingeräumt werden

Die Kinder erleben Freunde und Verwandte aus anders strukturierten Lebensfeldern, so daß sich regelmäßig nicht pädagogisch organisierter Kontakt zu außenstehenden Personen ergibt. Sie erfahren einen offenen, freundlichen und nicht pädagogisierenden Umgang zwischen Menschen, sie erleben wie Meinungen ausgetauscht und Differenzen ausgetragen werden.

Sie erleben aber auch die »eigenen Erzieher« jenseits ihrer beruflichen Zuständigkeit. Sie bemerken Betroffenheit und Humor genauso wie persönliche Vorlieben und Abneigungen. Sie haben Einsicht in persönliche Angelegenheiten und erfahren, wie die Erwachsenen ihr Leben gestalten und einrichten, so daß sich auch außerhalb des pädagogisch gestalteten Tagesablaufes Gelegenheiten bieten, an denen sie »ihre« Sozialpädagogen erleben. So wird durch das Miteinanderleben ein anderer Umgang möglich, es kommt zu Erfahrungen jenseits geplanter pädagogischer Erlebnisse, die sich qualitativ auf die pädagogische Beziehung auswirken.

Das gemeinsame Leben mit den Kindern und Jugendlichen führt zu einer neuen Qualität von Beziehungen, welche die vorgesehene Zeit sprengen und eine eigene Dynamik entwickeln, die auf das Leben aller Beteiligten zurückwirkt. Der Grad an Verläßlichkeit der Beziehungen ist hoch und die Kinder und Jugendlichen erfahren authentische Bezugspersonen über 24 Stunden, so daß der einer jeden professionellen pädagogischen Beeinflussung einhergehende, instrumentelle und funktionale Charakter geringer ist.

Gerade den biographisch stark belasteten Kindern und Jugendlichen muß in einem konstanten und verläßlichen Umfeld das Sammeln eigener Erfahrungen ermöglicht werden, um eigene und zur Alltags- und Lebensbewältigung sinnvollere Handlungskompetenzen auszuprobieren und zu entwickeln. Dabei handelt es sich um einen Prozeß, der erst nach langem und kontinuierlichem Zusammenleben mit menschlich warmen, freundlichen und in ihrem Verhalten als authentisch erfahrbaren Pädagogen zur emotionalen Stabilisierung der Kinder und Jugendlichen führt.

13. Ausblick

Der »soziale Markt« –ein haarsträubender Begriff für eine nicht minder haarsträubende Tatsache– geht auch an sozialpädagogischen Lebens- und Wohngemeinschaften nicht vorbei. Zum einen kommen sie bei Belegungsengpässen schnell in existentielle Schwierigkeiten und zum anderen sind kleine Gruppen eben darum nicht in der Lage, auf die Gruppenzusammensetzung Rücksicht zu nehmen. Ein Zusammenleben von verschiedenen Kindern und Jugendlichen, deren einzige Gemeinsamkeit das Scheitern des Jugendhilfesystems an ihnen ist, kann nicht zu den beschriebenen Strukturen führen. Bei der notwendigen aber auch unvermeidlichen räumlichen, sozialen und emotionalen Dichte in einer Wohngemeinschaft, dürfen daher nicht wahllos aus dem System der Jugendhilfe herausgefallene Kinder aufeinandertreffen. Bei einer zu großen Altersdifferenz ist z. B. keine adäquate Kommunikation bezüglich der im gemeinsamen Alltag auftretenden Probleme möglich. Gemeinsame Erfahrungen der Gruppe, zusammen entwickelte oder - pädagogischer formuliert - ausgehandelte Regeln würden auf ein Minimum beschränkt bleiben. Für Kinder auf verschiedenen kognitiven Niveaus müßten unterschiedliche Rahmen- und Randbedingungen des gemeinsam gestalteten Alltages gelten; dies ist aufgrund der Gruppenzusammensetzung häufig nicht möglich und es muß ein Kompromiß »in der faulen Mitte« gefunden werden Dieser ist in der Regel ungeeignet, um eine moralische Atmosphäre oder ein Gemeinschaftsgefühl entstehen zu lassen. Alle Beteiligten erleben dann, wie so häufig in ihrem bisherigen Leben, die Regeln, denen sie Beachtung schenken sollen, als Unterdrückung und fremdbestimmt.

In einem Verbundsystem mehrerer sozialpädagogischer Lebens- und Wohngemeinschaften kann dieser Schwierigkeit begegnet werden. In einem Verbundsystem kann es verschiedene Gruppen mit jeweils spezifischen »Zusammensetzungen« geben. Ein derartiges Verbundkonzept ermöglicht auch die Integration professioneller gruppenergänzender Dienste. Supervision, Fortbildung, konstante Vertretungskräfte (»Springer«) und eine finanzielle Verwaltung sind von einzelnen Gruppen alleine kaum zu organisieren.

Die einzelnen sozialpädagogischen Lebens- und Wohngemeinschaften müssen dennoch selbstverantwortlich und autonom arbeiten. Die strukturellen Mängel eines spezialisierten Schichtdienstsystems werden nicht kopiert. Denn: Sozialpädagogik in der Heimerziehung geht oft nur über die konkrete Bindung an und das Sich-zur-Verfügung-Stellen von Sozialpädagogen in der Besonderheit einer direkten, verläßlichen und konstanten Beziehung im gemeinsam geteilten Alltag und gestalteten sozialpädagogischen Ort.

Anmerkungen

1 NOHLS Begrifflichkeiten einer »hebenden Liebe« und einer »leidenschaftlichen Beziehung« scheinen sich im Zeitalter von »personenbezogenen sozialen Dienstleistungen« und »partikularen Lernhelfern« (GIESECKE 1993) einer einheitlichen Interpretation zu entziehen.

2 An dieser Stelle soll nicht die Notwendigkeit begleitender therapeutischer Maßnahmen bei einigen Kindern und Jugendlichen in Frage gestellt werden. Spezielle psychomotorische Förderung, Gesprächs- oder Spieltherapie sind sicher in manchen Fällen sinnvoll und hilfreich. Die gemeinsame Daseinsgestaltung führt nicht zu einer Allzuständigkeit der Sozialpädagogen und damit zu einer Selbstüberschätzung. Dennoch muß nicht jede Beschäftigung mit den Kindern und Jugendlichen von sogenannten Spezialisten als Therapie bezeichnet werden. Gemeinsames Schwimmen, Reiten, Spielen oder ähnliches mit den Menschen, mit denen die Kinder in einem Haus leben, sind vielfach angenehmere, aufregendere, erlebnisreichere und damit hilfreichere Erfahrungen, als die organisierte und verordnete therapeutische Schwimm- oder Reitstunde.

3 Die multimediale Durchorganisierung vieler Lebensbereiche und die Teilnahme an diversen vorstrukturierten Freizeitangeboten scheinen eine grundlegende Veränderung des Bedeutungsinhaltes von Privatheit zu imlizieren. Im Internet surfen oder sein Wochenende auf einer Techno-Party zu verbringen, ist mit den angeführten Kategorien sicher nicht mehr angemessen zu erfassen. In diesem Zusammenhang müßte der durch den gesellschaftlichen Veränderungsprozeß bedingte Wandel der subjektiven Ausgestaltung von Privatheit dahingehend untersucht werden, ob sich nicht bestimmte Bedeutungsinhalte auflösen oder zumindest qualitativ verändern.

4 GOFFMAN (1973) hat eindrucksvoll beschrieben, welche Konsequenzen eine Absonderung von der Umgebung für die Individuen zur Folge hat. Durch die bewußte Verhinderung einer Privatsphäre sind die Individuen in den Einrichtungen gezwungen, sich »private Bereiche«, also nicht öffentliche und kontrollierte Räume zu organisieren.

5 Bei der praktischen Umsetzung von sozialpädagogischen Lebens- und Wohngemeinschaften sind sicher verschiedene personelle Varianten denkbar. Diese sind abhängig von der Anzahl der Kinder, von der räumlichen und finanziellen Ausstattung der Einrichtung und von anderen Rahmenbedingungen (Urlaubsregelung, Vereinbarungen über Zeitsparkonten oder ein Sabbatjahr usw.). Auch die Integration von außenstehenden Sozialpädagogen in eine sozialpädagogische Lebens- und Wohngemeinschaft mit dort lebenden Pädagogen ist denkbar. Regelmäßige, konstante und verläßliche Teilnahme am Gruppenleben vorausgesetzt, kann so eine deutliche Entlastung für die im Haus lebenden Sozialpädagogen erreicht werden. Die im Haus lebenden Kinder kennen die »Vertretungskraft«. Ein Austesten und Ausreizen alter und neuer Vereinbarungen und Regeln fällt weg und den im Haus lebenden Sozialpädagogen werden erhebliche »Freiräume« zugestanden. (gemeinsamer Urlaub, Kinobesuch ohne Kinder etc.). PODGORNIK (1992) hat ausführlich anhand eines Erziehungswohngruppenkonzeptes einen möglichen Ansatz jenseits des Schichtdienstes und festgefahrener tariflicher Regelungen vorgestellt (vgl. dazu Podgornik 1992).

6 COLLA-MÜLLER (1996) weist in diesem Zusammenhang auf die Schwierigkeiten derartiger »Qualitäten« jenseits der kognitiven und wissenschaftlichen Ebene bei der sozialpädagogischen Arbeit hin (vgl. COLLA- MÜLLER 1996).

7 LANDENBERGER/ TROST (1988) verweisen in diesem Zusammenhang auf den Umstand, daß es in großen Einrichtungen, in denen es solche Räume gibt, ihrer Aneignung »meist mächtige Interessen der Verwaltung, des Hausmeisters und ähnlicher Funktionsträger entgegenstehen, die nicht an Freiräumen, sondern an effektiver Verwaltungsarbeit und Kontrolle der Bewohner interessiert sind« (LANDENBERGER/ TROST 1988).

Literatur

Arbeitsgruppe »Präventive Jugendhilfe«: Zwischen Kundenorientierung und Fürsorge: Die Notwendigkeit einer stärkeren AdressatInnenorientierung in der Jugendhilfe: In Neue Praxis 25. Jg. Heft 2, 1995.

BECK, U.: Risikogesellschaft Auf dem Weg in eine andere Moderne Frankfurt a. M., 1986.

BETTELHEIM; B.: Der Weg aus dem Labyrinth. Leben lernen als Therapie, München, 1989.

BLANDOW, J.: Kleinsteinrichtungen in der Heimerziehung. Drei Annäherungsversuche. In: MERCHEL, J. (Hrsg.): Kleinsteinrichtungen in der Heimerziehung. Geschichte - Strukturen - pädagogische Konzepte. Frankfurt a. M., 1987.

BONHOEFFER, M.: Totale Heimerziehung oder begleitende Erziehungshilfen? In: GIESECKE, H. (Hrsg.): Offensive Sozialpädagogik Göttingen, 1973, S. 70-80.

Bundesministerium für Jugend, Familie, Frauen und Gesundheit: Achter Jugendbericht. Bonn, 1990.

COLBY, A./ KOHLBERG, L.: Das moralische Urteil: Der kognitionszentrierte entwicklungspsychologische Ansatz: In: Psychologie des 20. Jahrhunderts. Band 7 Zürich, 1978.

COLLA-MÜLLER, H. E.: Zur Wiederentdeckung des Pädagogischen im Aushandlungsprozeß. In: GRUNWALD u. a. (Hrsg.): Alltag, Nicht-Alltägliches und die Lebenswelt. Weinheim und München, 1996.

EBMEIER, J.: Geselligkeit als Regel. Ein neuer Horizont für die Heimerziehung. In: Neue Praxis, Nr. 5,, 1990.

GIESECKE; H.: Pädagogik als Beruf: Grundformen pädagogischen Handelns. Weinheim und München 4. Aufl., 1993.

GOFFMAN, E: Asyle. Über die soziale Situation psychiatrischer Patienten und anderer Insassen Frankfurt a. M., 1972.

KOHLBERG, L./ TURIEL, E.: Moralische Entwicklung und Moralerziehung. In: PORTELE, G. (Hrsg.): Sozialisation und Moral. Weinheim und Basel, 1976.

KOHLBERG, L.: Moralische Entwicklung und Demokratie In: LIND, G./ RASCHERT, J. (Hrsg.):a. a. O., 1987.

KRON, F. W.: Vom pädagogischen Bezug zur pädagogischen Interaktion. In: Pädagogische Rundschau, Jg. 40,, 1986, S. 545-558.

LANDENBERGER, G./ TROST, R.: Lebenserfahrungen im Erziehungsheim: Identität und Kultur im institutionellen Alltag. Frankfurt a. Main, 1988.

LIND, G./ RASCHERT, J. (Hrsg.): Moralische Urteilsfähigkeit. Eine Auseinandersetzung mit LAWRENCE KOHLBERG über Moral, Erziehung und Demokratie. Weinheim und Basel, 1987.

MERCHEL, J.: Sozialverwaltung oder Wohlfahrtsverband als kundenorientiertes Unternehmen: ein tragfähiges, zukunftsorientiertes Leitbild? In: Neue Praxis 25 Jg., 1995, Heft 4.

MÜLLER, B./ THIERSCH, H. (Hrsg.): Gerechtigkeit und Selbstverwirklichung Moralprobleme im sozialpädagogischen Handeln. Freiburg im Breisgau, 1990.

NOHL, H.: Die pädagogische Bewegung in Deutschland und ihre Theorie, 1949a.

PODGORNIK, R.: Zurück zu Pädagogik im Heim. Oder: Der Ausstieg aus dem Tarifvertrag als sinnvolle Alternative für die Pädagogik im Heim. In: Unsere Jugend, 1992, Heft 1, S., 19ff..

RAUSCHENBACH, TH./ THIERSCH, H.: Die herausgeforderte Moral. Lebensbewältigung in Erziehung und sozialer Arbeit. Bielefeld, 1987.

THIERSCH, H.: Die Erfahrung der Wirklichkeit - Perspektiven einer alltagsorientierten Sozialpädagogik. Weinheim und München, 1986.

THIERSCH, H.: Lebenswelt und Moral. Beiträge zur moralischen Orientierung der sozialen Arbeit. Weinheim und München, 1995.

WINKLER, M. : Eine Theorie der Sozialpädagogik: Über Erziehung als Rekonstruktion d. Subjektivität. Stuttgart, 1988.

WINKLER, M.: Normalisierung der Heimerziehung? Perspektiven der Veränderung in der stationären Unterbringung von Jugendlichen. In Neue Praxis,, 1990, Nr. 5.

WOLF, K. (Hrsg.): Entwicklungen in der Heimerziehung. 2. Aufl. Münster, 1995.

Rolf Johannes

Subjekt und Institution bei Foucault

Foucault: Subject and Institution

Foucault criticized institutions of power like prisons and lunatic asylums in the modern era. The significance of his criticism is founded in the analysis of the repressive function of these institutions and their historical, social and epistemological condition. Foucault's »Microphysics of Power« helps to describe the »Macrophysics of Institutions«.

FOUCAULT beginnt sein wohl bekanntestes Werk, *Überwachen und Strafen, Die Geburt des Gefängnisses*, mit der Beschreibung einer Marterprozedur im Frankreich des 18. Jahrhunderts. Die Strafe für ROBERT-FRANÇOIS DAMIENS, den Mann, der versucht hatte, Ludwig XV. zu ermorden, war vom Gericht genauestens festgelegt worden: er sollte – und FOUCAULT zitiert aus dem gerichtlichen Urteil, »auf einem Gerüst an den Brustwarzen, Armen, Oberschenkeln und Waden mit glühenden Zangen gezwickt werden; seine rechte Hand sollte das Messer halten, mit dem er den Vatermord begangen hatte, und mit Schwefelfeuer gebrannt werden, und auf die mit Zangen gezwickten Stellen sollte geschmolzenes Blei, siedendes Öl, brennendes Pechharz und mit Schwefel geschmolzenes Wachs gegossen werden; dann sollte sein Körper von vier Pferden auseinandergezogen und zergliedert werden« (FOUCAULT 1976, S. 9). Die Marterprozedur wurde öffentlich zelebriert und zu einem volksfestähnlichen Spektakel.

Kaum hundert Jahre später sind die Strafprozeduren aus dem Blick der Öffentlichkeit verschwunden und unsichtbar hinter Gefängnismauern gebannt. Die grausamen Marterstrafen sind abgeschafft und das Strafmaß für die Verbrechen richtet sich nicht mehr ausschließlich nach der Größe des Verbrechens, sondern auch nach den Motiven der Täter und der Seelenverfassung während der Tat.

Diese Veränderungen in der Strafpraxis werden gemeinhin als Triumph der Humanität gefeiert. Ziel der Strafe sei nun nicht mehr der Körper des Täters, der in einem genau abgezirkelten Verhältnis zur Schwere der Tat den Marterprozeduren unterworfen wird, Ziel sei die Besserung des Täters durch Einwirkung auf seine Seele. Das neuzeitliche Subjekt habe sich damit von den terroristischen Mächten der alten Gesellschaften befreien können. An der humaneren Strafpraxis sei ein Fortschritt hin zu einer humaneren Gesellschaft ablesbar.

FOUCAULT läßt das wertende Analyseraster der Begriffe Fortschritt und Humanität fallen – er nennt sich immer wieder einen »fröhlichen Positivisten« –, um desto schonungsloser die Veränderungen aufdecken zu können, in denen sich das Verhältnis von Subjekt und gesellschaftlichen Institutionen organisiert. Die Veränderungen gelten ihm nicht als emanzipatorisch-humanistischer Triumphzug der neuzeitlichen Subjektivität, sondern gleichsam als fortschrittsloser Trauerzug sich transformierender und doch dabei auch gleichbleibender Machtwirkungen. Die Stärke von FOUCAULTS

Analysen besteht meines Erachtens darin, daß sie Mechanismen der Herrschaft aufzudecken in der Lage sind, die einem vorschnell wertenden Blick verborgen bleiben
müssen. Diese Stärke wird jedoch, wie mir scheint, dadurch erkauft, daß er die Macht,
die sich in den verschiedenen Institutionen der gesellschaftlichen Disziplinierung
und Repression kristallisiert, verabsolutiert. Um dieses changierende Verhältnis von
Stärken und Schwächen genauer bestimmen zu können, möchte ich zunächst einen
kleinen Ausflug in die Begriffs- und Geistesgeschichte machen.

Der Begriff des Subjekts bedeutet in seinem ursprünglichen Wortsinn das Unterliegende oder Zugrundeliegende: sub-iectum. Bei ARISTOTELES wird der Subjektbegriff, das hypokeimenon, entweder als logisches Subjekt einer Aussage gefaßt,
oder aber sinnverwandt mit den Begriffen Substrat oder Substanz benutzt. Das Subjekt gilt ihm als der sich identisch durchhaltende Träger bestimmter wechselnder
Eigenschaften, als das diesen Eigenschaften Zugrundeliegende.

Die neuzeitliche Philosophie entwickelt aus dem Begriff des Subjekts als dem
ontologisch Zugrunde*liegenden* den Begriff des Subjekts als dem erkenntnistheoretisch Zugrunde*legenden*. Antike Metaphysik und mittelalterliche Theologie gingen
davon aus, daß den wechselnden Erscheinungen der zu erkennenden Dinge eine unverwechselbare Substanz, die in sich selber rational strukturiert ist, innewohnt. Die
antike und mittelalterliche Gewißheit, daß in rationaler Erkenntnis nur eine rationale
Struktur der objektiven Idee oder der zu erkennenden Dinge selbst nachgebildet wird,
daß sich in der je gegebenen Gesellschaftsstruktur nur ein natürlicher oder göttlicher
Plan ausdrückt, diese Gewißheit zerfällt in der Neuzeit.

Das Ende der Gewißheit einer den zu erkennenden natürlichen Dingen wie der
gesellschaftlichen Struktur innewohnenden natur- oder gottgegebenen Rationalität
führt jedoch nicht zur Preisgabe des Anspruchs auf objektive Erkenntnis, zur Leug-
nung aller Rationalität. Die Gewißheit soll durch den Konstitutionsakt der Subjektivität gerettet werden. Das cartesische *cogito*, das *ich denke* als ursprüngliche und
unumstößliche Gewißheit, das kantische *ich denke, das alle meine Vorstellungen
muß begleiten können*, sind Fluchtpunkte der verlorenen Gewißheit, Fluchtpunkte,
von denen aus die Objektivität rekonstruiert werden soll. *Das erkennende Subjekt
legt sich der zu erkennenden Welt zugrunde, es wird zum die Welt konstituierenden
Subjekt*. Statt eine erkennbare Rationalität ontologisch in den Dingen selbst und politisch in den tradierten gesellschaftlichen Institutionen zu behaupten, soll das neuzeitliche Subjekt die Rationalität der wissenschaftlichen Erkenntnis und der gesellschaftlichen Struktur konstituieren: so lautet das Ziel des neuzeitlichen Denkens, sei
es nun in seiner rationalistischen oder der empiristischen Variante. Was erkenntnistheoretisch Zerstörung der dogmatischen Metaphysik ist, ist politisch der Weg zur
bürgerlichen Revolution. Die berühmteste Formulierung der historisch-politischen
Konsequenzen dieser Umwandlung im Begriff und in der gesellschaftlichen Realität
des Subjekts ist HEGELS Diktum über die französische Revolution: »Solange die Son-
ne am Firmamente steht und die Planeten um sie herumkreisen, war das noch nicht
gesehen worden, daß der Mensch sich auf den Kopf, d.i. auf den Gedanken stellt und
die Wirklichkeit nach diesem erbaut« (HEGEL 1970, S. 529, Bd. 7).

Die Entwicklung der neuzeitlichen Subjektivität ist, politisch gesprochen, Emanzipation der Untertanen vom personalen Souverän, zunächst die Emanzipation der

vor den feudalen Herren in die Stadt geflohenen Leibeigenen, später die Emanzipation der bürgerlichen Klasse vom absoluten Monarchen. Damit sich die der Feudalität und der Monarchie Zugrundeliegenden (die das Substrat der Herrschaft bilden) in Zugrundelegende, in emanzipierte Subjekte verwandeln können, muß jedoch ein quasi anonymer Prozeß der Verinnerlichung von Herrschaft, der Disziplinierung, Zurichtung, der Selbstunterwerfung der Subjekte in Gang gesetzt werden (heutzutage nennt man das »fit-machen«). Die Transformation der Herrschaftsstrukturen von personalen in anonyme läßt Begriff und Realität der Subjektivität in ihrer ganzen Doppelzüngigkeit, das Subjekt als Unterliegendes und Unterlegendes zugleich, offen hervortreten.

Bereits NIETZSCHE hatte diese Doppelzüngigkeit der neuzeitlichen Subjektivität, daß das Individuum sich nun selbst antun muß, was ihm bis dato von den Herren angetan wurde, einer spekulativen Analyse unterzogen. »Stellen wir uns [...] ans Ende des ungeheuren Prozesses, dorthin, wo der Baum endlich seine Früchte zeitigt, wo die Societät und ihre Sittlichkeit endlich zu Tage bringt, wozu sie nur das Mittel war: so finden wir als reifste Frucht an ihrem Baum das *souveraine Individuum*, das nur sich selbst gleiche, [...] kurz den Menschen des eignen unabhängigen langen Willens, der versprechen darf.« Etwas versprechen zu können ist nach NIETZSCHE Privileg des identisch sich durchhaltenden Individuums und Bedingung von Moralität. Es setzt jedoch ein Gedächtnis voraus: »Es gieng niemals ohne Blut, Martern, Opfer ab, wenn der Mensch es nöthig hielt, sich ein Gedächtniss zu machen; [ohne] die schauerlichsten Opfer und Pfänder [...], die widerlichsten Verstümmelungen [...] die grausamsten Ritualformen aller religiösen Culte« (NIETZSCHE 1968, S. 309 ff.)

FOUCAULT reicht gleichsam die konkret-historische Analyse des Wechselverhältnisses von Konstitution und Unterwerfung des Subjekts nach, das Nietzsche bereits spekulativ herausgearbeitet hatte. »Man muß sich«, sagt er, »vom konstituierenden Subjekt, vom Subjekt selbst befreien, d.h. zu einer Geschichtsanalyse gelangen, die die Konstitution des Subjekts im geschichtlichen Zusammenhang zu klären vermag. Und genau das würde ich Genealogie nennen, d. h. eine Form der Geschichte, die von der Konstitution von Wissen, von Diskursen, von Gegenstandsfeldern usw. berichtet, ohne sich auf ein Subjekt beziehen zu müssen, das das Feld der Ereignisse transzendiert und es mit seiner leeren Identität die ganze Geschichte hindurch besetzt« (FOUCAULT 1978, S. 32). Um die neuzeitliche Vorstellung eines konstituierenden Subjekts zu zerstören, das für ihn leere Identität bleiben muß, begibt er sich – und das ist meines Erachtens das große Verdienst Foucaults – in die institutionellen »Niederungen der gesellschaftlichen Realität« (FOUCAULT 1976, S. 124) für deren Untersuchung sich Philosophie und Humanwissenschaften bis dato meist zu fein waren.

Seine historisch-systematischen Untersuchungen dieser »Niederungen« sind den großen Vereinheitlichungs- und Disziplinierungsinstitutionen Gefängnis und Psychiatrie gewidmet, der Kaserne, der Schule und der Heimerziehung hat er keine eigenen Untersuchungen gewidmet, wäre aber sicherlich zu ähnlichen Resultaten gelangt wie in der Untersuchung von Gefängnis und Psychiatrie. Diese Disziplinierungsinstitutionen zielen keineswegs, wie es von den Justizreformern und Psychiatern immer wieder behauptet wurde, auf die »Besserung der Seele«, sondern auf die Verinnerlichung von Herrschaft *durch* die Disziplinierung der Körper. »Was die Richter durchsetzen, wenn sie »therapeutische« Urteile fällen und »Resozialisierungsstrafen« verhängen, ist die Ökonomie der Macht und nicht die ihrer Skrupel oder ihres Humanismus. Empfinden die Richter immer mehr Unbehagen beim Verurteilen um des Verurteilens willen, so hat sich doch andererseits die Tätigkeit des Urteilens in dem Maße vervielfältigt, in welchem sich die Normierungsgewalt gestreut hat. Getragen von der Allgegenwart der Disziplinaranlagen und der Kerkerapparate, ist sie zu einer der Hauptfunktionen unserer Gesellschaft geworden. Die Normalitätsrichter sind überall anzutreffen. Wir leben in der Gesellschaft des Richter-Professors, des Richter-Arztes, des Richter-Pädagogen, des Richter-Sozialarbeiters; sie alle arbeiten für das Reich des Normativen; ihm unterwirft ein jeder an dem Platz, an dem er steht, den Körper, die Gesten, die Verhaltensweisen, die Fähigkeiten, die Leistungen. In seinen kompakten und diffusen Formen, mit seinen Eingliederungs-, Verteilungs-, Überwachungs- und Beobachtungssystemen war das Kerkersystem in der modernen Gesellschaft das große Fundament der Normalisierungsmacht« (Foucault 1978, S. 391).

In seinen historisch-konkreten Analysen der Disziplinierungsinstitutionen Gefängnis und Psychiatrie bekämpft Foucault das, was er die Repressionshypothese nennt: Hier machtloses Individuum, dort mächtige Institution, die Institution gleichsam als Prokrustesbett, in dem das unpassende Individuum passend gemacht wird. Nach Foucault konstituiert die Normierungsmacht die Subjektivität, nicht jedoch wird, wie die bekannte Repressionhypothese lautet, eine wie immer geartet ursprüngliche Subjektivität durch die normierende Macht deformiert. Eine ursprüngliche Subjektivität, ein an sich seiendes Individuum, ein Wesen des Subjekts als kritischen Bezugspunkt gibt es für Foucault nicht. Damit kann es aber auch keine Deformation solch einer ursprünglichen Subjektivität geben. Ohne die Normierungsinstitutionen, die immer als Repressionsinstrumente interpretiert wurden, gibt es die selbstherrliche neuzeitliche Subjektivität überhaupt nicht, die sich für die Zugrundelegende, Konstituierende hält und dennoch zugleich, so das Resultat von Foucaults Analyse, das Zugrundeliegende, Konstituierte bleibt. Um es auf eine Formel zu bringen: damit das Subjekt zum Konstituierenden werden kann, muß es als Konstituierendes durch eine bestimmte Form der Macht erst konstituiert werden.

Foucault schreibt mit seiner Analyse der Normalisierungsmacht von Justiz- und Strafapparat, Psychiatrie und Medizin ein Stück Geschichte der Dialektik der Aufklärung. Auch er zeigt in den Niederungen der gesellschaftlichen Realität an seinen Untersuchungsgegenständen, wie sich die fortschreitenden Emanzipationsanstrengungen der Menschheit in ihr Gegenteil, in die fortschreitende Versklavung der Menschen, verkehren. In dem Maße, wie die terroristischen Marterstrafen des Absolutismus abgeschafft werden und der Strafapparat humanisiert, in dem Maße werden schon die kleinsten Abweichungen der Subjekte von der medizinischen, seelischen, produktiven oder juristischen Norm durch einen pausenlos neugierigen Machtapparat registriert: »Im Ancien Régime war der Grenzfall der Strafjustiz die endlose Zerstückelung des Körpers des Königsmörders: die Manifestation der stärksten Macht am Körper des größten Verbrechers, dessen vollkommene Zerstörung das Verbrechen in seiner Wahrheit aufblitzen läßt. Der Idealfall des heutigen Strafsystems wäre die unbegrenzte Disziplin: eine Befragung ohne Ende; eine Ermittlung, die bruchlos in eine minutiöse und immer analytischer werdsende Beobachtung überginge; ein Urteil, mit dem ein nie abzuschließendes Dossier eröffnet würde; die kalkulierte Milde einer Strafe, die von der erbitterten Neugier einer Überprüfung durchsetzt wäre; ein Verfahren, das sowohl andauerndes Messen des Abstandes zu einer unerreichbaren Norm wäre wie auch die asymptotische Bewegung, die endlos zur Einholung dieser Norm zwänge«(a.a.O., S. 291). Die scheinbare Humanisierung wird durch nahezu totale Kontrolle erkauft. Es ändern sich für FOUCAULT in der Transformation des Strafsystems wohl die Mechanismen der Machtausübung, aber ohne den immer wieder behaupteten Fortschritt zur Humanität.

FOUCAULTS Machtanalytik tendiert jedoch dazu, die anonymisierte, normierende Macht der gesellschaftlichen Institutionen und Diskurse zur Substanz zu verabsolutieren, zum Selbstzweck, wie es schon NIETZSCHE getan hatte. Absolut heißt losgelöst. Macht zu verabsolutieren heißt, den Machtapparat loszulösen von allen Interessenlagen und Zweckbestimmungen. Bei FOUCAULT dienen die anonymisierten Machtapparate, Diskursformationen und Disziplinierungsinstitutionen nicht mehr den Interessen bestimmter Individuen, Cliquen oder Klassen. FOUCAULT spricht immer wieder von der Ökonomie der Macht, die sich im Laufe der neuzeitlichen Entwicklung verändere, nicht aber spricht er von der Macht der Ökonomie. Er verwendet den Machtbegriff, als sei Macht nicht mehr an konkrete Subjekte gebunden, als sei Macht selber das Subjekt oder die Substanz der bestehenden Gesellschaft und der geschichtlichen Entwicklung:»Der Grund dafür, daß die Macht herrscht, daß man sie akzeptiert, liegt ganz einfach darin, daß sie nicht nur als neinsagende Gewalt auf uns lastet, sondern in Wirklichkeit die Körper durchdringt, Dinge produziert, Lust verursacht, Wissen hervorbringt, Diskurse produziert; man muß sie als ein produktives Netz auffassen, das den ganzen sozialen Körper überzieht und nicht so sehr als negative Instanz, deren Funktion in der Unterdrückung besteht«(FOUCAULT 1978, S. 35). So richtig es ist, Macht als ein produktives Netz aufzufassen und nicht quasi als Besitztum einzelner Personen, so falsch ist es, in verdinglichter Terminologie von *der* Macht zu sprechen. Die Kritik der scheinbar subjektlosen neuzeitlichen Rationalisierungsprozesse, die Foucault in der historischen Konkretion so überzeugend durchführt, droht in der Verallgemeinerung über das Ziel hinauszuschießen.

Für diese Verabsolutierung des Machtbegriffs in der Analyse der neuzeitlichen Rationalisierungsprozesse lassen sich jedoch historische Gründe anführen: FOUCAULT hat in einem Vortrag, der unter dem Titel *Was ist Kritik?* veröffentlicht wurde, auf einen Unterschied zwischen der deutschen und der französischen Geistesgeschichte aufmerksam gemacht. In Frankreich, so argumentiert er, hat die Verbindung von Aufklärung und Revolution im republikanischen Staat verhindert, daß das Verhältnis von Rationalität und Machtstrukturen einer kritischen Reflexion unterzogen wurde. Weil sich eine bestimmte Gestalt der Rationalität in den Institutionen der französischen Republik verwirklichen konnte, wurde das rationalitätskritische intellektuelle Potential in Frankreich quasi politisch aufgesogen und, wenn überhaupt, nur von den Gegnern der Republik, also der politischen Rechten, entfaltet. In Deutschland hingegen konnte sich»aufgrund einer alten Zugehörigkeit der Universitäten zur Wissenschaft und zu den administrativen und staatlichen Strukturen« – und das heißt den tradierten, nicht den revolutionär etablierten administrativen Strukturen – der Verdacht durchsetzen, »daß etwas in der Rationalisierung und vielleicht gar in der Vernunft selbst für den Machtexzeß verantwortlich ist« (Foucault 1992, S. 20).

Die in Frankreich aufgrund des spezifischen Verhältnisses von Staat und Vernunft erst spät aufkeimende Rationalitätskritik ist eine nachholende. Nachholen erfolgt aber meist in Hast. Bei Foucaults Zeitgenossen hat die nachholende Rationalitätskritik zur hastigsten Undifferenziertheit geführt. Zu nennen wären hier z.B. Glucksmanns erstaunliche Wandlung vom Stalinisten zum Natophilosophen, die Wandlung der nachmaligen Poststrukturalisten von Cartesianern und Saussureanern zu wildesten Irrationalisten. Foucaults Kritik der neuzeitlichen Rationalisierung ist treffend im Detail, problematisch in der Verallgemeinerung.

Literatur

Foucault, M.: Mikrophysik der Macht, Berlin, 1976
Foucault, M.: Überwachen und Strafen, Frankfurt/Main, 1976
Foucault, M.: Dispositive der Macht, Berlin, 1978
Foucault, M.: Was ist Kritik?, Berlin, 1992
Hegel, G.W.F.: Vorlesungen über die Philosophie der Geschichte, in: Hegel, Werke (Hg. Moldenhauer/Michel) Bd. 7, Frankfurt/Main, 1970
Nietzsche, F.: Zur Genealogie der Moral. In: Nietzsche, Werke (Hg. Colli/Montinari) Bd. VI. 2, Berlin, 1968

Matthias Dalferth

Zur Bedeutung von Ritualen und Symbolen in der Heimerziehung

Rituals and Symbols in Residential Care

This contribution is reflecting on the function and significance of rituals and symbols in children's homes. After a short description of recent developments of education in children's homes, it is first described the general significance of rituals and symbols in every day life and then in children's homes. Workers in children's homes should be sensitized towards the ritual needs of children and youngsters; this could be a reason to develop new forms of living together that do not only help to compensate deficits in experiences, but that are also useful to build bridges for the transition into a new life situation.

1. Aktuelle Entwicklungen in der Heimerziehung

In den vergangenen 20 Jahren hat sich das Gesicht der Heimerziehung in vielfältiger Hinsicht gewandelt. Davon zeugen verschiedene Formen der Heimerziehung und eine beachtliche Bandbreite therapeutisch orientierter und alltagsnaher Konzepte zur Betreuung und Förderung verhaltensauffälliger Kinder und Jugendlicher.

Mit diesem sichtbaren äußeren Veränderungsprozeß ging eine innere Wandlung einher, eine Erosion der bis Ende der 60er Jahre dominanten und rigiden Strukturen, die den Umgang zwischen Erziehern und Heimkindern maßgeblich prägten und in einer Vielzahl von formalisierten Umgangsformen (Wasch-, Aufräum- und Gruppenreinigungszeremonien, geregelten Freizeitvergnügungen, Maßnahmekatalogen bei Regelverstößen etc.) ihren Ausdruck fanden. (vgl. COLLA-M., 1987:17; COLLA, 1980:10 FF., 67 FF.; BÄUERLE/MARKMANN, 1974: 94 FF., 217 FF.). Dies formalisierten Abläufe konnten als »rituelle Klammern« (GOFFMAN, 1974) jedoch weniger ihre integrierende, vielmehr ihre disziplinierende Kraft entfalten. Ausgelöst durch die Kritik an inhumanen Methoden in der Heimerziehung Anfang der 70er Jahre veränderten sich in zwei Jahrzehnten professionelle Einstellungen und Strukturen weitgehend.

Es verschwanden aber nicht nur repressive Strukturen: Das Mißtrauen gegenüber formalisierten Abläufen und nutzlosen pädagogischen Routinehandlungen fand auch seinen Niederschlag in einer Distanzierung von Orientierung vermittelnden Strukturen und Verbindlichkeiten gemäß der Befürchtung von MARY DOUGLAS (1986: 36), daß die Ablehnung von leeren, normierten Ausdrucksformen in eine generalisierte Zurückweisung von überindividuellen Handlungsmustern einzumünden droht.

Dies blieb nicht ohne Auswirkungen: Einerseits können wir heute feststellen, daß Wohngruppen und Einrichtungen überschaubarer, lebensnäher wurden und sich dort mehr spontan und informell regeln läßt. Freiheitsspielräume in der Gestaltung des Alltagslebens sind entstanden und offenere Beziehungen wurden möglich, die wachsen, sich verändern können und denen man nicht ausgeliefert erscheint.

Andererseits kann man in einigen wohngruppengegliederten Einrichtungen in Wohngemeinschaften und betreuten Wohnformen, heute beobachten, daß Kinder und Jugendliche zwar über mehr Freiraum verfügen, sich aber mehr selbst überlassen bleiben, weniger kontrolliert, gegängelt oder bevormundet werden, deshalb aber nicht mehr Zuwendung oder Orientierungshilfen für selbständiges Handeln, mehr Aufmerksamkeit oder Anregungen erhalten (vgl. FREIGANG, 1986: 184 FF.; BLANDOW, 1992: 117 F.).

D.h. die stärkere Individualisierung in den Betreuungsformen wird zuweilen kontrastiert von emotionaler Distanz, Gleichgültigkeit, Beliebigkeit von Entscheidungen und Unverbindlichkeit im pädagogischen Alltag.

1.1 Hintergründe

Die Forschungsgruppe PETRA (1989), die Entwicklungen in der Heimerziehung Ende der 80er Jahre untersuchte, entdeckte strukturelle Defizite vor allem im Fehlen oder in der mangelhaften Verbindlichkeit pädagogischer Konzeptionen, in der unzureichenden Planung der Erziehung und in dem Verzicht auf Strukturierung bedeutsamer Alltagssequenzen (ebd. 86). Die Analyse von Alltagssituationen (Hausaufgaben, Mittagessen und Zubettgehen) förderte einen eklatanten Mangel an überindividuellen Handlungsmustern zutage. Sie kritisierte diese »derzeit zentrale Tendenz, als eine Art Gegenschlag gegenüber einer überzogenen Verregelung, zu fordern, alles müsse spontan laufen und möglichst wenig vorgeplant und fixiert werden« (ebd. 92).

Differenzierungs- und Dezentralisierungsprozesse in der Heimerziehung hatten damit nicht nur Veränderungen der äußeren Strukturen zur Folge. In einigen Heimformen, in denen es nicht geglückt ist, neue, angemessene Inhalte, Verbindendes, Perspektiven des Zusammenlebens von Kindern und Erwachsenen zu entwickeln, ist ein Mangel an inneren Verbindlichkeiten, an überindividuellen, befriedigenden Handlungsmustern festzustellen.

1.2 Heimerziehung als Spiegelbild gesellschaftlicher Entwicklungen

Die Öffnung und Binnendifferenzierung der Heime und die damit einhergehende Veränderung handlungsleitender Maßstäbe vollzog sich jedoch nicht im Abseits. Sie reflektiert gleichsam gesellschaftliche Entwicklungen zunehmender Pluralisierung der Lebensstile, Enttraditionalisierung der Lebensführung, Individualisierung, Differenzierung und Entstrukturierung - gebräuchliche Worthülsen, deren gemeinsamer Gehalt darin besteht, daß althergebrachte Normorientierungen keine allgemeine Gültigkeit mehr besitzen, vielmehr Lebensstile wie Lebensziele individuell gewählt und verantwortet werden müssen (vgl. FERCHHOFF, 1991).

Mit diesen äußeren Merkmalsveränderungen geht aber der Verlust überindividueller Kommunikationsmuster einher, den DOUGLAS 1986, KLOSINSKI 1991 und HUGGER 1991 als Prozeß der Entritualisierung in westlichen Gesellschaften beklagen, und von dem Jugendhilfeeinrichtungen gleichfalls betroffen sind.

2. Zur Bedeutung von Ritualen im Alltag

2.1 Rituale

Nach ARGYLE (1985, 165) sind darunter »standardisierte Muster sozialen Verhaltens« zu verstehen, die eher eine symbolische denn eine instrumentelle Bedeutung haben. Sie stellen schematisierte, immer in derselben Weise angewandte, periodisch wiederholte Verhaltensmuster dar, die nach festen Regeln ablaufen und sich auf verbalen Äußerungen, Gesten oder Handlungen beziehen.

Bei den Riten, die nach ARGYLE vorwiegend Bedeutung für soziale Beziehungen haben, unterscheidet man zwischen Riten, die soziale Beziehungen
- festigen (z.b. eine Schulversammlung, ein Betriebsfest, Weihnachts-, Erntedankfeier,)
- verändern (Geburtstag, Begrüßung, Abschied, Pubertät, Beförderung, Hochzeit, Geburt, Tod) oder
- wiederherstellen (Entschuldigung, Entschädigung nach Regelverletzungen..) (ebd. S. 165)

Kulturanthropologen weisen Riten einen universalen Charakter zu. Sie finden sich in allen Gesellschaften wieder und werden zum Wesen des menschlichen Daseins (vgl. HUGGER, 1991: 26) gerechnet. Ihnen kommt die Funktion zu, krisenhafte Übergänge im Leben des einzelnen zu begleiten und Konflikte, die durch das Zusammenleben mit Menschen verschiedenster Alters- und Bezugsgruppen zwangsläufig entstehen, abzumildern.

2.2 Entritualisierungsprozesse

In einer Gesellschaft jedoch, die dem raschen Wandel unterworfen ist und in der zwischenmenschliche, moralische, religiöse oder politische Normorientierungen keinen überdauernden oder allgemeinverbindlichen Charakter mehr besitzen, können wir nun feststellen, daß traditionelle überindividuelle Konventionen beträchtlich reduziert wurden.

Die offenkundige Erosion traditioneller Riten ist damit im Zusammenhang mit der Auflösung von Strukturen zu sehen, die jahrzehntelang für alle Gesellschaftsmitglieder verbindlichen Charakter besaßen und lebensverändernde Ereignisse wie Geburt und Tod, Heirat, Erwachsenwerden, Berufseinstieg usw. begleiteten oder umrankten, die Formeln bildeten zum Aufrechterhalten sozialer Beziehungen und Muster zur Konfliktlösung oder neuerlichen Übereinkunft boten.

Riten erstreckten sich damit nicht nur auf Grenzbereiche des Lebens, die als besonders riskant empfunden wurden, sondern regelten maßgeblich im Alltag den Umgang der Menschen untereinander. Mit der Auflösung tradierter Rollenstrukturen und der nicht mehr vorgezeichneten Einordnung der jüngeren Gesellschaftsmitglieder in bestehende Strukturen gehen Entritualisierungsprozesse einher.

388 388

388Dalferth

2.3 Auswirkungen von Entritualisierungsprozessen

Diese Entritualisierungsprozesse und die damit gesellschaftlich freigelegten Wahlmöglichkeiten sind jedoch, so FERCHHOFF, »für Subjekte oftmals anstrengend, überfordernd und belastend« (ebd. 64). Denn: »wenn keine Routinehandlungen uns vom Zwang entlasten, immer aufs neue entscheiden zu müssen, dann können solche Lebenssituationen als wenig verläßlich und instabil erlebt werden«. Entritualisierungsprozesse sind daher nicht für alle Gesellschaftsmitglieder gleichzusetzen mit dem Ablösen von einengenden Konventionen und dem Eröffnen von mehr Autonomie und Freiheitsspielräumen, sondern können auch Angst erzeugen oder Unsicherheit auslösen. Dies umso mehr, wenn das Individuum erkennt, daß die theoretisch vorhandenen Wahlmöglichkeiten real äußerst eingegrenzt sind. Ritualisierte Handlungsformen versprechen demgegenüber Orientierung, Entlastung und Sicherheit.

2.4 Neue Rituale

Bei genauerer Betrachtung zeigt sich nun aber, daß das Verschwinden tradierter Riten nur die eine Seite der Entwicklung charakterisiert: Täglich entstehen nämlich völlig neue Verhaltensschablonen oder wird von symbolischen Manifestationen Gebrauch gemacht, die den Umgang der Menschen untereinander regeln helfen (wie Begrüßungsrituale, Sprachfloskeln, Frühstückspausenrituale, Bekleidungsstile, Treffpunkte, Fansymbole irgendwelcher Fußballvereine oder aus der allgegenwärtigen Werbung entlehnte Produktetiketten). Sie lassen Identifikation erkennen und machen somit die eigene Person im Wirrwarr unzähliger sozialer Bezugsgruppen identifizierbar. Der wesentliche Unterschied besteht allerdings darin, daß sie keinen allgemeinverbindlichen oder generationenüberdauernden Charakter mehr tragen, sondern Beziehungen zwischen den Menschen im Binnenraum gesellschaftlicher Subgruppen unserer segmentierten Gesellschaft regeln und ausgestalten. Richten wir den Blick auf die Vielfalt täglich entstehender Selbstinszenierungen gerade bei der jüngeren Generation, die von Alltagsritualen, habitualisierten Selbstdarstellungen und dem Schmücken mit Herstellersymbolen der vermeintlichen Sponsoren geradezu überfrachtet erscheint, dann wird offenkundig, daß die suggestive Kraft der Riten ungebrochen ist.

2.5 Die Macht der Rituale

- Die Macht der Riten besteht möglicherweise in ihrer Antithese zur komplexen, immer schwerer durchschaubaren gesellschaftlichen Realität. Riten widersetzen sich dem Wandel, tragen den Charakter des Vertrauten, Stabilen, bilden unausgesprochene Übereinkünfte dort, wo Lebensweisen, Meinungen, sozialer Stand und politische Orientierungen auseinandergehen. Insofern tragen sie zur Identifizierung Zugehöriger und zur Stabilisierung sozialer Beziehungen bei.
- Die Macht der Riten besteht auch in der Antizipation des Vertrauten, Erwartbaren. Insofern tragen sie zur emotionalen Stabilisierung, zur Angstreduktion dort bei, wo die Zukunft reichlich unsicher erscheint.

- Riten stehen im Dienste der Krisenbewältigung: Nicht nur, um die Angst vor Unsicherheit auslösenden Situationen zu verringern, sondern auch als Reaktion auf ängstigende Erfahrungen bieten sie Orientierungsmuster, stabilisieren die Individuen und gewährleisten größere Verhaltenssicherheit. In einer Welt, in der rationalgesteuerte kognitive Dimensionenüberwiegen, bieten Riten Reservate, die dem Individuum nicht abfordern, sich ständig erklären zu müssen oder das, was es tut, zu begründen, sondern versprechen psychische Entlastung durch Akzeptanz der Bezugsgruppe.

- Riten erfüllen vor allem eine wichtige Rolle für die Gemeinschaft: Ihre kommunikativen und sozialen Funktionen tragen dazu bei, Rollenstrukturen (Zugehörigkeit, Unterordnung, Anhängerschaft) u. Umständen provokativ nach außen hin sichtbar zu machen, und sie bieten Formen an, um trotz offenkundiger Rollendiskrepanzen zu interagieren.

Sie sind vorwiegend dort zu finden, wo Menschen miteinander zu tun haben und wo wichtige gemeinschaftliche Bereiche betroffen sind. Insofern tragen sie zur Integration des einzelnen in eine Gruppe und zur Festigung sozialer Beziehungen bei und bieten Handlungsorientierungen dort, wo Verhaltensunsicherheit herrscht. Die mehrdeutige symbolische Reduktion hilft aber auch, Ungereimtheiten, Mißverständnisse und Ambivalenzen zu verstecken und das Individuum an Interaktionsprozessen zu beteiligen, ohne völlig Besitz von ihm zu ergreifen.

2.6. Initiationsriten

Am besten erforscht sind die sogenannten Initiationsriten, die »rites de passage« (Van Gennep, 1986), die räumliche, zeitliche oder soziale Übergänge, insbesondere krisenhafte Phasen im Leben begleiten. Dazu gehören Übergänge von der Kindheit in die Pubertät, von der Jugend ins Erwachsenenalter, Schuleintritt oder Arbeitsbeginn, Übergang ins Rentenalter, der Umzug in eine andere Stadt, die Einsetzung in ein neues Amt etc. Die Entsynchronisierung verschiedener Verhaltensbereiche, die einstmals zeitlich zusammenfielen, der rasche gesellschaftliche Wandel und die erhöhte räumliche Mobilität reduzierten jedoch die Bedeutung von Initiationsriten beträchtlich.

3. Rituale und Symbole bei Heimkindern

3.1 Vorerfahrungen

Kinder und Jugendliche im Kontext der Heimerziehung sind von diesen allgemeingesellschaftlichen Entritualisierungsprozessen in besonderer Weise betroffen: Sie kommen überwiegend aus Familien in Heime, die von der Auflösung tradierter Rollen- und Familienstrukturen gezeichnet sind und mit Erziehungsaufgaben überfordert waren (1991 lebten 40 % der Heimkinder/-jugendlichen vor der Aufnahme bei einem alleinerziehendem Elternteil, 16 % bei einem Elternteil mit neuem Partner, 22 % in einer anderen Familie, einem Heim oder einer WG (vgl. Jugendhilfe Info 6,17, 1992). Mehr als 10 % kommen heute aus anderen Kulturkreisen und werden in der

BRD mit dem Bedeutungsverlust religiöser oder kultureller Traditionen konfrontiert.

Bei ihnen fehlte häufig nicht nur die entwicklungsentsprechende und entlastende Begleitung bei Übergängen (z.b. vom Kindergarten, vom Hort zur Schule, von einer Familie zur anderen..), bei der Ablösung (von Elternteilen, dem Elternhaus, der Wohngegend, dem Heimatland bei Migranten), dem Eintritt in eine neue Lebensform oder bei Beginn eines neuen Lebensabschnitts (in Schule, Heim, Berufsleben), sie werden viel früher und viel häufiger mit Trennungen und Übergängen konfrontiert, erfahren sich und ihr Umfeld bei dem Versuch, Konflikte nach eigenen, nicht vorgefertigten Handlungsmustern zu lösen, als inkompetent (Scheidung, Trennung der Eltern, Schulversagen, Nichtzurechtkommen mit anderen Kindern, mit Pflegeeltern). Sie können nicht wie andere auf eine einigermaßen stabile Bezugsgruppe zurückgreifen oder an Alltagsgewohnheiten festhalten, die in Lebenskrisen Orientierungsmöglichkeiten bieten. So erleben sie weniger Freiheit in der Gestaltung eigener Lebensbedingungen als Abhängigkeit von Lebensumständen und fremden Entscheidungen, deren Spielball sie sind.

Insofern trifft für sie die Befürchtung FERCHHOFFS in besonderer Weise zu, daß sie zu den Gesellschaftsmitgliedern gehören, die von freigelegten Wahlmöglichkeiten, Enttraditionalisierungs- und Entritualisierungsprozessen eher überfordert werden. Geraten diese Kinder nun in eine Heimgruppe, in der Entritualisierungsprozesse ein strukturelles und kommunikatives Vakuum hinterlassen haben, steigert dies ihre Verunsicherung.

3.2 Entritualisierungsprozesse im Heim

Entritualisierungsprozesse kommen am deutlichsten in Alltagssequenzen zum Ausdruck:

- Auf ein gemeinsames Frühstück oder Abendessen in der Wohngruppe wird verzichtet, weil es so schwierig ist, die individuellen Schlaf- oder Freizeitbedürfnisse unter einen Hut zu bekommen, Tischdecken, Abräumen und Abwaschen mit Dauerstreß verknüpft ist. So einigt man sich, daß jeder sich selbst aus dem Kühlschrank bedienen kann, lediglich sein Gedeck abwaschen muß. Die »Gruppe« zerfällt in Individuen, die nach ihren eigenen Regeln leben. Gemeinsames Kochen, gemeinsame Mahlzeiten finden immer seltener statt, unverzüglich nach Einnahme der Mahlzeiten ergreifen die Gruppenmitglieder die Flucht, auf die selbstverständlichsten kommunikativen Bezugspunkte im Gruppenalltag wird verzichtet, jeder geht seiner Wege.
- Geburtstage von Heimkindern werden vergessen, weil ein wichtiger Betreuer gerade im Urlaub ist, eine Jugendliche hat ihren qualifizierten Hauptschulabschluß doch noch geschafft, ohne daß davon besondere Notiz genommen wird, in wenigen Tagen werden die Schulferien beginnen, die Kinder sind von einer besonderen Last befreit, die Stimmung ist bestens. Dennoch, ein Fest, eine gemeinsame sportliche oder erlebnisorientierte Unternehmung kommt nicht zustande, eine symbolische Würdigung der schulischen Anstrengungen unterbleibt.

- Weihnachten wird aus pragmatischen Gründen (weil noch alle Betreuer arbeiten) ein paar Tage vorverlegt, der 24.12. mit einem Notdienst überbrückt, die Geschenke entsprechen weitgehend den Bestellungen, weil es so viel Mühe macht, den Kindern auch ein persönliches Geschenk zu machen, das ihnen verdeutlichen könnte, wie genau die Betreuer über individuelle Vorlieben und Interessen Bescheid wissen.

- Wochentage, Wochenenden und Feiertage werden sich in Struktur und Ablauf immer ähnlicher, jahreszeitliche Veränderungen werden ignoriert, längst hat das Fernsehprogramm die Strukturierung der Abende übernommen.

- Mühsam werden Jugendliche zum wöchentlichen Gruppengespräch oder zur Hausversammlung genötigt, die sie als Pflichtübung absolvieren oder ohne innere Beteiligung über sich ergehen lassen (vgl. hierzu NIEDERBERGER 1988,131 f, WIELAND 1992,129).

In Gruppen, wo eine Neugliederung oder Neustrukturierung des Alltags nach qualitativen Gesichtspunkten nicht gelang, weil sich das Bewußtsein von der Pluralität möglicher Lebensentwürfe lähmend auf das Aufsuchen überindividueller Gemeinsamkeiten auswirkte und der Heimalltag zwischen Langeweile, Herumhängen, Gleichklang und Krisenintervention oszilliert (vgl. dazu THIERSCH 1988, 7), ist nun aber zu beobachten, daß Heimkinder oder -jugendliche eigenständig Rituale entwickeln oder vermehrt auf rituelle Verhaltensformen zurückgreifen.

3.3 Neuentwickelte Rituale

Eine Fülle von neuentwickelten Ritualen im Heimalltag zeigt, daß Kinder und Jugendliche sich nicht damit zufrieden geben, daß ihre rituellen Bedürfnisse ignoriert werden und sie mit deren Hilfe strukturelle oder kommunikative Defizite auszugleichen suchen.

Dies wird offenkundig, wenn Kinder nur einschlafen können, nachdem sie Stofftiere oder ihre Habseligkeiten nach einem bestimmten Schema angeordnet haben, wenn sie beharrlich auf einer Weckzeremonie oder einem bestimmten Ablauf des Zu-Bett-Gehens bestehen, sich regelmäßig und genau erkundigen, welcher Betreuer am darauffolgenden Morgen Dienst antreten und sie wecken wird, wenn sie nur Mahlzeiten einnehmen, die sie genau kennen, wenn sie Variationen des Speisezettels nicht kampflos hinnehmen oder keine Toleranz erkennen lassen, wenn jemand sich erdreistet, ihren angestammten Sitzplatz einzunehmen. Rasch entwickeln sich gruppeninterne Traditionen, auf die nicht nur neuhinzukommende Kinder, sondern auch neue Mitarbeiter verpflichtet werden. Unzählige Beispiele lassen sich finden, die eine sublime Verregelung des Alltags erkennen lassen, ohne daß man den Pädagogen einen direkten Einfluß hierauf unterstellen könnte.

Diese Beispiele lassen sich unschwer als Verhaltensstrategien einordnen, die den Charakter einer individuellen Stabilisierung tragen, indem im Alltag Inseln geschaffen werden, in denen alles nach einem vorhersehbaren Schema abläuft. Zudem trägt das Aufrechterhalten und Tradieren von Gewohnheiten dazu bei, Rollenbilder oder Gruppenpositionen bei Kindern und Erwachsenen aufrechtzuerhalten.

Rituelle Gewohnheiten entwickeln sich bezeichnenderweise an Nahtstellen oder an Übergängen, die als besonders belastend, verunsichernd erfahren werden: dem Übergang zwischen Tag und Traum, Begrüßung und Abschied, Kommen und Gehen als Kennzeichen steter Veränderung, das Beharren auf dem eigenen Sitzplatz als Symbol dafür, einen Platz in der Gruppe gefunden zu haben und zu beanspruchen, sich nicht durch neuaufgenommene Kindern verdrängen zu lassen. Ein Jugendlicher, der, von der Arbeit in die Wohngruppe zurückgekehrt, sein Privileg auf eine Spezialaudienz im Erzieherbüro einfordert oder das Kind, das, nachdem die übrigen bereits zu Bett gegangen sind, unter einem Vorwand das Gespräch mit dem Lieblingsbetreuer sucht, haben Rituale entwickelt, welche ihren Anspruch auf Nähe in Momenten, die von Veränderungen begleitet werden, sicherstellen sollen. Das Beharren auf einem Speisezettel, der ausschließlich Bekanntes an bestimmten Wochentagen in Aussicht stellt, läßt sich wiederum unschwer als ein Ritual einordnen, welches Traditionen schaffen soll, auf die man sich einstellen und in denen man sich zurechtfinden kann.

Daneben lassen sich aber auch rituelle Verhaltensweisen und symbolische Manifestationen entdecken, die für den kommunikativen Prozeß in der Wohngruppe zentrale Bedeutung gewinnen: In kurzer Zeit lernen Neuankömmlinge, wie man sich kleidet, welche Turnschuhe man tragen muß, um anerkannt zu werden, welche Hersteller- oder Fansymbole gefragt sind, welche Armbänder, Ohrringe, welche Fußballvereine oder Popgruppen wichtig sind. Bald hängt, gut sichtbar, ein dicker Schlüsselbund am Gürtel. Die Schlüssel werden längst nicht alle benötigt, tragen aber doch untrüglich dazu bei, die persönliche Gewichtigkeit zu erschließen. Daß hier eine Orientierung an der »Schlüsselgewalt« der Betreuer erfolgt, die als Statussymbol adaptiert und gleichzeitig persifliert wird, wirft ein Licht auf Entstehungshintergründe mancher Rituale.

Symbole und rituelle Verhaltensmuster in der Gruppe tragen dazu bei, den eigenen Stellenwert zu bestätigen, für Rollensicherheit zu sorgen, Gemeinsamkeiten mit anderen zu dokumentieren und Kommunikationsanlässe zu bieten. In vielen Einrichtungen oder Wohngruppen entwickelt sich in kurzer Zeit eine Subsprache, die Redewendungen enthält, auf die stereotyp Bezug genommen wird: Damit werden gemeinsame Bezugspunkte geschaffen und gleichzeitig erfolgt eine Abgrenzung vom Umfeld. Der Faszination dieser subsprachlichen Rederituale können sich auch die Pädagogen kaum entziehen. Sie greifen oft spontan selbst darauf zurück, weil damit Vertrautheit und Zugehörigkeit symbolisiert wird.

3.4 Problematische Rituale

Sie entwickeln sich im Gruppenalltag vornehmlich unter ungünstigen Bedingungen. Dazu gehören Aufnahmerituale, die die Funktion von Initiationsäquivalenten erfüllen. D.h. neu aufgenommene Gruppenmitglieder müssen Mutproben bestehen oder werden diskriminierenden oder verletzenden Behandlungen ausgesetzt, die darauf abzielen, neue Gruppenmitglieder zu testen. In Unkenntnis der internen Konventionen oder Regelstrukturen werden sie zum Übertreten von Regeln ermuntert oder bloßgestellt, in dem sie angehalten werden, sinnlose Erledigungen im Heimalltag vorzunehmen. Initiationsrituale können auch in der Nötigung zum bewußten Überschreiten von Regeln bestehen (z.b. Teilnahme an Kaufhausdiebstählen, an Trinkgelagen, Schwarzfahren, Fahren mit fremden Fahrrädern, Ansehen von Horrorvideos, Pokern um Geld). Problematisch sind gleichfalls Tätowierungen, die Jugendliche untereinander vornehmen und die gegenwärtig in rituellem Kontext in Erscheinung tretenden autoaggressiven Verhaltensmuster, das Ritzen mit Rasierklingen am Handgelenk, die in jüngster Zeit bei Mädchen mit destruktiven Vorerfahrungen (Mißbrauch) dokumentiert wurden. (GÜTHLIN/OBERSTEINER, 1993)

4. Schlußfolgerungen

Die Suche nach ritueller Orientierung und die eigenständige Produktion von Ritualen in Heimgruppen steht im Zusammenhang mit Entritualisierungsprozessen in der Gesellschaft und dem Niederschlag, den diese in der Heimerziehung finden. Das Vakuum, das überfällige Entstrukturierungs- und Differenzierungsprozesse in der Heimerziehung hinterließen, konnte nicht überall durch ein Äquivalent an »inneren« Strukturen, durch identitätsstiftende Rituale, durch eine emotional »gesättigte« kommunikative Struktur ausgeglichen werden. Doch darauf sind Heimkinder aufgrund ihrer spezifischen Vorgeschichte in besonderem Maße angewiesen:

Das Einleben in eine neue Gruppe, der Umgang mit wechselnden Bezugspersonen, Schulaus- oder - eintritt und Ortswechsel - all dies geht einher mit dem Verlust von Möglichkeiten, auf bekannte und bewährte Handlungsmuster zurückgreifen zu können.

Das Zurechtfinden in einer neuen Umgebung kann für Heimbewohner nicht zuletzt deshalb eine besondere Belastung darstellen, weil sie häufig nicht über Vorerfahrungen einer stabilen, sicheren Familiensituation verfügen oder auf identifikationswürdige Rollenbilder zurückgreifen können. Die geringe Erfahrung von Kontinuität in Beziehungen und Lebenswelten, unzureichende soziale Verwurzelung und biographische, bisweilen kulturelle Brüche erschweren die eigene Standortbestimmung.

Wenn nun Kinder und Jugendliche verstärkt Rituale entwickeln oder in Orientierung an anderen Bezugsgruppen sich deren Symbolik bedienen, kann dies als Versuch verstanden werden, sich notwendige Verhaltenssicherheit zu verschaffen und die eigene labile Situation zu stabilisieren. Sie können jedoch auch als Hinweis verstanden werden, daß im Heimgruppenkontext überindividuelle Verhaltensformen, Zugehörigkeit vermittelnde Symbole fehlen, die Empathie und soziale Intensität erlauben. Das Bedürfnis nach Ritualen und Symbolen ernst zu nehmen würde bedeuten, das Innenleben der Einrichtungen, respektive soziale Beziehungen nach neuen Gesichtspunkten zu strukturieren, ohne in Gefahr zu geraten, einer erneuten Verregelung des Heimalltags im Rückgriff auf altbekannte Ordnungsprinzipien durch einen Neuaufguß von vornehmlich organisatorische Belange betreffenden Orientierungen Vorschub zu leisten.

Dabei muß die Entwicklung sinnstiftender Rituale dort einsetzen, wo Defizite augenfällig werden: auf der Ebene der kommunikativen Strukturen, der Vernachlässigung von Körperlichkeit, den unbegleiteten Übergängen, der Suche nach alltags-strukturierenden und alltagsübergreifenden »rituellen Klammern«, der wortlos Verständigung schaffenden Symbole.

Das enorme Echo der Abenteuer-und Erlebnispädagogik, gerade in der Heimerziehung, sollte uns nachdenklich machen: Schließlich sind die hier angestrebten Ziele geradezu als Metaphern zu verstehen für im Alltag ausgesparte intensive soziale Erfahrungen in überschaubaren und natürlichen Lebenskontexten.

Daher sollten im Vordergrund nicht nur exklusive Ereignisse (wie Akrobatikvorstellungen, Marathonlauf oder Skateboardfahren) stehen, die den Gleichklang unterbrechen und Traditionen schaffen können, derer man sich in Geschichten erinnern und die somit zur unverwechselbaren Geschichte der Gruppen selbst werden. Auch das gemeinsame Teetrinken mit den Jugendlichen nach der Arbeit, ein ausgedehntes Sonntagsfrühstück, tätigkeitsorientierte Aktionen können den Charakter von regelmäßig wiederkehrenden Ereignissen tragen und in Form von besonders bedeutsamen Bezugspunkten »rituelle Klammern« im Alltag schaffen. Der Stammplatz am Tisch, eine eigene Tasse, die Urlaubsbilder an der Wand können Zugehörigkeit vermitteln, in dem sie an Erlebtes erinnern, auf Zukünftiges verweisen und kommunikative Anlässe bieten.

Schließlich geht es darum, sinnstiftende Rituale dort zu schaffen, wo schwierige Übergänge (z.B. Heimaufnahme, Ablösung) problematische Rituale zu provozieren drohen. Das Dilemma der Heimerziehung besteht darin, daß sie eine positive Lebenswelt für Kinder und Jugendliche bereitstellen möchte, dabei aber selbst von allgemeingesellschaftlichen Veränderungen respektive Entritualisierungsprozessen in besonderem Maße betroffen ist. Wenn nun aber mit ARGYLE anzunehmen ist, daß »Riten sich dann in Gruppen entwickeln, wenn Situationen entstehen, in denen die Identität von Einzelnen oder die sozialen Beziehungen verstärkt oder verändert werden müssen« (1985,182) dann könnte eine Sensibilisierung für die rituellen Bedürfnisse der Kinder und Jugendlichen Anlaß geben, neue Formen des Zusammenlebens zu entwickeln, die nicht nur helfen, defizitäre Erfahrungen zu kompensieren, sondern auch geeignet sind, Brücken beim Übergang in neue Lebenssituationen zu schlagen.

Literatur

ARGYLE, M.: Körpersprache und Kommunikation. Paderborn, 1985
BÄUERLE, W./MARKMANN, J.: Reform der Heimerziehung. Weinheim, Basel, 1974
BLANDOW, J., FALTERMEIER J.: Erziehungshilfen in der BRD. Frankfurt/M., 1989
BLANDOW, J.: Modernisierungsrisiken und Individualisierungstrends. Folgt der Erosion der Normalbiographie die Erosion der Heimerziehung? In: PETERS, F./TREDE, W. Strategien gegen Ausgrenzung. 1992, S. 99- 122
COLLA-M., H.E.: Zum Wandel der Konzepte in der Erziehung in Heimen im Verlauf der letzten 20 Jahre. In: Materialien zur Heimerziehung 4/5, 1987, S. 17 - 20
COLLA H.E.: Heimerziehung. Stationäre Modelle und Alternativen. München, 1981
DALFERTH, M.: SELBSTÄNDIGKEITSERZIEHUNG und Subjektzentrierung in der Heimerziehung. In: Jugendwohl 8/9, 1988, S. 362-369
DOUGLAS, M.: Ritual, Tabu und Körpersymbolik. Frankfurt/M., 1986

FERCHHOFF, W.: Individualisierung bei Jugendlichen und jungen Erwachsenen. Soziologische Erklärungen für die Pluralisierung von Lebensstilen junger Menschen. In: Blätter der Wohlfahrtspflege 3, 1991, S. 63- 66

FREIGANG, W.: Verlegen und Abschieben. Zur Erziehungspraxis im Heim. München, 1986

GENNEP VAN A.: Übergangsriten. Frankfurt, New York, 1986

GOFFMAN, E.: Das Individuum im öffentlichen Austausch. Frankfurt/M., 1974

GÜTHLIN L./OBERSTEINER, H.: Ritzen, eine Form der Autoaggression, in: Jugendwohl 6, 1993, S. 294 - 304

HUGGER, P.: Pubertätsriten - einst und jetzt - aus der Sicht des Volkskundlers. In: KLOSINSKI, G.: a.a.O. (1991) 25 - 39

Jugendhilfe: Info der IGfH, 6, 1992, Frankfurt/M.

KLOSINSKI, G.: Pubertätsriten - Äquivalente und Defizite in unserer Gesellschaft. Bern, Stuttgart 1991, S. 11 - 22,

MÜLLER-KOHLENBERG, H. Wertewandel und verändertes Selbstverständnis bei Heimerziehern. In: MÜLLER-KOHLENBERG, H.; MÜNSTERMANN, K.; SCHULZ, G.: Die Lernfähigkeit einer Institution, geleistete und ausstehende Reformen in der Heimerziehung. Frankfurt/M., 1981

NIEDERBERGER, J.M.; BÜHLER-NIEDERBERGER, D.: Formenvielfalt in der Fremderziehung. Zwischen Anlehnung und Konstruktion. Stuttgart, 1988

PLANUNGSGRUPPE PETRA: Was leistet Heimerziehung? Frankfurt/M., 1988

THIERSCH, H.: Jugendhilfe und Heimerziehung im Wandel. In: Materialien zur Heimerziehung 1/2, 1988, S. 1-9

WIELAND, N.; MARQUARDT, U.; PANHORST, H.; SCHLOTMANN, H.O.: Ein Zuhause - kein Zuhause. Lebenserfahrungen und -entwürfe heimentlassener junger Erwachsener. Freiburg 1992

Burkhard Müller

Zur Moral der Heimerziehung

Moral of Residential Care

Social work - especially residential care - is a profession in which the professional quality of the staff as well as the professional quality of an institutional setting is closely related. There is no professional progress without a development of organizational conditions and no effective improvement of these conditions without higher standards in professional quality. This essay is based on the thesis that this interaction has consequences on the ethics of socialpedagogical concepts. It is only concerned with the professional ethics - ethical requirements towards educators, consellors and therapists and towards their moral. Included is the discussion of moral effects in institutional contexts as well as the abolishment of demoralizing effects of these contexts. The main point of discussion is the interaction between personal ethics and institutional ethics.

1. Bemerkungen zur Heimreform

Blickt man auf die deutsche Diskussion zur Heimerziehung der letzten 25 Jahre, so herrscht Einigkeit über die große Bedeutung der institutionellen Bedingungen, allerdings vor allem in negativer Hinsicht. Die Diskussion begann mit der sogenannten Heimkampagne. »Holt die Kinder aus den Heimen«, hieß es damals; es herrschten dort Bedingungen, die alle Beteiligten nur demoralisieren könnten. Die Fachdiskussion nahm die Kritik auf, sprach ihrerseits von den Gefahren der Heimerziehung als »totaler Institution« (THIERSCH 1977) und beeilte sich, die Institutionen »lernfähig« (MÜNSTERMANN) zu machen. Und das hieß vor allem: zu verkleinern und zu personalisieren. » Menschen statt Mauern« was das Schlagwort in der Hamburger Diskussion, das verallgemeinerbar ist. Es bedeutet: soviel wie möglich persönliche pädagogische Beziehungen, dezentrale Gruppen, Abschaffung starrer Regeln, gemeinsame Bewältigung eines Alltages (möglichst mit ökologischer Landwirtschaft) - kurz: Zurückdrängung alles Bürokratisch-Institutionellen. Als allerdings die erzieherischen Erfolge immer noch ungefähr dieselben blieben, meldeten sich wieder Kritiker zu Wort, die sagten: Diese ganze verpersönlichte Heimerziehung ist auch eine institutionelle Struktur. Auch sie demoralisiere, begünstige Trägheit und Schlendrian - so WINKLER (1988), weshalb eine »Neue Heimkampagne« an der Zeit sei. Solche Vorwürfe, das ist interessant für unser Thema, werden Heimerziehern nicht gemacht, weil sie sich zu wenig um die Kinder kümmerten. Der Vorwurf ist, sie dächten zu wenig über den Rahmen nach, in dem sie arbeiten. Auch der üblich gewordene Heimverbund sei noch nicht flexibel genug und könne deshalb, vor allem bei älteren Jugendlichen, nicht individuell genug reagieren. Heimerziehung, so fordern etwa KLATETZKI/WINTER (1990) in ihrem Konzept der »flexiblen Betreuung«, solle nur noch als »Organisationsbegriff« verstanden werden, als finanzieller und personeller Rahmen innerhalb dessen je nach Fall individuelle Formen der Zusammenarbeit mit einzelnen Jugendlichen ausgehandelt und fortlaufend weiterentwickelt werden. Die »Lernfähigkeit der Institution« soll hier unmittelbar mit der Lernfähigkeit ihrer Adressaten Schritt halten. (Gemeint ist natürlich nicht, daß die Menschen, die Heimerziehung machen, weniger wichtig sein sollen. Aber ihre Verantwortung ist aus dieser Sicht vor allem, fördernde Rahmenbedingungen herzustellen und nicht so sehr die Entwicklung der Kinder selbst.)

Wer also ist verantwortlich: Die Personen oder die institutionellen Strukturen? Ich möchte diese Frage zunächst anhand eines kleinen Fallbeispiels stellen und in seinem Licht drei Modelle diskutieren, nach denen das Verhältnis von Verantwortung der Personen und des institutionellen Kontextes verstanden werden kann. Ich möchte dann die Brauchbarkeit dieser Modelle für die Problemklärung diskutieren und zum Schluß die Frage stellen, unter welchen Voraussetzungen der Satz BETTELHEIMS zutreffen kann: Also ein förderndes und nicht ein demoralisierendes Verhältnis zwischen dem Wollen der Personen und den Wirkungen des institutionellen Kontextes erwartet werden kann.

2. Eine Fallgeschichte

»Torsten, 16 Jahre, leichte Debilität, lebt im Heim, seine Mutter lebt getrennt von ihrem Mann, der sie kurz nach Torstens Geburt verließ. Während Torsten offenkundig an einem umfassenden Kontakt zu seiner Mutter interessiert ist, ist diese augenscheinlich darum bemüht, den Kontakt möglichst gering zu halten und beschränkt ihn daher auf die obligatorischen Weihnachts- und Geburtstagskärtchen. Torsten ist an allem interessiert, was nur irgendwie mit »Familie« zu tun hat und war ganz begeistert, wenn er einen meiner Brüder, meine Schwester oder meine Mutter kennenlernen konnte. Zum Abschluß meines Praktikums lud ich die Gruppe zu mir nach Hause zum Kaffeetrinken ein. Die Jungen waren ziemlich aufgeregt, benahmen sich aber geradezu vorbildlich; auch Torsten, dem es leicht passieren konnte, daß er sich - aus Versehen - »etwas zu doll« freute, fiel in keiner Weise unangenehm (oder den Befürchtungen der Erzieherin entsprechend) auf. In der Folgezeit rief Torsten mehrmals die Woche bei uns an, teilte uns mit, daß seine Mutter einen seiner Briefe beantwortet und ihn für ein Wochenende in den Ferien nach Hause eingeladen habe. Später erzählte er uns dann, daß aus dem Besuch nichts geworden sei, daß er dafür aber Weihnachten nach Hause fahren dürfe. Zwei Wochen vor Weihnachten rief Torsten wieder an und erzählte, seine Mutter habe wieder abgesagt, weil der Mann, mit dem sie zusammenlebte, sie gerade rausgeschmissen habe. Torsten machte einen ziemlich niedergeschlagenen Eindruck, und nach einer Rücksprache mit Torstens Gruppenleiterin luden wir Torsten für den ersten Weihnachtstag zu uns ein. Eine Weile lang hörten wir dann erstmal nichts mehr von Torsten, bis zwei Tage vor Weihnachten seine Gruppenleiterin bei uns anrief und uns erzählte, daß sich Torsten den anderen Jungen gegenüber brutal und gemein verhalte und ständig damit rumprotze, daß er Weihnachten ja sowieso wegfahre. Die Situation in der Gruppe muß schon ziemlich schwierig gewesen sein, denn schließlich bat uns die Gruppenleiterin, Torsten abzusagen, weil er so eine »Belohnung« für sein Verhalten nun wirklich nicht verdient hätte. Nach einigem Hin und Her haben wir trotz ziemlichem Widerstreben unsererseits die Einladung zurückgezogen, um nicht noch unnötig stark in das Gruppenleben einzugreifen und die Situation dadurch noch zu verschärfen. Zufrieden war und bin ich mit dieser »Lösung« überhaupt nicht, aber ich weiß auch nicht, wie wir es hätten besser machen können« (Name geändert).

Torsten hat wegen seiner Behinderung und seiner familiären Situation keine Wahl, anderswo als im Heim zu leben. Er ist deshalb, gemessen an anderen, ein scheinbar einfacher, sozusagen pflegeleichter, aber auch besonders tragischer Fall. Alle seine Versuche, wenigstens in der Phantasie ein bißchen »normale Familie« zu haben, wie andere auch, schlagen fehl. Am Ende ist er ebenso demoralisiert, wie die Praktikantin, die den Fall berichtete, wie die Gruppenleiterin, obwohl die vielleicht gar nicht mitgekriegt hat, was da eigentlich passiert ist. Zweifelsohne ist hier passiert, daß Heimerziehung ihrem Anspruch, das Recht jedes jungen Menschen »auf Förderung seiner Entwicklung und auf Erziehung zu einer eigenverantwortlichen und gemeinschaftsfähigen Persönlichkeit nicht nachgekommen ist. Aber woran lag es: an den Personen oder am Rahmen? War keine bessere »Lösung« des Konflikts möglich, weil die Gruppenleiterin so schlecht ausgebildet, so wenig für die inneren Bedürfnisse von Torsten sensibilisiert, so faul oder stur auf Ordnung fixiert war? Oder hatte sie keine Wahl, weil ihre Gruppe so groß war, weil sie noch mit anderen schwierigeren Jugendlichen alleingelassen, sich nur noch so zu helfen wußte, oder weil sie von oben Druck kriegt? Und was sagt man damit, wenn man sagt: Die Person ist schuld, oder die Verhältnisse sind schuld? Und umgekehrt: Was meint BETTEL-HEIMS Satz: Der Rahmen erleichtere das Tun?

3. Sind Institutionen oder die einzelnen moralisch verantwortlich?

Die Rede von Schuld-haben setzt Akteure voraus, die moralisch verantwortlich gemacht werden können. Einzelpersonen können zweifellos moralisch verantwortlich sein, sofern sie als »zurechnungsfähig« gelten dürfen. Aber Institutionen? Wer ist verantwortlich, wenn sie demoralisierend wirken? »Die da oben« sind verantwortlich - so sagt man oft. Und wenn sie es sind, dann sind die Täter dingfest gemacht. Nur haben »die da oben« meist gute Gründe, den Vorwurf nicht auf sich sitzen zu lassen und den Schwarzen Peter weiterzureichen - nach noch weiter oben, oder zurück nach unten. Wenn das Spiel eine Weile gelaufen ist, einigt man sich gewöhnlich darauf, daß es keinen Sinn hat, irgend jemanden zu beschuldigen, daß es an den bescheidenen Verhältnissen liegt, und daß man nichts machen kann. Können »Verhältnisse« demoralisieren oder umgekehrt moralisch stützen? Offenkundig können sie es. Aber sind sie dann nicht per Definition auch moralisch verantwortlich? Offenkundig nicht, wenn der Verweis auf die »Verhältnisse« gerade dazu dient, zu begründen, daß niemand verantwortlich ist. Ich möchte an drei Modelle erinnern, die wir in der Regel einzeln, oder auch gemischt, voraussetzen, wenn wir vom Verhältnis der Moral einzelner zum institutionellen Kontext reden. Zwei davon erklären das Paradox, daß Institutionen moralische Wirkungen haben können, ohne dafür moralisch Verantwortlich zu sein. Nach dem dritten ist es eine überflüssige Streitfrage, ob die einzelnen oder der institutionelle Kontext schuld sind, weil beides sich wechselseitig bedingt.

Das eine Modell, es stammt von dem Sozialphilosophen Arnold Gehlen (1956), geht davon aus, daß die moralische Wirkung von Institutionen vor allem in ihrer Entlastungsfunktion besteht. Gerade als fraglose Gegebenheiten schützen Institutionen vor permanenten Entscheidungszwängen und damit vor moralischer Überforderung der in ihnen handelnden Menschen. Sie haben insoweit moralische Wirkungen, als sie Grundlage des Handelns Einzelner sind, die nur für Bestimmtes und nicht für Alles verantwortlich sind. Und insofern macht dies Modell möglich, einzelne für ihr Tun moralisch haftbar zu machen. Wir können nach diesem Modell zum Fall Torsten z.B. sagen: Die Gruppenleiterin ist verantwortlich, daß die Regeln des Heimes eingehalten und die Kinder dazu erzogen werden. Sie ist nicht dafür verantwortlich, die inneren Konflikte eines Torsten zu verstehen, es sei denn, es handle sich um ein heilpädagogisches Heim, das eben dies von ihr verlangt. Oder wir können sagen: Sie ist zumindest mitverantwortlich für Torstens Elend, denn als ausgebildete Fachkraft hätte sie's besser wissen müssen. Aber sie ist nicht verantwortlich für ihre schlechte Ausbildung, es sei denn, sie hätte sich nicht darum bemüht; sie ist nicht verantwortlich für die Rahmenbedingungen.

Dies Modell erklärt gut, inwiefern Bettelheims Satz zutreffen kann, also Rahmenbedingungen moralische Stütze (aber auch Grenze) unseres Tuns sein können. Es erklärt nicht, inwiefern sie auch demoralisieren können. Es ist hilfreich, um den Respekt vor Gegebenem und Gewachsenem nicht zu vergessen, aber kaum hilfreich, um verklebte, niederdrückende, entmutigende Arbeitsbedingungen erklären oder gar ändern zu können. (Daß Institutionen andererseits als gewachsene, traditionsbestimmte, nicht hinterfragbare Lebensformen auch ihre niederdrückenden, starren, demoralisierenden Seiten haben können, ist zu oft gesagt worden, als daß es noch besonders hervorgehoben werden müßte.)

Dies steht im Brennpunkt des anderen Typs von Modellen, wonach Institutionen als Herrschaftsformen zu verstehen sind. (Egal, ob es sich dabei [im Sinne der Weber'schen Typen] um »traditionelle«, »charismatische« oder »rationale« Herrschaftstypen handelt.) Im Blick auf »moralische Wirkungen« liegt die Verantwortung nach diesem Modell immer bei »den Herrschenden«. Eben deshalb wird dies Modell auch vom Alltagsverstand bevorzugt herangezogen, wenn es zu beweisen gilt, daß »man doch nichts machen kann«, weil »die da oben« doch machen, was sie wollen, oder weil »die Herrschenden«, wenn die Heimerziehung zufällig mal gut klappt, sich erst recht ins Fäustchen lachen, weil sie damit einen neuen verwertbaren Sklaven ihrer Interessen gewonnen haben. Interessanter noch für unsere Überlegungen sind allerdings Herrschaftsmodelle, wonach gerade pädagogische Institutionen als Bestandteile einer »Ökonomie der Macht« zu beschreiben sind, die von keinen moralisch verantwortlichen Profiteuren gesteuert wird, sondern als Selbstzweck ihrerseits alle moralischen Akteure steuern. Torsten wäre nach diesem Modell nicht Opfer einer sturen Gruppenleiterin, auch nicht Opfer der Heimerziehung. Er wäre, ebenso wie die Gruppenleiterin selbst, nur Opfer der Eigenlogik gesellschaftlicher Verhältnisse, zu deren Erhalt Heimerziehung gerade durch ihre Mängel beiträgt.

Insgesamt erklärt dies Herrschaftsmodell gut, weshalb pädagogisches Handeln dem gesellschaftlichen Machtgefüge nicht entrinnen kann, und weshalb es von diesem demoralisiert wird. Es gibt aber für sich genommen keine rechte Handhabe für das Gegensteuern.

Nach beiden Modellen haben institutionelle Kontexte moralische Wirkungen, ohne selbst moralische Akteure zu sein. D.h. die Kontexte bedingen die Handlungen der in ihnen agierenden Menschen, ohne durch diese bedingt zu sein. Ich habe aber bisher schon implizit einen dritten Typus von Modellen benutzt, wie er insbesondere von der Wissenssoziologie und der ihr zugrundeliegenden Phänomenologie, vom Interaktionismus und von systemtheoretischen Ansätzen entwickelt worden ist. Nach der gemeinsamen Prämisse dieser Ansätze ist das Gegenüber von institutionellem Kontext und handelnden Individuen an sich schon eine fragwürdige Abstraktion. Vielmehr sind Institutionen nach diesen Modellen im strengen Sinn selbst Produkt der in ihrem Kontext Handelnden, ebenso wie umgekehrt deren Handeln Produkt des institutionellen Kontextes ist. Demnach wären die Rahmenbedingungen für das Versagen gegenüber Torsten ebenso verantwortlich, wie die Gruppenleiterin, die Praktikantin und Torsten selbst, sofern diese die Bedingungen in ihrer je konkreten Gestalt immer neu herstellen. Die Frage, ob moralische bzw. demoralisierende Wirkungen vom institutionellen Kontext oder von den in ihm handelnden Akteuren ausgeht, ist so betrachtet ebenso sinnlos, wie die Frage, ob die Henne oder das Ei zuerst da war. Denn in beiden Fällen sind diese Wirkungen Wechselwirkungen, sowohl zwischen den beteiligten Akteuren, als auch zwischen diesen und den ihr Handeln strukturierenden Rahmenbedingungen. Wenn die Handelnden sich als ohnmächtige Opfer der institutionellen Zwänge erleben, so schließt dies keineswegs aus, daß sie selbst es sind, die diese Zwänge ständig neu inszenieren.

Dies Modell darf nicht absolut gesetzt werden. Denn es leistet nicht, was die anderen beiden leisten. Es relativiert die begrenzte moralische Verantwortung der einzelnen (verwischt z.B. der Unterschied zwischen der Verantwortung, die Torsten oder die Praktikantin hat und die die Gruppenleiterin oder die Heimleitung hat). Und es erklärt weder die moralischen Wirkungen von gewachsenen Lebensverhältnissen und Traditionen, die Gehlens Modell im Auge hat, noch macht es Verhältnisse von Herrschaft, struktureller Gewalt und Unterdrückung verständlich. Es leistet aber etwas anderes. Es erklärt besser, weshalb es in Institutionen wie der Jugendhilfe soviel *ungewollte* Demoralisierung und Unterdrückung von Initiative, soviel zwanghaftes Agieren trotz großer Entscheidungsspielräume, soviel Verschieben von Verantwortung und so wenig zupackendes Wahrnehmen von Chancen gibt. Ursachen dafür sind nach diesem Modell immer Mechanismen »negativer Gegenseitigkeit« (STIERLIN 1971), also Interaktionssysteme, die sich wechselseitig negativ verstärken. Was in manchen Familien zwischen Eltern und Kindern läuft, läuft in Erziehungsgruppen und Wohngemeinschaften, aber auch zwischen Pädagogik und Verwaltung oft nicht viel anders.

4. Kriterien der Verantwortlichkeit

Was aber leisten nun diese Modelle für die praktische Frage: wofür sind Heimerzieher selbst verantwortlich, und was liegt an den Verhältnissen, am »Rahmen«? Ich denke, sie liefern drei unterschiedliche Arten von Kriterien:

- Das erste Modell sagt uns: Verantwortlich kann man nur sein, wenn die Verantwortung Grenzen hat. Für alles verantwortlich sein heißt, für nichts verantwortlich sein. BETTELHEIM hat mit seinem Satz insofern zweifellos recht, als es überhaupt keinen Sinn hätte, an einzelne, seien es Erzieher, Jugendliche oder Leitung, irgendwelche Forderungen zu stellen, wenn es dafür gar keinen Rahmen, keine »entgegenkommenden Lebensformen« HABERMAS), keine gewachsenen »Alltäglichkeiten« (THIERSCH) des Zusammenlebens gäbe, wenn alles offen, alles von den einzelnen auszuhandeln und zu entscheiden wäre. Nur weil und wenn es wenigstens ein bißchen solcher vorgegebener »Selbstverständlichkeiten« gibt, gibt es auch Freiheitsgrade für persönliche Verantwortung und das Risiko, Menschen wie Torsten nicht stur Regeln zu opfern; aber auch für Gelassenheit und Vertrauen, Bescheidenheit und Humor, die ihrerseits wesentliche Elemente von »erleichternden« Rahmenbedingungen sind.

- Das zweite Modell zeigt, daß der Einfluß auf moralische Wirkungen immer auch eine Machtfrage ist: Und wer auf Macht verzichtet, auch darauf verzichtet, Institutionen zu ändern. Wenn man es gegen den Strich liest, zeigt dies Modell allerdings auch, daß Unterwerfung erzwingbar ist, aber nicht Moral. Torsten zu helfen heißt hier Gegenmacht entwickeln, und wo das nicht geht, wenigstens listig sein, aber gleichzeitig zu wissen, daß es damit nicht getan ist.

- Das dritte Modell legt nahe, daß die Verwandlung von demoralisierenden Kontexten in »entgegenkommende Lebensformen« prinzipiell nicht durch direkte moralische Einwirkungen auf einzelne beteiligte Akteure (z.B. die Leitung, die Mitarbeiter, die Klienten, die Verwaltung etc.) erreichbar ist, sondern nur durch indirekte Einwirkungen, durch Ändern des settings, das neue Wechselwirkungen in Gang bringt. Aber dies wiederum kann nur durch die einzelnen geschehen, die es sich trauen. Dies bedeutet zugleich, daß Fragen nach moralischer Verantwortung im institutionellen Kontext praktisch nie als »reine« Moralfragen verhandelbar und als solche oft auch nicht einmal sichtbar sind, sondern sich unter anderen Sachfragen oder auch sog. Sachzwängen verstecken. Selbst die größte Schweinerei hat immer ihre Ebene, wo sie vollkommen sachlich, logisch und in ihren negativen Konsequenzen absolut ungewollt erscheint. Moralfragen können deshalb hier, wie THIERSCH (1990) zu Recht gesagt hat, nur in der Form einer »moralisch inspirierten Kasuistik«, d.h. in der Form einer Klärung des *moralischen Aspektes von Sachfragen* erfolgen. Torsten zu helfen heißt also nicht einfach, die Praxis dieses Heimes als inhuman attackieren, sondern heißt, die Sachlogik der Wechselwirkungen verstehen und ändern, die ihm den Lebensraum nehmen.

(Diese Priorität der Sachlogik vor den Moralfragen ist übrigens in institutionellen Kontexten unvermeidlich; und mit Sachlogik sind immer auch Eigeninteressen verknüpft. Denn diese sind immer zugleich notwendige Mittel, wenn es um »bessere« Jugendhilfe geht. Nur dieser Zweck gibt dem Ganzen Sinn, aber er ist nur indirekt erreichbar, indem er in sächlichen Veränderungen besser zur Geltung kommt. Moral predigen ändert bekanntlich nichts. Deshalb ist es auch sinnlos und manchmal zynisch, das eine gegen das andere auszuspielen, wie das im öffentlichen Diskurs über Jugendprobleme und Jugendhilfe etwa mit dem Vorwurf geschieht: »Euch geht's gar nicht um die Jugendlichen, sondern nur um eure Arbeitsplätze«. Auf der anderen Seite ist es schon nicht unwichtig, dieses faktische Zuerst »anderer Wirkungen« immer im Auge zu behalten, weil dies die einzige Möglichkeit ist, sie dem »eigentlichen« Ziel so zuzuordnen, daß sie diesem zugleich dienen und im Konfliktfall zumindest abwägbar zu machen, was Priorität haben soll. Nichts anderes meint die Formel »moralisch inspirierte Kasuistik«.)

5. Was sind fördernde Rahmenbedingungen?

Nach allen drei Modellen ist von Wechselwirkungen auf je unterschiedlichen Ebenen zwischen den handelnden Personen und den »Verhältnissen« auszugehen. Die Frage bleibt, welche Faktoren wahrscheinlicher machen, daß diese Wechselwirkungen entweder destruktiver oder konstruktiver Art sind. Anders gesagt, unter welchen Bedingungen wird es leichter, den Anspruch des oben zitierten umzusetzen, und wodurch wird es schwerer? Ich möchte fünf Bedingungen nennen, die auf unterschiedlichen Ebenen liegen, die aber m.E. gleichermaßen gewichtig sind, so daß sie nicht gegeneinander ausgespielt werden dürfen:

- Die erste und banalste dieser Bedingungen ist das Geld. Brechts Behauptung: »ist das nötige Geld vorhanden, ist das Ende meistens gut«, trifft in der Heimerziehung zwar nicht immer zu; der Verweis auf katastrophale Pflegesätze kann auch zum Alibi werden. Aber natürlich bleibt wahr, daß man lange über bessere Heimerziehung reden kann, wenn das Bessere immer zugleich das Billigere sein soll.

- Die zweite Bedingung ist die Rechtslage und ihre Beachtung. In Deutschland hat sich ja durch das neue KJHG, aber auch durch das neue Betreuungsgesetz in dieser Hinsicht die Lage insoweit geändert, als Rechtsfragen direkter als bisher in die pädagogische Praxis eingreifen. Sie tauchen nicht mehr nur auf, wo es um Aufsichtspflicht und Sanktion geht. Vielmehr geht es um: Wunsch und Wahlrechte, Beratungsrechte, Verfahrensrechte (z.B. bei der Hilfeplanung und beim Datenschutz), die dazu zwingen, Adressaten und ihre Angehörigen als Bürger und Rechtspartner, nicht nur als Objekte von Erziehung und Bevormundung zu betrachten. Das kann insofern eine Chance sein, als es noch viel Praxis der Heimerziehung gibt, von der man sagen kann: sie wäre auch pädagogisch besser, wenn sie sich schlicht an das halten würde, was im Gesetz steht.

- Die dritte Bedingung ist der Stand der Ausbildung und das professionelle Selbstverständnis. Es wird zwar manchmal behauptet, wenn sich der Trend zu längeren und besseren Ausbildungen fortsetze, gebe es bald nur noch »Schwebeengel« (vgl. NEUFFER 1990:), aber niemanden mehr, der Erziehungsalltag an der Basis machen wolle. Und doch ist es so, daß kurze und schlechte Ausbildungen nach allen drei Kriterien in aller Regel hinderlich sind, jedenfalls das erschweren, was Bettelheim als die Grundqualifikation aller guten Heimerzieher betrachtete: das für sich selbst zu tun, was sie von ihren Adressaten erwarten - an sich selbst zu arbeiten.

- Die vierte Bedingung sind die jeweils vorhandenen oder auch fehlenden gemeinschaftsbildenden Kräfte. Ich weiß, es gibt viele gute Gründe gegen Gemeinschaftsideologien in der Heimerziehung. Ich denke aber: Gerade auch ein so anti-heimeliges Konzept, wie das oben zitierte, Heimerziehung als bloßes Organisationsprinzip flexibler Betreuung, läßt sich als rein technisches Organisationsmodell nicht durchführen. Es braucht zu seiner Verwirklichung ein Stück mehr an Teamgeist, Wir-Bewußtsein, füreinander Einstehen, gewachsenem Vertrauen, gemeinsamen Erlebnissen etc., als herkömmliche Formen. Also gerade das Neue kann nicht gedeihen ohne ein Mehr an Achtung für das Gewachsene, nicht Gemachte.

- Zum Schluß noch eine ganz altmodische Bedingung: Heimerziehung lebt auch von der persönlichen moralischen Integrität der einzelnen, die in ihr tätig sind. Appelle an die persönliche Glaubwürdigkeit, die miese Arbeitsbedingungen kompensieren sollen, sind zu Recht in Verruf geraten. Es geht aber hier nicht um moralisches Heldentum, sondern um Alltagstugenden: um Verläßlichkeit, um Leute, die Wort halten, wenn sie etwas versprechen, um Aufrichtigkeit, natürlich auch um Augenmaß und Humor; und um Zivilcourage, wobei Zivilcourage, wie Agnes Heller zu Recht gesagt hat, heute nicht so sehr der Mut ist, gegen »die da oben« das Maul aufzumachen, sondern mehr noch der Mut zum Risiko, sich in der eigenen Gruppe zu isolieren. Zweifellos gibt es Rahmenbedingungen, die solche Tugenden schwerer machen, ermüden lassen. Aber es gibt keine Rahmenbedingungen, die sie ersetzen können.

Hans Rüdiger Müller

Erziehung und Therapie in der Heimerziehung

Residential Care: Education and Therapy

The explanation of some problems in defining the terms education and therapy is followed by a short overview concerning the historical aspects of therapy in children's residential care and the controversy between social work and therapy in the seventies. The latest development of residential care in the Federal Republic of Germany is taken as an example of the deficiency of professional pedagogical concepts in favour of (pseudo-)therapeutical concepts and native practice concepts based on everyday life. This gives occasion to underline the specific pedagogical problems of growing up process in residential and foster care. The central task of both institutions is characterised as supporting the personal development to an individualized and socialized cultural form. Than the educational and therapeutical contributions to this process are sketched as specific courses of action which are nevertheless dependent on each other.

1. Definitionsprobleme

Der Versuch, das Verhältnis erzieherischer und therapeutischer Handlungsorientierungen im Hinblick auf die Praxisfelder der Heimerziehung und des Pflegekinderwesens zu bestimmen, steht zunächst vor dem Problem einer definitorischen Unschärfe beider Begriffe. Versteht man unter Erziehung, etwa im Sinne BERNFELDS (1981, 51), alle Reaktionen der Gesellschaft auf die »Entwicklungstatsache« menschlicher Existenz, so läßt sie sich kaum noch abgrenzen zum Begriff der Sozialisation; beschränkt man hingegen den Erziehungsbegriff so weit, daß er lediglich die absichtliche Einflußnahme Erwachsener auf den Vorgang des Heranwachsens von Kindern und Jugendlichen umfaßt (GIESECKE 1991), so schließt man all diejenigen Effekte eines Erziehungsmilieus aus, die zwar nicht intendiert, dennoch aber durch das Erziehungshandeln mit hervorgebracht werden. Das, was unter Erziehung im praktischen oder theoretischen Zusammenhang jeweils verstanden wird, liegt in der Regel irgendwo dazwischen. Nicht anders stellt sich die Situation im Hinblick auf den Therapiebegriff dar. Die in den vergangenen Jahrzehnten vorangetriebene Differenzierung und Neuentwicklung unterschiedlicher psychotherapeutischer Verfahren, die Erweiterung therapeutischer Handlungskonzepte auf den sozialen Entstehungs- und Bedingungszusammenhang von psychischen Störungen hinaus (Sozialtherapie, Familientherapie) und die therapeutische Nutzung künstlerischer, sportlicher und anderer Betätigungen lassen es immer schwerer werden, das Gemeinsame dieser unterschiedlichen Bemühungen in einem allgemeinen Begriff zu fassen. Darüber hinaus sind therapeutische Deutungsmuster längst aus den professionellen Handlungsfeldern - häufig in »verwässerter« Form - in die alltäglicher Kommunikation übernommen worden. Es scheint also weder sinnvoll, das Verhältnis von Erziehung und Therapie im Sinne einer abstrakten, begriffslogisch orientierten Erörterung zu klären, noch möglich, sie als empirisch scharf voneinander abgrenzbare Handlungsfelder zu bestimmen. Indessen entgeht man diesen definitorischen Schwierigkeiten, wenn man in einer pragmatisch auf die pädagogische Praxis im Heim oder einer Pflegefamilie ausgerichteten Perspektive »Therapie« lediglich als eine besondere Weise der Verständigung begreift, die sich durch den Gebrauch eines speziellen, im Kontext professioneller Behandlung psychischer Störungen entwickelten »Vokabulars« oder »Sprachspiels« auszeichnet. Dabei handelt es sich einfach um eine beliebige Verwendung von therapeutischen Fachbegriffen, sondern um dem therapeutischen Wissen entstammende Regeln zur Beschreibung und Interpretation von Sachverhalten, zur sprachlichen Konstruktion dessen, was als die Erfahrungswirklichkeit der Erwachsenen und Kinder in einem Heim oder einer Familie gelten soll. Ähnlich läßt sich auch unter »Erziehung« eine besondere, von der therapeutischen Sicht unterscheidbare Weise der Beschreibung und Deutungen in einem Handlungsfeld verstehen: als Ausdruck eines Sprachspiels, das seinen Ursprung und seinen systematischen Bezugspunkt nun nicht primär im therapeutischen Umgang mit psychischen Störungen hat, sondern im Generationenverhältnis zwischen den erwachsenen und den heranwachsenden Mitgliedern einer Kultur.

2. Geschichtliche Aspekte

Die Aufnahme therapeutischer Handlungskonzepte in die Heimerziehung geht bis in die 20er Jahre unseres Jahrhunderts zurück. Schon damals wurde bereits modellhaft versucht, im Umgang mit sogenannten »verwahrlosten« Kindern der aus der psychoanalytischen Lehre gewachsenen Einsicht in die seelischen Ursachen sozial abweichender Verhaltensweisen Geltung zu verschaffen (AICHHORN 1971). Während und nach dem zweiten Weltkrieg ist die psychoanalytisch orientierte Heimerziehung vor allem in den USA (REDL 1971, BETTELHEIM 1975) weitergeführt und zum Konzept des »therapeutischen Milieus«, einer Konstruktion des gesamten Heimlebens nach Maßgabe therapeutischer Erwägungen, erweitert worden. Die damit verbundene Idee einer demokratischen, repressionsarmen Lebensgemeinschaft von Erziehern und Kindern, die ihre Stabilität wesentlich durch die therapeutisch reflektierten personalen Bindungen zwischen Kindern und Erziehern erhält, gelangte im Kontext der westeuropäischen sozialen Emanzipationsbewegungen ab Mitte der 60er Jahre (Studentenbewegung, Kinderladenbewegung, Heimkampagne) auch in Europa zu größerer Popularität (verbunden mit einem Rückgriff auf Vorläufer wie etwa die von A.S. NEILL 1921 in England gegründete Summerhill-School; vgl. NEILL 1969). Mit diesem liberalen Erziehungsverständnis wurde zugleich das unterdessen weit differenzierte Spektrum unterschiedlicher Therapieverfahren (»Humanistische Psychologie«, Sozialtherapie, familiendynamische Modelle) aus den USA importiert. Seitdem fanden therapeutische Handlungsorientierungen in den verschiedenen Feldern und Institutionen der Sozialpädagogik immer mehr Verbreitung.

Doch die Therapeutisierung der Jugendhilfe erfolgte in den 70er Jahren nicht reibungslos. Von Anfang an wurde sie, zumindest in der Bundesrepublik Deutschland, begleitet von einer kritischen Debatte um das Verhältnis von Sozialpädagogik und Therapie. Die dabei zur Sprache gebrachten Bedenken kamen indessen nicht etwa vorrangig von seiten konservativer, am disziplinierend-autoritären Erziehungsstil festhaltender Pädagogen. Vor allem jene, die aus einer emanzipatorischen, gesellschafts- und institutionenkritischen Sicht heraus argumentierten, äußersten sich besorgt über diese Entwicklung. Wenn auch zugestanden wurde, daß die therapeutische Befreiung problembelasteter Kinder und Jugendlicher von »inneren Zwängen« eine vielleicht notwendige Ergänzung der Befreiung von äußeren, gesellschaftlichen und institutionellen Zwängen darstellte, befürchtete man zugleich, daß mit der zunehmenden Verbreitung therapeutischer Handlungskonzepte in den Feldern der Jugendhilfe eine Individualisierung und Pathologisierung sozial erzeugter Problemsituationen und damit eine Verlagerung der Problemquelle von der Gesellschaft in die Person der Klienten betrieben wird. Die im Rahmen dieser Diskussion geäußerten Einwände lassen sich grob wie folgt zusammenfassen (vgl. die Beiträge verschiedener Autoren in OTTO/ SCHNEIDER 1978, sowie COLLA 1981, HOMPESCH/ HOMPESCH-CORNETZ 1984 und THIERSCH 1986). Die Verlagerung der Aufmerksamkeit von den gesellschaftlichen und materiellen Notständen auf die psychischen Wirkungen depravierter Lebenssituationen könnte sich, so wurde befürchtet, auf die Finanzierung und professionelle Weiterentwicklung von sozialpolitisch und sozialadministrativ orientierten Hilfeformen negativ auswirken. Aufgrund der institutionellen und persönlichen Voraussetzungen therapeutischer Hilfeformen könnte sich zudem eine stärkere Mittelschicht-Orientierung in der Angebotsstruktur der Jugendhilfe durchsetzen, die zu einer weiteren Ausgrenzung von gesellschaftlichen Randgruppen und Unterschichtsangehörigen führen würde. Aber auch als mögliches Instrument einer subtilen Form sozialer Kontrolle wurde der therapeutische »Zugriff« auf das Klientel der Sozialpädagogik gewertet. Und schließlich wurde auch gefragt, wie die spezialisierte und hoch selektive Problemsicht und Handlungsweise therapeutischer Herkunft in eine sozialpädagogische Praxis integriert werden soll, die sich mit der Komplexität des pädagogischen »Alltags« konfrontiert findet.

Allerdings blieb aus dieser, von sozialwissenschaftlichen Argumentationen geprägten Debatte, so engagiert sie auch im Interesse einer Verbesserung der Hilfen für das Klientel der Sozialpädagogik im allgemeinen und der Heimerziehung und Familienerziehung im besonderen geführt wurde, ein Aspekt ausgeblendet. Obwohl von sozialpädagogischer Praxis viel die Rede war, wurde kaum thematisiert, wie »Therapie« sich zu dem verhält, was man das »Pädagogische« der Sozialpädagogik nennen könnte - im Unterschied zu denjenigen Problemkomponenten, die sonst noch im Erziehungsfeld eines Heimes oder einer Pflegefamilie eine Rolle spielen, also etwa den rechtlichen, sozialadministrativen, sozialökologischen, soziologischen und politischen Aspekten. Erst seit Mitte der 80er Jahre hat man begonnen, sich den genuin pädagogischen Problemstellungen wieder stärker zuzuwenden (FATKE/ HORNSTEIN 1987, MOLLENHAUER 1988, WINKLER 1991, NIEMEYER 1991), und sie im Kontext der aktuellen Entwicklungen in den Praxisfeldern der Jugendhilfe, einschließlich der dort inzwischen fortgeschrittenen Therapeutisierung, neu zu durchdenken (FRISCHENSCHLAGER/ MAYR 1982, FREIGANG 1986, TEGETHOFF 1987, PLANUNGSGRUPPE PETRA 1988, MÜLLER 1990A, MOLLENHAUER/ UHLENDORFF 1992).

3. Erziehung zwischen Therapie und Alltag

Studien über die Entwicklung der Heimerziehung in der Bundesrepublik Deutschland zeigen, welche Probleme in der Praxis dadurch entstanden, daß die Professionalisierung pädagogischer »Reflexivität« (WINKLER 1991) nicht in gleichem Maße vorangetrieben wurde, wie die Etablierung therapeutischer Diskurse. Das Verhältnis des pädagogischen Personals, vor allem der Gruppenerzieher, zu den wachsenden therapeutischen Tendenzen innerhalb ihrer Einrichtungen war durchaus zwiespältig. Auf der einen Seite begegneten sie einer in ihren Augen privilegierten neuen Berufsgruppe, deren szientifisch generalisierten Problemdeutungen und Handlungsorientierungen als von den eigenen abweichend und für die Gruppenarbeit wenig brauchbar beurteilt wurden (PLANUNGSGRUPPE PETRA 1988). Zum anderen stellte das systematisierte Wissen und methodisierte Vorgehen der Therapien eine Ressource auch für die eigene professionelle Identität der Erzieher dar: je mehr man sich am therapeutischen Diskurs beteiligen konnte, desto mehr schien man sich der eigenen Professionalität sicher sein zu können, auch wenn der Erziehungsalltag selbst mit Hilfe dieser Orientierungen nur unzureichend strukturiert werden konnte. Berufsständische Rivalitäten, konfligierende Erwartungen hinsichtlich einer therapeutischen Unterstützung des Erziehungsalltags und einer pädagogischen Unterstützung des therapeutischen Prozesses sowie der mehr oder weniger verdeckte Wunsch vieler Erzieher, am professionellen Image der »Therapie« partizipieren zu können, führte häufig zu einem spannungsreichen Verhältnis beider Berufsgruppen.

Aber auch in den Heimgruppen selbst hatte sich infolge der Heimreform einiges geändert. Durch den Abbau hierarchischer Organisationsstrukturen zugunsten einer Stärkung der Selbstverantwortung und der Autonomie der einzelnen Gruppen veränderte sich auch das Anforderungsprofil der Gruppenmitarbeiter. Ihnen wurde nun nicht nur mehr Freiheit in der konzeptionellen Gestaltung des Erziehungsalltags zugestanden, sondern auch zugemutet, diesen neuen Entscheidungsspielraum selbständig zu nutzen. Die neue Lage traf einen großen Teil des pädagogischen Personals unvorbereitet. Ungeachtet der Intensivität ihres persönlichen Engagements waren sie mit den neuen erziehungsplanerischen und konzeptionellen Aufgaben schlicht überfordert (PLANUNGSGRUPPE PETRA 1988, FREIGANG 1986). Die Kluft zwischen einer im wesentlichen auf übergreifende soziale und institutionelle Strukturen der Jugendhilfe ausgerichteten wissenschaftlichen Sozialpädagogik einerseits und eines Selbstverständnisses der pädagogischen Praktiker andererseits, das sich in großem Abstand zu theoretischen Analysen und wissenschaftlich durchdachten Konzeptionen darauf beschränkte, den erzieherischen Alltag irgendwie zu bewältigen, entpuppte sich nun in der Praxis selbst als Defizit.

Eingespannt zwischen diesen neuen Anforderungen, denen viele nicht entsprechen konnten, und dem Handlungsdruck der Praxis, der in dieser Situation nicht geringer sondern eher drängender geworden war, entschieden sich viele Erzieher für einen pragmatischen Kompromiß, den man als Strategie der Privatisierung und der Psychologisierung ihrer Tätigkeit beschreiben kann (BLANDOW 1991, S. 41 ff.; FREIGANG 1986, S. 191 ff.; TEGETHOFF 1987, S. 176 ff.; WINKLER 1991, S. 73, 1993, S. 183). Gerade die kleinen, überschaubaren Organisationseinheiten, in denen nun Erziehung stattfand, förderten eine Haltung, die den berufspädagogischen Umgang mit den Kindern und Jugendlichen zu einer Art Verlängerung des persönlichen Freundes- und Bekanntenkreises werden ließ. Eine derart unspezialisierte, das pädagogische Rollenverhältnis eher negierende, persönliche Form des Umgangs miteinander mag vordergründig begrüßenswert erscheinen, erinnert dies doch an die gleichsam natürlich gewachsenen Bezugssysteme von Kindern, die nicht in Einrichtungen der Jugendhilfe aufwachsen. Doch ob eine solche Form der Betreuung ausreichend ist, muß im Hinblick auf die besonderen institutionellen Bedingungen der Heimerziehung (z.B. Schichtdienst, Berufsarbeit, Gruppenerziehung) wie auch im Hinblick auf die Voraussetzungen auf seiten der Kinder jedesmal neu hinterfragt und mit guten Argumenten begründet oder verworfen, also mit pädagogischen Überlegungen begleitet werden. Derartiges Nachdenken schien jedoch nach der dabei häufig im Munde geführten legitimatorischen Formel von der »Alltagsorientierung« pädagogischen Handelns entbehrlich. Die professionelle Seite der Tätigkeit sah man stattdessen darin, daß die in diesen persönlichen Begegnungen sich unmittelbar einstellenden persönlichen »Beziehungen« zum Gegenstand quasi-therapeutischer Analyse- und Ordnungsbemühungen gemacht wurden. Die pädagogische Ergiebigkeit dieses Vorgehens wurde um so höher eingeschätzt, je mehr alle Sachbezüge der Interaktion ausgeblendet und die Aufmerksamkeit allein auf den »Beziehungsaspekt« menschlicher Kommunikation (WATZLAWICK 1969) konzentriert wurde.

Inzwischen hat sich das auf diese Weise etablierte, zwar außerordentlich »beziehungsdichte«, aber an sachhaltigen Bezügen zur sozio-kulturellen Lebensform eher arme Erziehungsmilieu der Heimgruppen nicht nur aus der Sicht der Praktiker selbst als unzureichend erwiesen (PLANUNGSGRUPPE PETRA 1988, S. 48 ff.). Auch in der sozialpädagogischen Theoriediskussion wird mehr und mehr Kritik an der mangelnden pädagogischen Professionalität des Erziehungspersonals geübt (vgl. neben den oben genannten Autoren auch die Arbeiten von BÖHNISCH 1992 und 1994).

4. Eigenständigkeit und Zusammenwirken erzieherischer und therapeutischer Handlungsaspekte

Wie läßt sich nun das oben diagnostizierte »pädagogische Defizit« genauer bestimmen? Als weitgehend unbestritten darf inzwischen gelten, daß der Erziehungsprozeß sich nicht aus der alltäglichen Interaktion zwischen Erwachsenen und Kindern in Heim oder Pflegefamilie empirisch ausgrenzen läßt, sondern daß er eine besondere Komponente des gemeinsamen Handlungs- und Erfahrungsfeldes darstellt. Daß diese erzieherische Komponente mehr umfaßt, als das bewußt geplante Erziehungshandeln der beteiligten Erwachsenen, daß sie auch beschreibbar ist als etwas, das sich gewissermaßen hinterrücks, unabhängig von den pädagogischen Absichten, durchsetzt, gehört ebenso zu den unstrittigen Kenntnissen der Erziehungswissenschaft. Der »alltags-« bzw. »lebensweltorientierte« Ansatz in der Sozialpädagogik (THIERSCH 1986; 1992) hat gerade dies zum Ausgangspunkt pädagogischer Reflexion und Intervention genommen: wenn Sozialpädagogen nach einer angemessenen Orientierung ihres erzieherischen Handelns verlangten, dann müßten sie versuchen, diese im Lebens- und Arbeitsalltag der Kinder und Jugendlichen selbst aufzufinden. Damit ist allerdings das Problem einer Vergewisserung der pädagogischen Aspekte dieses komplexen Handlungsfeldes noch keineswegs gelöst, sondern erst nur benannt. Um sich als Erziehender in der Vielschichtigkeit des Gruppen- oder Familienalltags pädagogisch orientieren zu können, genügt nicht irgendeine Art der Beschreibung dessen, was dort vor sich geht; erforderlich ist die Verwendung eines pädagogischen Vokabulars, mit dem dieser Alltag allererst als Erziehungsmilieu erschlossen werden kann.

Ein anderer Vorschlag (NIEMEYER 1991), das Pädagogische an der Heimerziehung zu bestimmen, läuft darauf hinaus, die ethischen Aspekte des Handelns (Haltungen, Handlungsnormen, Erziehungsziele) in die Verantwortung der erzieherischen Profession zu legen, die personalen Beziehungen und deren Regulierung, insbesondere die Offenlegung der in der pädagogischen Interaktion auftretenden Übertragungs- und Gegenübertragungsphänomene, hingegen der psychologisch-therapeutischen Seite zuzuschlagen. Abgesehen davon, daß eine derartige Verteilung von Zuständigkeiten hinsichtlich einer praktischen Umsetzung nicht unproblematisch erscheint (es handelt sich schließlich um eine rein analytische Unterscheidung von Aspekten, die im konkreten Handeln stets zusammenfallen), würde eine derartige Richtung des Nachdenkens kaum einen Zugang zu der besonderen pädagogischen Struktur der Interaktion eröffnen.

Eine Präzisierung des theoretischen Zugriffs auf die spezifisch pädagogischen Problemstellungen der Heimerziehung und der Erziehung in Pflegefamilien dürfte man sich indessen dann erhoffen, wenn die Sozialpädagogik - ohne ihre Interdisziplinarität dabei aufzugeben - sich wieder stärker an die allgemeinpädagogiche Diskussion anschließen würde. Die hier in den letzten Jahren geführten Debatten über die Probleme des Generationenverhältnisses und des Hineinwachsens von Kindern und Jugendlichen in die veränderten Lebensformen unserer Zeit (BENNER 1994; BENNER/ GÖSTEMEYER 1987; GIESECKE 1985; LENZEN 1987; MEYER-DRAWE 1990, MOLLENHAUER 1988; MÜLLER 1990b; WÜNSCHE 1985) könnten sich im Hinblick auf eine Erhellung der Erziehungsprobleme in den speziellen Lebensmilieus der Heim- und Pflegekinder als ausgesprochen instruktiv erweisen. Erst in dem Maße, in dem eine genauere Sprache zur Beschreibung der spezifisch pädagogischen Problemstellungen entwickelt wird, läßt sich auch das Verhältnis von Erziehung und Therapie einer zufriedenstellenderen Klärung zuführen.

Einstweilen kann davon ausgegangen werden, daß die eingangs erwähnte »Entwicklungstatsache« - besser spräche man vielleicht von einer notwendigen »Bildebewegung« Heranwachsender im Prozeß der Aneignung kultureller Lebensformen - im Rahmen komplexer, moderner Gesellschaften nicht gleichsam von selbst mit hinreichender Zuverlässigkeit zu einem befriedigenden Resultat führt, sondern daß es dazu einer Unterstützung durch die pädagogische Praxis oder durch ein geeignetes pädagogisches Milieu bedarf, mitunter ergänzt durch besondere therapeutische Bemühungen. In diesem Bildungsvorgang läßt sich so ein gemeinsamer Bezugspunkt erzieherischer und therapeutischer Tätigkeiten finden. Es wäre zu klären, was Erziehung und Therapie - der Möglichkeit nach - jeweils besonderes zum Gelingen des Bildungsprozesses beitragen, und in welcher Hinsicht zwischen beiden Formen der Unterstützung ein Zusammenhang besteht.

Zunächst einmal sind die kulturellen Entwicklungsaufgaben, die Kinder und Jugendliche in Heimen oder Pflegefamilien zu leisten haben, keine anderen, als die ihrer Altersgenossen in anderen Erziehungsfeldern. In der Auseinandersetzung mit dem, was sie in ihrem jeweiligen soziokulturellem Umfeld als Herausforderungen, mitunter auch Überforderungen oder Unterforderungen, vorfinden, bilden sie sich in einem fortlaufenden Transformationsprozeß, in einem Wechselspiel zwischen »Bildsamkeit« und »Selbsttätigkeit« (Benner 1987, Mollenhauer 1983) zu einer personalen, leib-seelisch-geistigen Gestalt. Was auch immer im einzelnen die Gründe gewesen sein mögen, die zu einer Heimeinweisung oder zur Unterbringung eines Kindes in einer Pflegefamilie geführt haben, das neue Lebens- und Erfahrungsfeld muß, wenn es pädagogisch sinnvoll strukturiert sein soll, so eingerichtet werden, daß es die für eine produktive Fortsetzung der individuellen Bildungsbewegungen erforderlichen Herausforderungen enthält. Aufgaben, Themen, Probleme müssen so präsentiert werden, daß die Kinder und Jugendlichen damit - sowohl im Hinblick auf ihre jeweiligen Voraussetzungen, als auch im Hinblick auf die Erfordernisse der »Sache«, um die es dabei geht - etwas Produktives anfangen können. Dies mag trivial erscheinen, bezeichnet aber im Grunde die Kernaufgabe pädagogischen Handelns, und wird in den Institutionen der Heimerziehung ebenso dann verfehlt, wenn die Konstruktion eines solchen Milieus den Zufälligkeiten des Alltags überlassen bleibt, wie auch dann, wenn es als einzig sinnvolle Betätigung lediglich noch die Beschäftigung mit interpersonalen »Beziehungsfragen« oder psychodynamischen Ereignissen ermöglicht. Die Konstruktion derartiger produktiver Bildungsmilieus ist auch keineswegs immer einfach, zumal dann nicht, wenn vorangegangene lebensgeschichtliche Erfahrungen es den Kindern und Jugendlichen schwer machen, ihre leibseelische Vitalität zu den Aufforderungsgehalten ihrer soziokulturellen Umgebung in ein konstruktives Verhältnis zu setzen. Die richtigen Themen, die richtigen Aufgaben im Hinblick auf die konkrete Lebenssituation eines Kindes zu finden, erfordert eine zuverlässige pädagogische Kompetenz (MOLLENHAUER/ UHLENDORFF 1992; 1995).

Dennoch stoßen Pflegeeltern und Heimerzieher, wenn sie diese pädagogische Verantwortung übernehmen, häufig an Grenzen, die mit den psychischen Belastungen und Entwicklungsstörungen der betreuten Kinder und Jugendlichen zusammenhängen. Hier wäre es die Aufgabe des therapeutischen Fachpersonals, mit Hilfe ihres speziellen Wissens und ihrer speziellen Verfahren an der Auflösung von psychischen Blockaden mitzuarbeiten, die der Bildungsbewegung entgegenstehen. Doch so sehr diese beiden Formen der Unterstützung sich auch voneinander unterscheiden, sie bleiben dennoch aufeinander angewiesen. Denn je verfestigter eine seelische Entwicklungsstörung ist, um so schwerer können der Bildungsbewegung neue Impulse gegeben werden, und je weniger ein Kind durch Impulse des Erziehungsmilieus zu selbsttätigem Handeln angeregt wird, um so weniger wird es bereit sein, sich mit jenen seelischen Problemen auseinanderzusetzen, die es in der Ausübung seiner Aktivität behindern.

Literatur

AICHHORN, A.: Verwahrloste Jugend. Die Psychoanalyse in der Fürsorgeerziehung. (7. Aufl.) Bern/ Stuttgart/ Wien, 1971

BENNER, D.: Allgemeine Pädagogik. Eine systematisch-problemgeschichtliche Einführung in die Grundstruktur pädagogischen Handelns und Denkens. Weinheim und München, 1987

BENNER, D./ GÖSTEMEYER, K.-F.: Postmoderne Pädagogik: Analyse oder Affirmation eines gesellschaftlichen Wandels? In: Zeitschrift für Pädagogik 33 (1987) 1, S. 61-82

BETTELHEIM, B. : Der Weg aus dem Labyrinth. Stuttgart, 1975

BLANDOW, J. : Heimreform in den 80er Jahren. Materialien und Einschätzungen zur jüngeren Entwicklung der Heimerziehung. In: PETERS, F. (HRSG.) 1991

BÖHNISCH, L. : Sozialpädagogik des Kindes- und Jugendalters. Weinheim und München, 1992

BÖHNISCH, L. : Gespaltene Normalität. Neue soziale und pädagogische Verständigungen an den Grenzen der Wohlfahrtsgesellschaft. München und Weinheim, 1994

COLLA, H.E. : Heimerziehung. München, 1981

FATKE, R./ HORNSTEIN, W. : Sozialpädagogik - Entwicklungen, Tendenzen und Probleme. In: Zeitschrift für Pädagogik 33 (1987) 5, S. 589-593

FREIGANG, W. : Verlegen und Abschieben. Zur Erziehungspraxis im Heim. Weinheim und München, 1986

FRISCHENSCHLAGER, U./ MAYR, W. : Erzieherpersönlichkeit und Handlungskompetenz im Alltag sozialpädagogischer Arbeitsfelder. Diss. Tübingen, 1982

GIESECKE, H. : Das Ende der Erziehung. Neue Chancen für Familie und Schule. Stuttgart, 1985

GIESECKE, H. : Einführung in die Pädagogik. Weinheim/ München, 1991

HOMPESCH-CORNETZ, I./ HOMPESCH, R. : Sozialpädagogik und Therapie. In: EYFERTH, H./ OTTO, H.-U./ THIERSCH, H. (HRSG.), Handbuch der Sozialarbeit/ Sozialpädagogik. Neuwied, 1984

LENZEN, D. : Mythos, Metapher und Simulation. Zu den Aussichten systematischer Pädagogik in der Postmoderne. In: Zeitschrift für Pädagogik 33 (1987) 1, S. 41-60

MEYER-DRAWE, K. : Illusionen von Autonomie. Diesseits von Ohnmacht und Allmacht des Ich. München, 1990

MOLLENHAUER, K. : Vergessene Zusammenhänge. Über Kultur und Erziehung. Weinheim/ München, 1983

MOLLENHAUER, K. : Erziehungswissenschaft und Sozialpädagogik/ Sozialarbeit oder »Das Pädagogische« in der Sozialarbeit/ Sozialpädagogik. In: Sozialwissenschaftliche Literaturrundschau, Heft 17 (1988)

MOLLENHAUER, K./ UHLENDORFF, U. : Sozialpädagogische Diagnosen. Über Jugendliche in schwierigen Lebenslagen. Weinheim/München, 1992

MOLLENHAUER, K./ UHLENDORFF, U. : Zwischen Körpererfahrung und Selbstentwurf. Sozialpädagogisch-diagnostische Befunde zu Lebensproblemen von verhaltensschwierigen Jugendlichen. Weinheim/ München, 1995

MÜLLER, H.R. : Sozialpädagogik und Therapie. Über die Notwendigkeit pädagogischer Perspektiven in Therapeutischen Wohngemeinschaften für Drogenabhängige. Weinheim und München, 1990a

MÜLLER, H.R. : Vom »Ende der Erziehung«: Kritik der pädagogischen Rezeption »postmodernen« Denkens. In: Vierteljahresschrift für wissenschaftliche Pädagogik 66 (1990b) 3, S. 309-334

NEILL, A.S. : Theorie und Praxis der antiautoritären Erziehung. Reinbek bei Hamburg, 1969

NIEMEYER, CHR. : Die Zukunft professionellen Handelns in der Heimerziehung. In: Peters, F. (Hrsg.) 1991

OTTO, H.-U./ SCHREIBER, R. (HRSG.) : Sozialarbeit und Therapie. Neuwied (Neue Praxis, 8. Jg., Sonderheft), 1978

PETERS, F. (HRSG.) : Jenseits von Familie und Anstalt. Entwicklungsperspektiven in der Heimerziehung I. Bielefeld, 1991

PETERS, F. (HRSG.) : Professionalität im Alltag. Entwicklungsperspektiven in der Heimerziehung II. Bielefeld, 1993

PLANUNGSGRUPPE PETRA : Was leistet Heimerziehung? Ergebnisse einer Untersuchung. Regensburg (Internationale Gesellschaft für Heimerziehung, Sektion Deutschland), 1988

REDL, F. : Erziehung schwieriger Kinder. Beiträge zu einer psychotherapeutisch orientierten Pädagogik. Bearb. und hrsg. v. R. FATKE. München, 1971

TEGETHOFF, H.G. : Sozialpädagogische Wohngemeinschaften. Öffentliche Erziehungshilfen in der Erfahrung von Beteiligten und Betroffenen. München (DJI-Forschungsbericht), 1987

THIERSCH, H. : Die Erfahrung der Wirklichkeit. Perspektiven einer alltagsorientierten Sozialpädagogik. Weinheim und München, 1986

THIERSCH, H. : Lebensweltorientierte Soziale Arbeit. Aufgaben der Praxis im sozialen Wandel. Weinheim und München, 1992

WATZLAWICK, P./ BEAVIN, J.H./ JACKSON, D.D. : Menschliche Kommunikation. Formen, Störungen, Paradoxien. Bern/ Stuttgart/ Wien, 1969

WINKLER, M. : Eine pädagogische Betrachtung der Heimerziehung. In: Peters, F. (Hrsg.) 1991

WINKLER, M. : Theorie der Heimerziehung revisited: Das pädagogische Modernisierungsparadox der Heimerziehung. In: PETERS, F. (HRSG.) 1993

WÜNSCHE, K. : Die Endlichkeit der pädagogischen Bewegung. In: Neue Sammlung 25 (1985), S. 432-449

VI.

Fremdplazierung im sozialstaatlichen Kontext

The State as Parent

Lothar Böhnisch

Heimerziehung und Sozialstaat

The State as Parent

This paper outlines the history of residential care in its framework of the German social law and the historicial and political changes facing the welfare state.

The crisis of a labour oriented society confronted residential care just in a process in which social integration became the leading paradigma.

According to Böhnisch the current crisis of the German welfare state in addition to the social and economical effects of globalisation will also have a major impact on the structure of the German child and youth care system. It threatens to push residential care or at least some special groups from its social integrative orientation back to the old procedures of order and discipline. This can be demonstrated by the discussion concerning closed units.

1. Einleitung

Die Heimerziehung ist von ihren rechtlichen Rahmenbedingungen Teil des Sozialgesetzbuches und mithin eine sozialstaatlich Einrichtung. Als solche unterliegt sie institutionell den Veränderungen der Sozialgesetzgebung, historisch-politisch dem jeweils herrschenden Sozialstaatsverständnis und den Schwankungen im öffentlichen Sozialstaatsdiskurs. Während sie sich in der zweiten Hälfte des 20. Jahrhunderts fachlich kontinuierlich von der Zwangserziehung zur erzieherischen Hilfe mit vornehmlich sozialisatorischer Unterstützungsabsicht entwickelte (wie das so im KJHG auch inzwischen sanktioniert ist), ist Ausgangs des 20. Jahrhunderts mit der Krise der Arbeitsgesellschaft (und damit verbunden der des Sozialstaates) Druck auf die Heimerziehung entstanden. Je mehr - im Zuge eines wieder stärker marktdefinierten, weil globalisierten Regulationsmechanismus - die sozialstaatlich-sozialintegrative Definition des gesellschaftlichen Gleichgewichts an den Rand gedrängt wird, desto deutlicher zieht die Gefahr auf, daß ein ordnungsstaatliches Steuerungsverständnis wieder an Boden gewinnt. Die öffentliche Diskussion um die Vorverlegung der Strafmündigkeit und der Ruf nach Rückkehr zur geschlossenen Unterbringung in den 90er Jahren in Deutschland sprechen hier eine beredte Sprache. All diese Zusammenhänge lassen sich in einem epochalen sozialstaatlichem Entwicklungsmodell plausibilisieren. So gesehen ist die Heimerziehung in gewissem Sinne ein strategischer Ort des alten Ordnungs-, wie auch des neuen Sozialstaates: Die betroffenen Jugendlichen stehen für normwidrige, dem gesellschaftlich sanktionierten Verhaltenskodex widersprechende Sozialmuster, die - zumindest symbolisch - eine Gefahr der Störung des gesellschaftlichen Gleichgewichts anzeigen. Im deutschen Ordnungsstaat der Jahrhundertwende war dies zuvörderst ein öffentliches Kontrollproblem, für den späteren (und heutigen) Sozialstaat dagegen war (und ist es) ein Integrationsproblem. Schon hier wird deutlich, wie der gesellschaftliche Standort der Heimerziehung dem historischen Wandel des Sozialstaatsverständnisses unterworfen ist. Dieser Zusammenhang soll im folgenden auf drei Ebenen strukturiert werden.

Solange sich die Anfänge des Sozialstaats als System sozialer Sicherung nur auf den ökonomischen Kern der Gesellschaft, die Befriedung des Konflikts zwischen Arbeit und Kapital bezogen, war die Heimerziehung nicht sozialintegrativ, sondern ordnungsstaatlich-kontrollierend strukturiert. Heimerziehung war dementsprechend bis zum ersten Weltkrieg öffentliche »Zwangserziehung« und »Verwahrung«.

In der Folge der Demokratisierung der Gesellschaft, aber auch der Verbreitung der sozialen Risiken der modernen Arbeitsteilung konnte sich - beginnend in der Gesellschaft der Weimarer Republik - ein sozialstaatliches Selbstverständnis entwickeln, das - über die arbeitsmarktgebundene soziale Sicherung hinaus - bis heute allgemeine sozialintegrative Bezüge der sozialen Teilhabe und des Schutzes vor sozialer Ausgrenzung in den Vordergrund rückt. Dieses sozialintegrative Paradigma einer demokratischen Sozialpolitik erhält in der Bundesrepublik der 60er und 70er Jahre seine Verdichtung, als Bildung und gesellschaftliche Teilhabe ausdrücklich miteinander verkoppelt wurden und so auch die Heimerziehung neben ihren Reintegrationsauftrag - zumindest implizit - einen Bildungsauftrag erhielt. Kennzeichen dieser sozialintegrativen Gesellschaftsauffassung ist die tendenzielle Einheit von sozialintegrativem und systemintegrativem Politikverständnis: Sozialpolitisch-sozialintegrative Maßnahmen garantieren den Zusammenhang und das Gleichgewicht der staatlichen Ordnung. Der Integrationsgedanke wird gesellschaftlich höher eingestuft als der Ordnungs- und Sanktionsgedanke. Dieser scheint in ihm aufgehoben. Heime können sich nun integrativ ausdifferenzieren (Beispiele sind die Außengruppen und das betreute Wohnen).

Mit der Krise des Sozialstaates Ausgangs des 20. Jahrhunderts zeichnet sich eine Tendenz der Entkopplung von systemintegrativen und sozialintegrativen Bezügen ab. Der sozialintegrative Konsens ist aufgeweicht, die Befürchtungen, das sozialintegrative Regulationsmodell sei angesichts der fiskalischen Krise nicht nur zu teuer, sondern unterhöhle die systemische Rechts- und Sozialordnung (Diskussionslinien Jugendkriminalität und Sozialmißbrauch), gewinnen an öffentlicher Diskursfähigkeit. Die Heimerziehungsszene läuft Gefahr sich fachlich/politisch zu spalten.

2. Das ordnungspolitische Kontrollparadigma:
   ## Die Heimerziehung als Zwangserziehung neben dem Sozialstaat

Die Entwicklung des Sozialstaats in Deutschland im dritten Drittel des 19. Jahrhunderts ist von zwei typischen Strukturmustern geprägt. Zum einen drängte der Modernisierungsdruck, unter dem der inzwischen entwickelte Kapitalismus stand, auf eine sozialpolitisch herbeizuführende soziale Befriedung. Sozialpolitik ist in diesem dialektischen Sinne nicht Gegenteil, sondern strukturelle Entwicklungsnotwendigkeit des modernen Kapitalismus (HEIMANN 1929). Zum zweiten geschah diese Befriedung in Deutschland - im Kontrast zu England und Frankreich - in einer besonderen institutionellen Form: nicht auf der konfliktreichen Grundlage von offenen Klassenkämpfen und Klassenkompromissen, sondern aus der außergewöhnlichen Stellung des (preußischen) Staates heraus, der sich in die besondere historische Lage versetzt sah, die nationale Einigung, die Entwicklung der Industrialisierung und die Lösung der Arbeiterfrage »in einem« staatlich regulieren zu können bzw. zu müssen (vgl. dazu ausf. BÖHNISCH, NIEMEYER, SCHRÖER 1996).

In diesem staatlich regulierten Modernisierungsprozeß entstand das soziale Sicherungssystem als Kern des BISMARKSCHEN Sozialstaates. Es bezog sich aber Anfangs nur auf den Regulationszusammenhang des Arbeits- und Produktionssektors. Die Wohlfahrtspflege und Armenfürsorge fielen aus diesem Kontext heraus und standen - der Logik der kapitalistischen Entwicklung entsprechend - neben dem Sozialstaat: HEIMANN begründete dies entsprechend in seiner »Sozialen Theorie des Kapitalismus« (1929), daß die Armuts- und Wohlfahrtspflege nicht Teil der Sozialpolitik sein könne, weil diese eben Bestandteil der Dialektik von Kapital und Arbeit sei, während es die Armenpflege mit denen zu tun habe, die aus diesem arbeitsgesellschaftlichen Prozeß herausgefallen bzw. erst gar nicht daran beteiligt waren.

Die Adressaten der Wohlfahrtspflege - und mithin auch die Heimzöglinge - waren somit aus der Gesellschaft ausgeschlossen. Sie leisteten im Sinne keinen Beitrag für die Reproduktion des Industriekapitalismus. Folglich waren sie nicht aus der Integrations- sondern aus der Disziplinierungs- und Verwahrperspektive zu behandeln. In den vielfach konfessionell organisierten Heimen verband sich diese Politik der sozialen Ausgrenzung mit einer religiös entsprechend gestützten Legitimationsideologie, nach der die Jugendlichen keine Ansprüche zu erheben, sondern höchstens Gnade erwarten hatten.

3. Das sozialintegrative Modell - Heimerziehung in der sozialstaatlichen Gesellschaft

Die Zeit der Weimarer Republik bezeichnet jenen epochalen Abschnitt, in dem die Heimerziehung in die Gesellschaft geholt wurde. Dafür scheinen drei unterschiedliche, aber aufeinander synergetisch wirkende Entwicklungsbezüge ausschlaggebend gewesen zu sein:

Die Entwicklung der industriellen Massengesellschaft mit ihren neuen sozialen Risiken, die nicht mehr durch das alte System sozialer Sicherung erreicht werden können.

Die Demokratisierung der Gesellschaft, die nun jedem Gesellschaftsmitglied soziale Teilhabe versprach und mithin sozialintegrativ gepolt wurde.

Der jugendbewegte Diskurs zur Ablösung der Arbeiterfrage durch die Jugendfrage in der politisch-pädagogischen Rezeption der Jugendbewegung der gerade auch die Heimjugendlichen als bislang gesellschaftlich und pädagogisch Ausgeschlossene in die Mitte der reformpädagogischen Fachdiskussion rückte.

Die industrielle Massengesellschaft der 20er Jahre unterschied sich in ihrer Struktur sehr deutlich von der Vorkriegsgesellschaft, obwohl sich die massengesellschaftlichen Tendenzen in den großen Städten schon vor dem ersten Weltkrieg abzeichneten. Der damalige Modernisierungs- und Rationalisierungsschub in Richtung eines sozialökonomischen Vergesellschaftungstyps, der durch die Entsprechung von Massenproduktion und Massenkonsum gekennzeichnet war, differenzierte und erweiterte das gesellschaftliche Spektrum nachhaltig, setzte neue arbeitsgesellschaftliche Dynamiken frei, ließ bisher nicht gekannte Berufsstrukturen entstehen und weichte die alten Klassen- und Sozialmilieus auf. Nicht nur, daß aus der proletarischen Jugend nun - auch in ihren eigenen Selbstverständnis - die berufstätige Jugend herauswuchs; die Jugend wurde von ihrem Lebensgefühl generell zum kulturellen Träger der Modernisierung. Mittelschichts- und Arbeiterjugend »näherten« sich in ihrer Ausbildungs-, Freizeit- und Konsumorientierung zumindest strukturell an, es gab nicht mehr die dominante bürgerliche und die sozial ausgegrenzte proletarische Jugend. Auch die Jugendlichen in den Heimen begriffen sich - so können wir aus unterschiedlichen zeitgenössischen Berichten erfahren - dieser Jugend zugehörig, an der sie dann eben auch teilhaben wollten. Die Heimrevolten der 20er Jahre spiegeln diesen sozialintegrativen Druck wieder, der von den Heimjugendlichen selbst ausging: Sie wollten nicht länger von dieser neuen Jugend ausgeschlossen sein, meldeten ihren Anspruch auf Jugend an.

Dies geschah in einem gesellschaftspolitischen Klima, das höchst ambivalent war. Auf der einen Seite hatte die Weimarer Republik mit der Demokratisierung der Gesellschaft auch den Sozialstaat erweitert. Kinder und Jugendliche sollten prinzipiell die Chance bekommen, in diese Gesellschaft und ihre Möglichkeiten integriert zu werden. Soziale Sicherung wurde nicht länger nur an die Erwerbsarbeit gebunden, sondern im Sinne sozialer Teilhabe - zumindest programmatisch - auch auf die ausgedehnt, die außerhalb des Erwerbslebens standen. Die demokratische Wohlfahrtsgesellschaft begründete sich also in ihrer Integrationsfähigkeit, die Chiffre »sozialintegrativ« beinhaltet die sozialstaatlich gewährte Chance, daß auch sozial abweichende Lebenswelten prinzipiell wieder Anschluß an die gesellschaftliche Entwicklung finden können. Das gesellschaftlich-politische System verstand sich somit sozialintegrativ. Die bildungs- und jugendhilfepolitischen Programmatiken der Weimarer Republik hatten einen entsprechenden unverwechselbaren sozialintegrativen Zuschnitt. Andererseits war das öffentliche Erziehungssystem noch von Erziehern bevölkert, die aus der ordnungspolitischen Tradition kamen und den Zusammenhang zwischen der neuen Jugend und ihren Heimzöglingen nicht verstanden. Aus dieser Spannung sind Heimkonflikte und -revolten der damaligen Zeit zu verstehen. Daß sie eine aufgeklärte (Medien-) Öffentlichkeit fanden, ist wiederum darauf zurückzuführen, daß sich im Gefolge der Demokratisierung und sozialen Öffnung der Gesellschaft in der Sozialpublizistik eine ethnographische Neugier gerade auch für die entwickelte, die bisher im sozialen Schatten standen (wie eben auch die Heimzöglinge).

Schließlich erfuhr die sozialintegrative Zuwendung zu den Heimzöglingen ihre pädagogische Fundierung und Strukturierung durch die reformpädagogischen Initiativen und Konzepte zur Heimerziehung. CH. V. WOLFFERSDORFF (1997) hat darauf aufmerksam gemacht, daß eine systematische und methodische Transformation des - für sich eher programmatischen reformpädagogischen Gedankenguts - vor allem von der neuen psychoanalytisch fundierten Jugend- und Fürsorgepädagogik (BERNFELD, AICHHORN, ZULLIGER) geleistet worden ist. Nicht zu unterschätzen war aber dabei, daß die reformpädagogischen Impulse über die Pädagogisierung der Jugendbewegung ihren gesellschaftspolitischen Drive erhielten. Nach der Jahrhundertwende bis in die 20er Jahre hinein schien die Jugendfrage die Arbeiterfrage abgelöst zu haben. Die Arbeiter galten als von der Maschine ausgezehrt, in ihrem Menschen entfremdet. Die Jugend sollte den neuen Menschen verkörpern. Das Projekt »neue Jugend« und das Projekt »neue Gesellschaft« fielen in der politischen Transformation der Jugendbewegung zusammen.

Dieser gesellschaftspolitische Antrieb war in den 50er Jahren nach dem zweiten Weltkrieg in Deutschland (West) verloren gegangen. Sicher hatte die nationalsozialistische Fürsorgepraxis, welche die Heime zu Abschiebe- und zur Liquidationsanstalten gesellschaftsschädigender Elemente und wehrlosen Leben machte, nicht nur die Kontinuität der Weimarer Experimente unterbrochen, sondern auch ihre Spuren ausgelöscht. Zudem hatte die Jugend in der zweiten Nachkriegszeit keine Bedeutung mehr. Im Mittelpunkt stand die Wiederaufbaugeneration; die Jugend war insoweit von Interesse, als man sie periodisch befragte, ob und wie sie in die neue Gesellschaft hineinwächst. Die, die am Rande standen, interessierte gesellschaftspolitisch und sozialpolitisch so gut wie niemanden. Damit lag durch außerhalb der öffentlichen Aufmerksamkeit, welche Praxis sich in den Heimen wieder breit machte. Und dabei zeigte sich, daß die Weimarer Reformpädagogik zwar Experimente hervorgebracht, die Durchschnittskultur der Verwahrheime aber wenig erschüttert hatte.

So war es nicht verwunderlich, daß in den 70er Jahren die Heimkritik - im Gefolge eines, die Jugend gesellschaftlich neu freisetzenden Bildungsdiskurses - an den Heimerziehungsdiskursen der 20er Jahre ansetzte. Es war aber nicht nur der Umstand, daß die fürsorgerischen Konzepte der Weimarer Zeit wiederentdeckt wurden und Eingang in eine allgemeine Heimkritik und Heimreform fanden und so für einen neuen sozialintegrativen Schutz in der Heimerziehung sorgten. Entscheidender war die Verbindung von sozialintegrativer Zielsetzung und »sekundärer« Bildungsarbeit in der zur Reform anstehenden Heimerziehung. Heimerziehung sollte nicht länger zur Randexistenz führen, sondern eine zweite biographische Chance, einen eigenen Bildungs- und Qualifizierungsweg ermöglichen. Entsprechend wurden die Heime um- und entstrukturiert. Die sozialintegrative Ausrichtung wurde über die Errichtung von Außenwohngruppen und durch Projekte Betreuten Wohnens, durch Reduzierung der Großheime und Regionalisierung der Einrichtungen dokumentiert. Ihre Bildungsfunktion bauten die Heime über die Schaffung multipler Bildungs- und Ausbildungsmöglichkeiten, die auch Anschluß an die Gesellschaft ermöglichten, aus.

4. Zur Entkopplung von system- und sozialintegrativen Bezügen im Heimdiskurs

Die sozialintegrative und bildungspolitische Erneuerung der Heimerziehung konnte nur in einer Gesellschaft gelingen, in der - sowohl auf der politischen Gestaltungsebene wie in der Alltagsakzeptanz - sozialintegrative und systemintegrative Bezüge ineinander übergeben konnten. Politik und Gesellschaft mußten davon überzeugt sein, daß eine sozialintegrative Ausrichtung der öffentlichen Erziehung dem Ordnungs- und Stabilitätsinteresse einer demokratischen Gesellschaft langfristig erfolgreicher gerecht werden kann, als eine nur punitiv ausgerichtete Kontroll- und Verwahrpolitik. Gerade regional ausgerichtete Heime konnten dies so demonstrieren, so daß eine bemerkenswerte Akzeptanz in der lokalen Bevölkerung entstand. Hinzu kam, daß durch die neue sozialpädagogische und therapeutische Qualität der Einrichtungen der Anschluß an das durchschnittliche öffentliche Erziehungs- und Bildungssystem hergestellt werden konnte. Heimschulen und dort angesiedelte Berufsausbildungen war regional nicht selten angesehener als Sonder- und Hauptschulen. Insofern hat die Krise des Sozialstaats die Heimerziehung zu einem Zeitpunkt erwischt, zu dem sie sich weiter im sozialintegrativem Aufwind befand.

Die Krise des Sozialstaates, wie sie in Deutschland - aber auch anderen europäischen Ländern - seit den 80er und 90er Jahren grassiert - ist mehr als nur eine fiskalische Krise (inwieweit sind Sozialleistungen unter Bedingungen von Massenarbeitslosigkeit und Überalterung der Gesellschaft im bisherigen Umfang noch bezahlbar?). Gesellschaftlich schwerer wiegen wohl die mit diesen Krisenerscheinungen einhergehenden Folgeprobleme der drohenden sozialen Desintegration. Die Sozialstaatskrise als Integrationskrise hat dabei zwei Seiten. Zum einen ist das Problem entstanden, daß das traditionelle Modell der Erwerbsarbeits-Gesellschaft angesichts der strukturell verursachten Massenarbeitslosigkeit seine soziale Integrationskraft verloren hat. Zum anderen - und gleichzeitig - ist das Gleichgewicht zwischen dem ökonomischen System und den lebensweltlichen Sozialkontexten aus den Fugen geraten. Das ökonomische System orientiert sich bei zunehmender Globalisierung immer mehr am internationalen Wettbewerbs ohne Rücksicht auf die damit verbundenen sozial desintegrativen Folgen in den nationalen Gesellschaften (auch wenn dies vor allem die Großunternehmen sind, so hat sich doch ein allgemeines Klima der Globalisierungseuphorie und -furcht gleichermaßen ausgebreitet).

Bemerkenswert dabei ist, daß das, was die Gesellschaftsmitglieder lebensweltlich als Krise erfahren, in ökonomischen System als rational und vernünftig gilt: Der Abbau von Arbeitsplätzen (als »Rationalisierungseffekt«) steigert die Produktivität, schafft Wettbewerbsfähigkeit und erhöht die Dividende. Der Staat wird in diese Spaltung prekär hinein gezogen und gerät in eine »Globalisierungsfalle«: auf der einen Seite soll er die nationalen Standortbedingungen (Wettbewerbsfähigkeit) für die Ökonomie dauernd verbessern, gleichzeitig die durch diese von ihm mit unterstützte ökonomische Logik verursachte Arbeitslosigkeit und neue Armut bekämpfen und schließlich dafür sorgen, daß der soziale Frieden auch in der Krise gewahrt bleibt.

Strukturell haben wir es - trotz aller Spagatkünste des postmodernen Sozialstaates - mit einer Entkopplung von gesellschaftlicher System- und Sozialintegration zu tun. Mit dem Begriff Sozialintegration werden dabei - in Anlehnung an das Modell von HABERMAS (1973) - die gesellschaftszugewandten lebensweltlichen Sinn- und Kommunikationszusammenhänge, mit Systemintegration die institutionelle Ordnung und Stabilität, das bestandsichernde Funktionieren einer Gesellschaft gekennzeichnet. In diesem Sinne bezeichnet man die sozialstaatliche Politik als »sozialintegrativ«, wenn sie bemüht ist, lebensweltliche Sinnzusammenhänge und systemische Prinzipien aufeinander zu beziehen und im sozialintegrativen Konsens miteinander zu harmonisieren (s.o.).

In den 90er Jahren zeigte sich nun, daß der sozialintegrative Konsens, der 70er und 80er Jahre auf einer Nationalökonomie aufgebaut war, in der die Entwicklung des Humankapitals - und nicht sein Abbau - die Wirtschaftsgesellschaft voranbrachte und das sozialökonomische Wachstum nationalgesellschaftlich und auch wohlfahrtsökonomisch und nicht nur über Marktwert definiert war. In diesem Kontext konnten die Fragen der sozialen Integration und der Systemstabilität konvergent verhandelt werden. Gelungene Sozialintegration geriet in dieser Zeit zum Symbol für Systemstabilität. In diesem Bedeutungszusammenhang konnte schließlich auch die Heimerziehung ihren sozialintegrativen Anspruch (über die fachlich-sozialisatorische Begründung hinaus) gesellschaftlich verankern.

Bei fünf Millionen Arbeitslosen und zunehmend biographisierten (und daher bis in die Mitte der Gesellschaft hineinreichenden) Lebensrisiken ist die sozialintegrative Stabilitätssymbolik brüchig geworden. Zudem wird angesichts der fiskalischen Krise sichtbar, daß sozialintegrative Bemühungen aktuell aufwendiger scheinen, weil sie lebensweltlich komplexer sind als ordnungspolitische Maßnahmen. Das öffentliche Klima wird zudem schlechter: Teile der Bevölkerung sehen in sozialintegrativen Maßnahmen für Randgruppen eine Bedrohung (denen geht es ja schon fast besser als uns), der mögliche Streit um den Sozialhilfemißbrauch hat die Stimmung entsprechend angeheizt.

Die Biographisierung der Lebenslagen in der Folge der gesellschaftlichen Individualisierung hat ihr übriges dazu getan. Das »eigene Leben« steht für viele Menschen im Mittelpunkt der sozialen Orientierung, das Projekt Selbstverwirklichung und nicht so sehr das biographische Aufgehen im Sozialen der Arbeit und des Gemeinwesens. Das Soziale scheint vielmehr zur Dienstleistung am Wohl des Eigenen zu verkommen. Die eigenen Kinder werden hochgehalten, um sie wird sich vehement gesorgt, sie sind wichtiger Bestandteil der Selbstverwirklichung. Um die Jugend (die anderen), ihre Entwicklungsbedürfnisse und ihre gesellschaftliche Lage kümmert man sich wenig (solange es nicht die eigenen Kinder berührt). So sind die Heimjugendlichen aufs Neue randständig geworden. In der biographisierten Gesellschaft gibt es für sie scheinbar keine Bezüge und Orte, wo sie als »die Eigenen« reklamiert werden. Wenn sie nicht mehr sozialintegrativ, sondern nun (wieder) ordnungspolitisch behandelt werden sollen, berührt das niemanden, denn der (früher sozialintegrativ hergestellte) Zusammenhang zwischen dem eigenen Wohlergehen und dem Schicksal der Anderen (und damit auch dieser Jugendlichen) ist in einer biographisierten Sozialwelt verlorengegangen.

Insofern zeichnet sich Ausgangs der 90er Jahre die Tendenz hin zu einem gesellschaftlich gespaltenen Arbeitsfeld Heimerziehung ab. Während die fachlich-professionelle Apparatur der Hilfen das Sozialintegrative auch praktisch weiterentwikkeln will - es sind ja inzwischen bemerkenswerte Verbundprojekte von Betreutem Wohnen und Beschäftigung im Gemeinwesenbezug in der Erprobung -, scheint sich die Politik vom Sozialintegrativen ab und dem ordnungspolitischen Prinzip der Verwahrung zuwenden zu wollen. Soziale Befriedung soll nun der durch eine Politik der demonstrativen Beschwichtigung statt durch sozialintegrative Konfliktaustragung und Verständigung erreicht werden. Mit dieser neuen ordnungspolitischen Klimaveränderung entsteht auch zunächst (legitimatorischer) Druck auf die Jugendhilfepraxis. Denn in dieser sozialpolitischen Spaltung stecken auch zwei gegensätzliche Modelle der Betreuungspraxis, die nicht miteinander vereinbar sind. Für die Jugendhilfe bedeutet dies in der Konsequenz, daß sie ihre sozialintegrativen Bemühungen in der Verbindung von betreutem Jugendwohnen und Beschäftigung nun erst recht - über einzelne Modelle hinaus - infrastrukturell vorantreiben muß, um in einen breiteren,»gesellschaftsfähigeren« Legitimationsbezug - Bewältigung der strukturellen Risiken der Arbeitsgesellschaft - hineinzukommen. Sonst läuft sie Gefahr, in dem inzwischen zunehmend ordnungspolitisch besetzten öffentlichen Programmstreit»Für oder wider die geschlossene Unterbringung« zerrieben zu werden.

Literatur

BÖHNISCH, L./NIEMEYER, CH./SCHRÖER, W.: Die Geschichte der Sozialpädagogik öffnen - ein Zugangstext. In: NIEMEYER, CH./SCHRÖER, W./BÖHNISCH, L. (Hrsg.): Grundlinien historischer Sozialpädagogik, Weinheim und München 1997, S. 7-32.

HABERMANN, J.: Legitimationsprobleme im Spätkapitalismus, Frankfurt/Main 1973.

HEIMANN, E.: Soziale Theorie des Kapitalismus (1929), Frankfurt/Main 1980.

WOLFFERSDORFF, CH. V.: Reformdiskussion über die Zwangsbeziehung - Heimerziehung und Strafvollzug um die Jahrhundertwende. In: NIEMEYER, CH./SCHRÖER, W./BÖHNISCH, L. (Hrsg.): Grundlinien historischer Sozialpädagogik, Weinheim und München 1997, S. 95-109.

Hans Thiersch

Politik, Jugendhilfe, Heimerziehung

Politics, Youth Service and Residential Care

The following discussion glances towards hints to a policy of youth service and residential care in our conditions - being consious that these remarks are relative in the horizon of world problems. Our problems are a sign for a crisis of the welfare state; so it is a new formation of youth service politics and social politics that is requested, which includes a new frame for the development of the concept of social justice in our society. This is shortly sketched along some lines of development of modern youth services.

1. Jugendhilfepolitik und Heimerziehung in der »Ersten Welt«

Es könnte nahelegen, das Thema weit zu verhandeln; die Menschenrechterklärung und vor allem die UNO-Charta für Kinder gäben dazu einen Rahmen. Eine solche weitgespannte Verhandlung ist unverzichtbar zur Orientierung in bezug auf gesellschaftliche Perspektiven, in denen wir uns bewegen, in bezug auf die Realität einer sozialen Weltsituation jenseits des eingebürgerten Zitadellendenkens unserer »Ersten Welt« in bezug vor allem auf eine soziale Weltpolitik mit ihren elementaren Standards für Lebensressourcen und den daraus erwachsenden politischen und humanen Postulaten. Die Fragen einer sozialen Weltpolitik sind eins, ein anderes aber ist, daß sich Problemverständnisse und Lösungsmöglichkeiten immer im konkreten historischen, gesellschaftlichen Kontext stellen; die weltweiten Probleme erledigen nicht die gleichsam näheren, mit denen wir okkupiert sind; das Wissen von der Armut in der Dritten Welt erübrigt nicht die Frage nach der Armut in der Ersten, die Frage nach Kinderausbeutung und Kindermißbrauch führt - in unterschiedlichen Weltregionen zu unterschiedlichen Fakten und sozialpolitischen Antworten. Die weiten und in sich sehr differenzierten Probleme einer sozialen Weltpolitik werden hier nicht berücksichtigt, ebenso wenig wie auf die prekäre Frage nach dem Verhältnis zwischen der Sozialpolitik in unserer Ersten Welt und in der Zweiten und Dritten Welt und auf die damit notwendig gestellte Frage nach der Solidarität unserer reichen, starken Ersten Welt mit der Zweiten und Dritten und nach dem Abbau der ökonomischen, sozialen und ökologischen Ausbeutungen. Im folgenden werden Erörterungen im Hinblick auf Hinweise zur Jugendhilfepolitik und zur Heimerziehung in unseren Verhältnissen vorgenommen - auf Bemerkungen allerdings, die sich, im Horizont der gegebenen Weltprobleme, ihrer Relativität sehr bewußt sind.

Über Jugendhilfeprobleme in unserer Gesellschaft nachzudenken, heißt über Probleme in einem reichen und wohlfahrtsstaatlich abgesicherten Land nachzudenken, über Probleme in einem Land, dessen Jugendhilfepolitik gerade in den letzten 30 Jahren stetig ausgebaut und differenziert worden ist, über Probleme in einem Land, in dem jugendpolitische Leistungen auf einem hohem Niveau selbstverständlich erwartet und angeboten werden. Dies gilt es festzuhalten, wenn auch unser Land, gebeutelt ist von Wirtschaftsproblemen, Sparzwängen und Unwilligkeiten zu sozialen und pädagogischen Leistungen. Aber: So hoch ganz zweifelsohne das erreichte Niveau der Jugendhilfe in unserem Land ist, so sehr sich also auch die derzeitigen Einschränkungen auf einem hohen und nach wie vor stabilen Sockel sozialstaatlicher Leistungen bewegen, so wäre es doch fatal, die derzeitige sozialpolitische Großwetterlage zu unterschätzen. Sie prägt die Sozialpolitik in allen Ländern der Ersten Welt und, wenn auch in anderer Gestalt, ebenso in der Zweiten und Dritten Welt mit anderen, verheerenden Konsequenzen. Unsere Probleme sind das Indiz einer Krise des Sozialstaats, in der es um eine neue Formation der Jugendhilfepolitik (im Kontext der Sozialpolitik) geht, in der eine neue Fassung dessen, was als soziale Gerechtigkeit in unserer Gesellschaft gelten soll und praktiziert wird, sich entwickelt. Diese sollen, ganz knapp, an einige Entwicklungslinien der modernen Jugendhilfe skizziert werden.

2. Jugendhilfe im Kontext des Sozialstaates

Jugendhilfe ist ein Moment des modernen Sozialstaats, wie er sich in der Realisierung des spezifisch modernen Prinzips der sozialen Gerechtigkeit -Gerechtigkeit interpretiert durch Gleichheit- ausgebildet hat. Nach der Durchsetzung zunächst der Gleichheit vor dem Gesetz und dann der Gleichheit in der Politik entstand im Ausgang des vorigen Jahrhunderts jenes System sozialer und pädagogischer Institutionen, das Gleichheit auch in bezug auf Lebenschancen, also auf die Zugänglichkeit zu Ressourcen der Lebensgestaltung, in bezug auf Partizipation zu realisieren versucht; neben den sozialpolitischen Sicherungen -in den Versicherungen und den staatlichen Garantien für die „Ausfallbürgschaft" der Sozialhilfe- entstehen auch die die Leistungsangebote der Jugendhilfe, die auf Hilfen zur Lebensbewältigung in den gegebenen Verhältnissen zielen. Sie sind nach den vielfältigen rechtlichen und institutionellen Ansätzen im Lauf dieses Jahrhunderts vor allem seit den 60er Jahren immens differenziert und ausgebaut worden.

Dies hat seinen Grund vor allem auch in einer Erweiterung der Aufgaben. Jugendhilfe als Institution des modernen Sozialstaats war sich zunächst herausgefordert durch die gegebenen Ungleichheiten in unserer Gesellschaft, also durch die Tatbestände der Armut, Verelendung, Randständigkeit. Armut als materielle Armut verstanden, ist -allen Hoffnungen auf eine nivellierte Mittelschichtgesellschaft zum Trotz- in den letzten Jahren wieder als Grundbestand unserer Gesellschaft bewußt geworden ist vor allem in vielfältigen Wandlungen der Erscheinungsform von Armut wieder gewachsen; die Armutsberichte der Freien Wohlfahrtspflege -die in unserer Gesellschaft versuchen, den von der Bundesregierung ; nachdrücklich verweigerten nationalen Armutbericht zu ersetzen- belegen eindrücklich, welches Ausmaß Armut im Zusammenhang mit Dauerarbeitslosigkeit, mit belasteten Familienverhältnissen (Kinderreichtum oder Status der Alleinerziehenden) mit Ungleichheiten zwischen den Geschlechtern und der altersbedingten Lebensverhältnissen angenommen hat. Armut aber muß den neueren Diskussionen zum Armutskonzept ebenso entsprechen wie den neueren Entwürfen z.B. zur Menschenrechts- und Kinderrechtscharta - vor allem auch verstanden werden als Einschränkung in bezug auf gesellschaftliche Partizipation, also z.b. als Einschränkung in bezug auf in der Gesellschaft verfügbare Institutionen des Bildungs- und Gesundheitswesens.

Die Strukturen gesellschaftlicher Ungleichheiten und die daraus resultierende Herausforderung für die Jugendhilfe überlagern und verbinden sich mit Problemen und Aufgaben, die aus jenem Entwicklungstrend der letzten Jahrzehnte stammen, der als Pluralisierungs- und Individualisierungsschub charakterisiert wird. Traditionelle Lebens- und Lebensdeutungsmuster werden brüchig; Verhältnisse z.b. von Arbeit im klassischen Sinn und anderen Beschäftigungen, also von Arbeit und Freizeit, Arbeit und Familienleben müssen ebenso neu gefunden werden wie z.b. Muster des Zusammenlebens in bezug auf Verwandtschaft und Nachbarschaft. Traditionelle Bestimmungen der Lebensphasen -und so natürlich auch dessen, was als Kindheit und als Jugend in unserer Gesellschaft gilt- verändern sich ebenso wie die Lebensmuster und Selbstkonzepte im Unterschied der Geschlechter. In dieser Brüchigkeit erfahren Menschen neue Freiheiten, neue Möglichkeiten und neue Ansprüche an ihr Leben; sie erfahren sich -trotz aller gesellschaftlich vorgegebenen Strukturen- als „Regisseure ihres Lebens"; sie müssen in dem, wie sie leben und wie sie leben wollen wählen, sie müssen sich vor sich und anderen ausweisen, sie sind zuständig für sich. Dieser neue Modus des Verhandelns - also z.b. der Verhandlungsfamilie und der Verhandlungserziehung - aber ist für viele eine Zumutung, eine Überforderung. Desorientierung, Unsicherheit, aber auch z.b. psychosomatische Krankheiten oder Formen des Suchtmittelgebrauchs oder Ausbrüche in Gewalttätigkeit sind Indizien dieser Überforderung.

In dieser doppelten Herausforderung hat Jugendhilfe ihr modernes Profil gefunden. Sie agiert zum einen als Unterstützung in gesellschaftlich depravierten, besonderen Notlagen und zum zweiten als Hilfe, Klärung, Beratung und Entlastung in normalen Schwierigkeiten heutiger Normalität. In dieser Doppelfunktion hat sie sich differenziert, ist sie zu einem weithin selbstverständlich akzeptierten Bestandteil der modernen Gesellschaft geworden, ebenso gesetzlich fixiert wie präsent in den sozialpolitischen Auseinandersetzungen; Jugendhilfe als integraler Bestandteil der sozialen Infrastruktur beginnt sich zu realisieren. (Die Intensität vor allem der Diskussionen in den regionalpolitischen Auseinandersetzungen, gespiegelt z.B. in den Lokalteilen der Presse, belegt diesen in den letzten Jahren zunehmend stabilisierten Status der Jugendhilfe sehr eindringlich.)

Mit diesem neuen Status ist, so scheint es, eine gewisse Einlösung des Selbstanspruchs von Jugendhilfe im Kontext des modernen Prinzips sozialer Gerechtigkeit erreicht worden. Gewiß war die Geschichte der Jugendhilfe und der sozialen Arbeit bestimmt durch großartige Ansätze und Initiativen; die humanen Intentionen -in vorausgreifenden Gesetzentwürfen, in Praxiskonzepten und Theorien aber waren immer wieder verschluckt worden durch die Macht der allgemeinen gesellschaftlichen Erwartung an die Jugendhilfe, daß sie eine minimale Versorgung (wie sie für die am Rand nicht anders notwendig sei)- verbinden solle mit Disziplinierung hin zur geltenden Anpassungsmoral und zur Normalisierung in unteren Arbeitsfunktionen (wie sie für die, die in den normalen Erwartungen der Gesellschaft versagt haben, angemessen sei). Aus dieser Dominanz der Sozialdisziplinierung schien man, endlich,

herausgekommen zu sein. Jugendhilfe war nicht mehr konzipiert als Kontrolle und
Minimalversorgung. Das Recht des Kindes auf Erziehung schien ebenso eingelöst
wie das Recht von Familien auf Unterstützung; die Doppelfunktion der Jugendhilfe
hob den traditionellen, stigmatisierten und stigmatisierenden Charakter von Jugendhilfeleistungen auf; Jugendhilfe löste sich aus dem Schatten ihrer obrigkeits- und
polizeistaatlichen Herkunft und verstand sich als moderne Dienstleistung; das seit
einigen Jahren geltenden KJHG ist ausdrücklich als Dienstleistungsgesetz konzipiert.

3. Strukturwandel: Trends und Auswirkungen

Diese Sicht der Entwicklung aber ist blauäugig und naiv. Sie überblendet zum einen
das Faktum, das trotz aller neueren Entwicklungen, die Ambivalenz von Disziplinierung, Minimalversorgung, und Hilfen zur Lebensbewältigung nicht aufgehoben ist,
wenn sie auch ganz sicher m vielem so abgemildert ist, daß der traditionelle Primat
der disziplinierenden Erwartungen eingedämmt und relativiert werden konnte. Diese Sicht der Entwicklung aber unterschlägt vor allem jene Krise der Jugendhilfe (und
des Sozialstaats), jene Zweifel an Effektivität und Effizienz der Jugendhilfe, wie sie
die derzeitige sozialpolitischen Großwetterlage bestimmten und wie sie eingangs als
Ausgang dieser Überlegungen skizziert wurden. Entwicklung und Stand der heutigen Jugendhilfe werden problematisiert, weil sich die moderne Gesellschaft mit den
für sie notwendigen Ressourcen zu übernehmen scheint, weil sie ineffektiv und inef-
fizient arbeite, weil sie -so heißt es- in der Klärung gesellschaftlich notwendiger
Aufgaben nicht nur ineffektiv, sondern auch kontraproduktiv sei.

Die derzeitige Diskussion ist bestimmt durch die Notwendigkeiten des Spa-
rens. Daß die damit gestellten, weitläufigen Fragen hier nicht diskutiert werden können, ist evident; festzuhalten aber ist, daß die für die Jugendhilfe gegebene finanzielle Einschränkung nicht naturwüchsig aus ökonomischen Zwängen resultiert, sondern immer auch Ergebnis einer Politik ist, die verfügbares Geld nach ihren Kriteri-
en verteilt; die die deutsche Gesellschaft charakterisierenden finanziellen Umschich-
tungsprozesse zwischen den Gewinnen aus Kapital und Unternehmen auf der einen
Seite und denen der Arbeitnehmer auf der anderen Seite, zwischen den Zuständigkeiten von Bund, Ländern und Kommunen (mit der zunehmenden Belastung der der
allgemeinen Gesetzhoheit ausgelieferten Kommunen, die aber für die Gestaltung des
Sozialen zuständig sind), machen solche internen Verteilungsregelungen ebenso deutlich wie die zur Zeit so heiß umkämpften Fragen nach der Besteuerung von Eigentum und Erbe oder der Unterstützung von Familien. Wenn gegebene Sparzwänge
aber so im Kontext politischer Verteilungsregeln verstanden werden, müssen sie gesehen werden als Indiz eines Gesellschaftskonzepts, das sich wieder an der älteren
Lesart eines Manchester-Kapitalismusorientiert: Im gesellschaftlichen Leben zählt,
wer etwas für die Gesellschaft leistet; die Gesellschaft lebt vom Willen zur Leistung,
von einer Moral, die diesen Willen honoriert. Menschen, die in der Gesellschaft Probleme haben, müssen wissen, daß sie ihre Verhältnisse nur durch Leistung sanieren
können, also durch vermehrte Anstrengung, durch besonderen Aufwand. Dem aber
stehen -so heißt es- die Leistungen des modernen Sozialstaats entgegen, sie nämlich

verführen dazu, von der Gesellschaft zu erwarten, daß sie die schwierigen Verhältnisse aushaltbar macht, sie verführen dazu -hart und direkt formuliert- sich nicht anzustrengen, sich aushalten zu lassen. GILDER z.B. pointiert, daß die moderne Sozialpolitik Probleme von Armut und Verwahrlosung schaffe, in der zu helfen sie sich dann verpflichtet fühle; SCHELSKY spricht -wesentlich moderater- vom betreuten Menschen, der als Produkt des modernen Sozial- und Therapiestaats zunehmend jene Selbständigkeit und Selbstverantwortung verlerne, die Voraussetzung für seine produktive Mitarbeit in der Gesellschaft sind. Die Pointe dieses Ansatzes ist es, daß er dem herrschenden Primat ökonomischer Zwänge sein gutes Gewissen gibt: Gesparte soziale Ressourcen -so denkt man- setzen Gelder für lohnendere Aufgaben frei und sanieren zugleich die Moral der Gesellschaft. Gewiß, Unterstützung und Hilfen in Not müsse es geben -das wollte schon MALTUS, der frühe Vertreter einer solchen rigiden Sozialpolitik, der schließlich Pfarrer war- aber dies sind gleichsam Freundlichkeit nebenher, keine Strukturaufgaben der modernen Gesellschaft. Dieses Konzept -das ist bewußt- ist hart; aber auch mit Kranken dürfe man nicht sentimental sein, wenn sie in Diät und Training wieder gesund werden sollen. Daß mit diesem Konzept eine wieder verstärkte Betonung eines harten, reglementierenden Umgangs mit Menschen mit Problemen einhergeht, eine Betonung z.B. polizeilicher Präsenz, härterer Gerichtsstrafen und des Ausbaus geschlossener Unterbringung innerhalb der Heimerziehung, ist konsequent.

Was aber bedeuten diese Tendenzen für Selbstverständnis und mögliche Entwicklungen der Jugendhilfe? Zunächst: Das Sozialstaatsprinzip war in unserer modernen Gesellschaft immer nur ein Prinzip neben dem anderen, dem Primat des ökonomisch bestimmten Fortschritts, der technischen Rationalität, der Leistungsfähigkeit in den normalen Anforderungen der modernen Produktions- und Konsumtionsgesellschaft; das Sozialstaatsprinzip ist -wie EDUARD HEYMANN es formuliert hat- „ein dem Kapitalismus wesenswidriges Prinzip", ein „Stachel im Fleisch des Kapitalismus". Nachdem in den sozialen Auseinandersetzungen der letzten 100 Jahre dieses Gegenprinzip relativ stark geworden war, wird es nun -so scheint es- wieder zurückgedrängt; der primäre Charakter unserer Gesellschaft als einer Produktions- und Leistungsgesellschaft zeigt sich wieder gleichsam nackter.

Dies festzustellen ist eines, es hinzunehmen wäre ein anderes. Nachdem die in den letzten Jahrzehnten gefundene Balance zwischen den Gesellschaftsprinzipien suggerieren konnte, der moderne Produktions- und Leistungsstaat sei um seines Funktionierens willen auf den Sozialstaat angewiesen, eine gleichsam strukturfunktionalistische Analyse genüge, um den Ausbau der sozialen Leistungen zu begründen, wird nun wiederum deutlich, daß dieses Junktim nicht selbstverständlich ist. Wenn auch -wie eingangs konstatiert- ein Zusammenhang zwischen Produktionsgesellschaft und Sozialstaat nicht prinzipiell in Frage steht, so wird doch zunehmend deutlich, daß sozialstaatliche Leistungen sehr unterschiedlich stark ausgestaltet werden können; die in den letzten Jahren üblich geworden Rede von der Zweidrittel-Eindrittel-Gesellschaft, von der Gesellschaft also, in der ein größerer, tonangebender Teil an gesellschaftlichen Lebenschancen glücklich partizipiert, während ein anderer, geringer, von ihnen ausgeschlossen bleibt, besagt ja -abgesehen davon, ob die Zahlenpropotionen stimmen- daß eine in der Gesellschaft profitierende Mehrheit es sich leisten kann, diejenigen, die am Rand bleiben, zu vernachlässigen, daß -noch einmal pointierter formuliert- eine Gesellschaft auch dann funktioniert, wenn sie nicht alle in ihre Lebensmöglichkeiten integriert. In dieser Situation muß der moralische Charakter des Sozialstaatsanspruchs unserer Gesellschaft wieder deutlich werden. Soziale Gerechtigkeit als Achtung der Würde aller Menschen, als Postulat der zulänglichen Lebensressourcen für alle, als Gestaltungs- und Partizipationsmöglichkeiten für alle in unserer Gesellschaft ist ein politisch-moralisches Postulat, das man wollen, für das man sich entscheiden, um das man kämpfen muß. Es ist bedrückend zu sehen, wie gleichsam klanglos hinter den ökonomischen Fragen und Sparzwängen unsere Gesellschaft in eine gleichsam schleichende Umwertung ihrer sozialstaatlichen, moralischen Selbstverständlichkeiten hineingleitet; es fehlt eine allgemeine und offensive Diskussion, die die Fragen der sozialen Gerechtigkeit in unserer Gesellschaft verhandelt - wohl ähnlich wie sie zu Fragen z.B. der Gentechnik oder der ökologischen neuen Wert geführt wird.

4. Zum Stellenwert von Jugendhilfe in der Gesellschaft

Daß diese Diskussion einstweilen eher zaghaft geführt wird, hat unterschiedliche Gründe. Die derzeitigen ökonomischen Zwänge sind massiv und die Konsequenzen schwer absehbar, im Zusammenhang der sich ausbildenden Weltwirtschaft, für die Struktur des Arbeitslebens, für Arbeitslosigkeit, für die Neugewichtung und Entwertung von Arbeitsfähigkeit und Arbeitsplätzen. Und: Die traditionelle linke und linksliberale Diskussion ist erschlafft. Das Fehlen einer solchen offensiven Moraldiskussion hat seinen Grund aber auch in internen Strukturproblemen des Sozialstaats und der Jugendhilfe selbst. Sind sie in den letzten Jahren nicht wirklich teuer und allzu teuer geworden? Verführen sie -in der Figur der betreuten Familien und Jugendlichennicht dazu, die Selbstzuständigkeiten der Menschen in ihrer Situation und ihre Hilfsressorts zu schwächen, ihre Möglichkeiten der Selbsthilfe und Organisation zur Selbsthilfe als überflüssig erscheinen zu lassen? Bietet Jugendhilfe nicht ein Leistungsangebot, das zu Versorgungsansprüchen wie zu Konsumansprüchen gegenüber dem Sozialstaat verführt? Und: Werden solche Einwände nicht -zeitgleich und parallel im Ausbau des modernen Sozialstaats und der modernen Jugendhilfe- von sehr unterschiedlichen Standpunkten aus vorgebracht, unter einem konservativen Aspekt, in dem der Verlust alter, traditionell-tragender Familien- und Nachbarschaftsstrukturen beklagt wird, ebenso wie unter einem modernen Selbsthilfeaspekt, in dem die ungute Konkurrenz zwischen professionellen Angebote und Selbsthilfeaktivitäten beklagt wird, der die der Selbständigkeit und Eigensinnigkeit von Lebensverhältnissen zunehmend durch institutionell-professionelle Arrangements bedroht sieht, und -schließlich und nicht zuletzt- unter einem selbstkritisch-professionellen Aspekt, der mit dem Ausbau der professionell-institutionellen Dienstleistungen die ängstliche Frage stellt, inwieweit hier im Gewand fachlich begründeter Institutions- und Handlungsstrategien doch nur neue, sublime Formen von Stigmatisierung und Kolonialisierung praktiziert werden? Jedenfalls: Erfolg und Durchschlagskraft der neo-konservativen Strategien, wie sie gerade charakterisiert wurden sind, so scheint mir, nur möglich, weil sie sich auf dieses Unbehagen an der modernen Jugendhilfe berufen können, weil sie

-im Bild geredet- das Wasser eines gegebenen und offensichtlich für viele plausiblen Unbehagens auf ihre Mühlen lenken können. Dieses Unbehagen zu leugnen wäre töricht; töricht aber wäre es auch, sich ihm zu ergeben. Es kommt drauf an, es als Indiz einer notwendigen und weiterführenden Kritik zu verstehen, als Indiz einer Kritik an Realisierungsformen der modernen Jugendhilfe, die in Perspektive des Ziels sozialer Gerechtigkeit angegangen und vorangetrieben werden können.

5. Lebensweltorientierte Jugendhilfe

Zu solchen weiterführenden Organisations- und Handlungsstrategien gibt es in der Jugendhilfe der letzten 20 Jahre vielfältige Ansätze. In der deutschen Diskussion hat sich das Konzept einer lebensweltorientierten Jugendhilfe durchgesetzt, ein Konzept, dessen Grundmuster man sicher -trotz vielfältiger und charakteristischer Differenzen- in Parallele sehen kann zu systemischen oder ökologischen Ansätzen oder zu dem der Normalisierung. Lebensweltorientierte Jugendhilfe setzt -so die Intention des Konzepts- bei Aufgaben, Schwierigkeiten und Hilflosigkeiten an, wie sie in der Lebenswelt gegeben sind, sieht sie aber immer auch im Kontext von dort verfügbaren eigenen Deutungs- und Handlungsmustern und vor allem von Ressourcen, sich selbst zu helfen; lebensweltorientierte Jugendhilfe versucht in defizitären Lebensverhältnissen und Orientierungsschwierigkeiten politische, soziale, individuelle und materielle Ressourcen zur Selbsthilfe zu entdecken oder zu organisieren. Dieses generelle Konzept einer Hilfe zu gelingenderen Lebensverhältnissen verweist -im Zeichen der Einmischung- auf die Arbeit an politischen und sozialpolitischen Strukturen als den prägenden Voraussetzungen für alle Entfremdungen und Optionen in der Lebensbewältigung. Es konkretisiert sich innerhalb der Jugendhilfe in Prinzipien z.B. der Prävention, der regionalen und dezentralisierten Arbeit, der Unterstützung in konkreten Alltagssituationen, der Partizipation (also der Regelung von Mitsprache und Einsprache) und der Integration (als dem Bestreben, in unterschiedlichen Lebenslagen und Verhältnissen, wie sie eine multikulturelle Gesellschaft ebenso wie eine Gesellschaft mit unterschiedlichen Milieus bestimmen, zur gegenseitigen Anerkennung und darin in der Anerkennung von Unterschiedlichkeiten zur Solidarität zu kommen). In dieser ganzheitlichen Perspektive sind Probleme der Kooperation und Vernetzung zwischen unterschiedlichen Hilfsangeboten wichtig: Jugendhilfe kann nur als Querschnittsaufgabe praktiziert werden. In ihr geht es vor allem auch um Kooperationen mit selbstorganisierten, nichtprofessionellen Hilfsangeboten, es um die Verbindung des formellen und informellen Sektors. Lebensweltorientierte Jugendhilfe versteht ihre Aufgabe in der Vermittlung mit vielfältigen Formen von Lebensbewältigung, wie sie ein vorprofessioneller Alltag praktiziert.

Dieses Konzept läßt sich, so scheint es, gleichsam als geheime Intention lesen, die in vielfältigen Praxiskonzepten und Theorieansätzen Entwicklungen einer modernen Jugendhilfe bestimmen; das Konzept aber hat sich auch deshalb breit durchsetzen können, weil es nicht überall in der in ihm liegenden Radikalität verstanden wurde. Allzu oft wurde es nur als Korrektur innerhalb des bestehenden Systems der Jugendhilfe, als Erweiterung und Öffnung bestehender Möglichkeiten verstanden und praktiziert, nicht aber als -wie es gemeint war- radikale Kritik an Strukturen der

Jugendhilfe von den Problemen und Bedürfnissen der Adressaten her. Diese radikale Brisanz des Lebensweltkonzeptes bestimmt, so ist zu hoffen, die Entwicklung der nächsten Zeit; dazu hier nur zwei verdeutlichende Hinweise.

Lebensweltorientierte Jugendhilfe geht davon aus, das Schwierigkeiten und Nöte zunächst im Kontext der Lebenserfahrungen der Adressaten gesehen und verstanden werden müssen; sie sind Ausdruck der Anstrengung der Adressaten, mit gegebenen Situationen zu Rande zu kommen, sind Bewältigungsversuche unter schwierigen Auflagen, sind Bewältigungsversuche, die für den Handelnden und andere mühsam, ja schrecklich sein können, deren Schrecklichkeit aber nicht davon entbindet, immer zunächst auch zu fragen, aus welchen Absichten, Hoffnungen, Kränkungen und Anstrengungen gerade diese Verhaltensformen sich entwickelt haben. Diese die früheren Formen von moralischer Verurteilung, Bestrafung und Disziplinierung gegenüber neuen und gleichsam emanzipierten Zugehensweisen aber können sich -so scheint es- wiederum verbinden mit Normkonzepten, wie sie aus pädagogisch oder therapeutisch professionellen Deutungsmustern stammen, mit Normkonzepten, die dann doch die Buntheit und Schwierigkeit von Lebensbewältigungsmustern in sehr unterschiedlichen Lebenslagen überformen. Gegenüber solchen Deutungs- und Handlungsangeboten hilft, scheint mir, die Erinnerung an frühere Zeiten: Neben den die Tradition bestimmenden Schrecklichkeiten von Gleichgültigkeit und Verachtung war man in ihnen auch offener für die Vielfältigkeit von Kuriosität, Absonderlichkeit, Besonderheit - wohl auch, weil man anspruchsloser war in bezug auf Hilfe und Unterstützung. Diese Sensibilität aber für die Offenheit unterschiedlicher Lebensformen muß heute bewußt wieder gefunden werden. „Erst einmal zuhören und fragen, was war", „erst einmal Dinge stehen lassen und interessant finden", ist von hier aus eine notwendige und hilfreiche Maxime für die Jugendhilfe - eine Maxime, die sicher nur dann fruchtbar wird, wenn sie gestützt wird auch durch Kenntnis über unterschiedliche Lebenstraditionen, subkulturelle Deutungsmuster, belastete Lebensstrukturen. Wie provozierend auch in gegebener progressiver Praxis das hier liegende Problem ist, wird, so scheint mir, zur Zeit in sehr vielfältigen Zusammenhängen deutlich, z.B. in der Diskussion mit den provokanten Krüppel-Initiativen und den Selbsthilfegruppen von Behinderten, in -um noch ganz andere Beispiele zu nehmen- der Auseinandersetzung über die Frage, ob Menschen in Süchtigkeit einen Anspruch auf menschenwürdiges Leben, also auf Hilfe und Unterstützung in ihren Lebensarrangements haben, ob und wie es Zugangsmöglichkeiten zu Jugendcliquen und Banden mit rechtsradikalen Ideologien gibt.

Lebensweltorientierte Jugendhilfe setzt auf Kooperation und Vernetzung. Die Brisanz dieses Postulats aber wird erst dann deutlich, wenn es bezogen wird auf die gegebene, reale Versäulung innerhalb der Jugendhilfe, wie sie aus dem Subsidiaritätsprinzip heraus gewachsen, im Mit-, Neben- und Gegeneinander unterschiedlicher Trägerschaften, Zuständigkeiten und Arbeitstraditionen die reale Szene bestimmt. Versäulung aber bestimmt auch die Schwierigkeiten der Kooperation über die Jugendhilfe hinaus, also der Kooperation mit den Schulen, mit Institutionen des Gesundheitswesens und -nicht zuletzt- mit Unternehmen der Wirtschaft in bezug auf Arbeitsverhältnisse ebenso wie in bezug auf Konsum- und Freizeitangebote. Und: Kooperation und Vernetzung geraten, so scheint es, einstweilen rasch in ihre Grenzen, und es gilt, den Raum professioneller Zuständigkeiten und Arroganz zu überschreiten und sich auf eine reale offene, unvoreingenommene und darin natürlich immer auch provokative Zusammenarbeit mit Nichtprofessionellen, also mit Betroffenen und Selbsthilfeinitiativen einzulassen.

6. Heimerziehung in den Widersprüchen der Moderne

Der Konstellation von neuen Problemen, (der) Expansion und (der) Alternativen im Ausbau der Jugendhilfe entspricht die Entwicklung der Heimerziehung in den letzten 20 Jahren. Zunächst: Es gibt vielfältige historische Vorläufer, Modelle und Ansätze, die uns, so wie sie berichtet sind, bis heute belehren, herausfordern und ermutigen. Also: PESTALOZZIS sehende Liebe und pädagogisch-methodische Phantasie, mit der er das Wissen um den Alltag (die Wohnstube) mit seinen dezidiert pädagogischen Gestaltungskonzepten verband, nach denen man nur lehren kann, was im vorhinein in der Struktur, z.b. der allseitigen Versorgung und der gelebten Beziehung (also der Benutzbarkeit von Liebe) abgedeckt ist. Oder: KORCZAKS Umkehr der traditionellen Erziehung, indem er die traditionelle Pädagogik in ihrer Verantwortlichkeit verdächtigt, Kinder nur für eigene Zwecke zu instrumentalisieren und -in der Umkehr- darauf insistiert, daß Kinder als Minderheit Probleme haben, in die gegebene Kultur hereinzuwachsen, daß sie in diesen Schwierigkeiten verstanden werden müssen und vor allem in den Strategien, die sie benützen, um sich in einer so schwierigen wie der eigenen Situation zu behaupten (ähnlich: DON BOSCO oder FATHER FLANEGAN usw.). Aber neben diesen Modellen gab es immer das Massenelend von Anstalten, von kasernenähnlichen Unterbringungen, von entwürdigender Disziplinierung, von Abrichtung zur fügsamen, billigen Arbeitskraft. Im Zusammenhang der -oben skizzierten- allgemeinen Entwicklungen der Jugendhilfe gegen diese dominierende Realität, in der Aufnahme von Tradition und -vor allem- im Zug der Neuansätze der letzten Jahrzehnte hat Heimerziehung ihren heutigen Standard erreicht.

Wie für die Jugendhilfe insgesamt gilt es auch hier zu erörtern, wo dieser Ausbau zweideutig sein kann und was die neuen, alternativen Ansätze einer Lebensweltorientierung für die Heimerziehung bedeutet. Die Frage stellt sich für die Heimerziehung besonders drastisch. Hier nämlich produzierten die letzten 20 Jahre besonders vielfältige, neue und differenzierte Angebotsformen; Heimerziehung läßt sich als ein eindrückliches Modell der Reformfähigkeit moderner Jugendhilfe ansehen. Trotzdem herrschen Unzufriedenheiten unter den Mitarbeitern und sieht sich Heimerziehung vor allem mit Aufgaben konfrontiert (wilden Kindern z.B., psychiatrisch belasteten Kindern), denen sie (noch) nicht entsprechen kann. Und nicht zuletzt: Heimerziehung ist immens aufwendig und schluckt damit einen Hauptanteil des verfügbaren Jugendhilfeetats. Hier mit dem Sparen anzusetzen ist hochattraktiv; es bilden sich oft schwierige Koalitionen zwischen einem neo-konservativen, rigiden Sparwillen und progressiven Ansätzen, die auf einen verstärkten Ausbau alternativer Maßnahmen setzen oder auf gezielte die Unterstützung von Selbsthilfegruppen.

7. Lebensweltorientierung in der Heimerziehung

Lebensweltorientierung bedeutet: Probleme in den Möglichkeiten der gegebenen Lebenswelt anzugehen oder zu einem möglichst lebensweltnahen Arrangement zu kommen. Hierzu vier Bemerkungen:

- Heimerziehung ist als Leben in einem anderen, institutionalisierten und dadurch von gegebenen Lebensverhältnissen deutlich unterschiedenen Ort belastend. Gewachsene Beziehungen müssen abgebrochen, neue aufgebaut werden; Heimerziehung ist, so gesehen, ein inszenierter, dramatischer und oft als stigmatisierend erfahrener Statusübergang. (GOFFMANN hat dies ja im Muster der Initiation faszinierend genau beschrieben). Im Zeichen von Prävention nun versucht man, Heimerziehung zu vermeiden.

- Dies bedeutet -zum einen- den Vorrang ambulanter, begleitender Maßnahmen; den Vorrang von Hilfe und Unterstützung in den gegebenen Verhältnissen, den Vorrang also von Kindertagesbetreuungsmöglichkeiten und lebensweltorientierten Schulangeboten, den Vorrang z.B. von Hilfe in der Familie und von Unterstützung von Jugendgruppen, also von Familienhilfe oder mobiler Jugendarbeit, den Vorrang von Beratungen für Familien und Heranwachsende; dies bedeutet, zum zweiten, daß man da, wo das Leben an einem neuen, zweiten Ort notwendig wird, nach Formen der Vermittlung zu den gegebenen Verhältnissen sucht: Tagesgruppen werden eingerichtet, in denen Kinder nur über Tag leben, nachts und an den Sonntagen aber wiederum bei ihren Eltern, in denen sie selbst ebenso wie ihre Familien zeitweise entlastet werden; man favorisiert Pflegefamilien, Pflegenester oder Wohngemeinschaften, Lebensarrangements also, die den gegebenen Lebensverhältnissen der Kinder und Heranwachsenden strukturell verwandt sind.

- So wichtig solche Trends sind -und sie bestimmen ja auch in den letzten Jahren die Verwandlung der Heimlandschaft-, so sehr sie auch auf Dauer gesehen die Landschaft der Erziehungshilfen verändern und zu neuen Verteilungen und Gewichtungen zwischen den Leistungsangeboten führen werden, so wären sie doch mißverstanden, wenn sie dahingehend ausgelegt würden, als müsse Heimerziehung unter allen Umständen vermieden werden und als sei sie immer nur eine letzte und schlechte Lösung. Heimerziehung ist heute oft überfordert mit Kindern, die zu spät, gleichsam verschleppt eingewiesen werden; ihre Leistungen z.B. als alternative Großfamilie oder für Kinder, die familiengeschädigt und familienüberdrüssig sind und nur in einem offeneren, weniger bindungsbesetzten Feld leben können (gleichsam wie in Internaten), sind evident, von Lebensmöglichkeiten, die sie für psychisch besonders belastete Kinder (z.B. autistische Kinder) bieten kann, ganz abgesehen.

- Lebensweltorientierung in der Heimerziehung - das bedeutet da, wo sie praktiziert wird, daß sie nicht anstaltsförmig, sondern lebensweltlich strukturiert ist. Zunächst: Lebensweltorientierung als Orientierung darf nicht darüber hinwegtäuschen, daß es sich in der Heimerziehung um einen institutionellen und professionell inszenierten Lebensraum handelt: Man lebt in der Gruppe nicht freiwillig zusammen, das Gruppenleben verlangt von vielen auch einen zusätzlichen Aufwand, und es fehlt weitgehend eine gleichsam natürliche Nachbarschaft. Innerhalb dieser Vorgaben aber bedeutet Lebensweltorientierung, daß Heime als ein Lebensort gestaltet sind, der Strukturen und Möglichkeiten - im Umgang miteinander, in kulturellen Angeboten, in Alltagserledigungen bietet, wie sie auch im normalen Leben vorgefunden werden.

Auch hier muß man differenzieren. Im Zeichen von Lebensweltorientierung hat man immer wieder gedacht, es genüge, Heranwachsenden einen neuen, anderen Lebensort anzubieten; vor allem hat man irr Zeichen der Angst vor Vorgaben, Nötigungen, ja vor Erziehung im weiteren Sinn, gedacht, es käme vor allem auf Entlastungen und Freizügigkeiten an; damit aber hat man die Struktur von Lebenswelt verkannt: Sie nämlich ist auch dadurch bestimmt, daß hier Routinen gelten, eingespielte Typisierungen und Entlastungen, Regeln, Rituale, Vereinbarungen also, die in der Absprache zwischen allen Beteiligten die Verläßlichkeit des „Und-So-Weiter" garantieren. Gewiß: Solche Verläßlichkeiten sind in unserer Gegenwart, im Zeichen von Individualisierung und damit einhergehend der Verunsicherung, nicht einfach gegeben, nicht einfach vorauszusetzen; sie müssen ausgehandelt, verhandelt werden; der Modus des Verhandelns aber darf nicht darüber hinwegtäuschen, daß Regeln und Verläßlichkeiten gelten müssen, wenn nicht im Alltag der Heimerziehung sich jene Diffusität und Überforderung wiederholen soll, an der so viele der Kinder schon in ihrem bisherigen Leben gescheitert sind. Und: Auch ein strukturierter Alltag genügt oft nicht, um jene Schwierigkeiten und Schädigungen aufzufangen, um derentwillen Kinder im Heim leben. Es mag sein, daß besondere Regelungen notwendig sind, Regelungen also, die in besonderer Weise entlasten; es mag ebenso sein, daß besondere, zusätzliche Angebote notwendig werden, in bezug auf Lernen und Arbeiten, in bezug auf besondere Zumutungen und Erfahrungen: Abenteuerprojekte oder Selbstklärung in Therapie.

Und schließlich: Lebensweltorientierung bedeutet Öffnung in die Nachbarschaft, in die Region, in das nähere lokale Bezugsfeld. Hier ergeben sich sehr unterschiedliche Aufgaben: Elternarbeit wird zunehmend wichtig als Klärung von Rückkehrmöglichkeiten, als Verarbeitung von Kränkung und Frustrationen bei den Kindern, als Beratung auch für Eltern, die es verkraften müssen, daß sie ihrem Kind nicht gewachsen waren Elternarbeit, aber nicht notwendig als Aufgabe in einer Hand, auch nicht notwendig als Aufgabe nur von der Heimerziehung aus. Und: Lebensweltorientierung sieht die Heimbewohner im Kontext ihrer Biographie, sieht also Probleme des Übergangs zwischen Heim und Selbständigkeit (mit den oft so belastenden Suchbewegungen in eine unbekannten, neue Wirklichkeit), sieht vor allem auch die Frage, was aus Heranwachsenden jenseits der Heimerziehung wird, wenn sie nicht selbständig leben können; wo gibt es außerhalb von Gefängnis und Psychiatrie ein Verbundsystem zu anderen Lebensorten, zu Alltagsbegleitungen, Familien, Wohngemeinschaften, in denen sie Zugehörigkeit und Unterstützung finden? Und schließlich: Heimerziehung in der Region: Das kann auch bedeuten, daß Heime -schon in sich ein gegliedertes Angebot zwischen Gruppen, Wohngemeinschaften, Betreutem Einzelwohnen und Nachsorge- sich auch in anderen sozialpädagogischen Aufgaben profilieren: z.B. in der Beratung und Unterstützung von Pflege- oder Adoptionsfamilien; Heimerziehung ist dann gleichsam ein Zentrum sozialpädagogischer Leistungen in der Region.

Heimerziehung ist professionelle Erziehung. Auch hier liegen spezifische Probleme. Zunehmend selten sind Kolleginnen und Kollegen, die nur deshalb in der Heimerziehung tätig sind, weil sie in anderen Berufen wenig Glück hatten und nun in die Heimerziehung überwechseln, gibt es Ungelernte und Unausgebildete. So hilfreich es ist, daß Kollegen vor dem Hintergrund sozialwissenschaftlich fundierter Kenntnisse und Reflexivität verantwortlich, also nach einsehbaren Prinzipien und erfahren handeln, so gibt es doch auch hier gleichsam kontrafaktische Gefährdungen. Der in allem erzieherischen Handeln angelegte Unterschied zwischen den Pädagogen und denen, die er erzieht, verführt nicht nur -davon war ja gerade schon die Rede- dazu, die professionellen Deutungsmuster den lebensweltlichen Erfahrungen gegenüber gleichsam vergewaltigend durchzusetzen, sondern -mindestens ebenso gravierend- das Verhältnis zwischen Pädagogen und Heimbewohnern in einer Form zu professionalisieren, daß die gerade im Heim zu erfüllenden Lebensbedürfnisse nach Gemeinsamkeit, nach alltäglichem Austausch von Schwierigkeiten, Problemen, aber auch nach Spielereien und Blödeleien, nach Offenheit und Erkennbarkeit im Umgang mit einander verschwinden; indem das Verhältnis sachlich und fachlich reflektiert wird, -man achtet auf Dienstzeiten, achtet auf „effektive" Klärung vor methodischem Hintergrund- verliert Heimerziehung die Qualität jenes Miteinanderlebens, jenes Umgangs im Miteinanderleben, das der Gewinn von Alltagsorientierung sein sollte. Die hier notwendige Verbindung der professionellen Tugenden mit den Fähigkeiten zum Umgang im gemeinsamen Leben ist Thema dessen, was als alternative Professionalisierung, als lebensweltorientierte Professionalität diskutiert wird. Die hier nötige Professionalität innerhalb des Heimes ist so heikel, daß es wohl angebracht ist, daß Kollegen auch Gelegenheit haben, neben der professionell so diffusen Tätigkeit im Heim eine professionell gleichsam klarere wahrzunehmen, z.B. durch die stundenweise Beteiligung an einer Beratungsstelle oder an Volkshochschulangeboten; es wäre schrecklich, wenn im Zeichen einer alternativen Professionalität die Heimerzieher in einen Lebensstatus zurückversetzt würden, der für die sog. grünen Witwen überall versucht wird aufzuheben. Und: Es braucht alle Voraussetzungen - und daran hapert es einstweilen- in bezug auf Heimarrangements, auf Wohnmöglichkeiten und Selbständigkeit in der Arbeit, die eine Verschmelzung professionellen und privaten Lebens möglich machen, so unterschiedlich dies dann im einzelnen gestaltet sein mag.

8. Zum Stellenwert von Heimerziehung in der Öffentlichkeit und der Politik

Daß Heimerziehung und daß vor allem Entwicklung innerhalb der Heimerziehung notwendig ist, ist evident; dies aber kann -den heutigen Regeln einer wissenschaftlichen Gesellschaft folgend- die Öffentlichkeit nur verstehen, wenn das, was in der Heimerziehung praktiziert wird, auch transparent ist. Ein Weg zu solcher Transparenz ist Forschung. Daran aber fehlt es; es fehlt vor allem an jenen Vergleichsstudien, die innerhalb vergleichbarer Kriterien unterschiedliche Angebote in der Heimerziehung darstellen, wie sie unverzichtbare Voraussetzung dafür wären, daß die unterschiedlichen Angebote in ihrem spezifischen Leistungsprofil und ihrem Effekt sichtbar und vergleichbar würden. Hilfreich wären auch in diesem Zusammenhang

Längsschnittstudien über biographische Verläufe, in denen deutlich werden könnte, wie für unterschiedliche Kinder (oder Kinderkohorten) das Leben sich abspielt zwischen Familie, unterschiedlichen Jugendhilfeeinrichtungen und medizinischen oder polizeilichen Interventionen; nur aus solchen biographischen Studien könnten sich, so scheint es, längerfristig Konsequenzen für eine weitergehende Umgestaltung der Heimerziehung ergeben.

Und: Forschung ist das eine, aktive, kräftige Politik ist das andere. Es ist makaber zu sehen, wie gleichsam elektrisiert die Gesellschaft zur Zeit auf bestimmt Formen störender Unruhe, auf Formen öffentlicher Irritation reagiert: also z.b. auf Angriffe gegen Ausländer, auf Straßenkrawalle, auf Übergriffe von Fußball-Fanclubs. Es ist nicht recht einzusehen, warum es nicht gelingen kann, öffentliches Interesse auch an Lebensproblemen herzustellen, die nicht so sporadisch spektakulär, aber deswegen ja um nichts weniger irritierend und schrecklich sind. Es ist bitter zu sehen, wie sehr die Jugendhilfe in ihrer sich einspielenden Professionalität, also in ihrer Akzeptanz innerhalb unseres Versorgungssystems -und vielleicht gerade wegen dieser Akzeptanz- ihre Probleme eher in der Gestalt graue Mäuse vertritt, denen naturgemäß ein allgemeines, öffentliches Interesse nur bedingt zuteil wird. Damit ist natürlich nicht gemeint, daß Jugendhilfe ihre Probleme im Stil von Sensationspresse vertreten soll; dies aber ist auch nicht die Alternative zu unserer so weit verbreiteten, nicht selten ja auch noch durch Larmoyance mit der Arbeitssituation gestützte öffentlichen Zurückhaltung und Unauffälligkeit.

Literatur

BECK, U.: Risikogesellschaft. Auf dem Weg in eine andere Moderne. Frankfurt/M., 1986
Bundesministerium für Jugend, Familie, Frauen und Gesundheit (Hrsg.): Achter Jugendbericht. Bericht über Bestrebungen und Leistungen der Jugendhilfe. Bonn, 1990
GILDER, G.: Reichtum und Armut. Berlin, 1981
GOFFMAN, E.: Stigma. Frankfurt/M.,1967
HEIMANN, E.: Soziale Theorie des Kapitalismus. Theorie der Sozialpolitik. Tübingen, 1929
Internationale Gesellschaft für Heimerziehung (IGfH): Zwischenbericht Kommission Heimerziehung der Obersten Landesjugendbehörden und der Bundesarbeitsgemeinschaft der Freien Wohlfahrtspflege. Heimerziehung und Alternativen - Analysen und Ziele für Strategien. Frankfurt/M., 1977
KORCZAK, J.: Wie man ein Kind lieben soll. Göttingen, 1967
PETERS, F. (Hrsg.): Jenseits von Familie und Anstalt. Entwicklungsperspektiven in der Heimerziehung. Bielfeld, 1988
PETERS, F. (Hrsg.): Professionalität im Alltag. Entwicklungsperspektiven in der Heimerziehung II. Bielefeld, 1993
PEUKERT, D.J.K.: Grenzen der Sozialdisziplinierung. Aufsteig und Krise der deutschen Jugendfürsorge von 1878 bis 1932. Köln, 1986.
RAUSCHENBACH, TH./GÄNGLER, H. (Hrsg.): Soziale Arbeit und Erziehung in der Risikogesellschaft. Neuwied, 1992
SCHELSKY, H.: Der selbständige und der betreute Mensch. Stuttgart, 1976
THIERSCH, H.: Lebensweltorientierte Soziale Arbeit. Aufgaben der Praxis im sozialen Wandel. Weinheim/München, 1992
TREDE, W./WINKLER, M.: Stationäre Erziehungshilfen: Heim, Wohngruppe, Pflegefamilie. In: KRÜGER, H.-H./RAUSCHENBACH, TH. (Hrsg.): Einführung in die Arbeitsfelder der Erziehungswissenschaft. Opladen, 1995, S. 219-234

Spencer Millham

Can the state parent?

Inparentibus: Der Staat als Erzieher

In England existiert seit fünfhundert Jahren ein Fürsorgesystem für Kinder, und lange Zeit basierte es auf der Unterbringung in Heimen. Dies begann sich durch die Erfahrungen im Zweiten Weltkrieg zu verändern, als viele Kinder aus den großen Städten evakuiert wurden, und in der Folge deutlich wurde, wie wichtig die eigene Familie ist, welche traumatischen Effekte die Trennung auslöst und wie stark die Kinder Kontinuität und ein Zusammengehörigkeitsgefühl brauchen.

Diese Bedürfnisse kann staatliche Fürsorge nicht decken (genausowenig wie einige wenige Familien, diese sind jedoch absolut in der Minderheit). Deshalb erließ Großbritannien neue Gesetze zur Kinderfürsorge, die mehr Einfluß auf die Praxis haben, als wissenschaftliche Ergebnisse allein.
Heute ist Heimerziehung in Großbritannien quantitativ rückläufig als auch qualitativ verändert: kürzere Aufenthalte, Kriseninterventionen, Integration in ein Netzwerk kommunaler Leistungen und auch das Angebot sehr spezialisierter Einrichtungen. In dem Children Act von 1989 wird viel an Verantwortung der Herkunftsfamilie zurückgegeben. Man sieht, daß der Staat oder staatliche Einrichtungen nicht das geben können, was die Eltern können – bedingungslose Liebe. Diejenigen, deren Beruf professioneller Umgang mit Kindern ist, sollten das bedenken und die elterlichen Aufgaben mit der Herkunftsfamilie teilen.

1. Introduction

A system of poor relief and child care has existed in England for five hundred years. Indeed there are some who argue that things were better off under Elizabeth the 1st in the 16th Century than they are under Elizabeth II. Based on a system of local taxation and overseen by Commissioners, monitored by Central Government, a Poor Law system as it came to be called, supported the impoverished and housed the destitute very adequately. Unfortunately industrialisation with the movement of populations, the growth of young families and the rise of big cities rendered what was largely a rural poor relief system inadequate. To meet these deficiencies in the late 18th and 19th Century a large number of philanthropic, charity organisations came into being, many were religious and the saving of children both physically and even, more, spiritually was very important. Their focus was usually on the urban poor and children in need tugged at the Christian conscience.

The child care system in the 19th Century had many characteristics, some of which still exert an influence on British child-care. It was to be economical, parsimonious, and the welfare experience was to be cold and basic, to prevent all but the most desperate from seeking help. Those dependent on State care were not to enjoy anything better than that experienced by the poorest, those who remained independent. Entry to care for children was discouraged by the separation of children from parents and they were trained and educated within the Poor Law institutions. Indeed educational provision within residential institutions for poor children in the UK preceded that for all children by nearly a century. It helped maintain and explain the separation between Education Services and Child Care services in the U.K. even today child and adolescent care are under the Department of Health. Education doesn't have a role in child care in the UK - schools just increase the damage done to poor children. Neither do we have a pedagogic system - as you can see we have much to be thankful for in the U.K.!

Both the poor law authorities and the increasing number of philanthropic, charity organisations sought to rescue children from poverty, deprivation and disease, all of which they associated with the fecklessness, negligence and irresponsibility of impoverished parents rather than the results of structural poverty, high mortality and migration. Religious zeal and the saving of the young from moral corruption and for eternal salvation, usually via the beliefs of some particular religious denomination, fuelled these child rescue efforts and attracted funds.

The system of child care was institutionally based, you could clearly see what you were paying for, the residential institution. Because adult provision for a wide range of social casualties was also institutionally based, because much upper class education was also institutionally based, it was natural that residential care came to dominate child care provision. Following the economics of factory production the bigger the institution, the more economic the child care and the aim within the institution was one of self sufficiency. Much of the labour came from the children, under the guise of training them for independence, usually towards menial and service tasks in the outside world, the boys towards our colonies, fishing fleets and armed services, the girls into domestic service. Above all children were not to go home, because deprivation and dependence was viewed as cyclical, as intergenerational, and only separated children, malleable in the religious view could escape this cycle of deprivation and the inter generational repetition of dependence and poverty. If you were poor and delinquent you had an even more uncomfortable time, you were isolated in an industrial and reformatory school, if you escaped the destination of colonies or armed forces, you ended up in prison, which was probably more comfortable. This system survived in essentials right up until the 2nd world war.

Interestingly there are almost no references in the huge archive of child care records in the U.K., built up in the 18th, 19th centuries and well into this century, few suggestions that the role of substitute care provided by the State or the even voluntary charities was to »parent» or to provide »good parenting». Although other aims, as I have just said, abound. Certainly for younger children, parenting is implied, but is usually subsumed into other categories and expectations. For older children obedience, application and respect were at a premium. Hence to castigate our predecessors for failure to parent is to reproach them for things they did not intend in the first place.

2. Parenting

What the general public thinks constitutes good parenting changes rapidly and is influenced by social class, education, religious and ethnic background, it was the religious charity institutions that begin to use parenting images at the end of the 19th Century, mainly for younger children and particularly to raise cash. It is unlikely that the natural parents or the children themselves expected parenting roles to be usurped by those providing care. They expected food and shelter of a rudimentary kind.

This system survived well into this century, in 1900, although the population of the U.K. was about half what it is today, 110,000 children were in poor law institutions, about 60,000 were in charity institutions, and 20,000, mainly boys were in the industrial and reformatory institutions. Then children left the institution at 14 years of age, as I have said, bound for domestic service for the girls, the fishing and merchant fleets for the boys, the armed forces for the fittest and the colonies for the debris, the riff-raff nobody wanted. It is estimated 3% of Canada's labour-force today is descended from Dr. Barnardo's boys and girls, a major English charity whose exporting of children did not cease until the 1950's, this may say something for the children's fertility, making up for time lost in the residential institution. The placing of children in foster homes rather than residential institutions although common practice in Scotland, was very slow elsewhere in the U.K. Even between the wars foster care only reached 1,000 children placed per annum, because such alternative family placements were difficult to find, and without social workers, very difficult to supervise. The residential communities also, particularly in inter-war years made cosmetic adaptations to appear home like and attractive with cottage homes, housefathers and housemothers all developing, trying to be family like. The trouble was that the more child care pretended to be family like, to parent, the easier it became to believe parenting was actually taking place and to loose sight of how complex and demanding parenting is and its strong biological foundation. It also hindered creative thinking about what we should, above all, could provide for separated children. The children were not deceived into believing a new set of parents had arrived, we were.

Indeed children are not deceived; yesterday was devoted at this seminar to the therapeutic community movement, most therapeutic committees in the UK have long since closed because they were expensive, pretentious and, with a few exceptions, quite unwilling to demonstrate any long term benefit for the young people sheltered. I shall use them for an example. I overheard this gem of conversation from the children waiting for the community meeting, always a key moment in the therapeutic day. »What's this meeting for?» said a new boy. »it is where you share your problems with the staff,» said another. »But I haven't got any problems» the new boy replied. Then came a world weary voice, a sad boy from the back of the group. »Well you had better get some problems quick, mate, otherwise you will never get out of here.»

But the Second World War changed child care very radically, it also generally affected residential education for those with special needs. Particularly influential was the mass evacuation of children from the big cities. First their arrival in the safe areas, in the gin & tonic belts of the Home Counties, into the beautiful, snug English villages and cathedral towns so beloved of the travel books, the arrival of the children had a traumatic effect. Three children to a bedroom and if you had room you had to take them, suddenly families who's idea of hardship was cook's day off, found themselves with the separated, poor, undernourished desperate children from the inner cities. One of our aristocrats, who owns a palace which makes Potsdam look like a mud hut, had 150 children arrive in one afternoon. His wife, the Duchess, having had a refusal from the staff to bath the children because it was not in staff contracts, did the job herself. She loved every minute of it. Far from producing protest from the families who now had to look after these children, the arrival of these waifs, refugees, produced a storm of indignation that so many children should be so badly looked after. It was not the responsibility of charity, it was the responsibility of government and, as in so much else, state care had failed.

Formidable English ladies, like rhinoceros's dressed in tweed, made their way to Westminster, they frightened Winston Churchill much more than the Luftwaffe, he made Clement Atlee see them, and the women demanded change. Many of our most distinguished child care figures had their baptism of fire as young women looking after evacuees.

Secondly, and giving the lie to the myth propagated by the poor law authorities, the messages propagated by evangelical child care charities and reformatory institutions over two centuries, was the fact that the poor did care for their children, cared deeply because even before the war ended, poor mothers, all working in munitions and other war work, scraped together the money to bring their children home. Indeed, urged by the charity authorities and others in child care lobby, the government in 1945 envisaged 25,000 children would be unclaimed by their parents after the war ended, stranded by evacuation, in fact only about 1000 failed to go home, usually adolescents who had firmly settled in the country-side. Indeed wives were much more reluctant to reclaim their husbands at the end of the war than their children.

Thirdly, the movement of these children demonstrated other things. Rather than be in residential child care institutions, foster care, the placement of children in families, worked. Evacuation demonstrated its feasibility and it was cheap, and only a minority would not settle. This minority of difficult children became very influential for Dr. Bowlby of bonding fame, Dr. Winnicott, Dr. Anna Freud when she wasn't coping with Dad, Dr. Mia Kelmer Pringle, all had clinics in which those children stressed by separation were helped. Indeed Dr. Bowlby's important paper on bonding to the World Health organisation in 1948 first had its airing in 1938 when no one was at all interested. But the war taught all that separation was traumatic, that its effects could last and key to healthy development was mum, particularly in the early years. So, the scientific evaluation of the effects of our interventions can be traced back to the 1940's.

As the war ended as a result of political pressure, mainly exerted by influential women, a committee of enquiry was set up under Dame Myra Curtis, she was a bit like a battleship or a transvestite Bismarck, her committee reported in September 1946. The report still exercises enormous influence on our child care services. What did she suggest?

1. She recommended the creation of children's departments in each of our local authorities (State) authorities, not under education, but separate. The poor Law was to go in the reorganisation of social security .
2. She insisted on trained social workers at University degree level.
3. She castigated the residential sector of child care, she urged alternative family placements, foster care and that, wherever possible children, should be supported in their own homes.
4. She urged that children should be returned home as soon and whenever possible. If care was necessary young people should be cared for until 16 years of age.
5. Indeed, by implication, she questioned the ability of the State not only to parent but even adequately to care for the child. The Children's Acts of 1948, 1969 and most recently 1989, in stressing the importance of the natural family and the need to share care with them follows this auspicious beginning.

Remarkably, fortuitously and because Winston Churchill and his lack lustre band of mates had been kicked out of office in 1945, a socialist administration led by Clement Atlee, about the only left wing administration we have ever had in the U.K., accepted almost all Dame Myra Curtis' recommendations, except for the State's responsibility for children was raised to 18 instead of 16, as she recommended. It is now 21.

The years following the war also led to a questioning of the State's ability to parent in other ways, even apart from the daily incompetence of the government to manage much else. Although there had long been a tradition of empirical research laying out social problems in the U.K., for example Booth's and Meyhew's studies of the poor in 19 Century cities are good examples, little scrutiny of outcomes of welfare interventions had taken place. But the growth of the social sciences in the University following the war, admittedly a doubtful blessing, meant that there were lots of sociologists, economists, criminologists, all in search of a meal ticket, particularly psychologists, as you know they are always hungry. The age of the research centre had dawned. Hence in the 1960's begins that avalanche of evaluations and research, in criminology, in mental and physical health, in education and in child care. This scrutiny put the nails in the coffin of State care because when you weigh up the UK evidence on the ability of the State to parent, weigh up is an appropriate term because it is heavy enough to sink a ship, then the answer is that the State cannot parent a child or adolescent, indeed once the needs of shelter, clothing and food are met then the deficiencies of State care begin to appear, and they are very cogent. Today in the U.K. research in child care is a big industry and the government takes close notice of what is found.

By 1975 the effects of the 1948 and 1969 Children's Acts were beginning to be felt. It is the law that changes child care practice rather than the endless chatter of academics. Of the 450,000 children for whom help was sought in 1975, 80,000 were in the care of the local authorities in England and Wales and away from home, about 15,000 would have been in residential care. About 2,000 boys under 18 were in custody. Today although referrals have increased, numbers have dropped even more, 50,000 are in care and away from home, about 10,000 in residential care and about

600 boys under 16 in custody. The decline in residential care, also noticeable in our special school system and in our prestigious boarding schools, is quite remarkable.

These numbers entirely cared for by the State represent a drop by nearly a half in a few years. Interestingly, during this time, in the USA children entering State care has more than doubled. Residence has not only declined, it has changed, it has either become short stay, emergency provision, such as hostels, integrated into a network of community services: or it has become very specialised. The middle area of provision, long stay children's homes, the reform schools, the assessment units have largely disappeared. In 1970 there were 30,000 care cases in residence and 10,000 in reform schools, now 12,000 for both, a drop from 40,000 to 12,000 these children are older, more difficult, girls now form a high proportion than they did although still in a minority.

It is important to note that the alternative to residential care has not been foster care, as is so often said, although interesting foster care experiments exist, the alternative to separation in State care is keeping children in the family and community. Although the proportion of children fostered has grown, in actual fact the number of children in foster homes has fallen.

The research of the past 30 years has clearly demonstrated the difficulties the State faces in parenting.

1. Any alternative to the family and to the natural parents of the child finds difficulty in providing »unconditional love», the sort of love which says »Dear boy, you have crashed the car four times this year, you dropped out of school, haven't got a job, I don't like your girlfriends, who spends most of the night here, but I love you!» »Here is fifty dollars» to help you get along. Love which is unconditional and partisan is difficult to come by outside the natural family. In the same way young people need to be caressed, cuddled, Mia Kellmer Pringle once said to me she hated visiting deprived children away from home because they were »touch hungry». Unfortunately because of the spectre of child abuse there is not much touching or caressing in child care today, unless it is of course among the children themselves, when for public accountability reasons, residential institutions feel obliged to control and explain sexual behaviour which most wise parents with adolescent children have learned not to notice.

2. When a child or adolescent enters State care, the shift is from personal responsibility, that exercised by the parent, to that of corporate responsibility, that exercised by the State. A variety of people, most of them unseen, exercise responsibility. Thus a personal, special commitment is very difficult to fashion in State care. In residential care the organisation precludes a special relationship. Yet it is partisan, special, long suffering and marked by reciprocal commitment that is the essence of parenting.

3. Children, need continuity and a sense of belonging. Foster care and residential care do not provide it. Between one quarter and one half of foster care placements break down. Although breakdowns in residential care is less common, children move in and out of residential care and staff in residential care are mobile and do not stay long. Hence belonging and continuity are not provided by State care.

Neither does adoption entirely change the scene, while in the U.K. only about 3% of children entering care are adopted, failure in adoption markedly increases once you move out of infancy. Among the 7-10 year old collapse is running at about 30%, after 10 years of age, if you are adopted later you have a 50/50% chance of success. In the words of Oscar Wilde's Lady Bracknell, who was a stupid opinionated sort of dragon, »To loose one parent may be classed as a misfortune, to loose two parents smacks of carelessness.« Adoption can be difficult, especially for older children, but long term foster placements collapse even sooner. Some very damaged children, long in care, will have had many placements, ten or more, and the waiting period for a placement may be long even for a very young child. For example the average wait for a child freed for adoption by a court in the U.K., giving power to the State to find suitable adoptive parents, is three and a half years. Research has also shown that if you stay in care for two years or more and away from home, although most children go home quickly, you will experience considerable movement, four or five movements of placement are not uncommon. Hence the permanency so desired by Anna Freud, Maluccio and others is very difficult to achieve, planning for it impossible and permanency is much more likely to be achieved through the parents and wider family than outside it.

The longer the child stays away from home, the more tenuous and weak, become the links with natural family and parents. It became abundantly clear from our work that children were happier, functioned better psychologically, socially, educationally, above all were happier, if they remained in contact with their parents, this was true whether they were going home or not. Only in the case of the very young was there any justification for a clean break.

Thus the State as parent cannot provide the unconditional love, the sense of belonging, the continuity and security, the unfolding identity and sense of career that children need. Sadly I accept a minority of families cannot either. This inability of the State to parent is graphically illustrated by where children and young people go once we have finished with them. They go home. If you track the outcomes of children leaving a wide range of welfare provision, by 18 years of age, 82% will have returned to, although not necessarily settled with, the natural family. If you ask them at 25 years of age where they have spent most time in recent years, 92% mention their families. These may not be very satisfactory reunions but for many young people it is all they have got. At any one time 80% of our abused children are at home, of those on care orders, 60% will be at home, 95% of young delinquents remain in the bosom of their families. If you leave home for care, you are likely to go back quickly even if you are a young murderer, rapist, arsonist, armed robber, left or right wing terrorist when you come out you go home. This is slightly more true of boys than girls.

Now you may say these figures merely demonstrate how bad English child care is. But the country's expenditure per capita on its deprived children is among the highest in the world, it has an excellent social services organisation and millions are spent on research each year. I suspect if research into child services had a similar high priority in other countries, then similar depressing figures would emerge. Many governments in the European Community and North America do not know what is going on in child care because they don't want to know. However, I am conscious that I am supposed to be talking about lessons from history. But I would stress these findings are history, because the 1989 Children Act in the UK based firmly on research evidence, abandons any idea of the State as good parent and thrusts responsibility back toward the natural family. In the U.K. the idea of the State as parent has gone for good.

3. What does the 1989 Act do?

1. The Act greatly reduces the compulsory takeover of the rights of parents. Parents and children have considerable power over what and when things should happen. Their views have to be accommodated. It gives parents and children, separately, rights of representation and appeal to the highest level, and they are using their rights.
2. No legal order can be made unless social workers can demonstrate that what is proposed is better than not making an order. You have to demonstrate »significant harm» will befall the child without action. With many cases this is very difficult to demonstrate, particularly to ensure things will be better.
3. The stress is on sharing with parents, on partnership, on participation, encouraging voluntary co-operation rather than enforcing it. The act rolls back the power of the State and its role of all knowing, providing parent.

The working of the new legislation has markedly reduced admissions to care and most children are cared for on a voluntary basis. It has kept all but the most extreme cases out of the courts. Above all, the voluntary agreements mean that parents can withdraw their children at any time, thus professionals have suddenly become consumer conscious, under an obligation to deliver a good service and maintain high standards.

References

BERRIDGE, D. and CLEAVER, H.: Foster Home Breakdown. Oxford, 1987
BRIDGELAND, M. and MCCANN, W.: Pioneer Work with Maladjusted Children. 1971
BULLOCK, R., LITTLE, M. and MILLHAM, S.: Going Home; The return of children separated from their families. Dartmouth, 1993
FRATTER, J., ROWE, J., SAPSFORD, D. and THOBURN, J.: Permanent Family Placement. London, 1991
MILLHAM, S., BULLOCK, R. and CHERRETT, P.: After Grace - Teeth; a comparative study of the residential experience of boys in approved schools. 1975
MILLHAM, S., BULLOCK, R., HOSIE, K. and HARK, M.: Lost in Care, the problems of maintaining links between children in care and their families. Gower, 1986
PACKMAN, J.: The Child's Generation. Oxford, 1976
PARKER, R.A.: Away from Home. 1990
PINCHBECK, E. and HEWITT, M.: Children in English Society. 1973
TITMUSS, R.: History of the Second World War. London, 1976

Eugeen Verhellen

The Convention on the Rights of the Child

Die UN-Konvention zu den Rechten des Kindes

Der Beitrag beschreibt die historische Bedeutung der Deklarierung der Kinderrechte durch die UN-Menschenrechtskommission am 2. September 1990. Er skizziert die fundamentalen Entwicklungen, die zu ihrer Ratifizierung durch 187 Staaten beigetragen haben: Zum einen die Veränderungen des Bildes von Kindern in der Gesellschaft in den letzten 20 Jahren und zum anderen die weltweite Entwicklung der Menschenrechte seit dem Zweiten Weltkrieg.

1. Introduction

The Convention on the Rights of the Child was adopted by the UN General Assembly on November 20th 1989, exactly 30 years after the adoption of the Declaration of the Rights of the Child, and 10 years after the International Year of the Child. This anchored the moral obligation, enshrined in the 1954 Geneva Declaration and the 1959 Declaration on the Rights of the Child, in so-called hard law. The protection rights in these declarations were rephrased in much more practical terms, and children were no longer regarded as beings who are »not yet« (adults), but as fully-fledged individuals with their own meaning-making. The Convention led to the first faltering steps towards recognising children »as human beings«.

Less than one year later, it entered into force on September 2nd 1990. At the moment 187 states have already ratified it. The Convention can be regarded as a historic milestone. On the one hand, it is the culmination of a difficult struggle over a decade, aiming at improving children's situation in society, on the other, it is the beginning of a new way of dealing with children. Hence a new child-image gains in strength - an image which assumes that children are to be regarded as individuals with fundamental human rights, and is reflected clearly in recent (draft) legislation and case law. Human rights have now formally been granted to children. Enshrining these rights in positive law is, however, not the end of the matter. Central to the debate is the relationship between the law and education. Educational science, teaching us how to deal with children, is all about human (children's) rights.

The Convention did not appear out of the blue, however. For some considerable time there had been a great deal of controversy about our relationship with children. Why? There are many explanations. In the brief space of this article I shall attempt to describe two fundamental developments: on the one hand, our child-image which has been undergoing change over the last decade and, on the other, the development of a more global human rights project since World War Two. Finally, I shall run over the main issues dealt with in the Convention.

2. Our changing child-image

In essence one can say that until about the end of the Middle Ages there was little or
no social awareness of children as a social group. As a separate social category they
did not exist at all. Given very high mortality until they were six or seven, their main
task was to try and survive. After this age, they disappeared into the world of adults.
This was reflected in the law: children simply did not exist, and where they did, they
were regarded as their father's private property and... treated like any other goods.

We had to wait until the Enlightenment (18th century) with its belief in the
supremacy of Reason, before children were discovered as a social group. Since then,
they have been considered the »future makers« of the Enlightened Society. They
became tomorrow's »riches and prosperity«. This stress on »the future« and »progress«
turned children into »not yet« human beings: they do not yet know, are not yet able
to, are not yet. Their master status became one of not-yet-being, and as such they
came to be regarded as a separate social category. Or as JANUSZ KORCZAK, the great
Polish-Jewish Paediatrician, put it at the beginning of the century, because of this
dictate of the »future« children gradually lose their »right to the present«. Specific
laws and institutions were invented to force the new enlightened moral tasks on children and those responsible for them (parents).

At the beginning of the 20th century, practically simultaneously, in quite a few
Western countries »child protection laws« (social control) and »compulsory education« (socialisation) were introduced. This far-reaching macro-social definition had
numerous consequences for children:

- these specific laws and institutions at the same time excluded children from the
  world and locked them up in a world of their own. They ended up in a kind of
  limbo, where they had to wait, learn and prepare themselves for »real« life;
- children became more and more the property of the state and less and less the
  private property of their father/parents. They were turned into objects by a macro-
  social process designed to achieve the ideal society of the future.

This is the child-image with which we enter the twentieth century. In fact it has been
further reinforced, and children's stay in limbo (the period of their not-yet-being)
extended. In some European countries this period of not-yet-being has even been
extended beyond the age of majority.

National legislation reflects this status of the child as object, also found in
international rules. The 1924 Geneva Declaration particularly, and, to a lesser extent,
also the 1959 Declaration on the Rights of the Child regard the child not as subject
but as object. This is clearly demonstrated by the terminology used: »The child shall
be given...«.

However over the last few decades, things have changed. The year 1962, when
H. KEMPE launched the notion of the battered child syndrome, can be considered a
turning point. The status of not-yet-being was finally challenged for a variety of
reasons by different people from various sectors and levels of society.

The main aim of the school of thought which became known as the Children's
Rights Movement was to have children considered as fully-fledged citizens. They
argued for children to be regarded as individuals with their own human rights and as

competent to exercise them independently. This was new. Indeed we must not forget that the Universal Declaration of Human Rights (1948) does not regard age as a criterion for discrimination. In fact over the last few years there has been a growing consensus that children should to be regarded as individuals. There is, however, still a lot of controversy about their (legal) capacity to exercise their rights independently. The most fundamental, recurring argument against autonomous rights for children is their supposed incompetence to take well-founded decisions. According to this view children are not sufficiently mature physically, intellectually and emotionally and they lack the necessary experience to make a rational judgement on what is and is not in their interest. In the debate on children's rights, a central role is in fact played by this competence argument. Its validity, soundness and relevance are disputed. However, even among advocates of increased competence for children there are a variety of trends, deriving from the position taken in this debate.

2.1 A reformist trend

First of all there is a trend which regards the arguments in favour of incompetence as valid, but is of the opinion that our society seriously underestimates children's capacity to take well-founded, rational decisions. The supporters of this view feel children acquire this capacity much younger than is generally assumed, and that this capacity is gradually acquired. Hence they argue in favour of lowering the age of majority and of the gradual acquisition of rights by children (see e.g. Resolution 72 (29) on the lowering of the age of full legal capacity, adopted by the Committee of Ministers of the Council of Europe on 19 September 1972)

2.2 A radical trend

The children's liberationists, on the other hand, dispute the validity of the incompetence arguments on moral grounds; their basic principle (the highest moral standard) is equality of all people. Any form of discrimination, including therefore discrimination on the basis of age, is considered morally wrong. To them granting children all human rights is the only solution (this approach is found mainly in the Anglosaxon Free School Movement; see inter alia: ADAMS, 1972; COHEN, 1980; FRASON, 1974; GOODMAN, 1960; GOTTLIEB, 1973; GROSS, B. AND GROSS, R, 1977; HOLT, 1975).

2.3 A pragmatic trend

A third trend is increasing importance. Supporters of this trend wonder why it would not be possible, in practice, to grant children all civil rights, including the right to exercise them autonomously, unless it can be proven they are incompetent to exercise certain rights, and there is general agreement on this (»children have all rights unless...«) (see e.g.: ROSS, 1982; WORDFOLD, 1974). Experience with adults shows this is perfectly possible. The main advantage compared to the present situation would be that the burden of proof is reversed. At the moment children are in a much weaker position because the burden of proof lies with them. They have to demonstrate they are entitled to self-determination (children have no rights unless...).

The outcome of the debate on competence ought to be that it is essential that children's right to self-determination be recognised in order to make them more competent and not the other way around: that their right to self-determination be (gradually) recognised because (step by step) they have gained more competence.

Therefore the present situation has become somewhat confused and, at times, even paradoxical. Indeed our relationship with children is still based on the dominant child-image, while, simultaneously, the new one is gaining ground. The Convention on the Rights of the Child reflects this situation. »The child shall have the right to...« is a new form of words, referring directly to the child as subject. The Convention also grants general human rights in its articles 12-16, 12 being a key article, recognising the child as a fully-fledged participant in society.

3. The human rights project

The right to participate in democratic decision-making, to self-determination and to exercise rights independently are important human rights. The ontological view is that children as human beings are entitled to all human rights. Human rights have therefore become a point of reference in the debate on children's situation in society. From this point of view, granting children's rights to children too forms part of much wider changes which began to take effect internationally especially after World War Two.

3.1 Internationalisation

At first human rights were to be found in the legislation and constitutions of most Western countries. Although the ideas had gained international acceptance, human rights remained a matter for national concern. The League of Nations (1920) was the first real attempt at internationalisation. Its major concern, avoiding the recurrence of war, is characteristic of a mainly re-active (defensive) approach: avoiding human rights abuses. This is exemplified by the Geneva Declaration adopted by the League of Nations in 1924. It would take until after the Second World War for the internationalisation of the human rights project really to take off, with the setting up of the UN (1945). This also involved a change of course, since as of now a pro-active (offensive) approach predominated. In fact, the UN Charter (the international community's constitution) not only mentions human rights explicitly, but emphasises that respect for human rights is the best guarantee for peace and democracy. In other words, people had started dreaming of a more democratic world order. This meant not only fighting human rights abuses, but making efforts to improve people's living conditions. In this way for the first time human rights were tackled pro-actively and received an international base in law, as in the Universal Declaration of Human Rights, approved on December 10th 1948. In 1966 the Universal Declaration was further elaborated in two separate covenants: the international Covenant on Economic, Social and Cultural Rights and the international Covenant on Civil and Political Rights.

Subsequently more and more declarations and treaties have been adopted which concern on the one hand specific groups (children, women, refugees, the stateless, workers, ...) and on the other specific problems (genocide, war crimes, torture, racial discrimination, ...).

Besides universal instruments there are also regional human rights instruments. They are adopted by and on behalf of extensive areas (Europe, Africa, America) where there is, theoretically at least, a greater degree of cultural identity. In fact, the ambition of achieving universal human rights, assuming this to be possible, often leads to vague and imprecise wording (in order to achieve a consensus), making it difficult to turn these rights into positive rules, precisely defined (for the purposes of the law). The best-known and most influential instrument in Europe is the European Convention on the Protection of Human Rights and Fundamental Freedoms, in force in the 33 members states of the Council of Europe.

3.2 Three generations of human rights

Modern ideas on human rights gradually evolved as of the eighteenth century. The first generation of human rights came about mainly through the American (1776) and French (1789) revolutions. We are thinking here mainly of the Declaration of the Rights of Man and of the Citizen (1789), which contained traditional civil and political rights, such as the right to freedom of opinion, freedom of the press, the right of assembly, the right to life, etc... They could be described as the first defensive weapons against sovereign rulers. The state is to abstain from interference in the (private) life of its citizens.

The second generation of human rights displays a far more aggressive attitude to the state. Abstention from exaggerated interference (first generation) is now complemented by an urgent appeal to a sense of social responsibility on the part of the state. Recognising economic, social and cultural human rights (right to a minimum income, work, health care, education, leisure, ...) means the state has to act. The second generation, dealing in essence with social justice, was enshrined in legally binding texts for the first time in the Russian Constitution (1918).

In the last few years, there has been more and more talk of peoples' rights, a third generation of human rights. Here we are dealing with so-called solidarity rights, such as the right to peace, a healthy environment, cultural integrity, self-government, etc. Debate about the actual shape and content of these new rights is still going on. For instance, in the summer of 1992, under the auspices of the UN, a world conference on the environment and development (UNCED) took place in Rio, resulting, inter alia, in international texts containing rules on to third generation human rights.

3.3 From a moral code to a legally binding instrument

Rapid translation of declarations into legally binding treaties (sometimes called »hard law«) is also extremely important. The first far-reaching international treaty was adopted as early as November 4th 1950 in Rome: the »European Convention on the Protection of Human Rights and Fundamental Freedoms« (the ECHR for short). It entered into force on September 3rd 1953. All 33 member states of the Council of Europe have signed and ratified it.

The ECHR deals mainly with the political rights of freedom and equality contained in the Universal Declaration. Implementation of the ECHR is monitored by the European Commission of Human Rights and the European Court of Human Rights, both in Strasbourg. The Commission examines complaints by both states and individuals of infringements of provisions of the ECHR. If it proves impossible to find an amicable settlement in cases between individuals and states, the Commission has the option of taking a case to the European Court, which gives a ruling. Proceedings can only be instituted at the European Court provided alternatives offered by national legal systems have been exhausted. The Court's rulings are binding on member states (e.g. the Bouamar and Marckx rulings on minors). In this sense the ECHR is the very first binding human rights instrument.

Besides the ECHR and the European Social Charter, in this context we also have to mention the extremely important treaties adopted by the UN in 1966: the International Covenant on Economic, Social and Cultural Rights and the Covenant on Civil and Political Rights. This treaty provided an interstate right to complain against infringements of the Treaty: an additional, optional protocol establishes an individual right to complain. The UN Committee on Human Rights is in charge of international monitoring of this treaty. The Committee is made up of 18 independent experts, who deal with reports submitted by states on steps taken to implement the treaty, and with notification of infringements under the terms of the Optional Protocol. These Covenants round off translation of the content of the Universal Declaration into legally binding rules. They can therefore be considered the most important human rights instruments.

Although in principle the ECHR and the UN Covenants should also apply to children (and practical application of the Covenants to children has only just begun), in 1989 the international community decided to draw up a separate Convention on the Rights of the Child to be approved and ratified by the member states of the UN. Again a legally binding instrument.

4. The UN Convention on the Rights of the Child

Events surrounding the UN Convention on the Rights of the Child reflect wider changes in society. In fact, in the last few decades there has been growing support for giving children a fully-fledged position in society. Moreover the concept of human rights was introduced in the debate surrounding this issue: »Children are people, therefore they are entitled to all human rights«. However the debate on their (legal) competence to exercise these rights independently is not yet over and questions often are raised as to the usefulness and/or necessity of a separate convention on the rights of the child.

The consequence of all of this is that the present situation is rather confused. On the one hand our old child-image is as forceful and dominant as ever, while on the other children are regarded as entitled to human rights. It is therefore not surprising that in the new Convention on the Rights of the Child, adopted in 1989, we find both (opposing) child-images. The reader will notice how this essential question (do human rights apply to children as well?) hovered in the background throughout the whole genesis of the UN Convention on the Rights of the Child (see: PRICE-COHEN, 1992).

4.1 Content of the Convention

The text evolved from a declaration (1924) made up of a preamble and five points, to a declaration (1959) with a preamble and 10 principles, to a convention (1989) with an extensive preamble (13 paragraphs) and no less than 54 (!) separate articles (see annexe). The preamble contains the main principles of the Convention. The articles can be subdivided into three main parts:

1 art. 1-41: the substantive articles, defining the rights of the child and obligations on states parties ratifying the convention.
2. art. 42-45: procedures for monitoring implementation of the Convention.
3. art. 46-54: formal provisions governing entry into force of the Convention.

Below we shall briefly examine the content of the preamble and the three parts of the Convention.

§1 Preamble

A preamble explains the background to, and the reasons for, the convention. Hence the preamble does not contain binding principles, but gives a frame of reference, in the light of which the articles are to be interpreted. The preamble to the Convention on the Rights of the Child refers to:

- the principles of the UN Charter (1945), the Universal Declaration of Human Rights (1948) and the international Covenants on Human Rights (1966);
- the conviction that families should be afforded special protection, and that children should grow up in a family environment, in an atmosphere of happiness, love and understanding;
- the conviction that the child should be brought up in the spirit of the ideals proclaimed in the UN Charter, and in particular in the spirit of peace, dignity, tolerance, freedom, equality and solidarity;
- bearing in mind the need to extend particular care to children, as stated in the Geneva Declaration on the Rights of the Child (1924), and the Declaration of the Rights of the Child (1959), as recognised in the Universal Declaration of Human Rights (1948), International Covenants on Human Rights (1966), several other conventions and the statutes of specialised agencies and other declarations (such as the 1985 Beijing Rules on the Administration of Juvenile Justice);
- recognition that there are children living in exceptionally difficult conditions, and that such children need special consideration;
- the importance of tradition and peoples' cultural values in protecting children and ensuring their harmonious development;
- the importance of international co-operation.

§2 Rights guaranteed by the Convention

The rights guaranteed by the convention are covered by articles 1 to 41. Here we find all those individual or operational articles dealing with the rights of children or others' obligations to them. Considering each article separately would be too much. Furthermore, a subdivision of rights into different categories would be in breach of the spirit of the Convention, which makes no distinction between the different rights, and establishes no hierarchy. Indeed, the intention of bringing them all together in one comprehensive instrument was precisely to indicate that they were all equally important and even interdependent. In other words, no one of these rights can stand alone.

A. General provisions

First of all, in article one we find the definition of the child: »For the purposes of the present Convention a child means every human being below the age of 18 years«. This text also contains the extremely complex and delicate procedure, for reconciling opposing views on protection of the child before birth (explained in the preamble with a text between inverted commas). It is debatable, of course, whether an international convention, involving 159 countries, is a suitable instrument for attempting to agree on an issue which still causes division within many countries.

We must also mention article 3, which states that the best interests of the child must be the primary consideration in all decisions concerning the child, and that the state must provide appropriate assistance if parents, or others legally responsible, fail in their duties. In this context, articles 5 and 18 are also extremely important. Article 5 stipulates that states undertake to respect the right and responsibility of parents to provide direction and guidance in the exercise by the child of the rights recognised in the Convention. In addition, article 18 states that both parents are jointly responsible for the upbringing and development of the child. The state undertakes to render appropriate assistance where necessary.

B. Possible subdivisions

1. Traditional subdivision of human rights

The rights of the child, recognised by the Convention, can be subdivided in five headings in line with the traditional classification of human rights:

a. Civil rights

In general, these correspond to the rights recognised by the first 18 articles of the Universal Declaration of Human Rights (1948). Examples are the right to a name and to acquire a nationality (article 7) and the right to an identity (article 8); the right to life (article 6) and the principle of non-discrimination (article 2). But there are also the so-called »integrity rights«, such as the ban on torture (article 37), the right to protection from physical violence (articles 19 and 34); from arbitrary arrest (articles 37 and 40), the right to privacy (article 16), ...

b. Political rights

These cover freedom of opinion (article 12), freedom of association (article 15), freedom of opinion, religion and conscience (article 14), freedom of access to information (article 17). Note should be taken that in the Universal Declaration the heading Political Rights also covers the right to vote and the right stand for election.

c. Economic rights

Article 4 states in general terms that states parties shall take all appropriate legislative, administrative and other measures regarding economic, social and cultural rights. More specifically this involves the right to be protected from exploitation (articles 32 and 36).

d. Social rights

Again article 4. This heading also covers the right to education (articles 28 and 29), health care (article 24), and social security (article 26).

e. Cultural rights

In addition to article 4 once again, in this context, we need to mention article 31, recognising the right to rest and leisure, to engage in play and to participate fully in cultural and artistic life. The rights recognised by the Convention clearly coincide with traditional human rights.

2. Subdivision according to objectives

The Convention has 3 main objectives:

a. Right of Self-determination

A number of universal human rights are now explicitly recognised and therefore confirmed as applying to children. This was uncontroversial in the case of certain rights, such as the right to protection form torture. Others were much contested (see above on debate during preparation of the Convention).

b. Right to protection

The Convention contains a number of provisions addressing the special needs of children and especially of their vulnerability, e.g. conditions of employment for children (article 32). A number of these provisions impose more stringent requirements in the case of children than general human rights instruments.

c. Specific rights

There are rights which apply specifically or even exclusively to children: the right
not to be separated from their parents (articles 9, 10 and 11), and provisions regarding adoption (article 21). The best example under this heading is article 31, recognising the right to engage in play. The Convention also aims to afford protection for
specific categories of children: refugees (article 22), handicapped children (article
23), minorities (article 30) and children caught up in armed conflicts.

3. The three P's

It is possible to subdivide in other ways, e.g. one commonly used, the 3 P's.
*   Provision: rights providing access to certain goods and services (education, health
    care, ...);
*   Protection: the right to be protected from certain activities (maltreatment, exploita-
    tion, ...);
*   Participation: the right to act in certain circumstances and the right to participate.
Each subdivision throws a different light on the Convention. The first demonstrates
that children have very few political rights. The three P's approach shows that the
lion's share of their rights are to social services and protection. If one looks at the
Convention from the point of view of its objectives, the right to self-determination is
placed at the forefront.

It is also important to note article 41, which states that if provisions of the
Convention coincide with those of other international laws, or the laws of states
parties, it is in all circumstances those provisions offering the highest standard which
shall take precedence.

4.2 Entry into force and monitoring

Although the articles on monitoring (articles 42-45) and entry into force of the
Convention (articles 46-54) are obviously an integral part of it, we will deal with
them separately from the substantive articles. This should not, however, be regarded
as an implication that they are of less importance, as we shall soon see.

§1 Entry into force

A convention can only become legally binding after certain conditions have been
met. These conditions are indicated in the Convention. The Convention on the Rights
of the Child, like other such texts, had also to complete the essential procedure of
ratification by states parties. Ratification is the legal procedure, whereby the competent body of the state party - in most cases its Head of State - confirms the international agreement and accepts the obligations it imposes. Ratification involves a
number of steps.

It goes without saying that the convention must first of all be adopted. The
Convention on the Rights of the Child was adopted by the UN General Assembly on

20th November 1989, whereupon it was opened for signature, ratification or accession. Owing to active lobbying by the NGO Group which had already been closely involved in drafting the text, during the official ceremony in New York on 26th January 1990 the Convention was immediately signed by 61 countries. In accordance with article 46, the Convention remained open for signature by other states.

However, signing a Convention entails no more than a moral obligation. By signing it, the state indicates its intention to ratify the convention and hence to take all necessary steps in line with national legislation. The state also accepts a moral obligation not to take measures in breach of the convention in the period between signature and formal ratification.

Obviously formal ratification is the more important step. In the case of the Convention on the Rights of the Child, instruments of ratification are lodged by States Parties with the UN Secretary General. Article 49, 2 states that the Convention shall enter into force in a particular country on the thirtieth day after that state lodges its instruments of ratification. Furthermore article 49, 1 states that the Convention will enter into force only on the thirtieth day following the date on which the twentieth set of instruments of ratification is lodged. Again owing, in part, to intensive lobbying by the NGO's, this minimum number was quickly reached, and on September 2nd 1990 the Convention officially entered into force. Since that date it has been ratified by 187 countries. Obviously the Convention remains open for accession by other states even now.

As we have said, after formal adoption of the Convention, the NGO Ad Hoc Group members began lobbying to speed up ratification (to reach the number of 20 ratifications as soon as possible). UNICEF and DCI played an important part in this process.

Article 51 stipulates that states are allowed to enter make reservations on ratification, although reservations incompatible with the object and purpose of the Convention are not permitted. It is also important to note that states parties may propose amendments. Any amendment adopted by a majority of states parties shall be submitted to the UN General Assembly for approval. When accepted by a two-thirds majority of states parties, amendments become binding only on those states parties who voted in favour (see art. 50).

§2 Monitoring

We have already said that conventions are so-called »hard law«, in other words legally binding. When a state joins a convention (i.e. ratifies it), it enters into an international agreement with the other states parties. Along with the others, it accepts the obligation to put into practice the provisions of the convention. The legal principle »pacta sunt servanda« therefore also applies to international treaties between states.

A problem arising here, as in other areas of international law, is monitoring. Because there is no supra-national body (yet) effectively monitoring implementation of international law, each convention contains provisions on monitoring. In fact, if there is no provision for effective monitoring of a convention, it remains binding only on paper. Each convention being only as effective as its monitoring system, the

Convention on the Rights of the Child also provides its own system to ensure implementation by states parties.

The Convention provides for monitoring of implementation to be carried out by a special body, the Committee on the Rights of the Child (articles 42-45). The Committee - made up of ten independent experts - is to monitor »progress made by states parties in achieving the realisation of the obligations undertaken in the Convention. For this purpose, within two years after ratification (and thereafter every fife years) states parties have to report to the Committee on the rights of the child in their country (article 44, 1).

Moreover the authors of the Convention on the Rights of the Child opted for advice and assistance to support implementation, in order to achieve one of their main objectives: bringing about a »positive« monitoring climate. Thus, in their reports, states parties can request technical advice and assistance to enable them to apply certain provisions of the Convention. This was meant to turn reporting into an active means of improving children's situation rather than just a passive means of monitoring implementation.

4.3 Normative value

As we have already said, most international conventions require transposition into national legislation, since they are binding only on states parties and not on their citizens. Directly applicable international conventions (such as the ECHR) are an exception to this rule: they can be invoked directly in national courts, without the need for national legislation.

We have already discussed the fact that the text approved in 1989 is a convention: unlike the 1959 Declaration, it is therefore binding on states parties, who have an obligation to implement the Convention within their own borders. If necessary, they must take legislative measures.

The situation is different when individual citizens attempt to enforce rights guaranteed by the Convention in a national court. This is where the question arises of the Convention's direct effect, i.e. its self-executive nature, arises. Whether the Convention can be applied directly depends on a number of factors, including some outside the Convention itself. First of all to be directly enforceable in a national court the Convention must have been ratified. Therefore ratification of the Convention is important both in a national and in an international context. Secondly, the state involved must have recognised the principle of direct applicability of international conventions in its own legislation. States recognising this principle can express this in different ways. Finally, the convention has to be suitable for direct application.

Therefore, to find out whether individuals can directly invoke the Convention on the Rights of the Child, we must examine the text more closely. If a convention is to be directly applicable, its content must meet a number of conditions, e.g. it must be clear and comprehensive. If the text requires further elaboration before it can be used in a national court, this is work to be done by the national legislator.

Subjective rights guaranteed by the Convention will therefore be closely studied in every state party to determine whether they can be invoked directly. Because the terminology used in convention texts varies considerably, we must now take a closer look at terminological differences.

4.3.1 Binding declarations

In the Convention there are a number of provisions which are obviously legally binding. These are the provisions which can be invoked in court in those countries which recognise the Convention's direct effect. The text's binding nature comes out in expressions such as »recognise«, »undertake«, »respect«, »ensure« and »guarantee«. These expressions are used mostly in articles which confirm existing rights or freedoms (e.g. the non-discrimination principle in article 2).

4.3.2 Statement of intent

Provisions containing expressions such as »ensure«, »promote«, »encourage«, »use their best efforts«, »strive« are to be considered statements of intent rather than binding measures.

4.3.3 Appropriate measures

Many provisions refer to undertakings by states parties to take »appropriate« measures. Terminology may even vary: »appropriate measures«, »appropriate legislative and administrative measures«, »appropriate legislative, administrative and other measures«, etc.

The Convention on the Rights of the Child contains provisions referring both to first generation human rights and to those of the second generation. Hence the differences in terminology. Binding provisions refer to traditional first generation freedoms. They impose bans on states, requiring them to abstain from doing certain things. Provisions governing social, economic and cultural rights refer to positive obligations on states, which undertake to do certain things. These are so-called »appropriate measures«. We find the same terminological distinction between first and second generation human rights in other human rights instruments. The 1966 Covenant on Civil and Political Rights, for instance, contains mainly binding provisions, while the Covenant on Social, Economic and Cultural Rights refers mainly to intentions.

Attentive readers will have noticed that in some cases the three terminological categories appear in one and the same article. In the case of economic, social and cultural rights, for instance, there are both expressions entailing obligations for states parties and others calling for appropriate measures to be taken. We find the same combination in articles covering special categories of children. Where the Convention deals with specific rights, we find both declarations of intent and legally binding expressions.

Very often in the end it is case law which determines whether certain provisions can be invoked in national courts by individuals.

There is in fact not the same enthusiastic reception everywhere for the idea that the Convention should be directly enforceable. First of all, there are very few provisions which can be enforced directly. Secondly, those provisions which are binding seem to do very little more than reconfirm rights and freedoms already enshrined in other conventions: in other words they add nothing.

There is nothing wrong per se with reaffirming existing rights in a new convention. Indeed, in certain cases, provisions in the Convention on the Rights of the Child may shed new light on existing rights and freedoms. The Convention does not, of course, exist in a legal vacuum, it is quite possible to invoke the Convention on the Rights of the Child together with other conventions. In this way, the Convention on the Rights of the Child can make an important contribution to legal practice. Fundamental rights, translated into national law can be refined and added to on the basis of its provisions. Article 12, quoted many times in this book, giving children the right to express their views in all matters which affect them, is an example of such a possible case.

Much depends on the willingness and creativity of lawyers and magistrates in making the Convention enforceable by individuals. In this sense, the theoretical debate on the Convention's normative value can lead to practical application of children's rights, through accurate and careful interpretation of the Convention. Case law is expanding rapidly in a number of countries, offering hope for the future.

5. Conclusion

If children were regarded as people, and it was therefore regarded as normal for human rights to apply to them, there would be no problems. In principle all human rights conventions would also apply to children. A separate convention on children's rights would be superfluous, because children could refer to existing instruments to assert their rights. However this is not the case.

If children's competence were generally recognised, it would be sufficient to add »age« as a non-discrimination criterion to existing human rights instruments. Article 14 of the ECHR, covering non-discrimination, offers ample possibilities to do so: the text contains a reference to »other status«, which could also be read as meaning »children«. Were the European Court or the European Commission for Human Rights to interpret or use article 14 in this way, the controversy over human rights and children would be considerably closer to being resolved. So far, however, this has not happened.

New universal and regional children's rights instruments are still being drafted while, simultaneously, both in law and in the courts, children's rights are gradually being integrated into existing human rights. The Convention on the Rights of the Child does not state explicitly that human rights apply to children. However, for the first time in history, it does grant a number of fundamental human rights to children (articles 12 to 16). This recognition of fundamental human rights for children is an important new element in the debate on children's right to self-determination.

The debate on the distinction between human rights and children's rights is clearly still in its infancy. The Convention is not the final word, but only the beginnings of a solution, though at the same time it is an important strategic factor giving new impetus to the debate. Generally, it is assumed human rights »in principle« also apply to children, but there is no agreement on the principle of children's legal competence. In other words, the fundamental friction between separate children's rights and general human rights will be with us for some time to come.

Our changing child-image and the fledgling (even threatened) exploration of the human rights project appear to demonstrate growing respect for children. I am convinced that re-acting to deficiencies in our relationship with children is insufficient; what we need is a pro-active approach aimed at improving our relationship with children. In this respect, the Convention on the Rights of the Child offers an unprecedented challenge. By its almost universal ratification, by its comprehensiveness and by its legally binding character, it is even a never seen global binding social contract. Monitoring in particular offers unique opportunities, both nationally and internationally, to make children's rights the focus of wide-ranging social and political debate (see: VERHELLEN/SPIESSCHAERT, 1994; VERHELLEN, 1996)

References

ADAMS, P., e.a.: Children's Rights, Towards the liberation of the child. New York, 1972.

COHEN, H.: Equal rights for children. Towata, Littlefield, 1980.

FRASON, R.: Birth-Rights. Harmondsworth, 1974.

GOODMAN, P.: Growing up absurd. New York, 1960.

GOTTLIEB, D., (ed.): Children's liberation. Prentice Hall, 1973.

GROSS, B. and GROSS, R. (eds.): The children's rights movement. New York, 1977.

HOLT, J.: Escape from childhood. Harmondsworth, 1975.

KORCZAK, J.: Das Recht des Kindes auf Achtung (Herausgegeben von ELISABETH HEIMPEL und HANS ROOS),.Göttingen, 1994

PRICE-COHEN, C.: »The United Nations Convention on the Rights of the Child: the drafting process«. In E. Verhellen (ed.): Rechten van het Kind: Lezingenbundel 2. Gent, Centrum voor de Rechten van het Kind, 1992, pp. 5-19.

Resolution 72 (29) on the lowering of the age of full legal capacity, adopted by the Committee of Ministers of the Council of Europe on 19 September 1972.

ROSS, C.: »Of children and liberty: an historian's view«. In: American Journal of orthopsychiatry, 1982, vol. 52, nr. 3, pp. 470-480.

VERHELLEN, E. and F. SPIESSCHAERT (eds.): Ombudswork for Children: a way of improving the position of children in society. Leuven, 1989

VERHELLEN, E. and SPIESSCHAERT, F. (eds.): Childrens' Rights: Monitoring Issues. Gent, 1994

VERHELLEN, E.: »Changes in the Images of the Child«. In M. Freeman and Ph. Veerman (eds.).: The ideologies of Children's Rights. Dordrecht, 1992, pp. 79-94.

VERHELLEN, E.: Convention on the Rights of the Child. Background, motivation, strategies, main themes. Leuven/Apeldoorn, 1994.

VERHELLEN, E.: Convention on the Rights of the Child. Background, motivation, strategies, main themes. Leuven, 1994

VERHELLEN, E.: Monitoring Children's Rights. The Hague, 1996.

WORDFOLD, V.: »A philosophical justification for children's rights«. In: Harvard educational review, 1974, vol. 44, nr. 1, pp. 142-157.

Susanne Hager-Blencke

Rechte von Kindern und Jugendlichen in erzieherischen Hilfen

Rights of Children in German Youth Welfare System

The discussion about the rights of the child in residential care has to take into consideration both an emerging new view of the child as a person with own rights, that already was formulated by the Children's Rights Movement and now again is discussed under the constructive perspektive on childhood in social sciences, and the campaigns of the seventies that challenged residential care especially in Germany (»Heimrevolten«) and the arguments of which deeply rely on that changing image of children as persons with the right of self-determination. Under this point of view the article argues that residential care should be seen as the institutional frame that supports young people to live a life according to their own wishes irrespective of any »impartially« defineable conflicts, that may or may not exist in the origin family.

1. Stand der Diskussion um die Rechte des Kindes

Seit Ende der achtziger Jahre sind die Rechte von Kindern vermehrt Gegenstand öffentlicher Debatten und politischer Bemühungen. Internationale Aufmerksamkeit erlangte vor allem die Verabschiedung der UN-Konvention über die Rechte des Kindes im Jahre 1989, deren Ratifizierung für die Vertragsstaaten eine kritische Bilanzierung des innerstaatlichen Rechts mit Blick auf die in der Konvention festgelegten Rechte des Kindes zur Folge hatte. In Deutschland traf die Kinderrechtskonvention auf die Debatten zur gesetzlichen Neuregelung der Kinder- und Jugendhilfe und auf eine Reihe kinderpolitischer Maßnahmen, die die Stärkung der politischen Interessenvertretung von Kindern und Jugendlichen zum Ziele hatten: die Berufung der Kinderkommission im deutschen Bundestag im Jahre 1988 stand am Anfang einer bis heute anhaltenden Entwicklung, in deren Verlauf auf Länderebene und in den Kommunen verschiedene Modelle der Zusammenarbeit von Ausschüssen, Kinderbeauftragten, Kinderanwälten und Kinderbüros entstanden sind. Kommunal installierte Kinderverträglichkeitsprüfungen, die insbesondere auf Verkehrs-, Bebauungs- und Wohnbauplanung Anwendung finden sollten, stellten einen weiteren Versuch dar, Kinderinteressen in politischen Verfahren stärker zu berücksichtigen.

Weit weniger Erfolg konnten und können bislang solche Initiativen verbuchen, die weiterreichendere Forderungen stellen. Schon seit einigen Jahren betreibt etwa der Verein »Freundschaft mit Kindern« in Münster eine bundesweite Unterschriftenaktion zum Wahlrecht und zur Wählbarkeit für Kinder, also für eine völlige Aufhebung der Altersgrenze. Dieses Anliegen vertrat auch eine Berliner Kinderrechtsgruppe im August 1995 vor dem Bundesverfassungsgericht in Karlsruhe. Die Ablehnung der Verfassungsbeschwerde aus formalen Gründen verhinderte indes eine inhaltliche Auseinandersetzung des Verfassungsgerichts mit der Thematik (die Ablehnung erfolgte wegen Fristüberschreitung, da Beschwerden vor dem B VerfG. gegen Gesetze nur innerhalb eines Jahres nach deren Verkündung zulässig sind).

Solche Beispiele sind Ausdruck einer verstärkten Debatte über die Rechte von Kindern und Jugendlichen, sie wirken aber wiederum forcierend auf die theoretische und gesellschaftspolitische Diskussion um den spezifischen Status von Kindern und Jugendlichen in der Gesellschaft.

Die UN-Kinderrechtskonvention formuliert die Sicherstellung eines besonderen kindlichen Status als Rechte des Kindes, die jedem Kind aufgrund seiner besonderen Entwicklungssituation zukommen. Zuvorderst handelt es sich dabei um das Recht auf materielle Versorgung und damit die Freistellung von der Erwerbsarbeit, das Recht auf Bildung in Form eines gesicherten Zugangs zu Bildungsmöglichkeiten oder das Recht auf Unverantwortlichkeit, wie es in verschiedenen Rechtsverfassungen im Strafrecht durch das Konzept der Schuldunfähigkeit zum Ausdruck kommt. Während die UN-Kinderrechtskonvention noch um die weltweite Anerkennung dieser Kinderrechte wirbt, in diesem Sinne also verstanden als besondere Rechte für Kinder, wird in den Ländern, in denen sie bereits als verwirklicht gelten, die Art und Weise ihrer Implementierung diskutiert.

Eine erste umfassende Kritik an der Umsetzung dieser spezifischen Kinderrechte formulierte in den siebziger Jahren das in den USA entstandene Children's Rights Movement, zu dessen Standardwerken die Publikationen von Richard Farson (1974) und John Holt (1975) zählen. Die Kritik zielt auf ein paradoxes Rechtsverständnis, das die formulierten Kinderrechte zu Pflichten, Verboten und Zwangsauflagen umdefiniert und den Gebrauch dieser »Rechte« allen Minderjährigen kollektiv verordnet. In diesem Sinne kritisiert die Kinderrechtsbewegung etwa den pflichtmäßigen Schulbesuch, das generelle Verbot der Kinderarbeit oder die prinzipielle Verwiesenheit von Kindern auf einen gesetzlichen Vertreter. Durch diese Umkehrung der Idee der Kinderrechte werden Kinder entmündigt und es werden ihnen Grundrechte verweigert, die erwachsene Menschen ganz selbstverständlich für sich in Anspruch nehmen und die für eine demokratische Gesellschaft konstitutiv sind. Die kinderrechtliche Argumentation setzt daher am Selbstbestimmungsrecht von Kindern an und klagt für Kinder alle Rechte ein, die erwachsenen Mitgliedern der Gesellschaft zustehen. Sie nimmt Bezug auf bürgerrechtliche Positionen und ist dabei - ebenso wie die Frauenbewegung auf die kritische Thematisierung gesellschaftlich sanktionierter Geschlechtsrollen - auf die Kritik des gesellschaftlichen Kinderbildes verwiesen, welches den de facto rechtlosen Status von Kindern legitimiert. (vgl. zur kinderrechtlichen Position: FARSON 1974, HOLT 1975, FRANKLIN 1994, FRÄDRICH/ JERGER-BACHMANN 1995)

Während sich die Argumente der Kinderrechtsbefürworter in ihrem Kerngehalt kaum verändert haben, werden sie mittlerweile durch eine differenziertere Auseinandersetzung mit dem gesellschaftlich dominanten Kinderbild unterstützt, wie sie theoretisch im sozialwissenschaftlichen Kindheitsdiskurs manifest wird. Hier setzt sich eine sozialkonstruktivistische Perspektive auf das Phänomen Kindheit durch, die wesentlich durch die in Deutschland verspätet einsetzende Rezeption von Philipp Ariès' »Geschichte der Kindheit« forciert wurde. Die Erkenntnis der historischen und kulturellen Bedingtheit von Kindheit führte dazu, Kindheit nicht mehr nur als anthropologische Tatsache zu begreifen, sondern sie als kulturelles Produkt zu analysieren, dem psychologische Konzepte über die Unterschiede zwischen Menschen verschiedenen Alters zugrundeliegen. Ähnlich der Konstruktion von Geschlechtsrollen dienen dabei die sichtbaren biologischen Differenzen lediglich als Ausgangspunkt für einen kulturellen Überbau an Bedeutungszuschreibungen und rollenspezifischen Erwartungen. Die sozialkonstruktivistische Perspektive erschließt so den Zugang zu einer ideologiekritischen Auseinandersetzung mit kulturellen Vorstellungen über Kinder.

Gegenwärtige Kindheitsforschung versucht unter anderem, die Voreingenommenheit wissenschaftlicher Konzepte und Forschungsansätze aufzuzeigen und kritisiert insbesondere Ansätze der Sozialisationstheorie, die eine wesensmäßige Differenz zwischen Kindern und Erwachsenen zur Grundlage nehmen (vgl. beispielhaft ALANEN 1992). Die Sozialisationsforschung steht theoretisch wie auch methodisch in einer Tradition der Mißachtung kindlicher Aktivität und kindlicher Perspektiven. Die dem Sozialisationskonzept ursprünglich zugrundeliegende Prägungsvorstellung lenkt den Blick auf die Sozialisationseinflüsse und vernachlässigt die subjektiven Anteile am Sozialisationsprozeß. Zudem durchzieht die gesamte Forschung ein funktionalistisches Denken, das im Interesse der Reproduktion der sozialen Ordnung der Erwachsenen steht. Erwachsene definieren nach ihren Normen, Werten und Interessen die Persönlichkeitsentwicklung von Kindern und ziehen aus diesem Konzept die Legitimation zur gezielten Einflußnahme auf die jüngere Generation. Adultistische Normalitätsvorstellungen führen zu Definitionen abweichender bzw. alarmierender Kindheiten, die kindliche Sichtweisen mißachten und Problemlagen von Kindern nicht in den Blick bekommen.

Die Distanzierung gegenwärtiger Kindheitsforschung von Sozialisationstheorien verweist auf eine Neuorientierung, deren Kern die Anerkennung des Kindes als Subjekt der eigenen Biographie ist und die sich der Diskreditierung kindlicher Sichtweisen als unreif und damit defizitär enthält. Die kindliche Perspektive wird zum Zentrum der Forschung und als eine der erwachsenen Sichtweise zwar oft differente aber als gleichwertig und gleichberechtigt anzuerkennende Sichtweise begriffen.

Die in den Sozialwissenschaften sich vollziehende Revision des Kinderbildes trifft im Kern jene Vorstellungen, die die rechtliche Entmündigung von jungen Menschen legitimieren. Insofern stellt der sozialwissenschaftliche Kindheitsdiskurs auch Argumente für die kinderrechtliche Position in der Kinderrechtsdebatte bereit.

Daneben nimmt im Diskurs über die Rechte von Kindern jene Position eine wichtige Rolle ein, die an einem traditionellen Kinderbild festhält und auf dieser Grundlage die herkömmlichen Vorstellungen über eine Politik zum Schutze und Wohle der Kinder verteidigt. Demnach tragen die Erwachsenen die Verantwortung für das Wohl des Kindes, da das Kind noch nicht in der Lage ist, selbstverantwortlich zu handeln und erst durch Erziehung dazu geführt werden muß. Eine weitreichende Diskussion über Rechte von Kindern, die an Selbstbestimmung und politischer Partizipation anknüpfen, erübrigt sich unter dieser Perspektive. Stattdessen werden in erster Linie Maßnahmen zum Schutz vor Gefährdungen und zur Sicherung des Kindeswohls eingeklagt. Erwachsene sind aufgefordert, im Interesse der Kinder darüber zu entscheiden, durch welche Maßnahmen das Kindeswohl zu gewährleisten ist. Hieraus ergibt sich zum einen die Forderung nach einer allgemeinen Durchsetzung bestimmter Gesetzesauflagen für alle Kinder wie nach professioneller Entscheidungskompetenz in der Jugendhilfe (vgl. etwa: GERNERT 1992).

Der Diskurs um die Rechte des Kindes bewegt sich zwischen diesen beiden Polen Kinderrechtsbewegung und Kinderschutz und bleibt dadurch stets kontrovers. Beide Positionen beruhen auf unterschiedlichen anthropologischen Hypothesen, die weitgehend unvereinbar miteinander sind: auf der einen Seite das in erster Linie schutzbedürftige, unselbständige Kind, auf der anderen Seite die - wie jeder Mensch - auf soziale Gemeinschaft angewiesene, aber dennoch selbstbestimmende und selbstverantwortliche Person. Gleichwohl gibt es in der Diskussion über die Rechte von Kindern zwischen diesen beiden Positionen partielle Übereinstimmungen und Koalitionsbildungen, der Kern der Kinderrechtsdebatte ist aber nur dann vollständig erfaßt, wenn die Kinderbildproblematik einbezogen wird.

2. Kinderrechte und erzieherische Hilfen

Im Kontext der kinderpolitischen und sozialwissenschaftlichen Diskussionen ist auch im Bereich der erzieherischen Hilfen eine erneute Aufmerksamkeit gegenüber den Rechten von Kindern zu beobachten. Beispielhaft können hier die Aktivitäten der INTERNATIONALEN GESELLSCHAFT FÜR ERZIEHERISCHE HILFEN (IGfH) erwähnt werden, die 1995 einen »Rechte-Kongreß« in Frankfurt organisierte und im selben Jahr die Herausgabe der Fachzeitschrift »Forum Erziehungshilfen« mit dem Themenschwerpunkt »Kinderrechte« startete. Seit 1994 läuft darüber hinaus das IGfH-Projekt »Rechte von Kindern und Jugendlichen in erzieherischen Hilfen«, das in den Einrichtungen auf große Resonanz stößt und in dem unter Mitarbeit von Kindern und Jugendlichen ein Ratgeber-Handbuch für Kinder, Jugendliche und ErzieherInnen entstehen soll.

Auch diese Debatte ist nicht neu. Sie verweist auf die Heimkampagne der siebziger Jahre, die bereits die Wahrung der Grundrechte in Heimen, die Demokratisierung der Organisation und des Alltags in den Institutionen und alternative, d.h. vor allem autonome, selbstverwaltete Wohnformen unter dem Postulat des Selbstbestimmungsrechts von Kindern und Jugendlichen als Themen besetzte. Trotz des tiefgreifenden Wandels, den die außerfamiliäre Erziehung in den letzten 25 Jahren erlebt hat, sind die genannten Problembereiche auch heute noch aktuell und bestimmen die Schwerpunkte der Debatte um Rechte von Kindern und Jugendlichen in erzieherischen Hilfen.

Hinsichtlich der Achtung der Grundrechte von Minderjährigen in Einrichtungen der erzieherischen Hilfe besteht ein rechtlicher Regelungsbedarf. Während in Hessen im Jahre 1972 eine Richtlinie über »Grundrechte und Heimerziehung« erlassen und damit die Verwirklichung individueller Rechte in den Institutionen konkretisiert wurde, fehlen in den übrigen Bundesländern verbindliche Regelungen, die Rechtssicherheit herstellen könnten. Die hessische Richtlinie formuliert einen Rechtsanspruch der Minderjährigen, an allen Entscheidungen, die sie betreffen, altersgemäß beteiligt zu werden und im Falle von Konflikten den Heimausschuß zur Interessensvertretung einzuschalten. Sie untersagt körperliche Züchtigung ebenso ausdrücklich wie diskriminierende Äußerungen und regelt die Fälle von körperlichem Zwang und zwangsweiser Einzelunterbringung. Die Anerkennung der Rechte auf Glaubens- und Bekenntnisfreiheit, auf Information und freie Meinungsäußerung, auf Wahrung des Brief-, Post- und Fernmeldegeheimnisses, auf Eigentum sowie das Petitionsrecht wird explizit bestätigt und durch detaillierte Regelungen ergänzt.

Die Herstellung rechtlicher Verbindlichkeiten bildet die Grundlage für eine sinnvolle Aufklärungsarbeit über die Rechte von Kindern und Jugendlichen in der außerfamiliären Erziehung. Sowohl bei den betroffenen Jugendlichen wie auch beim pädagogischen Personal herrscht weitgehende Unsicherheit und Unwissenheit über die bestehende Rechtslage, was noch immer eine Praxis kleinerer oder größerer Rechtsverletzungen untermauert, die beim Strafabzug vom Taschengeld beginnt und bei der Umgehung der Beteiligungs- und Mitwirkungsrechte der Minderjährigen endet.

Darüber hinaus gilt es nach wie vor, in den Einrichtungen Strukturen zu schaffen, die den Kindern Einfluß auf sie tangierende Entscheidungen sichert bzw. die Entscheidungsbefugnisse bestehender Organe der Kindervertretung zu stärken. Im Zuge der Heimrevolten sind vielerorts solche Organe in Form von Heimräten oder Sprecherräten eingerichtet worden und die hessische Richtlinie macht die Gründung eines Heimausschusses zumindest bei angemessenem Alter der betroffenen Kinder als Organ der Selbstverwaltung verbindlich. Praktisch sind die Kinderausschüsse jedoch oft von relevanten Entscheidungen ausgeschlossen und auf die unmittelbare Alltagsorganisation reduziert. Die Beteiligung von Kindern und Jugendlichen etwa an Personal- oder Finanzentscheidungen genießt dort, wo sie stattfindet, noch immer Modellcharakter.

Im Zusammenhang mit Rechten von Kindern und Jugendlichen ist im Bereich der außerfamiliären Erziehung auch die Entstehung und Entwicklung von weitgehend selbständigen Wohnformen von Jugendlichen von Interesse. Die verschiedenen Konzepte von außenbetreuten Jugendwohngruppen gehen auf die selbstverwalteten Jugendwohnkollektive zurück, die im Zuge der Selbstbestimmungs- und Demokratisierungsdiskussion der sechziger Jahre entstanden sind. In der Palette der Hilfeformen stellen sie heute ein Angebot dar, das am ehesten geeignet ist, erneut die Frage nach dem Selbstbestimmungsrecht von Kindern und Jugendlichen aufzuwerfen und damit auch eine Neubestimmung des Selbstverständnisses erzieherischer Hilfen anzuregen.

3. Hilfe zur Erziehung als soziale Dienstleistung

Die grundlegendste Frage nach den Rechten des Kindes stellt sich im Zusammenhang mit Hilfen zur Erziehung im Bereich der Planungs- und Plazierungsprozesse. Zu fragen ist, inwieweit dort von einem Selbstbestimmungsrecht junger Menschen ausgegangen wird und wie dem Rechnung getragen wird. In der gegenwärtigen Diskussion richtet sich die Aufmerksamkeit sowohl auf die Nichterfüllung rechtlicher Vorgaben in der Praxis wie auch auf Mängel im geltenden Recht.

Das Kinder- und Jugendhilfegesetz (KJHG) ist weitgehend als Leistungsgesetz konzipiert und stattet die Leistungsberechtigten als eigenverantwortlich handelnde Subjekte mit einem Wunsch- und Wahlrecht (§ 5) aus. Die Vorstellungen der Betrof-

fenen sind für die Jugendhilfe handlungsleitend. Das Dienstleistungsverständnis des
KJHG trägt dem Selbstbestimmungsrecht der Leistungsberechtigten somit im Grundsatz Rechnung.

Eine Anspruchsberechtigung auf Hilfe zur Erziehung kommt nach § 27 KJHG
den Personensorgeberechtigten zu, deren Perspektive damit im gesamten Verfahren
berücksichtigt werden muß. Den betroffenen Kindern und Jugendlichen sichert das
KJHG prinzipiell eine ihrem Entwicklungsstand entsprechende Beteiligung an allen
sie betreffenden Entscheidungen zu (§ 8) und betont diesen Anspruch spezifisch für
die Planung und Plazierung bei Hilfen außerhalb der Familie (§ 36). Insbesondere
bei der Auswahl der Einrichtung oder der Pflegestelle ist auch der Wahl und den
Wünschen des Kindes oder Jugendlichen zu entsprechen, soweit dies nicht mit un-
verhältnismäßigen Mehrkosten verbunden ist (§ 36 Abs. 1 Satz 3 u. 4). Sofern ein
gemeinsames Interesse der Personensorgeberechtigen und des Kindes an einer Inanspruchnahme von Hilfen zur Erziehung vorliegt, scheinen die Maßgaben des KJHG
das Selbstbestimmungsrecht der Minderjährigen in genügendem Umfang zu sichern.
Handlungsbedarf besteht hier in der Durchsetzung der im KJHG festgelegten Standards, die in der Praxis nicht ausreichend verwirklicht sind. Einschränkend muß darauf hingewiesen werden, daß die Formulierung »entsprechend ihrem Entwicklungsstand« genügend Raum bietet, Kinder mit dem Argument mangelnder Einsichtsfähigkeit von einer Beteiligung an Entscheidungen auszuschließen.

Da das KJHG, anders als das frühere Jugendwohlfahrtsgesetz, Kinder und Jugendliche nicht mehr als Anspruchsberechtigte auf Hilfen zur Erziehung vorsieht,
entsteht ein rechtliches Problem, wenn Minderjährige gegen den Willen der Personensorgeberechtigten Hilfen zur Erziehung beanspruchen wollen und nicht zugleich eine
Gefährdung des Kindeswohls vorliegt, die eine vormundschaftsgerichtliche Entscheidung ermöglicht. Die Subjektstellung der Minderjährigen verliert sich an dieser Stelle
gegenüber der betonten Ablehnung von Eingriffsbefugnissen der Jugendhilfe in die
Eltern-Kind-Beziehung und der dadurch bedingten Stärkung der Elternrechte. Dies
führt im Zusammenhang mit dem Prinzip, daß Hilfen zur Erziehung erst beansprucht
werden können, wenn eine dem Wohl des Kindes oder Jugendlichen entsprechende
Erziehung in der Familie nicht gewährleistet ist (§ 27 Abs. 1 KJHG), zu einer Fest-
schreibung traditioneller Familienvorstellungen und damit zu einer Definition von
außerfamiliären Lebenszusammenhängen von Kindern und Jugendlichen als norm-
abweichend und defizitär. Indem die Herkunftsfamilie zum normalen und eigentlich
angemessenen Lebensort für Kinder und Jugendliche bestimmt wird, erhält Hilfe zur
Erziehung generell den Beigeschmack der Krisenintervention, auch wenn diese in
erster Linie in Form von präventiven Maßnahmen gedacht ist.

Anknüpfend an die Debatten der Heimkampagnen ist daher die Frage nach
einer freien Entscheidung von Kindern und Jugendlichen zwischen Elternhaus und
alternativen Lebensformen als Verwirklichung des Selbstbestimmungsrechts junger
Menschen immer noch aktuell. Unter Kritik der ideologischen Zuordnung von Kindern zur Familie und unter Achtung der von Kindern entwickelten Lebensentwürfe
und selbstdefinierten Problemlagen sind Vorstellungen zu entwickeln, die außer-
familiäres Wohnen von Kindern und Jugendlichen als gleichwertige Alternative zum

Zusammenleben mit der Herkunftsfamilie anerkennen und damit nicht automatisch eine defizitäre Lebenssituation verbinden.

Hilfen zur Erziehung sind unter einer solchen Perspektive zu begreifen als soziale Leistung nicht nur für Sorgeberechtigte sondern ebenso für Kinder und Jugendliche, die der Unterstützung zur Selbstverwirklichung nach eigenen Vorstellungen bedürfen. Dabei ist die Freiwilligkeit und Selbstverantwortung der jungen Menschen bei der Inanspruchnahme von Hilfe gemäß dem bereits erreichten Dienstleistungsverständnis des KJHG zu wahren.

Ein derartiges Verständnis generiert sich bereits in den Arbeitsfeldern erzieherischer Hilfen, die sich mit ihren Angeboten an eine Klientel richten, die überhaupt nur unter diesen Prämissen soziale Leistungen in Anspruch nehmen. Beispielsweise zeigt sich in der Arbeit mit Straßenkindern, daß durch ein konsequentes Dienstleistungsverständnis auch jene jungen Menschen einen Zugang zu sozialen Hilfen finden, die häufig als »unerreichbar« bezeichnet werden. Voraussetzung hierfür ist, daß sich die Hilfsangebote nicht über Defizitzuschreibungen definieren, die Hilfedefinition und Mandaterteilung den Leistungsempfängern unterliegt und die Hilfen sich nicht mit einem erzieherischen Anspruch von Verhaltensänderung und Einsichtsfähigkeit verbinden. Die Bereitstellung oder Unterstützung von autonomen Wohnformen, bei denen auch eine sozialpädagogische Betreuung nur Angebot und nicht Auflage ist, stellt innerhalb dieses Ansatzes ein weiteres wesentliches Element dar (vgl. vorbildlich das Wohnprojekt des Hude e.V./Hamburg, das 1992 mit dem Deutschen Jugendhilfepreis ausgezeichnet wurde; GERDES u.a 1993).

Der Grundsatz, auch Kinder und Jugendliche als selbstverantwortliche Subjekte bei der Inanspruchnahme sozialer Leistungen zu begreifen, kommt im Kinder- und Jugendhilfegesetz durch das generelle Beteiligungsrecht ansatzweise bereits zum Tragen, was seit dem Inkrafttreten des KJHG im Jahr 1991 zu einem kontinuierlichen Anstieg der Selbstmelder führte. Die konsequente Durchsetzung dieses Prinzips, wonach den Kindern und Jugendlichen ein eigener verbindlicher Rechtsanspruch einzuräumen ist, ist allein aus der Achtung vor dem Selbstbestimmungsrecht junger Menschen einzufordern. Zugleich muß sie aber auch als Chance begriffen werden, jungen Menschen die rechtzeitige Inanspruchnahme von Hilfen ohne Androhung ihrer Entmündigung zu ermöglichen und damit akuten Krisensituationen präventiv zu begegnen.

Literatur

ALANEN, L.: Modern Childhood? Exploring The »Child Question«. In: Sociology. Jyväskylä 1992

ARIÈS, P.: Geschichte der Kindheit. München, 1975

GERDES, P. u.a.: »Ab in die Normalität!« Existenzsicherung statt fürsorglicher Belagerung. In: Arbeitsgemeinschaft für Jugendhilfe (Hrsg.): Jugend und Wohnen. Konzepte und Erfahrungsberichte von Wohnprojekten in der Jugendhilfepraxis. Bonn, 1993, S. 73 - 152

FARSON, R.: Menschenrechte für Kinder. München, 1975

HOLT, J.: Zum Teufel mit der Kindheit. Über die Bedürfnisse und Rechte von Kindern. Wetzlar, 1978

MÜNDER, J. u.a.: Frankfurter Lehr- und Praxis-Kommentar zum KJHG. Münster, 1993

Weiterführende Literatur zum Thema:

FRÄDRICH, J./JERGER-BACHMANN: Kinder bestimmen mit: Kinderrechte und Kinderpolitik. München, 1995

FRANKLIN, B.: Kinder und Entscheidungen - Entwicklung von Strukturen zur Stärkung von Kinderrechten. S. 43 - 55. In: STEINDORFF, CAROLINE: Vom Kindeswohl zu den Kindesrechten. Neuwied, Berlin, 1994

GERNERT, W. (Hrsg.): Über die Rechte des Kindes. Impulse für die Jugendhilfe zum Schutz des Kindes durch Familie, Gesellschaft und Staat. Stuttgart, München u.a. 1992

NEUBAUER, G.; SÜNKER, H. (Hrsg.): Kindheitspolitik international. Opladen, 1993

STEINDORFF, C. (Hrsg.): Vom Kindeswohl zu den Kindesrechten. Neuwied, Berlin, 1994

Harald Ansen

Kinderarmut und Heimerziehung

The Poor Child in Residential Care

The situation of children living in poverty, their experiences and chances in life are a neglected topic in social sciences research. In socialpedagogics it becomes a requirement of research and deed apparent because of an increasing poverty of children. The history of social welfare shows a direct relation between the formation of correctional institutions and consequences of poverty. This is the background for a reflection of current effects of childrens poverty. Already a first view on that situation makes obvious that youth welfare and residential care are not able to solve such a complex problem on their own. The following exposition has to be understood as a set of interventions against the poverty of children and youths which contributes to create a more bearable situation.

1. Anstaltserziehung und Kinderarmut in der Geschichte

Die sozialhistorischen Quellen weisen übereinstimmend auf einen für die Neuzeit typischen Umgang mit Armut hin. Beginnend mit dem Aufbau der Waisenhäuser auf dem europäischen Kontinent etwa seit dem 17. Jahrhundert ist zu beobachten, daß die Erziehungsanstalten als direkte Reaktion auf die Armut von Kindern zu verstehen sind. Sowohl in den Arbeits- und Zuchthäusern als auch in den Waisenanstalten stand die »Erziehung« zur Arbeit im Mittelpunkt (vgl. z.B. SAUER 1979, 22).

Die Gewöhnung der Armen- und Waisenkinder an Arbeit war z.B. ein zentrales Erziehungsziel in den »HALLISCHEN WAISENHÄUSERN«, die AUGUST HERMANN FRANCKE (1663-1727) ab 1695 aufgebaut hat (vgl. SAUER 1979, 20 f.). In den Waisenhäusern des 18. Jhs. herrschten ganz überwiegend katastrophale Zustände, die den sog. Waisenhausstreit (etwa 1770-1820) auslösten. Kritiker prangerten die desolaten Lebensumstände der Kinder an. Repressive Erziehungsmethoden waren mit einer skrupellosen Ausbeutung der kindlichen Arbeitskraft verbunden. Nicht selten lag die Sterblichkeitsquote der Kinder bei etwa 25 Prozent (vgl. ebd., 24).

Wesentliche Impulse für eine Reform der Anstaltserziehung gingen in der ersten Hälfte des 19. Jhs. von den Kirchen aus. Der Staat hielt sich in dieser Zeit noch weitestgehend aus der Anstaltserziehung heraus. Er beschränkte sich im Sinne des damaligen Liberalismus auf eine »Nachtwächterfunktion« (A. SMITH). Unter den kirchlichen Einrichtungen ist besonders auf die »Rettungshausbewegung« hinzuweisen, die im südwestdeutschen Raum ihre Wurzeln hat. Die als kleinere Haushalte organisierten Einrichtungen waren vor allem von den Ideen PESTALOZZIS geprägt (vgl. WENDT, W.R. 1990, 77). Gemeinsam war diesen Häusern, daß sie zum erstenmal das einzelne »verwahrloste Kind« als erziehungsbedürftig ansahen (vgl. EYFERTH 1987, 487). Mit gezielten Erziehungsmaßnahmen - so das übergreifende Credo - ließen sich die Folgen der Armut korrigieren.

Die »Rettungshäuser« waren eine Reaktion auf die sozialen Probleme der Industrialisierung. Sie wurden landesweit neben den weiterbestehenden Armen- und Korrektionsanstalten gegründet, um »verwahrlosten« Kindern ein neues zu Hause zu bieten (vgl. JORDAN/SENGLING 1992, 23). Im Begriff »Rettungshaus« drückt sich die geistige Haltung der Gründer aus. Nachvollziehen läßt sich dieser Hintergrund am Beispiel des bis heute bestehenden »RAUHEN HAUSES« in Hamburg. JOHANN HINRICH WICHERN (1808-1891) hatte es 1833 gegründet. Sein Ziel war es, Kinder aus ihrem »verderbten Milieu« herauszuholen und sie in familienanalogen Strukturen zu nützlichen - sprich produktiven - Mitgliedern der Gesellschaft zu erziehen (vgl. WENDT, W.R. 1990, 80).

Insbesondere in der zweiten Jahrhunderthälfte waren die konfessionellen Einrichtungen mit der Bewältigung des Massenelends überfordert. Die fortschreitende Industrialisierung führte in Deutschland zu einem massiven Anstieg von Armut. Dieser Prozeß wird auch als Pauperisierung bezeichnet, denn die Armut nahm auch unter den Erwerbstätigen zu. Vielfach reichten die Einkommen der Familien nicht aus, um die Grundbedürfnisse zu befriedigen. In diesem Zusammenhang kam es zu einer bis dahin noch unbekannten Zunahme von Verwahrlosung unter Kindern und Jugendlichen (vgl. SACHSSE/TENNSTEDT 1980, 188).

Vor diesem Hintergrund mischte sich der Staat zunehmend in die Fürsorgeerziehung ein. Auf die Verwahrlosung und Kriminalität Jugendlicher antwortete er mit Polizei- und Zwangserziehungsmaßnahmen (vgl. EYFERTH 1987, 488). Die veränderten Rahmenbedingungen wirkten sich auf die Anstaltserziehung aus: Die Unterbringung von Kindern und Jugendlichen erfolgte nun auf der Grundlage neu erlassener Gesetze und Verwaltungsvorschriften. In den Erziehungsheimen wurden häufiger mehrere Hundert Kinder untergebracht. Unter diesen Bedingungen konnte von einer familienanalogen Erziehung keine Rede mehr sein. Die Großgruppen wurden mit strenger Disziplin bis hin zur Dressur geführt. Der Heimalltag wurde von rationellen Organisationsformen geprägt (vgl. HECKES/SCHRAPPER 1988, 16 f.).

Auch in der WEIMARER REPUBLIK (1918-1933) wurde an der Massenerziehung in den Anstalten festgehalten. Die Kinder und Jugendlichen wurden aus der Gesellschaft ausgegrenzt. Die Fürsorgeerziehungsheime dieser Zeit standen in der Nachfolge der oben beschriebenen Zwangserziehungsanstalten. Die Misere der Heimerziehung setzte sich nach dem 2. Weltkrieg fort. Weiterhin waren die Gruppen viel zu groß und es stand zu wenig qualifiziertes Personal zur Verfügung. Erst die sog. Heimkampagne Ende der sechziger Jahre führte zu grundlegenden Innovationen: Die Zahl der untergebrachten Kinder ging in den folgenden Jahrzehnten kontinuierlich zurück, die Erziehungsangebote wurden ausdifferenziert, vielfältige Alternativen lösten die alte Fürsorgeerziehung zunehmend ab (vgl. SAUER 1979, 65 f.).

Am Ende des historischen Überblicks ist auf drei Aspekte hinzuweisen: Erstens besteht seit den Anfängen der Heimerziehung eine besonders enge Verbindung mit der Armutsentwicklung, die in der aktuellen Diskussion allenfalls noch historisch bedacht wird. Zum zweiten blieb der Erfolg der eingeleiteten Erziehungsmaßnahmen bescheiden, da die eigentlichen Ursachen der Armut nicht überwunden wurden. Wesentliche Ursachen für die Armut waren eine völlig unzureichende soziale Sicherung bei Arbeitslosigkeit und Erwerbsunfähigkeit sowie ein Lohnniveau, das in vielen Fällen nicht einmal das Existenzminimum sicherte. Die Anstaltserziehung wäre mit der Überwindung der Armutsursachen auch überfordert gewesen. Dies führt zur dritten Schlußfolgerung: Heimerziehung muß sich den veränderten Armutsproblemen der Kinder und Jugendlichen stellen. Sie ist dabei auf ergänzende Maßnahmen angewiesen, die außerhalb ihrer unmittelbaren Reichweite liegen.

2. Empirische Daten zur aktuellen Kinderarmut

Alarmierend hoch ist die Zahl der von Armut betroffenen Kinder und Jugendlichen. In eher großflächigen Analysen wird diese Entwicklung kaum herausgestellt. Über die Armut der achtziger und neunziger Jahre heißt es z.b. in einer sonst hochdifferenzierten Studie, es seien ganze Bevölkerungsgruppen bzw. Regionen betroffen (vgl. LEIBFRIED/LEISERUNG u.a. 1995, 231). Dabei gerät die Armut als individuelle Lebenslage leicht aus dem Blick.

Betrachtet man hingegen einzelne Gruppen betroffener Menschen, lassen sich aus den empirischen Daten sozialpädagogisch relevante Analysen ableiten. Hinsichtlich möglicher Auswirkungen auf die Heimerziehung interessieren im folgenden Daten zur Kinderarmut. Jüngere Untersuchungen stimmen darin überein, daß Kinder und ihre Familien im Vergleich mit anderen Bevölkerungsgruppen deutlich höher armutsgefährdet sind.

HANESCH u.a. kommen in ihrem ersten gesamtdeutschen Armutsbericht, den sie im Auftrag des DGB und des DPWV erstellt haben, zu dem Ergebnis, daß in den alten Bundesländern jedes achte bis neunte Kind und in den neuen Bundesländern jedes fünfte Kind in einem einkommensarmen Haushalt aufwächst (vgl. HANESCH u.a. 1994, 144 f.). Die Angaben beziehen sich auf 1992 und gehen von einer Armutsgrenze aus, die bei 50 Prozent des durchschnittlichen gewichteten Haushaltseinkommens liegt. Die weitere Differenzierung der Armutshaushalte hat auch ergeben, daß Paare mit zwei und mehr Kindern überproportional betroffen sind (vgl. ebd., 38). Dieser Trend macht sich auch bei den Alleinerziehenden bemerkbar: Sie bilden eine weitere überdurchschnittlich von Armut betroffene Gruppe, in der rund 2 Mio. Kinder leben (vgl. ebd., 142).

Die Berichtsergebnisse werden durch den vom Statistischen Bundesamt herausgegebenen Datenreport 1994 bestätigt. Danach stellen Alleinerziehende bis zu 35 Prozent, Familienhaushalte je nach Zahl und Alter der Kinder bis zu 24 Prozent und Haushalte mit mehr als fünf Personen etwa 25 Prozent der Armutspopulation (vgl. STATISTISCHES BUNDESAMT 1994, 605 f.). Die Zahlen geben HAUSER und HÜBINGER recht, die bereits 1993 in ihrem Armutsbericht von einer zunehmenden »Infantilisierung« der Armut ausgehen (vgl. HAUSER/HÜBINGER 1993, 58). Auf der Grundlage weiterer Studien stellen HANESCH u.a. fest, daß Kinder nicht nur überdurchschnittlich häufig von Armut betroffen sind, sie leben auch überdurchschnittlich lange in Armutsverhältnissen (vgl. HANESCH u.a. 1995, 39 f.).

Der Umfang der Armut wird deutlich, wenn folgende Zahlen ins Kalkül gezogen werden: Unter den Sozialhilfeempfängern befinden sich etwa 1, 5 Mio. Kinder und in den Familien der rund 4 Mio. Erwerbslosen leben etwa 1, 7 Mio. Kinder (vgl. SCHMIDT 1994, 67). Dieses gravierende Ausmaß veranlaßte den profilierten Armuts-

forscher HAUSER zu folgender Bemerkung: »Es müßte eine Gesellschaft - ganz unabhängig davon, ob man Sozialhilfeempfänger als arm oder nicht arm einstuft - äußerst
bedenklich stimmen, daß nunmehr etwa jedes elfte Kind eine kürzere oder längere
Zeit in einem Sozialhilfeempfängerhaushalt unter starker Einschränkung seiner Entwicklungschancen aufwächst« (HAUSER 1995, 9).

An dieser Stelle können die meisten Aspekte der heterogenen Armutsforschung
nicht besprochen werden. Unabhängig von verschiedenen Forschungsdesigns, Armuts-
grenzen und Verlaufsstudien können aber die referierten Befunde zur Kinderarmut
als konsensfähig angesehen werden. Schwieriger wird es schon, wenn es darum geht,
die konkreten Auswirkungen der Armut darzustellen. Erst die Berücksichtigung der
Lebenslage gibt m.E. genauere Hinweise auf die mit der Armut vielfach verbundenen Entwicklungseinschränkungen, die für die Heimerziehung bedeutsam sind.

3. Armut als Lebenslage

Der Begriff Lebenslage wird in verschiedenen wissenschaftlichen und zeithistorischen
Kontexten unterschiedlich ausgelegt. Die verschiedenen Fassungen des Begriffs (vgl.
z.B. die Konzeptionen von OTTO NEURATH in der WEIMARER REPUBLIK oder GERHARD
WEISER in der Nachkriegszeit), werden hier nicht berücksichtigt. Grundlage der
weiteren Argumentation ist vielmehr die heute übliche Begriffskonvention. In Anlehnung an historische Vorlagen bezeichnen GLATZER und HÜBINGER die Lebenslage
als einen Spielraum, der dem einzelnen für die Befriedigung seiner materiellen und
immateriellen Bedürfnisse zur Verfügung steht. Ausschlaggebend hierfür sind u.a.
das Versorgungs- und Einkommensniveau, Kontaktmöglichkeiten, Lern- und
Erfahrungsräume, Möglichkeiten zur Regeneration sowie Dispositions- und
Partizipationschancen (vgl. GLATZER/HÜBINGER 1990, 35 f.).

Der Vorteil dieses Ansatzes in der Armutsforschung liegt darin, daß neben dem
nach wie vor bedeutsamen Einkommen weitere relevante Lebensbereiche berücksichtigt werden. Ausgehend von den eben aufgelisteten Kategorien werden so unterschiedliche Bereiche wie Arbeit, Bildung, Wohnung und Versorgung mit sozialen
bzw. gesundheitlichen Diensten herangezogen, um die tatsächlichen Lebensumstände abzubilden. Das Ziel ist es, Unterversorgungen zu ermitteln, die in ihrer Kumulation zu einer deprivierten Lebenslage führen (vgl. HANESCH u.a. 1994, 25).

Die Grenzen des Lebenslage-Ansatzes sind offensichtlich. HANESCH u.a. halten
den Ansatz in seiner gegenwärtigen Form aus theoretischer Sicht für unbefriedigend.
Nach ihrer Auffassung müßte z.B. geklärt werden, wie lange eine Unterversorgung
anhalten muß, um von Armut sprechen zu können und welche Lebens- und
Versorgungsbereiche überhaupt ausgewählt werden sollten (vgl. ebd, 25 f.). Ähnlich
argumentieren ANDRESS und LIPSMEIER: Nach ihrer Auffassung sind die Lebenslage-
Indikatoren weder empirisch noch theoretisch abgeleitet, sondern vielfach aufgrund
verfügbarer Datensätze ausgewählt worden. Weiter geben sie zu bedenken, daß eine
persönliche Präferenz wie etwa ein Studium zu absolvieren zu einem vorübergehend
knappen Versorgungsniveau führen kann, ohne daß bereits von Armut i.e.S. gesprochen werden sollte (vgl. ANDRESS/LIPSMEIER 1995, 36).

So berechtigt diese Einwände auch immer sind, verfehlen sie dennoch einen zentralen Gesichtspunkt, auf den HAUSER u.a. überzeugend hinweisen. Nach ihrer Einschätzung läßt sich eine Armutslage nicht wissenschaftlich beweisen. Die Ermittlung von Armut folgt letztlich normativen Erwägungen, gesellschaftlichen Konventionen, Entscheidungen des Gesetzgebers oder eben wissenschaftlich-bekenntnishaften Aussagen (vgl. HAUSER/HOCHMUTH/SCHWARZE 1994, 294). Das kann allerdings nicht bedeuten, Armut völlig beliebig festzulegen bzw. wegzudefinieren. Auch ohne eine abschließende wissenschaftliche Klärung bleibt Armut ein Indiz für die unzureichende Versorgung mit elementaren Gütern und führt bei vielen Betroffenen zu sozialer Ausgrenzung.

Die Berücksichtigung der Lebenslage von Kindern und Jugendlichen in den anschließenden Ausführungen führt über die zu enge Fixierung auf die Einkommensverhältnisse hinaus, die selbstverständlich damit nicht relativiert werden. Das umfangreiche Potential des Lebenslage-Ansatzes kann hier nicht voll entfaltet werden. Am Beispiel der Wohnungsversorgung von Kindern und Jugendlichen soll aber wenigstens ein Bereich genauer thematisiert werden. Die Unterversorgung mit Einkommen und Wohnraum hat weitreichende Konsequenzen für die familiären Lebensbedingungen und die Entwicklungschancen von Kindern und Jugendlichen. Die sich daraus ergebenden Belastungen tangieren zunehmend auch die Heimerziehung.

4. Mangelnde Wohnraumversorgung von Kindern

In dem bereits zitierten Armutsbericht von Hanesch u.a. wird analog zu den Bedingungen der Einkommensarmut deutlich, daß auch bei der Wohnraumunterversorgung vorwiegend Paare mit zwei und mehr Kindern überproportional betroffen sind. 1992 waren Haushalte mit drei und mehr Kindern im Westen mit 44, 7 Prozent und in den neuen Bundesländern sogar mit 61, 7 Prozent nur unzureichend mit Wohnraum versorgt (vgl. HANESCH u.a. 1994, 166). Von einer Unterversorgung ist auszugehen, wenn zwei Personen mehr in einer Wohnung leben als Räume einschließlich der Küche zur Verfügung stehen. Bezieht man diesen Maßstab auf Kinder und Jugendliche unter 16 Jahren, so war 1992 mehr als jedes dritte Kind wohnraumunterversorgt (vgl. ebd. 167). An dieser Situation dürfte sich unter den anhaltenden Engpässen auf dem Wohnungsmarkt nichts geändert haben. Etwa 500.000 Kinder leben heute in besonders schlechten Wohnungen oder Obdachlosensiedlungen. Ähnlich hoch ist die Zahl der Kinder in Familien, die akut von Wohnungslosigkeit bedroht sind (vgl. WENDT, P.-U. 1994, 26). Die massiven Belastungen von Kindern und Jugendlichen kommen auch in einer Studie von Busch-Geertsema und Ruhstrat zum Ausdruck. Sie haben herausgefunden, daß unter den ordnungsrechtlich untergebrachten Haushalten Alleinerziehende und kinderreiche Familien mit 85, 7 Prozent stark überrepräsentiert sind. Etwa ein Drittel der untergebrachten Personen ist zudem nicht älter als 18 Jahre (vgl. BUSCH-GEERTSEMA/RUHSTRAT 1995, 402).

Die möglichen Konsequenzen der Wohnraummisere für junge Menschen liegen auf der Hand. Ihnen fehlen vielfach Rückzugs- und Spielräume, Zeiten des Alleinseins sind rar oder nicht gegeben, eine altersgemäße Entwicklung ist potentiell gefährdet. Durch fehlenden Wohnraum bzw. fehlende finanzielle Mittel für die Anmietung ist eine Ablösung häufig erst verspätet möglich, auch dann, wenn dauerhafte Konfliktsituationen eine räumliche Trennung dringend erforderlich machen. Angesichts der hohen Einkommensarmut von Alleinerziehenden und kinderreichen Familien ist zu befürchten, daß sich die Wohnsituation vieler Kinder und Jugendlicher zuspitzen wird, denn nach wie vor sind Mietschulden der häufigste Grund für Räumungsklagen (vgl. ebd. 403). Die damit verbundenen Risiken für die Sozialisation der betroffenen Kinder und Jugendlichen sind offensichtlich: Sie können soziale Kompetenzen teilweise nicht oder nur reduziert entfalten und sind dadurch weiteren sozialen Benachteiligungen in der Schule und anderen Lebensbereichen ausgesetzt.

Eine besonders extreme Form der mangelnden Wohnraumversorgung ist die Obdachlosigkeit. Sie macht auch vor Kindern und Jugendlichen nicht Halt. Erst kürzlich hat die Bundesregierung erste Ergebnisse aus dem Forschungsprojekt »Straßenkarrieren von Kindern und Jugendlichen« der Öffentlichkeit vorgestellt. Danach leben schätzungsweise 5000 bis 7000 Kinder in Deutschland auf der Straße. Durchschnittlich seien die Betroffenen zwischen 14 und 18 Jahre alt, wobei tendenziell immer mehr jüngere Kinder ohne ausreichende Betreuung auf der Straße, in Parkhäusern, U-Bahn-Schächten oder vorübergehend bei Bekannten leben. Viele von ihnen bestreiten ihren Lebensunterhalt durch Bettelei, Diebstähle, Drogenhandel oder auch Prostitution. Nach P.-U. WENDT liegen die Gründe für diese eklatante Entwicklung u.a. in familiärer Gewalt, Vernachlässigung durch die Eltern und auch zu engen Wohnverhältnissen. Er geht übrigens davon aus, daß jährlich etwa 40.000 Kinder aus zerrütteten Familien in die Obdachlosigkeit flüchten (vgl. WENDT, P.-U. 1994, 16).

Die Schätzung von etwa 40.000 Kindern und Jugendlichen, die vorübergehend oder dauerhaft wohnungslos sind, beruht auf Angaben des »Institutes für soziale Arbeit« in Münster (vgl. DEWES 1996, 18). Auf die besondere Problematik der Straßenkinder hat die Jugendhilfe bisher noch keine adäquate Antwort gefunden. DEWES bescheinigt den meisten Straßenkinder-Projekten in Deutschland, daß sie kaum mehr als »Erste Hilfe« leisten (vgl. ebd.). Angesichts steigender Zahlen von Straßenkindern ist diese Situation besonders unbefriedigend. Insbesondere nach der deutschen Vereinigung ist die Zahl der betroffenen Kinder und Jugendlichen deutlich gestiegen. Fluchtgründe für Kinder sind immer wieder zerrüttete Familienverhältnisse, die in den neuen Bundesländern durch die sozialen und ökonomischen Belastungen in den letzten Jahren verstärkt aufgetreten sind (vgl. BRITTEN 1996, 15).

5. Auswirkungen der Kinderarmut

Selbst die Engführung der Kinderarmut am Beispiel der Unterversorgung mit Einkommen und Wohnraum weist auf eine Dimension hin, die die Jugendhilfe auf den Plan rufen muß. Nicht vertieft wurden die subtileren Formen von Armut, die selbstverständlich auch zu massiven Belastungen und Beeinträchtigungen führen können. Die Auswirkungen der Armut müssen allerdings vor dem Hintergrund neuerer Ergebnisse der Sozialisationsforschung vorsichtig diskutiert werden (vgl. STEINKAMP 1991, 256).

CHASSE bezieht sich in seiner Darstellung der Folgen von Kinderarmut auf eigene Studien, die zu deutlichen Ergebnissen kommen. Die materielle Armut beschränkt danach die Teilnahme am sozialen Leben. Insgesamt fällt nach CHASSE auf, daß sich die Verarbeitung von Armut durch die Eltern auf die Kinder auswirkt. Die beobachteten Orientierungsschwierigkeiten und mangelnden Perspektiven fördern ein familiäres Klima, in dem Kinder vermehrt unter Schlafstörungen, motorischer Unruhe, emotionaler Labilität, Konzentrationsschwäche, Angst vor Stigmatisierung, schulischem Leistungsabfall und dem Verlust sozialer Kontakte leiden. Nicht selten kommt es auch zu einer Distanzierung von den Eltern und delinquentem Verhalten (vgl. CHASSE 1993, 40). In diesen Ausführungen wird sehr klar, daß Armut neben den materiellen Versorgungsengpässen zu wesentlichen sozialen Benachteiligungen auf unterschiedlichen Ebenen führt.

Zu einer vergleichbaren Einschätzung der Armutsfolgen kommt Pfennig. Sie weist darauf hin, daß Armut den familiären Zusammenhalt belastet. Störungen ergeben sich z.B. aus der häufig schwierigen Wohnsituation in sozialen Brennpunkten und der vielfach notwendigen Erwerbstätigkeit beider Eltern mit entsprechenden Engpässen in der Kinderbetreuung (vgl. PFENNIG 1995, 383). Armut wirkt sich überdies häufig auf soziale Bezüge aus, die insbesondere bei länger anhaltender Armut vielfach verlorengehen. Diese Abkopplung führt nach LUTZ zu eingeschränkten Erfahrungsräumen, die sich auf das weitere Leben auswirken (vgl. LUTZ 1995, 393). Finanzielle Probleme, so noch einmal LUTZ, sind in zahlreichen Fällen mitverantwortlich für Zukunftsängste, Verunsicherung und Depressionen (vgl. ebd. 398).

Die noch unbefriedigende Forschungslage zur Kinderarmut in Deutschland erschwert eine präzisere Analyse. WALPER greift in ihrer Untersuchung auf amerikanische Forschungsergebnisse zurück, die auf umfangreichen empirischen Daten basieren. Danach lassen sich bei Kindern aus von Armut betroffenen Familien negative Auswirkungen auf ihre intellektuelle, psychosoziale und gesundheitliche Entwicklung nachweisen. Zu besonders gravierenden Konsequenzen kommt es, wenn mehrere Belastungsfaktoren wie z.B. Einkommensarmut und Wohnungslosigkeit bzw. mangelnde Wohnungsversorgung zusammentreffen (vgl. WALPER 1995, 187 f.). Die auch bei amerikanischen Kindern beobachteten Einschränkungen der sozialen Kontakte resultieren nach Walper u.a. aus fehlenden finanziellen Mitteln für kostenaufwendigere Freizeitmaßnahmen und für »Symbole der Peer-Gruppen-Kultur« wie prestigeträchtige Kleidung sowie aus Stigmatisierungsprozessen (vgl. ebd., 190). In den wesentlichen Punkten werden damit die oben beschriebenen Auswirkungen der Kinderarmut durch die von WALPER referierten amerikanischen Forschungsergebnisse bestätigt.

Über die beschriebenen Auswirkungen hinaus sind Straßenkinder zusätzlichen Gefährdungen ausgeliefert. Nach BRITTEN sind bei vielen Straßenkindern körperliche Verfallserscheinungen zu beobachten. Sie sind häufig schlecht ernährt, konsumieren Drogen und leiden unter Infektionen und nicht heilenden Wunden. Insbesondere nach einer längeren Zeit auf der Straße kommt es auch zu Konzentrationsschwierigkeiten, Vereinsamungsgefühlen und massiven Beziehungsproblemen (vgl. BRITTEN 1996, 15).

Nicht zu unterschätzen sind die mit der Armut verbundenen Gefahren der Stigmatisierung. Die betroffenen Kinder und Jugendlichen erleben nicht nur materielle Entbehrungen und die genannten familiären, psychischen und sozialen Folgen. Sie sind z.b. in der Schule und in anderen Kontexten Zuschreibungen ausgesetzt, die die soziale Ausgrenzung noch verschärfen. Insofern werden die Lebensmöglichkeiten durch die Stigmatisierungsfolgen zusätzlich beschnitten. THIERSCH hat bereits in einer älteren Arbeit auf die Einengung von Handlungsspielräumen hingewiesen, die sich unmittelbar aus Stigmatisierungen ergeben (vgl. THIERSCH 1977, 28 f.).

Allmählich zeichnen sich aus der bisherigen Analyse der Kinderarmut Konsequenzen für die Heimerziehung ab, die nachfolgend besprochen werden. Dabei ist zu unterscheiden zwischen Armutsbelastungen, die in die Heimerziehung führen, Auswirkungen auf die Gestaltung des Alltags im Heim und den Chancen der möglichst rechtzeitigen Entlassung aus der Heimerziehung.

6. Überlegungen zur Heimerziehung

Bisher wurde vorausgesetzt, daß die Heimerziehung auf die Armut von Kindern und Jugendlichen zu reagieren hätte. Die Geschichte der Anstaltserziehung diente quasi als Belegstelle für den unterstellten Zusammenhang. In der Analyse der Kinderarmut tauchten zudem Aspekte auf, die pädagogisch relevant erscheinen. Die bislang unverbundenen Hinweise sollen nun zusammengeführt werden, um die möglichen Beiträge der Heimerziehung herauszustellen.

Unumgänglich sind in den entsprechenden Überlegungen die Bestimmungen des Kinder- und Jugendhilfegesetzes (KJHG). Seine einzelnen Maßnahmen sind § 1 KJHG verpflichtet. Danach sollen junge Menschen u.a. in ihrer individuellen und sozialen Entwicklung gefördert werden, Benachteiligungen sollen vermieden oder abgebaut werden (vgl. § 1 III Nr. 1 KJHG). Weiter soll die Jugendhilfe auch dazu beitragen, positive Lebensbedingungen für junge Menschen und ihre Familien zu schaffen (vgl. § 1 III Nr. 4 KJHG). Diese Zielbestimmung bedeutet nach Münder u.a., daß das Repertoire der Jugendhilfe von einer bloßen Reaktion auf Probleme bis hin zur aktiven Gestaltung der Lebensbedingungen reicht. Sie verstehen Jugendhilfepolitik überdies als eine Querschnittsaufgabe, die so verzweigte Bereiche wie Schule, Ausbildung, Wohnen und Arbeitsmarkt umfaßt (vgl. MÜNDER u.a. 1993, 109).

In der hier nur ausschnittsweise geführten Diskussion der Heimerziehung wird eine Maßnahme des KJHG in ihren Verflechtungen mit der Kinderarmut genauer betrachtet. Mit der Heimerziehung soll i.S.v. § 34 KJHG Kindern und Jugendlichen möglichst nur vorübergehend ein pädagogisch gestalteter und professionell strukturierter Lebensort zum kompensierenden Lernen angeboten werden, soweit sie aufgrund individueller oder sozialer Probleme in ihren Herkunftsfamilien überfordert sind. Das Heim bietet ihnen neben dem Familienersatz auch Schutz und Versorgung (vgl. ebd., 273).

Zu den Gründen für die Einleitung der Heimerziehung gehören z.B. nicht gelingende Integration in Ausbildungs- und Arbeitssituationen oder partieller bis vollständiger Rückzug aus sozialen Kontakten (vgl. JORDAN/SENGLING 1992, 184). Die Heimerziehung ist dann indiziert, wenn vorgelagerte ambulante Maßnahmen erfolglos bleiben. Sowohl MÜNDER u.a. als auch JORDAN und SENGLING weisen ausdrücklich darauf hin, daß die Heimaufnahme für Kinder und Jugendliche aus ungünstigen familialen Lebensbedingungen geeignet sein kann, auch wenn keine extremen Formen abweichenden Verhaltens vorliegen (vgl. ebd. u. MÜNDER u.a. 1993, 273). Die hier genannten Gründe für die Heimaufnahme schließen nahtlos an die o.g. Folgen der Kinderarmut an. In der Literatur zur Heimerziehung werden diese elementaren Zusammenhänge immer noch viel zu selten berücksichtigt.

Im 8. JUGENDBERICHT (1990) finden sich immerhin einige Hinweise, die ein erstes Problemverständnis hinsichtlich der Folgen von Armut für die Heimerziehung erkennen lassen. So wird festgehalten, daß der gestiegene Anteil der 15- bis 18jährigen und älteren Heranwachsenden in den Heimen mit der steigenden Belastung durch Arbeitslosigkeit und Sozialhilfebedürftigkeit zusammenhängt (vgl. 8. JUGENDBERICHT, 152). Die Schlußfolgerung aus diesem Befund mündet in der Feststellung, daß die Heimerziehung mit den Lebensverhältnissen ihrer Bewohner konfrontiert wird und die Vermittlung von Ausbildungs- und Arbeitsplätzen Schwierigkeiten bereitet. Vergeblich sucht man nach genaueren pädagogischen Analysen, die über die anzustrebende Kooperation mit Schulen und Betrieben hinausweisen (vgl. ebd., 154). Diese angemahnte Konsequenz trägt den mit der Kinderarmut verbundenen Problemen nicht entfernt Rechnung.

Angemessene Konzepte der Heimerziehung, die die Armutsprobleme von Kindern und Jugendlichen gezielt aufgreifen, liegen bisher zumindest nicht flächendeckend vor. Sie müßten auf die besonderen Lebensumstände eingehen, die sich z.B. aus dem Leben auf der Straße ergeben. Nach Langhanky brauchen diese Kinder zunächst Überlebensräume, in denen sie ohne weitere Beziehungsversprechen ihre »alltäglichen Eigenläufe« aufrechterhalten können (vgl. LANGHANKY 1993, 276). Therapeutische Bemühungen, wie sie heute vielfach die Heimerziehung prägen (vgl. GIESECKE 1992, 69), scheinen für diese Zielgruppe nach LANGHANKY a priori ungeeignet.

Auf einen weiteren Aspekt macht PFENNIG aufmerksam, die im Rahmen einer Studie über Kölner Straßenkinder herausgefunden hat, daß sie ihre Familien häufig wegen nicht aushaltbarer Konfliktsituationen verlassen. Ähnliche Motive veranlassen sie, aus Heimen wegzulaufen. Sie halten z.B. nicht eingehaltene Beziehungsversprechen durch das Personal nicht aus und ziehen das extrem belastete Leben auf der Straße vor. Dort treffen sie auf Gleichgesinnte, die ihnen offenbar mehr Sicherheit und emotionale Zuwendung geben, als sie sie im Heim finden konnten (vgl. PFENNIG 1995, 384).

Das Beispiel der Straßenkinder zeigt eindringlich, an welchen Punkten die herkömmliche Heimerziehung scheitert. Weglaufen oder erst gar nicht hingehen bedeutet, daß das Heim sein elementares Ziel des Schutzes und der Versorgung verfehlt. Die betroffenen Kinder scheinen darauf in geringerem Umfang angewiesen, als ihnen unterstellt wird. Das Heim muß extrem armutsbelasteten Kindern einen geeigneten Rahmen bieten, will es attraktiv sein. LANGHANKYS Vorschlag, Überlebens- und Ruheräume anzubieten, weist in eine bemerkenswerte Richtung. Ihm geht es zunächst darum, basale Angebote vorzuhalten, die von einer wachsenden Zahl von Kindern und Jugendlichen gebraucht werden. Dieses Vorgehen würde nach PFENNIG die Lebensrealität der Kinder und Jugendlichen akzeptieren. Nach ihrer Auffassung knüpft die Bereitstellung solcher »Überlebenshilfen« an den Entwurf einer lebensweltorientierten Heimerziehung an (vgl. ebd., 387 f.).

An dieser Stelle muß die Frage gestellt werden, ob die Reduzierung pädagogischer Hilfen für armutsbelastete Kinder auf Ruhe- und Überlebensräume überhaupt noch den Mindestanforderungen der Heimerziehung genügt. Solche Räume bieten zwar geringen Schutz und elementare Versorgung, doch geht die Heimerziehung darin nicht auf. Von Familienersatz und der Gestaltung einer jugendspezifischen Lebenswelt, die dem Ausgleich und der Bewältigung von Sozialisationsdefiziten dienen, sind LANGHANKYS und PFENNIGS Überlegungen weit entfernt. Berücksichtigt man die hochdifferenzierte Heimentwicklung - die Angebote reichen von Kleinstheimen über Jugendwohngemeinschaften bis hin zu unterschiedlichen Formen des betreuten Einzelwohnens - scheinen Überlegungen anschlußfähiger, die an den grundlegenden Zielen der Heimerziehung festhalten und zu einer weiteren problemangemessenen Ausdifferenzierung der Heimerziehung beitragen. Gerade belastete und schwierige Kinder und Jugendliche brauchen mehr als ein distanziertes Angebot, das sich auf die Bedienung elementarer Schutzbedürfnisse beschränkt.

Der vorschnelle Rückzug aus verbindlichen erzieherischen Angeboten wäre m.E. die falsche Antwort auf eine gesellschaftliche Entwicklung, die die Heimerziehung zukünftig wieder stärker fordern wird. Die Lebensbedingungen führen nicht nur häufiger ins Heim, sie wirken sich auch auf die Zeit danach aus. EYFERTH stellt hierzu fest, daß die vorübergehende Herausnahme aus der Familie erfolglos bleibt, wenn desolate soziale Lebensumstände, wie sie z.B. in Obdachlosensiedlungen herrschen, nicht parallel behoben werden. Er sieht darin den Hauptgrund für erneute Heimaufnahmen nach »erfolgreicher« Entlassung (vgl. EYFERTH 1987, 493).

Die Heimerziehung hat in den vergangenen Jahrzehnten eine wechselvolle Entwicklung erlebt. Ihren ehemals disziplinierenden und bewachenden Charakter im Umgang mit verarmten und »verwahrlosten« Jugendlichen hat die Heimerziehung nach der Kampagne Ende der 60er Jahre abgelegt. Therapeutisch orientierte Heime traten an die Stelle der veralteten Erziehungsanstalten. Im Wege weiterer Kritik wurde auch diese Entwicklung inzwischen modifiziert. Entdeckt wurde das Subjekt, das nicht durch Diagnosen und Behandlungen um seine Autonomie gebracht werden sollte (vgl. HOHMEIER/MENNEMANN 1995, 379 f.).

Offen bleibt die Frage, ob mit der verstärkten Partizipation von Kindern und Jugendlichen ihre Lebenswelt tatsächlich ernst genommen wird. Die Straßenkinder sind in diesem Sinne ein Seismograph: Die etablierte Form der Heimerziehung scheint ihren Bedürfnissen nicht zu entsprechen. Schutz, Ruhe, materielle Versorgung und Zeit für sich, ein hohes Maß an Freiräumen und ein sensibler Umgang mit den Folgen ihrer Entbehrungen sollten in einer niedrigschwelligen Heimerziehung einen festen Platz finden. Auch wenn die Konsequenzen der Kinderarmut im einzelnen noch klärungsbedürftig sind, zeichnet sich bereits heute ein Handlungsbedarf für die Heimerziehung ab, der über die bestehenden Formen hinausweist. Abschließend ist noch zu klären, wie die Heimerziehung als Teil einer umfassenderen Strategie gegen die Armut einzuordnen ist.

7. Heimerziehung im Sozialstaat

Wiederholt wurde darauf aufmerksam gemacht, daß die Heimerziehung die Armut alleine nicht überwinden kann. Sozialpolitische Maßnahmen sind in diesem Bereich unumgänglich. Beide Handlungsfelder sind auf eine Kooperation angewiesen. Auch wenn niemand ernsthaft bestreitet, daß die Jugendhilfe mit gesellschaftlichen Benachteiligungen konfrontiert wird (vgl. z.B. JORDAN/SENGLING 1992, 14), bleibt es in den meisten Fällen bei dieser programmatischen Benennung eines Zusammenhangs. Eine systematische Integration von Heimerziehung und Sozialpolitik steht noch aus.

Die Vorschläge für eine Politik gegen Armut kreisen im wesentlichen um den Ausbau der Arbeitsmarktpolitik, eine bedarfsgerechte Wohnungspolitik, einen angemessenen Familienleistungsausgleich und die Einführung einer ausreichenden Grundsicherung (vgl. stv. HANSCHESCH u.a. 1994, 424 f.). Materielle Aspekte stehen bei diesen ursachenbezogenen Maßnahmen im Mittelpunkt. Die Folgen von Armutslagen, die bei Betroffenen vielfach zu Kompetenzeinbußen führen, werden damit nicht ausgeglichen. An dieser Stelle ist eine gezielte sozialpädagogische Unterstützung erforderlich.

Der Bezug der Heimerziehung zum Sozialstaat ergibt sich schlüssig aus dem Selbstverständnis der bestehenden Sozialordnung. Die unterschiedlichen Maßnahmen im Bereich der Einkommenssicherung, der Förderung der Gesundheit und der Bildung und der Garantien zur sozialen Sicherheit dienen letztlich einer gerechten Verteilung von Lebenschancen (vgl. Alber 1989, 30). Auch Neumann und Schaper betonen in ihrer Analyse, daß sozialstaatliche Maßnahmen den Lebenslagen i.S. persönlicher Freiheitsspielräume und der Selbst- und Mitbestimmung in Lebensfragen verpflichtet sind (vgl. NEUMANN/SCHAPER 1990, 13 f.). Soweit die individuellen Voraussetzungen fehlen, um sein Leben eigenverantwortlich zu gestalten, besteht die Verpflichtung, betroffenen Menschen in geeigneter Weise zu helfen. Die Heimerziehung leistet in diesem Bereich wichtige Beiträge für Kinder und Jugendliche, die ohne diese Hilfe um wesentliche Entwicklungs- und damit Lebenschancen gebracht werden. Sie ist insoweit Bestandteil der Sozialpolitik. Diese Einbindung bedeutet nicht zwangsläufig, daß die Heimerziehung sozialpolitischen Direktiven folgen muß, die ihrem fachlichen und rechtlichen Auftrag widersprechen. Diese Zuordnung unterstreicht lediglich die unentbehrlichen Beiträge der Heimerziehung für eine wirksame Armuts- und Sozialpolitik, die die Folgen von Deprivationen nicht ausblendet.

Mit dieser Verortung der Heimerziehung in der Sozialpolitik ist natürlich die Gefahr verbunden, daß ein gesellschaftliches Problem wieder nur pädagogisch gelöst werden soll (vgl. SCHAARSCHUCH 1995, 48). Um zu vermeiden, daß die Heimerziehung zum Ersatz für Politik wird, müssen ihre begrenzten Wirkungen deutlich herausgestellt werden. Die Heimerziehung ist eine Sozialleistung neben anderen, auf die Kinder und Jugendliche in Notlagen einen Rechtsanspruch haben (vgl. MAAS 1992, 17 f.). Selbst wenn die Gefahr einer politischen Instrumentalisierung nicht vollständig behoben werden kann, muß sich die Heimerziehung den Armutsfolgen stellen, sie ist dazu pädagogisch und rechtlich verpflichtet.

Über diese formale Sichtweise hinaus, muß die Heimerziehung ihr Selbstverständnis im gesellschaftlichen Wandel überprüfen. Was BÖHNISCH über die Sozialpädagogik schreibt, gilt analog auch für die Heimerziehung: Ihr werden vermehrt sozialintegrative Aufgaben übertragen, wodurch ihre gesellschaftliche Einbindung sichtbar wird. Bei der Einlösung des sozialintegrativen Anspruchs ist die Heimerziehung jedoch auf einen sozialintegrativen Sozialstaat angewiesen (vgl. BÖHNISCH 1994, 28).

Literatur

ALBER, J.: Der Sozialstaat in der Bundesrepublik 1950-1983. Frankfurt/Main, 1989

ANDRESS, H.J./LIPSMEIER, G.: Was gehört zum notwendigen Lebensunterhalt und wer kann ihn sich leisten. In: Aus Politik und Zeitgeschichte - Beilage zur Wochenzeitung Das Parlament, B 31/32/95, 28. Juli 1995

BIEBACK, K.-J./MILZ, H. (Hrsg.): Neue Armut. Frankfurt/Main, New York, 1995

BÖHNISCH, L.: Gespaltene Normalität. Weinheim, München, 1994

BRITTEN, U.: Straßenkinder in Deutschland. In: Theorie und Praxis der sozialen Arbeit, 1/96

BUSCH-GEERTSEMA, V./RUHSTRAT, E.-U.: Wohnungsnotfälle und Wohnungslosigkeit. In: Nachrichtendienst des Dt. Vereins für öffentliche und private Fürsorge, 10/95

CHASSE, K.A.: Kinder und Armut. In: Kind, Jugend und Gesellschaft, 2/93

DER BUNDESMINISTER FÜR JUGEND, FAMILIE, FRAUEN UND GESUNDHEIT (Hrsg.): Achter Jugendbericht. Bonn, 1990

DEWES, J.: Neue Methoden der Arbeit mit Straßenkindern. In: Theorie und Praxis der sozialen Arbeit, 1/96

DÖRING, D./HANESCH, W./HUSTER, E.-U. (HRSG.): Armut im Wohlstand. Frankfurt/Main, 1990

EYFERTH, H.: Heimerziehung. In: EYFERTH u.a., 1987

EYFERTH, H./OTTO, H.-U./THIERSCH, H. (Hrsg.): Handbuch zur Sozialarbeit/Sozialpädagogik. Neuwied, Darmstadt, 1987

GIESECKE, H.: Erziehung oder Lernhilfe? In: VAHSEN, 1992

GLATZER, W./HÜBINGER, W.: Lebenslagen und Armut. In: DÖRING u.a., 1990

HANESCH, W./MARTENS, R./SCHNEIDER, U./WISSKIRCHEN, M.: Armut im Umbruch im vereinten Deutschland. In: HANESCH, 1995

HANESCH, W. (Hrsg.): Sozialpolitische Strategien gegen Armut. Opladen, 1995

HANESCH, W. u.a.: Armut in Deutschland. Hamburg, 1994

HAUSER, R./HÜBINGER, W.: Arme unter uns. Freiburg, 1993

HAUSER, R.: Das empirische Bild der Armut in der Bundesrepublik Deutschland - ein Überblick. In: Aus Politik und Zeitgeschichte - Beilage zur Wochenzeitung Das Parlament B 3132/95, 28. Juli 1995

HAUSER, R./HOCHMUTH, U./SCHWARZE, J. (Hrsg.): Mikroanalytische Grundlagen der Gesellschaftspolitik. Bd. 1, Berlin, 1994

HECKES, C./SCHRAPPER, CHR.: Traditionslinien im Verhältnis »Heimerziehung-Gesellschaft«: Reformepochen und Restaurierungsphasen. In: Peters, 1988

HOHMEIER, J./MENNEMANN, H.: Paradigmenwechsel als reflexive Modernisierungsstrategie in der sozialen Arbeit. In: Neue Praxis 4/95

HURRELMANN, K./ULICH, D. (Hrsg.): Neues Handbuch der Sozialisationsforschung. Weinheim und Basel, 1991

JORDAN, E./SENGLING, D.: Jugendhilfe. Weinheim/München, 1992

LANGHANKY, M.: Annäherungen an Lebenslagen und Sichtweisen der Hamburger Straßenkinder. In: Neue Praxis 3/93

LEIBFRIED, ST./LEISERING, L. u.a.: Zeit der Armut. Frankfurt/Main, 1995

LUTZ, R.: Die »Vergessenen der Wende«. In: Neue Praxis 4/95

MAAS, U.: Soziale Arbeit als Verwaltungshandeln. Weinheim/München, 1992

MÜNDER, J. u.a.: Frankfurter Lehr- und Praxiskommentar zum KJHG. Frankfurt/Main, 1993

NEUMANN, L.F./SCHAPER, K.: Die Sozialordnung der Bundesrepublik Deutschland. Frankfurt/Main/New York, 1990

PETERS, F. (Hrsg.): Jenseits von Familie und Anstalt. Bielefeld, 1988

PEUKERT, D.J.K.: Grenzen der Sozialdisziplinierung. Köln, 1986

PFENNIG, G.: Kinder und Jugendliche auf der Suche nach der »neuen Familie« im Bahnhofsmilieu. In: Neue Praxis 4/95

SACHSSE, CHR./TENNSTEDT, F.: Geschichte der Armenfürsorge in Deutschland. Bd. 1, Stuttgart/Berlin/Köln/Mainz, 1980

SAUER, M.: Heimerziehung und Familienprinzip. Neuwied/Darmstadt, 1979

SCHAARSCHUCH, A.: Das demokratische Potential sozialer Arbeit. In: SÜNKER, 1995

SCHMIDT, W.: Kinderpolitik. In: WENDT/PERIK, 1994

STATISTISCHES BUNDESAMT (Hrsg.): Datenreport 1994. Bonn, 1994

STEINKAMP, G.: Sozialstruktur und Sozialisation. In: HURRELMANN/ULICH, 1991

SÜNKER, H. (Hrsg.): Theorie, Politik und Praxis Sozialer Arbeit. Bielefeld, 1995

THIERSCH, H.: Kritik und Handeln. Neuwied/Darmstadt, 1977

VAHSEN, F.G. (Hrsg.): Paradigmenwechsel in der Sozialpädagogik. Bielefeld, 1992

WALPER, S.: Kinder und Jugendliche in Armut. In: BIEBACK/MILZ, 1995

WENDT, P.-U.: Kindheit und Jugend in der Risikogesellschaft. In: WENDT/PERIK, 1994

WENDT, P.-U./PERIK, M. (Hrsg.): Jugend ohne Chancen. Marburg, 1994

WENDT, W.R.: Geschichte der sozialen Arbeit. Stuttgart, 1990

Peter Widemann

Das Materielle in der öffentlichen Ersatzerziehung

Financing in Residential Care

The paper examines the financial reality in youth service (residential and foster care) and its influence on professional relations and socialization of children. The author is sceptical in regard to the political figure of speech: „alteration and demolition" in the field of youth service money-wise. The author pleads for an evaluation of the effectiveness of public money in social work and a better/quicker planing to avoid the bureaucratie dysfunctions. He asks for a new approach to youth-service in order, since increased service is needed in times of structural reforms.

1. Das »liebe Geld«

- »Geld ist der nervus rerum«: »Mit dem Taler in der Hand kommst Du durch das ganze Land.« »Geld regiert die Welt.« »Wer zahlt, hat das Sagen.«
- »Zeit ist Geld.«
- Geld berührt ein Tabu: Die verdeckte Rechnung des Kellners. Das Bankgeheimnis. Der sorgsam verschlossene Gehaltsstreifen. »Über Geld spricht man nicht, man hat es.«
- »Im Geld schwimmen« deutet auf Archaisches hin.
- Geld ist anal besetzt: »Geldscheißer«, »Dukatenscheißer«, »Geld stinkt nicht.«
- Geld herrscht libidinös, als Ersatz, als Tauschwert in menschlichen Beziehungen: »Nach dem Gelde drängt, am Gelde hängt doch alles.«
- Im Geld-Haben, im Reichtum und Wohlstand liegt auch Schuld und seine Abwehr: »Des Geldes wegen ...« »Geld stinkt nicht.«

2. Die Pädagogen

Die Geschichte der fremdversorgten Kinder ist auch eine der materiellen Not, Mißstände und Ausbeutung. Dies gilt für die zu anderen Leuten gegebenen jüngeren, verwaisten Kinder als auch für die älteren, verwahrlosten, delinquenten, mißgebildeten Kinder und Jugendlichen, die in Findel-, Armen-, Arbeitshäusern und Hospitäler untergebracht wurden. Almosen, Disziplinierung und Randständigkeit waren nicht nur eine Erscheinung der Armenpflege christlicher Liebestätigkeit, sondern bis in die Mitte unseres Jahrhunderts kennzeichnend für die im 19. Jahrhundert in weiten Teilen Europas beginnende Fürsorge.

Die materiellen Mißstände, die Ignoranz der Bürger, Verwalter und Politiker spiegeln sich im Kampf der Reformer, der sozialpädagogisch Kreativsten. Pestalozzi, der Bettelkinder und Kriegswaisen unterrichtete und Heim bot, scheiterte: Kredite waren rasch aufgebraucht, Gläubiger stellten sich ein. - SIEGFRIED BERNFELD mußte kurz nach dem ersten Weltkrieg nach einem Jahr sein psychoanalytisch-sozialistischzionistisch konzipiertes Heim für jüdische Kriegswaisen aufgeben, weil ihm »zwar 300 Kinder anvertraut wurden, nicht aber die Wirtschaftsgeschäfte« und die bürgerlich jüdischen Kreise die Spenden einstellten, da »sie eben Hunderttausende für Steuern abgeben mußten (»die Ärmsten!«)« (BERNFELD, 1969, S. 90). – FATHER FLANAGEN und seine selbstverwaltete boys-town für verwahrloste, kriminelle Jungen in den USA konnten mangels finanzieller Unterstützung erst nach mehreren Anläufen in den 30er Jahren zu einem großen Vorbild werden. – Der Kommunist MAKARENKO schuf 1920 mit behördlicher Zustimmung, aber so gut wie ohne Mittel das Kollektiv »Gorki-Kolonie«, alternativ zur »Besserungsanstalt für jugendliche Verbrecher«. Zu den ersten Jahren schreibt er: »... ebenso hungrig und arm waren auch wir Erzieher ... Trugen so ziemlich die gleichen Fetzen ...« (MAKARENKO 1954, S. 32). Materielle Aspekte durchziehen besorgt und konzeptionell seine Schriften zu den Kollektiven. – ANDREAS MEHRINGER hatte größte Mühe, 1948 bei den Münchener Stadtvätern für das Städtische Waisenhaus Familiengruppen mit einer Gruppenmutter und Praktikantin statt 40er-Gruppen und Schlafsäle einzurichten. Waisenkinder, so ein Beamter, bräuchten nicht den Luxus eines Gänsebratens und Geigenunterrichtes. MEHRINGER: Wir dürfen nicht »zuerst an die Kosten denken und daran«, daß sich die Einrichtung rentiert, wie der Schlacht- und Viehhof oder die Verkehrsbetriebe« (MEHRINGER 1976, S. 38 und 41).

Der ewige Kampf der Berufspädagogen, Pflegeeltern, Ehrenamtlichen um das Geld scheint bis in jüngste Zeit auch ein ambivalenter zu sein. Obwohl der Etat die Arbeit so sehr bestimmt, macht sich beim Thema Geld »Beklemmung« breit: Kein Thema wird so oft durchgekaut, keines ist so lästig, so ungeliebt ...« (FREIGANG 1980). »Warum«, so wurde auf dem größten Kongreß zum Thema gefragt, verhielten sich die Sozialpädagogen dermaßen abstinent, ja defensiv, gegenüber einer grundsätzlichen Erörterung ihres Etats« (BONHOEFFER/WIDEMANN, 1982, S. 3). Schließlich finden wir bei den Pädagogen ein »Kokettieren« mit der Unfähigkeit, Geld zu organisieren (AUGUSTIN 1979, S. 137). So libidinös, tauschwertig Geld besetzt ist, so sehr wird es – bis in die Familien, intimen Beziehungen zu einer letzten Privatheit tabuisiert. Bei den helfenden, sozialpädagogischen Berufen mag moralische, liebesdienstliche Tradition mitwirken, bei Pflegeeltern außerdem die Furcht, daß sie bei geldlichen Forderungen der Bereicherung, der mangelnden Hingabe zum Kind verdächtigt werden, als ob »materielle Bedürfnisse und andere handfeste Interessen« nicht »untrennbar mit dem pädagogischen Alltag und der Zuwendung verbunden sind und die eigentliche Gemeinheit nicht die »Bezahlung« der »Liebe« ... – sondern die eventuelle Bezahlung von Menschen, die leider wenig oder nichts für Kinder »übrig haben«« (FROMMANN 1982, S. 22). Zur Ambivalenz gerät auch die bei »Linken« zu beobachtende »faszinierende Verachtung« gegenüber dem Geld in den Blick (DIENSTAG u. a. 1974, S. 164).

Die Zeiten ändern sich. Gab es schon immer gewiefte Finanzverwalter bei den Wohlfahrtsverbänden und kaufmännisch begabte Heimleiter, so hält bei Sozialpädagogen, kleinen Verbänden und Fachhochschulen betriebswirtschaftliches Denken Einkehr.

3. »Sich mit dem Thema übernehmen«

So KLAUS MOLLENHAUER auch über sich anläßlich der o. g. Tagung (MOLLENHAUER 1982, S. 39). Borniert und naiv die Pädagogen, Kämmerer, Politiker, Betriebswirte, Hauswirtschafterinnen, die das von sich nicht behaupten. Reicht das Thema doch von der bezahlten Verwandtenpflegestelle bis zur geschlossenen Unterbringung, beinhaltet es doch familiale, schichtdienstorientierte und selbstverwaltete Formen, Großanstalten, Kleinstheime, Jugendhilfestationen, Kindernotdienste, Jugendwohngemeinschaften, mobile Betreuungsform, geht es doch um Leistungen der Pflegepersonen, Honorarkräfte, der Hauptamtlichen, um die Wohlfahrtskonzerne, um die kleinen, freien, behördlichen und gewerblichen Träger, haben wir es doch mit kameralistischer und kaufmännischer Haushaltsführung, mit facettenreichen Mischfinanzierungen, mit Kostenbeteiligung der Jugendlichen und Eltern zu tun. Begriffe, Sachverhalte, die alle samt Pädagogisches implizieren und mehr oder weniger auf die Gestaltung des Alltags wirken.

Das neue Interesse der Pädagogen am Faktor Geld, die strukturell-konzeptionelle Öffnung der Fremdunterbringung, die Trägerpluralisierung und die zunehmenden Verteilungskämpfe öffentlicher Mittel, der sozialstaatliche Abbau verschärfen den Grundkonflikt zwischen den legitimen Bedürfnissen (fremduntergebrachter) Kinder und Jugendlicher und den Interessen der Kostenträger. Die Polarisierung erfordert auch von Pädagogen, sich stärker auf das Rechnen einzulassen, dem sich breitmachenden betriebswirtschaftliches Effizienzdenken entgegenzuwirken.

4. Der Charakter der öffentlichen Leistung

Anders als bei der durch Mitgliedschaft und Beiträge erworbenen materiellen Ansprüche (z. B. Rente, Krankenversicherung, Arbeitslosengeld/ -hilfe) sind Leistungen, die den »Fürsorge«-charakter tragen, für die Empfänger mehr oder weniger bewußt mit einem Makel verbunden, sind sie diskreditierbar; offenkundig zeigt sich dies – trotz Rechtsanspruch – bei älteren Sozialhilfeempfängern. Den öffentlichen Leistungscharakter in Einrichtungen verdeutlicht der, vielleicht größte, Widerspruch professioneller Erziehung: dem Bedürfnis des Kindes/Jugendlichen als »einzigartig wahrgenommen und anerkannt zu werden« und der prinzipiellen Austauschbarkeit (auch des Erziehers) »als Institutionsmitglied« (FREIGANG 1996, S. 205 f.). Primär geht es im System um Wirtschaftlichkeit, um die Ökonomie der Plätze/Betten. Unabhängig von der Gestalt der vollzeitlichen Betreuung/Erziehung und ihrer konstitutiven Merkmale, die Unterhaltsleistung durch die Öffentlichkeit, das Gemeinwesen, einer Behörde bleibt für Kinder/Jugendliche abstrakt, kaum sinnlich wahrnehmbar. Zudem liegt die öffentliche Erziehungshilfe im gesellschaftlichen Rand, anders die Schul- und Unterbringungskosten (leistungskräftiger) Eltern für ihre Kinder in Internaten oder die unentgeltliche verwandtschaftliche Fürsorge. Des weiteren erfahren Heim- und Pflegekinder, daß ihre Eltern nicht vermögend sind, für ihren Unterhalt nicht aufkommen können oder wollen. Was schulden die Kinder/Jugendlichen der öffentlichen Hand? Dankbarkeit, Wohlverhalten, sozialisatorischen Erfolg? Besonders prekär steht es um die privat-öffentliche Pflegekindschaft, weil hier, im Gegen-

satz zur institutionell organisierten Ersatzerziehung, die per se als professionell anerkannt ist, Eltern-Kind-Rollen, Ehrenamtliches schärfer als Ersatz der Herkunftsfamilie erfahrbar wird.

5. »Ich bekomme für meine Arbeit Lohn.«
»Wann arbeiten Sie denn? ...« (Kupffer 1977, S. 95)

Ist die Vergütung des Lehrers, der mehr oder weniger erfolgreich Rechtschreiben
und Rechnen beibringt, die des Hausmeisters, der Reinemachefrau dem Kind/Ju-
gendlichen noch vermittelbar, so kaum die bezahlte Arbeit der Erzieher. Worin liegt
ihr sinnfälliges Produkt, ihr Werkzeug? Groteskerweise ist für Kinder in Schichtdienst-
gruppen, mit der Trennung von ihrer Gruppe und dem Zuhause der Erzieher, mit
zeitlich festgelegten Anwesenheiten Berufliches erkennbar. Die Tätigkeit der »innewohnenden« Lohnerzieher dagegen erscheint weniger plausibel, verrichten sie doch
Häusliches wie die nicht außerhäuslich berufstätige Mutter. Der häuslichen Kindererziehung haftet immer noch eine naturhafte- und wesensbestimmende Mutterrolle
an. »Erziehung wird hausfrauisiert« (Schmid 1985, S. 45). Eine Zuschreibung, die
wir bei der überwiegend nicht bzw. mit monatlich etwa 300,00 DM abgegoltenen
Pflegemutterverantwortung kennen.

Ein eher gegenläufiges Beziehungsproblem zu »wann arbeiten Sie denn?« liegt
in der fordernden Haltung: »Ihr werdet doch für mich bezahlt!«. Gleichwohl drückt
sich in der Haltung auch ein Unabhängigkeitsgefühl der Kinder/Jugendlichen aus.
Der Lohnerzieher (im Gegensatz zur nicht vergüteten Pflegemutter) schenkt nicht,
damit schulden Kinder/ Jugendliche weniger eine Gegenleistung (z. B. Wohlverhalten).

Von besonderer interaktionistischer Bedeutung sind materielle Leistungen (z. B.
Sozialhilfe, Taschengeld), die zwar öffentlicher Herkunft sind, aber im personalen
Bezug, nämlich durch den »Sachbearbeiter« im Jugendamt, der Betreuerin oder Erzieherin im scheinbaren Ermessen gezahlt werden. Hier vermischt sich materielle
mit personale Abhängigkeit. Deutlich wird dies bei Betreuungsformen (früher z. B.
die Schutzhilfe, heute die intensive sozialpädagogische Einzelbetreuung). Die auf
möglichst kurze Zeiträume verteilten Unterhaltsleistungen hat der Jugendliche/jun-
ge Volljährige sich bei seinem Betreuer abzuholen, so ist sein Erscheinen ziemlich
sicher. Der Unterhalt wird hier auch als »pädagogisches Mittel« eingesetzt, ein nicht
zu verwerfendes Dilemma.

Die kindliche Wahrnehmung korrespondiert mit der konstitutiven Rollen-
diskrepanz des Lohnerziehers. Seine Rolle ist ambivalent und labil. Sie resultiert aus
den Widersprüchen zwischen öffentlichem Auftrag sowie professionellem Anspruch
tragfähige Beziehungen zu üben und herzustellen und einen privaten elterlichen
Gefühlswert, der möglichst außen vor zu lassen ist. Es ist weniger eine »sinnlich
gesättigte Kommunikation«, vielmehr »kalkülhafte Kommunikation« (Blandow 1988,
S. 46). Das Dilemma tritt besonders bei der vergüteten (semi-)professionellen Pflege«-familie« hervor. Das Pflegekind erlebt die »bezahlte Liebe«, seine Marginalität.
Und diese wird durch gesellschaftliches und behördliches Unverständnis gegenüber
der vergüteten Pflegeelternschaft verstärkt. Das Paradoxe in der Pflegekindschaft ist

nicht aufhebbar, aber durch Transparenz zu mildern, eine vielseits gültige Maxime. Nach Bonhoeffer verlangt diese beruflich so »dicht durchdrungene Verbindung ... die ausgeprägte Fähigkeit, irrationale Hemmungen zu isolieren, um der materiellen Voraussetzung willen, die Hilfe möglich macht« (BONHOEFFER 1974, S. 135). Wir wissen, daß die in der Ersatzerziehung tätigen Hand(!)werker, die auch Musik, Werken, Gegenständliches vermitteln, den Pädagogen in den Augen der Kinder arbeiten. Nicht nur aus Leidenschaft, sondern auch wohlbedacht hat Martin Bonhoeffer um der rein verbalisierenden Betreuung als Heimerzieher und -leiter zu entgehen, gebaut, unterrichtet, im Garten gegraben und repariert.

6. Frühe Mangelerfahrungen

Allenthalben wird beklagt, daß Kinder/Jugendliche in Institutionen verschwenderisch, ja destruktiv mit Essen, Kleidung, Spielen, Einrichtungsgegenständen umgehen, Geld »sinnlos« ausgeben. Ihr Konsumdrang ist gierig und schier unstillbar. Auch Jugendliche in Jugendwohngemeinschaften und betreutem Jugendwohnen, die sich überwiegend von Sozialhilfe oder sonstigen staatlichen Leistungen oder eigenem Einkommen unterhalten, pendeln zwischen Verschwendung, planlosem Konsum, Schnorren und Schulden. »... ein ewiges Gezerre ums Geld. Geld ist ein wichtiges Vehikel« und für Betreuer kostet Geldverwaltung »viel Kraft« (BLANDOW 1992, S. 19).

Mit diesen Verhaltensweisen geraten die überwiegend vielschichtig belasteten Herkunftsfamilien und die Erfahrung mit anonymen und administrierten Versorgungsstrukturen der Einrichtungen in den Blick. Gemessen an der Mehrheit der Familien, geht es den Herkunftsfamilien ökonomisch meistens schlecht, können Grundbedürfnisse nicht befriedigt werden. Geringes Einkommen, Armut, Schulden führen allenthalben zur Katastrophe, wenn mangelnde Bildung, Krankheit, Sucht, familiäre Auflösung hinzukommen. Es liegt nahe, daß eine von materiellen und emotionalen Entbehrungen geprägte Lebenswelt sich gierig und planlos nach Ersatz drängt. Drückt sich hierin auch Vitales aus, so besteht mehr Sorge bei Kindern/Jugendlichen, deren früh erfahrener Mangel zu ängstlich-apathischem Verhalten führt; ihnen wurden Fordern- und Zugreifen-Können nachhaltig verbaut, ausgetrieben.

7. Leitnormen

Zum Wesen totaler Institutionen gehören minimierte Ressourcen, eine durch und durch reglementierte Versorgung und disziplinierende Beschränkungen oder Gratifikation von Räumen, Sachen und Geld. Die Güte vollzeitlicher Betreuung ist u. a. zu messen an den Maximen: bedürfnis- und problembezogener Bedarf, Teilhabe an der materiellen Gestaltung, Transparenz des Etats, Realitätsbezug, Besitz/Eigentumsbildung. Leitnormen, die Gewicht haben in den Konzepten des »pädagogischen Etats«, der »Selbstbewirtschaftung«, der »sachbezogenen Lernfelder«, in den Programmen »Jugendhilfe aus einer Hand« und »sich am Jugendlichen orientieren« und vor allem in der von THIERSCH auch in diesem Buch verhandelten »Lebensweltorientierung«.

Ausgehend von den lebensgeschichtlichen Erfahrungen der Kinder/Jugendlichen, von ihren »Bewältigungsversuchen« und entstigmatisierenden Definitionen von Problemen »als Zeichen erschwerter Normalität« hat sich professionelles Handeln auch gegenüber dem »Einzigartigen« als Normalität zu öffnen (Thiersch 1997). Und natürlich ist die Offenheit für Lebensformen vom materiellen Rahmen nicht zu lösen. Die Wahl des öffentlich unterstützten »fremden« Lebensortes, sei er episodenhaft oder von längerer Dauer, hat sich an den biographischen Erfahrungen, den Eigenarten der Kinder/Jugendlichen zu orientieren. Insofern sind Grad und Qualität der Transparenz und Teilhabe abhängig von den Wünschen, der Lernfähigkeit, dem Alter, dem Anlaß und der Dauer der Unterbringung. So ist Lebensweltorientierung auch im Kontext mit dem Ökonomischen auf die spezifischen Strukturmerkmale und Settings (wie Schichtdienst und familiale Betreuungsformen, Pflegestellen, Zufluchtswohnungen, betreutes Jugendwohnen) hin zu relativieren.

Die Alltagsgestaltung des Materiellen ist nicht nur ein Produkt der Finanzierungsform, sie wird auch geprägt von bequemen, phantasievollen, gleichgültigen, mutigen Erziehern, Pflegepersonen.

Die monetären Leistungen für die Fremdunterbringung bilden ein Mosaik aus Einzelteilen der Sach- und Personalkosten, die sich in der Regel an bestehenden Rechts- und Tarifnormen orientieren. Bedarfsdeckung und der Bezug auf den einzelnen jungen Menschen, auf Plätze und »Betten« stellen Grundregel dar. Die individuelle, gruppen- und institutionsbezogenen Dispositionen hängen wesentlich von der Finanzierungsform ab.

Die sachlichen und personellen Bedarfsposten und -kalkulationen werden in Zeiten sozialen Abbaus zwischen »Anbietern« und Kostenträgern härter ausgetragen. Der Markt ist zunehmend von preislichen Konkurrenzen geprägt; ob dieser Mechanismus den Kindern/Jugendlichen zugute kommt, bleibt – wie ehedem – häufig offen und wird nicht evaluiert.

In die monetären Bedarfsrechnungen fließen in erheblicher Weise Interessen und Ideologien ein. Welche Maßstäbe eignen sich für die öffentliche Ersatzerziehung? Die sachlichen Aufwendungen, die Familien für ihre Kinder haben? Welche Familieneinkommen sind zugrunde zu legen? Welche Personalschlüssel sind vernünftig? Wie ist die Pflegeelterntätigkeit, die häusliche Sozialisationsleistung zu berechnen analog der Erziehertätigkeit oder ausgehend vom entgangenen Erwerbseinkommen?

Die Geschichte, die Entwicklung des Bundessozialhilferechts, des Pflegeversicherungsgesetzes und andere Sozial- und Versorgungsnormen zeigen, daß es für die »Begriffe Bedürfnis und Bedarf keine inhaltlich »gültigen« Definitionen« gibt und deren Festlegung »immer eine gesellschaftlich bedingte Aussage« darstellt (Leitner 1982, S. 156). So existiert, entgegen der Stellungnahme der »Nationalen Armutskonferenz in der Bundesrepublik Deutschland« (Nationale Armutskonferenz 1992), aus regierungspolitischer Sicht in Deutschland keine Armut, denn der »notwendige Lebensunterhalt« ist sozialhilferechtlich gesichert, und die Pflegebedürftigen in den speziellen Häusern erhalten menschenwürdige Hilfe. Und manche Finanzverwalter, Steuerzahler und Pädagogen sehen im Einzelzimmer, Klavierunterricht, Ferienreisen nach Italien, im PC, Französischunterricht für Pflege-/Heimkinder einen Luxus.

Auch für Kinder/Jugendliche der öffentlichen Ersatzerziehung gibt es keine objektiven Berechnungen zu den Lebensunterhaltskosten. Einen tragbaren Maßstab stellen die Ausgaben dar, die eine Familie mit Durchschnittseinkommen für ihre Kinder/Jugendlichen aufwenden. Auszugleichen sind im pädagogisch-therapeutischen Sinne »Verschleiß« durch frühe Entbehrungen, durch individuell erhöhte Leistungen. Daß Heim-/Pflegekinder im öffentlichen Leben (Schule, Nachbarschaft, Sportverein) in materieller Hinsicht nicht als solche auffallen sollten, scheint indessen Konsens und weitestgehend Realität zu sein. Ausgehend von Mindeststandards sollte mit den Pflegepersonen für ihre Betreuungs- und Erziehungsleistung ein Erziehungsgeld ausgehandelt werden, das an die Vergütungsgruppen für Erzieher anlehnt und der durch das Pflegekind gegebenen eingeschränkten oder aufgegebenen Erwerbstätigkeit Rechnung trägt.

Die Selbstbewirtschaftung durch die Gruppen, der pauschal zugeteilte Lebensunterhalt (»pädagogische Etat«), anstelle der anonymen Heimversorgung ist heute weit verbreitet. Von einer Partizipation der Kinder und Jugendlichen an der gruppenübergreifenden wirtschaftlichen und haushaltsmäßigen Gestaltung ist die Praxis jedoch entfernt. Hierzu gehören der Gesamtetat, Preisentwicklungen und -vergleiche, baulich-räumliche Vorhaben, gruppenübergreifende Anschaffungen, Reisen, Feste, Entlohnungen der Kinder/Jugendlichen für Gemeinschaftswerke, Sparpläne, Prioritäten, Verschuldungen. Es geht um Teilhabe an einem Ort, der für Kinder und Jugendliche geschaffen wurde! Partizipation richtet sich gegen Fremdbestimmung und Machtstrukturen. Eine demokratisch-kollektivorientierte Verfassung und ihre Rituale schränken auch eine Personifizierung bei Knappheit oder Überfluß der Mittel ein und geben den Kindern/Jugendlichen weniger Grund, die »eigenen materiellen Bedingungen und die sich daraus ergebenen Lebensumstände und fachlichen Möglichkeiten ... bejahend oder verneinend auf diejenigen Personen« zu projizieren, »von denen sie ihre Abhängigkeit spüren« (KUPFFER 1977, S. 47). Teilhabe ermöglicht, den Kindern/Jugendlichen zudem die eigenen Interessen und Bedürfnisse und die der anderen zu erleben und auszugleichen, Kompromisse zu suchen und solidarisches Handeln einzuüben. Zur Partizipation gehört, die Konsequenzen der Entscheidungen mitzutragen. Damit relativiert sich Teilhabe auf die voraussichtliche Dauer des Aufenthaltes hin.

Mit Partizipation ist untrennbar Transparenz verbunden. Gesellschaftlich durchzogen ist die »Geheimnistuerei« um Geld, Preise, Besitz, Geldregulationen. Damit ist eine Bigotterie gegeben, die auf interpersonale Beziehungen des Materiellen bestimmt wirkt. Obwohl größtes Interesse am Preis des Geschenkten, an den Schulden des anderen, sein Bankkonto besteht, wird nicht danach gefragt. Die Bigotterie liegt »allgemein gesehen darin, daß die zwischenmenschlichen Beziehungen in der Oberflächenansicht der bürgerlichen Gesellschaft allein »kooperativ« geregelt, auf Anerkennung wirklicher Beiträge und gegenseitiger Hilfeleistung basierend scheint« (HOLZKAMP 1978, S. 227). Die Tabuisierung des Etats, die Gründe des Verbergens (»nicht in die Karten schauen lassen«) werden auch mit Überforderung und Desinteresse der (entwicklungsgeschädigten) Kinder/Jugendlichen begründet. Die Verschwiegenheit der Pflegeeltern ist zu suchen, zum einen in der Tradition der Familie, namentlich der begüterten (Eltern, insbesondere die Väter, halten, was Vermögen und Einkommen anbelangt, hinterm Berg), des weiteren in ihrer mehr oder weniger bezahlten Rolle, die Ambivalenz auslöst schließlich im rechtlichen Status (hier bestehen keine unterhalts- und erbrechtlichen Verpflichtungen und Ansprüche). Bei den Trägern zeigt sich auch ein großes Verbergen darin, daß Kostensätze, ihre Bestandteile und die Finanzierungsquellen selten veröffentlicht werden.

Das frei verfügbare (d.h. keinem strafenden Entzug unterliegende) Taschengeld für »persönliche Anschaffungen«, Besitz und Eigentum von Kleidungsstücken, Büchern, Spielsachen, Sportausrüstung gehört in der öffentlichen Ersatzerziehung zum Standard. Es soll zur Anerkennung von »Mein und Dein« erziehen und gerade geschädigten Kindern Selbstvertrauen und Schutz vermitteln (Senator für Familie, Jugend, Sport, 1997, S. 89). Der Besitz eines Tieres, Garten- und Möbelstückes markiert jedoch äußerste Grenze. Eine spannende eigentumsfördernde Jugendhilfepolitik stellt im Kontext mit Jugendformen, Sanierungs- und Produktionsprojekten eine Mitgift in Form von Kreditbeschaffungen, Bürgschaften dar (BBJ-CONSULT, 1995).

Mit der Forderung nach Besitz und Eigentum sind jedoch auch tiefergehende Probleme verbunden. Besitz und Eigentum wirken in kapitalistisch-bürgerlichen Gesellschaften stärker status- und selbstwertbestimmend (»Hast Du was, bist Du was!« und »Geld macht nicht glücklich, aber beruhigt!«). »Haben-Gefühle« stellen ein »zentrales Regulationsmittel interpersonaler Beziehung« dar; sie scheiden und binden (HOLZKAMP 1978, S. 225). In der Fremdunterbringung tritt der Widerspruch zwischen der gesellschaftlichen Besitz- und Eigentumsidealisierung und der Mangel an Besitz und Eigentum der Heim- und Pflegekinder hinzu. Befinden sich die Kinder/Jugendlichen in Gruppen, Einrichtungen noch in einer vergleichbaren Besitz- und Eigentumssituation, so ist die Abweichung des Pflegekindes gegenüber den »eigenen« Kindern, den Familien«-angehörigen« evident.

Dem Taschengeld fehlt die entgegengebrachte Leistung. Ihm liegt kein Gegenwert, keine Anstrengung zugrunde. Es scheint lohnenswert, jedenfalls für ältere und gesunde Kinder, insbesondere für Jugendliche über Alternativen zum Taschengeldsystem konsequenter nachzudenken. Auch bei den achtjährigen und älteren Schulkindern sollte Arbeit und Lohn kein programmatisches Tabu bleiben.

Zur kindlichen Lust, Neugier und Geschicklichkeit mit (!) Erwachsenen etwas zu produzieren, organisieren, bewerkstelligen, das Preis und Kunden hat, gibt es Vorbilder in der Intergration überschaubarer Lebens- und Arbeitsformen.

»Arbeit lernen« nicht »lernen zu arbeiten« ergänzt und relativiert die auf kognitive Lernziele ausgerichtete Schule, sterile Bastel- und Werkprogramme, stellt sich gegen eine durchpädagogisierte Heimerziehung; Arbeit als sinnlicher Wahrnehmung gesellschaftlicher Wirklichkeit. Die im Alltag der Einrichtungen anfallenden Arbeiten sind mannigfaltig: Besorgungen und Transporte für die Verwaltung und Bewirtschaftung, Bürotätigkeiten, Garten, Möbel aufarbeiten, renovieren. Ein besonderer Wert liegt in der gemeinschaftlichen und Kinder/Jugendliche der Nachbarschaft einbeziehenden Veranstaltungen und Projekte wie Feste, Trödelmarkt, Theater- und Musikaufführungen, Zeitung und beispielsweise in der festen Fahrradwerkschaft. Zum Programm erhoben bieten sich auch kindgemäße zeitliche und inhaltliche Tätigkeiten handwerklicher, dienstleistungsmäßige oder familiärer Art in der Nachbarschaft an.

In jedem Fall sind Leistungen für die Einrichtung aus deren Etat zu entlohnen, transparent und außerhalb des Verdachts der Ausbeutung. Altersbezogene

Jugendschutzbestimmungen sollten im Sinne von Beschäftigungs- und Lernprogrammen mit fließenderen Übergängen praktiziert werden.

Bezahlte Arbeit als bildungs- und sozialpädagogisches Element liegt fern der weltweiten ausbeuterischen, verdummenden und krankmachenden Kinderarbeit.

8. Schlechte Aussichten?

Es wurde versucht, einige materielle – häufig verkleidete – Wirklichkeiten der öffentlichen Erziehung und ihren prägenden Einfluß auf die Beziehungen und Sozialisation zu skizzieren. Eine Vertiefung der Thematik ist angesichts der aktuellen Umbrüche und Kürzungen mehr denn je geboten.

Der »schmuddelige» sozialpädagogische Alltag, seine Niederungen, kommen in der Finanzdiskussion nicht recht ans Licht, die großen Systeme (Träger-, Finanzierungsarten) dominieren. Man ist out ohne Kenntnis der Kosten-Leistungs-Analyse, Anbieter, Budgetierung, Produktorientierung, ohne Wissen vom Sozialmanagement, input/output und in aller Munde ist die Kundenorientierung, eine »Legitimationsfloskel» besonderer Art. Doch tun unternehmerische, kaufmännische Impulse einer Sozialpädagogik gut, die in starren und abgesicherten Strukturen Lammentieren und Bequemlichkeit beherbergt.

Die politische Rede vom »Umbau nicht Abbau» ist unwahr. Unterm Strich wird gestrichen. Und so wird das Streben nach Flexibilisierung und Qualifizierung unterlaufen mit höheren Auslastungsquoten, schlechterem Personalschlüssel, Reduzierung der (Fach-)Leistungsstunden, Abschieben junger Volljähriger in die Sozialhilfe. Gleichwohl herrscht Verschwendung der öffentlichen Erziehungsgelder. Sie liegt in behördlichen Disfunktionalitäten, in der nicht recht gelingenden Hilfeplanung, in der völlig vernachlässigten Evaluation, in zu langen Planungen, die rasches bedarfsorientiertes Handeln verhindern, in der halbherzigen Qualifizierung der flexiblen ambulanten Hilfen, in einem Pflegestellensystem, das die Leistungen der Pflegeeltern (materiell) nicht würdigt.

Als Reflex auf die oben vertretenen Maximen, die für eine offene, emanzipative Gestaltung des Materiellen stehen, ist folgendes in den Blick zu nehmen:
- eine unternehmerische Gestaltungsfreiheit. Zur Rede stehen Mindestkostenansätze/ -standards und zusätzliche einrichtungsbezogene sowie individuelle Leistungen. Dazu gehört weiter das freie Aushandeln von Prämien für Einrichtungen und Pflegestellen, die sich über einen vereinbarten Zeitraum auf Kinder und Jugendliche einlassen, die sonst keiner will, die nirgends blieben;
- Chancengleichheit für kleine Träger, die häufig sehr innovativ sind und, im Gegensatz zu den großen, keine Dispositionsmasse (z.B. für den Anfang) haben;
- über einen längeren Zeitraum abgesicherte Zuwendungen, jährliche, einrichtungsbezogene Pauschalleistungen, insbesondere für Krisendienste und mit Straßenarbeit verbundene niedrigschwellige Angebote;
- Minimierung staatlicher Investition bei den Kostensätzen und Besetzung der Pflegesatzkommission mit überwiegend unabhängigen Sachverständigen;

• Maximierung der Beratung, landesjugendamtliche Standard-/Konzeptkontrollen sowie eine mutigere Auflagen- und Schließungspolitik auf der Basis strengerer Maßstäbe zu den Begriffen Kindeswohl/-gefährdung.

Die allenthalben hochgelobte »Privatisierung« ist auf die Aushöhlung sozialstaatlicher Verantwortung zu hinterfragen.

Literatur

AUGUSTIN, G./BROCKE, H.: Arbeit im Erziehungsheim, Weinheim/ Basel 1979.

BBJ-CONSULT: Dokumentation - Expert(innen) - Gespräche, »Jugendwohnen« - Neue Finanzierungsformen, Berlin 1995, vervielfältigtes Manuskript

BERNFELD, S.: Kinderheim Baumgarten, in WERDER VON/WOLFF (Hrsg.) in: Antiautoritäre Erziehung und Psychoanalyse, Frankfurt/M. 1969, S. 84 bis 192.

BLANDOW, J.: Heimerziehung in den 80er Jahren - Materialien und Einschätzungen zur jüngeren Entwicklungen der Heimerziehung, in: PETERS, F. (Hrsg.): Jenseits von Familien und Anstalten, Bielefeld 1988, S. 28 bis 49.

BONHOEFFER, M.: Aus Kritik am Heim: Ersatzfamilien, in Bonhoeffer/ Widemann (Hrsg.): Kinder in Ersatzfamilien, Stuttgart 1954, S. 124 bis 140.

BONHOEFFER, M. u. a. (Hrsg.): Was kostet ein Kind?, herausgegeben von der Internationalen Gesellschaft für Heimerziehung, Frankfurt/M. 1982.

DIENSTAG, M. u. a.: Die Linke und das Geld, in: Kursbuch 36, 1974, S. 162 bis 181.

FREIGANG, W.: Verlegen und Abschieben, Weinheim/München 1986.

FREIGANG, W.: Warum Heimleiter sein? in: FROMMANN, A./BECKER, G. (Hrsg.): MARTIN BONHOEFFER, Mössingen/Talheim 1996, S. 199 bis 212.

FROMMANN, A./BECKER, G. (Hrsg.): MARTIN BONHOEFFER, Mössingen/Talheim 1996.

HOLZKAMP, K.: Sinnliche Erkenntnis - Historischer Ursprung und gesellschaftliche Funktion der Wahrnehmung, Frankfurt/M. 1978.

JUNKER, R.: Gestaltung der Kosten der Heimerziehung, Frankfurt/ Main, 1974.

KUPFFER, H.: Einführung in Theorie und Praxis der Heimerziehung, Heidelberg 1977.

LEITNER, U.: Was kostet ein Kind? in: Nachrichten des deutschen Vereins 5/1982, Seite 154 bis Seite 160.

MAKARENKO, A.S.: Der Weg ins Leben, Berlin 1954.

MAKARENKO, A.S.: Ausgewählte pädagogische Schriften, Berlin 1953.

MEHRINGER, A.: Heimkinder, München 1976.

MOLLENHAUER, K.: Wieviel kostet ein Kind? in: BONHOEFFER u. a. (Hrsg.): Was kostet ein Kind, Frankfurt/M. 1982.

Nationale Armutskonferenz in der Bundesrepublik Deutschland: Bekämpfung von Armut und Unterversorgung in Deutschland, in KJugG 2/93, S. 65 ff.

POTTER, P. (Hrsg.): (UN)Bedacht?! - Wohnprojekt von Jugendlichen in Europa: Möglichkeiten, Muster und Modelle, erschienen im BBJ-Verlag (Materialien 10), Berlin 1994.

SCHMID, P.: Pädagogik und Hausarbeit, eine Qualverwandtschaft, in: Sozialmagazin 1985, S. 43 bis 46.

Senator für Familie, Jugend, Sport Berlin: Bericht über die pädagogische und personelle Situation in den geschlossenen Einrichtungen der Jugendhilfe, in: BÄUERLE/MARKMANN (Hrsg.): Reform der Heimerziehung, Weinheim/ Basel 1974, S. 44 bis 171.

THIERSCH, H.: Jugendhilfe und Politik, in: Colla/Gabriel/Millham/Müller-Teusler/Winkler (Hrsg.): Handbuch Heimerziehung und Pflegekinderwesen in Europa, Neuwied 1997

Trägerverbund Mobile Betreuung Bremen: »Zwei Jahre Trägerverbund Mobile Betreuung Bremen«, Bremen 1993.

WIDEMANN, P.: Sozialisation in Familien und Gruppen, in: BONHOEFFER/ WIDEMANN (Hrsg.): Kinder in Ersatzfamilien, Stuttgart 1974, S. 103 bis 124.

Reinhard Wiesner

Jugendhilfe - Soziale Wohltat oder Zukunftssicherung

Youth Welfare Service – Charity or Responsibility for the Future

The economical recession in the Federal Republic and the establishing of the German unity led to deep cuts in the practice of youth welfare service although local and regional different. The budget is shortened drastically everywhere, hospital charges are not granted anymore and it is gone into legal regulations to find out whether they are obligatory or not. Once more it is distinguished between duty and volunteer task. Although it has to be clear to everyone that legal determined tasks can never be volunteer tasks. The budget situation of the municipal regional administrative body has got worse and far-reaching that it is demanded sporadically a general revision of the children- and youth welfare laws. The debate about the improper use of social aid/welfare aid does not stop in front of youth welfare services either, as if children, young people and parents obtain the access to leisure time centres, day care institutions for children or the utilization of assistance for education illegitimate in an underhand way. Is youth welfare service really a social charity which is given in times of being well-off, but in times of being short off cash children, young people and parents however have to do without?

Ich nähere mich diesem Thema aus der Perspektive eines Ministerialbeamten, der in fast 20 Jahren darüber Erfahrungen gesammelt hat, wie Politik auf verschiedenen Ebenen mit dem Gegenstand »Jugendhilfe« umgeht.

Seit einigen Jahren haben wir nun ein neues Kinder- und Jugendhilferecht. Daß es 30 Jahre gedauert hat, bis aus den ersten Diskussionen ein verabschiedetes Gesetz geworden ist, spricht bereits für sich. Immer wieder kam das Gesetzgebungsverfahren ins Stocken - einmal im Hinblick auf die finanzielle Lage der Städte und Gemeinden - zum anderen, weil es schwierig war, in grundlegenden gesellschaftspolitischen Fragen, etwa der Reichweite des elterlichen Erziehungsrechts einerseits und des staatlichen Wächteramts andererseits sowie des Verhältnisses zwischen öffentlichen und freien Trägern auch einen parteipolitischen Konsens zu finden. Da wurde zum Teil auf ideologisch abgehobener Ebene argumentiert und darüber die konkreten Lebenssituationen von Kindern, Jugendlichen und Eltern in diesem Lande vergessen. Ab einem bestimmten Zeitpunkt war die Dringlichkeit der Reform ohnehin nicht mehr zu vermitteln. Was bereits 25 Jahre diskutiert wird - so wurde argumentiert -, kann nicht so dringlich sein, daß es nicht auch noch warten könnte.

Mitunter macht es bereits große Mühe, dem Außenstehenden überhaupt zu vermitteln, was Jugendhilfe eigentlich ist, so komplex und heterogen ist dieses Aufgabenfeld. Hinzu kommt, daß die historischen Wurzeln der Jugendhilfe, nämlich einerseits die staatliche Zwangserziehung und andererseits die Armenfürsorge noch heute weithin das Image der Jugendhilfe prägen, auch wenn die fachliche Diskussion sich davon längst entfernt hat. Jugendhilfe ist deshalb in den Köpfen der Bürger etwas,

was man selber nicht braucht, was aber gewisse andere ganz gut gebrauchen könnten. Von daher wird auch deutlich, daß sich für Reformen in der Jugendhilfe keine Massen mobilisieren lassen.

Als das Gesetz dann im Sommer 1990, gezeichnet von vielen Kompromissen, endlich die parlamentarischen Hürden übersprang, traf es völlig veränderte staatliche und gesellschaftliche Rahmenbedingungen: In den westlichen Ländern diskutiert und konzipiert, mußte das Gesetz nun auch für die völlig anders strukturierte Jugendhilfe in den neuen Ländern passen. Die Menschen dort haben sich mit Neugier und Engagement an die Einführung des KJHG und den Umbau der Jugendhilfe begeben. Während die Jugendhilfe in den westlichen Bundesländern zeitweise noch stark in den Kategorien des JWG verhaftet ist, wurde in den neuen Ländern das KJHG häufig viel konsequenter umgesetzt.

Wie Jugendhilfe tatsächlich aussieht, wird aber nur zum Teil durch das Gesetz, im wesentlichen von der Haushaltslage in den kommunalen Gebietskörperschaften bestimmt. Die wirtschaftliche Rezession und die Kosten der Herstellung der Deutschen Einheit führen inzwischen - wenn örtlich und regional unterschiedlich - zu tiefen Einschnitten in die Praxis der Jugendhilfe. Haushaltsansätze werden landauf, landab drastisch gekürzt, Pflegesätze nicht mehr genehmigt, gesetzliche Vorschriften auf ihre Verbindlichkeit hin abgeklopft. Wieder einmal wird zwischen Pflichtaufgaben und freiwillige Aufgaben unterschieden. Dabei müßte eigentlich jedem einleuchten, daß gesetzlich bestimmte Aufgaben niemals freiwillige Aufgaben sein können. Die Haushaltssituation der kommunalen Gebietskörperschaften hat sich offensichtlich so tiefgreifend verschlechtert, daß vereinzelt schon eine Generalrevision des Gesetzes gefordert wird. Die Debatte um den Mißbrauch sozialer Leistungen macht auch vor der Jugendhilfe nicht Halt, als ob sich Kinder, Jugendliche und Eltern den Zugang zu Freizeiteinrichtungen, zu Tageseinrichtungen für Kinder oder die Inanspruchnahme von Hilfen zur Erziehung zu Unrecht erschleichen würden. Ist Jugendhilfe wirklich eine soziale Wohltat, die man in Zeiten voller Kassen verabreicht, auf die Kinder, Jugendliche und Eltern jedoch in Zeiten knapper Kassen verzichten müssen?

Wer über Jugendhilfe redet, muß zuerst über die Problemlagen reden, mit denen die Gesellschaft insgesamt und hier zuallererst Kinder, Jugendliche und Eltern konfrontiert sind. Da sind zum einen die Problemlagen im Nahbereich der Familie. Ich kann hierzu kein umfassendes Szenario entwerfen, möchte aber einige dieser Probleme stichwortartig benennen:

- Da ist zunächst die heutige Struktur der Familie als Kleinfamilie.
  Die Zahl der Personen, die mit Kindern zusammenlebt, geht zurück. Es ist nicht mehr üblich, Kinder zu haben. Man spricht auch von einer Verinselung von Familien in einer Single-Gesellschaft oder auch von einer Gesellschaft, die kinderentwöhnt ist.
- Die Zahl der Kinder pro Familie geht zurück. Das typische Kinderschicksal ist das des Einzelkindes, das keine Geschwistererfahrungen mehr sammelt, Geschwistersolidarität und Geschwisterrivalität nicht lernt und Onkel und Tanten nur noch aus Büchern kennt. In den neuen Bundesländern erleben wir gegen-

wärtig einen dramatischen Geburtenrückgang, der die Zukunftsangst und die mangelnden Perspektiven junger Eltern deutlich macht.

- Es gibt heute keinen einheitlichen Typus von Familie mehr. Wir sprechen von einer Pluralisierung der Familienformen. Ich denke dabei an nichteheliche Lebensgemeinschaften, Stiefelternfamilien, Einelternfamilien. Die Mitglieder dieser Familien setzen sich immer wieder neu zusammen. Die Zahl der Kinder, die in solchen Familienformen aufwächst, nimmt zu.
- Frauen haben heute andere Lebensentwürfe, die sie auch wegen der Geburt von Kindern nicht oder nur für kurze Zeit ändern; Erwerbstätigkeit von Frauen bedeutet in vielen Fällen nicht nur Aufbesserung des monatlichen Einkommens, sondern auch volle Teilhabe an der Erwerbs- und Leistungsgesellschaft.
- Familien sind häufig nicht ein geschützter Lebensraum für Kindern, sondern bilden den Rahmen für Gewalt, Vernachlässigung und sexuellem Mißbrauch.

Innerfamiliäre Problemlagen stehen jedoch in einem engen Wirkungszusammenhang mit gesamtgesellschaftlichen Problemen. Wettbewerb, Konkurrenzdruck und Leistungsgesellschaft machen auch vor der Familie nicht halt. Eltern sind bestrebt, ihren Kindern die bestmöglichen Bildungschancen zu vermitteln und projizieren all ihre Hoffnungen auf das eine Kind, das häufig überfordert wird.

Gewalt wird zunehmend ein Mittel der Auseinandersetzung zwischen jungen Menschen in der Schule und in der Freizeit. Daß die Gewöhnung an Gewalt durch die Häufigkeit von Gewaltdarstellung in den Medien unterstützt wird, wird inzwischen kaum noch bestritten. Gesellschaftliche Spannungen ergeben sich auch im Zusammenhang mit dem mühevollen Prozeß der Herstellung der Deutschen Einheit. Die wirtschaftliche Rezession verschärft den Kampf um Arbeitsplätze und erhöht die Spannungen zwischen Deutschen und Ausländern. Arbeitslosigkeit, Wohnungsnot und Zukunftsangst sind gleichzeitig schlechte Rahmenbedingungen für das Aufwachsen von Kindern in Familien.

Als Zwischenergebnis läßt sich zusammenfassend festhalten, daß die Gefährdungsmomente für die Entwicklung von Kindern und Jugendlichen tendenziell zunehmen, während gleichzeitig die innerfamilialen Möglichkeiten, diesen Gefährdungsmomenten entgegenzuwirken, abnehmen.

Zur Sicherung der Zukunft von Kindern und Jugendlichen bedarf es deshalb nicht nur ausreichender materieller Rahmenbedingungen, wie sie etwa durch einen verbesserten Familienlastenausgleich oder sozialen Wohnungsbau zu schaffen sind, sondern vor allem auch eines verbesserten Angebots pädagogischer Hilfen für Kinder, Jugendliche und Eltern. Sie sind durch die freien und öffentlichen Träger der Jugendhilfe bereitzustellen.

Bis heute ist es jedoch den Vertretern der Jugendhilfe nicht gelungen, die Problemlagen von Kindern und Jugendlichen und die Notwendigkeit eines breit gefächerten Hilfeangebots breiten Bevölkerungsschichten deutlich zu machen. Dort wird auch kaum zur Kenntnis genommen, daß das Leistungsspektrum, das freie und öffentliche Träger heute im Rahmen des Kinder- und Jugendhilfegesetzes anzubieten haben, nicht mehr nur Leistungen für bestimmte Risikofälle und Risikogruppen umfaßt. Dem weiten Verständnis von Jugendhilfe entsprechend, das die beiden Teilbereiche Jugendarbeit und Erziehungshilfe umfaßt, beschränken sich die Leistungen der Jugendhilfe nicht auf den Krisenfall, auf die Verhaltensauffälligkeit oder die sog. Erziehungsstörungen. Folgerichtig enthält das KJHG nicht nur allgemeine Angebote zur Förderung junger Menschen, die üblicherweise als Jugendarbeit bezeichnet werden, sondern auch allgemeine Angebote zur Förderung der Erziehung in der Familie, zu denen insbesondere solche der Familienbildung, der Familienfreizeit und der Familienerholung gehören.

Obwohl allgemein zugänglich, werden diese Angebote nur von einem Teil der Bevölkerung angenommen. Demgegenüber hat sich der Kindergarten längst gesellschaftlich etabliert. Seit langem hält das Angebot mit der Nachfrage nicht Schritt, und gegenwärtig ist zu befürchten, daß das Versprechen, ab dem 1. Januar 1996 jedem Kind einen Kindergartenplatz anzubieten, nicht rechtzeitig eingelöst werden kann.

Häufig werden diese Leistungen als präventive Leistungen bezeichnet, tragen sie doch dazu bei, massive Erziehungskonflikte zu vermeiden oder Verhaltensstörungen rechtzeitig zu erkennen. Tatsächlich aber geht ihre Bedeutung weit über eine bloß präventive Funktion hinaus. So hat sich etwa der Kindergarten im Hinblick auf den Strukturwandel der Familie zu einer eigenständigen Sozialisationsinstanz entwickelt - vermittelt er doch Kindern in einer Gruppe Gleichaltriger Lernerfahrungen, die sie in der Familie von heute nicht mehr machen können. Ähnliches gilt für den Bereich der Jugendarbeit, der älteren Kindern und Jugendlichen ein Feld sozialen Lernens, der Mitentscheidung und Übernahme von Verantwortung ermöglicht, das innerhalb der Familie nicht oder nicht mehr vermittelt werden kann. Gerade für ältere Jugendliche können attraktive Freizeitangebote eine wichtige Integrationshilfe in die Gesellschaft sein. Obwohl dies in Jugendstudien, in Sachverständigenanhörungen zur Bekämpfung von Gewalt und Fremdenfeindlichkeit immer wieder festgestellt wird, erleben wir jedoch gleichzeitig, wie in den neuen Ländern eine gesamte Infrastruktur von Jugendeinrichtungen liquidiert worden ist, und in den alten Bundesländern gegen alle Vernunft der Rotstift bei der Finanzierung von Jugendfreizeiteinrichtungen angesetzt wird.

Elementare Zukunftssicherung hat Jugendhilfe freilich bei dem Personenkreis junger Menschen zu betreiben, die im Mittelpunkt dieses Kongresses stehen - Kindern und Jugendlichen nämlich, die aus unterschiedlichen Gründen außerhalb ihres Elternhauses aufwachsen. Ihr Lebensort ist die Pflegefamilie oder das Heim. Dabei wissen wir aus vielen Biographien, daß junge Menschen im Laufe ihres Erwachsenwerdens mehrmals Pflegefamilie und Heim gewechselt haben, daß Pflegeeltern oftmals den Belastungen nicht gewachsen waren, daß Institutionen durch Etikettierungs- und Selektionsprozesse junge Menschen abgeschoben und ausgegrenzt haben.

Im Hinblick darauf, daß in vielen Fällen Eltern die Verantwortung für ihre Kinder nicht mehr wahrnehmen - sei es, daß ihnen die elterliche Sorge gerichtlich entzogen worden ist, sei es, daß sie sich innerlich von ihren Kindern (aus Enttäuschung) abgewendet haben, kommt der Jugendhilfe für die Förderung der Entwicklung und die gesellschaftliche Integration dieses Personenkreises besondere Verantwortung zu.

Ein zentrales Instrument der Zukunftssicherung für diesen Personenkreis bildet der Hilfeplanungsprozeß. Er hat in § 36 KJHG eine gesetzliche Grundlage erhal-

ten. Ist Hilfe für längere Zeit zu leisten, so tritt das Jugendamt in eine Art Garantenstellung für den jungen Menschen ein. Dieser Garantenstellung wird es jedoch nicht
dadurch gerecht, daß es im Weg einer Anordnung Kinder oder Jugendliche in Heime
oder Pflegestellen einweist. Hilfe zur Erziehung ist nach den Vorstellungen des KJHG
ein gemeinsam gestalteter, zeit- und zielgerichteter Prozeß. Eltern, Kinder und Jugendliche sind nicht länger Objekte staatlicher Maßnahmen, sondern gestalten den
Erziehungsprozeß mit. Dies entspricht nicht nur ihrer rechtlichen Stellung, sondern
auch der fachlichen Erkenntnis, daß ohne Einbeziehung und Mitwirkung der Hilfeempfänger ein Erfolg sozialpädagogischer Hilfen nicht zu erreichen ist. Ein weiteres
wesentliches Element neben der Beteiligung der Betroffenen ist das Zusammenwirken mehrerer Fachkräfte im Entscheidungsprozeß. Die Beratung im Team trägt zur
fachlichen Qualifizierung dieses Entscheidungsprozesses und damit ebenfalls zur
Verbesserung der Wirksamkeit der Hilfe bei.

Der Hilfeplanungs- und Aushandlungsprozeß wird dokumentiert in einem Hilfeplan, der regelmäßig fortgeschrieben und damit der Entwicklung angepaßt wird. Aus
meiner Sicht ist das Konzept der Hilfeplanung, wie es in den §§ 36 und 37 des KJHG
seinen Ausdruck gefunden hat, die bedeutsamste Innovation, die das KJHG im Bereich der Hilfe zur Erziehung gebracht hat. Es ist ein entscheidendes Element der
Sicherung der Qualität der Hilfe und damit der Sicherung des Lebensortes junger
Menschen.

Ein Kennzeichen der Jugendhilfe in Deutschland ist die kommunale Verantwortung. Sie kann auf eine lange Tradition verweisen und scheint insbesondere im
Hinblick auf die Bürgernähe besondere Vorteile zu bieten. Sie birgt aber auch elementare Schwächen. Eine entscheidende strukturelle Schwäche der kommunal verantworteten Jugendhilfe sind die örtlichen und regional unterschiedlichen Standards
in der quantitativen Versorgung, aber auch der qualitativen Ausstattung der verschiedenen Einrichtungen und Dienste. Nehmen wir als Beispiel die Versorgung mit
Kindergartenplätzen, so schwanken die Versorgungsquoten innerhalb der westdeut-
schen Länder zwischen 50 und 95 %, hinzu kommen erhebliche Unterschiede in der
Qualität des Angebots, etwa der Gruppenstärke sowie den täglichen Öffnungszeiten.
Welchen jungen Eltern kann an der Schwelle zu einem vereinten Europa noch vermittelt werden, daß sie sich bei der Suche nach einem Kindergartenplatz mit dem
jeweils für ihre Region gültigen Status quo abzufinden hätten. Ähnlich unterschiedlich sind die Standards bei anderen Einrichtungen und Diensten, bei der Versorgung
mit Erziehungsberatungsstellen oder dem Angebot der sozialpädagogischen Familienhilfe.

Freilich gibt es aus diesem Dilemma keinen eleganten Ausweg. So sehr die
kommunalen Gebietskörperschaften daran interessiert sind, Landeszuweisungen zur
Erfüllung ihrer Aufgaben zu erhalten, so wenig würden sie damit einverstanden sein,
wenn der Vollzug des Gesetzes aus der kommunalen Verantwortung in die Landes-
verantwortung überginge. Auch die Länder selbst dürften sich nicht danach drängen,
Aufgaben der kommunalen Gebietskörperschaften zu übernehmen. Gesetzliche Vorgaben können - und dies zeigt das Gesetzgebungsverfahren zur Neuordnung des Kin-
der- und Jugendhilferechts - nur bedingt die örtlichen und regionalen Unterschiede
aufheben. Soziale Dienstleistungen selbst sind nicht standardisierbar - und die Aus-

stattung der Jugendämter mit Fachkräften ist einer bundesgesetzlichen Regelung nicht zugänglich. Bundesweit gleiche Voraussetzungen sind nur auf einem vergleichsweise hohen Abstraktionsniveau herbeizuführen.

Was ist zu tun, um vor dem Hintergrund der aktuellen Lebenssituation von Kindern und Jugendlichen die Normalität von Jugendhilfe, ihre zukunftssichernde Funktion für junge Menschen deutlich zu machen? Zunächst gilt es, die Kräfte und Interessen zu bündeln. In einer Zeit, in der die Gesellschaft immer älter wird und zunehmend vergreist, müssen Eltern im Interesse ihrer Kinder, müssen Mitarbeiterinnen und Mitarbeiter in der Jugendhilfe, denen »professionell« die Interessen junger Menschen am Herzen liegen, die Politik in Bund und Ländern sowie die Tätigkeit der Parteien, Gewerkschaften und anderen großen gesellschaftlichen Gruppen daraufhin untersuchen, wie sie mit den Interessen von Kindern und Jugendlichen als den schwächsten Gliedern der Gesellschaft umgehen, wie sie Natur und Umwelt als Lebensraum für künftige Generationen schützen. Ein Europa, dessen oberstes Ziel ein gemeinsamer Markt und ein freier Warenverkehr ist, wird diesen Zielen nicht oder nur unzureichend gerecht.

Auf dem Weg zu einer kinderfreundlichen Gesellschaft der Zukunft gilt es Ausschau zu halten nach Bündnispartnern. Bevor es zu einem Verteilungskampf zwischen Jung und Alt kommt, gilt es die gemeinsamen Interessen junger und alter Menschen als dem nichtproduktiven Teil unserer Gesellschaft zu mobilisieren und die Verantwortung des produktiven Teils für Jung und Alt deutlich zu machen. Wie die Gesellschaft in Gruppen und Schichten auseinanderfällt und die Solidarität zwischen den Generationen abnimmt, dies zeigt sich nicht zuletzt in dem unwürdigen Streit um die Pflegeversicherung, aber auch in der völlig unzureichenden Umsetzung des Betreuungsgesetzes, dessen Zielsetzungen weitgehend auf dem Papier stehen.

In allen Bereichen kommunaler und überörtlicher Planung, insbesondere im Bereich des Wohnungs- und Städtebaus, bedarf es der Artikulierung von Kinderinteressen durch eine Überprüfung der jeweiligen Planungsvorhaben auf ihre Kinderfreundlichkeit.

Mitarbeiter in der Jugendhilfe müssen ein neues Verständnis ihrer Arbeit entwickeln. Jugendhilfe, so läßt sich zugespitzt sagen, lebte bislang davon, daß sie von außen definiert wurde, daß sie in Ausbildung und Beruf von anderen Berufsgruppen, von anderen Fachgebieten und Disziplinen her gestaltet wurde. Nur allzu gern wurde und wird ihr daher die Rolle eines Reparatur- und Entsorgungsbetriebs für gesellschaftliche Versäumnisse und Mängel zugeschrieben. Noch immer wird sie von Gerichten, von der Polizei, ja selbst von der Schule als Gehilfe in Anspruch genommen. Noch immer ist sie so stark damit beschäftigt, die Erwartungen anderer Instanzen zu erfüllen, daß ihre Rolle gegenüber dem Klienten, dem Ratsuchenden nicht selten in den Hintergrund tritt. Die Diskussion über die Reaktion des Staates auf die Zunahme von Gewalt und Fremdenfeindlichkeit liefert dafür neue Beweise. Die Rufe nach härteren Strafen, nach Erziehung in geschlossenen Heimen werden lauter. Ist die Pädagogik der 68er-Generation am Ende?

Jugendhilfe gerät dabei zunehmend in eine Zwickmühle zwischen ihren eigenen pädagogischen Vorstellungen und den Erwartungen anderer staatlicher und gesellschaftlicher Instanzen an sie. Offensichtlich taugen die klassischen Rezepte der Pädagogik nicht mehr, junge Menschen auf der Straße, Skinheads, Crashkids, Drogensüchtige, Prostituierte und Bahnhofskinder anzusprechen. Formen akzeptierender Sozialarbeit werden entwickelt, um überhaupt einen Zugang zu diesen jungen Menschen zu finden, um den Kontakt nicht abreißen zu lassen und um langfristig Verhaltensänderungen herbeizuführen. Die Arbeit ist mühsam, vielfach erfolglos und ständig in der Gefahr, mißverstanden zu werden als Parteinahme für Gewalt, Drogengebrauch und Prostitution.

Auf der Suche nach neuen Antworten greift die Jugendhilfe auch wieder auf Erkenntnisse der Reformpädagogik der 30er Jahre zurück. Als Alternative zu einer zunehmend behandlungsorientierten, therapeutisierenden, verkopften Pädagogik haben in den letzten 10 Jahren handlungs- und erlebnisorientierte Konzepte an Popularität gewonnen. Aktion, Abenteuer und Erlebnis werden dabei, von sozialpädagogischen Zielvorstellungen geleitet, instrumentell eingesetzt. Nach einer ersten Phase, in der solche Maßnahmen vor allem außerhalb der täglichen Lebenswelt von Jugendlichen, im Rahmen von mehrmonatigen Segeltörns, Wüsten- oder Polarwanderungen durchgeführt waren, werden sie immer mehr auch in den Alltag junger Menschen integriert und entsprechen so dem im Achten Jugendbericht hervorgehobenen Konzept der Lebensweltorientierung.

Die Akzeptanz solcher Konzepte in der Bevölkerung ist noch immer gering, vermitteln sie doch eher den Eindruck touristischer Unternehmungen zum Null-Tarif. Stellt sich dann auch nicht die erhoffte Verhaltensänderung bei den Jugendlichen ein, wird also der Jugendliche erneut auffällig, begeht vielleicht sogar eine Straftat, so wird die Jugendhilfe mit massiven Vorwürfen überzogen und der Verschwendung von Steuergeldern bezichtigt. Garantien kann es aber in der Pädagogik nicht geben, nur Versuch und Risiko. Garantien gibt es aber auch nicht im Strafvollzug - im Gegenteil, die Gefahr der Ausgrenzung und Desintegration ist ungleich größer. Trotzdem - oder gerade deshalb - der Ruf nach härteren Strafen ist gegenwärtig lauter als je zuvor.

Ich sprach von einer Zwickmühle, in der sich Jugendhilfe befindet. Sie besteht darin, daß sie mit ihrem pädagogischen Konzept die Erwartungen einer breiten Schicht in der Bevölkerung nicht erfüllen kann und damit der Druck zu härteren Sanktionen, zu Strafmaßnahmen zunimmt - Maßnahmen, die aus der Sicht der Jugendhilfe in vielen Fällen nicht angemessen und vor allem auch nicht wirksam sind.

Damit komme ich abschließend auf die Anwaltsfunktion für die Interessen junger Menschen und ihrer Familien, die das neue Kinder- und Jugendhilfegesetz der Jugendhilfe in § 1 Abs. 3 auferlegt. Jugendhilfe hat dazu beizutragen, positive Lebensbedingungen für junge Menschen und ihre Familien sowie eine kinder- und familienfreundliche Umwelt zu erhalten oder zu schaffen. Jugendhilfe erweitert sich hier zu Jugendpolitik. Sie muß auf allen Ebenen und in allen Politikbereichen Interessen und Bedürfnisse junger Menschen aufnehmen und umsetzen. Um ihnen Nachdruck zu verschaffen, muß sie sich mit ihren Forderungen auch an die Öffentlichkeit wenden.

Außerdem schreibt das neue Kinder- und Jugendhilfegesetz vor, daß Jugendhilfe mit anderen Stellen und Einrichtungen, deren Tätigkeit sich auf die Lebenssi-

tuation junger Menschen und ihrer Familien auswirkt, zusammenarbeiten muß. Sie
hat sich also jeweils an diejenige Instanz zu wenden, die im Rahmen des organisato-
risch gegliederten Gemeinwesens für eine bestimmte Problemlage von Kindern und
Jugendlichen zuständig ist. Dabei ist das Jugendamt aufgerufen, die Interessen von
Kindern und Jugendlichen einzubringen und zu vertreten. Es muß deshalb mit den
Schulen, den Einrichtungen und Stellen der beruflichen Aus- und Weiterbildung, den
Einrichtungen des Gesundheitsdienstes, den Arbeitsämtern, den Wohnungs- und So-
zialämtern zusammenarbeiten.

Die Fähigkeit der Jugendhilfe, sich für diese Interessen einzusetzen und sie
auch gegenüber anderen Interessen durchzusetzen, ist letztlich wieder davon abhängig, welchen Stellenwert Kinder- und Jugendpolitik in unserem Lande haben. Ich
sehe es deshalb als eine wichtige Aufgabe dieses Kongresses an, die unterschiedlichen Lebenslagen von Kindern und Jugendlichen in Deutschland und Europa einer
breiteren Öffentlichkeit nahezubringen.

Norbert Struck

Hilfen zur Erziehung im Zugriff von
»neuem Steuerungsmodell« und »Qualitätssicherungsverfahren«

»Lean Management«

When today educational assistance or residential care are being discussed there are inevitably concepts evoked which in this context have been completely unknown in 1990. Innovative controlling system and quality management are two of these concepts.

During the last years all these concepts have been adapted out of economic management in commercial business into the sector of public administration and organizations of social work. They are used as a means towards a drastic economical cure to slim an inefficient system: »Lean management« is the motto of the reorganization of public administration, voluntary welfare agencies as well as their relationship towards each other.

»Ein Vorstandsmitglied eines Großunternehmens hatte Konzertkarten für Schuberts unvollendete Symphonie bekommen. Er war verhindert und gab die Karten seinem Fachmann für Arbeitszeitstudien und Personalplanung. Am nächsten Morgen fragte das Vorstandsmitglied den Mitarbeiter, wie ihm das Konzert gefallen habe. Und anstelle einer Pauschalkritik überreichte ihm der Experte für Arbeitszeitstudien und Personalplanung ein Memorandum, in dem es heißt:

a) »Für einen beträchtlichen Zeitraum hatten die vier Oboespieler nichts zu tun. Ihr Part sollte deshalb auf das ganze Orchester verteilt werden. Dadurch würden auf jeden Fall gewisse Arbeitszusammenballungen eliminiert werden.

b) Alle zwölf Geiger spielten die gleichen Noten. Das ist unnötige Doppelarbeit. Die Mitgliederzahl dieser Gruppe sollte drastisch gekürzt werden. Falls wirklich ein großes Klangvolumen erforderlich ist, kann dies durch elektronische Verstärkung erzielt werden.

c) Erhebliche Arbeitskraft kostete auch das Spielen von Zweiunddreißigstel-Noten. Das ist eine unnötige Verfeinerung. Es wird deshalb empfohlen, alle Noten auf beziehungsweise abzurunden. Würde man diesem Vorschlag folgen, wäre es möglich, Volontäre und andere Hilfskräfte einzusetzen.

d) Unnütz ist es, daß die Hörner genau jene Passagen wiederholen, die bereits von den Saiteninstrumenten gespielt wurden. Würden alle überflüssigen Passagen gestrichen, könnte das Konzert von 25 Minuten auf 4 Minuten verkürzt werden. Hätte Schubert sich an diese Erkenntnisse gehalten, wäre er wahrscheinlich imstande gewesen, seine Symphonie zu vollenden.« (FAZ v. 16. November 1981)

1. Worte

Wenn heute - 1996 - über die Hilfen zur Erziehung oder die Heimerziehung nachgedacht wird, dann stößt man fast unausweichlich auf Begriffe und Problemzusammenhänge, die in diesem Kontext in dieser Form noch 1990 völlig unbekannt waren. Das »neue Steuerungsmodell« und die »Qualitätssicherung« sind zwei dieser Kernbegriffe, um die sich immer größer werdende Höfe modischer Worte ansammeln: Budgetierung, Produkte, Controlling, Contract-Management...; Total-Quality-Management, DIN EN ISO 9000ff, Zertifizierung, Audit, Benchmarking...

All diese Begriffe wurden in den letzten Jahren aus dem Bereich des betrieblichen Managements von Wirtschaftsunternehmen für den Bereich der öffentlichen Verwaltungen und der Organisation Sozialer Arbeit adaptiert. Sie werden als Wegweiser zu einer ökonomischen Roßkur der Verschlankung ihrer angeblich aufgeblähten Ineffizienz installiert: »lean management« lautet die Devise, nach der öffentliche Verwaltungen, freie Träger und deren Beziehungen zueinander umgestaltet werden.

2. Wirkungen

Bei dem sozialen Großversuch, der unter dem Titel »Das neue Steuerungsmodell« in den letzten Jahren über die Kommunale Gemeinschaftsstelle für Verwaltungsvereinfachung (KGSt) auf den Weg gebracht worden ist, ist mittlerweile eindeutig klar, daß er Wirkungen entfaltet. Unklar ist aber noch, welche Wirkungen durch diese Veränderungen erzeugt werden. Das gilt sowohl im Hinblick auf die Frage, ob dieses Reformmodell die Effekte, die es auslösen will, auch tatsächlich auslöst, bzw. welche und welche nicht, wie auch - erst recht - im Hinblick auf die Frage, welche nicht intendierten Nebenfolgen dabei möglicherweise erzeugt werden. Wirkungen auf Jugendhilfeeinrichtungen haben diese Methoden und Modelle und deren - mehr oder weniger kompetente - Umsetzung in die Praxis auf jeden Fall schon heute. Übergreifend zeigen sich heute vor allem zwei Wirkungen: Verunsicherung und die Bindung enormer Ressourcen in der Auseinandersetzung mit den geforderten Reformen. Einige Schlaglichter auf Themen mit denen Einrichtungen und Projekte der Jugendhilfe in diesem Zusammenhang befaßt sind:

- Vielerorts wird nach wie vor die gesetzliche Verpflichtung zur Jugendhilfeplanung nicht umgesetzt. Angeblich wartet man lieber zunächst einmal ab, was die outputorientierte Steuerung so mit sich bringt.
- Die Diskussionen um die neue Steuerung bewirken offenbar in vielen Verwaltungen eine große Woge der Selbstbeschäftigung, durch die Verpflichtungen und Strukturen der Beteiligung verwaltungsexterner Betroffener fortgeschwemmt werden.
- Für viele Träger ist das Entree zu öffentlichen Fördermitteln schon heute eine - wie auch immer geartete »Produktbeschreibung«.
- Vereinzelt trifft man ErzieherInnen in Einrichtungen, die schier verzweifeln an einer Fülle von Protokollierungspflichten, die ihnen ein TQM-beglückter Heimleiter im Zuge dessen, was er gerade als notwendiges Qualitätssicherungsverfahren interpretiert, auferlegt hat.

- Immer häufiger werden Fachleistungsstunden als Kostenerstattungsmodus durchgesetzt. Damit verbindet sich dann in der Regel die Vorstellung, so sei es möglich, nur die wirklich erbrachte Leistung zu bezahlen.

- Mittlerweile begegnet man immer mal wieder irgendwelchen »Ausschreibungen« von Projekten oder Fällen, auf die hin man sich dann mit seinen Kostenvoranschlägen bewerben soll. Der wirtschaftlichste Anbieter bekommt dann den Zuschlag.

- Vielerorts wird mit allem Eifer das bisherige Zuwendungssystem auf ein System von Förder- oder Leistungsverträgen umgestellt, ohne daß die rechtlichen und praktischen Implikationen bisher ausgelotet sind.

- Ausgehend von anderen Sozialrechtsbereichen (Krankenhausfinanzierung, Pflegeversicherung, BSHG) werden auf der Ebene der kommunalen Praxis und in Ansätzen auch in neuen Kostensatzrahmenvereinbarungen neue Leistungsentgeltsysteme entwickelt, die neue Prozeduren von Leistungsbeschreibungen, Qualitätsdefinitionen und Kontrollfunktionen hervorbringen.

All dies sind Wirkungen, die z. Zt. beobachtbar sind und zu denen sich Fachkräfte, Träger und Einrichtungen verhalten müssen, unabhängig davon, ob diese Wirkungen intendiert oder nichtintendiert sind, oder ob sie auf einer konsequenten Umsetzung neuer Managementinstrumente beruhen oder auf Mißverständnissen derselben und dilettantischem Agieren.

Wie sehen nun die Konzepte aus, die vorgeben, Antworten auf die Frage zu sein, wie mit weniger Ressourcen, insbesondere »Humanressourcen« - also Menschen - ein Mehr an Output, also Produkten, bei möglichst verbesserter Qualität erzeugt werden kann?

3. Das »neue Steuerungsmodell« der kommunalen Verwaltung

Das neue Steuerungsmodell der kommunalen Verwaltung ist in Deutschland zu Beginn der 90er Jahre durch die Arbeiten der KGSt auf den Weg gebracht worden. Im September 1991 erschien zum Auftakt der Bericht 12/1991 der KGSt: »Dezentrale Ressourcenverantwortung: Überlegungen zu einem neuen Steuerungsmodell«. In der dem Bericht vorangestellten Zusammenfassung beschreibt die KGSt ihr Anliegen so:

»Zentrale Bewirtschaftung der Ressourcen (insbesondere Stellen, Personal und Finanzen) sowie zentrale Organisation der Leistungserbringung sind heute das primäre Steuerungsinstrumentarium der Verwaltungsführung. Die Fachbereiche sind für die fachliche Seite der Aufgabenerfüllung verantwortlich, dagegen kaum für die wirtschaftliche Verwendung der Ressourcen und die Organisation.

Die aus der Trennung von Leistung und Ressourcenverantwortung resultierenden Schwachstellen erfordern ein neues Steuerungsmodell: Die Verwaltungsführung steuert die Fachbereiche durch Vorgabe von Zielen (Leistungsziele und Finanzziele) sowie Vorgabe eines Handlungsrahmens, innerhalb dessen sich die Mitarbeiter bewegen müssen. Die Steuerung durch Vorgaben ist zu ergänzen durch die Beobachtung des Zielerreichungsprozesses, um ggf. korrigierend einzugreifen (Controlling).

Der Bericht beschreibt, wie ein neues Steuerungsmodell aussehen kann, wie
Vorgaben zu Zielen und ein Handlungsrahmen entwickelt werden können und wie
ein Controlling eingeführt werden kann... Die Einführung eines neuen Steuerungsmodells ist ein längerfristig anzulegender Veränderungsprozeß. Voraussetzungen hierzu sind auch Veränderungen in den Einstellungen der davon betroffenen Mitarbeiter.
Die bloße Nutzung einzelner Instrumente (z.B. des Controlling) ist eine Optimierung des gegenwärtigen Steuerungssystems, keine Einführung eines neuen Steuerungsmodells.«

Damit ist in das Programm des neuen Steuerungsmodells gut beschrieben. Es
geht um eine grundlegende Reform der Struktur und Arbeitsweise der öffentlichen
Verwaltungen, die die Zusammenführung von Fach- und Ressourcenverwaltung zur
Basis hat. Die Kerngedanken dieses Konzeptes haben ohne Zweifel eine gewisse
Plausibilität für sich. Auch die verschiedenen Kernbegriffe, die innerhalb der dann
schnell anschwellenden Flut von KGSt-Gutachten zu verschiedenen Systematisie-
rungsversuchen, Detailproblemen und Anwendungsgebieten des neuen Steuerungsmodells entfaltet wurden, sind in sich durchaus logisch konsistent und konsequent
entfaltet. Die Konzeptionierung der Kommunalverwaltung als einem Dienstleistungs-
unternehmen, die Umorientierung der Aufbauorganisation auf »Produkte« als den
Schnittstellen des »Unternehmens Stadt« mit seiner Dienstleistungen nachfragenden
»Umwelt«, über denen dann der steuerungsbezogene Informationsbedarf ebenso abgebildet werden soll wie die Kostenstruktur, folgen einer immanent konsequenten
Modellogik.

4. Das neue Steuerungsmodell in der kommunalen Praxis

Es ist zur Zeit unmöglich, einen Überblick darüber zu bekommen, welche und wieviele Kommunen sich wie auf den Weg gemacht haben, das neue Steuerungsmodell
in ihre Verwaltungspraxis zu implementieren. In der kommunalen Praxis zeigen sich
äußerst heterogene Sachstände, Vorgehensweisen und Kräfteverhältnisse. Manche
Kommunen proklamieren, sich als ganze in den Prozeß der Neuorganisation begeben zu haben. In manchen Kommunen wurden Pilotämter ausgewählt, die zunächst
nach dem neuen Steuerungsmodell reorganisiert werden sollen. In einigen Städten
setzen Fachämter ihre Hoffnungen auf die Implementation des neuen Steuerungsmodells und versuchen dessen Durchsetzung politisch gegen den Widerstand von
Haupt- und Personalämtern zu erzwingen. In anderen Städten wiederum stellt sich
dieser Konflikt genau andersherum dar: die zentralen Ämter versuchen gegen die
Widerstände der Fachämter das neue Steuerungsmodell zu forcieren.

Das neue Steuerungsmodell enthält verschiedene Verheißungen, bzw. -nüch-
terner formuliert- Zielsetzungen, die von verschiedenen Gruppen mal herrschaftlich
mal herrschaftskritisch betont und besetzt werden. Da ist zum einen die Zielstellung,
den Einfluß der BürgerInnen (oder - im Jargon gesprochen - »KundInnen«) auf die
Verwaltung zu erhöhen. Weiter ist da die Zielstellung, die Umgestaltung unter breiter Beteiligung der MitarbeiterInnen zu vollziehen und den MitarbeiterInnen einen
größeren Spielraum bei der Gestaltung des »Wie« ihrer Auftragserfüllung zuzuge-
stehen und nach Leistung statt nach Anpassungsfähigkeit zu bezahlen. Das sind Ziel-

vorstellungen, die in herrschaftskritischer Lesart des neuen Steuerungsmodells betont werden und an die sich reale Hoffnungen und Kräfte knüpfen. Seinen Realisierungsschub hat das neue Steuerungsmodell allerdings aus einer anderen Verheißung bezogen, der Zielsetzung, die kommunalen Haushalte zu konsolidieren. Das ist eine Zielsetzung, die einer Operationalisierung leicht zugänglich ist und von der starke Kräfte alsbaldige (Teil-)Realisierungen erwarten. Im Modell des neuen Steuerungsmodells besteht zwischen diesen Zielsetzungen eine friedliche Koexistenz, bei der das eine das andere bedingt. In der kommunalen Wirklichkeit gibt es durchaus massive Konflikte um die Prioritätensetzungen, die nahezu an jeder beliebigen Umsetzungsfrage entbrennen können.

Geht es hier um Konflikte, die Gruppen um die Gewichtung verschiedener Modellziele ausfechten, so gibt es andererseits durchaus auch Konflikte zwischen MitarbeiterInneninteressen und der immanenten Logik dieser Verwaltungsreform, die oft zunächst politisch stillgestellt werden, um die Reform nicht schon im Keim am Widerstand der Personalräte scheitern zu lassen, die aber auf Dauer die Umsetzung des neuen Steuerungsmodells gefährden. So gibt es in einer Reihe von Kommunen politische Beschlüsse, daß die Implementation des neuen Steuerungsmodells nicht mit Privatisierungen und/oder Entlassungen verbunden sein darf. Das führt dann aber wieder dazu, daß die Fachbereiche sich nicht konsequent aus der zentralen Versorgung auskoppeln dürfen. Der Modellogik gemäß müßten die budgetverantwortlichen Fachbereiche aber frei disponieren können, wo sie sich auf dem Markt preisgünstig eine Dienstleistung besorgen. Und die Teilbereiche der Verwaltung, die mit anderen Dienstleistern auf dem Markt konkurrieren sollen ja gerade dadurch einem Rationalisierungsdruck unterworfen werden. Für BAT-gebundene Bereiche der öffentlichen Verwaltung hieße das aber z. T. in Konkurrenz zu treten mit tarifungebunden Anbietern. Dabei würde es häufig gerade sozial relativ schwache Bereiche der öffentlichen Verwaltung treffen wie z.B. die Reinmachdienste. Hier liegen Implikationen des Modells, gegen die heute z. T. noch sozialpolitisch gegengesteuert wird. Gegenüber freien Trägern und deren Einrichtungen droht sich diese Rationalisierungs- und Preislogik allerdings ungebremster durchzusetzen.

5. Das neue Steuerungsmodell in den Verwaltungen der Jugendämter

Von all diesen Widersprüchen, die sich auf der Ebene der Gesamtverwaltung bei der Umsetzung des neuen Steuerungsmodells ergeben, sind natürlich auch die Verwaltungen der Jugendämter betroffen. Für sie kommen jedoch noch einige Spezifika hinzu. Jugendämter sind seit den Zeiten des Reichsjugendwohlfahrtsgesetzes als zweigliedrige Ämter ein Fremdkörper in der deutschen Kommunalverfassung, den zu beseitigen es nicht wenige - erfolglose - Versuche im Verlauf der letzten Jahrzehnte gegeben hat. Der Jugendhilfeausschuß ist vielen Verwaltungsleuten nur pro forma bekannt und wird im Alltag von vielen mit einem normalen Ratsausschuß verwechselt. Faktisch besteht aber das Fachamt Jugendamt aus dem rechtlich gesehen vorrangigen Jugendhilfeausschuß einerseits und der Verwaltung des Jugendamtes andererseits, was von den VerwaltungsreformerInnen bisher in seinen Konsequenzen noch nicht wahrgenommen worden ist. Es entsteht hier leicht eine m.E. äußerst problema-

tische Tendenz, solche Differenzierungen der Realität und des Rechts in verwaltungs-
reformerischem Eifer niederzuwälzen.

In den Debatten um die neue Steuerung in der Jugendhilfe ist häufiger die Behauptung aufgestellt worden, daß die neue Steuerung insbesondere die Jugendämter
im Visier habe. Es gibt Anhaltspunkte, die für diese Behauptung sprechen, aber auch
welche, die dagegen sprechen. Es ist nicht so, daß in allen Kommunen, die sich an
die Umsetzung des neuen Steuerungsmodells gemacht haben, die Jugendämter »Pilotämter« geworden sind. Es stimmt aber, daß die KGSt mit ihren Berichten 9/1994
»Outputorientierte Steuerung der Jugendhilfe« und 3/1995 »Aufbauorganisation in
der Jugendhilfe« diesem Bereich besonders zugewandt hat. Dafür kann es zwei Gründe
geben. Zum einen sind in der Jugendhilfe erhebliche kommunale Mittel gebunden -
insbesondere, wenn man sich auf die Ebene der Landkreise begibt-, die zudem in den
letzten Jahren oft erhebliche Steigerungsraten aufwiesen. Zum anderen ist der Bereich der Jugendhilfe traditionell sperrig gegenüber den Technologien der neuen Steuerung: dem sollte entgegengearbeitet werden. Der Bericht zur »Outputorientierten
Steuerung der Jugendhilfe« hat sich vor allem damit befaßt, »Produktbeschreibungen«
für die Jugendhilfe zu entwikeln. Produkte der Verwaltungen sind Leistungsbeschreibungen und Kostenstellen, über denen das gesamte Haushaltsvolumen des
Fachbereichs abgebildet werden soll. Der strategische Bezugspunkt für die Definition dieser Produkte ist der Informationsbedarf der Fachbereichs- bzw. Amtsleitung:
»Die maßgebliche Frage ist:In welcher Differenzierung müssen Fachbereichs- oder
Amtsleitung routinemäßig über Leistungen in ihrem Verantwortungsbereich informiert sein? Für diese Ebene wird der Begriff des Produktes verwendet.« (KGSt, 9/
1994, S. 17) Oberhalb der Produktebene werden sodann Produktgruppen und Pro-
duktbereiche definiert. Sie »verdichten Produktinformationen unter dem Gesichtspunkt der Steuerungsrelevanz von Informationen oberhalb der Ebene des Fachberei-
ches bzw. Amtes« (ebd.). In den gegenwärtigen Diskussionen richten sich viele Af-
fekte gerade an den Begriff des »Produktes«. Ich glaube allerdings, daß damit kein
zentraler Problempunkt der neuen Steuerung getroffen ist. Problematisch scheint mir
nicht der Produktbegriff zu sein, auch nicht die Bildung von Kostenstellen und auch
nicht die Systematisierung von Informationsflüssen. Problematisch ist, wenn aufgrund notwendigerweise ausgesprochen dürrer, interpretationsbedürftiger Indikatoren soziale Wirklichkeit gestaltet wird. Man muß sich klarmachen: Steuerung - und
das heißt vor allem auch die Entscheidung über den Einsatz von Ressourcen - soll
stattfinden anhand der Kennziffern, die über den Produkten gebildet werden. Die
scheinbare Sachlichkeit dieses Vorgehens löst sich aber bei näherer Betrachtung
schnell auf. Aus einem Mehr an systematisch erhobenen Daten und Indikatoren ergeben sich nur in Einzelfällen klare Handlungsoptionen. In der Regel stellen die
interpretationsbedürftige Reflexionsanlässe dar, die auf die im KJHG normierten
Aushandlungsprozesse als sozialen Ort ihrer Bewertung angewiesen sind und nicht
auf zupackend eine scheinbare Sachlogik exekutierende leitende Beamte. Es liegt
zweifellos durchaus etwas Erfrischendes in der Vorstellung, bei Ressourcen-
entscheidungen werde stärker auf Fakten als auf bloße Rhetorik und Vetternwirt-
schaft - das ist der Aspekt, den die BefürworterInnen in den Mittelpunkt stellen und
durch den sie viele Sympathien für ihr Modell mobilisieren. Das ist aber auch ein

zentrales Ziel der Jugendhilfeplanung, wenn sie denn diesen Namen verdient. Die Vorstellung aber, daß sich aus Kennziffern Steuerungsentscheidungen quasi objektiv legitimieren, hat einen zwanghaften Bias.

6. Die Qualitätssicherungsdiskussion

Auch die neuere Diskussion zur Qualitätssicherung und zum Qualitätsmanagement entwickelte sich im Kontext der Diskussionen um neue Managementmethoden in industriellen Großbetrieben, die von Japan ausgehend ihren Weg über die USA nach Europa nahmen. Auch wenn diverse Elemente dieser -durchaus heterogenen - Managementstrategien schon seit längerer Zeit entwickelt und beschrieben waren, so ist doch deutlich, daß der explosionsartige Boom von Normwerken, Publikationen, Preisveleihungen, Praxisanwendungen und Zertifizierungen den dieses Thema mittelerweile erfährt, seine Ausgangspunkte erst in den Jahren nach 1985 hat. So wurden die internationalen Normwerke DIN ISO 9000ff, die sich zentral mit Fragen der Qualitätssicherung befassen, erst ab 1987 veröffentlicht. Die spezifische internationale Norm, die sich mit der Anwendung solcher Prinzipien auf Dienstleistungsbetriebe befaßt, wurde 1991 als ISO (= »International Organization for Standardization«) 9004 Teil 2 unter dem Titel »Qualitätsmanagement und Elemente eines Qualitätssicherungssystems - Leitfaden für Dienstleistungen« veröffentlicht und in dieser Form auch vom Deutschen Institut für Normung (= DIN) als deutsche Norm veröffentlicht.

Auf die Jugendhilfe bezogen gibt es m. E. verschiedene, sich überlappende Gründe, warum das Thema Qualitätssicherung und -management zur Zeit so viel Aufmerksamkeit erfährt. Zum einen sind dies drei Gründe allgemeinerer Natur

1. Durch die Lean-Management-«Philosophie« der internationalen Großkonzerne wird das Qualitätsthema verschiedensten gesellschaftlichen Bereichen aufgezwungen.
2. Das Qualitätsmanagement ist integraler - wenn auch bisher noch nicht völlig explizierter - Bestandteil des neuen Steuerungsmodells der öffentlichen Verwaltungen.
3. Die staatlichen Aufwendungen für Sozialleistungen und die Organisationsformen sozialer Dienste sind einem imens anwachsenden Legitimationsdruck ausgesetzt.

Darüber hinaus gibt es zwei sehr handfeste Gründe:

1. Die Bewilligung von öffentlichen Mitteln wird immer umfassender mit der Forderung von Wirkungsnachweisen verbunden und in diesem Zusammenhang mit Qualitätsnachweisen.
2. In Sozialrechtsbereichen außerhalb der Jugendhilfe (Krankenhausrecht, Pflegeversicherung, BSHG) haben sich im Kontext all dieser Entwicklungen bereits neue Normierungen herausgebildet, die versuchen, die Kostentragungsbereitschaft der öffentlichen Träger perspektivisch an kontrollierbare Effektivitäts- und Effizienzkriterien zu koppeln. Qualität ist im Zuge dieser Bemühungen zu einem zentralen Begriff des neuen Kostenrechts geworden. Das Qualitätsthema in den heutigen Diskussionen hat insofern verschiedene Aspekte:

6.1 Die Normierung und Zertifizierung von Qualitätssicherung im ISO-System

Auch wenn Zertifizierungen in einigen Bereichen, die am Rande auch mit der Jugendhilfe verknüpft sind (Weiterbildung, Qualifizierungsprojekte) mittlerweile schon einigen Raum gewinnen, so hat es doch den Anschein, als würden die Einrichtungen
der Jugendhilfe von dieser Form der Umverteilung knapper Jugendhilfemittel in Tan-
tiemen von Zertifizierungsinstituten und Gehälter von Auditoren auf absehbare Zeit
verschont bleiben. Aufgrund der Virulenz, die das Thema ISO DIN 9004.2 jedoch im
Bereich der Alten- und Behindertenhilfe hat, kann nicht ausgeschlossen werden, daß
es die Jugendhilfe auch über diesen Weg wieder erreichen kann.

6.2 Die Diskussion über Qualitätsstandards

Das Qualitätsthema ist auch durch die Veränderungen im sozialrechtlichen Kosten-
recht so dominant geworden. Hier dient der Qualitätsbegriff u. a. auch dazu, Grenzen zu ziehen zwischen Leistungen für die gezahlt wird - und die dann auch in ver-
sprochener Qualität erbracht werden sollen - und Leistungen, für man nicht zu zahlen bereit ist, überschüssige Qualitäten oder eben »überzogene Qualitätsstandards«.
In dieser Perspektive sind Diskussionen über Qualitätsstandards mittlerweile schlicht
unvermeidbar.

6.3 Die Diskussion um eine wirkungsbezogene Legitimation
     der öffentlichen Aufwendungen für die Jugendhilfe

Die Anforderungen an die Jugendhilfe, sich in Bezug auf die von ihr intendierten
Wirkungen zu legitimieren, werden in den nächsten Jahren weiter steigen. Hier wird
es entscheidend darauf ankommen, daß die Jugendhilfe sich diesen Anforderungen
mit klaren Verfahren und Konzepten stellt. Sie wäre gut beraten, wenn sie dabei
deutlich zur Sprache brächte, daß Reflexionen auf und Untersuchungen zu Wirkung
und Effizienz ihrer Maßnahmen und Organisationsformen auch schon ihr Thema
waren, bevor der Managementboom sie überschwemmte. Jugendhilfe braucht gewiß
instituitonalisierte Selbstreflexion auf ihr System als Ganzes, ebenso wie Selbstreflexion nach wie vor der entscheidende Modus der fachlichen Selbstvergewisserung
in ihrem Alltagsgeschehen ist. Was die Jugendhilfe allerdings nicht braucht, ist der
flächendeckende Verdacht, daß sie möglicherweise als Ganzes ineffektiv sei, und
ergo nicht finanziert zu werden bräuchte. Diesbezüglich wäre es gut, der Pragmatis-
mus, der ja vor Ort dann doch immer wieder das Geschehen bestimmt, würde auch
konzeptionell wieder eingeholt und Selbstreflexion würde wieder getrennt von Untersuchungen, die eingeleitet werden, weil so etwas wie ein »begründeter Anfangs-
verdacht« besteht.

6.4 Die von Kindern und Jugendlichen in Hilfen zur Erziehung erfahrbare Qualität

Die Diskussionen zum Qualitätsthema haben heute ja durchaus eine verwirrende -
und teils wohl auch verworrene - Vielfalt erreicht. Jedenfalls in den Präambeln ste-

hen die Kunden dabei im Zentrum aller Bemühungen. Dennoch erscheinen mir die Kinder und Jugendlichen in Hilfen zur Erziehung mit ihren Interessen, Bedürfnissen und Verletzbarkeiten keinesfalls im Mittelpunkt der gegenwärtigen Qualitätsdiskussionen zu stehen. Nach wie vor favorisiere ich den Weg, ihnen Selbstbestimmung, Mitbestimmung und Rechte einzuräumen und Wege zu finden, um sie in der kompetenten Wahrnehmung dieser Rechte zu ermutigen. Wer sich für diese Rechte einsetzt und je ein Qualitätsmanagement-Handbuch gesehen hat, wird nicht umhin können, nach wirkungsvollerern Wegen zu suchen, um die Lebensqualität von Kindern und Jugendlichen in Hilfen zur Erziehung zu verbessern. Ich glaube, daß man beim gegenwärtigen Stand der Diskussionen nicht deutlich genug darauf hinweisen kann, daß Total Quality Management und die Lebensqualität von jungen Menschen zwei sehr unterschiedliche Blickwinkel auf Organisationen der Hilfen zur Erziehung darstellen.

7. Ausblick

Mit Blick auf junge Menschen müßte TQM vor allem seine Totalität ablegen, müßten Qualitätsfragen substanziell und nicht verfahrenstechnisch oder finanztechnisch diskutiert werden. In den Feinheiten dieser Diskussionen stecken dabei Tücken, die bisher kaum beachtet werden. So scheint es mir z.B. unproblematisch, zu wollen, daß alles besser wird, aber hochproblematisch, wenn Erziehungsprozesse nach Null-Fehler-Konzepten organisiert werden sollen. Da kommen dann doch Unterschiede zwischen Erziehungsprozessen und technischen Produktionsprozessen zum Tragen, die in den gegenwärtigen Diskussionen nur allzu oft eingeebnet werden. Die Diskussionsfelder, die gegenwärtig rund um die Versuche, Jugendhilfe betriebswirtschaftlich inspirierten Rationalisierungsoperationen zu unterwerfen, eröffnet werden, haben sich schon heute in einem unerträglichen Maße technokratisch verselbständigt. Damit einher geht der völlige Verlust von Wahrnehmungen davon, daß die besseren Teile der neuen Managementstrategien für die Diskussion um die Hilfen zur Erziehung - z. T. unabgegoltene - alte Reformperspektiven (wieder-)entdeckt haben. Daß eine sozialpädagogische Einrichtung sich um die Interaktionen von Betreuten und Betreuenden herum organisieren muß, daß Teamautonomie und Teamarbeit das Kernstück funktionierender Jugendhilfeorganisationen sind und daß diese sich nicht durch Gängelung steuern lassen, das waren Einsichten von Alternativprojekten wie von TheorieproduzentInnen im Bereich der Hilfen zur Erziehung. Die gegenwärtigen Managementdiskussionen haben solche ebenso schlichten wie zentralen Einsichten eher wieder vernebelt als gestärkt. Solange die eigentümliche Dialektik dieser Modernisierungskonzepte, die den Ausgangspunkt größerer Autonomie für die Subjekte jeweils flugs in deren Gängelung verkehrt, die allen Definitionsbemühungen zum Trotz vom Controlling nur allzu oft die sachferne Kontrolle übrigläßt, nicht durchbrochen wird, werden sie ein Teil der Kraft sein, die stets das Gute will und doch nur unnütze Arbeit schafft.

Literatur

ABA (Hrsg.): Steuerungsmodelle - Verplanung des Marktes oder Vermarktung des Plans? Der Nagelkopf, Heft 21, 1995

ALLEMEYER, J.: Freie Wohlfahrtspflege und Markt - Bedrohung oder Chance. In: Theorie und Praxis der sozialen Arbeit, 1/1995, S. 2ff

AFHELDT, H.: Ausstieg aus dem Sozialstaat. In: Beilage zu Wochenzeitung das Parlament, B 25/26, 1995, S. 3ff

BACKHAUS-MAUL, H./OLK, T.: Von Subsidiarität zu outcontracting: Zum Wandel der Beziehungen von Staat und Wohlfahrtsverbänden in der Sozialpolitik. In: Streek, W. (Hrsg.): Staat und Verbände. Sonderheft 25/1994 der Politischen Vierteljahreszeitschrift, Opladen, S. 100ff

BADER, C.: Sozialarbeit statt Management. In: socialmanagement 5/1994, S. 40 f

BAG FW (Hrsg.): Qualitätsstandards in der ambulanten Pflege und Versorgung. Bonn, 1994

BERTHELMANN, R./NIEHAUS, J.: Selber lenken. In: Deutscher Bundesjugendring (Hrsg.): 1995, S. 24ff

BKJE/AKKI (Hrsg.): Preis & Wert von Dienst & Leistung. Unna, 1995

BOESSENECKER, K.-H.: Das neue Steuerungsmodell. In: Soziale Arbeit 4/1995, 127ff

BÜRGER, U.: Zwischen Sparzwängen und Leistungsverpflichtungen - Tendenzen und Widersprüche der kommunalern Jugendhilfefinanzierung in einer reichen Gesellschaft; in: PARITÄTISCHER (Hrsg.), 1995, S. 7ff

BUCKERT, F.: Outputorientierte Steuerung der Jugendhilfe. In: Evangelische Jugendhilfe, 2/1995, S. 5ff

DENZIN- VON BROICH-OPPERT, U.: Teststrecke der Verwaltungsreform. In: Deutscher Bundesjugendring (Hrsg.): 1995, S. 50ff

DEUTSCHER BUNDESJUGENDRING (Hrsg.): Kurs wohin? - Neue Steuerung und Jugendarbeit. Jugendpolitik, Heft 3-4, 1995

DEUTSCHER BUNDESJUGENDRING: Verträge als Instrumente der Förderung von Jugendverbandsarbeit. Positionspapier, o.J.

DEUTSCHER BUNDESJUGENDRING: Selber lenken - Neue Steuerung in der Jugendarbeit. Schriftenreihe Nr. 27, Bonn, 1995

DEUTSCHER VEREIN (Hrsg.): Empfehlungen des Deutschen Vereins zur Qualitätssicherung in der ambulanten, teilstationären und stationären Altenpflege. In: NDV 1/1996, S. 1ff

DEUTSCHES INSTITUT FÜR NORMUNG: Qualitätsmanagement und Elemente eines Qualitätssicherungssystems - Leitfaden für Dienstleistungen (DIN ISO 9004 Teil 2). Berlin, 1992

ECKMANN, H.: Qualitätssicherung der Sozialhilfe in Behinderteneinrichtungen und ihr Verhältnis zur Evaluationsforschung und zum Qualitätsmanagement. In: Beiträge zum Recht der sozialen Dienste und Einrichtungen, Heft 28 (1995), S. 15ff

EREV: Dienstleistung Jugendhilfe?! EREV-Schriftenreihe 1/1996

FALTERMEIER, J. (Hrsg.): »...und sie bewegt sich doch« - Jugendhilfe auf dem Weg zur Modernisierung: Selbstverständnis, Konzept, Organisationsformen. Schriften des Deutschen Vereins Nr. 32, Frankfurt/M., 1995

FALTERMEIER, J.: Modernisierung der Jugendhilfe durch neue Steuerungsinstrumente. In: FALTERMEIER, J. (Hrsg.): 1995, S. 42ff

FLÖSSER, G.: Soziale Arbeit jenseits der Bürokratie. Neuwied u.a., 1994 a

FLÖSSER, G.: Kontraktmanagement als neues Steuerungsmodell. In: social management, Heft 3/1994 b

FLÖSSER, G.: Wirksame Steuerungs- und Organisationsmodelle in der Jugendhilfe. In: FALTERMEIER, J. (Hrsg.): 1995, S. 64ff

FLÖSSER, G./OTTO, H.-U.: Sozialmanagement oder Management des Sozialen? Bielefeld, 1992

GLASS, U.: Controlling: Bedingt tauglich. In: social management, 1/1996, S. 10f

GROSSER, G.: Qualitätsanforderung an und Qualitätssicherung in der sozialen Arbeit. In: Soziale Arbeit 5/1995, s. 168ff

HAFENEGER, B.: Perspektiven der Jugendhilfe in der neuen Unübersichtlichkeit. In: sozial extra, 5/1995, S. 19 f

HAID-LOH, A.: Der Kunde als König. In Evangelische Jugendhilfe 4/1995

HALFAR, B.: Qualitätismanagement: Benchmarking statt Zertifikate. In: socialmanagement, 1/1996, s. 25ff

HARTKEMEYER, J.: Qualität, Marketing, Organisationsentwicklung - Kritische Bemerkungen zur Modernisierungsdiskussion. In: Päd extra, 3/1995, 25 f

HEINER, M.: Auf dem Weg zu einer Technologie methodischen Handelns ? In: sozialmagazin, 6/1995

HENKEL, J.: Leistungen und Kosten verantworten. In: social management, 1/1996, S. 16ff

HINTE, W.: Neue Steuerung: alte Falle oder neue Chance? In: ABA (Hrsg.): 1995, S. 71ff

HINTE, W.: Und alle arbeiten weiter wie bisher -Neue Steuerung: gewaltiges Wortgeklingel ohne Folgen? In: DEUTSCHER BUNDESJUGENDRING (Hrsg.): 1995, S. 14ff

HÖHN, H.: Die Moderne, der Markt und die Moral. In: Beilage zur Wochenzeitung Das Parlament, B 51, 1995, S. 3ff

HOLLERITH, E.: Qualitätssicherung und Qualitätsförderung als Aufgabe des Trägers von sozialen Einrichtungen; Teil 1 in: Evangelische Jugendhilfe 5/1995; Teil 2 in: Evangelische Jugendhilfe, 1/1996, S. 37ff

ISS (Hrsg.) Altwerden 2000 - Ein Memorandum zur Altenhilfe und Altenarbeit in Deutschland. Frankfurt/M., 1995

KABITZ, S. u.a.: Besser und billiger! In: Blätter der Wohlfahrtspflege, 9/1994, S. 166ff

KARSTEN, M.: Qualitätssicherung in der Pflege und ihre Voraussetzungen. In: Mabuse 97 (1995), S. 48ff

KGSt: Dezentrale Ressourcenverwaltung: Überlegungen zu einem neuen Steuerungsmodell. Bericht 12/1991

KGSt: Das neue Steuerungsmodell: Begründung, Konturen, Umsetzung. Bericht 5/1993

KGSt: Budgetierung: Ein neues Verfahren der Steuerung kommunaler Haushalte. Bericht 6/1993

KGSt: Outputorientierte Steuerung der Jugendhilfe. Bericht 9/1994

KLATETZKI, T.: Mehr Kommunikation statt mehr Organisation. In: socialmanagement, 3/1994, 25ff

KLICPERA, C. U.A.: Qualitätssicherung in Einrichtungen für Menschen mit Behinderungen. In: Geistige Behinderung, 1/1995, S. 48ff

KLUG, W.: Mehr Markt in die Freie Wohlfahrtspflege? - Zum Problem marktwirtschaftlicher Bedingungen in der Freien Wohlfahrtspflege. In: Beilage zur Wochenzeitung Das Parlament, B 25/26, 1995, S. 34ff

KREFT, D.: Kommentar: Ich steure also bin ich. In: socialmanagement 1/1996, S. 20

KREIS BORKEN: Neue Steuerungsformen im Jugendamt. Zwischenbericht der Projektgruppe, 1995

KRENZER, B.: Lean Management - Eine Zukunftsorientierung für den Sozialleistungssektor? In: Theorie und Praxis der sozialen Arbeit, 6/1994, S. 212ff

KULBACH, R.: Das neue Steuerungsmodell in der Jugendhilfe. In: ABA (Hrsg.): 1995, S. 61ff

KUPFFER, H.: Welche Gesellschaft meinen wir? Zur »Effektivierung von Jugend- und Sozialhilfe«. In: Unsere Jugend, 8/1995, S. 334ff

KUNSTREICH, T.: Ausbau oder Umbau ? Einige Überlegungen. In: ABA (Hrsg.): 1995, S. 25ff

KUNSTREICH, T.: Soziale Gerechtigkeit und regionale Spaltung der Gesellschaft. In: Widersprüche, 47/1993, S. 63ff

KWAKKELSTEIN, P.: Der Wohlfahrtsstaat der Niederlande im Wandel: Die Situation der Jugendpolitik. In: Recht der Jugend und des Bildungswesens, 1/1995, S. 61ff

LANDESJUGENDAMT WESTFALEN-LIPPE (Hrsg.): Organisationsentwicklung in der Jugendhilfe -
Materialband. Münster 1995

LIEBALD, C.: Wirkungen in der Kinder- und Jugendarbeit. BKJ-Texte, Remscheid 1995

LUTHE, E.: Effizienz als Realitätskonstrukt. Über das Experiment der Effizienzmessung im
Sozialsektor. In: Archiv für Wissenschaft und Praxis der sozialen Arbeit, 3/1995, S. 209ff

MAY, M.: Soziale Dienstleistungsproduktion und Legitimationsprobleme des Sozialstaates.
In: Widersprüche 52/1995, S. 65ff

MEINHOLD, M.: Über einige Mißverständnisse in der aktuellen Qualitätsdiskussion. In: neue
praxis 3/1995, S. 288ff

MERCHEL, J.: Neue Steuerung und Jugendhilfeplanung. In: Deutscher Bundesjugendring
(Hrsg.): 1995, S. 54ff

MERCHEL, J.: Sozialverwaltung als »kundenorientiertes Unternehmen«. In: neue praxis 4/1995,
S. 325ff

MÖLLENBECK, E./V.D.LINDE, C.: Zwischen Hoffnung und Skepsis. In: Deutscher Bundesjugendring (Hrsg.): 1995, S. 49ff

MÜLLER, B.: Lean Management in der Jugendarbeit. In: sozialmagazin 4/1994, S. 54ff

OPOLKA, H.: Vom Haushaltsplan zur Budgetierung - Der Siegeszug des kaufmännischen Denkens. In: Theorie und Praxis der sozialen Arbeit

OPPL, H.: Wohlfahrtsverbände: Der Markt als letzte Chance. In: socialmanagement, 5/1994,
s. 25ff

ORTMANN, F.: Neue Steuerungsformen der Sozialverwaltung und soziale Arbeit. In: Nachrichtendienst des Deutschen Vereins, Heft 2/1996, S. 62ff

OTTO, H./ BÖLLERT, K.: Rückwärts in die Zukunft? Die Krise der Sozialpolitik ist auch eine
Krise der Sozialen Arbeit. In: neue praxis, 5/1994, S. 443ff

OVERMANN, H.: Mehr Transparenz und Effizienz. In: Deutscher Bundesjugendring (Hrsg.):
1995, S. 43ff

PARITÄTISCHER WOHLFAHRTSVERBAND - GV (Hrsg.): Output ohne Input ? - Zur kommunalen Finanzierung freier Jugendhilfe; Schriftenreihe Nr. 49, 1995, Frankfurt/M. (Eigenverlag)

PITSCHAS, R.: Die Jugendverwaltung im marktwirtschaftlichen Wettbewerb? In: Die Öffentliche Verwaltung, 23/1994, S. 973ff

RÖSSLER, J.: Geld allein ist nicht die Lösung. In: jugend & gesellschaft, 3/1995, S. 13 f

SCHAARSCHUCH, A.: Soziale Dienstleistungen im Regulationszusammenhang. In: Widersprüche 52/1994, S. 73ff

SCHEPKER, R. u.a.: Die Sozialarbeit in der kinder- und jugendpsychiartrischen Klinik - Aspekte der Qualitätssicherung im Lichte der Psychiatrie-Personalverordnung. In: Praxis der
Kinderpsychologie und Kinderpsychiatrie, 44 (1995), S. 280ff

SCHERRER, W.: Sind die freien Träger der Jugendhilfe noch freie Träger? In: Unsere Jugend 8/
1995, S. 326ff

SCHRÖER, H.: Förderverträge mit der Kommune als Instrument der Sicherung der Arbeit freier
Träger. In: PARITÄTISCHER (Hrsg.): 1995, S. 45ff

SCHRÖER, H.: Jugendamt im Wandel. In: neue praxis, 3/1994, S. 263ff

SCHÜCKHAUS, U./DREHER, F.: Reformprozeß in der Jugendhilfe. In: DEUTSCHER BUNDESJUGEND-
RING (Hrsg.): 1995, S. 20ff

SCHULZ, H.: Wo die Reise hingeht. In: Deutscher Bundesjugendring (Hrsg.): 1995, S. 34ff

SCHWARTE, N. u.a.: Indikatoren für Lebensqualität in Wohnstätten für erwachsene Menschen
mit geistiger Behinderung. In: Geistige Behinderung 4/1994, S. 282ff

v. SPIEGEL, H.: Qualitätsentwicklung in Zeiten knapper werdender Mittel. In: Evangelische Jugendhilfe, 3/1995, S. 19ff

STEINBERG, T.: Steigerung der Effektivität selbst gestalten. In: ABA (Hrsg.): 1995, S. 49ff

STEINBERG, T.: Erfolgskontrolle sozialer Einrichtungen am Beispiel eines Abenteuerspielplatzes. In: ABA (Hrsg.): 1995, S. 55ff

STRUCK, N.: Neue Steuerungsmodelle in der Jugendhilfe aus der Sicht freier Träger. In: PARITÄTISCHER (Hrsg.): 1995, S. 99ff

STRUCK, N.: Jugendhilfeplanung oder outputorientierte Steuerung der Jugendhilfe ?. In: PARITÄTISCHER (Hrsg.): 1995, S. 119ff

TEGETHOFF, H.: Schlankheitskur für die Jugendhilfe. In: neue praxis, 2/1995, 132ff

THIERSCH, H.: Wohlfahrtsstaat im Umbruch - Perspektiven der Sozialen Arbeit. In: neue praxis, 3/1995, S. 311ff

VATER, A.: Qualitätsmanagement und Personalbedarfserhebung im prospektiven Pflegesatzsystem. In: Rechtsdienst der Lebenshilfe, 3/1994, S. 18ff

VEREIN FÜR KOMMUNALWISSENSCHAFTEN (Hrsg.): Jugendhilfeplanung - ein wirksames Steuerungsinstrument der Jugendhilfe. Dokumentation der Fachtagung vom 18.-19. 5. 95 in Kleinmachnow. Berlin, 1995 (Eigenverlag)

WACKER, E.: Qualitätssicherung in der sozialwissenschaftlichen Diskussion. In: Geistige Behinderung 4/1994, S. 267ff

WIDERSPRÜCHE:Schwerpunktthema: Dienstleistung - Befreiung aus feudaler Entmündigung? Heft 52, 1994

WOLF, M.: Betriebswirtschaftliche Steuerungsinstrumente in der sozialen Arbeit. In: NDV 3/1995, 106 f

ZIMMER, A.: Marktgeführt und wertorientiert. In: sozial extra 9/1995, S. 2ff

Erzsebet Kisida

Public Education in Hungary

Öffentliche Erziehung in Ungarn

Das ungarische Sozialsystem hat sich gewandelt. Das Parlament hat 1993 ein neues Gesetz der öffentlichen Erziehung verabschiedet, da die nationale Erneuerung nicht ohne eine solche Veränderung des öffentlichen Erziehungssystems vorstellbar ist. Die Konvention über die Rechte des Kindes wurde bereits am 20. November 1989 in New York verabschiedet. Das ungarische Parlament lehnte die Kinderrechts-konvention ab. Aus diesem Grunde ist es eine wichtige Verpflichtung für uns, die Interessen von Kindern zu vertreten.

1. Basic Principles of Act

It is very important to say something about it. They are the next:
* make it possible for all to receive education and instruction which develops individual abilities and talent, and is compatible with one's conscientious and religious conviction,
* take into account that national and ethnic minorities living in the area of the Hungarian Republic have a share in the people's souvereignity, and are integral parts of the Hungarian state, thus possessing the inalienable right to use their mother tongue and to be taught in their mother tongue,
* consider that the borders of the Hungarian Republic are open, and the people of other nations are also learning in its area, and that its own citizens can also attend the educational institutions of foreign states,
* realize the freedom of learning and teaching,
* create the conditions necessary for public education institutions to perform their duties within a democratic framework and under sufficient material conditions, being professionally independent,
* agree that it is a justitiable expectation of people working in these institutions to have ensured that they are and will be respected materially and morally according to their social role,
* clarify the responsibilities of the state, and the role of local authorities in performing their duties to provide public education,
* develop the system of requirements and examinations ensuring the standards of educational work as well as the framework for the operation of social control.

So public education include education at kindergardens, education and teaching at day schools, as well as education at boarding annexes. Everyone at an institution of public education is entitled to receive education and teaching.

2. The Public Education System

In the Republic of Hungary education is compulsory for every child. Compulsory education is to be fulfilled by mastering knowledge that lays the foundation of general learning and prepares students for the primary examination. But this system is more open than it was earlier, because from the age of five children must attend activities preparing them for school life within the framework of kindergarden education.

The primary school shall have ten forms. After finishing studies in the tenth form, students can sit the primary examination. At the parent's choice, obligatory education can be fulfilled by school attendance or private tuition. The preparation of students for the primary examination, secondary-school maturity examination and vocational examination shall take place within the framework of obligatory classes. Schools shall assists preparation for

• the primary examination,
• secondary-school maturity examination and
• vocational examination in the framework of optional classes.

Vocational training shall prepare students for a vocational examination, following the end of obligatory education, the primary examination or the last form of secondary school, or final secondary-school examination, or shall provide knowledge necessary for starting an independent life and taking up a job.

It is very important in the new Hungarian public education system that it is possible change from one type of school to another.

Obligatory education can be fulfilled at primary school and, from the fifth form on, at academic secondary school. From the ninth form on it can also be fulfilled at vocational secondary schools or at vocational training schools.

3. Ideological neutrality

Schools have to ensure that students master basic moral knowledge. State and local authority institutions of education and teaching may not be committed to any religion or ideology. The curricula of state and local authority operated schools must ensure an objective and many-sided projection of knowledge, religious and ideological information.

In the course of carrying out their tasks undertaken in the area of education and teaching, the state and the local authorities are obliged to respect the right of parents in such a way that the children receive teaching and education which conform to their religious and ideological convictions.

Parents have the right to choose a school of their own free will. Under the right to choose the institution of education and teaching, all those interested can choose a kindergarden, school or boarding annex which is in conformity with their abilities, endowments, interests, religious and ideological conviction, as well as their national and ethnic identity.

Parents shall have the right to choose for their children a non-state or non local authority kindergarden or school.

4. National and ethnic minorities

The language of kindergarden education and school education and teaching shall be Hungarian or the languages of national and ethnic minorities. Children and students belonging to a national or ethnic minority group can receive kindergarden education and school education and teaching in their mother tongue, or their mother tongue and Hungarian.

The pedagogical programme of a school shall define the local curriculum of the school, and within its framework:

- in the case of the school education and teaching of students belonging to a national or ethnic minority group, the mother tongue, history, geography, culture and ethnography teaching material of the given minority,
- in the case of students belonging to a national or ethnic minority group, the teaching material for mastering the Hungarian language and culture, and for students who do not belong to any minority group, teaching material necessary for getting acquainted with the culture of the minorities.

5. Educational-teaching for Handicapped-Children

Children and students with a physical, a mild or medium-degree-mental, sensory, speech or other handicap have the right to receive pedagogical, special pedagogical or conductive pedagogical provision, kindergarden education and school education and teaching in line with their condition, from the time of the handicap is diagnosed.

For them kindergardens, kindergarden groups, schools, school sections, classes, groups and boarding annexes must be set up in accordance with the type of handicap. They are to be enrolled at educational-teaching institutions which have the personal and material conditions required for the special education and teaching.

If a student is unable to fulfil obligatory education because of his or her handicap, a special report has to define the ways of developmental nurturing that will ensure the child's development.

6. Boarding Annexes

The task of the boarding annex is to create the conditions for pursuing school studies for those who:

- do not have the opportunity in their place of residence to make good their rights to education and the free choice of school, or to education in the language of a national or ethnic minority group, or at an institution of education and teaching for students with handicaps, or
- whose parents are unable to provide the necessary conditions for education.

7. The Rights of Students

Children and students shall have the right
* to receive education and teaching in conformity with their abilities and interests, to pursue further studies in accordance with their abilities and to receive primary art education in order to discover and develop their artistic talents,
* to receive education and teaching which is in accordance with their national or ethnic identity,
* to receive education and teaching at non-state and non-local authority schools in accordance with the parents' religious convictions and to receive throughout public education at a state- or local authority-run school, religious instruction in line with the parents' religious or ideological convictions,
* at an institution of education and teaching children and students shall have the right, depending on the family's financial situation and at the parents' request to enjoy free or subsidized meals, textbooks and other accessories associated with learning, and also to be exempted partly or entirely from paying fees to be charged in connection with children and students, or to obtain a permit to postpone payment or make it in instalments.

Special rights of students shall be:
* to participate in the work and to initiate the establishment of student circles to become members of school, cultural, artistic, knowledge-disseminating, sports and other circles and, in the event of there being no law stipulating otherwise, extramarital social organizations,
* to have the right to be elected and to elect others, to bodies representing student interests,
* to turn to the students' self-government to represent their interests and to seek, in line with the stipulations of this law, remedy for any violation of rights.

Duties of students are:
* to meet educational requirements through regular work and disciplined behaviour in line with their abilities,
* to take care of their own and their fellow-students' physical safety and health,
* to show respect and honour towards their teachers and instructors.

8. Rights of Parents

Parents have the right to choose of their own free will an institution of education and teaching for their children. Under the right to choose the institution of education and teaching, all those interested can choose a kindergarden, school or boarding annex which is in conformity with their abilities, endowments, interests, religious and ideological conviction, as well as their national and ethnic identity.

Parents shall have the right to choose for their children a non-state or non-local authority kindergarden or school, and also to set up or be involved in the setting up, in accordance with the stipulations of this law, of a non-state or non local authority kindergarden or school.

Duties of Parents are:

- to take the necessary measures in order to make good their children's rights,
- to do their best to promote their children's development,
- to help their children integrate into the community, and to adopt the rules and regulations of the school and of community life.

The sum of the financial support, which is extended to the maintainers of public educational institutions, calculated on the basis of the number of students, to subsidise the prices of textbooks which are sold at market princes, is to be defined in the annual budget law. It is the teaching staff which decides, taking into consideration the opinion of the school board and that of the students' self-government, on the ways of extending financial support. The students' financial situation can be taken into consideration in bringing the decision. The financial support can be used for the purchasing of textbooks to be placed in the school library, provided that through library lending the free provision of textbooks is ensured for students.

The maintainer

- makes decisions on the establishment of a public educational institution, its sphere of business activities, reorganization, closing and modification of its sphere of activities,
- defines the budget of public educational institution and also the regulations for establishing the tuition fees and expenses that can be charged and the conditions for allowances that can be given on the basis of a child's or student's welfare position,
- supervises the legality of operation and financial activities of the public educational institution.

Bojan Dekleva

The Slovenian Experience

Wandel der Jugendhilfe in Slowenien

Der Artikel beschreibt die Entwicklungen im Bereich der Kinder- und Jugendhilfe, sowie der Fürsorge in Slowenien im Kontext der einsetzenden Pluralisierung der letzten Jahre. Eine besondere Betonung liegt auf der Rolle und der Entwicklung der nicht-staatlichen Organisationen, die zumeist in der öffentlichen Diskussion zu wenig Beachtung finden. Die Veränderungen werden anhand der Politik des Ministeriums für Arbeit, Familie und Soziales und der Ziele der Arbeit freier Träger und Vereine erläutert.

Slovenia - the most northern, economically the most developed and also one of the smaller of the former Yugoslav republics - declared three years ago its independence and was soon after that internationally recognised as an independent state. The time of its becoming independent had been preceded by relatively peaceful change of the one-party system to the pluralistic parliamentary democracy. This change has brought about also some important changes in the development of the child and youth care (and social care), although in the development of the mainstream professional orientations more continuity than change can be seen.

The development of the social services and child and youth care sectors in Slovenia have after 1945 reflected the material and political developments in many (real)socialistic systems, but partly also movements and trends in these sectors in the developed West. Not without the dangers of oversimplifications we can classify the development in these sectors in four phases (DEKLEVA, 1991):

- in the first post-revolutionary time a rather optimistic perspective was offered and believed in; the image of the nonconflictual society without much (or any) social pathology was ideologically build and expected. The material and human resources were in the time of the post-war rebuilding of the country too scarce even to think much about the necessity of developing the knowledge, human resources and institutional structures of social care activities. But nonetheless the war has left behind many orphans, abandoned and wayward children, for whom the orphanages and other residential institutions have to be founded;
- in the second phase the growing material standard of the society and the need to structure societal activities more strictly, effectively and bureaucratically caused a process of the institutionalisation to take place at a rather great pace. The growing awareness that the social problems are still here and are not going to disappear has produced the idea that the developing of many new institutions, growing of new professions and development of institutional networks would represent an effective answer. In the beginning of this period the higher professional schools of social work and the department of „special pedagogy for children with personality and behaviour disturbances" were instituted, and new child guidance clin-

ics, local community centers for social work, research institutes and the network of residential institutions were developed;

- after and together with cycles of political liberalization and „freezings" a new taste of anti-movements came with the late 60's and early 70's Although the institutional paradigm stayed mostly unchallenged, many new projects have been started, growing from the new combinations of social and professional ideas and movements. Usually such projects have developed at the „border line" spaces between some of the more liberal institutions and some of the newly sprouting social enclaves. So a series of therapeutic camps, some local community projects, and a lot of projects engaging young volunteers (ZORGA, 1994) in working with delinquent or otherwise „problematic" youth have been developed. The common ground of the majority of those projects was using alternative social and human resources, looking for new ideas, developing de-institutional and extramural models, uniting „new" professionals with interested paraprofessionals. These actions and models have been through 70's and 80's partly successfully incorporated in the work of (some) state institutions, but partly they remained to be seen as something not completely accepted by the institutions and something which is - if not suspicious, than a private matter of the collaborating professionals and lay people.

This period was the time of the greatest (social and individual) material standard of life (till now), but towards the end of this phase (in the 80's) the economic crises has become more and more pronounced. It is somewhat surprising that in the second half of the 80's a process of the renewal of all Slovenian residential treatment institutions has been started. Through this process not only were institutions rebuild, but also a set of new conceptual guidelines were proposed and officially supported. These guidelines (KOBOLT, 1991) asked for the diminished capacities of the whole residential treatment institutions network, for smaller institutions, for regional diffusion of institutions, for more orientation to integration of children to mainstream life and for the development of so-called alternative models - which all more or less reflected similar orientations, which had been recognised and also realised in many of the European countries some 10 or 15 years before.

In the beginning of the 90's our „special pedagogy" study program was transformed into the study of „social pedagogy" which is now a four year university curriculum. With the new study program also some new emphasises were given. The field of work of a social pedagogue should be broader, including more preventive activities, intervening in different social (not only institutional) contexts, having integration and social animation as two of the more important goals, etc.;

- in the present period some of the most important changes are: 1. discovering of the possible pluralism of (institutional and other) subjects of activities, models of work, professional orientations, initiatives, etc.; 2. the emerging strong push to „European standards" of work and life; 3. but unfortunately also the slowly developing economical growth where the idea (not the always realisation!) of unlimited social welfare is being substituted by the idea of more free competition, less state intervention, more stress on effectiveness (cost/benefit aspects) and sometimes by bare attempts to save money wherever it can be saved.

In the last few years we have seen the process of emerging and developing of non-governmental organisations (NGOs) in the field of social care in general and in the sub-field of child and youth care. This process often represent a continuation of the social and professional activities which had been started in the previous period. NGOs have been at the time of their founding often supported by different professional, religious, civil or even political organisations. Although I am here speaking of NGOs in plural, there have been till now only few of them formally founded.

NGOs in social care are for the Slovenian society still something not really known, something not accepted without many reservation, or accepted as something which could (or even should) not be treated on the same ground and in the framework of the equal opportunity as the state organisations. In 1992 for the first time state grants were offered for both the state AND independent performers of preventive and innovative projects in social care sector (from the Ministry of labour, family and social care, while such grants are not available by the Ministry of education which mostly funds the programmes of child and youth care); and in 1993 it was stated for the first time that for some kinds of projects independent organisations would be preferred to the state ones. But the funds used for these grants still represent a very tiny part of all the funds used in this sector, and the state funding always covers a relatively small part of a project's budget. In 1993 only 15% of the 85 applications for the funding of preventive and developmental projects were submitted by NGOs (and later funded), while in 1994 this proportion was already 22%. The NGO's and GO's submitted projects related to different subfields of social care: the majority of them were children and youth oriented preventive projects and older people care projects. But the NGOs submitted almost all the projects from the subfields of drug abuse work, care for ex-psychiatric patients and physically handicapped people. It means that there are some subfields where the governmental organisations submitted nearly no projects and the ground was left almost exclusively to NGOs. In general it can be stated that the NGOs are developing and implementing mostly programs related to marginalized, less popular, more difficult, till now overlooked social problems, which are sometimes also difficult to tackle because of their social and political ambiguousness.

The development and functioning of NGOs is accompanied by many problems: we lack many necessary skills, know-how and infrastructures for running NGOs: the idea (and possibilities) of professionalization of the developing, leading and implementing a NGO program is still rather distant one to our situation; there are still no suitable laws developed which would cover the field of charities, foundations, NGOs and other organised civil initiatives in social care sector, there are no corresponding specific regulations concerning the NGOs funding, taxing, their responsibilities and mandates, etc. (Elliot, 1993). The NGOs and the state authorities are often speaking different languages, but also the NGOs themselves have problems in their communication because of the unsettled „rules of game". But the most basic problem of NGOs is the inability to organise strong and (financially) stable organisations which would be attractive for ambitious and capable people and which could offer them chances for professional and social promotion.

One of such NGOs is the Association for the development of preventive and voluntary work (ADPVW) which was formally founded in 1991. Among their programs there were (in 1993) some, which represented the most innovative or the most systematically developed programs in their corresponding fields in Slovenia:

1. The program „Youth workshop" was - for instance - the most broadly used and also the most conceptually developed and structured preventive program for adolescents in Slovenia. It has been implemented in about 80 schools in all of Slovenia regions.
2. ADPVW was probably the first organisation which developed an immediate and multileveled response to the psychosocial problems of refugee persons in Slovenia. Till now about 300 voluntary workers have been working in its project of psychosocial help to refugee's children in Slovenia's refugees centres.
3. Since 1991 the Association has been developing the broadest network of individuals, groups and organisations, which are implementing preventive programs in relation to drug use and abuse.
4. Another of its projects was concerned with the working with Gypsy children, trying to find ways for their integration and promotion of Gypsy culture and way of life in dominant Slovenian culture.

The most pressing problems of ADPVW are financial ones. There are not any sources available for its overhead expenses, it has no housing facilities of its own (in three years it had to move three times), and there could be only one staff member employed on permanent basis.

The case of ADPVW was chosen because a lot of students of social pedagogy have been working in its projects as voluntary workers or have been placed there to do their practice work. In this way some NGOs are important as places of professional training of social pedagogy students but also as places of formation of identity of our profession. There students learn and experiment with new behaviours in the fields and methods of work, which are currently not (yet) incorporated in the formal curriculum of social pedagogy study (e.g. social marketing, multicultural work, drug abuse prevention, methods of conflict resolution and mediation, advocacy, etc.).

References

Dekleva, B.: Renewal of residential treatment institutions in Slovenia. In: Junger-Tas, J. et al. (eds.): The future of juvenile justice system. Leuven, 1991.

Elliot, S.: The impact of humanitarian aid on local NGOs - The Slovenian case. Masters degree, Oxford Brokes University 1993.

Kobolt, A.: Residential youth care and protection in Slovenia. In: Gottesman, M. (ed.): Residential child care - An international reader. London, 1991.

Zorga, S.: Guidance and supervision of volunteers. The School Field, 5/1994, no 1-2, p. 55-62.

Irena Genyté

Children's Wardship in Lithuania

Jugendhilfe in Litauen

Der Artikel beschreibt die gesellschaftlichen Veränderungen und die Situation der Jugendpflege in Litauen nach der Unabhängigkeitserklärung Litauens. Beispielhaft werden diese Veränderungen anhand des Waisenhauses in Klaipéda aufgezeigt.

In Lithuania the children who have lost their parents or live in very large and poor families are under the wardship of the state, other social organizations, families or private persons. Among the main social organizations providing guardianship for children at risk are: an agency »SOS children«, the Lithuanian children's fund and an international organization for child protection (Save the Children).

The main and long established institutions for orphans are the state orphanages: The orphan houses for children and adolescents, special boarding schools, special houses for disabled children. They are financed by the city authorities and by the Ministries of the Lithuanian Republic. Still in existence is an old type of »children distribution« system acting. The children are classified according to their age and health state and they are then brought to the orphanages which belong to the education, health protection and social welfare system, all of whom share responsibility.

In addition to the existing state orphanages there have developed new forms of children wardship: the children are accepted to live in normal families. A system of foster parents villages for children and other forms of children guardianship are being planned and explored at the present time.

Children wardship has to observe the law of family and matrimony code. Unfortunately this code was established in the Soviet period and no longer meets the present day requirements. A few resolutions concerning the children guardianship were passed by the Super Council and Government, after the declaration of Lithuanian Independence. But these resolutions have proved insufficient to solve the problems, concerning children's wardship and protection issues.

Waif and stray children in Lithuania are under the protection of health services and live in orphanages. There are 6 orphanages in Lithuania in which live 560 children, 70 % of them have various health needs, most of which are of a psychological and mental nature. One of such orphanages is in Klaipéda with 80 children in it. I'd like to say just a few words about Klaipéda and children's guardianship in the city. Klaipéda is on the coast of the Baltic sea. It was founded 741 years ago. There are 206 thousand inhabitants including 48 thousand of children. There is a University, two higher school units, more than 30 professional and secondary schools, trade and fishing ports, international ferry-boat, ship repair yard, ship building plant and a few food processing plants.

Unfortunately, there are 180 families or single mothers where children are at risk and who fail to take care of their children. Such parents often suffer from alcoholism, drug addiction or are impaired in some other ways. There is a children's guardianship department in our town, dealing with child care problems. So this department attempts to aid the families, where the children lack their parent's care, and in extreme cases sometimes such parents are deprived of parent's rights and the children are brought to the state orphanages or adopted by the new parents.

I'd like to tell more about the Klaipéda special orphanage which is under my leadership. This orphanage was founded in 1946. It was necessary to have an orphanage in the city, because after the Second World War there were many orphans of various nationalities. Unfortunately during 50 years the situations hasn't changed, this orphanage is still in need. There are 80 children in it. Because of the repressions of the Soviet regime many people lost their faith in life, started using alcohol and drugs. Sad people who parented sick children and failed to care for them. That is why we are sheltering about 50 % disabled children in our orphanage. During the Soviet period it was not fashionable to highlight the needs and problems of such orphanages. They were absolutely isolated, because the very fact of their existence compromised the Soviet system, and there were a lot of instructions that limited the activity of the orphanages. For example, it was forbidden for strangers to visit orphanages. So that is why people didn't know about the existence of orphanages and the orphan's life within them. The system was deliberatly closed to the outside world. The orphan houses were also starved financially. There were one or two nurses, who looked after 20 children. There were no clothes, toys and even enough food in those orphanages. The orphanages couldn't have enough people among their personnel, because of the poor financial state.

The Republic of Lithuania has been existing for 3 years as an independent country, but our children care situation has not changed much. Unfortunately, the number of children who need care and help is still very high. The situation with poor or inadequate parents has not been improved yet. But the situation in orphanages is much better now. Particularly important has been the improvement with the personnel, there are now enough nurses in groups. 7-10 children in a group have one nurse and one assistant. In addition, the authorities' and public opinion concerning the orphanages and the children living there has changed a lot. Today everybody is welcomed to the orphan house: public organizations, young people, priests and benevolent people can come and communicate with children and help them in any way they like.

Those children who need special medical care, now attend special schools. Our children are baptized and their god-parents participate in the religious life of the children, they take children to their homes, for a weekend or holidays. So, there now appears a new possibility for children in integrate to the society. We can also highlight as a consequence the better psychological and mental development of the children.

There are many businessmen, enterprises, organizations and persons who assist the orphans financially. There are people from the other countries, who provide humanitarian aid. They are from Germany, Holland, Sweden, the USA and some other countries.

Usually those children who are brought to the orphan house are sick, because they were not expected, their mothers used to drink alcohol and smoke when they were pregnant. So, our first aim is to improve their health. Then we are to set diagnose for their psychological and mental development and we try to predict their abilities for the future. Then we try to solve their social problems. Just a few of them returned to their own families. Every year about 10 children are adopted by new families. Some of the children move to the other orphanages where elder children are living. Disabled children stay in our orphan house till the age of 9-10. Their future is not clear absolutely up to now because there are just a few special orphan houses for them in Lithuania and our orphan house conditions don't meet the necessary requirements.

Because of the absence of strict children protection laws, it appears to be difficult to adopt children by new parents. It often occurs when children are invalids or they are juridically dependent on their parents, who sometimes visit them, but don't want to take them home. Some parents are imprisoned but they haven't lost their parents rights, so when they are dismissed they even don't remember about their children. So the children live in the orphanages and just wait for their fate.

Some statistical numbers are presented on the tables No. 1, 2 and 3.

Table 1: Children Arrivals and Departures in the Orphan house

Date	Children in total	Arrived	Left	Health state of arrived children			
				Healthy		Disabled	
				absolute number	%	absolute number	%
1992	100	35	31	28	66	12	34
1987	134	28	47	22	79	6	21
1982	144	61	53	53	87	8	13

Table 2: Analysis of coming Children

Where arrived from	1992		1987		1982	
	absolute number	%	absolute number	%	absolute number	%
from home	4	11	8	29	7	11
from hospital	21	60	19	68	43	71
from materrity hospital	4	11	1	3	5	8
brought by police	3	9	–	–	–	–
from children guard department	3	9	–	–	6	10

Table 3: Analysis of leaving Children

Left for	1992		1987		1982	
	absolute number	%	absolute number	%	absolute number	%
Taken by parents	9	29	11	23	19	36
Adapted by new parents	9	29	7	15	4	8
Moved to other Orphan house	11	36	29	62	30	57
Died	2	6	–	–	–	–

Peter Schäfer

Implikationen der Europäischen Sozialpolitik für die Heimerziehung in Deutschland

Implications of European Social Policy for Residential Care in the FRG

Presently the conceptual consideration about residential care are less in the center of the debate about youth help but more a question of planning supply and demand. Requirements of action and need of the youth service especially in residential care are presently intensivly discussed. The orientation of that interest is more an economical asking for expenses and benefits of youth services. What is meant here is the installation of „new methods of control in cities and communities". The term budgeting stands for the obligation to save and leads to servere consequences in residential care. In this process of development communities request description of products and performance to put ideas of preferences and aim into concrete terms of residential care (KJHG 1994). This question hits an unprepared residential care system because the German residential care system tried up to now to evaluate the work with standards of quality.

1. Vorbemerkung

Nach den Debatten über die Normalisierung der Heimerziehung und deren Entdramatisierung (WINKLER 1993, 268ff.; 1990, 429) wird neben den weiter geführten Entwicklungsdiskussionen über die Alltagswende (BMJFFG 1990) und die Individualisierungskonzepte (ABELS 1993, 540ff.) der Topos von der Deinstitutionalisierung (wieder-)aufgegriffen. Danach wird versucht, institutionelle Heimstrukturen abzubauen und Betreuungsformen zu etablieren, die am Herkunftsmilieu der Beteiligten ansetzen (WINKLER 1994, 329). Lebensweltorientierung und Alltagsorientierung führen zusammen mit dem Konzept der Kontinuität, wonach Brüche in den Entwicklungsprozessen von Kindern und Jugendlichen durch künstliche Arrangements, wie z.B. Heimerziehung, vermieden werden sollen, um ihre Entwicklung nicht zu stören, zu einer Stützung des Familiensystems (ebd.). WINKLER versäumte jedoch nicht darauf hinzuweisen, daß die Akteure der Heimerziehung in permanenter Selbstkritik eventuell übersehen würden, die fachliche Weiterentwicklung der Heimerziehung in einer veränderten gesellschaftlichen Situation weiterzubetreiben, denn Heimerziehung werde in dramatischem Ausmaß mit gesellschaftlichen Problemlagen und den Folgen von Armut, Arbeits- und Wohnungslosigkeit konfrontiert (WINKLER 1994, 331 f.).

So wird denn auch unter Berufung auf die Reformpädagogik eine Neuformierung der Heimerziehung gefordert (SPÄTH 1994, 324ff.; PETERS 1991). Heimerziehung solle Erziehung an einem anderen Ort leisten und nicht nur als Ausfallbürge der Familie eingreifen. Dieser andere Ort soll sich von den Lebenszusammenhängen der Familie, aber auch von deprivierenden sozialen und kulturellen Bedingungen unterscheiden, und nicht bloß Ort der existentiellen Lebensbewältigung, sondern auch ein Ort der Bildung sein, an dem Kinder und Jugendliche mit Hilfe einer bewußt organisierten, reflektierten Pädagogik an gesellschaftlichen Perspektiven und Chancen teilhaben können.

Bei alledem spielt die Familie eine entscheidende Rolle. Eine stark familienorientierte Neufassung des Jugendhilferechts liegt nach den Empfehlungen des 7. Jugendberichts auch dem 1991 in Kraft getretenen KJHG zugrunde, obwohl der 1990 vorgelegte 8. Jugendbericht wiederum die akzentuierte Familienorientierung der Jugendhilfe in Frage stellt und Familie als lediglich eines von mehreren möglichen zentralen Lebenssystemen bezeichnet (VAN ELS 1991, 163).

Im Vergleich zu den an die Heimkampagne und ihren Folgen anschließenden Diskussionen zum Wandel der Konzepte in der Erziehung in Heimen (COLLA 1987, 17; COLLA/KARUSSEIT 1990) stehen derzeit jedoch konzeptionelle Überlegungen weniger im Mittelpunkt der Jugendhilfediskussion als vielmehr Fragen der Bedarfs- und Angebotsplanung. Handlungserfordernisse und Bedarfe der Jugendhilfe und besonders die der erzieherischen Hilfen in Heimen werden zur Zeit intensiver thematisiert. Dieses Interesse ist jedoch primär ökonomisch orientiert und fragt im Rahmen von Kosten-Nutzen-Analysen nach den Kosten erzieherischer Hilfen, die überproportional im Verhältnis zum gesamten Jugendhilfebereich gestiegen seien (BÜRGER 1995, 447 f.). Angesprochen ist die Einführung des »Neuen Steuerungsmodells« in den Städten und Kommunen. Unter dem Stichwort der Budgetierung führt der proklamierte Sparzwang zu weitreichenden Konsequenzen für die Heimerziehung. Im Rahmen dieses Entwicklungsprozesses fordern die Kommunen über zu erstellende Produkt- und Leistungsbeschreibungen eine qualitative Konkretisierung der Aufgaben und Zielvorstellungen der Heimerziehung ein (KJHG 1994). Diese Anfrage trifft indes die institutionalisierte Fremdplacierung unvorbereitet an, denn die deutsche Heimerziehung hat sich bisher allenfalls ansatzweise bemüht, ihren pädagogischen Alltag anhand von begründeten Qualitätsstandards zu evaluieren (COLLA/GABRIEL 1994, 323).

Rolle und Funktion der Heimerziehung als pädagogische Interventionsformen und als soziales personenbezogenes Dienstleistungsangebot stehen dabei nicht zur Disposition. Vielmehr werden die erzieherischen Hilfen in Heimen zumindest in den alten Bundesländern als funktional möglicher und wählbarer Normalfall betrachtet, so daß Heimerziehung ihren stigmatisierenden Sonderstatus verloren habe (WINKLER 1990, 435). Die Rolle der Heimerziehung in den neuen Bundesländern gestaltet sich komplexer, da sie auf der Erziehung im und durch das Kollektiv nach MAKARENKO basierte und gleichzeitig einem vom Politischen, vom Klassenkämpferischen und vom Weltanschaulichen her geprägten Konzept der Erziehungsarbeit und der Persönlichkeitsbildung untergeordnet war (BMFSFJ 1994, 538). Die Familie wurde damit als Erziehungs- und Sozialisationsagentur weitgehend entlastet bzw. unterstützt. Der Transformationsprozeß zum einen und die Auswirkungen der europäischen Integration zum anderen fordern Familien hingegen in allen ihren Funktionen und Aufgaben, so daß gerade Familien in den neuen Bundesländern durch den gesellschaftlichen Wandel tendenziell überfordert sind, um die auf sie gleichsam zurückgeworfenen

Erziehungsaufgaben vollständig wahrnehmen zu können. Ob es gelingt, Heimerziehung in den neuen Bundesländern als »normales« Dienstleistungsangebot (MÜNCHMEIER 1995, 125ff.) zu etablieren, bleibt abzuwarten.

Betrachtet man nun Heimerziehung im ausdifferenzierten sozialen Sektor als Brennpunkt gesellschaftlicher Modernisierungsprozesse zur Bearbeitung von Problemsituationen Jugendlicher und Kinder im sozialen, kulturellen und ökonomischen Bereich, so sind gesellschaftliche Rahmen- und Entwicklungsbedingungen und deren Wirkungen für die Heimerziehung zu berücksichtigen. Fragen der Veränderungen in den Lebenslagen junger Menschen und ihrer Familien wie überhaupt (sozial-)politische und auch rechtliche Programme und Prämissen sind zu klären und im Interesse einer planenden und vorausschauenden Fachdisziplin zu bearbeiten. Inwieweit und wie sich hier europäische (Sozial-)Politik auswirkt, wird aus einer analytischen Sichtweise nachgegangen. Europäische Sozialpolitik und deren Prämissen, wie sie sich aus den sozialpolitischen Vorstellungen und Programmen und den sozialpolitischen Kompetenzen der Europäischen Union erschließen läßt, sind dabei auf ihre möglichen Konsequenzen für die Adressaten der Heimerziehung und für die Heimerziehung als Institution selbst auszuloten. Die konkreten rechtlichen Grundlagen europäischer Sozialpolitik sollen hier nicht im Detail rezipiert werden (vgl. dazu SCHULTE 1995, 251ff., 288ff.). Statt dessen interessiert die Konstitution und Zielsetzung europäischer Sozialpolitik im Zusammenhang mit ihren Aus- und Wechselwirkungen zur nationalen Sozialpolitik aus der Perspektive sozialer Arbeit (SCHÄFER 1994, 171).

2. Sozialpolitische Zuständigkeiten

Eine allgemeine rechtliche Kompetenz für Sozialpolitik besitzt die Europäische Union nicht, d.h. sie kann generell keine für alle Mitgliedstaaten verbindlichen sozialpolitischen Vorgaben und Regelungen treffen. Statt dessen ist die EU durch das in den Maastrichter Vertrag eingeführte Subsidiaritätsprinzip in Fragen der Sozialpolitik nur bedingt handlungsfähig, da sie auf diesem Gebiet überhaupt nur nach engen Voraussetzungen gemäß Art. 3 b II, III EUV tätig werden kann, »sofern und soweit die Ziele der in Betracht gezogenen Maßnahmen auf Ebene der Mitgliedstaaten nicht ausreichend erreicht werden können und daher wegen ihres Umfanges oder ihrer Wirkungen besser auf Gemeinschaftsebene erreicht werden können« und dabei »nicht über das für die Erreichung der Ziele dieses Vertrages erforderliche Maß hinausgehen«.

Das europäische Subsidiaritätsprinzip führt damit zusammen mit dem deutschen Modell der Subsidiarität zu einem gegenseitigen »Nichteinmischungspakt« (BÖHNISCH) der Mitgliedstaaten in sozialpolitischen Fragestellungen. Die EU darf den Mitgliedstaaten keine allgemein verbindlichen sozialpolitischen Vorgaben oder Standards setzen; die Mitgliedstaaten können über ihre eigene nationale Sozialpolitik eigenständig und ungebunden entscheiden, was weitreichende Konsequenzen für die gesellschaftlichen Probleme von Armut und Ausgrenzung nach sich zieht.

Denn unter dem Druck eines wettbewerbszentrierten, technologieintensiven und arbeitsplatzvernichtenden Strukturwandels der Produktions- und Arbeitsorganisation entsteht ein neuartiges und - wie BÖHNISCH feststellt (1995, 13) - ein in seiner wohlfahrtspolitischen Brisanz unübersehbares Phänomen. Es geht um »soziale Ausgrenzung« in einem qualitativen und quantitativen Maßstab, der sich von der klassischen Armutsintervention des klassischen Sozialstaates und der Sozialarbeit erheblich unterscheidet.

3. Armut und Ausgrenzung

Nicht mehr die Wahrnehmung von Armut als gesellschaftlich zwar ausgegrenztes, aber wohlfahrtsstaatlich eingebundenes soziales Problem ist dabei so brisant, sondern eine für nationalstaatliche Wohlfahrtspolitiken nicht mehr kalkulierbare Entwicklung. Es handelt sich um freigesetzte Armut, die soziale Ausgrenzung als sozialökonomische Folge eines internationalen Wettbewerbs im Sog des Strukturwandels der Arbeitsgesellschaft erzeugt.

Das soziale Risiko Armut betrifft nicht mehr nur das klassische Klientel sozialer Arbeit in Armutsbezirken oder sozialen Brennpunkten, es reicht in die Mitte der Gesellschaft und schafft ein neues Armutsrisiko, das potentiell jeden betreffen kann. Hinzu kommt, daß der technologische Strukturwandel der Arbeitsgesellschaft die Breite und Vielfalt des Berufsspektrums verändert, so daß eine beträchtliche Anzahl von Einstiegsberufen für Jugendliche und junge Erwachsene wegfällt und damit prekäre, sozial ungesicherte Arbeitsverhältnisse in Form von Anlerntätigkeiten und Gelegenheitsjobs zunehmen. Da zusätzlich die betriebliche Berufsausbildung in den Betrieben restriktiv unter Kostengesichtspunkten eingeschränkt bzw. abgebaut wird, entsteht ein erhöhtes Risiko für Jugendliche, nicht auf dem Arbeitsmarkt »Fuß fassen« zu können. Dieser Entwicklungsprozeß wird noch dadurch verstärkt, daß der Gesetzgeber im Rahmen der Reform des Arbeitsförderungsgesetzes beabsichtigt, die Förderung von Jugendlichen in Fragen der Berufsvorbereitung, der Berufsausbildung und der Beschäftigung einzuschränken (NDV 1996, 46).

Aber auch eine qualifizierte Erstausbildung in hochspezialisierten Technikbereichen bietet angesichts des Strukturwandels der Arbeitsgesellschaft keine Arbeitsplatzsicherheit und Beschäftigungsgarantie mehr, wie Beispiele aus Luftfahrtindustrie und Werftindustrie belegen, wo mit der Begründung des ungünstigen Dollarwechselkurses bzw. einer Konjunkturkrise tausende Arbeitsplätze abgebaut werden sollen, die zuvor mit öffentlichen Steuermitteln in Milliardenhöhe gefördert wurden.

Soziale Risiken der Risikogesellschaft betreffen allerdings am stärksten Jugendliche und Kinder, die in Konkurrenz um Plätze im Ausbildungs- und Beschäftigungssystem schlechte Chancen haben. Daß soziale Ausgrenzung und Armut Themen sind, deren Tragweite und Bedeutung den europäischen Akteuren bewußt sind, zeigt eine Analyse des europäischen sozialpolitischen Entwicklungskonzeptes (SCHÄFER 1996, 189ff.).

4. Zum sozialpolitischen Entwicklungskonzept der EU

Europäische Vorstellungen über soziale Sicherheit ergeben sich aus dem Grünbuch über europäische Sozialpolitik (Kommission 1993a) und insbesondere aus dem Weißbuch der EU über Sozialpolitik (Kommission 1994). Das Weißbuch versteht sich als Reflexionsgrundlage und Wegweiser für Entscheidungen auf dezentraler, nationaler und Gemeinschaftsebene und legt die Vorstellungen der Kommission zur nächsten Etnwicklungsphase der Sozialpolitik von 1995-1999 dar.

Entscheidend ist, daß europäische Sozialpolitik keiner originär eigenständigen Konzeption folgt, sondern lediglich als kausal abhängiger Annex einer stark neoliberal geprägten Wirtschaftspolitik verstanden wird. Verstärkt wird diese Kopplung europäischer Sozialpolitik an Wirtschaftspolitik durch die derzeitige Hervorhebung und wirtschaftspolitisch instruierte Forderung nach einem erhöhten Maß an Wettbewerbsfähigkeit, wie sie die Kommission im Weißbuch über Wachstum, Wettbewerbsfähigkeit und Beschäftigung (Kommission 1993b) darlegt.

Dementsprechend wird im Weißbuch erklärt: »Anhaltender sozialer Fortschritt kann nur auf wirtschaftlichem Wohlstand, d.h. auf der Wettbewerbsfähigkeit der europäischen Wirtschaft beruhen. Der Schlüssel dazu liegt in ständigen Produktivitätszuwächsen, mit denen die Union in die Lage versetzt wird, einen hohen sozialen Standard mit globaler Wettbewerbsfähigkeit zu verbinden. Europa muß sich auf eine leistungsfähige und qualitätsorientierte Wirtschaft hinbewegen ...« (Kommission 1993b, S. 8). Von einer Gleichstellung sozialpolitischer mit wirtschaftlichen Zielperspektiven kann daher keine Rede sein. Der Erfüllung der makroökonomischen Leitlinien der EU soll nach dem Willen der Kommission auch die künftige Sozialpolitik Rechnung tragen (ebd., S. 7). Voraussetzung dafür sei eine qualifizierte, hochmotivierte und anpassungsfähige Erwerbsbevölkerung (ebd., S. 8). Es stellt sich allerdings die Frage, wie Sozialpolitik zu gestalten ist, wenn die Grundlage des sozialpolitischen Konzeptes - Zugang und Teilnahme der BürgerInnen am Erwerbsleben - nicht erfüllt ist. Dieses Problem wird zwar im Weißbuch erkannt, aber in die Zuständigkeit der Mitgliedstaaten verwiesen. Die Kommission erklärt, »aufgrund der derzeit herrschenden wirtschaftlichen und sozialen Bedingungen kann es zur Ausgrenzung einiger Gruppen vom Chancenzyklus kommen« (ebd., S. 52).

Angesichts dieser sozialpolitischen Programmatik der EU spricht einiges dafür, daß die bisher deklarierte Integrationspolitik gegen Armut und soziale Ausgrenzung aufgegeben wird. Im Mittelpunkt der EU-Politik steht zentral die Förderung und Unterstützung eines dauerhaften wirtschaftlichen Wachstums, ausgerichtet auf die leistungsmotivierte Verwertung der Arbeitskräfte. Dabei entstehende Ausgrenzungsprozesse »großer sozialer Gruppen« wie (Langzeit-) Arbeitsloser, Behinderter, älterer Menschen und Jugendlicher sollen lediglich sozial abgemildert werden, ohne jedoch die Sozialkosten gemäß den Annahmen einer Wirtschaftspolitik der Deregulierung und Liberalisierung wettbewerbshindernd zu steigern. So lehnte der Ministerrat der EU weitere Maßnahmen gegen Arbeitslosigkeit oder etwa das Programm gegen Armut (PROGRESS) ab (HERMANN 1995, 447).

Die Risiken von Armut und sozialer Ausgrenzung werden auf diese Weise verstärkt in die Sphäre der Betroffenen verlagert und damit privatisiert. Werden staatliche Transfer- oder Hilfeleistungen nicht oder nur in geringem Umfang gewährt, bleibt als soziale und materielle Hilfsinstanz letztlich nur die Familie. Familien werden auf diese Weise stärker in allen ihren Funktionen und Aufgaben gefordert und belastet.

Europäische Familien- und Sozialpolitik in ihrer Unterordnung zur Wirtschaftspolitik führt auf diese Weise zu einer Refamilisierung. Diese Entwicklung betrifft
gleichermaßen die deutsche Situation. Besonders betroffen sind durch diese Entwicklung vor dem Hintergrund einer zunehmenden Instabilisierung familiärer Beziehungen die Gruppen alleinerziehender Mütter und ihrer Kinder. Nach den Schätzungen des 5. Familienberichts (BMFS 1994, 58) leben in Deutschland ca. 2,2 Millionen Alleinerziehende mit ihren ledigen Kindern. Die Gruppe der Alleinerziehenden ist in erheblichem Ausmaß und ist daher auf die Hilfeangebote der Heimerziehung angwiesen (Karsten/Schäfer/Herrenbrück u.a. 1995, 70).

5. Schlußbemerkung

Die europäische Integration führt in ihren zuvor beschriebenen ökonomischen und
(sozial-)politischen Auswirkungen zu einer starken Belastung bzw. einer latenten
Überbelastung von Familien. Die eingangs dargestellte Orientierung der Heimerziehung an dem Herkunftsmilieu der Kinder und Jugendlichen und ihre familienstützende
Aufgabe hat in diesem Entwicklungsprozeß eine ebenso bedeutsame Funktion, wie
sie die angeforderte Neuformierung der Heimerziehung als anderer Ort der Socialisation, Erziehung und Bildung möglicherweise einzunehmen vermag, wenn die erforderlichen Voraussetzungen geschaffen werden können. In Konsequenz derartiger
Überlegungen müßte jedoch eine Neuformierung der Kinder-, Jugend-, Familien-
und Sozialpolitik erfolgen, die die Familie entlastet und nicht weiter belastet (Münder 1990, 37). Ideen einer kommunalen Politik des Sozialen im Sinne von präventiven, offenen Förderungs-, Beratungs- und Hilfeangeboten wären hier zu schaffen
(Trauernicht 1995, 220).

Die gesellschaftliche Notwendigkeit einer solchen qualitativen Entwicklungs-
perspektive advokatorisch zu begründen, bedarf jedoch eines Wissens im Hinblick
auf eine problem-, situations-, biographie- und hilfeverlaufsbezogene Dauer-
beobachtung der Heimerziehung, um angemessene Formen der Beschreibung, Analyse und Reflexion zu entwickeln. Ansätze zur Sozialberichterstattung (Otto/Kar-
sten 1990) in Verbindung mit Jugendhilfe- und Sozialplanung (Brülle 1994) beinhalten in ihrem Kern als eine zentrale Aufgabe die Entwicklung eines solchen neuen
qualitätsorientierten Wissens über die Jugendhilfe und die Heimerziehung hier im
besonderen. Darüber hinaus sind Grenzen einer Vervielfältigung der Heimangebote
zu sehen -nicht zuletzt auch unter Kostengesichtspunkten. Die Kumulation schwieriger Lebenssituationen sollte dazu führen, über neue Formen der Vernetzung und Flexibilisierung der Jugendhilfeangebote nachzudenken (Klatezki 1993).

Literatur

Abels, H.: Jugend vor der Moderne. Opladen, 1993
Böhnisch, L.: Gespaltene Normalität. Weinheim und München, 1994
Brülle, H.: Sozialberichterstattung und Sozialplanung als diskursiver Prozeß von Verwaltungs-
    innovation und Organisationsentwicklung, S. 80-85, in: Akademie für Sozialarbeit und
    Sozialpolitik e.V. (Hrsg.): Soziale Gerechtigkeit. Bielefeld, 1994
Bundesministerium für Familie und Senioren (Hrsg.): Fünfter Familienbericht. Bonn, 1994

BÜRGER, U.: Jugendhilfeplanung: Planung der Hilfen zur Erziehung, in: ZfJ, 1995, 95-102

BUNDESMINISTER FÜR JUGEND, FAMILIE, FRAUEN UND GESELLSCHAFT (Hrsg.): 8. Jugendbericht. Bonn, 1990

BUNDESMINISTERIUM FÜR FAMILIE, SENIOREN, FRAUEN U. JUGEND (Hrsg.): 9. Jugendbericht. Bonn, 1994

COLLA, H.E.: Zum Wandel der Konzepte in der Erziehung in Heimen im Verlauf der letzten 20 Jahre, in: Materialien zur Heimerziehung, 1987, S. 17-20

COLLA, H.E./GABRIEL, T.: Aspekte zum Selbstverständnis in der Heimerziehung heute, S. 322-324, in: AKADEMIE FÜR SOZIALARBEIT UND SOZIALPOLITIK E.V. (Hrsg.): Soziale Gerechtigkeit. Bielefeld, 1994

COLLA, H.E./KARUSSEIT, K.-H.: Jugend und Aids, Abschlußbericht (n.v.). Lüneburg, 1990

ELS, VAN H.: 8. Jugendbericht/Bericht über Bestrebungen und Leistungen der Jugendhilfe, in: FamRZ, 1991, 163 f.

HERMANN, P.: Sozialismus für Arme? Gedanken zum EU-Programm Armut 3, in: np, 1995, S. 441-456

KARSTEN, M.-E./SCHÄFER, P./HERRENBRÜCK, S. u.a.: Erhebungen zur Entwicklung einer planungsrelevanten Datenbasis im Bereich der Heimerziehung - Hilfen zur Erziehung nach §§ 27ff. KJHG, Zwischenbericht (n.v.). Lüneburg, 1995

KGST: KGSt-Bericht 9/94, Outputorientierte Steuerung der Jugendhilfe. Köln, 1994

KLATEZKI, T.: Professionelles Handeln als Problemsetzung. Das Konzept der flexibel organisierten Erziehungshilfen, in: PETERS, F.: Professionalität im Alltag. Bielefeld, 1993

KOMMISSION DER EUROPÄISCHEN GEMEINSCHAFTEN: Europäische Sozialpolitik - Weißbuch. Brüssel, 1994

KOMMISSION DER EUROPÄISCHEN GEMEINSCHAFTEN: Grünbuch über die Europäische Sozialpolitik. Brüssel, 1993a

KOMMISSION DER EUROPÄISCHEN GEMEINSCHAFTEN: Wachstum, Wettbewerbsfähigkeit, Beschäftigung - Weißbuch. Brüssel, 1993b

MÜNCHMEIER, R.: Unterwegs zur Dienstleistungsorientierung? Zum Neunten Jugendbericht der Bundesregierung, in: RdJB 95, 125ff.

MÜNDER, M.: Das neue Kinder- und Jugendhilfegesetz, S. 37-54, in: BBJ-CONSULT (Hrsg.): Arbeitsbuch KJHG. Berlin, 1990

OTTO, H.-U./KARSTEN, M.-E. (Hrsg.): Sozialberichterstattung. Weinheim/München, 1990

PETERS, F. (Hrsg.): Jenseits von Familie und Anstalt. Bielefeld, 1991

SCHÄFER, P.: Eurosozial - eurofamilial: familienpolitische Implikationen der europäischen Integration, in: KARSTEN, M.-E./OTTO, H.-U. (Hrsg.): Die sozialpädagogische Ordnung der Familie. Weinheim und München, 1996

SCHÄFER, P.: Europäische Sozialpolitik und Europarecht, S. 171-175, in: STIMMER, F. (Hrsg.): Lexikon der Sozialpädagogik und Sozialarbeit. München, Wien, 1994

SCHULTE, B.: Sozialstaat in Europa: Herausforderungen - Handlungsmöglichkeiten - Perspektiven, in: NDV, 1995, S. 251-255; 288-292

SPÄTH, K.: Restauration oder Neuformierung? Risiken und Chancen der Fremdunterbringung, S. 324-328, in: AKADEMIE FÜR SOZIALARBEIT UND SOZIALPOLITIK E.V. (Hrsg.): Soziale Gerechtigkeit. Bielefeld, 1994

TRAUERNICHT, G.: Armut von Kindern und Jugendlichen und kommunale Jugendpolitik, S. 220-234, in: BIEBACK, K.-J./MILZ, H. (Hrsg.): Neue Armut. Frankfurt, New York, 1995

WINKLER, M.: Professionelle Verlegenheiten: Über die Selbsttäuschung als das Hauptgeschäft der Heimerziehung, S. 328-334, in: AKADEMIE FÜR SOZIALARBEIT UND SOZIALPOLITIK E.V. (Hrsg.): Soziale Gerechtigkeit. Bielefeld, 1994

WINKLER, M.: Entdramatisierung der Heimerziehung, in: RdJB, 1993, 269-285

WINKLER, M.: Normalisierung der Heimerziehung, in: np, 1990, 429-439

VII.

Soziale Problemlagen

Children: Needs and Trouble

Herbert E. Colla

Suizidales Verhalten junger Menschen – eine nicht wahrgenommene Aufgabe in der Heimerziehung

Suicidal Behaviour of Young People – a task not recognized by residential care

On the background of actual diagnostics historical aspects of evaluation of suicidal behaviour are outlined as well as youth-relevant theories on suicide and attempted suicide; conceptions of suicide-intervention are discussed for praktical work in residential homes.

1. Einleitung

Zeitdiagnosen belegen, daß es nicht nur für junge Menschen heute schwieriger geworden ist, sich im Kontext der »Pluralisierung von Lebenslagen« und »Individualisierung der Lebensführung« mit eigenen biographischen Konzepten zu versehen, verantwortungsbewußt und perspektivisch ausgelegt zu handeln. Das bedeutet nichts anderes als: »traditionale Zusammenhänge werden aufgelöst, neu vernetzt, umgeschmolzen, in jedem Fall entscheidbar, rechtfertigungspflichtig« (BECK/BECK-GERNS-HEIM, 1994). Die »Globalisierung« trägt dazu bei, daß sich eine fundamentale Änderung der Lebensumstände einstellt, die einen Wandel der Erfahrungsstrukturen nach sich zieht (GIDDENS, 1997). Diese Veränderung in »Raum und Zeit« birgt jedoch nicht nur Gefahren, sondern eröffnet auch neue Handlungschancen in der Herausbildung einer posttraditionalen Gesellschaftsordnung. Für das Individuum besteht heute die Notwendigkeit und gleichermaßen die Freiheit, selbst über den eigenen Lebenslauf zu entscheiden. Dieser Zuwachs an Autonomie geht einher mit der Reflexivierung der Gesellschaft. Alle Fähigkeiten und Wissenssysteme sind einer ständigen Infragestellung ausgesetzt, wodurch jedermann zum Experten seiner eigenen »Politik der Lebensführung« (GIDDENS) wird. Die Zunahme sozialer Reflexivität erfordert von den Individuen deshalb ein höheres Maß an Selbständigkeit und Bereitschaft, immer wieder das eigene Handeln zu revidieren.

Für junge Menschen kann diese Offenheit von Lebenssituationen dann zu einem Problem werden, wenn sie durch die Komplexität und Vielfalt von Situationen überfordert werden, wenn ihnen keine Deutungsmuster, Werte und Normen mehr vermittelt werden, auf deren Basis sie Entscheidungen treffen können und die Sensibilität für die unbeabsichtigten Folgen ihrer intentionalen Handlungen beeinträchtigt ist. Die in der Adoleszenz sozialisatorisch verankerten Identitätskrisen können dann bei bereits unsicher etablierten Selbststrukturen zu einer massiven Krisenhäufigkeit auflaufen: Sinn- und Orientierungsprobleme, Desintegrationszustände und Identitätsnot (HELSPER/BREYVOGEL, 1989). Dies um so mehr, wenn für Angehörige marginalisierter Gruppen und Randständige, die über nur ungenügendes ökonomisches, kulturelles und soziales Kapital (BOURDIEU, 1983, KEUPP, 1994) verfügen, bzw. durch die strukturell angelegte Verknappung von Ressourcen (vgl. hierzu den Beitrag von ANSEN in diesem Band) kompensatorische Angebote im Nahbereich mangelhaft sind oder als unzureichend wahrgenommen werden.

Die individuellen Problemlagen von Jugendlichen und Heranwachsenden können in der Auswertung von Fallgeschichten mit Faktoren beschrieben werden, die einzeln oder gebündelt auftreten, z.B. mit

- einer relativen Unbestimmtheit ihres Wollens,
- Realitätsverzerrung in ihrer Wahrnehmung,
- Kränkungen im Sozialbereich, sozialer Desintegration, Anomie,
- erfahrenen Demütigungen,
- erfahrener Gewalt und/oder Mißbrauch, Gefühl des Bedrohtseins,
- Verlust einer signifikanten Bezugsperson, gedachter oder tatsächlicher Trennungsdrohung oder
- in der Persönlichkeitsstruktur angelegten oder erworbenen Dispositionen für psychische Störungen.

Es verwundert, daß die Heimerziehung diesen Themenkomplex von Krisensituationen nicht in ihrem Fachdiskurs abhandelt, sich Aussagen über die Qualität der von ihr geleisteten Arbeit versagt. Eine bloße Delegation der Probleme an die Kinder- und Jugendpsychiatrie widerspricht dem Selbstverständnis der Heimerziehung, vielmehr ist eine fachlich fundierte Kooperation angezeigt, um Synergieeffekte zu erreichen.

Die Jugendhilfe und die Heimerziehung wurden Mitte der 80er Jahre mit pädagogischen Grenzsituationen durch die Diskussion für die anstehende Versorgung von HIV-Infizierten und Aids-Kranken konfrontiert. Die dadurch ausgelöste Verunsicherung reduzierte sich, als bekannt wurde, daß die Jugendhilfe nicht in dem Maße betroffen war, wie ursprünglich befürchtet. Eine Pilotstudie (COLLA/KARUSSEIT, 1990) erbrachte, daß bei pädagogischen Mitarbeitern der Heimerziehung die mit dem Erziehungsauftrag einhergehende Auseinandersetzung über Sinn, Angst und Risikoverhalten, Tod und Sterben nur unzureichend erfolgte. Ein Großteil der Befragten stufte die eigene Reflexion dieser Themen als »unzureichend« ein. Die Belastungsprobe blieb der Praxis weitestgehend erspart. Zu ähnlichen Befunden gelangt auch BUSCH (1990), der für den Regelfall von Heimerziehung herausfand, daß »BetreuerInnen/ErzieherInnen auf Suizidankündigungen in Einrichtungen der Jugendhilfe oft hilflos, aber auch aggressiv bis resignativ reagieren. ... Offenkundig arbeiten die wenigsten Einrichtungen präventiv. Die konzeptlosen Ansätze im Umgang mit suizidgefährdeten jungen Menschen dominieren und spezielle Angebote fehlen«.

Die Ausdifferenzierung sozialpädagogischer Handlungsfelder auch in Bereichen, die sich mit Grenzsituationen von Leben und Sterben auseinanderzusetzen haben, also auch Sterbebegleitung, die Arbeit in onkologischen Stationen, in Einrichtungen, die Krisenintervention anbieten (§ 42 KJHG), bedingt, daß die (Sozial-) Pädagogik sich auch in ihrer personenbezogenen Dienstleistung stärker mit den Entwürfen eines akzeptableren Lebens unter Einschluß des Wissens der Sterblichkeit auseinanderzusetzen hat, ein angesichts des derzeitigen Ausbildungskanons an Fach- und Hochschulen diffiziles Unterfangen. Es setzt voraus, daß gesellschaftlich tradierte Bewertungen und Bedeutungen des Phänomens im Kontext von Macht und

Moral gewußt, theoretische Erklärungsansätze gekonnt und von belastbaren Persönlichkeiten in ein theoriegeleitetes Handeln, einschließlich der Verfügung über Systematik und Regelhaftigkeit digitalisierten Wissens umgesetzt werden können.

2. Zur Geschichte der Bewertung des Suizides

Die moralische Wertung suizidalen Handelns kann mit BAYET (1922) unterschieden werden in eine »morale simple« mit ihrer gnadenlosen Verurteilung aller Suizide und in eine »morale nuancée«, die dem Suizid mit dem breiten Spektrum von Einstellungen von der Verurteilung über Mitleid bis zur bewundernden Anerkennung gegenübertritt. Beide Positionen lassen sich gegenüber dem ubiquitären Phänomen Suizid sowohl über längere Zeiträume hinweg schichtspezifisch (als Anschauung des Volkes oder der Eliten) als auch als Charakteristikum bestimmter Epochen in der Geschichte ausmachen. Die »morale simple« dominiert. Eine weitere Reaktionsform ist die Gleichgültigkeit gegenüber dem Phänomen.

Die Argumente, die Theologen und Philosophen bis zum 20. Jahrhundert für oder gegen den Suizid in immer neuen Abwandlungen vorgebracht haben, wurden von FLAVIUS JOSEPHUS (37-100) in seiner Geschichte »Über den jüdischen Krieg« vorweggenommen. Der Anführer der Juden, ELEAZAR, fordert in aussichtsloser Situation die Soldaten zum kollektiven Suizid auf: der Tod sei ein Schlaf, er erlöst von einem kurzen, unglücklichen Dasein; es sei töricht, weiter zu leben, wenn man nur noch Unglück vor Augen habe, warum sollte man sich als Sterblicher nicht selbst den besten Augenblick für den Tod wählen? Der Suizid sei der höchste Beweis von Freiheit und erlaube, über alle Übel zu siegen. Gott habe die Gunst geschenkt, eines schönen und freien Todes zu sterben. JOSEPHUS hingegen, der auch die Rede des ELEAZAR verfaßt hat, spricht sich aber im gleichen Text gegen den Suizid aus: Er sei ein Zeichen von Feigheit, ein Akt wider die Natur, denn diese habe uns den Lebenstrieb eingepflanzt, ein Frevel gegen Gott, dieser bleibe Herr über Leben und Tod, diejenigen, die sich selbst töteten, kämen in die Hölle, ihre Leiche würde an den Schandpfahl gestellt (vgl. hierzu SINGER, 1980).

In der Antike herrschten bis zum 6. Jahrhundert v. Chr. tolerante Einstellungen gegenüber dem Suizid vor (vgl. hierzu: HUMPHRY/WICKETT, 1990; BARRY, 1994). Für PLATON (Phaidon) jedoch ist die Selbstvernichtung ein strafwürdiges Verbrechen, wenn weder ein rechtmäßiges Todesurteil der Polis noch ein Handlungszwang aufgrund übergroßer Schmerzen oder eine Situation unerträglicher Entwürdigung gegeben ist. Auch für ARISTOTELES (Ethika Nikomacheia) ist der Suizid ein Verstoß gegenüber der Polis und ihren Interessen. Indirekt ist bei ihm eine uneingeschränkte Verurteilung der Selbstvernichtung abzulesen. Sich wegen Armut oder aus Liebeskummer zu töten, sei ein Akt der Feigheit und bedeute nur die Flucht vor einem Übel. In der griechischen Spätzeit erfährt der Suizid durch die kynischen, epikureischen und stoischen Schulen, die die Zurückdrängung des Machtanspruches der Polis gegenüber dem Einzelnen begründen, eine Aufwertung. »Sich selbst aus dem Leben herauszuführen« wird als eine dem Menschen eingeräumte Freiheit anerkannt. Um das Leben für den Staat zu erhalten, standen die Römer anfangs dem Suizid ablehnender gegenüber, dennoch plädieren MARK AUREL und SENECA für die freie Verfügungsgewalt über den eigenen Körper in allen Lebenssituationen. Suizidale Handlungen wurden aber Sklaven, Soldaten und Angeklagten nicht zugestanden (COLT, 1991; CHORON, 1972).

Die meisten theistischen Religionen verurteilen den Suizid: Der Mensch hat sich das Leben nicht gegeben und darf es sich deshalb auch nicht nehmen, es ist eine Versündigung gegen Gott und verdient Strafe. Die Glaubenssätze des Judentums im Alten Testament zeigen eine eher tolerante Haltung, der Suizid wird dokumentiert, aber nicht moralisch disqualifiziert. Die Bibel (AT und NT) berichtet von Suiziden: SAUL, ABIMELECH, SIMSON, ELEAZAR, RASI, SIMRI, AHITOFEL, MAKRON und SARA und JUDAS (NT); Suizidgefährdung aus Verzweiflung, drückender Verantwortung oder Einsamkeit: REBEKKA, IONA, HIOB, MOSE und ELIA. In späterer Zeit wurde der Suizid durch den rabbinischen Talmud verurteilt. Das Christentum zeigte in den ersten Jahrhunderten wenig Widerstand gegen den Suizid, vielmehr gab es einen großen Enthusiasmus für den freiwilligen Tod in Form der Märtyrerschaft. Im 4. Jahrhundert wird der Suizid durch AUGUSTIN (De civitate dei) dem Mord gleichgestellt, da die Selbsttötung gegen das 5. Gebot (Tötungsverbot) ebenso verstößt wie die Tötung eines anderen. Die Position wurde durch Konzile und Synoden (Arles 413; Orleon 533 und Braga 563) ausgebaut: Verurteilung der Suizidanten und Verweigerung des Begräbnisses, Exkommunikation (Toledo, 693). Und schließlich wurde der Suizid als Todsünde (Nimes, 1184) eingestuft und als solcher Bestandteil des kanonischen Rechts (Canon, 1240 und 1350; Schriften, die den Suizid verteidigen, werden auf der Liste der verbotenen Bücher geführt, Canon, 1399). THOMAS VON AQUIN argumentiert in seiner systematischen Artikulation gegen die Selbstvernichtung: Die Selbsttötung sei untersagt, weil sie dem Selbsterhaltungstrieb und der Liebe, mit der sich jeder lieben müsse, entgegengesetzt sei, weil sie ein Unrecht gegenüber der Gemeinschaft sei, denn jeder Mensch gehöre ihr als Teil an, und schließlich sei die Selbsttötung eine Sünde, weil sie sich gegen die göttliche Entscheidung über Leben und Tod wendet. Mit der Argumentationsfigur »der Unverfügbarkeit des menschlichen Lebens« sind die Fundamente der theologischen Position bis zur Gegenwart gelegt. Suizidales Handeln wird abgelehnt, das Leben gilt als »heilig«. Die orthodoxe Haltung von Theologie und Kirchenrecht wurde aber schon seit dem Mittelalter durch laienorientierte Literatur und religiöse Erbauungsschriften unterlaufen. Der auf »Werkfrömmigkeit« setzende Gnadenoptimismus konkurrierte mit kirchlichen und gesellschaftlichen Vorgaben (SIGNORI, 1994).

Historiker gehen davon aus, daß suizidale Handlungen trotz kirchlichen Verdikts im Mittelalter recht häufig waren (SIGNORI, 1994; MINOIS, 1996). Dokumentiert sind die Judenpogrome »Tod oder Taufe« und die darauffolgenden jüdischen Massensuizide, zeitgleich in Frankreich, Spanien, Deutschland und England vom 11. Jahrhundert an (POLIAKOV, 1978). Diese jüdischen Massensuizide in Zeiten der Verfolgung waren ein Akt zur »Heiligung des göttlichen Namens« (Kiddusch ha Schem).

DANTE vertritt in seiner »Göttlichen Komödie« die Kirchenmeinung und verweist die Suizidanten in den 7. Kreis des Infernos, wo sie härter gepeinigt werden, als die Mörder und Ketzer. Mit der Neuzeit, der Setzung positiven Rechts, rückte der Mensch als eigenbestimmtes Wesen in den Mittelpunkt. Der Staat konnte nicht mehr über »den Körper« des Menschen verfügen. Suizidhandlungen werden schrittweise umgewertet und umgedeutet: aus einem individuellen Phänomen wird ein soziales Problem. THOMAS MORUS machte den Suizid in seinem Werk »Utopia« (1516) zum Thema und wertete ihn als »freiwillige Euthanasie«. SHAKESPEARE stellt den Suizid in unterschiedlichen Facetten dar. Ihm dienen die 52 suizidalen Handlungen zur Ausgestaltung von Situationen und Zeichnung von Personen, z.B. in Romeo und Julia, Hamlet, King Lear oder Antonius und Cleopatra. JOHN DONNE plädiert 1648 in »Biathanatos« dafür, daß einige Formen des suizidalen Verhaltens durchaus legal seien, diese nennt er dann »self-homocide«, die abzulehnenden Formen »selfmurder«. Die aufklärerische Traditionskritik richtet sich gegen die theologische und juristische Verdammung des »Selbstmordes«. Für ROUSSEAU und VOLTAIRE ist der Suizid ein Zeichen menschlicher Freiheit. In seinem »Dictionaire Philosophique Portatif« (1764) setzt sich VOLTAIRE nicht nur mit historischen Suiziden, sondern auch mit denen, die in den zeitgenössischen Journalen publiziert wurden, auseinander. In bezug auf diese Quellen versucht er, wissenschaftliche Aussagen zu formulieren: Der Suizid geschieht in Städten häufiger denn auf dem Lande; das Stadtleben bewirke ein Mehr an Melancholie, da ein Weniger an physischer Arbeit Zeit freisetze zum Denken; die Suizidneigung kann vererbt sein, denn der moralische Charakter ist vererbt und schließlich ähnlich wie bei Phaidra des Euripides sei der Suizid ein Instrument der Rache. Die Annahme der Vererbung suizidaler Anlagen wird später von den Moralstatistikern aufgegriffen, der Racheaspekt in tiefenpsychologischen Theorien des 20. Jahrhunderts. HUME argumentiert in seinem »Essay on Suicide« (1783) ausführlich, daß die Selbsttötung kein Verbrechen sei. Die Aneignung einer stärker säkularisierten und naturwissenschaftlich geleiteten Weltanschauung höhlte das Fundament der christianisierten Suizidvorstellung aus, zumindest in der sogenannten Elitekultur; in Untersuchungen zur Volksreligiosität dominierte bis zum Ende des 18. Jahrhunderts der Supranaturalismus: der Suizid sei auf die satanische Verführung zurückzuführen.

GOETHE hatte 1774 in »Die Leiden des jungen Werthers« den Suizid, die »Grille des Selbstmords«, die sich bei einer »müßigen Jugend« eingeschlichen hatte, auf einen »Mangel an Taten« zurückgeführt. Im »Faust« hat GOETHE den Suizid philosophisch untersucht, Fausts Monolog dokumentiert die Not des Menschen, der seine Nichtigkeit begreift.

KANT, Zeitgenosse von HUME, hält die »Selbstentleibung« für einen schweren Verstoß gegen die Pflichten gegenüber sich selbst, er sieht ihn als »Verbrechen« und »Laster«, als »Mord«, und läßt auch die stoische »Seelenstärke« gegenüber dem Tode nicht als Argument gelten (Metaphysik der Sitten, 1797).

Das Leben voll zu ertragen, bezeichnet FICHTE (1798) als höhere Seelenstärke und verschärft so die Position von KANT. HEGEL (1821) verurteilt suizidale Handlungen mit der Begründung, daß die menschliche Person nicht über sich selbst stehen könne und sich daher auch nicht selbst richten dürfe; dieses Recht komme allein dem Staat zu. Für HEIDEGGER (1927), JASPERS (1962) oder CAMUS (1943) steht der Tod als eine den Menschen überwältigende Möglichkeit, die Freiheit wird dadurch nicht erreicht.

AMÉRY (1976) sieht, in Anlehnung an NIETZSCHE und SCHOPENHAUER, aber auch mit starken Anklängen an die Kyniker und die Stoa, im »Freitod«, in der »Selbstabschaffung« einen »integrierenden Bestandteil des Humanum«, womit der Mensch losgelöst und unabhängig von seinen Einbindungen in Biologie und Soziologie gesehen werden soll. Frei von konventioneller Lebenslogik und progressiven Zielsetzungen geht es ihm nur um die Erfüllung der Freiheit, in die niemand mehr hineinzureden hat. Das Subjekt billigt die im Freitod aufgehobene Unwiderruflichkeit, es entscheidet vorgreifend über die offene und fragliche Zukunft.

Das Synonym »Freitod«, in Anlehnung an das lateinische »mors voluntoria« (der freiwillige Tod), unterstellt die frei gewollte Beendigung des eigenen Lebens, bedient sich also einer Fiktion, die nicht a priori in der Begriffsbildung eindeutig entschieden werden kann. Der Begriff ist nicht frei von einem klassisch-heroenhaften Beigeschmack, resultiert doch die Handlung mehrheitlich aus einer Grenz- und Notsituation heraus. Diese Orientierungen an Grenzfällen und die theoretisch-abstrakte Diskussion um das Verfügungsrecht laufen Gefahr, die gesellschaftlichen Bedingungen der Suizidproblematik und die Situation der Betroffenen zu verdecken (HOLDEREGGER, 1979). Die Freitodproblematik ist im Kontext des Mangels an menschlicher Würde, Freiheit und Gerechtigkeit, als Indiz von Einsamkeit, Isolation und Überforderung zu interpretieren. »Es ist für den Menschen von Würde nicht möglich, das Leben um jeden Preis zu wollen ... auch das Duldenmüssen kann einen Inhalt gewinnen, der dem Duldenden gegen seine Würde geht ...« (JASPERS, 1962). Wie und in welchem Maße »Freiheit« jeweils in einem konkreten Fall involviert ist, entzieht sich der Kenntnis Außenstehender (POHLMEIER, 1984; WERTH, 1996; ablehnend gegenüber dem rationalen Suizid/Bilanzsuizid und auf Intervention insistierend argumentieren u.a. REIMER, 1986; WEDLER, 1986; BLACK/WINOKUR, 1990). WITTGENSTEIN (Eintrag in das Tagebuch 1917) sieht den Suizid als Auflehnung gegen Religion und Staat und als Aufhebung geltender Werte: »Wenn der Selbstmord erlaubt ist, dann ist alles erlaubt. Wenn etwas nicht erlaubt ist, dann ist der Selbstmord nicht erlaubt. Dies wirft ein Licht auf das Wesen der Ethik. Denn der Selbstmord ist sozusagen die elementare Sünde. Und wenn man ihn untersucht, so ist es, wie wenn man Quecksilberdampf untersucht, um das Wesen der Dämpfe zu erfassen. Oder ist nicht der Selbstmord an sich weder gut noch böse?« Im letzten Satz ist das ganze Argument ethisch zusammengefaßt. Nichts ist an sich weder gut noch böse, weder das Leben noch der Tod. Die Qualität istimmer extrinsisch bestimmt und abhängig von der jeweiligen ethischen Haltung (FLETCHER, 1976).

Ausgehend vom römischen Recht galt bis in das 19. Jahrhundert in europäischen Ländern das Recht, den Leib des Suizidanten zu bestrafen (Hängen, Verbrennen, das Herz pfählen, Wegschwemmen in Fässern), das Vermögen zu konfiszieren und die Begräbnisehre zu versagen, als habe sich der Tote eines Kapitalverbrechens schuldig gemacht. Auch der Suizidversuch war strafbar. Die Feststellung eines »Übermasses an Raserei« oder »Wahnsinns« bei einem ansonsten makellosen Leumund konnten ebenso wie finanzieller Ruin oder menschliche Verluste (z.B. Tod eines Ehepartners) im Mittelalter (Gnadenbriefe) zu milderer Verurteilung führen. Ab der Mitte des 17. Jahrhunderts kann eine Säkularisierung des Suizids beobachtet werden. Er verlor seinen übernatürlichen, religiös gedeuteten Charakter (Wirken des Teufels), statt dessen setzte sich die Auffassung durch, daß der Suizid als Krankheit zu betrachten sei. Allerdings trugen nicht in erster Linie Ärzte zu dieser neuen Einschätzung bei, vielmehr Richter und Politiker (MAC DONALD, 1992). Die auf der Ebene der Rechtsprechung sich einbürgernde Praxis fand im Verlauf des 18./19. Jahrhunderts Eingang in das schriftlich fixierte Recht. In Preußen und Italien wurde die Bestrafung des Suizids 1751, in Frankreich 1790, in Österreich 1826 und in England erst 1961 abgeschafft. Die Entpoenalisierung ist zwar erreicht worden (vielleicht zum Preis eines kollektiv mißbilligenden Schweigens), aber die Angehörigen eines Suizidenten werden nicht selten stigmatisiert, erleben Schmach und Schande. Da bisher keine individual-prognostischen Parameter zur Erkennbarkeit suizidalen Verhaltens gefunden worden sind, gibt es rechtlich auch keine absolute Suizidverhütungspflicht, jedoch ein begrenztes Suizidverhütungsgebot als Garantenpflicht in Einrichtungen wie Heimen oder Schulen (vgl. BRINGEWAT, 1975). Suizide junger Menschen werden seit Anfang des 19. Jahrhunderts ansatzweise statistisch dokumentiert und im Kontext von »Luxus und aller geistigen und sittlichen Exzentrizität« der Zeit (Casper, 1825) diskutiert. In der Folgezeit wird das Motiv der Strafangst (Schule, Lehre, Elternhaus) herausgearbeitet, ergänzt durch Erklärungsansätze von »krankhafter Veranlagung«. Dem Elternhaus wird im Bereich der Prophylaxe die Aufgabe zugewiesen, »die Schüler und Kinder vor frühzeitigem Genuß von Spirituosen, vor Kneipereien und Wettkämpfen im Trinken, vor allzu frühem und geheimen Tabakrauchen, vor allem vor der wahllosen Vielleserei zu hüten« (ROST, 1927). EULENBURG (1907) unterscheidet in seiner Aktenanalyse folgende Motive: Strafangst, Geisteskrankheit oder -störung, Furcht vor dem Examen, gekränktes Ehrgefühl sowie Tiefsinn und Schwermut. Die literarische Verarbeitung des Suizides junger Menschen erreicht um die Jahrhundertwende ihren Höhepunkt (TH. MANN, STRAUSS, HESSE, WEDEKIND U.A.), charakteristisch ist eine Mischung der Motive von Strafangst und Selbstfindungs- bzw. Selbstwertkrisen. HELSPER/BREYVOGEL (1989) sehen den Schwerpunkt der Motive in den 80er Jahren um die »Selbstkrise« zentriert und plädieren für eine »notwendige theoretische Kombination von interaktiver Selbstgenese und theoretischen Analysen der Interaktionsdynamik in Familie, Schule und Gleichaltrigengruppe«.

3. Begriffsbestimmung

Mit Selbstmord, Selbstvernichtung, Selbsttötung, Selbstentleibung, Selbstzerstörung, Freitod, selbstdestruktivem Verhalten oder Suizid wird eine vorsätzliche, bewußte und absichtliche, zielgerichtete individuelle Handlung bzw. das passive Unterlassen einer Handlung eines Menschen beschrieben, der sein Leben zu beenden versucht bzw. als ein mögliches Ergebnis seiner Handlung den eigenen Tod in Kauf nimmt. Mögen Außenstehende andere Lösungsmöglichkeiten sehen, so erscheint dem Suizidanten sein Verhalten als die Lösung eines existentiellen Problems, welches er in einem Anschlag auf sein Leben sucht und findet.

Die Verbindung von »Selbst« und »Mord« deutet an, daß Täter und Opfer identisch sind, und diskriminiert zugleich die Handlung als ein Verbrechen. Ähnliche gedankliche Assoziationen sind bei »Selbstvernichtung«, »Selbsttötung« und »Selbstzerstörung« möglich, sie sind wie »Selbstmord« Residuen theologischer und gesellschaftlicher (Vor-)Urteile.

Der international angewandte Begriff »Suizid« (englisch/französisch: suicide) ist eine Neubildung des 17. Jahrhunderts (BROWNE, »Religio medici«, 1642) in Anlehnung an »suicidum« (Selbsttötung) mit implizitem Rückbezug auf »homicidium« (in der Bedeutung von Mord). Das Wort Suizid setzt sich zusammen aus sui (sichselbst) und cidium, das von caedere herzuleiten ist. Im Lateinischen hat caedere verschiedene Bedeutungen, u.a. hauen, schlagen, aber auch niedermachen, töten, morden, schlachten, opfern, im weiteren Sinne sogar beschlafen oder schänden. Die Römer selber hatten kein Wort für den Suizid.

Das relativ abstrakte Wort wird in diesem Text verwendet, obwohl es die innere Dynamik der Handlung (Kränkung, Verlust, Signal, Wunsch nach Zäsur, Wiederherstellung von Beziehungen usw.) nicht ausreichend wiedergibt. Der Begriff ist aber nicht durch normative Wertungen und Vor-Verständnisse belastet, verstellt so nicht den Blick auf die Sachproblematik. Von Suizid ist die Rede, wenn jemand sein Leben beendet, unabhängig davon, welche Umstände, welche Absichten oder welche kausalen Wege zu dem Ziel dabei eine Rolle spielen (BEAUCHAMP/VHILDRESS, 1979).

Suizid ist fast immer Ausdruck von Einengung und Erschöpfung durch subjektiv erlebte oder objektive Not, er ist häufig als eine Reaktion auf mißlungene, belastend wirkende oder zerstörte Sozialbeziehungen (»Waisenkinder mit Vater und Mutter«; SPERBER, 1975), den Verlust sicherheitsgewährender Lebenspraxis, den Statusverlust durch Abwertung in den Augen Signifikanter Anderer, teils aus eigener Schuld oder aus unbegründeter Verkennung zu verstehen. Beweggrund kann auch Angst vor einem Leiden, Versagen (z.B. Schul-Prüfungsängste), vor Aufdeckung einer Schuld oder Ausbruch einer Krankheit (z.B. Tumor, HIV-Infektion) sein. In jüngster Zeit wird über das »Taxing«, die räuberische Erpressung junger Menschen durch Gleichaltrige als Auslöser für suizidales Verhalten berichtet. Die Opfer werden gezwungen, den Tätern Jacken, Sportschuhe oder Bargeld zu geben und leben in Angst vor weiteren Bedrohungen. Leben die jungen Menschen in einer für sie schon schwierigen Situation, kann die Angst vor weiteren Erpressungen suizidale Reaktionen auslösen. Gemeinsam ist allen suizidalen Situationen die eigene Hilflosigkeit und Hoffnungslosigkeit. Suizid ist »die Abwesenheit des Anderen« (PAUL VALERY), »Suizid ist das nicht stattgefundene Gespräch« (RINGEL), »Das Gefühl endgültiger und unwiderruflicher Einsamkeit ist die einzige Ursache des Selbstmords« (HALBWACHS). Je mehr eine Person über Identität durch Partizipation an verschiedenen personalen Beziehungen verfügen kann, desto geringer scheint das psychische Belastungsrisiko im Krisenfall (THOITS, 1987).

Der Suizid läßt sich auch begreifen als eine Extremform »abweichenden Verhaltens«: Das Individuum weigert sich durch sein Verhalten, gesellschaftliche Normen zu erfüllen. Der Suizid kann aber auch ein Indiz dafür sein, daß gesellschaftliche Normen und Werte nicht für alle Individuen oder Gruppen erreichbar sind oder als attraktiv erscheinen. Dabei ist die Dialektik von Individuum und Gesellschaft zu beachten. Inwieweit die Entscheidung zum Suizid aus dem Individuum entspringt oder von der Gesellschaft forciert wird, bleibt offen, die Grenzen sind fließend.

Aus Tagebuchaufzeichnungen, Biographien und Gesprächen nach Suizidversuchen (auch: Parasuizid) ergibt sich, daß eine suizidale Handlung junger Menschen nicht in jedem Fall eindimensional als »Handlung zum Tode« gedeutet werden kann, vielmehr konkurrieren häufig andere Ziele miteinander (Ambivalenz suizidaler Motive):»Menschen, die Selbstmordhandlungen begehen, wollen nicht entweder leben oder sterben. Sie wollen beides gleichzeitig. Gewöhnlich das eine mehr als das andere« (STENGEL, 1969).

Der Parasuizid ist folglich nicht in jedem Fall ein mißlungener Suizid, vielmehr kann er als ein eigenständiges, nicht unbedingt die Selbsttötung anstrebendes Verhaltensmuster charakterisiert werden. Vier Kategorien des Versuchs können voneinander abgehoben werden:

1. der Versuch, bei dem der letale Ausgang beabsichtigt war, die Person wurde aber gerettet;
2. der Versuch, bei dem bewußt oder unbewußt der Selbsterhaltungstrieb überwiegt;
3. der Versuch, der nicht die Destruktion der eigenen Person bezweckt, sondern ein Appell an den Signifikanten Anderen oder an die Gesellschaft ist, der Wunsch, ein anderes Leben zu führen oder den Signifikanten Anderen in seinem Verhalten zu ändern (»präsuizidale Geste«). Mit dieser »paradoxen Kommunikation« soll über die Selbstbeschädigung ein anderes Weiterleben ermöglicht oder die Lösung in einer Krisensituation gefunden werden;
4. der Versuch, der unternommen wird im Sinne eines verlängerten Schlafs, um einmal abschalten oder vergessen zu wollen, um dann wieder neu anfangen zu können (»parasuizidale Phase«).

Ein Suizidversuch kann durch unglückliche Umstände (Unkenntnis oder falsche Dosierung der Mittel, der erwartete Signifikante Andere erscheint nicht) trotz anderer Intention letal enden. WIENDIECK (1972) berücksichtigt in seiner Taxonomie suizidalen Verhaltens sowohl die Verschiedenartigkeit der auslösenden Faktoren, der Zielkomponenten, als auch die Formen suizidalen Verhaltens. Ursache, Form und Ziel werden nicht als unabhängige, sondern als untereinander verbundene Faktoren betrachtet. Im Anschluß an STENGEL nimmt WIENDIECK eine ambivalente Intention bei Suizidhandlungen an: Sie haben eine evasive und appellative Funktion, wobei dem Suizid eher eine evasive, dem Suizidversuch eine primär appellative Tendenz innewohnt. Allgemein wird in der Suizidologie von folgendem ausgegangen: je größer die Wahrscheinlichkeit für eine Änderung der aktuell desolaten Lebenssituation ist, um so größer ist auch die Wahrscheinlichkeit für eine nicht letale Suizidhandlung, d.h. um so stärker ist ihre appellative Funktion im Sinne eines »Cry for Help« (FARBEROW/SHNEIDMAN, 1961).

Der Suizidversuch kann ein Ausdruck von Konflikten sein, die der junge Mensch in sich selbst und seiner Lebenswelt ausficht. Es bedarf der Analyse von Erfahrungen, Befindlichkeiten und Veränderungen, in der sich das handelnde Subjekt befindet. In der Pubertät und Adoleszenz ist dabei auch der soziale Rahmen, in dem sich die sozialen und biographischen Prozesse entfalten, besonders zu berücksichtigen. Vieles wandelt sich gleichzeitig, das Körperbild, das Selbstverständnis, der Zugang zu eigenen Gefühlen, die Beziehung zu den Eltern/Erziehern und der Gruppe der Gleichaltrigen. Der junge Mensch schwankt bei seiner durch »Sozialisierung in eigener Regie« und Kommunikation erzeugten subjektiven Wirklichkeitskonstruktion zwischen Allmacht und Ohnmacht, dem Wunsch, die Welt zu verändern und dem Gefühl »nothing works«.

Zum Gesamtspektrum suizidalen Verhaltens gehören aber auch »Suizid-gedanken« und »suizidale Phantasien«. Darunter werden in der Literatur die Befind-lichkeiten (Gedanken, Träume, aber auch Entäußerungen primärer Emotionen wie Furcht, Wut, Traurigkeit und darauf aufbauende und modifizierende sekundäre Emo-tionen wie Scham, Schuld, Stolz oder Eifersucht) eines Individuums gefaßt, die das eigene Leben in bezug auf einen möglichen Tod durch eigenes Handeln berühren. Suizidgedanken, Suizidäußerungen, Suizidabsichten und Angst, einen Suizid zu be-gehen (»symbolischer Selbstmord«, BAECHLER, 1981), können als Suizidtendenzen zusammengefaßt werden. Ein vergleichbares Modell stellt RINGEL mit dem schon 1953 beschriebenen, später überarbeiteten »präsuizidalen Syndrom« auf. Die Phä-nomenologie des Syndroms, dessen Faktoren zusammenwirken und einander ver-stärken können, umfaßt die Komponenten der Einengung (der persönlichen Mög-lichkeiten, der zwischenmenschlichen Beziehungen und der Wertwelt), der gegen die eigene Person gerichteten Aggression und schließlich die der Suizidalphantasie (RINGEL, 1969).

Als »indirekter Suizid« werden Verhaltensweisen eingestuft, bei denen das er-höhte Todesrisiko nicht weiter bedacht wird, z.B. Alkohol-, Drogen- und Nikotin-mißbrauch, aber auch das Pattex-Schnüffeln, unsachgemäßer Umgang mit bestimm-ten Medikamenten (z.b. bei Diabetis mellitus), masochistische Verhaltenweisen und Formen der Selbstverstümmelung. Inwieweit dem jugendlichen Weglaufen (Streu-nen, Auf-Trebe-gehen) und den Verhaltensweisen von Straßenkindern suizidale Motive zugeordnet werden können, ist nur unzureichend erforscht. ROTHERAM-BORUS (1993) ordnet dieser Gruppe eine hohe suizidale Belastung zu, die Studie von SHAFFER/CATON (1984) fand heraus, daß 33% der Wegläuferinnen und obdachlosen Mädchen und 16% der Jungen ihres Samples Suizidversuche begangen hatten, darüber hinaus be-richteten 26% dieser Jugendlichen von suizidalen Phantasien. Diese Zahlen sind hoch im Vergleich zur normalen Suizidbelastung Adoleszenter, denn diese liegen in den USA bei 3% der Schüler von Highschools und bei 12% der jungen Menschen in klinischer Betreuung. Jüngere Forschungen gehen von einem direkten Zusammen-hang von Kindesvernachlässigung, sexuellem Mißbrauch und suizidalem Verhalten bei Jungen und Mädchen aus (BAGLEY, 1991; VAN EGMOND, GARNEFSKI, JONKER, KERKHOF, 1993; STONE, 1993; WAGNER UND LINEHAN, 1993; BAGLEY, WOOD, YOUNG, 1994). In einigen Biographien lassen sich tragische Karriereverläufe rekonstruieren, die Zusammenhänge zwischen Armut, sexuellem Mißbrauch, jugendlicher Obdach-losigkeit, physischer und psychischer Krankheit und der Fortführung des Mißbrauchs durch die Ausbeutung jugendlicher Sexualität (Prostitution) und der besonderen Gefahr der HIV-Infektion und Aids und suizidalen Phantasien sowie Suizidversuchen deutlich machen. Diese jungen Menschen sind von ihrem Zuhause und der Gesell-schaft entfremdet und haben auf der Straße gelernt, den Erwachsenen und der Ge-sellschaft und ihren Institutionen zu mißtrauen. Runeson (1992) sieht darin einen Grund, warum eine große Zahl suizidalen Verhaltens junger Menschen weder den psychiatrischen Dienst noch der Jugendhilfe bekannt werden, die »gestern vernach-lässigten Kinder sind die übersehenen Jugendlichen von heute«.

Risikoreiche Ausgestaltungen von Freizeitaktivitäten, Autofahren unter Alko-holeinwirkung, aber auch kriminelle Aktionen und Bandendelikte (z.B. joy riding) und S-Bahn-Surfen können im Kontext von Fallverstehen auch als Substitute für den Suizid, aber auch als Duelle für identitätsförderndes Selbsterleben aus dem Anspruch nach Besonderheit und Anderssein (vgl. auch COLLA/GABRIEL in diesem Band) betrachtet werden. Im Anschluß an FRANZKOWIAK (1986) soll darauf verwiesen werden, daß risikobeinhaltendes Verhalten junger Menschen in einem funktionalen Sinn durchaus als lustvoll und sinnvoll vom jugendlichen Akteur erlebt werden kann und nicht notwendigerweise als suizidal einzustufen ist. Risikoverhalten eines Individuums kann nicht losgelöst von der individuellen körperlich-psychischen und sozialen Befindlichkeit gedeutet werden, es ist vielmehr ein biographisch angeeignetes und kulturell geprägtes Verhaltensmuster, welches nur in der Wechselwirkung mit diesen unterschiedlichen spezifischen Befindlichkeiten gedeutet und verstanden werden kann. Der begrenzte und kalkulierte Rückzug aus der aufgegebenen Realität gewinnt die Qualität eines individuell funktionierenden Handelns, eine spezifische Bewältigungsform also, mit der das Individuum Konflikte und Streß kompensatorisch ausagiert, indem es zu gesundheits- und lebensriskanten Verhaltensweisen greift, bewußt oder unbewußt gegen den verplanenden und/ oder normierenden Charakter sozialer Ordnungssysteme aufbegehrt. Durch das Fallverstehen kann es dem Sozialpädagogen gelingen, in dem Risikoverhalten auch den subjektiven Wunsch, einer als übermächtig empfundenen sozialen Ordnung zu entfliehen, zu erkennen und so eine vorschnelle Verklammerung mit dem Begriff des Suizides zu vermeiden. Das Risikoverhalten kann als wagendes und gewagtes soziales Handeln gedeutet werden, um direkter Bedrohung, aber auch latenter Vereinnahmung menschlicher Lebens- und Handlungsfreiheit zu widerstehen. Damit beginnt dann ein sozialpädagogisch zu verantwortender Aushandlungs- und Unterstützungsprozeß auf der Suche nach Orientierungs- und Deutungsmustern, um eine unverwechselbare Biographie zu entwerfen, herzustellen und zu inszenieren, um so den »Dissoziationsgefahren« entgegenzutreten und sie abzuwehren.

4. Entwicklung der Vorstellung vom Tod bei Kindern und Jugendlichen

Eine suizidale Handlung setzt voraus, daß die handelnde Person, also das Kind, der Jugendliche oder Jungerwachsene, sich das Nicht-mehr-Leben vorstellen kann. Die Kognitions- und Entwicklungspsychologie belegt (z.B. NAGY, 1948; GESELL, 1971; PIAGET, 1975), daß bei der Entwicklung dieser Vorstellungen eine Abhängigkeit von den jeweiligen sozialen, ökonomischen, kulturellen und historischen Bedingungen besteht. Vor dem Hintergrund intellektueller Verarbeitungs- und Bewertungsprozesse, lebensgeschichtlicher Einflüsse und der vitalen Ansprechbarkeit bei Kleinkindern (1-3 Jahre) ist sehr wenig oder kein Verständnis für die Idee des Todes nachweisbar. Während die Vierjährigen eine begrenzte Vorstellung vom Tod haben, kennt ein Kind ab dem 5. Lebensjahr die physischen Aspekte des Todes. Erst mit dem 6. Lebensjahr reagiert es emotional auf den Begriff Tod, es kommt zu auffälliger Beunruhigung über den möglichen Tod von Angehörigen, vor allem dem der Mutter.

Ab dem 7. Lebensjahr wird das Todeskonzept realistischer, allmählich entsteht ein Interesse für die Frage, was nach dem Tod eintritt. Die Einsicht in die Komplexität des Todes wird mit der Möglichkeit zu abstraktem Denken und der damit verbundenen synthetischen Realitätserfahrung in Verbindung gesetzt. Hierfür wird das Alter von 11 oder 12 Jahren angenommen. Bis zur Pubertät konkurrieren häufig sich widersprechende Todesvorstellungen miteinander: die einen resultieren aus der Einsicht, daß der Tod irreversibel sei, andere sind gekennzeichnet von kindlicher Omnipotenzphantasie (LAUTERBACH, 1976; MÜLLER, 1975; NISSEN, 1975; kritisch hierzu: HABERMAS, ROSEMEIER, 1990). Diese Widersprüchlichkeit wird erklärt aus der gegenwartsbezogenen, wenig introspektiven kindlichen Erlebnisverarbeitung, die Erfahrungen der Vergangenheit nicht unbedingt mit einbezieht, ebenso wie die Zukunft nicht antizipiert wird (ORBACH, GLAUBMAN, 1978; PFEFFER, 1986).

Die Entwicklung der kindlichen Todeskonzepte spiegelt häufig das Todesverständnis nahestehender Erwachsener wider. Religiös-weltanschauliche, meist verbunden mit transzendentalen Vorstellungen oder säkularisierten Deutungen werden übernommen, und erst am Ende der Pubertät werden eigene Entwürfe in Abgleichung mit denen der Gruppe von Gleichaltrigen gewagt. Die kanadische Studie zum Suizid von Jugendlichen (BAGLEY, RAMSAY, 1997) deckte auf, daß sich die Einstellung zum Suizid bei religiös eingestellten jungen Menschen nur geringfügig von derjenigen religiös nicht gebundener Heranwachsender unterscheidet. Mit der Liberalisierung gesellschaftlicher Einstellungen zum Suizid verringert sich der Einfluß der Religion auf die persönliche Haltung zum suizidalen Geschehen. BOLT (1982) glaubt belegen zu können, daß die jüngere Generation im Vergleich zur Generation ihrer Eltern ein anderes Verhältnis zum Suizid habe: sie sei weniger bereit, den Suizid zu verurteilen und Suizidenten zu stigmatisieren, der Tod wird als weniger verhängnisvoll angesehen. Suizid wird unabhängig von religiösen Geboten gewertet, auf das individuelle Recht zum Suizid wird insistiert. Insgesamt wird der Suizid als durchaus möglicher Akt der Selbstverwirklichung eingestuft. Vergleichbare Studien liegen für den deutschsprachigen Bereich nicht vor, aber in der Popkultur werden Themen wie Suizid, die »Philosophie des Nichts«, die Einzigartigkeit von und Faszination durch »hoffnungslose Helden« durchaus thematisiert.

Die Abgrenzung des Suizids von Unfällen ist bei Kindern besonders schwierig. Momentane Verstimmungen oder kleine Enttäuschungen, eine lange gehegte Befürchtung oder Überzeugung, von den Eltern oder der personalen Umgebung nicht akzeptiert oder gegenüber rivalisierenden Geschwistern benachteiligt zu sein, können zu suizidalen Reaktionen führen. Da die Kinder die Gefährlichkeit eines zunächst provokativ gemeinten suizidalen Geschehens nicht richtig einschätzen können, kann aus einem appellativen Suizidversuch ein vollendeter Suizid werden.

Kinder erleben den Tod einer geliebten Person als ein Verlassenwerden, reagieren darauf häufig mit Enttäuschungen und Vorwürfen, als ob die Bezugsperson vorsätzlich fortgegangen wäre. Folglich können ihre Suizidphantasien als eine Umkehrung dieser Deutung angesehen werden. Sie antworten auf diesen »Liebesentzug« mit dem Impuls, als Vergeltung nun ihrerseits »fortzugehen«. Häufig kommt dazu noch die Vorstellung einer Wiedervereinigung mit der verstorbenen Person.

5. Häufigkeit suizidaler Handlungen junger Menschen

Statistische Angaben zum Suizid sind in Ermangelung vergleichbarer Erhebungstechniken und unterschiedlicher Klassifikationsmethoden im transnationalen Bereich nur bedingt verläßlich. Der Suizid ist ein Ereignis von hoher Komplexität, seine Feststellung erfordert auch die Ermittlung der Motivation. Diese muß aus Beweisen aus zweiter Hand, aus der objektiven Situation und der Rekonstruktion der Motive des jugendlichen Suizidanten durch andere abgeleitet werden. Hier sind Fehlerquellen bei der Person, die die Klassifikation »Suizid« vornimmt, zu beachten. In der Literatur wird folglich auf eine Klassifikationsresistenz, z.T. auch auf eine Klassifikationsdisgruenz, verwiesen, die ihren Grund u.a. in der Stigmatisierung und in der Vermeidung der Störung des sozialen Gleichgewichts (»Familie eines Suizidanten«) haben kann. Der Suizid kann folglich aus moralischen, kulturellen, religiösen, aber auch aus materiellen Interessen (finanzielle Ansprüche gegenüber Lebensversicherungen z.B.) eine Umdefinition erfahren. Für eine gutachterliche Praxis stellen sich häufig Schwierigkeiten bei der Zuordnung eines Todesfalles, z.B. als Unfall oder Suizid bei unvorsichtigem Verhalten im Straßenverkehr, vor allem aber bei Auto-, Jagd- oder Sportunfällen mit Todesfolge, risikoreichem Sexualverhalten, Klettereien auf Dächern und Balkonen sowie Verweigerung von Nahrung, Mißachtung ärztlicher Anordnung (»maskierte« bzw. »stille« Suizide oder indirektes selbstdestruktives Verhalten), Tod durch Drogenmißbrauch, Kombinationsvergiftungen (Alkohol und Medikamente). Diese Problematik spiegelt sich im Anstieg der unter der Kategorie »unklare« Todesursachen in den Statistiken zusammengefaßten Todesfälle wider. Die Aussagekraft epidemiologischer Untersuchungen ist daher immer um den Anteil einer nicht gering zu veranschlagenden Dunkelziffer zu relativieren.

Das ernste gesellschaftliche Problem der hohen Suizidzahlen ohne einen generell abnehmenden Trend ist insofern alarmierend, als durch die Entwicklung der Intensivmedizin und durch Einrichtungen von Beratungsstellen und die Schaltung von Krisentelefonen - vor allem zur Zeit der Zeugnisvergaben - Voraussetzungen dafür geschaffen wurden, daß wesentlich mehr Suizidanten (insbesondere nach Vergiftungen) überleben und durch Beratungen belastende Situationen entdramatisiert und Perspektiven für die Lebenspraxis aufgebaut werden konnten.

Die WHO schätzt, daß sich jährlich weltweit 500.000 Menschen, davon 100.000 in (West-)Europa, suizidieren. Im internationalen Vergleich weist die Bundesrepublik (einschließlich der neuen Bundesländer) für die Altersgruppe der bis 27-Jährigen eine hohe Suizidbelastung aus, die sich etwa seit 1985 stabilisiert hat, während in den übrigen europäischen Staaten in der Zeit von 1970-1990 die Zahlen bei jungen Männern sogar noch angestiegen sind. Die Zahl der weiblichen Suizidanten ist inzwischen europaweit rückläufig. Suizid bei Kindern ist weltweit äußerst selten, die einzelnen Fälle für sich genommen sind eine Tragödie. In den letzten 20 Jahren lag die Relation konstant bei 1:1 Million.

In der Bundesrepublik starben im Jahre 1995 338 junge Menschen (15-24 Jahre) durch eigene Hand, davon 258 junge Männer und 80 junge Frauen. Diese Zahlen sind als gesicherte Mindestzahlen anzusehen. Aus der Statistik ergibt sich, daß männliche Jugendliche und junge Erwachsene drei bis viermal gefährdeter sind als junge Frauen. Suizidtendenzen junger Menschen sind kaum zu quantifizieren. Eine Befragung von deutschen Schülern und Heranwachsenden (FAUST/WOLF, 1983) belegt, daß 42 Prozent der weiblichen und 30 Prozent der männlichen Jugendlichen Suizidphantasien gehabt haben. Amerikanische Studien hingegen zeigen, daß suizidale Phantasien bei 50 bis 65 Prozent dieser Altersgruppe zu finden sind (HARKAVY-FRIEDMAN, ANIS, BOECK, DI FIORE, 1987; ROSS, 1985; RUBINSTEIN, 1989; SMITH, CRAWFORD, 1986); ob suizidale Phantasien Teile von Lebensbewältigungsstrategien sind oder der Problemverdrängung dienen, ist nicht abschließend geklärt.

Der Suizid bei jungen Männern ist nach dem Unfalltod die zweithäufigste Todesursache in der BRD, in den übrigen europäischen Ländern steht er für diese Altersgruppe nach Unfall, Krebserkrankungen an dritter Stelle. Bei dieser Altersgruppe ist auch anzunehmen, daß sich unter den Drogentoten ein nicht unerheblicher Anteil von Suiziden befindet. Bei den Suizidversuchen sind die höchsten Raten bei den Frauen zu verzeichnen, insbesondere in den Altersgruppen 10-20 und 20-30 Jahren, während sich in den höheren Altersstufen die Werte von Suizid- und Suizidversuchs-Raten einander annähern.

Das Verhältnis von Suizid : Suizidversuch wird von SCHMIDTKE (1986) nach Auswertung unterschiedlicher Untersuchungen für männliche mit 1:12 und für weibliche Jugendliche und Jungerwachsene mit 1:39 eingeschätzt. Die internationale Forschung belegt, daß 15-20 % der Suizidversucher innerhalb eines Jahres erneut einen Suizidversuch unternehmen, besonders dann, wenn es sich um junge Menschen handelt. Die Untersuchung von HAWTON und FAAG (1988) erbrachte ein hohes Suizidrisiko innerhalb der ersten drei Jahre nach einem Suizidversuch. Sie fanden, daß die Suizidversucher eine höhere Sterblichkeitsrate, nicht nur durch Suizid, sondern auch durch andere Todesarten, einschließlich Unfällen und unbestimmten Todesursachen aufweisen (BARRADOUGH und HUGHES, 1987).

Die häufigste suizidale Methode ist das Einnehmen von Medikamenten, häufig in Kombination mit Alkohol. Bei Suiziden überwiegen sogenannte harte oder aktive Methoden, hauptsächlich bei (jungen) Männern: Aufhängen, Springen aus großer Höhe, Ertrinken, Erschießen, Überfahrenlassen. Die Wahl der Methode ist abhängig von kulturellen Gewohnheiten, Akzeptanz und (historischer) Verfügbarkeit der lebensbedrohlichen Mittel. Inwieweit die antizipierte Schnelligkeit der Wirkung und die Schmerzarmut bei der Wahl der Todesart eine Rolle spielen, läßt sich allenfalls kasuistisch beantworten. Die Vorgehensweise beim Suizid hängt auch von der Zeitspanne zwischen dem ersten Gedanken und der Ausführung des Suizids ab: eine langandauernde Suizidabsicht bewirkt häufig eine sorgfältige Vorbereitung und führt zu einer radikaleren Durchführung.

6. Suizidologie

Unter Suizidologie wird das wissenschaftliche Bemühen verstanden, das Phänomen 'Suizid' zu erklären und zu verstehen. Die Mehrdimensionalität von sozialen Handlungen erfordert eine interdisziplinäre Forschung. Wird Suizidalität als ein mögliches Verhalten gedeutet, sind die individuellen, interaktionellen, psychodynamischpsychopathologischen Kontexte ebenso wie die sozialen und kulturellen Dimensionen zu würdigen, um Suizidpräventionen und Suizidinterventionen planen und anbahnen zu können. Kernpunkt des modernen Suizidverständnisses ist die Intention des Betroffenen, nicht die Letalität der Methode oder das gewählte Setting (vgl. WOLFERSDORF, 1995). Die gestellte Forderung ist z.Zt. noch von programmatischer Natur.

6.1 Soziologische Theorien

MORSELLI postuliert in seiner Studie »Il suicidio« (1897), daß mit den Moralstatistiken des ausgehenden 17. Jahrhunderts die wissenschaftliche Auseinandersetzung mit dem Suizid beginnt. DURKHEIM (1897) fand darin das Paradigma zu seiner Studie: der Suizid ist nicht als ein moralisches Vergehen, sondern als ein soziales Faktum - vergleichbar der Kriminalität -, das eine soziale Ursache habe, die erkennbaren Gesetzen unterläge und rational erörtert und untersucht werden könne, zu fassen. Die unterschiedlichen Suizidraten werden nicht aus individuellen Prädispositionen, sondern aus »der Natur der Gesellschaft« selbst, d.h. aus Besonderheiten der Assoziation von Individuen, aus Organisationsmerkmalen der Gesellschaft (Familie, Beruf, wirtschaftliche Bedingungen, Religion, Staat), innerhalb derer sich die Suizidhandlungen aktualisieren, erklärt. Anomie und Desorganisation charakterisieren Gruppen mit je höheren, starke soziale Integration mit je geringeren Suizidquoten. Die Suizidrate ist minimal, wenn sich die Entfaltung des Individuums innerhalb gegebener Werte und Normen der Gesellschaft vollzieht. Sie steigt, sobald dieses Gleichgewicht entweder in Richtung auf eine zu starke (»altruistischer Suizid«) oder zu schwache soziale Integration, mit der Folge übermäßiger Individuation, (»egoistischer Suizid«) zerstört wird. Beim altruistischen Suizid hat die Gruppe (z.B. Verwandtschaft, Religion) eine so starke Bindekraft, daß jedes Mitglied bereit ist, sein Leben für den Glauben, für seine Überzeugung (z.B. Suizidkommandos politischer Gruppen, demonstrative Selbstverbrennung einzelner) oder eine Institution (z.B. Armee) hinzugeben. Der selbst herbeigeführte Tod ist ehrenhaft, weiterzuleben wäre unwürdig. Weiter wird angenommen, daß die Suizidrate mit dem Prozeß des Verfalls des Normen- und Wertesystems kollektiver Ordnungen in Zeiten von Armut oder Prosperität, als Konsequenz »fehlender sozialer Regulation von Sehnsüchten«, steigt (»anomischer Suizid«). Neben diesen drei Haupttypen nennt DURKHEIM eine weitere Form: fatalistischer Suizid. Dieser erwächst aus einem Übermaß von Reglementierungen, es ist die Handlung derer, »denen die Zukunft mitleidlos vermauert wird, deren Triebleben durch eine erdrückende Disziplin gewaltsam erstickt wird« (DURKHEIM, 1973, S. 318). Der fatalistische Selbstmord unterscheidet sich von dem anomischen Selbstmord nicht nur durch den Inhalt der Normen, sondern auch durch die Art ihrer Durchsetzung.

DURKHEIMS Theorie hat wesentliche Anstöße zur empirischen Forschung gegeben hat. Sein Konzept von Anomie wurde vor allem für Theorien abweichenden Verhaltens relevant. Im Hinblick auf ihren Beitrag zur Problemlösung ist festzuhalten, daß sie deterministische Kollektivvorstellungen (Familie, Religionsgemeinschaft) und äußere (soziale) Einflußfaktoren verfolgt, Personenvariablen werden nicht zu

aggregierten Suizidstatistiken in Beziehung gesetzt, es werden keine Erklärungs-
versuche individuellen Verhaltens versucht (HAVIGHURST, 1973; GORES, 1981). Obwohl große Teile des DURKHEIMSCHEN Werkes in eine interaktionistische Sprache übersetzt werden konnten, weigert es sich, dem Individuum den Status eines handelnden
Subjektes zuzuerkennen.

MARIS (1969) wandelte DURKHEIMS Theorie insofern ab, daß nicht die fehlende
Integration, sondern der gesellschaftliche Druck auf die einzelnen maßgebend für
die Anzahl der Suizide sei. GOLD (1958) untersucht den Zusammenhang von mißlungener Sozialisation, Suizid und Mord. Die unterschiedliche Sozialisation der Aggression (körperliche Züchtigung) bewirke bei Angehörigen der Unterschicht in Krisen ein Agieren in Richtung Mord, bei Angehörigen der Mittelschicht (psychische
Bestrafung) eher eine autodestruktive Handlung in Form von Suizid.

DOUGLAS (1967) kritisiert die deduktiv-hypothetische Methode, korrelations-
spezifische Untersuchungen und das Fehlen von Hypothesen über Ursache-Wirkungs-
zusammenhänge in der Suizidologie. Er stellt die Frage, welches die subjektive Bedeutung der Suizidhandlungen für den Handelnden in seinem sozialen Kontext ist.
Er fragt damit, was ein Individuum mit der Suizidhandlung sowohl subjektiv verbindet als auch ausdrücken will. Der Suizident ist nicht das passive Objekt, in dem sich
lediglich bestimmte gesellschaftliche Gesetzmäßigkeiten manifestieren, sondern er
wird als Teilnehmer sozialer Interaktionsprozesse gewertet. DOUGLAS formuliert drei
allgemeine Sätze:
1. Jeder Suizid ist eine sinnvolle Handlung.
2. Jeder Suizid enthält eine Aussage über den Handelnden und
3. über die Ungunst der Lage, aus der er zu extremen Handlungen gezwungen wird.

Der Sinn äußerer, mit dem Suizid verbundener Umstände muß zum Gegenstand der Untersuchung gemacht werden. Douglas plädiert für eine Rückkehr zur
Fallbetrachtung: das genaue Verfolgen dessen, was das Individuum gesagt, getan
oder angedeutet hat, ist geboten.

BAECHLER (1981), in Abgrenzung zur Durkheim-Schule und in Anlehnung an
ALFRED SCHÜTZ, deutet den Suizid, in Ausdifferenzierung des Ansatzes von DOUGLAS,
als eine freie Handlung, mit der auf ein Problem reagiert und die Lösung gesucht
wird. Zum Suizid gibt es am Ende eines Prozesses keine Alternative. Vor dem Hintergrund von Fallstudien unterscheidet er den eskapistischen Suizid (Flucht, Trauer,
Strafe), den aggressiven Suizid (Verbrechen, Rache, Erpressung, Appell), den
oblativen Suizid (Opfer für eine andere Person, Transfiguration) und den spielerischen Suizid (Ordal und Spiel im Sinn eines Russischen Rouletts). Dieser Typologie
ordnet er Persönlichkeitsprofile zu, die eine Suizidtendenz begünstigen. Folglich, so
Baechler, ist zunächst die Persönlichkeit des Menschen zu studieren, bevor man sich
den äußeren Einflußfaktoren zuwendet. Die interpretativen Theorien von DOUGLAS
und BAECHLER sind wiederholt kritisiert worden hinsichtlich der Kategorisierung von
suizidalen Handlungen in ihren sozialen Bedeutungen und der Befangenheit der Forscher gegenüber den Motiven der Suizidanten. Es wird bezweifelt, ob die vorgenommenen Interpretationen verläßlicher sind als Suizidstatistiken (Taylor, 1990). Die
Phänomenologische Suizidologie zog aus dieser Kritik den Schluß, daß es keine objektiven Daten zur Erklärung des Suizides geben könne.

KOBLER und STOTLAND (1964) kommen mit ihrem feldtheoretischen Ansatz (Analyse von Fallgeschichten Hospitalisierter) zur Auffassung, daß suizidales Verhalten ein »generalized cry for help« sei. Antworten die Angesprochenen und wird das gewünschte Ziel erreicht, stellt sich das Gleichgewicht des Subjekts wieder her und es folgt kein weiterer Versuch; zeigen sie sich gleichgültig, so steigern sie seine Hilf- und Hoffnungslosigkeit und drängen es zu weiteren Versuchen. Ob diese Beobachtung auch für die suizidale Situation außerhalb von Kliniken gilt, ist noch nicht empirisch belegbar.

HENSLIN (1972) untersuchte die Reaktion der Signifikanten Anderen auf den Suizid. Aufgrund der gesellschaftlichen Beurteilung der Suizide ist diese Gruppe (Familie, Freunde) extrem anfällig für Schuldgefühle. Diese entstehen, weil

*   Suizidabsichten nicht wahrgenommen wurden,
*   Suizidabsichten zwar wahrgenommen wurden, die Signifikanten Anderen jedoch den Suizid nicht verhindern konnten,
*   die Signifikanten Anderen glaubten, den Suizidversuch verursacht zu haben.

In seiner Untersuchung fand er heraus, daß es für die Frage der Schuld nicht relevant ist, ob eine Person tatsächlich zu einem Suizid beigetragen hat, sondern wie diese Person ihre Handlungen definiert. Zur Neutralisierung oder Abschwächung ihrer Schuld verwenden die Signifikanten Anderen folgende Techniken: Verleugnung des Suizids, Definition von Ursachen, die außerhalb der eigenen Person liegen, Betonung der eigenen Ohnmacht, positive Definition der suizidalen Handlung und Engagement in besonderen Aktivitäten.

HENSLIN folgert, daß verschiedene kulturelle Kategorien von Suizid zu verschiedenen Typen von Schuld führen, um mit der Tatsache des Todes fertig zu werden. Die objektive Situation allein bestimmt nicht, ob sich jemand schuldig fühlt oder nicht, wesentlich ist die Definition der Situation, die der Signifikante Andere ihr zuschreibt.

6.2 Psychologische Theorien

Im Gegensatz zu den soziologischen Theorien sieht der psychologische, vor allem der psychoanalytische Ansatz, im Suizid ein im wesentlichen individual-psychisches Geschehen. Die Ursachen suizidaler Handlungen werden primär in Persönlichkeitsmerkmalen oder unbewußten Antrieben gesehen.

Seit GAUPP (1910) wird davon ausgegangen, daß die angegebenen Motive einer suizidalen Handlung nicht identisch sind mit den eigentlichen Ursachen bzw. Bedingungen, es wird differenziert zwischen den unbewußten und bewußten Determinanten. ABRAHAM (1912) und FREUD (1916) deuten die Suizidhandlungen als Ausdruck der Wendung von Aggressionen gegen die eigene Person unter der Voraussetzung einer Fixierung auf die orale Stufe und der Ambivalenz der Objektbeziehungen. In »Trauer und Melancholie« wertet FREUD (1916) den Suizid als Folge melancholischer Entwicklungsprozesse, in deren Verlauf sich ein ursprünglich nach außen, gegen ein verlorenes Liebesobjekt gerichteter Aggressionsimpuls infolge eines verminderten Realitätsbezugs gegen das eigene Ich wenden kann. Während der Verlust eines Liebesobjekts nach Ablauf einer gewissen Trauerperiode normalerweise durch die Aufnahme neuer Verbindungen bewältigt wird, führt die melancholische Entwicklung zu einem narzißtischen Identifikationsprozeß mit dem verlorenen Objekt, der schließlich so weit geht, daß eine Aggression gegen sich selbst als ein Akt des Besitzens durch Zerstörung erwogen und durchgeführt wird. Damit ist der Tod nicht mehr das originäre Ziel suizidalen Verhaltens, er ist vielmehr als ein vermeidbares Nebenereignis der Aggression gegen das internalisierte Objekt anzusehen. Das Töten im 1. Weltkrieg hat FREUD dazu gebracht, in »Jenseits des Lustprinzips« (1920) einen eigenständigen Todestrieb zu postulieren, ohne sein früheres Konzept zu widerrufen. Ein auf Selbstdestruktion und ewige Ruhe gerichteter Todestrieb (Thanatos) wird normalerweise von dem Lebenstrieb (Libido) gegen Objekte der Außenwelt gelenkt und somit für das eigene Ich unschädlich gemacht. Erst im Falle einer weitgehenden Triebentmischung, wie sie sich bei Psychotikern und Neurotikern offenbaren kann, erlangt der Thanatos ungehinderte Selbständigkeit, was zur Selbstzerstörung führen kann. Die Annahme eines eigenständigen Todestriebes wird nicht von allen Vertretern der tiefenpsychologischen Theorie aufrechterhalten.

MENNINGER (1938) versuchte, aus der Phänomenologie auf regelhafte Motivrichtungen, Tendenzen, Intentionen und deren Zusammenspiel zu schließen (Motivstruktur), und präparierte drei Tendenzen heraus:

1. den Wunsch zu töten; dieser sei ein Derivat der nach außen gerichteten Aggressivität (Beispiel: der Amokläufer);
2. den Wunsch, getötet zu werden; dieser resultiere aus dem Gewissenseinspruch gegen den ersten Wunsch;
3. den Wunsch zu sterben; diesen sieht er als Abkömmling der ursprünglich gegen die eigene Person gerichteten Aggression, also des Todestriebes, an.

»Man tötet sich nicht, um nicht mehr zu leben, sondern um anders besser zu leben« (MENNINGER). Ähnliche Aussagen sind bei IRLE (1968), FARBEROW und SHNEIDMAN (1961) und STENGEL (1969) zu finden. Wird suizidales Verhalten begriffen als das Ergebnis eines komplizierten Wechselspiels von gegenseitigen Todeswünschen, findet dieses seinen Niederschlag auch in biographischen Rekonstruktionen der Familiendynamik. KLEMANN (1987) spricht dann von einer Suizidtradition. Damit ist gemeint, daß Suizidenten in ihrer Familiengeschichte häufiger eigene direkte Erfahrungen mit suizidalem Verhalten enger Bezugspersonen gemacht haben oder Kenntnis davon hatten.

Die neueren tiefenpsychologischen Ansätze deuten die Suizidalität als Labilisierung des narzißtischen Regulationssystems und die Suizidhandlungen als krisenhaften Versuch, das gefährdete Selbstwertgefühl zu retten (HENSELER, 1974).

Die Narzißmustheorie geht davon aus, daß Personen einen Zustand des narzißtischen Gleichgewichts anstreben. Um diese Befindlichkeit auch bei erlittenen Kränkungen (bezogen z.B. auf die Geschlechtsidentität oder das Selbstwerterleben) noch aufrechterhalten zu können, stehen vier in verschiedenen Entwicklungsstadien erworbene Kompensationsmechanismen zur Verfügung: Regression, Verleugnung und Idealisierung, Angleichung an die Realität sowie die Verinnerlichung. In der Suizidhandlung kommt der Mensch dem befürchteten Zusammenbruch seines Selbstwertgefühls aktiv zuvor, wird die Gefahr geleugnet und die Illusion von Selbstbestimmung gewahrt. Flucht aus einer unerträglichen Situation und Zuflucht in einen harmonischen Primärzustand können Tendenzen sein, die Suizidphantasien zum Entschluß zu verdichten (vgl. auch TEISING, 1984, 1986).

Dem tiefenpsychologischen Ansatz stellen SHNEIDMAN und FARBEROW (1957) einen kognitiven gegenüber. Sie unterscheiden vier Hauptarten suizidaler Logik:

1. »Catalogic«: Der Suizident wird als Opfer seiner eigenen semantischen Fehlinterpretationen und speziell seiner Neigung zu dichotomen Denkschemata betrachtet (»Wenn sich jemand tötet, erfährt er Beachtung. Ich werde mich töten, folglich werde ich Beachtung erfahren«).

2. »Paleologic«: Der Suizident begeht jene logischen Fehler, die besonders häufig bei schizophrenen Krankheitsbildern zu beobachten sind (»Tod ist Leiden. Ich leide, folglich muß ich sterben«).

3. »Contaminated Logic«: Der Suizident ist unfähig, den physischen Tod als das tatsächliche Ende des Daseins zu betrachten. Der kulturell und religiös verankerte Glaube an ein bestimmtes Jenseits spielt hier die entscheidende Rolle, wobei kaum von einem logischen Fehler gesprochen werden kann, da sich der Glaube an das subjektiv-zureichende Fürwahrhalten der objektiven Überprüfung seines Realitätsgehaltes entzieht.

4. »Normal Logic«: Hier erweist sich die logische Basis der Handlungen als realitätsgerecht, es werden hierunter die Suizidhandlungen subsumiert, bei denen das Individuum bewußt den Tod anstrebt, z.B. um sich starken physischen Schmerzen zu entziehen. Dieser Suizidtyp ähnelt damit dem Bilanzsuizid, einer Kategorie, die 1919 von HOCHE eingeführt wurde.

Dieser Ansatz wurde von OSGOOD und WALKER (1959) weiterverfolgt, die eigens ein semantisches Differential zur konnotativen Analyse von Abschiedsbriefen entwickelten. Es zeigte sich, daß sich in den von ihnen untersuchten Briefen stereotype Äußerungen häuften, selten nuancierende Erläuterungen gegeben wurden, der Denkansatz »Alles oder Nichts« scheint vorzuherrschen. Problematisch aber ist es, die in Abschiedsbriefen angegebenen Motive unter dem Aspekt des ausschließlichen Kausalfaktors zum Suizid zu betrachten. Es würden dann lediglich die aktuellen Gefühle gewürdigt, die z.B. der Jugendliche vermitteln möchte, nicht aber der Prozeß, der zu der suizidalen Handlung führte. NEURINGER (1964) vermutet, daß gerade diese kognitive Rigidität des suizidalen Individuums das Finden adäquaterer Konfliktlösungsstrategien erschwert und somit suizidfördernd wirke. WIENDIECK (1972) problematisiert jedoch, inwieweit die Regression auf sprachenge Spektren, die dann den Eindruck kognitiver Rigidität hervorrufen, nicht lediglich - ebenso wie die suizidale Handlung - eine Folge der belastenden Situation ist und nahezu generell in allen Belastungssituationen auftritt, ohne sogleich ein spezifisches Merkmal suizidaler Logik zu sein.

Der verhaltenstheoretische Ansatz (SCHMIDTKE, 1981, 1988) stuft suizidale Handlungen als Verhaltensweisen ein, die eine mißlungene Anpassung (Coping Behavior) an kritische Lebensereignisse oder belastende Situationen darstellen. Aversiven Situationen möchte der Suizident entgehen bzw. sie zu seinen Gunsten modifizieren. Auslösende Bedingung ist die subjektive Relevanz, nicht aber eine objektivierbare

Reizkonstellation. In der Behandlung setzt Schmidtke auf kognitiv orientierte Modifikationsstrategien. In solchen Kontexten wird wiederholt auf die Prinzipien des Modellernens und der operanten (instrumentellen) Konditionierung verwiesen.

Im Bereich der Klinischen Psychologie gewann in der jüngeren Zeit der streß-theoretische Ansatz an Einfluß. Er geht davon aus, daß linear-kausale Stimulus-Response-Modelle nicht ausreichen, die Variabilität im Coping-Verhalten zu erklären, es werden vermittelnde Prozesse angenommen, die den subjektiven Referenzrahmen für nachfolgende Ereignisse abgeben. Suizidales Verhalten ist ein außergewöhnlicher Copingversuch, eine ausweglos erscheinende Situation zu beenden oder zum Besseren zu wenden. Personale und soziale Stützfaktoren für eine konstruktive Problemlösung werden nicht mehr wahrgenommen oder stehen tatsächlich nicht mehr zur Verfügung (erlernte Hilflosigkeit: glücklos, hilflos, hoffnungslos, OSGOOD/MCINTOSH, 1986). Der Ansatz mit seiner Vorstellung eines prozeßhaften Verlaufes individueller suizidaler Entwicklung erscheint als hilfreich, Partialerklärungen einzelner Theorien können dieses Erklärungsmodell ergänzen (ERLEMEIER, 1992). Zudem wird eine große Nähe zu den Annahmen der verstehenden Soziologie deutlich.

Der Sozialpsychologe WIENDIECK (1972) umgeht die personenzentrierten Schwächen der traditionellen soziologischen Ansätze, indem er über ein Kommunikationsmodell das soziale Umfeld der Suizidanten ausdrücklich mit einbezieht. Das für die zwischenmenschliche Kommunikation unerläßliche Zeichen- und Symbolsystem wird erlernt und vom Empfänger decodiert. Personengruppen verschiedenen Alters und verschiedenen Geschlechts erfahren ein unterschiedliches Ausmaß an Hilfsbereitschaft bei Suizidversuchen und treffen auf ein unterschiedliches Ausmaß an Verständnis. So scheint die Hilfsbereitschaft der sozialen Umwelt gegenüber weiblichen Hilfesuchenden größer zu sein als gegenüber männlichen. Die Hilfsbereitschaft der sozialen Umwelt sinkt mit zunehmendem Alter der Hilfesuchenden. Suizidalen Reaktionen von Männern werden eher evasive, denen von Frauen eher appellative Tendenzen zugesprochen (SCHABACKER, 1984). Der Appell als Motiv für eine suizidale Handlung wird von STENGEL (1961, 1965), LINDEN (1969), vor allem aber in der amerikanischen Suizidologie von SHNEIDMAN (1959) und FARBEROW/SHNEIDMAN (1961) vertreten.

Im Anschluß an die Feldtheorie von LEWIN (1931) entwarf GORES (1981) seine Fokaltheorie suizidalen Handelns, mit der er versucht, den sozialwissenschaftlichen mit dem entwicklungspsychologischen Ansatz zu verbinden. Erfährt eine Person in ihrer Biographie eine andauernde und wiederholt von außerhalb bedingte Störung der primären und sekundären Beziehung, die ihr Feld beengt, so ist die Suizidneigung um so höher, je ausgedehnter und in der Zeit wiederholter diese Störungen sind. Dies gilt nicht, wenn diese Störungen durch einen Signifikanten Anderen (Bezugsperson) ausgeglichen werden können.

6.3 Medizinische Theorie

HIPPOCRATES (400 v. Chr.) sah in der Depression einen Auslöser für den Suizid. Mit BERTON (Anatomy of Melancholia, 1628) beginnt ansatzweise die systematische klinische Einordnung des Suizids in der Literatur.

Die traditionelle medizinische Theorie bewertete den Suizid als eine psychiatrisch bedeutsame Krankheit oder ein Symptom einer Krankheit (RINGEL, 1953): Es gibt Krankheitsgruppen wie Depression, Schizophrenie, Sucht, Epilepsie, innere Erkrankungen, die ein hohes Suizidrisiko haben. Die Zuordnung von Suizidhandlungen im ICD 10 wurde noch nicht festgelegt (TÖLLE, 1996). Der von RINGEL angewandte Krankheitsbegriff, der alle Abweichungen von der statistischen Norm pathologisiert und abwertet, und der monokausale Zusammenhang zwischen psychischen Störungen und suizidalem Verhalten wurden von der Psychiatrie aufgegeben: Suizidalität im Sinne einer medizinischen Entität gibt es nicht, denn suizidales Denken und Handeln ist grundsätzlich ein allen Menschen mögliches Denken und Verhalten (POHLMEIER, 1978; GORES, 1981; SCHMIDTKE, 1988; WOLFERSDORF, 1995). Eine Vielzahl von Studien sieht einen Zusammenhang von lebensverändernden familiären Faktoren als »Ursache« für suizidales Verhalten im »broken home« (REMSCHMIDT, 1982; BIENER, 1978; kritisch hierzu: SCHMIDTKE, 1988). Für sich allein kann mit dieser Variable keine empirisch brauchbare Theorie der Bedingung eines spezifisch suizidalen Verhaltens entwickelt werden, da in bestimmten Fällen der Verlust eines Elternteils auch das Ende eines elterlichen Dauerkonfliktes zur Folge haben könnte (LEMPP, 1980; STOBER, 1980). Es scheint sinnvoller, die spezielle Entwicklungsgeschichte zu analysieren und den Faktor »broken home« als eine unter anderen Bedingungen in einen größeren Rahmen zu stellen. Die Basis jeder Suizidhandlung ist die persönliche Lebensgeschichte. WOLFERSDORF (1995) versucht die Variable »psychische Erkrankung« in einen umfassenderen, allgemeinen Erklärungsansatz zu integrieren. Als psychopathologische Faktoren benennt er: Hoffnungslosigkeit, Unerträglichkeit seelischen Schmerzes, unerträgliche Unruhe, quälendes Schuldgefühl bei Schuldwahn, unerträgliche existentielle Bedrohung, Altruismus und Opferhaltung.

Abb. 1:   Suizid: Disposition und Entwicklung (WOLFERSDORF, 1995)

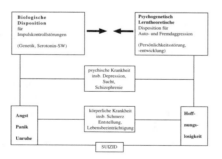

Aus sozialwissenschaftlicher Perspektive ließe sich das Modell in Anlehnung an CIOMPIS bio-psycho-sozialen Erklärungsansatz psychischer Krankheiten (CIOMPI, 1994) um soziale Belastungsfaktoren, die Suizidhandlungen auslösen können, sinnvoll erweitern. Die neurobiologische Suizidforschung vermutet, daß Störungen der serotonergen Transmission für das Auftreten bestimmter diagnoseübergreifender psychopathologischer Phänomene im Rahmen eines weiten Spektrums von psychiatrischen Syndromen und dabei auch für ein auto- und fremdaggressives Verhalten verantwortlich sind. Ein Problem der neurobiologischen Suizidforschung liegt in der Überlagerung suizidalen Verhaltens mit anderen Verhaltensdimensionen und psychiatrischen Krankheitsstadien. Dieses auszudifferenzieren wird Aufgabe künftiger Forschung sein (WOLFERSDORF/KASCHKA, 1995).

7. Suizidprävention und Intervention

Jeder Suizident ist in einem dialektischen Zusammenhang mit der jeweils gegebenen Kultur und Gesellschaft zu sehen; für eine primäre Prävention bedeutet dies, daß es um eine Reduzierung suizidfördernder Bedingungen im weitesten Sinne geht. Eine generelle Prävention, die in der Aufhebung menschlichen Unglücks läge, erscheint als eine Utopie. Zur Prophylaxe gehört es, Bedingungen innerer und äußerer Freiheit sicherzustellen, d.h. Voraussetzungen für freie Willensentscheidungen, volle Verfügbarkeit kognitiver, affektiver, motorischer Elemente des Erlebens, Wahrnehmens der Umwelt der eigenen Person und ihrer Beziehungen zu schaffen, wo diese eingeschränkt, verletzt oder unmöglich geworden sind (WOLFERSDORF, 1996). Die allgemeine Gleichgültigkeit gegenüber gesellschaftlich erzeugtem Leid kann in extreme Diskrepanz zur von jungen Menschen gefühlten Wirklichkeit geraten, daß eine suizidale Handlung als Übernahme dieser Verantwortung interpretiert werden kann, als einzige Möglichkeit, die Wirklichkeit zu gestalten und dies anderen zu zeigen (vgl. den Schülersuizid in Lille im Kontext mit dem Biafrakrieg, COLLA, 1987).

Zur Prophylaxe gehört also der Widerstand gegen das, was Angst macht, was zwanghaft begrenzt und zur Vereinsamung führt, gegen strukturelle Gewalt, wie sie sich z.B. in unzureichender Städteplanung und familienfeindlichem Wohnungsbau äußert, gegen blind am Wachstum orientierte Wirtschaft, Zivilisationskrankheiten als Preis des Fortschritts oder der Freiheit, aber auch Bemühungen um eine Veränderung der Beurteilung der außerehelichen Schwangerschaften, Entstigmatisierung alternativer (sexueller) Verhaltensweisen. Um ein Beispiel herauszugreifen: es kann die homosexuelle Orientierung junger Menschen zu einem Stressor auflaufen. BELL und WEINBERG (1978) konnten belegen, daß homosexuelle junge Männer in den letzten fünfzig Jahren in Studien zu Selbstbeschädigungen überrepräsentiert waren, BAGLEY und RAMSEY (1997) schreiben dieser Gruppe ein dreimal höheres Suizidrisiko zu, denn den heterosexuell orientierten Gleichaltrigen. Diese Befunde unterstreichen die Notwendigkeit, in der Suizidforschung stärker als bisher die persönlichen Konflikte gleichgeschlechtlich orientierter junger Männer vor dem Hintergrund einer nach wie vor beobachtbaren gesellschaftlichen Ächtung, die trotz der rechtlichen Entstigmatisierung weiter existiert, zu untersuchen. Dies gilt dann auch in besonderem Maße für die Erziehung in Heimen, die sexualpädagogische Themen insgesamt unzureichend in ihrem Bildungskonzept berücksichtigt.

Zum Bereich der Intervention gehört eine Sensibilisierung und professionelle Qualifizierung der Ärzte, Sozialarbeiter, Lehrer und Erzieher, Seelsorger, Pflegepersonen, Polizeibeamten und Beamten im Strafvollzug im Hinblick auf das Erkennen und den Umgang mit Suizidalität. Eine Öffentlichkeitsarbeit, die sich als bloße Informationsbörse versteht, verfehlt ihr Ziel, ablehnende soziale Reaktionen zu verändern.

Suizidintervention geht im Kontext der alltagsorientierten Sozialpädagogik (und der reformierten Heimerziehung) davon aus, daß Kinder und Jugendliche mit schwierigen Biographien, mit häufig ungekonntem, störendem Verhalten und Fehleinschätzungen von Situationen zu krisenhaften Reaktionen bis hin zu suizidalem Verhalten tendieren. Junge Menschen, die unter Bedingungen leben, die ein kontrollierbares Ausleben, aber auch Erleben ihrer Emotionen verunmöglichen, brauchen Gelegenheiten und Handlungsräume, um aus dem Kreislauf von Auffälligkeiten, Stigmatisierungen und sich darin verfestigender devianter Karriere auszusteigen. Dazu gehören die Strukturen eines entlastenden, aber attraktiven Lebensfeldes, die den Kindern die Möglichkeit eröffnen, sich durch erlebte pädagogische Begegnungen helfen zu lassen; Strukturen, in denen Verhaltens-, Verständigungs- und Erfahrungsalternativen angeboten werden, die an den subjektiven Alltagserfahrungen und Deutungen der Kinder anknüpfen und sie befähigen, sich den modernen Lebensbedingungen zu stellen.

Die Erziehung in Heimen hat die Chance, dem jungen Menschen stabilisierende Lebensbereiche zur Verfügung zu stellen, in denen er - vor dem Hintergrund seiner belasteten Biographie - aufwertende Erfahrungen sammeln und suizidale Tendenzen relativieren oder auflösen kann. Die Auseinandersetzung mit suizidalem Handeln junger Menschen in der Heimerziehung kann aber im Einzelfall durchaus bedrückend sein, stets bleibt der Erzieher die alleinverantwortliche Person für sein Handeln oder Nichthandeln. Der Verlust einer allgemeinen Orientierung bedingt oft eine Entscheidungsunsicherheit. Der Erzieher steht weniger einem Verlust von Werten als vielmehr einem Pluralismus von Werten gegenüber, innerhalb dessen vieles als erstrebenswert erscheint, keineswegs alles jedoch schon erstrebenswert sein muß. Hierin ist sein Problem eingebettet, wie das, was in bezug auf individuelle und kollektive Lebensentwürfe und Lebensumstände als erstrebenswert und realisierbar gilt, von dem unterschieden werden kann, was die Verwirklichung der je eigenen Lebensentwürfe hindert oder unmöglich machen kann. Der Erzieher hat sich seiner ethischen Dimension zu vergewissern, gefragt ist eine Ethik der Lebensdienlichkeit. Mitverantwortung kann nur dialogisch gedacht werden, indem er mit den jungen Menschen in gemeinsamer wechselweiser Verantwortung eine Dyade bildet. Das führt dann nicht zu der perhorreszierten individualistischen Stellung des Sozialpädagogen als »großer Macher«, sondern hat seinen Sinn in einer belastbaren Partnerschaft. Gemeinsam muß die Situation realisiert werden. Beide, der Erzieher (trotz seines Erfahrungsvorsprungs und Wissens) und der junge Mensch, werden sich im folgenden Lern- und Erfahrungsprozeß verändern.

Sozialpädagogisch verantwortetes Handeln in suizidalen Situationen versagt sich aber einer im vorhinein festlegbaren Praxis, ist nur in einem geringen Maße methodisierbar. Unhintergehbar aber sind Interventionsmuster, die in der Regel eine Situationsanalyse, eine Zielbestimmung und die systematische Auswahl geeigneter Handlungsentwürfe umfassen. Suizidales Verhalten ist nicht das Resultat eines schlichten Ursache-Wirkungsprinzips, sondern entsteht in einem komplexeren Bedingungsgefüge der Biographie, in dem teilweise auch zeitlich weit auseinanderliegende Faktoren zusammenwirken. In der Regel liegt ein prozeßhafter Verlauf einer Krise zugrunde, der einen aktuellen Auslöser findet.

Benannt werden kann folglich nur die Breite sozialpädagogischer Handlungsmöglichkeiten, abgehoben von der Besonderheit des Einzelfalls in der jeweils spezifischen Situation einer Erziehung in Heimen. Die Auseinandersetzung des Praktikers mit der Suizidologie hat ihren heuristischen Wert darin, daß sie als Reservoir an
Deutungsmöglichkeiten auf Strukturmerkmale von Situationen und ihren personen-
gebundenen Bewältigungsmöglichkeiten, wie sie raumzeitlich verdichtet vom Subjekt wahrgenommen werden, fungiert, und die Notwendigkeit der Interaktion mit
Signifikanten Anderen verdeutlicht. Es geht bei der Analyse verschiedener Theorien
zum suizidalen Verhalten nicht darum, sich auf einen Ansatz festzulegen, sondern zu
prüfen, welchen Beitrag die jeweilige Theorie zur Genese des suizidalen Verhaltens
(und darauf aufbauend Hinweise für eine prophylaktische Arbeit) zu leisten vermögen. Die sozialpädagogische Praxis lebt in den Niederungen des »schmuddeligen
Alltags«, in der Gegenwelt zur exakten Wissenschaft.

In suizidalen Situationen wird der Sozialpädagoge konfrontiert mit einer Ambivalenz von Gefühlslagen zwischen Hilflosigkeit und Bewältigungsversuch, Resignation und Hoffnung, Planung und Verzweiflung, Realitätsverzerrung und Angst,
ambivalentem Verhalten und der Suche nach Lösungen und Bewältigungsstrategien
für jetzt und zukünftig. Theorie abstrahiert notwendigerweise, um Komplexitäten zu
strukturieren: hier können vermeintlich einfache Problemlösungen gefunden werden, die im komplexen Alltag aber nur annäherungsweise umgesetzt werden können.
Handlungskompetenzen des praktisch tätigen Pädagogen können allein aus der Theorie
nicht abgeleitet werden. Berufliche, theoriegeleitete Wissensbestände sind unabdingbar, um Handeln begründen zu können, sie müssen ergänzt werden durch die professionelle Verhaltensgrammatik (OEVERMANN, 1996). Die wird in der beruflichen Sozialisation und den Kontexten des Alltags erworben, Lernen vollzieht sich in der
»Wirklichkeit der je eigenen Erfahrung« (THIERSCH, 1995), insbesondere durch Selbsterfahrung und Erlebnisqualitäten (habituelle Orientierung durch die Bildungs-
biographie). Das für die Praxis erforderliche, nicht artikulierbare intuitive Wissen
(tacit-knowledge) bedarf einer hermeneutischen Kompetenz des Fallverstehens, in
ihr vereint sich das wissenschaftliche Wissen, die pragmatische Kompetenz und die
sittlich-moralische Kompetenz. Bei aller begründeten Betonung des Wertes von Intuition ist der Handelnde angewiesen auf ein breites Hintergrundwissen über
Entstehungszusammenhänge und Veränderungsmöglichkeiten. Aus wissenschaftlich-
systematischer Perspektive muß die Sozialpädagogik, in Analogie zu Interventions-
ansätzen wie etwa dem der Klinischen Psychologie, von einer Analyse der Situation
ausgehen, in der theoretische Modelle des Suizides zu integrieren sind. Auf der folgenden Ebene der Zielbestimmung sozialpädagogischen Handelns geht es um die
Verhinderung des Suizides. Diese Garantenpflicht resultiert aus den Problemlagen
der jungen Menschen und ist eine Vorgabe des KJHG, derberuflichen Sorgfaltspflicht
und Aufsichtspflicht, vor allem aus dem gesellschaftlichen Auftrag der Sozialpädagogik (vgl. BRINGEWAT, 1975). In der darauf basierenden Analyse von Handlungsmöglichkeiten muß die Sozialpädagogik einerseits auf Wissen über Bedingungszusammenhänge und Veränderungsmöglichkeiten zurückgreifen, andererseits geeignete Interventionsmethoden (Beratung, Therapie, Bildung und institutionelle Hilfen) fallbezogen abwägen. In der Umsetzungsphase, die sich mit DAHRENDORF (1979)

auch als »legitimative Tätigkeit« beschreiben läßt, geht es um die Auswahl von Möglichkeiten, die den rekonstruierten Ursachen des suizidalen Verhaltens und dem sozialpädagogischen Interventionsziel entsprechen. Die abschließende Selbstevaluation dient dem Zweck, das Handeln hinsichtlich des Erfolges zu überprüfen und gegebenenfalls andere Handlungsansätze einzusetzen oder geeignete Institutionen (z.B. klinische Einrichtungen) einzuschalten, ohne den begonnenen Bezug aufzulösen.

Die intervenierende Unterstützung im Aushandlungsprozeß wird möglich auf der Basis einer pädagogischen Haltung, deren Ausdruck Respekt, Fürsorglichkeit, Solidarität und Wissen ist. Vom Pädagogen soll erwartet werden können, daß er sich als Optimist versteht, der, als Person akzeptiert, sich in der Situation mit der Qualität seiner Aktivität in seinem Handlungsstil identifiziert (belief of the philosophy staff) und überzeugt ist von der Notwendigkeit und Richtigkeit seines von ihm zu verantworteten Tuns (»crazy for the kids«). Er will erziehen, er bietet sich als Bezugs- und Angriffspunkt an, an welchem sich der junge Mensch in seiner krisenhaften Situation seiner Identität versichern kann. Sozialpädagogische Hilfe wagt den Spagat zwischen sachlicher, wissenschaftlich erworbener Qualifikation, aufzeigbaren Kompetenzen und menschlicher, nicht formalisierbarer Anteilnahme (MENNEMANN, 1996; vgl. auch: das »leidenschaftliche Verhältnis«, NOHL, 1927).

Interventionen in suizidalen Krisen können nicht auf das Verhüten dieser Handlung allein reduziert werden, vielmehr sind Hilfen zum Aufbau eines orientierenden Wissens für ein akzeptableres Leben gefordert. In der Konfrontation mit suizidalem Verhalten von jungen Menschen erscheinen die Entwürfe des Freitodes als die des radikalsten Modus des Kommunikationsabbruches und der Argumentationsverweigerung in der Verfügung über das eigene Leben. Sie thematisieren nicht die dem suizidalen Handeln junger Menschen eigene Heteronomie und setzen ein Selbstkonzept (Identitätsfindung und Identitätssicherung) über die eigene Person voraus, das sich noch nicht realisieren konnte.

Die pädagogische Aufgabe kann mit GIDDENS (1992) als »Projekt des Selbst« beschrieben werden, nämlich die soziale Konstruktion eines persönlichen Sinns durch die Entwicklung von Selbstidentität im Verlauf der aktuellen Lebensbewältigung. Eine mögliche Angebotsform sozialpädagogisch verantworteter Hilfen ist der wiederentdeckte »pädagogische Bezug« von H. Nohl, der Inhalt und handelnde Person zusammen sieht, personal eingebunden in einem positiven Menschenbild (produktive Charakterorientierung) und sich handlungsleitend am Dialog und dem Aushandeln orientiert (vgl. hierzu die Ausführungen in diesem Band von COLLA: Personale Dimension des (sozial-)pädagogischen Könnens; siehe auch BOEHNISCH, 1996). Diese Sichtweise findet ihre Absicherung auch in den Entwürfen von HONNETH (1994) und TAYLOR (1995) und ihre Hervorhebung der Bedeutung der Anerkennung im Prozeß der Identitätsfindung und -ausgestaltung durch den Signifikanten Anderen. Die soziale Subjektivität insistiert auf die soziale Bestätigung einer Existenz im Singular. In dieser Rolle ist der Pädagoge vor allem in Krisensituationen gefordert. Der Pädagoge bemüht sich, dem jungen Menschen Konzepte zum »Verstehen der eigenen Geschichte« zu vermitteln und unterstützt ihn bei der Suche der individuellen Ausgestaltung seiner Sinnfragen, immer eingebunden in den sozialen, kulturellen und gesellschaftlichen Kontext.

Das Ziel der Krisenintervention ist die Unterstützung der eigenen Fähigkeiten des Betroffenen (und seiner Umgebung), sich selbst zu helfen im Sinne von Wiedererlangung von Handlungskompetenzen. Nicht der Ersatz von Verlorenem oder die Verleugnung der schmerzlichen Realität, sondern die Stütze und das Mitgefühl sowie die Ermutigung, Gefühle von Trauer, Schmerz, Feindseligkeit und Aggression zu zeigen, ist die Funktion des Helfers. Seine Ziele müssen kurzfristig realisierbar sein. Hilfen mit dem Ziel, daß die Person in der Krise wieder eine Beziehung zu sich aufnimmt, sind unabdingbar. Zu den methodischen Überlegungen gehören u.a.:

- Es soll eine Gesprächskultur (re-)aktiviert werden. Die Atmosphäre muß so sein, daß es durch Reden, Zuhören und Nachfragen zu einer Klärung dessen kommt, was wichtig ist. Die Gesprächskultur braucht Zeit und Vertrauen, sie ist auf symmetrische Reziprozität angelegt, beruht auf dem Zulassen und der permanenten Balancierung von verbalen und nonverbalen Sich-Offenbaren-Können und Sich-Zurückziehen-Dürfen. Es geht um Solidarität und Verläßlichkeit.
- Bedingungsloser Aufbau einer belastbaren Beziehungsspannung durch das Aufgreifen der appellativen Aspekte und möglicher aggressiver Anteile des suizidalen Verhaltens.
- Distanzierende Reflexionen der auslösenden Belastungen und ihrer Konsequenzen, behutsames Stützen bei der notwendigen Konfrontation mit der Wirklichkeit (um Verleugnungstendenzen und Realitätsverzerrungen zu vermeiden), aber kein argumentierendes Diskutieren. Die Suizidalität soll der junge Mensch nicht rechtfertigen müssen, vielmehr soll seine Not der selbstzerstörerischen Problemlösungsstrategie durch den Pädagogen verstanden werden.
- Entlastungen von emotionalem Druck, von Schuldgefühlen, Ängsten, Aggressionen, Trauer und Verstimmungen. Entdramatisierung der aktuellen Konfliktlage. Regressionen und gesuchte Abhängigkeit auf Zeit sollten möglich sein.
- Paradoxe Reaktionen auf »und so weiter«-Kommunikationen des Suizidenten.
- Reintegration der Persönlichkeit und Aufbau (neuer) sozialer Bezüge.
- Zumutungen können hilfreich sein, wenn sie so strukturiert sind, daß sie aus der Passivität in eine vom Betroffenen verantwortete Aktivität führen.
- Situative Sinnstiftung, die durch Handeln neue Perspektiven eröffnet.

Distanzierende Reflexionen objektivieren das als subjektives Versagen empfundene suizidale Geschehen, machen es zu einem analysierbaren Phänomen. Sie erschließen die Möglichkeiten, zwischen strukturellen und individuellen Ursachen zu unterscheiden und diese aufeinander zu beziehen. Damit deutet sich die Möglichkeit von rationaler Bewältigung der zugrundeliegenden, unbewältigbar erscheinenden Lebenssituation bereits an. Was analysierbar ist, ist prinzipiell auch bearbeitbar.

Der Pädagoge sollte sich bewußt sein, daß ein Suizidversuch zu den härtesten Prädikatoren weiteren suizidalen Handelns gehört. Eine sozialpädagogisch verantwortete Krisenintervention verzichtet nicht auf eine Diagnose, die das aktuelle Problem, die beteiligten Personen, die Ressourcen, aber auch die Feststellung eventueller Krankheiten oder spezifischer Gefährdung beschreibt. In diesem Sinne ist Psychopathologie also nicht, wie von Sozialpädagogen gelegentlich geargwöhnt, ein Katalog zugeschriebener psychischer Kuriosität und Monstrosität, von dem tunlichst abzusehen wäre, sondern das Instrument zur Erfassung der Verschieden- und Andersartigkeiten, deren Feststellung nicht etwa entwürdigt, sondern dort legitimiert und geboten ist, wo sich die Ernsthaftigkeit der Unantastbarkeit menschlicher Würde gerade am Andersartigen zu bewähren hat. Die Andersartigkeit des Bedürftigen nicht sehen könnender oder wollender Umgang mit ihm und das Beharren in einem human gemeinten, aber irrenden Allesverstehens, wertet den Hilfsbedürftigen nur im Kopfe des Helfenden auf, in Wirklichkeit läßt es ihn im Stich (RAMB/COLLA, 1989).

Sowohl bei der Intervention wie bei einer pädagogischen Diagnose ist der pädagogische Takt eine konstitutive Qualität der sozialen Beziehung. Er hilft Abstand zu halten, ohne etwas zu übersehen, er vermeidet das Anstößige, das Zunahetreten und die Verletzung der Intimsphäre des jungen Menschen. Der pädagogische Takt hilft auch, die vom Jugendlichen auf Zeit gesuchte Distanz auszuhalten, einmal nicht dem »Beobachtungswahn« zu folgen, der alles registrieren und kontrollieren will. Die Euphorie kommunikativer Methoden darf nicht zur erdrückenden Umarmung werden. Der Erzieher hat die Eigenständigkeit und Eigensinnlichkeit, die Unverständlichkeit und Undurchsichtigkeit der handelnden Subjekte, die im pädagogischen Umgang aufeinandertreffen und an deren Entschlüsselung, Sichtbarmachung und zukünftiger Gestaltung prozeßhaft zu arbeiten ist, zunächst anzuerkennen. Diese Haltung hebt die Verpflichtung der (juristischen) Garantenpflicht nicht auf.

Die Auseinandersetzung mit suizidalen Verhaltensweisen erfolgt im Heim, einem Ort, in dem mit mehreren jungen Menschen zusammengelebt wird. Das bedingt, daß die Bezugsgruppe des Jugendlichen mit ihren jeweils individuellen Bezügen zum Handelnden kurz- oder langfristig - abhängig von der Einschätzung des Gruppenklimas durch den Erzieher - in den Aufarbeitungsprozeß mit einzubeziehen ist. Durch die Praxis ist belegt, daß eine große Anzahl von Suizidenten in Krisensituationen sich eher zunächst einem Gleichaltrigen anvertrauen, denn daß sie sich einem Erwachsenen offenbaren. Findet eine solche Wahl der Bezugsperson in einer Heimgruppe statt, so wäre es die Aufgabe des Erziehers, dies durch Beratung zu unterstützen, ohne sich in seinem Status verletzt zu fühlen und seine generelle Grundhaltung der personalen Verfügbarkeit aufzugeben (KALAFAT, ELIAS, 1994, 1995). Durch Ermutigungen können Freundschaften einen Beitrag leisten bei der Aufarbeitung von Verletzungen aus früheren Beziehungserfahrungen. Die Freiwilligkeit und Offenheit von Freundschaftsbeziehungen spricht die Autonomieanteile im Individuum an, die authentischen Erlebnisqualitäten zur Realisierung verhelfen. Freundschaften konstituieren sich durch gegenseitige Anerkennung und Respektierung der Person, sie bieten eine Möglichkeit der Weiterentwicklung von Individualität durch Sozialität (NÖTZOLDTZ-LINDEN, 1996). Nach einer suizidalen Handlung sollten die Gruppenmitglieder nicht in einer Gruppensitzung mit dem Geschehen konfrontiert werden, eine unmittelbare Ansprache durch den Bezugserzieher ist notwendig und erhöhte Aufmerksamkeit geboten, damit nicht Suizidphantasien Raum greifen (Werthereffekt). Schuldgefühle, Ängste, Realitätsverleugnungen, acting-out müssen verstanden und aufgelöst werden. SHNEIDMAN (1972) verweist in diesem Zusammenhang auf die besondere Rollenerwartung an den Pädagogen: seiner Beobachtung nach orientieren sich junge Menschen mehr in ihrem (verunsicherten) Verhalten in suizidalen Kontexten an Erwachsenen, denn an dem Ereignis.

Für die Gestaltung von Lebensentwürfen ist es sinnvoll, sich mit Sterben und Tod auseinanderzusetzen. So können auch ohne konkreten Anlaß in Gruppengesprächen und Theaterspielen als Angebote »sozialen Lernens«, auch im Rückbezug auf die Thematisierung von suizidalen Vorstellungen in der Pop-Kultur folgende Lernziele erarbeitet werden:

- Diskussion von Formen des Risikoverhaltens und die Sozialverträglichkeiten (unbeabsichtigter) Nebenwirkungen.
- Thematisierung von krisenhaften Lebenssituationen, wie z.B. Tod, Sterben, Trauer und Suizid, mit dem Ziel, Jugendliche darüber aufzuklären, daß Ambivalenzen und Probleme dem Leben immanent und zu bewältigen sind;
- Vermittlung von Einfühlungsvermögen in die psychische Situation des Suizidanten;
- Abbau von Vorurteilen gegenüber suizidalem Verhalten;
- Sensibilisierung für die Signale der Suizidanten, Trainieren von Hilferuf-Wahrnehmung;
- unterschiedliche Stufen des suizidalen Prozesses auch als Prozeß der Vereinsamung und der Verzweiflung wahrzunehmen und
- Ermutigung, Personen in psychischen Konfliktsituationen anzusprechen.

Im Prinzip können diese Themen auch in die Zusammenarbeit mit den Eltern und anderen Konfliktpartnern einfließen, wobei dann das Familiensystem und seine Verwendungen durch das suizidale Verhalten, seine Neutralisierungstechniken in einer Biographiearbeit (BURGHEIM, 1994) Eingang finden müssen.

Der Praktiker sollte fähig sein - oder sich darum bemühen -, Verhalten und Erleben der eigenen Person und das seiner Umwelt im Zusammenhang von Leben-Sterben-Tod zu reflektieren, die Themenbereiche in sein Leben zu integrieren. Dazu gehört, daß er die (möglichen) eigenen Vorerfahrungen, die subjektiven und gesellschaftlichen Vor-Urteile, Werte und Normen als Themenkomplex und die eigene Betroffenheit erkennt und nach Umgangsmöglichkeiten damit sucht. Unausgesprochene und in weiten Bereichen irrationale Ängste (z.B. Angst vor der eigenen Ohnmacht, vor Aggressionen, Todesangst) dürfen die alltägliche und kontinuierliche Arbeit nicht beeinträchtigen. Gefragt ist ein Wissen um eigene Ressourcen (Stärken) und Rückzugsmöglichkeiten, ein erfahrungsgesättigtes und reflektiertes Wissen über die eigenen Kompetenzen und die Möglichkeit von Supervision. Die Psychohygiene und strukturelle Unterstützung ist ausgerichtet auf die Selbstwahrnehmungsprozesse und Arbeitsorganisationsformen des Pädagogen. Interdisziplinäre Zusammenarbeit (und die Befähigung dazu), eine Haltung (fragen und schwach sein dürfen; HELLER, 1994; KÖHLE, 1986) sowie Kooperationshilfen und Arbeitsentlastung/ arbeitsorganisatorische Änderungen gelten als Streß- und Entfremdungsprophylaxen für ein personalisiertes, kommunikatives Hilfeverständnis.

Die sozialpädagogische Aufgabe in der Suizidprophylaxe läßt sich dahingehend zusammenfassen: Alles, was Menschen hilft, ihre Identität zu finden und zu bejahen, das hält im Leben und wirkt gegen die Ausbreitung der Suizidalität. Alles, was dazu dient, uns Menschen durch Lebensbeziehungen miteinander zu verbinden und diese zu fördern, das schafft Sinn im Leben und verhindert Suizidalität. Es geht

um »einen Horizont von Hoffnung über einem Meer von Hoffnungslosigkeit« (Benjamin, 1987) als Antwort auf die prozeßhaft zustande gekommene Todessehnsucht.
Und: »Die Abschaffung des Leidens oder dessen Milderung bis hin zu einem Grad,
der theoretisch nicht vorwegzunehmen, dem keine Grenze anzubefehlen ist, steht
nicht bei dem einzelnen, der das Leid empfindet, sondern allein bei der Gattung, der
er dort noch zugehört, wo er subjektiv von ihr sich lossagt und objektiv in die absolute Einsamkeit des hilflosen Objekts gedrängt wird« (Adorno, 1991).

Literatur

Adorno, Th. W.: Minima moralia. Reflexionen aus dem beschädigten Leben. Frankfurt/M.
    1991
Améry, J.: Hand an sich legen. Stuttgart 1976
Aristoteles: Die Nikomachische Ethik. München u.a. 1991
Baechler, J.: Tod durch eigene Hand. Eine wissenschaftliche Untersuchung über den Selbst-
    mord. Frankfurt/M./Berlin/Wien 1981 (dt. Übersetzung)
Bagley, C.: The prevalence and mental health sequels of child sexual abuse in a community
    sample of women aged 18 to 27. In: Canadian Journal of Community Mental Health, 10,
    1991, S. 103-116
Bagley, C.; Wood, M.; Young, L.: Victim to abuser: Mental health and behavioural sequels
    of child sexual abuse in a community survey of young adult males. In: Child Abuse and
    Neglect, 18, 1994, S. 683-697
Bagley, C.; Ramsay, R.: Suicidale Behaviour in Adolescents and Adults, Hants, Ashgate Pu-
    blishing Limited, 1997
Barradough, B. M.; Hughes, J.: Suicide, Chemical And Epidemiological Studies. London/
    Groom-Helm 1987
Barry, R. L.: Breaking the thread of life. On rational suicide. New Brunswick, Transaction
    Publishers, 1994
Baumann, U.: Überlegungen zur Geschichte des Suizides. In: Signori, G. (Hrsg.): Trauer,
    Verzweiflung und Anfechtung. Tübingen 1994, S. 311-340
Beauchamp, T. L.; Childress, J. F.: Principles Of Biomedical Ethics. New York/Oxford 1979
Biener, K.: Ursachen und Auslöser von Selbstmorden und Selbstmordversuchen Jugendli-
    cher. In: Caritas, 55, 1978, S. 1752-1758
Black, D. W.; Winokur, G.: Suicide and psychiatric diagnosis. In: Blumenthal, S. J.; Kup-
    fer, D. J. (Hrsg.): Suicide over the life cycle: Risk factors, assessment and treatment of
    suicidal patients. Washington, American Psychiatric Press, 1990, S. 135-153
Boldt, M.: Normative evaluations of suicides and death. A cross generational study. Omega
    Journal of Death and Dying, 13, 1982, S. 145-157
Bottke, W.: Suizid und Strafrecht. Berlin-München 1982
Bourdieu, P.: Ökonomisches Kapital, kulturelles Kapital, soziales Kapital. In: Kreckel, R.
    (Hrsg.): Soziale Ungleichheit. Göttingen 1989, S. 183-198
Bringewat, P.: Die Strafbarkeit der Beteiligung an fremder Selbsttötung als Grenzproblem
    der Strafrechtsdogmatik. In. Zeitschrift für die gesamte Strafrechtswissenschaft, Bd. 87.
    Berlin-New York 1975, S. 623 ff.
Bundesministerium für Vertriebene (Hrsg.): Dokumentation der Vertreibung der Deutschen
    aus Ost-Mitteleuropa, Bd. I/1 und Bd. I/2. Bonn 1954
Busch, M.: Suizidprophylaxe - ein Tabu oder Aufgabe der Jugendhilfe. In: Unsere Jugend,
    42, 1990, S. 442-445
Casper, J.L.: Beiträge zur medizinischen Statistik und Staatsarzneikunde. Berlin 1825
Choron, J.: Suicide. New York, Charles Scribner's Sons, 1972

CIOMPI, L.: Affektlogik: Über die Struktur der Psyche und ihre Entwicklung; ein Beitrag zur Schizophrenieforschung. Stuttgart 1994

COLLA, H. E.: Emotionen und suizidale Handlungen von Jugendlichen. In: SCHUMANN, R.; STIMMER, F. (Hrsg.): Soziologie der Gefühle. München 1987, S. 156-170

COLLA, H. E.; KARUSSEIT, K.-H.: Jugend und Aids. Aidsprävention und Aidsbewältigung in stationären Einrichtungen der Jugendhilfe. Lüneburg 1990

COLT, G. H.: The enigma of suicide. Summit Books. New York 1991

CUTTER, F.: Art and the wish to die. Nelson-Hall Inc. Publishers. Chicago 1983

DAHRENDORF, R.: Lebenschancen. Anläufe zur sozialen und politischen Theorie. Frankfurt/M. 1979

DOUGLAS, J. D.: The Social Meaning Of Suicide, Princeton University Press. Princeton/New Jork 1967

DURKHEIM, E.: Der Selbstmord. Berlin 1973 (dt. Übersetzung)

ERLEMEIER, N.: Todesfurcht - Ergebnisse und Probleme. In: Zeitschrift für Gerontologie, 11, 1978, S. 681-692

FABEROW, N. L.; SHNEIDMAN, E. S.: The cry for help. London 1961, Mc Graw Hill

FAUST, W.: Suizidale Impulse und Suizidversuche bei Schülern. In: Jochmus, Förster (Hrsg.): Suizid bei Kindern und Jugendlichen. Stuttgart 1983

FLECHTER, J.: In Verteidigung des Suizids. In: ESER, A. (Hrsg.): Suizid und Euthanasie als human- und sozialwissenschaftliches Problem. Stuttgart 1976, 233-244

FRANZKOWIAK, P.: Kleine Freuden, kleine Fluchten. Alltägliches Risikoverhalten und medizinische Gefährdungsideologie. In: WENZEL, E. (Hrsg.): Die Ökologie des Körpers. Frankfurt a.M. 1986, S. 121-174

FREUD, S.: Trauer und Melancholie, GEW X: 1916, 428-466

GAUPP, R.: Über den Selbstmord. München 1910

GIDDENS, A.: The transformation of intimacy. Polity Press. Cambridge 1992

GIDDENS, A.: Jenseits von Links und Rechts. Frankfurt/M. 1997

GORES, R.: Suizid als Problemlösung. Eine Fokaltheorie suizidalen Handelns. Düsseldorf 1981

HABERMAS, T.; ROSEMEYER, H.P.: Kognitive Entwicklung und Todesbegriff. In: SEIFFGE-KRENKE, I. (Hrsg.): Krankheitsverarbeitung bei Kindern und Jugendlichen. Jahrbuch der Medizinischen Psychologie, Bd. 4. Berlin, Heidelberg, New York 1990, S. 263-279

HALBWACHS, M.: Les causes du suicide. Paris 1930, alcan

HAVIGHURST, R. J.: Suicide and Education. In: Shneidman, E. S. (Hrsg.): On The Nature Of Suicide. San Francisco/Washington/London 1973, Jossey-Bass-Publishers, S. 53-67

HAWTON, K.; FAAG, J.: Suicide And Other Causes Of Death Following Attempted Suicide. In: British Journal Of Psychiatry 152: 1988, 359-366

HEFTI-SCHAFFER, M. S.: Selbstmord: Ein menschliches Phänomen. Zentralstelle der Studentenschaft. Zürich 1986

HELLER, A.: Sterbebegleitung und Bedingungen des Sterbens. In: ders. (Hrsg.): Kultur des Sterbens. Freiburg i.Br. 1994, S. 33-69

HELSPER, W.; BREYVOGEL, W.: Selbstkrise, Suizidmotive und Schule: Zur Suizidproblematik und ihrem historischen Wandel in der Adoleszenz. In: Z.f.Päd. 35 (1), 1989, S. 23 ff.

HENSELER, H.: Narzißtische Krisen. Zur Psychodynamik des Selbstmordes. Reinbek 1974

HENSLIN, J.M.: Suicide and Significant Others. In: HENSLIN, J.M. (Hrsg.): Down to Earth Sociology. New York 1972, S. 305-315

HOLDEREGGER, A.: Der Suizid. Humanwissenschaftliche Ergebnisse, anthropologische Grundlagen. Freiburg 1979

HONNETH, A.: Kampf um Anerkennung. Frankfurt a.M. 1994

Holinger, P.; Offer, D.: Prediction of adolescent suicide: A population model. In: American Journal of Psychiatry, 1982, S. 302-307

HUMPHRY, D.; WICKETT, A.: The right to die. Understanding euthanasia Eugene, The Hemlock Society, 1990

JACOBS, J.: Selbstmord bei Jugendlichen. München 1974 (dt. Übersetzung)

JASPERS, K.: Der philosophische Glaube angesichts der Offenbarung. München 1962

JOSEPHUS, FLAVIUS: Geschichte des Jüdischen Krieges. Wiesbaden 1977

KALAFAT, J./ELIAS, M.: An evaluation of a school-based suicide awarness intervention. In: Suicide and Life Threatening Behaviour, 24, 1994, S. 224-233

KALAFAT, J./ELIAS, M.: Suicide prevention in an educational context. In: Suicide and Life Threatening Behaviour, 25, 1995, S. 123-133

KEUPP, H.: Ambivalenzen postmoderner Identität. In: Beck, U.; Beck-Gernsheim, E. (Hrsg.): Riskante Freiheiten. Frankfurt u.a. 1994, S. 337-350

KOBLER, A. L.; STOTLAND, E.: The end of hope. A social clinical study of suicide. New York 1964, Free Press

KÖHLE, K.: Zum Umgang mit unheilbar Kranken. In: Psychosomatische Medizin. München 1986, S. 1203-1252

LAUTERBACH, M.: Suizidales Verhalten bei Kindern und Jugendlichen. Diss. med. Berlin 1976

LEMPP, R.: Ehescheidung und psychische Störungen bei Kindern. In: REMSCHMIDT, H. (Hrsg.): Psychopathologie der Familie und kinderpsychiatrische Erkrankungen. Bern 1980, Huber, 106-117

LENNINGS, C.: A cognitive understanding of adolescent suicide. In: Genetic, Social And General Psychology Monography, 120, 1992, S. 287-307

LINDEN, K. J.: Der Suizidversuch. Versuch einer Situationsanalyse. Stuttgart 1969

LÜDKE, C.: Zur Kritik von Erklärungsansätzen für Selbsttötungshandlungen. Lünen 1992

MARIS, R.: Social forces in urban suicide. Homewood, Dorsey Press, 1969

MENNEMANN, H.: Sterben lernen heißt leben lernen. Sterbebegleitung aus sozialpädagogischer Perspektive. Münster 1998

MENNINGER, K.: Men against himself. New York 1938, Harcourt and Brace, dt. 1974

MINOIS, G.: Geschichte des Selbstmordes. Düsseldorf/Zürich 1996 (frz. 1995)

MÜLLER, H.: Suizid bei Kindern und Jugendlichen. In: Therapie der Gegenwart, 114, 7, 1975, S. 1055-1068

NISSEN, G.: Suizid und Suizidalität bei Kindern und Jugendlichen. In: Der Kinderarzt, 6. Jg. Nr. 1, 2, 3, 1975, S. 131-132, S. 269-271

NOHL, H.: Jugendwohlfahrt. Sozialpädagogische Vorträge. Leizig 1927

OEVERMANN, U.: Theoretische Skizze einer revidierten Theorie professionellen Handelns. In: COMBE, A.; HELSPER, W. (Hrsg.): Pädagogische Professionalität. Frankfurt a.M. 1996, S. 70-182

PINGUET, M.: Der Freitod in Japan; ein Kulturvergleich. Berlin 1992 (frz. 1984)

PLATON: Phaidon. Darmstadt 1974

POHLMEIER, H.: Selbstmord und Selbstmordverhütung. München/Wien/Baltimore 1978

POLIAKOV, L.: Geschichte des Antisemitismus, Bd. I und II. Worms 1978

RAMB, W.; COLLA, H.E.: Menschliche Würde in der Lebensphase natürlicher Abhängigkeit. In: BORSI, G.M.: Die Würde des Menschen im psychiatrischen Alltag. Göttingen 1989, S. 48-57

REMSCHMIDT, H.: Suizidhandlungen im Kindes- und Jugendalter, Therapie und Prävention. In: Praxis der Kinderpsychologie und Kinderpsychiatrie, 31, 1982, S. 35-40

RINGEL, E.: Der Selbstmord - Abschluß einer krankhaften psychischen Entwicklung. Mandrich/ Wien 1953

RINGEL, E.: Neue Gesichtspunkte zum präsuizidalen Syndrom. In: RINGEL, E. (Hrsg.): Selbstmordverhütung. Bern/Stuttgart/Wien 1969

RINGEL, E.: Selbstmord bei Jugendlichen. In: SPECK, O.; MARTIN, K. R. (Hrsg.): Sonderpädagogik und Sozialarbeit. Berlin 1990

Ross, C. P.: »Teaching children the Facts of Life and Death. Suicide Prevention in the Schools. In: Peck, M. C.; Faberow, N. L.; Litman, R. E. (Eds.): Youth Suicide. New York, Springer 1985

Rost, H.: Bibliographie des Selbstmordes. Augsburg 1927

Rotheram-Borus, M.: Suicidal behaviour and risk factors among runaways youths. In: American Journal of Psychiatry, 1993, 103-107

Rubinstein, J. L.: Suicidal Behaviour in 'Normal' Adolescents. Risk and Protective Factors. In: American Journal of Orthopsychiatry, 1989, 59-71

Runeson, B. S.: Youth Suicides Unknown To Psychiatric Care Providers. In: Suicide And Life Threatening Behaviour, 22: 1992, 494-503

Savin-Williams, R.: Verbal and physical abuse in the lives of lesbian, gay male and bisexual youth: Associations with school problems, running away, substance abuse and suicide. In: Journal of Consulting and Clinical Psychology, 62, 1994. S. 261-269

Schabacker, P.: Der Suizid im höheren Lebensalter unter Einbeziehung kommunikationstheoretischer Überlegungen. In: Faust, W.; Wolfersdorf, M.: Suizidgefahr. Stuttgart 1984, S. 151-159

Schmidtke, A.; Häfner, H.: Suizide und Suizidversuche im Kindes- und Jugendalter. In: Specht, F.; Schmidtke, A.: Selbstmordhandlungen. Regensburg 1986

Schmidtke, A.: Verhaltenstheoretisches Erklärungsmodul suizidalen Verhaltens. Regensburg 1988

Schmidtke, A.: Suizid und Suizidversuchsraten in Deutschland. In: Wolfersdorf, M.; Kaschka, W.P. (Hrsg.): Suizidalität. Berlin-Heidelberg-New York 1995, S. 17-32

Shaffer, D.; Caton, C.: Runaway and Homeless Youth in New York City. Unpublished manuscript, College of Physicians and Surgeons of Columbia University, New York State Psychiatric Institute, 1984

Shapiro, J.; Wynne, E.: Adolescent alienation: Evaluating the hypotheses. In: Social Indicators Research, 10, 1982, S. 423-435

Shneidman, E. S.; Faberow, N. (Hrsg.): Clues To Suicide. New York/Mc-Graw Hill, 1957

Shneidman, E. S.; Faberow, N. L. (Eds.): The logic of suicide. In: Shneidman, E. S.; Faberow, N. L. (Eds.): Clues To Suicide. New York/Mc-Graw Hill, 1957, 31-40

Shneidman, E. S.: Death and the college student. Behavioral Publications. New York 1972

Signori, G. (Hrsg.): Trauer, Verzweiflung und Anfechtung. Selbstmord und Selbstmordversuche in mittelalterlichen und frühneuzeitlichen Gesellschaften. Tübingen 1994

Singer, U.: Massenselbstmord. Zur Phänomenologie und Psychodynamik. Stuttgart 1980

Smith, K.; Crawford, S.: Suicidal behaviour among 'normal' high school students. In: Suicide and Life Treatening Behaviour, 10, 1989, S. 313-325

Sperber, M.: Zur Analyse der Tyrannis. Europa Verlag. Wien 1975

Stengel, E.: Selbstmord und Selbstmordversuch. Frankfurt a.M. 1969

Stober, B.: Kinder aus geschiedenen Ehen. In: Zeitschrift für Kinder- und Jugendpsychiatrie, 8, 1980, S. 79-92

Stone, N.: Parental Abuse As A Precauser Of Childhood Onset Of Depression And Suicide. In: Child Psychiatry And Human Development: 1992, S. 34-41

Sturma, D.: Person und Zeit. In: Forum für Philosophie Bad Homburg (Hrsg.); Zeiterfahrung und Personalität. Frankfurt/M. 1992, S. 123-157

Taylor, Ch.: Das Unbehagen in der Moderne. Frankfurt a.M. 1995

Thiersch, H.: Lebenswelt und Moral. Weinheim-München 1995

Thoits, P.A.: Negotiating roles. In: Crosby, F. J. (Hrsg.): Sponse, Parent, Worker. New Haven 1987, S. 11-22

Van Egmond, M.; Garnefski, N.; Jonker, D.; Kerkhof, A.: The relationship between sexual abuse and female suicidal behaviour. In: Crisis, 14, 1993, S. 129-139

WAGNER, A. W.; LINEHAN, M. M.: Relationship Between Childhood, Sexual Abuse And Topography Of Parasuicide Among Women With Borderline Personality Disorder. In: Journal Of Personality Disorder 29 (3): 1993, 247-259

WEDLER, H.L.: Freitod oder Selbstmord? Bestandsaufnahme - eine kontroverse Suizidprophylaxe, 13, 1986, S. 141-154

WERTH, J. L.: Rational Suicide? Implications for Mental Health Professionals. Washington, Taylor and Francis, 1996

WIENDIECK, G.: Zur appellativen Funktion des Suizidversuchs, Diss. Köln 1972

WILLEMSEN, R. (Hrsg.): Der Selbstmord in Berichten, Briefen, Manifesten, Dokumenten und literarischen Texten. Köln 1986

WITTGENSTEIN, L.: Schriften 1. Frankfurt/M. 1969

WOLFERSDORF, M.: Suizidalität - Begriffsbestimmung und Entwicklungsmodelle suizidalen Verhaltens. In: WOLFERSDORF, M.; KASCHKA, W.P. (Hrsg.): Suizidalität. Berlin-Heidelberg-New York 1995, S. 1-16

ZIEGLER, J.: Die Lebenden und der Tod, Neuwied/Berlin 1979

Hans-Joachim Plewig

Belastetes Erwachsenwerden –
Abweichendes Verhalten Jugendlicher
Herausforderung für Pädagogik, Jugendrecht und Jugendpolitik

Burdened by Problems

Adolescence is becoming an increasing strain. The general lack of orientation is severely influenced by ‚»loss of labour«. Youth unimployment does influence behaviour, last but not least deviance and social control. The real risks are produced by society. Individual intervention approaches do lack primary legitimation. If we do not find a general solution for the integration of young generations they will demand a »price«. A time-bomb is ticking.

1. Erkenntnisleitende Gedanken

Es dürfte allgemeine Übereinstimmung bestehen, daß es für junge Menschen grundsätzlich nicht einfach ist, den Übergang von der Kindheit ins Erwachsenenleben zu finden. Warum also heute über "belastetes Erwachsenwerden" reden? Haben es Kinder nicht heutzutage so gut wie nie zuvor? Stellt ihnen die Gesellschaft nicht einen immer ausgedehnteren Schonraum zur Verfügung, in dessen Schutz sie, materiell gut versorgt, privilegierter denn je leben und genießen können? Gibt das, was wir an abweichendem Verhalten, gar an Jugendkriminalität beobachten können, andererseits Anlaß zur Sorge? Welche Merkmale kennzeichnen die gegenwärtige Situation junger Menschen, speziell derjenigen, die der Gesellschaft mit ihrem Verhalten Schwierigkeiten bereiten?

Mein Beitrag geht von der Fragestellung aus, ob die heutige Jugend(phase) besonders „risikobehaftet,, ist. Er spielt damit auf den von ULRICH BECK in seiner vielbeachteten Untersuchung eingeführten Begriff der »Risikogesellschaft« an. Das Untersuchungsergebnis wirft erziehungswissenschaftliche und bildungspolitische Fragen auf. Sie gewinnen im Konfliktbereich des Jugendstrafrechts besondere Bedeutung. Deshalb muß sich der Staat fragen lassen, was er – zumindest als sekundäre Reaktion – für diejenigen unternimmt, die sich »in besonders schwierigen Lebenslagen« befinden. Das 1990 geänderte Jugendgerichtsgesetz (JGG) und das im gleichen Jahr in Kraft getretene Kinder- und Jugendhilfegesetz (KJHG) dürfen als Indikatoren dafür gewertet werden, welches gesellschaftliche Interesse an dem davon betroffenen Personenkreis besteht.

Um das Thema in seiner Spannbreite zu illustrieren, stehen zwei autobiographische Zeugnisse am Anfang: »Liebster Vater, Du hast mich letzthin einmal gefragt, warum ich behaupte, ich hätte Furcht vor Dir. Ich wußte Dir, wie gewöhnlich, nicht zu antworten, zum Teil eben aus der Furcht, die ich vor Dir habe, zum Teil deshalb, weil zur Begründung dieser Furcht zu viele Einzelheiten gehören, als daß ich sie im Reden halbwegs zusammenhalten könnte…. Dir hat sich die Sache immer sehr einfach dargestellt, wenigstens soweit Du vor mir und, ohne Auswahl, vor vielen anderen davon gesprochen hast. Es schien Dir etwa so zu sein: Du hast Dein ganzes Leben lang schwer gearbeitet, alles für Deine Kinder, vor allem für mich geopfert, ich habe infolgedessen »in Saus und Braus« gelebt, habe vollständige Freiheit gehabt zu lernen, was ich wollte, habe keinen Anlaß zu Nahrungssorgen, also zu Sorgen überhaupt gehabt; Du hast dafür keine Dankbarkeit verlangt, Du kennst »die Dankbarkeit der Kinder«, aber doch wenigstens irgendein Entgegenkommen, Zeichen eines Mitgefühls; statt dessen habe ich mich seit jeher vor Dir verkrochen, in mein Zimmer, zu Büchern, zu verrückten Freunden, zu überspannten Ideen; offen gesprochen habe ich mit Dir niemals, ...nie Familiensinn gehabt, um das Geschäft und Deine sonstigen Angelegenheiten habe ich mich nicht gekümmert, die Fabrik habe ich Dir aufgehalst und Dich dann verlassen...«

Mit diesen Worten beginnt FRANZ KAFKA einen Brief an seinen Vater. KAFKA rechnet darin mit seinem Vater ab, schildert die – zumindest so empfundenen – Wunden, die er ihm zugefügt habe. Der Autor, das dürfte bereits an den ersten Zeilen erkennbar geworden sein, konnte der übermächtigen Figur des Vaters nicht entrinnen, jene Persönlichkeit warf einen langen, tiefen Schatten auf das eigene Leben. Der junge Mann erlangt nicht die Anerkennung des älteren, des (Über-)Vaters. Die tiefgreifende Sehnsucht, es doch immer wieder zu schaffen, mündet in zahlreiche Versuche. Sie alle scheitern.

Jetzt ein anderes Jugendschicksal: »Meinen Vater habe ich nie kennengelernt. Meine Mutter ärgert sich noch heute, daß er nie Unterhaltsgeld geschickt hat. Die hat eigentlich immer gearbeitet. Ich war dann im Tagesheim, bis ich gegen 5 Uhr nach Hause mußte. Erst hat Oma noch mit für mich gesorgt. Als die starb, war ich oft abends allein zu Hause. Mit der Polizei hatte ich erstmals Ärger, da war ich etwa 8 Jahre alt. Ich weiß das noch, weil ich bald danach ins Heim kam. Da bin ich nicht lange geblieben. Die größeren (Jungen) haben mich, für die mußte ich alles tun. Ich mußte dann in ein anderes Heim. Da waren die Erzieher netter, aber die konnten auch nichts machen, wenn andere Jungens mir Geld abnahmen, mich schlugen, mich immer wieder zwangen. Damals fing ich an wegzulaufen. Ich wußte, daß es am Hauptbahnhof Möglichkeiten gab, zu Geld zu kommen. Ich kannte auch einen Mann, bei dem ich wohnen konnte. Doch den hat die Polizei abgeholt. Ich kam wieder in ein Heim, haute aber gleich wieder ab. Gewohnt habe ich an verschiedenen Stellen, mal bei Freunden, mal in Kellern, mal in Hotels. Geld hatte ich eigentlich immer. Eines Tages bekam ich in der Clique zum ersten Mal Haschisch. Das nahm ich öfter; eines Tages drückte ich auch. Dann ging es schnell weiter. Mit 15 war ich zum ersten Mal in der Klinik. Aber das hat nichts gebracht. Ich war noch längst nicht so weit, daß ich damit aufhören wollte. Eine Zeitlang lebte ich in einer Wohngemeinschaft auf dem Lande. Aber da mußten wir alle weg, und ich hatte meine erste Verhandlung, wegen Kfz.-Diebstahl und wegen Autoradios. Nun sitze ich hier (in Untersuchungshaft), weil ich einer Frau die Handtasche weggerissen habe«.

Der 15jährige Bernd sitzt wegen des Verdachts des Raubes mit schwerer Körperverletzung in Untersuchungshaft. Bernd hat seine Schulkarriere mit der 6. Klasse beendet. Persönliche Bindungen hat er nicht. Arbeit wird ihm kaum zur Verfügung stehen, allenfalls hin und wieder ein Job. Er muß sich seinen Lebensunterhalt selbst verdienen. Das kann er, wenngleich nicht auf legale Weise. Seine Gesundheit ist angegriffen. Zur Zeit und auf absehbare Zeit wird sich der Strafvollzug seiner annehmen. Dort muß er einen hohen Preis zahlen. Die Subkultur der Anstalt kennt klare Hierarchien, kennt Drogen, Alkohol, Spiel, Sex – nicht zur Unterhaltung, sondern zur Ausbeutung der Schwächeren.

Soweit zwei biographische Zeugnisse. Sie sollen den Horizont des hier zu erörternden Problems andeuten: Zunächst der bürgerliche Sohn, der den Konflikt mit dem übermächtigen Vater nicht bewältigt hat. Die seelischen Wunden, die er erfuhr, prägen auch sein Erwachsenenleben unauslöschlich. Dann das Kind aus der sog. Unterschicht. Sein Leben stellt sich in anderer Hinsicht als aussichtslos dar. Weder haben unterstützende Beziehungen ihm Halt gegeben, noch hat ihm die Schule eine hinreichende Ausbildung vermittelt. Um zu überleben, wählt er mehr oder weniger zwangsläufig illegale Mittel.

Belastetes Erwachsenwerden betrifft alle sozialen Schichten. Wenn ich mich im folgenden nur Kindern und Jugendlichen aus sozial benachteiligten Familien zuwende, so deshalb, weil ihre Belastung wiederum die Gesellschaft belastet. Seit es das gibt, was wir »Jugendalter« oder »Jugendphase« nennen, haben die Erwachsenen Ärger mit den Jugendlichen, müssen sie sich »Sorgen um die Jugend« machen. Aber haben »die Erwachsenen« sich den Ärger nicht selbst zuzuschreiben? Denn:

* sie machen es vielfach ihren Kindern, ganz individuell betrachtet, schwer, angstfrei, selbstbewußt und – zunehmend – gleichberechtigt ins Erwachsenenleben hineinzuwachsen;
* sie, »die Erwachsenen«, haben in den letzten zwei Jahrhunderten nicht nur in unserem Kulturkreis eine Welt geschaffen, von der nur noch naive Optimisten behaupten, sie verheiße eine sichere Zukunft.

Oder liegt es nicht doch an den Jugendlichen selber, wenn sie ihr Dasein als Belastung erleben?

* Überschreiten sie nicht mutwillig auch großzügig gezogene Grenzen?
* Überfordern sie nicht die ohnehin schon strapazierte Toleranz?

Dieser scheinbare Widerspruch macht allgemeine »Betrachtungen über die Jugend« grundsätzlich fragwürdig. Allzu sehr besteht die Gefahr, daß Äußerungen das Niveau des sog. Stammtisches nicht überschreiten. Denn worauf beruhen unsere Stellungnahmen? In der Regel auf persönlichen Erfahrungen. Und die sind subjektiv gefärbt, hängen von den konkreten Kontakten und den Maßstäben ab, mit denen sie verarbeitet werden. Ist das bei einem Wissenschaftler anders? Können wir sog. Jugendforschern mehr trauen? Das hängt nicht zuletzt von ihrem methodologischen Instrumentarium, der Redlichkeit der Fragestellung und der Legitimität ihrer Schlußfolgerungen ab. Selten beruhen derartige Aussagen über Jugendliche auf längeren, wiederholten Begegnungen, mithin auf einer nachvollziehbaren plausiblen Basis. Statt dessen sind die meisten Materialien von einem vordergründigen zweck-instrumentalen Interesse geprägt (vgl. PLEWIG 1997).

Die folgenden Ausführungen stehen dementsprechend unter dem Vorbehalt, sie aus einer bestimmten Perspektive heraus zu formulieren. Sie besagt, daß die Adressaten von Jugendhilfe und Jugendstrafrecht zu den besonders belasteten jungen Menschen zählen. Wenn von Freiheit und Chancen die Rede ist, dann muß teilweise eher von der Zumutung der Freisetzung (vgl. ARBEITERWOHLFAHRT, S. 13) gesprochen werden. Für mich steht außer Frage, daß der Zeitraum vor dem eigentlichen Erwachsenenstatus eine Belastung darstellt (und wahrscheinlich nicht einen hilfreichen, produktiven »Schonraum«). Diese Belastung drückt sich u.a. in sog. abweichendem Verhalten aus.

2. Belastetes Erwachsenwerden – das Risiko der Jugendphase

Welche gesellschaftlichen Faktoren spielen nun beim Erwachsenwerden heute eine Rolle? Da sind als erstes die veränderten Arbeitsbedingungen zu nennen, die zu einer wachsenden Entfremdung führen. Als Stichworte seien genannt:

- Statt vertraglich geregelter, betrieblich organisierter »lebenslanger Ganztagsarbeit« gibt es immer mehr flexible Arbeitsverträge (zeitlich begrenzt, freie Mitarbeit, Subunternehmer auf eigenes Risiko).
- Zunehmende hochgradige Spezialisierung, Arbeitsplätze mit hohem Qualifikationsniveau nehmen zu, alle Formen von einfach strukturierten Tätigkeiten drastisch ab.

Der zweite bedenkenswerte Faktor sind die auch von dem Wandel im Arbeitsleben geprägten heutigen Familienstrukturen. Die Familien erweisen sich weniger stabil denn je, die Scheidungsraten steigen, viele Elternteile, vor allem Frauen, müssen ihre Kinder allein erziehen. Der Druck auf die Familienmitglieder wächst durch die moderne, emotionalisierte Kleinfamilien-Konstellation; diese wird verstärkt durch die Belastungen, die im Arbeitsbereich bestehen bzw. durch Auswirkungen der direkten oder indirekten Erfahrung von Arbeitslosigkeit. Indikator für derartige Belastungen ist der Konsum bzw. Mißbrauch von Pharmaka, Alkohol und sonstigen Drogen, der millionenfach belegt ist. – BECK arbeitet noch ein weiteres Merkmal der modernen Familie heraus: er nennt sie »Verhandlungsfamilie auf Zeit« und bezeichnet damit den Verlust an Verläßlichkeit von Ort und Dauer für die Beteiligten (1986, S. 209).

Von eminenter Bedeutung ist speziell die Jugendarbeitslosigkeit, der man vergeblich durch weitere schulische Qualifizierungen – sog. Warteschleifen – zu begegnen versucht. Dadurch, nämlich durch höhere Qualifikationsanforderungen wie durch Sondermaßnahmen angesichts der Arbeitslosigkeit, zwingt die Gesellschaft der Jugend ein immer länger werdendes Verweilen im »Schonraum« auf – junge Menschen verfügen über immer mehr unkontrollierte Zeit und über mehr oder weniger viel Geld, um in dieser Zeit zu konsumieren. Es ist nicht nur ein pädagogisches Problem, wie sie ihre Freizeit ausfüllen. Freizeiterfahrungen erweisen sich mehr denn je als fremdbestimmt. Unsere Kommunikationsgesellschaft schafft Informationen aus zweiter Hand (Fernsehen, Video, Spielhallen). Das zeitigt Folgen für die Phantasie der Jugendlichen, das bewirkt ein spezifisches Bewußtsein von Wirklichkeit. Wie aber soll ein junger Mensch sich unter diesen Bedingungen zu einem Individuum entwickeln, sich zu einer Persönlichkeit entfalten bzw. – um es mit HUMBOLDT zu sagen – »soviel Welt, als möglich ergreifen, und so eng, als er nur kann, mit sich verbinden«? Die Behauptung erscheint zunehmend gerechtfertigt: Er kann es nicht, er schafft es immer weniger. Eine Aussage in dieser Allgemeinheit scheint leicht widerlegbar. Schließlich gelingt es vielen Jugendlichen, Schule und Ausbildung erfolgreich abzuschließen, um anschließend eine bezahlte Tätigkeit aufzunehmen. Meine These bezieht sich auch – vorläufig jedenfalls – auf einen Teil der Jugendlichen, nämlich den der Haupt- und Sonderschüler.

Unter der Überschrift »Geisterbahnhof – Ausbildung ohne Beschäftigung« (BECK, 1986, S. 237) analysiert BECK die Aussichten heutiger Hauptschüler. »Wie empirisch-statistische Analysen zeigen, haben sich im Zuge der Bildungsexpansion in den siebziger Jahren insbesondere die Beschäftigungschancen von Hauptschulabgängern dramatisch verschlechtert. Die Türen zum Beschäftigungssystem sind in diesen unteren Gängen des Bildungssystems durch Umschichtungen und Verdrängungsprozesse sowie betriebliche Rationalisierungsmaßnahmen inzwischen fast vollständig verschlossen« (ebd., S. 239). Pointiert formuliert wird damit der Nur-Hauptschulabschluß zum Ausschlußkriterium, stellt also faktisch keine Zugangsqualifikation mehr dar. »Die Hauptschule verteilt Chancenlosigkeit... Mit dieser Marginalisierungsfunktion verwandelt sich die Hauptschule – wie vorher bereits die Sonderschule – in einen »Aufbewahrungsort« für arbeitslose Jugendliche. Sie ist als bildungsorientierte »Jugendherberge« irgendwo zwischen Straße und Gefängnis angesiedelt« (HILLER, 1988, S. 230). Dieser Sachverhalt trifft auf einen relativ hohen Anteil eines jeden Jahrgangs zu und deutet damit die bereits quantitative Sprengkraft des Problems an. »In diesem Sinne wird den nachwachsenden Generationen im »hidden curriculum« (geheimer Lehrplan) ein Grundkurs in Irrationalität verpaßt, der sie dazu zwingt, an sich selbst, den Erwachsenen oder dem »System« ... zu zweifeln« (BECK, S. 238).

Aufwachsen in heutiger Zeit ist also eindeutig risikobehaftet. Risikobeladen ist die Zukunft für alle Menschen. Aber ein Teil der jungen Generation bleibt (strukturell) dauerhaft aus der Erwerbsgesellschaft ausgegrenzt, ohne daß auch nur annähernd angemessene Kompensationen zur Verfügung stünden. Das legt nahe, daß zumindest bei diesem Personenkreis mit wachsenden Konflikten zu rechnen ist. Dies trifft auch zu, wie die aktuelle Diskussion um den behaupteten Anstieg der »Jugendkriminalität« belegt. Allerdings darf dies nicht zu falschen Schlußfolgerungen führen:

- Abweichendes Verhalten und Kriminalität sind nicht auf diese Zielgruppe beschränkt. Wir müssen aufpassen, nicht einäugig wahrzunehmen und zu urteilen.
- Schon aus der bisherigen Darstellung sollte deutlich geworden sein, daß junge Menschen, die von dieser strukturellen Benachteiligung betroffen sind, mit der Tatsache zu kämpfen haben, daß auch sie Wünsche nach Konsum, beruflichem Erfolg u.ä. haben, diese Ziele aber nicht erreichen können (diesen Zustand nennen wir Anomie) – zumindest nicht auf legalem Weg (den illegalen nennen wir in der Regel Kriminalität).
- Abweichendes Verhalten und Jugendkriminalität dürfen nicht bloß als Negativum begriffen werden, das zu unterdrücken ist. Zumindest aus pädagogischer Perspektive stecken darin auch positive Elemente: die der Ich-Stärke, der Herausforderung, der Zurückweisung der Opferrolle. Darüber hinaus stellt sich die grundsätzliche Frage, inwieweit wir ein neues Verständnis von Normalität – bei Arbeit bzw. Nicht-Arbeit, bei neuen Lebensstilen usw. – entwickeln müssen.

3. Belastetes Erwachsenwerden –
Ursache für abweichendes Verhalten Jugendlicher?

Soziale Normen und kulturelle Übereinkünfte geben Auskunft über das, was jeweils historisch als abweichendes Verhalten gilt. Unsere aktuelle Gesellschaft ist charakterisiert durch sog. weiche soziale Kontrolle. Offene Repression wird ersetzt durch sozialarbeiterische Offensiven. Der Proband/Klient soll sich im Gespräch öffnen. Weniger denn je werden einheitliche Normen im Gesellschaftsleben streng und unnachsichtig durchgesetzt. Das autoritäre Disziplinierungsmodell wurde Mitte der 60er Jahre aufgegeben. Die Entwicklung des Kapitalismus brauchte den konsumfreudigen, flexiblen Menschen. Diese ökonomischen »Zugänge« schufen den Bedarf für antiautoritäre Strategien und Praktiken. Wer »die 68er« kritisiert, wendet sich tatsächlich gegen den Veränderungsdruck durch Kapitalverwertungsinteressen. Seither besitzen individuelle Lebensformen und Subkulturen eine gewisse Chance eigenständiger Existenz. Gleichzeitig heißt es, mit diesen Zumutungen von Freiheit umgehen zu lernen.

Z.B. können wir im Schulbereich beobachten, in wie vielfältiger Form heute Verhaltensweisen der Schüler hingenommen werden, die noch etwa vor dreißig Jahren zu strengen Sanktionen geführt hätten. Kindern und Jugendlichen wird auch im Freizeitbereich mehr Raum zugestanden. Wo noch Schlachten gegen Zigaretten, Alkohol, Drogen, Sexualität, gegen als gefährlich erachtete Medizin geführt werden, darf dies als »lost battle«, Rückzugsgefecht und allenfalls Teilerfolg bewertet werden. Alles überragende Kapitalinteressen dominieren das Geschehen. Und in der Erwachsenenwelt gibt es viele Förderer, die eben jene Nutzungen aktiv unterstützen bzw. denen all jene befürchteten negativen Auswirkungen gleichgültig sind. Inhalt und Motive der einstigen Kinder- und Jugendschutzgedanken haben in Anbetracht dieser harten materiellen Realität längst an Einfluß verloren.

3.1 Jugendkriminalität – eine Bestandsaufnahme

In der öffentlichen Meinung herrscht vielfach der Eindruck vor, die sog. Jugendkriminalität steige immer weiter und bedürfe intensiver Bekämpfung. Die Statistik weist – in Wellen – leichte Anstiege aus. Sowohl die Lage vieler Jugendlicher (s.o.) wie auch das jeweilige Kontrollverhalten der Polizei lassen dies als weitere Tendenz wahrscheinlich erscheinen. Für die kriminalpolitische Diskussion ist allerdings ein weiterer Tatbestand von noch wichtigerer Bedeutung: Fast jeder junge Mensch hat Straftaten begangen. Das wissen wir aus sog. Dunkelfeldbefragungen. Doch nur ein Teil davon wird offiziell bekannt. Das nennen wir Selektion. Dieser Mechanismus der Auswahl erklärt uns, weshalb wir vor Gericht und vor allem in Gefängnissen ganz überwiegend Menschen aus der Unterschicht finden, solche aus schlechten Familienverhältnissen, ohne Schulabschluß, aus Heimen, mit vielen Vorstrafen, obwohl ihre Altersgenossen aus anderen Schichten sich auch abweichend verhalten und Straftaten begehen. Diese Befunde haben sich auf die Theorien zur »Erklärung abweichenden Verhaltens« bzw. der Jugendkriminalität ausgewirkt.

Zunächst ist deutlicher denn je, daß es »die« Erklärung für Jugendkriminalität nicht gibt, schon gar nicht die Berufung auf das Versagen im Elternhaus, dieser beliebten Schuldzuweisung. Ebensowenig hat sich aber die schlichte gegenteilige Betrachtung durchgesetzt, »die Gesellschaft« sei schuld. Vielmehr genießt zur Zeit ein gemischter Erklärungsansatz die größte Anerkennung (was nicht heißen muß, daß er richtig ist). Danach wird Verständnis für das abweichende Verhalten Jugendlicher gezeigt, weil sie in »anomischen« Situationen lebten. Wie oben dargestellt, teilen sie die Ziele dieser Gesellschaft – Erfolg, Konsum usw. –, besitzen dazu jedoch kaum reale Zugangsmöglichkeiten. Wesentlich gefördert wird dieses Verständnis für Abweichler durch die bereits angedeutete Tatsache, daß die soziale Kontrolle in unserem Staat offenkundig selektiv erfolgt, damit einseitig und ungerecht ist. Betroffen sind von solchen sog. Kontroll- und Aushandlungsprozessen die sozial Schwächeren, denn die Stärkeren wissen sich eher zur Wehr zu setzen. In solchen Zusammenhängen sprechen wir von Stigmatisierungsprozessen: es entsteht der "faule Schüler", der "aggressive Jugendliche", der "Dieb" oder "Drogenabhängige", mit dem jeweils etwas Zurechtweisendes zu geschehen habe.

Tatsächlich aber ist abweichendes Verhalten allgemein verbreitet – und damit normal. Kriminologen sprechen deshalb von der »Ubiquität«. Sie fügen dem entwicklungspsychologische Gesichtspunkte hinzu: Jugend sei notwendig verbunden mit Rebellion gegen die Normen der Erwachsenenwelt. Abweichendes Verhalten besitzt danach passageren Charakter. Diese Einschätzung hat zu bemerkenswerten kriminalpolitischen Veränderungen in der Bundesrepublik, speziell in Hamburg, geführt: Die Forderung lautet nun, das Einsperren in Jugendarrest und Strafvollzug zu vermeiden (weil es schädlich und kontraproduktiv sein), statt dessen sog. ambulante Maßnahmen auszubauen.

In Mode sind sog. Betreuungsweisungen, aufgrund derer sich Jugendliche etwa 6 bis 12 Monate lang einem Sozialarbeiter oder einer Sozialarbeiterin anzuschließen haben, die ihm Beratung, Handwerkliches, Kulturelles, Freizeitbeschäftigungen usw. anbieten. Inzwischen gibt es in der Bundesrepublik wohl Hunderte solcher Projekte, die diese spezielle Form der Jugendarbeit unter justiziellem Vorzeichen betreiben. Andere Jugendliche erhalten Arbeitsauflagen, deren Zahl sich zwischen einem Tag und 100 Stunden bewegt. Die Betroffenen sollen sie in den verschiedensten sozialen bzw. öffentlichen Einrichtungen möglichst bei erzieherischer Betreuung absolvieren. Bemerkenswert erscheint mir, den ursprünglichen Sinn dieser Sanktion, nämlich jemanden zur Arbeit anzuhalten, zu kontrastieren mit der realen Lebenssituation der betroffenen Jugendlichen, die eben keine Arbeit finden.

Neu ist der sog. Täter-Opfer-Ausgleich, der den entstandenen Konflikt möglichst zwischen den beteiligten Parteien – unter Aussparung weiterer justizieller Intervention – regeln soll. Aus der Sicht der Öffentlichkeit (aber nicht unbedingt nur ihr) scheint es oft so, als werde die Justiz immer milder. Kritiker warnen vor einem Zurückweichen des Staates, fordern frühere und härtere Strafen. Ihnen liegt an Sühne und Abschreckung. Ihre Betrachtungsweise ist rückwärts auf die Tat gewandt. Kritiker einer anderen Gegenposition halten sowohl die repressive wie die eher liberale Auffassung für falsch, weil es bei allen Reformbemühungen doch nicht gelungen sein, Jugendarrest und Strafvollzug abzubauen, vielmehr Bagatelltäter im Rahmen der neuen sog. ambulanten Maßnahmen zusätzlich bestraft würden. Das – nämlich ob die Sanktionen zum Teil strenger oder milder ausfallen – ist jedoch nicht das eigentliche Problem. Vielmehr stellen sich aus gesellschafts- und bildungspolitischer Sicht die Fragen:

- Existieren Vorstellungen darüber, was mit jenen 10 – 20 % Jugendlichen eines jeden Jahrgangs passieren soll, die ohne Arbeitsperspektive sind?
- Was hat die Erziehungswissenschaft im Bereich der Bildung zu bieten, um diesem Phänomen insoweit gerecht zu werden, als es ein realistisches Ausbildungsangebot entwirft und damit wenigstens subsidiär den Konflikt abmildert?
- Welche Perspektiven entwickelt die Jugendhilfe, um den Herausforderungen direkt bzw. hilfsweise begegnen zu können?

Das gesellschafts- wie fachpolitische Thema erfordert es, in den maßgeblichen Jugend-Gesetzen nach den aktuellen Antworten des Staates Ausschau zu halten. Das JGG ist gekennzeichnet durch den Anspruch, aus Anlaß der Straftat »erzieherisch« zu sanktionieren. Darin drückt sich ein mehr oder weniger mißglückter Kompromiß der seit etwa 1900 streitenden Fraktionen aus. Während die einen auf dem Strafzweck der Sühne und Abschreckung beharren, verwiesen andere auf den durch Strafvollzug und ähnliches angerichteten Schaden, die Erfolglosigkeit des Einsperrens und die heilsame Wirkung zugewandter Erziehung hin. Reformpädagogik, Jugendbewegung und Jugendgerichtsbewegung sind Stichworte für die pädagogische Fraktion. Mit der Aufnahme des Ziels »erzieherisch« schuf das JGG eine Grundlage für jeden, sein Erziehungsverständnis mittels Sanktionen zu praktizieren. Denn was ist nicht »erzieherisch«? Dem Problem entgeht auch der jetzige Gesetzgeber nicht, wenngleich er eine wachsende Zurückhaltung der Jugendrichter gegenüber stationären Maßnahmen zur Kenntnis genommen hat. Die Justiz ist zunehmend bereit, Angebote der Sozialpädagogik zu akzeptieren, z.B. in Form der oben beschriebenen Projekte.

Ob diese Projekte mehr leisten als eben bloß eine äußerliche Alternative zum Einsperren zu sein, soll hier nicht weiter erörtert werden (vgl. PLEWIG, 1988). Festgestellt werden muß aber in jedem Fall, daß Pädagogen sich zu Aufsichtspersonen degradieren lassen. Denn nimmt der Jugendliche das Angebot nicht an – wofür es gute Gründe geben kann –, droht ihm der Beugearrest. D.h. wenn er den Sinn der erzieherischen Maßnahme nicht einsehen will, sorgen Pädagogen und Richter dafür, daß er seine Einstellung ändert. Die Darstellung der gesellschaftlichen Grundprobleme oben sollte deutlich gemacht haben, daß hier eine Diskrepanz der Wirklichkeitswahrnehmung, der Wertung und verantwortlichen Vorgaben besteht. Damit ist gemeint: viele Jugendliche leben heutzutage in einer »anderen Welt«, die weniger denn je den traditionellen Standards entspricht. Wer dem mit Verständnislosigkeit begegnet, wird leichter bereit sein, unbotmäßige junge Straftäter mit bloßem äußeren Druck anpassen zu wollen.

Der unaufhörliche Widerspruch des JGG hat sich lediglich verlagert: Es findet nicht mehr nur der Eiertanz um das Verhältnis zwischen Strafe und Erziehung statt, sondern es kommt zu einer Scheinlösung: der Behandlung des Konflikts durch Sozialpädagogen. Die jedoch verfügen über keine Autonomie, können also pädagogische Maximen allenfalls in engen Grenzen praktizieren. Vielmehr handelt es sich bei ihnen um Beauftragte der Justiz. Der Richter ist der Herr des Verfahrens. Solange die

Jugendhilfe nicht eigenständig und unabhängig ihre Leitgedanken praktizieren kann, bleiben Sozialpädagogen – bei besten Absichten – Instrumente der Justiz. Und das hat für das pädagogische Verhältnis Folgen, insbesondere bei den Jugendlichen »in besonders schwierigen Lebenslagen«. Aber, um redlich zu sein: auch ein größerer Handlungsspielraum für Pädagogen würde das Grundproblem – das gesamtgesellschaftlich begriffen werden muß – nicht lösen können. Drogen, dauerhafte Arbeitslosigkeit und zerfallende Strukturen setzen den Möglichkeiten der Pädagogen Grenzen.

Diese Erkenntnis trifft die Jugendhilfe im Kern ihres Selbstverständnisses. Wenn es hier leider nur um sekundäre Lösungen geht – denn die strukturellen Bedingungen müssen wir auf absehbare Zeit als gegeben voraussetzen –, verspricht dann nicht eher das KJHG eine Antwort auf die grundlegenden Probleme? So sieht es jedenfalls die Justiz, indem sie immer weniger auf ihre interne Repression vertraut und dafür die Jugendhilfe in Anspruch nimmt.

Was also unternimmt der Staat in politischer Verantwortung für die Jugendlichen, was kann getan werden? Vorweg ist anzumerken, daß das JGG und KJHG von 1990 Nachfolger einer einstmals zusammenhängenden Konzeption sind, den Jugendhilfegesetz-Entwürfen von 1974 bzw. 1977. Der damalige Entwurf hatte so etwas wie »offensive Jugendhilfe« im Auge, versuchte grundlegender und radikaler den Strafanspruch des Staates zu begrenzen zugunsten eines leistungsorientierten Jugendrechts. Davon ist nichts geblieben, außer der sog. inneren Reform vor allem des JGG (Stichworte: Diversion, ambulante Maßnahmen). Es ist also festzustellen, daß beide Gesetze getrennten Leitideen verhaften bleiben. Das KJHG idealisiert nach wie vor die Familie;

*   es geht auf die gesellschaftlichen Notlagen, mit denen einzelne Jugendliche ggf. dauerhaft fertig werden müssen, nicht angemessen ein;
*   es schafft kein Leistungsrecht, das es dem Minderjährigen ermöglichen würde, eigene Ansprüche durchzusetzen;
*   es schreibt das Konzept der gesicherten Unterbringung fest, indem er eine gesetzliche Grundlage dafür bereitstellt.

Unstreitig besteht das Grundproblem des KJHG in der Ausblendung gesellschaftlicher Realitäten. Zu der Veränderung der Familie, insbesondere ihrem Funktionsverlust, nennt der Entwurf zwar einige Stichworte (S. 2 der Begründung), im übrigen enthalten die Erläuterungen jedoch fast beschwörende, sich immer wieder wiederholende Bekenntnisse zur Autonomie elterlicher Erziehungsverantwortung. Dabei kann doch nicht geleugnet werden, daß jene Verantwortung der Erziehungsberechtigten massenhaft vernachlässigt wird – ob schuldhaft oder aus eher objektiven Gründen, sei dahingestellt.

Eine zweite Dimension kommt hinzu: Entsprechend den Maximen unserer Grundrechte dient Erziehung der Selbstentfaltung und Selbstverantwortung. Die Verpflichtung der Eltern, die wachsende Eigenständigkeit ihrer Kinder zu fördern, findet etwa in § 1626 BGB ihren Ausdruck, wonach Eltern ihren Kindern Mitentscheidungen ermöglichen sollen. Gleichwohl können die Minderjährigen keinen unmittelbaren Anspruch auf ein Tätigwerden der öffentlichen Jugendhilfe herleiten. Darin dokumentiert sich der Grundcharakter des Gesetzes: nach wie vor stehen traditionelle patriarchalische Gesichtspunkte im Vordergrund. Aus dem Gesetz läßt sich nicht erkennen, daß der Gesetzgeber die reale gesellschaftliche Situation ernsthaft zur Kenntnis genommen und daraus realistische – nicht idealistische – Schlüsse gezogen hätte. Wer Antworten auf die zunehmend schwierigen Lebenslagen vieler Jugendlicher sucht, wird nichts Angemessenes finden.

4. Fazit

Wenn Erwachsenwerden landläufig bedeutet, daß man noch nicht das ist und kann, was man gerne sein und tun möchte, dann muß in der gegenwärtigen gesellschaftlichen Situation geklärt werden, was »Jugend« für Jugendliche »in besonders schwierigen Lebenslagen« überhaupt noch bedeuten kann. Meine These lautet:

Dieser Teil der Jugend besitzt keine Perspektive, und folglich leiden diese Jugendlichen um so mehr darunter, daß die Strukturen immer mehr zerbröckeln. Nun ist jede allgemeine Aussage über »die Jugend« oder Teile von ihr bekanntermaßen falsch, ungenau oder wenigstens ein Wagnis. Ich meine dennoch, mit meiner These ein Merkmal des aktuellen Bewußtseins getroffen zu haben. Es entspricht etwa dem Begriff des Individualisierungsschubes (OLK, 1986; BERTRAM, 1987; FEND, 1988, S. 296), der in der Fachdiskussion zunehmend Verwendung findet. Damit soll die wachsende Vereinzelung des Menschen charakterisiert werden, ebenso seine individuelle Perspektive und Werthaltung.

Offenere Strukturen bedeuten für viele Menschen kein Risiko; im Gegenteil, sie benutzen sie, um sich kreativ oder nur ganz pragmatisch individuell zu entfalten. – Für andere aber stellt der fehlende Halt ein großes, manchmal gar ein existentielles Problem dar. Diejenigen, die bei abweichendem Verhalten zu weit gehen, die in massivere Konflikte geraten, für jene bedeutet Kriminalisierung bzw. Verengung der Handlungsspielräume Schwierigkeiten, die sie alleine kaum lösen können.

Welche Schlußfolgerungen sind erlaubt? Es gibt vereinzelte Überlegungen, die grundlegender angelegt sind. Ihnen allen liegt aber ein ratloser Tenor mit zugrunde. Der Soziologe: »Die moderne Religion des Fortschritts... hat ihre Epoche gehabt ...Während die Politik mit dem Ausbau des Sozialstaates auf immanente Grenzen und Widersprüche stößt und ihren utopischen Impetus verliert, stauen sich die gesellschaftlichen Veränderungsmöglichkeiten im Zusammenwirken von Forschung, Technik und Wirtschaft« (BECK, 1986, S. 357).

Der Fachmann aus dem Jugendministerium: DETTLING warnt vor einer Überschätzung der Politik und plädiert für eine »Jugendpolitik als Teil der kommunalen Sozialpolitik«, für ein offensives Verständnis von Jugendhilfe, für eine »Rekommunalisierung der Politik und Stärkung der Laienkompetenz« (FR v. 23. VIII. 1988, S. 10).

Erziehungswissenschaftler betonen die Chance alternativer Lebensentwürfe, gaben aber zu, daß die neuen Verlaufsformen des Integrationsprozesses schwer zu beurteilen seien. Neuerdings geraten Fragen von Bildungsprozessen wieder in den Mittelpunkt der Diskussion (Sünker, 1996). Sie erblicken neue Chancen »einer bildungstheoretischen Umsetzung und damit seit SPRANGER und FLITNER verlorengegangenen Verbindung von Jugendforschung und Bildungstheorie«. Damit erkennen sie immerhin das Problem auf erziehungswissenschaftlich-bildungspolitischer Ebene und empfehlen u.a. diversifizierte Jugendschulen für berufliche und lebenspraktische Bildung... und skizzieren den »Umriß eines Bildungskonzeptes und darauf bezogener Bildungsinstitutionen für die untersten Statusgruppen in der BRD«.

Sozialforscher (BAETHGE u.a.) stellen zutreffend fest, daß »der Kompromiß zwischen realen Individualisierungsinteressen und notwendiger kollektiver Solidarität heute schwieriger denn je herzustellen ist«.

Was bleibt? Es scheint so, als ob die Regel zutreffe, die Kinder in New York, Bogota oder sonstwo an ähnlichen Stätten des Zusammenbruchs mitmenschlichen Lebens beherzigen müssen: »Hilf Dir selbst, sonst hilft Dir niemand«. Was läßt sich dagegen einwenden:

- das relativ umfassende stabile Netz sozialer Sicherung in der Bundesrepublik,
- der Trost, daß Menschen, auch Kinder und Jugendliche, eine Menge wegstecken können.

Vor allem in der Pädagogik gibt es seit gut 10 Jahren Arbeitsansätze, die z.B. Minderjährige nicht nur als Objekte bzw. Opfer betrachten, sondern auch deren produktive und positive Seiten zu erkennen und fördern suchen. Fassen wir die Befunde zusammen:

- Erwachsenwerden ist risikobelastet. Über den Anteil an Belastungen, den das Jugendalter in unserer Kultur ohnehin mit sich bringt, liegen die Belastungen heute in spezifischen historischen Zusatzbedingungen:
- die ungewisse Zukunft allgemein,
- die individuelle fehlende Lebensperspektive für Teile der Jugend.

Der gegenwärtige Umgang der Erwachsenen mit der Jugend kann als passiv gekennzeichnet werden: Jugend stellt zur Zeit kein Thema dar, dem besondere Aufmerksamkeit gilt, für das politische Maßnahmen ergriffen werden. Eine Folge gegenwärtiger gesellschaftlicher Verhältnisse ist, daß immer mehr Jugendliche sich in (besonders) schwierigen Lebenslagen befinden. Die Reaktionen der verantwortlichen Bereiche darauf bewerte ich als unterschiedlich:

Die Jugendhilfe reagiert passiv und perspektivlos. Eine Vision, wie sie das Jugendhilfegesetz in den 70er Jahren verfolgte, existiert nicht. Weder stellt die Jugendhilfe ein breites, die vielfältigen Bedürfnisse Jugendlicher ansprechendes Angebot zur Verfügung (deshalb bleiben kommerzielle Anbieter Sieger!), noch liegt ein Konzept für die Jugendlichen ohne Zukunftsaussicht vor. Der Sachverhalt wird im Bewußtsein der Jugendhilfe dadurch abgefedert, daß ihre Zuständigkeit ja mit 18 Jahren ende. An dieser Haltung hat sich auch nur wenig geändert, seit das KJHG formal bis zum 27. Lebensjahr zuständig ist. Wenn die Folgen verfehlter Jugendpflege durchschlagen, ist also eine andere Behörde zuständig. Immerhin ergeben sich Ansätze in der modernen Jugendhilfe:

Die Heimerziehung wurde drastisch verringert; statt dessen stehen Pflegefamilien bzw. »betreutes Wohnen« im Vordergrund. In Hamburg existiert dafür das bundesweit profilierteste Konzept »Menschen statt Mauern«. Unklar bleibt in diesem Zusammenhang, ob der Staat gegenüber (älteren) Jugendlichen auf jede Pädagogik verzichten solle. Die Begründung hierfür wäre, daß Kinder zur Selbständigkeit erzogen werden sollen. Diese müsse man ihnen auch konsequent ermöglichen.

Dabei sei auch einmal eine »Betreuungslücke« einzukalkulieren. Die Gegenposition verweist auf die Not vieler junger Menschen, die allein nicht zurechtkämen. Sie bräuchten Bindung und Kontrolle, auch um sie vor sich selbst zu schützen.

Als Fortschritt ist ferner zu bewerten, daß im Bereich des Jugendstrafrechts auf die hier behandelte Personengruppe nicht mehr so heftig und repressiv reagiert wird. Regelverletzungen werden eher toleriert, weil der Schaden durch bloß abschreckendes Reagieren als höher eingeschätzt wird. Die Betroffenen sollen nicht zusätzlich stigmatisiert, nicht zusätzlich ausgegrenzt werden. Man möchte ihnen eine normale Perspektive für die Zukunft erhalten. Diese Einstellung soll ihnen die Chance bewahren, trotz aller Benachteiligungen durch ihre Herkunft den Start ins Leben zu schaffen.

Die Strafjustiz reagiert gleichwohl, denn bedingungslose Einstellungen des Verfahrens gibt es nur selten. Allerdings demonstriert sie ein Zuwarten, ein Hinausschieben stationärer Eingriffe. Das Jugendstrafrecht versucht jedenfalls, das Selbstwertgefühl und die Fähigkeiten der jungen Straftäter nicht noch zusätzlich zu schwächen – soweit dies in diesem Bereich möglich ist. Selbstverständlich kann das Jugendstrafrecht aber nicht mehr leisten, als den Schaden zu begrenzen. Die Kernfrage aber bleibt:

Was soll mit den Jugendlichen in besonders schwierigen Lebenslagen geschehen? Die Politiker sind an der Jugend grundsätzlich desinteressiert. Diese Zielgruppe rebelliert nicht, sie ist auch nicht der aktuellen Regierung abtrünnig. Die einen – die Privilegierten – wähnen sich auf der Gewinnerstraße, die anderen reagieren resignativ. Die hier thematisierten Jugendlichen, die nicht den Erfolgspfad betreten (können), werden bestenfalls als Problemgruppe begriffen. Besondere Feuerwehrmaßnahmen scheinen bei ihnen nicht notwendig. Aus pädagogisch-soziologischer Sicht entwickeln sie gewiß ihre Gegenkultur, ihre alternative Lebensform – aber wie weit und wie lange tragen diese? Fragen nach ihrer Identität, ihren Lebensformen und – das scheint mir der Kernpunkt zu sein – nach ihrer Zukunft werden nicht wirklich ernsthaft gestellt.

Ich komme deshalb – so sehr ich das auch bedaure – zu dem Schluß, daß Gesellschaft und Staat hinsichtlich der Jugendlichen »in besonders schwierigen Lebenslagen« keine qualifizierte, geschweige denn eine zukunftsorientierte Antwort besitzen. Dies ist nicht nur inhuman, sondern auch kurzsichtig, denn hier tickt möglicherweise eine Zeitbombe.

Acht Jahre nach diesem Vortrag hat sich die Prognose, daß die wachsende, dauerhafte Arbeitslosigkeit die gesellschaftliche Situation entscheidend prägen werde, bestätigt. Die Erwähnung dieses Begriffes gehört inzwischen zur politischen Rhetorik. Ernsthafte Konsequenzen sind nicht in Sicht und objektiv nicht gewollt.

Konsequenterweise tauchen Hinweise auf, daß ein knappes Drittel der Hauptschüler den Schulbesuch verweigert. Eine Folge dieser Veränderungen – beachtliche Teile der (nachwachsenden) Bevölkerung erscheinen überflüssig – werden die Verteilungskämpfe, z.B. um die Sicherung der Renten, sein. Die Prognose, daß dies das Verhältnis zwischen den Generationen nachhaltig, d.h. auch in gewalttätiger Form, beeinflussen wird, könnte sich durchaus ebenfalls bewahrheiten. Ansätze sind insoweit bereits mehr als deutlich.

Literatur

ARBEITERWOHLFAHRT: Jugend ohne Zukunft. Befähigen statt Strafen. Diskussionspapier der AWO-Kommission Jugendhilfe und Jugendstrafrecht. Bonn 1993/19962

BECK, U.: Risikogesellschaft. Frankfurt/M. 1986

FEND, H.: Sozialgeschichte des Aufwachsens. Frankfurt/M. 1988

PLEWIG, H.-J.: Jugendberichterstattung als Sozialdisziplinierung. In: RICHTER/COELEN (Hrsg.): Jugendberichterstattung. Weinheim und München 1997, S. 59-66

PLEWIG, H.-J.: Jugendstrafrecht, Sozialpädagogik und der Faktor Arbeit. In: MÜNDER/SACK/ ALBRECHT/PLEWIG: Jugendarbeitslosigkeit und Jugendkriminalität. Neuwied 1987, S. 93-113

SCARBATH, H.: Belastetes Erwachsenwerden. Zur aktuellen Sozialisationsproblematik junger Menschen in sozialpädagogischer Sicht. Pädagogische Anthropologie und Sozialpädagogik, Nr. 2. Universität Hamburg, FB 06, 1989

SÜNKER, H.: Kritische Bildungstheorie – Jenseits von Markt und Macht? In: Zeitschrift für Pädagogik. 35. Beiheft, 1996, S. 185-201

Thomas Gabriel/Michael Colla

Risikoverhalten Jugendlicher

»Thrill-Seeking« of Juveniles

In recent years, we increasingly observe behavioral phenomena in adolescents which at first glance appear to be completely irrational: Youths and adolescents endanger their health and physical integrity by »high-risk behavior«.

From a socialpedagocical point of view, high-risk behavior may thus be interpreted as a logical act, a product of how adolescents process social reality: against the background of their personal situations, adolescents utilize high-risk behavior as a strategy for gaining relief and for coping, for enacting modes of compensation for their conflicts and burdens. In addition, they pursue »sensible« objects in the course of moving towards adulthood, they realize their own purpose or self-will, and they are in search of their identity.

Socialpedagogical prevention strategies in the realm of youth welfare would disregard the subjective purpose of high-risk behavior in adolescents if they were defined solely as instruments for eliminating this behavior. Social services targeted at youths depend on productive processing of existing - and, in part, necessary - conflicts and crises which are being experienced with particular vehemence during adolescence. A principal objective is thus - especially in residential care - to promote and support the creation of room for adolescents to liberate their sense of purpose/self-will.

Concepts of experiential pedagogics, especially in the area of sports, appear to be a suitable basis for making adolescents an offer equivalent to the options they utilize when indulging in high-risk activities.

1. Einleitung

In den letzten Jahren lassen sich gehäuft Phänomene jugendlichen Verhaltens beobachten, die auf den ersten Blick irrational erscheinen: Jugendliche und Heranwachsende setzen ihre Gesundheit und körperliche Unversehrtheit durch Risikoverhaltensweisen aufs Spiel.

Die Diffusion des Alltags schreitet voran. Immer feiner werden Möglichkeiten des individuellen Erlebens mit Normierungsprozessen versponnen, wird die mögliche Originalität von Alltagserfahrungen zugunsten willfähriger Surrogate verschoben. Gleichzeitig scheint die Integrität des Individuums aufgehoben. Zentrale These der folgenden Betrachtung ist, daß die Auswirkungen von gesellschaftlichen Wandlungsprozessen von den Jugendlichen als Strukturmoment ihres personalen Erlebens erfahren und inszenatorisch umgesetzt werden. Sie agieren dabei notwendigerweise unter Zuhilfenahme eines Mediums, das ihnen Erfahrbarkeit sichert - ihres eigenen Körpers. Risikobehaftetes Verhalten wird somit zum »Veräußerungsprozeß« des noch Habbaren, der gleichzeitig noch den Schein von Integrität simuliert. Das quasi-destruktive Verhalten von Jugendlichen kann dabei letztlich als Topos eines sinnstiftenden Prozesses verstanden werden, das im Spiel mit Verwundbarkeit auf eine Inanspruchnahme des Körpers verweist; die Möglichkeit des eigenen Todes erzeugt einen Fluchtpunkt vor dem eine Erfahrbarkeit des Selbst erst möglich wird.

2. Zur Logik jugendlicher Risikopraktiken

Aus der hier zu entwickelnden Perspektive soll Risikoverhalten als handlungslogisches Produkt der Verarbeitung von gesellschaftlicher Realität Jugendlicher verstanden werden: Vor dem Hintergrund ihrer Lebenslagen nutzen Jugendliche riskantes Verhalten als Entlastungs- und Bewältigungsstrategie, um Konflikte und Belastungen kompensatorisch auszuagieren (vgl. FRANZKOWIAK, 1986).

Es ist davon auszugehen, daß ein riskantes Verhalten Jugendlicher in einem sinnhaften Zusammenhang mit ihrer individuellen und sozialen Befindlichkeit steht. Dieses Verhalten ist dabei auf einen situativen Gewinn im subjektiven Erleben ausgerichtet, die objektiv nachweisbare Gefahr spielt in diesem Augenblick keine handlungsverhindernde Rolle. Wohl mag diese Gefahr von den Jugendlichen erkannt werden, gleichwohl wird sie von individuellen und kulturellen Bedeutungen überformt und dabei zumindest zeitweise in ihrer existentiellen Bedrohung außer Kraft gesetzt.

Risikoverhalten kann deshalb nicht im Sinne eines medizinisch-epidemiologischen Paradigmas auf die ihm innewohnende Gefahr reduziert werden. Es ist im Gegenteil wagendes und gewagtes soziales Handeln und somit als Versuch zu verstehen, einer direkter Bedrohung oder einer schleichenden Vereinnahmung menschlicher Erlebens- und Handlungsfreiheit zu widerstehen (vgl. FRANZKOWIAK, 1989). Unter Verwendung aller subjektiv verfügbaren Ressourcen versuchen Jugendliche, den eigenen Alltag zumindest kurzfristig mit Affektlösung und Abenteuer zu durchsetzen. Im vermeintlich abenteuerlichen Umgang mit der imaginären körperlichen Unversehrtheit enthüllt sich dabei ein Verlangen nach Sinngebung. Risikopraktiken enthaltenen Handlungsoptionen, die von den Jugendlichen im Rahmen der individuellen und kollektiven Bewältigung sozialer Realität genutzt werden (vgl. ebd.).

Versuche, diesen Praktiken mit herkömmlichen Modellen der Gesundheitserziehung zu begegnen, ignorieren die dargelegte Handlungslogik. Diese Modelle klassifizieren risikobehaftetes Verhalten negativistisch als gesundheitsgefährdend und damit letztlich als individuell defizitäres und verantwortungsloses Verhalten . Dabei ist die Absicht, gesundheitsschädigendes, risikohaftes Verhalten durch die Initiierung der Instanz einer individueller Selbstkontrolle zu verhindern, auf dieser Grundlage von vorneherein zum Scheitern verurteilt. Mögen sich riskante Verhaltensweisen einer medizinischer Einschätzung auch als unlogische und unvermutete Handlungen präsentieren, so erklärt aber genau dieser Umstand ihre offenkundige Hartnäckigkeit - der rational geführte Diskurs erreicht sie nicht.

Wir alle richten uns in der Abwägung unseres riskanten Verhaltens nicht nach abstrakten medizinischen Kenntnissen, sondern entwickeln unser Verhalten vielmehr in der Balance zwischen kalkulierbarem Eigennutz und zu erwartenden Sanktions- und Anerkennungsritualen. Im Gesamtrahmen unserer erfahrbaren und sozio-kulturell einschätzbaren Lebensweise handeln wir demzufolge »eigen- logisch« und durchaus selbstverantwortlich.

Das Erleben von Gefahr macht Spaß. Es stählt gegen alltägliche Normierungen und kann dabei unter anderem auch als Versuch bewertet werden, existentielle persönliche Ängste auf ein milderes handhabbares Niveau zu transformieren. Dabei wird der Körper von den Jugendlichen im Rahmen des Risikoverhaltens als individuelle Ressource genutzt, um eingeengte Handlungsspielräume und Handlungschancen subjektiv zu erweitern. Er erscheint ihnen unter dem Eindruck entfremdeter Lebensbedingungen als einzige Instanz, die wirklich »hautnah« ihre Individualität garantiert. Der Körper wird damit für die Jugendlichen zum privaten Erfahrungsreservoir von individuellen Wahrnehmungen und Handlungschancen. Deshalb wird verständlich, daß der Körper vom Subjekt gegen disziplinierende aber gut gemeinte Eingriffe der Außenwelt viel bereitwilliger abgeschottet wird, als dies den Vertretern von Prävention und Intervention lieb sein kann.

Dieses Moment des individuellen Widerstands, das wir trotz aller Versuche sozialer Kontrolle und gesundheitlicher Aufklärung beobachten können, bedeutet nicht eine Negierung der individuellen Verantwortung im Umgang mit dem eigenen Körper. Im Widerstand ist nicht primär Abwehr zu sehen, sondern er erscheint auch als Ausdruck der Grenze dessen, was dem Subjekt und seinem Körper strukturell und funktional unter bestimmten Lebensbedingungen zugemutet werden kann. Sozialpädagogische Interventionen, z. B. auf dem Gebiet der Jugendhilfe würden den subjektiven Sinn Jugendlichen Risikoverhaltens übersehen, wenn sie sich lediglich als funktionale Instrumente zur Verhütung desselben verstünden. Sie lebt vielmehr von der produktiven Bearbeitung vorhandener und teilweise notwendiger Konflikte und Krisen, die in der Lebensphase Jugend besonders nachdrücklich erfahren werden. Die Zielperspektive ist - insbesondere im Bereich der Heimerziehung - Handlungsfelder und Räume für Jugendliche zu erschließen, die die Freisetzung ihres Eigensinns fördern und unterstützen.

Die Aufgabe eines pädagogisch verantworteten Umgangs würde demnach darin bestehen, sich von der vordergründigen Destruktivität dieses Verhaltens nicht täuschen zu lassen, sondern diese Risikopraktiken als subjektiv sinnbesetzt zu verstehen und ihnen vor dem Hintergrund dieses Verstehens handelnd zu begegnen.

3. Gesundheitserziehung versus Gesundheitsförderung

Ein sozialpädagogischer Zugang sieht sich dabei jedoch einer grundlegenden Schwierigkeit ausgesetzt. Nach unserem gesellschaftlichen Selbstverständnis sind Probleme gesundheitsbezogener Art Domäne der Medizin - das gesundheitsgefährdende Verhalten von Jugendlichen macht in dieser Frage keine Ausnahme. Der Zugang der Gesundheitsprävention medizinischer Ausrichtung beruft sich gemäß ihrem Selbstverständnis auf die bio-medizinische Denktradition und in der Regel haben sozial und kulturell vermittelnde Verstehensansätze innerhalb dieser Tradition keine handlungsbestimmende Akzeptanz. Vielmehr wird das Risikoverhalten von Jugendlichen nur unter dem Blickwinkel von Abhängigkeits- und Abweichungsorientierungen problematisiert, defizitorientierte und ausgrenzende Strategien treten an die Stelle von sozial vermitteltenden Ansätzen.

Risikopraktiken müssen jedoch im Kontext sozialen Handelns begriffen werden: Sie sind biographisch angeeignete und sozio-kulturell geprägte Verhaltens- und Handlungsmuster, die in der Wechselwirkung mit der Befindlichkeit Jugendlicher als funktional und subjektiv sinnhaftes Handeln gedeutet und verstanden werden müssen. Versuche, jugendlichem Risikoverhalten mit medizinisch-rationalen Modellen der Gesundheitserziehung zu begegnen, ignorieren die dargelegte Komplexität der Benutzeroptionen, die Risikopraktiken zugrunde liegen. Sie klassifizieren risikohaftes Verhalten/Handeln negativistisch als gesundheitsgefährdendes Verhalten und damit letztlich als individuell defizitäres und verantwortungsloses Verhalten.

Dementsprechend konsequent reduzieren die am biomedizinischen Gesundheitsideal ausgerichteten Modelle der Gesundheitserziehung ihren Anspruch auf die Vermittlung und Verbreitung medizinischer Forschungsergebnisse (vgl. RAVEN, 1990, S. 241). Auch die in den 60er Jahren entwickelten »psychologistischen Varianten« zielten im wesentlichen über individuelle Schuldzuweisung, Schockverfahren, autoritäre und normative Vermittlung von Gesundheitswissen auf individuelle Verhaltens- und Einstellungsänderung. Die erhoffte breite Wirkung blieb jedoch aus (vgl. ebd.).

Die Absicht, »gesundheitsschädigendes«, risikohaftes Verhalten durch den Aufbau individueller Selbstkontrolle zu verhindern, scheiterte an der aus medizinischer Sicht unlogischen und unvermuteten Resistenz menschlicher Risikoverhaltensweisen. Die herkömmlichen Aufklärungs- und Interventionsprogramme zeigen nicht den erhofften Erfolg: Experten beklagen nahezu einhellig, daß sich die Jugendlichen kaum für ihre Bemühungen interessieren und den an sie kognitiv herangetragenen Präventionsempfehlungen ablehnend oder skeptisch gegenüberstehen (vgl. RAVEN, 1990; FRANZKOWIAK, 1986)

Denn das Individuum richtet sich in der Kalkulation seines riskanten Verhaltens nicht nach imaginär wirkenden, weil probabilistisch bestimmten biomathematischen Kenntnissen, sondern entwickelt sein Verhalten vielmehr in der Balance zwischen kalkulierbarem Eigennutz und zu erwartenden Sanktions- und Anerkennungsritualen. Im Gesamtrahmen seiner erfahrbaren und sozio-kulturell einschätzbaren Lebensweise handelt es demzufolge streng logisch und durchaus selbstverantwortlich (vgl. COLLA et al., 1990).

Erst neuere Diskussionen haben dazu geführt, daß die bio-medizinisch individualistische Perspektive zu einer umfassenden sozial-strukturellen Sichtweise von Gesundheitsförderung erweitert wurde (vgl. RAVEN, 1990; ERBEN et al., 1986). So definiert die Weltgesundheitsorganisation (1986) in ihrer sog. Ottawa-Charta Gesundheitsförderung unter ausdrücklichem Bezug auf Lebensbedingungen und gesellschaftliche Voraussetzungen als einen Prozeß, der darauf zielt, »allen Menschen ein höheres Maß an Selbstbestimmung über ihre Lebensumstände und Umwelt zu ermöglichen und sie damit zu einer Stärkung ihrer Gesundheit zu befähigen« (vgl. FRANZKOWIAK et al., 1989, S. 116).

Im Zugriff der Gesundheitserziehung medizinischer Provenienz wird das gesamte Gebiet der sich wandelnden und kulturell überformten Bedürfnislage von Jugendlichen weitgehend ausgeblendet. Die soziale Dimension menschlichen Handelns wird bei der Frage nach den Motiven der Jugendlichen ebenso unterbewertet wie der Umstand, daß das Risikoverhalten von Jugendlichen für einen alltäglichen Umgang mit dem eigenen Körper steht (vgl. ERBEN et al., 1986). In dieser Situation ist die Sozialpädagogik gefordert. Sie muß versuchen, den Blick dafür zu schärfen, daß die medizinisch orientierten Deutungsmuster in ihrer Rigidität nicht in der Lage sein werden, jugendlichem Risikoverhalten in der notwendigen Angemessenheit gerecht zu werden.

In der neueren Diskussion hat man sich dieser Einschätzung nicht entziehen können. Die bisherige Form der Gesundheitserziehung, die sich in ihrem Selbstverständnis doch vornehmlich auf eine biomedizinisch und individualistisch geprägte Perspektive reduzierte, wurde umgedeutet. Sie wurde erweitert zu einer Sichtweise, in der sozial-strukturelle Elemente ein deutlich stärkeres Gewicht bekommen haben. Diese perspektivische Verschiebung wird heute unter dem Begriff der Gesundheitsförderung diskutiert. Schon semantisch deutet sich der Wechsel in dem Argumentationsansatz an. Von der Erziehung zur Förderung, von der Normativität zur Normalität.

Dabei ist Gesundheitsförderung als ein Prozeß zu verstehen, der darauf abzielt, den Betroffenen ein höheres Maß an Selbstbestimmung über ihre Lebensbedingungen zu ermöglichen und sie damit zu einer Stärkung ihrer Gesundheit zu befähigen (vgl. u.a. STARK, 1989). Ein umfassendes Konzept von Gesundheitsförderung müßte dementsprechend nicht nur auf ein kompetent handlungsfähiges Subjekt abzielen, sondern ebenso auf eine gesundheitsrelevante Veränderung der ökonomischen, sozialen und räumlichen Lebensbedingungen desselben.

Obwohl die WHO dieses Vorhaben programmatisch unterstützt und es auf administrativer Ebene bereits vereinzelte Bemühungen der Umsetzung gibt, erscheint der Anspruch dennoch als eine Form der »konkreten Utopie« (RAVEN, 1990, S. 243). Die Einlösung dieses Konzepts steht noch aus. Dies liegt nicht zuletzt an den Zielvorstellungen, die sich aus diesem Ansatz der Gesundheitsförderung gewinnen lassen, denn sie sind nicht auf Bemühungen herkömmlicher Gesundheitserziehung zu reduzieren, die gesundheitsgefährdendes Verhalten über die Initiierung individueller Selbstkontrolle verhindern wollen. Vielmehr wird die Gestaltung der Lebensräume der Jugendlichen in den Blick genommen. Anknüpfungspunkt sind dabei nicht normative Setzungen, sondern Versuche, die Betroffenen zu subjektiv bestimmten Auseinandersetzung mit verschiedenen individuellen und gruppenspezifischen Lebensweisen anzuregen. Für sozialpädagogische Handlungsfelder gilt es, Praxiskonzepte zu entwickeln, die unter Bezug auf den alltäglichen Lebensraum der Klienten den Prozeß der Aneignung von Lebenssinn, Wohlbefinden und Gesundheit fördern.

4. Anforderungen an die Sozialpädagogik

Im Vorfeld der weiteren Überlegungen soll ein Ergebnis eines Forschungsprojekts vorgestellt werden, das uns vor zwei Jahren eher indirekt mit dem Thema Jugendlicher Risikopraktiken konfrontiert hat. Unser Ausgangspunkt war damals die Frage, inwieweit die in der Heimerziehung tätigen Praktiker auf die Gefahr einer HIV-Infizierung ihrer Klientel vorbereitet sind, beziehungsweise welche Konsequenzen sich daraus für die Gestaltung des pädagogischen Umganges ergeben. Wir haben im Rahmen der Studie qualitative Interviews mit Praktikern geführt und in diesem Zusammenhang wurden sie unter anderem auch zu jugendlichem Risikoverhalten befragt. Es wurde deutlich, daß Mitarbeiterinnen und Mitarbeiter selbstgefährdenden Verhaltensweisen Heimjugendlicher oft hilf- und konzeptionslos gegenüber stehen. Zwar betont die Mehrheit der Befragten die Notwendigkeit von Gegenstrategien, um erkannten Risikoverhaltensweisen Jugendlicher entgegenzuwirken, es waren jedoch keine konkreten Konzepte ersichtlich, die herangezogen werden konnten. Einzig der emphatische Umgang, die verständnisvolle Ausgestaltung des Verhältnisses Mitarbeiter-Klientel konnte von der Mehrzahl der Befragten als Entlastungs- und Kompensationsstrategie benannt werden (vgl. Colla et al., 1990).

Es läßt sich für den Bereich der Heimerziehung die These vertreten, daß die dort Tätigen Risikopraktiken Jugendlicher zwar erkennen, daß es ihnen jedoch in der Regel an adäquaten Konzepten und Strategien zur Bewältigung fehlt (vgl. ebd.). Wir befragten die Praktiker und nicht die Institutionen, dennoch lassen konzeptionelle Mangel auf individueller Ebene als das Fortschreiben institutionell verankerter Perspektivlosigkeit interpretieren.

Zunächst erscheint es wichtig, die verbreitete Behauptung zu revidieren, daß Jugendliche sich bewußt dafür entscheiden ungesund oder riskant zu leben und daß dies einen Ausdruck mangelnder Selbstkontrolle oder fehlender Informationen über Gesundheitsrisiken ist.

In diesem Zusammenhang muß deutlich werden, daß sich ein Bewußtsein von Gesundheit ähnlich entwickelt wie die riskanten Verhaltensweisen. Vernetzungspunkt ist hierbei immer die biographische Auseinandersetzung des Subjekts mit seiner sozialen und materiellen Umwelt (ERBEN et al., 1986). Ein sozialpädagogisch verantworteter Umgang mit jugendlichen Risikoverhaltensweisen erfordert deshalb eine Form von Gesundheitsförderung, die der vielbeschworenen Ganzheitlichkeit des Lebens Rechnung trägt. Gesundheitsförderung ist auf die Entwicklung einer tief in den Individuen und ihrem sozialen Umfeld verwurzelten Lebenskultur angewiesen. Der Verweis auf die gesundheitsförderliche Gestaltung der räumlichen, sozialen und ökonomischen Lebens- und Arbeitsbedingungen erscheint zudem bedeutsam, um einer möglichen Überfrachtung sozialpädagogischer Bemühungen vorzubeugen. Dies verdeutlicht die politische Brisanz, die diesem umfassenden Anspruch der Gesundheitsförderung innewohnt und verweist zugleich auf die unbedingte Notwendigkeit von interdisziplinärer Zusammenarbeit in der Entwicklung und Umsetzung von Strategien der Gesundheitsförderung. Es ist nicht möglich an dieser Stelle ein umfassendes Konzept der Gesundheitsförderung darzulegen, sondern lediglich programmatische Ansatzpunkte zur Neuorientierung und Neubestimmung in sozialpädagogischen Praxisfeldern aufzuzeigen.

5. Gesundheitsförderung in der sozialpädagogischen Praxis

Die sozialpädagogische Praxis ist insofern gefordert, als daß sie sich um Modellbildung bemühen müßte. Sie sollte unter der Einbeziehung von Lebenswelt und Lebensweise spezifische Gruppensysteme als Kristallisationspunkte von Identitäts-

reifung und kollektiver Lebensgestaltung deuten, um sie damit als mögliche Ansatzpunkte professioneller Intervention zu klassifizieren (vgl. COLLA et al., 1990).

Die Sozialpädagogik muß sich bei den zu entwickelnden Modellen in einer
parteilichen Vertretung ihres Klientels verorten, um deren Partizipation bei der Entwicklung von Maßnahmen und Strategien sicherzustellen. Dies erscheint deshalb
bedeutsam, damit Gesundheitsförderung nicht nur auf eine neue, weil interdisziplinäre Expertenkompetenz abzielt, die Gesundheitsstrategien vordefiniert und bevor-
mundend über die Betroffenen verhängt. Professionelle Tätigkeit würde im Rahmen
der Gesundheitsförderung aus ihrer hierarchisch verordneten und expertendefinierten
Perspektive herausgelöst; sie würde in Konzepten parteilicher Vertretung der Klientel aufgehen.

Unter der Zielvorgabe der größtmöglichen Entfaltung des Gesundheitspotentials
der Klienten wäre es darüberhinaus notwendig, bereits bestehende sozialpädagogische Praxis im Rahmen der Gesundheitsförderung zu überdenken und gegebenenfalls in gesundheitsförderlicher Weise zu verändern.

Nicht nur im Bereich der Heimerziehung wird Risikoverhalten Jugendlicher
unermüdlich als individuell defizitäres und selbstschädigendes Tun abqualifiziert.
Betrachtet man es, wie hier geschehen, im Kontext jugendlicher Entwicklungsaufgaben, jugendlicher Lebensweisen, und soziokultureller Handlungsmuster, wird
die implizite »Handlungslogik« erfaßbar, das Schreckensbild verliert an Bedeutung.
Sozialpädagogische Präventionsstrategien auf dem Gebiet der Jugendhilfe würden
einem Mißverständnis jugendlichen Risikoverhaltens aufsitzen, wenn sie sich als
funktionale Instrumente zur Verhütung desselben verstünden. Denn Jugendarbeit lebt
von der produktiven Bearbeitung vorhandener und teilweise notwendiger Konflikte
und Krisen, die in der Lebensphase `Jugend´ als besonders nachdrücklich erfahren
werden.

6. Der Körper als pädagogisches Medium

Die für die Gesundheitsförderung relevanten Fragen in der komplexen Beziehung
zwischen Mensch, Natur und sozialer Institution erscheinen am besten von unserem
Interesse am menschlichen Körper her anzugreifen zu sein. Der Körper und seine
Rolle als individuell verfügbares Erfahrungs- und Erlebnisfeld erscheint als Anknüpfungspunkt des pädagogischen Umgangs in herausragender Weise geeignet. Jedoch
findet die Bedeutung von Körper und Bewegung als integralem Bestandteil der
Persönlichkeitsentwicklung und des Identitätsmanagements in der Pädagogik zur Zeit
zu wenig Beachtung.

Der Körper in seinen dargelegten Bedeutungsdimensionen wird in der Regel
entweder als zu privat oder als zu undurchschaubar angesehen, um ihn zum expli-
ten Anknüpfungspunkt für (sozial)pädagogische Konzepte zu bestimmen. Auf den
ersten Blick scheint der Körper in dem hier dargelegten Verständnis außerhalb des
Human- und Sozialwissenschaften zu liegen. Gesellschaft ist in unserem Bewußtsein nicht in unseren Körpern. Wir stellen uns die öffentliche Ordnung gespalten vor,
als herrsche der Geist über die Materie oder die Vernunft über die Sinne. Nach dieser
Auffassung sind unsere Körper die einfältigen und stummen Diener der moralischen

und intellektuellen Ordnung (vgl. O'NEIL, 1990). Die Trennung von Körper und Geist, die sich im Zivilisationsprozeß als Vergeistigung und Abstraktion auf Kosten des Körpers vollzog, ist als Produkt des Fortschritts in dem Maße fragwürdig geworden, in dem der Mensch unter seinen Nebenwirkungen leidet.

Wir können heute von einem generellen Verlust des Gedankens der Einheit sprechen, damit ist das Phänomen einer Aufspaltung angesprochen, die auch vor dem der menschlicher Existenz nicht halt gemacht hat. Dieser Verlust der Einheit des menschlichen Seins wird in den Wissenschaften je nach wissenschaftstheoretischer Ausrichtung beklagt oder gefeiert. Die Geschichte der menschlichen Entwicklung zeigt uns jedoch, daß ein voranschreitender Zivilisationsprozeß immer auch zu einer schrittweisen Distanzierung eines auf den Menschen bezogenen Weltverständnisses geführt hat.

Geschichtlich hat sich die pädagogische Besetzung des Körper in ruhmlosen Archiven zugetragen: So wurden »Turnen und Leibeserziehung« in Deutschland nicht etwa aufgrund pädagogischer Bemühungen in den Lehrplan der Schulen aufgenommen, sondern aus militärischen und gesundheitspolitischen Interessen. Die Einbeziehung des Körpers bleibt in der Geschichte der Pädagogik punktuell und auf wenige namhafte Pädagogen bezogen: eine systematische erziehungswissenschaftliche Auseinandersetzung fehlt. Die Sportpädagogik, in der Körper und Bewegung explizit pädagogische Themen sind, fristet noch heute in der Pädagogik ein Schattendasein. Dabei liegt die pädagogische Bedeutung des Sports in seiner Körperbezogenheit. Der Körper ist keineswegs nur eine Maschinerie oder Hülle der geistig-seelischen Existenz, sondern vielmehr ein existenzieller Bestandteil des Menschseins. Körper und Bewegung stellen eine integrale Komponente der Persönlichkeitsentwicklung dar.

Das Individuum ist identisch mit seinem Körper und seiner Bewegung, es ist Körper und Bewegung insofern, als daß seine Existenz darin fundiert ist. Andererseits ist das Verhältnis des Menschen zu seinem Körper durch Distanzierungen und Irritationen geprägt. Von pädagogischer Bedeutung ist die These, daß das Verhältnis des Menschen zu seinem Körper in nicht statisch, sondern im Handeln wandelbar ist. Es handelt sich bei dem Körper nicht um eine »fixe Maschinerie« auf die man sich einfach verlassen kann. Pädagogisch bedeutsam ist das Verhältnis des Subjekts zum eigenen Körper, das im Erleben und Handeln ausgestaltet wird.

Das Ziel pädagogisch akzentuierten Sports ist dementsprechend in der Entwicklung der Wahrnehmungs- und Erlebnisfähigkeit zu suchen. Ein so verstandener erlebnisorientierter Sportbegriff steht im Widerspruch zu dem gängigen Verständnis, daß in Vereinen und im Schulsport zugrunde gelegt wird. Dieses leitet sich aus dem Spitzensport ab und definiert sich primär durch Leistung und Erfolg. Die Trainingsmethoden sind dementsprechend funktional auf das Produkt ausgerichtet: die messbare Leistung, die Medaille, der Sieg. Aus sozialpädagogischer Perspektive erscheint dieser Sportbegriff untauglich.

Der gängige Sportbegriff folgt einem gesellschaftlich verallgemeinerten Muster industrieller Arbeitsmethoden, indem er mit einer solchen leistungsorientierten Handlungsorientierung Arbeitsmethoden kopiert, ergänzt und sozialisatorisch weitergibt. Gerade um eine Instrumentalisierung des Körpers kann es der Sozialpädagogik jedoch nicht gehen. Der pädagogische Sportbegriff fokussiert sich auf ein eben nicht »instrumentelles«, sondern ein »existenzielles« Verhältnis zum Körper. Ein so verstandener Sportbegriff ist prozeßorientiert; Leistung spielt keine primäre Rolle, die körperliche Aktivität und das körperliche Erleben stehen im Mittelpunkt. Die pädagogische Bedeutung liegt also unser Meinung nach nicht im Sport schlechthin, sondern in der im Sport thematisierten Körperlichkeit des Menschen (vgl. HERZOG, 1985).

Unter bezug auf den zu unterstreichenden Prozeßcharakter lebensgeschichtlicher Auseinandersetzung mit der sozialen und materiellen Umwelt erscheinen alltagsbegleitende Konzepte erlebnisorientierten Sports in mehrfacher Weise relevant. In dem Maße, in dem Jugendliche in Risikoverhaltensweisen Hilfen für entwicklungsbedingte Anstrengungen zur Realitätsbewältigung suchen, könnten diese Handlungsfelder die jugendliche Selbstbehauptung und Identitätsentwicklung stützen. (BECKER et al., 1986) Körper- und bewegungsorientierte Konzepte auf dem Gebiet des Sports erscheinen daher als theoretische Basis geeignet, um in sozialpädagogischen Praxisfeldern eine sinnvolle und weniger gefährliche Entsprechung zu den Risikoverhaltensweisen einzurichten.

Die Ausführungen sollten nicht in einem zentralen Punkt mißverstanden werden. Über die Förderung von subjektiven Handlungskompetenzen im Umgang mit der eigenen Befindlichkeit können die pathogenen Einflüsse der gesellschaftlichen Realität auf das Erleben und Handeln Jugendlicher nicht aufgehoben werden. Vor dem Hintergrund der rapiden Veränderung und Ausdifferenzierung jugendlicher Lebenslagen müssen sozialpädagogische Institutionen aber dringlicher als früher ihr jeweiliges Problemverständnis reflektieren. Sie müssen sich selbstkritisch fragen, welche neuen Konsequenzen und Perspektiven sich für das eigene Selbstverständnis, für institutionell festgefahrene Formen der Problembearbeitung und für die eigenen Konzepte ergeben. Traditionelle Konzepte, Selbst- und Gegenstandsverständnis und Zielsetzungen müssen im Hinblick auf die sich verändernden gesellschaftlichen Bedingungen und die damit verbundenen Anforderungen reflektiert werden. Die Zielvorgabe einer bedarfsorientierten Förderung von Jugend stellt in diesem Sinn eine sozialpädagogische Herausforderung dar, der sich Theorie und Praxis zu stellen hat.

Literatur

ABHOLZ, H. H.; BORGERS, D.; KARMAUS, W.; KORPORAL, J.: Risikofaktorenmedizin - Konzept und Kontroverse. Berlin/New York, 1982

ARGYLE, M.: Körpersprache und Kommunikation. Paderborn, 1987

BAUDRILLARD, J. : Der schönste Konsumgegenstand: Der Körper. In: Gehrke, 1981

BAUM, D., FIPPINGER, F.: Jugend als pädagogische Herausforderung. Frankfurt/M., 1988

BAUR, J.: Körper und Bewegungskarrieren; Dialektische Analysen zur Entwicklung von Körper und Bewegung im Kindes- und Jugendalter. Schorndorf, 1989

BECKER, P.; SCHIRP, J.: Bewegungs- und sportorientierte Sozialarbeit mit Jugendlichen. In: Marburger Beiträge zur Sozialarbeit mit Sport und Bewegung, Nr. 1, Ziele und Programm des BSJ. Marburg, 1986

BÖLLERT, K.; OTTO, H.-M. (Hrsg.): Soziale Arbeit auf der Suche nach Zukunft. Bielefeld, 1989

BRETTSCHNEIDER, W.- D. (Hrsg.): Sport im Alltag von Jugendlichen. Schorndorf, 1989

COLLA, H. E. et. al. (Hrsg.): Jugend und Aids; Aids-Prävention und -Bewältigung in stationären Einrichtungen der Jugendhilfe, Aufklärung, Beratung und Betreuung in der Heimer-
   ziehung. Lüneburg, 1990 (unveröffentlicht)
DOHRENWEND, B.S.; Dohrenwend, B.P.: Stressfull Events: Their Natur and Effects. New York,
   1974
ELIAS, N.; DUNNING, E.: Sport im Zivilisationsprozeß. Münster, 1982
ERBEN, R.; FRANZKOWIAK, P.; WENZEL, E.: Die Ökologie des Körpers. In: WENZEL (Hg.), 1986
FRANZKOWIAK, P.: Kleine Freuden, kleine Fluchten. Alltägliches Risikoverhalten und medizi-
   nische Gefährdungsideologie. In: WENZEL (Hg.), 1986
FRANZKOWIAK, P.: Risikoverhalten und Gesundheitsbewußtsein Jugendlicher. Berlin, Heidel-
   berg, New York, Tokyo, 1986 (b)
FRANZKOWIAK, P.: Jugend, Gesundheit und Gesundheitsförderung. In: Neue Praxis 3/1987
FRANZKOWIAK, P.: Jugend als präventive Herausforderung? In: Baum/Fippinger (Hg.), 1988
FRANZKOWIAK, P.; WENZEL, E.: In Zukunft Gesundheit?. In: Böllert et al. (Hg.), 1989
HERZOG, W.: Der Körper als Thema in der Pädagogik. In: Petzold, 1985
HILDEBRANDT, H.: Kollektive Aneignung von Gesundheit. In: Wenzel (Hg.), 1986
HÖLTER, G. (Hrsg.): Bewegung und Therapie - interdisziplinär betrachtet. Bonn, 1988
HOMFELDT, H.G. (Hrsg.): Erziehung und Gesundheit. Weinheim, 1988
KAMPER, D.; WULF, C. (Hrsg.): Die Wiederkehr des Körpers. Frankfurt/Main, 1982
LABONTE, R.; WENZEL, E.: Gesundheitsförderung. Eine sozialpolitische Perspektive. In: Wen-
   zel (Hg.), 1986
LIPPE, ZUR, R.: Am eigenen Leib. In: Kamper et al. (Hg.), 1982
O'NEIL, J.: Die fünf Körper, Medikalisierte Gesellschaft und Vergesellschaftung des Leibes.
   München, 1990
PETZOLD, H. (Hrsg.): Leiblichkeit. Paderborn, 1985
RAVEN, U. F.: Gesundheitserziehung im Rahmen einer strukturgenetischen Sozialisations-
   theorie. In: Neue Praxis, 1990; Heft 3
STARK, W. (Hrsg.): Lebensweltbezogene Prävention und Gesundheitsförderung. Freiburg, 1989
TROJAN, A., HILDEBRANDT, H.: Konzeptionelle Überlegungen zu gesundheitsbezogener Netz-
   werk- förderung auf lokaler Ebene. In: STARK (Hg.), 1989
WENZEL, E. (Hrsg.): Die Ökologie des Körpers. Frankfurt/Main, 1986

Siguna Morich

Straßenkinder

Runaways

Resulting from changes in society social education can no longer adopt a standard concept. Joy Riders for instance iluminates the limits of social education. The predominant behavior of these youngsters includes »running away from home«; breaking away from the social patterns unsatisfactory and problematic to them. Social education in conjunction with theory and practise has to inaugurate new concepts.

1. DIE »CRASH-KIDS« - EINE PROBLEMSKIZZE

Im Folgenden soll am Beispiel der Hamburger »Crash-Kids« das Verhalten von Straßenkindern theoretisch dargestellt und mögliche sozialpädagogische Betreuungskonzepte vorgestellt werden. Als »Crash-Kids« wurden die Kinder und Jugendlichen bezeichnet, welche von Juli 1991 bis Oktober 1992 vorwiegend in Hamburger Zeitungen für Aufsehen in den Medien sorgten. Es erschienen nahezu 200 Presseartikel, in denen aufbauschend und sensationsorientiert über die sogenannten »Crash-Kids« berichtet wurde. Der folgende idealtypisch skizzierte Pressetenor soll kurz Einblick geben:

- Es kann festgestellt werden, daß es sich bei den »Crash-Kids« um 13-16jährige Kinder und Jugendliche handelte, die vorwiegend im Rahmen öffentlicher Erziehung betreut wurden. Als lockerer Verbund von jungen Menschen trafen sie sich vorwiegend am Hamburger Hauptbahnhof, dessen Szenerie als Prostitutionsgebiet und Drogenumschlagplatz bekannt ist.
- Laut Presseberichten bestand die Haupttätigkeit dieser Kinder und Jugendlichen im Aufbrechen, Stehlen und unerlaubtem Fahren von Autos, wobei etliche Unfälle zu verzeichnen waren, die u.a. während der Verfolgungsjagden mit der Polizei stattfanden.
- In der Berichterstattung wurden einzelne Kinder und Jugendliche herausgegriffen und »als Helden verkauft«, um das Sensationsinteresse der Leserschaft und Fernsehzuschauer aufrecht zu erhalten.

Die öffentliche Meinung, vertreten durch die Presseäußerungen, sah sich durch diese Aktionen bedroht und forderte ihr Recht nach Sicherheit. »So wird heute durchgängig und ohne nachzudenken in den Medien von Kinder-Gangstern, von kriminellen Kindern gesprochen und damit der lesenden Öffentlichkeit vermittelt, daß die Gesellschaft sich vor diesen kleinen bösartigen Monstern unbedingt schützen muß« (BORDE, ROSE, 1993, 267).

Die Schuld an diesem Dilemma wurde der Hamburger Jugendhilfe zugeschoben, da sie für diese jungen Menschen verantwortlich war, sie aber nicht von ihrem »Crash-Verhalten« abhalten konnte. Die Polizei und Justiz waren nicht befugt durch Verhaftung einzugreifen, da ein großer Teil der »Crash-Kids« mit einem Alter von unter 14 Jahren noch nicht strafmündig war. Auf diesem Hintergrund wurde die Wiedereinführung der geschlossenen Unterbringung propagiert und es entstand eine politisierte Debatte über Betreuungskonzepte für die betroffenen Kinder und Jugendlichen, die pädagogische Anliegen der Praktiker kaum berücksichtigte.

1.1 Die Betreuung

Einige der »Crash-Kids« wurden für bestimmte Zeit in Form erlebnispädagogisch orientierter Maßnahmen betreut, daran anschließend beziehungsweise währenddessen fand die Unterbringung zum größten Teil im Rahmen der Flexiblen Betreuung statt.

Naheliegendes Ziel dieser Betreuungsformen sollte der Aufbau einer Beziehung zu einem Betreuer oder einer Betreuerin sein, in der die Selbständigkeit und Autonomie der Kinder und Jugendlichen ernstgenommen wird (vgl. HEINEMANN, PETERS, 1987, 445) und der Betreuer oder die Betreuerin an der Lebenswelt der Kinder und Jugendlichen orientiert, stützend und entwicklungsfördernd wirkt (vgl. KLATETZKI, WINTER, 1989, 4).

In Bezug auf die »Crash-Kids«, so berichteten BetreuerInnen, erwies sich das Gestalten und Durchhalten der Betreuungssettings als äußerst schwierig, da die Bereitschaft und Fähigkeit der Kinder und Jugendlichen, sich auf eine Beziehung einzulassen kaum vorhanden war und erst erarbeitet werden mußte. Sie sahen die Problematik der »Crash-Kids« in ihrer Unerreichbarkeit geprägt durch eine Beziehungsunfähigkeit und eine Beziehungslosigkeit zu »Mitgliedern der Gesellschaft«. Die Kontakte der Kinder und Jugendlichen beschränkten sich auf die Peer-group- und Szenemitglieder, wobei sich die Kompensation dieser einflußreichen Kontakte als äußerst schwierig erwies.

Die Schwierigkeiten in der Bereitstellung eines adäquaten Betreuungssettings wurden durch die Presse- und Fernsehberichte wesentlich beeinflußt. Die der Jugendhilfe dort vorgeworfene Inkompetenz, erschwerte das Arrangieren sozialpädagogischer Betreuung, da ein mögliches Vertrauen der Kinder und Jugendlichen in die Jugendhilfe im Vorfeld verhindert wurde. In der Berichterstattung fand eine Instrumentalisierung der Kinder und Jugendlichen für - aus der Sicht der Praktiker - politische Zwecke statt. Die »Crash-Kids« wurden somit zum Gegenstand einer öffentlich ausgetragenen parteipolitischen Diskussion, in der die sozialpädagogisch relevanten Hintergründe für das »Crash-Kid«-Verhalten von den Medien durchweg außer Acht gelassen wurden.

1.2 Was bleibt?

Fast vier Jahre später ist in den Medien relative Stille um die »Crash-Kids« zu verzeichnen. *Die* »Crash-Kids« sind aus dem öffentlichen Blick verschwunden.

Was bleibt sind die Kinder und Jugendlichen, die als »Crash Kids« bezeichnet wurden oder werden könnten. Die auf der Straße lebenden jungen Menschen, die keiner will, die sich abwenden von dem, was die Gesellschaft von ihnen will und für sie will.

Was bleibt sind die »Nicht-Erziehbaren«, die sogenannten Straßenkinder, die von den bestehenden sozialpädagogischen Betreuungskonzepten nicht erfaßt werden, »die bislang jeden Paradigmenwechsel »überlebt« haben. Zu diesen gehört etwa die Tatsache, daß ein Teil der Klientel von dem jeweils vorherrschenden paradigmageleiteten Handlungsansatz nicht erfaßt wird oder sich allen Maßnahmen und Interventionen erfolgreich entzieht« (HOHMEIER/MENNEMANN, 1996, 381).

Was bleibt ist die Frage nach der Erreichbarkeit von jungen Menschen wie die »Crash-Kids« mittels sozialpädagogischer Betreuungskonzepte. Zur Erörterung dieser Frage im Zusammenhang mit aktuellen sozialpädagogischen Betreuungskonzepten ist im Vorfeld eine Betrachtung der Verhaltensformen dieser Kinder und Jugendlichen notwendig.

2. Verhaltensformen von Straßenkindern

QUENSEL hat in diesem Zusammenhang folgende, auf Straßenkinder zutreffende Verhaltensmerkmale herausgearbeitet:
a) »ständiges Weglaufen ohne festes Ziel, das
b) verbunden ist mit einer erheblich zukunftsgefährdeten Lebensweise ...« (QUENSEL, 1982, 30).
Beide Verhaltensweisen stehen in engem Zusammenhang mit denen sich aus ihnen ergebenden Schwierigkeiten der Bereitstellung sozialpädagogischer Betreuungskonzepte. Sie gelten als »Symptome, die zur geschlossenen Unterbringung von Jugendlichen führen ...« (BITTNER, 1982, 42) und machen die Kinder und Jugendlichen zu denen, »die keiner will«.

2.1 Weglaufen

Weglaufen soll in Anlehnung an QUENSEL verstanden werden als »bindungslose Trebe ..., nämlich das mehrwöchige sich Treibenlassen ohne feste Bezugsperson« (Quensel, 1982, 30). Die Kinder und Jugendlichen entziehen sich den bisherigen Lebenszusammenhängen, die als problematisch und/oder unbefriedigend empfunden werden.

2.1.1 WEGLAUFEN ALS PROBLEMLÖSUNGSSTRATEGIE

Als Anlaß des Ausbruchs ist eine massive Konfliktlage mit relevanten Bezugspersonen zu sehen (vgl. JORDAN, TRAUERNICHT, 1981, 19). Die Familienflucht steht in engem Zusammenhang mit Eltern, Schule, Ausbildung oder Arbeit, ausgelöst durch »Furcht vor Bestrafungen, unangemessene Erziehungshaltungen, Vernachlässigungen physischer und psychischer Art, Rachegefühle, Furcht vor schul- und berufsbezogenem Versagen und Reaktionen von Mitschülern und Lehrpersonen sowie mangelnde Durchsetzungsfähigkeit« (KLUGE/SCHEWE, 1977, 92, in: JORDAN, TRAUERNICHT, 1981, 28).

Im Einzelnen müssen die jeweiligen Hintergründe aus den individuellen Lebenszusammenhängen heraus betrachtet werden. Es taucht dabei im Rahmen der Modernisierung der Gesellschaft die Frage auf, ob durch den Bedeutungsverlust der traditionellen Sozialisationsinstanzen, das Weglaufen erleichtert wird, weil die bestehenden Bindungen an sich als lockerer zu bezeichnen sind oder sogar eine Unzulänglichkeit von Bindungen problematisiert werden muß.

Die Wegläufer aus Heimen sind vor allem Kinder und Jugendliche, »die unter der strukturellen Beziehungslosigkeit, der Austauschbarkeit der Personen und der Lieblosigkeit und kalten Strenge leiden« (JORDAN, TRAUERNICHT, 1981, 29). Weglaufen wird in diesem Zusammenhang als Problem der Kinder und Jugendlichen definiert, wobei die Institutionen an sich außer Kritik bleiben. Das praktizierte Abschieben von Kindern und Jugendlichen und die damit einhergehenden Beziehungswechsel können eine Bindungslosigkeit und -unfähigkeit bedingen, die das Weglaufen erleichtern (vgl. FREIGANG, 1986). Fortlaufen kann auf diesem Hintergrund als Reaktion auf Schlüsselsituationen und als Konfliktlösungsstrategie verstanden werden (vgl. JORDAN, TRAUERNICHT, 1981, 27).

»Das Ausbrechen, das Herstellen räumlicher Distanz scheint eine der wenigen den Kindern und Jugendlichen verbleibenden Möglichkeiten zu sein, auf sich hinzuweisen, Belastung, Verzweiflung und Unverstandensein zu signalisieren« (ebd., 36). Der Ausbruch kann als nachhaltiger Einschnitt in das Beziehungsgefüge gewertet werden, an den sich aufgrund geringer Zufluchtsmöglichkeiten und der lebensgestalterischen Umorientierung der Kinder und Jugendlichen ein Milieuwechsel, häufig in subkulturelle Lebenszusammenhänge, anschließt (vgl. ebd., 19). Um eine Zuflucht und Versorgung zu sichern, bieten sich »die Möglichkeiten illegalen Erwerbs und der Veräußerung von Gütern (Diebstahl, Hehlerei), oder der Verkauf des eigenen Körpers bzw. der von anderen. Kinderprostitution, Straßenstrich, Strichjungen markieren dieses Feld« (ebd., 33). »Ein Beispiel hierfür ist ein 16jähriger Jugendlicher, er kam mit 5 Jahren zum ersten Mal ins Heim, das er mehrfach wechselte, bis er eines Tages nicht mehr hinging. Seitdem hält er sich bei verschiedenen Freiern auf und schafft am Hamburger Hauptbahnhof regelmäßig an« (BADER, LANG, 1991, 58; vgl. auch SERENY, 1986, KIEPER, 1980). Treben kann also nicht nur als Reaktion auf vergangene Ereignisse verstanden werden, sondern kann als ausagierende Verhaltensweise eine Aktion darstellen, die zukünftiges Geschehen beeinflußt (vgl. HOSEMANN, HOSEMANN, 1984, 191).

Weglaufen als Problemlösungsstrategie bekommt damit einen aktiven Charakter, die Kinder und Jugendlichen geben sich mit ihrer momentanen Lebenssituation nicht zufrieden und sind zur Veränderung der Situation motiviert. Ihre Zukunftsvorstellungen können insofern gedeutet werden, als das sie wissen, wie sie nicht leben wollen. Ihre Veränderungswünsche und Träume über eine zukünftige Lebensform scheinen im alltäglichen Leben nicht umsetzbar. Ihr Verhalten ist geprägt von dem Verlangen nach neuen Erfahrungen, das durch Weglaufen gestillt wird (vgl. THOMAS, 1969, 6).

Auf diesem Hintergrund können Kinder und Jugendliche sich an einem »Leben auf der Straße« orientieren. Die Straße wird als Flucht- und Freiheitsraum begriffen, die einen Weg in eine unbestimmbare Unabhängigkeit öffnet, die dazu auffordert, »sich den pädagogischen Kontrollinstanzen zu entziehen, auf Trebe zu gehen ...« (ZINNECKER, 1979, 729).

2.1.1 Weglaufen als Erlebnissuche

»Je schwerer die biographische Selbstverortung in Familie, Schule, Beruf fällt, je zwingender sie mit Erlebnissen des Scheiterns und Ungenügens verbunden ist, um so größer ist die Bereitschaft von Jugendlichen, Straßenleben und Straßengruppen als Ausweg und Alternative zu nehmen« (ZINNECKER, 1979, 729). Das Leben auf der Straße kann als Erlebnis, durch das sich neue Möglichkeiten der Lebensgestaltung eröffnen, verstanden werden.

Die Existenz auf der Straße verlangt von den Kindern und Jugendlichen die Gestaltung dieses funktionsbestimmten Ortes, er wird als Treffpunkt umfunktioniert. Der Tagesablauf der jungen Menschen ist geprägt von Perioden des Nichtstuns und der Suche nach Situationen, die Spaß machen. Für die Gruppe der Wegläufer kann diese Verhaltenstypik noch eingehender zutreffen, da sie wesentlich mehr Zeit, als in Schule und Familie eingebundene Kinder und Jugendliche, zur Verfügung und auszufüllen haben. Aufgrund der gängigen Verhaltenstypik, die KANNICHT 1983 als »Herumhängen-Blödeln-Action« beschrieben wird für sie der Treffpunkt zu einer Art Lebensmittelpunkt, da hier Gleichgesinnte/Gleichaltrige anzutreffen sind.

Die Verbindungen der Peer-group weisen den Charakter lockerer Cliquen auf. »Die neuen Peer-groups bzw. Cliquen sind charakterlos, sie sind ohne Profil und von Pluralität und Wertevielfalt geprägt. Häufig sind sie Ausdruck einer mehr oder weniger zufälligen Zusammenkunft, aus der sich ungeplant kurzfristige Aktionen (Aggression und Gewalt) ergeben können« (STÜWE, 1993, 11). Dennoch stellt diese lockere Gruppe die Suche nach Bindungen, die Sicherheit und Anerkennung geben, vorübergehend sicher, da immer jemand zur Verfügung steht. Die Anforderungen im Rahmen der alltäglichen Lebensgestaltung sind für die Einzelnen als Gruppenmitglieder geringer, da ein Großteil der Entscheidungen im Rahmen der Gruppe getroffen werden.

Es ist im Einzelnen notwendig, diese lockeren Gruppenstrukturen eingehend zu betrachten, da diese wesentlichen Einfluß auf das Verhalten der Gruppenmitglieder haben können. Man kann auf dem Hintergrund von POLSKYS »Diamant« (vgl. POLSKY, 1977, 113), mit dem er die Struktur einer Gruppe beschreibt, davon ausgehen, daß es in diesen lockeren Cliquenverbünden zumindest »Vormacher« gibt, an denen sich die Verhaltensweisen der »Mitmacher« orientieren. Als Vormacher kommen vor allem Kinder und Jugendliche in Betracht, die einen hohen Bedarf an Anerkennung haben. Diese versuchen durch besondere Verhaltensweisen, die Aufmerksamkeit der Gruppenmitglieder auf sich zu ziehen und sich Status zu verschaffen. Sicherlich kann im Rahmen der »Crash-Kids« von einer Bewunderung innerhalb der Gruppe ausgegangen werden. Ihnen ist es sogar gelungen, die Aufmerksamkeit der Gesellschaft, (insbesondere durch die Presse), auf sich zu ziehen.

»Herumhängen« verweist auf längere Perioden des Nichtstuns, in denen sich rasch Langeweile ausbreitet (vgl. KLINKMANN, 1982, 259). Auf der anderen Seite steht die Suche nach »action« (vgl. ebd.; vgl. auch BECKER/MAY in SPECHT, 1991, 41 ff.).

Langeweile wird erlebt als »unbefriedigtes, zielloses, unlustvoll erlebtes Verlangen nach Welt« (REVERS, 1969, 55, zit. nach KLINKMANN, 1982, 261). Die Interessenlosigkeit an der gegenwärtigen Welt weckt ein Bedürfnis nach Neuem, nach Ab-

wechslung. Die durch »Herumhängen« ausgedrückte Langeweile ist durch den Über-
gangscharakter der Jugendphase bedingt, sozusagen als »Pause«, die der Orientierung dienen soll (KANNICHT, 1983, 312).

Eine solche Orientierung kann als Folge der kulturellen und gesellschaftlichen
Entwicklung, die nur bedingt adäquate Orientierungsmuster zur Verfügung stellt, als
schwierig und unsicher angesehen werden (vgl. STÜWE, 1993, 16). Langeweile kann
hier in Zusammenhang mit der »Unmöglichkeit, die zukünftige Beschaffenheit der
Welt zu antizipieren« (KLINKMANN, 1982, 263) betrachtet werden. Damit werden hohe
Anforderungen an die Entwicklung angemessener Handlungsentwürfe und Zielvorstellungen gestellt, Unsicherheit und Überforderung der Kinder und Jugendlichen
können dabei die Folge sein (vgl. ebd.).

Im Rahmen der Individualisierung der modernen Gesellschaft werden diese
Unsicherheit und Überforderung verstärkt durch die Bereitstellung eines Freiheits-
spielraums, in dem junge Menschen -scheinbar grenzenlos- nach Erlebnissen und
Orientierungen suchen können.

2.1.2 Zukunftsgefährdende Lebensweise

Aus der Suche nach »action« können sich aus dem Druck der Gruppe, auf der Suche
nach Anerkennung, Status und Erwiderung erheblich zukunftsgefährdende Lebensweisen entwickeln. Quensel sieht in der zukunftsgefährdenden Lebensweise bei
Mädchen die Prostitution verbunden mit Drogenabhängigkeit oder professionellen
Ausbeutungsverhältnissen. Bei männlichen Jugendlichen stehen Eigentumsdelikte
im Vordergrund, »mit denen sie sich selber erheblich gefährden, sei es durch über-
große Schadensverursachung, riskante Autodiebstähle oder erhebliches Strafrisiko«
(QUENSEL, 1982, 31). Im Rahmen dieser Sichtweise kann auch das Verhalten der
»Crash-Kids« als zukunftsgefährdend betrachtet werden.

2.1.3 »ACTION« GEGEN LANGEWEILE

Die Suche nach »action« zur Kompensation der Langeweile äußert sich durch das
Ausagieren von Aktivität, wobei häufig gewohnte Normen übertreten werden (vgl.
KANNICHT, 1983, 317). Die Jugendlichen warten ab, ob sich jemand provoziert fühlt,
ohne die grundsätzliche Bereitschaft, die Reaktionen auf Provokation anzunehmen
(vgl. ebd.). Ihr Verhalten beinhaltet ein Austesten der Grenzen der Normen-
überschreitung.

Dieses Verhaltensmuster ist vergleichbar mit Inhalten diverser Actionfilme und
-videos, in denen normenübertretendes Verhalten als »heldenhaft« dargestellt wird
(vgl. FREESE, SCHEFOLD, BÖHNISCH, 1985, 15 ff.). Fernseh- und Videokonsum als Frei-
zeitbeschäftigung gegen Langeweile geraten dabei in den Verdacht, den jungen Menschen Verhaltensanregungen in ihrer orientierungslosen Lage zu geben. Kinder und
Jugendliche bevorzugen Filme, »deren Heldenfiguren sehr oft ein riskantes Verhalten zeigen, vor allem Action-, Horror-, Kriegsfilme sowie Rockerfilme.« (ebd., 16)
Der Reiz liegt hierbei in der Spannung und »action«, dem Ungewöhnlichen, Nicht-
Alltäglichem, dem Riskanten; Erlebensweisen die im Alltag der Kinder und Jugend-

lichen kaum zu finden sind (vgl. ebd.). Durch die Erlebnisarmut der modernen Gesellschaft machen die Kinder und Jugendlichen sich selbst auf die Suche nach eigenen Erfahrungen, um sich ihres Selbst zu vergewissern, sie suchen nach Verhaltensweisen, um ihre Bedürfnisse zu stillen. Riskantes Verhalten kann demnach als Reaktion auf den verödeten Alltag begriffen werden. Diese von Erwachsenen als sinnlos erachteten Verhaltensweisen können demnach in der Jugendphase durchaus sinnvollen Charakter haben.

2.1.4 DER ASPEKT DES RISIKOVERHALTENS

Betrachtet man die zukunftsgefährdende Lebensweise unter dem Aspekt des Risikoverhaltens, so können jugendliche Risikomuster verstanden werden als »Versuche sich Sinn und Zukunftsperspektive über eine aktuell verfügbare Option anzueignen: den eigenen Körper und dessen Reizung, Gefährdung und Erschöpfung« (FRANZKOWIAK, 1986, 16, zit. nach GABRIEL, 1992, 82). Es erscheint bei näherer Betrachtung der Gefährdung eine paradoxe Verhaltensweise, daß auf der Suche nach Zukunft, eben diese gefährdet wird.

FRANZKOWIAK spricht dem Risikoverhalten eine subjektiv - biographische Sinnlogik zu und versteht es als handlungsorientierte Kompensation von Belastungen und das Ausagieren von Ausbruchswünschen (vgl. FRANZKOWIAK, 1986, 10, zit. nach BÖHNISCH, 1992, 216). Risikoverhalten kann als Symbol für Reife, Zeichen für Opposition und im Rahmen der Solidarität zur Peer-group eine funktionale Bedeutung haben (vgl. ebd.; BAAKE, 1979 zit. nach BÖHNISCH, 1992, 217). Da dem Jugendalter eine »potentielle Devianz« (Eisenstadt, 1966, zit. nach BÖHNISCH, 1992, 214 ff.) zugesprochen wird, kann Risikoverhalten als typische Verhaltensweise identifiziert werden.

Risikoverhalten kann »als Widerstand gegen normierende Ordnungssysteme und widersprüchlich erlebte familiäre und sozio-kulturelle Lebensentwürfe verstanden werden« (GABRIEL, 1992, 82). Hieraus wird eine Art Protest der Kinder und Jugendlichen ersichtlich. »Und mit ihrem Risikoverhalten demonstrieren die Jugendlichen symbolisch, daß sie zumindest bezweifeln, daß es sich nach dem normalen Lebensentwurf zu leben lohnt« (FREESE, SCHEFOLD, BÖHNISCH, 1985, 19).

Aufgrund der durch die Paradoxie der Modernisierung bedingte Gemengelage der Kinder und Jugendlichen scheinen riskante Verhaltensmuster naheliegend. »Die Selbstinszenierung und Selbstvergewisserung der Persönlichkeit findet im Rahmen von Risikopraktiken ein psychologisches Pendant zum gesellschaftlichen Prozeß der Individualisierung« (GABRIEL, 1992, 87). Aus dem Spannungsfeld zwischen Langeweile und »Action«, resultiert das Risikoverhalten als Bewältigungsform derselben. Aus den Risiken durch die Modernisierung der Gesellschaft für Kinder und Jugendliche und den damit einhergehenden fehlenden Orientierungsmustern, manövrieren sie sich in Lebenssituationen, in denen sie sich den Gefahren der Prostitution, des Diebstahls, des Auto-«crashens« aussetzen. Nach BÖHNISCH (1992, 217), kann dieses Risikoverhalten als »problematische Bewältigungsform« von besonderen Lebensschwierigkeiten angesehen werden. Der Umfang und die Komplexität der beschriebenen Verhaltensformen verdeutlicht die Schwierigkeit der Bereitstellung adäquater Betreuungskonzepte.

3. Sozialpädagogische Betreuungskonzepte

3.1 ERLEBNISPÄDAGOGISCHE MASSNAHMEN

Erlebnispädagogik definiert sich nach ZIEGENSPECK als Alternative und Ergänzung zu etablierten und traditionellen Jugendhilfemaßnahmen (vgl. Ziegenspeck, o.J., 2). Nach Abschaffung der geschlossenen Unterbringung wurden als Übergangslösung für Kinder und Jugendliche, die durch eine große Anzahl krimineller Handlungen auffielen und die nicht aus ihrem kriminellen Milieu herausgelöst werden konnten, erlebnispädagogische Maßnahmen durchgeführt (vgl. PETERS, 1988, 150). Die Mitarbeiter sahen in der Herauslösung des oder der Jugendlichen aus seinem oder ihrem kriminellen Milieu zum Beispiel in Form einer viermonatigen Reise die Chance der Entwicklung einer Beziehung zwischen Jugendlichem oder Jugendlicher und BetreuerIn, auf deren Hintergrund Lernprozesse initiiert werden können (vgl. ebd.). »Durch die Reise soll zwingend Nähe hergestellt werden ..., durch das gemeinsame Durchleben von Krisensituationen, Grenzen der persönlichen Fähigkeiten und Belastbarkeiten auszuloten...«, (ebd., 151) soll die Notwendigkeit von sozialem Verhalten in solchen Situationen begreifbar werden.

Auch im Zusammenhang mit der Unterbringung der »Crash-Kids« fand eine Orientierung an der Erlebnispädagogik statt. Die erlebnispädagogische Maßnahme dient als Kennlernsituation dem Aufbau einer Beziehung zwischen einem Betreuer oder einer Betreuerin und dem jungen Menschen. Die grundlegenden Momente der Beziehung werden nicht näher definiert, diese sollen auf der Reise in Kooperation mit den jungen Menschen erarbeitet werden, um die individuellen Bedürfnisse des Einzelnen berücksichtigt zu können. Es liegt nahe, der Ausgestaltung der Beziehung konkretere konzeptionelle Inhalte zu geben, die noch genügend Spielraum eröffnen, sich auf die individuelle Lage des Einzelnen einzulassen. Damit würde ein theoretischer Gestaltungsrahmen für die BetreuerInnen bereitstehen.

Ohne diesen besteht die Gefahr eines unreflektierten, ziellosen Handelns, aus dem eine Überforderung der BetreuerInnen resultieren kann, da für jede Situation ein neuer Handlungsentwurf erstellt werden muß. Für die auf der Straße lebenden Kinder und Jugendlichen ist es wichtig, einen Orientierungsrahmen zur Verfügung zu stellen, um damit eine Beziehungsgrundlage zu einem Betreuer oder einer Betreuerin zu schaffen, die sich von vorherigen enttäuschenden Erfahrungen unterscheidet und eine adäquate Möglichkeit der Entfaltung der Persönlichkeit bietet. Gerade in einer im Aufbau befindlichen Beziehung bedarf es einer Verläßlichkeit auf persönlicher und struktureller Ebene, auf deren Basis das sozialpädagogische Betreuungssetting arrangiert werden kann.

Die Ausgestaltung dieser Verläßlichkeit vollzieht sich durch die Bereitstellung von Alltagsstrukturen, an denen der oder die einzelne Jugendliche sich orientieren kann. Auf einer Reise als pädagogische Maßnahme können diese Strukturen breit gefaßt sein und daraufhin konzipiert werden, eine Überforderung mit Strukturierungsleistungen zu vermeiden. So bietet die Reise eine Möglichkeit des Anbietens von strukturellen Sicherheiten, die der Betreuer oder die Betreuerin durch Anerkennung und Erwiderung festigen kann.

Der zweite wichtige Punkt der erlebnispädagogischen Maßnahmen umfaßt das Anliegen, mit den Reiseerlebnissen den Kindern und Jugendlichen eine Kompensationsmöglichkeit für die im Alltag erlebte Langeweile zu geben und eine Alternative zu bisherigen Verhaltensformen bereitzustellen. Vor allem in Bezug auf die dargestellte Problematik der »Crash-Kids« scheint dieser Punkt als Durchführung eines Milieuwechsels durchaus auf eine besondere Problemlage einzugehen, denn schon der Milieuwechsel kann eine neue Erfahrung bedeuten. Die erlebten neuen Erfahrungen können als Anregung eine Alternative zur bisherigen Lebensgestaltung bieten und können im Kontext der allgemeinen Erfahrungen positive Bedeutung gewinnen.

3.2 Flexible Betreuung

Mit der Flexiblen Betreuung wurde ein organisatorischer Rahmen geschaffen, in dem als Antwort auf die gesellschaftliche Entwicklung der Individualisierung und Pluralisierung flexible, an der Lebenswelt von jungen Menschen orientierte Problemlösungsstrategien, erarbeitet werden können (vgl. KLATETZKI, WINTER, 1989, 3). Der Rahmen der Flexiblen Betreuung baut primär auf der Strukturmaxime der Integration auf, da die Ausgestaltungsmöglichkeiten durch die Orientierung an der Lebenswelt so weit gefaßt sind, daß eine Bearbeitung verschiedenster Problemlagen auf ihrem Hintergrund stattfinden kann.

Am Prozeß des kommunikativen Aushandelns in Form einer intersubjektiven Abstimmung zwischen Jugendlichem oder Jugendlicher und MitarbeiterIn sollen die Adressaten lernen, sich mit ihrem Umfeld (und der Gesellschaft) auseinanderzusetzen (vgl. ebd., 5). Aufgrund der gesellschaftlichen Veränderungen kann die Fähigkeit zur Kommunikation als grundlegend angesehen werden, um eine Auseinandersetzung mit den durch Individualisierung und Pluralisierung geprägten gesellschaftlichen Veränderungen zu ermöglichen.

Als Voraussetzung zur Einleitung dieses Prozesses ist ein Einlassen der Mitarbeiter auf die Lebenswelt der einzelnen Kinder und Jugendlichen maßgeblich, wobei sie sich methodisch an der aufsuchenden Sozialarbeit orientieren (vgl. ebd., 12). Auf diese Art und Weise soll eine bessere Verständigungsmöglichkeit über individuelle Betreuungssettings und Lebensformen bestehen, da die Mitarbeiter sich ohne institutionelle Gebundenheit adäquat einbringen können (vgl. ebd., 11). Anpassung wird nicht, wie in einer Institution vorausgesetzt, sondern in Form von Entscheidungsprozessen erarbeitet, wobei flexibel veränderte Lebensverhältnisse und Bedürfnisse berücksichtigt werden können (vgl. ebd., 5). Da die 8 nicht an einen »Raum«, in Form einer Institution, gebunden ist, kann sie als sozialpädagogische Haltung gegenüber den zu betreuenden Kindern und Jugendlichen verstanden werden.

Durch die Auseinandersetzung des oder der Jugendlichen mit dem oder der MitarbeiterIn soll sich die Interaktionskompetenz und damit die Handlungsfähigkeit weiterentwickeln. Dazu wird von den Mitarbeitern »Treue, Rollenflexibilität und

Spontaneität« (ebd., 15) gefordert, um sich in Interaktionen angemessen zu verhalten und neue Erfahrungen zu initiieren. Aus diesen Anforderungen an die Mitarbeiter ergeben sich verschiedene Problembereiche. Diese Schwierigkeiten und Probleme drücken sich unter anderem in der Tatsache aus, daß keine etablierten institutionellen (auch räumlichen) Begegnungs- und Rückzugsmöglichkeiten vorhanden sind. So müssen auch Mitarbeiter eine Art 'Schwellenangst' überwinden, wenn sie ihrerseits die Jugendlichen an ihren Orten, wie zum Beispiel dem Hamburger Hauptbahnhof, aufsuchen. Verstärkt werden diese Unsicherheiten durch die Vereinzelung der Mitarbeiter selbst. Sie treffen allein die Entscheidungen und tragen die Konsequenzen, ohne den kollegialen Rückhalt. In diesem Zusammenhang ist auch die scheinbare Wirkungsschwäche - im Sinne von »nicht sehen, was getan wurde« - und die sich daraus entwickelnden Tendenzen zur Überstrukturierung zu sehen. Andere Problembereiche werden in methodischer Ausrichtung auch im »Team« besprochen und bearbeitet (vgl. ebd., 17 f.). Im Rahmen der Flexiblen Betreuung kann die »Notwendigkeit, neue Formen des Umgangs miteinander zu finden, die mit weniger Rückgriff auf Traditionen und Hierarchien auskommen,« (ebd., 19) berücksichtigt werden.

Durch die Orientierung an der Lebenswelt ist ein Einlassen der Mitarbeiter auf die ihnen fremde Lebenswelt der Kinder und Jugendlichen gefordert, um deren individuelle Problemlage erfassen und bearbeiten zu können. Dieses Einlassen kann nicht allumfassend sein, da der Betreuer oder die Betreuerin nicht in ihr lebt, sondern »nur« darin tätig zu sein hat. Diese Grenze des Einlassens muß dem oder der Jugendlichen adäquat vermittelt werden, da sich durch sie die Echtheit der Beziehung manifestiert und damit das Grundpotential des sozialpädagogischen Betreuungssettings ausmacht (vgl. LANGHANKY, 1993, 271 ff.).

Das Setzen dieser Grenze hat zwei zentrale Bedeutungen:

1. Für die Bereitstellung von Sicherheit in Form von Strukturen, die den Handlungsrahmen des Betreuers oder der Betreuerin festlegen und damit den Kindern und Jugendlichen ein gültiges Orientierungsmuster anbieten. Die Gültigkeit erhält es durch die Eindeutigkeit und Regelmäßigkeit mit der dieser strukturelle Rahmen durch das Setzen von Grenzen vermittelt wird. Auf diese Art und Weise kann den jungen Menschen durch den Mitarbeiter oder die Mitarbeiterin ein Modell angeboten werden, von dem er oder sie sich abgrenzen oder auf das er oder sie sich einlassen kann.

   Schwierigkeiten der Mitarbeiter in der Ausgestaltung dieses Anspruchs ergeben sich mitunter aus den gesellschaftlichen Veränderungsprozessen, die eine allgemeingültige Struktur im Sinne von »Werten und Normen« nicht mehr zur Verfügung stellen. Da innerhalb der Flexiblen Betreuung keine institutionelle Gebundenheit besteht und sich der Mitarbeiter oder die Mitarbeiterin damit an keinem maßgeblichen Handlungshintergrund orientieren kann, besteht die Anforderung an die Mitarbeiter sich diesen Rahmen in eigener Regie zu erstellen. Der oder die sozialpädagogisch Tätige braucht stabile Handlungsprämissen, um einen kompetenten Umgang mit seinem Adressatenkreis zu gewährleisten. Nach der konzeptionellen Beschreibung der Flexiblen Betreuung werden offensichtlich keine dieser Anforderung gerecht werdenden Orientierungshilfen zur Verfügung gestellt. Es wird lediglich auf diese Schwierigkeiten in Ansätzen hingewiesen, indem fehlende Rückzugs- und Reflexionsmöglichkeiten der Mitarbeiter problematisiert werden.

2. Auch für die Ausgestaltung der Beziehung im Prozeß des kommunikativen Aushandelns besteht auf der Seite der Mitarbeiter die Notwendigkeit der Grenzsetzung, wenn es um die Akzeptanz oder Ablehnung bestimmter Verhaltensformen geht. Das Einlassen des Mitarbeiters oder der Mitarbeiterin drückt sich in diesem Zusammenhang der Grenzsetzung aus und kann damit als grundlegend für den Aushandlungsprozeß angesehen werden. Akzeptanz oder Ablehnung des Verhaltens der Kinder und Jugendlichen vermittelt diesen eine ernsthafte Erwiderung und öffnet damit eine reflexive Betrachtung des eigenen Verhaltens. Ohne die Reflexion des Verhaltens ist die Einleitung von Veränderungsprozessen nicht möglich.

Kommunikatives Aushandeln schließt demnach eine Abstimmung der jeweiligen Grundimpulse ein, wobei der Betreuer oder die Betreuerin für den Jugendlichen ein Modell der Koordination und Gestaltung der Grundimpulse zur Verfügung stellen sollte, daß ihm eine Orientierung ermöglicht und in Zustimmung oder Abgrenzung eine individuelle Weiterentwicklung fördert. Das Verhältnis zwischen MitarbeiterIn und Jugendlichem oder Jugendlicher bedarf einer professionellen Ausgestaltung, um diese Momente zu gewährleisten, damit die affirmative Ebene nicht Vorrang erhält und eine Reflexion der Mitarbeiter stattfinden kann, um nicht zum »hilflosen Helfer« zu werden.

3.3 Niedrigschwellige Angebote

Die niedrigschwelligen Angebote legitimieren sich durch den Anspruch, Kindern und Jugendlichen, die auf der Straße leben, allmählich die Möglichkeit zum Aufbau eines Kontaktes zu »Mitgliedern der Gesellschaft« zu geben. Einigen der mobilen Kontakt- und Anlaufstellen steht als »Raum« ein ausrangierter Linienbus zur Verfügung. Dieser Raum bietet erstens eine Rückzugsmöglichkeit für die Kinder und Jugendlichen und zweitens besteht die Möglichkeit zur Hilfesuche, ohne »Schwellen« überwinden zu müssen. Diese Schwellen bestehen beispielsweise in der Arbeitsweise der Ämter, die von den Kindern und Jugendlichen ad hoc eine Entscheidung für ein festes Proramm zur Resozialisierung, für eine sozialpädagogische Maßnahme verlangen. »Eine übereilte Reintegration in gesellschaftliche Bezüge außerhalb ihres Milieus... kann keine Lösung sein - die Erfüllung ihrer Bedürfnisse nach Beziehungsbildung durch soziale Unterstützung scheint dagegen, Voraussetzung zur Akzeptanz von pädagogischer Einflußnahme zu sein« (PFENNIG, 1995, 387).

4. Ausblick

Stellt man der Komplexität der Verhaltensmuster von Straßenkindern die beschriebenen sozialpädagogischen Maßnahmen gegenüber, ist eine Unzulänglichkeit unübersehbar. Diese Unzulänglichkeit ist nicht in den Maßnahmen an sich zu finden, sondern stellt sich dar als Kluft zwischen sozialpädagogischer Theorie und Praxis. Hier ist sozialpädagogische Professionalität gefordert in einer Form, die eine metho-

dische Reflexion der Praxis umfaßt. Dabei geht es nicht darum, Handlungsan-
weisungen zu geben oder die Persönlichkeit der praktisch Tätigen zu hinterfragen,
sondern um den »objektiven Blick«, der auf dem Hintergrund einer Methodenkenntnis,
sozialpädagogisches Handeln der PraktikerInnen zu reflektieren und in Verbindung
beider Aspekte zu optimieren versteht.

Die Frage nach der Erreichbarkeit der Straßenkinder ist eine theoretische und
eine praktische. Die Antwort kann nicht in einem Für-und-wider bestehender und
sich entwickelnder sozialpädagogischer Betreuungskonzepte liegen, sondern in einer Optimierung derselben. Ebenso ist abzulesen, daß ein Bedarf an innovativen
Konzepten besteht, die auf die, mit dem gesellschaftlichen Wertewandel einhergehenden, ständig wechselnden Bedürfnisse und auf die individuellen Problemlagen
jedes einzelnen jungen Menschen abgestimmt sein sollten.

LITERATUR

BADER, B./LANG, E. (Hrsg.): Stricher-Leben. Hamburg, 1991
BECKER, H./MAY, M.: »Die lungern eh' da 'rum - Raumbezogene Interessenorientierungen
    von Unterschichtsjugendlichen und ihre Realisation in öffentlichen Räumen«, S. 35-46,
    in: Specht, W. (Hrsg.), Die gefährliche Straße. Jugendhilfekonflikte und Stadtteilarbeit,
    2. Aufl., Bielefeld, 1991
BITTNER, G.: »Zur psychoanalytischen Dimension biographischer Erzählungen«, S. 120-128,
    in: Aus Geschichten lernen: Zur Einübung pädagogischen Verstehens, in: BAACKE, D./
    SCHULZE, T. (Hrsg.), München, 1979
BÖHNISCH, L.: Sozialpädagogik des Kindes- und Jugendalters. Eine Einführung, Weinheim
    und München, 1992
BORDE, A./ROSE, B.: »Denn sie tun, was sie können«. Unbändige Kinder- und Jugendhilfe, in:
    Wolf, K. (Hrsg.): »Entwicklungen in der Heimerziehung«, Münster, 1993
FREIGANG, W.: Verlegen und Abschieben. Zur Erziehungspraxis im Heim. Weinheim und
    München: Juventa, 1986
FREESE, K./SCHEFOLD, W./BÖHNISCH, L.: »Jugendliche verhalten sich riskant«, in: deutsche
    jugend, 33/1985, S. 15-21
GABRIEL, T.: Risikoverhalten Jugendlicher. Möglichkeiten körper- und erlebnisorientierter
    Ansätze, Diplomarbeit, Universität Lüneburg, 1992
HEINEMANN, W./PETERS, F.: »Ambulant betreutes Einzelwohnen (ABE) - eine Herausforderung
    der Heimerziehung«, in: Unsere Jugend, 11/1987, S. 442 - 447
HOHMEYER, J./MENNEMANN, H.: »Paradigmenwechsel in der sozialen Arbeit«, Neue Praxis 4/
    95, S. 372-382
HOSEMANN, D./HOSEMANN, W.: Trebegänger und Verwahrloste in sozialpädagogischer Betreu-
    ung außerhalb von Familie und Heim. Berlin, 1984
JORDAN, E./TRAUERNICHT, G.: Ausreißer und Trebegänger. Grenzsituationen sozialpädagogischen
    Handelns, München, 1981
KANNICHT, A.: »Herumhängen - Blödeln - Action machen«, in: deutsche jugend«, 31/1983, S.
    311-322
KIEPER, M.: »Ein biographisches Interview als Zugang zum Lebenslauf eines Heimmädchens«,
    S. 226-262; In: Aus Geschichten lernen: Zur Einübung pädagogischen Verstehens, Baacke
    D./Schulze T. (Hrsg.), München: Juventa, 1979
KLATETZKI, T./WINTER, H.: »Zwischen Streetwork und Heimerziehung. Flexible Betreuung
    durch das Rauhe Haus in Hamburg«, Das Rauhe Haus, Hamburg, März 1989
KLINKMANN, N.: »Gewalt und Langeweile«, Kriminologisches Journal, 14, 1982, S. 254-276

LANGHANKY, M.: »Annäherung an Lebenslagen und Sichtweisen der Hamburger Straßenkinder«, Neue Praxis, 3/93, S. 271-277

MORICH, S.: Sozialpädagogische Betreuungskonzepte für Kinder und Jugendliche in besonderen Problemlagen - Eine Einzelfallstudie mit einem Hamburger »Crash-Kid«-. Diplomarbeit, Universität Lüneburg, 1993

PETERS, F. (Hrsg.): Jenseits von Familie und Anstalt. Entwicklungsperspektiven in der Heimerziehung, Bielefeld, 1988

PFENNIG, G.: »Kinder und Jugendliche auf der Suche nach der »neuen Familie« im Bahnhofsmilieu«, Neue Praxis 4/95, S. 383-391

POLSKY, H.: Cottage Six, dt. Übersetzung von O. Ottmüller, Universität Lüneburg, 2. Aufl., o.J. (Original: New York, 1977)

QUENSEL, S.: »Wie wird man kriminell? Verlaufsmodell einer fehlgeschlagenen Interaktion zwischen Delinquenz und Sanktionsinstanz«, in: Kritische Justiz, 1970

ders. in: Bundesjugendkuratorium (Hrsg.): Erziehung in geschlossenen Heimen. Ein Symposium, München, 1982, S. 30

SERENY, G.: Dann schon lieber auf den Strich. Die unsichtbaren Kinder: Die erschütternde Tragödie der Ausreißer auf unseren Straßen, München, 1986

STÜWE, G.: »Gewalt als Jugendphänomen?«, in: Theorie und Praxis der sozialen Arbeit, 1/93, S. 11-18

THOMAS, W.I.: The Unadjusted Girl. With cases and standpoint for behavior analyses, Reprint, Montclair, New Jersey, 1969 (1923)

ZIEGENSPECK, J.: Hinweise und Informationen zur Erlebnispädagogik, Deutsches Zentrum für Erlebnispädagogik, Lüneburg, 1991

ZINNECKER, J.: »Straßensozialisation«, Zeitschrift für Pädagogik, 25. Jg., Nr. 5/1979, S. 727-746

Helga Käsler

Suizidales Verhalten in der Heimerziehung

Psychological Approach of Suicidal Behavior in Homes for Young People

This article deals with the problem of suicidal behavior of young people living in homes. Young persons who live in homes often feel refuted and unloved. They have often lost their self-esteem. Offended self- esteem is the main reason for adolescent suicidal behavior, which usually originates in the family system. Sometimes even minor events may trigger off suicide attempts. Therefore – and this is the basic thesis of this article – it is necessary to realize the first alarm signals and to take them seriously. This article lists the most important of these alarm signals and offers some recommendations how to handle them. The reason for this emphasis is that suicidal attempts in homes are often treated as a taboo – not least out of the social workers' fears of being considered as incompetent if their clients attempt suicide. However, one should not expect that social workers can recognize such suicidal behavior or that they can handle these problems alone.

1. Einleitung

»Komm ruhig rein, bin sowieso schon tot:«

Der Zettel an der Zimmertür gibt scheinbar klare Informationen. Ein 14jähriges Mädchen in einer Jugendhilfeeinrichtung hängt diesen Hinweis gegen 11 Uhr an ihre Zimmertür -just an dem Tag, an dem ihre Bezugsperson ab 11.30 Uhr Dienst hat. Anna will tot sein, und doch will sie zur selben Zeit gerettet werden! Diese Szene stellt die typische Ambivalenz dar, in der sich viele junge Menschen befinden -noch einmal verstärkt in der Jugend- und Heimerzeihung. Sie wollen nur noch »weg« sein, nur noch schlafen, um ihre innere Leere nicht mehr spüren zu müssen. In der BRD begingen 1993 laut Angaben des Statistischen Bundesamtes 849 Menschen im Alter von 5 bis 25 Jahren einen Suizid. Der prozentuale Anteil liegt bei den Jugendlichen am höchsten. 679 der Suizidanten waren männlichen Geschlechts. Jungen zeigen in Krisensituationen meist nur wenige Vorwarnungen und neigen eher zu »harten« Methoden, die dann zu einem endgültigen Ergebnis führen. Mädchen dagegen senden wesentlich mehr Hilferufe aus -letztendlich in Form von suizidalem Handeln wie beispielsweise Ritzen, Pulsadern aufschneiden oder durch die Einnahme von Tabletten. Es sind Methoden, die eher eine Überlebenschance bieten. Betrachtet man das Verhältnis von Mädchen zu Jungen bezogen auf suizidales Verhalten, läßt sich feststellen, daß sich die Rate umdreht: Auf einen Jungen kommen vier Mädchen.

Die Zahl der Suizidversuche liegt wesentlich höher als die der vollendeten Suizide und kann durch die unklare Definition schwer festgelegt werden. Sie wird jedoch mit mindestens der 20-30fachen Häufigkeit angesetzt. Suizidales Verhalten tritt

in unserer Gesellschaft sehr häufig auf, wird aber meist erst in einem lebensbedroh-
lichem Stadium als solches definiert und ernst genommen. Die Absicht eines Menschen, sich selbst zu töten, löst massive Angst aus und wird tabuisiert. Selbst in der
einschlägigen Literatur über Heimerziehung ist kaum ein Artikel über die Suizidalität der Kinder und Jugendlichen im Heimalltag zu lesen. Wieso wollen junge Menschen nicht mehr leben? Was sind die Hintergründe und Ursachen?

Anna war - wie an jedem anderen Tag - am Morgen nach dem Frühstück zur
Schule gegangen. Gegen 10 Uhr ließ sie sich wegen Magenschmerzen befreien, kaufte
sich Schlaftabletten und ging zurück zur Wohngruppe. Sie schrieb den Zettel, nahm
die Tabletten und legte sich ins Bett. Als Grund gab sie einen Streit mit ihrem Freund
an. Anna lebt seit vier Monaten in einer Jugendhilfeeinrichtung. Ihre Eltern hatten
sich getrennt, als Anna fünf Jahre alt war. Mit dem zweiten Mann ihrer Mutter verstand sie sich anfangs gut. Seit aber ihre kleine Schwester auf der Welt war, wurde
die Beziehung immer schwieriger. Als der Stiefvater arbeitslos wurde, nahm die Mutter
Nachtarbeit an. Eines Abends wurde Anna von ihrem Stiefvater sexuell mißbraucht.
Nach diesem Vorfall sprach Anna kaum mehr ein Wort, kam nach Hause, wann sie
wollte, und ging schließlich kaum mehr zur Schule. Ihre Mutter wußte sich kaum
mehr zu helfen. Die einzige Lösung schien in der Unterbringung in der Jugendhilfeeinrichtung zu liegen.

2. Theoretische Ansätze

Um die Hintergründe suizidalen Handelns genauer zu beleuchten, unterscheidet ABRAM
(1980) die Begriffe Anlaß, Motiv und Ursache. Der Anlaß, d.h. der letzte Auslöser
für Annas Handlung, war ihr Streit mit ihrem Freund. Das Motiv ist in der schon
länger anhaltenden Konfliktsituation, nämlich dem Liebeskummer, aber auch sicherlich in der Mißbrauchserfahrung. Die Ursache liegt in der Anlage zu einer immer
wieder durchbrechenden Eigenschaft, die suizidales Verhalten bedingt, in diesem
konkreten Fall in dem Verlust des Selbstwertes durch die Mißbrauchserfahrung. Abram
konnte zeigen, daß das familiäre Milieu ein bedeutsamer Faktor für suizid-
begünstigende bzw. -verursachende Bedingungen ist. Dazu zählen »broken-home«-
Familien, d.h. Familien, in denen ein oder beide Elternteile infolge von Tod oder
Scheidung fehlen. Der Großteil der Kinder in der Jugend- und Heimerziehung kommt
aus Stieffamilien. In Streitsituationen bekommen die Kinder oft zu hören: »Du bist
wie dein Vater/wie deine Mutter!«. Sie werden abgestempelt, ohne ein klares Bild
von diesem fehlenden Elternteil zu haben. Die Information bezieht sich nur auf die
Wertlosigkeit des fehlenden Elternteils. Der unausgesprochene Auftrag der Eltern an
ihr Kind kann lauten: »Sei genauso wie dein(e)... !«

Ebenso suizidbegünstigend ist Gewaltanwendung in der Familie. Häufig fühlen sich die jungen Menschen vollkommen hilflos, wodurch es ihnen unmöglich wird,
adäquate Bewältigungsstrategien zu entwickeln. Die erlebte Gewalt wird in manchen Fällen schließlich als Aggressionsumkehr gegen sich selbst gewendet. Durch
sexuellen Mißbrauch werden die jungen Menschen -vor allem Mädchen- noch einmal mehr entwertet. Sie werden gedemütigt und verletzt und schließlich mit Schuld-
und Schamgefühlen allein gelassen. Sie haben die Macht über ihren Körper verloren,

haben sich schmerzunempfindlich gemacht und gehen manchmal bis an die Grenze, um sich selbst zu spüren. Das Instrument ist ihr entwerteter Körper.

Aber auch in Familien, die scheinbar keine Probleme haben und damit die Kinder unter einen enormen Zwang zur Harmonie setzen, und in symbiotischen Familien mit starker Abhängigkeitsstruktur, jedoch ohne Wärme und Geborgenheit, engt sich die Lebenssituation der jungen Menschen häufig so stark ein, daß sie keine andere Möglichkeit mehr sehen, als sich das Leben zu nehmen. Der Umzug in eine Jugendhilfeeinrichtung bringt oft nur kurzfristige Entspannung, denn die jungen Menschen nehmen ihr Rollenverhalten mit in den Heimalltag. Die meisten Kinder und Jugendlichen haben eine langandauernde Problemgeschichte hinter sich. Sie wurden zum Sündenbock in ihrer Familie, scheinen wertlos geworden zu sein und fühlen sich von ihren Eltern abgeschoben. Sie haben einerseits Wut-, Scham- und Schuldgefühle, andererseits große Sehnsucht nach Hause. Dies drückt sich durch die hohe Ambivalenz zwischen dem Leben in einer Wohngruppe und dem Elternhaus aus. Der Wiener Psychiater ERWIN RINGEL beschrieb als erster den emotionalen Zustand eines suizidalen Menschen durch das Präsuizidale Syndrom, das er in drei Stufen aufteilt:

2.1 Die Einengung

a) Die situative Einengung zielt auf die Einschränkung der persönlichen Handlungsmöglichkeit ab (»Ich habe keine Chancewieder ins Elternhaus zurückzukehren!«).
b) Die dynamische Einengung zeichnet sich durch die Einengung der Gefühlswelt aus. Die eigenen Gefühle werden nur nochnegativ wahrgenommen (»Ich kann überhaupt nichts!«).
c) Die zwischenmenschliche Einengung bezieht sich auf die Vereinsamung durch Abbruch von Beziehungen (»Niemand mag mich ! »)
d) Die Einengung der Wertewelt (»Ich bin nichts mehr wert, und es gibt nichts mehr, wofür es sich zu kämpfen lohnt!«)

2.2 Die Aggressionsumkehr

Die ohnmächtige Wut gegen andere, die aus Angst vor dem Beziehungsverlust nicht ausgelebt werden kann, wird gegen sich selbst gerichtet.

2.3 Suizidphantasien

Das anfängliche Hineinphantasieren in andere Zustände wird stärker, je unglücklicher die jungen Menschen sind. Aus den Phantasien kann schließlich konkretes Planen werden, von dem der Sprung zur realen Handlung nur noch gering ist.

Die Faktoren Beziehungsambivalenz zwischen Eltern und Erzieher einerseits und die zunehmenden Einengungsformen andererseits verdeutlichen sich durch die Tatsache, daß die meisten jungen Menschen einen Suizidversuch begehen, wenn sie sicher sein können, daß ihre Bezugsmitarbeiter Innen Dienst haben und sie sie damit vermutlich (rechtzeitig) finden werden. Bevor Kinder und Jugendliche einen Suizidversuch begehen, senden sie aber in der Regel viele Alarmzeichen aus. Die Zeichen können vielerlei Ausprägungen haben. Manche werden häufig wegen der scheinbaren Geringfügigkeit zu wenig beachtet und dadurch nicht als suizidal erkannt.

3. Auffälliges Verhalten

3.1 Schuleschwänzen

Schulische Auffälligkeiten sind mit die häufigsten Auslöser, warum junge Menschen in Jugendhilfeeinrichtungen vorgestellt werden. Mit der Trennung vom Elternhaus kann sich dies in manchen Fällen schlagartig verändern. Wenn jedoch Kinder und Jugendliche die Schule weiterhin schwänzen, kann es sich relativ harmlos um das Fehlen der Hausaufgaben oder um eine mangelhafte Vorbereitung auf Prüfungen handeln. Häufige Wiederholungen müssen jedoch aufmerksam machen, inwieweit dies beispielsweise durch Über- oder Unterforderung oder durch Schwierigkeiten mit den Lehrern oder Klassenkameraden schulisch bedingt ist. Der Blickwinkel auf die leiblichen Eltern darf dabei jedoch nicht außer Acht gelassen werden. Wie ist deren Auftrag? »Wenn Du gute Noten schreibst, darfst Du wieder nach Hause!« oder »Du darfst keine höhere Bildung haben als ich!« können mehr oder weniger offene Aufträge an die Kinder sein, die nur durch intensive Elterngespräche zu bearbeiten sind.

3.2 Rückzug

Viele suizidale Kinder und Jugendliche leiden unter einem Mangel an Beziehungen und Beziehungsfähigkeit. Im Heimalltag ist oft zu beobachten, daß die jungen Menschen sich immer mehr zurückziehen. Diese »selbstgewählte« Isolation ist immer ein Zeichen von Problemen irgendeiner Art. In solchen Situationen neigen vor allem Jugendliche dazu, sich bestimmte Musik immer und immer wieder anzuhören. Diese Musik oder auch die Texte haben einen hohen Stellenwert und bilden für sie eine Art Zufluchtsort zu bestimmten Erinnerungen und Gefühlen. In vielen Fällen ist dieses Verhalten gekoppelt mit Liebeskummer.

3.3 Auf Trebe gehen

Wesentlich deutlicher werden die Alarmzeichen, wenn Jugendliche, vor allem Mädchen, anfangen auf Trebe zu gehen. Sie zeigen auf gut verständliche Weise ihre Heimatlosigkeit: »Ich gehöre nirgendwo hin, niemand nimmt mich ernst. Ich streune herum und suche!«. Gerade in diesen Fällen wird der Mangel an Geborgenheit und das Gefühl von Wertlosigkeit anschaulich. Vor allem, wenn Kinder mißbraucht werden und sie keinerlei Hilfe von außen erhalten, kommt es zu derartigen Reaktionen. In ihrer Verzweiflung werfen sie sich im wahrsten Sinne des Wortes jedem an den Hals, der ihnen freundlich gesinnt erscheint, ohne wirklich eine Beziehung eingehen zu können.

3.4 Veränderung der Eßgewohnheiten

Das Eßverhalten ist ebenfalls ein wichtiger Indikator für den psychischen Zustand eine jungen Menschen. Eßstörungen können sich in Eßsucht (Adipositas), Eßbrechsucht (Bulimie) oder auch in Magersucht (Anorexie) ausdrücken. Auch hier muß wieder auf den Zusammenhang mit sexuellem Mißbrauch hingewiesen werden. Gestörtes Eßverhalten zeigt sehr deutlich ein angespanntes Verhältnis zum eigenen Körper. Das klare Gefühl von Hunger und Sättigung ist nur noch am Rande spürbar. Eßsüchtige Jugendliche lassen sich ein »dickes Fell« wachsen und signalisieren damit zur selben Zeit: »Ich bin dick und damit nach unserer Gesellschaftsnorm unerotisch«. Die Auswirkungen von Eßsucht bekommen damit eine doppelte Funktion, und das viele Essen soll zur selben zeit die innere Leere etwas »stopfen«. Bulimische Jugendliche wiederum kämpfen um den Erhalt ihres schlanken Körpers, wobei dieses Verhalten mit einer stark autoaggressiven Komponente verbunden ist, wie sie generell bei suizidalen Menschen zu finden ist. Sie finden das Leben »zum Kotzen« und zeigen dies in deutlicher Weise. Bei magersüchtigen Menschen wird dagegen der Macht-Ohnmachtaspekt wichtig. Das ursprüngliche Gefühl von Hilflosigkeit wird umgedreht und zu extremer Kontrolle umfunktioniert. Der Körper wird wieder kindlich und verliert seine sexuellen Signale.

3.5 Alkohol-, Drogen- und Medikamentenmißbrauch

Der Zusammenhang von Sucht und Suizid ist seit vielen Jahren bekannt und zeigt sich in einem fließenden Übergang. Bei starker dynamischer Einengung versuchen die jungen Menschen ihre scheinbar ausweglose Situation durch Betäubung in irgendeiner Form zu verdrängen. Einerseits können die Jugendlichen im Delirium ihrer Todesangst bereits sehr nahe kommen, andererseits wirkt ein Rauschzustand häufig sehr aggressionsfördernd. Diese Aggression kann sich nach außen gegen andere Menschen wenden, aber auch als Effekt einer Aggressionsumkehr nach innen gegen sich selbst gerichtet werden. Drogen, vor allem die sog. Designer-Drogen, sind im Heimalltag kaum mehr auszuschließen. Sie innerhalb der Wohngruppen zu verbieten ist ein erster Schritt, bei dem es aber nicht bleiben darf. Die Einstellung der Mitarbeiter Innen spielt dabei ebenfalls eine große Rolle.

4. Sprachliche und bildliche Ebene

4.1 Verbale Äußerungen

Verbale Äußerungen sind meist am deutlichsten: »Wenn ich tot bin, braucht ihr euch nicht mehr über mich zu ärgern!«. Die Hinweise können aber auch verschlüsselt sein durch Aussagen über Freunde oder versteckte Botschaften wie »Heute wäre ich beinahe überfahren worden! ». Aufmerksamkeit ist auch wichtig, wenn Jugendliche plötzliches philosophisches Interesse an dem Thema Suizid zeigen. In der Hektik des Heimalltags können diese Botschaften leicht untergehen.

4.2 Schriftliche Äußerungen

Schriftliche Hinweise werden ebenfalls in unterschiedlichster Art gegeben. Ein zusammengeknüllter Zettel über Liebeskummer, der dennoch demonstrativ aufgefaltet auf dem Papierkorb liegt, sollte nicht weniger Beachtung bekommen als ein klarer Abschiedsbrief wie am Anfang beschrieben.

4.3 Zeichen

Wichtig im Umgang mit den jungen Menschen ist immer wieder, nicht nur den Inhalt, sondern auch den symbolischen Charakter zu erkennen. Die Beschäftigung mit Kreuzen und Gräbern darf nicht nur als Grufty-Trend abgetan werden, sondern muß als Symbol für innere Prozesse gesehen werden.

4.4 Psychische Veränderungen

Psychische Veränderungen aller Art können Alarmzeichen sein. Dazu gehören Konzentrationsschwierigkeiten, plötzlich auftretende Gleichgültigkeit gegenüber bisher wichtigen Dingen und Tätigkeiten oder Stimmungsschwankungen ohne offensichtliche Ursachen. Hinter diesen Gefühlen von Hoffnungs- und Lustlosigkeit steckt meist ein niedriges Selbstwertgefühl, das manchmal direkt ausgedrückt wird durch Sätze wie »Ich bin dumm!« oder »Ich kann überhaupt nichts ! «. Häufig können die jungen Menschen kein Lob annehmen oder vernichten gerade eben fertiggestellte Arbeiten. In den meisten Fällen bedeutet dies: »Ich bin es nicht wert, gelobt zu werden!«, manchmal aber auch: »Ich kann diese 'heile Welt' nicht ertragen. In mir ist nichts heil!«. Vor allem Kinder und Jugendliche mit Gewalterfahrungen reagieren auf diese Weise und brauchen dringend Unterstützung.

4.5 Somatische Beschwerden

Junge Menschen klagen manchmal über Symptome wie Kopfschmerzen, Durchfall, Fieberschübe, Verstopfung oder Übelkeit. Manche leiden unter Schlafproblemen, können nicht einschlafen oder wachen mitten in der Nacht auf, ohne wieder Schlaf zu finden. Undefinierbare Bauchschmerzen, Hyperventilation oder Atembeklemmungen müssen ebenfalls beachtet werden, da diese Symptome häufig ein Zeichen sexuellen Mißbrauchs sind. Zunächst sollte immer erst die medizinische Seite abgeklärt werden. In der Regel liegt kein organischer Befund vor, die Kinder und Jugendlichen zeigen jedoch sehr deutlich, wo sich ihre Problemzonen befinden.

4.6 Verlusterfahrungen

Kinder und Jugendliche, die den Tod beziehungsweise Verlust eines ihnen nahestehenden Menschen erlebten, sind besonders suizidgefährdet. Je näher ihnen die verstorbene Person stand, desto größer ist die Gefährdung. Der vor allem bei Jugendlichen vorkommende Nachahmungseffekt verstärkt die Suizidgefahr. Die Todes-phantasien werden in diesem Fall häufig sehr konkret. Einerseits wollen die Kinder und Jugendlichen der eigenen Trauer entrinnen, andererseits der verstorbenen Person so nahe wie möglich sein. Eine altersadäquate Beschäftigung mit dem Thema Trauer gemeinsam mit dem jungen Menschen ist deshalb dringend notwendig.

5. Realpraktische Schritte

Im Grenzbereich der Alarmzeichen zu den bereits aktiven Planen eines Suizid hören die ersten realpraktischen Schritte. Dazu zählt das Sammeln von Tabletten im Schreibtisch oder das Verstecken von Rasierklingen. Noch deutlicher werden die Zeichen, wenn die Jugendlichen mit einem Revolver oder Messer auftauchen. Dies darf nicht als typisches Imponiergehabe abgetan werden. Manchmal sind Ängste die Ursache für einen Waffenbesitz. Auf alle Fälle haben die jungen Menschen das Gefühl, sich wehren zu müssen, und das sollte für uns Alarmzeichen genug sein. Generell können fast alle diese Signale als ein Zeichen für Selbstwertverlust gesehen werden. Und jedes Signal - und möge es noch so geringfügig erscheinen - muß ernst genommen werden. Kontakt/Beziehung zu den jungen Menschen herzustellen ist immer der erste und wichtigste Schritt. Dazu gehört sich Zeit zu nehmen, den Kindern und Jugendlichen aktiv zuzuhören und ihnen Verständnis für ihren Kummer zu zeigen. Durch die Zuwendung können die jungen Menschen allmählich das Gefühl ihres Wertes und des Gebraucht-Werdens (wieder) entdecken. Kratzer und Schnittwunden können Beachtung finden durch eine besondere Creme, mit der sie von ihren Bezugsmitarbeiter Innen massiert werden. Falls die jungen Menschen irgendetwas geschluckt haben - und seien nur zwei Aspirin -, ist es sinnvoll, ins Krankenhaus zu fahren und notfalls den Magen auspumpen zu lassen. Einerseits kann die Dosis und die Zusammensetzung des Eingenommenen letztendlich nie abgeschätzt werden, und andererseits muß sich ein Suizidversuch gelohnt haben, d.h. die Jugendlichen müssen sehen und spüren, daß wir ihr Handeln ernst nehmen! Ein solches Verhalten der pädagogischen Mitarbeiter zeigt: »Du bist mir viel wert! Du bist mir wichtig ! «. Vor allem nach einem Suizidversuch muß eine Veränderung des Lebens für die jungen Menschen spürbar sein. Lewinsohn et al. (1994) konnten in einer repräsentativen Untersuchung zeigen, daß die Wahrscheinlichkeit eines zweiten Suizidversuchs sehr hoch ist. Zur Rückfall-Prophylaxe sind therapeutische Maßnahmen deshalb äußerst sinnvoll, d.h. sowohl Einzel- als auch Familientherapie. Für den beruflichen Alltag im Heim ergeben sich dadurch mehrere Forderungen bezogen auf die Unterstützung der Mitarbeiter Innen:

1. Jede Mitarbeiterin, jeder Mitarbeiter sollte über Grundkenntnisse in erster Hilfe verfügen.
2. In jeder Wohngruppe müssen Informationen über Medikamente und die wichtigsten Nottelefonnummern, d.h. eine Art Krisenprogramm vorhanden sein.
3. Auch für die MitarbeiterInnen ist es wichtig, in Krisensituationen Ansprechpartner zu haben, um die eigenen Ängste und Unsicherheiten abbauen zu können.

Im Arbeitsalltag erscheint suizidales Verhalten manchmal wie eine Erpressung und ist dadurch für viele pädagogische Mitarbeiter nur schwer aushaltbar. Suizidales Handeln von jungen Menschen wird häufig als persönliche Kränkung gewertet, als ein Angriff auf die eigene pädagogische Kompetenz. Das Erkennen der eigenen Grenzen in der Arbeit ist deshalb immer wieder notwendig. Kein Mensch kann immer und überall zugegen sein, und kein Mensch kann die vielen Defizite, mit denen die Jugendlichen häufig in Einrichtungen kommen, im allumfassenden Maße auffangen. Regelmäßige Supervision ist deshalb unabdingbar für jede Einrichtung.

Zusammenfassend läßt sich sagen, daß auch nur der kleinste Hilferuf ausreichend sein sollte, um die jungen Menschen in ihrem Kummer ernst zu nehmen. Es wird notwendig; die Not zu wenden! Das Dreiecksverhältnis von Eltern, Kindern und Erziehern sollte immer wieder klar gemacht und getrennt werden. Wer ist für welche Aufgabe zuständig? Wer fühlt sich von wem gekränkt? Wer nimmt welche Rolle ein? Denn die systemische Sichtweise darf bei Arbeit mit jungen Menschen nicht außer Acht gelassen werden, d.h. die Wirkung auf die Eltern bzw. deren Ängste und die Zusammenarbeit mit den Eltern. Und gerade hier werden häufig unsere Grenzen im beruflichen Alltag deutlich. Zudem müssen wir Abschied nehmen von Allmachtsphantasien. Wir können viel dazu beitragen, den Lebenswillen der jungen Menschen zu stärken, aber wir können sie nicht ohne ihr Zutun am Leben halten.

Literatur

ABRAM, A.: Suizid im Jugendalter (Teil 1+2). München, 1980

BIENER, K.: Selbstmorde bei Kindern und Jugendlichen. Zürich, 1985

KÄSLER, H. & NIKODEM, B.: Bitte hört, was ich nicht sage. Signale von Kindern und Jugendlichen, die nicht mehr leben wollen. München, 1996

LEWINSOHN, P.M., ROHDE, P. & SEELEY J.R.: Psychosocial Risk Factors for Future Adolescent Suicide Attempts. In: journal for Consulting and Clinical Psychology, 62, pp. 297-305, 1994

MUUS, R.E.: Prävention des Suizides Jugendlicher. In: Sozialpädiatrie, 7, S. 1177-1184, 1992

ORBACH, I.: Kinder, die nicht leben wollen. Göttingen, 1990

RINGEL, E. (Hrsg.): Selbstmordverhütung. Eschborn, 1987

SCHMIDTKE, A.: Entwicklung der Häufigkeit suizidaler Handlungen im Kindes- und Jugendalter in der Bundesrepublik Deutschland. In: der kinderarzt, 5, S. 697-714, 1981

SCHÜTZ, J.: Ihr habt mein Weinen nicht gehört. Hilfen für suizidgefährdete Jugendliche. Frankfurt am Main, 1994

SONNECK. G. (Hrsg.): Krisenintervention und Suizidverhütung. Wien, 1991

STOBER, B.: Familien von suizidalen Kindern und Jugendlichen. In: Familiendynamik, 4, S. 299-314, 1978

Matthias Wienold

AIDS und HIV-Infektion

Children and Adolescents with Aids

Children with AIDS (under 13 y.o.) account for 4.914 of the AIDS cases in Europe registered since 1981. Children and adolescents living with AIDS are particularly experiencing the physical and psychosocial problems related to the disease. The only effective measures of care are well co-ordinated programs incorporating all aspects of care for the children and their families. Significant discrepancies between intended and factual management of AIDS in different countries are reflected in the strikingly different legal situation of children living with AIDS throughout Europe.

HIV prevention efforts aiming at children need to be open-minded and non-prejudiced. The need to include subjects from the intervention group in the development of effective prevention measures has been documented in numerous programs. Specific programs aiming at children and adolescents living with particular problems need to be developed. ildren and adolescents living with particular problems need to be developed.

1. Epidemiologie

Zum 30.09.1994 waren dem epidemiologischen Zentrum der WHO für AIDS-Fälle in Europa in Paris 128.267 Fälle einer Vollbilderkrankung AIDS gemeldet. Hiervon waren 4.914 Kinder unter 13 Jahren. Jugendliche zwischen 13 und 19 Jahren machten zusammen 870 Fälle aus. Im Gegensatz zu den Fällen von AIDS bei Erwachsenen und Jugendlichen spielt bei Kindern unter dreizehn Jahren die Übertragung von der Mutter auf das Kind eine übergeordnete Rolle (1.984 Fälle). An zweiter Stelle folgt die nosokomiale Infektion überwiegend durch ungenügend sterilisierte Spritzbestecke und Instrumente (951 Fälle) gefolgt von Bluttransfusionen (805 Fälle). In Europa wurden bislang 170 Fälle von AIDS bei Kindern mit Hämophilie und anderen Gerinnungsstörungen beobachtet. Bei 1.004 Fällen war keine Zuordnung zu den genannten Gruppen möglich. Die Geschlechtsverteilung ist annähernd gleich mit einem leichten Übergewicht männlicher Fälle (2.761 männlich : 2.153 weiblich).

Eine deutliche Verschiebung der Zuordnung von Fällen zu Übertragungswegen findet seit 1989, dem Zeitpunkt der Entdeckung von zahlreichen Fällen einer nosokomialen oder mit Bluttransfusionen zusammenhängenden HIV-Infektion bei Kindern in Rumänien statt (allein aus Rumänien werden 1.510 Fälle dieser Art berichtet). Die aus Rumänien berichteten Fälle machen 54 % der Gesamtzahl der europäischen AIDS-Fälle bei Kindern aus. An zweiter Stelle folgt Spanien, das bei den AIDS-Fällen bei Erwachsenen die erste Position einnimmt, mit 617 Fällen. Die folgenden Stellen werden wie bei den Erwachsenenfällen von den Ländern Frankreich und Italien belegt. In diesen drei Ländern sind jedoch jeweils über 80 % der AIDS-

Erkrankungen bei Kindern auf eine prä- und perinatale Übertragung von der Mutter auf das Kind zurückzuführen.

Bei den Schätzungen der Wahrscheinlichkeit der Übertragung von HIV von der HIV-infizierten Mutter auf das Kind ging man im Bereich der prä- und perinatalen Übertragung zunächst von einer 100%-igen Wahrscheinlichkeit aus. Neuere Studien belegen in Europa eine Wahrscheinlichkeit von 1 : 6. Nach der Geburt kommt eine Übertragung von der Mutter auf das Kind überwiegend durch Stillen zustande. Für den Bereich der industrialisierten Länder wurde deshalb die Empfehlung ausgesprochen, daß HIV-positive Mütter ihre Kinder nach der Geburt nicht stillen sollten.

2. Klinik

Im Unterschied zum Verlauf der HIV-Infektion und der AIDS-Erkrankung bei Erwachsenen ergeben sich bei Kindern nicht nur Eigenarten im klinischen Verlauf, sondern auch Sonderheiten im immunologischen Krankheitsbild. Kinder mit HIV und AIDS sind aber nicht nur von der Virusinfektion gekennzeichnet, sondern auch durch die besonderen sozialen Umstände. In vielen Fällen ist nicht nur das Kind mit HIV infiziert, sondern auch häufig die Mutter oder beide Elternteile. Der Lebensraum und die Lebensperspektive von Eltern und Kind ist durch schwere gesundheitliche, psychische und soziale Probleme belastet.

Nachdem 1981 in New York zum ersten Mal die Diagnose AIDS bei einem Kind gestellt wurde, entwickelte sich die Heilkunde in diesem Bereich zunächst nur sehr langsam. Neben den niedrigen Fallzahlen spielt dabei eine Rolle, daß die Entwicklung neuer Medikamente aufgrund ethischer Vorbehalte gegenüber dem Einsatz von innovativen Substanzen bei Kindern sich hemmend auf die Therapieentwicklung auswirkten. Die HIV-Infektion eines Neugeborenen ist durch den HIV-Antikörpertest nicht zuverlässig nachweisbar. Der direkte Virusnachweis ist erforderlich, um übertragene mütterliche Antikörper nicht als Anzeichen einer kindlichen HIV-Infektion zu bewerten.

Ähnlich wie beim Krankheitsverlauf Erwachsener mit HIV-Infektion gibt es auch bei HIV-positiven Kindern diverse Verläufe. Es gibt HIV-positive Kinder ohne jede Krankheitszeichen, wobei auch die Blutwerte nach Jahren der Infektion unauffällig sein können. Die häufigsten klinischen Manifestationen sind Lymphknotenschwellungen, Verzögerung der psychomotorischen Entwicklung, Wachstumsverzögerung und Gewichtsverlust.

Die häufigste immunologische Beeinträchtigung des HIV-positiven Kindes ist eine Steigerung der Bildung von Antikörpern (Hypergammaglobulinämie). Die Antikörper bildenden B-Zellen des Immunsystems sind bei HIV-positiven Kindern zunächst deutlicher geschädigt als die beim Erwachsenen im Vordergrund des Krankheitsgeschehens stehenden T-Zellen des Immunsystems. Die B-Zellen werden im Verlauf einer HIV-Infektion zur vermehrten Bildung von Antikörpern angeregt, die jedoch keine Spezifität und somit auch keinen funktionalen Nutzen besitzen. Bei Kindern mit HIV sind deshalb häufiger bakterielle Infekte zu beobachten. Hierzu zählen Hirnhautentzündung (bakterielle Menengitis), Mittelohrentzündung, Sepsis (bakterielle Besiedlung des Blutes, Blutvergiftung) und Harnwegsinfekte. Vermehrt werden daneben auch Durchfälle und Vergrößerungen der Drüsen wie z.B. der Speicheldrüse, der Lymphknoten und der Leber beobachtet. Daneben wird eine mangelnde Entwicklung bzw. eine Reduzierung der Hirnmasse beschrieben.

Von den für Erwachsene klassischen opportunistischen Infektionen (Infektionen, die die Schwäche des Immunsystems nutzen) werden bei Kindern überwiegend die für AIDS typische Lungenentzündung (Pneumocystis-carinii-Pneumonie) und Hefepilzinfektionen beobachtet. Die lymphozytäre interstitielle Pneumonie (LIP), ein Krankheitsbild, das durch schleichenden Verlauf, trockenen Husten evtl. Fieber und beschleunigtes Atmen bei charakteristischem Lungenröntgenbild gekennzeichnet ist, kommt nur bei Kindern vor. Charakteristisch sind am Erscheinungsbild der Kinder die typischen Zeichen einer chronischen Lungenfehlfunktion mit Herabsetzung des Sauerstoffgehaltes im Blut, Herausbildung von sogenannten Trommelschlägelfingern und Uhrglasnägeln. Vereinzelt wird bei Kindern mit LIP die künstliche Zufuhr von Sauerstoff erforderlich. Cortikoide und Immununglobuline können den Verlauf günstig beeinflussen.

Neben den auch für Erwachsene zugelassenen Medikamenten zur Hemmung der Vermehrung von HIV (z.B. AZT, Handelsname Retrovir und DDI, Handelsname Videx) und zur Bekämpfung der opportunistischen Infektionen bzw. anderer Folgeerkrankungen kommen bei Kindern auch Immunglobuline regulär zum Einsatz. Hierdurch lassen sich die Defekte bei der Immunglobulinbildung durch die von der HIV-Infektion beeinträchtigten B-Zellen zumindest vorübergehend und teilweise ausgleichen. Diese Therapie ist jedoch durch ihre notwendigerweise regelmäßige, monatliche Anwendung und die intravenöse Verabreichung eine starke auch psychische Belastung der Kinder. Die durch HIV bedingten Entwicklungsstörungen von Kleinkindern konnten in klinischen Studien positiv durch die Gabe von AZT (Retrovir) beeinflußt werden.

3. Psychosoziale Aspekte der Betreuung

In Abhängigkeit von dem Übertragungsweg finden sich bei den Kindern mit AIDS in Europa auch unterschiedliche Aspekte der psychosozialen Problemstellung. Während in Rumänien die AIDS-Fälle überwiegend bei Kindern auftreten, die in Heimen untergebracht sind und deren primäre Problemstellung nach wie vor eine Verbesserung der Lebensbedingungen auf sehr grundlegender Ebene (Versorgung mit Nahrung, geeigneter Wohnraum, Basismedikation und adäquate Betreuung) sind, ergeben sich für Kinder, die über Blut und Blutprodukte infiziert sind (Hämophilie und Blutgerinnungsstörung) in ihren Familien andere Problemstellungen und wiederum Eigenheiten bei den Kindern, bei denen eine vertikale Übertragung (von der Mutter auf das Kind) vorliegt.

Eines der häufigsten Probleme für Kinder mit HIV und AIDS und ihre Familien ist die unberechtigte Angst Dritter vor einer möglichen Infektion. Dies führt im persönlichen Bereich häufig zu einer sozialen Isolation von betroffenen Kindern, Ihren Eltern und Betreuern. In diesem Zusammenhang ist zu betonen, daß aus Europa bisher nicht ein Fall einer Übertragung von HIV durch spielende Kinder, Verletzungen, Bißwunden oder ähnliches bekannt geworden ist, der einer genaueren Prüfung standgehalten hätte. Die Erfahrung der betroffenen Familien zeigt, daß es hinderlich sein kann, offen mit der HIV-Infektion umzugehen. Mangelnde Aufgeschlossenheit und fehlende Einsicht in die Problematik lassen oft eine Mitteilung der HIV-Infektion nur an unmittelbar mit der Betreuung der Kinder Beschäftigte nützlich und sinnvoll erscheinen. Hier ist nach wie vor erheblicher Nachholbedarf für die Aufklärung gegeben.

Nicht erst die AIDS-Erkrankung, die die Erkrankten unmittelbar abhängig macht von Hilfe und Versorgung durch Dritte, sondern bereits die asymptomatische HIV-Infektion kann weitreichende Konsequenzen haben:
- die unsichere Lebensperspektive der Kinder, ihre mögliche Erkrankung und die daraus folgenden Konsequenzen für die Familie,
- soziale Umweltprobleme, wie Ausgrenzung durch Nachbarn, Kindergarten, Schule - die ebenfalls vorliegende HIV-Infektion eines Elternteils (meistens der Mutter)
- zusätzliche soziale und psychische Probleme (z.B. Drogenabhängigkeit der Eltern, krankheitsbedingte Arbeitslosigkeit und Armut, Isolation von der eigenen Familie)
- Resignation vor den schier unüberwindbar erscheinenden Problemen
- Depressionen und Schuldgefühle der Eltern wegen der eigenen Lebenslage und der Verantwortung für das Kind.

Psychosoziale Betreuung bei Kindern mit AIDS sollte primär die Aufgabe haben, das familiäre System zu stärken und zu unterstützen. Hierzu zählen beispielhaft:
- Bereitstellung und Beschaffung des notwendigen Lebensunterhaltes durch finanzielle Unterstützung (Sozialhilfe, Einzelfallhilfe, Schuldenberatung etc.)
- Einbindung in ein Betreuungsnetz
- Organisation entlastender Hilfen zur Kinderbetreuung (z.B. Tagesbetreuung, Familienhelferinnen)
- Angebote der Selbsthilfe z.B. in Gesprächskreisen
- Beratung bei der Bewältigung psychischer Probleme
- Hilfestellung bei der Bewältigung von Drogenproblemen (hier hat sich die Methadonsubstitution als hervorragendes Mittel erwiesen).

Nicht selten entstehen durch die Überforderung und die Bedrohung durch die Krankheit Krisen innerhalb der Familie, die zur Unterversorgung und/oder Vernachlässigung des Kindes und/oder zum völligen Rückzug aus der elterlichen Verantwortung führen können. Besondere Problemstellungen ergeben sich zudem bei Erkrankung der Mutter/des Vater mit vorübergehendem oder dauerhaftem Krankenhausaufenthalt sowie bei Tod eines Elternteils durch AIDS oder im Zusammenhang mit Drogenmißbrauch.

Die bei HIV-infizierten und AIDS-kranken Kindern zu beobachtende Retardierung im Zusammenhang mit zentralnervöser Beeinträchtigungen macht spezielle Förderprogramme zur Anwendung von spezialisierten therapeutischen Maßnahmen mit dem Ziel der Kompensation von Entwicklungsverzögerungen erforderlich.

4. Besonderheiten in Heimerziehung und Pflegekinderwesen

Grundsätzlich muß davon ausgegangen werden, daß aufgrund der besonderen Problemstellung und der Erfordernisse der adäquaten Betreuung eines Kindes mit HIV und AIDS von einer Heimunterbringung abzusehen ist. Die dramatischen Verhältnisse in den Kinderheimen Rumäniens, die von Unterversorgung und erschreckender Verrohung der Betreuungsverhältnisse gekennzeichnet waren und sicherlich z.T. noch sind, unterstreichen diese Feststellung.

Eltern, die selber HIV-positiv sind, sollten deshalb in rechtlicher Sicht umfassend beraten werden, um eine für die Versorgung ihres Kindes/ihrer Kinder angemessene Entscheidung bezüglich Pflegevormundschaft und Unterbringung ohne unnötigen Zeitdruck fällen zu können.

Die Darstellung der unterschiedlichen rechtlichen Situation in den Ländern Europas würde den Rahmen dieses Beitrages sprengen, da zudem zwischen den einzelnen Regionen aber auch zwischen den Empfehlungen nationaler AIDS-Kommissionen und der Rechtssprechung bzw. der Verwaltungspraxis erhebliche Diskrepanzen bestehen. Beispielhaft sei erwähnt, daß die ENQUÊTE KOMMISSION DES 11. DEUTSCHEN BUNDESTAGES »Gefahren von AIDS und wirksame Wege zu ihrer Eindämmung« empfiehlt, »auf die Jugendämter dahin gehend einzuwirken, bei der Vermittlung von HIV-infizierten Kindern Personen, die nicht dem traditionellen Familienbild entsprechen, nicht generell abzulehnen, sondern jeweils eine am Kindeswohl orientierte Einzelprüfung vorzunehmen[1].« Hier ist von Fällen die Rede, in denen schwule oder lesbische Paare die Pflege eines Kindes mit HIV übernehmen wollen. Während diese Empfehlung z.B. in Berlin in der Vergangenheit bereits umgesetzt wurde, sprechen sich einzelne Mitglieder der Kommission in einem Minderheitsvotum dagegen aus, da sie hierin das Kindeswohl nicht berücksichtigt sehen. Entsprechende Entschließungen des Europäischen Parlaments verbieten die Diskriminierung von Menschen mit HIV und AIDS aufgrund ihrer Infektion.

In Deutschland sind ca. 1/3 der Kinder mit HIV und AIDS von einer Fremdunterbringung betroffen. Trotz aller Schwierigkeiten (vor allem mit Behörden, die über die rechtliche, epidemiologischen und psychosozialen Aspekte wenig aufgeklärt sind) ist bislang kein Fall bekannt geworden, in dem eine Unterbringung von Kindern außerhalb ihrer Herkunftsfamilien nicht möglich gewesen ist. Von besonderer Bedeutung in diesem Zusammenhang sind auch Fragen des Informationsrechts und der Untersuchungspflicht. Diskriminierende Erfahrungen nach unbefugter Weitergabe von Informationen über den Infektionsstatus sind keine Seltenheit[2].

5. HIV-Prävention bei Kindern und Jugendlichen

Obgleich der beste Zeitpunkt für Kinder und Jugendliche, sich mit dem Themenbereich AIDS und Geschlechtskrankheiten auseinanderzusetzen, im Rahmen des Prozesses der sexuellen Bewußtwerdung und persönlichen Entwicklung anzusiedeln ist, zeigen die wenigen Studien zu besonderen sozialen Problemgruppen die Notwendigkeit einer Flexibilität. Dem persönlichen Bezug zur Problemstellung sollte Priorität beigemessen werden. Vorurteile und Ängste können nur abgebaut werden auf der

Grundlage der Entwicklung einer möglichst angstfreien Einstellung zur Sexualität und einer vorurteilsfreien Beziehung zu Minderheiten. Kinder und Jugendliche mit Mißbrauchserfahrung, in der Prostitution, mit Drogenproblemen und in einem nichtfamiliären oder nichtseßhaften Setting sowie schwule Jugendliche sollten kontextbezogene Aufklärung erhalten, die ihrer besonderen Problemstellung gerecht zu werden versucht.

AIDS-Aufklärung kann und darf nicht isoliert als Verhütungsstrategie gesehen werden. Vielmehr sollte sie in angemessene Sexualaufklärung und die Erziehung zum solidarischen Umgang mit Menschen mit HIV und AIDS eingebunden sein. Maßnahmen zur Etablierung geeigneter Curricula im schulischen und außerschulischen Bereich sind erforderlich und können auf Erfahrungen in Modellprogrammen aufbauen. Hierbei sind unabhängig vom Ort der Informationsvermittlung das Geschlecht,»das Alter, der Reifegrad sowie der kulturelle, religiöse und soziale Background zu berücksichtigen. Außerdem gibt es eine Reihe besonderer Umfelder, wie z.B. Strafanstalten, (...), Waisenhäuser und Wohnheime, für die entsprechend konzipierte Informationen sinnvoll wären; das gleiche gilt für spezifische Gruppen wie Kinder aus zerrütteten Familien, Kinder mit Lernschwierigkeiten, Aussteiger und Straßenkinder, für die spezielle Initiativen zu entwickeln sind[3].«

Die mediale Vermittlung von aufklärenden Inhalten sollte mit Mitteln erfolgen, die sich in die Erlebenswelt der Kinder und Jugendlichen einfügen. Im europäischen Bereich sind für diese Zwecke neben Videos und Printmedien (Magazinstil, Cartoons, Leporellos) auch erfolgreich Musikkassetten, Graffitti und Brustbeutel für Reisende (Inhalt: Faltblatt und Kondom) zum Einsatz gekommen. Wie bei anderen Aufklärungsmaßnahmen hat sich die Zusammenarbeit mir Peergroups und die Beteiligung von Fachexperten aus der Zielgruppe als notwendige Voraussetzung für einen Erfolg der Maßnahme erwiesen. Dieser Ansatz der »Betroffenenbeteiligung« gewinnt mit zunehmender sozialer Entfernung der Personen, die die Maßnahme verantworten an Bedeutung.

Anmerkungen

[1]   DEUTSCHER BUNDESTAG (HRSG.), AIDS: Fakten und Konsequenzen; Endbericht der Enquête-Kommission des 11. Deutschen Bundestages »Gefahren von AIDS und Wirksame Wege zu ihrer Eindämmung«, Bonn, 1990, S. 214

[2]   ebda., S. 199. Der Kommissionsbericht empfiehlt sich wegen der Vielzahl der dargestellten und diskutierten Themenbereiche nicht nur als zeithistorisches Dokument der Lektüre. Hier wird auch eine Abwägung der rechtlichen Situation zwischen Kindeswohl und informationeller Selbstbestimmung vorgenommen.

[3]   Mitteilung der KOMMISSION DER EUROPÄISCHEN GEMEINSCHAFTEN an den Rat über ein Aktionsprogramm zur Prävention von AIDS etc., KOM (94) 413 endg.; Ratsdok. 1081/94

Weiterführende Literatur

BEISSWENGER, KLAUS-DIETER, HÖPFNER, CHRISTINE, WIENOLD, MATTHIAS: Ich habe noch soviel vor. Leben mit Aids - Möglichkeiten und Perspektiven, Herder, 1994

BELSCHNER, WILFRIED, MÜLLER-DOHM, STEFAN, JUNGE: Generationen zwischen Liebe und Bedrohung. Paradoxien der AIDS-Aufklärung, edition sigma, 1993

BUNDESARBEITSGEMEINSCHAFT JUGENDSCHUTZ (HRSG.): AIDS - Prävention und Jugendschutz. Materialien und Dokumente, Boorberg, 1992

DEUTSCHE AIDS-HILFE (HRSG.): AIDS und HIV im Recht (Ein Leitfaden), Pallette Verlag, 1991

Adressen

»Europa gegen AIDS«, GEORGIOS GOUVRAS, EUROPÄISCHE KOMMISSION, GENERALDIREKTION V, DIREKTION F: ABTEILUNG GESUNDHEITSWESEN; L-2985 Luxemburg

DEUTSCHE AIDS-HILFE, Dieffenbachstr.33, D-10967 Berlin

DEUTSCHE AIDS-STIFTUNG »Positiv Leben«, Pipinstr. 5, D- 50667Köln

Hedy Cleaver and Pam Freeman

Parental Perspectives in Cases of Suspected Child Abuse

Kindesmißbrauch: Eltern unter Verdacht

Während der 80er Jahre gab es im vereinten Königreich England mehrere Kindes-mißbrauchskandale. Einige von ihnen zogen den Tod von Kinder nach sich. Andere Vorfälle schienen anzudeuten, daß Sozialarbeiter und Mediziner im Schützen der Kinder vor Gefahr umgekehrt entweder enthusiastisch oder langsam waren. In den Nachwirkungen wurden offizielle Erkundigungen eingezogen, nachfolgende Berich-te trugen allerdings wenig zur Verringerung öffentlicher Belange bei. Wie weit war Kindesmißbrauch verbreitet? Stieg er an? Waren die Weiterleitungsprozeduren, Un-tersuchungen, der Schutz und die Unterstützung angemessen? Welche Erfahrungen machten die Eltern? In Anbetracht der Reaktion auf Prozesse startete das Gesund-heitsamt ein umfassendes Programm von Studien, welche das mißhandelnde Verhal-ten und seine Folgen, konventionelles Sexualverhalten und Kontrolle in Familien und die Bedingungen der amtlichen Praxis untersuchten. Die hier zusammengefaßte Arbeit war Teil dieses Pakets. Unsere Studie untersuchte die Fälle von vermutetem Kindesmißbrauch und die Erfahrung von Familien, die im Verdacht des Kindes-mißbrauchs gefangen waren. Die Studie versuchte zu zeigen, wie die frühen Phasen der Untersuchungen gegen Kindesmißbrauch von den Eltern empfunden wurden, deren Verhalten im Zentrum der Verdächtigungen standen, und sie versuchte zu de-monstrieren, wie und zu welchem Grad ihre Standpunkte den späteren Umgang mit Kindesmißbrauchsfällen und deren Ergebnisse beeinflußten.

1. The Problem of Definition

The study faced many problems of definition, for example concerning what might be said to constitute a »perception«, a »perspective«, a »suspicion«, a »referral« or even »child abuse« itself. We argued that just as a combination of problems had a bearing on the maltreatment of children, so abuse needed to be defined in the wider historical context of nurture, control and development.

Not only did perceptions on what constituted child abuse vary, but the type and severity of violation differed. Furthermore, what families and societies regarded as permissible behaviour changed with time. Professional opinion might be out of step with public opinion and professionals might disagree with one another. Thus esti-mates of the incidence and nature of child abuse were likely to vary considerably and emotive claims needed to be viewed with great caution.

In the years immediately preceding the Department's programme there had undoubtedly been an increase in the identification of various forms of child abuse, but an increase in quantity did not necessarily reflect greater incidence. Indeed, there was evidence that identification had increased at the minor end of the child abuse continuum and diminished at the other. Hence our study had to clarify, firstly, what child abuse was and, secondly, what could be defined as »serious«.

It emerged that most suspicions of abuse came to nothing and that in the majority of cases where an allegation was substantiated the damage to children could only be described as slight. In such situations parents wondered what all the fuss had been about; they felt picked on, harassed and humiliated. They certainly did not consider their behaviour to have amounted to »child abuse«.

Defining »suspicion« also posed problems. For our purposes we came to regard it as »the partial or unconfirmed belief that something was wrong or someone guilty« and we identified certain key moments in a child protection investigation when the dynamics of suspicion were most likely to change, such as when suspicion became public property, when an accusation was made, when professionals gathered or when fresh evidence came to light. During these events, we argued, the »perspectives« of parents on child protection procedures were most likely to be fashioned and were most amenable to change.

We identified certain psychological and social influences on perspectives. Psychological influences were those such as personality, previous experience, motivation and expectations. Social influences included the power relationship in the interaction between parent and professional, the ways suspicion were made public, who alerted the authorities and who confronted the parents. In seeking to describe these aspects of perception we came to use the term »operational perspective« and devised methods for examining their formation, development and use.

It was the mark of an individual personality, we argued, to hold in its consciousness at any moment a unique of perceptions. Memory, experience and a sense of probability all informed the way in which events were interpreted. For example, a distant rumble in the kitchen might presage an earthquake, herald the arrival of the Messiah or signal the protests of an overloaded pressure cooker. The human response to the acrid tremor would vary between individuals and also between groups of individuals, were one in San Francisco, Jerusalem or Manchester. Social class, religious persuasion and ethnicity were also be influential. How an event was perceived determined what »operational perspective« was employed. It would be churlish to greet the bringer of salvation with a fire blanket and irreverent to fall on one's knees in contrition before a ruptured pressure cooker.

Parents faced with an accusation of child abuse behaved in equivalent fashion: they had rapidly to accommodate the event and interpret its meaning. They had to present themselves convincingly to their accusers, to the wider family and to the neighbourhood. In Becker's terminology »they had to get by«, to cope hour with the fear of the police and still push a shopping trolley around the supermarket as if nothing had happened. At the outset, in the context of suspicion, parents and professionals were unlikely to share similar operational perspectives. We hypothesised that as time passed, if an investigation was to have a successful outcome, the operational perspectives of parents and professionals must come together, and that there were certain events during which this vital agreement or »concordance« was most likely to be achieved.

The study had two dimensions, an extensive scrutiny of child protection services in one local authority, involving 583 children and an intensive study in two local authorities of 30 families affected by the suspicion of abuse.

2. The extensive Study

Particularly significant was the finding that most allegations were not substantiated and that even when abuse was considered to have occurred it was generally minor. Of the 583 cases where suspicion was sufficiently strong to merit recording, fewer than a third of the children eventually had their names placed on the Child Protection Register and most of those remained at home.

Certain factors seemed common to all. Some form of family reconstitution or major change in adult membership was important, so that suspicion was very likely to fall on any male recently introduced to a household. Mothers and fathers equally came under scrutiny as the alleged perpetrators of physical abuse but, in cases of neglect and emotional abuse, mothers predominated. Where the allegation was of sexual abuse, fathers, co-habitees and occasionally males outside the family were likely to be the chief suspect, although evidence was emerging that siblings might occasionally be involved sexual abuse, and that mothers were not without exception innocent bystanders. Sexual abuse by outsiders, was uncommon and, when it occurred, such perpetrators were usually known to the family.

The data from the extensive study enabled us to make a classification of abusing families, which proved useful when analysing information from our intensive study. We identified, firstly, *multi-problem families* who were well known to social services difficulties were manifold. Debt, unemployment, inadequate housing and turbulent relationships conspired to put the children at risk. Adults in these families were highly likely to have been abused themselves as children and to have poor child-rearing skills. Such families were in the majority, forming 43 % of those in the extensive study.

Secondly, there were *specific problem families* who came to notice because of a particular suspicion arising from signs of physical maltreatment or other distress. Such families had rarely previously been the recipients of welfare interventions or police concern and the anxiety was usually aroused outside the family among professionals in health or school contexts or by accident. These families ostensibly led well-ordered lives and their distribution crossed class boundaries. They accounted for 21 % of those we studied.

Thirdly, we identified *acutely distressed families* which shared some of the characteristics of the multi-problem group but were distinct in the degree and frequency of accidents, misfortune and trauma they experienced. Able to cope in normal circumstances, the parents were suddenly overwhelmed by a crisis, such as eviction, imprisonment or illness. Their children became an impossible burden and the breakdown resulted in abuse, usually physical maltreatment or neglect of younger children. They comprised 13 % of the study group.

Fourthly, a minority of families were infiltrated by outsiders intent on the abuse of children, for example when a paedophile befriended a lone, vulnerable mother.

These infiltrators were common in sexual abuse situations. In a fifth still smaller group, children were abused outside the family.

Of the 583 cases in our extensive scrutiny, 28 % of the children were registered, 34 % were not registered but their progress was monitored and 16 % were investigated and referred to another agency, such as child guidance, thus postponing a decision. In 22 % of cases no further action was considered necessary. Of those children registered, slightly fewer than a third were removed from home and, even for them, reunion remained the most likely outcome unless they were the victims of incest, their mothers had been indifferent or party to the abuse or they had suffered very serious physical injury.

When social services, police, hospitals or probation had been involved in the initial referral, there was a stronger chance of registration than when health visitors or G.P.s raised the alarm. Schools, although providing an important source of referral, were a less coherent influence upon registration. If a male parent or outsider was the suspected abuser, there was a greater likelihood of registration, similarly if someone with a record of child abuse or violence was present in the family, if sexual abuse was alleged, or if the family was well known to social services and considered to be generally turbulent.

3. The Impact of Suspicion

When I got the letter I was very shocked. I said »Ah-ah ... what's happening with the social worker! What have I done? Are they coming to take my child away?« I was scared. I hoped what happened to the Orkneys isn«t going to happen to me now. I was just – »Oh God, if anyone rings this bell, I hope – Oh God, it's not them!« Anyone who rings the bell, I look out of the »window first – don't open the door – and I say »Who is this?« From what I've heard from the telly, you know, I was very, very scared. And I phoned the social worker up. She wasn't in there! And I left a message. But I didn't get a reply from her.
(From an interview with the mother of a nursery school child.)

Suspicions came to light in a variety of ways, for example when someone in the family or the immediate neighbourhood reported a suspicion situation, when abuse was noticed by another professional, such as a doctor or teacher, or, in certain cases, when some other aspect of behaviour aroused concern, such as the child running away or an adolescent attempting suicide.

Our study followed up in detail the fortunes of 30 selected families and their 61 children for a period of two years from the moment of the initial suspicion. Although the circumstances differed markedly, we were able to demonstrate that parents tended to react to suspicion in much the same way. They behaved as do we all when confronted with something unexpected and violating. Outrage and denial were the most familiar responses, since, quite apart from being indicative of guilt or innocence, loud denial at least gave the accused time to organize a coping strategy. Unfortunately, the accusers in our sample tended to view such behaviour uniformly as evidence of guilt or at least as a sign that something sinister was being hidden. Such concealment was indeed very common, but it was as likely to signify discomfort concerning past neglect and indifference, or regret lingering from moments of over-vigorous control and obloquy. Because the nature of the allegation was so disturbing, all manner of deep-seated anxieties were likely to be dredged up with new and horrible significance.

The impact of an accusation was most severe among parents who had been unaware of the gathering suspicion and had little or no previous dealings with social services. They felt invaded and humiliated; they rejected any suggestion of abuse but fretted that the confrontation would lead inevitably to the removal of the child. In such cases it was doubly difficult for social workers to distinguish the distress of the innocent from the remorse of the guilty.

Parents not only had to manage suspicion directed towards them from outside the family. Mothers were inclined to suspect others in the family; partners resented the disclosures of mothers or step-children; siblings were likely to dismiss the significance of the incident an inveigh against the public attention; supposed victims would retreat into denial rather than endure more scrutiny. For everyone there were differences between what they felt and what they admitted to feeling. A spirit of wholesale recrimination sometimes beset the family home.

On the other side of the domestic divide, the professional, overburdened with abuse investigations or preoccupied with other problems, might easily lose sight of how violating the procedure could seem. It had an inbuilt momentum, which, unless reined back a sensitive social worker, aggravated parents« feelings of powerlessness and vulnerability.

4. Operational Perspectives and Case Outcomes

Against this complicated, highly emotional background, our task was to see whether at key moments parents' operational perspectives shifted towards those of professionals and whether such changes made any difference to the quality of long-term outcomes for the children and families.

It emerged that cold hostility might moderate with time, but wariness of professional intrusion was likely to endure. This was an obstacle to progress, because many families continued to need help with difficulties far removed from any issue of abuse. In the same way suspicion reverberated among a child's siblings and extended family. We found that the accusation acted as a detonator to that volatile mixture of love, hate and indifference which binds families together.

For example, among the families we studied one child in five moved out of the family home usually to the shelter of relatives, one family in three moved house and a similar number experienced the arrival or departure of a key figure, usually the husband or co-habitee. These »structural changes« were almost all for the better and, as living situations improved, so did the physical health of families. On the other hand, there was a marked deterioration in intimate family relationship, particularly between the adults in the family. In all the families we studied marital stress increased and in nearly half the central relationship collapsed during the two-year follow-up period. Nevertheless, for the children there were generally benefits. Their behaviour improved; their mothers' child-rearing skills became more sensitive, and their development was enhanced.

There was much to suggest that the child protection system, for all its frailties, did protect the majority of children at risk. While it might be impossible to protect a minority from occasional violence, rejection and indifference, the awareness of external scrutiny seemed in many cases to be a sufficient check to the temperature of family life. In the cases of one in four of the children whose fortunes we scrutinized the need for continued supervision was demonstrated by a recurrence of abuse. Even in cases where suspicion was not substantiated, the value of continuing to show concern over parenting skills was plain.

Thus we came to the conclusion that there was an extremely fine balance between the benefits of intervention and its potential for doing great damage to interpersonal relationships. In the majority of cases where there was scant evidence professional attention rapidly moved elsewhere, but an accusation that was all in the day's work for a health visitor or a social worker could be cataclysmic for parents and wider family. The disintegration of marital relationship we observed, the movement of family members and the relocation of children following an abuse accusation were high prices to pay for a bruise or for the witnessing by children of an unsuitable, spicy video.

There was ambiguity, too, when outcomes were viewed from the perspective of the social worker. In some cases persistent professional anxiety eventually resulted in an allegation being substantiated and the legal process intervening in the relationship with a client family; in other cases simmering concern had the effect of enabling a social worker to re-evaluate the meaning of abuse and to appreciate the efforts made, particularly by mothers, to refute any further suspicions and at the same time to cope with a variety of more ordinary problems.

The lesson was in this vein: whereas few protection plans that stopped short of removing a child to a place of safety could guarantee his or her physical security, opportunities to improve professional-parental relationships, which, we were able to demonstrate, increased the changes of a satisfactory outcome for the child, were relatively common. Indeed, there were obvious pivotal events in the investigation process, at the moment of confrontation, during the gathering of professionals and, subsequently, should new evidence come to light, when efforts to improve mutual understanding could usefully be concentrated.

We found very few families so violated by their experiences at the hands of professionals that they would not accept the proffered olive branch. We came across no cases at all where the perspectives of parents *should* have been ignored or where the efforts of social workers to win over parents proved pointless and counter productive. Since many of the families were likely to stay in contact with social services, since their children were likely to remain at risk, it was clearly necessary for professionals to accommodate parental perspectives and to work with them.

5. The Importance of School

Schools emerged as a significant agent of referral and, once the child was registered, they were in a good position to monitor progress. However, there were signs of difficulty in their relationship with the child protection system. Schools varied greatly in their ability to cope with abuse problems. For example, because principals and those teachers with special responsibility for abuse and pastoral care differed in their handling of confidentiality, it was not unusual for classroom teachers in some schools to be unaware of those children whose names were placed on the Protection Register or for whom concern was growing.

Structural factors in schools were also found to be a hindrance. Teachers hesitated to set the abuse procedure in motion because it was so disturbing to classroom routine. The process violated the trust of parents, disrupted the child-teacher relationship and was likely to come to the uncomprehending notice of other children. It also called into question aspects of professional conduct, particularly in the classroom, where a climate of mutual trust had to be created before children were likely to feel safe enough to express their anxieties. It seemed doubtful whether classrooms were capable of providing that asylum of compassionate understanding that abused children needed, particularly bearing in mind that those most at risk were not particularly loveable on other criteria: they were frequently in trouble, and, possibly mercifully from the school's point of view, frequently absent.

6. When and How to intervene

As the volume of child protection work has grown, the point at which the Child Protection system should come into play has become an increasingly important consideration. We were bound to ask whether the threshold of concern was too low, particularly as the majority of suspicion concerned abuse that was minor or proved groundless.

Our study suggested that whatever administrative procedures were followed in the early stages, all initial suspicions would be explored in much the same way. Further, the number of abuse concerns did not necessarily reflect the levels of social work involved, because on serious abuse case that proceeded as far as the High Court would occupy more time than dozens for others that withered during early investigation.

We argued that in drawing the threshold of abuse beyond which certain procedures came into play, it was important to identify *which* threshold was under scrutiny. Most practice concern had been with whether to investigate, call a conference or place a child«s name on the register. Our study drew attention to another important threshold: the point at which the confrontation of parents became necessary. Was it at the moment of initial suspicion or at the point of referral? Did it occur when social workers paid an informal visit or when the child or parent was interviewed? From our observations it was clear that anyone in day-to-day contact with children, uncertain, untrained in abuse matters and fearful of the consequences of inaction or indifference to a suspicion had the power to inflict child protection procedure on parents. We were bound to ask whether, for lack of any sensitively drawn procedural guidelines, it was merely professional anxiety that kept intervention thresholds low.

Parents' perspectives of the social work system were soured if they became aware that as part and parcel of the early stages of an abuse investigation a number of inquiries had been made behind their backs. But chaotic families already well supported by social workers might as easily be approached without any need to raise the spectre of a specific allegation of child abuse. We were able to estimate that this simple strategy would help in more than one incident in three. The thornier problems occurred among those families unused to social work interventions or where, unbeknown to close partners or friends, family members had a history of child abuse. In such situations, whatever the threshold of intervention employed, the social worker was unlikely to find »welcome« woven into the doormat.

One would not expect a child protection system, however fashioned, to be without debit. Because it is concerned with investigating the legality of specific types of behaviour, of necessity focusing on and prising apart victims and suspected perpetrators, its approach will tend to run counter to the needs of the whole family and to underplay the value of parental participation, shared care and social and educational stability. But we found that efforts to deal sensitively with that capital of trust and cooperation which a generic, participatory approach could build up in families at risk were almost without exception rewarded.

It is a principle of the *Children Act,* 1989 that although strong powers are necessary to make it possible to remove children when circumstances demand it, most vulnerable young people can best be protected by supporting their families. Our study provided new evidence on current achievement in a difficult area of social work practice and underlined the importance of involving families in welfare interventions.

VIII.

Migration als Herausforderung

The Challenge of Migration

Franz Hamburger

Sinti und Roma in der Heimerziehung

Gipsies in Residential Care

The perception of sinti and roma is predominantly determined by prejudices and racist refusal. Even the intention to help is often related with stereotypes about typical behaviour of sinti and roma. Until the recent past sinti children have been placed in residential or foster care in order to reeducate them and to remove them from a socially disapproved environment. A scientific access has to work out such traditional structures of perception until the situation of young sinti and roma in residential care can be adequately understood.

A different access analyses the situation of single youth individually instead of constructing an ethnic attribute. A perspective of normalization will work out relevant familial circumstances like it is usual in cases of residential care. A supplementary pedagogical requirement is processing social attributes and familial interpretations of residential care.

1. Romantisieren oder verdammen - zum Gleichklang von Wissenschaft und Gesellschaft

Nach den historischen Quellen sind Sinti und Roma im Verlauf des 15. Jahrhunderts nach Mitteleuropa gekommen. Seit 600 Jahren also leben sie in Mitteleuropa, vor 150 Jahren sind noch einmal Roma aus Osteuropa nach Mitteleuropa gekommen - was sich gegenwärtig wiederholt. Die Wege vor der Ankunft in Mitteleuropa sind in der Sprache der Sinti und Roma festgehalten; daran kann auch ihre Herkunft aus dem nordwestlichen Indien festgemacht werden (vgl. MARTINS-HEUSS, 1983). Konnten sie sich anfangs noch auf einen königlichen Schutzbrief stützen, so dominieren bald die diskreditierenden Zuschreibungen. Es setzen sich die häßlichen Bilder von Zauberern und Hexen, Verbrechern und Spionen durch, mit denen jede Art der Verfolgung gerechtfertigt wird. Die Bilder vom gefährlichen, die gesellschaftliche Ordnung angeblich bedrohenden »Zigeuner« waren die Theorie einer Praxis der Pogrome.

Nur eine schwache Gegenperspektive hat die Romantik entwickelt. Sie ordnet den »Zigeuner« der Natur und der natürlichen Lebensweise zu.

Verdrängte Bedürfnisse der angepaßten Untertanen und die Entfremdung in einer kapitalistischen Moderne werden kompensatorisch auf den »frei« lebenden, in Wirklichkeit der »Vogelfreiheit« unterworfenen »edlen Wilden« projiziert.

Die »Zigeunerforschung« war von Anfang an bis zur Gegenwart der modernen »Tsiganologie« in diesen Wissensbestand entgegengesetzter Perspektiven eingebunden, hat sie produziert und reproduziert. Die Konstruktion »des Zigeuners« erhielt durch die Wissenschaft erst Legitimation. Sie hat den gesellschaftlichen Umgang angeleitet, und dies gerade in der schlimmsten Phase des geplanten Völkermords im Nationalsozialismus.

Die Annahme einer grundsätzlichen Besonderheit, die Zuschreibung einer außergewöhnlichen Qualität an eine bestimmte Gruppe ist das Gemeinsame der rassistischen und der romantischen Perspektive auf die »Zigeuner«. Sie stehen am Anfang des gesellschaftlichen Umgangs wie der wissenschaftlichen Erforschung und rechtfertigen eine soziale Praxis. Die Rekonstruktion der Entstehung von Bildern des »Zigeuners« in Theorie und Praxis ist notwendige Voraussetzung einer anderen Praxis.

2. Die historische Last der Heimerziehung

Dies gilt vor allem auch für die Heimerziehung und die Jugendhilfe. Denn sie steht überwiegend in der Tradition der geplanten Umerziehung, die den Kindern und Jugendlichen den »Nomadencharakter« austreiben wollte. In den Kinder- und Erziehungsheimen haben immer schon Kinder von Sinti und Roma gelebt. Im Nationalsozialismus wurden die Kinder, deren Eltern in die Konzentrationslager gebracht wurden, in speziellen Heimen untergebracht, so in der St. Josefspflege in Mulfingen (MEISTER, 1984).

Vorher war es eher üblich gewesen, die Kinder und Jugendliche aus einer Familie in verschiedene Erziehungsanstalten zu verteilen, was als »gewollte Zerstörung der Familie« bezeichnet wird (ebd., S. 226). Im Gegensatz zur jugendfürsorgerischen Zerstörungsstrategie wird der Heimalltag jedoch sehr unterschiedlich erlebt. In der durch die Verfolgung der Eltern im Nationalsozialismus entstehenden chaotischen Lebenssituation werden Heimerzieherinnen auch als hilfreich und fürsorglich erfahren.

Wie in anderen Bereichen der Jugendfürsorge hat die nationalsozialistische Umformung der Heimerziehung zu einer spezifischen »Rationalisierung« geführt. Die Mittel der »Volksgemeinschaft« sollten nicht mehr für das »unwerte« Leben investiert werden. Im Hinblick auf »Zigeuner« hat beispielsweise die Gesundheits- und Fürsorgebehörde Hamburg am 23. 4. 1935 an das Jugendamt die folgende Maßgabe gerichtet: »Es erweist sich als notwendig, die Fürsorge für Zigeuner auf das unbedingt notwendige Maß zu beschränken, um dem seit längerer Zeit beobachteten vermehrten Zuströme von Zigeunern nach Hamburg entgegenzuwirken, und weil es im Hinblick auf die Wesensart und die Lebensgewohnheiten der Zigeuner nicht als vertretbar erscheint, die Fürsorge für sie ohne weiteres nach den Maßstäben der Reichsgrundsätze über Voraussetzung, Art und Maß der Fürsorge auszuüben« (Staatsarchiv Hamburg, Jugendbehörde I, 359 b [Az. A.F.83.26]).[1]

Daß es sich hier nicht um eine auf ein Land begrenzte Aktion handelte, wird am Schreiben des Reichsminister des Innern vom 20. 9. 1943 an die Jugendämter und ihre Aufsichtsbehörden sowie die Gau-(Landes-)jugendämter und ihre Aufsichtsbehörden (Az. BJI 1168/43. 8000 XV) erkennbar: »Nach der gegenwärtigen Gesetzeslage ist es im Geltungsbereich des Reichsgesetzes für Jugendwohlfahrt vom 9. Juli 1922 (RGBl.I S. 633) noch möglich, über minderjährige Juden und Zigeuner Fürsorgeerziehung anzuordnen. Bei diesen asozialen fremdrassigen Elementen kommt aber von vornherein eine erziehende Tätigkeit nicht in Betracht. Sie bedeuten eine unnötige finanzielle Belastung des Staates und eine nicht zu verantwortende pädagogische Belastung in den Heimen und für die deutschen Fürsorgezöglinge.

...Um schon jetzt die Fürsorgeerziehungsheime von den genannten Minderjährigen freizuhalten, bestimme ich im Einvernehmen mit dem Leiter der Partei-Kanzlei und dem Reichsminister der Justiz:

a) Die Jugendämter stellen keine Fürsorgeerziehungsanträge mehr gegen minderjährige Juden, jüdische Mischlinge 1. Grades, Zigeuner und Zigeunermischlinge.«

Die »Lösung der Zigeunerfrage« wurde nicht nur in Deutschland propagiert und durch Völkermord realisiert, auch in der Schweiz gab es seit den 20er Jahren parallele Entwicklungen. Im Rahmen der Stiftung »Pro Juventute« kam es 1926 zur Gründung eines »Hilfswerks für die Kinder der Landstraße« (MEHR, 1987). Auch hier war die Erstellung einer »Zigeunerregistratur« und von »Familienakten über Vagantengeschlechter« die Grundlage für die spätere Intervention. »Von 1926 bis 1973 wurden 619 jenische Säuglinge, Kinder und Jugendliche, teilweise in Nacht- und Nebelaktionen, oft mit Hilfe von Polizeigewalt, ihren fahrenden Eltern entrissen. Die so entführten Kinder versorgte das »Hilfswerk« in Säuglingsheime, Erziehungsanstalten, Pflegefamilien oder als billige Arbeitskräfte in Bauernbetriebe. Vielen von ihnen wurden zur Tarnung andere Namen gegeben. Falls renitente Eltern die Suche nach ihren gestohlenen Kindern nicht aufgaben, wurden jene psychiatrisiert, entmündigt und in Gefängnisse, psychiatrische Kliniken oder Arbeitserziehungsanstalten eingewiesen« (MEHR, a. a. O., S. 16.; vgl. auch GERTH, 1981).

Erst 1973 wurde auf öffentlichen Druck hin und nach vielen Aktionen der betroffenen Eltern das Hilfswerk eingestellt. Mit der Vernichtung einer Lebensweise wurde mit anderen Mitteln als in Deutschland bis 1945 die »Lösung der Zigeunerfrage« angestrebt. Auch in der früheren DDR hat es die Praxis der disziplinierenden Heimunterbringung gegeben, wobei das Verhalten der Kinder, und nicht das ihrer rassistischen Umwelt als Begründung für die Einsperrung diente (GILSENBACH, 1993).

3. Zwischen Einsperren und Unterstützen

Die Praxis der Gegenwart läßt sich als Funktionsweise von Systemen und Ausdruck kommunikativen Handelns gleichermaßen begreifen. Auf der einen Seite versucht insbesondere die Polizei immer wieder, die Heimerziehung als Instrument der Strafverfolgung zu aktivieren. Das Etikett »Die räuberischen Roma von Köln - Dokument über falsche Nachsicht gegenüber kriminellen Ausländern«[2] zeigt am besten die Intention, eine pädagogisch verstandene Jugendhilfe selbst zu kriminalisieren und als Anwalt der Fremden auszugrenzen. Die Handlungsweise des Roma-Projekts in Köln, die Kinder auch bei fortgesetzten Konflikten mit der Polizei nicht zu kriminalisieren, sondern eine Linie der individuellen Unterstützung, der Abwehr von Stigmatisierung und der Beratung von Familien durchzuhalten, zeigt den anderen Handlungspol.[3] Mit ihm verabschiedet sich die Jugendhilfe von traditionellen und repressiven Konzepten.

Diese deckten ein Spektrum ab, das von einer rigiden Anpassungs- und Unterdrückungspraxis bis hin zu Formen einer »mildtätigen« und paternalistischen

Betreuung reichte. Die Bürgerrechtsarbeit der Sinti und Roma konnte aufzeigen, daß den bisherigen Formen des Umgangs mit Sinti und Roma die prinzipielle Verweigerung von Gleichberechtigung und Selbstbestimmung zugrundelag (vgl. ROSE, 1987) Ebenso grundsätzlich muß ein begründbares Konzept der Arbeit mit Sinti und Roma auf der Prämisse der Gleichberechtigung, der Autonomie und Selbstbestimmung aufbauen. Aus der uneingeschränkten Geltung des Subjektstatus resultiert eine partnerschaftliche Arbeitsbeziehung; alle weiteren Begründungen für Interventionen (»Hilfsbedürftigkeit«) sind nachrangig und haben einen nur situativen Geltungsanspruch. Aus dem Recht auf Selbstbestimmung resultiert ebenso die Zumutung der Verantwortung für das eigene Handeln, die in den Grenzen der gesellschaftlichen Verhältnisse an keine andere Person delegiert werden kann. Für die Jugendhilfe ergibt sich aus diesen Prämissen der antinomische Anspruch der »Hilfe zur Selbsthilfe«.

Die Arbeit mit Sintijugendlichen findet bei der Realisierung eines solchen Anspruchs spezifische Bedingungen vor. Ein großer Teil der Familien ist ökonomisch und sozial marginalisiert; die Durchkapitalisierung der Gesellschaft und die Universalisierung der Mobilität haben traditionelle Erwerbsmöglichkeiten zerstört. Die Integration in die Arbeitsgesellschaft kann brüchig bleiben bzw. wurde durch den Nationalsozialismus zerstört. Marginalisierte Familien verlieren die Kapazität zur Integration und Sozialisation. Die Transformation der traditionalen Kultur wird dadurch beschleunigt und verliert ebenso an Integrationsfähigkeit. Die in der Bürgerrechtsbewegung aktivierte Ethnizität erreicht die armen Familien nur begrenzt. Gleichzeitig sind die Familien, insbesondere die Kinder und Jugendlichen, einem allgemeinen Konsumismus und allgegenwärtiger Werbung ausgesetzt, was den Zustand der Anomie verstärkt.

Ein Arbeitsansatz, der die Sicherung von Konformität und die Integration in familiale Kultur sichern will, steht außerdem vor der Schwierigkeit, daß die Kultur sich rapide wandelt, als oft ohnmächtiger Hilfezusammenhang erscheint und mit dem Anspruch der Individualisierung konkurriert. Diese ist wiederum notwendiger Bezugspunkt einer Integration in die Arbeitsgesellschaft und in formale Bildungsprozesse.

Die vielfältigen Widersprüche für die Arbeit mit Sintijugendlichen können nur in einer »Reflexionsarbeit« vermittelt werden. Darunter ist die Hilfe zur Vermittlung von Widersprüchen zu verstehen, die sich aus der Situation der Sintijugendlichen selbst wie aus den gegenläufigen Ansätzen der Jugendhilfe ergeben. Zunächst hat sie dabei genug zu tun mit den ihr von den Jugendlichen zugetragenen Widersprüchen und Problemlagen. Diese erfahren häufig sehr genau die Gegensätze zwischen der Einsicht in die Notwendigkeit der Lohnarbeit und fehlenden Arbeitsplätzen, zwischen Konsumwünschen und realer Not, zwischen den Anforderungen der traditionalen Kultur und den Formen des tatsächlichen Zusammenlebens, zwischen individueller Verantwortlichkeit und der Übermächtigkeit der gesellschaftlichen Verhältnisse.

Indem Jugendhilfe aber über eine passiv-rezeptive Arbeitsweise hinausgeht, also nicht mehr nur das ihr Zugetragene bearbeiten hilft, sondern aktiv strukturieren und eine Veränderung der Lebenslage angehen will, schafft sie neue Widersprüche.

Indem sie einerseits die subjektiven Voraussetzungen für die (beabsichtigte) Teilhabe an gesellschaftlichen Gütern (Bildung, Arbeit) befördern will, muß sie Individualisierungsprozesse stärken und den Glauben, daß das Individuum durch eigene Anstrengung etwas bewirken kann, unterstützen. Diese Motivierungsversuche haben sich freilich mit einer objektiven gesellschaftlichen Wirklichkeit auseinanderzusetzen, in der die Chancen zur erfolgreichen Realisierung subjektiver Aspirationen gerade für Minderheitenjugendliche minimal geworden sind.

Andererseits kann die Jugendhilfe nicht blindlings nach dem Vorbild der sie beauftragenden Gesellschaft Individualisierung vorantreiben, weil sie ja als Kulturarbeit Ethnizität nicht zerstören, vielmehr fördern will. Die Bindung an diese Kollektivorientierung hat eine normative und eine instrumentelle Seite: über die Ethnizität der Sinti hat sie nicht zu entscheiden, solange diese ihrer eigenen Kultur Wert zumessen und sich durch Zugehörigkeit zu dieser Kultur definieren. Die Zweckmäßigkeit der sozialen Integration in die ethnische Gemeinschaft beruht auf deren Unterstützungsressourcen, auf die der einzelne im Falle von Mißerfolg und Notlagen angewiesen bleibt. Reflexionsarbeit in diesem Sinne kann - bezogen auf die Jugendlichen - verstanden werden als Bearbeitungshilfe für Identitätsentwicklung, und zwar in jenem spezifischen Sinne der Entwicklung von Ich-Identität, die als Balance von personaler Identität (Individualisierungsaspekt) und sozialer Identität (kollektive Zugehörigkeit) gedacht werden muß.

Jugendhilfe mit Sintijugendlichen hat nichts Besonders oder gar Exotisches an sich; für sie gelten alle Prinzipien wie für Sozialarbeit und Jugendhilfe im allgemeinen und Arbeit mit marginalisierten Jugendlichen im besonderen. Die Grenzen werden ihr gesetzt durch die gesellschaftlichen Verhältnisse, die Lernmöglichkeiten der Jugendlichen und die Belastbarkeit der SozialpädagogInnen. Innerhalb dieser diffusen Grenzen kann sich vieles bewegen - doch ist heute wieder einmal offen, »wohin die Reise geht«.

Anmerkungen

[1] Die folgenden Dokumente haben alle die genannten Fundstelle.
[2] So die Überschrift in der Welt am Sonntag vom 23. 5. 1993, die ohne aktuellen Anlaß den Bericht eines Kriminalhauptkommissars veröffentlicht, wobei es darum geht, dem sozialpädagogischen Roma-Projekt in Köln die Unterstützung einer kriminellen Vereinigung zu unterstellen.
[3] Zur rechtlichen Würdigung vgl. BROMBACH, 1990

Literatur

BROMBACH, H.: Roma-Kinder zwischen Gesetz und Tradition. In: Theorie und Praxis der sozialen Arbeit, Nr. 5/1990, S. 191 - 197.

GERTH, E.: Kinderraubende Fürsorge. In: Münzel, M./Streck, B. (Hrsg.): Kumpania und Kontrolle. Moderne Behinderungen zigeunerischen Lebens. Gießen, 1981.

GILSENBACH, R.: Oh Django, sing deinen Zorn. Sinti und Roma unter den Deutschen. Berlin, 1993.

MARTINS-HEUSS, K.: Zur mythischen Figur des Zigeuners in der deutschen Zigeunerforschung (Forum für Sinti und Roma, Band 1). Frankfurt a. Main, 1983.

MEHR, M.: Kinder der Landstraße. Ein Hilfswerk, ein Theater und die Folgen. Bern, 1987.

MEISTER, J.: Schicksale der »Zigeunerkinder« aus der St. Josefspflege in Mulfingen. In: Württembergisch Franken, Jahrbuch 1984, S. 197 - 229.

ROSE, R.: Bürgerrechte für Sinti und Roma. Das Buch zum Rassismus in Deutschland. Heidelberg, 1987.

Emmanuel Grupper

Ethiopians Adolescents Integrated in Residential Care in Israel

Äthiopische Flüchtlinge in der Heimerziehung in Israel

Gegenstand dieser Studie ist es, ein strukturiertes Projekt mit dem Ziel der sozialen Integration von jugendlichen äthiopischen Flüchtlingen zu entwickeln. Diese Immigranten haben während ihres Anpassungsprozesses die immense Kluft einer Gegenkultur zu überwinden. Um den Integrationsprozeß zu beschleunigen, wurden diese Jugendlichen in Heimen der 'Youth-Aliyah' gemeinsam mit in Israel geborenen Jugendlichen und weiteren Immigranten aus anderen Staaten untergebracht. Im Gegensatz zu dem in den 50er Jahren in Israel praktizierten Modell des »Schmelztiegels« wird heutzutage ein pluralistischer Ansatz verfolgt. Untersucht wurde dieses Aufeinandertreffen der Kulturen und seine Auswirkungen auf die Jugendlichen und das Personal anhand von Untersuchungen der Umgehensweise mit der Einführung eines »Äthiopischen Festes« im Rahmen des Kulturprogramms der Institution.

1. Introduction

Due to the high academic motivation of Ethiopian youth great efforts have been put into scholastic programs to improve their success in the Israeli school system.[1] However, in this paper we would like to focus on the social aspects of their integration process in Youth-Aliyah »youth-villages«.[2]

Being the first black community within the Jewish people in Israel, feelings of fear, prejudice and stereotype attitudes towards the newcomers from Ethiopia could be detected among young people in the host society. However, this new ethnic group was accepted by Israeli society with a lot of warmth, love and readiness to invest energy and financial resources to encourage successful integration. However, for their peers in the residential settings, who are mostly from disadvantaged background, it was not obvious why they should share their bedrooms and other aspects of everyday life with peers who came from a completely different culture. Even if this need to share was accepted on the rational level, it was not always internalized; therefore, hostile feelings among the young emerged in some places. The newcomers were not used to modern technology. They had different habits of food, health care, dress etc. Because of their complete ignorance of any written language, it was impossible to integrate them with other students in the same classrooms.

These were the reasons for the establishment of a specific educational program which aimed to foster positive »shared living«, to use Fritz Redl's terminology (1966), between those living in the same dormitories. The program was entitled the »social integration project« and its objectives were oriented toward three targe-groups: a) The staff members; b) The veteran youth residents and c) The Ethiopian youth themselves. Staff members were invited to special training sessions concentrating on the particular aspects to the newcomers' culture. Students too were exposed to special activities aiming at avoiding stereotype thinking. Following KAHANE's recommendations (1986), we tried to introduce some elements of Moratorium into the everyday reality of these new immigrants during their first period in the youth-villages. In an analysis of various socialization devices, RAPPOPORT (1988) highlights the importance for youth to encounter five main components of institutionalized moratoriums: Suspended obligations; Lenient control; Free experimentation; Extended rights and Quasi-responsibility. These dimensions, introduced to the educational context, can provide youngsters with opportunities of experiencing success. This is particularly valuable for immigrant youth whose daily reality is often characterized by failures followed by feelings of humiliation and frustration.

In order to implement these ideas, we tried to introduce to the life of these students in the institution structured elements that could give them opportunities to have some advantages over their Israeli peers. In the case of Ethiopian youth sports activities, which gave them opportunities to experience success, were very valuable. However, we felt that these educational programs were incomplete and would have limited impact if we did not underline our commitment to cultural pluralism by concrete examples. Therefore, we looked for a cultural element from the Ethiopian Jewish tradition that could be incorporated into the host culture. In that way we arrived at the idea of celebrating the »Segd« in residential institutions in Israel, having large groups of Ethiopian youth.

The »Segd« is an important event in the rites of the Ethiopian Jewish community, mainly unknown until now, and not practised by the rest of the Jewish world. It's roots lie in the renewal of the alliance between the people of Israel and God, which was help in Jerusalem in the time of the prophets, Ezra and Nechemia - in the sixth century B.C. (BEN-DOR, 1989; WEIL, 1989). The essense of the »Segd« celebration is a symbolic renewal of this ancient alliance (ABBINK, 1983).

In contradiction to immigrant-integration in Israel during the 1950's, that was characterized by the »Melting Pot« model (BAR-YOSEF, 1968; BEN-RAFAEL, 1982), a shift towards a more pluralistic model has been recognized lately (EISIKOVITS & BECK, 1990). The principal element of the pluralistic model is the willingness, by the »host culture« to modify itself by integrating new elements from the newcomer's culture of origin (BHATNAGAR, 1981).

The »Segd« celebration has been included into the Jewish calendar in Youth-Aliyah residential care institutions in Israel as one of the »officially recognized« ritual celebrations, that figures in the annual social programs of these youth-villages. Every year, in November, the whole »community« (staff and residents together), celebrate the Segd in a traditional way. Therefore, by studying the effect of this particular cultural element, we can gain insights into the effectiveness of the »social integration project«. Because of its cultural features we chose an ethnographic approach for the evaluation process. We tried to gain a »holistic picture« of the Segd celebration's effects in the residential institutions, in order to be able to refer systematically to the two main research questions:

• What meaning are young immigrants from Ethiopia attributing to the Segd celebration in the youth-villages where they are being educated?

- What meaning are other students attributing to the Segd celebration, and what are their attitudes concerning this particular issue

2. Methodology and field work

The field work was carried out in three Youth-Aliyah youth-villages in Israel by employing Anthropological methods of participant observation and ethnographic interviews. In depth ethnographic interviews were undertaken with ten staff members (Program directors, socialpedagogues, teachers), and thirty students (aged 13-18) including Israel-born, immigrant youth from Ethiopia and other countries. In addition, a written open-ended questionnaire based on the same outline as the ethnographic interviews, was administered to 39 additional students. Therefore, our data are based on a total of N = 69 adolescents, 35 of them are new immigrants from Ethiopia, 19 are Israel-born and 15 new immigrants from other countries.

3. Results

We found that the Segd was being celebrated in a similar manner in all three youth-villages studied. Most of the celebrations were similar to the ones celebrated when they lived in Ethiopia, but there were a few innovations. In general we found that the educational staff became very involved in the Segd celebration and it provided them with the opportunity of discovering new facets of their Ethiopian students.

Let us illustrate our holistic approach with extracts of ethnographic data obtained from informants of the three different sub-groups:

3.1 Students, young immigrants from Ethiopia

For the Ethiopian immigrant adolescents, celebrating the Segd meant to re-live Ethiopia, their villages and childhood; to remember their traditions, their journey to Israel and their dreams. Most of them considered »climbing the mountain« as the most significant experience of the celebration in the youth-villages, because of the memories it brought back to them. They said it was important to re-live the traditions so they can be passed on to the younger generations.

As an example, let us take the statement of (T.), a young immigrant from Ethiopia: »... The day of the Segd, we went on a parade with all the children and staff of the youth-villages, and climbed a small mountain near the school in a long procession ... The Kess[3] prayed in Ge'ez [4], like in Ethiopia ... The mountain wasn't very high but it reminded me of my childhood and the Segd in Ethiopia ... The school principal spoke and the Kess said a special prayer ... I was very happy in the dining room when »Injara« [5] was served to everybody. I was particularly happy to see that my Israeli roommates ate Injara like us ... I was very pleased about everything, I never imagined that they would practice our customs here ... The fact that the Israelis were so interested in everything made me feel at home ....«

Another student (R.), spoke about his parents' reaction to this event: »When I told my parents that we celebrated the Segd in my youth-villages, at first they did not believe it. Then they were very happy. Now they want my younger brother to study here too ....«

On this occasion of the Segd celebration, the Ethiopian youth were in a euphoric mood and felt free to speak about things that they usually kept to themselves, sharing them with their Israel-born peers and educational staff.

3.2 Students, Israel-born and immigrants from other countries

Israel-born students and immigrants from other countries were surprised to discover that Ethiopian Jews had such a nice tradition and some compared it with other special celebrations of Jews from different countries of origin. As an Israel-born student (O.), said: »... This celebration is important for them (the Ethiopians). This way they will not forget their tradition ... It is also important for us (Israelis), because we live with them here ....«

The Israel-born youth mostly enjoyed the festive dinner and the »play« in which they learned a lot about their Ethiopian-immigrant peers. In some youth-villages, Israel-born youth even took an active part in the play itself, thus actively taking on traditional Ethiopian roles. The statement of (Y.), a young Israel-born is very significant: »... I like the Segd very much. Last year I got a very special role in the play, I had to play a »Kess« ... I had to learn a lot from my Ethiopian friends. I like the taste of »injara« and the special atmosphere ... I put on traditional clothes and felt Ethiopian ... I think it is very important to celebrate it; basically I think that it is a new holiday that was added to our Jewish tradition ....«

Naturally, we also found a few students (Israel-born, Ethiopian and other immigrants), who thought that the Ethiopian students should go and celebrate the Segd with their own families and not in the schools, but they were very few and really marginal in comparison to the other attitudes presented here.

3.3 Staff members

As a typical example let us refer to (M.), a youth-villages principal stating the following: »... We are trying to celebrate the Segd in a way that will resemble the way it was celebrated in Ethiopia ... At the beginning there were Israeli students that didn't take it seriously and made fun of it. Even some Ethiopian children didn't feel comfortable about celebrating the Segd in the school ... now things have changed, everybody in the village is taking this event seriously, and there are lots of preparations going on. At least one month before the celebration people are busy working on the various aspects of the Segd: white dresses are prepared, art teachers are having rehearsals for the children's presentations, the cooks prepare special Ethiopian food, etc. ... The Segd has truly become one of our common yearly festivities. We would continue to celebrate it even if there were no Ethiopian youth in our village ....«

This statement is very meaningful and was pronounced with deep conviction and a sense of deep commitment. Therefore we take it as an evidence of the principal's identification with cultural pluralism, as an overall guiding model.

4. Conclusions

On the whole, the findings are quite conclusive. The Segd was accepted and incorporated, by the educational staff and students, as a new celebration added to the youth-villages annual events of Jewish festivals. This had a significant effect on veteran Israelis and youth from other countries. Through the preparation and celebration of the Segd, they got to know and value their Ethiopia-born classmates in a common gratifying experience. As for Ethiopian immigrants themselves, it contributed to their feeling of being really accepted and integrated into their new peer-society as well as into Israeli society in general. This can also be seen as an example of introducing elements of »Moratorium« into the everyday life of these new immigrants, claimed by KAHANE (1986) as one of the most basic needs of all immigrant youth, during the preliminary adaptation process. We would add our own observation that the need for a moratorium period are amplified by the significance and size of the cross-cultural transition that the individual has to make in his/her integration process.

We do not claim to draw generalized conclusions from this particular event about social integration of immigrants from Ethiopia in Israel. The adults of this immigrant community are still struggling with various adaptation problems to life in their new homeland. However, children and youth are considered as the most successful part of this community's integration process, so far. We believe that this achievement springs from these youngsters exposure to »powerful environments« in residential care institutions. Moreover, our analysis highlights the importance of applying a cultural pluralistic approach while educating immigrant youth. This is particularly crucial in the case of the Ethiopian Jewish children and youth who had to experience such a wide and significant cross-cultural transition in a very short period of time.

Notes

[1] More than 80 % of these adolescents never attended school in Ethiopia and were practically illiterate in their mother tongue.

[2] Youth-Aliyah is a non-governmental educational agency, catering for the needs of 16000 adolescents with special educational needs, specially new-immigrants and disadvantaged Israel-born youth through a nation-wide residential education network. Since »Operation Moses«, most of the young immigrants from Ethiopia aged 12-18, have been educated in Youth-Aliyah youth-villages, spread all over Israel. In the summer of 1991, right after »Operation Salomon« 2200 youngsters aged 12-18, were integrated at once, in this educational network, which includes today almost 5200 young immigrants from Ethiopia in its system.

[3] »Kess«, is the name for the religious authority in the Ethiopian Jewish community. Kessoch - in plural.

[4] Ge'ez, is an ancient dialect being used in Ethiopia for prayers and religious practice.

[5] »Injara« - is a kind of bread and is the basic meal of the Jewish Ethiopian community.

References

ABBINK, J.: Segd celebration in Ethiopia and Israel: continuity and change of a Falasha religious holiday, Anthropos, 78, 1983, pp: 789-810

BAR-YOSEF, R.: Desocialization and resocialization - The adjustment process of immigrants, International Migration Review, 2(3), 1968, pp: 27-45

BEN-DOR, S.: The Segd of Beta-Israel: Testimony to a community Transition, in: Ethiopian Jews and Israel, Hartford, 1989

BEN-RAFAEL, E.: The emergence of Ethnicity, Westport, Connecticut, 1982

BHATNAGAR, J.: Multiculturalism and Education of immigrants in Canada, in: BHATNAGAR, J. (ed.): Educating Immigrants, London, 1981

EISIKOVITS, R.A. & BECK, R.H.: Models governing the education of new immigrant children in Israel, Comparative Education Review, Vol. 34(2), 1990, pp: 177-196

KAHANE, R.: Informal agencies of socialization and the integration of immigrant youth into society - An example from Israel, International Migration Review, Vol. 20(7), 1986, pp: 21-39

RAPPOPORT, T.: Socialization patterns in the family, the school, and the youth movement, Youth and Society, 20(2), 1988, pp: 159-179

REDL, F.: When We Deal with Children, London, 1966

WEIL, S.: Beliefs and religious customers of Ethiopian Jews in Israel, 1989, Jerusalem: The NCJW Research institute for innovation in education, School of Education, The Hebrew University of Jerusalem

Heide Kallert

Flüchtlinge und Migranten in der Heimerziehung

Refugees and Migrants in Residential Care

This essay is about the situation of "foreign" children and youths, living in institutions of the German youth services. The amount of "foreign" children increased since the beginning of eighties to an average of 10%, partly even more than that. Institutions of residential care have not been prepared with concepts to get along with this situation.

The legal requirements for a stay of these youths in Germany show considerable differences: Children of migrants have in general a longterm secure status, while refugees under age and without supervision have a more endangered status. This leads to consequences in educational processes which are not planable as well as the futur perspective of these youths. There is a tendency in residential care to neglect the cultural origin of migrant's children as opposed to refuges under age and without supervision where it is presently pointed out. The interpretation of results of empirical studies – a research project about refugees under age and without supervision – concerns chances and difficulties of an intercultural residential care. The point of view is on one hand that of the perspective of girls and boys from other countries and on the other hand from the perspective of the German staff.

1. Einleitung

Ein Tag Ende der 80er Jahre auf dem Rhein-Main-Flughafen. Vier oder fünf »unbegleitete minderjährige Flüchtlinge« - wie sie im Amtsdeutsch heißen - reisen als unter 16jährige ohne Visum ein. Ein Mitarbeiter des Frankfurter Jugendamtes nimmt sie in Empfang, um sie in das Aufnahmeheim in Kronberg zu begleiten. Dort melden sich in den folgenden Tagen Verwandte der Kinder, die - sofern sie ihre Berechtigung glaubhaft machen - das Kind oder die Geschwister abholen. Gibt es keine abholberechtigten Verwandten, so bemühen sich die Mitarbeiter des Frankfurter Jugendamtes - ihnen obliegt diese Aufgabe, weil die Hilfsbedürftigkeit der Kinder und Jugendlichen in ihrem Zuständigkeitsbereich entstanden ist -, eine Unterkunft in einem Heim oder einer Wohngruppe zu finden, wo die Jugendlichen gegebenenfalls bis zur Volljährigkeit würden bleiben können. Da täglich neue Minderjährige dazukommen, muß die Suche möglichst rasch erfolgreich sein - und sie ist deshalb zu der Zeit mehr von der vorhandenen Platzkapazität und weniger von pädagogischen Gesichtspunkten abhängig:

- Die Eritreerin Aster kommt in ein Heim, in dem bisher nur deutsche Jungen und Mädchen lebten und ist dort das erste und für längere Zeit das einzige ausländische dunkelhäutige Mädchen in einer ihr sprachlich und kulturell vollkommen fremden Umgebung.

- Der Iraner Soheil wird - zusammen mit den drei eritreischen Schwestern Jemila, Muna und Sadiya, die man als Geschwister nicht trennen will - in ein Heim begleitet, in welchem neben wenigen deutschen Jugendlichen bereits italienische und griechische Kinder aus Migrantenfamilien und zwei Tamilen und drei Afghanen als unbegleitete minderjährige Flüchtlinge in einer Art »multikulturellen Durcheinander« leben. Dieses ist Ende der 80er Jahre die häufigste Form der Unterbringung für jugendliche Flüchtlinge.

- Besonders schwierig ist es, für zwei junge Somalier eine Bleibe zu finden, denn - während die Heime sich bereit zeigen, Erfahrungen mit Jugendlichen aus vielen (Flucht-)Ländern zu machen - scheinen die Vorbehalte gegenüber Schwarzafrikanern unüberwindbar zu sein. Schließlich wird in einem Heim eine neue Wohngruppe eröffnet, in welcher Jugendliche aus Angola, Zaire, Somalia sowie aus Sri Lanka, dem Iran und Pakistan in einer Art von »Schicksalsgemeinschaft« zusammen leben werden.

- Der junge Eritreer Yohannes schließlich wird in eine der ersten monoethnischen Wohngruppen aufgenommen, in der trotz des noch andauernden Bürgerkriegs - neben zehn Eritreerinnen und Eritreern - auch zwei Jugendliche aus Äthiopien leben. Er wird als einziger unter den erwähnten Jugendlichen eventuell unter den Betreuern und Betreuerinnen eine Person finden, die aus demselben Herkunftsland stammt wie er.

Nach Einführung der Visumpflicht auch für unter 16jährige am 1.1.1991 nimmt die Zahl unbegleiteter Minderjähriger, die auf dem Frankfurter Flughafen ankommen, ab, statt dessen melden sich mehr dieser Kinder und Jugendlichen in Berlin und Hamburg; dort erfolgen die meisten Einreisen von unbegleiteten minderjährigen Flüchtlingen nicht über den Flughafen, wo zwangsläufig eine Prüfung des Visums erfolgt. Insgesamt kommen auch in den Jahren 1992 und 1993 zwischen 1500 und 2000 unbegleitete minderjährige Flüchtlinge nach Deutschland. Auch wenn infolge der Asylrechtsänderungen des Jahres 1993 gegenwärtig Probleme elementarer Schutzmaßnahmen wie Inobhutnahme, Erstversorgung, Bestellung eines Vormunds im Vordergrund stehen, sind die genannten Beispiele bezüglich der Anforderungen an die Jugendhilfe, die unbegleiteten minderjährigen Flüchtlinge unterzubringen, nach wie vor aktuell. Dasselbe gilt für die im folgenden zu erörternden Fragen, die sich der Heimerziehung bei längerfristiger Aufnahme von Kindern und Jugendlichen aus anderen Kulturen stellen, denn für nicht wenige von ihnen ist die Rückkehr in ihre Heimat wegen der dort herrschenden Krisensituation auf Jahre hinaus unmöglich.

Zusammen mit den unbegleiteten minderjährigen Flüchtlingen bilden die Kinder aus Migrantenfamilien die Gruppe der »ausländischen« Kinder und Jugendlichen, deren Zahl seit 1982 in der Jugendhilfestatistik der Bundesrepublik Deutschland gesondert ausgewiesen wird. Ihr Anteil stieg im Verlauf von knapp zehn Jahren von unter 5% auf ca. 10% aller Jungen und ca. 8% aller Mädchen, die - regional sehr unterschiedlich verteilt - in Heimen oder Wohngruppen leben.

Als Angehörige einer anderen Kultur werden Migrantenkinder in der Heimerziehung häufig gar nicht oder erst bei Konflikten wahrgenommen, weil sie in der Regel seit Jahren in Deutschland gelebt haben und sich nach Sprache oder Verhalten wenig von inländischen Mädchen oder Jungen unterscheiden. Überdies wird angenommen, ihre Zukunft nach der Heimentlassung sei für ein Leben in Deutschland planbar. In der Arbeit mit unbegleiteten minderjährigen Flüchtlingen dagegen ist, gerade auch wegen der unsicheren Zukunftsperspektiven, die andere kulturelle Herkunft stets gegenwärtig.

Bei den folgenden Überlegungen, die auf Untersuchungen[1] und Erfahrungen des interkulturellen Zusammenlebens in der Heimerziehung basieren, wird deshalb vor allem auf unbegleitete minderjährige Flüchtlinge Bezug genommen. Sie gelten jedoch in vielen Aspekten für alle Kinder und Jugendlichen, die aus einer anderen Herkunftskultur stammen und in deutschen Heimen und Wohngruppen leben. Die unterschiedlichen rechtlichen Voraussetzungen für Migranten und Flüchtlinge sollen dabei in ihrer Bedeutung nicht verkannt und deswegen zunächst betrachtet werden.

2. Zur rechtlichen Situation

Die Rechtsvorschriften, welche die menschliche und soziale Situation ausländischer junger Menschen in der Bundesrepublik prägen und für ihre Bildungs-, Arbeits- und Lebensperspektiven von existentieller Bedeutung sind, erweisen sich als zahlreich und unübersichtlich. Relevant können sein:
*   das Kinder- und Jugendhilfegesetz (KJHG)
*   das Ausländergesetz
*   das Asylverfahrensgesetz
*   das Haager Minderjährigenschutzabkommen und schließlich
*   die UN-Konvention über die Rechte des Kindes

Gemäß dem Haager Minderjährigenschutzabkommen, dem die Bundesrepublik 1971 beitrat, und der UN-Konvention über die Rechte des Kindes ist die Bundesrepublik Deutschland verpflichtet, ausländischen Minderjährigen, also auch Flüchtlingskindern, die nach deutschen Gesetzen vorgesehenen Hilfen zu gewähren, die zum Schutz und im Interesse der Minderjährigen erforderlich sind.

Das KJHG, das 1991 in Kraft trat, billigt ausdrücklich »jedem jungen Menschen ein Recht auf Förderung seiner Entwicklung und auf Erziehung« zu, nicht nur »jedem deutschen Kind« wie das zuvor gültige Jugendwohlfahrtsgesetz (JWG). In § 6, Abs. 2 KJHG wird dieses Recht allerdings eingeschränkt. Ausländer können hiernach Leistungen nur beanspruchen, »wenn sie rechtmäßig oder auf Grund einer ausländerrechtlichen Duldung ihren gewöhnlichen Aufenthalt im Inland haben«. Ausschlaggebend ist demnach der gewöhnliche Aufenthalt (g.A.). Für Migrantenkinder ist der g.A. in der Regel über ihre Eltern gegeben, deshalb sind ihre Ansprüche relativ gesichert. Für unbegleitete minderjährige Flüchtlinge können Probleme entstehen. Doch hat die Praxis bisher zu der juristischen Auslegung geführt, daß bereits eine Prognose des g.A. ausschlaggebend sei für Schutzmaßnahmen nach inländischem Recht; nämlich dann, wenn feststeht, daß auf mittel- oder langfristige Sicht aufenthaltsbeendende Maßnahmen nicht ergriffen werden können, weil für das Kriegs- oder Krisengebiet, aus dem der oder die Jugendliche geflohen ist, ein Abschiebestop besteht.

Mit der Einführung des Ausländergesetzes ab dem 1. Januar 1991 und dem neuen Asylverfahrensgesetz ab dem 1. Juli 1993 ergaben sich für unbegleitete minderjährige Flüchtlinge gravierende Veränderungen. Während nach altem Recht ausländische Kinder und Jugendliche bis zur Vollendung des 16. Lebensjahres für die Einreise in die Bundesrepublik kein Visum benötigten, sind seit 1.1.91 von Geburt an alle Staatsangehörigen von Nicht-EU-Ländern aufenthaltsgenehmigungspflichtig. Gemäß den ab 1.7.93 gültigen Bestimmungen darf darüber hinaus nicht als Schutzsuchender in die Bundesrepublik einreisen, wer aus einem »sicheren Drittstaat« oder einem »sicheren Herkunftsland« kommt, es sei denn, er oder sie könnte den Nachweis erbringen, ein als »sicherer Drittstaat« geltendes Land biete in diesem Einzelfall keinen Schutz. Besonders alleinreisende minderjährige Flüchtlinge werden in aller Regel gänzlich überfordert sein, einen solchen Nachweis zu führen. Um sie nicht einem insbesondere für Kinder unzumutbaren Verfahren auszusetzen, wird gefordert, die »Drittstaatenregelung« solle auf unbegleitete Minderjährige keine Anwendung finden.

Unter 16jährige werden zunächst in einer »Clearingstelle«, welche alle Bundesländer einzurichten verpflichtet sind, aufgenommen, wo - soweit möglich - die aufenthaltsrechtlichen Fragen, der »Erziehungsbedarf« und die weiteren für das Kindeswohl erforderlichen Maßnahmen abgeklärt werden. Erhalten die jugendlichen Flüchtlinge eine längerfristige Aufenthaltsgenehmigung oder können sie zumindest mittelfristig bleiben, weil ihre Rückkehr aufgrund der Situation im Herkunftsland nicht möglich ist, werden sie - sofern sie nicht bei Verwandten leben können - auf der Grundlage des KJHG (§ 27 ff.) weiterversorgt. Für den Schutz der unbegleiteten minderjährigen Flüchtlinge bedeutet dies vor allem die Unterbringung in einer Jugendhilfeeinrichtung nach § 34 KJHG.

Wegen der Widersprüche zum Haager Minderjährigenschutzabkommen und zur UN-Konvention in den geltenden ausländerrechtlichen Bestimmungen und Erlassen sind Konflikte unvermeidlich, solange nicht als Prinzip anerkannt ist, das Kinder- und Jugendhilferecht habe Vorrang vor dem Ausländerrecht. Dieses Prinzip hätte insbesondere Auswirkungen für die 16- bis 18jährigen, die gegenwärtig bezüglich des Asylverfahrens wie Volljährige behandelt und wie Erwachsene in Gemeinschaftsunterkünften untergebracht werden. »Hilfen zur Erziehung« erhalten sie nur ausnahmsweise, wenn im Einzelfall ein besonderer »Erziehungsbedarf« diagnostiziert wird.

Die Kompliziertheit der hier skizzenhaft dargestellten rechtlichen Regelungen vermittelt ein Gefühl der Unsicherheit und des Ausgeliefertseins gegenüber Behörden und zwar bei den ausländischen Jugendlichen selbst wie bei Pädagoginnen und Pädagogen, die es zunehmend notwendig finden, Rechtsschutz für die Jugendlichen als Teil ihrer pädagogischen Arbeit anzusehen.

3. Biographische Brüche und Kontinuität

Wenn von Jugendlichen, die aus ihrem Herkunftsland geflohen sind, die Rede ist, richtet sich die Aufmerksamkeit naheliegenderweise vor allem auf die Brüche in ihrer Biographie. Sie haben die Trennung von ihren Eltern und Verwandten, von Freunden und der gewohnten Umgebung hinter sich. Schmerzhafte Erlebnisse und Erfahrungen werden sichtbar, wenn die Jugendlichen über ihre Flucht und die Ereignisse davor berichten. Die Ankunft in einem fremden Land sowie der ungewohnte Alltag in Heim und Schule mit seinen unbekannten Erwartungen, Werten und Normen verändern radikal alles, was vorher für die Jugendlichen selbstverständlich war. Auf welche Weise kann das Problem biographischer Kontinuität von den Jugendlichen gelöst werden? Biographische Kontinuität bezeichnet dabei die Möglichkeit, das eigene Leben trotz der Brüche als sinnvoll zusammenhängend zu begreifen.

Mehrere Mädchen erzählen, wie sie bereits als Kinder zu eigenständigen Meinungen und Entscheidungen fähig waren. Selbständig zu handeln ist aus Sicht dieser Mädchen nichts Neues, das durch die Flucht erzwungen wurde, sondern es setzt bereits in der Heimat begonnene Verhaltensweisen fort. Ein junger Mann widerspricht heftig, als ihm anerkennend gesagt wird, er habe sich schnell und gut angepaßt; nach seiner Ansicht brauchte er sich überhaupt nicht zu verändern, um in Deutschland zurechtzukommen.

Bei einer repräsentativen Befragung nannten viele Jugendliche Schul- und Berufsziele, die zwar zu ihrer in der Heimat begonnenen Schullaufbahn paßten, die aber hier wegen der zunächst geringen Sprachkenntnisse und der besuchten Schulart kaum erreichbar sein würden. Wir interpretieren ihr Festhalten an den Zielen und ihre Anstrengungen, einen bestimmten Abschluß trotz aller Schwierigkeiten zu erreichen, als Wunsch, einem »Auftrag« der Eltern zu entsprechen. Ebenso kann die Suche nach Kontinuität im Lebenslauf eine Rolle spielen: Die Flucht und das Leben hier sollen nicht ohne Sinn bleiben. Wenn die Jugendlichen von Erzieherinnen und Erziehern zu realistischeren Zielen hingelenkt und beraten werden, sollte dieser Aspekt mitbedacht werden.

4. Ethnische Zugehörigkeit und individueller Lebenslauf

Wir haben vorausgesetzt, die Einflüsse der Sozialisation sowie die politischen und gesellschaftlichen Bedingungen in verschiedenen Herkunftsländern würden so stark voneinander abweichen, daß die Erfahrungen und Einstellungen von Jungen und Mädchen derselben Nationalität untereinander ähnlich, aber von denen der Jugendlichen einer anderen Nationalität deutlich verschieden sein würden. Diese Vermutung traf zum Teil zu; auffallender aber war die große Variationsbreite der Antworten auf viele Fragen auch bei Jungen und Mädchen aus demselben Land. Trotz der Ähnlichkeiten in der Herkunft haben die Jugendlichen sehr verschiedenartige Lebensläufe, die sie auch ihre Situation und ihre Zukunftsperspektiven verschieden einschätzen lassen: Jede Lebensgeschichte ist einmalig!

Diese Beobachtung bedeutet nicht, daß die ethnische Zugehörigkeit - verstanden als Gemeinsamkeit historischer Erfahrungen - unwichtig wird. Sie zeigt aber, daß jede Gruppe - handele es sich um unbegleitete minderjährige Flüchtlinge oder um Kinder von Migranten - auch bei gleicher ethnischer Zugehörigkeit inhomogen ist, ähnlich inhomogen wie die Herkunftskultur selbst. Ethnische Zugehörigkeit ist auf der einen Seite ein Merkmal, das von außen zugeschrieben wird; auf der anderen Seite entspricht dem Begriff das subjektive Bedürfnis jedes Menschen, einer Gruppe zuzugehören. Hiesige Vorstellungen davon, was Menschen in ihrer jeweiligen ethnischen Gruppe trennt oder verbindet, werden offenbar den eigenen Empfindungen der Jugendlichen häufig nicht gerecht. So ist für Deutsche schwer nachvollziehbar, warum z.b. Eritreer vor Ende des Bürgerkrieges ohne nennenswerte Konflikte in einer Gruppe gut mit Äthiopiern auskamen oder warum in einer Iranergruppe anscheinend unüberbrückbare Gegensätze unter den Jugendlichen das Zusammenleben erschwerten.

Wer monoethnische Heimgruppen propagiert, schätzt offensichtlich die Bedeutung der ethnischen Zugehörigkeit hoch ein. Die emotionale Geborgenheit in einer Gruppe gleicher kultureller Herkunft - so wird argumentiert - ermögliche es den Jugendlichen, von sicherem Boden aus in kleinen Schritten auf die fremde Kultur des Zufluchtslandes zuzugehen. Darüber hinaus soll die monoethnische Unterbringung die Option sichern helfen, jederzeit in das Heimatland zurückkehren zu können.

Die Ergebnisse unserer Untersuchung lassen uns das Leben in einer monoethnischen Gruppe zwiespältig beurteilen: Eine stark an der Herkunftskultur orientierte Wohngruppe sorgt für Wohlbefinden auf der einen und für starke Skepsis gegenüber dem Aufnahmeland auf der anderen Seite. Da die Rückkehr in das Herkunftsland für viele Flüchtlinge in absehbarer Zeit nicht möglich sein wird, ist es für die Jugendlichen notwendig, sich - auch emotional - soweit auf die hiesige Gesellschaft einzulassen, daß sie ihre Fähigkeiten in der Schule oder in einer beruflichen Ausbildung entwickeln können. Wenn monoethnische Gruppen gebildet werden, müssen die Jugendlichen - mehr noch als in multiethnischen Gruppen - unterstützt werden, damit sie nicht aus sozialen Beziehungen mit deutschen Jugendlichen und Erwachsenen ausgegrenzt werden oder sich selbst ausgrenzen.

5. Integration und kulturelle Herkunft

Nachdem die Flüchtlingsjugendlichen meist unfreiwillig und abrupt ihre Heimat verlassen haben, sind sie zunächst desorientiert und eventuell in der Erinnerung an traumatisierendes Geschehen befangen. Bald entwickeln sie dennoch das Bestreben, trotz ihrer unsicheren Lage die Gegenwart für ihr weiteres Leben zu nutzen. Das ist nur möglich, wenn sie auf das Aufnahmeland zugehen und gleichzeitig die Bindung an die kulturelle Herkunft aufrechterhalten können. Der Heimerziehung stellt sich insofern ein doppeltes, auf den ersten Blick widersprüchliches Ziel.

Betrachten wir als Indikatoren für Integration der Jugendlichen ihre Eingliederung in Schule oder Ausbildung sowie Freundschaften mit Jugendlichen, die nicht selbst als Flüchtlinge hier leben, so zeigt sich, daß in diesen Bereichen die Heime sich sehr bemühen, die Jugendlichen zu unterstützen. Weitere Hinweise auf ihre Bereitschaft und die Möglichkeit sich zu integrieren, geben die Aussagen der jungen Flüchtlinge zu ihrem Deutschlandbild und zum Thema Ausländerfeindlichkeit. Diese sind nicht einheitlich, aber - im Gegensatz zu der Erwartung, die Jugendlichen würden sich im Sinne sozialer Erwünschtheit äußern - sind ihre Antworten erstaunlich offen und nüchtern. Sie stimmen überwiegend dem Satz zu, es sei schwierig, als Ausländer oder Ausländerin in der Bundesrepublik zu leben, doch sind gleichzeitig die meisten von ihnen der Meinung, es sei nicht schwer, deutsche Freunde oder Freundinnen zu finden.

Inwieweit aber unterstützen die Heime die Bindungen der Jugendlichen an ihre Herkunftskultur? Erhalten sie die Möglichkeit, ihre eigene Sprache zu pflegen oder mit Menschen aus ihrem Land zusammenzutreffen? Nur für wenige der befragten Jugendlichen gibt es das Angebot muttersprachlichen Unterrichts, obwohl dessen Wichtigkeit unbestritten ist. Nicht nur die mündliche, sondern auch die schriftliche Kompetenz in der Muttersprache sollte erhalten bleiben. Das Angebot muttersprachlicher Förderung kann darüber hinaus den Jugendlichen signalisieren, daß ihre Kultur geschätzt wird. Kontakte zu Erwachsenen aus demselben Herkunftsland können die Funktion einer »Brücke« zwischen der Herkunftskultur und der hiesigen Kultur haben, zumal wenn diese als Erzieherinnen und Erzieher in der Jugendhilfeeinrichtung tätig sind. Die deutschen Kollegen zeigen unterschiedliche, sich nicht ausschließende Reaktionen. Zum einen fühlen sie sich abgeschnitten von den Inhalten wie von der Art der Kommunikation, wenn die Jugendlichen untereinander oder mit Erwachsenen in ihrer Muttersprache reden; sie betrachten diese Kontakte deshalb eher mit Skepsis. Zum anderen begleiten sie die Jugendlichen zu Festen oder Veranstaltungen der Landsleute und zeigen damit ihr Interesse an der Herkunftskultur, wodurch Kräfte zur Integration bei den Jugendlichen gestärkt werden können.

6. Rückkehrwunsch

Für fast alle jugendlichen Flüchtlinge kommt die Rückkehr - wenn überhaupt - erst in fernerer Zukunft in Frage; sie wissen, daß sie ihr Land gegenwärtig nicht besuchen können. Wenn sie den Wunsch äußern, später in das Herkunftsland zurückzukehren, kann daraus nicht ohne weiteres geschlossen werden, ihre Motivation, sich im Aufnahmeland zu integrieren, sei gering.

Besonders intensiv ist der Rückkehrwunsch häufig bei Jugendlichen, die keinerlei Kontakt zu ihren Eltern haben. Sie sind deswegen beunruhigt, sorgen sich um ihre Angehörigen und es fehlt ihnen die Sicherheit, ihr Aufenthalt in Deutschland stimme mit den elterlichen Wünschen überein. In Rechnung zu stellen ist, daß viele jugendliche Flüchtlinge im Sinne sozialer Erwünschtheit antworten, sie wollten auf jeden Fall zurück, sobald es möglich sei. Andere, wie z.B. die Iraner, machen dagegen nicht selten die Erfahrung, daß ihnen Verständnis begegnet, wenn sie unter den gegenwärtig in ihrem Land herrschenden politisch-gesellschaftlichen Bedingungen nicht zurück wollen; sie äußern unbefangen den Wunsch, auf längere Sicht in Deutschland zu bleiben oder in eines der klassischen Einwanderungsländer weiterzureisen.

Das Ergebnis, muslimische Mädchen wünschten häufiger als Jungen, in die Heimat zurückzukehren, sehen wir im Zusammenhang mit den gerade für Frauen gravierenden Unterschieden zwischen den dort erworbenen Normen und denen der hiesigen Gesellschaft. Wer sich zu stark an die Erwartungen hier assimiliert oder anpaßt, macht sich eine Rückkehr unmöglich; viele Aussagen der iranischen Mädchen sprechen dafür, sie wollten für den Fall der Rückkehr so bleiben, wie es ihrem kulturellen Hintergrund entspricht, und sich nicht zu stark verändern. Manche Mädchen lösen die dadurch entstehenden Konflikte, indem sie zwischen »Wesen« und »Verhalten« unterscheiden: sie möchten sich so bewahren, wie sie »wirklich« sind, glauben aber, sie müßten sich verstellen, wenn sie in Deutschland zurechtkommen wollen.

7. Erfahrungen und Einstellungsmuster der Heimerzieherinnen und -erzieher

Sehr viele Erzieherinnen und Erzieher sind im Laufe der letzten 10 bis 15 Jahre mit der zunehmenden Multikulturalität der Heimerziehung konfrontiert worden. In der Regel werden Jugendliche aus anderen Kulturen einzeln oder in kleiner Zahl in ein Heim aufgenommen, wenn dort Plätze frei sind. Die Mitarbeiterinnen und Mitarbeiter können sich weder auf die Veränderungen vorbereiten, noch werden sie dabei beraten und unterstützt herauszufinden, wie sie mit ausländischen Jugendlichen umgehen sollen und wie interkulturelle Heimerziehung praktiziert werden kann.

Im Rückblick auf das erste Zusammentreffen mit unbegleiteten minderjährigen Flüchtlingen erinnern sich die Erzieherinnen und Erzieher am häufigsten an Sprach- und Verständigungsschwierigkeiten. Weiter nennen sie Probleme, die auftreten, wenn kulturell verschieden geprägte Verhaltensweisen aufeinandertreffen: Schon Aspekte der Grundversorgung wie Essen, Schlafen und Sich-Kleiden erscheinen in ihren Formen auf einmal nicht mehr selbstverständlich; der Heimalltag wird durch die Ankunft ausländischer Jugendlicher mit ungewohnten Themen konfrontiert.

Die Anfangszeit war für manche reizvoll, aber für viele vor allem schwierig, auch wegen der hohen Ansprüche der Jugendlichen und wegen der psychisch belastenden Bilder von Krieg und Flucht, die sie mitbrachten. Aus ihrer Sicht sind die ausländischen Jugendlichen aufeinander bezogen und grenzen sich stark gegen andere ab. Es ist schwer, einen Zugang zu ihnen zu finden. Die Grundstimmung läßt sich mit einem Empfinden von Fremdheit beschreiben - zum einen ausgedrückt in Distanz, zum anderen in Begeisterung als Abgrenzung zum »Gewöhnlichen«.

Viele Erzieherinnen und Erzieher nehmen die ausländischen Jugendlichen als sehr selbständig bzw. als 'erwachsen' wahr. Dieses wird von einigen Befragten als Entlastung für den offensichtlich schwierigen Heimalltag bewertet. Gleichzeitig spricht aus dem Gesagten Hilflosigkeit, vielleicht Traurigkeit darüber, daß die Jugendlichen auch von sich aus nicht um Unterstützung bitten. Die Frage bleibt offen, ob die ausländischen Jugendlichen durch die Etikettierung 'selbständig' alleingelassen werden oder überfordert sind.

Eine in der »Ausländerpädagogik« nicht ungewöhnliche Perspektive nehmen diejenigen Befragten ein, die das Zusammentreffen deutscher und ausländischer Jugendlicher tendenziell als einseitigen Anpassungsprozeß beschreiben: Ausländische Jugendliche müssen sich eingliedern, »fügen sich dem gesellschaftlichen Rahmen«, »lernen Sprache und Art des Tagesablaufs«, ändern ihre »Eßgewohnheiten«, »von Anpassung bis Intoleranz ist alles vertreten«. Bei der Anpassung gibt es »Schwierigkeiten«, die sich ausdrücken in »Heimweh«, »Angst«, »Nervosität« oder »psychosomatischen Erkrankungen«. Ist der Prozeß geglückt, so liegen sie »in der Norm«.

Die Frage, ob sich das Verhalten der deutschen gegenüber den ausländischen Jugendlichen verändert habe, wird häufig verneint. Veränderungen beziehen sich höchstens auf den Themenkreis der Feindlichkeit oder der »Toleranz gegenüber Ausländern«. Zum einen werden deutsche Jugendliche durch das Zusammenleben mit ausländischen Jugendlichen »toleranter«, sie lernen dazu, »nehmen differenzierte Haltungen an«, »sind nicht mehr außenstehend, weil sie deren Schicksal täglich erleben«. Zum anderen berichten die Befragten aber auch von direkten, plump rassistischen Äußerungen der deutschen Jugendlichen, es wird - verbal oder körperlich - »verletzt«, es wird geschimpft, abgewertet, »'rausgedrängt«. In Kämpfen spielt die Hautfarbe eine wichtige Rolle; selten erfährt man, ob und wie die ausländischen Jugendlichen sich wehren.

Nur wenige Hinweise lassen sich finden, wie das eine oder andere Verhalten der Jugendlichen von den Erzieherinnen oder Erziehern beeinflußt wurde. Einige Befragte haben Gesprächsangebote über die verschiedenen Herkunftsländer gemacht, um zu sensibilisieren und sehen auch Erfolg. Von mehreren wird betont, daß ein Zusammenleben verschiedener Nationalitäten »positive Veränderungen« in Gang setzt: Über das Reden »entwickelte sich Verständnis füreinander«, »sie nehmen gegenseitig Rücksicht«.

Wenn von der Eingewöhnung jugendlicher Flüchtlinge in deutsche Heime gesprochen wird, scheint auch der Begriff »Schnelligkeit« von Bedeutung zu sein. Es wird besonders erwähnt, wenn die Jugendlichen etwas »schnell lernen«, bzw. daß die »Integration schneller läuft«, wenn schon andere Jugendliche gleicher Nationalität im Heim leben. Dieses können Hinweise darauf sein, daß der Aufenthalt der ausländischen Jugendlichen wenig abgesichert ist und unter besonderen Zwängen steht. »Schnell« muß vieles erreicht oder verändert werden - sei es aus verwaltungstechnischen oder heiminternen Gründen. Dieses kommt vielleicht dem Eindruck von unbegleiteten minderjährigen Flüchtlingen entgegen, es sei für sie lebenswichtig, schnell unauffällig zu werden, in gewissem Sinne wieder zu verschwinden. Doch stellt sich die Frage, welche Wirkung die rasche Veränderung auf die physischen, psychischen oder kulturellen Befindlichkeiten, Werte und Traditionen der Jugendlichen hat.

8. Wünsche und Erwartungen der Jugendlichen

Den Aussagen der Erzieher und Erzieherinnen soll nun gegenübergestellt werden, welche Wünsche und Anforderungen die Flüchtlinge an sie haben. Erzieherinnen und Erzieher sollen

- sympathisch,
- nett und freundlich,
- hilfsbereit,
- verständnisvoll sein,
- mich verstehen,
- sich um mich kümmern,
- sich Zeit für mich nehmen,
- meine Probleme verstehen,
- helfen, unterstützen,
- Angebote machen (nur die männlichen Erzieher).

An Erzieherinnen und Erziehern wird kritisiert, daß sie

- kontrollieren,
- einschränken,
- streng sind,
- Probleme nicht verstehen.

Beeindruckend ist zunächst die Intensität und Vielfältigkeit der Erwartungen, die die Flüchtlingsjugendlichen an die Erwachsenen im Heim richten; beeindruckend deshalb, weil häufig auf die Selbständigkeit der Jugendlichen, gelegentlich auch auf ihre abweisende Haltung, ihre Zurückgezogenheit auf sich selbst hingewiesen wird und auf die Fülle schwieriger und gefährlicher Situationen, die sie schon allein bewältigt haben, um zu erklären, warum sie kaum noch etwas von den Erziehern erwarten.

Die jugendlichen Flüchtlinge formulieren keine kindlichen Wünsche, sondern verdeutlichen eher, daß sie verständnisvolle Erwachsene brauchen, die ihnen in ihrer unsicheren Situation beistehen und die sie zugleich in ihrer bereits gewonnenen Selbständigkeit anerkennen und sie ernst nehmen. Wegen der vorherrschenden Gefühle von »Fremdheit« und »Distanz« scheint es für die meisten Erzieherinnen und Erzieher schwierig zu sein, diese Wünsche der Jugendlichen wahrzunehmen.

9. Jugendhilfe und interkulturelle Erziehung

Die Fachdiskussion ist gegenwärtig - besonders nach den Asylrechtsänderungen im Jahr 1993 - gekennzeichnet von dem Druck, eilig Maßnahmen zur Erstversorgung oder zur pädagogisch verantwortbaren Rückführung der Jugendlichen entwickeln zu müssen. Fragen, die länger dauernde Prozesse betreffen, treten demgegenüber in den Hintergrund ungeachtet der Tatsache, daß einige tausend unbegleitete minderjährige Flüchtlinge seit mehreren Jahren in Deutschland leben und auf absehbare Zeit nicht in das Herkunftsland zurückkehren können.

Gerade aus den Aussagen dieser Jugendlichen und aus der Migrationsforschung lassen sich für interkulturelle Heimerziehung Ergebnisse gewinnen, die einige Erzieherinnen und Erzieher aus ihrer Erfahrung bestätigen: Ausländische Jugendliche - sowohl unbegleitete minderjährige Flüchtlinge als auch Kinder aus Migrantenfamilien - suchen Unterstützung bei ihrem Bemühen, sich in das Aufnahmeland so zu integrieren, daß sie ihre Zeit hier für ihre Entwicklung nutzen können. Dazu ist die Bindung an die Herkunftskultur nicht hinderlich, sondern eine notwendige Voraussetzung. Sie wird gestärkt, wenn in der neuen Umgebung die Sprache und die Sitten des Heimatlandes anerkannt werden. Jugendliche brauchen darüber hinaus Verständnis ihrer Erzieher und Erzieherinnen dafür, daß Integration und Identitätsbildung langdauernde Prozesse sind, in denen Phasen der Annäherung an das Aufnahmeland mit Phasen der Distanzierung wechseln.

Ebenso wichtig ist die Aufmerksamkeit für emotionale Prozesse auf Seiten der Erzieherinnen und Erzieher, auf welche die moderne Lerntheorie hinweist: Eigene anfängliche Ängstlichkeit und Unsicherheit, von der viele von ihnen berichten, sind danach als verständliche und angemessene Reaktion auf die Begegnung mit dem Fremden zu werten. Sie sind Anzeichen dafür, daß das bisherige innere Orientierungsmuster gestört ist und sich neu organisieren muß, was mit emotionalen Erschütterungen einhergeht. Werden Angst und Unsicherheit von außen und im eigenen Erleben nicht negativ eingeordnet, so eröffnet sich die Chance für einen gegenseitigen Lernprozeß, in dessen Verlauf eigene Haltungen sich - ganz im Sinne interkultureller Erziehung - verändern und erweitern.

Anmerkungen:

[1] Die Ergebnisse des mehrperspektivisch angelegten Forschungsprojekts sind ausführlich in folgenden Buchveröffentlichungen dargestellt:
BEINZGER, D.; KALLERT, H.; KOLMER, C.: »Ich meine, man muß kämpfen können. Gerade als Ausländerin.« Ausländische Mädchen und junge Frauen in Heimen und Wohngruppen. Frankfurt/M., 1995.
HEUN, H.-D.; KALLERT, H.; BACHERL, C.: Jugendliche Flüchtlinge in Heimen der Jugendhilfe. Situation und Zukunftsperspektiven. Freiburg/Brsg., 1992.
HEUN, H.D.; WIESENFELDT-HEUN, D.: Unbegleitete minderjährige Flüchtlinge in Deutschland. Eine Dokumentation. Unter Mitarbeit von M. Bender. Limburg, 1993.
KALLERT, H.: Mädchen als Flüchtlinge im Heim. Situation und Erleben weiblicher unbegleiteter minderjähriger Flüchtlinge in Heimen und Wohngruppen. Frankfurt/M., 1993.
KALLERT, H.; AKPINAR-WEBER, S.: Ausländische Kinder und Jugendliche in der Heimerziehung. Eine Studie erstellt im Auftrag der Internationalen Gesellschaft für erzieherische Hilfen (IGfH). Frankfurt /M., 1993.

Literatur

ALIX, C.: Pakt mit der Fremdheit? (Interkulturelles Lernen als dialogisches Lernen). Frankfurt am Main, 1990.
APITZSCH, U.: Migration und Biographie (Zur Konstitution des Interkulturellen in den Bildungsgängen junger Erwachsener der zweiten Migrantengeneration). Opladen, 1992.
Arbeitsgemeinschaft für Jugendhilfe (Hrsg.): Nationalität - Identität - Multikultur. Bonn, 1992.
AUERNHEIMER, G.: Einführung in die interkulturelle Erziehung. Darmstadt, 1990.
Begegnung mit dem Fremden. (Dokumentation der Fachtagung in Bremen vom 29.10. bis 01.11.1992.) In: Informationsdienst zur Ausländerarbeit, 1992, S. 29-106.
BRÄHLER, R./DUDEK, P. (Hrsg.): Fremde - Heimat. (Neuer Nationalismus versus interkulturelles Lernen - Probleme politischer Bildungsarbeit.) Frankfurt am Main, 1992. (Jahrbuch für interkulturelles Lernen 1991.)
BUDDE, H./BATA, A.: Für interkulturelle Erziehung qualifizieren. (2 Bde.) Berlin, 1990. (Hrsg. von der Robert-Bosch-Stiftung.) [Bd 1: Handreichungen für die Ausbildung sozialpädagogischer Fachkräfte. Bd 2: Hintergrundinformationen und Medien.]
ESSER, H./FRIEDRICHS, J.: Generation und Identität. Opladen, 1990.
FURTNER-KALLMÜNZER, M.: Biographie und Identitätsprobleme der Zweiten Generation. In: Deutsches Jugendinstitut (Hrsg.): Beiträge zur Ausländerforschung - Wege der Integration. München, 1988, S. 85-128.
HAMBURGER, F.: Der Kulturkonflikt und seine pädagogische Kompensation (Schriftenreihe des Pädagogischen Instituts der Universität Mainz. 8). Mainz, 1988.
Hamburger Arbeitskreis Asyl (Hrsg.): »Da dreht sich dir der Kopf um...« (Situation minderjähriger Flüchtlinge in der BRD). Hamburg, 1990.
HUBER, B.: Kinderflüchtlinge - Flüchtlingskinder. (Ein Beitrag zur Rechtsstellung minderjähriger unbegleiteter Flüchtlinge nach den Vorschriften des neuen Ausländergesetzes, des neuen Kinder- und Jugendhilfegesetzes und der zur Ratifizierung anstehenden Kinder-Konvention der Vereinten Nationen). Osnabrück, 1991 (Hrsg. von »terre des hommes«, Hilfe für Kinder in Not, Ruppenkampstr. 14a, 4500 Osnabrück).

JOCKENHÖVEL-SCHIECKE, H.: Konzeption für eine betreute Jugendwohngemeinschaft oder Jugendwohngruppe für unbegleitete minderjährige Flüchtlinge. In: Nachrichtendienst für öffentliche und private Fürsorge, 1987, H. 9.

JOCKENHÖVEL-SCHIECKE, H. (Hrsg.): Unbegleitete Flüchtlingskinder in Großstädten der Bundesrepublik Deutschland. (Dokumentation einer Fachtagung des Arbeitskreises »Unbegleitete minderjährige Flüchtlinge« vom 5.-7. Mai 1992 in Berlin.) Frankfurt am Main, 1993 (Internationaler Sozialdienst, Deutscher Zweig e.V.).

KÜRSAT-AHLERS, E.: Zur Psychogenese der Migration. (Phasen und Probleme.) In: Informationsdienst zur Ausländerarbeit, 1992, S. 107-113.

Landschaftsverband Rheinland (Hrsg.): Junge Menschen auf der Flucht - Herausforderung für die Jugendhilfe (Dokumentation der Arbeitstagung für Fachkräfte der Jugendhilfe vom 09. bis 10.07.1992 in Bonn). Köln, 1992.

LANG, J.: Junge Ausländer - junge Menschen 2. Klasse? (Zur rechtlichen Situation ausländischer junger Menschen insbesondere in bezug auf das neue Ausländergesetz sowie das neue Kinder- und Jugendhilfegesetz.) In: Sozialpädagogik, 1991, S. 51-60.

Der PARITÄTISCHE WOHLFAHRTSVERBAND (Hrsg.): Zur Situation unbegleiteter Flüchtlingskinder. (Dokumentation einer Fachtagung.) Frankfurt am Main, 1994 (Schriften des Deutschen Paritätischen Wohlfahrtsverbandes. Nr. 46).

RADTKE, F. O.: Pädagogische Grenzüberschreitungen (Probleme interkultureller Erziehung). In: Ausländerkinder. (Forum für interkulturelles Lernen in Schule und Sozialpädagogik), 1987, S. 75-99.

SADRI, M. H.: Unbegleitete minderjährige Flüchtlinge. (Probleme und Möglichkeiten der Integration zwischen Rechtspolitik und Pädagogik.) München, 1992 (Dissertation).

SCHNABEL, R.: Jugendhilfe und junge Ausländer. In: Forum Jugendhilfe, 1991 (Bundesarbeitsgemeinschaft der Landesjugendämter).

UNHCR-CENTRE FOR DOCUMENTATION ON REFUGEES: A selected and annotated bibliography on refugee children. O.O., 1988.

ZDWF (Hrsg.): Flüchtlinge in der BRD (Festschrift zum 10- jährigen Bestehen der ZDWF.) Bonn, 1990. (ZDWF- Schriftenreihe, Bd. 40.).

Alenka Kobolt

Entwurzelte Kinder und Jugendliche in Slovenien

Programs for Migrants in Slovenia

The article describes the situation of the Bosnian refugees in Slovenia, different positions in which they live and the main problems they are faced with. It gives a short survey on the projects of psychosocial help for children and youths living in refugees centers or at homes of their relatives. Further the article gives some information about the programs of the nongovernmental initiatives.

Slowenien war unvorbereitet, als im Herbst 1991 und dann bis zum Frühling 1992 70.000 Flüchtlinge aus Bosnien, darunter 15.000 Schulkinder, kamen. Am Anfang war nur die materielle Hilfe gewährleistet. Bald war deutlich zu sehen, wie wichtig auch psychosoziale Hilfen für Kinder und Jugendliche sind. Der hier vorgelegte Beitrag versucht, ein Gesamtbild von der Situation der Flüchtlinge in Slowenien darzustellen, und dabei auch einige Projekte der psychosozialen Hilfe vorzustellen, um zugleich einen Einblick in die derzeitige Lage der verschiedenen Institutionen und Vereine der Jugendhilfe in Slowenien zu geben.

Um die Bedeutung einer Zahl von 70.000 Flüchtlingen zu verstehen, muß man sich zunächst vergegenwärtigen, daß Slowenien nur 2 Millionen Einwohner hat. Viele Flüchtlinge wurden in ehemaligen Kasernen untergebracht, weshalb nur ein Minimum an materiellen und räumlichen Bedürfnissen befriedigt werden konnte. An psychosoziale Hilfen wurde am Anfang weder gedacht noch wurden sie eingeleitet. Erste Projekte der psychosozialen Hilfe wurden dann von nichtstaatlichen Organisationen entwickelt, obwohl diese in Slowenien keine lange Tradition haben. Denn solche nichtstaatlichen Organisationen haben sich erst am Ende der 80er Jahre entwikkelt, darunter z.B. auch Selbsthilfegruppen und verschiedene Initiativen der freiwilligen Arbeit. Von einem richtigen Netz von Initiativen und Angeboten konnte aber noch nicht gesprochen werden.

Die Not der Kinder und Jugendlichen und vor allem ihrer Mütter und Großeltern aus Bosnien haben jedoch erst solche freiwilligen Gruppen erkannt; andere Institutionen haben sich vor allem um materielle Hilfe gekümmert. Erst die neu entstandenen freiwilligen und ehrenamtlichen Initiativen bemühten sich um Projekte der psychosozialen Hilfe.

In ersten Projekten war viel Kraft, Flexibilität und Einfallsreichtum gewährleistet. Diese Gruppen entwickelten ein Netz von Professionellen, Freiwilligen und Studenten der Sozialarbeit, Sozialpädagogik, Psychologie, Soziologie, das die ersten Projekte umsetzte.

Während rund 25.000 Menschen in Flüchtlingszentren lebten, die sich vor allem in ehemaligen Armee-Gebäuden befanden, fanden alle anderen bei Verwandten, Freunden und gastfreundlichen Familien Platz. Beide Unterbringungsformen erzeugten unterschiedliche Probleme. So scheint etwa auf den ersten Blick die Lage der

Flüchtlinge besser, die bei Familien untergebracht sind. Aber schon bei genauerem Hinsehen zeigt sich, daß das nicht immer stimmt. Bei der Unterbringung in Familien leben z.B. oft 10 und mehr Menschen in 1- oder 2-Zimmer-Wohnungen. Da es sich bei den Gastgebern zudem oft um sozial schwache Familien handelt, kommt zum Raummangel auch materielle Not. Erschwerend kommt hinzu, daß die verschiedenen »Gruppen« von Menschen, die aus Bosnien geflüchtet sind, verschiedene Bedürfnisse haben: Die intellektuelle Elite und gut Ausgebildeten werden anders aufgenommen und selbst anders aktiv als die größere Gruppe von denjenigen, die aus den ländlichen Gebieten stammen, vor allem Frauen mit Kindern. Für sie bedeutet der Wechsel in die städtische Umgebung und dabei noch in ungeeignete Verhältnisse eine völlige Entwurzelung, die schwerste psychische Probleme verursacht.

Ohne Erfahrungen waren auch die Professionellen, die solche Projekte initiiert oder supervidiert haben. Am Anfang waren es »Leute mit gutem Willen«, die erst langsam erste Erkenntnisse auf diesem vorher unbekannten Gebiet erworben haben; diese gingen auf eigene Erfahrungen und auf Fachberichte zurück, die vor allem aus hoch entwickelten Staaten stammen, die bereit waren, neue Heimat für Flüchtlinge zu sein - wie z.B. Deutschland, England, Israel usw. So berichteten z.B. HIEGEL (1991) und McCALLIN (1991) darüber, daß Flüchtlinge mehr psychosoziale Probleme zeigen wie die durchschnittliche Population. Diese Erkenntnisse waren uns am Anfang dieser Arbeit noch nicht bekannt.

Nach der ersten Phase, in der Freiwillige und Professionelle erste Erfahrungen sammelten, entstanden auch theoretische Grundlagen für die psychosoziale Hilfe, die als Basis für weitere Projekte dienten. Dabei stammen die theoretischen Prinzipien der Modelle psychosozialer Hilfe, die bei uns in die Praxis umgesetzt wurden, von LAZARUS und FOLKMAN (1984); traumatischen Streß interpretieren sie nach der Definition von WILSON (1990). Als Hauptprämissen berücksichtigt dieses Modell:

- die individuellen Erfahrungen, die in dieser schweren Lage gemacht wurden,
- soziale Bindungen, die in Notsituationen noch vorhanden sind, und
- den gesamten gesundheitlichen Status (sowohl körperlich als psychisch), wobei andere individuelle Einflüsse nicht vergessen werden dürfen. Dieses Modell diente als Ausgangspunkt für die Gestaltung verschiedener Formen von Hilfe für Flüchtlinge.

Allerdings waren die ersten Angebote, wie gesagt, vor allem »Angebote des guten Willens«. Dementsprechend richteten sich die Inhalte der Projekte vor allem an Gruppen von Kindern und Jugendlichen - wie z.B. Malen, Singen, Spielen, Sport, Besuche von verschiedenen Programmen (Kinos, Puppentheater), Ausflüge -, um das neue Land kennenzulernen. Sehr wichtig für die Atmosphäre waren Vorbereitungen und Durchführungen verschiedener Feste. Dies stieß anfangs auf Widerstand, denn die Trauer unter den Flüchtlingen war so groß, daß die Erwachsenen ihren Kindern nicht erlaubten, bei Festen mitzumachen. Dabei haben wir die Erfahrung gemacht, daß es nicht genügt, solche Feste nur für Flüchtlingskinder zu organisieren, vielmehr müssen diese mit anderen gleichaltrigen Kindern zusammengebracht werden. Als Beispiele für weitere Projekte lassen sich nennen:

- In vielen Orten mit Flüchtlingsfamilien initiierten wir Kindergruppen für Freizeitaktivitäten mit freiwilligen Helfern.

- In Sommerzeltlagern machten große Gruppen von Kindern und Jugendlichen Ferien, z.B. im traditionellen Pfadfinder-Gelände (auf dem die Kinder auch für ihre eigenen Gruppen Camps mit Hütten und Backofen aufbauen konnten).
- Für Lehrer und andere Mitarbeiter werden Gruppen und Seminare zum Erfahrungs- und Problemaustausch ganzjährig angeboten.
- Auch Kinderpsychiater und Psychologen besuchen die Camps und stehen für Gespräche zur Verfügung.
- Nach mehrwöchiger Vorbereitung wurden Kindergruppen verschiedener Herkunft (z.B. Flüchtlinge, Heimkinder, Zigeunerkinder) zu einem ersten gemeinsamen Fest »Baum des Lebens« zusammengebracht. Diese Arbeit wurde von Studenten der Sozialpädagogik zusammen mit einer Berliner Arbeitsgruppe entwickelt und wird auch weiter fortgeführt.

Nach einiger Zeit war klar, daß eine bedeutsame Hilfe für diese Kinder darin besteht, ein regelmäßiges Schul-Programm mit allen dazugehörenden Aktivitäten anzubieten. Mit Hilfe des Ministeriums für Bildung, UNHCR und anderen Organisationen aus dem Ausland wurde deshalb im Herbst 1992 die schulische Arbeit mit den Flüchtlingskindern begonnen. Es fiel zwar schwer, gelang jedoch Lehrer vorzubereiten, die selbst keine richtigen Lehrer sind, sondern auch selbst Flüchtlinge mit unterschiedlicher Ausbildung vorzubereiten. Nicht einfach war es auch, Unterrichtsmaterialien zu beschaffen, und die rechtlichen Fragen mit der bosnischen Regierung zu regeln, damit die Schule rechtlich anerkannt wurde. Dabei standen all diese Bemühungen unter der Hoffnung, daß der Bürgerkrieg vielleicht nur ein Jahr dauern wird. Dies war ein Irrtum, so daß das Schulprogramm gegenwärtig schon im vierten Jahr läuft.

Zusätzlich wurden die Lehrer in diesen Schulen, die oft eine Universitätsausbildung haben, z.B. als Ärzte oder Juristen, in den Vorbereitungskursen von Ehrenamtlichen und Fachkräften auch über die Erkennung von bedeutsamen Symptomen wie emotionalem Streß, Deprivations-Syndrom und Depressionen informiert. Als wichtiger Ausgangspunkt wurde auch die Einsicht von McCubbin aufgenommen, daß es sehr bedeutsam ist, die Familienbindungen zu stärken und die ganze vorhandene Familie zu unterstützen (MCCUBBIN mit Mitarbeitern, 1980): Mit der Strategie des »Coping mechanism« werden Individuum und Familie unterstützt und gestärkt. Dabei darf nicht der soziale Aspekt des Flüchtlingskinderlebens vergessen werden. Die beschriebene Strategie stellt in dieser besonderen Lage einer extrem unsicheren Lebenssituation mit unvorhersehbarer Zukunft die Grundlinie für die psychosoziale Arbeit dar.

Unsere Erfahrungen lassen sich in folgenden Leitprinzipien zusammenfassen:

- Es darf - erstens - keine Hilfe gegeben werden, die Kinder und Erwachsene von der »Hilfe« abhängig macht. Vielmehr müssen alle Wege genutzt werden, ihre innere Kraft zu stärken und die Potentiale der jeweiligen Gruppe (Familiengruppe, Kindergruppe, Jugendgruppe) zu nutzen.
- Aktivitäten dürfen - zweitens - den Gruppen nicht fertig präsentiert werden. Sie müssen gemeinsam mit Ihnen entwickelt und organisiert werden. Dabei wird grundsätzlich versucht, die Erwachsenen auch in die Arbeit der Hilfeprojekte mit einzubeziehen.

• Schließlich - drittens - verstehen wir diese Projekte als Anstoß und Ergänzung, ohne jedoch die rechtlichen und staatlichen Stellen aus ihrer Verantwortung zu entlassen.

Trotz aller dieser Aktivitäten, die mehr Dynamik in das Leben der Flüchtlingskinder und Erwachsenen gebracht haben, müssen wir leider die psychosozialen Phänomene bestätigen, die bei Flüchtlingen schon oft beschrieben wurden: Mit der Dauer der Exilzeit, mit den schlechten Nachrichten aus der Heimat, der Enttäuschung über eine sich verschlimmernde Situation, wachsen Depressionen und Passivität der Erwachsenen; zunehmend überträgt sich ihre Hoffnungslosigkeit auch auf die Kinder und Jugendlichen. Aus den Untersuchungen von Punamaeki und Suleiman (1990) über palästinensische Kinder und ihre »Coping Strategies« weiß man, daß die Befindlichkeit der Eltern für Flüchtlingskinder sehr bedeutsam ist, und daß sich die psychosoziale Lage der Erwachsenen in den Kindern widerspiegelt. Dabei darf nicht vergessen werden, daß die Flüchtlinge aus Bosnien geglaubt haben, ihre Flucht werde nur einige Wochen oder höchstens einige Monate dauern. Nun aber ist ihre Situation zunehmend aussichtslos geworden. Vor diesem dunklen Hintergrund können alle unsere hier skizzierten Bemühungen nur kleine Zeichen der Hoffnung sein.

In diesem Zusammenhang ist besonders die Gesellschaft für präventive Arbeit zu nennen, die schon vor dem Jahre 1990 erste Projekte der psychosozialen Hilfe für Kinder und Jugendliche in unseren Land geleistet hat. Zielgruppe dieser Arbeit waren vor allem Kinder, die in ihrer Entwicklung vernachlässigt und bedroht waren, besonders aus gesellschaftlichen Randgruppen.

Die psychosoziale Not der Flüchtlinge wurde von den beschriebenen Initiativen wahrgenommen und besonders von Studenten aus verschiedenen humanwissenschaftlichen Studienrichtungen (Sozialarbeit, Sozialpädagogik, Psychologie, Soziologie) in erste Projekte umgesetzt.

Literatur

Adjukovic, D.: Model pruzanja psiholoske pomoci prograniceima. In: Adjukovic, D. (Hrsg.): Psiholoske dimenzije progonstva. Zagreb, 1993

Hiegel, J-P.: Psychosocial and mental health needs of refugees - experience from SE Asia. Tropical Doctor, 1991, 21 (suppl 1), 63-66

McCallin, M.: Psychosocial needs of Mozambican refugees - a community - based approach. Tropical Doctor 1991, 21 (suppl 1), 67-69

McCubbin, H.J. und Mitarbeiter: Family Stress and Coping: A Decade Review, Journal of Marriage and the Family, 1980, Vol. 42. str. 855-871.XI.

Kos, A.: Die Rolle der Schule bei der Betreuung von Flüchtlingskindern, FICE Bulletin, No. 9, 1993

Kos, A.: Psihosocialne tezave beguncev in vloga svetovalnih sluzb. Monografie: Flüchtlinge in Slowenien, 1993

Vinko Skalar

Problems of Integration in Slovenia

Probleme der Integration in Slowenien

Die Idee einer Integration der entwicklungsbehinderten Personen gewinnt in der entwickelten Welt an Popularität, zugleich aber finden Integrationsbemühungen für Sozialemigranten, Einwanderer und Flüchtlinge in der Öffentlichkeit meistens keine Unterstützung. Einbezogen und integriert könnten sie aber in großem Maße selber fortkommen und würden so keine permanente Gefahr für eine sozialpathologische Überwucherung darstellen, sondern mit ihrer Verschiedenheit und Besonderheit Kultur und Raum bereichern.

In den letzten Jahren bot Slowenien mehr als 70.000 Flüchtlingen und Emigranten aus den ehemaligen jugoslawischen Republiken Asyl. Das Integrationsparadigma weist Slowenien, mit einer Bevölkerung von kaum zwei Millionen, einen Weg, langfristig eine große wirtschaftliche Last zu bewältigen; es stellt auch den Ausgangspunkt einer Gesellschaftsplanung, besonders auf dem Gebiet der Sozialpolitik und des Bildungswesens, dar.

In the developed part of the world the idea of mainstreaming is becoming more and more important in dealing with children and young people with special needs - this has been happening for about a decade now. We became aware of the fact, that the goals by which we justify putting children and young people into specialized schools and institutions, cannot be fulfilled in segregated conditions. In these institutions, children and young people are trained to be able to live in the social community as independent individuals. It is true that within these institutions we enable them to finish their schooling, we train them to be able to do certain jobs, yet, at the some time, they are gradually becoming social invalids. We found out that segregation during the period of schooling and training means a life time segregation; this process of segregation goes on, regardless of the fact that these people live in a normal social environment. Within segregated conditions, in special schools, handicapped children cannot enjoy their human rights, which have been determined by the constitution and other laws. The latest findings of psychologists showed the inadequacy of dualistic school system - that actually means that there exist two separate systems: one for normally developed children and another for children with developmental disorders. The findings proved that the interindividual differences within the normal population are bigger than the differences between the normally developed population and the population of handicapped children. There is no reason to treat a handicapped individual as if he were totally different from other children; there is no reason to put him into a different school system which is the system of limited possibilities, where a child will not be able to develop all his potentials fully; if we do that, such a child will be stigmatized for the rest of his life and he will be treated by society as a second rate citizen.

The technology of rehabilitation appliances has taken large steps ahead in the last few years; so the institution is not the only place where disabled people can have normal hygiene, can get medical help, mobility, etc. Disabled people are taking the initiative more and more; the only exception are mentally retarded people. Disabled people refuse patronship and tutorship, they are not willing to follow the authorities; they do not want to depend on charity and generosity of non-disabled for which they are expected to be grateful, although they do not get everything they need. They are aware of the fact they can nowadays be useful members of society, since there exist highly specialized jobs suitable for them. They advocate mainstreaming in the educational process, in the process of professional training and in everyday social life. Needless to say, mainstreaming means incorporation of all individual parts into one whole in such a way that all constituent parts retain their specific traits and therefore their identity.

The idea of integration is becoming more and more popular in the developed part of the world. Prejudices against the disabled people have diminished. But problems occur when we advocate mainstreaming of the national minorities, immigrants, refugees, foreigners, people of other races, nationalities, religions and cultural backgrounds, although the idea of integration was first put forward in connection with the social groups just mentioned. It is hard to convince people that these groups are an inevitable part of our everyday life and they have to be taken care of. The people who are especially hard to convince about something like that, are the people who can hardly make ends meet, as their standard of living is sometimes even lower than that of the marginal groups since the latter receive financial support from the state. The low standard of living often causes the development of sociocentrism and ethnocentrism; due to such a standard, social, cultural, ethnic, religious, sexual and other prejudices develop; in such cases, irrational behaviour becomes predominant.

Nevertheless, multiculturalism proved to be the right formula which helps people to survive in modern society. This is because the developed part of the world is a heterogeneous unit - culturally, ethnically and racially. The idea of ethnic purity is harmful to the demographic base and it if is carried into effect it causes the disintegration of the whole system; this is exactly what has recently happened in Yugoslavia already. Needless to say, this idea also causes economic and cultural stagnation.

The republic of Slovenia has about 2 million inhabitants; about 10% of its population consists of national minorities and immigrants. There are about 3% Croats, a little less than 3% Serbs, but of the other national groups each constitutes less than 1% of the whole population. The immigrants mainly live in mixed marriages; their children speak Slovene and they go to Slovene schools. In the last 2 years, more than 70.000 refugees from Bosnia and Croatia emigrated to Slovenia. 5,129 refugees live in assembly centres, other refugees reside with their relatives, acquaintances and with the families of the immigrants. 33,000 refugees, that is 47%, are under sixteen years old. 12,000 refugees either attend primary schools or classes at the refugee centres. There are about 4,000 secondary school pupils among the refugees, who are not in a position to attend secondary schools in Slovenia; only 130 refugees expressed the wish to attend classes as occasional students at various secondary schools in Slovenia. The war on the Balkan peninsula is not abating; even when peace does come, most refugees will not be able to go back to their homes, since they have been destroyed or they will have been occupied by Serbian immigrants who want to make their dream of greater Serbia a reality. So, in the next few years the number of refugees is not expected to diminish considerably. We will, therefore have to accept the fact that they will be living with us for the next few years. Gradually, they will have to integrate into a new social environment. Yet the problem of schooling and training is only one of the problems which the young refugees will have to face. It is possible that they will begin to suffer from various emotional, behavioural and personality disorders. These disorders are the normal consequences of war, to which they were exposed, and the humiliations they have been through; they occurred because their lives were endangered, some of them lost their closest relatives and now they have to adapt to a new environment which is very different from the one in which they spent their childhood. These people are the uprooted, since their need for security is not satisfied and their future is still very uncertain.

Integration of the refugees and immigrants presents the most human, economical and socially sensible option. Stigmatization and pushing these people to the margin of society, assaults on them and threats to them will only cause new crises and if we later want to repatriate them it will cost us a lot of money and we will have to make very great efforts. If the process of stigmatization goes on, it will demobilize the potentials of these people and as a consequence, they will depend financially on other members of society. So they will have neither opportunities nor enough will power to provide partly for their own living. Segregation, assimilation and pushing the marginal groups out of the social environment would turn the members of these groups into real social parasites; on the other hand, through the process of integration, these people can be helped to play an active role in the society in which they live, they are capable of self - regulation and gradually they can achieve their complete economic independence.

The rich variety of cultural peculiarities also enables a certain social or ethnic group to become an equal part of the majority nation. The peculiarities enrich the new culture, they help people widen their horizons, they diminish the feeling of self - sufficiency; in this way, people learn how to cooperate and how to live in peaceful cohabitation; on the other hand, looking down on the refugees, ethnic minorities and other marginal groups creates conflicts, social unrest and dissatisfaction for all the inhabitants.

Democratic ideas must not be only partially realized. They must hold for the whole community. All people must enjoy basic human rights. The marginal groups and handicapped people have to be dealt with in the same way as other people. We know very well that the attitude of society towards handicapped people, towards the disabled, old people, prisoners, national minorities and refugees, reflects its attitude towards proclaimed values.

P.S.: For the last two years, the political authorities of Slovenia have been showing great interest in the mainstreaming of people with developmental disorders. The Ministry of School Affairs and Sports is preparing scientific suggestions for the introduction of legislation that would enable disabled people to attend normal primary school. In dealing with immigrants and refugees, our country tries to follow the example of developed European countries; primarily we consider the idea of multiculturalism. The problems of national minorities in Slovenia are being solved in the same way as in developed European countries.

Darja Zorc

Volunteer Help to Refugees in Slovenia

Ehrenamtliche Arbeit mit minderjährigen Flüchtlingen aus Kroatien

Der Beitrag beschreibt verschiedene Formen psycho-sozialer Hilfen für minderjäh-rige Kriegsflüchtlinge aus Kroatien.
Erfahrungen in Slowenien belegen, daß ehrenamtliche Arbeit eine wichtige Ergän-zung zu staatlichen Maßnahmen darstellt und maßgeblich dazu beiträgt, traumati-sche Kriegserfahrungen zu verarbeiten und das persönliche Gleichgewicht wieder-herzustellen.

The theory and practice of social pedagogy is based on the help to individuals and various groups. The emancipatory social pedagogy is, however, developing from a more discipline of help into an independent scientific discipline, which provides help to individuals of diverse age and to various groups to overcome different life prob-lems and to integrate into society.

What distinguishes social pedagogy from the other related disciplines, with which it is connected, is the philosophy of the study of social pedagogy, which ena-bles the students to enter in an offensive way the sociocultural environment in terms of various innovative alternative projects. In this paper I shall describe a study project of this kind, i.e. the project of voluntary help to refugees that was carried out by the second-year students of the Department of Social Pedagogy at the Faculty of Educa-tion in Ljubljana. The project was carried out at the very beginning of the war on the territory of the former Yugoslavia, when a large number of Croatian refugees, mostly women and children, took refuge into Slovenia. Slovenia very quickly and in a flex-ible manner responded to the great influx of refugees and prepared refugee centres all over the country. However, it in this initial phase paid attention primarily to the organizational and financial aspects, while the psycho-social help to women, chil-dren and adolescents remained neglected. It was then that volunteers and volunteer organizations intervened by providing various forms of psycho-social help to the refugees.

In the Department of Social Pedagogy a group of students was formed, who started to administer help in a refugee centre in Ljubljana and thus tried to help the people in need. The purpose of the project was to alleviate the postwar syndrome and to try to reduce the ghettoization of the refugees. A forced departure from home, life in the former military barracks and especially life in insecurity represents an ex-tremely oppressive and stress situation for adults and children alike. The thin margin between life and death only intensifies this depressing state, the feeling of helpless-ness in terms of the impossibility to have any influence on the situation whatsoever. It is known from the stress theory that an individual in a stress situation, on which he has influence, helps himself only with great difficulty. Collective actions are thus needed that can alleviate the situation and strengthen one's competence to overcome stress. We conceived our project on the thesis that pleasant experiences, positive self-assertions, exits from the refugee centre help to master the stress situation. The students came to the refugee centre with an vast offer of activities which were carried out with the refugees. The project required a great deal of organizational abilities from the students, a quick adaptation to the situation, marketing abilities, situation estimation, self-reflection and also a powerful emotional involvement. The students were in this relationship again and again forced to (re-)establish the balance between the emotional involvement at the anguishes of the refugees and the professional distance versus these problems.

The students attended the centre every day and in or outside the centre organized various activities: drawing with the children, dancing hours, musical activities, group visits to the cinema, full-day trips into the countryside, showing the beautiful sights of Slovenia to the refugees, the organization of Santa Claus visit to the centre, etc. Every week there was also an evaluation of the work and the plan for the coming week was prepared. Another similar project was carried out in the central state penitentiary in Slovenia at Dob, where the students with a vast offer of various creative activities together with the prisoners organized different creative workshops.

At the time of tectonic changes especially in the post-socialist countries the analyses in Slovenia and abroad show an increasingly aggressive attitude towards foreigners and various immigrant groups. Social pedagogy can and should with an offensively active policy and involvement create a more tolerant attitude towards the weak, the marginal groups, to reduce the fear of foreigners and thus to help to establish a more humane society.

IX.

Indikation und Plazierung

Accessment

Erik J. Knorth/Janine W.E. Dubbeldam

In Search of a Place in Residential Care

Plazierungsprobleme in der Heimerziehung

In den letzten Jahren werden in der Fachliteratur immer häufiger Probleme beschrieben, mit denen die Einweisungsstellen bei der Aufnahme von Jugendlichen in Einrichtungen der Erziehungshilfe zu kämpfen haben. In diesem Beitrag beschreiben wir die Resultate einer Untersuchung in den Niederlanden über den Einweisungsprozeß einer Gruppe Jugendlicher mit ernsthaften psychosozialen Problemen. Aus der Untersuchung geht hervor, daß es häufig kompliziert ist, einen geeigneten Platz zu finden, und daß die einweisende Instanz mehrere, sogar viele Plazierungsversuche machen muß. Einer der Gründe ist der Platzmangel. Daneben stellt sich heraus, daß oft eine Diskrepanz besteht zwischen den Problemen und den Möglichkeiten, Hilfe zu bieten im nahegelegenen Heim. Für einen von sechs Jugendlichen ist selbst nach einer Suchperiode von einem halben Jahr noch immer kein geeigneter Platz gefunden worden. Die Resultate veranlassen zu der Frage, ob und wieweit ein mühsam verlaufendes Plazierungsverfahren die Chance auf eine erfolgreiche Behandlung nachteilig beeinflußt.

1. Introduction

In literature it is said that, if a child is to benefit from a residential treatment program, it is essential to chose that setting that offers the very best »fit« between care-supply and care-demand (WATERHOUSE, 1989; KNORTH, 1991). In reality, however, children do not always get placed in the desired setting. Wells (1991) writes, concerning the situation in the USA, for example that »...because the decision to place a child is so often based on crisis, the choice of a residential treatment center is too often based on the speed with which it can deliver the decision to accept a child, rather than on the appropriateness of its program« (p. 345). THOBURN (1988; 14) describes the same issue in England.

Over the last couple of years, care workers and researchers in the Netherlands as well have been giving more attention to the placement process and the problems that arise in that process. One of the more striking facts that are brought to light in this respect is the large number of boys and girls for whom finding a residential place is not always easy; at times one can even speak of a wearisome search. A national research by VAN DER LAAN (1992) into juveniles (ages 12 to 17) placed in care, all child protection cases, shows that efforts to have them placed in that residential setting which the placement agency considers best suited, fail in 20% of the cases. VAN BUUREN ET AL. (1991) concluded from research in a part of the Netherlands that the number of unsuccessful placement efforts for minors with socio-emotional problems, starting from the first effort, varied between 40% and 45%.

Furthermore we know that there is a subgroup of youngsters that is considered »difficult to place«. Characteristic for these young people is that many residential facilities have to be approached before a placement is successful. Van der Laan (1992) registered in the population of young people under a supervision order and placed in care a percentage of 24% who were difficult to place. On the average the placement officers had made five recent but not successful attempts for placement in other settings, before the final admission. This all means that the chance that a young-ster will be placed in the residential home or institution that offers him or her, ac-cording to the care-givers, the best prospects for treatment and care, is rather slim.

Against this background the question arose in two Dutch residential treatment centres for children and adolescents with psychosocial problems about »how seri-ous« it really is that, of the large number of applications each year, only one third were put into practice within one of the two centres. The question came up where the young clients end up, and - more in general - how the placement agency sets about in looking for an (alternative) setting. And also, whether all youths really end up in a »right« place. These questions gave cause for the empirical research of which we will present some results (see also Knorth & Dubbeldam, 1994).

2. Method

In order to answer the questions a number of data were collected concerning all juveniles who, in the period from November 1990 to March 1991 (four months), were submitted for residential care and who were discussed in the admissions-teams of the two institutions; they totalled 126.

Characteristics and background information of the 126 youths have been re-corded based on systematic file research (Brooks, 1969). We developed a question-naire which originated mainly from Scholte's socio-ecological model for the analy-ses of psycho-social problems (Scholte 1991). Besides the study of application files free observation and recording of the admission discussions took place. Furthermore a structured interview by telephone (Groves & Kahn, 1979) was held with the place-ment officer of each youth three months after the application. For 119 youngsters it was possible to arrange an interview (response rate 94%). One of the items con-cerned the respondent's judgement on the youth's residence of present interest: did the placement officer consider the boy or girl to be in the right place at the moment, or not (yet)? If the second option was chosen (n=66) the placement officer was ap-proached again two months later with a couple of questions (response rate 94%).

3. Results

3.1 Applied youths

When we view some actual characteristics of the group of applicants we see that the majority consists of boys (64%). The average age is 15.1 years. Almost a quarter of the youngsters (24%) belongs to an ethnic-cultural minority. Almost half of the youths (45%) are under a court order from the juvenile judge, usually a supervision order. At the time of the application a minority of the boys and girls (28%) are living with (one of) the parents, half of them (51%) are living in a residential setting and one in six youths (17%) are staying in a foster home or with relatives. In the three months prior to the request 40% have at least twice changed his or her residence.

All youths still are or have been cared for by community based services, almost three quarters have been in touch with residential care and over one third of the youths have been in family foster care. Visiting day care groups turns up least often. The youths have, on the average, been in touch with almost three community based services. When they have been in residential care before two to three previous placements were involved. For all youths one can speak of a, sometimes very long, history of care.

Viewing the problems that are marked down in the application reports we see with nine out of ten youths that there are various family problems. These contain, among other things, relational problems and conflicts, problems because of lack of sufficient parental care, psychiatric problems of the parents themselves and material problems. Most of the youths show behavioural problems (80%). Many also have school/learning problems (61%), emotional problems (60%) and problems with organizing their leisure time and associating with friends and acquaintances (52%).

3.2 In search of a place

How is this group met »at the front door« of the two treatment centres? Not in all cases it appears possible to immediately advance to decision-making. The main reason is that too much information about the youth is missing - especially information about how the youth functioned in previous residential homes and institutions. In one of six youths (17%) it therefore takes at least five weeks before the placement officer and the youngster hear whether the admission request is granted, or not.

In precisely half of the cases (50%) the placement request is answered with »yes«. This means that the youngster is put on a waiting list. In 29% of the cases the two centres reject the admission request and in 9% of the cases more members of staff are brought into the discussion so that it may take very long before a final decision can be taken. During the procedure, the placement officer withdraws the admission request in 13% of the cases. Of the youths who end up on the waiting list 41 are admitted in the end; this effects to about one third of all applicants.

In the three-months interview as well as in the five-months interview we have asked the placement officers whether they have made attempts to get the boys and girls admitted elsewhere, in a different residential setting than the two treatment centres of our research, and we also inquired about the results of those attempts. Considering the entire sample we find that in the first three months after application for three quarters of the youths (76%) other residential facilities are approached with a placement request. Placement officers who »shop around« approach on the average four alternative residential settings. Table 1 shows the results of the efforts undertaken in this period of time.

Table 1:   Placement attempts in the period up until three months
            after application (n = 119)

Placement attempts	Youths admitted in the two centres		Youths not admitted in the two centres		Total of youths	
	n	%	n	%	n	%
No attempt	12	15,00%	17	42,00%	19	24,00%
Successful attempt	4	5,00%	2	5,00%	6	5,00%
Unsuccessful attempts:						
1 attempt	19	24,00%	6	15,00%	25	21,00%
2 - 3 attempts	19	24,00%	11	27,00%	30	25,00%
4 - 6 attempts	15	19,00%	4	10,00%	19	16,00%
≥ 7 attempts	9	12,00%	1	2,00%	10	8,00%
Total	78	101,00%	41	101,00%	119	99,00%

When we focus on the left hand column (this concerns the youths not admitted to the centres), we see that in four cases the placement officer succeeds in realizing an admission for a youth within three months. More often, however, placement agencies are confronted with unsuccessful placement efforts: in one quarter of the cases (24%) two to three failed attempts are made; in 31% of the cases the placement officer sees four or more attempts going up in smoke. Data about youths who did get admitted into one of the two centres in the end are added as well. We can see that there are relatively more youths for whom no alternative institution is approached any more, but even then, also for this group the number of cases in which the placement officer had to do with one, two or three unsuccessful placement attempts is not inconsiderable (42%).

3.3 Reasons for unsuccessful placement attempts

Why now does it (so often) go wrong? The reasons why placement attempts fail are depicted in table 2. The data concern 269 unsuccessful placement attempts in the period up until three months after the application. At the most two motives can be given by the interviewees, but this does not appear often (as shown in the percentage »total«).

Table 2:   Reasons for placement attempts being unsuccessful *

Reason	n	%
Reason concerning person of the youth	75	28,00%
No room available	71	26,00%
Reason from the placement officer's side	43	16,00%
Formal reason	42	16,00%
Reason concerning institution (in general)	36	13,00%
Other facility needed	16	6,00%
Parents/home environment contraindication	15	6,00%
Reason concerning specific unit of institution	11	4,00%
Other reason	16	6,00%
Total	325	121,00%

*   The data refer to 269 unsuccessful placement attempts (= 100%). An attempt can be
     unsuccessful for more than one reason. Therefore, percentages add up to over 100%.

The most often mentioned reason for not effecting a placement is attributed to the person of the youth (28%): his or her problems are »too difficult« or »too severe«, the youth is not suited for a »relational approach« or the youth is not motivated enough. Besides that an often heard reason is that there is »no room available« (26%). Other motives are »reasons from the placement officer's side« (especially: the application is withdrawn because somewhere else a place is found), »formal reasons« (e.g. not the suitable age, too low intelligence), and »reasons concerning the institution« (this means: the youth »does not fit« in the institution, the treatment methods are not suitable). In all, in an estimated 35% to 40% of the cases, there is an inappropriate match between the needs of the young client and the methods and care to be offered by the approached setting.

3.4 Judgement about the residence

What do the interviewees say about the situation where the youth ends up, what is their judgement? Placement officers establish that, although most of them (92%) had a definite preference for a specific institution, no more than one third of their clients ends up in these preferential facilities. This, however, does not necessarily mean that the non-preferential residences are judged unfavourable. Three months after the application it is said that two thirds (66%) of the youths live in a tolerable or a favourable place. However, for a number of these youths (22%) there are also doubts; these amount to the possibility that the circumstances may easily and quickly change (e.g. the residence is not stable, the advantages are »but just« more in weight than the disadvantages). Over a quarter (27%) lives in a place which the respondents consider (very) unfavourable.

If we look at the situation two to three months later two thirds of the juveniles appear to have been admitted to a residential facility. In addition to this we find 19 youths (17%) who are, according to the interviewees, definitely not at the right place. Our research shows that these youths live to a large extent at home with (one of) the parents.

3.5 A favourable placement process, for whom?

When we consider for whom the process of finding a place leads comparatively »rapid« to results that are considered favourable and for whom this is not the case, we find the following. The youths (44%) whom the respondents at the time of the three-months interview consider to be at a favourable place (average appraisal 7.7 in a scale from 1 [maximal unfavourable] to 10 [maximal favourable]), distinguish themselves from the other youths in the following aspects ($p \leq .05$). Less often there will have been a court order from the juvenile judge; the youths belong proportionally less often to an ethnic-cultural minority group; and as far as problems go they score less high on the factor antisocial behaviour. On top of that they more often live in a residential setting at the time of the three-months interview and they end up more often in the institution of the first choice as well.

The youths (17%) whom the respondents at the time of the five-months interview consider to be at an unfavourable place (average appreciation 3.4), distinguish themselves from the other youths in the following aspects. They have been admitted to residential homes less often in the past. Considerable more youths in this subgroup live at home with (one of) the parents three months as well as five months after the application. None of the youths ends up in the institution of the first choice.

4. Conclusions

WELLS' remark that the speed of the »yes« to a placement request is more determining for the question where a youth will end up than whether the care-program is suitable, seems in part to be confirmed by our research. In over three quarters of the cases the placement officer truly does not only approach one of the two treatment centres in our research, but also (on an average) four more, different residential homes with an intake request. So one can speak of an active »shopping-behaviour«. Because we have also been able to establish that placement officers almost always have an institution of their first choice in their minds as the place where the youth can be helped best in their opinion, this means that for many juveniles places are applied for in institutions that, according to the placement officer, are not the most favourable ones. As was expected our research shows that one of the most mentioned motives for unsuccessful placement attempts is that there is (at short notice) no room available in the approached setting. Against this background and for other reasons it is not very surprising that two in three youths do not end up in the preferential institution.

All of this means that a crucial factor in the process of placement will be the practical question which institution has vacant places, even if the facility concerned is one which, as far as treatment possibilities go, will be the placement officer's second choice, third choice, fourth choice, etcetera. Whether this practical question will also more determine, in many cases, the course of the care-career of the youths, as Wells states, we have not been able to prove. It seems the most sound that both factors, practical and with respect to content, have a role in effecting a residential placement.

The finding that the group for whom it takes longer before a suitable place is found, scores higher in antisocial behaviour and holds comparatively more youths from ethnic-cultural minorities, corresponds with earlier results in this field by Van der Laan (1992): two features are at stake which were also found in his research in being characteristic for juveniles difficult to place. A third factor that we found, being under a court order, cannot be compared because VAN DER LAAN'S research only contained youths under protective care. In other studies this factor does emerge (KNORTH, 1988).

The fact that in one of six youths in our research child care workers do not succeed, within five to six months, in effecting a (residential) residence that is found to be at least acceptable, and that in the majority of these cases it concerns juveniles who are at home with their parents, gives cause for thought. As far as problems go at the time of the application these youths do not differ from the others. From the fact that this group has had less contacts with residential care in the past one can possibly conclude that the problems at hand have a less lengthy history and/or that there is more resistance in the youths or the parents against a residential intervention. However, we do not know this for a fact. It does not alter the fact that the placement officer considers the residence to be highly unfavourable and risky and that he obviously has insufficient means to suitably care for the boy or girl in the family environment. We cannot exclude that for a number of these youngsters effecting a place takes (a lot) more time than the five to six months that we have been able to follow them. When, however, finding a place takes this long, the question arises whether valuable time has not passed, casu quo whether the things mentioned will not be disadvantageous to the chances of successful interventions later on. This question, incidentally, not only applies to the 17% not suitably placed juveniles but it holds equally good with regard to all the other youths for whom it takes considerable time before an admission can be effected.

References

Brooks, Ph.: Research in archives. Chicago, 1969

Groves, R.M. & Kahn, R.L.: Survey by telephone. New York/London, 1979

Knorth, E.J.: Moeilijke plaatsbaarheid of plaatsingsmoeilijkheid? Jeugdbescherming en Onderzoek, 1988, 20, 9-25.

Knorth, E.J.: Vigilant decision-making in connection with residential admission of juveniles. In: W. Hellinckx, et al. (eds.): Innovations in residential care (pp. 195-210). Leuven, 1991

Knorth, E.J., & Dubbeldam, J.W.E.: Wie zoekt zal vinden...? Een onderzoek naar plaatsing van jongeren in de jeugdhulpverlening. Utrecht, 1994

Scholte, E.M.: The socio-ecological approach to problem behaviour: a perspective on integrated treatment. In: W. Hellinckx, et al. (eds.): Innovations in residential care (pp. 143-156). Leuven, 1991

Thoburn, J.: Child placement: principles and practice. Aldershot, 1988

Van Buuren, E.T., Scholte, E.M., Poot, W.I., & Mesman Schultz, K.: Doeltreffend plaatsen. Leiden, 1991

Van der Laan, P.H.: Juveniles difficult to place. In: J.D. Van der Ploeg, et al. (eds.): Vulnerable Youth in Residential Care - Part II: Clients, Staff and the System (pp. 29-43). Leuven, 1992

Waterhouse, L.: Residential child care: matching services with needs. In: S. Morgan & P. Righton [eds.], Child Care: Concerns and Conflicts (pp. 168-182). London, 1989

Wells, K.: Placement of emotionally disturbed children in residential treatment: a review of placement criteria. American Journal of Orthopsychiatry, 1991, 61, 339-347.

Spencer Millham/Roger Bullock/Kenneth Hosie/Martin Haak

Access Disputes in British Child Care

Aufnahmeverfahren in der Kritik

Der Streit um die Aufnahmeverfahren in der Kinderfürsorge repräsentiert die zweite von drei zusammenhängenden Studien, die die individuellen Fürsorgekarrieren ungeschützter Kinder betrachten. Die ersten Studien beschäftigten sich mit Trennung, die 3., Heimkehren, betrachtete die Rückkehr. Im Verlauf unserer Forschung fanden wir heraus, daß fast 90 % der Kinder, die durch soziale Dienste betreut wurden, schließlich heimkehren. Ein Ergebnis, welches die Notwendigkeit des Kontakterhalts abwesender Kinder mit ihren Eltern oder anderen Verwandten bestärkt.

»Don´t panic - the chances are that social services will make a mess of it«

1. Introduction

At the time of research for Lost In Care, the predicament of children in care looked after by the State was the subject of criticism by parents' rights organizations, directives from the European Court and of much parliamentary discussions.

Particularly distressing among the issues highlighted was the deep isolation of many children who had stayed long in local authority care. There was a demonstrable need to redress the balance between the power of social workers and the rights of parents, and, more generally, to change the climate of social service work to one in which parental and family participation in child-care was encouraged.

The Government Department of Health did two things: it changed the law and it also issued a Code of Practice to social workers concerning parental participation in the care process and the improvement of contact between parents and absent children.

The Health and Social Service and Social Security Adjudication Act (HASSASSA) which came into force in January 1984 obliged social workers to notify parents should they wish to erminate parents' access to their children in care. This notification became known as the 12B letter after the section of the Act which stipulated is use. The legislation also obliged social services departments to inform parents that they could seek an access order from the courts if they disagreed with their exclusion from a child. The juvenile courts would decide the rights and wrongs of the case and define what access, if any, was appropriate. The changes in the law also gave parents or social services the right of appeal to the High Court if they disagreed with the lower court's decision.

It was an important advance. For the first time parents had the right to challenge the decision of social workers once the child had been taken into care. Simultaneously, recognizing the need to change the predisposition of many social services departments, the Department of Health issued a Code of Practice emphasizing the need for participation and for sharing the care task with parents.

Since both measures owed much to our Lost In Care study findings, we were asked to monitor the operation of the new legislation. The resulting study, Access Disputes In Child Care, represents a rare overview of the legal process.

We found that on average one thousand terminations of access notices a year were sent to parents by local authority social services departments. This figure was well below the number of children deprived of contact with parents and family. Moreover, we found that termination notices were sent to parents whose children were by no means typical of those in care. They were a small minority. They entered care at a young age. They had experienced neglect and probably abuse and were long away from home. They came from very dislocated families: for example a third had been in care before, and in half the cases the termination of access notice also involved a sibling.

2. Legislation fails to meet its objective

This was the group whose parents received 12B termination notices, but most of the isolated children in care were of a different category altogether. They were eight to 11 years old, or else drifting adolescents. More worrying still, whereas only a small minority of children in care were affected by termination notices, we knew that a majority of children were experiencing access deprivation of some sort, much of it severe. And because their parents had not been sent any 12B letter there was no possibility of redress. Thus, the new legislation was not having the intended effect: for many children in care access arrangements were escaping scrutiny.

Just as surprising was the discovery that contact between parents and children before the serving of a termination notice varied considerably. We found that 60 % of children had been visited by a parent during the two months prior to the termination notice. It also emerged that most of the termination notices were being served to facilitate other social work plans, such as adoption or the maintenance of long-term fostering arrangements. Even in those local authorities where frequent use was being made of access termination legislation, we found that barriers to contact between parents and absent children remained unacceptably high.

3. Code of Practice is neglected by courts and social workers

Did the DHSS Code of Practice fare any better than efforts to safeguard parental rights by way of the 12B letter? Alas no. Far from creating a new climate in social services, we found that it was not being widely read. In most cases a copy languished at the bottom of the team leader's drawer, or it was pinned to the board in the social services department. It was not relied upon as a guide to daily practice but as an aid in crisis management, should a social worker have to go to court. Even in such extreme circumstances, it was highly unlikely that knowledge of the Code would be tested, since many in the courts seemed to be unaware of its existence. Neither parents nor their solicitors were aware of the Code, consequently social workers were rarely called upon to defend their actions. As to how parents reacted when they received an access termination notice, unheralded and cyclostyled - many were incensed. Perhaps they had gone to social services for help, or help had been thrust upon them - now they were about to be denied contact with their children.

4. Termination cases are the subject of many complaints

Monitoring the Act over three years we studied 309 termination cases, of which half became the subject of formal protest, that is, a higher proportion than for any other social work decision. Out of 146 who made formal complaints 120 went to a solicitor and 106 applied to the Juvenile Court for an access order. Of the remainder, 96 had their applications heard, having waited several months on average for a hearing. Some waited as long as a year for a final judgement - during which time they were not allowed to see their children. Out of that 96, 16 were granted an access order, but seven were unable to take any advantage of it because social services succeeded in an appeal to a higher court. For only 21 children out of the 309 whose cases we examined was access actually restored.

It emerged that more children and parents were reunited by means other than the HASSASSA Act, for example by mistake, by breakdowns in permanent placements or failure to send the termination notice! Eleven made their way home by this route alone.

So the research finding of most comfort to parents receiving a 12B notice of termination might very well have been: »Don't panic - the chances are that social services will make a mess of it.«

There were inconsistencies in the way local authorities interpreted and implemented the HASSASSA legislation. The number, rate and process of access terminations varied between local authorities, but the differences appeared to be unrelated to any characteristic of the child care population. Some variations could be explained by the organizational structure of the local authorities, but more significant was the continuing high incidence of de facto rather than de jure terminations (which is to say that hidden barriers to contact were as likely to erode links with home as legal barriers).

5. Hidden barriers to contact

Factors such as distance, routine, hostility of placement and a child's sense of belonging all played a part in the process by which children became isolated. For many there was no need to send a 12B letter: the severance of access became a fact - de facto. Knowing what would happen, as it were naturally, social workers in some authorities preferred to allow links to wither, rather than resorting to the complexities of the 12B letter and running the risk of an inconvenient appeal for an Access Order.

Thus we uncovered an inverse relationship between levels of de facto and de jure terminations. The use of one tended to obviate the need to use the other. Nevertheless, evidence that barriers to contact between parents and children absent in local authority care still remained unacceptably high in all social services departments was overwhelming. Indeed, we calculated that for every de jure termination there were two de facto terminations of access. In a few cases permitting the gradual extinction of parental interest in a child might be the most sensible strategy, but, generally speaking, de facto terminations neglected the spirit and the purpose of the 1983 access legislation.

The HASSASSA Act represented a welcome shift in balance between local authority power and parents' rights, but we found resistance among social services to its implementation. A third of parents sought legal advice after receiving an access termination notice, an appreciably higher level of formal objection to social workers' decisions than is characteristic of other aspects of child-care planning. Outcomes were not encouraging either. In spite of considerable and widespread dissatisfaction, those parents resilient enough to persist in their challenge found little comfort in the courts: only about three per cent of children actually resumed contact with their parents as a result of a successful challenge to a social services decision.

6. Bad news leads to better law

Had that been the end of the story we might have been accused of conveying a message of unremitting doom and gloom. But the 1989 Children Act legislation has since extended the principles of the HASSASSA legislation to all children looked after, and reissued the Code of Practice as part of the guidelines and regulations associated with the Act. It is now de jure for access arrangements to be established at the point of separation. Furthermore, a whole section of the new Act is devoted to the question of how best to maintain parental contact with children in care.

Werner Freigang

Praxis der Heimeinweisung

Access Disputes in German Residential Care

One of the main deficites of residential care are incorrect indications. This leads to an increase of changes between different homes. The choice of an institution depends less on the needs of children and youth. It is more depending on the hierarchy among those institutions. The children as well as "social pedagogues" working with them play a secondary role concerning the decision of placement. Recommended is an establishment of less specialized institutions to avoid changing among homes.

1 Einleitung und Problemdefinition

Die Frage, ob ein Kind oder ein Jugendlicher in ein Heim (oder in eine Wohngruppe oder eine andere stationäre Maßnahme) kommen soll und die daran anschließende Frage, in welche Einrichtung zu welchen Menschen, ist für den davon Betroffenen von geradezu schicksalhafter Bedeutung. Man sollte deshalb annehmen, daß Heimeinweisung - als ein besonders einschneidender Eingriff der Jugendhilfe - außerordentlich behutsam und sorgfältig bedacht vorgenommen würde.

Tatsächlich aber ist Heimeinweisung, sowohl was die Kriterien betrifft als auch im Hinblick auf das Verfahren, ein weitgehend unbeachtetes Thema, auch in der Fachliteratur eher randständig. Im Kontext heilpädagogischer und psychologisch orientierter Einrichtungen entstandene Aufsätze und Bücher (z. B. VERBAND KATHOLISCHER EINRICHTUNGEN, 1995) berühren die Problematik der Heimeinweisung und Aufnahme selten, sondern befassen sich sehr ausführlich mit Erziehungsplanung und Gestaltung eines auf die Defizite der Kinder zugeschnittenen Lebensraumes, setzen also erst dann an, wenn der Heranwachsende schon einer Einrichtung zugeordnet wurde. Gedanken über »psychosoziale« und sonstige Diagnosen werden meist nicht in Zusammenhang mit einer »richtigen« Unterbringung gestellt.

Das Scheitern der Heimerziehung an den in den Einrichtungen untergebrachten Kindern und Jugendlichen, die zahlreichen -für die Betroffenen in den Auswirkungen dramatischen - Verlegungen von einer Einrichtung in die nächste oder die Abschiebungen in kinder- und jugendpsychiatrische Kliniken, sind oft begründet mit der (schon von Beginn an gegebenen!) Nicht-Zuständigkeit für die spezifische Eigenart der Betroffenen. Dies deutet darauf hin, daß es sich bei der Heimeinweisung nicht um einen nach fachlichen Standards gesteuerten und kontrollierten Vorgang handelt und daß die Zuweisung nicht durch Merkmale der Betroffenen zuverlässig gesteuert wird oder werden kann. Vergleicht man schließlich individuelle Motive für Zuweisungen mit der Diskussion um Lebensweltorientierung und Entspezialisierung, zeigen sich erhebliche Widersprüche: Die Praxis der Heimeinweisung scheint insgesamt eher von Zufälligkeiten und persönlichen Vorlieben geprägt zu sein als von systematischen Überlegungen. Neben pädagogischen Erwägungen und den Interessen der Kinder und Jugendlichen spielen dabei ganz offenbar Eigeninteressen der Behörden, Einrichtungen und ihrer Mitarbeiter eine erhebliche Rolle.

Ich werde also, wenn ich der Frage nachgehe, wie Kinder ins Heim und wie sie in ein bestimmtes Heim kommen, nicht so sehr einer Systematik der Zuweisungen folgen können, sondern eher versuchen müssen, systematisch der scheinbaren Zufälligkeit nachzugehen. Dies werde ich versuchen, indem ich zunächst auf die Diskussion um Indikation von Heimerziehung eingehe, anschließend die Frage nach tatsächlichen Zuweisungs- und Aufnahmekriterien stelle, dann nach Problemen des Verfahrensfrage und schließlich auf neue Entwicklungen in der Erziehungshilfe eingehe und ihre Bedeutung für die Praxis der Heimeinweisung.

2 Die Problematik der Zuweisung nach einer Indikation

2.1 Indikation für Fremdunterbringung

Es gibt in der Fachdiskussion nur sehr wenige »harte« Kriterien, die eindeutig für eine Herausnahme eines Kindes oder Jugendlichen aus der Herkunftsfamilie sprechen. Solche Kriterien kennzeichnen nicht Merkmale betroffener Kinder und Jugendlicher, sondern unerträglich scheinende Situationen und Lebensumstände, denen sie ausgeliefert sind. Massive Gewalt in einer Familie, sexueller Mißbrauch und Gefahr für Leib und Leben scheinen solche weitgehend allgemeingültigen Indikatoren für die Notwendigkeit einer Herausnahme aus der Familie zu sein. Darüber hinaus scheint es insgesamt stark von den Angeboten ambulanter Dienste in der Region abzuhängen, ob ein Kind in der Familie bleiben kann (oder muß), was noch zumutbar ist oder wann ein Eingriff gegen den Willen der Eltern oder Kinder zu legitimieren ist. Das gültigste Kriterium für die Entscheidung für eine Fremdunterbringung scheint berechtigterweise der Wunsch der Beteiligten zu sein, der geäußerte Wille von Personensorgeberechtigten, Kindern und Jugendlichen.

2.2 Indikation Heimerziehung

Wenn über die Herausnahme des Kindes aus der Familie entschieden ist, gibt es in aller Regel nur für jüngere Kinder (je nach Bundesland bis ca. 10 Jahre) und von diesen nur für die »pflegeleichten« die Alternative von Heimerziehung und Pflegefamilie. Ob und inwieweit der Ausbau von heilpädagogischen Pflegestellen und Erziehungsstellen dazu führt, daß für auch für ältere und »schwierigere« Kinder und Jugendliche die Möglichkeit familiärer Ersatzerziehung in Betracht gezogen wird oder aber ob sich an der Gesamtzahl der Kinder in Ersatzfamilien wenig ändert, Ersatzfamilien also qualifizierter und »teurer« werden, wäre noch genau zu untersuchen.

Gegen die Heimerziehung sprechen natürlich auch Kostengesichtspunkte, so daß Herausnahme aus der Herkunftsfamilie, was meist identisch ist mit Heimerziehung, oft möglichst lang hinausgezögert wird. Mitunter scheint auch die Möglichkeit der Zuständigkeit eines anderen Kostenträgers (Krankenkasse) für die Unterbringung i der Psychiatrie zu sprechen.

Insgesamt besteht in der Praxis der Gewährung von Hilfen ein hierarchisches Verhältnis der Angebote: Ambulante, teilstationäre und stationäre Hilfen stehen nicht gleichwertig nebeneinander, sondern werden nacheinander abgearbeitet, zum einen wegen der Schwere des Eingriffs, zum anderen aber auch wegen der Kosten.

2.3 Indikation für eine bestimmte Einrichtung

Eine Entscheidung für eine bestimmte Art von Heimerziehung sollte, wenn sie objektivierbar im Sinne einer der Medizin vergleichbaren Indikationsstellung sein will, auf gesichertem Wissen darüber beruhen, »für welche Art Jugendlichen mit welchen Merkmalen, durch welche Maßnahmen welche angestrebten Effekte in welchem Ausmaß zu erreichen sind« (GRAWE in BIRTSCH 1983) Dies führt unausweichlich in verschiedene Dilemmas: Wenn bestimmte Merkmale diagnostiziert wären, müßte ihre »Heilung« zur Entlassung aus der Spezialeinrichtung und damit zum Abbruch von Beziehungen und Gewohnheiten führen. »Heilung« hätte somit pädagogisch fatale Folgen. Dasselbe gälte für Fehldiagnosen: Auch in diesem Fall würde der Heranwachsende mit Verlegung bestraft. Schließlich hat die Analogie zur Medizin dort ihre Grenzen, wo aus bestimmten Symptomen Folgerungen für die Ursachen und die Behandlung der Störungen abgeleitet werden sollen. Da Ursachen nicht nur dem betroffenen Heranwachsenden zuzuschreiben sind, sondern zum sozialen Umfeld gehören, greift eine nur auf das Individuum - oder im positiven Fall auch die Herkunftsfamilie einbeziehende - reduzierte Behandlung zu kurz, der »Gegenstand« ist komplex und läßt sich schwerlich auf bestimmte isolierte Phänomene reduzieren

Aus all diesen Gründen wurden bereits im ZWISCHENBERICHT (1977) DER KOMMISSION HEIMERZIEHUNG Spezialisierungen von Einrichtungen im Hinblick auf Art und Schwere der Symptomatik, auf Alter, Geschlecht oder Problemgruppen verworfen und nur zwei Differenzierungskriterien als fachlich sinnvoll für die Unterbringungsentscheidung herausgestellt:

- Zum einen Milieunähe oder Milieuferne des Unterbringungsortes für den Betroffenen: Es ist dabei zu klären, ob eine Unterbringung in räumlicher Nähe zum Herkunftsmilieu möglich ist oder ob es zwingende Gründe gibt, den Heranwachsenden von seinem Herkunftsmilieu zu trennen.
- Zum anderen ist die voraussichtliche Dauer der Unterbringung von grundsätzlicher Bedeutung: Dabei ist zu klären, ob es sich wahrscheinlich um eine langfristige oder um eine kurzzeitige Unterbringung handelt. Die Unterbringung von Kindern mit langfristiger Perspektive in Heimen zusammen mit Kindern, für die das Leben im Heim nur eine Interimslösung ist, stellt eine Zumutung für die dauernd im Heim lebenden Kinder dar und deshalb möglichst zu vermeiden.

Zusammenfassend bleibt festzuhalten, daß ausschlaggebend für die Entscheidung über eine Fremdunterbringung nicht spezifische Merkmale der Kinder und Jugendlichen sind, sondern der Wille der betroffenen Familien oder aber Merkmale, die die Lebenssituation der Minderjährigen kennzeichnen und nicht ihre »Persönlichkeit« oder ihr Verhalten. Demzufolge gibt es für die Heimunterbringung nur ein sinnvolles Differenzierungsmerkmal, nämlich das der voraussichtlichen Dauer des Aufenthalts.

3 Heimeinweisung und -aufnahme in der Praxis

Im Zuge der Heimreform und vor allem nach Einführung des KJHG, in dem die Trennung von freiwilliger Erziehungshilfe und Hilfen zur Erziehung aufgehoben wurde, hat sich die Entspezialisierung der Einrichtungen formal durchgesetzt, d. h. fast jedes Kind oder jede Jugendliche kann in jeder Einrichtung untergebracht werden. Auf Befragen sagten mir zahlreiche SozialarbeiterInnen des Jugendamtes, daß sie Kinder in Einrichtungen unterbringen, die für die Betroffenen passen, MitarbeiterInnen von Heimen sagten, daß sie alle Heranwachsenden aufnähmen, die in das Heim oder die Gruppe paßten. Dieses »passen« wurde weitgehend als eher emotionale Kategorie beschrieben, wobei die »Altersstruktur der Gruppe« und die »Art und Schwere der Symptomatik« von größter Bedeutung zu sein scheinen.

Die MAINZER STUDIE ZUR HEIMUNTERBRINGUNG (1994) kommt zu der Feststellung, daß nur ein Drittel der Unterbringungen aktiv von den Sozialarbeitern gesteuert werden, die restlichen beiden Drittel sind eher passiv-reaktiv von den Entscheidungsträgern, begründet aus der Situation oder als Krisenintervention.

Es scheint also, daß die langfristige fachliche Steuerung des Entscheidungsprozesses eher die Ausnahme ist, sondern daß in der konkreten Unterbringungspraxis erhebliche Differenzen zwischen den Einrichtungen eine Rolle spielen. Diese Unterschiede beziehen sich auf Ausstattung, Lage, Kosten, Personalschlüssel und Qualifikation des Personals, auf das Vorhandensein von heiminternen Schul- und Berufsausbildungsangeboten usw. und ziehen Unterschiede in der Einweisungs- und Aufnahmepraxis nach sich. In der Folge solcher Differenzen ist eine faktische Spezialisierung zu beobachten. Sie entspricht allerdings nicht dem (ohnehin äußerst problematischen) Anspruch einer fachlichen Spezialisierung, sondern stellt eine Spezialisierung auf Art und Schwere der Symptomatik dar, die nicht einmal frei gewählt, sondern durch den Markt erzwungen ist: Einrichtungen unterscheiden sich in ihren Möglichkeiten,, die Aufnahme von Kindern und Jugendlichen abzulehnen. Je besser die Marktposition der betreffenden Einrichtung ist, desto größer ist auch die Chance zur Ablehnung von Kindern und Jugendlichen.

Statt einer Spezialisierung gibt es also eine Hierarchisierung der Angebote. So wie Heimerziehung selbst schon die letzte Stufe einer Hierarchie von Maßnahmen der Erziehungshilfen ist, gibt es innerhalb der Heimerziehung eine Eskalationsleiter. An deren einem Ende stehen nach wie vor ehemalige Fürsorgeheime und Jugendwerkhöfe, am anderen Ende Einrichtungen, die - spitz formuliert - ihren guten Ruf nicht durch die Aufnahme »schwieriger« Kinder und das dann mögliche Scheitern gefährden müssen. Bestandteil dieser Hierarchie ist weiterhin die unterschiedliche Möglichkeit der Einrichtungen, Freiwilligkeit der Eltern/Personensorgeberechtigten und der Kinder und Jugendlichen zu einem Auswahlkriterium zu machen, so daß die Einrichtungen für »einfache« Kinder meist auch noch über bessere Voraussetzungen zum Erfolg - zum Beispiel gemessen als Reintegration ins Elternhaus - verfügen.

An welcher Stelle der Hierarchie die Einrichtungen jeweils stehen, d. h. welche Chancen sie haben, sich vermeintlich »pflegeleichte« Kinder und Jugendliche zur Aufnahme auszuwählen und vermeintliche »schwierigere« abzulehnen, hängt von einer Reihe von Faktoren ab:

Der Ruf der Einrichtung hängt zum einen und oft sehr wesentlich ab vom Nicht-Vorhandensein negativer Vorkommnisse, von der Unauffälligkeit der Einrichtung. Selbstverständlich führt dies zu dem Effekt, daß man Kinder, die bisher noch nicht (oder nur unwesentlich) aufgefallen sind, lieber in Einrichtungen unterbringt, in denen sie nichts negatives lernen können, die extremeren Jugendlichen dagegen in Einrichtungen geschickt werden, wo man es gewohnt ist, mit solchen Kindern umzugehen. Dies bedeutet letztlich, daß Einrichtungen, die bereit sind, Kinder aufzunehmen, die voraussichtlich nach außen auffallen (z. B. durch Diebstähle, Autoknacken) für diese Bereitschaft bestraft werden, indem man ihnen andere Kinder nicht zuweist. Ähnliche Vorteile für die von guten Ruf betroffenen ergeben sich aus dem Leumund, gut für schulische Erfolge - evtl. Gymnasium oder Abitur - sorgen zu können. Eine entsprechende Auswahl stabilisiert diesen Ruf und zieht faktische Spezialisierung nach sich.

Die Kosten der Unterbringung spielen eine Rolle, da der Rechtfertigungsdruck mit dem Kostensatz steigt. Der Nachweis von Notwendigkeit einer teureren Maßnahme erfolgt meist nicht über spezifischen Bedarf des Betroffenen, sondern über besondere Auffälligkeiten oder über die Ablehnung von »billigeren« Anbietern.

Das Vorhandensein eines breiten Angebotsspektrums, das Anschlußmöglichkeiten nach dem Heim bietet (Betreutes Wohnen etc.) oder verschiedene Problemfelder zugleich abdeckt (Ausbildung, heimeigene Schule) bietet der unterbringenden Stelle Sicherheit für die Beständigkeit der Unterbringung, die auch durch die Verschiebemöglichkeiten in größeren Einrichtungen noch gesteigert werden kann.

Schließlich können Verfahrenserleichterungen Einrichtungen auf dem Markt besserstellen, etwa wenn möglichst wenig Vorbedingungen gestellt werden, also keine Unterlagen angefordert werden, Elterngespräche entbehrlich sind etc.

Dies führt letztlich dazu, daß für Minderjährige die Unterbringung nicht nach dem Bedarf und den Schwierigkeiten ausgewählt werden, die sie haben, sondern nach dem, was sie an Schwierigkeiten machen und wie die unmittelbar oder mittelbar von den Schwierigkeiten betroffenen Institutionen und Mitarbeiter ihr Problem zu lösen versuchen.

4 Aufnahme und Einweisungsverfahren

Ein Großteil der später ohne Erreichung eines vorgegebenen Zieles entlassenen oder in die Psychiatrie verlegten Kinder und Jugendlichen werden im Nachhinein als Fehlaufnahmen betrachtet. In der alltäglichen Diskussion, d. h. wenn es ganz praktisch darum geht, einen Jugendlichen loszuwerden, ihn in die Psychiatrie zu verlegen oder einfach nach Hause zu schicken, oder aber wenn es darum geht, einen »gescheiterten« Fall in einer neuen Einrichtung unterzubringen, wird eine seltsam widersprüchliche Argumentation beinahe regelmäßig verwendet: Beim Abschieben gibt man die »Schuld« an der Situation dem betroffenen Kind oder Jugendlichen, im wohlwollenden Fall den »dazwischenfunkenden« Eltern. Das Scheitern wird ursächlich den Schwierigkeiten des Heranwachsenden angelastet. Die aufnehmenden Einrichtungen hingegen sehen durchweg die institutionelle - bzw. bei Erstunterbringung die familiäre - Bedingtheit des Verhaltens und des Nicht-Zurechtkommens damit und setzen sich selbst als das bessere, geeignetere oder tolerantere Lernfeld. Scheitert man dann auch, wechselt man durchgängig zur Argumentationslinie der »Schuld« des Betroffenen.

Beide Argumentationen sind im Einzelfall zwingend, jedoch kaum miteinander vermittelt. Sicher ist es so, daß z. B. schwerwiegende Aggressionen in bestimmten Gruppen- und Mitarbeiterkonstellationen nicht zu ertragen sind. Natürlich ist es für eine Gruppe kaum erträglich, wenn ein Jugendlicher gar nichts tut und damit den anderen ein schlechtes Beispiel gibt, sie »anzustecken« droht. Dies und vielleicht noch das ständige Weglaufen sind die am wenigsten aushaltbaren Verhaltensweisen der Kinder und Jugendlichen im Heim. Anfragen im Hinblick auf stationäre psychiatrische Behandlung resultieren in der Regel aus Hilflosigkeit gegenüber Aggressionen oder Verweigerung, selten nur aus dem konkreten Verdacht auf eine psychische Erkrankung..

Es ist selten so, daß die Problemlage eines Minderjährigen oder seiner Familie, daß das, was ein Kind oder Jugendlicher braucht oder bestimmt nicht brauchen kann, bei der Entscheidung über die Unterbringung vollständig unbekannt sind oder sein müßten. Im Mittelpunkt stehen offenbar noch immer entgegen dem fachlichen und gesetzlichen Anspruch die Schwierigkeiten, die die Minderjährigen machen und nicht die Probleme, die sie haben. Die Auswahl von Maßnahmen der Jugendhilfe orientiert sich in der Praxis weitgehend an der Symptomatik des Heranwachsenden, nicht an deren subjektiv erlebter Problemlage, die es aufzuklären und zu bearbeiten gälte und an den sich daraus ergebenden Anforderungen an die Einrichtung. Leider spielt bei der Auswahl der Einrichtung durch das Jugendamt und der Aufnahme durch das Heim - überspitzt formuliert - Fachwissen, d.h. Wissen über Stigmatisierungsprozesse, schichtspezifische Sozialisationsbedingungen u.a., nur eine untergeordnete Rolle.

Das Aufnahmeverfahren ist oft gekennzeichnet durch fehlende Beteiligung der tatsächlich Betroffenen. Mitarbeiterteams werden von Leitungen vor vollendete Tatsachen gestellt und können ihre Macht nur dadurch erhalten, daß sie »gemeinsam« mit dem Jugendlichen beweisen, daß die Aufnahme eine Fehlentscheidung war. So programmieren Aufnahmeverfahren oft schon die spätere Entlassung. Die klassischen Freitag-Mittag-Aufnahmen, möglichst ohne Vorinformationen, ohne Beteiligung der Gruppenteams, begründet durch den Wunsch, dem Jugendamt einen Gefallen zu tun oder mit Belegungsdruck, scheitern wesentlich häufiger als reguläre Aufnahmen, schaden damit nicht nur den betroffenen Jugendlichen, sondern auch den Mitarbeitern, nützen langfristig weder den Einrichtungen, noch den Sozialarbeitern des Jugendamtes.

5 Perspektiven

An der Praxis der Heimeinweisung zeigen sich die Strukturprobleme der Erziehungshilfen. Die verschiedenen Hilfen sind nicht als gleichwertige Angebote institutionalisiert sondern stellen Säulen eines hierarchischen Systems dar, in dem sich Jugendliche durch Fehlverhalten für die jeweils härtere Stufe »qualifizieren«, was zuletzt bedeutet, für die strenge große Einrichtung, für die Psychiatrie oder eventuell für ein erlebnispädagogisches Projekt. Wenn aber die Heimeinweisung nicht weiterhin eher zufälligen Vorlieben und der Hierarchisierung der Einrichtungen folgen soll, müßte eine Umorientierung auf verschiedenen Ebenen erfolgen:

Nimmt man Entspezialisierung ernst, kommt es für die Auswahl der richtigen Maßnahme nicht so sehr auf eine Bewertung und Einordnung der Symptome und Defizite an, psychiatrische Diagnosen oder auch »psychosoziale Diagnosen« können deshalb keine angemessene Grundlage für die »passende Plazierung« eines Heranwachsenden bilden. Eher wird es darauf ankommen, mittels »sozialpädagogische Diagnosen« (MOLLENHAUER/UHLENDORF, 1992 und 1994) die biographisch erworbene Bedürfnisse und Problemlösungsstrategien mit pädagogischen Handlungsmöglichkeiten zu verknüpfen.

Die Hierarchisierung der stationären Hilfsangebote, mit den dazugehörenden Folgen der Verlegungs- und Verweisungskarrieren, kann nur überwunden werden, wenn Einrichtungen sich für alle Kinder und Jugendlichen einer Region als grundsätzlich zuständig definieren und wenn das konkrete Angebot um diese prinzipielle Zuständigkeit herum installiert wird, d. h. »weiche«, flexible und revidierbare Strukturen um den Einzelfall herum aufgebaut werden. Dies bedingt eine andere Verbindlichkeit von Jugendhilfeplanung und ein anderes Selbstverständnis der Einrichtungen. Sie müssen Kinder und Jugendliche nehmen, bei denen zu erwarten ist, das sie schwierig sind und daß Unannehmlichkeiten kommen werden. Lebensweltorientierung bedeutet Verzicht auf ferne Lösungen und außenstehende Spezialisten. Wichtig ist dabei, daß die Schwierigkeiten, Überforderungsgefühle und Ängste der Mitarbeiter bei einer Aufnahme ernst genommen und bearbeitet werden, daß also die Annahme der Zuständigkeit nicht für die Einrichtung zur Fessel wird. Denn dann, und dies muß zu Zeiten des Belegungsbooms kritisch bemerkt werden, sinkt die Bereitschaft der Einrichtungen, sich mit »schwierigem« Verhalten auseinanderzusetzen.

Literatur

BIRTSCH, V.: Alternativprojekte zur geschlossenen Heimerziehung: Gegenwärtiger Stand in der Frage der Indikation, in: Materialien zur Heimerziehung, 1/1983

FREIGANG, W.: Verlegen und Abschieben. Weinheim, 1986

HAMBURGER, F. u. a.: Untersuchung über aktuelle Probleme der Heimerziehung in Rheinland-Pfalz. Mainz, 1994

MOLLENHAUER, K.; UHLENDORF, U.: Sozialpädagogische Diagnosen. Weinheim, 1992 (Band 1), 1994 (Band 2)

VERBAND KATHOLISCHER EINRICHTUNGEN DER HEIM- UND HEILPÄDAGOGIK: Der Hilfeplan nach § 36 KJHG. Freiburg, 1995

Zwischenbericht der KOMMISSION HEIMERZIEHUNG DER OBERSTEN LANDESJUGENDBEHÖRDEN UND DER BUNDESARBEITSGEMEINSCHAFT DER FREIEN WOHLFAHRTSPFLEGE: Heimerziehung und Alternativen - Analysen und Ziele für Strategien. Frankfurt, 1977

Jan van der Ploeg/E.M. Scholte

Allocation of Care for Juveniles »at Risk«

Plazierungsprobleme bei »Risiko-« Jugendlichen

Jugendliche werden in Institutionen der Heimerziehung aufgrund von psychosozialen Problemen untergebracht. Zweck der Heimerziehung ist es, diese Probleme zu lösen. Die Erziehung, die in stationärer Unterbringung erbracht wird, muß für ein Gelingen mit den Bedürfnissen des Kindes übereinstimmen. In der Praxis ist dies keine einfache Aufgabe (Colton, Hellinckx, Bullok & van den Bruel 1991, Scholte 1995). Wie beispielsweise Millham & Little (1991, 237) feststellen, »ist das überwiegende Kriterium bei der Plazierung von Kindern in Heimerziehung, ein freies Bett zu finden«. Das Ergebnis dessen ist, daß eine nicht geringe Anzahl Jugendlicher vorzeitig aus der Heimerziehung herausfallen (van der Ploeg, Gaemers & Hoogendam 1991). Um die Anzahl der herausfallenden Jugendlichen zu reduzieren, muß bei der Unterbringung und Plazierung in der Heimerziehung der Frage mehr Beachtung geschenkt werden, welcher Typ von Erziehung bietet die besten Lösungsmöglichkeiten für die Probleme des Kindes.

In diesem Beitrag stellen wir ein Verfahren vor, um die Unterbringung von Kindern, die aufgrund emotionaler Probleme und Verhaltensschwierigkeiten gefährdet sind, innerhalb der verschiedenen Erziehungsmöglichkeiten des Jugendpsychiatriesystems zu unterstützen. Zuerst beschreiben wir ein allgemeines Modell zur Definition der Probleme gefährdeter Kinder. Daran anschließend werden wir die Probleme gefährdeter Kinder analysieren, wie auch die in den Niederlanden zur Verfügung stehenden Möglichkeiten des Erziehungssystems. Zuletzt werden wir diskutieren, wie die Ergebnisse unserer Analyse für das Finden der »richtigen« Übereinstimmung nutzbar gemacht werden können.

1 Defining the problems of the child

Because of the complexity of the problems of children at risk for emotional and behavioral difficulties, it is often not an easy task to find out more about the problems of a specific child admitted for care. However, we can tackle this problem easily by using a model that summarizes all the major empirical risk factors that - according to longitudinal outcome studies on children »at risk« - influence the development of behavioral and emotional disorder in children (SCHOLTE, 1995). Mental health professionals can use this model as the standard conceptual framework to make a complete diagnosis of the psychosocial problem situation of children »at risk«. The socio-ecological model proposed by VAN DER PLOEG and SCHOLTE (1990) and empirically tested and applied by SCHOLTE (1991; 1992b; 1992c) can serve this purpose well. This model classifies the behavior problems of children »at risk« into two main syndromes (Achenbach, 1985). The first comprises types of behavior which are strongly oriented towards the outside world, such as hyperactivity, aggression, and antisocial behavior like truancy and stealing. We call these types of behavioral problems *externalizing*. The second group comprises types of behavior which are strongly oriented towards the child itself, like loneliness and depression, anxiety and social withdrawal. We call these types of behavioral problems *internalizing*.

These internalizing and externalizing behavior problems are then conceptualized as the outcome correlates of transactional processes between »at risk« traits in the personality of the child, and »at risk« rearing and socialization conditions in his social environment, that means the primary care environment (e.g. the original family or the primary care environment substitute, like a foster family or residential group-home), the school and work environment and the area of the peer-group and leisure time activities (RUTTER, 1985).

The principle risk factors in *the primary care environment* which threaten the healthy development of the child are (VAN DER PLOEG & SCHOLTE,1990; SCHOLTE, 1991; 1992a; 1992b):
1. severe family conflicts,
2. insecure attachment and poor family communication,
3. poor supervision,
4. non- responsive, non democratic and permissive child- rearing practice.
The main risk factors in the educational situation *at school* include:
1. poor school motivation and academic performance,
2. conflict relations with teachers, and
3. a poor school-culture with low standards of achievement and
4. undemocratic teaching styles.
Important risk factors in the *peer group* turn out to be:
1. Antisocial behavior of friends,
2. risky behavior engaged upon during leisure time, like hanging around down town in combination with alcohol and drug abuse, and
3. relational problems with peers.
There are also a number of personality traits of the child which heighten the risk of emotional and behavioral disorders developing. Most of these traits turn out to be reducible to defects in cognitive-emotional skills (BLOCK & BLOCK, 1982), like
1. poor ego-control,
2. low self-esteem,
3. internal locus of control and
4. ineffective coping behavior.
Social workers and other mental health professionals can use the socio-ecological frame to assess the psychosocial problem situation of the child in a systematic and methodical way (SCHOLTE, 1991; 1992b; 1992b). When a child is reported for care and the intake mental health professional uses the proposed model, he has to express a clear opinion about the internalizing and externalizing behavioral functioning of the child (e.g., is the child depressed, anxious, is it showing aggressive or antisocial behavioral patterns? Etc.). He also has to express his opinion about the various risk factors mentioned in the model, that means concerning the personality of the child (e.g., is there a deficiency in ego-control, has the kid a low self esteem?), the family functioning (e.g., do family members have severe conflicts, do deficiencies in parental

child care practices exist? Etc.), the school (e.g., is there a poor school-motivation/ vocational outcome, does the school-curriculum fit the needs of the child? Etc.) and the peer group situation (e.g., is the child influenced by deviant peers?). The socio-ecological model forces the care workers in a systematic way to make explicitly the problems of the child in his extended social environment, and to express his opinion on this subject as a »risk-profile« (SCHOLTE, 1991:151).

2   Defining optimum care

The next step is to find the most appropriate care and/or treatment facility for the child and his problems. We can do this in principle by considering what kind of care/ treatment facilities offer the optimum chance to resolve the problems of the child. For example, if

1. we know that the behavioral problems of the child are antisocial in nature, and that they are correlated with a low level of self-esteem, severe conflicts in the family and uncertainties concerning vocational choice, and
2. we know that placement in a structured residential setting leads towards more reduction of antisocial behavior than placement in an unstructured setting,

then it would of course - from the perspective of optimum care - be an advisable thing to do to place children with the described antisocial problem behavior syndrome in the future in a type of care facility that exhibits the described structured approach. In this care-situation the child has a maximum chance that his problems will diminish.

So the next thing we have to do is to find out what kind of care and/or treatment situations can best resolve what kind of problem situations of children »at risk«. We can answer this question by inspecting the findings of longitudinal research studies that have looked into the effects of various care and treatment situations on the development of children »at risk«. However, until now there is insufficient empirical evidence to construct a sound link between the problems of children »at risk« and the various care and treatment facilities using treatment effects (SCHOLTE, 1995).

A way out, however, is to use the results of cross-sectional research exploring the identities of the various care-facilities. This kind of research produces a topology of care facilities in terms of the problem children handled, the care goals set and the intervention-methods used (VAN DER PLOEG & SCHOLTE, 1993). We can use these identity-schemes to make rational decisions on »what kind of care to offer to what kind of children« without becoming specific about the effects of the care.

If we use of this approach, we presuppose that in general children »at risk« are sent to facilities which handle their problems well. Although in the Netherlands some children »at risk« are admitted to the wrong institutions, the majorities of the children stay in the institutions and leave with a satisfactory prognosis (SCHOLTE, 1995).

3   The identity of care facilities in the Netherlands

We can uncover the identity of a care facility by the types of problem children handled, as well as by the way in which the mental health professionals act in their aim to resolve the problems of the child is of equal importance. The identity of a care facility therefore can be described in terms of the problems of children handled, the care-goals set and the care methods used (VAN DER PLOEG & SCHOLTE, 1993). In this section we describe the identity of some main care facilities in the Netherlands in terms of these three areas.

3.1 Types of problem children handled

We analyzed a random sample of 300 children sent to care by two Dutch placing agencies handling pupils of court (Instelling voor (Gezins)voogdij). The mean age of the sample is 14 years. The sample is about half divided into boys and girls. We measured the problems of the children sent into care by the VSPS. This is a research-questionnaire to be filled in by the mental health professionals of the placing agencies. The VSPS operationalizes the basic dimensions of the socio-ecological model in a valid and reliable way (Scholte, 1992d). The topology of the care-facilities used is taken from the scheme provided by the Dutch Government (LAW ON JUVENILE ASSISTANCE, 1991).

We pin down the first part of the identity of the various care facilities by exploring differences in mean scores on the dimensions of the socio-ecological model as operationalized in the VSPS. We use an analysis of variance with a multi- range test at a significance level of .05 as the contrasting criterion (KIRK, 1968). Figure 1 summarizes the contrasts found for five main types of care facilities in the Netherlands.

Figure 1: VSPS-profiles of some major care facilities in the Netherlands

	foster care n=26	family guidance n=108	residential care n=33	residential treatment n=18	intensive treatment n=27
mean age	- (09)	± (12)	± (14)	± (13)	+ (15)
Juvenile:					
emotional	- (0.6)	± (1.8)	± (1.8)	+ (2.2)	+ (2.2)
agression	- (0.5)	± (1.7)	± (1.4)	+ (2.9)	+ (2.9)
hyperactivity	- (0.8)	± (1.8)	± (1.8)	+ (3.1)	+ (3.3)
anti-social	- (0.4)	± (2.0)	± (1.0)	± (1.4)	+ (3.1)
personality	- (0.7)	± (2.3)	± (1.9)	+ (2.9)	+ (3.2)
Rearing environment:					
parental behavior	+ (2.3)	± (2.0)	+ (2.3)	- (1.2)	± (2.1)
parental emotions	± (3.0)	± (2.5)	± (2.9)	+ (3.7)	+ (3.5)
family conflict	± (2.6)	± (2.7)	+ (3.5)	+ (3.6)	+ (3.6)
family climate	± (2.2)	± (2.1)	+ (3.0)	+ (2.9)	+ (3.0)
schoolsituatio	- (0.7)	± (1.9)	± (2.0)	± (2.0)	+ (3.3)
peer group situation	- (0.4)	± (1.9)	± (2.0)	± (2.6)	+ (3.1)

contrast analyzed by t-test for differences in multiple mean scores (p<0.05)
-       *= significant lower then the other mean scores*
_   *= no difference in mean scores*
+   *= significant higher then the other mean scores*

A foster family *is provided for young children who themselves have no emotional and/or behavioral problems, nor show severe disturbances in personality development, at school and/or with peers. These children suffer average educational risks in the family, which relate to parents contending with severe behavioral problems, like psychiatric disturbances, delinquency and alcohol or drug abuse.*

Ambulant family guidance is provided when we deal with pre-adolescent youths who show average disturbances in the emotional, behavioral and personality development, due to an average problematic rearing environment in the family, partly related to personal problems of parents, to conflicts in the parent-child relationship and to disturbances in the emotional relationship with the parents. Because of these problems the integration of the juveniles in society also is »at risk«, as the average risk-level concerning the functioning at school and in the peer-group and leisure time shows.

Residential care is provided for adolescent youths who also show average levels of disturbance in emotional, behavioral and personality development, as well as in the integration in society. The difference with the ambulant guided youths is, however, that the personal problems of the parents as well as the parent-child relation is more then average at risk. This suggests that intensive home guidance is not a realistic solution. Placement in a center for residential care offers better developmental chances for the juveniles involved.

Residential treatment is provided for adolescent youths who suffer from severe developmental difficulties. It concerns juveniles who show higher then average levels of emotional, hyperactive and aggressive behavior problems, in combination with severe disturbances in personality development, in particular concerning self-control and coping style. The family background of these juveniles is more than average »at risk«, the risks being composed of severe disturbed emotional functioning of parents, a more then average level of parent-child conflict, and insecure emotional climate in the family. For these juveniles the smooth integration in society also is at risk, as we conclude from the average to high risk-levels in the school and the peer-group situation.

Intensive Residential Treatment is provided when we have to deal with adolescent youths who show severe disturbances on all the areas of the social-ecological model. It concerns juveniles who show higher then average levels of hyperactive, aggressive and/or antisocial behavior problems, in combination with severe disturbances in personality development, in particular concerning self-control and coping style. The family backgrounds of these juveniles are more than average »at risk«, with multi- problems in the family, comprising severe disturbed personal functioning of parents, severe family conflict, and a more then average level of parental rearing incompetency. The integration in society is frozen, as shows the total absence of motivation and severe disturbed relationships at school, and the association with antisocial peers.

3.2 Care targets and care methods

The second part of the identity of a care facility can be described in terms of the care goals the facility wants to achieve, as well as the way the care professionals in the facility behave concerning the realization of these goals.

3.2.1 Care goals in residential centers

In the Netherlands VAN DER PLOEG & SCHOLTE (1993) explored the care goals of residential institutions by investigating the main educational goals the mental health professionals in residential practice use. They distinguish the following major goals:
1. the provision of basic care like material facilities and basic trust;
2. improvement in problem behavior and/or social adaptability;
3. reduction of intra-psychic problems and/or emotional growth;
4. enhancement of social competence and personality development;
5. optimization of the relation with the parents, as well as
6. enhancing the opportunities for future vocational participation in society, like optimum removal of learning disabilities, schooling and vocational training.

3.2.2 Care methods in residential centers

Closely related to the care goals are the educational and rearing policies the care workers apply in the guiding of their pupils towards the desired developmental ends. Research on residential care in the Netherlands detected five basic educational strategies used by group care workers (VAN DER PLOEG & SCHOLTE, 1993). The aspects found here were:
1. a system for behavior regulation, e.g., a set of clear-cut rules and sanctions;
2. a structure of regular adaptive demands, e.g., regular room and house cleaning, regular school/vocational training and regular participation in leisure time activities;
3. opportunities for autonomous functioning, e.g., the allowed freedom in using the day, in choosing friends and in spending the leisure time;
4. the provision of emotional support, e.g., help and understanding in daily life situations;
5. trustworthiness, e.g., reliable attitudes and association with pupils during leisure time.

These basic dimensions of educational policies in residential care centers closely resemble the two major factors found in research on effective rearing in family environments (cf. ROLLINS & THOMAS, 1979), namely: control versus autonomy and emotional refusal versus emotional acceptance.

3.3.3 Example: two types of Dutch residential facilities

Figure 2 shows the results of an analysis in a sample of 211 juveniles in centers for residential care and treatment in the Netherlands. The figure only refers to the two main types of residential care presented first in figure 1. The research on the third type (and others) is underway.

Two investigated dimensions presented were operationalized as item sets with internal consistencies of at least .65. The presented mean-scores represent measurements taken on four-point scales, where a score of four represents the strong presence of the phenome one, and a score of one represents the total absence. We analyzed the contrasts by using the t-test for differences in means at a two-sided significance level of .05.

Figure 2:   Educational Goals and Rearing Policies

	Residential Care (N=132)	Residential Treatment (N=79)
Educational Goals:		
1. Basic Care	± (3.6)	± (3.5)
2. Problem Behavior	- (3.3)	+ (3.5)
3. Emotional Functioning	+ (3.6)	- (3.4)
4. Personality Development	- (3.2)	+ (3.5)
5. Family-functioning	± (3.2)	± (3.1)
6. School/Vocational Training	± (2.9)	± (2.8)
Educational Policies:		
1. Strict Rules	- (3.1)	+ (3.3)
2. Autonomy	+ (2.6)	- (2.4)
3. Emotional Support	- (3.2)	+ (3.5)
4. Demandingness	± (3.2)	± (3.2)
5. Thrust	± (2.7)	± (2.7)

contrasts analyzed by t-test for differences in mean scores (p<0.05)
-       *lowest mean score*
_   *no difference in mean score*
+   *highest means score*

As we conclude from the mean scores of three and higher, in both types of residential care facilities almost all the educational goals and all the rearing policies are strongly emphasized. There are, however, also some significant differences.

The residential centers for juvenile care emphasize the emotional growth of the juveniles as an educational goal, while the residential treatment centers emphasize the improvement of social behavior, as well as the growth of personality. The provision of basic care, the optimization of the relationships with parents as well as the offering of an enhancement of the possibilities for future participation in society by means of schooling and vocational training are equally well emphasized in both types of residential facilities.

Concerning the educational policies we see some congruence, but also a striking difference. Both types of residential centers oblige the juveniles equally to participate in daily life activities like cleaning the house and the rooms, visiting a school/ vocational training and the obliged participation in structured leisure time activities. The group workers of both types of residential care facilities follow an equal policy of trustworthiness. However, concerning the autonomy and the presence of a system of rules and sanctions there are significant differences between the two kinds of provisions. Although the mean scores suggest that both types of residential institutions limit the permitted autonomy for juveniles strongly, and that both types emphasize the importance of clear-cut rules and sanctions, we also see that the treatment centers emphasize these educational policies more strongly then the care centers. The figure also shows that the treatment centers apply the rearing policy of directed emotional support more strongly than the care centers.

4. Allocation of optimum care

We can summarize the analysis of the identities of care facilities *temporarily* as the following general indications for the allocation of care. From the analysis of the types of problem children handled in the various care settings we draw the conclusion that:

- *Foster Care* is suggested when severe personal problems of parents threaten the - still unproblematic - development of the child;
- *Family Guidance* is suggested when the psychosocial situation of the juvenile is problematic in several respects, yet these problems only are moderately serious;
- *Residential Care* is suggested when the children's situation also is moderately problematic in various respects, whereas there are serious personal, relational and educational problems in the family;
- *Residential Treatment* is suggested when there are serious emotional, behavioral and personality problems of the juvenile of an aggressive and/or hyperactive nature, together with serious disturbances in family-functioning;
- *Intensive Residential Treatment* is suggested when the behavioral and personality development of the juvenile shows serious disturbances, together with serious deviant functioning in all societal areas (family, school and peer group).

In our analysis of the basic care policies we saw that the centers for residential treatment in general apply more strict care methods then the centers for residential care. When we add this finding to the arrangement presented before, then we reach the following general rule for the allocation of care:

1. the more psychosocial risks increase, the more treatment then care is suggested; and
2. the more the psychosocial risks in the primary rearing environment increase, in particular concerning the personal (dys)functioning of parents, the more placement outside the family is suggested.

5. Finally

Finally we want to end with a warning. The relationship between the general risk-profiles presented and the type of care that is allocated in practice doesn't necessarily need to follow the linear track presented in our allocation model. In practice feasibility matters like the complexity of the psychosocial problems, the variable availabilities of care facilities, and the variable wishes, possibilities and contributions of both clients, care workers and care institutions, play a crucial role during the allocation of care. Because of this it is very well possible that a specific juvenile »at risk« reported for care ends up in a completely different care provision than the one resulting from a comparative risk profile analysis as proposed in this paper. This, however, does not affect the indicative powers of this approach.

References

ACHENBACH TH.M.: Assessment and taxonomy of Child and Adolescent psychopathology. Newbury-Park, 1985

BLOCK, J. & BLOCK, J.: The role of Ego-control and Ego-resilience in the organization of behavior. In: W.A. COLLINS (ED.): Development of Cognition, Affect and Social Behavior. Hillsdale, 1982

COLTON, M., HELLINCKX, W., BULLOCK, R. & VAN DEN BRUEL, B.: »Caring for troubled children in Flanders, The Netherlands and the United Kingdom«, British Journal of Social Work, 1991, 21.

KIRK, R.: Experimental Designs: Procedures for the Behavioral Sciences. Belmont, 1968

LAW ON JUVENILE ASSISTANCE (Wetgeving jeugdhulpverlening Wet op de Jeugdhulpverlening. Algemene maatregelen van bestuur. Ministeriële besluiten: Rijswijk/Den Haag, 1991

MILHAM, S. & LITTLE, M.: »Specialized Residential Treatment for difficult Adolescents. Some recent findings«. In: HELLINCKX, BROEKAERT, VANDENBERGE EN COLTON (EDS.): Innovations in residential care. Amersfoort/Leuven, 1991

VAN DER PLOEG, J.D., GAEMERS, J. & HOOGENDAM, P.H. Homeless Youth. Leiden

VAN DER PLOEG, J.D. & SCHOLTE, E.M.: Victims of Society. Rotterdam, 1990

ROLLINS, B.C. & THOMAS, D.L.: Parental Support, Power and Control Techniques in the Socialization of Children. In: W.R. BURR, R. HILL, F. NYE & J.L. REISS (EDS): Contemporary theories about the family. Vol I, pp. 317-363, Londen, 1979

RUTTER, M.: Family and Schoolinfluences on Behavioral Development. Journal of Child Psychology and Psychiatry, 1985, 126, pp. 493-509.

SCHOLTE, E.M.: »The socio-ecological approach to problem behavior: a perspective on integrated treatment«. In: HELLINCKX, BROEKAERT, VANDENBERGE EN COLTON (EDS.): Innovations in residential care. Amersfoort/Leuven, 1991

SCHOLTE, E.M.: »Identification of Children ar Risk at the Police Station and the Prevention of Delinquency«, Psychiatry, 1992c, vol. 55.

SCHOLTE, E.M.: »Prevention and Treatment of Juvenile Problem Behavior: A Proposal for a Socio-Ecological Approach«, Journal of the Abnormal Child Psychology, 1992b, vol. 20, no. 3.

SCHOLTE, E.M.: Longitudinal studies and the effectiveness of care-services for juveniles at risk for emotional and behavioral disorders. In: M. COLTON (ED.): The Art and Science of Caring. London, 1995

Michel Corbillon/Paul Durning

Institution to shelter Children up to 3 Years

Hilfeangebot für Kleinstkinder

»Enfant Présent« ist seit 1987 im Pariser Osten ein innovativer Weg, Kleinkindern von 0 bis 3 Jahren Unterkunft zu ermöglichen. Es bietet die Möglichkeit der nächtlichen Betreuung und übertrifft damit herkömmliche Zeitpläne von Angeboten. Es besteht aus einer Unterkunft und einer kleinen Gruppe Erziehungspersonal. »Enfant Présent« wendet sich an Familien mit unterschiedlichen Problemen und bietet sinnvolle Lösungsmöglichkeiten für Eltern und Kinder. Zwei Jahre lang (1990-1992) wurde eine umfassende Lösung in enger Zusammenarbeit mit den beiden Gründern durchgeführt.

Es wurde ein Forschungsprogramm begonnen mit dem Ziel, kurz- und mittelfristige Effekte zu untersuchen, aber auch, um verlaufende Prozesse herauszuarbeiten. Dieser Artikel beschreibt kurz die hauptsächlichen Charakteristika dieser Institution, die verschiedenen Untersuchungen als Teil der Überprüfung und die spezifischen methodischen Wege. Im Mittelpunkt der Ergebnisse stehen vor allem die kurz- und mittelfristigen Auswirkungen der durchgeführten Interventionen.

1 Description of »Enfant Présent«

This institution takes over from more traditional modes of reception (nurse, crèche[3]) when these services prove insufficient, avoiding possible separations between parents and children (placement in residential or foster care) and allowing the protection of children who are at risk (for instance of ill-treatment) without the negative social marking which is often associated with more drastic preventive measures. Enfant Présent caters for families with difficulties, difficulties which may be limited to the parents working-schedules, but often include social or conjugal problems, health or psychological problems, indeed psychiatric disorders.

The supervising team includes six members: a manager/social worker, a psychologist, a community worker, a nursery nurse, a secretary and a paediatrician (part time). About twenty infant-nurses take care the children every day.

The action is directed to the children but also to the parents to whom support is afforded in connection with numerous and various services, usually set up in the district.

It's an intermediate structure between traditional facilities (nurse, crèche) and temporary foster care. The general organization is drawn along the lines both of family (within an institutional framework) and placement (with social and educational targets). To put things more precisely, common traits with family nurseries are the following:
- infant-nurses,
- local setting,

- financial participation of the parents,
- preservation of parental authority and of daily relationship between parents and child.

Its common traits with family foster care are:

- a pluridisciplinary team,
- an individualized case follow-up,
- support is afforded to the parents,
- possible admission at nighttime and during week ends.

To these, Enfant Présent adds characteristics of its own:

- flexibility of its opening hours,
- accessibility of every family to the institution (whatever their social background and the type of difficulties they may have),
- a teamwork characterized by the interdependence of the various categories of the staff, the polyvalency and the availability of the different members of the team,
- an intense monitoring of the infant-nurses,
- the possibility of preparing a placement (judiciary or therapeutic).

2. Assessment towards innovation: the research programme

The multidimensional assessment includes:

- an epidemiological approach which aims at a better understanding of the nursed children and their family since the facility was created. From the various documents produced by the team, a questionnaire was filled out for every child. This questionnaire is focused on the characteristics (biological, social, psychological, ...) of the child and of his family.
- a mapping-out of all the actions implemented by Enfant Présent and an analysis of the relevance of the responses given to the problematics of children and families. As was the case with the previous study, it is a collection of data established on the basis of the documents produced by the nursing team. The information gathered concerns the manner in which care is provided (admission, details of services rendered, manner in which the contract ended, etc ...) and the interventions of the team (support given to the children and the parents, specific forms of help, links with external services, etc ...).
- a study of the organization, founded on observations and interviews of the different partners and the analysis of the contents of the various written documents produced by the team. On the basis of a description of the main characteristics of the organization and the working methods of the team, the organizational diagnosis questions the coherence of the whole project with regard to its aims and proposes interpretations bearing on the relevance and the limits of the experiment. This approach is qualitative: it purports to apprehend the dimensions inherent to the facility in relation to the points of view of its different staff-members. In an ethnological perspective, the study also relies on fieldwork led by the researcher who participates in different moments of the institution's life. The researcher therefore finds himself in a position comparable to that of an ethnologist involved in the community of which he attempts to describe the most salient characteristics ;

hence the borrowing from ethnography of certain methods such as the keeping of a log book. This is completed by the analysis of professional documents produced daily by the members of the organization.

- a longitudinal study about the middle-term becoming of a sample of children (39) who left the nursery in July 1990. Three appraisals were completed with the children and parents ; they include interviews and standard tests (MSCA, HOME, QECP). The latter, besides the advantage they present relying on standardized tools and being repeatable, allow a comparison between the subjects of our survey and the general cohort in the population of reference. The first and the last appraisals concern the children (cognitive development, behaviour, state of health) and their families (relationships between parents and children, economic and social situation, family environment). The second studies adaptation and socialization at school. In addition to the QECP (which concerns behaviour), a questionnaire concerning the academic attainments of the child and the relationships between his parents and school was used.

3. The most significant results

3.1 Characteristics of the children and their families

Most of the children are born in the Paris area and outside wedlock, they are often single children. The conditions in which they developed in their infancy are diverse, so that there is no typical profile. For more than half of the children, no major problem is noted. On the other hand, if more than half of the children have no health problems, 11 % were admitted in hospital more than twice.

There exists a strong correlation between the problems which the child is likely to encounter in the various spheres of his development. The indicators of physical development (health, admissions in hospital), affective (temperament characteristics, disorders, relations between parents and children) or psychosocial (relationships to others) are inter-correlated. These problems are also linked with the characteristics of the family and of the care dispensed.

The parents are often of foreign origin, only one child in four has no grandparents of foreign nationality. They rarely live together but mothers nearly always live with their child while fathers are absent in a majority of cases. A majority of them belong to the »lower« social classes ; we notice in particular a lesser-representation of middle and superior occupations, low income and, in many cases, the presence of social problems (housing, employment, economic problems). The relationships between mother and child are qualified as »positive« by a majority of the sample, but ill-treatments are reported concerning more than one child in four.

In order to synthesize the data concerning families, we have selected four family characteristics likely to cause various difficulties (daily life, social integration, educational and parental competence...). For each one of these characteristics we have opposed the subjects of the study in two groups. This concerns health (absence of presence of a psychopathological diagnosis), the geographical origin (birthplace in France or in the DOM/TOM[4] and abroad), conjugal life (stability of the couple or not) and income (superior or inferior to the SMIC[5]). Some of these items were not always available, Consequently, this specific survey could only be conducted with 145 subjects: 9 families experience no difficulties (6 %), 26 have only one (18 %), 55 have two (38 %), 44 have three (30 %) and 11 have four (8 %).

With regard to parents born in France, one reports a higher frequency of pathological problems and of stable couples, and income levels which are slightly superior to the average. In the absence of maternal psychological problems, in addition to the birthplace, one notices a greater frequency of stable couples. Income is quite superior in the case of stable unions.

We have included an »indicator of difficulties« which integrates the four characteristics presented here-above. One point is attributed per difficulty.[6] Without strictly respecting this scale, the population can be shared out according to a »normal« distribution: numbers increase up to two, then decrease in symmetrical proportions. This would seem to imply that there is no decisive factor (i.e. a difficulty which would explain everything) but that difficulties tend to combine, accumulate and interreact.

The »indicator of difficulties« thus elaborated can be crossed with various other items and especially those which concern the child. Bearing in mind the topicality of this theme, we have confronted it to the indicator of ill-treatment. Cases where ill-treatment occurs appear to be closely linked with the indicator of family difficulties: it seldom occurs when no difficulties or only one difficulty are pointed out. The connexion becomes more significant from three points and beyond.

Table !:   Family difficulties and ill-treatments

Number of difficulties	ILL-TREATMENTS		
	Number de familles	Presence	% according to the number of difficulties
O et 1	35	4	11 %
2	55	14	25 %
3 et 4	55	24	44 %

One single factor does not account for cases where ill-treatment occurs. On the other hand, the presence of three or four problems seems to be significant.

3.2 Actions carried out by Enfant Présent

Indications for admission share out between the prevention of various risks the child may be exposed to (ill-treatments, placement, health, ...) and help to the parents so as to tackle social problems (social integration, schedules, ...). In more than half of the cases, preventive concerns play a significant role in the admission.

18 % of the children are taken in at night and/or during the week end, 26 % during the day, either very early or very late.

The institution's range of interventions is very diversified. Contacts with various external services (social, medical, psychological, judiciary, etc ...) testify to this diversity of competences. A genuine network has developed which is able to respond to the problematics experienced by the children and parents.

The stability of the infant-nurses is remarkable (most of them work in the institution since the beginning of the experience) though they are in charge of the children for lengthy hours.7 The appraisal we can formulate concerning the work of the infant-nurses, on basis of the study, reveals that they entertain good relationships with the children and, to a lesser degree, with the parents. The material facilities which they are offered, but also the training and the regular monitoring by the supervising team account partially for these results.

The assessment shows that admission and nursing methods as well as the manner in which the contract is concluded are differentiated from one child to another, and also from one family to the next. It is important therefore to point out that help is provided more readily to those who experience the most severe difficulties: admission carried out in a preventive perspective, families which experience most social problems, mothers suffering with psychopathological disorders, etc... This may seem obvious but it has often been noticed that organizational systems led to provide more help to those who need it least.

3.3 Short and middle term effects

Is the help provided by Enfant Présent simply limited to the child's stay in the facility or does it produce effects beyond, in the following years, bearing on the socialization of the child, relationships inside the family, the parents stability, etc. ?

The results of our investigations allow us to partially answer these questions. The size of the sample leads us to talk rather of tendencies, of results witch complementary research could possibly confirm.

The current data (collected in the course of the assessment conducted in 1991 and in 1992) appears to bring forth positive indications: a majority of mothers underline the positive evolution of their children and their good relationship with it, developmental problems seem unusual, results concerning standardized tests are more or less equal to the average figures (graded out by the tests) and, inmost of cases, the children are not concerned by judiciary or social measures (educational assistance or placement). However many parents seem socially isolated, especially mothers.

One notices the perseverance of this positive impression between the two assessments: in 1992, developmental disorders are rarer, except in matters pertaining to health, and positive comments of the mothers concerning the evolution of their children occur more frequently.

Comparisons with the nursing period at Enfant Présent confirm this data: development indicators are better, the relationships between mother and child are qualified in a more positive manner, the parents's employment and the mother's health seem less problematic, income level is more and less the same.

The study which was conducted in the academic field, with a part of the sample, produces contrasted data. According to the assessment carried out by the teacher, school results of the children who were nursed at Enfant Présent, are close to those of their classmates and predictions concerning their future adaptation (especially in first grade) are identical. Performances and predictions are more positive concerning girls than boys, which is congruent with research results in that field. On the other hand, information relative to behaviour mentions problematics that are more difficult for most of the children of our sample, concerning rowdiness or withdrawal.

The crossing of the data produces various information, we shall stress a general and massive observation: there is no single decisive factor (a difficulty which would account for everything), but one notes the influence of a set of factors which seem to combine and mutually reinforce each other. This observation could be summarized in the following way: if the data concerning the parents (their own youth, before the child's taking in at the nursery and after) is positive, then the data pertaining to the child is likewise, the facility's organization is light, the becoming of the family and of the child is favourable and conversely if the indications are negative.

Admissions that were decided with a preventive aim cumulate the most negative data before the care and the most drastic support during its stay. But admissions' motivations do not present significant differences with the updated data, this aspect seems to reveal positive term effects of the care provided.

Among the characteristics of the nursing facilities, telephone contacts, specific forms of support, the density of the links with external services and the orientations after leaving obtain the most significant differences. The most intense forms of help are usually correlative with deficient or hardly favourable indications (development problems, no friends, social measures, ...) and conversely for the less dense support.

The presence of a social monitoring measure (AEMO[8], placement) is the updated variable which is the most sensitive with regard to the conditions of reception and care, then the presence of friends (in the circle of the family) and, to a lesser degree, the development and the evolution of the child, and the nature of contacts between father and child. The effect of Enfant Présent is hard to measure and to assess on the basis of this type of data ; a short-cut relating to the children concerned by social measures in 1992 expresses this quite clearly: their admission was demanded by a service specialized in prevention and they benefited from intense and varied forms of support when they were in Enfant Présent. In fact, one cannot expect from a socio-educational measure that it reverses completely the course of things. Here, family characteristics (especially, before admission) are significant and even if the commitment of Enfant Présent has been strong, this does not imply that the specific traits of the child and family are reversed, in other words that the most difficult cases are those which are the most successful ones. Still, on the whole, it is likely that the involvement of Enfant Présent has avoided a worsening of the situations.

From all the results, we shall single out the elements which bear witness to the positive evolution of the children and their families which can rightly be interpreted as a persistence of the Enfant Présent effect ; such an appraisal is reinforced by the fact that these evolutions correspond to aims defined and laid out by the institution, especially the establishing or the improvement of the links between mother and child and the »implementation of appropriate means for responding to the needs of children at great risk, without severing family links« (extract from the chart of the Enfant Présent association).

Notes

[1] In France, 40 % of children below 3 years of age were nursed outside their home in 1990. The French system of day care is characterized by the choice between day time child-care centers and women who keep the children at home (which hereafter we shall call »infant-nurses«) behind the supervision of paediatric nurses, physicians, etc. On the other hand, some children from two years of age are admitted at pre-schools.

[2] The nursery organizes and supervises the keeping of children by a network of infant-nurses.

[3] In France, the term »crèche« (nursery) refers to institutions which cater for »ordinary« children below three years of age.

[4] The Départements et Territoires d'Outre-mer (DOM/TOM) are French territories scattered in the different continents (for instance, Guadeloupe or New Caledonia)

[5] SMIC (Salaire minimum interprofessionnel de croissance) garantees salaried employees with the lowest wages a minimum basis and a yearly pay increase.

[6] Accordingly, the following family situation is given four points: separation of parents of foreign origin, psychopathological diagnosis and a yearly pay increase.

[7] Especially if one considers that the social context is characterized by a gradual professionalization of the paediatric nurses which, among other consequences, creates situations where it becomes almost impossible to have children kept outside »office hours«.

[8] AEMO, Assistance éducative en milieu ouvert, is a system of educational monitoring and help which takes place in the subject's ordinary environment. The child or adolescent is given help (of various types, on average a contact every tennight/fortnight with a community worker) but remains in his »natural« environment.

References

Balleyguier, G., Meudec, M., Chasseigne, G.: Mode de garde et tempérament chez le jeune enfant. Enfance, 1991, 45, n° 1-2, pp. 153-169.

Behar, L.B., Stringfield, S.: A behavior rating scale for the preschool child. Developmental Psychology, 1974, 10, pp. 601-610.

Belsky, J., Steinberg, L.: The effects of day care: a critical review. Child development, 1978, 49, pp. 929-949.

Boutin, G., Durning, P.: Les interventions auprès des parents. Toulouse, 1994.

Bradley, R.H., Caldwell, B.M.: 174 children: a study of the relationship between home environment and cognitive development during the first five year. In: Gottfried, A. W.: Home environment and early cognitive development. London, 1984.

Combes, J.: Les modes d'accueil à participation parentale à destination des familes en difficulté. Evolution d'un outil structurel. 3ème Congrès international de recherche en éducation familiale. Paris, 1991.

Corbillon, M., Assailly, J.P., Duyme, M.: L'enfant placé. De l'assistance publique à l'aide sociale à l'enfance. Documentation française, 1990.

Corbillon, M., Durning, P., Fablet, D.: »Enfant Présent.Une crèche familiale entre accueil et prévention. Evaluation d'un mode d'accueil innovant, Olivet (Loiret). GERIS, 1993, research report.

Dansereau, S., Terrisse, B., Bouchard, J.M.: Education familiale et intervention précoce. Vigneux, 1991 (1ère éd. Ottawa, Agence d'Arc, 1990).

Ghesquière, P.: Contribution à la clarification de la notion famille-problème, en particulier en relation avec les problèmes de l'enfance maltraitée. Une étude de la littérature, 3ème Congrès international de recherche en éducation familiale. Paris, 1991.

GROUPE FAMILIAL Petite enfance: de la garde à l'accueil, n° spécial, n° 122, janv/mars 1989.

INFORMATIONS SOCIALES: L'enfance en danger - La prévention, janvier/février 1990, n° 2.

I.N.S.E.E, Les enfants de moins de 6 ans, Paris, Ed de l'I.N.S.E.E., Coll. Contours et caractères, 1992.

JACOBS, F. H.: The Five-Tiered Approach to evaluation: Context and Implementation. In: Weiss H. B., Jacobs F.H. (Eds.): Evaluating Family Programs. New York, 1988, pp. 37-68.

KNAUER, D., PALACIO ESPASA, F.: Réflexion sur l'action d'un jardin d'enfants thérapeutique, étude catamnestique sur 21 enfants. Neuropsychiatrie de l'Enfance, n° 38, 1990, pp. 107-130.

LA LETTRE DE L'IDEF: Les modes d'accueil de la petite enfance, étude bibliographique, n° 44, avril 1990.

LALLEMAND, D.: Une crèche préventive unique en France, Paris, Fondation de France, Coll. Les cahiers, n° 1, 1991.

LEFAUCHEUR, N.: Les familles dites monoparentales. In: Singly (de), F.: (sous la direction de) La famille, l'état des savoirs. Paris 1991.

LE POULTIER, F.: Recherches évaluatives en travail social. Presses Universitaires de Grenoble, 1990.

MERMILLOT, C., ROSSIGNOL, C.: Le développement de l'enfant à 4 ans est-il significatif des modes de garde antérieur? Bulletin de statistiques, 1974, n° 2, pp. 105-131.

MOORE, T.: Exclusive early mothering and its alternative: the outcomes to adolescence. Journal of psychology, n° 16, pp. 255-272.

NEYRAND, G., GUILLOT, C.: La socialisation des enfants de parents isolés. Aix-en-Provence 1988.

NORVEZ, A.: De la naissance à l'école: santé, mode de garde, préscolarité dans la France contemporaine. Population, n° 1, 1991.

PALACIO-QUINTIN, E.: Milieu socio-économique, environnement familial et développement cognitif de l'enfant. In: Dansereau, S., Terrisse, B., Bouchard, J.M.: Education familiale et intervention précoce. Vigneux 1991 (1ère éd. Ottawa, Agence d'Arc, 1990).

POURTOIS, J.P. ET COLL.: Eduquer les parents ou comment stimuler la compétence en éducation. Bruxelles 1984.

RAIMBAULT, G., MANCIAUX, M.: Enfance menacée. INSERM, diffusion La Documentation Française, 1992.

TREMBLAY, R., DESMARAIS-GERVAIS, L.: Le questionnaire d'évaluation des comportements au préscolaire (Q.E.C.P.). Montréal, ERISH, Université de Montréal, 1985.

TRUCCHIS (DE), C.: L'accueil des enfants de moins de 3 ans en France. Enfance, 1990, n° 41, 2, pp. 69-82.

Uwe Uhlendorff

Sozialpädagogische Diagnosen

Pedagogical Diagnostic

Social work needs two types of diagnosis. The first is called »social diagnosis« and belongs to the tasks of social welfare offices, which have to explore the individual need and have to make decisions about the following kind of help. The other type is an educational diagnosis that aims to analyse the life-themes and developmental tasks which prove too demanding for children and young people. The aim of this diagnosis is to find concrete educational tasks.

Der in der sozialen Arbeit älteste methodische Diagnoseansatz ist die »soziale Diagnose« - in der Jugendhilfe der Bundesrepublik Deutschland hat sich der Fachterminus »psychosoziale Diagnose« eingebürgert. Die soziale Diagnose wurde 1926 von ALICE SALOMON in Deutschland eingeführt, die Methode war aber schon in der Gemeindearbeit in England und in den USA gebräuchlich (RICHMOND 1917). Seit der Einführung eines umfassenden staatlichen Wohlfahrtssystems und der Bildung von Sozial- und Jugendämtern wurden »Methoden der Feststellung, der Ermittlung des Notstands« (SALOMON 1926) eingeführt, um den Bedarf an öffentlichen Mitteln zu begründen, zu planen und gezielt bereitzustellen. Das »Wesentliche« der sozialen Diagnose sollte aber nicht das Sammeln von sozialen und wirtschaftlichen Tatbeständen sein, sondern ihre »Deutung« (ebd., 7). Diese soll sich von einer »Theorie des Helfens«, einer »Kunst des Helfens« leiten lassen. Salomon versuchte, einen modernen Entwicklungsbegriff in die Jugendhilfe und Sozialarbeit einzuführen:

»Alle Fürsorge besteht darin, daß man entweder einem Menschen hilft, sich in der gegebenen Umwelt einzuordnen, zu behaupten, zurechtzufinden - oder daß man seine Umwelt so umgestaltet, verändert, beeinflußt, daß er sich darin bewähren, seine Kräfte entfalten kann. Persönlichkeitsentwicklung durch bewußte Anpassung des Menschen an seine Umwelt - oder der Umwelt an die besonderen Bedürfnisse und Kräfte des betreffenden Menschen« (ebd., 59).

ALICE SALOMON vertrat einen methodischen Arbeitsansatz, den man heute »lebensweltorientiert« (vgl. THIERSCH 1992) nennen würde: der fortschrittliche Sozialbeamte in Jugend- und Sozialamt sollte die Notlage von Familien im Kontext ihres Umfeldes deuten, um »Hilfsmöglichkeiten am Ort nutzbar zu machen« (SALOMON, 43). Er sollte aber auch zu sozialen Reformen anregen.

Die sozialen Diagnosen stützten sich auf Gespräche des Fürsorgers mit Familie, Nachbarn, Lehrern etc. Bei dem »Hilfsplan« sollten auch die Klienten beteiligt werden. WRONSKY bemühte sich, die Methode der sozialen Diagnose und Therapie weiterzuentwickeln; sie unterschied deutlicher zwischen »Ermittlung (Analyse) - Befund (Diagnose) - Behandlung (Therapie)« (WRONSKY 1926). Was SALOMON und WRONSKY unter »Behandlung« und Therapie verstanden, war noch sehr undeutlich

(vgl. C.W. MÜLLER 1982); die Falldiagnosen rechtfertigten lediglich eine Intervention (wie Fürsorgeerziehung, Herausnahme des Kindes aus der Familie).

Der methodische Ansatz fand zunächst in der Praxis keinen Anklang; er wurde
in der BRD, wenn auch in veränderter Form, während der 50er Jahre von der Fachöffentlichkeit wieder aufgegriffen. Die Methode der sozialen Diagnose fand in der
Sozialpädagogik besonders bei Entscheidungen über Sorgerechtsentzug und Fürsorgeerziehung Anwendung. Der methodische Ansatz wurde in den 70er und 80er Jahren wesentlich weiterentwickelt: Die psychosoziale Diagnose orientierte sich an der
systemischen Familientherapie und an Methoden der angewandten Psychologie. Sie
erhielt dadurch erst eine stärkere fachwissenschaftliche Fundierung.

Die schriftlich verfaßten Diagnosen umfaßten in der Regel eine Familien-
anamnese und eine dichte Beschreibung der aktuellen Lebenslage, der Befindlichkeiten der Familienmitglieder und ihrer Beziehungen untereinander. Der dritte Teil,
die eigentliche Diagnose, bestand aus einer pädagogischen, oft an die systemische
Familientherapie angelehnten Interpretation und Prognosen, wie man die Lebenssituation der Betroffenen verbessern könnte. Sie endeten mit einem Vorschlag über die
Hilfeart (Pflegefamilie, Heim, etc). Bei den Diagnosen handelte es sich um fachliche
Einschätzungen, die eine Hilfeart oder einen Eingriff (Fürsorgeerziehung) begründeten. Eine Form der »Behandlung« ließ sich von ihnen nur schwer ableiten. Für die
Heimerziehung, für die tatsächliche praktische pädagogische Arbeit in Heimen, Tages-
gruppen oder Pflegestellen waren die Diagnosen unbedeutend (FREIGANG 1986 und
PETERMANN 1988).

Seit dem Inkrafttreten des neuen Kinder- und Jugendhilfegesetzes in der BRD
wird die Notwendigkeit psychosozialer Diagnose in der Fachöffentlichkeit in Frage
gestellt, weil es die Beteiligung und aktive Mitwirkung der Hilfeempfänger rechtlich
verankert und Hilfeplanung »den Charakter eines Aushandlungsverfahrens verleiht
und damit einen Prozeß im Blick hat, der in zentralen Aspekten von 'Behandlungs'-
Vorstellungen bisheriger Diagnosekonzepte abweicht« (MERCHEL 1994, 49). Einige
Experten schlagen vor, auf psychosoziale Diagnosen ganz zu verzichten und den
Begriff Diagnose in der Jugendhilfe nicht mehr zu verwenden. Andere halten, wenn
auch in veränderter Form, Diagnosen in der Jugendhilfe für wichtig und verwenden
den Begriff weiter, wie zum Beispiel B. MÜLLER (1993) und HARNACH-BECK (1995).
Daß Diagnosen in der Jugendhilfe weiterhin notwendig sind, hängt mit den z.T. unbestimmten Rechtsbegriffen in der Jugendhilfe zusammen, wie z.B. »erzieherischer
Bedarf«, »Wohl des Kindes«. Die »Fachkräfte« der Jugendämter sind somit aufgefordert, diese unbestimmten Rechtsbegriffe mit Inhalten zu füllen, zu klären, ob »eine
dem Wohl des Kindes entsprechende Erziehung gewährleistet ist«. Sie müssen entscheiden, ob ein erzieherischer Bedarf besteht und welche Hilfeart in Frage kommt.
Diesen Klärungsprozeß nennen B. MÜLLER und HARNACH-BECK Diagnose; er umfaßt
eine Deutung der Lebenslage und Prognosen über die Bedingungen, unter welchen
sie sich verbessern könnte.

MÜLLER plädiert dafür, sich in der Jugendhilfe von einem Verständnis von Diagnose zu lösen, »das vom medizinischen Feld geprägt ist, und wonach Maßstab der
Diagnose im Einzelfall ausschließlich das jeweils relevante Expertenwissen ist (als
das «anerkannte Allgemeine«), während rechtliche Erwägungen und Klientenwünsche

allenfalls bei der folgenden Behandlung und auch nur am Rande eine Rolle spielen« (MÜLLER 1993). Diagnose heißt zu klären,»wer hat welche Probleme« und»was ist aus fachlicher Sicht zu tun«. Die Diagnose muß einer doppelten Kontrolle unterzogen werden, nämlich der mehrerer Fachleute und vor allen Dingen der Kontrolle durch die Betroffenen selbst (ebd., 67 f). Es geht nicht darum, die fachliche Sichtweise gegenüber den Betroffenen durchzusetzen, sondern um das Bemühen, um einen fairen Kompromiß:

»Geht man davon aus, daß es Aufgabe von Anamnese und Diagnose ist, a) herauszufinden, was Sozialpädagogen aus fachlicher Sicht zur Veränderung der Lage (oder des Verhaltens) ihrer Adressaten berechtigterweise »wollen« müssen, und b) herauszufinden, welcher »berechtigter Wille« ihre Adressaten dazu bringt, ihr Leben so zu gestalten, wie sie es tun - so bleiben für die Intervention zwei weitere Aufgaben: Zum einen die Aufgabe, c) den genannten »Kompromiß« zwischen beiden zu finden (statt die eigene Sichtweise möglichst vollständig durchzusetzen). Zum anderen die Aufgabe, d) die »notwendigen Leistungen« für die praktische Umsetzung dieses Kompromisses gekonnt zu erbringen« (ebd., 70). Neben B. MÜLLER beschreibt auch HARNACH-BECK einen für Praktiker handhabbaren methodischen Diagnoseansatz.

Die psychosoziale Diagnose gehört zu den Aufgaben des Sozialarbeiters, der im Jugendamt oder Sozialamt arbeitet und über die Gewährung einer Hilfe mitzuentscheiden hat oder gutachterliche Stellungnahmen z.B. für das Jugend- oder Vormundschaftsgericht erbringen muß. Sie ist somit Bestandteil eines rechtlich-administrativen Prozesses. Ist sie abgeschlossen, dann beginnt die eigentliche Hilfe bzw. pädagogische Betreuung. Die sozialpädagogische Diagnose gehört im Unterschied zu der psychosozialen Diagnose in den Wirkungsbereich der Sozialpädagogen, die Familien, Kinder und Jugendliche in der Praxis tatsächlich betreuen. Sie dient der Unterstützung sozialpädagogischen Handelns, der Planung pädagogischer Prozesse (vgl. MOLLENHAUER 1988, 101). Die Befindlichkeit des Kindes oder Jugendlichen sowie die sich andeutenden Entwicklungsmöglichkeiten einerseits und die Gestaltung des pädagogischen Settings und der pädagogischen Interaktion - oder anders ausgedrückt - des »sozialpädagogischen Ortes« (WINKLER 1988), des »sozialräumlichen Milieus« (BÖHNISCH 1994) andererseits sind die beiden Fluchtpunkte sozialpädagogischer Diagnose. Auch die psychosozialen Diagnosen nehmen Entwicklungstatsachen und das Lebensfeld der Betroffenen ins Visier, aber aus der Perspektive einer öffentlichen Behörde, die Ressourcen bereitstellen und dies öffentlich rechtfertigen muß. Der Blick des Sozialpädagogen geht tiefer und weiter, weil er rückgebunden ist an die tagtägliche pädagogische Interaktion und die Gestaltung des sozialpädagogischen Ortes, in dem er tätig ist. Die sozialpädagogische Diagnose fragt: »Wie muß das Lernmilieu im einzelnen beschaffen sein, um die Persönlichkeitsentwicklung im Alltagshandeln konkret zu unterstützen?« Die Perspektive und Aufgabe des Sozialpädagogen ist eine andere als der des »Sozialbeamten« im Jugendamt; er muß »Lebensformen verantworten« (MOLLENHAUER), »Milieus fördern« (BÖHNISCH), die Jugendlichen bei der Lebensbewältigung besser unterstützen. In der praktischen pädagogischen Arbeit mit den Klienten, geht es um die Verantwortung sinnhaften, gemeinsamen alltäglichen Tuns, um die Gestaltung von pädagogischen Kulturen, in die Pädagogen und Jugendliche eingebunden sind u.a. mit dem Ziel, Lernmöglichkeiten zu schaffen, die Kinder und Jugendliche in ihrer Bildungsbewegung voranbringen. Pädagogisches Handeln kann aber auch bedeuten, auf ein schon bestehendes Lebensfeld hinzuwirken, ein Lebensfeld zu unterstützen oder »Milieubildung zu fördern« (Böhnisch 1995), um die Entwicklung einer eigenverantwortlichen und gemeinschaftsfähigen Persönlichkeit zu gewährleisten.

Die sozialpädagogische Diagnose trägt Verantwortung für die »Persönlichkeitsentwicklung« der Kindes bzw. Heranwachsenden, aber nicht im Hinblick auf eine gezielte »Behandlung« oder »psychische Beeinflussung« (Salomon), sondern im Hinblick auf konkrete pädagogische Aufgabenstellungen, die für die Entwicklung förderlich sind und die sich in den Alltag einfädeln lassen; »das Pädagogische« in der Sozialarbeit/Sozialpädagogik besteht u.a. darin, Kindern, Jugendlichen und Familien Aufgaben zu stellen bzw. mit ihnen auszuhandeln (Mollenhauer 1988 b). Für die Unterstützung dieses Prozesses braucht der Praktiker Hypothesen über diejenigen Entwicklungsaufgaben und Lebenssituationen, deren Bewältigung den Individuen besondere Schwierigkeiten bereiten. Die Deutung der Lebensbewältigungsprozesse der Heranwachsenden stehen im Zentrum des sozialpädagogischen Blicks. Man hat es also mit komplexen »Lebensthematiken« (vgl. Mollenhauer/Uhlendorff 1992) oder Entwicklungsaufgaben (Havighurst 1953, Oswald 1994) zu tun, in der sich Aufgaben, die mit dem psychophysischen Reifungsprozeß verbunden sind, mit biographischen und gesellschaftlichen Problemstellungen vermischen.

Unter diesen Voraussetzungen sollte man von sozialpädagogischen Diagnosen mindestens dreierlei erwarten können:
1. eine genaue, möglichst dichte Beschreibung der Lebenslage der Betroffenen, ihrer wichtigsten biographischen Erfahrungen und Konfliktbelastungen,
2. Hypothesen zur Lebensthematik und zu denjenigen Entwicklungsaufgaben, mit denen das einzelne Individuum beschäftigt und überfordert ist,
3. Prognosen über die Bedingungen, unter denen die Betreffenden ihre Lebensaufgaben leichter bewältigen und in ihrer Bildungsbewegung vorankommen können.

Methoden der sozialpädagogischen Diagnose sind in der Praxis noch nicht selbstverständlich. Die sozialpädagogische Familienhilfe sowie Tagesgruppen, soweit sie Familienarbeit betreiben, scheinen in bezug auf praktikable Ansätze weiter zu sein als die Einzelfallhilfen. In der Praxis der Familienarbeit werden z.T. schon Diagnoseansätze angewendet, die sich hauptsächlich an die systemische Familientherapie anlehnen (z.B. der Ansatz von Tischner 1994). Methoden der sozialpädagogischen (Einzelfall-) Analyse und Kasuistik scheinen weit entwickelt zu sein (vgl. Müller/Niemeyer/Peter 1986, Niemeyer 1993, Allert 1993, Winkler 1993, Schütze 1993, Uhlendorff 1990 und 1993). Aber Methoden, die auch in der pädagogischen Praxis der Heimerziehung und ambulanten Einzelfallhilfen eingesetzt werden, sind noch nicht sehr verbreitet, bemerkenswert ist der Versuch von Thimm (1994). Grundlagen einer sozialpädagogisch-hermeneutischen Diagnostik für die Erziehungsplanung finden sich bei Mollenhauer/Uhlendorff (1992 und 1995). Dieser Ansatz basiert auf Interviews mit Jugendliche, die nach »Lebensthemen« und Selbstdeutungsmustern ausgelegt werden. Der in der Jugendhilfepraxis erprobte methodische Ansatz besteht aus folgenden Schritten (vgl. UHLENDORFF 1996):

1. Interview: Mit dem/der Jugendlichen wird ein Aufnahmegespräch geführt, das sich an einem Interviewleitfaden orientiert und auf Tonband aufgezeichnet wird. Der Leitfaden ist nach Themen aufgebaut, u.a. aktuelle Wohnsituation, Familie, Freunde, Schule, Heim, Interessen/Körperlichkeit, Vergangenheit/Zukunft (Zeit), moralische Orientierungen usw.

2. »dichte Beschreibung«: Das Gespräch wird anschließend im Kreis derjenigen Mitarbeiter und Mitarbeiterinnen interpretiert, die den Jugendlichen oder die Jugendliche im Alltag tatsächlich betreuen. Zunächst werden die den Interpreten signifikant erscheinenden Äußerungen stichwortartig notiert. Bei diesem ersten Auswertungsschritt handelt es sich um einen ersten Ordnungsversuch der wichtigsten Aussagen. Hierfür hat sich nebenstehendes Auswertungsschema bewährt.

3. Interpretation der Lebensthemen: Man geht jede Dimension noch einmal im Team gemeinsam durch und überlegt, welches Thema den Jugendlichen besonders beschäftigt. Es wird also unterstellt, daß die Äußerungen des Heranwachsenden nicht in allen, aber doch in einigen Feldern und Dimensionen um ein oder mehrere konflikthafte Themen kreisen. Der erste Interpretationsschritt besteht also darin, das Interviewprotokoll nach konkreten Themen bzw. Schwierigkeiten, die mit der gegenwärtigen Lebensbewältigung zu tun haben, auszulegen.

4. pädagogische Aufgabenstellung: Hat man die Themen benannt, dann folgt der letzte Auswertungsschritt. Er besteht darin, die Entwicklungsschwierigkeiten des oder der Jugendlichen zu deuten und auf eine pädagogische Aufgabenstellung zu beziehen. Es wird also unterstellt, daß gleichsam hinter den Themen Entwicklungsaufgaben stehen, deren Lösung den Heranwachsenden offensichtlich überfordern. Bei der Interpretation der Aussagen dient ein »Bildungsetappenmodell«, in dem mehr als 60 Entwicklungsaufgaben nach vier Entwicklungsperioden zusammengefaßt sind, bzw. ein etwas ausführlicher »Diagnoseleitfaden« als Deutungshilfe. Der letzte Interpretationsschritt besteht darin, nicht nur die allgemeinen Entwicklungsaufgaben zu benennen, sondern auch pädagogische Hilfestellungen zu formulieren, von denen angenommen werden kann, daß sie den Jugendlichen in seiner Bildungsbewegung und bei der Bewältigung seiner Entwicklungsaufgaben voranbringen. Dies können konkrete Tätigkeiten sein, die eine besondere pädagogisch-therapeutische Potenz haben (vgl. MOLLENHAUER/UHLENDORFF 1992); es können auch Tätigkeiten sein, die gleichsam als »funktionale Äquivalente« (BÖHNISCH 1992) an die Stelle devianter Handlungsweisen treten und in denen die Lebensthematik sich auf sozial verträgliche Weise ausdrücken kann. Die Aufgaben können sich auch auf die Gestaltung des sozialpädagogischen Ortes, des Wohnraums oder des zwischenmenschlichen Umgangs beziehen.

5. Überprüfen der Diagnose: Die Jugendlichen werden nun mit den Annahmen und den pädagogischen Aufgabenvorschläge konfrontiert. Die Gespräche haben den Zweck, sich auf eine gemeinsame Sichtweise und einen gemeinsamen Förderplan zu einigen.

Tabelle 1:   Sozialpädagogisch-hermeneutische Diagnose, Auswertungsschema

Selbst und Weltdeutung	2.1. Zeit-schemata	2.2. Körper-erfahrungen	2.3. Selbst-entwürfe	2.4 normati-ve Orientie-rungen	2.5 Devianz
Erfahrungs-felder					
1.1 Verwandtschaftssystem					
1.2 Pflegefamilie					
1.3 außerfamiliäre nicht-institutionale Erfahrungen					
1.4 Erfahrungen in Einrich-tungen des Bildungssy-stems					
1.5 Erfahrungen in Einrich-tungen der Jugendhilfe					
1.6 Erfahrungen mit Tätig-keiten und Tätigkeits-bedürfnissen					

Erziehung ist dann erfolgreich, wenn es dem Erziehenden und dem Heranwachsen-den gelingt, die gesellschaftlichen Entwicklungserwartungen sinnstiftend aufzugrei-fen, wenn sich »Gemeinschaftsfähigkeit« individuell darstellt, persönliche Eigen-schaften und Fähigkeiten entwickelt werden usw. Die öffentliche Erziehung verlangt eine Diagnostik, die pädagogische Handlungsspielräume in den Mittelpunkt stellt. Für diesen Erziehungsauftrag scheint die psychologisch-psychiatrische ergänzend zu sein, sie reicht aber nicht aus. Die sozialpädagogisch-hermeneutische Diagnose scheint hierfür besonders geeignet zu sein, weil sie auf eine Vermittlung zwischen subjektiver Sichtweise und Normalitätserwartung, zwischen individuell bedeutsa-men Konzepten oder Fähigkeiten und allgemeinen Entwicklungserwartungen abzielt. Die sozialpädagogisch-hermeneutische Diagnose unterstützt die Interaktion zwischen Heranwachsendem und Erziehendem im Hinblick auf die Gestaltung oder Verbesse-rung eines pädagogischen Milieus.

Literatur

ALLERT, T.: Autocrashing - eine Form jugendlicher Selbst- und Fremdgefährdung im Großstadt-milieu. In: Neue Praxis 5/93

BÖHNISCH, L.: Sozialpädagogik des Kindes- und Jugendalters. Weinheim; München, 1992

BÖHNISCH, L.: Gespaltene Normalität: Lebensbewältigung und Sozialpädagogik an den Gren-zen der Wohlfahrtsgesellschaft. Weinheim/München, 1994

FREIGANG, W.: Verlegen und Abschieben. Weinheim/München, 1986

HARNACH-BECK, V.: Psychosoziale Diagnose in der Jugendhilfe: Grundlagen und Methoden für Hilfeplan und Stellungnahme. Weinheim/München, 1995

HAVIGHURST, R. J.: Developmental Tasks and Education. New York, 1953

KLEBER, E.W.: Diagnostik in pädagogischen Handlungsfeldern. Einführung in Bewertung, Beurteilung, Diagnose und Evaluatin. München, 1992

MERCHEL, J.: Von der psychosozialen Diagnose zur Hilfeplanung - Aspekte eines Perspektiven-wechsels in der Erziehungshilfe. In: Institut für soziale Arbeit e. V. (Hrsg.): Hilfeplanung und Betroffenenbeteiligung. Münster, 1994

MOLLENHAUER, K.: Einführung in die Sozialpädagogik: Probleme und Begriffe der Jugend-hilfe. Weinheim, Basel, 1988

MOLLENHAUER, K.: Erziehungswissenschaft und Sozialpädagogik/Sozialarbeit oder das »Pädagogische« in der Sozialarbeit/Sozialpädagogik. In: Sozialwissenschaftliche Literaturrundschau 17/1988

MOLLENHAUER, K./UHLENDORFF, U.: Sozialpädagogische Diagnosen - Über Jugendliche in schwierigen Lebenslagen. Weinheim; München, 1992.

MOLLENHAUER, K./UHLENDORFF, U.: Sozialpädagogische Diagnosen 2 - Selbstdeutungen verhaltensschwieriger Jugendlicher als empirische Grundlage für Erziehungspläne. München, 1995

MÜLLER, B./NIEMEYER, CH./PETER, H. (Hrsg.): Sozialpädagogische Kasuistik. Bielefeld, 1986

MÜLLER, B.: Sozialpädagogisches Können: ein Lehrbuch zur multiperspektivischen Fallarbeit. Freiburg, 1993

MÜLLER, C.W.: Wie Helfen zum Beruf wurde: eine Methodengeschichte der Sozialarbeit. Weinheim; Basel, 1988

Niemeyer, Ch.: Markus stört. Sozialpädagogische Kasuistik auf attributionstheoretischer Grundlage. Typoskript, Neubrandenburg, 1992. In: Birtsch, Kluge u.a. (Hrsg): Autocrashing, S-Bahn-Surfen, Drogenkonsum. Frankfurt/M., 1994.

PETERMANN, F.: Einzelfalldiagnose und klinische Praxis. Stuttgart; Berlin; Köln, 1982

Planungsgruppe PETRA: Analyse von Leistungsfeldern der Heimerziehung. Ein empirischer Beitrag zum Problem der Indikation. Frankfurt/M., 1987

SALOMON, A. Soziale Diagnose. Berlin, 1926

SCHÜTZE, F.: Die Fallanalyse. Zur wissenschaftlichen Fundierung einer klassischen Methode der sozialen Arbeit. In: RAUSCHENBACH, T. (Hrsg.): Lebensweltorientierte Methoden in der sozialen Arbeit. München, 1993

THIERSCH, H.: Lebensweltorientierte soziale Arbeit. Aufgabe der Praxis im sozialen Wandel. Weinheim/München, 1992

THIMM, K. H.: Methodische Hilfen zum Verstehen Jugendlicher in Heim und WG. In: Unsere Jugend 1/94

TISCHNER, W.: Das Vorstellungsgespräch in der Heimerziehung. Ein aussagekräftiges systemisches Diagnoseinstrument und eine entscheidende Weichenstellung für die Zusammenarbeit mit der Familie. In: Unsere Jugend 8/1994

UHLENDORFF, U.: Zur Gestaltung von Lebensthemen im Kontext leibnahen Erlebens - Erfahrungen aus einem erlebnispädagogischen Projekt. In: 25. Beiheft der Zf. für Pädagogik. Weinheim, 1990.

UHLENDORFF, U.: Selbstgefährdung durch Drogen - eine sozialpädagogisch hermeneutische Diagnose. In: BIRTSCH, KLUGE u.a. (Hrsg): Autocrashing, S-Bahn-Surfen, Drogenkonsum. Frankfurt/M., 1994.

UHLENDORFF, U.: Deutungsmuster und Entwicklungsaufgaben Jugendlicher -Grundlagen und Anwendung hermeneutischer Diagnosen in der Sozialpädagogik. (Diss.) Göttingen, 1996.

WRONSKY, S.: Soziale Therapie. Ausgewählte Akten aus der Fürsorge-Arbeit. Berlin, 1926

H.M. Pijnenburg & E.E.J. De Bruyn

Psychodiagnostic Team Decision-Making

Diagnosen im Team

Dieser Beitrag gibt eine vergleichende Studie wieder über die Qualität der Urteilsbildung durch psychodiagnostische Teams in multidisziplinären, klinischen Besprechungen in Einrichtungen der Jugendhilfe. Basierend auf einem normativen zyklischen Model des klinisch-diagnostischen Urteilsbildungsprozesses wurde ein Codesystem entwickelt. Dazu wurden von verschiedenen Einrichtungen fünf wortwörtliche Protokolle an Hand dieses Codesystems analysiert. Die Ergebnisse weisen keine deutlichen Unterschiede auf zwischen den Besprechungen in Heimen und in den ambulanten Einrichtungen. In allen Einrichtungen ist die Qualität der Urteilsbildung niedrig bis mittelmäßig. Alle Teams brauchen viel Zeit, um eine Fülle von relevanten Daten zu präsentieren (Problemanalyse), ohne daß dies zu einer systematischen, diagnostischen Entscheidungsfindung (das Erläutern und Testen von diagnostischen Hypothesen) führt. An sich erscheinen die Besprechungen qua Einteilung vernünftig gegliedert, weisen aber nur ein mittelmäßiges Niveau auf bezüglich systematischer Übergänge zwischen den Kategorien/Urteilsprozeßstadien der Problemanalyse, der diagnostischen Entscheidungsfindung und der Entscheidungsfindung bezüglich der Behandlung. Die Daten deuten darauf, daß die Urteilsbildung bezüglich der Behandlung eher auf Problemanalysen als auf Diagnosen beruht. Angesichts dieser Befunde sprechen sich die Autoren für Trainingsprogramme aus, um klinischen Teams zu helfen, die Qualität ihrer gemeinsamen Urteilsbildung zu verbessern.

1. Introduction

In recent years there has been a marked increase in the use of the term 'quality of care' in relation to different aspects of youth care services (e.g. HELLINCKX, 1986; HURST, 1992). The present study focuses on the quality of one important aspect of clinical practice in the field of youth care: the psychodiagnostic decision-making process, which in this field, is often a team effort. Such teamwork takes place in all kinds of setti,ngs, non-residential (out-patient), as well as (semi-)residential. Our research is restricted to the quality of psychodiagnostic decision-making as this takes place in clinical team conferences.

In contrast to the abundance of research on limitations and biases in human judgment and information processing (e.g. KAHNEMAN, SLOVIC & TVERSKY, 1982; BELL, RAIFFA & TVERSKY, 1989), and on experimental decision-making problems (e.g. EINHORN & HOGARTH, 1981; PITZ & SACHS, 1984), field studies on the quality of clinical decision-making in the field of youth care and special education are scarce. Moreover, most empirical descriptive studies in these areas deal with individual decision-making (e.g. CADET, 1987; BUS, 1989). The studies by PFEIFFER and NAGLIERI (1983) and YSSELDYKE and his colleagues (YSSELDYKE, ALGOZINNE & MITCHELL, 1982), who focus on group decision-making processes concerning admission to special education, are rather exceptional.

The general aim of the present study is to gain insight into the quality of the decision-making process as it takes place in clinical team conferences. This process is evaluated in both (semi-)residential and non-residential youth care settings. In order to study the quality of the psychodiagnostic process, first of all one needs a conceptual normative model that allows for an evaluation of this process. Secondly, an instrument is required to categorize the units of the decision-making process in terms of this model. The evaluation of the quality of the psychodiagnostic process in the present study is based upon the normative-prescriptive model of DE BRUYN (1990; 1992). A research instrument, based on this model was developed by the present authors (PIJNENBURG & DE BRUYN, 1992). This instrument, named Coding System for Protocols of Clinical Conferences (CSPCC) has been developed to enable analysis of psychodiagnostic decision-making during clinical conferences. Reliability and validity of the CSPCC have been assessed and found to be adequate (PIJNENBURG & DE BRUYN, 1992). The coding system will be discussed more fully in the method section of this paper. Here too the participating centers and their decision procedures are characterized, as well as the research procedure and the nature of the data analyses. Next, the results of this study are presented. Focus is on category profiles of clinical conferences, the internal structure of conferences, and the sequential use of categories during conferences. A discussion of these results and their implications for clinical practice and future research concludes this paper.

2. Method

2.1 Participating youth care centers

Clinical decision-making was assessed in four youth care centers. Two centers offer non-residential diagnostics and treatment related services, in particular to special education schools in their respective areas as well as to individual children with learning problems (centers I and II). The other two centers provide (semi-) residential care to primary school age children (centers III and IV). Schools for special education are an integrated part of each of these four centers.

Although the clinical decision-making procedures in these four centers have clearcut parallels, they are not fully identical. Differences exist in the extent to which standardized planning and report formats are employed. Also, the average total time spent on a single case varies as well as the organization of the team meetings. In both non-residential centers, different aspects of different cases can appear on the agenda of one meeting (f.i. intake of client A, assessment planning of client B, clinical conference on client C), in contrast to both (semi-)residential settings. Furthermore, the decision-making process in the (semi-)residential centers spans a longer period than in the non-residential centers. In the context of this study it is important to conclude that, in spite of these procedural differences, the clinical conferences play a parallel and pivotal role in the clinical decision-making process in all four centers.

2.2 The coding system

The Coding System for Clinical Conferences (CSPCC) was designed to reflect the stages of the psychodiagnostic decision-making process as described by DE BRUYN (1992) in his normative model of the clinical-diagnostic cycle. This model is inspired by the general methodological concept of the empirical cycle (DE GROOT, 1969) and the logical-normative approach of the diagnostic process as formulated by WESTMEYER (1972). The stages of the model of the clinical-diagnostic cycle are: Complaint Analysis (C), Problem Analysis (P), Diagnosing (D) and Indication for Treatment (T) (see Figure 1).

Figure 1: Overview of the stages of the normative clinical-diagnostic cycle, related to clinical conferences (adapted from DE BRUYN, 1992)[1]

Diagnosing

Arrows indicate transitions between stages that are in accordance with the model

1   Complaint Analysis does not take place during clinical conferences and is therefore ommitted here
2   The stages correspond to the following CSPCC category definitions:
    Problem Analysis (P): empirically or theoretically based statements concerning the client and/or his problem(s), made by a teammember, with the exception of tentative explanations (see Diagnosing)
    Diagnosing (D): statements offering a (tentative) explanation for the development/continuation of the client's problem(s)
    Indication for Treatment (T): statements concerning the goals and/or results of any treatment aspect

In the CSPCC each of the stages of this model is reflected as a main category. In addition, a fifth main category (Other) was formulated, reflecting conference statements which are not related to actual psychodiagnostic decision-making (procedural remarks, jokes etc.). The main categories of the CSPCC have been decomposed into different subcategories in order to give more exhaustive information on the character of the psychodiagnostic decision-making process. The labels of these subcategories are considered to represent different decisional operations, which have to take place in the course of the decision-making process (PIJNENBURG & DE BRUYN, 1992). However, as these subcategories do not enter into the present study, they are not discussed here.

In earlier studies (PIJNENBURG, 1989, DE BRUYN, 1990, PIJNENBURG & DE BRUYN, 1992) inter-rater reliability of the present version of the CSPCC had proven to exceed the kappa = .60 threshold for substantial agreement (LANDIS & KOCH, 1977), especially at main category level (overall kappa values ranging from .66 to .89).

2.3 Procedure

Tracing teams' decision-making during clinical conferences needed to be both noninvasive and detailed. Therefore, the clinical conferences dealing with each of the selected cases were audiotaped. Other than the regular team members no one was present during these conferences. All conferences took place under the usual conditions at the centers within a period of six months.

In each of the four participating youth care centers, five cases were randomly selected at the start of the project. The audiotapes from all (parts of) conferences relating to these cases were transformed into typewritten verbatim conference protocols, following a standard editorial format (PIJNENBURG & DE BRUYN, 1992). Each line of the resulting conference protocols was then coded by a trained coder by means the CSPCC (third, most recent version; PIJNENBURG & DE BRUYN, 1992). Finally, CSPCC coding data derived from the protocols of all four centers were entered in a comparative descriptive analysis, described in the following section.

2.4 Data analysis

Three kinds of analyses were applied to the data. The first is an analysis of the relative frequency of occurrence of each CSPCC main category across conferences, resulting in a category profile for each youth care center. The second is a cumulative frequency analysis of the occurrence of categories across (n=10) consecutive segments of clinical conferences, providing information on the internal structure of conferences. The last analysis focuses on the sequential use of categories during a conference. Category sequences found in the data are evaluated in terms of the normative frame of the clinical-diagnostic cycle. In each of the three analyses the data from all participating centers are compared individually and at subgroup level (residential versus non-residential).

3. Results

3.1 Category profiles

For each youth care center the relative frequencies of the main categories and their rank ordering in seperate conferences are found to be very similar. Therefore, and for reasons of clarity, the combined data of all (n=5) conference protocols of each center are presented in Table 1, resulting in overall category profiles for each center. The relative frequency (or percentage) distribution of the main categories for each center results from dividing the total number of times a category is coded in all (n=5) protocols by the sum of all category frequencies of these protocols combined.

Table 1:   *Relative frequency distribution of (n=5) combined conference protocols of the four participating centers, and protocol length*

	protocols			
	non-residential centers		(semi-)residential centers	
category	I (n=5)	II (n=5)	III (n=5)	IV (n=5)
Problem	25 (3)*	48 (1)	29 (2)	45 (1)
Diagnosing	10 (4)	15 (4)	15 (4)	16 (3)
Treatment	36 (1)	21 (2)	40 (1)	27 (2)
Other	29 (2)	16 (3)	16 (3)	12 (4)
Length of conference protocols (in number of lines):				
average	1255	351	895	1002
standard dev.	577	128	168	163
*figures between brackets: rank ordering of relative frequencies per center				

When looking at the categories based upon the normative frame of the clinical-diagnostic cycle, the data show that the respective proportions differ strongly; in each center the Diagnosing (D) category occurs far less frequently than the Problem Analysis (P) and Indication-For-Treatment (T) categories.

Interpreting a protocol line as a standard time unit, the data indicate that in the two centers (II and IV) where P has the highest proportion, almost half of the total conference time is devoted to discussing and analyzing problematic behaviour, and about a quarter of the meeting is devoted to treatment related discussion. For centers I and III the relative frequencies of P and T are a mirror image of the former two centers. In all centers, these percentages contrast sharply with the percentage of time devoted to diagnosing (formulating and testing diagnostic hypotheses), ranging quite uniformly from 10% to 16%. The time spent making remarks coded as 'Other' (mainly procedural remarks) is quite similar for centers II, III and IV (between 12% and 16%). For center I this percentage is considerably higher (29%).

When comparing the residential and non-residential settings, the data do not show any clearcut differences in terms of the relative frequency distributions. A similarity exists rather between the profiles of two residential/non-residential pairs (centers I/III, and II/IV respectively).

The average length of the conferences differs strongly. When comparing the residential and non-residential settings, it can be concluded that the former have conferences of about equal length and standard deviation. The non-residential settings differ strongly: center I devotes far more time to a single case, its average protocol length even exceeding that of the two (semi-)residential centers.

3.2 Internal structure of clinical conferences

In order to get some information on how clinical conferences evolve over time - in other words: how they are structured - protocols were divided in ten segments of equal length (i.e. an equal number of protocol lines). Figure 2 presents the cumulative frequency distribution of each of the main categories from 0% at the start to 100% at the end of a clinical conference. The profiles of seperate conferences within one center differ little. Therefore, in this analysis too the data of the (n=5) conferences from each center are combined, resulting in an overall cumulative frequency distribution of the P, D and T categories for each center (Figure 2). In each center the occurrence of the Other (O) category over time is constant in all conferences. Therefore the O graph is not incorporated in Figure 2.

This figure shows that there are only minor differences between centers, both individually and in terms of subgroups, with respect to the P and D curves. P statements occur predominantly in the first half of conferences. Here, the proportion of T statements is very limited. In the second half of conferences the reverse situation can be observed. The T percentage clearly increases towards the end, the P percentage wavers off.

Although an S-shape can be detected in the D curves of all centers, the respective curves differ in terms of the amount and timing of increase. The most steeply sloped part of the curve indicates the stage in the conferences where D is most prominent. In the conferences of center III the percentage of D increases sharply very early on in the discussion, even stronger than P. For this center the D and P graphs do not intersect. In the graphs of center I, III and IV the D and P curves do intersect. A sharp increase in the occurrence of D takes place in the first quarter of the conferences in center IV and somewhat later in the conferences in center III. At center I a slight increase of D can be observed in the middle section of the conferences.

Figure 2:   *Cumulative frequency distributions of main categories across time for (n=5) combined clinical conference in four centers*

(Semi-)residential centers

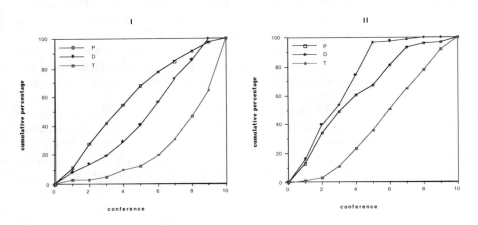

Non-residential centers

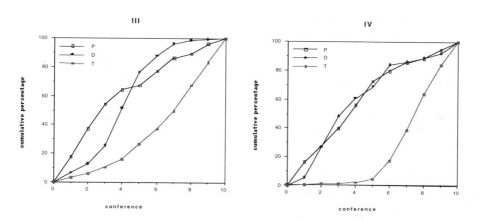

3.3 Sequential use of categories

The normative clinical-diagnostic cycle allows for a number of transitions between stages (see Figure 1). A good quality of psychodiagnostic decision-making is reflected in a high proportion of 'correct' category transitions of some length, i.e. category sequences of two or more categories, which are in accordance with the logic of the normative frame. Those category transitions which are in violation of the normative frame are qualified as 'incorrect'. In this context '(in)correct' refers merely to the use of transition logic. This qualification does not address any other aspect of the inferencing procedures.

The frequency of occurrence of different category transitions was analyzed by means of time and event sequential analysis (TESA; VAN LEEUWE, 1993), a form of lag sequential analysis (SACKETT, 1978). Given an ordered sequence of observations from a category system, such an analysis can be carried out at different levels; the analysis can focus on category sequences of different lengths. The first level (lag 1) is that of sequences containing two successive observations/categories, the second level (lag 2) is that of three observations/categories, etc. In the present analysis no significant lag 2-results are found. For this reason the remainder of this section concentrates on lag 1-results.

When looking at category sequences, a distinction can be made between sequences of identical (f.i. T-T) and non identical categories (f.i. P-D). Sequences of identical categories do not violate the normative frame. On the other hand, they do not allow for any conclusions in terms of the quality of clinical decision-making. Therefore the present analysis concentrates on sequences of non-identical categories. Furthermore, for this analysis all O-codes were removed from the data files, since the Other category is not reflected in the normative frame and conference statements coded in this category are found scattered evenly across all conferences.

Figure 3: Sequential structure of (n=5) combined protocols in four centers

non-residential centers		(semi-)residential centers	
I	II	III	IV

[^1] P = Problem; D = Diagnosing; T = Indication for Treatment
bold line arrow: significant transitional lag 1 probabilities (p <.05), in accordance with the normative frame
thin line arrow: significant transitional lag 1 probabilities (p <.05), in violation of the normative frame

Looking at the lag 1-sequences of non-identical categories in the (n=5) combined conferences, figure 3 shows similar patterns for all centers. As in the above analyses, no differences between (semi-)residential and non-residential settings are found. A strong two-way relationship exists between P and T and to a somewhat lesser extent between P and D. Only in one center a relationship between D and T is found. The position of D is quite isolated. In all centers the same violation of the normative model is found: the transition from P to T. All other transitions in Figure 3 are in accordance with the normative model.

4. Discussion

With respect to none of the above findings clearcut differences between the residential and ambulant settings are found. This suggests that the present findings are generic. The quality of the psychodiagnostic decision-making process appears to be influenced not so much by factors such as client population, setting or disciplinary background of the decision makers, as by factors of a different nature such as qualities and limitations of human information processing and level of clinical and decision-making expertise.

The normative model of the clinical-diagnostic cycle states that it must be possible to discern different stages/categories in the psychodiagnostic decision-making process. Furthermore, the patterns of occurence of these categories during conferences (in terms of cumulative frequency graphs) should differ, and stages/categories should be related to one another in a systematic fashion. In view of this normative model, the quality of psychodiagnostic decision-making is considered low to moderate in all participating centers, residential as well as non-residential.

The data show that there is a reasonable pattern in the discussion; the P category is predominant in the first half of the conferences, the D category is most prominent in the middle section and the T category is concentrated in the second half of the conferences. Furthermore, the results show there is only a moderate level of systematic category transitions. Significant levels of correct P-D, and T-P transitions are found, as well as of incorrect P-T transitions. The most striking finding is however the relatively isolated position of D; it is related to P but hardly to T (only in one center, and not in each conference). Clearly, the clinicians tend to follow a different model, going directly from P to T. This is also true in the cases where P is actually linked to D. This raises the question how this finding should be interpreted; why does D not have a more central position in the decision-making process?

First of all it must be admitted that there are cases in which D is not needed as an intermediate stage in going from P to T. The clinical-diagnostic model only applies in cases in which diagnosing (D) is considered necessary by the clinician. In all conferences in the present study the D category has been identified. This underscores the teams' conviction that in all of these cases formulating and testing diagnostic hypotheses was required. However, at the same time this illustrates an inconsistency in the teams' decision-making. In spite of the fact that D is considered necessary - and consequently carried out - the transition from D to T (treatment) is not made.

Still, it could be argued that in the particular cases in the present data where no D-T transitions are made, this accurately reflects the fact that the available clinical literature contains no information on the relevance or feasibility of a specific treatment option in conjuction with the diagnoses formulated during these conferences. However, a preliminary check of the available protocols indicates that - at least in a number of cases where no D-T transitions were made - such relevant information was indeed available.

An explanation for the observed lack of D-T transitions may be found in the negative influence of different information processing and judgmental biases, already mentioned in the Introduction, on the quality of decision-making. Furthermore it is hypothesized that what takes place during clinical conferences is in effect not (always) a clinical reasoning process, aimed at generating treatment options based on diagnostic conclusions. Instead, inspection of the protocols suggests that teams or team members sometimes bring treatment preferences to clinical conferences, which they put forward irrespectively. What then takes place during conferences is a process in which team members attempt to boost the attractiveness of such treatment preferences, regardless the outcome of the diagnostic process. This hypothesis is supported by findings from research on the Dominance Search model (MONTGOMERY & SVENSON, 1989). In this model the decision-making process is seen as a search for a dominance structure, i.e. a cognitive structure in which one alternative is seen as dominant over the others. In such a structure, any drawbacks of the favoured alternative are neutralized or counterbalanced somehow. Consequently the final choice (in the present case: a treatment strategy) will follow from the given structure in a self-evident way. Recently a study has been started, aiming to detect such dominance structuring processes, if present, in clinical conferences.

In conclusion, in our view the present data suggest that the clinical field can benefit from training programs, targeted at
1. upgrading clinicians' clinical knowledge on the link between specific diagnoses and treatment options,

2. improving their clinical reasoning and decision-making skills and
3. providing information on the results of research from the field of decision analysis, in order to increase clinicians' awareness of the impact of judgmental heuristics and biases, and information processing limitations on their decision-making.

The results of a preliminary version of such a decision training, focusing on the abovementioned targets b) and c) are promising (DE BRUYN, 1990). The training proves to have a significant positive effect on the quality of psychodiagnostic team decision-making. Hopefully clinicians and researchers will jointly meet this challenge of setting up decision training programs, in order to assist youth care professionals from different disciplinary backgrounds to put their joint professional expertise to the best possible use in the interest of their clients.

5. Acknowledgements

The authors gratefully acknowledge the contributions of ANGELINE JANSSEN and MYRTE VAN LONKHUIJSEN to the research project upon which this paper is based. We also thank JAN VAN LEEUWE, Research Technical Service of the Department of Educational Sciences of the University of Nijmegen, for his valued data-analytical assistance.

References

BELL, D.E., RAIFFA, H., & TVERSKY, A. (EDS.): Decision making: descriptive, normative and prescriptive interactions. Cambridge, 1989

BUS, A.G.: How are recommendations concerning reading and spelling disabilities arrived at and why do experts differ? Psychology in the Schools, 1989, 26, pp. 54-61.

CADET, B.: Elements pour une formalisation des décisions cliniques en psychopathologie. Psychologie Medicale, 1987, 19, pp. 91-95.

DE BRUYN, E.E.J.: Clinical decision making in a multidisciplinary team. In: K. BORCHERDING, O.I. LARICHEV & D.M. MESSICK (EDS.), Contemporary issues in decision making. Amsterdam, 1990

DE BRUYN, E.E.J.: A normative-perscriptive view on clinical psychodiagnostic decision making. European Journal of Psychological Assessment, 1992, 8, pp. 163-171.

DE GROOT, A.D.: Methodology: Foundations of inference and research in the behavioral sciences. The Hague, 1969

EINHORN, H.J., & HOGARTH, R.M.: Behavioral decision theory: processes of judgment and choice. Annual Review of Psychology, 1981, 32, pp. 53-88.

HELLINCKX, W. (RED.): Kwaliteit in de hulpverlening m.b.t. kinderen met psychosociale problemen (Quality of care for children with psychosocial problems). Leuven/Amersfoort, 1986

HURST, K.: Specifying quality in health and social care. Quality Assurance in Health Care, 1992, 3, pp. 193-205.

KAHNEMAN, D., SLOVIC, P., & TVERSKY, A.: Judgment under uncertainty: Heuristics and biases. Camebridge, 1982

LANDIS, J.R., & KOCH, G.G.: The measurement of observer agreement for categorical data. Biometrics, 1977, 33, pp. 159-174

MONTGOMERY, H, & SVENSON, O.: A think-aloud study of dominance structuring in decision processes. In H. MONTGOMERY & O. SVENSON (EDS.), Process and structure in human decision making (pp. 135-150). Chichester, 1989

PFEIFFER, S.I., & NAGLIERI, J.A.: An investigation of multidisciplinary team decision-making. Journal of Learning Disabilities, 1983, 16, pp. 588-590.

PITZ, G.F., & SACHS, N.J.: Judgment and decision: Theory and application. Annual Review of Psychology, 1984, 35, pp. 139-163.

PIJNENBURG, H.M.: Diagnostic decision-making in a multidisciplinary team: problems and possibilities. Paper presented at the first European Scientific Conference on Residential and Foster Care, De Haan, 1989

PIJNENBURG, H.M., & DE BRUYN, E.E.J.: The coding system for protocols of clinical conferences (CSPCC): A reliability and validation study (Technical Report 9210). Nijmegen, 1992

YSSELDYKE, J.E., ALGOZINNE, B., & MITCHELL, J.: Special education team decision making: an analysis of current practice. The Personnel and Guidance Journal, 1982, 27, pp. 308-313.

WESTMEYER, H.J.: Logik der Diagnostik: Grundlagen einer normativen Diagnostik. Stuttgart, 1972

Recommended reading

TURK, D.C. & SALOVEY, P. (EDS.): Reasoning, inference and judgment in clinical psychology. New York, 1988

VOSS, J. PERKINS, D.N., & SEGAL, J. (EDS.): Informal reasoning in education. Hillsdale NJ, 1990

Peter M. van den Bergh

Intake Meeting

Aufnahmegespräche

In diesem Beitrag werden Forschungsergebnisse zum Inhalt von Aufnahmegesprächen in Einrichtungen der Heimerziehung vorgestellt. Dafür wurden alle Aufnahmesitzungen dreier Heime während mehrerer Monate aufgenommen, transkribiert und analysiert. Die Darstellung beschränkt sich auf die Beschlüsse der Sitzungen. Die Aufnahmekommissionen, die über die Aufnahme entscheiden, sind interdisziplinär besetzt. Die wissenschaftliche Erhebung ergab, daß mehr als 50% der Gesprächsinhalte Nebensächlichkeiten betreffen. Das bedeutet, daß die Mitglieder der Kommissionen in mehr als der Hälfte der Gesprächsdauer über Prozeduren, Informationen etc. sprechen. Der Informationsaustausch steht dabei an erster Stelle und konkurriert mit einer raschen Entscheidungsfindung zum Wohle des Klienten.

1. Introduction

In this paper we investigate the *content* of the decisions made by the members of the intake meeting. For this purpose we recorded all the intake meetings in three residential care institutions for several months. These tapes were typed out verbatim. Then we analyzed this verbatim text by the method of content analysis.

In the next paragraph (§ 2) we shall briefly discuss the intake in the care process. After this we examine the content analysis as a method (§ 3). In this paragraph we shall also discuss the category system we worked out and the reliability of the system.

In § 4 we present the results of our empiric study of the content analysis. We close this contribution with a discussion (§ 5) about the results and about the practical consequences.

2. The Care Process

The care process of the social welfare system consists of the out-of-family-placement of the child, the intake at a residential institution, the residential period, the out-take (discharge) from the residential institution and aftercare.

There have often been many problems in the youth's situation that justifies a decision for *outplacement* from his own family (»looked after away from home«). In such situations we can speak of a process of outplacement.

The outset of a residential treatment programme is crucial for the success of the further developments in that process (VAN DEN BERGH, 1992). At present greater attention is given to the process of admission to residential care. This includes the introduction of *intake* teams, intake meetings, and preparatory interviews with parents and children.

The major task for residential work is to take care of children who cannot live in their own family. The heart of residential work, of helping people by sharing their *daily lives*, always lies in a unique encounter between human beings. The central task of the residential care worker is the personal care of the children and the daily contact with them. That care is realized in a group of children.

The *out-take* can also be seen as a process of discharge. The residential institution must decide whether a child should be discharged from care.

As far as residential care is concerned it is of great importance to know how the young person copes with his environment (*aftercare*) and to what extent the environment supports him.

In this contribution we restrict ourselves to the decisions of the intake meeting. An intake team is a multi-disciplinary team that decides whether a child can be placed in a residential care institution. The intake decision consists of the following phases:

1. The application
   The placement institution applies the child for placement in the residential institution (intake request).
2. The basic decision
   At the intake meeting a decision is made. This decision is based on the available information about the youngster.
3. The introduction
   The first introduction of the client-system (youth, parents, sometimes the placement institution) with the residential system (intake coordinator, group leader) takes place. The residential institution shows its facilities and explains its possibilities.
4. The final decision
   The residential institution makes the final decision.

Our research is focused on phase 2: the basic decision. In the intake decision process there must be a balance between the client's need for social care and the adequate response of the social care organization (see figure 1).

Figure 1:   *The decision process during the intake*

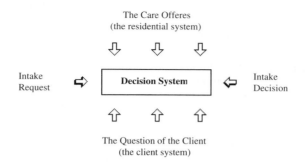

The placement institutions are the link between the client system (youth and parents) and the residential institution. They play a role in the outplacement process, because they handle the communication between both parties that results in an intake request.

The decision situation of the residential institution is full of uncertainties because there is no scientific knowledge available to indicate what kind of intervention may produce the best results. So it is quite interesting to know what the members of the intake team decide if there is an intake request from the placement institution.

3. Content Analysis

3.1 Method

»Content analysis is a research methodology that utilizes a set of procedures to make valid inferences from text.« (Weber, 1985, p. 9). The aim of content analysis is, among others, to describe the content of the communication and to identify the intentions of the communication. Content analysis has several advantages:

- The material of the analysis is independent of the researcher;
- The analysis yields unobtrusive measures;
- A great amount of unorganized (written or verbal) material can be structured;
- It is relatively cheap.

Content analysis must be objective, systematic, reliable and valid. Krippendorf (1980) says that content analysis also must have a certain kind of generality.[1] Content analysis turns around the questions: »Who says what, to whom, how, with what effect, and why?« Therefore a category system is needed in which the content can be coded. »Coding is the process whereby raw data are systematically transformed and aggregated into units which permit precise description of relevant content characteristics.« (HOLSTI, 1969; p. 94).

One of the problems of content analysis is this data-reduction process by which the many words of texts are classified into far fewer content categories. A system of categories meets the following requirements:

1. The categories have to be exhaustive;
2. The categories have to exclude each other;
3. The categories have to be mutually independent;
4. The categories must refer to the problem;
5. The system must be useful.

This means that three things are very important: the recording unit (the basic text to be classified), the context unit and the classification unit. The recording unit is »the specific segment of content that is characterized by placing it in a given category« (HOLSTI, p. 116) and the context unit is »the largest body of content that may be searched to characterize a recording unit« (HOLSTI, p. 118). The classification unit is the unit where investigators want to say something about.

3.2 Procedure

In our research project we examine the content of the communication during the intake meeting. The verbatim text is analyzed by a developed category system.

This means that the information from the intake meeting must be transformed, coded in units with accurate descriptions of the content. Our category system has been developed through two approaches:

*   inductive: we developed a system on the base of the text of several intake meetings.
*   deductive: research of literature of upbringing and of youth care.

In the trials we have to determine what themes are discussed during the intake meeting. Then the description is moved to a higher level of abstraction. A first category system is developed.

The recording unit in our system is the sentence of one person. The context unit is three utterances before and three utterances after the recording unit. The whole intake meeting is the classification unit. Our category system consists of three main categories:

*   the situation of upbringing that is sometimes very difficult or problematic for the child;
*   the intended care or treatment people are talking about;
*   other remarks (procedure remarks; information exchange).

3.3 Reliability

Three types of reliability are pertinent to content analysis: *stability, reproducibility and accuracy* (KRIPPENDORF, 1980, p. 130-154).

Stability refers to the extent to which the results of content classification are invariant over time (by the same coder). Reproducibility (intercoder reliability) refers to the extent to which content classification produces the same results when the same text is coded by more than one coder. Accuracy refers to the extent to which the classification of texts corresponds to a standard norm.[2]

For our purpose we needed a reproducibility measure. One of the strongest intercode agreement measures is COHEN's kappa (1960).[3] This measure takes into account the proportion of agreement for chance. COHEN (1968) has further developed the kappa in a weighted kappa: the proportion of *weighted* agreement corrected for chance. The weighted kappa, k_w, in our investigation is .74, which LANDIS & KOCH (1977) regard as »substantial«.

4. Results

With our category system we analyzed 54 cases with a total number of 6822 sentences. The mean per case is 126 sentences with a range of 14 to 555 sentences. The division of the main categories of the analysis system is given in table 1.

Table 1:   *Division of the sentences among the main categories*

Main Categories	N	%
Problematic Upbringing Situation	1706	25 %
Intended Care/Treatment	1422	21 %
Other Remarks	3694	54 %
Total	6822	100 %

As table 1 shows, more then 50 % of the content of the intake meeting is spent on other remarks. This means that the members of the intake meeting in more then half of the discussions are talking about procedures, transfer of information and so on. A quarter of the intake meeting is spent on the problematic upbringing situation of the child and about 20 % is spent on the intended care or treatment of the child in the residential institution in mind. In table 2 we subdivided the main category »problematic upbringing situation«.

Table 2:   *Division of the problematic upbringing situation*

Category problematic upbringing	N	%
Individual	1682	44 %
Interaction	216	6 %
Specification Individual	1065	28 %
Context	725	19 %
Specification Context	162	4 %
Total	3850	101 %

The members of the intake teams spend most of their time, when they are talking about the problematic upbringing situation, about an individual and that is in most of the cases (82 % of 1682 sentences) about the youth who will be placed in the institution.

As table 2 shows a specification of the individual is given in 28 % of the cases. This means that people are talking about physical aspects of the person, cognitive or social skills, traits of the person or about the manifest problematic behaviour. Table 3 gives the division of the next main category »intended care/treatment«.

Table 3   *Division of Category Intended Care/Treatment*

Intended Care	N	%
The Offer for help	635	45 %
Youth in institution in mind	397	28 %
Standpoint persons involved	156	11 %
Decision	134	9 %
Intake standards	58	4 %
Other	42	3 %
Total	1422	100 %

As table 3 shows in 45 % of the intended care the members of the intake meeting are talking about the offer for help in the residential institution in mind. Most of all they are talking about the possibilities of the child in the right community of the institution.

In the main category »other remarks« there is a division of 77 % in »Procedures remarks or transfer of information« and 23 % in the subcategory »other«.

4.1 Relationship with dossier information

The findings of the content analysis are linked with the findings of the dossier information (VAN DEN BERGH, 1992). Based on a principal component analysis (PCA) we distinguished four factors in the problem behaviour of the subjects in our investigation. Factor one was called »manifest problematic behaviour«, factor two was concerned with »problematic previous assistance«, factor three was called »inter- and intra-psychic problems« and factor four refers to »psychosomatic problems«.

These factor scores are correlated with the absolute and relative scores of the main categories and the total number of sentences.

The total number of sentences shows a significant relationship with factor 4: -.37 (PEARSON correlation, $p < .01$). The explanation is as follows: the smaller the problems (psychosomatic problems) of the youth, the greater the chance that the intake meeting will be longer.

5. Discussion

First of all it is surprising that most of the time of the intake meeting is concerned with procedures, appointments and so on.

The crux of the discussion is not the intended care, but on informing each other. It is questionable if this should be the crux of the meeting.

When we look at the content of the intake meeting and the content of the problematic behaviour of the child, we conclude that there is no relationship. The members of the intake meeting spent a lot of time discussing small psychosomatic problems. We think that if the problems of the child are large, that the problem is clear and that it is then relatively easy to make a decision. But if the problematic behaviour of a child is diffuse, it is very difficult to decide what to do.

The question is then whether an intake meeting is the most *efficient* meeting for an admission procedure. In the manner in which it now happens it seems to be that it is not efficient, except if the goal of the intake meeting is a social meeting. Outgoing of this premise it is possible to solve this problem in two ways.

First, when the members of the intake meeting can restrict themselves in information exchange, then it is possible to make an efficient meeting of the intake. In our point of view it is better for the quality of the work if there is a more systematic and standardized assessment of information during the intake procedure. The information must be supplied and is not dependant on some social worker. This means that the receivers of the information (the members of the intake meeting) deliver the written information about all the relevant aspects of the client and the client system.

Second, it is not necessary to do an intake meeting. May be it is better that one or two persons do the intake. They make the decision if the child can be placed or not. The intake meeting then can be reserved for an adequate treatment planning, setting of goals and so on. In this way there is a change in the purpose of the intake meeting: from a basic decision to a basic treatment meeting.

Notes

[1] Within the framework of this limited contribution we don't examine the discussion of »manifest/latent« and »qualitive/quantitative«.

[2] Standard codings are infrequently established for texts.

[3] Cohen's kappa:

$$K = \frac{p o - p c}{1 - p c} \qquad \text{Weighted KAPPA:} \quad Kw = 1 - \frac{qo}{qc}$$

p_o: observed proportion of agreement
p_c: proportion of agreement expected by chance
q_o: $1 - p_o$
q_c: $1 - p_c$

[4] In this category there can be talk about interaction between the subcategories. Therefore the total amount in this table is greater then the total amount of the main category (see table 1).

References

BERGH, P.M. VAN DEN: Information about the client. In: J.D. VAN DER PLOEG, P.M. VAN DEN BERGH, M. KLOMP, E.J. KNORTH & M. SMIT (eds). Vulnerable youth in residential care. Part II: Clients, staff and the system. Leuven/Apeldoorn, 1992

COHEN, J.: A coefficient of agreement for nominal scales. Educational and psychological Measurement, 1, 1960, pp. 37-46.

COHEN, J.: Weighted Kappa: Nominal scale agreement with provision for scaled disagreement or partial credit. Psychological Bulletin, 4, 1968, pp. 213-220.

HOLSTI, O.R.: Content Analysis for the Social Sciences and Humanities. Massachusetts, 1969

KRIPPENDORF, K. () Content Analysis. London, 1980

LANDIS, J.R. & KOCH, G.G.: The measurement of observer agreement for categorial data. Biometrics, 33, 1977, pp. 159-174.

WEBER, R.H.: Basic Content Analysis. Beverly Hills, London, New Delhi, 1985

Monika Smit

Decision-Making on Discharge

Die Entscheidung zur Entlassung

In einer Niederländischen Untersuchung bei 53 Heimen wurde geprüft, in wieweit die in einem theoretischen Modell einer »kontrollierten Entscheidung« formulierten Phasen einer Entscheidungsbildung bei dem Entschluß der Entlassung von Jugendlichen aus Heimen in der Praxis auch tatsächlich zurückgelegt wurden. Konkret wurde geprüft ob die Alternativen für die Zurückverweisung nach Hause oder in eine eigene Wohnung erwogen wurden und in wieweit negative Konsequenzen in Bezug auf den gefaßten Beschluß erkannt, beziehungsweise beseitigt wurden. In ungefähr der Hälfte der untersuchten Fälle wurden »die Bedingungen« erfüllt. In der Diskussion wird erwähnt, daß dieser Prozentsatz wahrscheinlich wesentlich niedriger sein würde, wenn man alle Phasen des Entscheidungsprozesses kritischer betrachtet hätte. Weiter wird erörtert, dass die »kontrollierte Entscheidungsweise« über einen Abgang in der Praxis bei der Vorbereitung des Abganges und bei der Planung eventueller Nachbetreuung als Hilfsmittel nützlich sein kann.

1. Introduction

In residential care, many decisions concerning the clients have to be made. Two examples are those with respect to the intake and the choice of treatment. Usually, in such decisions the consequences of the various alternatives among which a choice must be made, are not clear. These so-called poorly defined intervention decisions are taken in uncertainty. Nevertheless, they have far-reaching consequences for those involved. In view of this, it seems worthwhile to examine the question of how the chances for successful decision-making can be increased and to describe the way practitioners in the field of residential child care actually make decisions. In this contribution we focus on one of the last decisions which have to be made during residential care: the one concerning discharge. We first describe a theoretical decision-making model as a possible way to successfully complete the decision-making process related to discharge. Using this model as a theoretical standard of comparison, an empirical study was conducted on the discharge of adolescents from residential care in The Netherlands (SMIT, 1993)[1]. We investigated the extent to which the actual decision-making corresponds with the guidelines offered by the theoretical framework. Before we report on the findings of this aspect of the study we shall give some additional empirical information with respect to decision-making on discharge.

2. Vigilant decision-making on discharge

One way to deal with decisions of consequence which must be taken in uncertainty, is to use a vigilant decision-making process based on the decision theory of Janis and Mann (1977). Using their work as a starting-point, Knorth (1991) developed a working model for decision-making on intake. We tailored this to a model for decision-making on discharge. The characteristic feature of a vigilant decision-making pattern is that it consists of four phases which are completed systematically. Regarding the decision of whether a child should be discharged from residential care, these decision-making phases are:
1. assessment of the situation and the desirability of discharge;
2. surveying alternative places of residence after discharge as well as the possibility of extending the stay in the child care home;
3. weighing alternatives: balancing positive and negative expectations associated with the different alternatives;
4. preparation/implementation: anticipating the consequences of the choice made and limiting the negative effects.

According to theory, the use of such an approach to decision-making reduces the chance that the decision maker will later regret having chosen a particular alternative. Although no research has been done to investigate the advantages and disadvantages of the actual utilization of this model in relation to decision-making on discharge research in other fields has shown that such an approach indeed reduces the chance of having to regret a decision in retrospect (Knorth, 1991).

3. The complexity of decision-making on discharge

As is the case for decision-making concerning clients in residential care in general, decision-making on discharge:
1. takes place in uncertainty: social workers have to predict what could happen in the near and the more distant future, whereas instability is one of the most remarkable features of the lives of former residents. Those who live independently frequently move from one address to another and the home situation of those who are returning to their parental home often changes abruptly and substantially;
2. can have serious implications for those involved. For former residents the decision may lead to a successful reunification with their family or to a continuation of abuse; it may lead to an acceptable way of independent living or to total social isolation.

If we take this into account, the question arises as to how decision makers themselves perceive their complex decision-making task and what kinds of criteria or reasons for discharge they use.

3.1 How do decision makers perceive their task?

Contrary to what one would expect, in most cases under study the staff members evaluated the decision concerning discharge as a simple one. However, in 33% of the cases they reported difficulties in reaching their decision. Staff members most frequently considered coming to a decision difficult because they doubted that the young person was ready for discharge, and because they feared a relapse. A negative attitude towards discharge as well as differences of opinion between the parties involved over whether the young person was ready for discharge, often complicated decision-making as well. Conversely, it was considered a relatively simple task in the cases where all the parties involved agree that a resident is ready for discharge. Staff members also felt that if they could gradually work up to discharge, this facilitated the decision-making.

3.2 Criteria and reasons for discharge

The staff members were asked to specify which criteria and reasons for discharge played a role in their respective decisions[1]. Table 1 presents the various criteria and reasons mentioned by the staff members.

Table 1:   Criteria and reasons for discharge

	parental home (n=82)		independent living (n=67)		total (n=149)	
criteria/reasons for discharge	n	(%)	n	(%)	n	(%)
withdrawal by parents	53	65	n.a.	n.a.	n.a.	n.a.
resident's wish to go home/ live independently	47	57	48	72	95	64
some treatment goals have been achieved	30	37	31	46	61	41
resident's wish to leave	29	35	23	34	52	35
housing accommodation available	n.a.	n.a.	22	33	n.a.	n.a.
changes in situation at parental home	23	28	n.a.	n.a.	n.a.	n.a.
treatment possibilities exhausted	19	23	16	24	35	23
all treatment goals have been achieved	10	12	14	21	24	16
education completed/ employment available	7	8	16	24	23	15
untenable behaviour	4	5	1	1	5	3
reaching majority or maximum age	3	4	13	19	16	11
other criterion or reason (for example to perform military service)	12	15	7	10	19	13

n.a.=not applicable.

Apparently the desires of the residents and their parents are the most important causes for discharge. This is not surprising since, unless child and parents believe that something positive is to be gained from continued placement, it is unlikely that treatment can be successful in continuing improvement. Furthermore, in over fifty percent of the cases, the (full or partial) achievement of treatment goals and objectives plays a role. Especially in the case of residents who were to live independently, practical causes, such as age and availability of housing facilities or employment, also are of influence.

causes, such as age and availability of housing facilities or employment, also are of influence.

3. The presence or absence of vigilance in decision-making on discharge

Now we turn to the core of this contribution: the presence or absence of vigilance in the decision-making process on discharge from residential child care in the Netherlands. We investigated to what extent actual decision-making on discharge corresponds with the guidelines offered by the theoretical framework for vigilant decision-making. The quantitative nature and the scope of the study did not allow gaining clear insight into the practice concerning the first phase of a vigilant approach. The focus was on the question of whether and how phases 2, 3 and 4 were completed systematically. This involves a judgment on a) the surveying and weighing of alternatives and b) the preparation and implementation of the decision.

3.1 Surveying and weighing of alternatives

According to the staff members, in 47% of all cases alternatives to the eventual decision (discharge to the parental home or to independent living) were considered. It would seem that returning home is less obviously a matter of course than independent living; in 54% of the former cases an alternative was considered versus in 39% of the latter. The various alternatives considered are shown in Table 2.

Table 2:   *Alternatives for discharge to the parental home and for independent living (Only those for whom an alternative was considered and the alternative is known)*

	parental	home (n=60)	independent	living (n=55)	total	(n=115)
alternatives	n	(%)	n	(%)	n	(%)
continuation of residence	22	37	8	14	30	26
halfway home	8	13	11	20	19	16
residential care elsewhere	7	12	2	4	9	8
semi-independent living	6	10	12	22	18	16
foster care	6	10	-	-	6	5
independent living	6	10	n.a.	n.a.	n.a.	n.a.
relatives	3	5	1	2	4	3
(parental) home	n.a.	n.a.	2	4	n.a.	n.a.
other alternative (among others f.e. psychiatry)	8	13	3	5	11	10

n.a.=not applicable.

Both continuation of residence and foster care were considered far more often in the cases of residents who were to live at the parental home than in those where the residents were going to live independently. The on average slightly higher age of the latter group, may contribute to this difference. For the residents who were going to live independently, halfway homes and semi-independent living were the alternatives which were considered most frequently.

4.2 Preparation/implementation of the choice made

Preparation and implementation of the decision includes anticipating the consequences of the choice made and limiting the inevitable negative effects. The results of the research show that negative effects occurred in 68% of all discharge decisions[2]. The staff members mentioned a mean of something over one negative effect per decision. Table 3 shows the negative effects recognized by the staff members.

Table 3: *Negative effects of the choice made (Only those for whom negative consequences are recognized and the consequences are known.)*

contraindications/possible	parental home (n=54)		independent living (n=39)		total (n=93)1	
negative consequences	n	(%)	n	(%)	n	(%)
pedagogic impotence of parents	20	37	1	2	21	23
problems unsolved	11	20	2	5	13	14
problems concerning school or work	11	20	6	15	17	18
expected relapse	11	20	3	7	14	15
problems of a practical nature	5	9	11	28	16	17
abuse	4	7	-	-	4	4
end of treatment	3	6	4	10	7	7
not ready for discharge	1	2	9	23	10	11
social isolation	1	2	11	28	12	13
other drawbacks	21	39	16	41	37	40

With respect to the residents who were to return to the parental home, pedagogic impotence of the parents, unsolved problems, problems concerning school and/or work and expected relapse were mentioned most frequently. The decision to discharge residents who were going to live independently entailed other objections. The staff members particularly mentioned problems of a practical nature (such as financial difficulties), and social isolation. With respect to both groups staff members foresaw various other drawbacks, of which drug abuse and emotional claims by parents are examples.

What did the staff members do to limit the impact of these negative effects? They reported that in 78% of these cases they attempted to overcome all negative effects and in 16% of the cases at least something was done to overcome some of those effects. These initiatives consisted of the gradual reduction of counselling, aftercare, or referral to a nonresidential social worker. From these professionals the former residents received support in financial matters, in taking up leisure time activities and in establishing social contacts. In only 5% of all cases in which negative effects were mentioned did staff members report that nothing was done to overcome these effects. All of these cases involved former residents who were returning home.

4.3 Decision-making on discharge: vigilant or not?

A vigilant approach to the task of deciding whether a child should be discharged would mean that
1. at least one alternative for the eventual place of residence has been considered and that

2. either no negative effects were connected with the choice made or action was undertaken to overcome possible negative effects.

This proved to be the case in 49% of the discharges concerning those 92 residents for whom all necessary information was available. In this respect there were hardly any differences between residents who were to return to the parental home and those who started an independent life.

5. Conclusion and discussion

The foregoing analysis shows that, according to the information of staff members, in almost half of the cases under study a vigilant approach was used to decide on discharge. This means that in approximately 50% of the decisions this was not the case, a percentage that would most likely increase should we consider the first phase of the decision-making process - assessment of the situation - as well. The results point up one rather frequently occurring inadequacy in the decision-making, namely the scarcity of alternative places of residence being surveyed and weighed. It is promising however that in 94% of all cases where a negative effect of the choice made has been recognized, something is done to overcome some or all of these negative effects. But, we do not know if all negative effects are recognized and the initiatives to overcome those effects that have been recognized seem to be limited to continuation of professional care, while little attention is given to, for example, attempts to mobilize members or support from the informal social network.

In view of the previously mentioned lack of empirical evidence of the importance of a vigilant approach to the decision regarding discharge from residential care, one could easily doubt the practical relevance of our findings. However, for several reasons we believe these should not be dismissed as purely academic. First, in most cases of terminated treatment, there is improvement, but seldom all problems have been solved at the time of discharge. Second, leaving residential care is a major life change which implies uncertainty and which evokes ambiguous feelings. Third, many former residents experience serious difficulties after discharge, such as bad housing conditions, low educational level, unemployment, financial problems and difficulties in relationships. These considerations highlight the importance of careful preparation for discharge in order to help the residents cope with discharge and the situation thereafter. The key to specific preparation may be careful decision-making, in accordance with the guidelines offered by the model for vigilant decision-making. After all, it offers ample opportunity to involve the residents in the process of decision-making, by asking them to participate in the surveying and weighing of alternative places of residence. This most likely increases their belief in their ability to control the impending discharge and thus positively affects their appraisal of the coming discharge as well as their ability to actually cope with the new situation. Furthermore, the weighing of alternative places of residence produces an overview of the positive as well as the inevitable negative effects of a particular choice. This allows us not only to make a well-considered decision, but also to direct our preparatory activities and possible aftercare at limiting the negative effects while at the same time making use of the positive points identified. Therefore we would like to challenge social workers in the field of residential child care to try out this vigilant approach.

Notes

[1] A questionnaire was used to collect data from staff members of 53 child care homes where juveniles aged 12-21, with psychosocial problems, are treated/supervised. The information concerned the discharge of 149 juveniles: 82 leaving to return to the parental home and 67 going to live independently.

[2] By criteria we mean the formal and/or strived for causes for discharge, such as coming of age and achieving the treatment goals and objectives. By reasons for discharge we mean the less formal, sometimes less desirable causes for discharge, for example when parents withdraw their child from the residential program before the treatment goals have been achieved.

[3] These effects may be contra-indications for discharge (such as pedagogic impotence of the parents), and/or possible negative consequences of the choice made (such as a relapse).

References

JANIS, I.L. & MANN, L.: Decision making. A psychological analysis of conflict, choice and commitment. New York, 1977

KNORTH, E.J.: Vigilant decision-making in connection with residential admission of juveniles. In W. Hellinckx, E. Broekaert, A. Vanden Berge & M. Colton (red.): Innovations in residential care. Leuven, 1991, pp. 195-210

SMIT, M.: Aan alles komt een eind. Een onderzoek naar de beëindiging van tehuishulpverlening. Leiden, 1993

Spencer Millham/Roger Bullock/Michael Little

Going Home

Heimkehr

Entgegengesetzt zum weitverbreiteten Annahmen kehren 90 % der Kinder und Jugendlichen, die aus ihren Familien genommen und in die Obhut örtlicher Einrichtungen gegeben wurden, in ihre Familien zurück. Diese Studie zeigt, daß die Belastungen im Zusammenhang mit dem Prozeß der Rückkehr genauso bedeutend sind und die gleiche sorgfältige Aufmerksamkeit benötigen wie jene, die aus der Trennung hervorgehen.

1. Introduction

Contrary to popular belief, 90 per cent of children and adolescents who are taken away from their families into the care of a local authority eventually go home. This study demonstrates that the stresses associated with the process of return are as great and require the same careful attention as those arising from separation.

The study clarifies the nature of return by exploring all relevant literature. It examines the different routes by which children in care are returned to their families. It investigates children's experience of the process, concentrating particularly on the differences between households and verying styles and levels of social world support. It identifies groups of children particularly vulnerable to re-abuse, placement breakdown, behaviour problems and family rejection. It highlights factors that can make a significant contribution to successful return and gives social workers practical advice on how best to prepare and manage children's return.

The study combines a retrospective scrutiny of 875 children returning home with a prospective, intensive study of 31 children and their families experiencing reunion. Return is treated as a process not as an isolated event.

2. The historical background

During the nineteenth century and the early years of the twentieth it was believed that for children to be rescued from deprivation they had to be removed from contaminating neighbourhoods and families. In more recent years, research has questioned the value of state care and the ability of professionals to provide adequately for separated children. Isolation, drift and anomie have too frequently been identified as aspects of the experience of children taken into state care, and poor social and vocational skills and inadequate educational attainments have been shown to be typical handicaps of those returning home. Deprived children who remain with their families may be no more skilful than separated children, but there has been little to suggest that the care experience is life-enhancing. Thus, the role of the natural family has come increasingly to be recognized and the sharing of care between families and local authorities is an explicit objective of recent legislation.

Work has been done on the problems children face when they leave care - our earlier study Lost in Care is an example - and valuable information about reunion is contained in certain studies of the families of young offenders and members of the armed forces. However, little research has focused specifically on the problems children and families face when attempting to cope with reunion.

3. Patterns of Return

3.1 The Importance of the family reaffirmed

Most reunions between children and parents (or the wider family) occur regardless of the reasons for separation or the length of time children are away. Even young adults, some convicted of serious offences and long separated from home, will rest in the bosom of their families on occasions. They may not stay long at home; they may use the family as a springboard to or bolt-hole from outside excitements; they may return home only because they have exhausted the tolerance of other benefactors. Whatever the circumstances, the wider family continues to be a vital resource which can be enhanced by social work support and encouragement. Involving parents and sharing care with the family is now recognized as good social work practice.

3.2 The social work contribution to swift

Not only do most children go home but the majority experience a very swift reunion. We found that 87 % of the children looked after by local authorities return home within five years. Nearly three-fifths of all possible returners were home before six months had elapsed and over a fifth of these went back in the first week of separation. Four per cent of the children, although technically in care, were never removed from home during that period. The swift return of the majority of separated children, (16,500 every year) is a largely unsung social work contribution to family welfare. Even difficult adolescents who have lingered in care have good chances of reunion, although it emerges that some older children do not necessarily stay long at home after reunion and a small number are liable to disrupt family relationships.

In looking at return, we found it useful to classify children according to the length of their stay in care. Not only did varying duration in care or local authority accommodation characterize children and family structures, but length of separation highlighted differences in children's chances of an enduring reunion.

3.3 Early returners

Early returners tend to be children whose families have been temporarily unable to cope and have sought help. Such cases form the majority of all children returning from care. Typically they are of infant or junior school age. Their families are less turbulent than those of long-stay children. Early returners nevertheless remain vulnerable: nearly half those studied were from single-parent families and three-quarters were dependent on social security.

3.4 Intermediate returners

Intermediate returners are predominantly adolescents removed from home because of behavioural difficulties or family problems to which they have often contributed. Less oppressed by poverty and insecurity than the families of early returners, this intermediate group, going home between seven months and two years after separation, often face ambivalent and rejecting families. Of those studied nearly half were committed to care and three-fifths were boys. More than a third of the parents did not participate in the care of their children during the separation. Links between children and families were fitful: in more than a third of the cases there were restrictions on access.

3.5 Long-term returners

Children who stayed in care for more than two years shared many characteristics with intermediate returners. Long-term returners tend to be older on entry than the majority of children in care. Two-thirds of those studied were over the age of 12. A third had been looked after by a local authority before and in about half the cases the child's behaviour was an important contributor to separation. Most aspects of the reunion of early returners are dealt with by social workers, but in long stay cases the process is more likely to be informally negotiated between relatives and offspring. This is despite the fact that there is often considerable family change during the children's separation and many will return to families with different key family members.

Such factors inevitably complicate the management of a return strategy, but the passage of time need not be entirely detrimental. Some adolescents repair long damaged relationships and become sympathetic to hard-pressed parents. Similarly, many parents become more tolerant of their offspring and welcome the prospect of their achieving a measure of independence.

Given that most children return home, it should not be forgotten that some continue to be looked after, are adopted or leave care for other destinations. After five years, 13 % of the children scrutinized had not returned. Social workers anticipated that half would eventually return but entertained no such hope for the remainder. This latter group were clearly »Lost in Care«.

4. The Success of Reunion

It is encouraging that the majority of children who go home stay put and that social workers assess these reunions as tranquil and unremarkable. As might be expected, those whose separations are short tend to settle more readily, particularly if they are away for two years or more. On return, adolescents are more footloose than younger children, but many, even those in their late teens, establish a modus vivendi with their families. The older the child, the more there is movement around the family and the more common are forays into independent living followed by retreats to the safe haven of home. However, it is worth noting that a considerable proportion of the long-stay children go home and remain with families without noticeable disadvantage.

Nevertheless, our study identified groups of children particularly vulnerable to return problems. A proportion of early returners fail to settle on their return home and a quarter of those going home within six months revert to care or local authority accommodation. The majority are rehabilitated at the next attempt at reunion, but a small number continue to oscillate. Some adolescents are also problematic on return: the majority settle back at home, but a small number of skill-less adolescents drift rapidly into homelessness. Unremarkable other than for their unhappy experience of separation and weakening links with home while in care, these casualties of the system tend to escape early identification. This makes special strategies of reunion difficult to organize.

5. Factor predicting Outcome

Our study identified a number of variable associated with return outcomes. Using multi-variate analysis, we highlighted factors that predict who goes home and, for those experiencing reunion, the success of their return. These variables were supplemented with indicators apparent from our scrutiny of reunion in 24 families. We combined the factors from the two studies to form checklists, appropriate for different groups of children in care. Four such checklists were compiled: They comprise:
- Factors associated with a child's return within six months of entry to care;
- Children in care at six months: factors associated with the child's return in the following eighteen months;
- Children in care at two years - factors associated with the child's return in the following three years;
- Factors associated with the success of children's returns.

The use of predictive factors in assessing the outcomes of care interventions is less common in child-care than in medicine or delinquency studies, but such indices can be very valuable. The checklists help professionals to make decisions about returning children. Some of the predictive factors of eventual and successful return are unlikely to cause surprise, such as the significance of close family links while the child is away and the importance of an accepting, warm relationship between mother and absent child. However, certain other factors are less obvious, for example the findings that poverty or abuse seem to make little difference to the speed of return or its ultimate success.

5.1 Testing the checklists: preliminary findings

It is necessary to test these predictive indices against the experience of a large number of children. This important aspect of the study is under... Not only does it cover a wide range of care and family situations, it has been designed to evaluate contrasting social work strategies. One encouraging finding has been the clear indication that social work efforts to smooth return, particularly where children have previously been neglected or abused, seem markedly to reduce the failure of reunions, even in situations considered unlikely to succeed.

Several useful messages for social workers faced with return decisions have already emerged. Simplest and most important is the need to recognize that all but a few children will sooner or later return home. This fact needs to be kept in mind from the moment of separation and should inform subsequent decisions about the child's future.

The discovery that so many short-term outcomes are positive should reassure social workers - as should the finding that long-term prospects are often more satisfactory than we dare to imagine, especially for abused and neglected children. Indeed, acute cases tend to be the cause of much less anxiety several years on than the predicament of quiescent, skill-less, drifting adolescents, boys in particular, for whom support dwindles.

Research identifying a variety of indices which highlight vulnerable children, and the checklists described in this study can also be used to prioritize the most worrying cases. There is now plentiful information on those who stay long in care and face difficulties in getting home and on who will need extra support after reunion.

6. The prospective Study

To complement the analysis just described, we made an intensive study of 31 children identified by social workers as likely to be reunited. The children came from 24 families and their selection reflected the variety of return patterns and outcomes described. Several stages in the return process emerged, which, because they varied in length and significance from case to case, we defined as episodes. These were: Separation. Changes in family and child circumstances. The time when return becomes an issue. The first days at home. The honeymoon. The row. A new modus vivendi.

6.1 The need for continuity

This part of the study highlighted children's and families' need for a sense of continuity and meaning in the face of separation and disruption. From examining key moments in the unfolding drama it became clear how reunion was conditioned by all that had gone before: the delicate process required a renegotiation of cherished roles and the sharing or surrendering of territory and possession, particularly among step-parents and newcomers, cohabitees and their children. Unease, friction and argument did not signify the breakdown of return; they were a feature common to all families coping with reunion and trying to establishing a new modus vivendi. Many respondents felt that the resolution of disputes during the early days of reunion provided a valuable opportunity for all concerned to understand the reasons for the separation. It is clearly essential that the social worker and other support should be available in the days immediately following the restoration, particularly in difficult cases.

Any sense of continuity, no matter how tenuous, is to be nurtured. Just as one strives to keep the family involved during a child's absence in care, similarly after return one should try to keep the care experience alive. Maintaining links with foster parents or a residential centre and the surrounding environment can all be of considerable value, especially for youngsters who oscillate between social services and parents.

6.2 Returning to school, employment and neighbourhood

Preoccupation with return to the family should not be allowed to obscure the wider context of reunion. Many children rejoining their families have to enter new schools, older adolescents will seek employment or join training schemes. All have to fashion friendships and social relationships in the community. Sometimes the stigma and insecurities of the past make these negotiations difficult for the child, particularly if compounded by unease and tensions in the family.

Family and placement concerns tend to preoccupy social workers planning reunion, frequently pushing aside the need for children to maintain continuity of schooling and to rejoin classes at the most appropriate moment. Schools also need to be acquainted with the difficulties the child is likely to experience. Our evidence suggests that return to secondary school is the more difficult, and that some older children, such as highly mobile youngsters or pregnant girls, suffer considerably. It is also clear that some teachers have low expectations of deprived children and may fail to identify their potential. Recent changes in school organization such as developments in the national curriculum and the increasing power of parents, tend to militate against disadvantaged children.

Reconciliation involves facing up to one's personal responsibilities and failures. The fantasies which sustain every day life have to be examined coolly. The past cannot be undone. The study demonstrates that preparation, counselling and support as return takes place are not wasted efforts. Just as a shoulder to cry on is important during separation, so someone to catch the flying plates and interpret what is happening during a reconciliation, is greatly to be valued. We have identified criteria which indicate which children will go home, how swiftly they will return and the degree of success they will experience on reunion. These factors need further validation, but such knowledge should enable social workers to prioritize cases and prepare contingency plans in those situations where reunion is likely to be delicate. Forewarned is forearmed.

X.

Kinder in Ersatzfamilien

Children in Foster Care

Jürgen Blandow

Versorgungseffizienz im Pflegekinderwesen

Effects of Support in Foster Care

The »care efficiency« of foster care is discussed in relation to three aspects: The total efficiency of the support system, the efficiency and quality of foster care services and counseling services as well as the success of pedagogical acting of non-professional attendants. These three dimensions lead to criteria which are confronted with the latest empirical research in the German-speaking countries. This research leads to the result that sound statements about the efficiency of care is very limited because of a lack of research. There is an empirical evidence showing that the foster care system is differently used and valued in varied regions. The quality of foster care services is from the non-professional point of view on a low level and there are no satisfying solutions for a life in »double parents«.

1. Gegenstandsbereich und Definitionen

Gegenstandsbereich dieses Artikels sind sog. »Dauer- bzw. Vollzeitpflegeverhältnisse«. Er geht nicht auf sog. Kurzpflegestellen, Tages- oder Wochenpflegestellen, Übergangs- oder Bereitschaftspflegestellen und die Adoptionspflege ein. Im Bereich der Vollzeitpflege geht es um ca. 44.000 »Pflegekinder«, von denen ein kleinerer Teil, etwa 25% in einer Verwandtenfamilie lebt, der größere Teil (ca. 75%) in einer »fremden Familie«, einer Pflegefamilie.

Mit dem Begriff »Pflegekind« sind dieser Eingrenzung entsprechend Kinder und Jugendliche gemeint, die nach Normen des Kinder- und Jugendhilfegesetzes (KJHG) in einer »anderen«, das heißt einer nicht mit ihrer Herkunftsfamilie identischen Familie, durch Vermittlung eines Jugendamtes oder einer sonst legitimierten Stelle einen zeitlich befristeten, aber mehr als nur vorübergehenden, oder einen auf Dauer angelegten Sozialisationsort erhalten haben. Nicht entscheidend für den Begriff der Dauer- bzw. Vollzeitpflege ist, ob das Kind von seinem Lebensort der »anderen Familie« her auch Kontakte zu seiner Herkunftsfamilie pflegt oder ob nach einer über den üblichen Zeitraum für die Kurzzeitpflege hinausgehenden zeitlichen Spanne eine Rückkehr in die Herkunftsfamilie bzw. zu Elternteilen geplant ist. Es ist auch nicht entscheidend, ob noch eine »Pflegekinderaufsicht« besteht oder diese aufgehoben wurde.

Der Begriff »Pflegefamilie« wird zur Kennzeichnung des Sozialisationsortes, an dem das Pflegekind lebt, benutzt. Irrelevant für den Begriff ist die Frage nach dem Familienmodell, auch die Frage, ob es sich überhaupt um eine Familie im üblichen Sinne oder um eine andere privat organisierte Lebensform zwischen Erwachsenen und Kindern handelt. Die mit der Erziehung des Pflegekindes betrauten erwachsenen Menschen in der Pflegefamilie werden als »Pflegepersonen« bezeichnet.

Unter dem Begriff »Pflegekinderwesen« soll schließlich verstanden werden: Das Gesamt der institutionellen, personellen und rechtlichen Arrangements, die der Unterbringung von Kindern in Vollzeitpflege, ihrer und der Pflegepersonen Begleitung und Unterstützung in der Pflegefamilie, ggf. auch der Rückführung der Kinder in ihre Herkunftsfamilie oder der Vermittlung eines anderen Sozialisationsortes nach Beendigung eines Pflegeverhältnisses, dienen.

2. Fragestellung und Vorgehen

Unter die allgemeine Frage nach der »Versorgungseffizienz« des Pflegekinderwesens, werden in diesem Artikel drei Fragenkomplexe subsumieren:
1. Die Frage nach dem »Versorgungsauftrag« des Pflegekinderwesens in Abgrenzung zu anderen Hilfesystemen;
2. die Frage nach der Qualität und Effektivität von Pflegekinderdiensten bei der Wahrnehmung der ihr gesetzlich und fachlich vorgeschriebenen Aufgaben und
3. die Frage nach dem »Erfolg« von Pflegefamilien im Hinblick auf den gegebenen Zweck, den Kindern ein befriedigendes »Zuhause« auf Zeit oder auf Dauer zu geben.

Diese Fragen sollen anhand der vorliegenden neueren deutschsprachigen Literatur untersucht werden, dabei soll auch auf Forschungslücken verwiesen werden. Hierzu wird zunächst die allgemeine Forschungssituation charakterisiert. Es folgt der Versuch einer Operationalisierung dessen, was »Effizienz« in den drei Problembereichen heißen könnte, schließlich werden - soweit verfügbar - empirische Ergebnisse zu den jeweiligen Operationalisierungen vorgestellt und diskutiert.

3. Zur Situation der Forschung im Bereich des Pflegekinderwesens

In längerfristiger Rückschau kann nur auf wenige empirische Arbeiten aus dem deutschsprachigen Raum zum Pflegekinderwesen verwiesen werden: auf eine Wiener Studie aus den 20er Jahren (DANZIGER U.A. 1930), dann eine qualitativ orientierte Arbeit von Dührssen zu Berliner Pflege- und Heimkindern aus dem Jahr 1958 und eine kleinere Untersuchung über das Spezialgebiet »Hütekinder« von Küchenhoff/ Steinbrecher aus dem gleichen Jahr, auf eine Spezialuntersuchung von Lieselotte Pongratz zu »Prostituiertenkindern« aus dem Jahr 1964 und meine eigene Untersuchung zu Hamburger Pflegekindern aus dem Jahr 1972. Während die zuerst genannten Arbeiten nur einem kleinen Expertenkreis bekannt wurden, löste meine eigene Arbeit - mit einiger zeitlicher Verzögerung - vor allem wegen der hier gefundenen hohen »Abbruchs-Quoten« und einem griffigen Modell für »Motivationen« und »Selbstkonzepte« von Pflegemüttern ein breiteres Interesse aus. Einen gewissen Durchbruch gab es dennoch erst im Zuge der Umbrüche in der Jugendhilfe ab Mitte der 70er Jahre, insbesondere im Zuge des Interesses von Staat und Kommunen, die in »Verruf« geratene Heimerziehung zu qualifizieren und für die damit verbundene »Kostenexplosion« das billigere und zugleich legitimationsstarke Pflegekinderwesen aufzuwerten. Ausdruck fand das offizielle Interesse an fundierterem Wissen über das Pflegekinderwesen als Grundlage für Reformen in der bislang einzigen, vom DEUT-

SCHEN VEREIN FÜR ÖFFENTLICHE UND PRIVATE FÜRSORGE in Auftrag gegebenen, aus Bundesmitteln finanzierten, Repräsentativerhebung (JUNKER U.A. 1978). Die hier vorgelegten, insgesamt auf einen desolaten Zustand des Pflegekinderwesens verweisenden Ergebnisse, wurden zwar wenig rezipiert, lösten aber immerhin einige »modellhafte« Weiterentwicklungen aus, die dann - in Zeitschriften, Tagungen und Tagungsberichten (insb. BONHOEFFER/ WIDEMANN 1974 und IGFH 1976) vorgestellt - ihrerseits die Diskussion verbreiterten. Auch noch im Zuge des offiziell bekundeten Interesses an einer Weiterentwicklung des Pflegekinderwesens wurde 1980 von BRIGITTE FRAUENKNECHT UND JÜRGEN BLANDOW das bis dahin vorliegende empirische Wissen - auch aus dem anglo-amerikanischen Raum - zum Tagespflege- und Dauerpflegekinderwesen als Expertise zum Fünften Jugendbericht der Bundesregierung systematisch aufbereitet, konnte aus dem deutschsprachigen Raum aber auf kaum mehr als die auch hier genannten Arbeiten verweisen.

Bis es - Mitte der 80er Jahre - durch das unmittelbar auf Praxisentwicklung gerichtete, durch Bundesmittel finanzierte, Modellprojekt »Beratung im Pflegekinderwesen« kam (DEUTSCHES JUGENDINSTITUT, Handbuch 1987) - wurde Forschung zum Pflegekinderwesen nicht mehr durch öffentliche Gelder oder Aufträge gefördert; Forschung blieb im wesentlichen auf »hausgemachte« Erhebungen und Qualifikations-Arbeiten beschränkt. Die bislang wichtigsten Impulse gingen dann zweifellos von dem genannten Modellprojekt aus, und zwar einerseits, weil es sich an diversen Standorten unmittelbar in die Entwicklung des Pflegekinderwesens einmischte, zum anderen - und wohl vor allem - weil die Orientierung der Forschergruppe heftige, bis heute nicht abgeflaute, Kontroversen um den Charakter der Pflegefamilie als »Ergänzungsfamilie« (dies die Position der Forschungsgruppe im DEUTSCHEN JUGENDINSTITUT) oder »Ersatzfamilie« (die von den Psychoanalytiker NIENSTEDT UND WESTERMANN vorgetragene Position) auslöste (NIENSTEDT/ WESTERMANN 1989). Gefördert durch diese Kontroverse, deren Beantwortung so oder so tief in das innere Leben der Pflegefamilie sowie die Arbeitsweisen der Pflegekinderdienste eingreift, hat sich seither das Forschungsinteresse am Pflegekinderwesen sichtbar verbreitert; seine Weiterentwicklung war Gegenstand verschiedener nationaler und internationaler Kongresse. Wieweit sich das neue Interesse, das auch den Fachverbänden für Pflegeeltern erheblichen Auftrieb gegeben hat, zu einer über »Modellorte« hinausgehenden breiteren Innovation geführt hat, läßt sich noch nicht überblicken. Es mangelt vor allem an einer neuen Repräsentativ-Erhebung.

Trotz des vergleichsweise fortgeschrittenen Forschungsstandes sind Quantität und Qualität der vorliegenden Forschungen nicht besonders imponierend. Dies gilt in mehrfacher Hinsicht:
1. Quantitativ und qualitativ fallen Forschungen zum Pflegekinderwesen noch deutlich hinter Forschungen zu vergleichbaren Systemen, wie z.B. zum Adoptionswesen und zur Heimerziehung, zurück.
2. Methodisch ist die vorhandene Forschung, soweit nicht als »Großforschung« angelegt, von eher niedriger Qualität. Eine Reihe von Untersuchungen arbeitet mit Daten, die auf dem Verwaltungswege gewonnen wurden, so daß oft völlig unklar ist, worüber ein mitgeteiltes Ergebnis Auskunft gibt (ob z.B. über Legitimationsstrategien sozialer Dienste oder über die Sozialisationserfolge einer pädagogi-

schen Institution). Beim Vergleich solcher Arbeiten untereinander oder mit methodisch besser fundierten Arbeiten kommt es dann nicht selten - z.b. was Abbruchsquoten, Quoten für die Rückführung in die Herkunftsfamilien etc. angeht - zu erheblichen Diskrepanzen.

3. Dies drückt sich auch in den Auswertungsverfahren aus. Die meisten Arbeiten beruhen auf einfachen Auszählungen oder Kreuztabellen ohne Signifikanzberechnungen. Multivariante Verfahren fehlen fast völlig; qualitative Methoden sind selten, auch wenn - leider bislang nur in unsystematischer Weise - neuerdings häufiger mit Falldarstellungen gearbeitet wird. Dies hat zur Konsequenz, daß da, wo es gelte, dynamische und multidimensionierte Prozesse zu beschreiben und zu analysieren, eher monokausal argumentiert wird.

4. Ein erheblicher Mangel ist schließlich, daß sich alle vorliegenden neueren Untersuchungen lediglich auf eine bestimmte Region, meist nur auf eine Gebietskörperschaft beziehen. Dies wäre erträglich, wenn die speziellen in der Region gegebenen Bedingungen für die Vermittlung und Betreuung von Pflegekindern mitgeteilt würden und über institutionelle Praktiken , finanzielle Aufwendungen, landesrechtliche Regelungen, Usancen der Statistikführung etc. berichtet würde. Da dies meist nicht der Fall ist, sehen sich Leser und Interpreten leicht vor die unlösbare Aufgabe gestellt, das, was sie lesen, auch einordnen zu können.

4. »Versorgungseffizienz«: Definition, Prämissen und empirische Evidenz

Da es keine verbindlichen Kriterien oder Normen für die Effizienz von Jugendhilfesystemen gibt, bedarf es einer begründeten Definition und begründeter Operationalisierungen.

In diesem Artikel soll das Versorgungssystem »Pflegekinderwesen« dann effizient genannt werden, wenn drei - nur zu analytischen Gründen trennbarer - Kriterien erfüllt sind:

• wenn es über das »Bewußtsein« eines besonderen Auftrags, einer besonderen Eignung des Systems für bestimmte Kinder verfügt und es systematisch für diesen Zweck nutzt (Gesamtrationalität des Systems),

• wenn die dem System, insbesondere den Pflegekinderdiensten, zur Verfügung stehenden institutionellen, personellen und rechtlichen Ressourcen so eingesetzt und gebündelt werden, daß sie ihren Zweck, nämlich die Gewährleistung von Rahmenbedingungen für eine zumindest durchschnittlichen gesellschaftlichen Standards entsprechenden Sozialisation, in einem zumindest befriedigenden Maße erfüllt (Qualität und Effektivität der Pflegekinderdienste),

• wenn die mit der Erziehung von Pflegekindern betrauten Pflegepersonen in zumindest durchschnittlicher Weise in der Lage sind, einen befriedigenden Umgang mit den für Pflegeverhältnisse konstitutiven besonderen Problemen zu finden und dem betreuten Pflegekind zumindest durchschnittlich fördernde Sozialisationsbedingungen zu bieten in der Lage sind (erfolgreiches Handeln von Pflegepersonen).

Die Definition enthält verschiedene Prämissen:

1. Beurteilt werden können nur die realiter zur Verfügung stehenden Ressourcen (zu untersuchen, ob mehr, andere, vielleicht bessere Ressourcen gesellschaftlich zur Verfügung gestellt werden sollten und erschlossen werden könnten, wäre zwar ebenfalls von Interesse, hätte aber notwendigerweise einen anderen Bezugsrahmen).

2. Sozialisationsergebnisse sollten nicht an Idealnormen, z.B. am emphatisch-sozialistischen Bild einer »allseitig entwickelten und gebildeten Persönlichkeit« oder am bürgerlich-affirmativen Bild einer »nice young women« bzw. eines »nice young man« gemessen werden, sondern an dem gesellschaftlich akzeptierten Streuungsmaß für »Normalverhalten«; mißlungen sollte eine Sozialisation erst dann zu nennen, wenn sie innerhalb der für eine Person relevanten Referenzgruppen als abweichend, krank oder eben »mißlungen« betrachtet wird.

3. Die Erfolgs-Erwartungen gegenüber einem gesellschaftlich exzeptionellen Sozialisationssystem, für das zudem biographisch-personelle Komplikationen nicht nur ausnahmsweise angenommen werden müssen, sondern typisch sind, sollten nicht zu hoch gesteckt werden. »Effizienz« sollte schon dann bescheinigt werden dürfen, wenn das System »befriedigende« Ergebnisse hervorbringt, oder anders, wenn es nicht häufiger versagt, als dies unter ähnlich exzeptionellen Voraussetzungen und ähnlichen biographisch-personellen Komplikationen auch geschieht.

Die nähere Operationalisierung für Effizienz soll entlang solcher Standards in der Praxis- und Theoriediskussion erfolgen, für die ein hohes Maß von Akzeptanz angenommen werden darf oder die - z.B. im KJHG - als verbindlich geltend benannt sind.

4.1 Die Gesamtrationalität des Systems

1. Das KJHG postuliert, daß einem speziellen Kind jeweils die ihr/ihm adäquate Hilfe, die für dieses Kind besonders geeignete Hilfe, zuteil werden soll. Hierbei wird davon ausgegangen, daß jedes Teilsystem im Bereich der Erziehungshilfe eine besondere Eignung für ein bestimmtes Klientel besitzt, d.h. daß sich die einzelnen Erziehungshilfen so ergänzen, daß sie in ihrer Gesamtheit das Gesamtspektrum möglicher Problemlagen abdecken. Man sollte deshalb annehmen können, daß die Nutzung des Systems »Vollzeit- bzw. Dauerpflege« auf gewisse Regelmäßigkeiten verweist, es eine »Indikation« für die Dauerpflege gäbe, die sich von Indikationen für andere Teilsysteme der Jugendhilfe in gewisser Trennschärfe abhebt.

Hierfür gibt es wenig empirische Evidenz. Zwar gibt es bundesweit die deutliche Tendenz, Pflegefamilien eher für jüngere Kinder und für weniger schwierige Kinder zu nutzen, die Heimerziehung eher für ältere und schwierigere, dies gilt aber schon nicht mehr einheitlich für alle Bundesländer. Ferner weichen auch die Quoten für das Verhältnis von Unterbringungen in einer Pflegefamilie und in der Heimerziehung von Bundesland zu Bundesland, auch wenn nur auf die alten Bundesländer bezogen, stark voneinander ab, in Berlin z.B. 32% Pflegekinder, 68% Heimkinder, in Schleswig-Holstein aber 55,5% Pflegekinder. Ferner: Innerhalb der Kategorie »Vollzeitpflege in einer anderen Familie« werden z.B. in Bayern nur 6,2% der Kinder bei Großeltern/ Verwandten untergebracht, in Hamburg aber 38%, in Bremen wiederum nur 9% (Jugendhilfestatistik, Erzieherische Hilfen 1991). Darüber hinaus gibt es vielfache Belege dafür, daß sich diesbezüglich sogar benachbarte Kommunen unterscheiden. (Nachweise z.b. in Gütthoff/Jordan 1990). Zu diesem Komplex gehört auch Elgers Nachweis, daß es zwischen den verschiedenen Hilfesystemen der Jugendhilfe einen hohen Grad an Zielgruppenüberschneidungen gibt, so z.b. zwischen Dauerpflege und Heimunterbringungen nach (den früheren) 5,6 JWG zu 46%, zwischen Dauerpflege und Sozialpädagogischer Familienhilfe sogar zu 49% (Elger u.a. 1987, S. 267 ff.). Ob eine bestimmte Gruppe von Kindern in dem einen oder dem anderen Teilsystem »landet« ist somit insgesamt mehr eine Frage des Zufalls, der regionalen Gegebenheiten und der Amtspraxis, als die einer fachlichen Differenzierung unterschiedlicher Hilfeformen.

2. Die Besonderheit der »Vollzeitpflege« wurde lange Zeit in ihrem Charakter als »Dauerpflege« gesehen; es wurde ihr die Rolle zugeschrieben, Kindern im Regelfall einen dauerhaften Aufwuchsplatz bis zur Volljährigkeit oder darüber hinaus zu bieten. Erst in jüngerer Zeit wird auch die Nutzung von Pflegeverhältnissen für befristete Aufenthalte propagiert. Trotz dieser partiellen Umorientierung wird auch gegenwärtig der Pflegefamilie eher der Charakter einer »Dauerlösung« zugeschrieben, während Kinder- und Jugendheime eher als Interimslösung, etwa zur Abklärung von Lebensperspektiven, betrachtet werden.

Die Vermutung und Behauptung, daß Pflegefamilien den Kindern zu einem hohen Prozentsatz ein dauerhaftes, d.h. bis zur Volljährigkeit, zumindest bis zur Entlassung der Pflegefamilie aus der Pflegekinderaufsicht, bieten und daß dies ein Unterscheidungsmerkmal zur Heimerziehung als einer Interimsmaßnahme sei, bestätigt sich nur begrenzt. Zwar betrug die »bisherige durchschnittliche Verweildauer« in der Vollzeitpflege (incl. Großeltern/ Verwandtenpflege) zum Jahresbeginn 1991 64 Monate und die in der Heimerziehung nur 38 Monate (DEININGER 1992, Tab. 3), aber dies ist vor allem ein Effekt des höheren Einweisungsalters in die Heimerziehung. GÜTTHOFF und JORDAN (1990, Teil I, S. 89) entnahmen der Jugendhilfestatistik für 1987, daß 41,3% aller aus der Heimerziehung entlassenen Kinder und Jugendlichen nach einer Aufenthaltsdauer bis zu einem Jahr entlassen wurden, im gleichen Zeitraum aber nur ein geringfügig geringerer Prozentsatz, nämlich 38,4%, aus Pflegefamilien. Weitere Berechnungen der Autoren zur Dauer der Familienpflege zeigten, »daß nach einem Jahr nur noch 58%, nach zwei Jahren 42% und nach drei Jahren nur noch 31% der 1985 vermittelten Kinder und Jugendlichen in diesen Pflegefamilien leben« (ebd.), was ziemlich exakt den »Restbeständen« nach drei Jahren für den Gesamtbereich der Erziehungshilfen entsprach. Im gleichen Sinne stellten BIERMANN und WÄLTE (1988, S. 312) fest: »Die Annahme und die Forderung, daß Heime, im Unterschied zur Pflegefamilie, ihre besondere Aufgabe im Bereich der Interimsfunktion haben (...) wird durch (unsere) Untersuchung nicht bestätigt. Eher zeigt sich das genaue Gegenteil: Es sind nicht die Heime, sondern tendenziell die Pflegefamilien, aus denen die Kinder relativ oft bereits nach kurzem Aufenthalt wieder ausscheiden und zwar, wiederum im Unterschied zu den Heimen, verhältnismäßig oft mit dem Ziel der Rückführung in die Herkunftsfamilie.«

4.2 Zur Effektivität und Qualität der Pflegekinderdienste

Als Merkmale für Fachlichkeit von Pflegekinderdiensten dürften folgende Standards auf breiter Basis Anerkennung finden:

1. Entscheidungen, die in das Schicksal eines Menschen (oder einer sozialen Gruppe wie einer Familie) eingreifen, können nie allein aufgrund (immer der Gefahr des Vorurteils und der selektiven Wahrnehmung ausgesetzten) individuell-persönlichen Urteils gefällt werden, sondern bedürfen zumindest einer kollegialen Kontrolle. (Kriterium: Teamarbeit; (kollegiale) Kontrolle/ Supervision)

2. Solche Entscheidungen müssen das Gesamt der tatsächlich zur Verfügung stehenden funktionalen Äquivalente für eine bestimmte Problemlösung berücksichtigen und sich an der am wenigsten schädliche Alternative - oder positiv formuliert - an der für einen gegebenen Fall erreichbaren »optimale Variante« - orientieren. (Kriterium: Die am wenigsten schädliche Alternative)

3. Entscheidungen dürfen nicht zuungunsten Dritter, sozusagen auf »Betrugs«basis durchgesetzt werden (des wäre z.b. dann der Fall, wenn den Bewerbern um ein »anhangloses« Pflegekind ein Kind mit deutlich sichtbaren Bindungen an die Herkunftsfamilie »aufgeschwatzt« würde oder wenn andere die Entscheidung Dritter möglicherweise beeinflussende Fakten bewußt oder grob fahrlässig zurückgehalten würden). (Kriterium: Offene und vollständige Information)

4. Die zu vermittelnden Kinder bzw. Jugendlichen sind ihrem Entwicklungsstand gemäß in Entscheidungsprozesse einzubeziehen. (Kriterium: Einbeziehung des Kindes in Entscheidungsprozesse)

5. Jeder Entscheidung sollten, das Selbstbestimmungsrecht der Beteiligten (Kinder, Eltern, Pflegeeltern) nicht beschneidende, diagnostische Abklärungen vorausgehen. (Kriterium: Nicht-stigmatisierende Diagnostik)

6. Die Pflegekinderdienste haben ihrer Beratungs- und Informationspflicht während bestehender Pflegeverhältnisse nachzukommen und dies im besonderen Maße in Phasen und Situationen, die an Pflegepersonen und Pflegekinder besondere Anforderungen stellen (z.B. Kennenlern- und Eingewöhnungsphase, Kontaktaufnahme der Herkunftsfamilie zur Pflegefamilie, Umbruchsphasen im System der Pflegefamilie wie Geburt eines eigenen Kindes, Scheidung, Aufnahme eines weiteren Pflege- oder Adoptivkindes, Auszug oder Abgabe eines anderen Kindes, soziale Degradierungen des Pflegekindes z.B. bei Überweisung in eine Sonderschule, schließlich auch allgemein labilisierende Entwicklungsphasen wie die »Pubertät«). (Kriterium: Beratungsqualität)

Die Forschungslage ermöglicht es nicht, jedem Einzelkriterium nachzugehen, so daß auf allgemeinere Ergebnisse zurückgegriffen werden muß. Mit dieser Einschränkung läßt sich sagen:

1. Die Effektivität der Pflegekinderdienste wird im allgemeinen, auch von den Pflegekinderdiensten selbst, nicht besonders hoch eingeschätzt. So bescheinigten sich, wie HEUN (1984, S. 151) berichtet, 20% der aktenführenden Fachkräfte selbst Fehlvermittlungen aufgrund mangelnder Vorbereitung und Mangel an geeigneten Pflegestellen. Und: In rund 10% der Fälle werden Pflegeverhältnisse aufgrund einer Rücknahme der Pflegeerlaubnis durch das Jugendamt beendet.

2. Pflegeelternbefragungen und Einschätzungen sowie Untersuchungsergebnisse Außenstehender bringen - von einigen modellhaften Vermittlungsdiensten abgesehen - deutlich mehr Kritik als Lob für Pflegekinderdienste. Daß Jugendämter trotz langfristiger Betreuung der Familien durch die Jugendämter keine Vorplanung betrieben, sondern die Kinder im Rahmen von Kriseninterventionen unvorbereitet aus der Herkunfsfamilie nehmen und daß die Pflegeelternbedürfnisse den Kindesbedürfnissen und seinen Bindungen gegenüber nachrangig berücksichtigt würden, wird beklagt (GOETZINGER/PECHSTEIN 1985; DRESCHER/LEICHT/PECHSTEIN 1986). Die häufigste Klage von Pflegeeltern bezieht sich auf die mangelnde Vorinformation über das Kind und seine Beziehungen (HEITKAMP 1989, S. 131; in seiner Befragung 50% der befragten Pflegeeltern). Von kritischen Experten kommt die Klage, daß die Vorbereitung der Pflegeeltern auf ihre Aufgabe sich in den meisten Fällen (bei HEITKAMP: in 90% der Fälle) nur auf ein bis drei Gespräche bezieht; in Extremfällen berichten Pflegeeltern, ihnen seien 5 Minuten oder 1 Stunde Bedenkzeit eingeräumt worden (a.a.O., S. 132).

3. Die Beratungsqualität ist von außen, auch über die Befragung von Pflegeeltern, nur schwer einzusehen. Untersuchungen, die über modellhafte, meist in Psychologischen Instituten angesiedelte, Beratungsansätze berichten, lassen aber darauf schließen, daß im Regelfall keine qualifizierte Beratung stattfindet, jedenfalls von den Pflegepersonen nicht als solche erlebt wird. Aus einer Untersuchung aus dem Psychologischen Institut der Universität Hamburg heißt es, den Pflegeeltern habe bei Beginn der systematisch geplanten Beratungsphase Informationen über das Pflegekind und Fachwissen gefehlt, gleichzeitig habe es ein großes Bedürfnis an (bislang nicht befriedigter) psychischer Entlastung gegeben (GOLDBECK 1984). Und ein Projekt an der Universität Oldenburg (KAISER U.A. 1988) kommt zu dem Ergebnis, daß erst die Kombination von systemtherapeutischer Beratung in der Familie und »kollegialer Supervision« in Pflegeelterngruppen die Kompetenz von Pflegeeltern nachhaltig zu verbessern vermöge (GOLDBECK 1984).

4. Den »abgebenden« Eltern von Pflegekindern wurde bislang kaum Aufmerksamkeit geschenkt. Die vorherrschende Sichtweise von Sozialarbeitern und Pflegeeltern auf sie skizzierte BLÜML (1990, S. 139 f.) in Auswertung von Erfahrungen aus dem Modellprojekt »Beratung im Pflegekinderwesen« als eine Sicht auf »Täter« und »Störer«, während sich Pflegeltern und Fachkräfte selbst als »Retter« betrachteten. Weder Eltern, deren Kinder in Pflegefamilien untergebracht werden (KUPPINGER 1990, S. 134 ff.) noch Müttern, die ihr Kind zur Adoption freigeben (SWIENTEK 1986 a und 1986 b) wird die Auseinandersetzung mit dem traumatischen Erlebnis der »Abgabe« und Trennung ermöglicht. Nachbetreuung von Pflegeeltern, die ihr Pflegekind - aus welchen Gründen auch immer - abgegeben haben oder abgeben mußten, findet in aller Regel überhaupt nicht statt (KUMER u.a. 1988).

5. Dabei konstatieren alle neueren Untersuchungen, daß einer qualifizierten Vorbereitung und Begleitung der Pflegeverhältnisse höchste Priorität für erfolgreich verlaufende Pflegeverhältnisse zukommt (z.B. JENA/WOHLERT 1990; SENATOR FÜR JUGEND BERLIN 1988) und der Abbruch von Pflegeverhältnissen aus pädagogischen Gründen sehr wesentlich durch Fehlvermittlungen mitbedingt ist. (DRESCHER U.A. 1986) Gezeigt werden konnte auch, daß Pflegeeltern, wo ihnen quali-

fizierte Beratungsdienste angeboten werden, diese von ihnen genutzt werden und erheblich zu einer Qualifizierung der Arbeit in der Pflegefamilie sowie des Gesamtsystems beitragen (LUTTER 1990). Von der Qualität der Beratungsdienste ist darüber hinaus abhängig, wer noch vermittelt werden kann und wer nicht mehr, was meint: Je professioneller die Vermittlungspraxis, desto größer auch die Chance, ein unübliches Klientel, z.b. delinquente Jugendliche oder entgiftete drogenabhängige Mütter mit ihren Kleinkindern (HAZEL 1976; MATERIALIEN ZUR HEIMERZIEHUNG Dezember 1991; für HIV-infizierte Kinder ARBEITSKREIS ZUR FÖRDERUNG FÜR PFLEGEKINDER E.V. 1993) oder auch schwerstbehinderte Kinder (MASUR 1982) unterzubringen.

6. Alle diese Befunde sprechen nicht dringend gegen die Professionalität der Fachdienste. In ihren Befragungen fanden GÜTTHOFF/JORDAN (1990) sogar ein hohes Maß an Problembewußtsein und Empathie bei den Sozialarbeitern. Viele ihrer Probleme, so die MitarbeiterInnen, seien strukturell angelegt; es gäbe zu hohe Fallzahlen, finanziellen Druck, keine Möglichkeiten für Supervision etc.

4.3 Erfolgreiches Handeln von Pflegepersonen

Von einer befriedigenden Sozialisation in der Pflegefamilie läßt sich sprechen bzw. auf sie schließen, wenn folgende Kriterien erfüllt sind:

1. Die Pflegepersonen müssen sich sorgend des Kindes annehmen und es wertschätzen (es aber nicht dringend »wie ein eigenes Kind lieben«). (Kriterium: Wertschätzung des Kindes)

2. Sie müssen in der Lage sein, sich auch in »unverständliche« Verhaltensweisen und Reaktionen ihres Pflegekindes »einzudenken«. (Kriterium: Empathie)

3. Sie müssen Personen, denen sich das Kind aus früheren Phasen seiner Sozialisation verbunden fühlt, als für das Kind bedeutsame anerkennen und jenen aus diesem Grunde mit Respekt begegnen. (Kriterium: Respekt gegenüber bedeutsamen Bezugspersonen des Kindes)

4. Sie müssen in der Lage sein, sich anbahnende Krisen zu erkennen und die zur Problemlösung erforderlichen und zur Verfügung stehenden innerfamiliären Ressourcen und die Ressourcen sozialer Netze zu mobilisieren. Sie müssen ferner bereit sein, in Fällen nicht durch eigene Mittel lösbarer Probleme Unterstützung bei den zuständigen Stellen anzufordern und zu diesem Zweck das Problem »veröffentlichen«. (Kriterium: Krisenwahrnehmung und Veröffentlichungsbereitschaft)

5. Da Pflegepersonen nur eingeschränkte Rechte gegenüber dem Pflegekind haben und diese im Regelfall mit Angehörigen bzw. Vormündern des Kindes teilen müssen, müssen sie zu dieser Teilung bereit sein. Insbesondere wenn das Kind weiterhin an seine früheren Bezugspersonen gebunden ist oder diese gegenüber den Kindern das Recht zu persönlichem Kontakt haben, müssen sie darüber hinaus bereit sein, Besuchskontakte u.ä. so zu arrangieren, daß dem Kind hieraus zumindest kein Schaden entsteht. (Kriterium: Teilungs- und Zusammenarbeitsbereitschaft)

6. Sie müssen, nach einer Phase der Auseinandersetzung, Enttäuschung und Trauer, akzeptieren können, wenn ein Pflegeverhältnis gescheitert ist, d.h. es keinen Weg

mehr gibt, das Pflegeverhältnis ohne (weitere) Schädigung des Kindes aufrecht-zuerhalten. Sie sollten ferner bereit sein, sich an der Suche nach einer »am we-nigsten schädlichen Alternative« für eine Nachfolgelösung zu beteiligen. (Krite-rium: Ablösebereitschaft)

Fatalerweise liegen kaum - außerhalb von Einzelfallberichten - empirische Ergeb-nisse darüber vor, welchen Umgang Pflegepersonen mit den neuralgischen Proble-men der Dauerpflegefamilie pflegen. Die Diskussion muß sich darum damit begnü-gen auf allgemeinere Probleme, wie Ergebnisse über »Abbrüche«, Besuchskontakte u.a. zurückzugreifen. Dringender Bedarf besteht für Forschungen, die sich mit bio-graphisch orientierten qualitativen Methoden den »Strategien« von Pflegepersonen zur Konfliktlösung, zur Rekonstruktion der Lebensgeschichte der Pflegekinder, zur »Normalisierung« des Alltags u.ä. zuwenden, wie dies für den Bereich der Adoption (hervorragend z.B. Hoffmann-Rhiem 1984) und für die Heimerziehung (neuerlich in systemisch-ökologischer Perspektive z.B. Lambers 1994) bereits vielfach gesche-hen ist.

1. Abbruchsquoten: Der Bericht über Abbruchsquoten in der praxis- und for-schungsorientierten Literatur nimmt leicht den Charakter eines edlen Wettstreits über den besseren oder den schlechteren Pflegekinderdienst an. Die genannten Quoten liegen zwischen 6 und 40%, wobei die Kriterien für Abbruch sehr unterschiedlich und oft nicht einmal ausgewiesen sind. Tendenziell läßt sich sagen: je genauer die innere Dynamik der Pflegefamilie, die - neutral gesagt - zum Ausscheiden eines Kin-des aus der Familie geführt hat, betrachtet wird, desto häufiger die Charakterisierung der Beendigung eines Pflegeverhältnisses als »Abbruch« (z.B. Jena/Wolters 1990), je mehr auf einen formal durch die Behörden festgestellten Abbruch aus erzieheri-schen Gründen abgehoben wird, desto niedriger die benannte Quote (so die selbste-valuativen Untersuchungen der Landschaftsverbände Rheinland und Westfalen- Lip-pe). Ohne eine Einigung darüber, was unter einem »Abbruch« zu verstehen ist und mit welcher Methodik er festgestellt wird, bleibt die ganze Diskussion hilflos und unbefriedigend.

Unabhängig von der Höhe der Abbruchsquoten - Abbruch als Ausschluß des Pflegekindes aus der Pflegefamilie aus pädagogischen Gründen verstanden - sind, auch noch nach neueren Untersuchungen, Lebensortwechsel von in Pflegefamilien untergebrachten Kindern sehr häufig, so in einem Sample aus Nordrhein-Westfalen 49% der Kinder nach der Erstunterbringung in einer Pflegefamilie (Hartwig 1988).

2. Abbruchsgründe: Der Versuch, Abbruchsgründe durch die vergleichende Be-trachtung von »abgebrochenen und nicht abgebrochenen« Pflegeverhältnissen zu be-stimmen und dabei einerseits auf Daten aus der Vorgeschichte des Kindes, anderer-seits auf Merkmale der Struktur der Pflegefamilie zu rekurrieren, ist immer noch die beliebteste Forschungsstrategie. Natürlich stößt man dann mit ziemlicher Regelmä-ßigkeit auf das Fakt, das ein sehr früh z.B. schon im 1. oder 2. Lebensjahr vermitteltes Kind, das zu Pflegeeltern gegeben wurde, die ein Kind »wie ein eigenes« gesucht haben, eine sehr große Chance hat, dauerhaft in der Familie bleiben zu können. (z.B. Lausch 1985, S. 72 ff) Ebenso wenig verwunderlich ist, daß Kinder, die aus einer längeren krisenhaften Situation in der Herkunftsfamilie in eine Pflegefamilie gege-ben wurden oder deren ersten Lebensjahre von diversen Brüchen und Wechseln des

Lebensortes bestimmt waren, zu der Gruppe abbruchsgefährdeter Kinder gehören. (z.B. KAISER U.A. 1990) Schließlich bedarf es auch keiner großen Phantasie sich vorzustellen, daß Pflegeeltern, die gleichzeitig für ein »schwieriges« Pflegekind und ein gleichaltriges eigenes Kind zu sorgen haben, überdurchschnittlich oft das Handtuch werfen, um Schaden vom eigenen Kind abzuwenden, oder daß Pflegeeltern, die nach einem »wie eigenem Kind« suchten, denen aber ein verhaltensauffälliges älteres Kind mit starker Bindung an seine leibliche Mutter präsentiert wurde, sich nicht auf das Kind einstellen können (Überblick zur Abbruchsforschung bei GÜTTHOFF/JORDAN 1990, S. 268 ff; LAUSCH 1985; vgl. auch HEILAND 1983; NIEDERBERGER/ ZEINDL 1989).

Aber selbst bei diesen evidenten Zusammenhängen bleibt, daß es immer Ausnahmen, manchmal mit hohen Prozentsätzen gibt, so daß die Beachtung solcher Faktoren allenfalls dazu dienen könnten, die Aufmerksamkeit der betreuenden Dienste auf komplizierte Konstellationen zu lenken, um sie entweder zu vermeiden oder sie besonders genau in ihrer Bedeutung für den Einzelfall abzuklären. Auch wenn dies bisher noch nicht zu entsprechenden Forschungen geführt hat - außer zu einigen ausgiebigen und ergiebigen Einzelfallanalysen (PERMIEN 1987 a; GÜTTHOFF/JORDAN 1990, 281 ff.; WIEMANN/JABLONSKI 1991) - setzt sich zumindest bei der Interpretation von Ergebnissen die Auffassung durch, daß der Abbruch eines Pflegeverhältnisses immer Ergebnis eines komplexen Zusammenspiels von wechselseitigen Bedürfnissen, Erwartungen und Werthaltungen, von Kompetenzen und Lernfähigkeit, von familiendynamischen Prozessen und der Kompetenz der sozialen Dienste, solchen Dimensionen und Aspekten bei der Auswahl von Pflegeeltern und dem Zusammenführen (»matching«) von Pflegekindern und Pflegepersonen die genügende Aufmerksamkeit zu widmen und zum Inhalt von Beratungsgesprächen zu machen.

3. Zeitpunkt des Abbruchs: Abbrüche aus erzieherischen Gründen können grundsätzlich zu jedem Zeitpunkt nach der Inpflegegabe erfolgen. Häufungen finden sich jedoch in den ersten beiden Jahren nach Pflegebeginn (in diesen Fällen mißlang in der Regel der Versuch, eine Bindung herzustellen), im dritten oder vierten Jahr nach der Inpflegegabe (zu diesem Zeitpunkt spielen nicht erfüllte Erwartungen von Pflegeeltern an die Schulleistungen des Kindes eine besondere Rolle) oder nach oft sehr langer Zeit und dann meist im Zusammenhang mit Ablösungskonflikten, Adoleszenzkrisen oder der aktiven Suche des Pflegekindes nach seiner Herkunftsfamilie (GÜTTHOFF/JORDAN 1990, S. 27; NIELSEN 1990).

4. Rückkehr in die Herkunftsfamilie: Als einen möglichen und - wo sinnvoll machbar - wünschenswerten Endpunkt eines Pflegeverhältnisses hat der Gesetzgeber die Rückkehr des Kindes in die Herkunftsfamilie bestimmt. Sowohl die Statistik der öffentlichen Jugendhilfe, als auch diverse regionale Einzelerhebungen berichten, daß dies überraschend häufig, nämlich durchschnittlich in etwa jedem dritten Fall - mit einer Streuungsbreite zwischen 6% und 42% in verschiedenen Untersuchungen (KNÖPFEL 1983, S. 326) - geschieht. Eine genauere Betrachtung solcher Zahlen zeigt allerdings, daß die hohen Rückkehrquoten nur für einen Teilbereich des Pflegekinderwesens gelten, nämlich jenen, in dem - meist über familienfürsorgerische Dienste (allgemeine Sozialdienste) vermittelt - die Inpflegegabe außerhab der öffentlichen Erziehung von vornherein als vorübergehende Unterbringung bestimmt war. Es handelt sich hier dann überwiegend um Kinder, deren - oft jungen - Mütter oder sonst-

wie alleinerziehende Elternteile auf der Basis von Freiwilligkeit und auf dem Hintergrund einer vorübergehenden sozialen oder persönlichen Notlage bzw. Krise (Freund hat die Mutter verlassen, Scheidung, Notwendigkeit der Arbeitsaufnahme etc.) ihr Kind mit von vornherein zeitlicher Befristung in die Obhut einer Pflegefamilie gegeben haben. Ganz anders ist es mit Kindern, die im Rahmen einer »Erziehungshilfekarriere«, auf dem Hintergrund von Sorgerechtsentziehungen, von Vernachlässigung, Mißhandlung, »chronischer« Erziehungsunfähigkeit, in eine Pflegefamilie kamen. Die in der Literatur für diese Gruppe genannten Rückkehrquoten in die Herkunftsfamilie liegen höchstens einmal bei 20% (NIELSEN 1990), eher jedoch bei 10%.

Nach diversen Untersuchungen verringern sich die Chancen der Rückführung (oder das Risiko, wie man will), je länger die Kinder in Pflege bleiben. Rückführungen erfolgen meist bereits innerhalb einer Jahresfrist; nach 18-24 Monaten Pflegedauer sinkt die Wahrscheinlichkeit, besonders bei kleinen Kindern, noch einmal dramatisch ab; ein wünschenswertes Faktum, das auch auf die jüngere Rechtsprechung zurückgeht (PERMIEN 1987 b, S. 261; zur Rechtsprechung und ihrer Weiterentwicklung vor allem SALGO 1987).

Von Bedeutung für die gesamte Rückführungs-Thematik ist, daß »rückgeführte« Kinder keineswegs regelhaft in die Konstellation entlassen werden, die sie ursprünglich verließen. Typisch ist eher, daß die Kinder nach (neuer) Heirat der Mutter in eine »Stiefelternfamilie« entlassen werden, in der sie zum Teil auch neue (Halb-)Geschwister vorfinden. Eine systematische Untersuchung über den dauerhaften Verbleib der Kinder nach der Rückführung fehlt. Schätzungen gehen dahin, daß jedes 3. oder 4. Kind nach Rückführung erneut »fremdplaziert« wird (Gütthoff/JORDAN 1990, Teil I, S. 21 f.). Mit einem Scheitern der Rückführung muß insbesondere gerechnet werden, wenn das Kind in einer früheren Entwicklungsphase keine Bindung an die Herkunftsfamilie hatte, eine solche aber zur Pflegefamilie aufgebaut wurde (PERMIEN 1987 b, S. 259, nach amerikanischen Untersuchungen).

5. Adoption von Pflegekindern: Die Adoption von Pflegekindern, überwiegend selbstverständlich aus der Gruppe faktisch familienloser Kinder, findet gemäß vorliegenden Untersuchungen in rund jedem 10. Fall statt, und zwar entweder »so schnell wie möglich« (dies gilt insbesondere für Familien, die sich bereits bei der Inpflegegabe für die Adoption eines Kindes interessierten), am zweit häufigsten dann, wenn über sie die Rückgabe zur Herkunftsfamilie abgewendet werden kann, schließlich auch im Jugendalter bzw. nach Beendigung der Pflegekinderaufsicht und/oder Einstellung des Pflegegeldes. - Darüberhinaus werden knapp weitere 10% als Pflegekinder vermittelte Kinder nach mehr oder weniger kurzer Zeit von einer anderen Familie adoptiert.

6. Erfolgreiche und weniger erfolgreiche Pflegeeltern: Die mit der Abbruchs-Forschung eng verbundene Fragestellung nach »erfolgreichen« und nicht oder weniger »erfolgreichen« Pflegepersonen hat sich glücklicherweise konzeptionell von der Beschränkung auf die Motivations- und Persönlichkeitstypus-Forschung befreit. Statt dessen setzt sich auch hier die Auffassung durch, daß einerseits Konstellationen und Prozesse, andererseits - und vor allem - komplexe »Weltansichten« entscheidender sind als Einzelvariablen und einzelne soziale oder Persönlichkeitsmerkmale

(GÜTTHOFF/ JORDAN a.a.O., S. 279 f., mit Verweisen auf amerikanische Literatur). »Konstellationen« meint, daß die Bedürfnisse und Erwartungen zueinander »passen« müssen, wozu auch gehört, daß frau/man sich (manchmal im wahrsten Sinne des Wortes) »riechen kann«. Die Betonung des prozessualen Charakters meint, daß sich Beziehungen auch über Umwege und Irrwege entwickeln können; ob ein die Beziehung förderlich »Kick« kommt, kann dann manchmal eine Frage des Zufalls, der gerade bestehenden Befindlichkeit oder der Intervention zum richtigen Zeitpunkt sein.

Komplexe Weltansichten meinen die Grundhaltung der Welt, der eigenen Person und Kindern gegenüber. Je eingeengter und »rigider« die Weltsicht, das Selbst- und Weltkonzept, desto größer wird die Gefahr, daß sich ein Kind mit seinen Bedürfnissen nicht dem Konzept subsumieren läßt. Offene, humorvolle, tolerante, nachdenkliche und unkomplizierte, zusammengefaßt wohl schlicht unneurotische Personen, sind darum Personen, die am besten geeignet sind, die Schwierigkeiten von Pflegeverhältnissen zu überwinden.

Hierzu passen auch Einzelergebnisse. So mehren sich etwa die Hinweise darauf, daß eine professionelle Aus- oder Vorbildung der Pflegepersonen keineswegs Garant für erfolgreiche Pflegeelternschaft ist, gegenüber Teilgruppen von Pflegekindern evtl. sogar ein Nachteil ist (SCHMID 1982 zu Adoptiveltern). Ein anderer, neuerdings stärker betonter Erfahrungswert bezieht sich auf das Alter der Pflegepersonen. Nicht die im »natürlichen Generationsverhältnis« zu den Pflegekindern stehenden Pflegeeltern sind durchschnittlich die erfolgreicher, sondern jene, die nach Abschluß der ersten »Aufzuchtsphase« immer noch Lust darauf haben, mit Kindern zu leben.

Zu diesem Komplex sind allerdings noch eine Reihe Fragen unbeantwortet geblieben. So weiß man insbesondere noch sehr wenig darüber, welche besonderen Haltungen und Konstellationen für die Betreuung spezieller Gruppen von Kindern, z.B. für behinderte Kinder, für Jugendliche, für Kinder mit »Verhaltensbesonderheiten« oder für Kinder »mit Anhang« förderlich oder hinderlich sind (zum ganzen Komplex siehe auch LAUSCH 1984).

7. Besuchskontakte: Die Angaben zur Häufigkeit von Besuchskontakten schwanken erheblich. Mal wird davon berichtet, daß Zweidrittel aller Kinder Besuch von leiblichen Angehörigen erhalten (z.B. KUPPINGER 1990), mal von 50% (GUDAT 1990), mal ist es nur ein verschwindend geringer Teil; hier spielen offenbar sowohl ermutigende oder entmutigende Reaktion der betreuenden Ämter eine Rolle, als auch die unterschiedliche Nutzung von Pflegefamilie mal eher als »Ergänzungsfamilie«, mal eher als »Ersatzfamilie« (SCHUMANN 1987). Bedeutsam ist, so die zu dieser Thematik ausführlichste Studie, eine Studie von GUDAT (1990), die 1243 Pflegekinder aus 25 Jugendämtern erfaßte, daß die tatsächliche Häufigkeit von Besuchskontakten deutlich hinter den ursprünglichen Planungen, nämlich in einem Verhältnis von 75% aller geplanten, zu knapp 50% realisierten, zurückbleibt. Nach dieser Studie finden Besuchskontakte ansonsten überdurchschnittlich häufig statt, wenn der Grund der Inpflegegabe eher in familiären und gesundheitlichen Gründen zu suchen war, als in pädagogischen und Beziehungsproblemen zwischen abgebenden Eltern und Kind.

Daß Pflegeeltern die Kontakte der Angehörigen zum Kind überwiegend negativ erleben (was nicht dringend heißt, daß sie die Angehörigen auch negativ bewerten), ist bekannt. Hierzu ist das von KUMER U.A. (1988, S. 139) mitgeteilte Ergebnis interessant, daß Besuchskontakte umso negativer erlebt werden, je negativer bereits die Kontakterwartung bei Beginn des Pflegeverhältnisses war. In der selben (einer Wiener) Studie wird im übrigen davon berichtet, daß der größere Teil der besuchten Kinder eher freudig/positiv auf die Besuche reagiert, als abweisend oder ängstlich (S. 141).

5. Resümee

Eine gültige Aussage zur Versorgungseffizienz des Pflegekinderwesens zu machen ist anhand der vorliegende Daten kaum möglich. Dies gilt zum einen, weil keine neuere Repräsentativerhebung vorliegt, zum anderen, weil diverse Fragen nicht untersucht wurden und zum dritten, weil - auch wenn dieses Thema hier nicht ausdrücklich behandelt wurde - es keine vergleichende Untersuchungen zur Effizienz paralleler Hilfesysteme gibt. In der Tendenz ließ sich aber folgendes feststellen:

1. Es scheint wenig Übereinstimmung darin zu geben, für welche Kinder die Vollzeitpflege die geeignete Unterbringungsform ist.

2. Die Pflegekinderdienste und Beratungsdienste scheinen - von Ausnahmen abgesehen - ihre Arbeit unzureichend zu machen, jedenfalls von Pflegepersonen als nicht sehr hilfreich erlebt zu werden.

3. Die Rolle von Menschen, die ihre »Elternschaft« mit anderen »Eltern« zu teilen zu haben, ist immer noch unklar; die hierdurch ausgelösten Verwirrungen für alle Beteiligten, dürften erheblich zu den pädagogischen Schwierigkeiten von Pflegepersonen beitragen, eine ungestörte Entwicklung der Pflegekinder behindern und die abgebenden Eltern zu hilflosen Reaktionen oder zum endgültigen Rückzug veranlassen.

Literatur

ARBEITSKREIS ZUR FÖRDERUNG VON PFLEGEKINDERN E.V. (Berlin): HIV und AIDS bei Kindern. Berlin, 1993
BIERMANN, B./ WÄLTE, D.: Erziehung außerhalb der eigenen Familie. Münster, 1988
BLANDOW, J.: Rollendiskrepanzen in der Pflegefamilie. München, 1972
BLANDOW, J. und FRAUENKNECHT, B.: Dauerpflege, Adoption und Tagesbetreuung. Trends der sozialen und rechtlichen Entwicklung. München, 1980
BLÜML, H.: Zur Situation der Herkunftsfamilie vor und nach der Inpflegegabe. In: Hamburger Pfegekinderkongreß, Münster, 1990, S. 139-144
BONHOEFFER, M. und WIDEMANN, P.: Kinder in Ersatzfamilien. Stuttgart, 1974
DANZIGER, L./ HETZER, H./ LÖW-BEER, L.: Pflegemutter und Pflegekind. Leipzig, 1930
DEININGER, D.: Erzieherische Hilfen außerhalb des Elternhauses am Jahresbeginn 91 (= leicht gekürzte Fassung aus Statistisches Bundesband, Wirtschaft und Statistik, Heft 12/1992). In: AFET Mitgliederrundbrief, 1993, Nr. 2 (Juni), 30-36
DRESCHER, D.; LEICHT, K.; PECHSTEIN, J.: Entstehung und Vermeidbarkeit von Komplikationen in Pflegeverhältnissen. In: Unsere Jugend, 1988, 6, 218-223
DÜHRSSEN, A.: Heimkinder und Pflegekinder in ihrer Entwicklung. Göttingen, 1958
ELGER, W./ JORDAN, E./ MÜNDER, J.: Erziehungshilfen im Wandel. Münster, 1987

GOLDBECK, L.: Pflegeeltern im Rollenkonflikt. Aufgaben einer psychologischen Betreuung von Pflegefamilien. In: Praxis der Kinderpsychologie und Kinderpsychiatrie, 1988, 8, 308-317

GUDAT, U.: Pflegekinder und ihre Elternbeziehungen. Ergebnisse einer Orientierungsstudie. In: Nachrichtendienst des Deutschen Vereins, 1990, 2, 47-51

GÜTTHOFF, F. und JORDAN, E.: Projektbericht zum Forschungsvorhaben »Gründe und Folgen der Beendigung von Pflegeverhältnissen«, Teil I und Teil II (Entwurfsfassung). Münster, 1990

HARTWIG, L.: Die Kontinuität der Lebensfelder fremdplazierter Kinder und Jugendlicher. In: Deutscher Paritätischer Wohlfahrtsverband Landesverband NW e.V. (Hrsg.); Merchel, Jochen (Red.): »Verschiebebahnhof Jugendhilfe?«- Zwischen Heimen und Pflegefamilien - Lebensfeldwechsel von Kindern und Jugendlichen. Dokumentation der Tagung am 16.3.1988 in Essen. Wuppertal (DPWV, LV NW), 1988

HAZEL, N.: Familienleben oder Institutionserziehung. In: Materialien zur Heimerziehung, 1979, 4, S. 1-7

HEILAND, A.: Die Situation von Pflegekindern. Eine Aktenanalyse mit besonderer Berücksichtigung von Pflegschaftsabbrüchen. Graz, 1983

HEITKAMP, H.: Heime und Pflegefamilien - konkurrierende Erziehungshilfen? Frankfurt/M., 1989

HEUN, H.-D.: Pflegekinder im Heim (DJI-Forschungsbericht). München, 1984

HOFFMANN-RHIEM, C.: Das adoptierte Kind. Familienleben mit doppelter Elternschaft. München, 1984

INTERNATIONALE GESELLSCHAFT FÜR HEIMERZIEHUNG (HRSG.): Kongreß Kinder in Ersatzfamilien. Frankfurt/M., 1976

JENA, S. und WOHLERT, F.: Bewährung von Pflegeverhältnissen. Eine empirische Untersuchung erfolgreicher und gescheiterter Pflegeverhältnisse. In: Archiv für Wissenschaft und Praxis der sozialen Arbeit, 1990, 1, 52-68

JUNKER, R.; LEBER, A.; LEITNER, U.: Pflegekinder in der Bundesrepublik Deutschland. Ein Forschungsbericht. Frankfurt/M., 1978

KAISER, P.; RIEFORTH, J.; WINKLER, H.; EBBERS, F.: Selbsthilfe-Supervision und Familienberatung bei Pflegefamilien. In: Praxis der Kinderpsychologie und Kinderpsychiatrie, 1988, 8, S. 290-297

KAISER, P.; RIEFORTH, J.; WINKLER, H.; EBBERS, F.: Strukturprobleme von Pflegefamilien. Möglichkeiten und Grenzen von Selbsthilfe. In: Familiendynamik, 1990, 2, S. 125-140

KNÖPFEL, G.: Faktische Elternschaft - Bedeutung und Grenzen. In: Zeitschrift für das gesamte Familienrecht, 1983, S. 317-331

KÜCHENHOFF, W. und STEINBRECHER, W.: Pflegekinder. Eine Untersuchung zum Thema Hütekinder. München, 1958

KUMER, A.; FRIEDLMAYER, S.; BRAUN, E.: Zwischen Abbruch und Neubeginn. Eine Studie zur Demographie, Familiendynamik und Eingewöhnung von Pflegekindern. Wien, 1988

KUPPINGER, L.: Zur Situation der Herkunftsfamilie vor und nach der Inpflegegabe. In: Hamburger Pfegekinderkongreß, Münster, 1990, S. 134-139

LAUSCH, A.: Die Pflegeelternschaft - Erleben und Bewältigung, Frankfurt/M., 1985

LUTTER, E.: Pflegeelternberatung- Träger, Ziele, Formen und Methoden. In: Hamburger Pflegekinderkongreß. Münster, 1990, S. 153-157

MASUR, R.; TIESLER, J.; SCHIEL, WITTICH: Eingliederung behinderter Kinder in Pflegefamilien. Das soziale, klinisch-psychologische Konzept, München, 1982

Materialien zur Heimerziehung, 1991, 4 (Heftthema: Erziehungshilfen zwischen Heim und Pflegefamilie)

NIEDERBERGER, J. M.; ZEINDL, T.: Karrieren fremdplazierter Kinder - Erste Daten aus einer schweizerischen Studie. In: Vierteljahresschrift für Heilpädagogik und ihre Nachbargebiete, 1989, 1, 46-62

NIELSEN, H.: Beendigung von Pflegeverhältnissen und die Folgen für die Betroffenen. In: Gütthoff, Friedhelm und Jordan, Erwin: Projektbericht, a.a.O., Teil II

NIENSTEDT, M. und WESTERMANN, A.: Pflegekinder. Psychologische Beiträge zur Sozialisation von Kindern in Ersatzfamilien. Münster, 1989

PERMIEN, H.: Krisenintervention und Abbrüche von Pflegeverhältnissen. In: Deutsches Jugendinstitut (Hrsg.): Handbuch Beratung im Pflegekinderwesen, München, 1987, S. 237-254 (Permien, 1987a)

PERMIEN, H.: Rückführung von Pflegekindern in ihre Herkunftsfamilien. In: Deutsches Jugendinstitut (Hrsg.): Handbuch Beratung im Pflegekinderwesen, a.a.O., S. 255-265 (Permien, 1987b)

PONGRATZ, L.: Prostituiertenkinder. Umwelt und Entwicklung in den ersten acht Lebensjahren. Stuttgart, 1964

SALGO, L.: Pflegekindschaft und Staatsintervention. Darmstadt, 1987

SENATOR FÜR JUGEND UND FAMILIE BERLIN: Pflegekinder-Bericht. Bericht über die Situation von Familienpflege. Berlin, 1988

SWIENTEK, C.: »Adoption - meine Unterschrift war wie ein Todesurteil«. Frauen, die ihre Kinder zur Adoption freigeben. In: Frauenforschung, 1986, 1-2, S. 149-162 (Swientek, 1986a)

SWIENTEK, C.: Die »abgebende« Mutter im Adoptionsverfahren. Eine Untersuchung zu den sozioökonomischen Bedingungen der Adoptionsfreigabe, zum Vermittlungsprozeß und den psychosozialen Verarbeitungsstrategien. Bielefeld, 1986 (Swientek, 1986b)

WIEMANN, I.; JABLONSKI, V. (Mitarb.): Pflege- und Adoptiveltern. Familienbeispiele, Informationen, Konfliktlösungen. Reinbek, 1991

Elisabeth Lutter

Das Wiener Modell: Schulung und Beratung im Pflegekinderwesen

The »Vienna Model of Foster Care«

The »Vienna Model of Foster Care« was established in 1979 as a private non-profite charitable organization of both social workers and foster parent's endeavors. The basic elements of the Vienna Model are special counselling offers for biological and foster families, a training program for foster families and annual interdisciplinary conferences for all concerned with foster care, in order to create a variety of placements fitting to the individual needs of children and to stabilize those systems. In addition, p.r.-work for promoting public awareness of foster care and recruiting foster families is continuously done.

1. Entstehung und Selbstverständnis

Das »Wiener Modell« entwickelte sich seit 1979 aus dem Engagement einiger Privatpersonen unter dem Eindruck des Selbsthilfe-Gedankens der 70er Jahre. Schon 1980 wurde aus der kritischen Bürgerinitiative ein gemeinnütziger Verein, in dem sich Professionelle aus Forschung, Lehre und Sozialarbeit mit Pflegeeltern zusammenschlossen, um persönlich erlebten Defiziten im Pflegekinderwesen innovative Ideen gegenüberzustellen und dem Jugendamt, das bis dahin die Fremdunterbringung von Kindern als Monopol verwaltete, konstruktiv-ergänzende Zusammenarbeit anzubieten. Im Gefolge der Wiener Initiative und ihrer intensiven Öffentlichkeitsarbeit entstanden rasch in allen österreichischen Bundesländern ähnliche private, professionelle Pflegeelternvereine, alle überparteilich und überkonfessionell, die sich, gemeinsam mit den gleich jungen Tagesmütter-Organisationen, 1982 zu einem Bundesdachverband zusammenschlossen.

Der neue Arbeitsansatz orientierte sich an der systemischen Sichtweise der Familientherapie: Denn jedes Pflegekind lebt in einem komplexen System von Bezugspersonen, d.h. das konkrete Wohl dieses Kindes ist nicht absolut, isoliert, sondern nur dann zu verwirklichen, wenn es auch den erwachsenen Mitgliedern dieses Systems einigermaßen wohlgeht. Das Leitprinzip lautete daher: Kindeswohl durch Erwachsenenwohl, Erwachsenenwohl durch Partnerschaft aller für das Kind relevanten Personen; dem Kind keine Bezugspersonen wegnehmen, sondern hinzugeben, keine Schwarz-Weiß-Klischees, kein starres Entweder-Oder, sondern weitgehendes Bemühen um ein Sowohl-als-auch.

Diesem Ansatz entspricht es, daß die Perspektive der leiblichen Eltern von Anfang an in alle Überlegungen und Angebote einbezogen wurde. Die österreichischen Pflegeelternvereine haben sich stets als Interessensvertretung von Kindern zwischen zwei Familien, mit »doppelten Eltern«, gesehen, nicht einseitig als »Pflegeeltern-Gewerkschaft«. Sie sind darum auch keine Selbsthilfegruppen im klassischen Sinn, denn damit wäre die Gefahr der Einseitigkeit und Subjektivität gegeben. Vielmehr verbinden sie das Prinzip der Selbstorganisation mit dem der Integration aller beteiligten Fach- und Standesgruppen, um so Objektivität, Qualität und Kollegialität zu gewährleisten. Eben deswegen konnten sich die Pflegeelternvereine gut als Ergänzung, nicht als Alternative zur öffentlichen Jugendwohlfahrt verstehen und in diesem Sinne Kooperation, klare Kompetenzzuweisung und Konsens suchen. Dabei haben sie durch die Kontinuität ihrer Arbeit und durch die Konstanz ihrer Führungskräfte Verläßlichkeit signalisieren und Vertrauen statt Konkurrenz aufbauen können.

2. Zielsetzung und Umsetzung

2.1 Ziele

Als Ziele definierte das »Wiener Modell«:
* seriöse Öffentlichkeitsarbeit, sowohl zur Sensibilisierung der öffentlichen Meinung als auch zur Werbung neuer Pflegeeltern;
* Verbesserung der rechtlichen und sozialen Stellung der Pflegeeltern;
* Stärkung der pädagogischen Kompetenz und Belastbarkeit von Pflegeeltern durch Qualifikationsangebote und dadurch Senkung der Abbruchrate von Pflegeverhältnissen;
* Schaffung von professionalisierten Pflegefamilien für »Kinder mit besonderen Bedürfnissen«.

2.2 Umsetzung des Konzeptes

Die Verwirklichung dieses Konzepts erfolgte im Laufe der Jahre schrittweise, immer als unmittelbare Antwort auf die artikulierten Bedürfnisse der Betroffenen: Dadurch war auch die Akzeptanz der jeweiligen Angebote gesichert. Durchgängig ist bis heute die Kooperation mit den zuständigen Jugendwohlfahrtsbehörden und den Einrichtungen der Erwachsenenbildung sowie die Unterstützung durch das Familienministerium. Auf Verbandsebene herrscht unter den Mitgliedsvereinen das föderalistische Prinzip: So eigenständig wie möglich, so viele gemeinsame Schwerpunkte wie nötig! Damit sind verlässliche Qualitätsstandards und Kriterien für die Pflegeelternarbeit ebenso garantiert wie die nötige individuelle Anpassung an regional unterschiedliche Strukturen, Mentalitäten und Traditionen.

3. Elemente des »Wiener Modells«

Die Elemente des »Wiener Modells« sind, mit Varianten in den Bundesländern, aber im wesentlichen einheitlich, folgende:

3.1 Vorbereitung

Die Vorbereitung der Pflegeeltern in Form eines 2-semestrigen (Volkshochschul-)Kurses. Er verbindet Selbsterfahrung und Selbstüberprüfung der künftigen Pflegeeltern, besonders hinsichtlich der eigenen Möglichkeiten und Grenzen, mit Information und themenzentrierter Interaktion (in Peer-groups) zu den Kernfragen des Pflegefamilienalltags: Warum noch ein Kind in die Familie (Motivation)? Wunsch und Wirklichkeit (Realitätsbezug). Das Pflegekind kommt nicht allein (Auseinandersetzung mit den leiblichen Eltern). Verhaltensauffälligkeiten, ihre Ursachen und mögliche Hilfen. Spielen, nonverbale Kommunikation. Lernprobleme (Lernhilfen. Gesetzeslage und Umgang mit Behörden.

3.2 Begleitung

Die Begleitung der Pflegeeltern erfolgt durch
*   halbjährliche »Pflegeelterntage«, d.s. kombinierte Fortbildungs- und Kommunikationsangebote mit Kinderbetreuung,
*   monatliche Supervisionsgruppen und monatliche Fortbildungsseminare (abends, je 3 Std.)
*   schriftliche Unterlagen (Vierteljahrs-Zeitschrift, Kleine Schriftenreihe zum Pflegekinderwesen (Aktuelles aus Forschung und Lehre mit Praxisbezug).

3.3 Beratung

Für die spezielle Lebens- und Bedürfnislage von Pflege- und Herkunftsfamilien wurde 1981 eine eigene multiprofessionelle Beratungsstelle mit systemischem Ansatz ins Leben gerufen. Wegen der großen Nachfrage wurden bereits 1982 die zweite, 1983 die dritte derartige Stelle in Wien, danach weitere auch in den Bundesländern eingerichtet. Schwerpunkte der Beratung sind Erstgespräche mit Neubewerbern um ein Pflegekind, Hilfe bei Erziehungs- und Partnerproblemen, stützende Begleitung von Besuchskontakten der leiblichen Eltern, Schlichtung von Behördenproblemen. Das Berater-Team umfaßt Sozialarbeiter, Psychologen, Ärzte und Juristen. Die Honorare der Berater werden in ganz Österreich vom Familienministerium übernommen.

Der pädagogische Grundgedanke des »Wiener Modells« ist also das bausteinartige Ineinandergreifen von sensibilisierender, motivationsklärender Vorbereitung, begleitender Fortbildung und individueller Beratung in fach- und institutionsübergreifender Kooperation mit den Methoden der modernen Erwachsenenbildung. Gestaltet von der Interessensvertretung der Betroffenen, ist das Programm problemnah, schrittweise erprobt und von den Jugendämtern anerkannt. Die Angebote sind mittlerweile in allen Bundesländern installiert, ihre Inanspruchnahme gilt bei den Jugendwohlfahrtsbehörden als Gütesiegel für belastbare professionelle Pflegeeltern.

3.4 Die Zusammenarbeit von öffentlicher und privater Jugendwohlfahrt für die Pflegefamilien

Das systemische Arbeitsprinzip des »Wiener Modells« meint allseitige Aufmerksamkeit mit spezieller Verantwortung für das Kind. Es geht darum, Konflikte zu reduzieren, die letztlich zulasten des Kindes gehen. Aus einem solchen Denkhintergrund folgt notwendig das Bemühen um integratives Arbeiten, d.h. Zusammenarbeit von öffentlichen und privaten Trägern, Pflegeeltern und Eltern, Vernetzung der je nach Profession oft unterschiedlichen Perspektiven der Helfer. Darum veranstaltet der Bundesverband seit seiner Gründung jährliche interdisziplinäre Fachtagungen zu Themen, die alle in diesem Feld Beteiligten gleichermaßen betreffen.

Vielfach wurden dabei neue Ideen aufgegriffen und haben zur Schaffung neuer Einrichtungen geführt: etwa die Sozialpädagogische Familienhilfe zur Prävention von Fremdunterbringung oder die Einrichtung der Kinderanwaltschaft oder die Schaffung von gesetzlichen Regelungen zur Anerkennung und Heranziehung der Freien Jugendwohlfahrtsträger.

Ein zentrales Anliegen des »Wiener Modells« ist die Prävention und daher die Arbeit im Vorfeld: sowohl mit den Bewerbern vor der Vermittlung von Pflegekindern als auch mit den Studierenden der Fachhochschulen für Sozialarbeit vor dem Einsatz in der Praxis; damit auf beiden Seiten durch rechtzeitige Sensibilisierung und Wissensvermittlung über die mit der angestrebten Aufgabe verbundenen Probleme und Risiken Fehlentscheidungen und Pflegeabbrüche vermieden werden.

4. Ergebnisse

Die Erfahrung von 10 Jahren hat gezeigt, daß dieser Weg, in Unabhängigkeit und Fachlichkeit beschritten, entscheidende Veränderungen im österreichischen Pflegekinderwesen bewirkt hat:

* Die Struktur der Pflegeelternschaft hat sich verändert.
* Parallel dazu hat sich die Einstellung der Jugendämter gegenüber Pflegefamilien als (qualifizierter) Alternative zur Heimerziehung gewandelt, partnerschaftliches Zusammenarbeiten nimmt zu.
* Neue Modelle familialer Fremdunterbringung werden gemeinsam entwickelt, etwa Kurzzeitpflegen bis zur Abklärung von Krisensituationen, pflegefamilienartigen Wohngemeinschaften, sozialpädagogische Pflegefamilien für Kinder mit besonderen Bedürfnissen. (Dazu wurde ein 10-Jahres-Bericht zusammengestellt, der die erstaunliche Effektivität und Belastbarkeit von vorbereiteten und begleiteten Pflegeeltern ausweist, nebst der damit verbundenen Kosteneinsparung für die öffentlichen Haushalte.)
* Als notwendige Folge der Professionalisierung von Pflegeeltern diskutieren wir ein Modell von Dienstverhältnissen für geschulte Pflegemütter mit vollem Sozialversicherungsschutz, wobei die Pflegeelternvereine als Ausbildungs- und Anstellungsträger herangezogen werden könnten.
* Die Rechtslage des Pflegeverhältnisses wurde in einem neuen österreichischen Jugendwohlfahrtsgesetz (1989) unter fachkundiger Mitwirkung des Bundesverbandes entscheidend reformiert: Pflegeeltern haben Parteistellung im Behörden- wie im Gerichtsverfahren, sie können die gesamte oder Teile der Obsorge für das Pflegekind gerichtlich übertragen bekommen, wodurch auch dessen Herausnahme nur mehr über Gerichtsentscheid möglich, d.h. in der Regel erschwert ist, in den Erläuterungen zum Gesetz wird der Schutz von gewachsenen psychosozialen Beziehungen ausdrücklich empfohlen.

Zusammenfassend kann festgestellt werden, daß die Freien Träger im österreichischen Pflegekinderwesen, ausgehend vom Konzept des »Wiener Modells«, eine umfassende Gemeinwesenarbeit geleistet haben: Sie haben, abgesehen von ihrem professionellen Einsatz für die Betroffenen, ein Minderheitenproblem immer wieder auch zu einem politischen Thema gemacht. Sie haben Mißstände aufgezeigt, Zielvorstellungen für Verbesserungen entwickelt, deren Durchführung projekthaft umgesetzt und damit von der Machbarkeit notwendiger Reformen überzeugt.

Literatur

LUTTER, E.: Das Wiener Modell. In: Mut zur Vielfalt. Münster, 1990

LUTTER, E./STUBENVOLL, E.: Vorbereitungsprogramm für Pflegeeltern und Tagesmütter (Kleine Schriftenreihe zum Pflegekinderwesen, Bd. 2, Hg. Bundesverband öst. Pflege- u. Adoptivelternvereine). Wien, 1989

Lutter, E.: Elternverantwortung und Kindeswohl im Pflegekinderwesen. In: Öst. Amtsvormund, 4, 1990, 99-103

Lutter, E.: Integration und Rehabilitation von Kindern mit besonderen Bedürfnissen in Pflegefamilien (Kl. Schriftenreihe zum Pflegekinderwesen, Bd. 11, Hg. Bundesverband öst. Pflege- und Adoptivelternvereine). Wien, 1993

Matthew Colton/Anthony Heath

The Educational Progress in Long-Term Foster Care

Erziehung in Langzeitpflege-Verhältnissen

Ungeachtet der vorherrschend eher vorteilhaften Umgebungen erreichen Pflegekinder in dieser Untersuchung Kompetenzen, die eher typisch für solche Kinder sind, die in benachteiligten häuslichen Umgebungen aufwachsen. Pflegekinder waren eine besonders bevorzugte Gruppe von fremdplazierten Kindern, von denen die Mehrheit in Mittelschicht-Pflegefamilien über lange Zeiträume untergebracht waren. Diese Pflegefamilien wiesen alle Indikatoren auf, die eine Umgebung versprachen, die zu einem erzieherischen Fortschritt führen können. Die allgemein geringen Kompetenzen von Pflegekindern können nicht durch häufige Zusammenbrüche der Unterbringungen oder durch Unbeständigkeiten, die viele Pflegeplätze beeinträchtigen, erklärt werden. Ebenso kann dies nicht auf eine niedrige Erwartungshaltung bei den Erziehern zurückgeführt werden. Eher scheinen die Gründe für eine Aufnahme in ein Pflegeverhältnis, speziell Mißbrauch und Vernachlässigung, darauf hinzuweisen, daß frühe Erfahrungen der Pflegekinder, aus der Zeit vor dem Eintritt in das Pflegeverhältnis, profunde Auswirkungen auf ihre Erziehungsfähigkeit in der mittleren Kindheit haben. Dementsprechend erfordert es mehr als »normales« Familienleben und »normales« elterliches Interesse, um frühere defizitäre Erfahrungen zu kompensieren.

1. Introduction

It is now well-established that children in care do not achieve well within the educational system and perform below national norms for their age groups (ESSEN ET AL., 1976; ST. CLAIRE AND OSBORN, 1987; JACKSON, 1988; HEATH ET AL., 1989; COLTON ET AL, 1991). This article concerns an investigation of possible causes of low educational achievement among separated children, and is based on a longitudinal study of foster family children and of a »comparison group« of children receiving social work support while remaining with their birth families.

Many studies have shown that low educational achievement is associated with social and economic deprivation (e.g. DOUGLAS, 1964; HALSEY ET AL, 1980; ESSEN AND WEDGE, 1982; MORTIMORE AND BLACKSTONE, 1982). Yet, on these grounds we might expect children in foster care, if not those in residential care, to perform at around the national average. In terms of environmental factors such as social class, family composition, and so on, foster children's circumstances appear to be close to that of the »average« family (HEATH ET AL, 1989). They are clearly advantaged, at least in material terms, in comparison with children remaining with their birth families and receiving social work support. In other words, foster children appear to be living in relatively »educogenic« environments which might be expected to provide the conditions for escape from disadvantage« (PILLING, 1990).

Our previous research, based on cross-sectional analysis, did not provide much encouragement for this hypothesis (HEATH ET AL, 1989; COLTON ET AL, 1991). Longitudinal analysis is preferable, however, as the foster children may have started from a particularly deprived level. The traumas of being taken into care, or other aspects of the children's histories may have depressed their attainment and it may take some considerable time before the children recover. We might therefore expect the foster children's attainment to improve gradually over time as they become integrated into their foster families.

Alternatively, the continuing stresses and uncertainties surrounding care, and in particular its open-ended character, may depress performance on a more continuing basis. Research indicates that the impermanence associated with many foster placements may adversely affect a child's development (TRISELIOTIS AND RUSSELL, 1984; ALDGATE AND HAWLEY, 1986; BERRIDGE AND CLEAVER, 1987). This has helped to fuel the permanency movement with its stress on promoting lasting relationships for separated children (McKAY, 1980; ADCOCK, 1980; MALUCCIO ET AL, 1986).

Some of foster placements were characterised by a greater degree of »permanence« and legal security than others. During the course of the study, custodianship and adoption orders were made in respect of a number of the foster children. Adoption has been compared favourably with long-term fostering by TIZARD (1977) on the grounds that the former involves a greater degree of security for caregivers and children than the latter. It may be interesting, therefore, to compare the overall progress of youngsters who were the subject of adoption and custodianship orders with that of other foster children.

2. Data and methods

Our original sample included 49 foster children (26 boys, 23 girls), of approximately Middle School age (8-14) at the start of the study, in ordinary state schools in one county. Each child had been in care for a minimum of 6 months, and many had not only been in care but in their placements for several years (mean length of placement = 6 years; median = 7 years). We thought it sensible to compare our foster children, not with the general population, but with children from similar backgrounds to those of the foster children's birth families. We therefore chose a comparison group of children who had never been in care but whose families were receiving »preventive« social work support in the community at the start of the study. We recruited 58 children to this social services group, 34 boys and 24 girls within the same age band and attending similar schools. As with the foster children, virtually all were of white/European ethnic origin.

The children's educational attainment was assessed through standardised tests in reading, vocabulary and mathematics (see Heath et al, 1994). Scores on these tests show how well the child was performing relative to the national average for children of the same age.

3. Educational progress and placement

Of the 49 children originally recruited to the foster group, ten moved from their foster homes after the first of the three rounds of tests. Five of these children were placed in residential children's homes following the breakdown of their foster placements, and five were reunited with their birth families. The legal status of a further eight of the original foster children changed between rounds 1 and 3 of testing. Custodianship orders were made with respect to six of these youngsters; the other two children were adopted by their foster parents.

The comparison group was less affected by change. Of the 58 youngsters originally recruited to this group, 53 remained with their families of origin throughout the study. However, five of the original group entered local authority care after round 1 of testing. Four of these youngsters were placed in foster homes, with the remaining child placed in residential care.

Thus, six subgroups of varying size emerged from the original two groups. Four subgroups derived from the original foster group: (1) children whose foster placements broke down; (2) children whose legal status changed, giving greater legal security to their caregivers; (3) children who were reunited with their families of origin; and (4) children who experienced no such changes. The remaining two subgroups comprised children from the original comparison group: (5) children who went into care; and (6) children who remained at home throughout the study. As there was some missing data on the later rounds of testing, in our analyses we restrict ourselves to those children for whom there was no missing data on a given test.

Table 1:   Scores on the reading test

Foster Group	1st round	2nd round	3rd round	N
No change	94 (16)	93 (12)	92 (10)	29
Custodianship	92 (12)	89 (9)	91 (12)	8
Residential care	96 (8)	97 (4)	90 (3)	3
Returned home	83 (16)	90 (13)	90 (10)	4
Comparison Group				
No change	89 (16)	90 (15)	91 (15)	39
Went into care	105 (30)	96 (23)	103 (25)	3
(Figures in brackets give the standard deviations)				

We had hoped to find evidence of educational progress among the children who remained with their foster families throughout the study. However, there was no evidence on any of the three tests for relative progress on the part of the »no change« foster subgroup. For example, the above table shows that the average score of this subgroup was 94 in the first round, 93 in the second and 92 in the third.

We must emphasise that this shows lack of progress relative to national norms for their ages. The children were of course making absolute gains in their reading ability, vocabulary and maths, and indeed were making much the same absolute gains as the nationally average child. We had however hoped to find that they were catching up with the national average; in other words, we had hoped to find that their age-standardized scores were improving. This clearly did not prove to be the case.

The group of foster children who were in perhaps the most favourable circumstances, at least with respect to a sense of permanence, was the group who became the subject of custodianship or adoption during the course of the study. It also seemed reasonable to expect that the increased sense of security for caregivers and children conferred by the making of custodianship and adoption orders might be reflected in the educational attainment of the children concerned. Again, the data give no support to this hypothesis. Indeed, on the maths and vocabulary tests there was a decline in performance.

Our other subgroups are too small to warrant any conclusions. There are hints that the children who returned home improved relative to the others over the course of the study. The improvement occurred on the vocabulary and maths tests as well as on the reading test. But we should note that they scored particularly badly on all three tests in the first round (perhaps due to transitory factors), and their improvement merely brought them up to the average for the foster group as a whole. There are also hints that the children who moved into residential care made less progress than the others. On all three tests these children show a decline in their scores. But given the tiny numbers involved, we should draw no firm conclusions.

We had also expected that children from the comparison group who were taken into care might show a deterioration in performance. However, we have complete data only on three children, and as can be seen there is no consistent pattern in their progress.

Overall, then, we cannot reject the hypothesis that changes in placement or legal status during the course of the study were unrelated to educational progress. Where we have reasonably large groups (the »no change« foster and comparison groups, the picture is quite clear. The conclusion is also quite clear that the custodianship/adoption group failed to make relative progress and this finding may have some implications for theories of permanence (see ALDGATE ET AL, 1992).

However, we should note that this group of children were ones who had already been in their foster placements for substantial periods of time. Seven of these eight children had been in their current placements for six or more years. It is therefore likely that the change in legal status merely ratified an existing state of affairs and did not make any fundamental change to the day-to-day nature of the placement. The absence of progress during the course of the study is not, therefore, quite so surprising as it might first appear to be Nevertheless, these results serve to underline the point that even those foster children who were in the most favourable situations, with settled and long-term placements, were performing well below national norms for their age group.

4. Discussion

Our findings confirm previous research documenting the low educational attainment of children in care. They thus serve to reinforce the message conveyed by research over a period of some thirty years, namely that children in public care are not well served by the education system (COLTON AND JACKSON, 1993).

Whilst the foster children performed no worse than the comparison group, our findings are nonetheless disappointing. Our foster children were a particularly favoured group, with the majority having had long-term settled placements with foster parents who wanted them to do well at school. A comparison of the material and cultural aspects of the foster homes and homes of the comparison group suggested that the foster children were typically in environments which provided a potential »escape from disadvantage« (PILLING, 1990). It is therefore all the more disappointing that our foster children failed, in general, to demonstrate greater relative progress over the course of our study than the comparison group.

At the very least our study confirms the existence of the problem of the education of children in care. Thus, the finding of low attainment among children in care cannot be explained away by the special difficulties of children in residential care or by frequent placement breakdowns - it applies to our favoured children in long-term foster care as well. It cannot be explained away by the sense of impermanence affecting many foster homes -even our foster children in long-term placements who became the subject of custodianship and adoption orders scored no more highly than the comparison group. There was no difference in attainment or progress between children where the eventual outcome was adoption or custodianship and those who would remain foster children.

One popular explanation for lack of educational progress has been the self-fulfilling prophecy of low teacher expectations. It is therefore worth noting here that we failed to find any evidence that the children of whom the teachers expected more made greater progress than those of whom they expected less. The teachers' judgements were consequences rather than causes of the pupils' performance (HEATH ET AL, 1994).

However, it does seem that the foster children's early histories before entry to care may have had a profound effect on their educational attainment in middle childhood. Those children who had experienced poor parenting and had been removed compulsorily from their parents did not appear to recover educationally as easily as those whose care had been necessitated by parental illness or by crises related to economic hardship (HEATH ET AL, 1994). But it should also be borne in mind that the foster children who had come into care for reasons other than abuse or neglect were still somewhat below the national average.

It is notable that the two foster children in our study who had the highest attainment scores had been with the same, highly-qualified foster families since an early age. Interestingly, this is consistent with the findings of SCHIFF ET AL (1980 and 1981) on the educational consequences of adoption in France (HEATH ET AL, 1994).

The majority of our foster parents, however, were around the national average in their occupational and educational attainments, and they had not in general been fostering the children since birth. Whilst not wishing to imply that the answer to the educational problems of children in care is early placement into highly-qualified families, it is evident that something more than »normal« family life and »normal« parental interest may be required to compensate for earlier deprivation. Gains can be made, but they do not come easily or cheaply. Quite simply, average inputs are not enough for children with above-average educational needs. Our research indicates that much higher priority should be given to the educational needs of separated children.

References

ADCOCK, M.: »The right to a permanent placement«, Adoption and Fostering, 1980/99, pp. 21-4.

ALDGATE, J, COLTON, M., GHATE, D., AND HEATH, A.F.: »Educational attainment and stability in long-term foster care«, Children and Society, 1992/6, pp. 38-60.

ALDGATE, J. AND HAWLEY, D.: Recollections of Disruption: A Study of Foster Home Breakdown, London, 1986

BERRIDGE, D. and CLEAVER, H.: Foster Home Breakdown. Oxford, 1987

COLTON, M., ALDGATE, J. and HEATH, A.F.: »Behavioural problems of children in and out of care«, Social Work and Social Sciences Review, 1991/2, pp. 177- 191.

COLTON, M., and JACKSON, S.: »Against All Odds«, Community Care, 1993/8, April 1993.

DOUGLAS, J.W.B.: The Home and The School. London, 1964

ESSEN, J. LAMBERT, L. and HEAD, J.: »School attainment of children who have been in care«, Child Care, Health and Development, 1976/2, pp. 339-351.

ESSEN, J. and WEDGE, P.: Continuities in Childhood Disadvantage. London, 1982

HALSEY, A.H., HEATH, A.F. and RIDGE, J.M.: Origins and Destinations: Family, Class and Education in Modern Britain. Oxford, 1980

HEATH, A.F., COLTON, M.J. and ALDGATE, J.: »The education of children in and out of care«, British Journal of Social Work, 1989/19, pp. 447-460.

HEATH, A.F., COLTON, M.J. and ALDGATE, J.: »Failure to Escape: A Longitudinal Study of Foster Children's Educational Attainment«, British Journal of Social Work, 1994/24, pp. 241-260

JACKSON, S.: »The education of children in care«, Adoption and Fostering, 1988/12, pp. 6-10.

McKAY, M.. »Planning for permanent placement«, Adoption and Fostering, 1980/99, pp. 19-21.

MALUCCIO, A.N., FEIN, E. and OLMSTEAD, K.: Permanency Planning for Children: Concepts and Methods. London, 1986

MORTIMORE, J. and BLACKSTONE, T.: Disadvantage and Education, London, 1982

PILLING, D.: Escape from Disadvantage, London, 1990 (in association with the National Children's Bureau)

ST. CLAIRE, L. and OSBORN, A.F.: »The ability and behaviour of children who have been »In-Care« or separated from their parents«, Early Child Development and Care (special issue), 1987

SCHIFF, M.: »L'echec scolaire n'est pas inscrit dans les chromosomes«, Psychologie, 1980/181, pp. 51-56.

SCHIFF, M. ET AL.: »Enfants de travailleurs manuels adoptes par des cadres: effet d'un changement de class sociale sur le cursus scolaire et les notes de QI«, Travaux et Documents, 93, 1981

TIZARD, B.: Adoption: A Second Chance, London, 1977

TRISELIOTIS, J. and RUSSELL, J.: Hard To Place: The Outcome of Adoption and Residential Care, London, 1984

Zofia Waleria Stelmaszuk

Towards a Community Based Foster Care System in Poland

Gemeinwesenorientiertes Pflegekinderwesen in Polen

In Polen existiert eine lange Tradition des gemeinwesenorientierten Pflegekinderwesens. Zu Beginn dieses Jahrhunderts entstanden Projekte wie Ophan's Nest, in denen Pflegefamilien für mehrere Kinder auf »Modell«-Bauernhöfen sorgten, oder es wurden später Kinder in Pflegefamilien im »Kolonie-System« innerhalb ländlicher Gemeinden untergebracht. In den 20er Jahren wurden präzise Regeln über die Qualifikation und die Unterbringung im Pflegewesen herausgearbeitet. Nachdem Polen 1945 zu einem kommunistischen Staat wurde, ist das Pflegekinderwesen durch Formen der Pflege in Institutionen ersetzt worden. Es existierte zwar ein Pflegekinderwesen, dies aber hauptsächlich in Form von Verwandtschaftsverhältnissen. Beginnend in den 70er Jahren wurde es als eine wertvolle Ressource wiederentdeckt.

Nach den politischen und ökonomischen Veränderungen nach 1989 wurde es offensichtlich, daß notwendige Änderungen in das zentrale Jugendhilfesystem eingeführt werden müssen. Viele Initiativen wurden durch berufliche und ehrenamtliche Jugendhilfe übernommen. Befürworter des Pflegekinderwesens wurden sowohl durch die Gemeinden als auch von der staatlichen Seite anerkannt. Es wurden nachträglich Mittel zur Verfügung gestellt, um ein Unterstützungssystem für bereits existierende Pflegefamilien zu organisieren. Einige der ursprünglichen Initiativen entwickeln zur Zeit ein gemeinwesenorientiertes Pflegekindersystem. Es besteht die Hoffnung, daß die Lücke im Jugendhilfesystem geschlossen und eine wertvolle Alternative zur institutionellen Unterbringung wird.

1. A community care tradition

Traditionally foster care was the most common way extended families and communities could provide care for their children. In Poland it was immensely enhanced by strong family traditions and the Catholic religion. Natural duty, group solidarity, natural duty, Christian obligation, or act of mercy - no matter what motives were behind fostering - they were sometimes additionally encouraged by reimbursement for care. The legal regulations, which came relatively late, only formalized already existing practices such as the use of paid wet-nurses or nannies[1]. It was quite common to send older children or young teenagers to become prentices or helpers and to earn their living. It sometimes took a form of fostering, where the employer's family looked after a child in exchange of his/her services (KEPSKI, 1991; KOLANKIEWICZ, 1993). An extremely modern project dates back to the beginning of the twentieth century. At hat time, KAZIMIERZ JEZEWSKI, a young economist committed to social work with orphans, came up with the idea of establishing »Orphans' Nests«- foster families caring for several children at the »model« agricultural or horticultural farm provided (or enlarged) by the state. Up to the First World War, 8 orphans' nests were established and about 100 young people were brought up in them (ZIEMSKA, 1979).

Public care for orphaned or abandoned children became a responsibility of the Polish State after its restoration in 1918[2]. Foster care received legal acceptance and encouragement from the state and local authorities. The financial support for foster parents was also provided at that time. The local authorities were responsible for organizing and financing foster care. A number of fostering programs were carried out, some of them well known and of good quality. The program organized in 1926 by the municipal authorities in Lodz, the center of the textile industry, placed hundreds of children in foster families. Sufficient financial help (in a form of allowance) and support of other kind (clothing, health care, tuition and textbooks) were provided for children in care. The foster parents were selected by professionals after quite careful screening. The emotional aspects of fostering were stressed, while charitable motives were not welcome. The foster families were given assistance and remained under the control of qualified professionals (social workers) whose role in successful fostering was seen as essential (PUTERNICKA, 1930).

The whole idea gained great popularity. There were many more people wishing to become foster parents than available children, e.g. in 1930 there were even 10 candidates for one child. Before the Second World War 464 children were brought up in foster families and after the war about 208 children remained in the same families (MAJEWSKA, 1948). Beside Lodz there were also other well run programs in Warsaw, where a Foster Care Committee was founded, Silesia and Poznan, the former Prussian sector of Poland, where fostering gained legal acceptance for the first time on Polish soil and became the most popular form of out-of-home placement (KEPSKI, 1991). In the Vilnius province where, especially during the Great Depression of 1933-34, foster care was the only form of child welfare provision, community based foster care programs were developed in rural areas. The so called »Colony System« placed abandoned children with the farming families in several communities especially devoted to the care of orphans. The Project, which stressed community role in care, was overseen by professional social workers and gained a good reputation. In 1937, 245 children remained under care within the system (KEPSKI, 1991). At the same time there were also unsuccessful undertakings, mostly due to insufficient funds and lack of qualified professionals, where the fostered children were exploited, abused or neglected. Some local authorities never managed to cope with this problem, leaving it to the Church or to charity organizations or voluntary associations.

Historically, the greatest number of children in foster care were war orphans. During the First World War the Municipal Council for Child Welfare organized foster care within the rural communities. E.g. from 1916 to 1918 more than 5000 children were temporarily placed with foster families outside Warsaw (KEPSKI, 1991). During the Second World War thousands of children survived in foster care. Also immediately after the war many of Warsaw children were offered care within the foster families in rural areas.

2. Child welfare in communist Poland

Soon after Poland became a communist state (1945) new polices were implemented. Child welfare was placed under the control of the Ministry of Education. Fostering practices were replaced by large state-run children's homes. The government took special pride in the young wards »of the state«. The collective models of care and education were perceived as the most appropriate way to care for children and as a bridge to a »new« society.

However, foster care existed »inofficially«, mainly in the form of kinship. Some child welfare activists, especially those attached to the inter-war pedagogical ideas, were pushing for family-like models of care and appropriate/relevant legal regulations. After political changes of the 1970's significant changes in the Family Code were implemented and a small allowance for existing foster/kinship families was achieved[3]. Attempts were made to regulate foster care and the supervise foster families (schoolteachers served as supervisors). Several forms of foster care were proposed, priority being given to kinship care[4].

Since then the term »foster family« most often refers to the children's next-of-kin, who by court orders became their carers or guardians[5]. In Poland aproximately 80% of such foster families are established, in fact, by the court. According to the Ministry of Justice, 84.7% of 40,788 children who remained in foster families in 1993, were placed by the court[6].

Over the years, even though fostering became a significant percentage of out-of-home placements, very little effort was made to provide foster families with any other form of assistance than the above mentioned financial support. During the post-war period, most of the foster care givers in Poland have been grandmothers, who experienced tremendous difficulties in this role. Moreover, almost all of them are usually elderly and live off a small pension (JAWORSKA-MAJ, 1991). Until recently they have been receiving very little help from the state local authorities. This was due to a lack of relevant services. Although the School authorities (headmasters or teachers) were obliged to supervise foster families, usually they haven't been provided with sufficient counselling or any other assistance.

3. Back to community care

Political and economic changes started after 1989 once again challenged the system of child welfare. Within the market economy institutional care has became too expensive for the State. The failure of the communist welfare state put to extremity the most fragile members of the society, including children in long-term placement. The future of children with no links to their families and communities has become unpredictable. It became clear that the new reality will demand from them abilities and skills impossible to acquire in institutions. This situation has led child welfare professionals in Poland to search for new and relevant solutions to meet the present day requirements. The recent developments run in following directions:
1. To provide existing foster/kinship families with sufficient allowances and appropriate support services.

2. To make efforts to organize foster family care for children from institutional settings if they cannot be reunified with their biological families.
3. To develop the specialized foster care model in order to have families »on call« that would be ready to care for children in need including newborns or children and youths with special needs.

To meet the first need the Educational Authorities in Warsaw which are responsible for supervising the foster families in the region came up with an idea to hire foster care pedagogues. They were first placed within School Counselling Centers while they started their work within the community. The Project was at the beginning solely confined to the Warsaw province but other regions were soon to follow the same path. The employed specialists were provided with additional training. They were expected to contact existing foster families and to provide them with information and counselling services as well as financial support. They were also expected to collaborate with the schools, the social services system and the local community in order to organize preventive activities or/and community support. Warsaw Foster Parents Association was organized and registered as a result of revived interest and work put into this issue.

The described activities were an important move towards organization of foster care services within the country. The next step was the establishment of Public Adoption and Fostering Centers responsible, since the 1993 regulations, for providing services to adoptive and foster families within the area[7]. Beside public there are emergent non-public (private and non-profit) agencies offering services to foster families within the local communities, parishes and neighborhoods. Both public and nonpublic agencies work most often with kinship foster families.

Another project, which was also developed in Warsaw, was invented by a group of grassroots volunteers opposing the existing centralized system of the child welfare. The main goal of the Project was to develop an alternative form of care; a comprehensive community-based foster care system. The first task, identified as the most urgent, is providing foster family care for children from the large children's homes. The idea was to place these children with foster families within the local community and to provide them with continuous support and services when needed. Beyond that, there were also other tasks, such as to develop a sufficient/relevant model of foster care, to help fight the existing stereotypes of »institution« and »institutionalized« children and to integrate children's homes into community life. They are now to be open not only to the needs of their own wards but also to the needs of children and families from the local community.

Such Project became possible only after 1989, when Poland once again became a democratic country. After the political changes of 1989 it suddenly became possible to form associations, non-profit organizations and advocacy groups. (Until then only agencies and organizations sponsored by the government were allowed e.g. to deal with such activities as fostering and adoption).

With the implementation of market-oriented economic reform, it became clear that the solutions had to be found to the many serious problems in social welfare. The new Social Assistance Act was passed in 1991 (the previous was passed in 1923) and the government declared help to the »most vulnerable«. The local Social Work

Centers were established and social work recognized as an essential part of social assistance system. Generally, the new situation encouraged community activities and created possibilities to act outside the centralized system.

Due to all these developments the above mentioned group of people consisting of child welfare professionals, academics and social workers was able to work towards developing a new model of foster care. The initiative, held in the Ochota district of Warsaw, was formally led by the new organization »Chance« (the Association for Developing Children's Activities) committed to the help of children from children's homes. Among the most committed participants were the director of Children's Home in the district and the director of a newly established local Social Work Center. The Project was designed specifically to meet the local needs. The essential part was training and consultancy provided by foster care specialists from England. (The funds for the training were obtained from the United Nations Program which funds social care training initiatives).

During training, participants had an opportunity to be active members of different workshops. E. g. they were able to identify rationales for and against fostering, to brainstorm what characteristic and abilities foster parents should have, to discuss potential problems within foster family, etc. Another stage was setting up a system of approval and support systems for foster care givers.

This experience has helped the Polish group a great deal with setting up their own scheme of activities. While undertaking activities towards setting up the training program for future foster parents, at the same time the Polish group started to work with the local community. The task was to encourage a dialogue between »institution« and local people, to break down stereotypes, and - finally - to encourage people towards fostering. Several activities have been undertaken. Among them were street advertising and articles in the local newspapers, meetings in the local church, where the director of the Children's Home explained the rationales for fostering, joint meetings with the parish board and other community members. The parish board was actually the first helper in bridging a gap between the Children's Home and the community. The very first result was an invitation made by the Parish to the children from the Children's Home to spent a summer holiday together. Some people have expressed their interest in fostering and there is hope that there are prospective foster carers among them.

After gaining local applause the Project has been presented to the child welfare activists of the public and non-public sector and quite publicized by the media. It encouraged wider public discussion about the new regulations concerning foster care and pushed for implementing changes in child welfare system.

In 1993 the Ministry of Education passed a new regulation concerning foster family care and organization of public adoption and fostering agencies. Currently the above Project known as »The Contract Foster Family« (KOLANKIEWICZ, MILEWSKA, 1994) has been discussed by the experts within the government. Although its implementation requires fundamental changes in the family law, there is hope that it will soon bridge a gap in child care services and create a valuable community alternative to institutional care.

Notes

1   The first formally recognized foster care program was set up by the Father Bauduin Home for Children, a foundling hospital that opened in Warsaw in 1736.

2   Poland remained under partitions by Russia, Prussia and Austria since 1795 until regaining its independence in 1918.

3   Regulations by the Council of Ministers, 22 November 1971, concerning financial help for children and youth in foster family care. Non-related foster families were entitled to an allowance set at 40% of the average national wage while the allowance for a child placed in kinship care was only half that. In 1993 new regulations provided for equal amounts of »financial help« to children placed with related or non-related care givers. Only those who cared for children with special needs are entitled to an allowance set at 100% of the national wage.

4   The more comprehensive regulations were issued in 1974 and 1979. Besides kinship care there were so-called »pro-adoptive«, »therapeutic« and »resocialization« families proposed.

5   Data on the whole population are not available, but research on 256 foster families by H. Jaworska-Maj has shown that as many as 91% of foster carers are related to the children, while 79% are grandparents.

6   Under Polish Law, relatives - grandparents, stepparents or siblings - are obligated to support dependent children if the parents cannot provide sufficient care.

7   There are already 62 Adoption and Fostering Centers in Poland, of which 37 are public and 25 non-public (Ministry of Education, 1994).

References

Jaworska-Maj, H.: Sytuacja zyciowa bylych wychowankow rodzin zastepczych. Warszawa, 1990

Kepski C.: Dziecko sieroce i opieka nad nim w Polsce w okresie miedzywojennym. Lublin, 1991

Kolankiewicz, M.: Dzieje Domu Ks. Bauduina. »Kwartalnik Pedagogiczny« Vol. 38, 1993, No 1.

Kolankiewicz, M.; Milewska, E.: Kontraktowe rodziny zastepcze - nowa forma opieki nad dzieckiem. Unpublished, 1994

Majewska A. (ed.): Rodziny zastepcze Lodzi. Lodz, 1948

Ministerstwo Edukacji Narodowej: Funkcjonowanie placowek opieki calkowitej nad dziecmi i mlodzieza. Materialy na posiedzenie Sejmowej Komisji Edukacji, Nauki i Postepu Technicznego. Unpublished, 1994

Puternicka J.: Umieszczanie dzieci w rodzinach. Dzialalnosc Wydzialu Opieki Spolecznej Magistratu m. Lodzi. »Opieka nad Dzieckiem«, 1930, No 1.

Ziemska, M.: Poland: Foster Family Homes. In: Caring for Deprived Children. International Case Studies of Residential Settings, Payne, Ch. J. & K.J. White (eds.):. London, 1979

Monika Nienstedt/Arnim Westermann

Die Chancen von Kindern in Ersatzfamilien

Perspectives for Children in Foster Families

The early traumatic experiences which children have been exposed to in relationship with their biological parents can be compensated by integration into forster- or adoptive families. The premise here is that satisfying child-parent relationships can be developed. The integration is apt to be successful, if the child can be placed temporarily first in an institutional home, and if there are no other or onely older children in the new family. This process furthered by the child's regressive tendencies at this point in time helps to establish closeness without fear, to tolerate its own childish dependency, and to deminish old ways of defending itself against anxiety by identifying with the aggressor. Especially this mechanisms of defence tied the child to its traumatizing parents and robbed it of its identity.

1. Ziele

Die Frage, welche Chancen Kinder in Ersatzfamilien haben, hängt davon ab, welche Ziele mit der Inpflegegabe oder Adoption von Kindern erreicht werden sollen. Wenn das Ziel darin gesehen wird, daß ein Kind neue, verläßliche, emotionale Beziehungen zu Eltern entwickelt, die es ihm ermöglichen, aufgrund korrigierender Erfahrungen seine Sozialisationsdefizite auszugleichen, wird das Ziel erst dann erreicht sein, wenn das Kind - ohne seine Geschichte zu verleugnen - seine alte Familienidentität aufgeben kann, indem es sich aufgrund individueller persönlicher Beziehungen mit den neuen Eltern identifiziert und ihre Normen und Werte aktiv übernimmt. Wir denken, wenn die Integration eines Kindes in eine Ersatzfamilie Sinn haben soll, muß das Ziel eines Pflegeverhältnisses der Aufbau und die Entwicklung neuer, intensiver, individueller Eltern-Kind-Beziehungen sein.

Eltern-Kind-Beziehungen sind die Grundlage und notwendige Bedingung für die Ausbildung von Persönlichkeitsstrukturen, d. h. für die Entwicklung der Ich-Fähigkeiten, der Gewissensentwicklung und der Selbstachtung. Beziehungen sind die Grundlage dafür, daß ein Kind überhaupt von einem Erwachsenen ohne zu große Frustration erzogen werden kann und nicht nur zur Unterwerfung und Gehorsam gezwungen ist. Und schließlich sind Beziehungen die Voraussetzung dafür, daß sich ein Kind in der Pubertät von den Eltern wie von einem festen Steg abstoßen kann (vgl. MITSCHERLICH, 1963), um als Jugendlicher und schließlich als Erwachsener Beziehungen und Bindungen außerhalb der Familie eingehen zu können. Man könnte es auch so sagen: Persönliche, individuelle Beziehungen im Verhältnis von Eltern und Kindern dienen dazu, daß ein Kind aus seiner Kindheit als gesunder Mensch herauskommt, daß er, wie sich FREUD (1917) ausgedrückt hat, liebes- und arbeitsfähig wird. Und man sollte hinzufügen, daß er als Erwachsener auch schließlich erziehungsfähig wird. Wo dies alles nicht erreicht wird, sind im Endeffekt die Pflegeverhältnisse gescheitert. Wo der Beziehungsaufbau bei der Integration nicht gelingt, werden - selbst wenn das Pflegeverhältnis nicht abgebrochen wird - allenfalls Teilziele erreicht.

2. Traumatische Erfahrungen

Orientiert man sich an diesem Maßstab, daß für eine gesunde Entwicklung eines Menschen die Qualität der Eltern-Kind-Beziehungen von entscheidender Bedeutung ist, gewinnt man auch einen Maßstab für die Frage, ob und wann Kinder aus ihrer Ursprungsfamilie herausgenommen werden sollten, oder - wenn sie schon im Heim leben - ob sie wieder zu ihren leiblichen Eltern zurückkehren sollten, ob das Kind in der Beziehung zu seinen leiblichen Eltern überhaupt die Chance hat, ein gesunder Mensch zu werden, oder ob das Kind die Möglichkeit und das Recht haben sollte, neue befriedigende Eltern-Kind-Beziehungen zu Ersatzeltern zu entwickeln (NIENSTEDT/WESTERMANN, 1992, S. 295 ff.).

Wenn man sich nicht an den Beziehungsformen orientiert, die zwischen Eltern und Kindern bestehen, wenn man nur fragt, ob das Kind „Bindungen" an seine Eltern hat, wird die Qualität der Eltern-Kind-Beziehung nicht berücksichtigt. Die Qualität von Beziehungen ermißt sich an den Wünschen, Hoffnungen, aber auch an den Befürchtungen und Ängsten, die für die Entwicklung und Aufrechterhaltung von Beziehungen von Bedeutung sind. Wenn man nur nach den Bindungen fragt, dann orientiert man sich nur am manifesten Verhalten von Eltern und Kindern und sorgt viel zu spät dafür, daß das Kind aus seiner Ursprungsfamilie herausgenommen wird. Denn auch das vernachlässigte oder mißhandelte Kind ist durch Angst an die Eltern gebunden. Und wenn man die Angstbindung nicht sieht, greift man erst dann ein, wenn es für jeden unübersehbar ist, daß das Kind verwahrlost, nicht lernfähig ist, daß es aggressiv aus dem Ruder geht. Wenn man übersieht, daß die Beziehungsformen abhängig sind von den Persönlichkeitsstrukturen der Eltern, also davon, was für Menschen die Eltern sind, und daß die meisten Persönlichkeitsstörungen ihren Grund in den frühen Erfahrungen haben, die das Kind mit seinen Eltern gemacht hat, vermindert man die Chancen des Kindes in einer Pflegefamilie.

2.1 Mißhandelnde Eltern

Bei der Untersuchung von Eltern, die ihre Kinder vernachlässigt, mißhandelt oder zu ihrer eigenen Bedürfnisbefriedigung mißbraucht haben, fällt bei allen Untersuchungen regelmäßig das Elend der Wiederholung auf. Damit ist gemeint, daß die Eltern im Umgang mit ihren eigenen Kindern ebenso unbefriedigend sind, wie sie es bei ihren eigenen Eltern erlebt haben. Die Entbehrung von Urvertrauen, die Erfahrung, von der Mutter nicht verläßlich versorgt und beschützt zu werden, zerstörten die Fähigkeit, für ein Kind zu sorgen.

Wenn Menschen mit derartigen Entbehrungserfahrungen selbst in die Elternrolle kommen, werden sie durch den Umgang mit ihren Kindern den Erfahrungen ihrer eigenen Kindheit noch einmal ausgesetzt. Sie werden daran erinnert, wie es war, ein Kind zu sein und wie sich ihre eigenen Eltern ihnen gegenüber verhalten

haben. Darum orientiert sich ihre Beziehung zu ihren Kindern an den Beziehungsformen, die sie selbst erlebt und erlitten haben. Und dabei muß man berücksichtigen,
daß sich Beziehungsformen in der Persönlichkeitsstruktur niederschlagen. Der Charakter eines Menschen entsteht aus Beziehungen.

Am klarsten und deutlichsten ist diese Wiederholungsdynamik bei mißhandelnden Eltern. Die mißhandelnden Eltern nehmen im Kind verschiedene Aspekte ihrer
eigenen Geschichte wahr (vgl. STEELE/POLLOCK, 1978; ZENZ, 1979): Einmal wird das
Kind zu einem Elternersatz; es wird wie die eigene Mutter oder der eigene Vater
wahrgenommen. Und von diesem Elternersatz wird alles Gute, was man nicht von
den eigenen Eltern erhalten hat, erhofft. Darum hängen die Eltern auch an ihren
Kindern und werden verzweifelt um sie kämpfen. Dies ist die sog. Rollenumkehr
oder Umkehrreaktion: das Kind wird mit den eigenen Eltern verwechselt. Wenn dann
aber das Kind schreit und unzufrieden ist, wenn es z. B. von der Mutter nicht beruhigt werden kann, wenn es trotzt und der Mutter ihr eigenes Nein an den Kopf wirft,
fühlt sich die Mutter (oder der mißhandelnde Elternteil) selbst wie ein ungeliebtes
Kind, das von der lieblosen Mutter ausgeschimpft, getadelt und bestraft wird. Das
Schreien des Kindes wird als Schimpfen mißverstanden. Dieses Erleben (diese Regression) macht dann den Weg dafür frei, daß die kindliche Wut gegenüber den lieblosen Eltern wieder auftaucht, eine Wut, die immer verboten war und unterdrückt
werden mußte, und die dadurch bewältigt wurde, daß sich das wütende Kind mit den
wütenden Eltern identifiziert (Identifikation mit dem Aggressor). Jetzt identifiziert
sich die Mutter auch mit ihren eigenen strafenden Eltern und sieht das Kind als ein
Abbild des eigenen Kindheitsselbst. Und dieses Selbst verdient Strafe nach dem Motto:
Ich bin schlecht, das Kind ist schlecht. Die Identifikation ermöglicht so die Zulas-
sung des aggressiven Angriffs mit voller Über-Ich-Billigung und einem Gefühl der
Rechtfertigung.

Auf diesem Weg wiederholt sich das Elend der vorausgehenden Generation in
der nachfolgenden, wenn Menschen nicht Einsicht, Verantwortung und Mut haben,
diesen Elendszirkel zu durchbrechen. Denn mißhandelte Kinder, die ihre Eltern als
potentiell mörderisch wahrnehmen, als überwältigende Riesen erleben, die sie verhungern lassen oder töten können, können keine sicheren und befriedigenden, persönlichen Beziehungen entwickeln. Die Folge ist oft nicht nur, daß sie als Erwachsene später ihre Kinder genauso behandeln, wie sie selbst behandelt worden sind; sie
werden bindungslos oder durch Angst gebunden (vgl. CICCHETTI U.A. 1989). Nicht
die schreckliche Wohnsituation oder die Arbeitsunfähigkeit, nicht das erlittene oder
selbst hergestellte äußere Elend, sondern die Persönlichkeitsstrukturen der Eltern
machen das Schicksal des Kindes.

2.2 Das mißhandelte Kind

Nicht zuverlässig versorgt zu werden, dem Zorn und der Wut der Eltern hilflos und
schutzlos ausgeliefert zu sein, geprügelt, eingesperrt oder sexuell mißbraucht zu werden, das sind Erfahrungen, die kein Kind verarbeiten kann, ohne Schaden zu nehmen. Es sind Erfahrungen, die in der Psychologie traumatische Erfahrungen genannt
werden. Ein Trauma ist eine Verletzung. Hier handelt es sich um tiefgreifende seeli-

sche Verletzungen. Sie entstehen, wenn das Kind von demjenigen, der es beschützen müßte, vernachlässigt oder überwältigt wird, wenn das Kind keinen Menschen mehr hat, zu dem es fliehen kann (NIENSTEDT/WESTERMANN, 1990, S. 89 ff.): Jedes kleine Kind flieht zu seinen Eltern, wenn es Gefahren ausgesetzt ist. Wenn es aber gerade von seinen Eltern nicht versorgt und überwältigt wird, dann hat es niemanden mehr, zu dem es fliehen könnte: Es wird von der Angst überwältigt, verhungern zu können, gefressen zu werden, umgebracht zu werden. Es ist dann vollkommen schutzlos und ohnmächtig Todesängsten ausgesetzt (vgl. MITSCHERLICH, 1960). Darum definieren wir Kindesmißhandlung als eine Bedrohung mit Vernichtung (vgl. HERMAN 1992).

Dann bleiben dem Kind nur noch Fluchtwege nach innen: die beängstigenden Erfahrungen werden verdrängt, die mißhandelnden oder vernachlässigenden Eltern werden idealisiert, das Kind identifiziert sich mit ihnen als Aggressor. Aber durch den Einsatz dieser Abwehrmechanismen wird auch die bewußte Wahrnehmung der Wirklichkeit, die Lernfähigkeit eingeschränkt. Prügel macht dumm! Aber nicht nur das: Es entsteht ein ganz erhebliches Mißtrauen in menschliche Beziehungen, Nähe zu Menschen löst panische Ängste aus, Elternbeziehungen werden als bedrohlich und beängstigend erlebt. Und das Kind, das nicht wahrnehmen darf, von überwältigenden Eltern abhängig zu sein, nimmt nicht nur die Schuld für die Mißhandlung auf sich; es erlebt sich als böses Kind, als »Biest«, das voller Bosheit steckt und auf das die Eltern zu Recht wütend sind. Das Kind entwickelt ein negatives Selbst, denn es gewinnt im Spiegel der Eltern kein Selbstwertgefühl und keine Selbstachtung. Das Gefühl, nichts wert zu sein, nichts zu können, muß dann schließlich durch Größen- und Machtphantasien kompensiert werden, so daß das Kind zwischen entsetzlichen Minderwertigkeitsgefühlen und phantastischen Größenphantasien ständig hin- und herschwankt.

Solche tiefgreifenden Persönlichkeitsstörungen sind korrigierbar, wenn das Kind noch einmal erfährt, daß es mit seiner Angst und all seiner Wut ein rückhaltlos angenommenes Kind ist. Aber es darf dann nicht noch einmal überwältigt werden, es muß noch einmal wie in einer therapeutischen Beziehung befriedigende Beziehungen entwickeln. Das geht aber nicht einfach dadurch, daß man es aus seiner Ursprungsfamilie herausnimmt und rasch in eine beliebige Pflegefamilie bringt. Und es geht nicht, wenn es sich nicht von seinen überwältigenden Eltern distanzieren darf. Das Kind muß die Erfahrung machen, daß seine überwältigenden Eltern keine Macht mehr über es haben, nicht mehr über das Kind verfügen dürfen. Das Kind muß sich von seinen Eltern ablösen und eine kritische Distanz gewinnen. Wenn die leiblichen Eltern dies dem Kind nicht gestatten, oder die Beziehung zu ihnen hoch frustrierend und angstbesetzt war, müssen Besuchskontakte weitgehend eingeschränkt oder vollständig ausgeschlossen werden.

3. Das Heim als Übergangssituation und die Auswahl von Ersatzeltern

Wenn Elternbeziehungen so angstbesetzt sind wie bei mißhandelten oder vernachlässigten Kindern, dann sollte das Kind, bevor es in eine Pflege- oder Adoptivfamilie integriert wird, vorübergehend in einem Heim untergebracht werden. Denn ein Kind, das höchst beängstigende Erfahrungen mit Eltern gemacht hat, erlebt beliebige Eltern als bedrohlich und braucht gerade erst einmal keine Beziehung zu Eltern, sondern eine nicht familial strukturierte Lebenssituation, in der es sich geschützt fühlt, Distanz gewinnen kann und schließlich korrigierende Erfahrungen in neuen, persönlichen Beziehungen machen kann, ohne ihnen schon völlig ausgeliefert zu sein (BETTELHEIM, 1971).

Wichtig ist, daß das Kind den Schritt in die neue Familie aktiv tun kann. Ein Kind, das in verwirrenden und seine Abhängigkeitsgefühle ausbeutenden Familienverhältnissen gelebt hat, muß persönlichen Beziehungen gegenüber mißtrauisch sein und erst langsam davon überzeugt werden, daß man es nicht erneut in Abhängigkeitsbeziehungen hineinzwingt, von denen es glauben muß, daß es ihm da genauso ergehen wird wie in seinen früheren Beziehungen. Kontakte zu den neuen Eltern, die befriedigend sind und sich verläßlich wiederholen, bis das Kind sich die Aufnahme in die neue Familie wünscht, bewahren das Kind vor der Gefahr erneuter Überwältigungsängste.

Bei der Auswahl geeigneter Pflege- oder Adoptiveltern muß die Vorgeschichte des Kindes berücksichtigt werden. Und es muß die Fähigkeit der Bewerber realistisch eingeschätzt werden, die aus den frühen Erfahrungen des Kindes resultierenden Schwierigkeiten und Bedürfnisse annehmen zu können. Bei der Beurteilung der erzieherischen Kompetenz (vgl. BLANDOW, 1972) scheint es uns vor allem auf die Lernfähigkeit, Symptomtoleranz und Einfühlungsfähigkeit der Pflege- und Adoptiveltern anzukommen.

4. Prozesse der Integration

Die Integration eines Kindes in eine Pflegefamilie wird oft als ein Eingewöhnungsprozeß mißverstanden. Als ein Fremder kann man sich an eine fremde Umwelt gewöhnen und bleibt ein Fremder. Bei der Integration in eine Ersatzfamilie handelt es sich aber sozusagen um einen zweiten Anlauf, familiale Beziehungen zu entwickeln. Und so erstaunlich das auch ist, dazu ist das Kind in der Lage, weil seine Bedürfnisse nach Kontakt, nach verläßlichen Beziehungen zur Absicherung seiner Lern- und Entwicklungsmöglichkeiten überhaupt erst Familienstrukturen hervorbringen.

In jedem Fall existieren Eltern-Kind-Beziehungen nicht einfach von vornherein aufgrund der Wünsche der Eltern, sondern werden hergestellt. Dabei ist das Kind nicht einfach passives Objekt elterlicher Einflüsse, sondern aktives Subjekt. Das Kind gestaltet, strukturiert persönliche Beziehungen, wie es seinen eigenen elementaren Bedürfnissen nach Sicherheit, Versorgung, Schutz und Zugehörigkeit entspricht. Die Entwicklung familialer Beziehungen in der Kindheit durchläuft darum eine nicht umkehrbare, aber wiederholbare Stufenfolge verschiedener Beziehungsformen: von der einfachen Zwei-Personen-Beziehung bis hin zu komplexen Rollenbeziehungen. Diese Entwicklung muß bei der Integration von Kindern in Ersatzfamilien noch einmal wiederholt werden. Die bei der Integration zu beobachtenden Prozesse haben wir in 3 Schritte bzw. Phasen unterteilt (vgl. NIENSTEDT/WESTERMANN, 1992, S. 51 ff.).

4.1 Anpassung und Annahme

Bei einem älteren Kind, das plötzlich von neuen, unbekannten Erwachsenen abhängig ist, wird man nicht erwarten können, daß es seine Bedürfnisse so zum Ausdruck bringt, daß es den Eltern Aufgaben und Funktionen zuweist und dadurch Beziehungen herstellt. Denn Bedürfnisse kann ein Mensch nur unverstellt äußern, wenn er Befriedigung erwarten kann und nicht negative Sanktionen befürchten muß. Und außerdem hat ja gerade das ältere Kind, das in eine Pflegefamilie kommt, in der Regel die Erfahrung gemacht und ist durch sie geprägt, daß familiale Beziehungen gerade nicht auf Anerkennung, Befriedigung und Durchsetzung kindlicher Bedürfnisse beruhen, sondern daß die Beziehungen zu Eltern durch Versagungen und das Nichtwahrnehmenkönnen der kindlichen Bedürfnisse geprägt sind, also dadurch, daß die elterlichen Wünsche und Bedürfnisse dominieren. Folglich wird das Kind in der Ersatzfamilie zunächst in seiner Aktivität und Neugier eingeschränkt sein, solange es nicht soviel Sicherheit gewonnen hat, daß es die Befriedigung seiner Bedürfnisse erwarten kann.

Darum paßt sich das Kind zunächst den Erwartungen der Eltern passiv an oder hält, solange es noch nicht forschend herausgefunden hat, wer diese neuen Menschen sind, an alten, z. B. heimspezifischen Verhaltensweisen fest. Da sich ein Kind aufgrund von Angst und Unsicherheit nur schwer in einer neuen familialen Situation orientieren kann, entspricht es zunächst oft den Normen und Werten der neuen Eltern scheinbar reibungslos. Durch diese Form der Überanpassung werden die Ersatzeltern dazu verführt, das Kind rasch „erziehen" zu wollen. Eine zu rasche Erziehung führt dazu, daß die Überanpassung aufrechterhalten bleibt und der Beziehungsaufbau scheitert. Die Anpassung bleibt nur eine äußere und neue Beziehungen werden nicht entwickelt, in denen sich das Kind aktiv an die Normen und Werte der Eltern anzupassen sucht.

Die Annahme des Kindes erfolgt nicht dadurch, daß die neuen Eltern das Kind an die Hand nehmen, sondern dadurch, daß sie sich von seinen Wünschen und Bedürfnissen führen lassen. Sie müssen zulassen, daß das Kind diejenigen, die es ja erst zu seinen Eltern macht, manipuliert. Die Eltern müssen dem Kind erlauben, daß es sie in einen von ihm in Gang gesetzten Dialog verwickelt. So gewinnt das Kind Einfluß auf diejenigen, von denen es abhängig ist. Und nur auf diesem Weg kann es das Gefühl entwickeln, daß es ein angenommenes Kind ist.

4.2 Wiederholung früherer familialer Beziehungsformen in der Übertragungsbeziehung

Wenn das Kind in der Beziehung zu den neuen Eltern ein Stück weit Sicherheit gewonnen hat, wird es nicht mehr so von Angst und Unsicherheit beherrscht und gehemmt sein, daß es zur Überanpassung gezwungen ist. Aber es wird aufgrund seiner früheren Erfahrungen mit Mutter und Vater die neuen Eltern mit den alten verwechseln. Es sieht die neuen Eltern durch die Brille seiner früheren Erfahrungen. Auf diese Weise werden Beziehungen hergestellt, die noch keine wirklich neuen Beziehungen, sondern Übertragungsbeziehungen sind. Sie führen zu einer Reihe von Mißverständnissen in der Kommunikation - so z. B. wenn ein Kind immer wieder auf freundliche Gesten der neuen Eltern so reagiert, als würde es gleich geschlagen werden. Die Übertragungsbeziehungen können dem Kind aber auch helfen, seine negativen Erfahrungen mit Eltern wirklich durchzuarbeiten und zu revidieren. Das aber verlangt von den Eltern ein hohes Maß an Einfühlung und Verständnis, um dem Kind dabei zu helfen.

Wenn in dieser Phase die Ersatzeltern die Beziehungsformen, die durch ständige Mißverständnisse und Kommunikationsstörungen und oft auch durch eine Vielfalt von Verhaltensstörungen des Kindes gekennzeichnet sind (z. B. eine orale Gier, Angst vor dem Verhungern, die Angst geschlagen und überwältigt zu werden), nicht als Übertragungsbeziehung wahrnehmen und helfend darauf reagieren, bleiben die Symptome des Kindes aufrechterhalten. Die Übertragungsbeziehung bleibt erhalten, ohne daß wirklich neue, realistische Beziehungen entstehen. Oft werden dann die Symptome des Kindes auch so unerträglich, daß die Beziehung abgebrochen wird.

4.3 Regression

Schließlich wird das Kind, wenn es seine negativen Gefühle Eltern gegenüber ein Stück weit bewältigt und revidiert hat, noch einmal wie ein ganz kleines Kind Wünsche und Bedürfnisse entwickeln, die dazu dienen, noch einmal ganz von vorn Eltern-Kind-Beziehungen zu entwickeln. Wie beim Erwachsenen auch dient dabei die Regression auf eine Stufe frühkindlicher Bedürfnisse und Wünsche der Herstellung von angstfreier Nähe. Sie ist die Grundlage für eine wachsende Autonomie und die Entwicklung differenzierter Rollenbeziehungen. Das Kind entwickelt neue Beziehungen in den Entwicklungsschritten, in denen sonst auch bei einem kleinen Kind die Entwicklung der Objektbeziehungen verläuft. Das führt zu erheblichen Diskrepanzen zu seinen altersspezifischen Erlebnis- und Verhaltensweisen und wird von den Ersatzeltern leicht mißverstanden, wenn sie hierauf nicht angemessen vorbereitet sind.

In der Entwicklung neuer Eltern-Kind-Beziehungen liegt für Kinder von erziehungsunfähigen Eltern die Chance für ihr ganzes weiteres Leben (vgl. KADUSHIN 1970). Aber diese Chance wird nur zu leicht aufs Spiel gesetzt und vertan, wenn man nicht realistisch die Begrenzungen von Eltern anerkennt und allzu oft Kinder erst nach 2, 3 oder 4 Jahren sozialpädagogischer Familienhilfe als 7-, 8- oder 9-jährige Kinder herausholt und dann keine Pflegeeltern mehr findet.

Literatur

BETTELHEIM, B.: Liebe allein genügt nicht. Stuttgart, 1971
BLANDOW, J.: Rollendiskrepanzen in der Pflegefamilie. München, 1972
CICCHETTI, D.u. CARLSON, V.: Child Maltreatment. New York, 1989
FREUD, S.: Vorlesungen zur Einführung in die Psychoanalyse (1917). Ges. Werke Bd. 11, Frankfurt., 1944
Herman, J. L.: Trauma and Recovery. New York, 1992
MITSCHERLICH, A.: Der Reflex reicht nicht aus. Grundzüge einer Sozialpsychologie (1960). In: Ges. Schriften VII, Frankfurt, 1983, S. 264 -274

MITSCHERLICH, A.: Auf dem Weg zur vaterlosen Gesellschaft. München, 1963

NIENSTEDT, M. u. WESTERMANN A.: Pflegekinder. Psychologische Beiträge zur Sozialisation von Kindern in Ersatzfamilien. Münster, 1992, 3. Aufl.

STEELE, B. F. u. POLLOCK, C. B.: Eine psychiatrische Untersuchung von Eltern, die Säuglinge und Kleinkinder mißhandelt haben. In: HELFER, R. E. u. KEMPE, C. H.: Das geschlagene Kind. Frankfurt, 1978

Zenz, G.: Kindesmißhandlung und Kindesrechte. Frankfurt, 1979

XI.

Heimerziehung als Beruf - Die Situation in Europa

Caring Professions

Wolfgang Trede

Heimerziehung als Beruf - Die Situation in Europa

Caring Professions

The longer-term trends in the field of the external placement of children and adolescents shows in Europe great common characteristics (compare more detailed Trede 1996). This concerns among other parallel developments within the policies of placement (more ambulant support, more foster parents), the common characteristics within contents and aims of the plan of support (for example shorter stays, intensive inclusion of the parents and of the social environment) and within institutional modifications (for example differentiation of support and their environment near situating). There is – considering the fact that there is a underdeveloped international professional discourse surprising synchronicity of the professional development in Europe – one exception: the starting point, the direction and the intensity of the professionalizing process of the national scenes of youth service are very different.

Die längerfristigen Trends im Bereich der Fremdplazierung von Kindern und Jugendlichen weisen in Europa ein großes Maß an Gemeinsamkeiten auf (vgl. ausführlicher Trede 1996) - dies betrifft unter anderem parallele Entwicklungen bei den Plazierungspolitiken (mehr ambulante Hilfen, mehr auf Pflegefamilien setzend), Gemeinsamkeiten bei Inhalten und Zielen der Hilfeplanung (z.B.: kürzere Unterbringungen, intensive Einbeziehung der Eltern und des sozialen Umfeldes) und bei institutionellen Veränderungen (z.B.: Differenzierung der Hilfen und ihre milieunahe Situierung). Von dieser - angesichts des noch unterentwickelten internationalen Fachdiskurses überraschenden - Synchronizität der fachlichen Entwicklung in Europa gibt es eine Ausnahme: Ausgangspunkt, Richtung und Intensität des Professionalisierungsprozesses der nationalen Jugendhilfeszenen sind sehr unterschiedlich.

Zwar haben sich im Bereich der Heimerziehung entsprechend des Wandels der Institutionen, insbesondere ihrer vielfältigeren und offeneren Aufgabenstellungen, und des Wandels der Heimpopulation die Berufsrollen der im Heim Tätigen geändert. In Bezug auf die hier besonders interessierenden Kräfte, die die unmittelbare Betreuungsarbeit leisten, ist in fast allen europäischen Ländern ein Prozeß der Professionalisierung festzustellen. Das heißt aber zunächst lediglich, daß überall diese Tätigkeiten zunehmend als bezahlte berufliche Tätigkeiten, für die eine spezielle Ausbildung vorliegen sollte, ausgestaltet werden. Auch existiert den vorliegenden Länderberichten zufolge (GOTTESMAN 1991, 1994; COLTON & HELLINCKX 1993; MADGE 1994) ein breit geteiltes Verständnis darüber, daß es im Heim auf das pädagogische »Basis«-Personal ankomme und daß ein Betreuungsschlüssel, der intensive Beziehungen zwischen MitarbeiterInnen und Kindern ermöglicht, anzustreben sei. Auch eine kontinuierliche Stützung und Förderung des Personals in Form von Praxisberatung, Supervision und berufsbegleitender Fortbildung gehört zum professionellen »common sense« europäischer Heimerziehung. Hierbei handelt es sich aber mehr um Leitlinien und Wunschvostellungen, welche im übrigen innerhalb der jeweiligen nationalen Diskurse nicht einmal unumstritten sind, als um allseits eingelöste Standards.

In einer vergleichenden Analyse der Ausbildungen von HeimerzieherInnen aus 9 Ländern (Dänemark, Finnland, Frankreich, Holland, Israel, Kanada, Kroatien, Ungarn, USA) kommt WAALDIJK (1994) zum Schluß: »(...) one ist struck by the extreme diversity of types of professional training in the different countries. It would be difficult to mention any job or profession for which such a variety of educational preparation exists« (a.a.O., S. 225). Die gefundenen Unterschiede in den Ausbildungen beziehen sich dabei nicht nur auf die Curricula, sondern auch auf das Ausbildungsniveau, die erforderlichen schulisch-beruflichen Voraussetzungen und die Ausbildungsdauer. Die Spannweite reicht von mehr informellen mehrwöchigen Einführungskursen im Sinne eines »training on the job« bis zu ordentlichen Unversitätsstudiengängen der (Sozial-)Pädagogik bzw. der Sozialarbeit. Irritierend muß zumindest auf Außenstehende wirken, daß diese ganz unterschiedlichen Qualifikationsprofile auch innerhalb eines Landes scheinbar widerspruchsfrei nebeneinander existieren: In der deutschen Heimerziehung gibt es beispielsweise die SOS-Kinderdorfmutter, die keine oder lediglich eine SOS-interne Kurzausbildung genossen hat, daneben arbeiten die an Fachschulen dreijährig ausgebildeten »staatlich anerkannten ErzieherInnen« als sozialpädagogische Standardqualifikation. Es existieren die vierjährige Ausbildung zum diplomierten Sozialpädagogen/Sozialarbeiter an Fachhochschulen und schließlich die an Universitäten wissenschaftlich ausgebildeten Diplom-Pädagogen der Studienrichtung Sozialpädagogik.

In einer Reihe von Ländern, so beispielsweise in Deutschland, werden an den eigentlich einschlägigen Ausbildungsgängen kaum heim- bzw. erziehungshilfespezifische Inhalte vermittelt. So bereitet etwa das in der stationären Jugendhilfe am stärksten verbreitete Qualifikationsprofil »staatlich anerkannte/r Erzieher/in« vorrangig auf eine pädagogische Tätigkeit im Kindergarten vor (vgl. ALMSTEDT 1996).

In Europa überwiegt als Bezugsdisziplin der Ausbildungen die »Sozialpädagogik«, was auch in den verschiedenen Berufsbezeichnungen zum Ausdruck kommt (so z.B. in Belgien, Deutschland, Holland, Skandinavien). Faktisch ähnlich ist die professionelle Orientierung in Großbritannien und Irland, wenngleich dort der (terminologische) Bezugspunkt das »social work« ist. In einer Reihe von Ländern, so insbesondere in Frankreich (»éducateur spécialisé«), aber auch in der Slowakei, der französischsprachigen Schweiz, Tschechien und Ungarn wird die Ausbildung von einer sonder-/heilpädagogischen Orientierung dominiert. In Griechenland und Portugal existieren keine speziellen Ausbildungsgänge.

Der Professionalisierungsgrad der Fachkräfte, d.h. der Anteil von einschlägig sozialpädagogisch Ausgebildeten in der Heimerziehung, unterscheidet sich innerhalb der Länder der europäischen Gemeinschaft erheblich. Er ist besonders hoch z.B. in Deutschland, Holland und den skandinavischen Ländern mit einem Anteil Unausgebildeter von weniger als 20 Prozent. Am anderen Ende der »Professionalisierungs-Skala« liegen Griechenland, Portugal und - unerwarteterweise - Großbritannien und Irland. Einen hohen Anteil Ausgebildeter dürften auch die meisten Länder Mittel- und Osteuropas aufweisen (so insbesondere in Polen, der Slowakei, Slowenien,

Tschechien und Ungarn), wenngleich ein unmittelbarer Vergleich aufgrund der früheren sozialistischen Tradition eines auf »Volksbildung« bzw. die »Defektologie« basierenden Ausbildungs- und Berufskonzeptes zur Zeit noch schwerfällt. Seit den jeweiligen politischen Wenden setzen die genannten Länder jedoch eindeutig auf eine sozialpädagogische Professionalisierung des Feldes.
Einige Daten zum Professionalisierungsgrad im Vergleich:

- In Deutschland sind im Hinblick auf das Ausbildungsprofil der im Heim tätigen Personen drei Trends zu identifizieren: Erstens ist der Anteil derer, die gänzlich ohne Ausbildung tätig sind, rückläufig und beträgt Ende 1994 noch knapp 18 Prozent (bezogen auf alle im Heim Tätigen, also nicht nur diejenigen, die unmittelbar pädagogisch arbeiten). Im gleichen Maße hat zweitens der Anteil sozialpädagogischer Fachkräfte, also aller mit einer fachlich einschlägigen Ausbildung auf welchem Niveau auch immer, kontinuierlich zugenommen und beträgt zum genannten Erhebungszeitpunkt knapp 55 Prozent. Parallel zu dieser Verfachlichung des Arbeitsfeldes ist schließlich drittens der Anteil der einschlägig ausgebildeten Akademiker (d.h. der an Fachhochschulen oder Universitäten ausgebildeten Sozialpädagogen) besonders stark angewachsen. Die Akademikerquote in der Heimerziehung betrug Ende 1994 zwischen 17 Prozent in der Rubrik »Einrichtungen der Heimerziehung«) und 38 Prozent (bei »pädagogisch betreuten Wohngruppen« bzw., päd. betreute Wohngemeinschaften«) (vgl. STATISTISCHES BUNDESAMT 1996).
- In England ergab die »Warner Inquiry« 1992, »that 41 per cent of heads of homes, and 80 per cent of other staff in local authority homes, had no relevant qualifications at all, and that the comparable rates were 22 and 68 per cent in voluntary homes, and 10 to 20 and 45 to 50 per cent in private homes« (MADGE 1994, S. 103).

In vielen europäischen Ländern gilt die Tätigkeit in der Heimerziehung offenbar als nicht besonders voraussetzungsreich, bestenfalls als Semi-Profession mit einem schlechten Prestige. Der Erzieherberuf ist offensichtlich - und zwar wohl auch in den Ländern mit einem hohen Professionalisierungsgrad - in der breiten Öffentlichkeit bis heute mit dem Makel einer zwar aufopferungsvollen und zeitaufwendigen, aber doch nicht besonders anspruchsvollen Arbeit versehen. »Erziehen« - das könne doch jede(r). Nicht ohne Grund gelten Sozial- und Erziehungsberufe im Lichte der klassischen Professionstheorie als Un-Berufe, denn folgt man der Berufssoziologie so »muß jeder Arbeitskraftanbieter daran interessiert sein, möglichst unverzichtbare (...) Fähigkeiten (...) in seinem Angebot zu vereinigen und »Jedermannsqualifikationen« zu vermeiden« (BECK, BRATER, DAHEIM 1980, S. 39). Genau das aber ist Heimerziehung in der öffentlichen Meinung: eine Jedermannstätigkeit. Und was das gesellschaftliche Prestige des ErzieherInnenberufs in einer männerdominierten Arbeitswelt dazuhin schmälert: Es ist ein Frauenberuf, der nicht nur überwiegend von Frauen ausgeübt wird, sondern auch aufgrund seiner Tätigkeitsmerkmale scheinbar eine hohe Affinität zur Hausfrau und Mutter hat (vgl. hierzu HERRENBRÜCK in diesem Band).

Aus Frankreich beispielsweise wird berichtet, daß es in keinem anderen Feld der sozialen Arbeit eine solch hohe Rate von unausgebildetem Personal wie in der Heimerziehung gebe. Viele der in französischen Heimen Tätigen würden dort nur arbeiten, um die für die Sozialarbeiterausbildung geforderte Praxiserfahrung zu erlangen. In sehr vielen Ländern (aber nicht allen!) wird beklagt, wie schwierig es sei, überhaupt Personal, vor allem männliches, für die Tätigkeit im Heim zu gewinnen.

Da das Gehalt in unseren Gesellschaften einen wesentlichen Indikator für das gesellschaftliche Prestige eines Berufs und seinen professionellen Status darstellt, erscheint es interessant, einen Europa-Vergleich der monatlichen Gehälter von HeimerzieherInnen in den ersten Berufsjahren vorzunehmen. Eine unter den Nationalsektionen der FICE im Jahr 1989 durchgeführte Umfrage ergab eine enorme Streubreite zwischen Ländern mit einem Monatslohn von 1.400,- bis 1.700,- Schweizer Franken (Italien, Frankreich, Großbritannien) und einem Land wie Dänemark mit einem doppelt so hohen Anfangssalär (3.180,- Franken), was zwar wegen der unterschiedlichen Lohnniveaus und der Kaufkraftdifferenzen nur vorsichtig in Beziehung gesetzt werden kann, aber sicherlich nicht ausschließlich durch diese makroökonomischen bzw. fiskalischen Rahmenbedingungen bedingt sein kann. Vielmehr dürfte dies ein weiteres Indiz dafür sein, daß in Dänemark (wie wohl auch in den anderen skandinavischen Ländern) die sozialpädagogische Tätigkeit mit schwierigen Kindern und Jugendlichen gesellschaftlich höher bewertet wird.

Die hohe und für Kinder/Jugendliche besonders schmerzhafte Mitarbeiterfluktuation ist eine europäische Dauerdiskussion. Eine Untersuchung von GÜNTHER & BERGLER (1992) in Deutschland über die Situation der MitarbeiterInnen ergab beispielsweise, daß in den befragten Einrichtungen innerhalb von zwei Jahren fast die Hälfte aller Gruppenpositionen neu besetzt werden mußten. Überdies stellten Günther & Bergler ein hohes Maß an beruflicher Unzufriedenheit fest. Unzufrieden waren die befragten ErzieherInnen vor allem mit den Arbeitsbedingungen:

* mit den Arbeitszeiten im Wechselschichtdienst, der in mehrfacher Hinsicht als belastend erlebt wird,
* mit der Bezahlung,
* mit dem niedrigen Prestige und
* mit eingeschränkten Karriereaussichten bzw. der schwierigen Berufslaufbahnplanung.

Eine weichenstellende Funktion kommt dabei bereits den ersten Berufsmonaten im Heim zu: Durch eine ungeplante und schlecht supervidierte Einstiegsphase, durch in der Einlernzeit erlebte Überforderung steht für sehr viele junge BerufskollegInnen bereits nach wenigen Wochen fest, daß sie in diesem Berufsfeld nicht lange bleiben werden. Demgegenüber zeigten sich in dieser auf einer Stichprobe von immerhin 614 MitarbeiterInnen basierenden Studie, daß die Befragten mit ihren beruflichen Aufgaben eher zufrieden sind. Bemerkenswert ist es, daß aus einem Land wie Dänemark, in dem die Arbeitsbedingungen von HeimerzieherInnen mutmaßlich besser sind, berichtet wird, es gebe hier keine Personalrekrutierungsprobleme und wenig Fluktuation. Dies kann - im positiven Sinne - den engen Zusammenhang zwischen Arbeitsbedingungen und dem Ausmaß an beruflicher Zufriedenheit von HeimerzieherInnen belegen. Dabei stellt der »Glücks-Haushalt« (Ulrich Schmid) der ErzieherInnen eine der bedeutsamsten Variablen für das Gelingen von Heimerziehung dar, denn nur zufriedene Fachkräfte können sich auf eine unverstellte pädagogische Beziehung einlassen und damit Kindern und Jugendlichen das geben, was diese für ihren »Weg ins Leben« benötigen.

Jenseits der geschilderten, gewissermaßen äußerlichen Professionalisierungsprobleme stellen sich innere. So ist es schwierig, positiv zu sagen, was denn die notwendigen fachlichen Kompetenzen des Personals beinhalten sollten. Was heißt denn eigentlich »professionell handeln«? Sollte eine Erzieherin über theoretisch-wissenschaftliche Kompetenzen verfügen und wenn ja, über welche? Welche wissenschaftliche Disziplin sollte den beruflichen Identitätskern ausmachen - die Pädagogik, die Psychologie, die Soziologie oder die z.Zt. in Teilen der deutschen Fachwelt diskutierte »Sozialarbeitswissenschaft«? Oder genügen nicht doch vorrangig die praktisch-humanen Kompetenzen des »guten Menschen«, der Liebe und Empathie zu Kindern mit Lebenserfahrung, Reife und handlungspraktischen Fertigkeiten verbindet? Kaum irgendwo bleibt diese Fragen so offen wie im Arbeitsfeld der Heimerziehung.

Dies hängt vorrangig mit der in allen pädagogischen Handlungsfeldern strukturell gegebenen Methodenunsicherheit zusammen, d.h. mit der Unmöglichkeit, klar definierte, klinisch erprobte und validierte Techniken einsetzen zu können. Pädagogisches Handeln in der (Heim-)Erziehung resultiert vielmehr vorrangig aus einem Geflecht von wissenschaftlichen und Alltags-Theorien, darauf basierenden konzeptionellen Vorstellungen über Entwicklungs- und Bildungsprozesse und davon abgeleiteteten und auf das Individuum bezogenen reflexiven Vergewisserungen; nicht zu vergessen sind zudem institutionelle Rahmenbedingungen, zeitlicher Druck und persönliche Befindlichkeiten des Handelnden. Dieses »Technologiedefizit« der Pädagogik erschwert, ja hintertreibt geradezu eine - zumindest im Sinne des traditionalistischen Professionsmodells - »unauffällige« Professionalisierung der Heimerziehung.

Darüber können auch die vielfältigen methodischen Debatten nicht hinwegtäuschen. Die in vielen europäischen Ländern geführten und in unterschiedlicher Weise aufgelösten Auseinandersetzungen darüber, ob sich HeimerzieherInnen mehr als behandelnde PsychotherapeutInnen, als begleitende SozialpädagogInnen, als exclusive Bezugspersonen, als partikularistische VerhaltensmanagerInnen oder als gemeinwesenorientierte ,field worker» verstehen sollten, führen zwar zur (wichtigen) Schärfung des Methodenbewußtseins und tragen damit zur Stabilisierung beruflichen Handelns bei. Die Zukunftsoffenheit pädagogischer Prozesse bleibt jedoch bestehen.

Dennoch wird an einer die pädagogischen Eigengesetzlichkeiten berücksichtigenden Professionalisierung des Feldes kein Weg vorbei führen. Denn eine »moderne« Heimerziehung, die dezentralisiert stattfindet und in der das Institutionelle und spezialisierte Berufsrollen nicht mehr so wichtig sind, würde ansonsten Gefahr laufen, die MitarbeiterInnen erst recht zu überfordern.

Literatur

Almstedt, M.: Reform der Heimerzieherausbildung. Empirische Bestandsaufnahme, Reformvorschläge, Beispiele innovativer Praxis. Weinheim, 1996
Beck, U./Brater, M./Daheim, H.: Soziologie der Arbeit und der Berufe. Reinbek, 1980
Colton, M.J./Hellinckx, W. (Eds.): Child Care in the EC. Aldershot, 1993

Gottesman, M. (Ed.): Residential Cild Care - An International Reader. London, 1991

Gottesman, M. (Ed.): Recent Changes and New Trends in Extrafamilial Child Care: An International Perspective. London, 1994

Günther, R./Bergler, M.: Arbeitsplatz Stationäre Jugendhilfe. Ergebnisse einer vergleichenden Berufsfeldanalyse und Maßnahmevorschläge für MitarbeiterInnen im Gruppendienst. Frankfurt a.M., 1992

Madge, N.: Children and Residential Care in Europe. London, 1994.

Statistisches Bundesamt (Hrsg.): Statistik der Jugendhilfe Teil III.3 »Einrichtungen und tätige Personen 1994« - Arbeitsunterlage. Wiesbaden, 1996

Trede, W.: Mehr Ahnung als Wissen. Heimerziehung und Heimerziehungsforschung im internationalen Vergleich. In: Treptow, Rainer (Hrsg.): Internationaler Vergleich und Soziale Arbeit. Rheinfelden und Berlin, 1996

Waaldijk, K.: Training of Residential Care Workers. In: Gottesman, M., 1994, S. 225-231

Kornelia Helembai

The Social-Interpersonal Competence

Zwischenmenschliche Beziehungen

Für eine gelungene Sozialisation ist es notwendig, Mitglied einer Gruppe zu sein, über die die Integration in das gesellschaftliche Umfeld ermöglicht wird. Für diese Entwicklung sind soziale Kompetenzen notwendig, die zu einer wechselseitigen Annäherung zwischen Individuum und Umwelt führen. Der Beitrag befaßt sich mit dem Erwerb von sozialen Kompetenzen in zwischenmenschlichen Beziehungen.

As an introduction it can be said, that result of a healthy development is formation of the social competence. It refers to the fact that a person is able to adopt to his/her environment, and one has some suitable features and conditions to participate in the life of greater and smaller groups.

In a general approach social competence partly can be seen as a capability for development towards the desired behaviour. The responses which a person gives to the stimulations arriving from the environment are very important from this point of view.

The conception of the social competence can be approached from the other part too, and so it can be seen as an enforcement of the individual intentions which has to absorb social conflicts and frustrations. So social competence can be comprehended as a complex ability existing successfully, which makes possibility to influence others or other groups.

The extensions of the social competence are signed by the extension of the social activity, such as work and free time and the family life.

The social-interpersonal competence develops during the mutual effect of the individual and environment. The social environment serves as a frame for the elaboration and manifestation of behaviour suitable to the habit system which is formed by the given culture.

The enforcement of the social behaviour -reward and punishment- are very important from the viewpoint of the formation of self-concept. The verbal, non verbal and the expressive motions, emotional reactions help a child to become able to react on one-self as an object to evaluate, and to form attitudes towards an own personality.

The signs of the social environment play a modificational role for the self-image and play a norm-transmitting role too and form the self-respect and self-evaluation. The positive and negative values are integrated into one's norm-system and in that extention develops one's self-image.

The ideal self-image which is accepted as a norm in connection with his/her-self is a quite effective motivational fact in case of self-realization - if this approaching of the self-image is a desired aim for the personality, of course. So the environment evaluates a person's achievement and gives his/her a place in the social field.

The age of self-definition needs a harmony to some extent among the person's attitude, personal features and self-image. If there is no accordance among the different features the person has to give up the needs and characteristics to reach a possible balance.

The unsuccess of self-elaboration mobilises some self-defensive mechanism which can be observed as a rigid behavior form. A person - whose self-image is rigid - defends his/hers-self against the demands and needs which are not suitable for its own expectations.

In case of a negative self-image a person is hardly able to mobilise the desired manifestation to solve a problem-situation, and further mostly tend to have a pessimistic view of life. At the background of this phenomenon often some serious spiritual injures can be discovered which derive from the early childhood - followed by some lack of love and frequent punishment.

The features of striving for success und effectiveness are the motivation towards having social competence. A competent person believes that his/her activity is important, and he or she is able to control and direct its own life, attributes to its activity a determining role, and besides them one strives also to form it independently. As a result of a durable hindering of the motivation to being competent, a person slowly looses its mind and lets it self be influenced, because of black of the pertinent self-definition.

To surmount distance between the »real« and the »desired« imaginations: cognitive, emotional and operative personality's features are very important, which take to development of the control about the environment as one of the aspects of self-regulation.

The demand and the various situation necessitate one's behaviour to be controlled and directed by the person, and with help of this process one can be able to reduce frequency of the occurrence of defective forms of behaviours. From this view-point self-regulation expects a required level of the personality's development which can be supported by effective and conscious self-control.

In this approach social-interpersonal competence can be regarded as an activity which needs a certain fulfilment interpersonal, cooperational requirements.

To understand social-interpersonal competence we have to mention the concept of social sensibility which means an affinity towards the wished values, behavioural patterns transmitted by society during a socializational interval. There is another concept, the so called *social maturation*. Social maturation depends on the personality's developmental level, in that measurement a person attempts to definie oneself, and try to adopt to an accepted form in a society to live together.

Sociability is a complex conception. As a background of it serves the social sensibility and maturity, and it appears as a behaviour in the system of interpersonal relationship.

So to form behaviour is very important through several ways to elaborate the information related to the self, which can help with the interpretation of defined situation, and others' behaviours adequately and the selection of attitudes and relationships to others. The relationships of a group are regulated by the rights and duties belonging to each role. So the role partners expect certain behaviour in advance from each other, and it can be said that they anticipate the others' manifestation. Expectations have to meet requirements mutually, of course, so the normative feature is felt consequently. During relationship some faults of interpretation of the information lead to disturbance of the interactions in several cases, and these fouls hinder the development of the required atmosphere. The disharmony of the membership and sensation of the failure of impression towards others, several times make a sensation of uncertainty and cause a high internal tension, which destroys the prognose of problem-solution and hinders the development of pertinent behaviour.

In cases of difficult situations the output of the problem-solutions is characterised by the tendency to terminate the conflict, at once, which is mostly based on a simple choosing of information and it offers a large scope to feel the authority of the several previous preferences. Although the human decision making is basically rational yet it has to be counted with the fact of the „hindered rationality". Namely a person collects the possible alternatives during a seeking process, and takes into consideration only a few of them. She/he makes a satisfactory decision in spite of an optimal decision, accepted the first alternative which seems to be enough for a solution. It can be easy to understand because the majority of the interpersonal tasks are „badly" defined. It means that the problemsolving process can not be algoritmized.

Further, the role partners' previous experiences participate too in the process of decision making, and mutual membership is also influenced through their present conditions, imaginations and several other facts of environment.

So from the view-point of the suitable behaviour, dynamical adaptation is particularly important. To a successful behaviour the psychovegetative and emotional balancing, manifestation of sociability and empathy, and the good regulation of the mental function is required.

Elaboration and maintenance of the interpersonal contact are required approaching from the role-partner's part. The regulation of the internal tension at a good level, and the manifestation of tolerance in case of solution of frustrational situations is needed. In order to know likeness of the adaptational process during a person become a member of a group, we have to follow the stages of this development.

The formation of behaviour belonging to a group can be followed by the altering of the level of the clarification of requirements and compatibility of the role components for a person, during the intervals of live-span development.

Hypotetically this developmental process has four strategies: When a person decides to join a group, she/he has several tasks step by step:

The first is the clarification of group expectations and the compatibility of the role expectations.

The second step is the acquisition of the component of the desired behaviour, and potential suitability of independent performance, and: the clarification of the role partner's expectation, and potential suitability for compatibility.

The third stage of development is the independent performance of the interpersonal role, potentionality for the elaboration of individual variations. Further is needed the compatibility with the role partner's expectations and potential compliance with the role partner's changing demands and needs.

At the last step the task is the actual compliance with the role partner's expectations during the process of fulfilling their changing demands and needs. The development of the pervasive nature of the group role and realization of individual variations.

Regarded of the above mentioned, the formation of the social-interpersonal competence is worth serious concideration in the aspect from the children's home.

The formation of the life-spain development is being carried out in a special frame, where a person is provided by some special micro-surroundings, and where an individual can get a satisfactory sensation of security and on this base he/she is ready to get connection with environment - or not. As a result and effect of the lack of family and/or the former painful experiences, children or young people become withrow in most cases. It can be observed too that children/young are interested in everybody and everything but there is nobody and nothing really important for them.

The injures of the social sensibility „connections, love is dangerous, because one can be deceived in them" can be found at the background of these experiences, and they hinder them to strive to get self-knowledge and to know other people. Because of it, mostly they reject everybody who attempt to help them to become more successful in a group.

That is why an experimental program with four parts in it was elaborated for the children who live in a residential home.

As a first step in the program of development of social-interpersonal competence the called sensibilitional training was applicated. It does not expect from the children any self presentation and the revelation of the internal world of their emotion. They have often not enough vocabulary to express themselves.

The one part of this experimental program is based on the possibility of the indirect self-perception. The aim is to prepare social sensibility without any involvement and provide a person social to join the group. Some of the exercises improve the verbal and nonverbal skill.

The other part of this task contains bioenergetical exercises. They are suitable for the pupils to become aware of their own manifestations and experiences. This serves as an introduction to the following part.

The second part of the mentioned experimental program directs to the self-perception, to acquiring some components of the relaxational training. The aim is to establish to bear and handle emotional tension and to give a way to release it. This serves as a direct self-perceptional training

The third part of the experimental program is focused on the indirect self and partner perception. The aim is to develop the social intelligence for example with help of interpretation of different pictures, what kind of emotion is reflected on it and so on.

The last part tries to give some exercises for the direct self and partner perception. The aim is to establish the communicational skill and give some way to influence it. So this experimental program is quite complex and it needs further formation of course

These exercises where applicated in a group, whose members' age where at about 13 years. They were characterised as aggressive, reckless, visitive carelles children. The group had 10 members, seven girls and two boys live in the same home and one boy was put at a foster family. Previously the children suffered a lot because of they parents. Four girls abused sexually by their step fathers, and the others were neglected and abused mostly because of alcoholism.

The group-meeting were held in a school as a free time activity during the schoolyear, once a week.

After two years when we finished the program they mostly could conceptive their emotion and express them, they were able to tell their positive and negative opinions for others, and unfortunately they were also chatty, and the teachers complained because of them.

Seeking the result it can be said that this program gives a chance to adopt to the close social environment and inspire the need to join a group and work together.

But there is an other consequence too, and it is also worth serious consideration. To perform this program, teachers need some special studies.

Christian Niemeyer

Heimerziehung als Forschungsfeld des Praktikers

Practitioners in Research

The starting point of the topic is not an interest in methods or therapeutical technics. Instead of that it is the question of the practinioner's case and the precept to bring out problems using all possible research methods with the result that the knowledge of cases can be used for pedagogical work. Concentrated on this question as well as on an interest of reconstruction of these research methods there is a change of paradigm more of less taken in consideration. This can be recognized as a new debate about socialpedagogical methods.

1. Vom Paradigmenwechsel in der neueren Methodendebatte

Die Selbstverständlichkeit, mit der in der Reeducation-Ära der deutschen Nachkriegsepoche und noch bis in die frühen 70er Jahre hinein die klassischen Methoden des Social work -Einzelfallhilfe, Gruppenarbeit und Gemeinwesenarbeit - gelehrt und auch der Heimerziehung nahegelegt wurden, war vor dem Hintergrund der Tradition einer im wesentlichen deutsch und nur ansatzweise kontinentaleuropäisch geprägten Geistesgeschichte der Sozialpädagogik schon immer irritierend. Ausgehend von dieser Irritation hat sich die Sozialpädagogik in der Folge zwar darum bemüht, einen eigenständigen Beitrag zur Methodenlehre zu erarbeiten. Aber derartige Bemühungen um eine »sozialpädagogische Handlungskompetenz« sind nicht sehr weit gediehen; sie vermochten sich im wissenschaftlichen Diskurs auch nicht zu behaupten. Erwähnenswert sind allenfalls einzelne Anläufe zur Übersetzung des Sprachspiels der klassischen Methodenlehre in das der dezidiert (sozial-)pädagogischen Denktradition (vgl. etwa Nieke 1984). Damit stand aber weder eine Methoden- oder Handlungslehre, die das Prädikat »sozialpädagogisch« verdient, ins Haus, noch wurden die Bedürfnisse von Praktikern nach einem praxisrelevanten Konzept befriedigt. So kann man letztlich auch nur MICHAEL WINKLER zustimmen, wenn er festhält, daß das »individualisierende Verständnis« der sozialpädagogischen Denktradition »mit seinem Affekt gegenüber Kausalannahmen und Technologien (...) den Siegeszug der längst als klassisch geltenden Methodenlehre« (Winkler 1994, S. 85) nicht aufhalten konnte.

Bei all dem sollte man allerdings nicht den sich anbahnenden Paradigmenwechsel der neueren Methodendebatte übersehen. Gefragt wird nämlich zunehmend nicht mehr nach »Handlungsmethoden«, also nach aus psychologischen Therapieverfahren adaptierbaren Techniken, die man dem Sozialpädagogen empfehlen könne, sondern »nach den vorfind baren und tatsächlich verwendeten Handlungsmustern, nach den typisierbaren sozialpädagogischen Handlungsmodalitäten und den diesen zugrundeliegenden Rationalitäten« (RAUSCHENBACH et al. 1993, S. 8). Dieser Frage unterliegt ein deutlich forschungsorientierter Akzent, und zwar nicht in Richtung der

Forderung nach einer zukünftig stärker zu betreibenden Erforschung der realen Praxis-
vollzüge, sondern auch im Blick auf den damit ins Zentrum rückenden neuen
Methodenbegriff. Denn wer nach »Rationalitäten« fragt, die »sozialpädagogischen
Handlungsmodalitäten« zugrundelägen, fragt im Kern nach dem Rationalitätsbegriff
von Praktikern. Ihn beschäftigen dann die Begründungen, die Praktiker ihrem Handeln geben, weshalb er die Frage stellen muß, welche Methoden Praktiker verwenden, um ihre Begründungen zu sichern und die Erfahrungen theoriefähig zu gestalten, auf die sie sich beziehen. Insoweit geht es letztlich auch nicht oder jedenfalls
nicht primär um »Handlungsmethoden« des Praktikers, sondern um seine »Forschungsmethoden«.

Der Ausdruck »Forschungsmethode« umgreift dabei jene Methoden oder Verfahren, die dem sozialpädagogischen Praktiker den eigenständigen Erwerb kasuisti-
schen Wissens in seinem jeweiligen Handlungsfeld und im Zusammenhang seiner
Arbeit mit seiner Klientel er möglichen. Es geht also nicht um die Thematisierung
des Zusammenhangs etwa der Forschungsmethode der Beobachtung mit der
Verhaltenstherapie oder der Forschungsmethode der Befragung mit der Gesprächstherapie. Aus der Erörterung solcher Zusammenhänge erwächst den in den entsprechenden Therapietechniken ausgebildeten Praktikern zwar auch ein Zugang zu einem forschungsmethologisch aufgeklärten Bewußtsein um ihre Arbeitsweise. Zugleich aber läßt sich auf diese Weise nicht die Beschränkung umgehen, daß das, was
hier dann jeweils Beobachtung oder Befragung heißt, entsprechend der Regeln dieser Therapietechniken zu verstehen ist. Damit aber ist nicht der Praxis, sondern letztlich nur dem Protagonisten der jeweiligen Technik gedient; ein verhaltenstherapeutisch
ausgebildeter Heimerzieher, der seine Konzentration allein beobachtbarem Verhalten zuwendet, mag sich in Übereinstimmung mit der Forschungsmethode der Beobachtung befinden, verfehlt aber die forschungsmethodologisch gesehen zentrale Einsicht, daß nicht die Methode den Gegen stand, sondern dieser selbst die Methodenwahl zu präjudizieren hat. Deswegen geht die Frage hier und im folgenden nicht aus
von den Interessenlagen je bestimmter Handlungsmethoden und Therapietechniken.
Sondern sie geht aus von dem dem Praktiker jeweils aufgegebenen Fall und von dem
Gebot, das diesem innewohnende Problem unter Nutzung aller nur denkbaren »Forschungsmethoden« zur Kenntnis zu bringen und das daraus resultierende Fallwissen
für die pädagogische Arbeit fruchtbar zu machen. In der Konzentration auf diese
Frage sowie in dem Interesse an Rekonstruktion dieser »Forschungsmethoden« gründet also der zentrale, häufig aber noch nicht zureichend als solcher beachtete
Paradigmenwechsel, der sich in der neueren Debatte um sozialpädagogische Methoden ausspricht.

Dieser Paradigmenwechsel bringt bemerkenswerterweise einen spezifisch deutschen Aspekt der sozialpädagogischen Ideengeschichte wieder in Geltung, die über
Jahre hinweg nur als irritierender Ballast eines sich internationalisierenden Methoden-
diskurses mitgeschleppt wurde. Zu denken wäre nämlich an ERICH WENIGER und dessen Aufsatz zum Theorie/Praxis-Problem von 1929, in dem es heißt: »Jede Praxis
(...) ist geladen mit Theorie, fließt heraus aus Theorie, wird gerechtfertigt durch Theorie« (WENIGER 1929, S. 33f.). WENIGER, der sich in dieser Sache seinerseits in der
Tradition HERBARTS und SCHLEIERMACHERS wußte, unterschied konsequenterweise

zwischen der »Theorie des Theoretikers« und der »Theorie des Praktikers« und stellte hinsichtlich des Rationalitätspotentials der letzteren heraus, daß sie »den Charakter eines ideologischen Überbaus annehmen kann, der das Sosein eines pädagogischen Aktes rechtfertigen oder verdecken soll.« (ebd., S. 37) Leider blieb in der Sozialpädagogik weit gehend das heuristische Potential unbeachtet, das in diesem Ansatz WENIGERS verborgen ist. Stattdessen Ersatzweise setzte man darauf, den Praktiker im Bereich der »Handlungsmethoden« zu qualifizieren. In der Heimerziehung wurde der Höhepunkt dieser Entwicklung mit der Therapeutisierungsdebatte der späten 70er Jahre erreicht, der HANS THIERSCH dann sein Stichwort von der »Alltagswende« entgegenstellte. Inzwischen läßt sich auch dieses dahingehend ergänzen, daß nur der Praktiker sich dem Alltag gegenüber als ein pädagogisch verantwortlich Handelnder erweist, der seinem Handeln eine zureichende Selbst- und Gegenstandserkenntnis zugrundelegt. Im Sinne dieser Formulierung hat Heimerziehung als Forschungsfeld des Praktikers zu gelten. Dabei geht der Auftrag an die wissenschaftliche sozialpädagogische Forschung dahin, die »Forschungsmethoden« des Praktikers zu ermitteln und Wege zu ihrer Qualifizierung mittels Aus- und Fortbildung gangbar zu machen.

Auch FREUD kann damit ansatzweise als rehabilitiert gelten. Er nämlich empfahl der Nachwelt die Psychoanalyse in erster Linie als »Forschungsrichtung« (FREUD 1914, S. 54) und legte die analytische Situation konsequenterweise analog eines Forschungsprozesses aus. Stichworte wie »freie Assoziation« oder »Traumdeutung« genügen dabei, um eine Vorstellung von der Komplexität der Daten zu gewinnen, die der insoweit als Forscher bestimmte Analytiker in der analytischen Situation verarbeiten muß. Nicht zuletzt aus Gründen der Begrenzung der für sie maßgeblichen »Forschungsmethode«, in diesem Fall der Beobachtung, richten sich andere Therapieverfahren, wie etwa die Verhaltenstherapie eher auf Selektion von Information und Vernichtung von Komplexität; dies geschieht mit dem Effekt, daß Gegenstandsbereiche wie das Traumerleben, die sich der Beobachtbarkeit entziehen und ausgeprägtes Konstruktwissen vorraussetzen, ausgeschlossen bleiben. Daß die Psychoanalyse den anderen, den voraussetzungsreicheren Weg riskierte, erklärt sich unmittelbar aus ihrer Auslegbarkeit als »Forschungsrichtung«. Denn dies erfordert für die Ausbildung, nicht primär auf die Vermittlung von Therapietechniken zu abzuheben, sondern auf die Aufbereitung des zukünftigen Analysanden als eines hochsensiblen »Forschungsinstruments«. Inzwischen verstehen allerdings auch viele Mainstream-Psychologen ihre Aufgabe nicht mehr lediglich so, als gelte es, aus der Grundlagenforschung (etwa der Lernforschung) Therapietechniken (etwa die Verhaltenstherapie) zu destillieren, um diese dann adaptionsfähig zu machen etwa für sozialpädagogische Technologien und Zwecksetzungen. Ersatzweise wird vielerorts die auf Deskription zielende Frage gestellt, welche Logik Praktiker ihrer »Forschung« zugrundelegen. Sie wird der präskriptiv intendierten Frage vorgeordnet, welche Handlungsmethode oder Therapietechnik ihnen verordnet werden sollte. Auch aus Sicht der Psychologie gilt der Praktiker also zunehmend als Forscher.

Der Anfang dieses (psychologischen) Paradigmenwechsels gründet zumindest im deutschen Sprachraum in der Auffassung NORBERT GROEBENS und BIRGIT SCHEELES, wonach die Psychologen ihre »Versuchsobjekte« nicht länger »als von dunklen

Kräften getrieben bzw. nur auf (Umwelt-) Reize reagierende Organismen ansehen und konstituieren« sollten (GROEBEN/SCHEELE 1977, S. 22), sondern - zumindest ideal-typisch - »als Hypothesen generierende und über prüfende, kognitiv reflexive Subjekte von hoher kritischer, da flexibler Rationalität« (ebd., S. 137). Dieses (epistemologische) Subjektmodell wurde in der Folge von den Vertretern des damit vorformulierten Forschungsprogramms auch gegenüber Praktikern, speziell Lehrern, in Anwendung gebracht. Sie galten fortan als »subjektive Theoretiker«, die dem Unterrichts geschehen Hypothesen - etwa über die Ursachen für auffälliges Schülerverhalten - abgewannen und sich in ihrem weiteren Handeln an eben diesen Hypothesen orientierten. Das weitere Procedere schien damit außer Frage zu stehen: Um ungerechte Lehrerurteile über Schüler zu verhindern, mußte man nur, etwa im Rahmen von Lehrerfortbildungen, die »subjektiven Theorien« der Praktiker durch »objektive Theorien« der Theoretiker austauschen und, allgemeiner gesprochen, in der Praxis für das in der Wissenschaft gebräuchliche Falsifikationskriterium werben. Denn die Theoriebildung in der Praxis zumal der Heimerziehung, so zeigen jedenfalls erste Beobachtungen, gehorcht offenbar einem ganz anderen, sehr viel angreifbarerem Kriterium: dem der Nützlichkeit (vgl. NIEMEYER 1988).

Mit ähnlichen Modellen und Versprechungen wartete, nun stärker auf den nordamerikanischen Sprachraum bezogen, die in den 50er Jahren von dem Sozialpsychologen FRITZ HEIDER angeregte Attributionsforschung auf. HEIDER ging dabei von der These aus, daß der Mensch mittels der Attribution bzw. Zuweisung von Ereignissen auf Ursachen dazu neige, veränderliche Ereignisse im Interesse von Vorhersage und Kontrolle auf Bedingungen oder »dispositionale Eigenschaften seiner Welt« zurückzuführen (HEIDER 1958, S. 99). In der Folge differenzierte sich diese These in unterschiedlichste attributionstheoretische Modellannahmen aus. Deren gemeinsames Merkmal gründet in der Unterstellung, daß der Mensch ein permanentes Bedürfnis nach Welterklärung hat und insoweit als ein theoriebildendes und -verwerfendes Wesen zu gelten hat, für das wissenschaftliche Formen der Hypothesengenerierung und Geltungssicherung als vorbildhaft gelten können. Ähnlich wie das vorbenannte »Forschungsprogramm Subjektive Theorien« ließ allerdings auch die Attributionsforschung im unklaren, welcher »Forschungsmethoden« sich der Laie bei seiner Welterklärung bedient und bedienen darf. Unklar blieb also, um nur die wichtigsten quantitativen Forschungsmethoden zu nennen, der Status von Experiment, Beobachtung oder Befragung für die Theoriebildung von Laien. Unklar blieb zudem die Bedeutung von qualitativen Forschungsmethoden, die ja in der Pädagogik resp. Sozialpädagogik, schon infolge der langen Vorherrschaft der »geisteswissenschaftlichen Pädagogik«, einen ganz eigenen Stellenwert, etwa unter dem Stichwort der Hermeneutik, aufweisen. Nicht zu unrecht wurden denn auch schon vor einigen Jahren kritische Stimmen laut, wonach die »philosophy of science suggests a variety of types of explanations most of which have so far not been considered seriously in attribution theory« (JASPARS et al. 1983, S. 5). Psychologen, so lautete ein gleichgerichtetes Resümee, seien eben »just beginners in this enterprise« (SHULTZ/SCHLEIFER 1983, S. 44). Sie bevorzugen, so darf man vielleicht noch hinzusetzen, aufgrund ihres fast durchgängig naturwissenschaftlichen Grundverständnisses den kritischen Rationalismus, somit die Auffassung, die Frage der Hypothesengenerierung lassen sich gegenüber der Anforderung vernachlässigen, eine Prüfung der Hypothesen zu gewährleisten.

Als prominentes Beispiel sei hier verwiesen auf eine frühe Arbeit von KELLEY (1967), in der ein Rahmenmodell zur Validitätssicherung von Attributionsvorgängen entwickelt wurde, das fast vollständig dem naturwissenschaftlichen Erkenntnisideal gehorcht. Dies hatte in der Folge auch Auswirkungen auf die Stilisierung des durchschnittlichen Attributors: Er galt im wesentlichen als ein rationales Wesen, das nüchtern und gleichsam quasi-wissenschaftlich Beobachtungen sammelt und erst nach Prüfung der Auftretenswahrscheinlichkeit gleich sinniger Ereignisse zu einer Attribution schreitet. Zwar wurde dieses Rationalitätsideal allmählich unter Einarbeitung widersprechender Forschungsbefunde korrigiert, so daß der Attributor durchaus auch als ein irrationales Wesen gesehen wird, das sich an bestätigenden Befunden interessiert zeigt und gar nicht daran denkt, sich selbst zu falsifizieren oder aber gar von anderen falsifizieren zu lassen. Gleichwohl wissen wir immer noch vergleichsweise wenig über »Forschungsmethoden« und Theoriebildungsmotive eines Attributors oder »subjektiven Theoretikers«. Dies gilt auch und besonders jenseits eher grundlagentheoretischer Fragen: Wir wissen nämlich kaum etwas über die Motive, die einen Heimerzieher veranlassen, bestimmte Informationen über einen Heimjugendlichen zu vernachlässigen und andere zu bevorzugen; dabei steht sehr in Frage, ob die beiden vorgestellten Modelle helfen, über derartige Motive aufzuklären.

Dies nun ist Grund genug, noch einmal an die Überlegung ERICH WENIGERS zu erinnern. WENIGER nämlich entwickelte sein Konzept des Praktikers als Forscher aus dezidiert geisteswissenschaftlicher Perspektive. Daher finden sich bei WENIGER keine Aussagen, nach welchen die »Theorie des Praktikers« der »Theorie des Theoretikers« schon der nicht zureichend beachteten Falsifizierbarkeit wegen unterlegen sei. Auch unternahm er nicht den Versuch, den Praktikern angeblich allein wissenschaftstaugliche Verfahren wie Beobachtung oder Befragung als potentielle »Forschungsmethoden« anzuempfehlen und daran das Plädoyer für bestimmte Validierungstechniken - etwa in Richtung der Beobachterübereinstimmung oder, im Fall der Befragung, in Richtung kommunikativer Validierung - zu knüpfen. Statt dessen unternahm er den Versuch, die für ihn allein akzeptable Denkfigur des hermeneutischen Zirkels, also die Vorstellung von einem permanenten Angleichen der Voreinstellungen gegenüber dem sich Ereignenden mit dem nachgängigem Verstehen des Gewesenen, für die Analyse der »Theorie des Praktikers« zu nutzen. Exemplarisch hierfür ist seine Formulierung: »Von vorwärts und von rückwärts also ist der pädagogische Akt von Theorie umklammert und gestützt. Praxis enthält Theorie als Bedingung ihres Tuns und wird vollendet zur »Erfahrung« durch Theorie als Folge des Tuns« (WENIGER 1929, S. 38). Diese Annahme lehrte WENIGER schon von Beginn an das zu sehen, was die skizzierten neueren psychologischen Modelle erst sehr zögernd in ihr Programm aufnahmen: nämlich, daß aller Erfahrung Theorie vorausgeht, daß es also eine Art »Theorieabhängigkeit der Beobachtung« gibt, die es, jenseits aller Hoffnung, man könne den Praktiker in den Rang eines »objektiven« Beobachters oder falsifikationsbereiten Theoretikers erheben, allererst zu erkunden und, wenn möglich, qua Aus- und Fortbildung zu problematisieren gilt. Was dies heißen könnte, soll mit dem folgenden Fallbeispiel gezeigt werden. Es geht zurück auf eine andernorts ausführlich dokumentierte Aktenanalyse (vgl. NIEMEYER 1993), deren Ergebnisse sich zwischen zeitlich anhand einer weiteren Fallstudie (vgl. NIEMEYER 1996) bestätigen ließen.

2. Theorien von Praktikern am Fallbeispiel

Betrachtet man die maßgeblichen sozialpädagogischen Theorien von Theoretikern der Heimerziehung, so wird man feststellen, daß sie sich in der Regel auf zwei Dinge beziehen: auf die Qualität pädagogischen Handelns und auf die Qualität der je betriebenen, fallbezogenen Diagnose. So meinte - um zunächst den letzten Punkt anzusprechen - AUGUST AICHHORN schon vor gut siebzig Jahren, daß sich hinter dem auffälligem Verhalten von Fürsorgezöglingen häufig ein »verdecktes, aber desto größeres Verlangen nach Zuneigung« (AICHHORN 1925, S. 130) verberge. Der Kern dieser Aussage begegnet einem auch in der vielzitierten Formel HERMAN NOHLS, wonach es dem Sozialpädagogen nicht um die Probleme gehen dürfe, die ein Zögling mache, sondern um die, die er habe (vgl. NOHL 1926, S. 157). Das Argument AICHHORNS darf sich also der sozialpädagogischen Weihe sicher sein. Es kann gelesen werden als ein nach wie vor aktuelles Element einer Theorie für Heimerziehung, die als normativer Entwurf einer zukünftig besseren Praxis gelten will und bemerkenswerter weise den Praktiker als Forscher fordert, ihm somit eine kompetente Erforschung der von ihm verantworteten Praxis abverlangt. Wie also verhält es sich mit der Beachtung dieses Theorieelements in dem hier zentralen Fallbeispiel?

2.1 Sozialpädagogische Diagnosen

Markus kommt mit 13 Jahren ins Heim. Die beteiligten Instanzen hätten schon aus der Akte, etwa aufgrund von im Vorfeld der Heimeinweisung eingesetzten projektiven Verfahren, wissen können, daß Markus« Erleben »beherrscht wird von Gefühlen der Zurückweisung, der Unterdrückung und des Verlassenseins«. Auch die Klassenlehrerin teilt mit, daß Markus zu Hause »verzweifelt nach der Zuwendung der Bezugspersonen verlangen« soll. Tatsächlich aber bringt sie den ersten Akt in der Umdeutung dieser Zuneigungsbedürftigkeit als eines Problems, das Markus hat, hin zu einem Problem, das er den Beteiligten macht, zur Aufführung: Markus Kontaktsuche, so gibt sie zur Protokoll, sei »Ausdruck einer Fehlentwicklung«. Prägend für dieses Urteil ist der schulische Kontext, der es nicht zu erlauben scheint, einzelnen Problemfällen über Gebühr Aufmerksamkeit zuzuwenden. Von dem theoretischen Versuch einer ideologischen Rechtfertigung der eigenen, schlechten Praxis kann hier insoweit gesprochen werden, als diese Klassenlehrerin objektiv gegebene Probleme des schulischen Alltags und ihr daraus entspringendes Gefühl subjektiver Überforderung umdeutet in eine pathologische Disposition von Markus.

Freilich ist Schule, ob nun begründbar oder nicht und nur dem herrschenden Verständnis folgend, nicht im gleichen Ausmaß wie Heimerziehung den Imperativen sozialpädagogischer Fachlichkeit zu unterwerfen. Dementsprechend signalisiert das Heim im hier diskutierten Fall nach außen zunächst auch noch pädagogischen Optimismus. »Das größte Problem«, so heißt es etwa in einer Niederschrift der Sozialarbeiterin des Heims, »sei, daß der Klassenlehrer kein Vertrauensverhältnis mehr zu Markus hat.« Dem wird dann noch der Hinweis angefügt: »Es konnte nicht geklärt werden, wann oder wodurch das Verhältnis von Markus und Herrn Z. (dem Klassenlehrer; C.N.) gestört wurde.« Angemahnt wird hier also gegen über der Schule *der* Code der sozialpädagogischen Denkform schlechthin, nämlich der pädagogische Bezug. Offensichtlich sollen so die berufstypischen Tugenden beglaubigt und die Fremdinstitution unter Erfolgszwang gesetzt werden. Die Theoriebildung des Heims folgt hier also noch dem Zweck der Abwertung anderer Praxen durch Skandalisierung der in ihnen angelegten Ignoranz gegenüber dem, was (sozial-) pädagogisch geboten ist. Damit gelingt eine Aufwertung des eigenen Tuns, dessen Rang durch die Arbeit mit den andernorts Mißachteten gestiftet wird.

Dieser *Theoriepolitik* entspricht auch, daß das Heim dort Beziehungsangebote unterbreitet, wo Markus anderen, rigideren Praxen unterworfen wird. So tröstet man ihn beispielsweise, nachdem er wegen diverser Delikte in Untersuchungshaft verbracht wurde, mit einer Art Kassiber des Inhalts, »daß das Heim und die Erzieher versuchen, ihn von dort herauszuholen«. Diese Rhetorik der Gefangenbefreiung läßt sich zunächst als Indiz für die Bereitschaft des Heims lesen, Markus dem Einfluß jener Institutionen zu entziehen, die in seinem Störverhalten nicht die verborgene Zuneigungsbedürftigkeit zu sehen und im Sinne sozialpädagogischer Fachlichkeit zu handhaben vermögen. So bitten denn auch Sozialarbeiterin und Heimpsychologin den Richter, den Unterbringungsbeschluß aufzuheben, da man befürchte, daß ansonsten »das wiedergewonnene »Fünkchen Vertrauen« verloren geht«. Diese positive Entwicklung, so heißt es weiter, »wurde nunmehr durch die Unterbringung abrupt unterbrochen«. Tatsächlich aber geht es dem Heim hier nicht eigentlich um Markus, sondern, ähnlich wie gegenüber der Schule, um die Skandalisierung der Praxis in anderen Institutionen. Dies wird deutlicher durch die Bedingungen, die Markus im Falle seiner Rückkehr erfüllen müsse: »1. Im Heim bleiben und nicht auf Trebe gehen. 2. Die Schule muß funktionieren. 3. Das Schnüffeln muß aufhören.« Dieses Vertragsdiktat ist unvereinbar mit dem ernsthaften Interesse an den Nöten des anderen. Es ist aber vereinbar mit der Haltung dessen, der das Eingesperrtsein des anderen unbekümmert für den Oktroy seiner eigenen Absichten sowie Normen und Werte funktionalisiert. So gesehen gewinnt die Untersuchungshaft als eine Variante geschlossener Unterbringung zumindest von daher Sinn - und die vorgenannte Gefangenenbefreiungsrhetorik steht für nicht viel mehr als für eine psychohygienische Maßnahme. Denn der Fachdiskurs, der die Fragwürdigkeit geschlossener Unterbringung mit breitem Konsens herausstellt (vgl. PETERS 1988), nötigt dazu, offiziell zu verpönen, was man inoffiziell erwünscht.

Wie brüchig tatsächlich das Bestreben unserer Heimerzieher ist, den fachlichen Standards eines AICHHORN oder NOHL gerecht zu werden, belegt auch die Reaktion auf die Anfrage eines Fahrtenleiters, er wolle Markus, nach den guten Erfahrungen im letzten Jahr, auch in diesem Sommer wieder in ein Ferienlager mitnehmen. Die Antwort wirkt desillusionierend: »Der Uz. bemerkte dazu, daß dafür die Zustimmung der Heimleitung vorliegen muß«, und er verweist im übrigen noch auf »Markus« Schwierigkeiten in der letzten Zeit«. Die erste Teilantwort offenbart einen Flexibilitätsmangel, der durch die zweite Teilantwort seine Aufklärung erfährt. Denn sie nimmt eine gezielte Abwertung der positiven Sehweisen Außenstehender entsprechend der Logik eines geschlossenen Systems vor, also: auf Ausgrenzung von Umweltkomplexität bedacht und dabei beharrlich darauf achtend, daß keine positiven Erfahrungen in der Heimumwelt entstehen, die dann in Form von Erwartungen auf die Berufserzieher projiziert werden könnten. Da das Heim zugleich aber, wie wir gesehen haben, nach außen hin sowie gegenüber Markus zu suggerieren genötigt ist, daß alles für dessen Wohl getan werde, befindet sich dieser letztlich in einer Beziehungsfalle: Er wird konfrontiert mit dem Selbstanspruch der Erzieher, sich um ihn kümmern zu wollen, erlebt zugleich aber, daß die Erzieher ausgerechnet jene fernhalten wollen, die ihm Beziehungsangebote machen. In dieser komplizierten Situation greift das Heim allmählich zu einem perfiden Mittel: Es neigt zu einer Pathologisierung der Beziehungswünsche von Markus, und zwar vermittelt über die drei Schritte der Markierung ihrer (1) ungewöhnlichen Charakteristik, ihrer (2) raumzeitlichen Stabilität sowie ihrer (3) auch von anderen als störend wahr genommenen Intensität.

So markiert bereits die Heimpsychologin in ihrem Entwicklungsbericht über Markus das Ungewöhnliche seines diesbezüglichen Verhaltens mit den Worten:»Sehr deutlich ist sein Wunsch nach körperlichen Kontakt und Zärtlichkeit«. Über ein Jahr später dokumentiert die Akte den zweiten Schritt (Markierung der Stabilität) Markus«»Suche nach Zuwendung und Körperkontakt ist sehr deutlich«, ein Hinweis, der wiederum ein Jahr später, Markus ist nun 15;1, verstärkt wird:»Er hat ein sehr starkes Bedürfnis nach Zuwendung und Nähe.« Der dritte Schritt (Markierung des Störenden) wird mittels Reflexion auf zwei Ereignisse zu erfüllen versucht: Zum einen durch Verweis auf einen gescheiterten Versuch, für Markus eine Pflegestelle zu finden, wobei Markus sich »bedrängend und distanzlos« verhalten habe; zum anderen unter Bezug auf Markus« Verhältnis zu seiner Mutter, der er »Versprechungen () abgetrotzt« habe, die diese dann nicht einhielt - ein Muster, das sich dann auch im Verhältnis zu seinem Stiefvater wiederholt habe:»Auch der Kontakt zu seinem Stiefvater ist abgebrochen, nachdem sich Markus einige Hoffnungen auf eine engere Beziehung zu ihm gemacht hat.«

Die Darstellungsform unterstellt, daß die Verantwortung für das Scheitern dieser Beziehungsaufnahmeversuche wiederum Markus zuzurechnen ist: Er war es, der der Mutter, wider besseres Wissen, etwas »abtrotzte«; er war es, der, offenbar völlig ohne entsprechende diesbezügliche Ermutigungen seitens des Stiefvaters, auf diesen »Hoffnungen« projizierte, die äußerst unrealistisch gewesen seien. Markus« Distanzlosigkeit also gerät allmählich zur neuen Variante seiner Verhaltensauffälligkeit: »Hierin liegt seine ursächliche Problematik«. Das Resümee fällt dann eindeutig aus: »Auch im familiären Bereich ist also festzustellen, daß Markus sich sehr stark und intensiv um Zuwendung bemüht, jedoch gleichzeitig immer wieder erleben muß, daß er nicht in der Weise angenommen wird, wie er es sich wünscht, daß er sogar zurückgestoßen wird.« Die Betonung ist auf den Ausdruck »auch« zu legen. Denn dieser zeigt in aller Schärfe, daß sich das Heim unter Verweis auf Erfahrungen im familialen Kontext Rechtfertigungen für das eigene Unterlassen von Beziehungsaufnahme zu verschaffen sucht und damit den fachlichen Überhang opfert, den im Heimalltag einzulösen eigentlich Geschäft zu sein hätte.

Markus« Reaktion auf diese Heimpolitik ist eindeutig: Er zelebriert sich als der, der, nicht angenommen, nun zwar keinen Heimverantwortlichen mehr mit seinem Liebesverlangen belästigt, wohl aber mit seiner Art, es auf anderen Wegen zu befriedigen. Denn ausgerechnet zu der Zeit, zu der die ahnungslose Heimpsychologin, wie angeführt, schreibt, Markus habe »ein sehr starkes Bedürfnis nach Zuwendung und Nähe«, geht dieser seinem Bedürfnis im Strichermilieu nach. Daß dieser Wandel im Objekt des Begehrens im wesentlichen fremdinduziert ist, braucht kaum noch gesagt zu werden. Markus erzählt dies nach einiger Zeit denn auch einer Erzieherin: »Für ihn sind diese Leute interessant und z. Z. wichtig. Die Versprechungen, die ihm gemacht wurden, sind für ihn maßgebend. Er fühlt sich bei den »Homos« geborgen und sicher.« Schon diese wenigen Hinweise verdeutlichen, daß sich für Markus inzwischen ein anderes, für ihn bedeutungsvolleres Relevanzsystem ergeben hat: Er sucht die Zuwendung dort, wo er sie leichter zu erwerben gedenkt als etwa in der Heimgruppe. Die Aussage eines Erziehers, daß mit einem »gewissen Bedauern« das Scheitern pädagogischer Bemühungen zu notieren sei, »Markus von seinem Streben zu den neuen »Freunden« abzuhalten«, ist schon so ambivalent, daß nur noch von einem Interesse an Außenlegitimation zu reden ist, hinter dem sich anderes verbirgt: der Unwille, jemandem mit pädagogischem Verstehensimpetus nachzulaufen, der einen zuallererst nötigen würde, eigene Vorbehalte gegenüber der Homosexualität mit viel Aufwand als berufstypisch unerlaubte Haltungen zu bekämpfen.

Die davon unabhängigen Mechanismen zur ideologischen Rechtfertigung schlechter Praxis sind indes weniger problematischer Natur: Sie ergeben sich aus dem Umstand, letztlich doch nicht die Kraft und die Fähigkeit aufzubringen, auch dort noch Zuneigung zu zeigen, wo der andere in der Hauptsache nur als störend erlebt wird. In dieser Situation greift der Praktiker wohl zu dem naheliegenden Mittel der Selbstberuhigung durch eine interessengeleitete Datenbeschaffung, die auf die Abnormität der Bedürftigkeit des Gegenüber, zunächst seiner - auch von Dritten als störend vermerkten - Quantität und dann seiner Qualität nach, verweist. Die Datenverarbeitung folgt dabei nicht mehr dem - exemplarisch von WENIGER in der Variante des hermeneutischen Zirkels zum Ausdruck gebrachten - Verstehensimperativ, sondern dem der Akkumulation solcher Ereignisse, die eine Zurechnung auf die pathologische Disposition des Gegenüber ermöglichen.

2.2 Sozialpädagogisches Handeln

Das zweite Beispiel bezieht sich auf die normativen Anforderungen, die an die pädagogische Qualität sozialpädagogischer Praxis zu stellen sind. Dabei soll wiederum ein Zitat von AUGUST AICHHORN als Einstieg dienen: »Erzogen wird [...] nicht durch Worte, Reden, Ermahnen, Tadel oder Strafen, sondern durch Erlebnisse« (AICHHORN 1925, S. 131). In der einen oder anderen Form begegnen derartige Hinweise bei so gut wie allen Klassikern der Sozialpädagogik, wobei hier die Erinnerung an PESTALOZZI oder NOHL genügt. Wir haben es also wiederum mit einem Argument zu tun, das sich der sozialpädagogischen Weihe sicher sein darf und das sich als normativer Entwurf einer zukünftig besseren Praxis verstehen läßt. Ähnlich wie im vorhergehenden Beispiel lautet die Frage also, ob auch im Fall Markus eine von diesem Ideal abweichende schlechte Praxis identifizierbar ist, die durch Ideologien der Praktiker ihre Rechtfertigung erfährt. Schon ein erster Durchgang durch die Akte zeigt, daß es den Erziehern offenbar vorrangig darum geht, Zeit zu gewinnen, Ruhe zu haben, die Gestaltung von Freizeit sicherzustellen im fraglosen Nachgeben auf Anfragen und Bedürfnisse, die Jugendliche dieses Alters haben. Bindungserlebnisse hingegen werden kaum vermittelt. Entsprechend entzieht sich Markus immer mehr, sucht Kontakt zu einem Freund aus einer anderen Gruppe, schnüffelt mit diesem sehr häufig, zieht über das Gelände, ist wieder verschwunden, kommt zurück, ist aber nicht eigentlich greifbar. Ein Erzieher resümiert entsprechend frustriert: »Alle unsere, meine und die der anderen Jugendlichen Bemühungen, ihn zu halten, damit er in der Gruppe bleibt, schlagen fehl. Er läßt sich zu keinem Spiel reizen - findet alles »stinklangweilig«.« Die nun einsetzende Einflußlosigkeit der Erzieher dokumentiert auch die Aussage einer Erzieherin: »Als ich ihn fragte, wo er war, meinte er, überall und nirgendwo«. Freilich sind solche Geltungsverluste des Heims nicht nur auf Markus beschränkt, wie ein Statement eines Erziehers in einer Teambesprechung verdeutlicht: »2/3 unserer Jugendlichen benutzen unser Heim ja gar nicht als was anderes (außer zum Schlafen und Essen; C.N.), und da lügen wir uns in die eigenen Tasche!« (zit. n. B. MÜLLER et al. 1986, S. 14) Statt aus dieser selbst kritischen Einsicht Konsequenzen zu ziehen, die die Bindungswirkung des Heims sicher zustellen vermögen, verharren die Erzieher in dem anderen, im Fachdiskurs eher verpönten Strang sozialpädagogischen Handelns: dem der erzieherischen Einflußnahme über das Mittel der reaktiven Sanktion. »Freiheitsbegrenzungen in Form von Gruppen- und Zimmerarresten, Ausgangssperre, und ähnliches« - dies sind die Instrumente, die das Heim im Falle Markus (erfolglos) anzuwenden versucht. Fallübergreifend liegen in diesem Heim im Trend: »Gruppenarrest«, Fernsehverbot« und immer wieder ernsthafte Aufforderungen an die Kinder und Jugendlichen, »ihr Verhalten zu ändern«. Das Ganze wird dabei getragen von einer geradezu detektivischen Verhaltenskontrolle. So wird immer häufiger über Kontrollgänge berichtet, über Erzieher, die die Dächer ableuchten, über auffällige, unbekannte junge Leute, die auf dem Heimgelände herumlaufen. Dabei gerät das Szenario mitunter bedrohlich wie in einem schlechten Krimi: »Ich möchte hinzufügen, daß die Art und Weise [...], wie die jungen Leute aufgetreten sind, ich habe es als eine Bedrohung des Dienstes auffassen müssen bzw. aufgefaßt.« Und noch einmal, vom selben Erzieher nur drei Wochen später: »Bei diesem Rundgang sehe ich vier Personen im Dunkeln in der Heimeinfahrt. Beim Näherkommen flüchten alle aus dem Heim in den Wald. Später bemerke ich sie im »Holzschuppen«, - an den Stimmen erkenne ich Markus, X, Y und Z, sie entziehen sich durch eilige Flucht.« Die Jugendlichen gelten hier nur noch als zu domestizierende Wesen, denen man klüglich mit Skepsis zu begegnen hat. Die Erzieher selbst hingegen stilisieren sich als Quasi-Detektive, die beständig wachsam zu sein haben und die sich inmitten unzusammenhängender und kaum strukturierter Feindeshandlungen der Gegenseite um etwas Überblick und Ordnung bemühen. Entsprechend rückständig sind die Theoriebildungsleistungen der Erzieher: ihr Blick für Zusammenhänge, für Latentes, für Gründe und Ursachen, ihr im eigentlichen Sinne sozial pädagogischer Blick also ist so gut wie nicht vorhanden. »Dieses

Verhalten war mir absolut unerklärlich, da die Kinder den ganzen Tag lang nett gespielt hatten und auch ruhig vor dem Fernseher saßen«, heißt es beispielsweise in
einer Aktennotiz eines Erziehers, der über plötzliche Randale im Heim berichtet.
Indes ist diese vermeintliche Theorieschwäche unseres Erziehers für diesen selbst
funktional. Denn nur dadurch, daß sich diese Randale, jedenfalls dieser Darstellung
zufolge, gleichsam anlaßlos und ankündigungsfrei vollzieht, ist der Erzieher dem
Verdacht enthoben, seinerseits durch sein Verhalten zu einem der Anlässe des Geschehens zu gehören. Zugleich läßt sich damit auch beglaubigen, daß sich nur noch
etwas machen lasse, wenn sich einer ändere: der Heimjugendliche. Dieser nämlich
ist gehalten, sein ihm innewohnendes Schrecknispotential sorgsamer zu kontrollieren. Dieser Schluß ergibt sich im übrigen, so läßt sich vermuten, nicht aus den Interessen irgendwelcher autoritären Erzieher, sondern aus den Überweisungspapieren:
ihnen und zumal den ihnen zumeist beigegebenen psychiatrischen Gutachten ist zu
entnehmen, wem zu helfen ist und wer zu helfen hat.

Diese so begründbare Theorieschwäche, die sich in gänzlicher Naivität gegenüber der verfügbaren Daten äußert, steht nicht notwendig im Widerspruch zu der
Neigung so mancher Heimerzieher, die Daten zum Anlaß geradezu extensiven Re-
flektierens zu nehmen. So berichtet beispielsweise ein Erzieher über seinen in Übereinstimmung mit einem Teambeschluß unternommenen Versuch, Markus in Zukunft
von seinem Freund X zu trennen, der nach Meinung des Teams einen schädlichen
Einfluß auf ihn ausübe. Dieses Unterfangen vollzog sich allerdings nicht ohne Komplikationen. So verließ X »laufend sein Zimmer, weil er zu Markus wollte, was ich
verhinderte, indem ich mich im Flur aufhielt und mit ihm diskutierte. Um ca. 20.00
Uhr saß er auf dem Flur und ich wollte ihn ins Zimmer tragen, worauf er plötzlich ins
Zimmer rannte und mich mit einer Eisenleiter angriff, der ich zufällig ausweichen
konnte. Anschließend griff er mich körperlich an und ich mußte mich verteidigen. In
diesem Augenblick tauchten Markus und Y hinter mir auf und X rief:»Jetzt geht es
los«.« Nur marginal von Interesse ist hier die Sprache, die dem Kriegsvokabular
entnommen zu sein scheint, wobei das eigene Tun als gleichsam heldenhaft-entschlos-
sen dargestellt wird, die Gegenseite freilich eher als hinterhältig und verschlagen
imponiert. Auch der Umstand, daß sich hinter des Erziehers Redewendungen, wie
etwa »im Flur aufhalten«, »ins Zimmer tragen« oder »diskutieren« nicht viel mehr
verbirgt als jenes autoritäre Erziehungsverständnis, dem Heimjugendliche auch schon
in ihrem Herkunftsmilieu in der Regel ansichtig wurden, sei hier nur am Rande festgehalten. Denn interessanter ist die Überschußbedeutung, die der Erzieher in dieser
Situation den verfügbaren Daten gibt. So schildert er beispielsweise noch, wie er mit
dem Gedanken spielte, die Polizei zu holen und wie er sich dann aber darauf beschränkte, einen anderen Kollegen in den Dienst kommen zu lassen. Ursächlich für
diese Maßnahme war die Äußerung von X, »er werde nach 21.00 Uhr seine Hose aus
der Waschmaschine holen« - eine Aussage, die, so der Erzieher, darauf hindeutete,
daß X »den nächsten Konflikt programmieren wollte«. Tatsächlich aber kam es dazu
dann nicht, wie der Schlußsatz bezeugt: »Um 21.00 Uhr schliefen die beiden dann
aber ein«. Es ist dieser Schlußsatz, der auch dieses extensive Vertheoretisieren einer
Alltagsepisode als Indiz für eine besondere Form von Theorieschwäche zu bezeichnen erlaubt. Denn er liest sich im Kontext fast so, als sei der Erzieher etwas ent-

täuscht über den so überaus harmlosen Ausgang dieser scheinbar so brisanten Szene. Dabei dürfte ein Teil dieser Enttäuschung auf das Konto der paranoiden Grundstruktur gehen, die gerade im Heimerziehungsbereich als déformation professionelle zu gelten hat, weil man meint, hier immer mit dem Schlimmsten rechnen zu müssen. So gesehen bestätigt sich die Annahme WENIGERS: Die Theoriebildung des Praktikers ist offenbar angeleitet durch Voreinstellungen, Erwartungshaltungen oder Erkenntnisinteressen, die ihn veranlassen, den verfügbaren Daten die jeweils erforderlichen Bedeutungen hinzuzufügen - oder eben, wie im vorhergehenden Fall: sich gegenüber den verfügbaren Daten naiv zu stellen.

Ob dabei dann ein Erzieher eine Situation als bedrohlich erlebt, weil er sie unter- oder überschätzte, weil er sie also in ihrer allmählichen Entwicklung nicht recht wahrnahm oder paranoid verzerrte, ist fast beliebig. Denn die Hauptsache scheint zu sein, daß sich mit der Kategorie des Unberechenbaren operieren läßt, denn diese ist in doppelter Hinsicht funktional: Sie stattet die eigene Aufgabe mit einem besonderen Schwierigkeitsgrad aus, dem nur ein ausgefuchster Profi gewachsen sei, trägt insoweit also zur Selbstaufwertung des eigenen Tuns bei. Und sie hilft dabei, außenstehende Kritiker als praxisfremde Idealisten abzuwehren. Nämliches widerfährt beispielsweise dem Heimleiter, als ein anderer Heimjugendlicher ein Messer, das die Erzieher als bedrohlich erleben, nicht abgeben will. Denn der Heimleiter besteht auf einer pädagogischen Lösung auch noch, nachdem ein Erzieher die Polizei als Nothelfer angefordert hat und auch andere Erzieher dafür plädiert haben, die »Samthandschuhe«, die »pädagogischen Handschuhe« in die Ecke zu werfen, um ersatzweise gegen das vom Heimleiter strapazierte »schöne Wort Pädagogik« (zit. n. B. MÜLLER al. 1986, S. 12f.) wie gegen ein fachfremdes Axiom aus einer Sonntagsrede zu opponieren. Entsprechend entsteht die Mär vom hartgesottenen Praktiker, entwikkelt von einem anderen Erzieher mittels Rückerinnerung an einen Heimjugendlichen, der ihm den Dienstschlüssel entwendet hatte: »Ich habe einen Knüppel in die Hand genommen, habe den Knüppel hängen lassen und habe gesagt: Bitte sei so freundlich, zweimal habe ich ihn nett aufgefordert, wirklich in Freundlichkeit; und beim dritten Mal habe ich ihm den Stock unter die Nase gehalten und habe gesagt: Laß den Schlüssel bitte fallen! - »Da hast Du die Scheiße!«« (ebd., S. 11) Dies, so soll der Heimleiter lesen, ist Praxis, das andere, vom Heimleiter zu bedenken Gegebene hingegen ist Theorie.

Theorien von Praktikern dienen insoweit tatsächlich weniger der Fundierung einer besseren Praxis als vielmehr der ideologischen Rechtfertigung des defizitären Status Quo mittels unzulässig generalisiertem Erfahrungswissens. Dabei geraten Streß, Handlungsdruck, mangelnde Zeit zur Reflexion der eigenen Handlungsmotive sowie des Gegenüber zu den entscheidenden Ursachenklassen, die die Theoriebildung bestimmen und die Entlastung von Verantwortung ermöglichen. Ob aber der berufliche Streß nicht selbstinduziert ist, bleibt eine zu prüfende Frage. Denn das weitgehend konzeptfreie bloße Reagieren auf die vielen »Sprengladungen« (zit. n. B. MÜLLER et al. 1986, S. 16) im tagtäglichen Heimgeschäft bindet sehr viel mehr Aufmerksamkeit und Energie, als das vorgreifende Entwickeln eines Teamkonzepts. Im übrigen resultiert aus der Rolle eines Kontrolleurs und Protokollanten eines nur noch über negative Sanktionen beeinflußbaren Geschehens »eine Einsamkeit, die oft sehr drückend ist« (H. U. Müller 1958, S. 256). Obwohl man um all dies längst wissen kann, scheint es insoweit nach wie vor die bloße Rechtfertigungsfunktion der Theorien von Praktikern zu sein, die einer Theorie für Heimerziehung wie jener Aichhorns ihr Praxis gestaltendes Potential beschneidet.

3. Schluß

Das zentrale Problem der überlieferten sozialpädagogischen Methodenlehre, so lautete das Eingangsargument, gründet in ihrer Konzentration auf die je anempfohlenen besseren Praxiskonzepte bei weitgehender Ignoranz gegenüber den von den Praktikern je bevorzugten »Forschungsmethoden« und, wie sich nun mit Weniger sagen ließe, Voreinstellungen und Rechtfertigungsfunktionen, denen die Theorien von Praktikern unterliegen bzw. die sie zu erfüllen haben. Dies, so das weitergehende Argument, macht einen Paradigmenwechsel erforderlich, in dessen Zentrum nicht die Vermittlung der zumeist aus psychologischen Therapieverfahren abgeleiteten Handlungsmethoden zu stehen hätte, sondern die Ermittlung der »Forschungsmethoden« des Praktikers und die dem angeschlossene Qualifizierung des Praktikers als eines - hermeneutisch orientierten - Forschers. In allgemeinerer Form gesprochen besteht das mit dieser Perspektive zu unterlaufende Problem also darin, daß Theorien von Theoretikern nahezu permanent mit Entwürfen einer zukünftig besseren Praxis aufwarten, ohne hinreichend zu bedenken, daß die Theorie des je betroffenen Praktikers zunächst weniger darauf abstellt, sondern den - um noch einmal die schon zitierte Formulierung Wenigers aufzugreifen - »Charakter eines ideologischen Überbaus annehmen kann, der das Sosein eines pädagogischen Aktes rechtfertigen oder verdecken soll.« (WENIGER 1929, S. 37)

Die Fallanalyse sollte diesen Paradigmenwechsel plausibel machen. Sie sollte die von den Heimerziehern eingesetzten »Forschungsmethoden« und Validierungstechniken rekonstruieren und, im Sinne Wenigers, auf die Voreinstellungen achten, die das Rechtfertigungspotential von Praktikertheorien freizusetzen in der Lage sind. Das Ergebnis bestätigt die Notwendigkeit des sich in dieser Forschungsperspektive aussprechenden Paradigmenwechsels zumindest insoweit, als in der Praxis zumindest der Heimerziehung kaum und jedenfalls nicht im Sinne der klassischen Methodenlehre methodisch gearbeitet wird. Aber auch spezifisch auf den Heimbereich zugeschnittene Theorien von Theoretikern werden so gut wie nicht beachtet und stellenweise gar als praxisfremd verworfen, und zwar dies sowohl auf der Ebene sozialpädagogischer Diagnosen als auch auf der Ebene sozialpädagogischen Handelns. Was statt dessen geschieht, ist eine Theoriebildung, die in der Hauptsache auf Rechtfertigung des Geschehenen (und Unterlassenen) abstellt. Die dabei eingesetzten Strategien laufen in der Hauptsache auf das Hervorheben bestätigender und das Unterdrücken widersprechender Befunde hinaus. Die Validierung läuft dabei, entsprechend der hauptsächlich bemühten »Forschungsmethode« der Beobachtung resp. nüchternen Protokollierung störender Verhaltensweisen, weitgehend über das Beiziehen gleichgerichteter Kollegenurteile; eine gesprächsweise betriebene und insoweit der Forschungsmethode der Befragung nahekommende kommunikative Validierung mit dem betreffenden Jugendlichen selbst konnte nur im Ausnahmefall und nur unter den Bedingungen noch weitgehend ungestörter Kommunikation beobachtet werden. Das, was sich Weniger und andere geisteswissenschaftliche Pädagogen unter einem hermeneutischen Zirkel vorgestellt hätten, ist in der Praxis offenbar so gut wie unbekannt.

Diese deprimierenden Ergebnisse legen es nahe, in Zukunft die in der Sozialpädagogik so überaus beliebten Entwürfe einer zukünftig besseren Praxis zugunsten der genaueren Erforschung der Regulative bestehender Praxis zurückzustellen, um darüber das Wissen zu gewinnen zur Erreichung dessen, was alle wollen, nämlich die Verbesserung des Bestehen den. Die Formel von der Heimerziehung als Forschungsfeld des Praktikers könnte für den ersten Schritt dieser Zielsetzung ebenso orientierungsleitende Funktionen erfüllen wie die Rede von einem (notwendigen) Paradigmenwechsel der Methodendebatte

Literatur

AICHHORN, A.: Verwahrloste Jugend. Bern (1925)[10]1987.
FREUD, S.: Zur Geschichte der psychoanalytischen Bewegung. In. Gesammelte Werke. Zehnter Band. Frankfurt/M. (1914) [7]1981, S. 43-113.
GROEBEN, N., SCHEELE, B.: Argumente für eine Psychologie des reflexiven Subjekts. Paradigmawechsel vom behavioralen zum epistemologischen Menschenbild. Darmstadt 1977
Heider, F.: Psychologie der interpersonalen Wahrnehmung. Stuttgart 1958
JASPARS, J., HEWSTONE, M., FINCHAM, F.D.: Attribution Theory and Research: The State of the Art. In: JASPARS, J., FINCHAM, F.D., HEWSTONE, M. (Eds.): Attribution Theory and Research: Conceptual, Developmental and Social Dimensions. London 1983, pp. 3-6.
KELLEY, H.H.: Attribution Theory in Social Psychology. In: LEVINE, D. (Ed.): Nebraska Symposium on Motivation. University of Nebraska Press, 1967, pp. 192-240.
MÜLLER, B., NIEMEYER, CH., PETER, H. (Hrsg.): Sozialpädagogische Kasuistik. Analysen und Arbeitsmaterial zu einem Fall. Bielefeld 1986
MÜLLER, H. U.: Das Berufsmilieu des Volksschullehrers. In: FÜRSTENAU, P. (Hrsg.): Der psychoanalytische Beitrag zur Erziehungswissenschaft. Darmstadt (1958) 1974, S. 248-263.
NIEKE, W.: Zum Begriff der professionellen pädagogischen Handlungskompetenz. In: MÜLLER, S., OTTO, H.-U., PETER, H., SÜNKER, H. (Hrsg.): Handlungskompetenz in der Sozialarbeit/Sozialpädagogik II. Theoretische Konzepte und gesellschaftliche Strukturen. Bielefeld 1984, S. 129-145.
NIEMEYER, CH.: Nützlichkeit als Kriterium des sozialpädagogischen Praktikers. Ein Beitrag zum (Selbst-) Verständnis des Praktikers als Forscher am Beispiel einer Fortbildung mit Heimerzieherinnen. In: HEINER, M. (Hrsg.): Praxisforschung in der sozialen Arbeit. Freiburg 1988, S. 188 - 214.
NIEMEYER, CH.: Markus stört. Sozialpädagogische Kasuistik von Ausgrenzungsprozessen auf attributionstheoretischer Grundlage. In: PETERS, F. (Hrsg.): Professionalität im Alltag. Bielefeld 1993, S. 37-76.
NIEMEYER, CH.: Robert stört. Sozialpädagogische Kasuistik eines Kindes, das Schwierigkeiten *macht*, weil es welche *hat*. In: Forum Erziehungshilfen 2/1996, S. 148-163.
NOHL, H.: Gedanken über die Erziehungstätigkeit des Einzelnen mit besonderer Berücksichtigung der Erfahrungen von FREUD und ADLER. In: Ders.: Pädagogik aus dreißig Jahren. Frankfurt/M. (1926) 1949, S. 151-160.

Peters, F.: Was passiert, wenn auf geschlossene Heimerziehung verzichtet wird? Erfahrungen aus Hessen und Hamburg. In: Ders. (Hrsg.): Jenseits von Familie und Anstalt. Bielefeld 1988, S. 132-166.

Rauschenbach, Th., Ortmann, F., Karsten, M.-E.: Zur Einführung. In: Dies. (Hrsg.): Der sozialpädagogische Blick. Lebensweltorientierte Methoden in der Sozialen Arbeit. Weinheim, München 1993, S. 7-10.

Shultz, Th. R., Schleifer, M.: Towards a Refinement of Attribution Concepts. In: In: Jaspars, J., Fincham, F.D., Hewstone, M. (Eds.): Attribution Theory and Research: Conceptual, Developmental and Social Dimensions. London 1983, pp., 37-62.

Weniger, E.: Theorie und Praxis in der Erziehung. In: Ders.: Die Eigenständigkeit der Erziehung in Theorie und Praxis. Weinheim (1929) 1952, S. 7 - 27.

Winkler, M.: Vom Verschwinden in der Vielfalt. Eine Skizze über Pluralität als Bedingung für Realität und Auflösung der Sozialpädagogik. In: Heyting, F., Tenorth, H.-E. (Hrsg.): Pädagogik und Pluralismus. Deutsche und niederländische Erfahrungen im Umgang mit Pluralität in Erziehung und Erziehungswissenschaft. Weinheim 1994, S. 83-100.

Sabine Herrenbrück

Heimerzieherin: ein Frauenberuf

Care-Taking as a Female Profession

This essay is about the labour situation and profession problems of educators occupied in residential care. The topic is discussed on the base that the occupation as educators in residential care is an women career. Certain burden which are typical for employees in residential care are pointed out and discussed.

To answer the question of resolving the problems of educators in residential care are some approaches for a solution shown.

Der Beruf des Heimerziehers/der Heimerzieherin wird als »Durchgangsberuf« (SCHOCH 1989) und als belastender Beruf (MITRANSKY 1990) beschrieben. Dies betrifft insbesondere Frauen, die in der Heimerziehung tätig sind.

Die Heimerziehung ist ein Berufsbereich mit hohem Frauenanteil. In der stationären Unterbringung von Kindern und Jugendlichen sind 62% aller Beschäftigen, die in diesem Bereich arbeiten, ErzieherInnen, davon sind wiederum 68% Frauen (vgl. RAUSCHENBACH 1987, TREDE 1993). Vergleichbar mit der personellen Situation im Elementarbereich ist auch hier der Beruf der (Heim-) Erzieherin ein Frauenberuf, mit den für Frauenberufe spezifischen Merkmalen.

Die im Feld der Heimerziehung arbeitenden Frauen sind neben den psychischen und physischen Belastungen dieser Arbeit mit den strukturellen Schwierigkeiten von Frauenberufen und des Feldes der personenbezogenen sozialen Dienstleistungsarbeit konfrontiert.

Die Struktur von personenbezogenen sozialen Dienstleistungsberufen ist dadurch gekennzeichnet, daß es sich um ein System von aufeinandergeschichteten Berufsausbildungen handelt, die untereinander nicht durchlässig sind. Dies bedeutet daß die Aufstiegsmöglichkeiten für Frauen in diesen Berufen eher begrenzt sind. Einem Aufstieg innerhalb dieser Berufe geht in der Regel ein Ausstieg aus der bisherigen Berufstätigkeit, eine Weiterqualifizierung und ein Neueinstieg voraus (vgl. KARSTEN 1990). Eine weitere strukturelle Barriere dieser Berufe ist, daß der Sektor der sozialen Dienstleistungsberufe dahingehend versäult hat, so daß ein Wechsel aus einem Feld der sozialen Arbeit in ein anderes soziales Arbeitsfeld ebenfalls schwierig gestaltet und eine zusätzliche Weiterqualifizierung erfordert. Ein ebenfalls diese Berufe kennzeichnendes Moment ist, daß Frauen in der Regel im Bereich der »Basisarbeit« tätig sind, während die wenigen, in diesem Feld arbeitender Männer auf höheren Positionen wie in Leitungsfunktionen tätig sind.

Diese auch in anderen Frauenberufen existieren Barrieren betreffen im Bereich der Heimerziehung nicht nur die Erzieherinnen sondern auch Frauen mit anderen Berufsabschlüssen, wie Sozialpädagoginnen und Diplompädagoginnen. Erstaunlich ist, daß sich erst in den jüngeren Diskussionen um die Frauenberufe im Bereich der sozialen Arbeit mit dieser Problematik auseinandergesetzt wird, obwohl es 68% der Beschäftigten betrifft.

Gründe für die Belastung von Erzieherinnen liegen zum einen in der pädagogischen Arbeit und deren konzeptionellen und gesetzlichen Vorgaben, andererseits sind die Rahmenbedingungen der Arbeit durch Institution und Organisation, sowie die das Feld der sozialen Arbeit betreffenden Strukturen bezüglich der Belastung ausschlaggebend.

Im Laufe der letzten zwanzig Jahre hat sich der Arbeitplatz im Heim stark geändert, insbesondere durch die Heimreform und die daraus resultierenden Veränderungen in der Organisation, wie die Auflösung von Großheimen und Entwicklung alternativer Formen für die Unterbringung, sowie bezüglich der Konzeption, wie die Orientierung am Alltag und der Lebenswelt der Kinder und Jugendlichen bei der Erziehung im Heim. An dieser Stelle soll darauf hingewiesen werden das in diesem Beitrag unter dem Begriff Heim, sämtliche Formen der stationären Unterbringung für Kinder und Jugendliche, die im Rahmen des § 34 des KJHG entwickelt werden können, wie z. B. Wohngruppen und Formen der flexibel betreuten Unterbringung zusammengefaßt werden. Die in dem Bereich der Heimerziehung tätigen Erzieherinnen werden in ihrer täglichen Arbeit, vor erhöhte Anforderungen gestellt. Diese Anforderungen begründen sich zum einen durch die Veränderung der pädagogischen Anforderungen bedingt durch gesellschaftliche Änderungsprozesse und zum anderen durch die Rahmenbedingungen unter denen die Arbeit in der Heimerziehung stattfindet.

Nicht nur die institutionell vorgegebenen Rahmenbedingungen der pädagogischen Arbeit, sondern auch die pädagogischen Anforderungen, die an die Erzieherinnen gestellt werden und befinden sich in einem Wandlungsprozeß. Die gesellschaftlichen Änderungsprozesse die in der Fachdiskussion als Individualisierungs- und Pluralisierungsprozesse beschrieben werden (BECK 1986) bringen damit einhergehende Veränderungen bezüglich des Klientels mit sich, wodurch sich das Anforderungsprofil an die Erzieherinnen in den Heimen bzw. in der Heimerziehung gewandelt hat. In der Regel müssen die Erzieherinnen nicht einen für alle Kinder und Jugendlichen einheitlichen Alltag gestalten, sondern sie sind gefordert auf jedes Kind und jeden Jugendlichen, deren individuelle Bedürfnisse und Situationen, sowie auf jede biographische Besonderheit flexibel einzugehen und zu handeln. Gleichzeitig muß aber ein Alltag gestaltet werden, der zwischen dieser Individualität des Einzelnen und der Kollektivität der Gruppensituation vermittelt.

Die Tendenz, daß die Heimerziehung durch einen Ausbau der ambulanten Interventionsformen und Hilfeangebote substituiert wird, führt bezüglich des Klientels und dessen Problemsituationen zu einer Heraufsetzung der Schwelle in das Heim. Die Aufnahme in die stationäre Unterbringung wird häufig –bedingt durch das Verständnis, daß die Hilfen zur Erziehung im KJHG als aufeinander aufbauend verstanden werden– als letzte Stufe der Interventionen betrachtet. Es findet eine Verschiebung hinsichtlich der Einweisungs- oder Aufnahmegründe und damit auch der zu bearbeitenden Problemsituationen von Kindern und Jugendlichen statt. Dies führt dazu, daß die in der Heimerziehung arbeitenden Erzieherinnen mit Kindern und Jugendlichen konfrontiert werden, die erheblich problembelastet sind.

Die Rahmenbedingungen der Heimerziehungsarbeit sind gekennzeichnet durch:
- Schichtarbeit, sowie Arbeit an Sonn- und Feiertagen und nachts;
- Vereinzelung während der Arbeit, da Kontakte und Austausch mit Kolleginnen aufgrund dezentral organisierter Einrichtungen und flexibel organisierten Betreuungsangeboten häufig nicht zustande kommen;
- vielschichtige zum Teil gleichzeitig zu verrichtende Aufgaben und Tätigkeiten auf verschiedenen Ebenen;
- eine kaum im Verhältnis zur Arbeitsanforderung stehende Bezahlung;
- wenig Möglichkeiten zur Fort- und Weiterbildung und Supervision;
- kaum Aufstiegsmöglichkeiten innerhalb der Einrichtung und des Arbeitsfeldes;
- Schwierigkeiten bei der Trennung von Berufs- und Privatleben;
- geringe Übergabezeiten;
- Unmöglichkeit den Arbeitsalltag und den Privatalltag zu planen;
- zum Teil ständiges »in Bereitschaft sein« bzw. sich in abwartender Haltung zu befinden.

Die zeitlichen und organisatorischen Bedingungen und die daraus resultierenden Belastungen der Heimerziehungsarbeit führen dazu, daß in erster Linie junge Frauen in diesem Feld tätig sind. Der hohe Frauenanteil in der Heimerziehung ist zudem dadurch gekennzeichnet, daß die in Heimen tätigen Frauen in erster Linie Frauen im Alter zwischen 20 und 30 Jahren sind. Untersuchungen und Statistiken (SCHOCH 1989/ MITRANSKY 1990/STATISTISCHES BUNDESAMT 1993) weisen aus, daß der Frauenanteil bei den Heimerzieherinnen in den Altersgruppen über 30 Jahren erheblich sinkt. Diese Ergebnisse weisen darauf hin, daß Frauen in einer bestimmten biographischen Phase in diesem Beruf tätig sind. Diese Altersgruppe umfaßt Frauen, die sich vor der Familienphase befinden. Der Eintritt in die Familienphase ist durch den Um- oder Ausstieg aus dem Beruf gekennzeichnet und nur ein geringer Teil der Frauen steigt nach dieser biographischen Phase wieder in den Beruf der Heimerzieherin ein, da ein Familienleben in Verbindung mit den Arbeitsbedingungen in der Heimerziehung kaum realisiert werden kann.

Das Privatleben der im Heim tätigen Erzieherinnen ist ohnehin schon durch die Arbeitszeiten stark belastet, da ein Alltag, der mit dem Alltag anderer ArbeitnehmerInnen übereinstimmt nicht zustande kommt (vgl. MARTIN 1989). Zudem erschwert die Tatsache, daß eine Trennung zwischen Berufs- und Privatleben kaum stattfindet, da die Kinder und Jugendlichen der Gruppe bzw. die betreut werden, zum einen an dem Privatleben der Erzieherinnen verständlicherweise interessiert sind, zum andern häufig Absprachen und Rückmeldungen oder auch Entscheidungen in der Freizeit getroffen werden, da die begrenzten Übergabezeiten oft dazu führen, daß verschiedenen Sachverhalte ausgelassen werden. Darüber hinausgehend verlagern sich auch Zusatzaufgaben, wie z.B. Elternabende in der Schule, für die nur geringe Zeitressourcen zur Verfügung stehen, in die Freizeit der Erzieherinnen. Dieser Umstand belastet Erzieherinnen von jeher, in Verbindung mit Familienleben und -zusammenhängen ist eine solche Unmöglichkeit zu planen für die ganze Familie belastend, extrem allerdings für diejenige die zudem noch die Vermittlung zwischen Beruf und Familie organisieren und aushalten muß.

Durch verschiedene gesetzliche Vorgaben wie z.B. § 42 KJHG Inobhutnahme ist der Beruf der Heimerzieherin auch durch die Tatsache belastet, daß auf das Eintreten von Situationen oder Konflikten gewartet werden muß. Dies betrifft speziell die Erzieherinnen, die in flexiblen Betreuungsformen arbeiten. Diese Formen der Betreuung sind dadurch gekennzeichnet, daß über feste Betreuungszeiten hinaus, in besonderen Situationen ad hoc bzw. flexibel reagiert werden muß. Auch die Arbeit derjenigen Erzieherinnen, die in festen Gruppen arbeiten wird von dem Moment des »Wartens« beeinflußt. Einerseits durch das schon erwähnte flexible Eingehen auf die unterschiedlichen Situationen der Kinder und Jugendlichen, aber auch durch das »sich bereithalten« wie z.B. das Bereithalten eines Not- oder Krisenbettes. Dieser Punkt der Arbeit hat eine begrenzte Planungsmöglichkeit des Arbeitsalltags, aber auch des Privatlebens zur Folge.

Zu einem Ausstieg aus dem Arbeitsfeld der Heimerziehung kommt es, wenn die dort beschäftigten Frauen nach mehreren Berufsjahren auf die Belastungen mit einer beruflichen Neuorientierung reagieren, was eine geringe Verweildauer in den Einrichtungen, aber auch im Beruf mit sich bringt (vgl. MITRANSKY 1990/VON DERSCHAU 1993). Die geringe Verweildauer der Erzieherinnen birgt nicht nur eine Unsicherheit für die Personalplanung der Institutionen, sondern auch eine nicht unerhebliche Unsicherheit im Leben der betreuten Kinder und Jugendlichen. Das Ausscheiden einer Betreuungsperson hat nicht selten durch die Beendung der Beziehungen auch einen Einbruch im Gruppengefüge zur Folge. Dies führt dazu, daß die verbleibenden Mitarbeiterinnen in dieser Situation besonders gefordert sind, den Wegfall einer Kollegin organisatorisch, pädagogisch und emotional aufzufangen. Da Ausstiege aus dem Beruf oder dem Berufsfeld regelmäßig vorkommen können, stellt dies einen weiteren Belastungsfaktor der Erzieherinnen dar.

Ein Teil der Erzieherinnen verläßt das Berufsfeld, während ein weiterer Teil in ein anderes Berufsfeld der personenbezogenen sozialen (sozialpädagogischen) Arbeit wechselt. Ein Wechsel auf einen andere Position innerhalb der Einrichtung oder auch des Arbeitsbereiches ist selten möglich, da wie bereits aufgeführt, in den personenbezogenen sozialen Dienstleistungsberufen eine Durchlässigkeit innerhalb der einzelnen Arbeitsfelder kaum gegeben ist.

Problematisch ist dies insbesondere für die Erzieherinnen, wenn sie nach der Familienphase in das Feld der Heimerziehung wieder einsteigen. Es bietet sich kaum eine andere Möglichkeit als der Gruppendienst, da durch die strukturellen Barrieren bei der Durchlässigkeit der Aufstiegsmöglichkeiten (vgl. KARSTEN 1990) innerhalb des Feldes ein Aufstieg nicht möglich ist.

Ein weiterer bisher wenig diskutierter Punkt ist die Frage, ob der Erzieherinnenberuf aufgrund seiner Bedingungen ein Lebensberuf sein kann, denn bisher ist konzeptionell in den Feldern der sozialpädagogischen Arbeit nicht mit berücksichtigt, ob ein altersgemäßer Arbeitsplatz für ältere Erzieherinnen gewährleistet werden kann oder muß. Dies betrifft auch die Fort- und Weiterbildungsangebote für Erzieherinnen, die dazu qualifizieren könnten im Verlauf der Berufsbiographie eine weniger belastende Position z.B. im Bereich der Anleitung oder Ausbildung einzunehmen (vgl. VON DERSCHAU 1993).

Für den Beruf der Heimerzieherin sind verschiedene Entwicklungsforderungen zu formulieren. Diese sind auf verschiedenen Ebenen angesiedelt, aber mit unterschiedlichem Aufwand lösbar. Eine Veränderung der Arbeitsbedingungen ist vor allem durch das Einbeziehen der Erzieherinnen in die Konzeptionen der Einrichtungen möglich, indem das Heim oder die Wohngruppe nicht nur als Aufenthalts- und Lebensort für Kinder und Jugendliche gestaltet wird, sondern auch als ein Arbeitsplatz für erwachsene Frauen. Eine bereits seit einigen Jahren diskutierte Entlastungsmöglichkeit für den Erzieherinnenberuf, ist die Einführung von alternativen Arbeitszeitmodellen z.b. die Einführung eines sogenannten Sabbatjahres. Durch die Schaffung von freien Zeiträumen bestünde für die Erzieherinnen außer der Möglichkeit der Erholung, auch die der Fort- und Weiterbildung. Aufgrund der Arbeitszeiten von Heimerzieherinnen ist die Teilnahme an berufsbegleitenden Fort- oder Weiterbildungsmaßnahmen selten möglich. Durch ein solches Arbeitszeitmodell wäre die Chance dazu gegeben. Die Umsetzung solcher Modelle ist bisher kaum erfolgt, da sich organisatorische und finanzielle Schwierigkeiten ergeben, die bisher nicht überwunden werden konnten.

Darüberhinaus müssen die Ausbildungen mehr an die beruflichen Anforderungen angeglichen werden, um so, auch durch bessere Qualifikation, aber auch regelmäßige Fort- und Weiterbildung, einen Verbleib der Erzieherinnen innerhalb des Feldes der personenbezogenen sozialen Dienstleistungeberufe und die Rekrutierung von Fachpersonal zu sichern. Besonders bedeutsam sind weitere Analysen des Arbeitsfeldes der Erzieherinnen und der Strukturen des gesamten Bereichs der personenbezogenen sozialen Dienstleistungen, um basierend auf diesen Erkenntnissen die strukturellen Bedingungen dieser Berufe neu zu formulieren. Dies kann zu einer Neugestaltung der sonst für einen Frauenberuf so typischen Bedingungen beitragen.

Literatur

AKADEMIE FÜR SOZIALARBEIT UND SOZIALPOLITIK E.V. (HRSG.): Soziale Gerechtigkeit. Lebensbewältigung in der Konkurrenzgesellschaft. Verhandlungen des 1. Bundeskongreß Soziale Arbeit., Bielefeld 1994

BECK, ULRICH: Risikogesellschaft. Auf dem Weg in eine andere Moderne, Frankfurt 1986

DALFERTH, MATTHIAS: Zur Bedeutung von Ritualen in der Heimerziehung, in: Neue Praxis 1/94

DERSCHAU VON, DIETERICH: Die Entwicklung des Bedarfs an ErzieherInnen in der Jugendhilfe. -Überlegungen angesichts eines drohenden „Erziehernotstandes"-. In: NDS Heft 3, 1993, S. 109 - 116

KARSTEN, MARIA ELEONORA: Umwertung und Aufwertung sozialer Frauenberufe - Dimensionen der Frauenförderung als Auswege aus Sackgassen, die in der Konstruktion und der Konstitution von Erziehungs- und Sozialberufen entstanden sind, in: KOBRA (Hrsg.) 1990, a.a.O.

KOBRA (Hrsg.): Frauen in Sozialen Berufen - Auswege aus der Sackgasse ? !, Dokumentation einer KOBRA-Fachtagung am 14. März 1990, Berlin 1990

MARTIN, KLAUS-RAINER: Der Erzieherberuf. In: KUPFFER, HELMUT (HRSG.): Einführung in Theorie und Praxis der Heimerziehung, S. 95 - 123, Heidelberg/Wiesbaden 1989

MITRANSKY, UWE: Belastung von Erziehern. Qualitative und quantitative arbeitspsychologische Untersuchung der psychischen und physischen Belastung von Heimerziehern, Frankfurt a. Main, Bern, New York, Paris 1990

PETERS, FRIEDHELM (HRSG.): Jenseits von Familie und Anstalt. Entwicklungsperspektiven in der Heimerziehung, Bielefeld 1988

PETERS, FRIEDHELM (HRSG.): Professionalität im Alltag. Entwicklungsperspektiven in der Heimerziehung II, Bielefeld 1993

RAUSCHENBACH, THOMAS: Fachkräfte in der Jugendhilfe. Bilanz einer vernachlässigten Erfolgsgeschichte, in: WIESNER/ZARBOCZ (HRSG.): Das neue Kinder- und Jugendhilfegesetz (KJHG), Köln, Berlin, Bonn, München 1991

RAUSCHENBACH, THOMAS: Soziale Berufe und öffentliche Erziehung. Von den qualitativen Folgen eines quantitativen Wandels. In: Zeitschrift für Pädagogik o.J.

RAUSCHENBACH, THOMAS: Sind nur Lehrer Pädagogen? Disziplinäre Selbstvergewisserungen im Horizont eines Wandels der Sozial- und Erziehungsberufe, in: Zeitschrift für Pädagogik, 38 Jg., Heft 3, 1992

SENATVERWALTUNG FÜR ARBEIT UND FRAUEN BERLIN (HRSG.): Soziale Frauenberufe in der Krise. Aufwertung und Berufsperspektiven. Dokumentation der Fachtagung am 10. und 11. Februar 1993, Berlin 1993

SCHOCH, JÜRG: Heimerziehung als Durchgangsberuf? Eine theoretische und empirische Studie zur Personalfluktuation in der Heimerziehung. Weinheim/München 1989

STATISTISCHES BUNDESAMT: Datenreport 1993, Bonn 1994

TREDE, WOLFGANG: Welches Fachpersonal benötigt die Heimerziehung? in: PETERS, FRIEDHELM 1993, a.a.O.

TPS-EXTRA 15: Widersprüche im Erzieherinnenberuf. Wir verdienen mehr..... als gute Worte. Dokumentation des ersten Kongresses des Bundesverbandes Evangelischer Erzieherinnen und Sozialpädagoginnen e + s in den neuen Bundesländern am 5. November 1993 in Erfurt

WAGNER, PETER: Ausgebrannt. Zum Burnout-Syndrom in Helfenden Berufen, Bielefeld 1993

Hans Peter Hübner

Beratung in der Heimerziehung

Counselling in Residential Care

This paper introduces a counselling concept based on aspects of »Gestalt«- and perspective theories. By systematic change of perspective and foci in a talk the counsellor is lead to more discriminating reception and use of information. We suppose that counselling can be improved in quantity and quality by applying this method. Moreover the counsellor's response attitudes can be studied and trained.

1. Einleitung

Die Notwendigkeit einer Beratung von Mitarbeitern in einem Kinderheim kann vielfältige Gründe haben, einer von ihnen scheint mir von besonderer Bedeutung zu sein, nämlich Kinder in ihrem verbalen und nonverbalen Verhalten möglichst umfassend verstehen zu können. Dabei ist nicht allein an das Verstehen in einem absichtlich herbeigeführten, längeren Gespräch zu denken, gemeint ist auch das Verstehen in alltäglichen Situationen, in denen man nur kurz Worte tauscht, die manchmal versteckt Wichtiges enthalten. Wenn sie nicht beachtet werden, ist eine Gelegenheit verpaßt, Kontakt aufzunehmen, um eine gute Beziehung zu stiften. Die Beratung soll aber nicht nur das Verstehen durch den Mitarbeiter fördern. Der Mitarbeiter selbst möchte mit seinen Anliegen verstanden werden. Geschieht dies, kann es dazu führen, daß er an sich selbst erfährt, wie andere verstanden werden können.

2. Theoretischer Entwurf

Es wird ein Modell vorgestellt, das zum Ziel hat, sprachliche Information für einen Hörer/Sprecher ergiebiger zu nutzen, um Problemlösungen zu begünstigen. Das Modell ist im Rahmen der Beratungstechnik in der Gesprächspsychotherapie nach C. R. Rogers (1972, 1973, 1980) entwickelt worden. Im Mittelpunkt des Modells steht das Erfassen des Bedeutungsgehalts vornehmlich verbaler Informationen in sozialen Situationen.

Das Modell, als Instrument verwendet, soll ein genaueres und umfassenderes Verstehen der Aussage eines Ratsuchenden durch einen Berater ermöglichen. Verstehen wird hier nicht begriffen als eine Art Aufbereitung des Themas - wie denkt sich der Berater gleichsam das Thema für sich -, sondern als Bezugnahme auf den Klienten: Wie konvergent kann sich der Berater auf Inhalt und Form der Äußerung eines Ratsuchenden einlassen, in welchem Umfang kann er die Inhalte differenzieren und weiterführen und zwar in Übereinstimmung mit der vom Ratsuchenden wahrgenommenen Situation.

Dabei ist die Vielzahl der durch ein Thema gebundenen, ihm gleichsam unterstellten Facetten auch in ihrer eigenen Bedeutung lebendig zu machen, wichtige, zu ihnen gehörige Sachverhalte sollten benannt, Emotionen hier erfahrbar gemacht und reflektiert werden. Daraus könnten Stellungnahmen erfolgen, aus denen Handlungen resultieren. In solcher Weise sind die an das Thema gebundenen Elemente der Aussage differenziert zu betrachten.

Für die theoretische Konzeption des Verstehens in der Beratung ist die Analyse von Prozessen im Wahrnehmungsfeld ein zentraler Sachverhalt. Das Wahrnehmungsfeld ist der umfassende Ausdruck für alle Erfahrungen einer Person zu diesem Zeitpunkt, seien es Emotionen, Kognitionen oder Konationen. Es konstituiert sich aus den Reizwirkungen externer Stimuli einerseits und den augenblicklichen Verhaltensdispositionen der den Reiz empfangenden Person andererseits. Aus dem wechselseitigen Einfluß beider Komponenten konstituiert sich das Feld.

Alle Sprechhandlungen des Beraters beziehen sich auf das eigene Wahrnehmungsfeld und das in diesem vorgestellte Wahrnehmungsfeld des Ratsuchenden. Für den Berater ist das Wissen um die Tatsache, daß er sich nur auf sein Wahrnehmungsfeld beziehen kann, eine wesentliche Voraussetzung seines Arbeitens. Ihm steht keine andere »Realität« außerhalb dieses Feldes zur Verfügung und diese Realität ist keine festgeschriebene, gleichsam lediglich durch den äußeren Stimulus fixierte.

Das Feld ist die Gesamtheit der bei sich unter bestimmten Bedingungen abgebildeten Erfahrungen, ausgelöst durch den externen Stimulus. Das daraus resultierende Verhalten kann, in Abhängigkeit von den Bedingungen des Feldes, bei gleichen externen Reizgegebenheiten unterschiedlich sein. Diese Möglichkeit der Variabilität kann systematisch genutzt werden.

Prozesse im Wahrnehmungsfeld waren ursprünglich –als Problem der Allgemeinen Psychologie– Forschungsgegenstand der Gestaltpsychologie: Ein Wahrnehmender teilte mit, was er sah, er stand dabei seinen Wahrnehmungen persönlich unbeteiligt wie einem Objekt gegenüber. Die experimentellen Befunde gaben Aufschlüsse über die Prinzipien der Organisation des Wahrnehmungsfeldes (z.B.: Figur-Grund-Differenzierung, Umstrukturierung von Kippfiguren, Kontrastwirkungen u.a.). Diese als autochthon charakterisierten Prozesse wurden aus dem Gesamtzustand des Wahrnehmungsfeldes erklärt.

Durch K. LEWIN (1963) wurde der Feldbegriff erweitert. Er etablierte die Person und ihre Umgebung im Feld und versuchte, mit eingeführten Konstrukten die Dynamik im Feld zu bestimmen. Das Feld war nun nicht mehr ein Erfahrungsraum, es wurde ein Theorem. Der Lebensraum einer Person wurde von einem außenstehenden Beobachter registriert, der das Verhalten einer Person aus dem Gesamtzustand des Feldes zu einer gegebenen Zeit zu erklären versuchte.

F. HEIDER (1958) differenzierte die Beziehung P/U (Person/Umwelt) von LEWIN, indem er U durch eine weitere Person (O) und ein beliebiges Objekt (X) ersetzte. Er betrachtete die Gleichgewichtszustände bzw. Ungleichgewichtszustände, die im Feld der Person P zwischen sich (P) und einem anderen (O) bezüglich eines Gegenstands (X) gegeben waren.

Das hier verwendete Modell betrachtet das Feld im Sinne der Gestaltpsychologie als Wahrnehmungsfeld unter Berücksichtigung der von HEIDER verwendeten Komponenten P, O, X, allerdings in anderer Weise: Nicht als Teile sondern als Randbedingung eines Feldes. Das Modell nimmt an, daß sich das Wahrnehmungsfeld ändert, wenn sich seine Randbedingungen ändern. In Anlehnung an die Hypothesentheorie der Wahrnehmung könnte man sagen, das Wahrnehmungsfeld ändert sich, wenn sich die Wahrnehmungshypothese der wahrnehmenden Person ändert, je nachdem ob sie ausgerichtet ist auf P, O oder X. Betrachtet werden die Änderungen des Feldes, die sich in Abhängigkeit von der jeweiligen Hypothese ergeben. Es wird angenommen, daß die Umakzentuierungen des Feldes, von einer Person bewußt und gezielt durch Perspektiven- und Fokuswechsel vorgenommen werden kann. Die Unterschiede, die sich hieraus in der Wahrnehmung ergeben, könnten die Grundlage für eine differenzierte Betrachtung sein, die in einer Beratung genutzt werden soll. Das Modell des Verstehens im Beratungsprozeß berücksichtigt –in Analogie zu den Elementen P, O, X bei HEIDER– den Berater (B), den Klienten (K) und den Sachverhalt (S).

Die vollständige Beschreibung der Interaktion zwischen Berater und Klient hätte beide Beteiligten zu berücksichtigen, und die Sachlage darzustellen, auf deren Hintergrund die Interaktion geschieht. Da hier der Verstehensprozeß des Beraters betrachtet wird, soll nur seine Sichtweise in Betracht gezogen werden, in der der andere und die Situation als das von ihm Wahrgenommene erscheint. Dabei wird der Berater als Hörer und als Sprecher unterschieden. Die Ausführungen legen den Akzent auf den Berater als Hörer.

Ausgehend von der Sichtweise des Beraters werden in Anlehnung an MEAD (1934), LAING et al. (1966) und FASSHEBER et al. (1990) zwei Perspektiven erfaßt: Die direkte Perspektive und die Metaperspektive. Die Perspektiven beinhalten jeweils drei Gruppen von Aussagen:
Die direkte Perspektive mit Aussagen über
sich selbst   (Selbstbild)   =   B(B)
den Klienten   (Fremdbild)   =   B(K)
die Sache   (Sachbild)   =   B(S).
Die Metaperspektive mit Aussagen über den Berater, wie er annimmt, daß der Klient
ihn sieht   (vorgestelltes Fremdbild)   =   B(K(B))
sich selbst sieht   (vorgestelltes Selbstbild) =   B(K(K))
den Sachverhalt sieht   (vorgestelltes Sachbild)   =   B(K(S)).
Die person- oder sachbezogenen Bilder der beiden Perspektiven lassen noch einen spezifischeren Bezug akzentuieren, den Fokus. Er kennzeichnet den Inhalt eines Bildes, der sich wiederum entweder auf den Berater, den Klienten oder den Sachverhalt bezieht. Als Beispiel soll das Selbstbild des Beraters - B(B) - in Betracht gezogen werden:
Die Aussage über sich selbst kann in Relation
• zu sich selbst stehen   B(BB)
  z.B.: Ich merke, daß ich wieder Zuneigung verspüren kann
• zum Klienten stehen   B(BK)
  z.B.: Mich lähmt Deine Lustlosigkeit
• zur Sache stehen   B(BS)
  z.B.: Die Aufgabe weckt zunehmend mein Interesse

Perspektiven und Foki bilden zusammen die möglichen Positionen eines Beraters, die sein Feld konfigurieren. In einem Beratungsgespräch können z.b. folgende Positionen eingenommen werden:

B (direkte Perspektive)

B(B)	B(K)	B(S)
B(BB)	B(KB)	B(SB)
B(BK)	B(KK)	B(SK)
B(BS)	B(KS)	B(SS)

B (Metaperspektive)

B(K(B))	B(K(K))	B(K(S))
B(K(BB))	B(K(KB))	B(K(SB))
B(K(BK))	B(K(KK))	B(K(SK))
B(K(BS))	B(K(KS))	B(K(SS))

(Alle Formen, die B(S(... als Anfangsglieder haben, bezeichnen die Ableitungen des Beraters aus einem Sachverhalt in Bezug auf den Berater, den Klienten oder den Sachverhalt selbst. Diese rein sachbezogenen Überlegungen werden hier nicht weiter verfolgt.)

Im einzelnen bedeuten die hier vorgestellten Positionen in der direkten Perspektive:

B(B)	Der Berater betrachtet sich selbst:
B(BB)	seine Beziehung zu sich
B(BK)	seine Beziehung zum Klienten
B(BS)	seine Beziehung zum Sachverhalt.

B(K)	Der Berater betrachtet den Klienten:
B(KB)	dessen Beziehung zum Berater
B(KK)	dessen Beziehung zu sich selbst
B(KS)	dessen Beziehung zum Sachverhalt.

B(S)	Der Berater betrachtet den Sachverhalt:
B(SB)	dessen Bezug zum Berater
B(SK)	dessen Bezug zum Klienten
B(SS)	als besonderes Problem.

in der Metaperspektive:

B(K(B))	Der Berater betrachtet seine Person aus der Sicht des Klienten:
B(K(BB))	seine Beziehung zu sich
B(K(BK))	seine Beziehung zum Klienten
B(K(BS))	seine Beziehung zum Sachverhalt.
B(K(K))	Der Berater betrachtet aus der Sicht des Klienten wie der Klient sich selbst sieht:
B(K(KB))	dessen Beziehung zum Berater
B(K(KK))	dessen Beziehung zu sich
B(K(KS))	dessen Beziehung zum Sachverhalt.
B(K(S))	Der Berater betrachtet aus der Sicht des Klienten, wie er den Sachverhalt sieht:

B(K(SB))   dessen Bezug zum Berater
B(K(SK))   dessen Bezug zu sich selbst
B(K(SS))   als besonderes Problem.

Die Annahme ist folgende: Wählt der Berater eine dieser Positionen und unterstellt er sich dieser Sichtweise, schafft er eine Randbedingung, die sein Wahrnehmungs-feld in besonderer Weise konfiguriert. Das Wahrnehmungsfeld würde sich anders darstellen, wenn er eine andere Position wählen würde. Was sich unter der gewählten Position abbildet, ist das Material, das er als Angebot in die Interaktion mit dem Klienten potentiell einbringen kann.

Man geht in dieser Form der Beratung, die als Feldarbeit bezeichnet wird, fol-gendermaßen vor: Der Berater hört z.B. eine verbale Äußerung, bezieht sich in der Regel auf einen ausgewählten Teil dieser Äußerung, wählt in Bezug auf ihn eine Position und bildet hierzu Erfahrungen aus (Kognitionen, Emotionen, Konationen). Während der Arbeit bemüht er sich um ihre genaue sprachliche Fassung. Er schafft so das Material, das seiner Aussage als Grundlage dient, die er nunmehr klientbezogen formuliert.

Mit dem Begriff Feldarbeit wird stärker zu konkretisieren versucht, was »akti-ves Zuhören« ist. Der Berater begibt sich als Person in eine Interaktion, in der er sich positionsbezogen auf Klientenäußerungen einläßt, seine Einlassungen möglichst umfassend ausbildet, um sich auf dieser Grundlage dem Klienten gegenüber zu ver-halten.

Der Berater in diesem Sinne ist kein neutraler Beobachter, der eine Sache gleich-sam von außen unter bestimmten Aspekten wahrnimmt. Er realisiert auch nicht nur den »frame« des Klienten. Er ist Glied einer Dyade, in der auf dem Hintergrund jeweils einer Position für ihn bestimmte Erfahrungen und damit bestimmte Aktionen in Richtung auf Ziele des Klienten möglich sind.

3. Zu Anwendungsmöglichkeiten des Modells

Durch das vorgegebene System von Positionen erhält der Berater einen Überblick über die Vielzahl der Betrachtungsmöglichkeiten einer Aussage. Zwischen diesen Positionen kann er wählen, um zu einer optimalen Reaktion in Bezug auf den Klien-ten zu kommen, mit dem Ziel, daß sich der Klient genauer verstanden fühlt.

Das dem trainierten Berater präsente Angebot von Positionen ermöglicht ihm ihre flexible Übernahme. Der Klient nimmt dabei wahr, daß sein Thema eingehend und differenziert behandelt wird. Dabei ist für den Berater in Kinderheimen die Mög-lichkeit, durch unterschiedliche Positionen spezifische Sichtweisen für den Selbst-, Fremd- und Sachbezug zu erhalten, von besonderer Bedeutung. Geht der Berater auf ein Thema ein, das den Klienten zentral berührt, kann er entweder zunächst bei einer Position verweilen und seine unterschiedlichen Erlebnisse darstellen oder er kann relativ rasch nacheinander verschiedene Positionen einnehmen, auch gegenüber der-selben Aussage. Dabei kann er die jeweiligen Erfahrungen in einer Antwort mitein-ander verknüpfen.

Insgesamt macht der Klient bei einem solchen Vorgehen die Erfahrung, daß von beiden Interaktionspartnern Entdeckungen gemacht werden, die der Klient in der Regel als wichtig erlebt, er äußert Neugier und die Bereitschaft, sich stärker mit dem anstehenden Problem zu befassen. Er empfindet gegenüber dem Berater zunehmend mehr Vertrauen.

Das folgende Beispiel beschreibt die positive Wirkung der Verknüpfung von zwei unterschiedlichen Positionseinnahmen:

- Der Berater bildet sich in seiner Beziehung zum Klienten ab - B(BK) - und bezieht sich auf den Klienten, wie dieser sich selbst sieht - B(K(KK)) -.
- Bildet der Berater den Klienten in Bezug auf sich ab, empfindet er einen stärkeren emotionalen Bezug sowohl zu sich selbst als auch zum Klienten. Es fällt ihm relativ schwer seine Erlebnisse zu formulieren, auch weil sie ihn betroffen machen. Der Klient bewertet dabei diese Äußerung als genau auf sein Anliegen bezogen.
- Bezieht der Berater sich auf den Klienten, wie dieser sich selbst sieht, beschäftigen ihn Gedanken, Überlegungen, denen er sich nicht immer sicher ist, ob sie zutreffen. Vom Klienten wird der Kontakt eher als distanziert empfunden.
- Aussagen des Beraters, die beide Positionen miteinander in Zusammenhang bringen, werden vom Klienten stärker als eigenständige Aussagen des Beraters erfahren, die vom Klienten als neue Elemente in der Interaktion angesehen werden. Die Aussagen werden als gut bezogen erlebt. Der Klient empfindet, daß der Berater zu ihm einen intensiveren Kontakt hat.

Für die Untersuchung von Verstehensprozessen steht mit dem hier vorgestellten System von Positionen ein Raster zur Verfügung, das eine relativ feingliedrige Analyse von Interaktionen erlaubt: Probanden werden Videosequenzen von aussagenden Personen vorgeführt. Diese Sequenzen wurden vorher inhaltlich analysiert und ihr Bedeutungsgehalt für den Sprecher ermittelt. Der Proband antwortet nun auf die Videos unter bestimmten vorher vereinbarten Positionen. Sein Antwortverhalten wird videografiert und analysiert. Im Anschluß ergeben sich gute Möglichkeiten für ein Training des Beraterverhaltens.

Literatur

FASSHEBER, P., NIEMEYER H.-G. & KORDOWSKI, C.: Methoden und Befunde der Interaktionsforschung mit dem Symlog-Konzept am Institut für Wirtschafts- und Sozialpsychologie Göttingen (Institutsbericht Nr. 18). Göttingen: Institut für Wirtschafts und Sozialpsychologie, 1990

HEIDER, F.: The psychology of interpersonal relations. New York, 1958

LAING, R.D., PHILLIPSON, H. & LEE, A.R.: Interpersonal perception. London, 1966

Lewin, K.: Feldtheorie in den Sozialwissenschaften. Bern, Stuttgart, 1963

MEAD, G.H.: Mind, self and society. From the standpoint of a social behaviorist. Chicago, 1934

METZGER, W.: Gesetze des Sehens. Frankfurt am Main, 1953

ROGERS, C. R.: Die nicht-direktive Beratung. München, 1972

ROGERS, C. R.: Die klientbezogene Gesprächspsychotherapie. München, 1973

ROGERS, C. R. & ROSENBERG R.L. (Hrsg.): Die Person als Mittelpunkt der Wirklichkeit. Stuttgart, 1980

Dietrich Gericke

Arbeitszeitregelungen in der Heimerziehung

Time Management in Residential Care

The protestant childrens home in Celle (CEK) is a youth care establishment with a three hundred year old tradition. In 1973 it has been decided there to give up the change of shift system. One reason has been the lack of employees but also the pedagogical conviction that continuity in looking after young children needs first priority. Since 1973 the groups of children in the CEK are looked after by married educator-couples who are commited by contract to make a long-term flat-sharing and living-community with the children. For more than 20 years there have been 11 groups of children (max. 7 children) looked after this way. This required reliable arrangements between the homes agency and the married educator-couples which are explained subsequently.

1. Einleitung

Durch tarif- und arbeitsrechtliche Entscheidungen hat sich in den letzten 20 bis 30 Jahren der Wechselschichtdienst in der Betreuung von Heimgruppen durchgesetzt. Die Rund-um-die-Uhr-Betreuung über die Wochen und das Jahr hat dazu geführt, daß Kinder/Jugendliche von mehreren Erziehern im Wechseldienst betreut werden. Die Variationsbreite der jeweiligen Wechselschichten ist äußerst vielfältig.

Der Wechselschichtdienst brachte für die ErzieherInnen deutliche Verbesserungen in ihrer Berufs- und Lebensqualität. Für die betreuten Kinder/Jugendlichen war und wird diese »Drehtür-Pädagogik« zum Teil sehr kritisch gesehen. Je jünger das Lebensalter der zu Betreuenden, desto ungünstiger die pädagogischen Einflußmöglichkeiten im Wechselschichtdienst. Zu Beginn der 70er Jahre wurden deshalb Alternativen entwickelt, eine davon soll hier dargestellt werden.

Das Celler Evgl. Kinderheim (CEK) ist eine Jugendhilfeeinrichtung mit einer 300-jährigen Tradition. Im Jahre 1973 wurde dort entschieden, den Wechselschichtdienst für die zu betreuenden Kinder nicht weiter zu führen. Ursache dafür war Personalmangel, aber auch die pädagogische Überzeugung, daß für die Betreuung kleiner Kinder Kontinuität die erste Rangstufe hat. Seit 1973 werden die Kindergruppen im CEK durch Erzieher-Ehepaare betreut, welche sich vertraglich verpflichten, mit den Kindern eine Wohn- und Lebensgemeinschaft langfristig einzugehen. Seit über 20 Jahren werden 11 Kindergruppen (Gruppenstärke 7 Kinder) auf diese Weise betreut. Dies erforderte verbindliche Regelungen zwischen Heimträger und Erzieher-Ehepaaren, die nachfolgend erläutert werden.

2. Arbeitsverträge mit den Erzieher-Ehepaaren

Mit den Erzieher-Ehepaaren wird ein *gemeinsamer* Arbeitsvertrag abgeschlossen, in dem sich die Ehepaare verpflichten, eine Wohn- und Lebensgemeinschaft mit den Kindern einzugehen. Zur Absicherung der Mitarbeiter wurde einzelvertraglich die Anwendung des BAT (VkA) vereinbart, »soweit dem nicht die familienstrukturierte Erziehungsarbeit des CEK entgegensteht«. Mit dieser Formulierung war und ist insbesondere gemeint, daß die Arbeitszeitregelungen dieses Tarifwerkes nicht zur Anwendung kommen. Mit diesem Vertragsschluß gehen die Ehepaare und der Anstellungsträger gemeinsam davon aus, daß es keinen Unterschied zwischen Arbeitszeit und Freizeit geben darf und soll.

Als Entgelt für die pädagogische Arbeit wird ein Gehalt zugrunde gelegt, welches den Eingruppierungsmerkmalen des BAT für einen vollbeschäftigten Mitarbeiter entspricht. Im Gegensatz zu manchen anderen Einrichtungen werden im CEK *beide* Ehepartner als volle Mitarbeiter eingestellt. (Die Anwendung des BAT war für die Pflegesatzvereinbarungen des CEK wichtig, für die eingestellten Ehepaare wurde dadurch die jährliche Tarifanpassung gewährleistet.).

3. Erste praktische Erfahrungen

Schon nach drei bis vier Jahren Praxis zeigte sich, daß diese Regelung zwar die gewünschte pädagogische Kontinuität brachte, aber die Mitarbeiter-Paare deutlich überforderte. Erste Alarmzeichen waren mehrere zeitlich zusammenfallende Kuranträge der besonders geforderten Ehefrauen.

Die »pausenlose« Betreuung der Kinder zeigte also deutliche Verschleißsymptome. Das CEK stand vor der Frage, wie die gewünschte pädagogische Kontinuität weitergeführt werden kann und gleichzeitig der deutlich gewordenen Überforderung der Erzieher-Ehepaare zu begegnen ist. Zur Lösung dieses Problems entschloß sich das CEK für die Schaffung neuer Planstellen, um Urlaub und Freizeit der Erzieher-Ehepaare gewährleisten zu können.

4. Vertretungskräfte

Um den Erzieher-Ehepaaren *gemeinsame* Freizeiten und Urlaub zu ermöglichen, wurden Teilzeitstellen geschaffen. Die gemeinsame Abwesenheit des Erzieher-Ehepaares sollte durch eine Vertretungskraft aufgefangen werden, wie dies in größeren Familien früher auch der Fall war (Funktion von Onkel, Tante oder Großmutter). In den vergangenen zwanzig Jahren wurde diese Vertretungsfunktion deutlich ausgebaut. Gegenwärtig werden die Vertretungskräfte mit einer 75%-Stelle beschäftigt, welche den Erzieher-Ehepaaren erlaubt, ca. 100 Tage im Jahr »frei« zu haben. Diese Regelung hat sich dergestalt bewährt, daß es mittlerweile eine Reihe von Erzieher-Ehepaaren gibt, die länger als zehn Jahre im CEK beschäftigt sind.

5. Arbeitszeitregelungen für Vertretungskräfte

Während es für die Erzieher-Ehepaare *keine* Arbeitszeitregelungen gibt, ist dies bei den Vertretungskräften anders geregelt. Mit diesen MitarbeiterInnen werden Verträge mit einer Jahresarbeitszeit abgeschlossen (ca. 1500 Stunden jährlich). Diese geschuldete Jahresarbeitszeit verteilt sich sehr unterschiedlich über die Monate des Jahres. Es ist den Erzieher-Ehepaaren und ihrer jeweiligen Vertretungskraft freigestellt, im Rahmen dieses Zeit-Budgets freie Vereinbarungen zu treffen. Die Praxis zeigte, daß die meisten Erzieher-Ehepaare neben ihrem drei- bis vierwöchigen Jahresurlaub in der Regel für einige Tage monatlich frei haben. Für die Vertretungskräfte bedeutet das – und auch dieses wurde vertraglich verabredet –, daß sie für die Zeit der Abwesenheit des Erzieher-Ehepaares mit den Kindern eine Wohngemeinschaft bilden. Die Vertretungskraft lebt also für einige Tage oder wenige Wochen mit den Kindern allein im Kinderhaus. Da es auch in diesen Fällen eine Verquickung von Freizeit und Arbeitszeit gibt, wurde vereinbart, daß für jeden vollen Arbeitstag 12 Arbeitsstunden als Arbeitszeit pauschal eingesetzt werden.

6. Konflikte

Die Einstellung von Vertretungskräften hat die gewünschte pädagogische Kontinuität natürlich relativiert. Es konnte aber immerhin erreicht werden, daß die Betreuung der Kinder noch weit vom Wechselschichtdienst entfernt war und ist. Es kam aber immer wieder zu den unterschiedlichsten Meinungsverschiedenheiten und Konflikten, sowohl in der pädagogischen Abstimmung, als auch in der arbeitsrechtlichen Behandlung bzw. Vergütung. Für die betroffenen MitarbeiterInnen war es häufig schwer nachvollziehbar, daß es für die Erzieher-Ehepaare *keine* Arbeitszeitregelungen gäbe, jedoch für die Verknüpfungskräfte. Die Ehepaare hatten als Ausgleich eine – ebenfalls vertraglich geregelte – Freizeitgarantie. Die Koppelung der gemeinsamen Freizeit des Ehepaares mit der Arbeitszeit der Vertretungskraft war und ist immer noch ein Konfliktfeld. Der pädagogische Stil und die Vorgehensweise der Vertretungskraft fand und findet oft die Kritik des Erzieher-Ehepaares – zumal die jeweiligen Informationen über die Kinder über sie laufen (was nicht immer zu objektiven Beurteilungen führt). Die Konflikte zwischen dem Erzieher-Ehepaar und ihrer Vertretungskraft wurden häufig unlösbar – es mußten Regelungen geschaffen werden. Diese sehen seit vielen Jahren so aus, daß für die Vertretungskräfte Zeitverträge (3 Jahre) abgeschlossen werden.

7. Zeitsparkonto/Sabbatzeiten

Als von den Gewerkschaften die »35-Stunden-Woche« gefordert wurde, kam das CEK mit seinen oben dargestellten Regelungen in Turbulenzen. Die Verkürzung der Wochenarbeitszeit hätte letztendlich bedeutet, daß die Jahresarbeitszeit der Vertretungskräfte entsprechend verlängert werden müßte, was wiederum die Einführung des Wechselschichtdienstes bedeutet hätte. In langen Diskussionen mit den betroffenen MitarbeiterInnen und der Mitarbeitervertretung wurde dann eine Dienstvereinbarung (1989) abgeschlossen, um den Interessen-Gegensatz zwischen der Wochenarbeitszeitverkürzung und der pädagogischen Kontinuität zu regeln. Diese Dienstvereinbarung sieht vor, daß die Erzieher-Ehepaare weiterhin mit einer (fiktiven) 40-Stunden-Woche beschäftigt werden – jedoch ein Gehalt auf der Basis einer 38,5-Stunden-Woche erhalten. Die Differenz von 1,5 Wochenstunden wird einem Zeitsparkonto zugeführt. Es gibt Regelungen, wie dieses Zeitguthaben verwendet werden kann (als Sabbatzeit, für Fortbildung, als vorruhestandsähnliche Regelung). Darüber hinaus sieht die Dienstvereinbarung vor, daß auch andere Arbeitszeiten dem Zeitsparkonto zugeführt werden können. Dies sind insbesondere nicht in Anspruch genommene Freizeiten oder Urlaubszeiten des Vorjahres, aber auch »Überstunden«, die durch eine Überbelegung des Kinderhauses entstanden sind. Durch diese zusätzlichen »Sparmöglichkeiten« war und ist das Zeitsparkonto eine sehr attraktive Regelungsform für die betroffenen MitarbeiterInnen. (Zwischenzeitlich gibt es einzelne MitarbeiterInnen, die 12 Monate Lohnfortzahlung auf ihrem Konto angesammelt haben.) Zur Sicherstellung der Ansprüche aus dem Zeitsparkonto bildet das CEK entsprechende Rücklagen, die auch in der Bilanz ausgewiesen werden. Die Mitarbeitervertretung hat Einsichtsrechte. Interessant an der Regelung des Zeitsparkontos ist auch, daß – bei Einvernehmen – die Übertragung des Sparkontos eines Ehegatten auf den anderen ermöglicht wird.

Das Zeitguthaben darf nur in streng definierten Ausnahmefällen in Bargeld vergütet werden. Der Regelfall sieht vor, daß die angesparten Arbeitszeiten wie Erholungsurlaub verrechnet und vergütet werden (mit allen gesetzlich vorgeschriebenen Verpflichtungen: Sozialversicherung, Steuern, Zusatzrente).

8. Ausblick

Gegenwärtig wird mit den MitarbeiterInnen diskutiert und verhandelt, ob es eine Erweiterung/Ausweitung des Zeitsparkontos geben soll. Gedacht dabei ist insbesondere an größere Flexibilität, z.B. variierende Gruppenstärke, Beschäftigungsdauer, Begrenzungen und Befristungen. Weiter wird darüber nachgedacht, ob es dieses Zeitsparkonto auch für MitarbeiterInnen geben soll, die in anderen Bereichen des CEK beschäftigt sind. So gibt es z.B. Jugendwohngruppen, die im üblichen Wechselschichtdienst betreut werden. Auch für die dort beschäftigten MitarbeiterInnen kann es durchaus interessant sein, geleistete Arbeitszeiten »anzusparen«. Jeweils anfallende Überstunden, Zeitzuschläge u.ä. fallen häufig so deutlich in die Steuerprogression, daß ein Zeitkonto eine attraktive Alternative sein kann.

XII.

Heimerziehung, Psychiatrie und Grenzgebiete

Child Care and Psychiatry

Winfried Ramb

Das schwierige Verhältnis von Sozialpädagogik und Jugendpsychiatrie

The Difficult Relationship between Social Pedagogics and Child Psychiatry

Social pedagogics and Child Psychiatry depend on each other. Since child psychiatric disturbances always have social implications, both in it's origins and prospectively, the sociopedagogical aspect is an integral part of them. Since, on the other hand, social pedagogic deficiencies always have psychological implications, are potentially causes of disorders or are actually implicated in the development or aggravation of disorders, Child Psychiatry „clinical therapy" is a special, very intense application of social pedagogics topics and specific social pedagogics experience.

1. Schwierigkeiten vs. vermeintliche Lösungen. Ein Erfahrungsbericht

Wenn nachfolgend von Schwierigkeiten die Rede ist, so werden diese nicht beklagt, sondern als Herausforderung begrüßt. Ausgehaltene Schwierigkeiten verzehren Energie, aber halten die Dinge im Fluß und bringen Ergebnisse. Vermeintliche Lösungen führen zur Entspannung, bis sich ihre Vermeintlichkeit erweist, und bewirkt wird nichts. Die vorzutragenden Überlegungen berichten von Erfahrungen in den Begegnungszonen von Sozialpädagogik und Jugendpsychiatrie *hier:* in Praxis und Ausbildung, in Heimen und Klinik. Sie sind »subjektiv« und »real«. Sie wollen eine Einladung zum Diskurs und keine ultimative Bilanz sein. Meine Ausführungen dürfen sich vielleicht die eine oder andere Zuspitzung erlauben, da gerade meine hiesige Tätigkeit (Lehrstuhl für Psychiatriebezogene Sozialpädagogik an der Universität Lüneburg) im Dienste der Sozialpädagogik steht und erweislich im kollegialen Zusammenwirken mit Sozialpädagogen erfolgt.

2. Unterschiedliche personale Repräsentanz der Fachgebiete

Anhand der marxistischen Reminiszenz, daß das Sein das Bewußtsein bestimme, können wir uns zunächst nicht ersparen, uns anzusehen, daß praktizierte Sozialpädagogik und praktizierte Jugendpsychiatrie von Personengruppen vorrangig getragen wird, die sich in ihrem sozialen Status und im Aufwand ihrer Ausbildung weitgehend unterscheiden. Dies ist ein hochgradig veränderungsbedüftiger Sachverhalt, und zwar *zugunsten der Sozialpädagogik* veränderungsbedürftig. Dazu bitte ich um Erlaubnis einiger Zumutungen.

Jugendpsychiatrie ist eine medizinische Fachdisziplin, deren Praxis repräsentiert wird von Personen, die eine universitäre Ausbildung zum Arzt und eine größenordnungsmäßig noch einmal ebenso lange von den ärztlichen Standesorganisationen gewährleistete Weiterbildung zum Gebietsarzt, jetzt wieder »Facharzt«, absolviert haben. Durch beides haben sie nicht nur eine gewachsene Identität, sondern - quer zur Tatsache, daß es überall Schlichtere und Differenziertere gibt - eine Vertrautheit mit Intellektualität, eine Partizipation an wissenschaftlicher Tradition und Praxis, an der sie sich allemal zu messen hatten und die sie nun trägt und ihr Selbstverständnis und ihr Selbstbewußtsein fundiert. Ihr gesellschaftlicher Status ist entsprechend, und wenn schon nicht unumstritten, so dieses doch auf hohem Ausgangsniveau. Ihre Hilfe ist gefragt von Bürgern aller Ränge mit zunehmendem Anteil der höheren. In klinischen Einrichtungen stellen sie die Leiter, und in freier Praxis sind sie selbständig - und sie behalten die Wahl zwischen beidem. Sie können sich einlassen, worauf sie wollen. Als sachverständige Helfer der Gerichte sind sie grundsätzlich respektierte wissenschaftliche Gutachter und stellen höchstens einander infrage, oder sich selbst.

Akteure der Sozialpädagogik sind mehrheitlich Fachschulabsolventen (Erzieher, die ehemaligen Kindergärtner) mit einer dreijährigen Ausbildung ohne Voraussetzung der Hochschulreife - im medizinischen Bereich vergleichbar der Krankenpflegeausbildung. Darüber wölbt sich die Gruppe der Fachhochschulabsolventen mit einer dreijährigen Ausbildung zuzüglich eines Anerkennungsjahres. Nur eine kleine Minderheit ist universitär gebildet und diese wiederum ist am Ende ihres Studiums nur exemplarisch mit Praxis in Berührung gekommen, keineswegs vergleichbar mit der Intensität und dem Umfang, mit der bzw. mit dem die Praxiskonfrontation und Praxisintegration bei der universitären Ausbildung zum Arzt betrieben wird, nämlich mit Krankenpflegepraktikum, etlichen Famulaturen und einem »praktischem« Jahr nach dem zweiten und vor dem dritten Teil des Staatexamens - und der dann heißt »Arzt im Praktikum« und erst nach weiteren anderthalb Jahren approbierter Arzt, aber eben auch dann noch lange kein »fertiger« Jugendpsychiater ist.

Klientel der Sozialpädagogik sind die unfreiwilligen Schlechtweggekommenen, und deren ausstrahlender Nimbus gibt dem Status ihrer Akteure den Rest. Während sich der Psychiater unschwer über den abgegriffenen Verdacht, seiner Klientel zu ähneln, hinwegzusetzen vermag, bleibt das Anliegen der Sozialpädagogik dem Verdacht, dem Anliegen seiner »suspekten« Klientel zu gleichen, ausgeliefert: cum grano salis stimmt er eben, und er ist aller Ehren wert. Zur Freiberuflichkeit der Sozialpädagogen ist es weit - ihre Klientel kann sie nicht bezahlen, und ihre Auftraggeber diktieren ihr den Auftrag weit penetranter, als die Hüter der »ärztlichen Kunst« die Einhaltung erforderlicher Standards überwachen. Und als Helfer der Gerichte ist der Sozialpädagoge in der Regel nicht wissenschaftlicher Gutachter, sondern Berichterstatter, dessen Rat zwar gefragt ist, aber nicht eigens - etwa nach dem Zeugen- und Sachverständigen-Entschädigungs-Gesetz zu bezahlen ist, sondern immer schon abgegolten und wohlfeil.

Wahrend die Ärzteschaft gegenüber dem Krankenpflegepersonal einen Status hat, gegen den wohl hier und da einmal rebelliert wird, der aber immer ausreicht, sich wohlwollend einzulassen um der gemeinsamen Sache willen, steht es um die sozialpädagogische universitäre Ausbildungselite weitaus schlechter: ihr läßt die zahlreichere Mittelschicht der Fachhochschulabsolventen noch kaum Zutritt zum gemeinsamen Aktionsfeld, sie wehrt ihn im Gegenteil heftig und bisher erfolgreich ab, und die »Elite« scheut sich, eine zu sein, weil sie ideologisch »antielitär« befangen ist.

Verhängnisvoll - weil auf lange Zeit ausschlaggebend - ist daran folgendes. Unterschiedlicher sozialer Status, unterschiedliche Ausbildungs- und Qualifikationssysteme und unterschiedliche Verwendungschancen bewirken einen unterschiedlichen Anreiz für junge Menschen, sich für Jugendpsychiatrie (als medizinische Disziplin) einerseits oder Sozialpädagogik andererseits zu interessieren: langer Atem ist das mindeste, was man für das eine zu brauchen weiß, und für das andere nicht zu brauchen vermeint, selbst wenn man sich auf die universitäre Ausbildungsschiene begibt. Die primäre Lernhaltung von Medizinern ist eine grundsätzlich andere. Ihnen bleibt ein umfangreicher Wissenstoff nicht erspart, von dem vieles später wieder in den Hintergrund rückt und »nicht gebraucht wird«, aber doch, weil grundsätzlich gekannt den Horizont erweitert in den dann relevanteres Weiteres hineingenommen werden kann und wird. Von Sozialpädagogikstudenten kommt eher die Frage, was sie denn damit anfangen können, was ihnen zu wissen angetragen wird. Schon von daher liegt ihnen ein »forscherischer« Angang weniger nah, als das Interesse an der »sozialen Gesinnung«.

Es kommt daher entscheidend darauf an, den Status des Sozialpädagogen durch seine wissenschaftliche Qualifikation zu definieren. Nur wer mehr weiß, als er braucht entdeckt auch, was er braucht, wo man nicht genug weiß - und kann es sich eingestehen. Die Befähigung zur gedanklichen Durchdringung von Wissenbeständen setzt den Überfluß voraus, um vermeintliche, statustragende Gewissheiten, als die dann »Gesinnungen« herhalten müssen, verachten zu können, um im gedanklichen Diskurs Handlungsentwürfe anzunähern, die es sich leisten können, sich selbst auf die Probe zu stellen. Die affirmative Haltung wird durch eine experimentelle ersetzt, die Neigung, Gekanntes anzuwenden, von der Lust, Neues zu entwickeln, aber nach Maßgabe der dabei gemachten Erfahrung - induktiv, nicht deduktiv.

Das schließt eine *praxisinvolvierte Ausbildungsphase* nach dem universitären Grundstudium, also nach dem Diplom ein, die als Spezialisierungsphase nach Art der Facharzt-Weiterbildung organisiert und garantiert sein müßte. Der Spezialist hat »viel von allem« und »noch mehr von einigem« zu verstehen. Dies müßte eine sozialpädagogische Standesvertretung übernehmen, die sich selber strenge Maßstäbe setzt (nicht eine »berufspolitische Interessenvertretung«). Nicht der Schrei nach Gleichrangigkeit des Dürftigen behebt die Dürftigkeiten, sondern die Überwindung der Dürftigkeit bewirkt Gleichrangigkeit: sie ergibt sich, und sie fasziniert das personelle Rekrutierungspotential. Oder mit den Worten PESTALOZZIS aus dem Stanser Brief zu seinen Kindern: »... Kannst du (den Armen rathen, dem Leidenden aus seiner Not, aus seinem Elend helfen), wenn du nichts verstehst, mußt du nicht mit dem besten Herzen um deiner Unwissenheit willen selber alles gehen lassen, wie es geht? Aber so du viel weißt, kannst du viel rathen, und so, wie du viel verstehst, kannst du vielen Menschen aus ihrer Not helfen.« Viel verstehen - d.h. beileibe nicht etwa »sie verstehen«, »mit bestem Herzen«, sondern »*viel* verstehen« - von dem, was zu *tun* ist. Es ist also die Liebe zur Sozialpädagogik, die mich empfehlen läßt, sich die jugendpsychiatrischen Qualifizierungsanstrengungen zum Maßstab zu nehmen, um nicht ständig auf deren wohlwollende »Beißhemmung« angewiesen zu bleiben.

3. Unterschiedliche wissenschaftliche Beheimatungen: Naturwissenschaft vs. Sozialwissenschaft

Ein Nebeneffekt der relativen Anspruchslosigkeit der Sozialpädagogik an ihre Ausbildungscurricula ist der Irrtum, Sozialpädagogik sei keine im autochthone Wissenschaft, sondern -im vermeintlichen Gegensatz zu medizinischen Disziplinen - ein aus anderen Wissenschaften abgeleitetes Konglomerat. Auch Jugendpsychiatrie ist das, und zu einem guten Teil die ganze moderne (also naturwissenschaftliche und nicht nur naturwissenschaftliche) Medizin. Sie respektiert jedoch, was sie integriert, durch seine hinreichend gründliche Kenntnis - und begnügt sich nicht mit dem Hören-Sagen. Das ist allerdings aufwendig. Die Qualität der Eigenständigkeit ergibt sich erst auf höherem Integrationsniveau, das dann ein spezifisches wird. Ich vermag nicht zu erkennen, wieso das für die Sozialpädagogik nicht ebenso gilt. Ihr Gegenstand, dem sie diesen Aufwand schulden sollte, wird immer erkennbarer dem der Gesundheit mindestens gleichrangig, und dieser Gegenstand braucht *seine* »Ärzte« und darüber hinaus ordnungsgemäß weitergebildete »Fachärzte«, und nicht nur »Pflegepersonal«, sondern das auch.

An dieser Stelle ist ein vielleicht mögliches Mißverständnis dringend zu vermeiden. Keine klinische Versorgungseinrichtung der Jugendpsychiatrie ist besser als ihr Pflegepersonal und die dazugehörenden Erzieher. Deren Kompetenz ist jedoch gestützt auf das akademische Personal, wie umgekehrt dieses ganz und gar abhängig von der Kompetenz jener. Sie kooperieren in intensiver Kommunikation, bei der beide Seiten gleichermaßen kritisch geben und nehmen. Aber sie *haben* eben einander, befähigen einander und sind als *Personen* uneingeschränkt gleichrangig. Wem dieses zum leeren Bekenntnis geriete, der wäre zur völligen Ohnmacht in der Sache verurteilt. Wo Weisungsbefugte ihre Weisungsbefugnis nicht als Instrument der Sachdienlichkeit einsetzen, also es ihnen nicht gelingt, das von ihnen zu Verantwortende allen einsichtig und das von ihnen Angestrebte allen verfügbar zu machen, ist in der Jugendpsychiatrie nichts rechtes zu machen. Der Leiter ist von allen der Abhängigste, wenn es ihm um die Sache geht, und ich kenne keinen, der das nicht wüßte, ob er es nun eingesteht oder nicht, und ob alle, von denen er abhängt, das so sehen oder nicht.. Eine hinreichend personalstarke Elite »wissenschaftlich Gebildeter. d.h. zum intelligenten, selbständig-einsichtigen Umgang mit dem Gegenstand besonders Befähigter, die sich traut, diese Qualifikation für sich zu beanspruchen und zur Geltung zu bringen, aber sie auch wirklich hat, ist ausschlaggebend für den Rang und die gesellschaftliche Präsenz eines Wissensgebietes und den Status seiner Vertreter, nicht der eine oder andere hochrangige Buchautor oder Professor, an dem es ja nicht mangelt. Das sollte auch von der Sozialpädagogik begriffen werden.

Jugendpsychiatrie als wissenschaftliche Fachdisziplin der Medizin steht zunächst einmal auch in der Tradition der Psychiatriegeschichte des 19. Jahrhunderts. Vor allem die Reduktion der »gestörten Seelentätigkeit« auf eine veränderte Nerventätigkeit war ihr Fortschritt: die Entkleidung des Ominösen von irrationalen Implikationen zugunsten einer rational behandelbaren Krankheit mit »organischer Grundlage«, wie andere Krankheiten auch. Der »Verrückte« wurde hineingeborgen in die

Solidargemeinschaft der krankheitshalber Hilfsbedürftigen und Hilfsberechtigten, wie andere Kranke auch, seine »Person« und seine »Krankheit« wurden unterscheidbar.

Das freilich ist nur theoretisch leicht durchzuhalten, in der Praxis bleibt es ständig Herausforderung: gleichsam unterhalb der Ebene der authentischen Person, dem »ernstzunehmenden Anderen«, die Ebene der nervalen, d.h. zu den Nerven gehörigen gestörten Funktion zu erblicken. Es gilt, sich zu einer beständigen Integration von Respekt der Person und der Gewahrwerdung ihrer »Bedingungen von innen« zu befähigen. Das ist in der Tat überaus schwierig, ein Gratwandel, der ständig den Absturz vermeiden können muß: zum einen in die Reduktion des Gegenübers in ein nur noch als Manifestation nervaler Prozesse »interessanter Fall«, zum anderen in die voreilige Zurechnung des Auffälligen in die Verantwortung der Person, samt allen mißlichen Konsequenzen, die das hat, und auf die zurückzukommen sein wird.

Fraglos ist eine hohe Schule der Berücksichtigung dieser Schwierigkeit die klassische Psychoanalyse mit ihrer darum artifiziellen Organisation der Interaktion von Analysand und Analytiker, ob gelingend oder nicht, sei hier außer acht gelassen. Auf jeden Fall ist ihr klassischer Aufwand von Ausbildung, Zeit, Sorgfalt und Zumutung respektabel, den sie der Schwierigkeit ihres Gegenstandes widmet - und der so sehr mißachtet wird von denen, die sich eines analytischen Gehabens (der Attitüde) versehen, ohne sich je den Aufwand analytischen Kompetenzerwerbes zugemutet zu haben; und dies ist dann allemal zu nichts gut und zu verwerfen, wenn auch teilweise den Psychoanalytikern vorzuwerfen, die der Proliferation ihres Ansatzes immer mehr den Vorrang gegeben haben vor der Durchdringung seiner Prämissen. Auch darauf wird zurückzukommen sein.

Immerhin wird man unter Medizinern ein gewisses Potential an primärer biologischer, somit naturwissenschaftlicher Interessiertheit unterstellen dürfen, das im Studium der somatischen Medizin weiter ausgebildet wird und wenigstens Grundlagen von Neuroanatomie, Neurophysiologie und Neuropsychologie vermittelt bekommt. Daß sich das Herz derjenigen Mediziner, die sich später der Jugendpsychiatrie widmen, gerade daran festmacht, ist eher die Ausnahme - leider, wie ich finde - aber ein Minimum an Anknüpfbarem darf unterstellt werden.

Leider nicht so beim Sozialpädagogen. In aller Regel ist er erfahrungsgemäß vom Biologischen, von den Naturwissenschaften überhaupt, nicht sonderlich fasziniert. Wenn man Studienanfängern zu vermitteln versucht, was hier für sie wichtig wäre, kann man sie - mit didaktischem Geschick - eine Weile bei Laune halten, aber behält dabei das Gefühl, letztlich als Anbieter feuilletonistischer Unterhaltung geschätzt zu sein, die unverbindlich bleibt: »so kann man das also auch sehen«. Während des ganzen Studiums wird die versuchte Grundlegung von anderer Seite nicht weiter gefördert, weil auch dort nicht gekannt, und sie verfällt weitgehend dem Vergessen. Im Gegenteil: gelernt werden Dinge, die das Biologische nicht nur vernachlässigen und abgewöhnen, sondern seine Berücksichtigung geradezu verdächtig werden lassen, bestenfalls als »Reduktionismus«, schlimmer als »unsozial« bis »reaktionär«.

Da für denjenigen, der gesellschaftlich kontrollieren und ihm unpassend oder unerträglich erscheinendes ausgliedern, »ausgrenzen«, will, belanglos ist, ob er ihn dazu als Sünder, Verrückten oder Nervenkranken etikettiert, und wenn letztere Sicht-

weise üblich geworden ist, er eben diese diskriminierend benutzt, hält der Sozialpädagoge die wertneutrale Feststellung nervlicher Abweichung kurzerhand für nichts
anderes als diskriminierende Etikettierung, die er »nicht mitmacht«. Das beschert
ihm zweierlei: er braucht von ihr nichts zu verstehen und er hat im Repräsentanten
dieses Sachverstandes einen Gegner, an dem er seine oben beleuchtete bedürftige
Identität pflegt. Liesse er sich auf dessen Sachverstand ein, dürfte er sich den
Kompetenzerwerb dafür nicht ersparen, um ihm darin intellektuell gleichrangig begegnen zu können. Da ist die aus der bloßen Gegnerschaft bezogene subjektive Überlegenheit das konkurrenzlos billigere Angebot und wird leider zu oft bevorzugt.

Nun ist es leider mit der medizinischen Repräsentanz dieses Sachverstandes
auch nicht weit her. Zum einen ist die besagte Reduzierbarkeit gestörten Seelenle-
bens aufs Nervale fragmentarisch, man weiß zu weniges genau und hinreichend verläßlich, und selbstverständlich wäre auch die völlig gelingende Reduktion eben tatsächlich eine Reduktion: seelisch Inhaltliches, Soziales und Kulturelles ist auf dieser
kategorialen Ebene nicht abbildbar und fraglos doch erheblich; fraglos auch für den
Arzt, der keineswegs nur Neuro-Ingenieur ist. So haben denn auch Ärzte haufenwei-
se längst die nervale Orientierung vernachlässigt zugunsten psychisch-inhaltlich orientierter Psychotherapie, Familientherapie, Sozial- und Gemeindepsychiatrie, sogenannt humanistischer Psychologie und sogenannt systemischer Therapie, um nur einiges zu erwähnen. Nicht, daß dies alles nicht seriöse Ansätze seien, sie bedienen
unabweislich und unverzichtbar höher-kategoriale Realität, die aber doch immer auf
der nervalen aufbaut, sie voraussetzt und *von ihr her störbar ist.*

So wächst zusammen, was nicht zusammen gehört: medizinische Vernachlässigung des Nervalen und sozialpädagogische Verweigerung des Biologischen. Im
Extremfall wird Orientierung auch auf das Nervale, Biologische -wie gesagt- geradezu als faschistisch, rassistisch, inhuman und antisozial denunziert. Global-
ablehnungen etwa von Aspekten der Genetik, der Psychopathologie, von Psycho-
pharmakotherapie und Intelligenztestergebnissen werden zur Identitäts- und Selbst-
wertprothese, blind dafür, daß stets die Hilfsbedürftigen dann die Zeche zahlen.

Dieser auf die Bedarfslagen der Beteiligten abhebenden Annäherung ist eine
anhand der Theoriepräferenzen der Sozialpädagogik angewandter Sozialwissenschaft
mit letztlich geisteswissenschaftlicher Beheimatung hinzuzufügen. Die Denkweisen
der Sozialpädagogik erkennen nur »gleiche Subjekte«, die unterschiedlichen sozialen Bedingungen ausgeliefert, von ihnen geprägt (»sozialisiert«) und von ihnen zu
Reaktionen genötigt sind; die »von außen« determiniert werden, während die Subjekte »von innen« her als frei angesehen werden. Deshalb wird die Behebung subjektiven Übels in der Herstellung gleicher äußerer Chancen (»Chancengleichheit«),
Abschaffung von Privilegien (»Soziale Gerechtigkeit«), sozialem Beistand für die
»bisher« Schlechtweggekommenen (»Parteilichkeit«) gesucht. Daß gleiche Verhältnisse unterschiedlich erlebt werden können, daß gleiche soziale Komplikationen dem
einen zur Herausforderung gereichen, an der er wächst, und die ihm nicht genommen werden dürfte, wenn man ihn denn nicht am wachsen hindern will, während der
andere an ihr krankt oder scheitert, weil er anders ist, primär anders ausgestattet ist
oder in seinen neurophysiologischen Funktionen sekundär beschädigt - das behagt
der Sozialpädagogik nicht. Es ist ihr verdächtig auf »Individualisierung«, Zuwei-

sung der Verantwortung an den Einzelnen, Entsolidarisierung, Einschränkung und letztlich Aufhebung sozialer Verantwortung, Angriff: auf den Sozialstaat, »elitäre Gesinnung«, in letzter Steigerung gar Antasten der menschlichen Würde. Für unterschiedliche Primär-Ausstattungen von Individuen hat sie keine besondere Antenne, schon gar keine Bezeichnungen, zu allerletzt Geschmack. Das, was sie als »primäre Abweichung« bezeichnet, ist ja genau der sie nicht interessierende Teil an der Abweichung, den man vernachlässigen sollte, wenn man die »sekundäre Abweichung« erkennt, behandelt, präventiv vermeidet. Daß die »sekundäre Identität« nervale Struktur hat, die ihre Beständigkeit bedingt, bedenkt sie nicht. Daß alle »Identität« Ergebnis der Exposition »primär-individueller« Erlebnisbereitschaften und Vulnerabilitäten mit begegnender Welt sind, und daß beide von Anfang an interindividuell unvermeidlich und unaufhebbar ungleich sind - und die Vielfalt der Individuen hervorbringen, die diese Bezeichnung der Einzelnen erst rechtfertigt und das Leben bunt macht, freilich nicht ohne seinen Preis, das wird der Sozialpädagoge bestenfalls nicht bestreiten, lieb ist ihm der Gedanke nicht, und zumindest deshalb nicht vertraut, geschweige denn von ihm gepflegt.

Daraus folgt nun seine begrenzte Brauchbarkeit in der Jugendpsychiatrie. Qualifikation und Neigung hindern ihn am Abstieg auf die kategoriale Ebene des Nervalen. Dafür ist er teils, teils stellt er sich blind. Und doch ist die Berücksichtigung eben des Nervalen der sozialpädagogischen Umsetzung bedürftig. Wo sich der Sozialpädagoge verweigert, müssen Ärzte und Krankenpfleger die sozialpädagogische Aufgabe übernehmen, und das tun sie auch. Die medizinische oder psychiatrische, jugendpsychiatrische Sozialpädagogik ist darauf ausgerichtet, an der nervalen Ist-Ausstattung des Hilfsbedürftigen orientiert, einen Alltag zu organisieren, in dem das noch Ungekonnte so vorkommt, daß es zumutbar zugemutet wird, um es zunehmend zu können, aber vermieden wird, daß es überfordert, weil es dann nur vermieden wird, ohne Aussicht je gekonnt zu werden.

Jeder, *mit dem* Jugendpsychiatrie befaßt *wird,* ist mehr oder weniger daran gescheitert, daß er dem ihm Begegnenden nicht gewachsen war, und zwar ganz unabhängig davon, ob das ihm Begegnende das Übliche war, oder das Außergewöhnliche. Meist ist es das Scheitern am Üblichen, das die außergewöhnliche Befassung der Jugendpsychiatrie nach sich zieht. Dann ist eben aufzudecken, woran im einzelnen es lag, und was im einzelnen zu tun ist um es zu bessern.

Sicher verändert das Scheitern den Scheiternden erneut, so wie ihm die *Vermittlung des Nichtscheiterns* zum zunehmenden Verzicht auf die Vermittlung befähigt, also ihn gegensinnig, zum »guten« hin, verändert. Die »nervale Orientierung« leistet zum einen - und das ist ganz entscheidend - die Aufdeckung und Berücksichtigung der speziellen Bedarfslage des Einzelnen hinsichtlich der sozialpädagogischen Organisation dessen, was ihm an Chancen und Zumutungen begegnen und an Dekompensationen, Verwundungen und weiteren Narben erspart werden soll. Zum anderen leistet sie unverzichtbares *Generelles.* Sie entlastet die »Beziehung«, dieses vermeintliche Medium der Behandlung, von der enttäuschungsbedrohten Übernähe, und von der den Bedürftigen mit sich selbst verwechselnden emphatischen oder vermeintlich verstehenden Zudringlichkeit Sie pflegt statt dessen eher behaviouristische Distanz, die viel eher den längeren Atem hat, dessen der Bedürftige bedarf. Sie rechnet nicht persönlich zu, was mißlingt, und erfreut sich technisch dessen, was schon geht. Sie hat Geduld, und sie ist offen für Überraschungen. Sie plant das Planbare, nicht das »Ganze«, das sie im Ergebnis schätzt, je mehr es das Geplante übertrifft. Sie erarbeitet Voraussetzungen dessen, was dann entsteht. Sie stiftet keinen Sinn, sondern sie betreibt, daß Sinn möglich wird, der sich findet. Sie unterstellt keine »Freiheit« und stellt sie nicht her, sondern baut erkennbare Unfreiheit ab, den Bann insuffizienter nervaler Mechanik, den sie nicht übelnimmt. Sie braucht darum nicht »alles zu verstehen« und hat nichts »zu verzeihen«.

Sie verhält sich also nach Maßgabe vorgefundener Ungleichheit »ungleich«, gezielt unüblich, aber mit dem Ziel der Qualifizierung auch für das Übliche, das sogenannte Gleiche. Nun ließe sich einwenden, dies alles intendiere »Beziehung«, »hermeneutisches Verstehen«, »Empathie« und »Toleranz«, Pflege von »Freiwilligkeit«, »Autonomie«, »Erlebnissen« usw. usf. auch, und das sicher mit gewissen Recht: auch das alles ist unüblich und hilfreicher als das Übliche, Gewohnte, für den, der am Üblichen gescheitert ist. Aber es ist nur mittelbar günstig, und es ist zu unpräzis, um nicht dort vorzeitig sich zu erschöpfen, wo es viel davon braucht, und um nicht den Eintritt dessen herbeizuführen, was professionell dann Ausgebranntsein heißt.

Wo immer uns im klinischen Alltag gelingt, das Interesse der Mitarbeiter auf die Berücksichtigung dessen zu lenken, was von der »nervalen Orientierung« her geboten ist, treten individuelle und interaktive Dysfunktion zurück, individuelle Qualifikation wird spürbar, die Behandlung fortsetzbar und ergiebig. Wo diffusere sozialpädagogische Güte und psychologische Interpretations- und Verstehensbereitschaft vorherrschend werden, bleiben die Bedürftigeren auf der Strecke, die Szene wird unübersichtlicher, unerfreulicher und unersprießlicher für alle, und Abbrüche drohen.

Aber leider sind Sozialpädagogen selbst meist wenig zu begeistern für das, was Jugendpsychiatrie von ihnen will: nerval orientierte individuelle Organisation des Alltages zur Gewährleistung des individuell erforderlichen Kompetenzenerwerbs. Nicht die Belehrung über das Richtigere, sondern die herbeigeführte, konstellativ begünstigte bis »erzwungene« Erfahrung, das Richtigere zu können, und der Spaß daran, bringen voran. Das in den Alltag integrierte, im Alltag - im dialektischen Doppelsinn - aufgehobene lernpsychologische Labor, wenn man es denn so sehen will, schließt die Welt auf und macht fähig, ihr zu begegnen. Die Indikation möglicher medikamentöser Einflußnahmen hat sich *daran* zu erweisen oder zu widerlegen, wie sie sich *dabei* auswirkt. Daß verbale oder nonverbale Psychotherapie, in welchem »Setting« immer, eine hilfreiche Komplettierung dieses Erfahrungsarrangements sein kann, mal mehr, mal weniger, versteht sich von selbst. Erschütternd aber ist, wenn universitäre Sozialpädagogikstudenten am Ende ihre Studiums nicht begriffen haben, was *ihre* Möglichkeiten sind - und statt dessen fehlgeleitet nach einzeltherapeutischer Qualifikation streben und sie in dieser oder jener Methode erlangen zu können glauben, die dann natürlich wieder »sinnerfüllt«, »ganzheitlich«, »beziehungsintensiv« und dem Selbstbewußtsein förderlich sein muß, auch »Therapeut« zu sein - und gleichsam zu Verrätern an der Sozialpädagogik werden, weil deren Status und Verwendung ihnen - subjektiv und objektiv - nicht genügen kann. Siehe oben.

4. Unterschiedliche Ziele: Machbares vs. Utopie

Handlungsanlaß der Jugendpsychiatrie ist der gescheiterte oder zu scheitern drohende *Einzelne,* dem geholfen werden muß und allermeistens werden kann, vielleicht subtotal, aber erheblich. Der Auftrag ist *konkret,* Sozialpädagogen eignet eher das Interesse am Allgemeinen, der sozialen Gruppe, der Gesellschaft. Sie verortet Verantwortung an irgendeiner Stelle, sucht »Schuldige«, die sie denunziert, sie will die gesellschaftliche Veränderung, die *dann* keinen mehr scheitern läßt, sie hat einen totalen Anspruch, der sie uneingestanden anfällig macht fürs Totalitäre, im Namen von Freiheit, Gleichheit, Brüderlichkeit.

Freiheit hatten wir schon berührt. Psychiatrisch interessiert weniger Freiheit, als Aufhebung erkennbarer Unfreiheit durch nervale Insuffizienz; die ist konkret, und sie ist gleichsam meßbar: wer weniger oft versagt, ist weniger unfrei. Wer kann, was er will, ist freier, als wer es nicht kann, und wer wollen kann, was geachtet wird, ist weniger unfrei, als der, der immer wieder tut, was mißachtet ist, weil er nichts anderes kann - und dieses nicht lassen. Gegebenenfalls ist er so im Banne seiner Unfreiheit, daß er mehr Freiheit nicht nur nicht erreicht, sondern sie nicht einmal mehr wünscht, vielleicht eben nicht einmal kennt. Sozialpädagogisch dagegen mag man sich nur einlassen, wo der Adressat *willig* ist, wobei die Benennung »freiwillig« ein Beispiel der oben erwähnten Verwechslung des Adressaten mit sich selbst wäre. Daß Unwillen und Ablehnung Herausforderungen der Intervention seien, ist ihm eher fragwürdig, und den Verzicht darauf hält er dann für Respekt und sich darin demjenigen überlegen, der sich diesen Verzicht nicht erlaubt und interveniert, weil er zu intervenieren gehalten ist, und weil er aus Erfahrung billigen kann, zu intervenieren. Dem Psychiater ist von gewissen Störungsgraden an die Intervention nicht freigestellt, er hätte sich bei ihrer Unterlassung zu verantworten. Auch dies ist ein konkreter Ort schwieriger Begegnung von Sozialpädagogik und Jugendpsychiatrie. Wo denn Intervention unumgänglich wird, weist die sozialpädagogische Jugendhilfe »in die Jugendpsychiatrie« ein, suspendieren ihre Zuständigkeit, definiert dann aber selbst Krankheit als das, was zum einen »anders« ist, andererseits die sonst verabscheute »Ausgrenzung« rechtfertigt. Im Moment eigener Hilflosigkeit verfällt sie dem, was sie anderen ankreidet - und hält sich dann schadlos derart, daß sie etwa eine »möglichst kurze« Intervention »fordert«, möglichst »keine Medikamente«, sich selber »solange heraushält« usw. - wie der Tierfreund beim Schlachtfest zur Mahlzeit kehrt er zurück.

Die Gleichheit wird gewollt, und wo sie nicht gefunden wird, droht sie nach Art des Prokrustes erzwungen zu werden. Wenn zwei ungleich Ausgestattete gleich behandelt werden, wird mindestens einer benachteiligt, meist beide. Das sind ungewohnte und unbeliebte Gedanken. Auch dies gereicht der eigenständigen Sozialpädagogik nicht zur Akzeptanz, geschweige denn Sympathie - und so findet sie sich denn insgesamt mehrfach behindert, sich eigenständig an der Jugendpsychiatrie zu beteiligen: Ablehnungen halten sich wechselseitig in Gang.

5. Das unpsychiatrische Beispiel Glen Mills

Um das bisher unter dem Neologismus der »nervalen Orientierung« Dargestellte
abzugrenzen gegen den Verdacht einer psychiatriespezifischen Angelegenheit, gar
einer nicht nachvollziehbaren und abwegigen »Hirnmythologie«, soll abschließend
demonstriert werden, wie diese Orientierung auch bedient wird von einer beeindruk-
kenden Einrichtung für jugendliche Straftäter, die sich selber alles andere als »nerval
orientiert« bezeichnen würde, und doch genau - außerhalb von Jugendpsychiatrie -
das auch bedient, was hier gemeint ist. Im US-Staat Pennsylvania, in der Nähe von
Philadelphia, gibt es die »Glen Mills Schools«. Auf einem Gelände von der Größenordnung eines hiesigen Landeskrankenhauses werden etwa 600 großenteils gewalttätige jugendliche Rechtsbrecher behandelt im Rahmen eines straff organisierten täglichen Regimes, aber ohne physikalische Einschließung. Sie erhalten ein intensives
soziales, schulisches, sportliches und berufliches Trainingsangebot, in das sie geschickt, aber unentrinnbar hineingezwungen sind durch ein Arrangement, in dem die
jeweils schon länger anwesenden »students« gegenüber Neuankömmlingen eine
wesentliche Rolle spielen, zu der sich letztere während ihres ein- bis zweijährigen
Aufenthaltes qualifizieren können bzw. sich nicht zu qualifizieren wenig Chancen
haben. Das Konzept ist explizit »soziologisch« begründet, aber gleichwohl »nerval«
abbildbar.

Zunächst wird sichergestellt, daß in die Behandlung Aufzunehmende eben nicht
»psychiatrisch gestört« sind, d.h. es wird implizit darauf geachtet, daß die »nervale
Organisation«, die ja in unserem Sinne gleichwohl eine abweichende ist, nicht *derart* unüblich abweicht, daß sie der Behandlung nicht gewachsen wäre, womit sie
durch gezielten Ausschluß gleichwohl *berücksichtigt* ist.

Sodann wird die vorliegende Abweichung begriffen als eine Inkompetenz mangels bisheriger Kompetenzerwerbschancen hinsichtlich akzeptablen bzw. integrierten Sozialverhaltens, an deren Stelle ein falsche Kompetenz getreten ist. Durch einen Regelkatalog, dessen Einhaltung ständig nahegelegt wird und sich lohnt und
dessen Verletzungen ständig unmittelbar geahndet (d.h. mit abgestuften sozialer
Unannehmlichkeit, gewaltlos, aber überaus eindrucksvoll, »konfrontiert« werden),
werden bisherige Lösungen - sich unter Inkaufnahme von gesellschaftlichen Regelverstößen subjektiv schadlos zu halten, sich Vorteile, Zugehörigkeiten und Anerken-
nungen zu verschaffen - gründlich vereitelt und zugleich neue erschlossen. Es wird
also ein Umbau dessen veranstaltet, was man mit dem deutschen Psychiater Janzarik
»struktur-dynamische Kohärenz in ihrer individuellen Ausformung nennen kann: ein
neues Gefüge kognitiver und emotionaler Verknüpfung aus zwingendem Arrangement neuer Erfahrungen und Handlungen, das nur allmählich *wachsen,* nicht gleichsam »geschaltet« werden kann, um angeeignet zu werden. Wofür uns allerdings REDLS
»Einmassieren der Realität« viel zu passivisch formuliert ist, lediglich dem Zeitfaktor daran gerecht wird.

Für den hier skizzierten Zusammenhang bedeutsam ist, daß auch hier das »hermeneutische Verstehen« eindrucksvoll reduziert ist auf lapidare Kernaussagen, daß
jeder »1. überleben, dann 2. dazu gehören und schließlich 3. etwas gelten, anerkannt
sein, möchte«. Das wurde vorher gesellschaftlich inakzeptabel bedient, und nun wird

gewährleistet, daß das akzeptabel, »prosozial« wie hier gesagt wird, geschehen *kann,* indem die Kompetenz dafür geboten und eingeübt wird, erforderlichenfalls erzwungen durch durchorganisierten Gruppendruck, und ebenso konsistent gefördert durch Anerkennung ihres allmählichen Eintretens, das den Reussierenden ersichtlich Spaß macht.

Nicht »übelgenommen« wird, was noch nicht gekonnt wird, aber es wird betrieben, daß es - immer mehr - gekonnt wird. Das Falsche, Ungekonnte wird »begriffen«, nicht »moralisch« gewertet, nicht »verstanden« und sinnstiftend »besprochen«, sondern banal beantwortet durch Ablehnung, Verhinderung, Vereitelung des Spaßes daran, der defizitär ist: die Täter *machen* es schlecht, aber sie *sind* nicht schlecht (»they do bad things, but they are no bad boys« - ich erinnere an die oben der Psychiatriegeschichte gedankte Unterscheidbarkeit von »Krankheit« und »Person«).

Diese oben sogenannte Distanz führt nun aber, wenn man das Leben von Glen Mills mitbekommt, nicht zu einer labormäßigen oder versuchsanstaltsartigen Kühlhausatmosphäre, sondern befähigt, gerade durch Entlastung von unersprießlichem Verstehenseifer und erschöpfendem Empathieaufwand, zu einer gelebten Freundlichkeit, respektvollen Aufgeschlossenheit füreinander, einer Geborgenheit in wechselseitiger Anerkennung und Achtung, offensichtlichem Wohlbefinden, Freude daran und begründetem Stolz darauf. Das vorher praktizierte Konzept, das mehr analytisch-psychotherapeutisch angelegt gewesen sein soll, war - nach dem Bericht des Leiters, Sam Ferrainola - trotz zahlenmäßig immer geringer werdender Klientel erbärmlich und schließlich katastrophal zusammengebrochen. Überaus bemerkenswert ist nun aber die Skepsis, genauer: das Unbehagen, das diesem Unternehmen teilweise entgegengebracht wird: das oben dargestelltes Werte-Inventar bleibt unbefriedigt, und wenn das Unternehmen seinen Erfolg präsentiert - etwa einen erklecklichen Ausstoß an weit über ihre Ausganglage hinaus sozial, schulisch, beruflich und sportlich aufgerüsteten Absolventen mit erheblich verbesserten Eingliederungschancen und geminderter Rückfallquote. - so erscheint das als »irgendwie nicht genug«, »befriedigt nicht«.

6. Mögliche Konvergenzen

Auch die Bereitschaft zur Dissozialität ist also zu begreifen als eine »defizitäre nervale Disposition«, die im gelingenden Falle auch durch ein sich selbst soziologisch verstehendes Konzept hinreichend bedient wird. An diesem Ende der Skala ist allerdings das Defizit überwiegend sozial bedingt, wenn man so will: ökogen. Am anderen, am hintersten psychiatrischen Ende wären diejenigen, deren »nervale Disposition« durch rein somatische Beschädigungen gestört ist, aber dann selbstverständlich weiterhin das nervale Potential von Personen ist, auf daß sie angewiesen sind, und die damit seelisch und sozial gescheitert sind oder zu scheitern drohen, - oder aber besser funktionieren können, wenn man ihnen dazu zu verhelfen versteht. Dabei ist das, was man in Glen Mills im Rahmen des weitgehend Neurophysiologischen praktiziert, mutatis mutandis wegweisend auch für das jugendpsychiatrische Arrangement. Wer das »Ganze« will, muß bei den es tragenden Elementen ansetzen, wer »am Ganzen« anzusetzen versucht, übernimmt sich und kippt.

Fassen wir zusammen: Ein Teil der jugendpsychiatrischen Aufgabe ist sozial-pädagogischer Natur, und ein Teil des sozialpädagogischen Gegenstandes grenzt eben nicht nur an die Jugendpsychiatrie, sondern ragt in sie hinein. Wir haben in den Vordergrund gerückt, was die Wahrnehmung des Gemeinsamen von Sozialpädagogik und Jugendpsychiatrie erschwert. Die Eigentümlichkeiten der emotionalen und kognitiven Gewohnheiten *können* zur wechselseitigen Herausforderung taugen, um einander zu ersparen, in Einseitigkeiten der Betrachtung zu verfallen, und statt dessen ein konstruktiv-spannungsreiches, also »spannendes« Miteinander ohne Preisgabe der eigenen Kompetenzakzente zu veranstalten. Die beschriebenen Asymmetrien machen es hiesigen Sozialpädagogen schwer, sich gleichrangig zu integrieren, und sie legen ihnen nahe, *Abneigung* zu zeigen und *Ablehnung* zu bewirken. Hier gibt es einen speziellen Nachholbedarf an Anreizen für hochintelligente junge Interessenten, an Befähigung zur auch neurobiologischen Perspektive, an Aufgeschlossenheit für und Einübung in das, was jugendpsychiatrische »Klinik« heißt, also für und in das sich »in der Psychiatrie« tatsächlich Abspielende, nicht die perhorreszierte falsche Abstraktion. Aufholbedarf an Lust am Konkreten, auch am »Interaktiven«, das nicht als minderrangig abgetan werden darf, zumal es unbequemer ist, als der unkonkrete, abgehobene Anspruch, der sich von vornherein »leitungskompetent« wähnt. Einen generellen Aufholbedarf gegenüber der Jugendpsychiatrie insbesondere hinsichtlich einer gründlichen allgemeinen und praxisintegriert ausdifferenzierenden wissenschaftlichen Bildung mit langem Atem, die der Bedeutung ihres Gegenstandes gerecht wird und ihren Vertretern Kompetenz, Status, Verwendung und Arbeitsfreude sichert.

»Liebe *allein* genügt nicht«, und »der gute Wille *allein* zählt« im Sinne KANTS zwar sittlich, aber er ist ohne technische Kompetenz hilflos. Technische Kompetenz indes meint nicht nur ihre methodische Anwendung, sondern zielt immer auch - *mit Personen persönlich umgehend* - über sich hinaus. Doch nur wo der Plan sich dazu versteht, sich klug und besonnen zu bescheiden, kann das Unplanbare sich ereignen, dem die Liebe gilt

Peter van der Doef

The Pedagogical Situation and
the Treatment of Autism and Conduct Disorders

Die pädagogische Situation bei der Behandlung von Autismus und Verhaltensstörungen

Im allgemeinen besteht Ubereinstimmung darüber, daß zur Stimulierung der Entwicklung und Sozialisation von Kindern im Rahmen der Jugendfürsorge das Erzeugen einer pädagogischen Beziehung notwendig ist. Mit einigen Kindern aber, insbesondere autistischen und Kindern mit Verhaltensstörungen, ist das Aufbauen einer derartigen Beziehung (nahezu) unmöglich. Die Fürsorge für diese Kinder muß auf einer anderen pädagogischen Basis gegründet werden als jene der pädagogische Beziehung. Dieser Beitrag die Darstellung und Zusammenfassung dieser Basis unter dem Konzept der pädagogischen Situation. Vor allem wird diskutiert, wie sich diese Situation Zuhause verhält zu der im Heim und Sonderunterricht.

1. Introduction

Love is not enough. Under this famous title BRUNO BETTELHEIM collected, more than 40 years ago in an experimental school at the University of Chicago, the therapeutic efforts of him and his co-workers at helping emotionally disturbed children to overcome their difficulties (BETTELHEIM, 1950). Most characteristic of this school, according to BETTELHEIM (1950, p. 31) was the fact that a total setting was created that included all important activities of the children and permitted them to concentrate on unifying their lives. The therapeutic efforts were concentrated on making the child see every day activities (particularly those around which his difficulties originated) as non-threatening. Anxieties around cleanliness, for example, were dealt with in the settings in which they arose; that is, in the bathroom and the toilet. Feeding situations, night fears, inabilities to learn to be regular and clean were seen as the verys spots where parental efforts were misinterpreted, or too well understood (the rejecting parent who tries to hide his rejection behind punitively enforcing »what is best for the child«). According to BETTELHEIM (1950, p. 34), these were the occasions on which tentatively formed relations to parents were broken down. The help given to children around the mastering of these central, recurrent and »routine« activities should permit doing away with the false interpretations and were therefore the settings in which events again had to be experienced as satisfying. Once that was the case, these situations and activities sooner or later should become the starting point of a true personal relationship. Because of all these efforts to manipulate the child's environment the method was thought of as environmental therapy rather than as psychotherapy. That is, the treatment relied less on the isolated relationship to one person, or the working out of problems in a relatively secluded treatment room - or even the use of symbolic play materials - and more on a variety of personal relationships

between the children and the various staff members, and among the children themselves (BETTELHEIM, 1950, p. 32 & 33).

2. Clinical tradition

The experiment of BETTELHEIM stands not alone but forms one element in a chain of
a rich clinical tradition. Bettelheim called his approach mainly psychoanalytic and
educational and regarded the institutional treatment of delinquents by August Aichhorn as a precursor to his own treatment and the discussions with FRITZ REDL as an
inseparable contemporary inspiration (BETTELHEIM, 1950, p. 35). REDL & WINEMAN
(undated; 1952) published at about the same time the results of their own experiment
in treating aggressive children. REDL and WINEMAN also were inspired by the work
AUGUST AICHHORN as well as by BETTELHEIM's book Love is not enough and they also
addressed themselves to daily activities of youngsters instead of isolated therapeutic
interactions. In our country the importance of daily pedagogical activities as a therapeutic medium, in contrast to an isolated therapeutic playroom, is especially elaborated by TER HORST (1977). KOK (1973) conceived of a hierarchical relationship between pedagogical and therapeutic concepts, the pedagogical situation being a basic
first-order category and the therapeutic relationship a derivative second-order category. A fairly recent discussion of the limitations of psychotherapy with regard tot
the treatment of conduct disorders is presented by DE LANGE (1991). By focusing on
conduct disorders the work of DE LANGE is related particularly to the work of REDL &
WINEMAN. The work of TER HORST resembles that of BETTELHEIM. A related approach
based not on psychoanalytic but on client-centered principles is the work of VOSSEN
(1967). In a review of clinical programs of treating children with antisocial conduct
disorders BARTELS (1986) reached the same conclusions as were earlier formulated
by BETTELHEIM and REDL & WINEMAN. BARTELS presented empirical evidence in favour of programs that focus on the competence of children in mastering daily activities and situations.

3. Classification and treatment

In previous work it was argued that, for different reasons, especially autistic children
and children with conduct disorders are dependent on the pedagogical situation instead of on a pedagogical relation (VAN DER DOEF, 1992a, b). For these children in
particular, the motto holds that love is not enough. Besides a loving relationship,
autistic children need a host of cognitive tools in mastering social situations (VAN
ENGELAND, 1994; LAFEBER, 1982). The emotional support of children with conduct
disorders often, and certainly in the beginning of treatment, is to be found in daily
activities with other children rather than in a personal relationship with a therapist
(BARTELS, 1986; KOK, 1991, p. 159 & 160; DE LANGE, 1991; DE WITTE, 1990, p. 471).
To be sure, without love no treatment ever is possible. Love is a first prerequisite for
perhaps all human action. However necessary, love is not sufficient for helping children in their development and socialization. According to our model the treatment of
autistic children is to be focused on their cognitive functioning and the treatment of

children with a conduct disorder on their emotional functioning. In the course of treatment autistic children are helped to integrate their cognitive functions in order to behave like a real person in a social situation. Children with conduct disorders already function as a person, although not as a socially acceptable one. By increasing their social competence in the course of treatment, these children learn to behave more adequately in social situations.

4. Autism

Autism is characterized by the DSM-IV, the diagnostic system of the AMERICAN PSYCHIATRIC ASSOCIATION (1994), as a form of Pervasive Developmental Disorder (PDD) with three sets of essential features:
1. Qualitative impairment in social interaction,
2. Qualitative impairments in communication and
3. Restricted repetitive and stereotyped patterns of behaviour, interests and activities.

Cases that meet the general description of a PDD (the three main features) but not the specific criteria for Autistic Disorder are to be diagnosed as PDD Not Otherwise Specified (PDDNOS). In clinical settings autism may be more commonly seen, in the general population PDDNOS is more commonly seen. According to the DSM-IV in England and the United States the prevalence of Autistic Disorder is 2-5 children per 10.000 individuals, whereas in the DSM-III-R, the precursor of the DSM-IV, the prevalence of PDDNOS has been estimated at 10 tot 15 in every 10.000. For the description of PDD various diagnostic terms, including Atypical Development, Childhood Psychosis, Symbiotic Psychosis, Childhood Schizophrenia, and others, have been used in the past. Clinical descriptions, however, have typically overlapped and, according to the DSM-III-R apart from Autistic Disorder no generally recognized subtypes had yet emerged. In the DSM-IV three subtypes of pervasive developmental disorders were added: Rett's Disorder, Childhood Disintegrative Disorder and Asperger's Disorder. Interesting other candidates of pervasive developmental disorders, described in the literature and possibly to be included into future editions of the DSM, are the syndromes of Multiplex Developmental Disorder and of Nonverbal Learning Disability (COHEN, PAUL & VOLKMAR, 1987; ROURKE, 1989; VAN DER GAAG, 1993; VAN DER DOEF, 1995). The following pedagogical situations are relevant for the treatment of autistic children.

5. The home situation

The situation at home is the first pedagogical situation of importance for the treatment of autism. The helping of the parents in making contact with their children and controlling their behaviour is a first step in treatment. To this purpose in Holland a network of special teams is promoted connected to RIAGG'S (REGIONAL INSTITUTES FOR AMBULANT MENTAL HEALTH SERVICES). Videohometraining is a powerful means for observing and changing the interactions between the parents and the child. Videohometraining can be used in combination with day or residential treatment. In day or residential treatment also hometraining by the mentor of the child offers many opportunities for helping the child and its parents to integrate the pedagogical situations at home and in the institute.

Richard is a boy who stayed two years in our day-centre. Because of his autistic behaviour his parents were very worried and treated him like a little child. With the help of videohometraining they were able to observe more carefully and to change their reactions to the actual behaviour of their son, which developed well during treatment. After treatment Richard went home and was referred to a school for normal education.

Thomas is a boy who stayed three years in our day-centre. In the centre he learned to make contact and to play with other children. At home his behaviour remained unaltered. In the last period of treatment his mentor regularly went home in order to play with him and his parents. This improved the relationship of Thomas with his parents.

6. Residential group-living and special education

The group-living in day treatment or residential treatment is the next pedagogical situation of importance for the treatment of autism. This situation is best to be integrated with the school situation, since the social development of these children is handicapped by cognitive, especially language difficulties. The challenge of group-functioning, if well supported by capable child care workers, prompts autistic children to make contact and eventually to learn to play with other children. Threatening signals have to be decoded by a helping adult and anxiety may decrease with or without the help of medication. The social skills of autistic children often need to be practised in small steps in separate situations before they can be executed in the controlled but still often perplexing reality of the group-living. Because of the language problems of autistic children, speech-training plays a central supporting role in the treatment. Speech-training for autistic children has a dual function, promoting both their cognitive and social development. In a typical case, speech-training provides the cognitive prerequisites for personal development.

John is a boy who entered our institute at the age of seven and left at the age of ten. Before entering, his stay in a medical day centre for children was continued for one year because of low intellectual functioning. During the day-treatment at our institute he received speech-training for more than three years and psychotherapy for about three years. His treatment was very successful. His intellectual functioning growed spectacularly from a WISC-R total IQ of 81 in the beginning to a score of 100 at the end of treatment. This growth was due to rapidly developing verbal capacities with an IQ-score of 77 in the beginning and 109 at the end. His performance-IQ remained the same during treatment (IQ about 90). In the day-centre he learned to make contact with children and to play with them. In spite of progress, his social functioning continued to show limitations. After treatment he returned home and was referred to a school for special education of normally gifted children.

7. Conduct disorders

The essential feature of conduct disorders, according to the DSM-IV, is a persistent pattern of conduct in which the basic rights of others and major age-appropriate norms or rules are violated. The behaviour pattern is present in the home, at school, with peers and in the community. Physical aggression and stealing are common. A less severe type of conduct disorder is called the Oppositional Defiant Disorder. Conduct disorders are closely related to the Attention Deficit/ Hyperactivity Disorder (ADHD). Together these three types of disorders form the class of Attention-Deficit and Disruptive Disorders.

The essential features of ADHD are developmentally inappropriate degrees of inattention, impulsiveness and hyperactivity. Children with ADHD later often develop Oppositional Defiant Disorder or Conduct Disorder. The essential feature of Oppositional Defiant Disorder is a pattern of negativistic, hostile and defiant behaviour without the more serious violations of the basic rights of others that are seen in Conduct Disorder. Manifestions of Oppositional Defiant Disorder are almost invariably present in the home, but may not be present at school or with other adults or peers. In Conduct Disorder all the features of Oppositional Defiant Disorder are likely to be present; for that reason Conduct Disorder pre-empts the diagnosis of Oppositional Defiant Disorder.

7.1 The home situation

For the treatment of conduct disorders the home situation is of special importance, since most often the problems originate in the home situation and may be absent, as in the case of Oppositional Defiant Disorders, in other situations. For this reason in the Dutch youth care special family-oriented programs are proposed (VAN ACKER, 1988). In these programs the stress around daily problems, such as housekeeping, gains priority above problems in the personal functioning of the adult or the child (GARNIER & VAN VUGT, 1991; VAN ACKER, 1992). Pedagogical problems are the main ultimate focus of treatment even, or particularly, if the child is given residential treatment. Residential treatment stands or falls with the treatment of the home situation. The cultural gap between the home and the institute, where the child is admitted, should be bridged unless the child is entangled in loyalty problems. An interesting program aiming at preventive intervention, developed in the USA, is the FAST TRACK (FAMILIES AND SCHOOL TOGETHER) Program of the CONDUCT PROBLEMS PREVENTION RESEARCH GROUP (1992).

7.2 Residential group-living and special education

The structuring of activities is the main focus of residential treatment. Activities are to be directed on the gaining of social competence, in this respect the school and the residential treatment aim at the same direction (DE WITTE, 1990, p. 471). Children with conduct disorders have to acquire skills in order to overcome feelings of inferiority or worries about failures. Prosocial behaviour should displace antisocial behaviour. Starting point for a new socialization is the group to which the child belongs and for which it has the accept responsibility (De Lange, 1991). The role of the adult is a mediatory one, a mediation between tasks and ways to accomplish them. The child obeys rules and norms of the group out of identification with the group and not, necessarily, with the adult. The role of the adult is that of a coach and of a provider of security. Security, among others, means that all group-members are equally valued and that no special attention is given to one membership besides for a special reason. If the latter is the case, this reason should be discussed and accepted by all group-members.

8. Conclusion

Autistic children and children with conduct disorders (CD) are both to be helped in pedagogical situations, which are of special importance to them because of the limited reaching of these children in a personal relationship. Autistic children exhibit cognitive limitations and CD children show emotional limitations in their personal functioning. So, in a pedagogical sense, for these children the situation is more basic than the relationship, a pedagogical distinction which in general is discussed by STELLWAG (1970). Interesting about pedagogical situations are the opportunities they offer to combine structured activities with spontaneous behaviour of the children, a viewpoint that in the field of education particularly is stressed by Montessori (1965). As such, pedagogical situations are an indispensable part of youth care that complements training programs that focus less on the inclusion of spontaneous behaviour. Not only love, but also training programs are not enough to reach, teach or treat children with behavioural problems. The child care worker should not only connect with children, children also should, spontaneously, connect to the child care worker and to group-members. The self-government of an institute by the admitted children as advocated by Janusz Korczak is a famous example of this viewpoint. In the pedagogical situation a great variety of behaviour occurs on different occasions. Thanks to this variety not only weak spots or problems of children are to be focused on, but attention can also be paid to positive aspects of the childrens' functioning as a starting point for developing a new positive social identity. Sometimes the use of spontaneous positive, prosocial, behaviour gains methodological qualities, as in the case of the method »Learning by experience« by means of survival expeditions or other intensive learning experiences (RUIKES, 1994). The idea of this method in one institute started as a result of positive experiences during holiday-activities with youngsters that exhibited the most problematic behaviour during the rest of the year (Keulen, 1991). Another example is the setting up of a supportershome together with football-vandalists in order to prevent vandalism or hooliganism (VAN WELZENIS, 1992). The pedagogical situation is a rich source of treatment that can be used in many creative ways.

References

ACKER, J. VAN: Ouders en kinderen in conflict. Deventer, 1988
ACKER, J. VAN; Grenzen van hulpverlening. In: P.L.M. VAN DER DOEF (red.): Interdisciplinariteit in de jeugdhulpverlening en adolescentenzorg. Amersfoort/Leuven, 1992
AMERICAN PSYCHIATRIC ASSOCIATION: DSM-IV. Diagnostic and Statistical Manual of mental Disorders, Fourth Edition. Washington, 1994
BARTELS, A.J.J.: Sociale vaardigheidstraining voor probleemjongeren. Lisse, 1986
BETTELHEIM, B.: Love is not enough. The treatment of emotionally disturbed children. New York, 1950
COHEN, D.J., PAUL, R. & VOLKMAR F.R.: Issues in the classification of pervasive developmental disorders and associated conditions. In: D.J. COHEN, A.M. DONNELLAN & P. RHEA (eds.): Handbook of autism and pervasive developmental disorders. New York, 1987
CONDUCT PROBLEMS PREVENTION RESEARCH GROUP: A developmental and clinical model for the prevention of conduct disorders: the FAST Track Program. Development and psychopathology, 4/1992, pp. 509-527.
DOEF, P.L.M. VAN DER: Psychopathologie en interdisciplinair handelen. In P.L.M. VAN DER DOEF (red.) Interdisciplinariteit in de jeugdhulpverlening en adolescentenzorg. Amersfoort/Leuven, 1992a
DOEF, P.L.M. VAN DER: Four features of child psychopathology. An interdisciplinary model of classification and treatment. In: J.D. VAN DER PLOEG, P.M. VAN DEN BERGH, M. KLOMP, E.J. KNORTH & M. SMIT (eds.) Vulnerable youth in residential care. Part II: Clients, staff and the system. Leuven/Apeldoorn, 1992b
DOEF, P.L.M. VAN DER: Ontwikkelingsstoornissen. In: PETER VAN DER DOEF (red.): Psychopathologie van kinderen en jeugdhulpverlening. Utrecht, 1995
ENGELAND, H. VAN: Autisme en psychosen. In: W. VANDEREYCKEN, C.A.L. HOOGDUIN & P.M.G. EMMELKAMP (red.): Handboek Psychopathologie, deel 1. Houten, Antwerpen, 1994
HORST, W. TER: Het herstel van het gewone leven. Orthovisies 5. Groningen, 1977
GAAG, R.J. VAN DER: Multiplex developmental disorder. Proefschrift Rijksuniversiteit Utrecht, 1993
GARNIER, M. & VUGT, M. VAN: Hometraining in het Project aan Huis. In: H. BAARTMAN (red.): Praktisch pedagogische thuishulp in bewerkelijke gezinnen. Houten, Antwerpen, 1991
KEULEN, T.: Ervaringsleren als aanloop naar sociale competentie. Tijdschrift voor jeugdhulpverlening en jeugdwerk. 1991
KOK, J.F.W.: Opvoeding en hulpverlening in behandelingstehuizen. Rotterdam, 1973
LAFEBER, CHR.: Psychotische kinderen. Rotterdam, 1982
LANGE, G. DE: Hechtingsstoornissen. Orthopedagogische behandelingsstrategieën. Assen, 1991
MONTESSORI, M.: Spontaneous activity in education. New York, 1965
REDL, F. & WINEMAN, D.: Children who hate. Glencoe, undated (in Dutch: Kinderen die haten. Utrecht:, 1963).
REDL, F. & WINEMAN, D.: Controls from within. Glencoe, 1952 (in Dutch: De behandeling van het agressieve kind. Utrecht, 1967).
ROURKE, B.P.: Nonverbal learning disabilities: the syndrome and the model. New York, 1989
RUIKES, TH.: Ervaren en leren. Utrecht, 1994
STELLWAG, H.W.F.: »Situatie« en »relatie«. Groningen, 1970
VOSSEN, A.J.M.: Zichzelf worden in menselijke relatie. Haarlem, 1967
WITTE, H.J.F. DE: Ontwikkelingspsychopathie en psychopathiforme gedragsstoornissen (Conduct Disorders). In: J.A.R. SANDERS-WOUDSTRA & H.F.J. DE WITTE (red.): Leerboek Kinderen Jeugdpsychiatrie. Assen, Maastricht, 1990

Franz-Jürgen Blumenberg

Jugendhilfe und Jugendpsychiatrie in der BRD

Youth Service and Orthopsychiatry

Youth welfare system and children's psychiatry differ in history and theoretical dispositions. Both systems offer different forms of methods, opportunities and organisation in looking at human perspectives and terminology. This fact consequently leads - last not least - to various models of financial support.

The process of finding decisions in cooperation and communication often causes conflicts and rejections in terms of practical and theoretical application. Since 1990/ 91 a new German law »Kinder- und Jugendhilfegesetz« defines the competence of the youth-welfare-system for »seelisch behinderte Kinder« - this term tries to describe a theoretical construct between a physical (mental/medical) and a pure psychological or social terminology. This law started a new social-integrative concept for these children within the youth-welfare-system.

As a matter of fact, the earlier mentioned problems of defining the group of persons/ children - who is entitled to be supported and accepted by the youth-welfare-system - will continue to be a critical moment in cooperation between the youth-welfare-system and children's psychiatry. In spite of all difficulties finding commonly accepted solutions of the above explained theory in this controversy it is necessary to accept the importance and competence of the youth-welfare-system - as also stated by »Arbeitsgemeinschaft für Erziehungshilfe« (AFET). Based on this idea, little steps in working together on local level would create a most positive perspective for the future.

1. Vorbemerkung

Mein Beitrag zur Zusammenarbeit von Jugendhilfe und Kinder- und Jugendpsychiatrie nimmt die Perspektive der Jugendhilfe ein: Als Vorsitzender der Arbeitsgemeinschaft für Erziehungshilfe - AFET e.V. - ein bundesweiter Zusammenschluß von freien und öffentlichen Trägern der Jugendhilfe, und in meiner hauptamtlichen Funktion als Leiter einer Beratungsstelle und Praxisforschungsgruppe im Bereich sozialer Benachteiligung bin ich in der Vergangenheit immer wieder mit den Zusatzbenachteiligungen der Betroffenen konfrontiert worden, die durch Abschottung und Spezialisierung aber auch durch Übergriffe und Vereinnahmungen zwischen verschiedenen sozialen, schulischen, gesundheitlichen oder auch justitiellen Dienstleistungs-, Bildungs- und Versorgungsangeboten oder Eingriffen entstehen. Statt des großen Wurfs der Vereinheitlichungsversuche bevorzuge ich in meinem Plädoyer eine langfristig und kleinschrittig angelegte, eine alltagsorientierte Entwicklung der interdisziplinären und interinstitutionellen Zusammenarbeit. Im Vergleich zu einem früheren Beitrag (BLUMENBERG, 1990) werde ich weniger die theoretische als die praktische Ebene der Verhinderung bzw. Förderung von Verständigung und Zusammenarbeit ansprechen.

Deutlicher als damals wird die Entwicklung kleiner Schritte der Zusammenarbeit auf der Basis einer grundsätzlichen Abgrenzung der Arbeitsbereiche angelegt, die auch in einer Stellungnahme des AFET formuliert ist (vgl. AFET, 1992).

2. Historische Wurzeln und Entwicklungen

Jugendhilfe und Kinder- und Jugendpsychiatrie gehen auf ganz unterschiedliche historische Wurzeln zurück, haben sich weitgehend unabhängig voneinander entwickelt und weisen so vielfältige und prägende Unterschiede in
- Geschichte und Theoriebildung
- Terminologie und Sichtweisen
- Methoden und Organisationsformen oder
- Finanzierungsmodalitäten

auf: So stehen etwa das medizinische Behandlungsmodell, der Mensch als Patient oder die Klinikhierarchie, den dialogorientierten Arbeitsformen, der Sicht des Menschen als Dialogpartner sowie der Jugendhilfevielfalt öffentlicher und freier Träger gegenüber.

Die Geschichte dieser beiden Beratungs-, Lebens- und Arbeitsräume ist demzufolge auch nicht frei von fachlichen Mißverständnissen, Konkurrenzlagen, Überzeugungs- und Vereinnahmungsversuchen (vgl. ISA, 1989).

Alltagsleitende Prinzipien waren und sind oft bis heute Abschottung und Distanzierung, die aber bei Übergangsentscheidungen im Einzelfall vielerorts regelmäßig unterbrochen werden (vgl. entsprechende Feststellungen im 8. JUGENDBERICHT DER BUNDESREGIERUNG, 1990). Bei diesen einzelfallorientierten Kontaktaufnahmen bildeten sich **perspektivische Problemverständnisse** heraus, die gängige Konfliktlinien erzeugten:
- Erziehungsbedürftigkeit vs. Krankheit
- Überschätzung der eigenen und Unterschätzung der Kompetenz der anderen Seite
- positive bzw. negative Definition der eigenen und der anderen Arbeitsweise
- Rangkämpfe um Zuständigkeitsfragen und Definitionsmächte

Unterschiedliche Wahrnehmungen und Einschätzungen ergaben sich nicht nur aus verschiedenen historischen und fachlichen Prägungen, sondern durchaus auch aus unterschiedlichen Interessenslagen, berufsständischen Anliegen und pfründeorientierten Kampfansagen, die umso deutlicher ausfallen je mehr die Konzentration der Alltagskontakte auf verschleppte Kompetenzfragen die Produktion von Feindbildern zuläßt oder gar fördert.

2.1 Abgrenzung und Kooperation

Gerade wegen der unterschiedlichen Identitäten von Jugendhilfe und Kinder- und Jugendpsychiatrie ist bei dem dringend erforderlichen Bemühen um Zusammenarbeit und Verständigung immer auch auf notwendige Abgrenzung und Vergewisserung der Wege und Ziele zu achten.

Das Kinder- und Jugendhilfegesetz (KJHG) definiert sowohl allgemein das Prinzip der Zusammenarbeit für Jugendhilfe und Gesundheitswesen (KJHG § 81, Abs. 3) als auch den Grundsatz der Zuständigkeit der Jugendhilfe für seelisch behinderte Kinder und Jugendliche (KJHG § 35a), wobei in jedem Fall der Gewährung erzieherischer Hilfen, die Beteiligung der und die Zusammenarbeit mit der Kinder- und Jugendpsychiatrie nach Erfordernis gewährleistet werden soll (KJHG § 36, Abs. 2 und 3).

Diese Verpflichtung zur Zusammenarbeit gilt auch für die Seite der Kinder- und Jugendpsychiatrie (Gesetz über die Angleichungen der Leistungen zur Rehabilitation, § 5, Abs. 3).

Die Einbeziehung seelisch behinderter junger Menschen in das KJHG, im Sinne des Prinzips von Integration beschreibt ein Aufgabenfeld der Jugendhilfe, eine Schnittstelle der Zusammenarbeit mit der Kinder- und Jugendpsychiatrie und verweist damit auf Abgrenzungs- und Zusammenarbeitserfordernisse. Die eindeutige Zuweisung der Entscheidungskompetenz an den Jugendhilfeträger bildet dabei die Grundlage dieser Abstimmungsprozesse und steht nicht zur Diskussion.

Die fachlich-inhaltlichen Einschätzungen belegen allerdings zwingend die Notwendigkeit einer engen Abstimmung und Verständigung zwischen beiden Bereichen, denn viele Kinder, Jugendliche und Eltern haben es mit Fachkräften sowohl in der Jugendhilfe als auch in der Kinder- und Jugendpsychiatrie zu tun; sie sind darauf angewiesen und gehen davon aus, daß zwischen den beteiligten Fachkräften eine Verständigung erfolgt. Auch auf der konzeptionellen Ebene ist eine Abstimmung von Aufgaben und Angeboten in der Region erforderlich und geboten.

Als Aufgaben der Zusammenarbeit von Jugendhilfe (insbesondere Erziehungsberatungsstellen, Heimeinrichtungen und Soziale Dienste) und Kinder- und Jugendpsychiatrie beschreibt der Landeswohlfahrtsverband Baden (vgl. dazu Landeswohlfahrtsverband Baden, 1992; vgl. auch GINTZEL/SCHONE, 1990) die Zusammenarbeit bei ambulanten, stationären und teilstationären Maßnahmen bei Prävention und Öffentlichkeitsarbeit. Damit sind nach der Gesetzes- und Praxislage die Voraussetzungen und Notwendigkeiten der Entwicklung einer ebenso intensiven wie behutsamen Zusammenarbeit gegeben - und teilweise auch erkannt.

3. Fachlicher Wandel der Jugendhilfe im Blick auf externe Zusammenarbeit

Das KJHG hat der Jugendhilfe und ihren unterschiedlichen Trägern, Einrichtungen, Diensten und Initiativen in öffentlicher und freier Trägerschaft - wie schon angesprochen - eine völlig neue gesetzliche Grundlage gegeben, die im hier angesprochenen Sinne insbesondere Auswirkungen auf die Entwicklung von Leistungsangeboten, auf den Aushandlungsprozeß mit Anspruchsberechtigtren und Leistungsempfängern, auf die örtliche Zuständigkeit und die externe Zusammenarbeit vorsieht.

3.1 Leistungsangebote und Aushandlungsprozesse

Mit dem KJHG hat die Jugendhilfe 1990/91 eine neue gesetzliche Grundlage erhalten, die nicht nur das gesamte Aufgabenfeld der Jugendhilfe neu und wesentlich differenzierter beschreibt als das alte JWG (Jugendwohlfahrtsgesetz), sondern die auch ein neues Beziehungsverhältnis zwischen Fachkräften einerseits, den Anspruchsberechtigten und Leistungsempfängern andrerseits festlegt. Die Letztgenannten sind an allen sie betreffenden Entscheidungen zu beteiligen, die Gestaltung von Angeboten ist mit diesen auszuhandeln; »Betroffenenbeteiligung« und »Mitwirkung« sind die entsprechenden Stichworte im Gesetzestext. Eingriffe sind aus dem KJHG weitestgehend herausgenommen, es ist ganz auf Beratung angelegt. Der damit erforderliche Beziehungswandel zwischen Fachkräften und Betroffenen wird auch als **Paradigmenwechsel** bezeichnet und ist in der Praxis längst noch nicht abgeschlossen. Daraus folgen Belastungen, die sich als Einschränkungen ebenfalls auf Bereitschaften und Möglichkeiten externer Zusammenarbeit auswirken. Darüber hinaus wird damit ein Selbstverständnis der Jugendhilfe definiert, das im Kontrast zum »medizinisch/ naturwissenschaftlichen Behandlungsmodell« steht.

3.2 Örtliche Zuständigkeit

Die Konzentration der Jugendhilfezuständigkeiten auf der örtlichen Ebene ist der prinzipiell angemessene Schritt, um das lange geforderte Prinzip der Regionalisierung mit Leben zu füllen und damit den regionalen Voraussetzungen bei der Gestaltung der Angebotspalette der örtlichen Jugendhilfe, besser Rechnung tragen zu können. Noch nicht abzusehen ist allerdings welche Auswirkungen die damit verbundene finanzielle örtliche Zuständigkeit auf die Gewährleistung angemessener und frühzeitiger Jugendhilfeangebote hat. Die nur zögerliche Umsetzung der gesetzlich vorgeschriebenen örtlichen Jugendhilfeplanung und der gegenwärtig mancherorts zu beobachtende absolute Unterbringungsstop in stationären Jugendhilfeeinrichtungen angesichts der Verschuldungsgrenzen kommunaler Haushalte läßt hier wenig Gutes ahnen. Diese örtliche Zuständigkeit in der Jugendhilfe bedeutet auch für Abstimmung und Kooperation eine Konzentration auf der örtlichen Ebene nach den jeweiligen Voraussetzungen und Möglichkeiten.

3.3 Externe Zusammenarbeit

Das KJHG beschreibt - wie schon ausgeführt - neben dem Erfordernis einer grundsätzlichen externen Zusammenarbeit (KJHG § 81) auch im Einzelfall die Notwendigkeit der konkreten Abstimmung und Verknüpfung eigener Angebote mit denen anderer Dienste und Einrichtungen (KJHG § 36, Abs. 3).

4. Exkurse

4.1 Erster Exkurs: Lage in den östlichen Bundesländern

In den östlichen Bundesländern Deutschlands wird die Jugendhilfe auf der Grundlage des KJHG völlig neu entwickelt und aufgebaut. Das gilt sowohl für den Aufbau der Verwaltung und der Fachdienste beim öffentlichen Träger auf örtlicher und überörtlicher Ebene als auch für den Neuaufbau der Trägerstruktur, der Einrichtungen und Angebote der freien Träger der Jugendhilfe. Diese Aufbauleistung bindet alle verfügbaren Kräfte und steht unter ganz außerordentlichen Belastungen, die mit der oft belasteten oder gar schwer geschädigten persönlichen und institutionellen Identität, mit nach wie vor bestehenden Unsicherheiten, mit extrem hoher Arbeitslosigkeit, mit dem Mangel an qualifizierten Fachkräften und nicht zuletzt mit einem durchgängig hohen Finanzmangel in engem Zusammenhang stehen. Der Aufbau der Jugendhilfe wird so noch viel Zeit und Energie binden.

Die Auswirkungen auf die Entwicklung der Zusammenarbeit von Jugendhilfe und Kinder- und Jugendpsychiatrie wird durch diese Lage im doppelten Sinne geprägt: Einerseits wird die Entwicklung jeder externen Zusammenarbeit durch diese internen Problemlagen sehr nachhaltig geprägt, da kaum noch Energie verfügbar ist; andrerseits gibt es in den neuen Bundesländern noch nicht die Abschottungstendenzen der im Westen gewachsenen ausdifferenzierten und spezialisierten Jugendhilfe mit ihren kooperationsbehindernden Auswirkungen. Die Chance der Entwicklung einer weniger verstellten Zusammenarbeit sollte auf jeden Fall genutzt werden.

4.2 Zweiter Exkurs: Zusammenarbeit und Kürzungszwänge

Den formulierten Notwendigkeiten der Zusammenarbeit stehen derzeit in der Jugendhilfe ein absoluter Kürzungsdruck und Finanzmangel gegenüber, der sowohl die fachliche Gestaltung eigener Angebote als auch die vielfältigen Gebote der Zusammenarbeit auszuhebeln droht: Unter diesem Druck scheinen mancherorts sowohl der Diskurs über fachliche Schwerpunktsetzungen im Jugendhilfeausschuß als auch wichtige inhaltliche Schwerpunkte der Jugendhilfe auf der Strecke zu bleiben. Verschärft setzt sich dieser Druck auch auf die schwierige Aufgabe der interdisziplinären Zusammenarbeit fort. Diese innere Lage der Jugendhilfe ist bei allen Überlegungen zur Zusammenarbeit als wichtige Voraussetzung einzubeziehen.

5. Schlußfolgerungen für die Entwicklung einer dialogorientierten regionalen Zusammenarbeit zwischen Jugendhilfe und Kinder- und Jugendpsychiatrie

Die bisherigen Kontakte zwischen Jugendhilfe und Kinder- und Jugendpsychiatrie haben sich auch deswegen so problematisch und konflikthaft entwickelt, weil sie vor allem einzelfallbezogen, oft zu spät, als Ergebnis von Problemeskalationen und dann oft von allseitiger Ratlosigkeit und Übergabemotivationen geprägt, aufgenommen wurden. Daher lautet eine erste Schlußfolgerung:

- Aufnahme einzelfallübergreifender, **regelmäßiger**, örtlicher oder regionaler **Fachgespräche**, um in persönlichen Kontakten zwischen VertreterInnen von öffentlicher und freier Jugendhilfe und Kinder- und Jugendpsychiatrie über beiderseitige Positionen, Sichtweisen und Konfliktanlässe zu informieren und Formen konstruktiver und gegenseitig ergänzender Zusammenarbeit zu vereinbaren.

Die bisherige Zusammenarbeit ist des weiteren belastet durch unterschiedliche theoretische und historische Positionen und abweichende Konzeptualisierungen des beruflichen Alltags. So lautet eine zweite Schlußfolgerung:

- Vertreter der Kinder- und Jugendpsychiatrie sollten schon im Stadium der vom KJHG vorgeschriebenen örtlichen **Jugendhilfeplanung** beteiligt und einbezogen werden, um einzelfallunabhängig und praxisvorbereitend Verständigung zu bahnen und frühzeitig Konzepte und Angebote aufeinander abstimmen zu können.

Gängige Konfliktlinien sind nach den oben genannten Überlegungen auch durch segmentierte Interessenlagen zwischen Jugendhilfe und Kinder- und Jugendpsychiatrie geprägt. Die Entwicklung gemeinsamer Verantwortung kann aber am ehesten durch gemeinsames Tun wachsen. Deshalb lautet eine dritte Schlußfolgerung:

- Jugendhilfe sollte sich um die Entwicklung von **Zusammenarbeit** und Mitwirkung von Kinder- und Jugendpsychiatern etwa im Rahmen der Hilfegewährung nach § 35a KJHG bemühen und **Modellprojekte** der Kooperation von Jugendhilfe und Kinder- und Jugendpsychiatrie auf den Weg bringen. Das wäre wegen der allseitigen Unterversorgung gerade in den östlichen Bundesländern geboten und sinnvoll.

Eine vierte Schlußfolgerung in bezug auf die östlichen Bundesländer lautet:

- Im Sinne eines sparsamen Einsatzes knapper Finanzmittel ist in der Aufbauphase sozialer und gesundheitlicher Dienste und Einrichtungen eine enge Abstimmung zwischen Jugendhilfe und Kinder- und Jugendpsychiatrie geboten, um Parallelangebote und unabgestimmtes Nebeneinander zu vermeiden.

Gerade wegen der bedrängenden finanziellen Rahmenbedingungen, die geeignet sind, Konkurrenzgebahren und Verdrängungswettbewerbe auch zwischen Fachdisziplinen anzufachen, scheint es mir besonders wichtig alle Ideen und Überlegungen zur Entwicklung einer gedeihlichen Zusammenarbeit zumal im Bereich sozialer und gesundheitlicher Arbeit zusammenzutragen und auch umzusetzen. Die Durchsetzungsebene dieser Vorstellungen ist die örtliche **Jugendhilfeplanung** nach § 80 KJHG, die vielerorts noch ausgesprochen entwicklungsbedürftig ist.

Dieses Bemühen um Zusammenarbeit sind wir den rat- und hilfesuchenden Kindern, Jugendlichen und ihren Angehörigen schuldig.

Literatur

ARBEITSGEMEINSCHAFT FÜR ERZIEHUNGSHILFE AFET e.V.: Stellungnahme zur »Einbeziehung der behinderten Kinder und Jugendlichen in das Kinder- und Jugendhilfegesetz«. In: AFET-Mitglieder-Rundbrief 1992/2-3, S. 39
BLUMENBERG, F.-J.: Psychosoziale Versorgungsangebote von Jugendhilfe und Jugendpsychiatrie - Folgerungen für die Weiterentwicklung der Theorie und Praxis der Systeme. In:

Arbeitsgemeinschaft für Erziehungshilfe e.V.: AFET-Mitgliederrundbrief 1990/4, S. 80-84

GINTZEL, U.; SCHONE, R. (HRSG.): Zwischen Jugendhilfe und Jugendpsychiatrie. Konzepte - Methoden - Rechtsgrundlagen. Münster, 1990

INSTITUT FÜR SOZIALE ARBEIT - ISA E.V. (HRSG.): Soziale Praxis Heft 7. Jugendhilfe und Jugendpsychiatrie. Zwischen Konkurrenz und Kooperation. Münster, 1989 (Bearbeitet von: GINTZEL, U./SCHONE, R.)

LANDESWOHLFAHRTSVERBAND BADEN: Jugendhilfe - Kooperation - Kinder und Jugendpsychiatrie. Karlsruhe, 1992.

Johan Vanderfaeillie

Disturbed or Abused Children in a Paediatric Unit

Integrative Behandlung in einer pädiatrischen Abteilung

Die pädiatrische Abteilung des Universitätsklinikums der Freien Universität Brüssel (A.Z.K.-V.U.B.) unterscheidet sich von anderen Krankenhäusern, weil sowohl nicht psychiatrisch kranke Kinder als auch Kinder mit psychiatrische Problemen auf derselben Station untergebracht wurden. Die Kinderpsychiatrische Abteilung und das Vertrauensarztzentrum für die Behandlung von mißbrauchten und verwahrlosten Kindern sind vollständig in das Krankenhaus integriert. Dies erlaubt die Aufnahme von Kindern mit psychischen Problemen als auch von Kindern, die geschlagen, verwahrlost und mißhandelt wurden. In Laufe eines Jahres wurden 84 Kinder mit psychiatrischen Auffälligkeiten aufgenommen, bezogen auf eine Gesamtsumme von 2664 Aufnahmen von Kindern zwischen 0-16 Jahren. Ein explorierende Studie zeigt auf, daß es möglich ist, mit mißbrauchten und verwahrlosten Kindern innerhalb der Strukturen einer Pädiatrischen Abteilung zu arbeiten.

1. Introduction

The University Hospital for Children (A.Z.K.-V.U.B.) allows the hospitalisation of physically ill children together with psychologically disturbed children. Children with psychological problems are not hospitalised in a special unit, but stay among other ill children without the risk of being stigmatised as psychiatric patients.

This option is based on the insight that »psychological« and »medical« problems often co-occur, and that both should be treated at the same time. Besides, in practice it seems difficult to make a clear distinction between physical and psychological problems. This insight influenced in an enormous way the organisation of the Children's Hospital.

The absence of an (architectural) frontier between the Child Psychiatric Unit and the Paediatric Outdoor Patient Department makes the Child Psychiatric Unit more accessible and respects the anonymity of the help-seeking family. The anonymity is of great interest when it concerns problems as there are abuse and neglect.

The integration from the Child Psychiatric Unit in the Paediatric Department allows that physical symptoms, caused by psychological factors, are understood and treated better. Children with pedagogical or psychological problems due to their disease, can be helped more efficiently. Therefore, the hospital is as child-centred as possible. It is beautiful, warm and attractive to the children. Parents can visit the children during the whole day and rooming-in is encouraged.

2. Philosophy and structure of the children's hospital A.Z.K.-V.U.B

The Child Psychiatric Unit consists of an outdoor patient department, a specific centre for the treatment of child abuse and neglect, called the Confidential Doctor Centre (CDC) and a Recreation Unit.

Problems such as abuse and neglect, are understood as a result of family dysfunctioning. The best way to help the child is to help his parents (Lampo & Marneffe, 1990). The CDC took the option to help the family in a confidential and therapeutical climate, apart from the judicial authorities.

The help is organised on 4 priorities (LAMPO & MARNEFFE, 1990):

- First must the safety of the child be guaranteed. When children cannot stay at home because safety cannot be guaranteed by the parents or caretakers, a hospitalisation can be proposed. A hospitalisation is accepted more easily, because it is not similar to an outdoor placement. The irritable or abusive parent becomes the parent of an »ill« child. The difficult or abused child becomes a child in need of care that has to be hospitalized for a while. Child nor parent is stigmatised but is helped instead of judged. The policy of the hospital, even in cases of severe endangerment of the children, is one of helping instead of scandalizing and reporting. The Recreation Unit makes a hospitalisation possible.
- In the second place the origin of the actual problems are searched, which are very often related to the violence these parents have experienced in their own youth. If the parent can understand the child in himself, he will be able to understand his own child.
- The third priority is to change the family interactions.
- In the fourth place is aimed at the optimization of the second or third environment of child and parent, and at the creation of a new support-system.

Thus, when an abused or neglected child is hospitalized in the children's hospital, a global approach consisting of medical and psychological assistance is provided to the child and his parents, whereby child, parents, medical staff and child psychiatric staff work together aiming at the better functioning of the family. The Recreation Unit fulfils a key-role in this process.

3. The Children

Over the year 1992, 2664 children were hospitalized between 0-16 years and with an average stay of 5 days. In 84 cases the Child Psychiatric Unit had to intervene. Some children were hospitalized on the demand of the Department of Child Psychiatry. Most of them were hospitalized in the regular way: on the demand of a paediatrician or by the Emergency Unit. In most cases (50%) the children were hospitalized with somatic complaints or diseases. The following table shows the reason of admission.

Table 1:   Reason of admission for children needing psychiatric intervention in 1992

(n = 84)	n	%
Somatic complaints/diseases	42	(50.0)
Abuse and neglect	18	(21.4)
Psychological problems	18	(21.4)
Situation at risk	6	(7.0)

Table 1 shows that 18 children (21.4%) were hospitalized with a suspicion of neglect or abuse and 18 children (21.4%) were hospitalized because they had psychological problems (psychosis, behavioural problems or emotional-affective problems).

When the Child Psychiatric Unit intervenes, parents are invited to discuss the problems. At the same time the children are interviewed, assessed and observed. Afterwards parents are again invited to discuss the diagnosis in the presence of the child.

The following diagnoses were made during their stay:

Table 2:   Diagnosis of the children after hospitalisation

(n=84)	n	%
Somatic complaints/diseases	9	(10.7)
Abuse and neglect	33	(39.3)
Psychological problems	21	(21.0)
Physical problems		
caused by psychological factor	12	(14.3)
Family problems	9	(10.7)

After putting a diagnosis, the group of children with somatic complaints or diseases decreases from 50% to 10.7%. At the same time the group »abuse and neglect« and the group »psychological problems« (psychological problems and physical problems caused by psychological factors) increase considerably.

The average stay of children with child psychiatric intervention is 17 days. The age of the children is shown in table 3 and their gender in table 4:

Table 3:   Age of the children

(n=84)	n	%
< 2.5	24	(28.6)
2.5 - 5	8	(9.5)
6 - 12	40	(47.6)
13 - 16	12	(14.3)

Table 4:   gender of the children

(n=84)	n
boy	40
girl	44

The figures show a not to be ignored group of very small children with severe problems. They show us also that there are as much girls as boys. All children were examined carefully during their stay. A complete medical check-up was done. Checkup showed that 70 children did not need a medical but a psychological approach.

4. The functioning of the Recreation Unit

The Recreation Unit forms the link between the paramedical, medical and psychological staff as well as between the staff and the parents and the children and vice versa. The unit has three main objectives.
• to provide daily recreation and education.
• to observe children (when the diagnosis of situation is difficult)
• to provide a therapeutical climate for chronically ill children and children with psycho-social problems.

4.1 Daily education and recreation

The Recreation Unit provides daily education and recreation for ill children as well as for children with psychological problems. Hospitalized children stay in a non-familiar environment, where suddenly they lose much of their independence. They lose control of their own lives. Many examinations are planned for them, they cannot dress as they like, they cannot decide anymore what they will eat, they cannot play what they want, etc. The Recreation Unit tries to do everything so that life can continue as normally as possible. Staff-members encourage the children's independence and offer them as many activities as possible. Therefore a normal rhythm of life is re-introduced. The children sleep and eat in the nursing-units. Afterwards they go to the Recreation Unit, as they would go to school. The geographical separation makes the distinction clear between sleeping, eating and working, activities that structure the day.
     All children go to school. The classroom is an element of the life outside the hospital. By organising lessons we bring everyday life into the hospital. The learning process goes on and delays in the school level are prevented. By learning, writing, calculating and reading, children can show their possibilities. When they learn, they regain control over the situation and forget a while why they are in the hospital. The children have to concentrate on the school-material and are less worrying about their illness and relational or emotional problems.
     It is neither easy nor evident to take children with psychological problems to school. Most of them experienced a lot of failures at school. For them class-policy is more oriented on remediation than on the normal curriculum. The teacher wants the

children to experience that learning can be fun and that they are able to learn and do well at school.

Knowing that hospitalized children lose much of their independence and knowing that abused and neglected children have a low self-esteem (KOERS, 1984; MICHIELS, 1990) and developmental problems (LENAERTS, 1990; MICHIELS, 1990; HOFFMAN-PLOTKIN and TWENTYMAN, 1984), guided activities are organised. They aim at offering children the possibility to show themselves and their environment their creative abilities. Not the result is important but the idea »I have made this«. It is also a way to express feelings, that can be discussed later.

In free games children show what is preoccupying them and they liberate themselves, at least partially, from anxiety and fear. While playing with the child, feelings can be explored in a very natural way. During the play-sessions the staff defends the child against aggressors; in role-plays staff-members make the punished children, often represented by dolls, cry. Educators show the children how they see their sadness and anger and that they feel also bad about it.

At the same time educators try to understand the children and try to show them that there are adults worth to be trusted. They want to show the children that not all adults neglect or abuse children; and that if they do, they have other reasons than the children themselves to do so, like problems at work, etc. During the discussions and the play-sessions the educational staff also explains that abusing children is a wrong attitude of adults and that the children carry by no means responsibility for what happened. The barrier between play and play therapy almost disappears.

Aiming at linking up with life outside the hospital, the Recreation Unit finds it very important to celebrate birthdays and public holidays. Therefore parties are organised. Birthdays or the leaving of children are milestones in their lives and ought to be celebrated.

The presence of the educational staff offers children the possibility to attach, to establish relationships and to talk about fears and pains. In situations where mothers are unable to build out a maternal bond, the baby is stimulated to attach to one and the same staff-member. Children who have to stay alone in the hospital without visits also receive special attention. Important is that staff-members are not paediatricians nor nurses, so they are not associated with operations and painful examinations. Each moment they make sure that children do not isolate themselves and stagnate in their development. By establishing relationships, offering activities and specific stimulation it is tried to stimulate and to keep on going the development.

4.2 Observation

Some children have to be observed. Such an observation includes attention as well on medical aspects (absences, pain, complaints,...) as on psychological and educational aspects:
- general appearance
- functional aspects: independence, play, locomotory-, verbal- and cognitive skills
- relational aspects (relationships with other children, relationships with adults)
- emotional aspects (acting out, emotional withdrawl)

Of course school plays an important role in the observation. Their concentration and school performance are observed. In many cases, children are tested (WISC-R, TAT, CAT, FRT, ...).

4.3 The creation of a therapeutical climate

Psychologically disturbed children need more than daily recreation and education. They need a therapeutical climate. A therapeutical environment is a total-life situation, a purposely designed environment (BETTELHEIM & SYLVESTER, 1970). The attention is focused on everyday life experiences. These experiences are given a therapeutical dimension (SMIS, 1981). This is done by handling the educational process specifically. By modelling in a specific way relationships, by creating in a specific way the climate and by handling situations in a specific way, the stranded process of education and development is given a new start (KOK, 1988).

The work in the Recreation Unit is sustained by other therapies. These are psycho-therapeutical, logopedic and psychomotoric therapies. These therapies take root in the total education. By integrating these improving or accelerating activities in the total educational process, the chance increases that children assimilate the changes in every day life (KOK, 1988). On the other hand, children may need a child-centred therapy to support the processes in the family-therapy or as a contribution to the child's own evolution (VERSCHUEREN, 1986).

Our climate emphasises a warm, supportive and clear approach. The Recreation Unit wants to be a place where the child feels safe and where limits are set and known. Staff-members try to provide the needed »basic-security«. The security is offered by a clear structure, by a daily rhythm of life and by the predictable and consequent acting of the personnel. To provide security you need an »optimal tolerance«, not as a purpose in itself but as a condition to establish relationships (SMIS, 1987). Setting everyday limits it can happen that every limit is wiped out and the child becomes even more anxious (SMIS, 1987).

This safety is also offered outside our unit. The staff accompanies the child when it goes for therapy to another part of the hospital or visits a new school, new fosterparents or a new home. Such a climate has to be transparent and clear. Therefore every day has about the same structure. It is also very important that the presence of the staff is predictable and as continuous as possible.

Children must be able to feel that we are there for them. The expression of feelings is admitted and encouraged. Talking about feelings and playing them in fantasy-plays is very important. Each time someone feels anger or is depressed, time is taken to discuss the anger or the sadness. Where does it come from? What can we do about it?

Children are not punished. That does not mean that everything is tolerated. Each time we discuss intolerable behaviour. Limits are again set clear. Aggression is tolerated in limits (as long as the safety of the child itself and his environment is guaranteed; cfr. optimal tolerance). Aggression does not lead to disapprovement but is handled as an occasion to discuss feelings of anger and aggression and to work with them. At the same time we look for new ways to handle this anger and aggression.

Therefore an attitude of acceptation, empathy, respect, trust and authenticity is required. This is only possible when there are sufficient possibilities to establish individual relationships with the educational staff. Relations are the essence of our work (BETTELHEIM, 1950). The educators in their relationships to each other and in their relationships to the other children stand as a model. They try to establish a warm, trustful and intensive relationship between child and adult. But attention is not only paid to relational aspects, while the »handling of situations« and the »realisation of an appropriate climate« are forgotten (DE VRIENDT, 1986). A neglected or abused child may not only test in an extreme way his own relation with the educator but also the relation between other children and the same educator. At that moment, you run the risk that everything is focused on that one and only child. Therefore every moment of the day it is searched for an equilibrium between »keeping distance« and »reel commitment« (KLOMP & VAN OEFELT, 1978; SMIS, 1987).

While the educational staff tries to establish relationships with the children, they take care not to take in the place of the parents. To choose for the child does not mean to choose against the parents. To support the child does not mean to break down the natural caretaker. Besides, you have to take into account that children present their natural environment and parents at any moment of the day (HULBOSCH, 1986). A child feels, thinks and reacts in function of his family of origin.

We pay much attention to the construction of a positive self-image and the stimulation of self-confidence. Children are invited to play, to construct, to have success and do well. When problems of development, concentration, auditive or visual analysis and synthesis, body-scheme, language, or motor dysfunctions are detected, specific stimulation programs are designed. Not only the results of these programs are important but just as much the learning tempo. The observation of the learning process gives us an indication of the learning possibilities.

5. Follow-up

Doubts can be exposed on the quality of life of healthy children in a hospital. In December 1992 and January 1993 a small exploring study was set up to know how children really felt during their stay in the hospital, although they were not ill. Twenty children (11 girls and 9 boys) that were hospitalised long enough by the CDC over the years, were visited and asked about their stay in the hospital. The average age of the children at the moment of the investigation was 12,4 year. The average age during their hospitalisation was 10,4. Three children were sexually abused, 6 were maltreated, 8 were neglected, 1 suffered from anorexia nervosa, 1 suffered from psychosis and 1 had relational problems. The average stay was 38,4 days.

Sixty-seven per cent of the children found hospitalisation a good solution for their problems. The security offered by the hospital and the relaxed climate seemed very important. In contradiction to what we expected, children felt good in the hospital. In general (80%) they were satisfied about almost all the conditions of their hospitalisation. Children felt also helped by the psychotherapy (89%). We found a

strong correlation between the fact »be helped by the psychotherapy« and the availability of the psychotherapist.

The negative side of the hospitalisation was that there were not enough possibilities to play outside and that there were not enough activities especially designed
for adolescents. Aware of many methodological problems, this study so seems to
indicate that it is possible to hospitalise children with psychological problems and
children who are battered, neglected and abused in a paediatric unit.

6. Conclusion

To hospitalise psychologically disturbed children in a paediatric unit with physically
ill children goes not without saying. Not all parents of hospitalized children accept
that some children, obviously not ill, cause more trouble than others. For nurses it is
not always easy to nurse all children and at the same time pay attention to a group
that is not ill and does not need physical care.

The children with psycho-social problems stay longer in the hospital than the
average 5 days and the processes in psychotherapy and family-therapy are less univocal
and show much more ups and downs in comparison with the healing process of the
children without psychological problems. But with a good admission policy, the provision of enough meaningful personal relationships and with sufficient infrastructure, it seems to be possible to create a therapeutical climate that seems to help the
children.

This solution seems preferable in the global approach of psychologically disturbed children or endangered children, since a hospitalisation allows to avoid out-
home placement and stigma of the family. A hospitalisation in a paediatric unit permits to respect anonymity for the often too abusive parents and provides some care
and peace for the children in danger. Although hospitalisation of children is still
viewed as abusive, this paper tried to show the contrary: the hospital should stay a
place of care, where next to technical services love is also provided, although that is
not enough if parents are not encouraged to join.

References

BETTELHEIM, B. (): Love is not enough. New York, 1950
BETTELHEIM B. & SYLVESTER E. () : A therapeutic milieu. In : H.W. POLSKY a.o., Social Systems
    Perspectives in Residential Institutions. Michigan, 1970
DE VRIENDT A. (): Grenzen van de groepsopvoeder bij tolerantie en normering. In: Tijdschr.
    Orthoped. Kinderpsych., 1981, VI, 1, pp. 24-34.
HOFFMAN-PLOTKIN D., TWENTYMAN C.T. (): A multimodal assessement of behavioural and cog-
    nitive deficits in abused and neglected preschoolers. In: Child Development, 1984, 55,
    pp. 794-802.
HULSBOSCH, J. () : Gezinsgericht werken met het kind in de leefgroep. In: Tijdschrift voor
    Orthoped. Kinderpsychiatrie, 1986, 11, pp. 172-180.
KLOMP M., VAN OEFELT P. () : Residentiële behandelingsplanning als proces. In: Pedagogisch
    tijdschrift, 1978, 7, pp. 387-404.
KOERS A.J. () : Kindermishandeling, Reeks »Mens en Gedrag«. Rotterdam, 1984, 2de druk.

Kok J.F.W. () : Specifiek opvoeden (orthopedagogische theorie en praktijk). Acco, Leuven, 1988, 6de herziene druk.

Lampo A., Marneffe C. () : Hulpverleningsprincipes. In : Clara R. (red.): Kindermishandeling en -verwaarlozing in Vlaanderen. Acco, Leuven, 1990

Michiels M. () : Lichamelijke kindermishandeling, in: Clara R. (red.): Kindermishandeling en -verwaarlozing in Vlaanderen. Acco, Leuven, 1990

Smis W. () : Het stellen van grenzen bij kinderen in de residentiële opvoedingssituatie. In: Tijdschrift voor Orthoped. Kinderpsychiatrie, 1987, VI, 1, pp. 15-23.

Verschueren R. () : Kindgerichte therapieën binnen een gezinsgerichte residentiële werking (enkele bedenkingen). In: Tijdschrift voor Orthoped. Kinderpsychiatrie, 1986, 11, pp. 181-189.

XIII.

Einschließen - Erziehen -Strafen

Locking up Children

Karin Weiss

Einschließen – Erziehen – Strafen

Locking up Children

The discussion about closed detention is problematic and still taken emotional. Closed detention was especially during the seventies severe criticized and such institutions have been abolished extensive not only in Germany. Nowadays the need of reviving those institutions, which make possible to come into contact with juveniles who are not willing to come into contact with the institution themselves, is increasingly discussed. The empirical research has until not no clear proof that closed institutions have inevitable negative consequences for the development of there accomodated youth. Nevertheless the criticism reduces the multivarious space residential care to one factor of basical structure, a simplification, which does surely not justice to the pedagogical space residential care. Here it has to lead a distinctional discussion, which develops on professional and objective basis approaches of solutions and creats alternatives.

Die Termini Heim - Institutionelle Erziehung - Ersatzerziehung - oder ähnliche Begriffe kennzeichnen eine Realität, die nach heftigen und durchaus emotionalen Diskussionen besonders in den siebziger Jahren etwas in Vergessenheit geraten ist und heute in der Fachöffentlichkeit relativ wenig, aber mit wachsender Tendenz problematisiert wird. Nach wie vor ist eine nicht zu unterschätzende Zahl von verhaltensauffälligen Kindern und Jugendlichen in Heimen oder Pflegefamilien untergebracht. Wird die Unterbringung in Pflegefamilien noch als pädagogisch akzeptable Maßnahme angesehen, trägt die Heimerziehung nach wie vor einen Makel mit sich. Die Unterbringung in einer geschlossenen Einrichtung wird häufig als Wegschließen und Strafe angesehen, die im besten Falle eine vorübergehende Anpassung der Jugendlichen an die Forderungen des Heimes erreicht, eine Funktionalität innerhalb der Einrichtung hervorruft, nicht aber eine Verinnerlichung alternativer Verhaltensweisen, die auch nach der Heimentlassung in die spätere Lebensumwelt übertragen wird. Heim wird hier automatisch mit Negativem gleichgesetzt, eine Diskussion der pädagogischen Möglichkeiten dieser Institution nicht geführt. Die Potentiale des Heimes als pädagogischer Schonraum werden nicht diskutiert. Nachdem gerade geschlossene Einrichtungen solcher Kritik in schärfster Form ausgesetzt waren, ihre sofortige Schließung nicht nur gefordert, sondern auch realisiert wurde, hört man in der letzten Zeit jedoch nachdenklichere Töne, die einen Bedarf, oder vielleicht besser ein Unvermögen akzentuieren, auf bestimmte Probleme der Praxis in der Fremdunterbringung angemessen zu reagieren. In dieser Diskussion ist dann wieder öfter der Wunsch zu hören, über Einrichtungen zu verfügen, die notfalls auch dann eine Kontaktaufnahme mit Jugendlichen ermöglicht, die sich ansonsten jeder Kontaktaufnahme entziehen.

Eine sachliche Diskussion zum Thema geschlossene Unterbringung ist nach wie vor kaum möglich. Wie kommt es, daß in der Praxis ein Bedarf durchaus gesehen wird, aber jede Diskussion um geschlossene Unterbringung ausschließlich unter dem Stichwort Strafe abgehandelt wird? Wie kommt es, daß dagegen z.B. erlebnispädagogische Programme mit den gleichen Jugendlichen, die statt Heimunterbringung den längerfristigen Segeltörn oder den monatelangen Aufenthalt in kanadischen Wäldern anbieten, als freie alternative Modelle angesehen werden? Was kann denn geschlossener sein als eine Unterbringung auf einem Schiff oder im kanadischen Wald, von dem es kein Entrinnen gibt? Wäre es nicht an der Zeit, unser Augenmerk auf die jeweiligen Inhalte und das pädagogische Konzept einer spezifischen Einrichtung oder Maßnahme zu richten, anstatt jede Form institutionalisierter Erziehung per se als unpädagogisch abzustempeln, während uns die massivste Einflußnahme auf Jugendliche, geschieht sie nur unter anderen räumlichen Bedingungen, als pädagogisch qualifiziert erscheint? Warum stempeln wir jedes Heim als Strafe und Einschliessen ab, unterzeichnen aber ohne Bedenken Erklärungen wie in einem anerkannten Erlebnispädagogischen Projekt (z.B. im Wilderness Adventure Program, Verein für dezentrale Maßnahmen e.V., Bielefeld, Maßnahme 1995/1996), in der wir uns ausdrücklich verpflichten müssen, von jeder Unterstützung des möglichen Wunsches des Jugendlichen zur vorzeitigen Abreise grundsätzlich abzusehen? Ist das dann keine zwangsweise Unterbringung? Oder umgekehrt, warum führen wir Maßnahmen unter dem Schlagwort Erlebnispädagogik durch und denken, hier etwas völlig anderes und neues zu machen, obwohl ähnliche Ansätze längst aus der Reformpädagogik bekannt sind, diese Traditionen und Ansätze von uns aber als nicht mehr zeitgemäß abgelehnt werden, ohne daß wir uns genauer mit den Inhalten beschäftigen (vgl. auch das in der Deutschen Jugend 2/1992 dargestellte Projekt der Ev. Jugendhilfe Obernjesa)? Es ist an der Zeit, hier differenzierter vorzugehen.

Die empirische Forschung bietet, wenn man denn genau hinsieht, keine Unterstützung für die grundsätzlich negative Einschätzung geschlossener Unterbringungsformen. Zwar finden wir in den verschiedensten theoretischen Ansätzen klare Aussagen bzw. Ableitungen hinsichtlich der Ineffektivität und der negativen Folgen institutioneller Erziehung (z. B. die klassischen soziologischen Theorien zur Jugendkriminalität, die Stigma-Theorie oder auch die Organisationsstudien, die sich mit der inneren Struktur der Einrichtungen befaßten) (GOFFMAN, 1970; SUTHERLAND, 1950; POLSKY, 1962; AUTORENKOLLEKTIV, 1971; v. WOLFFERSDORF & SPRAU-KUHLEN, 1990 als nur wenige Beispiele für eine Reihe, die sich lange fortsetzen ließe.), diese Aussagen sind aber in keiner Weise empirisch abgesichert. Im Gegenteil, die empirischen Studien zeichnen ein äußerst widersprüchliches Bild (vgl. auch GENDREAU & ROSS, 1979; GARRETT, 1985). Sicher gibt es Einrichtungen, auf die diese Aussagen zutreffen. Aber es gibt auch andere, auf die sie nicht zutreffen, die Realität ist wesentlich differenzierter als die Theorie. Und es ist an der Zeit, sich genauer mit dieser Realität zu befassen.

Wie Studien aus anderen Ländern zeigen (vgl. z.B. WEISS, 1993), kann die Unterbringung in einem Heim für straffällig gewordene Jugendliche auch dann erfolgreich sein - in diesem Fall definiert als Rückgang der Delinquenzrate -, wenn die betroffenen Jugendlichen in geschlossenen Einrichtungen untergebracht waren. Es läßt sich keinerlei Zusammenhang zwischen der Art der Einrichtung (geschlossen versus offen) und der Deliquenzrate der Jugendlichen nachweisen. Weder die Art der Einrichtung noch die Länge des Aufenthaltes der Jugendlichen hatte einen Einfluß auf die Ausübung von Straftaten nach der Entlassung aus der Heimerziehung. Für Jugendliche aus den verschiedensten Einrichtungen, von der hochgeschlossenen, mit äußersten Sicherheitsvorkehrungen versehenen Einrichtung bis hin zur offenen Wohngruppe innerhalb des Gemeinwesens, wurde eine kontinuierliche und stabile Abnahme in der Ausübung von Straftaten beobachtet. Das heißt aber, daß nicht die äußere Struktur der Einrichtung für die Qualität der Betreuung verantwortlich ist, sondern andere, von der Struktur der Einrichtung unabhängige Faktoren ausschlaggebend für den Erfolg oder Mißerfolg einer Einrichtung sind. Dies könnte zum Beispiel die Art der Beziehung sein, die während des Heimaufenthaltes zwischen Jugendlichen und Betreuer aufgebaut worden ist, dies könnte die schulische oder berufliche Weiterbildung sein, die der Jugendliche in der Zwischenzeit genossen hatte, oder auch andere Faktoren. Die Tatsache der Geschlossenheit oder der Offenheit einer Institution ist jedenfalls nicht dafür verantwortlich. Die Frage, welche Faktoren einer Einrichtung eigentlich die entscheidenden für den Erfolg einer Maßnahme sind, eher äußere Rahmenbedingungen oder eher pädagogische Abläufe, die hier verändernd auf den Jugendlichen einwirken, diese Frage scheint eine Frage zu sein, die so in der deutschsprachigen Literatur nicht diskutiert wird. Man hält sich an die Rahmenbedingungen, an die Grundstruktur einer Einrichtung, reduziert die multifaktorielle Umgebung der Einrichtung Heim auf einen ausschließlichen Faktor Grundstruktur. Damit aber wird man dieser Umgebung nicht gerecht.

Die amerikanische Literatur hat schon lange den pädagogischen Raum Heim in seiner multifaktoriellen Ausprägung entdeckt und sich bemüht, differenzierter an das pädagogische Potential Heim heranzugehen und so die Unterschiedlichkeiten der je spezifischen Einrichtungen herauszuarbeiten. WOLINS und WOZNER (1982) haben bereits auf dieses Potential aufmerksam gemacht und die These vertreten, mehr auf die Gemeinsamkeiten jeder Form institutioneller Erziehung zu achten - sei es die institutionelle Unterbringung von Kranken, Soldaten, Kindern oder von Jugendlichen, um so auch die Potentiale dieser Einrichtungen analysieren zu können. Institutionelle Erziehung - so argumentieren WOLINS und WOZNER - wird es in unserer Gesellschaftsform immer geben, sie wird nicht verschwinden, auch wenn wir noch so moralisch ihre Abschaffung fordern. Im Gegenteil, für bestimmte Bevölkerungsgruppen (zum Beispiel für ältere Menschen) wird die Zahl der in Einrichtungen untergebrachten Personen noch weiter zunehmen. Also sollte institutionelle Erziehung da verbessert werden, wo es möglich ist, statt mit pauschalen Vorwürfen jede Verbesserung als kontraproduktiv zu brandmarken. Ein erster Schritt aber in Richtung auf Verbesserung ist eine genauere Analyse der Möglichkeiten als auch der Gefahren, die institutionelle Erziehung mit sich bringt. Es liegt an uns, ob die Unterbringung in einer physisch geschlossenen Einrichtung die Form von Einschließen oder Wegschließen annimmt oder zu einer pädagogischen Intensivmaßnahme wird, die - eingebunden in ein Verbundsystem unterschiedlichster Formen von Fremdunterbringung - den Bedürfnissen der Jugendlichen gerecht wird. Israelische Pädagogen prägten schon vor vielen Jahren den Begriff machtvolle Umgebung (powerful environment) für das

Heim (KASCHTI und ARIELI, 1985). Ob diese machtvolle Umgebung positiven oder negativen Chrakter trägt, ist nicht eine zwangsläufige Folge seiner Struktur, sondern eine Folge der Pädagogik, die dort betrieben wird. WOLINS und WOZNER (1982)nennen vier Faktoren, die für eine positive Pädagogik innerhalb einer Institution notwendig und bestimmend sind:

* Klarheit aller Mitglieder über die Ziele der Institution,
* übereinstimmende Ziele der verschiedenen Subgruppen innerhalb der Einrichtung,
* klare und konsistente Information über die Konsequenzen bestimmter Verhaltensweisen und Aktivitäten, und
* die Fähigkeit des Mitarbeiterteams, sich konsequent die Erkenntnisse eines theoretischen Modells menschlichen Verhaltens nutzbar zu machen und anzuwenden.

Die Forderung nach einer sachlichen Diskussion um Geschlossene Unterbringung hat nichts mit dem Schrei nach einer Law and Order Politik zu tun. Im Gegenteil, erst die konsequente Analyse aller Vor- und Nachteile kann eine solche Politik einer härteren Bestrafung zum Beispiel von jugendlichen Straftätern verhindern, indem sie effektive pädagogische Maßnahmen ermöglicht, die wirkliche Änderungsprozesse herbeiführen und eben nicht nur wegschließen. Man kann nicht einfach die Augen schließen vor der Tatsache, daß es Jugendliche gibt, die mit den verschiedensten Offenen Einrichtungen nicht erreicht werden können. Und man kann auch nicht die Augen schließen vor der Tatsache, daß das Weglaufen von problematischen Jugendlichen aus einer Einrichtung dieser auch häufig ein Problem löst, nämlich das Problem, daß die Einrichtung auf die Bedürfnisse dieses Jugendlichen nicht angemessen reagieren kann. Aber dabei kann es nicht bleiben. Daß Jugendliche weglaufen, mag eine Lösung für die Einrichtung sein, sie ist es sicher nicht für den betroffenen Jugendlichen. Hier müssen Alternativen geschaffen werden, hier muß ein fachliche und sachliche Diskussion auch um Geschlossene Unterbringung dazu beitragen, Lösungsansätze zu entwickeln. Eine pauschale Aburteilung Geschlossener Unterbringung und ihre automatische Gleichsetzung mit Karzern und Zellen ist sicherlich nicht der richtige Weg.

In der Geschichte der Pädagogik hat es immer wieder Versuche gegeben, alternative Formen von Geschlossener Unterbringung zu entwickeln. Dabei sollte der Begriff geschlossen nicht nur in Form von Mauern oder Zäunen verstanden werden. Geschlossen ist eine Einrichtung auch dann, wenn sie durch weite Entfernung die Kontaktaufnahme mit anderen unmöglich macht, auch wenn sie dabei auf Mauern und Zäune verzichtet. Geschlossen ist auch die Gemeinschaft auf einem Segelboot. Entscheidend ist die Pädagogik, die sich hier vollzieht.

Fremdunterbringung muß neue Konzeptionen und Strukturen entwickeln, so stellt STRUZYNA (1995) richtigerweise fest, will sie den Anforderungen, die die Zukunft an sie stellt, gerecht werden. Dies gilt nicht für Kinderheime, auf die STRUZYNA sich hauptsächlich bezieht, das gilt genauso auch für Einrichtungen, die sich mit den Jugendlichen auseinandersetzen, die mit den herkömmlichen pädagogischen Mitteln nicht mehr erreichbar sind. Individualisierung und sozialer Wandel, das Abbrechen traditioneller Lebensformen, der Abbau sozialer Sicherungssysteme lassen eher einen Anstieg denn eine Abnahme in der Zahl der Jugendlichen erwarten, die auf Einrichtungen der Jugendhilfe angewiesen sein werden. Damit aber ist auch die Entwicklung neuer Konzeptionen notwendig, die sich mit den Bedürfnissen dieser Jugendlichen auseinandersetzt und Antworten darauf findet.

Literatur

AUTORENKOLLEKTIV: Verwahrloste Jugend. Bern, 1970

GARRET, C.J.: Effects of Residential Treatment on Adjudicated Delinquents: A Meta-Analysis. In: Journal of Research on Crime and Delinquency, Vol. 22, 1985, S. 287-308.

GENDREAU, P.& ROSS, B.: Effective Correctional treatment - Bibliotherapy for Cynics. In: Crime and Delinquency, Vol. 25(4), 1979, S. 463-489.

GOFFMAN, E.: Asylums. New York, 1970 (engl. Erstausgabe 1961).

KASCHTI, Y. & ARIELI, M.: People in Institutions - The Israeli Scene. London, 1985

STRUZYNA, K.-H.: Fremdunterbringung in der Zukunft. In: Jugendhilfe, Heft 6, 1995, S. 323-333.

SUTHERLAND, E.H.: A Statement of the Theory. In: COHEN, A. et al.: The Sutherland Papers. Bloomington, 1956

PLANUNGSGRUPPE PETRA: Was leistet Heimerziehung? Ergebnisse einer empirischen Untersuchung. Frankfurt/M., 1991

PLANUNGSGRUPPE PETRA: Analyse von Leistungsfeldern der Heimerziehung. Ein empirischer Beitrag zum Problem der Indikation, Frankfurt/M., 1987

POLSKY, H.: Cottage Six:- The Social System of Delinquent Boys in Residential Treatment. New York, 1962

WEISS, K.: Institutionelle Erziehung deliquenter Jugendlicher. In: Neue Praxis, Heft 1/2, 1993, S. 94-105.

WOLFFERSDORF, V.C. & SPRAU-KUHLEN, V.: Geschlossene Unterbringung in Heimen - Kapitulation der Jugendhilfe? Weinheim, München, 1990

WOLINS, M. & WOZNER, Y.: Revitalizing Residential Settings. San Francisco, 1982

Kari Ruoho

Education in Finnish Comprehensive School

Integrative Erziehung und Gesamtschule in Finnland

Die Spannung zwischen Erziehung, Unterricht und Fürsorge, wie sie einerseits in der Familie und andererseits in der Gesellschaft auftritt, existiert, seitdem Kirche oder Staat die Verantwortung für die Erziehung übernommen haben. Diese Spannung erfährt eine Steigerung in heutigen Wohlfahrtsgesellschaften, insbesondere im Falle der Erziehung von Kindern und im Bereich der Sonderpädagogik. Einer der Faktoren, die zu dieser Spannung beitragen, besteht in dem Bedürfnis, die individuellen und gesellschaftlichen Aspekte der Erziehung einander anzugleichen.

So steht beispielsweise die Forderung der Familien nach der individuellen Behandlung ihrer Mitglieder der gesellschaftlichen Forderung nach der Gleichheit der Erziehung und Pflege entgegen.

1. The Role of formal Upbringing and Education in promoting Equality

In common with other welfare states in the Nordic countries, Finland is characterized by a strong egalitarian ideology. This ideology has aimed to level out differences in well-being and social opportunities irrespective of the individual's social background, place of residence, language, sex or financial circumstances. The realization of equality through state pre-school education and a rounded upbringing were seen particularly after the Second World War as being of central importance to the furthering of an egalitarian society: bringing up and educating children in a uniform and standardized way affords better opportunities for everybody to go on to further education, take up a career equivalent to an education and participate actively in the functioning of society. Apart from the benefit to the individual, education was seen as having a positive connection with the economic development of the nation. It was thought that with an increase in the equality of individuals and through economic progress there would be more to distribute and that those lower down the socio-economic scale would be able to have a larger share relatively earlier.

These were some of the reasons why considerable investments were made in formal education in the Nordic countries in the 1960s and 1970s. It was then that a nine-year comprehensive education was provided for all children. The thinking behind the Finnish comprehensive education reform was partly liberal and partly radical egalitarianism. The liberal element in the new school system was that every child was to be guaranteed the same educational opportunities. Decisions about further education did not have to be made until after the nine years of school.

The democratic or radical part of the egalitarian thinking was in the officially approved pedagogical principles whereby each pupil would be streamed according to his or her abilities and talents. Thus the egalitarian effect could only be judged by the end result of the education. The previous parallel school system, in which the choice of school had to be made in the fourth year of primary school, was seen as too conservative. In the new thinking people's abilities were believed to be historically and socially determined, therefore school could play an important role in shaping the abilities and skills of the individual. Acceptance and development of the distinctive personality of the individual were thus embodied as the cornerstone of school education. At the same time the aim was to reduce differences in development between individuals. This thinking was official Finnish policy and made for a lot of optimism as to what school could achieve.

The idea of reducing bio-socially induced differences in pupils' abilities and learning skills came to the fore again at the beginning of the 1970s, when the educational reform committee (1971 committee report) advocated a 12-year standardized education. The report criticized the educational strategy of the time, in which pedagogical methods were always the same and learning achievements varied. The aim was to replace this with a new strategy that would overcome learning difficulties and narrow the differences in pupils' learning (cf. Coleman 1966). The new school and educational techniques were to break the influence which children's origin had on their position and degree of participation in society and realize Husen's (1972, 24) egalitarian paradox: »Every child should have an equal opportunity to be treated unequally.« Finland's comprehensive school law (1983, § 3) states a similar idea: »Upbringing and education in comprehensive schools are to be provided according to pupils' age and abilities.« This approach has also received its share of harsh criticism, with the comprehensive school accused of finding the lowest common denominator.

One of the basic tenets of the provision of comprehensive education was that teaching would be primarily in the pupil's own classroom. This principle reflected the ideas of normalization which had gained currency in Denmark and Sweden (see Nirje 1976). Concrete methods were suggested for making teaching individual, which were also connected with the provision of special teaching. Children with temporary learning difficulties could be given remedial teaching. The aim was to organize remedial teaching outside normal lessons in small groups or individually. Previously, permanent difficulties had been remedied with special classes (from which a separate school might be formed) and a new concept of so-called part-time special teaching. This was made possible by training and recruiting special teachers who were not assigned to any one class. Thus every comprehensive school pupil today has the possibility to receive so-called part-time special teaching, if required, in his or her own school.

Separate special teaching classes were not entirely abandoned, however. Pupils who, despite the above remedial measures, could not cope with the demands of normal teaching were to be given the opportunity to study in a special class. This was seen as being a right of pupils, and not an obligation. Despite the modifications to special teaching, severely disabled children were initially exempt from compulsory comprehensive education. In 1978 they received the right to the education and in 1985 it was made compulsory. After that there were no more exemptions from compulsory education.

The extension of the right and then the obligation of education to disabled children - including severely mentally retarded children - owed itself to the ideas of integration. These were derived from an ideology founded on a belief in the equality and basic rights of all. As far as possible, special pedagogical arrangements and special teaching are combined with normal welfare and rehabilitation services and with normal teaching. The integration thinking current in the Nordic countries represented and still represents the view that measures designed to further integration should be started immediately after a disabled child is born. The notion that socialization does not begin until after school did not lend itself to this model. Integration was seen as a process in which society, parents and child, acting together, both create the framework for integration and at the same time belong to that integration.

Certain humanistic principles have guided the implementation of special teaching. There was the desire to extend compulsory education to the entire age group and the objectives of special teaching are basically intended to be the same as in teaching generally. Additionally, special teaching is designed to be effective and rehabilitation - wherever it is provided - comprehensive. Prevention of disability and various psychological and pedagogical difficulties is also a central aim (MOBERG 1982, 67).

The idea has been to realize these principles in day care and the comprehensive school on the basis of the following teaching methods:

1. The same educational and teaching objectives apply to everybody
2. As far as possible, the curriculum and teaching arrangements are the same for everybody
3. Severely disabled children should have an individual curriculum so that the overall aims of education and upbringing can be attained
4. Integrated teaching groups should be smaller in size than normal
5. Disabled children should have access to personal assistants as required
6. Teaching material for disabled children should be developed separately
7. Teacher training needs to be improved.

Nonetheless the reality - the wide differences in children's development and the existence of disability - made it necessary to create a system in which integration would be the leading principle but which could accommodate appropriate educational and teaching segregation.

The following is the streaming model used within the Finnish comprehensive education system (cf. REYNOLDS & BIRCH 1979, 36):

Figure 1:   The streaming model of the Finnish comprehensive education

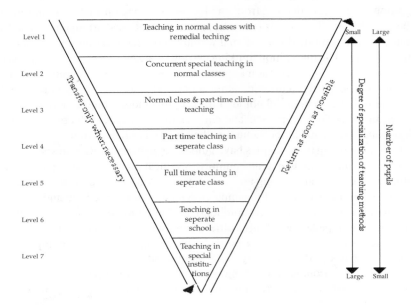

Source: MOBERG 1982, 57
The streaming model is designed to be flexible. The alternatives are not normal versus special school education, rather remedial and special teaching can be provided in
day nurseries and comprehensive school in such a way that the child is always in his
or her teaching group or at least in the same school. The other noteworthy feature is
that periods of special teaching are intended to be as short as possible. Special teaching is thus understood as a temporary measure resulting from the child's situation
and which is aimed at making possible a return to normal education.

The above aims, principles and practical operating models constituted the pedagogical arsenal with which Finland set out to create the egalitarian school.

2. The role of parents in the realization of
   egalitarian upbringing and education

An examination of the founding ideas, structure and realization of the comprehensive school would seem to indicate that problems of equality were primarily solved
from within the school. Beyond the school walls was forbidden territory. Little mention was made, for example, of the importance of a blending of formal and informal
education for the success of an individual's upbringing. At the time this seemed to be
a general feature of European school reform. A working group set up to examine the
future of schooling observed in 1972 (Does Education Have a Future? 1976 pp. 125
- 126; see HUSEN 1980, 155) that the physical boundaries of the school also defined

the boundaries of reform. This approach reflected a neo-industrial thinking whereby formal education was understood primarily as a specialized set of surroundings for the acquisition of knowledge and skills. Against this background it is easy to understand that children's parents did not have any particular role to play in school reform. It has been said that the views of pupils' guardians were not sufficiently taken into account in comprehensive school reform in Finland (KORPINEN 1989, 183).

Perhaps the most important reason for the marginal role of parents in the pedagogical activities of the comprehensive school is that Finnish day nurseries and schools - even more so than social and health care services - are not the result of popular movements or the initiatives of individual active parents, as for instance in the USA or Germany. There are very few so-called private schools in Finland, nor do their numbers seem to be on the increase. Finland has traditionally had an indirect democracy: people influence social decision-making through their political or corporate representatives. Therefore both the present day care and comprehensive school systems are more the creations of the trade union movement, civil servants, members of parliament and other politicians than the result of individual persons' actions. Perhaps for this reason parents find that they have a well defined and bureaucratically »regulated« role in these establishments: they are the representatives of the family and the appointed educationalists when the day nursery or school is not in charge. This is often the case even when learning problems and other similar difficulties become apparent at school. Only with severely disabled children have the parents been called upon to any great degree in the overall planning and giving of the education.

Although the direct influence of parents on the pedagogical work of a school was not regarded as particularly significant, the primary responsibility for the upbringing of children has been and is - quite rightly - that of the children's parents. In Finland the comprehensive school law (1983, § 3) defines this as follows: »As part of its duties the comprehensive school should aim for a close understanding and cooperation with the home to support it in its educational function.« The day care law (1983, § 2) contains a corresponding objective of supporting the homes of the children in day care. It further stipulates that day care should »together with the home promote the balanced development of a child's personality.« Upbringing and education in the home and (pre)school are thus seen as the joint responsibility of the family and the school, in which formal and informal education are integrated into a whole for the child's best. If the spirit and the letter of the law were to be carried out, much greater emphasis should have been laid on utilizing the home's expertise with children and upbringing in the work of the school at the time when day care and the comprehensive school were first introduced.

The definition of educational responsibility as belonging in the home indicates a segregation of upbringing and education, a certain division of labour between the home and the day nursery and school. This division of labour has long traditions in Finland, going back to the introduction of schooling and nursery education in the 1860's. The home has assumed the moral and emotional role and the school the professional teaching function; the intellectual development of the nation. Schools have taught a rational and systematic curriculum similar to HERBAT'S »Lehrplan«.

The text book, the lesson and the syllabus have been seen as tools which can only be used by professionally trained staff: teachers. And not just any teacher was fit to teach; only those trained by the state had the right to teach. The teacher has always been caught between two extremes: on the one hand expected to be a dutiful civil servant, on the other hand a radical and humane innovator. The role of a loyal middle-class civil servant can easily lead to a situation where parents - at least those representing a different culture or social background - are sidelined even though they would have much to contribute to the educational process (see RAIVOLA 1993, MATILAINEN & RUOHO 1993).

Parents enjoy official status in the administration of comprehensive schools, however. A small number of parents, elected in different ways, have been able to participate in guiding their schools' educational activities in the form of school boards of governors. Until recently these boards of governors were elected sometimes on political grounds, in which case there may have been a lack of genuine interest in the work of the school. In fact the situation is changing, and in 1994 responsibility for drawing up the curriculum will be transferred from the local authority to the school itself. Direct cooperation between the school and parents has been in the form of traditional parents' evenings, celebrations and by parents' following the progress of teaching. On the other hand, it has been very rare for parents to take an active role for example in organizing clubs (KORPINEN, E. et al. 1980 and KORPINEN, R. et al. 1980) or teaching. This situation has been changing recently, however, and parents' abilities to participate directly in the activities of the school and the planning and giving of teaching have improved further. To what extent these new opportunities have actually been exercised is as yet unclear.

On the basis of the above, we can evaluate the function and position of parents in the Finnish comprehensive school as follows: To a certain extent, the *role* of parents in Finnish comprehensive schooling reflects the thinking of a welfare and neo-industrial society. In this way, the comprehensive school would appear to be the centre of learning and scant attention has been given to the informal learning opportunities and events outside the school. The function of school has not been, for example, to prepare pupils for private life, consumption and leisure. Instead the aim has been to mobilize the abilities and aspirations of individuals in terms of the nation's economic and productive needs, in particular to produce a workforce able to meet those ends (Does Education Have a Future? 1976, pp.122 - 123).

The Finnish school system can also be described as *centralized*. This feature is also reflected in contacts with parents. Centralization has meant a bureaucratic and hierarchical administrative system, characterized by a strict relationship between leader and subordinate, areas of responsibility defined by rules and regulations, communication in writing, a precise delineation of private and business matters, exact behavioural rules for pupils and teachers, a specialization of functions and avoidance of duplication. The above features of school life are reflected in dealings between teachers and parents (KORPINEN 1989, 182).

A typical feature of the relationship between school and home has been that the school has liked to *give and receive information*. On the one hand, information is sought on the circumstances of the parents' life, their upbringing principles and possible problems in the family. On the other hand, information is relayed on the educational aims of the school and upbringing in general and the organization of the work of the school. The school-parent relationship can be described as a passive-informative one, in which parent and teacher have certain roles: parents are parents and teachers are professional teachers. The discussion is centred on the child or the pupil and runs on a teacher-child-parent level, and not on the adults' own adult-adult level. The aim has been to establish an informative bridge between the home and the school, although this often only works in one direction: information is sought to assist the running of the school and is disseminated to justify it. Indeed KORPINEN E. et al. (1980) has found that parents have somewhat different priorities in their contacts with the school than teachers have. Parents would like to discuss broader educational issues with teachers. In practice parents and teachers have been very keen to cooperate and have found a lot of common ground in the way they would like to develop their relationship.

Parents hand over their children for years of state education even though in many cases they have no clear idea of where it is leading their children. Parents have *expected*, especially in day care and comprehensive school, that their child is treated and educated fairly, that the child at least receives the same treatment as others, that everyone learns the same basic subjects and that after comprehensive school everyone has an equal chance of securing a job or university place. A better life is believed to go hand in hand with a rise in social status; the child of a builder or cleaner is often encouraged to take an academic qualification and a corresponding profession. Education is the key to realizing that hope as it gives the intellectual tools to rise above the achievements of the parents.

In Finland there is a genuine and widespread belief in formal education, which is often justified. At the same time it is in a sense blind, a benign belief in a valuable educative process where each individual child receives his or her fair share.

In the following we will see what various studies have revealed about how parents' expectations of the egalitarian approach of the comprehensive school have been fulfilled.

3. How has Egalitarianism faired in the Comprehensive School?

3.1 Overall situation in the comprehensive school

According to Farrell (TAKALA 1980, 5) the question of whether students can go on to suitable employment on completion of their studies is not the only essential issue with schooling. We should also ask what is the significance of the general literate and mathematical skills of the populace, of political socialization and of the education of girls and women who do not end up entering the labour market. As I have experience of the significance of the wider issue, in the following I will look at several appraisals of the success of the comprehensive school.

The general level of learning in the comprehensive school is good. It has been customary in Finland to assess from time to time the standard of comprehensive schooling, the learning results and pupils' attitude to school. The last study of this kind was carried out between 1990 - 1991. The study found that learning results have improved every year. In some subjects, basic skills and knowledge, the comprehensive school has come out on top in international comparisons. Of the countries compared, Finnish schoolchildren's reading abilities were easily the best and scientific skills were also of a very high standard. Variations between area, school and class were minor. Differences between pupil groups in the same school are the smallest in the world. A number of studies state that just 5 - 7 % of the variation between pupils is attributable to the variation caused by differences between schools. Schools are also run in very similar ways (SAARI & LINNAKYLÄ 1993, 193 - 195).

The studies would suggest that the comprehensive school has succeeded very well in the realization of equality: both between individuals and geographically, learning results differ very little. Learning results have continually improved, leading to greater learning gaps between generations.

Pupils' learning experiences in primary school are very positive (see also TUUNAINEN 1989). In lower secondary school (6th year and upwards) learning is felt to be more difficult and there is a declining motivation to learn compared to primary school. The same seems to be true of pupils' ego (ibid. 196; Aho 1987, 99).

Learning differences are not narrowed and social stratification remains. Comprehensive education is intended to narrow the inbuilt bio-social differences between pupils. Kuusinen's wide-ranging (1992) vertical study, covering all nine years of the comprehensive system, has examined whether these expectations have been met. The hypothesis of the study was that differences between children in abilities and performance apparent at the start of school are gradually levelled out over the years.

Pupils' school performance was measured for the first time in the spring of the third year. Based on average performance scores the children (originally 700 children) were divided into five groups to see whether their relative performance changed during the course of school. The results were as follows:

Table 1:   Changes in pupils' school performance between years 3 and 9 based on average school grades (All subjects)

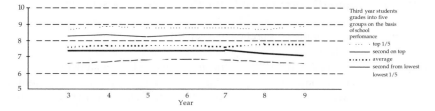

Source: KUUSINEN *1992, 49*

As the illustration shows, the differences in performance between third year pupils are very clear. The original intention would have been for the comprehensive school to treat each child as an individual so that all children can feel that they have succeeded in their school work. In that way even a weaker pupil would be able to improve his or her performance. According to the results of the study, the differences remain in place throughout the time of the comprehensive school. Moves from one level to another do not occur, and those pupils who were weakest in the third year were still weakest in the final year. LINNAKYLÄ (1993, 37) has even found that in the same class there may be pupils whose literacy skills are of the higest standard and others who only attain the average level found in the poorest developing countries.

KUUSINEN (ibid. 49 - 50) also studied the connection between home background and school performance in the comprehensive school. This background variable also proved to be as indelible as the school grades. Over half of the children from the highest social group performed better than average and about one fifth worse than average. Correspondingly, 67% of pupils from the lowest social group received worse and about a quarter better than average grades.

Some time ago, a study (ISOAHO et al. 1990) was made into the connection between the choice of education after comprehensive school and cultural background, wealth and sex. The researchers found that there is still a clear connection between parents' education and the level of their children's studies after comprehensive school. There are three distinct educational traditions in the Finnish school system: the managerial, the working-class and the agricultural. A comparison of the situation in 1980 and 1985 showed that if the education of the father is used as the yardstick, differences in education had not altered. On the other hand, regional differences and differences between the sexes had declined. Researchers have also found that the expansion of the education system has made it possible for many people to advance socially on the back of their education (ibid., 76 - 77). The choice which previously was made by the school seems nowadays to be decided more and more by the labour market, with the result that the significance of the choice of education is correspondingly declining (Kivinen et al. 1989, 121).

Differences between the sexes appear to be unaltered. The Finnish comprehensive school curriculum is the same for boys and girls with the exception of sport and handicrafts. The majority of girls learn needlework between years 4 and 7 and the majority of boys technical handwork, which only a small number of girls take. As much as 7 - 10% of comprehensive school teaching is accounted for by handicraft teaching segregated by sex.

On average, girls perform better than boys in comprehensive school. In 1985 the average grade on school leaving certificates was 7.9 for girls and 7.4 for boys. However, different priorities in the choice of further education make up for boys' worse grades. For this reason it is more difficult for girls than boys to gain admission to higher education or the field of their choosing in professional education (GORDON & LAHELMA 1991, 126 - 127).

Parents' participation in the running of schools and the ways in which they participate. In 1975 a study (Korpinen, E. et al. 1980, e.g. p.88) was made into cooperation between comprehensive schools and parents. The study found that schools tend to operate in a formal and cumbersome way. In such situations guardians did not always get the sort of information they would have liked.

Together with KAIJA MATILAINEN I investigated the frequency of contacts between parents and teachers in the town of Joensuu. The following table shows the

different sorts of cooperation and the number of times they occurred in the first year
in the academic year 1991-1992 in Joensuu:

Table 2:   *The number of different contacts (as %) between school and home in the first year*
             as assessed by parents (total = 133)

Number of contacts	Attended parents evening	Parents interviewed	Parents followed progress of school work	Teacher visited home
0	2,3	7	42,5	90
1 - 2	59,3	93	51,7	8,3
3 or more	38,4	0	5,8	1,7

The table shows that almost all parents participated in one way in the traditional
forms of cooperation, i.e. parents' evening and a personal discussion with the teacher.
A comparison with the situation in 1975 would seem to indicate that the number of
personal contacts has increased. Otherwise cooperation seems to follow well-established patterns. For example, reviewing the progress of school work is still relatively
rare and home visits by teachers are extremely unusual events.

4. Some general Conclusions

In many ways the Finnish comprehensive school has fulfilled the objectives it
was set. In a liberal spirit it has given all children the opportunity to receive a similar
education and with a fair degree of equality it has raised the country's educational
level and provided both mental and material capital for individuals and society; it
has brought well-being and been one of the cornerstones of the welfare state. A good
general level of education has been seen as one of Finland's basic strengths (The
Return of Humanity to the Future 1993, 26). On the micro level too many new solutions adopted in teaching and special teaching have had a positive effect on the well-
being of the individual and at the same time avoided many more complicated problems and rendered unnecessary more serious and expensive special measures, such
as institutions.

In my opinion the provision of a common comprehensive education for everyone was an important step towards educational and social equality. The comprehensive school has advanced the good of the individual and of society. Learning results
of a high international standard are a convincing demonstration of this. It should be
borne in mind, however, that those problems which have been overcome in the comprehensive school have not disappeared but have been transferred to post-compre-
hensive school education and working life.

In spite of good results overall, many pedagogical results suggest that a common school system for all on an organizational basis is not a sufficient step towards
increasing equality. It would appear that the comprehensive school has proved unable to tackle the inequality inherent in children's bio-social origins.

This poses a serious question for the comprehensive school: in what direction
should upbringing and education be steered so as to realize the democratic aims of
the school reform of the 1960s and 1970s? In other words: what could be the next
step in the development of all-round egalitarian education?

In Finland this challenge has been shifted from central government on to the shoulders of local authorities and the schools themselves. For example, from next year on curricula and decision-making in general will be schools' individual responsibility. School reformers should clearly also ask themselves whether democratic schooling is possible without integrating parents in a totally new way in the running of the school. Another question poses itself: in what way can the school be integrated more fully into the community, because education alone can do little to compensate the inequality inherent in society as a whole.

The isolation of schools from the rest of society may be one of the main reasons why it has not succeeded in producing the hoped-for equality. Clearly integration has been perceived too narrowly as the school's internal problem. True educational integration is a much wider concept; besides integrating disabled pupils it means the unification of the school's internal functions - teaching and other activities - and at the same time opening the school outwards (horizontal integration), particularly towards parents. It also involves vertical integration. This would involve active contacts between pre-school and comprehensive education in the same way as contacts between comprehensive school, professional training and work. The nation's productive capacity ought to mesh in with the educational qualifications produced by the system.

The problem with the equality advocated by the welfare state has been its relationship to the individual. The basic assumption behind the realization of equality in the welfare state has been the notion of treating everybody as similar human beings and not necessarily paying attention to differences between individuals or individual qualities. The same situation prevails in schools. The modern state does not recognize fellow humans. An individual's contacts with his fellow humans imply treating each person in a different way. Recognizing and respecting individual qualities is one of the problems with the modern social state. To solve the problem equality and individuality would have to be fused in a new way.

Individuality is not the opposite of communality. The individual is to a certain degree always an unpredictable result of the opportunities afforded by different priority settings, environmental and bio-social factors (cf. EGGERT 1993). These factors are brought together in social communication and activity. In order to experience humanity and individuality we need even-handed treatment in ethical matters. In addition there is a need for love, respect, honour, dignity, esteem, comradeship and solidarity. These requirements, which have received little attention in school education, reflect the idea of communality. However, not every community lends itself to this. The way the community sees its function and its size are important. The members of the community should in some way at least be aware of the aspirations, requirements and character of its other members. A good community, clearly, is one in which it is possible to treat others on a level footing and at the same time respect their individuality (PATOLUOTO 1990, 177 - 178). The school ought now to find itself a natural community in which it can function. Parents would be pillars of such a community and the day nursery and school focal points in it.

At the time of the Finnish comprehensive school reform it was stressed that education should be made individual. This was not only to apply to pupils with problems, which would be individualized and solved within the school's walls. Pupils represent a collection of cultural backgrounds which agree to a greater or lesser degree with the somehow uniform culture of a school (KIVINEN & KIVIRAUMA 1985, 92). A school's ability to tolerate different types of families is an barometer of the acceptance of the existence of diversity and a basis for individual education. The existence and interaction of different types of people is an important foundation of any social system; the acceptance and strengthening of diversity enriches the functioning of the whole system while shutting it out or pigeonholing erodes it.

A greater degree of differentiation than before ought also to be shown towards parents. Parents have different requirements, resources of energy and problems, and cannot all be treated categorically simply as »parents«. For example, families with a disabled member or those of a socially weak status are faced with burdens which sap the strength of the parents. Often the strain falls on the mother, and such families have little contact with other families and rarely participate in joint activities. Therefore interaction between the home and the school should be active and outgoing rather than the current expectant state of affairs. In addition it should be more a case of direct and equal communication between teacher and parent.

To conclude, it is my wish that the concept learning could be defined in a fundamentally different way from now. It ought to embrace informal learning: life itself. There is a saying in Finland that school and learning prepare one for life. Perhaps it would be better to turn it round and say that a part of life is school but that life is above all about learning.

References

AHO, S.: Oppilaiden minäkäsitys. Minäkäsityksen rakenne, muuttuminen ja siihen yhteydessä olevia tekijöitä. Turun yliopiston kasvatustieteiden tiedekunnan julkaisuja (Sarja A) 117, 1987
COLEMAN, J. S.: Equality and Achievement in Education. San Francisco: Westview Press, 1990
Comprehensive school law (1983)
1971 committee report < Vuoden 1971 koulutuskomitean mietintö> (1973) Committee report 1973: 52.
Day care law (1983)
Does Education Have a Future? <Onko koulutuksella tulevaisuutta? Eurooppa 2000>, Keuruu: Otava, 1976
EGGERT, D.: Die senso-psychomotorische Basisfunktionen, der Zusammenhang mit Lernschwierigkeiten und Möglichkeiten zur pädagogischen Intervention, 1993
Erityisopetus 1987/88: Suomen virallinen tilasto, koulutus ja tutkimus 16, 1989
GRAN B. & RUDVALL, G.: Skolan som utvecklingsmiljö Malmö: Lärarhögskolan, 1981
GORDON, T. & LAHELMA, E.: Koulutus ja sukupuoli. In: T. Takala (ed.) Kasvatussosiologia. Juva. WSOY, 1992
HAPPONEN, H., IHATSU, & RUOHO, K.: Erityisopettajien käsityksiä kasvatuksen ja erityiskasvatuksen arvoista. Unpublished manuscript, 1993
HUSÉN, T.: Social Backround and Educational Career. Paris: OECD, 1972
HUSÉN, T.: Skolan i prestationssamhället. Borås: Natur och Kultur, 1980

ISOAHO, H., KIVINEN, O. & RINNE, R.: Education and the Family Backround of the Young in Finland. Studies of the Central Statistical Office of Finland 172, 1990

KIVINEN, O. & KIVIRAUMA, J.: Poikkeavuuden tuottamisesta koulussa. Kasvatus 2, 87 - 92, 1985

KIVINEN, O. & KIVIRAUMA, J.: Classification, Selection and Schooling. Special Education in the Finnish School System in the 20th Century. University of Turku, Department of Sociology and Political Research, Sociological Studies (Series A) 13, 1988

KIVINEN, O., RINNE, R. & AHOLA, S.: Koulutuksen rajat ja rakenteet. Juva: WSOY, 1989

HUSSO, M-L., KORPINEN, E. & KORPINEN, R.: Kodin ja koulun yhteistyötutkimus I. Tutkimuksen tausta, teoreettisia lähestymistapoja sekä johdatus empiirisen aineiston keräämiseen: ongelmat ja mittarit. Jyväskylän yliopiston kasvatustieteiden tutkimuslaitoksen selosteita ja tiedotteita 161, 1980

KORPINEN, E., HUSSO, M-L. & KORPINEN, R.: Kodin ja koulun yhteistyötutkimus II. Yhteistyön toteutuminen peruskoulun ala-asteella, opettajien ja vanhempien käsitykset yhteistyön tehtävistä, vanhempien asennoituminen sekä yhteistyöaktiivisuuteen yhteydessä olevista tekijöistä. Jyväskylänä yliopiston kasvatustieteiden tutkimuslaitoksen selosteita ja tiedotteita 162, 1980

KORPINEN, R., KORPINEN, E & HUSSO, M-L.: Kodin ja koulun yhteistyötutkimus III. Opettajien ja oppilaiden huoltajien käsityksiä yhteistyön esteistä sekä kodin ja koulun yhteistyön kehittämisestä: käytännön järjestelyt, yhteistyömuodot ja yhteistyösisällöt. Jyväskylän yliopiston kasvatustieteiden tutkimuslaitoksen selosteita ja tiedotteita 163, 1980

KORPINEN, E.: Kodin ja koulun yhteistyön kehittäminen - haaste opettajien perus- ja täydennyskoulutukselle. In: E. Korpinen, E. Tiihonen & P. Tuomi (eds.) Koulu elämän paikkana: haasteita ja virikkeitä ala-asteen opetukseen. Jyväskylän yliopiston kasvatustieteiden tutkimuslaitoksen julkaisusarja (Series B) 34, 1989

KRISTIANSEN, I.: Foreign Language Learning and Nonlearning. University of Helsinki, Department of Education, Research Bulletin 82, 1992

KUUSINEN, J.: Hyvät, huonot ja keskinkertaiset. Kasvatus 1, 47 - 56, 1992

MATILAINEN, K. & RUOHO, K.: Vanhempien asiantuntemus alkuopetuksen eriyttämisen tueksi. Kielikukko 3, 6 - 8, 1993

MOBERG, S.: Erilaiset oppilaat. Johdatus erityisopetukseen. Jyväskylä: Gummerus, 1982

MOBERG, S.: Erityisluokalle ja takaisin. Siirrot apukoulu- ja tarkkailuokalle ja takaisin sekä siirrettyjen yleisopetuksessa selviytyminen. Helsinki: Kouluhallitus, 1985

NIRJE, B.: The Normalization principle. In: R. B. KUGER & A. SHEARER (eds.) Changing Patterns in Residental Services for the Mentally Retarded. Washington: President's Committee on Mental Retardation, 1976

PATOLUOTO, I.: Oikeudet ja elämän arvot. Jyväskylä: Tutkijaliitto, 1990

RAIVOLA, R.: Onko opettaja säilyttävän tehtävänsä vanki? In: V. Häggblom, O. Luukkainen, M. Nurmela-Antikainen, P. Päivänsalo & M. Sinisalo (eds.) Hyväksi opettajaksi - kasvu ja kasvattaminen. Juva: WSOY, 1993

The Return of Humanity to the Future <Humanismin paluu tulevaisuuteen>: Committee report 1993:31, 1993

REYNOLDS, M. C. & BIRCH, J. W.: Teaching Exceptional Children in All America's Schools. Virginia: The Council for Exceptional Children, 1979

RUOHO, K.: Zu Notwendigkeit und Anwendung lernschwierigkeitsprophylaktischer Strategien in Finnland. In: H. BREUER & K. RUOHO (eds.) Pädagogisch-psychologische Prophylaxe bei 4- bis 8-jährigen Kindern. Jyväskylä Studies in Education, Psychology and Social Research 71, 1989

Ruoho, K.: Zum Stellenwert der Verbosensomotorik im Konzept prophylaktischer Diagnostik der Lernfähigkeit bei finnischen Vorschulkindern im Alter von sechs Jahren. Joensuun yliopiston kasvatustieteellisiä julkaisuja 11, 1990

Saari, H. & Linnakylä, P.: Oppimisen tasosta peruskoulussa. In: P. Linnakylä, H. Saari (eds.) Oppiiko oppilas peruskoulussa. Peruskoulun arviointi 90-tutkimuksen tuloksia. Jyväskylä: Jyväskylän yliopiston kasvatustieteiden tutkimuslaitos, 1993

Savolainen, H.: Special Education and Future Career of Youth. Unpublished manuscript, paper presented at the EARLI conference 31.9.1993, 1993

Takala, A.: Koulutuksen ja talouden väliset suhteet. Joensuun korkeakoulun kasvatustieteiden osaston julkaisuja 12, 1980

Tuunainen, K.: Koulun alusta aikuisuuden kynnykselle. Joensuun yliopiston kasvatustieteiden tiedekunnan tutkimuksia 27, 1989

Vauras, M.: Text Learning Strategies in School-aged Students. Annales academiae scientarium fennicae. Dissertationes humanarum litterarum 56, 1991

Appendix 1: *Percentage of boys of children with special needs, academic years 1978/88, 1983/84 and 1987/88*

	1978/79	1983/84	1987/88
Visually handicapped	58	59	55
Hearing handicapped	58	58	59
Mentally handicapped	64	63	63
Physically handicapped	64	65	64
Emotinally disturbed or socially maladjusted	88	82	79
Speech, reading and/or writing difficulties	66	67	69
Handicap not specified	66	65	64

Peter H. van der Laan

Erziehungslager (»Kampementen«) in den Niederlanden

Boot Camp in the Netherlands

In response to constant media reports on the growth and increasing seriousness of juvenile delinquency, the then Prime Minister Lubbers of the Netherlands suggested in April 1993 the set-up of special camps ('kampementen') for young criminals. Through disciplin and order the youngsters should be directed back to the right track. Former military personnel could be hired to supervise the programme. The Prime Minister's idea very much reflected the American Boot Camps and Shock Incarderation programmes.

This paper deals with the follow-up of the Prime Minister's idea. It resulted into a rather interesting type of judicial interventian. Not an alternative to residential care, but an interesting new version.

But first recent developments concerning juvenile delinquency in the Netherlands are be described, and attention is given to experiences with Boot Camps in the USA finally given.

1. Einleitung

Im April 1993 sorgte der niederländische Ministerpräsident LUBBERS für einige Aufregung, als er sich auf einem Kongreß seiner Partei für die Einrichtung von Erziehungslagern, sog. Kampementen, für jugendliche Straftäter aussprach. In solchen Lagern müsse Disziplin, Zucht und Ordnung herrschen - so könnten jugendliche Delinquenten auf den rechten Weg zurückgeführt werden. Zumindest ein Teil des Personals könne aus Armeeangehörigen rekrutiert werden, die in naher Zukunft infolge de internationalen Entspannung und der Sparmaßnahmen des Verteidigungsministeriums freigesetzt würden.

Die Aufregung, die entstanden war, hing zu einem wesentlichen Teil mit der von LUBBERS gewählten Terminologie zusammen. Das Wort Lager rief bei vielen Erinnerungen an die Lager in Nazi-Deutschland in den Jahren 1939 bis 1945 wach, so daß diese Wortwahl, gelinde gesagt, nicht sehr glücklich war. Auch daß der Ministerpräsident die Bedeutung von Zucht, Ordnung und Disziplin so sehr hervorhob, war Anlaß zu kritischen Fragen, insbesondere auch wegen seines Vorschlags, frühere Militärangehörige einzusetzen. Viele von denen, die bei ihrer Arbeit mit jugendlichen Straftätern zu tun haben, wiesen die Vorschlag des Ministerpräsidenten entschieden zurück, weil sie ganz andere Dinge für wichtig halten, wenn es darum geht, den betroffenen Jugendlichen eine gesellschaftliche Perspektive zu eröffnen. Außerdem fühlen sich diese Kritiker an die amerikanischen Boot Camp Prisons erinnert, Einrichtungen, mit großer Skepsis betrachtet werden.

Aller Aufregung und allen Einwänden zum Trotz blieb das Thema auf der politischen Tagesordnung. Allein schon die Tatsache, daß der Vorschlag vom Ministerpräsidenten gekommen war, machte die Sache zu einem Politikum ersten Ranges, über das man nicht einfach hinweggehen konnte. De Justizminister griff den Vorschlag auf; in aller Eile wurde ein Ausschuß eingesetzt, der das Vorhaben im Detail ausarbeiten sollte.

Der Widerstand gegen die Pläne war im wesentlichen emotional begründet. Außerdem gab er Einwände gegen mögliche Auswirkungen und gegen die Gewichtung bestimmter Aspekte. Über den Hintergrund des Vorschlags des Ministerpräsidenten wird dagegen kaum gesprochen. Noch immer ist die Auffassung weit verbreitet, die Jugendkriminalität habe im Umfang und Schwere zugenommen und die bestehenden strafrechtlichen Mittel seien nicht effektiv genug.

Dies wurde auch im Parlament noch einmal deutlich. Dort kritisierte man zwar die Bezeichnung Lager und auch die unverhältnismäßig starke Betonung der Bedeutung von Zucht und Ordnung. Die Notwendigkeit, zu handeln und nach neuen Möglichkeiten zu suchen, wurde aber von den meisten Parteien bejaht.

Inzwischen ist die Zeit nicht stehengeblieben, und man ist bei der Ausarbeitung der Pläne ein gutes Stück vorangekommen. Voraussichtlich wird versuchsweise das erste Erziehungslager - wenn auch nicht unter dieser Bezeichnung -im Februar 1994 eröffnet.

In diesem Beitrag möchte ich die Pläne gern etwas erläutern. Dabei werde ich auch auf mögliche Zusammenhänge mit der Heimerziehung eingehen. Zuvor möchte ich mich aber der Frage zuwenden, ob es stimmt, daß die Jugendkriminalität zunimmt und immer schwerer wird. Auch werde ich auf die Effektivität der strafrechtlichen Maßnahmen eingehen, die heute gegen jugendliche Straftäter verhängt werden.

2. Art und Umfang der Jugendkriminalität in den Niederlanden

Im vergangenen Jahr wurde der Jugendkriminalität in den Medien und von den Politikern viel Aufmerksamkeit geschenkt. Nun handelt es sich hier um ein Thema, das eigentlich immer aktuell ist - nicht nur in den Niederlanden- , aber man kann doch von einer Intensivierung sprechen. Einige schreiben dies der rückläufigen Konjunktur zu. In Zeiten, in denen es wirtschaftlich bergab geht, wächst das Interesse für das Thema Kriminalität fast automatisch. Andere denken, es liege an den im diesen Jahr bevorstehenden Parlamentswahlen. Fast alle Parteinen räumen in den Entwürfen für ihre Wahlprogramme dem Thema Kriminalität großen Raum ein. Und was auch immer der Grund hierfür sein mag, es überwiegt die Auffassung, daß wir es mit wachsender Jugendkriminalität zu tun haben, daß die Delikte schwerer werden, mehr Gewalt angewandt wird, und daß das Durchschnittalter der jugendlichen Straftäter immer niedriger wird. Daneben besteht große Besorgnis über die Kriminalität unter Jugendlichen aus Zuwandererfamilien insbesondere aus Marokko und von den Niederländischen Antillen.

Die Frage, ob die Jugendkriminalität, das heißt die Kriminalität unter Jugendlichen im Alter von zwölf bis siebzehn Jahren - für die das Jugendstrafrecht gilt - in den Niederlanden zunimmt, man sowohl bejahen als auch verneinen.

Im Zeitraum von 1980 bis 1991 hat die registrierte Jugendkriminalität abgenommen (siehe Abb. 1). Im Jahr 1980 kamen 42 202 Jugendliche wegen einer Straftat mit der Polizei in Berührung. 1991 betrug diese Zahl 39 326. Das ist gegenüber eine Zunahme von 6%. Gegenüber 1982, dem Jahr mit der weitaus höchsten Zahl an Kontakten von Jugendlichen mit der Polizei, ist es aber ein Rückgang von fast 20%. Der absolute Umfang der registrierten Jugendkriminalität schwankt, und es läßt sich heute noch nicht sagen, ob der Anstieg 1991 der Beginn einer strukturellen Zunahme in den neunziger Jahren gewesen ist.

Wenn man auch demographische Entwicklungen einbezieht, so ändert sich das Bild. Die Zahl der Jugendlichen zwischen zwölf und siebzehn Jahren ist in den Niederlanden zwischen 1980 und 1991 von 1,5 auf 1,1 Millionen gesunken, das ist ein Rückgang von über 25%. Die Zahl der Kontakte mit der Polizei ist in dieser Zeit aber nicht im selben Maße zurückgegangen. Wir haben es hier also mit einem relativen Anstieg zu tun. 1980 kamen 2,8% aller jugendlichen mit der Polizei in Berührung. 1991 waren es 3,5%, nachdem diese Zahl jahrelang 3,2% betragen hatte (siehe Abb. 2). Übrigens lag dieser Anteil bei den männlichen Jugendlichen mit fast 6% deutlich höher als bei den weiblichen Jugendlichen, wo er weniger als ein Prozent betrug. Vorläufig steht nicht fest, ob der Anstieg strukturell ist.

Aufgrund dieser Zahlen können die Berichte in den Medien und die Äußerungen von Politikern und von Vertretern der Polizei- und der Justizbehörden als überzogen gelten. Der jüngste relative und absolute Anstieg mahnt uns zur Wachsamkeit, von einer starken Zunahme der Jugendkriminalität kann aber keine Rede sein.

Übrigens ist die Verwendung von Zahlen aus Polizeistatistiken nicht unproblematisch. Die Zahlen beziehen sich nämlich nur auf die festgenommenen Tatverdächtigen. Ob ein Tatverdächtiger festgenommen wird, hängt aber davon ab, ob das Opfer der Straftat Anzeige erstattet und wie die polizeilichen Ermittlungen verlaufen. Daher ist der Aussagewert der Polizeistatistik bei der Bestimmung des tatsächlichen Umfangs der Jugendkriminalität beschränkt.

Eine wichtige Ergänzung der Polizeistatistik ist die sogenannte Self-Report-Untersuchung. Dabei werden repräsentativ ausgewählte Jugendliche befragt, ob sie in einem bestimmten Zeitraum bestimmte Straftaten begangen haben. Eine solche Umfrage wurde in den Niederlanden zum erstmal 1986 durchgeführt und wird seither alle zwei Jahre wiederholt (vgl. JUNGER-TAS/KRUISSINK, 1987, 1989; JUNGER-TAS/KRUISSINK/VAN DER LAAN, 1992). Die Ergebnisse dieser Untersuchungen bestätigen unseren Eindruck, daß sich die Jugendkriminalität stabilisiert. 1986 gaben 47% der befragten Jugendlichen an, sie hätten im vorangegangenen Schuljahr mindestens eine Straftat begangen. 1988 und 1990 lag diese Zahl mit 32 beziehungsweise 33% erheblich niedriger. Dies deutet auf eine Stabilisierung hin.

Daß diese Prozentsätze höher sind als die in der Polizeistatistik aufgeführten ist auf die Auswahl der Delikte zurückzuführen, die beim Self-Report berücksichtigt werden. So ist Schwarzfahren das Delikt, das in der Self-Report-Umfrage am häufigsten genannt wird. 1990 gaben 17% der Jugendlichen an, sie seien schwarzgefahren. Wesentlich schwerere Delikte - die von der Polizeistatistik erfaßten Delikte - wie schwere Körperverletzung oder Einbruch werden nur von 2% der Jugendlichen genannt.

Die Beschaffenheit der Jugendkriminalität hat sich in den vergangenen Jahren in den Niederlanden kaum verändert. Jugendliche - so war es schon immer, und daran wird sich wohl auch nichts ändern - begehen vor allem Bereicherungsdelikte.

Tabelle 1: Aufgliederung der Kriminalität nach Straftatengruppen 1980, 1984, 1988 und 1991 (in %)

	1980	1984	1988	1991
Bereicherungsdelikte	72	73	70	69
Gewalt gegen Personen	4	4	5	6
Sexualdelikte	1	1	1	1
Gewalt gegen Sachen	14	13	15	12
Sonstige	8	8	9	12

Daß die Jugendkriminalität immer schwerer würde, kann man so global nicht sagen. Allerdings sind bestimmte Veränderungen zu beobachten. So gibt es eine deutliche Zunahme bei den Gewaltdelikte. Auch die Zahl der Diebstähle mit Gewaltanwendung nimmt zu, Stichwort: Handtaschenraub. 1991 betrug sie 1108 gegenüber 900 in Jahre 1990: ein Anstieg von 23%. Dabei muß man sich aber vergegenwärtigen, daß diese Gruppe von Straftaten noch immer nur einen kleinen Teil der Jugendkriminalität ausmacht. 1991 entfielen 5,9% aller von Jugendlichen begangenen Straftaten auf Delikte mit Gewalt gegen Personen und 2,8% auf Diebstahl mit Gewaltanwendung. Es ist daher nicht gerechtfertigt, von einer Verschärfung der Jugendkriminalität insgesamt zu sprechen.

Über das Alter jugendlicher Straftäter ist nur wenig bekannt. Polizeistatistiken enthalten hierüber keine Angaben. Die Statistiken der Gerichte, denen das Alter der Straftäter sehr wohl zu entnehmen ist, deuten übrigens nicht darauf hin, daß die Delinquenten immer jünger werden.

Die Polizeistatistiken enthalten auch keine Angaben über die ethnische Herkunft der jugendlichen Straftäter. Eine kürzlich durchgeführte Stichprobenuntersuchung weist allerdings aus, daß einige Zuwanderergruppen übermäßig stark vertreten sind. Danach kommen überdurchschnittlich viele Jugendliche marokkanischer Herkunft und - in geringerem Maße -auch antillianische Jugendliche mit der Polizei in Berührung (JUNGER, 1990; VAN HULST/BOS, 1993). Surinamische und türkische Jugendliche sind dagegen nicht überrepräsentiert.

3. Die Bekämpfung der Jugendkriminalität in den Niederlande heute

Wie wir gesehen haben, ist die »Diagnose«, daß die Jugendkriminalität zunimmt, daß die Delikte schwerer werden und daß wir es mit immer jüngeren Straftätern zu tun haben, allenfalls zum Teil richtig. Gleichwohl wird in letzter Zeit immer wieder ein härteres strafrechtliches Vorgehen gefordert. Der Vorschlag, Erziehungslager einzurichten, entspricht, was diesem Aspekt angeht, sicherlich ganz dem Trend. Einer solchen Forderung liegen zwei Auffassungen - oder besser: Fehlauffassungen - zugrunde, nämlich erstens, daß das Konzept der vergangenen Jahrzehnten gescheitert sei, und zweitens, daß schwerere Strafen, vor allem Freiheitsstrafen, eine große Wirkung haben.

Die niederländische Politik in bezug auf die Jugendkriminalität basiert von jeher auf dem Konzept der minimalen Intervention. Wenn es nicht unbedingt erforderlich ist, wenn die begangene Straftat nicht allzu schwer ist und wenn der jugendliche Täter bisher kaum oder gar nicht mit der Polizei in Berührung gekommen ist, dann wird eine Ermahnung durch die Polizei der förmlichen Einleitung eines Ermittlungsverfahrens vorgezogen. Die Polizei hat hier einen relativ großen Ermessensspielraum. Das gleiche gilt für die Staatsanwaltschaften. Auch sie können aufgrund solcher Erwägungen beschließen, von weiterer Strafverfolgung abzusehen. Kommt es doch zu einem Strafverfahren, so gibt es immer noch die Möglichkeit, eine der unterschiedlich strengen Sanktionen anzuordnen. Nur im äußersten Fall, wenn all diese Maßnahmen nicht ausreichen, wird eine bis zu sechsmonatige Freiheitsstrafe ohne Bewährung verhängt.

Verhältnismäßigkeit, bei der nicht nur die Schwere der begangenen Straftat, sondern auch die persönlichen Umstände des Täters und die Tatumstände berücksichtigt werden, ist auf allen Ebenen strafrechtlicher Intervention ein wichtiger Grundsatz.

Seit einigen Jahren ist im Vorgehen der Strafverfolgungsbehörden ein Wandel zu beobachten. Auf allen Ebenen - bei der Polizei, den Staatsanwaltschaften und den Jugendgerichten - wird häufiger und härter interveniert. Zwar liegt der Anteil der jugendlichen Delinquenten, bei denen die Polizei es bei einer Ermahnung beläßt und auf die Einleitung eines Ermittlungsverfahrens verzichtet, seit Jahren konstant bei 30%, doch immer häufiger werden zusätzlich zu der Ermahnung Auflagen erteilt, zum Beispiel gemeinnützige Arbeit an einigen Samstagnachmittagen. Bei den Staatsanwaltschaften ist eine ähnliche Entwicklung zu beobachten. Immer häufiger wird die Einstellung eines Verfahrens mit Auflagen wie Schadenswiedergutmachung oder Teilnahme an Arbeits- und Lernprojekten verbunden. Gleichzeitig werden immer weniger Verfahren eingestellt, so daß es schließlich doch zur Hauptverhandlung vor dem Jugendrichter kommt. Während die Staatsanwaltschaften Mitte der achtziger Jahre noch in 75% aller Fälle die Verfahren gegen Jugendliche einstellten, taten sie dies Ende der achtziger Jahre nur noch in 70% der Fälle. Die Zahl der Jugendlichen, die sich vor dem Jugendrichter verantworten müssen, ist übrigens noch immer recht gering: sie schwankt schon seit Jahren um 6 000. (Angesichts der demographischen Entwicklung deutet dies allerdings auf eine relative Zunahme.)

Der Anteil der nicht zur Bewährung ausgesetzten Freiheitsstrafen ist in der zweiten Hälfte der achtziger Jahre mit 21% stabil geblieben. Auch die durchschnittliche Dauer der Strafen (knapp 80 Tage) hat sich nicht verändert. Auf den ersten Blick läßt dies nicht auf eine Verschärfung der Situation schließen. Enttäuschend ist aber, daß die Einführung alternativer Sanktionen, mit der man zum Teil auch die Zahl der Freiheitsstrafen senken wollte, hier nicht die gewünschte Wirkung erzielt hat. Nur ein geringer Teil der über 3 000 alternativen Sanktionen im Jahre 1992 wurde tatsächlich anstelle einer Freiheitsstrafe verhängt.

Es stellt sich nun die Frage, ob das Konzept der vergangenen Jahre gescheitert ist. Oft wird diese Frage unter anderem mit dem Hinweis darauf bejaht, daß viele der Jugendlichen, die mit der Justiz einmal in Berührung gekommen sind, rückfällig werden. Bei einem richtigen Vorgehen, so die Kritiker, wäre dies nicht der Fall. Zu oft begnüge man sich mit Ermahnungen, zu oft sehe man von weiterer Strafverfolgung ab. Eine »echte« Strafe wäre viel besser, viel deutlicher und damit auch viel wirksamer. Dabei wird aber vergessen, daß bei einem großen Teil der Jugendlichen der erste Kontakt mit der Polizei oder der Justiz zugleich auch der letzte ist. Bei diesen Jugendlichen erweist sich das Strafrechtssystem als außerordentlich effektiv. Die Zahl der Jugendlichen, die, nachdem sie mit der Polizei oder der Justiz zu tun bekommen haben, nicht rückfällig werden, ist also ein viel besserer Indikator für die Effektivität des strafrechtlichen Vorgehens als die Zahl der Jugendlichen, die immer wieder straffällig werden. Doch leider wissen wir mehr über Täter, die rückfällig geworden sind, als über die Ersttäter, die nie wieder strafrechtlich in Erscheinung treten.

Die Tatsache, daß es Rückfällige gibt, beweist zwar nicht das Scheitern des Konzepts der minimalem Intervention, sie zeigt aber, daß es bei einer bestimmten Gruppe von Jugendlichen nicht greift. Mit ihnen muß man offenbar wirklich anders umgehen. Aber wie? Strafen, auch Freiheitsstrafen, haben bekanntlich nur eine sehr geringe Wirkung. Vor noch nicht allzulanger Zeit haben wir dies wieder festgestellt (VAN DER LAAN, 1991). Nur 15% der Jugendlichen, die zu einer Freiheitsstrafe ohne Bewährung verurteilt worden waren, wurden nichtinnerhalb weniger Jahre wieder straffällig. Die große Mehrheit - 85% - kam innerhalb kürzester Zeit wieder mit der Justiz in Berührung.[1] Eine Freiheitsstrafe läßt dem Jugendlichen nicht die Entfaltungsmöglichkeiten, die er braucht, um sich eine Existenz aufzubauen, in der echte Perspektiven an die Stelle kriminellen Verhaltens treten. Es gibt in bestimmten Fällen Gründe, jemandem vorübergehend die Freiheit zu entziehen, etwa wenn Vergeltung zu befürchten ist oder eine Gefährdung der öffentlichen Sicherheit vorliegt. Verhaltensänderungen wird man mit einer Freiheitsentziehung aber nicht bewirken. Freiheitsstrafen sind in dieser Hinsicht - das zeigt die Erfahrung - denkbar ungeeignet.

Daher gilt es, nach neuen, wirksameren strafrechtlichen Maßnahmen zu suchen. In den vergangenen Jahren hat es hier durchaus gewisse Fortschritte gegeben. Genannt seien in diesem Zusammenhang nur die intensiven dreimonatigen Erziehungsprogramme, die eine echte Alternative zu Freiheitsstrafen sind und unter bestimmten Bedingungen zu positiven Resultaten (Verhaltensänderungen) führen (vgl. VAN DER LAAN/ESSERS, 1990; 1993). Bisher gab es auf diesem Gebiet aber nur Versuche in kleinem Rahmen.

4. Erziehungslager

Kann man Verhaltensänderungen nun aber auch in Erziehungslagern, wie sie dem Ministerpräsidenten vorschweben, herbeiführen? Wenn damit Einrichtungen gemeint sein sollen, die sich an den Boot Camp Prisons in Amerika orientieren, so tun wir gut daran, keine allzu hohen Erwartungen zu hegen (vgl. BEENAKKERS, 1993). Boot Camps sind militärisch strukturierte Einrichtungen, in denen jugendliche Straftäter für relativ kurze Zeit untergebracht werden. Sie sind als Alternative zur normalen Gefängnisstrafe gedacht, die mit einem längeren Freiheitsentzug verbunden wäre. Zur Zeit laufen in den Vereinigten Staaten 41 solcher Projekte. Die verschiedenen Boot Camps unterscheiden sich stark voneinander. Während in einigen fast ausschließlich harte Arbeit, Disziplin, Sport und militärischer Drill auf dem Programm stehen, bemüht man sich in anderen, auch den Aspekt der Resozialisierung zu berücksichtigen. Über den Nutzen von Boot Camps gibt es noch keine genauen Erkenntnisse. Die militärische Prägung solcher Einrichtungen wird von einigen begrüßt, von anderen heftig kritisiert. Inwieweit sich dieser Faktor auf die Effektivität der Sanktion auswirkt, ist noch nicht geklärt. Allerdings gibt es Hinweise dafür, daß eine um so niedrigere Rückfallquote zu erwarten ist, je mehr dem Aspekt der Resozialisierung Rechnung getragen wird und je besser die Nachbetreuung ist.

5. Ausarbeitung der Pläne

Erfreulicherweise hat der vom Justizminister eingesetzte Ausschuß bei der Ausarbeitung der Pläne eine andere Richtung eingeschlagen. Oberster Grundsatz ist die Hinführung der Jugendlichen zur Arbeit. Eine Beschäftigung ist gleichsam das Fundament für die Verbesserung der eigenen Position in der Gesellschaft und verringert zugleich die Wahrscheinlichkeit des Rückfalls in kriminelle Verhaltensweisen. Hauptzweck des Programms ist daher die Eingliederung der Delinquenten in den Arbeitsprozeß. Da es in vielen Fällen um Jugendliche und Heranwachsende gehen wird, die ihre Schulausbildung vorzeitig abgebrochen haben und nur über wenig oder gar keine Erfahrung im Arbeitsleben verfügen, bilden die allgemeine und die fachliche Ausbildung und das Sammeln praktischer Erfahrungen einen wichtigen Bestandteil des Programms. Diese Jugendlichen und Heranwachsenden sind oft an ein ungeregeltes Leben gewöhnt, ihr Lebensrhythmus weicht im allgemeinen von dem der Durchschnittbevölkerung ab, so daß sie sich schwer damit tun, die Selbstdisziplin aufzubringen, die notwendig ist, um einer regelmäßigen Arbeit nachzugehen. Diesem Punkt wird daher große Aufmerksamkeit gewidmet. Auf militärische Elemente, wie sie in den amerikanischen Boot Camps vorherrschen, will man in den Niederlanden ganz verzichten - was nicht etwa bedeutet, daß es in den Erziehungslagern keinen Stubendienst, Küchendienst und ähnliche Pflichten geben soll.

Das Erziehungsprogramm soll insgesamt fünfzehn Monate dauern. Es gliedert sich in drei Abschnitte: die Grundphase, die Hauptphase und die ambulante Phase. Grund- und Hauptphase dauern je drei bis sechs Monate.

Die Grundphase wird in einer geschlossenen Einrichtung absolviert. Der Akzent liegt in diesem Abschnitt des Programms auf der Erweiterung der Allgemeinbildung, der Vermittlung sozialer Fertigkeiten und der Anerziehung von Selbstdisziplin. Nach drei bis sechs Monaten wechseln die Jugendlichen in eine der drei Einrichtungen des Landes mit halboffenem Vollzug, wo sie in erster Linie auf die Berufspraxis vorbereitet werden sollen. Da die Eingliederung in den Arbeitsmarkt im Mittelpunkt der Bemühungen steht, will man hier eng mit den Arbeitsämtern zusammenarbeiten. Die Betreuung ist in diesem Teil des Programms bereits individueller als in der Grundphase. In der letzten, wo möglich sechs Monate dauernden Phase werden die Jugendlichen zu Hause intensiv, an acht Stunden in der Woche, von einem Bewährungshelfer betreut. In diesem Ausschnitt geht es fast ausschließlich um die Suche nach einer Stelle und darum, eine einmal gefundene Stelle auch zu behalten. Betreuung in diesem letzten Teil des Programms ist rein individuell. Bei der heutigen Wirtschaftslage wäre die Abgabe einer Arbeitsplatzgarantie nicht sehr realistisch. Langfristig will man aber dorthin kommen.

Zunächst einmal soll versuchsweise nur ein Programm gestartet werden, an dem zwanzig Jugendliche und Heranwachsende teilnehmen können. Pro Jahr stehen damit höchstens achtzig Plätze zur Verfügung.

Was die Zielgruppe angeht, so denkt man in erster Linie an Heranwachsende, nicht so sehr an Jugendliche. Hierfür gibt es vor allem einen praktischen Grund. Eine nach dem Jugendstrafrecht verhängte Freiheitsstrafe dauert höchstens sechs Monate. Das ist ein erheblich kürzere Zeit als das Jahr, das man für das Erziehungslager vorgesehen hat. Außerdem werden derart hohe Freiheitsstrafen nur selten verhängt (die Durchschnittsdauer beträgt achtzig Tage). Der Ausschuß geht davon aus, daß vorläufig keine Sechzehn- bis Siebzehnjährigen in Erziehungslagern untergebracht werden und daß auch nach den angekündigten Änderungen im niederländischen Jugendstrafrecht nur sehr wenige Jugendliche dieser Altersgruppe dafür in Frage kommen.

6. Erziehungslager als Alternative zur Heimerziehung?

Damit kommen wir zum Verhältnis zwischen Erziehungslagern und Heimerziehung und insbesondere zu der Frage, ob Erziehungslager eine Alternative zur Heimerziehung sein können.

Ich möchte gleich vorweg sagen, daß kaum ein direkter Zusammenhang zwischen Erziehungslagern und Heimerziehung besteht. Schon wegen der Altersgruppe, auf die man sich konzentriert, kommen jedenfalls Jugendliche unter achtzehn Jahren praktisch nicht in Betracht, so daß hier ein Vergleich mit der Heimerziehung in vielen Fällen gar nicht möglich sein wird. Es gibt aber noch einen weiteren Grund, warum es nur einen mittelbaren Zusammenhang gibt. Die Unterbringung in einem Erziehungslager ist eine strafrechtliche Sanktion, also eine Bestrafung für kriminelles Verhalten. Jugendliche, die in einem Heim untergebracht werden, haben sich dagegen keineswegs immer kriminellen Verhaltens schuldig gemacht, und auch formal ist die Unterbringung in einem Heim keine Sanktion, die wegen der Begehung einer Straftat verhängt werden könnte. (Das schließt nicht aus, daß viele Jugendliche die Unterbringung in einem Heim - gerade wenn sie im Rahmen der Jugendfürsorge angeordnet worden ist - sehr wohl als Strafe empfinden.) Die formalrechtlichen Voraussetzungen für die Unterbringung in einem Erziehungslager unterscheiden sich wesentlich von denen für die Unterbringung in einem Heim. So betrachtet, kann von einer Alternative zur Heimerziehung ohnehin kaum die Rede sein.

Und doch kann die Unterbringung in einem Erziehungslager in bestimmten Fällen gewisse Vorteile gegenüber der Heimerziehung haben. In diesen Fällen wird der Vergleich zwischen beiden Kategorien dann noch interessant.

Die Unterbringung in einem Erziehungslager ist, wie schon erwähnt, in erster Linie ein strafrechtliches Mittel. Damit ist klar, daß der Aufenthalt dort zeitlich begrenzt ist; die Dauer der Unterbringung wird zuvor festgelegt. Der Aufenthalt in einem Erziehungslager einschließlich der ambulanten Phase dauert ein Jahr - nicht länger und, wenn die Betreffenden sich der Maßnahme nicht entziehen - auch nicht kürzer. Meines Erachtens kann dies ein Vorteil gegenüber der Heimerziehung sein. Schließlich gibt es bei der Dauer des Heimaufenthalts große Unterschiede, und nur in den seltensten Fällen steht von Anfang an fest, wie lange der Aufenthalt dauern wird. Die damit verbundene Unsicherheit kann sich negativ auf die Entwicklung der Jugendlichen auswirken. In dieser Hinsicht haben es Jugendliche, die in einem Erziehungslager untergebracht werden, besser: sie haben von vornherein Klarheit über die Dauer ihres Aufenthalts dort, und dieser Aufenthalt ist nicht selten wesentlich kürzer als der in einem Heim. Außerdem fördert Klarheit über die Dauer der Maßnahme ein planmäßiges Vorgehen und die Ausarbeitung eines effizienten Betreuungskonzepts.

Auch die Tatsache, daß der Zweck der Maßnahme von Anfang an vollkommen klar ist, trägt hierzu bei. Es geht um die Eingliederung in die Arbeitswelt, darum, daß die Betroffenen einen Arbeitsplatz finden und auch behalten. Es muß die Frage gestellt werden, ob die Zielsetzungen auch bei der Heimerziehung immer so deutlich sind und ob man dort auch so planmäßig vorgeht. Außerdem läßt bei der Heimerziehung die Nachbetreuung - soweit sie überhaupt geleistet wird - oft zu wünschen übrig. Auch diesem Aspekt hat man bei den Erziehungslagern Rechnung getragen, indem man eine sechsmonatige intensive Begleitung zum festen Bestandteil des Programms gemacht hat.

Alles im allem komme ich zu dem Schluß, daß die Einrichtung von Erziehungslagern - so unglücklich dieses Projekt auch begonnen haben mag - eine der interessantesten und, wichtiger noch, eine der erfolgversprechendsten strafrechtlichen Initiativen zu werden verspricht, die wir je in unserem Lande gehabt haben.

Anmerkungen

[1] Bei Jugendlichen, die zu einer Freiheitsstrafe mit Bewährung verurteilt worden waren, betrug die Rückfallquote 65%, bei Jugendlichen, gegen die eine Geldstrafe verhängt worden war, 50%.

Literatur

Amerikaanse kampementen. Een literatuurverkenning naar 'boot camp prisons' in de Verenigde Staten. Den Haag, 1993.
HULST, H. VAN EN J. BOS: Pan i rèspèt. Criminaliteit van geïmmigreerde Curacaose jongeren. Utrecht, 1993.
JUNGER, M.: Delinquency and ethnicity. Deventer, 1990.
JUNGER-TAS, J.; M. KRUISSINK.: Ontwikkeling van de jeugdcriminaliteit. Den Haag, 1987.
JUNGER-TAS, J.; M. KRUISSINK.: Ontwikkeling van de jeugdcriminaliteit: periode 1980-1988. Arnhem, 1990.
JUNGER-TAS, J.; M. KRUISSINK; P.H. VAN DER LAAN.: Ontwikkeling van de jeugdcriminaliteit en de justitiële jeugdbescherming: periode 1980-1990. Arnhem, 1992.
LAAN, P.H. VAN DER.: Experimenteren met alternatieve sancties voor jeugdigen. Arnhem, 1991.
LAAN, P.H. VAN DER; A.A.M. ESSERS.: De Kwartaalkursus en recidive. Arnhem, 1990.
LAAN, P.H. VAN DER; A.A.M. ESSERS.: Helpt DTC? Over recidive en andere effecten. In: A. MARIS EN J. VAN LEEUWEN (EDS.): Vast of zeker. Een kansrijke aanpak buiten de gevangenis: het Dagtrainingscentrum Eindhoven. Utrecht, 1993.

Christian von Wolffersdorff

Geschlossene Heimunterbringung

Locking up Children

*Residential care respectively closed groups are taking in the spectrum of measure-
ments and performances of the youth welfare service just a marginal status. Quanti-
tatively they are declining since the 80ies into insignificance. In spite of that appears
the main-question, whether and to which extent there is a need to make distinctions
in institutions for looking after a special category of supposed difficult cases, in
peri-odical intervals on the agenda. As well as the politics from parts of practice it
has been demanded to (re-)introduce residential care. Empirical studies show that
the need of such establishments is not only a result of doubtful expectations out of the
policy of order but they are going as well back to historical justified contradictions
within the system of youth welfare service itself. Just by revelation of those contradictions it will be possible to justify, not only moral but also objectively reliable the
necessary renunciation of residential care.*

1. Forschungsergebnisse

1.1 Die Politik des Delegierens

Entgegen der Behauptung, daß die Verlegung »schwieriger«, nicht integrierbarer Jugendlicher in geschlossene Einrichtungen nur als ultima ratio in Frage komme, liegen die Dinge in Wirklichkeit oft genau umgekehrt: Die zuvor eingeschalteten Instanzen (Jugendämter, Heime, Gutachter, aber auch Schulen, Angehörige etc.) beziehen ihr Wissen um dieses »letzte Netz« öffentlicher Erziehung bereits als Kalkül
in ihre Überlegungen zur Placierung von Jugendlichen ein. Verlegungsentscheidungen
werden auf diese Weise erleichtert, der vorzeitige Abbruch von Beziehungen begünstigt. Nicht selten, so ergab die Auswertung von Akten, verbirgt sich hinter dem
ausufernden Vokabular von Indikation und Diagnose, Symptom und Therapie ein
doppelter Boden, eine Strategie mit dem Ziel, eben dieses Delegieren von Problemen zu rechtfertigen (ohne daß dies im Einzelfall etwas mit bewußter Strategie oder
persönlicher Böswilligkeit zu tun haben müßte). Diese Politik des »Delegierens« ist
mehr als ein bloßer Zufallsfehler.
  Sie entspringt einer widersprüchlichen, im Denken der siebziger Jahre stek-
kengebliebenen Auffassung von Differenzierung und Spezialisierung - widersprüchlich insofern, als man in weiten Teilen der »normalen« Jugendhilfe die Existenz derartiger Auffangvorrichtungen an den Grenzen von Jugendhilfe, Justiz und Jugendpsychiatrie einerseits stillschweigend voraussetzt, sich aber andererseits entrüstet
davon distanziert - eine Haltung, die man getrost als Heuchelei bezeichnen kann. Die
Abschiebungsroutinen vorher eingeschalteter Instanzen werden dadurch beträchtlich erleichtert - eröffnet sich hier doch die Möglichkeit, unbequeme Störfälle guten

Gewissens abzugeben und ihre Ausgrenzung mit dem Verweis auf die Zuständigkeit von »Spezialisten« im selben Atemzug zu legitimieren (FREIGANG 1985). Mit großer Regelmäßigkeit findet sich in den Aktenbiographien der Jugendlichen daher ein verborgener Mythos vom »kompetenten Helfer«, der irgendwie, irgendwann und irgendwo aus dem Gestrüpp der Unzulänglichkeiten auftauchen und das jetzt Unlösbare bereinigen wird. Aus dieser Erfahrung permanenter Vertröstung auf imaginäre Bezugspersonen resultiert auch ein großer Teil des Zynismus, den sie pädagogisch gemeinten Behandlungsversuchen gegenüber an den Tag legen.

1.2 »Scheitern« - Zur Dynamik von Beziehungsabbrüchen in der Heimerziehung

Vor der Einweisung in die geschlossene Unterbringung haben die Jugendlichen in der Regel bereits eine Karriere »gescheiterter« Unterbringungsversuche durchlaufen. Normalheim, U-Haft, Jugendpsychiatrie, Arrest, vielleicht auch Knast. Erst dieses Scheitern macht sie zu Anwärtern geschlossener Unterbringung - und immer ist es ihr Scheitern, nicht das der Institutionen, auf das sich die öffentliche Aufmerksamkeit richtet. Gerade diese zirkuläre Praxis von Intervention, Scheitern und erneuter Intervention (nach dem Modell einer sich weitenden Spirale) bedarf der Kritik. In Wirklichkeit beruht das Vertrauen in die besondere pädagogische Kompetenz von »Intensivgruppen« u.ä. häufig auf Mißverständnissen, die durch mangelnde Kooperation zwischen den Beteiligten noch einmal verstärkt werden. Der Versuch, pädagogische Beziehungen für einen zuvor bemessenen, durch die Entscheidung des Vormundschaftsrichters festgelegten Zeitraum zu erzwingen, wirkt für die Jugendlichen undurchsichtig. Angesichts ihrer von Beziehungsabbrüchen und Verletzungen geprägten Vorgeschichte wird meist nicht mehr daraus als ein Moratorium. Sobald es abgelaufen ist, schlägt das gewohnte Muster wieder durch: Das Beziehungsangebot, so das Resultat aus ihrer Sicht, war nicht stimmig, das Interesse an ihrer Person zwiespältig bis aufgesetzt, die Belastbarkeit der Pädagogen nicht krisenfest.

1.3 Das Dilemma der Spezialinstitution

Rekonstruiert man die Lebenserfahrung von Jugendlichen mit langer »Heimkarriere«, dann schält sich schnell ein gemeinsamer Kern heraus: Enttäuschung, Mißtrauen, provozierendes Verhalten (mit dem Ziel, Personen und Situationen auszutesten) auf der einen Seite; Drohungen, Beziehungsabbrüche, halbherziges Herumprobieren auf der anderen. Heimmitarbeiter ziehen sich nach wiederholten Frustrationen zurück. Sie tun nur noch das Nötigste, organisieren eine Art arbeitsteiliger Mindestversorgung, suchen schließlich nach einer anderen Unterbringungsmöglichkeit. In der Hoffnung auf einen »neuen Anfang« wird der Jugendliche in ein anderes Heim verlegt, sei es, um noch einmal sein Problem »abzuklären«, ein anderes Betreuungssetting zu probieren oder auch nur, um zu signalisieren: Wir sind mit unserem Latein am Ende. Gelingt es dort nicht, aus dem Kreislauf auszubrechen, wiederholt sich der Vorgang. Die Suche nach einer »Spezialeinrichtung« mit mehr und besonders geschultem Personal, besseren Räumlichkeiten (eventuell auch geschlossenen) beginnt. Der Jugendliche wird, im Interesse seiner Behandlung natürlich, aber doch auch mit einem Anteil von Sanktion, abermals verlegt. Er betritt die neue Umgebung in dem Bewußtsein, daß die Hilfe, die ihm dort zuteil werden soll, von vornherein einen Unterton hat: Wir werden dir schon helfen! Schnell wird daraus eine Sackgasse, aus der auch die Spezialeinrichtung (unabhängig davon, ob es sich baulich um eine »offene« oder »geschlossene« Institution handelt) nicht mehr herausfindet. Auch aufwendige Ausstattung und hohe Personaldichte können nichts daran ändern, daß man dort an neue Grenzen stößt; Grenzen, die sich zum Teil aus dem Verlegungsvorgang selbst ergeben und mit der unterschwelligen Botschaft zusammenhängen, die der Jugendliche durch ihn erfährt: Wenn es diesmal nicht klappt, dann können wir auch nichts mehr für dich tun.

Das Dilemma: Auch die Spezialeinrichtung kann den Jugendlichen nicht mehr halten, sie kann ihn aber auch nicht mehr problemlos weitergeben, weil die nächstmögliche Station der Knast wäre. Im Ergebnis haben solche sich aufschaukelnden Einzelvorgänge einen kumulativen Effekt: Spezialeinrichtungen neigen in Grenzsituationen dazu, ihrerseits Bedarf an weiteren Spezialeinrichtungen anzumelden, um sich nur endlich ihren »eigentlichen« Aufgaben widmen zu können. Auch dies eine Ursache für »burn out«-Phänomene auf menschlicher wie institutioneller Ebene.

1.4 Weglaufen

Wenn es um Alternativen zur U-Haft geht, dann steht die Vorstellung einer »entweichungssicheren Verwahrung« ganz oben auf dem Wunschzettel der Justiz an die Jugendhilfe. Eine Untersuchung des Deutschen Jugendinstituts (v. WOLFFERSDORFF/ SPRAU-KUHLEN 1990) erbrachte in diesem Punkt allerdings überraschende Ergebnisse: Weglaufen (von zu Hause oder aus anderen Heimen) stellt zwar insgesamt die häufigste Einweisungsbegründung für geschlossene Unterbringung dar, wird durch diese jedoch keineswegs entscheidend reduziert. Insgesamt sprechen die Daten eher für eine Kontinuität: Wer aus früheren, »offenen« Einrichtungen häufig weggelaufen ist, tut dies in der Regel auch in der gegenwärtigen, »geschlossenen« Einrichtung. Geschlossene Gruppen verhindern weder durch ihre baulichen Gegebenheiten noch durch ihre ausgefeilten Regelsysteme, daß Jugendliche auch hier in beträchtlichem Maße weglaufen. Keine der untersuchten Einrichtungen war allerdings »wirklich ausbruchsicher« - durfte es nach Ansicht der dort Tätigen auch gar nicht sein, um den Gruppen nicht zuviel »Knastcharakter« zu verleihen - einer der zahlreichen Widersprüche, die eine empirisch genaue Beschreibung des Systems an den Tag bringt. Auch die jedem Praktiker geläufige Erfahrung, daß Jugendliche gerade dort »entweichen«, wo der Aufwand an baulicher, personeller oder elektronischer Sicherung am größten ist, ist ein Indiz für das praktische Dilemma, in dem sich der Alltag geschlossener Erziehungssysteme verfängt. Fazit: Mehr als die Hälfte der Jugendlichen, auf die sich die Untersuchung bezog, liefen auch aus den geschlossenen Heimen weg. Und obwohl dies im Einzelfall zu starken Gefährdungen führen kann, spricht nichts für eine Dramatisierung des Problems. Mehrheitlich wurden für den Zeitraum der Entweichungen keine registrierten Straftaten angegeben. Wichtig ist auch, daß das Weglaufen eben nicht nur unter Aspekten von Regelverstoß und Norm-bruch bewertet werden darf, sondern vielfach geradezu eine »letzte Ressource von persönlicher Autonomie« beinhaltet.

1.5 Karzer und Zellen

Generell erfüllen Isolierräume in ohnehin schon geschlossenen Heimen eine ähnliche Funktion wie diese selbst im System der Jugendhilfe: Sie sollen, wenn überhaupt, nur als »ultima ratio« benutzt werden. Zugleich verkörpert aber schon ihr bloßes Vorhandensein einen unübersehbaren Macht- und Strafanspruch der Institution. Interessant ist in diesem Zusammenhang folgender Vergleich: Um herauszufinden, ob eigentlich das zusätzliche Einschließen Jugendlicher in dazu prädestinierten Räumen die »Entweichungsraten« in Heimen reduzierte, wurden die häufig einschließenden Heime mit jenen verglichen, die zusätzliches Einsperren prinzipiell ablehnten bzw. entsprechende Räume überhaupt nicht zur Verfügung hatten. Es stellte sich heraus, daß (bei annähernd gleicher Zahl von Jugendlichen in beiden Gruppen von Heimen) von den oft isolierenden Einrichtungen etwa dreimal so viele Entweichungen angegeben wurden, wie von den nicht-isolierenden Heimen. Auch dieses Ergebnis ist für die Diskussion über Prinzipien »sicherer Erziehung« aufschlußreich, und es weist auf symbolische Verstärkereffekte hin, die besonders BRUNO BETTELHEIM (1975) überzeugend beschrieben hat: Isolationsräume wirken wie stumme Botschaften, die sich, auch ohne daß sie benutzt werden, Gehör verschaffen. Sie prägen die Beziehungen der Beteiligten durch ihr bloßes Vorhandensein. Gerade dort, wo Heimerziehung und Straffälligenhilfe pädagogisch anspruchsvolle Maßstäbe für sich reklamieren, sollten sie sich an die Gründe erinnern lassen, die BETTELHEIM von der Nutzlosigkeit des Einschließens überzeugt sein ließen.

2. Perspektiven

1. Die in der Vergangenheit verbreitete Kritik an geschlossenen Heimen mit ihrem schrillen Anklageton hat sich - hoffentlich - überlebt. Vorwürfe wie »Unmenschlichkeit«, »KZ-Charakter« und ähnlich unsinnige, verletzende Assoziationen gingen und gehen an der Sache vorbei. Stets lag in solchen Vorhaltungen der untaugliche Versuch, ein Strukturproblem, mit dem sich auch die echten und vermeintlichen Alternativen zur geschlossenen Unterbringung herumschlagen müssen, zu personalisieren und zu moralisieren: Die Realitäten, die von der Jugendhilfe verwaltet werden, lassen sich nicht auf einem schlichten Kontinuum von Gut und Böse abbilden, auch wenn dies durch ihr theologisches Erbe als »Rettungspolitik« zur Hebung gefallener Charaktere immer wieder suggeriert wird. Vielleicht ist es auch vor diesem Hintergrund zu erklären, daß in der Auseinandersetzung über Einfluß, Strafe und Disziplinierung Moral so häufig mit Moralin verwechselt wurde. Eine sorgfältige Klärung der Fragen, um die es dabei geht, kann nicht mit Hilfe weniger Patentrezepte erfolgen, und auch die Behauptung, daß jeglicher Beziehungsversuch unter den Bedingungen geschlossener Unterbringung per se zum Scheitern verurteilt sein muß, ist empirisch unseriös.

2. Trotzdem läuft eine auf empirischen Daten beruhende Abwägung des »pro und contra« hinsichtlich einer (Wieder-)Einführung geschlossener Heime auf ein klares Nein hinaus. Ausschlaggebend dafür sind weniger die konzeptionellen und praktischen Widersprüche, die man den bestehenden Einrichtungen bis heute vorhalten muß. Das entscheidende Argument gegen einen verstärkten Rückgriff auf geschlossene Heime bezieht sich nicht auf die skandalisierbaren Einzelfälle, die sie hervorbringen, sondern auf die strukturellen Widersprüche, die ein ausdifferenziertes Teilsystem im Überschneidungsbereich von Jugendhilfe, Justiz und Jugendpsychiatrie zwangsläufig nach sich zieht. Als Produkt kumulierender Ausgrenzungs- und Delegationsprozesse, die sich von drei Seiten her aufbauen und wechselseitig überlagern, ist ein solches System in sich auf widersinnigen Voraussetzungen aufgebaut. Es muß von daher - ganz unabhängig von der Qualifikation und Motivation des dort tätigen Personals - ebenso widersinnige Folgewirkungen hervorbringen. Auch die kompetentesten Mitarbeiter sind diesen Folgewirkungen gegenüber in der Regel machtlos, weil sie sich nicht auf der Beziehungsebene abspielen, sondern sich erst aus dem Zusammenwirken rechtlicher, administrativer, institutioneller und persönlicher Faktoren ergeben. Was eigentlich in Mängeln des Systems wurzelt, wird schließlich als diffuser Außendruck wahrgenommen und entsprechend beantwortet: durch Rückzug nach innen und Abschottung nach außen. Geschlossene Systeme sind von daher stets auch mentale Gebilde.

3. Vor allem die (unter den gegebenen rechtlichen Bedingungen kaum vermeidbare) Überlastung mit kurzfristig »durchgeschleusten« Problemfällen führt die Erzieherteams, die in diesem Bereich arbeiten, schnell an die Grenzen ihrer Möglichkeiten. Sie müssen erleben, daß sich eine so empfindliche Ressource wie »Beziehungsfähigkeit«, einmal erschöpft, im Alltag geschlossener Gruppen eben nicht beliebig reproduzieren läßt (GRAF 1988, 1993). So kommt es, daß zumeist sie es sind, die für den unauflösbaren »double bind« bezahlen müssen, der allen Varianten geschlossener Heimpädagogik in die Wiege gelegt ist: Auf der einen Seite müssen sie sich fachlich an einer therapeutischen Logik von Beziehungsaufbau und möglichst langfristiger Betreuungsdauer orientieren; auf der anderen sind sie an eine genau entgegengesetzte juristische Logik gebunden: möglichst kurzfristiger Aufenthalt, kontrollierte Freiheitsbeschränkung, frühzeitige Herauslösung des Jugendlichen.

4. Dieselbe systemische Sicht, die zum tieferen Verständnis individueller Störungssymptome notwendig ist, muß auch auf die Analyse der Wechselwirkungen zwischen Institutionen und Helfersystemen angewandt werden (SCHWEITZER 1987). Für die fällige Neubestimmung der Kräfteverhältnisse im »Bermudadreieck« von Jugendhilfe, Justiz und Jugendpsychiatrie erscheint ein so vorgehender Argumentations- und Forschungstypus fruchtbarer als der ständige Rückgriff auf »Grundsatzpositionen«, die einmal die totale Unverzichtbarkeit, ein anderes Mal die totale Entbehrlichkeit von Erziehung, Therapie oder Hilfe suggerieren. Viele der Behandlungs- und Therapievorstellungen, die man sich früher einmal von intensiv zusammenlebenden, aufeinander angewiesenen Gruppen von Betreuern (»Therapeuten«) und Jugendlichen gemacht hat, sind inzwischen verflogen - auf-

gezehrt von einer Praxis, die anderen Regeln gehorcht als denen des therapeutischen Diskurses. Auf der anderen Seite kann niemand heute noch ernsthaft bestreiten, daß eine Vielzahl offener Projekte auch im Umgang mit extrem belasteten »mehrfach auffälligen« Jugendlichen Erfahrungen gesammelt (und dokumentiert) haben. Trotz einzelner Rückschläge und Mißerfolge können sich diese Erfahrungen sehen lassen - auch Alternativen zur Untersuchungshaft gehören dazu.

5. Vergegenwärtigt man sich den Zustand der Untersuchungshaft in Deutschland (DÜNKEL 1994), dann erscheint die Nachfrage nach für »Justizzwecke« geeigneten Jugendhilfeeinrichtungen bei oberflächlicher Betrachtung nachvollziehbar. Doch in Wirklichkeit muß eine ganz andere Rechnung aufgemacht werden: Ein wesentlicher Teil dieser Nachfrage resultiert - vor allem in den neuen Bundesländern - daraus, daß die Vorschriften des KJHG dort weder nach Buchstaben noch Geist des Gesetzes auch nur annähernd umgesetzt sind. Gerade die auf Strukturverbesserungen zielenden Absichten des Gesetzes fallen heute einer extensiven Sparpolitik zum Opfer und dünnen die Praxis der Jugendhilfe genau dort aus, wo präventive Arbeit notwendig und möglich wäre. Der Mangel an offenen Angeboten und Hilfen verstärkt im Gegenzug den Bedarf an Sondereinrichtungen für sozial gefährdete, kriminell auffällig gewordene Kinder und Jugendliche. Damit schließt sich der Kreis. Diesen Zusammenhang deutlich zu machen und gegenüber dem populistischen Gerede von »sicherer Verwahrung« immer wieder begründet darzustellen, erscheint gegenwärtig als eine vordringliche Aufgabe der Jugendhilfeforschung.

6. Wie die letzten Jahre gezeigt haben, hat die Suggestion einer Rückkehr zu härteren Strafen deutlich zugenommen. Law and order - Empfehlungen für einen unnachsichtigen Umgang mit »Serientätern«, Vorstellungen vom notwendigen Schuß vor den Bug und vergleichbare Vorstellungen von »Ordnungspolitik« erfreuen sich neuen Zuspruchs. Sie alle versprechen schnellen Ersatz für die unangenehme Auseinandersetzung mit tieferliegenden Krisenerscheinungen unserer Gesellschaft. Im neuerwachten Interesse an möglichst billigen, repressiven Lösungen im Umgang mit störenden Kindern und Jugendlichen spiegelt sich damit das sozialpolitische Dilemma der Jugendhilfe in einer sich verfestigenden »Zweidrittelgesellschaft« (zur Armutsentwicklung in Deutschland vgl. HANESCH u.a. 1993). Auch sie gerät unter Polarisierungsdruck und muß ihre Konzepte von offensiver Hilfe, Lebensweltorientierung etc. gegen eine »neue Unerbittlichkeit« im Umgang mit Randgruppen verteidigen (KERSTEN 1994). Nur in diesem breiteren Kontext können die gegenwärtigen Verschärfungsdiskurse in Politik, Justiz, Erziehung und Jugendhilfe angemessen verstanden werden. Wichtig ist es daher, auch die Kritik an der geschlossenen Unterbringung und den gegenwärtigen Versuchen ihrer (Wieder-)Einführung nicht nur moralisch, sondern strukturell und politisch zu begründen.

Literatur

BETTELHEIM, B.: Der Weg aus dem Labyrinth. Leben lernen als Therapie. Stuttgart, 1975

BLANDOW, J.: Aspekte aus der Geschichte der geschlossenen Unterbringung von Kindern und Jugendlichen in Heimen der Jugendhilfe. In: EREV Schriftenreihe 2/1994

DÜNKEL, F.: Untersuchungshaft als Krisenmanagement? Daten und Fakten zur Praxis der Untersuchungshaft in den 90er Jahren. In: Neue Kriminalpolitik 4/1994, S. 19 ff.

FREIGANG, W.: Verlegen und Abschieben - Zur Erziehungspraxis im Heim. Weinheim/München, 1986

GRAF, E.O. (Hrsg.): Das Erziehungsheim und seine Wirkung. Luzern, 1988

GRAF, E.O.: Heimerziehung unter der Lupe - Beiträge zur Wirkungsforschung. Luzern, 1993

KERSTEN, J.: Die neue Unerbittlichkeit. Law and Order und gesellschaftliche Vergeltungsbedürfnisse, in: LOHMANN, H.M. (Hrsg.): Extremismus der Mitte - Vom rechten Verständnis deutscher Nation. Frankfurt/M., 1994

SCHWEITZER, R.: Therapie dissozialer Jugendlicher. Weinheim/München, 1987

v. WOLFFERSDORFF, C.: Rückkehr zur geschlossenen Heimerziehung - Probelauf für eine Jugend- und Straffälligenhilfe? In: Neue Kriminalpolitik 4/1994, S. 30ff.

v. WOLFFERSDORFF, C./SPRAU-KUHLEN, V./KERSTEN, J.: Geschlossene Unterbringung in Heimen- Kapitulation der Jugendhilfe? In: Neue Praxis 1/2, 1989; Buchfassung: München, 1990

Petra Peterich

Youths in Educational Institutions, who Repeatedly Commit Torts

Trainingskurse

Jugendliche in Heimeinrichtungen, die gehäuft straffällig werden, geraten in die Gefahr die Heimeinrichtung verlassen zu müssen. Die Angst vor der Ausweitung der „kriminellen" Subkultur auf alle Kinder und Jugendliche der Einrichtung, befördert die Ausgrenzung der straffällig gewordenen. Oftmals werden sie dann in großen Einrichtungen außerhalb der Kommune, etliche hundert Kilometer vom ursprünglichen Heimatort entfernt, untergebracht. Dort treffen sie auf Jugendliche und Heranwachsende in ähnlicher Problemlage. Manche davon sind bereits auf einem ähnlichen Deliktniveau angekommen. Die Gefahr daß die Neuankömmlinge sich diesen Jugendlichen anschließen und damit den Sprung auf ein höheres Deliktniveau machen ist groß. Dazu kommen dann oftmals Versuche immer wieder an den Heimatort zurückzugelangen, die einhergehen mit Straftaten (Autodiebstahl, Fahren ohne Führerschein, Beförderungserschleichung). Bei der Betrachtung der Biographien von Heranwachsenden, die in Strafanstalten eine Haftstrafe verbüßen, findet man häufig Jugendliche und Heranwachsende mit solchen Biographieverläufen.

Statt diese Jugendlichen frühzeitig aus der Einrichtung auszugrenzen und damit die oben beschriebene Dynamik in Gang zu setzen, ist die begleitende Integration in ambulante Projekte, die spezialisiert auf die Straffälligenhilfe sind, sinnvoll. In der Praxis haben sich zwei unterschiedliche Reaktionsformen bewährt. Der Täter-Opfer-Ausgleich als Diversionsmaßnahme für Straftaten im ubiquitären Bereich und die „Gruppenarbeit mit Einzelbetreuung" für Jugendliche und Heranwachsende, die in Gefahr stehen in eine „kriminelle Karriere" zu geraten. Dies entspricht auch dem Gleichbehandlungsgrundsatz, da Jugendlichen, die in ihren Ursprungsfamilien leben, genau diese Maßnahmen vom Gericht als Maßnahmen zur Regelung des Konfliktes bzw. als Hilfe und Unterstützung angeboten bekommen.

1. The Project

The following essay is the result of a project of field-research done by the university of Lüneburg, dealing with two projects. One of them is a restitution Project, in German called Täter-Opfer-Ausgleich. The Public Prosecutor or Attorney of State suggests this form of restitution. Deliquents as well as victims participate in it on a voluntary basis. If it succeeds, the Public Prosecutor discontinues any form of prosecution. This project or institution is meant for young people; their misdeeds are quite normal, that is to say, they are passing and ubiquitous. The other project is groupwork with juvenile offenders in combination with individual care for all participants, for whom criminality is the center of their lives.

These projects are covering the whole of the county of Lüneburg. The beginning was in 1987. With a few exceptions all youths who commit crimes in town and county of Lüneburg pass through one or both of these projects. The judge sentences them to participate in the Project for six months. The youths can bring their friends and brothers and sisters and they may stay when the time of six months has ended. For the study interviews were made with theses youths sent by the judge and some with youths coming as friends, girl-friends, brothers or sisters.

This form of groupwork is characterized by action and personal experiences / adventures (handlungs- und erlebnisorientierte Sozialpädagogik). It is an alternative to residential measures of the court like imprisonment and arrest. 10 years before, most of these boys would have gone to jail. So these are the boys with criminal careers. They constitute those 2 - 10 % which are always mentioned in academic literature:

Sanctions in Lüneburg have dramatically changed from the beginning of the project until now. In 1986 19 boys have been sent to jail in the town of Lüneburg exclusively. 1992 there were only two of them in the town and county of Lüneburg. In 1992 42 youths participated in groupwork in combination with individual care). 16 (51%) were obliged to come, 8 continued to come on a voluntary basis after the obligation had expired, and seven came volontarily as friends or brothers.

Half of all youths, who were interviewed were in residential care at the time of the interview or had been in foster- or residential care one or more times. On the background of the »Life-world-conception« the youths were asked to tell as much as possible about ther lives and their growing-up in ecpectance that they would also talk about their crimes.The result was not the expected one. Criminal deeds were not mentioned as central category of their thinking. These young people described themselves as living in «situations of exclusion and desintegration". Integration is the capability to run ones everyday life on a socially accepted and possibly high level of status. Desintegration means the process of being excluded and of being handicapped in participating in social resources. The beginning of this exclusion was in five of 17 cases losing one or both of their parents because of death. Five of seventeen lost their fathers by divorce but did'nt consider this a catastrophe The real catastrophe seems to be the stepfather or a boyfriend of the mother with whom they couldn't make friends. Two of them described their catastrophical situation as a consequence of immigration from Jugoslavia or the former GDR. One described the catastrophe as a consequence of loosing his apprenticeship after a car-accident. One of them told me that he was put in residential care, because the youth office couldn't find any ambulant care for him. One of them had been thrown out by her mother, because the mother couldn't stand her boyfriend.

These situations of desintegration were never seen as cause or reason for their delinquency. They inserted their crimes into the temporal framework or temporal dimension of their lives.: «And then... and then... and then...« If at all, their misdeeds were explained on a background of primary deviancy. For example: «I have always been a difficult case. From the very beginning." These are possibly retrospective reconstructions of reality. At any rate these are definitions they recur to in the actual situation. These youths differ from criminals delinquents in jail in so far, as a final judgement on their criminality has not yet been passed. They are still in the process of clearing. This explains why they do not attribute guilt to the social environment, as is often seen in institutions of detention.

2. The Youths

Juveniles who live or lived in institutions of residential care said that their being in these institutions rather fostered their criminality. I registered two different constellations:

1. In the institutions they met other youths committing crimes with whom they associated, or, in other words, made their trips.
2. Since in the institutions shift-service of the employees is normal as sometimes is burocratic treatment, they more and more went to meeting places outside, where they met other juveniles who were ready to commit crimes.

As a general rule these institutions turned to the police and brought charges against their inmates, because generally they were afraid of contagious group-dynamics; or they simply ousted the culprits. We very often saw that these youths were sent to bigger units, that is to say, bigger institutions, which sometimes were hundreds of miles from their home towns. There their delinquency reached another, higher level, because they made the acquaintance of other youths with a considerably higher level of delinquency.

The restitution program as one form of diversion as well as group-work in combination with individual care were accepted by the institutions of residintial care only reluctantly. They felt that they had reached an upper limit with their care, that they did the utmost they were capable of. They reasoned: If their inmates still were committing crimes, more social-pedagoical care was without any effect. They felt that now punishing measures were to be taken. These mental reservations have been softly deleted in recent years. In due time we have come to a very positive cooperation which stalls further ousting or exclusion of young people.

3. The Concept

The Albert-Schweizer-Familienwerk - which is the legal representative of the institution - has rented a house in Lüneburg and in the county an old barn in which a shop for metal work has been founded. We offer three kinds of groupwork: a bicycle-motorcycle-group, a carate-group and a group for photography. The last one exclusivly for girls. The photo-group came into being as an offer to the girlfriends of the youths; we want to show them that girls need their own freedom of activity . And it works. After initial resistance towards this group - sometimes the boys had forbidden their girlfriends to go to this group - it is accepted and respected. Group work is constantly being offered. That is to say the youths can come immediately after their trial and they can stay as long as they like. Each group takes place on two nights in the week. In addition to that we offer voluntary individual care. This permanent and continuous offer of different groups has the following advantages:

1. There is no waiting-time between trial and the beginning of their participation.

2. Half of the youths participate in this kind of group-work, because they consider it positive. As a general rule these juveniles stopped committing crimes and have begun an apprenticeship on their own. They simply don't see themselves as »criminals« anymore which prevents the creation of a sub-culture.

3. Since half of the youths participate volontarily, group-work is being defined positively, and there is no power-struggle with the social-workers concerning the program.

4. Long-time partecipants take over leading positions and they are being paid for this. Since they themselves originate from the »scene«, they are forming a bridge between social-workers and juveniles.

5. Newcomers observe how the others deal with each other; so they can decide on their own form of communication with the group and the socialworkers

6. Individual care can be built up from group-work.

For reasons of actuality now the work of the carate-group is described. The thing is very actual, because this group was conceived for young people prone to violence. The group was founded 1987 at the very beginning of the institution.

4. The Karate-Group:

Since Karate as social-pedagogic offer ist generally an open question and consequently widely disputed, there are three preliminary ideas:

1. Karate or Karate-Lessons as offered by the coworkers of the project (they are boy and girl-students of Social-Pedagogics of the University who practice Karate since a long time already) is a far cry from the violent activity as seen in Karate-Action-Films and/or offered by Karate-Schools and Karate-Associations.

2. Karate as an Asian Sport is - more than other sports - coined by severe etiquette, that is to say it is ruled by extremely clear and unambiguous rules. It includes the prohibition of any bodily contact in training as well as in fighting. If during the fight a fighter hits his or her opponent, he or her ist immediately disqualified. In training the defender is invariably the winner. You never use the term »enemy« or »opponent« - you unvariably speak of a »partner«. This makes clear the basic conception of interdependance in training as well as in fighting. The partecipants learn from each other and with each other - what you learn is last but not least: respect for others as well as respect for your own person.

3. According to social-pedagogical knowledge or recognition the presence of paradox situations and the necessity of new definition involved is a precondition for »learning« - things become disputable and have to be changed into something »given without question«. Karate as an offer to those youths, of whom it is generally said, that Karate is not the right thing for them, because they are aggressive anyhow (something they devoutly think of themselves) fosters the creation of exactly such a paradox situation as to show oneself confident that they themselves are capable of dealing with it. And - last not least - boys or girls who trained and practiced Karate for six months are afterwards not any more in a position to make use of it in bodily struggle.

As mentioned above already, the Lüneburg Institution has the conception of approach based on action and experience. Three structural elements of this approach make clear what Karate means for the actual work.

4.1 The object of action

has to be as close to everyday life and life-world vor the juvenlies as possibel; in other words, is has to be attractive. Useful capabilities and skills have to be developed. Selfdefined learning is meant to open up step by step their pro-social competence of activity. This includes a positive way of treating oneself as well as others. In the reality of Karate this means:

- how to learn discipline, and domination of body and emotions.
- to respect the partner, which means: those who are better than others are obliged to help and to support partners.
- to take over responsibility for the learning of others and to learn to become better by this.
- Development of feeling for the own body as well as for the body of the partner (to have a bit of tough and tumble, to see and to accept limits, to learn to surpass them and so on)
- in training there are very different expectations in learning and in doing; everybody is their own standard; I myself decide what to learn how fast; everybody exccluisively trains for him- or herself, which does not mean that competition is forbidden.
- such a structure permits everybody to participate according to their own possibilities, permitting at the same time individual help by the teacher.
- there is no pressure of success by the group, since it does not rely directly on the participants. During warm-up group- and team-games may be included which help to experience the group as such.
- middle- or longterm aims are possible. (you may try to learn Karate »only like this«, you can try to learn the basic techniqus of Karate, you may try to pass the first waist-belt-examination or try to become Karate-Teacher yourself...) All of these steps permit smaller or bigger successes.

4.2 Innocent dealing with others

Behaviour within the framework of Karate-Training dedramatizes deficit-attribuition of the »social-pedagogical relation« between coworkers and juveniles and makes it comparable to everyday behaviour. Coworkers and participant youths arenot only related by the task to work on the deficiencies or deficits of the youths - the shared passion for karate increasingly structures the relation between them, when Karate is the main topic. Those training Karata with us learn to se the ethical basis of Karate as part of their conception of life. In training Karate they authentically present the ideal of personality they have of themselves; they are therefore especially useful as objects of identification - with the precondition that these are not identical with the normal ideal of the »macho«, that is to say with »machismo«. By doing this we hope to make the juveniles see the central idea of Karat: those who are concious of their strength, are not easily to be provoked; so it is superfluous to show this strength or power; he or she who gains victory over him- or herself is without any doubt superior.

4.3 Obliging Interaction (Verbindliche Verständigung)

The idea of »verbindliche Ver,ständigung« stems from the conception of »Every-day Social Pedagogics«. It means that the object of action »Karate« makes possible the common finding and development of definitions by all participants. Definitions found together and therefore being obliging for everybody are the base of interac tion and furnish the base to find new definitions. Youths define themselves as positiv, because learning Karate means: self-discipline, domination of the own body, to respect the opponent as a partner. This group-work is being completed by common weekends and holidays and meetings with other Karate-Groups. Added to this is the individual care according to the needs of the single participants.

The institution or project since many years is working with youths of different nationalities. Right now half of all participants come from Vietnamese, Turk, Jugoslav, Jordan stock and of youths from Lebanon. Those youths of german stock who came to the institution during the last two years see themselves with rare exceptions as belonging to the »right wing«. The number of youths involved in violent crimes in the town and county of Lüneburg is rather on the decrease - which is quite contrary to the development in the whole of the Federal Republic .

Friedhelm Peters

Strafe und Heimerziehung

Punishment versus Education

Although punishment means pain or doing evil to someone, its empirical appearance always is loaded with different ideological intentions - such as education or prevention. In this article we will outline that punishment, especially in the context of education, is one of the most complex ideologies, manifested in strong and historically based practices (the legal system, the production of theories of deviance and disorder, the every day life of institutions) of the youth in trouble system. And as this ideology is as strong, you'll not be surprised, that till now there is no clear understanding as to what »youth in trouble« or »disorder« really means (excluding psychoanalysis which has a clearly defined idea of »disorder« but no corresponding practice as a whole - and might be a specific ideology ,too) and why a specific behaviour may take place, but that there still is the overwhelming institutional approach to children who need help or a worthy place of living instead of being controlled, institutionalized and punished as shown in history and today's practice. But this seems to be an aspect of modern society, which obviously will not be given up, related to patterns of class and power - in spite of all changes which took place. The different institutions are still working on getting working class kids on working class jobs and/ or controlling them by making them to become »different«.

1. Einleitung

Obgleich Strafe(n) ganz allgemein definiert ist als die Zufügung eines Übels, Leids oder Schmerz - als Schaffen einer unangenehmen Situation - (vgl. REDL /WINEMAN 1976; CHRISTIE 1986) erscheint »Strafe« in der Regel nicht als Solches, sondern empirisch mit zahlreichen zusätzlichen Intentionen bzw. Zwecken angereichert, die von der Förderung individuellen Lernens und Stärkung der Über-Ich-Funktionen bis zur Spezial- und Generalprävention reichen. Wegen dieser vielfältigen Verquickungen mit unterschiedlichsten Intentionen ist »Strafe« auch im pädagogischen Diskurs ein überaus kontrovers besetztes Thema. Dies gilt insbesondere für den Bereich der Heimerziehung.

Historisch gesehen resultiert das ,was wir heute als Heimerziehung verstehen, aus den differenten Traditionen des Findel- und Waisen- sowie des Arbeitshauses und der Geschichte der Zwangs- und Fürsorgeerziehung wie des Jugendstrafrechts und deren Modifikationen, in denen allerdings die Paradoxie, daß Strafe und Erziehung wechselseitig füreinander eintreten können, nie aufgehoben wurde (vgl. systematisch: BETTMER 1995).

Die im 16. und vor allem im 17. Jahrhundert nach dem Modell des Amsterdamer »Tuchthuis« (1595) und dem Londoner Arbeitshaus »Bridgewell« (1555) von den absolutistischen Staaten eingeführten Zucht- und Arbeitshäuser, stehen an der

Schwelle »zwischen den alten Konglomeratsinstitutionen vom Typ »Spital«, in dem unterschiedslos alle Hilfsbedürftigen untergebracht wurden, die nicht von traditionellen sozialen Netzen der Verwandtschaft und Standesgemeinschaften aufgefangen werden konnten, und dem neuen Typ des Gefängnisses als totaler Disziplinierungsanstalt, in dem der Inhaftierte durch ein lückenloses System der Erfassung, Kontrolle und systematischen Einwirkung gebessert werden sollte« (PEUKERT 1986,41; vgl. auch FOUCAULT 1975). In den Zucht- und Arbeitshäusern des 17. und 18. Jahrhunderts soll relativ unterschiedlos Arbeit für diejenigen, die keine Arbeit finden, bereitgestellt werden, sollen arme- und Waisenkinder zur Arbeit und handwerklicher Ausbildung angehalten werden, werden freimütig Zwangsmittel gegenüber Personen angewandt, die in Verdacht stehen, nicht arbeiten zu wollen, wird das armenpolitische Druckmittel der »Probe der Arbeitswilligkeit« zur Anwendung gebracht.

SACHSSE/TENNSTEDT beschreiben die Situation der Arbeits- und Zuchthäuser dahingehend, daß sie »nicht nur von der Zahl, (sondern) auch von der Art ihrer Insassen her… ein sehr uneinheitliches Bild (abgaben). Arbeitsscheue Bettler, gerichtlich abgeurteilte Verbrecher, unbotmäßiges Gesinde, aufsässige Kinder…, Waisenkinder und Prostituierte…: keine »Randgruppe« der absolutistischen Gesellschaft, die nicht ihr Kontingent zur Belegung der Zwangsanstalten beigesteuert hätte« (SACHSSE/TENNSTEDT 1983,104).

Die disziplinarische Wirkung der Anstalt, innerhalb derer aufgrund rigider Hausordnungen oder schlichter Willkür »Strafen« so sehr an der Tagesordnung waren, daß die gesamte Institution als Strafinstitution sowohl von den Insassen wie Leitern wahrgenommen wurde, hatte jenseits der Unterwerfung unter die Zwangsarbeit noch weitere Aspekte, die bis heute (oder zumindest bis in die 70er Jahre dieses Jahrhunderts) ihre Bedeutung nicht verloren haben und in den Überlegungen zur Anstalt (von der sich das »Heim« strukturell, weil aus ihr herausdifferenziert trotz äußerer Veränderungen und mittelständischem Wohnambiente bis heute kaum unterscheidet) als »totaler Institution« (GOFFMAN 1972 ; TROST/LANDENBERGER 1988) wieder aufscheinen: »Die Aufnahme in ein Zucht- oder Arbeitshaus bedeutet für den Häftling einen vollständigen Bruch mit seinen gewohnten Lebensverhältnissen. Der »Willkomm«, eine Tracht Prügel, die bei der Aufnahme in die Anstalt routinemäßig verabreicht wurde machte ihm unmißverständlich klar, daß nunmehr alle seine Lebensäußerungen von einer fremden Macht streng reglementiert wurden. So war… der gesamte Tagesablauf der eigenen Planung entzogen und der Fremdbestimmung durch die Anstalt unterworfen. Die Hausordnung regelte die Zeiten für das Wecken, das Morgengebet, den Arbeitsbeginn, die verschiedenen Mahlzeiten und Betstunden, das Ende der Arbeit und die Nachruhe verbindlich. Die Architektur der Anstalt zielte auf ein neuartiges Raumverhalten der Insassen. Funktionale Raumaufteilung, Isolierung gegenüber der Außenwelt und gegeneinander, Möglichkeiten hierarchischer Raumkontrolle, das waren die Anforderungen der Raumdisziplin, denen das Anstaltsleben sich unterzuordnen hatte. Auch ein neues Verhältnis der Häftlinge zu ihrem Körper und ihrer Sexualität zählte zur Programmatik der Zucht- und Arbeitshäuser: detaillierte Reinigungsvorschriften, ärztliche Kontrolle, Kurzscheren der Haare, Trennung der Geschlechter, Unterdrückung aller Sexualität zielen auf eine Körperdisziplin, deren Kehrseite die Duldung härtester Arbeit und körperlicher Strafen war« (SACHSSE/

TENNSTEDT, a.a.O., 105f.). Natürlich war auch das Verhalten der Insassen untereinander streng reglementiert und durch vielfältige Strafen- bei Übertretung der Verhaltensvorschriften - gekennzeichnet.

2. Historischer Rückgriff: Strafe bei PESTALOZZI und WICHERN

Eine für das Selbstverständnis entscheidende Wende erhält die Heimerziehung durch JOHANN HEINRICH PESTALOZZI und JOHANN HINRICH WICHERN, in der auch das Verhältnis von Strafe/Disziplinierung und Erziehung eine für die sich entwickelnde Sozialpädagogik folgenreiche Neubestimmung erfahren. PESTALOZZI entwickelt als erster den Versuch, Anstaltserziehung mit Elementen familiärer Atmosphäre, der »Wohnstube« anzureichern und zudem Heimerziehung mit dem Programm einer Elementarerziehung für den Stand der Armen zu verbinden. WICHERN greift bei der Gründung des »Rauhen Hauses« (1833) sowohl diese familialen Elemente als auch Ideen der pietistischen Rettungshausbewegung auf (vgl. TREDE/WINKLER 1995), konzipiert jedoch - und das macht die Modernität seines Projektes aus - seine »Anstalt« (das Rauhe Haus) gegen das Modell der zeitgenössischen Disziplinaranstalt ,die er kritisiert, weil die Absicht der Erziehung und Disziplinierung offen zu Tage tritt und damit nur äußere Anpassung provoziert. Wichern zielt hingegen auf innere Anpassung und über Individualisierung auf Selbst- statt Fremddisziplinierung, ohne allerdings auf Strafe(n) zu verzichten.

Zentrales Ordnungsprinzip WICHERN'scher Pädagogik, in dem auch die Strafe resp. Strafen ihren genuinen Platz haben, ist die bürgerliche Sozialform »Familie«, die für ihn als einzige in der Lage ist, »Individualität« und Eigenverantwortung herzustellen. Dieses Individualisierungsgebot setzte WICHERN konsequent durch - in dem Familienprinzip, der Architektur, den Kontrollstrukturen (vgl. 12. JB, 55f) und auch hinsichtlich des Einsatzes und der Funktion von Strafe(n): WICHERN gehört zu den Befürwortern einer individuellen, unsichtbaren Strafe. Gegenüber der Disziplinaranstalt mit ihren festgesetzten Strafen bei jedweden Übertretungen läßt WICHERN individuell manchmal »Gnade vor Recht« ergehen, weil die »unnachsichtlichen Strafen…, so gewiß auch sie zur rechten Zeit an ihrem Orte sind«, (SW 6,194) nicht » bei der äußeren Gleichheit die innere Ungleichheit sehen,... das Bestrafen sich nach der inneren Schuld richten, und die Strafe eben darum eine verschiedene sein (muß). Es kommt weiter dabei auf das Maß der Erkenntnis an, die einer vor der begangenen Sünde hat. Wer diese Erkenntnis hat, ist ungleich strafbarer als einer, der sie nicht hat« (SW 7, 183).

WICHERN individualisiert konsequent auch das Strafen: Die Strafgewalt in seiner Erziehungskonzeption hat der »Hausvater oder sein Stellvertreter«, »weil eben der Hausvater und die Anstalt immer als eine Familie gedacht ist« (SW 6, 217) »und das Strafrecht ein unveräußerliches Vater- und Hausrecht… ist« (ebda.). Deswegen gibt es bei Wichern auch keinen »förmlichen Strafenkatalog«, so daß Art und Ausmaß der Strafen dem Ermessen des Erziehers überlassen bleiben. Ungeachtet dessen unterscheidet Wichern leichtere und schwerere Strafen - etwa »eine Zurechtweisung mit dem Wort, ein An-die-Tür-Stellen, ein (vorübergehendes) Entziehen des Spielrechts oder eine derartige Disziplinarregel« (SW 6, 217). Für schwerere Vergehen

kommen auch schwerere Strafen in Betracht, z.B. »Entziehung von Essen, körperliche Züchtigung und Einsperrung« (ebda.).

  Auch die körperliche Züchtigung mag Wichern nicht missen: »Wer die Ausbrüche des hier uns täglich entgegentretenden Trotzes und der Widerspenstigkeit
kennte, würde schwerlich daran zweifeln, daß zuzeiten körperliche Züchtigungen
sehr notwendig werden. Dergleichen zur rechten Stunde angewandt, hat seine Dienste wohl getan« (SW 6, 218). Die Öffentlichkeit soll möglichst wenig von diesen
Strafformen mitbekommen, weil es nicht um abstrakte Herrschaftsdarstellung, sondern um den individuellen Zweck von Erziehung und Charakterbildung geht. Am
besten gelingt die Selbstdisziplinierung, wenn »die ältesten Zöglinge selber die Strafe… bestimmen oder plötzlich (in Anbetracht eigener vergangener Verfehlungen und
Strafen - F.P.) für andere um Vergebung bitten… - eine Wendung, welche keiner
erwartet hatte« (SW 4.1,135).

3. Strafe im pädagogischen Diskurs der Neuzeit

Spätestens seit WICHERN wird »Strafe« konstitutiver Bestandteil des pädagogischen
Diskurses: »Freilich kommt keine Erziehung ohne die sog. Strafen aus« heißt es in
einem weitverbreiteten Lexikon »Pädagogik« unter dem Stichwort »Erziehung«
(GROOTHOFF 6./1969,77).»An sich kann es Strafen nur bei Strafmündigen geben ; der
Begriff der Strafe kann daher in der Pädagogik nur in einem übertragenen Sinne
gebraucht werden. Solche »Strafe« kann dort nötig werden, wo das Geleiten nicht
ausreicht. Der Zögling entgleitet einem, versteckt oder verirrt sich. Er muß zur Be-
sinnung gebracht und in den Gehorsam zurückgeführt werden. Hierzu genügt zumeist ein Wink oder ein Anruf, manchmal aber sind kräftigere Maßnahmen notwendig. Diese aber verfehlen ihren Sinn, wenn sie nicht zugleich den Umgang miteinander wieder eröffnen. Darum sind körperliche Züchtigungen im allgemeinen unzweck-
mäßig ; sie heben das erzieherische Verhältnis auf, indem sie den Zögling zum Delinquenten und den Erzieher zum Exekutor degradieren« (GROOTHOFF 1969,77). »Strafen müssen« schreibt ANDREAS FLITNER (1982, 86), wenn sie überhaupt in der Erziehung eingesetzt und pädagogisch gerechtfertigt sein sollen, »eine aufbauende Komponente haben, mit der sich die Verletzung der Grenze und die Verletzung der Beziehung überwinden läßt. Sie müssen auf das Wiedergutmachen, Wieder-In-Ordnung -
bringen der Situation verweisen… Die Strafen als Sühne, als Rache, als Schadenszu-
fügung, als Abschreckung - sie alle haben in der Erziehung keinen Ort « - zumindest
nicht im theoretischen Diskurs, doch ist diese Ebene nicht die einzige der Wirklichkeit, wie die Realgeschichte der Heimerziehung zeigt.

  Positiv formuliert: »Die Strafe hat einen Ort in der Erziehung nur, wenn sie
erstens in die Beziehung von Erwachsenen und Kindern integriert ist, wenn sie zweitens diese Beziehung nicht zerstört und wenn sie drittens die Möglichkeit der Auseinandersetzung mit der Verfehlung nicht blockiert « (MÜLLER 1993, 221; vgl. als
wohl selten realisiertes positives Beispiel einer solchen Möglichkeit die Ausführungen BERNFELD's 1971, 252 ff.).

  Konventionelle Strafen, die immer - auch wenn sie »pädagogisch gemeint«
sind - zu dem Effekt führen, daß »die Menschen in die zwei Klassen der Braven

(Nicht-Gestraften) und der Schlimmen (Gestraften) (gegliedert werden), erleben die Kinder unzweifelhaft, und zwar in Verbindung mit intensiven Affekten der Angst, Scham, Isoliertheit, Ungeliebtheit einerseits, des Geliebtseins, Geborgenseins, der narzißtischen Befriedigung, des Stolzes, des Wertes andererseits. Der Aufbau des Über-Ichs, die Entwicklung des Schuldgefühles wird so wesentlich an der moralischen Struktur der Gesellschaft orientiert« (BERNFELD 1971, 196). Generell aber bleibt »Strafe« eine »selten in die Erziehung integrierte Handlung, und die mit ihr verbundene Spekulation auf den guten Zweck verfehlt sie in der Regel systematisch. Denn Strafen erzeugen Angst vor Bestrafung und steuern damit - wenn überhaupt - das Verhalten auf der untersten Stufe der Moralität« (Müller 1993, 221).

Ausführlicher diskutiert ist das Problem des Strafens in der psychoanalytisch beeinflußten Pädagogik (REDL; WINEMAN; BETTELHEIM), aus der vorstehende Erkenntnisse stammen und die darüber hinaus deutlich gemacht hat, daß »die Verhängung von Strafe die Funktionsfähigkeit einer recht komplexen kognitiven Struktur und eines Kontrollsystems beim Individuum voraussetzt, da die Bestrafung ja eine energieliefernde Unterstützung darstellen soll. Wo immer dieses System nicht zuverlässig genug funktioniert, kann Bestrafung verheerende Folgen haben« (REDL, WINEMAN 1976,109) - auch wenn die »Strafe« lediglich zur Durchsetzung des Realitätsprinzips angewandt wird«. Durchsetzung des Realitätsprinzips kann nämlich zweierlei heißen: Dauernde Veränderung des kindlichen Über- Ichs oder Ichs ,um den Realitätsanforderungen gerecht zu werden, oder momentane Anpassung an irgend eine... unausweichliche Situation, die keinen Aufschub zuläßt.... Nur im ersten Fall sprechen wir von »Erziehung« im engeren Sinn des Wortes...« (REDL 1978,212), in der das überlegte Strafen äußerst sorgfältig abgewogen und niemals körperliche Strafen umfassend als Erziehungsstrafe seinen Platz haben kann. »Damit die Strafe vom Kind richtig als erzieherische Maßnahme und nicht als bewußt feindseliger Akt der Zurückweisung und Aggression seitens des Erwachsenen empfunden wird ist es wichtig ,daß das Kind... die Absicht des strafenden Erwachsenen richtig erfassen..., die augenblickliche unangenehme Empfindung mit dem Beitrag, den es selbst durch sein vorangegangenes Verhalten geleistet hat..., und das augenblickliche Erlebnis der Bestrafung in eine klare Struktur bringen kann, um es später... als verhindernden Faktor anwenden zu können« (REDL 1976,110). Davon unterschieden ist die Dressurstrafe, die nur auf das Unterlassen oder die Durchführung momentan wichtiger Handlungen unter Druck zielt (vgl. ebda., 214). Wichtig für beide Arten des Strafens ist, daß sie situationsbedingt richtig und sparsam angewandt werden. Insofern verwundert es nicht, daß die hier zitierten Autoren (Redl; Wineman; Bettelheim) in ihren Arbeiten den Gründen, warum und wann nicht gestraft werden sollte, großen Raum geben (vgl. zusammenfassend REDL, 1978, 222).

Obgleich der pädagogische Diskurs so die Bedeutung von Strafen relativiert, ist auffällig, daß selbst *theoretisch* nicht gänzlich auf Strafe(n) in der Erziehung verzichtet wird (Ausnahme: die sog. »Antiautoritären«) wie auch die Anstalt, *das* Disziplinarmodell im Übergang vom Feudalismus zum Kapitalismus bis heute in Form des sich lediglich differenzierenden und mit verschiedenen ambulanten Hilfen anreichernden Erziehungsheims praktisch nicht aufgegeben worden ist (vgl. PETERS 1990; TREDE/ WINKLER 1995).

4. Strafe als Ordnung im Rechtssystem

Die Geschichte der Heimerziehung und das ihr inhärente Verhältnis von Strafe und Erziehung waren durch die Ideen der Fürsorgeerziehung geprägt, deren »Geburtsurkunde von der Strafrechtspflege ausgestellt« wurde (PEUKERT 1986, 68). Die Diskussionen einer Pädagogisierung des Jugendstrafrechts in der neu gegründeten Internationalen Criminalistischen Vereinigung (FRANZ VON LISZT) führten zu ersten juristischen Regelungen und pädagogischen Überlegungen; sie begründeten jene Zwangserziehung, die bis heute in manchen Elementen der Heimerziehung noch nachklingt.

Bis zum preußischen »Gesetz betreffend die Unterbringung verwahrloster Kinder« (März 1878), das regelte, daß Kinder zwischen 6 und 12 Jahren, die eine strafbare Handlung begangen hatten, »von Obrigkeits wegen in eine geeignete Familie oder in eine Erziehungs- oder Besserungs- Anstalt untergebracht werden (können), wenn die Unterbringung mit Rücksicht auf die Beschaffenheit der strafbaren Handlung ,der Persönlichkeit der Eltern oder sonstigen Erzieher des Kindes und auf dessen übrige Lebensverhältnisse zur Verhütung weiterer sittlicher Verwahrlosung erforderlich ist« (§ 1 des o.a. Gesetzes; vgl. PEUKERT a.a.O., 71), während das Reichsstrafgesetzbuch (RStGB) von 1871 eine staatliche Zwangserziehung nur für den seltenen Fall vorsah, »wenn der Straftäter zwischen 12 und 18 Jahren alt war, aber die Strafbarkeit seiner Tat noch nicht erkennen konnte und vom Richter auch nicht zur Erziehung an seine Familie zurückverwiesen wurde« (PEUKERT, a.a.O., 69). Dementsprechend selten wurde eine Zwangserziehung angeordnet.

1900 wurde dann mit dem preußischem Fürsorgegesetz (»Gesetz betreffend die staatliche Fürsorge für die Erziehung verwahrloster jugendlicher Personen«) die Möglichkeit staatlicher Zwangserziehung deutlich ausgedehnt. »Jugendliche Personen, die das 16. Lebensjahr noch nicht vollendet haben, können wegen sittlicher Verwahrlosung auf Grund einer gerichtlichen Entscheidung in eine geeignete Familie oder in eine staatliche oder geeignete Privaterziehungs- oder Besserungsanstalt untergebracht werden: wenn ihr sittliches Wohl durch Mißbrauch des Erziehungsrechtes oder durch große Vernachlässigung seitens der Eltern oder sonstiger Fürsorge gefährdet ist, oder wenn nach ihrem Verhalten die Erziehungsgewalt der Eltern oder sonstiger Fürsorger und die Zuchtmittel der Schule sich zur Verhütung ihres völligen sittlichen Verderbens unzulänglich erweisen« (§ 1 Preuß. Fürsorgesetz 1900).

Aus pädagogischer Sicht wurde dagegen das »Recht des Kindes auf Erziehung« geltend gemacht, um so eine öffentliche Erziehung, resp. ein staatlich garantiertes Erziehungsrecht des Kindes zu begründen (vgl. POLLIGKEIT 1905 ; PETERSEN 1912); wider die eigenen Interessen lieferte man damit auch Argumente für eine staatliche Zwangserziehung: Im RJWG (Reichsjugendwohlfahrtsgesetz) von 1922, das auch in den Novellierungen bis zum KJHG (Kinder- und Jugendhilfegesetz ,1991) die Prinzipien der Jugendhilfe /Heimerziehung in Deutschland bestimmt hat, wurde das Recht jedes deutschen Kindes auf Erziehung in § 1 zwar allgemein anerkannt, aber nicht positiv formuliert. Fürsorgeerziehung als Verpflichtung, sich erziehen lassen zu müssen, war dagegen vorgesehen, wenn »sie zur Beseitigung der Verwahrlosung wegen Unzulänglichkeit der Erziehung« (§ 63) nötig ist. Was »Verwahrlosung« ist oder meint, konnte allerdings jenseits der Orientierung am normativen Bild des integrierten Jugendlichen (bis heute nicht eindeutig geklärt werden - mit Ausnahme vielleicht im psychoanalytischem Verständnis, das ein relativ klares Verständnis psychischer Verwahrlosung, aber keine dem entsprechend durchgesetzte Praxis besitzt. Dennoch bedeutete die vage (nicht: psychoanalytisch gebrauchte) Diagnose »daß weitere Verwahrlosung drohe« bis weit in die 70er Jahre dieses Jahrhunderts für viele Jugendliche Zwangserziehung und Repression und in der Zeit des Faschismus Ausgrenzung bis zur physischen Vernichtung (vgl. HECKES/SCHRAPPER 1988; SCHRAPPER /SENGLING 1985).

Von Bedeutung ist in diesem Zusammenhang auch, daß das Reichsjugendgerichtsgesetz (RJGG) von 1923 die im RJWG ausgesparte Verurteilung zur Fürsorgeerziehung wieder enthält und damit insb. die Fürsorgererziehung - unter dem Verständnis vom Vorrang des Erziehungsgedankens auf seiten der Pädagogen und Juristen - für die Betroffenen als Strafe ausgestaltet. Diese Doppelgleisigkeit des Jugendrechts wirkt bis heute nach, da das JGG nach wie vor Erziehung und Strafe parallelisiert: »So sind nach dem JGG »Erziehungsmaßregeln« vor »Zuchtmitteln« und der eigentlichen »Jugendstrafe« als erste Antwort auf die Straftat eines Jugendlichen möglich (§ 5). Damit fungiert Erziehung als eine mildere Form der Strafe, denn diese tritt erst ein, wenn »Erziehungsmaßregeln nicht mehr ausreichen«. Erziehungsmaßregeln werden als begrenzte Akte vom Richter angeordnet « (KUPFFER 1974, 250f.).

5. Einschließen als Strafe

Die Fürsorgerziehung »bewies vor allem in einem als arm und als sozial auffällig definierten Unterschichtsmilieu eine unübersehbare Präsenz ; sie schuf auch dort, wo auffälliges Verhalten der Eltern wie der Kinder unterhalb der Schwelle der Kriminalität blieb, eine gewisse Kontinuität des öffentlichen, behördlichen Eingriffs. Für die betroffenen Kinder und Jugendlichen prägte sie, einmal angeordnet, mit hoher Wahrscheinlichkeit große Teile des Jugendalters, oft dessen ganze Zeit. In diesem Sinn war die Fürsorgeerziehung, ganz ungeachtet von der Präsenz von Pädagogen in ihr, für den Lebensgang der betroffenen Jugendlichen eine totale Institution, dem Gefängnis nur insofern nicht vergleichbar, als die durchschnittliche Verweildauer in der Fürsorgeerziehung höher war« (PEUKERT a.a.O., 210), Für die Situation der 20er und 30er Jahre belegen denn auch eine Reihe von Berichten Willkür, härteste Repression und zahlreiche Versuche, über die absichtliche Begehung von Straftaten in die »Alternative« Jugendstrafvollzug zu gelangen.

Aber auch nach Faschismus und 2. Weltkrieg änderte sich erst einmal nichts an dieser Situation, da unmittelbar an die repressive Tradition der Weimarer Republik angeknüpft wurde: Glück hatte in Westdeutschland ebenso wie in der ehemaligen DDR, wer in den 50er und 70er Jahren nach einer Entweichung, nach Arbeitsverweigerung oder nach einer Aggression, nicht mit Isolierung in karzerartigen Zellen, mit dem Tragen besonders gekennzeichneter Kleidung, mit dem Scheren der Haare oder Verlegung in ein anderes ,möglichst geschlossenes Heim bestraft wurde. In Mädchenheimen wurde die Isolierung zusätzlich häufig praktiziert, um nach Entweichungen die Verbreitung ansteckender Geschlechtskrankheiten zu verhindern - eine von den Mädchen als äußerst degradierende Strafe erlebt (vgl. SPRAU-KUHLEN 1985, 318 ff).

»Die Einführung der Freiwilligen Erziehungshilfe 1961 (deren »Freiwilligkeit« sich allerdings lediglich auf die Eltern bezieht und auch bei ihnen eher auf den Druck von Schule, Polizei, Jugendamt, Nachbarschaft hin zustande kommt) verdrängte zwar die Fürsorgeerziehung nach und nach, für die Jugendlichen selbst änderte sich auch hierdurch wenig; höchstens, daß sie im Rahmen der Freiwilligen Erziehungshilfe eher als früher mit dem Bewußtsein in die Heime gehen, daß ihre Familie sie dort (und das heißt in ihrer subjektiven Erfahrung: weg) haben will, was emotional eine oft noch schwerer zu bewältigende Ausgangsposition ist, als gegen den Willen der Familie eingewiesen zu werden« (SPRAU-KUHLEN, a.a.O., 319).

Einschneidendere Veränderungen gab es - mit gewisser zeitlicher Verzögerung - erst als im Gefolge der sog. Heimkampagne im Kontext der antiautoritären 68er - Bewegung die Situation in deutschen Heimen öffentlich wurde, Mißstände auch durch zahlreiche Selbstzeugnisse belegt (vgl. exempl. WERNER 1969; HOLZNER 1975) und spätestens seit dem 4. Deutschen Jugendhilfetag 1970 auch nicht länger vertuscht werden konnten sowie mit dem Bericht der Kommission Heimerziehung der Obersten Landesjugendbehörden und der Bundesarbeitsgemeinschaft der Freien Wohlfahrtspflege (1977) offiziös geworden war. Zwar hat sich seitdem einiges verändert (vgl. zu den Änderungen: BLANDOW 1988; WINKLER 1988 ; PETERS 1990), doch ist auffällig, daß die Praxis sich zwar differenziert, aber offensichtlich nicht auf die Organisationsform Anstalt/ Heim und trotz mangelnder gesetzlicher Grundlagen (vgl. IGfH 1995) auch nicht auf seinen repressivsten Kern, die geschlossene Anstalt und damit auf eine grundlegende Disziplinar- und Straftechnik, verzichten möchte. Hier wie in dem immer wiederkehrenden Bild der Besserungsanstalt in den sporadisch entfesselten Moralisierungsdiskursen, in denen zeitspezifisch für differente Klientele Einrichtungen, »in denen wirklich auch erzogen werde«, gefordert werden, zeigt sich das Weiterleben des der Idee des »disziplinierenden Alltagsrhytmus der Anstalt« (PEUKERT, a.a.O., 206), auf den die bürgerliche Gesellschaft nicht nur nicht verzichtet, sondern wegen seines legitimierten Status und seiner symbolischen Funktion geradezu wiederzubeleben scheint. Die Diskussionen um die geschlossene Unterbringung 1994/ 95 in Deutschland (WOLFFERSDORF i.d. Bd.; IGfH 1995) zeigen dies ebenso deutlich wie die Entwicklungen in den eher als liberal geltenden skandinavischen Ländern, in den Niederlanden, aber vor allem in den USA, in denen überall ein Anstieg der Institutionspopulationen auch im Jugend- und geschlossenem Bereich zu beobachten ist.

Sicherlich nicht in gleicher Praxis und nicht in den Intentionen der Theoretiker und Befürworter eines differenzierten Jugendhilfesystems, jedoch in der gleichen Logik dieser »Integration qua Ausgrenzung« bewegt sich auch das »differenzierte Heim«, das im Prinzip nicht mit den »bewährten« Ausgrenzungsmechanismen gebrochen hat: Es enthält die Tendenz, die »schwierigsten Fälle«, diejenigen, die dem jeweiligen Setting am wenigsten entsprechen, »abzuwälzen« oder nicht aufzunehmen oder vermeintlich besser ausgestatteten Institutionen und besser bezahlten Fachleuten zuzuschreiben, was im Endeffekt nicht anderes bedeutet, als das Bedürfnis nach Einschließung/ Internierung, an derem Ende der Strafvollzug steht, zu »theoretisieren« (vgl. BASAGLIA-ONGARO 1987,28 f).

6. Strafe als Erziehung?!

An der Gesamtentwicklung der Heimerziehung fällt auf, in welchem Maße Intention der Betreiber aber auch die Theorie der Heimerziehung abweichen vom Erleben der von ihr Betroffenen und wieweit offiziell verkündeter Sinn und gesellschaftliche Funktion auseinanderdriften. Wir wissen heute, daß Heimerziehung über Prozesse der Sozialintegration - nicht ohne gewissen Erfolg- auf Systemintegration zielt und als Bestandteil und Spezialfall der säkulären Sozialdisziplinierung als eines gesellschaftlich übergreifenden Prozesses neuzeitlicher Rationalisierung von Lebenswelten begriffen werden kann, der die sich entwickelnde bürgerlich-kapitalistische Gesellschaft begleitet und stützt. Spätestens seit Mitte/ Ende des 19. Jahrhunderts sind (primär die Arbeiter-) Jugend und ihre (abweichenden) Lebensformen in diesen Prozeß der Sozialdisziplinierung einbezogen worden - im Verständnis von Fürsorge, Hilfe und Erziehung auf Seiten der Sozialpädagogen, aber in der Bedeutung von Kontrolle, Normdurchsetzung ,Marginalisierung, Selektion und Ausgrenzung auf Seiten der Betroffenen (vgl. MÜNCHMEIER 1987, 26). Damit ist die Jugendfürsorge eingebettet in den Kontext der »Normalisierung« des Lebenslaufs als einer umfassenden rationalen Durchgestaltung der industriell-kapitalistischen Lebensweise (vgl. ebda.). »Ihr ging es um die Neuordnung, die Feingliederung der als bedrohlich empfundenen Massenhaftigkeit der industriellen Klassengesellschaft..., die Normalisierung des Lebenslaufs durch Ausgestaltung der Sozialisationsinstanzen und die lückenlose Erfassung und pädagogische Behandlung abweichenden Verhaltens« (PEUKERT, 1986, 52) - auch, um die am Ende des 19. Jahrh. entstandene »Kontrollücke zwischen Schulbank und Kasernentor« (ebda.,310) zu schließen.

Diesem Bild steht eine eigentümlich romantisierte, von ROUSSEAU und GOETHE beeinflußte Vorstellung von Heimerziehung als pädagogischer Provinz gegenüber (vgl. AUTORENKOLLEKTIV 1971, 183-192), welche die geisteswissenschaftlich-hermeneutische Pädagogik und die reformpädagogische Bewegung der 20er Jahre noch mit der Idee des »pädagogischen Eros«, der Einzigartigkeit des pädagogischen Bezugs, und der Idee der Gleichaltrigengruppe angereichert, aber auch in ihren sozialistischen Varianten (BERNFELD) nicht eigentlich kritisiert haben. Im Kern geht es um die neue »freie« Aufnahme des erwachsenen Willens durch die Jugend, um mit der inneren »freien« Unterordnung dann zu ihrer Reife und Selbständigkeit zu gelangen.

Heimerziehung bietet gemäß ihres Selbstverständnisses denen, »die in ihrer primären Umwelt überfordert und gefährdet erscheinen, auf Zeit ein neues, pädagogisch strukturiertes Lebensfeld zum kompensierendem Lernen. Heimerziehung intendiert

- Distanz und Entlastung von Beziehungen und Aufgaben, in und an denen Heranwachsende gescheitert sind,
- einen für die spezifische Belastbarkeit und Bedürfnislagen des einzelnen eingerichteten Lebensraum und zusätzliche therapeutische Hilfen,
- stabile affektive Beziehungen im Umgang mit Erwachsenen...,

• Lernfelder, die attraktiv sind und zugleich für die nicht mehr entlastete Zukunft außerhalb des Heims lohnende Perspektiven eröffnen« (THIERSCH 1973,76), ist aber de facto oftmals genau das Gegenteil und wirkt als »totale Institution« (Goffmann 1972/Thiersch ebda.). Dies nicht oder nicht nur, wie THIERSCH (ebda., 84 f) vermutet, »weil die Depravierung der Heimerziehung Ausdruck beschädigter Normalität unserer Gesellschaft (ist), in der Dissozialität ins Abseits isolierender Institutionen verdrängt (wird), und in der diese Verdrängung einhergeht mit einem Strafbedürfnis, das komplex aus Unsicherheit, Ungeduld, Mißverständnis, aber auch aus Abwehr und Neid entstehen kann.(…) Die einengend strafenden Momente der Heimerziehung demonstrieren und exekutieren diesen Strafwunsch (und die eigene Normalität - F.P.) an den Insassen«, könnten allerdings in einem rechten Verständnis aller Beteiligten, einer aufgeklärteren Gesellschaft und in einem Verständnis von Jugendhilfe, das sich »den sie bisher allzu sehr strukturierenden gesellschaftlichen Erwartungen der Verdrängung, Strafe und Unterprivilegierung (entzieht)« (THIERSCH ebda.), so die optimistische Variante, aufgehoben werden.

Begrenzt und in Zeiten von Aufbruchstimmungen wie am flächendeckensten und radikalsten in Hamburg zwischen 1979 und 1990 (vgl. Heinemann/Peters 1987; Peters 1988, 1993), in denen auch politisch offensiv die Anmaßung eine Instanz sozialer Kontrolle zu sein, zurückgewiesen wurde, und in begrenzten Reformprojekten und -phasen der Heimerziehung mag das vielleicht gelten. Gesamtgesellschaftlich hat sich diese optimistische Einschätzung bislang nicht bewahrheitet.

Gegenüber der primär sozialpsychologisch motivierten Einschätzung bei Thiersch wird hier jedoch eine eher strukturelle Erklärung des systematischen Mißverständnisses zwischen dem Selbstverständnis der Heimerziehung und den von ihr Betroffenen favorisiert: Heimerziehung/ Jugendhilfe ist traditionell dadurch gekennzeichnet, daß sie eingreift, wenn Zweifel an der Effektivität und Richtung der naturwüchsigen Sozialisation entstehen.

Heimerziehung/Jugendhilfe gründen historisch in einer Kritik an der gegebenen Sozialisation und damit in einer Kritik an den gegebenen sozialen Umständen, welche die Heranwachsenden primär beeinflussen: die »gefährliche Straße«, die »unvollständige oder Multi-Problemfamilie«, das »umherstreunende Mädchen«, die Schule schwänzenden Jugendlichenclique, die zu früh (das Falsche) raucht, Geschlechtsverkehr hat und die Konsumgüter sich unmittelbar aneignet, etc. Solange eine öffentliche Erziehung /Heimerziehung sich nicht in die übrigen Sozialisationsprozesse ihres Klientels integriert sieht, sondern ihnen entgegenwirken und sie korrigieren will, muß sie ihre Handlungen gegen sie abschirmen und ist darauf angewiesen, einen eigenen, von anderen Bereichen möglichst isolierten Handlungsraum zu haben und steht insoweit unter einem besonderen Institutionalisierungszwang, der sich - historisch - manifestiert hat in der Gründung möglichst eigener und »reiner« Erziehungsinstitutionen, im Idealfall abgeschlossener (in der Provinz abgelegener oder gesicherter) Institutionen, in denen sich der Erziehungsgedanke uneingeschränkt, und damit auch tendenziell »totalitär«, entfalten kann.

Während normalerweise die Sozialisation Heranwachsender ein »beabsichtigter Nebeneffekt« sozialer Strukturen und Praktiken sowie eigener Tätigkeit (Auto-

Poiesis) ist, unterscheidet sich die »reine Erziehungssituation« davon mindestens in drei ganz wesentlichen Punkten :

»1. ist in ihr die Absicht der Veränderung von Personen konstitutives Element, der Sozialisationseffekt ist also intendiert;

2. geschieht die Situationsdefinition einseitig, nämlich vom Erziehenden aus; der zu Erziehende - wird ihm der Erziehungscharakter der Situation nicht verschleiert - erlebt sich so als Objekt eines Handlungsablaufs;

3. sind die Prozesse in dieser Situation soweit wie möglich in Richtung auf den Sozialisationszweck hin strukturiert und relativiert., d.h., daß die dabei erlebte soziale Wirklichkeit reduziert ist, ihre »normale« Bedeutung nur dem Schein nach behält; eine Frage des Erziehenden signalisiert kein genuines Informationsinteresse, eine erbrachte Leistung verliert ihre eigentliche Produktivität, sie ist nur Symptom für den Zustand und die generelle Leistungsfähigkeit einer Person. »Was... bei der sonstigen Sozialisation eine nachträglich aufweisbare Zwangsläufigkeit der Prägungsprozesse ist, das wird hier zu einem System von Machtanwendung, zu einseitig geplanten und vollzogenen Situations- und Prozeßarrangements: Der Sinn eines Handlungszusammenhangs wird einseitig vorbestimmt..., die »nicht -erziehenden« Beteiligten werden - sozusagen jenseits ihrer faktischen Mitwirkung an der Interaktion - zum eigentlichen Objekt der in Gang gebrachten Prozesse... und alle auftauchenden Handlungsschritte und Handlungsinhalte werden auf die erzieherische Intention hin relativiert..., eine Form sehr differenzierter Machtbeanspruchung und Machthandhabung« (KOB 1976, 42 f), unter der alle Beteiligten leiden mögen, der es unter Anstaltsbedingungen (s.o.) an autoritären Ausprägungen in der generellen Gestaltung des Alltagslebens wie im »erzieherischen Alltag« auch des reformierten Kleinheims aber nicht mangelt: Zwar ist die Heimerziehung parallel zur gesellschaftlichen Entwicklung - und z.T. über sie hinausgehend - insgesamt deutlich liberaler geworden, ist sie als Lebensort im Wortsinn und im übertragenen Sinn deutlich »wohnlicher« geworden, und verzichtet sogar in einzelnen Varianten wie »flexibler Betreuung« oder bestimmten Formen von Einzelbetreuungen oder Wohngemeinschaften, in denen es um die Legalisierung von Lebenslagen geht, die nur in der Dimension von Lebensbewältigung und nicht Normalität/Nicht-Normalität interpretiert werden können ,weil »sowieso nicht durchsetzbar«, auf erzieherische Ansprüche, doch findet sich mehrheitlich ein Verständnis, daß Erziehung sein muß und es ohne Strafe nicht geht: »Vom Vorenthalten eigentlich Zustehendem« (immer noch beliebt: Taschengeldentzug), »dem Verlust bestimmter Privilegien« (Ausgang, Fernsehen, länger Aufbleiben, Heimfahrt), »der Übergabe ungeliebter Pflichten« bis zur Ignorierung von Kindern/Jugendlichen und Liebesentzug oder dessen Androhung und schlichter Anwendung körperlicher Gewalt, reicht das Strafenregister auch heutiger Heimerziehung.

Nicht beendet ist damit, um Mißverständnissen vorzubeugen, die Diskussion um das Setzen von Grenzen, um pädagogische Interventionen im Kontext einer lebensweltorientierten Professionalität, deren Merkmal u.a. wäre, Dialoge mit prospektiven Zentralorientierungen statt Monologe mit retrospektiver Diagnostik oder »strafenden« Intentionen zu favorisieren (vgl. zu den Elementen eines alternativen, veränderungsorientierten Diskurses in der Heimerziehung - ARENDT u.a. 1989; PE-

TERS 1990,16 ff.; PETERS 1993 sowie die Diskussion um integrierte Erziehungshilfen: KLATETZKI 1994), wozu die Klassiker psychoanalytisch beeinflußter Heimpädagogik (BERNFELD, BETTELHEIM, REDL/WINEMAN) nach wie vor einen nicht zu unterschätzenden Beitrag zu leisten vermögen.

Der vorherrschende unbestimmte Erziehungsbegriff erzieherischer Hilfen auch nach dem angeblich nutzerfreundlichen KJHG und dem reformierten (weniger nutzerfreundlichem) JGG, der nach wie vor Strafe und Erziehung amalgamiert, Strafe und Erziehung als funktional äquivalent betrachtet, bleibt nach meiner Lesart gebunden an die Existenz der Anstalt, die real nicht aufgegeben wird (seit mindestens 10 Jahren ist das Verhältnis von Heimen und sonstigen betreuten Wohnformen stabil !) und ideologisch unverzichtbar scheint, weil sie bis heute eine Technologie der Macht sowohl ausübt wie symbolisiert: »Die »Disziplin«... ist ein Typ von Macht; eine Modalität der Ausübung von Gewalt; ein Komplex von Instrumenten, Techniken, Prozeduren, Einsatzebenen, Zielscheiben ; sie ist eine »Physik« oder eine »Anatomie« der Macht, eine Technologie« (FOUCAULT 1975,276 f), die immer wieder die hartnäckige Grenzziehung zwischen dem Normalen und Anormalen, die ständige Wiederholung dieser Selektivität, sicherstellt (vgl. FOUCAULT 1975, 256).

Literatur

ARENDT, D. u.a.: Sich am Jugendlichen orientieren, Frankfurt/M. (IGfH), 1989

AUTORENKOLLEKTIV (ALHEIM u.a.): Gefesselte Jugend. Fürsorgerziehung im Kapitalismus, Frankfurt/M., 1971

BASAGLIA-ONGARO, F.: Die psychiatrische Verwahrlosung. In: Haug, W./Pfefferer-Wolf, H. (Hrsg.):Fremde Nähe - Festschrift für E. WULF, Hamburg, 1987, S. 24 - 36

BÄUMER, G.: Die historischen und sozialen Voraussetzungen der Sozialpädagogik und die Entwicklung ihrer Theorie. In: NOHL/ PALLAT (Hrsg.): Handbuch der Pädagogik V. Sozialpädagogik, Langensalza, Karlsruhe, 1929

BERNFELD, S.: Strafen und Schulgemeinde in der Anstaltserziehung. In: Ders.: Antiautoritäre Erziehung und Psychoanalyse (hrsg. von L.v.WERDER/ R.WOLFF) 1971, S. 252-258 (Orig.: 1929)

BETTELHEIM, B.: Ein Leben für Kinder, Stuttgart, 1987

Bettmer, F.: Strafrecht und Sozialarbeit, Neuwied/Berlin, 1995

BLANDOW, J.: Heimerziehung in den 80er Jahren. Materialien und Einschätzungen zur jüngeren Entwicklung der Heimerziehung. In: F. PETERS (Hrsg.): Jenseits von Anstalt und Familie. Entwicklungsperspektiven in der Heimerziehung, Bielefeld, 1988, S. 28 - 49

CHRISTIE, N.: Grenzen des Leids, Bielefeld, 1986

FLITNER, A.: Konrad, sprach die Frau Mama…, Berlin, 1982

FOUCAULT, M.: Überwachen und Strafen. Die Geburt des Gefängnisses. Frankfurt/M., 1975

GOFFMANN, E.: Asyle, Frankfurt/M., 1972

GROOTHOFF, H.H. (Hrsg.): Fischer Lexikon Pädagogik, Frankfurt/M., 1969

HECKES,C./SCHRAPPER, C.: Traditionslinien im Verhältnis Heimerziehung und Gesellschaft: Reformepochen und Restaurierungsphasen. In: F. Peters (Hrsg.): a.a.O., S. 9 - 27

HEINEMANN, W./ PETERS, F.: Ambulant betreutes Einzelwohnen - eine Herausforderung der Heimerziehung, S. 442 - 447. In: unsere jugend 11/87

Internationale Gesellschaft für Erzieherische Hilfen (IGfH) (Hrsg.): Argumente gegen geschlossene Unterbringung, Frankfurt/M., 1995

IGfH (Hrsg.): Forum Erziehungshilfen 1/96 (Themenschwerpunkt: Integrierte Erziehungshilfen), Münster, 1996

KLATETZKI, Th. (Hrsg.): Flexible Erziehungshilfen: Ein Organisationskonzept in der Diskussion, Münster, 1994

KOB, J.: Soziologische Theorie der Erziehung, Stuttgart, 1976

KUPFFER, H.: Erziehung als Strafform ? Paradoxien in der Konzeption der Jugendstrafe. In: Kriminologisches Journal 1974, 4, S. 249 - 260

MÜLLER, S.: Erziehen - Helfen - Strafen. Zur Klärung des Erziehungsbegriffs im Jugendstrafrecht aus pädagogischer Sicht, S. 217 - 232. In: H. Peters (Hrsg.): Muß Strafe sein ? Opladen, 1993

MÜNCHMEIER, R.: Jugendfürsorge und Sozialdisziplinierung, S. 25 - 28. In: Sozialwissenschaftliche Literaturrundschau (SLR), 1987, Heft 14

PETERS, F.: Was passiert, wenn auf geschlossene Unterbringung verzichtet wird? Erfahrungen aus Hessen und Hamburg. In: Ders. (Hrsg.) - a.a.O.,S. 132 - 165

PETERS, F.: Zur Kritik der »halbierten Reform«der Heimerziehung, S. 5 - 22. In: Psychologie und Gesellschaftskritik, Nr. 53, 14.Jg., Heft 1/90

PETERS, F.: Zur Professionalisierbarkeit von Heimerziehung... In: Ders. (Hrsg.): Professionalität im Alltag. Entwicklungsperspektiven in der Heimerziehung II, Bielefeld, 1993, S. 77 - 104

PETERSEN, J.: Das Recht des Kindes auf Erziehung und dessen Verwirklichung, Schriften des AFET, Berlin, 1912

PEUKERT, D.J.K.: Grenzen der Sozialdisziplinierung, Köln, 1986

POLLIGKEIT, W.: Strafrechtsreform und Jugendfürsorge. In: Beihefte zur »Zeitschrift für Kinderforschung«, hrsg. von J.L.A. KOCH/ J.TRÜPER,C. UFER, H.XII, Langenzalza, 1905

REDL, F.: Erziehungsprobleme - Erziehungsberatung, München, 1978

REDL, F./WINEMAN, D.: Steuerung des aggressiven Verhaltens beim Kind, München, 1976

Sachsse,C./TENNSTEDT, F.: Bettler, Gauner und Proleten, Reinbek, 1983

SCHRAPPER,C./SENGLING, D.: Waisenhäuser und Erziehungsanstalten in Westfalen. Beiträge zur Geschichte der Sozialpädagogik 1, Münster, 1985

SPRAU-KUHLEN, V.: Heimziehung - Stationen auf dem Nebengleis. In: DJI (Hrsg.): Immer diese Jugend, München, 1985, S. 309 - 321

THIERSCH, H.: Institution Heimerziehung. Pädagogischer Schonraum als totale Institution. In: Ders.: Kritik und Handeln, Darmstadt/Neuwied, 1973, S. 75 - 87

TREDE,W./WINKLER, M.: Stationäre Erziehungshilfen: Heim, Wohngruppen, Pflegefamilie. In: KRÜGER/RAUSCHENBACH (Hrsg.): Einführung in die Arbeitsfelder der Erziehungswissenschaft, Opladen, 1995, S. 219 - 234

TROST, R./LANDENBERGER, G.: Lebenserfahrung im Erziehungsheim, Frankfurt/M., 1988

WICHERN, J.H.: Gesammelte Schriften, Hamburg, 1908

WINKLER, M.: Alternativen sind nötig und möglich ! Plädoyer für eine neue Heimkampagne. In: Neue Praxis, 18.Jg., Heft 1, 1988, S. 1 - 12

Sam Ferrainola

Glen Mills Schools

Die Einrichtung Glen Mills Schools ist die Älteste „juvenile correctional facility" in den Vereinigten Staaten und hat im Laufe ihrer Geschichte unterschiedliche Programme verfolgt, in den Jahren 1960-1975 folgte man der Grundkonzeption „Haft plus klinische Betreuung, ein Konzept, das in der Praxis nicht aufging und in eine programmatische und finanzielle Krise führte. 1975 wurde das Programm verändert, die Einrichtung wendet sich an gruppenorientierte, aggressive männliche Mehrfachtäter (15-18 Jahre alt), die mehrheitlich dem Gang-Milieu entstammen. Glen Mills Schools ist eine offene Einrichtung, die, ausgehend von soziologischen Erklärungsmodellen zur Entstehung abweichenden Verhaltens, durch „peer-group pressure" und „guided group interaction" versucht, eine Lebens-, Lern- und Ausbildungssituation zu realisieren, deren motivierende Atmosphäre die individuellen schulischen, beruflichen oder sportlichen Potentiale, Fähigkeiten und Verhaltensbereitschaften erlebbar machen und festigen soll. Die Mitarbeiter, eingebunden in der corporate identity, und die die positiven Peergruppennormen internalisierenden und praktizierenden students' des „Bulls Club" sind der Mittelpunkt bzw. die Referenzgruppe der verantwortungstragenden Gemeinschaft und beleben die Gemeinschaftskultur. Die Erfolgsquote liegt bei etwa 63 %. Das äußere Erscheinungsbild (Campusanlage, stark angenähert einem Elitecollege), das Ambiente der Inneneinrichtung und der hohe technologische Standard der 26 Lehrwerkstätten und die Vielfalt und Qualität der Lern- und Unterrichtsmaterialien vermitteln die Botschaft: „Der Student verdient das Beste, was zur Zeit für Bildung und Erziehung verfügbar ist. "

We are faced with a national problem as our residential facilities for juvenile delinquents are failing at an ever increasing cost. The questions are not why and what can be done about it? It has become obvious that traditional custody/clinical programs, initiated in the 1950's, have not worked, are not working, and will not work.

However, today there is a sociological model much different than custody/clinical, that is working, achieving consistently positive results for nearly a decade at far less than the cost of traditional systems. What are the differences between the two models? The following are characteristics of the sociological model contrasted with those often associated with custody/clinical programs:

Custody/Clinical Model	Sociological Model
Treat delinquent youth as normal.	Treat delinquent youth as normal.
Respond to delinquent as a psychiatric syndrome.	Respond to delinquency as a social fact.
Treatment model emphasizes family dysfunction, early development and psychosocial problems.	Treatment model emphasizes behavior change and life skills development.
Student viewed as basically deviant	Student viewed as basically good and

in character.

Individual emphasis: Focus on personality change to effect behavior change.
Emphasis on one to one counseling.
Professional staff as the sole treatment force and line staff as caretakers.

Blame family, school, line staff, parents,
legislators, judges for the youth's inability to reform, mature or develop
life skills.

Use lock-ups, drugs, one-to-one counseling to control behavior.

Do not place necessary and proper emphasis for protection of students in the
living units. This results in a street culture of bullying, conning, physically hur-
ting, and stealing.

Since the basic assumptions are flawed,
the problems continue and become
greater. The traditional social service
leaders continuously request more
money to do more and more of what
is not working.

Considered guards and locked units
necessary for security.

worthy of respect.

Systems emphasis: Focus on behavioral
change to bring about personality change.
Emphasis on group normative culture.
Line staff accountable for student life and
skills development. Utilize specialist when
requested by staff team.

Hold the student, the staff, and the
program accountable (only the program
and its workers fail).

Use peer pressure, rewards, diversification
of programs to change behavior.

Pay great attention to internal systems for
a safe environment.

Require no paid security department and
far fewer professionals. The model
operates efficiently on a per diem cost far
below that of custody/clinical programs.

Considered guards and locked units
impediments to security.

How did we get into this situation?
What options are there to redirect this colossal failure?

Glen Mills Schools, in Pennsylvania is the nation's most thoroughly documented
program based upon a sociological model. It represents a dramatically model as compared to that which has been in vogue during the past quarter century. It's success
suggests that the failure of our juvenile correction system, contrary to popular opinion, has nothing to do with the taxpayer's reluctance to spend increasingly larger
sums of money for increasingly poor results. We spend more than enough already.
But, we spend it on programs which, by the nature of their philosophy model and
staffing, continue to fail both fiscally and pro grammatically

As the nation's oldest juvenile correctional facility, Glen Mills, founded in 1826,
offers a unique historical perspective on changing philosophies regarding delinquency
and its residential treatment programs. The Schools' history since the 1960's is particularly instructive. From 1960-1975 Glen Mills adopted the custody/clinical model
still prevalent in the U.S. today. The fundamental assumption implicated in the model
is that delinquents are mad or bad, or both. Because they are mad, (or at least dam-

aged goods, whose psychological development has been impaired by ineffective parenting or childhood trauma), it is deemed necessary to hire professional helpers-social workers, counselors, psychologists, to provide appropriate treatment.

Because they are bad, custody concerns are manifested in locks, constant student surveillance and dorm guards to provide "security". All of this has driven up the costs of large correctional programs while creating an inhumane environment.

This model got results, nearly all of them bad. The institutional student social hierarchy, so well described in POLSKY's Cottage Six, became dominated by the strongest and most manipulative boys while importing the "street" culture that thrives on intimidation and victimization of weaker peers. The more enterprising runaway to avoid harassment, beatings and rape; the others resign them selves to being used or when pressure becomes unendurable, consider suicide.

The custody/clinical model, placing its emphasis on counseling and individual psycho-social development, has not addressed itself sufficiently to the issues of developing student's life skills, changing behavior from "street" to pro-social, or protecting weaker students from the strong, "street - smart" , gang-oriented students.

To the degree that our primary mandates for youth committed to residential facilities are to change student behavior from deviant to prosocial and then to develop the life skills necessary to better sustain the behavior change, our current practices have failed.

Today at Glen Mills, students learn that they cannot solve life's problems if they deny any responsibility for having created them or refuse to be accountable for resolving them. We who shape juvenile corrections would do well to heed the same lesson. Too often we abdicate our responsibility by blaming nearly everyone except ourselves for the programs' failure: judges, communities, legislators, parents, line staff and the students themselves are among the favorite scapegoats., our institutions will never succeed unless we accept responsibility for getting results. An important point at Glen Mills was the realization that, like Pogo, "We have met the enemy, and they are us."

State licensing agencies collude in this abdication of responsibility by focusing their attention on staff qualifications and staff-student ratios, rather than the achievement of meaningful results. When parents send their children to school they expect that they will be protected and safe and that they will receive regular report cards indicating progress. Why should any less be expected of correctional administrators, whose program costs make Harvard University's tuition seem like pocket change?

The greatest obstacle to effectiveness is not individual psychopathology but the "street culture" which, left unchallenged, insures brutalization of students. Delinquency is not a psychiatric syndrome, but a social fact, much as poverty and divorce are social facts. As EMILE DURKHEIM pointed out, the determining cause of a social fact should be sought in the social facts that preceded it and not in the state of the individual consciousness. For the large majority of delinquents, the most relevant social facts are the negative peer pressures and "street culture" which teach a young man that the route to status is via crime and bullying rather than education and employment.

Like any normal adolescent, the delinquent wants to survive, belong, and achieve status with his peers. He behaves accordingly not because he is bad or crazy, but because he wants the same things we all want and strive for, the acceptance and respect of our peer group.

Focusing upon the individual, rather than the peer group culture, institutions leave unaddressed the most fundamental factor in delinquent anti-social behavior and virtually ensure a major incident or blow-up (mass runaways, suicide, vicious assaults). When community or media concerns brings these issues to the attention of the public and the legislators, it most often results in a study which typically recommends that more resources be committed to do more of the same thing which had already failed (hire more counselors, guards, social workers and /or build new secure facilities). Where legislators yield and provide the additional funds, things improve temporarily but eventually another blow-up occurs and the entire cycle repeats itself.

Cost escalation cannot continue indefinitely. Frustration with the failed custody/clinical model has led some states to abandon large institutions as hopelessly bureaucratic, expensive, ineffective and destructive. Glen Mills' experience since 1976 suggests that it is not large institutions, but the custody/clinical model, which should be abandoned.

Several years ago, Glen Mills Schools completed its transition from a reform school using the custody/clinical model. Prior to transition, it was mired in debt, with a demoralized staff. Using a sociological model, students (adjudicated male delinquents) have achieved goals which many believed impossible. Some examples:

More than a thousand students have earned their GED in the past six years. One hundred thirty-three have gone directly from Glen Mills to college and 240 passed the GED exam in the school year 1989-1990. This is a remarkable achievement for young men who typically arrive with a long record of academic failure and on an average, function on the sixth grade level. Yet, in Glen Mills environment, the same student who was chronically absent or disruptive quickly learns to treat the classroom as sacred. He achieves two months of education or progress for each month at Glen Mills based upon standardized tests of math and verbal skills.

Glen Mills athletic teams have won championships at the local, state and even national level in competition against some of the finest high school teams in Pennsylvania and the nation. During the 1989-1990 athletic seasons, they earned League championship in basketball, cross country, track/field, and baseball; County championships in basketball and track/field; State championships in basketball and powerlifting and a National Championship in powerlifting.

The Glen Mills Schools program is destroying the myths that delinquents are undisciplined losers, incapable of the sustained efforts, goals orientation, self-confidence and team spirit essential for champions. Glen Mills students rarely have prior team experience as athletes, and most remain in the program for only a single season. Yet they compete successfully against teams from larger public and private schools whose athletes have the benefit of playing together for as long as three or four years.

Glen Mills has monitored its recidivism rates closely as any institution in the nation. In the 1970's, operating under custody/clinical model, ninety percent of the Glen Mills students were rearrested and more than half were re-incarcerated within

27 months after discharge. By 1985 those estimates were reduced to fifty percent and thirty five percent, respectively. This was accomplished despite a "get tough on crime" trend which featured sharp overall increases in both juvenile and adult incarceration rates over the same period.

The Schools' most remarkable achievement is the creation of a learning environment where mature, respectful behavior is the norm. Glen Mills students are gentlemen. They treat their peers, staff and visitors with respect. They take care of property; vandalism has been virtually eradicated. They are more disciplined, courteous, well groomed and proud than most groups of young men in their " regular" schools.

There are few of the tensions which characterize many correctional institutions. Ninety percent of formal students say they never felt afraid during their stay at Glen Mills. All this and more has been achieved while reducing the per diem cost of the program by more than thirty percent since 1976.

Glen Mills has elected to systematically mold the peer group culture as the primary strategy for controlling antisocial behaviors while promoting individual growth and responsibility of its student body. Fundamental to this approach are several principles and beliefs regarding delinquency:

1. Glen Mills students are not "bad", they are as deserving of respect and dignity as our own children.
2. As a group these students are as psychologically sound as any other group of adolescents.
3. Staff and students alike have enormous capacity for growth which will be realized if the institutional culture is both supportive and challenging.
4. Locks and bars are impediments, not aids to security.
5. Institutions operate most effectively and most economically when enrollment exceeds 200 and programs, facilities and equipment are of top quality. Properly managed, such institutions are uniquely capable of providing the strong positive culture and diversification of programs essential to rehabilitation of delinquents, at modest costs.

These principles, so strongly at odds with the conventional wisdom which prevails in our field, make the Glen Mills "sociological model" distinct, and should, at the very least, be considered for study and replication.

The results achieved at Glen Mills warrant re-examination of our most fundamental beliefs about delinquency and its treatment. For more than a quarter century, the values and assumptions of the custody/clinical model have reigned supreme, seldom challenged. It is time to acknowledge that the king is naked.

Reference

GRISSOM/DUBNOV: Without Locks and Bars, Praeger Publishing, 1989

XIV.

Methodisches Handeln

Treatment:
Technics and Intervention

Ewald Johannes Brunner

Systemische Perspektiven in der Heimerziehung

Systemical Perspectives on Residential Care

A system's approach is used in analysing structures and dynamics of residential care. For example general systems theory could help to develop a framework which takes into consideration the different elements of the system (i.e. the members of the residence) and the relationships between the elements of the system (i.e. the relationships between the members of the residence). System's analyses reveal the patterns of communication not only between the inhabitants of a residential care system, but also between the different parts of the professional helping system. This is illustrated by a case study which also demonstrates the principles of systemic supervision. The system's approach takes into account larger systems composed of staff, family of the »identified person« (client) and occasionally also police and court.

1. Heimerziehung - systemisch betrachtet

Lebende Systeme sind außerordentlich komplex, sowohl was ihre Struktur als auch, was ihre Dynamik betrifft. Die Beschreibung der Komplexität sozialer Systeme wird mit Hilfe systemtheoretischer Begrifflichkeit stark erleichtert. Was ist ein soziales »System«? Was heißt »systemische Sichtweise«? Eine systemische Perspektive für die Heimerziehung läßt sich in zweifacher Weise aufzeigen:
1. bezogen auf das soziale System »Heim« (intrasystemischer Aspekt) und
2. bezogen auf die Situation des Erziehungssystems »Heim« parallel zu anderen Erziehungssystemen wie z.B. »Familie« (intersystemischer Aspekt).

1. 1 Der intrasystemische Aspekt

TATZER und SCHUBERT (1988, S. 128 ff.) beschreiben - in intrasystemischer Hinsicht - beispielsweise das System »Erziehungsheim« anhand folgender drei »Subsysteme«: Zum einen gibt es in einem Erziehungsheim das »Erziehungssubsystem« (z.B. Kindergruppen mit ErzieherInnen und ErziehungsleiterIn), zum anderen das »Therapeutensubsystem« (Ärzte, Psychologen, Sprachheillehrer, Beschäftigungstherapeuten, etc.) und schließlich noch das »Schul-« bzw. »Arbeitssubsystem« (Schulklassen bzw. Werkgruppen mit Lehrern bzw. Meistern und Leitung). »Über diesen Subsystemen steht die Heimleitung. Von ihr wird erwartet, daß sie die Zusammenarbeit der einzelnen Bereiche organisatorisch ermöglicht und kontinuierlich verbessert« (TATZER/SCHUBERT, 1988, S. 128).
  Eine solche systemtheoretische Zergliederung der Struktur eines Erziehungsheims ist mehr als nur eine Hilfe beim Versuch, das komplexe Interaktionsgefüge »Heim« in seiner formalen Struktur zu durchleuchten. Das erkennen wir bereits, wenn wir uns an einer Definition des Begriffs »System« orientieren. HALL und FAGEN

(1968) haben ihn wie folgt definiert: »A system is a set of objects together with relationships between the objects and between their attributes«.

Eine solche Systemdefinition bedeutet beispielsweise für das Erziehungssystem »Heim«, daß es nicht nur eine Reihe von Systemelementen (»Subsysteme«) gibt, die wirksam sind, wesentlich wichtiger ist das in der Systemdefinition enthaltene Moment der Verknüpfung der Systemelemente. MILLER (1978) hat dieses Element der Beziehung der Systemelemente untereinander in seiner Systemdefinition noch präzisiert: »A system is a set of interacting units with relationships among them«.

Wenn also TATZER und SCHUBERT (1988) die Institution »Heim« aus (intra-)systemischer Perspektive analysieren und beispielsweise »systemische Kräfte im Heim als mögliche Barrieren für die Soziale Arbeit« beschreiben, so wird das in den eben zitierten Systemdefinition sichtbare Moment der Interaktion zwischen Systemmitgliedern (Systemelementen; Subsystemen) aufgegriffen: Das System »Heim« konstituiert sich aus den zahlreichen Kommunikations- und Verhaltensakten aller betreffenden Systemmitglieder. Das Erziehungsheim »lebt« vom Miteinander und Ineinander aller, die diesem sozialen System angehören. Gibt es beispielsweise Konflikte zwischen dem ErzieherInnen-Subsystem und dem TherapeutInnen-Subsystem, so werden sich diese Konflikte, sofern sie nicht behoben werden können, negativ auf das soziale Klima und die Arbeitsmöglichkeiten im Heim insgesamt auswirken. Entsprechend wichtig wird in einem solchen Fall eine systemische Supervision der betroffenen Konfliktpartner.

Die intrasystemische Supervision (die sich auf die Institution des Heims begrenzt und nicht weitere, ebenfalls involvierte soziale Systeme einbezieht) wird in erster Linie also der Verknüpfung der Systemkomponenten untereinander Rechnung tragen. Das heißt, Analysen sozialer Systeme sollten Analysen der **Relationsstrukturen** beinhalten. Das bedeutet aber auch: Die **Elemente** des zu diagnostizierenden Systems sollten in bezug auf ihre Beiträge zur Aufrechterhaltung des Gesamtsystems untersucht werden.

1.2 Der intersystemische Aspekt

Geht man über das einzelne soziale System «Heim» hinaus und bezieht - in intersystemischer Hinsicht - weitere Systeme in die Analyse mit ein (z. B. Jugendamt; Erziehungsberatungsstelle; Polizei; etc.), so gerät der außerordentlich wichtige Aspekt miteinander konkurrierender Instanzen in den Blick. Wie SCHWEITZER und REUTER (1991) ausführen, arbeitet Heimerziehung weitgehend nach folgender «Logik»: «Die Familie hat sich als unfähig erwiesen - nun muß Fachpädagogik an Ihre Stelle treten«. Das Heim soll die Familie ersetzen, wodurch eine Konkurrenzsituation zwischen Heim und Familie entsteht, so etwa nach dem Motto: «Wer sind die besseren Eltern?« Eine systemische Supervision wird diesen intersystemischen Aspekt in Rechnung stellen (vgl. das Fallbeispiel in Abschnitt 2). Wie SCHWEITZER und REUTER hervorheben, sieht sich - im Fall einer Heim-Familie-Konkurrenz - das Heimkind zwischen beiden Systemen in einem Loyalitätskonflikt: «Macht es im Heim Fortschritte, belegt es die These vom Versagen der Eltern. Hingegen kann es die Eltern rehabilitieren, wenn es mit ihm im »noch schlimmer wird« als Zuhause. Dann aber betrübt es die Erzieher im Heim« (SCHWEITZER & REUTER, 1991, S 172).

Im folgenden Abschnitt wird ein Beispiel systemischer Analyse dargestellt. Das Beispiel stammt von EVAN IMBER-BLACK (1990) und bezieht sich auf die Interaktion zwischen den beiden Systemen »Heim« und »Familie«. Wir verlassen mit diesem Beispiel den Rahmen der bloßen intrainstitutionellen Analyse (die sich auf die Interaktionsstrukturen innerhalb eines Heims begrenzt) und prüfen die Anwendung systemischer Analysemethodik am Beispiel der Interaktion zwischen dem System »Heim« mit dem System »Familie« anhand eines konkreten Supervisionsfalls (vgl. auch den Abschnitt bei TATZER und SCHUBERT (1988) über «Transaktionen und Interaktionen zwischen Heim und Familie«; umfassend: SCHWEITZER, 1987).

2. Interaktion zwischen einem Familien-System und einem Heim-System. Ein Fallbeispiel

EVAN IMBER-BLACK (1990) schildert den Fall der Familie F. Familie F. besteht aus den beiden Eltern und zwei Kindern. Über mehrere Generationen hinweg hatte diese Familie schon mit Systemen sozialer Hilfe zu tun gehabt, und beide Eltern haben einen Großteil ihrer Jugend in Pflegeeinrichtungen verbracht. Beide stammen aus Familien, die mit Helfern nichts anfangen konnten und meinten, diese würden sich »einmischen, herumschnüffeln und wären keine Hilfe« (S. 27).

Bei beginnender Pubertät der Tochter bekommen die Eltern mit ihr Probleme - in derselben Entwicklungsphase also, in der sie selber ihre eigenen Familien verlassen mußten und mit größeren Systemen zu tun bekamen. Corey, 13, begeht Ladendiebstähle und fängt an zu trinken. In einem Schritt, der den Eltern aus ihrer Vergangenheit bekannt ist, rufen sie nach dem Jugendamt mit der Begründung, sie hätten ihre Tochter nicht mehr unter Kontrolle, und erbitten für sie eine Pflegestelle (S. 28). Corey bekommt einen Platz in einem Erziehungsheim für Jugendliche. Corey erhält Einzeltherapie; die Familie wird zur Familientherapie zitiert.

Etwa einen Monat nach ihrer Aufnahme ins Heim kehrt Corey ziemlich verwirrt von einem Wochenendbesuch zu Hause ins Heim zurück. Sie hatte sich mit ihren Eltern gestritten und ist besonders auf ihren Vater furchtbar wütend. Corey wird vom Heimpersonal, das oft mit mißhandelten Kindern zu tun hat, nach Mißhandlungen befragt. Sie sagt, sie sei jetzt nicht mißhandelt worden, ihr Vater habe sie jedoch als elfjährige zwei Mal belästigt (S. 28).

Das Erziehungsheim ergreift nun folgende Maßnahmen: Die Polizei wird eingeschaltet und um eine entsprechende Untersuchung ersucht. Corey darf nicht mehr nach Hause. (Den Eltern werden keine Gründe für diese Maßnahme mitgeteilt.) In der Einzeltherapie schweigt Corey. Der Therapeut denkt, sie habe Geheimnisse, setzt sie unter Druck; Corey schweigt noch mehr.

Die Polizei ermittelt erst nach 2 Monaten. Währenddessen eskaliert der Konflikt zwischen Familie und Heim. Die Polizei verifiziert die Vorkommnisse von vor zwei Jahren. Weitere Mißhandlungen waren aber nicht vorgekommen, so daß keine Anzeige erstattet wird. Während die Familie darauf besteht, daß über die Vorkommnisse nicht gesprochen wird, besteht die Heimleitung darauf, daß die Vorfälle zur Sprache kommen. Corey reagiert mit deutlich schlechterem Benehmen.

Die Familie gibt der Heimleitung die Schuld an Coreys Situation, die Heimleitung wiederum beschuldigt die Familie. Das Jugendamt schlägt sich auf die Seite des Heims, während die Polizei für die Familie Partei ergreift. Das Makrosystem (in unserem Fall: Jugendamt und Polizei) ist »von gegenseitigem Mißtrauen und Kontroversen durchsetzt« (S. 30).

Aus der Warte einer systemischen Supervision scheint es mehr als notwendig, den Kontext in diesem komplexen Interaktionssystem in Rechnung zu stellen. Gleich zu Beginn einer psychosozialen Maßnahme müssen die Verantwortungsbereiche zwischen Familie und professionellen Helfern geklärt werden und Kooperationsmodelle zwischen Helfern nach der Art des »Runden Tisches« erprobt werden, wie Jochen Schweitzer (im Vorwort zum Buch von Evan Imber-Black) festhält. Die Autorin beschreibt nun am Fall der Familie F., wie ein solches Kooperationsmodell aussehen kann: Einer der Mitarbeiter aus dem Heim, der vom Interaktionsproblem zwischen Familien-System und Heim-System betroffen ist, wendet sich an eine(n) externe(n) Berater(in), bittet um eine einmalige Konsultation und lädt dazu die übrigen Beteiligten als Teilnehmer ein.

Konkret im Fall der Familie F.: Es kommt ein Gespräch zustande, an dem die Familie (einschließlich Corey) und die Heimmitarbeiter (einschließlich Erziehungsleiter und Heimleitung) teilnehmen. Die Autorin schildert den Ablauf wie folgt:

»Das Gespräch kam nur sehr schleppend in Gang. Nach und nach beschrieb jede Seite ihren Ärger, ihre Enttäuschungen und ihre außerordentlichen Frustrationen. Das Makrosystem war von einer eskalierenden Symmetrie gekennzeichnet. Beide Seiten, die Familie und ihre Helfer, beharrten auf ihrem Standpunkt. Keine Seite hörte die andere an, sondern sie disqualifizierten sich gegenseitig. Im Verlauf des Interviews begann die Beraterin, die Rolle eines Vermittlers zu übernehmen. Sie suchte nach kleinen Hinweisen einer Kompromißbereitschaft, bei der beide Seiten bereit wären, sich entgegenzukommen. Nach und nach gab es einige zögernde Hinweise, daß beide Seiten nachgeben würden, wenn sie sähen, daß bei der anderen Seite etwas in Bewegung käme. Das symmetrische Muster konnte allmählich zugunsten einer Entwicklung nutzbar gemacht werden, die als Neubeginn gedeutet wurde. Nach dem Interview sandte die Beraterin ihre Ansichten in einem Brief an den Heimdirektor, der die Konsultation beantragt hatte, und bat darum, Kopien an alle Anwesenden weiterzuleiten« (IMBER-BLACK, 1990, S. 213 f.).

In der Interaktion zwischen dem System Familie und dem System Heim hatte sich offenbar so etwas wie eine »symmetrische Kommunikationsstruktur« ausgebildet. Nach GREGORY BATESON gibt es eine Tendenz in der zwischenmenschlichen Interaktion, nach symmetrischen Mustern miteinander zu kommunizieren. Kommt es beispielsweise zu Konflikten zwischen einer Person A (oder einer Gruppe A) und einer Person B (oder Gruppe B), so werden sie sich diesem Kommunikationsprinzip zufolge stets symmetrisch verhalten (»Aug um Auge, Zahn um Zahn«). Die symmetrische Kommunikation kann darüber hinaus auch eskalieren (»symmetrische Eskalation«).

Systemisches Denken bezieht sich also nicht nur auf die Analyse der System-
struktur, sondern auch auf die Beschreibung der Systemdynamik (vgl. auch KAISER,
1993). In dem eben skizzierten Fall (Konflikt zwischen Familie und Heimerziehern)
»geht nichts mehr«. Es ist deutlich, daß ein solches »Ineinander-Verhakt-Sein« in
dem Groß-System »Familie-Heim« oft nur über eine systemische Supervision auf-
lösbar ist. Für die Betroffenen schlägt sich die Blockierung in der Kommunikation
auch in entsprechendem psychischem Erleben nieder. Ein Familienberater drückt
dies beispielsweise wie folgt aus: »Die Fälle, bei denen ich am liebsten davonlaufen
würde, sind für mich die, in denen die Familie ein ganzes Heer von Helfern zu Rate
zieht. Dann weiß ich einfach nicht mehr, was ich tun soll, es kommt nie ein gutes
Ergebnis dabei heraus« (IMBER-BLACK, 1990, S. 21). RIEFORT (1993) beschreibt in
einem Beitrag über »Problemfamilien im Rahmen der Familienhilfe«, wie die Dynamik der Triade »Jugendamtsmitarbeiter - Familienhelfer - Problemfamilie« zu einer
Zerreißprobe werden und im schlimmsten Fall zur Hölle werden kann (zum Problem
der Parteinahme vgl. auch BIERMANN, 1992).

Oft fühlen sich Familien beschuldigt. »Die Familien fühlen sich unter Druck,
bevormundet, in einer Falle oder ansonsten falsch von professionellen Helfern behandelt - obwohl jene doch nur die besten Absichten haben. Die Helfer andererseits
fühlen sich falsch verstanden, nicht genügend geschätzt und sowohl von den Famili-
en als auch von anderen Helfern kritisiert« (IMBER-BLACK, 1990, S. 23). Was dabei
häufig fehlt, ist nach IIMBER-BLACK die adäquate Analyse des Makrosystems, bestehend aus der betroffenen Familie und den Mitarbeitern der helfenden Institutionen.
Das Augenmerk in der systemischen Supervision liegt entsprechend darauf zu erkennen, wie die Mitglieder dieses Gesamt-Systems miteinander in Beziehung treten
und welche gemeinsamen »Arbeits«-Muster dabei entstehen.

3. Von der Familientherapie zur systemischen Perspektive

Struktur und Dynamik von Beziehungsmuster wurden ursprünglich an Kleinfamili-
en untersucht und beschrieben (BRUNNER 1986). Es entwickelte sich daraus das Konzept der »Familientherapie«, dessen »Techniken« inzwischen aber auch in zahlreichen anderen sozialen Systemen zur Anwendung kommen und sich bewährt haben.
Für den Bereich der Organisationsentwicklung übertragen SELVINI PALAZZOLI et al.
(1984) den familientherapeutischen Ansatz u.a. auf Makrosysteme wie Schule, Indu-
striebetrieb und Krankenhaus. Die systemischen Analysen der AutorInnen gelten
mutatis mutandis auch für Erziehungsheime.

Die AutorInnen gehen davon aus, daß die Organisation ein »organisiertes System« sei, »nämlich sie selbst (system-being-itself), und zwar dank jenes kongruen-
ten Funktionierens ihrer Teile, das sich in ihrem Spiel zu erkennen gibt« (SELVINI
PALAZZOLI, 1984, S. 202). In der Metapher des »Spiels« wird von diesen AutorInnen
jene immer wiederkehrende Abfolge von Handlungen zusammengefaßt, die die Dynamik in einem sozialen System aufrecht erhält. In den unterschiedlichsten Organisationen konnten die AutorInnen »gleiche Spiele« (ebd., S. 204) ausmachen, bestimmte »redundante Phänomene ..., die immer wieder gleich ausfielen, und dies
ungeachtet der Heterogenität der untersuchten Organisationen«. Wenn ein systemi-

scher Supervisor z.B. zur Beilegung eines Konflikts in eine Organisation gerufen wird, so geschieht dies oft auf Initiative des »Verlierers«; implizit wird der Supervisor damit zu einer »Koalition gegen...« aufgefordert. Ein anderes Beispiel für ein »Spiel« weist zugleich auf seine mögliche Funktion hin: »Eine offenkundige Uneinigkeit an der Spitze einer Organisation sorgt dafür, daß die Spitze auch weiterhin die Kontrolle über alle Vorgänge behält« (ebd., S. 204). Die Rolle des Supervisors (oder des in der Organisation angestellten Fachmanns für Organisationsentwicklung) kann sich entsprechend »aufreibend« gestalten.

Das Moment der »Eigendynamik« wird besonders treffend durch das Theorem der »Selbstorganisation« beschrieben. Was sich an Mustern der Konfliktverarbeitung z.b. zwischen Familie und Heimpersonal etabliert, kann sich verselbständigen und quasi ein »Eigenleben« führen. Systemtheoretisch gesprochen sind lebende Systeme autopoietisch, d.h. selbsterhaltend und eigenständig in der Gestaltung der Kommunikations- und Interaktionsabläufe, der Verwendung von Ressourcen und der Transformation von Informationen und Energie aus der Systemumwelt in das System.

Eigendynamik ist also im Bereich sozialer Organisationen ubiquitär. Die im Bereich sozialer Hilfen beobachtbaren Tendenzen der Verselbständigung bestehender Arbeitsstrukturen wird von da her ebenso verständlich wie die Zähigkeit, mit der einzelne Systeme in der Sozialen Arbeit ihre Systemgrenzen und ihre Systemkompetenzen nach außen verteidigen. Die Kooperation verschiedener sozialer Dienste wird dadurch z.T. erheblich erschwert. So wurde beispielsweise im Feld der Pflegekinderarbeit die mangelnde Kooperation mit dem Allgemeinen Sozialen Dienst (ASD) moniert (vgl. Deutsches Jugendinstitut, 1987; vgl. auch Kühn, 1992).

Die Möglichkeiten, der Tendenz zur Verselbständigung entgegenzutreten, sind begrenzt. Eine weitere Bürokratisierung verbietet sich schon allein aus Kostengründen. Im Sinne einer sozialpädagogischen Konzeptbildung werden - ganz im Gegenteil - eher noch Kooperationsstrukturen gesucht, die beides ermöglichen: Daß betroffene Familien, Kinder und Jugendliche Einrichtungen finden, die eigenständige kompetente Hilfe bieten, daß diese Einrichtungen zugleich aber auch untereinander in adäquater Weise miteinander vernetzt sind und kommunizieren können.

Mit der in § 36 des KJHG vorgesehenen *Hilfeplankonferenz* ist die Kooperation zwischen psychologischen und sozialpädagogischen Beratungsdiensten gesetzlich verankert und kann entsprechend für die Schaffung eines koordinierten Netzes von Hilfsangeboten genutzt werden. Diese Kooperation und Koordination über die Institution der Hilfeplankonferenz kann ganz verschiedene Formen annehmen. Möglich ist ein offener Austausch zwischen den Einrichtungen des Jugendamts und den Beratungsstellen, möglich ist aber auch die Schaffung einer ständigen Einrichtung, die Erweiterung der bereits bestehenden amtlichen Stellen um eben eine »Hilfeplankonferenz«, die regelmäßig tagt und sich dafür eine Geschäftsordnung gibt. Als besonders fruchtbar dürfte sich in der - nun juristisch notwendig gewordenen - Kooperation zwischen psychologischer und sozialpädagogischer Beratung die Institution des »runden Tisches« erweisen. Am runden Tisch könnten Expertinnen und Experten gemeinsam Lösungsstrategien entwerfen und die adäquate, den lokalen Erfordernissen entsprechende Struktur des Beratungsnetzes schaffen (zur Organisationsentwicklung aus der Perspektive der Selbstorganisationstheorie vgl. Brunner, 1993).

Literatur

BIERMANN, B.: Soziale Arbeit als Beruf. In: BIERMANN, B. et al. (Hrsg.): Soziologie - Gesellschaftliche Probleme und sozialberufliches Handeln. Neuwied, 1992.

BRUNNER, E.J.: Grundfragen der Familientherapie. Systemische Theorie und Methodologie. Berlin, 1986.

BRUNNER, E.J.: Organisationsdynamik. In: SCHÖNIG, W. & BRUNNER, E.J. (Hrsg.): Organisationen beraten. Impulse für Theorie und Praxis. Freiburg, 1993, S. 95-110.

DEUTSCHES JUGENDINSTITUT (Hrsg.): Handbuch Beratung im Pflegekinderbereich. München, 1987.

HALL, A.D. & FAGEN, R.E.: Definition of System. In: BUCKLEY, W. (ed.): Modern Systems Research for the Behavioral Scientist. Chicago, 1968, S. 81-92.

IMBER-BLACK, E.: Familien und größere Systeme. Im Gestrüpp der Institutionen. (Families and Larger systems. A Family Therapist's Guide through the Labyrinth.) Heidelberg, 1990.

KAISER, P.: Intra- und interinstitutionelle Dynamik im Sozial- und Gesundheitswesen. In: KAISER, P. (Hrsg.): Psycho-Logik helfender Institutionen: Beiträge zu einer besseren Nutzerfreundlichkeit der Organisationen im Sozial- und Gesundheitswesen. Heidelberg, 1993.

KÜHN, D.: Organisationen sozialer Arbeit. In: BIERMANN, B. et al. (Hrsg.): Soziologie - Gesellschaftliche Probleme und sozialberufliches Handeln. Neuwied, 1992.

MILLER, J.G.: Living Systems. New York, 1978.

RIEFORT, J.: Problemfamilien im Rahmen der Familienhilfe. In: KAISER, P. (Hrsg.): Psycho-Logik helfender Institutionen. Heidelberg, 1993.

SCHWEITZER, J.: Therapie dissozialer Jugendlicher. Weinheim, 1987.

SCHWEITZER, J./REUTER, D.: Systemisches Denken in der Heimerziehung: Anregungen für Pädagogik, Beratung und Organisation. In: Prax. Kinderpsychol. Kinderpsychiat., 1991, 40, S. 171-176.

SELVINI PALAZZOLI, MARA et al.: Hinter den Kulissen der Organisation. Stuttgart, 1984.

TATZER, E./SCHUBERT, M.T.: Systemtherapie im Kinderheim. Das Heimkind zwischen Institution und Familie. In: REITER, L., BRUNNER, E.J. & REITER-THEIL, S. (Hrsg.): Von der Familientherapie zur systemischen Perspektive. Berlin, 1988. S. 127-136.

Michael Winkler

Flexibilisierung als Modernisierung?

Strategies of Modernisation

Youth welfare services in general and residential care however especially are under a high pressure: because - and this alone has to stand at the beginning as the actual unreasonable demand - during running business the structures of youth welfare service, their institutional and organizational forms, the supporting selfunderstanding and the concrete, acting and realized living context and relations succumb to a dramatic changing process which end is absolutely open - by the way in West-Germany as well as in East-Germany. Nothing is able to flank this changing process, even to the so-called healthreform the parallel is at the most that the charges are distributed unfavourably to those who need youth welfare service or who are related to it.

1. Einleitung

Was gegenwärtig mit der Jugendhilfe im allgemeinen, mit der Heimerziehung jedoch im besonderen geschieht, gleicht dem Komplettumbau eines Hauses, bei dem zwar alle Mieter in ihren Wohnungen bleiben, am Ende indes erschrocken feststellen müssen, daß sie sich nun in einem Bürogebäude befinden: Denn - und allein dies muß als die eigentliche Zumutung am Anfang stehen - bei laufendem Betrieb unterliegen gleichzeitig die Strukturen von Jugendhilfe, ihre institutionellen und organisatorischen Formen, das sie tragende Selbstverständnis und die konkreten, handelnd verwirklichten Lebenszusammenhänge und Beziehungen einem dramatischen Veränderungsprozeß, dessen Ausgang durchaus offen ist - übrigens in Westdeutschland ebenso wie in Ostdeutschland. Nichts kann diesem Veränderungsprozeß zur Seite gestellt werden, selbst zur sogenannten Gesundheitsreform besteht eine Parallele höchstens darin, daß die Lasten zu Ungunsten derjenigen neuverteilt werden, die Jugendhilfe benötigen oder von ihr betroffen sind.

Zwar muß man eingestehen, daß Veränderungen immer noch überfällig in einem pädagogischen Handlungsbereich sind, der trotz Heimkampagne, Reformimpulsen und Professionalisierungstendenzen, trotz aller engagierter Vertreter der Heimerziehung aufs Ganze gesehen durch sein Beharrungsvermögen verblüfft. Dennoch ist die Heimerziehung gegenwärtig in einer zutiefst irritierenden Weise von dem betroffen, was soziologisch als »Modernisierung« bezeichnet wird. Das gilt für die Problem- und Aufgabenstrukturen, mit welchen sie befaßt ist, für ihre Handlungsbedingungen, wie aber auch für die alltägliche Praxis - und die Veränderungsprozesse in Ostdeutschland bringen dies wie in einem Brennglas zum Ausdruck. Vor allem überrascht jedoch die Radikalität, mit der Veränderungen verlangt werden, die die Reformen der Vergangenheit, vor allem aber auch Forschungsergebnisse der Gegenwart eher vernachlässigen. Es drängt sich durchaus der Verdacht auf, daß eine eigentümliche Koalition von sparwütigen Politikern und Fachvertretern zustandegekommen

ist, die die - über weite Strecken dann auch nur vermeintlichen - Gebrechen der
Heimerziehung heilen wollen, indem sie vor dem Hintergrund eines Thatcher-Libe-
ralismus mit Kohlkopf Yuppie-Ideologien mit Versatzstücken von Lean-Production,
Management und dem Wissen aus einem Grundstudium der Betriebswirtschaft kombinieren, um den Fragen der sozialen Gerechtigkeit und solchen einer den
Entwicklungsbedürfnissen von Kindern und Jugendlichen angemessenen Pädagogik
beizukommen.

2. Veränderungsprozesse in Jugendhilfe und Heimerziehung

In der gegenwärtigen Situation von Jugendhilfe und Heimerziehung treffen in einer
undurchsichtigen Gemengelage Veränderungsprozesse aufeinander, die auf unterschiedlichste Ursachen zurückgehen. Sie rufen dabei zuweilen gleichsinnige Effekte
hervor, erzeugen häufig aber auch in sich und erst recht gegenüber anderen Elementen Widersprüche. Schon vordergründig kreuzen sich nämlich säkulare Entwicklungen moderner Gesellschaften mit solchen, die - wie die deutsche Einigung - in historischer Zufälligkeit ausgelöst wurden. Mehr noch aber wirken sich Brüche und Veränderungen zunächst auf der Ebene aus, die ein etwas aus der Mode gekommener
Begriff als »politisch-ökonomisch« bezeichnet. Die dort ausgelösten sozialstrukturellen Wandlungsvorgänge überlagern zudem keineswegs gleichsinnig verlaufende
Verschiebungen in der soziokulturellen Organisation der modernen Gesellschaften
und auf der Ebene der Mentalitäten, in der die gesellschaftliche Situation wahrgenommen und beurteilt wird.

Auf der politisch-ökonomischen Ebene begegnet ein eigentümliches Paradox.
Denn einerseits bestimmt sie ein langandauernder Prozeß gesellschaftlicher Modernisierung, in welchem verbunden mit einer wachsenden Dynamisierung sozialer und
kultureller Zusammenhänge traditionelle Sozialstrukturen und die ihnen korrespon-
dierenden sozialmoralischen Milieus aufgelöst werden. Die Modernisierung begleitet dabei ein Abbau sozialer Regelungszusammenhänge in zwei Phasen: Zunächst
als Folge der Einführung sozialstaatlicher Sicherheiten werden die korporativ wirksamen Organisationen, allen voran Gewerkschaften und Parteien systemisch integriert; sie verlieren im Zusammenhang einer wohlfahrtsstaatlichen Ordnung ihren
Charakter als Instrumente einer radikalen Interessenvertretung, werden also geradezu durch ihre Anerkennung innerhalb des politischen Systems unwichtig für die von
ihnen ursprünglich vertretene Klientel. Dieser wohlfahrtsstaatlich induzierten Entsolidarisierung folgt eine zweite Phase, in welcher eine politisch programmatisch
erklärte und geplante »Deregulierung« die Modernisierung fördert. Sie hebt nun die
sozialstaatliche Prägung von Lebensformen auf, die eben noch normalisierend wirken und biographisch entlasten konnten (vgl. LEIBFRIED u.a. 1995). Aber diesen Ero-
sions- und gleichzeitig Individualisierungsprozeß überlagert eine Wiederherstellung
von gesellschaftlichen Verhältnissen, die hinsichtlich der Verteilung von Sozial-
chancen, der Beteiligung an dem gesellschaftlich erwirtschafteten Vermögen und
der Möglichkeiten zur politischen Mitwirkung klassisch kapitalistische Strukturen
aufweisen. Genauer: die ökonomischen und sozialen Mechanismen einer ausschließlichen Ertragsorientierung können ihre Wirksamkeit und Definitionsmacht gegen-

über jenen politischen, insbesondere sozialpolitischen, aber auch sozialkulturellen Überformungen zurückgewinnen, die im wohlfahrtsstaatlichen Zusammenhang maßgebend wurden. Modernisierung und soziale Restauration gehen also miteinander einher, Entstrukturierung und Restrukturierung finden gleichzeitig statt, wobei die erneute Durchsetzung der typischen Lebensrisiken abhängig Beschäftigter - wie Alter, Armut, Arbeits- und Wohnungslosigkeit - noch verschärft wird durch die soziale Zuweisung neuer, nicht zuletzt ökologisch bedingter Belastungen, durch die Entstehung aber auch von neuen psychophysischen Streßfaktoren (vgl. BECK 1986). Zugespitzt formuliert: Im Modernisierungsprozeß weichen zwar die sozialen Strukturen auf; die sozialen und kulturellen Lebensverhältnisse, die sie regelnden materiellen Muster und normativen Regelungen öffnen sich. In dem so geschaffenen Vakuum etablieren sich aber neue »alte« Strukturen. Der Verlust korporativer Institutionen und Instanzen beschleunigt dabei die mit der Modernisierung einhergehenden Individualisierungsprozesse, verstärkt aber auch deren Risiko gegenüber den Tendenzen zur Rekapitalisierung. Als banale Realität zeichnet sich daher gegenwärtig ab: Wo starke Gewerkschaften fehlen, können die Vorstellungen von Unternehmern nahezu beliebig durchgesetzt werden.

Um ökonomische *und* politische Prozesse handelt es sich dabei, weil die wirtschaftliche Liberalisierung keineswegs die staatliche Aktivität schlechthin beendet. Es geht nicht um Sparpolitik schlechthin. Vielmehr verändern sich die politischen Prioritäten: Dem Abbau sozialstaatlicher Versorgungsregelungen, deutlich spürbar zunächst im Gesundheitswesen, dann in allen Bereichen der sozialen Sicherung, stehen nämlich wachsende Investitionen des Staates in solche infrastrukturellen Bedingungen des Wirtschaftens gegenüber, die primär unmittelbar den Unternehmen zugute kommen, insbesondere deren Position auf dem Weltmarkt verbessern helfen. Staatliche Aktivitäten zielen nun zunächst auf Verkehrsinfrastrukturen und Betriebsansiedlungen, nicht mehr auf die weichen infrastrukturellen Faktoren, die mit Bildung, Gesundheit, sozialer Sicherheit bezeichnet werden können. Mehr noch: Die politisch gewollte Umverteilung der staatlichen Steuereinnahmen will weniger die Bedingungen der Wertschöpfung verbessern, sondern kommt als Investitionsförderung unmittelbar im Produktionsprozeß mit dem Effekt zum Tragen, daß dabei noch in hohem Maße Arbeitsplätze und Beschäftigungsverhältnisse vernichtet werden.

Für die Bundesrepublik Deutschland tritt sicher ein besonderer Belastungsfaktor durch die deutsche Einigung hinzu. Viel spricht aber dafür, daß diese das eben skizzierte Geschehen eher beschleunigt, es zumindest in besonderer Weise sichtbar macht, freilich mit einer eigentümlichen, durchaus lehrreichen Pointe: Sie zeigt nämlich nachdrücklich, daß solche gesellschaftlichen Transformationsprozesse, welche auf die Herstellung von Marktbedingungen und auf Liberalisierung zielen, in einem ganz empirischen Sinne mit außerordentlichen hohen Sozialkosten verbunden sind. Schon jetzt zeichnet sich ab, daß ein großer Prozentsatz der Bevölkerung der ehemaligen DDR, in erschreckendem Maße vor allem aber Kinder und Jugendliche auf eine dauerhafte Unterstützung durch soziale Transferzahlungen angewiesen sind (vgl. Bundesministerium für Familie, Senioren, Frauen und Jugend 1994). Mit anderen Worten: Die möglicherweise nur vordergründig als solche bestehende Sondersituation der deutschen Einigung läßt sich auch lesen als Hinweis darauf, daß ein konsequentes Programm der sozialen Sparsamkeit nur um den Preis einer Ausgrenzung von immer stärker wachsenden Bevölkerungsteilen zu verwirklichen ist. Gleichwohl wird dieses Programm gegenwärtig massiv forciert, begleitet mit öffentlichkeitswirksamen Liberalisierungsinszenierungen und der gleichzeitigen - angesichts fortschreitender Marginalisierung und der mit diesen unvermeidlich verbundenen Effekten auch nicht überraschenden - Forderung nach Verstärkung sozialer Disziplinierungsmaßnahmen (vgl. hierzu PRANTL 1994).

Mehrdeutig wie die politisch-ökonomischen Prozesse verhält sich jedoch auch die Gesellschaft, wo sie sich öffentlich artikuliert. Angesichts fiskalischer Belastungen wachsen zwar die Sympathien für liberalistische Modelle nicht nur in ohnedies schon politisch konservativen Kreisen; das Modell des wirtschaftlichen und sozial erfolgreichen Individuums verfügt schon deshalb über hohe Attraktivität, weil es kaum mehr eine Alternative zu ihm gibt. Tendenzen zu einer Abgrenzung gegenüber Menschen in schwierigen Lebenslagen zeichnen sich ab - und nicht nur in Ostdeutschland werden sie von massiven Deklassierungsängsten verstärkt. Vorbehalte, zuweilen zur Feindseligkeit gesteigert, gegenüber Abweichungen, gegenüber dem Anderen und dem Fremden, lassen sich alltäglich beobachten - auch bei uns selbst. Eigentümliche Spannungen werden dabei sichtbar: Während auf der einen Seite soziale und kulturelle Pluralisierungsprozesse durchaus positiv als Teil der »Erlebnisgesellschaft« wahrgenommen werden (vgl. SCHULZE 1992), lassen sich andererseits zunehmend rigorose, zuweilen sogar fundamentalistisch angehauchte Normalisierungsansprüche feststellen. Zuweilen scheint die Gesellschaft der Bundesrepublik in soziokultureller, vor allem aber in mentaler Hinsicht keines Mittellage mehr zu finden, sondern nur noch zwischen den Extremen von höchster Differenz und maximaler Vereinheitlichung bewegen zu können.

Dies gefährdet die Legitimationsgrundlagen aller Formen sozialer Dienste, insbesondere diejenigen, die für Menschen in Notlagen infragekommen. Zugleich aber weist alles daraufhin, daß eben solche Dienste hohe Akzeptanz zumindest dann genießen, wenn sie selbstverständlich sind und allen Teilen der Bevölkerung zugute kommen. Beobachten läßt sich dies an der hochgradigen Zustimmung zur Einführung der Pflegeversicherung. Es gilt in gleichem Maße aber auch für Angebote der Jugendhilfe. Daß der Kindergartenplatz ein Regelangebot darzustellen habe, ist ein anderer Indikator für diese Selbstverständlichkeit sozialer Dienste in der Öffentlichkeit; es gilt aber auch für Beratungsdienste und Betreuungsangebote. In der öffentlichen Wahrnehmung - die freilich meist nur als veröffentlichte Wahrnehmung zu beobachten ist - werden mithin Aktivitäten und Leistungen der Jugendhilfe als normal und nichthintergehbar in modernen Gesellschaften gesehen; sie gehören zu sozialen Infrastrukturen, mit denen gerechnet wird - paradoxerweise macht sie gerade dies allerdings für die Versuche der Politik anfällig, sie zur Disposition stellen: Als Voraussetzung des gesellschaftlichen Lebens gelten sie nur bedingt als ein Wert, der beständig neu erstritten werden muß.

3. Anforderungen an die Gestaltung von Sozialisationsprozessen

Innerhalb dieser politisch-ökonomischen Rahmenbedingungen konturieren sich die inhaltlichen Anforderungen an die Gestaltung von Sozialisationsprozessen in modernen Gesellschaften (zum Folgenden vgl. WINKLER 1988, 1990, 1993). Auch hier wirken sich zunächst die *Dynamisierung des Sozialen* und die mit ihr verbundene *Erosion lebensweltlich-kommunikativer vermittelter Zusammenhänge* aus; diesen aber tritt eine Ausdehnung *funktionaler und institutionell geregelter Mechanismen der gesellschaftlichen Reproduktion* zur Seite (vgl. zum Folgenden DER BUNDESMINISTER FÜR JUGEND, FAMILIE, FRAUEN UND GESUNDHEIT, 1990):

- Dynamisierung des Sozialen meint, daß sich moderne Gesellschaften als Wandlungsgesellschaften nicht mehr allein durch Tradition reproduzieren. Sie sind auf dauernde Neugestaltung angelegt, verändern sich auch beständig, manifest ebenso wie in subtiler, verborgener Weise. Pädagogisch bedeutet dies (neben anderem) zweierlei: *Zum einen* kann Erziehung nicht mehr als Vermittlung geschehen, sondern nur als Vermittlung und gleichzeitige Destruktion des Vermittelten. Sie muß also Kontinuitätszusammenhänge sichern, um die Fähigkeit zur Innovation zu begründen. Erziehung in modernen Gesellschaften bedeutet also, daß in den Individuen eine gesicherte, sich gegenüber dem Wandel der Gesellschaft bewährende Identität geschaffen wird, in der zugleich aber auch die Möglichkeit entsteht, biographisch flexibel mit den Wandlungsprozessen umzugehen. Moderne Gesellschaften lösen dieses Dilemma, indem sie psychische Stabilität als Stabilität von Verarbeitungsmechanismen, als Dispositionen konstituieren. Empirisch können wir dies schon längst an Kindern und Jugendlichen feststellen, die auf eine eigentümliche Weise nicht mehr bei sich erscheinen, sondern in hohem Maße situationsangepaßt und sektoral orientiert verhalten, ohne psychisch auseinanderzubrechen. Diese Herstellung von innerpsychischen Dispositionen erfordert aber pädagogische Anstrengung, denn sie ist - wie wir an Erwachsenen noch beobachten können - in hohem Maße reflexiv vermittelt; biographische Identität hängt mithin weniger von Kontinuität und Konsistenz des Erfahrens und Erlebens, sondern sehr viel mehr von der Fähigkeit ab, sich selbst in gesellschaftlich verfügbaren Mustern symbolisch zu thematisieren. Weil aber die sozial-moralischen Milieus zerbrechen, gelingt die Entwicklung solcher Identitätsmuster und der Aufbau faktischer Identität nur noch bedingt in sozialisatorisch spontanen Prozessen und Umgangsverhältnissen. Identitätsbildung bedarf vielmehr zunehmend pädagogisch organisierter Settings, in welchen nicht zuletzt moralische Erziehung geleistet wird; die zunehmende Brisanz von Themen der Ethik in der Pädagogik bestätigt diesen Befund. Dies bedeutet aber, daß moderne Gesellschaften darauf angewiesen sind, zunehmend Erziehung in solchen spezialisierten Settings anzubieten - wobei die bisherige Lösung offensichtlich nicht mehr trägt, dies durch Professionalisierung der Familienerziehung zu verwirklichen.

Zum anderen kann eine Wandlungsgesellschaft die in ihr notwendigen Sozialisationsprozesse nur an Orten realisieren, an welchen eben die gesellschaftlichen Wandlungsprozesse außer Kraft gesetzt sind. Das ist übrigens keine fundamentale neue Erkenntnis, sondern wurde schon am Ende des 18. Jahrhunderts bewußt, als die Fortschrittsdynamik neuzeitlicher Gesellschaften in der pädagogischen Programmatik verarbeitet werden sollte. Damals hat dies zur Entdeckung einer - wie schon GOETHE im »Wilhelm Meister« beschreibt - »pädagogischen Provinz« als einem Raum geführt, in welchem die individuellen Entwicklungsprozesse nach der entwicklungspsychologischen Logik auch des Einzelnen möglich sind. Heute stellt sich diese Aufgabe mit noch größerem Nachdruck: Erziehung bedarf gleichsam der Räume für gesellschaftliche »Auszeiten«, um die individuellen Reifungs- und Entwicklungsprozesse zu ermöglichen - freilich stets mit dem Problem, die Kindern und Jugendlichen wieder an die gesellschaftlichen Zusammenhänge heranzuführen. Ein Grund für diese Entwicklung liegt darin, daß moderne Gesellschaften offensichtlich Perfektionstendenzen gehorchen. Sie kennen kaum mehr Bereiche, in welchen man ohne ein systematisch entwickeltes Curriculum noch hineinwachsen könnte. Insofern bedarf es - einschließlich der schon genannten moralischen Erziehung - in höherem Maße pädagogisch organisierter Übungsstätten, die zudem auch Fehler zulassen. Um ein simples Beispiel zu nennen: Am Kinderverkehrsübungsplatz darf man schon einmal vor einem heranfahrenden Tret- oder Elektroauto die Straße überqueren; in der Lebenswirklichkeit wäre dies tödlich.

- Mit den Wandlungsprozessen geht einher die Erosion lebensweltlicher Zusammenhänge, die mit personalen Bezügen so kommunikativ gestützt sind, daß sie als konsistent erlebt werden. Auch hier lassen sich wiederum zwei Dimensionen verfolgen: Moderne Gesellschaften erweisen sich - zum einen - als zunehmend unübersichtlich, auch widersprüchlich. Plakativ formuliert: Als Individuum kann man kaum mehr erkennen, was »eigentlich noch Sache ist«. Kinder und Jugendliche wachsen also in einer Situation massiver Unordnung und Unsicherheit auf, in denen sie weder Verläßlichkeit, noch Verbindlichkeit finden. Dies gilt noch in dem Sinne, daß inzwischen die trivialen und banalen, als Alltag ritualisierten, lebensweltlichen Gewißheiten verschwunden sind. Positiv kann man dies als Pluralität der Postmoderne feiern, negativ bedeutet es, daß die Welt für junge Menschen extrem unruhig geworden ist. Als Erlebnis- und Erfahrungsqualität hat diese Situation natürlich hohe Attraktivität, doch gewinnt sie kritische Ausmaße stets dann, wenn innere Übergangskrisen zu bewältigen sind, die nur bei hinreichender äußerer Stabilität überstanden werden können. Die dafür erforderlichen, Orientierung stiftenden und Gewißheit gebenden, gleichsam konservativen Strukturen und sozial-moralischen Milieus fehlen heute jedoch. Dies ist besonders prekär, weil inzwischen offensichtlich auch das Familiensystem von solchen Erosionsprozessen betroffen ist: Auch wenn man nämlich konzedieren muß, daß Familie immer noch die angestrebte Lebensform schlechthin darstellt, zugleich auch über eine erstaunliche Wandlungsfähigkeit verfügt, sind Familien zugleich doch in extremen Maßen belastet (vgl. TIPPELT 1988). Die - wie der letzte Familienbericht festhält - »strukturelle Rücksichtslosigkeit« der modernen Gesellschaft geht einher mit einer wachsenden Beanspruchung der Familie; sie bedarf deshalb mindestens hinreichender Ergänzung, offensichtlich aber auch hochgradig institutionalisierter Unterstützung bei der Erziehung von Kindern und Jugendlichen (vgl. BUNDESMINISTERIUM FÜR FAMILIE UND SENIOREN 1994).

- Die dem Zerfall sozialer Zusammenhänge korrespondierende Tendenz zur Individualisierung verstärkt die darin anklingende pädagogische Problematik. Sie verlangt nämlich, daß für das Aufwachsen von Kindern und Jugendlichen Zusammenhänge organisiert werden müssen (vgl. HURRELMANN 1990a), in welchen sie jene basale Sozialität der Peergroup kennenlernen können, die sie insbesondere in urbanen Lebensverhältnissen, aber auch - aufgrund des generellen Rückgangs der Kinderzahlen und damit einer Reduktion von Verwandtschaftsverhältnisse - in Familien häufig nicht mehr erfahren können (vgl. GRUNDMANN/HUININK 1991). Auch hier sind institutionelle Formen gefragt. Tatsächlich werden sie gesellschaftlich - wie das Beispiel des Kindergartens zeigt - zunehmend selbstverständlich - mit dem unübersehbaren Effekt allerdings, daß sie zu einer doppelten Veränderung der intergenerativen Verhältnisse führen: Diese verlieren durch diese Form der Institutionalisierung und die damit verbundene Ausgrenzung ihre gesellschaftliche Normalität, so daß Peergroup-Orientierung eine zunehmende Rolle bei Kindern und Jugendlichen spielt; gleichzeitig entspannen sich die Verhältnisse zwischen Eltern und Kindern selbst, da offensichtlich eine Delegation von heiklen pädagogischen Aufgaben an die Institutionen stattfindet und von allen Beteiligten auch erwartet wird.

All dies weist darauf hin, daß Sozialisationsprozesse in modernen Gesellschaften nicht mehr selbstverständlich ablaufen, sondern pädagogisch in geeigneten Sozialräumen und Lebenszusammenhängen organisiert werden müssen. Dies entspricht aber selbst noch einer in modernen Gesellschaften angelegten Tendenz zur funktionalen Ausdifferenzierung und Rationalisierung ihrer Leistung. Neben der Auflösung der sozialstrukturellen Verhältnisse unterliegen sie nämlich einer Segmentierung in institutionalisierte Praxen: Die irrationalen, kontingenten, auf Geschichten ruhenden Lebenswelten werden dabei durch eine hochgradige Institutionalisierung von Aktivitäten, durch die technische Organisation von Lebenszusammenhängen, durch geplantes Handeln in definierten Feldern ersetzt. Oder zugespitzt: In einer Gesellschaft, die die Strukturmuster und die Dynamik der Institutionalisierung auszeichnen, läßt sich eine Sozialisation in Institutionen gar nicht vermeiden - die soziale Erfolgsgeschichte des Schulwesens läßt sich dafür als Beleg heranziehen. Parallel zur Verlängerung der Ausbildungszeiten etablieren sich deshalb mit gleicher Verbindlichkeit wie die Schule für alle Heranwachsenden Formen institutioneller Unterbringung, die mindestens den Nebenzweck der Sozialisation erfüllen. Faktisch hängt schon die Entscheidung für Kinder davon ab, daß potentielle Eltern mit Einrichtungen für deren Unterbringung und Betreuung rechnen können. Geht man also von dem schlichten Umstand aus, daß Kinder und Jugendliche über einen längeren Zeitraum stationär untergebracht und dabei auch in ihrer Person verändert werden, dann zeigt sich sehr rasch, daß solche Formen der institutionellen Betreuung am anderen Ort inzwischen nahezu jede individuelle Biographie über kürzere oder längere Zeit berührt wird. Das beginnt schon in den Kindertagesstätten, führt über die zunehmende Nachfrage nach (und das entsprechende Angebot) einer Internaten zu der wachsenden Zahl von Lehrlingen, die Unterkunft und Betreuung außerhalb des Elternhauses benötigen, die regelmäßig anzutreffende Blockbeschulung von Berufsschülern hin zur Bundeswehr.

Damit kann man folgenden Befund festhalten: Erziehung in einer sich moder-
nisierenden Gesellschaft bedarf *anderer Orte*. Die *durchschnittliche pädagogische
Situation* hat nämlich einen Problemgehalt angenommen, der früher Anlaß zur Jugendhilfeintervention geworden wäre. So verlangen die Anforderungen an Erziehung Professionalität und auch räumliche Spezialisierung, um wenigstens die psychosozialen
Kosten des Aufwachsens in modernen Gesellschaften auffangen zu können (vgl.
HURRELMANN u.a. 1988). Deshalb werden Formen der institutionalisierten und methodisch durchgeführten Erziehung zunächst vom Gesellschaftssystem, dann von Eltern und von Kindern gefordert und benötigt. Davon geben theoretisch und fach-
politisch insbesondere die milieuorientierten, an Fragen des gelingenden Alltags ausgerichteten Ansätze der Jugendhilfe zumindest indirekt Zeugnis ab. Denn diese Ansätze signalisieren, daß Milieu und Alltag in ihrer sozialisatorischen Wirkung verloren gegangen sind, mithin einerseits durch pädagogisches Expertentum artifiziell
restituiert werden müssen. Andererseits zeichnet sich noch so ab, daß Formen einer
zumindest vorübergehenden intensiven Betreuung von Kindern und Jugendlichen
am anderen Ort eine infrastrukturelle Qualität für moderne Gesellschaften gewinnen.

4. Heimerziehung im unlösbaren Dilemma?

Im Blick auf die stationäre Unterbringung von Kindern und Jugendlichen, mithin auf
jenen Sachverhalt, den der »konzeptionelle« Begriff der Heimerziehung (vgl.
MÜNSTERMANN 1986) bezeichnet, legen die hier nur grob skizzierten Entwicklungen
den Befund eines unlösbaren Dilemmas nahe: Zum einen wird Heimerziehung gegenwärtig ökonomisch und politisch infrage gestellt und aufgelöst; die in den Kommunen und Bezirken diskutierten neuen Finanzierungsstrategien zielen dabei häufig
weniger auf eine neue Fachlichkeit im Sinne von sozialpädagogischer Dienstleistung,
sondern bezwecken regelmäßig die Einsparung von Heimplätzen. Heimerziehung
unterliegt also massiven Versuchen der Kostensenkung und Einsparung, die den teu-
ersten Bereich der Jugendhilfe weitgehend infrage zustellen. Gleichzeitig aber gewinnen Jugendhilfe im allgemeinen, die stationäre Unterbringung im besonderen
aus zwei gegenläufigen Gründen eine neue Bedeutung: Die gleichen Bedingungen,
welche nämlich Heimerziehung ökonomisch infrage stellen, wirken *einerseits* auch
als Auslösefaktoren für die Nachfrage nach ihr als Nothilfe: Selbst wenn man demographische Faktoren einberechnet, steigen die Unterbringungszahlen, auch für vergessene Gruppen wie kleine Kinder (vgl. die Hinweise in BÜRGER u.a. 1994). Armut,
Wohnungsnot und neue Lebensrisiken haben unübersehbar diesen Nachfrageboom
ausgelöst, dann spielen nicht zuletzt auch sozialdisziplinierende Ambitionen eine
Rolle. Überspitzt formuliert: Die Abschaffung der Heimerziehung aus Kostengründen mündet so in die Wiederherstellung von Kinderknästen. Andererseits aber gewinnen im Prozeß der Modernisierung Formen stationärer Betreuung eine infrastrukturelle Qualität für eine Gesellschaft, der die soziokulturellen Grundlagen wegbrechen.

  Pädagogische Professionalität, die eine Erziehung am anderen Ort leistet, wird
also unmöglich und läßt sich *zugleich* nicht mehr abweisen. Damit verbindet sich

zwangsläufig eine kritische Doppeldeutigkeit ihrer gesellschaftlichen Wahrnehmung: Sofern diese Erziehung am anderen Ort mit klassischen Problemgruppen zu tun hat, schwindet eher ihre öffentliche Akzeptanz; die Neigung zur Ausgrenzung- und Disziplinierung, der kritische Vorbehalt, ob sich der ganze Aufwand für ohnedies unverbesserliche junge Menschen noch lohne, nehmen zu. Umgekehrt aber steigt nicht nur die Nachfrage nach Betreuungs- und Beratungsangeboten, vielmehr gelten diese als biographisch normal, wenn nicht sogar förderlich. Es ist inzwischen keineswegs so selten, daß stationäre Unterbringungen im Raum zwischen Heim und Internat gesucht werden, um die schulischen Erfolgschancen von Kindern und Jugendlichen zu verbessern; von der Problemstruktur und der faktischen Realität her wird damit Heimerziehung zu einem Normalfall, freilich zuweilen als zweites Zuhause nebenan, vor allem aber auch, ohne daß sie beim Namen genannt wird. Die Verbindung einer - bei aller Ambivalenz - zunehmenden Orientierung auf Experten und die Hoffnung, die Lebens- und Ausbildungsmöglichkeiten von Kindern und Jugendlichen zu optimieren, führen mithin dazu, daß von einer durchaus pädagogisch ambitionierten Elternklientel Jugendhilfeleistungen erwartet und gesucht wird - die Angebotsstruktur des KJHG hat darauf reagiert und fördert diesen Vorgang noch.

Die jüngeren Debatten der Jugendhilfe beschreiben nun die Veränderungen in den Rahmenbedingungen und Anforderungen an Jugendhilfe und stationäre Unterbringung seit geraumer Zeit mit Umbruchsbegriffen; Ausdrücke wie »Paradigmenwechsel« oder auch »kopernikanische Wende« bestimmen die Selbstwahrnehmung. Vor allem spiegeln sich die Veränderungen der sozialen und pädagogischen Problemstruktur gegenwärtig in dem wider, was unter den Stichworten »Jugendhilfestationen«, »Flexibilisierung der Jugendhilfe« und »flexible Systeme« diskutiert wird - wobei unterhalb dieser Großdebatte um die institutionelle und organisatorische Struktur von Jugendhilfe noch andere Auseinandersetzungen, wie die die um Milieunähe und Alltagsorientierung ebenso wie die um Spezialisierung und Entdifferenzierung nachklingen.

Ihren Bezugspunkt finden die damit gekennzeichneten Überlegungen in der Beobachtung, daß moderne Gesellschaften sich zu Dienstleistungsgesellschaften entwickeln. Gestützt darauf, verstärkt auch durch Zweifel an der Effektivität der Sozialverwaltung werden Ansätze entwickelt, um diese und damit auch die Jugendhilfe einer gründlichen Reform zu unterziehen (vgl. OLK 1994); in jüngster Zeit hat sich diese Tendenz verstärkt, weil das neue Jugendhilferecht auch von Vertretern der Fachverbände als ein Leistungsrecht verstanden wird (vgl. z.B. SPÄTH 1994). Sie kennzeichnen programmatisch Jugendhilfe als öffentlich erbrachte Dienstleistungen, die durch die Klienten, weniger aber durch die Behörden oder die Träger der einzelnen Leistungen gesteuert werden sollen. Die Angebote wären nach dieser Theorie idealerweise marktförmig vermittelt und einem Konkurrenzdruck ausgesetzt (vgl. in allerdings keineswegs eindeutiger Weise die einschlägigen Stellen in: BUNDESMINISTERIUM FÜR FAMILIE, SENIOREN, FRAUEN UND JUGEND 1994).

Auf den ersten Blick verfügen diese Reaktionen auf die gegenwärtig sich dramatisch zuspitzenden sozialen Spannungen über eine hohe Rationalität: Denn Flexibilität eröffnet einerseits die Möglichkeit, strukturelle Dilemmata, mithin gleichzeitig gegebene und einander widersprechende Anforderungen durch Verzeitlichung aufzulösen; sie verlieren ihre Spannung, weil sie nacheinander abgearbeitet werden. Zum anderen eröffnen flexible Lösungen die Chance der Individualisierung: Wer für jeden Einzelfall eine besondere Lösung anzubieten vermag, entgeht den strukturellen Fallen, die sich in den Formen standardisierten Handelns und der Institutionalisierung nur reproduzieren.

Allerdings stehen diese Reaktionen unter zwei Prämissen: Zum einen - und man mag dies zunächst als realitätsfremde Prinzipiendiskussion abtun - wenden sie eine gesellschaftlich gegebene Problemstellung von vornherein professionstheoretisch und sozialpädagogisch praktisch, ohne jedoch zu prüfen, ob der damit erhobene Anspruch auf Problembewältigung im sozialen Sektor überhaupt eingelöst werden kann. Das zieht unvermeidlich nach sich, daß die gegenwärtige Instabilität von Jugendhilfe und Heimerziehung auch durch fachliche Debatten ausgelöst und verstärkt wird; die Verunsicherung ist möglicherweise hausgemacht. Diesen Vorbehalt entkräftigt auch nicht der Einwand, daß die Verknappung der Ressourcen politisch gewollt und insofern der Jugendhilfe von außen auferlegt wird. Selbst wenn man der Jugendhilfe nur eine geringe gesellschaftliche Macht zubilligen will, irritiert zumindest die Eilfertigkeit, mit der die neuen Steuerungsmodelle in Fachkreisen übernommen und für sakrosankt erklärt werden; zu fragen wäre, ob nicht einmal mehr Sozialpädagogik und Jugendhilfe sich eine gesellschaftlich konstituierte Problemstellung zu eigen machen und Organisationsmodelle zu ihrer Bewältigung anbieten, die letztendlich doch scheitern müssen. Zum anderen fehlt offensichtlich das Bewußtsein, daß so gegenwärtig extern und intern die Strukturen von Jugendhilfe und Heimerziehung zur Disposition gestellt werden. Zwar birgt dies einigen Reiz für eine Zunft, die stets erhebliche Selbstzweifel plagen, ihr doppeltes Mandat nicht als Funktionsbestimmung, sondern als moralischen Mangel interpretiert, Kontroll- und Disziplinierungsdimensionen nur als fragwürdige Formen schwarzer Pädagogik gelten lassen will, ansonsten dazu neigt, ihr Tun mit der Formel vom eigenen Überflüssigwerden zu fassen. Gleichwohl könnte es angesichts der Erfahrungen brisant werden, die in den unterschiedlichsten Versuchen einer radikalen Deinstitutionalisierung öffentlich getragener psychosozialer Versorgung gemacht wurden: Insbesondere die Psychiatriereform zeigt, daß so große Teile der Bevölkerung ausgeschlossen und das Wohlfahrtsniveau einer Gesellschaft insgesamt in einer Weise gemindert wird, die schon unter Legitimationsgesichtspunkten problematisch erscheint. Vor allem aber: Letztendlich bleiben die Institutionen der sozialen und pädagogischen Versorgung zwar resistent gegenüber Veränderungsprozessen, doch stabilisieren sie sich in der Regel auf einem unteren Niveau, das weder fachlich, noch aber hinsichtlich der Würde der in ihnen und durch sie versorgten Menschen zu rechtfertigen ist.

Bei aller Plausibilität, welche nun der Anspruch einer Umstellung von Sozialpädagogik und Jugendhilfe auf marktförmig gesteuerte, klientenorientiert und flexibel erbrachte Dienstleistungen in Anspruch nehmen kann, bei aller Sympathie, die er mit der Mischung von sozialen Engagement und Liberalität weckt, bleiben Zweifel an seinen Realisierungsmöglichkeiten. Empirisch spricht einiges dagegen, daß soziale Dienste und Jugendhilfe diese Entwicklung zur Dienstleistung zumindest ansatzweise vollzogen haben (vgl. REINER 1994). Ebensowenig lassen sich die systematischen Grenzen eines Wandels der Jugendhilfe zur sozialen Dienstleistung übersehen: Gerade in ihrer Doppelbestimmung als Hilfe und Kontrolle hängt öffentliche Jugendhilfe ab von politischen Entscheidungen, die sich ihrerseits an den legitimationsfähigen Normalitätsvorstellungen einer Gesellschaft orientieren; zugleich läßt sich Jugendhilfe auch nicht beliebig als Marktangebot gestalten, weil sie - wie jede andere öffentlich erbrachte Dienstleistung - hinsichtlich eines möglichen Bedarfs vorgehalten werden muß (vgl. OLK 1994, bes. S. 23 ff.). Das führt nun dazu, daß häufig Busse und Straßenbahnen nachts ohne Passagiere verkehren, kann aber ebenso bedeuten, daß Heime leer stehen. Letzteres ist freilich nicht der Fall, zumal ohnedies die öffentliche Hand dieses Risiko einer Nichtbelegung durch die Finanzierung in Gestalt von Tagespflegesätzen auf die Träger der Einrichtungen abwälzt. Schließlich wäre gegen ein solches Marktmodell der sozialen Arbeit und der Jugendhilfe einzuwenden, daß es auf Seiten der Klienten der Jugendhilfe eine Kompetenz voraussetzt, die in der Regel Jugendhilfe entbehrlich erscheinen läßt. Umgekehrt: Notlagen implizieren Kompetenz- und Handlungsschwächen, Erziehungshilfe setzt Probleme beim Aufwachsen in modernen Gesellschaften voraus, die mit Hilfe und Unterstützung, mit Betreuung und Erziehung zu bearbeiten sind - nicht weil Kinder, Jugendliche und Erwachsene als Objekte pädagogischer Betreuung gelten sollen, sondern will sich diese Probleme, wider alle konstruktivistischen Annahmen mit Objektivität und Dringlichkeit stellen.

5. Flexibilität in der Jugendhilfe?

Gleich ob man die neuen Steuerungsmodelle für Jugendhilfe schlechthin oder die Vorstellungen für flexible Angebote anstelle einer stationären Unterbringung ins Auge faßt, regelmäßig läßt sich festzustellen, daß hinreichende theoretische Vorstellungen und Begründungen noch ebenso fehlen wie empirische Befunde (vgl. z.B. STRUCK 1995). Diese Defizite überraschen insofern, weil nämlich jenseits der Auseinandersetzung um die Auslegung des KJHG vergleichsweise aufwendige theoretische Überlegungen zur Begründung der flexiblen Erziehungshilfen angestellt wurden, die sich u.a. auf erkenntnistheoretische Ansätze insbesondere des Konstruktivismus stützen. Darin liegt übrigens ein deutlicher Unterschied gegenüber bisherigen Debatten zur Jugendhilfe und zur Heimerziehung, die eher aus politischen oder pragmatischen Ambitionen gespeist wurden. Gleichwohl wiederholen sich die bislang vorliegenden Entwürfe häufig bis in die Einzelformulierungen hinein (vgl. z.B. KLATETZKI 1993, 1994a, 1994b).

Mehr noch: Weder die grundsätzlichen Überlegungen, noch die konkreteren Vorstellungen etwa zu den Jugendhilfestationen in Mecklenburg-Vorpommern, insbesondere in Greifswald, zum Projekt »Uferlos« in Dresden und zum Kinderschutzzentrum in Erfurt zeichnet begriffliche Klarheit aus. Seinen Niederschlag findet dies noch in der Mehrdeutigkeit des Begriffs der »Flexibilität«, dessen Referenzrahmen offenbleibt: Flexibilität kann nämlich sozialstrukturell und systemisch, mithin eher synchron, dann im Blick auf historische Wandlungsprozesse oder aber auch biographisch gesehen werden. Zur Verdeutlichung: eines der größten Mankos der Heimerziehung besteht sicher darin, daß sie strukturell starr gegenüber Veränderungen in der Lebenslage von Kindern und Jugendlichen bleibt; sie scheint häufig außerstande, sich an die individuelle Entwicklungsgeschichte anzupassen. Nur: diese Kritik verlangt nicht nach neuen Konzepten, sondern erinnert nur an prinzipielle Grundsätze pädagogischen Handelns. Denn bei jeder Erziehung geht es um die Auseinandersetzung mit der individuellen konkreten Lebenssituation, der psychischen und sozialen Entwicklung, den Lernfortschritten des Einzelnen. Oder anders formuliert: Pädagogisch gesehen muß jede Erziehung flexibel sein, weil es sich andernfalls nicht um Erziehung oder höchstens um schlechte Erziehung handelt. Allerdings läßt sich für eine Veränderung von Heimerziehung, geltend machen, daß sie aus soziologisch zu beschreibenden Gründen von Institutionalisierungsvorgängen totalitär wird und deshalb die eben geforderte Entwicklungs- und lebenslaufbezogene Veränderung in der Organisation pädagogischer Interaktionen verhindert. Die bislang vorliegenden Konzepte für »flexible Erziehungshilfen« lassen dabei jedoch durchaus offen, auf welcher Ebene ihre Flexibilisierung ansetzt. Insgesamt drängt sich der Eindruck auf, daß sie zu stärker soziologisch motiviert sind, während pädagogische Überlegungen zurücktreten. Dabei scheint eine Neigung vorzuherrschen, organisatorisch alles in Bewegung zu bringen, Kontinuität allein in der persönlichen Qualität von Mitarbeiterinnen und Mitarbeitern zu suchen, wobei diese durch Reflexivität, vorzugsweise aber durch ethische Orientierungen stabilisiert werden sollen (vgl. KLATETZKI 1994b).

Ansätze zur Einführung von Jugendhilfezentren werden (etwa in Schleswig-Holstein) schon seit geraumer Zeit verfolgt. Sie versuchen, ein breites Angebot an unterschiedlichsten Tageseinrichtungen und Hilfeformen unter einem Dach zu vereinigen, während flankierend der Einsatz von Familienhilfe verstärkt wird, um Unterstützung und Begleitung auch über einen längeren Zeitraum im familiären Zusammenhang, mithin im Herkunftsmilieu zu leisten. Gleichwohl wird über Erfahrungen mit diesen neuen Formen von Einrichtung und Organisation der Sozialen Arbeit nur wenig berichtet, geschweige denn, daß gesicherte Daten über ihre Realität und die versprochene Effizienz vorliegen. Selbst impressionistische Erfahrungsberichte sind noch selten; die wenigen lassen keine Verallgemeinerungen zu (vgl. WINTER u.a. 1994, WINTER 1993a, 1993b). Insofern müssen sich Überlegungen zur Flexibilisierung der Erziehungshilfen und der Jugendhilfestationen auf Systematisierungsversuche und die Diskussion möglicher Einwände beschränken:

Im Unterschied zu den bislang bekannten Jugendhilfezentren, die in der Tradition der Gemeinwesen- und Gemeindearbeit stehen, fällt an den bislang entwickelten Vorstellungen von flexiblen Hilfen zunächst auf, daß ihr sozialer, kultureller, aber auch ihr pädagogischer Ort eigentümlich vage bleibt. Zwischen Straßensozialarbeit (vgl. KLATETZKI/WINTER 1989), pädagogischer Poliklinik und Heimerziehung ist ihr institutioneller Status bislang ungeklärt. Während Jugendhilfezentren immerhin räumlich zu identifizieren sind, wenigstens als Supermarkt der Jugendhilfe, in Ostdeutschland wohl eher als Kiosk, könnte ein Dilemma darin bestehen, daß flexible Hilfen gerade noch mit Anlaufstationen verbunden werden, ihre Angebote aber ohne institutionellen Rahmen erfolgen. »Uferlos« in Dresden, wohl auch das Erfurter Zentrum haben hier einen anderen Weg eingeschlagen, indem sie zumindest auch ein Haus für Kinder und Jugendliche anbieten, insofern auch teilstationäre Hilfen zugänglich machen, die aber dann offensichtlich wider das eigene Konzept zu Dauerplätzen werden. Eine Beschränkung auf (niederschwellige) Kontakt-

möglichkeiten führt umgekehrt jedoch zur Beliebigkeit und Zufälligkeit des Hilfeangebots, das weder über lebensweltliche, noch über fachliche Verbindlichkeit mehr
verfügt. Gerade in Umbruchssituationen - wie in Ostdeutschland - scheint dies in
höchstem Maße problematisch, doch lassen die Konzeptionen der flexiblen Jugendhilfen durchaus offen, ob sie überhaupt noch dieses Mindestmaß an institutioneller
Gewißheit sichern wollen. Zuweilen drängt sich schon der Eindruck auf, daß hier
eher an Jugendhilfebusse gedacht wird, mit welchen dann professionelle Teams durch
die Lande reisen, vergleichbar vielleicht den Grundformen ärztlicher Versorgung,
wie wir sie in afrikanischen und südamerikanischen Ländern beobachten.

In letzter, sicher zugespitzter Konsequenz zeichnet flexible Erziehungshilfen
aus, daß sie - im wörtliche Sinne - Utopien der Jugendhilfe darstellen. Sie entwerfen
eine Jugendhilfe, die keinen Ort mehr kennt. Gegenüber der - durchaus auch begründeten - Tradition sozialpädagogischen Denkens und Handelns, das sich auf Orte konzentrierte, stellen flexible Systeme dagegen Vorgänge in den Vordergrund. Sie konzentrieren sie gleichsam um den »Nicht-Ort«, lösen raumzeitliche Gewißheiten auf.

Systematisch zeichnet sich dann ab, daß mit den flexiblen Erziehungshilfen
Formen einer Organisation von Jugendhilfe empfohlen werden, mit welchen diese
im Blick auf die Modernisierung von Gesellschaften verändert und selbst moderni-
siert wird - zuweilen in leicht hektischer Reaktion auf die Dramatik der Umbruchs-
situation in Ostdeutschland und öffentliche Sparzwänge. Ins Auge fällt dabei eine
eigentümliche Entstofflichung und Entsubstanzialisierung sowohl der Konzepte wie
auch wohl des pädagogischen Geschehens selbst: In einer aus philosophischen und
soziologischen Überlegungen zur Postmoderne vertrauten Weise werden hier nämlich fließende Vorgänge, Übergänge, geradezu eine Entdinglichung noch dort entscheidend, wo es um die Auflösung von Orten geht.

Insofern lassen sich aber die Flexibilisierungstendenzen in der Jugendhilfe als
Anpassungsreaktionen gegenüber den gesellschaftlichen Veränderungsprozessen fassen: *Einmal* wird die Jugendhilfe insgesamt als kreativ und fortschrittlich, vielleicht
sogar stromlinienförmig ausgewiesen. Das schlägt sich in der gelegentlich schon
etwas irritierenden Penetranz nieder, mit der die Qualität von Jugendhilfestationen
als »innovative Organisationen« gelobt, in der auch die Managementqualitäten der
Mitarbeiterinnen und Mitarbeiter betont werden, während eine Differenz des Pädagogischen erst gar nicht mehr geltend gemacht wird. Bei genauerem Hinsehen wirken jedenfalls die veröffentlichten Konzeptionen selbst überraschend inhaltsleer; wer
die Abhandlungen ihrer Protagonisten ansieht, stellt auch viel wissenschaftliche
Kriegsbemalung und wenig Konkretion fest. Der Vorbehalt vom »alten Wein in neu-
en Schläuchen« (FEEST 1994) scheint also sogar noch untertrieben; es geht wohl gelegentlich sogar eher um Wasser in Eimern mit Löchern. *Zum anderen* wird aber die
Jugendhilfe in ihrem Handeln selbst ein Instrument *unkritischer* Anpassung an gesellschaftliche Verhältnisse. Sie liefert nämlich die Kinder und Jugendlichen an eine
Gesellschaft aus, in der sich Modernisierung als Entsubstanzialisierung, Mediatisie-
rung, letztlich als eine »Entdinglichung des Sozialen« zeigt (GIESEN 1991). Mehr
noch: Flexible Systeme tanzen gleichsam zur Melodie der modernen Gesellschaft,
verzichten aber auf die Kontrapunkte.

Selbstverständlich kann sich insbesondere eine öffentlich getragene Erziehung nicht der Verpflichtung entziehen, die pädagogischen Situationen und Prozesse zumindest im Blick auf einen gegebene gesellschaftliche Realität zu entwerfen. Die Konzepte der Jugendhilfestationen und der flexiblen Erziehungshilfen reagieren also unvermeidlich auf Tendenzen der Erosion von Lebenswelten. Sie selbst verstehen sich als milieunahe und alltagsbezogen, sollen daher dezentralisiert, als kleine Einheiten vor Ort gestaltet werden. Dies zielt auf Nähe zu den Kindern, Jugendlichen und ihren Familien, will Zugangsschwellen abbauen und setzt zugleich auf Nutzung sozialökologisch vorhandener Ressourcen (vgl. z.B. auch Kühn 1993). Insofern sind hier Anzeichen einer Normalisierung zu sehen - freilich als ein Eindringen von Jugendhilfestrukturen in lebensweltliche Zusammenhänge (Rose 1994, S. 32). Sehen sich flexible Systeme in ihrem Selbstverständnis als pädagogische Dienstleistungszentren, die - gestützt auf die Vorgaben des KJHG - ausdrücklich nichtintervenierend, sondern gleichsam kundenbezogen individuelle Problemlösungen erarbeiten, erzeugen sie somit eine doppelte Spannung: *Zum einen* indizieren milieunahe, dezentralisierte Einrichtungen selbst das Zerbrechen von lebensweltlichen Ressourcen; gerade die »Verbrauchernähe« zeigt, daß solche Einrichtungen als Infrastrukturmomente für Sozialisation unentbehrlich werden. Sie operieren insofern mit einem Paradox, indem sie nämlich unterstützen oder nutzen wollen, was sie durch ihre eigene Existenz gerade bezweifeln. Gerade in Ostdeutschland scheint das besonders prekär, weil nämlich dort paradoxerweise gleichzeitig der Verlust von unwiederbringbaren sozialökologischen Ressourcen und die Reetablierung von Solidaritätskulturen eintreten, die sich bislang angemessen noch gar nicht beurteilen lassen - schon gar nicht im Blick darauf, wie sie mit öffentlichen Hilfeangeboten interferieren. *Zum anderen* setzt eine solche »Kundenorientierung« voraus, daß die dafür erforderlichen Fähigkeiten prinzipiell vorhanden sind; um die Leistungen der Jugendhilfestationen und der flexiblen Systeme in Anspruch nehmen zu können, bedarf es mithin der Fähigkeit zur subjektiven Nachfrageorientierung. Offen muß jedoch bleiben, ob diese im Bereich von Jugendhilfe einfach vorausgesetzt werden können. Die Begründungen des Konzepts sehen diese Schwierigkeit zwar und versuchen, sie durch einen Ansatz zu kompensieren, in welchem gemeinsam Probleme definiert werden. Aber auch dieser stößt rasch an seine Grenzen. Nicht nur, daß dies suggeriert, soziale und pädagogische Probleme hängen allein von Definitionen ab, während sie doch zumindest für die Beteiligten eine objektive Struktur haben. Vielmehr: Woher wissen wir eigentlich, daß es nicht doch auch ein fachliches Wissen um objektive Problemstrukturen geben kann, das dann advokatorisch geltend gemacht werden muß? Konzeptionell wird auch dies übrigens durchaus zugestanden, bleibt jedoch als Verfahrensweise in den Konzeptentwürfen selbst ungeklärt, steht vor allem unverbunden zum konstruktivistischen Ansatz (vgl. hierzu Klatetzki 1994a, 1994b).

Modernisierung und Normalisierung von Jugendhilfe zeichnen sich also darin ab, daß flexible Jugendhilfen systematisch auf Wandlungsprozesse in gesellschaftlichen Verhältnissen reagieren. Sie versuchen, Offenheit sicherzustellen, zunächst in der Identifikation von Problemen, dann in der Suche nach problemadäquaten Lösungen. Nur: Wird damit - wie behauptet - Jugendhilfe allen Problemlagen gerecht? Besteht nicht sogar das pädagogische Dilemma darin, daß der gesellschaftlichen Ungewißheit mit einer Steigerung von pädagogischer Ungewißheit begegnet wird? Klatetzki erinnert einmal an die soziologische Einsicht, daß Komplexität nur durch Komplexität bearbeitet werden kann. Aber: schon den Heimen wird stets vorgeworfen, daß sie Diskontinuität erzeugen. Im Rahmen flexibler Betreuungsangebote scheint dies zur Methode zu werden, mit dem Effekt, daß niemand sicher sein kann, wer denn nun eigentlich erzieht. Dies scheint doppelt fragwürdig: Einmal weisen alle Untersuchungen zur Jugendhilfe darauf hin, daß Kontinuität und Gewißheit zumindest für die Kinder und Jugendlichen entscheidend ist, die stationär untergebracht werden. Handelt es sich dabei um institutionell erzeugte Bedürfnisse? Oder sind es Ansprüche der jungen Menschen selbst, die mithin auf ihre Problemlage verweisen? Zum anderen belegen die Untersuchungen auch, daß der Erfolg von öffentlich verantworteter Erziehung in erheblichem Maße davon abhängt, daß »deutlich erzogen« wird, mithin Situationen klar strukturiert werden, um sie bewältigen zu können (HANSEN 1994, S. 227 f., vgl. auch: PLANUNGSGRUPPE PETRA 1988). Es muß zumindest offen bleiben, wie weit flexible Hilfen dies leisten können. Schließlich: Für Kinder und Jugendliche scheint wichtig zu sein, daß sie im Zusammenhang ihrer sozialpädagogischen Betreuung gemeinsame Geschichten entwerfen können; die Qualifikation von Einrichtungen scheint sogar davon abzuhängen, ob und inwieweit die Beteiligten eine solche gemeinsame Geschichte entwickeln können. Was aber, wenn es dafür überhaupt keine soziale Basis gibt, weil nur einzelne, nebeneinander, unverbunden betreut werden?

Das Problem einer fehlenden Deutlichkeit verschärft sich übrigens besonders dann, wenn flexible Hilfen auf Spezialisierung von vornherein verzichten wollen. In professioneller Hinsicht scheint hier das Hauptproblem zu liegen. Flexible Systeme erwarten offensichtlichen den sozialpädagogischen *homo universalis*, der zwischen den unterschiedlichsten Konzepten oder Modellen hin und her springt, sich dabei selbstreflexiv kontrolliert. Ob dies empirisch überhaupt zu leisten ist, muß dahingestellt bleiben; prinzipiell wäre jedoch ohnedies zu fragen, ob es überhaupt wünschenswert ist. Ohne die Vorbehalte gegenüber einer allzuweit getriebenen Spezialisierung beiseite schieben zu wollen, bleibt doch die Frage, ob nicht die Leistungsfähigkeit der Jugendhilfe doch in erheblichem Maße davon abhängt, daß fachliche Spezialisierung eingesetzt hat. Sozialpädagogische Generalisten sind zwar notwendig, reichen aber wohl nicht hin - und zwar insbesondere dann, wenn über Angebotsstrukturen nachgedacht werden soll.

Ein letzter Punkt: Im Kern des Modelles der flexiblen Jugendhilfe steht die Individualisierung der Hilfeleistung. Auch dies entspricht den säkularen Tendenzen moderner Gesellschaften, verstärkt diese wohl auch. Pädagogisch könnte man einwenden, daß sie die Notwendigkeit elementarer Gruppenerfahrungen beiseite schieben, kein Vertrauen mehr auch in die pädagogische Kraft kollektiver Erziehung setzen. Möglicherweise liegt hier eine bewußte Provokation gerade gegenüber den Konzepten der Jugendhilfe, wie sie in der DDR entwickelt worden sind. Gleichwohl sind zwei Anfragen geltend zu machen: Unabhängig von der Gefahr einer politischen Inanspruchnahme der Gruppenerziehung stellt sich nämlich zum einen durchaus die Frage, ob nicht gerade kollektive Zusammenhänge essentielle Erfahrungsmöglichkeiten für Kinder und Jugendliche insbesondere in Wandlungsgesellschaften bereithalten; die aktuellen Diskussionen um moralische Erziehung weisen durchaus auf solche Zusammenhänge hin, wenngleich sie nicht vom Kollektiv, aber von kommunitaristischen Prinzipien sprechen. Eine allein individuelle Erziehung, wie sie in den flexiblen Angeboten präferiert wird, schließt diese Möglichkeit weitgehend aus, ist wohl auch außerstande, die Möglichkeiten einer Ökonomisierung von Erziehung zu nutzen, auf die etwa ANTON MAKARENKO hinweist, wenn er vom Prinzip der parallelen Einwirkung spricht. Zum anderen wäre ein disziplinierungstheoretisch begründeter Einwand gegen eine allzu weitreichende Individualisierung von Erziehung geltend zu machen: Sie birgt die Gefahr, daß gerade die Manager der sozialen und pädagogischen Probleme von Kindern und Jugendlichen diesen gleichsam ungebremst auf den Leib rücken. Entstandardisierte, auf die jeweilige Biographie und Lebensform zugeschnittene Hilfsangebote führen nämlich die helfenden Personen und Erzieher in eine eigentümliche Symbiose mit den Klienten; jene umspannen diese mit ihrer problemadäquaten Strategie und können sie in Formen subtiler Herrschaft kontrollieren. Es bleibt keine Chance mehr zu Distanzierung. Auch darüber läßt sich übrigens in pädagogischer Hinsicht noch einmal nachdenken: Zu fragen wäre nämlich, ob nicht alle Erziehung, die ihrem Begriff gerecht werden soll, genau solche Möglichkeiten der Distanzierung bereit halten muß. Vielleicht kann ja Erziehung, welche die Subjektivität der Subjekte achtet, nur gelingen, wo sie diesen die Chance verschafft, sich von den Erziehern abzusetzen.

6. Flexibilisierung als Gefahr für die Jugendhilfe?

Flexibilisierung von Jugendhilfe mag also überaus modern, manchem deshalb auch als jener Glücksgriff erscheinen, mit dem sich die Jugendhilfe aus dem Sumpf der Heimerziehung zu ziehen vermag. Aber auch dabei kann man sich die Haare ausreissen: Nicht nur tendieren die flexiblen Jugendhilfeformen dazu, von vornherein »moderne Subjekte« zu bevorzugen, welche in der Lage sind, ihre eigenen Probleme und Ansprüche zu artikulieren und entsprechende Dienstleistungen einzufordern. Das aber führt unweigerlich zu einer Segmentierung der Jugendhilfeklientel. Am Ende werden die leichten Fälle, die Kinder und Jugendlichen, die gleichsam schon gelernt haben, in einer sozialpädagogischen Infrastruktur aufzuwachsen, von solchen Hilfeangeboten profitieren. Die jungen Menschen aber mit massiven Schwierigkeiten und Belastungen, am Ende vor allem jene, welche in den Rekapitalisierungsprozessen auf der Strecke bleiben, werden in Anstalten verschwinden, die bewahrend wirken, vielleicht aber auch nur noch kasernieren. Vielmehr stehen flexible Erziehungshilfen in der Gefahr, essentielle Elemente von Erziehung überhaupt um der Modernisierung von Jugendhilfe aufs Spiel zu setzen; zu erinnern wäre an die Ortsgebundenheit von Erziehung, die Notwendigkeit von Verbindlichkeiten und die Chance zur Distanzierung.

Beides scheint gleichermaßen verhängnisvoll: Deshalb sollte nicht nur an der Einheit der Jugendhilfe festgehalten, sondern vor allem auch ihre pädagogischen Aufgabe im Blick behalten werden. Das bedeutet, daß ernsthafter über Erziehung am anderen Ort, über Erziehung im Heim nachgedacht werden muß; es kann nämlich nicht genügen, Jugendhilfe und Heimerziehung allein bloß hinsichtlich der Veränderung ihrer institutionellen und organisatorischen Gestalt zu diskutieren, vielmehr muß sie endlich in ihrer spezifisch pädagogischen Qualität gerade im Kontexte moderner Gesellschaften begriffen werden. In der Konsequenz schließt dies freilich nicht, daß es möglicherweise darauf ankäme, eine andere Politik der Jugendhilfe zu machen.

Literatur

BECK, U.: Risikogesellschaft. Auf dem Weg in eine andere Moderne. Frankfurt am Main, 1986.

BÜRGER, U., LEHNING, K., SEIDENSTÜCKER, B.: Heimunterbringungsentwicklung in der Bundesrepublik Deutschland. Theoretischer Zugang, Datenlage, Hypthesen. Frankfurt am Main, 1994.

DER BUNDESMINISTER FÜR JUGEND, FAMILIE, FRAUEN UND GESUNDHEIT (HRSG.): Achter Jugendbericht. Bericht über Bestrebungen und Leistunen der Jugendhilfe. Deutscher Bundestag. Drucksache 11/6576. Bonn, 1990.

BUNDESMINISTERIUM FÜR FAMILIE, SENIOREN, FRAUEN UND JUGEND (HRSG.): Neunter Jugendbericht. Bericht über die Situation der Kinder und Jugendlichen und die Entwicklung der Jugendhilfe in den neuen Bundesländern. Deutscher Bundestag 13. Wahlperiode. Drucksache 13/70. Bonn, 1994.

BUNDESMINISTERIUM FÜR FAMILIE UND SENIOREN (HRSG.): Familien und Familienpolitik im geeinten Deutschland - Zukunft des Humanvermögens. Fünfter Familienbericht. Deutscher Bundestag. Drucksache 12/7560. Bonn, 1994.

FEEST, C.: Alter Wein in neuen Schläuchen? Was ist dran an den neuen Modellen der Jugendhilfe. In: Jugendhilfe 32(1994), S. 218 ff..

GIESEN, B.: Die Entdinglichung des Sozialen. Eine evolutionstheoretische Perspektive auf die Postmoderne. Ffm., 1991

GRUNDMANN, M., HUININK, J.: Der Wandel der Familienentwicklung und der Sozialisationsbedingungen von Kindern - Situation, Trends und einige Implikationen für das Bildungssystem. In: ZfPäd 37 (1991), S. 529-554

HANSEN, G.: Die Persönlichkeitsentwicklung von Kindern in Erziehungsheimen. Ein empirischer Beitrag zur Sozialisation durch Institutionen der öffentlichen Erziehungshilfen. Weinheim, 1994.

HURRELMANN, K.: Sozialisation und Gesundheit. Somatische, psychische und soziale Risikofaktoren im Lebenslauf. Weinheim und München, 1990

HURRELMANN, K.: Plädoyer für mehr Ganztagsschulen. Eine gute Schule ist der beste Beitrag zur Jugendpolitik. In: Pädagogik 42(1990), Heft 3, S. 39 ff.;

HURRELMANN, K., HOLLER, B., NORDLOHN, E.: Die psychosozialen »Kosten« verunsicherter Statuserwartungen im Jugendalter. In: Zeitschrift für Pädagogik 34 (1988), S. 25-44

KLATETZKI, TH., WINTER, H.: Zwischen Streetwork und Heimerziehung. Flexible Betreuung durch das Rauhe Haus. In: Materialien zur Heimerziehung 18 (1989) H. 4, S. 1-7.

KLATETZKI, T.: Professionelles Handeln als Problemsetzung. Das Konzept der flexibel organisierten Erziehungshilfen. In: Peters, F. (Hrsg.): Professionalität im Alltag. Entwicklungsperspektiven in der Heimerziehung II. Bielefeld, 1993, S. 105-117.

KLATETZKI, T.: Innovative Organisationen in der Jugendhilfe. Kollektive Repräsentationen und Handlungsstrukturen am Beispiel der Hilfen zur Erziehung. In: Klatetzki (Hrsg.) 1994a, S. 11-22

KLATETZKI, T.: Die Variation von Modellen. Reflexives Handeln in Jugendhilfestationen. In: Klatetzki (Hrsg.) 1994b, S. 64-73

KLATETZKI, T. (HRSG.): Flexible Erziehungshilfen: Ein Organisationskonzept in der Diskussion. Münster, 1994.

KÜHN, R.: Innovation traditioneller Heimerziehung: Das milieunahe Heim. In. Wolf, K. (Hrsg.): Entwicklungen in der Heimerziehung. Münster, 1993, S. 78-90.

LEIBFRIED, S., LEISERING, L. U.A.: Zeit der Armut. Lebensläufe im Sozialstaat. Frankfurt am Main, 1995.

MÜNSTERMANN, K.: »Heimerziehung« ist ein konzeptioneller Begriff, In: Materialien zur Heimerziehung, 1986, Nr 2/3.

OLK, T.: Jugendhilfe als Dienstleistung. Vom öffentlichen Gewährleistungsauftrag zur Marktorientierung? In: Widersprüche 14(1994), Heft 53, S. 11-33.

PLANUNGSGRUPPE PETRA: Analyse von Leistungsfeldern der Heimerziehung. Ein empirischer Beitrag zur Indikation. Ffm. ²1988

PRANTL, H.: Deutschland leicht entflammbar. Ermittlungen gegen die Bonner Politik. München und Wien, 1994.

REINER, E.: Hilfen zur Erziehung auch weiterhin eine Entmündigung der Eltern? Paradigmenwechsel - nein danke. In: Zentralblatt für Jugendrecht 81(1994), S. 161-165.

ROSE, B.: Flexibel organisierte Erziehungshilfen. Ein Konzept und seine Risiken. Oder: vom Lob des Patchworking. In: Klatetzki (Hrsg.) 1994, S. 23-33.

SPÄTH, K.: Erziehungshilfen als soziale Dienstleistungen. In: Widersprüche 14 (1994), Heft 53, S. 51-58.

STRUCK, N.: Ein Gespenst geht um: outputorientierte Steuerung in der Jugendhilfe. In. Forum Erziehungshilfen 1(1995), S. 101-104.

TIPPELT, R.: Kinder und Jugendliche im Spannungsfeld zwischen der Familie und anderen Sozialisationsinstanzen. In: ZfPäd. 34 (1988), S. 621- 640

WINKLER, M.: Alternativen sind nötig und möglich! Plädoyer für eine neue Heimkampagne. In: Neue Praxis. Jg. 18 (1988), S. 1-12

WINKLER, M.: Normalisierung der Heimerziehung? Perspektiven der Veränderung in der stationären Unterbringung von Jugendlichen. In: Neue Praxis Jg. 20 (1990), S. 429-439

WINKLER, M.: Entdramatisierung der Heimerziehung. In Jugendwohl. Zeitschrift für Kinder und Jugendhilfe 74(1993), S. 268-285

WINTER, H.: Jugendhilfestationen. In: Jugendhilfe 31(1993), S. 260 ff.

WINTER, H. Jugendhilfestationen. In: Materialien zur Heimerziehung, 1993, Heft 3, S. 4 ff..

WINTER, U. A.: Die Jugendhilfestation Greifswald. Erfahrungen beim Aufbau eines innovativen Projektes in Mecklenburg-Vorpommern. Greifswald, 1994

Franz Stimmer/Günter Rosenhagen

Psychodrama

Only a reflective system of action and relation can fulfil the condition of high standards in modern residential care. The creation of this lebensraum is in the responsibility of the house parent, the staff and of the clients, i.e. children and youths. In this article the thesis is supported that »Psychodrama« gives more than other pedagogical and therapeutical methods a basis to connect everyday life, pedagogical as well as therapeutical interventions to support the development of children and youths.

1. Einleitende These

Wir gehen von der These aus, daß nur ein reflektiertes Handlungs- und Beziehungssystem den hohen Ansprüchen an eine moderne Heimerziehung gerecht werden kann. Die konkrete Ausgestaltung dieses Lebensraums obliegt in Kooperation der Heimleitung, den Mitarbeitern und den Klienten, also den Kindern und Jugendlichen. Wir gehen weiter davon aus, daß das »Psychodrama« wie keine andere pädagogisch-therapeutische Methode die Grundlagen dafür bietet, die »*Verbindung* von Alltagsleben und pädagogischen und therapeutischen Angeboten« zu leisten um, »Kinder und Jugendliche in ihrer Entwicklung zu fördern« (§ 34 KJHG).

2. Kurzinformationen zum Psychodrama

Der Ausdruck »Psychodrama« bezieht sich auf das Gesamtwerk JACOB LEVI MORENOS (1889-1974) und seine theoretischen und praktischen Weiterentwicklungen in psychosozialen Arbeitsfeldern. Psychodrama beinhaltet dann, neben der im Judentum verankerten und vor allem durch den Existentialismus geprägten Philosophie und Anthropologie MORENOS, folgende, miteinander in Wechselwirkung stehenden Bereiche:

2.1 Psychodramatische Interaktions-, Rollen- und Sozialisationstheorie

Die psychodramatischen Theoriebausteine gehen davon aus, daß der Mensch ein schöpferisch handelndes Wesen ist, daß Handeln in Rollen stattfindet und jeweils interdepedent auf andere (Co-)Rollenträger bezogen ist und daß diese Rollen in einem lebenslangen Sozialisationsprozeß erlernt und immer wieder modifiziert werden. Leben und Lernen bedarf also der (möglichst förderlichen) Gemeinschaft. Die Basis der Interaktionstheorie bildet der Begriff der Begegnung, eine Form kommunikativen Handelns, bei der die Interaktionspartner wechselseitig empathisch aufeinander bezogen sind und sich unverzerrt (von Übertragungen, Projektionen usw.) realitätsgerecht in ihrer Situation wahrnehmen. Aufgrund moderner Sozialisationsbedingungen ist der Erwerb dieser Beziehungsfähigkeit erschwert, gleichzeitig ist sie aber die unabdingbare Voraussetzung für die Entwicklung emotionaler, kognitiver und sozialer Kompetenz. Daraus leitet sich das Grundziel psychodramatischen Handelns ab, nämlich Menschen begegnungsfähiger werden zu lassen und die Fähigkeiten zu Spontaneität und Kreativität zu fördern und zugleich den sozialen Rahmen dafür so zu gestalten, daß dies auch ermöglicht wird. Darauf bezieht sich auch die Rollentheorie, die sich vor allem dadurch auszeichnet, daß sie dem individuellen Aspekt der Gestaltung vorgegebener gesellschaftlicher Rollen (role-playing) einen hohen Stellenwert einräumt, bis hin zur völligen Umgestaltung von Rollen (role-creating), nicht ohne jedoch die Bedeutung von Rollenkonserven zu leugnen, die durchaus positive, stützende und entlastende Funktionen haben, jedoch auch Entwicklungsmöglichkeiten bei rigider und einseitiger Befolgung behindern. Psychosoziale Gesundheit setzt die Fähigkeit zu einem flexiblen Rollenspiel voraus, eine Fähigkeit, die u.U. erst durch die psychodramatische Arbeit wiedergewonnen oder auch erst erworben werden muß. Menschliche Identität entwickelt sich im Erlernen und kreativen Spielen von Rollen in lebenslangen Sozialisationsprozessen. Darin ist die identitätsbildende und identitätsmodifizierende Funktion des Psychodramas verankert.

2.2 Psychodrama als Methode der Gruppenarbeit

Psychodrama i.e.S. ist eine handlungsorientierte, interaktive Methode psychosozialer Gruppenarbeit, für die die szenische Darstellung zentral ist. Es ist je nach Intention konfliktbezogen-gegenwartsorientiert, ursachenbezogen-vergangenheitsorientiert oder verhaltensmodifizierend-zukunftsorientiert ausgerichtet. Die Gruppenteilnehmer sind dabei aktive Mitgestalter des psychodramatischen Geschehens, indem sie als Gruppe insgesamt, etwa in Stehgreifspielen, tätig werden oder als sog. Hilfs-Iche sich für bestimmte Rollen vom Hauptakteur (Protagonisten) wählen lassen, um vergangene, gegenwärtige oder zukünftige Erlebnisse, ob reale oder imaginäre, gemeinsam, unter Mitwirkung eines (beg)leitenden Psychodramatikers, zu gestalten. (Als Sonderform für die psychodramatische Arbeit mit einzelnen Klienten, bei der Personen über Gegenstände symbolisiert werden, steht der Begriff »Monodrama«). Das Ziel psychodramatischen Handelns ist es, die interaktiven Möglichkeiten zu fördern, begegnungsfähiger zu werden, sich selbst und andere in Wechselwirkung dazu besser verstehen zu lernen, spontaner und kreativer zu handeln, zu lernen, ein neues Spiel zu spielen, wie PAUL WATZLAWICK den Sinn psychosozialer Arbeit umschreibt.

Diese Gruppenarbeit verläuft -mit vielen Variationen- von einer »Erwärmungsphase«, in der die Gruppe und/oder einzelne Protagonisten für die Handlung aktiviert werden, über die »Spielphase«, in der das gewählte Thema nach einem konkreten Situationsaufbau in Szene(n) gesetzt wird zur »Abschlußphase« in der die Gruppenteilnehmer sich darüber austauschen, was das Spiel vor dem Hintergrund ihrer eigenen Biographie bei ihnen angeregt hat (»Sharing«) und was die Gruppenteilnehmer, die Rollen übernommen haben, in diesen Rollen erlebt haben (»Rollenfeedback«). Darüber erfährt der Protagonist, eventuell nach einem Spiel, in dem er bisher verborgene Seiten seines Lebens gezeigt hat, daß er mit seinen Konflikten nicht alleine ist auf dieser Welt, daß sie so oder ähnlich auch von anderen geteilt werden und er lernt durch die Rückmeldungen der Rollenspieler neue Aspekte seiner

Partner kennen, die sonst aufgrund der selektiven Wahrnehmung verborgen blieben. Unter Umständen schließt sich dann ein zukunftsgerichtetes Rollenspiel an, in dem die vorher gemachten Erfahrungen gleich in der Semi-Realität des Psychodramas versuchsweise umgesetzt werden, um dann vielleicht auch im anschließenden Alltag angstfreier erprobt zu werden. In der konkreten Gruppenarbeit werden natürlich immer Schwerpunkte in diesem Verlauf gesetzt werden müssen.

Die psychodramatische »Bühne« kann ein Therapieraum ebenso gut wie der alltägliche Lebensraum sein. Letzteres wurde von Moreno besonders hervorgehoben, nämlich dort als Psychodramatiker präsent zu sein, wo Beziehungen im Lebensalltag im Entstehen sind, wo die Beteiligten durch ihre Situation schon zur Handlung erwärmt sind. Er selbst bevorzugte in seiner Frühzeit etwa das spontane Spiel mit Kindern im Wiener Augarten, die sozialpädagogische Arbeit mit Prostituierten an deren Arbeitsplätzen oder die Initiierung von Straßentheater-Aufführungen. Heute wird Psychodrama zwar meist sehr viel mehr in außeralltäglichen Räumen inszeniert, ein Trend dagegen und zurück zu den Ursprüngen ist aber zaghaft wahrnehmbar. Der Methode selbst ist der Alltagsbezug auf alle Fälle immanent.

Das methodische Instrumentarium ist inzwischen sehr umfangreich und differenziert für unterschiedliche Klientengruppen und Arbeitsfelder ausgearbeitet worden. Als grundlegende Techniken gelten das »Doppeln« bzw. die »Doppelgänger-Technik«, die »Rollenübernahme« bzw. der »Rollentausch« und das »Spiegeln«. Beim Doppeln unterstützen einzelne Gruppenmitglieder oder auch der Gruppenleiter einfühlsam kurzfristig den Protagonisten in seinem Spiel indem sie in körperlicher Nähe (z.B. schräg hinter ihm stehend) beispielsweise noch nicht verbalisierbare Gedanken und Gefühle des Protagonisten quasi stellvertretend für ihn aussprechen. Dadurch werden Erfahrungen des Verstandenwerdens, des Vertrauens und Angenommenseins als Grundlage für weitere kommunikative Aktivitäten und Wagnisse möglich. Provozierendes Doppeln oder Ambivalenzdoppeln durch zwei Gruppenmitglieder als mögliche Varianten führen oft aus deprimierenden Leerläufen heraus. Die Doppelgänger-Technik erweitert das Doppeln zeitlich, indem sich ein Protagonist für das gesamte Spiel oder für besonders ängstigende Teilszenen ein Gruppenmitglied wählt, das ihn in ähnlicher Körperhaltung begleitet und Sicherheit gibt, Gedanken und Gefühle bestätigt oder verdeutlicht und vielleicht auch zu neuen Handlungen anregt. Diese gemeinsame Aktion ermöglicht es unsicheren, ängstlichen und gehemmten Menschen aktiv zu werden, sich darzustellen und überhaupt erst den Schritt auf die psychodramatische Bühne bzw. überhaupt in die Handlung zu wagen. Im Psychodrama übernehmen und spielen Gruppenteilnehmer Rollen, die für die unterschiedlichen Darstellungen in der Szene relevant sind (Rollenübernahme). Im Verlauf der szenischen Gestaltung kommt es aber auch zum Rollentausch, also zu einem Perspektivenwechsel, indem etwa der Protagonist in eine Gegen- oder Co-Rolle einsteigt, um den Mitspielern zu zeigen, wie er sie in seiner Realität erlebt hat. Die jeweiligen Mitspieler tauschen dann mit der Rolle des Protagonisten, so daß dieser sich sowohl kognitiv als auch emotional in die getauschte Co-Rolle einlebt und zugleich sich selbst aus dieser Rolle heraus wahrnimmt. Dadurch wird häufig die selektive Wahrnehmung der Interaktionspartner wesentlich erweitert. Bei der Spiegeltechnik wird der Protagonist, der sich vorher in der Szene assoziiert bewegt hat, aus der Szene herausgenommen und sein Part von einem Gruppenteilnehmer, den er dafür wählt, übernommen. Der Protagonist sieht seine Szene noch einmal gespielt, jetzt aber dissoziiert in räumlicher Distanz. Was in de Turbulenz des Spiels oft nicht wahrgenommen wird, wird durch das entfernte Betrachten fast schlagartig deutlich. Es zeigt sich dann etwa, daß bestimmte Verhaltensweisen des Protagonisten fast zwangsläufig zu Aggressionen bei den anderen Beteiligten führen müssen. Das ist nun aber nicht irgendeine Deutung von außen, sondern eine Erfahrung, die der Protagonist beim Betrachten seiner Szene selbst macht.

2.3 Die Soziometrie als Handlungs- und Forschungsmethode

Das Psychodrama sieht den Menschen eingebunden in ein sozio-emotionales Beziehungsgeflecht, das durch je emotional bedeutsame Menschen gebildet wird, in das der Mensch in wechselnden Konstellationen sein ganzes Leben über verflochten ist, das ihn prägt und das er zugleich gestaltet. Dieses »soziale Atom«, wie es Moreno nannte, verleiht dem Menschen Identität, ist aber auch Ursprung vieler Konflikte. So wie einzelne Menschen nur in Betrachtung ihres Beziehungsnetzes angemessen verstanden werden können (im Psychodrama gibt es verschiedene Techniken, dies zu leisten), so werden Gruppen und Institutionen in ihrer sozioemotionalen Tiefenstruktur als dynamische soziale Netzwerke gesehen, die sich letzendlich, unabhängig von den je spezifischen motivationalen Färbungen, aufgrund von mehr oder weniger bewußten Anziehungs- und Abstoßungsprozessen zwischen Menschen konstituieren, wobei es natürlich auch neutrale Positionen gibt. Neben dieser Tiefenstruktur haben Gruppen und Institutionen aber immer auch eine Oberflächenstruktur, die durch rechtliche Vorgaben, Hierarchien, Normen, eindeutige Rollenmuster usw. geprägt ist und die nur mehr oder weniger mit der Tiefenstruktur übereinstimmt. Aus der dynamischen Diskrepanz zwischen beiden konkreten Strukturen leiten sich psychosoziale Konflikte unterschiedlicher Stärke und Ausprägung ab. Mit seinen soziometrischen Ideen und ausgefeilten Techniken -entwickelt und erprobt in einem Mädchenheim Anfang der dreißiger Jahre in den USA- hat Moreno (1934) auf dieser Grundlage ein Handlungs- und Forschungsinstrumentarium zur Verfügung gestellt zur Analyse, zum Verstehen und zur Umgestaltung von Gruppen und Institutionen. In diesem Prozeß sind aber alle Gruppenmitglieder als aktive Mitforscher engagiert, sie übernehmen somit Verantwortung für die Gestaltung ihres Alltags, werden dabei allerdings je nach Notwendigkeit psychodramatisch begleitet und unterstützt. Ein solches Vorgehen hat allerdings zur Voraussetzung, daß die sich aus dem »soziometrischen Test« ergebenden unerläßlichen Veränderungen dann auch, oft entgegen der momentan bestehenden Oberflächenstruktur, umgesetzt werden.

Hinter diesen soziometrischen Veränderungsideen wird die psychodramatische Grundhaltung sichtbar. Im Psychodrama geht es um Hilfe für einzelne Menschen und Förderung ihrer subjektiven Autonomie sowie um die Konstitution gesundheits- und entwicklungsförderlicher Lebenswelten. Ziel ist somit eine humane Gestaltung gesellschaftlicher Realität über das Medium der Veränderung zwischenmenschlicher Beziehungen, .

3. Psychodrama in der Heimerziehung

Der Heimalltag wird gedeutet als eine Hilfskonstruktion, eine übergangsweise Ergänzung zur ursprünglichen oder zur Pflegefamilie oder ein Ersatz eines solchen famialen Alltags . Er ist gekennzeichnet als ein Konglomerat aus alltäglichem Zusammenleben und aus professionellen pädagogischen und therapeutischen Interventionen. Wenn die Nachfrage nach Heimerziehung wie im vergangenen Jahrzehnt durch die Bevorzugung ambulanter Möglichkeiten zurückgeht, wird diese spezifischer zu definieren sein. So besteht die Gefahr, daß Heimerziehung als allerletzte Möglichkeit in Frage kommt, daß die »schwierigsten Fälle« dort aufgenommen werden. Für die Heimerziehung heißt dies aber doch, daß sie sich selbst und ihr Angebot auf ihr neues Klientel einzustellen hat und dies heißt wiederum, sollen die Schädigungen bei den Kindern und Jugendlichen nicht verfestigt oder gar noch verstärkt werden, daß endlich Professionalität, also Alltagstauglichkeit in dem genannten umfassenden Sinn bei den Menschen Einzug hält, die sich diesen Bereich zum Beruf gewählt haben. Das hat Konsequenzen für die Aus- und Weiterbildung, für die Kooperation unterschiedlicher Berufsgruppen, für den Status und die Bezahlung und nicht zuletzt für das Selbstwerterleben aller Heim-Mitarbeiter. Dadurch würde aber auch die vielfach beklagte »Therapeutisierung« genau so vermieden werden wie eine völlig mißverstandene »Alltagsorientierung«, die beide Ausdruck von Hilflosigkeit sind und diese weiter verstärken.

Das Psychodrama, so unsere These, ist das Mittel der Wahl, für eine den heutigen Möglichkeiten angemessene humane Gestaltung des Heimalltags. Obwohl MORENO (1934) wesentliche Aspekte seines psychodramatischen und soziometrischen Werkes im Rahmen einer Untersuchung und praktischen Umgestaltung eines Mädchenheims entwickelt hat findet das Psychodrama im umfassenden Sinne in Deutschland in der Heimerziehung kaum Verwendung. Wenn doch, dann in einem eher abgegrenzt psychotherapeutischen Sinne oder aber, und dies sehr viel häufiger, in einer eklektizistischen Auswahl psychodramatischer Techniken. Vielleicht ist dies manchmal sogar sinnvoll und hilfreich, die psychodramatische Haltung in der Heimerziehung, das psychodramatische Wahrnehmen, Verstehen, Helfen, Handeln und Gestalten im Alltag, wie im pädagogischen und therapeutischen Bemühen, kommt darin aber nicht zum Ausdruck. Dieses ist geprägt durch das beschriebene komplexe Gefüge aus Menschenbild, theoretischen Konzepten, Forschungs- und Handlungsmethoden, die es im konkreten Heimalltag zu verlebendigen gilt.

Da es bisher, zumindest für die Bundesrepublik, kein ausgearbeitetes Konzept psychodramatisch orientierter Heimerziehung gibt, können hier zunächst nur beispielhaft einige Mosaiksteinchen für einen zukünftigen umfassenden integrativen Ansatz benannt werden. Sie machen aber dennoch deutlich , wie durch eine psychodramatische Haltung und Organisation des Heimalltags die Chancen heutiger Heimerziehung besser genutzt und die Gefährdungen effektiver vermieden werden können. Wir wollen die folgenden drei Aspekte herausgreifen: erstens die Arbeit mit den Kindern und Jugendlichen einschließlich der Elternarbeit, zweitens die Gestaltung des Heimalltags und drittens die kollegiale Unterstützung. Vorweg: Eine psychodramatische Haltung, die auf die Förderung von Begegnung, Spontaneität und

Kreativität ausgerichtet ist, läßt sich auch ohne besondere Ausbildung in den alltäglichen Verrichtungen praktizieren. Sich als aktiver und flexibler Co-Rollenspieler im
beschriebenen umfassenden Sinn auch in prekären Situationen zur Verfügung zu stellen und sich nicht auf rigide professionelle Rollenkonserven zurückzuziehen und
dabei ohne therapeutisches Floskelwerk umgangssprachlich zu doppeln, zu spiegeln
und den Rollentausch selbst zu praktizieren und beim Interaktionspartner anzuregen,
dazu gehören sicherlich Übung und kollegialer Austausch und Unterstützung aber
nicht unbedingt eine Psychodramaausbildung. Letztere ist allerdings eine zusätzliche Voraussetzung für die pädagogische und therapeutische Gruppenarbeit mit dem
Psychodrama in der Heimerziehung.

3.1 Psychodrama mit Kindern und Jugendlichen

Beispiele psychodramatischen Arbeitens mit Kindern und Jugendlichen: Das klassische Erwachsenen-Psychodrama bedarf in der Arbeit mit Kindern verschiedener Modifikationen wie beispielsweise die Bevorzugung der Konfliktdarstellung auf der
Symbolebene, die Veränderung der Leiterposition mehr in Richtung eines Mitspie-
lers oder Hilfs-Ichs und die Abwandlung der psychodramatischen Grundtechniken
(AICHINGER 1993). So beschreibt AICHINGER (ebd. S. 229 ff.) wie Kinder ohne große
Aufforderung von sich aus spontan die Rollen tauschen und dem Leiter die eigene
reale Rolle zuweisen und im Spielen der Gegenrollen die belastenden Szenen wiederbeleben und es damit auch dem Gruppenleiter ermöglichen, sehr intensiv in ihre
Welt, ihre Ängste, Kränkungen, Hoffnungen und Wünsche einzutauchen. In diesem
Rollentausch kann zugleich die Funktion des einfühlenden Doppelns erfüllt werden,
wenn der Gruppenleiter in der zugewiesenen Rolle, als »symbolische Doppelgän-
ger« der Kinder (ANZIEU 1984, S. 102), die wahrgenommenen Gefühle und Gedanken aussprechen und dadurch dem Bewußtsein der Kinder und der Verbalisierung
zugänglich machen kann. Bezüglich der Spiegeltechnik schließlich hat es sich bewährt, daß die Spielleiter Rollen, die sich aus dem Spiel ableiten lassen, übernehmen, z.B. die eines berichtenden Reporters, um auf dieser symbolischen Ebene den
Protagonisten ein Bild von sich selbst, allerdings nicht nur kritische sondern besonders auch bewundernde Aspekte, zu spiegeln. Die beschriebenen spontanen Rollen-
tausch-Angebote und die Möglichkeiten spielerisch zu spiegeln sind nicht auf das
therapeutische Setting beschränkt, sondern können und müssen auch im Sinne einer
psychodramatischen Heimerziehung in pädagogischen Situationen und überall im
Verlauf des Tages wahrgenommen und gelebt werden.

    Häufig bedarf es aber einer intensiven Vorbereitung, bevor Kinder in der Grup-
pe mit anderen Kindern auf der Bühne aktiv werden, bevor sie pädagogischen Interventionen zugänglich sein können oder auch bevor sie überhaupt im Heimalltag leben können, ohne immer wieder die bekannten Verhaltensmuster, die Anlaß zur Heimunterbringung waren, wiederbeleben müssen. Hier hat sich vor allem das
psychodramatische Handpuppenspiel bewährt. BOSSELMANN U.A. (1979, 1993) beschreiben die praktische Umsetzung einer solchen Arbeit mit Kindern im Heim:

    Der Vorbereitung der Gruppenarbeit in Einzelsitzungen mit gestaltenden Me-
dien folgt das Handpuppenspiel in Kleinstgruppen von 2-3 Kindern und zwei Thera-

peuten. Ein Therapeut als aktives Hilfs-Ich unterstützt das Kind bei den szenischen Umsetzungen seiner Ideen, der anderer Therapeut sitzt mit im Zuschauerraum, beobachtet, beruhigt und doppelt aus dieser Position heraus (empathisch, fragend, provozierend), wenn Blockaden im Spiel auftreten. In dieser Phase sind Wertungen oder pädagogische Interventionen kontraindiziert, zentral ist das Ausspielen bisher nicht gelebter Wünsche und Phantasien. Geprägt ist diese Phase thematisch durch die Schrecken des bisherigen Lebens und die Ängste und die Wut durch die Trennung von zu Hause. Voraussetzung für ein Gelingen ist ein, auch miteinander, begegnungsfähiges Therapeutenteam und die aktive Einbeziehung von einem dem Kind vertrauten Erzieher, wodurch die Grenzen zwischen Therapie und sonstigem Gruppenleben, aber auch zwischen Therapeuten und den Erziehern gemildert werden. Dies gilt auch für die folgende übende und zielgerichtetere Phase, in der gegenwärtige und zukünftige Aufgaben im Vordergrund stehen, die kommunikativen Möglichkeiten des Kindes in der Therapie gefördert werden, um dann aber auch im Heimalltag kontinuierlich praktiziert zu werden. Da sich in den Handpuppenspielen auch sehr deutlich familiale Situationen aus der Sicht der Kinder spiegeln, können wichtige Spielszenen bei den Gesprächen mit den Eltern über Szenomaterial nachgestellt werden, was bei den Eltern oft einen sehr tiefen Eindruck und Einblick hinterläßt, die eine Auseinandersetzung mit der Gesamtproblematik fördern.

In der pädagogischen Arbeit mit Kindern und Jugendlichen geht es um die kontinuierliche Förderung und das Training von Beziehungsfähigkeit, Spontaneität und Kreativität sowie um die Vermittlung sachbezogenen Wissens und Könnens in klar umrissenen Grenzen, innerhalb derer neben Autonomie und Selbstverwirklichung allerdings auch das Erlernen rollenkonformen Verhaltens ermöglicht werden muß. Spontane Stegreifspiele, die Kinder häufig von sich aus anbieten, die Umsetzung und das spielerische Nacherleben von vorher erzählten Märchen oder im Fernsehen erlebten Phantasiegeschichten oder das kreative Agieren von Kindern im Stellen und Verlebendigen von Szenarien (»Ich bin«, »Du bist«, »Er ist«, »Das ist«), all das weckt, fördert und trainiert Begegnungsfähigkeit, die kreative Anpassung und die kreative Veränderung, wenn es nur zugelassen wird und wenn Erzieher dabei die angebotenen Co-Rollen übernehmen (lassen). Der Rollentausch mit dem »Gegner« bei spielerischen Erzählen erregender Situationen aus der Schule oder beim Sport weckt die Einsicht und das Verständnis und kann in dieser Funktion auch in das täglich Zusammenleben integriert werden (»Setz Dich doch mal auf **seinen** Platz!«, »Wie glaubst Du, daß es **ihr** jetzt geht?«). Ein Beispiel für dieses integrative Handeln geben BOSSELMAN/MARTIN (1979, S. 275) mit dem »psychodramatischen Waldspaziergang«, bei dem, hier im Einzelgespräch, auftauchende Konflikte, quasi im Vorübergehen, auch gleich direkt szenisch gestaltet werden.

Für die Umsetzung sachbezogener Themen eignet sich das Rollenspiel besonders gut. Statt etwa bei der Hausaufgabenbetreuung zum wiederholten Male Daten zur Lebensgeschichte von Kolumbus zu referieren und sie den Kindern »lernen« zu lassen, werden dann Szenen aus dem Leben von Kolumbus ausgewählt und unter Leitung eines kompetenten Erziehers gespielt, der die Kinder in die Rollen einführt und relevante Informationen und Argumente über das Doppeln vermittelt (SPRINGER 1992, S. 51 f.). Darüber wird lebendige Erfahrung möglich, die im Gedächtnis im szenischen Zusammenhang abrufbar gespeichert bleibt. Selbst das Lernen der Grammatik macht dann plötzlich Spaß, wenn im Rollenspiel deutlich wird, daß sich das Hauptwort ohne das bunte Wiewort einsam fühlt und nicht recht weiß, was es nun eigentlich hier soll.

Über das Psychodrama als erlebnisorientierte Methode, bei der alle Sinne des Menschen beteiligt sind, werden so über Vergegenständlichung und Konkretisierung (z.B. über Skulpturen) und Verpersönlichung (über Mitspieler) Beziehungen und Inhalte greifbar und damit begreifbar. Gerade bei Jugendlichen ist das Medium Sprache allein oft wirkungslos, häufig verstärkt auch dadurch, daß Therapeuten oder Erzieher und Jugendliche, bedingt u.a. vor allem durch die unterschiedlichen Lebenswelten, aus denen sie vielfach kommen, verschiedene Sprachen sprechen. Für die therapeutische und sozialpädagogische Gruppenarbeit mit Jugendlichen im Heim, sind unter Beachtung jugendspezifischer Thematiken folgende psychodramatische Verfahren besonders geeignet:

1. Das personenorientierte Psychodrama:
a) Das »klassische Psychodrama«, bei dem (therapeutisch) Beziehungen von gegenwärtigen Konflikten zu vergangenen, »ursächlichen« Erlebnissen hergestellt werden und über deren kathartische Bewußtmachung neue Handlungsmöglichkeiten eröffnet werden,
b) Das (therapeutische) Traumspiel, in dem unbewußte Signale und Symbole dargestellt werden,
c) Das (pädagogische und therapeutische) themenzentrierte Psychodrama, bei dem in kurzen Episoden von unterschiedlichen Gruppenteilnehmern ihre Erfahrungen zu einem Gruppenthema (Aggressivität, Sexualität, Schule, Eltern) gespielt werden und
d) Das (pädagogische) Rollenspiel, in dem lebenspraktische Themen (Besuch der Eltern, Vorstellen beim Arbeitgeber, Kauf eines Computers) vorwegnehmend trainiert und alternative Möglichkeiten erprobt werden.

2. (Pädagogische und therapeutische) Gruppenspiele:
a) Das gruppenzentrierte Psychodrama, bei dem es um Klärungen von Auseinandersetzungen in der Gruppe geht,
b) Stegreifspiele als spontane Gruppeninszenierungen ohne Vorgaben,
c) »Märchenspiele«, bei denen die Gruppe nach Vorgaben von Märchen, Erzählungen, Science-fiction-Filmen oder auch selbsterfundenen Gruppengeschichten diese spielt, wobei die Rollen im Spiel spontan verändert werden können und
d) Das Soziodrama, in dem streng rollenkonform gesellschaftliche Probleme, Konflikte, Ideologien ohne persönliche Färbung gespielt werden (Skinheads treffen auf Türken in der U-Bahn, die deutsche Familie, die Heimerziehung, das Jugendamt).

3. (Pädagogische und therapeutische) Klärung von Beziehungsstrukturen:
a) Der soziometrische Test zur Klärung der sozioemotionalen Tiefenstruktur in der Gruppe und

b) Klärung der emotional bedeutsamen Beziehungsnetze einzelner Personen innerhalb und außerhalb des Heims (»soziale Atome«) nach den Kriterien Qualität,
Quantität, Nähe und Distanz, Kohäsion u.a.

In den Gesprächen mit den Eltern können bezüglich familialer Fragen deren Sichtweisen mit denen ihrer Kinder, wie sie sich in den sozialen Atomen oder auch prägnanten Szenen abbilden und wie sie über Soziogramme oder über Szenomaterial
verdeutlicht werden können, spiegelnd konfrontiert werden. Ein solches Vorgehen
bedarf natürlich der Zustimmung der Kinder. Eine ebenfalls sehr aktivierende Technik ist die des »leeren Stuhls«, auf den Personen phantasiert werden, wie dies auch
BOSSELMANN/ MARTIN (1979, S. 276) beschreiben, wo eine Mutter sich mit ihrem
Sohn - beide leiden unter einem schweren Ablösungskonflikt - auf dem »leeren Stuhl«
unterhält, mit ihm die Rolle tauscht und über diese aktive Erfahrung ein anderes
Verständnis für ihren Sohn gewinnt und neue Möglichkeiten im Umgang mit ihm
entdeckt.

3.2 Die soziometrische Gestaltung des Heimalltags

Die bisher beschriebene psychodramatische Gestaltung der Heimerziehung entspricht
in ihren Grundzügen von der Zielsetzung her dem Bemühen um ein »therapeutisches
Milieu« im Sinne von FRITZ REDL (1971). Die soziometrische Idee geht aber darüber
hinaus, indem sie, wie beschrieben, darauf gerichtet ist, die Oberflächenstruktur der
Organisation Heim kontinuierlich so umzugestalten, daß die Wünsche und Bedürfnisse aller in ihr lebenden Menschen Berücksichtigung finden. Konkret sieht dies
beispielsweise so aus, daß bei der Frage nach der Raumbelegung nicht ein
Erzieherteam entscheidet, sondern daß die Jugendlichen selbst gefragt werden, mit
wem sie das Zimmer teilen wollen und mit wem nicht (Kriterium). Nach dieser Wahl,
die einzig und allein für dieses Kriterium gilt, werden die Wahlen in der Gruppe
begründet und hinterfragt (soziometrisches Interview) und dabei eventuell auftretende Konflikte psychodramatisch geklärt und die Gesamtwahl in einem Soziogramm,
einer graphischen Darstellung der gegenwärtigen Beziehungsstruktur, als Momentaufnahme festgehalten. Von den Wahlen ist grundsätzlich kein Kriterium und keine
Person oder Gruppierung im Heim ausgeschlossen, so daß sie auch zu personalen
Veränderungen in der Verwaltung bis hin zur Ablösung von Leitungspersonen führen könnten.

So wird auf der Beziehungsebene insgesamt in einem fortlaufenden Prozeß der
Reflexion und Umgestaltung eine flexible Heimstruktur geschaffen, die den Menschen entspricht, die in ihr leben und arbeiten. Wenn diese Ebene noch durch eine
sinnvolle räumliche Gestaltung des Heims, wie BRUNO BETTELHEIM (1975) sie praktiziert hat, ergänzt wird, dann liegt ein funktionsfähiges Konzept zu organisatorischen
Gestaltung von Heimen vor. Die rechtlichen und verwaltungsmäßigen Grenzen sind
heute in der Heimerziehung weit genug, um soziometrisch und psychodramatisch
angemessen arbeiten zu können, die gegebenen Spielräume müßten nur genutzt werden. Die Angst vor diesen Ansprüchen führt aber paradoxerweise u.a. wieder zu einem Rückzug auf Verwahrung und Krisenmangement , ein alter Vorwurf an die Heim-

erziehung, der unter völlig anderen Bedingungen nun wieder gültig zu werden scheint (WINKLER 1992, S. 921).

3.3 Kollegiale Unterstützung, Praxisberatung, Supervision

In der Realität entsteht der Eindruck, daß Therapeuten, Heimerziehung, Heimverwaltung und Heimleitung oft mehr gegen- als miteinander arbeiten, zumindest aber doch relativ nebeneinander stehen. In einem nach psychodramatischen Kriterien ausgerichteten Heim gibt es, bei aller beruflichen Differenzierung, im Grunde nur ein Team, innerhalb dessen nach spezifischen Schwerpunkten, manchmal auch konfliktreich, mit den Kindern und Jugendlichen kooperativ gelebt wird, d.h. auch, daß die unterschiedlichen persönlichen und beruflichen Qualitäten und Qualifikationen wechselseitig geschätzt und Austausch und kollegiale Unterstützung praktiziert wird. Ein psychodramatisch ausgebildeter Psychologe oder Pädagoge, kann dann z. B. Gruppenerzieher bei der Klärung der in ihrer Arbeit auftretenden Konflikte mit den Möglichkeiten des Psychodramas unterstützen und dabei gleichzeitig Facetten des Heimalltags kennenlernen, die ihm sonst verborgen blieben. Durch eine solche Integration des Psychodramas in kollegiale Unterstützung und Praxisberatung werden gleichzeitig wie von selbst psychodramatische Elemente, mit denen auch sonst in therapeutischen und sozialpädagogischen Settings gearbeitet wird, vermittelt und auch Heimerziehern, die keine Psychodramaausbildung absolviert haben, nachvollziehbar und für sie in Teilbereichen im Rahmen der alltäglichen Verrichtungen auch selbst umsetzbar. Der Geruch von Magie und Außeralltäglichem, von therapeutischer Geheimwissenschaft und ähnlichen unproduktiven Vorstellungen verschwindet dann. Dies bietet zumindest die Chance, daß eine psychodramatische Haltung bei allen Beteiligten sich durchsetzen könnte. In der Supervision durch einen Psychodramatiker, der nicht im Heim arbeitet, hat sich u.a. das Spiegeln von verfahrenen Situationen bewährt. Durch die Distanz der Betrachtung, durch den dissoziierten Blickwinkel, werden neue Möglichkeiten und Wege gesehen, die sonst unsichtbar bleiben müssen. Der Rollentausch hat neben dem Verstehenseffekt gerade bei burn-out-bedrohten Helfern den immensen Vorteil, im psychodramatischen Spiel die Gegenrollen voller Lust auszuspielen zu können und auch einmal ungehemmt bösartig, unverschämt, chaotisch und aggressiv sein zu dürfen.

4. Schlußbemerkung

Viele wichtige Aspekte mußten bei unserem Versuch, eine psychodramatisch orientierte Heimerziehung in diesem Handbucharartikel zu beschreiben, unberücksicht bleiben. Dazu gehören beispielsweise der Aufbau eines soziometrischen Netzwerks zwischen Heim und relevantem sozialen Umfeld wie Jugendamt, Herkunfsfamilie, Schule, Nachbarschaft oder die psychodramatische Vorbereitung des Übergangs der Jugendlichen vom Heim in eine Wohngemeinschaft, in die erste eigene Wohnung, in die Herkunfts- oder eine Pflegefamilie oder die psychodramatische Auseinandersetzung mit geschlechtsspezifischen Problemen, wie sie sich etwa bei einer koedukativen Heimerziehung ergeben können. Dazu gehört auch eine grundlegende Auseinandersetzung mit theoretischen Fragen etwa bezüglich eines historisch-systematischen Vergleichs der Konzepte der Heimerziehung mit den Konzepten des Psychodramas. All dies und vieles mehr ist noch zu leisten. Den Weg haben Klassiker der Heimerziehung wie JOHANN H. PESTALOZZI, ANTON S. MAKARENKO oder KARL WILKER genau so wie JACOB L. MORENO aufgezeigt, die Mut zum »Imperfekten« (MORENO 1974, S. 441) bewiesen, indem sie begannen, ihre Ideen handelnd umzusetzen, um aus diesem kreativen Wechselspiel zwischen Praxis und Theorie heraus dann ihre Konzepte zu entwickeln.

Literatur

ANZIEU, D.: Analytisches Psychodrama mit Kindern und Jugendlichen. Paderborn 1984.

AICHINGER, A.: Zurück zum Ursprung. Abweichungen von der klassischen Psychodramamethode in der therapeutischen Arbeit mit Kindern. In: BOSSELMANN, R. U.A. (HRSG.).: Variationen des Psychodramas. Kiel, 1993, S. 220 - 239.

BETTELHEIM, B.: Der Weg aus dem Labyrinth. Stuttgart, 1975.

BOSSELMANN, R. und MARTIN, M.: Psychodrama mit Kindern und Jugendlichen im Heim. In: Praxis der Kinderpsychologie und Kinderpsychiatrie, 8, 1979, S. 272 - 276.

BOSSELMANN, R., KINDSCHUH-VAN ROJE und MARTIN, M.: Einige Einsatzmöglichkeiten des Psychodramas im therapeutischen Heim. In: BOSSELMANN, R. U.A. (HRSG.). Variationen des Psychodramas, Kiel, 1993, S. 240 - 246.

MORENO, J. L.: Who shall survive? A new approach to the problem of human interrelations. Washington, 1934; deutsch (erw. Ausgabe von 1953): Die Grundlagen der Soziometrie. Wege zur Neuordnung der Gesellschaft. Opladen, 1974 (3. Aufl.).

REDL, F.: Erziehung schwieriger Kinder. München, 1971.

SPRINGER, R.: Das Soziodrama des Christoph Kolumbus. In: STIMMER, F. (HRSG.): Sozial-Pädagogik, Themenschwerpunkt der Zeitschrift Psychodrama, 5, 1992, Heft 1, S. 52 f.

WINKLER, M.: Heimerziehung. In: BAUER, R. (HRSG.): Lexikon des Sozial- und Gesundheitswesens. München, 1992, S. 920 - 924.

Einführende Psychodramaliteratur

BOSSELMANN, R.: LÜFFE-LEONHARDT, E. und GELLERT, M. (HRSG.): Variationen des Psychodramas. Ein Praxisbuch nicht nur für Psychodramatiker. Kiel, 1993.

LEUTZ, G.: Psychodrama. Theorie und Praxis. Berlin, 1996 (2. Aufl.).

MORENO, J. L.: Gruppenpsychotherapie und Psychodrama. Einleitung in die Theorie und Praxis. Stuttgart, 1993 (4. Aufl.).

MORENO, J. L.: Auszüge aus der Autobiographie. Köln, 1995.

SPRINGER, R.: Grundlagen einer Psychodramapädagogik. Köln, 1995.

STIMMER, F. (HRSG.): Sozial-Pädagogik. Themenschwerpunkt der Zeitschrift Psychodrama, 5, 1992, Heft 1.

YABLONSKY, L.: Psychodrama. Die Lösung emotionaler Probleme durch das Rollenspiel. Stuttgart, 1978.

Zeitschrift »Psychodrama« für Theorie und Praxis von Psychodrama, Soziometrie und Gruppenpsychotherapie mit Themenschwerpunkten: Familientherapie, Sucht, Sozial-Pädagogik, Supervision, Organisationsentwicklung, Kinder u.a.

Jörg Ziegenspeck

Erlebnispädagogik

Outward Bound

The experience-pedagogy understands itself as an alternative and as an supplement to traditional and established educational institutions. It is rooted in the reform pedagogy; it fell nearly complete into oblivion after the II. world war and gains, at the same time the school- and social pedagogy are shutting their minds to creative problem solutions, recently more importance. As an alternative the experience-pedagogy is looking for new directions outside of existing institutions as completion the effort is getting recognizable to find new approaches within old structural context.

1. Vorbemerkungen

Die Erlebnispädagogik hat seit den 80er Jahren im deutschsprachigen Raum erheblich an Bedeutung gewonnen, wobei sie insbesondere in der Jugendhilfe als Einflußfaktor kaum mehr wegzudenken ist. Hier spielt sie sowohl in der offenen Jugendarbeit als auch in unterschiedlichen Jugendhilfeeinrichtungen und als Alternative zur geschlossenen Unterbringung eine wesentliche Rolle. Das Spektrum ihrer praktischen Wirksamkeit reicht dabei von sog. kurzzeitpädagogischen Maßnahmen (z.B. Wochenend- und Ferienfreizeiten, Expeditionen und Fahrten) über die erzieherisch absichtsvolle Durchführung natursportlicher Aktivitäten (z.B. Wandern, Fahrradfahren, Kanutouren, Klettern, Höhlenbegehungen) und den gezielten Einsatz und die Nutzung sog. erlebnispädagogischer Medien (z.B. Segelschiffe, Pferde) bis hin zu einer Individualbetreuung im Ausland (z.B. in sog. Standprojekten) bzw. zu beziehungsorientierten Intensivmaßnahmen bei sog. Reiseprojekten als langzeitpädagogische Maßnahme.

Bedeutsam wurde die Erlebnispädagogik in jüngerer Zeit insbesondere auch deshalb,

- weil sich Erziehungskonzepte grundlegend gewandelt haben: weg von Konzepten der unreflektierten Machtausübung, der Stärke, Strenge und Härte ihrer Repräsentanten, hin zu neuen Formen, deren professionelle Konsequenzen sich eher vom jeweiligen Grad der Akzeptanz, des Verstehens, des Vertrauens und des individuellen Aushandelns von differenzierten Regeln zwischen Erzieher und Zögling ableiten lassen. Ziel ist es gegenwärtig also, eine Lebensweltorientierung zu ermöglichen, die als Basis für subjektive Selbstverwirklichung und individuelle Zufriedenheit gleichermaßen dienen kann.

- weil sich tradierte Erziehungsformen zunehmend als hilflos gegenüber den aktuellen Herausforderungen der Zeit erwiesen und die Sozialpädagogik vor bestimmten Zielgruppen regelrecht kapitulierte (z.B. vor sozial ausgegrenzten, degradierten, dauerhaft benachteiligten, insbesondere risiko- und gewaltbereiten Jugendlichen).

- weil - trotz aller »Segnungen der Zivilisation« - grundlegende und natürliche Bedürfnisse des Menschen nicht (mehr) gestillt werden. Erlebnisse »aus zweiter Hand« bestimmen die Angebotsskala und machen die primären Defizite nur um so deutlicher.
- weil tragfähige Beziehungen über konkrete Projekte und Aktionen eher zu stiften sind, die dann auch - nach Rückkehr des Jugendlichen in sein ursprüngliches soziales Umfeld und in den konkreten Alltag - die weitere Lebensplanung positiv und häufig nachhaltig beeinflussen.

Wo viel Licht ist (und die breitgefächerte praktisch und theoretisch legitimierte Berichterstattung über gelungene und erfolgreiche erlebnispädagogische Maßnahmen überwiegt eindeutig !), ist durchaus auch Schatten zu beobachten: dieser reicht von terminologischen Ungeheuerlichkeiten (so z.B. wenn - in Analogie zum »finalen Rettungsschuß« der Polizei bei der Terrorismusbekämpfung - vom »finalen Rettungskonzept« der Erlebnispädagogik für die »Schwierigsten der Schwierigen« im Sinne eines Ersatzes für die überkommene »Geschlossene Unterbringung« gesprochen wird) bis hin zu konzeptionell höchst fragwürdigen, zudem primär gewinnorientierten Auslands-Projekten, die sich fachlicher Überprüfung zu entziehen wissen, wie sie in jüngster Zeit immer wieder durch die Medien vorgeführt wurden. Eine solche Vereinseitigung erlebnispädagogischer Absichten erhöht die ohnehin bestehenden Vorurteile und stigmatisierenden Einengungen der öffentlichen Wahrnehmung. Die Erlebnispädagogik ist nicht zu isolieren als eine zentral bedeutsame Erziehungsmaßnahme für primär nach außen agierende Jugendliche, die die öffentliche Ordnung massiv stören und bedrohen, und die man früher in geschlossenen Einrichtungen untergebracht und damit gesellschaftlich ausgegrenzt hätte. Nur zu leicht wird - durch diese Vereinseitigung bzw. Verengung des Blickwinkels - die ursprüngliche Intention verdeckt, die der Erlebnispädagogik ihren entscheidenden Auftrieb verschaffte: es geht um einen ganzheitlichen beziehungs- und fähigkeitsorientierten Begründungs- und Handlungsansatz, der auf die Bedürfnisse des Einzelfalls bezogen ist und die Möglichkeiten des Gemeinwesens auszuschöpfen versucht. Es geht um die Erweiterung von Lern- und Erfahrungsräume für jene, die durch besondere Aufmerksamkeit und Zuwendung von sensiblen Erziehern die entscheidende Hilfe zur eigenen Persönlichkeitsstabilisierung erhalten. Es geht um Erprobung und Gewinn von neuen Haltungen und Verhaltensweisen, die soziale Integration unter veränderten Vorzeichen ermöglichen.

Wenn also dem »Erlebnis« besondere Bedeutung im erzieherischen Kontinuum aller auszuschöpfenden Möglichkeiten von Bildung und Ausbildung in unserer Gesellschaft beigemessen wird, dann geht es primär um die Befriedigung vitaler Interessen von Kindern und Jugendlichen:
- um die Fähigkeit, sich selbst zu spüren und gleichzeitig auch ein Gespür für andere zu entwickeln,
- um die Erfahrung, ernstgenommen zu werden und damit das soziale Umfeld ernstzunehmen,
- schließlich um die Einsicht, daß sich das Leben lohnt - individuell und sozial -, womit die eigene Wirksamkeit und Einwirkungsmöglichkeit als positive Kraft erlebt und erprobt werden kann.

Nachfolgend wird der Versuch unternommen, die Erlebnispädagogik inhaltlich zu erläutern und damit das bisher Gesagte zu fundieren.

2. Definition

Die Erlebnispädagogik versteht sich als Alternative und Ergänzung tradierter und etablierter Erziehungs- und Bildungseinrichtungen. Sie ist in der Reformpädagogik verwurzelt, geriet nach dem II. Weltkrieg fast völlig in Vergessenheit und gewinnt in dem Maße neuerlich an Bedeutung, je mehr sich Schul- und Sozialpädagogik kreativen Problemlösungsstrategien verschliessen. Als Alternative sucht die Erlebnispädagogik neue Wege außerhalb bestehender Institutionen, als Ergänzung wird das Bemühen erkennbar, neue Ansätze innerhalb alter Strukturzusammenhänge zu finden.

Hört man in unseren Tagen das Wort »Erlebnispädagogik«, so kann davon ausgegangen werden, daß primär natursportlich orientierte Unternehmungen - zu Wasser oder zu Lande, auch in der Luft - gemeint sind. Diese einseitige Ausrichtung auf »out door«-Aktivitäten (Out door-Pädagogik) ist derzeit Fakt, muß aber in Zukunft zugunsten von »in door«-Aktivitäten (In door-Pädagogik) abgebaut werden, denn gerade auch in künstlerischen, musischen, kulturellen und auch technischen Bereichen gibt es vielfältige erlebnispädagogische Entwicklungs- und Gestaltungsmöglichkeiten.

Unter Berücksichtigung des aktuellen und vorwiegend natursportlich orientierten und akzentuierten Diskussionsstands kann folgendes gesagt werden: Erlebnispädagogische Programme - orientiert man sich an den vielfältigen vorfindbaren Angeboten - beziehen die natürliche Umwelt mit ein und verfolgen damit meist zugleich einen ökologischen Bildungsanspruch.

Dabei scheinen terminologische Abgrenzungen notwendig zu sein: Erlebnispädagogik ist weder Überlebenstraining (survival) noch Ranger-Ausbildung und hat auch nichts mit dem verhängnisvollen Slogan zu tun »Gelobt sei, was hart macht!«. - Erlebnispädagogik ist Erziehung : die jugend- und sozialerzieherische Potenz muß bei allen Vorhaben und unter allen Umständen definiert sein und sichtbar bleiben, also die jeweilige Praxis begründbar und transparent machen.

Auch der Begriff »Abenteuer-Pädagogik« ist kein erzieherisch sinnvoller Terminus, denn das Abenteuer ist nicht planbar; wirkliche Abenteuer treten überraschend auf, sind meist unvorhersehbar und risikoreich. - Daraus folgt: wer mit dem Abenteuer pädagogisch jongliert, wird möglicherweise erst dann merken, daß es ein gefährlicher »Hochseil-Akt« war, auf den er sich einließ, wenn es zu spät ist.

Gleichwohl tragen erlebnispädagogische Out door-Programme immer auch ein gewisses Rest-Risiko in sich, das allerdings nach bestem Wissen und Gewissen kontrolliert und eingegrenzt werden muß.

3. Historischer Rückblick

Die Erlebnispädagogik stellt sich gegenwärtig aspektreich und differenziert dar; vom zaghaften (Neu-)Anfang vor über zehn Jahren bis heute (1993) ist ein quantitativer und qualitativer Fortschritt der weitgehend praxisorientierten bundesrepublikanischen Diskussion festzustellen.

Die Wurzeln der Erlebnispädagogik liegen bei WILHELM DILTHEY (1833 - 1911) und seiner Begründung einer geisteswissenschaftlichen Psychologie, in der das Erleben der eigenen Zustände und das Verstehen des in der Außenwelt objektivierten Geistes als die beiden Möglichkeiten des Menschen verstanden wurden, die Wirklichkeit zu erfassen.

Erleben ist das subjektive Innewerden von Vorgängen, die als bedeutsam empfunden werden. Die Erfahrung stellt dann die Summe von Erlebnisanteilen dar; Erfahrung ist das durch eigenes Erleben und eigene Anschauung erworbene Wissen. Und aus Erfahrungen erwachsen schließlich Erkenntnisse . Erlebnis, Erfahrung, Erkenntnis sind wichtige Begriffe in der und für die Erlebnispädagogik .

Die Erlebnispädagogik hatte um 1930 ihren (ersten) Höhepunkt . Sie wurde in der Reformpädagogik zu einem wichtigen Pfeiler des Unterrichtsverständnisses. In der Dissertation von WALTRAUT NEUBERT (1930), einer akademischen Schülerin Prof. Dr. HERMAN NOHLS (Universität Göttingen), dürfte das transparent werden. Das Erlebnis wurde dabei als ein »methodischer Grundbegriff der modernen Pädagogik« neben dem der Arbeit verstanden, wobei die Schule als »Erlebnisfeld des Kindes« galt.

Die Erlebnispädagogik geriet nur wenige Jahre später in den braunen Sog schlimmer pädagogischer Verirrungen und politischer Manipulationen (1933 - 1945). Durch die Vereinnahmung durch die Organe der NSDAP (z.B. HJ und BDM, KdF) und die Nutzbarmachung wichtiger erzieherischer Elemente (z.B. Feste und Feiern, Fahrten und Lager) für parteipolitische Ziele wurde die Erlebnispädagogik ihres ursprünglichen, geisteswissenschaftlich fundierten Sinns beraubt.

Nach dem II. Weltkrieg versuchte man lückenlos dort anzuknüpfen, wo das Dritte Reich mit seiner Gewalt- und Schreckensherrschaft die Kontinuität von Entwicklungen unterbrochen hatte. Bildungspolitisch geschah das allerdings »mit halbem Herzen«, war die Gruppe der politisch Belasteten doch - zumindest in Westdeutschland - unter den Erziehern und Lehrern besonders groß. Von einer »pädagogischen Aufbruchstimmung« konnte deswegen nicht die Rede sein, zumal es zunächst auch um den Wiederaufbau des zerstörten Deutschlands ging, also andere Probleme vorrangig zu lösen waren. Die ökonomischen Erfolge (»Wirtschaftswunder«) waren dann auch kein Anlaß, an der Güte des tradierten Bildungssystems zu zweifeln.

Zur »verdrängten Vergangenheit« gehörte in dieser Nachkriegszeit wohl auch, daß die Ideologie und bildungspolitischen Leitlinien des Dritten Reichs, resultierende Entwicklungen und ihre Ursachen kaum durchdrungen wurden, waren die handelnden Personen doch in ihrer Mehrheit selbst zu eng und vielfältig mit den Problemen ihrer jüngsten Vergangenheit verflochten und verstrickt.

So erlebte beispielsweise das sogenannte dreigliedrige Schulwesen seine Wiederauferstehung, ohne daß danach gefragt wurde, ob ein solches Bildungssystem mit seinen frühkapitalistischen Wurzeln und Strukturmerkmalen, das zudem eher einer Stände- bzw. Klassengesellschaft entsprechen mochte, für einen zweiten Anlauf der Demokratieentwicklung in Deutschland adäquat und geeignet sein würde.

Und auch aus dem Personenkreis, aus dem sich Lehrer und Erzieher in der Nachkriegszeit zusammensetzten, erwuchsen kaum Hoffnungen für einen chancenreichen Neubeginn. Gerade ehemalige Unteroffiziere und Offiziere der Wehrmacht, die nun ohne brauchbaren Berufsabschluß nach Beschäftigung suchten, drängten in Erziehungs- und Ausbildungsstätten., wo erheblicher Personalbedarf aufgrund von sozialen Notlagen (Waisen- und Flüchtlingselend) und Verlusten (im Krieg gefallenen männlichen Lehrern und Erziehern) bestand. Dadurch wirkte derselbe Geist fort, der mitgeholfen hatte, das Dritte Reich in seinen Machtstrukturen zu festigen.

Mit anderen Worten: Nach dem II. Weltkrieg begegnete man von Seiten der Erziehungswissenschaft der Erlebnispädagogik (die durch die Staatsideologie des Dritten Reiches sowohl wissenschaftlich ad absurdum geführt als auch praktisch so verformt worden war, daß ein direkter Rückbezug auf die ideengeschichtlichen Wurzeln verstellt war und die Erinnerung an die viel zu kurze Phase reformpädagogischer Praxis deutlich verdrängt wurde) mit skeptischer Zurückhaltung.

Mit dem Wiederaufbau der Wirtschaft und der staatlichen Konstituierung der Bundesrepublik Deutschland, insbesondere aber unter dem Eindruck der machtpolitischen Blockbildung in Europa und der Welt, ging es mehr und mehr um den »Wettlauf der Systeme«, dem sich das Bildungs- und Ausbildungswesen zuzuordnen hatte. Der sogenannte »Sputnik-Schock« führte zu curricularen Anstrengungen, bei denen die Optimierung von kognitiven Lernleistungen als zentrales Ziel vor Augen stand. Die Ganzheitlichkeit eines abendländischen Bildungsdenkens blieb dabei weitgehend auf der Strecke; im kritischen Rückblick spricht man vom »ver-kopften« Denken und vom »ver-schulten« Lernen als Folge solcher bildungspolitischer Vorgaben und Leitlinien.

Erst in der jüngeren Zeit bahnen sich neue (ökologische) Erkenntnisse ihren Weg durch alte Denk-, Bewußtseins- und Handlungsmuster. Damit brechen alte (politische) Strukturen auf - im Osten und im Westen. Menschsein und Menschwerden erhalten einen differenzierten neuen Begründungsrahmen; äußere und innere Grenzen und Barrieren können - so die Hoffnung - abgebaut werden.

War der aus heutiger Sicht zu kennzeichnende erste Höhepunkt in der Geschichte der Erlebnispädagogik konzentriert auf den Raum der Schule , so steuert die Erlebnispädagogik gegenwärtig ihrem zweiten Höhepunkt auf der Skala erzieherischer Wertschätzung entgegen. Auffällig ist dabei aber, daß nun eher außerschulische Wirkungsfelder entdeckt werden, der Erlebnispädagogik also eine sozialtherapeutische Aufgabe zuwächst (vielleicht erfährt - so reflektiert - der von Kurt Hahn geprägte Begriff »Erlebnistherapie« pädagogisch seine neue Bewertung und wird von der Psychologie in entsprechende Behandlungskonzepte integriert und therapeutisch genutzt).

4. Wissenschaftlicher Stellenwert

Die Erziehungswissenschaft ist die »Mutter« der Erlebnispädagogik, hat aber selbst noch viele weitere »Kinder« (z.B. Schul-, Sonder-, Sport-, Sozial-, Freizeitpädagogik), die sich zu unterschiedlichen Zeiten unterschiedlich entwickelt haben und entwickeln konnten. Wie die »Mutter«, so bleiben auch die »Kinder« Wissenschaften, zwar nicht unbeeinflußt von »Trends«; diese sind aber in demokratisch verfaßten Ländern mit einem (grund)gesetzlich verankerten Schutz von Forschung und Lehre wohl kaum in dem Maße zu manipulieren bzw. im Sinne dessen zu beeinflussen, was unter dem Gesichtspunkt eines vorwegnehmenden Gehorsams gegenüber den herrschenden politischen Machtstrukturen und -kartellen zwar möglich, aber auch zu kritisieren ist.

Die Erlebnispädagogik hat zudem ihre eigenen Methoden und wird im Zuge ihrer weiteren Entwicklung und problemorientierten differenzierenden Ausgestaltung spezifische zu entwickeln wissen. Ausgehend von einem relativ weiten Begriffsverständnis kann man pädagogische Methoden als kulturell-regelhafte Verfahren und Arrangements zum Zwecke der Anleitung von Lernprozessen bezeichnen. - Oder: Unter Methoden versteht man Verfahrensweisen, mit denen institutionelle Lehr- und Lernprozesse planmäßig und fachkundig angebahnt und gelenkt werden (Ziel, Mittel, Weg).

Unter Planungsgesichtspunkten ist die Methode funktional auf die Realisierung der Intentionalität bezogen, - mit anderen Worten: mit Hilfe der ausgewählten Methode(n) wird der Pädagoge versuchen, das definierte Ziel seiner erzieherischen Unternehmung optimal zu erreichen. Für die Erlebnispädagogik ließen sich - aus reformpädagogischer Sicht - folgende Methoden ermitteln:
1. sozial-interaktive Methoden (z.B. B. OTTO, P. PETERSEN),
2. emotional-erlebnishafte Methoden (z.B. W. NEUBERT) und
3. lebensweltlich-arbeitsbezogene Methoden (z.B. G. KERSCHENSTEINER).

Aus schulpädagogischem Blickwinkel dürften folgende Methodenbereiche auch für die erlebnispädagogische Adaption bedeutsam sein:
*   Verfahren der Inhaltspräsentation und -verarbeitung (u.a. die Frage: Was will ich wie erreichen? - Hier würde z.B. die Projekt-Methode eine Sonderstellung einnehmen.),
*   Verfahren für die zeitliche Gliederung des Lernprozesses (u.a. die Frage: Wann und in welcher Abfolge will ich was erreichen? - Hierin würden auch entsprechende sozial-interaktive Arrangements [z.B. im Sinne einer Einzelbetreuung oder auch der Gruppenpädagogik fallen]),
*   Aktionsformen (u.a. die Frage: Wie sollen Einzelne oder die Gruppe angesprochen, motiviert, überrascht und in (innere und äußere) Bewegung gebracht werden?) und
*   Urteilsformen (Welche Bewertung ist angemessen, um für mich zu erkennen, daß das, was ich erzieherische anstrebte, auch erreicht wurde, bzw. daß das, was erreicht wurde, auch bewußt gemacht werden kann ?).

Und aus sozialpädagogischen Zusammenhängen wären sicherlich die folgenden zentralen Methoden auf ihre erlebnispädagogische Relevanz und praktische Nutzung hin zu überprüfen:
*   Casework (Einzelfallhilfe mit dem Ziel, Hilfe zur Selbsthilfe zu leisten),
*   Social group-work (Gruppenarbeit als Instrument sozialer Selbsterfahrung und Therapie) und
*   Community organization (Sozialplanung zur Lösung konkreter Probleme »vor Ort« [gesellschaftspolitische und sozial-administrative Aspekte] / Befähigung

Betroffener zur selbständigen Problemlösung [psychosoziale und individuelle Aspekte].

* Supervision (beratende Kontrolle zur Überprüfung von Konzepten, Lösungsstrategien und zugrundeliegende Wertemuster im konkreten Fall).

Je nach den spezifischen Programmen (z.b. natursportlich, künstlerisch-kulturell, technisch akzentuiert), je nach der Klientel, der Zielgruppe bzw. der individuellen Problemlagen der Teilnehmer (z.B. Schüler, Auszubildende, Jugendliche aus sozialen Brennpunkten der Gesellschaft), je nach dem zeitlichen Rahmen (Kurzzeit- oder Langzeitmaßnahmen) und der Anforderungsstruktur (physisch, emotional, sozial und / oder kognitiv; Vor-Erfahrungen und / oder -Kenntnisse; Anspruchsniveau) wird eine unverwechselbare Methodenauswahl zu treffen und pädagogisch zu begründen sein. - Denn mit Methoden sollen alle Fragen, die mit dem »Wie« bei der praktischen Umsetzung von Maßnahmen und Programmen zusammenhängen, personen-, ziel- und konzeptorientiert und damit erzieherisch schlüssig beantwortet werden.

Sozialpädagogisch bedeutsam dürfte auch die Unterscheidung zwischen erlebnispädagogischen Maßnahmen mit dem Ziel der Prävention oder der Nachsorge im devianzpädagogischen Bereich sein, wobei hier insbesondere auch auf die Heimerziehung hingewiesen werden kann, wo bereits vielfältige Erfahrungen gesammelt werden konnten (z.B. Reise-Pädagogik, Projekte im Ausland, sozialtherapeutische Segeltörns).

5. Ausblick

Zwei Thesen und eine Feststellung sollen zum Weiterdenken anregen:
1. Erlebnispädagogik macht Umdenken notwendig , so daß 1986 in einer Studie zu Leben und Werk des Reformpädagogen KURT HAHN von der notwendigen »Kopernikanischen Wende« des Lernprozesses gesprochen wurde: Im Gegensatz zu theoriebildenden Lernsituationen dominieren bei erlebnispädagogisch akzentuierten Programmen nämlich Vermittlungsstrategien, bei denen es um Fertigkeiten und Kenntnisse geht, die vorrangig praktisch erfahrbar gemacht werden. Oder etwas anschaulicher formuliert: Nicht das Lernen über den Kopf ist Trumpf (und wieviele Jugendliche haben durch ein solches verschultes Lernen das Lernen verlernt?), sondern das Lernen über die Hand und die unmittelbare Beobachtung und Erfahrung wird angebahnt (und steigt dann manchem auch wohl zu Kopfe!). - Wer etwas 'behandelt' , wer sich mit etwas 'befaßt' , wer etwas 'begreifen' will, der muß dazu auch Chancen erhalten - im wahrsten Sinne des Wortes. Wann werden wir endlich erfassen, daß der 'Nürnberger Trichter', der nach wie vor hohen Stellenwert besitzt, das falsche Instrument ist, unser Verhalten zukunftsorientiert zu verändern?
2. Ein ganzheitlicher Ansatz kennzeichnet erlebnispädagogisch definierte bzw. begleitete Maßnahmen und Programme allgemein, woraus folgende Feststellung getroffen werden kann:»Herz, Hand und Verstand« gehören zusammen und machen die Ganzheitlichkeit menschlichen Lebens und sozialer Bezüge aus, wobei das Herz für Leben und Lieben steht, die Hand für Handeln und Leisten, der Verstand für Lernen und Lenken , und mit allem soll der Welt Sinn, dem einzel-

nen Menschen Bewußtsein gegeben und Emanzipation für alle ermöglicht werden. Daraus folgt:

3. Unmittelbares Lernen mit Herz, Hand und Verstand in Ernstsituationen und mit kreativen Problemlösungsansätzen und sozialem Aufforderungscharakter bilden den Anspruchsrahmen erzieherisch definierter, verantwortbarer und auf eine praktische Umsetzung ausgerichteter Überlegungen, die auf individuelle und gruppenbezogene Veränderungen von Haltungen und Wertmaßstäben ausgerichtet sind und durch sie veranlaßt und begründet werden.

Die Erlebnispädagogik ist - wie zu zeigen war - eine recht junge erziehungswissenschaftliche Teildisziplin, die bisher nur langsam entwickelt werden konnte. In dem Maße, wie ihr zunehmend mehr öffentliche Wertschätzung zuteil wird - aus welchen Gründen auch immer -, wird das Interesse an Ergebnissen und Erkenntnissen auch dazu führen, daß Mittel und Personal bereitgestellt werden, um zu fundieren und zu substantiieren, was gegenwärtig eher noch im Vagen, Vorurteilsbelasteten und vorwissenschaftlichen Dunkel liegt.

Literatur

BAUER, H.G./NICKOLAI, W. (Hrsg.): Erlebnispädagogik in der sozialen Arbeit. Lüneburg, 2. Aufl. 1991.

BAUER, H.G./NICKOLAI, W. (Hrsg.): (Hrsg.): Erlebnispädagogik mit sozial Benachteiligten. Lüneburg, 1993.

FISCHER, T. (Bearbeiter): Bibliographie zur Erlebnispädagogik. Lüneburg, 1994.

JACOBSON, K.: Wohin der Wind uns treibt. Mit Problemjungen in Lappland. Lüneburg, 1988.

NEUBERT, W.: Das Erlebnis in der Pädagogik. Göttingen, 1. Aufl. 1930, Lüneburg, Neuauflage 1990.

ZIEGENSPECK, J. (Hrsg.): Kurt Hahn. Erinnerungen - Gedanken - Aufforderungen. Lüneburg, 1987.

ZIEGENSPECK, J.: Erlebnispädagogik. Rückblick - Bestandsaufnahme - Ausblick. Lüneburg, 1992.

J.M.C. Aalberts

Competent and Authentic Action

Methodische Förderung kompetenten und authentischen Handelns

Dem Beitrag liegt die These zugrunde, daß junge Menschen in einer öffentlichen Erziehung ein Recht auf methodisch angeleitete Betreuung haben. Durch das Fehlen einer angemessenen Methodik kann dem in der Praxis jedoch nicht entsprochen werden. Der Beitrag befaßt sich mit der Erarbeitung einer Methodik, die darauf ausgerichtet ist, kompetentes Handeln junger Menschen zu fördern. Anhand von Kriterien wird die Brauchbarkeit dadurch untersucht, daß sie einer Prozeßevaluation unterzogen wird.

1. Introduction

Children in residential care have a right to a methodical approach from their residential childcare workers. This condition is, however, not met at present because suitable methods are not available. Researcher, therefore, have the responsibility to contribute to the development of such methods. To advance residential treatment practice, researchers and practitioners have to work together (WELLS, 1991, LITTLE, 1992).

In this article a report is presented about the development of a method for childcare workers. This method was developed by researchers and childcare workers working together. The following questions are stressed in this article: how do we develop a new method and how do we evaluate the first design? To answer these questions data were used from a research project, in which a team of childcare workers was instructed on how to become acquainted with the first design of the method. First, we will describe which basic assumptions we started from. We will then present our method using an actual case. Finally, information will be given about the evaluation of the method.

2. Basic assumptions

A method is a closely related whole consisting of instructions that have been tested for usefulness and effectiveness. As DE RUYTER puts it: »Welfare work is methodical when it depends on a coherent system which is shared with others and which consists of useful opinions and convictions about the client, of the objective of the help being offered and of the form and the way in which help is given and of its evaluation« (DE RUYTER 1991, p 169). To qualify as a method it must fulfil certain criteria. In the first place the instructions must be interrelated in such a way as to form a whole. This is the case if the instructions are based on a view on what is seen as the core of a child's need of assistance and as the core of the assistance offer. Views differ in what is seen as the core of the need of assistance as well as in what is typical for the assistance offer. Consensus among staff about the proper approach is essential for the quality of the functioning of an institution (BULLOCK, LITTLE & MILLHAM, 1993).

In his article about the development of the profession of childcare worker, DE RUYTER distinguishes four views, of which three are suitable for the residential childcare worker (DE RUYTER 1992, p.45 e.v.). He divides the views up according to the basis of the assistance offer, and the point of contact which is chosen for the client to improve his behavior. Whether behavior is adequate can be judged by three criteria: competence, familiarity, and authenticity. Competence concerns the technical quality of a certain activity. How well does the child perform the task. By familiarity we are referring to the relational quality of the activity. To what degree does the child trust in others, and to what degree do others find the child dependable. Authenticity concerns the expressive quality of the activity. To what degree does the child performing the activity identify him/herself with it.

The views that fit in with the residential childcare worker are:
- the childcare worker teaches the child how to skillfully perform activities
- the childcare worker participates in the familiar acting of the child
- the childcare worker promotes the competent and/or familiar, and/or authentic action of the child.

In our method we used the last mentioned view. It is assumed that a child in the (semi)residential living group can ask for assistance for competent, and/or familiar, and/or authentic action. It is possible that a child may ask for assistance in order to improve his or her social skills, or in order to increase the number of these social skills (promoting competent action). It is also possible that the child will ask for assistance in learning to trust other people, and/or in learning to be considerate of other people's needs (promoting familiar action). Finally it is also possible that children will ask for assistance in learning to trust themselves, and to develop self respect (promoting authentic action). Thus, it is important to find what the need for assistance for every child in particular is. It is quite possible that children will have the same kind of need of assistance, thus there are certain categories of needs of assistance. With promoting as the core of the assistance offer the childcare worker tries to adjust to the need of assistance. The childcare worker adjusts the daily living situation so that certain types of behavior are stimulated. During the action of the child the childcare workers try to figure out which techniques are needed to achieve the desired outcome.

In this project we have chosen to do our research actor-centered instead of symptom-centered. This means that we examine how and why an actor (the child) acts like (s)he does, and that we do not really research phenomena such as fighting or dealing with play and depression.

We are looking for a way to divide children up into types of need of assistance and childcare workers into types of assistance offers.

All of this is ultimately intended to be able to decide which type of assistance offer is helping by what kind of need of assistance. Furthermore, we assume that the development of a method is also in the terrain of the researcher. Practical research should be of use for the planning of future acting. What is important for practically intended research is the systematic gathering and reflection of practical experiences.

In practically directed research, systematic reflection means an interplay between field workers, who share their experiences, and researchers, who process these experiences also with already existing scientific knowledge (SMALL & DODGE 1988, LITTLE 1992). This interplay happens according to a design methodology that was developed by GIELES (1992).

3. The method

In the first phase of our research we developed a method, working together with childcare workers who were working with children who had severe behavioural problems. The method was developed on the basis of observations of a number of children and their childcare workers, and also on the basis of interviews with the childcare workers about the children concerned (AALBERTS E.A., 1990, DE RUYTER and AALBERTS, 1992A; 1992B).

The method then was offered as a ten-step plan to another team of childcare workers, who worked with children with the same problems in the same institute. It was a ten-day course spread over ten weeks. First the method gives instructions for the construction of the need of assistance (steps 1-5). In these steps the childcare worker processes the information obtained from the child while working with him or her, into the child's need of assistance. The method contains instructions which can be used to create a type of assistance suitable for the need of assistance (steps 6-8). In these steps the childcare worker sets goals and designs the approach in the living group. The approach in the living group contains clues for the arrangement of the situations and for the counseling and treatment of the child. The method also contains instructions to report upon the realisation of the assistance offer and the results (step 9). Last of all, there are instructions for repeating the nine steps after some time has passed to adjust the need of assistance and the assistance offer, if necessary (step 10). To illustrate the above we give a summary of the ten steps.

4. The ten step plan

Step 1: describing special activities and behavior
In this step the childcare worker mentions any noticeable traits of the child's behavior. A division is made between social behavior (interaction with the childcare worker or other group members) and instrumental behavior (interaction with material things). Because of the tendency to pay most attention to unwieldy and problematic behavior we explicitly ask also to record non-problematic behavior. The childcare workers work with the behavior as observed in the daily living situation.

Step 2: naming the behavior
In this step the childcare workers describe behavior in predetermined categories. On the one hand, these categories concern the child's behavior; on the other hand they concern the nature of the task performed by the child. Childcare workers first tell what the child does by dividing the behavior into three categories: is it trying to repel a threat (defending); is it trying to make a wish reality (undertaking), or does it feel called to do something for someone else (engaging). In daily practice the difference

between defending and undertaking is important. Sometimes behavior is called defensiveness because it is easier to accept certain behavior if you think the child is feeling threatened. Sometimes people feel so manipulated by a child that they do not see that the child is acting from a position of powerlessness.

The childcare workers then record **how** the child does something by examining how the child relates (position) to which context (task), and with what intensity (dynamics) the task is carried out. To divide the tasks two dimensions are used: does the activity ask for a lot of mental effort or not, and does the task have to be carried out according to specific rules or not. The combination of those dimensions leads to four different kinds of tasks: routine and free tasks that require little mental effort and that respectively may or may not need to follow fixed rules; and productive and creative tasks that require a lot of mental effort and that respectively may or may not need to follow fixed rules. For the division into position it is decided whether the relationship between the child and the task is balanced (dialogic) or if the child (autocentric) or the task has a larger position (allocentric). As far as the intensity of the behavior is concerned it is recorded whether the child puts in too much or too little energy.

Step 3: the semantic interpretation

By giving the semantic interpretation we examine the relationship between the behavior and the mental activity, which is what the contents of the mental activity are, how the process goes, and if something can be said about the contents and the area of frame of reference. The contents of the mental activity are examined by showing the relationship between cognitive and motivational activity, between what the child thinks and what the child experiences and wants. The progress of the process is determined by showing whether there is a noticeable moment in mental activity, starting from three possible moments: experiencing the reality, developing possible plans and choosing one plan. To determine the contents and area of the frame of reference we see which repertoire of knowledge, experiences and skills the child possesses.

Step 4: the pragmatic interpretation

By giving the pragmatic interpretation, a judgment is made about behavior. That means that we check whether the social behavior fulfils the three criteria, competence, familiarity, and authenticity. With instrumental behavior we see if it fulfils the criteria competence and authenticity. The meaning of pragmatic interpretation is to determine what criterion the behavior should fulfil and consequently to decide where the child needs assistance.

Step 5: constructing the need of assistance

The need of assistance is constructed based on the previous steps deciding which aspects of the child's action need to be promoted, and what results in acting are wanted. While constructing of a need of assistance we check to see whether there is a basic need of assistance that possibly affects other behavior aspects or whether there are more needs of assistance. If there are more needs of assistance they are prioritized.

Step 6: establishing work points
After the need of assistance is constructed three work points are chosen that will be worked on in the next phase. The pragmatic interpretation from step four is used. With the work points anyhow the behavior is worked on, and the mental moment that is named in the need of assistance.

Step 7: establishing the assistance offer for the arranging of situations
An assistance offer comes into existence by making a choice out of what a childcare worker can do and what (s)he can work with. What a childcare worker can do is currently mostly divided into: motivational, informational, and controlling behavior (MELSE, 1986; AALBERTS, 1990). The »what« (s)he can work »with« is divided into working with the situation (step 7) and working with the acting of the child (step 8).

The motivational behavior regarding working with the situation is then called the creation of a certain climate. The informational behavior is the organization of a certain situation. The controlling behavior is the setting of limits for the situation. The situation can be divided into the following aspects: the space, the time, the task, the group and the presence or absence of the childcare worker. To attain every work point we show which situation is most suitable.

Step 8: establishing the assistance offer for guiding the action of the child
By work point is indicated how the childcare worker is supposed to act at the beginning of, and during the contact. It is also specified how to act if the desired behavior is not attainable, given the situation. The desired behavior is given by working with an outline in which the motivational, informational, and controlling guiding are differentiated by showing the position of the childcare worker. This position can be: the completion of the child's behavior, appealing to act more independently and presenting him/herself as an example. From this comes a nine-field outline for working with the child's action (MELSE, 1986).

Step 9: realization of and reporting upon the assistance offer
The planned assistance offer must be made reality and the way this is done must be recorded to evaluate the results. For that reason, every day and every work point is recorded and reported, if and how each work point has been worked on, and which behavior the child exhibits.

Step 10: evaluating and, if needed, adjusting the assistance offer
At set times it is decided whether the realized assistance offer resembles the planned assistance offer. If so an evaluation is made of the effect of the assistance offer on the behavior of the child and of the usefulness of the plan of the childcare worker. If the realization does not match the plan, the difference is noted and explained. The ten step plan is then gone through again to see whether the assistance offer needs to be adjusted.

5. The usefulness of the design

Previously we defined a method as a conglomerate of useful and effective instructions. That means that evaluation is directed at the usefulness of the clues as well as its effectiveness. In our research we chose to research the usefulness first. We do not consider it useful to do effect-research since the childcare workers are not yet behaving methodically in the fashion we described, and then it is not clear what caused the effects.

With the choice of usefulness as the first criterion we have a task to make the usefulness concrete. GIELES divides the demand for usefulness into the following four sub-demands: 1. identifiability , 2. transferability, 3. manageability, and 4. ethical correctness (GIELES, 1992, p. 59).

6. The identifiability of the method

The first point, identifiability, rests on the assumption that knowledge the field worker does not experience as appropriate or »typical«, will not be used by the field worker. During the course, the childcare workers have made the following remarks about the identifiability of the method.
1. The childcare workers recognize the necessity to carry out certain steps from their own experiences, but have a hard time with the amount of concepts that occur by the division into steps. The childcare workers also find complicate the concepts that are used to name the behavior (step two) and to interprete them pragmatically (step four). To acquire the method costs much time and effort and that is found to be a negative point.
2. The childcare workers experience more selective observation of the behavior of both the children and themselves, and more conscience planning of the situation, as positive. In looking more selectively at the children, mostly steps three and four, the semantic and pragmatic interpretations are called important. Through the semantic interpretation, looking for the relation between the behavior and the mental activity of the child, more understanding of the children is created and with this the willingness to look for possibilities for relating their own behavior to this in a sophisticated way. Through the pragmatic interpretation step, judging where the child needs help, the childcare workers can realize when they ask too much of the children. This way, problems can be avoided more often.
3. Discussing the need of assistance and assistance offer with each other, and creating work points and an appropriate offer gives a stimulus to also look critically at their own behavior. An important point is the selective and in advance arranging of the situations.

   Concerning points two and three, the childcare workers observe that looking at and dealing with the children in a more sophisticated way also increases the tension between what is wanted and what is practically feasible.

7. The transferability of the method

We checked the second point, the transferability, by determining to what degree the childcare workers acquired the contents of the course. For that purpose we researched to what degree the childcare workers can reproduce the knowledge correctly, and to what degree they can think independently with this knowledge.

From the second gathering on, every gathering started with a test about the material from the previous gathering. This test consisted of five questions and was built up according to the same principle each time; three multiple-choice questions in which was asked about the proper usage of a concept and two essay questions where the concepts had to be applied. From our knowledge tests we can see that the childcare workers are very capable of reproducing their knowledge, and that they can use it independently. Further analysis of the results per question shows that using the concepts is easier than explaining the ideas behind them. Further analysis of the results per session prooves that the tests about the behavior of the childcare workers have the poorest results. That corresponds with the remarks of the childcare workers in the following gatherings that they had the most problems filling in steps seven and eight of the ten-steps-plan.

8. The manageability of the method

The third point, the manageability, concerns the degree as to which the knowledge is used. In our research we tested the manageability by having the childcare workers apply the ten-steps-plan to the children in their group themselves at the end of the course. That means that every childcare worker individually filled in the ten-steps-plan for all eight children and that after this it was decided in a team discussion about possible differences, what was most desirable. All childcare workers turned out to be able to carry out this task and they formulated four kinds of needs of assistance. As far as the need of assistance is concerned, there were children in this group with a single need and also with double needs. The children in this group with a single need of assistance are children who ask for promoting competent action (twice) or children who ask for promoting familiar action (three times). The children with a double need of assistance ask for promoting competent and familiar action (twice) or ask for promoting competent and authentic action (once). For children with a double need of assistance it is decided every time what the primary one is. Filling in the assistance offer per child makes clear how the childcare workers add to the behavior that the child already is capable of and that can be expanded, and to tasks and types of influence the child turns out to be sensitive to.

Now research is in progress with the team that participated in the course. The research concerns the practical implementation of the plan in making the assistance offer reality. By observing the child and childcare workers and by questioning childcare workers about their plan and the implementation, we want to gather data to verify the manageability of the plan in daily work.

9. The ethical correctness of the method

The fourth point, the ethical correctness, asks that it is decided for the childcare workers whether the instructions fulfill the norms they go by in their work and if they want to accept those instructions as their responsibility. This point was not explicitly dealt with in our research.

10. Conclusions

From the above we can draw several conclusions about the method.
1. The childcare workers find the method to be worth the trouble and useful. As a team they can acquire the knowledge and apply the method. Filling in the ten-steps-plan together for children, who are found to be hard to understand and work with, turns out to lead to useful clues that can be used to solve the problem in a new way.
2. Working with the outlines developed for every step, gives security and an immediate total picture of the situation. However, a need is felt at the end to integrate as a summary.
3. Based on the experiences until now there are more precise clues to be given for the completion of the ten-steps-plan and it is clear which parts still need more attention. Especially for the assistance offer, there have to be more differentiated clues for the arranging of the situation-aspects and the guiding of the action-aspects. The development of the assistance offer can be made easier, if people have an outline of the possible tasks and suitable techniques and their connection with the work points. Attention also has to be paid to how childcare workers can find out if the child has the same idea about the task as the childcare worker. During the course it turned out that it is often thought that something is a routine task for a child, because it is assumed that the child knows what to do and that it can perform the task. The inadequate completion of the task is then treated as stubborn behavior and the child is punished or pressured to do it »correctly«. Further contemplation and discussion frequently showed that the particular task was a productive task for the child, and consequently asked for mental effort and must be done according to certain rules, and that something went wrong with this mental activity.
4. Further analysis of the individual elaboration of the ten-steps-plan and the results now being collected in the observations and the questionnaires, should make clear to what degree the different team members put their own accents on the situation, i.e., because of previous work experience or interests. It seems that some have the tendency to label something a familiarity-problem sooner and more often than others.
5. Further research could possibly show that different team members have different learning styles and that the course could be better adjusted.
6. During the course it turned out again that acquiring the method requires a lot of mental effort. The practice of living-group-work teaches that the room for rest and systematic reflection is lacking systematically. Therefore, it is very important to allow for enough time to acquire the method. We also think the process of learning together as a team can be an important stimulus.

11. Finally

Developing the method in this way puts certain demands on the field workers as well as on the researchers. It asks the field workers too be willing to analyse their tasks.

That asks for a continuous change between differentiated and global viewing. For the scientists this means that they have to give much time and attention to the steps that the field workers have to make during that process, and to the formulation and completion of the central concepts. What we see as a big advantage of this choice is that, also because of the complexity of the method, it connects with the complexity of the work field that is experienced by field workers and that it offers a variety of application possibilities. Working with this method leads to a number of concrete and differentiated work points that can be worked on in different situations throughout the day.

References

AALBERTS, J. E.A.: Leefgroepwerk: methodisch hulpverlenend handelen in het leven van alle dag. In: J. de Wit, N.W. Slot, H.M.P. van Leeuwen and M. Meerum Terwogt (eds.): Paedologie in jaren negentig. Amersfoort/Leuven, 1990

BULLOCK, R., M. LITTLE & S. MILLHAM: Residential Care for Children; a review of the research. Dartington Social Research Unit, 1993

GIELES, F.: Conflict en contact. Zutphen, 1992

KOK, J.F.W.: Specifiek opvoeden. Amersfoort/Leuven, 1991, 9th edition

LITTLE, M.: »Residential Care for Children and the Issue of Social Climate: Future Research, Trends and Developments. In: J.D. VAN DER PLOEG, P.M. VAN DEN BERGH, M. KLOMP, E.J. KNORTH & M. SMIT (eds.): Vulnerable Youth in Residential Care, part I. Leuven/Apeldoorn, 1992

MELSE, J.: Woord en daad. Groningen, 1986

RUYTER, P.A. DE: »Methodical welfare work by residential groupleaders«. IN: W. HELLINCKX, E.BROEKAERT, A. VANDEN BERGE & M. COLTON (eds.): Innovations in residential care. Leuven/Amersfoort, 1991

RUYTER, P.A. DE: »De ontwikkeling van het beroep groepsleider in de residentiële hulpverlening«. In: L.E.E. LIGTHART EN E.C. VAN DAAL (red.): Groepsopvoeder... nog steeds een vak apart. Oosterhout, 1992

RUYTER, P.A. DE and J.M.C. AALBERTS: »De constructie van de hulpvraag door groepsleiding: een voorstel voor een methode«. Tijdschrift voor Orthopedagogiek, 1992a, 31, pp. 231-241.

RUYTER, P.A. DE and J.M.C. AALBERTS: »De constructie van de hulpvraag door groepsleiding: de bruikbaarheid van een methode.« Tijdschrift voor Orthopedagogiek, 1992b, 31, pp. 269-289.

SMALL, R.W. & L.M. DODGE: »Roles, skills and job tasks in professional child care. A review of the literature«. Child and Youth Care Quarterly, 1988

WELLS, K.: »Long-term residential treatment for children: introduction«. American Journal for Orthopsychiatry, 1991, 3, pp. 324-326.

Martin Klomp

Coping Abilities of Youngsters in Halfway Homes

Verselbständigung in »Halfway-Homes«

Jugendlichen in Formen von begleitetem Wohnen - eine Art Heimerziehung, in der Jugendliche auf selbständiges Wohnen vorbereitet werden - fehlt es häufig an den nötigen Fähigkeiten, um schwierige Situationen zu meistern. In diesem Beitrag wird auf den Einfluß kognitiver Prozesse, mit denen Jugendliche in Formen von begleitem Wohnen Probleme lösen können, eingegangen. Außerdem werden methodische Richtlinien gegeben für die Beeinflussung dieser Prozesse während der Betreuung der Jugendlichen. Die Gedanken, die in diesem Beitrag präsentiert werden, sind zu einem großen Teil auf Basis einer Untersuchung der Betreuung von Jugendlichen in Formen von begleitetem Wohnen entwickelt worden.

1. Introduction

Behavioral problems of youngsters reveal themselves in the way youngsters handle difficult situations. At such times it appears that they lack adequate coping skills.

In this article we examine the role cognitive processes play in the way youngsters in halfway homes handle difficult situations. Moreover we develop some guidelines to influence these processes. In the Netherlands a halfway home is an ordinary, rather large house in a residential area where 4 to 8 youngsters with behavioral problems between the ages of 16 and 18 are living. They are more or less self-supporting. In their way of living they are guided by counsellors. The ideas developed in this article are based partly upon research into methods of counseling in halfway homes (KLOMP, 1992).

2. Appraisal processes and coping

Youngsters in halfway homes have practical, social as well as emotional problems. They are not capable of dealing with daily life situations. They experience »stress«. LAZARUS and FOLKMAN (1984, p. 19) define psychological stress as »a particular relationship between the person and the environment that is appraised by the person as taxing or exceeding his or her resources and endangering his or her well-being«. This definition shows that stress is not objectively observable. It is a matter of subjective appraisal of the situation. This appraisal process concerns the situation, which is experienced as stressful as well as one's own possibilities for dealing with this situation. Personal as well as situational factors influence the appraisal process. An important factor is the self-image of the youngster (VAN DER PLOEG, 1990). When the youngster has a negative self-image, he will underestimate his possibilities for solving a problem. Different authors mention the »self-efficacy« of the youngster (a.o. LAZARUS & FOLKMAN, 1984, p. 68; BANDURA, 1986, p. 390). Self-efficacy concerns the expectations and ideas of the youngster about his own coping abilities. A positive realistic self-image supports adequate appraisals.

During the appraisal process, which takes place mostly at an unconscious level, many things can go wrong. Problems may occur when there is a false judgement or interpretation of the situation or of one's own capacities.

The interrelationships between cognitive processes and behavioral problems have been elaborated by adherents of the cognitive theory of social learning (a.o. BANDURA, 1986; ELLIS & DRYDEN, 1987).

The idea is that people don't react to the actual behavior of others, but to the meaning they attribute to this behavior. This attribution can be irrational.

The afore-mentioned concerns irrational contents of thinking processes. These often are accompanied by improper habits or ways of thinking. The most occurring improper ways of thinking are (DE MOOR, 1989):

1. Catastrophizing. The meaning or extent of a particular event is seen out of all proportions.
2. Over-generalizing. One specific incident leads to a general conclusion.
3. Drawing arbitrary conclusions. A person draws a conclusion that does not logically results from the event upon which it is based.
4. Polarizing. A person thinks only in black or white terms and is not capable of nuance.

The appraisal process that involves irrational thoughts and improper ways of thinking partially takes place at an unconscious level. Some situations apparently lead to a specific reaction or to certain feelings. The youngster does not realize the choices he is constantly making.

3. Dysfunctional appraisal processes of youngsters in halfway homes

In halfway homes we meet youngsters whose dysfunctional cognitive processes lead to emotional and behavioral problems. A content analysis of the counseling process of 31 youngsters produces seven clusters where inadequate cognitive processes play a role (KLOMP, 1992).

3.1 Catastrophizing

The youngster always looks on the gloomy side of things. He criticizes everybody. A difference of opinion is explained as »an insoluble quarrel«. The youngster makes a problem out of everything. »Inconvenience« will easily be experienced as a disaster. It seems that the youngster is always looking for some trouble.

This attitude can be noticed with youngsters who have had a lot of negative experiences in their lives. On the one hand this leads to an attitude of pessimism and negativism; on the other hand they cannot live without problems. Living with problems is the life they are used to and therefore it has a certain familiarity for them. Moreover, they have learned that having problems is a way to get attention from other people.

3.2 Negative self-criticism

When a youngster feels inferior to others and has negative self-esteem, he will blame himself for anything that goes wrong. His attitude towards others is influenced by thoughts like »people dislike me«, »I am always the one who makes the mistakes«. The youngster is strongly preoccupied with himself and has an excessive need for acceptance and appreciation. Consequently neutral reactions of others, for instance cancelling a date, are easily explained as a rejection.

3.3 An attitude like »things just happen and you can't change them«

The youngster feels himself a victim of circumstances. He does not see his own part in a (problem) situation. Therefore he feels powerless to change things. The youngster has few experiences of success and as a consequence he has hardly any trust in his own effectiveness. Everything that happens - experiences of success included - is attributed to external factors. He underestimates his own capacities. Often parents and school teachers also judge the youngster as a failure. Therefore we see a lot of »learned helplessness« (Seligman, 1975).

The behavior of the youngster varies from passivity and inactivity to living from one day to the next. After all - in his own perception - it does not matter what he does. The youngster does not take any responsibility for his own life.

3.4 Unrealistic expectations

The youngster has unrealistic expectations concerning others or concerning himself. Mostly, strong needs and wishful thinking are the source of these expectations. Feelings of rejection for instance can lead to a longing for acceptance and unrealistic expectations towards others. A vicious circle easily arises:

Feeling rejected -> yearning for acceptance and appreciation -> wishful thinking and unrealistic expectations -> confrontation -> disappointment and feeling rejected.

The dominating needs decrease the sense of reality and can lead to very persistent ideas and thoughts.

3.5 Asking too much of oneself

A specific form of unrealistic expectations concerns youngsters who ask too much of themselves and who try to meet these demands in a forced way. They put themselves under pressure by unrealistic demands and are afraid to fail. Their plans are great but impractical. The failure that inevitably follows leads to a situation where they doubt themselves more and more. This is a breeding ground for feelings of inferiority. The way youngsters react to these feelings differs: showing uncertainty, acting tough and the like.

During the counseling process these youngsters can put themselves and the counsellor under strong pressure: everything must change from one day to the next.

3.6 Inadequate presumptions about »how to behave«

The youngster has got some ideas about how to behave from his family. In his peer group he is also confronted with specific ideas and norms about behavior. He adopts some of these ideas and norms and behaves in conformance. These ideas and norms are not always effective. Norms like »admitting that you are wrong is a sign of weakness«, »boys don't cry« and »make sure that you are the boss« can lead to emotional or behavioral problems. Such norms often function as codes: if the youngster wants to belong to the group, he has to conform to these norms. The more the youngster feels dependent on his parents or the peer group, the more difficult it will be to change the adopted norms and behavior.

3.7 Polarizing

Blunt remarks and over-simplified thoughts go with the period of adolescence. Problems arise when the youngster only thinks in terms of black or white. When the situation or the person does not meet the desired ideal, the person or situation is seen as totally negative by the youngster. The youngster has lost his sensitivity for nuances. Having this attitude he also has lost any prospect for solving problems. After all nuances offer the clues for problem solving.

4. Enhancement of adequate appraisal processes

Counseling is a learning process and this learning concerns the person as a whole. It is a matter of a »holistic approach«. Therefore, changing inadequate cognitive processes always involves influencing affective and motivational aspects and the behavior in which these aspects are expressed. During the counseling process of youngsters in halfway homes attention has to be paid to all these aspects. Our contribution however mainly concerns the cognitive aspects.

   Methodical guidelines for influencing the appraisal processes can be derived from cognitive behavior therapy. Also research for counseling methods in halfway homes (Klomp, 1992) offers cues. An analysis of research materials results in some methodical guidelines.

4.1 Encouraging the belief in one's own effectiveness

A positive »self-efficacy« is important: youngsters have to be aware of their capability for coping successfully. For this purpose the youngster has to move from an »external locus of control« (circumstances determine behavior) to an »internal locus of control (own choices and decisions determine behavior). Guidelines for counsellors are:
• Pay attention to the positive aspects of the behavior of the youngster. This enables him to develop a positive, realistic self-image and encourages his self confidence.

- Stimulate the youngster to make his own choices and to take responsibility for his behavior.
- Have the youngster strive for concrete, achievable, short term goals. As a result the youngster will experience success instead of failure. The youngster will realize that he can influence his own life-situation in a positive way.

4.2 Stimulating self-reflection of the youngster

The appraisal processes of the youngster work partly on an unconscious level. The youngster does not realize that he is making certain considerations and choices. His behavior seems a spontaneous, natural reaction to the (problem) situation. Moreover in the long run certain more or less automatic response patterns arise. The counsellor helps the youngster to make unconscious appraisal processes explicit. This enables the youngster to get a grip on this process and to make deliberate choices. Important points of interest are:
- De-automatizing. »Think before you act« and »count to ten before you react« are examples of interventions to stop more or less automatic action-reaction patterns. The youngster learns to put off his reaction. This gives him time to think about the situation and to decide in what way he will react.
- Overt self talk. The counsellor has the youngster think aloud about what happened, what thoughts and feelings this evokes and how he intends to react. He encourages the youngster to think about the consequences of certain choices. By doing so the counsellor stimulates self-consciousness and deliberated actions.

4.3 Reality testing

Youngsters can lose themselves in all kind of fantasies about how certain situations are, have arisen or how things will be in the future. These fantasies influence their behavior. The youngster acts as if the fantasy is real. In these situations the counsellor has the youngster concentrate on day-to-day reality. Moreover the counsellor encourages the youngster to confront his expectations and thoughts with reality. This reality testing can be done on two levels: cognitive and behavioral. Examples of reality testing on the cognitive level are questions like »Is it realistic to consider your mother as your best friend?« or »Do you really think to you can still change your father?« Testing at the behavioral level implies that the counsellor encourages the youngster to try out certain things and to check whether his ideas are realistic. However the ideas the youngster has in his mind are persistent. Therefore it is necessary that the youngster does the reality testing by himself.

4.4 Cognitive relabeling

Often youngsters react on the basis of implicit assumptions and ideas about behavior and manners. These assumptions and ideas - which have arisen within the family or the peer group - are developed into behavioral codes and norms, which are not always effective. The counsellor tries to trace these inadequate thinking processes, he will bring them up for discussion and tries to bend them in the right direction: cognitive relabeling. Examples of cognitive relabeling are: »putting the problem into perspective« (For instance: problems occur daily and can be solved) and »changing the frame of reference« (considering the problem from another point of view).

A specific form of cognitive relabeling is »positive relabeling«. Youngsters can interpret situations in a negative way. However in »inspection by parents« there is an element of »concern and interest« as well. A conflict with a teacher can also be considered as an opportunity to clear up the matter. When the counsellor can show the positive side of things to the youngster, new perspectives to deal with the situation will often be opened to the youngster.

4.5 Enhancing role-empathy of the youngster

Problems may arise, because the youngster is so pre-occupied with himself that he projects his own thoughts and feelings onto others. This can lead to inadequate interpretations. The counsellor has the youngster imagine himself in the position of the other. He does this by giving insight into the situation of the other or by role-reversal, by which he asks the youngster to play the role of the other person.

References

BANDURA, A.: Social foundations of thought and action; a social cognitive theory. Englewood Cliffs, 1986
ELLIS, A. & DRYDEN, W.: The practice of rational-emotive therapy. New York, 1987
KLOMP, M.: Hulpverlening aan adolescenten. Een bijdrage aan methodiekontwikkeling in trainingscentra voor kamerbewoning (dissertation). Nieuwegein, 1992
LAZARUS, R.S. & FOLKMAN, S.: Stress, appraisal and coping. New York, 1984
MOOR, W. DE: Stress- en conflictmanagement; een constructivistische benadering. Houten, 1989
PLOEG, J.D. VAN DER: Gedragsproblemen; ontwikkelingen en risico's. Rotterdam, 1990
SELIGMAN, M.E.P.: Helplessness. San Francisco, 1975

Ko Rink

Stimulating Rearing in Problematic Families

Methodische Hilfen in Problemfamilien

In den Niederlanden werden Familien mit schweren Erziehungsproblemen vom Kindergericht unter die Aufsicht eines Familienhelfers gestellt. Die Abteilung für Orthopädagogik an der Universität Groningen und das Nördliche Institut für Orthopädagogische Forschung wurden vom holländischen Justizministerium beauftragt, ein orthopädagogisches Programm zu entwickeln, um mit den Familien zu arbeiten, deren Erziehungsprobleme so schwerwiegend sind, daß die Familienhelfer nicht damit umgehen können. Der vorliegende Artikel befaßt sich speziell mit den klinischen Ergebnissen dieser Entwicklung.

1. Introduction

In East Groningen, there are families with severe rearing problems. These families are often faced with problems such as unemployment, poor housing as well as drinking and relational problems. The Child's Court Magistrate of the District of Groningen places these families under supervision. Supervision as a protective measure for youths is executed by a family guardian of the family guardian agencies Ambulant Youth Care of the Salvation Army and the Council for Youth and Family. From the beginning of March 1991 until the end of December 1993, families with children under supervision have been referred to the System Guidance Project East Groningen (SEG-project). The family's rearing problems were too severe for the family guardian to handle. This project provided special home care directed to the whole family as a rearing system and was implemented by the Department of Orthopedagogy at the University of Groningen and the Northern Institute for Orthopedagogical Research. In the following section the goals of the project will be described as well as the clinical object and the treatment procedure of special home care (2). The working relation in the home care will then be discussed. As this care is imposed on the basis of a judicial measure it is vertical in nature (3). In section 4 the most important aspects of the working procedure are reflected. The family members' reactions to the imposed home care (5) along with a discussion of the limits of achievement of this care is subsequently addressed (6).

2. Description of the project

The project has a clinical goal as well as research goals. From a clinical point of view the project aims to prevent pupils under supervision from being placed out of home or to enable them to come home again. The objective of this study is to describe the home care program, to analyze the contents in a quantitative way and to have the effects determined by a third party, that is the family guardians. The clinical objective of the home care is to address the families as rearing systems. A rearing system is a constellation of factors whose mutual influence results in a rearing situation. As this mutual influence and consequently the rearing may be variable, these factors are called rearing variables. The most important (types) of rearing variables are:

- The child (C) as a rearing subject with functional characteristics and way of reacting.
- The rearing adult (RA) with functional characteristics and patterns in rearing practices.
- The situational types (St) (as identical and regularly recurrent moments in a daily scheme, such as getting up, meals, etc. with the activities, rules and communicative atmosphere.
- The situational context (Sc) with the family as a group, the wider social network and the material conditions.

The mutual influence of these rearing variables is partial considering that the RA variable assumes the main responsibility for the upbringing and because under normal circumstances the C variable is believed to become more and more responsible for his own functioning. In a rearing system the upbringing is realized by the RA variable who carries out three rearing tasks. The first rearing task is directed to the C variable and points out the essentials of upbringing. In a clinical respect the RA variable establishes or prolongs a rearing relation with the C variable which implies »bidirectional communication« (WOLFE, 1987) or mutual accessibility between the rearing subject and himself (RINK/RAIJMAKERS, 1990). Subsequently, the RA variable will apply the rearing relationship to stimulate capabilities or compensate for deficits of the C variable. In teleological respect this actual rearing means that a certain content is to be given to the mutual communication and stimulation or compensation as the RA variable's rearing is culturally imbedded and determined by his own personal norms and values. The second rearing task is directed towards the St and Sc variables. They comprise the infra-structural facilities and the upbringing situation. The RA variable has the task to maintain the standard of these facilities in order to facilitate the »actual« upbringing. The third rearing task is aimed at the RA variable itself. This variable should be prepared and competent enough to rear and can be called upon for his actions. Should his competence to rear become questionable or should it actually deteriorate, the RA variable must then be willing and able to make use of assistance in the upbringing.

In the SEG families, the parents' willingness and competence to rear were either strongly impaired (problematic rearing situation, PRS) or totally absent (pedagogical mismanagement, PM). The causes could be found in the quality of the four rearing variables and the way they influence each other pedagogically in a negative way. In addition, most parents were likewise unwilling and unable to make use of assistance offered by a family consultation service.

The treatment procedure of the home care comprises the most important moments of the treatment. After being referred to the project by the family guardian, the SEG-team, consisting of 3 orthopedagogues and a researcher, would deliberate as to who should carry out the treatment. This orthopedagogue formed a tentative diagnosis concerning the rearing problems which he based on file data and the information provided by the family guardian. Following this the orthopedagogue was introduced to the family by the family guardian. During the introduction the orthopedagogue explained his intentions and method of working. The first contacts with the family were mainly directed at reaching a definite diagnosis. In this diagnosis each rearing variable was considered to indicate the way it contributed to the origin and continuation of the PRS or the PM. The diagnosis was incorporated in a working plan in which the treatment goals and means were determined for each variable (activities, methods and techniques). After consulting the family guardian this plan was translated into a work contract in which the treatment outline for each rearing variable was transformed to simple, understandable assignments and appointments with the members of the family. This contract was mostly signed by the parents (sometimes the youths), the family guardian and/or the child's court magistrate and the orthopedagogue. Then followed the treatment proper. The treatment was concluded after all sections of the work contract had been realized and/or when the family guardian and orthopedagogue agreed that the highest attainable goals in the family had been reached. Generally, a final discussion took place between the family guardian, family and orthopedagogue. The course of treatment was recorded in a final report.

3. The working relation with the SEG families: not horizontal but vertical

There was a vertical instead of horizontal working relation with the families. The home care was imposed on the families on the basis of a judicial measure of supervision. This was employed as an instrument to improve the rearing (PRS) or to get it started (again) (PM).

By adopting the measure of supervision, the working relation between orthopedagogue and SEG-family was of a different nature than that of an orthopedagogue and a client system in the non judicial care services, such as a family consultation service or social work. The specific character is elucidated by the positions of the orthopedagogue and the families, the specific tasks of the orthopedagogue and the central methodical characteristic in his approach to the rearing situation. (As the orthopedagogue participated in the legal position and function of the family guardian, the term »family guardian/orthopedagogue« will be used in the explanatory notes).

2.1 The position of family guardian/orthopedagogue

The awarding of a family guardian (supervision) induces the family guardian/orthopedagogue to provide care from a lawful position. According to KOSTO this position will become more and more significant: »In the matter of judicial supervision the important policy making figure of the children's court magistrate will eventually step back« (1992, p.2). When reflecting on the consequences of this retirement in favour of the family guardian agency, JONKER (1992, p.15) maintains that »In the new legal relations the judicial measure will put the family guardian in a position that is based on:
- authority (vertical relation with the rearing system)
- qualification to correct the upbringing

- qualification to make decisions in the upbringing.«

As long as the retirement of the children's court magistrate has not yet been realized, the family guardian/orthopedagogue is still in a position delegated by the children's court magistrate.

3.2 The care receiving position of the SEG-families

As a result of the legal basis of the position of the family guardian/orthopedagogue, the relation between the families and the family guardian is a-symmetrical. That is to say the family guardian stands above the parents as to parental authority. Eventually the family guardian will determine the form of care that is needed. In addition, he takes final responsibility for the measures that are required to put an end to the problematic rearing situation and pedagogical neglect (as much as possible). Jonker (1992, p.11) points out that »the relation between a family guardian and a family system is vertical. That is a-symmetrical: a complementary relation imposed by the magistrate that is hierarchic and consolidating in authority. This relation can only be undone by a magistrate's sentence«.

3.3 The specific tasks of the family guardian/orthopedagogue

The description of these specific tasks is based on what JONKER (1992) considers tasks for the family guardian agency and the distinction that RINK (1992) makes in the tasks of youth care. The specific rearing tasks of the family guardian/ orthopedagogue are to be a substitute, complementary and supervising/ correcting educator. In a substitute rearing situation the family guardian/ orthopedagogue himself raises the children in the family or he participates in the upbringing when needed. This tasks concerns (part of) the actual rearing. The complementary rearing concerns the redefining of situation types and of the situational context when desired. In a supervising/correcting rearing situation the family guardian /orthopedagogue gives guidance to the parents concerning their rearing practices.

3.4 The central methodical characteristic of the actions of the family guardian/orthopedagogue

As the willingness and competence of the SEG-parents was found to be impaired or absent, a family guardian/orthopedagogue was appointed to safeguard the minor's fundamental right to be raised correctly. This intervention from the outside where the family guardian instead of the parents is in control of the rearing, is called structuring. This structuring should be distinguished from the central methodical characteristic of the non judicial care for parents who are struggling with (serious) difficulties in the upbringing of their children. These parents are believed to be found capable of (eventually) continuing the upbringing themselves. For this reason the parents's disposition to rear, that is thought to be present, is provoked and stimulated.

4. The most important aspects of the working method

The working method was directed at changes in the four rearing variables and is differentially reflected according to these variables.

4.1 The working method directed to the C-variable

The orthopedagogues were concerned with the cognitive, affective, conative, physical and behavioral aspects of the child's or youth's functioning. In addition they also paid attention to the child's interactional and communicative ways of responding to the rules or demands made by their educators. When a child was cognitively retarded or mentally handicapped, the orthopedagogue worked within these limitations to stimulate the child's development as much as possible. A child demonstrating fear and insecurity was given safety and the opportunity to express himself. The child was taught to delay his wishes and desires and was assisted to make choices and take initiatives. Undesirable behavior was unlearned, desired behavior was stimulated by rewarding and searching for new activities. The interaction with the parents was affected by teaching the children to solve conflicts and to communicate with their parents in a more fruitful way. The children were instructed to keep the appointments they made and they were helped with listening to their parents and dealing with them when the demands were reasonable.

4.2 The working method directed to the RA variable

The orthopedagogues focused attention on the cognitive, affective, physical and behavioral aspects in the functioning with the parents. In addition they concentrated on how parents and children communicated, on how structure was offered to the children, how they responded (in anticipation) to the wishes and desires of their children and on their poor rearing methods such as authoritarian acting, spoiling, neglect and (sexual) abuse. If parents showed cognitive retardation, the orthopedagogues assisted them in the actual rearing by giving them examples and through participating. Parents were given support when feeling insecure or tense in relation to their children. If parents were facing personal problems, such as too much interest in their own sexuality, imaginary bodily complaints, excessive drinking and a high degree of promiscuity, these problems were often tackled in consultation with a third party such as a consultation service for alcohol and drug abuse. The parents were taught to have more faith in their children, to solve conflicts and settle arguments; and stimulate their children's desired behavior and oppose undesired behavior. They were assisted in offering their children structure, this means to act consistently and to work with a fixed daily schedule concerning care and the activities carried out by the children. The orthopedagogues helped the parents to recognize their children's needs, feelings and physical complaints. By means of modelling they were shown how to respond adequately.

4.3 The working method directed to the St variables

Regarding the St variables, the orthopedagogues attempted to (re)define various situation types. »Getting up and going to school« was defined as a situation type: getting up when the alarm clock rings, then washing and brushing teeth, getting dressed, having breakfast, getting school things organized and going to school. Instructions were given for the preparation and use of lunch and evening meals: buying and preparing the right kind of food, finding a suitable place to have the meal, seeing to it that everyone eats enough and observing eating manners. »Coming home from school« was defined as: agreeing on when the child comes home from school or on the place to go to after school, making and having tea or refreshments with the children, creating resting moments for the child and seeing to it that the homework is done. »Going to bed« was structured as : maintaining fixed bedtimes, seeing to it that the child washes, brushes his teeth, wears bed clothing and paying attention to falling and staying asleep. »Doing housework« was instructed and checked: setting fixed times when certain tasks were to be carried out and having them carried out. »Having consumptions« was instructed: setting fixed times to drink or to eat something and watching the manner in which it was consumed. »Watching television« was scrutinized: determining when to watch television and selecting suitable programs. The orthopedagogue focused attention on the children's »playing and playing games«: creating fixed times for the children to play or stimulating them to play games with other children indoors or outdoors, providing rules to play by and showing how these work. Finally, the orthopedagogue paid attention to »personal outward appearance«: the children are to change and wash timely and regularly. In (re)defining the situation types the orthopedagogue concentrated on the aspects that were important for the children: fixed activities, rules and agreements where the purpose was known to the children and an atmosphere in which mutual contact between parents and children was possible or stimulated.

4.4 The working method directed to the Sc variable

As to this variable the orthopedagogue mainly worked on the family functioning as a group, the wider social network in which the family participated or were supposed to participate and the family's material circumstances. Attention to the family as a group meant that the parent couple were assisted in allowing each other to function as a rearing adult. Family members were taught to communicate, favouring and prejudicing of children was countered as well as the children's fulfilling of parental roles; and choosing sides and plotting. In relation to the wider social network the orthopedagogue worked on a workable relation between the persons concerned and the family members. They elucidated the actions of the family guardian and the other judicial authorities and taught the parents to ward off intensive and negative interference concerning the rearing by their family or neighbours. Furthermore they stimulated a fruitful contact between parents and the family doctor, school or social welfare agency. Parents were encouraged to join a club and to look for work. Children were helped in finding outdoor activities and maintaining good contacts with their schoolteachers. In addition, the orthopedagogues mediated in rows with the family or with the neighbourhood. The material circumstances were improved by helping them find work or a better house or by encouraging the parents to redecorate their house creating a play room for the children. The orthopedagogue took care of the purchase of the children's clothing, play materials etc. and they assisted the parents to handle their money.

5. The reactions of the SEG-families to the imposed special home care

A distinction should be made between the family's reactions at the onset, and the development of these reactions during the course of treatment. In the beginning most parents were not or hardly willing to accept the imposed home care. This resistance was intensified by fear over the extension of the existing file. Finally, the parents became increasingly insecure as the care was offered under an unpleasant condition: should the rearing situation not improve the supervised children would then be placed elsewhere or they would not be allowed to come back home. In the development of the reactions three patterns could be distinguished. Each pattern has three stages according to the initial, middle and final phase of the care. In addition, the reactions differ depending on the objective: the legal system which was responsible for imposing the care or the way the orthopedagogue as a person gave shape to this help.

Pattern 1: in the initial phase the families show resistance to systems and persons. In the middle phase there is feigned adaptation in the contacts with the orthopedagogue, however the system directed resistance perseveres. In the final phase the system directed resistance is continued and the feigned adaptation towards the orthopedagogue is replaced by opposition against the person although this resistance is not as strong as that against the system.

Pattern 2: the initial phase also shows a system and person directed resistance. In the middle phase the resistance to the system decreases, the parents start to cooperate with the orthopedagogue and they become more secure in their rearing practices. In the final phase of the home care the parents and the orthopedagogue have a co-operative relation and the system directed resistance grows, as the end of their co-operation is drawing near.

Pattern 3: in the initial phase we see that the parents show mild resistance towards the system and a transition of insecurity in their rearing towards co-operation with the orthopedagogue. In the middle phase these parents come through as eager users of the aid offered. At this stage the intensive aid consumption can degenerate into a kind of addiction to care. Because of the developed habituation to care, the parents will show opposition to the orthopedagogue in the final phase when it is indicated that the care will be discontinued.

5. The limits of achievement of the special home care of the SEG-project

Important conditions for a successful home care are the willingness and the competence of the parents to participate and use the care. The willingness of the SEG-
families has been discussed in the above section. Competence can be specified in
terms of accessibility and teachability of the family members. Accessibility has to do
with the question of whether they are able to take in the orthopedagogue's instructions
and advice. Teachability concerns the extent to which they are able to absorb the
instructions and act accordingly. The members of the SEG-families appeared to be
accessible and teachable in various ways. Sometimes a cognitive approach (such as
consulting, giving insight) was more successful than an affective approach (such as
support, giving compliments, confronting). Sometimes a combination of methodical
lines of approach proved to be desirable. In addition, it occurred that parents were
hard to reach directly but could be approached indirectly through the child.

Among the family members was a group with serious cognitive deficiencies
and social deprivation. For these reasons their accessibility was limited. Confronting
and giving insight produced little to no result. Confrontation often led to confusion.
It was virtually impossible to provide them with insight in terms of cause and effect
related behavior due to the fact that they could not grasp the meaning of the orthopedagogue's explanation. On the other hand, positive labelling, modelling as well as
frequent repetition proved to be successful. These techniques were most successful
when the orthopedagogues were working on (re)defining the situation types and involved the family members in doing so - such as learning to lay the table for the
evening meal or how to make tea and learning to talk with the children when they
came home from school. The teachability of these family members was practically
non present. The pedagogical skills that were instructed to the parents often remained
»learned« and not »internalized«, this means being integrated in the personal acting
repertoire. Moreover, these skills were tuned to and founded on redefined situation
types and the situational context, so that their permanence depended on the continuation of the changes in the variables established by the orthopedagogue. When these
changes had been made partly or completely undone, a decline in the newly acquired
skills resulted. The parents concerned had to be »re-taught« once again how to rear
in the changing circumstances. Families such as this will be in need of regular recurring home care (temporarily) as long as the children are living at home.

References

JONKER, A.: (Ortho)pedagogische thuishulp in de jeugdhulpverlening en jeugdbescherming.
    In: J.E. RINK en R.C. VOS (RED.): Justitile en niet-justitiële orthopedagogische thuishulp in
    Noord-Nederland, pp. 9-16. Leuven-Apeldoorn, 1992
KOSTO, A.: Lezing gehouden ter gelegenheid van het symposium Justitiële en niet-justitiële
    (ortho)pedagogische thuishulp door de staatssecretaris van Justitie. Groningen, 1992
RINK, J.E. en RAIJMAKERS, L.P.T.: Pedagogische verwaarlozing. Een theoretisch raamwerk. In:
    J.E. RINK, L.P.T. RAIJMAKERS, T. KLASEBOER & B. WOLTERS, Pedagogische verwaarlozing
    en de Raden voor de Kinderbescherming, pp. 10-28. Assen, 1990
RINK, J.E.: Advies aan het Ministerie van Justitie inzake bestuurlijke en organisatorische
    positionering van voogdij en gezinsvoogdij. Groningen, 1992
WOLFE, D.A.: Child abuse, London, 1987

Gerd Hansen

Elternarbeit

Working with Parents

The professional discussion about creating a network of relation between residential care on one side and parents on the other side was characterized by a dissent. Only in recent times a change of paradigm – away from the idea of residential care as an intervention of rearing children outside the natural family as well as complementing the family's own endeavours – generally underlines the significance of the parents.

1. Zur Bedeutung und Notwendigkeit von Elternarbeit in der Heimerziehung der heutigen Zeit

Die wissenschaftliche Diskussion zur Gestaltung des Beziehungsgeflechtes zwischen Heim auf der einen und Eltern auf der anderen Seite war lange Zeit von Dissens geprägt. Erst in jüngerer Zeit wird mit dem vollzogenen Paradigmenwechsel - weg von der Vorstellung von Heimerziehung als familienersetzender hin zur familienunterstützenden Maßnahme - die Bedeutung der Eltern allgemein betont. Insbesondere der im § 37 des KJHG gesetzlich festgeschriebene Zielgedanke der Rückführung des Kindes in seine Herkunftsfamilie verlangt Elternarbeit als ein Konstitutivum von Heimerziehung. Allerdings wurden auch schon in den achtziger Jahren pädagogisch motivierte Bestrebungen eines verstärkten Einbezugs der Eltern in das pädagogische Gesamtgeschehen mit Begründungen gefordert, die nach wie vor Geltung für die aktuelle Situation beanspruchen können. So postulieren etwa die Mitarbeiter der Planungsgruppe PETRA, THURAU & BÜTTNER (1988, 424), daß Eltern ständig in die pädagogische Alltagspraxis des Heims hineinwirken. Es gehört heutzutage zum sozialisationstheoretischen Standardwissen, daß familiale Sozialisationsprozesse die Persönlichkeitsentwicklung des Kindes entscheidend beeinflussen und situationsüberdauernde Eigenarten der Person konstituieren. Funktionale Mängel der Familie als Sozialisationsinstanz können je nach Schweregrad und zeitlicher Dauer zur Auslagerung von Erziehungsaufgaben aus der Familie in eine Institution der Erziehungshilfe führen. Die Kenntnis der Herkunftsfamilie eines »Heimkindes« gibt wichtige diagnostische Hinweise auf die Art der sozial- und sonderpädagogischen Hilfs- und Förderangebote. Primärziel ist dabei die erzieherische Refunktionalisierung des familialen Gesamtsystems.

Familienspezifische Einflußfaktoren werden nicht nur in Form situationsüberdauernder Persönlichkeitseigenschaften, sondern darüberhinaus auch akut situativ wirksam, etwa dann, wenn das Kind Kontakt mit seinen Eltern hat (bei Wochenendbesuchen, bei längerem Aufenthalt in den Schulferien). Empirische Befunde der oben genannten Autoren aus der Planungsgruppe PETRA (a.a.O., 454 f.) belegen einen deutlichen Anstieg von Verhaltensauffälligkeiten während oder nach Beurlaubungen - etwa Rückfall in »altes« Problemverhalten oder mangelnde Regeleinhaltung. Jedoch beeinflußt nicht nur die reale Präsenz der Eltern das Verhalten und Erleben der Kinder und Jugendlichen. Als ebenso bedeutsam muß deren Elternbild in Vorstellungen, Phantasien und im Gefühlsleben gelten. Selbst Kinder, die sehr unter den familialen Bedingungen leiden mußten, entwerfen in der Regel ein idealistisch getöntes positives Bild - kurzum: sie lieben ihre Eltern. Nicht zuletzt aus der im pädagogischen Alltag allgegenwärtigen Konsequenz dieser schlichten Feststellung leitet sich die Notwendigkeit für Elternarbeit ab. Ausblenden der Eltern in der pädagogischen Arbeit mit Kindern und Jugendlichen in Heimen hieße, zentrale subjektive Erlebnisbereiche zu ignorieren. Ein Scheitern der pädagogischen Bemühungen wäre vorprogrammiert.

Schließlich macht die bereits erwähnte, seit neuerem durch die Gesetzgebung akzentuierte Rückführungsabsicht des Kindes in seine Herkunftsfamilie, die Elternarbeit notwendig. Nur bei veränderten, neu organisierten Systembedingungen innerhalb der Familie, nur bei einer systematischen Vorbereitung der Rückführung bleiben dem Kind (und auch den Eltern) weitere Enttäuschungen im Zusammenleben erspart.

Wie deutlich positiv regelmäßiger Elternkontakt die Persönlichkeitsentwicklung von in Heimen lebenden Kindern und Jugendlichen beeinflußt, konnte auch jüngst nachgewiesen werden (HANSEN 1994, 220 ff.). Dabei beschränken sich die positiven Effekte nicht auf einzelne Teilbereiche der Gesamtpersönlichkeit, sondern erfassen sämtliche in der Erhebung untersuchten Merkmale aus den Bereichen der sogenannten »Persönlichkeit im engeren Sinne« (gemeinhin auch als »Charaktermerkmale« bekannt). Besonders markant sind die Befunde einer ausgeprägteren Selbstkontrolle, eines geringeren Erlebens von existentieller Angst sowie eines geringeren Minderwertigkeitserlebens von Kindern mit häufigem Elternkontakt (vs. seltenem bzw. keinem Elternkontakt).

2. Zum status quo von Elternarbeit in der Heimerziehung

Dem hohen theoretischen Stellenwert und den fachwissenschaftlich konsentierten Anspruchsformulierungen an Elternarbeit steht - so weisen es Alltagsbeobachtungen und empirische Untersuchungen (etwa die bereits zitierte Erhebung von THURAU & BÜTTNER 1988) aus - eine diskrepante Praxis gegenüber (vgl. auch HANSEN 1994, 177 ff.). So lassen sich zum Beispiel eindeutige Belege dafür finden, daß mit Leitungsfunktionen betraute Personen in Heimen unter dem Gesichtspunkt des pädagogisch Wünschenswerten Elternarbeit eine hohe Bedeutung beimessen, andererseits Eltern auf Einstellungsebene und noch deutlicher auf Erfahrungsebene recht häufig als störender Einflußfaktor empfunden werden. Auch sonstige Kenndaten zur Praxis der Elternarbeit zeichnen ein nur mäßig »elternfreundliches« Bild. Insbesondere fallen die große Zahl der ausschließlich heimintern geführten Elterngespräche sowie die nur in Ausnahmefällen (nämlich ca. 7%) durchgeführte Nachsorge ins Auge.

Allerdings kann ein solcher Befund des Auseinanderdriftens von Anspruch und Wirklichkeit der Elternarbeit nicht verwundern. Die personellen Ressourcen in der Heimerziehung sind bekanntlich begrenzt, die Dienstbedingungen sind physisch und psychisch sehr belastend, eine angemessene Entlohnung erfolgt nicht. Richtungsgebende und als Orientierungshilfe dienende Konzepte für Elternarbeit sind bis dato nur in Ansätzen verfügbar, evaluative empirische Studien über Bedingungs- und Prozeßvariablen einer erfolgreichen Zusammenarbeit fehlen für den Bereich der öffentlichen Erziehungshilfe fast gänzlich. Die bislang vorgelegten konzeptuellen Überlegungen sind umstritten. Weitgehende Zustimmung findet zwar das sogenannte »Kooperationsmodell« zwischen Eltern und Heim; über die Operationalisierung und die Modalitäten der praktischen Umsetzung, insbesondere aber auch in der Einschätzung der Grenzen von Kooperation gibt es jedoch unterschiedliche Auffassungen in der Literatur. So spricht etwa MERCHEL (1991) in diesem Zusammenhang von »konzeptionellen Unausgegorenheiten« und meint damit etwa die drohende Vermengung von Jugend- und Familienhilfe, die Überfrachtung der Heimerziehung mit falschen »Sanierungserwartungen« für die Familie oder auch die Gefahr einer zunehmenden Therapeutisierung von (sozial-)pädagogischen Konzepten.

Es liegt der Schluß nahe, daß die derzeit übliche Elternarbeitspraxis eher selten mit geeigneten Mitteln und Methoden und vor allem auch qualifiziertem Personal angegangen wird. Nach Befunden des VERBANDES DER KATHOLISCHEN HEIM- UND HEIL-PÄDAGOGIK (1989, 20) werden knapp die Hälfte aller Elterngespräche von ErzieherInnen geführt, ohne daß diese in der Regel ausreichend auf diese Aufgabe vorbereitet und, etwa im Rahmen einer Supervision, begleitet werden. Fraglich erscheint aber auch, ob Heimleiter- und ErziehungsleiterInnen, die immerhin 35% der Gespräche führen, eine hinreichende Qualifikation besitzen. Elternarbeit in der heutigen Zeit, basiert offensichtlich weniger auf einem systematisierten und konzeptionell durchdachten Fundament denn auf dem persönlichen Geschick der jeweils damit betrauten Professionellen.

Wichtig erscheint in diesem Zusammenhang der Hinweis, daß dieser unbefriedigende Zustand häufig nicht in der Verantwortung der einzelnen Erzieher liegt, sondern durch unzureichende finanzielle und personelle Rahmenbedingungen in der Heimerziehung geradezu zwangsläufig produziert wird. Damit soll nicht geleugnet werden, daß auch andere - mehr in der Person des Erziehers verortete - Unzulänglichkeiten (etwa Ängste, Loyalitätskonflikte) erfolgreiche Elternarbeit be- oder gar verhindern können. Wünschenswert wäre eine stärkere organisatorische Integration der Familienarbeit in die Binnenstruktur des Heimes (vgl. VERBAND DER KATHO-LISCHEN HEIM- UND HEILPÄDAGOGIK 1989, 30). Elternarbeit mit hohem Qualitätsanspruch bedarf entsprechender makrosystemischer Unterstützungsbedingungen, sonst wird sie Hochgeschwindigkeitszug auf einem Nebengleis bleiben (zum Begriff des Makrosystems siehe BRONFENBRENNER 1990). Schlagwortartig zu nennen wären hier beispielsweise:

- feste Kontingentierung von Dienstzeit für Elternarbeit;
- ausreichende personelle Ausstattung, Möglichkeiten zu Doppeldiensten;
- interne und externe themenspezifische Fortbildungsmöglichkeiten
- regelmäßige Supervision zwecks Reflexion des professionellen Handelns, Organisationsentwicklung;
- Entbürokratisierung von Hilfsprozessen;
- Bereitstellung von Finanzmitteln für Elternarbeit;

- Schaffung einer »Elternarbeitsökologie« (etwa spezielle Räumlichkeiten, in denen ungestört beraten werden kann);
- Weiterentwicklung und wissenschaftlich begleitete Erprobung entsprechender Konzepte.

Festhalten läßt sich, daß die in der Elternarbeit liegenden pädagogischen Potentiale zwar theoretisch erkannt, aber bis zum heutigen Zeitpunkt für die Praxis bei weitem noch nicht fruchtbar gemacht worden sind.

3. Katalysatoren für Elternarbeit in der Heimerziehung

Als unter theoretischen Gesichtspunkten besonders geeignetes Modell zur Beschreibung von miteinander in Kontakt tretenden unterschiedlichen Lebensbereichen - wie im gegebenen Fall der Eltern auf der einen und der Institution Heim auf der anderen Seite - hat sich die ökologische Systemtheorie URIE BRONFENBRENNERS (1989, 1990) bewährt. BRONFENBRENNER (1989, 207) formuliert allgemein zu entwicklungsfördernden Bedingungen beim Zusammentreffen zweier unterschiedlicher Lebensbereiche (respektive Systeme), wie Heim und Familie ja verstanden werden können, daß diese »... in dem Maß gesteigert werden, in dem zwischen den Lebensbereichen indirekte Verbindungen bestehen, die gegenseitiges Vertrauen, positive Orientierung und Zielübereinstimmung fördern.« Als zentrale Momente solcher entwicklungsfördernder Bedingungen können neben den bereits angeführten beispielsweise genannt werden (vgl. dazu den vom BUNDESMINISTERIUM FÜR JUGEND, FAMILIE UND GESUNDHEIT herausgegebenen Bericht der ARBEITSGRUPPE ELTERNARBEIT, 1980, 242 ff.):

die Entlastung der Eltern von Schuldgefühlen (etwa durch Verständnis für die in der Regel belastete Lebenssituation von »Heimkindeltern«, durch die Vermittlung des Gefühls von Willkommensein im Heim, insbesondere aber durch das Aufzeigen der Vorteile der institutionellen Unterbringung des Kindes). In diesem Zusammenhang sei darauf hingewiesen, daß aktuelle empirische Befunde entgegen den vielerorts verbreiteten Vorurteilen überwiegend deutlich positive Sozialisationseffekte von Heimaufenthalten auf die Persönlichkeitsentwicklung von Kindern und Jugendlichen belegen (vgl. HANSEN 1994);

- den Alltag im Heim den Eltern transparent machen (etwa durch Elternbriefe, durch »Tür- und Angel-Gespräche«, durch regelmäßigen Erfahrungsaustausch, durch regelmäßige Telephongespräche);
- Bewertungen und destruktive Kritik an der Person der Eltern vermeiden;
- Eltern als gleichberechtigte Erziehungspartner ernst nehmen (etwa Vorschläge von Eltern ernsthaft prüfen, Konkurrenz zu den Eltern reflektieren, Eltern zur aktiven Mitarbeit ermutigen, professionelle Distanz einhalten).

Allerdings reichen die genannten Kooperationskomponenten für eine entwicklungsfördernde Beziehungsgestaltung nicht aus. Hinzukommen muß - so läßt sich ebenso aus der Systemtheorie ableiten - eine klare Definition der Systemgrenzen der beiden beteiligten Systeme sowie der entsprechenden Subsysteme und den dazugehörigen systemspezifischen Rollen. Die Verwischung von Grenzziehungen wirkt auf die Kinder verunsichernd und entwicklungslabilisierend. In der Fachliteratur ist in diesem Zusammenhang auch vom sogenannten »Loyalitätskonflikt« die Rede. Ein solcher

Konflikt entsteht vornehmlich dann, wenn Erzieher bewußt oder unbewußt in eine Konkurrenzhaltung zu den leiblichen Eltern verfallen und so Koalitionen mit dem Kind gegen die Eltern bzw. Bezugspersonen eingehen. Ähnlich - jedoch mit vertauschten Vorzeichen - können auch Eltern versuchen, beim Kind gegen das Heimpersonal zu intrigieren, um es so »auf ihre Seite zu ziehen«. Leidtragende dieser Triangulisierung sind letztlich immer die Kinder, die sich »... in diesem Dreieck ... buchstäblich zerreißen« müssen (GUDAT 1987, 49). Im Sinne klarer Grenzziehungen ist deshalb mit Gudat (a.a.O., 54) für eine erzieherische Grundhaltung zu plädieren, »... die die bisherigen Bindungen und Beziehungen des Kindes achtet, die nicht den Anspruch hat, alles für das Kind neu und besser zu gestalten, und sich deshalb darauf beschränkt, die fehlende Funktionalität der Familie zu ergänzen.« Zu dieser Grundhaltung zählt auch der Respekt für die von der »Heimkindfamilie« gewählten Lebensbedingungen sowie für deren Orientierung an einem Werte- und Normensystem, welches möglicherweise massive Inkongruenzen zum eigenen - in der Regel mittelschichtorientierten - aufweist.

Auch Kinder können zu einer Dekonturierung von Systemgrenzen beitragen, wie es etwa der psychoanalytische Begriff des »Familienübertragungskonflikts« (vgl. etwa BRÖNNEKE 1988, 222) beschreibt. Kinder in außerfamilialer Unterbringung neigen nicht selten dazu, emotional stark besetzte Personen in der Institution in ihren intrafamilial gelernten »Bedürfnisschablonen« wahrzunehmen und die alltägliche Beziehungsgestaltung in Richtung dieser Klischees zu reproduzieren. Erschwert wird die so erzeugte Beziehungsdynamik durch unklare Grenzziehungen zwischen den am Erziehungsprozeß beteiligten Professionellen. Damit sind beispielsweise unklare innerinstitutionelle Aufgabenbeschreibungen, verwaschene Entscheidungskompetenzen oder differente Zielsetzungen, aber auch Kompetenzgerangel und Eifersüchteleien zwischen Institutionen, wie Jugendamt und Heim, gemeint. Auch nicht reflektierte Konkurrenz zwischen Professionellen kann zu einer pädagogisch nicht erwünschten Reproduktion der familialen Ursprungsdynamik führen. Daraus leitet sich unter anderem die Forderung nach verstärkter Praxisbegleitung der Institution und ihrer Subsysteme - in der Regel in Form von Supervision, neuerdings auch von Organisationsentwicklung - ab.

Die Gefährdung für Übertragungs- und Loyalitätskonflikte fällt umgekehrt proportional zur Häufigkeit des Kontakts zwischen Kindern und Eltern aus. Ist dieser eingeschränkt, so verblaßt bei den Kindern mit zunehmender Dauer die Vorstellung von den Eltern, in extremen Fällen bis zur Unkenntlichkeit. Gleichwohl behalten sie ein Elternbild. Das so entstehende psychische Substrat - Verlassenheit und nicht erwiderte Liebe und daraus resultierende Angewiesenheit auf Ersatzbindungen - bildet einen ausgezeichneten Nährboden für Konflikte der beschriebenen Art.

4. Grenzen von Elternarbeit in der Heimerziehung

Bei aller unbestrittenen theoretisch wie praktisch begründeten Notwendigkeit fallen bei näherer Betrachtung einige dicke Wermutstropfen in die Möglichkeiten von Elternarbeit:

- fruchtbare Kooperation muß auf das Prinzip der Komplementarität und Freiwilligkeit von Elternarbeit setzen (etwa im Sinne sogenannter »Konsumentenmodelle«, vgl. WEISS 1989, 92 f.), soll sie nicht zur ineffizienten Zwangsberatung mit Belehrungscharakter verkommen. Empirische Befunde aber weisen darauf hin, daß ein notwendiges Maß an Mitarbeitsmotivation der Eltern nicht die Regel ist. So stellt etwa HEBBORN-BRASS (1991, 145) bei lediglich 16% der befragten Eltern eine hohes Maß an Mitarbeitsbereitschaft mit der erklärten Absicht zur Einstellungs- und Verhaltensänderung fest. Bei immerhin 43% ist ein Bemühen der Eltern spürbar, getroffene Vereinbarungen und Regeln zu achten und anberaumte Beratungstermine einzuhalten. Fast die Hälfte der Eltern jedoch kooperiert nur mäßig, bis hin zu einer passiven Oppositionshaltung gegenüber dem Heimpersonal.

  Ähnliche Befunde konnten in der bereits erwähnten Studie (HANSEN 1994) ermittelt werden. In etwa zwei Drittel der faktisch zustandekommenden Elterngespräche geht das Gesprächsinteresse von den Repräsentanten der Institution aus, nur in 18% von Eltern. In Zusammenschau mit anderen Befunden zur Kontaktfrequenz zwischen Eltern und Kindern (Häufigkeit der Ferienverbringung, der Wochenendbesuche, a.a.O., 153 ff.) drängt sich immer wieder als Erklärung auf, daß das Gros der Kinder nur auf geringe elterliche Anteilnahme an ihrem Schicksal trifft. Allerdings sind zumindest für die Anzahl der Elternkontakte mit dem Heim auch andere Erklärungen denkbar, etwa aus Insuffizienzgefühlen erwachsene Scham oder Unsicherheit und Angst vor dem Kontakt mit »offiziellen« Institutionsvertretern.

- Elternarbeit wird überfordert mit Erwartungen, die sie weder konzeptuell noch in bezug auf die Bedingungen und verfügbaren Ressourcen einzulösen in der Lage ist. Es ist und bleibt schlicht Wunschdenken, per Elternarbeit die dysfunktionale familiale Grundstruktur der Familie von Heimkindern in der Mehrzahl der Fälle kurieren zu können. Empirische Befunde (vgl. BÜRGER 1990, 84 ff., HANSEN, 154 ff.) deuten darauf hin, als zentrale Bedingungsfaktoren für die Übermittlung von Erziehungsaufgaben in eine Institution der öffentlichen Erziehungshilfe eine Trias anzunehmen, die mit den Merkmalen »formale Unvollständigkeit der Familie«, »Überlastung der verbleibenden Erziehungsperson mit erzieherischen Aufgaben« und »materielle Einschränkungen« gekennzeichnet werden kann. Konzepte der Elternarbeit, die undifferenzierte und bedingungslose Lösungsmöglichkeiten dieser tiefgreifenden Problemaspekte vorgeben, erliegen einer Selbstüberschätzung und täuschen einen wissenschaftlich unredlichen pädagogischen Optimismus vor. Fakt bleibt, daß Elternarbeit bei Vorliegen entsprechender Bedingungen unzweifelhaft Impulse für eine erziehungsfunktionalisierende Neuorientierung und -organisation der Familie vermitteln kann, daß aber neue Entwicklungen dauerhaft nur durch das System selbst initiiert werden können und in der Regel »schmerzhaft« sind. Eine technologisierte »Knopfdruckmentalität« für Veränderungen der »Heimkindfamilie« per Elternarbeit ist realitätsfern und fehl am Platze. Es hat den Anschein, daß dieser Gedanke bei der normierten Formulierung eines generellen Rückführungsprimats im KJHG zu wenig Beachtung gefunden hat.

Zukünftige Konzeptreflexionen zur Elternarbeit sollten sich mehr darauf besinnen, daß traditionellerweise das Wohl des Kindes im Fokus der Bemühungen von Heimerziehung steht und auch zu stehen hat. Insofern sollte die mancherorts diskutierte, eher diffuse und realitätsverklärende Familienorientierung zurücktreten hinter die Bedürfnisse der im Heim lebenden Kinder und Jugendlichen. Elternarbeit kann kein Allheilmittel für in erheblichem Maße gesellschaftlich bedingte Dysfunktionen in Erziehungsangelegenheiten sein. Heime sind auch keine primär psychotherapeutischen Institutionen. Die nunmehr gesetzlich fixierte undifferenzierte Rückführung lastet Elternarbeit eine Bürde auf, die sie nicht zu leisten vermag - schon gar nicht mit den ständig schmerzhafter werdenden Einschnitten in die personellen und finanziellen Ressourcen. Wenn sich aber Elternarbeit auf ihre realistischen Möglichkeiten besinnt und vom einzelnen Kind ausgehend zu einer Klärung und Neuformulierung des Beziehungsgeflechts innerhalb der Familie beitragen hilft, so kann sie ihrer unzweifelhaft großen Bedeutung gerecht werden. Dazu ist und bleibt Loyalität zu den betroffenen Kindern und Jugendlichen erste Pädagogenpflicht.

Literatur

BRONFENBRENNER, U.: Die Ökologie der menschlichen Entwicklung. Natürliche und geplante Experimente. Frankfurt, 1989.

BRONFENBRENNER, U.: Ökologische Sozialisationsforschung. In: L. KRUSE, C.F. GRAUMANN & E.D. LANTERMANN (HRSG.): Ökologische Psychologie. München, 1990. 76-79.

BRÖNNEKE, M.: Familientherapie in Heimerziehung: Bedingungen, Chancen und Notwendigkeiten. Praxis der Kinderpsychologie und Kinderpsychiatrie. 1988 (37). H.2. 220-226.

BÜRGER, U.: Heimerziehung und soziale Teilnahmechancen. Eine empirische Untersuchung zum Erfolg öffentlicher Erziehung. Pfaffenweiler, 1990.

DER BUNDESMINISTER FÜR JUGEND, FAMILIE UND GESUNDHEIT (HRSG.): Orientierungsmaterialien für die Elternarbeit. Elternarbeit mit sozial benachteiligten Familien. Band 94. Bonn, 1981.

GUDAT, U.: Systemische Sicht von Pflegeverhältnissen - Ersatz- oder Ergänzungsfamilie? In: DEUTSCHES JUGENDINSTITUT (HRSG.): Handbuch Beratung im Pflegekinderbereich. München, 1987. 38-59.

HANSEN, G.: Die Persönlichkeitsentwicklung von Kindern in Erziehungsheimen. Ein empirischer Beitrag zur Sozialisation durch Institutionen der öffentlichen Erziehungshilfe. Weinheim, 1994.

HEBBORN-BRASS, U.: Verhaltensgestörte Kinder im Heim. Eine empirische Längsschnittuntersuchung zu Indikation und Erfolg. Freiburg, 1991.

MERCHEL, J.: Das Kinder- und Jugendhilfegesetz (KJHG)- eine fachliche Herausforderung für die Heimerziehung? Vortrag bei einer Tagung des Landesjugendamtes Rheinland am 13.6.1991. Königswinter, 1991.

THURAU, H. & BÜTTNER, P.: Elternarbeit. In: PLANUNGSGRUPPE PETRA (HRSG.): Analyse von Leistungsfeldern der Heimerziehung. Ein empirischer Beitrag zum Problem der Indikation. 2. Auflage. Frankfurt, 1988. 421-482.

WEISS, H.: Entwicklungen und neue Problemstellungen in der Zusammenarbeit mit Eltern. In: O. SPECK & M. THURMAIR (HRSG.): Fortschritte der Frühförderung entwicklungsgefährdeter Kindern. München, 1989. 71-102.

VERBAND KATHOLISCHER EINRICHTUNGEN DER HEIM- UND HEILPÄDAGOGIK (HRSG.): Familienarbeit in der Heimerziehung. Freiburg, 1989.

Ulrich Bürger

Berufsausbildung in der Heimerziehung

Vocational Training in Residential Care

After there has been a controversial discussion about the importance of vocational qualification in the context of residential care during the last 25 years, the new child and youth services law (Kinder- und Jugendhilfegesetz enacted in 1990) regulated this task as an important part of residential care. Empiric results verify that most young people living in residential care are interested in gaining such qualifications. The results of these efforts are not generally successful. The reasons for this partial failure have to be interpreted on the background that most young people living in residential care experienced a lot of prejudice in social and educational development before they came into residential care. Taking this into consideration – any other point of view would be absurd – the results of vocational qualification are remarkable. A differenciated view at those who are not successful in their efforts in vocational qualification shows that there are two main problems. First, the intention of supporting the young people's vocational qualification has to respect – more than it is respected up to now – their own interests in special jobs, and the attractivity of the prospect of residential care as a place worth living at must be improved generally. Second, there seems to be the risk that young people get advised in regard to vocational qualifications that are offered by the children's homes themselves. The consequence for further improvement of residential care has to be that it has to develop a differentiated offer of qualification options. There has to be a wide spectrum of different ways to get started in a profession, ranging from jobs in recognized training establishments, training courses and social-educational support in those training establishments up to professional training in the children's homes themselves. In each case the right choice has to be made under strict consideration of the abilities and interests of the young person.

1. Rechtliche Situation und kontroverse Positionen

Die Gewährung einer Hilfe zur Erziehung nach § 27 des Kinder- und Jugendhilfegesetzes (KJHG/SGB VIII) schließt die Bereitstellung von Ausbildungs- und Beschäftigungsmaßnahmen im Rahmen der Hilfegewährung ausdrücklich ein (§ 27 Abs. 3 KJHG). Für Jugendliche, die in Heimen oder einer sonstigen betreuten Wohnform auf der Grundlage des § 34 KJHG gefördert werden, wird die Bedeutung der beruflichen Qualifikation als Bestandteil eines umfassenden Sozialisationsauftrages noch einmal gesondert hervorgehoben, indem dort die Beratung und Unterstützung in Fragen der Ausbildung und Beschäftigung erneut ausdrücklich benannt wird (§ 34 Nr. 3 KJHG).

Dieser eindeutigen Normierung in dem 1990 beschlossenen Gesetzestext ging eine durchaus kontrovers geführte Debatte um den Stellenwert der Berufsausbildung im Rahmen der Heimerziehung voraus. Die im Anschluß an die Heimkampagne (BROSCH, 1971) einsetzende kritische Aufarbeitung der Geschichte und der gesellschaftlichen Funktion der öffentlichen Erziehung bewirkte auch eine fachliche Kontroverse zur beruflichen Sozialisation im Rahmen der Heimerziehung zwischen antikapitalistischer Kritik im Sinne einer »Zurichtung der Ware Arbeitskraft« (AHLHEIM ET AL, 1971) und Einforderung fachlich qualifizierter, möglichst in normale Settings integrierter beruflicher Ausbildungsangebote (KOMMISSION HEIMERZIEHUNG, 1977). Dezidierteren Forderungen nach besseren Ausbildungs- und Arbeitsbedingungen, wie sie zu Beginn der 80er Jahre in der Fachliteratur vorgetragen wurden (z.b. ALMSTEDT/ MUNKWITZ, 1982), standen Mitte der 80er Jahre Positionen gegenüber, denen zufolge die Forderung nach der Vermittlung beruflicher Qualifikationen im Rahmen von Heimerziehung obsolet sei, weil nicht mehr davon ausgegangen werden könne, daß es allgemein verbindliche Erziehungsziele gebe, was explizit auch für die Imagination der Sicherung der jeweiligen Existenz durch Beruf und Erwerbstätigkeit in Lohnabhängigkeit gelte (HEINEMANN/PETERS, 1987). In der inhaltlichen Auseinandersetzung mit diesen Versuchen einer geradezu paradigmatischen Abkehr von einem Aufgabenverständnis, das Berufsbildung als integralen Bestandteil von Heimerziehung begriff, wurde darauf verwiesen, daß trotz der unbestreitbaren strukturellen Probleme auf dem Arbeitsmarkt angesichts der herrschenden Verteilungsmechanismen gesellschaftlicher Teilhabe ein empirisch gesicherter Zusammenhang zwischen fehlender beruflicher Qualifikation und sozialer Randständigkeit bestehe. Diesen Kreislauf sozialer Benachteiligung nach Möglichkeit mit den und für die betroffenen Jugendlichen durch die Eröffnung von Qualifikationschancen zu überwinden, müsse Bestandteil einer Jugendhilfemaßnahme sein, die daran interessiert ist, die sozialen Teilnahmechancen ihrer Adressaten zu verbessern (BÜRGER, 1990). Das Ziel der Berufsbildung dürfe allerdings nicht die grundlegende Zielsetzung der ganzheitlichen Persönlichkeitsentwicklung in prioritärem Sinne überlagern, sondern ihr müsse als einem Teilziel von Sozialisation im individuellen Förderungskonzept der/des Jugendlichen der jeweilige Stellenwert beigemessen werden (HOTTELET, 1986). Der 8. Jugendbericht verwies zwar einerseits auf die Probleme, mit denen sich Heimbewohner bei der Vermittlung von Lehrstellen und Arbeitsstellen konfrontiert sehen, betonte aber gleichzeitig, daß die Heimerziehung die jungen Menschen durch Kooperation mit Betrieben und Lehrstellen, aber auch durch innovative Konzepte bei der Bewältigung dieser Probleme unterstützen müsse. Unstrittig seien – für Jugend insgesamt – Ausbildung, Beruf und Arbeit zentrale Lebens- und gesellschaftliche Erfahrungsbereiche, die sowohl soziale und persönliche Identität vermitteln als auch materielle Existenz sichern. Ihnen komme deshalb im Prozeß der Eingliederung der heranwachsenden Generation in die Gesellschaft eine fundamentale Bedeutung zu (BMFJFFG, 1990). Diesen Intentionen gerade auch für die häufig aus sozial benachteiligten Lebensverhältnissen kommenden Jugendlichen in Heimen Geltung zu verschaffen, dokumentierte sich in den eingangs dargelegten gesetzlichen Normierungen zum Stellenwert der Berufsausbildung im Rahmen der Hilfen zur Erziehung insgesamt und in Heimen und sonstigen betreuten Wohnflächen im besonderen.

2. Empirische Befunde zum Umfang und zum Erfolg beruflicher Qualifizierung im Rahmen von Heimerziehung

Berufsausbildung für Jugendliche in Heimen erfolgt zum Teil in einrichtungseigenen Ausbildungswerkstätten, zum Teil in normalen externen Ausbildungsbetrieben, in Zwischenformen und spezifisch konzipierten Projekten.

Die Bundesstatistik über die Einrichtungen in der Jugendhilfe gibt keine Auskunft über die Zahl der Jugendhilfeheime, die interne berufsqualifizierende Angebote vorhalten. Nach einer im Jahr 1987 durchgeführten Befragung (MÜLLER/GOLLNICK, 1988) gab es insgesamt 518 Ausbildungswerkstätten in Heimen der öffentlichen Erziehung, davon 337 in Einrichtungen für Jungen, 110 in Einrichtungen, die Jungen und Mädchen offenstanden, und 71 in Heimen, die ausschließlich Mädchen betreuten. Während sich die Ausbildungsbereiche für die Jungen auf die klassischen handwerklichen Berufe konzentrierten, eröffneten lediglich 5 der 71 reinen Mädcheneinrichtungen Ausbildungschancen in diesen herkömmlichen Männerberufen. Hier dominierten die Berufsfelder Hauswirtschaft und Bekleidung und somit Ausbildungen mit einer deutlichen Ausrichtung am traditionellen Rollenbild der Frau mit Schwerpunktsetzungen in Bereichen, die eine hohe Affinität zur Hausfrauenrolle haben.

Aktuelleres Zahlenmaterial liegt zum tatsächlichen Umfang der beruflichen Qualifizierung bezogen auf die in den Heimen betreuten Jugendlichen und jungen Erwachsenen vor. Nach Ausweisung in der Jugendhilfestatistik (STABA, 1995) standen von den im Laufe des Jahres 1993 aus der Heimerziehung entlassenen Jugendlichen in der Altersklasse von 15 bis unter 18 Jahren (N = 9672) bei Maßnahmenende 26 % in Ausbildungsverhältnissen, davon 18 % in Berufsausbildung und 8 % in sonstiger beruflicher Bildung (Schulbesuch: 60 %; weder noch: 14 %). Diese Altersklasse ist naturgemäß noch durch einen hohen Anteil laufender Schulbesuche zum Zeitpunkt der Heimentlassung geprägt. Bedeutsamer ist deshalb die Verteilung in der Altersklasse 18 Jahre und älter (N = 8919). Aus dieser Gruppe befanden sich bei Beendigung der Maßnahme 55 % in Ausbildungsverhältnissen, davon 44 % in Berufsausbildung und 11 % in sonstiger beruflicher Bildung (Schulbesuch: 15 %; weder noch: 30 %). Eine abschließende Bewertung dieser Befunde ist jedoch kaum möglich, weil nach den Erfassungsdefinitionen der Jugendhilfestatistik zum Beispiel junge Menschen, die im Heim eine Lehre erfolgreich abgeschlossen haben und danach aus dem Heim entlassen werden, der Kategorie »weder Schule noch berufliche Qualifikation« zum Zeitpunkt der Entlassung zuzuweisen sind. Dasselbe gilt für junge Menschen, die sich in – durchaus auch arbeitsvertraglich unbefristet angelegten – Arbeits- oder Anlernverhältnissen befinden, also durchaus Arbeitnehmer, aber nicht in Ausbildung sind. Unter Berücksichtigung dieser Sachverhalte kann also lediglich festgestellt werden, daß sich 44 % der Entlassenen zu diesem Zeitpunkt in regulären Ausbildungsverhältnissen, 11 % in sonstiger beruflicher Bildung (z.B. Berufsfachschulen) befanden, und ein nicht bestimmbarer weiterer Anteil Berufsausbildungen abgeschlossen hatte oder aber in Arbeits- bzw. Anlernverhältnissen tätig war. Andererseits sind in den 30 % als »weder/noch« kategorisierten Fällen gerade auch jene Entlassungen erfaßt, die im Zusammenhang mit Ausbildungsabbrüchen bei jungen

Volljährigen stehen. Dennoch belegen diese Zahlen in der Gesamtschau den deutlichen Stellenwert, den die berufliche Qualifizierung als Bestandteil der Förderung im Rahmen von Heimerziehung für weit über die Hälfte der Betreuten einnimmt.

Um zu einer differenzierteren Einschätzung zum Erfolg von Heimerziehung bei der beruflichen Qualifizierung zu kommen, werden im folgenden einige Ergebnisse einer empirischen Untersuchung (BÜRGER, 1990) referiert, die sich im Gesamtkontext der Frage nach dem Erfolg von Heimerziehung auch mit den schulischen und den beruflichen Qualifikationen als einen wesentlichen Indikatoren zur Verbesserung der sozialen Teilmaßnahmechancen ihrer Adressaten ausführlicher beschäftigt hat. Ausgehend von der Annahme, daß es sich bei den in Heimen betreuten Menschen überwiegend um Kinder und Jugendliche aus sozial benachteiligten Verhältnissen handelt, deren Benachteiligung sich auch und unter anderem in beeinträchtigten Bildungschancen dokumentiere, wurde von einem Erfolg der Heimerziehung auf dem Sektor der beruflichen Qualifizierung dann ausgegangen, wenn sich die zum Zeitpunkt der Beendigung der Maßnahme erzielten Qualifikationen günstiger als der Qualifikationsstand bei Beginn der Maßnahme darstellte. Der Untersuchungszeitraum umfaßte sowohl die Förderung in den Heimen wie auch z.T. im Rahmen von Anschlußbetreuungen, soweit diese Bestandteil der Jugendhilfemaßnahme waren. Untersucht wurden zwei vollständige Entlassungsjahrgänge aus der öffentlichen Erziehung eines Landesjugendamtes. Die Untersuchungsgruppe umfaßte insgesamt 222 Probanden (169 männlich, 53 weiblich), mit Maßnahmen der beruflichen Qualifizierung kamen 133 Probanden (104 männlich, 29 weiblich) in Berührung. Für die übrigen 89 endete die Jugendhilfemaßnahme noch während ihrer Schulzeit oder unmittelbar mit dem Schulabschluß. Die Teilpopulation dieser 133, für die sich die Frage der beruflichen Qualifizierung während der Heimerziehung praktisch stellte, ist Gegenstand der folgenden Darstellungen.

Um die im Rahmen der öffentlichen Erziehung erlangten Qualifizierungserfolge angemessen beurteilen zu können, ist es zunächst erforderlich, den Qualifikationsstand zu skizzieren, über den die Probanden bei Beginn der öffentlichen Erziehung verfügten. Zum Zeitpunkt der Heimunterbringung hatten 46 der 133 Probanden ihre Schulpflicht bereits erfüllt. Nur 13 dieser 46 hatten Schulabschlüsse erlangt (7 Haupt-, 6 Sonderschulabschlüsse). Die übrigen 33 waren ohne Abschluß entlassen worden, lediglich 2 von ihnen hatten überhaupt eine 9. Klasse besucht. 8 von den 46 Schulentlassenen hatten bereits vor der Heimunterbringung Ausbildungs- oder Arbeitsverhältnisse begonnen, diese aber ausnahmslos wieder abgebrochen. Die Gruppe der 87 Probanden, die bei Beginn der Heimerziehung noch schulpflichtig waren (und für die sich erst nach Beendigung der Schulpflicht im Verlauf der Heimerziehung die Frage nach beruflichen Orientierungen stellte), waren zum Zeitpunkt der Heimunterbringung bereits durch folgende Beeinträchtigungen ihrer Bildungschancen geprägt:

- ein Drittel von ihnen waren Sonderschüler. Diese Quote lag neun mal höher als der seinerzeitige Bundesdurchschnitt;
- von nahezu 90 % wurden schulische Probleme berichtet. Etwa 60 % war durch Schulschwänzen aufgefallen, davon nahezu die Hälfte durch sehr häufiges bzw. durchgehendes Schwänzen;

- ca. 40 % waren mit schulischen Sanktionen belegt worden, ein Viertel galt als unbeschulbar;
- die Hälfte hatte mindestens ein Schuljahr wiederholt.

Diese deutliche Problembelastung der Probanden, die nicht Folge der Heimerziehung, sondern Ergebnis sozialer und hier insbesondere bildungsrelevanter Ausgrenzungsprozesse aus der Zeit vor der Heimerziehung waren, sind zu berücksichtigen, wenn es um eine Bewertung der während der Jugendhilfemaßnahme erlangten berufsqualifizierenden Erfolge geht. Deutlich wird, daß es geradezu absurd wäre, angesichts dieser Ausgangslage das während der öffentlichen Erziehung erreichte Qualifikationsniveau der Untersuchungsgruppe etwa mit dem Bundesdurchschnitt der entsprechenden Alterspopulation zu vergleichen. Beurteilungsgrundlage kann ausschließlich diese äußerst belastete Ausgangssituation der Probanden und die Frage danach sein, in welchem Umfang es der Heimerziehung gelang, trotz dieser Belastungen Berufsausbildungen oder andere Einstiege in den Arbeitsmarkt zu ermöglichen.

Das Spektrum der auf Berufstätigkeit vorbereitenden Maßnahmen streute recht weit. Es reichte – auch im Blick auf die bei den Jugendlichen sehr unterschiedlichen Leistungsmotivationen und -fähigkeiten – von der Lehre (begonnen von 84 Probanden) über berufsqualifizierende Lehrgänge (z.b. Schweißerprüfung oder andere Lehrgänge, die mit einem auf dem Arbeitsmarkt verwertbaren Zertifikat abschließen: begonnen von 12 Probanden) und Anlernverhältnisse (z.b. Gärtnereigehilfe) bis hin zu tariflich geregelten Arbeitsverhältnissen (Summe begonnener Anlern- und Arbeitsverhältnisse: 33). Vier Probanden, die im beruflichen Sektor über die Ableistung von Berufspraktika nicht hinauskamen, wurden von vornherein als nicht erfolgreich in diesem Bereich kategorisiert. Die Verteilung zeigt, daß trotz der erheblichen Vorbelastungen der Probanden mit nahezu zwei Dritteln der Jugendlichen ein überraschend hoher Anteil eine reguläre Lehre begann und ihnen damit dem Grunde nach zunächst relativ gute Ausbildungschancen angeboten wurden. Dabei dürfte allerdings die Tatsache eine Rolle gespielt haben, daß von den während der Heimunterbringung begonnenen Lehrverhältnissen 42 % in heimeigenen Ausbildungsbetrieben aufgenommen wurden und so möglicherweise auch Jugendliche in diese Ausbildungen »beraten« wurden, weil die Angebote eben vorhanden waren und Aspekte ihrer eigentlichen Berufsinteressen und ihrer Leistungsfähigkeit zumindest teilweise dahinter zurücktraten.

Die Bilanz der tatsächlich während der öffentlichen Erziehung erlangten berufsqualifizierenden Abschlüsse und die Zahl der Ausbildungs- und Arbeitsverhältnisse, die im Anschluß an die Heimerziehung bzw. die Nachbetreuung weiterbestanden, bietet jedenfalls gemessen an den angestrebten berufsqualifizierenden Zielen ein eher ernüchterndes Bild. Als erfolgreich konnten 31 abgeschlossene Lehren sowie 19 Ausbildungsverhältnisse, die nach Beendigung der Jugendhilfemaßnahme weitergeführt wurden, 8 erfolgreich beendete berufsqualifizierende Lehrgänge sowie 2 Anlern- und 18 nach Maßnahmenende weiterbestehende tariflich geregelte Arbeitsverhältnisse, somit insgesamt 78 in diesem Sinne erfolgreiche Verläufe, verbucht werden. Auch wenn diese erreichten Qualifikationsstände in ihrem Niveau streuen, so ist ihnen doch allen gemein, daß sie über die Beendigung der öffentlichen Erziehung hinaus

Arbeitsmarktchancen eröffneten bzw. konkrete Arbeitsplätze sicherten. Gleichwohl stehen diese 78 Fälle nur für 59 % der Probanden, so daß für 41 %, also 55 Fälle, ein Scheitern der Bemühungen um eine Berufsausbildung oder einen anderweitigen Einstieg in das Arbeitsleben konstatiert werden muß.

Bei einer näheren Betrachtung der Teilpopulation derer, die ihre beruflichen Maßnahmen abbrachen, zeigen sich insbesondere zwei Merkmalsgruppen. Zum einen sind dies 27 Probanden, die über keinen Schulabschluß verfügten. Da die Hälfte von ihnen Lehrverhältnisse abbrach, liegt zumindest die Vermutung nahe, daß die mit einer Lehrausbildung einhergehenden auch theoretischen Anforderungen zum Teil Überforderungen waren, auf die die Jugendlichen mit Abbrüchen reagierten. Hier stellt sich die Frage, ob nicht niederschwelliger angelegte Qualifizierungsziele größere Realisierungschancen geboten hätten. Diese Fragestellung verweist darauf, daß eine – dem Grunde nach analytisch richtige – Zielsetzung, den Adressaten von Heimerziehung mit einer möglichst guten Berufsausbildung Voraussetzungen gesellschaftlicher Teilhabe zu eröffnen, dort in ihr Gegenteil umschlagen kann, wo die individuellen Fähigkeiten und die Interessen der Jugendlichen nicht hinreichend mit gewichtet werden. Einrichtungsinterne Ausbildungsangebote können diese Gefahren verstärken, zumal nicht völlig auszuschließen ist, daß die in den Einrichtungen bestehenden Ausbildungskapazitäten nach Auslastung rufen und insoweit Zielkonflikte zwischen individueller Förderung und institutioneller Absicherung entstehen können.

Diese These latenter Überforderung im Rahmen von Ausbildungsverhältnissen kann für die Probanden ohne Schulabschluß eine gewisse Plausibilität für sich beanspruchen, nicht jedoch ohne weiteres für die 16 Abbrecher von Lehrverhältnissen, die über Hauptschulabschlüsse verfügten. In der Gesamtgruppe der Abbrecher verdichtet sich jedoch ein anderes Merkmal, das an sich bemerkenswert, aber auch im Blick auf die Ausgestaltung der Heimerziehung und ihrer Nachbetreuungsformen insgesamt bedeutsam sein könnte, und das auch eine Erklärung für die Ausbildungsabbrüche der schulisch besser qualifizierten Probanden liefern könnte. Es zeigte sich nämlich, daß von den während der Heimunterbringung abgebrochenen Lehrverhältnissen zwei Drittel in den Zeitraum fielen, in dem die Betroffenen ein halbes Jahr vor oder nach der Erreichung der Volljährigkeitsgrenze standen. Für die Gesamtgruppe der 55 Abbrecher galt, daß 35 (63 %) von ihnen in eben dieser Phase ihre berufliche Maßnahme beendeten. Seine Bedeutung gewinnt dieser Sachverhalt vor dem Hintergrund des in den 80er Jahren noch gültigen Jugendwohlfahrtsgesetzes (JWG) und der besonderen Rolle der öffentlichen Erziehung in seinem Kontext. Es kann davon ausgegangen werden, daß für viele Jugendliche die Heimerziehung ein Akt der Fremdbestimmung war, den mit Eintritt der Volljährigkeit zu beenden ihnen ein derart wichtiges Ziel war, daß sie den mit dieser Beendigung einhergehenden Abbruch von Ausbildungs- oder Arbeitsverhältnissen als nachrangigen Nebeneffekt in Kauf nahmen.

Dieser naheliegende Zusammenhang verweist darauf, daß die berufliche Qualifizierung im Rahmen von Heimerziehung stets nur im Gesamtkontext einer Jugendhilfemaßnahme erfolgreich sein kann, die von den Jugendlichen selbst insgesamt als attraktiv und lohnend erlebt wird. Die hohe Abbruchquote kann so verstanden werden als eine Herausforderung an die Heimerziehung, ihre institutionellen Strukturen so flexibel zu gestalten und an den Bedürfnissen der Jugendlichen auszurichten, daß die Adressaten die Förderung insgesamt akzeptieren und darüber auch eine größere Bereitschaft, berufsqualifizierende Maßnahmen zu Ende zu führen, entwickeln können. Diese Forderung hat ungeachtet der Tatsache, daß mit dem Kinder- und Jugendhilfegesetz das Instrument der öffentlichen Erziehung abgeschafft wurde, weiterhin Gültigkeit. Sie verweist auch noch einmal darauf, daß Berufsausbildung keine alleinige und auch keine vorrangige Zielsetzung der Heimerziehung sein kann. Ihr Stellenwert ist im Rahmen der individuellen Hilfeplanung im ganzheitlichen Konzept der Förderung des jungen Menschen zu bestimmen. Ohne eine einvernehmlich ausgehandelte, vor allem auch vom Jugendlichen selbst mitgetragene Hilfeplanung, wird auch das Ziel der beruflichen Qualifizierung – diesen Schluß legen die genannten Befunde nahe – nur eine deutlich reduzierte Aussicht auf Erfolg haben.

Eine Gesamtbewertung der in dieser Untersuchung herausgearbeiteten Befunde zum Erfolg der berufsqualifizierenden Maßnahmen ergibt ein zwiespältiges Bild. Auf der einen Seite stehen mit 78 Fällen 59 % der Probanden, denen Zugangschancen zum Arbeitsmarkt über Ausbildungen und Arbeitsverhältnisse eröffnet werden konnten. Diese Erfolgsquote ist durchaus bemerkenswert, wenn man berücksichtigt – und nur diese Perspektive wird der Sache gerecht –, mit welchen gravierenden Beeinträchtigungen ihrer schulischen und beruflichen Bildungschancen die Untersuchungsgruppe insgesamt bereits aus der Zeit vor Beginn der Heimerziehung belastet war. So gesehen wurden für viele Probanden Qualifizierungswege erschlossen, die ihnen ohne die Heimerziehung mit großer Wahrscheinlichkeit überhaupt nicht zugänglich gewesen wären. In dieser Betrachtungsweise ist Heimerziehung durchaus in der Lage, die sozialen Teilnahmechancen von Kindern und Jugendlichen, deren Biographien bis zum Zeitpunkt der Heimerziehung durch zum Teil sehr fortgeschrittene Prozesse sozialer und bildungsrelevanter Ausgrenzung gekennzeichnet waren, zum Teil spürbar zu verbessern.

Neben dieser freundlichen Seite der Erfolgsbilanz steht aber mit 55 Fällen ein deutlicher Anteil von 41 % der Untersuchungsgruppe, bei denen die Versuche zur beruflichen Perspektiventwicklung scheiterten. Sicherlich ist auch dies vor dem Hintergrund der problematischen Ausgangssituation der Probanden zu bewerten. Gleichwohl darf dieser Hinweis aber nicht dahingehend mißverstanden werden, daß die Heimerziehung damit aus der Mitverantwortung für dieses Scheitern entlassen werden könnte oder dürfte. Die Befunde deuteten darauf hin, daß die den Probanden angebotenen Berufsausbildungen – möglicherweise auch begünstigt durch die institutionellen Strukturen einrichtungsinterner Ausbildungen – zum Teil zu wenig am individuellen Leistungsvermögen und der individuellen Interessenlage der Probanden anknüpften. Zum anderen ergab sich die begründete Vermutung, daß eine zu wenig ganzheitlich an den Interessen und Bedürfnissen der jungen Menschen ausgerichtete und damit zu wenig flexible Gestaltung des Betreuungssettings zu Abbrüchen der Heimerziehung insgesamt durch die jungen Volljährigen und damit im Nebeneffekt auch zum Abbruch der beruflichen Maßnahmen führte. Beide Kritikpunkte lassen sich in konstruktive Überlegungen zur Weiterentwicklung der berufsqualifizierenden Angebote wenden, die inzwischen in der Praxis der Jugendhilfe z.T. bereits entwickelt und umgesetzt sind. Auf diese Aspekte wird unter der Leitfrage der Perspektiven beruflicher Qualifizierung im Rahmen von Heimerziehung abschließend eingegangen. Vorab soll jedoch wegen der besonderen Bedeutung noch die Situation von Mädchen in der Heimerziehung unter dem Aspekt der Eröffnung von Ausbildungs- und Arbeitsmarktchancen betrachtet werden.

3. Berufliche Qualifizierung von Mädchen in Heimerziehung

Bereits im Zusammenhang der statistischen Daten zu den in den Heimen vorgehaltenen Ausbildungsmöglichkeiten war deutlich geworden, daß die mädchenspezifisch angebotenen Berufsausbildungen weitestgehend am Bild der traditionellen Frauenrolle in den Bereichen Haushalt und Bekleidung und damit letztlich an einer impliziten Vorbereitung auf die Rolle als Hausfrau und Mutter ausgerichtet waren. Noch gravierender aber ist die Tatsache, daß vielen Mädchen überhaupt keine Möglichkeiten der Berufsausbildungen angeboten und ihnen statt dessen in den Einrichtungen nur die Verrichtung stupider Hilfstätigkeiten abverlangt wurde (Almstedt/Munkwitz, 1982). Diese Ausgangslage war bereits in den 70er Jahren Anlaß für vehement vorgetragene Kritik an der Ausbildungssituation von Mädchen in den Heimen (Koenig/Pelster, 1978). So formulierte auch der 1984 vorgelegte Sechste Jugendbericht zur Verbesserung der Chancengleichheit von Mädchen in der Bundesrepublik Deutschland (BMfJFG, 1984) die Forderung, gerade den in Heimen lebenden Mädchen durch eine qualifizierte Berufsausbildung die Grundlage für eine eigene Existenz zu schaffen und die berufsqualifizierenden Angebote entsprechend deutlich zu verbessern.

Die bereits referierte Untersuchung zum Erfolg von Heimerziehung beschäftigte sich auch mit der besonderen Situation von Mädchen in der öffentlichen Erziehung und in diesem Zusammenhang auch mit dem Aspekt ihrer berufsqualifizierenden Chancen. Die dabei gewonnenen Befunde stützen zum Teil die vorgetragene Kritik, lassen sich aber gleichwohl nicht bruchlos in diese Positionen integrieren.

So wurde zunächst festgestellt, daß die Quote der Mädchen, die den § 75a JWG zur Fortführung der Heimerziehung bzw. der Nachbetreuung über die Volljährigkeitsgrenze in Anspruch nahmen, mit der der Jungen mit jeweils 31 % (N = 169 männlich; 53 weiblich) völlig übereinstimmte. Da die Gewährung einer Hilfe nach § 75a voraussetzte und primär darauf zielte, schulische oder berufliche Qualifikationen zu Ende führen zu wollen und zu können, deutet diese Gleichverteilung darauf hin, daß Mädchen diese Chance im gleichen Umfang wie den Jungen eingeräumt wurde. Dieser Befund liegt quer zu einer Generalthese, derzufolge der öffentlichen Erziehung an der Qualifizierung der Mädchen nicht oder doch zumindest deutlich weniger als an der der Jungen gelegen sei. Während der Jugendhilfemaßnahme begannen 29 Mädchen (55 %) gegenüber 104 Jungen (62 %) berufliche Maßnahmen. Dies bestätigt tendenziell die eben vorgenommene Bewertung. Schließlich lag auch der Anteil der Mädchen, die eine Lehre begannen, mit 16 von 29 Probandinnen und somit 55 % nur wenig unter der Vergleichsquote der Jungen mit 68 %. Anhand dieser drei Indikatoren ist demnach festzustellen, daß die Möglichkeiten, eine berufliche Qualifikation zu beginnen, für die Mädchen kaum schlechter als für die Jungen waren.

Während diese Teilergebnisse eher im Widerspruch zur verbreiteten Kritik an den Ausbildungschancen der Mädchen stehen, fügen sich die Auswertungen zu den bereitgestellten Berufsfeldern in das vertraute Bild. Im Bereich der hauswirtschaftlichen Berufe waren 13 Mädchen tätig. Ausbildungen zur Friseuse begannen 3 und zur Verkäuferin 2 Mädchen. In jeweils einem Fall wurden der Beruf der Kinderpflegerin und der Schneiderin und ein Büroberuf angestrebt. Damit fielen 21 der beruflichen Maßnahmen in das Feld der traditionell frauentypischen Berufe. Lediglich 2 Mädchen erlernten als Malerlehrling und 1 Mädchen als Gebäudereinigerin (im Sinne einer Lehre und damit gerade nicht im Status der unqualifizierten Putzfrau) typische Männerberufe. 5 Mädchen nahmen schließlich Anlern- und Hilfsarbeitertätigkeiten in Handwerks- bzw. Industriebetrieben auf.

Ganz gravierende Unterschiede zwischen Jungen und Mädchen zeigten sich dann beim Ausmaß der gescheiterten beruflichen Maßnahmen. Während 18 der 29 Mädchen (62 %) die von ihnen begonnenen Maßnahmen ohne Erfolg beendeten, d.h. in den meisten Fällen abbrachen, traf dies nur für 36 % der Jungen zu. Damit gelang es also im Ergebnis in deutlich geringerem Umfang, Mädchen mittels beruflicher Qualifikationen Grundlagen für eine eigenständige, materiell gesicherte Lebensperspektive zu erschließen. Insofern reproduzierte die Heimerziehung auch nach diesen Befunden die traditionelle geschlechtsspezifische Rollenverteilung.

Allerdings ist – nicht im Sinne einer Absolution für die Heimerziehung, sondern im Sinne einer reflexiven Interpretation vorgefundener Wirklichkeit – in Erwägung zu ziehen, daß die Heimerziehung möglicherweise neben anderen, durchaus auch institutionsintern begründeten Schwächen, nur begrenzte Chancen hatte, den Mädchen berufliche Qualifikationen erfolgreich zu vermitteln, deren Ursachen außerhalb ihres eigenen Einflußbereiches liegen. Zu bedenken ist nämlich, daß die Mädchen überwiegend erst im Jugendlichenalter in die öffentliche Erziehung kamen und ihnen damit bereits und vorrangig in ihrer Sozialisation vor der Heimerziehung, die fast ausnahmslos in sozial benachteiligten Milieus mit den dort besonders tradierten Geschlechterrollen erfolgte, die herkömmliche Frauenrolle angesonnen worden war. Insofern kann die hohe Mißerfolgsquote auch mit darin begründet sein, daß an die Mädchen während der Heimerziehung mit dem Angebot beruflicher Qualifizierung – dieses Angebot ist belegt durch die immerhin relativ hohe Quote begonnener beruflicher Maßnahmen und Lehrverhältnisse – Optionen herangetragen wurden, die im Gegensatz zu dem ihnen von jeher vertrauten Rollenselbstverständnis standen und sie deshalb diese Chancen nicht zielorientiert nutzen konnten. Dieser Gedankengang verweist darauf, daß eine Verbesserung der Berufschancen der in den Heimen betreuten Mädchen so lange ein schwierigeres Terrain gegenüber der Berufsqualifizierung der Jungen bleiben wird, wie sich nicht im gesamtgesellschaftlichen Kontext grundlegendere Veränderungen zugunsten der Gleichstellung von Frauen vollziehen.

4. Perspektiven beruflicher Qualifizierung im Rahmen von Heimerziehung

Wenn hier von beruflicher Qualifizierung anstelle von Berufsausbildung im Rahmen von Heimerziehung gesprochen wird, so hat das seinen guten Grund. Das Ziel, gerade den Jugendlichen und jungen Erwachsenen in den Heimen einen möglichst qualifizierten Einstieg in das Berufsleben, eben möglichst in Gestalt einer regulären Berufsausbildung zu eröffnen, ist im Blick auf die Optionen zur Realisierung sozialer Teilnahmechancen zweifellos richtig. Nur werden in der Heimerziehung zu einem erheblichen Anteil junge Menschen gefördert, die aus sozial benachteiligten Verhältnissen in die Einrichtungen kommen, was sich häufig auch in deren beeinträchtigten Bildungschancen, geringer Lernmotivation und begrenzter Leistungsfähigkeit dokumentiert. Zunehmend sind es auch Jungen und Mädchen, deren oft demonstrative Abwendung von den – gerade auch in den Feldern Schule und Berufsleben – vorherrschenden Normalitätserwartungen ein wesentlicher Grund für die Entscheidung für eine Heimunterbringung war. Diese Ausgangssituation erfordert es, im Kontext der erzieherischen Hilfen im Heim ein deutlich breiter angelegtes Spektrum beruflicher Qualifizierungsmöglichkeiten zu erschließen und dabei auch Konzepte sozialpädagogisch strukturierter Ausbildungs- und Arbeitsplätze einzubeziehen. Die Praxis der Heimerziehung hat sich in den zurückliegenden Jahren bereits in diese Richtung entwickelt (ZIELKE ET AL., 1986; BOJANOWSKI, 1988; IGFH, 1989 UND 1993).

Die Bandbreite der Angebote zur beruflichen Qualifizierung kann sich – ohne bei der folgenden Aufzählung einen Anspruch auf abschließende Vollständigkeit zu erheben – von der Lehre in ganz normalen Ausbildungsbetrieben im Gemeinwesen über sozialpädagogische Begleitung an solchen Ausbildungsplätzen, Anlern- und tariflich geregelte Arbeitsverhältnisse in normalen Handwerks- und Industrieunternehmen, über Kooperationen mit örtlich bestehenden berufsbildenden Einrichtungen (z.B. Berufsbildungswerken), örtlichen Projekten des zweiten Arbeitsmarktes bis zu den heiminternen Ausbildungs- und Arbeitsplätzen mit spezifischen sozialpädagogischen Konzeptionen und berufsvorbereitenden und -motivationsstiftenden Maßnahmen erstrecken.

Die jeweils im Einzelfall des betroffenen jungen Menschen geeignete Form beruflicher Qualifizierung kann nur im Kontext der Hilfeplanung mit ihm ausgehandelt und entsprechend in das Gesamtkonzept der Förderung aufgenommen werden, wodurch z.B. die Auswahl einer geeigneten Einrichtung mit bestimmt werden kann. Leitendes Kriterium in diesen Prozessen des Abwägens und Aushandelns muß es sein, die berufliche Maßnahme, soweit es irgend geht, im Rahmen von Normalität, also unter Vermeidung von Sondersituationen oder gar Ausgrenzung und Isolation zu gestalten. Zweifellos wird dies für viele der in den Einrichtungen betreuten jungen Menschen der beste und häufig auch der praktikable Weg. Nur wo eine Lehre oder eine andere berufliche Maßnahme aus überzeugendem Grund nicht in ganz normalen Umfeldern erfolgen kann, sind anders konzipierte Maßnahmen akzeptabel. Kommt es in professionell verantworteter und vom Jugendlichen mitgetragener Entscheidung dazu, einrichtungsinterne Angebote zu nutzen, gilt gerade auch hier die Forderung, trotz institutionsinterner Ausbildung soweit es geht Isolation und Ausgrenzung zu vermeiden. Das bedeutet, daß sich heimeigene Ausbildungsbetriebe – wie dies zum Teil auch schon praktiziert wird (Klein/Schoch, 1989) – für externe Auszubildende öffnen und so daran arbeiten müssen, die spezifischen Förderungserfordernisse ihrer Adressaten mit dem Bemühen um das Zurückdrängen von Sondersituationen in Einklang zu bringen.

In den beiden Grundkonzepten der Nutzung des allgemeinen Ausbildungs- und Arbeitsmarktes wie auch der einrichtungsinternen Ausbildung liegen jeweils spezifische, geradezu strukturelle Problemstellungen, auf die abschließend kurz hingewiesen werden soll. Die oben präferierte Nutzung des normalen Lehrstellen- und Arbeitsmarktes steht in hohem Maße in Abhängigkeit von konjunkturellen und demographischen Entwicklungen. Je nach Bedarf an Lehrlingen und anderen jungen Arbeitskräften und seinem Verhältnis zur jeweils jahrgangsspezifischen Stärke der Bewerberzahlen erweist sich der Arbeitsmarkt als mehr oder minder offen, den häufig benachteiligten jungen Menschen aus den Heimen Chancen zu eröffnen. In den beiden zurückliegenden Jahrzehnten haben sich so auch zum Teil rasante Verschiebungen in den Beurteilungen zum Bedarf der vergleichsweise konjunkturunabhängigen heiminternen Ausbildungsplätze sowie alternativer Arbeits- und Beschäftigungsmöglichkeiten, etwa auf dem zweiten Arbeitsmarkt, ergeben.

Andererseits steht gerade die einrichtungsinterne Ausbildung vor dem Problem, mit einer schnellebigen Technologieentwicklung mithalten zu müssen, die etwa in den Metallberufen sehr kostenintensive Maschinenausstattungen erfordert, die in reinen Ausbildungsbetrieben ohne prioritäre Gewinnorientierung dauerhaft kaum finanzierbar ist. Ohne diesen aktuellen Ausbildungsstandard sinken jedoch die Arbeitsmarktchancen der Absolventen drastisch. Hier können möglicherweise Kooperationsmodelle mit externen Handwerksbetrieben hilfreich sein (Claussen, 1989).

Gleichzeitig erhöhen sich mit der Technisierung – dies gilt für extern wie intern genutzte Ausbildungsgänge – auch die kognitiven Anforderungen an die Auszubildenden, wodurch für einen Teil der in den Heimen betreuten jungen Menschen die Chancen einer qualifizierten Berufsausbildung in weitere Ferne rücken. Diese Entwicklungen wie die anderen genannten Unwägbarkeiten in der Dynamik des Arbeitsmarktes verweisen noch einmal sehr grundsätzlich darauf, daß die Konzepte interner und externer beruflicher Qualifizierung im Rahmen von Heimerziehung nicht alternativ, sondern nur komplementär diskutiert werden können. Damit ergibt sich auch für diesen Bereich – wie für Jugendhilfe insgesamt – die Forderung nach Kooperation und Vernetzung verschiedener Konzepte und Träger, um vorhandene Ressourcen effizient nutzen und auslasten zu können und damit den Adressaten insgesamt ein möglichst breites Spektrum unterschiedlich konzipierter Angebote bereitstellen zu können.

Literatur

AHLHEIM, R./AUTORENKOLLEKTIV: Gefesselte Jugend. Fürsorgeerziehung im Kapitalismus. Frankfurt/M., 1971

ALMSTEDT, M./MUNKWITZ, B.: Ortsbestimmung der Heimerziehung. Weinheim und Basel, 1982

BOJANOWSKI, A.: Berufsausbildung in der Jugendhilfe. Innovationsprozesse und Gestaltungsvorschläge. Münster, 1988

BROSCH, P.: Fürsorgeerziehung. Heimterror und Gegenwehr. Frankfurt/M., 1971

BÜRGER, U.: Heimerziehung und soziale Teilnahmechancen. Eine empirische Untersuchung zum Erfolg öffentlicher Erziehung. Pfaffenweiler, 1990

BUNDESMINISTERIUM FÜR JUGEND, FAMILIE, FRAUEN UND GESUNDHEIT (BMFJFFG): Achter Jugendbericht. Bonn, 1990

BUNDESMINISTERIUM FÜR JUGEND, FAMILIE, FRAUEN UND GESUNDHEIT (BMFJFFG): Sechster Jugendbericht. Bonn, 1984

CLAUSSEN, H.: Die Berücksichtigung neuer Techniken in der schulischen und beruflichen Bildung Jugendlicher im Heim; in: IGFH, 1989

HEINEMANN, W./PETERS, F.: Ambulant Betreutes Einzelwohnen (ABE) – eine Herausforderung der Heimerziehung. In: Unsere Jugend 11/1987

HOTTELET, H.: Zum Handeln befähigen. Bedarf und Aufgaben zukunftsorientierter Heimerziehung. In: Arbeiterwohlfahrt (Hrsg.): Heimerziehung und aktuelle gesellschaftliche Entwicklung. Bonn, 1986

INTERNATIONALE GESELLSCHAFT FÜR HEIMERZIEHUNG (IGFH): Berufsausbildung in der Jugendhilfe. Themenheft Materialien zur Heimerziehung 2/1989

INTERNATIONALE GESELLSCHAFT FÜR HEIMERZIEHUNG (IGFH): Ausbildungsfähig? Nicht die Jugendlichen, sondern die Pädagogen geraten an ihre Grenzen (Erziehungshilfe-Dokumentationen, Band 3). Frankfurt/M., 1993

KLEIN, W./SCHOCH, H.: Die Bedeutung einer beruflichen Erstausbildung für Jugendliche in Heimerziehung. In: IGFH, 1989

KOENIG, C./PELSTER, M.: Reform im Ghetto. Die Geschichte eines Mädchenerziehungsheimes. Weinheim und Basel, 1978

KOMMISSION HEIMERZIEHUNG: Zwischenbericht Kommission Heimerziehung der Obersten Landesjugendbehörden und der Bundesarbeitsgemeinschaft der Freien Wohlfahrtspflege. Frankfurt/M., 1977

MÜLLER, M./GOLLNICK, H.: Ausbildungsangebote in Heimen der öffentlichen Erziehung. In: Materialien zur Heimerziehung 2/1989

STATISTISCHES BUNDESAMT (STABA): Sozialleistungen. Fachserie 13, Reihe 6.1.2, Jugendhilfe – Erzieherische Hilfen außerhalb des Elternhauses, 1993. Wiesbaden, 1995

ZIELKE, D./HENSGE, K./LEMKE, I.: Planung und Durchführung der Berufsbildung benachteiligter Jugendlicher. Berichte aus Praxismodellen. Berlin und Bonn, 1986

Stefan Müller-Teusler

Drogen: Empowerment in der Heimerziehung

Drug Abuse: The Empowerment Strategy

Drug abuse and the use of addictive substances by young people in residential care is a neglected topic in scientific literature. This leads to the conclusion that there are either no drug problems in residential care or the problem is cut out of the discussion of residential care by refering to the homes regulations which avenges drug use with suspension of the institution; or it is a topic which is only subliminaly discussed and sciences does not take note of it. Because of special problems and life situations of clients in residential care it can be assumed that these are high risk groups with regard to use and abuse of addictive substances. Follows the question what the endangering of the clients of residential care is and which preventive interventions have to be found. In this context it is the concept of empowerment as a reflective frame to deal with the problem of addiction in residential care.

1. Drogen: Begriff und Genese

Als Drogen werden üblicherweise natürliche und synthetische Substanzen (= stoffgebundene Süchte) bezeichnet, die durch ihre Wirkung auf das Zentralnervensystem Abhängigkeit erzeugen können, also einen Zustand hervorrufen, der durch periodische oder kontinuierliche Einnahme dieser Substanzen befriedigt wird. Weiterhin gibt es noch die stoffungebundenen Süchte, deren Befriedigung durch wiederholte und/oder gesteigerte Erlebnisse erfolgt. Im Zusammenhang mit dem Begriff »Drogen« werden Ausdrücke wie Sucht, Genuß, Mißbrauch, Gebrauch, Abhängigkeit etc. gebraucht, die je nach Anwendung eher ein Ausdruck für das jeweilige Verständnis von Drogen sind, als daß sie sachlich beschreibend zur Erläuterung des Begriffes »Drogen« beitragen.

Obwohl in der Literatur die unterschiedlichen Definitionen zu Recht kritisch bewertet (vgl. dazu z.B. VOGT/SCHEERER, 1989, S. 5 ff.; SCHULZ, 1994, S. 502 ff.; BÖLLINGER/STÖVER, 1992, S. 18 ff.), gibt es bis heute keine allgemein gültige Definition von Drogen. Trotz der genannten Schwierigkeiten findet die folgende Definition der WHO (1981) hier Anwendung, weil sie international verbreitet ist: »Drogen in diesem Sinne sind alle Stoffe, Mittel, Substanzen, die aufgrund ihrer chemischen Natur Strukturen oder Funktionen im lebenden Organismus verändern, wobei sich diese Veränderungen insbesondere in den Sinnesempfindungen, in der Stimmungslage, im Bewußtsein oder in anderen psychischen Bereichen oder im Verhalten bemerkbar machen« (zit. nach VOGT/SCHEERER, 1989, S. 5 f.). In dieser Definition finden die stoffungebundenen Süchte keine Berücksichtigung. Diese sollen hier auch nicht weiter thematisiert werden: »Im Eifer des Gefechts wird dabei der Drogenbegriff ausgedehnt, obwohl es nur darum gehen kann, die Übertragbarkeit des Modells der Abhängigkeit von Drogen auf die Abhängigkeit von anderen Phänomenen zu überprüfen. Drogenabhängigkeit ist im gängigen Diskurs vielleicht die Abhängigkeit par excellence. Aber deswegen ist noch lange nicht alles, wovon eine Mensch abhängig sein kann, eine Droge« (a.a.O., S. 7).

Die Ursachen für das Auftreten von Drogengebrauch sind nicht eindeutig bestimmbar, vielmehr handelt es sich um verschiedenste Faktoren, die die Tendenz zum Suchtverhalten mindestens begünstigen können.[2] »Zu den möglichen Ursachen zählen individuelle körperliche, seelische, soziale und spirituelle Bedingungen ebenso wie gesellschaftliche, wirtschaftliche und politische Gegebenheiten« (Schulz, 1994, S. 503). Damit wird auch die Komplexität von Suchtverhalten deutlich: Die Bandbreite der potentiellen Ursachen weist auf die verschiedenen Disziplinen hin, die sich mit der Thematik befassen: von Medizin (vgl. z.B. NELLES/BÖKER, 1992), Psychologie und Philosophie (vgl. WOLF, 1992) über Soziologie, (Sozial-)Pädagogik (VGL. MALCHAU, 1987) hin zu Jura/Politik (vgl. KREUZER, 1992) und Wirtschaftswissenschaften (vgl. POMMEREHNE/HART, 1992). Dementsprechend ist die Vielzahl der Ansätze zur Definition von Sucht und die daraus resultierenden Erklärungsansätze nicht nur sehr heterogen, sondern z.T. kaum aufeinander beziehbar.

Sozialwissenschaftlich gesehen lassen sich pauschalisiert drei Etappen zur Sucht beschreiben: vom ausweichenden (abweichenden) Verhalten über die Gewöhnung hin zum Suchtverhalten (vgl. Schulz, 1994). Die Neutralität der gewählten Beschreibung vermeidet die Stigmatisierung bzw. Schuldzuweisung an Personen und/oder Strukturen, die vermeintlicher Auslöser für das Suchtverhalten sind. Diese sozialwissenschaftliche Perspektive in Kombination mit den potentiellen Ursachen stellen die Herausforderung für Pädagogen dar, präventiv zu handeln bzw. nach Maßgabe der Möglichkeiten zu intervenieren.

2. Junge Menschen in der Heimerziehung

Heimerziehung stellt sich als eine komplexe und facettenreiche Form von Erziehung außerhalb der Familie dar (vgl. die Beiträge in diesem Buch). Dementsprechend gibt es alleine in der Jugendhilfe die vielfältigsten Formen und Angebote (vgl. dazu COLLA, 1981, 1994a, 1994b), wobei die Einrichtungen für behinderte und psychisch kranke Menschen noch nicht berücksichtigt sind. Bedingt ist das umfangreiche Angebot in der Jugendhilfe dadurch, daß die individuellen Problem- und Lebenslagen von Kindern und Jugendlichen in der Heimerziehung sehr heterogen sind (vgl. dazu V.D. PLOEGH/V.D. BERGH/KNORTH/SMIT, 1992). Allen gemeinsam ist nur, daß sie in ihrer Sozialisation bestimmte Erfahrungen gemacht haben, die in einem auffälligen Verhalten gipfeln. Dem Individualisierungstheorem (vgl. ARBEITSGRUPPE BIELEFELDER JUGENDFORSCHUNG, 1990) folgend lassen sich kaum noch durchgängig übereinstimmende Charakteristika in der Sozialisation von Kindern und Jugendlichen finden (vgl. Abels, 1993). Damit sind die spezifischen Kompetenzen zum Umgang mit Belastungen, Konflikten und Problemen (vgl. HURRELMANN, 1988; MANSEL/HURRELMANN, 1991; ENGEL/HURRELMANN, 1989, 1993) sehr differenziert und in der Form von Bewältigung individuell unterschiedlich.

Davon ausgehend, daß bei Kindern und Jugendlichen einschneidende biographische Merkmale, sei es z.B. Verlust bzw. Inkompetenz von wichtigen Bezugspersonen oder die Zumutung von Mißhandlung, sowie/oder auch in der Sozialisation gemachten Erfahrungen ihre Wahrnehmungs- und Erlebnisperspektive verändert, so resultiert daraus, daß die Wahl der Mittel zur Konflikt- und Problembewältigung oft der Situation nicht angemessen ist. Drogenkonsum kann als ein mögliches Mittel zur Konflikt- und Problembewältigung angesehen werden, wenn auch der Konsum das Problem natürlich nicht löst. Drogenkonsum ist in diesem Kontext eine Form von ausweichendem Verhalten, das zur Sucht werden kann (vgl. dazu auch MALCHAU, 1987).

Da die jungen Menschen in der Heimerziehung unterschiedliche Herkunfts- und Sozialisationsmilieus haben, ist das potentielle Spektrum an Formen abweichenden Verhaltens weit und die Möglichkeit der Übernahme von Verhaltensmustern anderer Gruppenmitglieder groß. Der Gebrauch von Drogen als Mittel zur Rauscherfahrung und/oder zum ausweichenden Verhalten erscheint in diesem Kontext als durchaus wahrscheinlich. Anlaß kann z.b. eine subjektiv als stark belastend oder ausweglos empfundene Krise sein, zu deren vorübergehenden Kompensation der Gebrauch von Suchtmitteln genutzt wird. Dieses kann auch aus der Heimerziehung resultieren: Belastungen in den Beziehungen zu den Erziehern, Monotonie etc. können ursächlich für Suchtmittelgebrauch sein.

Die Heimerziehung will »Strukturen eines entlastenden, aber attraktiven Lebensfeldes (schaffen), die den Kindern die Möglichkeit eröffnen, sich durch erlebte pädagogische Begegnungen helfen zu lassen; Strukturen, in denen Verhaltens-, Verständigungs- und Erfahrungsalternativen angeboten werden, die an den subjektiven Alltagserfahrungen und Deutungen der Kinder anknüpfen und sie befähigen, sich den modernen Lebensbedingungen zu stellen« (Colla, 1994a, S. 228 f.). Damit ist auch der Rahmen beschrieben, in dem Prävention als Intervention zur Prognostizierung und Verhinderung von Notlagen systematisch und graduell aufeinander abgestimmt ansetzt. Heimerziehung stellt die entlastenden Momente zur Verfügung, um in diesem Rahmen von *Entlastung* Kompetenzen zum Umgang mit *Belastung* zu entwickeln. Die Schaffung dieser Momente ist in der Institution selber und der Gruppe notwendig (»social climate«), um darauf aufbauend Formen der Unterstützung zu entwickeln (»social support«), was schließlich in der Entwicklung von individuellen (Handlungs-)Kompetenzen (»social competence«) mündet.[3]

3. Empowerment

Als quasi reflexiver Rahmen zur Entwicklung und Förderung von (Handlungs-) Kompetenzen auf der individuellen Ebene bietet sich »Empowerment« an. Empowerment wurde im Rahmen der Gesundheitspsychologie entwickelt und wendet sich in diesem Zusammenhang gegen das advokatorische Modell psychosozialer Arbeit (vgl. Herriger, 1991, S. 222, 1994). Dieses Konzept hat in seiner prozeßhaften Abfolge handlungsintendierenden Charakter. In der Abstraktion und Generalisierung des Ansatzes bekommt es Relevanz für alle Bereiche der Sozialen Arbeit.

Empowerment ist zielorientiert und somit auch ein normativer Begriff (vgl. a.a.O., S. 221 f.). Im Gegensatz zu anderen Normen leitet sich das Ziel von Empowerment aus der jeweiligen Individualität und Subjektivität ab: »Empowerment zielt auf die Stärkung und Erweiterung der Selbstverfügungskräfte des Subjekts, es geht um die (Wieder-)Herstellung von Selbstbestimmung über die Umstände des eigenen Alltags. Gerade deshalb erweist sich Empowerment als Konzept zur Prävention von Suchtmittelmißbrauch besonders geeignet, weil der Fokus die Aktivierung von Ressourcen der jeweiligen Persönlichkeit ist. Damit wird Eindimensionalität zugunsten eines spezifischen Präventionsaspektes vermieden. Jegliche Moralisierung/Bewertung im Hinblick auf den jeweiligen Gebrauch von Suchtmitteln unterbleibt, weil dieses per se kein Thema darstellt, sondern die Persönlichkeit in ihrer Komplexität ausschließlich das Ziel der pädagogischen Bemühungen ist.

Empowerment umfaßt dabei stets zwei Elemente:

1. Kontrollüberzeugung, d.h. die feste Gewißheit der Person, daß sie Brüche und Krisen im Lebenszyklus, sollten sie eintreten, »fest im Griff hat«; und

2. Kontrollerfahrung, d.h. das konkrete Erleben, daß man über Fähigkeiten und Fertigkeiten verfügt, um den Alltag aktiv zu gestalten, daß man selbst erfolgreicher Konstrukteur einer nach eigenen Bauplänen veränderten Lebenswelt ist« (HERRIGER, 1991, S. 222).

Empowerment stellt eine wichtige Ergänzung zu bisherigen Konzepten der Drogenarbeit dar, denn »Empowerment läßt sich... als ein bewußter und andauernder Prozeß bezeichnen, durch den Personen, die –meist im Rahmen lokaler Zusammenhänge– keinen ausreichenden Anteil an für sie wichtigen Ressourcen haben, einen besseren Zugang zu diesen Ressourcen erreichen und deren Nutzung selbst bestimmen können. Dies geschieht auf der Basis gegenseitiger Achtung von Personen und Gruppen, kritischer Betrachtung der sozialen Rahmenbedingungen und aktiver Beteiligung und persönlichem Engagement für die eigenen und gemeinsamen Belange« (STARK, 1996, S. 156). Empowerment knüpft an den Ansatz niedrigschwelliger, akzeptierender Drogenarbeit an und führt diesen mit dem Ziel fort, die Kompetenz/Ressourcen von Drogenabhängigen selbst wahrzunehmen zu lassen als diese für sie zu definieren. Damit bieten sich –im Sinne des niedrigschwelligen, akzeptierenden Ansatzes– zum einen Zugangsmöglichkeiten zu den Drogenabhängigen und andererseits die Option auf Veränderung der (devianten) Lebensweisen, weil die dazu notwendigen Ressourcen von den Drogenabhängigen selbst gesucht/gebildet werden.

Empowerment ist primär eine Haltung, die die Professionalität bestimmt und nicht eine zielgerichtete Methode. Sekundär intendiert Empowerment in der Abfolge der Strukturierung methodisches Handeln. Es ist ein offenes Konzept, das erst auf dem Hintergrund der jeweiligen Subjektivität seine Ausgestaltung erfährt. Schematisch läßt sich das Empowerment-Konzept – in Phasen unterteilt – folgendermaßen darstellen:

Abb. 1:   Phasenschema von Empowerment

Empowerment stellt einen Prozeß dar, wie aus der Situation heraus über das Durchlaufen verschiedener Stufen ein Ziel angestrebt wird. Das Ziel ist die Entwicklung von Handlungskompetenzen, die dem Akteur wieder die Sicherheit der Gestaltung und Gestaltbarkeit seines Lebens bieten. Das Resultat aus diesem Prozeß wäre die Entwicklung einer Persönlichkeit, die selbstbestimmt und autonom handelt.Ausgehend von einem Anlaß/Ereignis/einer Situation wird diese subjektiv bewertet; je nach persönlicher Handlungskompetenz und Situationsbewertung resultiert daraus ein individuelles Handlungskonzept, um adäquat in der Situation zu handeln. Wo die Handlungskompetenz nicht ausreichend entwickelt ist bzw. die subjektive Bewertung die Situation als ausweglos charakterisiert, kommt es zur individuellen Überforderung. Damit können Momente der Verweigerung als auch der Flucht, z.B. durch den Gebrauch von Suchtmitteln, einhergehen.

Die professionelle (pädagogische) Hilfestellung setzt in der Phase der Mobilisierung ein und verhilft dem jungen Menschen zu einer Stärkung seiner Identität und seines Selbstwertgefühls. Diese herausgeformte Persönlichkeit mündet in die Phase der Formierung ein. Dem schließt sich eine Aktivierung der Ressourcen an, um daraus Handlungsfähigkeit zu entwickeln. Die Sicherheit der Kontrollüberzeugung/Kontrollerfahrung (über die Situation) mündet schließlich in Handlungskompetenz. Nach Durchlaufen dieses Prozesses hat der junge Mensch schließlich Selbstbestimmung und Autonomie erlangt, um zukünftigen, ähnlichen Situationen adäquat und kompetent begegnen zu können.

Dieses Konzept ist natürlich idealtypisch und verläuft auch nicht in einer Geradlinigkeit. Die Umsetzung erfordert außerdem auch eine bestimmte Perspektiver der professionellen Helfer: »Eine solche soziale Praxis nimmt Abschied von tradierten Spielarten der 'Fürsorgepädagogik'. In ihr Zentrum rücken vielmehr die Inszenierung, der Aufbau und die Weiterentwicklung von fördernden Strukturen, die die Selbstorganisation von Menschen unterstützen und Ressourcen für eine selbstbestimmte Lebensgestaltung freisetzen« (HERRIGER, 1994, S. 146)

Die Gestaltung der strukturellen Ebene bedarf einer Professionalität der Mitarbeiter,[4] die nicht nur mit den vielfältigen Anforderungen durch die Divergenz der multidimensionalen Problem- und Lebenslagen der Klientel adäquat umgehen und kompetent den Alltag gestalten kann, sondern darüber hinaus die Fähigkeit besitzt, die entlastenden Momente zu schaffen und den individuellen Bedürfnissen entsprechend bereitzustellen. Präventives Handeln stellt sich in diesem Kontext nicht als primär individuelle Aufgabe dar, sondern ist an den strukturellen Rahmen der Institution und die Fähigkeit der Zusammenarbeit der Mitarbeiter zugunsten der verschiedenen Bedürfnisse der jungen Menschen gebunden. Präventives Handeln per se ist nicht eine spezifische Handlungs-/Interventionsform, die sonst nicht auch im beruflichen Handeln in der Heimerziehung aufgehoben ist, aber angesichts der besonderen Problem- und Lebenslagen und der Antizipation von Drogenkonsum als potentielle Variante zur Problem- und Konfliktbewältigung eine erhöhte Sensibilität fordert.

Anmerkungen

[1]   Wenn hier die Rede von Heimerziehung bzw. jungen Menschen in der Heimerziehung ist, ist das Pflegekinderwesen implizit mit eingeschlossen, wenn auch die Problematik auf sie wegen ihrer anderen Lebensumstände vermutlich in abgeschwächter Form zutrifft.

[2]   Der in der Literatur verwendete Begriff zur Bezeichnung der Multidimensionalität und Vielschichtigkeit der Drogenproblematik ist multifaktorielles Bedingungsgefüge. Dieser Terminus ist mehr Indiz für die Diffusität in den wissenschaftlichen Auffassungen und Hinweis für die bisher unzulänglichen Theorieansätze und Forschungen denn ein begründeter, inhaltlich fundierter anderer/neuerer Ansatz zur Genese von Drogenkonsum.

[3]   Vgl. dazu die Beiträge in: V.D. PLOEG/V.D. BERGH/KLOMP/KNORTH/SMIT (EDS.), 1992, Part I.

[4]   Vgl. dazu die Beiträge in: V.D. PLOEG/V.D. BERGH/KLOMP/KNORTH, SMIT (EDS.), 1992, Part II, Section II (»Management Issues«).

Literatur

ABELS, H.: Jugend vor der Moderne. Opladen, 1993

ARBEITSGRUPPE BIELEFELDER JUGENDFORSCHUNG (Redaktion: W. HEITMEYER, TH. OLK): Das Individualisierungs-Theorem – Bedeutung für die Vergesellschaftung von Jugendlichen. In: HEITMEYER, W./OLK, TH. (HG.): Individualisierung von Jugend. Weinheim, München, 1990

Colla, H.E.: Heimerziehung: stationäre Modelle und Alternativen. München, 1981

COLLA, H.E.: Heimerziehung (1994a). In: STIMMER, F. (HG.): a.a.O.

COLLA, H.E.: Heimerziehung in der DDR (1994b). In: STIMMER, F. (HG.): a.a.O.

ENGEL, U.; HURRELMANN, K.: Psychosoziale Belastung im Jugendalter. Bonn, 1989

ENGEL, U.; HURRELMANN, K.: Was Jugendliche wagen. Weinheim, München, 1993

HERRIGER, N.: Empowerment – Annäherungen an ein neues Fortschrittsprogramm der sozialen Arbeit. In: Neue Praxis, Heft 3, 1991, S. 221-229

HERRIGER, N.: Empowerment. In: STIMMER, F. (HG.): a.a.O.

HURRELMANN, K.: Sozialisation und Gesundheit. Weinheim, München, 1988

KREUZER, A.: Mythen in der Drogenpolitik. In: Universitas, Heft 6, 1992, S. 525-538

MALCHAU, J.: Drogen und Suizid als Überlebensoption. Weinheim, 1987

MANSEL, J.; HURRELMANN, K.: Alltagsstreß bei Jugendlichen. Weinheim, München, 1991

NELLES, J.; BÖKER, W.: Suchtverhalten im Spannungsfeld von Drogen- und Gesundheitspolitik. In: Universitas, Heft 6, 1992, S. 513-524

V.D. PLOEG, J.; V.D. BERGH, P.M.; KLOMP, M.; KNORTH, E.J.; SMIT, M. (EDS.): Vulnerable Youth in Residential Care. Leuven, Apeldoorn, 1992, Part I + II

POMMEREHNE, W.; HART, A.: Drogenpolitik aus der Sicht des Ökonomen. In: Universitas, Heft 6, 1992, S. 539-550

SCHEERER, S.; VOGT, I. (HG.): Drogen und Drogenpolitik. Frankfurt/M., New York, 1989

SCHULZ, W.: Sucht. In: STIMMER, F. (HG.): a.a.O.

STARK, W.: Empowerment. Neue Handlungskompetenzen in der psychosozialen Praxis. Freiburg/B., 1996

STIMMER, F. (HG.): Lexikon der Sozialpädagogik und der Sozialarbeit. München, Wien, 1994

VOGT, I.; SCHEERER, S.: Drogen und Drogenpolitik. In: SCHEERER, S.; VOGT, I. (HG.): Drogen und Drogenpolitik. Frankfurt/M., New York, 1989

WOLF, J.-C.: Recht auf Rausch oder Pflicht zur Mäßigung? in: Universitas, Heft 6, 1992, S. 551-562

Monika Arlt

Lernfeld Wohnen aus systemischer Sicht

Systemic Residential Approach

Rooms in which pedagogics takes place are extensivly neglected. Systemic-environ-mental interrelations show that housing has an existential meaning not only in its complexity of functions. More than that it shows pedagogical consequences: Housing and learning have a close correlation which can be used in daily residential care.

1. Was heißt Wohnen?

»Wohnen« ist der Oberbegriff für eine Vielzahl von Tätigkeiten, die den Tagesablauf von Menschen in Wohnungen strukturieren. Die Tätigkeiten reichen von produkti-ven, z.b. der Essenszubereitung, bis hin zu reproduktiven, wie z.b. schlafen, zur Wiederherstellung der Kräfte. Die produktiven Tätigkeiten werden allgemein mit dem Begriff des Hauswirtschaftens bezeichnet. Gleichzeitig steht »Wohnen« auch für eine Anzahl von Funktionen, wie z.b. Schutz, Rückzugsmöglichkeit, Geborgen-heit, Beständigkeit, Vertrautheit, die mit entsprechenden menschlichen Bedürfnissen und Gefühlen korrespondieren. Die Wohnung soll diese Funktionen gewährleisten und soll so den Raum für die optimale Entfaltung der in ihr lebenden Menschen abgeben.

Insgesamt ist »Wohnen« ein existentieller Bereich im menschlichen Leben, der hinsichtlich Zufriedenheit, Autonomie, Kreativität und vielleicht auch Glück eine ganz erhebliche Rolle spielt. Die Lebenssituation »Wohnen« steht im Wechsel-verhältnis zum »Weggehen« und damit zu allen Tätigkeiten, die außerhalb der Woh-nung stattfinden. Allerdings ist dieses Wechselverhältnis so beschaffen, daß das Wohnen den Mittelpunkt bildet, von dem aus der weitere Raum erschlossen wird, zu dem man jedoch immer wieder zurückkehrt.

Grundsätzlich gelten diese Aussagen auch für das Leben und Wohnen in Hei-men. Wenn die dort lebenden Kinder und Jugendlichen normal aufwachsen sollen, so geht das nur, wenn das Heim ein möglichst normaler Ort ist – möglichst nicht herausgehoben durch Lage, Baugestalt oder Namen (wie z.B. SOS Kinderdorf). Ne-ben dem individuellen Bezug darf also auch die Einbettung des Wohnens in einen sozialen, politischen und ökonomischen Zusammenhang nicht übersehen werden. Ein herausgehobenes Gebäude, ein spezifischer Name können stigmatisierend wir-ken. Stimmig ist eine Baugestalt sicher erst dann, wenn sich das Gebäude in die Umgebungsbebauung einpaßt bzw. in die umgebende Landschaft eingebettet ist. Heime sind m.E., wie der Wohnungsbau insgesamt, keine Einzelereignisse, die aus sich heraus einer besonderen Architektur bedürfen. Dies mag Banken, Warenhäu-sern, Kirchen, Gemeindezentren etc. vorbehalten bleiben. Jedoch ist Aufwertung gefragt im Hinblick auf angenehme Proportionen und freundliche Atmosphäre als Lebensbedingungen, die ein Wohlbefinden der dort Lebenden erst möglich machen.

2. Systemansatz für das »Wohnen-Lernen«

Es ist notwendig und partiell auch für jeden Menschen (Kind, Jugendlichen und Erwachsenen) möglich, die eigene Wohnumwelt sozial und ökologisch verträglich zu
gestalten. Die Ökologisierung muß aber zunächst im Bewußtsein einzelner stattfinden, bevor sie sich in der Realität auswirken kann, d.h. es müssen Lernprozesse in
Gang gesetzt werden. Ziel dieses Lernens ist das systemische Denken als Alternative
zum linearen, monokausalen Problemlösungsdenken.

Die Betrachtung des Wohnens als eines Systems, welches mit anderen Systemen, z.b. dem des Lernens, verknüpft ist, bietet hierzu die Grundlage. Der System-
oder besser gesagt, system-ökologische Ansatz gründet auf real gegebenen Systemen der Natur in der Weise, daß Organisationsstrukturen und Überlebensmechanismen
der Natur entdeckt und für andere Systeme verfügbar gemacht werden. HUSCHKE-
RHEIN (1989, S. 117) bezeichnet »System« in diesem Zusammenhang als »praxisrelevante Rekonstruktion von Realität«.

Systemdenken, also Denken in komplexen Wirkungszusammenhängen, ist
schwer. Wir sind es gewohnt, in kausalen Ursache-Wirkungszusammenhängen zu
denken und Probleme auf eine einzige Ursache zurückzuführen. Dabei bestehen in
der Realität immer vielschichtige Wirkungszusammenhänge mit zeitlichen Abläufen, zyklischen Beziehungen, Widersprüchen und explosiven Beschleunigungen.

Einsicht in solche Zusammenhänge kann nach HUSCHKE-RHEIN (1986, S. 110)
gleichzeitig Einsicht in allgemeine Normen praktischen Handelns ermöglichen. Mit
Hilfe des Systemwissens können wir beginnen, selbst in Systemzusammenhängen
zu denken und zu handeln.

Die Grundlage der folgenden Ausführungen bildet die allgemeine dynamische
Systemtheorie, eine Weiterentwicklung kybernetischer, biologischer und soziologischer Systemansätze (vgl. a.a.O., S. 70). Sie orientiert sich an organischen, selbst
organisierenden Systemen, sucht von ihnen zu lernen und ihre Gesetzmäßigkeiten in
andere Bereiche zu übertragen. Ein organisches System ist dieser Theorie nach eine
räumlich-zeitliche Organisation von Ideenprozessen auf der Basis des Austausches
von Materie, Energie und Information (vgl. a.a.O., S. 73).

Ein brauchbarer Entwurf eines Ökosystems für die Wohnökologie ist, wie VAN
LEEUWEN demonstriert, der Entwurf von BUBOLZ, EICHER und SONNTAG. »Ausgangspunkt ist für die Autoren der Mensch bzw. ein Haushalt als eine Umge-
bungseinheit (human environment unit) mit einem Umgebungsfeld, das in 3 Haupt-
gruppen unterteilt wird, jede mit eigener Struktur, aber untereinander durch eine Ver-
flechtung von Beziehungen verbunden. Die erste Gruppe besteht aus der natürlichen
Umgebung (natural environment), die zweite aus der durch den Menschen geschaffenen Umgebung (human constructed environment) und die dritte Gruppe besteht
aus der sozialen Umgebung (human behavioral environment). Mit dieser Unterscheidung glauben die Autoren, einen operationalen Rahmen für Untersuchungen, Unterricht und auch für Studien in und zwischen den verschiedenen haushalts-
wissenschaftlichen Disziplinen angeboten zu haben« (VAN LEEUWEN 1984, S. 78)

Abbildung 1: Ökosystem für die Wohnökologie

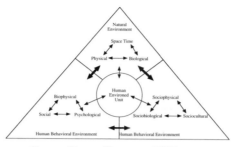

(BUBOLZ/EICHER/SONNTAG, 1979)

Der Systemansatz enthält also nicht nur die Beziehungen zwischen den Elementen eines Systems, ihre Wechselwirkungen und Abhängigkeiten, sondern immer auch den Kontext zu anderen Systemen, zur umgebenden Umwelt. In Erweiterung des Systemansatzes von Bubolz, Eicher und Sonntag stelle ich im folgenden ein »System Wohnen« dar, bestehend aus den Elementen oder Subelementen:

- räumlich-materielle Umwelt (Wohnung);
- Bewohner, Betreuer (Individuen);
- soziale Umwelt (Gruppe, Nachbarschaft ... Gesellschaft);
- gebaute Umwelt (Haus, Quartier, Stadt, Technik, Konstruktion);
- natürliche Umwelt (Wasser, Luft, Boden, Licht, Zeit, Raum).

So wie die Komplexität des gesamtgesellschaftlichen Lebens zugenommen hat, so hat auch die Komplexität des »Systems Wohnen« zugenommen. Viele Probleme können dabei von einzelnen Menschen gar nicht mehr allein gelöst werden – man denke nur an die Problematik der Schadstoffe in Innenräumen oder die Probleme der Wohnungsanpassung für das Leben im Alter. Hier werden »Helfersysteme« erforderlich, die mit Hilfe zur Selbsthilfe zur Bewältigung der bestehenden Probleme beitragen.

Abbildung 2: »System Wohnen« *(vgl. dazu auch HUSCHKE-RHEIN, 1989, S. 136)*

Bewohner-Wohnung	*Bewohner-Bewohner* *Bewohner-Betreuer*	*Wohnung-Technik*	*Wohnung-Umgebende*
• *erleben*	• *Zusammensein*	• *Ausstattung*	• *Natur*
• *wahrnehmen*	• *Rückzug*	• *Heizung*	• *Boden*
• *orientieren*	• *Kontrolle*	• *Belichtung*	• *Licht*
• *anpassen*	• *soziale Macht*	• *Beleuchtung*	• *Luft*
• *aneignen*	• *Verhaltensmuster*	• *Wärme-/Schallschutz*	• *Wasser*
• *verändern*	• *soziokult. Normen*	• *Belüftung*	• *Pflanzen*
		• *Baustoffe und -materialien*	• *Klima*
			• *Tiere*

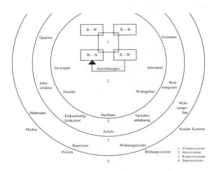

Wichtig erscheint mir, die relevante Größe des Feldes möglichst vollständig und im Hinblick auf eine praxisrelevante Rekonstruktion der Realität zu erfassen. Die System-gestaltung oder -modellierung dient in der Folge, wie HUSCHKE-RHEIN darstellt, der Relevanzerfassung unter bestimmten wissenschaftlichen Fragestellungen. Für die Heimerziehung sollten diese Fragestellungen m.E. auf das Erlangen räumlich-integrativer Stimmigkeit abzielen. Im vorliegenden Beitrag geht es zunächst aller-dings nur um eine breit angelegte Darstellung des »Systems Wohnen«, das als Grund-lage für die Entwicklung vielfältiger und unterschiedlicher Lernmodelle dienen soll.

3. Pädagogische Folgerungen

Wohnen wird in vielerlei Zusammenhängen erlernt. Wir lernen von klein auf, wie »man« wohnt, von den Eltern in der elterlichen Wohnung, von Nachbarn, von Freun-den und Verwandten, aus den Zeitungsbeilagen und Wohnzeitschriften, aus dem Angebot der Geschäfte und Kataloge und nicht zuletzt auch aus Beispielen in Film und Fernsehen. Identitätsentwürfe und Normen für »richtiges Wohnen«, Einstellun-gen und Erwartungen, die dann die eigenen Erfahrungen beeinflussen, werden vor-geformt.

   Die meisten Menschen glauben nicht, daß sie Wohnen gezielt lernen sollten. Sie betrachten Wohnen als etwas Selbstverständliches, dem weniger Aufmerksam-keit als dem Kauf eines Autos gewidmet zu werden braucht. Zum Wohnen, so scheint es, ist den meisten Menschen ein Naturtalent in die Wiege gelegt worden. »Wohnen-Lernen« erfolgt hier unbewußt, in erster Linie durch Imitation und Anpassung an Vorbilder sowie aus aktuellen Anlässen bei der Lösung von Wohnproblemen. Lern-prozesse laufen dann zwangsläufig, meist schmerzhaft ab, indem man Opfer der Si-tuation wird und versucht, »das Beste daraus zu machen«. Nicht bedarfs- und bedürfnisgerechtes Wohnen beeinträchtigt das Wohlbefinden und beeinträchtigt lang-fristig auch die Gesundheit. Das betrifft im besonderen Maße das Wohnen in Hei-men. Gerade hier läßt sich der Alltag als Lernfeld bewußt erschließen; gerade hier wird diese Chance selten genutzt.

   »Mehr Mut zum Wohnen« (vgl. MAHLKE/SCHWARTE 1985, S. 100 ff.), wie es ANDRITZKY im Rahmen einer Ausstellung des Deutschen Werkbundes forderte, ge-nügt nicht. Wohnen wird gelernt und muß auch gezielt gelernt werden, wollen wir unsere Spiel-, Handlungs- und Erlebnisräume im Hinblick auf das Wohnen erweitern. Neben den überwiegend und meist unbewußt stattfindenden adaptiven Prozessen des »Wohnen-Lernens« muß ein auf die Zukunft gerichtetes, antizipatives und innovatives Lernen stattfinden, welches dazu verhilft, Entscheidungen bewußt und unter Berücksichtigung aller notwendigen Kenntnisse zu treffen, um so weniger Fehler zu machen und mehr Entscheidungsspielräume auszuschöpfen.

Antizipatives »Wohnen-Lernen« sieht Wohnen und »Wohnen-Lernen« als Bestandteil der eigenen Entwicklungs – sieht Wohnen also in einem systemischen Gefüge. »Wohnen-Lernen« als Einübung im systemischen Denken ermöglicht mehr Komplexität und mehr Identität. Das betrifft sowohl die Selbstwahrnehmung als auch die differenzierte Wahrnehmung der Wohnumwelt und der Umweltbeziehungen, das betrifft die Dimensionen des Zusammenlebens in der Wohnung, der Nachbarschaft und die Wechselbeziehungen zur umgebenden natürlichen und gebauten Umwelt.

Ziel ist eine ökologisch vernünftige Gestaltung dieser Beziehungen im Zusammenhang mit der Erweiterung der eigenen Spiel-, Handlungs- und Erlebnisräume. Hierbei muß Unsicherheit akzeptiert und in Sicherheit überführt werden. Der eigene Vorstellungshorizont, die eigenen Erwartungen und die eigenen Empfindungen sind dabei strukturierende Elemente der zu treffenden Entscheidungen.

Bewohner, die sich ihre Wohnumwelt auf diese Art zu eigen machen, treten zu ihr in eine zugleich intellektuelle, gefühlsmäßige, handelnde und kommunikative Beziehung. Die Aneignung erfolgt auf allen Verhaltensebenen:

- auf der kognitiven Ebene der Kenntnisse und rationalen Entscheidungen,
- auf der affektiven Ebene der Einstellungen und Emotionen,
- auf der Ebene konkreter Handlungen und
- auf der Ebene der sozialen Beziehungen.

Antizipatives, systemisches »Wohnen-Lernen« integriert alle diese Verhaltensbereiche. Schließlich verlangen Menschen von ihrer Wohnumgebung mehr als tadelloses Funktionieren. Überflüssiges wird dabei ebenso gebraucht wie Notwendiges, Unordnung gehört dazu wie Ordnung, das Miteinander so sehr wie das Alleinsein. Ein Leitbild des »rationalen Nutzers« reicht daher nicht aus, da es menschliches Verhalten allein auf sachdienliche Funktionalität reduziert. Sich systemisch in Beziehung zur eigenen Wohnumwelt zu setzen, Beobachter des eigenen Wohnens zu werden, führt hin zu einer »inneren Ökologie«, zur Entwicklung von Sinnlichkeit und Kreativität.

Werden Systembeziehungen als Problemzusammenhänge, Wohnkonflikte oder auch als »reibungslose Abläufe« in der individuellen Wohnwelt entdeckt, so mobilisiert dies Betroffenheit und Beteiligung nicht nur im Hinblick auf die Behebung von Mängeln, sondern auch im Hinblick auf Möglichkeiten und Chancen des phantasievollen und spielerischen Umganges mit den Wohnbedingungen. Die Zielfindung durch Reflexion der eigenen Wohnverhältnisse führt weg von konsumtiven Verhalten und entfremdet Wohnvorstellungen; das »Wohnen-Lernen« mit Hilfe ganzheitlicher Methoden führt hin zu »vollständigem« und »vollwertigem Wohnen«:

- Wohnen wie jemand ist,
- Wohnen in Koevolution mit den anderen Bewohnern,
- Wohnen mit Rücksicht auf die umgebende Natur.

Solches Wohnen bezeichne ich als »kulturgemäßes Wohnen«. Es ist ebenso eine Kulturtechnik wie Lesen und Schreiben (vgl. ANDRITZKY 1979, S. 7), allerdings noch sehr viel komplexer. Bedauerlicherweise gibt es aber auf diesem Gebiet noch allzu viele Analphabeten. Pädagogische Folgerungen – in Anlehnung an die Thesen von HUSCHKE-RHEIN – lauten daher:

1. Wohnen ist, wie auch Lernen, ein Prozeß qualitativer Transformation. Unter der Prämisse systemischen »Wohnen-Lernens« vollzieht sich dieser Prozeß durch kooperative Leistungen der Beteiligten hin zu einem Zustand möglichst hoher Selbstorganisation jedes einzelnen. Die Wohnung verändert sich in diesem Prozeß auf vielfältige Weise. Indem sie den jeweiligen Anforderungen angepaßt wird, spiegelt sie das hier erreichte Maß an Bedarfsgerechtigkeit, Selbstdarstellung und Entfaltung der Bewohner wider.

2. Die erste Frage praktischer systemischer Wohnlehre erfordert die Wahrnehmung, die Entdeckung der eigenen Systembezüge: »In welchen Kreisläufen bin ich drin, wenn ich 'x' mache?« (INTERNATIONALE FÖDERATION DER INNENARCHITEKTEN, Bonn 1979) Systemisches Denken heißt, den einfachen, linearen Ursache-Wirkungs-zusammenhängen zu mißtrauen und wahrzunehmen, was sonst noch an System-bezügen Einfluß nimmt. Das Wohnen in seinen Systembezügen zu entziffern heißt, die Beziehungen zwischen den Personen und den umgebenden Systemen wahrzunehmen. Die Wahrnehmung gelingt freilich erst dann, wenn die eigene Wirklichkeit nicht als die einzige, absolut richtige erachtet wird. Erst wenn ak-zeptiert wird, daß andere Wirklichkeiten ebenso existieren und berechtigte An-sprüche stellen, ist es möglich, die eigene Wirklichkeitserfahrung zu erweitern. Schließlich gelingt es auch nur so, den Anthropozentrismus zu überwinden und Rücksicht zu nehmen auf die gefährdete Existenz der Natur, die wir durch eige-nes ich-bezogenes Handeln erst verschulden.

3. Eine grundlegende Dimension von Systembeziehungen, die menschliches Woh-nen bestimmt, erstreckt sich auf die innere Natur des Menschen, die Befindlich-keit des eigenen Leibes, Sinneseindrücke von außen, Körperempfindungen aus dem Inneren, lösen Gefühle aus, die Signale für individuelle Befindlichkeit und Bedürfnisse sind. Sie müssen jedoch wahrgenommen und verstanden werden. Eine Schulung der Sinne ist erforderlich, um Körpersignale verstehen zu lernen und um zu erfahren, inwieweit wir uns unserem Körper gegenüber gleichgültig verhalten, ihn z.B. durch falsches Liegen, falsches Sitzen, falsche Beleuchtung u.a.m. schädigen.

4. Eine weitere Dimension von Systembeziehungen erstreckt sich auf unsere Bilder-welt, auf Bedeutungen, die die Dinge für uns haben. Das Sofa, das Bett, der Tisch sind mit Erinnerungen an gute und schlimme Zeiten behaftet. Die Dinge sind Teil der persönlichen Geschichte, und die Entdeckung ihrer Bedeutung ist Teil der Entdeckung der eigenen Geschichte. Dazu gehören auch Symbolwerte, die man-chem Gegenstand zuerkannt werden, und die auf religiöse Werte, familiale Tra-ditionen u.a.m. hinweisen. Träumen, Bilder sich entwickeln lassen, Traumhäuser und Wohnutopien entwerfen, sind Inhalte des Lernens. Darin ist auch die Stufe der sinnlichen Wahrnehmung, der Leiblichkeit des Wohnens enthalten, im guten Sinne aufgehoben.

5. Eine dritte Dimension von Systembeziehungen, in der die beiden vorhergehenden jedoch enthalten sind, bilden die Handlungen von Menschen in den Räumen. Ich unterscheide hier drei Arten von Handlungen, die zwar im Wohnalltag miteinander verquickt sind, die jedoch unterschiedliche Zielrichtungen haben. Es handelt sich um

- den Umgang der Menschen mit den Dingen,
- den Umgang der Bewohner miteinander,
- die Verträglichkeit des Handelns in bezug auf die umgebende Natur.

Systemische Wahrnehmung und systemisches Handeln fragen nach der Eigenkompetenz und nach der Verträglichkeit der Handlungsziele der Beteiligten. Das Handeln wird zum Gradmesser für die Befindlichkeit des Systems.

5.1 Für den Umgang der Menschen mit den Dingen heißt das, daß Handeln als Gestaltungstätigkeit im Sinne zunehmender Aneignung und Selbstorganisation oder aber als Ersatzhandlung im Sinne von Desintegration, z.B. als unreflektiertes Umräumen, Aufräumen, Dauerwerken verstanden werden kann. Gestaltungshandeln ist bewußter und zugleich intuitiver Vorgang mit den eigenen Möglichkeiten. Wichtig ist hier das »Ausprobieren«. Erst durch Ausprobieren wird theoretisches zu praktischem Wissen. Indem ich das, was ich als nutzbringend erachte, in die Tat umsetze und dann prüfe, ob es tatsächlich meinen Vorstellungen entspricht, erweitere ich meinen Erlebnisraum. Dabei kann ich tatsächlich ein Stück Unsicherheit, Intuition, Chaos zulassen und abwarten, wie sich die Veränderung auf die einzelnen und auf das Zusammenleben auswirkt. Im souveränen Umgang mit dem Raum kann die innere Balance des Geflechtes der Wechselbeziehungen spürbar erlebt werden. Kleine Veränderungen können unter bestimmten Umständen das »System Wohnen« insgesamt verändern.

5.2 Für den Umgang der Bewohner miteinander heißt das, daß Handeln kooperativ miteinander, aber auch ausschließlich gegeneinander erfolgen kann. Werden unterschiedliche Meinungen über Zusammenleben und -wohnen ausgesprochen und ausdiskutiert oder werden die Meinungen des Schwächeren autoritär unterdrückt? Besteht Offenheit für Information und Beratung durch Helfersysteme oder schließt man sich von der Umwelt ab? Wird Arbeitsteilung durchgeführt? Werden Territorialkämpfe ausgetragen? Auch bringen die Transformationsprozesse der Personensysteme grundsätzlich Momente der Destabilisierung mit sich, die die homöostatischen Zustände immer wieder ablösen. Wohnprobleme ergeben sich so zwangsläufig über die verschiedenen Lebensphasen des Personensystems hinweg und müssen von den Systemmitgliedern immer wieder produktiv bewältigt werden.

5.3 In bezug auf die Umweltverträglichkeit des Handelns richtet sich der Blick auf eine Vielzahl von Alltagsentscheidungen und -handlungen, die den richtigen Umgang mit bzw. die richtige Wahl von Materialien, Mitteln und Gegenständen betreffen, z.B. Putz- und Reinigungsmittel, Farben, Lacke, Holzschutzmittel, Teppiche, Textilien, Möbel. Schadstoffe, die hieraus entweichen können, gefährden nicht nur die eigene Gesundheit, sondern auch die Umwelt. Diese wird aber auch durch die Verschmutzung und Verschwendung von Wasser, Boden und Energie beeinträchtigt, so daß als Ziel pädagogischer Bemühungen die Rücksichtnahme auf die Natur, die Koevolution mit der Natur – als deren Teil wir uns zu verstehen haben – ins Blickfeld kommt.

6. Im ganzheitlichen »Wohnen-Lernen« sind alle vier vorgenannten Stufen aufgehoben. Ganzheitliches Lernen hat körperliche, emotionale, intuitive, kognitive und handlungsorientierte Anteile. Im »Wohnen-Lernen« sucht ganzheitliches Lernen nach der Balance zwischen:

- Transformation   – Homöostase
- Selbststeuerung   – Fremdsteuerung
- Antizipation   – Anpassung
- Nähe   – Distanz
- Nehmen   – Loslassen
- Sicherheit   – Unsicherheit
- Ordnung   – Unordnung
- Offenheit   – Geschlossenheit
- Handeln   – Abwarten

Als Beispiele für solches ganzheitliches Lernen seien genannt:

- Themenzentrierte Interaktion (TZI): Bei dieser Form des Lernens wird der Zusammenhang von Sache (Wohnen), Individuen (Bedürfnisse der einzelnen) und den Interessen der Gemeinschaft in Übereinstimmung zu bringen gesucht (vgl. BIRMELIN U.A. 1985).
- Modellwohnen: Im Wahrnehmen, Entdecken und Erleben und im Vergleichen von Wohnumgebungen werden Sinneseindrücke und Gefühle wahrgenommen und interpretiert (vgl. VAN LEEUWEN, a.a.O., S. 93).
- Umweltpädagogische Projekte: Ökologisch orientiertes Bauen und Wohnen erhöht das Umweltbewußtsein und sensibilisiert in bezug auf das tägliche Handeln (vgl. UMWELTBUNDESAMT 1988, S. 2).
- Zukunftswerkstatt Wohnen: Die intensive Verknüpfung kognitiver und intuitiver Lernphasen im Verlauf der Werkstatt hilft, neue weitere Handlungsspielräume des Wohnens zu entdecken (vgl LUTZ 1987, S. 91 ff).
- Erfahrungsfeld der Sinne: Eine Schule des Sehens, Fühlens, Riechens, Hörens, Schmeckens, mit deren Hilfe sinnliche Grunderfahrungen möglich werden (vgl. Kükelhaus/zur Lippe 1982).
- Spielen: z.B. das Planquadratspiel, »ein Spiel, dessen Ziel es ist, über das Spiel hinweg zwischen den Teilnehmern eine Debatte darüber zu entfachen, wie man am besten Hinterhöfe einrichten kann« (vgl. DIRLEWANGER/MAGNAGNO/GEISLER 1982, S. 61).
- Lernsituationen: Interdisziplinäres Unterrichtsmodell »Wohnen« in 6 Unterrichtseinheiten für das Lernfeld Arbeitslehre im Sekundarbereich, 9. oder 10. Jahrgangsstufe in Berlin (vgl. RUGHÖFT 1987).
- Helfersysteme: Die Wohnberatungen der Verbraucherzentralen in den Bundesländern (vgl. ARBEITSGEMEINSCHAFT DER VERBRAUCHERVERBÄNDE, o.J.).

Die hier zusammengestellten Folgerungen des systemischen Ansatzes für die pädagogische Praxis des »Wohnen-Lernens« weisen die Richtung für die Planung entsprechender Lernsituationen. Für diejenigen, die solche Planungen vornehmen, ist es eine entscheidende Voraussetzung, sich über die Paradoxie der Maßnahme klarzuwerden: den Versuch der Fremdsteuerung eines Systems, das sich grundsätzlich und existenznotwendig selbst steuert.

Wohnen als zentrale Daseinsfunktion wird wichtiger, je fragwürdiger die Strukturen draußen werden, je mehr sie versagen. Dabei zu helfen, daß Wohnen gelernt wird, halte ich für eine der wichtigsten Aufgaben der Umweltpädagogik: Die Gefährdungen, die vom »System Wohnen« für die Umwelt und die Gesundheit der Bewohner ausgehen, die Manipulationen, denen die Personensysteme im »System Wohnen« z.b. durch vorgefertigte Wohnleitbilder ausgesetzt sind, nicht zuletzt die Komplexität des Gesamtzusammenhangs, machen es unüberschaubar, machen die Hilfe von Pädagoginnen und Pädagogen notwendig.

Literatur

ANDRITZKY, M.: Was sind und was wollen die Wohnberatungen? In: Verbraucher-Rundschau 1/1974.

ARBEITSGEMEINSCHAFT DER VERBRAUCHERVERBÄNDE: Information über die Wohnberatung, erhältlich in der Agv, Geschäftsstelle Heilsbachstraße 20, 53123 Bonn.

BUBOLZ, M./EICHER, J.B./SONNTAG, M.S., : The human ecosystem, a model. Journal of Home Economics, Spring, 1979

BIRMELIN, R./HAHN, K./SCHRAUT-BIRMELIN, M./SCHÜTZ, K./WAGNER C. (Hrsg.): Erfahrungen lebendigen Lebens. Mainz, 1985

DIRLEWANGER, H./MAGNAGNO, V./GEISLER, E.: Architektur und Psychologie, in: Zeitungskolleg Wohnen, Textansammlung. Tübingen, 1982

HUSCHKE-RHEIN, R.: Systempädagogische Wissenschaftslehre als Bildungslehre im Atomzeitalter. Bd. I, Köln, 1986

HUSCHKE-RHEIN, R.: Systemische Pädagogik. Bd. III, Köln, 1989

Internationale Föderation der Innenarchitekten, IFI-Forum, Oktober 1979. Resolution aus dem BDIA-Tagungsbericht der Tagung »Wohnunterricht« (Hrsg.: BDIA Bundesgeschäftsstelle), Bonn, 1979

KÜKELHAUS, H./ZUR LIPPE, R.: Entfaltung der Sinne. Frankfurt/M., 1982

VAN LEEUWEN, H.: Wohnökologie. Baltmannsweiler, 1984

LUTZ, R.: Ökolopolis. München, 1987

MITSCHERLICH, A.: Die Unwirtlichkeit unserer Städte. Frankfurt/M., 1965

NEUTRA, R.: Life and human habitat (Vorwort). Hamburg, 1956

Marie-Christine van der Veldt/Joop van der Weijden/Peter van den Bogaart

Video-Interaction Treatment

Videogestützte Elternarbeit

Wenn man auf die Geschichte der Jugendhilfe in den Niederlanden nach dem 2. Weltkrieg zurückblickt, dann ist eine Wellenbewegung in der Art und Weise der Betrachtung von Familie zu beobachten. Während in manchen Perioden der Schutz der Kinder gegenüber den Eltern betont wird, wird in anderen Perioden versucht, die Familie zusammenzuhalten. Diese Wellenbewegung ist auch in der Politik der niederländischen Regierung sichtbar. Die letzten fünf Jahre haben die Belange der Familie in der Jugendhilfe ein großes Gewicht eingenommen. Deshalb sind verschiedene Formen von familienorientierten Unterstützungsprogrammen entwickelt worden, sowohl in der ambulanten Hilfe wie auch in der stationären Unterbringung. Eine der Methoden ist Video Interaktion Begleitung (VIB). Das Hauptziel dieser Methode ist, die Zeitspanne der stationären Unterbringung zu verkürzen. An zweiter Stelle soll die Rückkehr in die Familie erleichtert werden. Am 1. Januar 1992 wurde probeweise mit VIB begonnen. Der Einführungsplan unterscheidet drei verschiedene Phasen. Zugleich wird eine wissenschaftliche Untersuchung angestellt. Es gibt mehrere Gründe, die Untersuchung anzustellen. Einerseits um festzustellen, in welchem Maße es der experimentellen Gruppe gelingt, die Methode VIB einzuführen und zu integrieren. Andererseits um zu untersuchen ob die Methode VIB die existierenden Methoden ergänzt. Außerdem wird untersucht, worauf der hohe Anfangserfolg beruht, und erste Ergebnisse vorgestellt.

1. Introduction

Looking back on the history of youth welfare in the Netherlands after WW-II, one can observe a wave-like motion in the way families were approached (VAN DEN BOGAART & MESMAN SCHULTZ, 1993a). During the last five years the importance of the family for youth welfare has been stressed more and more. This has resulted in various kinds of intensive family support programs or hometraining for families with children who are threatened to be placed in residential care. Policy of the Dutch government contributed strongly to this development by subsidizing a number of experimental hometraining projects (VAN DEN BOGAART & WINTELS, 1988) and by subsidizing the foundation of SPIN (the Promotion of Intensive Home-based Family Treatment) in the Netherlands. More and more originally residential organizations are using hometraining. The Dutch government also supports this tendency by stimulating the development of so-called multifunctional organizations, so that the separation between extramural and residential care is removed (D'ANCONA, 1991 a,b; BIJL & VAN DEN BOGAART, 1992). In residential care the increased recognition of the importance of the family furthermore reveals itself in all sorts of efforts of residential centres to work »family-oriented« and to involve the parents in treatment (PIJNENBURG,

1987; JANSEN & OUD, 1992). Also the last few years' efforts have been made to adapt residential care in such a way, that this kind of care lines up better with intensive home care, especially Video-Hometraining (SCHOLTE & DEKKER, 1992; AARTS, 1992). Outside the Netherlands, in countries such as the USA, Great Britain and Finland attention more and more focuses on the children's families (WEISS & JACOBS, 1988; WHITTAKER, 1992; TRACY & WHITTAKER, 1990; LITTLE, 1991; ALHO, 1992).

In this article we will discuss the effort of the Youth Welfare centre »De Mare« to implement a method called Video-Interaction Treatment in one treatment group. First of all the content of this method will be discussed. After that the experiment Video-Interaction Treatment and the research project accompanying it, will be presented. Subsequently, the most important results and conclusions of the research project will be discussed.

2. Video-Hometraining and Video-Interaction Treatment

Video-Interaction Treatment is a method for residential care that is based on the underlying principles of Video-Hometraining. Hometraining is a form of support, where intensive, short-term educational help is given in the family's home. In the seventies different hometraining methods have been developed. During the last five years there is a strong interest for and an explosively increased utilization of hometraining. One of the methods of hometraining is Video-Hometraining, which is mostly used in families with children under twelve years of age. The most characteristic elements of Video-Hometraining are intensive and systematic use of the video-camera to record the interactions between the parents and the child and to look at and analyse the recordings together with the parents. Moreover specific interaction principles are used. In figure 1 the major interaction principles are presented.

The most important aim of Video-Hometraining is to prevent residential placement of children with serious psychosocial problems. Video-Hometraining is also used to shorten the duration of placement and to facilitate the transition from residential stay to life in the family. To make these last objectives easier to achieve, recently attempts were made to integrate residential treatment and Video-Hometraining. Residential care and extramural family support are combined in so-called trajectory treatments. On the one hand this means reinforcement of the »family-orientation« of residential treatment. On the other hand an attempt is made to use interaction principles underlying Video-Hometraining in group work.

Video-Interaction Treatment (VIT) is one of those trajectory treatments. The aim of VIT is to increase the quality of residential treatment. Explicitly, one tries to extend the parents' involvement in residential treatment and the involvement of the group workers in the family situation.

Figure 1: Major interaction principles of Video-Hometraining and Video-Interaction Treatment

Principles	Operational definition
Being attentive	turning towards someone
	looking at someone
Approving	smiling
	talking with a pleasant intonation
	showing a friendly facial expression
	saying yes
Conversing	chatting
	approving behavior verbally
	initiating conversation
	informing
	asking
Making turns	giving and taking turns
Being co-operative	giving helping one another
Giving guidance	taking initiatives
	naming what happens
	making plans
	proposing
	finding solutions

VIT uses the video-camera to record interactions between group workers and children and children amongst themselves, and to record behaviour of individual children. Apart from this video-recordings of interactions between parents and child are made. The recordings are analysed by the team consultant in cooperation with one of the group workers or by some of the group workers. The analyses are based on the same interaction principles as used in Video-Hometraining. Subsequently the recordings are watched and discussed in a team meeting. It is also possible that these recordings are watched together with the children concerned. The recordings of the parents and their child are analysed and discussed by the parents and the group workers.

The recording and analysing of the video offer various opportunities. First of all, visual feedback can be given to colleagues and the team consultant. In the second place the recordings provide the team and the team consultant a better picture of the way the team and individual team members work in the group. Furthermore, perception of the behaviour of the children is provided, which can be used for reporting, and for underpinning individual treatment plans.

3. The implementation of VIT

Youth welfare centre »De Mare« is a regionally functioning organization for extra-mural, semi-residential and residential treatment in the region of Leiden. A few years ago the organization tried to implement VIT. This first implementation attempt failed mostly because the benefit of VIT for residential treatment was not apparent to the group workers. To introduce innovations in an organization at once and on a large scale is a complex and difficult operation. Organizational readiness for the innovation for example has to be stimulated. For this reason the »one-shot« grand scale implementation of innovations is discouraged in the literature on planned organizational change (VAN DEN BOGAART, BIJL, HUISMAN & MESMAN SCHULTZ, 1992). Because extramurally executed hometrainings were successful, De Mare, therefore decided to examine the possibility to develop a method for residential care based on the principles of VHT by way of a systematic small-scale experiment. It was decided to implement the video-interaction principles in one treatment group. This experiment started in January 1992 and lasted until July 1992. The purpose was to implement the method VIT in a period of six months and thereby to achieve improvements in the support and its outcomes. The hometrainer of »De Mare«, also responsible for the implementation of this method, developed a written training plan which consisted of different steps. The experiment was supported by an evaluation research. At the end of this period, research results (VAN DER VELDT, VAN DEN BOGAART & MESMAN SCHULTZ, 1992) showed that the experiment hadn't produced the desired results. The group workers of the experimental group didn't use the new method in their daily treatment routine nor did they use it in their planning of treatment. The most important reason for this non use was, that the implementation of a totally new method proved to be impossible in a six months period. This conclusion is in accordance with the results of many other implementation studies (o.a. VAN DEN BOGAART, BIJL, HUISMAN & MESMAN SCHULTZ, 1992). On the other hand the experiment's results showed VIT to be of great potential value and they also showed that big changes had occurred in the experimental group. The neutral attitude of the group workers at the beginning of the experiment had changed into enthusiasm and they were very much prepared to use the new method. A comparable change was noticed in the group workers of the parallel group.

After the first phase of the experiment the experimental group strongly wanted and intended to use VIT. This promised future implementation efforts to be successful. Therefore, it was decided to continue the experiment. Again, the aforementioned hometrainer was in charge of the implementation and he wrote a training plan. The recommendation to implement VIT step by step in the second phase was taken into account: firstly, VIT should be trained to use in the everyday treatment routine, subsequently in the individual treatment planning, and only after that in the work with parents and child. In the second phase of the experiment the training was mostly restricted to the use of VIT in the daily treatment routine, the team work of group workers, and the individual treatment planning. In November 1992 the second phase of the experiment started. This phase also lasted six months.

4. Research model and research method

During the second phase of the experiment, again, an independent evaluation research project was carried out by the Research Centre for Youth Welfare (RCYW) of the Leiden University. The model of Intervention Research and Development (MESMAN SCHULTZ & VAN DEN BOGAART, 1992) was used as a conceptual framework for this research project. In this model the activities necessary to develop, implement and diffuse a new program are described, as well as the outcomes of each activity. In this model the VIT experiment can be conceived as a pilot-experiment. To describe this pilot-experiment a model based on MAYER and GREENWOOD (1980; MESMAN SCHULTZ,

DEPLA & NELEN 1987; MESMAN SCHULTZ & VAN DEN BOGAART, 1992) was used (see figure 2).

Figure 2: A model for the implementation of innovations

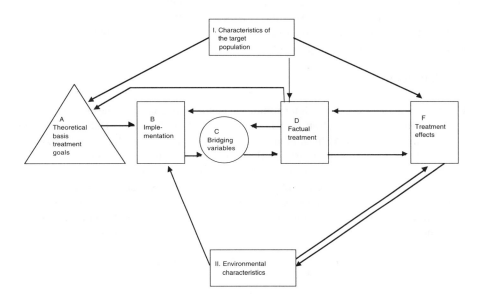

The quality of VIT, the implementation process (e.g. the preparation of the group workers for the new method, and the implementation of the training plan), the bridging variables (e.g. the organizational readiness for the innovation, the staff's opinion about the importance of the experiment and their enthusiasm for the experiment, etcetera), the target population and environmental factors, they all belong to the factors which can influence the attaining of the goals of the experiment (factual use of VIT and by way of this the increase of the quality and outcome of treatment).

Most research data were collected in three rounds. Existing as well as specially developed instruments have been used. At the beginning the organizational readiness for change has been measured by means of the Dutch version of the Decisions Determinants Questionnaire (BEDELL, WARD, ARCHER & STOKES, 1985; BIJL & VAN DEN BOGAART, 1992).) At the same time it was determined how strongly the people involved subscribe to the importance of the goals of the experiment, and how strongly they consider these goals attainable and significant on account of the existing situation.

A number of aspects relevant for the implementation of the experiment has been determined by means of a semi-structured interview with the workers of the experimental group, such as the preparation to the experiment, promoting and interfering factors they noticed and their judgement about the training plan. Periodically the participants in the experiment have been asked to judge the progress of the experiment to analyse possible trends.

At the end of the experiment the factual use of different parts of VIT by the team of group workers has been determined. For the benefit of this data collection structured interviews, the so-called Level of Use Interview (LOUCKS, NEWLOVE & HALL, 1975) and content ratings of the videos and written treatment plans were used. At the end of the experiment the respondents were asked to evaluate the experiment and goal-attainment on rating scales.

5. Main results

By means of the Decisions Determinants Questionnaire (DDQ) the organizational readiness for implementation of VIT has been determined. The DDQ consists of eight variables: Ability, Values, Idea, Circumstances, Timing, Obligation, Resistance and Yield. Based on five of these variables an overall measure for readiness for change can be calculated. The scores of the DDQ are standardized scores or z-scores, based on a comparison of the experimental organization with an »average« organization in change. For instance, a standard score of zero means that the unstandardized score is equal to the average score of the norm group. The results of the DDQ at the beginning and at the end of the first and the second phase are shown in table 1.

Table 1:   Average readiness to change at the beginning and at the end of the first and the second phase of the VIT experiment

DDQ-total	Phase 1		Phase 2	
	B*	E*	B*	E*
Experimental group	.03	1.51	1.32	1.63
Parallel group	-.88	- .14	.06	- .12

*   B = at the beginning   E = at the end

At the beginning of the second phase the readiness to implement VIT is high for the experimental group. During the second phase the readiness of all the participants to implement the innovation increases. The parallel group didn't change during the second phase, while in the first phase it showed a higher readiness at the end than at the start. This may be explained by the fact that, during the second phase, the parallel group consisted of new workers, who were not involved in the experiment.

In the second phase of the experiment the emphasis was especially on goal 1 (to make the group workers factually use VIT), goal 2 (to improve the interaction between the group workers and child), goal 6 (to plan treatment more systematically) and goal 8 (to improve the know-how of the group workers). At the end of the second phase the participants have been asked to score on a scale from 1 to 10 the extent to which every goal had been attained. For instance, a score of six means that the goal was attained in a satisfactory way. The goal attainment scores are shown in table 2.

Table 2 *The average scores or the experimental group on the goal attainment list*

Goals	Experimental group	
	phase 1	phase 2
1 to make the group workers factually use VIT	5.8	7.2
2 to improve the interaction between the group workers and children	6.0	7.5
6 to plan treatment more systematically	6.2	5.3
8 to improve the know-how of the group workers	7.2	7.7
3 to improve the interaction between children	5.0	5.2
4 to facilitate and extend the parents' involvement in residential treatment	5.8	5.2
5 to facilitate the child's transition from residential treatment to home-based treatment	5.8	5.2
7 to make way for new perspectives and set better treatment goals	6.8	5.8
9 to improve the outcome of treatment	5.8	5.8

According to the participants three goals, namely 1, 2 and 8, have been satisfactorily achieved in this second phase. In relation to the extent to which goal 6 has been achieved the table shows that the experimental group isn't satisfied. This isn't surprising if we take into account that they started relating the video-recordings to the treatment plans only at the end of the second phase. According to the experimental group, three of the four goals that were strained in the second phase were satisfactorily attained.

One central objective of the second phase of the experiment was VIT use by the team of group workers in the daily treatment routine. The Level of Use Interview was used to determine to what extent the experimental group factually used VIT at the end of the experiment. It is a focused interview. The topics are the categories which are theoretically distinguished in the use of innovations by the Concerns Based Adoption Model (CBAM; Hall & Loucks, 1977). Eight levels of use are distinguished: 0 Non use, I Orientation, II Preparation, III Mechanical, IV-A Routine, IV-B Refinement, V Integration and VI Renewal. At the end of the first phase two respondents were orienting on use and three respondents were preparing factual use. At the end of the second phase of the experiment all respondents achieved the level of mechanical use.

The judgement of the level of use by means of the Level of Use Interview is based on information provided by the potential users themselves. To obtain more direct information video-recordings were rated by two observers on the extent to which the group workers used the interaction principles of VIT in the daily routine. Table 3 shows the overall results of these rating.

Table 3   *Proportion of time-intervals group workers show behaviour falling under the observation categories, during the first and the second phase*

Categories	Phase 1	Phase 2
Positive		
Turning towards someone	80 %	96 %
Saying yes	12 %	28 %
Friendly facial expressions*		23 %
Friendly intonation*		65 %
Naming behavior positively	2 %	12 %
Giving and taking turns*		10 %
Approving behavior verbally		15 %
Giving guidance*		47 %
Negative		
Correcting	13 %	11 %
Naming behavior negatively*		2 %

* *These categories weren't measured during the first phase of the experiment.*
The observations followed a time sampling procedure. The observation results were in line with the LoU results. Compared to the first phase, the group workers used more of the interaction principles and they also did this more often.

6. Conclusion

In recent years more and more innovative treatment methods have been introduced in youth welfare. New methods can be developed and implemented in various ways. In most cases new methods are developed and implemented following a so-called »organic growth« model. This means that new methods are developed in practice and often without testing results. Only a few examples can be given of systematic development and implementation of new treatment methods (VAN DEN BOGAART, 1989; VAN DEN BOGAART & MESMAN SCHULTZ, 1993B; MESMAN SCHULTZ, 1993). In this article an example is presented of systematic implementation of a new method that is still in a developmental phase, by way of a pilot-experiment.

The outcome of the first phase of the experiment discussed in this paper shows that a six months period is obviously too short to implement a new treatment method like VIT. The results of the second phase show that a step by step implementation leads to better results. One main goal was attained: at the end of this experimental phase, the group workers factually used VIT in their daily treatment routine. The video-recordings, however, were not used to underpin the treatment plans, nor was parental involvement in treatment increased. Therefore, a third phase was added to the experiment, mainly directed at attaining these objectives.

The discussed example shows that the development and implementation of a new treatment method in a systematic way, is a time consuming and intensive operation. It also shows, however, that it results in a cumulative of factual changes. Compared to most »organic growth« developments and implementations of new methods, systematic, step by step development and implementation of new methods has important advantages:
• The contents of the method are clear.
• The level of factual method use is known.

- Prerequisites necessary to implement and correctly use the method are known.
- The method is transferable to other treatment organizations.
- Eventually, the effectiveness of the method can be established.

Unfortunately only few treatment methods in youth welfare, up to now, have these advantageous characteristics. To change this rather unsatisfactory situation it is necessary that research-minded organizations for youth welfare and practice-oriented research centres or communities cooperate on basis of equivalence.

References

AARTS, J.: Een kleinschalig experiment. Lezing op de studiedag »Hometraining en Trajectbegeleiding«. Amsterdam, 1992

ALHO, A.: Family-oriented Work. Belief in the desire of the family to improve its circumstances. Children in Residential Care in Finland, 1992.

BEDELL, J.R., WARD, J.C., ARCHER, R.P. & STOKES, M.K.: An empirical evaluation of a model of knowledge utilization. In: Evaluation Review, 1985, 9 (2), pp. 109-126.

BERG, R. VAN DEN & VANDENBERGHE, R.: Innovatie in verschuivend perspectief. Tilburg, 1981

BIJL, B. & BOGAART, P.H.M. VAN DEN: Het meten van bereidheid tot verandering. Betrouwbaarheid en validiteit van de Nederlandstalige versie van de DDW. In: Pedagogisch Tijdschrift, 1992, 17 (1), pp. 26-41.

BOGAART, P.H.M. VAN DEN & WINTELS, P.M.A.E.: Evaluatie van intensieve thuisbegeleiding (Hometraining). Resultaten van een onderzoek onder tien experimentele projecten. Leiden, 1988

BOGAART, P.H.M. VAN DEN: Onderzoek als taak van wetenschappelijke staffunctionarissen in instellingen voor residentiële jeugdhulpverlening. In: FICE, 1989, 2, 23-35.

BOGAART, P.H.M. VAN DEN, BIJL, B., HUISMAN, P., & MESMAN SCHULTZ, K.: Het Experiment Proefpolders: proces en effect van vernieuwingen in de jeugdhulpverlening. Leiden, 1992

BOGAART, P.H.M. VAN DEN, & MESMAN SCHULTZ, K.: Het gezin en hulpverlening aan adolescenten. In: Gezin, 1993a, 3/4 (4), pp. 233-248.

BOGAART, P.H.M. VAN DEN, & MESMAN SCHULTZ, K.: Onderzoek naar ontwikkeling en invoering van methoden in de sector »Zorg en Welzijn«. In: Zandberg et al.: Methodiekontwikkeling en onderzoek. Utrecht, 1993b

D'ANCONA, H.: Speech by the Minister of Welfare, Health and Cultural Affairs at the opening of the Second European Scientific Congress on Residential Youth Welfare Work. Noordwijkerhout, 1991a

D'ANCONA, H.: Crisisopvang voor jongeren richt zich te weinig op gezinssysteem. In: Staatscourant, 1991b, 119, 24-6-1991, p.2.

HALL, G.E., & LOUCKS, S.F.: A developmental model for determining whether the treatment is actually used. In: American Education Research Journal, 1977, 14 (3), pp. 263-276.

JANSEN, M.G. & OUD, J.H.L.: Residentiële hulpverlening geëvalueerd. Interimrapport 2. Nijmegen, 1991

LITTLE, M.: Residential care for children and the issue of social climate: future research, trends and developments. In: PLOEG, J.D. VAN DER, BERGH, P.M. VAN DEN, KLOMP, M., KNORTH, E.J. & SMIT, M. (EDS.): Vulnerable Youth in residential care. Part II: clients, staff and the system. Leuven, 1992

LOUCKS, S.F., NEWLOVE B.W. & HALL, G.E.: Measuring levels of innovation: a manual for trainers, interviewers and raters. Austin, 1975

MAYER, R. & GREENWOOD, E.: The design of social policy research. Englewood Cliffs (N.J.), 1980

MESMAN SCHULTZ, K.,: The development of intervention programmes in Youth Welfare. In: NAKKEN, H., GEMERT, G.H. VAN & ZANDBERG, TJ.: Research and intervention in special education. Lewiston, 1993

MESMAN SCHULTZ, K., DEPLA, M. & NELEN, M.: Evaluatie van gedifferentieerde residentiële hulpverlening aan jeugdigen. Leiden, 1987

MESMAN SCHULTZ, K. & BOGAART, P.H.M. VAN DEN: Interventie-onderzoek en -ontwikkeling in de jeugdhulpverlening. Leiden, 1992

PIJNENBURG, H.: Gezinsbehandeling en (semi-)residentiële hulpverlening. Amsterdam, 1987

SCHOLTE, W., & DEKKER, L.: Zappen in de leefgroep. In: Tijdschrift voor Jeugdhulpverlening en Jeugdwerk, 1992, 4 (4), 33-35.

TRACY, E.M. & WHITTAKER, J.K.: The Social Network Map: Assessing Social Support in Clinical Practice. Families in Society, october, 1990, pp. 461-470.

VELDT, M.C. VAN DER, BOGAART, P.H.M. VAN DEN & MESMAN SCHULTZ, K.: Video-Interactiebegeleiding in een behandelingsgroep: evaluatie van een gezinsgerichte vernieuwing in de Stichting De Mare. Leiden, 1992

VELDT, M.C. VAN DER, BOGAART, P.H.M. VAN DEN & MESMAN SCHULTZ, K.: Systematische invoering van Video-Interactiebegeleiding. Verslag van het onderzoek naar de tweede fase van het experiment VIB op de Stichting De Mare, 1993

WEISS, H.B., & JACOBS, F.H. (EDS.): Evaluating family programs. New York, 1988

WHITTAKER, J.K.: Enhancing social support for high risk youth and their families following residential care. In: PLOEG, J.D. VAN DER, BERGH, P.M. VAN DEN, KLOMP, M., KNORTH, E.J. & SMIT, M. (EDS.): Vulnerable Youth in residential care. Part II: clients, staff and the system. Leuven, 1992

Peter van den Bogaart/Wil Josten

The COM-Procedure

Das COM-Verfahren

Ende der Sechziger Jahre wurde eine Studie durchgeführt über psychosoziale Pro-
bleme von Jugendlichen in Heimen für Jugendhilfe und die spätere Anpassung die-
ser Jugendlichen in einer Anzahl verschiedener Behandlungssituationen. Die Studie
ergab, daß es möglich ist, den Erfolg sowohl ambulanter Behandlung als verschie-
dener institutioneller Behandlungen aufgrund einer Kombination psychosozialer
Faktoren vorherzusagen. Zu diesem Zweck wurden zwei Instrumente entwickelt und
validiert. Die Verwendung dieser zwei Instrumente wurde das COM-Verfahren
(»COM« ist die Kurzform für COMbination) genannt. Ein Instrument mißt Schwere
und Art der psychosozialen Probleme und das andere mißt die Anpassung der Ju-
gendlichen in deren follow-up Situation.

Neuerdings gibt es zwei Entwicklungen, die diese Benutzung des COM-Verfahrens
von Organisationen für Jugendhilfe fördern. Erstens sind neue Instrumente zum COM-
Verfahren hinzugefügt zur Vergrößerung ihrer Verwendbarkeit. Diese Instrumente
befassen sich mit den Spezifika der verschiedenen Institutionen und mit dem Erfolg
der Erziehungsprozesse in den jeweiligen Instutionen. Zweitens wurde eine nutzer-
freundliche computerisierte Version des COM-Verfahrens entwickelt. Diese Version
ermöglicht es den Nutzern, einen Datenbestand ihrer Klienten anzufertigen. Somit
ist den Organisationen für Jugendhilfe die Möglichkeit gegeben, in kleinerem Um-
fang managementorientierte oder praxisorientierte Forschung innerhalb der eige-
nen Organisation durchzuführen. Wissenschaftlich entwickelte Instrumente und Pra-
xis der Jugendhilfe kommen auf diese Weise näher zueinander.

1. Introduction

Starting in the seventies manifold attempts have been made to forge the link between
research and practice in social work and human services (f.e. ROTHMAN, 1974, 1980,
1985). These attempts were motivated by the wish to bridge the gap between the
world of science and the world of practice. In the »world of science« systematic and
successful bridging activities have been made by researchers working with models
called »social R&D«, »Program development« »Intervention Design and Development« and »Intervention R&D« (ROTHMAN, 1980; SLOT, 1988; ROTHMAN & THOMAS,
1989; MESMAN SCHULTZ & VAN DEN BOGAART, 1992). Results of these activities show,
that there are three prerequisites for a fruitful cooperation between applied science
and professional practice in the field of human services: applicable scientific **knowl-**
edge, a solid **infrastructure** linking the two worlds and scientific **instruments** that
can easily be used by practitioners. These three prerequisites will now shortly be
discussed.

Twenty years ago ROTHMAN (1974) pointed to the **factual existence** of an abundant amount of **scientific know-what and know-how**, applicable, but not applied to the practice of human services. This knowledge, he concluded, had to be surveyed systematically, ordered and »translated« into practical guidelines, as he himself actually has done in a large scale literature study. VAN DE VALL (1980, 1987) amongst others has stimulated the production of **new** applicable knowledge by formulating three parameters in his »paradigm for social policy research«: in order to be usable and used, scientific knowledge has to be

1. scientifically reliable and valid,
2. implementable or practically valid and
3. strategically valid.

With these parameters in mind, applied research can be planned and evaluated.

Culturally and socially the worlds of social science and human services have been separated strongly in the past. To link research and practice, it is necessary for researchers and practitioners to communicate face to face (VAN DEN BOGAART, 1989; McRAE, 1993). Only in this way change is possible in the situation in which practice asks questions that science cannot answer and science answers questions that never have been asked or that have been wrongly interpreted. For face to face communication between researchers and practitioners to take place, a **solid infrastructure** is required that links practice oriented research centers or communities and research-minded welfare organizations. Research centers have to produce knowledge and instruments welfare organizations can use. Supported by the research centers, research minded welfare organizations have to invest their academic staff's time to conduct small-scale developmental and evaluation research within their organizations. To facilitate such an infrastructure THE RESEARCH CENTER FOR YOUTH WELFARE (RCYW) of LEIDEN UNIVERSITY during the past years has set up flexible cooperation contracts with youth welfare organizations in The Netherlands. These contracts range from small-scale assistance and consultation to large-scale program evaluations (MESMAN SCHULTZ & VAN DEN BOGAART, 1992).

Scientifically valid and practically feasible **instruments** are scarce in the field of social work and human services. In this article one feasible instrument for youth welfare, the so called COM-procedure (COM is an abbreviation of COMbination), that has been developed in close cooperation between researchers and practitioners over the last thirty years will be presented. The COM-procedure is at the moment used by over twenty large multifunctional organizations for youth welfare in their daily routine. In this article two results of COM-procedure utilization by two organizations will be discussed. Conclusions will be drawn on the applicability of the COM-procedure in youth welfare practice.

2. The COM-procedure

In the late sixties a study was conducted on psychosocial problems of youth in residential observation centers and these youth's later adaptation in various treatment situations (BRINKMAN & KARS, 1974). It proved to be possible to predict the success of ambulant treatment and various kinds of residential treatment based on a combination of psychosocial factors. For this purpose, two instruments were developed and validated. The use of these instruments was called the COM-procedure. One instrument assesses the gravity and kind of psychosocial problems and the other assesses the adaptation of the youth in a follow-up treatment situation.

In the seventies and eighties new instruments have been added to the COM-procedure that enhance its utility (MESMAN SCHULTZ, DEPLA & NELEN, 1987; VAN DEN BOGAART, BIJL, HUISMAN & MESMAN SCHULTZ, 1992). These instruments assess characteristics of residential and day care treatment methods and the adaptation of clients in various stages of treatment. Secondly, a user-friendly computerized version of the COM-procedure has been developed. This version allows agencies to create a file of their clients and to conduct small-scale management-oriented or practice-oriented research.

The COM-procedure by now consists of four instruments assessing characteristics of clients (the »Start List«, the »Mutation List«, the »Exit List« and the »Follow-up List«) and one instrument assessing characteristics of treatment methods (the »Method List«). All instruments produce standardized scores on variables, comparing the characteristics to a weighed national sample of clients in and methods of residential centers. Currently, separate norm groups for day care, foster care and extramural care are assembled. All variables measured by the instruments of the COM-procedure were validated in three large scale validation studies (MESMAN SCHULTZ, 1978; MESMAN SCHULTZ, DEPLA & NELEN, 1987; VAN DEN BOGAART, MESMAN SCHULTZ, NAAYER & ZANDBERG, 1989) and a series of small scale studies over the years. Reliability, concept validity and predictive validity have been established.

The »Start List« of the COM-procedure is filled out by a professional welfare worker at the time of admission and consists of 14 variables of the psychosocial situation before and at the time of admission. The variables with their original Dutch abbreviations are:

- NG: The stability and completeness of the client's family.
- RIG: The quality of the relations between the client and the other family members.
- SG: The family climate and the relations between the family and its neighbours.
- MG: Social problems of the parents.
- IDA: Delinquent behavior of the client as indicator for admission.
- MK: Social problems of the client.
- ASP: Realism of the client's aspirations.
- NBO: Primary school: normality and stability.
- RBO: Primary school: achievements.
- HC: Frequency of day care and residential treatments in the client's past.
- AR: »Acting-out« behavior and recalcitrance of the client.
- ETD: Withdrawn and depressive behavior of the client.
- IILM: Incest and battery as indicators for admission.
- IHSD: Hard- and soft-drug use as indicators for admission.

Standardized scores on the above-mentioned variables can be combined following a COM-formula into an »over-all« measure for psychosocial problems, called

COMHPG. The resulting score on COMHPG indicates the seriousness of psychosocial problems relevant for treatment success.

The »Mutation List«, the »Exit List« and the »Follow-up List« are filled out by a professional welfare worker at the times important changes in treatment occur, at the end of treatment and some time after the end of treatment. All tree lists measure three variables of clients« adaptation to the environment up to those moments. The variables are called Adaptation Criteria (AC's):

- AC1: The reasons for changing or ending the treatment or the stability of the situation up to the follow-up moment.
- AC2: The »overall« adaptation.
- AC3: The quality of the relations with significant others.

Based on their concept validity as indicators for treatment success, these three AC's were selected from a large number of AC's used in the construction of the COM-procedure (BRINKMAN & KARS, 1974; MESMAN SCHULTZ, 1978). Beside these AC's, the Follow-up List measures some of the same variables as the Start List: RIG, SG, IDA, MK and ASP. These variables are supposed to be changeable by treatment and, like the AC's, can be seen as indicators for treatment success (ANBEEK & BARTELS, 1983).

The standardized scores on the variables of the COM-procedure can be presented graphically for individual clients or groups of clients in so called COM-profiles. For use in practice by youth welfare organizations, a user friendly computerized version of the COM-procedure has been developed. By now this computerized version is routinely used by over twenty large youth welfare organizations in The Netherlands.

3. Practitioner's questions

Working as a consulting psychologist in two organizations for multifunctional youth care, one of the authors of this article often receives questions like the following from educational personnel, practitioners and managers.

From a group-worker, very concerned about the climate and safety in his group: »Can you predict whether this new group member will cause negative processes or destructive behavior patterns in our treatment group? If we know he will, we still will admit him. However, in that case, we can anticipate problems, can try to reduce the risk of the whole group loosing control, and won't be taken by surprise if this does happen.«

From a supervisor of a specialized therapeutic unit: »We have the impression that our treatment method is very successful for seriously disturbed children. Other unit-supervisors, however, say the same using much less intensive and less expensive treatment methods. If they really are successfully treating children as seriously disturbed as ours, I will adapt your method. However, I am not convinced they are. Can you give me the information I need to make a wise decision?«

From management: »Workers in unit A, unit B and unit C ask me why the numbers of employees differ between units. Actually, there is no reason other than a historically based assignment of duties, so, eventually, I will change the division of personnel. However, how on earth can I divide them justly?!«

Questions like these are asked most of the time explicitly, but sometimes implicitly. They are asked to the academic staff and they have to be answered. Up to now, scientific knowledge and instruments gave little information to help staff members answer these kinds of questions or even search for answers. The COM-procedure appeared to be an exception. That's why the two organizations, already looking for instruments to systematically collect objective knowledge about (parts of) the treated population and treatment outcomes, decided to implement the computerized version of the COM-procedure.

Assisted by the RCYW, implementation of the COM-procedure started in 1990. Since then the COM-procedure is used routinely in the intake and treatment process of every admitted client. Since 1992 the Child Behavior Check List (CBCL; ACHENBACH, 1985; ACHENBACH & EDELBROCK, 1983; VERHULST, KOOT, AKKERHUIS & VEERMAN, 1990) is added to this routine to complement the information collected with the help of the COM-procedure. The managing and computerized processing of data are integral parts of the administration departments« routines in both organizations.

To enhance the effectiveness of COM-procedure and CBCL use a »COM-CBCL team« was set up, consisting of members of middle management, academic staff and administration departments of both organizations. This team analyses, interprets and reports results of aggregated data to different members of the organizations. Questions from different parts and levels of the organizations, like the above mentioned examples, are taken up and, as far as possible, answered by (members of) the COM-CBCL team. The team also maintains contact with the RCYW.

Two examples of COM-procedure use by the COM-CBCL team will be discussed in the next paragraphs. The first example concerns the evaluation of one specific treatment method used by both organizations. The second example concerns the comparison of three units of one of the organizations.

4. Example 1: a question from the meso-organizational level

»Browndale Therapeutic Centers« or »Therapeutic Family Houses« are characterized by a specific way of living with, taking care of and treating children with severe developmental disturbances. It is an intensive residential treatment method developed in the USA by BROWN (1979) in which the »normal« family structure is copied. Professional welfare workers take the role of therapeutic parents. In recent years, the viability of this treatment method has been threatened by the absence of people available for the role of therapeutic parents. For this reason the Browndale Therapeutic Centers of the organizations discussed here have to be closed down. This led the unit-supervisor to ask the question, quoted in section 3, that comes to: Do the Browndale Therapeutic Centers offer successful treatments to children with severe disturbances? Looking for an answer to this question, data collected with the COM-procedure were used. Based on these data the computer produced a profile of the psychosocial problems of the children living in the Browndale Therapeutic Centers (figure 1).

Figure 1:   The COM-profile of children treated in the Browndale Therapeutic Centers. High scores indicate severe problems.

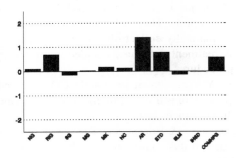

The psychosocial problems proved to be in line with the aimed for target group. Very serious disturbances in the relations between the children and their families (RIG) can be observed. Compared to the average child admitted for residential care, the children furthermore have very grave behavioural problems of an externalizing (AR) as well as an internalizing (ETD) kind. With these results the *idea* of serving a specific target group was proved *empirically* to be correct.

To test the hypothesis that the Browndale Therapeutic Centers were actually successfully treating their clients, the COM-procedure scores of the admitted children on the Adaptation Criteria at the end of treatment and at follow-up were used. The results indicate positive treatment outcomes. At the end of treatment as well as at follow-up the AC's were more positive than for the average child in residential treatment (figure 2).

Figure 2:   Mean adaption scores of children treated in the Browndale Therapeutic Centers at the end of treatment (Exit) and at the time of follow-up (FU). High scores indicate negative adaptations

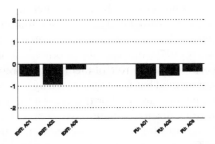

With the above data in hand the unit-supervisor of the Browndale Therapeutic Centers went to the managements of the two organizations. They decided that there should be help for this kind of children and that new treatment models had to be developed. To make routine program evaluation possible, characteristics of the treated children and treatment outcomes have to be monitored routinely. At the moment a monitoring system and evaluation criteria have been developed. The criteria will be applied to aggregated data of the new treatment models. Furthermore, five prototypes of new treatment models have been designed. They will be applied and tested in real life situations.

5. Example 2: a question from the macro-organizational level

The so called Family House is a specific residential treatment method, developed at the beginning of the seventies by an Amsterdam Youth Welfare Organization (VAN LIESHOUT, 1984). In 1976, one of the two organizations discussed here implemented this method. Nowadays three units of this organization use the Family House method. These units will be referred to as Houses A, B and C.

Like the Browndale Therapeutic Centers, the Family Houses try to copy a normal functioning family. In contrast to the Browndale Therapeutic Centers, Family Houses raise children of their own together with children taken in from the residential organization. Family houses, therefore, have elements of foster care. Differences are, amongst others, that Family House parents live in a house owned by the residential organization and are supported educationally as well as materially by a residential organization. In most cases this means, that Family House parents have more professional support then foster parents. Usually, one of the Family House parents is on the payroll of the residential organization.

The target group of the Family Houses are children capable of growing up in normal family surroundings, for whom residential treatment is neither necessary nor wanted, and who cannot be raised in their own family.

Over time, major changes took place in the functioning and organization of two of the three Family Houses discussed here. In House B group workers started to assist the parents during the day, for which purpose extra personnel was appointed. In House C three places were allocated to crisis interventions that last 6 months at the most.

During the past years, workers connected to House B disagreed from the other workers on the necessity of the additional support given to the parents of House B. Because the discussion and the arguments used were mainly personal and implicit - and therefore difficult to weigh - management asked the COM-CBCL team to assist in finding an answer to the question, quoted in section 3, that comes to: Do the children's problems in the three Family Houses differ between the Houses? And, if they do, which implications does this have for the intensity of the work to be done?

The aggregated COM-procedure data were used to decide whether differences could be found between the factual populations of the three Family Houses. Only the data of the Start List could be used. The numbers of Exit Lists and Follow-up Lists filled out were not sufficient for analysis and interpretation. The comparison between the three Houses is given in figure 3.

Figure 3:   The COM-profiles of children treated in three family Houses. High scores indicate severe problems

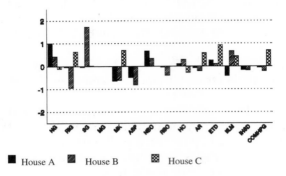

In contrast to the initial ideas of workers connected with House B, the children in House C had the most severe psychosocial, especially behavioural problems: high scores on RIG, MK, AR, ETD and, consequently, COMHPG.

Discussion of this result led to the management decision that personnel will be divided in accordance with the actual gravity and kind of problems in the three populations. In contrast to the current situation, special attention will be given to the assistance of House C.

6. Conclusion

In his paradigm for social policy research, VAN DE VALL (1987) distinguishes three parameters: the epistemological, the implementary and the strategic. Whereas discipline-oriented research has to meet only the first parameter, practice-oriented research has to meet all three. Slightly adapted, Van de Vall's parameters can be applied to practice-oriented instruments.

The **epistemological parameter** concerns the scientific criteria of reliability and validity. Practice-oriented instruments have to measure what they are intended to measure and have to do this reliably.

The **implementary parameter** concerns the feasibility of the instrument. The routine use of an instrument in an organization always requires the existence of an operational infrastructure: lists have to be given to and be filled out by the right persons, information has to be distributed to the right persons, information has to be interpreted, and so on. The time needed to fill out lists, the comprehensibility of the variables measured, the time needed to calculate these variables, and the like will influence to what extent the infrastructure operates successfully.

The **strategic parameter** concerns a complex of factors stemming from the needs, goals and values of the organizations that are supposed to use the instrument. Some of the important issues related to this parameter are: does the instrument help its user answer relevant questions of the organization; does the instrument give this support at the right time; is the kind of information in line with the values of the organization; does the information supplied appeal to the decision makers in the organization.

These three parameters determine the use of an instrument in an organization and the quality of its use. By way of conclusion we, therefore, will apply them to the COM-procedure. In four studies (BRINKMAN & KARS, 1974; MEMAN SCHULTZ, 1978; MESMAN SCHULTZ, DEPLA & NELEN, 1987; VAN DEN BOGAART, MESMAN SCHULTZ, NAAYER & ZANDBERG, 1989) the COM-procedure has been subjected to large scale validation. In these studies (and other, smaller studies) the inter-rater reliability, the construct validity and the predictive validity of the instruments proved to be at least reasonably good. The COM-procedure, therefore, reasonably meets the epistemological parameter.

In the past ten years the COM-procedure has been used successfully in many practice-oriented research projects. From the reported results it can be concluded that the COM-procedure at least meets the implementary parameter when used in practice-oriented research projects. Filling out, scoring and interpreting COM-lists is no problem in these cases. Routine COM-procedure utilization in organizational contexts has proven to be possible, but time, especially of staff and administration department, has to be invested. At the moment a new updated manual for the COM-procedure is being written. This new manual will probably improve and facilitate utilization.

In this article we described two examples of routine COM-procedure utilization in two organizations for youth welfare. From these examples it can be concluded that the COM-procedure can produce information relevant for answering questions from different levels of the organizations. The information is comprehensible and does not conflict values in the organization. Whether the answers are given in time depends mainly on the concreteness of the questions and on the amount of facilitating circumstances in the organization like enthusiastic employees, a smoothly functioning administration department, support by the management (e.g. by giving time to spent on a special project), a positive organizational climate, opportunities of outside support and the availability of a communication bridge between the organization and research centers.

In general, the information produced by the COM-procedure appeals to organizational decision makers. However, this appeal is influenced by the concreteness of the answers given to their questions and the degree in which these answers are translations from factual data to practical advises. The value of information produced by the COM-procedure for the quality of decisions has not yet been established empirically by follow-up observations.

In the two organizations used as examples in this article, the COM-procedure is not used according to its original purpose: to support treatment decisions for individual clients. Resistance in the organizations against the use of **quantitative** profiles for decisions about individual children may partly be responsible for not using the COM-procedure in this way. Another possible reason is, that the COM-procedure, in its current design, does not produce information that can easily be used by practitioners working with individual children or groups of children. For instance, standard information produced by the COM-procedure can not directly be used to answer the question, quoted in section 3, about the effect of admitting a child with serious disturbances on the already existing problems in a treatment-group. The new manual may be of help here. The third reason for non-use of the COM-procedure in individual treatment decisions is, that concepts like »acting-out« and »depressive« in COM-procedure variables are not synonymous with the same concepts in variables of the CBCL and other instruments. Comparative research is required to establish the multitrait-multimethod validity of diagnostic variables and to establish more uniformity in youth welfare language. At the moment, a few research projects are conducted or going to be conducted in which the COM-procedure is used in combination with other instruments like the CBCL.

It can be concluded that the COM-procedure meets the three parameters of Van de Vall's paradigm: its epistemological validity, implementability and strategical validity are satisfactory. Compared to other instruments in use in youth welfare practice, the COM-procedure probably is the only one that scores well on all three parameters. The expanding number of youth welfare organizations that use the COM-procedure routinely, therefore, can be interpreted as an indication of the validity of VAN DE VALL's paradigm for practice oriented research instruments.

References

ACHENBACH, T.M.: Assessment and taxonomy of child and adolescent psychopathology. Newbury Park, 1985

ACHENBACH, T.M. & EDELBROCK, C.S.: Manual for the Child Behavior Checklist and revised Child Behavior Profile. Burlington, 1983

ANBEEK, M. & BARTELS, A.A.J.: Evaluatie gesprekstherapie voor adolescenten: De COMTZ-formule. Kind en Adolescent, 1983, 4 (2), pp. 95-108.

BOGAART, P.H.M. VAN DEN: Onderzoek als taak van wetenschappelijk staffunctionarissen in instellingen voor residentiële q. In: FICE-bulletin, 1989, 9, 2, pp. 23-36.

BOGAART, P.H.M. VAN DEN, BIJL. B., HUISMAN, P. & MESMAN SCHULTZ, K.: Vernieuwingen in de jeugdhulpverlening. Leiden, 1992

BOGAART, P.H.M. VAN DEN, MESMAN SCHULTZ, K., NAAYER, P.M.H. & ZANBERG, TJ.: Instrumentarium voor programma evaluatie in de residentiële jeugdhulpverlening: De COM-UV. Leiden/Groningen, 1989

BRINKMAN, W. & KARS, H.: Aanpassing en predictie van aanpassing. Den Haag, 1974

BROWN, J.L.: Philosophy and Rationale of Browndale. A Guide to Normal Living. Toronto, 1979

LIESHOUT, J. VAN: Gezinshuizen: model en methodiek. Amsterdam, 1984

McRAE, D.: Types of expert advice for public policy choice. In: MESMAN SCHULTZ, K., KOSTER, J.T.A., LEEUW, F.L. & WOLTERS, B.M.J. (EDS.): Between sociology and sociological practice. Nijmegen, 1993

MESMAN SCHULTZ, K.: De COM-procedure: een methode om voor kinderbeschermingspupillen een advies te bepalen. Den Haag, 1978

MESMAN SCHULTZ, K. & BOGAART, P.H.M. VAN DEN: Interventie-onderzoek en -ontwikkeling in de jeugdhulpverlening. Leiden, 1992

MESMAN SCHULTZ, K., DEPLA, M. & NELEN, M.: Evaluatie van gedifferentieerde residentiële hulpverlening aan jeugdigen. Leiden, 1987

ROTHMAN, J.: Planning and Organizing for Social Change: Action Principles from Social Research. New-York, 1974

ROTHMAN, J.: Social R&D - Research and Development in the Human Services. Englewood Cliffs, 1980

ROTHMAN, J.: Forging the Link between Research and Practice: Toward Social Work Technology. Lecture: »First Annual Jerry Lynes Memorial Lecture«, Seminars by the Bay. Marina Village, 1985

ROTHMAN, J. & THOMAS, E.J.: Model of Intervention Research. Paper presented at the conference on Intervention Research at the School of Social welfare. Los Angeles, 1989

SLOT, N.W.: Residentiële hulpverlening voor jongeren met anti-sociaal gedrag. (Diss.). Lisse, 1988

VALL, M. VAN DE: Sociaal beleidsonderzoek. Een professioneel paradigma. Alphen a/d Rijn, 1980

VALL, M. VAN DE: De waarden-context van sociaal beleidsonderzoek: een theoretisch model. In: Vall, M. van de & Leeuw, F.L. (red.): Sociaal beleidsonderzoek. Den Haag, 1987

VERHULST, F.C., KOOT, J.M., AKKERHUIS, G.W. & VEERMAN, J.W.: Praktische handleiding voor de CBCL (Child Behavior Checklist). Assen/Maastricht, 1990

XV.

Wissenschaftliche Begleitung und Evaluation

Research and Evaluation

Thomas Gabriel

Forschung in der Heimerziehung -
Das Problem der Gegenstandsbestimmung

Research in Residential Care

In Great Britain empirical research of residential care is underway which resulted in quite a few studies of political as well as practical relevance. British research of residential care undogmatically combines practical interests with academic or theoretical ones as well as different methods of research. As a model it seems worth consideration in order to stimulate the discussion within this field in Germany. Thus, for instance, the contradiction between theoretical and empirical research, as discussed in Germany, for British researchers can be bridged or reconciled. To exclude empirically-rooted German research in residential care from the production of theories involves the danger to dichotomize the scientific community in:

- *social-theoreticians who narrow down their studies to (mere) theoretical analysis and*
- *empirical researchers who investigate their object - residential care - re-gardless of any theoretical conceptions and who do not get beyond trivial generalizations.*

1. Einleitung

Forschung in der Heimerziehung steht vor dem Problem, daß ihr Gegenstand nicht auf einen überschaubaren Objektbereich reduziert werden kann. Diese Erkenntnis ist ebensowenig neu, wie die Forderung nach Forschungsansätzen, die dieser Komplexität gerecht werden (vgl. BITTNER, FLITNER 1969). Die Komplexität des Feldes Heimerziehung muß als gegeben akzeptiert werden. Unterschiedliche administrative, rechtliche, soziale sowie kulturelle Rahmenbedingungen und Traditionen beeinflussen jede Forschung in der Heimerziehung im nationalen wie im europäischen Kontext maßgeblich (vgl. SCHEFOLD 1996). Ein Forscher, der diese Komplexität negiert und Widersprüche eliminiert, würde eher zu unzulässigen Vereinfachungen und Trivialisierungen des Forschungsgegenstandes beitragen, als zu neuen Erkenntnissen.

Die auf nationaler und internationaler Ebene gültige Schwierigkeit der Bestimmung eines gemeinsamen Gegenstandes wird durch unterschiedliche länderspezifische Forschungsdisziplinen /-traditionen und den damit verbundenen unterschiedlichen theoretischen Sichtweisen und Methodologien zusätzlich erschwert: Jede Form von Forschung konstituiert durch ihren Zugriff den zu betrachtenden und theoretisch abzubildenden Gegenstand (vgl. STICKELMANN 1993).

In der deutschen Diskussion erscheint der Begriff Heimerziehung als konzeptionelle Klammer inhaltlich und formal höchst unterschiedlicher Erscheinungsformen: Von Jugendwohngemeinschaften über betreutes Einzelwohnen bis zu Kleinstheimen und familienanalogen Konzeptionen. Heimerziehung läßt sich heute nicht eindeutig an ihrer Form identifizieren und zum Teil kaum von ihren Alternativen abgrenzen. Es ist zunehmend schwierig, übergreifend zu definieren, was Heimerziehung jenseits ihrer diversen Erscheinungsformen und rechtlichen Rahmenbedingungen inhaltlich bestimmt (vgl. WINKLER 1989, S. 10). Die Heimkampagnen Ende der 60er Jahre haben zu einer Veränderung des Leistungsprofils von Heimerziehung geführt. Der Wandlungsprozeß, der mit den Prinzipien der Dezentralisierung, Entspezialisierung, Regionalisierung und Flexibilisierung beschrieben werden kann, hat zu einer Ausdifferenzierung der verschiedenen Hilfeformen der Heimerziehung sowie zu einer Entgrenzung zu ihren ambulanten, teilstationären und stationären Alternativen geführt (vgl. JORDAN et al. 1994, S. 180ff.). Die aus der Verbreiterung des Spektrums folgende begriffliche Diffusität von Heimerziehung hat dazu geführt, daß die analytische Tauglichkeit des Begriffes seit einem Jahrzehnt wiederholt in Frage gestellt wurde (vgl. WINKLER 1989; TREDE 1996).

Gilt in der deutschen Diskussion der Begriff Heimerziehung allenfalls als konzeptionell tauglich, erscheint die Argumentation auf europäischer Ebene sehr viel pragmatischer. In Großbritannien wird zunächst eine vergleichbare Begriffsdiffusität konstatiert: »the only feature that characterizes residential settings is the `bed´ which is provided not by the family but by others« (vgl. MILLHAM et al. 1987, S. 8). Daraus ergibt sich aber die pragmatische Feststellung, daß Forscher in der Heimerziehung beim Entwurf von Forschungsdesigns die Vielfalt der Erscheinungsformen zu berücksichtigen haben: »This variety of residential provision poses a great problem for evaluation because research approaches for one set of clients cannot easily be replicated for others and, in talking about evaluation, we can only speak in general terms« (a.a.O., S. 7f.). Aus der Erkenntnis, daß Forschungsansätze in der Heimerziehung nicht ohne weiteres auf verschiedene Institutionentypen oder Klientengruppen übertragen werden können, haben sich in Großbritannien eine Vielzahl von Forschungsansätzen in der Heimerziehung entwickelt.

Forschungsergebnisse und theoretische Aussagen müssen nicht von jedem Widerspruch gereinigt sein; für einen Gegenstandsbereich können durchaus mehrere Theorien plausibel sein (vgl. FILSINGER, HINTE 1988). Diese zu entwickeln, darzustellen und zu diskutieren ist Aufgabe der Wissenschaft im Bereich der Heimerziehung. Die Aufgabe der Systematisierung vorliegender Wissensbestände und der sachlich angemessenen Gegenstandsbestimmungen zukünftiger Forschungen und Forschungsperspektiven umreißt im Kern die Herausforderung an die in Diskursgesellschaften (AFET/FICE/EUSARF) auf nationaler und europäischer Ebene zusammengeschlossenen Wissenschaftler. Insofern reicht die pauschale Forderung nach quantitativ mehr Forschung (»more research is needed«) nicht aus, ohne daß Anstrengungen zur Qualifizierung europäischer Forschung zur Heimerziehung unternommen werden.

2. Erkenntnistheoretische Aspekte der Forschung zur Heimerziehung

Voraussetzung international vergleichender Forschung ist eine Sichtung vorliegender nationaler Studien im Sinne eines systematisierenden Vergleichs. Die Bewertung der Forschungslage ist jedoch auf eine problematische Weise von länderspezifischen Denktraditionen geprägt. Diese Differenz wird unter anderem deutlich im unterschiedlichen Umgang mit dem Begriff »Eklektizismus«. Im deutschen Sprachraum negativ konnotiert, »friedet ihn dessen angelsächsischer Bedeutungshof ein: es geht um das kreative, aufgabenorientierte Zusammensuchen von zur Lösung eines konkreten Problems geeigneten Theorieelementen« (PATZELT 1993, S. 115f.).

Im deutschen Diskurs zur Forschung in der Heimerziehung stellen dagegen Problemlösungsfähigkeit und Anwendungsorientierung von Studien keine zentralen Kriterien zur Beurteilung ihrer theoretischen Relevanz dar. Es besteht vielmehr die Gefahr, daß die Bemühungen um praxisorientierte Forschung (vgl. HEINER 1988; SCHONE 1995) die Unterscheidungen zu grundlagenorientierter akademischer Sozialforschung weiter verschärfen werden.

Die Beurteilung des Forschungsstandes zur Heimerziehung in Deutschland differiert aufgrund unterschiedlicher Theorie- und Forschungsverständnisse. Auf der einen Seite wird ein Forschungsbegriff vertreten, dessen veritabler Selbstanspruch die Systematisierung der vorliegenden Studien zur Heimerziehung in Deutschland blockiert. So beklagt LAMBERS die »fragmentierende Betrachtung von Heimwirklichkeit durch ihre Forschung« (1994, S. 516). Eine gemeinsame Diskussion wird seiner Ansicht nach durch methodologisch unterschiedliche Positionen, das teilweise Fehlen jedweder theoretischer Positionsbestimmung, gegensätzliche erkenntnistheoretische Grundannahmen sowie die Präformierung der Erkenntnisinteressen durch wertbehaftete Vorannahmen über den Forschungsgegenstand erheblich erschwert (vgl. a.a.O.). Daraus folgt seiner Einschätzung nach, daß die Integration der durch Forschung gewonnenen Wissensbestände im Sinne eines von WINKLER (1989) geforderten »Neuen Zwischenberichtes Heimerziehung«[1] aufgrund der vielfältigen, sich widersprechenden und methodologisch unterschiedlich gewonnenen Ergebnisse aus der Forschungslandschaft zur Heimerziehung nicht erhältlich ist.

Das Plädoyer von WINKLER für einen sehr weiten, liberalen Forschungsbegriff (vgl. in diesem Buch) entbindet die Wissenschaft von den zu lösenden erkenntnistheoretischen Problemen, wie der Gegenstandsbestimmung oder der Methodenwahl und wertet die vorwissenschaftlichen literarischen und ideographischen Beschreibungen von Wirklichkeiten der Heimerziehung auf. Das Positive an diesem Forschungsverständnis liegt in der Gewichtung des vorwissenschaftlich Subjektiven, um einer methodischen Verengung der Forschung zur Heimerziehung vorzubeugen. Die damit zunächst umgangenen theoretischen Probleme kommen in die Wissenschaft zurück, wenn das gesamte literarische Spektrum (von Romanen über Praxisbeschreibungen bis zu Forschungsarbeiten) zum Thema Heimerziehung zu systematisieren und die Kriterien für die Auswahl theorierelevanter Produktionen zu begründen sind. Ein liberalisierter Forschungsbegriff könnte die darunter firmierten Arbeiten weder einer systematisierenden Bestandsaufnahme im Rahmen eines Neuen Zwischenberichtes zuführen noch den wissenschaftlichen Diskurs über Heimerziehung ordnen oder gar eine Theorie der Heimerziehung inspirieren. Die Situation der deutschen Forschung zur Heimerziehung stellt sich unbefriedigend dar:

1. Die Heimerziehung außerhalb von Modellprojekten ist wenig erforscht.
2. Es fehlt an vergleichbaren Studien zur Wirkung von Heimerziehung und ihrer Alternativen. Die Verwertbarkeit vieler Arbeiten (z.B. auch kommunaler Jugend-

hilfeplanungen) wird durch ihre regionale Ausrichtung und spezialisierten Fragestellungen eingeschränkt.

3. Die fehlende Kontinuität übergreifender Fragestellungen verhindert die Sammlung und Vernetzung von Grundlagenwissen. Die unterschiedlichen Leit- und Bezugsdisziplinen vorhandener Forschungen zur Heimerziehung (z.B. Soziologie, Psychologie, Erziehungswissenschaft, Medizin) erschweren dies zusätzlich.

4. Die Kooperation von Theorie und Praxis ist durch Brüche gekennzeichnet. Einerseits fehlt es in der Praxis an Forschungskompetenz, d. h. den Praktikern in der Heimerziehung mangelt es an Zeit und Fachkenntnissen, um eine fruchtbare Kooperation mit den Forschern zu gewährleisten. Andererseits übergeht Wissenschaft oft die Anforderungen der Praxis, indem sie sich kaum um Kooperationsformen bemüht.

5. Es gibt wenig Forschungen, die Empirie und Theorie erkenntnistheoretisch befriedigend verbinden. Studien haben zu oft ihre Bezüge in rein begrifflich-theoretischen Argumentationen, z.B. zur gesellschaftlich-disziplinierenden Funktion von Heimerziehung. Aus ihnen folgen keine oder beliebige Implikationen für die Praxis von Heimerziehung.

6. Systematisches Wissen über die Wirkung von Jugendhilfe als System ist rar. Studien, die vorhandene quantitative Befunde der Jugendhilfestatistik inhaltlich qualifizieren, fehlen.

7. Es gibt wenig Studien der Biographien und Jugendhilfeverläufe aus der subjektiven Sicht der jungen Menschen, die von Fremderziehung betroffen sind (vgl. dazu beispielhaft LITTLE 1995).

Bezogen auf diese Probleme kann weder die strenge forschungspuristische Position von LAMBERS noch die liberale Position WINKLER eine abschließende Perspektive für den zukünftigen Diskurs über Forschung und Theorie der Heimerziehung darstellen. Denn die beklagte »Fragmentierung der Heimerziehungswirklichkeit« durch Forschung läßt sich nicht durch die vermeintliche Ganzheitlichkeit eines »liberalen Forschungsbegriffes« überwinden. Es erscheint vielmehr notwendig, den Theorie- und Forschungsbegriff in der Heimerziehung zu überdenken. In der deutschen Diskussion um die Forschung zur Heimerziehung in Europa wird dabei die Chance, die in europäischen und internationalen Forschungskooperationen liegt, bisher kaum erkannt. TREDE (1996) meldet Bedenken an, daß europäische Forschungsergebnisse nicht ohne umfangreiche Vorarbeiten rezipierbar seien. Er konstatiert, daß kategoriale Unklarheiten wie eine sachlich angemessene Bestimmung des Forschungsgegenstandes bislang kaum behandelt, geschweige denn gelöst seien. Eine Vergleichbarkeit oder gar Übertragbarkeit von Forschungsergebnissen sei auf dem Hintergrund der länderspezifischen Eigenheiten nicht ohne weiteres herstellbar. Die Schlußfolgerung »Mehr Ahnung als Wissen« ist sicherlich richtig, jedoch einer vorschnellen Frage geschuldet: »für welche Fragestellungen ist es sinnvoll, die Heimerziehung verschiedener Nationalstaaten miteinander zu vergleichen (...)?« (TREDE 1996, S. 108). Die zukünftige Bedeutung europäischer Sozialpolitik und die Notwendigkeit einer theoretischen Grundlage für Politik und Verwaltungshandeln erscheint als Teil einer möglichen Antwort. In der Diskussion um die Umsetzung der Kinderrechte in europäischem und nationalem Politikhandeln[2] wurde schon heute ein Mangel europäischer Forschung deutlich. Es fehlt abgesichertes Wissen über die Situation von Kindern in Europa allgemein sowie speziell über junge Menschen in öffentlicher Erziehung.

Die parlamentarische Vertretung des Council of Europe (European Strategy for Children) forderte deshalb 1996 die Mitgliedstaaten der EU explizit auf, den Rechten der Kindern eine höhere Priorität zuzuschreiben. Forschung bekommt dabei die Funktion, durch das systematische Sammeln von verläßlichen Daten über ihre Situation politische Willensbildung zu beeinflussen: »to identify their needs and the issues which require priority political action« (zit. nach RUXTON 1996, S. 14).

Angesichts der Schwierigkeiten europäischer Forschung zur Situation von Kindern in Europa wie unterschiedlicher Forschungstraditionen, Gegenstandsbestimmungen, Ressourcen, politischer Prioritäten und rechtlicher Rahmenbedingungen referiert Ruxton eine zentrale Forderung, die auch die deutschen Wissenschaftler anspricht: »we accept that it will represent a considerable amount of work to establish common definitions and common indicators, however many of these have been established in relation to other key economic and social data effecting adult workers in the EU. (...) The fact, that so little attention has as yet been accorded to children's issues reflects, at least in part, the low status and low political priority of children in European societies« (a.a.O., S.15). Das geringe gesellschaftliche, politische und wissenschaftliche Interesse für die Situation junger Menschen in Europa erscheint noch minimaler für den Bereich der Fremdunterbringung. Die Forschung zur Heimerziehung ist in Europa zudem sehr unterschiedlich entwickelt. In Großbritannien, den Niederlanden und Deutschland ist Forschung quantitativ verbreiteter und fachlich ausgewiesener als in den südeuropäischen Ländern und Frankreich (vgl. COLTON et al. 1993). Die anstehende Aufgabe einer Qualifizierung europäischer Forschung zur Heimerziehung betrifft auch die deutsche Forschung zur Heimerziehung.

Der Verweis auf die Schwierigkeiten der Rezeption europäischer Forschungsergebnisse sollte nicht dazu führen, daß die Chance auf deutscher Seite vertan wird. Denn die Perspektive liegt noch nicht in der Idee einer komparatistischen Analyse europäischer Heimerziehungspraxis; sie liegt zunächst auf erkenntnistheoretischer, das heißt methodischer und methodologischer Ebene. Drei Schwierigkeiten der deutschen Diskussion sollen im folgenden aufgegriffen werden:

- Der vermeintliche Widerspruch zwischen begrifflich-theoretischer und empirischer Forschung
- Die scheinbare Inkommensurabilität von quantitativen und qualitativen Forschungsmethoden
- Die mangelnde Integration von Theorie und Praxis in der deutschen Forschung zur Heimerziehung

Es gibt in europäischen Ländern eine Vielzahl theoretischer Vorarbeiten, von denen die deutsche Forschung profitieren könnte. Bezogen auf die drei benannten Probleme erscheint Großbritannien als Modell betrachtenswert. In Großbritannien existiert eine Forschung zur Heimerziehung, die eine hohe Anzahl von Studien mit theoretischer, politscher und praktischer Relevanz hervorgebracht hat. Die britische Forschung zur Heimerziehung integriert Praxisforschung und akademische Sozialforschung ebenso undogmatisch wie wissenschaftliche, politische sowie administrative

Erkenntnisinteressen in einem Modell. Diese strukturelle Verbindung von Forschung, Praxis und Politik ist in Europa einmalig: »Almost every section of the legislation seems guided by research findings and the Act can be seen as a model of a successful relationship between research, policy and practice« (BULLOCK 1993, S. 222). Der Theorie-Praxis-Transfer der Forschungsergebnisse (vgl. a.a.O., S. 226f.) erscheint ebenso modellhaft wie die Integration von Theorie und Empirie und unterschiedlicher methodischer Vorgehensweisen.

3. Beispiel Großbritannien

Weniger von der Suche nach forschungstheoretischer Identität geplagt, und doch nicht theoretisch beliebig wird der Forschungsstand zur Heimerziehung in Großbritannien bewertet. Dies ist unter anderem einem anderen Wissenschaftsverständnis geschuldet, dem ein aufgabenorientierter und (jenseits der negativen Konnotation) eklektischer Zugriff auf Heimerziehungswirklichkeit innewohnt. Der Begriff Forschung umfaßt verschiedene, näher zu bestimmende Aktivitäten. Forschung kann theoretisch sein, in der Art, wie sie Konzepte und Typologien entwirft, sie kann empirisch sein in der Produktion und Analyse neuer Daten oder sie kann aus einer Untersuchung spezieller Teilgebiete bestehen, wie der Evaluation einer Situation oder einer Maßnahme. Diese drei Typen von Forschung schließen sich nicht aus: Theorie muß an der Realität überprüfbar sein; Empirismus ohne theoretische Struktur erscheint im britischen Verständnis ebenso wertlos wie eine eng fokussierte Evaluationsforschung, die den Kontext wissenschaftlicher Erkenntnisse ignoriert.

Dieses Selbstverständnis und der Stellenwert der Forschung in Großbritannien wird durch die administrativen Rahmenbedingungen der Jugendhilfe und ihre Geschichte verständlich (vgl. dazu ausführlich BULLOCK 1993). Die Administration der Jugendhilfe ist in Großbritannien in einem hohen Maß zentralisiert. Das Ministerium in London hat weitreichende Eingriffsmöglichkeiten, angefangen bei Inspektionen einzelner Sozialer Dienste bis zur Regulierung von politischen und finanziellen Entscheidungen auf der lokalen Ebene. Diese Zentralisierung ist ursächlich für die Nachfrage und den administeriellen Gebrauch von Auftragsforschung in der britischen Jugendhilfe (Child Care). Eine eigenständige Abteilung, die für die Jugendhilfe von der nationalen bis zur lokalen Ebene zuständig war, wurde 1948 gegründet. Anfänglich beschränkte sich die verantwortliche Abteilung (Home Office) auf die Erhebung von Jahresstatistiken und zeigte wenig Interesse an grundlegenderen Fragen wie den Bedürfnissen von Kindern in Fremdunterbringung oder den Effekten von Einrichtungen der Jugendhilfe. Erst allmählich gewannen die theoretischen und empirischen Arbeiten, die an akademischen Einrichtungen verfaßt wurden, an Bedeutung. So erkannten die für Jugendhilfe verantwortlichen Politiker, daß z.B. psychologische Analysen über die Entwicklung im Kindesalter oder Studien über die Trennung von Kindern von ihren Ursprungsfamilien für ihre Entscheidungen von größerer Relevanz waren, als die von ihnen in Auftrag gegebenen rein statistischen Analysen.

Mit dem Ausbau der Jugendhilfe in den 60er Jahren wurde eine Anzahl von Studien veröffentlicht, die starken Einfluß auf politische Entscheidungen hatten. So

erforschte PARKER (1966) die Gründe für den Zusammenbruch von Pflegeverhältnissen; KING , RAYNES und TIZARD (1971) untersuchten die Effekte der Heimerziehung auf Kinder mit geistigen und körperlichen Behinderungen, und PACKMAN
(1964) belegte die Unterschiede von Bedarf und Angebot von Einrichtungen der
Jugendhilfe in Großbritannien. Diese Studien waren einmalige Projekte interessier-
ter Akademiker. Obwohl die für Entscheidungen der Jugendhilfe 1948 eingerichtete
Regierungsabteilung eine eigene Forschungsabteilung besaß, vernachlässigte diese
die Jugendhilfe zugunsten anderer Forschungsgebiete, z.B. dem der jugendlichen
Delinquenz. Dies änderte sich 1971 mit der Empfehlung an alle Ministerien und
Abteilungen, Forschungsaufträge extern zu vergeben. Die in der Administration täti-
gen Beamten und Regierungspolitiker wurden somit zu Auftraggebern akademischer
Forschung. Ihr Handlungsdruck bestimmte die Prioritäten der von ihnen unterstütz-
ten Forschung (vgl. BULMER 1982, S. 30ff.).

Das Gesundheitsministerium (Department of Health), dem durch eine
Regierungsreform 1971 die Jugendhilfe zugeordnet wurde, traf sehr schnell die Entscheidung, daß verstärkt Forschung im Bereich der Jugendhilfe betrieben werden
müsse. Das für administrative Entscheidungen dringend notwendige gesicherte Wissen über Jugendhilfe sollte durch Auftragsforschungen von externen Instituten und
Forschungszentren gewonnen werden. Nur die statistische Erfassung sollte Aufgabe
des Ministeriums bleiben. Diese Entscheidung bedingte den Aufbau mehrerer externer Forschungseinheiten (Child Care Units), jede mit einer eigenen Spezialisierung
im Bereich der Jugendhilfe: Die DARTINGTON SOCIAL RESEARCH UNIT konzentrierte
sich auf Kinder und Jugendliche in öffentlicher Erziehung, eine andere Forschungseinheit auf körperlich und geistig Behinderte (HESTER ADRIAN UNIT), auf unter fünfjährige Kinder (THOMAS CORAM UNIT) oder auf interdisziplinäre Aspekte der Jugendhilfe (NATIONAL CHILDREN'S BUREAU).

Für jede Forschungseinheit wird entsprechend dem Forschungsaufwand - unabhängig von einzelnen Forschungsprojekten und -aufträgen - eine Gesamt-
finanzierung garantiert, deren Verwendung in Abständen evaluiert wird. Dies schaff-
te eine größere Arbeitsplatzsicherheit für die Mitarbeiter und ermöglichte damit die
kontinuierliche Weiterentwicklung und Anhäufung von Expertenwissen in den ausgewiesenen Forschungsgebieten. Die Forschungseinheiten beschränken sich nicht
auf die Erfüllung staatlicher Aufträge, sie haben zudem die Möglichkeit, eigene Vorhaben zu verwirklichen, Praxisprojekte wissenschaftlich zu begleiten oder spezielle
Probleme in der Jugendhilfe vertiefend zu bearbeiten (z.B. den Kindesmißbrauch).
In Großbritannien werden jährlich insgesamt über drei Millionen Pfund für die Forschung im Bereich der Jugendhilfe aus öffentlichen Mitteln ausgegeben.

Vor diesem Hintergrund wird die große Anzahl von Studien zur Heimerziehung über ihre Beschaffenheit (nature) und ihre Effekte (outcomes) verständlich, die
hauptsächlich aus den 60er und frühen 70er Jahren stammen. Der Mangel an aktuell
relevanten Studien zur Heimerziehung und dem auch in Großbritannien konstatierten »lack of theory« (LITTLE 1992, S. 103) liegt im Veralten von zeitgebundenen
Forschungsergebnissen begründet. Dies erklärt sich unter anderem durch den kontinuierlichen Wandel der Jugendhilfe in Großbritannien, markiert durch eine einschneidende Änderung in der Gesetzgebung: den CHILDREN ACT (1989). Der CHILDREN

ACT kombinierte ziviles und öffentliches Recht, verschärfte die Kriterien der Fremdunterbringung junger Menschen und führte neue Konzepte ein, wie die stärkere Verantwortlichkeit der Eltern (BULLOCK 1993, S. 219f.)

BULLOCK, LITTLE und MILLHAM (1993b) konstatieren nach Sichtung der
Forschungslage, daß mehr als 100 Studien theoretische Relevanz beanspruchen können. Der überwiegende Teil der Arbeiten besteht aus Forschungen im engeren Sinn,
aber auch offizielle Berichte über Heimrevolten oder Beschreibungen von
Heimerziehungspraxis (z.B. BETTELHEIM) wurden darunter subsumiert. Die Bewertung der empirischen Studien leitet sich dabei aus den proklamierten Zielen der Forschung zur Heimerziehung ab. Forschung hat die basale Funktion, handlungsfeld-
bezogen durch die Klärung von konkreten Untersuchungsfragen Theorie zu produzieren: »The primary purpose of a theory is to explain, which in social research usually
involves identifying causal links between situations and between the investment of
resources and its results« (a.a.O., S. 19).

Drei zusammenhängende Forschungsprojekte verdeutlichen die gewachsene
Struktur von Forschung in Großbritannien. Jedes trat an, ein spezifisches Problem
der Fremdunterbringung junger Menschen zu analysieren. Die Themengebiete über-
schnitten sich in einigen Aspekten gemeinsamen Interesses wie z.b. der Auswirkung
der Trennung von der Ursprungsfamilie, der Verweildauer in der Fremdunterbringung
sowie der Entscheidungsprozesse, die dazu geführt haben.

Ein Projekt erforschte Unterschiede der Entwicklung von Kindern, die bei vergleichbarer Ausgangslage von ihren Familien getrennt wurden und solchen, die nicht
getrennt wurden (PACKMAN, RANDALL and JACQUES 1986). Eine andere Forschung
analysierte die Faktoren, die die Länge der Heimunterbringung bestimmen (VERNON
and FRUIN 1986). Eine weitere Studie (»Lost in Care«) untersuchte die Problematik
der Trennung des fremduntergebrachten Kindes von der Ursprungsfamilie und den
Einfluß der Trennungserfahrungen des Kindes auf den Prozeß der Fremdunterbringung
(MILLHAM et. al 1986). Durch sie wurden die Bezüge zur Ursprungsfamilie
(maintaining links) als bedeutsamer Schlüsselfaktor für den Erfolg von Heimerziehung identifiziert. Es wurde festgestellt, daß nach zwei Jahren Heimerziehung ein
Drittel der Mütter, vier Fünftel der Väter sowie die Hälfte der von Heimerziehung
betroffenen jungen Menschen nur noch sehr unregelmäßig und selten familiären
Kontakt unterhielten. Drei Viertel der jungen Menschen machten die Erfahrungen,
daß formelle und informelle Restriktionen und Barrieren (Verbote, Entfernung, Routinen) sowie Veränderungen der Familienkonstellation den Kontakt zum Elternhaus
erschwerten. Das Aufrechterhalten der Bezüge zum Elternhaus wurde für die jungen
Menschen zudem durch den Zeitfaktor erschwert, da sich die Barrieren mit der Dauer des Heimaufenthalts erhöhten, obwohl der größte Teil von ihnen zu Beginn des
Heimaufenthalts gute (well-established) Bezüge zu Eltern, weiteren Familienmit-
gliedern und Freunden hatte. Das Ergebnis war erstaunlich, da bereits frühere Forschungen aus Großbritannien und den USA darauf verwiesen »that children in
residential and foster care were less prone to crises and more competent socially and
educationally when parents stayed in contact« (DARTINGTON SOCIAL RESEARCH UNIT
1986, S. 1).

Die Kontinuität von Forschungsfragen in Großbritannien wird in der Folge der 1986 veröffentlichten Studie »Lost in Care« ersichtlich. Das Forschungsprojekt von ROWE, HUNDLEBY und GARNETT (1989) schloß an eine Fragestellung von »Lost in Care« an, um den Zusammenhang von Entscheidungsmustern bei der Plazierung und dem Erfolg des Prozesses von Fremdunterbringung zu untersuchen. Die bei der Studie »Lost in Care« gesammelten ersten Indizien für die Bedeutung der familiären Bezüge der Kinder für den Erfolg von Heimerziehung verdichteten sich durch die Ergebnisse dieser Studie: es wurde offensichtlich, daß in Großbritannien ein Großteil der Kinder nach der Heimerziehung in das Elternhaus oder zu einem Elternteil zurückkehrte.

Die Analyse der Rückkehr in das Elternhaus wurde durch die Forschung vertiefend aufgegriffen, als FARMER und PARKER (1991) nachwiesen, daß nur ein Bruchteil der leiblichen Eltern, zu denen die jungen Menschen nach der Heimerziehung zurückkehrten, die Qualifizierungsanforderungen, die an Pflegeeltern gestellt werden, erfüllen konnten. In der Studie »Going Home« (BULLOCK et al. 1993a) wurde untersucht, welche Faktoren den Prozeß der Rückkehr in die Herkunftsfamilie nach Beendigung der Jugendhilfe beeinflussen. Der Fokus der Betrachtung lag genau wie bei »Lost in Care« auf den Erfahrungen der Betroffenen. Die Daten über 875 junge Menschen wurden vom Zeitpunkt ihrer Trennung bis zum Ende der Fremderziehung im Längsschnitt über fünf Jahre ausgewertet, 31 Kinder und 24 Familien wurden für eine intensivere Untersuchung ausgewählt, um die Probleme, die bei der Wiedervereinigung der Familie auftraten, zu analysieren. Es wurde festgestellt, daß 87% der jungen Menschen in der Fremderziehung innerhalb von fünf Jahren in ihre Herkunftsfamilie zurückkehrten und die Muster der Rückkehr analysiert. Dabei wurden 37 Faktoren identifiziert, die den Rückkehrprozeß beeinflussen, wie z.B. die Kongruenz der Erwartungshaltung aller Beteiligten, die Freiwilligkeit der Fremdunterbringung, die Rolle der Familie während der Heimunterbringung, Streßfaktoren und Veränderung in der Familie während der Abwesenheit des Kindes oder die Qualität der familiären Beziehungen (vgl. ausführlich BULLOCK et al. 1993a, S. 209ff.). Die verschiedenen Variablen wurden unterschiedlich gewichtet und je nach Länge der Trennung von der Herkunftsfamilie in ihrer Bedeutung bestimmt.

Die Forschungsergebnisse wurden anschließend handlungsorientiert für die Praxis umgearbeitet. Neben wissenschaftlichen Publikationen wurden die Handlungsimplikationen für verschiedene Ebenen der Praxis abstrahiert: als »messages of research« für die Leiter in Administration und Praxis, als Leitfäden für praktisch betroffene Sozialarbeiter sowie als Kurzführer (pocket guide) für Eltern und ihre Kinder. »Checklisten« wurden erarbeitet, die je nach Länge der Fremdunterbringung (unter sechs Monaten, nach sechs Monaten und nach zwei Jahren) die zentralen Schlüssel- und Risikofaktoren benennen und so die möglichen Erfahrungen des Kindes bei der Rückkehr in die Familie abschätzbar machen (predicting childrens experiences).

Der Transfer der Forschungsergebnisse in die Praxis ist in Großbritannien beispielhaft gelöst und kann als Modell dafür dienen, daß die Differenz von Grundlagen- und Handlungswissen überbrückbar ist. Durch Forschung gewonnenes Wissen über die Bedürfnisse (needs) von jungen Menschen in der Heimerziehung und die Effekte (outcomes) von Interventionen beeinflußt schon heute die Politik und Praxis in Großbritannien weit mehr, als in vielen anderen europäischen Ländern. Diese Funktionalität bestimmt ihre heutige Bedeutung: »Because it is used to promote children's welfare in society's name, residential child-care must be based on tested theory: profund commitment and conviction cannot be relied upon« (Bullock et al. 1993b, S. 19).

Durch Professionalisierung und Modernisierung in der britischen Jugendhilfe wird der Bedarf und der Einfluß von Forschungen in Zukunft ansteigen: »...research evidence, particularly longitudinal studies which relate the present situations to future outcomes, will increasingly influence practice« (Bullock 1993, S. 221). Die »Looking after Children Initiative« als Modell einer umfassenden Evaluation der Jugendhilfe erscheint als Konsequenz dieser strukturellen Verbindung von Forschung, Praxis und Politik in Großbritannien.

3.1 Die »Looking after Children« Initiative

In 92% der englischen Kommunen wurde ein standardisiertes und z.T. computergestütztes Forschungsprogramm eingerichtet, das es ermöglichen wird, auf einer breiten Datenbasis den Erfolg (outcomes) der professionellen Interventionen in der Jugendhilfe zu beurteilen. Das Forschungsprogramm zielt u.a. auf die Sammlung weitreichender Informationen über die Erfahrungen (experiences) und die Entwicklung (progress) junger Menschen in der Fremdunterbringung. Die 1987 eingerichtete Arbeitsgruppe des »Department of Health« entwickelte in vierjähriger Arbeit zunächst einen theoretischen Rahmen sowie praktische Werkzeuge (Assessment and Action Records) zur Evaluierung in der Jugendhilfe, um die Ergebnisse (longterm-effects) an verschiedenen Stellen der Jugendhilfekarriere analysieren zu können (vgl. PARKER et al. 1991). Außer dem Tübinger Projekt »Jugendhilfeleistung«[1] (vgl. BAUR et al. 1997, S. 192ff.), das sich auf einer Datenbasis von 284 Akten mit der Evaluierung von stationären und teilstationären Hilfen zur Erziehung beschäftigt, gibt es in Deutschland kein Forschungsprojekt mit einem vergleichbaren Erkenntnisinteresse.

Obwohl 7.453.000.000 DM im Jahr 1995 für das gesamte Spektrum der Hilfen zur Erziehung in Deutschland ausgegeben wurden (vgl. SPÄTH 1997, S. 49) ist die Forschungsförderung im Bereich der deutschen Jugendhilfe vergleichsweise mangelhaft. Anders als in Großbritannien werden in Deutschland auch in naher Zukunft nicht annähernd vergleichbare Daten über den Erfolg und die Wirkungsweise von Heimerziehung und ihrer Alternativen verfügbar sein. Wird der von THIERSCH (1997) unter Bezug auf den 8. und 9. Jugendbericht erneut gestellten Forderung nicht entsprochen, einen Anteil von »3 % der Aufwendungen innerhalb der Erziehungshilfen im vorhinein für Forschung und Evaluation festzusetzen« (a.a.O., S. 27), so wird sich daran auch in weiterer Zukunft nichts Wesentliches ändern.

Die Entwicklung des Evaluationskonzeptes der »Looking after Children« Initiative begann 1987 und geht weit über Hilfeplanung oder Jugendhilfestatistik nach dem KJHG hinaus. Von der Arbeitsgruppe des Department of Health wurden zunächst sieben Dimensionen identifiziert, in denen junge Menschen Entwicklungsaufgaben zu bewältigen haben: »health, education, identity, family and social relationship, social presentation, emotional and behavioural development, and self-care skills« (vgl. PARKER et al. 1991, S. 77 ff. sowie WARD 1995, S. 10ff.). Zwei Prämissen sind für das Forschungsdesign grundlegend:

- Junge Menschen entwickeln sich nur dann befriedigend, wenn ihre Bedürfnisse auf jedem der genannten Gebieten angemessen erreicht werden.
- Die Eltern oder die öffentliche Jugendhilfe (children's welfare services) sind dafür verantwortlich, inwieweit sie die Bedürfnisse der jungen Menschen erreichen oder verfehlen. (vgl. a.a.O.).

Die Ergebnisse des Prozesses Heimerziehung können in verschiedenen Zeitdimensionen abgebildet werden. Je nach Fragestellung können unmittelbare Effekte oder Langzeiteffekte (short-term/long-term outcome) untersucht werden. Die Evaluation kann Ergebnisse mit isolierten individuellen Input Variablen in Beziehung setzen oder mit einem weiteren Spektrum auf individueller, institutioneller oder sozialer Ebene. Wie jede Form von Evaluationsforschung benötigt sie dazu theoretisch abgesicherte Begriffe zur Beschreibung und kriteriengeleiteten Bewertung von Wirklichkeit. Dazu bedurfte es theoretischer Vorarbeiten wie der von PARKER et al. (1991) die sich mit dem Definitionsproblem von Erfolg (outcome) auseinandersetzen.

Parker et al. (1991) verweisen darauf, daß die Frage nach der erwarteten Wirkung von Heimerziehung an die Perspektive und den Zeitpunkt der Analyse gebunden sind. Erfolg der Heimerziehung ist vom Zeitpunkt der Betrachtung insofern abhängig, als sich auch bereits festgestellter Erfolg als instabil erweisen kann. Erfolg ist häufig von biographischen Diskontinuitäten geprägt. So kann ein Milieuwechsel zuvor festgestellte Erfolge zunichte machen, instabil werden lassen oder auch stabilisieren. Zum Zweiten herrscht eine Kluft vor zwischen individuellen und allgemeinen Erfolgsperspektiven. Die öffentlichen Interessen und Erwartungen sind nicht notwendig identisch mit denen der betroffenen Kinder und Jugendlichen, ihrer Familien oder der Praktikerinnen und Praktiker in der Heimerziehung und Administration. Die Wahl der Evaluationskriterien und die Interpretation der Ergebnisse ist zwingend an die Perspektive der Betrachtung gebunden. Eine begrifflich-theoretische Trennung der Ebenen ist zu erarbeiten, um einer Vermischung von idiosynkratischen Interessen der Beteiligten zu entgehen. PARKER et al. (1991) differenzieren fünf Erfolgsperspektiven (vgl. ausführlich a.a.O., S. 20f. und WARD 1995) :

1. Public outcomes

Heimerziehung wird aus öffentlichen Geldern finanziert. Öffentliche Träger sind in Form und Inhalt für die Jugendhilfemaßnahmen verantwortlich. Es gibt eine Vielzahl von Erwartungen der Öffentlichkeit, was Heimerziehung erreichen bzw. verhindern soll. Die öffentlichen Erwartungen und Definitionen bezüglich des Erfolgs von Heimerziehung sind wandelbar, inkonsistent und oft widersprüchlich. Die Medien spielen dabei als Einflußgröße auf die öffentliche Meinung und damit als politische Kraft eine bedeutsame Rolle. Oft werden durch sie Einzelfälle als beispielhaft stilisiert, in denen das Ergebnis der öffentlichen Erziehung mißbilligt wird.

2. Services outcomes

Die in der Administration Tätigen, z.B. in der Leitung des Jugendamtes oder der wirtschaftlichen Jugendhilfe verbinden mit der Definition von Erfolg in der Regel quantitative Aussagen wie die Anzahl der jungen Menschen in der Fremd-unterbringung, die Länge ihrer Unterbringung und die damit verbundenen Kosten (Pflegesätze). Eine Reduktion der Unterbringungszahlen und -längen oder der Ko-sten wird aus dieser Perspektive als Indikator für Erfolg gewertet. Diese hauptsäch-lich statistisch bestimmten Erfolgsperspektiven müssen jedoch sorgsam interpretiert werden. Demographische Änderungen oder die Ausweitung anderer Hilfe- oder Sanktionsformen wie der Kinder- und Jugendpsychiatrie oder des Jugendstrafvoll-zugs kann hinter einem scheinbaren Erfolg ebenso verborgen sein wie die Unfähig-keit der Jugendhilfe, die Hilfebedarfe junger Menschen überhaupt zu erkennen.

3. Professional outcomes
Eine weitere Perspektive von Erfolg ist die derjenigen, die mit den jungen Menschen in der Heimerziehung direkt arbeiten. Die Professionellen haben Erfolgserwartungen, die ihre eigene Arbeit betreffen. Welche Prioritäten sie dabei setzen, hängt von ihren persönlichen und professionellen Mustern der Problemdeutung und Handlungs-orientierung ab. Erfolg oder Mißerfolg wird primär als Effekt der professionellen Intervention verstanden und individuums- oder familienorientiert betrachtet.

4. Family outcomes
PARKER et al. betonen die Schwierigkeit, eine familienübergreifende Erfolgs-perspektive zu bestimmen: »It is remarkably difficult to define or identify outcomes for whole families« (1991, S. 23). Die Interessen, Erwartungen und Absichten der einzelnen Familienmitglieder müssen nicht einen gemeinsamen Nenner haben. Ver-schiedene Familienmitglieder können Effekte der Fremdunterbringung sehr unter-schiedlich bewerten. Einzelne Familienmitglieder können beispielsweise von der Fremdunterbringung eines schwierigen Kindes profitieren; für das betreffende Kind oder einzelne Geschwister kann es zu einer subjektiven Verschlechterung ihrer Lage führen. Es erscheint hilfreich, Familie als Netzwerk mit unterschiedlichen Beziehungs-qualitäten zu untersuchen oder die Entwicklung von Verhaltensänderungen (z.B. parenting skills) als Anknüpfungspunkt für die Bestimmung von Effekten der Fremd-unterbringung auf die Familie (family outcomes) zu wählen.

5. Child outcomes
Die fünfte Perspektive ist die Bestimmung von Erfolg aus Sicht des betroffenen Kin-des. Je nach Weite des Fokus können die Qualität der sozialen Beziehungen, der berufliche, der schulische Erfolg, die Legalbewährung oder andere Indikatoren zur Definition von Erfolg herangezogen werden. Letztlich sind die Definitionen stell-vertretende Deutungen und Präferenzen von Erwachsenen, die mit den je eigenen Perspektiven des jungen Menschen im Widerspruch stehen können. Die augenblick-lichen Interessen der jungen Menschen sollten immer berücksichtigt werden, solan-ge sie nicht im Widerspruch zu begründeten langfristigen Entwicklungszielen ste-hen. PARKER et al. (1991) verweisen pragmatisch darauf, daß die Zufriedenheit des jungen Menschen ein Wert in sich sei, der zugleich die weitere Entwicklung beein-flußt: »A happy child is more likely to have the convidence to succeed at school and to develop close relationships with adults and peers than one who is miserable or

resentful« (a.a.O., S. 24). Der Versuch der Perspektive der von Heimerziehung betroffenen jungen Menschen in der Forschung einen größeren Stellenwert einzuräumen, ist nicht neu (vgl. MORDOCK 1994). Ein neuerer Versuch, diese Perspektive stärker zu gewichten, liegt vor in der Studie von LITTLE (1995). Er vermittelt eine »Innenansicht« von Heimerziehung, indem er ein zwölfjähriges Mädchen einer therapeutischen Gemeinschaft über Tagebuchaufzeichnungen und Interviews zu Wort kommen läßt. LITTLE knüpft damit an die starke Gewichtung der subjektiven Perspektive über (auto)biographische Aufzeichnungen an, die LAMBERT und MILLHAM (1968) zur Evaluierung einer Einrichtung öffentlicher Erziehung in der »Hothouse Society« benutzt hatten. Versuche, die subjektive Perspektive der jungen Menschen in die Theoriegewinnung über Heimerziehung maßgeblich einzubeziehen, liegen in Deutschland außer im »Fall Frank« (COLLA, 1973) kaum vor.

Diese verschiedenen Erfolgsperspektiven sind in der Praxis vermischt. Öffentliche Erwartungen und Erfolgsdefinitionen sind von denen zu trennen, die sich in den Institutionen der Jugendhilfe herausgebildet haben und den Überzeugungen der Professionellen und der Familien. In der britischen »Looking after Children« Initiative, die ein umfassendes Evaluierungskonzept in der britische Jugendhilfe installiert hat (vgl. WARD 1995), werden alle fünf genannten Perspektiven berücksichtigt (und auf ihre Kongruenz an verschiedenen Stellen im Hilfeprozeß überprüft); die Priorität liegt jedoch eindeutig auf der individuellen Erfolgsperspektive des jungen Menschen. Dieser Grundsatz rekurriert auf den Children Act (1989), der eine Verpflichtung für die öffentliche Jugendhilfe für ihre Klientel formuliert: »to safeguard and promote their wellbeing in all other circumstances« (PARKER et al. 1991, S. 24).

4. Theorie und Empirie

Eine empirisch fundierte Forschung spielt in der Theorieproduktion zur Heimerziehung in Deutschland trotz des konstatierten Anwachsens empirischer Arbeiten (WINKLER 1993, TREDE 1996) immer noch eine marginale Rolle oder wird nur bedingt als Fortschritt gewertet. Zwei Argumente gegen empirische Forschung in der Heimerziehung kennzeichnen die Vorbehalte in der deutschen Diskussion. Zum einen wird empirischer Forschung Naivität zugeschrieben, wenn sie von einer Vorfindbarkeit des Gegenstandes Heimerziehung ausgehe (vgl. WINKLER 1993, S. 21). Zum anderen wird aus dem »Komplexitätsproblem« gefolgert, daß jede empirische Forschung an der Unübersichtlichkeit von Bedingungen scheitern müsse, da die Vielzahl an Bedingungsfaktoren zu Datenmengen führen, »die letztlich nicht bewältigt werden können« (a.a.O., S. 20) oder in der Folge durch notwendige Abstraktionen und Reduktionen zu trivialen Ergebnissen führen würden. Die Dialektik, mit der begrifflich-theoretisch verfahrende Forschung gegen empirische Forschung diskutiert wird (WINKLER 1989, 1993), erscheint in der bewertenden Ausschließlichkeit fragwürdig. Übersehen wird dabei:
- Abstraktion und Reduktion stellen die notwendigen Voraussetzungen dar, um Informationen in der Wissenschaft zu verarbeiten.

- Die Frage, wie begrifflich-theoretische Forschung a priori Theorie produzieren kann, ohne der Realität von Heimerziehungspraxis einen systematischen Stellenwert in der Theorieproduktion zuzuerkennen.

Empirisch gewonnene Datenmengen sprechen nicht für sich, begrifflich-theoretische Vorarbeiten und Interpretationen sind notwendig, um ihre Verwertbarkeit sicherzustellen. So warnen MILLHAM et al. (1987, S. 9) vor Ergebnissen, die aus theoretisch mangelhaft interpretiertem empirischen Material generiert werden:»the facts are often left to speak for themselves« (a.a.O.). Empirische Fakten benötigen einen theoretischen Rahmen, um valide und seriös interpretiert werden zu können. »further information is requiered beyond simple data collection« (a.a.O). Die Metapher der Heimerziehung als »Black Box« illustriert das Komplexitätsproblem anhand zwei verschiedener Implikationen (vgl. HOGHUGHI 1992).

- Die Black Box in Flugzeugen enthält alle wichtigen Informationen über den Prozeß des Fliegens ohne die subjektive Erklärung der Beteiligten. Eine Übertragung auf die Heimerziehung scheitert daran, daß die Komplexität des Prozesses Heimerziehung nur bedingt zu operationalisieren und vor allem nicht von der subjektiven Sicht der Beteiligten zu lösen ist.
- Die Black Box enthält die Komplexität der Prozesse, die zwischen der Ausgangssituation und dem Ergebnis stehen und eine simple Verknüpfung im Sinne von wenn - dann Kausalitäten unmöglich machen.

Die Analogie zur Black Box verdeutlicht, daß Prozesse in der Heimerziehung durch ihre Komplexität und strukturelle Offenheit nicht im Rahmen von schlichten Kausalitäten faßbar sind. Sie sind im Kern »Ungewißheitssituationen« und lassen sich als pädagogische Handlungssituationen aufgrund der Subjektivität der Beteiligten und der Komplexität von Wirkungsfaktoren nicht determinieren oder antizipieren (vgl. WINKLER 1995, S. 105). Daß die Prozesse in der Blackbox Heimerziehung eine hohe Komplexität und Kontingenz besitzen, besagt jedoch nicht, daß zentrale Einflüsse auf den Prozeß nicht als Wirkfaktoren / Indikatoren durch Forschung isoliert und identifiziert werden können. So wie z.B. durch die Studie »Lost in Care« (MILLHAM et al. 1986) die Variable der Trennung von der Herkunftsfamilie in ihrer Wirkung auf den Prozeß und die Effekte von Heimerziehung analysiert wurde.

Die Bedeutung begrifflich-theoretischer Grundlagenforschung sollte nicht im Gegensatz zur empirischen Forschung diskutiert werden, sondern vielmehr in einer Synthese. Forschung muß begrifflich-theoretisch sein in der Art, wie sie Forschungsdesigns entwirft oder im Rahmen sozialhistorischer Forschung. Sie muß jedoch empirisch verfahren bei der Produktion und Absicherung neuen theoretischen Wissens über den Gegenstandsbereich Heimerziehung, wenn sie ihren Ausgangs- und Endpunkt in der Erziehungswirklichkeit nicht aus den Augen verlieren will. Theorie muß an der Realität überprüfbar sein; purer Empirismus ohne theoretische Struktur ist ebenso verengt wie rein begrifflich-theoretische Forschung, die sich empirischer Verfahren lediglich bedient, um die vorher erdachte theoretische Erkenntnis retrospektiv zu illustrieren.

Um die erkenntnistheoretischen Prinzipien britischer Forschung zu abstrahieren, erscheint das von BARNEY G. GLASER und ANSELM S. STRAUSS entwickelte Konzept der »grounded theory« (1967) grundlegend, »because it emphasises on the

generation of theory and the data in which that theory is grounded« (a.a.O., S. 10).
GLASER und STRAUSS erkennen die unauflösbare Dialektik von Theorie und Empirie
und versuchen diese erkenntnistheoretisch umzusetzen.[3] Dem Konzept geht es dar-
um, Wissen über einen Gegenstandsbereich zu akkumulieren und dabei auf
Hypothesenbildung ex ante weitgehend zu verzichten. Hypothesenbildung ist eine
Aufgabe, die sich über den ganzen Forschungsprozeß erstreckt. Die Hypothesen haben zwar zunächst die Funktion, das Erkenntnisinteresse zu leiten, sie sind aber im
Prozeß prinzipiell veränderbar und ersetzbar. GLASER und STRAUSS verstehen die Entwicklung von Theorie als einen Prozeß, in dessen Verlauf theoretisch bedeutsame
Einsichten aus dem Datenmaterial emergieren. Die Interpretation des Datenmaterials
erfolgt mittels qualitativer Methoden oder aber in Kombination mit quantitativen
Methoden (Strauss 1994, S. 21). Ein ausschließlich hypothetisch-deduktives Modell
der empirischen Überprüfung von Theorien schließt das Konzept der »grounded
theory« aus. Strauss betont jedoch, daß das Konzept der »grounded theory« (1967)
fälschlicherweise als »induktive Theorie« verstanden wurde und verweist auf die
Notwendigkeit von Induktion, Deduktion und Verifikation im Rahmen wissenschaftlicher Untersuchungen (vgl. ders. 1994, S. 38).

Diese Offenheit im Forschungsprozeß wird lediglich durch das vorhandene
Vorwissen über einen Gegenstandsbereich begrenzt, thematische Korrekturen sind
jedoch jederzeit möglich. Forschung wird damit verstanden als kreativer Prozeß von
Theoriebildung. Theorie hat Einsichten und Entdeckungen zu vermitteln und nicht
bloße Befunde. Sie ist grundsätzlich am Kriterium der Nützlichkeit orientiert. Ziel
ist dabei Theoriebildung auf zwei unterschiedlichen Ebenen: auf der Ebene
gegenstandsbezogener Theorie (substantive theory) und auf der Ebene formaler Theorie (formal theory). Erst wenn verschiedene, vergleichbare theoretische Aussagen
über begrenzte Gegenstandsbereiche vorliegen und diese eine theoretische Sättigung
erreicht haben, ist die Gewinnung formaler Theorie möglich (vgl. WIEDEMANN 1995).

Die empirische Arbeit nimmt einen zentralen Stellenwert ein, um Theorie zu
generieren. Die Figur des »Entdeckers« von Theorie, der sich nicht durch präfor-
mierte Erkenntnisinteressen einengen läßt, findet sich im Umgang mit dem empirischen Material der Studie »Going Home« (BULLOCK et al. 1993a) wieder: »(…) we
faced the thorny problem of generalising from case studies and the danger of
considering only those cases that fit in pre-established theories« (a.a.O., S 59). Im
Forschungsprozeß wurde deshalb im empirischen Material nach Schlüsselkonzepten
gesucht, die häufiger beobachtet oder die von den Beforschten öfter erwähnt wurden, um daraus Typologien zu konstruieren. Wie erwartet, stellten sich Unklarheiten
und Doppeldeutigkeiten heraus, die auf jeden einzelnen Fall sowie auf die Subjektivität und die Situation der untersuchten Personen bezogen wurden. »For example
misplaced optimism about child's return can follow from the renewed interest of a
parent long absent« (a.a.O., S. 60). Danach wurden die empirisch gewonnen Befunde im Licht verschiedener Theorien betrachtet, um sicher zu stellen, daß alle möglichen theoretischen Erklärungen aus dem Material gewonnen wurden. Im letzten Schritt
wurden die gewonnenen theoretischen Sätze mit akademischen Kollegen verschiedener Wissenschaftsdisziplinen diskutiert, um ihre Validität abzusichern. Wie in an-

deren Studien der Dartington Social Research Unit wurden auch hier quantitative und qualitative Methoden kombiniert (a.a.O., S. 62).

5. Quantitativ versus qualitativ

Das Verhältnis von qualitativen und quantitativen Forschungsmethoden ist ungeklärt und umstritten. Weder läßt sich der eine methodische Zugriff unter den anderen dienend subsumieren, noch ist das Alleinvertretungsrecht, das der eine Ansatz gegen den anderen vorbringt, immanent begründbar (vgl. KLEINING 1995). Ausgehend von FEYERABENDS »anything goes« (1983) wurde offensichtlich, daß eine provokativ behauptete methodische Beliebigkeit in der Forschung im Widerspruch zu geschichtlich gewachsenen wissenschaftlichen Selbstverständnissen steht. Noch immer präsentieren sich die Argumentationen als ausgrenzend: Quantitativen Methoden wird eine mangelnde inhaltliche Relevanz und damit unzureichende Validität vorgeworfen, qualitative Verfahren wegen ihrer eingeschränkten Reliabilität kritisiert (vgl. KELLE 1994).

In der Bewertung der Qualität und Aussagekraft der Forschungsergebnisse zur Heimerziehung spiegelt sich der Methodenstreit zwischen quantitativen und qualitativen empirischen Forschungsmethoden wider. Qualitativen Studien wird in der deutschen Diskussion zur Forschung in der Heimerziehung ein größeres kritisches Potential attestiert als quantitativen Studien (TREDE 1996, S. 126f.; LAMBERS 1994, S. 516). Jenseits der Richtigkeit der Einschätzung verweist diese Beurteilung auf eine überkommene Kontroverse, denn erkenntnistheoretisch lassen sich quantitative und qualitative Forschungsmethoden komplementär verbinden. Je nach Fragestellung können zum Beispiel mit Hilfe qualitativer Methoden Typizitäten und Sinnverstehen subjektiver Wirklichkeitserfahrung, mit Hilfe quantitativer Methoden Repräsentativität allgemeiner oder gruppenspezifischer Muster und Modelle herausgearbeitet werden. Beide Verfahren ergänzen sich unter Gesichtspunkten der Erfassung der Ganzheit von Wirklichkeit in der Heimerziehung. Die übliche Trennung quantitativer und qualitativer Methoden und Forschungen in bewertender Absicht (»harte« versus »weiche« Forschung) erscheint fragwürdig. Sie ist das Ergebnis einer Wissenschaftsgeschichte, in der die normativen und erkenntnistheoretischen Kontroversen zunächst zu einer Konstruktion und anschließend zu einer Praxis des Gegeneinanders von quantitativer und qualitativer Forschung geführt haben (vgl. VON KARDOFF 1995).

Sicherlich läßt sich die Aussagekraft und der Wert rein quantitativer Studien zur Heimerziehung mit Recht befragen : »Can the reader name any researcher, who has steadfastly held to a hypothetico-deductive approach to evaluation and who has simultaneously made a major contribution to the understanding of residential treatment and care?« (MORDOCK 1994, S. 2). Klassiker der Heimerziehung wie AICHHORN, BETTELHEIM, BOWLBY oder REDL haben ihr Wissen in der Regel dadurch gewonnen, daß sie den jungen Menschen zugehört haben - methodisch also durch induktive, qualitative Verfahren. Um die subjektive Wirklichkeit von Heimerziehung über ihre Akteure deutend zu verstehen, sind qualitative Methoden unentbehrlich.

Problematisch erscheint jedoch die behauptete Unvereinbarkeit quantitativer und qualitativer Forschungsmethoden. Das erkenntnistheoretische Problem ihrer scheinbaren Inkommensurabilität läßt sich durch ein Forschungsdesign lösen, das durch formulierte Standards die methodischen Zugriffe auf den Gegenstandsbereich in ein wechselseitiges Ergänzungsverhältnis setzt. Dieser forschungsstrategische Zugriff manifestiert sich im aufgabenorientierten, pragmatischen Verständnis britischer Forscher: »Thus there is little benefit in seeking a definitive quantitative or qualitative approach to a particular research problem.(...) we have used a range of theoretical perspectives to guide different research studies« (BULLOCK et al. 1992, S. 81f.). Die Verbindung von qualitativen und quantitativen Ansätzen läßt sich auf vier Arten entwickeln:

- Quantitative Befunde können durch qualitative Fallstudien illustriert werden, um die individuellen Perspektiven und Prozesse in ihren subjektiv wahrgenommenen Konsequenzen beschreibbar zu machen.
- Qualitative Studien können den Schlüssel zum Verstehen quantitativer Befunde liefern.
- Qualitative Forschung kann Typologien entwerfen, die das Verständnis von Wirkfaktoren, die aus quantitativen Befunden entstanden sind, überprüfbar machen und ihre Doppeldeutigkeiten erklären.
- Qualitative Forschung kann Hypothesen produzieren, die dann quantitativ überprüft werden können (vgl. a.a.O., S. 87).

Die Verbindung von quantitativen und qualitativen Ansätzen in einer Studie ist mit Schwierigkeiten verbunden, die jedoch theoretisch lösbar sind. Auch hier kann von den Erfahrungen und theoretischen Vorarbeiten aus anderen europäischen Ländern profitiert werden.

6. Theorie und Praxis

Die Brüche zwischen Theorie und Praxis, die in Deutschland auch die Forschung in der Heimerziehung betreffen, sind in der britischen Diskussion nicht existent. Im deutschen Diskurs wird die »Ignoranz der Praktiker« und die »Arroganz der Theoretiker« (MOCH 1993) problematisiert; die Lösungswege fallen auseinander. Auf der einen Seite wird ein Forschungstyp propagiert, der »der Praxis gerecht wird«. Gemeint ist eine praxisorientierte Forschung, die auf eine Verbesserung sozialpädagogischer Praxis ausgerichtet ist und deshalb der Wissensanwendung in einem dialogisch strukturierten Forschungskonzept Rechnung trägt (vgl. SCHONE 1995, S. 43). Gefordert wird der möglichst weitgehende Einbezug von Praktikern in den Forschungsprozeß sowie die Anwendungs- und Handlungsorientierung der Forschungsfragen. Die Verwertbarkeit in praktischen oder praxisbezogenen Entscheidungsprozessen steht im Vordergrund (vgl. KROMREY 1995, S. 18f.).

Grundlagenforschung an Hochschulen und Universitäten leitet dagegen ihre Fragestellungen nicht primär aus den Bedürfnissen der Praxis ab. Sie bestimmt ihre aufgegriffenen Themen wissenschaftsimmanent, aus Defiziten im Wissensbestand oder aus Widersprüchen zwischen Wissenselementen. In der Grundlagenforschung ist die Wissenschaft autonomer Maßstab und Entscheidungsinstanz im Forschungsprozeß. Abstrakte und tendenziell generelle Zusammenhänge - also die Vermehrung allgemeingültigen Wissens - stehen im Mittelpunkt des Interesses. Grundlagenorientierter Forschung wird aus dieser Sicht der Praxis mangelnde Effektivität zur Reformierung und Weiterentwicklung von Praxis zugeschrieben: »Die Analysen und großen Theorien vermitteln bestenfalls den Eindruck, da könne jemand nachgängig die Prozesse verstehen, denen man selbst ausgesetzt war. Prognosefähigkeit, Handlungsorientierung, Praxisrelevanz und konzeptionelle Perspektiven werden der Theorie zunehmend abgesprochen« (HINTE et al. 1992, S. 112).

Anstatt immer neue Wirklichkeiten zu entwerfen, sollte Wissenschaft die Kritik an rein begrifflich-theoretischer Forschung ohne empirischen oder praktischen Bezug aufnehmen und die vorhandene Realität von Heimerziehung zunächst intelligent interpretieren. Wissen über die Wirklichkeit von Heimerziehung kann nur durch eine Auseinandersetzung mit ihr erzeugt werden. Dabei haben alle Dokumentationen dieser Wirklichkeit ohne Frage einen wichtigen heuristischen Wert zur »Entdekkung« und Präzisierung von Forschungsfragen sowie zur Rahmung des Forschungsfelds und damit zur Generierung von Theorie. Die leitenden theoretischen Annahmen und zentralen Konzepte einer Forschungstradition müssen ebenso wie vorwissenschaftliche, idiographische Beschreibungen als Heuristiken der Theoriebildung vorhanden sein. Empirisch gewonnene Aussagen stellen keinen Endpunkt von Theorieproduktion dar, sondern allenfalls einen Anfangspunkt (vgl. KELLE 1994). Das heuristische Prinzip des »Liberalen Forschungsbegriffs« von WINKLER muß als programmatische Erweiterung der Basis von Theoriebildung ebenso systematisch eingebunden werden wie empirische Forschung. Fatal wäre die Aufspaltung der Scientific Community in:

• Sozialtheoretiker, die sich auf spekulative begrifflich-theoretische Analysen beschränken und
• empirische Forscher andererseits, die den Gegenstand Heimerziehung ohne ausgewiesenen Bezug auf theoretische Konzepte beforschen und über triviale Verallgemeinerungen nicht hinausgelangen.

Die Forschung in Großbritannien ist ein Exempel dafür, daß der Widerspruch zwischen begrifflich-theoretischer und empirischer Forschung in der behaupteten Gegensätzlichkeit nicht haltbar ist. Der begrifflich-theoretische Mangel vieler empirischer Forschungen zur Heimerziehung ist kein hinreichendes Argument, die für den Erkenntnisprozeß hinderlichen Kontroversen weiter fortzuschreiben. Rein begrifflich theoretische Forschung, die keine empirischen Bezüge aufweist, kann mangels Verankerung in der Wirklichkeit kaum auf den Erfahrungskontext von Praktikern rückbezogen werden. Die Stärke der Verbindung von Theorie und Empirie in Großbritannien erweist sich unter anderem auch darin, daß die Forschungsergebnisse ihren Ausgangs- und Endpunkt in der Erziehungswirklichkeit haben. Sie überbrücken deshalb den Abstand zwischen Theorie und Praxis über das Medium der Empirie.

Die empirische Verankerung deutscher Forschung in der Heimerziehung aus Sicht der Wissenschaft abzuwählen oder aus der Theorieproduktion auszugrenzen, um sich in der Folge auf begrifflich-theoretische Grundlagenforschung zurückzuziehen, kommt perspektivisch einer Selbstenthauptung der Theorie gleich. Die Theorie hätte dann allenfalls die Funktion, der Praxis unbequeme Problemheuristiken vorzuhalten, aus denen keine oder beliebige Handlungsimplikationen folgen. Erste Indizien für die Folgen eines solchen Theorie- und Forschungsbegriffs sind in der Klage von Theoretikern über die Theorieabstinenz oder Laienhaftigkeit der Praxis enthalten (vgl. MÜLLER 1993, WINKLER 1997). Warum sollte sich die Praxis einer Theorie bedienen, die sich nicht durch ihre Problemlösungsfähigkeit für die Praxis ausweist?

Anmerkungen:

1   Der 1977 erschienene Zwischenbericht Heimerziehung legte aus WINKLERS Sicht »die Standards einer sozialwissenschaftlich aufgeklärten kritischen Professionalität fest und umriß einen für die Beschäftigung mit der Heimerziehung bis heute verbindlichen Frage- und Problemhorizont« (ders. 1989, S. 7).

2   Parliamentary Assembly of the Council of Europe, European Strategy for Children, 24 January 1996.

3   Wissenschaftsgeschichtlich interessant erscheint die Frage, warum die Erziehungswissenschaft/ Sozialpädagogik die Wurzeln in der »Dialektik des Lebens« (Weniger 1959, S. 11). zumindest erkenntnistheoretisch/forschungsmethodisch aus den Augen verloren hat. Hatte Dilthey den Grundsatz vertreten, eine Wissenschaft der Pädagogik habe von der Erziehungswirklichkeit, vom Leben als Ganzem und seinen Strukturen auszugehen, sah NOHL den Ausgangspunkt von Theoriebildung in der »Bewegung des Lebens und der Geschichte selber, den Theorie erst in einem relativ späten Moment zu fixieren sucht, der Vorrang von Leben und Bewegung, der sekundäre Charakter von Theorie, die nichts feststellen kann, als was in der Bewegung des Lebens schon enthalten ist (WENIGER 1959, S. 7). Eine Theorie der Heimerziehung kann deshalb nicht rein begrifflich Theoriebildung betreiben, sondern zwingt zum Verstehen der einzelnen Bewegungen des Lebens (vgl. NOHL 1927, S. 1). Modern gewendet kann ohne empirische Verfahren Theoriebildung nicht betrieben werden. Es erscheint notwendig, die Folgen der empirische Wende (HEINRICH ROTH) und die Rezeption der Kritischen Theorie für den Theorie- und Forschungsbegriff in der Sozialpädagogik aufzuarbeiten.

Literatur

BAUR, D.; FINKEL, M.; HAMBERGER, M.; KÜHN, A: Erfolg von stationären und teilstationären Erziehungshilfen - erste Ergebnisse des Projektes »Jule 1«. In: Forum Erziehungshilfen. 3. Jg. 1997. Heft 4, S. 192ff.

BITTNER, G.; FLITNER, A.: Aufgaben und Methodik sozialpädagogischer Untersuchungen, in: Z.f.Päd. 15. Jg. 1969. Nr 1.

BULLOCK, R.; LITTLE, M.; MILLHAM, S.: The relationships between quantitative and qualitative approaches in social policy research. In: BRANNEN, J.: Mixing methods: Qualitative and Quantitative Research. Avebury 1992, S. 81ff.

BULLOCK, R.; LITTLE, M.; MILLHAM, S.: Going Home. Dartmouth 1993a.

BULLOCK, R.; LITTLE, M.; MILLHAM, S.: Residential Care for Children. A Review of the Research. London 1993b.

BULLOCK, R.: The United Kingdom. In: COLTON , M.J.; HELLINCKX, W. (Ed.): Child Care in the EC. Cambridge 1993, S. 312 ff.

BULMER , M.: The Uses of Social Research. Social Investigation in Public Policy-Making. London 1982.

COLLA, H.E.: Der Fall Frank. Neuwied und Berlin 1973

COLTON, M.J.; HELLINCKX, W. (Ed.): Cild Care in the EC. Cambridge 1993.

DARTINGTON SOCIAL RESEARCH UNIT: Lost in Care. Summary Papers. Dartington 1986.

FARMER, E.; PARKER, R.A.: Trials and Tribulations. London 1991.

FILSINGER, D.; HINTE, W.: Praxisforschung: Grundlagen, Rahmenbedingungen und Anwendungsbereiche eines Forschungsansatzes. In: HEINER, M. (Hrsg.): Praxisforschung in der Sozialen Arbeit. Freiburg 1988, S. 34ff.

FEYERABEND, P.: Wider den Methodenzwang. Frankfurt 1983.

GLASER, B.G.; STRAUSS, A.: The Discovery of Grounded Theory. Chicago 1967.

HEINER, M.: Praxisforschung in der Sozialen Arbeit. Freiburg i. Br. 1988.

HINTE, W.; SPRINGER, W.: Über die Folgenlosigkeit kritischer Sozialarbeitswissenschaft. In: OTTO, H.-U.; HIRSCHAUER, P.; THIERSCH, H.: Zeitzeichen sozialer Arbeit. Neuwied 1992, S. 111ff.

HOGHUGHI, M.: Inside the Black Box - What is involved in Intervention Process Research? (unveröffentlichtes) Typoskript Paris 1992.

IGFH, Sektion Bundesrepublik Deutschland: Forschung und Praxis in der Heimerziehung, in: Materialien zur Heimerziehung Nr . 1/2 April 1993.

JORDAN; E.; SENGLING, D.: Jugendhilfe. Weinheim 1994.

KARDOFF, von E.: Qualitative Sozialforschung - Versuch einer Standortbestimmung. In: FLICK, U.; KARDOFF, von E.; KEUPP, H.; ROSENSTIEL VON, H.; WOLFF, S.: Handbuch qualitativer Sozialforschung. München 1995.

KELLE, U. : Empirisch begründete Theoriebildung. Zur Logik und Methodologie interpretativer Sozialforschung. Weinheim 1994.

KING, R.; RAYNES, N.; TIZARD, J.: Patterns of Residential Care. London 1971.

KLEINING, G.: Methodologie und Geschichte qualitativer Sozialforschung. In: FLICK, U.; KARDOFF, VON E.; KEUPP, H.; ROSENSTIEL VON, H.; WOLFF, S.: Handbuch qualitativer Sozialforschung. München 1995.

KROMREY, H. : Empirische Sozialforschung. Opladen 1995.

LAMBERS, H.: Was hat die Forschung zur (der) Heimerziehung gebracht? In: neue praxis Nr. 6 (1994), S. 511 ff.

LAMBERT, R.; MILLHAM, S.: The Hothouse Society. London and Edinburgh 1968.

LITTLE, M. : Residential Care for children and the Issues of Social Climate: Future Research, Trends and Developments. In: PLOEG VAN DER, J.D; BERGH VAN DEN, P.M; KLOMP, M.; KNORTH, E.J.; SMIT, M. (Ed.): Vulnerable Youth in Residential Care. Part I: Social Competence, Social Support and Social Climate; Leuven/Apeldoorn 1992.

LITTLE, M.: A Life Without Problems? Cambridge 1995.

MILLHAM, S.; BULLOCK, R.; CHARRETT, P.: After Grace Teeth. Brighton 1975.

MILLHAM, S.; BULLOCK, R.; LITTLE, M.; HOSIE, K.; HAAK, M.: Lost in Care. Aldershot 1986.

MILLHAM, S.; BULLOCK, R.; A Holistic Approach to the Evaluation of Residential Care Institutions. In: EISKOVOITZ, Z. / KASHTI, Y. (Ed.): Qualitative Research and Evaluation in Group Care. Haworth Press 1987, pp. 5

MOCH, M.: »Der Arroganz der Theoretiker entspricht die Ignoranz der Praktiker«- Zur Problematik der praxisbegleitenden Forschung. In: IGFH, Sektion Bundesrepublik Deutschland: Forschung und Praxis in der Heimerziehung. Materialien zur Heimerziehung Nr . 1/ 2 April 1993. , S. 5ff.

MORDOCK, J. B.: The search for an Identity: A Call for Observational-Inductive Research Methods in Residential Treatment. In: Residential Treatment for Children and Youth, Volume 12, Number 1(1994).

MÜLLER, B.: Wissenschaftlich denken - laienhaft handeln? Zum Stellenwert der Diskussion über sozialpädagogische Methoden. In: RAUSCHENBACH, TH.; ORTMANN, F.: KARSTEN, M.E. (Hrsg.): Der sozialpädagogische Blick. Weinheim und München 1993.

NOHL, H. : Jugendwohlfahrt. Sozialpädagogische Vorträge. Leipzig 1927.

PACKMAN, J.: Child Care - Needs and Numbers. London 1964.

PACKMAN, J.; RANDALL, J.; JACQUES, N.: Who Needs Care? Social Work Decisions about Children. Oxford 1986.

PARKER, R.: Decisions in Foster Care. London 1966.

PARKER, R.; WARD, H.; JACKSON, S.; ALDGATE,J.; WEDGE, P.: Looking After Children. Assessing Outcomes in Residential Care. London 1991.

PATZELT, W.J.: Formen und Aufgaben von Theorieforschung in den Sozialwissenschaften, in: Ethik und Sozialwissenschaften. Heft 4 (1993).

PLANUNGSGRUPPE PETRA: Analyse von Leistungsfeldern der Heimerziehung. Ein empirischer Beitrag zum Problem der Indikation. Frankfurt/M. 21988.

QUINTON, D.; RUTTER, M.: Parenting Breakdown. Avebury 1992.

RUXTON, S.: Children in Europe. London 1996.

ROWE, J.; HUNDLEBY, M.; GARNETT, L.: Child-Care Now. London 1989.

SCHEFOLD, W.: Sozialwissenschaftliche Aspekte international vergleichender Forschung in der Sozialpädagogik. In: TREPTOW, R. (Hrsg.): Internationaler Vergleich und Soziale Arbeit. Theorie, Anwendung und Perspektive. Rheinfelden und Berlin 1996, S. 89

SCHONE, R.: Theorie-Praxis-Transfer in der Jugendhilfe. Münster 1995.

SCHÜTZ, A.: Gesammelte Aufsätze. Band 1-2. Den Haag 1971.

SPÄTH, K.: Jugendhilfepolitik und Statistik. In: AFET NR. 2 (1997), S. 49ff.

STICKELMANN, B.: Wie die Wirklichkeit sozialpädagogisch wird. Über sozialpädagogisches Forschen als Erzeugen von Wirklichkeit. In: RAUSCHENBACH, TH.; ORTMANN, F.: KARSTEN, M.E. (Hrsg.): Der sozialpädagogische Blick. Weinheim und München 1993.

STRAUSS, A. : Grundlagen qualitativer Sozialforschung . München 1994.

STRAUSS, A.; CORBIN, J.: Grounded Theory: Grundlagen qualitativer Sozialforschung. Weinheim 1996.

THIERSCH, H.: Leistungen der Jugendhilfe. In: EREV Schriftenreihe 2/97, S. 14ff.

TREDE, W.: Mehr Ahnung als Wissen. Heimerziehung und Heimerziehungsforschung im internationalen Vergleich. In: TREPTOW, R. (Hrsg.): Internationaler Vergleich und Soziale Arbeit. Theorie, Anwendung und Perspektive. Rheinfelden und Berlin 1996, S. 107ff.

VERNON; J.; FRUIN, D.: In Care a Study of a Social Work Decision-Making. London 1986.

WARD, H. (Ed.): Looking after Children: Research into practice. London 1995.

WENIGER, E.: HERMANN NOHL und die Sozialpädagogische Bewegung. In: Beiträge zur Menschenbildung. Beiheft 1 der Zeitschrift für Pädagogik. Heft 5 (1959), S. 5-20.

Wiedemann, P.: Gegenstandsnahe Theoriebildung. In: FLICK, U.; KARDOFF, VON E.; KEUPP, H.; ROSENSTIEL VON, H.; WOLFF, S.: Handbuch qualitativer Sozialforschung. München 1995.

WINKLER, M. : Zwischen Affirmation und Negation: Heimerziehung auf der Suche nach der eigenen Legitimität, in: Sozialwissenschaftliche Literaturrundschau (SLR) 1989, S. 7ff.

WINKLER, M.: Forschung in der Heimerziehung. Hinweise auf ihre Aufgaben und Schwierigkeiten. In: IGFH, Sektion Bundesrepublik Deutschland: Forschung und Praxis in der Heimerziehung. Materialien zur Heimerziehung Nr . 1/2 (1993), S. 19ff.

WINKLER, M.: Bemerkungen zur Theorie der Sozialpädagogik, in: SÜNKER, H.: Theorie und Praxis Sozialer Arbeit. Bielefeld 1995.

WINKLER, M.: Vom Umgang der Sozialpädagogik mit ihrer Theorie. In: neue praxis Nr. 1 (1997), S. 54ff.

Spencer Millham

After Grace-Teeth

»Nach dem Abendsegen - Zähneputzen«: Alltag in der Heimerziehung

In den späten 60er Jahren entstand eine Welle der Besorgnis über die Effektivität und die Kosten von Besserungsanstalten, die abartigerweise Erziehungsheime für junge Straffällige genannt wurden. In vielen Fällen hat sich ihr Ansatz in bezug auf die Betreuung von Kindern wenig seit dem 19. Jahrhundert geändert. Aufenthalte heutigen Standards waren lang: 18 Monate war der gute Durchschnitt, manche Jungen verweilten aber während ihrer gesamten Adoleszenz, da ihr straffälliges Verhalten nicht überprüft wurde. Erziehungsheime waren teuer, uneffektiv und unangemessen in bezug auf die jungen Menschen, wie 1969 im Kinder- und Jugendgesetz festgelegt wurde.

Zwischen 1969 und 1973 wurde auf Nachfrage der Heimaufsicht ein Erziehungsheim mit 18 Jungen (fünf im Grundschulalter, sechs mittleren Alters, sechs Oberschulalter und einer in der Sicherungsverwahrung) untersucht, um ihre Unterbringung in der Heimerziehung zu überdenken und eine Einschätzung der Erziehungsergebnisse vorzunehmen. Die Ergebnisse werden in „Nach dem Abendsegen - Zähneputzen" dargestellt.

1. Introduction

In the late 1960's, there was a wave of concern about the effectiveness and cost, of the reformatory schools, rather perversely called »Approved schools« for young offenders. In many cases their approach to child-care had changed little since the nineteenth century. Stays by today's standards were long: 18 months was a fair average but many boys lingered through adolescence because their offending behaviour was unchecked. Furthermore, Approved schools were expensive, ineffective and inappropriate to the needs of young people as defined by the 1969 Children's and Young Person's Act.

Between 1969 and 1973, at the request of the Home Office, the Unit visited 18 boys' Approved schools (five junior, six intermediate, six senior and one secure unit) to consider their place in residential care and make an assessment of the effects of training. The findings of the research were presented in After Grace-Teeth.

The 1969 Act made radical changes in the way society approached its persistent young offenders. In analysing; the contribution of the 18 schools, the Unit charted the uneasy process by which they were integrated into a new national system of community homes with education on the premises (CHEs).

School regimes were evaluated in the light of the offenders' subsequent behaviour, the institutions' declared objectives and actual achievements were assessed, and the perceptions of boys and staff as to the value of the experienced were examined. The study provided much new material on the backgrounds of Approved school boys; it also drew attention to the need to review further the institutional treatment of the „hard-case".

Approved school boys were characterised by a deep level of delinquency, a dislocation of their family life, poor educational attainment and a history of school non-attendance. There was, however, an important difference between junior boys (aged 10-15) and senior boys (aged 15-19). Young boys tended to come from homes that were criminal, physically neglectful and chaotic but emotionally warm, whereas the parents of senior boys were often slightly better off, less criminal, but more indifferent to their offspring. This difference was important because in the schools there was a tendency to assume the reverse was true.

The schools adopted different approaches to meet the perceived needs of the children. In some, instrumental (sill acquiring) aims balanced expressive ones: in others, organisational (administrative) features tended to be dominant. Five distinct residential styles were evident. Eight schools - six senior and two intermediate - could be said to be representative of a senior training style. One was a nautical school, an institution run along the lines of a ship, which acted as a last, refuge for very difficult boys. It admitted many difficult boys and achieved exceptional results. The remaining seven had common features: for example, instrumental and organisational goals dominated; physical provision was generous although the living quarters were cramped and spartan; the structure was autocratic leisure time tended to be regimented and sport-based; the weekends were desperately dreary. Woman staff were few and their roles were usually of low stature. These were depressing places - institutions without a soul.

Three schools concentrated on the training of younger boys and could be said to represent a junior training style. Their ethos was more optimistic. Boy's delinquency was viewed as the mark of a bad home, poor schooling and delinquent peer groups. So, it was argued, training should provide motivation and simulation in an alternative setting. There was a strong expressive emphasis on pastoral care, after-care, self control, loyalty and self-reliance. The school tended to be custodial and self-sufficient and there was little contact with the outside world. Educational facilities were good, if somewhat restricted to the 3Rs; living accommodation, while adequate, was institutional in character. Isolation from peers and family was looked upon as a necessity, and control was utilitarian; access to home had to be earned by good behaviour. The style was far removed from the philosophy of Core and Treatment in a Planned Environment, a government report which encouraged an approach integrated into wider social service practice.

Two other junior schools were more like large children's homes and representative of what we called the family group style. Delinquency was viewed as a symptom of deprivation and the schools sought provide the love the boys had never known.

Two intermediate schools combined features of the training and family group models and these we described as conforming to a campus style. On a well-equipped campus, instrumental, expressive and organisational goals, were held in balance. The head was more committee chairman than autocrat. The expressive dimension extended to sport, the arts and to expeditions outside. These schools could be criticised for being somewhat institutional and overly isolated from the boys' families and the local community, but there was strong commitment among boys and staff, and, in this earnest climate, an optimistic, individual programme was prepared for each pupil.

The last two intermediate schools sought to treat from an individual standpoint the serious learning and personality disorders they saw as being responsible for boys' delinquencies. These had adopted a therapeutic community style although, by to-day's standards, the term was used rather loosely. A therapeutic community is characterised by a common commitment to shared behaviour and attitudes. Treatment takes precedence and is regular, compulsory and all embracing. Behaviour is controlled by public opinion or by example at group meetings, in the belief that individuals will come to accept and support group values and that those relationships can be transferred to the outside world. Two schools displayed these qualities to some extent although in practice they were more akin to a pre-war progressive boarding school. Membership was not voluntary; boys were neither articulate nor particularly committed to therapy, but whereas most schools tried to crush the pupil culture, in the therapeutic community adults faced the consequences of poor child-rearing, viewing delinquency as one of its manifestations. Spontaneity, distinctive dress and social experimentation were seen as boys' rights, not as threats to institutional life.

2. Did the schools achieve the goals they set themselves?

In the area of staff-pupil relations and pastoral care, we asked 1,138 residents to whom they would take various kinds of difficulty - a minor problem, a family worry and a serious private matter. High scores in the family group and campus styles also showed that a high standard of pastoral care could be achieved in a wide range of conditions and that the differences could not be explained simply by the structure of the residential centre. However, pastoral care in the Approved schools did not always have much depth or intimacy. Staff were perhaps too possessive of pastoral roles; there were too few women employed, pastoral interchanges were often conducted across desks and piles of files.

Many schools succeeded in remotivating boys who had experienced deep failure elsewhere. Results were best where instrumental achievement was emphasised, but the schools remained very isolated from educational developments in other settings and little went on that could be described as exciting. The training and campus style schools were more successful in placing boys in work, but even here the results were unexceptional since the jobs boys accepted bore no relationship to the training they received in the schools. Boys took up unskilled, unstable occupations in which money was the only consideration; the junior training boys fared better on their return to day school than those from the family group schools. About half failed to settle back at school- a fair result when one considers that 85% truanted before being sent away.

Schools varied in the amount of commitment they could win from their involuntary pupils. Only a small number said they would stay at school if given a free choice, but the variation in the proportions who enjoyed their stay was remarkable. Schools also varied in their ability to hold boys long enough for them to complete their training. The rates of premature transfer for individual schools ranged from 0-33%. Boys transferred to other Approved schools where they began their institutional life over again.

Schools with a smaller delinquent intake which won high commitment from boys had the lowest transfer rates. Very difficult boys who had moved between Approved schools, who were institutionalised, who had little support for school aims and who proved to be problematic during assessment were particularly likely to run away, but they did better when placed in schools where the general transfer rate for all boys was low. However, absconding was an ever present problem, fuelled by anxieties about home. Families were distant and, in order to survive on the journey, run-aways often resorted to delinquency. The boys not only lived in a delinquency-reinforcing ambience, their isolation and their concern for family, coupled with the limitations of the school regime, aggravated the problem.

Differences between schools were less marked when one considered boys' criminal behaviour after release. From our follow-up study undertaken after one and two years the following results emerged.

3. Reconviction rates one and two years after leaving

Most interesting was the fact that the schools from which more boys transferred prematurely were similarly unsuccessful with boys they eventually released to the community.

3.1 The Proportion of boys going to training
    direct from school or within two years of release

Successful regimes demonstrated the following features: fewer delinquents, high commitment from boys, good staff-pupil relations, fewer premature losses and a higher than average number of maladjusted boys. The »totality« of the institution seemed to have little effect, but increased security did make the younger boys more volatile and prone to outbursts of difficult behaviour. A punitive, retributive approach was less successful in moderating the behaviour of delinquent adolescents than a regime which won their support.

But was it the regime or the nature of the pupil intake that determined success? Since a school regime must be influenced by the background of the pupils, the two factors are interlinked, but regime seemed a significant , factor in its own right: the nautical senior school was by far the most successful senior establishment despite having the most difficult intake, mainly because it conferred on the boys an identity which was »naval« rather than criminal.

Boys most vulnerable to failure were clearly the »hardnuts« - deeply delinquent and long in care- who displayed little commitment to school and had been difficult elsewhere. Nevertheless, these boys did better in schools where the overall success rate was highest. Variations in outcome elsewhere were less marked in terms of delinquency. Boys who had experienced the training style schools were more prone to criminality following their release than those who went to the campus and therapeutic schools.

However, it is to be stressed that regime, while important, only made perhaps a ten or fifteen per cent improvement in success rate, in terms of reconviction. For younger boys, the more benign the regime, the better and closer the home contacts, the higher the quality of pastoral care - the better the outcome. Indeed the further the experience was removed from the isolated, disciplined, purposeful »public school« model, the better the boys responded.

The criteria by which success could be judged were complex, but, in general, the good schools tended to be effective in certain areas, particularly in their ability to hold on to boys. In one area however, preserving boys« links with their families, most fared badly: family relations always tended to deteriorate while the boy was away. Particularly problematic was the use of access to home as a control. Good boys visited home often; difficult boys for whom parental involvement was vital, were rarely permitted to make the journey.

We were able to offer a glimpse of the »good school model« but there was evidence to suggest that even in such surroundings the needs of the high-risk boy would remain untouched. The persistent offender - often disturbed, too - was likely to be helped only marginally in the good school. Early identification of his problems, followed by very specialised care, was essential. As residential care was becoming more expensive, naughty young boys who really did not need to be in residential settings were obscuring the real challenge posed by the disturbed, persistent young offender and his counterpart, the homeless, older recidivist. It was that group, we argued, who most deserved attention. Untouched by the schools they drifted on to Borstal and prison.

4. Postscript

By the early 1970's the Approved school system had outlived its usefulness, and, once the young delinquent became the responsibility of social services (for whom residence, isolated and/or secure, was not seen as an answer to adolescent problems), the institutions closed.

The Approved schools were not only isolated geographically. More critical was their professional isolation, outside the education system, since they were indirectly administered by civil servants sharing accommodation with the Prison Department. Inevitably a custodial and retributive ethos pervaded the ways in which young offenders were reared.

Given a reformatory task, they unwittingly made matters worse. The institutions were not secure and they faced constant and daunting problems of absconding and difficult behaviour. Inevitably they sought to contain these problems by creating and then decanting difficult boys to secure units. These units failed to provide for young people's basic needs in terms of education, mobility and recreation, and, claustrophobic in the extreme, they frequently erupted into riot.

Overall the success rates of the schools when looked at in terms of reconviction for serious offences after release were poor, although good schools were marginally more successful than bad schools. The secure units had almost no success at all, and we came to the conclusion that rare success indicated an inappropriate placement in the first place. Contrary to popular belief, the younger the boys admitted, either to closed or open settings, the greater was the level of failure.

The Approved schools certainly looked after their young people physically, no small bonus considering the poor state of many boys on arrival. They gave education and some rudimentary vocational training; they attempted, with everything against them, to provide pastoral care, counselling and support. Unfortunately, relations with boys' families, with their home neighbourhoods and day-schools were minimal, it was to these detrimental environments most boys returned. Aftercare was very poor and lay beyond the scope of school responsibility. Not surprisingly, the returning prodigals soon lapsed into delinquency, the nature of which was usually more serious than that which had been responsible for their removal from home. Some who entered the schools mainly because of serious problems at home and school deteriorated markedly and graduated to serious criminal behaviour.

The Approved schools' position was unenviable: they received young people not in order to meet needs clearly defined in relation to their particular regimes, but as a consequence of the whimsical workings of the Juvenile Courts which differed greatly as to whom and in what circumstances to make an Approved School Order.

Hence each school, in spite of an elaborate system of assessment and classification of young offenders, was allocated a melange of problematic boys, some behaviourally disturbed, some of minimal intelligence, some highly aggressive, some withdrawn, some mentally ill. Most were very delinquent and all came from chaotic, deprived and damaging families. It was highly likely that physical and sexual abuse was common among them. Fashioning a regime to meet the needs of so diverse a population was impossible.

In the same way, much that the schools recognised as essential to the reform of young delinquents they could not provide. Already extremely expensive, good family work for younger children, adequate aftercare, the provision of shelter and employment for older boys was beyond their grasp.

The Approved schools were also part of a closed system, which ran its own journal and its own conferences. It was isolated and inward-looking. Staff once recruited stayed in the system because conditions were often preferable to those in the outside world. Male teachers and redundant trade instructors dominated: not only the children sought asylum within the walls. It was a system impervious to change, and in their efforts to fight a rearguard action in order to stay in business, the schools soured the climate for the residential care of children generally. The Approved school system bequeathed to present child and adolescent care many problems, not least of which is the myth that they helped, contained, educated and reformed the boys they sheltered.

Michael Winkler

Methodisches Handeln

Treatment: Technics and Intervention

»For what you are payed for?« This question pointed at the educator of the leisure time centers for youth people shows the whole dilemma of pedagogical acting even within the residential care: what education means and really stand for, how pedagogical looking after in difficult living situations looks like and be able to carry out and should is hardly taken. Pedagogical acting seems to be in a peculiar way diffuse it evades detailed determination; it seems to exist no rules for that, the suspicion forms on it that you be dependent on the born educator yet.

»Wofür wirst Du eigentlich bezahlt?« Die an den Betreuer in der Jugendfreizeitstätte gerichtete Frage (vgl. ALY 1977) enthüllt das ganze Dilemma des pädagogischen Handelns auch in der Heimerziehung: Was Erziehung heißt und tatsächlich bedeutet, wie pädagogische Betreuung in schwierigen Lebenslagen aussieht und durchgeführt werden kann und muß, läßt sich kaum fassen. Pädagogisches Handeln scheint auf eigentümliche Art und Weise diffus, entzieht sich näherer Bestimmung; es scheint keine Regeln für dieses zu geben, der Verdacht drängt sich auf, daß man doch angewiesen ist auf einen geborenen Erzieher.

Pädagogisches Handeln entzieht sich dabei in mehrfacher Hinsicht der Diskussion und einer Feststellung seiner Qualität: Einerseits ist nicht nur offen, welche Merkmale es als solches auszeichnen und wie es geschieht. Damit steht nicht nur das pädagogische Können (vgl. MÜLLER 1993) zur Disposition, mithin die Möglichkeit, nach bestimmten Regeln zu handeln, methodisch das pädagogische Geschäft zu betreiben, als Kunst, als - geht man von antiken Begriff der techné aus, als Technik im Zusammenhang einer Technologie. Vielmehr fallen auch Aussagen darüber schwer, wie pädagogisches Handeln erlernt werden kann (vgl. Prange 1991). Andererseits bleibt damit offen, ob man über taugliche und weniger taugliche Verfahren, am Ende über gute oder schlechte Erziehung entscheiden kann, ohne erst das Ergebnis abwarten zu müssen - das für die Beteiligten unter Umständen mehr als ernüchternd ausfällt. Diese Problematik gewinnt besondere Dramatik dann, wenn - wie bei der Fremdplazierung von Kindern und Jugendlichen - für das damit verbundene Erziehungshandeln Professionalität behauptet und oft genug in Anspruch genommen wird, daß man ein gegenüber den gegebenen Lebensbedingungen besseres, aussichtsreicheres Sozialisationsangebot machen könne. Es stellt sich schon die Frage, ob ein solches Versprechen nicht zur professionellen Lüge wird, wenn nicht gleichzeitig Verfahrensweisen angegeben werden, nach welchen gehandelt, mit welchem aber auch die Effekte des Handelns überprüft werden können.

Gleichwohl gilt die Frage nach der Qualität des pädagogischen Handelns und den ihm ausgeübten Methoden als nicht unproblematisch: Prinzipiell steht sie im Widerspruch zu dem, was man die unhintergehbare »Unsichtbarkeit der Erziehung«

nennen kann (Winkler 1995a). Erziehung, pädagogisches Handeln läßt sich zumindest nicht mit demonstrativer Gewißheit vorführen, sodaß auch die Annahme ihrer methodischen Ausgestaltung fragwürdig erscheint. Gerade an der Heimerziehung läßt sich dies nachvollziehen, weil die dort sichtbare Methodik, nämlich die baulichen Gegebenheiten des Heimes bis hin zu den Zeugnissen seines »geschlossenen Charakters«, dann auch die verkündeten, als Wandtafeln aufgehängten Ordnungen für das Zusammenleben als Methode pädagogischen Handelns in Zweifel gezogen werden; zumindest sind die sozialisatorisch unerwünschten Nebeneffekte solcher Merkmale von meist totalen Institutionen hinlänglich bekannt und haben Anlaß gegeben, Heimerziehung methodisch eher infrage zu stellen - Kritik als Methode und Methodenersatz hat daher seit den sechziger Jahren in der Debatte um heimerziehung den ersten Rang eingenommen, freilich mit der Konsequenz, daß ihr Charakter als »Erziehungstechnologie« (MAKARENKO) verschwimmen mußte. Die jüngere Entwicklung der Heimerziehung hat dies noch verschärft: In den Einrichtungen selbst wurden methodische Verfahrensweisen auf die zeitlich und räumlich abgegrenzten Therapiebereiche konzentriert, an Spezialisten abgegeben, während die Erzieherinnen und Erzieher selbst ihre Aufgabe in der Herstellung eines erträglichen Zusammenlebens gesehen haben und sehen; auch die explizit therapeutischen Heime lassen kaum einen sie spezifisch auszeichnenden methodischen Ansatz erkennen, der sich zumindest in ihrer organisatorischen Grundstruktur wiederfindet. Noch schwieriger wird die Situation dort, wo ambulante und flexible Betreuungsformen das klassische Setting des Heims ersetzt haben; völlig unsichtbar wird am Ende die Methode pädagogischen Handelns, wenn die Unterbringung in Pflegefamilien erfolgt. Das methodisch Pädagogische der Erziehung hier findet sich am Ende darin, daß eben keine Erziehungsmethode zur Anwendung kommt, Einwirkungen auf die Kinder und Jugendliche vielmehr durch den Milieuzusammenhang ausgeübt werden.

Darin liegt ein unübersehbarer Widerspruch: Gerade die offenen Handlungsformen, flexible und ambulante Betreuung, aber auch die Ersatzfamilie sind aus fachlichen Gründen in den Vordergrund der Debatte um Heimerziehung gerückt. Sie stehen für hochgradige Professionalität, bedürfen einer methodischen Ausgestaltung, zumindest aber eines Methodenbewußtseins, weil sie sowohl in ihren äußeren Rahmenbedingungen wie auch in ihren inneren Interaktions- und Kommunikationsformen diffus sind; das »Technologiedefizit von Erziehung und Pädagogik« (LUHMANN, SCHORR 1982) wird spätestes hier prekär.

Gleichwohl haben die Vorbehalte gegenüber einem Verständnis von Erziehung als Methode eine unbefangene Diskussion bislang nicht erlaubt. Allerdings handelt es sich bei solchen Vorbehalten zunächst um ein eher deutsches Syndrom. Denn Methode und Methodik werden im deutschen Sprachraum für die Ebene pädagogischen Handelns nicht bloß verworfen, weil die für ihre Konstitution notwendige Sicherheit über Kausalität fehlt; vielmehr wird Vorstellungen von Methode aus einem rigiden kantianisch gefärbten Moralbewußtsein heraus entgegengehalten, daß durch diese die Beteiligten sich unvermeidlich instrumentalisieren, vor allem aber aufeinander als Objekte einwirken müßten. In England und in den Niederlanden denkt und handelt man hier entschieden weniger skrupolös, nämlich pragmatisch und durchaus experimentell, auf Verbesserung von Methoden gerichtet. Wenngleich um den Preis einer stärker klinischen Wahrnehmung von »Fällen« werden hier Techniken und Technologien ins Feld auch der Heimerziehung und der Arbeit mit Familien gebracht, zuweilen sogar mit starken Effizienzargumenten unterstützt.

Tatsächlich stehen die ethischen Vorbehalte gegenüber methodischem Handeln auch in der Heimerziehung auf durchaus wackligen Beinen: Zum einen empfinden Klienten der Sozialen Arbeit ihre Situation häufig als objektiv belastend (vgl. BRUMLIK, KECKEISEN 1976) und erhoffen sich von methodischen Handeln spezifische Hilfen; das Bemühen um den ganzen Menschen und seine Bildung wird hier als eher anmassend und überflüssig empfunden - objektiv wirkt es offensichtlich auch kontraproduktiv, weil es nämlich vorhandene Kompetenzen zu schädigen und zu zerstören vermag, moralisch tritt es oft in Verbindung mit einer Diskriminierung der Lebensweise der beteiligten Subjekte auf. Zudem hat schon Kant die Möglichkeit gesehen, daß man die Zustimmung zu einer methodischen Behandlung der eigenen Person geben kann, wenn diese - wie im Falle einer Krankheit - zur Heilung uentbehrlich ist. Freilich setzt dies eine den Beteiligten zugänglich diagnostische Gewißheit voraus, die im Falle der Heimerziehung in der Regel aufgrund der komplexen, nur multifaktoriell zu beschreibenden Belastungssituation der Kinder und Jugendlichen fehlt, vermutlich sogar prinzipiell fehlen muß. Dennoch läßt sich auch im Blick auf diese die Intention methodischen Handelns nicht von vornherein aufgeben. Sein unbedingter Vorzug liegt nämlich darin, daß es kontrolliert werden kann: Gegenüber diffusen Vorstellungen von Erziehung, wie sie oft verbunden werden mit Idee einer ganzheitlichen Begegnung zwischen authentisch agierenden, »echten« menschlichen Subjekten, zeichnen sich Methoden dadurchaus, daß sie die Spielregeln für alle Beteiligten festlegen und sichtbar machen können. Diese Handlungssicherheit hat damit zu tun, daß erst Methoden Differenzen sichtbar machen, welche dann den »aufmerksamen Umgang mit Nichtwissen« erlauben (MÜLLER 1993, S. 76); sie erlauben also Unterscheidungen, die noch die Methode selbst betreffen. Daher kann prinzipiell und konkret schon der Vorbehalt einer Bemächtigung etwa des Erziehers über die Kinder und Jugendlichen als Frage der Methode selbst geklärt und geregelt, somit auf dem Wege einer Begründung und Rechtfertigung von gültigen Verfahrensweisen der Pädagogik aus dem Weg geräumt werden. Deshalb gibt es gute Gründe dafür, eine »Fairness der Methode« zu behaupten (Winkler 1995B), die nicht zuletzt darauf beruht, daß sie für die Beteiligten nachvollzieh- und von diesen einklagbar unter festgelegten Prämissen und mit solchen zur Anwendung kommt, dann aber aufgrund des Zwangs, zweckorientiert und zielführend zu wirken, zugleich doch auch beschränkt bleibt, somit nicht notwendig totalitär werden muß. Ausgeschlossen ist dies freilich im Grundsatz nicht, aber dies hat möglicherweise weniger mit der Methodenfrage, sondern mehr mit primitiven menschlichen Eigenschaften zu tun.

Dieser Gefahr läßt sich entgegnen, wenn Methoden noch zum Gegenstand von Vereinbarungen zwischen den Beteiligten werden; zumindest mit Jugendlichen kann dies in der Form eines »contracting« geschehen. Zugleich werden Methoden pragmatisch stets durch evaluative Verfahren im Blick auf ihr Ergebnis, durch metareflexive Verfahren wie etwa der Supervision im Prozeß beobachtet und analysiert werden müssen; oft genug wird Supervision dann eine gleichsam stellvertretende Wahrnehmung der Klienteninteressen durchführen müssen, um zu verhindern, daß sich sich Sozialpädagogen und Erzieher unter dem Vorwand des methodischen Handelns ihrer bemächtigen.

Vermutlich überlagert und verstellt die ethische Debatte des Methodenproblems das viel schwierigere, wie man sich überhaupt des Methodischen in der Erziehung, insbesondere in der Heimerziehung und der Unterbringung von Kindern und Jugendlichen bei Pflegeeltern vergewissern kann. Einiges spricht dafür, Methode in diesen Bereichen, weniger als Ursache-Wirkungs-Kalkül zu fassen, sondern in Paradoxien zu beschreiben:

- In der Paradoxie beispielsweise, daß die Einheit der Methode in der Vielperspektivität besteht: Die jüngere Methodendiskussion und Methodenlehre für die Soziale Arbeit schlechthin hat gezeigt, daß die eine, allein gültige Methode weder für sozialpädagogische Gesamtfelder, damit also auch nicht in der Heimerziehung, noch aber in einzelnen Handlungssituationen geben kann; die Problemlage der Klienten, die prinzipielle Offenheit pädagogischer Situationen sowohl hinsichtlich ihres Anfangs wie auch im Bezug auf ihr Ende (vgl. SÜNKEL 1990, HÖRSTER 1995) verlangen multiperspektivische Zugänge und die Fähigkeit zur Integration der so gewonnenen Ein-Sichten (MÜLLER 1993). Jede Reduktion auf eine Methode, die Beschränkung etwa auf den psychoanalytischen Zugang allein könnte nur unter der Bedingung tauglicher Indikationsverfahren gelingen. Das schließt übrigens nicht aus, daß man sich gleichsam heuristisch auf einen Zugang konzentriert. Tatsächlich ergibt die nähere Betrachtung insbesondere der psychoanalytischen Heime, daß diese erfolgreich dann wurden, wenn sie als Experimentierfeld zur evolutionären Veränderung methodischer Ansätze beigetragen haben, Verengugen also auflösten und die Methoden selbst neudimensionierten.
- Methodisches Handeln in Heimen setzt die nicht minder paradoxe Prämisse voraus, daß Erziehung eben gerade nicht auf der bestimmten Wirkung des - wie eine traditionelle Terminologie lautet - Erziehers auf den »Zögling« beruhen kann. Strukturell läßt sich Erziehung vielmehr nur verwirklichen als ein bisubjektives Geschehen im Kontext von Situationen und auf diese hin. Das bedeutet, daß alle Beteiligten hier mtieinander handeln müssen, freilich nicht bloß im Sinne von Interaktionen, sondern im Blick auf die Bewältigung von Aufgaben, wie sie noch durch die Situation selbst gegeben sein können; sie müssen die Situation realisieren und sich dabei verändern, Erfahrungs- und Lernprozesse durchmachen. Methode bedeutet also, daß die Handlungsfähigkeit aller Beteiligten nicht nur sichergestellt, sondern auch gleichsam in Gang und in Kraft gesetzt wird; Erziehung kann so als ein Handeln beschrieben werden, daß die Bildung der immer schon vorhandenen Handlungspotentiale von Kindern und Jugendlichen initiiert und ermöglicht.
- Dies könnte das Mißverständnis nahelegen, daß Heimerziehung vorrangig von Personen und deren Interaktion abhängt. Selbstverständlich trifft dies zu, muß aber doch relativiert werden: Methodisch geht es nämlich in der Heimerziehung zunächst und vorrangig um Strukturen und Strukturentscheidungen. Methodisches Handeln setzt nämlich - und auch darin liegt ein Paradox - voraus, daß die Disposition des Kindes und des Jugendlichen zu einem Handeln sichergestellt

wird. Dies aber verlangt zunächst - und darin liegt eine schon von Rousseau fest-gehaltene Einsicht - ein Nicht-Handeln. In der jüngeren Diskussion ist diese me-thodische Zugangsweise vor allem unter der Überschrift »Sich am Jugendlichen Orientieren« (HEKELE u.a.) entwickelt worden; sie verlangt zunächst Nicht-intervention, Innehalten, Beobachtung noch bis zu einer Radikalen Zuspitzung in der Belastungssituation von Jugendlichen. Sich am Jugendlichen zu orientieren, macht zum methodischen Prinzip, daß sich diese nicht bloß selbst erkennen, son-dern lernen, sich auszuhalten und zu ertragen.

- Aber dies bedeutet auch, daß die Kinder und Jugendlichen überhaupt erst eine Chance gewinnen, zu sich selbst zu finden. Das führt zu dem Paradox, daß das methodische Handeln in der Heimerziehung vor dieser selbst beginnt, nämlich in der Bereitstellung eines Ortes, an welchem Handeln wieder möglich wird. Eine solche Bereitstellung kann nicht unrflektiert geschehen - obwohl hier die Praxis der Fremdplazierung häufig jenseits methodischer Vergewisserung stattfindet. Mindestens muß methodisches Handeln sich hier entscheiden zwischen der Fer-ne gegenüber der Herkunftsfamilie und einer Nähe zu diesem Milieu.

- Die Bereitstellung eines Ortes als ein methodisches Handeln »vor« dem Handeln soll zwar das subjektive Handeln eines Kindes oder Jugendlichen ermöglichen; aber es bedeutet doch immer, daß diesem eine Ordnung gegeben wird: Jedes methodische Handeln hat deshalb mit Grenzen und Grenzsetzungen zu tun; ein Jugendlicher, der seine Lebenszusammenhänge und sich selbst chaotisiert, ver-fügt zwar über ein Aktivitätspotential aber über keine Handlungsdisposition. In-sofern besteht methodisches Handeln gerade darin, seinen Aktivitäten Form zu geben, sie zu steuern und zu lenken, auch durch verbietende Eingriffe, durch Gegenwirkungen.

- Die Sicherung der Handlungsdisposition erfolgt in der Heimerziehung darin, daß methodisch ein Alltag eingerichtet, ermöglicht und ertragen wird (vgl. THIERSCH 1986). Paradox scheint dies deshalb, weil Alltag in den Lebens- und Erfahrungs-welten von Subjekten üblicherweise zufällig zustande kommt, dabei von Kontingenzen durchzogen bleibt, eher diffus, kaum strukturiert erscheint, der bewußten Wahrnehmung und Gestaltung sich weitgehend entzieht. Die spezifi-sche Qualität des Alltags liegt offensichtlich darin, daß er vorbewußt bleibt, höch-stens als Resonanzboden und Netzwerk für soziale und pädagogische Aktivitäten dienen kann. Gerade der Alltag in seinen unnachgiebigen, gleichwohl aber unbe-merkt drängenden Forderungen erlaubt uns, nach Konflikten wieder zueinander zu finden. Gerade darin aber unterscheidet sich Alltag deutlich etwa von thera-peutischen Angeboten.

Alltag und Methode scheinen daher im Widerspruch zueinander zu stehen. Aber nicht nur, daß Alltag in seiner diffusen Praxis eine hohe Bedeutung für die Kinder und Jugendlichen hat, weil er gerade so unbefragte Vertrautheiten und Gewißhei-ten verbürgt, mithin nicht zur Disposition gestellt werden kann, birgt er doch zugleich auch Strukturen, mehr noch: Weil er über Handlungen verbürgt wird, in welchen diese Strukturen wirksam werden können, birgt der Alltag offensicht-lich auch eine Teleologie, die auf Künftiges verweist; in ihm steckt die Chance zu einem »gelingenderen Alltag« (THIERSCH 1988, S. 102). Methodisches Handeln

setzt dabei die Kompetenz voraus, solche Strukturen zu identifizieren. Ihre negative Wirkung kann nämlich darin bestehen, daß sie Strukturen der Unordnung
bilden, Handlungsfähigkeit zerstören (vgl. FREIGANG, S. 189). Ihre positive Wirkung erwächst aus der Stabilisierung von sozialen Zusammenhägen und Handlungsweisen.

- Handeln in der Heimerziehung und mit fremdplazierten jungen Menschen besteht somit darin, die eigentümliche Paradoxie zu bewältigen, latente Strukturen
des Alltags sichtbar zu machen, ohne ihnen Übermacht zu verleihen. Sie müssen
dem Handeln der Kinder und Jugendlichen zugänglich, von ihnen angeeignet
und somit auch verfügbar werden. Das setzt ihre Evidenz voraus. Tatsächlich
gehört zu den entscheidenden Defiziten der pädagogischen Praxis von Heimerziehung, daß in dieser die alltäglichen Situationen unstrukturiert, in ihrem faktischen Ordnungsgehalt unsichtbar bleiben, damit aber nicht für das Gelingen von
Erziehung genutzt werden. Methodisch kommt es darauf an, »deutlich« zu handeln (Hansen 1994, 227 f.), Situationen zu schaffen, die als übersichtlich, nachvollziehbar und somit als konsistent erlebt werden (Planungsgruppe Petra 1988,
S. 259). Dies kann auch durch den Einsatz moderner Video-Techniken geschehen, welche die Situationen der Beteiligten dokumentieren und sie zugänglich
machen.

- Schließlich: Methodisches Handeln in der Heimerziehung als Handeln von Subjekten in Situationen verlangt einerseits eine geregelte, von den Beteiligten nach-
vollziehbare Abfolge von Schritte; die Perspektiven sind zu klären, welche für
die Kinder und Jugendlichen maßgeblich werden sollen. Aber: solche Perspektiven können nicht als Ziele definiert werden. Sie sind der Maßstab des Handelns,
geben Regeln vor, legen auch Schritte fest, die aber doch unweigerlich revidiert
werden müssen. Weil methodisches Handeln einerseits nur bisubjektiv geschehen kann, weil es andererseits Lern- und Veränderungsprozesse ermöglichen muß,
sind pädagogische Situationen auch in ihrem Ausgang offen: Methodisches Handeln verlangt also Planung, die - gemeinsame Festsetzung von Zielen - die Einigkeit über Handlungsschritte und Handlungsfolgen, schließlich auch die gemeinsame prüfung des Erreichten. Aber sie setzt zugleich Bewußtsein darüber voraus,
daß die Kinder und Jugendlichen sich auch anders entwickeln können, andere
Erfahrungen in den arangierten Alltagssituationen machen, als antizipiert werden
konnte. Methodisches Handeln in der Heimerziehung geschieht also im Wissen
darum, daß seine Effekte kontingent sein können; Methode impliziert paradoxerweise das Bewußtsein vom Nichtmethodischen pädagogischer Situationen.

Daß methodisches Handeln in der Heimerziehung nur im Kontext von Paradoxien
beschrieben werden kann, führt somit in ein unhintergehbares Dilemma: Es geht
zwar darum, Strukturen zu organisieren und sichtbar zu machen, Handlungssituationen
zu schaffen, die von allen Beteiligten bewältigt werden können. Aber diese Schritte
lassen sich nur vollziehen über die Person der Erzieherin und des Erziehers. Nicht
zuletzt die im therapeutischen Kontext entwickelten Forderungen nach »Echtheit«
und »Authentizität« haben mit dazu beigetragen, die Rolle der »ganzen Person« im
Erziehungsgeschehen überzubewerten, möglicherweise sogar falsch einzuschätzen:
Abgesehen davon, daß Authentizität einen moralischen Anspruch an die Person stellt,

dem sie aus systematischen Gründen in professionellen Zusammenhängen gar nicht nachkommen kann; Authentizität überfordert und macht handlungsunfähig, weil sie sich dem Anspruch auf Ordnung, mithin auf Aufhebung des Authentischen widersetzt (vgl. TRILLING 1983, bes. S. 19f.). Vielmehr verlangt jede Erziehung, wenn sie gleichzeitig aus dem Bewußtsein von Erziehung geschieht und das andere Subjekt in seiner Situation ernstnimmt, daß die Erzieherperson von sich selbst in ihrer unmittelbaren Personalität absieht, die eigene Person vielmehr methodisch einsetzt. Insofern besteht zumindest in der Heimerziehung ein Primat des Methodischen, nämlich in dem reflektierten Selbstverhältnis des Erziehers und der Erzieherin zu sich. Diese können sich aber nicht auf die eine oder die andere Methode allein verlassen, sondern müssen Verfahren kombinieren. Mehr noch: Sie dürfen auf das methodische Vorgehen überhaupt nicht vertrauen, sondern müssen die Kompetenz haben, die Paradoxien sozialpädagogischen Handelns auszuhalten (vgl. MÜLLER u.a. 1982 und 1984). Das unterstellt ein Wissen um die Komplexität der Bedingungen in der Heimerziehung und die Fähigkeit, aus diesem Wissen heraus, fachlich-methodisch zulässige und zugleich adäquate Situationsdeutungen zu entwickeln. Die pädagogische Tradition hat dies mit dem Ausdruck JOHANN FRIEDRICH HERBARTS als »pädagogischen Takt« beschrieben. Dieser pädagogische Takt aber bezieht sich nicht allein auf das Verhältnis von Wissen und Können; er gründet offensichtlich auch in einer Haltung, die szientifisch kaum beschreiben läßt. Möglicherweise muß hier doch das pädagogische Ethos genannt werden, weil ohne dieses die Paradoxien methodischen Handelns kaum auszuhalten wären.

Literatur

ALY, G.: »Wofür wirst du eigentlich bezahlt«. Möglichkeiten praktischer Erzieherarbeit zwischen Ausflippen und Anpassung. Berlin, 1977.

BRUMLIK, M. KECKEISEN, W.: Etwas fehlt. Zur Kritik und Bestimmung von Hilfsbedürftigkeit für die Sozialpädagogik. In: Kriminologisches Journal 8, 1976, S. 241-262.

HANSEN, G.: Die Persönlichkeitsentwicklung von Kindern in Erziehungsheimen. Ein empirischer Beitrag zur Sozialisation durch Institutionen der öffentlichen Erziehungshilfe. Weinheim, 1994.

HÖRSTER, R.: Das Problem des Anfangs in der Sozialerziehung. In: Neue Praxis 25, 1995, S. 2- 12.

LUHMANN, N., SCHORR, K.E.: Das Technologiedefizit der Erziehung und die Pädagogik. In: N. LUHMANN, N., SCHORR, K.E.: Zwischen Technologie und Selbstreferenz. Fragen an die Pädagogik. Frankfurt a. M., 1982, S. 11-40.

MÜLLER, B.: Sozialpädagogisches Können. Ein Lehrbuch zur multiperspektivischen Fallarbeit. Freiburg, 1993.

MÜLLER, S., OTTO, H.-U., PETER, H., SÜNKER, H. (Hrsg.): Handlungskompetenz in der Sozialarbeit/Sozialpädagogik I. Interventionsmuster und Praxisanalysen. Bielefeld, 1982.

MÜLLER, S., OTTO, H.-U., PETER, H., SÜNKER, H. (Hrsg.): Handlungskompetenz in der Sozialarbeit/Sozialpädagogik II. Theoretische Konzepte und gesellschaftliche Strukturen. Bielefeld, 1984.

PLANUNGSGRUPPE PETRA: Analyse von Leistungsfeldern der Heimerziehung. Ein empirischer Beitrag zum Problem der Indikation. Frankfurt, Bern, New York, 1988.

PRANGE, K.: Pädagogik im Leviathan. Ein Versuch über die Lehrbarkeit der Erziehung. Bad Heilbrunn, 1991.

SÜNKEL, W.: Die Situation des offenen Afangs mit Seitenblicken auf PESTALOZZI und MAKARENKO. In. ZfPäd. 36, 1990, S. 297-304.

THIERSCH, H.: Die Erfahrung der Wirklichkeit. Perspektiven einer alltagsorientierten Sozialpädagogik. Weinheim und München, 1986.

TRILLING, L.: Das Ende der Aufrichtigkeit. Frankfurt, Berlin, Wien, 1983.

WINKLER, M.: Erziehung. In: H.-H. KRÜGER, W. HELSPER (Hrsg.): Einführung in Grundbegriffe und Grundfragen der Erziehungswissenschaft. Einführungskurs Erziehungswissenschaft. Bd. I. Opladen, 1995a, S. 53-69

WINKLER, M: Vom Ende der Methode - Eine Skizze zur Entwicklung der Sozialen Arbeit. In: ROLAND PROKSCH (Hrsg.): Entwicklungen in der sozialen Arbeit. Festschrift zum 70. Geburtstag von Professor Dr. HEINRICH SCHILLER. Regensburg, 1995b, S. 123-141

Reinhard Uhle

Das Problem der hermeneutischen Wahrheit

Hermeneutic Trues

The theme gets close to questions which lead deep into basic problems of philosophy, sociology, psychology and socialpedagogics. Above that hermeneutic as a doctrin of interpretation is a subject of a special philosophical discipline which concerns the primary question of the experience of the world. Hermeneutic belongs to the standard subjects laying a foundation of academic theory for what is called adademic, cultural or social sciences because already such concepts are dependent on understanding kinds of experience of interpretation. Truth is in the tries of verum, bonum and puldrum the general matter of concern of human knowledge which is discussed in an amount of truth theories. The term »qualitative research-design« encloses a broad spectrum of research activities in social sciences and psychology.

Das Thema wagt sich an Fragestellungen, die weit in Grundprobleme von Philosophie, Soziologie, Psychologie, Sozialpädagogik und andere Wissenschaften gehen. Darüber hinaus ist Hermeneutik als Verstehenslehre Gegenstand einer philosophischen Spezialdisziplin, die sich mit Grundfragen der Erfahrung von Welt beschäftigt. Hermeneutik gehört zu den Standardthemen wissenschaftstheoretischer Grundlegungen von dem, was Geistes-, Kultur- oder Sozialwissenschaften genannt wird, weil schon solche Bezeichnungen vom Verständnis der Erfahrungsform des Verstehens abhängig sind. Wahrheit ist in der Trias von verum, bonum und pulchrum das generelle Anliegen von menschlichem Wissenserwerb überhaupt, die in vielen Wahrheitstheorien erörtert werden. Und die Bezeichnung »qualitatives Forschungsdesign« umfaßt ein weites Spektrum von Forschungsaktivitäten in Soziologie und Psychologie, die inzwischen kaum noch in mehrbändigen Überblicksdarstellungen präsentierbar sind (vgl. HOPF, WEINGARTEN 1979; SPÖHRING 1989; LAMNEK 1988; 1989; HEINZE 1992; KÖNIG, ZEDLER 1995).

Deshalb bedarf das Thema zunächst einer Erläuterung der Unterstellungen, die zu machen sind, und einer Präzisierung der Frage, auf die es gehen soll. Zu unterstellen ist,

1. daß über Heimerziehung auch qualitativ geforscht wird,
2. daß diese Art der Forschung sich in irgendeiner Form auch als »sozialwissenschaftliche Hermeneutik« (SOEFFNER 1989) oder »verstehende Soziologie« (HELLE 1977) oder »interpretative Sozialforschung« oder »empirische Hermeneutik« (LEITHÄUSER 1979) oder »dialogische Forschung« (SOMMER 1987) begreift. Solche Ansätze setzen jeweils verschiedene Akzente, sind sich aber darin einig, daß sie sich
3. in einen Gegensatz zu dem stellen, was »quantitative« oder »empirische« oder »traditionelle« oder »konventionelle« oder »normative« Sozialforschung genannt wird,

4. daß diese »neue oder hermeneutische« Forschung damit klassisch dualistisch argumentiert: hier stehe das Verstehen gegen das Erklären, idiographische Forschung gegen nomothetische, theorieentwickelnde gegen theorieprüfende und induktive gegen deduktive Forschung usw.,

5. daß trotz solcher Standardeinwände des »gegen« sich ein pragmatisches Miteinander von traditioneller und neuer interpretativer Forschung ergeben hat und

6. daß - daraus folgend - die Gegensätze innerhalb hermeneutisch-qualitativer Sozialforschung fast genau so groß sind wie die Gegensätze von quantitativer und qualitativer Forschung (vgl. UHLE 1995).

Vor allem die Gegensätze innerhalb von qualitativen Forschungsdesigns machen es möglich, das Wahrheitsproblem zu diskutieren. Inzwischen gibt es eine Art »ranking« innerhalb qualitativer Forschungsdesigns: eine Einordnung von hermeneutischen Studien in eher »wissenschaftlich« und eher »nicht-wissenschaftlich«. So unterscheidet FERCHHOFF (1986, S. 267) Forschungsansätze in »paraphrasierende Rekonstruktion des subjektiv gemeinten Sinns, datenproduzierende und -reproduzierende analytische Milieudeskription, Rekonstruktion von deutungs- und handlungsgenerierenden Strukturen«.

Nicht alles, was qualitative Forschung genannt wird, so das Anliegen der Unterscheidung, hat diese Bezeichnung auch verdient. Damit soll zwischen einer Studie, die z.B. durch die Technik narrativer Interviews Meinungen, Einstellungen, Gefühle, Empfindungen usw. von Personen hervorlockt und diese dann noch einmal wiedererzählt, und einer Studie differenziert werden, welche die gleichen Hervorlockungen betreibt, aber ein anderes Anliegen hat. Bessere qualitative Studien wollen interpretativ herausarbeiten, welche Latenzen, Hintergründe, Strukturen usw. dazu führen, daß Personen so und nicht anders meinen, fühlen, empfinden usw. Zwischen der Beschreibung von Personen und Milieus sowie dem Begreifen von Hintergründen liegt also eine Wertdifferenz. Denn die ersteren Studien, in denen Daten generiert und berichtet werden, bleiben immer nur an der Oberfläche, verdeutlichen nur, was immer schon in den Köpfen und Herzen von Menschen ist. Sie bringen nur in lesbare schwarze Zeichen, was sonst hinter der Stirn verborgen ist oder welche Gerüche von Fluren ausgehen, welche Spannungen zwischen Menschen herrschen, welche Gewalt ein Gitter usw. produziert. Solche Studien »reproduzieren« nur, indem sie das wiedergeben, was der Phänomenologe SCHÜTZ (1962) »Konstruktionen erster Stufe« nennt, nämlich die Art von Sinn und Bedeutung von Welt, wie sie von Menschen immer schon produziert werden. Solche Studien verschaffen diesem »schon immer« nur Ausdruck, indem sie dieses »schon immer« dokumentieren - durch einen Erlebnisbericht des Praktikers oder durch Befragungen und Schilderungen. Eine verstehende Soziologie aber in der Art von M. WEBER oder A. SCHÜTZ zielt auf »Konstruktionen zweiter Stufe«, z.B. auf kulturelle, weltanschauliche oder soziale Gegebenheiten, die quasi hinter dem Meinen, Denken und Fühlen von Menschen und hinter den Gerüchen, Spannungen und der Architektur von Gebäuden stehen, so daß Menschen so und nicht anders denken und fühlen, so und nicht anders soziale Einrichtungen bauen und wahrnehmen. Nicht reproduzieren, sondern rekonstruieren will solche verstehende Sozialforschung, will also Deutungs- und Handlungsgewohnheiten von Menschen und Kulturen quasi als Folge von tiefer liegenden Gründen lesen, von latenten Funktionen oder Strukturen sozialen Handelns oder von »tacit knowledge«. Was hinter dem Meinen, Fühlen und Handeln von Menschen oder Organisationen steckt, ist also von wissenschaftlichem Interesse.

Solche Abwertung einer beschreibenden Reproduktion der Alltags- oder Lebenswelt von Menschen und Lebenskulturen hat mit alten, etwa platonischen Vorstellungen von doxa und episteme zu tun, daß Menschen in der Alltagswelt nur Schatten von der wirklichen Welt sehen, während der Wissenschaftler das Wesen der Dinge, die Ursachen von sichtbaren Wirkungen und die Gründe von Folgen schaut, eben das, wovon der Alltagsmensch nur die Schatten sieht. Auf jeden Fall verdankt sich das ranking von interpretativen Studien dem Anspruch von Wissenschaft Allgemeines, Typisches, Generierendes als Wissen zu erzeugen, nicht Besonderes, Spezielles und bereits Vorhandenes, wie es z.b. in den Wirklichkeitskonstruktionen erster Stufe bereits da ist, aber noch hervorgelockt werden muß.

Wenn nun das Kennzeichen besserer qualitativer Forschung darin besteht, soziale Konstruktionen zweiter Stufe zu verstehen, welche die erste Stufe der vorwissenschaftlichen Konstruktionen von Welt erhellt, verdeutlicht, aufklärt, dann sind bestimmte Bedingungen zu erfüllen. Der Interpret muß aus seiner vorwissenschaftlichen Verbundenheit mit dieser Welt heraustreten. Denn mit dieser Welt lebt auch er wie jeder Alltagsmensch im Verständnis, wie die Hermeneutiker sagen. Die Alltags- oder Lebenswelt ist ihm wie jedem Menschen vertraut. Er weiß, als was und wie er das ihm Begegnende auslegen muß, so daß ihm ein Lächeln quasi automatisch ein Zeichen für Freundlichkeit ist oder für geschäftsmäßige Verbindlichkeit usw. Um hinter dieses vertraute Auslegen von etwas als etwas zukommen, muß der wissenschaftliche Interpret diese Welt der Konstruktionen erster Stufe als fremd, als unvertraut erfahren. Er braucht einen fremden Blick, um nicht wie alle nur Schatten, sondern das Wesen der sozialen Welt zu verstehen. Er darf nicht Mitglied einer Deutungsgemeinschaft von lebensweltlich Lebenden sein, sondern muß quasi wie ein Außerirdischer die merkwürdigen Gewohnheiten von Erdenmenschen betrachten, auch wenn er an diesen Sitten teilnimmt. Erst der fremde Blick läßt ihn nämlich das sehen, was die lebensweltlich Verbundenen nicht sehen. Erst der fremde Blick eröffnet Deutungsoffenheit, weil automatische Deutungsgewohnheiten verlassen werden können. Erst dieses Verlassen von Gewohnheiten führt dazu, daß der Fremdinterpret das Handeln von anderen in Verbindung zu dem bringen kann, was für diese selbst nicht erkennbar ist, daß sie z.B. zwanghaft Kindheitsprägungen ausagieren oder erwartungsdeterminiert handeln oder sich am Kult der Individualität beteiligen usw.

Damit aber sind zwei Probleme verbunden:

1. Woher nimmt der Fremdinterpret das Recht zu behaupten, was die lebensweltlich Meinenden und Handelnden tun, was Institutionen und Organisationen an Aktionen entfalten, sei in den oder jenen Verbindungen zu Typischem, Allgemeinem, Latentem oder zu Strukturen erfahrbar? Denn der Fremdinterpret erstellt ja solche Linien und ist aufgrund der Forderung des fremden Blicks nicht mit den Interpretationsgegenständen vertraut und verbunden, so daß er auch gar nicht von den Menschen gemeinte Verbindungen sehen muß. Verschärft: von ihm wird erwartet, daß er an den Deutungsbildern, den Deutungsangeboten und Deutungs-

mustern der vorwissenschaftlich Lebenden zweifelt, ja daß er an seinen eigenen Interpretationen und denen von Mitinterpreten aus seiner Forschungsdisziplin zweifelt (vgl. Soeffner 1989, S. 117). Sonst nämlich verdoppelt er ja nur die Konstruktionen erster Stufe und bleibt gleichzeitig vorwissenschaftlich, da gemeinsames Kennzeichen aller modernen Wissenschaft der Umgang und die Übung im Bezweifeln ist.

2. Wie bekommt dann der wissenschaftliche Interpret Zustimmung für seine im Prinzip beliebigen Konstruktionen zweiter Stufe? Dem fremden Blick ist der Interpretationsgegenstand deutungsoffen, nicht gebunden an Zugehörigkeiten und geteilten Sinn. Ob ich als nicht-mitspielender Fremdinterpret das Spielen von Kindern als Vertreiben von Langeweile, als Einübung in soziale Kooperationsformen, als Ausdruck einer kindlichen Lebensform, als Mittel kognitiver Entwicklungssteigerung, als Entspannung von zweckhaftem Tun usw. interpretiere, ist in mein Belieben gestellt. Interpretieren heißt, immer weiter zu verstehen - ohne Ende.

Mit diesem Problem ist die eigentliche Frage des Themas angesprochen, die Frage nämlich, wie der qualitative approach diese zwei und ein zuvor angesprochenes drittes Problem unter dem Geltungsanspruch von Wahrheit miteinander verbinden kann. Diese drei Problembereiche lassen sich wie folgt benennen:

1. Erstellung von Konstruktionen zweiter Stufe,
2. die Notwendigkeit des fremden Blicks und des generellen Zweifels sowie
3. die Gegebenheit der Deutungsoffenheit von zu verstehender Welt.

Die Antwort des qualitativen Designs auf diese Probleme liegt in der Betonung von »dialogischen Forschungsverfahren« mit Prinzipien wie »Offenheit«, »Kommunikativität« und »Interpretativität«, welche die Differenzen zu den Standardisierungsverfahren quantitativer Forschung darstellen sollen. Gemeint ist mit der Dialogizität von Forschung ein doppeltes: der Dialog zwischen Forschern und zwischen Forschern und Erforschten. Letzteres kann man sich z.B. an der Differenz zwischen einer Fragebogentechnik und einem narrativen Interview verdeutlichen. Während der Fragebogen nur einen Monolog zuläßt, nämlich daß der Beantworter auf ein vorgegebenes Item mit »stimme sehr - eher weniger - oder gar nicht zu« reagieren kann, geht es im narrativen Interview um ein Gespräch zwischen Interviewer und Interviewtem mit bestimmten Dialogregelempfehlungen an den Interviewer wie »Zurückhaltung«, Schaffung einer »freundlich-wohlwollenden Atmosphäre« usw. (Lamnek 1989, S. 17ff).

Generell - also unabhängig von dieser dialogischen Datenerhebung - bedeutet die Betonung einer dialogischen Wahrheitsfindung, dem fremden Blick, dem Zweifel und der Deutungsoffenheit durch kontrollierte Verständigungsprozesse zwischen Menschen gerecht zu werden. Wie im Alltag dem Nicht- oder Mißverstehen durch Rückfragen (»Wie hast du das gemeint?«) oder durch das Zeigen angemessener Re-Aktionen (»Bei finsterem Blick gehe ich meinem Partner lieber aus dem Wege.«) begegnet wird, so soll über den Verständigungsdialog der generelle Zweifel und die Deutungsoffenheit kontrolliert in Gewißheiten des Wissens verwandelt werden. Hierbei kollidieren allerdings zwei Probleme: der Gedanke der Fremdheit und der der Vertrautheit. Daß ich mich im Alltag mit anderen verständigen kann, beruht darauf, daß ich Gemeinsamkeiten, Vertrautheiten, Hintergrundeinverständnisse oder geteiltes Regelwissen habe. Daß mein Nachfragen Mißverständnisse beseitigen kann oder daß ich die Laune eines anderen verstanden habe, indem ich seinem finsteren Blick aus dem Wege gehe, beruht darauf, daß mir vieles an anderen eben nicht fremd ist: wir haben die Gemeinsamkeit sprachlicher Regeln und die Gemeinsamkeit eines kulturellen Ausdrucks von Wut, Zorn, Erbitterung usw. Diese Kollision von Fremdheit und Vertrautheit im verständigungsbezogenen Verstehen führt zu ganz unterschiedlichem Verständnis der Wahrheitsgeltung im qualitativen approach und auch zu dem oben genannten ranking.

Dazu seien zwei gegensätzliche Beispiele: die Handlungs- oder Aktionsforschung sowie die OEVERMANNSCHE »objektive Hermeneutik« angeführt.

Die Handlungsforschung kann berechtigte Zweifel z.B. an dem Dialogcharakter eines narrativen Interviews haben. Denn die genannten Dialogregeln für den Interviewer thematisieren nur ein »Wie« des Ansprechens von Interviewten. Diese werden mit bestimmten Gesprächstechniken angesprochen, um Daten in der Form von Äußerungen hervorzulocken, um aus ihnen etwas heraus zu bekommen. Solche Techniken sind daher mit einer geschickten Verhör-Technik bei Polizei und Justiz vergleichbar. Auf jeden Fall ist der Gesprächspartner kein echter Partner, sondern ein Untersuchungsobjekt und das Gespräch pseudo-dialogisch wie auch z.B. Techniken in der Rogerschen Gesprächstherapie, weil sich nicht Proponent und Opponent streitig gegenüber stehen, um sich über die Richtigkeit oder Wahrheit einer gemeinten Sache zu verständigen. Deshalb begreifen Handlungsforschungsansätze über Datenerhebung hinaus qualitative Forschung nicht als »Erkenntnis-«, sondern als gemeinsamen »Lernprozeß« in Richtung auf eine gemeinsame Sache als eine wie immer besser gedachte Praxis als gemeinsame Aufgabe. Die Art des Dialogs von Wissenschaftlern und Praktikern ist dann eine des gemeinsamen Beratens, des Koordinierens von Problemsichten und des Angehens von Aufgaben. Dies ist trotz aller damit verbundenen besonderen Schwierigkeiten einer Kommunikation zwischen Wissenschaftlern und praktisch Handelnden nichts anderes als eine besondere Form der Koordinierung von Handlungen im Alltag, ist Alltagsverständigungserarbeitung zwischen Forschern und Erforschten.

Das Problem besteht darin, daß ein solcher Dialog nicht auf Gewißheit abzielt, sondern auf Teilhabe an praktischem Tun, an Aufgaben. Damit kann zwar das Anliegen einer verstehenden Soziologie in gewisser Weise bedient werden, Deutungsoffenheit kontrolliert zu reduzieren, indem man eine gemeinsame Betroffenheitsbedeutung von Dingen und Menschen erzielt, nicht aber Konstruktionen 2. Stufe erstellt. Denn man bleibt in einem Projekt innerhalb des Rahmens oder der Latenzen oder der Strukturen der eigenen Handlungskoordinierung.

Dies gilt nicht für den anderen Pol eines qualitativen approach, die ausgearbeitete Form einer »objektiven Hermeneutik« von OEVERMANN (1976; 1979), wenn man die Frage ausklammert, ob diese überhaupt noch zu einem interpretativen Paradigma dazu gehört. Dieser Forschung gelingt es, die drei Probleme: Erhebung von Konstruktionen 2. Stufe, den fremden Blick und den Zweifel sowie das Problem der Deutungsoffenheit gleichzeitig zu lösen. Hier wird nämlich der Anspruch erhoben, latente Sinnstrukturen aufzuzeigen, durch und innerhalb derer Menschen ihre

Bedeutungswelten und sich selbst bilden. Es geht also in gewisser Weise um Konstruktionen 2. Stufe. Hier wird der Deutungsoffenheit durch die Forderung Rechnung getragen, daß in einem Forschungsprojekt nicht einer, sondern mehrere Interpreten möglichst viele »Lesarten«, d.h. Bedeutungen von etwas produzieren. Hier wird dem Verlangen des fremden Blicks entsprochen, insofern die Interpretationsobjekte nicht gefragt werden, ob sie einer Deutung auch subjektiv zustimmen können, und indem möglichst ungewöhnliche Fremdinterpretationen geliefert werden. Und hier wird der Forderung nach Gewißheit durch Beseitigung von Zweifel dadurch entsprochen, daß sich die verschiedenen Fremdinterpreten über die Richtigkeit einer Lesart aus den vielen möglichen Lesarten an der Sache, nämlich dem Protokoll-Text, einig werden müssen. Es ist ein streitiger Dialog von Proponenten und Opponenten über eine Sache, den Text, der hier stattfindet, wobei dieser Text die letzte gewißheitsverbürgende Basis bildet.

Man kann diese und andere Formen eines objektivierenden Verstehens als Verfolgen des Mainstreams von Wissenschaft bezeichnen, nämlich über kontrollierte Techniken und Regeln dem Intersubjektivitätspostulat von Wissenschaft gerecht zu werden. D.h. obwohl in der dualistischen Argumentation von qualitativer Sozialforschung gegen quantitative Forschung immer Standardargumente verwendet werden wie »traditionelle empirische Forschung restringiere Erfahrung«, »sie schaffe bloß Meßartefakte« oder »betreibe Scheinobjektivität der Standardisierung«, obwohl solche Argumente zu hören sind, unterwirft sich auch dialogische Forschung einem Kriterienkatalog für gelingendes, d.h. gewißheitverbürgendes Interpretieren. Auch qualitative Forschung, die der Trias von Sicht auf Konstruktionen zweiter Ordnung, dem Umgang mit dem Zweifel und dem Problem der Deutungsoffenheit folgt, folgt dem Gedanken der Gewinnung von Wahrheit durch Methode. In der Hermeneutik GADAMERS (1967, S. 17) wird dies als Streben nach »souveränem Verstehen« bezeichnet, als Versuch, durch »methodische Ausbildung der Klugheit« Gewißheit, aber nicht Wahrheit zu erzielen. Auch Interpretation wird demgemäß einem szientistischen Methodenideal ausgesetzt, »wo Wahrheit zur Gewißheit wird, wo die Methode des Erkennens der Wahrheit wichtiger wird als das wahr Erkannte - um der Gewißheit willen, die die Methode gewährleistet.« Hermeneutische Wahrheit ist nämlich bei GADAMER nicht durch ein Wie des Ansprechens von sozialer Wirklichkeit bestimmt, also durch Regelung des Umgangs mit in Texten gefaßter Wirklichkeit, also wie in objektiver Hermeneutik durch Lesartenproduktion und -reduktion, sondern durch ein Angesprochenwerden. Dieses Angesprochenwerden folgt dem Gedanken einer »vernehmenden Vernunft« nicht im Sinne der Vernehmung als Verhör, sondern des Auf-Etwas-Hörens, Sich-Zu-Eigen-Machens. Dieser Gedanke bezieht sich vor allem auf nicht-sozialwissenschaftlichen Umgang mit Texten. Vorbild ist dabei etwa das Interpretieren eines literarischen Textes, der mir als Leser etwas sagt, etwas für meine Lebenseinstellung und -auffassung bedeutet, ja vielleicht mein Leben ändert. Nicht kontrollierte Verfremdung ist dafür wichtig, sondern Offenheit für etwas, was mich angeht, was mich betrifft.

Was aber geht das Dokument, der in einer Sozialstudie erhobene Text von einem Heim, einer Heimkarriere den wissenschaftlichen Konstrukteur einer 2. Stufe an? Was betrifft ihn und sein Leben persönlich? Um des Gedankens der Fremdheit willen muß der sozialwissenschaftliche Interpret auf das Gegenteil setzen: auf Distanz von zu Verstehendem zu sich selbst. Vorbilder eines solchen hermeneutischen Wahrheitsverständnisses sind auch Theologie und Jurisprudenz. In der Theologie läßt man sich von der Heiligen Schrift etwas Gewichtiges und Anerkennenswertes sagen, weil man Teil einer Glaubensgemeinschaft ist, für die dieser Text Lebensorientierungen gibt. Die Interpretation von Rechtstexten dient einer Rechtsgemeinschaft zur Bestimmung von rechtskonformen oder nicht-konformen Handlungen, legt also fest, als was etwas aufzufassen ist. Welche Gewichtigkeiten oder welch Anerkennungswürdiges aber liegt in Sozialstudien auch qualitativer Art? Doch wohl nur Aufklärung, Diagnose sozialer Phänomene, was in der Sozialpädagogik einmal als »Kolonialisierung« (MÜLLER, OTTO 1984) bezeichnet wurde - als Ausspähung der Sitten und Gebräuche eines fremden Volksstammes, um besser mit ihm umgehen zu können, ihn zu pädagogisieren (vgl. UHLE 1989).

Es ist fraglich, ob unter pädagogischen Aspekten anders zu denken ist. Aber ob eine quantitative wie qualitative Sozialforschung als Grundlage einer sozialwissenschaftlichen Sozialpädagogik genug ist, ist selbst zweifelhaft. Denn sie kann und darf um des Gewißheitsideals willen keine der oben genannten handlungsorientierenden Wahrheiten generieren. Ob allerdings die Bedingung eines hermeneutischen Wahrheitsverständnisses jemals gegeben sein wird, nämlich die Existenz einer Glaubens- oder Überzeugungs- oder anderen z.B. Erziehungsgemeinschaft, für die bestimmte Texte Anlässe einer hermeneutischen Anverwandlung (vgl. RODI 1990, S. 22) sind, ist ebenfalls angesichts des Kults der Pluralisierung von pädagogischen Überzeugungen zweifelhaft. Denn »Anverwandlung« meint die Übernahme von Deutungsrahmen, Vorgaben, Festlegungen und Orientierungen, wie sie durch das Verstehen von Texten erzeugt werden und dann dazu dienen, Menschen, Dinge und soziale Einrichtungen von diesen Vorgaben her zu deuten. Man könnte sich so etwas ja auch für Sozialpädagogik denken, indem durch das Lesen von z.B. Texten der sozialpädagogischen Tradition, wie PESTALOZZI, DIESTERWEG, NATORP, NOHL u.a. sie erstellt haben, Erziehungsdeutungsgewohnheiten ausgebildet werden. Doch solch vernehmendes Lesen bedarf einer »Gemeinde« von Vorüberzeugten. Erst von solcher Gemeinde kann an Vorbilder und Vorgänger, an Texte, die für die eigene Aufgabensicht wichtig werden, angeknüpft werden. Erst mit dieser Bedingung ist hermeneutischer Wahrheitsgewinn möglich, nicht im Sinne einer bloßen Nachfolge, sondern einer reflektierten Neuübernahme von Anerkennenswertem. Aber dies widerspricht wohl zu sehr der Aufklärungtradition der Moderne, so daß wir mit der Ambivalenz leben müssen, daß Sozialforschung zwar Gewißheiten produzieren mag, diese aber zunehmend weniger lebensbedeutsam sind - wenn man davon absieht, daß in einer verwissenschaftlichten Lebenswelt Expertenwissen zumindest verstanden werden können muß.

Literatur

FERCHHOFF, W.: Zur Lage der qualitativen Sozialforschung in den achtziger Jahren. In: Zeitschrift für internationale erziehungs- und sozialwissenschaftliche Forschung 3 (1986), S. 239-280.

GADAMER, H.G.: Kleine Schriften I: Philosophie, Hermeneutik. Tübingen, 1967.

HEINZE, TH.: Qualitative Sozialforschung. Erfahrungen, Probleme und Perspektiven. Opladen, 1992.

HELLE, H.J.: Verstehende Soziologie und Theorie der Symbolischen Interaktion. Stuttgart, 1977.

Hopf, C., Weingarten, (Hrsg.): Qualitative Sozialforschung. Stuttgart, 1979.

KÖNIG, E., ZEDLER, P. (HRSG.): Bilanz qualitativer Forschung. 2 Bde. Weinheim, 1995.

LAMNEK, S.: Qualitative Sozialforschung. 2 Bde. München, 1988, 1989.

LEITHÄUSER, TH. U.A.: Anleitung zur empirischen Hermeneutik. Psychoanalytische Textinterpretation als sozialwissenschaftliches Verfahren. Frankfurt, 1979.

MÜLLER, S., OTTO, H.U. (HRSG.): Verstehen oder Kolonialisieren. Grundprobleme sozialpädagogischen Handelns und Forschens. Bielefeld, 1984.

OEVERMANN, U. U.A.: Beobachtungen zur Struktur der sozialisatorischen Interaktion. In: AUWÄRTER, M. U.A. (HRSG.): Seminar: Kommunikation, Interaktion, Identität. Frankfurt, 1976, S. 371-403.

OEVERMANN, U. U.A.: Die Methodologie einer »objektiven Hermeneutik« und ihre allgemeine forschungslogische Bedeutung in den Sozialwissenschaften. In: SOEFFNER, H.G. (HRSG.): Interpretative Verfahren in den Sozial- und Textwissenschaften. Stuttgart, 1979, S. 352-434.

RODI, F.: Erkenntnis des Erkannten. Zur Hermeneutik des 19. und 20. Jahrhunderts. Frankfurt, 1990.

SCHÜTZ, A.: Collected papers. Bd. 1. Den Haag, 1962.

SOEFFNER, H.G.: Auslegung des Alltags - Der Alltag der Auslegung. Zur wissenssoziologischen Konzeption einer sozialwissenschaftlichen Hermeneutik. Frankfurt, 1989.

SOMMER, J.: Dialogische Forschungsmethoden. Eine Einführung in die dialogische Phänomenologie, Hermeneutik und Dialektik. München, Weinheim, 1987.

SPÖHRING, W.: Qualitative Sozialforschung. Stuttgart, 1989.

UHLE, R.: Verstehen und Pädagogik. Eine historisch-systematische Studie über die Begründung von Bildung und Erziehung durch den Gedanken des Verstehens. Weinheim, 1989.

UHLE, R.: Qualitative Sozialforschung und Hermeneutik. In: KÖNIG, E., ZEDLER, P. (HRSG.): Bilanz qualitativer Forschung. Bd.1: Grundlagen qualitativer Forschung. Weinheim, 1995, S. 33-74.

F.J.H. Harinck

Evaluation of Residential Outcome

Evaluation der Heimerziehung

In den letzten Jahren entstand eine steigende Nachfrage nach Ergebnis- und Wirkungs-studien im Bereich der Heimerziehung. Nationalpolitiker, Geldgeber sowie Verant-wortliche für Programme drängen nach Informationen über Ergebnisse und Daten aus der Heimerziehung, welche von Sozialwissenschaftlern eifrig produziert werden (PATTON 1986; SHADISH & EPSTEIN 1987). Zudem bestehen Experten für Evaluation (z.B. COOK & CAMPBELL 1979; KAZDIN 1988; CURRY 1991) zunehmend auf ergebnis-orientierter Evaluation. Ihre Perspektive umfaßt die Kritik, daß anderen Evaluations-typen ein Mangel an Verbindlichkeit inneliegt, wenn kein endgültiger Beweis durch Ergebnisevaluation erfolgt.

Zugleich existieren aber auch ernsthafte Zweifel an den bisher durchgeführten ergebnisorientierten Studien. Zum einen wird die wissenschaftliche Stringenz auf-grund von schwachen Designs, nicht reliablen Instrumenten und unzulänglicher Reich-weite der Studien bemängelt (LIPSEY et al. 1987; CURRY 1991). Andererseits wird kri-tisiert, daß Ergebnisstudien häufig in bezug auf praktische Relevanz ungenügend sind (PAYNE 1981) oder lediglich einen statistischen Rundumschlag beinhalten.

1. Introduction

In the last few decades there has been a growing demand for outcome and effect studies within the area of residential care. National policy makers, financing agen-cies as well as programme directors urge for outcome information and social scien-tists are eager to produce such data (PATTON 1986; SHADISH & EPSTEIN, 1987). Moreo-ver, many evaluation experts (e.g., COOK & CAMPBELL, 1979; KAZDIN, 1988; CURRY, 1991) insist on outcome evaluation. Their point is that other types of evaluation are lacking commitment if no final proof of the pudding (outcome evaluation) is forthcom-ing from eating it.

At the same time, there are serious doubts concerning outcome studies. Some criticize the lack of scientific rigor, pointing to the weak designs, unreliable instru-ments and insufficient power (LIPSEY ET. AL., 1987; CURRY, 1991). Others complain that outcome studies often have insufficient practical relevance (PAYNE 1981) or are plagued by statistical overkill. There are also doubts concerning the best research method. The monopoly of the experimental method has been challenged and new outcome methods are arising, e.g., consumer satisfaction measurement and case study methodology. All these new methods claim to be the solution to the problems of outcome evaluation and this increases the uncertainty. In this paper the main meth-ods of outcome evaluation will be summarized and documented, including possibili-ties and pitfalls. We will suggest that there are many outcome methods, each fit for different purposes.

2. What is meant by »outcome«?

Generally »outcome« refers to favourable changes in problematic aspects of the client or his environment after the intervention. We speak of outcome if afterwards the client feels better, behaves different, or if his relatives find him improved. Sometimes the client's environment is also the target of the intervention. In that case improvement of the environment also belongs to outcome. It is expected or at least hoped that the intervention played a role in the improvement, but not all outcome methods are able to demonstrate this link.

In a residential programme, the client may change in two ways. First there is intermediate outcome, changes that are a necessary part of the therapeutic process, but do not have direct relevance for his life outside the residence. He is for example beginning to talk about his problems with the residential worker.

Other changes have direct consequences for client's outside life (final outcome). He learns to take a more positive stand for himself, looks for new leisure activities or gives up delinquent activities. In this study only these changes in client's functioning will be considered as outcome. Intermediate results are not considered.

3. Summary of outcome-models

Let us first present four basic outcome-models, where the focus is on outcome alone. Next we shall discuss six mixed models. These latter models are more complex extensions of the basic models. In fact mixed models are the rule rather then the exception, but they will be better understood if we start with the basic models.

3.1 Basic outcome models

In these models, the focus is on one or more dependent variables, representing the problems of the client. These variables are studied in the presence of an independent variable X, the treatment. We discuss four types, corresponding with different conceptions of »outcome«:

3.1.1. Models focusing on desirable goals or states

The outcome question in this model is simple. After the intervention, is the client in a desired state according to certain standards? The research design is equally simple. All we need is a measurement of the outcome variable after the intervention and a standard for comparison. The approach is comparable to taking the driving test. The examiner is not interested in your progress or in the effect of driving lessons. He simply judges your behaviour according to specified driving standards.

Goal Attainment Scaling (GAS) is a well-known example (CYTRYNBAUM ET. AL., 1979). Here the desired state consists of one or more individual treatment goals. Each goal has been operationalized into five successive scale steps, representing more or less successful outcome. Afterwards the goal variables are measured to check the result. Although this approach may be supplemented by a formal measurement of the client's initial state, this is not necessary.

Use of formal goals is another example. Here the desired state is not an individualized treatment goal, but a general criterion that is considered valuable by society, or that is required by the financing agency. In residential care family replacement, non-recidivism or finding a job may be formal goals.

At present measuring consumer satisfaction is a popular approach. After treatment the client (or a relative) completes a questionnaire about services received and whether it has helped to decrease his problems. The desired state here is a satisfied client. Institutions like their clients to be satisfied, although this is not always synonymous with actual result.

Satisfaction measurement has by now gained foothold in residential care, but mostly as part of broader outcome studies (SLOT, 1988; HEBBORN-BRASS, 1991). However, KOOI & DONKER (1991) conducted a study exclusively focusing on consumer satisfaction. This large scale study on the Dutch Mental Health Centres (RIAGG) is an excellent illustration of this procedure.

All desirable state models have been seriously criticized, because due to the lack of a pretest it is uncertain whether the client has improved. However, there are situations where this problem is less serious, for instance when the criterion is considered extremely valuable or when it is very difficult to realize.

3.1.2 Models focusing on change

In these models the question is whether the client's problems change during intervention and whether this change is maintained afterwards. To start with, the initial problems are operationalized. The client is measured twice at least, before and after the intervention (single group pre-post design). Next, change is studied by a comparison of pretest and posttest results.

Change models gain power when more measuring points are introduced. A good example is the well-known follow-up design. Here the researcher adds one or more measuring points after the intervention. HERRERA for example (in CURRY 1991) gathered data six months, one year, five years and ten years after discharge from a residential centre.

If additional measuring points are also introduced before and during the intervention we arrive at a longitudinal design (time series). This design has several advantages. First, more reliable estimates of the behaviour before and after the intervention can be made. Next, the design is sensitive to both short-term and long-term effects. Moreover, the design is better able to take account of trends in the independent variable that were already occurring before the intervention started.

However longitudinal designs have their own problems. To start, the measuring instrument must allow regular administration and the measuring scale must have a large range of measuring points. Moreover, if the period between treatment and follow up is long, external factors may have influenced the child. Thus, such distant measurements have limited meaning from the perspective of treatment outcome. In

Herrera's study one may wonder whether the client's situation ten year later would still be strongly affected by his residential stay.

Retrospective models use a completely different approach toward change. These models also focus on change, but without an initial measurement of problems. Instead, the client (or a relative) has to make a direct judgment of change afterwards. He must mentally recall the initial situation and give an estimate of the amount of change. This approach was popular in the early years of psychotherapy research. In that period outcome research was a matter of the therapist judging his client afterwards as »improved« or »not improved«. However, the retrospective approach is still alive. BOGAART & WINTELS (1990) used it in an evaluation of home-training projects, with both the parent and the home-trainer as respondents. Their scales showed good convergent validity between parents and home trainer.

The retrospective method is often used for pragmatic reasons, that is, there is no opportunity for a pretest. However, SANDELL (1987) makes a more fundamental point for retrospection and perceived change. In an extensive paper he criticizes the common use of pretest posttest differences as a measure of change. Next he discusses the philosophical nature of therapeutic change. Generally, therapeutic change is not a matter of quantitative movements on a scale. Change is a qualitative process, where structures in a person are replaced by other structures. To support these ideas, SANDELL developed a scale for directly measuring perceived change (CHAPP). He found positive results for both reliability and validity. In a way these results (and those of BOGAART AND WINTELS) challenge the frequent criticism on perceived change approaches.

3.1.3 Models focusing on the treatment as a causal factor in outcome

Here the focus is on effects, that is to say, on changes in the dependent variable that would not have occurred without the intervention. These models, the experimental and quasi-experimental method, are probably the best-known outcome models (COOK & CAMPBELL 1979). They concentrate on the causal link between intervention and outcome. To test this relationship, the treated group is compared with at least one control group, that does not receive the treatment.

There are two main applications of this model. In the first type a treatment is tested against no intervention at all (neutral control group). In the second type, a treatment is compared with one or more alternative treatments. This may be the same kind of treatment at a different location (two residential centres compared with each other) or a completely different kind of treatment (as in residential care against foster care). Generally, both the experimental and the comparison group are measured at least twice, before and after the intervention. Next, the amount of gain in both groups is compared to find the net effect of the experimental treatment. As generally the groups are not completely comparable, statistical control afterwards is advisable to correct for existing differences.

For an example we turn to the well-known Re-Ed project (in QUAY, 1986, pp. 563-565). Re-Ed is a short term programme within residential schools, intended for children too disturbed or too disturbing to be maintained in their own homes or schools.

The experimental condition was made up of 122 boys who followed Re-Ed. Two comparison groups were used; a group of normal children and a group of non-treated problem children. There were four measuring points ranging from entry to eighteen months after discharge. Analyses showed that at discharge Re-Ed children did much better on both academic performance and behaviour than non-treated problem children.

3.1.4 Looking for the unexpected (goal-free models)

The preceding models all focus on expected outcomes. In contrast, goal-free models (SCRIVEN 1973) look for unexpected results and unanticipated negative outcomes. Here the researcher deliberately starts with a blank mind to find all kinds of outcome, not just the intended ones. He often starts with unstructured techniques to keep a broad perspective. He may for instance interview stakeholders from different groups of representatives. He may even consult representatives of rival programmes and opponents.

This model is not often used in residential care, at least not explicitly. However, Urquhart's study (1989) on foster care may serve as an illustration. Urquhart was interested in the situation after the child left the foster family. In contrast with most studies he did not focus on the child, but on the foster parents. Urquhart found some unexpected negative effects with regard to them, among which the grief over the loss of a child. This is an important point with respect to the guidance of foster parents.

Actually, it is easier to illustrate goal-free evaluation with studies where it is lacking than where it is present. For example, DE VRIES ET. AL. (1986) studied the outcome of a survival trip with six adolescent Dutch boys from a residential centre. As a non-equivalent control group they used seventeen boys who remained in the residence. They included multiple outcome measures, covering many aspects of psycho-social functioning. However, they did not study a possible increase in survival skills and knowledge. It seems beyond doubt that camping and cooking skills and map reading abilities would improve during a four-month survival trip. It is not surprising that this result was overseen, as it was not intended. However, from a goal-free point of view this is a typical example of neglected outcomes.

3.2 Mixed models

The models discussed so far, all study the state or change of a dependent variable in the presence of an independent variable, the treatment. Although such models in their pure form have played an important role in outcome research, nowadays we consider them as less adequate. It is too simple to say that a certain factor X leads to changes in a dependent variable Y: such statements are too general and global to be of value. Present-day researchers ask more specific questions, like »what type of intervention with what type of children causes what kind of outcome«. In line with this development the four basic outcome models are integrated increasingly with analysis of specific intervention characteristics or client characteristics. We call such combinations mixed models. Six of these models will be presented here.

3.2.1 Process-outcome model.

In this model the central question is: which aspects of a complex intervention are responsible for outcome? Generally there are one or more comparison groups that receive different types or variations of the intervention. Examples of this model are:

- Adding an element to or removing it from an existing programme (dismantling or constructive strategy, Kazdin 1988). This occurs, for example, when a residential centre considers adding survival trips to its programme, testing it out on one of the groups.
- Parametric variations. This occurs when the evaluator varies the amount or dosage of a certain treatment ingredient. For instance, he may believe that a survival trip of six weeks is too short and take another group away for three months. In this tradition also belong studies that relate length of stay or reason of treatment termination to outcome (KLINGSPORN ET. AL. 1990).
- In the high strength intervention approach, the evaluator uses a very intensive form of a treatment, to test it in the most optimal conditions. If, even then, a treatment does not work, it had better be dropped completely. LOVAAS (in KAZDIN 1988, p. 95) used this approach with a group of autistic children. The children received behavioural interventions at home, at school and in the community. Treatment took forty hours a week during six (!) years and also the parents were trained extensively. Altogether each child received 14000 hours of treatment on a one to one basis. A control condition received a much less intensive form of the treatment. There were dramatic effects with such an intensive intervention, up to an average gain of thirty IQ points for the experimental group.
- A fourth type does not focus on the treatment itself, but on those who provide the treatment. The question is whether service providers differ in the outcome reached. Generally, not the individual workers are of interest, but their relevant characteristics (e.g., years of experience, personality traits, type of training received).

3.2.2 Cost-efficiency models

Here the outcome of an intervention is compared with the costs involved. Generally, more than one treatment is included, so that comparisons are possible. There are two different types (LEVIN 1975; ROSSI & FREEMAN 1993). In cost-benefit analysis, both programme activities and outcome are expressed in financial terms. In cost-effectiveness studies, activities are expressed in money but the outcome is expressed as the amount of result obtained. This may be, for instance, the amount of improvement on a social-skill scale or the number of pupils with no second offence. As residential outcome is not easily translated into financial terms, the cost-effectiveness model seems most suitable for residential research.

Although society places high value on the efficient use of allocated resources, cost-efficiency studies are rare in residential research (e.g., the study of RUOPP and

TRAVERS, 1982, on child day care centres). Of course, accounting of programme costs is common, but comparison of these costs with the results obtained is rare. Researchers focus on outcome, bypassing programme costs.

3.2.3 Outcome-client models.

This model assumes that outcome may vary from one client to the other. This does not sound very surprising. However, the crucial question is what type of results are obtained with what type of clients. This information is important both in selecting the most successful clients and to alter the treatment for those having poor results.

Generally in this model a treated group is divided into subgroups according to relevant client characteristics. Next the subgroups created are compared on outcome measures. What client characteristics are used to create subgroups? The most important ones are:

- demographic data (gender, age, cultural background),
- client's initial problems (delinquency, neurosis, drug dependency)
- characteristics of client's environment (e.g., divorced parents).
- referral data (source or reason of referral).

Most outcome studies nowadays do involve client variables in some way, which makes it easy to find examples. HEBBORN-BRASS (1991) for instance, studied change in 223 children who had been placed in a residential therapeutic centre between 1968 and 1985. She gathered a large number of data, both at intake, during the stay and at discharge. Children were scored on multiple outcome measures, among them tests concerning behavioral symptoms, physical, psycho-social and intellectual functioning. In one of her analyses, HEBBORN-BRASS related the amount of change to the initial problems at intake. She found higher outcome for children with emotional disturbances than for autistic children or children with anti-social behaviour.

Generally, subgroups formed this way are natural groups: it is not the evaluator who assigns children to problem-type or gender. Thus, the subgroups created may differ in many unintended ways. For instance the subgroup of autistic children may be younger than the »acting out« group or have different family circumstances. In such complex situations the next model seems more appropriate.

3.2.4 Causal modelling approach.

Probably, this model is the best procedure available for analysing complex relationships between outcome variables, treatment variables and client characteristics. To begin with, the researcher constructs a theoretical network concerning the outcome variables. This network may include treatment variables, characteristics of service providers, client variables or whatever the researcher thinks may influence outcome. In this network causal relations are specified. Next, data are gathered concerning all variables on at least three measuring points. The relationships in the network are tested by calculating path-coefficients for all variables that are supposed to be related. A path-coefficient resembles a correlation coefficient, but it involves more. It tests both the size and direction of the relationship, keeping other influences constant. A path coefficient between two variables thus represents the amount of change in the second variable, if the first variable changes one standard unit.

For an example the reader is referred to DAVIDSON ET AL. (1990), who studied the treatment of delinquent youth and their parents.

3.2.5 Meta-Analysis.

Meta-analysis is not a form of empirical research, but a quantitative technique for analysing existing outcome studies (PFEIFFER & STRZELECKI 1990). As such, it is an alternative to the narrative review of literature. In meta-analysis each individual outcome study is considered as an individual »case«. First an effect-size is determined for each study, that is to say, the standardized difference in outcome between the treated and the comparison group (there has to be a kind of comparison group). Next, each study is scored on intervention characteristics (such as type and amount of interventions, use of specific techniques) and on client background variables. The resulting database is analysed statistically to test relationships with effect size. In this way DAVIDSON ET. AL. (1990) found that outcome studies of delinquents had higher effect-sizes, when behavioural interventions were part of the treatment.

3.2.6 Qualitative case study model.

This model is used when complex processes are involved, when the number of cases is small and multiple data sources are available, among which qualitative data. The goal of a case study is to describe the processes occurring and to study interdependencies with outcome. Generally data are included concerning client's background and problems, treatment plan, treatment process, intermediate and final outcome. As such, the qualitative case study is an excellent example of a mixed outcome model. Recently there is a growing interest in the multiple case study (YIN, 1984; MILES & HUBERMAN 1984). Its research questions are the same as in the single case study, but the multiple cases also permit comparisons between subjects. These cross comparisons serve three purposes. First, the generalizability increases if the results are confirmed by other cases. Secondly, if cases show different results, closer inspection of the cases may suggest why these cases are different and thus provide better understanding. Thirdly, cases that differ greatly regarding one important characteristic (e.g., amount of outcome) may be compared on other factors. This is called the contrasting cases approach (see for an example VERWAAYEN, 1990, pp. 37-64).

4. Pitfalls in outcome evaluation.

There are many problems in outcome evaluation, some of which already have been mentioned. Here some general problems are discussed.
1. incorrectly concluding that there is positive outcome. This is a danger in all designs without a comparison group or without a pretest. These designs may easily lead to stronger conclusions than is permissible. High consumer satisfaction is

easily achieved, but does not guarantee for behavioural change or causal effect. In these designs one should be alert to alternative explanations of the results. This pitfall also may threaten quasi-experimental designs, particularly if the experimental group has better initial scores and there is no adequate statistical control for this difference. Designs with multiple measuring points are less vulnerable in this respect.

2. Incorrectly concluding that there is no outcome. A major risk in all designs that use classic statistical testing. In this approach the researcher is more afraid of falsely accepting the effect hypothesis than of falsely rejecting it. His study remains on the conservative side. The risk increases if the design has insufficient power because of small groups or because the use of instruments that are insensitive for the effects produced (LIPSEY ET. AL., 1987; JULNES & MOHR, 1989).

3. Looking for the wrong effects. Sometimes an intervention has positive outcome, but the evaluation focuses on outcome variables not influenced by the intervention. This problem may arise when:
- instruments are selected on scientific grounds, not because of their practical relevance.
- the programme has no clear goals or theory of action.
  Goal-free evaluation and qualitative case study methods are less vulnerable to this pitfall. This also holds for studies having a variety of outcome measures. However, this latter solution is expensive, time consuming and more intrusive.

4. Incorrect generalizations. Stakeholders abusively think results hold for groups or locations not studied. This is a serious risk in designs with small groups and individual designs. The danger is also present when there is no adequate sampling or high dropout of subjects. Finally, this danger is present if the intervention studied is different from the intervention in practice (e.g., more standardized, or with lower case loads or with more experienced workers).

5. Low clinical relevance. This is a definite risk when the treatment studied is dissimilar from practice. It also may occur, if stakeholder's information needs and the evaluator's interests do not match. This is often a matter of insufficient stakeholder involvement. PATTON (1986) and GREENE (1988) give procedures for effective and efficient stakeholder involvement.

6. Data are too weak for the design. Particularly the more complex longitudinal designs and causal modelling make high demands on the quality of available data and are vulnerable for moderate reliability, small groups or violation of measurement assumptions.

7. Intervention in bad condition. Here we mean a situation in which a treatment procedure is incorrectly implemented, for example because of insufficient training of the practitioners. In this case not the intervention fails, but its implementation at a certain location. The use of treatment manuals and checks on correct implementation will provide some protection against this pitfall.

8. Programme's state of development and outcome model do not match (PANCER & WESTHUES, 1989). This may happen if a programme in an initial state is subjected to large scale effect studies. Generally, such a programme is not worth the invest-

ment and is better served by consumer satisfaction research, change models or no outcome evaluation at all.

5. Final remarks

The large number of outcome models available has a major advantage: for almost every purpose there is a model. However, choosing a correct model has become difficult. How to find the best method? Probably there is no single best method. The choice of an outcome model should depend upon many factors. For instance: the state of the programme, the stakeholders involved, the complexity of the outcome question, available time and resources and the generalizability required.

Therefore, the general claim for more scientific rigour in outcome evaluation (e.g., PFEIFFER & STRZELECKI, 1990; CURRY, 1991) should ,as such, be rejected. This claim may be correct if rigid proof of causal relationships is required. In other cases less advanced and less intruding models may be appropriate.

The point is, there are many outcome questions. Some questions come from clinicians, others from researchers. Some questions ask for a description, others for testing. Some questions require a quick and dirty answer, others an accurate and detailed answer. Some questions focus on the individual client, others on the institutional population or a nationwide social problem. Thus, outcome evaluation has many faces and a careful analysis of outcome questions and stakeholder needs is necessary for a correct choice of outcome method.

References

BOGAART, P.H.M. VAN DEN & WINTELS, P.M.A.E.: Evaluatie van intensieve thuisbegeleiding (hometraining). Leiden, 1988

COOK, T.D. & CAMPBELL, D.T.: Quasi-experimentation: design and analysis issues for field settings. Chicago, 1979

CURRY, J.F.: Outcome research on residential treatment: implications and suggested directions. American Journal of Orthopsychiatry, 1991, 61, pp. 348-357.

CYTRYNBAUM, S., GINATH, Y., BIRDWELL, J. & BRANDT, L.: Goal attainment scaling; a critical review. Evaluation Quarterly, 1979, 3, pp. 5-40.

DAVIDSON, W.S., REDNER, R., AMDUR, R.L. & MITCHELL, C.M.: Alternative treatments for troubled youth. New York, 1990

GAGELDONK, A. VAN & BARTELS, A.: Evaluatieonderzoek in de Jeugdhulpverlening, deel I. Leiden, 1990

GREENE, J.G.: Stakeholder participation and utilization in program evaluation. Evaluation Review, 1988, 12, pp. 91-116.

HEBBORN-BRASS, U.: Verhaltensgestörte Kinder im Heim. Freiburg im Breisgau, 1991

JULNES, G. & MOHR, L.B.: Analysis of no-difference findings in evaluation research. Evaluation Review, 1989, 13, pp. 628-655.

KAZDIN, A.E.: Child psychotherapy; developing and identifying effective treatments. New York, 1988

KLINGSPORN, M.J., FORCE, R.C. & BURDSAL, C.: The effectiveness of various degrees and circumstances of program completion of young male offenders in a residential treatment center. Journal of Clinical Psychology, 1990, 46, pp. 491-499.

Kooi, R. & Donker, M.: Cliënten over de RIAGG. Utrecht,1991

Levin, H.M.: Cost-effectiveness analysis in evaluation research, in: M. Guttentag and E.L. Struening (eds.): Handbook of evaluation research, vol. 2, pp. 275-339, London, 1975

Lipsey, M.W., Crosse, S., Dunkle, J., Pollard, J. & Stobart, G.: Evaluation: the state of the art and the sorry state of the science. Evaluation Studies Review Annual, 1987, 11, pp. 153-174.

Majchrzak, A.: Information focus and data sources, when will they lead to use?. Evaluation Review, 1986, 10, pp. 193-215.

Miles, M.B. & Huberman, A.M.: Qualitative Data Analysis. London, 1984

Pancer, S.M. & Westhues, A.: A developmental stage approach to program planning and evaluation. Evaluation Review, 1989, 13, pp. 56-77.

Patton, M.Q. (), Utilization focused evaluation. London, 1986

Payne, C.: Research and evaluation in group care. In F. Ainsworth & L.C. Fulcher (eds.): Group care for children. London, 1981

Pfeiffer, S.I. & Strzelecky, S.C.: Inpatient psychiatric treatment of children and adolescents: a review of outcome studies. Journal of the American Academy of Child & Adolescent Psychiatry, 1990, 29, pp. 847-853.

Quay, H.C.: Residential treatment. In: H.C. Quay and Werry (eds.): Psychopathological disorders of childhood, 1986, pp. 558-580.

Rossi, P.H. & Freeman, H.E.: Evaluation, a systematic approach. London, 1993

Ruopp, R.R. & Travers, J.: Janus faces day care: perspectives on quality and cost. In E.F. Zigler & E.W. Gordon (eds.): Day care, scientific and social policy issues. Boston, 1982, pp. 72-101.

Sandell, R.: Assessing the effects of psychotherapy. Psychotherapy & Psychosomatics. 1987, 47, 29-64.

Scriven, M.: Goal free evaluation. In E.R. House (ed.): School evaluation, the politics and process. Berkeley, 1973

Shadish, W.R. & Epstein: Patterns of program evaluation practice. Evaluation Review, 1987, 11, 555-589.

Slot, N.W.: Residentiële hulp voor jongeren met antisociaal gedrag. Amsterdam, 1988

Urquhart, L.R.: Seperation and loss: assesing the impacts on foster parent retention. Child & Adolescent Social Work, 1989, 6, 194-209.

Verwaaijen, A.A.G.: Therapist behavior in process. Nijmegen, 1990

Vries, D. de, Bergh, P.M. van den, & Scholte, E.M.: Overlevingsstrektocht als begeleidingsmiddel. In: W. Hellinckx (red.): Kwaliteit in de hulpverlening m.b.t. kinderen met psycho-sociale problemen. Acco, Leuven, 1986

Yin, R.K.: Case study research: design and methods. London, 1984

Spencer Millham/Roger Bullock/Kenneth Hosie/Martin Haak

Lost in Care

Verloren in der Fürsorge

Die Studie belegt, daß 20% der Kinder in der Fürsorge den Kontakt zur biologischen Familie verloren. Verbindungen aufrechtzuerhalten scheint schwierig zu sein, obwohl die meisten Kinder es mit feststehenden Beziehungen wie Eltern, der weiteren Familie, Sippe oder Freunden versuchten. Es war unbestritten, daß der Zugang den wenigen Eltern verweigert werden sollte, die ihren Kindern Gewalt antaten, oder daß einige sehr junge Kinder in Ersatzfamilien besser aufgehoben sind. Trotzdem gab es einen Grund für Untersuchungen, warum so viele einen unnötigen Zusammenbruch in der Kommunikation erfuhren und was im Hinblick darauf getan werden könnte, um die Familie, deren Beziehungen die Erfahrung der Fürsorgeintervention überlebten, zu schützen.

1. Introduction

For a fifth of Children in care at the time of the study the experience entailed a loss of contact with the natural family. Maintaining links appeared to be difficult although most children entering care did so with well-established relationships with parents, wider family, siblings or friends. It was not disputed that access should be denied to those few parents who did their children ham or that some very young children fared better in substitute families. Nevertheless there was a clear case for investigating why so many experienced an unnecessary breakdown in communications and considering what could be done to ensure that family relationships survived the experience of care intervention.

2. The basis of the study

The study charted the experiences over two years of 450 children entering care and placed their family contacts within the broader context of reasons for admission to care, social work plans and changes of placement, legal status and social worker contact. Because it was known that the barriers to maintaining links between parent and absent child tended to increase over time, a continuous perspective was adopted. In order to be able to evaluate the messy bargaining process that regularly accompanied the process of taking a child into care, a closer study was made of selected families experiencing care intervention.

Confirming other findings in Britain and America, it emerged that children in residential and foster care were less prone to crises and more competent socially and educationally when parents stayed in contact. Moreover the lives of their parents were similarly enriched.

Breakdown tended to be a consequence of separating children from turbulent, rapidly changing households. Not only were such families dislocated and reconstituted, membership was prone to further change while the child was away in care. Of long-stay cases 63 per cent experienced changes in home circumstances. To make matters worse, social workers found it hard to keep track of family upheavals over long periods and were unable to offer sufficiently flexible support.

3. The problem of creating a stable environment

In addition, the study confirmed that stable care was itself difficult to provide: 39 per cent of children in care after two years endured at least one placement breakdown, and no particular type of placement in foster or residential care or home or trial, was immune from the risk of disruption. Consequently, some children were unable to rely on any stable relationship during their care experience. In such cases, the natural family, disrupted as it may have been, became the only continuous aspect of their lives. Similarly, it emerged that only 46 per cent of long-stay children were the responsibility of the same social worker throughout their two years in care. When the effects of social work staff changes were compounded with the impact of a home life in flux, the barriers to useful contact between parents and children became very evident.

4. The influence of nineteenth century practice

More surprising was the extent to which social workers had to cope with a miasma of historical prejudice and to respond to expectations and problems defined by other agencies. The historical difficulty has its roots in conditions in Victorian England when poor parents were considered a contaminating influence upon children rescued by the state. Even at the time of the study acceptance of the role of the family was sometimes grudging and meetings between parents, children and care givers aroused mixed feelings of guilt, resentment and inadequacy. Parents tended to visit their children alone and found the reception they received and their own feelings difficult to unravel.

5. Belonging and continuity

Links between parents and children were found to have psychological, symbolic and power dimensions largely unappreciated by social workers. There was a greater „belonging" in which school, neighbourhood and friendship networks were very significant.

Of the 450 Children studied, half left care quickly, most within three months. They were generally younger children for whom maintaining links with home was not a major problem. Victims of neglect or abuse and adolescents presenting behaviour problems stayed much longer, and as time passed they faced increasing contact difficulties. Of the younger children 61 per cent also entered care with siblings, a factor that added significantly to social workers' difficulties in finding appropriate placements and keeping the family together.

6. Conditions in which relationships tend to break down

Although many of these vulnerable families were known to social workers for some time previously, the entry of the child to care usually resulted from a crisis which crystallized the problem. How the social worker interpreted the situation and chose to resolve it coloured all subsequent negotiations between parents, care givers and child. This was particularly the case with controlling legislation was used. Parents were content when specific problems were met by explicit interventions, less so when diffuse difficulties were approached in a pragmatic, open-ended way. If parents complained, it was because they felt they were not informed, that the implications of social work decisions were not made explicit or that reasons for restrictions on access were concealed. Such disagreements sometimes arose because social workers wished to retain freedom to manoeuvre or because in the trauma of separation parents simply lost track.

7. Contact with parents and family becomes a marginal issue

On entry to care it was the social workers' responsibility to decide where the child should be placed, what legal status was most appropriate, how long the child was likely to be away from home and what kind of access arrangement was appropriate. In those testing circumstances their view of the importance of maintaining links between parent and child was somewhat limited. Contacts were left to „emerge" consequent upon other social work decisions, and the role of the wider family was rarely incorporated in strategic thinking.

   At the outset, nearly three-quarters of the children found contact with their parents difficult to maintain. The barriers they faced were of two kinds:
*   Specific restrictions - usually placed by social workers on the access of individuals. They affected one-third of the children on entry to care.
*   Non-specific restrictions - barriers inherent in placements, such as separating distance or routine. They affected two-thirds of the children on admission.

About a quarter were affected by both sorts of hindrance on contact with home.

As time passed, specific restrictions on parental access to children increased, often in order to rescue placements in difficulty. But the disruptive potential of visiting parents tended to be overestimated and, once in place, the restrictions were not sufficiently monitored by social workers and sometimes allowed to linger unnecessarily. In addition, non-specific barriers to contact, that is in the distance, routing, regulation or accessibility of placements, remained taxing.

8. Study Finding

8.1 The decline of visiting

One of the most important findings was that social workers' visits to parents, children and care givers declined over time. By the end of two years, one-third of mothers, four-fifths of fathers and nearly half the children in care were receiving only very infrequent visits. Social workers did not discount the importance of links with families, but the needs of tranquil care situations were too often obscured or supplanted by crises elsewhere. Nevertheless, parents needed encouragement to keep in touch with their children; without the continuous urging of social workers many relationships fell by the wayside.

At the end of two years, 170 children (38 per cent) of the original 450 entries to care remained the responsibility of social services, although a quarter were living at home on trial. For about four-fifth of those still absent, maintaining contact with parents had become very difficult, for nearly half contact with a particular adult remained restricted, and almost all were experiencing problems connected with placements or distance.

Of the same 170 children 54 who remained in care had no contact at the end of two years with mother, father, siblings or the wider family. A third of those 54 were likely to stay in care for the foreseeable future.

Thus, it was possible to predict that two-fifth of all children in care for three years or more, would have lost contact with their parents by the time two years had elapsed. Yet in two thirds of those cases there was no social work reason for the exclusion of the natural family.

The implication of these findings nationally were disquieting. At any one time 18.000 children in state care were likely to be without meaningful contact with their parents or their wider family. Furthermore, 7.000 of these children were not only likely to be isolated but had little prospect of finding a stable, alternative care placement. Of this latter group a third would be under the age of 11.

The indifference of parents and children was a contributory factor, but it emerged that much isolation was due to the care process itself and to failure to treat the maintenance of links between parent and absent child as a priority.

Certain remedies were discernible at time of the study. Improvements were being made possible by new legislation concerning parental access and the provision of codes of practice regarding parental contact. There was also an increasing awareness in Social Services Departments of the complexity of the notion of „belonging", a complexity which the study amply demonstrated.

Register

Autorinnen und Autoren/
Contributors

Dr. Aalberts, J.M.C., University of Vrije, Amsterdam, NL
Prof. Dr. Adam, Erik, Universität Klagenfurt, A
Dr. Ansen, Harald, Universität Lüneburg, D
Dr. Arieli, Mordecai, Tel Aviv University, L
Dr. Arlt, Monika, Bundesvereinigung der Landesentwicklungsgesellschaften und Heimstätten e.V., Bonn, D
Dr. van den Bergh, Peter M., University of Leiden, NL
Prof. Dr. Blandow, Jürgen, Universität Bremen, D
Dr. Blumenberg, Franz-Jürgen, Wissenschaftl. Institut des JHW Freiburg e.V., D
Dr. Bodrova, Valentina, VCIOM, Moscow, GUS
drs. van den Bogaart, Peter, University of Leiden, NL
Prof. Dr. Böhnisch, Lothar, TU Dresden, D
Prof. Dr. Broekaert, Eric, University of Gent, B
Prof. Dr. Brunner, Ewald Johannes, Universität Jena, D
Prof. Dr. de Bruyn, Eric E. J., University of Nijmegen, NL
Prof. Dr. Bühler-Niederberger, Doris, Universität GHS Wuppertal, D
Bullock, Roger, Dartington Social Research Unit, Devon, GB
Dr. Bürger, Ulrich, Landeswohlfahrtsverband Württemberg-Hohenzollern, Stuttgart, D
Buysse, Wendy H., University of Utrecht, NL
Prof. Dr. Casas, Ferran, University de Barcelona, E
Cleaver, Hedy, Dartington Social Research Unit, Devon, GB
Prof. Dr. Colla, Herbert, Universität Lüneburg, D Colla-Trox, Michael, D
Dr. Colton, Matthew, University of Wales, Swansea, GB
Prof. Dr. Corbillion, Michel, University of Orléans and Nanterre, F
Prof. Dr. Dalferth, Matthias, Fachhochschule Regensburg, D
Prof. Dr. Dekleva, Bojan, University of Ljubljana, SLO
Dr. van der Doef, Peter, Stichting Paedologische Instituten, Nijmegen, NL
Dubbeldam, Janine W.E., University of Leiden, NL
Prof. Dr. Durning, Paul, University of Paris X/Nanterre, Vanves, F
Prof. Dr. Fatke, Reinhard, Universität Zürich, CH
Ferrainola, Sam, Glen Mills Schools, Pennsylvania, USA
Freeman, Pam, Dartington Social Research Unit, Devon, GB
Prof. Dr. Freigang, Werner, Fachhochschule Neubrandenburg, D
Gabriel, Thomas, Universität Lüneburg, D
Dr. Genyté, Irena, Giruliai/Klaip_da, LT
Gericke, Dietrich, Lüneburg, D
Gooch, Dan, Dartington Social Research Unit, Devon, GB
Dr. Grupper, Emmanuel, Ministry of Education, Culture & Sports, Tel Aviv, IL
Haak, Martin, Dartington Social Research Unit, Devon, GB
Hager-Blencke, Susanne, Fridrich-Schiller-Universität Jena, D
Prof. Dr. Hamburger, Franz, Universität Mainz, D

Dr. Hansen, Gerd, Universität Koblenz/Landau; Abt. Landau, D
Dr. Harinck, F.J.H., University of Leiden, NL
Heath, Anthony, University of Wales, Swansea, GB
Dr. Helembai, Kornelia, University of Szeged, H
Prof. Dr. Hellinckx, Walter, University of Leuven, B
Herrenbrück, Sabine, Universität Lüneburg, D
Dr. Hillig, Götz, Universität Marburg, D
Prof. Dr. Hornstein, Walter, Gauting, D
Hosie, Kenneth, Dartington Social Research Unit, Devon, GB
Dr. Hübner, Hans Peter, Universität Göttingen, D
Dr. Johannes, Rolf, Unibuch, Lüneburg, D Josten, Will, de Vliert, HR den Bosch, NL
Prof. Dr. Kallert, Heide, Johann-Wolfgang-Goethe-Universität, Frankfurt/M, D
Dr. Käsler, Helga,Ev. Fachhochschule Reutlingen, D
Dr. Kisida, Erzsebet, Ministry of Culture and Education, Budapest, H
Dr. Klomp, Martin, University of Leiden, NL
Prof. Dr. Knorth, Erik J., University of Leiden, NL
Dr. Kobolt, Alenka, University of Ljubljana, SLO
Dr. Krumenacker, Franz-Josef, Universität Bremen, D
Dr. van der Laan, Peter H., Ministerie van Justitie, Den Haag, NL
Prof. Dr Langhanky, Michael, Fachhochschule für Sozialarbeit, Hamburg, D
Leonards, Chris, University of Limburg, Maastricht, NL
Dr. Little, Michael, Dartington Social Research Unit, Devon, GB
Dr. Lutter, Elisabeth, Verein Initiative Pflegefamilien, Wien, A
Prof. Dr. Millham, Spencer, Dartington Social Research Unit, Devon, GB
Morich, Siguna, Bad Segeberg, D
Prof. Dr. Müller, Burghard, Universität Hildesheim, D
Dr. Müller, Hans Rüdiger, Universität Göttingen, D
Prof. Dr. Müller-Kohlenberg, Hildegard, Universität Osnabrück, D
Müller-Teusler, Stefan, Universität Lüneburg, D
Prof. Dr. Münchmeier, Richard, Freie Universität Berlin, D
Prof. Dr. Niemeyer, Christian, Technische Universität Dresden, D
Dr. Nienstedt, Monika, Gesellschaft für Soziale Arbeit e.V., Münster, D
Dr. van Nijnatten, Carol, University of Utrecht, NL
Paavel, Valdeko, MASW, Tartu, EST
Peterich, Petra, Projekt Handschlag e.V., Reinstorf, D
Prof. Dr. Peters, Friedhelm, Fachhochschule Erfurt, D
Petersen, Sven, Heilpädagogisches Kinderheim Bad Segeberg, D
Dr. Pijnenburg, Huus M., Stichting voor Paedologische Instituten, NL
Prof. Dr. Plewig, Hans-Joachim, Universität Lüneburg, D
Prof. Dr. van den Ploegh, Jan, University of Leiden, NL
Prof. Dr. Ramb, Winfried, Universität Lüneburg, D
Prof. Dr. Rink, Ko, University of Groningen, NL
Rosenhagen, Günter, Universität Lüneburg, D
Dr. Ruoho, Kari, University of Joensuu, SIN
Schäfer, Peter, Universität Lüneburg, D

Prof. Dr. Scheipl, Josef, Karl-Franzens-Universität Graz,
Dr. Scholte, E.M., University of Leiden, NL
Dr. Schulte, Annette, Universität Lüneburg, D
Prof. Dr. Skalar, Vinko, University of Ljubljana, SLO
Smit, Monika, Universität Leiden, NL
Soisson, Robert, Esch-sur-Alzette, LT
Dr. Stelmaszuk, Zofia Waleria, Universytet Warszawski, PL
Prof. Dr. Stimmer, Franz, Universität Lüneburg, D
Struck, Norbert, DPWV, Frankfurt/M, D
Dr. Tanner, Hannes, Universität Zürich, CH
Prof. Dr. Thiersch, Hans, Universität Tübingen, D
Trede, Wolfgang, Intern. Gesellschaft für Heimerziehung, Frankfurt/M, D
Prof. Dr. Uhle, Reinhard, Universität Lüneburg, D
Dr. Uhlendorff, Uwe, Universität Göttingen, D
Dr. Vanderfaeillie, Johan, University of Brussel, B
van der Veldt, M.-Ch., University of Leiden, NL
Verhellen, Eugeen, Universiteit Gent, B
van der Weijden, Joop, Stichting de Mare, Leiden, NL
Prof. Dr. Weiss, Karin, Fachhochschule Potsdam, D
Dr. Westermann, Arnim, Gesellschaft für Soziale Arbeit e.V., Münster, D
Widemann, Peter, Senatsverwaltung für Familie und Jugend, Berlin, D
Dr. Wienold, Matthias, Niedersächsisches Sozialministerium, Hannover, D
Dr. Wiesner, Reinhard, Bundesministerium für Frauen und Jugend, Berlin, D
Prof. Dr. Winkler, Michael, Universität Jena, D
Dr. Wölfel, Ingrid, ISOP-Ost, Neubrandenburg, D
Prof. Dr. Wolff, Jörg, Universität Lüneburg, D
Prof. Dr. von Wolffersdorff, Christian, Technische Universität Dresden, D
Prof. Dr. Zakar, András, University Szeged, H
Prof. Dr. Ziegenspeck, Jörg, Universität Lüneburg, D
Zorc, Darja, University of Ljubljana, SOL